भारतीय साहित्य की पहचान

भारतीय साहित्य की पहचान

सम्पादक

डॉ. सियाराम तिवारी

वाणी प्रकाशन

वाणी प्रकाशन

4695, 21-ए, दरियागंज, नयी दिल्ली 110 002

फ़ोन : +91 11 23273167 फ़ैक्स : +91 11 23275710

शाखाएँ

अशोक राजपथ, पटना 800 004, बिहार

कॉफ़ी हाउस कैम्पस, महात्मा गांधी मार्ग, इलाहाबाद 211 001, उत्तर प्रदेश

महात्मा गांधी अन्तरराष्ट्रीय हिन्दी विश्वविद्यालय, वर्धा 442 001, महाराष्ट्र

www.vaniprakashan.in
marketing@vaniprakashan.in
sales@vaniprakashan.in

BHARTIYA SAHITYA KI PAHACHAN
Edited by Dr. Siyaram Tiwari

ISBN : 978-93-5072-992-2
Criticism

प्रथम संस्करण 2015

आवृत्ति 2019

मूल्य : ₹ 1595

एम.एस. प्रिंटर्स, दिल्ली-110 095 में मुद्रित

वाणी प्रकाशन का लोगो मक़बूल फ़िदा हुसेन की कूची से

निवेदन

सहयोगी प्रयास की असुविधाएँ, सीमाएँ और सम्भावनाएँ अनेक होती हैं। प्रस्तुत प्रयास के साथ भी ये तीनों बातें जुड़ी हैं जिनका अनुभव प्रबुद्ध पाठकों को अवश्य होगा। इस ग्रंथ की योजना वर्षों पहले बनी थी किंतु इसका प्रकाशन-लग्न अब आया है। प्रकाशन-कार्य के अन्तिम चरण में अपरिहार्य कारण से बहुत शीघ्रता करनी पड़ी, खासकर ऐसे समय में, जब मैं कई प्रकार के कार्यों में व्यस्त ही नहीं, अस्त-व्यस्त था। अतः इसमें अनेक प्रकार की त्रुटियों का होना सहज सम्भव है। इसके लिए मेरे पास क्षमा-याचना के अतिरिक्त और कोई उपाय नहीं है।

इस अवसर पर सर्वप्रथम मैं अपने प्रिय एवं आदरणीय सहयोगी लेखकों के प्रति हार्दिक कृतज्ञता प्रकट करता हूँ जिन्होंने सहयोग देकर मुझे उपकृत किया और मेरे प्रयास को इस मुकाम तक पहुँचाया। यह मेरे लिए अत्यंत शोक का विषय है कि दो सम्मान्य लेखक डॉ॰ डोमन साहु 'समीर' (देवघर) और प्रो॰ सु॰ रामचन्द्र (धारवाड़) इसे इस रूप में देखने के लिए नहीं रहे। इन दिवंगत आत्माओं के प्रति मेरी हार्दिक श्रद्धांजलि अर्पित है।

इस ग्रंथ के प्रकाशन का सारा श्रेय नालन्दा खुला विश्वविद्यालय के यशस्वी और प्रतापी कुलपति परमादरणीय श्रीयुत विजयशंकर दुबे को है। वे विद्यानुरागी और कुशल प्रशासक हैं जिसका एक प्रमाण प्रस्तुत ग्रंथ का प्रकाशन भी है। इस अवसर पर मैं उनको सादर, सविनय प्रणाम करता हूँ।

सुहृद्वर डॉ॰ पी.सी॰ पांडेय इस ग्रंथ के प्रकाशन में पर्याप्त रुचि लेकर मेरा उत्साह-वर्धन करते रहे हैं। उन्हें हार्दिक धन्यवाद। इसके मुद्रण की अवधि में डॉ॰ ब्रजबिहारी पांडेय ने मेरे व्यक्तिगत कार्यों में सहायक बनकर अप्रत्यक्ष रूप से इस कार्य में मेरी सहायता की। उन्हें आशीर्वाद!

प्रो॰ रामनाथ शास्त्री (जम्मू), प्रो॰ चमनलाल सप्रू (दिल्ली), आचार्य रघुनाथ भट्ट (अहमदाबाद), डॉ॰ सुनील कुमार दत्त (तेजपुर युनिवर्सिटी), डॉ॰ ना॰ सुन्दरम् (चेन्नई), प्रो॰ तिप्पे स्वामी (मैसूर) और प्रो॰ मुक्तेश्वरनाथ तिवारी (शान्तिनिकेतन) कई प्रकार से इस कार्य में सहायक हुए हैं। इस अवसर पर मैं इन सबका सादर और सस्नेह स्मरण करता हूँ।

विजयश्री ऑफसेट प्रिन्टर्स के स्वामी श्री विजय कुमार गुप्त और उनकी धर्मपत्नी

श्रीमती सीमा गुप्त भी धन्यवाद के पात्र हैं जिन्होंने इस ग्रंथ के सुन्दर मुद्रण के लिए यथासम्भव प्रयत्न किया है।

पटना
वसन्तोत्सव, सं. 2065
11 मार्च, सन् 2009 ई.

प्रस्तुत संस्करण के सम्बंध में

यह प्रथम बार नालन्दा खुला विश्वविद्यालय, पटना से 2009 ई. में प्रकाशित हुआ था। उन दिनों मैं वहाँ भाषा-संकाय का मुख्य समन्वयक था। उसके तत्कालीन कुलपति ने आग्रह करके इसे प्रकाशनार्थ ले लिया। उन्होंने बहुत तत्परतापूर्वक और सोत्साह प्रकाशित भी किया। पर, जितनी तत्परता और जितने उत्साह के साथ उन्होंने प्रकाशित किया, प्रकाशनोपरांत उन्होंने इसके एवं इसके लेखकों तथा सम्पादक के प्रति भी उतनी ही विरक्ति प्रदर्शित की। फलस्वरूप न तो पुस्तक अपने पाठकों तक पहुँच सकी और न सम्पादक एवं लेखकों को ही अपने परिश्रम का फल प्राप्त हुआ। श्री अरुण माहेश्वरी जी की गुणग्राहकता ने इसे हिन्दी-जगत के सम्मुख नये रूप-रंग में प्रस्तुत किया है। उन्हें अनेक धन्यवाद और अशेष आशीर्वाद! इस बीच 'गुजराती-साहित्य' के लेखक आचार्य रघुनाथ भट्ट ने अपनी इहलीला समाप्त की। उन्हें श्रद्धांजलि!

इसके शब्द-संयोजन के लिए कम्प्यूटर वर्क्स, पटना के स्वामी प्रियवर मोहम्मद कैसर को इस अवसर पर आशीर्वाद दिये विना यह प्रसंग अधूरा रहेगा। वे सदा उन्नति करते रहें, यही शुभकामना है।

—सियाराम तिवारी

मकर संक्रान्ति, सं. 2071
15 जनवरी, सन् 2015 ई.

अनुक्रम

भारतीय साहित्य की पहचान

• डॉ. सियाराम तिवारी

भारतीय साहित्य की पहचान की अपेक्षा क्यों है, सबसे पहले इसी पृच्छा का उत्तर अपेक्षित है। इसका उत्तर यही है कि अभी भारतीय संविधान में भारत की भाषाओं के रूप में असमीया, उर्दू, ओड़िआ, कन्नड़, कश्मीरी, कोंकणी, गुजराती, डोगरी, तमिल, तेलुगु, नेपाली, पंजाबी, बँगला, बोरो, मणिपुरी, मराठी, मलयालम्, मैथिली, संताली, संस्कृत, सिंधी और हिंदी, इन बाईस भाषाओं के नाम आ गये हैं। भारत की सभी भाषाएँ और बोलियों की वास्तविक संख्या सैकड़ों में है। भारत की सभी भाषाएँ और बोलियाँ चार भाषा-परिवारों (भारत-यूरोपीय, द्रविड़, तिब्बत-चीनी और आस्ट्रिक) की सदस्याएँ हैं जिनमें प्रायः सबकी अलग-अलग लिपियाँ हैं। लिपिगत भिन्नता के साथ-साथ सबके क्षेत्र में स्थानगत दूरी भी विद्यमान है। सभी भाषाओं और बोलियों में अलग-अलग विना किसी प्रकार के संयोजन के साहित्य-सृजन हो रहा है। संयोजन के अभाव के कारण ही प्रथम दृष्टि में ऐसा प्रतीत होता है कि ये सब हिंदी-साहित्य, बँगला-साहित्य, तमिल-साहित्य आदि हैं, इन सबका कोई समग्र रूप नहीं है, अर्थात् ये सब मिलकर भारतीय साहित्य का एक विशिष्ट स्वरूप प्रस्तुत नहीं करते। इसी भ्रम के निवारण के लिए भारतीय साहित्य की पहचान आवश्यक है। भारतीय साहित्य की पहचान भारत की साहित्यिक एवं भाषिक राष्ट्रीयता की पहचान है।

यहाँ यह स्पष्ट कर लेना आवश्यक है कि भारतीय साहित्य की पहचान का प्रश्न उस युग में रचे गये साहित्य के साथ नहीं है जब सभी प्रकार की अभिव्यक्ति की माध्यम भाषा संस्कृत थी। उस समय समग्र भारतीय मनीषा संस्कृत भाषा में अभिव्यक्त होती थी, अतः उस समय का रचा गया सारा साहित्य भारतीय साहित्य के नाम से जाना और माना जाता है। भारतीय साहित्य की पहचान का प्रश्न उस समय से रचे गये साहित्य से है जब से भारत के विभिन्न क्षेत्रों में तत्तत् क्षेत्रीय भाषाओं में रचना होने लगी। स्पष्ट है कि प्रस्तुत प्रसंग में भारतीय साहित्य से हमारा तात्पर्य आधुनिक भारतीय भाषाओं में रचे गये साहित्य से है।

एक उर्दू को छोड़कर समस्त आधुनिक भारतीय साहित्य में एक समान ये तीन

तत्त्व स्पष्ट दिखायी पड़ते हैं–1. प्राचीन भारतीय साहित्य (संस्कृत-साहित्य) का प्रभाव, 2. पाश्चात्य साहित्य (मुख्यतः अँगरेजी-साहित्य) का प्रभाव और 3. क्षेत्रीय विशेषता। उर्दू-साहित्य में प्राचीन भारतीय साहित्य से कुछ नहीं आया, यह सर्वविदित है और उसकी कोई क्षेत्रीय विशेषता इसलिए नहीं है कि उसका कोई भौगोलिक क्षेत्र ही नहीं है। पाश्चात्य साहित्य का प्रभाव भी उर्दू पर उस रूप में नहीं पड़ा जिस रूप में और जिस मात्रा में अन्य भारतीय साहित्य पर पड़ा। उर्दू-साहित्य की जो अपनी विशेषता है, वह आयातित है।

आधुनिक भारतीय भाषाओं के साहित्य का जितना भाग संस्कृत-साहित्य से आगत है, वही सबसे अधिक है और उसमें भारतीय साहित्य का एकत्व सहज ही विद्यमान है। 'रामायण', 'महाभारत' आदि ग्रंथ सभी भारतीय भाषाओं में अनेकानेक कृतियों के उपजीव्य बने हैं। 'रामायण', 'श्रीमद्भागवत' आदि ग्रंथों के सम्पूर्ण अथवा कतिपय अंशों का अनुवाद सभी भारतीय भाषाओं के प्राचीन साहित्य में एक समान द्रष्टव्य है। रामायण की रचना तो सभी प्रमुख भारतीय साहित्य में हुई। प्राचीन भारतीय काव्यशास्त्र सारे भारतीय साहित्य में एकता का सूत्र पिरोता है। रस, अलंकार, रीति आदि काव्यशास्त्रीय तत्त्व सभी भारतीय साहित्यों में एक समान व्याप्त हैं। यहाँ तक कि उर्दू-साहित्य भी इसका अपवाद नहीं है जिस पर यथास्थान प्रकाश डाला जायगा। महाकाव्य, खंडकाव्य, मुक्तक, पद, गीत, चरितकाव्य, प्रेमाख्यानक काव्य आदि विधाएँ सभी साहित्यों में एक समान उपलब्ध हैं। इसी तरह संस्कृत के वर्णिक और मात्रिक छंद भी सभी भारतीय साहित्य में समान रूप से अपनाये गये हैं। जिस तरह साहित्य-सर्जना के क्षेत्र में सारे भारतीय साहित्य में एकता है, उसी तरह साहित्य-चिंतन के क्षेत्र में भी है। भारतीय काव्यशास्त्र को आगे बढ़ानेवालों में सारे भारत के मनीषी संलग्न थे। आनंदवर्धन काश्मीर के, विश्वनाथ उत्कल के, भोज दक्षिण के थे। उर्दू को छोड़कर सभी भारतीय भाषाओं के साहित्य का जो शास्त्र है, उसका नब्बे प्रतिशत उसी प्राचीन काव्यशास्त्र पर आधृत है जिसका विधान समग्र भारत के मनीषियों ने संयुक्त रूप से किया था।

जिस तरह प्राचीन भारतीय वाङ्मय का प्रभाव समस्त भारतीय साहित्य में एकता का संचार करता है, उसी प्रकार पाश्चात्य साहित्य का प्रभाव भी उर्दू-सहित सम्पूर्ण भारतीय साहित्य को ऐक्य के सूत्र में ग्रथित करता है। भारत में अँगरेजी भाषा के प्रचार से भारतीय मनीषा अँगरेजी-साहित्य से परिचित हुई जिसका प्रभाव स्वभावतः ही साहित्य-रचना पर भी पड़ा। यह प्रभाव भी सभी भारतीय भाषाओं के साहित्य पर एक समान पड़ा है। मुख्यतः अँगरेजी और गौणतः अन्य पाश्चात्य साहित्य के प्रभाव से काव्य-रचना में नूतन भाव-भंगिमा और गद्य में नवीन विधाओं का समावेश सभी भारतीय भाषाओं के साहित्य में एक समान हुआ है। यह पाश्चात्य प्रभाव भी सभी भारतीय भाषाओं के साहित्य में एकता का सूत्र पिरोता है।

इस प्रकार आधुनिक भारतीय भाषाओं के साहित्य का बहुत कम भाग बच जाता है जो उसका अपना वैशिष्ट्य है। यह छोटा भाग ही बड़ा भ्रम उत्पन्न करता है कि आधुनिक भारतीय भाषाओं के साहित्य में भारतीयता का ऐक्य नहीं, क्षेत्रीयता का पार्थक्य है। इसलिए भारतीय साहित्य की एकता के बाधक तत्त्वों पर विचार कर लेना अप्रासंगिक नहीं होगा।

ऐसा पहला बाधक तत्त्व है भाषा-भेद। भारतीय साहित्य पर विचार करने के लिए उद्यत होते ही हमारा ध्यान उन देशों के साहित्य पर चला जाता है जहाँ कोई एक केन्द्रीय भाषा है और उसीमें उस देश के सारे नागरिक अपनी साहित्यिक अभिव्यक्ति करते हैं। यूरोप के देश प्रायः ऐसे ही हैं, इसीलिए वहाँ जर्मन-साहित्य, फ्रेंच-साहित्य, इटालियन-साहित्य जैसी अवधारणा में कोई अवरोध उत्पन्न नहीं होता। भारत में अभी कोई ऐसी केन्द्रीय भाषा नहीं है जिसमें भारत की सम्पूर्ण मनीषा अपनी अभिव्यक्ति पा सके। ऊपर कहा जा चुका है कि भारत में चार भाषा-परिवारों की भाषाएँ बोली जाती हैं जिनका अलग-अलग अपना साहित्य है। यही नहीं, हिंदी-जैसी भाषा की दो दर्जन के लगभग उपभाषाएँ भी हैं जिनमें से कई उपभाषाओं का समृद्ध साहित्य-भांडार है। यही भाषा-वैविध्य भारतीय साहित्य की एकता पर प्रश्न-चिह्न लगाता है। इस प्रश्न का उत्तर भारत की विभिन्न भाषाओं में एकता के सूत्र की खोज करके दिया जाता है। चारों परिवारों की जितनी भाषाएँ भारत में बोली जाती हैं, उनमें एकता प्रायः सिद्ध हो चुकी है और अब यह विवाद का विषय नहीं रह गया है, एकता के नये तत्त्वों को खोजने का क्रम भले ही भविष्य में भी चलता रहे।[1]

यहाँ यह स्पष्ट कर देना आवश्यक है कि बहुभाषाभाषी संयुक्त राज्यों या राज्य-संघों में उस अर्थ में और उस प्रकार के 'राष्ट्रीय साहित्य' के विकास की संभावना नहीं हो सकती जिस अर्थ में और जिस प्रकार 'राष्ट्रीय साहित्य' एकभाषाई और एकल राष्ट्रों में सहज रूप में सम्भव है। फिर भी, भारतीय साहित्य की एकता की ओर भारतीय भाषाएँ भी अंगुली-निर्देश करती हैं, इसमें कोई संदेह नहीं।

सभी भारतीय भाषाएँ एक ही भारतीय संस्कृति की उपज हैं। अतः भाषाओं में वैयाकरणिक विभिन्नताओं के बावजूद एकता के तत्त्व भी विद्यमान हैं। हिंदी और उर्दू का तो व्याकरण भी एक ही है, अन्य सभी भारतीय भाषाओं की संरचना एक ही समान है—पहले कर्त्ता, फिर कर्म और अंत में क्रिया। इस कारण सभी भारतीय भाषाओं में एक ही संगीत-तत्त्व व्याप्त है। भाषा का संगीत-तत्त्व साहित्यभाषा के निर्माण का सबसे बड़ा उपादान होता है। इस प्रकार भारतीय भाषाओं का संगीत-तत्त्व उन भाषाओं में रचे गये साहित्य में ऐक्य स्थापित करता है।

भारतीय भाषाओं में व्याप्त आंतरिक एकता भाषाविज्ञान के अत्याधुनिक सिद्धान्त से भी सिद्ध होती है। बी.एल. होर्फ के भाषागत सापेक्षतावाद (लिंग्विस्टिक

---

1. द्रष्टव्य : **इंद्रप्रस्थ भारती** (दिल्ली), जुलाई-सितम्बर, 2002 में डॉ. कैलाशचंद्र भाटिया का लेख, पृ. 22-38।

रिलेटिविटी) के अनुसार भाषा विचार की अभिव्यक्ति का माध्यम नहीं, वरन् उसके (विचार के) स्वरूप का नियंत्रण करनेवाली है।[2] भारत के निवासियों में बाह्य वैषम्य चाहे जितना हो, पर एक व्यापक आंतरिक साम्य यह है कि सबकी मानसिकता एक है, सबके सोचने का ढंग एक है, सबके विश्वास एक हैं। उदाहरण के लिए भाग्यवाद, कर्मफल पर विश्वास, पुजर्नन्म पर विश्वास, परलोक-भय, संसार की असारता पर विश्वास, आस्तिकता, आंतरिक के साथ-साथ बाह्य पवित्रता पर बल, पारिवारिक भावना, सभी जीवों पर दयाभाव आदि सारे भारत के निवासियों की मानसिकता के अविच्छेद्य अंग हैं। भारतवासियों के सोच-विचार में यह व्यापक साम्य भारतीय भाषाओं में एकता के तत्त्व को तो सिद्ध करते ही हैं, ये ही तत्त्व उन भाषाओं में रचे गये साहित्य में प्रतिफलित होकर उन सबको एक भारतीय साहित्य का स्वरूप प्रदान करते हैं।

भाषिक विविधता के साथ-साथ एक और बात है जिससे भारतीय साहित्य की पहचान की आवश्यकता प्रतीत होती है। हर दृष्टि से भारत एक देश नहीं, वरन् महादेश है। भौगोलिक विस्तार के साथ-साथ अन्य अनेक तत्त्व भारत के महादेशत्व को पुष्ट करते हैं। चार प्रजातियों के लोग तो यहाँ रहते ही हैं, भाषा, रूप-रंग, आचार-व्यवहार, वेश-भूषा, जलवायु आदि का भारत में इतना वैविध्य है कि यह स्वभावतः ही महादेश हो गया है। यह अनन्त विस्तार और असीम वैविध्य ही अखंड भारतीय साहित्य की सबसे बड़ी चुनौती है। यहाँ एक बात ध्यान में रखने की है कि भारत के स्वतंत्र होने के बाद अलगाववादी प्रवृत्ति उत्पन्न हुई जो दिन-प्रतिदिन बढ़ती ही जा रही है। इसी का दूसरा रूप है क्षेत्रीयता की भावना। भाषा के आधार पर अलग-अलग राज्यों का निर्माण और राज्यों के लिए स्वायत्तता की माँग इसीका परिणाम है। यही कारण है कि सभी भारतीय भाषाओं के लिए एक लिपि भी आज तक स्वीकरणीय नहीं हो सकी। यदि यही एक कार्य हो जाता तो सभी क्षेत्रीय भाषाओं का साहित्य परस्पर इतना निकट हो जाता कि सुदृढ भारतीय साहित्य के निर्माण का पथ स्वतः प्रशस्त हो जाता। जो हो, क्षेत्रीयता की यह भावना भी भारतीय साहित्य की एकता की पहचान को आवश्यक बनाती है।

भारतीय साहित्य का अस्तित्व उसी तरह स्वयंसिद्ध है जिस प्रकार भारत का अस्तित्व। तमाम विविधताओं के बावजूद सांस्कृतिक एकता से जुड़ा हुआ भारत एक राष्ट्र है। विविधता में एकता भारत की पहचान है। यही बात भारतीय साहित्य के संबंध में भी है। जैसे भारत में चार प्रजातियों के लोगों के रहते हुए भी सब भारतीय हैं, उसी प्रकार विभिन्न भाषाओं में लिखा गया साहित्य भी भारतीय साहित्य है। यहाँ भारतीय भाषाई समाज जैसी चीज उस रूप में नहीं हो सकती जिस रूप में जर्मन भाषाई समाज, फ्रांसीसी भाषाई समाज है। फिर भी, जैसे तमिलनाडु का व्यक्ति तमिल होते हुए भी भारतीय है, काश्मीर का काश्मीरी होते हुए भी भारतीय है, वैसे

---

2. द्रष्टव्य : लैंग्वेज, थॉट ऐंड रियलिटी, एम.आई.टी. प्रेस, 1966, पृ. 225।

ही विभिन्न भाषाई समाज के होते हुए भी आत्मा-रूप में एक भारतीय साहित्य का अस्तित्व है, इसमें कोई संदेह नहीं।

देश की विभिन्न भाषाओं के साहित्य में भाषा और शब्द-भांडार की भिन्नता होने पर भी प्रवृत्तियों में बहुत बड़ी समानता है। सभी भाषाओं के साहित्येतिहास के अवलोकन से यह बात स्पष्ट हो जाती है। जिस प्रकार हिंदी के सूरदास (1478-1583) के 'सूरसागर' में सख्य भाव के पद मिलते हैं, उसी प्रकार सिंधी के महामति प्राणनाथ (1618-1694) की 'सिंधी वाणी' में भी सख्य भावापन्न पद उपलब्ध हैं। सिंधी के सचल सरमस्त (1739-1829) भी आडम्बरों के वैसे ही विरोधी थे जैसे हिंदी के कबीरदास (1398-1518)। जिस प्रकार कबीरदास ने अपने आराध्य का नाम तो 'राम' रखा किंतु उनका स्वरूप निर्गुण रखा, ऐसा ही कार्य सिंधी के कवि सामी (1743-1850) ने किया। सिंधी के लेखराज अजीज की कविताओं में हिंदी के हरिवंश राय 'बच्चन' की 'मधुशाला' की छटा देखी जा सकती है। तुलसीदास लतरेजा सिंधी के तुलसीदास कहलाते हैं। सिंधी के नये कवि वैसी ही कविता लिख रहे हैं जैसी हिंदी में नयी कविता के कवियों ने लिखी।

मलयालम् के तुंचत्तु रामानुजन एष़ुत्तुच्छन तुलसीदास के समान जननायक कहे जाते हैं। मलयालम् के वल्लत्तोल नारायण मेनोन (1878-1958) की कविताओं का वही स्वर है जो हिंदी-साहित्य के छायावाद-युग के राष्ट्रीय-सांस्कृतिक धारा के कवियों का है। उसके एक अन्य कवि उल्लूर एस॰ परमेश्वर अय्यार (1877-1949) में भारत का अतीत गौरव उसी प्रकार अभिव्यक्त हुआ है जिस प्रकार मैथिलीशरण गुप्त और रामधारी सिंह 'दिनकर' की कविताओं में हुआ है। जिस प्रकार हिंदी में प्रगतिवादी कवियों का एक दल रहा है, उसी प्रकार मलयालम् में भी प्रगतिवादी कवियों की लम्बी सूची है—वैलोप्पिल्लि श्रीधर मेनोन, एन॰वी॰ कृष्ण वारियर, वयलार रामवर्मा आदि। जिस प्रकार हिंदी में ऐतिहासिक उपन्यासों की शृंखला है, उसी प्रकार मलयालम् में भी उसकी एक सुदृढ परम्परा है। मलयालम् के सी॰वी॰ रामन पिल्लै ऐतिहासिक उपन्यास के लिए वैसे ही प्रसिद्ध हैं जैसे हिंदी में वृंदावनलाल वर्मा ऐतिहासिक उपन्यासकार के रूप में विख्यात हैं। लखनऊ में सन् 1936 ई॰ में स्थापित प्रगतिशील लेखक संघ की अनुगूँज मलयालम्-साहित्य में भी सुनायी पड़ी थी। मलयालम् में भी हिंदी के समान 1960 के आसपास नयी कहानी का सूत्रपात हुआ।

जिस प्रकार हिंदी-साहित्य के इतिहास के पूर्व मध्यकाल में हिंदीभाषी-क्षेत्र की जनता में वैष्णव भक्ति की चेतना व्याप्त थी, उसी प्रकार मणिपुरी-साहित्य के मध्यकाल में भी मणिपुरीभाषी-क्षेत्र में वैष्णव भक्ति की लहर फैली हुई थी। जिस प्रकार 1857 ई॰ के प्रंथम भारतीय स्वाधीनता-संग्राम की असफलता ने भारत के अन्य क्षेत्रों में सामाजिक-राजनीतिक चेतना जगायी थी, उसी प्रकार 1891 के खोङ्जोम-युद्ध की हार ने मणिपुरी समाज को झकझोरा था। मणिपुर में चलनेवाले स्वतंत्रता-संग्राम

और शेष भारत में चलनेवाले स्वतंत्रता-संग्राम के बीच भावनात्मक एकता विद्यमान थी। मणिपुरी का तत्कालीन साहित्य इसका साक्षी है। मणिपुरी के कवि हिजम इरावत सन् 1942-43 में वैसी ही कविता लिख रहे थे जैसी कविता हिंदी में उस समय रामधारी सिंह 'दिनकर' आदि लिख रहे थे। सन् 1960-61 के चीन के साथ युद्ध में सभी भारतीय भाषाओं की कविता में मोह-भंग का विस्फोट हुआ था जिसका उज्ज्वल उदाहरण 'दिनकर' जी की 'परशुराम की प्रतीक्षा' की कविताएँ हैं। मोह-भंग की यह चेतना उस समय की मणिपुरी-कविता में भी स्पष्ट दिखायी पड़ती है।

मराठी-साहित्य के नामदेव (1270-1350) का हिंदी के भक्ति-साहित्य पर प्रभाव एक सर्वमान्य तथ्य है। आधुनिक युग में भी मराठी और हिंदी-साहित्य की प्रवृत्तियों में पर्याप्त साम्य है। महात्मा गाँधी की हत्या और चीनी आक्रमण के समय मराठी में भी वैसी ही कविताएँ लिखी गयीं जैसी हिंदी में लिखी गयीं।

नेपाली-साहित्य के इतिहास का काल-विभाजन तो हू-ब-हू वही है जो हिंदी-साहित्य के इतिहास का है। नेपाली की साहित्यिक प्रवृत्तियाँ भी वे ही हैं जो हिन्दी-साहित्य की हैं। नेपाली के रेवती रमण 'न्यौवाने' (1876-1941) ने तुलसीदास के 'रामचरितमानस' के कुछ कांडों को नेपाली में प्रस्तुत किया।

पंजाबी और हिंदी-साहित्य का साम्य और भी घनिष्ठ है। जिस प्रकार हिंदी-साहित्य के आदिकाल में नाथ-जोगियों का साहित्य है, सूफियों का साहित्य है, उसी प्रकार पंजाबी-साहित्य के भी आदिकाल में है। पंजाबी के बाबा फरीद यद्यपि सूफी कवि थे किंतु उनकी काव्यभाषा और काव्य-प्रवृत्तियाँ वे ही हैं जो कबीर की हैं। हिंदी के अनेक कवियों खुसरो, चंदवरदाई, कबीर, रैदास आदि को पंजाबी-साहित्य के इतिहास में भी स्थान प्राप्त है। सुप्रसिद्ध पंजाबी कवि ज्ञानी गुरुमुख सिंह 'मुसाफिर' की कविता में देशभक्ति की वही लौ प्रज्वलित है जो हिंदी के माखनलाल चतुर्वेदी की कविताओं में देखी जाती है।

तमिल-साहित्य और हिंदी-साहित्य के कवियों और उनकी काव्य-प्रवृत्तियों में आश्चर्यजनक साम्य है। तमिल-साहित्य के संघ-काल के कवि हिंदी के वीरकाव्य के कवियों से तुलनीय हैं जो राजाओं के आश्रय में जीवनयापन करते थे और अपने आश्रयदाताओं का यशोगान करते थे। तमिल के आलवार संतों का हिंदी के भक्ति-साहित्य पर जो प्रभाव है, वह सर्वविदित है। तमिल के संतकवि तिरुमूलर की काव्य-प्रवृत्ति ठीक वही थी जो हिंदी के संतकवि कबीर की थी। तिरुमूलर को दक्षिण का कबीर कहा भी जाता है। तमिल-साहित्य के इतिहास का पल्लव राजाओं का काल हिंदी-साहित्य के इतिहास का भक्तिकाल है। तमिल और हिंदी में समान व्यक्तित्व रखनेवाले कवि भी हुए है। हिंदी के कृष्णभक्त कवि कुम्भनदास के सम्बन्ध में प्रसिद्धि है कि बादशाह अकबर के निमंत्रण पर वे फतहपुर सीकरी चले तो गये जहाँ उनका खूब सम्मान भी हुआ, पर वे बहुत खिन्न हुए। वहाँ उन्होंने यह पद गाया—

संतन को कहा सीकरी सो काम ?
आबत जात पनहियाँ टूटी, बिसरि गयो हरि-नाम ॥
जिनको मुख देखे दुख उपजत, तिनको करिबे परी सलाम ॥
कुम्भनदास लाल गिरिधर बिनु और सबै बेकाम ॥

इस पद से उनके स्वाभिमान, वैराग्य-भावना और कृष्णभक्ति का पता चलता है। तमिल-साहित्य के पल्लव राजाओं के काल (जो तमिल-साहित्य का भक्ति काल है) में इसी तरह के स्वाभिमानी कवि हुए थे तिरुनावुकरसर जिन्होंने राजा के निमंत्रण को अस्वीकार करते हुए निर्भीकतापूर्वक कहा था– "हम किसी की प्रजा नहीं हैं, हम यमराज से भी नहीं डरते हैं।" तमिल में शैवधर्म के एक महान् संतकवि हुए थे माणिक्कवाचकर। वे प्रारम्भ में पांडिय वंश के राजा अरिमर्दन पांडियन की मंत्रिपरिषद् में वित्तमंत्री थे। एक बार राजा की आज्ञा से वे घोड़े खरीदने निकले तो उस धन से उन्होंने शिव-मन्दिर बनवा दिया। कहा जाता है कि भगवान् शिव ने जंगली सियारों को घोड़ों के रूप में परिणत कर राजा के पास भिजवा दिया और इस प्रकार माणिक्कवाचकर को राजदंड से बचा लिया। ऐसा व्यक्तित्व रखनेवाला हिंदी में भी एक कवि हुआ है। अकबर के समकालीन सूरदास मदनमोहन नामक एक कृष्णभक्त कवि थे। वे सँडीले के अमीन थे। उनके पास जो कुछ होता था, सब साधुओं की सेवा में लगा दिया करते थे। एक बार सँडीले तहसील की मालगुजारी के कई लाख रुपये सरकारी खजाने में आये थे। इन्होंने सब साधुओं को खिलाने-पिलाने में खर्च कर दिया और शाही खजाने में कंकड़-पत्थर से भरे संदूक भेज दिये जिनमें कागज के चिट पर लिखकर रख दिया–

तेरह लाख सँडीले आये, सब साधुन मिलि गटके।
सूरदास मदनमोहन आधी रातहि सटके ॥

ऐसा करके आधी रात को कहीं भाग गये। बादशाह ने इनका अपराध क्षमा करके इन्हें फिर बुलाया, पर ये विरक्त होकर वृंदावन में रहने लगे। इन उदाहरणों से स्पष्ट है कि भारत के कवियों की मानसिकता में ही समानता है जिसके कारण उनके द्वारा रचे गये साहित्य में भी समान तत्त्व विद्यमान हैं।

तमिल-साहित्य के इतिहास में नायक्कर राजाओं का जो काल है, उसकी एक विशेष प्रवृत्ति यह लक्षित की गयी है कि उत्तर भारत के लोकप्रिय ग्रंथों का तमिल में अनुवाद किया गया। इस छोटी बात से एक बड़ी सूचना मिलती है कि तमिल-साहित्य भारत की अन्य भाषाओं के साहित्य से जुड़ा रहना चाहता था। और, व्यवहार में ऐसा हुआ भी। तमिल के सुब्रह्मण्य भारती ने स्वतंत्रता-आंदोलन के हवन-कुंड में अपनी कविताओं से उसी प्रकार आहुति दी जिस प्रकार हिंदी-साहित्य के छायावाद-काल में राष्ट्रीय-सांस्कृतिक धारा के कवियों ने यह कार्य किया। जिस तरह रामधारी सिंह 'दिनकर' ने 'परशुराम की प्रतीक्षा' में राजनीतिक नेताओं के नैतिक पतन को चित्रित किया, उसी प्रकार तमिल के कवि मीरा ने किया है। जिस

प्रकार हिन्दी में देवकीनंदन खत्री ने 'चंद्रकांता' आदि तिलस्मी उपन्यास लिखे, उसी प्रकार तमिल में रंगस्वामी ने 'चंद्रकांता' आदि जासूसी उपन्यास लिखे। खत्री जी के 'चंद्रकांता' आदि उपन्यासों की धूम मच गयी थी। स्पष्ट है कि उसकी अनुगूँज तमिल-क्षेत्र तक पहुँची होगी जिससे प्रेरित होकर रंगस्वामी ने भी 'चंद्रकांता' नाम से उपन्यास लिखा। हिन्दी की 'चंद्रकांता' और 'भूतनाथ' पुस्तक सिंधीभाषियों में इतनी लोकप्रिय हुई कि मूल का आनंद उठाने के लिए उन्होंने हिन्दी सीखी।

तमिल के ही समान दक्षिण भारत की अन्य भाषाओं के साहित्य में भी भारतीय साहित्य की एकता पर्याप्त मात्रा में दिखायी पड़ती है। तेलुगु में शतक काव्य (सतसई) की वैसी ही परम्परा है जैसी हिन्दी में। तेलुगु के कंदुकूरी वीरेश लिंगम पंतुलु ने वही कार्य किया जो कार्य भारतेंदु हरिश्चंद्र ने हिन्दी में किया। अँगरेजी की रोमांटिक कविता से प्रभावित तेलुगु की भावकविता का समय 1910 से 1940 तक है। ठीक यही समय हिंदी के छायावाद का भी है और छायावाद पर भी अँगरेजी की रोमांटिक कविता का स्पष्ट प्रभाव है। हिंदी और तेलुगु में एक समय में एक ही काव्य-प्रवृत्ति क्रियाशील थी। इसके बाद भी दोनों में यही स्थिति रही। तेलुगु-साहित्य में भावकविता के पश्चात् अभ्युदय कविता का विकास हुआ जो मार्क्सवाद से प्रेरित-प्रभावित कविता है। हिन्दी में भी छायावाद के पश्चात् प्रगतिवाद का आगमन होता है जिसको 'मार्क्सवाद का सहोदर भ्राता' कहा गया। तेलुगु की भावकविता और अभ्युदय कविता एवं हिंदी के छायावाद और प्रगतिवाद में नामांतर से एक समय में एक ही काव्य-प्रवृत्ति क्रियाशील थी।

यह बात न्यूनाधिक रूप में सभी भारतीय भाषाओं के साहित्य के साथ है। नाथ-साहित्य और प्रेमाख्यान काव्य जिस प्रकार हिंदी में है, उसी प्रकार बँगला-साहित्य में भी है। सिद्ध-साहित्य का सम्बन्ध जैसे हिंदी से है, वैसे ही ओड़िआ और असमीया-साहित्य से भी है। हिंदी के समान ओड़िआ में भी नाथ-साहित्य है। द्वैत सिद्धान्त के प्रवर्तक मध्वाचार्य (चौदहवीं शताब्दी) का जैसा प्रभाव कन्नड़-कविता पर पड़ा, वैसा ही हिंदी-कविता पर भी पड़ा। जिस प्रकार हिंदी में रासो-साहित्य है, उसी प्रकार गुजराती में भी है। हिंदी के समान गुजराती में भी बारहमासा लिखे गये हैं। वैष्णव भक्तिधारा, ज्ञानमार्गी कविताधारा हिन्दी के समान गुजराती में भी है। गुजराती के अखा का हिन्दी के कबीर से इतना साम्य है कि वे गुजरात के कबीर कहलाते हैं। गुजराती के नर्मद (1833-1886) ने जिस प्रकार 'हिंदुओनी पड़ती' में भारत के भव्य अतीत और वर्तमान की अधोगति पर विचार किया, उसी प्रकार मैथिलीशरण गुप्त ने अपनी 'भारत-भारती' में किया। गुजराती के नानालाल (1877-1946) की तुलना गुजराती के विद्वान् हिंदी के जयशंकर प्रसाद से करते हैं। सूफी-काव्य की परम्परा असमीया में भी उसी प्रकार है जिस प्रकार हिन्दी, पंजाबी आदि में है। कश्मीरी-साहित्य में भी हिन्दी के ही समान रामकाव्य की समृद्ध परम्परा है। निष्कर्षतः, ऐसी साहित्यिक प्रवृत्तियाँ कम नहीं हैं जो एक से अधिक भारतीय

साहित्य में समान रूप से विद्यमान हैं। विद्यापति में जो गीत काव्यधारा है वह बँगला में तो द्रष्टव्य है ही, दक्षिण की भाषाओं में भी अलभ्य नहीं है। सूरदास के अनुपम बाल-वर्णन की झाँकी गुजराती कवि भालण के आख्यानों में, पंद्रहवीं शताब्दी के मलयालम्-कवियों की कृष्णगाथाओं में तथा असमीया के माधवदेव के बड़गीतों में देखी जा सकती है। 'रामायण' और 'महाभारत' का पुनराख्यान भारत की सभी भाषाओं के साहित्य में कुछ न कुछ अवश्य है। आधुनिक युग में पाश्चात्य साहित्य के प्रभाव से जो साहित्यिक प्रवृत्तियाँ उद्भूत हुईं, वे तो सभी में समान ही हैं।

भारतीय भाषाओं के साहित्य में समानता के ये बिंदु सांयोगिक नहीं हैं। भारतीय भाषाओं के साहित्यकार अनेक प्रकार से जुड़े हुए रहे हैं। इसका एक बड़ा प्रमाण यह भी है कि एक क्षेत्रीय भाषा के रचनाकार ने अन्य क्षेत्रीय भाषा को भी अपनी रचना से समृद्ध किया। ओड़िआ के ब्रजनाथ बड़जेना ने हिन्दी भाषा में 'गुण्डिया विजे' काव्य की रचना की थी। सिंधी के दलपत (1769-1849) और रोहल नामक मुस्लिम कवि ने हिंदी में रचनाएँ कीं। हिंदी में रोहल की 'मनप्रबोध' और 'अधिबुद्धि' नाम की दो पुस्तकें मिलती हैं। रोहल सिंधी के कबीर कहे जाते हैं। डोमन साहु 'समीर' ने संताली और हिंदी, दोनों में लिखा है। धीरेन्द्रनाथ बासके ने अपनी भाषा संताली के साथ-साथ बँगला में भी लिखा। संताली के बालकिशोर बासके 'अरमान' संताली के साथ-साथ हिंदी में भी लिखते थे। मराठी-साहित्य के नामदेव ने हिंदी में भी पद लिखे हैं। उनके लिखे हिन्दी के 61 पद 'श्रीगुरुग्रंथसाहब' में भी संकलित हैं। मराठी-साहित्य के एकनाथ (1533-1599) ने हिंदी में प्रचुर रचनाएँ की हैं। साथ ही, उन्होंने कन्नड़ और गुजराती में भी लिखा है। मराठी के ही तुकाराम ने ब्रजभाषा में कृष्णचरित के पद लिखे हैं। मराठी के ही समर्थ रामदास (1609-1682) ने हिंदी में 78 पदों की रचना की है। भारतीय साहित्य की एकता को सुदृढ करने की दिशा में मराठी के साहित्यकारों का योगदान श्लाघ्य है। मराठी के ही समान गुजराती के अनेक साहित्यकारों ने हिन्दी को समृद्ध किया है। प्रसिद्ध कृष्णभक्त कवयित्री मीराँ ने गुजराती और हिंदी, दोनों में कृष्णभक्ति के पद रचे। गुजराती के एक कवि दयाराम ने तो हिन्दी में बयालीस कृतियों की रचना की। गुजराती के महान् कवि अखा की हिन्दी में ग्यारह पुस्तकें हैं। गुजराती के आधुनिक युग के लेखक काका कालेलकर, किशोरलाल मशरूवाला, महादेव भाई देसाई हिंदी के भी लेखक कहे जाते हैं। नेपाली के लक्ष्मीप्रसाद देवकोटा (1909-1959) ने हिन्दी में रचनाएँ की हैं। नेपाली के प्रसिद्ध कवि गोपाल सिंह 'नेपाली' (1911-1963) हिन्दी के भी प्रतिष्ठित कवि हैं। पंजाबी के गुरु तेगबहादुर ने हिन्दी (ब्रजभाषा) में अपनी रचनाएँ कीं। पंजाबी-साहित्येतिहास के उत्तर-मुगलकाल में निर्मल सम्प्रदाय का आविर्भाव हुआ था। इस सम्प्रदाय के सारे कवियों ने ब्रजभाषा में अपनी रचनाएँ प्रस्तुत कीं। आधुनिक युग में पंजाबी के कवि देवेन्द्र सत्यार्थी हिन्दी के भी प्रसिद्ध साहित्यकार हैं। असमीया के शंकरदेव और माधवदेव ने असमीया के साथ-साथ ब्रजबुलि में भी

रचनाएँ कीं। आधुनिक युग में बँगला के रवीन्द्रनाथ ठाकुर ने भी 'भानुसिंह' के छद्मनाम से व्रजबुलि में रचना की। उत्तर-पूर्व की भाषाओं के साहित्यकारों के द्वारा व्रजबुलि में रचना करने का एकमात्र उद्देश्य है भारतीय मनीषा से जुड़ना। वे व्रजबुलि के माध्यम से ही भारतीय मनीषा से जुड़ सकते थे।

एक भारतीय भाषा के साहित्यकार द्वारा अन्य भारतीय भाषा के साहित्यकार से प्रेरणा और प्रभाव ग्रहण करने के उदाहरण भी भारतीय साहित्य में प्राप्त होते हैं। सिंधी के किशनचंद बेबस (1885-1947) ने रवीन्द्रनाथ ठाकुर से प्रभावित होकर लिखा। मणिपुरी-साहित्य में 1929 ई॰ से नवजागरण आरम्भ हुआ। उस काल के मणिपुरी-कवि रवीन्द्रनाथ ठाकुर और माइकेल मधुसूदन दत्त से प्रभावित थे। उस युग की मणिपुरी-कविता पर संस्कृत और असमीया का भी स्पष्ट प्रभाव है। मणिपुरी की उपन्यास-लेखिका महाराजकुमारी विनोदिनी देवी पर रवीन्द्रनाथ ठाकुर का स्पष्ट प्रभाव है। मणिपुरी-रंगमंच का आरम्भ बँगला के द्विजेन्द्रलाल राय, गिरीशचंद्र घोष आदि नाटककारों के नाटकों के मणिपुरी-अनुवाद के मंचन से हुआ। खोजने से इस प्रकार के उदाहरण और भी मिलेंगे।

स्पष्ट है कि भारत के भिन्न-भिन्न और दूर-दूर के भागों में रहकर रचना करनेवाले मानसिक रूप से जुड़े हुए थे, भले ही उनकी अभिव्यक्ति की माध्यम भाषा अलग-अलग थी। इस तथ्य के सर्वश्रेष्ठ प्रमाण रवीन्द्रनाथ ठाकुर थे। वे हिंदी-साहित्य के संत-काव्य से पूर्ण परिचित ही नहीं, प्रभावित भी थे। वे 'गीतांजलि' की रचना के पूर्व ही हिंदी के संत-काव्य से परिचित हो चुके थे। 'गीतांजलि' की मूल पांडुलिपि पर उद्धृत संतों और भक्तों की वाणियाँ इसकी सबसे बड़ी साक्ष्य हैं। 'गीतांजलि'-युग की उनकी रचनाओं में हिंदी के संत-कवियों की भावना स्पष्ट परिलक्षित होती है। उन्होंने रामानंद, कबीरदास, सूरदास, तुलसीदास और रविदास पर कविताएँ भी लिखी हैं। उन्होंने संतों की वाणियों का बँगला तथा अँगरेजी में अनुवाद भी किया। उनका 'वन हंड्रेड पोयम्स ऑफ कबीर' लंदन से 1914 ई॰ में प्रकाशित हुआ था। कबीर के एक पद का उन्होंने बँगला में भी अनुवाद किया था। नानक के भी कुछ भजनों का उन्होंने बँगला में अनुवाद किया था। रवीन्द्र-साहित्य में जिन संतों का उल्लेख हुआ है, वे हैं रामानंद, कबीर, रविदास, नानक, दादू, रज्जब, सुंदरदास, ज्ञानदास और प्रेमदास। इससे स्पष्ट है कि वे हिंदी-साहित्य से जुड़े हुए थे। भारत की अन्य भाषाओं के साहित्य की झलक भी उनकी चेतना में मौजूद थी। मराठी के तुकाराम से भी रवीन्द्रनाथ अपनी बाल्यावस्था से ही परिचित थे। तुकाराम के कई अभंगों का उन्होंने बँगला में अनुवाद भी किया था। भारतीय साहित्य में एकता का सबसे बड़ा कारण यही है। इसी कारण भारत के भिन्न-भिन्न क्षेत्रों में निवास करनेवाले कवियों में भाव-साम्य के अनेक बिंदु दृष्टिगत होते हैं।

किसी देश की भाषा और उस भाषा में रचा गया साहित्य, दोनों पृथक्-पृथक्

और समवेत रूप में वहाँ की संस्कृति को प्रतिबिम्बित करते हैं। भारतीय साहित्य की रचना का मूल यहाँ की सांस्कृतिक एकता में है। भारत विभिन्न प्रजातियों, विभिन्न भाषाभाषियों एवं विभिन्न धर्मावलम्बियों का देश है। फिर भी, समग्र भारत सांस्कृतिक एकता के सूत्र में सुग्रथित है। इसका साक्ष्य उर्दू-साहित्य भी देता है। उर्दू भाषा और उर्दू-साहित्य में भारतीय संस्कृति उसी प्रकार प्रतिबिम्बित है जिस प्रकार बँगला, उड़िया, तमिल, तेलुगु, कश्मीरी आदि भाषाओं और उनके साहित्य में प्रतिच्छायित है। उर्दू-कवियों की चेतना में भारतीय संस्कृति के तत्त्व अत्यंत स्वाभाविक रूप में दिखायी पड़ते हैं। किस कवि की चेतना में क्या है, इसकी पहचान के लिए सबसे बड़ा और विश्वासी क्षेत्र है उसके द्वारा प्रयुक्त उपमान। किसी कवि की कृतियों का वर्ण्य विषय आयातित हो सकता है, पर उसके द्वारा प्रयुक्त उपमान आयातित नहीं हो सकते। उपमान स्वतःस्फूर्त होते हैं क्योंकि वे उसकी चेतना के अंग होते हैं। उपमान की सामग्री व्यक्ति के अपने संस्कार और उसके निवास की धरती के पर्यवेक्षण से बनती है। इस दृष्टि से हम देखते हैं कि भारतीय साहित्य में मूलभूत एकता के घेरे से उर्दू-साहित्य भी बाहर नहीं है। उर्दू-कविता में भारतीय साहित्य के अलंकार आदि को लाने का उत्साह भी देखा जाता है। जमील मज़हरी का उद्गार देखने योग्य है—

कीजै न जमील उर्दू का सिंगार, अब ईरानी तलमीहों से,
पहनेगी विदेशी गहने क्यों यह बेटी भारत माता की ?

जमील मज़हरी की इस उक्ति को केवल इस रूप में नहीं ग्रहण किया जाना चाहिए कि उन्होंने देशभक्ति के जोश में ऐसा कहा है। वस्तुतः वे काव्य की आत्मा को पहचानने वाले सिद्ध सारस्वत कवि थे। काव्य की शोभा, सार्थकता और अमरता धरती से जुड़ने में है, उससे कटकर रहने में नहीं। भारत-भूमि पर लिखी गयी किसी भाषा की कविता विदेशी अलंकारों से सुशोभित नहीं हो सकती। वैसी कविता भारत-भूमि के लोगों के लिए, चाहे वे किसी भी धर्म के माननेवाले क्यों न हों, कंठहार नहीं बन सकती। वैसी कविता सदा विदेशी ही बनी रहेगी।

मज़हरी साहित्य और संस्कृति के अटूट सम्बन्ध को जानने और माननेवाले महान् कवि थे। मज़हरी के सिद्धान्त को व्यावहारिक रूप देनेवाले अनेक कवि उर्दू-साहित्य के इतिहास में देखे जाते हैं। रामकथा के प्रकरणों का उर्दू के कवियों ने उपमान के रूप में प्रचुर उपयोग किया है। फ़िराक़ गोरखपुरी कहते हैं—

हर लिया किसने सीता को।
जिंदगी है के राम का बनवास।

राम-वनवास का प्रसंग तो उर्दू-कविता में बार-बार उपमान के रूप में आया है। जाँ निसार अख़्तर निराश जीवन की उपमा राम के वनवास से देते हैं—

उजड़ी उजड़ी हर आस लगे।
जिंदगी राम का बनवास लगे।

रिफ़अत सरोश राम-वनवास को प्रतीक बनाकर मार्मिक अभिव्यक्ति करते हैं–

वह नन्ही सी ख्वाहिश अब भी दिल को जलाये रखती है
जिसके त्याग की खातिर मैंने कितने ही बनवास लिये।

आदिल मंसूरी कहते हैं–

आशियाँ की लज्जतों में अटकता हुआ बदन
और रूह का खिंचाव है बनवास की तरफ

सुल्तान अख्तर राम-वनवास की त्रासदी को मूर्त कर देते हैं–

जिस तरफ देखिये सहरा नज़र आता है मुझे
अनगिनत सदियों का बनवास डराता है मुझे।

राम को चौदह वर्षों का वनवास मिला था, इसलिए 'चौदह साल' और 'वनवास' पर्याय हो गये हैं। मुजफ्फर हनफी लिखते हैं–

घर मिला है जिस्म के जंगल में चौदह साल बाद
जिसमें दो मुट्ठी हुआ है हाथ भर का आसमाँ।

रामकथा के अन्य प्रकरण भी उर्दू-कविता में उपमान के रूप में देखे जाते हैं। इससे स्पष्ट है कि उर्दू-कवियों की चेतना में रामकथा उसी प्रकार विद्यमान है जिस प्रकार अन्य भारतीय कवियों की काव्य-चेतना की वह अंग बनी हुई है।

वनवास के ही समान लक्ष्मण-रेखा का भी प्रतीक-रूप में प्रचुर प्रयोग उर्दू के कवियों ने किया है। मुजफ्फर हनफी कहते हैं–

ऊपर-नीचे, आगे-पीछे, दायें-बायें रोक
जनता की लक्ष्मण-रेखाओ आगे जाने दो।

मुजफ्फर हनफी ने एक दूसरे शेर में राम और रावण को क्रमशः सतोगुण और तमोगुण का प्रतीक बनाकर एक अभिव्यक्ति की है–

किससे पूछूँ अपना असली नाम नहीं मालूम
मेरे अन्दर रावण है या राम नहीं मालूम।

हिन्दी आदि अन्य भारतीय भाषाओं की कविता में भी राम और रावण इस रूप में उल्लिखित हुए हैं।

कैफी आजमी ने लक्ष्मण-रेखा को जीवन की पाबंदियों का प्रतीक बनाकर आजादी के लिए अपनी छटपटाहट को व्यक्त किया है–

चंद रेखाओं की सीमाओं में। जिंदगी कैद है सीता की तरह
राम कब लौटेंगे मालूम नहीं। काश रावण ही कोई आ जाता

यही नहीं, उर्दू के कवियों ने राम-चरित्र एवं रामकथा के प्रसंगों पर उसी प्रकार कविताएँ लिखी हैं जिस प्रकार अन्य भारतीय भाषाओं के कवियों ने रचनाएँ की हैं। उदाहरणार्थ जफर अली खाँ की 'एक ऋषि के दाग़े-जिगर की कहानी राजा दशरथ की जबानी' तथा 'श्रीरामचंद्र से खिताब', सरूर जहानाबादी की 'सीता का इसरार',

जगतमोहन खाँ की 'तारा की फरियाद', शाद आरिफी की 'दशहरा अशनान', मुनव्वर लखनवी की 'भगवान राम की अजमत', साग़र निज़ामी की 'राम' आदि रचनाएँ उल्लेखनीय हैं।

साग़र निज़ामी ने 'राम' शीर्षक अपनी एक नज्म में श्रीराम की प्रशंसा इन शब्दों में की है–

शमा-ए-हिंदी बुझ के भी, दरख़शां है हनूज़
राम के नूर-ए-हिदायत से फ़रोजां है हनूज।
जिसका दिल था एक ताक-ए-शमा-ए-एवाने-हयात
रूह जिसकी आफ़ताब-ए-सुबह, इरफ़ान-ए-हयात।
जिंदगी की रफ़अतों से मंज़िलों ऊँचा था वह
आसमान-ए-मारिफ़त का एक सय्यारा था वह।
सामने जिसके लरज़ उठा शिकोह-ए-सरवरी
वह बहादुर जिसने बातिल को शिकस्त-ए-फ़ाश दी।
हिंदियों के दिलों में, बाकी है मुहब्बत राम की
मिट नहीं सकती क़यामत तक हुकूमत राम की।
जिंदगी की रूह था, रूहानियत की शान था
वह मुजस्सिम रूप में इंसान का इरफान था।

जफ़र अली खाँ ने 'श्रीरामचंद्र से खिताब' शीर्षक नज्म में गर्व के साथ कहा है कि श्रीराम से भारत आज भी धन्य है–

मैं तेरे शेवा-ए-तसलीम पे सिर धुनता हूँ
के वह एक दूर की निस्बत तुझे इस्लाम से है।
हो वह छोटों को इताअत के बड़ों की शफ़कत
ज़िंदा दोनों की हकीकत तेरे पैगाम से है।
तेरी तालीम हुई नज़रे-खुराफ़त-ए-फ़िरंग
ब्रह्मा को यह गिला गर्दिश-ए-अय्याम से है।
नक्श-ए-तहज़ीब-ए-हुनूद अब भी नुमायाँ है अगर
तो वह सीता से है, लक्ष्मण से है, राम से है।

'सलाम' संदेलवी राजा जनक द्वारा रखे गये धनुष की प्रशंसा में कहते हैं–

आकाश में बादल के ये टुकड़ों की चमक
बल खाती हुई क़ौसे-क़ज़ह की लचक।
या भारी धनुष राजकुमारों के बीच
लाये हैं स्वयंवर के लिए राजा जनक॥

सय्यद अफ़ज़ल जाफरी ने सीता-स्वयंवर का वर्णन उर्दू-काव्यभाषा की शब्दावली में किया है–

इश्क ने मरकर स्वयंवर में इसे जीता है
दिल श्रीराम है, दिलबर की रज़ा सीता है।

मानव जीवन में आशा एक बड़ी चीज है। अनिष्ट को प्रत्यक्ष देखकर भी मनुष्य यह आशा रखता है कि अनिष्ट कहीं इष्ट में परिणत हो जाय। राम वन चले गये हैं। दशरथ के मंत्री सुमंत राम को पहुँचाने गये हैं। दशरथ को आशा थी कि राम कहीं सुमंत के साथ लौट आएँ। किंतु सुमंत को अकेला वापस आया देखकर दशरथ मर्माहत हो जाते हैं। उनकी इस दशा को सरूर जहानाबादी ने इस प्रकार प्रकट किया है—

बन से अयोध्या के फिरा खाली हाथ तू!
लाया न लक्ष्मण को, न सीता को साथ तू!
छोड़ आया मेरे फूलों को, किस बन में आह तू!
ले चल मुझे भी, दश्त के दामन में आह तू!
आँखें कंवल सी हैं, कफ-ए-पा यासमन के फूल
कुम्हला न जाएँ दश्त में मेरे चमन के फूल।
पुरनूर आह! मेरी शबिसताँ थी राम से।
पीरी की सुबह गुन्वा-ए-खंदां थी राम से।
बन में जो राम है तो अयोध्या उदास है
कौशल्या गरीब भी क्या ही उदास है।

अशोक वाटिका में कैद सीता को नफ़ीस खलीली कुछ इस प्रकार चित्रित करते हैं—

रुख ज़र्द मिसले जाफ़राँ। हैरान है आईना सा।
देखो जो चश्म-ए-दूरबीं। खा जाये धोका, है यकीं।
तसवीर है इक कएगज़ी। बस खत्म है कारीगरी।
परमात्मा ऐसा करे। बस जान इसमें डाल दे।

जोश मलीहाबादी राम और लक्ष्मण के साथ-साथ रावण का भी नाम लेते हैं—

लक्ष्मण का दिल है शिद्दत गम से फटा हुआ
दर पर है रामचंद्र के रावण डटा हुआ।

जोहरा निगार ने सीता की अग्नि-परीक्षा का चित्र इस प्रकार खींचा है—

सिया को देखे सारा गाँव
आग पे कैसे धरेगी पाँव!
बच जाये तो देवी माँ है
जल जाये तो पापिन!
जिसका रूप जगत की ठंडक
अग्नि उसका दर्पण!

अग्नि पार उतर के सीता
जीत गयी विश्वास।
देखा दोनों हाथ बढ़ाये
राम खड़े थे पास।
उस दिन से अस्तित्व में आया
सचमुच का विश्वास।।

उर्दू के विद्वानों ने उर्दू-शायरी पर हिंदू-संस्कृति के प्रभाव को स्पष्ट रूप में लक्षित किया है।[3]

भारतीय संस्कृति के आधार-स्तम्भों तथा 'रामायण' आदि ग्रंथों के प्रकरणों का तो उर्दू-कविता में पुनः-पुनः उल्लेख है ही, अँगरेजों की पराधीनता को उर्दू के कवियों ने भी उसी प्रकार अनुभव किया जिस प्रकार अन्य भारतीय भाषाओं के कवियों ने किया। उर्दू-कविता में उसी प्रकार बलवती राष्ट्रीय भावना है जिस प्रकार हिंदी आदि अन्य भारतीय भाषाओं की कविता में है। जैसा स्वर हिंदी के कवियों रामधारी सिंह 'दिनकर', सोहनलाल द्विवेदी, बालकृष्ण शर्मा 'नवीन', माखनलाल चतुर्वेदी आदि में सुनायी पड़ता है, ठीक वैसा ही स्वर उर्दू के कवियों के कंठ से भी फूटता है। जफर खाँ कहते हैं–

वक्त आ पहुँचा कि या मर जाओ या आजाद हो
तख्त या तख्ता है, हुक्मे ताजदारे इन्कलाब

यही नहीं, आजादी के अवसर पर उर्दू के कवियों ने भी वैसा ही उल्लास प्रकट किया जैसा हिंदी एवं अन्य भारतीय भाषाओं के कवियों में देखा गया। जाँ निसार अख्तर की इन पंक्तियों में खुशी की कैसी लहर हिलोरें ले रही है–

आजाद है, आजाद है, आजाद है अपना वतन
हाँ अय हिमाला झूम जा, रक्सा हो अय दश्तो दिमन
हाँ अय इलोरा के बुतो, नग्मासरा हो नग्मा जन

और, साग़र निज़ामी किस प्रकार झंडा फहरा रहे हैं–

पर्वत पर्वत सागर सागर परचम अपना लहराता है
महलों पै मिलों पै किलों पर अज्मत के तराने गाता है।

इस प्रकार हम देखते हैं कि उर्दू-कविता में सांस्कृतिक राष्ट्रीयता और राजनीतिक राष्ट्रीयता, दोनों की साफ और पुष्ट झलक मिलती है। राम, कृष्ण आदि का गुणगान यदि सांस्कृतिक राष्ट्रीयता की झलक दिखाता है तो भारत-भक्ति, स्वतंत्रता-आंदोलन, स्वतंत्रता-प्राप्तिजनित उल्लास का स्वर राजनीतिक राष्ट्रीयता को रेखांकित करता है।

निष्कर्ष यह है कि उर्दू-सहित भारत की सभी भाषाओं का साहित्य एकता के अनेक सुदृढ सूत्रों से इस प्रकार सुग्रथित है कि उन्हें समेकित रूप में भारतीय साहित्य कहना सब प्रकार से उचित है।

---

3. द्रष्टव्य : इन्द्रप्रस्थ भारती, (दिल्ली), अक्टूबर-दिसम्बर, 2002 में डॉ. बानो सरताज का लेख, पृ. 64-77।

असमीया-साहित्य

• प्रो. भूपेन्द्र रायचौधुरी

भारतवर्ष के उत्तर-पूर्वांचल में स्थित असम की राजभाषा असमीया है। स्वातंत्र्योत्तर काल के दो दशकों तक अविभाजित बृहत्तर असम की भाषा असमीया थी। धीरे-धीरे राजनीतिक कारण से नागालैंड, अरुणाचल, मेघालय और मिजोरम असम से विलग हुए। अब भी असमीया भाषा का प्रचलन इन असमेतर प्रदेशों में है, परंतु असमीया साहित्य का प्रचलन और विकास असम प्रदेश में ही सीमित है। असम के बीचोंबीच बहते हुए ब्रह्मपुत्र नद या लुइत (सं॰ लौहित्य) के दोनों तटों पर बसे निवासियों को लुइतपरीया कहा जाता है। इस लुइतपरीया लोकसमाज में ही असमीया भाषा-साहित्य पल्लवित-पुष्पित हुआ है। पिछले हजार वर्षों में असमीया-साहित्य का जो रूप सामने उभर कर आया है उसे निम्नांकित प्रकार से वर्गीकृत किया जा सकता है :

(1) **आदिकाल** (950-1300 ई॰)

(2) **मध्यकाल** (1300-1826 ई॰)

(क) पूर्व-मध्यकाल (1300-1700 ई॰)

- वैष्णव-साहित्य
  - प्राक्-शंकरी युग
  - शंकरी युग
  - शंकरोत्तर युग
- वैष्णवेतर साहित्य

(ख) उत्तर-मध्यकाल (1700-1826 ई॰)

1. चरित साहित्य
2. सत्रीया साहित्य
3. राजदरबार की छत्रच्छाया में पल्लवित साहित्य
4. ज्ञान का साहित्य (वैषयिक साहित्य)
5. बुरंजी साहित्य
6. सूफी साहित्य

(3) **आधुनिक काल** (1826 - अब तक)

1. प्राक्-अरुणोदय काल (1826-1846 ई॰)
2. अरुणोदय काल (1846-1870 ई॰)
3. नवजागरण काल (1870-1890 ई॰)
4. वेजबरुवा युग (1890-1940 ई॰)
5. जयंती युग (1940-1950 ई॰)
6. समकालीन साहित्य (1950—अब तक)

आदिकाल

पं॰ हेमचन्द्र गोस्वामी ने कलकत्ता विश्वविद्यालय के लिए प्रस्तुत 'असमीया साहित्यर चानेकि' में असमीया-साहित्य के प्राचीनतम काल को 600-800 ई॰ के मध्य स्थिर किया है। असमीया-साहित्य के प्रारंभिक साहित्येतिहासकार डिम्बेश्वर नेओग ने अपने 'असमीया साहित्यर बुरंजी' में 'आदिकाल' का समय 600-1100 ई॰ निर्णीत किया है। डॉ॰ सत्येन्द्रनाथ शर्मा ने अपने 'असमीया साहित्यर समीक्षात्मक इतिवृत्त' में 'आदिकाल' का समय सन् 950 ई॰ से 1300 ई॰ के भीतर् माना है। डॉ॰ महेश्वर नेओग ने 'असमीया साहित्यर रूपरेखा' नामक असमीया-साहित्य के इतिहास में यह स्वीकार किया है कि संभवतः 100 ई॰ के आस-पास अन्य नव्य भारतीय आर्य भाषाओं के साथ-साथ असमीया भाषा का भी उद्भव हुआ है। वस्तुतः सातवीं शताब्दी में सम्राट् हर्षवर्द्धन के समकालीन कामरूप के राजा भास्करवर्मा के आमंत्रण पर असम आनेवाले चीनी यात्री ह्वेनसांग (भारत-भ्रमण-काल 629-645 ई॰) ने तत्कालीन कामरूप की भाषा के संबंध में टिप्पणी की थी कि कामरूप की भाषा और मध्य भारत की भाषा में सामान्य भिन्नता है। त्रिपिटकाचार्य डॉ॰ वेणीमाधव बरुवा ने इसे 'कामरूपी प्राकृत' कहा है जिसका समर्थन डिम्बेश्वर नेओग ने भी किया है। असमीया भाषा और लिपि के उद्भव-विकास के संबंध में ऐसे मतों की आलोचना की जा सकती है, परंतु जहाँ तक असमीया-साहित्य का प्रश्न है, इसका प्रारंभिक रूप लोकसाहित्य और चर्यापद के रूप में प्राप्त है।

लोकसाहित्य

असमीया-साहित्य का प्रारंभिक रूप लोकसाहित्य है जिसके अंतर्गत लोकगीत, लोकगाथा, लोककथा, प्रकीर्ण साहित्य (डाक-प्रवचन, मुहावरे, कहावत इत्यादि) समाविष्ट हैं। लोकगीत में संस्कारमूलक गीत अर्थात् विवाह के गीत का प्रचलन था। पूजा और धर्मविषयक अनेक गीत, यथा— चरा व्रत, (कामाख्या में अनुष्ठित कात्यायनी देवी से संबंधित व्रत), मनसा पूजा के गीत, आइ-नाम (चेचक माता के गीत), अपेचरा-सबाह (अप्सरा-पर्व) के गीत इत्यादि प्रचलित थे। लोकगाथाओं में मणकोंवर, फुलकोंवर और जनागाभरु की गाथाएँ उल्लेखनीय हैं। नरकासुर, बेहुला-लखीन्दर, उषा-अनिरुद्ध इत्यादि की लोककथाएँ प्रचलित रहीं। प्रकीर्ण साहित्य

में मुहावरे और लोकोक्तियों के अतिरिक्त 'डाक-प्रवचन' का विशेष प्रचलन रहा है। घाघ-भड्डुरी की तरह डाक-प्रवचन का समस्त असमीया समाज में विशेष प्रभाव है। डाक-प्रवचन को 'वेद के वचन' के रूप में मान्यता मिली हुई है। प्राचीन कामरूप के बरपेटा के निकटस्थ लेहिडङरा नामक गाँव में डाक का जन्म माना जाता है। वराहमिहिर के साथ इनके जन्म का रिश्ता जोड़ा जाता है। व्यावहारिकता की दृष्टि से डाक-प्रवचन आज भी बेजोड़ माना जाता है। इन प्रवचनों को मोटे तौर पर इस प्रकार वर्गीकृत किया जा सकता है— ज्योतिष-विषयक, प्रकृति तथा कृषि-विषयक, स्त्री-पुरुष लक्षण विषयक, शरीर-भोजन-रोगादि विषयक, गृह-लक्षण विषयक, पशु-पक्षी विषयक, राजनीति-विषयक, नीति-विषयक, पारमार्थिक तत्त्व-विषयक एवं प्रकीर्ण। डाक की सूक्तियाँ सरल, नीतिपरक एवं पद्यमयी होने के कारण लोकसमाज की कण्ठहार बनी हुई हैं।

चर्यापद (सिद्ध-साहित्य)

महायान बौद्धधर्म के आधार पर मगध, बंग, कलिंग, कामरूप और नेपाल-तिब्बत में तांत्रिक बौद्धधर्म का विस्तार हुआ था। तांत्रिक सिद्धाचार्यों ने तत्त्व-कथा और उपदेशों के प्रचार की दृष्टि से गीत-पदों की रचना की थी। हिन्दी-साहित्य में जो सिद्ध-साहित्य है वही असमीया-बंगाली-साहित्य में चर्यापद के रूप में प्रचलित है। पं॰ हरप्रसाद शास्त्री के द्वारा सम्पादित और कलकत्ते (कोलकाता) के एशियाटिक सोसाइटी से प्रकाशित नेपाल के राजदरबार से संगृहीत 'चर्यागीतकोष' में ऐसे अनेक सिद्धाचार्य हैं जो असम के हैं और उनकी भाषा में असमीया के अनेक प्रचलित शब्द हैं, यथा— अइसन, अमिआ, आखि, आलो, काहेरि, जेल, डाक, निन्द, राग, सहज, हरिणा, चिट, उण्ड, यौतुक, बिआन (बिअन), डाल, डालि, घिण, बपुरा, हाड़ी, भात, गोहालि, कुठार, खर (द्रुत), आपोन इत्यादि। मीननाथ, सरहपाद, मत्स्येन्द्रनाथ, गोरक्षनाथ, नागार्जुन आदि अनेक सिद्धाचार्य असम अर्थात् प्राचीन कामरूप के रहे हैं। इन सिद्धाचार्य की रचनाओं को प्रारंभिक असमीया की रचना माना जा सकता है। अनेक असमीया लोकगीतों तथा महापुरुष शंकरदेव-माधवदेव विरचित बरगीतों में चर्यापद के शब्दों का प्रयोग इसे प्रारंभिक असमीया-साहित्य का उदाहरण सिद्ध करता है।

मध्यकाल

मध्यकाल को दो भागों में विभक्त करते हैं— पूर्व-मध्यकाल और उत्तर-मध्यकाल। पूर्व-मध्यकाल में वैष्णव और वैष्णवेतर साहित्य की रचना हुई। वैष्णव-साहित्य भी तीन खंडों में बँटा हुआ है— प्राक्शंकरी युग, शंकरी युग और शंकरोत्तर युग।

प्राक्-शंकरी युग

मध्ययुगीन असमीया भक्ति-साहित्य के भास्कर-स्वरूप महापुरुष शंकरदेव के पूर्ववर्ती असमीया-साहित्य के कालखण्ड को 'प्राक्-शंकरी युग' कहा जाता है।

वस्तुतः यह काल वैष्णव-साहित्य की पृष्ठभूमि है। प्रसिद्ध आलोचक एवं साहित्येतिहासकार डिम्बेश्वर नेओग ने तो 'नवजागरण का बीजांकुर' कहकर इस काल की महत्ता को स्वीकार किया है क्योंकि सौन्दर्य एवं मानवतावाद पर तत्कालीन कवि-साहित्यकारों का ध्यान आकृष्ट हुआ था।

प्राक्-शंकरी काल का साहित्य दरबारी साहित्य है। राजदरबार के संरक्षण में कवियों ने वैष्णव-साहित्य की आधारशिला स्थापित की। त्रयोदश शती के अंत और चतुर्दश शती के बीच प्राक्-शंकरी साहित्य लिखा गया।

कमता राज्य (पश्चिम असम, जिसका अधिकांश स्थान अभी बंग देश में है) के राजा दुर्लभनारायण (शासन-काल 1330-1350 ई॰ लगभग) के दरबारी कवि हेम सरस्वती और हरिहर विप्र ने असम में वैष्णव-साहित्य का श्रीगणेश किया। हेम सरस्वती का 'प्रह्लादचरित्र' प्रामाणिक रचना है जिसमें 899 पद हैं। उनके नाम से 'हरगौरीसंवाद' नामक एक संदिग्ध रचना मिलती है। हरिहर विप्र की तीन रचनाएँ उपलब्ध हैं– 'लवकुशर युद्ध', 'बभ्रुवाहनर युद्ध' और 'ताम्रध्वजर युद्ध'। इन दोनों के काव्य में राजा दुर्लभनारायण के प्रति आभार प्रकट किया गया है। दुर्लभनारायण के पुत्र इन्द्रनारायण के संरक्षण में कविरत्न सरस्वती ने 'महाभारत' के द्रोणपर्व के आधार पर 'जयद्रथ-वध' काव्य की रचना की। दुर्लभनारायण के समकालीन एक अन्य राजा ताम्रध्वज के संरक्षण में रुद्र कन्दलि ने 'महाभारत' के द्रोणपर्व के एक अंश 'सात्यकिप्रवेश' का अनुवाद किया। इसमें द्रोण के प्रति पांचालों के आक्रोश को बड़े ही प्रभावशाली रूप में उपस्थापित किया गया है। युद्ध के वर्णन में रुद्र कन्दलि को काफी सफलता मिली है। शंकरदेव के पूर्ववर्ती कवियों में माधव कन्दलि का नाम सर्वोपरि है। बराही (कछारि) के राजा महामाणिक्य के संरक्षण में माधव कन्दलि ने 'सप्तकाण्ड रामायण' (लगभग 1400 ई॰) नाम से वाल्मीकीय रामायण का अनुवाद किया था जो भारत की प्रादेशिक भाषाओं में लिखित रामायणों में सम्भवतः प्रथम है। 'रामायण' के अनुवाद करते समय उनका स्पष्ट दृष्टिकोण था– "वाल्मीकिकृत 'रामायण' का जो अर्थ अपनी बुद्धि के अनुसार समझा उसे ही संक्षेपतः पदों में रचा। समस्त रस को कौन जान सकता है? पक्षी अपने पंख के अनुसार उड़ सकता है, ठीक उसी प्रकार लोक-व्यवहार की दृष्टि से कहीं कथा को बढ़ाया गया और कहीं छोटा किया गया। 'रामायण' की कथा को यहाँ 'देववाणी' के रूप में नहीं, 'लौकिक कथा' के रूप में ही लिखा गया। अतः इसे अनुवादक का दोष नहीं स्वीकारा जाय"। सन् 1400 ई॰ की असमीया भाषा का नमूना इस ग्रंथ में उपलब्ध है–

वाल्मीकि रचिला शास्त्र गद्य पद्य छंदे।
ताहाक बिचार आमि करियो प्रबन्धे।।
आपोनार बुद्धि अर्थ जि मत बुझिलों।
संक्षेप करिया ताक पद बिचारिलों।।

समस्त रसक कोने जानिबाक पारे।
पक्षी सब उरइ जेन पखा अनुसारे।।
करि सब निबंधमय लोक व्यवहारे।
कतो निज कतो लंभा कथा अनुसारे।।
देववाणी नुहि इटो लौकिक से कथा।
एतेके इहार दोष न लैबा सर्वथा।।

माधव कन्दंलिकृत 'रामायण' के 'आदि' और 'उत्तरा' काण्ड उपलब्ध न होने के कारण शंकरदेव ने 'उत्तरा' और माधवदेव ने 'आदि' काण्ड जोड़कर इसे सम्पूर्ण बनाया जो अभी उपलब्ध है। 'अयोध्या' से लेकर 'लंका' कांड तक 5226 छंद हैं। असम के लोकजीवन और प्रकृति के अनेक चित्र इसमें उपलब्ध हैं। महापुरुष शंकरदेव ने अपने अग्रज कवि माधव कन्दलि को 'अप्रमादी' कवि मानते हुए उन्हें 'हस्ती' और अपने को 'शशा' (खरगोश) बताया है–

पूर्व कवि अप्रमादी माधव कन्दलि आदि
बिरचिला पदे राम कथा।
हस्तीर देखिया लाद शशा जेन फारे मार्ग
मोर भैल तेहनय अवस्था।।

प्राक्शंकरी काल के कवियों ने सीमित दायरे में कतिपय विद्यानुरागी राजाओं के संरक्षण में जिस अमूल्य काव्य का सृजन किया था, उससे वैष्णव-साहित्य की पृष्ठभूमि तैयार हुई। राजनीतिक उथल-पुथल, सामाजिक असुरक्षा, विद्वान् राजाओं के संरक्षण के अभाव के कारण प्राक्-शंकरी काल के काव्य को पूर्ण विकसित होने का अवसर नहीं मिला। इस अपूर्णता को महापुरुष शंकरदेव और माधवदेव ने सम्पूर्ण किया।

शंकरी युग

शंकरी यानी शंकरदेव का काल असमीया-साहित्य का स्वर्ण-युग है। असम में नववैष्णव धर्म के प्रवर्तक शंकरदेव (सन् 1449-1568 ई॰) ने पन्द्रहवीं शती में भारतवर्ष में व्याप्त भक्ति-आंदोलन को देखकर उसके महत्त्व को समझा। उन्होंने 'एकशरणीया भागवती नाम-धर्म' के माध्यम से असम में नववैष्णव आंदोलन चलाया। उन्होंने 'गीता' से 'एकशरण-तत्त्व' और 'भागवत' से 'भक्ति-तत्त्व' को लेकर नाम-धर्म का प्रचार-प्रसार किया।

शंकरदेव द्वारा प्रवर्तित नववैष्णव धर्म मूलतः कृष्णभक्ति-प्रधान है। श्रीकृष्ण को छोड़कर अन्य देवी-देवताओं का स्थान इसमें नहीं है। जप-तप, यज्ञ या व्ययसाध्य विधि-विधान की अपेक्षा श्रवण-कीर्तन और सत्संग द्वारा भक्ति के सहज-सरल मार्ग को अपनाने पर बल दिया गया। भक्ति के क्षेत्र में ब्राह्मण-चाण्डाल का समान अधिकार माना गया है। अहिंसा, प्रेम, करुणा, क्षमा इत्यादि मानवीय सद्गुणों के विकास पर मानवतावाद की प्रतिष्ठा करना शंकरदेव का उद्देश्य था। इसीलिए वे

'शिरोमणि भूञा' (प्रमुख भूमिपति) होकर भी विरागी बने और गृहस्थ जीवन बिता कर भी उन्होंने युगानुरूप धर्म का प्रचार-प्रसार किया, जातिभेद और अस्पृश्यता को समाप्त कर मानवतावाद को स्थापित किया। इसके लिए सामूहिक 'कीर्तन-घर' या 'नाम-घर' की स्थापना कर समाज में समरसता लाने का प्रयत्न किया। शंकरदेव ने भक्ति-साहित्य की रचना कर असमीया-साहित्य को समृद्ध किया। उनकी रचनाओं का वर्गीकरण इस प्रकार किया जा सकता है–

काव्य : (1) हरिश्चन्द्र उपाख्यान, (2) रुक्मिणीहरण काव्य, (3) बलिछलन, (4) अमृत-मंथन, (5) अजामिल उपाख्यान, (6) कुरुक्षेत्र।

भक्तितत्त्व : (1) भक्तिप्रदीप, (2) भक्तिरत्नाकर (संस्कृत), (3) निमिनवसिद्धसंवाद।

अनुवाद : (1) भागवत–प्रथम, द्वितीय, षष्ठ स्कन्ध (अजामिल उपाख्यान); अष्टम स्कन्ध (बलिछलन, अमृतमंथन); दशम, एकादश, द्वादश स्कन्ध और (2) उत्तराकाण्ड रामायण।

अंकीया नाट : (1) चिह्नयात्रा (अप्राप्य), (2) पत्नीप्रसाद, (3) कालिदमन, (4) केलिगोपाल, (5) रुक्मिणीहरण, (6) पारिजातहरण, (7) रामविजय।

गीत : (1) बरगीत, (2) भटिमा, (3) टोटय और चपय।

नाम-कीर्तन : (1) कीर्तन, (2) गुणमाला।

शंकरदेव संस्कृत के ज्ञाता थे, परंतु 'भक्ति-रत्नाकर' को छोड़कर अधिकतर ग्रंथों की रचना उन्होंने असमीया भाषा में की। 'बरगीत' और 'अंकिया' नाटकों की रचना उन्होंने ब्रजावली या ब्रजबुलि भाषा में की है जिससे भाषिक दृष्टि से असम को शेष भारत के साथ जोड़ा जा सके। शंकरदेव असमीया गद्य के जनक हैं। उन्होंने अपने नाटकों में गद्य का सफल प्रयोग किया है। शंकरदेव ने असमीया भाषा को नवीन जीवन, नवीन शिल्प प्रदान किया। असम के लोकजीवन से उन्होंने शब्द लिये, नये-नये शब्दों से असमीया शब्द-भांडार को समृद्ध किया, नवीन छंदों एवं अलंकारों से भाषा को सजाया। वर्णन-कुशलता, सूक्ष्म पर्यवेक्षण, काव्य-सौन्दर्य एवं रस-संचार की दृष्टि से शंकरदेव ने असमीया-साहित्य को एक मानक एवं प्रतिष्ठित रूप प्रदान किया। ब्रजावली में रचित उनके एक 'बरगीत' का नमूना देखने योग्य है–

मन मेरि राम चरणहि लागु।
तइ देखना अंतक आगु।।
मन आयु क्षणे क्षणे टूटे।
देखु प्राण कोन दिने छूटे।।

शंकरदेव के अत्यंत प्रिय शिष्य एवं उनके उत्तराधिकारी महापुरुष माधवदेव (सन् 1489-1596 ई०) ने हर प्रकार से अपने गुरु का साथ दिया। धर्म-प्रचार के साथ-साथ माधवदेव ने संगठन का भी दायित्व लिया। गुरु से मिलने के पहले माधवदेव प्रवृत्तिमार्गी एवं घोर शाक्त थे, परंतु गुरु शंकरदेव से दीक्षा लेने के बाद वे बिल्कुल बदल गये और आजीवन कुँवारे रहकर गुरु की सेवा की, साहित्य को समृद्ध किया तथा 'एकशरण नाम-धर्म' के संगठन को सुदृढ किया।

गुरु शंकरदेव के आग्रह पर माधवदेव ने 'बरगीत' की रचना की। इसके बाद अन्य विधाओं को भी समृद्ध किया। माधवदेव के साहित्य का वर्गीकरण इस प्रकार किया जा सकता है—

काव्य : राजसूय।
भक्तितत्त्व : नामघोषा, नाम-मालिका, जन्म-रहस्य।
अनुवाद : आदिकाण्ड रामायण, भक्ति-रत्नावली।
गीत : बरगीत, भटिमा
नाटक : **अंकिया-नाट**—(1) अर्जुन भंजन।
झुमुरा-नाट—(2) चोरधरा, (3) भूमिलेटोवा, (4) पिंपरा गुचोवा, (5) भोजन-व्यवहार, (6) भूषण हेरोवा, (7) कोटोरा खेलोवा, (8) ब्रह्मामोहन और (9) रास-झुमुरा।

शंकरदेव की तरह माधवदेव ने 'बरगीत' और 'नाटकों' की रचना ब्रजावली भाषा में की। माधवदेव ने अंकिया-नाट से भिन्न बाल-कृष्ण की कथाओं को लेकर गीत-नृत्य-प्रधान झुमुराओं की रचना की। उनके बरगीतों में बालकृष्ण की लीलाओं का अत्यन्त सजीव वर्णन देखकर कहा जाता है कि उन्हें सूरदास की तरह माता का हृदय प्राप्त था। माधवदेव की एक विशेषता थी कि वे अत्यन्त गूढ़ तत्त्व को सहज रूप में प्रतिपादित कर सकते थे। 'नामघोषा' माधवदेव के भक्त-जीवन का सर्वस्व है और उनकी साहित्यिक-आध्यात्मिक प्रतिभा का कीर्तिस्तंभ है। माधवदेव के साहित्य में भारतवर्ष की भी प्रशंसा मिलती है, यथा—

धन्य धन्य कलिकाल
धन्य नरतनु भाल
धन्य धन्य भारतबरिषे । (बरगीत)

शंकरदेव-माधवदेव के समकालीन वैष्णव कवियों में प्रमुख हैं— राम सरस्वती, अनंत कन्दलि, सार्वभौम भट्टाचार्य, कंसारि कायस्थ, श्रीधर कन्दलि, रत्नाकर कन्दलि, रत्नाकर मिश्र, नारायणदास ठाकुर आता, चान्दसाइ और हरिदेव।

राम सरस्वती का मूल नाम अनिरुद्ध था। कोच राजा नरनारायण (1540-1580 ई०) ने उन्हें 'राम सरस्वती' की उपाधि दी थी। राजा के आग्रह पर राम सरस्वती ने 'महाभारत' के कतिपय पर्वों का अनुवाद किया था। उनके पुत्र गोपीनाथ द्विज ने

अपने पिता के अनुवाद कार्य को पूरा किया। उन्हें असम का 'व्यास' कहा जाता है। उन्होंने 'वनपर्व' की विभिन्न रोचक कथाओं के आधार पर स्थानीयता का पुट देकर वध-काव्यों की रचना की थी, यथा– 'कुलाचलवध', 'बकासुरवध', 'कालजंघवध', 'खटासुरवध', 'अश्वकर्णवध', 'जंघासुरवध' इत्यादि। 'महाभारत' की कथा के आधार पर उन्होंने कुछ स्वतंत्र काव्यों की भी रचना की, यथा– 'पांचाली-विवाह', 'व्यासाश्रम', 'सावित्री-उपाख्यान', 'तीर्थयात्रा' इत्यादि। जयदेव के 'गीतगोविन्द' की कथावस्तु के साथ 'भागवत पुराण' की कथा को सम्मिश्रित कर उन्होंने 'गीतगोविन्द' नामक स्वतंत्र काव्य की रचना की थी।

अनंत कन्दलि बड़े ही पंडित थे। उनपर शंकरदेव का विशेष अनुग्रह था। इसीलिए शंकरदेव ने 'भागवत' दशम स्कन्ध के मध्य और अन्त्य खण्ड का अनुवाद करने के लिए उन्हें दिया था। अनंत कन्दलि की प्रमुख रचनाएँ हैं– 'कुमरहरण काव्य', 'वृत्रासुरवध', 'जीवतुति', 'वैष्णवामृत', रामायण का अनुवाद, 'महीरावणवध' काव्य, 'सीतार पाताल प्रवेश' नाट इत्यादि।

सार्वभौम भट्टाचार्य कवि के अतिरिक्त ज्योतिषाचार्य के रूप में भी ख्यात हैं। उनके दो ग्रंथ उपलब्ध हुए हैं– 'सरु स्वर्गखण्ड' तथा 'बृहत् स्वर्गखण्ड'। राम सरस्वती द्वारा किये गये 'महाभारत' के अनुवाद-कार्य में कंसारि कायस्थ का भी योगदान है। उन्होंने 'महाभारत' के अनुवाद-कार्य को आगे बढ़ाया था। कंसारि ने महाभारत के वन-पर्व के अंतर्गत 'किरात अनुपर्व' तथा विराट-पर्व के अंतर्गत 'दक्षिण गोग्राह' एवं 'उत्तर गोग्राह' के पदों की रचना की थी। शंकरदेव के समकालीन श्रीधर कन्दलि 'कानखोवा' नामक खण्डकाव्य के लिए विख्यात हैं जिसमें बालक कृष्ण के न सोने पर यशोदा कान खानेवाले दैत्य के बारे में वर्णन कर डराती है। लोरी की शैली में यह काव्य लिखा गया है। रुक्मिणी की सपत्नी घुनुचा पर लिखित 'घुनुचा कीर्तन' वैष्णवों का कण्ठहार है। घुनुचा राजा इन्द्रद्युम्न की रूपवती कन्या थी। घुनुचा के पास श्रीकृष्ण (जगन्नाथपुरी) के जाने पर रुक्मिणी का द्वेष, क्रोध, मान इस काव्य में साकार हो उठा है। रत्नाकर कन्दलि का एक अन्य नाम कविशेखर है। उन्होंने 'विष्णुर सहस्र नाम वृत्तांत' नामक काव्य की रचना की है। इसकी विशिष्टता के कारण शंकरदेव की 'कीर्तन-घोषा' के अंतर्गत इसे स्थान दिया जाता है। रत्नाकर मिश्र के दो ग्रंथ उपलब्ध हैं– 'ब्रह्मगीता' तथा 'गीता-कीर्तन'। शंकरदेव के प्रिय शिष्य नारायणदास ठाकुर आता के कुछ भक्ति-गीत उपलब्ध हैं। उन्होंने कुछ आध्यात्मिक सूक्तियों की भी रचना की थी। शंकरदेव के मुसलमान शिष्य चान्दसाइ मूलतः दर्जी थे। उन्होंने भी कुछ भक्ति-गीतों की रचना की थी। शंकरदेव के शिष्य हरिदेव की दो कृतियाँ उपलब्ध हैं– 'शरण संहिता' तथा 'भक्तिरसतरंगिनी'।

शंकरोत्तर युग

शंकरोत्तर युग के साहित्यकारों में रामचरण ठाकुर, गोपाल आता, अनिरुद्धदेव,

भट्टदेव, पुरुषोत्तम ठाकुर, बर यदुमनिदेव, श्रीराम आता, भागवत मिश्र, गोविन्द मिश्र, भागवताचार्य, गोपाल मिश्र इत्यादि प्रधान हैं।

रामचरण ठाकुर महापुरुष माधवदेव के भानजा थे। उन्होंने शंकरदेव का जीवन-वृत्तांत 'शंकरचरित' के नाम से पद्यमयी भाषा में लिखा। शंकरदेव के संस्कृत-ग्रंथ 'भक्तिरत्नाकर' को उन्होंने प्रांजल असमीया भाषा में काव्यबद्ध किया। उन्होंने कुछ गीतों की रचना की। रामचरण ठाकुर की नाट्यकृति है– 'कंसवध'। माधवदेव के शिष्य गोपाल आता की प्रमुख रचनाओं में कुछ भक्तिगीत, तीन नाटक– 'जन्मयात्रा', 'नन्दोत्सव' तथा 'उद्धव-संवाद' या 'उद्धवमान' के नाम लिये जाते हैं। अनिरुद्धदेव के गीतों का संकलन है– 'भक्तिमंगल घोषा'। उन्होंने 'भागवत' के पंचम स्कन्ध से 'पुरंजन उपाख्यान' का अनुवाद किया है।

शंकरोत्तर युग के एक प्रतिभावान् साहित्यकार हैं भट्टदेव अर्थात् कविरत्न वैकुण्ठनाथ भागवत भट्टाचार्य। भट्टदेव 'गीता' और 'भागवत' के प्रकांड विद्वान् थे। अपने गुरुदेव दामोदर के आग्रह पर उन्होंने गद्य में 'कथा-गीता' और 'कथा-भागवत' की रचना की थी। शंकरदेव के बाद भट्टदेव ने मध्यकाल में ही असमीया-गद्य को विस्तार दिया था। उनकी अन्य प्रमुख रचनाएँ हैं– 'कथा रत्नावली', 'शरणमालिका', 'गुरुवंशावली', 'प्रसंगमाला', 'भक्तिसार' (संस्कृत), 'भक्तिविवेक' (संस्कृत)।

शंकरदेव के ज्येष्ठ पौत्र पुरुषोत्तम ठाकुर ने माधवदेव की 'नामघोषा' की तरह 'न-घोषा' नामक एक भक्ति-ग्रंथ की रचना की। उनके कुछ भक्ति-गीत भी उपलब्ध हैं। बर यदुमणि देव के कुछ भक्ति-गीत और 'फल्गुयात्रा' नामक एक नाटक हैं। श्रीराम आता के अनेक भक्ति-गीत मिलते हैं जिन्हें 'घोषार पटल' नामक ग्रंथ में संगृहीत किया गया है। 'सुभद्राहरण नाट' श्रीराम आता की एक उल्लेखनीय कृति है। भागवत मिश्र के अब तक दो ग्रंथ उपलब्ध हुए हैं– 'विष्णुपुराण' और 'सात्वत तंत्र'। गोविन्द मिश्र ने भट्टदेव के 'भक्तिविवेक' का असमीया में अनुवाद किया है। भागवताचार्य की तीन कृतियाँ हैं– 'कथा-सूत्र', 'सात्वत तंत्र' तथा 'गीता-सार'। गोपाल मिश्र 'घोषारत्न' नामक कृति के लिए विख्यात हैं।

वैष्णवेतर साहित्य

पंद्रहवीं शती के अंत से लेकर सोलहवीं शती के प्रारंभ तक कुछ असमीया कवियों ने वैष्णव-साहित्य के समानांतर लौकिक काव्यों की रचना की थी । इन काव्यों को 'पांचाली' काव्य कहा जाता है। संस्कृत 'पांचालिका' (पुतुल) शब्द से 'पांचाली' की व्युत्पत्ति मानी जाती है। वस्तुतः नृत्यगीतपरक 'ओजापालि' लोकनाट्य के साथ गायन करने के कारण इस प्रकार के गेय काव्य को 'पांचाली' कहा जाता होगा। लौकिकता इस प्रकार के काव्य की विशेषता है। इनमें चित्रित चरित्रों को वैष्णव कवियों की भाँति आदर्श के स्तर पर नहीं, वरन् सामान्य मानवीय स्तर पर प्रतिष्ठित किया गया है। फलतः इनमें मानवीय शक्ति, सामर्थ्य, ईर्ष्या, द्वेष, विभिन्न

दुर्बलताएँ, यौन आवेग आदि पर अधिक ध्यान दिया गया। मध्ययुगीन वैष्णवेतर कवियों में पीताम्बर, दुर्गावर, मनकर और सुकवि नारायण देव के नाम उल्लेखनीय हैं।

पीताम्बर कवि शंकरदेव के समकालीन थे। उन्हें शंकरदेव ने 'तामसिक कवि' मानकर महत्त्व नहीं दिया था। पीताम्बर की कृतियाँ हैं– 'ऊषा-परिणय', 'भागवत' (दशम स्कन्ध), 'मार्कण्डेय चण्डी' और 'नल-दमयन्ती'। दुर्गावर कायस्थ ने रामायण की कथा को गेय बनाकर 'गीति-रामायण' की रचना की थी। उनका एक प्रसिद्ध ग्रंथ है 'बेउला आख्यान' जिसमें सर्पों की अधिष्ठात्री देवी मनसा का माहात्म्य वर्णित है; साथ ही, देवी और शिव के भक्त चान्द सौदागर के परिवार के साथ द्वन्द्व को बेहुला-लखीन्दर की कथा के माध्यम से वर्णित किया गया है। मनकर षष्ठ शती के प्रारंभिक भाग के कवि हैं। मनकर का काव्य है 'पद्मा-पुराण' या 'मनसा-पुराण'। दरङी राजा धर्मनारायण (1615-1637 ई॰) के शासनकाल में विद्यमान होने के कारण सुकवि नारायणदेव को सत्रहवीं शती के प्रारंभिक काल का कवि माना जाता है। उनका 'पद्मा-पुराण' एक बृहत् ग्रंथ है जिसके गीत असम के लोक-समाज में 'सुकनानी' या 'सुकन्नानी' नाम से जाने जाते हैं। ओजापालि लोकनाट्य के मंचन के समय इन गीतों को गाया जाता है। मनसा देवी और बेहुला-लखीन्दर की कथा को इस काव्य में विस्तार मिला है।

चरित-साहित्य

महापुरुष शंकरदेव को केन्द्र में रखकर 'चरित-साहित्य' अर्थात् संतों की जीवनी लिखने की परम्परा चल पड़ी। माधवदेव के भानजा रामचरण ठाकुर के बाद भूषण द्विज ने श्रीमंत शंकरदेव पर 'शंकर-चरित' लिखकर इस परम्परा को आगे बढ़ाया। रामचरण ठाकुर के सुपुत्र दैत्यारि ठाकुर ने शंकरदेव-माधवदेव की जीवन-कथाओं को 'शंकरदेव-माधवदेव चरित्र' में अंकित किया। आहोम राजमंत्री आतन बाँहगड़ीया बूढ़ागोहाञि (1648-79 ई॰) के आग्रह पर रामानन्द द्विज ने शंकरदेव, माधवदेव और उनके शिष्य गोपालदेव को नायक बनाकर 'शंकरदेवर चरित' की रचना की थी। शंकरदेव-माधवदेव की जीवनी की दृष्टि से गद्य में लिखित 'कथा-गुरुचरित' और 'बरदोवा गुरुचरित' अत्यंत महत्त्वपूर्ण हैं। यश-प्राप्ति के लिए गुरु की जीवनी लिखने के आरोप से बचने के लिए ही सम्भवतः दोनों के रचनाकारों ने अपना-अपना नाम गुप्त रखा है।

शंकरदेव-माधवदेव की जीवनी लिखने की परम्परा ने परवर्ती काल में अन्य वैष्णव संतों की जीवनी लिखने के लिए रचनाकारों को प्रोत्साहित किया। इनमें रामराय की 'गुरुलीला', अनिरुद्ध दास की 'गुरुवर्णना', रमाकांत का 'वनमालीदेव चरित', चतुर्भुज कायस्थ का 'यदुमणि-रामानन्द चरित्र', विभुनाथ की 'संत-सम्प्रदायर कथा', नीलकंठ दास का 'दामोदर चरित', भद्रचारु दास का 'अनंतराय चरित', चिदानंद देव का 'अनिरुद्धदेवर चरित' इत्यादि उल्लेखनीय हैं। वस्तुतः मध्यकालीन वैष्णव

संतों के जीवन पर लिखित असमीया-चरित्र-साहित्य की एक समृद्ध परम्परा है।

सत्रीया साहित्य

महापुरुष शंकरदेव ने सामाजिक समरसता लाने के लिए सामूहिक प्रार्थना-गृहों को स्थापित किया था जिसे 'नामघर' या 'कीर्तनघर' कहा जाता है। शंकरदेव के शिष्य-प्रशिष्य और अनुयायियों ने धर्म-प्रचार की सुविधा के लिए जगह-जगह पर नामघरों की स्थापना की। विशेष रूप से सत्राधिकारियों ने गीत और नाटक लिखकर असमीया-साहित्य को समृद्ध किया। ऐसे साहित्य को 'सत्रीया साहित्य' कहा जा सकता है। अब भी 'साँचिपात' में लिखित अनेक अप्रकाशित पोथियाँ असम के सत्रों में सुरक्षित-असुरक्षित अवस्था में पड़ी हैं। कुछ पाण्डुलिपियों को विभिन्न पुस्तकालयों में संरक्षित रखा गया है।

सत्रीया साहित्य के अंतर्गत कुछ नाटकों तथा नाटककारों के नाम इस प्रकार हैं—रुचिदेव के 'कुमारहरण' और 'शतस्कन्ध रावण-वध', गोपाल का 'सीताहरण', माधव का 'भीम-निर्यातन', जयदेव का 'सिन्धुयात्रा', कमलचन्द्र का 'कुलाचल-वध', लक्ष्मीनाथ का 'नरसिंहयात्रा' इत्यादि। प्रमुख सत्रीया गीतिकारों में श्रीराम, रामानन्द, यदुमणिदेव, चतुर्भुज ठाकुर, परमानन्द ठाकुर, पद्मप्रिया इत्यादि उल्लेखनीय हैं।

राजदरबार की छत्रच्छाया में पल्लवित साहित्य

असम में दो राजवंशों का प्रभावकारी शासन रहा : ऊपरी असम अर्थात् ब्रह्मपुत्र के दक्षिण में आहोम का और ब्रह्मपुत्र के उत्तर अर्थात् निम्न असम में कोच राजवंश का। आहोम शासन की नींव श्याम देश (वर्तमान म्यांमार) से आनेवाले चुकाफा नामक एक राजकुमार ने रखी। आहोम शासन सन् 1228 से 1826 ई० तक चला। स्वर्गदेव चुचेनफा के शासनकाल (1439-1480 ई०) में शंकरदेव का जन्म हुआ था और स्वर्गदेव चुकामफा या लंगड़ा राजा (सन् 1552-1611 ई०) के शासनकाल में उनका महाप्रयाण हुआ। कोच राज्य की प्रतिष्ठा सोलहवीं शती के प्रारंभ में विश्वसिंह नामक एक राजवंशी युवक ने लुप्तप्राय कमता राज्य की नींव पर ही की थी। विश्वसिंह 1540 ई० तक जीवित थे। शंकरदेव ने विश्वसिंह के पुत्र राजा नरनारायण (1540-1587 ई०) की राजसभा की शोभा बढ़ायी थी। राजा नरनारायण के भाई सेनापति चिलाराय शंकरदेव का विशेष आदर करते थे। ये दोनों राजवंश मंगोल थे। राजा नरनारायण की शिक्षा-दीक्षा वाराणसी में हुई थी। वे संस्कृत के विद्वान् थे और विद्वानों-साहित्यकारों को लिखने के लिए प्रोत्साहित करते थे। 'महाभारत' का अनुवाद कोच राज्य के संरक्षण में हुआ। आहोम राजाओं ने जब हिन्दू धर्म ग्रहण किया तब से वैष्णव-सत्रों एवं वैष्णव-साहित्यकारों को प्रोत्साहन मिलने लगा। स्वर्गदेव जयध्वज सिंह (1645-1663 ई०) के समय से वैष्णव-सत्रों को राज-संरक्षण प्राप्त हुआ।

आहोम राजदरबार की छत्रच्छाया में असमीया-साहित्य को समृद्ध करनेवालों में

जयध्वज सिंह, राजानन्द, राम मिश्र, रामचन्द्र बरपात्र, रुद्रसिंह, शिवसिंह, कविराज चक्रवर्ती, अनंत आचार्य द्विज, कविचन्द्र द्विज, भोलानाथ द्विज, सुकुमार बरकाथ, राजेश्वर सिंह, लक्ष्मीनाथ द्विज इत्यादि उल्लेखनीय हैं। इन्होंने गीत, नाटक, अनुवाद, चरित-पोथी, काव्य आदि रचकर असमीया-साहित्य को समृद्ध किया।

कोच-राज्य की छत्रच्छाया में 'महाभारत' का अनुवाद कार्य हुआ। राम सरस्वती और उनके पुत्र गोपीकांत पाठक के अतिरिक्त दामोदर द्विज, विद्या पंचानन, राम मिश्र, श्रीनाथ द्विज, कविशेखर इत्यादि ने 'महाभारत' के विभिन्न पर्वों के अनुवाद में सहयोग किया था। 'भागवत' और विभिन्न पुराणों के अनुवाद भी इस समय हुए। अनेक कवियों ने 'रामायण' के विषय को लेकर स्वतंत्र रूप में राम-साहित्य की रचना की थी।

ज्ञान का साहित्य (वैषयिक साहित्य)

वैष्णवीय धार्मिक साहित्य के समानान्तर असम में कुछ इस प्रकार के साहित्य की रचना हुई जिसको ज्ञान का साहित्य कहा जा सकता है। असमीया में इसको वैषयिक साहित्य की संज्ञा दी गयी है। परिमाण में इस प्रकार का साहित्य अवश्य ही कम है। बकुल कायस्थ ने गणित संबंधी 'किताबत मंजरी' नामक एक पुस्तक की रचना की थी। कविरत्न द्विज ने गणित की प्रसिद्ध पुस्तक 'लीलावती' का असमीया में अनुवाद किया था। एक चूड़ामणि नामक व्यक्ति ने 'ज्योतिष चूड़ामणि' नामक एक जयोतिष की पुस्तक लिखी थी। आहोम राजा स्वर्गदेव रुद्रसिंह और स्वर्गदेव शिवसिंह के प्रोत्साहन से भी कुछ साहित्य की रचना हुई थी। कुछ पुस्तकों में चित्रांकन भी किया गया था। इस क्रम में हाथी और घोड़े से संबंधित क्रमशः 'हस्ति-विद्यार्णव-सार-संग्रह' और 'घोड़ानिदान' के नाम लिये जा सकते हैं। सुकुमार बरकाथ ने 'हस्ति-विद्यार्णव-सार- संग्रह' में हाथी के प्रकार, रोग-लक्षण और चिकित्सा-संबंधी विवरण प्रस्तुत किया है। 'घोड़ा-निदान' में घोड़े की चिकित्सा से संबंधित विवरण है। राज-प्रोत्साहन से 'धर्मपुराण', 'गीतगोविन्द', 'शंखचूड़-वध', 'आनन्दलहरी' जैसी कृतियों में चित्रांकन किया गया था। इस समय प्रस्तुत होनेवाली 'शकुंतला काव्य', 'ब्रह्मवैवर्तपुराण', 'गीतगोविन्द' जैसी कृतियों में शृंगार रस का प्राबल्य दीखता है।

कोच राजाओं के प्रोत्साहन से पद्य में राजवंशावली लिखवाने की प्रवृत्ति चल पड़ी थी। कोच राजवंश की उत्पत्ति और विकास के क्रम को विस्तृत रूप में इन वंशावलियों में लिपिबद्ध किया जाता था। इस क्रम में सूर्यखड़ि दैवज्ञ रचित 'दरंग-राजवंशावली' (सन् 1791 ई॰), रतिकांत द्विज की 'खड़गनारायणर वंशावली' (सन् 1802 ई॰), सूर्यदेव वागीश की 'गंधर्वनारायणर वंशावली' (सन् 1840 ई॰) उल्लेखनीय हैं। माधव द्विज, राजा उपेन्द्रनारायण, गंधर्वनारायण इत्यादि की राजवंशावलियाँ महत्त्वपूर्ण हैं। राजवंशावलियों के समान ही सत्र-वंशावलियों की रचना भी इस समय हुई जिनमें

'मायामरीया सत्रर वंशावली', 'दिहिंग सत्रर वंशावली' इत्यादि उल्लेखनीय हैं।

बुरंजी साहित्य

असम में 'बुरंजी' यानी इतिहास लिखने की परम्परा आहोम शासनकाल से प्रारंभ हुई। स्वर्गदेव चुकाफा जब अपने श्याम देश से चले थे तब अपने साथ महन-बाइलुङ नामक एक शिक्षित व्यक्ति साथ लाये थे। विभिन्न स्थानों को पार करते हुए पाटकाइ पर्वत लाँघकर उन्होंने असम में प्रवेश किया था। तब चुकाफा ने महन-बाइलुङ से आग्रह किया था कि खास-खास घटनाओं को लिपिबद्ध करते जायँ। प्रारंभिक अवस्था में टाइ भाषा में 'बुरंजी' लिखने की परम्परा चली। सत्रहवीं शती तक टाइ भाषा में 'बुरंजी' प्राप्त होते हैं, परंतु अठारहवीं शती से असमीया भाषा में बुरंजी लिखने का क्रम चला जो अन्य भारतीय प्रादेशिक भाषा में दुर्लभ है। आहोम शासनकाल में लिखित बुरंजियों का उद्धार कर उन्हें प्रकाशित करने-कराने का श्रेय डॉ० सूर्यकुमार भूञा को जाता है। आहोम राजवंश में इतिहास की जानकारी रखना या इतिहास पढ़ना अनिवार्य माना जाता था। राजशासन के ऊँचे पदाधिकारियों द्वारा भी इतिहास रचे गये थे।

सन् 1700-1850 ई० के भीतर रचित कुछ इतिहास असम सरकार के 'बुरंजी और पुरातत्त्व विभाग' द्वारा प्रकाशित होने पर असमीया-साहित्य की भी श्रीवृद्धि हुई है, यथा– 'पुरणि असम बुरंजी', 'तुङखुङीया बुरंजी', 'देओधाइ बुरंजी', 'त्रिपुरा बुरंजी', 'कछारी बुरंजी', 'जयंतीया बुरंजी', 'असम बुरंजी', 'असम बुरंजी पुथि', 'कामरूप बुरंजी', 'पादशाह बुरंजी', 'सातसरी असम बुरंजी', 'सदरामीनर बुरंजी' इत्यादि। इतिहास की अनेक पुस्तकें आज भी अप्रकाशित हैं। इन बुरंजियों को गद्य में लिखा गया है। इनमें ऐसे अनेक पत्र एवं दस्तावेज हैं जिनसे मध्यकालीन असम की शासन-व्यवस्था एवं भाषा के स्वरूप को जाना जा सकता है।

सूफी साहित्य

असम में होनेवाले मुसलमानों के सघन आक्रमण के कारण असमीया लोगों के साथ मुसलमानों का संबंध स्थापित हुआ। आक्रमण करने के लिए मुगल फौजों के साथ आनेवाले कुछ लोग असम में ही बस गये थे। मुगल सेनापति मिरजुमला के साथ आनेवाले शाह मिलन नामक फकीर ने असम में सूफी धर्म के प्रचार-प्रसार का बीड़ा उठाया था। उनके द्वारा रचित 'जिकिर' और 'जारी' गीतों का प्रभाव आज भी असम में है। इन गीतों के अतिरिक्त कुतबन-कृत 'मृगावती' का राम द्विज ने ठेठ असमीया में अनुवाद किया था। एक अज्ञात असमीया लेखक ने मंझन की 'मधुमालती' का अनुवाद किया था। द्विज पशुपति के नाम से 'चन्द्रावली' नामक सूफी काव्य उपलब्ध है।

आधुनिक काल

सन् 1826 ई० में असम ब्रिटिश शासन के अंतर्गत आया। छह सौ वर्षों तक

शासन करनेवाले आहोम राजवंश का अंत हुआ। आंतरिक कलह से जर्जर आहोम शासन की कमजोरी का फायदा उठाकर बर्मी के अत्याचार से बचने के लिए आहोम राजा ने ईस्ट इंडिया कम्पनी से 'यादांबु समझौता' किया। असम ब्रिटिश शासन के अंतर्गत शामिल हुआ और अँगरेजों ने बर्मी सेना को असम से खदेड़ दिया।

अँगरेजों के शासन के साथ-साथ भारतीय प्रादेशिक भाषाओं में परिवर्तन आने लगा। ईस्ट इंडिया कम्पनी ने असम में शासन चलाने के लिए कलकत्ते (कोलकाता) से कुछ बंगाली बाबू को बुलाया था। इनके परामर्श से असमीया के स्थान पर बांग्ला भाषा को असम राज्य की राजभाषा बनाया गया। सन् 1936 ई॰ से कचहरी और विद्यालयों में बांग्ला भाषा लागू होने पर जनाक्रोश बढ़ा। आनन्दराम ढेकियाल फुकन जेसे विद्वान् को असमीया भाषा की पुनः प्रतिष्ठा करने के लिए संघर्ष करना पड़ा। उन्होंने 'A Few Remarks On The Assamese Language' जैसी पुस्तक लिखकर यह प्रमाणित किया कि असमीया भाषा बांग्ला की समगोत्रीय होने पर भी स्वतंत्र अस्तित्व रखती है। इसी बीच ईसाई धर्म का प्रचार करने के लिए अमेरिका से आये हुए ईसाई मिशनरी असमीया भाषा को पुनः प्रतिष्ठित करने में लग गये। फलतः सन् 1873 ई॰ से ब्रिटिश शासक ने असम में असमीया भाषा को राजभाषा की मान्यता दी। इसी कारण आधुनिक असमीया-साहित्य के इतिहास में सन् 1830 ई॰ से 1880 ई॰ तक का समय मिशनरी-साहित्य का युग कहा जाता है। इस काल के दो स्तर स्वीकारे जा सकते हैं– प्राक्-अरुणोदय और अरुणोदय।

प्राक्-अरुणोदय काल

सन् 1836 ई॰ में ईसाई धर्म-प्रचार हेतु अमेरिकन ईसाई मिशनरी असम पहुँचे। रेवरेंड नाथान ब्राउन तथा रेवरेंड कट्टार सपरिवार असम आकर ईसाई धर्म के प्रचार-प्रसार में लग गये। इनके आने के कुछ महीनों बाद डाक्टर माइलस ब्रन्सन और जेकब थमास आये, पर एक नौका-दुर्घटना में थमास काल कवलित हो गया। असम के पहाड़ी इलाकों में ईसाई धर्म के प्रचार करते समय इन्होंने अनुभव किया कि बांग्ला या अँगरेजी के स्थान पर असम की स्थानीय असमीया भाषा को अपनाने से ही सफलता मिल सकती है। इनकी प्रेरणा से आत्माराम शर्मा ने 'बाइबिल' का अनुवाद असमीया भाषा में किया जिसे 1813 ई॰ में श्रीरामपुर प्रेस में छापा गया। यही असमीया की प्रथम मुद्रित कृति है।

प्राक्-अरुणोदय काल के लेखक अत्यन्त कम हैं। श्रीरामपुर प्रेस से प्रकाशित आत्माराम शर्मा का 'बाइबेलर असमीया भाङनि' का दूसरा संस्करण (1833 ई॰), श्रीरामपुर के रविन्सन साहब का अँगरेजी में लिखित 'असमीया व्याकरण' (1839 ई॰), काशीनाथ तामकुली फुकन का 'असम बुरंजी' (1844 ई॰), आलिबर, टि॰ कट्टार की पत्नी श्रीमती कट्टार का 'असमीया शब्दावली आरु खण्डवाक्य' (1840 ई॰), विश्वेश्वर वैद्याधिपर का 'बेलिमारर बुरंजी' (1831-38 ई॰), यदुराम डेकाबरुवा का

'असमीया अभिधान' (1839 ई०), मनिराम बरभांडार बरुबा (देवा) का 'बुरंजी विवेकरत्न' (1838 ई०) इस कालखण्ड के उल्लेखनीय ग्रंथ हैं। ध्यातव्य है कि ईसाई मिशनरियों ने असम के शिवसागर नगर में 1840 ई० में प्रेस की स्थापना की जहाँ से परवर्ती काल में 'अरुणोदय' पत्रिका का प्रकाशन प्रारंभ हुआ।

अरुणोदय काल

सन् 1846 ई० में ईसाई मिशनरियों द्वारा शिवसागर से प्रकाशित 'अरुणोदय' पत्रिका के साथ असमीया भाषा-साहित्य का अरुणोदय हुआ। इस पत्रिका ने सर्वप्रथम असम के पाठक-समाज को विश्व के विचार-प्रवाह से जोड़ा, ज्ञान-विज्ञान की नयी दुनिया से परिचित कराया, सामाजिक घटना-प्रवाह, भूगोल, इतिहास, वैज्ञानिक आविष्कारों से अवगत कराया। 'अरुणोदय' पत्रिका में नियमित रूप से प्रकाशित विभिन्न देशों की प्रसिद्ध ऐतिहासिक घटनाओं, प्राकृतिक अध्ययन, नैतिक शिक्षा, हिन्दुस्तान के विवरण, प्राचीन असम के इतिहास, कहानी, जीवनी इत्यादि से भी असम का पाठक-वर्ग जुड़ गया। इस पत्रिका के कारण एक नया साहित्यिक-वर्ग सामने आया। इस पत्रिका के द्वारा ही असमीया भाषा की पुनः प्रतिष्ठा की लड़ाई लड़ी गयी। पश्चिमी विचारधारा का बीज बोकर असमीया-साहित्य में आधुनिक चेतना का संचार किया गया। इस पत्रिका ने पत्र-पत्रिकाओं के प्रकाशन का मार्ग प्रशस्त किया। 'अरुणोदय' से प्रोत्साहित होकर परवर्ती काल में प्रकाशित होनेवाली अन्य पत्रिकाओं, यथा– 'आसाम विलासिनी' (1871-83 ई०) 'आसाम मिहिर' (1872-73 ई०), 'आसाम दर्पण' (1874-75 ई०) इत्यादि ने असमीया भाषा-साहित्य के विकास में अपार योगदान दिया।

'अरुणोदय-काल' में कुछ ईसाई साहित्यकारों ने साहित्य-सृजन में विशेष योगदान दिया। इनमें नाथान ब्राउन (1807-76 ई०), डाक्टर माइलस ब्रन्सन (1812-83 ई०), ए०के० गार्नि (1854-1910 ई०) और निधिराम फारवेल के नाम उल्लेखनीय हैं। निधिराम असमीया हिन्दू थे, परंतु उन्होंने ब्रन्सन साहब से 1841 ई० में ईसाई धर्म की दीक्षा ली थी। ईसाई धर्म-प्रचार की दृष्टि से कुछ पुस्तिकाओं या बाइबिल का असमीया अनुवाद करने के अतिरिक्त ब्राउन ने असमीया भाषा का व्याकरण (Grammatical Notices Of The Assamese Language) तथा ब्रन्सन ने असमीया शब्दकोष का निर्माण जैसे महत्त्वपूर्ण कार्य किये थे। इस समय के सशक्त असमीया लेखक थे आनन्दराम ढेकियाल फुकन (1829-59 ई०)। इन्होंने विभिन्न पाठ्य-पुस्तकों के निर्माण में महत्त्वपूर्ण योगदान दिया था। 1855 ई० में अँगरेजी में लिखित इनकी 'A Few Remarks On Assamese Language' शीर्षक पुस्तिका ने असमीया भाषा के स्वतंत्र अस्तित्व के संबंध में अँगरेज शासकों की आँखें खोली थीं। अरुणोदय काल में कुछ असमीया लेखकों ने स्वतंत्र रूप में लेखन-कार्य किया जिनमें दुतिराम हाजरिका (1806-1901 ई०), दीननाथ बेजबरुवा (1813-1895 ई०),

हरकांत बरुवा सदर आमिन (1813-1900 ई॰), ललितचन्द्र गोस्वामी (1845-1900 ई॰) इत्यादि उल्लेखनीय हैं।

नवजागरण काल

'अरुणोदय' पत्रिका के माध्यम से असम में एक नव चेतना का संचार अवश्य हुआ था, पर इसका मूल उद्देश्य ईसाई धर्म का प्रचार-प्रसार था। असम के जातीय जीवन एवं समस्याओं पर इस पत्रिका का कोई विशेष ध्यान न रहने के कारण हेमचन्द्र बरुवा, गुणाभिराम बरुवा जैसे तत्कालीन साहित्यकार अरुणोदय से जुड़े रहने के बावजूद अलग से साहित्य-सृजन में प्रवृत्त हुए। उनके साहित्य में जातीयता-बोध और देशप्रेम की भावना उभरने लगी। इसलिए इस नवजागरण काल को 'हेमचन्द्र-गुणाभिराम' का युग भी कहा जा सकता है।

हेमचन्द्र बरुवा (1835-1896 ई॰) ने 'हेमकोष' अर्थात् असमीया-शब्दकोश का परिश्रमपूर्वक संकलन-संपादन किया जिसके आधार पर आधुनिक असमीया भाषा की प्रतिष्ठा हुई। असम में अफीम की लत से परिवारों का जो सर्वनाश हो रहा था, उस पर उन्होंने 'कानीयार कीर्तन' पुस्तक में व्यंग्य किया है। एक अन्य पुस्तक 'बाहिरे रंग-चंग भितरे कोवाभातुरि' में मध्यवर्गीय जीवन के खोखलेपन पर व्यंग्य किया है। 'आसाम निउच' नामक पत्र का संपादन कर हेमचन्द्र बरुवा ने असम के जातीय जीवन में नवजागरण का सूत्रपात किया था। विधवा-विवाह के समर्थन में गुणाभिराम बरुवा ने 'रामनवमी' नाटक की रचना की थी। 'आनन्दराम ढेकियाल फुकनर जीवनचरित' एवं 'असम बुरंजी' इनकी दो उल्लेखनीय कृतियाँ हैं। गुणाभिराम ने 'आसाम-बंधु' नामक एक मासिक पत्रिका का भी संपादन किया था। कलकत्ते (कोलकाता) में रहकर गुणाभिराम असम के युवकों को साहित्य-सृजन के लिए प्रोत्साहित करते थे। इस युग के अन्य प्रमुख लेखक हैं– रमाकांत चौधुरी (1846-1889 ई॰), भोलानाथ दास (1858-1929 ई॰), लम्बोदर बरा (1860-1892 ई॰), कमलाकांत भट्टाचार्य (1854-1936 ई॰) इत्यादि। वस्तुतः हेमचन्द्र और गुणाभिराम ने आधुनिक असमीया-साहित्य की नींव को सुदृढ किया।

बेजबरुवा युग

असमीया-साहित्य में रोमांटिक प्रभाव अर्थात् छायावादी साहित्य का काल पचास वर्षों का है। इस समय के साहित्य का नेतृत्व साहित्यरथी लक्ष्मीनाथ बेजबरुवा कर रहे थे। उनके सफल नेतृत्व में आधुनिक असमीया-साहित्य की हर विधा पुष्ट हुई और असमीया-साहित्य को नया विस्तार मिला।

कलकत्ते में पढ़ने गये तत्कालीन असमीया विद्यार्थियों ने सन् 1885 ई॰ में 'असमीया भाषा उन्नति साधिनी सभा' (अ॰भा॰उ॰सा॰स॰) की स्थापना की थी। इस सभा के कतिपय प्रमुख उद्देश्य थे– प्राचीन पोथियों का संग्रह एवं प्रकाशन, असम के सभी शिक्षालयों में असमीया भाषा का प्रचलन, शुद्ध व्याकरण और वर्तनी का

प्रयोग, साहित्य की पाठ्य-पुस्तकों का प्रकाशन, संस्कृत या अन्य भाषाओं की अच्छी कृतियों का असमीया में अनुवाद, असम की सामाजिक रीति-रिवाजों का वृत्तांत-संग्रह एवं तदनुरूप इतिहास-लेखन इत्यादि। इन्हीं विचारों को आगे बढ़ाने के लिए जनवरी, 1889 ई॰ से 'जोनाकी' (जुगनू) नामक एक पत्रिका का प्रकाशन किया गया। चन्द्रकुमार आगरवाला द्वारा संपादित इस पत्रिका ने तत्कालीन युवा-वर्ग में एक नवीन चेतना का संचार किया। 'जोनाकी' के बाद लक्ष्मीनाथ बेजबरुवा द्वारा सम्पादित 'बाँही' (बाँसुरी) के साथ-साथ, 'बिजुली', 'ऊषा', 'आलोचनी', 'आवाहन' इत्यादि पत्रिकाओं ने आधुनिक असमीया-साहित्य के विकास में महत्त्वपूर्ण योगदान दिया। बाँग्ला साहित्य के प्रभाव से असमीया साहित्य को मुक्त करने का प्रयास किया गया। वस्तुतः बेजबरुवा का युग रोमाण्टिसिज्म यानी स्वच्छंदतावादी साहित्य का है। इस अवधि में असम में अनेक परिवर्त्तन हुए। शिक्षा का विस्तार हुआ, राजनीतिक आन्दोलन चला, सामाजिक जीवन में अनेक परिवर्तन हुए, परंपरागत विचार का स्थान नवीन ज्ञान-विज्ञान ने लिया, जीवन-मूल्यों में परिवर्तन हुआ। फलतः इनका प्रभाव साहित्य की विभिन्न विधाओं पर पड़ा। काव्य, गीत, कहानी, उपन्यास, नाटक, एकांकी, निबंध, आलोचना, जीवनी, आत्मकथा, हास्य-व्यंग्य इत्यादि विधाओं में पर्याप्त साहित्य-सृजन हुआ।

असमीया स्वच्छंदतावादी काव्यधारा के मुख्य विषय हैं— प्रकृति की वन्दना, सामान्य मानव को मानवीयता की दृष्टि से देखना, ग्रामीण जीवन की सरलता को अपनाना, अतीत की कीर्ति-गाथा का गायन, पराधीनता का विषाद, स्वदेश-प्रेम का आह्वान, प्रेम का जयगीत, रहस्यवाद इत्यादि। प्रमुख कवियों में चन्द्रकुमार आगरवाला, लक्ष्मीनाथ बेजबरुवा, हेमचन्द्र गोस्वामी, पद्मनाथ गोहाञिबरुवा, मफिजुद्दीन आहमद हाजरिका, रघुनाथ चौधारी, दुर्गेश्वर शर्मा, नीलमणि फुकन, यतीन्द्रनाथ दुवरा, अम्बिकागिरी रायचौधुरी, शैलधर राजखोवा, नलिनीबाला देवी, रत्नकांत बरकाकति, प्रसन्नलाल चौधुरी, डिम्वेश्वर नेओग, पार्वती प्रसाद बरुवा, अतुलचन्द्र हाजरिका, गणेश गगै इत्यादि उल्लेखनीय हैं। इनके काव्यों में स्वच्छन्दतावादी काव्य-धारा की सारी विशेषताएँ मिलती हैं। इस काल-खण्ड में गीति-साहित्य का भी विकास देखा जाता है। प्रायः सारे प्रसिद्ध कवियों ने विभिन्न प्रकार के गीत लिखकर असमीया गीति-साहित्य की धारा को पुष्ट किया। लक्ष्मीनाथ बेजबरुवा, नवीनचन्द्र बरदलै, अम्बिकागिरी रायचौधुरी और नलिनीबाला देवी के स्वदेश-प्रेम के गीतों ने समाज को उद्बुद्ध किया था, ज्योतिप्रसाद आगरवाला के गीतों ने स्वतन्त्रता-सेनानियों के रक्त में नया जोश भरा था और पार्वती प्रसाद बरुवा के गीतों ने लोकजीवन को असम की धरती से जोड़ा था।

लक्ष्मीनाथ बेजबरुवा असमीया-कहानियों के प्रवर्तक हैं। उन्नीसवीं शती के टूटते हुए समाज, खोखलापन, आभिजात्य से प्रभावित मध्यवित्त वर्ग, अँगरेज शासनकालीन

भ्रष्ट कर्मचारी एवं अधिकारी-वर्ग को बेजबरुवा ने अपनी कहानियों में व्यंग्यपूर्ण शैली में चित्रित करने का प्रयास किया था। असम के सहज-सरल ग्राम-जीवन तथा ग्रामों-नगरों की विविध सामाजिक समस्याओं को अनेक असमीया कहानीकारों ने अपनी कहानियों में सफलतापूर्वक रूपायित किया है। समकालीन 'आवाहन' (संपादक दीननाथ शर्मा) पत्रिका ने असमीया-कहानी को गति तो दी ही, विस्तार भी दिया। प्रमुख कहानीकारों में नगेन्द्र नारायण चौधुरी, हलीराम डेका, लक्ष्मीधर शर्मा, त्रैलोक्य नाथ गोस्वामी, महीचन्द्र बरा, राधिकामोहन गोस्वामी, वीणा बरुवा, उमा शर्मा, कृष्णा भूञा, रमा दाश, मुनीन्द्र बरकटकी इत्यादि उल्लेखनीय हैं।

असमीया-उपन्यास का प्रारंभ 'अरुणोदय' पत्रिका में 1850-51 ई॰ में धारावाहिक प्रकाशित होनेवाला 'यात्रिकर यात्रा' (जात्रिकर जात्रा) से माना जा सकता है जो जान बुनियन के 'पिलग्रिम्स प्रोग्रेस' का अनुवाद है। 1884 ई॰ में प्रकाशित पद्मावती देवी फुकननी का उपन्यास 'सुधर्मार उपाख्यान' भी इस दृष्टि से देखा जा सकता है। वस्तुतः स्वच्छंदतावादी युग से ही असमीया-उपन्यास की सफल यात्रा मानी जा सकती है। सन् 1891 ई॰ में 'बिजुली' पत्रिका में पद्मनाथ गोहाञिबरुवा का 'भानुमती' उपन्यास धारावाहिक रूप में प्रकाशित होने लगा था। लक्ष्मीनाथ बेजबरुवा का ऐतिहासिक उपन्यास 'पदुम कुँवरी' 1892 ई॰ के लगभग प्रकाशित हुआ। रजनीकांत बरदलै ऐतिहासिक उपन्यास लिखकर असम के सर वाल्टर स्कॉट बने। असम के मिरि कबीले पर उन्होंने सफल उपन्यास 'मिरिजीयरी' (1894 ई॰) लिखा। इनके कुछ अन्य उपन्यास हैं—'मनोमती', 'रंगिली', 'राधा-रुक्मिणी', 'निर्मल भकत', 'दन्दुवा द्रोह', 'रहदै लिगिरी', 'ताम्रेश्वरी मन्दिर' इत्यादि। जयशंकर प्रसाद ने जो राष्ट्रीय भावना जगाने का काम अपने नाटकों के माध्यम से किया, वही काम बरदलै ने उपन्यासों के माध्यम से किया। इस युग के अन्य उल्लेखनीय उपन्यासकार हैं—हितेश्वर बरबरुवा, शरतचन्द्र गोस्वामी, हरिनारायण दत्तबरुवा, दंडिनाथ कलिता इत्यादि। इन्होंने मूलतः संस्कारपरक एवं जातीय चेतना से संबंधित उपन्यास लिखे। इस समय कुछ अँगरेजी-उपन्यासों का अनुवाद भी हुआ, यथा– 'लास्ट डेज ऑफ पोम्पेइ', 'मदर', 'कलाइंटर एंड द हार्थ', 'ग्रेट हंगर', 'टेल ऑफ टू सिटीज', 'थेइज' इत्यादि।

यों तो गुणाभिराम बरुवा ने 'रामनवमी' नाटक (1857 ई॰) लिखकर आधुनिक असमीया-नाटकों का प्रारंभ किया था, पर इसका विकास बेजबरुवा-युग में हुआ। 'जोनाकी' पत्रिका में चार असमीया प्रवासी विद्यार्थियों ने कलकत्ते में रहकर शेक्सपीयर के 'Comedy Of Errors' नामक नाटक का 'भ्रमरंग' नाम से अनुवाद कर छपवाया था। पुस्तकाकार रूप में यह नाटक 1894 ई॰ में छपा। लक्ष्मीनाथ बेजबरुवा का प्रहसन 'लितिकाइ' प्रथम बार 'जोनाकी' पत्रिका में छपा। पद्मनाथ गोहाञिबरुवा का 'गाँवबूढ़ा' (1897 ई॰), भारतचन्द्र दास का 'अभिमन्यु-वध'

(1885), बेजबरुवा का 'जयमती कुँवरी', 'चक्रध्वज सिंह', 'बेलिमार', 'नोमल', 'पाचनि' इत्यादि प्रहसनों ने असम के नाट्य-जगत् में हलचल मचा दी। सामाजिक, ऐतिहासिक एवं पौराणिक विषयों को लेकर नाटक लिखनेवाले नाटककारों में वेणुधर राजखोवा, दुर्गा प्रसाद मजिन्दार बरुवा, चन्द्रधर बरुवा, शैलधर राजखोवा, नवीनचन्द्र बरदलै, नकुलचन्द्र भूञा, दैवचन्द्र तालुकदार, ज्योतिप्रसाद आगरवाला, अतुलचन्द्र हाजरिका इत्यादि के नाम उल्लेखनीय हैं। प्रहसन एवं एकांकी नाटकों का प्रचलन इस युग की उपलब्धि मानी जायगी।

निबंधकार के रूप में लक्ष्मीनाथ बेजबरुवा अग्रणी रहे हैं। उन्होंने 'जोनाकी' 'बाँही' आदि पत्रिकाओं में धार्मिक, सामाजिक, सांस्कृतिक विषयों पर तो निबंध लिखे ही, 'कृपावर बरुवा' छद्मनाम से अनेक हास्य-व्यंग्य निबंध लिखकर असमीया के व्यंग्य-साहित्य को भी समृद्ध किया है। सत्यनाथ बरा (1860-1925 ई॰), रत्नेश्वर महंत (1864-1893 ई॰), सूर्यकुमार भूञा (1894-1964 ई॰), वेणुधर शर्मा (1894-1981 ई॰), नीलमणि फुकन (1888-1978 ई॰), अम्बिकागिरी रायचौधुरी (1885-1967 ई॰) जैसे सशक्त निबंधकारों ने अनेक निबंध एवं ग्रंथ लिखकर असमीया के निबंध-साहित्य को सुदृढ आधारभूमि प्रदान की। इस कालखण्ड में जीवनी और आत्मकथा लिखने की प्रवृत्ति भी देखी जा सकती है। लक्ष्मीनाथ बेजबरुवा और पद्मनाथ गोहाञिबरुवा ने इस दिशा में पहल किया। विभिन्न समाजसेवी, स्वतंत्रता-सेनानी, राष्ट्रपुरुष, साहित्यकार आदि की जीवनी लिखने की परंपरा चली। लक्ष्मीनाथ बेजबरुवा को प्रथम आधुनिक आलोचक स्वीकारा जा सकता है। उनका 'शंकरदेव' इस दृष्टि से प्रथम आलोचनात्मक ग्रंथ है। वाणीकांत काकति (1894-1952 ई॰) असमीया-साहित्य के आचार्य रामचन्द्र शुक्ल हैं। उन्होंने असमीया-आलोचना-साहित्य की नींव को सुदृढ़ किया। डिम्बेश्वर नेओग (1899-1966 ई॰) ने असमीया-साहित्य का इतिहास लिख कर एक नयी दिशा दी। स्पष्ट है कि 'बेजबरुवा-युग' आधुनिक असमीया-साहित्य के चहुँमुखी विकास का युग है। इस युग में जो व्यापक असमीया-साहित्य का निर्माण हुआ उसके आधार पर आगे विकास एवं विविध प्रयोग का मार्ग खुला। इसलिए इस युग को उत्कृष्ट साहित्य का युग कहा जा सकता है।

जयंती युग

पाक्षिक पत्रिका 'जयंती' का प्रकाशन 2 जनवरी, 1938 ई॰ से हुआ। इसके प्रारंभिक संपादक थे 'बिहगी कवि' रघुनाथ चौधारी। कुछ वर्षों के बाद इसका संपादन संयुक्त रूप में हिन्दी-साहित्य के दो विद्वान् कमलनारायण देव और चक्रेश्वर भट्टाचार्य करने लगे। प्रायः डेढ़ दशक तक प्रकाशित होनेवाली इस पत्रिका के कुछ अंतिम अंकों के संपादक शुक्लेश्वर बरा थे। पाक्षिक से यह पत्रिका मासिक में बदल गयी। इस पत्रिका के संपादन में प्रगतिवादी चिंतक-आलोचक भवानन्द दत्त का विशेष योगदान था। समकालीन राजनीतिक, सामाजिक, आर्थिक समस्याओं के प्रति

जागरूक इस पत्रिका ने असमीया-साहित्य में प्रगतिवादी विचारधारा का समावेश किया था। रोमाण्टिक विचारधारा से अलग हटकर समकालीन यथार्थ जीवन को साहित्य में रूपायित करने का प्रयास इस कालखण्ड में दिखायी पड़ता है। वस्तुतः कमलनारायण, चक्रेश्वर भट्टाचार्य और भवानन्द दत्त के कारण असमीया-साहित्य में प्रगतिवाद का सूत्रपात हुआ। भौतिक जीवन को सर्वस्व मानना, साम्यवादी विचारधारा को आगे बढ़ाना, दलितों के प्रति सहानुभूति और शोषकों के विरुद्ध युद्ध करना इस कालखण्ड के साहित्य का मुख्य स्वर कहा जा सकता है।

प्रसन्नलाल चौधुरी, अमूल्य बरुवा, हेम बरुवा जैसे कवियों के स्वर में परिवर्तन की आकुलता देखने को मिलती है। अमूल्य बरुवा की 'वेश्या', 'विप्लवी' तथा हेम बरुवा की 'गुवाहाटी-44' कविताएँ इस दृष्टि से स्मरणीय हैं।

जयंती युग के कहानीकारों में दीननाथ शर्मा, सैयद अब्दुल मालिक, गोविन्दचन्द्र पैरा, इंदीवर गगै, कृष्ण भूञा, जगदीशचन्द्र मेधि, नारायण बेजबरुवा, निर्मलेश्वर शर्मा, लक्ष्मीधर शर्मा, चैफुद्दीन अहमेद, बीरेन्द्रकुमार भट्टाचार्य इत्यादि उल्लेखनीय हैं। इन कहानीकारों ने मानवीय अनुभूति के धरातल पर युगीन समस्याओं का विश्लेषण किया है। शुचिव्रता रायचौधुरी का उपन्यास 'बा मारली' (तूफान) का प्रकाशन 'जयंती' पत्रिका में ही हुआ था।

भवानन्द दत्त ने साधारण पाठकों को समझाने की दृष्टि से मार्क्सवाद पर काफी निबंध लिखे थे। उनका वक्तव्य था– "वस्तुतः पाश्चात्य प्रभाव के दो रूप हैं–पहला साम्राज्यवादी शासन और शोषण का प्रभाव तथा दूसरा है विज्ञान, यंत्रशिल्प तथा पारम्परीण मानवताबोध का प्रभाव। पहलेवाले प्रभाव से हमारी संस्कृति बाधित होती है, दूसरे प्रभाव से यह सम्पन्न होती है। इसीलिए आज पहलेवाले का सम्पूर्णतया नाश करके दूसरे को नवीन सृष्टि-कर्मों के लिए आगे बढ़ाने का प्रयास हमारा जातीय लक्ष्य होना चाहिए।" 'जयंती' के नियमित निबंधकार थे– वाणीकांत काकति, पद्मेश्वर गगै, महेश्वर नेओग, देवानन्द भराली, जितेन्द्रनाथ दास, उपेन्द्रनाथ लेखारु, सर्वानन्द राजकुमार इत्यादि। ऐसा कहा जा सकता है कि प्रगतिवादी विचारधारा ने असमीया-साहित्य को एक नयी आधारभूमि प्रदान की।

समकालीन साहित्य

द्वितीय महायुद्ध के फलस्वरूप समग्र विश्व में जीवन-मूल्य का परिवर्तन हुआ था। इससे भारतवर्ष के प्रादेशिक साहित्य भी प्रभावित हुए। स्वतंत्रता के बाद भारतवर्ष का द्विखंडित होना, साम्प्रदायिक संघर्ष का विष फैलाना, पंचवर्षीय योजनाओं का विफल होना, शासन में भ्रष्टाचार का जम जाना, राजनीतिक-सामाजिक जीवन में भाई-भतीजावाद का बढ़ना, सामान्य लोगों की आर्थिक दुर्गति बढ़ना, मध्यम वर्ग का स्वप्न-भंग होना, बेरोजगारी का बढ़ना, शिक्षा का प्रचार-प्रसार होना, औद्योगिक एवं विज्ञान की प्रगति होना इत्यादि घटनाओं से समकालीन जन-जीवन

प्रभावित हुआ है। फलतः साहित्य में इनकी प्रतिक्रिया होना स्वाभाविक है।

कविता

देवकांत बरुवा का काव्य-संकलन 'सागर देखिछा' (सागर देखा है) के प्रकाशन (1948 ई.) के साथ ही रोमांटिक काव्य का इतिश्री माना जाता है। असमीया-कविता में जो स्वच्छंदतावादी और प्रगतिवादी धारा थी, वह स्वातंत्र्योत्तर काल में भी प्रवाहित होती रही, परंतु हेम बरुवा, नवकांत बरुवा, नीलमणि फुकन, हरि बरकाकति, बीरेश्वर बरुवा, महेन्द्र बरा, हीरेन दत्त, हीरेन भट्टाचार्य आदि कवियों ने अपनी काव्य-रचना में नये-नये प्रयोग कर असमीया-कविता को नयी दिशा दी। जीवन औरं जगत् को इन्होंने नयी भावभूमि प्रदान की। समकालीन समस्याओं के प्रति ये जागरूक हुए और अपनी धरती से लेकर सम्पूर्ण विश्व तक इनकी दृष्टि विचरण करने लगी। इस दृष्टि से हेम बरुवा के 'बालिछन्दा', 'मनमयूरी'; नवकान्त बरुवा के 'हे अरण्य हे महानगर', 'एटि दुटि एघारटि तरा', 'राति आरु स्केच्छ', 'सम्राट', 'रावण'; महेन्द्र बरा के 'जातिस्मर', 'रूपर टिलिङा'; बीरेश्वर बरुवा के 'अन्य एक जोनाक आरु डाउकी'; हीरेन भट्टाचार्य के 'मोर देश आरु मोर प्रेमर कविता', विभिन्न दिनर कविता', 'कवितार रद', 'शइचर पथार आरु मानुह' जैसे काव्य-संकलनों के प्रति ध्यान आकृष्ट किया जा सकता है जिनसे असमीया-कविता की नवीन पटभूमि सामने आती है। सन् 1951 ई. से प्रकाशित और पंचम वर्ष से बीरेन्द्र कुमार भट्टाचार्य द्वारा संपादित 'रामधेनु' (इन्द्रधनुष) पत्रिका के प्रकाशन के साथ-साथ समकालीन साहित्य में नवीन चेतना का संचार हुआ। इस पत्रिका का असमीया-साहित्य में इतना व्यापक प्रभाव रहा है कि अधिकतर समकालीन साहित्यकारों को इसीने प्रतिष्ठित किया। इसीलिए स्वातंत्र्योत्तर असमीया-साहित्य का एक दशक का काल 'रामधेनु-युग' नाम से भी अभिहित किया जाता है।

सत्तर के बार के दशक में प्रचुर संख्या में नवीन कवियों का प्रादुर्भाव हुआ। समकालीन जन-जीवन को मानवीय संवेदनाओं से सम्पृक्त कर मोहन कृष्ण मिश्र, सनंत ताँती, समीर ताँती, रवीन्द्र कुमार बरा, रवीन्द्र सरकार, आनिज उस जामान, हरेकृष्ण डेका आदि ने असमीया-कविता को विस्तार प्रदान किया है। देश-विदेश की कविताओं के सफल अनुवाद ने असमीया-कविता के क्षितिज को अधिक व्यापक बनाया है। आज नयी पीढ़ी के अनेक प्रतिभावान् युवा कवि असमीया के काव्य-साहित्य को समृद्ध करने में तत्पर हैं।

उपन्यास

द्वितीय विश्वयुद्ध, खासकर स्वतंत्रता के बाद असमीया-कथासाहित्य में नवजागरण आया। बिरिंचि कुमार बरुवा जैसे सशक्त कथाकार ने 'वीणा बरुवा' और 'रास्ना बरुवा' छद्म नाम से क्रमशः 'जीवनर बाटत' और 'सेउजी पातर काहिनी' उपन्यास लिखकर असमीया के उपन्यास-साहित्य को एक नवीन आधारभूमि प्रदान की थी।

योगेश दास ने 'डावर आरु नाइ' उपन्यास में युद्धोत्तर असम में होनेवाले सामाजिक मूल्यबोध के परिवर्तन को चित्रित किया है। महम्मद पियार, हितेश डेका, प्रफुल्लदत्त गोस्वामी जैसे उपन्यासकारों ने सामाजिक समस्याओं को विस्तार से चित्रित किया। सैयद अब्दुल मालिक ने रोमांटिक कथा के साथ-साथ शोषण और उत्पीड़न विषयों पर लगभग चालीस उपन्यास लिखे। ज्ञानपीठ पुरस्कार से पुरस्कृत 'मृत्युंजय' उपन्यास के लेखक बीरेन्द्र कुमार भट्टाचार्य ने 'इयारुइंगम' उपन्यास लिखकर असम के जनजातीय जीवन को उजागर किया। समाजवादी दर्शन से प्रभावित भट्टाचार्य ने 'राजपथे रिङियाय', 'शतघ्नी', 'प्रतिपद', 'कबर आरु फुल' आदि दर्जनों उपन्यास लिखे हैं। फ्रायडीय दर्शन को उपन्यासों में सफलतापूर्वक चित्रित करने में होमेन बरगोहाञि का नाम है। महिला कथाकारों में शुचिव्रता रायचौधुरी, निरुपमा बरगोहाञि, प्रवीणा शइकीया, मामनि रयसम गोस्वामी इत्यादि के नाम उल्लेखनीय हैं। ज्ञानपीठ सम्मान से सम्मानित मामनि रयसम ने विभिन्न भारतीय पटभूमि पर उपन्यास लिखकर असमीया-उपन्यास के क्षेत्र को अधिक वैविध्यपूर्ण बनाया है। इस संबंध में उनके 'चीनाबर सोंत', 'नीलकंठी ब्रज', 'मामरे धरा तरोवाल', 'अहीरन', 'दताँल हातीर उये खोवा हाओदा', 'छिन्नमस्ता' इत्यादि उपन्यास उल्लेखनीय हैं। सामाजिक, ऐतिहासिक, आंचलिक उपन्यासों के अतिरिक्त असम तथा इसके पड़ोसी राज्य में बसे जनजातियों पर उपन्यास लिखने की प्रवृत्ति है। तुम्मेर दाइ, रंग बंग टेरांग, अमूल्य बरुवा, नगेन बरुवा, येछे दरजे ठंचि जैसे जनजातीय एवं गैर-जनजातीय उपन्यासकारों ने एक नयी परंपरा जोड़ कर असमीया-साहित्य को समृद्ध किया है। असम में 1979 से 1985 ई॰ तक चलनेवाले आंदोलन तथा साम्प्रतिक उग्रवादी गतिविधियों की विषम परिणति पर काफी उपन्यास लिखे गये हैं और लिखे जा रहे हैं। नयी पीढ़ी के उपन्यासकारों ने असमीया-उपन्यास में वैविध्य लाने का प्रयास किया है।

कहानी

बीरेन्द्र कुमार भट्टाचार्य द्वारा सम्पादित 'रामधेनु' पत्रिका ने असमीया-साहित्य में नवीन कथाकारों का एक वर्ग तैयार किया था। इनमें कुछ उल्लेखनीय कथाकार हैं– बीरेन्द्र कुमार भट्टाचार्य, होमेन बरगोहाञि, योगेश दास, महिम बरा, रोहिनी काकति, मेदिनी चौधुरी, भवेन्द्रनाथ शइकीया, लक्ष्मीनंदन बरा, चन्द्रप्रसाद शइकीया, निरोद चौधुरी इत्यादि। 'रामधेनु-युग' असमीया-कथासाहित्य का स्वर्णिम युग है।

'रामधेनु-युग' की समाप्ति के साथ सामाजिक और वैचारिक जीवन में भी अनेक परिवर्तन आये। भारतवर्ष के अन्य प्रदेशों की तुलना में असम में औद्योगिक प्रक्रिया धीमी रहने के कारण इस अंचल की आर्थिक स्थिति डगमगाने लगी। जीविका के सीमित साधनों के कारण आर्थिक स्तर में गिरावट आने लगी। अपने स्वतंत्र देश में शासन की उदासीनता, नये धनिक वर्ग का जुल्म, सस्ती आधुनिकता का ग्रामांचल

पर छा जाना, धोखाधड़ी और बेईमानी बढ़ना, भ्रष्टाचार की जड़ें गहराना इत्यादि के कारण आम लोगों में मोहभंग की स्थिति उत्पन्न हुई। फलतः 'रामधेनु-युग' के स्वाभाविक जीवन-संघर्षों का अंत हुआ और कहानीकार अधिक यथार्थवादी हो गये। नवोपलब्ध स्वतंत्रता के परिणामस्वरूप समाज में आनेवाले प्रत्यक्ष-परोक्ष परिवर्तन से कथाकार उदासीन नहीं रह सके। नये कथाकारों में इसीलिए क्रोध और हताशा की भावना प्रत्यक्ष है। अभाव, उत्पीड़न, अन्याय, सामाजिक अधःपतन, व्यर्थ का भटकाव इत्यादि को समाज में देख कर या उसे स्वयं भोगकर नवीन कथाकारों ने अधिक सशक्त ढंग से जीवन की इन विषमताओं का चित्रण अपनी कहानियों में किया है। 'रामधेनु-युग' के बाद के कहानीकारों में सौरभ कुमार चलिहा, शीलभद्र, इमरान शाह, छाइदुल इस्लाम, प्रणवज्योति डेका, अतुलानन्द गोस्वामी, रिजु हाजरिका, मुकुट बरदलै, नीलिमा शर्मा, मामनि रयसम गोस्वामी, प्रवीणा शइकीया, निरुपमा बरगोहाञि, नगेन शइकीया, कुमुद गोस्वामी, अरुण गोस्वामी, उदयादित्य भराली, मदन शर्मा, बिरिंचि कुमार मेधि, देवव्रत दास, नयन कुमार मेधि इत्यादि प्रमुख हैं। अब विविध प्रकार की पत्र-पत्रिकाओं की ऐसी बाढ़ आयी है कि इनके पृष्ठों में दिनानुदिन नये-नये कहानीकार अपनी अलग-अलग विशेषताओं के साथ उभरते दिखाई पड़ रहे हैं।

नाटक

स्वातंत्र्योत्तर असमीया-नाटकों की कथावस्तु, नाट्य शैली और विचारधारा में पर्याप्त परिवर्तन देखने को मिलते हैं। सह-अभिनय का प्रचलन भी एक महत्त्वपूर्ण परिवर्तन माना जायगा।

पाँचवे-छठे दशक के अधिकतर नाटकों की रचना सामाजिक समस्याओं के आधार पर हुई है। सामान्यतः सामाजिक एवं पारिवारिक जीवन में आनेवाली समस्याओं को इन नाटकों में चित्रित किया गया है। यों तो ज्योतिप्रसाद आगरवाला ने 1934 ई० में ही असमीया के नाट्य-साहित्य में इब्सनीय नाट्य-शैली का प्रयोग कर 'कारेङर लिगिरी' (राजमहल की दासी) नाटक की रचना की थी किंतु इससे एक कदम आगे बढ़कर 'लभिता' (1948 ई०) नाटक में उन्होंने यथार्थवाद को स्थान दिया। छठे-सातवें दशक के कुछ महत्त्वपूर्ण नाटककार एवं नाटक हैं– शारदा बरदलै ('मगरीबर आजान', 'पहिला तारीख', 1956; 'सेइ बाटेदि', 1957), अनिल चौधुरी ('प्रतिवाद', 1953), फणी शर्मा ('चिराज', 1957; 'किय', 1953); प्रवीण फुकन ('शतिकार बान', 1954; 'विश्वरूपा', 1961), गिरीश चौधुरी ('मीना बाजार', 1958), सर्वेश्वर चक्रवर्ती ('अभिमान', 1958), अमरेन्द्र पाठक ('इन्टारभिउ', 1955), सत्यप्रसाद बरुवा ('शिखा', 1957; 'ज्योतिरेखा', 1958), लक्ष्मीधर चौधुरी ('निमिला अंक', 1965), फणी तालुकदार ('जुये जोरा सोण', 1967), दुर्गेश्वर बरठाकुर ('बा-मारली', 1961), अरुण शर्मा ('जिनटि', 1962) इत्यादि।

सातवें दशक से असमीया-नाटकों में प्रयोग का दौर चला। 1967 ई० में

प्रकाशित अरुण शर्मा के नाटक 'श्रीनिवारण भट्टाचार्य' में ऐब्सर्ड नाटक का प्रभाव दीखता है। इनके एक अन्य नाटक 'आहार' में भी ऐसा ही है। वसंत शइकीया के 'मानुह' और 'असुर' नाटकों में भी ऐब्सर्ड नाटकों का प्रभाव दिखाई पड़ता है। समकालीन सामाजिक समस्याओं और राजनेताओं के पाखण्ड को हिमेन्द्र बरठाकुर ने 'बाघ' (1971) नाटक में चित्रित किया है। समकालीन सामाजिक चेतना, युक्तिवाद और वैज्ञानिक दृष्टिकोण को ध्यान में रखते हुए कुछ सार्थक नाटक लिखे गये हैं जिनमें अरुण शर्मा का 'चित्रर', हाइदर अली का 'एटि चोलार काहिनी', अखिल चक्रवर्ती का 'उत्तर पुरुष', अजित महंत का 'श्रद्धेय राइज' इत्यादि उल्लेखनीय हैं। इडिपस कॉम्पलेक्स के आधार पर मनोवैज्ञानिक नाटक के रूप में सत्यप्रसाद बरुवा के 'मृणाल माही' (1977) ने काफी लोकप्रियता अर्जित की है। लोकनाट्य और असम के पारम्परीण सत्रीया जीवन के आधार पर रचित युगल दास का 'बायनर खोल' (1982) नाटक एक अभिनव प्रयोग है। इस परम्परा को आगे बढ़ाते हुए कुछ नाटक लिखे गये, यथा—'जरौ रौवा परजा' (मुनीन भूञा), 'महाराजा' (सतीश भट्टाचार्य), 'जतुगृह' (आनन्दमोहन भागवती), 'हाती और फान्दि' (मुनीन भूञा) इत्यादि। कुछ संस्कृत-नाटकों, यथा— 'मृच्छकटिक', 'मालविकाग्निमित्रम्', 'विक्रमोर्वशीयम्' एवं अँगरेजी-नाटकों 'एन्टिजनि', 'वेटिंग फॉर गोदो', 'दि विकिंग्स ऐट हेगलैंड' इत्यादि के अनुवाद से असमीया नाट्य-साहित्य का भाण्डार भरा है। धर्मवीर भारती का 'अंधायुग' और मोहन राकेश का 'आषाढ़ का एक दिन' भी हिन्दी से असमीया में अनूदित होकर मंचित हुए हैं।

स्वातंत्र्योत्तर असमीया नाट्य साहित्य में एकांकी का भी विशेष स्थान है। स्कूल-कॉलेज के उत्सवों में एकांकी खेलना आवश्यक हो जाने के कारण इसकी बाढ़-सी आ गयी है, पर बहुसंख्यक एकांकी अप्रकाशित हैं। स्वातंत्र्योत्तर काल के कुछ प्रारंभिक एकांकी हैं— 'एबेलार नाट' (वीणा बरुवा), 'आनारकलि', 'कुनाल-कांचन', 'राणादिल' (सत्यप्रसाद बरुवा), 'निरुद्देश' (दुर्गेश्वर बरठाकुर), 'त्रितरंग' (प्रवीण फुकन), 'पुतला-नाच' (भवेन्द्रनाथ शइकीया), 'एरा बाटर सुर' (भूपेन हाजरिका) इत्यादि।

यह स्वीकार किया जायगा कि आकाशवाणी के गुवाहाटी और डिब्रूगढ़ केन्द्र से प्रसारित अनेक सफल एवं पुरस्कृत नाटकों-एकांकियों ने असमीया नाट्य-साहित्य को समृद्ध किया है।

निबंध, ललित निबंध

स्वतंत्रता-पूर्व के अनेक निबंधकारों ने विविध पत्र-पत्रिकाओं के माध्यम से या स्वतंत्र संग्रह द्वारा निबन्ध-साहित्य को समृद्ध किया था। उनमें से अधिकांश निबंधकार हैं— सूर्यकुमार भूञा, वेणुधर शर्मा, ज्ञाननाथ बरा, वाणीकांत काकति, भवानन्द दत्त, सदानन्द चलिहा, सर्वानन्द राजकुमार, डिम्बेश्वर नेओग इत्यादि।

स्वातंत्र्योत्तर काल में असमीया-निबंध-साहित्य को समृद्ध करने में बिरिंचि कुमार बरुवा, नकुलचन्द्र भुञा, महेश्वर नेओग, सत्येन्द्रनाथ शर्मा, प्रफुल्लदत्त गोस्वामी, अतुलचन्द्र हाजरिका, बिजयचन्द्र भागवती, अतुलचन्द्र बरुवा, महेन्द्र बरा, राधानाथ फुकन, तीर्थनाथ शर्मा, बीरेन्द्र कुमार भट्टाचार्य, हेम बरुवा इत्यादि उल्लेखनीय हैं। शोध-कार्य को बढ़ावा मिलने पर निबंधों के विषय एवं आयामों में वैविध्य और विस्तार देखने को मिलता है। हेम बरुवा ने भ्रमण-साहित्य द्वारा असमीया-साहित्य के पाठकों को एक नया स्वाद दिया।

असमीया-ललित निबंध प्रारंभ करने का श्रेय मुनीन बरकटकी को प्राप्त है। उनसे प्रभावित होकर अनेक निबंधकार 'आवाहन', 'रामधेनु' जैसी पत्रिकाओं में ललित निबंध लिखने लगे। इस क्रम में बिरिंचि कुमार बरुवा, हेम शर्मा, भद्र बरा, तिलक हाजरिका, नवकांत बरुवा, ललित बरुवा, कुमार मधुसूदन, लीला गगै इत्यादि के नाम गिनाये जा सकते हैं। इन निबंधकारों के निबंधों से असमीया का ललित निबंध-साहित्य समृद्ध हुआ है।

जीवनी-आत्मकथा

स्वतंत्रतापूर्व से असमीया-साहित्य में जीवनी और आत्मकथा लिखने की प्रवृत्ति दिखायी पड़ती है।

असम के साहित्यकारों, स्वतंत्रता-सेनानियों, देशभक्तों और धर्म-गुरुओं के जीवन-चरित्र लिखने के रूप में असमीया-जीवनी-साहित्य का उद्भव और विकास हुआ है। गुणाभिराम बरुवा द्वारा लिखित 'आनन्दराम ढेकियाल फुकन' का जीवन-चरित्र (1880 ई॰) ही आधुनिक युग का संभवतः प्रथम जीवनी-ग्रंथ है। लक्ष्मीनाथ बेजबरुवा ने असम के वैष्णव संत शंकरदेव और माधवदेव पर दो जीवनी-ग्रंथ क्रमशः 'शंकरदेव' (1912) तथा 'शंकरदेव-माधवदेव' (1914) प्रकाशित कराया था। पद्मनाथ गोहाञिबरुवा का तीन खंडों में लिखित 'श्रीकृष्ण' (1930) बृहत् जीवनचरित है। धार्मिक दृष्टि से लिखित कुछ जीवनियाँ हैं—'हजरत मुहम्मद', 'हजरत ओमर फारुक', 'महम्मद चरित', 'बुद्धदेव', 'जिसु चरित', 'रामकृष्ण परमहंस', 'तैलंग स्वामी', 'स्वामी विवेकानंद' इत्यादि। असमीया-साहित्यकारों की जीवनियाँ स्वतंत्रतापूर्व से अब तक प्रचुर संख्या में लिखी गयी हैं, यथा—'डाङरीया दीननाथ बेजबरुवा', 'गोहाञिबरुवा', 'आनन्दराम बरुवा', 'हेमचन्द्र बरुवा', 'सत्यनाथ बरा', 'सूर्यकुमार भूञा', 'हेमचन्द्र गोस्वामी', 'लक्ष्मीनाथ बेजबरुवा', 'डिम्बेश्वर नेओग', 'यतीन्द्रनाथ दुवरा' इत्यादि। असम के कुछ प्रसिद्ध स्वतंत्रता-सेनानियों पर भी काफी जीवनियाँ लिखी गयीं, यथा—नवीनचन्द्र बरदलै, तरुणराम फुकन, गोपीनाथ बरदलै, मणिराम देवान, कुशल कोंवर, कनकलता इत्यादि। लोकमान्य तिलक, गाँधी जी, सरदार पटेल, नेताजी सुभाषचन्द्र बोस, अरविन्द आदि पर भी प्रचुर जीवनी-ग्रंथ लिखे गये। तिलक दास की 'विष्णु राभा' और 'एतिया किमान राति', युगल दास की 'महेन्द्रनाथ डेकाफुकन', प्रफुल्लदत्त गोस्वामी की 'एटि

जीया कहानी' जैसी जीवनियाँ किंचित् अतिशयोक्तिपूर्ण हैं। नन्द तालुकदार ने प्रायः असमीया-साहित्यकारों की जीवनियों को पत्र-पत्रिकाओं में लिखकर इस साहित्य को समृद्ध किया है । उनमें से कुछ पुस्तकाकार भी प्रकाशित हैं।

उन्नीसवीं सदी में आत्मकथा लिखने की प्रवृत्ति दिखायी पड़ती है। हेमचन्द्र बरुवा ने आत्मकथा लिखने का पथ प्रशस्त किया था, पर उनकी आत्मकथा अपूर्ण रही। सम्पूर्ण आत्मकथा के रूप में हरकान्त सदरामीन की आत्मकथा सन् 1890 ई॰ में लिखी गयी थी, किंतु 1960 ई॰ में यह प्रकाशित हुई। असमीया-साहित्य में प्रथम प्रकाशित आत्मकथा है लक्ष्मीनाथ बेजबरुआ की 'मोर जीवन सोंवरण' (1944 ई॰)। यह महज आत्मकथा भर नहीं है, वरन् तत्कालीन असम का महत्त्वपूर्ण दस्तावेज भी है। बीसवीं सदी में अनेक महत्त्वपूर्ण आत्मकथाएँ प्रकाशित हुई हैं जिनमें कुछ उल्लेखनीय हैं– 'कारागारर चिठि' (तैयबुल्ला), 'जीवन वीणार सुर' (पद्मधर चलिहा), 'जीवन-स्मृति' (हरिनारायण दत्तबरुवा), 'मोर जीवन दापोण' (वेणुधर राजखोवा), 'मोर सोंवरनी' (पद्मनाथ गोहाञिबरुवा), 'कृष्ण शर्मार डायरी' (कृष्णनाथ शर्मा), 'एरि अहा दिनबोर' (नलिनीबाला देवी), 'स्मृतिर पापरि' (अतुलचन्द्र हाजरिका), 'मजियार परा मेजलै' (बेणुधर शर्मा), 'मोर जीवन धुमुहार एचाटि' (अम्बिकागिरी रायचौधुरी), 'जीवनर दीघ-वाणि' (महेश्वर नेओग), 'आधा लेखा दस्तावेज' (मामनि रयसम गोस्वामी), 'लुइतरे पानी जाबि ऐ बै' (नीलिमा दत्त) इत्यादि। इस समय प्रसिद्ध गीतकार केशव महंत, प्रसिद्ध कवि नलिनीधर भट्टाचार्य, कवयित्री निर्मल प्रभा बरदलै जैसे कुछ साहित्यकारों की आत्मकथाएँ असमीया पत्र-पत्रिकाओं में प्रकाशित हो रही हैं।

आलोचना

साहित्यरथी लक्ष्मीनाथ बेजबरुआ ने विभिन्न पत्रिकाओं में प्रकाशित अपने लेखों द्वारा आलोचना-साहित्य का श्रीगणेश किया था। असमीया-आलोचना-साहित्य को दिशा-निर्देश देने में डॉ॰ वाणीकांत काकति (1894-1952 ई॰) अग्रगण्य रहे हैं। प्रौढ़ता की दृष्टि से बेजबरुवा के बाद डॉ॰ काकति का ही स्थान है। उन्होंने 'पुरणि असमीया साहित्य' (1940) और 'साहित्य आरु प्रेम' (1948) नामक ग्रंथों में संकलित अपने लेखों में असमीया-साहित्य से सम्बन्धित विस्तृत आलोचनाएँ लिखी हैं। एक अन्य प्रखर आलोचक रहे हैं भवानन्द दत्त। मार्क्सीय विचारधारा से प्रभावित दत्त ने असमीया-आलोचना-साहित्य को यथार्थवादी दृष्टिकोण प्रदान किया। जिन आलोचकों ने विस्तारपूर्वक आलोचना लिखकर इस विधा को समृद्ध किया है, उनमें कुछ उल्लेखनीय नाम हैं– डिम्बेश्वर नेओग, रत्नकांत बरकाकति, तीर्थनाथ शर्मा, राजमोहन नाथ, त्रैलोक्यनाथ गोस्वामी, बिरिंचि कुमार बरुवा, यज्ञेश्वर शर्मा, महेश्वर नेओग, सत्येन्द्रनाथ शर्मा, प्रफुल्लदत्त गोस्वामी इत्यादि। सातवें दशक से असमीया-आलोचना- साहित्य में कुछ परिवर्तन आये हैं। डॉ॰ हीरेन गोहाञि, भवेन बरुवा, इमदाद उल्ला, हीरेन दत्त, उपेन्द्रनाथ शर्मा, कबीन फुकन, आनन्द बरमुदै जैसे

अँगरेजी-साहित्य के कृतविद्य अध्यापक-आलोचकों ने पाश्चात्य साहित्यशास्त्रीय तत्त्वों के आलोक में असमीया-साहित्य की आलोचना करने का प्रयास किया। फलतः विश्वसाहित्य का विश्लेषण भी हुआ और उत्तर-आधुनिकतावाद संबंधी दृष्टिकोण भी असमीया-साहित्य के संदर्भ में उजागर हुआ।

वस्तुतः बेजबरुवा ने आलोचना का जो श्रीगणेश किया था वह डॉ॰ वाणीकांत काकति जैसे कृतविद्य आलोचक के हाथों में पुष्ट हुआ। इस परम्परा को अनेक आलोचकों ने आगे बढ़ाया जो आज भी अटूट है। भवानन्द दत्त ने मार्क्सीय दृष्टिकोण से आलोचना का जो एक नवीन द्वार उद्‌घाटित किया था, उसे डॉ॰ हीरेन गोहाञि, भवेन बरुवा, इमदाद उल्लाह, नलिनीधर भट्टाचार्य जैसे आलोचकों ने आगे बढ़ाया। ध्यातव्य है कि साहित्य की विभिन्न विधाओं में काम करने के कारण कोई भी आलोचक एकांत भाव से इस विधा के प्रति समर्पित नहीं हो सका। परिणामस्वरूप असमीया-साहित्य में आलोचना की कोई स्वतंत्र धारा विकसित नहीं हो सकी है।

बाल-किशोर-साहित्य

मध्यकाल से ही असमीया में बाल और किशोर-साहित्य उपलब्ध है। मध्यकाल में बाल-साहित्य का कोई अलग वर्ग नहीं रहने पर भी 'भीमचरित', 'कानखोवा', 'शिशुलीला' आदि रचनाओं से बालक एवं बड़ों का मनोरंजन होता था। 'अरुणोदय' पत्रिका द्वारा बाल-किशोर-साहित्य का प्रचार-प्रसार हुआ। आनन्दराम ढेकियाल फुकन की पुस्तक 'असमीया लरार मित्र' के अतिरिक्त ब्राउन, ब्रन्सन, कट्टार आदि द्वारा रचित 'बाइबेलर साधु', 'आफ्रिकार कोंवर', 'माउरी छोवाली', ईगलर बाँह' इत्यादि पुस्तकें उल्लेखनीय हैं। लक्ष्मीनाथ बेजबरुवा ने बाल-साहित्य की आवश्यकता का अनुभव कर 'कका देउता आरु नाति लरा', 'बूढ़ी आइर साधु', 'जुनुका' जैसी मनोहर कथाओं की रचना की थी। परवर्ती समय में देश-विदेश की अनेक कथाओं, जीवनियों, नाटिकाओं, कविताओं की रचना की गयी। रामायण, महाभारत, पुराण, उपनिषदों से अनेक कथाओं को सरस रूप में प्रस्तुत किया गया। विभिन्न राष्ट्रपुरुषों, वीरांगनाओं, संत-साधुओं, वैज्ञानिकों की जीवनियाँ प्रकाशित हुईं। समय-समय पर प्रकाशित 'रंधर', 'दीपक', 'रदालि', 'मौचाक', 'सॅफुरा', 'अकणिर अग्रदूत', 'काँचिजोन' जैसी बाल-पत्रिकाओं ने बाल-किशोर-साहित्य के पनपने में सहायता की है। अनेक पत्र-पत्रिकाओं में संयोजित बाल-साहित्य के पृष्ठों ने भी इस साहित्य के विकास में अपरिमित योगदान दिया। असमीया-साहित्य के कुछ प्रसिद्ध बाल-किशोर-साहित्यकार हैं– वाणीकांत काकति, अतुलचन्द्र हाजरिका, नवकांत बरुवा, निर्मलप्रभा बरदलै, अनंतदेव शर्मा, गगनचन्द्र अधिकारी, भवेन्द्रनाथ शइकीया इत्यादि। अनेक विदेशी बाल-किशोर-साहित्य का भी असमीया में अनुवाद हुआ है, यथा–'ग्रीमर साधु', 'ईसपर साधु', 'डन कुइकचोट', 'पिनोकिओ', 'गालिवर', 'अजान देशत एलिस'

इत्यादि। 'चन्दामामा' जैसी अखिल भारतीय स्तर की पत्रिका के 'असमीया संस्करण' ने भी बाल-किशोर-साहित्य को समृद्ध किया है।

विज्ञान-साहित्य

स्वतंत्रतापूर्व विज्ञान-साहित्य की चर्चा पत्र-पत्रिकाओं में प्रकाशित सीमित संख्यक लेखों तक थी, परंतु स्वतंत्रता के बाद असम विज्ञान समिति से प्रकाशित पत्रिका 'विज्ञान जेउति' के प्रकाशन के साथ इसमें गति आयी। इस विज्ञान-पत्रिका ने असम में विज्ञान-चर्चा की भूमिका तैयार की। सामान्यतः उच्चतर माध्यमिक कक्षाओं में विज्ञान विषय के प्रवेश के साथ-साथ महाविद्यालय और विश्वविद्यालय स्तर तक विज्ञान-साहित्य के अध्ययन में गति आयी। सन् 1960 ई॰ में असम की राजभाषा के रूप में असमीया की मान्यता तथा 1968-69 ई॰ में राजभाषा में पाठ्य पुस्तकों के निर्माण की स्वीकृति प्राप्त करने के बाद विज्ञान-विषयक पुस्तकों की रचना असमीया में होने लगी। अनेक लोकप्रिय विषयों, यथा—परमाणु शक्ति, विटामिन, पौष्टिकता, विश्व-रहस्य, सभ्यता, विभिन्न आविष्कार इत्यादि पर पुस्तकें लिखी जाने लगीं। अब आधुनिक तकनीकी विषयों पर भी लिखने की प्रवृत्ति दीखती है। विभिन्न वैज्ञानिकों की जीवनियाँ भी काफी लिखी गयी हैं। धीरे-धीरे विज्ञान के गहन विषयों पर भी पुस्तकें आ रही हैं। असमीया भाषा में प्रकाशित पत्र-पत्रिकाओं में नियमित रूप से प्रकाशित होनेवाली विविध रचनाओं से भी असमीया-विज्ञान-साहित्य का विकास तीव्र गति से हुआ है।

पत्र-पत्रिकाएँ

असमीया पत्र-पत्रिकाओं की एक लम्बी परम्परा है। इसका प्रारंभ सन् 1846 ई॰ में प्रकाशित 'अरुणोदय' पत्रिका से हुआ जो अब तक विभिन्न पड़ावों को पार कर विकास की दिशा में अग्रसर है।

सन् 1889 ई॰ में असमीया-पत्रिका 'जोनाकी' के प्रकाशन के पूर्व 'आसाम निउच' (1882-1885), 'आसाम बंधु' (1885-86), 'आसाम विलासिनी' (1871-1883), 'आसाम दर्पण' (1874-75), 'आसाम तरा' (1888-1890) जैसी पत्र-पत्रिकाएँ प्रकाशित हुई थीं। 'जोनाकी' के प्रायः समकालीन 'बिजुली', 'बाँही', 'आवाहन' पत्रिकाओं की महत्त्वपूर्ण भूमिका रही है। स्वतंत्रता के बाद असमीया-साहित्य की श्रीवृद्धि में 'रामधेनु' जैसी पत्रिका का बड़ा हाथ रहा है। 'जयंती', 'मणिदीप', 'नवयुग', 'असमीया', 'प्रकाश', 'गरीयसी', 'प्रान्तिक' जैसी पत्रिकाओं के अतिरिक्त 'नतुन असमीया', 'बार्तार', 'चेतना', 'डेका-असम', 'असम वाणी', 'दैनिक जनमभूमि', 'दैनिक असम', 'असम बातरि', 'नीलांचल', 'अग्रदूत' जैसे पत्रों ने असमीया भाषा को अधिक व्यापक और लोकप्रिय बनाने में उल्लेखनीय योगदान दिया है। पिछले दो-ढाई दशकों से असम में पत्र-पत्रिकाओं की बाढ़-जैसी आ गयी है। इनमें से कुछ के अल्पकालिक होने पर भी यह कहा जा सकता है कि आधुनिक शिक्षा-दीक्षा के

प्रचार-प्रसार में वृद्धि होने के कारण पाठकों की संख्या में काफी बढ़ोतरी हुई है। असमीया-पत्रकारिता के डेढ़ सौ वर्ष की जयन्ती पर असमीया पत्र-पत्रिकाओं के इतिहास पर काफी प्रकाश डाला गया है और एतद्विषयक साहित्य का प्रकाशन भी किया गया है।

उपसंहार

वस्तुतः किसी भी साहित्य के इतिहास को अत्यंत कम परिसर में समेटने पर बहुत सारी विधाओं के छूट जाने की संभावना रहती है। असमीया-साहित्य में भी कुछ ऐसी विधाएँ हैं जिन पर प्रचुर साहित्य लिखा गया है, जैसे—गीति-साहित्य, व्यंग्य साहित्य, ललित निबंध, भ्रमण-साहित्य, कथा-कविता इत्यादि। भाषा-तत्त्व, व्याकरण एवं कोश से संबंधित विवेचन भी साहित्य के इतिहास में समाविष्ट होता है। साहित्य को सशक्त रूप में अभिव्यक्ति देने में इनका योगदान महत्त्वपूर्ण माना ज़ाता है। असमीया-साहित्य की आधारभूमि को अधिक दृढ़ और गतिशील बनाने में 'असम साहित्य सभा' (1914 ई॰ में स्थापित) की भूमिका अत्यन्त स्तुत्य है। सभा की प्रकाशन-योजना मूल सभा एवं इसकी शाखाओं द्वारा सम्पन्न होती है। असम के विभिन्न स्थानों में आयोजित इसकी वार्षिक सभा में साहित्यानुरागी के अतिरिक्त आम जनता भी उमड़ पड़ती है और यह आयोजन साहित्योत्सव का रूप ले लेता है। साहित्य सभा के लिए चुने गए अध्यक्ष को असम की जनता सर्वोपरि सम्मान देती है। असमीया-साहित्य की श्रीवृद्धि में 'असम प्रकाशन परिषद्' की भूमिका भी सराहनीय कही जायगी। इस संस्था ने लुप्तप्राय साहित्य को प्रकाशित कर असमीया-साहित्य को समृद्ध किया है। असम के महत्त्वपूर्ण लेखकों की पुस्तकें, ग्रंथावलियाँ एवं भारतीय और विश्व के महत्त्वपूर्ण ग्रंथों का अनुवाद प्रकाशित कर इस संस्था ने महनीय कार्य किया है। अन्य प्रकाशकों के अतिरिक्त साहित्य अकादमी और नेशनल बुक ट्रस्ट ने भी अनुवाद द्वारा या मौलिक पुस्तकों का प्रकाशन कर असमीया-साहित्य के भांडार को समृद्ध किया है। अतः कहा जायगा कि असमीया-साहित्य का अतीत गौरवशाली रहा है और वर्तमान संभावनामय है। शिक्षा एवं ज्ञान-विज्ञान के प्रचार-प्रसार के फलस्वरूप असमीया-साहित्य का विस्तार हुआ है, भले ही इसमें विस्तार की और अधिक संभावना बनी हुई है।

उर्दू-साहित्य

• डॉ. एनामुल हक़

उर्दू-साहित्य का इतिहास उर्दू भाषा के उद्‌भव और विकास से आरम्भ होता है। सचमुच उर्दू सर्वथा पूर्ण भारतीय भाषा है जो खड़ी बोली हिन्दी के समानान्तर ही उद्‌भूत और विकसित हुई है। वस्तुतः उर्दू भाषा अरबी-फ़ारसी और भारतीय भाषाओं के पारस्परिक मेल से अस्तित्व में आयी है किन्तु वर्तमान खड़ी बोली हिन्दी और उर्दू, दोनों भाषाएँ शौरसेनी अपभ्रंश से विकसित हुई हैं। उर्दू की वास्तविक उपजीव्य वे विभाषाएँ हैं जो दिल्ली और मेरठ के क्षेत्रों में बोली जाती थीं जिनको पश्चिमी हिन्दी की एक शाखा समझना चाहिए। इस भाषा (उर्दू) में फ़ौजियों का भी महत्त्वपूर्ण योगदान रहा है। यह नयी भाषा आरम्भ में ब्रजभाषा, खड़ी बोली और राजस्थानी से मिलकर चली किन्तु बाद में खड़ी बोली की ओर अधिक झुक गयी। इसका कारण फ़ौजियों का देश में फैल जाना था। दिल्ली सल्तनत की फ़ौज में जवानों की भरती अम्बाला, करनाल, हिसार और दिल्ली के दक्षिण मेवात के क्षेत्रों से की जाती थी। ग्रियर्सन ने इन ज़िलों की हिन्दुस्तानी (खड़ी बोली) को स्तरीय और साहित्यिक उर्दू के निकटतर घोषित किया है। यह भाषा फ़ौजियों के आवागमन से भारत के कोने-कोने में फैल रही थी और इसकी महत्ता और प्रतिष्ठा उत्तरोत्तर बढ़ रही थी। दिल्ली की संस्कृति का प्रभाव समस्त भारत पर लक्षित हो रहा था। इस भाषा को भी लोग तन्मयतापूर्वक सुनने और बोलने का प्रयास करते थे। गौतम बुद्ध के समय से धर्म-प्रचारकों ने अपने धार्मिक विचारों और सिद्धांतों का प्रचार-प्रसार जनसामान्य की भाषाओं में ही करना आरम्भ कर दिया था। इस समय सूफियों की यही स्थिति रही अर्थात् उन्होंने भी इसी नवोदित भाषा को धर्म-प्रचार का माध्यम बनाया।

जब हम इस भाषा की उत्पत्ति पर विचार करते हैं तो यह ज्ञात होता है कि खड़ी बोली शौरसेनी अपभ्रंश से उत्पन्न होकर ब्रजभाषा के साथ अपनी विकासात्मक यात्रा कर रही थी। आगरा छोड़कर शाहजहाँ के दिल्ली आने पर इस भाषा (उर्दू) का पुनः विकास हुआ क्योंकि दिल्ली में इसी भाषा का प्रचलन था। शाहजहाँ से इस सम्बन्ध के कारण ही कदाचित् उर्दू को शाहजहानी उर्दू कहा जाता है। दिल्ली के वातावरण में इस समय खड़ी बोली अपना क़दम जमा रही थी। आगरा से दिल्ली आने पर

ब्रजभाषा का प्रभाव धीरे-धीरे समाप्त होता गया और खड़ी बोली का अपना स्वरूप निखरता गया। औरंगज़ेब के काल में उर्दू को सबसे अधिक महत्ता प्राप्त हुई और इसको 'उर्दूए शाही' भी कहा जाने लगा। अब मुस्लिम कवियों ने अब्दुर्रहीम ख़ानख़ाना की भाँति ब्रजभाषा को छोड़कर काव्य-रचना के लिए इसी उर्दूए शाही को अपनाना आरम्भ किया। ब्रजभाषा और फ़ारसी दोनों का पल्ला छोड़कर इस नयी भाषा ने अपना क़दम आगे बढ़ाया और यह जनसाधारण एवं शिक्षितों के बीच प्रचलित हो गयी।

उत्तर भारत में तो उर्दू ने इस प्रकार से अपना विकास किया किन्तु दक्षिण भारत में इससे कुछ भिन्न स्थिति रही। अलाउद्दीन ख़िलजी के समय से दकन पर उत्तर के राजाओं का आक्रमण होने लगा था। दोनों ओर आवागमन भी आरम्भ हो गया था। सन् 1329 ई॰ में मुहम्मद तुग़लक ने देवगिरि शहर को अपनी राजधानी बनाया। यह नगर उसे इतना अनुकूल लगा कि उसने हर व्यक्ति को दिल्ली से दकन चले जाने का आदेश दिया। शाही आदेश के आगे विवश होकर लगभग पूरी आबादी दकन चली गयी और अपने समस्त वैभवों के साथ अपनी भाषा भी साथ लेती गयी। फिर वहाँ उर्दू का इस वेग से विकास हुआ कि उत्तर भारत भी कदाचित् इसमें पीछे रह गया। दकन वालों ने इस उर्दू भाषा को अपनी बोलियों में सम्मिलित करके दकनी उर्दू का एक नया अध्याय जोड़ा। सामान्य और विशिष्ट, दोनों प्रकार की जनता ने इस उर्दू को अपनाया और आगे चलकर धर्म-प्रचारकों ने भी इसी भाषा में धर्म-प्रचार करना आरम्भ कर दिया। इस प्रकार इस भाषा को लोकप्रियता प्राप्त हुई और धार्मिक संरक्षण भी मिला। यद्यपि उत्तर भारत की तुलना में यह भाषा (उर्दू) दकन में बाद में आयी परन्तु उत्तर की अपेक्षा दक्षिण में अधिक सफल रही। इसी समय से दकन में उर्दू की रचनाओं के नमूने मिलने लगते हैं जबकि उत्तर भारत में इससे पूर्व कहीं कोई साहित्यिक गतिविधि दृष्टिगत नहीं होती। दकन में विविध साहित्यिक विधाओं की रचना का क्रम इस भाषा में बहमनी काल से ही मिलने लगता है। बहमनी राज्य के पतन के उपरान्त दकन पाँच विच्छिन्न राज्यों में बँट गया परन्तु इस उर्दू भाषा का प्रचार-प्रसार जारी रहा। उर्दू भाषा के इस संक्षिप्त परिचय के पश्चात् इस भाषा में विविध विधाओं में रचना करनेवाले कवियों और लेखकों का संक्षिप्त परिचय नीचे दिया जा रहा है।

पद्य

अमीर खुसरो : उर्दू भाषा के प्रथम कवि अमीर खुसरो देहलवी हैं। इनका जन्म तेरहवीं सदी ई॰ में पटियाली (अवध) में हुआ था। अमीर खुसरो प्रसिद्ध सूफ़ी हज़रत निज़ामुद्दीन औलिया के आध्यात्मिक शिष्य थे। खुसरो प्रथमतः फ़ारसी-कवि के रूप में जाने जाते हैं, तदुपरान्त उर्दू और हिन्दी के कवि के रूप में। उन्होंने सबसे पहले उर्दू में कविताएँ कीं। उर्दू की सबसे पहली ग़ज़ल अमीर खुसरो की ही है। इस ग़ज़ल की विशेषता यह है कि इसकी एक पंक्ति फ़ारसी की है तो दूसरी उर्दू की। आगे चलकर अमीर खुसरो ने पहेलियाँ, मुकरियाँ, दोहे आदि भी लिखे। इन्होंने एक ही

साथ तत्कालीन नयी भाषाओं– उर्दू और हिन्दी, दोनों में कविताएँ कीं। यही कारण है कि इन्हें खड़ी बोली हिन्दी का भी प्रायः प्रथम कवि होने का सौभाग्य प्राप्त हुआ है। 'ख़ालिक़बारी' इनकी प्रसिद्ध पुस्तक है। इनका देहावसान 1325 ई॰ में हुआ।

शाह मीराँजी : शाह मीराँजी अपने समय के प्रसिद्ध सूफ़ी थे जिनका जन्म 1494 ई॰ और देहावसान 1561 ई॰ में हुआ। मीराँजी ने नवोदित उर्दू की निष्ठापूर्वक सेवा की और उसे विकासोन्मुख किया। इन्होंने उर्दू के गद्य और पद्य, दोनों में रचनाएँ की हैं। 'ख़ुशनुमा' और 'ख़ुशनज़तर' इनकी क्रमशः छोटी और बड़ी मसनवियाँ हैं। 'शहादतुलतहक़ीक़त' मीराँजी की लम्बी कविता है जिसमें 563 बंद हैं। शाह मीराँजी की इन रचनाओं का महत्त्व साहित्यिक दृष्टि से बहुत अधिक नहीं है परन्तु ऐतिहासिक महत्त्व तो है ही।

मो॰ क़ुलीक़ुतुब शाह : ये क़ुलीक़ुतुबशाही वंश के सर्वाधिक लोकप्रिय और प्रसिद्ध बादशाह थे जिनका शासन-काल 1580 ई॰ से 1611 ई॰ तक था। शासक होने के साथ-साथ ये सशक्त कवि थे। इनकी अनेक रचनाएँ उपलब्ध हैं जिन्हें डॉ॰ मोहिउद्दीन क़ादरी ज़ोर की सहायता से एदारएअदबीयाते उर्दू, हैदराबाद नामक संस्था ने प्रकाशित किया है। मो॰ क़ुलीक़ुतुब शाह की लेखन-शैली अत्यन्त प्रसादपूर्ण है। भारत के पर्व-त्यौहारों और यहाँ की रीति-रिवाजों पर इन्होंने प्रचुर कविताएँ लिखी हैं। शाहजी ने भारत के फलों, सब्ज़ियों और पक्षियों को भी अपनी कविताओं का विषय बनाया है। मो॰ क़ुलीक़ुतुब शाह की कल्पनाओं और उत्प्रेक्षाओं पर हिन्दी-साहित्य का प्रभूत प्रभाव दृष्टिगत होता है। इनकी रचनाओं में मसनवी, मरसीया, ग़ज़ल, क़सीदा आदि सम्मिलित हैं। इन्होंने उर्दू भाषा को आगे बढ़ाने में महत्त्वपूर्ण योगदान किया है, इसमें सन्देह नहीं।

वजही : मुल्ला असदुल्लाह वजही इब्राहीम क़ुतुबशाह के काल में उत्पन्न हुए थे जिसका शासनकाल 1543 ई॰ से 1572 ई॰ तक है। वजही ने बचपन से कविता करना आरम्भ कर दिया था और आगे चलकर एक बड़े और सफल कवि के रूप में प्रसिद्ध हुए। वजही की दो पुस्तकें 'क़ुतुबमुश्तरी' और 'सबरस' बहुत प्रसिद्ध हैं। 'क़ुतुबमुश्तरी' एक मसनवी है जिसमें बादशाह क़ुतुब की प्रशंसा और उसके प्रेम की गाथा अत्यन्त कलात्मक ढंग से प्रस्तुत की गयी है। 'सबरस' भी वजही का महत्त्वपूर्ण काव्य है जिसमें अध्यात्म (तसव्वुफ़) की समस्याओं को एक कहानी के माध्यम से अत्यन्त सफलतापूर्वक प्रस्तुत किया गया है। उर्दू में सम्भवतः रहस्यात्मक शैली की यह पहली रचना है। इसके अतिरिक्त वजही ने ग़ज़ल और रुबाइयाँ भी लिखी हैं जो भाषिक विकास की दृष्टि से महत्त्वपूर्ण हैं।

ग़उवासी : ग़उवासी सुल्तान मो॰ क़ुतुबशाह के समकालीन एक प्रसिद्ध कवि थे। इनकी दो रचनाएँ प्रसिद्ध हैं–सैफ़ुलमलूक-व-बदीउलजमाल' और 'तूतीनामा'। दोनों मसनवी हैं। पहली मसनवी 1585 ई॰ में लिखी गयी और दूसरी 1629 ई॰ में

पूर्ण हुई। दोनों काव्य-ग्रन्थ अत्यन्त विशालकाय हैं। ग़उवासी ने ग़ज़ल और मरसिये भी लिखे हैं जिनमें हिन्दी के शब्दों की बहुलता है।

वली दकनी (1668-1707) : वली दकनी औरंगाबाद के निवासी थे। औरंगज़ेब के शासनकाल में ये दकन से दिल्ली आये थे। उर्दू-साहित्य की लगभग समस्त काव्य-विधाओं में वली ने लेखन किया था। ग़ज़ल, क़सीदा, रुबाई, क़ता आदि भी वली ने लिखे हैं। मसनवी की रचना भी वली ने की है। आध्यात्मिक और रहस्यवादी तत्त्वों की व्याख्या वली ने अत्यन्त सरलता, सहजता और स्पष्टतापूर्वक की है। हिन्दी के शब्दों का प्रयोग वली अत्यन्त दक्षतापूर्वक कर लेते हैं। वली की भाषा कहीं-कहीं अत्यन्त आधुनिक प्रतीत होती है। आरम्भिक स्थिति होने पर भी इनके क़सीदों की भाषा अत्यन्त परिष्कृत है और क़सीदों में जो वैशिष्ट्य होने चाहिए, वे सभी इनके क़सीदों में उपलब्ध हैं। दिल्ली आने के बाद वली ने अपनी भाषा को परिवर्तित और परिमार्जित किया तथा यहाँ की भाषा और यहाँ के मुहावरों को अपनी रचनाओं में स्थान देकर नव्यता का आधान किया। दिल्ली आने के बाद इनकी रचनाओं में फ़ारसी के शब्दों के स्थान पर उर्दू के शब्दों का अधिक प्रयोग होने लगा और तत्कालीन कवियों ने भी वली का ही अनुकरण किया। इस प्रसिद्ध कवि का देहान्त 1707 ई॰ में हो गया।

आरज़ू (1689-1756) : सेराजुद्दीन ख़ाँ 'आरजू' कवि होने के साथ विद्वान् भी थे जिनके वैदुष्य का सिक्का सामान्य और विशिष्ट जनों पर जमा हुआ था। उर्दू में इन्होंने बहुत कम लिखा है अथवा उर्दू में इनकी रचनाएँ उपलब्ध नहीं हैं।

हातिम : हातिम का पूरा नाम ज़हूरुद्दीन था। 'हातिम' तख़ल्लुस था। इनका जन्म 1699 ई॰ और देहान्त 1792 ई॰ में हुआ। सूफ़ी-सन्तों के संसर्ग के कारण इनमें भी सूफ़ीपन व्याप्त हो गया था। इनमें अद्भुत वैदुष्य था, इसलिए इन्हें दिल्ली स्कूल का 'ओस्ताद' (आचार्य) कहा गया। सौदा-जैसे उर्दू के महान् कवि इनके शिष्य थे और अन्य महान् कवियों ने भी इनसे काव्य-कला का ज्ञान प्राप्त किया। इनकी कविताओं में तत्कालीन सामाजिक और सांस्कृतिक वातावरण के चित्र प्राप्त होते हैं।

नाजी : नाजी का नाम सैय्यद मो॰ शाकिर था। 'नाजी' कवि-नाम (तख़ल्लुस) था। ये मोहम्मद शाह के एक मंत्री उमदतुलमुल्क अमीर ख़ाँ के यहाँ वृत्ति करते थे। जिस समय नादिरशाह ने भारत पर आक्रमण किया, उस समय क़लम के सिपाही नाजी भी सैनिकों के साथ युद्धभूमि में उतर पड़े थे। उस समय की जो स्थिति नाजी ने देखी, उसका सफल चित्रण इन्होंने अपनी सशक्त लेखनी से किया है। इन्होंने तत्कालीन सामाजिक एवं आर्थिक स्थिति के चित्र भी अत्यन्त स्पष्टतापूर्वक प्रस्तुत किये हैं।

मज़मून : मज़मून का वास्तविक नाम शैख शर्फ़ुद्दीन था। 'मज़मून' कवि-नाम था। ये अकबराबाद के निवासी थे लेकिन दिल्ली में बस गये थे। ये प्रसिद्ध सूफ़ी

वली शैख़ फ़रीदुद्दीन शकरगंज के वंशज माने जाते हैं। मज़मून सिद्धहस्त कवि थे। इनकी मृत्यु 1747 ई॰ में हुई।

आबरू : आबरू का पूरा नाम नजमुद्दीन था। 'आबरू' कवि-नाम था। इनका जन्म ग्वालियर में हुआ था। आबरू बचपन में ही दिल्ली चले आये थे। यहीं शिक्षा भी प्राप्त की और यहीं कवि-प्रतिभा से सम्पन्न भी हुए। इनकी रचनाओं में स्वच्छता अवश्य है पर संक्षिप्तता के कारण इनकी कल्पना में प्रस्फुटन नहीं हो पाया है। इनके शब्द कोमल और सरल हुआ करते हैं लेकिन बहुत-से ऐसे शब्द भी हैं जो परुष और भद्दे प्रतीत होते हैं।

सौदा : इनका मूल नाम मिर्ज़ा मो॰ रफ़ी और कवि-नाम 'सौदा' था। पिता का नाम मिर्ज़ा मो॰ शफ़ी था। इनके पिता व्यापार के निमित्त काबुल से भारत आये थे और यहीं के होकर रह गये। इनके पिता ने अपरिमित धन अर्जित किया। धनकुबेर होने के कारण सौदा के पिता का विवाह नेमत ख़ाँ अली की पुत्री से हुआ जिसने सौदा-जैसे सिद्धहस्त कवि को जन्म दिया। यद्यपि इनकी जन्मतिथि के सम्बन्ध में विचारकों में मतभेद है, फिर भी यह अनुमान किया जाता है कि इनका जन्म 1707 ई॰ से 1712 ई॰ के बीच और निधन 1780 ई॰ में हुआ। इनकी शिक्षा-दीक्षा दिल्ली में हुई थी। अपनी रचनाओं का संशोधन क्रमशः सुलैमान, कुली ख़ाँ और शाह हातिम से कराकर ये आगे बढ़े। पहले ये फ़ारसी में कविता करने लगे, फिर उर्दू में उत्कृष्ट कविताएँ लिखीं।

सौदा अत्यन्त समर्थ और सफल कवि थे। इनकी कवित्व-शक्ति काव्य के प्रत्येक क्षेत्र में द्रष्टव्य है। इनकी रचनाओं में मात्र फ़ारस की ही गन्ध नहीं वरन् भारत की वसुन्धरा की मादक सुगन्ध भी मिलती है। इनकी कविताओं में भारतीय रीति-रिवाजों के चित्रण हुए हैं और अर्जुन-कृष्ण तथा अन्य भारतीय धर्मपरायण पुरुषों की चर्चाएँ भी हुई हैं। सौदा ने ग़ज़लें, रुबाइयाँ, मरसिए और शहूरे अशोब लिखे हैं किन्तु क़सीदों की रचना में इनकी दक्षता देखते ही बनती है। क़सीदा-लेखन में इनकी विशिष्ट ख्याति है। उर्दू-साहित्य में आवेशपूर्ण 'हज्व' की रचना का श्रेय सौदा को ही है जिसमें व्यंग्य होता है और विनोद भी, हास-परिहास होता है तो उपहास भी।

दर्द : इनका वास्तविक नाम सैय्यद ख़्वाजा मीर था। 'दर्द' इनका कवि-नाम है। इनका जन्म 1712 ई॰ तथा निधन 1778 ई॰ में हुआ। इनके पिता का नाम सैय्यद ख़्वाजा मो॰ नासिर था। 'दर्द' के पिता भी कवि थे और फ़ारसी में कविताएँ करते थे। 'दर्द' का जन्म दिल्ली में हुआ। ये अन्तन्त कुशाग्र बुद्धि के थे और 15 वर्ष की अवस्था में इन्होंने 'अहकामुस्सलात' की रचना की थी। इन्होंने उच्च कोटि की ग़ज़लें लिखी हैं जिनके संबंध में गागर में सागर भरने की कहावत चरितार्थ होती है। इनका भाव-विन्यास अद्भुत है। भाषा की समास-शक्ति और कल्पना की समाहार-शक्ति का मणिकांचन-संयोग इनकी ग़ज़लों में दृष्टिगत होता है। यद्यपि

इनकी रचनाएँ बहुत अधिक नहीं हैं तथापि यह कहा जा सकता है कि इनकी रचनाओं में काव्य के गुण और चमत्कार भरे हैं। भाव, भाषा और शब्द-विन्यास के प्रति 'दर्द' अत्यन्त सतर्क दिखायी देते हैं और शब्दों का प्रयोग अत्यन्त सतर्कतापूर्वक करते हैं। इसीलिए इनकी ग़ज़लें उत्कृष्ट हैं।

सोज़ : इनका नाम सैय्यद मो॰ मीर था। 'सोज़' कवि-नाम था। इनका जन्म 1712 ई॰ तथा निधन 1792 ई॰ में हुआ। इनके पूर्वजों का स्थान बुख़ारा था लेकिन सोज़ का जन्म दिल्ली में हुआ था और शिक्षा-दीक्षा भी यहीं हुई। शाह आलम के काल में जब दिल्ली पर तबाही आयी तो ये लखनऊ चले आये। फिर मुर्शिदाबाद गये और पुनः लखनऊ लौट आये और यहीं इनकी मृत्यु हुई।

सोज़ का एक दीवान (काव्य-संग्रह) उपलब्ध है जिसमें ग़ज़लें, रुबाइयाँ, मसनवी और मोख़म्मस (पद्य-विधा) हैं। इनकी भाषा अत्यन्त सरल, सरस और सुष्ठु है। भाषा में किसी प्रकार की जटिलता या कृत्रिमता कहीं नहीं दिखायी पड़ती। भाषा की सहजता के साथ भाव प्रवाहित होता रहता है। फ़ारसी के शब्दों का अनावश्यक लोभ इनके काव्य में दृष्टिगत नहीं होता वरन् सीधे-सादे हिन्दी-शब्दों का स्वाभाविक प्रयोग इनके काव्य में हुआ है। इनकी प्रशंसा करते हुए मिर्ज़ा अली लुत्फ़ लिखते हैं—"शृंगारिक प्रवृत्ति के सम्राट् मीर सोज़ की रचना आत्यंतिक करुणा में डूबी हुई है।"

मीर : मीर का वास्तविक नाम मीर तक़ी है। 'मीर' कवि-नाम है और इसी नाम से ये प्रसिद्ध हैं। मीर का जन्म 1722 ई॰ में आगरा में हुआ था और 1810 ई॰ में लखनऊ में इनका देहान्त हुआ। मीर के पिता का नाम मो॰ अली था और वे प्रसिद्ध सूफ़ी सन्त थे। लखनऊ के नवाब आसिफ़ुद्दौला ने इन्हें बहुत सम्मान दिया था। उसने इनकी सुख-सुविधाओं के निमित्त 200 रुपये मासिक वज़ीफ़ा जारी कर दिया था।

मीर साहब ने नाना यातनाएँ झेलकर उर्दू-साहित्य को समृद्धि प्रदान की है। इन्होंने बहुत सारी रचनाएँ की हैं। छह विशालकाय उर्दू-ग़ज़लों के संग्रह, फ़ारसी का एक काव्य-संग्रह, अनेक मसनवियाँ, एक रेसाला (पुस्तिका) 'फ़ैज़ेमीर', एक 'तजकेरा-नेकातुश्शोअरा' और एक हस्तलिखित जीवनी, ये इनकी रचना-क्षमता और प्रतिभा के परिचायक हैं। इनके अतिरिक्त रुबाइयाँ मोख़म्मस, मुस्तज़ाद, तरजीअ बन्द, तरकीब बन्द, मोसद्दस आदि विधाओं में भी इन्होंने रचनाएँ की हैं। मीर साहब उर्दू-वासोख़्त के आविष्कारक माने जाते हैं। इन्हें ग़ज़लों का सम्राट् माना गया है और इनकी तुलना फ़ारसी के महान् कवि 'सादी' से की गयी है। समस्त विद्वानों और आलोचकों ने इन्हें एक स्वर से सम्पूर्ण काव्य-वैभवों और काव्य-विधाओं से सम्पन्न महाकवि और आचार्य के रूप में स्वीकार किया है।

इनशा : 'इनशा' का पूरा नाम सैय्यद इनशाअल्लाह खाँ है। 'इनशा' कवि-नाम है। इनके पिता का नाम हकीम माशाअल्लाह खाँ था। 'इनशा' का जन्म मुर्शिदाबाद में हुआ था। इनकी जन्मतिथि निश्चित रूप से नहीं बतायी जा सकती परन्तु यह

सत्य है कि इनकी मृत्यु 1817 ई॰ में हुई। शाह आलम तृतीय के काल में इनशाअल्लाह ख़ाँ मुर्शिदाबाद से दिल्ली आये और अपनी विलक्षण प्रतिभा के कारण पूरे दरबार पर छा गये किन्तु अनुकूल स्थिति नहीं होने के कारण ये मिर्ज़ा सुलैमान शिकोह के दरबार में लखनऊ चले आये। कुछ दिनों के उपरान्त सआदत अली ख़ाँ के पास पहुँचे जहाँ इन्हें पर्याप्त प्रतिष्ठा प्राप्त हुई। ये अपनी विशिष्ट प्रतिभा के बल पर पूरे लखनऊ में उत्कृष्ट कवि के रूप में प्रख्यात हो गये किन्तु नवाब से सम्बन्ध मधुर नहीं रहने के कारण इनका अन्तिम जीवन घोर कष्ट में बीता और इनकी स्थिति अत्यन्त दयनीय हो गयी।

इनशा का अन्तिम समय अत्यन्त दयनीय अवश्य रहा किन्तु इनकी साहित्य-साधना और उर्दू-सेवा निश्चय ही श्लाघ्य है। इनमें विलक्षण आचार्यत्व और कवित्व-प्रतिभा थी। भाषा पर इनका असाधारण अधिकार था। इन्होंने अनेक विधाओं में रचनाएँ की हैं। इनका एक संग्रह उर्दू की ग़ज़लों का है जिससे उर्दू भाषा पर इनके अद्भुत अधिकार और इनकी अपूर्व काव्य-क्षमता का परिचय मिलता है। 'दीवाने रेख़ती' इनकी महत्त्वपूर्ण कृति है जिसमें पहेलियाँ, मुस्तज़ाद आदि संकलित हैं। इनकी 'क़साएदे उर्दू-फ़ारसी' नामक रचना भी अति प्रसिद्ध है जिसमें ईश-वन्दना, पैग़म्बर साहब की स्तुति, इमामों का स्तवन और अन्य धार्मिक सन्तों-व्यक्तियों की प्रशंसा हैं। एक अत्यन्त कलात्मक और श्रमसाध्य रचना 'बेनोक़्त' है जिसमें नोक़्ता का कहीं प्रयोग नहीं हुआ है। इनकी एक मसनवी 'शिकारनामा' भी है जो नवाब सआदत अली ख़ाँ की प्रेरणा से दिनचर्या के रूप में लिखित है। इनके अतिरिक्त इनकी अनेक गद्य-रचनाएँ भी हैं। उर्दू-गद्य में लिखित इनकी रचना 'रानी केतकी की कहानी' हिन्दी से इनके नैसर्गिक सम्बन्ध का परिचय देती है जिसमें एक शब्द भी उर्दू-फ़ारसी का नहीं है। उर्दू-फ़ारसी के अतिरिक्त हिन्दी से भी इनका स्वाभाविक सम्बन्ध दृष्टिगत होता है। यही कारण है कि इन्होंने अरबी के छन्दःशास्त्र के कतिपय तत्त्वों के हिन्दीकरण का प्रयास भी किया था।

नज़ीर अकबराबादी : नज़ीर अकबराबादी का काल-निर्धारण अत्यन्त कठिन है। डॉ॰ रामबाबू सक्सेना के अनुसार ये नादिरशाही आक्रमण के समय दिल्ली में उत्पन्न हुए और यह अनुमान उचित भी प्रतीत होता है। इन्हें दीर्घायुष्य प्राप्त हुआ और इनकी मृत्यु 1830 ई॰ में हुई। इनका वास्तविक नाम वली मोहम्मद और 'नज़ीर' कवि-नाम था। अहमदशाह अब्दाली के आक्रमण के समय ये दिल्ली छोड़कर अपने पूरे परिवार के साथ आगरा चले आये और इसी सम्बन्ध से अकबराबादी कहे जाने लगे। नज़ीर ने दरबारी वशवर्तिता को स्वीकार नहीं किया। इसीलिए इन्होंने अपना एक ऐसा मानस-लोक बनाया जिसमें निर्धन और धनवान्, मूर्ख और विद्वान्, हिन्दू और मुसलमान—सब समान थे।

नज़ीर के स्वतंत्र जीवन और इनकी उन्मुक्त प्रकृति-प्रवृत्ति ने इनकी रचनाओं

को नये आयाम प्रदान किये। इन्होंने 'मीर', 'सौदा', 'दर्द' आदि का अनुगमन नहीं किया वरन् अपनी प्रवृत्ति के अनुकूल ऐसी रचनाएँ कीं जो अन्य कवियों की प्रवृत्तियों से सर्वथा भिन्न थीं। नज़ीर के काव्य के अध्ययन से ऐसा प्रतीत होता है कि इन्होंने अपने मित्रों के आग्रह पर अथवा अपने आश्रयदाता लाला विलासराम के पुत्र और अपने शिष्य को प्रसन्न करने के निमित पशु-पक्षियों से सम्बद्ध कविताएँ लिखीं। जो भी हो, ऐसी रचनाओं के कारण कुछ आलोचक तो इन्हें उत्कृष्ट कोटि का कवि मानते हैं और कुछ इन्हें कवि ही नहीं मानते, पर नज़ीर को कवि नहीं कहना न्यायसंगत नहीं। प्रथम वाचन में ही नज़ीर को समझ लेना सबके वश की बात नहीं है। ज्ञान-संवलित सूक्ष्म दृष्टि से ही नज़ीर को परखा जा सकता है जिसे हिन्दी-साहित्य का इतिहास भी हिन्दी का महान् कवि स्वीकार करने को तत्पर है।

नज़ीर का मोह फ़ारसी-उर्दू के प्रति कम रहा है। हिन्दी के ग्राम्य शब्दों और चलते-फिरते मुहावरों का प्रयोग ये अधिक करते हैं। इन्होंने अपने काव्य की सामग्री सामान्य जीवन से ली है। हिन्दू धर्म का इन्हें गम्भीर ज्ञान था। इसी कारण इन्होंने हिन्दू धर्म से सम्बद्ध अनेक कविताएँ लिखी हैं जिनमें हिन्दी के तत्कालीन तद्भव शब्दों का प्रयोग हुआ है। 'शिव-विवाह' इनकी विस्तृत कविता है जिसमें पौराणिकता के साथ इनकी कतिपय मौलिक उद्भावनाएँ भी हैं। जो भी हो, नज़ीर ऐसे कवि हैं जिनमें भाषा और भाव की कृत्रिमता नहीं, सहजता और सरलता है तथा जो जनसामान्य का कवि है परन्तु असाधारण प्रतिभा का स्वामी है।

नासिख़ : नासिख़ का नाम इमामबख़्श था। 'नासिख़' कवि-नाम था। इनका जन्म फ़ैजाबाद में हुआ किन्तु ये लखनऊ और इलाहाबाद में रहे। इनका निधन इलाहाबाद में ही 1838 ई॰ में हुआ। काव्यात्मक सौन्दर्य के प्रति नासिख़ अधिक तत्पर थे। इन्होंने अपनी शब्द-योजना में शब्दों की कोमलता और उपयुक्तता पर पूरा ध्यान रखा है। शब्दों का संशोधन और परिमार्जन कर भाषा को परिष्कृत करने का इन्होंने पूरा प्रयास किया है। तत्कालीन पुराने शब्द इन्हें अच्छे नहीं लगे। अतः भाषा को सौकुमार्य और नव्यता प्रदान करने का प्रयास नासिख़ अनवरत करते रहे। कदाचित् इसी कारण इनके कवित्व की क्षति भी हुई है। इन्होंने भाषा को स्तरीय बनाने का काम स्वयं तो किया ही, अपने शिष्यों को भी इसके लिए प्रेरणा दी। फलतः नासिख़ के समय भाषा का परिमार्जन हुआ और भाषा स्तरीय बनी। इन्होंने न केवल भाषिक सौन्दर्य पर ध्यान दिया प्रत्युत नयी उपमाएँ और नये रूपकों की योजना का प्रयास भी किया। काव्यशास्त्रीय सौन्दर्य से मण्डित और परिनिष्ठित होने के कारण अन्य कवियों की रचनाओं से इनकी रचनाएँ ऊँची श्रेणी की कही जाती हैं।

आतिश : इनका नाम ख़्वाजा हैदर अली था। 'आतिश' इनका कवि-नाम था। इनके पिता का नाम ख़्वाजा अली बख़्श था जो दिल्ली से फ़ैज़ाबाद आये थे और फ़ैज़ाबाद में ही आतिश का जन्म हुआ। आतिश ने अपने आनुवंशिक पुरोहित-कर्म

को छोड़कर कवि-कर्म को अपना लिया और 'मुसहफ़ी' के शिष्य हो गये। ये अपनी असाधारण प्रतिभा से कवि-गुरु अर्थात् आचार्य हुए। ये अद्‌भुत दानी थे और इसी दानशीलता के कारण कभी आर्थिक संकट से भी इन्हें दो-चार होना पड़ा था।

आतिश 'नासिख़' के समकालीन थे और कवि-गोष्ठियों में दोनों में खूब ठनती थी। आतिश की ग़ज़लों का एक संग्रह उपलब्ध है जो इनके जीवनकाल में ही लोकप्रिय हो गया था। शेष रचनाएँ इनके निधनोपरान्त संगृहीत हुईं। 'नासिख़' के काव्यशास्त्रीय नियमन को आतिश ने व्यावहारिक रूप दिया और भाषा को परिमार्जित और परिष्कृत करके दिखा दिया किन्तु कहीं-कहीं साधारण और प्रचलित ग्राम्य शब्दों का भी प्रयोग इनके काव्य में मिलता है। आतिश मद्यप नहीं थे किन्तु फ़ारसी के महान् कवि 'हाफ़िज़' की भाँति इनकी रचनाओं में सुरा और सुन्दरी का प्रसंग आ जाता है। वस्तुतः आतिश की सुरा आध्यात्मिक है, लौकिक नहीं।

ज़ौक़ : ज़ौक़ का वास्तविक नाम शैख इब्राहीम था। 'ज़ौक़' कवि-नाम था। ये शैख़ मो॰ रमज़ान के पुत्र थे। इनका जन्म 1787 ई॰ और निधन 1845 ई॰ में हुआ। आरम्भिक शिक्षा-दीक्षा गुलाम रसूल से हुई। चूँकि गुलाम रसूल भी कवि थे, अतः उनके संसर्ग और मार्गदर्शन ने ज़ौक़ को एक महान् कवि बना दिया। बहादुरशाह ज़फ़र ने भी इनका शिष्यत्व ग्रहण किया। धीरे-धीरे इनकी प्रसिद्धि बढ़ती गयी। यहाँ तक कि इनकी तुलना फ़ारस के महान् कवि 'ख़ाक़ानी' से की जाने लगी। ये धार्मिक प्रकृति के थे और घंटों तपस्यारत रहा करते थे।

ज़ौक़ ने लगभग पचास वर्षों तक काव्य-सृजन किया और प्रभूत रचनाएँ कीं किन्तु खेद है कि इनकी अधिकांश रचनाएँ ग़दर की विभीषिका की भेंट चढ़ गयीं जिसका उल्लेख 'आबेहयात' में मिलता है। फिर भी, ज़ौक़-रचित अनेक ग़ज़लें और क़सीदे हैं जो उत्कृष्ट कोटि के हैं। यद्यपि इनके क़सीदों की उत्कृष्टता में कोई सन्देह नहीं, फिर भी 'सौदा' के क़सीदों की उत्कृष्टता को इनके क़सीदे प्राप्त नहीं कर सके। 'आबेहयात' के अनुसार ज़ौक़ ने एक शृंगारिक पत्र मसनवी के रूप में भी लिखा था। ज़ौक़ की सबसे बड़ी उपलब्धि यह है कि इन्होंने उर्दू भाषा को सुसंस्कृत और परिमार्जित किया। इनकी रचनाएँ काव्यशास्त्रीय वैभव से मण्डित हैं। इनकी अलंकृत भाषा अत्यन्त प्रवाहमयी, स्वच्छ और भावानुगामिनी है।

ग़ालिब : इनका पूरा नाम असदुल्लाह खाँ था। 'ग़ालिब' इनका-कवि नाम था। पहले यह 'असद' के नाम से रचना करते थे। बाद में 'ग़ालिब' तख़ल्लुस (कवि-नाम) रख लिया। ये ईरानी वंश के थे किन्तु अपने पितामह शाह आलम के काल में दिल्ली चले आये थे। इनका जन्म 1796 ई॰ और निधन 1869 ई॰ में हुआ। ग़ालिब फ़ारसी भाषा के विद्वान् और कवि थे। इनकी अनेक रचनाएँ फ़ारसी में हैं और भारत के फ़ारसी-कवियों में इनका स्थान बहुत ऊँचा है।

इनकी रचनाओं के तीन स्पष्ट आयाम दृष्टिगत होते हैं। प्रथम आयाम में फ़ारसी

की रचनाएँ आती हैं जिनमें उर्दू के शब्द बहुत कम प्रयुक्त हुए हैं। द्वितीय आयाम में कुछ सहजता-सरलता आयी है और फ़ारसी के शब्दों का लोभ-संवरण दृष्टिगत होता है। तृतीय आयाम में कवि ने उर्दू में लिखना आरम्भ किया और उर्दू को महत्त्वपूर्ण रचनाएँ दीं। उर्दू और फ़ारसी की इनकी रचनाएँ–(1) ऊदे हिन्दी, (2) उर्दूए मोअल्ला, (3) कुल्लियातेनस्र ग़ालिब, (4) दिवाने उर्दू, (5) लताएफ़े ग़ैबी, (6) तेग़ तेज़, (7) क़ाते बुर्हान, (8) पंज आहंग, (9) महरेनीम रोज़, (10) दस्तम्बू, (11) सबेद चीन, (12) नामए ग़ालिब आदि हैं।

ग़ालिब श्रेष्ठ कवि होने के साथ-साथ समर्थ गद्यकार भी थे। इनके पत्रों के संग्रह भी प्रकाशित हैं जिनकी शैली अत्याधुनिक और उच्च स्तरीय है। 'ऊदे हिन्दी' और 'उर्दूए मोअल्ला' उर्दू में लिखित पत्रों के संग्रह ही हैं। इनकी रचनाएँ उत्कृष्ट कोटि की हैं। यही कारण है कि ये उर्दू के महाकवि घोषित किये गये। इनकी रचनाओं में मात्र काव्य का उत्कर्ष ही नहीं, दर्शन का गहरा पुट भी है। इनकी काव्यभाषा यदि एक ओर दुरूह है तो दूसरी ओर अत्यन्त भावाभिव्यंजक है। ग़ालिब की रचनाओं में शब्दों का नहीं, शब्दों की आत्माओं का प्रयोग मिलता है। इनके समस्त काव्य में जटिलता और ऊहात्मकतारहित आलंकारिक सौन्दर्य दृष्टिगत होता है। इनकी गद्य रचनाओं में अत्यंत संयमित हास्य और व्यंग्य भी हैं जो पाठकों का मात्र मनःप्रसादन ही नहीं करते, ज्ञानवर्द्धन भी करते हैं। किंबहुना, ग़ालिब उर्दू के ऐसे महाकवि और महागद्यकार हैं जिन्होंने उर्दू-साहित्य को उत्कर्ष दिया।

मोमिन : मोमिन का नाम मोमिन ख़ाँ था। कवि के रूप में ये 'मोमिन' के नाम से प्रसिद्ध हुए। इनका जन्म 1800 ई॰ और निधन 1851 ई॰ में हुआ। इनके पिता का नाम गुलाम नबी ख़ाँ था। इनकी आरम्भिक शिक्षा अरबी-फ़ारसी में हुई। विद्वानों के संसर्ग ने इन्हें उर्दू का प्रसिद्ध कवि बना दिया।

इन्होंने उर्दू की अनेक विधाओं में रचनाएँ की हैं। इन्होंने क़सीदे, रुबाइयाँ, ग़ज़लें और मसनवी, ये सब लिखे। तरकीब बन्द, तरजीअ बन्द, वासोख़्त, ये सब कुछ लिखे। मोमिन का एक काव्य-संग्रह और छह मसनवियाँ उपलब्ध हैं। इन्होंने उर्दू के शब्दों और वाक्यों में फ़ारसी-पद्धति से चमत्कार भर दिया है। साधारण-सी बात को अत्यन्त चमत्कारपूर्ण ढंग से कहने की जो कला इनके पास थी, वह अत्यन्त दुर्लभ है। इनकी रचनाओं में एक ओर शृंगारिक भावों का तारतम्य है तो दूसरी ओर दार्शनिक भावों की निगूढ़ता भी। इनकी रचनाओं में शब्दों और भावों के परिमार्जन और परिष्करण के साथ-साथ अलंकार और प्रसाद का सहभाव भी है।

अनीस : अनीस का पूरा नाम बबर अली है। 'अनीस' इनका कवि-नाम है। इनका जन्म 1802 ई॰ में फ़ैजाबाद में हुआ तथा मृत्यु 1874 ई॰ में हुई। इनके पिता का नाम मीर ख़लीक़ था। आसिफ़ुद्दौला ने जब लखनऊ बसाया तो 'अनीस' भी यहीं आ गये। इनके पिता, पितामह आदि भी कवि थे और कवित्व-प्रतिभा इन्हें

परम्परागत रूप में प्राप्त हुई थी।

'अनीस' को अपनी भाषा पर अधिकार था, इसलिए इनकी भावगर्भ भाषा इनके पात्रों की मानसिक दशाओं को उजागर करने के साथ-साथ उनके व्यक्तित्व को भी रूपायित करती है। इनकी रचनाओं में प्रबन्धात्मक वैशिष्ट्य उपनिबद्ध है। यही कारण है कि समुद्र, वन, पर्व, उषा, संध्या तथा 'छाँहौं चाहति छाँह' वाली दुपहरी के प्रकृति-चित्र इनके काव्य में अनेकत्र दृष्टिगत होते हैं। इनकी मर्मस्पर्शी रचनाओं में कभी हँसाने और कभी रुला देने की क्षमता है। करुण वातावरण की ऐसी योजना अनीस करते हैं कि पाठक और श्रोता का हृदय पिघल कर आँखों से बह पड़ता है। दुरूह विषयों के कथन और चित्रण में कवि को कोई आयास नहीं करना पड़ता। इनकी समस्त कृतियाँ चार-पाँच खण्डों में प्रकाशित हो चुकी हैं जिनका राष्ट्रीय और अन्तरराष्ट्रीय महत्त्व है। उर्दू-जगत् ने इन्हें मरसिया का महाकवि घोषित किया है।

दबीर : दबीर का नाम मिर्ज़ा सलामत अली था। 'दबीर' इनका कवि-नाम था। इन्होंने उर्दू-साहित्य में मरसिया (शोकगीत) लेखन को पराकाष्ठा पर पहुँचा दिया। इनका जन्म 1803 ई॰ तथा निधन 1875 ई॰ में हुआ। इनके पिता का नाम मिर्ज़ा ग़ुलाम हुसैन था। दबीर का जन्म तो दिल्ली में हुआ था पर अपने पिता के साथ ये लखनऊ आ गये थे और वहीं के होकर रह गये। मीर मोज़फ़्फ़र हुसैन 'ज़मीर' इनके काव्य-गुरु थे जिनसे इन्हें मरसिया-लेखन की प्रेरणा मिली किन्तु असाधारण प्रतिभा और काव्य-रचना की अद्भुत क्षमता के बल पर दबीर अपने गुरु से आगे हो गये और मरसिया काव्य-विधा के आचार्य और महान् कवि घोषित हुए। इन्होंने लगभग तीन हजार मरसियों की रचना की है। रुबाइयाँ, नौहे आदि इनके अतिरिक्त हैं। इनकी रचनाएँ पूर्णतः साहित्यिक और उत्कृष्ट हैं। छन्दःशास्त्रीय दृष्टि से इनकी रचनाएँ अपने आप में प्रमाण मानी जाती हैं। इन्होंने अनीस की भाँति शहीदसम्राट् पवित्र हुसैन के कर्बला के सन्दर्भ में नाना भावों से युक्त शोकसंवलित मरसियों की रचनाएँ की हैं जिनमें गतिशील और स्थिर दोनों प्रकार के चित्रों की प्रस्तुति हुई है। इनकी भावपूर्ण चित्रात्मक भाषा अत्यन्त सरल, सरस, परिष्कृत और अलंकृत है।

दयाशंकर 'नसीम' : पण्डित दयाशंकर 'नसीम' 1811 ई॰ में लखनऊ में उत्पन्न हुए। इनके पिता का नाम गंगाप्रसाद कूल था। नसीम ने लखनऊ में ही उर्दू-फ़ारसी की शिक्षा प्राप्त की। 'आतिश' की रचनाओं से प्रभावित होकर इन्होंने कविता-रचना आरम्भ की और अल्प समय में ही प्रसिद्धि प्राप्त कर ली किन्तु युवावस्था में ही हैज़े के प्रकोप से 1843 ई॰ में इनका देहान्त हो गया।

'नसीम' 'आतिश' के शिष्य थे। अतः इनकी ग़ज़लों पर 'आतिश' के व्यक्तित्व और उनकी रचना-शैली की स्पष्ट छाप दृष्टिगत होती है। 'आतिश' की ही भाँति 'नसीम' भी शाब्दिक और भाषिक परिनिष्ठितता के पक्षधर थे, अतः इनकी रचनाएँ भी अत्यन्त सरल, सरस और सुसंस्कृत हैं। इनकी स्पष्टता और सटीक उपमाओं से

इनकी रचनाओं का सौन्दर्य द्विगुणित हो जाता है। 'गुलज़ारे नसीम' इनकी प्रसिद्ध मसनवी है जिसके कारण इन्हें ख्याति प्राप्त हुई। इनका एक काव्य-संग्रह भी उपलब्ध है जिसमें ग़ज़लें, मोख़म्मस और तरजीअ बन्द भी हैं। इन्होंने अपनी मसनवी 'गुलज़ारे नसीम' में श्लेष के माध्यम से एक-एक पंक्ति में अनेक अर्थों की योजना की है किन्तु विशेषता यह है कि अर्थ कहीं बाधित नहीं होता। इस प्रकार दयाशंकर 'नसीम' उर्दू के प्रतिष्ठित और उच्च कोटि के कवि हैं जिन्होंने अल्पायु होने पर भी उर्दू-साहित्य की महती सेवा की है।

दाग़ : नवाब शम्सुद्दीन ख़ाँ के पुत्र दाग़ का जन्म 1831 ई॰ में दिल्ली में हुआ था और 1905 ई॰ में इनका देहान्त हो गया। जीविकोपार्जन अथवा सुख-शान्ति की प्राप्ति हेतु दाग़ को रामपुर, हैदराबाद आदि स्थानों का भ्रमण करना पड़ा। दाग़ सिद्धहस्त कवि थे। इनके तीन काव्य-संग्रह—'गुलज़ारे दाग़', 'आफ़ताबे दाग़, और 'माहताबे दाग़' उर्दू-साहित्य की अपूर्व निधियाँ हैं। इन्होंने क़सीदे लिखे हैं और रुबाइयाँ भी। दाग़ की रचनाओं में उर्दू भाषा का परिमार्जन और सौकुमार्य दृष्टिगोचर होता है। फ़ारसी के कठिन शब्दों के स्थान पर उर्दू के सरल-सरस शब्दों की रमणीय योजना इनकी रचनाओं में सर्वत्र देखी जाती है। इनकी रचनाओं में यौवन, प्रेम और सौंदर्य के मार्मिक चित्र सर्वत्र दिखायी पड़ते हैं। इनकी भाषा भावानुगामिनी है जो उत्प्रेक्षाओं की छटा से सुशोभित हो उठी है।

हाली : हाली का वास्तविक नाम इल्ताफ़ हुसैन और इनका कवि-नाम 'हाली' था। इनका जन्म पानीपत में 1837 ई॰ तथा स्वर्गवास 1914 ई॰ में हुआ। आरम्भिक शिक्षा अरबी-फ़ारसी में हुई। उस समय के एक अच्छे कवि मुस्तफ़ा ख़ाँ 'शेफ्ता' के सम्पर्क में आकर ये सुंदर कविताएँ करने लगे। इन्हें लाहौर जाने का सुअवसर मिला। लाहौर के गवर्नमेंट बुक डिपो में स्थान प्राप्त हो जाने से ये आंग्ल साहित्य से परिचित हुए। अतएव हाली की साहित्य-सर्जना पर प्रभूत पाश्चात्य प्रभाव पड़ा। नवीनतम रीति और पद्धति का अनुगमन कर इन्होंने चार मसनवियों 'बरखारुत', 'निशाते उम्मीद', 'मोनाज़रा रह्मो इन्साफ़' और 'हुब्बेवतन' का प्रणयन किया जो बहुत प्रसिद्ध हुईं। इनके अतिरिक्त इन्होंने अन्य महत्त्वपूर्ण कविताओं की रचना भी की है। यद्यपि नवीनतम कविता की आधारशिला 'आज़ाद' ने पहले ही रख दी थी तथापि हाली ने उसे और गतिशीलता प्रदान की। इनका भाव हृदयग्राही और भाषा अत्यन्त सरल है।

असग़र गोण्डवी : असग़र का मूल स्थान गोरखपुर ज़िले में था किन्तु इनके पिता नौकरी करने के कारण बहुत दिनों तक गोण्डा में रहे। अतः पिता के साथ गोण्डा में रहने के कारण असग़र गोण्डवी कहे जाने लगे। इनका जन्म 1845 ई॰ में हुआ। 1936 में इनका स्वर्गवास हो गया।

असग़र का काव्य-संग्रह 'निशातेरूह' अति प्रसिद्ध है। इनकी समस्त रचनाओं

में आह्लाद और आनन्द है जो आत्म-विभोरता की स्थिति उत्पन्न करती हैं। असग़र प्रेम की विभिन्न अवस्थाओं से गुजरना चाहते हैं तथा उपमा, रूपक आदि की योजना से अपने काव्य में सौंदर्य का आधान करते हैं। ये पुरातन प्रयोगों से बचने का प्रयास करते हैं जिससे इनके काव्य में सौन्दर्यवर्द्धन हुआ है। काव्य में कुछ ऐसी चमत्कृति का प्रयास भी इनके द्वारा हुआ है जो इनकी ही देन कही जायेगी।

अकबर इलाहाबादी : इनका नाम सैय्यद अकबर हुसैन था। 'अकबर' इनका कवि-नाम था। अकबर का जन्म 16 नवम्बर 1846 ई॰ को बारह नामक स्थान (इलाहाबाद) में हुआ था, इसलिए ये इलाहाबादी कहे गये। इनके पिता का नाम मीर तफ़ज़्ज़ुल हुसैन था। अरबी-फ़ारसी की शिक्षा के उपरान्त इन्होंने अँगरेजी शिक्षा प्राप्त की। प्रतिभावान् छात्र होने के कारण ये सदा अपने वर्ग में सर्वप्रथम रहते थे। इन्होंने वकालत पास की, वकील हुए और प्रोन्नति प्राप्त कर न्यायाधीश हुए।

अकबर की ख्याति इनके ऊँचे पदों के कारण नहीं, वरन् इनकी रचनाओं के कारण है। बचपन से ही इनमें कविता-रचना करने की प्रवृत्ति थी। ये उच्च कोटि के हास्य-व्यंग्य कवि के रूप में प्रसिद्ध हुए। राष्ट्र और जाति की बिगड़ती हुई स्थिति को देखकर आँसू बहाने की अपेक्षा अपने समाज को सतर्क करना, झकझोरना और जगाना इन्होंने उचित समझा। इसलिए कभी तो अकबर ने चुटकियाँ ली हैं तो कभी व्यंग्य से अपने समाज को सतर्क किया है। कभी अँगरेजों का अन्धानुकरण करनेवालों का मज़ाक उड़ाकर भारतीय सभ्यता-संस्कृति को तिरोहित होने से बचाने का प्रयास किया है तो कभी भारतीयों को यथार्थ का दर्पण दिखाकर सजग किया है। इन्होंने हँसाकर व्यक्ति और समाज को सुधारने का यत्न किया। अकबर ने मधुर भाषा में अत्यंत कठोर बातें कही हैं। अकबर की भाषा में फ़ारसी-शब्दों का मोह नहीं दिखायी पड़ता है। अपने भावों की सटीक अभिव्यक्ति के लिए इन्होंने हिन्दी और अँगरेजी के शब्दों का बेहिचक प्रयोग किया है। इनकी रचना गम्भीर घाव करनेवाली और सुषुप्तों को जगानेवाली है। इस महान् हास्य-व्यंग्यकार की मृत्यु 1921 ई॰ में हुई।

शाद अज़ीमाबादी : शाद का जन्म अज़ीमाबाद, अर्थात् पटना में 1846 ई॰ में हुआ। इनकी मृत्यु 1926 ई॰ में हुई। इनके पिता इलाहाबाद के थे किंतु चौदह-पन्द्रह वर्ष की अवस्था में पटना (अज़ीमाबाद) चले आये थे। यहीं शाद का जन्म हुआ। पटना अर्थात् अज़ीमाबाद में उत्पन्न होने के कारण ही शाद ने 'अज़ीमाबादी' उपनाम धारण किया। शाद की शिक्षा-दीक्षा भी पटने ही में हुई और बड़े-बड़े विद्वानों से शिक्षा प्राप्त की। शाद की उन्मुक्त प्रकृति ने केवल इस्लामी शिक्षाओं से ही सन्तोष नहीं करने दिया वरन् ईसाई, पारसी और सनातन धर्म का भी अध्ययन इन्होंने किया। इन्होंने 'गीता' पढ़ी, 'रामायण' पढ़ी और बाइबिल भी।

शाद की अनेक रचनाएँ हैं जिनसे इन्हें अमरत्व प्राप्त हुआ है। शाद का वैशिष्ट्य इनकी भाषा की साधुता और सरलता में है। जटिलतम भावों को भी अत्यन्त

सरलतापूर्वक व्यक्त कर देने में शाद अत्यन्त प्रवीण थे। शब्दों की आत्मा की परख और विशिष्ट शब्दों का प्रयोग शाद की विलक्षण प्रतिभा का परिचय देता है। इनकी रचनाओं में आस्तिक भावनाओं और एकेश्वरवाद की झलक मिलती है। यद्यपि इन्होंने उर्दू की अनेक पद्य-विधाओं में रचनाएँ की हैं किन्तु मरसिया और ग़ज़ल के क्षेत्र में इन्हें विशेष सफलता प्राप्त हुई है। इनकी विद्वत्ता, दक्षता और बुद्धिमत्ता के कारण इन्हें आधुनिक 'मीर' कहा जाता है।

नौबतराय 'नज़र' : नज़र का पूरा नाम नौबतराय और 'नज़र' कवि-नाम था। इनका जन्म 1866 ई॰ में लखनऊ में हुआ था। 1932 ई॰ में ये गोलोकवासी हुए। नज़र एक प्रतिष्ठित कुल में उत्पन्न हुए थे। इनकी शिक्षा-दीक्षा लखनऊ में हुई। आग़ा 'मज़हर' लखनवी इनके काव्य-गुरु थे। ये अनवरत काव्य-साधना करते रहे और प्रसिद्ध कवियों में परिगणित हुए।

'नज़र' ने पद्य और गद्य, दोनों में रचनाएँ कीं। उर्दू के विकास के लिए इन्होंने अनेक पत्र-पत्रिकाओं को अपनी सेवाएँ अर्पित कीं। 1897 ई॰ में 'हुज़न्गे नज़र' नामक मासिक पत्रिका निकालना आरम्भ किया जो वस्तुतः उर्दू ग़ज़लों की सुन्दर वाटिका थी। कुछ दिनों तक यह पत्रिका निर्बाध गति से प्रकाशित होती रही किन्तु अधिक दिनों तक जीवित नहीं रह सकी। 1904 ई॰ में ये 'ज़माना' पत्रिका के उप सम्पादक नियुक्त हुए और इन्हीं के कारण 'ज़माना' की प्रसिद्धि भी बढ़ी। 1910 ई॰ में इण्डियन प्रेस, इलाहाबाद से उर्दू की प्रसिद्ध पत्रिका 'अदीब' का प्रकाशन हुआ। नज़र इसके सम्पादक नियुक्त हुए थे। इस पत्रिका को नज़र के सम्पादकत्व में बड़ी ख्याति मिली किन्तु कतिपय कारणों से 'अदीब' का सम्पादकत्व छोड़कर 'नज़र' पुनः 'ज़माना' में चले गये और वहाँ लगभग दो वर्षों तक रहे। 1914 ई॰ में 'नज़र' नवलकिशोर प्रेस, लखनऊ चले गये और वहाँ से 'अवध' अख़बार निकालते रहे।

कवि के रूप में नज़र की प्रसिद्धि इनकी ग़ज़लों के कारण है। ग़ज़लों की रचना में इनकी प्रवृत्ति विशेष रूप से रमी है। इनकी रचनाएँ मर्मस्पर्शिनी हैं और श्रोताओं को आकृष्ट किये विना नहीं रहतीं। इनकी समस्त रचनाएँ प्रसादगुण-सम्पन्न, सरस और परिष्कृत हैं।

इक़बाल : इक़बाल का जन्म 1873 ई॰ में स्यालकोट में और देहावसान 1938 ई॰ में हुआ। इक़बाल अल्प वय से ही काव्य-रचना करने लगे थे। दाग़ उस समय अति प्रसिद्ध कवि थे। अतः इन्होंने अपनी कविताओं को कुछ दिनों तक उन्हींसे संशोधित करवाया। कुछ ही दिनों में इक़बाल का इक़बाल (भाग्य) ऐसा चमका कि ये महान् कवियों में परिगणित हुए। 'बाँगेदरा', 'बालेजिब्रील', 'ज़र्बे कलीम', 'अर्मग़ानेहेजाज़' आदि इनकी महत्त्वपूर्ण रचनाएँ हैं। इन्होंने नज़्में भी लिखी हैं जिनमें भावों और विचारों का गाम्भीर्य है। इक़बाल राष्ट्रीय कवि हैं जिन्होंने भारत के बाह्य और आन्तरिक सौन्दर्य का चित्रण किया है। दर्शन का विद्वान् होने के कारण इनकी

रचनाओं में दार्शनिक विचारों का प्राधान्य है। भाषा सर्वत्र परिष्कृत और भावप्रवण है किन्तु भावावेग में इक़बाल ने अरबी-फ़ारसी के शब्दों का सहज प्रयोग अपनी रचनाओं में किया है। इनकी समस्त छोटी-बड़ी रचनाओं में एक ओर काव्य का सौष्ठव है तो दूसरी ओर दार्शनिक विचारों की गम्भीरता भी। इनकी रचनाओं में भाव और भाषा का समन्वित सौन्दर्य है, गम्भीर दार्शनिक विचार हैं, राष्ट्रीय भावनाएँ हैं और धर्म की चिन्ताएँ भी हैं।

हसरत मोहानी : इनका मूल नाम सैय्यद फ़ज़लुल हसन और 'हसरत' कवि-नाम है। 'हसरत' उन्नाव ज़िले के क़स्बा मोहान के रहनेवाले थे, जिस कारण 'मोहानी' कहलाये। इनका जन्म मोहान में 1875 ई॰ में हुआ और 1951 ई॰ में ये स्वर्गवासी हुए। आरम्भ में शैक्षिक और साहित्यिक सेवा में इनकी तन्मयता रही किन्तु बाद में राजनीतिक गतिविधियों की ओर प्रवृत्त हो जाने के कारण इनकी साहित्य-सेवा में शिथिलता आ गयी। फिर भी ग़ज़ल के क्षेत्र में हसरत का स्थान ऊँचा है और इसमें सन्देह नहीं कि उर्दू की वर्तमान ग़ज़लों को निखारने और सुधारने में इनका महत्त्वपूर्ण योगदान रहा है। इनकी रचनाओं में 'साक़ी' (मदिरा पिलानेवाला व्यक्ति), 'पैमाना' (चुक्कड़ अथवा वह पात्र जिसमें मदिरा पिलायी जाती है), 'परवाना' (शलभ), 'गुल' (फूल), 'बुलबुल' (पुष्प-प्रेमी एक पक्षी विशेष) आदि के दर्शन होते हैं। काव्य-रचना पर तो इनका अधिकार था ही, काव्यशास्त्र का भी इन्हें ज्ञान था। इनकी ग़ज़लें दोषरहित और जटिलतारहित हैं। इनकी रचनाओं में शृंगार और सौकुमार्य भी है किन्तु शृंगार यदा-कदा अपनी मर्यादा का अतिक्रमण करता प्रतीत होता है। हसरत ने अपनी ग़ज़लों को मात्र शृंगार का ही माध्यम नहीं बनाया प्रत्युत उनमें नाना विषयों का समावेश भी किया जिससे ग़ज़लों का विषय-विस्तार हुआ। हसरत की भाषा अत्यन्त परिष्कृत और मुहावरेदार है।

तिलोकचन्द 'महरूम' : विभिन्न पत्रिकाओं में प्रकाशित, विद्वानों से सम्मानित और समादृत 'महरूम' का नाम तिलोकचन्द्र है। 'महरूम' इनका कवि-नाम है। 'महरूम' का जन्म 1877 ई॰ और देहांत 1966 ई॰ में हुआ। इन्होंने नाना विषयों को अपने काव्य में उपन्यस्त किया है। अँगरेजी और फ़ारसी के साहित्य के तत्त्वों को उर्दू की काया में ढालने में ये सफल रहे हैं। 'ख़ाबे जहाँगीर', 'नूरजहाँ का मज़ार', 'मिर्ज़ा ग़ालिब', 'महात्मा बुद्ध', 'सीता की फ़रियाद' आदि इनकी महत्त्वपूर्ण नज़्में हैं। इनकी प्रशंसा सर अब्दुल कादिर ने श्रद्धा के साथ की है। 'महरूम' शोकसंवलित भावों का इस दक्षता से वर्णन करते हैं कि वातावरण साकार हो जाता है। भाषा पर अधिकार होने के करण इनकी रचनाओं का सौन्दर्य द्विगुणित हो गया है। वातावरण और प्रकृति को चित्रित करते समय 'महरूम' की लेखनी चित्रकार की तूलिका बन जाती है। किस भाव को व्यक्त करने के लिए कौन-सा छंद उपयुक्त है, इसको पहचानने में 'महरूम' अत्यंत कुशल हैं।

फ़ानी बदायूनी : फ़ानी बदायूनी का नाम है शौकत अली ख़ाँ। 'फ़ानी' इनका कवि-नाम है। इनका जन्म 13 दिसम्बर, 1879 ई॰ को हुआ और 1941 ई॰ में ये मृत्यु को प्राप्त हुए। इनके पूर्वज काबुल के निवासी थे। 'फ़ानी' ने तीन मसनवियाँ रची हैं जिनमें से एक फ़ारसी और दो उर्दू में हैं। दो नाटकों का भी इन्होंने प्रणयन किया किन्तु इनकी समस्त रचनाएँ सुरक्षित नहीं रह सकीं। जो शेष रह गयी हैं उन्हें 'बाक़ियाते फ़ानी' के नाम से प्रकाशित कर दिया गया है। इन्होंने कतिपय क़ता (एक पद्य विधा) लिखे हैं और रुबाइयाँ भी लिखी हैं। फ़ानी की रचनाओं में कलात्मकता है और भाषिक सौन्दर्य भी। अपनी रचनाओं को ये सजा-सँवार कर प्रस्तुत करने के अभ्यासी हैं। यही कारण है कि इनकी रचनाएँ उत्कृष्टता को प्राप्त हुईं।

चकबस्त : इनका नाम पण्डित ब्रजनारायण 'चकबस्त' है। ये कश्मीरी ब्राह्मण थे। इनके पूर्वजों का स्थान लखनऊ है किन्तु 'चकबस्त' 1882 ई॰ में फ़ैज़ाबाद में उत्पन्न हुए और 1926 ई॰ में इनका निधन हो गया। इनकी शिक्षा-दीक्षा लखनऊ में हुई। 1908 ई॰ में विधि की परीक्षा में उत्तीर्णता प्राप्त कर ये अधिवक्ता हुए और इस वृत्ति में इन्हें अद्भुत सफलता भी मिली।

'चकबस्त' की ख्याति इनकी वकालत के कारण नहीं, कवित्व के कारण है। आरम्भ से ही 'चकबस्त' कविता किया करते थे। 'आतिश' 'ग़ालिब' और 'अनीस' की रचनाओं से 'चकबस्त' बहुत प्रभावित हुए जिनका प्रभाव इनकी रचनाओं पर स्पष्टतः दृष्टिगत होता है। 'चकबस्त' के मोसद्दस पर 'अनीस' का और इनकी ग़ज़लों पर 'आतिश' का प्रभाव है। 'चकबस्त' की कविताओं में प्रेम और सौन्दर्य के चित्र बहुत कम हैं। राष्ट्र को जागरण का सन्देश देना और भारतीयों में राष्ट्रीय भावनाएँ भरना इनकी रचनाओं का अभीष्ट है। इनके मरसिये में करुणा और दया के भाव उपनिबद्ध हैं। समाज और राष्ट्र-निर्माताओं का शील-निरूपण इन्होंने अत्यन्त श्रद्धा और भक्ति के साथ किया है। तत्कालीन राजनीतिक स्थति को 'चकबस्त' ने अत्यन्त सफलतापूर्वक अपनी रचनाओं में चित्रित किया है। उर्दू-साहित्य को 'चकबस्त' ने उपकृत किया है, इसमें संदेह नहीं।

जिगर : जिगर का वास्तविक नाम अली सिकन्दर और कवि-नाम 'जिगर' था। 1890 ई॰ में ये मुरादाबाद में उत्पन्न हुए और 1960 ई॰ में इन्होंने नश्वर शरीर का परित्याग कर दिया। इनके पिता का नाम नज़र अली था जो एक अच्छे कवि थे।

जिगर को कवित्व-शक्ति आनुवंशिक रूप में प्राप्त हुई 13-14 वर्ष की अवस्था से ही ये कविता रचना करने लगे। इन्हें अनेक कवियों का संसर्ग प्राप्त हुआ। प्रसिद्ध कवि 'दाग़' को इन्होंने अपना काव्य-गुरु माना था। अतः जिगर की आरम्भिक कविताओं पर दाग़ का सर्वाधिक प्रभाव है। 'दाग़' से प्रशिक्षण प्राप्त कर इन्होंने भी अपने काव्य में उस सौंदर्य की सृष्टि की है जिससे दाग़ का काव्य मंडित है। जिगर ने प्रीति का मदिरा-पान किया है जिसके मद में कभी स्वयं को प्रेमिका समझ लेते

हैं और उस प्रेमिका से अत्यन्त सरस बातें करते हैं तो कभी उसपर व्यंग्य करते हैं और कभी उसे छेड़ने से भी बाज़ नहीं आते। जिगर का काव्य बाह्य और आन्तरिक सौन्दर्य से मण्डित है। इन्होंने अपनी कविताओं में श्लेष, यमक, वक्रोक्ति आदि अलंकारों से सौन्दर्य की सृष्टि की है। अनुप्रास तो इनका सर्वाधिक प्रिय अलंकार है। इनकी उत्कृष्ट काव्य-रचना को देखकर अलीगढ़ मुस्लिम विश्वविद्यालय ने इन्हें डॉक्टरेट की मानद उपाधि से सम्मानित किया और साहित्य अकादमी से भी ये पुरस्कृत हुए।

जोश मलीहाबादी : इनका नाम शब्बीर हसन ख़ाँ और कवि-नाम 'जोश' था। इनका जन्म मलीहाबाद के मिर्ज़ागंज मुहल्ले में 1895 ई॰ में हुआ था। विभाजन के बाद ये भारत छोड़कर पाकिस्तान चले गये। इनकी साहित्यिक रचनाओं को दो भागों में विभक्त किया जा सकता है। ग़ज़ल और नज़्म। इनकी नज़्मों को अत्यधिक ख्याति प्राप्त हुई है। इनकी ग़ज़लें भी उत्कृष्ट हैं। इन्हें उपमाओं (तशबीह) का सम्राट् कहा जाता है। यदा-कदा 'जोश उपमाओं से ही पूरे परिवेश को चित्रित कर देते हैं। 'इक़बाल' की भाँति जोश भी समस्त संसार को जागरण का सन्देश देते हैं और परतंत्रता की बेड़ी से मुक्त करने का प्रयास करते हैं। इनमें यौवन की अँगड़ाइयाँ हैं और प्रेम की अठखेलियाँ भी। इनके काव्य में प्रकृति के उन्मुक्त चित्र दृष्टिगत होते हैं चाहे वह गाँव की प्रकृति हो या शहर की, खेत की हो या बाज़ार की। इनकी ग़ज़लों में सुकुमार श्रृंगारिक भावनाएँ उपनिबद्ध हैं। प्रेम की अदाएँ और सौन्दर्य के चित्र इनकी ग़ज़लों में अत्यन्त रमणीय रूप में स्थान पाते हैं। वियोगजन्य वेदना और संयोगजन्य आनन्द से इनकी रचनाएँ सरस हो गयी हैं। जोश की रचनाओं के अनेक संग्रह हैं– 'रूहे अदब', 'नक़्शो निगार', 'शोला व शबनम', 'हरफ़ो हेकाएत', 'जोनूनो हिकमत', 'फ़िक्रोनिशात', 'आयातोनग़मात', 'अर्शोफ़र्श' आदि। इनकी समस्त रचनाएँ काव्य-गुणों से सम्पन्न हैं।

फ़िराक़ : इनका पूरा नाम रघुपति सहाय है। 'फ़िराक़' इनका तख़ल्लुस (कवि-नाम) है। फ़िराक़ का जन्म 1896 ई॰ में हुआ और मृत्यु 1983 ई॰ में हुई। फ़िराक़ अँगरेजी के विद्वान् (प्रोफेसर) थे किन्तु इनकी ख्याति उर्दू के कवि के रूप में है।

फ़िराक़ की आरम्भिक ग़ज़लों पर 'अमीरमीनाई' का प्रभाव दृष्टिगोचर होता है। इसके बाद 'अज़ीज़' और 'सफ़ी' का तथा और कुछ बाद 'मीर' का प्रभाव देखा जाता है। अन्त में फ़िराक का अपना व्यक्तित्व उनकी रचनाओं में स्पष्टतः दृष्टिगत होने लगता है। फ़िराक ने नज़्में और रुबाइयाँ भी लिखी हैं किन्तु इनकी प्रसिद्धि ग़ज़लों के कारण है। इनके प्रकाशित काव्य-संग्रहों में 'रूहेकाएनात', 'मशअल', 'रूप', 'शबिस्तान', 'शोलासाज़' आदि अत्यन्त लोकप्रिय और ख्यातिलब्ध हैं। आंग्ल-साहित्य से प्राप्त काव्य-वैभव से इनकी उर्दू की रचनाएँ अलंकृत एवं समृद्ध हुई हैं। इनकी कल्पना की समाहार-शक्ति और भाषा की सामासिकता ने इनके प्रबल भावों को अभिव्यंजित करने में योगदान किया है।

हफ़ीज़ जालन्धरी : ये 1900 ई॰ में जालन्धर में उत्पन्न हुए। जालन्धर में उत्पन्न होने के कारण इन्होंने अपना उपनाम 'जालन्धरी' रखा। धार्मिक भावनाओं से प्रेरित होकर हफ़ीज़ ने चार खण्डों में 'शाहनामा इस्लाम' लिखकर इस्लाम के विशिष्ट स्वरूप और उसकी उपलब्धियों का विस्तारपूर्वक वर्णन किया है। 'शाहनामा इस्लाम' में इस्लाम धर्म के पवित्र पैगम्बर के जन्म के पूर्व से 'अहज़ाब' के युद्ध तक का पद्यात्मक इतिहास अत्यन्त सजीव रूप में वर्णित है। वस्तुतः 'शाहनामा इस्लाम' को उर्दू का महाकाव्य कहने में कोई आपत्ति नहीं होनी चाहिए जिसमें 'पृथ्वीराजरासो' की भाँति युद्ध के गतिशील और स्थिर चित्र हैं, 'रामचरितमानस' की इतिवृत्तात्मकता है तो 'पदमावत' की विवरणात्मकता भी है। 'शाहनामा इस्लाम' में समस्त घटनाओं और युद्धों का ऐसा जीवन्त वर्णन है, मानो वह आँखों देखा हाल हो अथवा कवि उसका भागीदार रहा हो। हफ़ीज ने इस्लामी इतिहास और उसकी घटनाओं को अत्यन्त सच्चाई के साथ सफलतापूर्वक पद्यबद्ध किया है। 'शाहनामा इस्लाम' के अतिरिक्त इन्होंने नज़्में और ग़ज़लें भी लिखी हैं जो काव्य-सौन्दर्य से मण्डित हैं। 'नग़माज़ार' और 'सोज़ोसाज़' इनकी नज़्मों के संग्रह हैं जिनमें भावों की उदात्तता, भाषा का अपूर्व प्रवाह और अद्‌भुत कलात्मक सौन्दर्य द्रष्टव्य है। हफ़ीज़ ने गीत भी लिखे हैं जिनमें हृदय को छू लेने की अपूर्व क्षमता है। 'टूटी कश्ती का मल्लाह', 'शहसवारे कर्बला' और 'नग़में' में ऐसी नज़्में हैं जिन्हें पढ़कर हफ़ीज़ की असाधारण दक्षता को मुक्तकंठ से स्वीकार करना पड़ता है।

जमील मज़हरी : जमील का नाम सैय्यद काज़िम अली था। 'जमील' इनका कवि-नाम था। इनका जन्म 1905 ई॰ में पटना में हुआ। इनके पूर्वजों में सैय्यद मज़हर हसन अच्छे कवि और साहित्यकार थे, अतः उनसे सम्बद्धता प्रदर्शित करने के लिए जमील ने अपने को 'मज़हरी' कहा है।

शिक्षा समाप्त करने के बाद इन्होंने पत्रकारिता आरम्भ की। इसी समय इन्होंने नज़्में, ग़ज़लें, उपन्यास, कहानियाँ, राजनीतिक निबन्ध आदि लिखे। उसी समय इनके द्वारा लिखित उपन्यास 'फ़र्ज़ की क़ुर्बानगाह पर' अत्यन्त प्रसिद्ध एवं लोकप्रिय हुआ। जमील की परिगणना वर्तमान काल के श्रेष्ठ कवियों में की जाती है। इनके काव्य में भाव और भाषा का लालित्य सर्वत्र दृष्टिगत होता है। इनकी नज़्मों का संग्रह 'नक़्शेजमील' और ग़ज़लों का संग्रह 'फ़िक्रेजमील' अत्यन्त लोकप्रिय और प्रसिद्ध है। इनकी रचनाओं में काव्यशास्त्रीय तत्त्वों का आधान हुआ है। इनकी नज़्मों में ओजस्विता और दार्शनिकता का सुन्दर समन्वय है। इनकी भाषा की स्वच्छता और अभिव्यंजना-क्षमता तथा भावों की मार्मिकता अन्य समकालीन कवियों को प्राप्त नहीं हो सकी।

मजरूह : इनका वास्तविक नाम असरारुल हसन ख़ाँ है। 'मजरूह' कवि-नाम है। इनका जन्म आज़मगढ़ में 1909 ई॰ में हुआ। मजरूह ने फ़िल्मी जगत् को अपनाकर उसके साहित्यिक स्तर को ऊँचा उठाया। फ़िल्मों के लिए अनेक उत्कृष्ट

गीत लिखकर इन्होंने ख्याति अर्जित की। इनका अधिकांश समय गीत लिखने में व्यतीत हुआ। इनकी ग़ज़लें भी स्तरीय और साहित्यिक हैं। मजरूह में राजनीतिक और सामाजिक अनुभूतियों को ग़ज़लों में पिरोने की दुर्लभ कला है। मजरूह अपनी ग़ज़लों में उसकी प्राचीन परम्परा के पक्षधर नहीं हैं वरन् अत्यन्त नव्यता और सहजता के साथ अपनी अनुभूतियों को अभिव्यंजित करते हैं। भाव और भाषा पर इनका अधिकार है, अतः गीत हों या ग़ज़लें, सबमें इनकी कलात्मक निपुणता दृष्टिगत होती है।

मजाज़ : मजाज़ का जन्म 1911 ई० और देहावसान 1955 ई० में हुआ। 1934 ई० से 1936 ई० तक अलीगढ़ मुस्लिम विश्वविद्यालय में प्रगतिवादी आन्दोलन चलानेवालों में मजाज़ सर्वाधिक प्रतिष्ठित हैं। ये अपनी रचनाओं में विषम सामाजिक स्थितियों से खिन्न होकर समाज के विरुद्ध आवाज़ उठाते हैं, जागरण का सन्देश देते हैं और हमें सामाजिक दुर्व्यवस्था के विरुद्ध सन्नद्ध करते हैं। इनके काव्य में युवकों, निर्धनों और बेरोज़गारों की आन्तरिक वेदना का स्वर सुनायी देता है। इनकी रचनाओं का संग्रह 1938 ई० में 'आहँग' के नाम से प्रकाशित हुआ था।

फ़ैज़ अहमद 'फ़ैज़' : फ़ैज का नाम फ़ैज अहमद है। इनका कवि-नाम भी 'फ़ैज' है। इनका जन्म स्यालकोट में 1912 ई० में हुआ। फ़ैज़ ने अपनी काव्य-रचना का आरम्भ ग़ज़लों से किया लेकिन उसमें कोई विशेष प्रसिद्धि इन्हें प्राप्त नहीं हुई क्योंकि इनकी ग़ज़लों में नयापन का अभाव था। इसके विपरीत इनकी नज़्मों में जीवन और जगत् विषयक उन्नत विचारों एवं उदात्त भावों को स्थान मिल जाने से इनकी नज़्मों को उत्कृष्टता और लोकप्रियता प्राप्त हुई। पहले फ़ैज़ आपबीती सुनाते थे, फिर जगबीती सुनने लगे। इन्हें इस बात का अनुभव हुआ कि 'और भी ग़म हैं ज़माने में मोहब्बत के सिवा'।

प्रो० डॉ० सैय्यद हुसैन ने फ़ैज़ की प्रशंसा करते हुए लिखा है– "कलात्मकता और नवीन उद्‌भावनाओं का इतना सुन्दर समन्वय आधुनिक काल में किसी कवि में नहीं दिखायी देता। सीधे-सादे शब्दों को विना उपमा और रूपक के सहारे कविता के रूप में प्रस्तुत करना एवं उनमें प्रभाव और अर्थवत्ता का आधान करना फ़ैज़ का ही विशिष्ट चमत्कार है।" फ़ैज़ के काव्य-संग्रह अनेक हैं किन्तु 1953 में प्रकाशित उनका काव्य-संग्रह 'दस्तेसबा' अत्यन्त प्रसिद्ध है। पाकिस्तान चले जाने पर भी ये काव्य-साधना में लीन हैं और इनकी अनेक उत्कृष्ट रचनाएँ प्रकाश में आयी हैं।

अली सरदार जाफ़री : ये बलरामपुर (गोण्डा) में 1913 ई० में उत्पन्न हुए। इनके आरम्भिक काव्य-संग्रह 'पर्वाज़' ने ही इनकी प्रौढ़ता का उद्‌घोष कर दिया। मार्क्सवादी जीवन-दर्शन को जिस सौष्ठव के साथ जाफ़री ने अपने काव्य में प्रस्तुत किया है वह उर्दू के किसी अन्य कवि के लिए सम्भव नहीं हुआ। इनका विचार तथा आचार एक था। महाकवि इक़बाल के बाद जीवन और जगत् को खुली आँखों से देखनेवालों में जाफ़री का स्थान ऊँचा है। 'खून की लकीर', 'नयी दुनियाँ को सलाम', 'अमन का

सितारा', 'एशिया जाग उठा', 'पत्थर की दीवार' आदि इनकी अमर कृतियाँ हैं।

जगन्नाथ 'आज़ाद' : जगन्नाथ 'आज़ाद' का जन्म 5 दिसम्बर 1918 ई॰ को पश्चिमी पंजाब में हुआ था। इनका कवि-नाम 'आज़ाद' था और इसीसे ये प्रसिद्ध थे। आज़ाद के भावों और उनकी कल्पनाओं का ग़ज़लों के क्षेत्र में समायोजन नहीं हो सका परंतु नज़्मों के क्षेत्र में आज़ाद की प्रतिभा ने अपनी उर्वरता दिखायी। फिर भी आज़ाद ने अनेक ग़ज़लों और रुबाइयों की रचनाएँ की हैं जो साहित्यिक और लोकप्रिय हैं। वर्तमान कालीन कवियों की भाँति ही आज़ाद की रचनाओं में समकालीन स्थितियों, घटनाओं और विषाक्त वातावरण के चित्र दृष्टिगोचर होते हैं। महाकवि इक़बाल और 'जोश' के प्रभाव के बावजूद आज़ाद का अपना वैयक्तिक वैशिष्ट्य है जो इनकी रचनाओं को विशिष्ट रूप प्रदान करता है। इनकी ग़ज़लों और नज़्मों में व्यष्टि समष्टि के रूप में और समष्टि व्यष्टि के रूप में प्रस्तुत हुई है।

साहिर लुधियानवी : इनका वास्तविक नाम अब्दुल्लाह और कवि-नाम 'साहिर' था। इनका जन्म लुधियाना में 1921 ई॰ में हुआ था। लुधियाना में जन्म होने के कारण ये लुधियानवी कहलाये। इन्होंने लाहौर से प्रकाशित 'अदबे लतीफ़' और 'सवेरा' का सम्पादन किया। भारत-विभाजन के उपरान्त अनेक कष्ट झेलकर ये भारत (मुम्बई) आये और फ़िल्मी जगत् का सम्मान बढ़ाया। इन्होंने यहाँ उत्कृष्ट रचनाएँ कीं जो मात्र फ़िल्मी जगत् के लिए नहीं वरन् उर्दू-साहित्य के लिए भी महत्त्वपूर्ण हैं। इनकी नज़्मों में सामाजिक-राजनीतिक स्थितियाँ, दीन-दुर्बलों की विवशताएँ आदि चित्रित हैं। इनके हृदय में मनुष्य के प्रति प्रेम और सहानुभूति है। इनकी दृष्टि में ताजमहल भारत का शृंगार नहीं, भारतीय जनता की रक्तधार है। साहिर में गद्य-लेखन की भी अपूर्व क्षमता है। इन्होंने कार्ल मार्क्स की रचनाओं का अनुवाद उर्दू गद्य में किया है। इनका नज़्म-संग्रह 'तलखियाँ' और 'परछाइयाँ' अत्यन्त प्रसिद्ध हैं। इनकी भाषा अत्यन्त समृद्ध और संयमित है। शब्दों का प्रयोग साहिर अत्यन्त सतर्कतापूर्वक और कलात्मकता के साथ करते हैं। इन्होंने अच्छे गीत और गज़लें भी लिखी हैं। फिल्मी जगत् में रहकर उर्दू-साहित्य को समृद्धि प्रदान करनेवालों में शकील बदायूनी, कैफ़ी आज़मी, प्रेम धवन, हसरत जयपुरी, राजेन्द्र कृष्ण, आनन्द बख़्शी, गुलज़ार आदि विशेष रूप से उल्लेखनीय हैं।

बीसवीं सदी ई॰ में और भी अनेक ऐसे कवि हैं जिनसे उर्दू-साहित्य समृद्ध हुआ है। इनमें अजमल सुलतानपुरी, कलीम आजिज़, अख़तरुल ईमान, नेदा फ़ाजली, अमीर क़ज़लबाश, सिद्दीक़ मोजीबी, असद बदायूनी, ज़ेब गौरी, कृष्णमोहन, बशीर बद्र, मज़हर ईमाम, सुल्तान अख़तर, प्रकाश फ़िक्री, शम्सुर्रहमान फ़ारूक़ी आदि सम्मानित और समादृत हैं।

गद्य

उर्दू-पद्य की भाँति उर्दू-गद्य की विकास-यात्रा भी कम रोचक नहीं है। उर्दू-गद्य

के विकास का आरम्भिक काल भी प्रायः अस्पष्ट ही है। कहा जाता है कि उर्दू-गद्य का आरम्भ ग्यारहवीं सदी ईसवी में हुआ और शैख ऐनुद्दीन गंजुल इल्म की पुस्तिकाओं में प्राचीनतम उर्दू-गद्य का नमूना उपलब्ध है। ख़्वाजा बन्दा नवाज़ सैय्यद महमूद गेसू दराज़ की रचना 'मेराजुलआशिक़ीन' प्रकाशित हो चुकी है। ख़्वाजा साहब का निधन 1431 ई॰ में हुआ था, अतः धार्मिक विचारों पर आधृत यह रचना उससे पहले ही की गयी होगी। इस अनुमान से इस विश्वास को बल मिलता है कि उर्दू-गद्य का आरम्भ ग्यारहवीं सदी ईसवी में हो गया था। सुलतान अहमदशाह द्वितीय के समकालीन और ख़्वाजा गेसूदराज़ के दौहित्र सैय्यद मो॰ अब्दुल्लाह अल हुसैनी ने अब्दुल कादिर जीलानी की पुस्तिका 'निशातुल इश्क़' का दकनी भाषा में अनुवाद किया था और उसकी व्याख्या भी की थी। सन् 1494 ई॰ में स्वर्गवासी दकन के एक सज्जन सन्तशाह शम्सुल उश्शाक ने आध्यात्मिक विषय पर 'जलतरंग', 'गुलबास' और 'शरह मरग़ूबुल क़ोलूब' नाम से तीन पुस्तिकाएँ लिखी थीं। उस काल की रचनाओं में साहित्यक दृष्टि से वजही का 'सबरस' उल्लेखनीय है जिसकी रचना 1441 ई॰ में हुई थी। प्रसिद्ध अनुसंधायक अब्दुल हक़ द्वारा यह प्रकाशित कर दी गयी है। इसके सम्बन्ध में उन्होंने लिखा है– "यह पुस्तक साहित्यिक दृष्टि से प्राचीन उर्दू में एक विशिष्ट स्थान रखती है।" विचित्र रचना-शैली की इस पुस्तक में प्रेम का वैचित्र्य और वैशिष्ट्य है। 1667 ई॰ में मीराँज याक़ूब ने 'शमाएलुल अत्तीक़िया' और 'दलाएलुल अत्तीक़िया' का अनुवाद दकनी भाषा में किया था जिसकी भाषा सरल और परिमार्जित है तथा अनुवाद मूल ग्रन्थ के बिल्कुल अनुरूप है। औरंगज़ेब के शासनकाल में सैय्यद शाह मो॰ क़ादरी ने भी अनेक धार्मिक पुस्तिकाएँ लिखीं। इसी काल में सैय्यद शाह मीर ने 'एसरारुत्तौहीद' नामक एक पुस्तक लिखी जिसमें एकेश्वरवादी दार्शनिक विचार निहित हैं। इसके अतिरिक्त और भी अनेक पुस्तिकाएँ इनके द्वारा रचित हुईं। इससे स्पष्ट हो जाता है कि उर्दू-गद्य के विकास और उसके प्रचार-प्रसार का श्रेय दकन को ही है। यद्यपि उपलब्ध रचनाएँ अधिकतर धार्मिक हैं और साहित्यिक दृष्टि से अधिक महत्त्वर्पूण नहीं हैं तथापि इनसे उर्दू-गद्य का विकासात्मक परिचय अवश्य प्राप्त होता है और उर्दू-गद्य के विकास में ये रचनाएँ सहायिका रही हैं।

उत्तर भारत में गद्य का आरम्भ सम्भवतः एक सदी के बाद हुआ क्योंकि फ़ज़ली की 'वोह मजलिस' 1145 ई॰ में लिखी गयी। एक और प्रसिद्ध पुस्तक इस काल में प्रणीत हुई और वह है 'किस्सा चहार दरबेश' का अनुवाद। मीर अता हुसैन ख़ाँ तहसीन ने 1798 ई॰ में इस प्रसिद्ध पुस्तक का उर्दू में अनुवाद किया था। उस समय फ़ारसी की ऐसी महिमा थी कि उर्दू में लिखना लोग अपने वैदुष्य का अपमान समझते थे। यहाँ तक कि ग़ालिब ने भी रेख़ता अर्थात् उर्दू में लिखने में संकोच अनुभव किया है। उस समय जो उर्दू लिखी भी जाती थी, वह पूर्णतः फ़ारसी की शैली में होती थी

अथवा नब्बे प्रतिशत फ़ारसी होती थी। इसीमें उर्दू अपना वास्तविक स्वरूप प्राप्त करती जा रही थी। विकास के अनेक मोड़ों को पार करती हुई अँगरेजी सलतनत तक आते-आते उर्दू भाषा फ़ारसी से मुक्त हो चली थी और उसने अपना एक स्वतन्त्र स्वरूप धारण करने का प्रयास किया था। अतः अँगरेजी शासन को उर्दू की सहायता की आवश्यकता पड़ी और यह अनुभव किया गया कि सरकारी उच्चाधिकारियों को इस भाषा से अवगत कराया जाय और इसका प्रयोग सामान्य जनों के द्वारा भी हो। अतएव उन्नीसवीं सदी ईस्वी में ईस्ट इंडिया कम्पनी ने कोलकाता में फ़ोर्ट विलियम कॉलेज की स्थापना की जिसके प्राचार्य डॉ॰ जॉन गिलक्राइस्ट थे। इन्होंने उर्दू के विकास के लिए अथक प्रयास किया। देश के सिद्धहस्त और समर्थ विद्वानों, लेखकों एवं रचनाकारों को आमन्त्रित और नियुक्त कर सरल और सामान्य भाषा में पुस्तकें लिखवायीं। फलस्वरूप उर्दू शीघ्र ही बोधगम्य और लोकप्रिय हो गयी और इसमें यह योग्यता आयी जिसके बल पर फ़ारसी की जगह उर्दू सरकारी भाषा घोषित हो सकी।

फ़ोर्ट विलियम कॉलेज से सम्बद्ध प्रसिद्ध गद्यकार हैं— मीर अम्मन, शेर अली 'अफ़सोस', मीर बहादुरअली हुसैनी, हैदर बख़्श हैदरी, मीर काज़िम अली 'जवाँ', नेहाल चन्द्र लाहौरी, मज़हर अली ख़ाँ 'वला', हफ़ीज़ुद्दीन अहमद, लल्लूलाल, बेनी नारायण, मिर्ज़ा अली लुत्फ़ और अकरम अली। फ़ोर्ट विलियम कॉलेज में न केवल कहानियाँ लिखी गयीं प्रत्युत इतिहास, जीवनी, शब्दकोश, भाषाविज्ञान आदि विषयों और विधाओं में भी प्रणयन हुआ। इस कॉलेज का प्रभाव सम्पूर्ण देश पर पड़ा और धीरे-धीरे समस्त गद्यकार भारी-भरकम और क्लिष्ट शब्दों अथवा अरबी-फ़ारसी के शब्दों का प्रयोग छोड़कर सीधे-सादे उर्दू-हिन्दी के शब्दों का प्रयोग करने लगे। इस प्रकार सम्पूर्ण राष्ट्र की दृष्टि उर्दू-गद्य पर पड़ी और उर्दू-गद्यकारों द्वारा सरल उर्दू-लेखन आरम्भ हुआ। उर्दू के प्रमुख गद्यकारों का परिचय निम्नांकित है।

सैय्यद इनशा अल्लाह ख़ाँ : इन्होंने 1802 ई॰ में उर्दू भाषा में काव्यशास्त्र (दरियाए लताफ़त) लिखा।

मौलवी मो॰ इब्राहीम : इन्होंने 1823 ई॰ में वाक्य-संरचना सम्बन्धी पुस्तक लिखी।

मुंशी करीमुद्दीन : इन्होंने 1845 ई॰ में 'क़वाएदुल मुबतदी' की रचना की।

मीर अम्मन : मीर अम्मन 1801 ई॰ में फ़ोर्ट विलियम कॉलेज में 'क़िस्सा चहार दरबेश' को सरल उर्दू गद्य में लिखने के लिए नियुक्त किये गये। ये इस काल के सर्वाधिक प्रसिद्ध और लोकप्रिय लेखक हैं जिनकी प्रसिद्ध कृति 'बाग़ोबहार' है। इनका भाषा पर असाधारण अधिकार था, अतः 'चहार दरबेश' का अनुवाद ऐसा लोकप्रिय हुआ कि सामान्य औरं विशिष्ट जनों ने उसे एक समान स्वीकार किया। मीर अम्मन की दूसरी रचना 'गंज खूबी' है जो 'अनवार सहेली' का अनुवाद है।

मीर शेर अली 'अफ़सूँ' : ये भी फ़ोर्ट विलियम कॉलेज से सम्बद्ध थे। इन्होंने

अमीर खुसरो की मसनवी 'लैला मजनूँ' का उर्दू अनुवाद किया। मिर्ज़ा मेंहदी की फ़ारसी-रचना 'जहाँ कुशाएनादरी' के अनुवाद के साथ-साथ 'रौज़तुश्शोहदा', 'बहारेदानिश' आदि फ़ारसी की पुस्तकों का सफल अनुवाद भी किया। 'अफ़सूँ' 1823 ई॰ में स्वर्गवासी हुए।

नेहालचन्द लाहौरी : नेहालचन्द लाहौरी दिल्ली में उत्पन्न हुए किन्तु लाहौर में अधिक रहने के कारण ये लाहौरी कहलाये। गिलक्राइस्ट ने 1817 ई॰ में इन्हें आमन्त्रित कर फ़ोर्ट विलियम कॉलेज में नियुक्त किया। इन्होंने अनेक पुस्तकों की रचना की जिनमें सबसे अधिक प्रसिद्ध 'मज़हबेइश्क' है जिसका दूसरा नाम 'किस्सा गुलेबकाउली' है जो फ़ारसी की कहानियों का अनुवाद है।

मिर्ज़ा काज़िम अली 'जवाँ' : ये दिल्ली के थे। इनकी काव्य-प्रतिभा और विद्वत्ता के कारण इनकी नियुक्ति फ़ोर्ट विलियम कॉलेज में हो गयी। वहाँ रहकर इन्होंने अनेक पुस्तकों का अनुवाद किया। कालिदास-लिखित 'शकुन्तला' का जो अनुवाद इन्हें ब्रजभाषा में प्राप्त हुआ उसका अनुवाद इन्होंने उर्दू में किया किन्तु यह अनुवाद नाटक में नहीं, कहानी में है। इन्होंने बारहमासा भी लिखा और 'फ़रिश्ता' के एक अंश का अनुवाद भी उर्दू में किया। इसी प्रकार इन्होंने दूसरे की रचनाओं का संशोधन और पाठ-सम्पादन किया तथा कवियों के काव्य-संग्रह तैयार करने में सहायता भी की।

मज़हर अली ख़ाँ 'वला' : इनका वास्तविक नाम मिर्ज़ा लुत्फ़ अली था किन्तु मज़हर अली ख़ाँ के नाम से प्रसिद्ध हुए। इनकी भी नियुक्ति फ़ोर्ट विलियम कॉलेज में हुई जहाँ रहकर इन्होंने अनेक पुस्तकों का उर्दू में अनुवाद किया। इन्होंने हिन्दी 'माधवानलकामकन्दला' का उर्दू में अनुवाद किया है। इसी प्रकार इन्होंने नासिर अली ख़ाँ रचित फ़ारसी के 'हफ़्त गुल्शन', ब्रजभाषा के 'बैतालपचीसी', फ़ारसी के 'तुज्के जहाँगीर' आदि का भी उर्दू-अनुवाद किया।

मिर्ज़ा अली लुत्फ़ : लुत्फ़ को गिलक्राइस्ट ने आमन्त्रिक कर अपने फ़ोर्ट विलियम कॉलेज में स्थान दिया था और इनसे ऐसे महत्त्वपूर्ण कार्यों का सम्पादन करवाया था जो उस समय तक नहीं हुआ था। उसने इनसे उर्दू-कवियों का परिचयात्मक विवरण (तज़करा) लिखवाया जिसका नाम 'गुलशने हिन्द' है और जिसमें तत्कालीन बहुत सारे कवियों के परिचयात्मक विवरण तथा उनकी रचनाओं के उद्धरण हैं। 'गुलशने हिन्द' के अनेक खण्ड थे जो नदी की प्रलयंकर बाढ़ में नष्ट हो गये परन्तु इसका एक खण्ड किसी व्यक्ति से मौलवी अब्दुलहक़ को प्राप्त हुआ जिसका प्रकाशन उन्होंने अत्यन्त निष्ठापूर्वक किया है।

लल्लूलाल : गुजराती ब्राह्मण लल्लूलाल उर्दू के रचनाकार थे। वे फ़ोर्ट विलियम कॉलेज में नियुक्त थे। उनका काम हिन्दी की रचनाओं को उर्दू-अनुवाद करने में सहायता करना और हिन्दी की पुस्तकें लिखना था। 'सिंहासनबत्तीसी' उनकी प्रसिद्ध रचना है जो हिन्दी और उर्दू, दोनों में है।

वेनी नारायण : ये लाहौर के निवासी थे और फ़ोर्ट विलियम कॉलेज में नियुक्त थे। फ़ारसी भाषा में इनकी अच्छी गति थी। इन्होंने फ़ारसी क़िस्सा (कहानी) का उर्दू-अनुवाद किया था जिसका शीर्षक 'चार गुल्शन' है। इसमें कैवान के बादशाह और फ़रखुन्दा की स्थिति का वर्णन है। इन्होंने 1829 ई॰ में फ़ारसी-रचना 'तम्बीहुल ग़ाफ़िलीन' का अनुवाद भी उर्दू में प्रस्तुत किया। 'दीवाने जहाँ' नामक एक परिचयात्मक कृति (तज़करा) भी इनकी दक्षता और कारयित्री प्रतिभा का परिचय देती है।

मिर्ज़ा रजब अलीबेग 'सुरूर' : 'सुरूर' लखनऊ में 1786 ई॰ में उत्पन्न हुए। इनकी रचना 'गुलज़ारे सुरूर' प्रसिद्ध है। 'सुरूर' की सबसे बड़ी उपलब्धि 'फ़सान-ए-अजाएब' है जो प्रेम और सौन्दर्य की कथा पर आधृत है। भाषा पर अधिकार होने के कारण इनकी रचनाएँ उत्कृष्ट और कलात्मक हैं। इनकी रचना-शैली और प्रसंग-योजना ने 'फ़सान-ए-अजाएब' को अत्यन्त आकर्षक बना दिया है। इन्होंने अनेक पुस्तकों का अनुवाद भी सफलतापूर्व किया है। इन्होंने 1847 ई॰ में मूल रचना 'शमशेरख़ानी' का अनुवाद किया जिसका शीर्षक 'सुरूरे सुलतानी' रखा। इसी तरह मूल ग्रंथ 'हदाएक़ुल उश्शाक़' का अनुवाद भी इन्होंने 'गुलज़ारे सुरूर' के नाम से किया। इनकी 'इनशाए सुरूर', 'शगुफ़ए मोहब्बत' आदि रचनाएँ भी प्रसिद्ध हैं।

ग़ालिब : ग़ालिब उर्दू के केवल महाकवि ही नहीं, वरन् एक श्रेष्ठ गद्यकार भी थे। इनकी पद्यात्मक कृतियों में तो अरबी-फ़ारसी के क्लिष्ट शब्दों का प्रयोग हुआ है पर गद्यात्मक कृतियों में अत्यन्त सरल और मधुर शब्दों का गुम्फन है। ग़ालिब के पत्रों के दो संग्रह 'ऊदे हिन्दी' और 'उर्दू ए मोअल्ला' हैं। वार्तालाप शैली और अत्याधुनिक उर्दू में लिखे गये इनके पत्र अत्यन्त उत्कृष्ट हैं। पत्रों के अतिरिक्त भी उनकी गद्य-रचनाएँ मिलती हैं जिनकी भाषा पत्रों की भाषा से भिन्न है और ये रचनाएँ ग़ालिब की भाषा की प्रौढ़ता, गम्भीरता एवं कलात्मकता का उद्घोष करती हैं।

सर सैय्यद अहमद ख़ाँ : सर सैय्यद ख़ाँ का जन्म 1817 ई॰ में दिल्ली में हुआ था और 1898 ई॰ में इनका स्वर्गवास हुआ। इनकी प्रसिद्ध पुस्तक 'आसारूस सनादीद' है। इसके अतिरिक्त 'फ़वाएदुल अफ़कार', 'क़ायमतुलहक़' आदि रचनाएँ भी इन्होंने की हैं। इन्होंने 1852 ई॰ में 'सिलसिलए मलूकुलहिन्द' और 'वफ़ादार मुसलमानाने हिन्द' लिखे। सर सैय्यद आजीवन उर्दू-साहित्य और देश-जाति की सेवा करते रहे।

आज़ाद : इनका व्यक्तिगत नाम मो॰ हुसैन और कवि-नाम 'आज़ाद' था। ये एक साथ सिद्ध कवि और श्रेष्ठ लेखक थे। इनका जन्म 1832 ई॰ में हुआ था और मृत्यु 1910 ई॰ में हुई। पंजाब सरकार की प्रेरणा से इन्होंने 'क़ससे हिन्द' का प्रणयन किया। 'आबेहयात' की रचना कर इन्होंने उर्दू-साहित्य के इतिहास को उपयुक्त दिशा दी और उर्दू-आलोचना की नींव डाली। 'आज़ाद' का 'नैरंगे ख़याल' उर्दू-साहित्य की कदाचित् प्रथम परिष्कृत रूपक-कथा है। इन्होंने 'सोख़न्दानेफ़ारस' लिखकर भाषाशास्त्र-जैसे नये विषय से उर्दू-साहित्य का परिचय कराया। इनके अतिरिक्त

'आज़ाद' ने 'कन्दे पारसी', निगारिस्ताने फ़ारस', 'सपाको नमाक' आदि रचनाएँ कीं।

नवाब मोहसिनुलमुल्क : ये 1837 ई॰ में इटावा में उत्पन्न हुए और 1907 ई॰ में परलोकवासी हुए। इन्होंने दो पुस्तकों का प्रणयन किया। एक पुस्तक दीवानी और दूसरी फ़ौजदारी मामले से सम्बन्धित है जिनको असाधारण ख्याति प्राप्त हुई है। इन्हें प्रवचन और लेखन, दोनों में सफलता मिली है। इनके द्वारा अनेक महत्त्वपूर्ण निबन्ध भी लिखे गये हैं। इन निबन्धों में इनके ज्ञान-गाम्भीर्य के साथ-साथ इनकी कारयित्री प्रतिभा भी झलकती है।

हाली : इल्ताफ़ हुसैन 'हाली' का जन्म 1837 ई॰ में पानीपत में हुआ था और मृत्यु 1914 ई॰ में हुई। इनका कवि-नाम 'हाली' है। 'हाली' उच्च श्रेणी के पद्यकार हैं और समर्थ गद्यकार भी। इन्होंने उर्दू-साहित्य में जीवनी-लेखन का आरम्भ किया एवं 'हयातेसादी', 'हयाते जावेद' और 'हयाते ग़ालिब' की रचना की। 'मोकद्दमा शेरो शायरी' इनकी प्रसिद्ध रचना है जिसमें इन्होंने उर्दू के काव्य-सौन्दर्य पर ऐसी आलोचना लिखी है जो अनेक दृष्टियों से महत्त्वपूर्ण है। इन्होंने अरबी की एक पुस्तक का अनुवाद 'तबक़ातुलअर्ज़' के नाम से उर्दू में किया है। इनके अतिरिक्त 'तिरियाक़े मसमूम', 'मजलिसुन्निसा' आदि इनकी रचनाएँ हैं जो इन्हें अमरत्व प्रदान करती हैं।

चराग़ अली : इनका जन्म 1844 ई॰ में हुआ और मृत्यु 1898 ई॰ में हुई। इनका पूरा नाम नवाब आज़मयार जंग मौलवी चराग़ अली था। ये अरबी, फ़ारसी, अँगरेजी, लातीनी, उर्दू और यूनानी भाषाओं के अच्छे जानकार थे। इन्होंने बजट, जागीर आदि पर बहुत-सी पुस्तकें उर्दू में लिखी हैं। 'तहज़ीबुल अख़लाक़' में भी चराग़ अली की रचनाएँ छपती रहीं। इनके पत्रों का संग्रह 'मजमूए रसाएल' के नाम से प्रकाशित हुआ है। बहुभाषाविज्ञ होने के कारण चराग़ का ज्ञान विस्तृत और इनकी भाषा सशक्त तथा परिमार्जित है।

शिबली : शिबली का जन्म 1857 ई॰ में आज़मगढ़ जिले में हुआ और 1914 ई॰ में इनका स्वर्गवास हो गया। विद्वान् होकर ये शिबली नूमानी के नाम से प्रसिद्ध हुए। ये सतत अपनी जाति के जागरण का प्रयास करते रहे। इसी निमित्त इन्होंने 'अलमामून', 'अलफ़ारूक', 'अलग़ज़ाली' और 'सीरतुन्नूमान' की रचना की। हैदराबाद में रहकर इन्होंने 'अल कलाम', 'मवाज़ना अनीसोदबीर', 'सवानेह-मौलानारूम' आदि ग्रंथों का प्रणयन किया। इन्होंने इतिहास लिखा, जीवनी लिखी, आलोचना-ग्रन्थ लिखा तथा तुलनात्मक अध्ययन प्रस्तुत किया। 'शेरुल अजम' (आलोचना-ग्रन्थ) और 'सीरतुन्नबी' (पवित्र मोहम्मद साहब की जीवनी और इतिहास) ने शिबली को उर्दू-साहित्य-जगत् में प्रतिष्ठित कर दिया है। इनके अन्य ग्रन्थ भी अपनी विशेषताओं के कारण अत्यन्त महत्त्वपूर्ण और मूल्यवान् हैं।

बीसवीं सदी में भी कारयित्री एवं भावयित्री प्रतिभा से सम्पन्न अनेक विद्वानों ने उर्दू में निबन्ध, इतिहास, आलोचना, जीवनी और तुलनात्मक अध्ययन सम्बन्धी

रचनाएँ प्रसतुत की हैं जिनमें डॉ॰ मसऊदुलहसन, प्रो॰ डॉ॰ सैय्यद एजाज़ हुसैन, रामबाबू सक्सेना, प्रो॰ सैय्यद एहतशाम हुसैन, डॉ॰ अनवर सदीद, डॉ॰ वहीद क़ुरैशी, डॉ॰ वज़ीर आग़ा, ज़मीर आज़र, डॉ॰ सलाम सन्देलम्वी, डॉ॰ एबादत बरेलवी, प्रो॰ अब्दुल मोग़नी, प्रो॰ वहाब अशरफ़ी, प्रो॰ गोपीचन्द नारंग, शम्सुर्रहमान फ़ारूकी, यूसुफ़ खुर्शीदी, डॉ॰ मुमताज़ अहमद आदि उल्लेखनीय हैं।

उपन्यास और कहानियाँ

संसार की प्रायः समस्त भाषाओं में कहानियों और उपन्यासों का आरम्भ लोकोत्तर रचनाओं से हुआ। पाश्चात्य देशों में चामत्कारिक, अप्राकृत, मानवेतर और लोकातीत कथाओं से ही पाठकों का मनोरंजन किया गया। भारत में भी यही हाल रहा। जिस प्रकार हिन्दी में 'तोतामैना', 'सोरठी वृजाभार', 'सारँगा सदा बिरिछ' आदि की रचनाएँ हुईं, उसी प्रकार उर्दू की आरम्भिक अवस्था में 'दास्ताने अमीर हमज़ा', 'बोस्ताने ख़याल', 'अलिफ़लैला', 'फ़सानए आजाएब', 'हातिम ताई' आदि की रचनाएँ हुईं जो लोकोत्तर तत्त्वों और चामत्कारिक घटनाओं पर आधृत हैं।

उर्दू-कहानी के दूसरे चरण में ऐसी कहानियाँ रची गयीं जिनमें लौकिक और अलौकिक तत्त्वों का सुन्दर समन्वय है। इस दृष्टि से रतननाथ सरशार का 'फ़सान-ए-आज़ाद' पठनीय है। धीरे-धीरे कहानियों से ऊहात्मकता और लोकोत्तरता समाप्त होती गयी और मानवीय चरित्रों से युक्त कहानियाँ और उपन्यास लिखे जाने लगे। उपन्यास-लेखन की धूम लगभग पचास वर्षों तक रही। नज़ीर अहमद और रतननाथ सरशार ने मौलिक उपन्यासों की रचना आरम्भ की। 'शरर' से 'रुसवा' तक आते-आते उपन्यास की गति मन्द पड़ने लगी, यद्यपि प्रेमचन्द और फ़इयाज़ अली के साथ-साथ कुछ अन्य लेखक भी अच्छे उपन्यासों की रचना कर रहे थे। इसी बीच एक ऐसा समय भी आया जिसमें उपन्यास-रचना की गति बहुत मन्द हो गयी और उपन्यास की जगह कहानियाँ लिखी जाने लगीं किन्तु थोड़े समय के अन्तराल के बाद उपन्यास-रचना की गति तीव्र हो गयी और नाना प्रकार के उपन्यासों का प्रणयन हुआ।

उर्दू का उपन्यास और कहानी-साहित्य अँगरेजी-साहित्य का ऋणी है। प्राचीन उपन्यासों और कहानियों में कथा-तत्त्व का प्राधान्य था किन्तु वर्तमान उर्दू-उपन्यासों और कहानियों में अँगरेज़ी के उपन्यासों के समान समस्त तत्त्वों और शिल्पों का आधान हुआ है। इससे पूर्व के उपन्यासों और कहानियों में शिल्पगत कलात्मकता का सर्वथा अभाव था। हिन्दी और उर्दू, दोनों भाषाओं में आरम्भ में अँगरेजी उपन्यासों और कहानियों के अनुवाद प्रस्तुत हुए थे। कालान्तर में अँगरेजी-कहानियों और उपन्यासों के अनुकरण पर उर्दू में भी कलात्मक कहानियों और उपन्यासों की रचना होने लगी जिनमें कथ्य और शिल्प, दोनों दृष्टियों से उत्कृष्टता है। उर्दू के प्रमुख कहानीकारों और उपन्यासकारों का संक्षिप्त परिचय नीचे दिया जा रहा है।

नज़ीर अहमद : नज़ीर अहमद का जन्म 1836 ई॰ में बिजनौर जिले में और

निधन 1912 ई॰ में हुआ था। 'मिरातुल ओरूस', 'बनातुन्नअश', 'तौबतुन्नोसूह', 'इबनुलवक्त', 'रोयाए सादक़ा' आदि इनके उपन्यास हैं। सामान्यतः उर्दू-उपन्यास का प्रथम लेखक 'सरशार' को माना जाता है किन्तु सत्य तो यह है कि नज़ीर अहमद उर्दू के प्रथम उपन्यासकार हैं क्योंकि इनकी रचनाएँ 'मिरातुल ओरूस (1869 ई॰), बनातुन्नअश' (1873 ई॰) और 'तौबतुन्नोसूह' (1877 ई॰) 'सरशार' के प्रथम उपन्यास के बहुत पहले प्रकाशित हो चुकी थीं।

सरशार : इनका वास्तविक नाम रतननाथ दर और कवि-नाम 'सरशार' था। इनका जन्म 1846 अथवा 1847 ई॰ में लखनऊ में हुआ था और 1902 ई॰ में ये स्वर्गवासी हुए। 'सरशार' ने अपनी रचनाओं के माध्यम से उपयुक्त समय पर औपन्यासिक रचना-कौशल को प्रौढ़ता प्रदान की। इन्होंने उपन्यास को जीवन और जगत् की कठोर धरती पर प्रतिष्ठित किया तथा मानवेतर चरित्रों और चामत्कारिक घटनाओं का परित्याग कर जीवन और जगत् की प्रकृत स्थितियों एवं घटनाओं को रूपायित किया। इनका सबसे प्रसिद्ध उपन्यास 'फसान-ए-आज़ाद' है।

रुसवा : इनका मूल नाम मिर्ज़ा मो॰ हादी एवं कवि-नाम 'रुसवा' था। इनका जन्म 1854 ई॰ में हुआ और मृत्यु 21 अक्टूबर 1931 ई॰ को हुई। 'रुसवा' समर्थ कवि भी थे किन्तु इनकी पद्यात्मक रचनाएँ बहुत कम उपलब्ध हैं। इनकी वास्तविक प्रसिद्धि इनकी गद्यात्मक रचनाओं के कारण ही है। लखनऊ की साधु और सुसंस्कृत भाषा में 'रुसवा' ने अपनी अनुभूतियाँ पाठकों की आत्मा में प्रतिष्ठित कर दीं। इनकी प्रकाशित रचनाओं में अधिकतर उपन्यास हैं जो नैतिक और सामाजिक हैं तथा शिल्प की दृष्टि से अत्यन्त महत्त्वपूर्ण हैं। 'रुसवा' ने अपने उपन्यासों में समाज का सच्चा चित्र प्रस्तुत किया है, कल्पना से काम नहीं लिया है। इनका सबसे प्रसिद्ध उपन्यास 'उमराव जान अदा' है।

शरर : इनका पारिवारिक नाम अब्दुल हलीम और कवि-नाम 'शरर' था। इनका जन्म 1860 और देहावसान 1926 ई॰ में हुआ। इन्होंने 1887 ई॰ में 'दिलगुदाज़' नाम से अपनी पत्रिका प्रकाशित की जिसमें आगे चलकर औपन्यासिक अंश भी प्रकाशित होने लगा। हैदराबाद जाकर 'शरर' ने सिन्ध का इतिहास लिखना आरम्भ किया। 'शरर' इस्लामी इतिहास की ओर भी प्रवृत्त हुए किन्तु उर्दू औपन्यासिक रचना-कौशल को भी विकसित करते रहे। इनका सबसे प्रसिद्ध उपन्यास 'फिरदौस-ए-बरीं' है।

प्रेमचन्द : इनका वास्तविक नाम धनपतराय था किन्तु प्रेमचन्द के नाम से ये विख्यात हैं। इनका जन्म 1880 और देहावसान 1936 ई॰ में हुआ था। प्रेमचन्द को एक साथ हिन्दी और उर्दू-साहित्य में उपन्यास-सम्राट् होने का सौभाग्य प्राप्त है। इन्होंने सैंकड़ों उत्कृष्ट कहानियाँ भी लिखी हैं। इनका साहित्यिक जीवन 1901 ई॰ से आरम्भ होता है। इसी समय से ये 'ज़माना' में छपने लगे। 1904 ई॰ में इन्होंने

हिन्दी में 'प्रेमा' नामक उपन्यास लिखा। फिर, ये उर्दू में लिखने लगे तथा 1912 और 1918 ई॰में, क्रमशः उर्दू में 'जलवए ईसार' और 'बाज़ारे हुस्न' का प्रणयन किया। रूसी-साहित्य में गोर्की का जो स्थान है वही स्थान उर्दू और हिन्दी में प्रेमचन्द का है। हार्डी की तरह इनकी रचनाओं में ग्रामीण जीवन का सजीव चित्रण पाया जाता है। इनकी कहानियाँ और इनके उपन्यास समाज और संस्कृति के दर्पण हैं।

सुदर्शन : सुदर्शन का वास्तविक नाम पण्डित बदरीनाथ था किंतु साहित्यिक जगत् में 'सुदर्शन' नाम से प्रसिद्ध हुए। सुदर्शन उर्दू के उन कतिपय सफल कहानीकारों में हैं जिन्होंने प्रेमचन्द की भाँति कहानी-जगत् में प्रसिद्धि और लोकप्रियता अर्जित की। इनकी कहानियों में औत्सुक्य उत्पन्न करने की ऐसी क्षमता होती है कि पाठक कहानियों को आद्यन्त पढ़ने के लिए विवश हो जाता है। इनकी भाषा की अभिव्यंजना-शक्ति और उसका प्रसाद गुण इनकी कहानियों में चार चाँद लगा देते हैं। इनकी कहानियों में यदि देहाती जीवन है तो वैभवपूर्ण शहरी ठाट-बाट भी। इनके कहानी-संग्रहों और उपन्यासों में 'बहारिस्तान', तहज़ीब के ताज़याने, 'ज़हरीला आबे हयात' 'सदाबहारफूल', 'औरत' आदि प्रसिद्ध हैं।

सज्जाद हैदर यलदरम : सज्जाद हैदर यलदरम का जन्म 1888 ई॰ में बिजनौर जिलान्तर्गत हुआ और 12 अप्रील 1946 ई॰ को ये स्वर्गवासी हुए। इन्होंने अन्य भाषा की कहानियों का अनुवाद कर उर्दू-साहित्य को समृद्ध किया। इन्होंने तुर्की-कहानियों का अनुवाद उर्दू में इस कलात्मकता से किया है कि अनूदित रचना में मूल रचना का स्वारस्य प्राप्त होता है। इनकी एक विशेषता यह भी है कि इन्होंने गद्य में पद्य का सौन्दर्य भर दिया है। इनके कहानी-संग्रह 'ख़यालिस्तान' को उर्दू-जगत् में असाधारण ख्याति प्राप्त हुई है जिसमें कतिपय कहानियाँ तुर्की और अँगरेजी की कहानियों पर आधृत हैं किन्तु अधिक संख्या मौलिक कहानियों की है।

अली अब्बास हुसैनी : ये 1897 ई॰ में ग़ाज़ीपुर ज़िले में उत्पन्न हुए। मौलिक कहानीकारों में अली अब्बास हुसैनी की शैली विशिष्ट है। इनकी कहानियों में विवरण की प्रधानता है। ये छोटी-छोटी झाँकियों को भी सफलतापूर्वक चित्रित करते हैं। इनकी कहानियों में क्षेत्रीयता का प्राधान्य है। इनके तीन कहानी-संग्रह प्रकाशित हो चुके हैं— 'आई॰सी॰एस॰', 'बासी फूल' और 'कुछ हँसी नहीं है'। इनकी कहानियों के पात्र मध्यवर्गीय हैं जिनके भाव और कृत्य वातावरणसापेक्ष हैं।

सआदत हसन मन्टो : इनका जन्म 11 मई 1912 ई॰ को लुधियाना ज़िले में और देहान्त 18 जनवरी 1955 ई॰ को पाकिस्तान में हुआ। अल्पकालीन जीवन में इन्होंने अनेक महत्त्वपूर्ण रचनाएँ कीं। मन्टो ने अपने सामाजिक परिवेश की उन स्थितियों को रूपायित किया है जिनमें दीनता, निरीहता और विवशताएँ आसन जमाये हुए थीं, जहाँ सामाजिक, राजनीतिक और आर्थिक विसंगतियों के कारण पाशविक वृत्तियों को प्रश्रय मिल रहा था। मन्टो ने वेश्याओं की विवशताओं और

उनके देह-व्यापार के चित्र प्रस्तुत कर सामाजिक और राजनीतिक व्यवस्थाओं एवं आर्थिक विषमताओं का पर्दाफ़ाश किया है। मन्टो की मानसिकता फ्रायड की काम-भावना से भले ही प्रभावित हो किन्तु उनकी रचनाओं में उपलब्ध अश्लीलता और नग्नता हमारे समाज का यथार्थ है। 'ठंढा गोश्त', 'हतक', 'टोबाटेक सिंह', 'खोल दो' आदि इनकी प्रसिद्ध रचनाएँ हैं।

कृष्णचन्द्र : कृष्णचन्द्र का जन्म 11 नवम्बर 1915 ई॰ को हुआ। इन्हें प्रगतिवादी लेखकों में परिगणित किया जाता है। ये वर्तमान कहानीकारों में श्रेष्ठ समझे जाते हैं। इनके अनेक कहानी-संग्रहों में 'जिन्दगी के मोड़ पर' और 'टूटे हुए तारे' विशेष प्रसिद्ध हैं। साम्यवाद से प्रभावित होने के बाद लिखी गयी कहानियों का संग्रह 'नज़ारे' अति प्रसिद्ध है। भारत के विभाजन के बाद साम्प्रदायिक पाशविक कृत्यों को देखकर इन्होंने 'हम वहशी हैं' की रचना की। कृष्णचन्द्र घोर यथार्थवादी हैं, अतः एक ओर ये अँधेरी सँकरी गलियों का चित्र प्रस्तुत करते हैं तो दूसरी ओर चौड़ी जगजग सड़कों का भी चित्रण करते हैं। इनकी भाषा सरल, परिष्कृत और प्रवाहमयी है।

अस्मत चोग़ताई : अस्मत चोग़ताई का निवास-स्थान आगरा था किन्तु इनका आरम्भिक जीवन जयपुर में बीता। अस्मत की रचनाओं में मुस्लिम मध्यवर्गीय परिवार का चित्र है जिसमें लज्जावती कन्याओं की समस्याएँ और दाम्पत्य जीवन की यातनापूर्ण परिस्थितियाँ देखी जाती हैं। इनकी कहानियों में मुस्लिम कन्याओं की स्पृहाएँ और इच्छाएँ हैं तो वासना से पराजित विच्छिन्न दयनीय जीवन भी। इनकी कहानियों के अनेक संग्रह प्रकाशित हो चुके हैं जिनमें 'कलियाँ', 'चोटें', 'छुईमुई' और 'दो हाथ' अति प्रसिद्ध हैं। 'ज़िद्दी', 'टेढ़ी लकीर' और 'मासूमा', इनके तीन उपन्यास भी प्रकाशित हो चुके हैं। इनकी कहानियों की भाँति इनके उपन्यासों में भी समाज का घोर यथार्थ और आन्तरिक व्यथाएँ चित्रित हैं।

राजेन्द्र सिंह बेदी : इनका जन्म 1 दिसम्बर 1915 ई॰ को लाहौर में हुआ। इनकी कहानियों में 'पान शॉप', 'दस मिनट' और 'तलादान' बहुचर्चित हैं। 'एक चादर मैली-सी' इनका उपन्यास है जिसे अत्यधिक लोकप्रियता प्राप्त हुई है। इन्होंने एकांकी भी लिखे हैं जिनका संग्रह 'सात खेल' के नाम से प्रकाशित है। बेदी की कहानियों की कथावस्तु वर्तमान परिवेश के व्यथित जीवन से निर्मित है। बेदी विशुद्ध प्रगतिवादी लेखक हैं किन्तु इन्होंने कभी अतिवाद का मार्ग नहीं अपनाया। बेदी की भाषा और इनका रचना-कौशल निस्संदेह प्रशंसनीय है।

बीसवीं सदी ईसवी में भी उर्दू-साहित्य में उत्कृष्ट कहानियाँ और उपन्यास लिखे गये हैं। क़ुर्रतुल ऐन हैदर, याजदा तबस्सुम, सोहैल अज़ीमाबादी, शकीला अख़्तर, ख़दीजा मस्तूर, ज्ञानसिंह शातिर, योगेन्द्रपाल, सलाम बिन रज़्ज़ाक आदि ने उपन्यास और कहानियाँ लिखकर उर्दू-साहित्य को समृद्ध किया है।

नाटक

उर्दू-नाटक एक विदेशी बिरवा है जो उर्दू की धरती पर उन्नीसवीं सदी के मध्य लगाया गया और वर्तमान काल में पल्लवित और पुष्पित हुआ। उर्दू-नाटक उर्दू की अन्य विधाओं कहानी, उपन्यास, निबन्ध आदि के समान विकास नहीं कर सका। इस्लामी दृष्टि से अभिनय, नृत्य, संगीत अनुचित ठहराये गये हैं। इस प्रतिबन्ध के कारण भी उर्दू-नाटकों का प्रणयन बाधित हुआ। उर्दू-साहित्य के उपजीव्य फ़ारसी-साहित्य में भी नाटकों का सर्वथा अभाव था। इसलिए उस साहित्य से भी उर्दू को कुछ नाटकीय सामग्री प्राप्त नहीं हो सकी। संस्कृत-साहित्य की समृद्ध नाट्य-परम्परा से उर्दू-साहित्य कुछ नहीं ले सका, यद्यपि उर्दू-साहित्य को उससे बहुत-कुछ प्राप्त हो सकता था। उर्दू-साहित्य की तुलना में हिन्दी-साहित्य में नाटकों का विकास आरम्भिक काल से ही अधिक देखा जाता है क्योंकि नाट्यकला पर हिन्दू धर्म में कोई प्रतिबंध नहीं था। इस प्रकार संस्कृत-साहित्य का समृद्ध नाट्यशास्त्र और उत्कृष्ट नाटक हिन्दी-साहित्य को प्राप्त हुए।

कहने के लिए तो उर्दू-नाट्यसाहित्य ने संस्कृत-नाटकों से भी कुछ सामग्री ली है और भारतीय पौराणिक कथाओं के आधार पर कतिपय मौलिक और अनूदित नाटकों की रचना भी हुई है किन्तु वास्तव में वह अँगरेजी-साहित्य के नाटकों और पारसी नाट्य-कम्पनियों का ही ऋणी है। कुछ उर्दू-नाटक पारसी नाट्य-कम्पनियों के लिए लिखे गए परंतु अधिक संख्या अँगरेजी और कुछ भारतीय नाटकों के अनुवादों की है।

उर्दू का सबसे पहला नाटक 'इन्द्रसभा' 1853 ई॰ में अमानत के द्वारा लिखा गया जो वाजिद अली शाह के दरबार से सम्बद्ध थे। कदाचित् बादशाह के आदेश से यह नाटक लिखा गया था और कामदी था। अँगरेजी थियेटर का अनुकरण कर कुछ पारसी युवकों ने भी बड़े-बड़े नगरों में कुछ नाट्य-कम्पनियाँ स्थापित कीं। ओरिएन्टल थियेटरिकल कम्पनी में रौनक़ बनारसी और ज़रीफ़ ने अभिनय किया और उसके लिए नाटक भी लिखे। उन्होंने कुछ नाटकों का अनुवाद भी किया जिनके संवाद पद्यात्मक होते थे और कम्पनियों के खेल-तमाशों के निमित्त थे। 'नतीजए अस्मत', 'चाँद बीबी', 'बुलबुल बीमार' आदि ज़रीफ़ के ऐसे नाटक हैं जो कम्पनियों के द्वारा अभिनीत होते थे। तालिब बनारसी नाम से प्रसिद्ध विनायक प्रसाद तालिब ने उर्दू-नाटक के शिल्प और भाषा को परिष्कृत किया और 'लैलोनहार' नामक अनूदित नाटक लिखा। इसके अतिरिक्त उन्होंने 'विक्रम-विलास', 'निगाहे ग़फ़लत', 'हरिश्चन्द्र', 'गोपीचन्द' आदि नाटकों की रचना की। अल्फ्रेड कम्पनी से सम्बद्ध अहसन लखनवी ने 'दिलफ़रोश', 'भूल भुलइया', 'चलतापुर्ज़ा' आदि नाटकों का प्रणयन किया। अहसन लखनवी के बाद बेताब देहलवी ने भी इसी कम्पनी के अन्तर्गत 'क़त्ले नज़ीर', 'महाभारत', 'फ़रेबे मोहब्बत', 'रामायण', 'गोरखधंधा',

'कृष्ण-सुदामा' आदि नाटक लिखे। न्यू अल्फ्रेड कम्पनी में ही कार्यरत आग़ा हश्र कश्मीरी ने इस प्रकार के अनेक नाटक लिखे जिनकी कथावस्तु यूरोपीय नाटकों से गृहीत थी। 'तुरकी हूर', 'ख़ूबसूरत बला', 'सफ़ेद खून', 'शहीदे नाज़' आदि कम्पनी के लिए लिखे गये उनके नाटक हैं। अन्य लेखकों की तुलना में आग़ा के नाटक अधिक कलात्मक हैं, अतः आग़ा हश्र कश्मीरी को उर्दू-नाटक का मार्लो कहा जाता है।

उन्नीसवीं सदी के अन्त में उर्दू-नाटकों में प्रौढ़ता आने लगी और इस समय अनेक उर्दू-नाटककारों ने नाटक लिखे। इस काल में मो॰ अब्दुल वहीद क़ैस द्वारा रचित 'अन्जाम नेकोबद' और 'जलसएपरिस्तान' उल्लेखनीय हैं। इसी प्रकार फ़क़ीर मोहम्मद तेग़ ने 'अन्जामे उल्फ़त', 'बेनज़ीर', 'बद्रेमोनीर' आदि नाटक लिखे।

बीसवीं सदी के आरम्भ में मुंशी मो॰ इब्राहीम अम्बाली ने 'आतिशी नाग', 'निगाहे नाज़', 'खुदपरस्त' आदि लिखे। मुंशी रहमत अली ने 'दर्दे जिगर', 'बावफ़ा क़ातिल' आदि की रचना की। मिर्ज़ा अब्बास ने 'नूरजहाँ', 'शाही फ़र्मान' आदि नाटकों का प्रणयन किया। अहमद शुजा ने 'बाप का गुनाह', 'भारत का लाल', 'जाँ बाज़' आदि नाटकों की रचना की किन्तु इन नाटकों का मंचन लोकप्रिय नहीं हो सका।

उर्दू में साहित्यिक नाटकों का अभी भी अभाव है किन्तु कतिपय लेखकों ने अच्छे नाटक भी लिखे हैं जिनमें ज्वाला प्रसाद, ज़फ़र अली खाँ, मुंशी मो॰ उमर हकीम अज़हर, शरर आदि के नाम विशेष रूप से उल्लेखनीय हैं। कुछ राजनीतिक नाटक भी लिखे गये जिनमें 'रूहे सेयासत', 'जाने ज़राफ़त' (अनूदित), 'बिगड़े दिल' (अनूदित), 'ज़फ़र की मौत' (अनूदित) आदि हैं। सामाजिक नाटकों में अब्दुल माजिद दरियाबादी का 'जूदोपशेमाँ', पण्डित ब्रजमोहन के 'राजदुलारी' और 'मुरारिदादा' उल्लेखनीय हैं। उर्दू-नाटककारों ने अँगरेजी और हिन्दी के नाटकों के समस्त तत्त्वों को ग्रहण कर अपने नाटकों को समृद्ध किया है।

वर्तमान समय में भी उर्दू रेडियो रूपक, एकांकी आदि की रचना हुई है और हो रही है किन्तु उर्दू का नाट्य-साहित्य अन्य विधाओं की तुलना में पीछे है।

निबन्ध और पत्रकारिता

उन्नीसवीं सदी में उर्दू का चतुर्दिक् विकास हुआ। उपन्यास, कहानी, नाटक आदि के साथ निबन्ध और पत्रकारिता का भी विकास हुआ। गद्य के विकास के साथ उर्दू की समस्त गद्य-विधाएँ भी विकसित हुईं, परिणामतः कहानी, उपन्यास और नाटक के क्षेत्र में अनेक लेखक सक्रिय हुए। कुछ लेखकों ने एक साथ अनेक विधाओं में प्रणयन किया। कुछ ने निबन्ध एवं पत्रकारिता के क्षेत्र में अपनी सक्रियता दिखायी। उर्दू-निबन्ध के क्षेत्र में अनेक अभिनिविष्ट विद्वानों का आगमन हुआ जिन्होंने इस क्षेत्र में अपने अद्भुत वैदुष्य और लेखन-क्षमता का परिचय दिया।

उर्दू-साहित्य के निबन्ध और पत्रकारिता को समृद्धि प्रदान करनेवाले कतिपय उत्कृष्ट लेखकों का उल्लेख अपेक्षित है।

हसन नेज़ामी : ख़्वाजा हसन नेज़ामी आधुनिक उर्दू-जगत् में प्रथम व्यक्ति हैं जिन्होंने 'आपबीती' नाम से आत्मकथा लिखकर उर्दू-साहित्य में एक नयी परम्परा स्थापित की। इनका नाम अली हसन है। 'हसन नेज़ामी' अतिरिक्त नाम है। इनका जन्म 1878 ई॰ में और निधन 31 जुलाई 1955 ई॰ को हुआ। इनके जीवन का अधिकांश समय लेखन और सम्पादन में व्यतीत हुआ। इनकी रचनाओं और सम्पादित कृतियों की संख्या चालीस से अधिक बतायी जाती है। लगभग प्रत्येक माह इनके द्वारा एक पुस्तक लिख दी जाती थी। नेज़ामी ने ऐसे विषयों पर लेखनी चलायी जिनपर उस समय तक कदाचित् ही किसी ने कुछ लिखा था। इनकी रचनाएँ वैयक्तिक निबन्ध के अधिक निकट हैं जिनमें भावों और विचारों की परम उन्मुक्तता, सहजता और आकर्षण विद्यमान है। इनकी रचना-शैली 'आज़ाद' के 'नैरँगे ख़याल' का स्मरण कराती है।

मौलाना मो॰ अली जौहर : इनका नाम मो॰ अली था। ये कवि भी थे, इसलिए 'जौहर' इन्होंने कवि-नाम रखा था। इनका जन्म रामपुर में 1879 ई॰ में हुआ। इनकी मृत्यु 1931 ई॰ में गोलमेज़ कॉन्फ्रेन्स के सन्दर्भ में लन्दन-प्रवास में हुई। जौहर में अद्भुत रचना-क्षमता विद्यमान थी, अतः इन्होंने कोलकाता से 'कॉमरेड' का प्रकाशन प्रारम्भ किया। दिल्ली से लेकर जनता तक अपने संदेश को पहुँचाने के लिए इन्होंने 'हमदर्द' निकाला। 'हमदर्द' में प्रकाशित रचनाओं को मकतबा जामिआ ने दो खंडों में पुस्तक के रूप में प्रकाशित किया। मो॰ अली जौहर पत्रकारिता के क्षेत्र में अपने समय के महान् हस्ताक्षर थे। इन्होंने मात्र पत्रकारिता नहीं की वरन् जो कुछ लिखा, जनता के हित में लिखा। इनकी रचनाओं में व्यंग्य-विनोद है तो हास-परिहास भी। स्वतंत्रता-प्राप्ति हेतु इन्होंने कष्ट सहे और कारागार की यातनाएँ भी झेलीं। जौहर अनन्य देशभक्त, स्वतंत्रता-सेनानी और क़लम के सिपाही थे।

सुलैमान नदवी : ये तत्कालीन पटना, अब नालन्दा ज़िले के देसना ग्राम के निवासी थे। नदवतुलओलमा से सम्बद्धता के कारण ये अपना नाम 'नदवी' लिखते थे। इनका जन्म 1884 ई॰ में देसना में हुआ था और 1953 ई॰ में पाकिस्तान में इनका स्वर्गवास हुआ। सुलैमान नदवी गद्यात्मक रचनाओं के लेखन में एक विशिष्ट दक्षता रखते थे। अरबी-फ़ारसी के वैसे प्रचलित शब्दों का प्रयोग सुलैमान की रचनाओं में मिलते हैं जो उर्दू भाषा में अभिव्यंजना की दृष्टि से अनिवार्य प्रतीत होते हैं। श्रेष्ठ वक्ता होने के कारण इनकी रचनाओं में सम्बोधनात्मक शैली का प्रयोग हुआ है। इनकी पत्रिका 'मआरिफ़' दीर्घकाल तक ज्ञान का आलोक विकीर्ण करती रही और वैदुष्यपूर्ण रचनाओं के कारण सम्पूर्ण देश में उत्कृष्ट समझी जाती रही। इनकी रचना 'ख़इयाम' भी अत्यन्त महत्त्वपूर्ण है।

अबुल कलाम आज़ाद : इनका वास्तविक नाम अहमद था। 'अबुल कलाम' उपाधि और 'आज़ाद' लेखक-नाम (Pen Name) था। इनका निवास-स्थान दिल्ली था किन्तु जन्म पवित्र स्थान मक्का में 1888 ई॰ में हुआ था तथा स्वर्गवास 1958 ई॰ में हुआ। इनकी बाल्यावस्था का अधिकांश समय मक्का में व्यतीत हुआ। आज़ाद अत्यन्त विलक्षण प्रतिभा से सम्पन्न थे। अल्प वय में ही इन्होंने अरबी-फ़ारसी में विशेष योग्यता प्राप्त कर ली थी। अबुल कलाम आज़ाद ने राष्ट्र और समाज-सेवा को अपना धर्म समझकर अपनी पूरी क्षमता राष्ट्रीय स्वातंत्र्य-आंदोलन में लगा दी और स्वतंत्रता-प्राप्ति के उपरान्त काँग्रेस-सरकार में भारत के शिक्षा मंत्री हुए। उर्दू में आज़ाद की कोई खास रचना नहीं है, फिर भी 'अलहेलाल' पत्र और इनकी वैदुष्यपूर्ण विशिष्ट शैली ने इनको उर्दू के प्रमुख शैलीकारों की पंक्ति में प्रतिष्ठित किया है। 'अलहेलाल' मात्र अख़बार नहीं, उर्दू-पत्रकारिता का प्राणतत्त्व था। 'अलहेलाल' में प्रकाशित इनकी रचनाएँ 'मक़ालाते आज़ाद' के नाम से दो खण्डों में प्रकाशित हैं। इनके अतिरिक्त इनके पत्रों का संग्रह 'ग़ोबारे ख़ातिर' भी उर्दू की उन्मुक्त शैली का उदाहरण है। 'ग़ोबारे ख़ातिर' में संगृहीत पत्र अँगरेजों द्वारा बन्दी बनाये जाने पर कारागार में लिखे गये थे।

अब्दुल माजिद दरियाबादी : ये दरियाबाद में 1892 ई॰ में उत्पन्न हुए। दरियाबाद में उत्पन्न होने के कारण इन्होंने 'दरियाबादी' उपनाम धारण किया। इन्होंने घर पर ही उर्दू, फ़ारसी, अरबी पढ़ी तथा बी॰ए॰ परीक्षा भी उत्तीर्ण की। विद्यार्थी-जीवन से ही अब्दुल माजिद अख़बारों और पत्रिकाओं में छपने लगे थे। हैदराबाद आने पर इन्होंने 'फ़लसफ़ए जज़बात' लिखकर तिद्वज्जगत् में अपना स्थान सुरक्षित कर लिया। पत्रकारिता से सहज लगाव होने के कारण इन्होंने प्रसिद्ध अख़बारों 'हमदम', 'हमदर्द', 'हक़ीक़त' आदि को रचनात्मक सहयोग दिया। इन्होंने उर्दू में दार्शनिक विषयों की न्यूनता को मौलिक पुस्तकें लिखकर और कुछ अनुवाद के द्वारा दूर किया। 'फ़लसफ़ए जज़बात' की भाँति इनकी रचना 'फ़लसफ़ए इजतमा' भी अत्यन्त प्रसिद्ध है। इनकी भाषा विषयानुकूल है। इन्होंने आलोचना लिखी है, जीवनियों और मसनवियों पर सूक्ष्मतापूर्वक विचार किया है तथा साहित्य-सौन्दर्य पर टिप्पणियाँ भी की हैं। बहुत अधिक लिखनेवालों और बात की बात में उत्कृष्ट रचना प्रस्तुत कर देनेवालों में अब्दुल माजिद दरियाबादी अत्यन्त प्रसिद्ध हैं। ये दार्शनिक, विचारक, पत्रकार, समाज-सुधारक और रचनाकार थे।

वर्तमान समय में भी नाना विषयों पर निबन्ध की रचनाएँ हो रही हैं और विभिन्न पत्र-पत्रिकाओं में उत्कृष्ट कोटि के संक्षिप्त और विस्तृत निबन्ध प्रकाशित हो रहे हैं। फिर भी, हसन नेज़ामी, सुलैमान नदवी, माजिद, मौदूदी आदि की रचनाशीलता का निश्चय ही अभाव है, यद्यपि वहीदुद्दी ख़ाँ, यूसुफ़ ख़ुर्शीदी, डॉ॰ वहाब अशरफ़ी, गोपीचन्द नारंग, शम्सुर्रहमान फारूकी, कमर रईस, वारिस अली इत्यादि इस क्षेत्र की

उर्वरता को अक्षुण्ण बनाये रखने में तत्पर हैं।

हास्य-व्यंग्य

कुछ रचनाकारों ने अपनी रचनाओं को जीवन और जगत् के लिए उपयोगी बनाने का प्रयास किया और उनके द्वारा परोक्ष और प्रत्यक्ष रूप से उपदेश, सन्देश और शिक्षा देने का उपक्रम किया। कुछ लेखकों ने ऐसी रचनाएँ कीं जिनसे हमारी दुर्बलताएँ और विरूपताएँ उजागर हुईं। इन्हीं विरूपताओं और दुर्बलताओं के निराकरण के लिए कभी कोमल और कभी कठोर स्वर में कतिपय कहानियों, उपन्यासों, नाटकों एवं पत्र-पत्रिकाओं में व्यंग्य-विनोद किये गये। हास-परिहास के माध्यम से परिवार, समाज और राष्ट्र की विसंगतियों को दूर करने का प्रयास किया गया। परम्परागत कुरीतियों, अनुचित रिवाजों, दुर्भावनाओं, आडम्बरों, सामाजिक और नैतिक दुर्बलताओं पर व्यंग्य कर हँसने-हँसाने की योजना की गयी।

'अवधपंच' के प्रकाशन से देश में हास्य-व्यंग्यमूलक रचनाएँ लोकप्रिय होने लगीं और कुछ रचनाकारों ने इस क्षेत्र में भी अपनी रचनात्मक क्षमता और दक्षता का परिचय दिया। पाश्चात्य साहित्य के प्रभाव से हास्य-व्यंग्य का एक नया दौर आरम्भ हुआ। कुछ ही दिनों में हास्य-व्यंग्यमूलक उत्कृष्ट रचनाएँ सामने आ गयीं। किसी ने अपनी रचनाओं के कथ्य और चरित्र से हास्य-व्यंग्य की योजना की तो किसी ने अपनी शिल्प-शैली एवं भाषिक क्षमता से व्यंग्य-विनोद कर अपने अभीष्ट की पूर्ति की। इस प्रकार हास्य-व्यंग्य की परम्परा स्थापित हुई और उर्दू-साहित्य में इसकी महत्त्वपूर्ण अभिवृद्धि हुई। व्यंग्य-विनोदपूर्ण और हास्य रचना करनेवालों की विस्तृत सूची उर्दू-साहित्येतिहास में मिलती है किन्तु यहाँ कतिपय महत्त्वपूर्ण लेखकों की संक्षिप्त चर्चा की जायगी।

मिर्ज़ा फ़र्हतुल्लाह बेग : इनका जन्म 1883 ई॰ में दिल्ली में हुआ था किन्तु इनके पूर्वज तुर्किस्तान से शाहआलम द्वितीय के काल में आये थे। इन्होंने 1919 ई॰ में अपनी पहली पुस्तिका 'अफ़ादा' आगरा में रहकर लिखी। इन्होंने 1922 ई॰ से विधिवत् लिखना आरम्भ कर दिया। यद्यपि इन्होंने कहानियाँ, आलोचनाएँ, जीवनी आदि की रचना की तथापि इनकी प्रसिद्धि हास्य-व्यंग्यपूर्ण रचनाओं के कारण ही है। इनकी रचनाएँ 'मज़ामीने फ़र्हत' के नाम से सात खण्डों में प्रकाशित हो चुकी हैं। फ़र्हतुल्लाह बेग कवि भी थे। इनकी ग़ज़लों, रुबाइयों और नज़्मों का एक संग्रह 'मेरी शायरी' नाम से प्रकाशित है। इनकी हास्यपूर्ण रचनाओं से दिल की कली ही नहीं खिलती, मस्तिष्क के द्वार भी खुलते हैं। इनकी मृत्यु 1947 ई॰ में हुई।

रशीद अहमद सिद्दीक़ी : इनका जन्म जौनपुर के मुरलिया ग्राम में 1896 ई॰ में हुआ था। इन्होंने अत्यन्त सफलतापूर्वक हास्य-व्यंग्यपूर्ण रचनाओं का प्रणयन किया है। व्यंग्य और विनोदपूर्ण वैयक्तिक निबन्ध (Personal essay) अर्थात् ललित निबन्ध लिखे हैं जिन्हें उर्दू में 'इनशाइया' कहते हैं। इनके ललित निबन्धों

में विशिष्ट घटनाओं और विषयों के प्रति सूक्ष्म संकेत होते हैं। अरबी-फ़ारसी के शब्दों का प्रयोग तो ये अवश्य करते हैं परन्तु बोधगम्यता में कोई व्यवधान नहीं आने देते। इन्होंने रचनाओं की भरमार नहीं लगायी किन्तु जो रचनाएँ उपलब्ध हैं उनकी मूल्यवत्ता में कोई सन्देह नहीं है। इनकी रचनाओं का एक संग्रह 1942 ई॰ में 'गंजहायगिराँमाया' प्रकाशित हुआ था। इनके दो और रचना-संग्रह 'ख़न्दाँ' और 'मज़ामीने रशीद' भी प्रकाशित हैं जिन्हें प्रभूत ख्याति प्राप्त हुई।

मूल्ला रमूज़ी : ये 1896 ई॰ में भोपाल में उत्पन्न हुए और 10 जनवरी 1952 ई॰ को इनका देहान्त हुआ। इनके पिता और चाचा काबुल से भारत आये थे। इनका वास्तविक नाम सिद्दीक़ अर्शद था। 1921 ई॰ में इनकी प्रथम पुस्तक 'गुलाबी उर्दू' के नाम से प्रकाशित हुई जो उर्दू जाननेवालों के बीच बहुत प्रसिद्ध हुई। मुल्ला रमूज़ी कवि थे और वक्ता भी, अतः इनकी गद्यात्मक रचनाओं में भी पद्य का स्वारस्य निहित है। अपनी व्यंग्यात्मक रचनाओं में रमूज़ी सामाजिक, आर्थिक और नैतिक स्थितियों पर कटाक्ष करते हैं। रमूज़ी उर्दू के सशक्त लेखक थे जिन्होंने उर्दू की हास्य रचनाओं के विकास में विशिष्ट योगदान किया है।

पतरस बुख़ारी : इनका वास्तविक नाम सैय्यद अहमदशाह बुख़ारी था। 'पतरस' इनका कवि-नाम था। इनका जन्म 1898 ई॰ में पेशावर में हुआ था। उर्दू भाषा और साहित्य के साथ-साथ अँगरेजी-साहित्य में भी इनकी गहरी पैठ थी। इन्होंने अँगरेजी के साहित्यिक तत्त्वों को उर्दू-साहित्य में प्रतिष्ठित किया। इन्होंने उर्दू गद्य-रचना को एक विशिष्ट मार्ग दिखाया। पात्रों के व्यक्तित्व, उनकी स्थितियों, क्रियाओं और संवादों से 'पतरस' हास्य की योजना करते हैं। अपनी हास्य-रचनाओं में ये स्वयं मूर्ख बनते हैं और दूसरों को भी मूर्ख बनाते हैं। इनकी रचनाओं का एक संग्रह प्रकाशित है। अनेक पत्रिकाओं में भी इनकी विनोदमयी रचनाएँ प्रकाशित हैं। हास्य-व्यंग्यपूर्ण एवं ललित निबन्ध के क्षेत्र में 'पतरस' चिरस्मरणीय रहेंगे।

शौकत थानवी : ये वृन्दावन में 2 फरवरी 1904 ई॰ को उत्पन्न हुए। इनका वास्तविक नाम मो॰ उमर था। इनके पूर्वजों का निवास-स्थान थानाभवन नगर था। इसलिए शौकत ने 'थानवी' उपनाम धारण किया था। भारत-विभाजन के उपरांत ये पाकिस्तान गये जहाँ 4 मई 1963 को इनका देहावसान हो गया। शौकत थानवी की ग़ज़लों के एक संग्रह ने यद्यपि इन्हें कवि-रूप में भी प्रतिष्ठित किया है तथापि इनकी प्रसिद्धि इनकी हास्य-व्यंग्यमूलक रचनाओं के कारण ही है। हास्य-सृष्टि की इनमें जन्मजात प्रवृत्ति थी। इनकी हास्य-रचनाओं में दैनिक जीवन की सामान्य बातों और वर्त्तमान रीति-रिवाजों की आलोचना है। ये साधारण शब्दों से ऐसा चित्र प्रस्तुत करते हैं कि कोई विना मुस्कुराए नहीं रह सकता। 'स्वदेशी रेल' इनकी प्रसिद्धि का आधार है। इनकी चार पुस्तकें 'मौजे तबस्सुम', 'बहरे तबस्सुम', 'सैलाबे तबस्सुम' और 'तूफ़ाने तबस्सुम' अति प्रसिद्ध हैं। इनकी एक पुस्तक 'शीशमहल' है जिसमें लेखक ने अपने

परिचित कतिपय व्यक्तियों के शुभाशुभ कर्मों और गुण-दोषों को चित्रित किया है।

कन्हैयालाल कपूर : इनका जन्म 27 जून 1910 ई॰ को हुआ था। भारत-विभाजन के बाद ये फ़िरोज़पुर में रहने लगे। कन्हैयालाल कपूर उर्दू के प्रसिद्ध हास्य-लेखक हैं। राजनीति, सामाजिक, शैक्षिक, साहित्यिक आदि विसंगतियों को ये अत्यन्त कलात्मक ढंग से रूपायित करते हैं। पारिवारिक और सामाजिक कुरीतियों को ये निर्भीकतापूर्वक प्रस्तुत कर देते हैं। साहित्यसेवी हो या नेता, स्त्री हो या सिने निर्देशक, सबकी कुमार्गगामिता और कदाचारिता का परिचय कपूर अत्यन्त सौम्यतापूर्वक करा देते हैं। इनकी कहानियों में भी हास्य-व्यंग्य का स्वर विद्यमान है। इन्होंने अनेक ललित निबन्ध लिखे हैं जिनमें हास्य-व्यंग्य के स्वर की प्रधानता है। इनके चार रचना-संग्रह 'संग-व-ख़िस्त', 'चँगो रबाब', 'नोके नश्तर' और 'शीशा वतीशा' प्रकाशित हैं। इनकी भाषा टकसाली उर्दू का नमूना है। अपनी अभिव्यंजना के लिए ये उपमाओं और रूपकों की अनुचित सहायता नहीं लेते, वरन् स्वतःस्फूर्त भावनाओं को सरलता, सहजता और स्पष्टतापूर्वक अभिव्यंजित कर देते हैं। कन्हैयालाल कपूर का उर्दू-साहित्य के इतिहास में एक अपना स्थान है।

वर्तमान समय में भी हास्ययुक्त एवं व्यंग्य-विनोदपूर्ण रचनाओं का अभाव नहीं है। वैयक्तिक निबन्ध, जिन्हें हिन्दी में ललित निबन्ध और उर्दू में 'इनशाइया' के नाम से अभिहित किया जाता है, का उर्दू में बाहुल्य है। ऐसे निबन्धों में भी हास्य-व्यंग्य के पुट मिलते हैं। उत्कृष्ट कोटि के हास्य-व्यंग्यपूर्ण निबन्धों और ललित निबन्धों के रचयिताओं में राशदुल ख़ैरी, अंजुम मानपुरी, हाजी लक़-लक़, मेंहदी अफ़ादी, अहमद जमालपाशा, यूसुफ़ नाज़िम, नरेन्द्र लूथर, मशकूर हुसैन याद, डॉ॰ वज़ीर आग़ा, राहत भट्टी, ग़ोलाम जीलानी, मुश्ताक़ क़मर, जमील आज़र, मुजतबा हुसैन आदि हैं।

आलोचना

उर्दू-पद्य की भाँति उर्दू-आलोचना का भी उन्नीसवीं सदी ईसवी में महत्त्वपूर्ण विकास देखा गया। सामाजिक और आर्थिक व्यवस्थाओं में परिवर्तन से सुधार की प्रवृत्ति जगी और बौद्धिक विकास हुआ। फलतः धर्म, राजनीति, शिक्षा तथा साहित्य के क्षेत्र में भी सुधार के प्रयास किये गये। आलोचकों ने इन्हीं सामाजिक और आर्थिक परिवर्त्तनों के आलोक में अपना मार्ग बनाया। जिस प्रकार अन्य विषयों में पाश्चात्य साहित्य को महत्ता प्राप्त हुई थी उसी प्रकार उर्दू-आलोचना में भी पाश्चात्य आलोचना-पद्धति को महत्ता प्राप्त हो गयी।

सर्वप्रथम मो॰ हुसैन आज़ाद ने 'आबेहयात' में नयी रीति से आलोचना लिखी। फिर हाली ने 'मोक़द्दमा शेरोशायरी' लिखकर आलोचना-पद्धति को प्रशस्त किया। शिबली ने 'शेरुल आजम' के चतुर्थ खण्ड में आलोचना के सिद्धांतों पर प्रकाश डाला तथा 'मवाज़ना अनीसोदबीर' लिखकर आलोचना का मानदंड स्थापित किया। शिबली, हाली आदि आलोचकों की आलोचना-पद्धतियों पर आँग्ल काव्यादर्शों का

प्रभाव था जो दिनानुदिन प्रगाढ़ होता गया। उर्दू-साहित्य में आगे चलकर अनेक ऐसे सुधी आलोचक हुए जिन्होंने उर्दू-आलोचना को गति प्रदान की। यद्यपि तज़करा (कवि-वृत्त) को प्राचीन आलोचना का सबसे प्रामाणिक उदाहरण माना जाता है तथापि उर्दू-आलोचना का वास्तविक आरम्भ 1857 ई॰ के बाद हुआ और उस समय प्रचलित प्रायः समस्त आलोचना-पद्धतियों को उर्दू-आलोचकों ने आत्मसात् किया। यहाँ संक्षेप में प्रसिद्ध उर्दू-आलोचकों का उल्लेख किया जा रहा है।

अब्दुल हक़ : ये 1870 ई॰ में मेरठ में उत्पन्न हुए। इन्होंने 1947 ई॰ में पाकिस्तान जाकर 'अंजुमन तरक़्क़ीए उर्दू' की स्थापना की। ये आजीवन उर्दू भाषा और साहित्य की सेवा करते रहे। इनका देहान्त 1963 ई॰ में कराची (पाकिस्तान) में हुआ। अब्दुल हक़ सफल और समर्थ अनुसंधाता और आलोचक थे। इनकी शोधात्मक प्रवृत्ति अद्भुत थी। इन्होंने दकन की प्राचीन हस्तलिखित और उपेक्षित रचनाओं का प्रकाशन अत्यन्त तन्मयता और परिश्रमपूर्वक किया है। विभिन्न पत्र-पत्रिकाओं में प्रकाशित इनकी आलोचनात्मक रचनाएँ एवं इनके द्वारा लिखित विभिन्न पुस्तकों की प्ररोचनाएँ इनकी अपूर्व आलोचनात्मक प्रतिभा का परिचय देती हैं। इनके दो रचना-संग्रह 'चन्द तनक़ीदाते अब्दुल हक़' और 'ख़ेताबाते अब्दुल हक़' इनकी उर्दू-सेवा और आलोचनात्मक दक्षता का उद्घोष करते हैं।

न्याज़ फ़तहपुरी : इनका नाम मोहम्मद ख़ाँ है। 'न्याज़' इनका साहित्यिक नाम है। इनका जन्म 1884 ई॰ में फ़तहपुर में हुआ। ये कवि, लेखक, निबंधकार, कहानीकार और आलोचक के रूप में ख्यात हैं। इनकी प्रथम रचना 'एक शायर का अंजाम' विस्तृत कहानी है जो अपने रचना-कौशल की दृष्टि से अनोखी है और विशेष महत्त्व रखती है। इनकी आलोचनात्मक दृष्टि अत्यन्त सूक्ष्म और गम्भीर है। इनकी कहानियों के भी दो संग्रह 'निगारिस्तान' और 'जमालिस्तान' प्रकाशित हैं, पर इनकी वास्तविक ख्याति आलोचनात्मक उपलब्धियों के कारण है।

मोहिउद्दीन ज़ोर : इनका जन्म 1905 ई॰ और निधन 1962 ई॰ में हुआ। अँगरेजी-साहित्य से आलोचनात्मक दृष्टि प्राप्त कर इन्होंने उर्दू-साहित्य को लाभान्वित किया। अत्यन्त श्रमसाध्य कार्य कर इन्होंने आलोचना के सिद्धान्त और आलोचना के प्रकार सम्बन्धी सामग्री उपलब्ध की। मोहिउद्दीन ज़ोर के 'रूहेतनक़ीद' पर पश्चिमी आलोचना का प्रभाव है। विलियम हेनरी हडसन के Introduction To The Study Of Literature का गहरा प्रभाव 'रूहेतनक़ीद' पर स्पष्टतः परिलक्षित होता है। इन्होंने शिबली की भाँति उर्दू को लाभान्वित करने के लिए दूसरी भाषाओं की पद्यात्मक और गद्यात्मक रचनाओं पर भी अपनी दृष्टि डाली है। इन्होंने उर्दू के पद्य और गद्य, दोनों को अपनी आलोचना का विषय बनाया और सफलता प्राप्त की।

कलीमुद्दीन अहमद : इनका जन्म 16 सितम्बर 1908 ई॰ को महल्ला ख़्वाजाकलाँ (पटना) में हुआ। कलीमुद्दीन अहमद उर्दू के उन आलोचकों में सर्वाधिक

प्रख्यात हैं जिन्होंने आलोचना के पाश्चात्य सिद्धान्तों को यथावत् स्वीकार कर उनका उर्दू-आलोचना में विनियोग किया। 'उर्दू शायरी पर एक नजर' इनका महत्त्वपूर्ण आलोचना-ग्रन्थ है जो उर्दू-साहित्य के अध्येताओं को चकित कर चुका है और जिसमें कलीमुद्दीन अहमद ने परम्पराओं, अवधारणाओं और स्थापनाओं का साहसपूर्ण विरोध किया है। यही स्थिति इनके दूसरे आलोचना-ग्रन्थ 'उर्दू तनक़ीद पर एक नज़र' की भी है जिसमें इन्होंने उर्दू-आलोचना को सिरे से अस्तित्वहीन घोषित कर दिया है। इनका तीसरा आलोचना-ग्रन्थ 'फ़न्नेदास्तानगोई' है जिसमें उपर्युक्त ग्रन्थों की तुलना में विरोध का स्वर कुछ हल्का है। इनके द्वारा रचित और भी आलोचना ग्रन्थ प्रकाशित हैं। अहमद निर्भीक आलोचक थे जिन्होंने आलोचना को विशिष्ट आयाम प्रदान किया।

अख़तर ओरैनवी : इनका पूरा नाम सैय्यद अख़तर अहमद है। इनका जन्म 1910 ई॰ में मुंगेर जिलान्तर्गत ओरैन ग्राम में हुआ, अतः 'ओरैनवी' उपनाम धारण किया। प्रो॰ अख़तर ओरैनवी ने उर्दू की विभिन्न विधाओं और आलोचना के सैद्धान्तिक और व्यावहारिक पक्षों पर तत्त्वाभिनिवेशी आलोचक की दृष्टि से विचार किया है। इनकी आलोचनात्मक रचनाओं में 'कसौटी', 'तहक़ीक़ोतनक़ीद', 'तनक़ीदे जदीद', 'क़दरोनज़र', सिराजो मिन्हाज' विशेष प्रसिद्ध हैं। 'बिहार में उर्दू ज़बानो अदब का इतरक़ा' इनका प्रकाशित शोध-प्रबन्ध है जो उर्दू की श्रेष्ठ आलोचनात्मक रचनाओं में परिगणित है। इसके अतिरिक्त 'मन्ज़र और पसेमन्ज़र', 'अनारकली', 'भूल-भुलइया', 'बालेजिब्रील' आदि इनकी विद्वत्ता और आलोचनात्मक प्रतिभा से परिचित करानेवाली कृतियाँ हैं।

अख़्तर हुसैन रायपुरी : रायपुरी का जन्म 1912 ई॰ में हुआ। विद्वानों ने रायपुरी को प्रगतिवादी आलोचना के इतिहास में प्रथम स्थान दिया है। इनकी आलोचनात्मक रचनाओं के दो संग्रह 'अदब और इनक़लाब' तथा 'संगेमील' प्रकाशित हो चुके हैं। इन्होंने उर्दू-आलोचना की विचारधारा को परिवर्तित कर उसे समृद्ध किया। इन्होंने कहानियाँ भी लिखी हैं किन्तु इनकी प्रसिद्धि का आधार इनका आलोचना-कर्म है।

आले अहमद सरूर : इनका जन्म 1912 ई॰ में हुआ था। इन्हें अतिवाद को प्रश्रय न देनेवाला एवं संयत और व्यवस्थित आलोचना प्रस्तुत करनेवाला आलोचक कहा गया है। इन्हें किसी भी विषय को गम्भीरता और विस्तीर्णता के साथ प्रस्तुत करने की क्षमता प्राप्त है। इन्होंने अँगरेजी के चश्मे से उर्दू-साहित्य की विधाओं को तो नहीं देखा किन्तु अँगरेजी-साहित्य के काव्यादर्शों को उर्दू-साहित्य में प्रतिष्ठित अवश्य किया है। सरूर प्रगतिवादी लेखकों के अगुआ हैं। इनका विचार है कि साहित्य को समाज का दर्पण होना चाहिए और जीवन-जगत् से साहित्य का निकटतर सम्बन्ध होना चाहिए किन्तु साहित्य का सौन्दर्य किसी भी मूल्य पर तिरोहित नहीं होना चाहिए क्योंकि साहित्य की आत्मा सौन्दर्य है।

एहतशाम हुसैन : इनका जन्म 1912 ई॰ में आज़मगढ़ ज़िले में हुआ। सैय्यद एहतशाम हुसैन प्रगतिशील आलोचक हैं। सुलझे हुए आलोचक के रूप में ये विख्यात हैं। डॉ॰ एजाज़ हुसैन ने एहतशाम हुसैन को अपने समय का उर्दू का सबसे बड़ा आलोचक माना है। उर्दू-आलोचना में एहतशाम हुसैन की सबसे बड़ी उपलब्धि आलोचना के मूलभूत सिद्धान्तों का निरूपण है। हुसैन ने व्यावहारिक आलोचना की विविध प्रणालियों के गुण-दोषों का विवेचन स्पष्टतापूर्वक किया है। एहतशाम हुसैन आलोचक भी हैं और उर्दू-साहित्य के इतिहासकार भी। इनके अनेक रचना-संग्रह 'रवायत व बग़ावत', 'अदब और समाज', 'तनक़ीद व अमली तनक़ीद', 'जाएज़े', 'साहिल व समुन्दर' आदि हैं।

मसऊद हुसैन ख़ाँ : मसऊद हुसैन ख़ाँ का जन्म कायमगंज, जिला मुरादाबाद में 1918 ई॰ में हुआ। इनको एक ही साथ कवि, भाषावैज्ञानिक और आलोचक होने का सौभाग्य प्राप्त है। मसऊद हुसैन ख़ाँ की ख्याति इनके अनुसंधानात्मक प्रबन्ध 'मोक़द्दमा तारीख़े ज़ुबाने उर्दू' के कारण है जिसमें इन्होंने उर्दू पर प्रथम बार भाषावैज्ञानिक दृष्टि से विचार कर अपने विचारों की स्थापना की है। 'उर्दू ज़ुबानो अदब' भी डॉ॰ मसऊद हुसैन ख़ाँ के भाषावैज्ञानिक गाम्भीर्य का परिचय देता है। इन्होंने अपनी कतिपय रचनाओं में प्रगतिवादी साहित्य के उन पहलुओं की कठोर आलोचना की है जिनमें साहित्य के सामाजिक सरकारों पर अधिक बल दिया गया है। मसऊद हुसैन ख़ाँ की भावयित्री प्रतिभा का सहयोग उनकी भाषा भी करती है और जटिल से जटिल भावों को ये अत्यन्त सरलतापूर्वक अभिव्यक्त करते हैं।

उर्दू-आलोचना-साहित्य इसके बाद भी गतिमान रही है और अनेक समर्थ आलोचक आलोचना के विभिन्न क्षेत्रों में रचनाओं की प्रस्तुति करते रहे हैं। इमदाद इमाम, मेंहदी इफ़ादी, अब्दुर्रहमान बिजनौरी, सज्जाद अंसारी, न्याज़ फ़ातमी, अमानतुल्लाह ख़ाँ आदि प्रभाववादी आलोचना की धारा को गति प्रदान करते रहे हैं। सैय्यद सज्जाद हुसैन और डॉ॰ अब्दुल अलीम प्रगतिवादी आलोचक थे। मार्क्सवादी आलोचकों में सरदार जाफ़री का महत्त्वपूर्ण स्थान था। मजनू गोरखपुरी भी प्रभाववादी आलोचक के रूप में प्रतिष्ठित थे। मनोविश्लेषणवादी आलोचकों में मीराजी, रफ़ीउज़्ज़मा, वहीदुद्दीन अहमद, रेयाज़ अहमद, आफ़ताब अहमद, डॉ॰ शकीलुर्रहमान आदि की गणना की जाती है। वक़ार अज़ीम, डॉ॰ अबुलैस सिद्दीक़ी, डॉ॰ ख़लीलुर्रहमान आज़मी, रशीदुल इस्लाम आदि ब्यावहारिक आलोचना के पक्षधर हैं। इसी प्रकार अन्यान्य आधुनिक आलोचक भी अत्यन्त तन्मयतापूर्वक विभिन्न विधाओं पर अलोचनाएँ लिख रहे हैं जिनमें ज़ीनत साजदा, सैय्यद अमीर हसन देहलवी, डॉ॰ सैय्यद जाफ़र, डॉ॰ शारिब रुदौलवी, डॉ॰ गोपीचन्द नारंग, डॉ॰ क़मर रईस, मासूम रज़ा, डॉ॰ शमीम हनफ़ी, शमसुर्रहमान फ़ारूक़ी आदि लब्धप्रतिष्ठ हैं।

ओड़िआ-साहित्य

• डॉ. सुधांशु कुमार नायक

'ओड़िआ' और 'ओड़िशा' बहुत ही प्राचीन शब्द हैं। प्राचीन काल में 'उड़' शब्द खेती के अर्थ में और 'ओड़िशा' किसानों का देश के अर्थ में प्रचलित था। भरत के 'नाट्यशास्त्र' के अनुसार 'उड़' जाति शबर, आभीर, चाण्डाल आदि जातियों से संबंधित थी और उनकी भाषा विभाषा के रूप में बोली जाती थी। भाषाविज्ञानियों के अनुसार अन्य आधुनिक भारतीय आर्यभाषाओं की तरह ओड़िआ भी भारोपीय परिवार की भाषा है और इसका विकास भी वैदिक संस्कृत, पाली, प्राकृत और अपभ्रंश से ही हुआ है। मागधी अपभ्रंश ही ओड़िआ भाषा की जननी है।

ओड़िआ भाषा की साहित्यिक परंपरा संस्कृत से ही विकसित हुई है। ओड़िशा में संस्कृत के अनेक कवि और विद्वानों का जन्म हुआ है। मध्यकाल के अनेक ओड़िआ कवि संस्कृत के जानकार ही नहीं, प्रख्यात ग्रंथकार भी थे। अथर्ववेद की पैप्पलाद शाखा की संहिता, ब्राह्मण एवं उपनिषद् और यजुर्वेदीय काण्व शाखा के कई ब्राह्मण ग्रंथ ओड़िशा में ही मिले हैं। गीतिकाव्य के क्षेत्र में जयदेव का 'गीतगोविन्द' और गोवर्धन की 'आर्यासप्तशती', नाटककार मुरारि मिश्र का 'अनर्घराघव', काव्यशास्त्र के आचार्य विश्वनाथ का 'साहित्यदर्पण' ओड़िशा-भूमि की ही उपज हैं। परिनिष्ठित संस्कृत भाषा की तरह प्राकृत भाषा की भी धारा ओड़िशा में प्रवाहित रही है जिसका प्रमाण अशोक और खारबेल के शिलालेखों में मिलता है। प्राकृत और अपभ्रंश के कई ग्रंथ भी ओड़िआ कवियों द्वारा रचित हुए हैं। ओड़िशा में अपभ्रंश साहित्य का प्राचीनतम रूप सिद्धाचार्यों के पदों में मिलता है। सातवीं शताब्दी से लेकर बारहवीं शताब्दी तक के चौरासी सिद्धों में से शबरपा, लुइपा, कण्हपा, सरहपा, दारिकपा, कम्बलपा आदि के पदों में बहुत-से ओड़िआ शब्द मिलते हैं। अतः अपभ्रंशमिश्रित इस ओड़िआ-साहित्य को ही प्रारंभिक ओड़िआ-साहित्य माना जाता है। इसके आधार पर ओड़िआ-साहित्य का उद्भव सातवीं शताब्दी के मध्य भाग से माना जा सकता है। तब से आज तक यह धारा अखंड रूप में प्रवहमान रही है।

ओड़िआ-साहित्य के इस इतिहास को मुख्यतः चार कालों में विभाजित किया

जा सकता है–

(1) आदिकाल – सातवीं शताब्दी के मध्यभाग से चौदहवीं शताब्दी तक।

(2) पूर्व-मध्यकाल – 15वीं शताब्दी से 17वीं शताब्दी के मध्य भाग तक।

(3) उत्तर-मध्यकाल – 17वीं शताब्दी के मध्य भाग से 19वीं शताब्दी के मध्यभाग तक।

(4) आधुनिक काल – 19वीं शताब्दी के मध्य भाग से आज तक।

इनमें से पूर्व मध्यकाल सामान्यतः दो युगों का समाहार है–(1) सारला युग–15वीं शताब्दी और (2) पंचसखा युग– 16वीं शताब्दी के आरम्भ से 17वीं शताब्दी के मध्यभाग तक। इस नामकरण के आधार पर ओड़िआ-साहित्य के आदिकाल को प्राक्-सारला युग भी कहा जाता है। अन्य भारतीय साहित्यों की तरह उत्तर-मध्यकाल रीति युग के नाम से भी जाना जाता है। आधुनिक काल को राधानाथ युग, सत्यवादी युग, सबुज युग, प्रगति युग, अत्याधुनिक युग आदि नामों से विभाजित किया गया है।

आदिकाल का ढेर सारा साहित्य विस्मृति के गर्भ में विलीन हो गया है। उपलब्ध साहित्य को चार वर्गों में रखा जा सकता है–सिद्ध-साहित्य, नाथ-साहित्य, चउतिशा साहित्य और लोकसाहित्य अथवा मौखिक साहित्य। सिद्ध-साहित्य की सम्यक् आलोचना करने पर मालूम होता है कि कण्हपा, शबरपा, लुइपा, राजा इन्द्रभूति, विरूपा, जालन्धरिपा, कम्बलपा, राहुलभद्र, असितघ्न, बुद्ध श्रीज्ञान, अभयकर गुप्त, धमलवर्ग, निर्वाणश्री, शान्तिगुप्त, प्राज्ञ आदि प्रधान तान्त्रिक तथा धर्मप्रचारक एवं पद्मसंभव, बौद्धश्री आदि बौद्ध सिद्धाचार्य ओड़िआ या उड्डियान पीठ के निवासी थे अथवा उड्डियान में जन्मे सिद्धाचार्य थे। उड्डियान की भौगोलिक स्थिति, तत्कालीन तान्त्रिक बौद्धों के पीठ, सिद्धाचार्यों के जन्मस्थान या वासस्थान एवं 'बौद्धगान ओ दोहा' की भाषा और लिपि के आधार पर सिद्ध-साहित्य को ओड़िआ भाषा और साहित्य का प्राचीनतम रूप माना जाता है। सिद्ध-साहित्य मुख्यतः आध्यात्मिक साहित्य है। गुह्य साधना की अनुभूति को रूपकात्मक भाषा में प्रकट कर सिद्धों ने साहित्य में रहस्यवादी परम्परा को जन्म दिया था जिसका विकसित रूप बाद के पंचसखा साहित्य में मिलता है।

बौद्ध सहजयानी सिद्धों के बाद ओड़िशा में नाथ धर्म और साहित्य का विकास हुआ। वस्तुतः ओड़िशा नाथ धर्म और दर्शन की आदि विकास-भूमि है। नाथ-साहित्य की प्रवृत्ति पूर्णतः धार्मिक रही है। धर्मोपदेश के माध्यम से समाज-सुधार ही इसका लक्ष्य रहा है। कई सदियों से नाथ योगी ओड़िशा के गाँवों के नीति-उपदेशक रहे हैं। वायोलिन-जैसा 'केन्दरा' नामक एक वाद्य यंत्र हाथ में लिये वे नीति और अध्यात्म के गीत गा-गाकर भीख माँगते थे। 'शिशुवेद' नाथ धर्म में प्रतिष्ठित शून्य दर्शन का एक आदि ग्रंथ है। इनमें तंत्र के गूढ़ तत्त्वों को परिवेषित किया गया है। 'सप्तांगयोग' और 'अष्टांगयोग' गूढ़ तन्त्र-ग्रंथ हैं। 'सप्तांगयोगधारण' में गोरखनाथ

के भजन संगृहीत हैं। 'अमरकोषगीता' के भजनों में गोरखनाथ तथा कई सिद्धाचार्यों के नाम मिलते हैं। 'मत्स्येन्द्रगीता' से ओड़िशा में नाथ मत के प्रसार और ओड़िशा के जातीय देवता श्री जगन्नाथ जी के अस्तित्व के विषय में महत्त्वपूर्ण सूचनाएँ मिलती हैं।

सिद्ध और नाथ-साहित्य अपभ्रंश-मिश्रित साहित्य है किन्तु चउतिशा साहित्य शुद्ध ओड़िआ-साहित्य है। प्राचीन भाषा और साहित्य में इसका अत्यन्त महत्त्वपूर्ण स्थान है। चउतिशा 'क' से 'क्ष' तक 34 वर्णों के क्रम में लिखी जाती है। कई कवियों ने ओलट चउतिशा की भी रचना की है जिसमें वर्णक्रम 'क्ष' से 'क' तक की उलटी दिशा में है। चउतिशाओं में सबसे प्राचीन है बच्छा दास-विरचित 'कलसा चउतिशा' जिसकी विषयवस्तु शिव-पार्वती-परिणय है। वृद्धरूप शिव जी की वेश-भूषा के वर्णन के साथ रूपवती युवती पार्वती के परिणय-संबंधी वर्णन में कवि ने हास्य की उद्भावना की है। इसमें शिव जी को एक सामान्य ग्रामीण व्यक्ति के रूप में चित्रित किया गया है। सामान्य जन को प्रमुख स्थान देने की यह प्रवृत्ति आदिकालीन ओड़िआ-साहित्य की मुख्य विशेषता है जिसने परवर्ती काल की 'रामायण' और 'महाभारत' में ओड़िशा के ग्रामीण चित्र भर दिये हैं। मार्कण्ड दास की 'कोइलि चउतिशा' या 'केशव कोइलि' भी अत्यंत प्राचीन रचना है जिसमें कृष्ण की मथुरा-यात्रा के पश्चात् माता यशोदा की विरह-वेदना का वर्णन है। ये चउतिशाएँ बहुत ही लोकप्रिय हुई हैं। आज भी हजारों चउतिशाएँ ओड़िशा में काफी आदर के साथ गायी जाती हैं। प्रेम-मिलन, विरह, आवेदन, भजन, ऋतुवर्णन, योगतत्त्व, दार्शनिक चिन्तन आदि पर अनेक चउतिशाएँ रचित हुई हैं।

आदिकालीन ओड़िआ-लोकसाहित्य या मौखिक साहित्य के अन्तर्गत बालगीत, नारियों के बीच झगड़ैली 'उलुगुणा' (उलाहना), बहू-बेटियों का दुःख-शोक, किसान-मजदूरों की थकान मिटाने के पद एवं योगी, भिखारी, केला-केलुणी (शबर), चकुलिआ पंडा (भिक्षार्थी ब्राह्मण) आदि के गीत, झामुनाट गीत, चइतिघोड़ा नाट गीत, पाटुआ यात्रा गीत, प्रहेलिका, नाँ दिआ (नाम देना), डाक वचन, खना वचन, ज्योतिष वचन, मंत्र-तंत्र आदि आते हैं। ये गीत विभिन्न पर्व-उत्सव तथा विशेष अवसरों पर गाये जाते हैं। यह साहित्य पूरी तरह सामान्य जनता को लेकर ही रचित है।

आदिकालीन ओड़िआ-साहित्य में गद्य का अत्यन्त प्रौढ़ रूप उपलब्ध होता है। नाथ-साहित्य के एक ग्रंथ 'शिशुवेद' का गद्य-भाग प्राचीन ओड़िआ-गद्य की झलक दिखाता है। अत्यन्त प्राचीन काल से ओड़िशा के श्री जगन्नाथ मन्दिर में 'मादलापांजि' का प्रचलन है जिसमें मन्दिर और विभिन्न राजाओं के शासनकाल के विषय में बहुत- कुछ लिखा गया है। नारायणानन्द अवधूत स्वामी विरचित 'रुद्रसुधानिधि' भारतीय गद्यसाहित्य में अपना महत्त्वपूर्ण स्थान रखता है। इसके गद्य को पद्यगंधी गद्य कहते हैं। इसमें संस्कृत की छन्दमयी आलंकारिक गद्य शैली दिखायी पड़ती है। इसमें योग तथा दार्शनिक मतवादों का पाण्डित्यपूर्ण विश्लेषण तो है ही, भावों का उद्रेक भी है। 'सोमनाथव्रतकथा' भी प्राचीन

ओड़िआ-गद्य का उदाहरण है। यह सबसे प्राचीन व्रतकथा है।

पूर्व-मध्यकालीन ओड़िआ-साहित्य को मुख्यतः दो सोपानों में देखा जा सकता है—सारला साहित्य (15वीं शताब्दी) और पंचसखा साहित्य (16वीं शताब्दी के आरम्भ से 17वीं शताब्दी के मध्य भाग तक)। सारला दास के काव्य की प्रौढ़ता को देखते हुए उनके पहले की साहित्यिक परम्परा की खोज अनिवार्य-सी लगने पर भी वे ही आदिकवि के नाम से विख्यात हैं। उन्होंने 'महाभारत', 'विलंका रामायण', 'चण्डी पुराण', 'लक्ष्मीनारायण-वचनिका' आदि कई ग्रंथ लिखे हैं। उनका 'महाभारत' प्राचीन ओड़िया-साहित्य का सर्वश्रेष्ठ ग्रंथ है। संस्कृत के 'महाभारत' की कथावस्तु पर आधारित होने पर भी इसमें कवि की मौलिकता स्पष्ट झलकती है। पर्वों के नामकरण में भी 'महाभारत' से बहुत भिन्नता दिखायी पड़ती है। इसमें अनेक उत्पाद्य उपाख्यानों को संयोजित किया गया है। इसमें 'महाभारत' के विभिन्न पात्रों का वर्णन ओड़िशा की जीवन-शैली, रीति-नीति आदि के आधार पर किया गया है। इसके नारी-चरित्र देहाती ओड़िआ हैं, इसकी सेना में ओड़िशा का रणकौशल दिखायी पड़ता है। इसमें वर्णित नद-नदी, पहाड़-झरने, गाँव-नगर सब कुछ ओड़िशा के ही हैं। इसलिए सारला दास के 'महाभारत' को ओड़िआ जाति के जीवन का विश्वकोष कहा गया है जिसमें ओड़िशा की चाल-ढाल, रीति-रस्म और संस्कृति-परम्परा का चित्रण है। पन्द्रहवीं शताब्दी के सामाजिक तथा सांस्कृतिक इतिहास का एक विशद विवरण इस 'महाभारत' में मिलता है । सारला दास की अन्य रचनाएँ भी ओड़िशा की पृष्ठभूमि पर रचित हैं। 'महाभारत' और 'चण्डीपुराण' में उन्होंने कहीं-कहीं गद्य का भी प्रयोग किया है।

सोलहवीं शताब्दी के पाँच कवि बलराम दास, जगन्नाथ दास, अच्युतानन्द दास, यशोवंत दास और अनन्त दास, ये पंचसखा कवि के रूप में जाने जाते हैं। ये ज्ञानमिश्रा भक्ति के साधक थे। इनके आविर्भाव के समय तक वैष्णव धर्म के विभिन्न मतवाद ओड़िशा में पहुँच चुके थे। पर पंचसखा कवियों ने किसी विशेष मतवाद में दीक्षित न होकर सबको ओड़िशा के पारंपरिक धर्ममत में समन्वित कर लिया। इसलिए भारतीय वैष्णव धर्म और दर्शन के इतिहास में पंचसखाओं के श्रीजगन्नाथकेन्द्रित वैष्णव मतवाद का स्वतन्त्र अस्तित्व है।

पंचसखाओं में बलराम दास सबसे ज्येष्ठ थे। 'जगमोहन रामायण' या 'दण्डि रामायण' उनकी श्रेष्ठ कृति है। इसमें उनकी मौलिकता दर्शनीय है। यह ओड़िआ जीवन-शैली का अन्यतम आलेख है। यह सारला दास के 'महाभारत' की तरह ओड़िआ जाति की अमूल्य निधि है। इसमें ओड़िआ जाति की वीरता, परम्परा, धर्मधारणा आदि को चित्रित किया गया है। बलराम दास का 'भावसमुद्र' ओड़िआ भक्ति-साहित्य का अनमोल ग्रंथ है। उनके ग्रंथ 'ब्रह्माण्ड भूगोल', 'गुप्त गीता', 'ब्रह्म गीता', 'वेदान्तसार' और 'विराट गीता' आदि योग, तंत्र और वेदान्त से सम्बन्धित हैं। इसके अतिरिक्त उन्होंने 'श्रीमद्‌भगवद्‌गीता' का ओड़िआ अनुवाद भी किया है।

बलराम दास से दीक्षित जगन्नाथ दास ने ओड़िआ-साहित्य की अतुलनीय सेवा की। उनके अलौकिक गुणों पर मुग्ध होकर श्री चैतन्य ने उन्हें 'अतिबड़ी' उपाधि प्रदान की थी। उनके द्वारा रचित ग्रंथों में 'भागवत' सर्वश्रेष्ठ है। यह लोक-जीवन को आद्यन्त प्रभावित करनेवाला ग्रंथ है। आम जनता के लिए ही जगन्नाथ दास ने इसकी रचना सरल ओड़िआ भाषा में की थी और श्री जगन्नाथ जी के मन्दिर में संस्कृत के स्थान पर ओड़िआ में पुराण-पाठ की नींव डाली थी। केवल इसी ग्रंथ के पठन-पाठन के लिए ओड़िशा में साक्षरता की वृद्धि हुई थी और गाँव-गाँव में 'भागवत टुंगी' या 'भागवत घर' स्थापित हुए थे। प्रतिदिन एक अध्याय के हिसाब से इसके 360 अध्यायों का वर्ष भर में पाठ किया जाता है। मृत्यु-शय्या के पास आज भी इस 'भागवत' का पाठ होता है। असल में, आज जिसे हम ओड़िआ-संस्कृति कहते हैं, उसकी महानता सिद्ध करने का श्रेय एकमात्र इसी ग्रंथ को है। इस 'भागवत' में वर्णित गुज्जरीवृत्त 'नवाक्षरी भागवतवृत्त' के नाम प्रसिद्ध है। जगन्नाथ दास ने 'भागवत' के अतिरिक्त 'दीक्षा संवाद', 'गुप्त भागवत', 'गजस्तुति', 'अर्थ कोइलि', 'तुलाभिणा', 'पाषंड दलन', 'बोलेहूँ', 'ब्रह्माण्ड भूगोल', 'भागवतसार' आदि अनेक छोटे-बड़े ग्रंथों की भी रचना की है। उनकी 'दारुब्रह्मगीता' में ओड़िशा की शबर-संस्कृति पर प्रकाश डाला गया है।

श्रेष्ठ पंचसखा कवि अच्युतानन्द दास की महत्त्वपूर्ण कृतियों में 'हरिवंश', 'शून्यसंहिता', 'गुरुभक्तिगीता', 'पद्मकल्प टीका', 'अष्टगुज्जरी', 'दूतीबोध चउतिशा', 'गोपालंक ओगाल' आदि उल्लेखनीय हैं। 'हरिवंश' में ओड़िआ-समाज के सही चित्र उपस्थापित किये गये हैं। कवि ने ओड़िआ सामाजिक जीवन के आधार पर ही देवताओं की दिनचर्या का वर्णन किया है। 'गुरुभक्ति गीता' में वैष्णवों का आचार एवं कृष्णलीला तथा चैतन्यलीला का विस्तृत वर्णन है। 'कैवर्त्त गीता' में ओड़िशा की कैवर्त्त-संस्कृति पर प्रकाश डाला गया है। 'मालिका' नाम से लिखे उनके ग्रंथ बहुत ही लोकप्रिय हैं जिनमें की गयी भविष्यवाणियाँ सत्य प्रमाणित होती आयी हैं। परवर्त्ती काल में इनके आधार पर मालिका-साहित्य का विकास हुआ है और अनेक संतों द्वारा मालिकाओं की रचना हुई है।

पंचसखाओं में चौथे कवि यशोवंत दास श्री चैतन्य से दीक्षित थे। उनके द्वारा रचित ग्रंथों में 'शिवस्वरोदय' 'प्रेमभक्ति ब्रह्मगीता', 'गोविन्दचन्द्र' तथा मालिकाएँ प्रधान हैं। उनके गीत लोकप्रिय भजनों के रूप में प्रचारित हैं। पाँचवें कवि अनन्त दास ने कई भजन और चउतिशाओं की रचना की है। 'हेतूदयभागवत' उनका सर्वश्रेष्ठ ग्रंथ है जिसमें अनेक दार्शनिक तत्त्वों का समावेश किया गया है। इसमें उन्होंने लिखा है कि श्री जगन्नाथ जी बुद्ध के अतिरिक्त और कोई नहीं हैं। इस प्रकार के सिद्धान्त के कारण आलोचकों ने पंचसखाओं को प्रच्छन्न बौद्ध कहा है। असल में, उनके आराध्य श्री जगन्नाथ जी सभी 'है' और 'नहीं' के समन्वित रूप हैं—वे

पाणिपादरहित निराकार परब्रह्म हैं और राधाकृष्ण के युगल अवतार भी। वे सगुण हैं और निर्गुण भी, कृष्ण हैं और राम भी, हिन्दुओं के आराध्य हैं तो बुद्ध के अवतार भी, वैष्णवों के इष्ट हैं और तांत्रिक देवता भी। आज भी श्री जगन्नाथ जी की उपासना-पद्धति में एक विचित्र समन्वय है जो सभी धर्म और मतवाद के अनुयायियों को आकर्षित करता है। इन्हीं श्री जगन्नाथ जी पर पंचसखा-साहित्य केन्द्रित है। इन कवियों ने श्री जगन्नाथ और श्री कृष्ण में अभेद दिखाया है। इनका रहस्यवाद साधनात्मक रहस्यवाद है। इनकी बहुत-सी रचनाओं में आध्यात्मिक तत्त्वों का विवेचन किया गया है। इन कवियों ने प्रेम, माधुर्य और शृंगारिकता को कृष्णलीला के वर्णन में महत्त्वपूर्ण स्थान दिया है। जगन्नाथ दास ने इन तीनों के सम्मिलित रूप को प्रेमदा भक्ति कहा है जिसमें भक्त को योग के माध्यम से गोपी बनना पड़ता है।

ओड़िआ जातीय जीवन को समुन्नत करना ही पंचसखा कवियों का लक्ष्य रहा है। मानव-कल्याण और समाज-सुधार की प्रवृत्तियाँ इनमें पायी जाती हैं। तत्कालीन समाज में फैली कुरीतियाँ, छुआछूत, जातिभेद आदि का विरोध इन कवियों ने किया है। बलराम दास का 'लक्ष्मीपुराण' जाति-प्रथा के विरुद्ध एक अमोघ अस्त्र है जिसमें चाण्डाल और ब्राह्मण को समान दिखाने की कोशिश की गयी है। इस ग्रंथ में महालक्ष्मी जी श्री जगन्नाथ जी को यह शपथ दिलाती हैं कि श्री जगन्नाथ मन्दिर में ब्राह्मण और चाण्डाल में कोई भेद नहीं रहेगा और सब एक साथ महाप्रसाद ग्रहण करेंगे, तभी वे श्रीमन्दिर में प्रवेश करेंगे। इसलिए ओड़िशावासी श्री जगन्नाथ जी के महाप्रसाद को जूठा नहीं मानते एवं उसका सेवन करते समय ऊँच-नीच का विचार नहीं किया जाता।

पंचसखाओं के समसामयिक तथा उनसे प्रभावित अन्य कवियों में विप्रनारायण दास, राय रामानन्द, माधवी दास, दिवाकर दास, शिशुशंकर दास, लक्ष्मण महान्ति, कपिलेश्वर दास, हरिहर दास, देवदुर्लभ दास, बलराम दास (द्वितीय), दीनबंधु दास, दामोदर चम्पति राय, चान्दरकवि, रामचन्द्र देव, सालवेग, गोपेन्द्र कवि, धरणीधर दास, कार्त्तिक दास, रामचन्द्र पटनायक, प्रताप राय, वृन्दावन दास, कण्ठ दास, मधुसूदन दास, भीमा धीवर, ईश्वरदास, गुरुवारि दास, यदुपति दास आदि के नाम लिये जाते हैं। इनमें से राय रामानन्द शुद्धा भक्तिमार्ग के विशिष्ट प्रतिनिधि थे। माधवी दासी श्री चैतन्य के अंतरंग भक्तों में अन्यतम थीं। दिवाकर दास पंचसखा कवि जगन्नाथ दास के अनुयायी थे एवं उन्होंने 'जगन्नाथचरितामृत' और 'एकादशी माहात्म्य' की रचना की थी। कपिलेश्वर दास का 'कपटकेलि' दस सर्गों का एक विशिष्ट काव्य ग्रंथ है जिसमें अत्यन्त सरल ढंग से राधाकृष्ण-लीला का वर्णन है। हरिहरदास के 'चन्द्रावती विलास' में दुर्योधन की बेटी चन्द्रावती के साथ श्री कृष्ण के पुत्र शाम्ब के गुप्त प्रणय का वर्णन है। देवदुर्लभ दास की 'रहस्य मंजरी' में रासलीला की अलौकिकता का वर्णन किया गया है। 'कृष्णलीला', 'रामलीला' और 'गुप्तगीता' पंचसखा मत के अनुयायी बलराम दास (द्वितीय) की रचनाएँ हैं। 'राधाकृष्णलीलामृत' के रचयिता दीनबंधु दास शुद्धा भक्तिमार्गी

उच्च कोटि के वैष्णव संत थे।

सालबेग सोलहवीं शताब्दी के संत कवि थे। उनके पिता लालबेग मुसलमान सेनापति थे और माता अपहृता ब्राह्मण-कन्या थीं। वे गृहत्यागी होकर श्री जगन्नाथ जी के भक्त बन गये थे। श्री जगन्नाथ जी की भक्ति में रचित उनके भजन ओड़िआ-साहित्य में बहुत ही लोकप्रिय हैं। उनकी भक्ति-भावना हिन्दी के कवि रसखान के साथ तुलनीय है। सोलहवीं शताब्दी के अन्तिम चरण के कवि धरणीधर दास द्वारा जयदेव के 'गीतगोविन्द' का ओड़िआ-अनुवाद अत्यंत प्रसिद्ध है। इस समय के कवि कार्त्तिक दास ओड़िआ छन्दोबद्ध कविता के प्रतिनिधि कवि हैं।

सत्रहवीं शताब्दी के प्रथम चरण के कवि रामचन्द्र पटनायक ने सबसे पहले परंपरित विषयवस्तु का त्याग कर सामान्य जनता को काव्य-विषय बनाकर रचना की है। उनकी 'हारावती' की नायिका एक हलवाइन है। इस समय के कवि भीमा धीवर केवट जाति के थे और उन्होंने 'भारतसावित्री' एवं 'कपटपाशा' काव्यों की रचना की थी। उनके समसामयिक ईश्वरदास पंचसखाओं के अनुयायी थे और उन्होंने 'चैतन्य भागवत' की रचना की थी। ईश्वरदास नामक एक अन्य कवि के 'नलरामचरित' में नलचरित और रामचरित साथ-साथ वर्णित हैं।

इस तरह सत्रहवीं शताब्दी के प्रथमार्ध में पंचसखा-प्रभावित साहित्य के साथ-साथ कई ऐसी मौलिक रचनाएँ भी उपलब्ध होती हैं जिनमें युग-परिवर्तन का संकेत मिलता है और इस शताब्दी के मध्यभाग तक आते-आते नये युग की स्पष्ट सूचना मिल जाती है जिसे उत्तर-मध्यकाल का नाम दिया जाता है। प्रवृत्ति की दृष्टि से यह काल रीतिकाल या रीतियुग के नाम से परिचित है। इस काल के मूर्धन्य कवि उपेन्द्र भंज को केन्द्र में रखकर इस काल के काव्य का मूल्यांकन किया जाता है। रीतिकाल के प्रारंभ की प्राक्-भंजीय परम्परा में धनंजय भंज, दीनकृष्ण दास, वृन्दावती दासी, भूपति पंडित, त्रिविक्रम भंज, लोकनाथ विद्याधर आदि आते हैं।

ओड़िआ-साहित्य का उत्तर-मध्यकाल छन्दोबद्ध काव्य-रचना का चरमोत्कर्ष काल था। प्रथम ओड़िआ छन्दोबद्ध काव्य था पन्द्रहवीं शताब्दी के कवि अर्जुन दास का 'रामविभा'। तब से लेकर अठारहवीं शताब्दी अर्थात् पूरे तीन सौ वर्षों तक ओड़िआ कवियों ने ओड़िआ-काव्य-रचना को संस्कृत के समकक्ष लाने का अथक प्रयत्न किया था। ओड़िशा के कुछ राजे स्वयं साहित्य-साधक थे और साहित्य-साधना को प्रोत्साहन भी देते थे। इनकी राजसभाएँ पंडितों से सुशोभित और गौरवान्वित थीं। संस्कृत-काव्यों की भाँति अर्थालंकारों और शब्दालंकारों से पुष्ट ओड़िआ काव्य-रचना करना और कराना इन राजाओं के प्रिय कार्य थे। उपर्युक्त तीन शताब्दियों में ओड़िआ छंदोबद्ध काव्य-परम्परा इन राजाओं के द्वारा विकसित होकर उत्कर्ष की चरम सीमा पर पहुँच गयी थी। उत्कल की संगीतमयी आत्मा को सार्थक बनाने के लिए कवियों ने काव्यों के विभिन्न सर्गों को अनेक छन्दों में रचकर उनमें अपूर्व मूर्च्छना भर दी थी।

अठारहवीं शताब्दी तक ओड़िआ-काव्यों में संस्कृत का कोई भी अलंकार अछूता नहीं रह गया था। उन दिनों काव्यों के छन्द-वैभव और अलंकारों के प्राचुर्य के आधार पर ही साहित्य के क्षेत्र में कवियों का स्थान निर्धारित होता था। संगीत और कला से मंडित इन काव्यों ने आम जनता को संतुष्ट किया था। कृषक से लेकर राजसभा के पंडित तक इन काव्यों को गाते थे, भले ही वे इनका अर्थ समझें या न समझें। छन्दों से युक्त काव्यावली आम जनता के लिए परम तृप्तिदायक थी। काव्यों के साथ-साथ विभिन्न प्रकार के गेय पद भी रचे गये जिनमें संगीत, वाद्य और नृत्य का समिम्श्रण था। इस प्रकार के लोकप्रिय संगीतमय और छन्दोबद्ध काव्य को उपेन्द्र भंज ने चरम शिखर पर पहुँचा दिया जिन्हें ओड़िशावासी उचित ही कवि-सम्राट् की उपाधि देकर पूजते आ रहे हैं।

उत्तर-मध्यकालीन ओड़िआ-साहित्य का नेतृत्व घुमसर राजवंश ने किया था जिसमें उपेन्द्र भंज का जन्म हुआ था। इस कुल के धनंजय भंज ने काव्य को संगीतमय बनाने की परंपरा को आगे बढ़ाया जिसकी नींव आदिकालीन कवि वच्छा दास ने डाली थी। 'रघुनाथ विलास', 'त्रिपुर सुन्दरी', 'मदन मंजरी', 'अनंगरेखा', 'इच्छावती' आदि धनंजय भंज की कृतियाँ हैं। काव्य को संगीत के समान मधुर बनाने के लिए उन्होंने संस्कृत-शब्दों का प्रयोग किया। तभी से ओड़िआ-काव्य में संस्कृत और प्राकृत शब्दों का कुशल समावेश होने लगा। इस परम्परा को आगे बढ़ाते हुए दीनकृष्ण दास ने 'रसकल्लोल' की रचना की जिसका पदलालित्य जयदेव के 'गीतगोविन्द' के समकक्ष है। 'रसविनोद', 'जगमोहन छन्द', 'नामरत्न गीता', 'प्रस्तावसिंधु' आदि इनकी अन्य कृतियाँ हैं। इस काल की वृन्दावती दासी ने 'पूर्णतम चन्द्रोदय' नाम से एक अनुपम भक्ति-ग्रंथ की रचना की थी जिसके पदलालित्य के मूल में तत्सम शब्दों का बाहुल्य है। उनके पिता, पति और पुत्र, सभी विद्वान् कवि थे। ओड़िशा के कृष्णलीला-संबंधी काव्यों में भूपति पंडित विरचित 'प्रेमपंचामृत' का स्थान अन्यतम है जिसमें कवि की प्रतिभा, बहुशास्त्रदर्शिता तथा भक्ति-भावना का परिचय मिलता है। घुमसर राजवंश के उत्तराधिकारी त्रिविक्रम भंज ने 'कनकलता' नाम से एक काल्पनिक काव्य की रचना की थी जिसमें श्लेष, यमक, गोमूत्र-छन्द, अंतर्लिपि, बहिर्लिपि आदि अलंकारों की अपूर्व योजना हुई है। त्रिविक्रम भंज उपेन्द्र भंज के चाचा थे। प्राक्-भंजीय परम्परा के अन्यतम कवि लोकनाथ विद्याधर भी संगीतमयी काव्य-रचना में निपुण थे। उनकी रचना-शैली में कोमलकांत पदावली का समावेश है और वे पांचाली रीति के अनुगामी थे। उन्होंने 'सर्वांग सुन्दरी', 'पद्मावती परिणय', 'चित्रकला', 'रसकला', 'वृन्दावन-विहार' आदि काव्यों की रचना की है। उनका 'वृन्दावन-विहार' कृष्णलीला-संबंधी काव्य है और शेष रचनाएँ काल्पनिक कथावस्तु पर आधारित हैं। उन्होंने अपने काव्यों में असाधारण कवित्व और पांडित्य का प्रदर्शन किया है।

कवि-सम्राट् उपेन्द्र भंज उत्तर-मध्यकाल के सर्वश्रेष्ठ कवि थे। सर्वदा दरबारी

पंडितों के साथ सारस्वत विलास में समय बितानेवाले अपने पितामह कवि धनंजय भंज का प्रभाव उनपर बचपन से ही था। संस्कृत का कोई भी काव्य और नाटक उन्होंने विना पढ़े नहीं छोड़ा था। विश्वनाथ कविराज, भोजराज, दंडी, मम्मट, आनन्दवर्धन आदि के काव्यशास्त्रीय ग्रंथों पर भी उन्होंने अधिकार प्राप्त किया था। उनकी सर्वश्रेष्ठ कृति 'वैदेहीश विलास' काव्य 'व' आद्यानुप्रास में रचित है। 'प्रेमसुधानिधि' और 'रसिकहारावली' उनके प्रसिद्ध प्रेमकाव्य हैं। उनके अन्य प्रख्यात काव्य हैं 'कोटिब्रह्माण्ड सुन्दरी', 'लावण्यवती', 'सुभद्रा-परिणय', 'कला-कौतुक', 'रसलेखा', 'अबलारसतरंग', 'चित्रकाव्य बन्धोदय', 'रसपंचक', 'सुवर्ण रेखा', 'भाववती', 'शशिरेखा' आदि। उनके काव्य में आलंकारिकता, शृंगारिकता और संगीतात्मकता है। उनके 'अबलारसतरंग' में मात्राओं का प्रयोग नहीं हुआ है। केवल स्वरवर्णों एवं अकारान्त व्यंजन वर्णों का ही प्रयोग हुआ है। 'कलाकौतुक' की प्रत्येक पंक्ति के आरंभ और अन्त में 'क' वर्ण है। 'प्रेमसुधानिधि' के एक अध्याय में प्रयुक्त आरम्भिक बीस पदों में से प्रथम दस पदों में जो वर्ण हैं, द्वितीय दस पदों में बीसवें से ग्यारहवें पद तक उलटा पढ़ने पर ठीक वे ही वर्ण मिलते हैं। 'कोटि ब्रह्माण्ड सुन्दरी' के एक अध्याय के 15 पदों में अपूर्व कौशल से तीन ऋतुओं का वर्णन है। पूर्ण पंक्तियों में चिन्तादेशाक्ष राग में वर्षा ऋतु का वर्णन है। प्रत्येक पंक्ति का प्रथम अक्षर निकाल देने पर काफी कामोदी राग में शीत ऋतु का एव दो-दो अक्षर निकाल देने पर मालबराड़ि राग में ग्रीष्म ऋतु का वर्णन मिलता है। उपेन्द्र भंज ने चित्रकाव्य आदि के जो अभिनव प्रयोग किये हैं वे आधुनिक ठोस कविता के अग्रदूत जैसे लगते हैं। उन्होंने अपने अभिनव शब्द-निर्माण को शास्त्र-सम्मत बनाने के लिए 'श्रीकोष' जैसे शब्दकोश का प्रणयन भी किया है।

घुमसर राजवंश के राजा घनभंज भी साहित्य और संगीत में अपूर्व पारंगत थे। 'रसनिधि', 'त्रैलोक्यमोहिनी' और 'गोविन्दविलास' उनकी प्रमुख कृतियाँ हैं। इस काल के मंदरधर भागीरथि उपेन्द्र भंज की तरह विविध अलंकारों के द्वारा सरस रचना करने में सिद्धहस्त थे। रघुनाथ भंज ने उपेन्द्र भंज की 'लावण्यवती' की शैली में 'रसलहरी' काव्य की रचना की थी। सदानन्द कविसूर्य ब्रह्मा भी उपेन्द्र भंज के अनुगामी थे और उन्होंने 'व' आद्यानुप्रास में 'विश्वंभर-विलास' नामक काव्य की रचना की थी। उनकी अन्य रचनाओं में 'प्रेमतरंगिणी', 'प्रेमलहरी', 'ललितलोचना', 'चौरचिन्तामणि', 'युगलरसामृतलहरी', 'प्रेमचिन्तामणि', 'स्मरदीपिका' आदि प्रधान हैं। 'गोपीभाषा' दनाइँ दास की प्रसिद्ध रचना है जिसमें अत्यन्त सशक्त भाषा में गोपियों का विरह-वर्णन किया गया है। ओड़िशा के गजपति राजवंश के श्यामसुन्दर देव ने 'अ' आद्यानुप्रास में 'अनुराग कल्पलता' काव्य की रचना की है। इस काल के विश्वनाथ खुण्टिआ की 'विचित्र रामायण' बहुत ही लोकप्रिय काव्यग्रंथ है। इस युग के अन्यतम कवि ब्रजनाथ बड़जेना छह भाषाओं के विद्वान् थे। उनका

'अम्बिकाविलास' 'अ' आद्यानुप्रास में, 'श्यामारासोत्सव' 'श' आद्यानुप्रास में एवं 'गुण्डिचा विजे' हिन्दी भाषा में रचित है। 'समरतरंग' में उन्होंने अपने समय का युद्ध-वर्णन विस्तार से किया है। उन्होंने अपनी गद्य-पुस्तक 'चतुर विनोद' में मानव-चरित्र के दुर्गुणों पर कस कर व्यंग्य किया है। विश्वंभरदास पट्टनायक ने 'सारला महाभारत' के संक्षिप्त सार को 'विचित्र महाभारत' में छंदोबद्ध किया है। पंचसखा मतावलम्बी भक्तचरण दास का 'मथुरामंगल' मुख्यतः विप्रलंभ शृंगार का काव्य है। उनकी 'मनबोध चउतिशा' शंकराचार्य के 'मोहमुद्गर' की तरह वैराग्य और नीति की शिक्षा से परिपूर्ण है। वे ओड़िशा के लोकप्रिय कवियों में अन्यतम हैं। अभिमन्यु सामन्तसिंहार कृत 'विदग्ध चिन्तामणि' उपेन्द्र भंज के 'वैदेहीश विलास' के बाद ओड़िआ-साहित्य में श्रेष्ठ काव्य-ग्रंथ माना जाता है। यह पिछली दो सदियों से ओड़िशा में वैष्णव भाव को स्पन्दित और परितृप्त करता आ रहा है। उनके अन्य प्रेमकाव्य हैं 'प्रीतिचिन्तामणि', 'सुलक्षणा', 'रसवती', 'प्रेमकला' और 'रसकला'।

इस प्रकार रीतिकाल में भंज-साहित्य की परम्परा का विकास होता रहा। उसके साथ अठारहवीं शताब्दी के अन्तिम भाग में ओड़िआ-काव्य-साहित्य में एक नूतन अध्याय का आरम्भ हुआ। आलंकारिक काव्य के स्थान पर गीतिकाव्य का उन्मेष होने लगा। इसमें वैयक्तिकता की तीव्रता न होने पर भी संगीत का लालित्य और इन्द्रियानुभूति की निविड़ता थी। सांगीतिकता की यह प्रवृत्ति उपेन्द्र भंज के प्रबन्ध काव्य में भी विद्यमान थी जिसके कारण क्लिष्टता और दुर्बोधता के बावजूद उनके पद आम जनता के मुख में निवास करते हैं। फिर भी, उन जैसे कवियों के आलंकारिक काव्य प्रधानतः वाचिक थे, गेय नहीं। किन्तु संगीतात्मक गीतिकाव्य की यह नयी धारा गेयता को ही उद्देश्य बनाकर चली थी जिसके प्रवर्तक थे कविसूर्य बलदेव रथ (1769-1845 ई॰) और गोपालकृष्ण पट्टनायक (1785-1862 ई॰)। गौरहरि, गौरचरण, वनमाली आदि ने इस धारा को आगे बढ़ाया।

उत्तर-मध्यकाल की एक अन्य काव्य-धारा है संत-साहित्य। आदिकालीन संत-साधना पूर्व-मध्यकाल की रागानुगा प्रेमभक्ति में विलीन हो गयी थी। इसका पुनराविर्भाव उन्नीसवीं शताब्दी के मध्य भाग में सतनामी और महिमाधर्म धारा के नाम से हुआ। ये दोनों सम्प्रदाय जातिप्रथा और मूर्त्तिपूजा के विरोधी थे। महिमाधर्म के अनुयायी अन्धकवि भीमभोई ने अनेक उपदेशात्मक भजन और चउतिशाओं की रचना की है। पंचसखाओं की ज्ञानमिश्रा भक्ति-साधना के अनुरागी संतकवि हाड़ुदास ने भी इस दिशा में उल्लेखनीय रचनाएँ की हैं। इस प्रकार उत्तर-मध्यकालीन ओड़िआ-साहित्य में आलंकारिकता, शृंगारिकता और पांडित्य-प्रदर्शन के साथ-साथ संगीतात्मकता, भक्ति-भावना और आध्यात्मिकता भी पायी जाती है। हाड़ुदास ने भविष्य-वर्णन करनेवाले मालिका-साहित्य को भी आगे बढ़ाया है।

उन्नीसवीं शताब्दी के लगभग मध्य से आज तक का काल आधुनिक काल के

नाम से जाना जाता है जिसका आरम्भ पाश्चात्य शिक्षा और सभ्यता के संस्पर्श से हुआ। सन् 1803 ई॰ में ओड़िशा अँगरेजों के अधिकार में आया। इससे ओड़िशा के राजनीतिक, सामाजिक, धार्मिक और शैक्षिक क्षेत्रों में जो अभूतपूर्व परिवर्तन हुआ, उससे ओड़िआ-साहित्य को एक महत्त्वपूर्ण तथा नवीन दिशा की ओर मुड़ जाने का अवसर मिला। आधुनिक ओड़िआ-साहित्य उसी परिवर्तन का परिणाम है।

अँगरेजों के आधिपत्य के साथ-साथ देश में बहुत पहले से कार्यरत ईसाई मिशनरियों का जाल फैलने लगा था। सबसे पहले विलियम केरी ने दूसरों की सहायता से बाइबिल (1809 ई॰) तथा धर्म-संबंधी अनेक पुस्तकें ओड़िआ-गद्य में लिखीं। उसके बाद ओड़िआ-गद्य में पाठ्यपुस्तकों की रचना का प्रयास मिशनरी मटन साहब ने किया। किन्तु उन्होंने ओड़िआ-गद्य के जिस स्वरूप को जन्म दिया वह कृत्रिम, बंगला प्रभाव से ग्रस्त और अव्यावहारिक था। परिणामस्वरूप 1868-70 ई॰ में ओड़िआ भाषा का उच्छेद कर न्यायालयों और ओड़िशा के विद्यालयों में बंगला भाषा चलाने की अपचेष्टा भी की गयी। इससे सन् 1870 ई॰ के पश्चात् ओड़िशा में सर्वथा एक नयी साहित्यिक चेतना जाग्रत हुई। सन् 1869 ई॰ में ओड़िशा के विद्यालयों में ओड़िआ भाषा चलाने की सरकारी आज्ञा जारी की गयी। पाठ्यपुस्तकों के द्वारा नये साहित्य के रसास्वादन की क्षमता विकसित करने का प्रयत्न होने लगा। ऐसी परिस्थिति में आधुनिक साहित्य का आरम्भ हुआ। राधानाथ राय और मधुसूदन राव जैसे लेखक एवं कुमार बैकुंठनाथ जैसे जमींदार के प्रयास से सन् 1873 ई॰ में ओड़िआ का वास्तविक साहित्यिक मासिक पत्र 'उत्कल दर्पण' प्रकाशित हुआ। इसके पाँच वर्ष बाद 'उत्कलमधुप' मासिक पत्र भी निकलने लगा। मधुसूदन राव के निबन्ध और 'उत्कलमधुप' में प्रकाशित साहित्यिक आलोचनाएँ उन्नत ओड़िआ-गद्य की परिचायिका थीं। राधानाथ राय और मधुसूदन राव के द्वारा प्रकाशित 'कवितावली' आधुनिक ओड़िआ-काव्य का प्रथम और उत्कृष्ट निदर्शन है। 'महत्त्रयी' के नाम से विख्यात राधानाथ राय (1848-1909 ई॰), फकीरमोहन सेनापति (1843-1918 ई॰) और भक्तकवि मधुसूदन राव(1853-1912 ई॰) की रचनाओं से ही ओड़िआ-साहित्य में आधुनिक युग का आरम्भ हुआ जिसे पाँच खंडों में विभक्त किया जा सकता है— राधानाथ-युग (1880-1900 ई॰), सत्यवादी युग (1900-1920 ई॰), सबुज युग (1920-1935), प्रगति युग (1935-1947) और स्वातंत्र्योत्तर युग (1947 ई॰ से)।

राधानाथ-युग आधुनिक ओड़िआ-साहित्य की प्राण-प्रतिष्ठा का युग है। नाटक, उपन्यास, काव्य, गीतिकाव्य, समालोचना, निबन्ध आदि साहित्य की प्रायः सभी विधाएँ इसी समय अपने स्वतंत्र और संपूर्ण रूप में विकसित हुईं। मधुसूदन राव की 'प्रबन्धमाला' ने ओड़िआ-गद्य के स्वाभाविक विकास में महत्त्वपूर्ण योग दिया। रामशंकर राय के 'कांची-कावेरी', 'वनमाला', 'कलिकाल' आदि नाटक; उमेशचन्द्र सरकार का 'पद्ममाली' उपन्यास; मधुसूदन राव की 'भारत-वन्दना', 'आकाशप्रति',

'नव संवाद', 'आशा' आदि गीतिकविताएँ इस युग के प्रारम्भिक चरण के श्रेष्ठ अवदान हैं। इन सबसे बढ़कर राधानाथ राय के 'केदारगौरी', 'चन्द्रभागा', 'नन्दिकेश्वरी', 'उषा', 'पार्वती', 'चिलिका', 'महायात्रा', 'ययातिकेशरी' आदि काव्य उन्नीसवीं शताब्दी के ओड़िआ-साहित्य के समुज्जवल रत्न हैं जिनके कारण यह युग राधानाथ-युग के नाम से जाना जाता है। राधानाथ ने ओड़िशा के प्राचीन इतिहास, पारंपरिक रीति-नीति, कहानियों तथा किंवदन्तियों का पहले पहल जीवंत चित्रण किया। राधानाथ का काव्य प्राच्य-पाश्चात्य समन्वय की अमृतमयी परिणति है। उनके अधिकांश काव्य यद्यपि ग्रीक और अँगरेजी साहित्य की विषय-वस्तुओं पर आधारित हैं तथापि उनमें विदेश का कोई रंग परिलक्षित नहीं होता। विदेशी कथावस्तु के भीतर उन्होंने देश की कहानी, किंवदन्ती, भौगोलिक परिवेश और इतिहास को इतने सहज एवं सरस ढंग से पिरोया है कि इन काव्य-वस्तुओं के पाश्चात्य होने पर ध्यान भी नहीं जाता।

भक्त कवि मधुसूदन राव ने अनेक पाठ्यपुस्तकों की रचना कर ओड़िआ भाषा में इस अभाव की पूर्त्ति की थी। उनका 'वर्णबोध' आज भी अक्षर-शिक्षा की आधारशिला है। इस पुस्तक को जो गौरवपूर्ण स्थान मिला है, वैसा शायद ही किसी अन्य पाठ्यपुस्तक को मिला हो। पाठ्यपुस्तकों में भी उन्होंने गंभीर भक्तिभाव, ईश्वर-प्रेम और जातीयता-बोध भर दिया है। परन्तु दार्शनिक चिन्तन से युक्त उनकी कविताएँ ही ओड़िआ-साहित्य को उनका वास्तविक अवदान हैं। मधुसूदन राव ही तत्सम-प्रधान ओड़िआ-गद्य-साहित्य के जन्मदाता और ओड़िआ-निबंध के जनक हैं। इसी तरह ओड़िआ-कहानी-साहित्य के प्रवर्तन का श्रेय भी उन्हें ही प्राप्त है।

इस अवधि के अन्यतम साहित्यकार हैं रामशंकर राय जो प्रथम ओड़िआ-उपन्यासकार और नाटककार के रूप में प्रसिद्ध हैं। उन्होंने 'पद्ममाली' और 'दिवासिनी' नाम से दो उपन्यासों की रचना की थी। उनका 'कांची कावेरी' प्रथम ओड़िआ-नाटक होने पर भी नाट्य रस की निष्पत्ति कराने में पूर्ण समर्थ है। रामशंकर जी को नाटककार के रूप में अधिक प्रसिद्धि प्राप्त हुई। उन्होंने अनेक पौराणिक नाटकों की रचना तो की ही है, सामाजिक समस्याओं को आधार बनाकर भी कई नाटक लिखे हैं। उन्होंने कई धार्मिक निबंध लिखे हैं तथा उपनिषदों का अनुवाद भी किया है।

इस काल-खंड के व्यासकवि फकीरमोहन सेनापति ओड़िआ भाषा की सुरक्षा के लिए होनेवाले संघर्ष में सचमुच सेनापति सिद्ध हुए। उस समय ओड़िशा को बंगाल से मिलाकर ओड़िआ भाषा के बदले बंगला को शिक्षा का माध्यम बनाने की जो साजिश हो रही थी उसके विरोध में फकीरमोहन ने ही झंडा उठाया था। उन्होंने ओडिआ भाषा में पाठ्यपुस्तकों का अभाव दूर करने के लिए अनेक पाठ्यपुस्तकों की रचना की, 'भारतवर्षर इतिहास' लिखा एवं 'रामायण', 'महाभारत' और 'भगवद्गीता' का अनुवाद किया। उन्होंने कई गीतिकविताओं की रचना भी की जिन्हें 'पुष्पमाला' और 'उपहार' नाम से संकलित किया गया है। सही अर्थ में फकीरमोहन का

साहित्य-सर्जन सन् 1897 ई. से प्रारंभ हुआ जिसे आधुनिक ओड़िआ-साहित्य के द्वितीय अध्याय का आरम्भ-बिन्दु माना जा सकता है। यह काल-खंड सत्यवादी युग के नाम से जाना जाता है।

सन् 1803 ई. में ईस्ट इंडिया कंपनी के अधीन आ जाने के बाद पूरे सौ साल तक शोषित, उपेक्षित और लांछित ओड़िआ जाति दिग्भ्रान्त, धुरिहीन और आत्मचेतनाशून्य रही। सन् 1903 ई. में 'उत्कल सम्मिलनी' और 'उत्कल साहित्य समाज' की स्थापना से साहित्य-निर्माण की नयी प्रेरणा मिली। उन्नीसवीं शताब्दी के अन्तिम भाग में आधुनिक ओड़िआ-साहित्य की गति एक प्रकार से अवरुद्ध हो गयी थी। 'इन्द्रधनु' और 'बिजुली' नाम की दो तत्कालीन पत्रिकाएँ क्रमशः प्राचीन और आधुनिक साहित्य का जयगान कर एक कटु वातावरण की सृष्टि कर रही थीं। इस विवाद से राधानाथ की परम्परा पूरी तरह अवरुद्ध होकर एक दूसरी धारा चल पड़ी जिसे मासिक पत्र 'उत्कल साहित्य' के प्रतिष्ठाता विश्वनाथ कर ने अधिक गतिशील किया। असल में 'उत्कल साहित्य' ही इस नये साहित्य का प्रवर्तक और पोषक है जिसका प्रतिनिधित्व फकीरमोहन सेनापति ने किया।

निबन्ध, गीतिकविता और 'बौद्धावतार' जैसे काव्य के रचयिता होने पर भी फकीरमोहन सेनापति कथाकार के रूप में ही प्रसिद्ध हैं और ओड़िआ-साहित्य में उपन्यास-सम्राट् के नाम से जाने जाते हैं। उनके चारों उपन्यास– 'लछमा', 'छमाण आठगुंठ', 'मामु' और 'प्रायश्चित्त' –ओड़िशा के दो सौ साल (1720-1920 ई.) के सामाजिक जीवन की झाँकी हैं। उन्होंने अपने उपन्यासों में आदर्शोन्मुख यथार्थवाद का प्रयोग किया और रूसी क्रान्ति के पहले ही पूँजीपति-वर्ग और सर्वहारा-वर्ग के संघर्ष को अपने उपन्यासों में स्थान दिया। उन्होंने ओड़िआ-कथा-साहित्य की सुदृढ़ भित्ति का निर्माण किया। उनकी कहानियों में सामाजिक कुसंस्कार तथा पाश्चात्य शिक्षा के कुपरिणामों का चित्रण है। हास्य और व्यंग्य के क्षेत्र में भी उन्होंने अद्वितीय सफलता प्राप्त की। उन्होंने अपनी 'आत्मजीवनी' की रचना कर आत्मकथा विधा को भी प्रशस्त किया। मर्यादा, राष्ट्रीयता, देशप्रेम और जातीयताबोध उनकी कृतियों की प्रमुख विशेषताएँ हैं।

'उत्कल साहित्य' ने नवयुग की झलक दिखाकर कवियों को उद्‌बुद्ध करने का जो कार्य आरम्भ किया था वह नन्दकिशोर बल, गंगाधर मेहर आदि कवियों द्वारा परिपुष्ट हुआ। पल्लीकवि के रूप में परिचित नन्दकिशोर (1875-1928 ई.) ने अपने काव्य में ग्रामीण जीवन की प्रतिष्ठा नये ढंग से की। ओड़िआ-गीतिकविता में मधुसूदन राव के बाद उन्हींका स्थान आता है। अपने एकमात्र उपन्यास 'कनकलता' में वे एक विप्लवी और समाज-सुधारक के रूप में सामने आये हैं। गंगाधर मेहर (1862-1924 ई.) ने मध्यकालीन ओड़िआ-साहित्य के आदर्श पर अपना कवि-जीवन आरम्भ किया था, किन्तु आगे चलकर वे राधानाथ की काव्यधारा से प्रभावित हो गये। 'इन्दुमती',

'कीचकवध', 'प्रणयवल्लरी', 'उत्कललक्ष्मी', 'तपस्विनी' आदि उनके प्रख्यात काव्यग्रंथ हैं। प्रकृति के अविस्मरणीय चित्र अंकित करने में वे सिद्धहस्त थे। उनकी कतिपय गीति कविताओं में जातीय भावना और ईश्वर-भक्ति की झलक मिलती है।

इस अवधि के अन्य कवियों में चिन्तामणि महान्ति, मदनमोहन पटनायक, पद्मचरण पटनायक, दीनबंधु काव्यरंजन, कृष्णमोहन पटनायक, लक्ष्मीकान्त महापात्र आदि उल्लेखनीय हैं। काव्य, उपन्यास, कहानी और गीतिकविता, सभी विधाओं में चिन्तामणि महान्ति का योगदान रहा है। लक्ष्मीकान्त महापात्र ने अनेक हास्य-कविताएँ लिखी हैं। चन्द्रशेखर नन्द, बाँकनिधि पटनायक, दयानिधि मिश्र, दिव्यसिंह पाणिग्राही आदि ने कहानी-साहित्य को समृद्ध किया है। इनकी कहानियाँ समाज-सुधार और देशप्रेम पर केन्द्रित होकर भी परंपरा को आगे बढ़ानेवाली हैं। दयानिधि मिश्र की ऐतिहासिक कहानियाँ काफी प्रसिद्ध हुई हैं। गोपालचन्द्र प्रहराज की रचनाओं में हास्य और व्यंग्य के दर्शन होते हैं। उनका 'पूर्णचन्द्र भाषाकोश' एक महत्त्वपूर्ण शब्दकोश है।

इस समय महाराज पद्मनाभ नारायण देव और राधामोहन राजेन्द्र देव ने नाटक-मंडली का संगठन, मंचनिर्माण और नाटक-रचना पर विशेष ध्यान देकर ओड़िआ-नाटक को जीवित रखने का प्रयत्न किया। उधर रामशंकर राय के साथ भिकारीचरण पटनायक ने नाटक-सृजन को पराकाष्ठा पर पहुँचा दिया। कृष्णप्रसाद चौधरी और गोविन्दचन्द्र शूरदेव ने प्रचलित 'यात्राओं' को परिष्कृत किया तथा मुक्ताकाश रंगमंच में लोगों की रुचि लगायी। निबंध के क्षेत्र में राधानाथ राय के पुत्र शशिभूषण राय का अवदान उल्लेखनीय है। पंडित गोपीनाथ नन्द ने संस्कृत के कई नाटकों और खण्डकाव्यों का अनुवाद कर ओड़िआ में इस विधा को विकसित किया। उनका 'ओड़िआ भाषातत्त्व' भाषाविज्ञान के क्षेत्र में पहला कदम है। पंडित मृत्युंजय रथ के शोधपरक निबन्ध और श्यामसुन्दर राजगुरु का जीवनी-साहित्य आज भी अविस्मरणीय है।

इस युग के द्वितीयार्द्ध में सत्यवादी-चिन्ताधारा का उद्भव हुआ जिसके अनुसार यह सत्यवादी युग के नाम से जाना जाता है। इसके प्रवर्तक थे उत्कलमणि गोपबन्धु दास जिन्होंने अपने सहकर्मियों के साथ सन् 1907 ई॰ में सत्यवादी वकुल वन विद्यालय की स्थापना कर जातीय भावना का प्रचार किया। उनके साथ थे नीलकंठ दास, आचार्य हरिहर, गोदावरीश मिश्र और कृपासिन्धु मिश्र जो आधुनिक पंचसखा के रूप में जाने जाते हैं। समाज-संस्कार, जातीय भावना, स्वदेश-प्रेम और जनसेवा का व्रत लेकर इन्होंने अपनी लेखनी उठायी। कृपासिन्धु मिश्र ने ओड़िशा के इतिहास-लेखन में उल्लेखनीय योगदान किया। उनके 'कोणार्क' और 'बारबाटी' ग्रंथ इतिहास तथा साहित्य, दोनों दृष्टियों से मूल्यवान् हैं। नीलकंठ दास के निबन्धों में समाज-सुधार को महत्त्व दिया गया है। उनके 'खारबेल' और 'कोणार्क' काव्य में तीव्र जातीय भावना की झलक मिलती है। पंडित गोदावरीश मिश्र मूलतः गीतिकार हैं।

उन्होंने नाटक, निबंध, उपन्यास, कहानी और आलोचना, सभी विधाओं में लेखनी चलायी है किन्तु गाथा-कविता के लिए ही वे प्रसिद्ध हुए। 'कलिका', 'किशलय' और 'आलेखिका' उनके प्रमुख काव्य-संकलन हैं। इस वन विद्यालय के पंडित लिंगराज जी 'रामायण' का ओड़िआ में अनुवाद कर यशस्वी हुए हैं।

आधुनिक ओड़िआ-साहित्य का तृतीय अध्याय सन् 1921 ई॰ से प्रारंभ होता है जिस समय इंडियन नेशनल काँग्रेस ने महात्मा गाँधी के नेतृत्व में अहिंसात्मक असहयोग आन्दोलन का शंखनाद किया था। उसी समय गोपबन्धु दास के प्रयास से 'उत्कल सम्मिलनी' अंतरिम रूप से काँग्रेस के साथ मिल गयी थी। अतः उत्कल का जातीय भाव भारतीय भाव में बदल गया एवं साहित्य में ओड़िशा के स्थान पर भारत को मुख्य स्थान दिया जाने लगा जिसका नेतृत्व गोपबन्धु दास ने किया। उनकी 'काराकविता', 'बन्दीर आत्मकथा', 'धर्मपद', 'गोमाहात्म्य', 'ब्रह्मतत्त्व' आदि रचनाओं में उग्र जातीय भाव, अत्याचारी विदेशी शासकों के कुशासन के प्रति विद्रोह, देश के अधःपतन के प्रति गंभीर चिंता, देश और जाति के कल्याण के लिए आत्मोत्सर्ग की प्रेरणा आदि तत्त्व प्रधान हैं। उन्हींके हाथों में पड़कर 'समाज' पत्रिका के माध्यम से ओड़िआ-गद्य अपनी स्वाभाविक अवस्था को पुनः लौट आया। उनका साहित्यिक अवदान परिमाण में अधिक न होने पर भी उनके तेजोमय व्यक्तित्व का सार्थक प्रभाव ओड़िआ-साहित्य पर पड़ा। 'रघु अरक्षित', 'नउतुण्डी' आदि उपन्यासों में कुन्तला कुमारी साबत ने ओड़िआ मध्यवर्ग को चित्रित कर फकीरमोहन की परंपरा को आगे बढ़ाया। वे वस्तुतः गीतिकार थीं। उनकी कविताओं में देशप्रेम का अजस्र स्रोत प्रवाहित है।

राधानाथ से लेकर सत्यवादी गोष्ठी तक की ओड़िआ-कविता में द्रुत और उल्लेखनीय प्रगति हुई थी किन्तु समाज-सुधार, अतीत गौरव का गान, देशप्रेम, जाति-संगठन, हितोपदेश आदि कई जिम्मेदारियों के भीतर कविता का यथार्थ स्वरूप प्रकट नहीं हो पाया था। इसलिए सामान्यतया सबुज युग के नाम से परिचित आधुनिक ओड़िआ-साहित्य के इस तृतीय अध्याय (1920-35 ई॰) में सबुज गोष्ठी के कवियों ने कविता से आदर्श को बहिष्कृत कर कविता को अपना स्वरूप देने का प्रयत्न किया। रेवेंशा महाविद्यालय के कुछ तरुण विद्यार्थियों ने 'नन्सेन्स क्लब' की स्थापना की एवं अपने नाम के आद्य वर्णों को लेकर 'अवकाश' नाम से एक साहित्यिक पत्र प्रकाशित किया जो शान्तिनिकेतन से प्रकाशित 'सबुजपत्र' नाम की पत्रिका से अनुप्राणित था। ये तरुण विद्यार्थी थे अन्नदाशंकर राय, वैकुंठनाथ पटनायक, कालिन्दीचरण पाणिग्राही और शरतचन्द्र मुखर्जी। बाद में हरिहर महापात्र भी उसमें सम्मिलित हुए। अन्नदाशंकर की 'सबुजपरी' कविता से ही सबुज कविता का आरम्भ हुआ। पलायनवादी रहस्यवाद, परिच्छन्न सौन्दर्यबोध, कारुणिक स्मृति, प्रकृति-चित्रण में अभिनव दृष्टिभंगी, अशरीरी या सशरीरी किसी मानसी कन्या के लिए अतृप्त रोमांटिक आकुलता तथा छन्द के क्षेत्र में अभिनव प्रयोग सबुज कविता

की विशेषताएँ हैं। सबुज साहित्य के नाटक, गीतिकविता, उपन्यास, कहानी, आलोचना, यात्रावृत्त, सबमें एक तरुणोचित रचना-शक्ति और अजेय आत्मप्रकाश की अभिलाषा दिखायी पड़ती है। वैकुण्ठनाथ के नाटक 'मुक्तिपथे' में नारी-स्वतंत्रता का झंडा फहराया गया है। फकीरमोहन के बाद कालिन्दीचरण ही हैं जिनकी कहानियाँ अत्यन्त सशक्त हो उठी हैं। अन्नदाशंकर के 'बिलात चिठी' और 'वासन्ती' उपन्यास ओड़िआ-उपन्यास में एक अभिनव प्रयोग हैं। सामाजिक कुसंस्कारों को विषय बनाकर इन उपन्यासों की रचना हुई है। विरोधी परिस्थितियों के घात-प्रतिघात से उत्पन्न पात्रों के मानसिक द्वन्द्व की विचित्रता इसमें दिखायी गयी है।

सबुज कवि तथा सबुज साहित्य का रूप लगभग 1930 ई॰ के बाद बदल गया। इस धारा के प्रवर्तक अन्नदाशंकर और शरतचन्द्र ओड़िआ छोड़कर बंगला में रचना करने लगे एवं बंगला-साहित्य में प्रख्यात हो गए। कालिन्दीचरण और वैकुण्ठनाथ ने अपने को साहित्य की नयी धारा में मिला लिया। कालिन्दीचरण का 'माटिर मणिष' उपन्यास (1931 ई॰) सबुज कवियों के मानसिक परिवर्तन का एक स्पष्ट संकेत देता है जिसमें लेखक वायवीय कल्पना को छोड़कर आदर्श गाँधीवाद में पहुँच गया है। फकीरमोहन के बाद ग्राम-जीवन का एक जीवन्त चित्र प्रस्तुत करनेवाला उपन्यास यही है। कालिंदीचरण के अन्य प्रख्यात उपन्यास हैं 'लुहार मणिष', 'मुक्तागड़र क्षुधा' और 'अमर चिंता'।

इस युग के गैर-सबुज कवियों में मायाधर मानसिंह का उल्लेखनीय अवदान रहा है। गीतिकविता, काव्य, नाटक, उपन्यास, कहानी, यात्रावृत्त, आलोचना आदि सभी विधाओं में उन्होंने लेखनी चलायी है। उनके नाटक तीव्र जातीय भाव पर प्रतिष्ठित होने पर भी मंचन की दृष्टि से महत्त्वपूर्ण नहीं हैं। उनका 'कमलायन' काव्य विषयवस्तु की दृष्टि से अभिनव है। उनकी गीतिकविताओं में जातीय बोध और प्रेम ही मूल तत्त्व के रूप में हैं। कवियों में सच्चिदानन्द राउतराय और राधामोहन गड़नायक, नाटककारों में अश्विनी कुमार घोष तथा निबन्धकारों में कुलमणि दास, वैष्णवचरण दास, निकुंज किशोर दास, उपेन्द्र किशोर दास आदि की रचनात्मक प्रतिभा का उन्मेष और विकास इसी युग में हुआ है। सच्चिदानन्द राउतराय के 'पाथेय' और 'पूर्णिमा' सबुज साहित्य के आदर्श पर आधारित हैं और 'पल्लीश्री' में ओड़िआ ग्रामीण जीवन का चित्र है। गोदावरीश मिश्र के बाद राधामोहन गड़नायक गाथा-कविता के निपुण कलाकार हैं। उनकी मधुर छंद-योजना तथा विषयवस्तु की नवीन परिकल्पना उन्हें गीतिकार के उच्चासन पर आसीन करती है। अश्विनीकुमार घोष के पौराणिक नाटक ओड़िआ-साहित्य के धरोहर हैं। उनका 'कोणार्क' एक अनिंद्य कृति है। इस अवधि में प्रकाशित 'वारुणी' (1926 ई॰) पत्र ठेठ ओड़िआ भाषा तथा ओड़िआ चेतना का परिचय देने में सफल हुआ है। उपन्यासकार रामचन्द्र आचार्य ने 'वीर ओड़िआ', 'कलापाहाड़' आदि उपन्यासों में ओड़िशा के प्राचीन

इतिहास को उजागर करने की कोशिश की है तो कुंतला कुमारी साबत ने अपने उपन्यासों में कुसंस्कारों को दूर करने के प्रयत्न के साथ-साथ नारी-जीवन पर भी प्रकाश डाला है। मोटे तौर पर इस युग में सबुज और गैर-सबुज, दोनों धाराएँ समान्तर चलती रहीं और अन्ततः सबुज का विलय गैर-सबुज में हो गया।

सन् 1935 ई॰ में भगवतीचरण पाणिग्राही के द्वारा कम्युनिस्ट पार्टी तथा छात्र फेडरेशन के सांस्कृतिक पक्ष (Cultural wing) के रूप में 'नवयुग साहित्य संसद' की स्थापना एवं 1 अप्रैल, 1936 ई॰ को ओड़िशा के एक स्वतंत्र राज्य हो जाने से ओड़िशा के बुद्धिजीवी समाज में एक हलचल मच गयी और ओड़िआ-काव्यधारा का गतिपथ क्रमशः परिवर्तित होने लगा। भारतीय स्वतंत्रता-आंदोलन और पाश्चात्य भावधारा खासकर फ्रायडीय मनस्तात्त्विक विश्लेषण एवं मार्क्सवादी वर्गहीन समाज की परिकल्पना ने ओड़िआ-काव्य-चेतना को विशेष रूप से प्रभावित किया। मार्क्सीय चिन्ताधारा ने ओड़िआ-साहित्य को मायाधर मानसिंह की रोमांटिक स्वप्नप्रवणता और सबुजवादी भावप्रवणता से मुक्त कर उसमें वस्तुवादी प्रखरता का आधान किया। प्रगति युग के नाम से अभिहित सन् 1935 से 1947 ई॰ तक के आधुनिक ओड़िआ-साहित्य के चतुर्थ अध्याय के सूत्रधार थे अनन्त पटनायक, सच्चिदानंद राउतराय और मनमोहन मिश्र। सच्चिदानंद राउतराय के 'अभियान' और 'पाण्डुलिपि' में प्रगतिशील चेतना का स्पष्ट निदर्शन है। सबुज गोष्ठी के कालिन्दीचरण पाणिग्राही और वैकुण्ठनाथ पटनायक भी नवयुग के प्रभाव में आ गये। बाद में कालिन्दीचरण गाँधीवादी बन गये, वैकुण्ठनाथ रोमांटिक रहस्यमयता को लौट आये एवं सच्चिदानन्द ने कम्युनिज्म को शोषण का रूपान्तर मान लिया। किन्तु अनन्त पटनायक अपनी कविताओं द्वारा मार्क्सीय चिन्ताधारा के प्रचार के साथ-साथ साहित्य की गौरव-प्रतिष्ठा में यत्नशील रहे।

सन् 1936 ई॰ से कविता, कहानी, उपन्यास, नाटक और आलोचना, सभी विधाओं में परिवर्तन दीख पड़ता है। केवल मायाधर मानसिंह, राधामोहन गड़नायक और कुंजबिहारी दाश जैसे कवि पारम्परिक आदर्श से अनुप्राणित होने के कारण संगीतमयी भाषा और छन्द-सौन्दर्य की सृष्टि में लीन रहे। इस समय गीतिकविता के स्थान पर गद्य-साहित्य का प्रचार बढ़ा। आरम्भ में गीतिकविता की सांगीतिकता का कुछ हद तक संरक्षण हुआ, पर आगे चलकर वह भी तिरोहित हो गया। गद्यमय जीवन में कविता का बाह्य रूप भी गद्य में रूपान्तरित हो गया। कविता में विदेशी अलंकार, उपमान और शब्दों का भी निर्बाध प्रयोग होने लगा। धीरे-धीरे कविता को इतना प्रतीकात्मक बना दिया गया कि वह दुर्बोध हो गयी।

उपन्यास के क्षेत्र में कालिन्दीचरण पाणिग्राही के साथ गोपीनाथ महान्ति, कान्हुचरण महान्ति, गोदावरीश महापात्र, नित्यानन्द महापात्र आदि भी आगे आये। कालिन्दीचरण ने 'माटिर मणिष' की कड़ी में 'लुहार मणिष' और 'आजिर मणिष' उपन्यासों की रचना की। कान्हुचरण महान्ति ने 'झंझा', 'शर्वरी', 'शास्ति', 'हा-अन्न', 'का', 'तुण्डबाइद'

आदि अनेक उपन्यास लिखकर इसे ओड़िआ-साहित्य में एक लोकप्रिय विधा के रूप में प्रतिष्ठित किया। उनके अनुज तथा ज्ञानपीठ पुरस्कार विजेता गोपीनाथ महान्ति के उपन्यासों में उपेक्षित जनजाति के जीते-जागते चित्र मिलते हैं। नित्यानन्द महापात्र के 'हिड़माटि' और 'भंगाहाड़' उपन्यास ग्रामीण जीवन के महाकाव्य हैं।

इस अवधि के कहानीकारों में कालिन्दीचरण पाणिग्राही ने 'पुनश्च' और 'मांसर विलाप' जैसी कई श्रेष्ठ कहानियाँ लिखीं जिनके मूल स्वर हैं मानवीयता और सांप्रदायिक एकता। उनके छोटे भाई भगवतीचरण पाणिग्राही की कहानियों में प्रगतिवादी चेतना अभरकर आयी है। गोदावरीश महापात्र की 'नील मास्टराणी', 'मागुणिर शगड़' आदि कहानियों में गाँधीवादी अर्थनीति, गरीबों के प्रति हमदर्दी तथा गंभीर मानवीय संवेदना पायी जाती है। सच्चिदानंद राउतराय ने भी ग्रामीण और राजनीतिक चेतनापरक कहानियाँ लिखीं। उनके 'मशाणिर फुल', 'माटिर ताज' जैसे कहानी-संग्रहों में ओड़िशा का ग्रामीण जीवन सुन्दर ढंग से चित्रित है। राजकिशोर राय की कहानियों में ओड़िशा के अतीत गौरव को आभिजात्यपूर्ण शैली में व्यक्त किया गया है। वस्तु-विन्यास और चरित्र-चित्रण की दृष्टि से नित्यानन्द महापात्र की कहानियों की अपनी विशेषता है। 'एगारटा', 'कालरड़ि' आदि उनके प्रख्यात कहानी-संग्रह हैं। अनन्त प्रसाद पंडा के 'तृणगुच्छ', 'बारमजा' आदि कहानी-संग्रहों में मनुष्य जीवन के प्रति गंभीर अनुरक्ति का परिचय मिलता है।

नाटककार, अभिनेता, निर्देशक, मंच-प्रतिष्ठाता तथा नाट्य आलोचक कालीचरण पटनायक के 'गर्ल स्कूल' (1939 ई०) से ओड़िआ-नाटक-साहित्य में सामाजिक नाटक का युग आरम्भ होता है। 'भात', 'बेकार', 'रक्तमाटि' आदि उनके प्रख्यात नाटक हैं। उनके समसामयिक नाटककार भी उनसे प्रभावित हुए। रामचन्द्र मिश्र ने 'मैनेजर', 'घर-संसार', 'साइपड़िशा', 'भाइ-भाउज' आदि नाटकों में समकालीन समाज की दुर्बलताओं को अनावृत कर अपनी आभिजात्य अभिरुचि का परिचय दिया है। भंजकिशोर पटनायक के 'जहर', 'बेनामी', 'गरीब', 'बैरागीर संसार' आदि सामाजिक नाटक हैं। गोपाल छोटराय ने भी 'फेरिआ', 'भरसा', 'परकलम' आदि अनेक सफल सामाजिक नाटकों की रचना की है।

इस अवधि के निबंध-साहित्य को कालिन्दीचरण पाणिग्राही, मायाधर मानसिंह, आर्त्तवल्लभ महान्ति आदि ने विकसित किया। नित्यानन्द महापात्र और चित्तरंजन दास व्यक्तिपरक निबंध के पोषक रहे। उनके निबन्धों में सामाजिक सुधार को मुख्य स्थान मिला है। डॉ० हरेकृष्ण महताब दैनिक पत्र 'प्रजातंत्र' में 'गाँ गजलिस' नाम से नियमित स्तम्भ लिखकर समाज पर व्यंग्य करते रहे। राष्ट्र, समाज, शिक्षा, संस्कृति और राजनीति, ये सभी उनके लेखों के विषय बनते थे। कृष्णप्रसाद वसु 'आखड़ा घरे बैठक' लिखकर लम्बे समय तक समाज पर टीका-टिप्पणी करते रहे। सर्वश्रेष्ठ व्यंग्यकार के रूप में मान्य श्री फतुरानन्द ने अनेक व्यंग्य और ललित

निबन्धों की रचना की है।

सन् 1947 ई॰ के बाद का समय स्वातंत्र्योत्तर युग के नाम से जाना जाता है। आजादी के बाद राष्ट्र-निर्माण ही देश का परम ध्येय बन गया। यही प्रवृत्ति स्वातंत्र्योत्तर युग के काव्य को परिचालित करती रही। इस समय राष्ट्र-चेतना के साथ-साथ अनेक प्रकार के मिश्रित काव्य-स्वर सुनायी पड़ते हैं। राष्ट्रपिता गाँधी जी की हत्या ने कवियों की लेखनी में करुणा और विद्रोह के भाव भर दिये। आजादी के बाद कवियों के संग्रामी स्वर में परिवर्तन आया। कालिन्दीचरण, वैकुण्ठनाथ, गोदावरीश महापात्र, मायाधर मानसिंह, राधामोहन गड़नायक आदि सबुज युग के बुझते प्रदीप इस धारा में सम्मिलित हो गये। सच्चिदानन्द राउतराय, अनन्त पटनायक, मनमोहन मिश्र, रघुनाथ मिश्र आदि प्रगतिवादी कवि शांतिपूर्ण समाजवाद का प्रचार करने लगे। साथ ही लक्ष्मीधर नायक, सुनन्द कर, जीवानन्द आचार्य आदि की वामपंथी विचारधारा भी कविता में पुनर्जीवित होने लगी। शैली की दृष्टि से भी काव्य में नये-नये प्रयोग किये जाने लगे जिसके सूत्रधार थे सच्चिदानन्द राउतराय। भानुजी राव और गुरुप्रसाद महान्ति के द्वारा रचित सन् 1948 से 1955 ई॰ तक की कविताओं के संकलन 'नूतन कविता' से ओड़िआ-साहित्य में नयी कविता का आन्दोलन चल पड़ा। प्रवृत्ति की दृष्टि से नयी कविता में कवि और कविता की द्वैत सत्ता नहीं रही। कविता सर्वजनबोध्य और निर्वैयक्तिक होने के बदले नितान्त व्यक्ति-निष्ठ (सब्जेक्टिव) हो गयी। नये कवि की भावना उसकी अपनी है जो पाठक तक पहुँचती है या नहीं, इसकी परवाह उसे नहीं है। इसलिए नये कवि की वैयक्तिकता कहीं-कहीं दुर्बोधता की जननी बन गयी है। 'स्वगत' की कविताओं में सच्चिदानन्द राउतराय ने अहम् की खोज की है। रामाकान्त रथ की कविताओं में वैयक्तिकता की सार्थक अभिव्यक्ति है। भानुजी राव की कविताओं में एक व्यक्ति-केंद्रित काव्य-स्वर गुंजित है।

ओड़िआ नयी कविता में कामू, काफ्का और सार्त्र के चिंतन का विशेष प्रभाव परिलक्षित होता है। गुरुप्रसाद ने 'कालपुरुष' में इलियट की तरह एक अविच्छिन्न चेतना-प्रवाह में 'द वेस्टलैंड' के अनेक प्रसंगों और भावों को आत्मसात् कर लिया है, फिर भी उनकी मौलिकता अक्षुण्ण है। राधामोहन गड़नायक के 'पशुपक्षीर काव्य' में रूपकों के जरिये मानव एवं मानवेतर समाज के बीच पारस्परिक समवेदना और संवाद का द्वार खोल दिया गया है। प्रेम की रोमांटिक चेतना नयी कविता में आकर यौन चेतना में परिणत हो गयी है जिसका स्वर चिन्तामणि बेहेरा और रमाकान्त रथ की कविताओं में मुखर है। 'श्वेतपद्म', 'नूतन स्वाक्षर', 'हे वैदेही भुलियाअ', 'स्वस्तिका', 'नीललोहित', 'तृतीय चक्षु' आदि चिन्तामणि बेहेरा के प्रमुख काव्य-संकलन हैं। सच्चिदानन्द राउतराय के बाद रमाकांत रथ ही आज की ओड़िआ-कविता में सबसे प्रभावशाली कवि हैं। 'केतेदिनर', 'अनेक कोठरी', 'संदिग्ध मृगया', 'सप्तम

ऋतु', 'सचित्र अंधार' आदि उनके प्रसिद्ध काव्य-संकलन हैं किंतु लम्बी कविता 'श्रीराधा' ही उनकी पहचान है जिसके लिए उन्हें सरस्वती सम्मान से भूषित किया गया है। विनोद नायक का 'सरीसृप' साहित्य अकादमी से पुरस्कृत है। उनके अन्य कविता-संकलन हैं 'नीलचन्दर उपत्यका', 'नन्दादेवी', 'चन्द्र ओ तारा', 'हैमन्ती' आदि। उनकी कविताओं में बिम्बों और प्रतीकों की व्यापक योजना की गयी है। वेणुधर राउत की कविताओं में पौराणिकता, दार्शनिकता और चिंतनशीलता के साथ-साथ साम्यवादी दृष्टिकोण भी उपलब्ध है। 'पिंगलार सूर्य' उनका प्रसिद्ध काव्य-संकलन है। उग्र क्रांति के प्रवक्ता के रूप में रवि सिंह सुप्रसिद्ध हैं। 'पथ प्रांतर कविता', 'चरमपत्र', 'शिथिल बल्गा', 'लालू पागोड़ार प्रेत', 'भृकुटि' आदि उनके प्रख्यात काव्य-संकलन हैं। ज्ञानपीठ पुरस्कार विजेता सीताकांत महापात्र की प्रमुख कृतियाँ हैं 'दीप्ति ओ द्युति', 'अष्टपदी', 'शब्दर आकाश' आदि।

सन् 1965 ई॰ के बाद ओड़िआ-साहित्य में अकविता के प्रति एक सामूहिक सृजनात्मक अभिरुचि प्रकट होती है। सच्चिदानंद राउतराय ने 'दिगन्त गोष्ठी' के माध्यम से अकविता-आन्दोलन को प्रोत्साहन दिया। इस गोष्ठी के प्रतिनिधि कवि हैं सौभाग्य कुमार मिश्र, दीपक मिश्र और परेश राउत। सौभाग्य मिश्र की प्रारंभिक कविताएँ दुर्बोध थीं। उनके प्रतीकों और बिम्बों में नया रुचिबोध प्रतिफलित है। आज के मनुष्य की मानसिक जटिलता जीवन-यंत्रणा और जिज्ञासा उनकी कविताओं में चित्रित हैं। 'आत्मनेपदी', 'मध्यपदलोपी', 'नयी पहँरा', 'अन्धमहुमाछि', 'द्वा सुपर्णा', 'मणिकर्णिका' आदि उनके प्रमुख काव्य-ग्रंथ हैं। गुण और परिमाण की दृष्टि से दीपक मिश्र की कविताएँ उल्लेखनीय हैं। कविता में लोककथा, किंवदन्ती और पौराणिकता के प्रयोग में वे सिद्धहस्त हैं। 'असमापिका', 'सप्तम पृथ्विवी', 'अरणा मइंषि', 'धूलिर सिंहासन', 'ऋक्' आदि उनके प्रमुख कविता-संकलन हैं।

'दिगन्त गोष्ठी' के साथ अन्य अनेक अकवि-गोष्ठियों का भी उदय हुआ— 'ं : ँ, ङ ञ लृ' (कैलास लेंका, सत्य महापात्र), 'अकवि' (रामकुमार अग्रवाल, श्रीनिवास उद्गाता), 'अनाम' (हरिहर मिश्र), 'पंचमुखी' (प्रफुल्ल कुमार त्रिपाठी, उमाशंकर पंडा), 'अबुझा' (जयकृष्ण बराल, नियति सेनापति), 'अक्षर', 'अवधूत', 'भड़क', 'अक्षर ओ अक्षर', 'अकविता' आदि। गोष्ठीमुक्त साठोत्तरी कवियों में उल्लेखनीय हैं हरप्रसाद दास, देवदास छोटराय, नृसिंह कुमार रथ, राजेन्द्र किशोर पंडा, सौरीन्द्र बारिक आदि। इनमें से राजेन्द्र किशोर पंडा की प्रारंभिक कविताएँ दुर्बोधता की शिकार थीं, परन्तु 1980 ई॰ के बाद उनके काव्य-स्वर में परिष्कार परिलक्षित होता है। साहित्य अकादमी से पुरस्कृत 'शैलकल्प' के अलावा उनके अन्य प्रख्यात संकलन हैं 'गौणदेवता', 'अनवतार', 'निज पाइं नाना बाया', 'चौकाठरे चिरकाल', 'अन्या', 'बहुव्रीहि' आदि। 1980 ई॰ में हरप्रसाद दास भी उत्कट बौद्धिकता को छोड़कर बिम्बों में आ गये। 'आलोकित वनवास', 'मंत्रपाठ', 'गर्भगृह', 'अर्थसहित

शत्रुता' आदि उनके प्रमुख कविता-संकलन हैं।

अकविता के इन कवियों के अतिरिक्त आज के अन्य प्रमुख कवियों में उल्लेखनीय हैं प्रतिभा शतपथी ('अस्त जन्हर एलिजी', 'शवरी', 'ग्रस्त समय', 'निमिषे अक्षर'), प्रहराज सत्यनारायण नन्द ('शवसंगम ओ अन्यान्य कविता', 'जीअन्ता शालग्राम', 'वर्षार पादरे नूपुर', 'हातरे मशाल धरि पाहाड़कु उठुथिवा लोक'), दुर्गाचरण परिड़ा ('इन्द्रायुध') कमलाकांत लेंका ('कवितार मुँह', 'अन्ततः निश्चुप', 'नित्यनियमित', 'खसिबार बेल', 'पादे आगकु'), प्रसन्न कुमार मिश्र ('अदृश्य संगम', 'ट्रक डालारे सनातन', 'सुवर्ण वसुधा', 'मनिकार प्रिय'), व्रजनाथ रथ ('युग गोलाप', 'निजस्व संलाप', 'निःशब्द प्रतिवाद', 'सभ्यतार मुँह', 'लघु शतक'), विभुदत्त मिश्र ('उर्वशीर चिठि', 'शहेटि सनेट', हे सारथी रथ रख'), वंशीधर षडंगी ('समय असमय', 'स्थविर अश्वारोही', 'शवरीचर्या', 'छाया दर्शन'), नित्यानन्द नायक (विदीर्ण मराल', 'त्रस्त पद्मासन', 'मोर आकाश', 'कन्याकुमारी'), नृसिंह त्रिपाठी ('पूर्वदिग', 'हे ईश्वर उठ', 'निद्रित संन्यास', 'पर्व', 'शून्य रमण'), जगन्नाथ प्रसाद दास ('प्रथम पुरुष'), तारिणीचरण दास ('कविता : 1999'), सरोजरंजन महान्ति ('कागज डंगार शोक'), प्रसन्न कुमार पाटशाणी ('बाघ आँ भितरे पिकनिक'), मनोरमा विश्वाल ('स्वातीलग्न', 'एकला नईर गीत', 'थरे खालि डाकि देले', 'फाल्गुनि तिथिर झिअ'), अमरेश पटनायक ('मणिष आंगुले', 'अबुद्ध गरुड़'), शुभेन्दु मुंड ('शब्द निशब्द', 'मुहूर्त्तटिए मोहिनी', 'स्वप्नावर्त', 'शब्दफेणा'), हरप्रसाद परिच्छा पटनायक ('एका एका संन्यासी', 'अथय सूर्य', 'सबु अंधार आजि रातिरे'), अश्विनी कुमार मिश्र ('नखदर्पण', 'चन्द्रबन्धनी', 'अरण्य संगीत'), हृषिकेश मल्लिक ('धान साउँटा झिअ', 'उजुड़ा क्षेतर गीत', 'घंट आकाश'), प्रमोद कुमार महान्ति ('देवीपाद', 'अकातकात'), प्रसन्न कुमार महान्ति ('निर्वासनरु शब्द', 'प्रत्ययर परिधि', 'प्रियसखा'), ममता दाश ('एकत्र चन्द्र सूर्य'), आशुतोष परिड़ा ('चंडाल', 'इप्सित क्रोध', 'शब्दभेदी') पिपिन नायक ('पादशब्द', 'नईर नक्सा', 'पवनर झोर्टा'), प्रवासिनी महाकुड ('मुहूर्त्त मुहूर्त्त') आदि।

आज की कविता में काव्यभाषा और सामान्य भाषा की खाई को पाटने की कोशिश की जा रही है। युग-सत्य, युग-वेदना और युगानुभूति को युगीन सामान्य भाषा में व्यक्त किया जा रहा है। प्रतीकात्मक और खंडित बिम्बों का भी प्रयोग किया जा रहा है। इन कविताओं में आस्था और अनास्था का मिश्रित स्वर सुनायी पड़ रहा है। आज का कवि हर क्षेत्र में, खासकर काव्य-शिल्प में नये-नये प्रयोग कर रहा है। विराम-चिह्नों के ऊबड़-खाबड़ प्रयोग से लेकर शब्दों और अक्षरों का चित्रवत् प्रयोग भी हुआ है। आज का कवि एक अनिश्चित दिशा में जा रहा है– स्वीकृति से अस्वीकृति की ओर, महान् से सामान्य की ओर एवं संगति से विसंगति की ओर। कविता अब धीरे-धीरे दुर्बोधता की ओर जाने लगी है। ओड़िआ-कवि इलियट आदि के प्रभाव से अपने को मुक्तकर कविता को निजस्व दिलाने के लिए प्रयासरत हैं।

स्वातन्त्र्योत्तर युग के उपन्यासों में गाँधीवाद का चित्रण देखने को मिलता है। इस गाँधीवाद को डॉ॰ हरेकृष्ण महताब ने अपने ढंग से अपनाया एवं 'प्रतिमा' और 'अव्यापार' जैसे उपन्यास लिखे जिनमें तत्कालीन प्राशासकीय दमन-चक्र, भारतीयों की हीनभावना, सामाजिक विकार आदि पर प्रकाश डाला गया है। सुरेन्द्र महान्ति स्वातंत्र्योत्तर युग के श्रेष्ठ कथाकार हैं। 'नीलशैल' (1967 ई॰) उनका प्रसिद्ध ऐतिहासिक उपन्यास है जिसमें श्री जगन्नाथ जी को नायक बनाया गया है। राष्ट्रीय आन्दोलन की पृष्ठभूमि पर रचित उनके 'अन्ध दिगन्त' में गाँधीवाद की व्यर्थता का प्रदर्शन किया गया है। विश्लेषणात्मक रचनाशैली और सरल भाषा के प्रयोग में कुशलता राजकिशोर पटनायक की विशेषता है। 'चलाबाट', 'असामेध', 'तुठ पथर' आदि उनके लोकप्रिय उपन्यास हैं। सर्वहारा और श्रमिक वर्ग के प्रतिनिधि के रूप में लक्ष्मीधर नायक ने 'उद्भ्रान्त', 'सर्वहरा', 'हाय रे दुर्भागा देश' आदि उपन्यासों में शोषण और अत्याचार के विरुद्ध आवाज उठायी है। अनन्त प्रसाद पंडा के 'नूआ दुनिआ', 'भाग्यचक्र', 'कुलि' आदि उपन्यासों में जीवन के प्रति गंभीर ममता और समवेदना प्रकट हुई है। महापात्र नीलमणि साहु के उपन्यासों में यथार्थ और आदर्श का सुसमन्वय हुआ है। 'धरा ओ धारा', 'तामसी राधा' उनके प्रख्यात उपन्यास हैं। चन्द्रमणि दास ने ओड़िआ-साहित्य में जासूसी उपन्यास की धारा बहायी है। 'भुल काहार', 'नरबलि', 'प्रेतपुरीर गंताघर', 'पुरी एक्सप्रेस', 'मायापुरी' आदि उनके लोकप्रिय उपन्यास हैं।

आज के उपन्यासकारों में चन्द्रशेखर रथ एक कालजयी स्रष्टा हैं। उनकी चरित्र-चित्रण-शैली, मननशीलता, विषय-वैविध्य और खासकर भाषा-शैली उन्हें ओड़िआ-कथा-साहित्य में विशेष स्थान प्रदान करती है। 'यन्त्रारूढ़', 'नवजातक', 'असूर्य उपनिवेश' उनके बहुचर्चित उपन्यास हैं। यदुनाथ दाश महापात्र का 'ग्राम्य नदीर तीरे' एक सफल उपन्यास है जिसमें उन्होंने गाँव और नगर के निम्न मध्य वर्ग का चित्रण किया है। सातकड़ि होता के उपन्यासों में व्यापक जीवनबोध और मानवीय संवेदना प्रतिफलित है। 'व्याकुल हृदय', 'सचिवालय', 'एते स्वप्न ऐते आलोक', 'स्वप्न शिउलि', 'मुक्तिर स्वप्न', मुक्तिमन्त्र', 'जननी जन्मभूमि' आदि उनके सार्थक उपन्यास हैं। कृष्णप्रसाद मिश्र ने अपनी प्रवास-अनुभूति को आधार बनाकर 'सिंहकटि', 'मृगतृष्णा', 'मौनावती रात्रि' आदि उपन्यासों की रचना की है।

शांतनु आचार्य बीसवीं शताब्दी के उत्तरार्ध के सबसे शक्तिशाली कथाकार हैं। कथावस्तु की नूतनता, मनोवैज्ञानिक विश्लेषण, गांभीर्यपूर्ण अभिव्यक्ति उनके उपन्यासों की विशेषता है। 'नर किन्नर', 'शताब्दीर नचिकेता', 'तिनोटि रातिर सकाल', 'दक्षिणावर्त', 'धरित्रीर कान्द' आदि उनके सार्थक उपन्यास हैं। इस समय के लोकप्रिय उपन्यासकार हैं विभूति पटनायक। उनके 'वधू निरुपमा', 'चपलछन्दा', 'नायिकार नाम श्रावणी', 'केशवती कन्या', 'दग्ध फुलवन', 'सुलताना', 'असवर्ण', 'अश्वमेधर घोड़ा' आदि शताधिक उपन्यास जनसाधारण में समादृत हैं। यौवन की

मधुर अनुभूति, प्रेम-प्रतारण और प्रणय-प्रतिज्ञा की कहानी उनके उपन्यासों में अत्यन्त सरसता के साथ चित्रित है। नारी-मन की भावनाओं पर प्रकाश डालना उनका वैशिष्ट्य है। 'याज्ञसेनी', 'समुद्रर स्वर', 'उत्तर मार्ग', 'आदिभूमि' आदि उपन्यासों की रचयिता प्रतिभा राय भी अन्यतम लोकप्रिय उपन्यासकार हैं। आज के अन्य सफल उपन्यासकारों में उल्लेखनीय हैं गणेश्वर मिश्र, पद्मज पाल, जगदीश महान्ति, रामचन्द्र बेहेरा, वीणापाणि महान्ति, प्रफुल्ल त्रिपाठी, नारु महान्ति, कृष्णचंद्र बेहेरा, दीनानाथ पाठी, सुस्मिता बाग्चि, शकुन्तला पंडा, अजय स्वाइं आदि।

स्वातन्त्र्योत्तर ओड़िआ-कहानियों में बौद्धिकता और मनस्तात्त्विकता का समावेश एवं नये-नये प्रयोग देखने को मिलते हैं। नित्यानन्द महापात्र ने ही सबसे पहले 'मांकड दिआसी', 'प्रेम ओ प्रिया' जैसी मनोवैज्ञानिक कहानियाँ लिखीं। राजकिशोर पटनायक ने अपनी कहानियों में मानव-चरित्र के अध्ययन को ही सबसे अधिक प्राधान्य दिया। उनकी 'सुलतान', 'प्रतिदान' आदि कहानियों में पशु-मनोविज्ञान पर प्रकाश डाला गया है। सुरेन्द्र महान्ति की प्रारंभिक कहानियाँ बौद्धकालीन रोमांचवाद से संबंधित थीं। किन्तु बाद के 'सबुज पत्र ओ धूसर गोलाप', 'महानगरीर रात्रि' 'कृष्णचूड़ा', 'रुटि ओ चन्द्र', 'मरालर मृत्यु', 'ओ कालकाटा', 'दुइ सीमांत', 'कवि नर्त्तकी' जैसे कहानी-संग्रह अत्यन्त कलात्मक और सामाजिक स्थिति पर प्रकाश डालनेवाले हैं। ज्ञानपीठ पुरस्कार विजेता गोपीनाथ महान्ति की कहानियों की विशेषता है एक असम्बद्ध वातावरण के भीतर गंभीर मानसिक तथा मानविक स्पन्दन को जागृत करना। उनकी कहानियों में कथावस्तु की कमी और वातावरण की व्यापकता परिलक्षित होती है। 'नववधू', 'छाइ ओ आलुअ', 'घासफूल', 'उड़न्ता खइ' आदि उनके प्रख्यात कहानी-संग्रह हैं।

ब्रह्मानन्द पंडा नूतन शैली के कहानीकार के रूप में परिचित हैं। उन्होंने पहली बार आभासधर्मी कहानियों की रचना की। 'फल्गुर तरंग', 'कला ओ कल्पना' आदि उनके प्रख्यात कहानी-संग्रह हैं। वामाचरण मित्र की 'कीर्त्तिर्यस्य', 'नरछंचाण', 'पराग' आदि कहानियाँ सामाजिक जीवन की अनुभूति और बौद्धिक विचारधारा की छाया से परिपुष्ट हैं। विभूतिभूषण त्रिपाठी और दुर्गामाधव मिश्र की कहानियों में आधुनिक शहरी जीवन की अनुभूति व्यक्त हुई है और लक्ष्मीनारायण महान्ति लघुकथा के प्रथम प्रयोक्ता हैं।

बीसवीं शताब्दी के छठे दशक में ओड़िआ-कहानी में सूक्ष्म मनोवैज्ञानिक विश्लेषण को महत्त्व दिया गया। साहित्य अकादमी पुरस्कार से सम्मानित मनोज दास इस समय के बहुचर्चित कहानीकार हैं। भारत ही नहीं, अन्तरराष्ट्रीय स्तर पर भी वे पहले दर्जे के कहानीकार माने जाते हैं। उनकी कहानियों में बाल-मनोविज्ञान, मनुष्य की आदिम प्रवृत्ति, युगबोध और अस्तित्ववादी दर्शन प्रतिफलित है। उन्होंने विदेश की सुन्दर शैलियों का सफल प्रयोग किया है। 'आरण्यक', 'समुद्रर क्षुधा',

'कथा ओ काहाणी', 'लक्ष्मीर अभिसार', 'धूम्राभ दिगन्त', 'आबु पुरुष ओ अन्यान्य काहाणी' उनके कहानी-संग्रह हैं। किशोरीचरण दास की कहानियों में मन का सूक्ष्मतम विश्लेषण किया गया है। उनमें विसंगति, संत्रास, ऊब, अकेलापन जैसी अस्तित्ववादी प्रवृत्तियाँ पायी जाती हैं। उनका 'ठाकुर घर' कहानी-संग्रह साहित्य अकादमी द्वारा पुरस्कृत है। उनके अन्य संग्रह हैं 'भंगा खेलणा', 'घरबाहुड़ा', 'मणिहरा', 'नालि गुलुगुलु साधबबोहू' आदि। कृष्ण प्रसाद मिश्र सम और विषम मनोविज्ञान के कहानीकार हैं। 'अरण्य ओ उपवन', 'क्रीतदासीर काव्य' आदि उनके कहानी-संग्रह हैं। 'अंधगलि' के लिए साहित्य अकादमी द्वारा पुरस्कृत अखिल मोहन पटनायक की कहानियाँ सक्षम और समाजपरक हैं। उनके अन्य कहानी-संग्रह हैं 'झड़र इगल ओ धरणीर कृष्णसार', 'नदीर नाम गणतंत्र' आदि। 'प्रेम ओ त्रिभुज', 'मिछबाघ', 'शृण्वन्तु सर्वे अमृतस्य पुत्राः', 'गंजेइ ओ गवेषणा', 'सुमित्रार हस', 'सुमित्रार कान्द' आदि कहानी-संग्रहों के रचयिता महापात्र नीलमणि साहु मध्यवर्गीय जीवन के समर्थ कहानीकार हैं। शान्तनु कुमार आचार्य की अधिकांश कहानियाँ वर्तमान की स्थितिबोधक हैं। उनके कहानी-संग्रह हैं 'दुर्बार', 'अरण्यर चूल' आदि। 'अशुभ पुत्रर काहाणी', 'उग्रसेन उवाच' आदि अच्युतानन्द पति के कहानी-संग्रह हैं।

सातवें दशक की ओड़िआ-कहानियों में कथातत्त्व का ह्रास, चरम सीमा का विरोध एवं युगबोध देखने को मिलता है। प्रतीकात्मकता और मिथकीय प्रयोग के साथ-साथ लघुकथाओं की रचना भी इस नयी कहानी की विशेषता है। चन्द्रशेखर रथ इस समय के अन्यतम श्रेष्ठ कहानीकार हैं। उन्हें 'सबुठारु दीर्घराति' के लिए साहित्य अकादमी पुरस्कार मिला है। उनके अन्य प्रख्यात कहानी-संग्रह हैं 'अनेक वन्या परे', 'अन्य एक सकाल', 'सम्राट ओ अन्यमाने', 'क्रमशः गभीर नई' आदि। उनकी अधिकांश कहानियाँ प्रतीकात्मक हैं। रवि पटनायक की कहानियों में जीवन की निस्सारता, आत्म-प्रवंचना और छलना उद्‌घाटित हुई है। 'बहुरूपी', 'गल्प', 'अंधगलिर अन्धकार', 'विचित्रवर्णा' आदि उनके कहानी-संग्रह हैं। 'विचित्रवर्णा' के लिए उन्हें साहित्य अकादमी पुरस्कार मिला है। वीणापाणि महान्ति ने 'कस्तूरी मृग', 'सबुज अरण्य' आदि संग्रहों में नारी के विविध रूपों पर प्रकाश डाला है। नन्दिनी शतपथी की कहानियों में अलगाव की ओर झुकाव है। 'फुलर गोटिए सुरभि', 'नीलाचलकु रास्ता' आदि सातकड़ि होता के कहानी-संग्रह हैं। उपन्यासकार विभूति पटनायक ने भी अनेक लोकप्रिय कहानियों की रचना की है। श्री फतुरानन्द, देव महापात्र, सुनीलमोहन, चौधरी हेमकान्त आदि ने हास्य तथा व्यंग्य कहानियों को जीवित रखा है। आज के अन्य प्रख्यात कहानीकारों में हैं तरुणकान्ति मिश्र, गिरिदण्ड सेना, प्रफुल्ल कुमार त्रिपाठी ('निज सिंहासन'), विजय प्रसाद महापात्र, कन्हइलाल दास, जगदीश महान्ति, सुस्मिता बाग्चि ('नैवेद्य', 'अन्तःस्वर'), गौरहरि दास, अजय स्वाइं, दाश बेनहुर, रामचन्द्र बेहेरा ('द्वितीय श्मशान', 'ओंकार ध्वनि'),

पुष्पांजलि नायक, यशोधरा मिश्र, श्यामाप्रसाद चौधुरी ।

स्वातंत्र्योत्तर काल के ओड़िआ-नाटकों में राष्ट्रीयता के साथ-साथ एक काल्पनिक आदर्श की स्वप्न-सुन्दर झंकार भी सुनायी पड़ती है। गोपाल छोटराय के प्रारंभिक समय के नाटक 'भरसा' और 'परकलम' में ओड़िआ-नाट्यसाहित्य का नया दिगंत दिखायी पड़ता है। उनके अन्य लोकप्रिय नाटक हैं 'शंखा सिन्दूर', 'नष्ट उर्वशी', 'नूआबोउ', 'फेरिआ', 'पथिक बन्धु', 'घटक' आदि। रामचन्द्र मिश्र के 'घर-संसार', 'भाइ-भाउज', 'मूलिआ', 'अभिमान', 'कविसूर्य' आदि नाटकों में एक सुन्दर और मैत्रीपूर्ण समाज की ओर संकेत किया गया है। यह स्वर 1960 ई॰ तक के नाटकों में सुनायी पड़ता है। भंजकिशोर पटनायक के 'बेनामि', 'जहर', 'गरीब', 'तोफान', 'अतिथि', 'जयमाल्य', 'माणिकयोडि', 'साआन्तघर', 'प्रतापरुद्र', 'आलोक स्तम्भ', 'साधवी' आदि नाटकों में नगर और गाँव के मानसिक दूरत्व की कहानी ग्रथित है। कमललोचन महान्ति के 'गाँ माटि', 'मणिकांचन', 'संतान', 'भाइ-भउणी', 'स्वामी-स्त्री' आदि उत्कृष्ट सामाजिक नाटक हैं।

बीसवीं शताब्दी के षष्ठ दशक में ओड़िआ-नाटक में नवनाट्य-आन्दोलन का सूत्रपात हुआ जिसका नेतृत्व मनोरंजन दास ने किया। नाटक के बाह्य और आंतरिक स्वरूप में परिवर्तन कर उन्होंने ओड़िआ-नाटक को विश्व-नाटक के साथ समासीन करने का प्रयत्न किया। उन्होंने मनस्तात्त्विक, राजनीतिक, बौद्धिक और यौनाधृत विषयवस्तु को लेकर परीक्षात्मक ढंग से अनेक नाटकों की रचना की है। इन परीक्षामूलक नाटकों ने ओड़िआ-नाट्य-परम्परा में कुछ समय के लिए चकाचौंध उत्पन्न कर दी थी। 'वनहंसी' 'अरण्य फसल', 'काठ घोड़ा', 'अमृतस्य पुत्र', 'अगष्ट न', 'आगामी', 'बक्सि जगबंधु' आदि उनके सुपरिचित नाटक हैं। उनका 'आगामी', गोपाल छोटराय का 'अर्धांगिनी' और प्राणबंधु कर का 'अशान्त', ये इस नवनाट्य-आन्दोलन के तीन स्तंभ हैं। इस आन्दोलन के सहयोगी नाटककार हैं विजयकुमार मिश्र, विश्वजित दास, हरिहर मिश्र और कार्त्तिकचन्द्र रथ। विजयकुमार मिश्र का 'शववाहकमाने' एक नये स्वाद का नाटक है जिसकी कथावस्तु आदिम प्रवृत्ति को लेकर परिकल्पित है। उनके अन्य नाटक हैं 'ननी', 'आह्वान', 'अशान्त ग्रह', 'तिमिर तीर्थ' आदि। विश्वजित दास की मंचन-शैली, तकनीक, कथावस्तु और कथोपकथन में नूतनता दर्शनीय है। 'नालिपान राणी कलापान टिका', 'प्रतापगड़रे दिदिन', 'मृगया' आदि उनके प्रख्यात नाटक हैं। कार्त्तिकचन्द्र रथ के नाटक हैं 'तृतीय पृथिवी', 'समुद्रर रंग यन्त्रणा', 'वह्निमान', 'जउघर' आदि। इस अवधि के एक अन्य नाटककार व्योमकेश त्रिपाठी ने 'कंसाकबाट', 'एक दुइ तिन', 'राजमुकुट', 'तोलाकनिआँ', 'सिंहद्वार' आदि नाटकों की रचना की है।

1970 ई॰ के बाद के नाटककारों में विश्वजित दास ही सर्वप्रथम उल्लेखनीय हैं। उनके नाटकों में मनोविश्लेषण के माध्यम से अस्तित्ववाद की यंत्रणा को

आभासित करने की चेष्टा की गयी है। अक्षय महान्ति के 'संवित्' में चेतनारहित मन को अवचेतन चरित्र के द्वारा दर्शाया गाया है। रत्नाकर चइनि के 'शून्यतार सिद्धि' और 'पुनश्च पृथिवी' में अन्धकार की यन्त्रणा अंकित है। रमेश पाणिग्राही के 'मुँ आमेमाने' और 'जणे महापुरुषंक जन्ममृत्यु संपर्करे' में समाज और व्यक्ति की सांप्रतिक स्थिति प्रकट हुई है। मंचीय उपयोगिता को सामने रखकर भुवनेश्वर महापात्र, नरसिंह महापात्र, शारदाप्रसन्न नायक आदि आगे बढ़ रहे हैं।

1980 ई॰ के बाद ओड़िआ-नाटकों से परम्परा का रंग क्रमशः उतरता जा रहा है। विजय शतपथी ने 'कंसर आत्मा' में आज की विसंगतियों और शोषण की विविध क्रूर और अमानवीय स्थितियों पर प्रकाश डाला है। डॉ॰ प्रसन्नकुमार मिश्र के 'छणमूर्त्ति' में मनुष्यता के ह्रासमान रूप के दर्शन होते हैं। विजयकुमार मिश्र का 'तट निरंजना' मिथकीय नाटक है। 'अस्थिर उपत्यका' में रत्नाकर चइनि ने 'सेल्फ कन्फेशन जोन' की तकनीक का प्रयोग कर मुखौटे उतारे हैं, कमजोर और खोखली नींव पर खड़ी सफलता की भाग-दौड़ दिखायी है। जगन्नाथप्रसाद दास का 'असंगत नाटक' शैली की दृष्टि से बेजोड़ है।

आज के ओड़िआ-नाटक को आगे बढ़ानेवाले अन्य नाटककार हैं रति मिश्र, रणजित पटनायक, नारायण साहु, प्रमोद त्रिपाठी, विजय शतपथी, नारायण शतपथी, प्रसन्नकुमार मिश्र, रमेशचन्द्र दास, गोपालचन्द्र पटनायक, गुणनिधि जेना आदि। ओड़िआ-नाटकों में पारंपरिकता के साथ अनेक नूतन प्रयोग भी होते रहे हैं। एकांकी, रेडियो नाटक के साथ-साथ चलचित्र और दूरदर्शन के लिए भी नाटकों की रचना हो रही है। प्राचीन गीतिनाट्य भी फिर से लोकप्रिय होने लगे हैं।

स्वातंत्र्योत्तर युग में निबन्धों को आगे बढ़ाने का श्रेय खासकर महाविद्यालय के प्राध्यापकों को रहा है। प्रह्लाद प्रधान, गंगाधर बल और तारिणीचरण दास के साहित्यिक और शास्त्रीय निबन्ध, गोलोकबिहारी धल, देवीप्रसन्न पटनायक और खगेश्वर महापात्र के भाषावैज्ञानिक निबन्ध, कृष्णचन्द्र पाणिग्राही के ऐतिहासिक निबंध, वेणीमाधव पाढ़ी, कान्हुचरण मिश्र, रामचन्द्र त्रिपाठी आदि के शोधपरक निबन्ध, गोकुलानन्द महापात्र और देवकान्त मिश्र के वैज्ञानिक निबन्ध, राधानाथ रथ के मनोवैज्ञानिक निबन्ध, वैद्यनाथ मिश्र के अर्थनीतिक निबन्ध, सूर्यकान्त दास के समसामयिक विषयों पर लिखे गये निबन्ध ओड़िआ-निबन्ध-साहित्य के धरोहर हैं। निबंध-साहित्य को समृद्ध करने में आज सैकड़ों निबंधकार संलग्न हैं।

इस तरह साहित्य की सभी विधाओं में ओड़िआ-साहित्य की निरवच्छिन्न धारा प्रवाहित है। आदिकाल के अपभ्रंश-मिश्रित साहित्य से लेकर अत्याधुनिक साहित्य तक यह धारा प्रवहमान रही है। ग्रामीण चेतना, सामान्य जनता के प्रति सहानुभूति, ओड़िशा की संस्कृति और परंपरा सम्पूर्ण ओड़िआ-साहित्य में अन्तःरस के रूप में विद्यमान है।

कन्नड़-साहित्य

• प्रो. सु. रामचन्द्र
• प्रो. तिप्पे स्वामी

दक्षिण भारत में कर्नाटक एक प्रसिद्ध राज्य है। कर्नाटक की भाषा कन्नड़ है। कन्नड़ द्रविड़ परिवार की एक प्रमुख भाषा है। कन्नड़ और संस्कृत का संबंध बहुत पुराना है। नौवीं सदी ई॰ की साहित्य-रचना 'कविराजमार्ग' एक आलंकारिक ग्रंथ है। यह एक लक्षणग्रंथ है जिससे अनुमान लगाया गया है कि इससे पहले ही कन्नड़ में साहित्य-सृजन आरम्भ हो गया था। 'कविराजमार्ग' दण्डी के 'काव्यादर्श' पर आधारित ग्रंथ है। यह कोरा अनुवाद नहीं है। इसमें कर्नाटक, कन्नड़ भाषा, साहित्यिक गतिविधि आदि का परिचय दिया गया है। यह कवियों के लिए राजमार्ग बतानेवाला आकर ग्रंथ माना गया है। इसमें विमलोदय, नागार्जुन, जयबंधु, दुर्विनीत आदि गद्यकारों का उल्लेख है। इनमें दुर्विनीत (600 ई॰) गंग वंश के नरेश थे और बहुमुखी प्रतिभा-संपन्न विद्वान् थे। इनकी कुछ कृतियों का भी उल्लेख है। 'कविराजमार्ग' में इनको 'काव्यकथानाटकप्रणयनपटु' कहा गया है। परमश्रीविजय, कवीश्वर, पंडित, चंद्र, लोकपाल आदि कवियों और पद्यकारों के नाम भी इसमें आये हैं। इनमें श्रीविजय का उल्लेख ध्यान देने योग्य है। माना जाता है कि 'कविराजमार्ग' के प्रणेता ये ही श्रीविजय हैं। कुछ विद्वानों का मत है कि राष्ट्रकूट-नरेश नृपतुंग के दरबार में श्रीविजय नाम के कवि रहे होंगे और उनकी प्रेरणा से नृपतुंग ने यह लक्षणग्रंथ प्रस्तुत किया होगा। इस लक्षणग्रंथ में किसी कन्नड़-'रामायण' के दस-बारह पद्य उद्धृत हैं जिनमें हनुमान का राम से मिलने, अशोकवन में सीता जी के दर्शन आदि प्रसंग वर्णित हैं। इस कन्नड़-'रामायण' के रचनाकार का नाम ज्ञात नहीं है। अनुमान लगाया जाता है कि वाल्मीकि से प्रभावित किसी जैन कवि की यह रचना होगी।

कर्नाटक में आठवीं-नौवीं सदी में जैन मतावलंबियों का प्राधान्य था। 'कविराजमार्ग' के रचयिता भी जैन धर्मानुयायी थे, ऐसा अनुमान लगाया गया है। पंडित शिवकोट्याचार्य-रचित 'वोड्डाराधने' इसी युग की एक प्रसिद्ध रचना है। इसमें जैन धर्मबोध संबंधी 19 कथाएँ हैं। हरिषेणकृत 'बृहत् कथाकोष' में "वोड्डाराधने' का

समावेश है। 'भगवती आराधना' प्राकृत की प्रसिद्ध रचना है। 'वोड्डाराधने' और 'बृहत् कथाकोष', ये दोनों रचनाएँ इसी 'भगवती आराधना' पर आधारित कन्नड़ प्राकृत की कृतियाँ हैं। 'वोड्डाराधने' कन्नड़-गद्य शैली की अनुपम रचना है। संस्कृत, प्राकृत और देशी कन्नड़ के सम्मिश्रण से इसकी शैली आकर्षक बन गयी है।

कन्नड़-साहित्य की प्राचीनता के द्योतक इन ग्रंथों के बाद प्राचीन और मध्य युग में प्रवेश करें तो पंप युग, वीरशैव युग, हरिदास युग आदि नामों से विदित साहित्य-सृजन से साक्षात्कार होता है। इसे क्रम से जैन युग, लिंगायत या वीरशैव (बसव) युग और ब्राह्मण युग भी माना जाता है। जैन युग की स्वर्णाक्षरों में अंकित करने योग्य महत्त्वपूर्ण कृतियाँ उपलब्ध हुई हैं। महाकाव्य की शैली में रचित पुरानी कन्नड़ की लौकिक और पौराणिक रचनाएँ मिली हैं। आदिकवि पंप (940 ई॰), पोन्न (लगभग 950 ई॰), चावुण्डराय (975 ई॰), रन्न (990 ई॰) आदि कविश्रेष्ठ इसी युग में हुए हैं। 'चावुण्डरायपुराण' चावुण्डराय की गद्य-रचना है। 'आदिपुराण', 'विक्रमार्जुनविजय' अथवा 'पंपभारत' (आदिकवि पंप), 'शांतिपुराण', 'भुवनैक रामाभ्युदय' अथवा 'रामकथा' (पोन्न), 'अजितपुराण साहसभीमविजय' अथवा 'गदायुद्ध' (रन्न) आदि चम्पू काव्य हैं। इन तीनों कवियों को 'रत्नत्रय' उपाधि से विभूषित किया गया है। आदिकवि पंप, पोन्न और रन्न क्रमशः चालुक्य अरिकेसरि, राष्ट्रकूट-नरेश कृष्ण तृतीय और चालुक्य तैलप सत्याश्रय के दरबारों में थे। इन्होंने जैन धर्म से संबंधित और अपने आश्रयदाताओं के गुणगान-संबंधी लौकिक काव्य रचे है। चावुण्डराय गंग राचमल के दरबार में थे जिन्होंने अपना अनुपम गद्यग्रंथ 'चावुण्डपुराण' लिखा।

इस युग में कतिपय ब्राह्मण विद्वानों ने भी कन्नड़-साहित्य को समृद्ध करने में अपना योगदान दिया है। इनमें नागवर्म प्रथम (990 ई॰) ने पद्य में 'छन्दोम्बुधि' नामक शास्त्रग्रंथ लिखा और 'कर्नाटक कादंबरी' शीर्षक चम्पू काव्य रचा। चावुण्डराय (1024 ई॰) नाम के कवि ने चालुक्यवंशी राजा जयसिंह के आश्रित होकर 'लोकोपकार' की रचना की। दुर्गसिंह (1030 ई॰) जगदेव मल्ल के दरबार में थे जिन्होंने 'पंचतंत्र' चम्पू का सृजन किया। यह गद्यप्रधान ग्रंथ है।

इतर प्रमुख जैन कवियों में श्रीधराचार्य (1050 ई॰), शांतिनाथ (1070 ई॰), नागचन्द्र (1100 ई॰), नयसेन (1100 ई॰), ब्रह्मशिव (1150 ई॰), कर्णपार्थ (1150 ई॰), नागवर्म द्वितीय (1150 ई॰) आदि उल्लेखयोग्य हैं। इनमें नागचन्द्र बड़े प्रतिभासंपन्न थे और 'अभिनव पंप' उपाधि से विख्यात हैं। ये होयसलवंशी राजा बल्लाल प्रथम के आश्रित थे। इन्होंने 'मल्लिनाथपुराण' और 'रामचन्द्रचरितपुराण' (पंप रामायण), ये दो चम्पू काव्य रचे। चालुक्यवंशी राजा जगदेवमल्ल के आश्रित नागवर्म द्वितीय ने 'भाषाभूषण' तथा 'काव्यावलोकन' कृतियाँ प्रस्तुत कीं।

दसवीं सदी के पूर्वार्ध से बारहवीं सदी उत्तरार्द्ध तक फैले इस युग को 'पंपयुग' नाम से पहचाना जाता है। साहित्यिक दृष्टि से इस युग में जैन मतावलंबी कवि

अधिक हुए। इन्होंने स्वतंत्र महाकाव्य भी रचे। कर्नाटक के वीरोचित शौर्य और औदार्य का विस्तृत वर्णन इनमें हुआ है। 'रत्नत्रय' उपाधि से अलंकृत आदिकवि पंप, पोन्न और रन्न, तीनों ने लौकिक तथा धार्मिक या आगमिक महाकाव्य लिखे। इस युग की महती देन है आश्रयदाता नरेशों की वीरगाथा का वर्णन करनेवाला लौकिक काव्य और धार्मिक पौराणिक आख्यान। संस्कृत के चम्पू काव्यों से प्रेरित-प्रभावित कन्नड़-चम्पूशैली का उत्कर्ष इस युग की महत्त्वपूर्ण विशेषता है। 'रामायण', 'महाभारत' पुराण आदि पर आधारित कन्नड़-शैली में लोकगीतों की सहजता और शिष्ट साहित्य की अलंकरणप्रियता का रमणीय समन्वय है। महाकाव्य की परंपरा का अनुसरण तो है ही, कथाकाव्य की गद्यविधाओं को भी इसमें प्रश्रय मिला। दुर्गसिंह का 'पंचतंत्र' और नयसेन-रचित 'धर्मामृत' इसके उदाहरण हैं। इस युग की एक कृति 'वोड्डाराधने' गद्यकथा की दृष्टि से उल्लेखयोग्य है। छंद, व्याकरण, अलंकार आदि काव्यांगों से संबंधित रचनाओं का आरंभ भी कन्नड़ में इसी युग में जैन विद्वानों द्वारा हुआ।

इस युग के ख्यातनामा 'रत्नत्रय' कवियों में आदिकवि पंप ही कन्नड़ के आदि महाकवि हैं। पंप ने वेंगीमंडल में जन्म लिया। धारवाड़ के निकट अण्णिगेरि इनका ननिहाल था और पुलिगेरे (वनवासी) की कन्नड़ में इन्होंने अपना महाकाव्य लिखा। ऐसी प्रसिद्धि है कि वनवासी की मधुर स्मृति उनको भुलाये नहीं भूलती। ये ब्राह्मणकुल में जन्म लेकर जैनधर्मावलंबी हुए, अतः इनके व्यक्तित्व में दोनों धर्मों के संस्कार समाहित हैं। इन्होंने 'विक्रमार्जुनविजय' ('पंपभारत') में लौकिक और 'आदिपुराण' में जिनागम की पौराणिक कथा का निरूपण अनुपम शैली में किया है।

कवि ने पहले 'आदिपुराण' लिखा। जिनसेनाचार्य-रचित संस्कृत के 'पूर्वपुराण' का अनुगमन करते हुए कवि ने कथावस्तु, कथनशैली, भावसंपदा और धर्मतत्त्वनिरूपण से समृद्ध यह अद्वितीय काव्य रचा है। यह प्रथम तीर्थंकर का काव्यात्मक चरित है जिसमें आदिदेव के भोग, त्याग और वैराग्य का उत्कर्ष लक्षित होता है। जैनशास्त्र, पुराण और संप्रदाय की सीमा में रहनेवाली कथा 'आदिपुराण' में मानवीय धरातल पर प्रतिष्ठित होकर काव्यसौंदर्य से सुशोभित तथा रससिक्त हो गयी है।

'पंपभारत' ('विक्रमार्जुनविजय') व्यास-रचित 'महाभारत' पर आधारित कन्नड़-महाकाव्य है जिसमें कवि ने अपने आश्रयदाता अरिकेसरि द्वितीय को वीर अर्जुन के अनुरूप चित्रित किया है। इसमें युगीन इतिहास की झलक मिलती है। कवि की प्रतिभा का उन्मेष और परिपाक तथा राजभक्ति की उत्कटता इस कृति में एक साथ द्रष्टव्य है। कथानायक अर्जुन और नायिका सुभद्रा को प्रस्तुत करने में कवि ने स्वतंत्रता से काम लिया है। 'पंपभारत' मानव-जीवन के संघर्ष की कहानी है, मानव-जीवन के लिए प्रेरणादायी भगवत्-लीला नहीं है। यहाँ कृष्ण परमात्मा के रूप में चित्रित नहीं हैं। पंप केवल कवि नहीं, कन्नड़ के राष्ट्रीय महापुरुष हैं, ऐसा स्व० मुळिय मिम्मप्पय्य का उद्घोष है। पंप को 'कन्नड़ का कालिदास' कहा गया है।

रत्नत्रयों में पोन्न का स्थान दूसरा है। कहा जाता है कि पुंगनूर के मल्लपार्य और पुन्नमार्य नामक वीरों ने उनसे 'शांतिपुराण' सुना। दानवीर अतिमब्बे ने 'शांतिपुराण' की हजार प्रतियाँ लिखवायीं। 'शांतिपुराण' आगमिक ग्रंथ है। 'रामकथा' लौकिक महाकाव्य है—वाल्मीकीय 'रामायण' का लौकिक संस्करण है। 'शांतिपुराण' में सोलहवें तीर्थंकर शांतिनाथ का चरित्र वर्णित है। इसमें बारह आश्वास या अध्याय हैं। आरम्भिक नौ आश्वासों में तीर्थंकर के पूर्वजन्म का वृत्त है और अंतिम तीन में शांतिनाथ का चरित्र-वर्णन है। पोन्न ने अपने इस महाकाव्य को 'पुराणचूड़ामणि' घोषित किया है। काव्यसौंदर्य की दृष्टि से इसकी तुलना 'आदिपुराण' से नहीं की जा सकती।

रन्न का नाम कविरत्न है। इन्होंने पूर्ववर्ती दो कवियों के साथ बराबरी करते हुए अपने को 'जिनसमयदीपक' कहा है। यह कोरी आत्मप्रशंसा नहीं। मुदुवोळलु (आधुनिक मुधोळ, बिजापुर जिला, कर्नाटक) में आपका जन्म हुआ। चूड़ियाँ बनानेवालों के कुल में उत्पन्न रन्न के गुरु गंगमंडल के अजितसेनाचार्य थे। चावुंडराय-जैसे आश्रयदाता के प्रोत्साहन से इनकी प्रतिभा स्फुरित हुई और चमकी। इन्होंने आत्मविश्वास के साथ अध्ययन किया और सम्राट् सत्याश्रय के दरबार की शोभा बढ़ायी। सत्याश्रय का दूसरा नाम इरिवब्रेंडण था। यह 'गदायुद्ध' नामक महाकाव्य का नायक है। 'साहसभीमविजय' इसी कृति का दूसरा नाम है। 'गदायुद्ध' व्यासरचित 'महाभारत' के गदासौप्तिकपर्व के कथानक पर आधारित असाधारण महाकाव्य है। इसमें नाटकीयता के समावेश के कारण इसे दृश्यकाव्य भी माना गया है। इसके 'पंपभारत' से प्रभावित होने पर भी इसमें अनुपम कवित्वशक्ति के प्रमाण गोचर हैं। इसमें भास-रचित 'ऊरुभंग', भट्टनारायण-कृत 'वेणीसंहार' आदि से भी कई प्रसंग लिये गये हैं, पर कवि की मौलिक प्रतिभा सर्वत्र उतकर्ष पर पहुँची है। अरिकेसरि (द्वितीय) 'पंपभारत' का नायक है। रन्न के 'गदायुद्ध' का नायक सत्याश्रय है। पहली रचना का नाम 'विक्रमार्जुनविजय' है तो दूसरी कृति का नाम 'साहसभीमविजय' है। करुण और वीर रस के संयोग से 'गदायुद्ध' के संवाद ओतप्रोत हैं। भीम का गुणगान करने पर भी कवि ने दुर्योधन की तेजस्विता को उपेक्षित नहीं किया है।

'अजितपुराण' रन्न की धार्मिक रचना है जो दूसरे तीर्थंकर अजितस्वामी और सगर द्वितीय के 'जैनपुराण' पर आधारित है। 'दानचिंतामणि' अत्तिमब्बे के अनुरोध पर रन्न ने सुनाया है। इसे 'पुराणतिलक' और 'पुराणचूड़ामणि' भी कहा गया है।

इस युग के प्रसिद्ध कवि चावुण्डराय कवि तथा शूरवीर नाम से विख्यात हैं। ये गंगनरेश रायमल्ल के मंत्री और सेनानी, दोनों थे। श्रवणबेळगोळ में गोम्भरेश्वर की प्रतिमा आपने ही प्रतिष्ठापित करायी थी। शौर्य के लिए 'वीरमार्तंडदेव' और चारित्र्य के लिए 'सम्यक् रत्नाकर' की उपाधियों से विभूषित चावुण्डराय का 'चावुण्डरायपुराण' अनुपम गद्य-ग्रंथ है। जिनसेन, गुणभद्र आदि की संस्कृत-रचनाओं पर आधारित यह पुराण 24 तीर्थंकरों और 63 शलाकापुरुषों का चरित्र-वर्णन करता है। इसे ग्रंथकार

ने 'त्रिषष्ठिलक्षणमहापुराण' भी कहा है। चावुण्डराय कन्नड़-साहित्य में कवि की अपेक्षा गद्यकार की श्रेणी में अधिक गिने जाते हैं।

'राजहंस' उपाधिधारी नागवर्मा (प्रथम) कन्नड़ में 'छन्दोम्बुधि' नामक लक्षणग्रंथ के रचयिता हुए हैं। इन्होंने संस्कृत की 'कादंबरी' का कन्नड़-रूपांतर भी किया है। 'कादंबरी' को पहली बार कन्नड़ में उपलब्ध कराने का श्रेय इनको मिलना चाहिए। यह अनूदित नहीं अपितु स्वतंत्र रचना के रूप में कन्नड़ में समादृत है।

दुर्गसिंह के 'पंचतंत्र' को कन्नड़ की दूसरी प्रसिद्ध कृति माना गया है। चालुक्य-नरेश नगदेवमल्ल के दरबार में सेनापति रहे दुर्गसिंह स्मार्त भागवत संप्रदाय के अनुयायी थे। पैशाची भाषा में गुणाढ्य की 'बृहत्कथा' उपलब्ध है। वसुबागभट्ट नाम के विद्वान् ने उसमें से पाँच कथारत्न चुने और 'पंचतंत्र' रचा। दुर्गसिंह-रचित 'पंचतंत्र' इसी पर आधारित है। संस्कृत में विष्णुशर्मा का 'पंचतंत्र' प्रसिद्ध है। वसुबागभट्ट-विरचित 'पंचतंत्र' भी संस्कृत में था, यह विशेष जानकारी इस कन्नड़ 'पंचतंत्र' से मिल जाती है। जावाद्वीप में वसुबागभट्ट के 'पंचतंत्र' की तीन शैलियाँ मिलने का अनुमान लगाया गया है—दो पद्य में और एक गद्य में। इसमें जैन धर्म के तत्त्वों का निरूपण और पारिभाषिक पदों की योजना है। दुर्गसिंह के 'पंचतंत्र' में ये लक्षण गोचर हैं जो वैदिक परंपरा से अपना पार्थक्य स्पष्ट करते हैं।

ग्यारहवीं सदी के अंत और बारहवीं सदी के आरंभ में नागचन्द्र नाम के प्रसिद्ध कवि हुए हैं। बिजापुर-निवासी माने गये नागचन्द्र जैन मतावलंबी थे और 'मल्लिनाथ पुराण' तथा 'रामचंद्रचरितपुराण' ('पंपरामायण') के रचयिता थे। पहली रचना में उन्नीसवें तीर्थंकर मल्लिनाथ की कथा है। 'पंपरामायण' में रामकथा के माध्यम से जैन मत का निरूपण हुआ है। 'अभिनव पंप' उपाधि से प्रसिद्ध नागचन्द्र ने दोनों रचनाओं को धार्मिक ग्रंथ के रूप में प्रस्तुत किया है।

बारहवीं सदी के आरंभ में जनसाधारण के लिए सुबोध जैन-कथाओं का संग्रह 'धर्मामृत' की रचना हुई। इसके रचयिता नयसेन ने इसे कथा, शैली, भाषा आदि दृष्टियों से अत्यंत जनप्रिय बनाने का प्रयास किया। 'धर्मामृत' युगीन जनजीवन का दर्पण माना गया है। कन्नड़ शैली के सहज आकर्षण का गुण नयसेन की इस कृति में विशेष रूप से दिखायी पड़ता है।

बारहवीं सदी के मध्य भाग में नागवर्म (द्वितीय) नाम के एक और प्रसिद्ध ग्रंथकार हुए हैं। ये चालुक्य राजकुल के आचार्य और धर्मगुरु के रूप में भी विख्यात हैं। कन्नड़ में काव्यांग-निरूपण की दृष्टि से इनके द्वारा रचित 'शब्दस्मृति', 'भाषा-भूषण', 'काव्यावलोकन', 'वस्तुकोष' आदि उल्लेखनीय हैं। 'जिनेन्द्र पुराण' के लेखकों में इनकी गिनती होती है।

वीरशैव युग

बारहवीं सदी के मध्य से पन्द्रहवीं सदी तक फैले इस युग में राजनीति और धर्म

की दृष्टि से क्रांतिकारी परिवर्तन हुए। महात्मा बसवेश्वर इस क्रांति के प्रवर्तक माने गये। अतः इसे 'बसवयुग' भी कहा जाता है। जीवन और साहित्य पर इस क्रांति का प्रभाव दीर्घकालीन रहा। इस युग में जनभाषा रचनाकारों की भी माध्यम भाषा बन गयी। 'वचन' शैली का सूत्रपात हुआ। 'वचन' को भावगीत के लक्षणों से युक्त अनुभावमय गद्य-रूप माना गया। अनुभूति की तीव्रता और आत्मनिरीक्षण की निर्भीकता से अलंकृत 'वचन' साहित्य इस युग की महती देन है। कन्नड़ के निजी छंदों का प्रयोग बढ़ने लगा। वचनकारों की पद्यगंधी गद्यशैली एवं हरिहर, राघवांक आदि के रगळे-षट्पदि छंद लोकप्रिय हुए। जैनों ने 'तीर्थंकरपुराण' का सहारा लिया था। वीरशैवों के लिए 'शिवपुराण' आकर ग्रंथ बन गया। ब्राह्मणों ने 'विष्णुपुराण' को अपना उपजीव्य माना। इस युग में तीनों ने सांप्रदायिक मतसिद्धांत-निरूपण में विशेष अभिरुचि दिखायी। प्राचीन और नवीन के संधिस्थल में होने के कारण इस युग की भाषा मध्यकालीन कन्नड़ मानी गयी। रस की दृष्टि से भक्ति रस का तीव्र प्रवाह उमड़ चला। वीरशैवों या शिवभक्तों ने अनुभाव-साहित्य या रहस्यानुभूति-प्रधान रचनाएँ कीं।

वचन-वाङ्मय

महात्मा बसवेश्वर (1150 ई॰) के समय से वचनों का प्रचार-प्रसार बढ़ने लगा। इनसे पहले ही देवरदासिम्य्या या जेडर दासिमय्या इस शैली के आविष्कर्त्ता माने गये हैं और बसवेश्वर ने बड़े आदर से इनका नामोल्लेख किया है।

महात्मा बसवेश्वर से उम्र में बड़े और तत्त्वदर्शी प्रभुदेव या अल्लमप्रभु वीरशैवमत के अनन्य अधिकारी संत के रूप में प्रसिद्ध हैं। ये शरण संप्रदाय के गुरु और अनुभवमंडप के अध्यक्ष भी थे। गुहेश्वर को संबोधित आपकी उक्तियों में चिंतन की प्रखरता है, अनुभूति की तीव्रता है, अनुभाव-रहस्यानुभूति की गहराई है, अभिव्यक्ति की ऊर्जा है और अध्यात्म का दिव्य आलोक है। गुहेश्वर ही आपके इष्टलिंग हैं और उन्हींकी उपासना प्रभुदेव को अभीष्ट है। शून्यसिंहासनाधीश अल्लमप्रभु की दृष्टि में ज्योतिर्लिंग ही वाणी है। निराकार को साकार रूप देने में निष्णात प्रभुदेव प्रतीकात्मक शैली के मर्मज्ञ हैं। इसीको लक्षित कर विमर्शकों ने कहा है कि अल्लमप्रभु का व्यक्तित्व और उनके वचन कन्नड़-वाङ्मय ही नहीं, भारतीय एवं विश्व-साहित्य में भी स्थान पाने लायक हैं। अल्लमप्रभु शिमोगा जिले के बळ्ळिगावि के निवासी थे। बसवेश्वर बारहवीं सदी में बिजापुर जिले में उत्पन्न हुए थे, और कल्याण-नरेश राजा बिज्जल के प्रधान मंत्री थे। वे क्रांतिकारी विचारक थे, राजनीति-विशारद थे, समाज-सुधारक थे तथा प्रतिभासंपन्न साहित्यकार थे। वे ही लिंगायत या वीरशैवधर्म के प्रवर्त्तक थे। इसीलिए इस युग का एक नाम 'बसव-युग' भी है।

इष्टलिंग की उपासना द्वारा ईश्वर के साक्षात्कार का नया विधान आरंभ हुआ। धर्म-साधना में स्वतंत्र विचारों के आदान-प्रदान हेतु चिंतन और आचरण की सुविधाएँ इससे प्राप्त हुईं। शारीरिक श्रम की महत्ता प्रतिपादित करने के साथ-साथ साधारण

से साधारण काम को भी उपासना मान लेने का भाव जनमानस में जगाया। व्यर्थ की भीति और अज्ञानजन्य अंधविश्वास से लोकमानस को मुक्त किया। जातिभेद का हौवा दूर हुआ। पुरोहितशाही का आतंक कम किया। निम्न श्रेणी के लोगों के उद्धार का मार्ग सुगम बनाया और शिक्षा का राजद्वार मुक्त किया। समाज में जाति, वर्ण, कुल, वय, लिंग आदि का भेद दूर किया और समानता का शंखनाद गूँज उठा। कन्नड़ भाषा में वचन-साहित्य का श्रीगणेश हुआ। समाज में मानवीय मूल्यों की प्रतिष्ठा बढ़ी। स्वाभिमान और आत्मविश्वास के साथ जीवन के प्रत्येक क्षेत्र में प्रगति की प्रेरणा मिली।

कर्नाटक में जन्मे इस महापुरुष ने मानव जाति के उत्कर्ष में नया तेज और नया ओज उत्पन्न किया। गरीबों और गिरे हुए लोगों के प्रति सच्ची सहानुभूति के कारण उन्होंने प्रजातंत्र का यह आधारभूत नया सिद्धांत समझाया कि सामाजिक जीवन की जड़ें ऊँची श्रेणियों में नहीं, निचली श्रेणियों में गहरी जमी हैं। उनका यह मार्मिक कथन था कि "गाय अपनी पीठ पर सवार रहनेवालों को नहीं, पैरों पर पड़े रहनेवाले को दूध देती है।"

धर्म-साधना में पाखंडविरोधी और सामाजिक सुधार में जाति-प्रथा के उन्मूलन के आग्रही इस साहित्यकार ने 'दया को धर्म का मूल' माना और वृत्ति को पुश्तैनी नहीं, वरन् हर एक की अभिरुचि पर आश्रित ठहराया। उन्होंने कहा था– "लोहा गरम करते-करते आदमी लोहार बन जाता है, कपड़ा धोते-धोते वही धोबी बन जाता है, सोने का काम करते-करते वही सोनार बन जाता है और वेद पाठ करते-करते वही ब्राह्मण बन जाता है।" बसवेश्वर की साहित्य-साधना में अहिंसा, अशोषण तथा अपरिग्रह की त्रिवेणी है जिसके पावन स्पर्श से पाषाण भी पिघल जाता है और सूखे में भी हरियाली छा जाती है। 'कूडलसंगमदेव' को संबोधित आपके वचन मानवीय संवेदनाओं की कलात्मक अभिव्यक्ति की दृष्टि से विश्व-साहित्य में समादृत होने योग्य माने गये हैं।

अनुभव मंडप की स्थापना महात्मा बसवेश्वर की एक अद्‌भुत देन है जिसमें राजा और रंक, स्त्री और पुरुष, सभी आध्यात्मिक जीवन की समस्याओं का आपसी विचार-विनिमय द्वारा प्रेमपूर्ण समाधान निकाल लेते थे और इस प्रकार समाज को विशृंखल होने से बचाने में समर्थ हो जाते थे।

वचन-साहित्य की कवयित्रियों में अक्कमहादेवी या महादेवियक्क का स्थान सबसे ऊँचा है। प्रेमाभक्ति या दाम्पत्य प्रेम के समर्पण भाव की निश्चलता, निर्भीकता और शृंगार की तीव्र लालसा अक्कमहादेवी के वचनों में सहृदयों को आकर्षित करती है। यह शृंगार अलौकिक है और श्रीशैल के चेन्नमल्लिकार्जुन से दिव्य संबंध का द्योतक है। अपने समय के नरेश की कामुकता की शिकार बनी अक्कमहादेवी दृढ़ता से परिणय का सूत्र तोड़ देती है और सती का आदर्श उपस्थित करती है। 'शरण-सती लिंग-पति' का ऐक्य वीरशैव धर्म का, लिंगायत शिवभक्ति का चरम लक्ष्य है। इसकी

चरितार्थता अक्कमहादेवी और चेन्नमल्लिकार्जुन के मधुर मिलन की उत्कट अभिलाषा में सजीव हो उठी है। भाव-विह्वलता और प्रेम की तन्मयता इनके वचनों की अलग पहचान है। इस निर्वस्त्र, केशांबरा, धीर ललना की भक्ति से परम ज्ञानी अल्लमप्रभु और भक्तिभांडारी बसवेश्वर विशेष प्रभावित हुए। शिवभक्ति के ऊँचे आदर्श से उनका पौरुष पराजित हुआ और इस भक्त महिला के सम्मुख वे नतमस्तक हो गये। अनुभव मंडप की भरी सभा में उपस्थित शिवभक्तों ने अक्कमहादेवी के गरिमामंडित व्यक्तित्व की खूब सराहना की।

पहाड़ी इलाके में कुटी बसायी तो जंगली जीवों से डरे क्यों ?
सागर-तट पर कुटी बसायी तो उत्ताल तरंगों से भीत क्यों ?
बाजार में कुटी बसायी तो शोर-शराबे से डरे क्यों ?
संसार में जन्म लिया तो निंदा-स्तुति से कुपित न होकर सहिष्णु बने रहना उचित है।

उपर्युक्त पंक्तियों में आपकी निर्भीकता और निश्चितता देखी जा सकती है। प्रेमानुभूति का मुग्ध भाव इस वचन में देखने योग्य है–

भूख लगे तो भिक्षा का भरोसा है;
प्यास लगे तो ताल जलकूप है;
नींद लगे तो देवालय के खंडहर हैं;
साथ देने को चेन्नमल्लिकार्जुन हैं,
बेसहारा मैं नहीं हूँ।

प्रसाद गुण से ओतप्रोत इनकी गद्यशैली मन को छू लेती है–

"भ्रमर ! आम्रवृक्ष ! चन्द्र ज्योत्स्ना ! कोयल ! आपसे अलग-अलग और एक साथ अनुरोध करूँगी, चेन्नमल्लिकार्जुनदेव गोचर हों तो मुझे दिखाइए।"

षट्स्थल सिद्धांत का साहित्यिक निरूपण इस संप्रदाय के कवि चेन्नबसवण्णा की उक्तियों में हुआ है। ये बसवेश्वर के भानजे थे और अल्लमप्रभुदेव की भाँति स्पष्टवादी थे।

सोलापुर-निवासी सिद्धराम इस सम्प्रदाय के अन्यतम कृतिकार हैं। ये कर्मनिष्ठ भक्त अल्लमप्रभु के अनुग्रह से कर्मयोगी बने। इनका वचन उदाहरण-रूप में दिया जा रहा है–

भक्त हो तो बसवेश्वर जैसा।
जंगम हो तो प्रभु जैसा।
भोगी हो तो गुरु चेन्नबसवेश्वर जैसा।
योगी हो तो मुझ जैसा।

ऐसे कथन में उन्होंने अपने तथा अन्य भक्तों के गुणविशेष का तुलनात्मक संकेत किया है।

हरिहर तथा राघवांक इस संप्रदाय के उल्लेख्य कवि हैं जिनका क्रम से 'गिरिजाकल्याण' तथा 'हरिश्चंद्रकाव्य' प्रसिद्ध चम्पू कृतियाँ हैं। शिवभक्तों की काव्यात्मक जीवनियाँ भी हरिहर ने लिखी हैं। हरिहर के उपास्य हंपि के विरूपाक्षदेव हैं। राघवांक हंपि के हरीश्वर के उपासक हैं। 'हरिश्चंद्रकाव्य' कलात्मक सौंदर्य और नाटकीय कौशल की दृष्टि से अद्भुत रचना है। इसमें प्रयुक्त वार्धक षट्पदि छंद को राघवांक की महत्त्वपूर्ण देन माना गया है।

जैन कवि नेमिचन्द्र का लौकिक काव्य 'लीलावति' शृंगार-प्रधान काव्य है। 'नेमिनाथपुराण' इनका धार्मिक काव्य है। यह कृष्णलीला, कंसवध आदि वृत्तों पर आधारित चम्पू काव्य है। वीर बळाळ के आश्रित दूसरे कवि रुद्रभट्ट हैं। 'जगन्नाथ विजय' इनका प्रसिद्ध काव्य है जिसमें 'विष्णुपुराण' पर आधारित कृष्णकथा है। ये दोनों कवि बारहवीं सदी के अंत में रचना में प्रवृत्त माने गये हैं।

आदिकवि पंप की बराबरी करने योग्य कवि जन्न इस युग के एक प्रसिद्ध जैन कवि हैं। वीरबल्लाळ के शासनकाल में 'कविचक्रवर्ती' उपाधि से विभूषित इस कवि की रचना 'यशोधरचरित' है। रानी अमृतमति की प्रणय-कथा के बहाने जीव-दया का महत्त्व निरूपित करनेवाला यह काव्य एक कुतूहल उत्पन्न करता है।

आंडय्य-रचित 'कब्बिगर काव' एक अनोखा प्रयोग है जिसमें संस्कृत का समावेश किये विना शुद्ध कन्नड़ में कवि ने वैदिक और जैन परंपरा के मधुर मिश्रण का कौशल दिखाया है। इसमें शिव पर मन्मथ या कामदेव विजय प्राप्त करता है।

हरिदास-साहित्य का अविर्भाव

हरिदास-साहित्य का आविर्भाव सोलहवीं सदी में हुआ। कन्नड़ में हरिदासों की कीर्तनशैली का आरम्भ व्यासराय तथा उनकी शिष्य-परंपरा द्वारा धूमधाम से हुआ। इससे पहले वैदिक परंपरा की 'रामायण', 'महाभारत', 'भागवत' आदि आकर ग्रंथों पर आधारित काव्य रचे गये थे। यह परम्परा कुमारव्यास के समय से शुरू हुई थी।

कुमारव्यास (1400 ई.) कवि का उपनाम है। ये धारवाड़ जिले के कोकिनाड-निवासी थे। उसी जिले में गदग नामक स्थान है जो आज स्वतंत्र जिला बन गया है। वहाँ वीरनारायण का मंदिर है। कुमारव्यास वीरनारायण के परम भक्त थे। इसीलिए इन्हें गदगिन नाराणप्पा कहते हैं। अपने इष्टदेव की कृपा से आपने 'भारतकथामंजरी' महाकाव्य रचा जो 'कुमारव्यास भारत' नाम से प्रसिद्ध है। 'महाभारत' के गदा पर्व तक की कथा यहाँ वर्णित है। इसके नायक श्रीकृष्ण हैं। अतः यह 'कृष्णचरितामृत' भी माना जाता है। भागवत धर्म का प्रचार इसका उद्देश्य है किन्तु इसमें लौकिक, आगमिक, व्यापारिक, पारमार्थिक, इन सभी विषयों का समावेश है। कवि का यह कथन साभिप्रय है—

अरसुगळिगिदु वीर द्विजरिगे परमवेददसार,
योगीश्वररिगे तत्त्वविचार, मंत्रीजनके बुद्धि गुण।
विरहिगळिगे शृंगार, विद्यापरिणतरिगे अलंकार।

(क्षत्रियों के लिए इसमें वीर रस की व्यंजना है, द्विजों के लिए यह परम वेद का सार है, योगी जनों को इसमें तत्त्व-निरूपण देखने को मिलेगा, मंत्री इसमें शासनतंत्र का रहस्य देख सकेंगे, विरहियों को इसमें शृंगार-वर्णन मिलेगा और विद्याप्रेमियों का तो यह मणिमुक्ताहार ही है।)

इस असाधारण रचना के प्रत्येक पर्व में यह संकेत कवि के आत्मविश्वासपूर्ण समर्पण का द्योतक है– "श्रीमदचिंत्य महिम गदुगु वीरनारायण चरणारविंद मकरंद मधुपान पुष्प जप षट्पदी निकाय श्रीमत् कुमारव्यास योगीन्द्र विरचितमप्प कर्नाटक भारतकथा-मंजरियोक्।" इससे यह भी ध्वनि निकलती है कि कवि परम विरक्त योगीन्द्र थे और अपने आराध्यदेव की कृपा से ही कथा के वर्णन करने में प्रवृत्त हुए थे।

वस्तु-योजना, पात्र-निरूपण, संवाद, वर्णन-कौशल, प्रसंगौचित्य, अप्रस्तुत विधान, प्रवाहमयी भाषा आदि की दृष्टि से कन्नड़-साहित्य में कुमारव्यास आदिकवि पंप की पंक्ति में गिने जाते हैं। 'पंपभारत' या 'विक्रमार्जुनविजय' में मानवीय संघर्ष चित्रित है। कुमारव्यास के 'भारत' में इसकी उपेक्षा न करते हुए इसमें निहित दैवी शक्ति की लीला का विस्तृत वैभव वर्णित है। युगचेतना को चमत्कारपूर्ण और सत्त्वपूर्ण बनाने में दोनों महाकवि सफल हुए हैं। कपट-नाटक के सूत्रधार कृष्ण की लीला के गायक कुमारव्यास की प्रशस्ति में राष्ट्रकवि कुवेंपु के उद्गार हैं– 'कुमारव्यास गाने लगें तो कलियुग द्वापर में बदल जायगा।'

अपनी शक्ति और सीमा से अपरिचित एक कवि ने कुमारव्यास की बराबरी करने के लोभ में खुद को 'कुमारवाल्मीकि' घोषित किया और कन्नड़ में 'तोरवे रामायण' लिखी। कवि का नाम अज्ञात है। कर्नाटक के बिजापुर के पास अवस्थित तोरवे नरहरि इनके आराध्यदेव हैं। कवि ने इसमें श्रीरामपट्टाभिषेक तक की कथा का वर्णन किया है। इसमें उत्तरकांड भी है। रचना साधारण-सी है और इसका समय 1500 ई॰ है।

सोलहवीं सदी के पूर्वार्ध में काव्यक्षेत्र में लक्ष्मीश नाम के एक महाकवि का आविर्भाव हुआ। 'जैमिनि भारत' आपकी प्रसिद्ध रचना है। कवि ने इसे 'काव्य-प्रबंध' कहा है। मुनि जैमिनि ने जनमेजय को यह कथा सुनायी थी जो संस्कृत में 68 अध्यायों में फैली है। कन्नड़ में लक्ष्मीश ने 34 संधियों में इसका वर्णन किया है। कन्नड़ 'कुमारव्यासभारत' और 'जैमिनिभारत' का पारायण घर-घर में होता था। यह भी कृष्णचरितामृत है जिसमें अश्वमेध पर्व तक का वर्णन है। देवपुर के लक्ष्मीरमण श्रीकृष्ण कवि के आराध्य हैं। धर्मराज द्वारा अश्वमेध यज्ञ से पहले छोड़े गये अश्व को बाँधकर रखने के बहाने क्या मानव, क्या दानव सभी श्रीकृष्ण के दर्शन से पुनीत हुए हैं। विष्णुभक्तों की महिमा का वर्णन करनेवाला यह सुंदर जनप्रिय आख्यान है जिसमें चंद्रहास की अद्भुत कथा है। 'गीता' में अर्जुन को भगवान् ने धर्म की रक्षा के निमित्त युद्ध करने को कहा था। यहाँ श्रीकृष्ण अर्जुन के अहं का भंग करने का उपाय निकालते हुए उसे संदेश देते हैं–"युद्ध नहीं करना। भक्तों को प्रेम से, आदर से अपनाना।"

'जैमिनिभारत' में लोक-परलोक की कल्पना का उत्कर्ष है। कथावस्तु की योजना और शैली का सौंदर्य निभाने में कुमारव्यास का अनुसरण किया गया है। इस रचना में जीवन की अनेक स्थितियों, संघर्षों, मन के उद्वेगों-अंतर्द्वंद्वों का प्रभावी चित्रण है। भागवत धर्म का प्रतिपादन ही इसका ध्येय है। धर्मराज के इस अश्वमेध यज्ञ में पशुबलि नहीं होती। यहाँ के विधि-विधान में अहिंसा का महत्त्व है। इसमें कई युद्ध वर्णित हैं, पर कहीं नरमेध नहीं। विजयी भी पराजय स्वीकार करने में गर्व का अनुभव करता है। हंसध्वज का वीर कुमार सुधन्व, बभ्रुवाहन, ताम्रध्वज, वीर रमणी प्रमिळे आदि इसके प्रमाण हैं। चंद्रहास का चरित्र-चित्रण बेजोड़ है।

अश्वमेध का अश्व ही इस प्रबंध का असाधारण पात्र है। यह यौवनाश्व से धर्मराज को मिला। यज्ञ से पहले छूटे अश्व को वीरों ने भगवान् के दर्शन की उत्कट अभिलाषा से बाँध रखा और लड़ाई शुरू हुई। भक्त और भगवान् के बीच रस-सेतु बना यह अश्व कभी शिला में, कभी शेर में, कभी स्त्री-रूप में बदल जाता। अंत में अश्व-रूप में यज्ञ के अवसर पर जब यह काटा जाता है तो इसके शरीर से दूध की धारा बहती है। अश्व के प्राण श्री कृष्ण में समा जाते हैं और इसका जीवन सार्थक हो जाता है।

'सद्विनुत कर्णाटकवि चूतवन चैत्र' लक्ष्मीश की उपाधि है जो उनकी दिव्य प्रतिभा का द्योतक है। स्यांडर्सन ने अँगरेजी में और मोगलिंग ने जर्मन में 'जैमिनिभारत' का अनुवाद किया है।

कर्नाटक में द्वैत सिद्धांत के प्रवर्तक मध्वाचार्य (चौदहवीं सदी) ने हरि को सर्वोत्तम माना और जीवों को हरिभक्ति की साधना द्वारा जीवन को सार्थक बनाने का संदेश दिया। इस धर्म का सारभूत तत्त्वामृत संगीत और साहित्य के माध्यम से हरिदासों ने जनसाधारण को सुलभ बनाया और विष्णुभक्ति का प्रवाह उमड़ चला। इसीलिए दास-वाङ्मय को 'भक्तियोग पर संगीत का भाष्य' भी माना जाता है। पुरंदरदास (1480 ई॰) इस दास-वाङ्मय की अलौकिक विभूति माने गये हैं। ये श्री व्यासराय के अनन्य शिष्य थे। श्री व्यासराय विजयनगर साम्राज्य के राजगुरु थे। इन्हीं महानुभाव से दीक्षा ग्रहण करने के बाद पुरंदरदास संगीतसुधाकर और वैराग्यनिधि बने तथा कर्नाटक संगीत के पितामह माने गये।

पुरंदरदास के पूर्वाश्रम का नाम श्रीनिवास नायक था। ये महाकृपण थे। धन ही इनका सर्वस्व था। इनकी जीवनसंगिनी परम श्रद्धालु थीं। सच्चे हृदय से प्रभु की उपासना में तल्लीन रहनेवाली यह साध्वी सेवा और त्याग की प्रतीक थीं। इन्हीं की प्रेरणा से श्री निवास नायक का जीवन-क्रम बदला और ये सर्वसंगपरित्यागी बने। आपने श्रीव्यासराय से दीक्षा ग्रहण की। अपने उपास्य पंढरपुर के बिठल का कीर्तन करते हुए हरिकथा का मर्म जन-जन तक पहुँचाया। दक्षिण के समस्त तीर्थों में भ्रमण करनेवाले श्रीनिवास नायक पुरंदरदास नाम से प्रसिद्ध हुए और अपने कीर्तन के अंत में 'पुरंदरबिठल' भणिता रखा। राग-रागिनियों में बद्ध भक्तिभाव भरे इनके कीर्तन

से धर्मग्लानि दूर हुई। अंधश्रद्धा का उन्मूलन हुआ। हरिकथा सुनने का सुयोग मिला। स्वानुभूतिजन्य इन कीर्तनों से 'धर्म की जय' का दिव्य मंत्र मुखरित हुआ है।

संगीत में निष्णात पुरंदरदास अमर भक्तिरसाप्लावित कीर्तनों के कारण 'कर्णाटक संगीत पितामह' कहलाये। हरिदासों की परंपरा में इन्हें भक्त नारद का अवतार माना जाता है। 'दासरेंदरे पुरंदरदासरय्या' (दास हों तो पुरंदरदास जैसा) जैसी प्रशस्ति अपने गुरु श्री व्यासराय से पाने के ये अधिकारी हुए।

कीर्तन, सुवादि, उगाभोग आदि शैलियों में कन्नड़ भाषा में रचित इनका साहित्य प्रचुर परिमाण में उपलब्ध है। इस साहित्य में मध्वमत के सिद्धांतों का निरूपण तो है ही, मानवधर्म के उदात्त उद्देश्यों का भी मनोहारी चित्रण है। इन कीर्तनों में यथार्थ जीवन के उत्थान-पतन का मार्मिक दिग्दर्शन है, विवेक-सम्मत समाज-दर्शन है, पलायन का खंडन है तथा जीवन-सागर में कूद पड़ने और उत्ताल तरंगों पर निर्भीक होकर तैरने और पार पहुँचने का उद्‌घोष है। 'ईसबेकु इद्दु जयिसबेकु' (तैरना है और यहीं जय प्राप्त करनी है) का आश्वासन है। "मानव जीवन अनमोल वरदान है। उसे गँवाना कायरता है, अधर्म है। कुलीन-अकुलीन का भेद घोर कलंक है। भावाधिपति कृष्ण की लीलाओं में मन रमे, यही पर्याप्त है। कुल इसमें बाधक नहीं है।" –यह भक्तवरेण्य पुरंदरदास के कीर्तन का सार है। कन्नड़ का नादसौंदर्य और भावसौष्ठव चिंतन के परिपाक से युक्त होने के कारण पुरंदरदास का साहित्य वेद के समान पुनीत है और 'पुरंदरोपनिषत्' नाम से विख्यात है। इन कीर्तनों में सामाजिक उद्‌बोधन है, नीति का निरूपण है, तत्त्व का सरल प्रतिपादन है, आत्मनिवेदन है, प्रार्थना है और प्रसंगप्रेरित व्यंग्य और विनोद है। कृष्णलीला-संबंधी गीतों में वात्सल्य है, मिलन की दीप्ति और विरह की उत्कंठा है, आत्मसमर्पण है। बाललीला के पद जनसाधारण की जिह्वा पर आज भी जीवित हैं।

कनकदास (1550 ई॰) परम आस्थावान् भक्त थे। हावेरी जिले का एक स्थान कागिनेले है जहाँ आदिकेशव का मंदिर है। कनकदास के पदों के अंत में 'कागिनेले आदिकेशव' की भणिता मिलती है। सहज भक्ति और सर्वसमर्पण भाव आपकी साधना की विशेषता है। जाति के गड़ेरिये कनकदास संगीत और साहित्य के मर्मज्ञ थे। आपकी प्रसिद्ध रचनाएँ 'मोहनतरंगिणि', 'नळचरित्र', 'रामधान्यचरिते', 'हरिभक्तिसार' आदि हैं।

'मोहनतरंगिणि' में कृष्ण-रुक्मिणी के विवाह के बाद की कथा है। प्रद्युम्न का जन्म, रति-प्रद्युम्न का विवाह और उषा-अनिरुद्ध के परिणय का वृत्त ही इसका आधार है। रचना बड़ी सरस है। हरि और हर में अभेद मानकर दोनों की समन्वित भक्ति का मार्मिक निरूपण इस ग्रंथ की विशेषता है। विजयनगर के कृष्णदेवराय के शासन-काल का जन-जीवन भी यहाँ प्रतिबिम्बित है।

'रामधान्यचरिते' एक अनूठी कृति है। इस खंडकाव्य में लंका से लौट रहे

भगवान् का वर्णन है। मार्ग में ऋषि-मुनि उनका प्रेम से स्वागत करते हैं। रुचिकर भोज्य पदार्थ में रागि का स्वाद चखने पर राम उसे देखने की इच्छा प्रकट करते हैं। रागि और दूसरे अनाजों में वाद-विवाद छिड़ जाता है। दोनों दल अपनी श्रेष्ठता प्रतिपादित करते हैं। अंत में रागि के पक्ष में राम अपना निर्णय देते हैं। इसीसे जनसाधारण के इस खाद्य पदार्थ का नाम रामधान्य पड़ जाता है। धनी-निर्धन के बीच के इस संवाद में राम निर्धनों की वकालत करते हैं। भगवान् को सबसे प्यारा कौन है, इसका निर्णय हो जाता है।

कन्नड़-साहित्य में कनकदास और पुरंदरदास के वाङ्मय के देवता अश्विनी माने जाते हैं। आज भी इन दोनों की रचनाओं में जन-जागरण का संदेश सुनायी दे रहा है।

यहाँ तक क्रम से कन्नड़-साहित्य के जैनयुग, वीरशैवयुग, कुमारव्यास एवं हरिदासयुग का सिंहावलोकन प्रस्तुत हुआ।

जैनयुग में राजाश्रय में साहित्य का सृजन हुआ। लौकिक और आगमिक काव्यधारा प्रवाहित हुई। संस्कृत और कन्नड़ की मिली-जुली शैली में काव्य-सौंदर्य की अभिव्यक्ति हुई। वीरशैव युग में राजनीति और धर्म में टकराहट हो गयी और नयी सामाजिक-साहित्यिक जागृति के बीज अंकुरित हुए। वैदिक परंपरा का विरोध और स्वतंत्र सामाजिक आदर्शों के प्रति रुझान हुआ। शुद्ध कन्नड़ शैली में नयी विधाएँ जन्म लेने लगीं और साहित्य समाजोन्मुख हो गया। कुमारव्यास और हरिदासयुग में वैदिक परंपरा का पुनर्जागरण हुआ और नयी सामाजिक चेतना के समावेश से साहित्य में समन्वयात्मक दृष्टिकोण को बल मिला। शिव और विष्णु की आपेक्षिक श्रेष्ठता का दुराग्रह दूर हुआ और मानवीय मूल्यों की स्थापना का सूत्रपात हुआ।

आधुनिक युग

पाश्चात्य जगत् से संपर्क तो डच, फ्रांसीसी आदि के आगमन से ही हो गया था किन्तु कर्नाटक में अँगरेजों का शासन 1800 ई॰ से शुरू होने पर कन्नड़-साहित्य में आधुनिक युग का वास्तविक आरम्भ हुआ। इसे इतिहास में आधुनिक कन्नड़ का अरुणोदय कहा जाता है। कर्नाटक के अलग-अलग क्षेत्र में ईसाई धर्मप्रचारकों ने अपनी संस्थाएँ स्थापित कीं। बल्लारि, मैसूर, मंगलूर आदि केन्द्रों में उनका धर्म-प्रचार-कार्य होने लगा। कन्नड़-अँगरेजी के कोश बने। कन्नड़-व्याकरण लिखने की ओर उनका ध्यान गया। बाईबल का कन्नड़-रूपांतरण प्रस्तुत किया गया। मुद्रण कला के आविष्कार से इन कामों में सुविधा हो गयी। नयी शिक्षा-पद्धति आरम्भ हुई। अँगरेजी स्कूल खोले गये। इन परिवर्तनों का अनिवार्य प्रभाव साहित्य-रचना पर पड़ा।

ईसाई पादरी स्कूली पुस्तकें तैयार करने में लग गये। ये वेस्ली मेथाडिस्ट मिशन के अनुयायी थे। बासेल मिशन के पादरियों ने कन्नड़ में पत्रिकाओं को शुरू किया। कोश तैयार किये। कन्नड़ के पुराने ग्रंथों का संपादन अपने हाथ में लिया। इनमें किटल साहब आज भी श्रद्धा से याद किये जाते हैं। इन पादरियों के अलावा अँगरेज अधिकारियों ने

भी इसमें रुचि ली। लूई राइस, जे. एफ. फलीट जैसे महानुभावों ने कर्नाटक के इतिहास की रूपरेखा बनायी। कुछ प्राचीन काव्य-ग्रंथों का संपादन किया। लावनियों का संकलन किया। कैरी साहब का कन्नड़ व्याकरण 1810 ई. में निकला। जॉन मैकटेल ने 1820 ई. में एक अलग व्याकरण लिखा। इसी क्रम में 1832 ई. में रीव साहब का और 1895 ई. में एक किटल साहब का कन्नड़-अँगरेजी-कोश निकला। कन्नड़-साहित्य का इतिहास लिखा गया। संस्कृत-साहित्य का अनुवाद हुआ। बी. वेंकटाचार्य ने बंकिम बाबू के दो उपन्यासों 'दुर्गेशनंदिनी' और 'आनंदमठ' का अनुवाद किया। गळगनाथजी ने हरिनारायण आप्टे के मराठी-उपन्यासों का अनुवाद किया। इस प्रकार 1800 से 1920 ई. तक आधुनिक कन्नड़ के नवोदय के लिए अपेक्षित भावभूमि तैयार हुई।

इस अवधि में कई सुधी साहित्यकारों की रचनाएँ पत्रिकाओं में छपने लगीं। 'कर्नाटक ग्रंथमाले' (1893 ई.), 'वाग्भूषण' (1896 ई.), 'सुवासिनी' (1900 ई.), 'सुबोधिनी' (1905 ई.), 'श्रीकृष्णसूक्ति' (1905 ई.), 'कर्नाटकवृत्त', 'धनंजय' (1906 ई.), 'सद्बोधचंद्रिके' (1907 ई.) आदि इस समय की प्रमुख पत्रिकाएँ थीं। इनमें बेनगल रामराव, वेंकटाचार्य, पंजे मंगेशराव, गळगनाथ, मुदवीडु कृष्णराव, वेंकटेश अय्यंगार, आलूर वेंकटराव, मास्ति, होसकेरे चिदंबरराव, गोविंद पै, कडेंगोड्लु शंकर भट्ट आदि की कृतियाँ प्रकाशित होने लगीं। एस. जी. नरसिंहाचार्य, जयरायाचार्य, हट्टियंगडि नारायण राव आदि कवि नूतन भावों को नयी अभिव्यक्ति देने लगे। अँगरेजी-कविताओं का अनुवाद पंजे मंगेशराव ने किया। गोविंद पै ने भी स्वच्छंद कविताएँ लिखीं। उन्होंने परंपरा से चली आती आदिप्रासयोजना का परित्याग किया जो काव्यक्षेत्र में क्रांतिकारी प्रयोग माना जाने लगा। काव्य में लोकगीत की धुन का समावेश होने लगा। शांतकवि और बेंद्रेजी ने 1918 ई. में यह प्रयोग शुरू किया था। नाटक के क्षेत्र में शेक्सपियर के नाटकों का अनुवाद होने लगा। इन अनुवादों का मंचन भी ए.वी. वरदाचार ने किया। स्वतंत्र सामाजिक उपन्यास लिखे जाने लगे। गुब्बि मुरगाराध्य रचित 'शृंगारचातुर्योल्लासिनि' (1896 ई.), गुल्वाडि वेंकटराव का 'इंदिरा' (1899 ई.), बाबूराव का 'वाग्देवी' (1905 ई.) तथा एम.एस. पुट्टण्ण का 'माडिदूदुण्णो महराय', ये उल्लेखयोग्य उपन्यास माने गये। जीवनी विधा का भी श्रीगणेश हुआ। पुट्टण्ण ने 'कुणिगल रामशास्त्री' (1910 ई.) और 'सालारजंग' (1917 ई.) तथा डी.वि. गुंडप्पा ने 'दीवान रंगाचार्लु' जैसी जीवनियाँ प्रकाशित कीं। नये ढंग की आलोचना का भी सूत्रपात हुआ। एम. ए. रामानुज अयंगार ने 'कविचक्रवर्ती रत्न' (1895 ई.) नामक आलोचना-ग्रन्थ लिखा।

अरुणोदय युग में मुद्दण का व्यक्तित्व और कृतित्व औरों से सर्वथा पृथक् तथा प्रभावशाली है। मुद्दण का पूरा नाम नंदळिके लक्ष्मीनारायणप्पा है। आपका 'रामाश्वमेध' (1898 ई.) प्राचीन-नवीन का मिलन-बिंदु कहा जाता है। इसमें 'पद्मपुराण' के एक अंश' शेषरामायण' को कथावस्तु बनाया गया है लेकिन मुद्दण ने इसमें सोने में

सुगंध की उक्ति सार्थक कर दी है। वर्षा के वर्णन से काव्य शुरू होता है। वर्षा थमने का नाम नहीं लेती। इससे ऊबकर कवि की जीवनसंगिनी कोई कहानी सुनाने का अनुरोध करती है। पति-पत्नी के सरस संवाद के सहारे कथा आगे बढ़ती है। मूल कथा के नायक राम तथा नायिका सीता के जीवन में विषाद की छाया है। किंतु उनकी कहानी सुनानेवाले कवि और उनकी स्त्री विपन्नता में भी प्रसन्न हैं। कहाँ राम-सीता का दुःखमय जीवन और कहाँ मुद्दण-मनोरमा का उल्लासमय दाम्पत्य ! लगता है कि सीता और राम के जीवन में घिरा अंधकार मुद्दण-मनोरमा के हास-परिहासपूर्ण जीवन से विकीर्ण होनेवाले प्रकाश में विलीन हो रहा है। इस रचना में साहित्यिक भाषा का सौंदर्य और यथार्थ का चित्रण, दोनों विस्मयजनक रूप में उपस्थित हैं।

आधुनिक युग : काव्य

आधुनिक कन्नड़-कविता की यात्रा बहुत लम्बी है। आधुनिक कन्नड़-काव्य को जिन कवियों ने समय-समय पर नये-नये काव्यांदोलनों से समृद्ध करके दिशा-निर्देश किया, उनमें से अधिकांश कवि आज विद्यमान हैं जिनकी सृजनात्मक प्रतिभा का फल कन्नड़ को प्राप्त है। इस शती की कन्नड़-कविता के क्षेत्र में नवोदय, नव्य, दलित, बंडाय आदि काव्य-प्रवृत्तियों का प्रमुख रूप से सूत्रपात हुआ जिनसे आधुनिक काव्य को गति और गरिमा प्राप्त हुई है।

आधुनिक युग में महाकाव्यों की रचना कम हो रही है परंतु कन्नड़ भाषा का सौभाग्य है कि इसमें महाकाव्यों की बाढ़-सी आयी है। ये महाकाव्य महान् कवियों के हैं। इनके महाकाव्य कन्नड़ और भारतीय साहित्य को निश्चित रूप से अमूल्य देन हैं। आधुनिक युग के स्वातंत्र्यपूर्व दिनों में प्रकाशित कुवेंपु का महाकाव्य 'श्रीरामायणदर्शनम्' इस शती की मेरुकृति है जिसने अपनी भव्यता और महत्ता से पूरे युग को प्रभावित किया है। सर्वोदय, समन्वय और पूर्ण दृष्टि का उदात्त दर्शन प्रतिपादित करनेवाला यह काव्य आधुनिक युग की महान् उपलब्धि है।

'रामायणदर्शनम' के बाद के कुछ वर्षों तक महाकाव्य की परंपरा मानो बंद-सी हो गयी थी मगर स्वातंत्र्योत्तर वर्षों में अस्सी के दशक में महाकाव्य बराबर प्रकाशित हुए हैं। इस श्रृंखला में विनायक कृष्ण गोकाक का महाकाव्य 'भारतसिंधुरश्मि' का महत्त्वपूर्ण स्थान है। यह महाकाव्य बारह सर्गों और 1300 पृष्ठों का बृहत् काव्य है। वैदिक युग की सामाजिक और राजनीतिक स्थिति का विश्लेषण प्रस्तुत महाकाव्य की विशेषता है। इसका नायक विश्वरथ है जो बाद में विश्वामित्र बनता है। यह काव्य उस विश्वामित्र की संघर्षगाथा का वर्णन करता है जिसने सामाजिक परिवर्तन के लिए अपने को उत्सर्ग किया था।

'भव्यमानव' सं॰ शी॰ भूसनूरमठ का महाकाव्य है और छह कांडों में विभक्त है। इस महाकाव्य में बारहवीं शती की शिवभक्त अक्कमहादेवी के आध्यात्मिक व्यक्तित्व का चित्रण है। प्रस्तुत महाकाव्य अक्का के जीवन के परिप्रेक्ष्य में तत्कालीन

सामाजिक, सांस्कृतिक, राजनीतिक एवं धार्मिक परिस्थितियों का गंभीर विवेचन प्रस्तुत करता है। इस संदर्भ में उल्लेखनीय है कि इस लेखक का 'शून्यसंपादनेय विमर्शे' भी वचन-साहित्य की महत्त्वपूर्ण उपलब्धि है।

कन्नड़-कहानी-साहित्य के आद्य प्रवर्तक, ज्ञानपीठ पुरस्कार विजेता मास्ति वेंकटेश अय्यंगार कन्नड़ के नवोदय युग के महत्त्वपूर्ण कवि भी हैं जिन्होंने अपने अंतिम दिनों में 'श्रीरामपट्टाभिषेक' नामक महाकाव्य प्रकाशित किया है। इसके लिखे जाने के बारे में कवि कहते हैं कि 'मैंने इसे लिखने का संकल्प किया था युवावस्था में, ढलती उम्र में लिखना शुरू किया और वृद्धावस्था में समाप्त किया।' स्पष्ट है कि इस काव्य में रामकथा पर कवि का चिंतन-मनन दीर्घकाल तक चला है। प्रस्तुत महाकाव्य में रामायण की कथा को आधुनिक आलोक में देखा गया है।

नवोदय युग के एक और मूर्धन्य कवि पु॰ति॰ नरसिंहाचार ने इधर 'हरिचरिते' नामक महाकाव्य की रचना की है जिसके नायक हैं श्री कृष्ण। श्री कृष्ण के लोकरंजक और लोकरक्षक रूप को नये संदर्भ में यहाँ प्रस्तुत किया गया है। 'श्रीमद्‌भागवत' के दशमस्कन्ध के कथासूत्र पर आधारित इस काव्य में श्री कृष्ण को समष्टि के नेता के रूप में रेखांकित करने का सफल प्रयास किया गया है।

महादेव बणकार का महाकाव्य 'विश्वबंधु मरुळसिद्धन काव्य' बारहवीं शती में हुए एक भक्त मरुळसिद्ध के जीवन पर आधारित है जिन्होंने दलितोद्धार के लिए अपने जीवन भर संघर्ष किया। भामिनी षट्पदी नामक छंद में लिखा हुआ यह काव्य एक सुंदर चरितकाव्य है।

बारहवीं शती के शिवभक्तों ने अपनी अभिव्यक्ति के लिए 'वचन' नामक पद्यगंधी गद्य का बड़ा सार्थक और सुंदर प्रयोग किया था। आधुनिक युग के कुछ प्रमुख कवियों ने इस वचन शैली का सुंदर अनुकरण किया है। आधुनिक भावबोध को वचन शैली के माध्यम से बहुत पहले एस॰ वी॰ रंगण्णा ने अपने सैकड़ों वचनों में प्रस्तुत किया था जिनका संग्रह 'रंगबिन्नप' नाम से वर्षों पहले सामने आ गया था। इनके बाद महादेव बणकार ने 'महादेव बणकार वचनगळु' नाम से 1008 वचनों का बृहत्‌ संग्रह प्रकाशित किया है। सिद्धय्या पुराणिक ने 'वचनोद्यान' नामक संग्रह प्रकाशित किया है जिसमें सैंकड़ों वचन संकलित हैं। इन सभी संग्रहों में अपार लोकानुभव है, समाज के दोषों और मानव के द्वंद्वों का विश्लेषण एवं व्यंग्य है।

प्रसिद्ध कवयित्री लता राजशेखर का 'बुद्ध महादर्शन' महाकाव्य एक उल्लेखनीय काव्य है जिसमें बुद्धदेव के विराट्‌ व्यक्तित्व और दर्शन का विवेचन है। आधुनिक संवेदनाओं से यह महाकाव्य युक्त है। इधर इन्होंने ईसा पर भी एक महाकाव्य प्रकाशित किया है।

कन्नड़ में इधर के वर्षों में 'समग्रों' का प्रकाशन बड़ी संख्या में हो रहा है। ज्ञानपीठ पुरस्कार विजेता कवि द॰रा॰ बेंद्रे, पु॰ति॰ नरसिंहाचार्य, के॰एस॰ नरसिंहस्वामी, रामचंद्र शर्मा, गोपालकृष्ण अडिग, जी॰एस॰ शिवरुद्रप्पा, चेन्नवीर कणवि, गंगाधर

चित्ताल की समग्र कविताओं के संकलन प्रकाशित हुए हैं। दूसरी ओर नयी पीढ़ी के कवियों में सिद्धलिंग पट्टणशेट्टी, बी॰आर॰ लक्ष्मण राव, के॰वी॰ तिरुमलेश, के॰एस॰ निसार अहमद, एच॰एस॰ वेंकटेशमूर्ति आदि की चुनी हुई कविताओं के संकलन और समग्र काव्य-संग्रह भी प्रकाशित हुए हैं।

दिनकर देसाई एक मात्र ऐसे कवि हैं जिन्होंने चार पंक्तियों की चौपाइयों की रचना हजारों की संख्या में करके 'चुटुक' नामक विधा को अत्यंत समृद्ध किया है। सामाजिक एवं राष्ट्रीय जीवन की अनेक विसंगतियों पर कठोर चोट करनेवाली चौपाइयाँ गागर में सागर भर लेने की क्षमता रखती हैं। इन चौपाइयों का समग्र भी इधर प्रकाशित हुआ है। अकबर अली ने भी इस क्षेत्र में पर्याप्त काम किया है। इनकी चुनी हुई चौपाइयों का एक संग्रह इधर प्रकाशित हुआ है।

मुक्तक रचनाओं (क्षणिकाओं) की प्रचुरता आजकल कन्नड़ में दिखायी दे रही है। इसे मिनी कविता भी कह सकते हैं। ये मुक्तक ऐसी छोटी रचनाएँ हैं जिनमें पाठकों को शब्द-चमत्कार एवं एक विशिष्ट अनुभव से चौंकाने की प्रवृत्ति होती है। प्रतिष्ठित कवि भी मुक्तकों की रचना करने में आजकल रुचि दिखा रहे हैं। वै॰एन॰ कृष्णमूर्ति, पी॰एस॰ रामानुजम्, सी॰पी॰ कृष्णकुमार, बी॰आर॰ लक्ष्मणराव, दुंडिराज, चदुरंग, इंदुवदने आदि इस क्षेत्र के कुछ उल्लेखनीय नाम हैं।

कैसेटों के माध्यम से गीतों को जन-जन तक पहुँचाने की प्रवृत्ति भी आजकल जोर पकड़ रही है। फलतः गीतों की रचना की भरमार है। कैसेटों के माध्यम का सदुपयोग करनेवाले कवियों में एन॰एस॰ लक्ष्मीनारायण भट्ट, एच॰एस॰ बेंकटेश मूर्ति, बी॰आर॰ लक्ष्मणराव आदि प्रमुख हैं। कन्नड़ लोकगीतों के साथ-साथ भक्तों और आधुनिक कवियों की कविताओं के कैसेट्स अधिक लोकप्रिय हो रहे हैं। इन्हीं कैसेटों के माध्यम से बंडाय प्रवृत्ति के कवियों के गीत भी बड़ी संख्या में आ रहे हैं जिनके द्वारा सामाजिक जागृति पैदा करने का प्रयत्न किया जा रहा है।

कन्नड़ की पुरानी पीढ़ी के मूर्धन्य कवियों में से डी॰वी॰ गुंडप्पा का 'मंकुतिम्मन कग्गा' कन्नड़ की सर्वाधिक लोकप्रिय कृति है जिसमें संकलित सैकड़ों चौपाइयों में व्यापक लोकानुभव और गंभीर चिंतन बड़ी प्रांजल शैली में अभिव्यक्त हुआ है। यही वजह है कि यह कृति अपार जनप्रिय हुई, मगर इधर के वर्षों में प्रकाशित इन्हीं की 'मरुळमुनियन कग्गा' उतना लोकप्रिय नहीं हो पाया जिसका कारण है कि 'मंकुतिम्मन कग्गा' में जो दर्शन और चिंतन मिले, उसके आगे यह काव्य नहीं जा पाया।

ज्ञानपीठ पुरस्कार विजेता दा॰रा॰ बेंद्रे नवोदय युग के श्रेष्ठ कवियों में से हैं जिन्होंने अपने गीतों के माध्यम से इस शती के काव्य एवं कवियों को प्रभावित किया है एवं कन्नड़-काव्यधारा को नयी चेतना दी है। अंतिम वर्षों में लिखित इनकी उत्तर कविताएँ आध्यात्मिकता के बोझ से भारी हैं। इन कविताओं में नवोदय युग के बेंद्रे के दर्शन नहीं होते हैं जिनमें सरसता, जीवन के प्रति अदम्य चेतना और मानवीय

भावनाओं के प्रति निरंतर उत्साह के फौवारे थे। उनके मरणोपरांत प्रकाशित 'पराकी', 'काव्यवैखरी' और 'प्रतिबिंब' संग्रहों में वेद-उपनिषद् का चिंतन और रहस्यवादी भावना है।

पु॰ति॰ नरसिंहाचार्य नवोदय युग के एक महत्त्वपूर्ण स्तम्भ रहे हैं। इनके कविता-संग्रह 'एंबत्तर नलुगु' में समाजपरक और अध्यात्मपरक कविताएँ संकलित हैं।

प्रथम पीढ़ी के उपर्युक्त कवियों की शृंखला में रं॰श्री॰ मुगळी ने 'मोटु मर माताडितु' संकलन बहुत दिनों के बाद प्रकाशित किया है जिसमें जीवन के प्रति आशावादी दृष्टिकोण है। कन्नड़ के महत्त्वपूर्ण कवियों में से एस॰आर॰ एक्कुंडी ने अपनी सरलता, आडंबर से रहित शैली एवं व्यापक लोकानुभव से अनुप्राणित कविताओं में नये-नये बिंबों के द्वारा वेद, उपनिषद्, पुराण और इतिहास के पात्रों का पुनस्सृजन किया है जो अपूर्व है। इनकी कविताओं में जीवन के प्रति अदम्य उत्साह देखने योग्य है। इनके इधर के वर्षों में प्रकाशित 'बेळ्ळक्किगळु' और 'कथन कवनगळु' उल्लेखनीय संग्रह हैं।

नवोदय एवं नव्य कविता से समान रूप में प्रेरणा ग्रहण करनेवाले जी॰ एस॰ शिवरुद्रप्पा और चेन्नवीर कणवि समन्वयवादी कवि के रूप में प्रसिद्ध हैं। वी॰ जी॰ भट कन्नड़ के ख्यात व्यंग्य कवि हैं। व्यंग्य द्वारा अपने समाज की विरूपताओं को रेखांकित करने में इनकी कविताएँ अत्यन्त सफल रही हैं। लम्बे अरसे के बाद पिछली सदी के अस्सी के दशक में इन्होंने आठ संग्रह प्रकाशित किये हैं। इन कविताओं में कवि का जीवन-दर्शन, प्रेम, समाज-दर्शन आदि हैं। किंतु कवि का व्यंग्य-कटाक्ष हर कहीं देखा जा सकता है। सहजता के निर्वाह एवं अलंकारों तथा काव्यबिंबों के विशिष्ट प्रयोग में कवि को बड़ी सफलता मिली है।

कन्नड़ नव्यकाव्य के प्रवर्तक गोपालकृष्ण अडिग कविता के क्षेत्र में सक्रिय रहे। 'मूलक महाशयरु', 'बत्तलारद गंगे', 'चिंतामणियल्लि कंड मुख' इधर के वर्षों में प्रकाशित उनके प्रमुख कविता-संग्रह हैं। इन संग्रहों की कविताओं में राजनीतिक क्षेत्र के बदलते परिदृश्यों तथा सामाजिक विसंगतियों के प्रति इनकी काव्यात्मक प्रतिक्रियाएँ हैं। नव्य काव्य के एक और मूर्धन्य कवि रामचंद्र शर्मा ने 'मातु-माटा' और 'देहलिगे बंद होस वरुष' संग्रह प्रकाशित किये हैं। 'मातु-माटा' में पंद्रह सानेट हैं जो कि इनकी प्रयोगधर्मी सृजनशीलता को रेखांकित करते हैं। जी॰ एस॰ सिद्धलिंगय्या ने 'ऋष्यशृंग' कविता-संग्रह प्रकाशित किया है जिसमें ऋष्यशृंग को नये संदर्भ में प्रस्तुत करने का प्रयत्न है। 'बेळिळ मीनु' चंद्रशेखर कंभार का कविता-संग्रह है जिसमें न केवल शिष्ट भाषा में लिखित कविताएँ हैं अपितु लोकगीतात्मक शैली में लिखित कविताएँ भी हैं। कन्नड़ के विद्रोही कवियों में अत्यंत सफल कवि के रूप में ख्यातिप्राप्त चंद्रशेखर पाटील का व्यंग्य लाजवाब है। राजनीतिक, सामाजिक, आर्थिक शोषण के खिलाफ इनकी कविताएँ बेबाक चोट करती हैं। समसामयिक

समस्याओं पर पाटील के काव्यात्मक व्यंग्य अत्यंत प्रखर होते हैं।

कर्नाटक से बाहर रहकर कविता लिख रहे कवियों में अरविंद नाडकर्णी का नाम विशेष रूप से उल्लेखनीय है जिन्होंने अपनी कविताओं में प्रमुख रूप से नगरीय जीवन की त्रासदियों एवं यंत्रणाओं का चित्रण अत्यन्त सहजता से किया है।

नव्योत्तर युग के कवियों में के॰एस॰ निसार अहमद, सुमतींद्र नाडिग, वी॰ चिक्कवीरय्या, एच॰ एस॰ वेंकटेश मूति, सिद्धलिंग पट्टणशेट्टी, एन॰एस॰ लक्ष्मीनारायण भट, रामदास, सुब्राय चोक्काडि, बी॰आर॰ लक्ष्मण राव, एच॰एस॰ शिवप्रकाश, काळेगौड़ नागवार, वेणुगोपाल सोरबा, ना॰ मोगसाले, एच॰एस॰ भीमनगौडर आदि प्रमुख हस्ताक्षर हैं जिनकी कविताओं ने आधुनिक कन्नड़-कविता का अपने विशिष्ट अनुभवों से विस्तार किया है।

यू॰आर॰ अनंतमूर्ति और पी॰ लंकेश ने कन्नड़-काव्य को अपनी कविताओं द्वारा नयी संवेदना दी थी। अनंतमूर्ति ने बड़ी मुद्दत के बाद एक कविता-संग्रह 'अज्जन हेगल सुक्कुगळु' प्रकाशित किया है।

कन्नड़ में खंडकाव्य बहुत ही कम लिखे गये हैं। खंडकाव्य के संदर्भ में सुमतीन्द्र नाडिग का विशेष रूप से उल्लेख करना चाहिए जिन्होंने इधर 'दाम्पत्य गीते' नाम से एक सुंदर खंडकाव्य की रचना की है। यह आत्मचरितात्मक है किंतु इसकी संवेदना की जड़ें इतनी गहरी हैं कि यहाँ प्राचीन से अर्वाचीन समय तक कवि की चेतना काम कर रही है। यहाँ दाम्पत्य जीवन की सुख-दुःखात्मक अनुभूतियों को व्यापक धरातल पर प्रतिष्ठित करने का सार्थक प्रयत्न है। इस खंडकाव्य को पढ़ना अपने में एक सुखद अनुभव है।

कन्नड़ में कवयित्रियों की संख्या इधर के वर्षों में काफी बढ़ गयी है। ये कवयित्रियाँ अपनी नारी-सहज सीमाओं के बावजूद या उन सीमाओं को लाँघकर बड़े साहस के साथ हमारी व्यवस्था, पुरुष समाज का शोषण, सामाजिक अन्यायों के खिलाफ स्वर उठा रही हैं। कन्नड़ की कवयित्रियों में कुछ प्रमुख नाम हैं—मालती पट्टणशेट्टी, विजया दब्बे, प्रतिभा नंदकुमार, सर्वमंगला, सुकन्या मारुति, हेमा पट्टणशेट्टी, कमला हेम्मिगे, शशिकला विरय्यस्वामी, शैलजा उडुचण आदि।

आधुनिक कन्नड़-काव्य की अधुनातन प्रवृत्ति के रूप में बंडाय-काव्य यानी विद्रोही काव्य का नाम ले सकते हैं। पिछले दस-पंद्रह वर्षों से काव्य में विद्रोही स्वर बड़े पैमाने पर उभर आया है। यह स्वर शुरू में दलित कवियों का रहा और अब धीरे-धीरे किसी न किसी रूप में सभी कवियों का हो गया है। सन् 1976 ई॰ से दलित कवि सिद्धलिंगय्या के 'होले मादिगर हाडु' (अछूतों के गीत) से इस विद्रोही प्रवृत्ति का सूत्रपात हुआ। तदुपरांत इसी कवि के अन्यान्य संग्रहों में संकलित कविताओं ने इस स्वर को और प्रखर बनाया। सामाजिक अन्यायों एवं शोषण के खिलाफ अपना स्वर उठानेवाली इस काव्यधारा ने नयी पीढ़ी के असंख्य चिंतकों एवं

कवियों को अपनी ओर आकृष्ट किया है। इस काव्यधारा के विकास में योगदान देनेवाले प्रमुख कवि हैं—बरगूर रामचंद्रप्पा, चंद्रशेखर पाटील, आर॰के॰ मणिपाल, अरविंद मालगत्ति, चेन्नण्ण वालीकार, बसवराज सबरद, म॰न॰ जवरय्या, होरेयाला दोरेस्वामी, मुनि वेंकटप्पा, के॰बी॰ सिद्धय्या आदि। सामाजिक बोध और आधुनिक संवेदनाओं को आम आदमी तक ले जाने की दिशा में इस पंथ के कवियों ने महत्त्वपूर्ण काम किया है। बंडाया काव्य लिखनेवालों में केवल दलित कवि ही नहीं हैं अपितु अन्य वर्ग के लोग भी इसमें एकजुट हुए हैं। संक्षेप में, इतना तो अवश्य कहा जा सकता है कि आधुनिक कन्नड़-कविता की यह विद्रोही प्रवृत्ति एक ऐसे समूह की ध्वनि है जो सचमुच सर्वहारा है।

आज का कन्नड़-काव्य अत्यंत समृद्ध है। इसमें जिस प्रकार विविधता है उसी प्रकार विस्तार भी है।

आधुनिक युग : कहानी

कविता के ही समान कहानी के क्षेत्र में भी नवोदय, नव्य, प्रगतिशील और बंडाय यानी विद्रोही प्रवृत्ति क्रियाशील रही। नवोदय युग की कहानियों से बंडाय कहानी तक की यात्रा में कन्नड़-कथा ने अनेक आयाम देखे हैं। नवीन वस्तु एवं शिल्प की खोज; उदात्त मानवीय मूल्यों का प्रतिपादन; स्थापित मूल्यों पर शंका; व्यक्ति, समाज एवं राष्ट्र के स्तर पर मूल्यों का अन्वेषण; शोषितों के प्रति हार्दिक समवेदना; व्यवस्था के प्रति विद्रोह—ये आधुनिक कन्नड़-कथा-साहित्य की विशेषताएँ रहीं। इस सिलसिले में नवोदय युग के मास्ति वेंकटेश अय्यंगार, कुवेंपु, आनंद आदि प्रमुख कथाकारों; अ॰न॰कृ॰ बसबराज कट्टीमनी, त॰रा॰सु॰, चदुरंग आदि प्रगतिशील कथाकारों; यू॰आर॰ अनंतमूर्ति, बी॰ सी॰ रामचंद्र शर्मा, पी॰ लंकेश, के॰ सदाशिव, शांतिनाथ देसाई, यशवंत चित्ताल, पूर्णचंद्र तेजस्वी, वीरभद्र आदि नयी कहानी के प्रमुख कथाकारों और डॉ॰ बेसगरहल्ली रामण्ण, बरगूर रामचंद्रप्पा, कुं॰ वीरभद्रप्पा, काळेगौड़ नागवारा, होरेयाला दोरेस्वामी जैसे बंडाय यानी विद्रोही कथाकारों के नाम विशेष रूप से उल्लेखनीय हैं जिनकी कहानियों ने कन्नड़-साहित्य को अपनी सर्जनात्मक प्रतिभा एवं सैद्धांतिक विचारों से नया आयाम दिया है। कन्नड़-कथा-साहित्य इन सबके योगदान से अत्यंत समृद्ध हुआ है।

कन्नड़-कहानी का वर्तमान परिदृश्य निराशाजनक नहीं है। सन् 1970 ई॰ तक नयी कहानी की लहर जैसे ही थमी, उसकी प्रतिक्रिया के रूप में बंडाय-विद्रोह की प्रवृत्ति साहित्य की अन्यान्य सृजनात्मक विधाओं के समान कन्नड़ कथा-साहित्य में भी आयी। इन कहानियों में वैचारिकता एवं यथार्थपरक दृष्टिकोण का समन्वय है। सामाजिक समस्याओं, राजनीतिक क्षेत्र की विसंगतियों, शोषितों की पीड़ाओं, व्यक्ति की कुंठाओं और उसके द्वंद्वों का चित्रण इन कहानियों में होने लगा। सबसे बढ़कर, स्थापित मूल्यों और पूँजीवादी-अधिनायकवादी प्रवृत्तियों का कठोर खंडन एवं उनपर व्यंग्य किया गया है। नवोदय युग के भावुकतामूलक स्वप्नलोक और नव्य कहानी

के व्यक्तिपरक अनुभवों की स्वच्छंदतापूर्ण अभिव्यक्ति से बाहर निकलकर आज की कहानियाँ समाजपरक हो गयी हैं। आज की कहानियों में एक गवेषणात्मक प्रवृत्ति है जो व्यक्ति से लेकर समाज एवं राष्ट्र-जीवन में व्याप्त द्वंद्वों और विसंगतियों का पर्दाफाश कर रही है। कन्नड़-कथा-साहित्य में यह प्रवृत्ति विगत शताब्दी के 70 के दशक में ही शुरू हुई जबकि प्रसिद्ध कथाकार के॰ पी॰ पूर्णचंद्र तेजस्वी का कथा-संकलन 'अबेचूरिन पोस्टाफीसु' प्रकाशित हुआ। इस कथा-संकलन की भूमिका में तेजस्वी ने जो सैद्धांतिक चिंतन किया था, उससे हमारी युवापीढ़ी प्रभावित हुई। तदुपरांत प्रकाशित कथासंग्रहों में समाज के प्रति तीव्र प्रतिबद्धता का स्वर सुनायी पड़ता है। बरगूर रामचंद्रप्पा के 'कप्पु नेलद केंपु काळुगळु', कुं॰ वीरभद्रप्पा के 'डोम मत्तु इतरे कथेगळु' और 'इन्नादुरु सायबेकु', काळेगौडा नागवारा के 'अलेगळु' और 'बेट्ट सालुमळे', टी॰जी॰ राघव के 'संबंधगळ', के॰वि॰ तिरुमलेश के 'नायक मत्तु इतररु', एस॰ दिवाकर के 'इतिहास', बोळुवारु मोहम्मद कुँई के 'देवरुगळ राज्यदल्ली' और 'अंक', महम्मद कटपाड़ी के 'नोंबु' आदि संग्रहों की कहानियों में सामाजिक परिवर्तन के प्रति तीव्र आस्था है। शोषण, गरीबी, निम्न वर्ग की यातनाओं और जीवन के लिए निरंतर संघर्ष कर रहे सर्वहारा वर्ग की यंत्रणाओं का और ग्रामीण प्रदेश के किसानों एवं गरीबों का मार्मिक चित्रण है। इस पंथ के प्रमुख कलाकार हैं डॉ॰ बेसगरहल्ली रामण्णा जिनकी कहानियों में जहाँ ग्रामीण जीवन का बड़ा जबर्दस्त चित्रण हुआ है वहीं नगर के बुद्धिजीवियों के मुखौटों के पीछे मौजूद असलियत का मार्मिक अनावरण भी किया गया है। ग्रामीणों की सरलता और उनकी लाचारी का नाजायज फायदा उठानेवाले तथाकथित भद्रपुरुषों, सरकारी अफसरों, डॉक्टरों की क्रूर अमानवीयता पर व्यंग्य किया गया है। इनकी कहानियों में तीव्र मानवतावादी दृष्टि देखी जा सकती है। पेशे से डॉक्टरी करनेवाले रामण्णा की कहानियों में लोकानुभव घनीभूत रूप में अभिव्यक्त हुए हैं। इनकी समग्र कहानियों का संकलन 'कन्नंबाडी' नाम से प्रकाशित हुआ है।

कन्नड़ की नयी कहानी के प्रवर्त्तक डॉ॰ यू॰ आर॰ अनंतमूर्ति ने इधर के वर्षों में 'आकाश मत्तु बेक्कु' प्रकाशित किया है। यशवंत चित्ताल ने 'कथेयादळू हुडुगि', 'बेन्या' और 'सिद्धार्थे' कथा-संकलन प्रकाशित किये हैं। इन कहानियों में चित्ताल ने मृत्युबोध पर गहरा चिंतन किया है। मृत्यु और जीवन इनकी अधिकांश कहानियों में चर्चित है। शांतिनाथ देसाई ने 'परिवर्तन' और 'कूर्मावतार' संग्रह प्रकाशित किये हैं जिनकी कहानियों में आधुनिक समाज में बदलते मूल्यों और नर-नारी के आपसी संबंधों का विश्लेषण है।

आधुनिक पीढ़ी के कथाकारों में जयंत कायिकिणी ने 'तेरेदष्टे बागिलु', 'गाळ' और 'रगडू परबन अश्वमेध' शीर्षक तीन कथा-संग्रहों, रामचंद्र देव ने 'मूगेला मत्तु इतर कथेगळु' नामक संग्रह, क॰त॰ चिक्कण्ण ने 'ओडलुरि' कथा-संकलन, नागतिहल्ली

चंद्रशेखर ने 'मलेनाडिन हुडुगि' और 'बैलूसीमेय हूडुगा' संग्रह का प्रकाशन किया है। ये बड़े संवेदनशील कथाकार हैं जिनमें सूक्ष्म दृष्टि है, आधुनिक विचारों को तार्किक निकष पर कसकर निर्णय लेने की क्षमता है। फलतः इनकी कहानियों में मानव-मन के द्वंद्वों और समाज की समस्याओं का व्यापक चित्रण है। आधुनिक पीढ़ी के कथाकारों ने जैसे ग्रामीण जीवन का विश्लेषण किया है, वैसे ही नगरों के यांत्रिक जीवन के संत्रासों का भी चित्रण किया है।

कन्नड़ में कहानी-लेखिकाओं की संख्या भी कम नहीं है। इनकी कहानियों में विविधता है। इनपर आधुनिक विचारों के साथ-साथ नव्य और बंडाय आंदोलन का प्रभाव पड़ा है। पारिवारिक समस्याओं पर जमकर लिखनेवाली इन लेखिकाओं की रचनाएँ सामान्य पाठकों को अपने वश में कर लेने की अद्भुत क्षमता रखती हैं। ऐसी अनेक लेखिकाओं के बीच वीणा शांतेश्वर, सारा अबूबक्कर, बानु मुश्ताक, वैदेही, मालती पट्टणशेट्टी आदि उल्लेखनीय हस्ताक्षर हैं जिन्होंने कन्नड़-कथा-साहित्य को निश्चित रूप से नयी संवेदना दी है। सारा अबूबक्कर ने कन्नड़ में पहली बार मुस्लिम परिवारों में होनेवाले स्त्री-शोषण और धार्मिक-सामाजिक स्तर पर होनेवाली अमानवीय हिंसा का पर्दाफाश किया है। इस दृष्टि से इनका कथासंग्रह 'चप्पलिगळु' उल्लेखनीय है। एक और लेखिका बानू मुश्ताक का नाम भी उल्लेखनीय है। वीणा शांतेश्वर ने वस्तु के चुनाव एवं अभिव्यंजना में नवीनता के कारण कन्नड़-साहित्य में अपना स्थान बना लिया है।

इस संदर्भ में कन्नड़ की एक विशिष्ट कथा-लेखिका प्रेमा भट्ट का विशेष उल्लेख करना है जिन्होंने 'पंचामृत' शीर्षक से पाँच सौ कहानियों का एक बृहत् संकलन प्रकाशित किया है और इसके पहले भी उन्होंने 'अक्षते' नाम से अपनी सौ कहानियों का संकलन प्रकाशित किया था। इनकी कहानियों में नारी-जीवन की अंतर्व्यथाओं, नारियों के शोषण तथा पारिवारिक जीवन की अनेक समस्याओं का वैविध्यमय चित्रण किया गया है।

इनके अलावा पिछली पीढ़ी की लेखिकाओं में एम॰ के॰ इंदिरा, अनुपमा निरंजन, शांता देवी कणवी, ऊषा नवरत्नराम आदि प्रमुख हैं। इधर की लेखिकाओं में कमला हेम्मिगे, हेमा पट्टणशेट्टी, भागीरथी हेगड़े आदि उल्लेखनीय हैं।

इस बीच कन्नड़ के प्रमुख कलाकार मास्ति वेंकटेश अय्यंगार, निरंजन, राघवेंद्र खासनीस, यशवंत चित्ताल, यू॰आर॰ अनंतमूर्ति, के॰ सदाशिव की समग्र कहानियों के संकलन भी प्रकाशित हुए हैं। इनमें अधिकांश कथाकार अब भी लिख रहे हैं। विभिन्न भारतीय भाषाओं से कहानियाँ नियमित रूप से अनूदित होकर प्रकाशित हो रही हैं। राज्य साहित्य अकादमी की त्रैमासिक पत्रिका 'अनिकेतन' तो अनूदित रचनाओं के प्रकाशन के लिए सुरक्षित ही है।

इस प्रकार हम देखते हैं कि कन्नड़-कथा-साहित्य अपनी गहराई और गंभीर

चिंतन-मंथन के फलस्वरूप नये-नये आयामों के अन्वेषण में लगा हुआ है।

आधुनिक युग : उपन्यास

कन्नड़-उपन्यास-साहित्य सर्वाधिक मात्रा में विकसित अत्यंत लोकप्रिय विधा है। नवोदय, प्रगतिशील, नव्य और बंडाय पंथ के लेखकों ने इस विधा को समृद्ध किया है। कन्नड़ के ज्ञानपीठ पुरस्कार विजेता लेखक कुवेंपु, शिवराम कारंत, मास्ति वेंकटेश अय्यंगार और यू॰ आर॰ अनंतमूर्ति ने उपन्यास-लेखन के क्षेत्र में भी उल्लेखनीय सेवा करके नये प्रतिमान स्थापित किये हैं और अपने युग की समस्याओं का व्यापक चित्रण किया है। कुवेंपु ने 'कानूर सुब्बम्मा हेग्गडति' और 'मलेगळल्लि मदुमगळु' नामक दो बृहत् उपन्यासों के द्वारा अपने अंचल के जीवन का घनीभूत चित्रण किया है तो मास्ति वेंकटेश अय्यंगार ने अपने 'चिक्कवीर राजेंद्र' और 'चेन्नबसवनायक' नामक उपन्यासों के द्वारा इन दो ऐतिहासिक व्यक्तियों के जीवन और तत्कालीन सामाजिक-राजनीतिक जीवन का गंभीर चित्रण प्रस्तुत किया है। शिवराम कारंत तो प्रधान रूप से उपन्यासकार ही हैं, ये कन्नड़ के प्रेमचंद हैं, उपन्यास-सम्राट् हैं। इनका प्रसिद्ध उपन्यास 'चोमन दुडि' कन्नड़ का 'गोदान' है। शिवराम कारंत शुरू से साल में एक उपन्यास लिखते आ रहे हैं। इनके उपन्यास चिंतनपरक हैं, वैचारिकता से भरपूर इनके हर नये उपन्यास में पाठकों को एक नया आलोक प्राप्त हुआ है। इनका प्रसिद्ध उपन्यास 'मुकज्जिम कनसुगळु' ज्ञानपीठ पुरस्कार से सम्मानित है। कारंत के उपन्यासों में 'दोडुवर दोडुस्तिके', 'नष्ट दिग्गज', 'धर्मरायन संसारा', 'मैं मनगळ सुळियल्लि' आदि इधर के वर्षों में प्रकाशित प्रमुख उपन्यास हैं। कन्नड़ के आद्य उपन्यासकारों में अ॰ न॰ कृष्णाराव, त॰रा॰ सुब्बराव, बसबराज कट्टीमनी, रावबहादुर, निरंजन, चदुरंग, गोकाक आदि के नाम विशेष रूप से उल्लेखनीय हैं जिन्होंने उपन्यास विधा को समाजपरक बनाकर अपने समय की तमाम समस्याओं का चित्रण करके लोगों को सचेत ही नहीं किया अपितु बड़े पैमाने पर पाठक-समूह भी तैयार किया। अ॰न॰कृ॰ ने सौ से ज्यादा उपन्यास लिखे हैं। अ॰न॰कृ॰ की परंपरा का अनुसरण करके त॰रा॰सु॰ और बसबराज कट्टीमनी ने असंख्य उपन्यास लिखे हैं। इन उपन्यासकारों की दृष्टि इतिहास की ओर भी गयी है। अ॰न॰कृ॰ ने विजयनगर साम्राज्य पर उपन्यास लिखे हैं तो त॰रा॰सु॰ ने चित्रदुर्ग के इतिहास पर अनेक ऐतिहासिक उपन्यास लिखे हैं जिनमें सर्वाधिक प्रसिद्ध उपन्यास हैं 'दुर्गास्तमान'। चित्रदुर्ग के प्रसिद्ध शासक (जिन्हें पाळेगार कहते हैं) मदकरिनायक के जीवन एवं शासन पर आधारित है। इस उपन्यास में दिखाया गया है कि हैदरअली के आक्रमण में मदकरिनायक शहीद हो जाता है और चित्रदुर्ग का गढ़ शत्रु के हाथ में चला जाता है। प्रस्तुत उपन्यास में त॰रा॰सु॰ ने तत्कालीन राजनीति, सामाजिक एवं आर्थिक जीवन का गंभीर विश्लेषण ही नहीं किया है वरन् राजनीतिक क्षेत्र की समस्त विरूपताओं का अनावरण भी किया है। प्रांजल भाषा एवं आकर्षक शैली से

यह बृहत् उपन्यास पाठकों पर जादू करता है। बसबराज कट्टीमनी सामाजिक जीवन के भ्रष्टाचारों के कुशल चितेरे हैं। 'अगस्त 15', 'माडि मडिदवरु', 'ज्वालामुखीय मेले' आदि इनके अत्यंत प्रसिद्ध उपन्यास हैं।

रावबहादुर कन्नड़-उपन्यास-साहित्य के एक विशिष्ट हस्ताक्षर हैं जिन्होंने गाँव के विविधतापूर्ण जीवन का समग्र चित्रण अपने उपन्यास 'ग्रामायण' में किया है। यह कन्नड़ का क्लासिक उपन्यास है। राजनीतिक क्षेत्र की भ्रष्टता और राजनीतिक नेताओं के मुखौटों का अनावरण भी रावबहादुर ने अपने अन्य उपन्यासों में किया है। 'तब्बलिगळू' उनका अंतिम उपन्यास है जिसमें स्वातंत्र्यपूर्व और स्वातंत्र्योत्तर राजनीतिक क्षेत्र की हकीकतों का पर्दाफाश किया है। निरंजन के उपन्यासों में 'कल्याणराम', 'चिरस्परणे' और हाल ही में प्रकाशित 'मृत्युंजय' प्रसिद्ध हैं। 'चदुरंग' पहली पीढ़ी के सशक्त उपन्यासकार और कथाकार हैं। इनके कथा-साहित्य में यथार्थ और आदर्श का सुंदर समन्वय देखा जा सकता है। इन्होंने केवल चार उपन्यास लिखे– 'सर्वमंगला', 'उय्याले', 'बैखाख', और 'हेज्जाला'। ये चारों उपन्यास काफी चर्चित और लोकप्रिय हुए हैं। इन चारों उपन्यासों का स्थायी भाव प्रेम है जिसके चारों ओर विभिन्न स्तरों पर अनावृत होनेवाली समस्याओं के बहुआयामी रूपों का लेखक ने बड़ा ही मनोहारी चित्रण प्रस्तुत किया है। वि॰ कृ॰ गोकाक जैसे श्रेष्ठ कवि हैं वैसे वरिष्ठ उपन्यासकार भी हैं। इनका 'समरसवे जीवन' काफी प्रसिद्ध उपन्यास है। नाटक के क्षेत्र में बहुचर्चित लेखक श्रीरंग ने उपन्यास के क्षेत्र में भी योगदान दिया है। 'उत्तरविल्लद प्रश्ने' और 'अनादिअनंत' उनके उपन्यासों में से हैं जिनमें दो वैचारिक सिद्धांतों को आमने-सामने रखकर उनके परिप्रेक्ष्य में स्त्री-पुरुष के संबंधों, प्रेम, काम, विवाह, आदर्श जैसे विषयों पर तार्किक दृष्टि से चिंतन किया गया है। व्यासराय बल्लाळ कन्नड़ के विशिष्ट उपन्यासकार हैं जिनके 'वात्सल्य पथ', 'उत्तरायण' और 'हेमंतगान' ने कन्नड़ पाठकों को पर्याप्त प्रभावित किया है। इधर के वर्षों में प्रकाशित उनका 'बंडाय' उपन्यास मजदूरों की समस्याओं का सूक्ष्म चित्रण प्रस्तुत करता है। प्रेम व नगर-जीवन की समस्याएँ इनके उपन्यासों में प्रमुख रूप से चित्रित हैं।

कन्नड़ में उपन्यासों की रचना कर रही दूसरी पीढ़ी के लेखकों में यू॰आर॰ अनंतमूर्ति, एस॰एल॰ भैरप्पा, पी॰ लंकेश, चंद्रशेखर कंबार, यशवंत चित्ताल, के॰पी॰ पूर्णचंद्र तेजस्वी, शांतिनाथ देसाई, शंकर मोकाशी पुणेंकर, बी॰वी॰ वैकुंठराजू आदि प्रमुख हैं।

अनन्तमूर्ति कन्नड़ के अत्यंत चर्चित राष्ट्रीय स्तर के लोकप्रिय उपन्यासकार हैं जिनके प्रकाशित तीनों उपन्यासों 'संस्कार', 'भारतीपुर', 'अवस्थे' और 'भवोदिव्य' ने कन्नड़-उपन्यास को नयी दिशा दी है। धर्म, हरिजनों की समस्या और राजनीतिक क्षेत्र पर आधारित ये उपन्यास इन क्षेत्रों की विरूपताओं को उभारकर रखते हैं। पी॰ लंकेश के 'बिरुकु' और 'मुस्संजेय कथाप्रसंग' उपन्यास उल्लेखनीय हैं। 'सिंगारव्व मत्तु अरमने' चंद्रशेखर कंबार का प्रसिद्ध उपन्यास है तो यशवंत चित्ताल का उपन्यास

'शिकारी' काफी चर्चित है। महानगरों के संदर्भ में व्यक्ति के संघर्षों और उसकी साहसपूर्ण उपलब्धियों की गाथा इस उपन्यास की वस्तु है। 'शिकारी' उपन्यास मनुष्य की आशा-आकांक्षाओं तथा मानवीयता से संबद्ध प्रश्नों का विस्तारपूर्वक चित्रण प्रस्तुत करता है। पूर्णचंद्र तेजस्वी के प्रमुख उपन्यास हैं– 'निगूढ़ मनुष्यरु', 'कर्वालो' और 'चिदंबर रहस्य' जो काफी लोकप्रिय हैं। शांतिनाथ देसाई सशक्त उपन्यासकार हैं जिनके प्रथम उपन्यास 'मुक्ति' को नव्य पंथ का प्रवर्तन करनेवाला उपन्यास माना गया है। कन्नड़-उपन्यास-धारा में 'मुक्ति' मील का पत्थर है। तब से शांतिनाथ देसाई ने कई उपन्यास प्रकाशित किये हैं जिनमें 'बीज' और 'ओम णमो' का महत्त्वपूर्ण स्थान है। ये व्यक्ति के मानसिक अंतर्द्वंद्व एवं जीवन के उद्देश्यों को रेखांकित करनेवाले उपन्यास हैं। 'गंगव्वया गंगामाई' उपन्यास से प्रसिद्धि प्राप्त करनेवाले पुणेकर ने लंबे समय तक कोई उपन्यास नहीं लिखा था। किंतु इधर के वर्षों में उन्होंने दो-तीन उपन्यास प्रकाशित किये हैं जिनमें से 'अवधेश्वरी' उल्लेखनीय है। वैकुंठराजू के चार उपन्यास 'अंत्य', 'आक्रमण', 'उद्धव' और 'पर्यटन' प्रकाशित हुए हैं। मृत्यु, काम, प्रेम, समाज की विकृतियाँ, नगरीय जीवन की त्रासदियाँ इनके उपन्यासों में विस्तार से चित्रित हैं।

एस॰एल॰ भैरप्पा मूर्धन्य उपन्यासकार हैं जिनका कन्नड़-उपन्यास-विधा को उल्लेखनीय योगदान है। इनके उपन्यासों में धर्म, दर्शन, प्रेम, राजनीति, मृत्युबोध, भारतीय संस्कृति और पौराणिक आख्यानों तथा सामाजिक समस्याओं का विश्लेषण गम्भीरता से किया गया है। भैरप्पा के प्रमुख उपन्यास हैं 'वंशवृक्ष', 'दूर सरिदरू', 'गृहभंग', 'दाटू', 'अंचु', 'नेले', 'पर्व', 'साक्षी' और 'मंद्रा'। 'नेले' उपन्यास मृत्यु और काम की अनिवार्यता के बीच जीवन के गूढ़ार्थों का अन्वेषण करने की दिशा में क्रियाशील है। इस अन्वेषण के दौरान उपन्यासकार ने जीवन-मूल्यों के विश्लेषण का प्रयास किया है। 'पर्व' भैरप्पा के उपन्यासों में ही श्रेष्ठ नहीं, अपितु कन्नड़-उपन्यास-साहित्य की एक महत्त्वपूर्ण उपलब्धि है। 'पर्व' उपन्यास 'महाभारत' के कथानक के आधार पर लिखा गया है। 'महाभारत' के पात्रों को यहाँ अत्यन्त मानवीय धरातल पर प्रस्तुत किया गया है। इस उपन्यास की शैली आत्मकथात्मक है। इस उपन्यास का हर पात्र आत्ममंथन द्वारा बीती हुई घटनाओं का ऐसा बेबाक पुनर्मूल्यांकन प्रस्तुत करता जाता है कि उनके व्यक्तित्व के अनेक आयाम अनावृत होते जाते हैं। 'महाभारत' के कथानक को आधुनिक संदर्भ में प्रस्तुत करने का सफल प्रयास इस उपन्यास में है। चलती भाषा, आकर्षक निरूपण-शैली भैरप्पा की खास विशेषताएँ हैं।

पिछले वर्षों से नयी पीढ़ी के अनेक युवा लेखक उपन्यास लिखने में बड़ी तत्परता से जुटे हुए हैं और उन्होंने अनेक महत्त्वपूर्ण उपन्यास लिखे भी हैं जिनमें से दो प्रमुख लेखकों का उल्लेख आवश्यक है। श्रीकृष्ण आलनहल्ली कन्नड़ के युवा लेखकों में सर्वाधिक चर्चित कथाकार और उपन्यासकार थे जिनका असामयिक देहांत

हो गया। उनके उपन्यासों में ग्रामीण जीवन के रंगबिरंगे चित्र आकर्षक शैली में अंकित हुए हैं। नगरीय जीवन के प्रभाव से ग्रामीण जीवन में हो रहे परिवर्तनों के उन्होंने अत्यंत आत्मीय चित्र प्रस्तुत किये हैं। उनके 'काडु', 'परसंगद गेंडेतिम्मा' और 'भुजंग्यन दशावतारगळु' कन्नड़-उपन्यास-साहित्य की महत्त्वपूर्ण उपलब्धियाँ हैं। दलित लेखकों में देवनूर महादेव का अपना विशिष्ट स्थान है जिनके दो उपन्यास 'ओडलाळ' और 'कुसुमबाले' दलित समाज की संवेदनाओं एवं उनकी पीड़ाओं को बड़े कलात्मक ढंग से प्रस्तुत करते हैं। इनके उपन्यासों में शोर नहीं है। बड़ी सहज एवं शांत रीति से दलितों के यातनापूर्ण जीवन का निरूपण करने में देवनूर को बड़ी सफलता मिली है। इस पीढ़ी के अन्य उपन्यासकारों में डॉ॰ बेसगरहल्ली रामण्णा, कुं॰ वीरभद्रप्पा, पी॰वी॰ नारायण, के॰वी॰ तिरुमलेश, बी॰ शामसुंदर, क॰ता॰ चिक्कण्णा, शेषनारायण, बी॰जी॰ सत्यमूर्ति, विशुकुमार, ना॰ मोगसाले, जणगेरे वेंकट रामय्या, म॰सु॰ कृष्णमूर्ति, दु॰निं॰ बेळगली, सुंदर नाडकर्णी, म॰न॰ जवरय्या, बोळुवार मोहम्मद कुञी, फकीर महमद कटूपाड़ी, किक्केरी नारायण, एच॰एस॰ वेंकटेशमूर्ति, बी॰ आर॰ लक्ष्मणराव, अरविंद मालगत्ति के नाम उल्लेखनीय हैं। टी॰के॰ रामराव, ना॰ डिसोजा, डी॰वी॰ राव, के॰टी॰ गट्टी के नाम धारावाहिक उपन्यासों के प्रेमी पाठकों के बीच अत्यंत लोकप्रिय रहे हैं।

कन्नड़ में उपन्यास-लेखिकाओं की संख्या भी पर्याप्त है। त्रिवेणी, उषा नवरत्नराम, एम॰ के॰ इंदिरा, अनुपमा निरंजन, आर्याबा पट्टाभि, एन॰ पंकजा, प्रेमा भट, सी॰एन॰ मुक्ता, सायिसुते ईचनूर जयलक्ष्मी, ईचनूर शांता, एच॰ गिरजम्मा, ललितांबा चंद्रशेखर, के॰ शांतामणि आदि प्रमुख लेखिकाएँ हैं। इधर के वर्षों में अत्यंत सूक्ष्म संवेदनाओं से उपन्यास-लेखन में लगी हुई लेखिकाओं में अबूबक्कर, वीणा शांतेश्वर, रेखा राणी, एम॰पी॰ उमादेवी, पूर्णिमा गुडिबंडे, सविता नागभूषण के नाम विशेष रूप से उल्लेखनीय हैं। कन्नड़ की लेखिकाओं पर प्रायः यह आक्षेप लगाया जाता है कि ये पारिवारिक समस्याओं की परिधि से बाहर नहीं आती हैं और घरेलू महिलाओं को मद्देनजर रखकर उपन्यास लिखती हैं। किंतु इधर के इनके उपन्यासों को पढ़ने से लगता है कि इनके लेखन में परिवर्तन अवश्य आया है। आधुनिक संवेदनाओं के प्रति हमारी महिलाएँ सचेत हैं, यह कम संतोष की बात नहीं है।

इधर के वर्षों में यह देखा जा रहा है कि हमारी अधिकांश पत्रिकाएँ प्रतिष्ठित लेखकों के साहित्यिक मूल्यों से युक्त सुरुचिपूर्ण उपन्यासों के प्रकाशन में रुचि लेने के बजाय तंत्र-मंत्र, भूत-प्रेत, काम, वेश्या-समस्या और थ्रिलर उपन्यासों के प्रकाशन में अधिक रुचि ले रही हैं जो चिंता का विषय है।

आधुनिक युग : नाटक

अखिल भारत के स्तर पर कन्नड़-नाटकों का अपना विशिष्ट स्थान है किन्तु इधर के वर्षों में उल्लेखनीय नाटकों का प्रकाशन अपेक्षाकृत कम संख्या में हुआ है। परंतु

रंगमंच पर नाटकों के मंचन का जहाँ तक सवाल है, अधिक उत्साह दिखायी दे रहा है। रंगकर्मियों को प्रशिक्षण देने के क्षेत्र में वर्षों से सागर-हेग्गोडु निवासी के॰ वी॰ सुब्बणा अपने नीनासं रंगमंडल द्वारा अपार परिश्रम करते आ रहे हैं। कर्नाटक सरकार ने एक रंगायण रैपेर्टरी का आरम्भ प्रसिद्ध निर्देशक बी॰बी॰ कारंत के निर्देशन में मैसूर में किया था। रंगायण के द्वारा हर साल नये-नये प्रयोग हो रहे हैं। वार्षिक उत्सव भी सम्पन्न हो रहे हैं। कर्नाटक के विभिन्न नगरों में अनेक रंगमंडल कार्यरत हैं जो समय-समय पर नाटक खेलने में लगे हुए हैं। इनमें आस्था है, नये-नये प्रयोग करने का उत्साह है।

इसी बीच नुक्कड़ नाटकों (बीदी नाटक) का आंदोलन तीव्र रूप से चल पड़ा है। इन नाटकों के कलाकार ज्वलंत सामाजिक समस्याओं को लेकर गाँवों और शहरों में जाकर नाटक खेलते हैं। जन-जागृति पैदा करना ही इन नुक्कड़ नाटकों का प्रमुख उद्देश्य है। 'समुदाय' नामक रंगमंडल ने इस क्षेत्र में उल्लेखनीय कार्य किया है। कन्नड़ के मूर्धन्य नाटककारों में श्रीरंग का अपना विशिष्ट एवं सर्वाधिक महत्त्व है जिनके नाटकों ने मात्र मनोजरंजन के स्तर पर ही नहीं अपितु वैचारिक स्तर पर भी अपने युग को प्रभावित किया है। सामाजिक, राजनीतिक और धार्मिक क्षेत्र की विसंगतियों और समस्याओं की जाँच-पड़ताल श्रीरंग ने गंभीरता से की है। व्यंग्य का सशक्त प्रयोग इनके नाटकों में देखा जा सकता है। नाटक के क्षेत्र में श्रीरंग अपने अंतिम समय तक सक्रिय रहे। इनके असंख्य नाटक हैं जिनमें से इधर के वर्षों में प्रकाशित 'दारि यावुदय्या बैकुंठके', 'गुम्मनेल्लिह तोरम्मा', 'कालाय तस्मै नमः' 'नी मायेयोळगो निन्नोळु मायेयो' आदि प्रमुख हैं। कर्नाटक भर में सफलतापूर्वक इनके नाटकों का मंचन हो चुका है।

राष्ट्रीय स्तर पर ख्यातिप्राप्त गिरीश कर्नाड कन्नड़ के शीर्षस्थ नाटककार हैं जिनके 'तुगलक' और 'हयवदन' काफी चर्चित और लोकप्रिय हुए हैं। हाल ही में गिरीश ने 'नागमंडल' नामक अपना नया नाटक प्रकाशित किया है। पी॰ लंकेश, चंद्रशेखर कंभार, चंद्रशेखर पाटील, न॰ रत्न, एच॰एम॰ चन्नय्या, चदुरंग, बी॰वी॰ वैकुंठराजू कन्नड़ के प्रमुख नाटककारों में से हैं। लंकेश के 'संक्रांति', 'क्रांति बंतु क्रांति', 'तेरेगलू' 'टी॰ प्रसन्नन गृहस्थाश्रम' प्रसिद्ध नाटक हैं। चंद्रशेखर कंभार के नाटकों में 'ऋष्यश्रृंग', 'जोकुमार स्वामी', 'जैसिद नायक' और 'संग्या बाळ्या' प्रसिद्ध हैं। इन्होंने हाल ही में 'सिरिसंपिगे' नाटक का प्रकाशन किया है जो एक लोककथा पर आधारित है। इस नाटक में जीवन को समग्र रूप में देखने का प्रयत्न है। नाटकीय बंध की दृष्टि से प्रस्तुत नाटक निश्चय ही सफल नाटक है। चंद्रशेखर पाटील और न॰ रत्न ने असंगत नाटक के क्षेत्र में उल्लेखनीय साधना की है। पाटील के 'कोडेगलु' और 'टिंगर बुड्डण्ण' एवं रत्ना के 'एल्लिगे', 'गोडे बेके गोडे' तथा 'बोंते' नाटक प्रसिद्ध हैं। चेन्नय्या के 'एल्लरंथवनल्ल नन गंड' और 'हुय्यलवो डंगूरव'

चर्चित नाटक हैं जिनका सफल मंचन भी हुआ है। चंदुरंग का 'इलिबोनु' असंगत नाटक है जो काफी प्रसिद्ध है। बी॰वी॰ बैकुंठराजू सशक्त नाटककार हैं जिन्होंने इधर के वर्षों में 'संदर्भ' और 'सन्निवेश' नाटकों के द्वारा सामाजिक समस्याओं का गंभीर विवेचन किया है और अपने एक और नाटक 'काननदेवी' में दस्यु नारी काननदेवी के जीवन के मार्मिक प्रसंगों एवं समाज में निरंतर जारी रहनेवाले अन्याय, क्रूरता और अमानुष व्यवहारों का बेबाक चित्रण प्रस्तुत किया है। इन नाटकों का सफल रूप से मंचन हुआ है।

युवा पीढ़ी के नाटककारों की दृष्टि इतिहास की ओर ज्यादा रही है जिसकी प्रासंगिकता को आधुनिक संदर्भ में भी देखने का प्रयत्न ये कर रहे हैं। एच॰ एस॰ शिवप्रकाश ने 'महाचैत्र' में बारहवीं शती के बसवेश्वर के समय के सामाजिक एवं राजनीतिक वातावरण का विश्लेषण किया है और अपने 'टीपू सुल्तान' नामक दूसरे नाटक में टीपू सुलतान के जीवन को आधार बनाया है। लिंगदेवरू हळेमने का 'चिक्कदेवभूप' नाटक मैसूर-नरेश चिक्कदेवराज के व्यक्तित्व पर आधारित है। रामचंद्र देव का नाटक 'रथमुसल' बिहार राज्य के वैशाली गणतंत्र की राजनीतिक स्थितियों पर आधृत है। जी॰ एच॰ हन्नेरडु मठ ने नरगुंद के कृषक-आंदोलन को आधार बनाकर 'बंडेद्द बारुकोल' नाटक लिखा है। इसी प्रकार एक अन्य जन-आंदोलन के संदर्भ में क्यातनहल्ली रामण्णा ने 'हलगलिया बेड़रु' नाटक की रचना की है। बी॰ शामसुंदर ने अलाउद्दीन खिलजी के जीवन और उसकी जय-पराजय पर 'अलाउद्दीन खिलजी' नामक सुंदर नाटक लिखा है। इस तरह हम देखते हैं कि आज का कन्नड़-नाटक इतिहास और जन-आंदोलनों के प्रति अत्यंत संवेदनशील है। प्रसन्ना कन्नड़ के एक प्रमुख नाट्य-निर्देशक एवं नाटककार हैं। इनका नाटक 'तद्रुपी' काफी लोकप्रिय है। हाल में प्रकाशित उनके नाटक 'महिमापुर' में हास्य और व्यंग्य के माध्यम से समाज में व्याप्त ढोंग, मंदिरों में होनेवाले शोषण और विघटित हो रहे मानव-मूल्यों पर प्रहार किया गया है। इस प्रकार के अन्यान्य नाटककारों में एम॰ एस॰के॰ प्रभु, टी॰एन॰ सीताराम, जी॰एम॰ रंगनाथराव आदि के नाम उल्लेखनीय हैं।

इधर कन्नड़ में जाने-माने और मूर्धन्य नाटककारों के संपूर्ण नाटकों के 'समग्र' प्रकाशित हुए हैं। 'संसा नाटकगळु' संसा के समग्र नाटकों का महत्त्वपूर्ण संग्रह है जिसके संपादक हैं बी॰बी॰ वैकुंठराजू। आधुनिक कन्नड़-नाटक के क्षेत्र में संसा एक विशिष्ट हस्ताक्षर हैं जिनका व्यक्तित्व बड़ा ही रहस्यमय था। इनका जीवन किसी अज्ञात आशंका या भय से आवृत था और ये आखिर उसीके शिकार भी हुए। यद्यपि यह कहा जाता है कि उन्होंने तेईस नाटक लिखे, मगर आजकल केवल छह नाटक ही उपलब्ध हैं। इन छहों नाटकों का समग्र संकलन संपादक की एक विस्तृत आलोचनात्मक भूमिका के साथ प्रकाशित हुआ है।

'समग्र'—प्रकाशन की एक महत्त्वपूर्ण कड़ी है कैलासम् के समग्र नाटकों का

संकलन। टी॰ पी॰ कैलासम् कन्नड़ के मूर्धन्य नाटककारों में से हैं। कन्नड़-नाटक-साहित्य को सामाजिक धरातल पर प्रतिष्ठापित करके कैलासम् ने तत्कालीन समाज की तमाम समस्याओं, यथा विधवा-समस्या, दहेज-प्रथा, नवशिक्षितों के मन के विचारों, नगरीकरण के चंगुल में आये मध्यवर्गीय परिवारों की समस्याओं, जाति-प्रथा, वेश्या-समस्या और नारी-जीवन की अन्यान्य यातनाओं पर गंभीर चिंतन किया है और उन्हें अत्यंत सरल किन्तु प्रखर व्यंग्यात्मक शैली में चित्रित किया है। इनके नाटकों के पात्र आम आदमी हैं और परिवेश मध्यमवर्ग के परिवारों का है। भाषा एकदम बोलचाल की है जिसकी लय और गति का अनुकरण सम्भव नहीं है। अँगरेजी-मिश्रित कन्नड़ का कैलासम् ने ऐसा प्रयोग किया है कि वह लाजवाब है। कैलासम् ने नाटक विधा को अत्यंत लोकप्रिय बनाया। इनका पहला नाटक 'टोळ्ळू गट्टी' सन् 1917 ई॰ में प्रकाशित हुआ था। कैलासम् के कई नाटक अनुपलब्ध थे। अब मैसूर विश्वविद्यालय ने इनके 'समग्र' का प्रकाशन करके न केवल नाटक-प्रेमियों अपितु शोधार्थियों का भी उपकार किया है और सबसे बढ़कर कैलासम् की प्रासंगिकता को रेखांकित किया है।

जैसा कहा जा चुका है, इधर के वर्षों में मौलिक नाटकों का अभाव-सा लग रहा है। प्रसिद्ध कहानियों और उपन्यासों का नाटक-संस्करण तैयार करने की प्रवृत्ति ज्यादा दिखायी पड़ रही है। इस प्रकार रूपांतरित नाटकों के कुछ नाम हैं– कुवेंपु की कहानी 'धन्वंतरीय चिकित्से', के॰ पी॰ पूर्णचंद्र तेजस्वी की कहानी 'तबरन कथे', देवनूर महादेव का उपन्यास 'ओडलाळ', बी॰वी॰ बैकुंठराजू का उपन्यास 'उद्धव' आदि। विभिन्न भाषाओं से अनूदित नाटक भी पर्याप्त मात्रा में प्रकाशित हो रहे हैं जिनका कन्नड़ में काफी स्वागत हुआ है। आये दिनों रंगमंच के प्रति युवा पीढ़ी अधिक आस्था दिखा रही है जो कि निश्चय ही शुभ है। एकांकी के प्रति कन्नड़ के नाटककारों ने अधिक उत्साह नहीं दिखाया है।

आधुनिक युग : ललित निबंध

ललित निबंध एक ऐसी विधा है जिसमें मुक्त चिंतन, विषय के गंभीर किंतु सरस विवेचन एवं आत्माभिव्यंजना के लिए खुला मैदान रहता है। ललित निबंधों में निबंधकार का व्यक्तित्व और उसकी संस्कृति गुलाब की कली की भाँति खिलती है। ललित निबंध व्यक्तिनिष्ठ होते हुए भी एक समूचे जीवन-विधान का चित्र प्रस्तुत करता है। निबंध-लेखक बहुश्रुत होता है, लोकानुभव से उसका दिल और दिमाग भरा रहता है किंतु ये सब उसके निबंधों में बोझ बनकर न आएँ तो निबंधों में चार चाँद लग जाते हैं।

यद्यपि कन्नड़ में ललित निबंध-साहित्य हिन्दी की तुलना में उतना संस्कृतिपरक नहीं है, जातीय अस्मिता यहाँ अपेक्षाकृत कम मात्रा में दिखायी पड़ती है तथापि ललित निबंधों की काफी लंबी परंपरा है।

कन्नड़ के नवोदय युग में ही ललित निबंध लिखे जाने लगे थे। ए.एन. मूर्तिराव को इस विधा के प्रवर्तन एवं इसे समृद्ध करने का श्रेय है। इस कालावधि में कन्नड़ के लगभग सभी महत्त्वपूर्ण लेखकों पु.ति. नरसिंहाचार, बी. सीतारामय्या, गोरूर रामस्वामय्यंगार, द.भा. कुलकर्णी आदि ने अपने ललित निबंधों के माध्यम से इस विधा को साहित्य के क्षेत्र में प्रतिष्ठापित किया है।

नवोदय युग के लेखकों ने ललित निबंध को एक रूप और आकार प्रदान किया; मगर स्वातंत्र्योत्तर दिनों में यह विधा मानो ठप पड़ गयी। इधर के वर्षों में इस विधा का पुनरुत्थान हुआ है। कई लेखक ललित निबंध विधा की ओर आकृष्ट हो रहे हैं। जैसा कि कहा जा चुका है, ए.एन. मूर्तिराव कन्नड़ निबंध-लेखन के मूर्धन्य हस्ताक्षर हैं जिनके 'हगलुगनसु', 'मिनुगु मिंचु', 'अलेयुव मन' निबंध-संग्रहों और 'चित्रगुलु-पत्रगळु' नामक संकलन में समाविष्ट रेखाचित्रों में एक स्वस्थ और सुंदर मन की आत्माभिव्यक्ति देखी जा सकती है। इनके निबंधों का 'समग्र' भी प्रकाशित हुआ है। वी. सीतारामय्या के 'सीकरणे' और 'महनीयरू' निबंध-संग्रह तथा 'हिरियरू मत्तू गेळेयरु' नामक रेखाचित्र-संकलन में निबंधकार के सघन अनुभव, गहन अध्ययन एवं परिपक्व चिंतन देखे जा सकते हैं। पु.ति.न. जैसे श्रेष्ठ कवि हैं, वैसे ही श्रेष्ठ निबंधकार भी हैं। उनके निबंधों में समाज के प्रति अत्यंत जिज्ञासापूर्ण दृष्टि रखनेवाले चिंतक की काव्यमयी अभिव्यक्ति है।

गोरूर रामस्वामय्यंगार के ललित निबंधों में ग्रामीण संस्कृति, गाँव के जीवन-विधान और गाँव के विशिष्ट किंतु ख्यातिहीन व्यक्तियों के जीवन के अंशों का लालित्यपूर्ण वर्णन है। पुरानी पीढ़ी के निबंधकारों में र. श्री, मुगळी, एम. वी. सीतारामय्या, सिंपी लिंगण्णा के ललित निबंध और कुवेंपु के रेखाचित्र उल्लेखनीय हैं।

निबंध-साहित्य के क्षेत्र में उल्लेखनीय सेवाएँ करनेवालों में रा. कु. का विशिष्ट स्थान है। इनका निबंध-संग्रह 'गाळीपट' काफी लोकप्रिय हुआ है। 'देवकन्ये' इनका एक और निबंध-संग्रह है। अ.रा. मित्र, एच.एस. कृष्णस्वामय्यंगार, एन.के., रा.य. धारवाडकर, वी.आर. बाडप्पी, एन.एस. गदगकर, ए.एस. वेणुगोपालराव, अरासे, प्रभुशंकर आदि ने संसार के सूक्ष्म पर्यवेक्षण और लोकमानस के गहन अध्ययन से पुष्ट जो निबंध लिखे हैं, उनसे यह क्षेत्र समृद्ध हुआ है।

म.सु. कृष्णमूर्ति कन्नड़ के एक अन्यतम निबंधकार हैं। इनके तीन निबंध-संग्रह 'गंधमादन', 'चक्रमण' और 'हादि पुराण' प्रकाशित हैं। इनके संस्कृतिपरक निबंधों में जातीय अस्मिता की खोज जारी है, हमारी संस्कृति एवं साहित्य से निरंतर साक्षात्कार कराते हुए मानव-मन का परिष्कार करने की दिशा में इनके निबंध सफल हुए हैं।

सुनंदा बेळगाँवकर नयी पीढ़ी के निबंधकारों में एक विशिष्ट स्थान रखते हैं जिन्होंने ललित निबंध विधा को नयी चेतना दी है। 'कज्जाय' इनका महत्त्वपूर्ण

निबंध-संग्रह है जिसमें संकलित निबंधों में धारवाड़ अंचल की भाषा, संस्कृति और जीवन-पद्धति का सरस चित्रण है। मानवीय संबंधों की गहनता और मानवीय मूल्यों की प्रतिष्ठापना का प्रयत्न इन निबंधों में किया गया है। ए॰एन॰ मूर्तिराव और रा॰कु॰ के निबंधों की कोटि में सुनंदा के निबंधों को भी रखा जा सकता है।

आधुनिक युग : आलोचना

कन्नड़ का आलोचना-साहित्य समृद्ध है। किंतु वह कन्नड़-साहित्य की अन्य विधाओं के समकक्ष नहीं है। वैसे प्राचीन एवं मध्यकालीन कवियों पर काफी ग्रंथ प्रकाशित हुए हैं किंतु आधुनिक युग के साहित्य, कवि और काव्य-प्रवृत्तियों पर अलग-अलग फुटकल लेख ही ज्यादा प्रकाशित हुए हैं। कुवेंपु, बेंद्रे, मास्ति, पु॰ति॰न॰, शिवराम कारंत जैसे शीर्षस्थ साहित्यकारों पर आलोचनात्मक लेख उनके अभिनंदन-ग्रंथों में देखे जा सकते हैं। इनपर स्वतंत्र अध्ययन बहुत कम प्रकाशित हुए हैं जो चिंता का विषय है।

भारतीय एवं पाश्चात्य काव्यशास्त्र पर कन्नड़ में काफी काम हुआ है। ती॰नं॰ श्रीकंठय्या की 'भारतीय काव्यमीमांसे' एक महत्त्वपूर्ण कृति है। कुवेंपु ने 'रसो वै सः' में काव्यशास्त्र-विषयक अपना चिंतन प्रकट किया है। इस शृंखला में जी॰एस॰ शिवरुद्रप्पा का 'काव्यार्थ चिंतन', तिप्पेरुद्रस्वामी का 'तौलनिक काव्यमीमांसे', वी॰एम॰ ईनामदार का 'पाश्चात्य काव्यमीमांसा' आदि उल्लेखनीय हैं।

कन्नड़-आलोचना-साहित्य में के॰ डी॰ कुर्तुकोटी का अपना विशिष्ट स्थान है। उन्होंने मनोहर ग्रंथमाला से प्रकाशित 'नडेदु बंद दारि' और इसी ग्रंथमाला की स्वर्णजयंती के अवसर पर प्रकाशित ग्रंथों के लिए जो भूमिकाएँ लिखी हैं, वे आधुनिक साहित्य को समझने और मूल्यांकन करने में सर्वथा समर्थ हैं। इस प्रकार एक ओर कुर्तुकोटी ने इतिहासकार के रूप में अपनी आलोचनाओं में साहित्य का मूल्यांकन किया है तो दूसरी ओर द॰रा॰ बेंद्रे पर लिखी उनकी आलोचनात्मक कृतियाँ 'बेंद्रे कन्नड़ काव्यस्वरूप', 'भृंगद बेन्नेरी' और 'द॰रा॰ बेंद्रे-ओंदु अध्ययन' इस क्षेत्र की महती उपलब्धियाँ हैं।

आलोचना के विभिन्न सिद्धांतों पर गंभीर रूप से हमारे लेखकों ने विचार किया है। इस दृष्टि से एम॰जी॰ कृष्णमूर्ति का 'आधुनिक भारतीय साहित्य मत्तु इतर लेखनगळु', पी॰ लंकेश का 'प्रस्तुत' और 'कंडद्दु कंड हागे', यू॰आर॰ अनंतमूर्ति का 'समक्षमा', अरविंद नाडकर्णी का 'आहत' आदि का उल्लेख किया जा सकता है। काव्यसीमांसा के क्षेत्र की एक और उल्लेखनीय कृति है वीरण्णा दंडे कृत 'जनपद काव्यमीमांसे'।

कर्नाटक के विभिन्न विश्वविद्यालयों के कन्नड़-विभागों से अनेक शोधार्थियों ने प्राचीन और अर्वाचीन कवियों पर शोधकार्य करके पीएच॰डी॰ की उपाधियाँ प्राप्त की हैं। इनके कई शोध-प्रबंध प्रकाशित भी हुए हैं।

इधर के वर्षों में नवोदय युग के प्रतिष्ठित साहित्यकार ए॰आर॰ कृष्णाशास्त्री की जन्मशती के अवसर पर उनकी लोकप्रिय कृतियों 'वचनभारत' और 'कथामृत' का पुनर्मुद्रण किया गया है। कन्नड़-उपन्यास-साहित्य के पितामह गुल्वाड़ी वेंकटराव की जन्मशती के अवसर पर उनके व्यक्तित्व और कृतित्व पर एक स्मारक ग्रंथ 'गुलवाड़ी वेंकटराव-बदुकु बरह' संतोष कुमार गुल्वाड़ी के संपादकत्व में प्रकाशित हुआ है।

चि॰ना॰ मंगला ने नंजनगूड तिरुमलांबा के और विजय दब्बे ने श्यामला देवी के व्यक्तित्व और कृतित्व पर इधर विशेष काम किया है जिन्होंने इस शती के आरंभिक चरण में नारी-जागृति एवं साहित्य के क्षेत्र में अपनी कृतियों के द्वारा उल्लेखनीय योगदान दिया था। इन दोनों लेखिकाओं की कृतियों का संपादन विदुषी लेखिकाओं ने बड़े सुंदर ढंग से किया है।

जी॰एच॰ नायक कन्नड़ के प्रतिष्ठित आलोचक हैं जिनके तीन आलोचनात्मक ग्रंथ 'सन्निवेश', 'अनिवार्य' और 'निजदनि' प्रकाशित हुए हैं जिनमें विद्वान् लेखक ने साहित्य की विभिन्न विधाओं एवं लेखकों पर गंभीर चिंतन किया है।

संयोग है कि इधर के वर्षों में मास्ति, बेन्द्रे, कुवेंपु और अन्य साहित्यकारों के जन्मशती समारोह मनाये गये। इस उपलक्ष्य में इन पर कई आलोचनात्मक कृतियाँ प्रकाशित हुई हैं।

आलोचना के क्षेत्र में सक्रिय रहनेवाले नयी पीढ़ी के लेखकों में प्रमुख हैं भगवान, जिनके दो आलोचनात्मक ग्रंथ प्रकाशित हुए हैं—'आंतर्य' और 'बदलावणे'। इन दोनों में साहित्य की बुनियादी समस्याओं पर उन्होंने गंभीरता से विचार किया है और अपनी आलोचना के द्वारा समकालीन कन्नड़-साहित्य के कुछ स्थापित लेखकों का विवेचन किया है तथा उनकी कृतियों के साहित्यिक मूल्यों पर प्रश्न-चिह्न लगाये हैं। डी॰आर॰ नागराज का 'अमृत मत्तु गरुड' इधर के वर्षों में प्रकाशित महत्त्वपूर्ण आलोचनात्मक ग्रंथ है जिसमें मार्क्सवादी आलोचना को अपनी आलोचना का निकष मानकर उसे एक सुदृढ़ रूप देने का प्रयत्न किया गया है। अपने इस ग्रंथ में नागराज ने कुवेंपु, मास्ति, कारंत के साहित्य पर अपने मौलिक विचार व्यक्त किये हैं। 'अमृत मत्तु गरुड' निश्चय ही एक महत्त्वपूर्ण कृति है। स्वर्गीय एस॰ वेंकटराम की एक आलोचनात्मक कृति है—'दुडियुववर दनि मत्तु इतरलेखनगळु'। वेंकटराम यद्यपि एक राजनीतिक व्यक्ति थे तथापि इनके पास साहित्य के प्रति एक गंभीर दृष्टि थी। इस कृति में साहित्य और साहित्येतर विषयों पर इनके विचार मनन करने योग्य हैं। इस संकलन में 'भगवद्गीता' और दास्तोवेस्की के 'क्राइम एण्ड पनिशमेंट' की आलोचना देखने योग्य है।

आलोचना के क्षेत्र में कई ऐसे लेखक सक्रिय रहे हैं जिनकी कृतियाँ महत्त्व रखती हैं। इनमें सी॰ वीरण्णा का 'मार्क्सवाद तत्त्वशास्त्र मत्तु साहित्य' और 'साहित्य मत्तु समुदाय', म॰न॰ जवरय्या का 'प्रतिपादने', एच॰एम॰ चेन्नय्या का 'प्रासंगिक' और टी॰

पी॰ अशोक के आलोचनात्मक ग्रंथ प्रमुख हैं। एच.एस॰ वेंकटेशमूर्ति, नरहल्ली बालसुब्रह्मण्यम्, ए॰ एस॰ वेणुगोपाल राव, कृ॰ वी॰ नारायण राव, मल्लेपुरं जी॰ वेंकटेश, सिद्धलिंग पट्टणशेट्टी, शिवरामु काडनकुप्पे आदि आज के उल्लेखनीय आलोचक हैं। कन्नड़ में आलोचना की अनंत संभावनाएँ हैं। यहाँ के शीर्षस्थ कवियों का स्वतंत्र अध्ययन किये जाने की आवश्यकता है। कन्नड़ में तुलनात्मक अध्ययन बहुत कम हुआ है।

आधुनिक युग : विविध विधाएँ

हास्य और व्यंग्य लेखन के क्षेत्र में पुरानी पीढ़ी के रचनाकारों में से बीची, नाडिगेर कृष्ण राव, ना॰ कस्तूरी, सुनंदम्मा आदि ने महत्त्वपूर्ण काम करके इस विधा को अत्यंत समृद्ध बनाया। इधर के वर्षों में सी॰के॰एन॰ राजा, एच॰एल॰ केशवमूर्ति, एम॰पी॰ मनोहर चंद्रन, एम॰ एस॰ नरसिंहमूर्ति, पी॰एस॰ रामानुजम, केफा, भुवनेश्वरी हेगड़े, बी॰ शामसुंदर, वाई॰एन॰के॰, के॰ सत्यनारायण आदि लेखक हास्य-व्यंग्य-लेखक को समृद्ध कर रहे हैं।

इधर के वर्षों में प्रकाशित विशेष उल्लेखयोग्य कृतियाँ हैं—एच॰एम॰ नायक की कृति 'संप्रति' और कीर्तिनाथ कुर्तुकोटी का निबंध-संग्रह 'संस्कृति स्पंदन'। लम्बे अरसे से कई लेखक विभिन्न पत्र-पत्रिकाओं में स्तंभ-लेखन करते आ रहे हैं। किन्तु स्तंभ-लेखन को एक साहित्यिक विधा के रूप में स्थापित करने का श्रेय एच॰एम॰ नायक को है। नायक दीर्घ काल से विभिन्न पत्रिकाओं में नियमित रूप से स्तंभ-लेखन करते आ रहे हैं। इनके स्तंभ-लेखों के कई संग्रह भी प्रकाशित हुए हैं। नायक के इन स्तंभ-लेखों को सांस्कृतिक दस्तावेज कहा जा सकता है। समसामयिक विषयों पर नायकजी का चिंतन-मनन अत्यंत सरल और प्रांजल शैली में अभिव्यक्त होता है जिसमें ललित निबंधों का लालित्य आ जाता है। इनके साहित्य, संस्कृति, कला, राजनीति, शिक्षा एवं अन्य क्षेत्रों के सम्मानित व्यक्तियों के संस्मरणात्मक रेखाचित्रों को पढ़ना अपने में एक सुखद अनुभूति है। इनकी स्पष्ट चिंतनधारा, व्यक्तिगत स्पर्श तथा निरूपण की अनन्य शैली के फलस्वरूप इनकी हर रचना यदि एक ओर सांस्कृतिक लेख है तो दूसरी ओर उच्च कोटि का निबंध भी है। इस दृष्टि से इधर प्रकाशित इनके स्तंभ-लेखों का बृहत् संग्रह 'संप्रति' का अपना विशिष्ट महत्त्व है। 'नम्म मनेय दीप' नायक के सुंदर रेखाचित्रों का संग्रह है।

कीर्तिनाथ कुर्तुकोटी कन्नड़ के श्रेष्ठ इतिहासकार, नाटककार आलोचक और निबंधकार हैं। इनका एक महत्त्वपूर्ण निबंध-संकलन 'संस्कृति स्पंदन' इधर प्रकाशित हुआ है। इन निबंधों में साहित्यिक एवं सांस्कृतिक विषयों की गंभीर चर्चा है। यहाँ विद्वान् लेखक की विद्वत्ता एवं उनकी लालित्य-योजना का अपूर्व संगम हुआ है। इन निबंधों को शुद्ध ललित निबंधों की कोटि में नहीं रख सकते परंतु ललित निबंधों का धर्म यहाँ अवश्य पाया जाता है। संस्कृति, साहित्य, कहानी, नाटक, कला, कथातंत्र पर लेखक की विचारधारा मनन करने योग्य है। कन्नड़ का निबंध-साहित्य

'संप्रति' और 'संस्कृति स्पंदन' से समृद्ध हुआ है।

कन्नड़ के दो प्रसिद्ध साप्ताहिक 'लंकेश पत्रिके' और 'वारपत्रिके' में उनके संपादकों के द्वारा लिखी जा रही 'टीके-टिप्पणी' और 'संपादकन डायरी' स्तंभ अत्यंत चर्चित और लोकप्रिय हैं। इन स्तंभों के लेख सामयिक और सांस्कृतिक महत्ता के होते हैं। 'वारपत्रिके' के संपादक 'संपादक डायरी' नाम से उन्हें अलग रूप से प्रकाशित भी कर रहे हैं। 'उदयवाणी' दैनिक का साप्ताहिक स्तंभ 'लोकाभिराम' भी काफी प्रसिद्ध है जिसके लेखक हैं कु॰शी॰ हरिदास भट।

कन्नड़ का बाल-साहित्य, वैचारिक साहित्य और लोकसाहित्य अत्यंत समृद्ध है। व्याकरण, भाषाविज्ञान एवं प्राचीन ग्रंथों के संपादन के क्षेत्र में काफी काम हो रहे हैं। यात्रा, जीवनी और आत्मकथा की विधा में भी कुछ विशिष्ट ग्रंथ प्रकाशित हुए हैं। यहाँ प्रो॰ दे॰ जवरेगौड़ (देजगौ) का विशेष रूप से उल्लेख अपेक्षित है। जीवनी-लेखन के क्षेत्र में देजगौ ने जितना कार्य किया है, उतना शायद ही किसी ने किया है। डॉ॰ अंबेडकर, पूर्व मुख्य मंत्री एस॰ निजलिंगप्पा, शिवकुमार स्वामी जी आदि शीर्ष व्यक्तियों की जीवनियाँ लिखकर इस विधा को देजगौ ने समृद्ध किया है। कुछ आत्मकथाएँ भी कन्नड़ में उल्लेखनीय हैं, यथा कुवेंपु की आत्मकथा 'नेनपिन दोणियल्लि', मास्ति वेंकटेश अय्यंगार की आत्मकथा 'भाव', देजगौ की आत्मकथा 'होराटद बदुकु', एस॰ एल॰ भैरप्पा की आत्मकथा 'भित्ति' आदि। न केवल भारतीय भाषाओं से अपितु अन्यान्य विदेशी भाषाओं से भी हर साल काफी पुस्तकें कन्नड़ में अनूदित हो रही हैं। समग्र रूप से देखा जाय तो कन्नड़-साहित्य आज के दिनों में समृद्धि के शिखर पर है। मगर अनुवाद और प्रचार-प्रसार के अभाव में कन्नड़-साहित्य का श्रेष्ठांश भी कन्नड़ेतर भारतीयों और विदेशियों तक नहीं पहुँच पाया है।

अनुवाद के क्षेत्र में कन्नड़ की साधना कई दृष्टियों से भारत में अग्रणी है। अकेले डॉ॰ के॰ कृष्णमूर्ति ने संस्कृत के सभी काव्यशास्त्रीय ग्रंथों का प्रामाणिक अनुवाद विद्वत्तापूर्ण भूमिकाओं के साथ प्रस्तुत कर दिया है। कृष्णमूर्ति जी आधुनिक भारत के महान् मनीषियों में एक हैं। प्रो॰ एस॰ वी॰ परमेश्वर भट ने कालिदास की समग्र कृतियों का काव्यानुवाद प्रस्तुत किया है जो अपने में एक अनुकरणीय साहस है।

अंत में, यह कह देना आवश्यक प्रतीत होता है कि यह तो कन्नड़-साहित्य का सिंहावलोकन मात्र है। कन्नड़-साहित्य विशाल और समृद्ध है जिसकी केवल एक झलक ही यहाँ आ सकी है।

कश्मीरी-साहित्य

• डॉ. शिबन कृष्ण रैणा

कश्मीर का भौगोलिक परिवेश

जम्मू व कश्मीर प्रदेश की तीन इकाइयाँ या भाग (सूबे) हैं—जम्मू, कश्मीर और लद्दाख। इनमें से कश्मीर समूचे प्रदेश का एक प्रमुख भाग है तथा अपनी भौगोलिक, सांस्कृतिक, प्राकृतिक, भाषिक एवं साहित्यिक विशिष्टता के कारण सम्पूर्ण भारत में अपनी पृथक् पहचान रखता है। अपनी अनुपम प्राकृतिक सुन्दरता के कारण कश्मीर को भारत का मुकुट-मणि भी कहा जाता है। भौगोलिक दृष्टि से जम्मू व कश्मीर प्रदेश उत्तर-पश्चिम में 32°17 व 36°58 उत्तरी अक्षांश के मध्य तथा 73°26 व 80°30 पूर्वी देशान्तर के मध्य स्थित है। इस प्रदेश का कुल क्षेत्रफल (विभाजन पूर्व) 2,22236 किलोमीटर के लगभग है।[1] इसके उत्तर में तुर्किस्तान, दक्षिण में पंजाब, पूर्व में तिब्बत और पश्चिम में पाकिस्तान के क्षेत्र स्थित हैं। सीमावर्ती प्रदेश होने के कारण इसकी सीमाएँ चीन, अफगानिस्तान तथा पाकिस्तान की सीमाओं के साथ मिलती हैं। कश्मीर घाटी को कश्मीरी भाषा में कशीर[2] तथा इसकी भाषा को कोशुर कहते हैं। घाटी की आकृति अण्डाकार है और प्रायः समतल है। इसकी लम्बाई 134 किलोमीटर और चौड़ाई लगभग 32 किलोमीटर है। समुद्रतल से यह घाटी लगभग 2134 मीटर ऊँची है।

कश्मीरी भाषा

कश्मीरी भाषा में कश्मीर को कशीर तथा इसकी भाषा को 'कोशुर' कहते हैं। भारत के संविधान में जिन प्रादेशिक भाषाओं को राष्ट्रीय मान्यता प्रदान की गयी है, उनमें कश्मीरी भी एक है। इस भाषा के बोलनेवाले कश्मीर घाटी, किश्तवाड़, रामबन, रियासी आदि के निवासी हैं। कश्मीरी का शुद्ध अथवा साधु रूप कश्मीर घाटी में ही प्रचलित है। शेष क्षेत्रों में इस भाषा की उपबोलियाँ बोली जाती हैं जो पहाड़ी बोलियों

1. डॉ॰ चतुर्भुज मामोरिया, **भारत की भौगोलिक समीक्षा**, पृ॰ 511/1135।
2. हिन्दी भाषा में 'काश्मीर' शब्द अधिक प्रचलित है। —सम्पादक

से प्रभावित होने के कारण साधु या परिनिष्ठित कश्मीरी से नितान्त भिन्न हैं। इन पहाड़ी बोलियों में उल्लेखनीय हैं किश्तवाड़ी, सिराजी, पुगूली, रामबनी तथा रियासी की बोलियाँ। आजाद ने कश्मीरी को एक करोड़ लोगों की भाषा माना है।[3] पृथ्वीनाथ पुष्प का मत है कि कश्मीरी कुल मिलाकर 50,000 लोगों की मातृभाषा है। ग्रियर्सन ने सन् 1911 ई॰ की जनगणना के आधार पर कश्मीरी तथा उसकी उपबोलियों के बोलनेवालों की संख्या इस प्रकार निर्धारित की है–

1.	परिनिष्ठित कश्मीरी	1039964
2.	किश्तवाड़ी	7464
3.	पुगूली	7157
4.	सिराजी	14732
5.	रामबनी	2174
6.	रिसायी की बोलियाँ	20252
	योग	**1,092,744**

सन् 1961 ई. की जनगणना के अनुसार कश्मीरी-भाषियों की कुल संख्या 1937818 थी।[4] सन् 1971 ई॰ तक यह संख्या 1956115 तक पहुँच चुकी थी। नवीनतम जानकारी के अनुसार अब यह संख्या 53,00000 के लगभग पहुँच चुकी है।

कश्मीरी भाषा का क्षेत्र कश्मीर घाटी तथा उसके दक्षिण-पूर्व की निकटवर्ती उपत्यकाएँ हैं। यह भाषा-क्षेत्र दक्षिण-पूर्व में किश्तवाड़ तक, दक्षिण में हवल वेरीनाग से लेकर पीर-पंचाल के उस पार तक, उत्तर में द्रास और ओड़ी तक, पूर्व में पहलगावँ तथा दक्षिण-पश्चिम में शोपियान तक फैला हुआ है।

कश्मीरी भाषा किस भाषा-कुल से संबंध रखती है, इस पर किन-किन भाषाओं का प्रभाव है, इसका विकास कहाँ से हुआ है आदि प्रश्न विद्वानों के बीच विवाद का विषय बने हुए हैं। कश्मीरी भाषा के उद्गम और विकास के संबंध में जो प्रधान मान्यताएँ हैं, वे इस प्रकार हैं–

1. कश्मीरी दरद परिवार की भाषा है।
2. कश्मीरी भारतीय आर्य परिवार की भाषाओं में संस्कृत से उद्भूत है।
3. कश्मीरी इब्रानी अथवा हिब्रू की संतति है।
4. कश्मीरी पैशाची का एक विकसित रूप है।

उक्त मान्यताओं के प्रतिष्ठापकों ने विभिन्न तर्क देकर अपने मतों को प्रतिष्ठापित करने का प्रयास किया है।

कश्मीरी-साहित्य : उद्‌भव और विकास

कश्मीरी भाषा में रचित साहित्य के इतिहास की सुस्पष्ट परम्परा चौदहवीं

3. आजाद की मान्यता किन सूचनाओं पर आधारित है, यह स्पष्ट नहीं।
4. **जनगणना रिपोर्ट** 1961, भाग-2, पृ॰ 212।

शताब्दी के उत्तरार्द्ध से मिलती है जब संत कवयित्री ललद्यद (जन्म 1335 ई॰) और शेख नुरुद्दीन वली (1376-1438 ई॰) ने कश्मीरी-साहित्य में भक्ति, ज्ञान और सदाचार की अनुपम रस-धारा प्रवाहित की जिसमें अवगाहन कर कश्मीरी जन-मानस आज तक आप्यायित है। ललद्यद के पद 'वाख' और शेख नूरुद्दीन के 'श्रुक' कहलाते हैं। दोनों का कृतित्व सांस्कृतिक पुनर्जागरण, मानव-कल्याण तथा सामाजिक पुनरुत्थान का दार्शनिक प्रतिफलन है। यहाँ पर कश्मीर की आदि संत कवयित्री ललद्यद के व्यक्तित्व एवं कृतित्व पर संक्षेप में कुछ कहना अनुचित नहीं होगा। कश्मीरी की आदि संत कवयित्री ललद्यद (चौदहवीं शताब्दी) कश्मीरी भाषा-साहित्य की विधात्री मानी जाती हैं। ललेश्वरी, लल, लला, ललारिफा, ललदेवी आदि नामों से विख्यात इस कवयित्री को कश्मीरी-साहित्य में वही स्थान प्राप्त है जो हिन्दी में कबीर को है। इनकी कविता का छंद 'वाख' कहलाता है जिसमें कवयित्री ने अनुभवसिद्ध ज्ञान के आलोक में आत्मशुद्धता, सदाचार, और मानव-बन्धुत्व का ऐसा पाठ पढ़ाया जिससे कश्मीरी जनमानस आज तक देदीप्यमान है। ललद्यद का जन्म पांपोर के निकट सिमपुरा गाँव में एक ब्राह्मण किसान के घर में हुआ था। यह गाँव श्रीनगर से लगभग 15 किलोमीटर की दूरी पर स्थित है। तत्कालीन प्रथानुसार ललद्यद का विवाह बाल्यावस्था में ही पांपोर (पद्मपुर) ग्राम में एक प्रसिद्ध ब्राह्मण घराने में हुआ। इनके पति का नाम सोनपण्डित बताया जाता है। बाल्यकाल से इस आदि कवयित्री का मन सांसारिक बन्धनों के प्रति विद्रोह करता रहा जिसकी चरम परिणति बाद में भावप्रवण 'वाक्-साहित्य' के रूप में हुई। कबीर की तरह ललद्यद ने भी 'मसि-कागद' का प्रयोग नहीं किया। ये वाख प्रारम्भ में मौखिक परंपरा में ही प्रचलित रहे तथा बाद में इन्हें लिपिबद्ध किया गया। इन वाखों की संख्या दो सौ के लगभग है। सूत्रात्मक शैली में निबद्ध ये वाख कवयित्री की अपूर्व आध्यात्मिक अनुभूतियों की अभिव्यंजना बड़े सुन्दर ढंग से करते हैं। योगिनी ललद्यद निस्सन्देह संसार की महानतम आध्यात्मिक विभूतियों में से एक हैं जिन्होंने अपने जीवनकाल में ही परमसत्ता का मार्ग खोज लिया था और ईश्वर के धाम में प्रवेश पा लिया था। ये जीवनमुक्त थीं तथा इनके लिए जीवन अपनी सार्थकता एवं मरण अपनी भयंकरता खो चुके थे। इन्होंने ईश्वर से एकनिष्ठ होकर प्रेम किया था और उसे अपने में स्थित पाया था। ललद्यद के समकालीन कश्मीर के प्रसिद्ध सूफी संत शेख नूरुद्दीन वली (नुन्द ऋषि) ने कवयित्री के बारे में जो उद्‌गार व्यक्त किये हैं, उनसे बढ़कर इस परम योगिनी के प्रति और कोई भावपूर्ण श्रद्धांजलि नहीं हो सकती है–

उस पद्मपोर/पांपोर की लला ने
दिव्यामृत छक कर पिया,
वह थी हमारी अवतार
प्रभु ! वही वरदान मुझे भी देना

आगे चलकर कश्मीर के सर्वप्रसिद्ध विद्याप्रेमी एवं प्रजावत्सल शासक शाहमीरी के अंतिम उल्लेखनीय सुलतान जैनउलाबद्दीन 'बड़शाह' (1420-1470 ई०) का राजत्वकाल कश्मीरी भाषा-साहित्य, कला-शिल्प आदि के लिए नयी आशाओं और उपलब्धियों का संदेश लेकर आया। कश्मीरी भाषा को पहली बार राजकीय प्रश्रय मिला। इस काल में संगीत, नृत्य, नाट्य तथा साहित्य की सर्वांगीण उन्नति हुई। यह काल वास्तव में कश्मीरी भाषा, साहित्य और कला के लिए स्वर्णकाल था। कश्मीरी की प्रसिद्ध काव्यकृतियाँ 'बाणासुरवध' तथा 'जैनचरित' इसी काल की रचनाएँ हैं।

इसके बाद हब्बाखातून तथा अरणिमाल ने अपने प्रेमगीतों द्वारा कश्मीरी-साहित्य को समृद्ध किया। कश्मीरी-साहित्य पहली बार धर्म और दर्शन की विचार-भूमि से उठकर प्रेम और यौवन के रंगीन डैनों पर उड़ने लगा। सृजन का यह क्रम 1550 से लेकर 1750 ई० तक चला। सन् 1750 ई० से लेकर 1900 ई० तक रचे गये कश्मीरी-साहित्य में प्रमुखतः दो प्रकार की धाराएँ देखने को मिलती हैं। प्रथम के अन्तर्गत फारसी मसनवियों के आधार पर कश्मीरी में रचित अथवा अनूदित प्रेम-काव्य मिलते हैं तथा द्वितीय के अन्तर्गत राम एवं कृष्ण की भक्ति का काव्य। इस काल में रचित काव्यकृतियों में 'गुलरेज', 'यूसुफ-जुलेखा', 'रामावतारचरित', 'राधास्वयंवर', 'सुदामाचरित' आदि उल्लेखनीय हैं।

यहाँ पर कश्मीरी की लोकप्रिय रामायण 'रामावतारचरित' के बारे में कुछ कहना अप्रासंगिक नहीं होगा। कश्मीरी-काव्य में वैष्णव भक्ति का निरूपण उन्नीसवीं शताब्दी के आसपास से देखने को मिलता है। कश्मीर में रामभक्ति का विकास एक सशक्त संप्रदाय के रूप में नहीं हो पाया जिसका प्रमुख कारण यह है कि कश्मीर-क्षेत्र शताब्दियों तक शैवमत का प्रधान केन्द्र रहा। यहाँ के भक्तकवि एवं धर्मपरायण प्रबुद्ध जन इसी मत के सैद्धान्तिक चिंतन-मनन तक सीमित रहे। भौगोलिक सीमाओं के कारण भी यह प्रदेश मध्य भारत के वैष्णव भक्ति-आंदोलन से सीधे न जुड़ सका। कालांतर में वैष्णव भक्ति की सशक्त स्रोतस्विनी जब समूचे देश में प्रवाहित होने लगी तब कश्मीर-क्षेत्र भी इससे अछूता न रह सका। दरअसल, कश्मीर में वैष्णव भक्ति के प्रचार-प्रसार का श्रेय उन घुमक्कड़ साधुओं, संतों एवं वैष्णव भक्तजनों को जाता है जो उन्नीसवीं शताब्दी में मध्यभारत से इस प्रदेश में आये और राम-कृष्ण की भक्ति का सूत्रपात किया। यहाँ पर यह रेखांकित करना अनुचित न होगा कि शैव-सम्प्रदाय के समांतर कश्मीर में सगुण भक्ति की क्षीण धारा तो प्रवाहित होती रही किन्तु एक वेगवती धारा का रूप ग्रहण करने में वह असमर्थ रही। इधर, जब शैव-सम्प्रदाय के अनुयायी विदेशी सांस्कृतिक आक्रमण से आक्रान्त हो उठे तो निराश और निस्सहाय होकर वे विष्णु के अवतारों में सहारा ढूँढ़ने लगे। अन्तर केवल इतना रहा कि जिस सगुण भक्लि, विशेषकर रामभक्ति-आंदोलन, ने मध्य भारत के कवियों को सोलहवीं शती में प्रभावित और प्रेरित किया, उसी आन्दोलन ने बहुत

विलम्ब से कश्मीर में उन्नीसवीं शताब्दी में प्रवेश किया। जो हो, कश्मीरी में भी रामकथा-विषयक सुन्दर काव्य-कृतियों की सृष्टि हुई जिनमें प्रकाशराम-कृत 'रामावतारचरित' कश्मीरी-काव्यपरंपरा में अपनी सुन्दर वर्णन-शैली, भक्ति-विह्वलता, कथा-संयोजन तथा काव्य-सौष्ठव की दृष्टि से विशेष महत्त्व रखता है।[5]

'रामावतारचरित' की मूलकथा का आधार यद्यपि वाल्मीकीय 'रामायण' है तथापि कथासूत्र को कवि ने अपनी प्रतिभा और दृष्टि के अनुरूप ढालने का सुन्दर प्रयास किया है। कई स्थलों पर कवि ने कथा-संयोजन में विलक्षण उद्भावनाएँ की हैं। सीता जी के जन्म के संबंध में कवि की मान्यता यह है कि सीता जी, दरअसल, रावण- मंदोदरी की पुत्री थीं। मन्दोदरी एक अप्सरा थी जिसका विवाह रावण से हुआ था। उसके एक पुत्री हुई जिसे ज्योतिषियों ने रावण-कुल के लिए घातक बताया। फलस्वरूप मंदोदरी ने उसके जन्म लेते ही, अपने पति रावण को बताए विना, उसे एक सन्दूक में बंदकर नदी में बहा दिया। राजा जनक ने यज्ञ की तैयारी के दौरान नदी किनार उसे प्राप्त किया। तभी लंका में अपहृत सीता जी को देख मंदोदरी वात्सल्याधिक्य से विभोर हो उठँती है। कवि लिखता है–

तुजिन तमि कौछि क्यथ ह्याथ ललनोवन
गेमच कौलि येलि लेबन लौलि क्यथ सोवुन
बुछिव तस माजि मा माजुक मुशुक आव
लबन येलि छस बबन दौद ठींचि तस द्राव।

(तब मंदोदरी ने उसे गोद में उठाकर झुलाया तथा पानी में फेंकी उस सीता को पुनः पाकर अपने अंक में सुलाया। अहा ! अपने रक्त-मांस की गंध पाकर उस माँ के स्तनों से दूध की धारा द्रुत गति से फूट पड़ी....।)

'रामावतारचरित' में आयी दूसरी विलक्षण कथा श्रीराम द्वारा सीता जी के परित्याग की है। सीता जी को वनवास दिलाने में रजक वाली घटना को मुख्य कारण न मानकर कवि ने सीता जी की छोटी ननद को दोषी ठहराया है जो पति-पत्नी के पावन-प्रेम में फूट डाल देती है। एक दिन सीता जी की ननद उनसे पूछती है कि रावण की आकृति कैसी थी, जरा उसका हुलिया तो बताना। सीता जी सहज भाव से कागज पर रावण का एक रेखाचित्र बना देती हैं जिसे ननद अपने भाई को दिखाकर पति-पत्नी के पावन-प्रेम में इस प्रकार फूट डालती है–

दोपुन तस कुन यि वुछ बायो यि क्या छुय
दोहय सीता यथ कुन वुछिथ तुलान हुय,
मे नीमस चूरि पतअ आसि पान मारान
बदन वाराह तअ नेतरव ख़ून हारान

5. इन पंक्तियों के लेखक ने इस सुन्दर रामायण का सानुवाद लिप्यंतरण किया है जो भुवन वाणी ट्रस्ट, लखनऊ से प्रकाशित हुआ है।

(वह रावण का चित्र दिखा कर कहती है– देखो भैया, यह क्या है ! सीता इसे देख-देख रोज विलाप करती है। जबसे मैंने यह चित्र चुरा लिया है, तबसे उसकी आँखों से अश्रुधारा बहे जा रही है। यदि वह यह जान जाय कि मैंने उसका यह चित्र चुरा लिया है तो मुझे जिन्दा न छोड़ेगी.... ।)

'रामावतारचरित' के युद्धकाण्ड प्रकरण में उपलब्ध एक अत्यन्त अद्भुत और विरल प्रसंग 'मक्केश्वर-लिंग' से सम्बन्धित है जो प्रायः अन्य रामायणों में नहीं मिलता है। शिव रावण की याचना पर उसे युद्ध में विजयी होने के लिए एक लिंग (मक्केश्वर) दे देते हैं और कहते हैं कि जा, यह तेरी रक्षा करेगा, मगर ले जाते समय इसे मार्ग में कहीं पर भी धरती पर न रखना। लिंग को अपने हाथों में आदरपूर्वक थामकर रावण आकाशमार्ग द्वारा लंका की ओर प्रयाण करता है। रास्ते में उसे लघुशंका की आवश्यकता होती है। वह आकाश से नीचे उतरता है तथा इस असमंजस में पड़ जाता है कि लिंग को वह कहाँ रखे। तभी ब्राह्मण-वेश में नारद मुनि वहाँ पर प्रकट होते हैं जो रावण की दुविधा भाँप जाते हैं। रावण उनके हाथों में यह कहकर लिंग थमा देता है कि जबतक मैं लघुशंका से निवृत्त होकर नहीं आऊँ तब तक आप इसे अपने हाथ में रखें। प्रभु की माया अपार है। रावण की लघुशंका समाप्त ही नहीं होती। काफी देर तक प्रतीक्षा करने के उपरान्त नारद जी लिंग को धरती पर रखकर चले जाते हैं। तब रावण की लघुशंका भी समाप्त हो जाती है। शौच-विधि करके वह लिंग को हाथ में लेने का प्रयत्न करता है, पर उसके अथक प्रयत्न करने पर भी लिंग उस स्थान से नहीं हिलता है और इस प्रकार शिव द्वारा प्रदत्त लिंग की शक्ति का उपयोग करने से रावण वंचित हो जाता है।[6]

'रामावतारचरित' में एक मनोरंजक कथा-प्रसंग लंका-निर्माण के सम्बन्ध में भी है। पार्वती जी ने एक दिन शिव जी के सम्मुख अपने निवास-हेतु भवन-निर्माण की इच्छा व्यक्त की। शिव जी की आज्ञा पर विश्वकर्मा द्वारा एक सुन्दर भवन बनाया गया। भवन के लिए स्थान के चयन के बारे 'रामावतारचरित' में एक रोचक प्रसंग मिलता है। गरुड़ एक दिन क्षुधा-पीड़ित होकर कश्यप के पास गये और कुछ खाने को माँगा। कश्यप ने उससे कहा– जा, उस मदमस्त हाथी और ग्राह को खा डाल जो तीन सौ कोस ऊँचे और उससे भी दुगुने लम्बे हैं। वे दोनों इस समय युद्ध कर रहे हैं। गरुड़ वायु के वेग की तरह उड़ा और उनपर टूट पड़ा तथा अपने दोनों पंजों में पकड़कर उन्हें आकाश-मार्ग की ओर ले गया। भूख मिटाने के लिए वह एक विशालकाय वृक्ष पर बैठ गया। भार से इस वृक्ष की एक डाल टूटकर जब गिरने को हुई तो गरुड़ ने उसे अपनी चोंच में उठाकर बीच समुद्र में यह सोचकर फेंक दिया कि यदि डाल पृथ्वी पर गिर जायगी तो पृथ्वी धँस कर पाताल में चली जायगी। इस

---

6. **शिवपुराण** के अनुसार देवघर (पहले बिहार अब झारखंड) में स्थित वैद्यनाथ के सम्बन्ध में यह प्रसिद्धि है। वैद्यनाथ रावणेश्वर कहलाते भी हैं—सम्पादक

प्रकार जिस जगह पर यह शाख (कश्मीरी 'लंग') समुद्र में जा गिरी, वह जगह कालांतर में 'लंका' कहलायी। विश्वकर्मा ने अपने अद्भुत कौशल से पूरे त्रिभुवन में इसे अँगूठी में नग के समान बना दिया। गृहप्रवेश के समय कई अतिथि एकत्र हुए। अपने पितामह पुलस्त्य के साथ रावण भी आया। लंका के वैभव ने उसे मोहित कर लिया। गृहप्रवेश की पूजा के उपरान्त जब शिव ने दक्षिणास्वरूप सबसे कुछ माँगने का अनुरोध किया तो रावण ने अवसर जानकर शिव जी से लंका ही माँग ली–

दोपुस तअम्य रावणन लंका में मंजमय
गछ्यम दरमस मे दिन्य, बोड दातअ छुख दय,
दिचन लवअ सारिसुय कअरनस हवालह,
तनय प्यठअ पानअ फेरान बालअ बालह।

(तब रावण ने तुरन्त कहा– मैं लंका को माँगता हूँ, यह मुझे धर्म के नाम पर मिल जानी चाहिए क्योंकि आप ईश्वर-रूप में सबसे बड़े दाता हैं। तब शिव ने चारों ओर पानी छिड़का और लंका को उसके हवाले कर दिया और तभी से वे शिव स्वयं पर्वत-पर्वत घूमने लगे।)

जटायु-प्रसंग भी 'रामावतारचरित' में अपनी मौलिक उद्भावना के साथ वर्णित हुआ है। जटायु के पंख-प्रहार जब रावण के लिए असह्य हो उठते हैं तो वह इससे छुटकारा पाने की युक्ति पर विचार करता है। वह जटायु-वध की युक्ति बताने के लिए सीता जी को बाध्य करता है। विवश होकर सीता जी को उसे जटायु-वध का उपाय बताना पड़ता है–

वोनुन सीतायि वुन्य येत्य बअ मारथ
नतअ हावुम अमिस निशि मोकल नअच वथ,
अनिन सखती तमसि, सीतायि वोन हाल
अमिस जानावारस किथ पाठ्य छुस काल,
दोपुस तमि रथ मथिथ दिस पल च दारिथ
यि छनि न्यगलिथ तअ जानि नअ पत लारिथ

(तब रावण ने सीता जी से कहा–मैं तुझे अभी यहीं पर मार डालूँगा, अन्यथा उससे (जटायु से) मुक्त होने का कोई मार्ग बता। सीता जी पर रावण ने बहुत सख्ती की जिससे सीता जी ने वह सारा हाल बताया जिससे उस पक्षी का काल आ सकता था। वे बोलीं–रक्त से सने हुए बड़े-बड़े पत्थरों को इसके ऊपर फेंक दो। उन्हें यह निगल जायगा और इस तरह भारी हो जाने के कारण तुम्हारे पीछे नहीं उड़ेगा।... जब तक यह रामचन्द्र जी के दर्शन कर उन्हें मेरी खैर-खबर नहीं सुनायेगा, तब तक यह मरेगा नहीं....।)

'रामावतारचरित' में कुछ ऐसे कथा-प्रसंग भी हैं जो किंचित् भिन्न रूप में संयोजित किये गये हैं। उदाहरण के तौर पर रावण-दरबार में अंगद के स्थान पर

हनुमान् के पैर को रावण पूरा जोर लगाने पर भी उठा नहीं पाता। एक अन्य स्थान पर रावण युद्धनीति का प्रयोग कर सुग्रीव को अलग से एक पत्र लिखता है और अपने पक्ष में करना चाहता है। तर्क वह यह देता है कि क्या मालूम, किसी दिन उसकी गति भी उसके भाई बालि जैसी हो जाय। वह भाई के वध का प्रतिशोध लेने के लिए सुग्रीव को उकसाता है और लंका आने का निमंत्रण देता है जिसे सुग्रीव ठुकरा देता है। इसी प्रकार महिरावण/अहिरावण द्वारा राम और लक्ष्मण को उठाकर पाताल लोक ले जाना और बाद में हनुमान् द्वारा उसे युद्ध में परास्त कर दोनों की रक्षा करना, यह प्रसंग भी 'रामावतारचरित' का एक रोचक प्रकरण है। 'रामावतारचरित' के लवकुश-काण्ड में भी कुछ ऐसे प्रकरण हैं जिनमें कवि प्रकाशराम की मौलिक उद्भावनाओं का परिचय मिलता है। लवकुश द्वारा युद्ध में मारे गये राम, लक्ष्मण, भरत और शत्रुघ्न के मुकुटों को देखकर सीता जी का विलाप करना, सीता जी के रुदन से द्रवित होकर वशिष्ठ जी द्वारा अमृत-वर्षा कराना और सेना सहित रामादि का पुनर्जीवित हो उठना, वशिष्ठ के आग्रह पर सीता जी का अयोध्या जाना किन्तु वहाँ राम द्वारा पुनः अग्नि-परीक्षा की माँग करने पर उनका भूमि-प्रवेश करना आदि प्रसंग ऐसे ही हैं।

कश्मीरी विद्वान् डॉ॰ शशिशेखर तोषखानी के अनुसार 'रामावतारचरित' की सबसे बड़ी विशेषता है स्थानीय परिवेश की प्रधानता। अपने युग के सामाजिक, सांस्कृतिक और भौगोलिक परिवेश का इस कृति पर इतना गहरा प्रभाव है कि इसका पूरा कश्मीरीकरण हो गया है। इस कृति में स्थानीय रंग इतनी मात्रा में है कि अनेक पात्रों के नाम भी कश्मीरी उच्चारण के अनुरूप ही बदल दिये गये हैं, जैसे जटायु यहाँ पर 'जटायन', कैकेयी 'कीकी', इन्द्रजीत 'इन्द्रजेठ' और सम्पाति 'सम्पाठ' हो गया है। रहन-सहन, रीति-रिवाज, वेश-भूषा आदि में स्थानीय परिवेश इतना अधिक बिम्बित है कि उन्नीसवीं शती के कश्मीर का जनजीवन साकार हो उठा है। राम के वन-गमन पर विलाप करते हुए दशरथ कश्मीर के परिचित सौन्दर्य-स्थलों और तीर्थों में राम को ढूँढ़ते हुए व्याकुल दिखाये गये हैं। लंका के अशोक वन में कवि ने गिन-गिनकर उन तमाम फूलों को दिखलाया है जो कश्मीर की घाटी में अपनी रंग-छवि बिखेरते हैं। राम का विवाह भी कश्मीरी हिन्दुओं में प्रचलित रीतियों के अनुसार ही होता है।

'लवकुशचरित' में सीता के पृथ्वी-प्रवेश के अन्तर्गत कश्मीरी रामायणकार प्रकाशराम ने भक्ति-विह्वल होकर 'शंकरपुर' गाँव (कवि के मूल निवास-स्थान कुर्यगाँव-काजीगुण्ड से लगभग 5 किलोमीटर की दूरी पर स्थित) में सीता जी का पृथ्वी-प्रवेश दिखाया है। किंवदंती है कि यहाँ के रामकुण्ड चश्मे के पास आज भी जब यह कहा जाता है—'सीता, देख राम जी आये हैं, तेरे राम जी आये हैं' तो चश्मे के पानी में बुलबुले उठने लगते हैं। हो सकता है, यह भावातिरेक-जनित एक लोक-विश्वास हो लेकिन कश्मीरी कवि प्रकाशराम ने इस लोक-विश्वास को रामकथा के साथ

आत्मीयतापूर्वक जोड़कर अपनी जन्मभूमि को देवभूमि का गौरव प्रदान किया है।

कुल मिलाकर, 'रामावतारचरित' कश्मीरी भाषा-साहित्य में उपलब्ध रामकथा-काव्य-परंपरा का एक बहुमूल्य काव्य-ग्रन्थ है जिसके कवि ने रामकथा को भाव-विभोर होकर गाया है। कवि की वर्णन-शैली एवं कल्पना-शक्ति इतनी प्रभावशाली एवं स्थानीय रंग से सराबोर है कि लगता है, 'रामावतारचरित' की समस्त घटनाएँ अयोध्या, जनकपुरी, लंका आदि में न घटकर कश्मीर-क्षेत्र में ही घट रही हैं। 'रामावतारचरित' की सबसे बड़ी विशेषता यही है और यही उसे विशिष्ट बनाती है। कश्मीरियत के अनूठे रंग में रँगी यह काव्यकृति संपूर्ण भारतीय रामकाव्य—परंपरा में अपना विशेष स्थान रखती है।

स्वतंत्रता-प्राप्ति के बाद रचे गये कश्मीरी-साहित्य के सही विवेचन-विश्लेषण तथा उसकी मूल प्रेरणा के सटीक अन्वेषण के लिए पिछले पचास वर्षों में रचे गये कश्मीरी- साहित्य को सामने रखना होगा। यों, कश्मीरी-साहित्य का आधुनिक काल हिन्दी की तरह ही सन् 1900 ई॰ से प्रारंभ होता है। कश्मीरी नाटक, कहानी, उपन्यास, एकांकी, ध्वनि नाटक आदि इसी काल की देन हैं। काव्य के क्षेत्र में भी इसी काल में अभूतपूर्व प्रयोग हुए। सन् 1947 ई॰ तक कश्मीरी-कविता में प्रकृति-प्रेम तथा देश-प्रेम की मिलीजुली भावानुभूति व्याप्त रही। इसके बाद कश्मीरी-कविता शिल्प और वर्ण्य विषय दोनों की दृष्टि से नये आयाम लेकर सामने आयी। सन् 1900 और 1947 के बीच कश्मीरी-कविता की श्रीवृद्धि करनेवालों में गुलाम अहमद महजूर, मास्टर जिन्दा कौल, अब्दुल अहद, 'आजाद', अहद जरगर, अलमस्त कश्मीरी, फाजिल कश्मीरी आदि के नाम गिनाये जा सकते हैं। इन सभी कवियों ने अपनी अनवरत साहित्यिक साधना से आनेवाले साहित्यकारों के लिए प्रयोग के नूतन द्वार खोल दिये तथा घाटी में एक ऐसा साहित्यिक माहौल तैयार किया जिसको आत्मसात् कर नवोदित कवियों को अपनी प्रतिभा को मुखरित करने का सुअवसर मिल गया।

सन् 1947 का वर्ष कश्मीरी-साहित्य को इतिहास के एक नये मोड़ पर लाकर खड़ा कर देता है। इस वर्ष कश्मीर की सुरम्य घाटी पर पाकिस्तान-समर्थित कबाइलियों का आक्रमण हुआ जिसके फलस्वरूप घाटी के अनेक देशभक्त साहित्यकारों ने एकत्र होकर पाकिस्तानी हमले का साहित्यिक मोर्चे से प्रतिकार करने का बीड़ा उठाया और इस उद्देश्य की पूर्ति के लिए 'कल्चरल फ्रण्ट' नाम की एक साहित्यिक सभा गठित की। कश्मीर के विभिन्न प्रगतिशील युवा लेखक, कर्मठ समाजसेवी तथा विचारशील चिन्तक और कलाकार इस सभा के सदस्य बने। सभी का एक नारा था—

हमला आवर खबरदार
हम कश्मीरी हैं तैयार।

'क़ल्चरल फ्रण्ट' के सदस्य साहित्यकारों में नन्दलाल अम्बरदार, दीनानाथ नादिम, नूर मुहम्मद रोशन, अर्जुनदेव मजबूर, प्रेमनाथ प्रेमी, आरिफ आदि के नाम

उल्लेखनीय हैं। ये सभी देशभक्त थे। सभी ने देश और प्रदेश की स्वतंत्रता, अखण्डता, मान-मर्यादा तथा धर्म-निरपेक्षता की रक्षा के लिए ओजस्वी वाणी में दुश्मन को ललकारा।

सन् 1953 के आसपास से राजनीतिक स्थिरता के कारण कश्मीर में शांति का वातावरण स्थापित होने लगा। परिणामस्वरूप साहित्यकारों की विचारधारा में भी नये परिवर्तन का उन्मेष होने लगा। नयी भावभूमि की सृष्टि हुई तथा नयी परिवर्तित परिस्थितियों के कारण नूतन जीवन-मूल्यों की स्थापना होने लगी। सर्जकों की बदलती हुई बाह्योन्मुख दृष्टि ने साहित्य के आन्तरिक पक्ष की समृद्धि के लिए नवीन प्रयोगों को अपनाना प्रारंभ किया। पहली बार परम्परा से हटकर भावों को मूर्त रूप देने के लिए विभिन्न नवीन प्रतीकों, बिम्बों तथा अभिव्यक्ति-शैलियों का आश्रय लिया गया। अतुकान्त कविताएँ, प्रगीत, ओपेरा आदि विभिन्न काव्य-शैलियों का अनुसरण किया जाने लगा। सन् 1953 से लेकर 1964-65 तक रची गयी कश्मीरी-कविता को यदि प्रयोगवादी कविता की संज्ञा दी जाय तो अनुचित न होगा। नादिम साहब इस दौर की कविता में भी अपना एक विशिष्ट स्थान रखते हैं। कश्मीरी की प्रयोगवादी कविता के ये जनक हैं। इन्हें कश्मीरी का 'अज्ञेय'[7] कहा जाय तो कोई अत्युक्ति न होगी। प्रखर कल्पना-शक्ति एवं सटीक बिम्ब-योजना इनकी प्रत्येक प्रयोगवादी कविता में मुखर हो उठी है।

कश्मीरी के अन्य प्रयोगवादी कवियों में उल्लेखनीय हैं गुलाब नबी फिराक, अमीन कामिल, रहमान राही[8], दीनानाथ अलमस्त, खयाल, मुफ्फर आज़म, गुलाम रसूल संतोष, बासुदेव रेह आदि। काव्य-वैभव की दृष्टि से रहमान राही और अमीन कामिल की कविताएँ सर्वाधिक समृद्ध हैं। राही का 'नौरोज ए सबा' शीर्षक काव्य-संकलन आज की कश्मीरी-कविता की प्रयोगवादी प्रवृत्ति का प्रतिनिधित्व करनेवाला एक महत्त्वपूर्ण संकलन है। राही का शिल्पविधान और उनकी अभिव्यंजना-शैली परम्परा से एकदम हटी हुई है। अमीन कामिल कश्मीरी के चौथे साहित्यकार हैं जिन्हें साहित्य अकादमी ने उनके काव्य-संकलन 'लव त प्रव' पर सन् 1967 ई॰ का पुरस्कार प्रदान किया है। इसके शिल्प एवं कथ्य, दोनों में नवीन प्रयोग देखे जाते हैं। कामिल का एक अन्य काव्य-संकलन 'बेयि सुय पान' भी आज की कश्मीरी-कविता की प्रयोगवादी प्रवृत्ति का प्रतिनिधित्व करता है। इस संकलन की कविताएँ उत्कृष्ट शिल्प-संरचना का साक्ष्य देती हैं। इसी प्रकार फिराक, अलमस्त, गुलात नबी, ख्याल, मुजफ्फर आजम, संतोष, वासुदेव रेह आदि की कविताएँ भी विकसित प्रयोगवादी प्रवृत्ति का परिचय देती हैं।

---

7. पूरा नाम सच्चिदानंद हीरानंद वात्स्यायन 'अज्ञेय'। हिंदी के प्रसिद्ध कवि, कथाकार आदि।
8. राही को पिछले दिनों भारतीय ज्ञानपीठ का पुरस्कार प्रदान किया गया। कश्मीरी भाषा के किसी साहित्यकार को मिलनेवाला यह पहला पुरस्कार है।

सन् 1964-65 के आसपास से कश्मीरी-कविता प्रयोगवाद के शिल्पगत आग्रह से मुक्त होकर कवि की विशुद्ध आत्माभिव्यक्ति की माध्यम बन गयी। इधर सामाजिक, आर्थिक एवं सांस्कृतिक मूल्यों के विघटन तथा व्यक्ति-जीवन के रागात्मक संबंधों की टूटन ने कवि-कर्म के लिए वर्ण्य विषय के नूतन आयाम खोल दिये। फलतः कुण्ठा-मिश्रित आक्रोश कवियों के सर्जन का आधार बन गया जिसके ऊपर कहीं संत्रास, तो कहीं विद्रोह, कहीं अनास्था तो कहीं निराशा के स्वर तरंगित होने लगे। ऐसे कवियों में चमनलाल चमन, मोतीलाल साकी, राधेनाथ मसर्रत, गुलाम अहमद गाश, माखनलाल बेकस, रसूल पोंपर, गुलाब नबी गोहर आदि उभर कर आये हैं। चमनलाल चमन की 'म्योन दुनिया' (मेरी दुनिया), गुलाम अहमद गाश की 'आब्स खूचिव' (पानी से डरिए), मसर्रत की 'गरद' (धूल) आदि ऐसी पद्य-रचनाएँ हैं जिनमें कवि-मन का कुण्ठा-मिश्रित आक्रोश हृदयग्राही ढंग से वर्णित है।

कश्मीरी का प्रथम साहित्यिक नाटक नन्दलाल कौल द्वारा सन् 1929 ई॰ में लिखित 'सत्यच काहवट' है। नन्दलाल कौल के पश्चात् कश्मीरी नाटककारों की परम्परा में गुलाम नबी सोज, ताराचंद बिसमिल तथा नीलकंठ शर्मा के नाम भी उल्लेखनीय हैं। लेकिन कश्मीरी रंगमंच को नया मोड़ सन् 1942 से लेकर 1947 तक की छह वर्षीय कालावधि में मिला जब 'श्रीप्रताप ड्रामा क्लब' तथा 'सुधार समिति ड्रामा क्लब' नाम से दो नाट्य-संस्थाएँ स्थापित की गयीं। इन दोनों संस्थाओं को श्रीनगर के युवा कलाकार चलाते थे। इनमें सुधार समिति क्लब द्वारा प्रस्तुत 'विधवा' नाटक काफी लोकप्रिय रहा। इस नाटक में एक विधवा के दारुण जीवन की मर्मस्पर्शी कथा कही गयी थी।

सन् 1947 में कबाइली आक्रमण का प्रतिकार करने तथा जनता में देशभक्ति की भावना जगाने के लिए कश्मीर के तरुण साहित्यकार और कलाकार इकट्ठे हुए और उन्होंने 'कल्चरल फ्रण्ट' नाम की साहित्य-परिषद् के द्वारा 'कश्मीर यह है' नामक एक नाटक रंगमंच पर प्रस्तुत किया। यह नाटक उर्दू में था किन्तु इसके गीत कश्मीरी में लिखे गये थे। इस नाटक में पहली बार स्वेच्छा से स्त्रियों ने पुरुषों के साथ काम किया।

स्वतंत्रता-प्राप्ति के पश्चात् कश्मीरी रंगमंच पर दो नाटक 'तीन बट्टा चार' और 'डालर साहब' अपने समय में काफी लोकप्रिय हुए। ये दोनों नाटक सोमनाथ जुत्शी, नूर मुहम्मद रोशन, पुष्कर भान तथा प्राण किशोर के सामूहिक परिश्रम के परिणाम थे।

'कल्चरल फ्रण्ट' के टूट जाने पर 'कल्चरल कांग्रेस' तथा बाद में 'ऑल स्टेट कल्चरल कांग्रेस' नाम की साहित्य-संस्थाएँ बनीं। इन संस्थाओं का लक्ष्य कश्मीरी गद्य का समुचित विकास करना था। कश्मीरी नाट्यकला में नूतन प्रयोग करना भी इन संस्थाओं का ध्येय रहा। सन् 1953 में पहली बार एक ओपेरा (गीतिनाट्य) 'बोम्बर येम्बरजल' स्टेज पर प्रस्तुत किया गया जिसकी दर्शकों ने मुक्तकण्ठ से

प्रशंसा की। इस गीतिनाट्य के लेखक कश्मीर के प्रसिद्ध कवि दीनानाथ नादिम थे। सन् 1956 के 'जश्न-ए-कश्मीर' के दौरान जो नाटक मंच पर प्रस्तुत किये गये उनमें दीनानाथ नादिम का ओपेरा 'हिमाल नागराय', नूरमुहम्मद रोशन की 'नीकी त बदी' और अमीन कागिल का 'हब्बाखातून' उल्लेखनीय हैं।

मौलिक नाटकों की सर्जना के साथ-साथ अँगरेजी, बँगला आदि नाटकों के रूपान्तरण भी सफलतार्पूवक किये जाने लगे। नाटकों का शिल्प-पक्ष भी उत्तरोत्तर समृद्ध होता गया। सन् 1956 के बाद जो नाटककार प्रकाश में आये, उनमें प्रमुख हैं अलीमुहम्मद लोन, रोशन, अमीन कामिल, अख्तर मोहीद्दीन, राधाकृष्ण बारू, सोमनाथ साधू, सुदामाजी आदि। टैगोर के चार नाटकों का कश्मीरी-रूपान्तर नूर मुहम्मद रोशन ने किया। अमीन कामिल ने भी टैगोर के दो नाटकों का अनुवाद किया। सोमनाथ जुत्शी ने इब्सन के दो अँगरेजी नाटकों का अनुवाद किया।

कश्मीरी रंगमंच व नाटक के इतिहास पर विचार करते समय रेडियो कश्मीर के अमूल्य योगदान को कभी भुलाया नहीं जा सकता। यह प्रसारण केन्द्र सन् 1949 से कश्मीरी-साहित्य, विशेषकर कश्मीरी-गद्य की अथक सेवा कर रहा है। कश्मीरी-साहित्य को जनता तक पहुँचाने तथा उनमें कश्मीरी नाटक, एकांकी, फीचर आदि के प्रति रुचि व निष्ठा जगाने में इस केन्द्र ने बहुमूल्य कार्य किया है। नाटक के क्षेत्र में तो इसका योगदान सर्वोपरि है। सन् 1970 तक इस केन्द्र से 500 से ऊपर कश्मीरी-नाटक प्रसारित हो चुके थे।

कश्मीरी-कहानी भी आधुनिक काल की ही देन है। कल्चरल कांग्रेस के तत्त्वावधान में 25 फरवरी 1950 ई॰ को आयोजित साहित्यिक गोष्ठी में पहली कश्मीरी कहानी 'येलि फोल गाश' पढ़ी गयी। इसके लेखक थे सोमनाथ जुत्शी। इसके बाद कल्चरल कांग्रेस के ही अन्य प्रगतिवादी सदस्य साहित्यकारों ने कश्मीरी-कहानी को अपना बहुमूल्य योगदान देकर संवर्द्धित किया। इस साहित्यकार-मंडली में सोमनाथ जुत्शी के अलावा अब्दुल अजीज हारून, दीनानाथ नादिम, नूर मुहम्मद रोशन, रहमान राही, मिर्जा आरिफ आदि के नाम उल्लेखनीय हैं। कल्चरल कांग्रेस का गठन चूँकि प्रगतिवादी विचारधारा के आधार पर हुआ था, अतः कहानियों के कथानक प्रायः उपदेशात्मक तथा आदर्श-प्रधान ही रहे। उनमें जीवन के यथार्थ का चित्रण बहुत कम था। कल्चरल कांग्रेस, दरअसल, साहित्य के क्षेत्र में कबाइली आक्रमण का प्रतिकार करने के लिए प्रगतिशील लेखकों तथा चिन्तकों का एक मोर्चा था जिसने अपनी सक्रिय साहित्यिक गतिविधियों से प्रदेश में धर्मनिरपेक्ष भावना के संतुलन को डगमगाने से रोके रखा, जनता में देशप्रेम की भावना को जगाया तथा कश्मीरी-साहित्य को गद्य की विभिन्न विधाओं से परिचित कराने का बीड़ा उठाया। अतः अपने प्रारंभिक प्रयासों में इस मोर्चे ने जो भी कार्य किये, वे प्रगतिवादी विचारधारा से युक्त थे। यही कारण है कि सन् 1950 से लेकर सन् 1955 तक जो कहानियाँ लिखी गयीं, उनमें प्रचारात्मकता का पुट विशेष रूप से रहा है।

सन् 1955 से लेकर 1960 तक की कालावधि कश्मीरी-कहानी-साहित्य के लिए महत्त्वपूर्ण है। कहानीकारों का ध्यान पहली बार कहानी के शिल्प की ओर गया। उसकी टेकनीक में एक विशेष परिवर्तन आया। अब कहानी महज एक 'लेक्चर' न थी अपितु वह मानव-चरित्र के गूढ़तम रहस्यों, उनकी समस्याओं व जीवन-दृष्टियों को मार्मिक ढंग से प्रकाशित करनेवाली विधा बन चुकी थी। इस प्रसंग में अख़्तर मोहीउद्दीन का नाम लिया जा सकता है जिन्होंने अनवरत साहित्य-साधना से कश्मीरी-कहानी-कला को एक नयी दिशा प्रदान की तथा आनेवाले कहानीकारों के लिए प्रयोग के नये मार्ग खोल दिये। अख़्तर के कहानी-संग्रह 'सतसंगर' पर उनको 1957 ई॰ का साहित्य अकादमी पुरस्कार मिल चुका है। अख़्तर मोहीउद्दीन के बाद अनेक कहानीकार इस रचना-क्षेत्र में उतरे जिनमें उल्लेखनीय हैं बंसी निर्दोष, डॉ॰ शंकर रैणा, अमीन कामिल, सूफी गुलाम मुहम्मद, हरिकृष्ण कौल आदि।

ऐसे कहानीकारों की संख्या भी कम नहीं है जिनकी कहानियाँ स्वतंत्र संग्रहों के रूप में सामने नहीं आ सकीं किन्तु जिन्होंने विभिन्न पत्र-पत्रिकाओं में कहानियाँ लिखकर कश्मीरी-कहानी के विकास में अपना बहुमूल्य योगदान दिया। ऐसे कहानीकारों में उमेश कौल, हृदय कौल भारती, गुलाम रसूल संतोष, अब्बास ताबिश, गुलामनबी बाबा, गुलामनबी शाकिर, रतनलाल शान्त, फारुक मसूदी, ताज बेगम रींजू आदि के नाम गिनाये जा सकते हैं।

कहानी की भाँति कश्मीरी-उपन्यास का इतिहास भी ज्यादा पुराना नहीं है। कश्मीरी का प्रथम उपन्यास 'जात बूतरात' सन् 1955 में लिखा गया। हबीब कामरान इसके लेखक थे। इस उपन्यास का प्रथम अध्याय सन् 1955 में 'कोंगपोश' पत्रिका में प्रकाशित हुआ था। शेष अध्याय अप्रकाशित ही रहे। इसके बाद चार उपन्यास लिखे गये। इनके नाम हैं—अख़्तर मोहीउद्दीन का 'दोद दग', अमीन कामिल का 'गटि मंज गाश', अली मुहम्मद लोन का 'अस्य ति छि इन्सान' तथा बंसी निर्दोष का 'अख दोर'। कुछ विद्वान् 'दोद दग' को कश्मीरी का प्रथम उपन्यास मानते हैं क्योंकि 'जात बूतरात' कभी भी पूर्ण रूप से प्रकाशित होकर सामने न आ सका तथा लोग उसे पढ़ न पाये। 'दोद दग' एक सामाजिक उपन्यास है जिसमें दो बहनों फाता और राजा के जीवन-संघर्ष, अब्दुल गनी की लोलुपता तथा शनस साहब के पतन की कहानी वर्णित है। 'गटी मंज गाश' कबाइली आक्रमण की पृष्ठभूमि पर लिखा गया हिन्दू-मुस्लिम मेल-जोल व भाईचारे की भावना जगानेवाला उपन्यास है। 'अस्य ति छि इन्सान' मूलतः एक रिपोर्ताज है जिसकी शैली औपन्यासिक कला के काफी निकट है।

नाटक और कहानी के मुकाबले में कश्मीरी का उपन्यास-साहित्य अत्यल्प है। इस विषम स्थिति का पहला तथा मुख्य कारण उपन्यास प्रकाशन के लिए समुचित प्रोत्साहन तथा सुविधाओं का अभाव है। कहानी, निबंध या एकांकी किसी भी

पत्र-पत्रिका में सुगमतापूर्वक स्थान पा सकते हैं किन्तु समूचे उपन्यास का पत्र-पत्रिका में छपना कठिन है। दूसरा कारण यह है कि जागरूक पाठकों के अभाव ने उपन्यासकारों का उत्साह भंग कर दिया। उपन्यासकारों के लिए उपन्यास लिखना उतना कठिन कार्य न था जितना कि लिखे को आगे सरकाना। कुछ वर्ष पूर्व राज्य की कल्चरल अकादमी ने लेखकों को पुस्तक-प्रकाशन के लिए अनुदान देने की योजना कार्यान्वित की है। आशा है कि इस योजना से कश्मीरी-उपन्यास-साहित्य को गति मिलेगी।

सन् 1936 तक कश्मीरी-पत्रकारिता की कोई स्पष्ट परम्परा नहीं मिलती है। सन् 1936 में पहली बार प्रो॰ जे॰ एल॰ कौल के सद्प्रयत्नों से श्रीप्रताप कालेज, श्रीनगर की पत्रिका 'प्रताप' में कश्मीरी-विभाग जोड़ दिया गया था। सन् 1940 में कश्मीरी का प्रथम साप्ताहिक पत्र 'गाश' प्रकाशित हुआ। इसके प्रकाशक मुहम्मद अमीन थे। इस पत्र का साहित्यिक क्षेत्र में खूब स्वागत हुआ। यद्यपि यह पत्र अर्थाभाव के कारण अधिक समय तक न चल सका और इसके केवल दो-तीन अंक ही निकल पाये तथापि कश्मीरी-पत्रकारिता के विकास-क्रम में इसने एक महत्त्वपूर्ण भूमिका निभायी।

स्वतंत्रता-प्राप्ति के बाद सन् 1949 में कश्मीर कल्चरल काँग्रेस के तत्त्वावधान में 'कोंगपोश' नाम की एक मासिक पत्रिका प्रकाशित हुई। आर्थिक संकट के कारण यह पत्रिका भी अधिक समय तक न चल सकी। सन् 1952 में एक और पत्रिका सामने आयी 'गुलरेज' जिसके प्रकाशक थे मिर्जा आरिफ। यह पत्रिका सन् 1955 तक नियमित रूप से निकलती रही। सन् 1966 में गुलाम रसूल संतोष ने 'काशुर अदब' शीर्षक एक साहित्यिक पत्रिका निकाली। राज्य की कल्चरल अकादमी के तत्त्वावधान में एक कश्मीरी त्रैमासिक 'शीराजा' पिछले छह-सात वर्षों से नियमित रूप से प्रकाशित हो रही है। इसके अतिरिक्त अकादमी की ही ओर से एक वार्षिक पत्रिका 'सोन अदब' (हमारा साहित्य) प्रकाशित होती है। दोनों में कश्मीरी भाषा और साहित्य विषयक निबंधों के अतिरिक्त कविताएँ, कहानियाँ, नाटक आदि प्रकाशित होते हैं। कश्मीरी समिति, दिल्ली द्वारा प्रकाशित 'कोशुर समाचार' में अँगरेजी, हिन्दी और कश्मीरी के तीन खंड होते हैं जिनके सम्पादक क्रम से डी॰पी॰ भान, प्रो॰ चमनलाल सप्रू और एस॰ एन॰ भट 'हलीम' हैं।

कश्मीरी का समालोचना-साहित्य मुख्यतया चार रूपों में मिलता है। समालोचकों का एक वर्ग ऐसा है जिसने अंगरेजी में कश्मीरी-साहित्य का मूल्यांकन किया। कुछ समालोचकों ने उर्दू में, कुछ ने हिन्दी में तथा कुछ ने अपनी मातृभाषा कश्मीरी में उसका महत्त्वांकन किया। कश्मीरी माध्यम से कश्मीरी-समालोचना-साहित्य की अभिवृद्धि करनेवालों में मोहीउद्दीन हाजिनी, अमीन कामिल, अवतार कृष्ण रहबर, दीनानाथ नादिम, गुलाम नबी खयाल, मोतीलाल साकी, टांक जैनागीरी, गुलाम नबी

'फिराक', मुहम्मद यूसुफ टैंग, रहमान राही आदि के नाम उल्लेखनीय हैं। इनमें हाजिनी की 'काशिरि नसरुच किताब', 'काशिर शायरी' तथा 'मकालात', रहबर की 'काशिरि अदबच तवारीख' और टांक जैनागीरी की 'काशिरयुक अलाकवाद फेरु' कश्मीरी-समालोचना-साहित्य में विशिष्ट स्थान रखती हैं। 'काशिरी नसरुच किताब' में कश्मीरी भाषा और साहित्य संबंधी हाजिनी के दस आलोचनात्मक निबंध संकलित हैं। 'काशिर शायरी' में चौदहवीं शती से लेकर बीसवीं शती तक के 141 कश्मीरी कवियों की चुनी हुई कविताएँ पहली बार प्रामाणिक ढंग से सम्पादित की गयी हैं। पुस्तक के प्रारंभ में दी गयी कश्मीरी-कविता के उद्भव और विकास संबंधी विचारपूर्ण भूमिका ने इसकी उपादेयता को और भी बढ़ा दिया है। 'मकालात' शीर्षक गद्य-संग्रह पर लेखक को साहित्य अकादमी का सन् 1971 का पुरस्कार मिल चुका है। रहबर की 'काशिरी अदबुच तवारीख' कश्मीरी-साहित्य के इतिहास पर लिखी जानेवाली प्रथम पुस्तक है। इस पुस्तक का अभी केवल एक भाग प्रकाशित हुआ है। इसमें कश्मीरी भाषा के उद्भव व विकास तथा ललद्यद (1335 ई॰) से लेकर नुन्दडार (निधन 1774 ई॰) तक के कवियों का आलोचनात्मक अध्ययन है। रहबर को इस महत्त्वपूर्ण कार्य के लिए राज्य की कल्चरल अकादमी ने पुरस्कृत भी किया है। टांक जैनगीरी की 'काशिरयुक अलाकवाद फेर' पुस्तक कश्मीरी की प्रथम भाषाशास्त्रीय पुस्तक है। इसमें कश्मीरी शब्दों की व्युत्पत्ति, उनके स्वरूप, अर्थ-परिवर्तन आदि पर विस्तारपूर्वक सोदाहरण विचार किया गया है। टांक साहब को इस पुस्तक पर सन् 1970 का साहित्य अकादमी का पुरस्कार मिल चुका है। अमीन कामिल की 'सूफी शायर' 3 भाग व 'नूरनामा', टैंग द्वारा सम्पादित 'गुलरेज', 'कुलयात मकबूल' व बली अल्लाह मत्तु खयाल की 'महमूदगामी' आदि भी कश्मीरी-समालोचना-साहित्य की बहुमूल्य कृतियाँ हैं।

समकालीन कश्मीरी-साहित्य

यहाँ पर कश्मीरी-साहित्य के समकालीन परिदृश्य पर विचार करना अनुचित न होगा। पाकिस्तान-समर्थित साम्प्रदायिक उग्रवाद ने घाटी के सौहार्दपूर्ण वातावरण को विषाक्त बना दिया है। साहित्य-सृजन के लिए मूलभूत सिद्धांत की बात की जाय तो सभी जानते हैं कि समाज के हालात जब ठीक नहीं होते तो साहित्य-सृजन लड़खड़ा जाता है। दरअसल, शांति के माहौल में ही कलाएँ विकसित होती हैं और अशांति में उनका अधःपतन होता है। कश्मीर के अधिकांश कवि, कलाकार, संस्कृति-कर्मी घाटी छोड़कर इधर-उधर भटक रहे हैं और जो कुछ घाटी में रह भी रहे हैं, उनकी अपनी पीड़ाएँ और विवशताएँ हैं। साहित्य और संस्कृति की गतिविधियों से जिन समाचार-पत्रों के भीतरी पृष्ठ पहले भरे रहते थे, उनमें अब 'मरने-मारने' की और राजनीतिक कलाबाजी से ओतप्रोत 'खोजी खबरें' छपी रहती हैं। लगभग दो वर्ष पूर्व कश्मीरी की एक प्रख्यात कवयित्री श्रीमती ताहिरा मीर को मैंने उनकी एक ताजा

नज़्म भिजवाने के लिए लिखा था ताकि 'भाषा' पत्रिका के लिए मैं उसका अनुवाद कर सकूँ। अपने उत्तर में श्रीमती मीर ने जो कुछ लिखा, उसे यहाँ उद्धृत कर रहा हूँ–

"यहाँ कश्मीर में रहकर कविता लिखना अब फिजूल है–जस्ट वेस्टेज ऑफ टाइम। यहाँ इन्सान की कोई कीमत नहीं है, कविताओं का क्या, डॉ॰ साहब ! कश्मीर का आर्टिस्ट भूख़ से मर रहा है, अनएंप्लाइड है....। यहाँ का आर्टिस्ट बुरे हालात पर रो रहा है। वह पीसफुली रहना चाहता है, मगर कश्मीर में पीसफुली रहने का ख्वाब देखा जा सकता है, पीस नहीं....।"

कवयित्री का यह उद्‌गार ऐसे हर कश्मीरी कलाकर्मी की आत्मा की आवाज है जो आतंकवाद की वजह से घाटी में या घाटी से बाहर बदहाली का जीवन बिता रहा है। ऐसी विकट और त्रासपूर्ण परिस्थितियों में समकालीन कश्मीरी-कविता की क्या दशा-दिशा हो सकती है, इसका अंदाज बखूबी लगाया जा सकता है।

किसी भी रचना के प्रतिपाद्य में रचनाकार के परिवेश और उसकी मनःस्थिति की छाप होना अनिवार्य है। इधर, पिछले दिनों 'समकालीन भारतीय साहित्य' (साहित्य अकादमी, दिल्ली की पत्रिका) के कश्मीरी-साहित्यांक में डॉ॰ रतनलाल शांत का विचारोत्तेजक लेख प्रकाशित हुआ है जिसमें कश्मीरी की समकालीन कविता को 'कश्मीरी विस्थापित साहित्य' नाम देते हुए उसकी सांप्रतिक दशा और दिशा को चित्रित करने का सुंदर प्रयास किया गया है। डॉ॰ शांत ने समकालीन कश्मीरी-कविता तथा विस्थापित कवियों की व्यथा-कथा का जो चित्र अपने आलेख में जिस ढंग से खींचा है, उससे सहसा निष्कर्ष सामने आता है कि कश्मीरी ललित कलाओं विशेषकर कश्मीरी-कविता को उभरने में अभी बहुत समय लगेगा। कविता यदि लिखी भी जा रही है (घाटी के अंदर या बाहर) तो कहीं उसका संवेद आक्रोश से भरा है तो कहीं पर दैन्य और वैराग्य से युक्त है। दो-एक उदाहरण देखने योग्य हैं–

1. **खो गया अपना नामो निशान भाइयो**
कहाँ ढूँढें हम आशियाना भाइयो
पलटकर आयेगी क्या दिल में गरमी कभी
जमाना वह पुराना चला गया भाइयो....

–प्यारे हताश

2. **पैर बढ़ाएँ तो पैर जलाएँ**
दरवाजा खोलें तो गाज गिराएँ
आँख उठाएँ तो आँख निकालें
बाजार से निकलें तो बम चलाएँ
किवाड़ जोड़ें तो गला दबाने को आएँ
आवाज देकर बुलाएँ तो बेमौत मारें

आँखें फोड़ें, टाँगें तोड़ें
बाँहें तोड़ें डालें, और
बचे-खुचे जिस्म को
आरे से तार-तार कर डालें।

—पद्मश्री मोतीलाल साकी

आज की कश्मीरी-कविता की भावभूमि क्या है, आज का कश्मीरी कवि क्या सोच रहा है, उसकी कविता की अपील क्या है, इन प्रश्नों का उत्तर ऊपर दिये गये दो उदाहरणों से प्राप्त किया जा सकता है।

कश्मीरी के प्रख्यात कथाकार बंसी निर्दोष से मैंने (उनके अलवर आगमन पर) पूछा था– "यदि कश्मीर में फिर से अमन-चैन कायम हो जाय, तो बाद में शांति, सद्भाव और सौहार्दपूर्ण माहौल तैयार करने में एक साहित्यकार सार्थक भूमिका अदा कर सकता है या नहीं ?" उनका उत्तर था– "कश्मीर में फिलहाल जो हालात हैं, उनमें साहित्यकार का माहौल बनाने की दिशा में उसके योगदान की खूब जरूरत है। साहित्यकार का काम ही यही है कि जहाँ पर अत्याचार, अन्याय और आतंक है, जहाँ आदमी तड़प रहा है, कुदरती तौर पर वहाँ उसकी संवेदना उसके साथ जुड़ जाती है। उसका लिखा अकारथ नहीं जाता।"

निर्दोष जी के इस उत्तर से यह आशा बँधती है कि कश्मीरी भाषा-साहित्य के दिन अवश्य फिरेंगे।

कोंकणी-साहित्य

• डॉ. रवीन्द्रनाथ मिश्र
• डॉ. सु.म. तडकोडकर

कोंकणी भाषा की मातृभूमि गोवा है। गोवा को 'गोमंत', 'गोमांचल', 'गोवापुरी', 'गोपकापुर', 'गोपकपट्टण' आदि नामों से भी जाना जाता है। इसे हिंदी में गोवा, मराठी में 'गोवे' और कोंकणी में 'गोंय' कहते हैं।

महाराष्ट्र के ठाणे, रत्नागिरी, सावंतवाडी एवं निकटवर्ती अन्य जनपदों जैसे गोवा, कारवाड़, हल्लियाल, सुपा तालुका, उत्तर कर्नाटक आदि भू-भागों में किंचित् भिन्नता के साथ कोंकणी मातृभाषा के रूप में बोली जाती है। इसी प्रकार कर्नाटक, केरल और तमिलनाडु के छोटे-बड़े नगरों में भी कोंकणीभाषी निवास करते हैं। मुंबई में कोंकणी बोलनेवालों की संख्या भारत के अन्य नगरों की अपेक्षा अधिक है। जार्ज ग्रियर्सन, जूल्स ब्लोक, स्टेनकोनो, रायबहादुर वी॰पी॰ चाह्वाण, सुमित्र मंगेश कत्रे, सु॰बा॰ कुलकर्णी, ना॰गो॰ कालेलकर आदि यूरोपीय एवं भारतीय भाषावैज्ञानिकों ने कोंकणी को स्वतंत्र आर्यभाषा माना है। कोंकणी भाषा ने अब इतनी प्रगति कर ली है कि इसके साहित्यकार पद्मभूषण रवीन्द्र राजाराम केलेकरजी को 2004 का ज्ञानपीठ पुरस्कार प्रदान किया गया।

कोंकणी देवनागरी, रोमन, कन्नड़ और मलयालम लिपियों में लिखी जाती है। इन लिपियों का प्रभाव अलग-अलग क्षेत्रों में है। क्षेत्रगत प्रभाव के कारण कोंकणी भाषा के विविध रूप मिलते हैं, जैसे रत्नागिरी कोंकणी, दक्षिण कर्नाटक कोंकणी, केरल कोंकणी, गोवा में हिन्दुओं और ईसाइयों की कोंकणी आदि। सासण्टी, केरली, कोडियाळी, कारवाडी, बारदेशी, मंगलूरी और अंत्रुजी, ये कोंकणी की सात बोलियाँ प्रचलित हैं। इनमें से मंगलूरी, केरली, कारवाडी और कोडियाळी बोलियों में लिखित साहित्य की जानकारी प्राप्त नहीं होती, केवल अंत्रुजी, सासण्टी और बारदेशी बोलियों के विषय में ही जानकारी मिलती है जिनका परिचय इस प्रकार है—

अंत्रुजी बोली—यह गोवा की फोंणे, कवळे, बोरी, सावडर्डे, कुडचडे, साङ्गें, सावईवेरे, वळवई, मार्शल, शिरोडे आदि भू-भागों की भाषा थी जो कि पुर्तगीज शासन

से अल्प काल तक मुक्त थे। उक्त भू-भागों में बोली जानेवाली अंत्रुजी बोली अत्यंत मधुर है जिसे मानक भाषा का सम्मान प्राप्त है। कोंकणी के कई महत्त्वपूर्ण ग्रंथ इसी बोली में प्रकाशित हुए हैं।

सासण्टी बोली : इस भाषा का भू-भाग पणजी के दक्षिण जुवारी नदी के उस पार तक आता है। पोर्तुगीजों ने सासण्टी का क्षेत्र मडगाँव, बाणावली, कुडतरी, कुंकळळी, नावेली आदि को माना। यहाँ विभिन्न सम्प्रदायों के ख्रिस्ती धर्मप्रचारक आपस में ही लड़ते थे। ये एक-दूसरे के ख्रिस्त मंदिरों को जला देते थे। इस अवस्था में कोंकणी में लेखन, वाचन एवं भाषण करनेवालों की क्या दशा होती होगी, यह सहज ही अनुमेय है। यहाँ का भयग्रस्त समाज कोंकणी का अध्ययन छोड़कर नाममात्र के लिए धार्मिक गीतगायन में ही रुचि लेने लगा। स्वर्ग, नक्षत्र जैसे विषय लेकर कोंकणी के अस्तित्व को कायम रखना यहाँ एक प्रकार से धार्मिक कार्य हो गया। इटालियन पद्धति एवं लैटिन रीति का आधार लेकर पाश्चात्य संगीत के कोंकणी पदबंध बनाये गये। इस प्रदेश में डेढ़ सौ वर्षों तक यही परंपरा चलती रही। इसी बीच 1822 ई॰ में पोर्तुगाल शासन ने बंधनरहित जीवन-यापन पर जोर दिया। इस लोकतंत्रात्मक विचारधारा का लाभ कोंकणी भाषा एवं साहित्य को भी मिला और माण्डो नामक कोंकणी पदबंध की रचना हुई। 1854 ई॰ से माण्डो ने सम्पूर्ण कोंकणी समाज में तहलका मचा दिया। कुडतरी-माकझन के निवासी लिगोरियो-द-कॉश्त (1821-1919 ई॰), नावेली के बहुचर्चित कार्लुश त्रिनदाद दियश (1854-1890 ई॰), आर्नाल्द-द-मिनेजिश (1863-1917 ई॰) तथा तोर्कात-द-फिगरैदु (1876-1948 ई॰) आदि रचनाकारों ने माण्डो के द्वारा एक नये इतिहास की रचना की। दुर्भाग्य से अब उस प्राचीन कोंकणी का मूल स्वरूप नहीं रहा। पोर्तुगीज भाषा के प्रभाव से इस सासण्टी बोली के स्वरूप में काफी परिवर्तन हुआ। उचित व्याकरण के अभाव के कारण इसमें सुचारु ढंग से गद्य-लेखन नहीं हो सका। यही कारण है कि सासण्टी भाषा केवल भाषण एवं बातचीत तक सीमित रह गयी। इसकी तुलना में बारदेशी बोली ने अपनी अस्तित्व-रक्षा करते हुए अपने-आपको समृद्ध भी किया।

बारदेशी बोली–गोवा की राजधानी पणजी के उत्तर में पिळर्प, पर्वरी, पर्रा, म्हापसा, कोलवाळ आदि के आसपास के भू-भाग को बारदेश कहा जाता है। सन् 1684 ई॰ में आल्बीर के नियमानुसार कोंकणी के प्रयोग करनेवाले को मृत्यु-दण्ड हो सकता था। इस नियम के कारण बारदेश में कोंकणी में बातचीत, लिखाई-पढ़ाई आदि का कार्य ठप्प-सा हो गया। इसके कई कारण थे जिनमें प्रमुख कारण यह था कि यह प्रदेश ख्रिस्ती धर्ममत के फ्रान्सिस्कन सम्प्रदाय का अंग था। इस सम्प्रदाय ने स्थानीय भाषाओं के विकास में बहुत कम रुचि दिखायी। इसके अतिरिक्त आभिजात्य कोंकणी समाज के विभिन्न घटकों ने भी कोंकणी की उपेक्षा की। ये लोग अपने को पोर्तगीज कार्यालयों में वरिष्ठ पदों पर बैठे फ्रान्सिस्कन अधिकारियों के

साथ तालमेल बैठाना चाहते थे। जो लोग ऐसा नहीं कर सके, वे मुंबई, पुणे आदि शहरों की ओर प्रस्थान कर गये। वहाँ की आधुनिकता, स्वच्छ वातावरण तथा अँगरेजी भाषा के प्रति प्रेम ने इन लोगों को आकर्षित किया। कोंकणी घरेलू भाषा के रूप में अपना अस्तित्व बचाये रही।

कुछ समय बाद बारदेश बोली-क्षेत्र के मुंबई-निवासी कोंकणीभाषियों ने अपने गौरवपूर्ण अतीत को याद किया। अस्नोड ग्रामवासी प्रोफेसर एदुआर्द ब्रुन-द-सौज (1836-1905 ई०) ने अपनी क्षमता का परिचय देते हुए इतालियन महाकवि दान्ते, एलिधिएरि तथा पोर्तुगाली कवि कामॉयश का अनुकरण कर 'एव आनी मेरी' नामक महाकाव्य-सदृश कृति की रचना की। उन्होंने फ्रेंच-लेखक अलेक्जैंडर ड्युमा को आदर्श मानकर 'खुशालपणाचो घराबो आनि पंचतीस कुँवर' और 'क्रिस्तांव घराबो' नामक दो कोंकणी-उपन्यास लिखे। उनकी 'सर्गाचो ठोवो' पुस्तक उनकी मृत्यु के उपरान्त 1925 ई० में प्रकाशित हुई। कोंकणी की एक नियतकालीन पत्रिका 'उदेन्तेर्चे साळिक' (1898 ई०) भी उन्होंने प्रकाशित किया। प्रारम्भ में यह मासिक थी किन्तु बाद में पाक्षिक हो गयी। कोंकणी का प्रथम दैनिक समाचारपत्र 'साञ्जेचें नकेत्र' 1907 ई० में मुंबई से प्रकाशित हुआ जिसके सम्पादक बी०एफ० काबाल थे। इसी तरह 1932-33 ई० में आन्तोनियु व्हिन्सेन्त-द-क्रुज और जुआँव लाजारस-द-सौजा के सम्पादकत्व में क्रमशः 'कोंकणी बुलेटिन' और 'गोवन ऑब्जर्बर' नामक दो दैनिक पत्र प्रकाशित होने लगे।

यहाँ ध्यातव्य है कि इस समय कोंकणी की भाषिक गतिविधि गोवा में नहीं, वरन् मुंबई में केन्द्रित थी। इसी समय 1914 ई० के आसपास कराची से पादरी लुदोबिक परेरा (1881-1936 ई०) के संपादकत्व में 'रोटी' शीर्षक से एक कोंकणी-पत्रिका प्रकाशित होने लगी थी। यह अँगरेजी के 'रीडर्स डाइजेस्ट' की ही भाँति थी। इस समय एक तरफ कोंकणी-आंदोलन जोर पकड़ने लगा था तो दूसरी तरफ कोंकणी पश्चिमी भाषाओं का अनुकरण कर बिगड़ने लगी थी। 'आव मारिया' (1919 ई०), 'द गोवा मेल' (1919 ई०), 'द गोवा टाइम्स' (1930 ई०) आदि पत्रों के द्वारा कोंकणी पर पड़ रहे पाश्चात्य प्रभावों की जानकारी प्राप्त हुई। यहीं पर 'वावराड्यांचो ईश्ट' (1933 ई०) एवं 'उदेन्तेचें साळिक' (1946 ई०) पत्रिकाएँ कोंकणी की भूमि से जुड़कर यहाँ के जनमानस को कोंकणी की संस्कृति और अस्मिता की पहचान कराने में जुटी रहीं। कोंकण समाज को उनके इतिहास की जानकारी देने लगी। इन्हीं पत्रिकाओं से प्रेरणा लेकर नया लेखक-मंडल अपने लेखन-कार्य को सँवारता रहा। फिर भी, इनमें भारतीयता की भावना गायब होती हुई दिखायी देने लगी। इस समय शणै गोंयबाब ने कोंकणी की अंत्रुजी बोली में पाश्चात्य नाटक-साहित्य का अनुवाद करके यह सिद्ध कर दिया कि कोंकणी भाषा में संसार भर की रचनाओं का सहज, सरल एवं स्वाभाविक रूप से अनुवाद किया जा सकता है।

इस समय बारदेश का कोंकणी समाज काव्य-रचना करने लगा था। कोंकणी के अस्तित्व को बनाये रखने की दिशा में फ्रान्सीश्क-द-सौज, जुवावं लुइस कार्वाल्य एवं बेनांदिन एवारिश्तु मेन्दिश का योगदान महत्त्वपूर्ण है। यह सही है कि कविता राष्ट्रीय स्तर की नहीं थी, फिर भी, इस समय की काव्य-रचना ने कोंकणी-साहित्य को आधार प्रदान किया। गोवा की बारदेश बोली में बँधी हुई कोंकणी ने संसार को एक नये प्रकार के नाटक तियात्र से परिचित कराया। इसका श्रेय लुकस रिबैरो को जाता है जिन्होंने एक इतालियन नाटक मंच को अपनी सेवा देते हुए सन् 1892 ई॰ में एक नये प्रकार का नाटक लिखा और उसे प्रदर्शित किया। इस कार्य में इन्हें साश्टी बोली से संबंधित दो नाटक-लेखकों ने सहयोग दिया। इनमें राय गाँव के निवासी कायतान फेर्नान्दिश और आगेश्तिन्यु फेर्नान्दिश ने तियात्र को लोकप्रिय बनाने में अत्यधिक परिश्रम किया। कोंकणी के अस्तित्व को बनाये रखने के लिए इस प्रकार की कोशिश उस समय की माँग थी। गोवा में तियात्र लगभग सौ वर्षों तक बड़ा लोकप्रिय रहा और आज भी मनोरंजन की दृष्टि से इसकी लोकप्रियता कुछ बनी हुई है। नाटक के साथ्र-साथ अन्य विधाओं में भी रचना हुई। एदुआर्दु ने 'किरिस्ताँव घराबो' शीर्षक उपन्यास लिखकर एक आदर्श प्रस्तुत किया। लिबेराल फेर्नान्दिश, सेबाश्तियावं साल्बादोर-द-जेजूस दियश, आलेयश कायतान जुजे फ्रान्सिश्क, जुवावं कायतान फ्रान्सिश-द-सौज, एदुआर्द ब्रून-द-सौज, फ्रान्सिश्क पाश्कुआल फेर्नान्दिश, लारन्शियु दांतश-इ-सौज, जे॰जे॰अं॰वि॰ ब्रीतु आदि कोंकणी भाषा को सशक्त एवं समृद्ध बनाने के लिए कटिबद्ध रहे। फलतः कोंकणी में कविता, नाटक, उपन्यास, तियात्र जैसे साहित्य की भरपूर रचना होने लगी।

अब हम कोंकणी भाषा के आंदोलन की व्यापकता में न जाकर कोंकणी की विभिन्न विधाओं में हुए लेखन पर प्रकाश डालना समीचीन समझते हैं।

काव्य

कोंकणी-साहित्य में अन्य भाषाओं की भाँति काव्य-रचना की लम्बी परम्परा रही है। गोवा में पुर्तगालियों के आने के पूर्व कविता लिखी जाती थी। चौदहवीं शताब्दी के नामदेव ने कोंकणी में काव्य-रचना की थी। कृष्णभट्ट बांदकार ने स्फुट काव्य रचे। सोलहवीं सदी में गाश्पार-द-सा मिगेल ने यीशु के वधस्तंभारोहण पर करुण काव्य लिखा था। तेरहवीं शताब्दी में यीशुमाता मेरी के क्रंदन पर आधारित लातिन भाषा में लिखे हुए काव्य का सत्रहवीं सदी में फादर पाश्कोल डायस ने कोंकणी में अनुवाद किया था। काशीनाथ श्रीधर नायक 'बयाभाव' (1899-1983 ई॰) ने 'सड्यावेलीं फुलाँ' (घाटमाथे पर खिले हुए पुष्प) एवं 'सुकृत फळाँ' (सुकर्मों का फल) दो कविता-संग्रह प्रकाशित किये। इनकी कविताओं में मूलतः प्रकृति, कोंकण प्रदेश एवं मानव-सम्बन्धों का चित्रण किया गया है। आदेवुदातु बार्रेतु (1905-1937 ई॰) ने भी कोंकणी में प्रसंग विशेष पर काव्य-रचना की। तदुपरान्त आनंदयात्री बाळकृष्ण

भगवन्त उपाख्य बाकीबाब बोरकार (1910-1984 ई॰) ने भी संगीतमय 'पायजणाँ' (नूपुर) के माध्यम से काव्यरसिकों के लिए अनुपम रचना प्रस्तुत की। भारत सरकार ने उन्हें पद्मश्री उपाधि से विभूषित किया। बोरकार की 1980 ई॰ में प्रकाशित एक अन्य कृति 'सासाय' (परमेश्वर का अस्तित्व) की कविताएँ कुछ हद तक अंतर्मुखी हैं। उनकी 'वासवदत्ता', 'पैगम्बर', 'भजगोविन्दम्' (1973 ई॰) आदि रचनाएँ प्रशंसनीय हैं। रामचंद्र नारायण नायक (1901-1982 ई॰) ने यीशु के गिरिप्रदेश से दिये हुए संदेश, रवीन्द्रनाथ ठाकुर की 'गीतांजलि' एवं अँगरेजी 'स्ट्रे बर्ड्स' जैसे काव्यों का अनुवाद किया है। ये सभी स्वभावतः छायावादी कवि थे।

लोककवि मनोहरराय सरदेसाय (1925 ई॰) ने आधुनिक कविता की नींव डाली। उनका 'आयज रे धोलार पडली बडी' (1961 ई॰, आज बज उठा ढोल) ने गोवा में सामाजिक-सांस्कृतिक जागरण का स्वर मुखरित किया। तदुपरान्त आप फ्रांस की राजधानी पेरिस चले गये। वहाँ निवास करते हुए इनके मन में देशप्रेम की भावना उमड़ पड़ी। उस समय की लिखी हुई इनकी सम्पूर्ण कविताएँ 'गोंया तुज्या मोगा खातिर' (गोवा तुम्हारे वात्सल्य के कारण) काव्यसंग्रह में संगृहीत हैं। इन दो काव्यसंग्रहों ने मात्र कोंकणी-प्रेमियों को ही नहीं अपितु संपूर्ण गोवावासी समाजवादियों को नयी दृष्टि प्रदान की। सन् 1964 ई॰ में प्रकाशित 'जायात जागे' (जागृत हो) काव्यसंग्रह की कविताओं में दलितों और पीड़ितों की मानसिक यंत्रणा, भावी कोंकण समाज की संरचना और स्वरूप, गोवा-मुक्ति की कामना का आशाजनक परिणाम, स्वार्थी लोगों का उदय, बहुजन हिताय के स्थान पर स्वयं के लाभ की संकीर्ण भावना, विधानसभा की पवित्र कार्यवाही को मजाक बनाना, मंत्री-परिषद् का अस्थायित्व आदि चित्रित हैं। साहित्य अकादेमी के पुरस्कार से सम्मानित सरदेसाय ने इस पृष्ठभूमि पर 'हुंदराची सभा' (चूहों की सभा) नाम से एक विडम्बनात्मक काव्य लिखा। सन् 1970 ई॰ के दौरान कतिपय कारणों से इनका व्यक्तित्व अंतर्मुखी होने लगा। कुछ समय बाद इनका 'जायो जुंयो' काव्यसंग्रह आया जिसने एक नवीन सौंदर्य की सृष्टि की। इस शीर्षक की इतनी धूम मची कि सरकारी दुकानों को भी यही नाम दिया गया। कविता का सहज, शांत एवं स्निग्ध स्वरूप 1978 ई॰ में प्रकाशित इनके 'पिसोळी' काव्यसंग्रह में देखने को मिलता है। काव्य-रचना को नया मोड़ देते हुए इन्होंने बाल-साहित्य का भी सर्जन किया। इन्होंने कथाकाव्य 'भांगराची कुराड' (सुवर्ण की कुल्हाड़ी) और 'खुरसाची काणी' (क्रास की कहानी) जैसे प्रसिद्ध काव्यसंग्रह प्रकाशित किये। इनकी कविताओं के अनुवाद अन्य भाषाओं में हुए। मनोहरराय सरदेसाय काव्य-जगत् में प्रसिद्धि के उच्च शिखर पर पहुँच गये।

जिस समय मनोहरराय सरदेसाय की कविताओं की धूम मची थी उसी समय गोवा के पीड़ित-दलित तथा कृषक-समाज की वेदना को मुखरित करनेवाले कवि र.वि. पंडित (1917-1990 ई॰) का काव्य के क्षेत्र में पदार्पण हुआ। पंडित ने

कोंकणी-कविता को एक नया आयाम दिया जिसका संदर्भ इस आलेख में अन्यत्र आया है। वे एक धनवान् भाटकार (भूपति) थे परन्तु उन्होंने भूमिहीनों की वेदना, किसानों के आक्रोश एवं गरीब इंसान की पीड़ा को अच्छी तरह जाना और समझा। 26 जनवरी 1963 ई॰ को उनके 'म्हजे उतर गावड्याचें', 'उरतलें तें रूप धरलें', 'धर्तरिचें कवन', 'चन्द्रावल', 'आयलें तशें गायलें' नामक पाँच काव्यसंग्रह प्रकाशित हुए। उनकी कविताओं का सार्वजनिक पाठ होने लगा। उनकी अद्भुत काव्य-रचना को देखकर लोग आश्चर्य-चकित रह गये। एक भाटकार असहाय जनों की वाणी बनकर जी रहा था। गोवा को महाराष्ट्र में मिलाने हेतु हुए जनमत-संग्रह में पंडित जी ने महाराष्ट्र से अलग गोवा के अखण्ड अस्तित्व का उद्‌घोष किया। इस कार्य में सहायता के निमित्त धन जुटाने के लिए उन्होंने अपनी जमीन बेचकर कोंकणी-प्रेम का परिचय दिया। उनके इस त्याग की लोगों ने भूरि-भूरि प्रशंसा की। भारत सरकार ने उन्हें 'पद्मश्री' से सम्मानित किया। पंडित जी को साहित्य अकादेमी के पुरस्कार से भी नवाजा गया। कालान्तर में उनके 'रेवेंतली पावलाँ' (1969 ई॰), 'मोगाचें आंावडे' (1975 ई॰) और 'दर्या गाजोता' (1977 ई॰), ये तीन काव्यसंग्रह प्रकाशित हुए। पंडित जी की कविताएँ भारतीय एवं इतर भाषाओं में अनूदित हुईं और उन पर पीएच॰डी॰ स्तर का शोधकार्य भी किया गया। उन्हें 'कॉमनवेल्थ नेशन्स' का प्रसिद्ध पुरस्कार भी प्राप्त हुआ। पंडित जी का कोंकणी-काव्यजगत् में पदार्पण समुद्र की लहरों के समान हुआ जो शांत होने के बाद भी हिलकोरें लेता रहा।

वामन सरदेसाय 'अभिजित' (1923-1994 ई॰) ने महत्त्वपूर्ण कोंकणी-काव्य की रचना की। इनकी कविताएँ इनके जीवन-दर्शन की अभिव्यक्ति हैं। भारत सरकार ने इन्हें 'पद्मश्री' की उपाधि प्रदान की।

छायावाद एवं समाजवाद की प्रवृत्तियों के मिश्रित स्वरूप के दर्शन हमें गजानन रायकर के 'बनवड' एवं 'सुंवारी' काव्य-संग्रहों में देखने को मिले हैं। इनकी कविताओं में बाकीबाब बोरकार का आनंदभाव, समाजवाद का घोष, प्राकृतिक सौन्दर्य, कोंकणी शब्दों का सुरम्य नाद, ये सब एक साथ दिखायी पड़ते हैं। इन्होंने कभी कोंकणी को निषिद्ध मानकर मराठी में लिखा तो कभी कोंकणी में भी लिखा और मराठी से बेहतर लिखा। जब ये कोंकणी में प्रवचन करते हैं तो श्रोता मंत्रमुग्ध होकर सुनते हैं। इनमें काव्यगायन की अप्रतिम प्रतिभा है।

र॰वि॰ पंडित की परम्परा के सशक्त हस्ताक्षर नागेश करमली जी (1933 ई॰) हैं। इनकी सामाजिक एवं राजनीतिक विचारधारा की कविताएँ 1965 ई॰ से ही पाठकों को आंदोलित कर रही थीं लेकिन अपने सरल, सहज एवं संकोची स्वभाव तथा आलस्य के कारण इन्होंने अपनी कविताओं के प्रकाशन में रुचि नहीं दिखायी। 'जोरगत' एवं 'सांवार' (1979 ई॰) काव्यसंग्रहों के प्रकाशन से इनका कवि-व्यक्तित्व प्रकाश में आया। कोंकणी-कविता में विचारों की उग्रता एवं जागरण का संदेश तथा

सांस्कृतिक परम्परा और समाजवाद का अनुपम सामंजस्य नागेश करमली के 'वंशकुळाचें' काव्यसंग्रह में देखने को मिलता है। ये गोवा-मुक्ति-आंदोलन के स्वतंत्रता-सेनानी थे तथा जीवन एवं समाज की पीड़ा को इन्होंने अच्छी तरह देखा था। आपको साहित्य अकादेमी पुरस्कार से सम्मानित किया गया।

पाण्डुरंग भांगी (1923-2001 ई॰) ने कोंकणी-कविता को दार्शनिक आयाम दिया। आत्मपरीक्षणात्मकता, सूक्ष्मता एवं गूढ़ार्थ का परिशोधन इनकी कविता-रचना के विशेष तत्त्व माने जाते हैं। जीवन के विविध प्रसंगों में व्यक्ति का मन डिगने लगता है। कवि का मानना है कि उस समय हमें आत्मपरीक्षण का आधार लेना चाहिए। साहित्य अकादेमी से पुरस्कृत भांगी के 'दिस्टावो' (दर्शन) एवं 'अदृष्टाचे कळे' (अदृश्य कलियाँ) दो काव्यसंग्रह 1982 ई॰ में प्रकाशित हुए।

कवि शंकर पाण्डुरंग रामाणी (1923-2003 ई॰) मराठी एवं कोंकणी-कविता के सशक्त हस्ताक्षर माने जाते हैं जिन्होंने पन्द्रह वर्ष की आयु से कविता लिखना शुरू किया था। प्रकृति, जीवन एवं दर्शन इनकी कविता का मूल विषय है। 'जोगलांचे झाड', 'निळें', 'निळें ब्रह्म', 'ब्रह्मकमल' एवं 'निरंजन', ये तीन काव्यसंग्रह प्रकाशित हुए। 'निळें निळें ब्रह्म' काव्यसंग्रह पर इन्हें 1996 ई॰ में साहित्य अकादेमी से और 2002 ई॰ में 'गोमंत शारदा पुरस्कार' से पुरस्कृत किया गया। कवयित्री विजयाबाय सरमळकर (1924 ई॰) हिन्दी की महादेवी वर्मा की भाँति नारी-व्यथा की करुण कथा को व्यक्त करती हुई काव्य-रचना में निरत हैं।

पुण्डलिक नारायण नायक (1952 ई॰) का 'गा आमीं राखणे' संग्रह काव्य का श्रेष्ठ उदाहरण प्रस्तुत करता है। इसमें समाजवाद के दाहक एवं प्रबल स्वरूप को व्यक्त किया गया है। इसके साथ ही गोवा के सामाजिक और सांस्कृतिक जीवन की पीड़ा का व्यापक एवं सूक्ष्म स्तर पर मर्मस्पर्शी चित्रण हुआ है।

पंढरीनाथ लोटलीकार के काव्यसंग्रह 'आमची भूंय' (1965 ई॰) की कविताएँ देशभक्ति से परिपूर्ण हैं। इनकी भाषा शुद्ध एवं प्रांजल है। साहित्य अकादेमी पुरस्कार से सम्मानित चाफ्रा-द-कॉश्त और जे॰बी॰ मोरायश की कविताएँ क्रमशः 'सोश्याचे कान' (1977 ई॰) एवं 'नवी होकल' और भितरलें तूफान' (1984 ई॰) काव्यसंग्रहों में संकलित हैं। युसुफ अ॰ शेख के 'गाँठी' (1984) काव्यसंग्रह की कविताएँ आत्मदर्शन का आईना बनकर उभरीं। भिकाजी घाणेकर एवं जेस फर्नाण्डिस का 'सोतेर बारेंतु' (1942 ई॰), पादरी पेद्रु जे लोबु का 'स्तोत्रा' (1981 ई॰), रामप्रभु चोडणेकार का 'निरंजन' (1984 ई॰), स्वामी आनंद आगियार का 'चाफी' तथा 'किर्णा' (1985 ई॰) महत्त्वपूर्ण काव्यसंग्रह हैं।

सुरेश बोरकार (1938 ई॰) ने अपनी गूढ़ दार्शनिक कविताओं से कोंकणी-साहित्य को समृद्ध किया। इनका 1985 ई॰ में प्रकाशित 'वज्रथिका' काव्यसंग्रह अत्यन्त महत्त्वपूर्ण है। इसी कड़ी में पेशे से वकील परंतु मूलतः कथाकार एवं पत्रकार उदय

भेम्ब्रे ने 1986 ई॰ में प्रकाशित 'चान्याचे राती' काव्यसंग्रह में प्रेम और सौन्दर्य को एक नया स्वरूप प्रदान किया। गोवा के प्राकृतिक सौन्दर्य के साथ-साथ यहाँ की अव्यवस्थित जीवनप्रणाली को चित्रित करनेवाली कविताओं के दो संग्रह 'पाकळ्यो' (तोमाझिन कार्दोझ) और 'जैत' (प्रभाकर तेंडुलकर) 1986 ई॰ में प्रकाशित हुए। इसी वर्ष फादर-द-सा ने 'आडांबे' जैसा अप्रतिम काव्यसंग्रह कविता-प्रेमियों को दिया। कोंकणी-काव्ययात्रा में फादर प्रताप नायक के 'जीवितांतली घडितां' (1983 ई॰) और 'काजुले' (1984 ई॰), स्वामी सुप्रिय का 'काळिज' (1984 ई॰) एवं जे॰वी॰ सिक्वेरा के 'काळजाचे उमाळे' (1987 ई॰) और 'एक सपन अधुरें' (1988 ई॰), दियोगु मार्कुस फर्नाण्डिस का 'गोंय म्हजें हाँसता' काव्यसंकलन प्रकाशित हुए। रामकृष्ण जुंवाकर ने इस दौर में धार्मिक काव्यलेखन-परंपरा की शुरुआत करते हुए 1974 ई॰ में 'पुंजायिल्लो पाकळयो' काव्यसंकलन प्रकाशित किया जिसमें गॉमिश की कविता भी संगृहीत है। कोंकणी-शब्दों के चयन एवं विन्यास के फलस्वरूप 1984 ई॰ में प्रकाशित जुंवाकर का 'सुस्कारे' काव्यसंग्रह गद्यात्मक हो गया। वस्तुतः यह किसी शब्दकोश के निर्माण के लिए अधिक उपयुक्त हो सकता है।

रघुनाथ विष्णु पंडित, करमली, रायकर, नायक आदि कवियों की अगली शृंखला में प्रकाश पांडगांवकार (1948 ई॰) का नाम आता है। कवि अपने आक्रोश, क्षोभ, टीस और वेदनाभरे भावों को अत्यंत सहज एवं सयंमित रूप से व्यक्त करता है। इनकी रचनाओं में दीपक की लौ के समान दाहकता है। पांडगांवकार का मानना है कि नागरी जीवन की सभ्यता मानव को निगल रही है। पाश्चात्य सभ्यता और संस्कृति भारतीय सभ्यता और संस्कृति का चर्वण कर रही है। आज मानव अश्वत्थामा बन गया है। मनुष्य स्वयं के बोझ से दब रहा है, वह दूसरों को क्या सहायता दे सकता है? कवि के ये विचार उनके क्रमशः 1976 ई॰ एवं 1985 ई॰ में प्रकाशित 'उजवाडाचीं पावलां', 'वास्कोयन' तथा 'हांव मनीस अश्वत्थामो' काव्संकलनों की कविताओं में अभिव्यक्त हुए हैं। इन संग्रहों ने कोंकणी-कविता का मान बढ़ाया। फलतः इन्हें साहित्य अकादेमी के पुरस्कार से नवाजा गया।

प्रेम और प्रकृति के सुकुमार कवि रमेश भगवंत वेळुस्कार (1947 ई॰) के 'मोरपांखा', 'माती' (1983 ई॰), 'सांवुलगोरी' (1989 ई॰), 'आंगणी नाचता मोर मोरया' एवं 'हिरण्यगर्भ', पाँच काव्यसंग्रह प्रकाशित हो चुके हैं। 'सांवुलगोरी' काव्यसंग्रह पर आपको साहित्य अकादेमी पुरस्कार मिला है। वेळुस्कर की प्रारंभिक कविताएँ राष्ट्रीयता, रोमानी भावों एवं गोवा की नैसर्गिक सुषमा से सजी हैं जिनमें नाद, लय, संगीत और बिम्ब की भरमार है। 'माती' संग्रह की अधिकांश कविताएँ गोवा की मिट्टी से जुड़ी हैं। इनकी बाद की कविताओं में समकालीनता का स्वर प्रमुख है। रमेश वेळुस्कर के समकालीन और साहित्य अकादेमी पुरस्कार से सम्मानित माधव बोरकार (1954 ई॰) के 'वोतांतल्यों सांवळयो' में 'उजवाडचो रुख', 'पर्जळाचें दार', 'यमन' एवं 'अव्यक्ताचे

गाणें', इन पाँच काव्यसंग्रहों में कोंकणी-कविता का बहुरस माधुर्य छिपा है। इनमें भाव, विभाव एवं अनुभाव के रमणीय दर्शन होते हैं। इसी कड़ी में यशवंत केळेकार का 'पुंजायिल्ली ओंवळां', सुहास दलाल का 'उगाळो', नीला तेलंग का 'काळजाची भरती', आर॰ रामनाथ का 'मळबरंगमाची' आदि प्रसिद्ध काव्यसंग्रह प्रकाशित हुए।

यहाँ कुछ ऐसे कोंकणी-कवियों के नाम उल्लिखित किये जा रहे हैं जिनमें से कुछ के तो काव्यसंग्रह प्रकाशित हैं, शेष कवियों की कविताएँ पत्र-पत्रिकाओं में प्रकाशित हैं। ऐसे कवियों में नरेन्द्र बोडके ('सूरंगा वळेसर'), सुदेश लोटलीकर ('पैस'), संजीव वेरेंकार ('भावझुम्बर'), आलेक्स गोयश ('काजुले'), जॉन आगियार ('जीण') भरत नायक ('मन मन'), दामोदर व्यंकटेश कामत ('जनेल'), काशीनाथ शाम्बा लोलयेंकार ('काशी म्हण्टा') आदि कवियों के काव्यसंग्रह तथा नयना सुर्लकार, माधवी सरदेसाय, सोयरु वर्दे, सिरिल सिक्वेरा, फादर बोतेल्यु, सिल्वेस्टर-डि-सौझा, रॉन ल्युईस, एडवर्ड नाझरेथ, जेरेल्ड पिन्तु, फ्रांसिस सालदान्ज्य, आम्ब्रोज डी सौझा, सिन्तिया क्वाद्रुस, फादर मोरेन-डि-सौझा, बेनांदिनो इव्हारिस्तु मेंडिस, शंकर पेरुळेकार, अशोक भोंसुलो, ॲन्थनी कोरैय पियेंकार, परेश नरेंद्र कामत, अशोक काणेकार, गजानन जोग, नारायण देशाय, निलबा खाण्डेकार आदि कवियों की कविताएँ प्रकाशित हुईं और आज भी हो रही हैं।

कोंकणी के प्रमुख प्रयोगशील कवियों में काशीनाथ शाम्बा लोलयेंकार, अरुण साखरदाण्डे ('एका झाडाक घर जाय', 'कावकयाचें स्राद्द', 'मोग किनारीं') एवं सु॰म॰ तडकोड ('एक कृश्णकळी', 'पांयजेल') इन तीन कवियों के नाम विशेष रूप से उल्लेखनीय हैं।

कोंकणी में विपुल काव्यसंग्रह के प्रकाशन की परम्परा नहीं रही है, फिर भी महत्त्वपूर्ण कार्य हुए हैं। संपादित काव्यसंग्रहों की कड़ी में 'रत्नांहार' दो भाग (संपादक– रघुनाथ विष्णु पंडित), 'कोंकणी कविता' (संपादक–आनंदयात्री बालकृष्ण भगवंत यानी बाकीबाब बोरकार), 'स्वतंत्र गोंयातली कोंकणी कविता' (संपादक–मनोहरराय लक्ष्मणराव सरदेसाय), 'तीन दसकाँ' (सम्पादक–चन्द्रकान्त केणी), 'युवांकुर' आदि संकलन आये। इस दिशा में हेमा धुमटकार-नायक ने भी एक ऐसा प्रयास किया और 'अप्रूप' काव्यसंग्रह का संपादन किया।

उपर्युक्त कवियों के अतिरिक्त पुरुषोत्तम सिंगबाल, प्रकाश थळी, यशवंत पालेकर आदि कतिपय अन्य प्रतिभा-सम्पन्न कोंकणी-कवियों के काव्यसंग्रह प्रकाशित तो नहीं हुए लेकिन इनकी कविताएँ 'समकालीन भारतीय साहित्य', 'गोमंतभारती', 'कुळागर', 'राष्ट्रमत', 'ऋतु' आदि प्रसिद्ध पत्रिकाओं में प्रकाशित होती रहती हैं।

कहानी

कोंकणी के कहानी-साहित्य की झलक दिखाने के पूर्व यह स्पष्ट कर देना आवश्यक है कि कोंकणी में दो शब्द प्रचलित हैं– 'कहानी' एवं 'कथा' और दोनों

में अंतर माना जाता है। जिसमें दंतकथा अथवा लोकसाहित्य प्रतिबिम्बित होता है उसे कहानी की संज्ञा दी जाती है और जिसमें आधुनिक साहित्य-प्रणाली के अनुसार लघुकथा जैसी रचना होती है उसे कथा कहा जाता है। वि॰स॰ सुखठणकार, लुसियु रुद्रिगीश, जॉर्ज आतायद लोबु आदि लेखकों ने अँगरेजी में कोंकणी कहानियों का सर्जन किया। लक्ष्मणराव सरदेसाय ने इस प्रकार की कहानियाँ कोंकणी और मराठी में लिखीं। शणै गोंयबाब ने उक्त विभाजन से हटकर अपनी मौलिक प्रतिभा से कहानी को एक नया स्वरूप प्रदान किया। इन्हें आधुनिक कोंकणी-कथा का प्रवर्तक माना गया। शणै गोंयबाब की मान्यता थी कि कथा-लेखन का उद्देश्य मात्र मनोरंजन नहीं होता अपितु यह एक प्रकार का शोध-कार्य है। इन्होंने कथा-लेखन के माध्यम से जीवनशोध, परम्पराशोध, भाषाशोध, शास्त्रसम्मतशोध आदि विषयों को स्पर्श किया। सामान्य रूप से, मानव-स्वभाव का शोध ही कोंकणी कथा-लेखन का उद्देश्य हो गया।

गोवा-मुक्ति-संग्राम से जुड़े वरिष्ठ पत्रकार और संपादक चन्द्रकांत केणी (1934 ई॰) आधुनिक कोंकणी-कथा-लेखन के जनक माने जाते हैं। आपको काका कालेलकर, साने गुरुजी, विनोबा भावे, रवीन्द्र केळेकार जैसे महान् व्यक्तियों का सान्निध्य प्राप्त हुआ था। केणी की कहानियों में राष्ट्रीयता, स्त्री-मन की गहराइयों की परख, प्रेममय जीवन, नारी-पुरुष-संबंध, लैंगिकता का अन्वेषण, कामवासना आदि विषय मुखरित हुए हैं। इनकी कुछ कहानियाँ गोवा-प्रेम एवं मुक्ति-संग्राम को केन्द्र में रखकर लिखी गयी हैं। 'धर्तरी अजून जियेताली' (1964 ई॰), 'आशाड पावळी' (1973 ई॰), 'अळमी' (1975 ई॰), 'व्हंकलपावणी' (1985 ई॰), ('भूंय चांफी') आदि केणी के महत्त्वपूर्ण कथासंग्रह हैं। आपको 1989 ई॰ में 'व्हंकलपावणी' के लिए साहित्य अकादमी पुरस्कार से नवाजा गया। इनके 1975 ई॰ में 'एकलो एकसुरो' उपन्यास तथा 'तरेतारेंची संवगाँ' कहानी-संग्रह भी प्रकाशित हुए।

लक्ष्मणराव श्रीपादराव सूर्याजीराव सरदेसाय कोंकणी के सशक्त कथाकार थे किन्तु मराठी की तुलना में कोंकणी में बहुत कम कहानियाँ लिखीं। मराठी में आपकी सात सौ से ऊपर कहानियाँ प्रकाशित हुईं। आपने अपनी थोड़ी-सी कोंकणी-कहानियों में जीवन की नयी संवेदना भर दी है। आपका 1982 ई॰ में 'खबरी : काँय कर्माच्यो काँय वर्माच्यो' कथा-कहानियों का संग्रह प्रकाशित हुआ जिसपर साहित्य अकादमी का पुरस्कार मिला है।

बाळकृष्ण भगवन्त बोरकार, मनोहरराय लक्ष्मणराव सरदेसाय, पाण्डुरंग भांगी, सुमन्त केळेकार, उदय भेम्ब्रे, यशवंत पालेकर, विष्णु नायक, सुरेश काकोडकर आदि वरिष्ठ कोंकणी-लेखकों ने कथालेखन किया है किन्तु दुर्भाग्यवश उनके कथासंग्रह प्रकाशित नहीं हो सके। म्हाम्बरो ने 1971 ई॰ में 'प्रसादा-फूल' नाम से तेरह कथाकारों की कहानियों का एक संग्रह संपादित किया। अरविन्द नारायण म्हाम्बरो को 'अना म्हाम्बरो' नाम से जाना जाता है जिन्होंने 'ऐब्सर्ड' शैली में ललित कथा

लेखन का प्रयास किया। इनकी 'गोंयची अस्मिताय' (गोवा की अस्मिता) एवं 'पणजी आताँ म्हातारी जाल्या' जैसी पाठकोपयोगी रचनाएँ अत्यंत महत्त्वपूर्ण हैं जो 1985 ई॰ में प्रकाशित हुईं।

फेलोसियु कार्दोझ (1932 ई॰) का 1966 ई॰ में प्रकाशित 'तूफान' कथासंग्रह रोमन लिपि में है। दामोदर मावजी (1944 ई॰) की कथाएँ उनके 'गाधन' (1974 ई॰) और 'जागरण' (1975 ई॰) काव्यसंकलन में संकलित हैं। उनका एक लघु उपन्यास 'सूड'1975 ई॰ में और 'काणी एका खमिसाची' शीर्षक बालकहानियों का संग्रह 1976 ई॰ में आया। रामकृष्ण जुवारकार ने कविता एवं एकांकीलेखन के साथ-साथ कहानियाँ भी लिखी हैं। इनका 1981 ई॰ में 'आमच्यो खबरो' संग्रह तीन भागों में प्रकाशित हुआ। महाबळेश्वर सैल (1945 ई॰) ने मानव-जीवन के संघर्षों को 'तरंगा' (1991 ई॰) संग्रह में सफल अभिव्यक्ति दी है। तोमाझिन कार्दोझ के 'झेलो' (1985 ई॰) और प्रभाकर तेण्डुलकर के 'कथा-घोंस' (1986 ई॰) की ओर आलोचकों का ध्यान नहीं गया।

कोंकणी-कथाकारों की अगली पीढ़ी में पुण्डलीक नारायण नायक ('मुठ्य', 'पिशान्तर' एवं 'अर्दूक'), हेमा घुमटकार-नायक ('पसय', 1982 ई॰), शीला नायक-कोळम्बकार ('ओली सांज'), मीना गायतोण्डे-काकोडकार ('दोंगर चंवल्ला'), जयमाला चोडणेकार-दणायत ('कवासों', 1978 ई॰), माया असोकूडेकार खरंगटे ('घोंटेर'), एन॰ शिवदास ('गळसरी' एवं 'भांगरसाळ'), दत्ता नायक ('एक आशिल्लो सोंसो'), अशोक भोंसलो ('खुटावणी'), ओलिविन्यु जुजे फ्रान्सिस गॉमिश ('मन वोडटा-वोडना', 1981 ई॰), गजानन जोग, नारायण कृष्ण शेणवी बोरकार ('तुज्या मोगा खातीर', 1984 ई॰ और 'चैतन्य', 2002 ई॰), रामचन्द्र शिरोडकर उपनाम शशांक सीताराम ('नबत'), जयंती नायक ('गर्जन', 1990 ई॰ एवं 'अथांग', 2002 ई॰), शशिकांत पुनाजी ('करुंक गेलो एक'), वसन्त भगवन्त सावन्त ('खेमसुत्री'), विट्ठल आवदियेंकार ('आवय'); नारायण बोरकार ('तुज्या मोगा खातीर'), अच्युत तोटेकार ('चैत्रांगण', 1988 ई॰), देविदास कदम ('कांदळाँ') आदि कथाकारों की रचनाओं में बहुआयामी सौन्दर्य-चेतना का आविष्कार हुआ है। इनमें रामचन्द्र शिरोडकर (शशांक सीताराम) को उनके 'परिघ' कहानी-संग्रह पर दिसम्बर 2003 ई॰ में साहित्य अकादेमी पुरस्कार प्राप्त हुआ। ये एक अच्छे चित्रकार और रंगकर्मी भी थे। दुर्भाग्य से इनका देहान्त मात्र 41 वर्ष की अवस्था में 1994 ई॰ में हो गया।

दीपा मुरकुण्डे ने अपनी रचना 'उमजणी' में नारी-जीवन के विविध आयाम प्रस्तुत किये हैं। इनकी 'नुपी', 'चिमी' जैसी कुछ कहानियाँ बालसाहित्य से संबंधित हैं। इस पीढ़ी के कहानीकारों में हेमा नायक का विशिष्ट स्थान है क्योंकि इन्होंने अपनी कहानियों में जीवन के दाहक अनुभवों को मूर्त रूप दिया है। फ॰य॰ प्रभुगाँवकार ने मराठी के मूर्धन्य विचारक और गाँधीवादी साहित्यकार पाण्डुरंग

सदाशिव साने के जीवन पर आधारित कहानियाँ ('श्यामची आई', 2002 ई.) लिखी हैं। रोमन एवं देवनागरी लिपियों में लिखित अॅन्थनी मार्टिन बारेंतु उपनाम टोनी मार्टिन के ('मुक्त जीण जियेतना' 2001 ई.) में ऐसी रचनाएँ हैं जो कथा एवं कहानी की सीमा रेखा पर हैं। गोवा के निकटवर्ती प्रदेशों में कोंकणी-कथा-लेखन का कार्य बहुत हुआ है। कर्नाटक में फ्रान्सिस साल्दाज्ज्य के चौदह कथासंग्रह प्रकाशित हुए हैं। सिरिल सिक्वैरा ('दुकाँ', 1978 ई. एवं 'कोशेदान केळ्ळीखून', 1980 ई.), लिओ-डि-सौझा ('लिमाचो भुरगो'), सिल्वेस्टर-डि-सौझा ('अपरिचित', 1981 ई.), चा.फ्रा.-डि-कॉश्त ('मेळ्ळें', 1994 ई.), जु.सा. आल्वारिस ('कथांहार') आदि कथाकार भी इस संबंध में उल्लेखनीय हैं। गोवा के युवा कथाकारों में प्रकाश पयेकार की कई कहानियाँ प्रसिद्ध हुई हैं। उनकी 'सुप्त ममता', 'महाबळी', 'वर्सल', 'आनी ते पोट घेवन गेले' आदि कहानियों में से कुछ का अँगरेजी और हिन्दी में अनुवाद भी हो चुका है। अभी तक इनका कोई कहानी-संग्रह प्रकाशित नहीं हुआ है लेकिन यहाँ की कोंकणी-पत्रिकाओं में इनकी कहानियाँ खूब छप रही हैं। महिला कथाकारों में जयंती नायक कहानी-लेखन की दिशा में सक्रिय भूमिका निभा रही हैं। आपका 'अथांग' कहानी-संग्रह 2002 ई. में प्रकाशित हुआ।

उपन्यास

गोवा में मराठी-उपन्यास-लेखन की परम्परा रही है किन्तु कोंकणी में पहले केवल कन्नड़ एवं रोमन लिपियों में उपन्यास-लेखन का कार्य प्रारंभ हुआ। 1930 ई. के दरम्यान देवनागरी में 'संसार बुडूटी' शीर्षक से उपन्यास लिखा गया जिसे उपन्यास कहना मुश्किल होगा।

वयोवृद्ध साहित्यकार, समाजसेवी, गाँधीवादी विचारक तथा ज्ञानपीठ एवं साहित्य अकादमी पुरस्कार प्राप्त रवीन्द्र केळेकार (1925 ई.) ने 'तुळशी' शीर्षक से एक लघु उपन्यास लिखा। यह नारी के क्रंदन का दर्पण है किन्तु कथानक, पात्र-चित्रण, स्थान एवं काल विशेष को लेकर अनेक विसंगतियाँ हैं। रचना की कलात्मकता में भी कई खामियाँ हैं, फिर भी यह कोंकणी-उपन्यास की गंगोत्री है। 'तुळशी' से कोंकणी उपन्यास की दिशा निश्चित हो गयी। आज के उपन्यासों में यहाँ की परम्परा एवं जीवन-शैली का जो स्वरूप दिखायी दे रहा है उसका नाता किसी न किसी रूप में 'तुळशी' से जुड़ता है। कोंकणी-क्षेत्र के मानव-जीवन की गतिविधियों तक ही सीमित रहने के कारण कोंकणी-उपन्यास क्षेत्रीय बन गया है।

पुण्डलीक नारायण नायक का 'बाम्बर' (1976 ई.) उपन्यास भी उक्त उपन्यास की भाँति अपवादस्वरूप माना गया। यह मध्यम वर्ग की मानसिकता को आधार बनाकर लिखा गया है। यहाँ पहले एक बात पर विचार कर लेना समीचीन होगा कि मध्य वर्ग की परिकल्पना संकीर्ण मानसिकता से निर्मित है। वह आँखों देखे विश्व को ही खरा मानकर उसीके अनुसार जीने की मानसिकता बना लेता है। मध्य वर्ग

समाज का निषेध न करके उसीमें समाविष्ट करने का प्रयत्न करता है। फलतः स्वयं की मानसिकता को अपने वश में न कर संबंधित लेखकों की रचनाओं से प्रभावित होकर मनोवैज्ञानिक स्तर पर वह द्वंद्व की दशा में जीता है। मध्यम वर्गीय जीवन एवं उसके सोच के कई स्तर होते हैं। किसी उपन्यासकार की जीवन-दृष्टि को स्वयं की दृष्टि से नहीं नापा जा सकता। 'बाम्बर' में व्यापक जीवनानुभवों का अभाव दिखायी देता है। नायक की सशक्त औपन्यासिक दृष्टि उनके दूसरे उपन्यास 'अच्छेव' (1977 ई॰) में देखी जा सकती है। यह उपन्यास मूलतः गोवा में खनिज उद्योग के बढ़ते चरण के कारण विनष्ट होती हुई प्राकृतिक संपदा को दरसाता है। यह उपन्यास कथ्य एवं शिल्प की दृष्टि से बेजोड़ है। कोंकणी भाषा का जो प्रांजल रूप इस उपन्यास में देखा जाता है, वह स्पृहणीय है।

तुकाराम शेट का 'पाखलो' (1978 ई॰) उपन्यास गोरे पोर्तुगीज ख्रिस्ती द्वारा हिन्दू स्त्री पर हुए बलात्कार से उत्पन्न संतति के जीवनयापन की कथा है जिसका नाम विठु है। गोवा में गोरे लोगों को पाखलो कहा जाता है। विठु किसी को भी स्वीकार्य नहीं है मानो उसे जीने का अधिकार ही नहीं है। यथार्थ जीवन एवं घटना पर आधारित होने के बावजूद कलात्मक एवं जीवनदृष्टि के अभाव के कारण उपन्यास प्रसिद्ध नहीं हो सका।

लक्ष्मणराव सूर्याजीराव सरदेसाय का 1979 ई॰ में प्रकाशित 'पापडाँ कवळयो' एक लघु उपन्यास है जिसमें गोपाल के असहाय जीवनयापन की पीड़ा और आत्महत्या के प्रयत्न का वर्णन है। इसे आत्मकथात्मक रचना भी कहा जा सकता है। सरदेसाय जी पोर्तुगीज एवं फ्रेंच भाषा के शिक्षक थे। उन्होंने आनातोल-द-फ्रान्स, एमिल जोला, गी-द-मोपासाँ, जुलिओ दिनिझ, सॉमरसेट मॉम जैसे विश्वविख्यात साहित्यकारों की रचनाएँ याद कर ली थीं। उन्होंने मराठी में विपुल मात्रा में साहित्य-सर्जन किया। कोंकणी में योगदान अत्यल्प है।

फादर आन्तोनियु पैरेर (1919 ई॰) ने 'वादळ आनी वारें' (1979 ई॰) उपन्यास की रचना की। उन पर मॉरिस वेस्ट (द शूज ऑफ द फिशरमैन), पर्ल बक (सॅटन नेव्हर स्लीप्स), जॉजीवंस बर्नानोस (ए कण्ट्री प्रीस्ट) आदि रचनाकारों की रचनाओं का प्रभाव पड़ा था।

दामोदर मावजो (1944 ई॰) के 'कार्मेलिन' उपन्यास को काफी लोकप्रियता मिली। उसका हिन्दी-रूपान्तरण नारायण शेजवलकर ने किया है। प्रस्तुत उपन्यास ईसाई एवं मुस्लिम संस्कृति पर आधारित है। इसमें अर्थाभाव के कारण नौकरी के लिए गोवा से कुवैत और दुबई जानेवाली ईसाई महिलाओं के यौन शोषण को चित्रित किया गया है। लेखक ने एक जगह स्वयं स्वीकार किया है कि मैं ईसाइयों के बीच रहकर उनकी संस्कृति का अभिन्न अंग बन गया हूँ। दामोदर मावजो ने ईसाई संस्कृति को इस उपन्यास में बड़ी बारीकी से चित्रित किया है। कार्मेलीन का सम्पूर्ण जीवन

त्रासदी से भरा है।

हेमा नायक का 1997 ई॰ में प्रकाशित 'भोगदंड' उपन्यास गोवा के क्षेत्रीय जीवन पर आधारित है। इसमें एक ईसाई परिवार की व्यथा-कथा और उसके गाँव की सम्पूर्ण संस्कृति को व्यक्त किया गया है। कोंकणी की महिला रचनाकारों ने नारी की वेदना को बड़ी संजीदगी से उभारा है। इस रचना पर 2002 ई॰ में इन्हें साहित्य अकादमी पुरस्कार से सम्मानित किया गया।

प्रभाकर नाडकर्णी ने प्रसिद्ध हिंदी-लेखक भगवतीचरण वर्मा के 'चित्रलेखा' उपन्यास का 2002 ई॰ में कोंकणी में अनुवाद किया। जेस्स फर्नाण्डिस, फेलिसियु कार्दोझ, फादर आन्तोनियु पैरेरने आदि ख्रिस्ती लेखकों ने रोमन लिपि में उपन्यास लिखे हैं।

आजकल कोंकणी-उपन्यासों के दो वर्ग हो गये हैं—देवनागरी उपन्यास और रोमांस। देवनागरी लिपि में लिखित कोंकणी के उपन्यासों को देवनागरी उपन्यास और रोमन लिपि में लिखित कोंकणी के उपन्यासों को रोमांस कहा जाता है। रोमांस उपन्यास अधितकर ख्रिस्ती लेखकों द्वारा लिखे जाते हैं परन्तु रमाकान्त पोवळेकार, मनोहरराय लक्ष्मणराव सरदेसाय एवं व्यंकटेश आळवेंकार जैसे हिन्दू रचनाकारों ने भी रोमांस की रचना की। इस प्रकार की रचनाओं में सौन्दर्य, प्रेम, साहस, पराक्रम जैसे जीवानुभवों को कल्पना और यथार्थ के सामंजस्य द्वारा प्रस्तुत किया जाता है।

जिप्सी नामक लेखक ने 1882 ई॰ में 'जाकोब आनी दुल्से' शीर्षक से प्रथम कोंकणी रोमांस उपन्यास लिखा था। ऐसी मान्यता है कि एदुआर्दु ब्रुनो-द-सौझा का 'किरिस्ताँव घराबो' रोमांस उपन्यास उनकी मृत्यु के उपरान्त प्रकाशित हुआ। इसमें आदर्श ख्रिस्ती गृहजीवन की झलक मिलती है। कारिदाद दामासियानु फर्नाण्डिस को रोमांस रचना का जनक कहा जाता है। रेजिनाल्ड फर्नाण्डिस ने 'अरबेस्का', 'आमोरेस्का', 'गुलाब', 'घातक्याक घाप', 'तोस्का', 'देवचाराचो सांगाती', 'धरुन अस्तुरी', 'सिंगापुराचो सावकार' जैसे लगभग दो सौ से अधिक रोमांस उपन्यासों की रचना की। इनके अतिरिक्त जूवाँव कायतान-द-सौझा, आन्तोनियु विन्सेन्त दा क्रुझ, एलियट-द-एली, एफ॰एल॰ फर्नाण्डिस, बोनावेन्तुर-द-पियेत्रु, तॉम जॉन डायस, आन्तोनियु-डि-सौझा, दियुगुन्यु डि मेलो, ए॰वी॰डी॰ कुझ, सी॰डी॰सी॰ रोमान, जे॰एक्स॰ पैरेरे, सेबिस्तियाँव गाब्रिएल-द-सौझा आदि रचनाकारों के नाम रोमांस-लेखन के लिए जाने जाते हैं। आज जिस प्रकार हिन्दी में गुलशन नंदा, रानू आदि के उपन्यास बिकते हैं उसी प्रकार उक्त ख्रिस्ती रचनाकारों के रोमांस उपन्यासों की विपुल मात्रा में बिक्री होती थी।

ललित निबन्ध

कोंकणी-साहित्य में निबंध-लेखन की परम्परा बीसवीं सदी के प्रारम्भ से मानी जाती है। 'आवय' (माता) जैसे लोकप्रिय हस्तलिखित तथा नियतकालीन पत्र-पत्रिकाओं

में प्रकाशित लेखों को एकत्र कर संगृहीत करने का प्रयत्न आरंभ हुआ था। इसे सम्पादन करने का प्रयत्न भी स्तुत्य था क्योंकि इससे अन्य संपादकों को प्रेरणा भी मिलती थी। 'वोवळाँ' (1932 ई.) नामक संपादित पुस्तक कुछ गिने-चुने लेखों का संग्रह है। प्रोफेसर आर्मान्द मिनेझिस, रेवरेंड हे ऑलिम्पियु माश्कारन्हेयश, आनंदयात्री बाळकृष्ण भगवंत बोरकार ('बाकीबाब बोरकार'), लक्ष्मणराव सरदेसाय, मंजेश्वर गोविन्द पै, दिनकर देस्साय, पुरुषोत्तम लक्ष्मण देशपाण्डे, मंगेश पाडगाँवकर, हिराबाय कर्नाड आदि के समान विद्वानों ने निबंध-लेखन का कार्य किया। सन् 1960 ई॰ में संपादित कोंकणी-लेखसंग्रह 'स्वाती' पुस्तक का घर-घर वाचन होता था। गोवा के अधिकांश लेखकों एवं पाठकों के ध्यान में पुर्तुगाल होता था। वे गोवा और भारत के बारे में उतना नहीं सोचते थे। मराठी में भी पुर्तुगाल की प्रशंसा में गीत लिखे गये।

केळेकार तथा रघुनाथ विष्णु पंडित जैसे मूर्धन्य चिंतकों ने राष्ट्रपिता महात्मा गाँधी के संबंध में कोंकणी-पुस्तकों की रचना की। विष्णु पंडित ने गाँधी के सैकड़ों छायाचित्र खींचे एवं कोंकणी प्रेक्षकों को दिखाये। आज भारत सरकार द्वारा जारी नोटों पर बना हुआ गाँधी का चित्र पंडित जी द्वारा खींचा हुआ है। पंडित जी ने अपने पुत्र चंद्रशेखर के नाम 'दिसपट्टी' यानी डायरी लिखी। रवीन्द्र केळेकार ने भी 'वेळेवयल्यो घुलो' नाम से डायरी लिखी। उन्होंने 'उजवाडाचे सूर' (1972 ई॰) पुस्तक लिखकर कोंकणी के पाठकों को भारतीय दर्शन का परिचय कराया। 'हिमालयांत' (1971 ई॰) निबंध-संग्रह में उनके प्रवास से संबंधित निबंध संकलित हैं। उनके खगोलशास्त्रीय चिंतन का परिचय 'ब्रह्माण्डाचें ताण्डव' से होता है। उनका 'तुळसी' नामक ग्रंथ उनके समाजविषयक चिंतन का परिचायक है। केळेकार के 'सांगाती' (1977 ई॰) एवं 'भजगोविन्दम्' कृतियों से उनके अध्ययन-मनन की गहराई का पता चलता है। उन्होंने कोंकणी के पाठकों को विश्वकवि गुरुदेव रवीन्द्रनाथ ठाकुर से सुपरिचित कराया। आपने 'जाग' (सुमंत केळेकार द्वारा संचालित) नियतकालीन पत्रिका का पच्चीस वर्ष तक सफल रूप से सम्पादन किया। इसमें उनके गंभीर विषयों पर सम्पादकीय लेख छपे तथा गाँधीवाद, विनोबादर्शन, टैगोर, समाजवाद, पूँजीवाद, उपभोक्तावाद, आतंकवाद आदि समसामयिक विषयों से 'जाग' के पाठकों को परिचित कराया। इतना ही नहीं, कोंकणी विचारकों के लिए उन्होंने एक मंच भी तैयार किया। उन्होंने इस प्रकार के लेखन के दौरान 'कथा आनी काणयो' (1961 ई॰), 'नवीं शाळा' (1962 ई॰) 'लाला आबा' (नाटक) आदि ग्रन्थों की रचना की। राष्ट्रीय एव समसामयिक विषयों पर आधारित केळेकार का विचारात्मक निबंधों का संग्रह 'घुस्पलें जानवें' 2000 ई॰ में प्रकाशित हुआ।

आन्तोनियु-द-सौझा ने शास्त्रविज्ञान से संबंधित लेखन-कार्य किया। उनके तीन ग्रंथ 'चन्द्रीम-ताखाँ', 'हिपासया प्रितुम तपासता' और 'संवसार अजापांचें बिराड' 1980 ई॰ में एवं 'कुडीचें विजमित भलायकेचे' 1982 ई॰ में प्रकाशित हुए। इन

कृतियों से कोंकणी-साहित्य समृद्ध हुआ।

शोधप्रबंध के लेखन को शणै गोंयबाब (रघुनाथ वामन वर्दे वालावलिकार) ने दिशा दी थी। इनके आदर्शों एवं मानदंडों का अनुकरण कर वासुदेव कामत वाघ (1910-1965 ई॰), दत्ता श्रीपाद नायक ('घटक राजयाच्यो भोयो भोयो आता तरी थारतोल्यो व्हय', 2002 ई॰), सुहास दलाल, नंदकुमार कामत आदि लेखक रचना-कर्म में निरत हैं। फादर आन्तोनियु परैरा के 'साश्टीची-ताम्बडी माती' (1984 ई॰) में कुंकळ्ही-सासष्टी में धर्मांतर से उत्पन्न विग्रह में पादरी रुदॉल्फ आक्वाविवा और उनके सहयोगियों की मृत्यु के संदर्भ में शोधकार्य प्राप्त होता है। कर्नाटक-स्थित पादरी रुदॉल्फ-डि-सौझा ने 'कार्मेलायटाँचो तकलेंतलो देवचार' और वि॰एल॰ रेगो ने 'योग अभ्यास' शीर्षक पुस्तकें लिखी हैं।

कोंकणी की नियतकालीन पत्र-पत्रिकाओं में ललित निबंध-लेखन का कार्य प्रचुर मात्रा में हुआ है। इसकी तुलना में निबंध-संग्रहों के प्रकाशन की संख्या कम है। 'उदेन्तेचें साळिक', 'अंकुर', 'कुळागर', 'कोंकण टाइम्स', 'कोंकण भारती', 'गुलाब', 'गोमन्त भारती', 'गोंयचो आवाज', 'जाग', 'परमळ', 'जैत', 'परशुराम', 'पुनव', 'प्रजेचो आवाज', 'मीर्ग', 'त्रिवेणी', 'दर महिन्याची रोटी', 'दिवटी', 'नवें गोंय', 'राष्ट्रमत', 'लोकसाद', 'वावराड्याचो इस्ट', 'विद्या', 'वागंडी', 'सत', 'साद', 'साळिक', 'सूनापरान्त' आदि बहुत-सी पत्र-पत्रिकाओं में निबंध-लेखन का कार्य खूब हुआ है।

आधुनिक कोंकणी ललित निबंधकारों में अरविन्द नारायण यानी अना म्हाम्ब्रो (1938 ई॰), अच्युत तोटेकार, अभयकुमार वेलिंगकार, किसन कामत, गजानन जोग, गोविन्द मुद्रस, चन्द्रकांत केणी, पुण्डलीक नारायण नायक, पुरुषोत्तम सिंगबाळ, मनोहरराय लक्ष्मणराव सरदेसाय, महाबळेश्वर सैल, मांन्सियोर कार्मु दा सिल्व, तानाजी हळर्णकार, तुकाराम रामा शेट, तंनसिंग रुद्रिगीश, दत्ताराम सुख़ठणकार ('मान्नी पुनव', 1978 ई॰), दामोदर मावजो, दीपा मुरकुण्डे ('भौरंगी जीण' एवं 'पडबिम्ब', 2002 ई॰), नारायण लाड ('साँळकाँ'), नीळकण्ठ धूमे, लुसियु रुद्रिगीश, लीन हेदे, वसन्त नेवरेंकार, विष्णु नायक, रवीन्द्र केळेकार, रामकृष्ण जुवारकार, रामचंद्र शंकर नायक, लक्ष्मणराव सूर्या, जीराव सरदेसाय, शणै गोंयबाब, शान्ताराम हेदो, शंकर भाण्डारी ('पावळाँ कणकणी'), श्याम वेरेंकार, सॉतेर बारैतु, हेमा पुण्डलीक नायक आदि का नाम आता है।

ये लेखक गाँधीवादी, लोहियावादी, समाजवादी, धार्मिक सद्भाववादी, मात्र आनंदवादी, छायावादी, स्त्रीवादी, राष्ट्रभक्तिवादी आदि विभिन्न विचारधाराओं से प्रभावित हैं। गोवा-मुक्ति के बाद यहाँ सामाजिक-सांस्कृतिक, आर्थिक, राजकीय, शिक्षाविषयक आदि कई क्षेत्रों में उथल-पुथल एवं बदलाव होने लगा। गोवा के लोग कर्मठ नहीं रहकर सुखजीवी हो गये जिसकी उम्मीद नहीं थी। आधुनिक गोवा के

निर्माण में इस प्रकार की प्रवृत्ति घातक थी। स्वप्नवत् जीवनयापन करनेवालों को जब यथार्थ जीवन से टकराना पड़ा तो एक नयी परिस्थिति का जन्म हुआ। यहाँ की भाषा और संस्कृति को लेकर भी अनेक प्रश्न खड़े हुए। इन तमाम भयग्रस्त अवस्था में कोंकणी-निबंध-लेखन हुआ। यहाँ के लेखकों ने अतीत की संस्कृति एवं परंपरा, राष्ट्रभक्ति, महान् चरित्रों एवं समसामयिक विषयों को अपने निबंध का विषय बनाया।

नाटक

गोवा में नाटक की एक सुदीर्घ एवं सुदृढ़ परम्परा विद्यमान है। यहाँ महाराष्ट्र की अपेक्षा अधिक नाटक प्रदर्शित किये जाते हैं। इस छोटे से भू-भाग में सौ से अधिक मंदिर हैं। प्रत्येक मंदिर में आयोजित वार्षिक जन्मोत्सव, वसंतोत्सव एवं प्रतियोगिताओं में कम से कम पाँच-छह नाटक दिखाये जाते हैं। इससे यह अनुमान लगाया जा सकता है कि यहाँ कितने नाटक प्रदर्शित किये जाते होंगे। इन नाटकों के विषय पारंपरिक, सांस्कृतिक, ऐतिहासिक, धार्मिक आदि होते थे। आश्चर्य की बात यह है कि आधुनिक कोंकणी-नाटक का प्रारम्भ मुंबई में हुआ। इसमें नाटक की कलात्मकता, विषयों की विविधता तथा वैचारिकता पर विशेष बल दिया गया। आधुनिक कथा-लेखन के जनक शणैं गोंयबाब ने 1933 ई॰ में 'झिलबा राणो' नाम से नाटक लिखकर आधुनिक नाट्य लेखन की भी नींव डाली थी। इसी वर्ष आचार्य रामचंद्र शंकर नायक ने 'चवथीचो चन्द्र' से एकांकी-लेखन की परंपरा की शुरुआत की। दादा वैद्य ने 'प्राची सभा' नामक नियतकालीन पत्रिका के माध्यम से अनेक कोंकणी-साहित्यकारों की कविताओं एवं नाटकों का प्रकाशन कर उन्हें प्रसिद्धि दी। अंतरमहाविद्यालयीय नियतकालिक पत्रिका 'विद्या' के चार अंकों में कोंकणी-एकांकी प्रकाशित हुए। कोंकणी समाज में साहित्य के वाचन, श्रवण और प्रेक्षण की भूख का अनुभव कर विचारवान् साहित्यकारों ने उनकी मानसिक क्षुधा को शांत करने के लिए हास्य, करुण, वैचारिक, प्रयोगशील एवं अनूदित नाटक तथा एकांकी-लेखन की शुरुआत की। गोवा कला अकादेमी ने कोंकणी-नाटकों के लिए रंगभूमि तैयार कर लेखकों और रंगकर्मियों को प्रोत्साहित किया। प्रत्येक वर्ष नाटक एवं एकांकी प्रतियोगिताओं का आयोजन किया जाने लगा। इसका परिणाम यह हुआ कि दिगंबर सिंगबाळ, श्रीधर-कामत बांबोळकार, अरुणकुमार साळगाँवकार, किरीटकुमार प्रभु, सुनील नायक, दिलीप गाड आदि नये नाटककार एवं एकांकीकार उभरकर सामने आये।

पुण्डलीक नारायण दाण्डो ('ताची करामात', 'निमित्ताक कारण'), किसन कामत ('दोन आनी दोन', 'बाप्पा शिवराक', 'बाप्पाली म्हस', 'बाप्पाली हुडदामेधी', 'बाप्पा भजीं गाळटा'), कृष्णा लक्ष्मण मोयो ('घाडीकृष्णा', 'तुळशीचें लग्न' तथा एकांकिका 'हारशाच्या कुडींत भांगराची दिवली'), वसन्त-वैकुण्ठ कारो, रघुवीर नेवरेंकार ('पोपेबाबाली मुंबय'), विश्वनाथ संझगिरी, अवधूत हेगडो-देसाय, विनय सु-सुर्लकार ('खाँवची पाजां', 'सातमजली हाँसो'—एकांकी) आदि वयोवृद्ध और श्रेष्ठ नाटककार हैं। कवि

मनोहरराय लक्ष्मणराव सरदेसाय के तीन नाटक 'स्मगलर' में संगृहीत हैं जिनमें से 'आयज रे धोलार पडली बडी' का संगीत अत्यधिक लोकप्रिय है। 'खँय गेल्लो खँय ना', 'साखरभात', 'दोतोर बातियाँव' और 'मोग आनी रगत' मनोहरराय की लोकप्रिय रचनाएँ हैं। वरिष्ठ रचनाकार रवीन्द्र केळेकार ने 'मुक्ति', 'लोग', 'पिसोळी', 'पेज', 'इगो' आदि शीर्षकों से एकांकी की रचना की।

प्रख्यात नाटककार और साहित्य अकादेमी पुरस्कार से सम्मानित पुण्डलीक नारायण नायक ने कोंकणी-नाटक को एक नया कलेवर प्रदान किया। हास्य एवं शोक नाटक के स्थान पर नायक ने सामाजिक जीवन की विसंगतियों को केन्द्र में रखकर नाटक लिखा। नाटक बहुसंख्यक लोगों की धड़कनों से जुड़ा। इन्होंने 'गाँवधनी', 'गाँवकार', 'आळशाक वाग खातलो', 'आकाशमंच' 'छप्पन थिगळी येसवंत', 'चौरंग' आदि प्रसिद्ध एकांकियों की रचना की। इनकी भाषा आंचलिक होकर भी संप्रेषणीय, भावानुगामिनी एवं विश्वसनीय है। यद्यपि नायक ने नाटकों का सर्जन मंचीय दृष्टि से किया तथापि पठनीयता की दृष्टि से भी वे उपयुक्त हैं।

अशोक कामत ('अशोकांकी', 'म्हजी भूँय म्हजो मोग', 'कोण कोणाचो न्हय', 1968-75 ई॰), दत्ता नायक, हेमा पुण्डलीक नायक ('भायली गोडी') तथा फादर निकोलॉव्ह पेरैरे ने भी एकांकी-लेखन का कार्य किया। एन॰ शिवदास ('पिसांट', 1979 ई॰ एवं 'फॉरेन जांवय' नाटक तथा 'ज्योतिस फितिस', 'पुतळे', 'भायर-भीतर'—एकांकी), दिलीप बोरकार ('भरते भार', 'वर्गशत्रु'), रामकृष्ण जुवांरकार ('भागीरथी', 1970 ई॰, 'आमचें राज्य', 1971 ई॰, 'अनवळखी', 1975 ई॰), रवींद्र नमशीकार ('आँकवार काजारी'), दत्ताराम दामोदर कामत बाम्बोळकार ('डॅडी'), उदय लक्ष्मीकांत प्रभु भेम्ब्रे ('कर्ण-पर्व') आदि रचनाकारों ने नाटक एवं एकांकियों की रचना की। कतिपय नाटककारों ने मानव-जीवन की उदात्तता एवं शोक-संतप्तता को पौराणिक कथाओं के माध्यम से व्यक्त किया। इन्होंने कोंकणी रंगभूमि के द्वारा विविध विषयों से दर्शकों का परिचय कराया।

प्रकाश थळी ('एक आसलो बाबू', 'अजीबपुरातली कल्पकथा', 'उजवाडतलें आयज ना फाल्याँ', 'प्रिया तुजामोगाखातीर', 'वाट पळयतानाँ दुकांगळयताँ', 'आयलें हड्ड्यार घातलें खोड्ड्यार', 'घर म्हजें हाँव धनी', 'उक्तावण' आदि नाटक लिखे तथा 'तीन खेतीं शाणी सुरतीं' नामक एक एकांकी-संग्रह भी 1987 ई॰ में प्रकाशित किया। इन्होंने इतर भाषाओं के नाटक एवं एकांकियों का कोंकणी में अनुवाद भी किया। भरत नायक ने 'चपलाँहार', 'बॉबी न्हिदता', 'चामड्याक चिमटो', 'भेरें भेरें टुणटुणे' आदि पन्द्रह नाटिकाएँ लिखी हैं। चन्द्रकान्त पार्सेकार ने 'कोंकणी एकांकिका' (1967 ई॰) एवं 'देंवचार आनी हेर कोंकणी एकांकिका' का सर्जन किया। उन्होंने पचास नाटक भी लिखे हैं।

विजय कुमार कामत ('चित्रांतलें घर'), राज नायक ('खुरिस उबारुँक जाय'),

श्रीधर कामत ('इन्तेर'), सु॰म॰ तडकोड ('कॅस्केड'), धर्मानंद वेर्णेकर ('एक जयराम साजुलो'), दत्ताराम बांबोळकार ('वनमहोत्सव'), दिलीपकुमार नायक ('आजून शाळा सुटूंक ना') आदि कोंकणी के उभरते हुए एकांकीकार हैं। तुकाराम शेट ने 'फुटपायरी', 'आमी' और 'एक जुंवो जियेता' की रचना की तो मधुसूदन बोरकर ('हांसोळी'), शैलेशचन्द्र रायकर, जे॰एल॰ गोयस, सुमन्त भट, गोकुळदास मुळवी, सुहास सावर्डेकार, मीना सुरेश काकोडकार, हेमा पुण्डलीक नायक, अनिरुद्ध बीर (गॉन वियदविंड), कमल कामत ('आंधळो मागता एक दोळो'), नयना आडारकार, अभयकुमार वेलिंगकार, अशोक भोसले, तेनसिंग रुद्रिगीश, सतीस सोनक, द॰वा॰ तळवणेकार आदि चर्चित नाटककार हैं। शॅरॉन माझारेलो ('जिवीत एक तियात्र'), माया खरंगटे ('चौफूल') और श्रीकांत शम्भू नागवेकार ('खगोलशास्त्रीय नाट्यांगण') ने नाटिकाएँ लिखी हैं। कोंकणी में सामान्यतः गीतिनाटक नहीं लिखे गये थे किन्तु विठ्ठल थळी ने 'संगीत सैमाचो खेल' (2002 ई॰) गीतिनाटक लिखकर नयी परम्परा स्थापित की। देवदासी प्रथा के विरोध में अविनाश यशवंत चारी ने 'एका विचाराची सुखात' (2003 ई॰) नाटक की रचना की। महाविद्यालयीय जीवन से सम्बन्धित 'ऑल फॉर यू' नाटक महेश चन्द्रकांत नायक ने लिखा।

कोंकणी भाषा में इतर भाषाओं से अनुवाद काफी मात्रा में किये गये। शणै गोंयबाब ने प्रचुर संख्या में अनुवाद का कार्य किया। इनके अतिरिक्त आनंदयात्री कवि बाळकृष्ण भगवंत शेणवी बोरकार ने मराठी से 'संशय कल्लोळ', पाण्डुरंग भांगी ने अँगरेजी से 'सालोमे', रामकृष्ण जुंवारकार ने फ्रेंच नाटककार मोलियेर के Le Bourgeois Gentillohmme नाटक का 'भुतेबाब' नाम से कोंकणी में अनुवाद किया। मनोहरराय लक्ष्मणराव सरदेसाय की 'शेजायाली सासुमाँय' रचना फ्रेंच नाटककार जॉर्जीस फिदाँ के 'Feu La Mere De Madame' नाटक का रूपांतर है। शांताराम हेदी (1912 ई॰) ने पुर्तुगीज नाटककार आल्मैद गारैट के 'Frei Luis De Souza' नाटक का 'यात्रिक' नाम से कोंकणी में अनुवाद किया।

जिस प्रकार कोंकणी-उपन्यासों के साथ रोमांस की चर्चा होती है उसी प्रकार कोंकणी-नाटकों के साथ तियात्र जुड़ा हुआ है। तियात्र का लेखन भी रोमन लिपि में ही अधिक होता है और अधिकतर तियात्र-लेखक ख्रिस्ती होते हैं। अपवाद-स्वरूप प्रेमानंद लोटलीकार, पी॰ सांगोडकार जैसे हिंदू लेखकों ने भी तियात्र की रचना की है। तियात्र-लेखन के प्रथम कालखण्ड में प्रत्येक दिन की घटनाओं के आधार पर कहानी लिखी जाती थी। दिन को महत्त्व नहीं दिया जाता था। कहानी से तालमेल बैठाने के लिए पाश्चात्य धुन में कोंकणी के गीत गाये जाते थे। तियात्र के बीच कई मध्यांतर होते थे। वर्तमान काल में तियात्र के स्वरूप में परिवर्तन होने लगा है। मध्यांतर लुप्त होने लगे हैं। विषय-वैविध्य के साथ-साथ रचना में कलात्मकता एवं संवादों में सूक्ष्मता लाने का प्रयत्न हो रहा है। जीवन के विविध क्षेत्रों से कथावस्तु

का चयन किया जा रहा है। कोंकणी के नाटक और तियात्र में काफी अन्तर है। तियात्र अपनी प्रामाणिकता के कारण विश्व-स्तर पर प्रसिद्ध हो रहा है। गोवा विधानसभा के भूतपूर्व सभापति तोमाझिन कार्दोझ का 'काण्टेच काण्टे' (1981 ई.) और 'झगझगता तितलेंय भागेरन्हय' (1988 ई.) तियात्र अधिक लोकप्रिय हैं। इनके साथ फादर फ्रेडी डी कॉश्त का ('बाप्पा'), पॅट्रिक दौराद, एम. बॉयर, विल्मिक्स विल्सन माझारेलो ('दुरीग') आदि बहुचर्चित तियात्र-लेखक हैं।

स्मरणीय है कि गोवा के ख्रिस्ती लेखक तो तियात्र की रचना करते हैं परंतु कर्नाटक के ख्रिस्ती लेखक त्रियात्र न लिखकर नाटक ही लिखते हैं। चा.फ्रां. दि-कॉश्त ('तरणें तरणें मोणें', 1973 ई., 'सुणें माजर हॉसता', 1977 ई.) और फादर ल्युईस बोतेल्यु (बाळ आलेस' एवं 'देख देवीक') ने कोंकणी-नाटक को उन्नत करने के लिये अथक प्रयत्न किया। जे.पी. सालदाज्ज्य ने तिरपन नाटक लिखे हैं। उनके 'सरदारांची सिग्नल' नाटक में 124 पात्र हैं। दोल्फि लोबु कास्य ने सात, सिरिल सिक्वैरा ने बारह तथा जे.एस. आल्वारिस ने नौ नाटकों की रचना की है।

पत्रकारिता

आधुनिक मुद्रण-कार्य का आरंभ एशिया महाद्वीप में सर्वप्रथम 6 सितम्बर, 1556 ई. के दिन गोवा में हुआ। पहले यहाँ शब्दकोश, व्याकरण और पुस्तकों का मुद्रण शुरू हुआ। गोवा में पत्रकारिता ('गाजेति-द-गोवा') का प्रारंभ 22 दिसम्बर 1821 ई. को हुआ। पत्रकारिता के द्वारा ज्ञान की ज्योति को सम्पूर्ण गोवा में बिखेरने का प्रयत्न किया गया। इसके पहले जर्मनी (1663 ई.) और बंगाल (1780 ई.) में पत्रकारिता की शुरुआत हो गयी थी। सन् 1840 ई. में कानोन कायतानु जुवाँव पीरीश के संपादकत्व में पुर्तुगीज भाषा में 'आल्मानाक-द-गोआ' पत्र निकला जिसमें विपुल मात्रा में जीवनोपयोगी विषयों एवं विचारों का समावेश रहता था। आगे चलकर गोवा-मुक्ति के बाद यह पत्र 1966 ई. में 'आल्मानाक' नाम से प्रकाशित होने लगा। जे.सी. फ्रांसीस ने 'उ कोंकानी' पत्रिका का सम्पादन कर कोंकणी-पत्रकारिता के इतिहास में प्रथम अध्याय का आरम्भ किया। विडम्बना यह है कि इसका प्रारम्भ मुंबई से हुआ। सी.एफ. फ्रान्सिस्कु, सेबस्तियाँव जिसस डाय-स गोमान्ति और सेबस्तियाँव जिसस डायस के सम्पादकत्व में क्रमशः 'उ लिउसु कोंकानी' साप्ताहिक (1891 ई.), 'उ कोंकानी' (1892 ई.) और 'उ पुव गोआनु' (1893 ई.), ये तीन पत्र निकले। इनके अतिरिक्त 'लेतुराश आमानाश' और 'आ सिविलिसासाँव इंदियान' पत्रिकाएँ भी निकलीं। सन् 1814 ई. में एक कोंकणी दैनिक निकला था जो शीघ्र ही बंद हो गया। यह कोंकणी-पुर्तुगीज-अँगरेजी भाषाओं में मुद्रित होता था।

'आ लुझ' (सं.—इनासियु एक्स रुद्रिगीश), 'उ एको' (सं.—बी.एफ. काब्र, 1907 ई.), 'उ गोआनु' (सं.—होनारातु एवं एफ.एक्स. फुर्तादु, 1908 ई.), 'उ आमिगु दु पुव' (सं.—एस. एक्स व्हाज, 1916 ई.), 'आवे मारिया' (सं.—आन्तोनियु व्ही दे कुझ 1920

ई॰) आदि पत्रिकाओं ने कोंकणी के पाठकों का ज्ञानवर्धन एवं मनोरंजन किया।

कोंकणी भाषा में एदुआर्दु जे॰ ब्रुनो-द-सौझा के संपादन में 1889 एवं 1894 ई॰ में 'उदेन्तेचें साळिक' मासिक और पाक्षिक पत्र पुणे से तथा 'सांजेवें नकेत्र' दैनिक 1907 ई॰ में बी॰एफ॰ काब्राल के संपादन में मुंबई से निकला। फादर लुदोविक पैरैर के संपादन में 1914 ई॰ में 'दर म्हयन्याची रोटी' मासिक पत्र पाकिस्तान के कराची से प्रकाशित हुआ जिसे आज भी फादर मोरेन-द-सौझा गोवा से प्रकाशित करते हैं। सन् 1928 ई॰ में जे॰सी॰एफ॰ दा सोझा ने 'आमचो संवसार' तथा फादर एल॰ए॰ फर्नाण्डिस एवं फादर लात्तानसियु आल्मेद ने 1933 ई॰ में क्रमशः 'उदेन्तेचें नेकेत्र' और 'वावराड्यांचो इश्ट' नामक पत्रिकाएँ निकालीं जो काफी लोकप्रिय रहीं। ये सारी पत्रिकाएँ रोमन लिपि में मुद्रित होती थीं।

कोंकणी-पत्रिकाएँ 1953 ई॰ से देवनागरी में मुद्रित होने लगीं। आनंदयात्री कवि बालकृष्ण भगवन्त शेणवी बोरकार ने 1953 ई॰ में 'प्रजेचो आवाज' रोमन तथा देवनागरी लिपि में प्राकाशित की। मनोहरराय लक्ष्मणराव सरदेसाय और फादर एच॰ओ॰ मस्कारन्हेयश ने 1952 ई॰ में मुंबई से 'साद' पत्रिका का प्रकाशन किया। कोंकणी भाषा मंडल की मुख पत्रिका 'गोमंत भारती' का संपादन रवीन्द्र केळेकार ने 1959 ई॰ में किया। इनमें विविध विषयों पर लेख प्रकाशित हुए तथा इससे नये लेखकों को प्रोत्साहन मिला।

गोवावासियों की आकांक्षा के अनुरूप फेलिसियु कार्दोझ के सम्पादन में 'गोंयचो साद' प्रकाशित हुई। संपादक ने पुर्तुगीज शब्दों के स्थान पर कोंकणी-शब्दों के प्रयोग पर बल दिया। इनका मानना था कि केवल कोंकणी-शब्दों से भी यह भाषा लिखी जा सकती है। इनका यह अत्यन्त यशस्वी प्रयोग था। वाक्यविन्यास के लिए नूतन शब्दावली का प्रयोग होने लगा।

फेलेसियु कार्दोझ ने 'सत' पत्रिका प्रकाशित की जो आगे चलकर 1967 ई॰ में पुर्तुगीज 'अ विद' में विलीन कर दी गयी। कालान्तर में इन दो पत्रिकाओं के स्थान पर 'दिवटी' नाम से नयी पत्रिका प्रकाशित होने लगी। इस पत्रिका के संपादक द्वारा 'लोकसाद' शीर्षक से एक साप्ताहिक पत्रिका निकाली गयी। यथार्थवादी विचारधारा, कोंकणी भाषा के प्रति आदर एवं अन्याय के प्रति लोगों को जागरूक करना, ये सब पत्रिका की नीति के अंतर्गत थे। पत्रकार जगदीश वाघ ('उजो'), लोकसभा-सदस्य अमृत कांसार ('अंकुर'), साहित्यकार मनोहरराय सरदेसाय एवं अना म्हाम्ब्रो ('साळिक', 1960 ई॰), वकील सुहास दलाल ('परिमल'), उद्योगपति गुरुनाथ केळेकार और मनोहरराय सरदेशाय ('नवें गोंय', 1962 ई॰), पत्रकार यशवन्त पालेकार (कोंकण भारती', 1968 ई॰), पत्रकार चन्द्रकांत केणी ('त्रिवेणी'), स्वतंत्रता-सेनानी एव्हाग्रीयु जॉर्ज ('उजवाड'), साहित्यकार सुरेश काकोडकार ('पुनव', 1973 ई॰), प्रकाशक गुरुदास पै ('सोबीत साहित्य'), राजनीतिक विचारक रवीन्द्र केळेकार ('जाग', 1974

ई॰), प्रकाशक सुमन्त केळेकार ('जाग प्रकाशन'), शिक्षक प्रकाश थळी ('कुळागर', 1978 ई॰), हेमा धुमटकर-नायक ('चित्रंगी', 1980 ई॰), समाजसेवी दत्ता नायक ('सौगडी') आदि विभिन्न क्षेत्रों से जुड़े लोगों ने पत्रिकाओं का संपादन किया और आज भी कर रहे हैं।

दैनिक 'राष्ट्रमत' (संपादक—चंद्रकांत केणी, 1963 ई॰, देवनागरी लिपि) ने कोंकणी अस्तिमा की सदैव रक्षा की। इसके अतिरिक्त 'अपुरबाय' (सं॰—कोंकणी भाषा मंडल, 1972 ई॰), 'कोंकण टाइम्स' (सं॰—तुकाराम रामा शेट, 1982 ई॰, देवनागरी लिपि), 'ऋतु' (सं॰—पुण्डलीक नारायण नायक, 1983 ई॰, देवनागरी लिपि), आदि पत्रिकाओं ने कोंकणी की कविता और कहानी को एक नया आयाम दिया। इसी क्रम में 'वांगडी' (सं॰—वामन नायक एवं सु॰म॰ तडकोड, देवनागरी लिपि), 'पोटतिडक' सं॰—अनिल कामत शंखवाळकार, देवनागरी लिपि) 'कोंकणीचें कुळार' (सं॰—आनंद नायक, देवनागरी लिपि), 'जैत' (सं॰—भिकू बोमी नायक, देवनागरी लिपि), 'दैनिक गोंयचो आवाज' (सं॰—फादर फ्रेंडी जे॰ दा कॉश्त, 1989, रोमन लिपि), दैनिक 'सुनापरान्त' (सं॰—चन्द्रकांत केणी, उदय भेम्ब्रे, राजू नायक, संदेश प्रभुदेसाय, 1987 ई॰), आदि पत्र-पत्रिकाओं ने कोंकणी समाज को विचारशील बनाया।

बाल-साहित्य

कोंकणी में बाल-साहित्य का लेखन विपुल मात्रा में हुआ है। यहाँ के सामाजिक जीवन में बालक-बालिकाओं का विशेष महत्त्व रहा है। राधा-कृष्ण, नवचण्डी आदि धार्मिक समारोह घर-घर में मनाने की परम्परा यहाँ बहुत पुरानी है जिसमें बालक-बालिकाओं की सहभागिता उल्लेखनीय रही है। गोवा की संस्कृति में नारियों एवं बालक-बालिकाओं के समृद्ध जीवन के लिए त्याग की भावना सर्वोपरि रही है। गरीब से गरीब माता-पिता भी अपने बच्चों को पाठशाला जरूर भेजते हैं। प्रकृति का सुरम्य वातावरण एवं खानपान की सुविधा ने बच्चों को उन्मुक्त जीवन प्रदान किया है। ऐसे परिवेश में बाल-साहित्य का लेखन सहज स्वाभाविक था। कोंकणी-साहित्य में प्रकृति-प्रेम, पशु-पक्षियों के प्रति उदारता एवं दीन-दुखियों के प्रति करुणा का भाव, खेल-कूद, सामाजिक एवं धार्मिक अवसरों पर सौहार्दपूर्ण व्यवहार आदि बातें दृष्टिगोचर होती हैं। यहाँ के बालक एवं बालिकाएँ स्वभावतः हँसमुख और सदाचारी होती हैं।

बीसवीं सदी के प्रारंभ से कोंकणी-बाल-साहित्य का प्रकाशन शुरू हुआ। इसके पूर्व घर-घर में संत साहित्य, पंचतंत्र, धार्मिक एवं पौराणिक साहित्य के माध्यम से बालक-बालिकाओं को मौखिक कहानियाँ सुनायी जाती थीं। कुछ समय बाद छोटी-छोटी पत्रिकाएँ एवं पाठ्य पुस्तकें बच्चों को उपलब्ध करायी गयीं। सन् 1979 ई॰ में कोंकणी बालक वर्ष मनाया गया। उस वर्ष बच्चों के व्यक्तित्व के विकास के लिए साहित्य और पत्रिकाओं का प्रकाशन किया गया। इस कार्य में कोंकणी भाषा-प्रेमी, साहित्यकार, प्रकाशक तथा अन्य संस्थाएँ जुट गयीं। सरकार से किसी

प्रकार का अनुदान नहीं मिला। सन् 1962 ई॰ में कोंकणी भाषा का पाठ्यक्रम विद्यालयों में अनिवार्य कर दिया गया।

बाल-साहित्य के निर्माण का प्रथम प्रयास बाराँव-द-कुंभारजुवा और तोमाज मोराँव ने किया। उसका आधार लेकर शणै गोंयबाब ने बालकों के लिए 'भुरग्याँलो ईस्ट' (1935 ई॰) नाम से बाल-साहित्य की रचना की। इन्होंने यूरोपीय बालकहानियों का अनुवाद 'जादुचो जुम्बो' (1968 ई॰) नाम से किया। भाषा-शैली की दृष्टि से इसका विशेष महत्त्व है। आचार्य रामचंद्र शंकर नायक ने 'भुरग्याँलो वेद' (1948 ई॰) और काशीनाथ श्रीधर नायक 'बयाभाव' ने 'देखदिण्यो काणयो' (1950 ई॰) पत्रिका का सम्पादन किया। रवीन्द्र राजाराम केळेकार की पत्नी गोदुबाय केळेकार ने 'फुलत्यो-कळयो' कहानियाँ तथा अना म्हाम्ब्रो ने 'घुमचे कट्टर घुम' (1964 ई॰) चित्रमालिका की रचना की।

रघुनाथ विष्णु पंडित ने 'गोड गोड काणयो' (दो भागों में) 1965 ई॰ में और 'रामायण-महाभारतातल्यो कथा' 1966 ई॰ में प्रकाशित की। कमलादेवी राव-देशपाण्डे ने 'काणयाँ-घोस' कहानी-संग्रह और 'चिरमुल्यो' कविता-संग्रह 1983 ई॰ में प्रकाशित किये। 'चिरमुल्यो' के अतिरिक्त उनके दो अन्य कविता-संग्रह 'गिजबिजलें' (1985 ई॰) 'गोंयकाराच्या-पडवेर' भी सामने आये। बाल-साहित्य के अन्य लोकप्रिय लेखक हैं सुरेश काकोडकार ('एलिस आनी ताचो अप्रूप संवसार' 1970 ई॰), दामोदर मावजो ('काणी एका खोमसाची' 1970 ई॰), पुण्डलीक नारायण नायक, ('रानसुन्दरी' 1974 ई॰), महाबळेश्वर शेणवी बोरकार ('अशी काणी राजा राणी' 1975 ई॰ एवं 'सान्तानाची पिल्लूक'), लक्ष्मणराव सूर्याराव सरदेसाय ('रामग्याली वागा भोंवडी, 1979 ई॰), शान्ताराम हेदो ('बापू' और 'मदलो पूत' (नाटककार भास के 'मध्यमव्यायोग' के कथानक पर आधारित रचना, 1979 ई॰), रमेश भगवन्त वेलुस्कार ('भुंक भुंक भिशू', 'चानी मामा', 'फुलपाकुलें' और 'कवनाँ', 1980 ई॰), ओलिविन्यु जुजे फ्रांसिस गॉमिश ('सुपुल्लो काणयां पांटुलो', 1975 ई॰, 'भारत आमचो देस', 1982 ई॰ तथा 'डॉ॰ फ्रांसिस लुईस गॉमिश हांची जीण', 1985 ई॰), डॉ॰ विनायक मयेकार ('अफ्रिकेतलो शिव', 1986 ई॰) आदि।

रवीन्द्र राजाराम केळेकार ने 'अशे आशिल्ले गाँधी जी' और 'कथा आनी काणयो' पुस्तकों में बालकों पर अच्छे संस्कार पड़ने हेतु गाँधी जी के जीवन से सम्बन्धित विभिन्न प्रसंगों का उल्लेख किया है। इन्होंने गाँधी जी के जीवन पर विपुल लेखन-कार्य किया है। पे आल्वारु रेनातु मेन्दिस ('सुरश्री केसरबाय केरकर'), पुरुषोत्तम सिंगबाल ('बीरबल'), डॉ अरुण हेबळेकार ('आर्यभट्ट') आदि बालसाहित्य के लेखकों ने अपनी कृतियों से बालकों को विविध विषयों की जानकारी दी। इनमें से कतिपय लेखकों ने महत्त्वपूर्ण भूमिका निभायी है। कृष्णनाथ अळवणी ('आर्मी सगळी देह शाणी'), गुरुदास बाम्बोळकार ('काणी एका फळराजाची'), रामदास नायक

('कावळे'), जंयमाला चोडणेकार-दणायत ('सप्तक'—सात नाटिकाएँ), विनय सर्लकार ('बोधिका') आदि रचनाकारों की रचनाएँ भी प्रसिद्ध हैं।

कोंकणी के लेखकों ने इतर भाषाओं के बालसाहित्य का कोंकणी में अनुवाद किया है। चन्द्रकांत केणी ने फ्रेंच-कहानी का अनुवाद 'फुलाचो हात' नाम से किया है। कुमुदिनी केळेकार, संजीवनी केळेकार तथा गुरुनाथ केळेकार के परिवार के लोगों ने 'पंचतंत्र', 'महाभारत', 'अरेबियन नाईट्स', काऊण्ट लिओ टॉल्सटॉय, जवाहरलाल नेहरू, एनिउ ब्लिटन आदि पर कोंकणी में पच्चीस से अधिक स्वतंत्र रचनाएँ कीं। फेलिसियु कार्दोझ ने 'अल्लाउदिनाचोदिवो', 'ताखटी सिंदबाद', 'अलीबाबा आनी चाळीस चोर' एवं श्याम वेरेंकार ने 'कुण्डेकुस्कूर' (1979 ई॰) की रचना की। डॉ॰ भिकाजी घाणेकार ने बालसाहित्य की कई रचनाएँ कीं जिनमें 'सर्कस', 'पिकनिक' और 'हावेस' पाठकों में काफी लोकप्रिय रहीं। अभय कुमार वेलिंगकार ने बाल-कविता एवं बाल-कहानियाँ धारावाहिक रूप में पत्रिकाओं में प्रकाशित कीं। विजयाबाय सरमळकर ने लोकसाहित्य का आधार लेकर 'गाँठलें' (1980 ई॰) की रचना की। डॉ॰ तानाजी हळर्णकार ने कई नाटिकाएँ लिखीं। स्वामी सुप्रिय ने कहानियों एवं कविताओं के छह संग्रह प्रकाशित किये। विनय सुर्लकार का 'सात मजली हाँसो', दीपा मुरकुण्डे का 'नुपी', 'चिमी', 'हिरन आनी वास्वेल' जैसी कहानियाँ तथा 'पिटकुली नाटकुली' जैसी नाटिकाएँ बालकों को अच्छी लगीं। नयना आडारकार ने 'रानांतल्योकाणयो' और 'पिटुकल्यो काणयो', सुधा खरंगटे ने 'शिव आनी कासव' तथा रजनी भेम्ब्रे ने 'मोराची करामात' जैसी पुस्तकें लिखीं।

मनोहरराय लक्ष्मणराव सरदेसाय ने भी बालसाहित्य के अंतर्गत कविता, कहानी, एकांकी, नाटिका, बडबडगीत जैसी विधाओं में लेखनी चलायी। उनकी रचनाओं में 'बेब्यांचें काजार' (1965 ई॰), 'भांगराची कुराड', 'माणकुलींगिताँ' (1982 ई॰), 'मनोहर गिताँ' (1987 ई॰), 'केलें तुकां जालें म्हाकाँ', 'राजकुँवर आनी चार चोर', 'अकलेचो कान्दो', 'झाँसीची राणी', 'बिराड बदलल्लें' (1981 ई॰) प्रमुख हैं।

कोंकणी-पत्रिकाओं ने बाल साहित्य के प्रकाशन में महत्त्वपूर्ण योगदान दिया। इनमें 'अपुरबाय' (संपादक—शांताराम वर्दे वालावलिकार), 'सोबित साहित्य', (कोंकणी भाषा मंडल), 'नवें गोंय', 'मारुती' (सं॰—गुरुनाथ केळेकार), 'गोंयचो पर्जळ' (सं॰—जुवांव इनासियु-द-सौझा), 'भुरग्याँलो राजहंस' (सं॰—रमेश वेळुस्कार), 'बिम्ब' (सं॰—दिलीप बोरकार) आदि पत्रिकाएँ प्रमुख हैं।

निष्कर्ष-स्वरूप यह कहा जा सकता है कि कोंकणी का साहित्य-भांडार समृद्ध है जो दिनानुदिन संवर्धित हो रहा है।

गुजराती-साहित्य

• आचार्य रघुनाथ भट्ट

गुजराती गुजरात राज्य की राज्यभाषा है। सौराष्ट्र, कच्छ (भुज) उत्तर और दक्षिण गुजरात इसके क्षेत्र हैं। इसके उत्तर-पश्चिम में सिन्धी, उत्तर में राजस्थानी, उत्तर-पूर्व से दक्षिण-पूर्व तक भीली और दक्षिण में मराठी बोली जाती है। मध्यप्रदेश से सटे हुए भू-भाग में मालवी बोली जाती है। पश्चिमी हिन्दी और राजस्थानी के समान गुजराती भी उत्तर अपभ्रंश से विकसित हुई है। इस तरह पश्चिमी हिन्दी के साथ इसका गोत्रीय सम्बन्ध है।

गुजराती की क्षेत्रीय बोलियों के रूप में सोरठी, उत्तर गुजरात की पट्टणी, मध्य गुजरात की चरोतरी और दक्षिण गुजरात की सूरती बोली प्रसिद्ध हैं। एक और बोली है जिसे कच्छी बोली कहते हैं, परन्तु इसका सम्बन्ध सिंधी के साथ अधिक जुड़ा हुआ माना जाता है। कच्छ में सभी जगह सार्वजनिक व्यवहार और पढ़ाई-लिखाई की भाषा के रूप में मानक गुजराती का व्यवहार होता है। कच्छी में कुछ साहित्य भी मिलता है। गुजराती भाषा की अपनी लिपि है। इसमें नागरी लिपि की तरह शिरोरेखा नहीं होती है। अक्षरों में बहुत समानता है। स्वरों की लिपि में भेद है। व्यंजनों में क, ख, च, ज, झ, फ, ब, भ अलग हैं। बाकी समानता है। वास्तव में प्राचीनकाल से लेकर आज तक यहाँ नागरी लिपि के लिए मान-सम्मान रहा है और उसका प्रयोग भी बराबर लेखन-कार्य में होता है।

गुजराती-साहित्य का उदयकाल (1133-1414 ई॰)

गुजराती-साहित्य के इतिहासज्ञों ने इस काल को हैमयुग या प्राक्-नरसिंह युग भी कहा है। यह तकरीबन तीन सौ वर्षों तक (1173 ई॰ से 1414 ई॰ तक) फैला हुआ माना जाता है। इस समयावधि के सर्वश्रेष्ठ साहित्यकार हेमचन्द्राचार्य हैं जिस आधार पर इस काल-खंड को हैमयुग कहा गया है।

हेमचंद्राचार्य ने अपने 'सिद्धहैम' में अपभ्रंश के जो दोहे प्रस्तुत किये हैं वे तत्कालीन लोकभाषा के साथ लोकजीवन का भी प्रतिनिधित्व करते हैं। इन दोहों के अतिरिक्त इस काल में साहित्य के अनेक रूपों का सर्जन हुआ है जिनमें मुख्य रूप

से रास, फागु, बारमासी, पद्यवार्ता विद्यमान हैं। गद्य के क्षेत्र में भी सुन्दर रचनाएँ हुई हैं। इस युग के इन साहित्यिक रूपों के प्रणयन में जैन और जैनेतर सर्जकों का समान रूप में योगदान रहा है।

रास अथवा रासा साहित्य : रासो काव्य के रचयिता अधिकतर जैन कवि थे। शालिभद्र सूरि के 'भरतेश्वरबाहुबलीरास' (1185 ई.) में गुजराती भाषा के नमूने प्राप्त होते हैं। हिन्दी-साहित्य के इतिहास में भी इसे हिन्दी के आदिकाल का एक काव्य माना जाता है। इसमें ऋषभदेव के दो पुत्रों भरत और बाहुबली के आपसी युद्ध के वर्णन के साथ बाहुबली के वैराग्य, तप और ज्ञानप्राप्ति की कथा वर्णित है। इसकी कथा 14 खण्डों में विभक्त है। शालिभद्र की दूसरी कृति 'बुद्धिरास' है जो अधिकतर उपदेशात्मक है। यह ग्रंथ जनसामान्य और श्रावक के दैनिक व्यवहारों का दर्पण है। इस रासो काव्य के अतिरिक्त धर्मसूरिकृत 'जंबुसामिचरिय', विजयसेन सूरि का 'रेवंतगिरिरासु' आदि रासो-काव्य प्रसिद्ध हैं और यह परम्परा तेरहवीं सदी तक चलती रही। जैनेतर कवियों में अब्दुर्रहमान (अद्दहमाण) का 'संदेशरासक' रासकों में अपनी अलग पहचान रखता है।

फागु-काव्य : फागु-काव्य लोकजीवन से जुड़ा हुआ काव्य-प्रकार है। फागुन महीने में वसंतोत्सव के अवसर पर स्त्री-पुरुषों के सामूहिक आमोद-प्रमोद का कार्यक्रम होता है। इसमें संयोग, वियोग, मानव-सौंदर्य, प्रकृति-सौन्दर्य, सभी मिलकर एक अच्छा आह्लादक माहौल बना देते हैं। जैन और जैनेतर, दोनों प्रकार के सर्जकों ने फागु-काव्य लिखे हैं। जैन साधुओं ने नेमिनाथ एवं स्थूलिभद्र पर फागु-काव्य लिखे हैं जिनका उपसंहार मादकता से उपरामता अर्थात् विषय से विराग पर होता है। जैनेतर फागुओं में 'वसन्तविलास' सबसे उत्कृष्ट है। इसमें नायक और नायिका के प्रेम और विरह की आकर्षक छवियाँ प्रकृति की पृष्ठभूमि में उतारी गयी हैं।

प्रबन्धकाव्य : ऐतिहासिक और चरित्रात्मक कथावाले प्रबन्धकाव्यों की भी एक परंपरा शुरू हुई जिसे एक काव्य-रूप के समान स्वीकृत किया गया है। जैन कवियों ने इस प्रबन्धकाव्य-परंपरा को समृद्ध किया है। इसमें जहाँ 'कुमारपालप्रबन्ध', 'प्रबन्धकोश', 'प्रबन्धचिन्तामणि' और 'चतुर्विंशति प्रबन्ध' जैसी संस्कृत रचनाएँ हुई हैं वहाँ 'त्रिभुवनदीपक प्रबन्ध' सदृश कृति भी है जो जयशेखर सूरि द्वारा अपने संस्कृत-काव्य 'प्रबोध चिन्तामणि' का किया हुआ गुजराती रूपांतर है। यह एक ज्ञानगर्भ रूपक है। इसमें कुछ गद्य-खंड भी हैं। श्रीधर व्यास की कृति 'रणमल्ल छन्द' वीर रस की उत्तम कृति है। इसमें ईडर पर आक्रमण करनेवाले मुसलमान सूबेदार की पराजय-कथा वर्णित है।

पद्य-वार्ताएँ : लोककथाओं को पद्य में ढालकर जैन साधुओं ने सांसारिक कथाएँ प्रस्तुत की हैं। ये कथाएँ कल्पित थीं और लोगों में काफी प्रिय थीं। इनमें सबसे पुरानी वार्ता विजयवल्लभ-कृत 'हंसराज वच्छराज चउपई' है। असाइत और भीम ने क्रमशः

'हंसाउली' और 'सदयवत्सचरित' लिखे हैं। ये दोनों जैनेतर कवि हैं। 'हंसाउली' में नरवाहन और हंसावती की प्रेम-कथा वर्णित है और साथ में हंसराज और वच्छराज नामक दो जुड़वें भाइयों के पराक्रम की भी कथा है। 'सदयवत्सचरित' में सदेवंत और सावलिंगा की लोकप्रिय कथा कही गयी है।

भवाई : असाइत ने गुजरात के लोकनाट्य भवाई की नींव डाली और 360 भवाई वेशों की रचना कर गुजरात की जनता का भरपूर मनोरंजन किया। इन भवाइयों में तत्कालीन समाज का गहरा चित्रण हुआ है।

बारमासी : यह एक प्रकार से ऋतुकाव्य है जिसमें बारह महीनों की विरहात्मक अवस्था का निरूपण होता है। प्रकृति के परिवर्तनशील रूपों के बीच मानव-मन की संवेदनाओं के निरूपण के लिए यह काव्य-प्रकार अनुकूल पड़ता है। सन् 1269 ई॰ में विनयचंद द्वारा रचित 'नेमिनाथ चतुष्पदिका' एक बारहमासी विरह-काव्य है जिसमें नेमिनाथ और राजुल की करुण विरह-व्यथा अंकित है। हीरानंद सूरि-कृत 'स्थूलिभद्र बारमासा', जयवंत सूरि-रचित 'नेमिनाथ राजमती बारमासा', उदयन-रचित 'नेमिनाथ तेरमासा' आदि इस युग के बारहमासी काव्य हैं। जैनों ने इन काव्यों में शृंगार का पर्यवसान जैनमतानुसार संसार-त्याग में किया है।

गद्य-सर्जन

इस युग में पद्य के साथ गद्य में भी कवियों ने अपना जौहर दिखाया है। जैन साधु इस प्रकार में भी आगे रहे और तेरहवीं शती की गद्य-रचनाओं में 'आराधना' तथा 'बालशिक्षा', चौदहवीं शती में तरुणप्रभ सूरि-कृत 'षडावश्यक बालावबोध', कुलमंडल गणि-कृत 'मुग्धावबोध औक्तिक' और माणिक्यसुन्दर सूरि-कृत 'पृथ्वीचन्द्र चरित' आदि विशेष रूप से उल्लेखनीय गद्य-कृतियाँ हैं। 'आराधना' की भाषा संस्कृतनिष्ठ और अनुप्रासमयी है। 'बालावबोध' में धर्मग्रंथों के विधानों को दृष्टान्त के साथ समझाया गया है। 'मुग्धावबोध औक्तिक' में संस्कृत भाषा का व्याकरण गुजराती में निबद्ध हुआ है। 'वर्णक' नामक एक विशिष्ट साहित्य-प्रकार भी अस्तित्व में आया है जिसमें किसी भी वस्तु के वर्णन की परिपाटी निश्चित की जाती है। 'पृथ्वीचंद्रचरित्र' ग्रंथ 'उल्लास' शीर्षक से पाँच खण्डों में विभक्त है। कथा में पृथ्वीचंद्र की राजसभा, उसकी सेना, युद्ध, स्वयंवर आदि प्रसंगों का सुन्दर वर्णन हुआ है। ऋतुओं का चित्रात्मक वर्णन है। इसे बाणभट्ट की 'कादम्बरी' का अनुसरण कहें तो अत्युक्ति नहीं होगी।

वास्तव में यह अभ्युदय-काल अपने आप में अनेक काव्यरूपों का उत्तम प्रणयन-काल रहा है। इसमें पद्य और गद्य, दोनों में अच्छा और मोहक साहित्य रचा गया है। इस साहित्य में जीवन के उल्लास और आनंद के साथ वैराग्य की प्रशस्त भूमिका भी है। 'भवाई' नाट्य-प्रकार लोकजीवन के साथ जुड़ा हुआ है। इस काल में जिन काव्यरूपों को महत्ता मिली है, वे इस प्रकार हैं—

1. रासा-रासो-रासड़ा-रासक : रास एक गेय काव्य-प्रकार है। 'रासक' से व्युत्पन्न यह शब्द है। रासक एक छन्द का नाम है और स्त्री-पुरुष इसे विविध ताल-लय में गोलाकार होकर गाते है। प्रथम यह गेय काव्य के रूप में प्रचलित हुआ और बाद में गीत के रूप में भी इसका प्रचलन हुआ। इसमें केवल युवक अथवा युवतियों या युवक-युवतियों का समूह हाथ में डंडे लेकर या हाथों से हाथों में तालियाँ देता हुआ नृत्य करता है। गरबा, गरबी भी इसीके रूप हैं। रासकों में स्तुति-प्रार्थनाएँ, कवि के विषय में विवरण, विविध वर्णन तथा शृंगारों, आभूषणों के विवरण आते हैं। इसके अनेक प्रकार होते हैं।

2. फागु : फागु एक लोकप्रिय काव्य-प्रकार है। इसमें वसन्त के उल्लास के साथ जीवन के आह्लाद का मोहक वर्णन होता है। प्रकृति और भावनाओं का चित्रात्मक वर्णन रहता है। यह मूलरूप से गेय काव्य है। वसन्त ऋतु का वर्णन, नाच और गान, मधुर शब्दों का प्रयोग ये सब इसकी विशेषताएँ हैं। वसंत ऋतु के साथ-साथ वर्षा ऋतु से भी कुछ रचनाओं का आरंभ होता है। जैन फागुओं में त्याग और संयम पर जोर दिया जाता है और जैनेतर फागुओं में जीवन के उल्लास को खुलकर व्यक्त किया जाता है।

3. प्रबन्ध : प्रबन्धकाव्यों में किसी ऐतिहासिक घटना या पात्र को लेकर वर्णनात्मक ढंग से कथा कही जाती है। यों, प्रबन्ध का अर्थ होता है सुसंबद्ध रचना। इसमें प्रथम मंगलाचरण, समाज का दर्शन, वीर रस की मुख्यता, युद्ध की कथा और भौगोलिक तथा प्राकृतिक वर्णन आते हैं।

इस प्रकार यह उदयकाल गुजराती-साहित्य के विकास के लिए एक सुदृढ़ भूमि प्रस्तुत करता है।

मध्यकाल : भक्तियुग (15वीं शती से 19वीं शती)

ईसा की पन्द्रहवीं शती से गुजराती-साहित्य अपने स्वतंत्र अस्तित्व को लेकर गुजराती जनता के आन्तर चैतन्य को प्रकट करता हुआ सामने आता है। इसमें जैन और जैनेतर कवियों का योगदान महत्त्वपूर्ण है। ईसा की बारहवीं शताब्दी से सारे देश में विदेशियों के आक्रमणों के साथ उत्तर भारत में भक्ति का एक जोरदार प्रवाह शुरू हुआ था। अद्वैतवाद के प्रवर्तक जगद्गुरु स्वामी शंकराचार्य के ज्ञानमार्गी चिन्तन से भक्तिमार्गी चिन्तन की ओर परवर्ती आचार्यों ने प्रयाण किया और भक्तिभाव को एक अद्भुत प्रसार मिला। ज्ञान और भक्ति की धाराओं में भक्ति की धारा दक्षिण से उत्तर की ओर आयी और जनता के मन में ऐसी बैठ गयी कि अनेक विपत्तियों और आपत्तियों में भी प्रजा को टिके रहने की शक्ति प्रदान कर गयी। गुजरात में इन धाराओं का बड़ा प्रभाव पड़ा और वैष्णवी भक्तिधारा अपनी लोकप्रियता के कारण सर्वत्र फैल गयी।

भारतीय साहित्य में भक्ति का महत्त्व वैदिक काल से ही रहा है। वेदों में, पुराणों

में भक्तिधाराएँ मिलती हैं। 'गीता' में भक्ति, कर्म और ज्ञान के बीच समन्वय स्थापित किया गया है। 'गीता' में स्वयं कृष्ण कहते हैं कि 'यो मे भक्तः स मे प्रियः।' गुजरात के जन-जीवन में प्रचलित राधा-कृष्ण-विषयक दोहे हेमचन्द्राचार्य के 'काव्यानुशासन' में मिलते हैं। भक्ति का यह प्रभाव सारे देश में धीरे-धीरे व्यापक बनता गया। गुजरात में भी भक्ति की धाराएँ जनता को तृप्त करती गयीं। इनमें चार मुख्य प्रवाह हुए हैं– 1. वैष्णव भक्तिधारा, 2. शैवशाक्त भक्तिधारा, 3. ज्ञानमार्गी भक्तिधारा और 4. सम्प्रदायबद्ध भक्तिधारा।

1. वैष्णव भक्तिधारा : विष्णु के अवसार राम और कृष्ण की भक्ति को केन्द्र बनाकर यह भक्तिधारा उमड़ पड़ी। इस धारा में भी तीन उपधाराएँ अस्तित्व में आयीं– 1. प्रेमलक्षणा भक्ति की उपधारा, 2. भक्तिबोध की उपधारा और 3. भक्तों के चरित्रों के कीर्तन-आलेखन की उपधारा। प्रेमलक्षणा भक्ति कवि की भावभूमि से उमड़ी प्रभु-प्रेम की शुद्ध कविता-धारा है। प्रभु के प्रेम में निमग्न कवियों ने इसे ऐसा वेग दिया कि वह सारी दुनिया को एक किनारे कर प्रभु में आसक्त भक्तजन के हृदय की एक-एक धड़कन को व्यक्त करने लगी। इसमें गोपियों के साथ कृष्ण की लीला, गोपियों का विरह, कृष्ण को प्राप्त करने की उत्कट लालसा की गंभीर, मोहक और व्यापक अभिव्यक्ति हुई है। गोपीभाव की इसमें प्रधानता रही है। नरसिंह और मीराँ से लेकर दयाराम तक इसका अखण्ड प्रवाह उछलता-कूदता बहता रहा। 'भक्तिबोध' की कविता में संसार की माया को छोड़कर ईश्वराभिमुख होने के लिए अनमोल सीख है। तीसरी धारा भक्तिमार्ग को दृढ़ करने के लिए भगवान् के भक्तों के चरित्रों को स्मृति में बनाये रखने की कविता है।

2. शैवशाक्त भक्तिधारा : राम और कृष्ण के साथ शक्ति और शिव की भक्ति और उपासना की धारा भी प्रवाहित होती रही। प्रभास पाटण में सोमनाथ का विशाल और भव्य मंदिर शिवोपासना की प्राचीनता को रेखांकित करता है। अम्बाजी का मंदिर और पावागढ़ के देवी मंदिर शक्ति-उपासना के केन्द्र रहे हैं। इन दोनों की प्रतिष्ठा और गौरव को जन-जीवन कभी भूला नहीं है। इसलिए गुजराती-काव्य में शिव और शक्ति की उपासना को लेकर अच्छा साहित्य रचा गया है। गुजरात में 'नवरात्रि' का त्यौहार जिस व्यापकता और उत्साह के साथ नौ दिनों तक 'गरबा' और 'रास' के रूप में मनाया जाता है वह शक्ति-उपासना का ही विस्तार है। शिवरात्रि के अवसर पर गिरनार की यात्रा भी शिव-भक्ति का ही प्रकट रूप है। सप्ताहों और महीनों तक इन तीर्थों की यात्राएँ चला करती हैं।

3. ज्ञानमार्गी कविताधारा : शंकराचार्य के ज्ञानमार्ग ने जनता में अपना गहरा स्थान बनाया है। भक्तिबोध भी अन्ततः ज्ञानमार्ग का ही अवलंबन करता है। 'गीता', 'महाभारत', 'उपनिषद्', 'योगवासिष्ठ' सदृश ग्रंथों ने भी ज्ञान पर जोर दिया है। गोरखनाथ और कबीर की वाणियों का प्रवाह भी गुजरात के भक्तों तथा सन्तों पर पड़ा

है और गुजराती का ज्ञानमार्गी साहित्य भी प्रभावशाली रहा है। ज्ञानमार्गी कविता में सामाजिक विषमता और धार्मिक आडंबरों पर मार्मिक रूप से प्रहार भी हुआ है।

4. सम्प्रदायबद्ध विचारधारा : इसमें मुख्यतः स्वामी सहजानंद जी द्वारा स्थापित स्वामिनारायण सम्प्रदाय के भक्त कवियों का समावेश होता है। गुजराती के भक्ति-साहित्य को समृद्ध करने में इनका योगदान प्रशंसनीय रहा है।

इन धाराओं के भक्तिरस के अतिरिक्त जैनों की कविता-धारा भी प्रवाहित होती रही। इस कविता में संसार-त्याग की बात और जैन धर्म की उपासना ही मुख्य रही है।

मध्यकाल में प्रचलित काव्यरूप

इस काल में जिन साहित्य-प्रकारों का विकास हुआ उन पर अब दृष्टि डालें। आख्यानों का इस काल में पूर्ण विकास हुआ है। जिन काव्य-प्रकारों का प्रचलन इस युग में बढ़ा, वे संक्षेप में इस प्रकार हैं–

1. पद-साहित्य : पद का स्वरूप न बहुत बड़ा, न बहुत छोटा, ऐसे गेय काव्य के रूप में माना जा सकता है। इसमें एक भाव प्रधान होता है। भक्तिभाव का यह प्रबल वाहक बना। पश्चात् ज्ञान-वैराग्य की भावधाराएँ भी इसमें समाविष्ट हुईं। नरसिंह से लेकर दयाराम तक पदसाहित्य की प्रबल धारा अखण्ड रूप से बहती रही। इसका अनेक रूपों में विकास हुआ– थाल, आरती, हालरड़ा और प्रभातिया। अपने इष्टदेव को नैवेद्य लगाते समय जो पद गाया जाता है उसे 'थाल' कहते हैं। इष्ट की पूजा के पश्चात् दीपों से जो आरती की जाती है उसके पद 'आरती' के रूप में प्रसिद्ध हुए और प्रभु को हिंडोले झुलाते समय जो वात्सल्यपूर्ण पद गाये जाते हैं उन्हें 'हालरड़ा' नाम से जाना जाता है। भोर में उठकर जो पद गाये जाते हैं उन्हें प्रभातिया कहते हैं। भजन-कीर्तन और प्रार्थनाओं के पद भी प्रचुर मात्रा में रचे गये हैं।

2. गरबो-गरबी : गुजराती-साहित्य का यह मधुर और प्रभावशाली काव्य-प्रकार है। उत्सव के समय समूह में गाने-बजाने की भावना से इनका प्रवर्तन हुआ है। गुजरात में शक्ति-पूजा का विशेष महत्त्व है। नवरात्रि के नौ दिनों को सारा गुजरात इन नृत्यों की मधुरता और भावप्रवणता से गीत-संगीत और भक्तिभावपूर्ण बना देता है। गरबों में देवी की पूजा, देवी के स्वरूप और शृंगार का वर्णन, देवी के पराक्रम का वर्णन और उनके चमत्कारों का वर्णन मुख्य विषय होते हैं। 'गरबी' छोटी रचना होती है जो एक भाव पर केन्द्रित रहती है। संक्षिप्तता और भावसघनता इसकी विशेषताएँ होती हैं।

3. विवाहलु : विवाह के समय सामाजिक और सांस्कृतिक रूप में जिस लोकाचार का वर्णन किया जाता है, वह गुजराती-साहित्य में 'विवाहलु' के नाम से जाना जाता है। इसे बेलि, मंगलकाव्य, स्वयंवर-काव्य, विवाह-काव्य आदि नामों से भी पुकारा जाता है।

4. आख्यान : प्राचीन काल में पुराणों ने जो काम किया, वही काम मध्यकाल

में गुजरात में आख्यानों ने किया है। लोगों में प्राचीन पुराणों और कथाओं को सुनने की भावना थी। परन्तु संस्कृत का प्रचलन सामान्य जन में नहीं होने के कारण जनहित को ध्यान में रखकर लोगों की प्रचलित भाषा में इन ग्रंथों का कवियों ने निर्माण किया और यह पद्धति आख्यान के रूप में आरम्भ हुई। भालण ने तो स्पष्ट कहा था कि 'संस्कृत कठण ते कोण प्रीछे, सांभलवा करे कान' (संस्कृत कठिन है उसे कौन समझ सकता है, फिर भी मन सुनने को इच्छुक रहता है)।

आख्यान को पहले 'रास' के रूप में समझा गया था परन्तु बाद में भालण ने इसे भिन्न रूप में प्रचलित किया। आचार्य हेमचन्द्र ने कहा कि जिस कथा को गा-बजाकर सुनाया जाय वह आख्यान है। आख्यान वर्णन-प्रधान होते हैं। कड़वकों में इनका निर्माण होता है और मंगलाचरण के बाद कथा शुरू हो जाती है। अन्त में भरतवाक्य के रूप में 'फलश्रुति' आती है जिसमें कथाश्रवण से श्रोताओं को जो फल मिलता है, उसका निरूपण किया जाता है, जैसे मोक्ष की प्राप्ति, पापों का क्षय, वैकुण्ठ-वास आदि के साथ लौकिक लाभ-प्राप्ति का भी समावेश होता है।

वैष्णव भक्तिधारा

सारे देश में भक्ति का जो प्रवाह चल रहा था, उसमें गुजरात भी प्लावित हो गया। महाराष्ट्र के साथ-साथ गुजरात में भी उत्कट भक्ति के दर्शन स्पष्ट रूप से नरसिंह महेता में होते हैं। इन्हें वैष्णव-भक्ति का आदि कवि कहने में कोई अत्युक्ति नहीं होगी।

नरसिंह महेता : ये सौराष्ट्र क्षेत्र के भावनगर जिले के तलाजा गाँव में जन्मे थे। इनका समय सन् 1414 ई॰ से 1484 ई॰ माना जाता है। माता-पिता इन्हें बचपन में छोड़ गये थे। भाई-भाभी ने इनका पालन-पोषण किया किन्तु भाभी के ही कटुवचनों से घर छोड़कर निकल पड़े। जंगल में एक महादेव मंदिर में ध्यानलीन हो गये। महादेव इनकी भक्ति से प्रसन्न होकर द्वारिका में इन्हें कृष्ण की रासलीला के दर्शन कराने ले गये और तब से कृष्ण के प्रति ये समर्पित हो गये। कृष्ण ने अपने भक्त नरसिंह को हमेशा सहायता दी, इस विषय में अनेक दंतकथाएँ प्रचलित हैं। पर ये थे पक्के कृष्णानुराग में आपादमस्तक निमज्जित भक्त। गुजराती के भक्ति-साहित्य के आदि कवि के रूप में इनकी ख्याति सभी इतिहासकारों ने स्वीकारी है। इनकी भक्ति ही कविता के रूप में प्रकट हुई है। इन्होंने अधिकतर प्रभु को प्रियतम मानकर गोपीभाव से आराधना की है। प्रभु का सान्निध्य इन्हें हर पल महसूस होता रहा है। इनकी कविता में हृदय की पुकार, विरह की व्याकुलता, मिलन की तृप्ति और कृष्णभक्ति का उद्वेलन सर्वत्र पाया जाता है। वास्तव में इनकी कविता कृष्ण-भक्ति का शंखनाद तो है ही, साथ ही साथ ज्ञान के पदों में निराकार की ओर भी उत्कट संकेत है। इनकी शब्द-साधना, रसमाधुर्य, चित्रोपमता अद्भुत है। इनका 'वैष्णवजन तो तेने कहिये जे पीर परायी जाणे रे' पद बहुत ही लोकप्रिय हुआ है। नरसिंह महेता

का विपुल साहित्य है जिसमें 'शामल शाहनो विवाह', 'हारमाला', 'हुंडी', 'मामेरुँ', 'श्राद्ध, 'झारीना पदो', 'रासहस्रपदी', 'श्रृंगारमाला', 'हिंडोळानां पदो', 'वसन्तनां पदो', 'कृष्णजन्म समयना पदो', 'बाललीला', 'चातुर-छत्रीसी', 'ज्ञानवैराग्यनां पदो', 'दानलीला' और 'सुदामाचरित्र' का समावेश होता है। पदों में काव्य-रचना करना इन्हें प्रिय रहा है। पदों में इन्होंने आत्मचरित्रात्मक एवं वर्णनात्मक ग्रंथ भी लिखे हैं।

पद्मनाभ : नरसिंह के पश्चात् पद्मनाभ कवि के रूप में प्रसिद्ध हुए। उनकी कीर्ति का आधार उनका प्रबन्धकाव्य 'कान्हड़दे प्रबन्ध' (1456 ई॰) है। इसमें मुसलमान आक्रमणकारियों के सामने शौर्य और साहस से लड़ते हुए हिन्दू राजा के युद्ध का वर्णन है। यह चार खण्डों में विभक्त है। गुजराती का यह महाकाव्य है। इसकी भाषा और काव्यात्मकता उत्कृष्ट है।

वीरसिंह और कर्मण : 'हरिवंश' और 'भागवत' के आधार पर लिखा गया वीरसिंह का 'उषाहरण' एक अच्छा आख्यान है। कवि का कौशल इसमें निखरा है। इसके संवाद और अलंकार आकर्षक हैं। कर्मण-रचित आख्यान 'सीताहरण' है। यहाँ संक्षेप में रामकथा कही गयी है। इस प्रकार राम और कृष्ण की भक्ति गुजरात में प्रचलित मिलती है।

भालण (1405-1484 ई॰) : ये एक महत्त्वपूर्ण आख्यानकार हैं और श्रेष्ठ अनुवादक भी। ये उत्तर गुजरात के थे। इनका दूसरा नाम पुरुषोत्तम भी था। ये शक्ति और राम के उपासक थे। इनकी रचनाएँ हैं– 'दशमस्कंध', 'सप्तसती', 'रामबालचरित', 'नलाख्यान', 'रामविवाह', 'कृष्णविष्टि', 'ध्रुवाख्यान', 'मृगी-आख्यान', 'शिव-भिलड़ी-संवाद', 'जालंधर आख्यान', 'दुर्वासा-आख्यान' और बाणभट्ट की 'कादम्बरी' का अनुवाद 'कादम्बरी'। इनका मुख्य सर्जन-क्षेत्र आख्यान काव्य-प्रकार रहा है। इस पद्धति को इन्होंने विस्तार दिया और कड़वकों में रचना कर आख्यान को सुदृढ़ रूप दिया। 'नलाख्यान' इनकी सर्वश्रेष्ठ रचना है। महाकवि बाण की गद्यकृति 'कादम्बरी' का गुजराती-पद्य में अनुवाद कर इन्होंने अपनी कला और भाषा पर अपने अधिकार का स्पष्ट संकेत दिया है। ये संस्कृतज्ञ थे, पंडित थे और आख्यानों के पितामह थे। ये राम-कृष्ण तथा शिव-शक्ति के समान रूप से उपासक थे। इनका उल्लेखनीय प्रदेय गुजराती-साहित्य में हमेशा याद किया जायगा। आख्यान काव्यों की परंपरा में **भीम** की कृतियाँ 'हरिलीला षोडशकला' और 'प्रबोध प्रकाश', **जनार्दन त्रवाड़ी** की कृति 'उषाहरण' और **मांडण बन्धारा** की कृतियाँ 'प्रबोधबत्रीसी', 'रामायण', 'पाण्डवविष्टि' मुख्य हैं। **देहल कवि** ने उत्तरा-अभिमन्यु की कथा को लेकर 'अभिनव ऊँझणुं' की रचना की। भालण के पुत्र **उद्धव** और **विष्णुदास** ने सम्मिलित रूप से 'रामायण' लिखी जो अनुवाद है। **विष्णुदास** ने स्वतंत्र रूप से 'बभ्रुवाहन' नामक आख्यान लिखा।

मीरां (1498-1565 ई॰) : हिन्दी-साहित्य के साथ-साथ मीरां ने गुजराती-साहित्य को भी समृद्ध किया है। मारवाड़ में जन्मी मीरां का देहांत गुजरात के कृष्णधाम

द्वारिका में हुआ था। मीरां के गुजराती में लिखे पदों की संख्या ढाई सौ से अधिक है। इनके अतिरिक्त 'नरसिंहजी का मायारा' और 'सतभामानुँ रुसणुँ' भी उनकी कथात्मक कृतियाँ हैं। उनके पदों में राजस्थानी, गुजराती और ब्रजभाषा का अद्भुत समन्वय विद्यमान है। मीरां के पदों में कृष्ण-भक्ति का प्रवाह भूगर्भ से फूटी हुई जलधाराओं की तरह निर्मल और स्वाभाविक है। उनमें कृष्ण-प्रेम उत्कट भाव से भरा है। वे तो स्वयं गोपी थीं और कृष्ण उनके नटवर नागर। माध्यम की उन्हें आवश्यकता नहीं थी। प्रेम की निश्छल अभिव्यक्ति मीरां के पदों को ऐसा उदात्त बना देती है कि उनकी कृष्णभक्ति की कविता विराट् हो जाती है।

नाकर और अन्य : नाकर (1516-1568 ई॰) बड़ौदा के निवासी थे। आख्यानकारों में इनका महत्त्वपूर्ण स्थान है। इनकी कुल 30 कृतियाँ बतायी जाती हैं। इनकी कृतियाँ 'रामायण' और 'महाभारत' की कथाओं पर आधृत हैं। इनकी कृतियों में 'हरिश्चन्द्राख्यान', 'चंद्रसाख्यान', 'ध्रुवाख्यान', 'नलाख्यान', 'लवकुशाख्यान', 'शिवविवाह', 'व्याधमृगी संवाद', 'भीलड़ीना द्वादसमास', 'सोगठानो गरबो', 'भवानी नो छन्द' आदि उल्लेखनीय हैं। इनके आख्यानों के कथा-प्रसंगों में स्वतंत्रता से काम लिया गया है। इन्होंने तत्कालीन सामाजिक-धार्मिक परिस्थितियों को भी अपनी कथाओं में स्थान दिया है। इनके पश्चात् **कीकु वसही** ने 'बालचरित्र' और 'अंगदविष्टि' आख्यान लिखे। **श्रीधर व्यास** ने भी आख्यान कोटि के काव्य लिखे हैं जिनमें 'रावण-मंदोदरी-संवाद' और 'गोरीचरित्र' मुख्य हैं। **केशवदास** ने 'श्रीमद्भागवत' के दशम स्कंध का 'कृष्ण-क्रीडा' के नाम से सात हजार पंक्तियों में अनुवाद किया है। इन्होंने भालण के मार्ग का अनुसरण करते हुए ब्रजभाषा में भी रचनाएँ की हैं। कुछ अन्य कवियों ने भी इस ओर प्रयास किया है। **जावड़** एक शिवभक्त था और उसने चार सौ कड़ियों में 'मृगली संवाद' लिखा। **कवि चतुर्भुज** ने 'भ्रमरगीता' नाम से फाग काव्य रचा है। **ब्रेहेदेव** कवि ने भी 'उद्धव-गोपी-संवाद' और 'भ्रमरगीता' लिखे हैं।

इस सोलहवीं शती में पद्यवार्ता का दौर भी चलता रहा। जैनेतर और जैन कवियों ने इस काव्य-प्रकार को विकसित करने में अपना विशिष्ट योगदान दिया है। जैनेतर कवियों में नरपति और गणपति मुख्य हैं। **नरपति** ने चौपाइयों में 'नंदबत्रीशी' पद्यवार्ता लिखी है। इनकी दूसरी कृति 'पंचदंड' है। इसमें वीर और अद्भुत रस का सुन्दर परिपाक हुआ है। **गणपति** ने 'माधवानलकामकंदला' नामक पद्यवार्ता आठ सौ दोहों में लिखी जो आठ खण्डों में विभक्त एक अच्छी प्रेम-कथा है। **मधुसूदन व्यास** रचित 'हंसावती-विक्रमकुमारचरित्र' भी इस शती की उल्लेखनीय कृति है।

जैन कवियों में **सिंहकुशल** की 'नंदबत्रीशीचउपइ', **विनयसमुद्र** की 'आरामशोभा', **मतिसार** की 'कर्पूरमंजरी' आदि उल्लेखनीय पद्यवार्ताएँ हैं। इनमें लावण्यसूरि, कुशललाभ और आनंदघन, इन तीन कवियों का प्रदेय यशस्वी रहा है। **लावण्यसूरि** की कुल 29 कृतियाँ बतायी जाती हैं जिनमें 'रावणमंदोदरीसंवाद' और 'विमल

प्रबन्ध' मुख्य हैं। **कुशललाभ** ने 'माधवानलकामकंदला रास' तथा 'मारु ढोला चुपाई' कृतियाँ लिखी हैं जिनमें जूनी राजस्थानी का रूप मिलता है। 'मारु ढोला चुपाई' में ढोला और मारवणी की प्रेम-कथा है। जैन कवि होते हुए भी **आनंदघन** ने अपनी दृष्टि विशाल रखी है। इन्होंने सामाजिक समरसता के लिए प्रयास किया है। इनकी रचनाएँ 'आनंदघन चौबीसी' और 'अध्यात्म बहोत्तरी' हैं जिनपर हिन्दी और राजस्थानी का अधिक प्रभाव है। इनके अनेक पद हिन्दी में मिलते हैं।

आख्यानों की परंपरा पूर्ववत् चलती रही। आख्यानकारों में विश्वनाथ जानी, मुकुंद, रतनजी तथा राजे के नाम उल्लेखनीय हैं। **जानी** ने 'मोसालाचरित' (मामेरूँ), 'संगालचरित्र', 'प्रेमपचीसी', 'चातुरीचालीसा' की रचना की है। इनमें कृष्ण-भक्ति ही प्रधान है। **मुकुन्द कवि** ने भक्तों के चरित्र लिखे हैं– 'कबीरचरित्र' और 'गोरक्षचरित्र'। ये इनके चरित्रात्मक आख्यान हैं। **रतनजी** ने 'सगालशा कथा' और 'विभ्रंशी' आख्यान लिखे हैं। इन कवियों के पश्चात् गुजराती-आख्यानों में जबर्दस्त उबाल लानेवाले कवि-कथाकार प्रेमानंद हैं।

प्रेमानंद (1636-1734 ई॰) : गुजराती-साहित्य की आख्यान-परम्परा को समृद्धि के शिखर पर पहुँचानेवाले कवि-कथाकार-आख्यानकार प्रेमानंद सत्रहवीं शती के यशस्वी साहित्य-नक्षत्र हैं। वे बड़ोदरा-निवासी केशव के पुत्र और जाति से मेवाड़ा चौबीसा ब्राह्मण थे। बचपन में माता-पिता की अकाल मृत्यु होने से वे ममतामयी मौसी के घर पले। उन्हें परिस्थितियों ने ठोक-पीटकर नृत्यकार, संगीतकार और अभिनयपटु बना दिया था जिससे वे गुजरात के श्रेष्ठ आख्यानकार बनकर लोकप्रियता के उच्च आसन पर प्रतिष्ठित हुए। गुजराती भाषा के प्रति उनका अनन्य प्रेम था, पर प्रारम्भ में उन्होंने हिन्दी में भी कविता की। साढ़े चार दशकों तक उनकी वाग्धारा अनवरत प्रवाहित होती रही। उनकी कृतियों की कुल संख्या पचास के करीब बतायी जाती है। कुछ नाटक भी उनके नाम पर चढ़ गये हैं जो उनके हैं नहीं, ऐसा कहा जाता है।

प्रेमानंद प्रतिभा-सम्पन्न कवि थे। समय के साथ उनकी प्रतिभा निखरती गयी और लोकप्रियता भी बढ़ती गयी। उनकी कुछ कृतियाँ तो इतनी लोकप्रिय हुईं कि उनके साप्ताहिक कार्यक्रम भी निश्चित हो गये। गुजराती के प्रथम आलोचक नवलराम कहते हैं कि गुजरात में प्रत्येक शनिवार को 'सुदामाचरित', रविवार को 'हुंडी', चैत में 'ओखाहरण', श्राद्धपक्ष में 'श्राद्ध', चतुर्मास में 'दशम स्कंध' और सूरत में सीमन्त संस्कार के समय 'मामेरूँ' गाने का आम रिवाज था।

प्रेमानंद ने अपने पुरोगामियों से बहुत-कुछ ग्रहण किया पर उसे प्रस्तुत किया अपनी प्रतिभा के शाण पर चमकाकर। उनके आख्यानों में पुराण की कथा में साम्प्रतिक समस्याओं को मिलाकर कुछ ऐसा अपूर्व प्रस्तुत किया गया है जिससे लोगों का पर्याप्त मनोरंजन हुआ। उन्होंने गुजरात के मर्म को पहचाना था। सामान्य जन-जीवन के गाढ़ संस्पर्शों की उन्हें गहरी पहचान थी। उनकी भाषा सभी प्रकार के

मनोभावों को व्यक्त करने में सक्षम थी। वे कथा के मार्मिक स्थलों एवं रमणीय प्रकरणों को रसान्वित करने में निपुण थे। उनकी कथा-शैली, पात्रनिरूपण-कला, मार्मिक प्रकरणों की पहचान, आंचलिकता और रसात्मकता रेखांकित करने योग्य है। उनकी भाषा में शब्दों का सटीक प्रयोग, श्रुतिमधुर लय, नाद-सौन्दर्य, अलंकारों की योजना और रसों का परिपाक बहुत ही प्रभावक बने हैं। गुजरात के बाहर भी उनकी लोकप्रियता इसका प्रमाण है।

'ओखाहरण', 'सुदामाचरित्र', 'मामेरुँ', 'नलाख्यान', 'चंद्रहासाख्यान', 'रणयज्ञ', 'दशमस्कंध' इनके अन्य लोकप्रिय आख्यान हैं। वास्तव में प्रेमानंद प्रेम, आनंद तथा लोकचित्तरंजन के अद्भुत कवि-आख्यानकार हैं जिनका यश अक्षय रहेगा।

शामल (1694-1770 ई॰) : प्रेमानंद के पश्चात् आख्यानों की परंपरा से हटकर शामल ने 'वार्ता' काव्य-प्रकार को प्रश्रय दिया। उन्होंने धर्म के स्थान पर लोक-जीवन को अपनी 'वार्ताओं' में स्थान देकर उन्हें नया रूप दिया। उनकी पहली वार्ता 'पद्मावतीनी वार्ता' है जो उनके युवाकाल की आरंभिक रचना मानी जाती है और अन्तिम वार्ता 'सुड़ाबहोतरी' सन् 1765 ई॰ में लिखी गयी थी। उनकी पद्यवार्ताओं में 'सिंहासनबत्रीसी', 'चंद्रावती', 'मदनमोहना', 'नंदबत्रीसी', 'रूपावती', 'भद्रभामिनी' आदि मुख्य हैं। उनकी पौराणिक कृतियों में 'शिवपुराण', 'अंगदविष्टि', 'शुकदेवाख्यान' आदि पाँच कृतियाँ मानी जाती हैं। उनकी फुटकर रचनाओं में 'उद्यम-कर्म-संवाद' मुख्य है। इसमें उद्यम और पुरुषार्थ को व्याख्यात करने की रोचक कथा है। उनके 'छप्पा' भी प्रसिद्ध हैं।

दयाराम (1777-1852 ई॰)

दयाराम मध्यकाल के अन्तिम छोर पर एक दीप्तिमान् साहित्यिक नक्षत्र के रूप में उदित होकर सारे भक्ति-युग को अपने प्रकाश से स्नात कर गये। चांदोद (भरुच) में प्रभुराम भट्ट के घर एक तेजस्वी बालक सन् 1777 ई॰ में जन्मा और जन्म से ही माता के वात्सल्य से वंचित हो गया। पिता प्रभुराम भट्ट भी जल्दी ही गुजर गये। बेसहारा दयाराम अपनी मौसी के यहाँ डभोई (बड़ौदा) में बड़े हुए। उनका रूप-रंग बहुत सुंदर और कंठ बड़ा सुरीला था। वे संगीत के उस्ताद थे। वे इच्छाराम भट्ट के वैष्णव-यात्रा-संघ से जुड़ गये और उनके भजन-कीर्तन का वैष्णव जनता पर अच्छा प्रभाव पड़ा। उन्होंने सात बार श्रीनाथजी की और तीन बार समग्र भारत की यात्रा की। इन यात्राओं से उनका अनुभव-क्षेत्र विशाल बना और गुजराती के अतिरिक्त हिन्दी, पंजाबी, मराठी और उर्दू भाषाओं पर अच्छी पकड़ हो गयी। अट्ठाईस वर्ष की आयु में उन्होंने पुष्टिमार्ग की मर्यादा दीक्षा ग्रहण की और जीवन भर कृष्ण की कथाओं का प्रचार करते रहे। कृष्ण और कृष्णभूमि उनके आराध्य रहे। वे व्रजभूमि को इतना चाहते थे कि उन्हें वैकुण्ठ भी उसके आगे तुच्छ लगता था। वे कृष्ण की भक्ति और पुष्टिमार्ग के अनन्य उपासक थे। कृष्ण के अतिरिक्त वे किसी को भी मन से नहीं

चाहते थे। भक्ति के इस महान् साधक का सन् 1852 ई॰ में अन्त हो गया।

दयाराम ने गुजराती में विपुल साहित्य का सर्जन किया। उनके साहित्य में पुष्टिमार्ग और शुद्धाद्वैत के सिद्धान्तों के निरूपण की मात्रा अधिक है। 'रसिकवल्लभ' में दयाराम ने पुष्टिमार्ग और शुद्धाद्वैत का उदाहरण देकर विस्तृत और तार्किक विवेचन किया है। यह सारा ग्रंथ गुरु-शिष्य-संवाद के रूप में है। 'भक्तिपोषण' में भक्ति का माहात्म्य, भक्ति के प्रकार, भक्ति का मूल आदि विषयों पर उदाहरणों के साथ प्रकाश डाला गया है। उनके अन्य सैद्धान्तिक ग्रंथ हैं– 'सिद्धान्तसार', 'सम्प्रदायसार', 'भक्तिविधान', 'पुष्टिपथरहस्य' आदि। शुद्धाद्वैत और पुष्टिमार्ग का इतना गहरा विवेचन केवल दयाराम में ही मिलता है। उनमें पूरी दार्शनिकता थी, पर उनका मन भक्ति की तरंगों से इतना तरंगित था कि वे कृष्ण की सेवा में पूर्ण रूप से निमग्न हो गये थे। वास्तव में वे 'गीता' के 'सर्वधर्मान् परित्यज्य मामेकं शरणं व्रज' के मूर्तिमान् विग्रह थे।

दयाराम संपूर्ण रूप से भक्ति के कवि थे। वे कृष्ण को समर्पित हो चुके थे। उनकी भक्तिभावपूर्ण कृतियों में 'प्रेमरसगीता', 'प्रेमपरीक्षा', 'भक्तवेल', 'कृष्णस्तवन-चन्द्रिका', 'नामप्रभावबत्रीसी', 'चौरासी वैष्णवों के धोल', 'रासलीला', 'बाललीला', 'हरिभक्तचन्द्रिका', 'दाणलीला', 'पत्रलीला' और 'मुरलीलीला' का समावेश होता है। उनके आख्यान-काव्यों में 'अजामिलाख्यान', 'रुक्मिणी-विवाह', 'सत्यभामा-विवाह', 'रुक्मिणी-सीमंत' और संवाद-काव्यों में 'हनुमान-गरुड़-संवाद' उल्लेखनीय हैं। हिन्दी में उनकी 42 कृतियाँ उपलब्ध हैं जिनमें 'दयाराम सतसई'* और 'रसिकरंजन' साहित्यिक दृष्टि से उत्कृष्ट रचनाएँ हैं। दयाराम ने अपनी भक्ति की तन्मयता को अपने काव्य में साकार कर दिया है। उनका राधा के सौन्दर्य एवं भगवान् के मोहिनी-अवतार की लीला का वर्णन अद्‌भुत है। उन कृतियों में उनकी उत्कृष्ट काव्य-प्रतिभा के दर्शन होते हैं।

दयाराम ने अपनी गरबियों से सारे गुजरात को ऐसा मुग्ध किया कि आज तक उसकी मोहिनी ज्यों की त्यों बनी हुई है। दयाराम के कीर्तनात्मक साहित्य में नृत्य, संगीत और भक्तिभाव से परिपूर्ण उनके छोटे-छोटे गेयात्मक पद 'गरबी' के रूप में विख्यात हैं और सच पूछा जाय तो ये गरबियाँ ही उन्हें अक्षय कीर्ति दे गयी हैं। इन गरबियों में राधाकृष्ण-लीला का रसमय संसार बड़ी उत्कटता और उमंग के साथ रचा गया है। नंदकिशोर का प्रेमी-रूप और गोपियों का समर्पण-भाव, दोनों बड़ी मादकता और मनोहारिता के साथ व्यक्त हुए हैं। इन गोपियों का एक-एक बोल रस से सिक्त है। दयाराम की भाषा में लालित्य, माधुर्य और संगीत एक साथ घुल-मिल गये हैं। कन्हैयालाल मुंशी के अनुसार गुजराती के कवियों में दयाराम की भाषा सबसे उत्कृष्ट

---

* इस निबन्ध के लेखक ने दयाराम की 'सतसई' पर **'हिन्दी सतसई परम्परा में दयाराम सतसई'** ग्रंथ प्रकाशित किया है।

है। दयाराम के पश्चात् मध्यकालीन कविता का सूर्य अस्त हो जाता है।

आख्यानकारों और वार्ताकारों के पश्चात् भक्ति-कविता का नया दौर चला जिसमें 'आख्यान' और 'वार्ता' के स्थान पर पदों का महत्त्व बढ़ा और कवि अपने विचारों और भावों को पद के माध्यम से व्यक्त करने लगे। इस भक्तिधारा में सम्प्रदायबद्ध और सम्प्रदाय-निरपेक्ष, दोनों प्रकार के भक्त हैं।

ज्ञानमार्गी कविता

अखा (1591-1658 ई॰) : गुजराती-साहित्य में अखा का नाम एक दीप्तिमान् रत्न के समान विराजमान है। अखा की कविता वैष्णवी प्रेममार्ग से विमुख होकर ज्ञानमार्ग की ओर उन्मुख हो गयी थी। अखा का जन्म अहमदाबाद के पास जेतपुर में एक सुनार परिवार में हुआ था जो बाद में अहमदाबाद में आकर बस गया था। जीवन के कटु-अनुभवों से गुजर कर उनका मन विरक्त हो गया था और वे गुरु की खोज में भारत के तीर्थस्थानों की यात्रा पर निकल पड़े थे। इस यात्रा में उनको गोकुलनाथ नाम के गुरु मिले परन्तु उन्हें संतोष प्राप्त नहीं हुआ। अन्त में वाराणसी के सन्त ब्रह्मानंद के शिष्य हो गये। विभिन्न स्थानों की यात्रा में साधुओं का आडंबर और जनता का अंधविश्वास उन्हें शिर से पैर तक कँपा गया। फलतः वे एक ओर तो ज्ञानमार्ग की साधना करने लगे और दूसरी ओर सामाजिक आडंबरों, अंधविश्वासों और आचरण की विसंगतियों पर कोड़े बरसाने लगे। कबीर का मार्ग उनका मार्ग बन गया। वास्तव में वे गुजरात के कबीर हैं और ज्ञानमार्गी भक्तिधारा की कविता का जो क्षीण प्रवाह नरहरि, गोपाल आदि की कविता में चल रहा था वह अखा में आकर तीव्र गति से उच्छलित होने लगा। अखा ने गुजराती और हिन्दी, दोनों में लिखा। उन्होंने प्रबंधात्मक रचनाएँ की हैं तो छप्पय, पद और दोहों में मुक्तक काव्य भी लिखा है। उनकी कृतियों में 'पंचीकरण', 'गुरु-शिष्य-संवाद', 'चित्र-विचार प्रवाह', 'अनुभव बिन्दु' और 'अखोगीता' मुख्य हैं। हिन्दी में 'संतप्रिया' और 'ब्रह्मलीला' बड़ी रचनाएँ हैं।

अखा को शंकराचार्य का अद्वैतवाद प्रिय था। वे ज्ञान ही को मुक्ति का साधन मानते थे। इसीका निरूपण उनकी कविता में हुआ है। वे अपने को कवि की अपेक्षा ज्ञानी कहलाना अधिक पसंद करते हैं। वे अनेक देवों को नहीं मानते थे। उनका विश्वास था कि सारे संसार में ब्रह्म ही व्याप्त हैं और जो विकार है वह माया के कारण है। समाज में व्याप्त दंभ, अज्ञान और वहम पर अखा ने जोरदार प्रहार किये हैं। अखा की भाषा कठिन, दुर्बोध और कटाक्ष से भरी है। उनकी वाणी ज्ञान-समृद्ध है, सोने के समान चमकदार और मूल्यवान् है। वे गुजराती-साहित्य में ज्ञान-कविता के सर्वोच्च शिखर हैं।

अखा की भक्तिधारा किसी कूल से बँधी नहीं थी। वे किसी सम्प्रदाय के घेरे में नहीं थे। वे परमतत्त्व को पहचान कर उसके आनंद में निमग्न रहनेवाले सन्त थे। सामाजिक पाखंडों के वे विरोधी थे। गुजराती-साहित्य में अखा से यह धारा प्रवाहित

हुई और देशकालानुसार अठारहवें शतक में पुनः प्रकट हुई। इस धारा के मुख्य कवि निम्नांकित हैं–

भाणदास या भाणसाहब : भाणदास गृहस्थ थे पर आंबा छट्टा नाम के एक गोपालक से उन्हें ज्ञान प्राप्त हुआ और वे संसार से विरक्त हो गये। उनके चालीस शिष्य थे जो सारे गुजरात के गाँव-गाँव में जाकर अन्तरात्मा की बात को, आत्मा के प्रकाश को फैलाते रहे। वे कहते थे– "हंस चलने लगा, काया का गढ़ ढहने लगा।" उनकी कृति 'हस्तामलक' में शंकराचार्य और उनके शिष्य हस्तामलक के बीच जो ज्ञानपरक संवाद हुआ, उसका निरूपण है। उनका 'अजगर-अवधूत-संवाद' भी ज्ञानमार्गी कृति है। उनके गरबा-गरबी भी उल्लेखनीय हैं।

रविराम या रविदास : ये भाणदास के शिष्य थे। इन्होंने ज्ञान और वैराग्य के पद लिखे हैं। मोरदास साहब, त्रिकम साहब, होथी साहब, खीम साहब, जीवण साहब आदि अनेक सन्त इस परम्परा में हुए हैं जिनकी वाणी सरल और लोकप्रिय है। इनकी साखियाँ आज भी लोक-जिह्वा पर आसीन हैं।

ज्ञानमार्गी कवियों में **प्रीतम** (1720-1789 ई॰) का नाम उल्लेखनीय है। ये प्रज्ञाचक्षु थे। इनके गुरु रामानंदी साधु भाईदास जी थे और जिनसे ज्ञान प्राप्त कर ये ज्ञान-वैराग्य के पद रचने लगे। 'ज्ञानकक्को' और 'गुरुमहिमा' इनकी मुख्य रचनाएँ हैं। इनके पद चित्रात्मक तथा मधुर पदावली से युक्त हैं और कथन चोट करनेवाले हैं। इन्होंने कृष्णप्रेम के पद भी लिखे हैं। **'रत्ना'** कवि के कृष्णविरह के गीत "बारमासा' में संगृहीत हैं। **धीरा भगत** पहले कृष्णभक्त थे। बाद में ये ज्ञानमार्ग की ओर मुड़ गये। इनकी ज्ञानमार्गी रचनाओं में 'स्वरूप', 'ज्ञानकक्को', 'प्रश्नोत्तरमालिका', 'आत्मखोज' और 'ज्ञानबत्रीसी' मुख्य हैं। इन्होंने माया, तृष्णा, लक्ष्मी और मन की वास्तविकता को स्पष्ट किया है और समाज की रूढ़ियों पर कटाक्ष भी किया है। **रणछोड़जी दीवान** (1768-1814 ई॰) शिवपंथी थे। इनकी बुद्धि तीक्ष्ण थी। इन्होंने 'शिवगीता' और 'चण्डीपाठना गरबा' लिखे हैं। 'रामायण रामबला' पद्यवार्ता भी इन्होंने लिखी है। इनकी फारसी में लिखित 'तवारीखे सोरठ' और 'रुक्साने गुनगुन', दो महत्त्वपूर्ण रचनाएँ हैं। 'तवारीखे सोरठ' में सौराष्ट्र के विषय में आधारभूत ऐतिहासिक सामग्री मिलती है। **नरभेराम** (1768-1852 ई॰) भक्त कवि थे। 'गजेन्द्रमोक्ष', 'कंसवध', 'बोडाणा चरित्र' इनकी प्रसिद्ध कृतियाँ हैं। **निरांत भगत** (1747-1825 ई॰) रणछोड़जी के भक्त थे। एक रामानंदी साधु ने इन्हें भक्ति की जगह ज्ञान-आराधना का उपदेश दिया। इनके पदों में ज्ञान और भक्ति समान रूप में व्याप्त है। **बापूसाहब गायकवाड़** (1777-1843 ई॰) मराठीभाषी थे पर गुजराती-साहित्य में इनका अपना अनोखा स्थान है। ये भजन-कीर्तन में मस्त रहते थे। इनकी कृति 'महिमा' में बारहमासा में ब्रह्मानुभव के पद आये हैं। ये भी समाज में घर कर गये पाखंडों के प्रबल विरोधी थे। ये हिन्दू-मुसलमानों की एकता पर जोर देते थे। सामान्य

उदाहरणों से मार्मिक बात समझाना इनकी विशेषता थी। इनकी भाषा में जोश है, चमक है। **भोजा भगत** (1785-1850 ई॰) स्वयं पढ़े-लिखे नहीं थे पर इनके हृदय से जब काव्य का प्रवाह निःसृत होता था तो इनके शिष्य उसे लिख लेते थे। इनकी कृतियों में 'चेलैयाख्यान', 'नानी भक्तभाल', 'ब्रह्मबोध' आदि मुख्य हैं। इनके पद भी चोट करने वाले हैं। इनकी भाषा लोगों की आम बोली है। इन कवियों के अतिरिक्त अनेक ज्ञान और भक्ति के पद गानेवाले कवि हुए हैं। इनकी विशेषता यह थी कि ये सब भक्त होते हुए भी ज्ञानी थे और ज्ञानी होते हुए भी भक्त थे।

सम्प्रदायबद्ध कविता

गुजरात में वल्लभाचार्य की पुष्टिमार्गी भक्ति की कविता का व्यापक प्रसार रहा है। इस धारा में रघुनाथ दास, गिरधर, मोतीराम, रामकृष्ण, थोभणदास आदि कवियों ने कृष्णभक्ति के पद रचे हैं। भक्ति के प्रवाह में छपैया (गोंडा) से गुजरात आये स्वामी सहजानंद के स्वामिनारायण सम्प्रदाय का भी महत्त्वपूर्ण योगदान रहा है। स्वामी सहजानंद सगुण मार्ग के अनुयायी थे। इनके मार्ग को उद्धवमार्ग भी कहते हैं। इन्होंने गुजरात के जनजीवन को नयी दिशा दी। इन्होंने निम्न वर्गों के लोगों को व्यसनों और रूढ़ियों से मुक्त किया। इन्होंने संस्कृत में 'शिक्षापत्री' और गुजराती में 'वचनामृत' गद्य में लिखा है। 'वेदरहस्य' इनकी तीसरी कृति है। इनके सम्प्रदाय में अनेक कवित्वशक्ति-सम्पन्न साधु हुए जिन्होंने अपने काव्य से गुजराती-साहित्य को समृद्ध किया है। इन साधु कवियों में मुक्तानंद स्वामी, निष्कुलानंद स्वामी, ब्रह्मानंद स्वामी, प्रेमसखी, प्रेमानंद आदि मुख्य हैं। स्वामिनारायण संप्रदाय की काव्य-सरिता में भक्ति और ज्ञान-वैराग्य की धाराएँ इस तरह मिल गयीं कि जन-जीवन में एक संतुलन आ गया।

शिवशक्ति भक्तिधारा— शिव और शक्ति की पूजा प्राचीनकाल से ही प्रचलित थी। शिव और शक्ति की उपासना की कविताएँ भी तीन प्रकार की हुईं। प्रथम प्रकार में शिव और शक्ति की स्तुतियाँ और प्रार्थनाएँ आती हैं, दूसरे में शिव और शक्ति के तत्त्वबोध के पद आते हैं और तीसरे में उनके चरित्रों के गुणगान होते हैं। कृष्णभक्त और रामभक्त कवियों ने शिव-शक्ति के गान भी गाये हैं। स्वयं नरसिंह मेहता को शिव ने दर्शन दिये थे। भालण ने भी 'शिवमृगली संवाद' लिखा है। नाकर और जावड़ ने भी क्रमशः 'भीलड़ीना द्वादश मासे' और 'मृगी संवाद' लिखे हैं। स्वामी अमुक्तानंद ने 'शिवगीता' सत्रहवें शतक में लिखी है। शिवदास ने 'शिवविवाह', मुरारि ने 'शिवपार्वती विवाह' की रचना की। प्रेमानंद, वल्लभ मेवाड़ा आदि ने आनुषंगिक रूप से शिव के विषय में लिखा है। शक्ति के विषय में देवी-पूजा के पद लिखे गये हैं। नवरात्रि के समय गरबा-गरबियों में माता जी की स्तुति-प्रार्थनाओं की भरमार रहती है। भालण ने 'दुर्गासप्तशती' का अनुवाद 'चंडीपाठ' नाम से किया। श्रीधर ने 'गौरीचरित्र' लिखा। शक्ति-साहित्य में वल्लभ और धौला नाम के दो भक्त

उल्लेखनीय हैं। दोनों भाइयों ने मिलकर माँ अंबा जी के भिन्न-भिन्न रूपों, उनके शृंगारों और चरित्रों का वर्णन श्रद्धा से किया है। उनके 'महाकालीनो गरबो' और 'अंबाजीना महिना' सुप्रसिद्ध हैं।

मध्यकाल में पुरुषों की तरह ही भक्ति और ज्ञान के प्रवाह में नारियों का योगदान भी उल्लेखनीय रहा है। जैन विदुषी हेमश्री, गदरीबाई, दिवालीबाई, कृष्णाबाई, पुरीबाई, राधाबाई आदि ने भी ज्ञान-वैराग्य और भक्ति के रसमय पद लिखे हैं। इन साधु-संतों ने गुजराती और हिन्दी में समान रूप से रचनाएँ की हैं।

इन भक्तकवियों के साथ-साथ जैन लेखकों की रचनाएँ भी गुजराती-साहित्य में अपना विशिष्ट स्थान रखती हैं। जैन साधुओं की पद्यवार्ताएँ ध्यान आकर्षित करती हैं। इनमें समयसुन्दर की 'मृगावती चोपाई', कनकसुन्दर की 'सगालसाह रास', विजयमेरु का 'हंसराज-वच्छराज प्रबन्ध', कुशलधर की 'भोजप्रबन्ध चौपाई' आदि कृतियाँ मुख्य हैं। जैन कवियों ने रास, प्रबन्ध, सझझाय, स्तवन इत्यादि भी लिखे हैं। मुनि आनंदघन के ज्ञान तथा भक्ति के पद मीराँ के समान ज्ञान और भक्ति से सम्पन्न हैं। समाज को अलग-अलग खानों में बंद करनेवालों को आनंदघन ने खूब लताड़ा है। जैन साहित्यकारों की कृतियाँ ऐतिहासिक मूल्य रखती हैं।

ईसा की आठवीं सदी में पारसी लोग ईरान से गुजरात में आये और गुजरात के जन-जीवन से ऐसे घुल-मिल गये कि उनकी भाषा भी गुजराती हो गयी। पारसियों ने भी मध्यकाल में गुजराती-साहित्य को समृद्ध किया है। सूरत के मोबेद रुस्तम पेशोतन ने 'अर्दाविराफ नामुँ', 'सात अमशास्पदनुं काव्य', 'जरतोश्त नामुं' और 'स्यावश नामुं', ये चार कृतियाँ पारसियों की 'गुजराती बोली' में रची हैं। कवि दूरबीन की 'गुलजारे नसीहत' नाम की रचना गुजरात में पारसियों के इतिहास पर प्रकाश डालती है। प्रथम, उन्होंने अपने धर्मग्रंथों का अनुवाद संस्कृत में किया और पश्चात् उसे गुजराती में भी प्रस्तुत किया है।

मध्यकाल में लिखित साहित्य के साथ-साथ लोककंठ में सुरक्षित लोकसाहित्य भी महत्त्वपूर्ण है। यह लोकसाहित्य समृद्ध है और लोकनाट्य भवाई इसकी समृद्धि का उच्च सोपान है। चारण, बारोट, भाट, रावल आदि जातियों ने प्रशस्तियों, वार्ताओं और दोहों में लोकसाहित्य को जिन्दा रखा है। इनमें व्रत-उपवास, शादी-विवाह, जन्म-मरण आदि अवसरों पर गाये जानेवाले गीतों का समावेश होता है। वास्तव में मध्यकाल का गुजराती लोकसाहित्य उस समय के जन-जीवन का दर्पण है। शिष्ट साहित्य के समान ही यह लोकसाहित्य आज के युग के लिए अमूल्य धरोहर है।

4. आधुनिक काल (1850-2000 ई॰)

नर्मद-युग

मध्यकालीन गुजराती-साहित्य के प्रवाह ने कविवर दयाराम के अवसान के बाद एक नयी दिशा की ओर मोड़ लेना शुरू कर दिया था। इस नये मोड़ का प्रेरणा-स्रोत

था अँगरेजों का सम्पर्क और भारतीयों का आत्मनिरीक्षण। अठारहवीं सदी के उत्तरार्द्ध में ईस्ट इण्डिया कम्पनी ने अपने पैर व्यापार में ही नहीं, शासन-तंत्र में भी जमा लिये। उन्नीसवी सदी के प्रारंभ में अँगरेजों ने भारतीय शिक्षा में भी एक नया अध्याय फोर्ट विलियम कॉलेज के द्वारा शुरू कर दिया था जो सन् अठारह सौ पैंतीस में मैकाले की शिक्षानीति के द्वारा पूर्णता पर पहुँच गया। अँगरेजी शिक्षा के द्वारा जहाँ मध्यकाल से भिन्न ज्ञान की एक नयी दिशा खुली, वहीं हजार वर्ष से उपेक्षित और रूढ़ियों से ग्रस्त भारतीय समाज में एक सुधारात्मक जागरण भी पैदा हुआ। एक ओर अँगरेजी भाषा और साहित्य के फैलाव से भारतीय मन पर भारी प्रभाव पड़ा, दूसरी ओर समाज-सुधारों की ओर भी ध्यान गया। पूर्व में ब्रह्मसमाज, पश्चिम में प्रार्थनासमाज, उत्तर में आर्यसमाज और दक्षिण में थियोसोफिकल सोसायटी ऑफ इण्डिया ने भारतीय विचारधारा में आत्ममंथन की प्रवृत्ति शुरू कर दी और इसके परिणाम-स्वरूप अन्दर ही अन्दर अँगरेजों के आधिपत्य से मुक्ति की चाह भी बलवती बनती गयी जिसका सन् अठारह सौ सत्तावन की स्वाधीनता की पहली लड़ाई में प्रत्यक्ष दर्शन हुआ। गुजरात में मराठा और पेशवाओं के सामने अँगरेजों की सफलता से गुजरात में कुछ शांति का माहौल बना और इस माहौल ने गुजराती-साहित्य को मध्यकाल से अलग दिशा की ओर चलना सिखाया। वास्तव में कुछ विवेकशील अँगरेज अधिकारियों ने गुजराती में लिखने की प्रेरणा गुजराती लेखकों को दी। इसका प्रथम प्रभाव कवीश्वर दलपतराम में मिलता है। दलपतराम पहले ब्रजभाषा (हिन्दी) में काव्य-रचना करते थे। स्वामिनारायण के पीठाधिपति ने उन्हें गुजराती की ओर मोड़ा और एलेक्जेन्डर किंलोक फॉर्बस ने दलपतराम को 'कवीश्वर' पदवी देकर अँगरेजी-साहित्य से प्राप्त आधुनिकता की सरिता में तैरने के लिए छोड़ दिया। इस तरह वे गुजराती के अर्वाचीन साहित्य के प्रेरक कवि बन गये।

1. **दलपतराम** (1820-1898 ई॰)—दलपतराम प्रथमतः परंपरावादी कवि थे। उनमें बचपन से ही कविता करने की धुन सवार हो गयी थी। संस्कृत और ब्रजभाषा के अध्ययन से उनकी यह रुचि और पल्लवित-पुष्पित हो गयी। फॉर्बस के साथ गाँव-गाँव जाकर इधर-उधर बिखरी पाण्डुलिपियों, लेखों, दन्तकथाओं, ऐतिहासिक प्रसंगों को एकत्र करने में दलपतराम ने उसकी खूब मदद की और गुजराती की ओर उनका लगाव बढ़ने लगा। उनकी पहली कविता 'बापानी पीपर' सन् 1845 ई॰ में लिखी गयी जिसमें परम्परागत कविता धारा के बदले अर्वाचीन कविता की ओर प्रस्थान किया गया है। उन्होंने गुजराती के मासिक पत्र 'बुद्धि प्रकाशन' का संपादन भी किया और अन्त में 'गुजरात विद्यासभा' (गुजरात वर्नाक्युलर सोसायटी) के मंत्री के रूप में गुजराती-साहित्य को आगे बढ़ाने में महत्त्वपूर्ण योगदान दिया।

सर्वप्रथम दलपतराम ने कवि शामल के समान 'वार्ता' काव्यप्रकार पर हाथ आजमाया और 'हीरादेवी' तथा 'कमललोचनी' दो वार्ताएँ पुरानी शैली में लिखीं।

उन्होंने ब्रजभाषा (हिन्दी) में 'ब्रजचातुरी', 'ज्ञानचातुरी' तथा 'श्रवणाख्यान' भी लिखे। इसके पश्चात् वे साहित्य में सामाजिकता के पक्षधर बने। वे गुजरात के जन-जीवन से गाढ़ रूप में जुड़े हुए थे तथा सामाजिक जीवन की सभी प्रवृत्तियों से परिचित थे। इसलिए नीति, धर्म, व्यवहार-चातुर्य, समाजसुधार, देशप्रेम, शिक्षा आदि विषयों पर उनका काव्यसर्जन हुआ। 'बापानी पीपर' में उन्होंने सर्वप्रथम अर्वाचीन ढंग से प्रकृति-वर्णन किया है। 'हुन्नरखाननी चढ़ाई' में उन्होंने परदेशी हुनर, यंत्र और उद्योगों से भारतीय जीवन पर पड़नेवाले घातक प्रभाव की ओर संकेत किया और यह समझाया कि भारतीय अपने पुराने दिनों को याद कर सागरमंथन से लक्ष्मी पैदा करें– 'सागरमंथन करी फरी लक्ष्मी उपजावो।' उन्होंने फॉर्बस साहब पर 'फॉर्बस विलारा' और 'फॉर्बस विरह' दो लम्बी कविताएँ लिखी हैं जिनमें दूसरी कृति गुजराती की प्रथम शोककविता मानी जाती है। उनकी काव्य-रचनाओं का संग्रह 'दलपतकाव्य' नाम से दो भागों में किया गया है। स्वामी सहजानंद के जीवन पर आधृत 'हरिलीलामृत' नामक काव्य भी जीवन के अन्तिम दिनों में उन्होंने लिखा। काव्यरचना के साथ-साथ उन्होंने गद्य में भी लिखा है। उनके भूतनिबन्ध, ज्ञातिनिबन्ध, बालविवाह-निबन्ध, पुनर्विवाहनिबन्ध आदि समाजसुधारात्मक निबंध हैं। 'लक्ष्मीनाटक' और 'मिथ्याभिमान' उनकी मुख्य नाटक-रचनाएँ हैं। उन्होंने 'काव्यदोहन' के दो भागों एवं 'शामलसतसई' और 'कथनसतसई' का संपादन भी किया है।

दलपत ने साहित्य की सभी विधाओं में लिखा है। इस तरह उन्होंने गुजराती-साहित्य को एक विस्तृत धरातल दिया। उनकी कविता के मुख्य विषय हैं– समाजसुधार, उपदेश, देशप्रेम और प्रकृति-वर्णन। उनकी कविता में व्यंग्य-विनोद भी प्रचुर मात्रा में विद्यमान है। 'ऊँट और शियाल', 'माखीनुं बच्चु', 'शरणाईवाळो', 'केडथी नमेली डोसी', 'भोळो भाभो', 'भादरवानो भींडों' आदि रचनाओं में व्यंग्य, विनोद, हास्य, बुद्धिचातुर्य की धाराएँ वेग से बहती हैं। वास्तव में दलपतराम में पुराने और नये कविता-प्रवाहों का संगम हुआ है। सुन्दरम् के शब्दों में "वे व्यवहारकुशल, प्रजावत्सल और देशहितेच्छु कवि हैं। नीति और सदाचार के आग्रही तथा शिक्षण और देशोद्धार के हिमायती रहे हैं।" उनकी कविता आधुनिकता की ओर अधिक उन्मुख हुई है।

2. कवि नर्मद (1833-1886 ई॰)– गुजराती-साहित्य को आधुनिकता की ओर दृढ़ता से प्रस्थित करनेवाले नर्मद समर्थ साहित्यकार थे। वे कवि, गद्यकार और प्रखर पत्रकार थे। अँगरेजी शिक्षाप्राप्त आधुनिक विचारों से सम्पन्न नर्मद ने साहित्य और समाज, दोनों में आधुनिकता की जबर्दस्त पहल की। समाज-सुधार और नयी शिक्षा-पद्धति के वे प्रबल हिमायती थे। नौकरी को लात मारकर वे सम्पूर्ण रूप से साहित्य को समर्पित हो गये थे। उनके विषय में विश्वनाथ भट्ट कहते हैं कि "नर्मद ने गुजराती-साहित्य की धारा ही बदल दी और एक नयी दिशा और नया वेग दे दिया।" कवि नर्मद का पूरा नाम है नर्मदाशंकर मेहता। उन्होंने मुंबई में उच्च शिक्षा

पायी और सूरत में शिक्षक की नौकरी की, फिर मुंबई चले गये। वहीं उन्होंने अपनी काव्य-साधना की।

उनकी कविताओं का संग्रह 'नर्मद कविता' के नाम से प्रकाशित हुआ है। उनकी दो कृतियाँ 'वीरसिंह' और 'रुदनरसिक' महाकाव्य लिखने के उद्देश्य से रचित हैं। उनकी तीसरी लम्बी कृति है– 'हिन्दुओनी पड़ती'। इसमें भारत के भव्य भूतकाल और वर्तमान की अधोगति पर विचार किया गया है। उन्होंने गुजराती-कविता को मध्यकालीन रूढ़ विषयों के घेरे से निकालकर नये विषयों की ओर उन्मुख किया है। अँगरेजी कविता की छाप उन पर गहरी है। गद्य के क्षेत्र में उनका प्रदाय यशस्वी रहा है। उनका गद्य श्रेष्ठ और साहित्यिकता से पूर्ण है। निबन्ध, आत्मकथा, जीवनचरित्र, नाटक, आलोचना, इतिहास आदि गद्य के विविध क्षेत्रों में उनका यशोदायी अवदान है। उन्होंने निबन्धों में तत्कालीन समस्याओं को रखा। उनके सामाजिक निबन्ध 'नर्मगद्य' में संगृहीत हैं और 'धर्मविचार' में चिन्तनपरक निबन्धों का संग्रह हुआ है। उनकी अपनी आत्मकथा 'मारी हकीकत' गुजराती की पहली आत्मकथा मानी जाती है। 'जानकीदर्शन', 'द्रौपदीदर्शन' आदि उनके नाटक हैं। 'नर्मकोश' के रूप में उन्होंने गुजराती भाषा का पहला शब्दकोश प्रदान किया है। उन्होंने प्राचीन कवियों के जीवनचरित्र लिखे और उनके काव्यों पर टिप्पणियाँ लिखकर आलोचना का भी सूत्रपात किया। नरसिंह और दयाराम के चरित्र इसके प्रमाण हैं। 'दांडिया' सदृश क्रान्तिकारी पत्र का उन्होंने सम्पादन किया। वे सिद्धान्तों की बात ही नहीं करते थे, उनका स्वयं पालन भी करते थे। वास्तव में नर्मद एक क्रांतिकारी साहित्यकार थे। वे गुजराती-साहित्य में नवप्रस्थान के स्थापक हैं। साहित्य के विविध प्रकारों की मजबूत नींव उन्होंने डाली और इसलिए उनका युग उचित ही गुजराती-साहित्य में 'नर्मद युग' के नाम से जाना जाता है।

इस नये युग की पृष्ठभूमि में सूरत के पंच दकार नामधारी साहित्यकारों की देन भी उल्लेखनीय है। दुर्गाराम महेता, दादोबा पाण्डुरंग, दलपतराम मास्तर, दिनमणिशंकर शास्त्री और दामोदर दास ने समाज-सुधार के लिए आन्दोलन चलाया और सबको एकत्र करने की भावना से पुस्तक प्रचारक मंडली (1844 ई॰) की स्थापना की, मुंबई से शिलाछाप यंत्र मँगाया और प्रकाशन-कार्य की शुरुआत की। मानव धर्मसभा की स्थापना कर धर्म के नाम पर होते विवादों और ढोंगों का अनौचित्य बताया और ऊँच-नीच के भेदों तथा अन्धविश्वासों पर गहरा प्रहार किया। इस प्रकार उन्होंने एक नयी चेतना का मार्ग प्रशस्त किया जिससे समाज-सुधार की भावना जोर-शोर से आगे बढ़ने लगी। दलपत और नर्मद का आविर्भाव इन्हीं प्रयासों का परिणाम था।

नर्मद-युग के जिन साहित्यकारों ने साहित्य के विविध क्षेत्रों में महत्त्वपूर्ण अवदान किया है उनमें नवलराम पंड्या, नंदशंकर महेता, भोलानाथ साराभाई, महीपतराम नीलकंठ, करसनदास मूलजी और रणछोड़भाई दवे मुख्य हैं। **नवलराम**

पंड्या ने कविता, नाटक और आलोचना के क्षेत्रों में यशस्वी कार्य किया है। आलोचना के क्षेत्र में उन्होंने एक ओर काव्य-सिद्धान्तों का विवेचन किया तो दूसरी ओर साहित्य-ग्रंथों की समीक्षा भी की। उन्होंने काव्य-सम्बन्धी अनेक लेख लिखे, यथा– कविता, छन्द, अलंकार, रस, शैली, नाटक, नाट्यशाला, भाषा, भाषान्तर, एकभाषा, एक लिपि, मातृभाषा द्वारा शिक्षण। इन विषयों पर उन्होंने अपने मौलिक विचार प्रस्तुत किये। 'करणघेलो' उपन्यास, 'कान्त' नाटक, 'नर्म कविता' आदि पर उनकी आलोचनाएँ असरकारक रही हैं। वे नीरक्षीरविवेकी आलोचक हैं। उनकी यह विशेषता है कि वे पूरी तैयारी के साथ और गंभीर चिंतन के उपरांत लिखते हैं।

नवलराम ने दो नाटक लिखे हैं – 'भटनुँ भोपाळुँ' (फ्रेंच नाटककार मोलियर के एक नाटक का अनुवाद) और 'वीरमती' (एक ऐतिहासिक नाटक)। कवि के रूप में नवलराम ने 'बाललग्न बत्रीसी', 'बालगरबावली', 'वसन्तवर्णन', 'इतिहासनी आरसी', 'संसारनुं नूर छे नार, 'जानवरनी जान' सदृश काव्य लिखे हैं। नर्मद कवि का जीवनचरित्र भी उन्होंने लिखा है। उन्होंने कालिदास के 'मेघदूत' का गुजराती भाषा में छन्दोबद्ध अनुवाद भी किया है।

नवलराम गुजराती-साहित्य में प्रथम आलोचक के रूप में जाने जाते हैं। उनकी आलोचना शास्त्रीयता और लोकचेतना से युक्त है।

3. नंदशंकर मेहता ने गुजराती का सर्वप्रथम उपन्यास 'करणघेलो' लिखा। उनसे पहले महीपतराम नीलकंठ के 'सासुवहुनी लड़ाई' तथा एक सोराभशा मुनसफ नाम के पारसी सज्जन की 'हिन्दुस्तान मध्येनुं' सदृश दो औपन्यासिक कृतियाँ आयी थीं पर इनमें उपन्यास के तत्त्व नहीं पाये जाते हैं। कहते हैं, एक अँगरेज अधिकारी रसेल की प्रेरणा से नंदशंकर महेता ने यह उपन्यास लिखा था। 'करणघेलो' में गुजरात के राजपूत राजा करण के जीवन के प्रसंगों को लिया गया है। वार्तारस की दृष्टि से यह उपन्यास बहुत लोकप्रिय हुआ।

इस युग में भोलानाथ दिवेटिया, हरगोवनदास काँटावाला, शिवलाल, केशवराम भट्ट, सेठ वल्लभदास पोपट आदि कवियों ने कविता के क्षेत्र में भगवद्भक्ति, राजभक्ति और समाज-सुधार को लेकर रचनाएँ की हैं। गद्य-लेखकों में दुर्गाराम दवे, रेवरेंड जोसेफ टेलर, करसनदास मूलजी, रणछोड़भाई दवे, मनसुखराम त्रिपाठी, अंबालाल देसाई, इच्छाराम देसाई आदि का प्रशंसनीय अवदान रहा है। इन गद्य-लेखकों ने डायरी-लेखन, भाषाशास्त्र, प्रवासवर्णन, चरित्र-वर्णन, नाटक, रचना, मासिक पत्रों का प्रकाशन, उपन्यास-लेखन आदि क्षेत्रों में उल्लेखनीय योगदान किया है।

इस सुधारात्मक युग में पारसी लेखकों ने भी अपना योगदान दिया है। इन्होंने कविता, उपन्यास, नाटक, पत्रकारिता और रंगभूमि को लेकर अच्छी रचनाएँ की हैं। इन लेखकों में बेहरामजी मेरवानजी मलबारी ने 'विल्सन-विरह', 'अनुभाविका', 'संसारिका', 'नीति-विनोद' आदि काव्य-कृतियाँ लिखी हैं। 'इतिहासनी आरसी'

इनका प्रसिद्ध काव्य है। अन्य कवियों में जहाँगीर तालीयारखान, पालनजी बरजोरजी देसाई, दादी अदेलजी तारापोलवाला आदि भी उल्लेखनीय हैं। पारसी महिला कवियों में आलीमबाई पालमकोट, धनबाई वाडिया आदि का महत्त्वपूर्ण अवदान है। पारसी नाटककारों ने नाटक के क्षेत्र में और पत्रकारों ने पत्रकारिता के क्षेत्र में मूल्यवान् योगदान दिया है।

इस प्रकार दलपत-नर्मद से शुरू हुआ यह सुधार-युग या जागृतियुग आधुनिक गुजराती-साहित्य का प्रथम महत्त्वपूर्ण सोपान है। इसमें समाज-सुधार के साथ साहित्य के सभी रूपों का अच्छा आरंभ हुआ है। इन साहित्यकारों ने नयी दिशाएँ उद्घाटित कर उनमें महत्त्वपूर्ण सिद्धि प्राप्त कर 'शून्य में से सृष्टि' की कहावत को चरितार्थ किया है। गुजराती-साहित्य में यह युग सन् 1845 ई॰ से 1885 ई॰ तक माना जाता है। इन चालीस वर्षों में गुजराती-साहित्य ने अपनी सुदृढ़ पहचान तो बनायी ही है, साथ ही नयी जागृति का शंख भी फूँका है। इसके पश्चात् कुछ प्रबुद्ध लेखक आगे आये एवं साहित्य के विविध क्षेत्रों में अपनी चिरस्मरणीय देन दे गये। इन प्रबुद्ध लेखकों के कारण अगला युग 'पंडित युग' के नाम से प्रसिद्ध हुआ।

2. पण्डित युग (1885-1920 ई॰)

पण्डित युग आधुनिक गुजराती-साहित्य का स्वर्णयुग कहा जाता है। इसमें गुजराती-साहित्य और संस्कृति का सर्वांगीण विकास हुआ। गुजराती-साहित्य में कविता, नाटक, उपन्यास, कहानी, रेखाचित्र, निबंध आदि अपने नये तेज और रूप के साथ सामने आये। पश्चिमी साहित्य के अन्धानुकरण की प्रवृत्ति पर रोक लगी और भारतीय संस्कृति और साहित्य की ओर रचनात्मक ध्यान गया। पण्डित युग में अँगरेजी और संस्कृत-साहित्य का प्रभाव तो लेखकों पर था किंतु साथ में भारतीय दर्शन और आध्यात्मिक रूढ़ियों का भी प्रभाव था। वे लेखक विद्वान्, अध्ययनशील और विशाल दृष्टि से सम्पन्न थे एवं भारतीय संस्कृति और अस्मिता के प्रति निष्ठावान् थे। समाज-सुधार के स्थान पर वे श्रेष्ठ समाज की ओर अधिक झुके हुए थे। गुजराती भाषा को उच्चस्तरीय साहित्यभाषा बनाने में भी उनका योगदान अपूर्व था। वास्तव में पण्डितयुग समग्र गुजराती-साहित्य के सर्वांगीण विकास का युग था और उसके सर्वोच्च शिखर थे गोवर्द्धनराम त्रिपाठी।

1. गोवर्द्धनराम त्रिपाठी (1855-1907 ई॰)– ये पंडितयुग के प्रतिनिधि साहित्यकार थे। आधुनिक शिक्षा से सम्पन्न और भारतीय दर्शन से प्रभावित, त्रिपाठी जी राष्ट्रीय अस्मिता के पोषक थे। इनके सर्जन, चिन्तन, मनन और विवेचन उच्च कोटि के थे। संस्कृत, गुजराती और अँगरेजी पर इनका पूरा अधिकार था। ये मुम्बई में वकालत की बड़ी कमाई को छोड़कर तैंतालीस वर्ष की उम्र में साहित्य के लिए पूर्ण रूप में समर्पित हो गये थे। इनका अध्ययन विशाल था और पूर्व-पश्चिम के समन्वय के ये पक्षधर थे। इनका सर्जन-क्षेत्र व्यापक है। पत्नी की मृत्यु पर संस्कृत

में 'विधिकुंठितम्' गद्य में और 'हृदयरुदितशतम्' पद्य में लिखकर इन्होंने अपनी सहधर्मिणी को स्नेहांजलि प्रदान की। सन् 1885 ई॰ में इन्होंने अपनी श्रेष्ठ कृति 'सरस्वतीचंद्र' का लेखन-कार्य आरंभ किया और 1890 ई॰ में उसका चौथा भाग पूरा किया। 'सरस्वतीचन्द्र' चार भागों में विभक्त महान् उपन्यास है और लेखक की अक्षयकीर्ति का सुदृढ़ स्तम्भ है। पुत्री लीलावती की मृत्यु पर लिखित 'लीलावतीजीवनकला' और पत्नी की मृत्यु पर रची गयी 'स्नेहामुद्रा' इनकी उल्लेखनीय कृतियाँ हैं। 'दयारामनो अक्षरदेह' और अँगरेजी में 'क्लासिकल पोयट्स ऑफ गुजरात', ये दो उनके आलोचनात्मक ग्रंथ हैं। अँगरेजी में लिखित उनकी 'स्क्रेप बुक' उनके साहित्यविषयक सिद्धान्तों की चर्चा करती है और साथ ही उनके व्यक्तिगत जीवन के कुछ प्रसंग एवं चिन्तन-मनन की भी झलक दिखाती है।

2. मणिलाल ननुभाई द्विवेदी (1858-1898 ई॰)– पंडितयुग के सबल और सक्षम चिन्तक हैं। वे अद्वैतवाद के पक्के समर्थक और आर्यधर्म तथा संस्कृति के प्रबल पक्षधर थे। 'प्रियंवदा' और 'सुदर्शन' पत्रिकाओं का संपादन-कार्य करने के साथ-साथ राष्ट्रीय अस्मिता की वृद्धि में उनका योगदान रहा है। उन्होंने कविता में हाथ आजमाया और कुछ अच्छी कविताएँ भी लिखीं। उनके दो नाटक 'कान्ता' और 'नृसिंहावतार' गुजराती-नाटक-साहित्य में अपना महत्त्वपूर्ण स्थान रखते हैं। 'कान्ता' एक गंभीर करुणान्त नाटक है। 'नृसिंहावतार' प्रह्लादपुराण पर आधृत है। उन्होंने निबन्ध भी लिखे। उनके 'बालविलास' और 'सुदर्शन गद्यावली' दो निबन्ध-संग्रह हैं। 'सुदर्शन गद्यावली' में वे एक प्रौढ़ निबन्धकार के रूप में धर्म, तत्त्व, राज्य, समाज, शिक्षा, साहित्य आदि अनेक विषयों पर उनकी व्यापक पकड़ दिखायी देती है। उन्होंने 'गुलाबसिंह' नाम से एक उपन्यास भी लिखा है। उन्होंने 'आत्मवृत्तान्त' शीर्षक से अपनी आत्मकथा भी लिखी जिसे अपनी मृत्यु के पश्चात् ही प्रकाशित करने को कहा। इस आत्मकथा में वे अपने जीवन के सभी प्रसंगों को विना किसी हिचक के स्पष्ट रूप में कहते हैं। वे अच्छे आलोचक और संशोधक भी थे। उन्होंने अनेक संस्कृत-ग्रंथों का गुजराती में अनुवाद किया है।

3. नरसिंहराव भोलानाथ दिवेटिया (1859-1937 ई॰)– नरसिंहराव कवि, आलोचक और भाषाविज्ञानी थे। 'कुसुममाला', 'हृदयवीणा', 'नूपुर झंकार', 'स्मरणसंहिता', 'बुद्धचरित' और 'सरजनरायनी सुषुप्ति' उनके काव्य-संग्रह हैं। 'स्मरण ठाकुर' उनके रेखाचित्रों का संग्रह है। आलोचना के क्षेत्र में 'मनोमुकुर' 1-4 भाग, 'अभिनयकला' और अँगरेजी में लिखित 'गुजराती लैंग्वेज एण्ड लिटरेचर' मूल्यवान् ग्रंथ हैं। दिवेटिया की 'कुसुममाला' में अँगरेजी या पाश्चात्य शैली की कविताओं का संग्रह है। प्रकृति, प्रणय और प्रभु के प्रति भावुक हृदय के आन्तरिक उद्‌गार इन कविताओं में द्रष्टव्य हैं। 'स्मरणसंहिता' पुत्रवियोग का करुण काव्य है। 'बुद्धचरित' काव्य 'लाईट ऑफ एशिया' का अनुवाद है। 'विवर्तलीला' में चिन्तनात्मक लेखों का संग्रह है। उन्होंने

आलोचना के क्षेत्र में अपनी विद्वत्ता, सूक्ष्मता और गहरी विश्लेषण-शक्ति का दर्शन कराया है। वे एक सफल भाषाविज्ञानी भी थे। गुजराती भाषा का तलस्पर्शी अध्ययन उन्होंने किया है। उनकी 'विल्सन व्याख्यानमाला' इस बात की साक्षी है।

4. रमणभाई नीलकंठ (1868-1928 ई॰)– रमणभाई नीलकंठ समाजसेवी, साहित्यकार और 'ज्ञानसुधा' पत्रिका के समर्थ सम्पादक थे। उनका नाटक 'राईनो पर्वत' उत्तम नाटक माना जाता है। 'भद्रंभद्रं' उनकी हास्यप्रधान कथा है जो प्राचीन संस्कारों, संस्कृतमयी भाषाशैली और धार्मिक आडंबरों पर धारदार कटाक्ष करती है। 'हास्य मंदिर' और 'शोधमां' में वे एक सफल व्यंग्यकार के रूप में आते हैं। 'कविता अने साहित्य' उनके आलोचनात्मक निबंधों का संग्रह है। वे रसिक आलोचक और हास्य-व्यंग्य के सम्राट् थे।

5. आनंदशंकर ध्रुव (1869-1982 ई॰)– वे प्रथम पंक्ति के विद्वान्, गम्भीर तत्त्वचिंतक और श्रेष्ठ आलोचक थे। उनकी विद्वत्ता से प्रभावित होकर महामना मदनमोहन मालवीय ने उन्हें काशी हिन्दू विश्वविद्यालय के कुलपति के पद पर आसीन किया। वे प्राचीन और अर्वाचीन विचारधाराओं में समन्वय के आग्रही थे। वे हिन्दू धर्म के महान् व्याख्याता थे। 'नीति शिक्षण', 'धर्मवर्णन', 'श्रीभाष्य टीका' और 'आपणो धर्म' उनकी दर्शन और धर्म की उत्कृष्ट कृतियाँ हैं। 'विचार माधुरी' 1-2 और 'दिग्दर्शन' उनके चिन्तनात्मक लेखों के संग्रह हैं। उनके दो ग्रंथ 'काव्यतत्त्वविचार' और 'साहित्यविचार' में साहित्य के अनेक पक्षों और समकालीन उत्कृष्ट रचनाओं का गंभीर एवं शास्त्रीय विवेचन है। 'वसन्त' मासिक पत्रिका के द्वारा उन्होंने धर्म, साहित्य एवं समाजसुधार के क्षेत्र में मूल्यवान् कार्य किया है।

6. मणिशंकर रतनजी भट्ट (1867-1923 ई॰)– ये 'कविकान्त' के रूप में प्रसिद्ध हैं। आत्मनिष्ठ काव्य को उच्च स्तर पर प्रतिष्ठित करनेवाले कवियों में 'कान्त' का नाम श्रद्धा के साथ लिया जाता है। इनकी कविता में नवीनता के साथ कलात्मकता भी है। सत्य, सौन्दर्य और स्नेह के प्रति ये समर्पित थे। इनके दो काव्य-संग्रह 'खरी मोहबत अथवा गुलवासनुँ फूल' और 'पूर्वालाप' हैं। 'पूर्वालाप' ही उनकी कीर्ति का शिखर है। 'रोमन साम्राज्य' और 'गुरुगोविन्द सिंह' इनके दो ऐतिहासिक नाटक हैं। इन्होंने अँगरेजी की अच्छी कृतियों के साथ रवीन्द्रनाथ ठाकुर की 'गीतांजलि' का अनुवाद भी किया है।

7. सुरसिंहजी गोहिल 'कवि कलापी' (1874-1900 ई॰)– 'कलापी' अपनी कविता के कारण गुजराती-साहित्य में अनुपम स्थान रखते हैं। वास्तव में 'कान्त', 'कलापी' और नानालाल, ये पण्डित-युग की कविता के उच्च शिखर हैं। 'कलापी' की काव्य-साधना प्रेम से शुरू होती है। यौवन की उछलती तरंगें और आँसुओं से सिक्त हृदय भी उनमें है। उनके काव्य-संग्रह 'केकारव' में उनकी आत्मनिष्ठ रोमांटिक कविता, गीत, ग़ज़ल, खण्डकाव्य, मुक्तक आदि कविताओं का समावेश

हुआ है। इनमें उनकी व्यक्तिगत अनुभूति के साथ-साथ प्रकृति और प्रणय के अप्रतिम चित्र हैं। उनकी गद्य-कृतियों में 'काश्मीरनो प्रवास', 'कलापीना संवादों' और पत्रों का समावेश होता है। उनका गद्य सरल, सत्वशील और भाववाही है। 'कलापी' सौन्दर्य और प्रेम के श्रेष्ठ कवि हैं।

8. नानालाल (1877-1946 ई॰)– कवि दलपतराम के यशस्वी पुत्र महाकवि नानालाल गुजराती-काव्य के सर्वोच्च शिखर हैं। वे शृंगार, भक्ति, रस, पुण्य और मानवता के अमर गायक हैं। उनका व्यक्तित्व विराट् और साहित्यिक क्षितिज विस्तृत है। वे गीतिकाव्य, खण्डकाव्य, महाकाव्य के कवि और नाटककार होने के साथ-साथ आलोचक भी हैं। उनकी काव्य-कृतियों की संख्या पचीस से अधिक है जिनमें 'कुरुक्षेत्र', 'हरिदर्शन', 'वेणुविहान', 'हरिसंहिता', 'चित्रदर्शनो', 'लोलींगराज' उल्लेखनीय हैं। उन्होंने गीतिनाट्यों में अपूर्व सफलता पायी है। 'जया-जयन्त' उनका सुप्रसिद्ध नाटक है। 'इन्दुकुमार', 'विश्वगीता', 'शहंशाह अकबर' और 'नूरजहाँ-जहाँगीर' उनके अन्य नाटक हैं। 'कवीश्वर दलपतराम' ग्रंथ के चार भागों में उन्होंने अपने पिता कवीश्वर दलपतराम के जीवन का सूक्ष्म और विस्तृत निरूपण किया है। उनके साहित्यालोचन में कविचरित्रों और ग्रंथों का विवेकपूर्ण विश्लेषण मिलता है। उन्होंने अनेक संस्कृत-ग्रंथों के गुजराती में अनुवाद भी किये हैं। उनकी भाषा-शैली डोलन शैली के रूप में आज भी अनोखी है।

वास्तव में बहुमुखी प्रतिभा से सम्पन्न नानालाल एक राष्ट्रीय स्तर के साहित्यकार हैं। उनका विराट् साहित्यिक फलक हिन्दी के साहित्यकार जयशंकर प्रसाद के समान है।

9. बलवंतराय ठाकोर (1869-1952 ई॰)– गुजराती-साहित्य के प्रखर काव्यशास्त्री, दुराराध्य आलोचक, स्तरीयता के आग्रही, प्रतिष्ठित शिक्षाशास्त्री, उच्च आदर्शवादी बलवंतराय ठाकोर विचारप्रधान, अर्थप्रधान और बुद्धिप्रधान कविता के पुरस्कर्त्ता के रूप में जाने जाते हैं। उनका व्यक्तित्व शालीन और श्रद्धास्पद था। कविता में गेयत्व की अनिवार्यता उनको अस्वीकार्य थी। वे निष्ठावान् बुद्धिवादी थे, अद्वैत के समर्थक होते हुए भी भारतीय धर्म-चिन्तन की अपूर्णता उन्हें सर्वत्र दिखायी देती थी।

उनकी कविताओं के ये संग्रह प्रकाशित हैं– 'भणकारा-1', 'भणकारा-2', 'म्हारा सॉनेट', 'भणकारा-1942' और 'भणकारा-1951'। मुख्य रूप से 'भणकारा' और 'म्हारा सॉनेट' दो ही काव्य-संग्रह हैं। उनकी कुछ कविताओं में प्रेम, मित्रता, वार्धक्य और मृत्य का चित्रण है, कुछ कविताओं में समाज, राज्य, इतिहास, प्रकृति, परमेश्वर का निरूपण है। आलोचक के रूप में उन्होंने पौरस्त्य और पाश्चात्य काव्यमीमांसा की विधिवत् व्याख्या की है, कविता की नयी दिशा को उद्घाटित किया है। वे विचारप्रधान कविता के हिमायती थे। 'पिंगल पाठ' के माध्यम से उन्होंने छन्दों पर नूतन दृष्टि डाली है। उन्होंने 'संयोग-वियोग', 'उगतीजुवानी' और 'सरला-तरला' नाटक भी लिखे हैं। उन्होंने 'दर्शनियुं' में दस कहानियाँ संकलित की हैं जिनमें कुछ

मौलिक और कुछ अनुवाद हैं। अँगरेजी और संस्कृत भाषाओं के ग्रंथों के अनुवाद भी उन्होंने किये हैं। उन्होंने 'कान्तमाला', 'गुर्जर रसावली', 'विक्रमचरित्र' आदि ग्रंथों का संपादन किया है। वास्तव में, कविता और आलोचना के क्षेत्र में उनका प्रदाय चिरस्मरणीय रहेगा।

पण्डितयुग में इन समर्थ साहित्यकारों के अतिरिक्त भी अनेक सुकवि हुए हैं। **भीमराव दिवेटिया** ने 'पृथ्वीराज रासो' और 'कुसुमांजलि', **दोलतराम पंड्या** ने 'इंद्रजितवध काव्य', **हरिहर्षद ध्रुव** ने 'कुंजविहार' और 'प्रवास पुष्पांजलि', **डाह्याभाई देरासरी** ने 'धर्मशतक', **बालाशंकर कंथारिया** ने 'क्लान्त कवि' लिखकर गुजराती-काव्य-जगत् में अपनी उपस्थिति दर्ज की है। **मणिलाल भट्ट** ने 'काव्यपीयूष', 'सीमन्तिनी आख्यान' और 'अनिलदूत' काव्य लिखे हैं। उन्होंने 'पृथ्वीराज चौहाण' और 'झाँसीनी राणी' नाटक, 'रतिसुंदरी' और 'मुंबईनी सेठाणी गुर्जरी' कथाएँ एवं प्रकीर्ण साहित्य भी प्रदान किये हैं। उनका त्रैमासिक 'समालोचक' प्रख्यात था। अन्य कवियों में त्रिभुवन प्रेमशंकर, रामशंकर ओझा, 'संचित', जीवणराम दवे 'जटिल', नर्मदाशंकर भट्ट, जेठालाल पंड्या, जगन्नाथ त्रिपाठी 'सागर' भी उल्लेखनीय हैं। **दामोदर खुशालदास बोटादकर** ने पाँच काव्य-संग्रह प्रकाशित किये हैं– 'कल्लोलिनी', 'स्रोतस्विनी', 'निर्झरिणी', 'रसतरंगिणी' और 'शैवलिनी'। इन काव्य-संग्रहों में रसिकता है, प्रशिष्टता है और है ग्राम-जीवन की ताजगी। सौंदर्य और प्रेम के वे गायक हैं। पारसी लेखक **अरदेसर फरामजी खबरदार** 'अदल' की काव्यकृतियों में 'काव्यरसिका', 'विलासिका', 'संदेशिका', 'भजनिका' आदि मुख्य हैं। उन्होंने अँगरेजी में भी कविता लिखी है। उनकी कविताओं में राष्ट्रप्रेम और वीररस की अच्छी अभिव्यक्ति हुई है। उनकी भाषा-शैली जोरदार और ओजस्वी है। दार्शनिकता भी उनकी कविता का एक पक्ष रहा है। अन्य अनेक कवियों ने भी गुजराती की काव्यधारा को समृद्ध किया है।

गद्य-लेखकों में नारायण हेमचन्द्र, भोगीन्द्रराव दिवेटिया, रणजितराम महेता, रामचन्द्र, नृसिंहाचार्य, उपेन्द्राचार्य, छोटालाल जीवनलाल मास्तर ने आध्यात्मिकता को लेकर अच्छी गद्य-कृतियाँ प्रस्तुत की हैं।

नथुराम शर्मा भी समाज-सुधारक, शिक्षाप्रेमी और तत्त्वचिंतक थे। 'आनंदाश्रम' की स्थापना कर उन्होंने 108 कृतियों की रचना की है। 'स्वाभाविक धर्म', 'श्रीयोगकौस्तुभ', 'वेदान्तनां तत्त्वो' उनकी मुख्य रचनाएँ हैं। **वाडीलाल शाह** वेदांत और जैन दर्शन के पण्डित थे, साथ ही पाश्चात्य दार्शनिक नित्शे और शोपेनहावर के विचारों के ज्ञाता थे। उनका उपन्यास 'सुदर्शन' और तत्त्वकथा 'नमिराज' भी महत्त्वपूर्ण हैं। उनका गद्य क्लिष्ट है। **नर्मदाशंकर महेता** एक अच्छे तत्त्वचिंतक थे। उनका 'हिंद तत्त्वज्ञाननो इतिहास' भारतीय तत्त्वज्ञान का गुजराती में प्रथम ग्रंथ है। उनके अन्य ग्रंथ हैं 'अखाकृत काव्यो', 'धर्मतत्त्व विचार', 'उपनिषद् विचारणा' और

'शाक्त सम्प्रदाय'। श्रीमद् **राजचंद्र** मेधावी और शीलवान् जैन मुनि थे। गाँधी जी ने उन्हें गुरु माना था। 'मोक्षमाला', 'भावनाबोध', 'आत्मसिद्धिशास्त्र' आदि उनकी मुख्य कृतियाँ हैं। **कृष्णलाल झवेरी** ने अपने इतिहास-ग्रंथों से गुजराती को समृद्ध किया है। उनका 'गुजराती साहित्यना मार्गसूचक स्तंभो' गुजराती-साहित्य का पहला व्यवस्थित इतिहास-ग्रंथ है। इनके अतिरिक्त गुजराती-गद्य को समृद्ध करनेवाले लेखकों में **उत्तमलाल त्रिवेदी** 'समालोचक' के सम्पादक थे। **कमलाशंकर त्रिवेदी** काव्यशास्त्र और व्याकरण के पंडित थे। अनेक संस्कृत-ग्रंथों का उन्होंने गुजराती में अनुवाद किया है। उन्होंने 'गुजरात भाषानुं बृहद् व्याकरण' लिखकर अद्भुत कार्य संपन्न किया है और 'काव्यमीमांसा' में भारतीय दृष्टि से काव्यशास्त्र का परिचय दिया है।

पंडितयुग में काव्यालोचन के क्षेत्र में, पत्रिकाओं के संपादन के क्षेत्र में, संशोधन के क्षेत्र में, अनुवाद के क्षेत्र में अनेक लेखकों ने प्रशंसनीय कार्य किया है।

3. गाँधीयुग (1915-1940 ई॰)

1. महात्मा गाँधी–विश्व के इतिहास में महात्मा गाँधी का उदय एक ऐतिहासिक घटना है। गाँधी जी का पूरा नाम मोहनदास करमचंद गाँधी था। वे गुजरात के पोरबन्दर में भारतीय संस्कारों और परम्पराओं को पालनेवाले वैष्णव परिवार में सन् 1869 ई॰ में जन्मे थे और बैरिस्टर बन कर दक्षिण अफ्रिका गये थे। वहाँ उन्होंने मानवता की रक्षा के लिए जो आवाज उठायी, भारतीयों के प्रति हो रहे भेदभाव के लिए जो संघर्ष किया, सामयिक पत्रों के द्वारा जो विचारधारा प्रस्तुत की वह आगे चलकर भारत की आजादी की लड़ाई में अमोघ अस्त्र के रूप में काम आयी। वे केवल राजनीति के मैदान में ही खड़े-डटे नहीं अपितु भारतीय जीवन और उसके माध्यम से मानव-कल्याण के सभी पहलुओं को उन्होंने अपने क्रियात्मक और रचनात्मक विचारों से नया रूप दिया। गाँधी जी ने पत्रिकाओं के माध्यम से एक जबरदस्त अभियान चलाया। भारतीय भाषाओं की स्थिति को स्पष्ट किया। वे गुजराती साहित्य परिषद् के अध्यक्ष रहे। उन्होंने गुजराती में निबन्ध, आत्मकथा आदि लिखकर गुजराती भाषा को एक मानक रूप में जमीन से जोड़ा और उसे महत्त्व प्रदान करने में बहुत योगदान दिया। वे मुख्यतः पत्रकारिता के माध्यम से साहित्य के क्षेत्र में प्रविष्ट हुए। 'हिंद स्वराज', 'दक्षिण आफ्रिकाना सत्याग्रहनो इतिहास' तथा 'सत्यना प्रयोगो' उनकी मुख्य गद्य-कृतियाँ हैं। 'मंगलप्रभात' में उनके ग्यारह व्रतों को लेकर लिखे गये निबंध संगृहीत हैं। उनका लेखन लोक-कल्याण के लिए है। उनकी भाषा सरल, पारदर्शी और छोटे वाक्यों में बड़ी बात कहने की क्षमता रखती है। गुजराती-साहित्य में उनकी विचारधारा के प्रभाव और उनके द्वारा रचित साहित्य की महत्ता के कारण उनके युग को गाँधीयुग के नाम से अभिहित किया गया है। पंडितयुग के शिखरस्थ साहित्य को जन-जन तक पहुँचाने का श्रेय गाँधीयुग को है।

2. दत्तात्रेय वालकृष्ण कालेलकर (काका साहेब)–गाँधी जी के जीवन-दर्शन

के साथ सक्रिय रूप से जुड़े हुए जिन महानुभावों ने गुजराती-साहित्य को समृद्ध किया उनमें पहला नाम है दत्तात्रेय बालकृष्ण कालेलकर (काका साहेब) का। वे मूलतः मराठीभाषी थे पर गुजराती-साहित्य की उन्होंने अमूल्य सेवा की है। गाँधी जी के सत्य और सादगी को सौन्दर्य से मंडित करनेवाले वे पहले लेखक थे। उनकी मुख्य कृतियाँ हैं– 'जीवनना आनंद', 'रखड़वानो आनंद', 'जीवनलीला' और 'ओतराती दीवालो'। इनमें वे ललित निबन्ध आये हैं जो पाठक को अतिशय आनंद प्रदान करते हैं। उनका गद्य लालित्य और अलंकारों की स्वाभाविकता से पूर्ण है। शैली प्रवाहपूर्ण और प्रसाद गुण से युक्त है। उनका यात्रा-साहित्य तो अपूर्व है। उसमें संस्कृति, धर्म, समाज, दर्शन आदि सबको एक साथ गूँथकर आस्वादनीय बनाया गया है। काका साहेब कालेलकर ने प्रकृति के विविध रूपों को प्यार से देखा है, जीवन के संदर्भ में देखा है, प्रकृति के रौद्र, भव्य और सौम्य तीनों में जीवन के आनंद को व्यक्त किया है। वे गम्भीर चिन्तक, महान् शिक्षाविद् तथा तत्त्वाभिनिवेशी कला-विवेचक थे। उनकी 'गीताधर्म', 'जीवनप्रदीप' और 'जीवनभारती' कृतियाँ चिन्तन, शिक्षण और दर्शन की बातों से भरी हैं। लेखक, निबन्धकार, चरित्र-लेखक और यात्रा-वृत्तांत-लेखक के रूप में वे सदा स्मरणीय बने रहेंगे।

3. **किशोरलाल मशरूवाला**–किशोरलाल मशरूवाला दूसरे ऐसे साहित्यकार हैं जिन्होंने गाँधी जी के जीवनदर्शन की विस्तृत व्याख्या की है। राम, कृष्ण, बुद्ध, महावीर के जीवनचरित्रों को महामानव के रूप में प्रस्तुत किया है। उनके ग्रंथ 'जीवनशोधन' में धर्म का वैज्ञानिक विवेचन हुआ है। 'गीतामंथन' में गीता के दर्शन को सरल भाषा में समझाया गया है। 'समूली क्रान्ति' उनकी चिन्तनधारा की सर्वोत्तम कृति है। इस कृति के द्वारा उन्होंने धर्म, शिक्षा, समाज, अर्थ, राज्य आदि के विषय में परम्परागत धारणाओं में आमूलचूल परिवर्तन करने पर जोर दिया है। वास्तव में वे सन्त-संस्कृति पर जोर देते हैं।

4. **महादेवभाई देसाई**–इन्होंने गाँधी जी के व्यक्तिगत सहायक के रूप में काम किया था। इनकी पुस्तकें हैं– 'स्वराज्य विषयक एक धर्मयुद्ध', 'वारडोली सत्याग्रहनो इतिहास' और 'महादेवभाईनी डायरी'। इनमें डायरी सर्वोत्तम है।

5. **कन्हैयालाल मुंशी** (1887-1971 ई॰) की प्रतिभा बहुमुखी थी। वे सफल साहित्यकार, समर्थ राजनेता, भारतीय संस्कृति के आराधक, उदात्त विचारों के धनी और अनेक संस्थाओं के संस्थापक थे। उनका उपन्यास-साहित्य विशाल और व्यापक है। उनकी कहानियाँ 'मारी कमला अने बीजी वातो' में संगृहीत हैं। उनमें सुधारवादी दृष्टिकोण के साथ रसिकता और हास्य-विनोद का अच्छा पुट मिलता है। उनके उपन्यासों में 'वेरनी वसूलात', 'कोनो वांक?', 'स्वप्नद्रष्टा', 'तपस्विनी' सामाजिक उपन्यास हैं। 'पाटणनी प्रभुता', 'गुजरातनो नाथ', 'राजाधिराज' उपन्यासों में गुजरात का वैभव और ऐश्वर्य ऐतिहासिक परिप्रेक्ष्य में उपस्थित किये गये हैं। 'जय

सोमनाथ', 'भग्नपादुका', 'पुथ्वीवल्लभ' और 'भगवान कौटिल्य' उनके व्यापक और प्रभावपूर्ण उपन्यास हैं। 'गुजरातनो नाथ' उनकी सर्वश्रेष्ठ कृति है। पुराणों के आधार पर भी उन्होंने उपन्यास लिखे हैं। 'लोपामुद्रा', 'लोमहर्षिणी', 'भगवान परशुराम' और 'कृष्णावतार' उनके पौराणिक उपन्यास हैं। उनके नाटकों में 'काकानी शशी', 'ब्रह्मचर्याश्रम', 'पुरंदर पराजय', 'तर्पण', 'लोपामुद्रा', 'ध्रुवस्वामिनीदेवी' मुख्य हैं। इनमें सामाजिक, पौराणिक और ऐतिहासिक तीनों प्रकार के नाटक हैं। उनकी अपनी आत्मकथा 'अड़धे रस्ते', 'सीधा चढ़ाण' और 'स्वप्न सिद्धिनी शोधमां' इन तीन भागों में फैली है। इसमें कला, सौन्दर्य और रसिकता भरपूर हैं। वे एक अच्छे निबन्धकार और आलोचक भी थे। गुजराती कवियों पर उन्होंने आलोचनात्मक ग्रंथ लिखे हैं तथा गुजराती भाषा और साहित्य के इतिहास को अँगरेजी में प्रस्तुत किया है। मुंशी गुजराती-साहित्य के शिखर-पुरुष हैं।

6. रमणलाल पाठक– गुजराती के काव्यशास्त्रज्ञ, आलोचक, कहानीकार, निबन्धकार, कवि और छन्दशास्त्रविद् हैं। उनकी कविताओं का संग्रह 'शेषनां काव्यो' और कहानियों का संग्रह 'द्विरेफनी वार्ताओ' हैं। आलोचक के रूप में उनकी ख्याति अधिक फैली है। वे शुद्ध रसवादी आलोचक हैं। 'साहित्यविमर्श', 'आलोचना', 'साहित्यालोक', 'नभोविहार' और 'आकलन' ये आलोचना के उनके गौरव-ग्रंथ हैं। 'बृहद् पिंगल' में उन्होंने छन्दशास्त्र का गंभीर विवेचन किया है। उनकी आलोचना-दृष्टि संतुलित और तटस्थ है। उनके तीन मौलिक नाटक भी हैं।

7. रमणलाल देसाई (1828-1954 ई.)– गुजराती के लोकप्रिय कथाकार हैं। उन्होंने दो दर्जन से अधिक उपन्यास और एक दर्जन कहानी-संग्रह प्रकाशित किये हैं। उनके प्रसिद्ध उपन्यास हैं– 'कोकिला', 'दिव्यचक्षु', 'ग्रामलक्ष्मी', 'मोरलो' और 'अग्नि'। उनकी कहानियों के संग्रहों में 'झाकल', 'पंकज', 'रसबिन्दु' तथा 'कांचन अने गेरु' मुख्य हैं। नाटकों में 'संयुक्ता', 'शक्ति हृदय', 'परी अने राजकुमार' आदि मुख्य हैं। वास्तव में इनकी कीर्ति का आधार इनके युगधर्मी उपन्यास हैं।

8. गौरीशंकर जोशी (1892-1965 ई.)– वे 'धूमकेतु' के उपनाम से प्रसिद्ध हैं। वे कथाकार के रूप में गुजराती-साहित्य में स्मरणीय स्थान रखते हैं। उन्होंने पाँच सौ से अधिक कहानियाँ लिखी हैं। उनकी 'पॉस्टि ऑफिस' कहानी अन्तरराष्ट्रीय स्तर की कहानी मानी जाती है। 'तणखा मंडल' के चार भागों में उनकी श्रेष्ठ कहानियाँ संगृहीत हैं। उन्होंने गुजराती कहानियों को प्रतिष्ठापूर्ण स्थान दिलाया है। प्रेमचंद की कहानियों की तरह उनकी कहानियाँ भारतीय ग्रामीण जीवन के मर्मस्पर्शी पहलुओं से भरपूर हैं। उपन्यास के क्षेत्र में उनके सामाजिक उपन्यास 'पृथ्वीश', 'राजमुगुट', 'पराजय', 'अजिता' आदि मुख्य हैं। ऐतिहासिक उपन्यासों में 'चौलादेवी', 'अवंतीनाथ सिद्धराज', 'आम्रपाली', 'महामात्य चाणक्य' और 'प्रियदर्शी अशोक' उल्लेखनीय हैं। उनकी कथाशैली रोमांचक और रमणीय है। उन्होंने अन्य विधाओं

में भी उल्लेखनीय कार्य किया है लेकिन कहानी के क्षेत्र में वे अप्रतिम हैं।

9. झवेरचंद मेघाणी (1897-1974 ई.)– गाँधी जी ने जिन्हें राष्ट्रीय शायर के रूप में नवाजा है वे मेघाणी ऊर्जस्वी लोककवि हैं। गाँधी जी की विचारधारा को लोगों तक पहुँचाने में वे बेजोड़ हैं। वे राष्ट्रभक्ति के बुलंद गायक हैं। उन्होंने कविता, कहानी, उपन्यास और लोक-साहित्य के क्षेत्रों में अनुपम और प्रशंसनीय योगदान दिया है। 'युगवंदना' उनकी कविताओं का प्रतिनिधि संग्रह है। इसमें देश-प्रेम की उत्कट भावनाओं, कथागीत, आत्मसंवेदना आदि से भरपूर रचनाएँ भरी हैं।

झवेरचंद मेघाणी ने कथाकार के रूप में अनेक सुंदर कृतियाँ दी हैं। उनके सुंदर कहानी-संग्रह हैं– 'सौराष्ट्रनी रसधार', 'मेघाणीनी नवलिकाओ', 'विलोपन अने बीजी वातो', 'माणसाईना दीवा' आदि। उनकी कहानियाँ लोककथाओं, सामाजिक वैषम्य तथा गाँवों और जंगलों में पलते डकैतों में पनपती मानवता पर आधृत हैं। उपन्यासों में भी उन्होंने एक अंचल विशेष पर ध्यान दिया है। 'सोरठ तारा वहेतां पाणी', 'वेविशाल', 'तुलसीक्यारो', 'निरंजन' और 'लोकचक्र' उनके सामाजिक उपन्यास हैं। उनके ऐतिहासिक उपन्यासों में 'समरांगण', 'रा', 'गंगाजलियो' और 'गुजरातनो जय' विशेष उल्लेखनीय हैं। मेघाणी ने गुजरात के लोक-साहित्य को सजाया और सँवारा है। वे लोक-साहित्य के संशोधन, संपादन और विवेचन के कार्य में अग्रणी हैं।

गाँधीयुग के अन्य कथाकारों में **गुणवंत आचार्य, चुनीलाल शाह, धनसुखलाल महेता, वालाभाई देसाई 'जयभिख्खु' और मनुभाई जोधाणी** के नाम उल्लेखनीय हैं। महिला लेखिकाओं में **विद्यागौरी नीलकंठ, शारदागौरी महेता, हंसाबहन महेता** और **लीलावती मुंशी** के नाम लिये जायेंगे। लीलावती जी का निबन्ध, अनुवाद, कहानी और नाटक-रचना के क्षेत्रों में अच्छा योगदान रहा है।

10. सुन्दरम् (**त्रिभुवनदास लुहार**, 1908-1991 ई.)– गाँधी जी के विचारों में आस्था रखनेवाले साहित्यकार थे। उन्होंने आजादी की लड़ाई में सक्रिय भाग लिया। वर्गभेद की विषमता के प्रति उनकी वाणी 'कोया भगतनी कड़वी वाणी' में मुखर हुई। 'काव्यमंगला', 'रंगरंग बादलिया', 'वसुधा', 'यात्रा' और 'मुदिता' उनके प्रख्यात काव्य-संग्रह हैं। प्रेम और सौन्दर्य की उच्च भावना उनके काव्य में सर्वत्र विद्यमान है। वे प्रभु को सत्यं, शिवं और सुन्दरं के रूप में पहचानते हैं। उन्होंने समाज की वास्तविकता के आधार पर कहानियाँ लिखी हैं। 'खोलकी अने नागरिका', 'पियासी', 'हीराकणी अने बीजी वातो' आदि उनके कहानी-संग्रह हैं। ये कहानियाँ प्रगतिशील विचारधारा के कारण समाज के पीड़ित-दलित वर्गों के प्रश्नों पर प्रकाश डालती हैं। 'दक्षिणायन' और 'चिदम्बरा' उनके यात्रा-वर्णन हैं। 'अर्वाचीन कविता' ग्रंथ काव्यालोचन की उनकी गहरी दृष्टि को सामने रखता है। अरविन्द-दर्शन से प्रभावित उनकी कविता आध्यात्मिकता की कोटि में पहुँच जाती है। सुन्दरम् गुजराती के उत्कृष्ट कवि हैं। समाजवाद, वास्तववाद और अरविन्द-दर्शन ने उनकी कविताओं और कहानियों

को प्रभवित किया है।

11. उमाशंकर जोशी (1911-1988 ई॰)–इन्होंने गुजराती-साहित्य को ऊँचाइयाँ प्रदान की हैं। उनकी प्रतिभा बहुमुखी थी। कविता, नाटक, आलोचना, कहानी और अनुवाद, इन साहित्य-क्षेत्रों में उनका प्रदाय विशिष्ट रहा है। उनमें कविता और विद्वत्ता का अद्भुत समन्वय था। वे अत्यंत मेधावी थे। सनातन जीवन-मूल्यों के प्रति वे समर्पित थे। वास्तविकता पर उनकी नजर थी। राष्ट्रप्रेम, जनप्रेम और विश्वशांति उनकी कविता के प्रमुख विषय हैं। 'विश्वशांति', 'गंगोत्री', 'निशीथ', 'प्राचीना' और 'महाप्रस्थान' उनके मुख्य काव्य-ग्रंथ हैं। उनमें भव्यता के साथ रम्यता है और सुन्दर प्रकृति-वर्णन है। 'श्रावणी मेळो', 'त्रण अर्धु बे', 'अंतराय' और 'विसामो' उनके कहानी-संग्रह हैं। 'सापना भारा' और 'शहीद' एकांकी नाटकों के दो संग्रह हैं। आलोचना के क्षेत्र में उनका योगदान भी महत्त्वपूर्ण है। 'अखो : एक अध्ययन', 'शैली और स्वरूप', 'कविनी साधना', 'श्री अने सौम्य' आदि उनकी समीक्षण-दृष्टि की गंभीरता को स्पष्ट करते हैं। गुजराती-साहित्य के प्रथम ज्ञानपीठ पुरस्कार के विजेता जोशी जी अन्तरराष्ट्रीय स्तर के लेखक-साहित्यकार थे।

सुन्दरम् और जोशी के साथ अन्य कवियों का योगदान भी सराहनीय रहा है जिनमें झीणाभाई 'स्नेहरश्मि', कृष्णलाल श्रीधराणी, भानुशंकर व्यास आदि मुख्य हैं। झीणाभाई ने गुजराती में जापानी 'हाइकु' काव्य का प्रवेश कराया है। वे एक अच्छे हाइकुकार के रूप में प्रख्यात हैं।

12. चन्द्रवदन महेता–वे गुजराती-नाटक-साहित्य में एक अनोखी प्रतिभा लेकर अवतरित हुए। सामान्य रूप से वे चंची महेता के नाम से प्रसिद्ध थे। उन्होंने कविताएँ लिखीं और आलोचना के क्षेत्र में भी पग रखा किंतु उनका मुख्य क्षेत्र रहा नाटक। नाटक, एकांकी, रेडियो नाटक के विविध क्षेत्रों में उनके लगभग तीस संग्रह मिलते हैं। वे रंगभूमि और अभिनय के आचार्य हैं। उनके नाटकों में हास्य अपनी उत्तम कक्षा पर है। साहित्यकारों, नौकरशाही और विधायकों पर रचे गए उनके नाटकों में गहरा और चुभनेवाले हास्य और कटाक्ष हैं। 'आगगाड़ी' और 'धरा गुर्जरी' उनके मुख्य नाटक हैं। उनके अन्य नाटकों में 'अखो', 'नर्मद', 'माजमरात' आदि भी उल्लेखनीय हैं।

13. जयन्ती दलाल–कहानी, एकांकी, और नाट्यालोचन द्वारा ख्याति प्राप्त करनेवाले जयन्ती दलाल का नाम भी स्मरणीय है। उनके मुख्य एकांकी हैं–'झबुकिया', 'जवनिका', 'अवतरण', 'प्रवेश पहला, दूसरा और चौथा'। बालकों के लिए भी उन्होंने नाटक लिखे हैं। समाज की समस्या, बौद्धिकता, कटाक्ष, संवाद-प्रधानता और लाक्षणिक भाषा-शैली उनके नाटकों की विशेषताएँ हैं। 'धीमु और विभा' तथा 'पादरनां तीर्थ' स्वतंत्रता-आन्दोलन की भूमिका पर लिखे गये व्यंग्यात्मक उपन्यास हैं।

14. ज्योतीन्द्र दवे–हास्य-व्यंग्य की परम्परा में उत्कृष्ट निबन्ध लिखकर

ज्योतीन्द्र दवे ने प्रतिष्ठा प्राप्त की है। वे हास्य के पर्याय बन गये थे। उनकी हास्य-प्रधान कथाएँ 'अमे बधा' में संकलित हैं। उनके हास्य-निबन्धों के मुख्य संग्रह हैं–'हास्य तरंग', 'बीरबल अने बीजा', 'पानना बीड़ा', 'रंगतरंग', 'रेतीनी रोटली' आदि। वे गुजराती के श्रेष्ठ हास्य-निबंधकार हैं।

15. **पन्नालाल पटेल** (1912-1991 ई॰)–गुजराती में लोकजीवन की व्यथा-कथा को अपने स्वाभाविक और मर्मभरी रीति से प्रस्तुत करनेवाले श्रेष्ठ उपन्यासकार पन्नालाल पटेल अपने आप में गुजराती के उपन्यास-क्षेत्र के सर्वोच्च शिखर हैं। वे धरती को फोड़कर निकले हुए बरगद के समान हैं। वे गुजराती के ही नहीं, भारतीय उपन्यास-साहित्य के राष्टीय नक्षत्र हैं। उनके प्रसिद्ध उपन्यास हैं–'वलामणा', 'मळेला जीव', 'मानवीनी भवाई' और 'भाग्यना भेरू'। उन्होंने कहानियाँ, नाटक, आत्मकथा आदि भी लिखे हैं। पुराणों पर आधृत उनके उपन्यास भी उल्लेखनीय हैं। उनकी रचनाएँ प्रादेशिक रंगों को लिये हुए भी मानवता की मर्मस्पर्शी कथाएँ हैं। ज्ञानपीठ पुरस्कार पानेवाले वे गुजराती के दूसरे साहित्यकार हैं

16. **मनुभाई पंचोली 'दर्शक'**–गाँधीवादी जीवन-दर्शन के समर्थ साहित्यकार मनुभाई पंचोली 'दर्शक' एक महत्त्वपूर्ण उपन्यासकार तथा गंभीर चिंतक हैं। वे जीवन में शील और सौन्दर्य के उपासक हैं। इतिहास के विपश्चित् विद्वान् और आदर्श शिक्षाविद् हैं। 'बंदीश्वर' उनकी प्रथम उपन्यास-रचना है। उनके प्रख्यात उपन्यास हैं– 'दीपनिर्वाण', 'झेर तो पीधां छे जाणी जाणी' और 'सोक्रेटीस'। 'जालियाँवाला', 'अठारसो सत्तावन' उनके नाटक हैं। 'वागीश्वरीनां कर्णफूल' उनके आलोचनात्मक निबन्धों का संग्रह है।

17. **ईश्वर पेटलीकर**– ईश्वर पेटलीकर ने कहानी, उपन्यास, निबन्ध आदि विधाओं में अनेक अच्छी कृतियाँ प्रदान की हैं। गुजरात के ग्रामीण जीवन के अनेक आयामों को उन्होंने कलात्मक रूप से उद्घाटित किया है। उनका मुख्य प्रदाय कहानी और उपन्यास के क्षेत्र में है। 'जन्मटीप', 'धरतीनो अवतार', 'भवसागर', 'ऋणानुबन्ध' और 'मारी हैया सगडी' उनके मुख्य उपन्यास हैं। उनके ग्यारह कहानी-संग्रह हैं जिनमें 'काशीनुं करवत', 'लोहीनी सगाई' आदि उल्लेखनीय हैं।

इस युग के अन्य कथाकारों में **पीताम्बर पटेल** ने एक दर्जन उपन्यास और सवा दर्जन कहानी-संग्रह लिखे हैं। 'धरतीना अमी', 'खेतरने खोळे', 'रसियो जीव' आदि उनके मुख्य उपन्यास हैं। **पुष्कर चंदरवाकर** ने भी अंचल विशेष को लेकर रचनाएँ की हैं। गुजरात के भाल अंचल पर 'बावळानां बळे', 'भवनी कमाणी' और 'रांकनां रतन' उनकी श्रेष्ठ कृतियाँ हैं। **चुनीलाल मडिया** और **शिवकुमार जोशी** का भी कहानी, उपन्यास और नाटक के क्षेत्र में प्रशंसनीय प्रदाय रहा है।

इस युग में आलोचना के क्षेत्र में **रामप्रसाद बक्शी, विजयराम वैद्य, विश्वनाथ भट्ट्ट, विष्णुप्रसाद त्रिवेदी, डोलरराय मांकड, रसिकलाल परीख, प्रा॰ अनंतराय**

रावल ने अमूल्य योगदान दिया है। रामप्रसाद बक्शी ने 'करुणरस' और 'नाट्यरस' सदृश आलोचना-ग्रंथ दिये हैं। वे काव्यशास्त्र के विद्वान् थे और 'वाङ्मय विमर्श' में उनके विस्तृत अध्ययन का पता चलता है। विजयराम वैद्य एक विचक्षण आलोचक थे। 'साहित्य सर्जन', 'जुई अने केतकी', 'गुजराती साहित्यनी रूपरेखा' उनकी प्रसिद्ध कृतियाँ हैं। विश्वनाथ भट्ट ने 'साहित्य समीक्षा', 'निकष रेखा', 'पूजा अने परीक्षा' सदृश महत्त्वपूर्ण आलोचना-ग्रंथ प्रदान किये हैं। विष्णुप्रसाद त्रिवेदी ऊँचे स्तर के काव्य-मर्मज्ञ तथा स्वस्थ आलोचक हैं। डोलरराय मांकड़ ने काव्य के स्वरूप का गहरा विवेचन किया है। रसिकलाल परीख संस्कृत, इतिहास, संस्कृति और पुरातत्त्व के पंडित थे। उनका 'शर्वलिक' नाटक बहुत चर्चित रहा। आलोचना के क्षेत्र में उनका ग्रंथ 'आनंद मीमांसा' उल्लेखनीय है। प्रा॰ अनंतराय रावल का नाम आलोचना के क्षेत्र में तटस्थ और प्रमाणभूत आलोचक के रूप में रहा है। 'साहित्यविहार', 'गंधाक्षत' आदि उनके आलोचनात्मक लेखों के संग्रह हैं। 'मध्यकालीन गुजरातीनो इतिहास' उनका श्रेष्ठ प्रदान है।

गुजराती-साहित्य के अन्य क्षेत्रों, यथा संशोधन, संपादन, भाषाविज्ञान आदि में जिनका प्रदान अखिल भारतीय स्तर पर महत्त्वपूर्ण है उनमें **डॉ॰ के॰का॰ शास्त्री, भोगीलाल सांडेसरा, डॉ॰ हरिवल्लभ भायाणी, डॉ॰ प्रबोधचन्द्र पंडित, डॉ॰ कान्तिलाल व्यास** और **नगीनदास पारेख** के नाम मुख्य हैं। के.का. शास्त्री जी ने नाटक भी लिखे, अभिनय भी किया परन्तु संशोधन और संपादन के क्षेत्र में उनका महत्त्वपूर्ण और चिरस्मरणीय योगदान रहा है। डॉ॰ भायाणी, डॉ॰ पंडित और डॉ॰ व्यास ने भाषाविज्ञान के क्षेत्र में ख्याति प्राप्त की है। नगीनदास पारेख ने संस्कृत के काव्यशास्त्रीय ग्रंथों के अनुवाद और संपादन कार्य में उत्कृष्ट योगदान दिया है। इन्होंने बंगाली-साहित्य की उत्तम कृतियों का अनुवाद गुजराती में सुलभ करवाया है।

4. अनुगाँधी युग (1940-1955)

गाँधी जी के विचारों से प्रभावित गुजराती-साहित्य की विविध धाराएँ सन् उन्नीस सौ चालीस तक आते-आते क्षीण हो गयीं। 'भारत छोड़ो' आन्दोलन, द्वितीय विश्वयुद्ध की संहारलीला, भारत के साम्प्रदायिक दंगे तथा रक्तरंजित आज़ादी की उपलब्धि ने आदमी को अन्तर्मुखी बना दिया था। यह बात कविता के क्षेत्र में विशेष रूप से देखी गयी। इस युग के मुख्य साहित्यकार एक नये बोध, नये विचार और नये परिवेश के प्रति जागरूक दिखायी पड़े। इस युग के प्रमुख साहित्यकार निम्नांकित हैं–

1. प्रह्लाद पारेख (1911-1962 ई॰)– गाँधीवादी जीवन-दर्शन से प्रभावित कवि हैं। उनकी कविता में गाँधीयुगीन दृष्टिकोण मिलता है पर वे धीरे-धीरे प्रकृति, प्रणय, प्रभु और मानवीय सौन्दर्य की ओर बढ़ते गये। उनका 'बारीबाहर' कविता-संग्रह इस बात की साक्षी देता है। 'सरवाणी' उनका दूसरा संग्रह है। इस संग्रह में उनके सुन्दर गीत तथा मधुर पदावली के दर्शन होते हैं। 'पराजयनी जीत', 'दान' और 'छेल्ली पूजा'

उनके खण्डकाव्य हैं।

2. हरिश्चन्द्र भट्ट (1906-50 ई॰)– भी सौन्दर्यलक्षी कवि हैं। उनका प्रकृति-प्रेम भी सराहनीय है। पुष्पों के रंग, प्रणय की सुगंध और जीवन की करुणा के वे अद्भुत गायक हैं। वे पश्चिमी कविता और कविता-चिन्तन से अधिक प्रभावित हैं।

3. राजेन्द्र शाह (1913 ई॰)– शुद्ध रूप से कवि हैं। कुछ अनुवादों को छोड़कर उन्होंने केवल कविता की ही उपासना की है। वे कविता को सोद्देश्य नहीं मानते हैं। कविता उनकी रग-रग में बसती है। वे कविता में प्रकृति की ओर मुड़ गये। उन्होंने खेतों में, जंगलों में, डाली पर बसे सौन्दर्य को देखा और उनसे तादात्म्य स्थापित किया। वे प्रकृति, प्रणय और परमात्मा के शांत, सुन्दर और गंभीर कवि हैं। उनके बीस से अधिक काव्य-संग्रह हैं। 'ध्वनि', 'शांत कोलाहल', 'क्षण जे चिरंतन', 'विषादनो साद', 'उद्‌गीति' और 'निरुद्देश' उनके मुख्य कविता-संग्रह हैं। उनके गीतों में अपूर्व भाव-संपदा के दर्शन होते हैं। ज्ञानपीठ पुरस्कार प्राप्त करनेवाले वे दूसरे कवि हैं और गुजराती-साहित्य के तीसरे साहित्यकार हैं।

4. निरंजन भगत (1926 ई॰)– एक श्रेष्ठ शब्द-शिल्पी हैं। अति आधुनिक चिन्तन के प्रखर और तेजस्वी पक्षधर हैं। एक सफल अध्यापक और काव्य-चिन्तन के मर्मज्ञ हैं। भावुक आलोचक हैं। पश्चिमी काव्य-प्रवृत्तियों से प्रभावित उनका मन गुजराती-कविता में पश्चिमी रंग-ढंग लाया है। वे बहुश्रुत विद्वान् और कला के निष्णात पारखी हैं। 'छंदोलय' उनका प्रथम काव्य-संग्रह है। उनकी कविता प्रणय के स्वरों से प्रगल्भ बनी है। वे नगरबोध की आधुनिकता के रंगों में रँगे हुए हैं। आधुनिक मानव-जीवन के तीखे समीक्षक हैं। 'किन्नरी' और 'अल्पविराम' उनके अन्य काव्य-संग्रह हैं। 'छंदोलय बृहद' में उनकी सभी कविताएँ संगृहीत हैं। निरंजन भगत की कविता में लय का चमत्कार है, प्रसादमयी वाणी का प्रवाह है, कल्पना का प्रसाद है, संवेदनाओं की ताजगी है और विषयों का अभिनव प्रयोग है। शोभामयी भाषा और उक्ति-वैचित्र्य की कलामयता से सम्पन्न कविताएँ उनकी पहचान हैं।

इस धारा के अन्य कवियों में **प्रियकान्त मणियार, बालमुकुन्द दवे, वेणीभाई पुरोहित, नटवरलाल पंड्या, 'उशनस्', जयन्त पाठक, हसमुख पाठक, नलिन रावल, हरीन्द्र दवे, सुरेश दलाल, पिनाकीन ठाकोर, हसित बूच** और **मकरन्द दवे** के नाम उल्लेखनीय हैं। हरीन्द्र दवे की कविता ग़ज़ल और गीतों में है। वे सफल उपन्यासकार भी हैं। उनका 'माधव क्यांय नथी' कृष्णचरित्र पर आधृत बहुचर्चित उपन्यास है।

5. आधुनिक काल (1955 से)

भारत को आज़ादी मिली पर भारत की अखण्डता और इतिहास पर गहरी चोट करती गयी। ईश्वर को नकारनेवाले ज़माने में धर्म के आधार पर रक्त की धारा बही। मनुष्य समृद्ध कम और पीड़ित अधिक हो गया। भारत में स्वराज्य तो आया किंतु उसके साथ जुड़ी हुई जो कल्पनाएँ और आशाएँ थीं वे ध्वस्त हो गयीं। मनुष्य निराशा

और निरर्थकता से व्याकुल हो गया। भारतीय साहित्य में ये स्वर वेदना के विभिन्न रूपों में व्यक्त हुए और यहीं से साहित्य में आधुनिकता का सूत्रपात हुआ। यों, अनुगाँधी युग में ही गाँधी में आस्था रखनेवाले उमाशंकर जोषी जैसे कवि 'छिन्न-भिन्नता' की अनुभूति करने लगे थे पर परिवर्तन आया सुरेश जोषी से। डॉ॰ सुरेश जोषी गुजराती-साहित्य में आधुनिकता के वैतालिक हैं।

1. **सुरेश जोषी** (1920-1996 ई॰)—गुजराती-साहित्य में डॉ॰ सुरेश जोषी आधुनिकता के प्रतीक बन गये हैं। वे प्रयोगशील सर्जक थे, नदीष्ण विद्वान् और तत्त्वाभिनिवेशी आलोचक थे। उन्होंने स्थापित हितों और मूल्यों को ललकारा। शुद्ध साहित्य, शुद्ध उपन्यास और शुद्ध कला की ओर प्रस्थान किया। पश्चिमी साहित्य को आत्मसात् कर नये स्वरों को गुजराती-साहित्य में अवतरित किया। कलावादी, आकारवादी, अभिव्यक्तिवादी, स्वरूपवादी, अस्तित्ववादी और सौन्दर्यवादी दृष्टिकोणों को उन्होंने अपनाया। 'प्रत्यंचा' कविता-संग्रह में उन्होंने गुजराती-कविता को आधुनिक रास्ता बताया। उन्होंने 'छिन्नपत्र' से उपन्यास को, 'जनान्तिके' से निबन्ध को, 'गृह प्रवेश' से कहानी को एवं 'किंचित्' से आलोचना को क्रान्तिकारी राह बतायी।

साहित्यिक पत्रकारिता से उन्होंने अपनी रचना और आलोचना का प्रसार किया। 'मनीषा' और 'क्षितिज' मासिक पत्रों के द्वारा उन्होंने आधुनिकता को उजागर करनेवाले विविध वादों और प्रवाहों की चर्चा के द्वारा गुजराती में साहित्यिक चिन्तन का आरंभ किया। उन्होंने साहित्यिक कला की स्वायत्तता, मूल्य-निरपेक्षता आदि प्रश्नों पर विस्तृत चर्चा की। इससे आधुनिकता के विविध पक्षों पर सार्थक प्रकाश पड़ा। डॉ॰ सुरेश जोषी ने अपने 'किंचित्' आलोचनात्मक निबन्ध-संग्रह में कहानी के विषय में काफी विश्लेषण किया। 'गुजराती कवितानो आस्वाद', 'कथोपकथन', 'काव्यचर्चा', 'श्रृण्वन्तु' और 'अरण्यरुदन' उनके अन्य आलोचनात्मक निबन्धों के संग्रह हैं। इनमें आधुनिक दृष्टि से काव्य के सभी रूपों को लेकर कलावादी, सौन्दर्यवादी तथा रूपवादी पहलुओं पर मौलिक विश्लेषण किया गया है। उन्होंने दो उपन्यास 'छिन्नपत्र' तथा 'मरणोत्तर' लिखे हैं। प्रथम में प्रणय-मीमांसा है और दूसरे में मृत्यु की तीव्र वेदना है। इन कृशकाय उपन्यासों में घटना की अपेक्षा आन्तरिक संघर्ष की भूमिका अधिक है। जोषी जी की कहानियों के 'गृहप्रवेश', 'बीजी थोडिक', 'आदि च' और 'न तत्र सूर्यो भाति' ये चार संग्रह हैं। इन सभी कहानी-संग्रहों में कुल बासठ कहानियाँ हैं जो आधुनिकता से भरपूर हैं। इनमें भाषा और कल्पना की नयी सृष्टि है। जोषी ने ललित निबन्धों के क्षेत्र में भी नया मार्ग प्रशस्त किया है। उन्होंने इनमें लालित्य, कवित्व और कलात्मकता भर दी है, गद्य में भी कविता की सृष्टि की है। 'जनान्तिके' में केवल कान में कहने लायक, आस्वादनीय और आत्मनिष्ठ निबन्ध संगृहीत हैं। कुछ विचारात्मक निबंध भी यहाँ आये हैं। उनके

अन्य निबन्ध-संग्रह हैं 'इदम् सर्वम्' और 'अहोवत् बत् किम् आश्चर्यम्'। संशोधन, संपादन और अनुवाद के क्षेत्रों में भी डॉ॰ जोषी जी का प्रदान प्रशंसनीय है।

आधुनिक काव्य में पश्चिम के रास्ते मनुष्य की लाचारी, असहायता, अविश्वास और निरालंबता का दर्द गुजराती-साहित्य में आया है। मूल्यहीनता, व्यर्थता और आत्मविडंबना काव्य के विषय बन गये। कवि की अनुभूति वैयक्तिक बनी, संवेदना अन्तर्मुखी हुई।

2. रावजी पटेल (1940-1968 ई॰)– एक दर्द-भरी कविता लेकर आये। उन्हें क्षयरोग था और छोटी उम्र में ही चले गये, पर वेदना की एक गहरी आत्मीयता छोड़ गये। उनके काव्य-संग्रह 'अंगत' में उनकी अपनी वेदना व्यक्त हुई है, जीवन की सच्चाई और कृषक-जीवन की यथार्थता प्रकट हुई है। उनके दो उपन्यास 'अश्रुधर' और 'झंझा' भी आत्मपरक हैं। इनमें वेदना और पीड़ा का मीठा संसार अपनी समस्त लाचारी के साथ व्यक्त हुआ है। वे दर्द के उत्साही कवि हैं।

3. लाभशंकर ठाकर– उनके 'वही जती पाठल रम्य घोषा', 'मानसनी वात', 'मारा नामने दरवाजे' और 'बूम कागळमां कोरा' चार काव्य-संग्रह हैं। प्रथम संग्रह में आधुनिकता का उन्मेष है तथा दूसरे में आधुनिक चिन्तन और अस्तित्ववादी दृष्टिकोण व्यक्त हुआ है। शेष दो काव्यसंग्रहों में उनकी आधुनिकता आगे बढ़ी है। वे ईश्वर की बहती लाश को ठिकाने लगाने की प्रक्रिया में पड़ जाते हैं, निद्राधीन ईश्वर को जगाना भी चाहते हैं और ईश्वर के अस्तित्व को नकारते हैं, आत्मा की अमरता से आँख मूँद लेते हैं। उनकी कुछ कविताओं में सौन्दर्य और लय की लहरें भी हैं। ठाकर ने सैम्युअल बेकेट के एब्सर्ड नाटक 'वेटिंग फॉर गोदो' का अनुवाद कर गुजराती में एब्सर्ड नाटकों का आरंभ किया है। उनके एब्सर्ड नाटकों में 'मरी जवानी मजा', 'मनसुखलाल मजीठिया', 'वृक्ष', 'कादव-कीचड़', 'कुदरती' और 'बाथ टब मां माछली' मुख्य हैं। उन्होंने जीवन के गंभीर और महत्त्वपूर्ण प्रश्नों को हलकी थपकियाँ दी हैं। उनमें आन्तरिक मनोमंथन अधिक है।

4. डॉ॰ सितांशु यशचन्द्र महेता– आधुनिक कवियों और आलोचकों में अग्रगण्य हैं। उन्होंने अपने आलोचना-ग्रंथ 'सीमांकन और सीमोल्लंघन' में पौरस्त्य और पाश्चात्य काव्यशास्त्र का विवेचन किया है। कविता के क्षेत्र में उनका प्रगल्भ प्रयोग 'ओडिस्यूसनुं हलेसुं' और 'जटायु' में पाया जाता है। वे अतियथार्थवाद (सर-रियलिज्म) को गुजराती-कविता में लाये हैं। अतियथार्थवाद तो अपने आप के प्रति मन की एक चीत्कार है। बाहरी बंधनों की बेड़ियों को तोड़कर अचेतन और अर्द्धचेतन मन प्रकट होना चाहता है। 'ओडिस्यूसनुं हलेसं' सात खण्डों में विभक्त काव्य है जो नयी शैली, शब्द-योजना, चमत्कारी वर्णयोजना से भरपूर है। 'जटायु' में भी नये प्रयोग मिलते हैं। क्रिया और शब्दों के उलट-पलट से आज की दुर्दशा को व्यक्त किया गया है।

5. मणिलाल देसाई की कविता में प्रकृति के विविध रूप मिलते हैं। उनकी कविताओं का मरणोत्तर प्रकाशित संग्रह 'रानेरी' है जिसमें धरती, हवा, जंगल, संध्या, रात, रात्रिकालीन वन, रात के फूल आदि प्राकृतिक वस्तुओं का एक विशिष्ट रूप से लयात्मक वर्णन किया गया है। उनके सुन्दर गीत और अनोखी ग़ज़लें भी चित्ताकर्षक हैं।

6. चन्द्रकान्त सेठ ने चार काव्य-संग्रह दिये हैं–'पवन रूपेरी', 'उघड़ती दीवालो', 'पड़धानी पेले पार' और 'गगन खोलती बारी'। चन्द्रकांत छन्दों की पुरानी चाल से अलग चलना अच्छा मानते हैं। भाषा में भी वे सामान्य बोलचाल की भाषा के हिमायती हैं। प्रकृति और प्रणय के उन्होंने सुन्दर गीत दिये हैं। आज की विच्छिन्नता, रिक्तता, विसंवादिता, कृत्रिमता के स्वर उनकी कविता में हैं। उन्होंने बच्चों के लिए 'चांदलियानी गाड़ी' लिखी है।

रमेश पारेख और **अनिल जोशी** ने अच्छे गीतों और सुन्दर ग़ज़लों की रचना की है।

आधुनिक युग के ग़ज़लकारों में **गनी दहीवाला, अमृत घायल, आदिल मन्सूरी** और **चिनू मोदी** के नाम उल्लेखनीय हैं। यों, गुजराती-साहित्य में ग़ज़ल का आरंभ पंडितयुग में ही हो गया था और गाँधीयुग तथा अनुगाँधी युग में भी इसका प्रवाह चलता रहा है, पर आधुनिक युग में आकर इसकी लोकप्रियता बढ़ी है और ग़ज़ल प्रेम के क्षेत्र से निकलकर अन्य क्षेत्रों की वाहिका बनी है। गनी दहीवाला प्रकृति से ही ग़ज़लकार हैं। उनके 'गातां झरणा', 'महेक', 'मधुरप', 'गनीमत', 'निरांत' और 'फांस फूलनी' ग़ज़ल-संग्रह हैं। उनकी कविता में प्रेम का विस्तार है। भाषा सरल है। अमृत घायल अच्छे ग़ज़लकार हैं। ये रोमेन्टिक मस्ती के शायर हैं। 'शूल अने शमणा', 'रंग', 'रूप', 'झाँय', 'अग्नि', 'ग़ज़ल नाम सुख', ये उनके ग़ज़ल-संग्रह हैं। उनकी ग़ज़लों में दुःख का भाव, दर्द और आदमी की लाचारी के स्वर मुख्य हैं, उनकी ग़ज़लों में हिन्दू-मुस्लिम एकता पर जोर दिया गया है। आदिल मन्सूरी ने ग़ज़ल को आधुनिक भावबोध से जोड़ा है। उनके दो ग़ज़ल-संग्रह हैं– 'पगरव' और 'सतत'। चिनू मोदी (ईर्शाद) ने भी ग़ज़ल को आधुनिक जीवन के नये आयामों की ओर मोड़ा है। वे छन्दोबद्ध कविता और गीतों के क्षेत्र में भी उल्लेखनीय हैं। उनका गीत-संग्रह 'वातायन' अच्छी कविताओं का संग्रह है। 'खाली करेलुं घर', 'दूरथी जोतां' और 'पितानी प्रथम मृत्युतिथिए' उनकी छन्दोबद्ध काव्य-कृतियाँ हैं। पर ग़ज़ल उनकी प्रिय काव्य-विधा है। वे एब्सर्ड नाटककार भी हैं। 'डायलना पंखी', 'बाहुक' और 'हुक्म, मालिक' उनके एब्सर्ड नाटक हैं। **राजेन्द्र शुक्ल** ने पहले कविता लिखी, फिर ग़ज़ल और गीतों की ओर मुड़ गये। उनके 'कोमल-रिषम', 'अंतर गांधार' और 'स्ववाचकनी शेाध' तीन काव्य-संग्रह हैं। उनकी ग़ज़लों में मस्ती, दर्द और फिलौसौफी है। वे संस्कृत-पदावली को ग़ज़लों में स्वाभाविकता से जड़ देते हैं।

कविता की भाँति गद्य के विविध रूपों में भी आधुनिकता ने प्रवेश किया है।

घटना-प्रधानता इनमें घटी है और कल्पित विषयवस्तु, आन्तरिक संवेदनाओं और अनुभवों की ओर अधिक गति हुई है। एक पात्र की चेतना में अन्य पात्रों को पूरा समेटने की प्रथा चली। आन्तरिक चेतनाप्रवाह की आत्मचरितात्मक शैली शुरू हुई। मूल्य-निरपेक्षता स्वयं एक मूल्य बन गयी। अस्तित्ववादी विचारधारा के कारण जन्मी हताशा, व्यर्थता और छिन्न-भिन्नता को प्रतीकों, बिम्बों और पौराणिक संदर्भों में अभिव्यक्त करने की नयी रचना-शैली चल पड़ी। गुजराती-साहित्य के इन कथाकारों की ओर अब दृष्टिपात किया जाय।

1. **चन्द्रकान्त बक्सी** ने प्रयोगशील उपन्यास लिखे। उनके 'आकार' उपन्यास में अस्तित्ववादी रुझान मिलते हैं। उसका नायक कहता है कि समझदारी से काम लें तो 'आत्महत्या' ही जीवन का योग्य हल है। उनका दूसरा उपन्यास 'पेरेलिसिस' बहुचर्चित रहा है। उनके अन्य उपन्यास हैं—'एक अने एक', 'रोमा', 'पडघा डूबी गया', 'एकलताना किनारा', 'जातक कथा' आदि। वे एक अच्छे कहानीकार भी हैं। उन्होंने डेढ़ सौ कहानियाँ लिखी हैं। उन्होंने आधुनिक जीवन की संवेदनाओं को कलात्मक रूप से कहानियों में गूँथा है। 'प्यार', 'एक साँझनी मुलाकात', मिरां', 'मशाल', 'पश्चिम' आदि उनके कहानी-संग्रह हैं। बक्सी जी ने 'बक्षीनामा' में अपना जीवनचरित्र दिया है। उनके सांस्कृतिक और ऐतिहासिक लेख प्रशंसनीय हैं। उनकी भाषाशैली मोहक, प्रभावशाली तथा हास्य-विनोद से परिपूर्ण है।

2. **रघुवीर चौधरी** आधुनिक गुजराती-साहित्य में एक यशस्वी नाम है। वे बहुश्रुत और चिन्तनशील लेखक हैं। कहानी, कविता, नाटक और आलोचना के अतिरिक्त अन्य अनेक विषयों पर उनकी गंभीर पकड़ है। 'अमृता' उनका प्रसिद्ध उपन्यास है। उनके 'पूर्वराग', 'आवरण', 'एकलव्य', 'उपरवास-सहवास और अन्तरवास', 'लागणी', 'पंचपुराण', 'गोकुल, मथुरा, द्वारिका' आदि तीस से अधिक उपन्यास हैं। 'वासत्रयी' में उत्तर गुजरात के अंचल का वास्तविक दर्शन कराया गया है। उन्होंने कहानियाँ लिखी हैं जिनके संग्रह के नाम हैं—'आकस्मिक स्पर्श', 'गेरसमझ', 'नंदीघर' आदि। उनके नाटक हैं 'अशोकवन', 'झूलता मिनारा', 'सिकंदर सानी', 'नजीक' और एकांकियों के संग्रह हैं 'डिम लाइट' और 'त्रिजो पुरुष'। रघुवीर भाई ने कविता भी लिखी है। 'तमसा' और 'वहेता वृक्ष पवनमां' उनके काव्य-संग्रह हैं। आलोचना के क्षेत्र में उनका योगदान प्रशंसनीय है। 'अद्यतन कविता', 'वार्ता विशेष', 'दर्शकना देशमां', 'जयन्ती दलाल', 'गुजराती नवलकथा' उनकी आलोचना की विशिष्टता दरसाते हैं। चौधरी का लेखन बहुमुखी है और वे प्रतिभाशाली साहित्यकार हैं।

3. **मधुसूदन 'मधुराय'** ने उपन्यास, कहानी और नाटकों के द्वारा गुजराती-साहित्य को समृद्ध किया है। 'चहेरा', 'कामिनी', 'सर्पगृह', 'सापबाजी' उनके उपन्यास हैं। इनमें अस्तित्ववादी विचारधारा और प्रेम के विविध रूपों की विसंगतिभरी कथा है। वे एक सफल कहानीकार भी हैं। उनके 'बांसी नामनी एक छोकरी', 'रूपकथा' और

'कालसर्प' कहानी-संग्रह हैं। इन कहानियों में घटना के स्थान पर प्रसंगों की संवेदनाएँ अधिक हैं। मधुराय ने तीन लोकप्रिय नाटक लिखे हैं– 'कुमारनी अगाशी', 'कोई एक फुलनुं नाम लो' और 'अश्वत्थामा'। 'झेरवुं' उनका एब्सर्ड एकांकी है। मधुराय एक प्रयोगशील और प्रभावशील साहित्यकार हैं। जीवन की विसंगतियों पर वे खूब हँसे हैं।

4. **भगवती कुमार शर्मा** ने कहानी, उपन्यास और कविता के क्षेत्र में महत्त्वपूर्ण योगदान दिया है। 'संभव' और 'छन्दों छे पांदड़ा जेना' दो काव्यसंग्रह हैं। दस कहानी-संग्रह हैं। उपन्यासकार के रूप में वे प्रख्यात हैं। 'न किनारो न मझधार', 'रिक्तता', 'व्यक्तमध्य', 'समयद्वीप', 'ऊर्ध्वमूल', 'असूर्यलोक' उनके प्रमुख उपन्यास हैं। उनके उपन्यास मानवजीवन के प्रसंगों और सांस्कृतिक समस्याओं को नये संदर्भों में व्याख्यात करते दिखायी देते हैं। उनमें आधुनिकता के साथ प्राचीन श्रद्धा भी विद्यमान है। वे चिन्तनशील लेखक हैं। 'समयद्वीप' में मूल्य-संघर्ष और संस्कृति-संघर्ष की कथा है। उनके दो ललित निबन्ध-संग्रह 'शब्दातीत' और 'बिसतन्तु' हैं जिनके निबंध विचारगर्भ हैं।

आधुनिक युग के गुजराती-साहित्य में महिलाओं का योगदान भी प्रशंसनीय रहा है। कथाकारों में **कुंदनिका कापड़िया, धीरूबहेन पटेल** और **सरोज पाठक** की कृतियाँ महत्त्वपूर्ण हैं। कुंदनिका कापड़िया प्रगतिशील और जीवन में रमी हुई लेखिका हैं। उनके तीन उपन्यास हैं– 'आगमपिपासा', 'सात पगलां आकाशमां' और 'परोढ थतां पहेलां'। 'सात पगलां आकाशमां' में उन्होंने स्त्री की प्रधानता की बात कही है, उसके सम्मान पर जोर दिया है। उनके 'प्रेमना आंसू', 'वधु ने वधु सुन्दर', 'कागल की होड़ी' कहानी-संग्रह हैं। उनकी कहानियों में संवेदना की गहनता और कलात्मकता का रुचिर संयोग हुआ है। 'द्वार अने दीवाल' में गृहजीवनोपयोगी निबन्धों का संग्रह है। उनके ललित निबन्धों का संग्रह है–'चंद्रतारा वृक्ष बादल'। धीरुबहेन पटेल ने कहानी और उपन्यास लिखे हैं। उनका उपन्यास 'वडवानल' और लघु उपन्यास 'वासनां अंकुर' उत्तम हैं। इन दोनों उपन्यासों में उनका निजी हृदय बोलता है। सरोज पाठक ने भी कहानी, उपन्यास और निबन्ध के क्षेत्रों में उल्लेखनीय योगदान किया है। इनकी कहानियाँ मनोवैज्ञानिक और आन्तरिक चेतना से पूर्ण हैं। 'नाइटमेर' इनका यशोदायक उपन्यास है। इनके अतिरिक्त **सुवर्णा राय** और **वर्षा अडालजा** ने भी कथाकारों में अपना स्थान बनाया है।

गुजराती-साहित्य को अन्य भारतीय भाषाओं के साहित्य की तरह पश्चिम में पनपती-बदलती विचारधाराओं ने बहुत-कुछ प्रभावित किया है। प्राचीन संप्रज्ञान को आधुनिकता ने बुद्धि की कसौटी पर चढ़ाया और आज अतिआधुनिकता ने विज्ञान को ही कसौटी पर चढ़ाया है। इसलिए साहित्य में अनेक प्रकार के प्रयोग हुए हैं पर सबका केन्द्र इस दुनिया में जनमता और घूमता मनुष्य है। अतिआधुनिकों का

कहना है कि सत्य को तर्क से नहीं पहचाना जा सकता है। जो है उसे ज्यों का त्यों स्वीकारो, यह अतिआधुनिकता का नारा है। आज भोग-विलास ने त्याग-तपस्या पर विजय पायी है। उपभोक्तावाद की चपेट में हमारी सारी समाज-व्यवस्था आ रही है। लोग केवल मानव की सत्यता की ओर धावित हैं। अधुनातन साहित्य में ये सभी प्रवाह आये हैं। अब निष्कर्ष-स्वरूप गुजराती-साहित्य के विविध अंगों की ओर नजर दौड़ायी जाय।

1. **कविता**–गत बीस वर्षों के अन्दर आठ सौ से अधिक काव्य-संग्रह प्रकाशित हुए हैं। इस समयावधि में गीत, ग़ज़ज और हाइकु जैसे छोटे काव्य-रूप प्रचलित हुए हैं। प्रेम और प्रकृति की जगह पर मनुष्य के बाह्य और अन्तर के रूपों पर दृष्टि केन्द्रित हुई है। गीतों में कलात्मक दृष्टि आयी है। भाषा, कल्पना और प्रतीकों के सुन्दर प्रयोग हुए हैं। दलित और पीड़ितों की कथा को वाणी मिली है। आधुनिक घटनाएँ काव्य की विषय बनी हैं। पौराणिक संदर्भों में आधुनिक घटनाओं को जोड़कर मानवानुभूति को गहराया गया है। नयी पीढ़ी के कवि स्वरूप ध्रुव, मणिलाल ह० पटेल, प्रफुल्ल बोरा, राजेन्द्र शुक्ल आदि ने उल्लेखनीय काव्य रचे हैं। 'दलित कविता' का भी जोर बढ़ा है। दलित कवियों में हरीश मंगलम्, दलपत चौहाण, नीरव पटेल, मंगल राठौड़ आदि अग्रणी कवि हैं।

2. **नाटक**–आठवें और नौवें दशक में हसमुख बाराड़ी ने नाटकों में नाम कमाया है। वे रंगभूमि के जानकार हैं। रंगभूमि और नाटक को परस्पर सुसंबद्ध करने में उनकी भूमिका महत्त्वपूर्ण रही है। उन्होंने 'कालो कामलो', 'जसुमती-कंकुवती', 'पछी रोबाजी बोलिया', 'गांधारी' आदि नाटक लिखे हैं। ये सभी मंचित हुए हैं। इनमें आधुनिक जीवन की किसी न किसी एक समस्या को उठाया गया है। डॉ० धीरूभाई ठाकर ने मणिलाल नभुभाई द्विवेदी के जीवन पर 'ऊँचो पर्वत, ऊँची खींण' त्रिअंकी नाटक लिखा है। गुजराती-नाटक और रंगभूमि एक साथ प्रगति के पथ पर हैं।

3. **उपन्यास**–आज के उपन्यासकारों में किशोर जादव के 'रिक्तराग' में पात्र के अनुभवों को प्रतीकों के द्वारा व्यक्त करने की कला दिखायी देती है। पुराने महानुभावों के चरित्रों को लेकर उपन्यास लिखने का एक प्रवाह चल पड़ा है। दिनकर जोशी ने नर्मद के चरित्र को लेकर 'आकाशनो एक टुकड़ो' और गाँधी जी के पुत्र हरिलाल गाँधी के जीवन को लेकर 'प्रकाशनो पड़छायो' लिखे हैं। 'वस्त्राहरण' में उन्होंने प्रपंची राजनेताओं की लीलाओं को अनावृत किया है। इला महेता और जोसेफ मेकवान के उपन्यास भी उल्लेखनीय हैं। जोसेफ ने 'आंगलियात' में दलितों का प्रश्न उठाया है। उनके अन्य उपन्यास हैं–'लक्ष्मणनी अग्नि परीक्षा', 'मारी परणेतर' और 'मनखानी मिरांत'। इनमें दलित और पिछडे लोगों की यातनाओं और परिस्थितियों का अच्छा निरूपण किया गया है। भाषा बलवती है और परिवेश ग्रामीण। मोहन परमार दूसरे दलित उपन्यासकार हैं। 'भेखड़', 'विक्रिया', 'कालग्रस्त', 'प्राप्ति' और 'तेलियुं'

उनके उपन्यास हैं। रजनीकुमार पंड्या ने महाभारत के आधार पर 'कुंती' और हसमुख बाराड़ी ने 'गांधारी' उपन्यास लिखे हैं। वर्षा अडालजा के 'बंदीवान' और 'अणसार', बिन्दु भट्ट का 'मीरां याज्ञिकनी डायरी' अच्छे उपन्यास हैं। इनके अतिरिक्त वीनेश अन्ताणी, धीरेन्द्र मेहता आदि प्रमुख उपन्यासकार हैं। इस तरह अतिआधुनिक उपन्यास जीवनलक्षक बने हैं।

4. कहानी–किशोर जादव, ज्योतिष जानी, राधेश्याम शर्मा, सुमन शाह, चिनू मोदी, उत्पल भायाणी आदि कहानीकारों ने अच्छी कहानियाँ दी हैं।

5. निबंध–आधुनिक निबन्ध के क्षेत्र का विस्तार हुआ है। सुरेश जोषी के निबन्धों से लेकर बकुल त्रिपाठी के निबन्धों तक की यह यात्रा रोमांचक और रसपूर्ण दिखायी देती है। इन निबंधकारों में गुणवंत शाह ('विचारोंना वृन्दावनमां', 'साइलेन्स झोन', 'बत्रीसी कोठे दीवा'), चन्द्रकान्त शेठ ('चेहरा भीतर चेहरा'), भोलाभाई पटेल ('पूर्वोत्तर', 'कांचनजंघा', 'देवोनी घाटी'), अनिल जोषी ('स्टेच्यु', 'पवननी घासपीठ') आदि निबंधकारों ने विविध क्षेत्रों से सामग्री ग्रहण कर अपने निबन्धों को समृद्ध बनाया है। नये निबन्धकारों में जोसेफ मेकवान, रजनीकुमार पंड्या, मोहम्मद मांकड, रमणलाल शाह, प्रवीण दरजी, मणिलाल पटेल आदि ने व्यक्ति-चित्र दिये हैं। प्रवीण दरजी एक अच्छे निबन्धकार के रूप में किसी भी विषय को लेकर संवेदनात्मक रूप में उसे प्रस्तुत करते हैं। उनके निबन्ध ज्ञान के बोझ से या विवरण की प्रचुरता से मुक्त हैं। उनके 'दर्भांकुर', 'घासना फूल' और 'वेणुरव' तीन निबन्ध-संग्रह हैं। विनोद भट्ट अपने हास्यप्रधान निबन्धों में वेधक व्यक्तिचित्र प्रदान करते हैं। बकुल त्रिपाठी और रतिलाल बोरीसागर हास्य-निबन्धों की कला में निपुण हैं। साधारण से साधारण प्रसंग को भी वे हास्य-व्यंग्य का पुट देकर वेधक बना देते हैं।

यात्रावर्णन भी निबन्धों की राह पर चले हैं। उमाशंकर जोषी की 'प्रवास पोथियां', 'ईशान भारत' और 'अंदमानमां टहुक्या मोर', 'योरोपयात्रा' और 'चीन में चौवन दिवस' आकर्षक और काव्यतत्त्व से परिपूर्ण हैं। मोहनलाल पटेल, अरविन्द पारेख, मृदुला महेता, ज्योत्स्ना शाह, महेन्द्र देसाई, शिवकुमार जोषी और अमृतलाल याज्ञिक के नाम यात्रावर्णनात्मक साहित्य को सजाने-सँवारने के क्षेत्र में उल्लेखनीय हैं।

गंभीर और चिन्तनात्मक निबन्धों के क्षेत्र में आजकल बड़ी समृद्धि दृष्टिगोचर हो रही है। धर्म, समाज, परिवार, शिक्षण और राजनीति को केन्द्र में रखकर अनेक निबन्धकारों ने उत्तम और गंभीर निबन्ध लिखे हैं। फादर वालेस ('आगेकूच', 'भगवानननी रोजनीशी'), मोहम्मद मांकड ('सुख एटले के'), भूपत वडोदरिया ('घरे बाहिरे') ने अच्छे निबन्ध-संग्रह दिये हैं। स्वामी सच्चिदानंद के तात्त्विक और मार्मिक निबन्ध उल्लेखनीय हैं। अमृतलाल याज्ञिक, कांतिलाल कालाणी, मकरंद दवे के आध्यात्मिक एवं सत्संग-विषयक निबन्ध महत्त्वपूर्ण हैं। इन सबमें विष्णुप्रसाद त्रिवेदी के दो निबन्ध-संग्रह सामने आये हैं– 'द्रुमपर्ण' और 'आश्चर्यवत्'। प्रथम में

साहित्य, शिक्षा और समाज-विषयक निबन्ध हैं। दूसरे में धर्मतत्त्व पर विचार किया गया है। उनकी शैली ताजगी भरी और सूत्रात्मक है। सर्जनात्मक चिन्तन, संवेदनात्मक मनन और सूत्रात्मक कथन उनके निबन्धों की विशेषताएँ हैं।

6. आलोचना–सुरेश जोषी ने पाश्चात्य काव्य-विवेचन के द्वारा कलात्मकता की ओर अधिक ध्यान दिया और फल यह हुआ कि गुजराती-आलोचना में पश्चिमी विचारधारा पनपने लगी। जीवन-मूल्यों के प्रति आदर की भावना घटने लगी। राधेश्याम शर्मा ने 'वाचना' और 'सांप्रत' में आधुनिकता को केन्द्र में रखकर कृतिनिष्ठ आलोचना की दिशा पकड़ी। भोलाभाई पटेल ने 'आधुनिकता अने गुजराती कविता' लिखकर आधुनिकता का मर्म समझाने का प्रयत्न किया है। चन्द्रकांत टोपीवाला ने 'प्रतिभानुं कवच' में आलोचना को भाषाविज्ञान की राह पर दौड़ाया और सतीश व्यास ने 'गुजराती कवितामां भाषाकर्म' लिखकर इस दिशा में एक अच्छी दृष्टि दी है। सुमन शाह, रघुवीर चौधरी और दीपक महेता ने भी आधुनिकता के संदर्भ में अच्छे आलोचना-ग्रंथ प्रदान किये हैं। नगीनदास पारेख और हरिवल्लभ भायाणी ने भारतीय काव्यशास्त्र के परिप्रेक्ष्य में कृति-विवेचन के सिद्धान्त की चर्चा की है। रमणलाल जोशी ने भी भारतीय काव्यशास्त्र की ओर ध्यान देने का आग्रह किया है।

गुजराती-आलोचना के अंतर्गत विदेशी साहित्यकारों की कृतियों की भी अच्छी आलोचना मिलती है। आचार्य सन्तप्रसाद भट्ट ने शेक्सपियर के विषय में, ची॰ता॰ पटेल ने टाल्स्टाय के 'वार ऐंड पीस' पर आलोचना लिखी है। दिगीश महेता ने 'रिल्केनुं गद्य' नाम की पुस्तक लिखी है। चन्द्रकांत टोपीवाला ने योरोप के प्रतीकवादी कवियों पर विस्तार से विचार किया है। अन्य भारतीय भाषाओं के ग्रंथों और ग्रंथकारों पर भी अच्छा विवचेन उपलब्ध है।

गुजराती-आलोचना में पौरस्त्य और पाश्चात्य काव्यशास्त्र के प्रति समानांतर रूप से विचार-मंथन चलता रहता है। आजकल भारतीय काव्यशास्त्र की ओर आलोचकों का अधिक ध्यान जा रहा है, यह शुभ संकेत है।

7. जीवनी और आत्मकथा–नर्मद की आत्मकथा 'मारी हकीक़त' से आत्मकथा लिखने का जो प्रवाह चला वह आज तक अनेक आकार-प्रकार लेता हुआ समृद्ध और सत्त्वशील बन गया है। गुजराती में जीवनी और आत्मकथा दोनों ही अच्छी संख्या में उपलब्ध हैं। गाँधी जी की आत्मकथा के पश्चात् स्वतंत्रता की लड़ाई के अग्रगण्य नेता डॉ॰ जयन्ती ठाकोर की 'परोढना टहुका' और 'आज़ादी जंगनी मंजिल' आत्मकथा रोमांचक और रसप्रद है। उषाबहेन चतुर्वेदी की 'मृत्युनी पानखरमां वसन्त' अनोखी आत्मकथा है। पुत्री की स्मृति में लिखी गयी माँ की यह आत्मकथा है। स्वामी सच्चिदानंद की आत्मकथा 'मारा अनुभवों' भारतीय तत्त्वविचार और साधु सन्तों की दुनिया पर प्रकाश डालती है। कुछ आत्मकथाएँ ऐसी हैं जो जीवन के कुछ प्रसंगों को लेकर लिखी गयी हैं, यथा 'धूलमां पगली' में चन्द्रकान्त शेठ के शैशवकालीन

स्मरण, 'सद्‌माताने खांचो' में कवि उशनस के घर के आसपास की स्मृतियाँ वर्णित हैं। नवनिधि शुक्ल का 'च्युइंग गम' भी संस्मरणात्मक निबन्धों का संग्रह है।

जीवनचरित्र भी अच्छी संख्या में प्रकाशित हुए हैं। इनमें कुछ विस्तृत हैं, कुछ संक्षिप्त। इनमें नारायणभाई देसाई का अपने पिता महादेवभाई देसाई के जीवन पर आधारित 'अग्निकुंडमां उगेलुं गुलाब' एक पठनीय जीवनचरित्र है। भारत के दार्शनिकों, राजनेताओं, वैज्ञानिकों, शिक्षाविदों पर भी अनेक जीवनीपरक ग्रंथ लिखे गये हैं।

गुजराती में पत्र-साहित्य का भी अच्छा प्रचलन रहा है। नर्मद, कान्त, कलापी, गाँधी जी और झवेरचंद मेघाणी के पत्रों में उनके व्यक्तित्व की गहरी छाप मिलती है। झवेरचंद मेघाणी के पत्रों के दो संग्रह 'मेघाणीना पत्रो' और 'लि॰ स्नेहाधीन झवेरचन्द' प्रकाशित हुए हैं। इन पत्रों में मेघाणी के जीवन के दर्शन होते हैं। 'चेतोविस्तारनी यात्रा' में मनुभाई पंचोली और उनकी शिष्या मृदुला बहेन के बीच हुए पत्र-व्यवहार का इतिहास पढ़ा जा सकता है। 'स्वामी अने सांई' में स्वामी आनंद और कवि मकरन्द दवे के बीच जो पत्रों का आदान-प्रदान हुआ, उसका लेखा-जोखा है। ये पत्र-संग्रह अपने आप में उच्च जीवन-मूल्यों के प्रति सचेत करते हैं और वर्तमान स्थिति के प्रति असन्तोष प्रकट करते हैं। बालसाहित्य और दलित साहित्य भी अपने आप स्वतंत्र रूप से विकसित हो रहे हैं। प्राचीन साहित्य के संशोधन और प्रकाशन की प्रवृत्तियाँ भी सराहनीय हैं। स्थापत्य, मूर्तिकला और चित्रकला पर भी मौलिक और ऐतिहासिक अध्ययन-विश्लेषण हो रहे हैं। इस दिशा में डॉ॰ हरिप्रसाद शास्त्री, डॉ॰ रसिकलाल परीख, डॉ॰ हसमुख सांकलिया और रत्न मणिराव के नाम उल्लेखनीय हैं।

इस तरह गुजराती-साहित्य के बहुमुखी विकास के साथ गुजरात के लोगों के सामाजिक, सांस्कृतिक, लौकिक और धार्मिक मूल्यों का भी विस्तृत फलक दृष्टिगोचर होता है। कहीं भारतीय मूल्यों के प्रति आस्था है तो कहीं पाश्चात्य मूल्यों के प्रति आकर्षण भी द्रष्टव्य है। अनेक साहित्यिक पत्र-पत्रिकाएँ प्रकाशित हो रही हैं। विश्वकोष और गुजराती-साहित्यकोशों का प्रकाशन हो चुका है। अनुवाद की प्रवृत्ति भी प्रबल है। गुजरात विद्या सभा (सं॰ 1848 गुजरात वर्नाक्युलर सोसायटी) और गुजराती साहित्य परिषद् (सं॰ 1905) संस्थाएँ गुजराती-साहित्य के विकास में अच्छा सहयोग दे रही हैं। गुजरात में और गुजरात के बाहर भी गुजराती भाषा और साहित्य को प्रोत्साहनन देने के लिए अनेक संस्थाएँ कार्यरत हैं।

गुजराती-साहित्य में और गुजराती के साहित्यकारों में हिन्दी के प्रति विशेष लगाव रहा है। प्राचीनकाल या मध्यकाल में तो गुजराती साहित्यकारों ने हिन्दी में प्रभूत मात्रा में लिखा है। आज के गुजराती-साहित्यकारों का हिन्दी के प्रति आदर और प्रेम है। गुजरात में ये दोनों भाषाएँ साथ-साथ गुजरात की प्रतिष्ठा में अभिवृद्धि कर रही हैं। गुजराती-साहित्य का भविष्य उज्ज्वल है।

डोगरी-साहित्य

• डॉ. शशि पठानिया

भारत की जम्मू-काश्मीर रियासत के 'डुग्गर क्षेत्र' में बोली जानेवाली प्रमुख भाषा 'डोगरी' है। यह आधुनिक भारतीय आर्य भाषा है तथा इसका उत्पत्ति-काल और विकास-क्रम भी अन्य आधुनिक भाषाओं के समान ही है। इसका क्षेत्र-विस्तार जम्मू के अतिरिक्त शिवालिक के पहाड़ी सिलसिले, ज़िला गुरदासपुर तथा होशयारपुर के कुछ इलाकों, पश्चिमी पाकिस्तान के ज़िला स्यालकोट, जफ्फरवाल तथा शंकरगढ़ के इलाकों तक है। डोगरी भाषा के बारे में पहला ज़िक्र हिन्दी के प्रसिद्ध कवि अमीर खुसरो (सन् 1253-1325 ई॰) की फारसी पुस्तक 'नूह-ए-सिपहर' के तीसरे अध्याय की एक कविता में 'डूगर' नाम से मिलता है जिसमें उन्होंने हिन्दोस्तान की प्रमुख आधुनिक भाषाओं का उल्लेख किया है। पंक्ति द्रष्टव्य है—सिंधी ओ लाहोरी ओ कश्मीरी ओ डूगर[1]

यों तो डोगरी भाषा का उत्पत्ति-काल 1000 ई॰ माना जाता है किन्तु जहाँ तक इसमें साहित्य-रचना का प्रश्न है, तो यह सत्य है कि डोगरी में लोक-साहित्य की बड़ी समृद्ध परम्परा है परन्तु लिखित साहित्य का क्रमिक तथा नियमित विकास बीसवीं सदी अर्थात् आधुनिक काल में ही हुआ। डोगरी-साहित्य के इतिहास का शुभारम्भ भी अन्य आधुनिक भाषाओं के साहित्य की तरह कविता से हुआ, फिर गद्य-साहित्य की अन्य विधाओं का आविर्भाव हुआ। डोगरी भाषा में साहित्य-रचना की विकास-यात्रा को कालक्रम की दृष्टि से तीन कालों में बाँटा जा सकता है—

(क) आदिकाल (सन् 1000 ई॰ से 1856 ई॰ तक),
(ख) मध्यकाल (सन् 1857 ई॰ से 1943 ई॰ तक),
(ग) आधुनिक काल (सन् 1944 ई॰ से ....)।

आदिकाल (सन् 1000 ई॰ से 1856 ई॰ तक)

डोगरी-साहित्य के आदिकाल में साहित्य-रचना की गति शिथिल ही जान पड़ती है। इस काल के आरम्भिक दौर में कुछ-एक शिलालेख, ताम्रपत्र और कुछ

1. प्रो. रामनाथ शास्त्री, **डोगरी शोध** (डॉ. सिद्धेश्वर वर्मा अभिनन्दन अंक) पृ. 43।

अधिकार-पत्र मिलते हैं जो उस समय में डोगरी भाषा के अस्तित्व की पुष्टि करते हैं। सन् 1565 ई॰ तक पहुँचते-पहुँचते कविता-रचना के प्रमाण उपलब्ध होने लगते हैं तथा इस अवधि के अन्तिम चरण में कुछ-एक महत्त्वपूर्ण अनुवाद भी हुए हैं।

आदिकालीन डोगरी-कवियों में मानकचन्द्र, गम्भीर राय, राजा विक्रम सिंह की रानी, गम्भीरचन्द, देवी दित्ता, मयादास, शिवराम, पं॰ गंगाराम, रुद्रदत्त, हाकम जट्ट तथा लाला रामधन के नाम उल्लेखनीय हैं। कवि मानकचन्द से पहले किसी कवि की कोई रचना उपलब्ध नहीं होती है, इसलिए मानकचन्द को डोगरी का आदिकवि माना जाता है परन्तु जहाँ तक काव्य की सरसता तथा प्रौढ़ता का संबंध है, वह कवि देवी दित्ता तथा बाद के कवियों की रचनाओं में ही उपलब्ध है।

डोगरी-पद्य का सबसे पुराना लिखित रूप कवि मानकचन्द के पद के रूप में मिलता है। कवि मानकचन्द (सन् 1556 ई॰) के पद में कांगड़ा के राजा रूपचन्द (सन् 1360-1388 ई॰) के राजकाल का हाल वर्णित है। कवि गम्भीर राय के पदों में नुरपुर के राजा जगतसिंह की बहादुरी तथा कारनामों का चित्रण किया गया है। गम्भीर राय राजा जगतसिंह के दरबारी कवि थे। राजा विक्रम सिंह की रानी, गम्भीरचन्द, कांशीराम आदि कवियों के भी फुटकर पद ही मिलते हैं। आदिकाल की वास्तविक साहित्य-रचना कवि देवी दित्ता (दत्तु) के गीत 'किल्लिया बत्तना छुड़ी दित्ता' एवं अन्य दो कविताओं के रूप में उपलब्ध है। कवि दत्तु महाराजा रणजीत देव के काल में हुए थे जिनका शासन सन् 1725 ई॰ से 1780 ई॰ तक था। कवि दत्तु ब्रजभाषा के कवि थे जिसमें उनके छह ग्रन्थ उपलब्ध हैं। कवि दत्तु के डोगरी-गीत तथा कविताओं की भाषा इतनी सरल तथा मधुर है कि आधुनिक साहित्य के समृद्ध भांडार में भी इनके काव्य की अमिट छाप बनी हुई है। ये रचनाएँ रोचक हैं तथा काव्य-गुणों से सम्पन्न हैं। ये डोगरा समाज के व्यावहारिक जीवन को प्रतिबिम्बित करते हैं। भाषा, शैली तथा वर्णन की दृष्टि से ये रचनाएँ बड़ी प्रभावपूर्ण हैं।

कवि मयादास, रघबीरदास, शामदास आदि कवियों की रचनाएँ भक्ति रस की सुन्दर उदाहरण हैं। इनके विषय कृष्ण-भक्ति से सम्बन्धित हैं। इन रचनाओं में डोगरी भाषा के आधुनिक रूप की झलक मिलती है। पं॰ गंगाराम (सन् 1777 ई॰ से 1858 ई॰) महाराजा रणवीर सिंह के समकालीन थे। कवि दत्तु के गीत सदृश निखार पं॰ गंगाराम की कविता 'कंढी दा बस्सना' में भी मिलता है। डोगरी-साहित्य के इतिहास में पहेलियाँ लिखने के लिए प्रसिद्ध कवि लक्खू की दो कविताएँ भी उनकी काव्य-रचना की विलक्षणता को उजागर करती हैं। इनकी कविताओं में जीवन के गूढ़ अनुभवों तथा भावों का चित्रण सहज-सरल भाषा में और भी प्रभावपूर्ण हो गया है। संकेतात्मक तथा सारगर्भ भाषा में होने के कारण पहेलियों को पढ़ने तथा समझने में एक अनोखा रस प्राप्त होता है। जिस प्रकार कवि लक्खू ने शिष्ट साहित्य में पहेली की रचना की उसी प्रकार कवि हाकम जट्ट ने भी लोक-शैली 'लुहानी' का प्रयोग करके प्रसिद्धि प्राप्त की। श्रोता

इनकी लुहानियाँ बड़े चाव से सुनते थे। इनकी रचनाओं की दूसरी विशेषता है—व्यंग्य।

आदिकाल में कुछ महत्त्वपूर्ण अनुवाद भी डोगरी में हुए जिनसे डोगरी में गद्य की प्रतिष्ठा हुई। इस दौर में 'राजावलि' तथा 'बचानेवाला कोका ऐ' अनुवाद उल्लेखनीय हैं।

'राजावलि' फारसी भाषा से अनूदित है। मूल फारसी से यह डोगरी अनुवाद कोटला के राजा ध्यान सिंह ने टैहलदास नामक व्यक्ति से करवाया था। ध्यान सिंह कांगड़ा के राजा संसारचन्द (सन् 1775 ई॰ से 1823 ई॰) का समकालीन था।[2]

उन्नीसवीं सदी के प्रथम चरण में ईसाई धर्म के प्रचार-प्रसार के लिए बाइबल में से संतों की कुछ कथाओं के अनुवाद भारत की सभी भाषाओं में प्रकाशित किये गये। डोगरी में इस प्रकार का अनुवाद 'बचानेवाला कोका ऐ' नाम से सन् 1826 ई॰ में प्रकाशित किया गया।[3]

मध्यकाल (सन् 1857-1943 ई॰)

डोगरी-साहित्य का मध्यकाल महाराजा रणवीर सिंह के शासनकाल से आरम्भ होता है। उनके राज्यकाल को डोगरी भाषा का स्वर्ण-युग कहा जाता है। उन्होंने डोगरी लिपि का संशोधित रूप तैयार करवाया, नयी पुस्तकें लिखवायीं तथा अनुवाद करवाये। इस काल की प्रमुख रचनाएँ हैं कानून सम्बन्धी पुस्तक, 'औषध चिकित्सा', 'बाल-बोध', 'व्यवहार गीता' और 'ड्रिल'। अनूदित रचनाओं में 'लीलावती' तथा 'श्रीमद्भगवद्गीता' प्रमुख हैं। इस युग में रचनात्मक साहित्य की एक ही पुस्तक लिखी गयी और वह है लाला रामधन की कविता 'चन्दै दी चान्दनी चन्दै कन्नै'। इसी काल में सन् 1890 ई॰ में जम्मू से एक डोगरी मासिक समाचारपत्र 'डोगरा मित्र' भी प्रकाशित हुआ, जो पत्रकारिता के क्षेत्र में डोगरी भाषा के पदार्पण का प्रमाण है।[4]

कानून सम्बन्धी पुस्तक की भाषा हिन्दी-मिश्रित डोगरी है, किन्तु सुधार की गयी नयी डोगरा लिपि में है। 'औषध चिकित्सा' नागरी अक्षरों में पांडुलिपि के रूप में है और इसमें विभिन्न प्रकार की चिकित्सा का विवेचन किया गया है। 'बाल-बोध' विद्यार्थियों की प्रथम पुस्तक है। यह सड़सठ पृष्ठों की पुस्तक है तथा इसके आदि और अन्त में हिन्दी वर्णमाला के साथ-साथ डोगरी वर्णमाला का पाठ भी दिया गया है। इसमें गणित, देवी-देवताओं, फलों-फूलों आदि विभिन्न विषयों का वर्णन समाविष्ट है।[5] 'व्यवहारगीता' तथा 'ड्रिल' नामक पुस्तकों की रचना भी मध्यकाल की उपलब्धि है।[6]

सन् 1885 ई॰ में महाराजा रणवीर सिंह का स्वर्गवास होने के साथ ही डोगरी भाषा तथा साहित्य के लिये अंधकार छा गया। उनके बाद महाराजा प्रताप सिंह के

2. डॉ॰ वीणा गुप्ता, **डोगरी भाषा : उद्भव और विकास**, पृ॰ 34।
3. प्रो॰ रामनाथ शास्त्री, **डोगरी शोध** (डॉ॰ सिद्धेश्वर वर्मा अभिनंदन अंक), पृ॰ 48।
4. जितेन्द्र उधमपुरी, **डोगरी साहित्य दा इतिहास**, पृ॰ 105।
5. डॉ॰ वीणा गुप्ता, **डोगरी भाषा : उद्भव और विकास**, पृ॰ 36।
6. धर्मचन्द प्रशान्त, **शीराज़ा डोगरी**, भाषा अंक, पृ॰ 103।

शासनकाल में उस अँधेरे दौर में कवि रामधन की कविता आशा की किरण बन कर चमकी। छोटे-छोटे पदों के अतिरिक्त चार चरणोंवाली उनकी कविता 'चन्दै दी चान्दनी चन्दै कन्नै' भाव-विचार, भाषा-शैली आदि की दृष्टि से बड़ी सुदृढ़ तथा प्रौढ़ रचना है। सरसता और सरलता के गुणों से भरपूर यह रचना डोगरा जनमानस में उक्तियों के रूप में प्रचलित है। जैसे–

दिक्खी लै रामधना प्रीता दी रीता गी,
लटकना कच्चियै तन्दे कन्नै।
हत्थें दित्ती दियां कठन होई जंदियां,
खोहूलनियां पौंदियां दन्दे कन्नै।

इस कविता में चार पाद हैं और चारों अपने आप में स्वतन्त्र कविता का दर्जा रखते हैं। यह कविता डोगरी-काव्य-जगत् की श्रेष्ठ रचनाओं में से एक है।

जैसा कि पहले कहा गया है, इस अवधि में 'लीलावती' तथा 'श्रीमद्भगवद्गीता', ये दो प्रमुख अनुवाद-कार्य हुए। इनमें से 'लीलावती' का अनुवाद सन् 1873 ई॰ में प्रकाशित हुआ। यह भास्कराचार्य की गणित की पुस्तक है। यह अनुवाद संस्कृत पाठशाला के तत्कालीन प्रधानाध्यापक विश्वेश्वर ज्योतिषी ने किया था।

डोगरी-साहित्य के इतिहास में प्रो॰ गौरीशंकर द्वारा अनूदित 'श्रीमद्भगवद्गीता' एक उल्लेखनीय प्रयास है। यह अनुवाद सन् 1934 ई॰ में लाहौर से प्रकाशित हुआ था।

आधुनिक काल (सन् 1944 से)

डोगरी-साहित्य के आधुनिक काल का शुभारम्भ सन् 1944 से हुआ जब डोगरी भाषा एवं साहित्य के विकास के लिए डोगरी संस्था की स्थापना हुई। इसके बाद ही डोगरी-साहित्य का विकास नियमित रूप में हुआ और आज साठ वर्षों की अवधि में कविता, कहानी, उपन्यास, नाटक,निबंध, आलोचना आदि इसकी हर विधा समृद्ध है।

कविता

आधुनिक काल में भी कविता ही साहित्यकारों की पहली पसंद रही है और यह अपने विविध रूपों (कविता, गीत, महाकाव्य, लघुकाव्य, ग़ज़ल, सॉनेट, चतुष्पदी, दोहा आदि) में गुण और परिमाण की दृष्टि से अन्य विधाओं की तुलना में अधिक समृद्ध है। बीसवीं शताब्दी के पचास और साठ के दशक डोगरी-साहित्य विशेषतः कविता के विकास के लिए बहुत महत्त्वपूर्ण रहे हैं। सन् 1950 ई॰ से लेकर अब तक सैंकड़ों कवि डोगरी-कविता-साहित्य के गगन पर चमके। उन सभी का यहाँ ज़िक्र कर पाना सम्भव नहीं होगा, इसलिए यहाँ केवल उन्हींका परिचय दिया जा रहा है, जिन्होंने डोगरी-कविता के क्षितिज को नये आयाम दिये।

कवि मैहता मथरादास, हरदत्त शास्त्री, बाबा कांशीराम आदि कवियों ने मध्यकालीन साहित्यिक परम्परा को आगे बढ़ाया। इस दौर में चार प्रौढ़वय कवियों (स्वामी ब्रह्मानन्द 'तीर्थ', ठाकुर रघुनाथ सिंह सम्याल, शम्भूनाथ शर्मा तथा रामलाल शर्मा)

ने अपनी पचास वर्ष की आयु में लिखना प्रारम्भ किया तथा डोगरी-कविता को सम्माननीय स्तर तक पहुँचाया। बड़ी पीढ़ी के कवियों में दीनू भाई पंत, परमानन्द 'अलमस्त', किशन 'स्मैलपुरी', तारा 'स्मैलपुरी', प्रो॰ रामनाथ शास्त्री आदि कवियों ने इस विधा के विकास को उत्कर्ष दिया। दीनू भाई पंत की कविता 'गुत्तलू' ने सिर्फ कविता विधा में ही नहीं बल्कि डोगरीयत में भी नयी जान फूँकी, डोगरी में साहित्य-रचना को पुनः जीवित किया तथा डोगरी-कविता को घर-घर तक पहुँचाया। इनकी कविता 'गुलामी दा जीना' ने केवल साहित्य में ही प्रगतिवाद की नींव नहीं डाली वरन् जनता में भी जागरूकता पैदा की। परमानंद 'अलमस्त' की 'ललारी', 'तथा' आदि कविताओं ने काव्य को आध्यात्मिक रंग में रँगा। किशन 'स्मैलपुरी' के गीत तथा गज़लें, दोनों डोगरी-साहित्य में अपने विषय तथा भावनाओं के कारण विशेष स्थान रखते हैं। प्रो॰ रामनाथ शास्त्री का कविता-संग्रह (धरती दा रिण) अपने समकालीन डोगरा समाज की परिस्थितियों का प्रतिबिम्ब प्रस्तुत करता है।

केहरि सिंह 'मधुकर', वेदपाल 'दीप', यश शर्मा, पद्मा सचदेव, चरण सिंह आदि कवियों की कृतियों से डोगरी-कविता समृद्ध हुई है। केहरि सिंह 'मधुकर' के चार कविता-संग्रह ('नमियां मिंजरां', 'डोला कुन्न ठप्पेआ', 'में मेल्ले रा जानू' तथा 'पद्म गोखडू') डोगरी-कविता-साहित्य की अनमोल कृतियाँ हैं। इन संग्रहों की कविताओं में आशावाद, यथार्थ, प्रगतिवाद तथा प्रकृति-चित्रण के अतिरिक्त जीवन-दर्शन भी है। वेदपाल दीप ने जहाँ 'मैखाना' और 'काला माहूनू' जैसी उत्कृष्ट कविताएँ रची हैं वहीं इनको डोगरी-गज़ल का बादशाह होने का सम्मान भी हासिल है। यश शर्मा के गीत डोगरा-संस्कृति तथा प्रकृति को समेटे हुए विभिन्न भावों तथा प्रेरणाओं के स्रोत हैं। अब तक इनके गीतों के दो संग्रह 'जो तेरे मन चित लग्गी जा' और 'बेड़ी पत्तन सन्झ मलाह' प्रकाशित हो चुके हैं। पद्मा सचदेव के सात संग्रह ('मेरी कविता मेरे गीत', 'न्हेरियां गलियां', 'तवि ते चन्हांऽ' 'पोटा-पोटा निम्बल', 'उत्तरबैहनी', 'धैंथियां' तथा 'अक्खर-कुंड') प्रकाशित हुए हैं। इनमें से 'धैंथियाँ' चतुष्पदियों का संग्रह है। चार पंक्तियोंवाले इस काव्यरूप को डोगरी में 'चमुखा' कहा जाता है। पद्मा सचदेव की कविता मुख्यतः नारी-मन की संवेदनाओं तथा भावनाओं की कविता है, परन्तु डोगरी तथा डुग्गर-धरती से गहरा प्यार और डोगरा-जीवनशैली की छाप इन कविताओं को ही नहीं वरन् डोगरी-कविता-साहित्य को एक गरिमा प्रदान करती है। डोगरी-कविता-जगत् में चरण सिंह एक ऐसा नाम है जो कविता में नये विषय तथा नये प्रयोगों के लिए जाना जाता है। इनका 'जोत' एक संग्रह उपलब्ध है। इनकी कविताएँ व्यक्तिगत निराशा के बावजूद अपने बिम्बों तथा भावनाओं की सूक्ष्मता के कारण खास स्तर के पाठकों को अधिक प्रभावित करती हैं।

इन कवियों के अतिरिक्त नरसिंहदेव जम्वाल, मोहनलाल सपोलिया, कुँवर वियोगी, शिवराम 'दीप', मोहन सिंह, ओ॰पी॰ शर्मा 'सारथी', जितेन्द्र उधमपुरी, ध्यान

सिंह आदि कवियों ने डोगरी-कविता को नयी संवेदना, नयी अभिव्यक्ति देने तथा सम्प्रेषण के स्तर पर इसको गहराई तक ले जाने में अपनी योग्यता को प्रमाणित किया है। नरसिंहदेव जम्वाल की ग़ज़ल, गीत आदि के अतिरिक्त तीन कविता-संग्रह 'नमीं कविता नमें रस्ते', 'कोरज' तथा 'सगात' प्रकाशित हुए हैं। इनमें से 'सगात' संग्रह में 'त्रोटक' (तीन पंक्तियों की स्वच्छन्द कविता) संकलित हैं। 'मोतिया खलारै खश्बो' इनका गीत-संग्रह है जो सूक्ष्म भावनाओं की सुगन्ध से डोगरी-कविता-वाटिका को सुवासित करता है। इनकी आरम्भिक कविता में व्यक्तिगत दृष्टिकोण उभरता है परन्तु 'कोरज' तक पहुँचते-पहुँचते इनकी समझ तथा दृष्टि विस्तृत फलक पर उतरती प्रतीत होती है। डोगरी-कविता को लोकप्रिय बनाने का श्रेय दीनू भाई पंत के बाद मोहनलाल सपोलिया को जाता है। इनकी चार रचनाएँ ('राष्ट्री भाखां', 'सजरे फुल्ल', 'रंग रुक्खें दे' तथा 'सोध समुन्दरें दी') इनके जीवन-काल में तथा एक रचना ('चानना सफर') मरणोपरांत प्रकाशित हुईं। 'सोध समुन्दरें दी' चतुष्पदियों का संग्रह है जिसमें विषय की विविधता तथा कला की उत्कृष्टता एक साथ द्रष्टव्य है। कुँवर 'वियोगी' ने डोगरी-कविता को जो दो कृतियाँ ('घर' तथा 'पैह्लियां बांगां') दीं, वे दोनों ही नया स्वरूप लेकर आयीं। 'घर' कविता वैसे तो 238 चतुष्पदियों का संग्रह है परन्तु इसकी विशेषता यह है कि ये सारे पद एक ही शब्द 'घर' पर रचे गये हैं तथा कहीं यह शब्द अभिधेयार्थ में प्रयुक्त है तो कहीं प्रतीकार्थ में। इनके दूसरे संग्रह 'पैह्लियां बांगां' से भी डोगरी-कविता को एक नये काव्यरूप सॉनेट की उपलब्धि हुई। ये सॉनेट आशाओं, आकांक्षाओं, अनुभवों आदि की अभिव्यक्ति के श्रेष्ठ नमूने हैं। शिवराम 'दीप' ने भी अपनी विद्वत्ता तथा काव्य-कला से डोगरी-कविता को नयी दिशा प्रदान की। इनके ग़ज़ल-संग्रहों के अतिरिक्त तीन कविता-संग्रह ('इक लकीर केई परछामें', 'मांगमीं लत्तें दी दौड़', 'पीड़ पखेरू सुन्ने गास') तथा एक बाल-कविता-संग्रह ('इक बारी दी गल्ल') प्रकाशित हुए हैं। इनकी कविताएँ सरस, सरल तथा प्रवाहमयी भाषा के कारण अपना विशेष स्थान रखती हैं। ध्यान सिंह ने भी डोगरी-कविता के शिल्प में नये प्रयोग किये। इन्होंने भाख, टप्पा, छन्द आदि लोककविता की शैलियों का प्रवेश शिष्ट साहित्य में कराया। इनके छह संग्रह ('फिलहाल', 'सिलसिला', 'सरिश्ता', 'सोस', 'रमजी मिसल', तथा 'पढ़दे-गुढ़दे रौह्ना') प्रकाशित हो चुके हैं। इनमें से 'पढ़दे-गुढ़दे रौह्ना' बाल-कविता-संग्रह है। इनकी कविताओं में विषय तथा कला, दोनों स्तरों पर एक नियमित विकास प्रतीत होता है। इन रचनाओं में कवि की कल्पना, उदासी तथा वेदना क्रमशः विकास के गहन स्तरों का स्पर्श करती चलती है।

डोगरी-कविता में आधुनिक युग-बोध तथा जीवन की तलाश में उलझे मनुष्य की संवेदनाओं को ओ.पी. शर्मा 'सारथी' ने अभिव्यक्ति दी। उनकी लम्बी कविताओं के संग्रह ('तन्दां' तथा 'परतां') प्रकाशित हुए हैं, जिनसे डोगरी-कविता को नया रूप मिला। जितेन्द्र उधमपुरी ने भी नौ कविता-संग्रह देकर डोगरी-कविता को मीनार की ऊँचाई दी।

डोगरी-कविता-वाटिका को पद्मा सचदेव के अतिरिक्त संतोष खजूरिया, प्रो॰ चम्पा शर्मा आदि कवयित्रियों ने भी सींचा है। संतोष खजूरिया के दो कविता-संग्रह ('त्रचौली' तथा 'भोले भाव') प्रकाशित हुए हैं। सुन्दर बिम्ब, उपमाएँ, रूपक तथा भाषा की रवानगी इनकी कविता की विशेषताएँ हैं। 'भोले भाव' बाल-कविताओं का संग्रह है। डोगरी-कविता को समृद्ध करने में डॉ॰ चम्पा शर्मा के दो संग्रह ('डुग्गर धरती' तथा 'जे जींदे जीऽ सुरग दिक्खना') का बड़ा योगदान है। इनकी कविता में डुग्गर धरती, डोगरा संस्कृति तथा धरोहर का सजीव और सटीक चित्रण हुआ है। इनके गीतों में देशप्रेम, त्याग एवं डुग्गर के प्राकृतिक दृश्यों का चित्रण इनके देश-प्रेम को दरसाता है।

अब इस कारवाँ को आगे ले जाने में मोहन सिंह, ज्ञानेश्वर, अभिशाप, वीरेन्द्र केसर, डॉ॰ अरविंद, दर्शन 'दर्शी', इन्द्रजीत केसर, विजय वर्मा आदि कवि आ जुड़े हैं तथा नये कवियों की भी अच्छी संख्या अपना योगदान दे रही है। मोहन सिंह मुख्यतः नाटक को समर्पित होते हुए भी डोगरी कविता में सक्रिय योगदान दे रहे हैं। इनके दो संग्रह ('अस लोक' तथा 'घड़ी') प्रकाशित हुए हैं। 'घड़ी' रचना के हर पद में 'घड़ी' शब्द अलग-अलग अर्थ का बोधक है। ज्ञानेश्वर मुख्यतः गीतकार हैं। इनके दो गीत-संग्रहों ('बद्धली कलावै' और 'संजोगी मेले') के अतिरिक्त दो कविता-संग्रह ('चूग सोचें दी' और 'आस') तथा एक बाल-पहेलियों का संग्रह प्रकाशित हुआ है। इनकी कविताओं तथा गीतों में अध्यात्म, प्रकृति तथा इन्सानी संबंधों की झलक मिलती है। अभिशाप जी की कविता भाव तथा विचार का सुन्दर समन्वय प्रस्तुत करती है। इनके दो संग्रह ('काली चिड़ी' तथा 'लालसा') प्रकाशित हो चुके हैं। इन्दरजीत केसर के तीन कविता-संग्रहों 'कुंगली आस' (1999 ई॰), 'सूखम क्यारी' (2000 ई॰), तथा 'सौला चन्न' (2003 ई॰) में भाव-प्रधान कविताएँ हैं। डॉ॰ अरविंद की कविताएँ 'मेरा सफर मेरे साथी' (1989 ई॰), 'खोज एक कविता दी' (1997 ई॰) व्यक्तिगत अनुभूतियों की अभिव्यक्ति होते हुए भी संवेदना तथा समअनुभूति पैदा करने में सक्षम हैं। दर्शन 'दर्शी' ('कोरे काकल कोरियां तलियां') की कविताएँ मनुष्य-जीवन की इस विडम्बना को अभिव्यक्त करती हैं कि मनुष्य अपनी हथेलियों पर जो लकीरें खींचना चाहता है, बहुत प्रयासों के बाद उसे एहसास होता है कि वह ऐसा कर पाने में सक्षम नहीं है। ऐसे तो और कवि भी दोहे रचते हैं परन्तु निर्मल 'विनोद' के 700 दोहों का एक संग्रह प्रकाशित हुआ है जिसमें विविध भावों और विचारों की इन्द्रधनुषी छटा दिखायी पड़ती है। इन दोहों को पढ़-सुनकर पाठक हर रस का आनन्द प्राप्त करता है।

इन कवियों के अतिरिक्त और भी बहुत-से नये कवि इस क्यारी को सजा-सँवार रहे हैं जिनकी रचनाएँ पत्र-पत्रिकाओं में प्रकाशित होती रहती हैं।

ग़ज़ल

यों तो आज डोगरी-कविता का हर रूप अपने निखार पर है, पर उसमें ग़ज़ल

अपनी अलग पहचान के साथ डोगरी-साहित्य की बगिया में नया रंग भर रही है। बेशक यह रूप अरबी-फारसी की देन है, परन्तु डुग्गर की धरती को बहुत रास आयी है। वैसे तो डोगरी में ग़ज़ल-रचना का श्रीगणेश बीसवीं सदी के सन् पचास के दशक में हो गया था परन्तु पहला संग्रह सन् 1968 ई॰ में वेदपाल 'दीप' का 'अस ते आँ बनजारे लोक' नाम से प्रकाशित हुआ और अब तक लगभग पच्चीस संग्रह प्रकाशित हो चुके हैं। 'शमा जलै की धड़की-धड़की' तथा 'बुनतर' (नरसिंहदेव जम्वाल), मेरियां डोगरी गज़लां (किशन स्मैलपुरी), 'तलखियां' (प्रो॰ रामनाथ शास्त्री), 'गमलें दे कैक्टस' तथा 'शबील अगनी दी' (शिवराम 'दीप'), मेरी बस्ती मेरे लोक', 'बस्ती-बस्ती', 'पीड़ें दी बरात', 'दीवाने गज़ल' (जितेन्द्र उधमपुरी), 'रत्तु दा चानन' (रामलाल शर्मा), 'लावा', 'सीरां' तथा 'निग्घे रंग' (वीरेन्द्र केसर), 'निग्गोसारियां' (राम 'संन्यासी), 'गज़लमाला' (टी॰ आर॰ मंगोत्रा), 'पूनी-पूनी बट्टी रात' (अश्विनी मंगोत्रा), 'निहालप' (चम्पा शर्मा) आदि उल्लेखनीय गज़ल-संग्रहों के अतिरिक्त कुछ विशेष संकलन भी प्रकाशित हुए हैं। इन शायरों के अतिरिक्त कुछ और शायर भी हैं जिनके संग्रह तो प्रकाशित नहीं हुए हैं परन्तु उन्होंने भी इस विधा को सींचा है और आज भी गज़ल उनकी पहली पसंद है। ऐसे कवियों में स्व॰ पदमदेव सिंह 'निर्दोष' और कुलदीप सिंह जिन्द्राहिया के नाम उल्लेखनीय हैं। आज की पीढ़ी में विजय वर्मा, शिवदेव मन्हास, शामलाल रैणा, दर्शन 'दर्शी' आदि प्रमुख शायर हैं।

इन सभी शायरों की शायरी में वैयक्तिकता और विषयों की विविधता के साथ-साथ अंदाज-ए-बयाँ बेशक अपना-अपना है परन्तु पैगाम-ए-कलाम सांझा है क्योंकि जहाँ उर्दू-शायरी में मुख्यतः हुस्न, इश्क, साकी, मयखाना का जिक्र हुआ है वहाँ डोगरी-शायरी का रंग-रूप समकालीन परिवेश के साथ सामंजस्य बिठाता है तथा गज़ल को एक ठोस धरातल प्रदान करता है।

प्रबन्ध काव्य

डोगरी में प्रबन्ध काव्य के अन्तर्गत महाकाव्य, खंडकाव्य, आधुनिक काव्य आदि प्रकाशित हुए हैं। 'रामायण' (शम्भुनाथ), न्यां (ज्ञान सिंह 'पगोच'), 'जित्तो' (जितेन्द्र उधमपुरी), 'बेद्दन धरती दी' (प्रकाश 'प्रेमी') आदि महाकाव्यों में पहला और चौथा रामकथा पर आधारित है तथा बाकी दो डुग्गर के प्रसिद्ध शहीन किसान बाबा जित्तो के जीवन पर आधारित हैं। बेशक, 'रामायण' (1961 ई॰) तथा 'बेद्दन धरती दी' में परम्परा को नया रूप दिया गया है। यह महाकाव्य श्रीराम के जीवन पर आधारित न होकर 'सीता' के जीवन पर आधारित है। इसमें धरती, नारी तथा सीता की वेदना को वाणी दी गयी है। बाकी दो महाकाव्यों में सन् 1421 ई॰ में जन्मे 'जितमल' नामक किसान के संघर्ष तथा बलिदान की कहानी को आधार बनाया गया है।

खंडकाव्यों की सूची में 'वीर गुलाब' (दीनू भाई पन्त), 'कृष्ण-सुदामा' (सोमदत्त 'सुगम') तथा 'मतंग आश्रम' (ज्ञान सिंह पगोच) उल्लेखनीय हैं। 'वीर गुलाब' वीर रस

प्रधान काव्य है। यह सन् 1946 ई॰ में प्रकाशित हुआ। इसमें जम्मू में तवी नदी के किनारे सिक्ख सेना तथा डोगरों के बीच हुए एक दिन के युद्ध में सोलह वर्षीय गुलाब सिंह (महाराज गुलाब सिंह) के व्यक्तित्व, बहादुरी तथा युद्ध-कौशल का रोमांचकारी वर्णन है।[7] 'कृष्ण-सुदामा' (1965 ई॰) खंडकाव्य भगवान् कृष्ण तथा सुदामा की मित्रता, गुरुकुल की शिक्षा-पद्धति आदि पर आधारित है तथा 'मतंग-आश्रम' (1986 ई॰) 'वाल्मीकि रामायण' के राम-शबरी मिलन प्रसंग पर आधारित है। 'झुल्ल बड़ा देआ पत्तरा' अश्विनी मंगोत्रा की मृत्यु के बाद डोगरी संस्था द्वारा प्रकाशित किया गया।

डोगरी में कुछ ऐसे प्रबंधात्मक काव्य भी रचे गये हैं जिनका आकार एक कविता से बड़ा किंतु खंडकाव्य से छोटा होता है। इन्हें 'लघु काव्य' कहा जाता है। आज तक प्रकाशित इस काव्यरूप में 'चाननी' (जितेन्द्र उधमपुरी), 'लैहरां' (अश्विनी मंगोत्रा), 'घर' (कुँवर वियोगी), 'घड़ी' (मोहन सिंह) आदि प्रमुख हैं। 'चाननी' (1972 ई॰) में कुल 102 पद हैं तथा हर एक पद का हिन्दी गद्यानुवाद भी दिया गया है। इस रचना में चांदनी प्रकृति के अपार सौंदर्य, नारी-सौंदर्य तथा रहस्यवादी चिंतन के रूप में प्रकट होती है। कवि ने चांदनी को जिस-जिस रूप में महसूस किया है, उसको कल्पना तथा भावों से सजाकर शब्दों में उतारा है। 'लैहराँ' सन् 1975 ई॰ में प्रकाशित हुआ। यह एक प्रतीकात्मक काव्य है। 'लैहराँ' भावनाओं की प्रतीक हैं। 'घर' सन् 1979 ई॰ में प्रकाशित हुआ। इसमें 'घर' विषय को आधार बना कर पद रचे गये हैं जो अलग-अलग प्रसंगों तथा संदर्भों में अलग-अलग अर्थ व्यंजित करते हैं। 'घड़ी' (1984 ई॰) भी इसी प्रकार की रचना है जिसमें 'घड़ी' शब्द प्रतीक है समय का और समय प्रतीक है जीवन-काल का।

डोगरी में कुछ लम्बी कविताएँ भी रची गयीं जिनमें से कुछ प्रयास बहुत सफल रहे हैं। उदाहरण-स्वरूप 'शैह्र पैह्लो पैह्ल गे' (दीनू भाई पन्त), 'मंगू दी छबील' (दीनू भाई पंत), तन्दाँ' (ओ॰ पी॰ शर्मा 'सारथी'), 'बभौर' (जगदीशचन्द्र साठे), 'त्रिवेणी' (पवनेन्द्र 'पवन') आदि का उल्लेख किया जाता है। 'शैह्र पैह्लो पैह्ल गे' (1944 ई॰) कविता डोगरों की सादगी, भोलेपन, गाँवों के पिछड़ेपन, गरीबी, अशिक्षा तथा अज्ञान की एक तस्वीर है। यह कविता हास्य-व्यंग्य-युक्त रचना का सुन्दर उदाहरण है। 'मंगू दी छबील' (1945 ई॰) बत्तीस पृष्ठों की लम्बी कविता है जिसमें पूँजीवादी शोषण से पीड़ित समाज का यथार्थ चित्रण है। 'तन्दाँ' (1971 ई॰) चौवालीस पत्रों में प्रकाशित हुई। यह एक स्वच्छन्द कविता है तथा इसका विषय वेदान्त है। 'बभौर' (1983 ई॰) डोगरों की अतीत, कला तथा धरोहर का एक दस्तावेज है। यह कविता बभौर नामक स्थान की संस्कृति की काल्पनिक तस्वीर है। डोगरी-कविता के विकास-क्रम से स्पष्ट है कि अल्प अवधि में डोगरी-प्रेमियों ने उसके हर रूप को सजाया-सँवारा, उसकी स्थिति को सुदृढ़ किया तथा उसमें विषय एवं

7. जितेन्द्र उधमपुरी, **डोगरी साहित्य दा इतिहास**, पृ॰ 40।

कला को भी नया रूप दिया।

इस प्रकार डोगरी-कविता की सरिता चट्टानों को फलाँगती, नये-नये खेतों को सींचती अपनी मंजिल की ओर अग्रसर हो रही है।

कथा-साहित्य

डोगरी में कथा-साहित्य का शुभारम्भ सन् 1947 ई॰ के ऐतिहासिक वर्ष में स्व॰ भगवत् प्रसाद साठे के 'पैह्ला फुल्ल' कहानी-संग्रह के प्रकाशन से हुआ। आरम्भिक दौर की कहानी बहुत हद तक डोगरी लोक-कथाओं से प्रभावित थी। शुरू-शुरू में इस विधा ने कोई जोर नहीं पकड़ा और इस संग्रह के बाद लगभग दस साल तक और कोई कहानी-संग्रह प्रकाशित नहीं हो पाया। परन्तु सन् 1957 ई॰ से इस विधा का एक नियमित विकास शुरू हुआ और फिर यह विधा दिन-प्रतिदिन नयी मंजिलें तय करती गयी जिनको हासिल करने में नरेन्द्र खजूरिया, मदनमोहन शर्मा, वेद राही, ओ॰ पी॰ शर्मा 'सारथी', रामकुमार अबरोल, डी॰ सी॰ प्रशान्त, रामनाथ शास्त्री, नरसिंहदेव जम्वाल आदि कहानीकारों का योगदान उल्लेखनीय है। इन कहानीकारों की जिम्मेदारी के भार को छत्रपाल, बन्धु शर्मा और ओम गोस्वामी ने बाँटा तथा बाद में इस कारवाँ में डॉ॰ मनोज, ललित मगोत्रा, चमन अरोड़ा, कृष्ण शर्मा, पद्मा सचदेव, चम्पा शर्मा, कृष्णा 'प्रेम', देशबन्धु डोगरा 'नूतन', प्रकाश 'प्रेमी', ओम विद्यार्थी, शिवदेव मन्हास, शकुन्तला वीरपुरी, संतोष सांगड़ा, सुदेश राज, अर्चना केसर, शशि पठानिया आदि आ जुड़े तो कारवाँ बढ़ता गया। आज डोगरी-कहानीकारों की काफी लम्बी सूची है। आज डोगरी-कहानी ने गुणवत्ता और मात्रा की दृष्टि से अपना एक स्थान बना लिया है। अब तक 90 के लगभग संग्रह प्रकाशित हो चुके हैं। डोगरी-कविता की तरह डोगरी-कहानी भी शुरू में लोकशैली से प्रभावित रही परन्तु इसने शीघ्र ही कथ्य और शैली में नया रूप अपना लिया। कथ्य तथा शैली के आधार पर डोगरी-कहानी को मुख्यतः दो वर्गों में विभाजित किया जा सकता है—परम्परावादी कहानी तथा आधुनिक कहानी।

परम्परावादी कहानी

डोगरी की आरम्भिक कहानी को परम्परावादी कहानी माना जाता है परन्तु ऐसा है कि आज भी परम्परावादी कहानी लिखी जा रही है, इसलिए उसका काल-निर्धारण नहीं किया जा सकता। यहाँ इस वर्ग में उन कहानियों को सम्मिलित किया जा रहा है जिनमें भावुकता, आदर्श, चमत्कार, इतिहास, पौराणिक तत्त्वों आदि का समावेश है तथा जिनमें ग्रामीण वातावरण, पहाड़ों, खेत-खलिहानों तथा पारम्परिक समाज को चित्रित किया गया है। इन कहानियों में डोगरा समाज, संस्कृति तथा परिवेश मूर्तिमान् है। इस वर्ग के कुछ उल्लेखनीय संग्रह हैं 'पैह्ला फुल्ल', 'टस्सरी दा कुर्ता', 'काले हत्थ', 'पैरें दे नशान', 'खीरला माह्नू', 'कोले दियां लीकरां', 'उच्चियां धारां', 'फुल्ल बनी गे ङारे', 'नीहें दे पत्थर', 'खाली गोद', 'खीरली बूंद', 'सुर ते ताल',

'पन्छान', 'बुआल', 'इक कोठा दस दुआर', 'जरम रोज', 'साक सुन्ना प्रीत पित्तल', 'पिंजरा', 'संघासन', 'पंजाएं दा नोट', 'कहानी दी तलाश' आदि। स्मरणीय है कि इन संग्रहों की कुछ कहानियों में भावुकता तथा यथार्थ का समन्वय भी है।

भगवत प्रसाद साठे के 'पैहूला फुल्ल' की कहानियाँ लोककथाओं की परम्परा पर आधारित हैं जिनके कथानक सरल और सपाट हैं तथा पात्र सीधे-सादे एवं अपनी लोक-संस्कृति तथा परम्पराओं को निभाते हुए सादा जीवन बितानेवाले हैं। इन कहानियों में डुग्गर में प्रचलित आस्था-विश्वासों, सामाजिक समस्याओं का सजीव चित्रण हुआ है। इसी तरह सन् 1957 ई॰ में प्रकाशित ललिता मेहता के कहानी-संग्रह 'सूई-धागा' में अधिकतर कहानियाँ दुखांत हैं एवं उनकी करुणा तथा वेदना पाठकों के मन को द्रवित करने में सक्षम हैं। सन् 1958-59 ई॰ में चार कहानी-संग्रह प्रकाशित हुए– 'काले हत्थ' (वेद राही), 'पैरें दे नशान' (रामकुमार अबरोल), 'खीरला माहूनू' (मदनमोहन शर्मा) और 'कोले दियां लीकरां' (नरेन्द्र खजूरिया)। इन संग्रहों की अधिकतर कहानियाँ परम्परावादी कहानियाँ हैं जिनमें भावुकता और आदर्श का प्राधान्य है। ये कहानियाँ ग्रामीण समाज में व्याप्त बाल-विवाह, दोहूरी की प्रथा, नारी-शोषण आदि समस्याओं पर आधारित हैं।

वेद राही के संग्रह 'काले हत्थ' (1958 ई॰) में सात कहानियाँ हैं। ये कहानियाँ चरित्र-प्रधान हैं तथा इनमें ग्रामीण वातावरण के साथ-साथ शहरी जीवन की भी झलक मिलती है। 'पैरें दे नशान' (1959 ई॰) संग्रह की कहानियाँ परम्परावादी हैं तथा आदर्श की अधिकता से बोझिल बनी हुई हैं। इनमें डुग्गर के ग्रामीण समाज का चित्रण है। 'खीरला माहूनू' (1959 ई॰) संग्रह की 'एहू मर्द बी', 'भंड', 'खीरला माहूनू', 'सकोलड़े' आदि कहानियाँ रोचक तथा डुग्गर के रीति-रिवाजों और परम्पराओं की झलक दिखानेवाली हैं। 'कोले दियां लीकरां', 'परमेसरा दी करनी' तथा 'एहू हसदे-बसदे लोक' नरेन्द्र खजूरिया के 'कोले दियां लीकरां' संग्रह की उल्लेखनीय कहानियाँ हैं। 'उच्चियां धारां' (धर्मचन्द प्रशांत) की कहानियों के कथ्य रोमांचक तथा ऐतिहासिक हैं। प्रशांत की 'खीरली बल' तथा 'नूरजहां दा मकद्दमा' कहानियों में इतिहास और कल्पना का मेल पाठकों की उत्सुकता को बनाये रखता है। 'फुल्ल बनी गे ङारे' (रामकुमार अबरोल) संग्रह की कहानियाँ आदर्शवाद और भावुकता से ओत-प्रोत हैं और पात्र स्थानीय रंग-रूप के बावजूद काल्पनिक लगते हैं। 'नीहें दे पत्थर' (चंचल शर्मा) संग्रह की कहानियों का वातावरण काल्पनिक तथा कथ्य भावुकता से भरपूर है, इसलिए ये यथार्थता से दूर हैं। सन् 1970 ई॰ में ही प्रकाशित भगवत प्रसाद साठे के दूसरे कहानी-संग्रह की कहानियाँ ठेठ, मुहावरेदार तथा सशक्त भाषा में नयी सुगन्ध के साथ पाठकों को लुभाती हैं, परन्तु कहानियों के कथ्य तथा उसका ताना-बना बड़े ज़ज्बाती हैं। 'खीरली बूंद' (अश्विनी मगोत्रा) सन् 1974 ई॰ में प्रकाशित हुआ। इस संग्रह की 'अन जम्मे गिल्लू दी मढ़ी' तथा 'लाल साढ़ी' कहानियाँ ज़ज्बात से भरपूर हैं तथा इस संग्रह की लगभग हर कहानी

किसी न किसी आदर्श को समेटे हुई है। कृष्णा 'प्रेम' का आठ कहानियों का संग्रह सन् 1977 ई॰ में 'सुर ते ताल' शीर्षक से प्रकाशित हुआ। यद्यपि इन कहानियों के भी कथानक सरल और सपाट हैं तथापि इनमें भावनाओं का मनोविश्लेषण इनकी विशेषता है। 'पन्छान' तथा 'बुआल' (सतपाल) क्रमशः सन् 1980 तथा सन् 1983 ई॰ में प्रकाशित हुए। इन संग्रहों की कहानियों में क्षेत्रीय सामाजिक कुरीतियों, पनपते भ्रष्टाचार, मनुष्य की मजबूरियों तथा अभावों को प्रतिबिम्बित किया गया है। 'इक कोठा दस दुआर' (प्रकाश प्रेमी) संग्रह की कहानी 'सदा सुहागन' परम्परावादी रुझान की कहानी है और अन्य कहानियाँ नये अनुभवों पर आधारित हैं। ओम विद्यार्थी का बारह कहानियों का संग्रह 'जरम रोज' सन् 1986 ई॰ में प्रकाशित होकर पाठकों तक पहुँचा। इस संग्रह की कहानियाँ भी ग्रामीण परिवेश की कहानियाँ हैं जो आंचलिक संस्कृति को चित्रित करती हैं। इस वर्ग में सुदर्शन 'रत्नपुरी' के दो संग्रह 'पंजाएं दा नोट' (1977 ई॰) तथा 'संघासन' (1989 ई॰), तारा दानपुरी के 'लहुए दा रंग' तथा 'कोई जनम' (1998 ई॰) संग्रह भी रखे जा सकते हैं क्योंकि इन संग्रहों की कहानियाँ परम्परागत मान्यताओं तथा मापदण्डों से प्रेरित हैं। 'सैंस्कार ते मकोआनी' (देशबन्धु डोगरी 'नूतन'), 'तरकालें ते भ्यागा दे बछकार' (1986 ई॰), 'इक कोठा दस दुआर' (1985 ई॰) संग्रहों की कहानियाँ संक्रांति-काल की कहानियाँ हैं जिनमें कहानीकारों ने अपने-अपने समाज के यथार्थ को परम्पराओं तथा पारम्परिक परिवेश की दहलीज के अन्दर रहकर चित्रित किया है। 'साक सुन्ना प्रीत पित्तल' (1996 ई॰) संग्रह की अधिकांश कहानियाँ कामकाजी नारियों के जीवन से सम्बन्धित हैं तथा शहरी जीवन की झलक प्रस्तुत करती हैं परन्तु उनमें आदर्श की अधिकता के कारण यथार्थ से दूर प्रतीत होती हैं। अतएव उनको परम्परावादी वर्ग में ही रखा जा सकता है। 'पिंजरा' (1998 ई॰) संग्रह की कहानियाँ भी नारी-जीवन की भिन्न-भिन्न परिस्थितियों को उजागर करती हैं तथा एक सुन्दर कोलाज प्रस्तुत करती हैं जिसमें वह कभी अपने माता-पिता, सास-ससुर या पति की खातिर अपनी खुशियाँ कुर्बान करती हुई तो कभी अपनी सन्तान की इच्छाओं पर अपने जीवन को न्यौछावर करती दिखलायी पड़ी हैं। हर कहानी नारी-वर्ग के लिए एक नया आदर्श प्रस्तुत करती है। इन रचनाओं के अतिरिक्त वत्स विकल, चंदन नेगी, उत्तम शर्मा आदि कहानीकारों की फुटकर रचनाएँ भी उपलब्ध होती हैं।

आधुनिक कहानी

डोगरी-कहानी आहिस्ता-आहिस्ता भावुकता तथा आदर्शवादिता का दामन छोड़कर यथार्थ की ओर बढ़ने लगी तथा 'नीला अम्बर काले बद्दल' (नरेन्द्र खजूरिया), 'धुखदे गोट्टे' तथा 'चाननी दा सेक' (नरसिंहदेव जम्वाल), 'बदनामी दी छाँ' (प्रो॰ रामनाथ शास्त्री), 'न्याँ दी मौत' (शिवदेव सिंह 'सुशील'), 'कींगरे' (बन्धु शर्मा) आदि संग्रहों के प्रकाशन के साथ यथार्थ की भूमि पर प्रतिष्ठित हो गयी।

मदनमोहन शर्मा के संग्रह 'चाननी रात' (1960 ई॰) तथा 'तारें दी लो' (1965

ई.) की कहानियाँ कृत्रिमता तथा भावुकता से परे और यथार्थ के निकट हैं। तात्पर्य यह है कि इन कहानियों का आदर्श 'यथार्थ आदर्श' है न कि कोरा आदर्श। ये कहानियाँ मनोविश्लेषण पर आधारित हैं। 'नीला अम्बर काले बद्दल' (1967 ई.) संग्रह की कहानियों में लाचारियों, गरीबी, इन्सानी अधिकारों के हनन, अन्याय के विरोध में बगावत, जीवन के टूटते मूल्यों तथा सुखी जीवन की कल्पना के बिम्ब देखे जा सकते हैं। 'धुखदे गोट्टे' (1966 ई.) तथा 'चाननी दा सेक' (1979 ई.) संग्रहों की कहानियाँ मुख्यतः इन्सानी मनोविज्ञान पर आधारित हैं। 'बदनामी दी छाँ' (1973 ई.) में सामाजिक यथार्थ को स्पष्ट रूप से उभारा गया है। इन कहानियों में नये समाज की ओर बढ़ते मनुष्य के पैरों में परम्पराओं, रूढ़ियों आदि के बंधनों के चटकने की ध्वनि दबे पाँव आते परिवर्तन की चेतावनी देती है जिसे पात्र तथा पाठक दोनों सुनते हैं। 'परछामें' (1972 ई.) तथा 'कींगरे' (1983 ई.) संग्रहों की कहानियों के कथ्य में तो परम्परा के चिह्न मिलते हैं किन्तु शैली में एक विशेष अन्तर विद्यमान है। बन्धु शर्मा के ही सन् 1998 ई. में प्रकाशित संग्रह 'मील पत्थर' की कहानियाँ नये तथा समकालीन परिवेश की कहानियाँ हैं।

सन् 1971 ई. में प्रकाशित 'सुक्का बारूद' तथा 'लोक गै लोक' (ओ.पी. शर्मा 'सारथी'), 'दुद्ध, लऊ ते जैह्र' (मदनमोहन शर्मा) के प्रकाशन के साथ डोगरी-कहानी में नये रंग-रूप का उदय हुआ। इन संग्रहों की लगभग सभी कहानियाँ यथार्थ के धरातल पर खड़े मनुष्य की मानसिकता की झलक दिखाती हैं। कहानियों के पात्र भीड़ में अकेलेपन, घुटन, तनाव तथा आक्रोश का अनुभव करते हैं। 'नैह् ते पोटे' (1971 ई.), 'हाशिये दे नोट्स' (1972 ई.), 'न्हेरे दे समुंदर' (1973 ई.) 'सुन्ने दी चिड़ी' (1977 ई.), 'न्हेरै घिरी पुली' (1988 ई.), पगडंडी पर सूरज' (1989 ई.), ओम गोस्वामी के इन सभी संग्रहों की कहानियों में जहाँ कथ्य की विविधता है वहीं मनुष्य-जीवन के यथार्थ तथा संघर्ष को बड़ी शिद्दत के साथ चित्रित भी किया गया है, परन्तु कुछ कहानियों का विस्तार रोचकता तथा कथानक की गति में अवरोध पैदा करता है। 'लोक गै लोक' (1972 ई.), 'पागल दा ताजमैह्ल' (1979 ई.), 'यात्रा' (2000 ई.), ओ.पी. शर्मा 'सारथी' के ये तीनों संग्रह इनकी पहली कहानियों की तरह कठोर यथार्थ, नये प्रतीकों तथा रूपकों के माध्यम से पाठकों तक संदेश पहुँचाते हैं। छत्रपाल का 'टापू दा आदमी' सन् 1974 ई. में प्रकाशित हुआ तथा इसके साथ डोगरी-कहानी के नये रंग-रूप को बल मिला। तीन कहानीकारों के साझे प्रयास का संग्रह 'सच गै सच' (1974 ई.) वास्तव में सच ही सच है यानी मनुष्य के यथार्थ संघर्ष, घुटन तथा तनाव की यथार्थ कहानियाँ हैं। 'लोहे दियाँ फींगराँ (1978 ई.) तथा 'कंधां ते किले' (1986 ई.) के लेखक चमन अरोड़ा समकालीन जीवन, परिवेश तथा नये सोच के कहानीकार हैं। इन कहानियों में चित्रित मध्यवर्ग के अन्तर्विरोध, अन्तर्द्वंद्व तथा नैतिक पतन पाठक को सोचने पर विवश कर देते हैं। वेद राही के दो और संग्रह

'आले' (1982 ई.) तथा 'क्रॉस फायरिंग' (2000 ई.) प्रकाशित हुए। सन् 1989 ई. में नरसिंहदेव जम्बाल का एक और बारह कहानियों का संग्रह प्रकाशित हुआ। इनमें वर्तमान समाज की यथार्थ तसवीर चित्रित है। इन संग्रहों की कहानियाँ आधुनिक संवेदना से ओतप्रोत हैं और मनोविश्लेषण इनकी विशेषता है। सन् 1997 ई. में प्रकाशित ललित मगोत्रा के 'जमीन' संग्रह की कुछ कहानियाँ जहाँ अतीत के यथार्थ को वर्तमान में ताजा करती हैं वहीं कुछ कहानियाँ वर्तमान यथार्थ से कुछ कदम आगे बढ़कर भविष्य के यथार्थ की समस्या को रूप में नहीं बल्कि परिस्थिति के रूप में प्रस्तुत करती हैं जो समाधान के लिए पाठकों से चिंतन की आकांक्षा करती प्रतीत होती हैं।

इन प्रमुख कहानी-संग्रहों के अतिरिक्त छत्रपाल, रत्न.केसर, डॉ. मनोज, राज राही, शिवदेव मन्हास, कृष्णा 'प्रेम', संतोष सांगड़ा, सुदेश राज, निर्मल विक्रम, अर्चना केसर, शशि पठानिया आदि कहानीकारों की रचनाएँ आधुनिक कहानी के वर्ग में अपना-अपना स्थान रखती हैं। इस तरह से डोगरी-कहानी की यात्रा नयी दिशाओं, नये आयामों, नये क्षितिजों की तलाश में जारी है।

उपन्यास-साहित्य

सन् 1960 का वर्ष डोगरी-साहित्य के लिए उपन्यास विधा की भेंट लेकर आया और जाते-जाते तीन उपन्यास 'शानो' (नरेन्द्र खजूरिया), 'धारां ते धूड़ां' (मदनमोहन शर्मा) तथा 'हाड़, बेड़ी ते पत्तन' (वेद राही) डोगरी-उपन्यास-साहित्य को अर्पित कर गया। ये तीनों उपन्यास डोगरी के प्रसिद्ध कहानीकारों की देन हैं। चूँकि ये कहानीकार पहले से डोगरी-कथा-साहित्य से जुड़े हुए थे तथा कहानी के परिदृश्य से परिचित थे, इसलिए ये उपन्यास उस दौर के साहित्य में अगला कदम प्रमाणित हुए। इस तरह डोगरी-उपन्यास की यात्रा का शुभारम्भ कुछ भाषाओं की तरह तिलिस्मी, ऐयारी या जासूसी कथानकों से नहीं हुआ। आज डोगरी में उपन्यासों की संख्या बहुत तो नहीं है परन्तु गुणवत्ता की दृष्टि से संतोषजनक अवश्य है। चालीस वर्षों के सफर में तीस के लगभग उपन्यास प्रकाशित हो पायें हैं। इन उपन्यासों को तीन वर्गों में विभाजित किया जा सकता है—परम्परावादी, नये तथा आधुनिक उपन्यास।

परम्परावादी उपन्यास

'शानो', 'धारां ते धूड़ा', 'हाड़, बेड़ी ते पत्तन', 'मात्तरेआं', 'खाली अम्बर', 'बदसीस', 'जिसलै न्हेरा पेई गेआ', 'बाह्‌वे दी राजकुमारी', 'कन्नी बरसांत', 'भुक्ख', 'जीवनदान' आदि उपन्यास कथानक एवं शिल्प की दृष्टि से परम्परावादी हैं। इनमें आदर्श तथा भावुकता के साथ-साथ घटनाओं का अप्रत्याशित रूप से घटित होना इनको इस वर्ग में स्थान देता है।

प्रथम तीनों उपन्यास डुग्गर प्रदेश के ग्रामीण भाग की सामाजिक परिस्थितियों पर आधारित हैं। उस क्षेत्र की संस्कृति तथा तत्कालीन बदलते राजनीतिक परिदृश्य में गरीबी, अज्ञान, अंधविश्वासों, जीर्ण रीति-रिवाजों, शोषण आदि की चक्की में

पिसता जनसमुदाय मन ही मन अपनी परिस्थिति से कभी समझौता करता तो कभी अपने पर तरस खाता दिखलायी पड़ता है। परन्तु वह विरोधात्मक संघर्ष नहीं करता।

शकुन्तला शर्मा वीरपुरी का उपन्यास 'बदसीस' (1970 ई॰) असफल प्रेम-प्रसंगों का संकलन है जो डोगरी-उपन्यासों की संख्या में बढ़ोतरी तो करता है परन्तु उसके शिल्प के विकास में कुछ नया नहीं जोड़ पाता है। 'जिस ऐल्लै न्हेरा पेई गेआ' (पशौरीलाल 'शरर') उपन्यास भी सन् 1970 ई॰ में ही प्रकाशित हुआ। इस उपन्यास में हर प्रमुख घटना उसी समय घटती है जब अंधेरा हो रहा होता है। यह सब अप्रत्याशित लगता है तथा पाठक ही उत्सुकता को शांत नहीं कर पाता। 'कश्री बरसांत' (नरसिंहदेव जम्वाल) तथा 'बाहवे दी राजकुमारी' (धर्मचन्द प्रशान्त) ऐतिहासिक पृष्ठभूमि पर रची गयी प्रेम-कहानियाँ हैं जिनमें सुखद संयोगों के सहारे कथानक अपनी चरम सीमा पर पहुँचते हैं। 'भुक्ख' (शिवदेव 'सुशील') और 'जीवनदान' (तारा दानपुरी) उपन्यासों में चित्रित असमानता तथा वर्ग-संघर्ष की समस्याएँ भावुकता तथा आदर्शवादिता की अधिकता के कारण उभर नहीं पाती हैं।

नये उपन्यास

इस वर्ग में उन उपन्यासों को रखा जा रहा है जो चाहे अपने अंचल का प्रतिनिधित्व कर रहे हों या सम्पूर्ण मानव-समाज का परन्तु जिनमें परम्पराओं, परिस्थितियों तथा भावनाओं के साथ एक संघर्ष भी लक्षित होता है। 'फुल्ल बिना डाली' (वत्स विकल), 'सांझी धरती बखले मानु चरखड़ी' (नरसिंहदेव जम्वाल) 'द्रेड़', 'त्रुट्टी दी डोर' तथा 'गर्भजून' (वेद राही), 'कैदी', 'प्योकै भेजो', 'जांगली लोक' (देशबन्धु डोगरा 'नूतन'), 'मात्तरेआ' तथा 'सरबन्ध' (इन्दरजीत केसर), 'पल खिन' (ओम गोस्वामी) आदि उपन्यासों में इन्सानी भावनाओं को परम्परावादी रूप से हटकर कुछ नये रूप में विशेषित किया गया है जिनमें पात्र अपने सामाजिक परिवेश के साथ संघर्ष तो कुछ हद तक करते हैं परन्तु डट कर विरोध नहीं कर पाते।

'फुल्ल बिना डाली' (1970 ई॰) डोगरी-उपन्यास के रंग-रूप में नयापन लेकर आया। आकार तथा विषय की दृष्टि से यह पहले तीन उपन्यासों से हटकर है। इसमें विधवा-विवाह की समस्या को डुग्गर के ग्रामीण अंचल में सुलझाने का प्रयास किया गया है। परन्तु यह बात समाज-सुधार की नीति या नारे के रूप में नहीं बल्कि उपन्यास के आधार-तत्त्व के रूप में स्थापित हुई है। कुछ-एक अप्रत्याशित संयोग तथा प्रसंग इस उपन्यास को उस पद से वंचित रखते हैं जिसका यह अधिकारी था।

नये उपन्यासों की कड़ी में वेद राही के तीन उपन्यास 'द्रेड़' (1972 ई॰), 'त्रुट्टी दी डोर' तथा 'गर्भजून' (1992 ई॰) उल्लेखनीय हैं। ये तीनों उपन्यास इन्सानी सम्बन्धों के सूक्ष्म तथा नाजुक होने के तथ्य को उजागर करते हुए स्पष्ट करते हैं कि यदि सम्बन्ध मानसिक धरातल की सुदृढ़ नींव पर आधारित हों तभी जीवन को सुखमय बनाते हैं अन्यथा बोझ बन जाते हैं। 'द्रेड़' उपन्यास में युद्ध के वातावरण

में पत्नी को प्रसव की घड़ी में अकेला छोड़ कर पति चला जाता है और वातावरण शान्त होने पर लौट आता है परन्तु यह घटना उन दोनों के सम्बन्धों में हमेशा-हमेशा के लिये दरार डाल जाती है। 'त्रुट्टी दी डोर' (1978 ई॰) में भी पति-पत्नी में आपसी विश्वास की कमी के कारण एक दुर्घटना उन दोनों में अलगाव पैदा कर देती है और स्थिति तलाक तक पहुँच जाती है परन्तु सन्तान की खुशी के लिए वे फिर एक हो जाते हैं। 'गर्भजून' उपन्यास में भी सामाजिक सम्बन्धों की तुलना में आत्मिक तथा भावनात्मक सम्बन्धों की सुदृढ़ता को उजागर किया गया है जिसमें शरीर की पवित्रता से आत्मा की पवित्रता को श्रेष्ठ बताया गया है। कुछ अनावश्यक प्रसंगों का जरूरत से अधिक वर्णन उपन्यास को बोझिल बनाता है तथा उसके उत्कर्ष तथा चरम सीमा तक पहुँचने की गति शिथिल पड़ जाती है।

'सांझी धरती बखले मानु' सन् 1976 ई॰ में प्रकाशित हुआ। इसमें दो दोस्तों के माध्यम से युद्ध की समस्या को उभार कर यह बताया गया है कि आम इन्सान कभी भी युद्ध नहीं चाहता है और जब भी युद्ध होता है तो धरती बँटती है पर ऐसी कोई रेखा दिलों को नहीं बाँट सकती, जिन दिलों में प्यार बसता है। नरसिंहदेव जम्वाल के एक और उपन्यास 'चरखड़ी' (2001 ई॰) में समाज के पेचीदे ताने-बाने की गाँठों को एक-एक करके खोला गया है तथा हर पात्र घेरे में फँसा हुआ है। 'कैदी' (1980 ई॰), 'पिओकै भेजो' (1984 ई॰), 'जांगली लोक' (1987 ई॰), देशबन्धु डोगरा 'नूतन' के ये तीनों उपन्यास आंचलिकता की विशेषता के कारण डोगरी-उपन्यास-साहित्य में अपना अलग स्थान रखते हैं। इनमें ग्रामीण परिवेश में फलते-फूलते शोषण-तंत्र का खुलासा विस्तारपूर्वक प्रस्तुत है। 'कैदी' एक रोचक उपन्यास है परन्तु कुछ घटनाएँ तथा संदर्भ असम्भव-से हैं जो कथानक के यथार्थ को ठेस पहुँचाते हैं। 'पिओकै भेजो' उपन्यास नारी-जीवन पर आधारित है। 'जांगली लोक' बकरवाल जनजाति की जीवन-शैली तथा उनकी समस्याओं को प्रकाश में लाता है। शिवदेव सुशील के दो उपन्यासों ('बक्खरे-बक्खरे सच' तथा 'खाली अम्बर') में वर्तमान समाज में जी रहे इन्सान की अलग-अलग कहानी को उनका अपना-अपना सच बनाकर प्रस्तुत किया गया है। वातावरण ग्रामीण है तथा उन सबकी समस्याओं के जिम्मेदार वहाँ के अधिकारी हैं। 'पल खिन' (ओम गोस्वामी) एक ऐसे व्यक्ति का जीवन-चरित्र है जो धोखेबाज तथा जालसाज है। कई बार वह पकड़ा जाता है, फिर भी, वह नये रूप में बार-बार दुनिया को धोखा देने में सफल रहता है।

आधुनिक उपन्यास

डोगरी की उपन्यास विधा में समय के साथ-साथ विकास होता रहा है। यह विकास कथ्य तथा शैली, दोनों स्तरों पर हुआ है। आदर्श तथा अति आदर्श के धरातल से उठकर डोगरी-उपन्यास ने यथार्थ के धरातल पर आँखें खोलीं तथा बेमतलब की बेतुकी घटनाओं से दामन बचाते हुए आधुनिक परिवेश तथा समाज

से नज़र मिलाने के लिए नये विषयों के अनुकूल नये शिल्प तथा नयी तकनीक को अपनाया। इसके फलस्वरूप उपन्यासों में नयी चेतना, नूतन भाव-बोध तथा नवीन व्यंजना-शैली को स्थान मिला। इस वर्ग में उन उपन्यासों को रखा जा रहा है जो डोगरा समाज को एक नये सोच बनाने, परम्पराओं में नवीनता जोड़ने, आदर्शों में सत्य तलाशने, अन्तर के आक्रोश तथा विद्रोह की टीस को वाणी देने की दिशा सुझाते हैं। इस वर्ग में 'त्रेह् समुंदर दी', 'नंगा रुक्ख', 'मकान', 'पत्थर ते रंग', 'रेशम दे कीड़े' तथा 'अपना-अपना सूरज' (ओ॰पी॰ शर्मा 'सारथी'), 'बिन कन्धें दा कोठा' (नरसिंहदेव जम्वाल) आदि उल्लेखनीय उपन्यास हैं। 'त्रेह समुंदर दी' (1978 ई॰) उपन्यास भले आदर्शवादी धरातल पर अवस्थित हो परन्तु चिंतन तथा बौद्धिकता के साथ-साथ इसका उद्देश्य इसको आधुनिक कोटि में प्रवेश दिलाता है। कारण, इसका उद्देश्य आदर्श की स्थापना करना नहीं बल्कि पाठकों को एक नयी समझ, नयी विचारधारा तथा नयी मानसिकता से जोड़ना है। उपन्यास का केन्द्रीय विचार-बिन्दु यह है कि मनुष्य को चाहे सारी उम्र चश्मे का भी पानी न मिले परन्तु उसे प्यास समुंदर की रखनी चाहिए। प्रतीकात्मक शैली में रचा गया 'नंगा रूक्ख' उपन्यास तकनीक तथा वातावरण के आधार पर एक सफल तथा सशक्त रचना है। डोगरी के उपन्यास-साहित्य का यह एक मील-पत्थर है। यह उपन्यास आजं के समाज के इस कोरे यथार्थ को बड़ी सजीवता से उभारता है जिसमें इन्सान अपनी आस्थाओं से छूटने, मान्यताओं से कटने तथा जीवन के यथार्थ को भोगने की पीड़ा को छुपाने के लिए नित्य मुखौटों का सहारा लेता है। उपन्यासकार पाठक को समाज में उतारता है। समाज में उतर कर देखने से सभी भ्रम-भ्रांतियाँ दूर हो जाती हैं तथा यथार्थ का वृक्ष नंगा, स्पष्ट दिखने लगता है। 'रेशम दे कीड़े' (1979 ई॰) उपन्यास का केन्द्रीय कथ्य एक विचार पर आधारित है। वह विचार यह है कि समाज का लगभग हर प्राणी रेशम के कीड़े की तरह स्वार्थी है जो सिर्फ अपने स्वार्थ की पूर्ति में लिप्त रहना चाहता है, किसी दूसरे से उसे कोई सरोकार नहीं है। इसलिए हर जगह ऐसे लोग मिल जाते हैं जो अपने स्वार्थ के लिए दूसरों का शोषण करते हैं। विशेष रूप से यह स्थिति राजनीतिक क्षेत्र में बड़ा भयानक रूप धारण कर चुकी है। 'मकान' (1979 ई॰) उपन्यास भी प्रतीकात्मक है। इस उपन्यास का मूल कथानक आध्यात्मिक तथा दार्शनिक धरातल से संबंधित है। इस उपन्यास में 'मकान' अलग-अलग अर्थों में प्रयुक्त हुआ है, जैसे मकान, ज्ञान-विवेक, शरीर, आत्मा आदि। उपन्यास का नायक चेतन है जो जगत् का प्रतीक है तथा नायिका माया सृष्टि की प्रतीक है। 'पत्थर ते रंग' (1981 ई॰) उपन्यास में लेखक ओ॰पी॰ शर्मा 'सारथी' ने विचारों तथा भावनाओं का सुन्दर समन्वय प्रस्तुत किया है। यह भी प्रतीकात्मक उपन्यास है। 'पत्थर' समाज, वातावरण, वर्ग आदि का प्रतीक है तथा 'रंग' ललित कलाओं का प्रतीक

है। उपन्यास का उद्देश्य इस तथ्य को उजागर करना है कि रंग ही जीवन है तथा अपनी संस्कृति को जीवंत बनाये रखने के लिए यह परम आवश्यक है। 'अपना-अपना सूरज' उपन्यास भी प्रतीकात्मक तथा विचार-प्रधान है। इस उपन्यास में लेखक ने कैमरे के शीशे के माध्यम से विशेष रूप में राजनीतिक क्षेत्र को बड़ी सजीवता से दरसाया है तथा समाज में विद्यमान हर विसंगति पर तीखा व्यंग्य किया है। 'बिन कन्धें दे कोठा' (1985 ई॰) एक छोटा उपन्यास है। यह डोगरी की पत्रिका 'डोगरी शीराज़ा' में तीन किस्तों में प्रकाशित हुआ है। यह उपन्यास एक ऐसे समाज-रूपी 'मकान' की कल्पना प्रस्तुत करता है जिसमें एक को दूसरे से अलग करनेवाली कोई दीवार नहीं है।

इस विश्लेषण से स्पष्ट है कि डोगरी-उपन्यास की यात्रा रोचक पड़ावों से गुजरती हुई अपनी चरम सीमा की ओर, चाहे मध्यम गति से ही सही, परन्तु सधे कदमों से अग्रसर है।

नाटक-साहित्य

डोगरी में नाटक-साहित्य का उद्भव स्वतंत्रता-प्राप्ति से पहले ही सन् 1935 ई॰ में विश्वनाथ खजूरिया के नाटक 'अछूत' के मंचन से हुआ था। उसके बाद सन् 1948 ई॰ में प्रो॰ रामनाथ शास्त्री द्वारा लिखित 'बाबा जित्तो' मंचित किया गया। इसी वर्ष 'बाबा जित्तमल' तथा 'सुखै-दुखै दे साथी' (विश्वनाथ खजूरिया) का भी मंचन हुआ, परन्तु डोगरी का पहला प्रकाशित रंगमंचीय नाटक 'नमां ग्रां' है। यह नाटक तीन नाटककारों के सह-प्रयास का प्रतिफल है। आज डोगरी में इस विधा की सत्तर के करीब पुस्तकें हैं जिनमें पूरी लम्बाई के रंगमंचीय नाटक, रेडियो-नाटक, नुक्कड़-नाटक, एकांकी आदि सभी समाविष्ट हैं। आज तक डोगरी में पैंतीस के लगभग पूरी लम्बाई के नाटक प्रकाशित हुए हैं जिन्हें दो वर्गों में बाँटा जा सकता है—परम्परावादी तथा आधुनिक नाटक।

परम्परावादी नाटकों की कोटि के उल्लेखनीय नाटक हैं—'नमां ग्रां', 'धारें दे अत्थरूं' (वेद राही), 'देवका जन्म' (धर्मचन्द प्रशान्त), 'देह्री' (रामकुमार अबरोल), 'सरपंच', 'संझाली' (दीनू भाई पन्त), 'पंच परमेसर' (पूर्ण सिंह 'पूर्ण'), 'मण्डलीक', 'आन मर्यादा', 'अल्लड़ गोली', 'वीर सपाई', 'सरकार' (नरसिंह देव जम्वाल), 'कूंशजादी' (जितेन्द्र शर्मा), 'ढौंदियां कन्धां' (नरेन्द्र खजूरिया), 'कच्च' (शान्ता शर्मा) आदि नाटकों के कथ्य मुख्यतः जनमानस की समस्याओं तथा लोकमानस में प्रचलित पौराणिक तत्त्वों पर आधारित हैं।

'नमां ग्रां' (1957 ई॰) का उद्देश्य ग्रामीण समाज की बुराइयों को उभार कर जनता को जागरूक करके नये आदर्श समाज की स्थापना करना है। 'धारें दे अत्थरूं' (1959 ई॰) में डुग्गर प्रदेश के पहाड़ी अंचलों में बसे समाज में प्रचलित दोह्री[8] तथा बेमेल विवाह की प्रथा का चित्रण हुआ है। यह आदर्शवादी भावनाओं से प्रेरित है।

---

8. विवाह की एक प्रथा, जिसमें जिस परिवार की कन्या से शादी होती है उसी परिवार के लड़के से अपने परिवार की लड़की की शादी की जाती है। अर्थात् लड़की के बदले लड़की ब्याह कर लाने की एक रीति।

'देवका जन्म' (1959 ई॰) शुद्धान्त राक्षस द्वारा कश्यप ऋषि का तप भंग करने और वहाँ 'देविका नदी' की उत्पत्ति की घटना पर आधारित है जिसमें शुद्धान्त, शिव, पार्वती, कश्यप आदि पौराणिक पात्र हैं। 'दोहूरी' (1961 ई॰) नाटक रामकुमार अबरोल की अपनी ही कहानी पर आधारित है। इसमें दोहूरी विवाह की समस्या को उभारा गया है। 'सरपंच' (1966 ई॰) नाटक अमर शहीद दाता रणपत के जीवन से सम्बन्धित है जो न्याय और सच्चाई की राह पर चलते हुए जागीरदार बांगी से टक्कर लेता है और शहीद हो जाता है। सहकारिता के महत्त्व का प्रचार करनेवाला 'संझाली' नाटक अति रोमानी होने के कारण अस्वाभाविक लगता है। 'पंच परमेसर' प्रेमचन्द की प्रसिद्ध कहानी 'पंच परमेश्वर' पर आधारित है। 'मण्डलीक' (1972 ई॰) नाटक डुग्गर प्रदेश तथा राजस्थान में प्रचलित लोकदेवता राजा मण्डलीक की लोकगाथा पर आधारित है। 'आन-मर्यादा' (1975 ई॰) नाटक भारत-पाक युद्ध की घटना पर आधारित देश-भक्ति के आदर्श के लिए लड़ते-लड़ते शहीद हो जानेवालों को एक श्रद्धांजलि है। 'अल्लड़ गोली' और 'वीर सपाई' (1975 ई॰) डुग्गर में प्रचलित 'कुंजु-चैंचलो' के अमर प्रेम की लोकगाथा पर आधारित है। इस नाटक की यह विशेषता है कि यह पद्य में छपनेवाला पहला नाटक है। 'ढौंदियां कन्धां' (1975 ई॰) नाटक में जागीरदार निजाम की गिरती दीवारों तथा उनके खोखलेपन को हास्यात्मक शैली में प्रस्तुत किया गया है। 'कच्च' (1979 ई॰) नाटक देवयानी और शुक्राचार्य की पौराणिक कथा पर आधारित है। सन् 1985 ई॰ में प्रकाशित होनेवाला 'सरकार' नाटक जम्मू के महाराजा रणवीर सिंह के राज्यकाल, शासन-वयवस्था तथा उनके जीवन की झलक प्रस्तुत करनेवाला ऐतिहासिक नाटक है। 'कूंशजादी' (1985 ई॰) नाटक नायिका-प्रधान है तथा इसका आधार डुग्गर में प्रचलित तथा लोकप्रिय लोककथा 'कूंशजादी' है।

'जनौर', 'इस परछामां बदली दा' (मदनमोहन शर्मा), 'जीने दी कैद' (ललित मगोत्रा तथा चमन अरोड़ा), 'काला सूरज', 'पंज कल्याणी', 'अपनी डफली अपना राग', 'अयोध्या' (दीनू भाई पन्त), 'पिंजरा', 'कौड़े घुट्ट', 'रामलीला', (नरसिंह देव जम्वाल), 'कलयुग दा परमात्मा', 'काल चक्कर' (रत्न दोषी), 'फैसला' (शिवदेव 'सुशील') आदि नाटक नये रुचि-रुझानों को उजागर करते हैं।

रेडियो नाटक

जम्मू में रेडियो-स्टेशन की स्थापना के साथ डुग्गर में नाटकों की लोकप्रियता को बल मिला। आज तक लगभग पैंसठ नाटक प्रसारित हो चुके हैं जिनमें कुछ रंगमंचीय नाटक भी शामिल हैं।

एकांकी तथा नुक्कड़ नाटक

डोगरी-नाटक-विधा की परम्परा को सुदृढ़ बनाने में एकांकी नाटक का भी बड़ा महत्त्वपूर्ण योगदान है। लगभग तीस एकांकी-संग्रह प्रकाशित हो चुके हैं जिनमें

व्यक्तिगत संग्रहों के अतिरिक्त सरकारी तथा गैर सरकारी संस्थाओं द्वारा प्रकाशित संग्रह भी शामिल हैं। जहाँ तक नुक्कड़ नाटकों का सवाल है, मंचन के स्तर पर तो यह रूप अपना विशेष स्थान रखता है परन्तु वाचन की दृष्टि से अभी तक एक ही संग्रह 'सत्त जमां सत्त' (मोहन सिंह) प्रकाशित हुआ है। इसमें चौदह नुक्कड़ नाटक संकलित हैं।

डोगरी में नाटक-साहित्य का उद्भव एक नाटकीय घटना थी और फिर इसका विकास भी नाटकीय गति से ही हुआ तथा इसके हर रूप का रंग-रूप भी नाटकीय ढंग से निखरा है।

विविध विधाएँ

उपन्यास विधा के साथ-साथ सन् 1961 ई॰ में पहला निबंध-संग्रह प्रकाशित होने के साथ निबंध-साहित्य का श्रीगणेश हुआ। निबंधों का पहला संग्रह 'त्रिवेणी' शर्मा-दम्पति (श्यामलाल शर्मा और शक्ति शर्मा) द्वारा प्रकाशित किया गया। अब तक गद्य के लगभग चालीस संग्रह प्रकाशित हो चुके हैं जिनमें निबंध, संस्मरण, रेखाचित्र, यात्रा-वृत्तांत, आत्मकथा, जीवनी आदि शामिल हैं। गद्यकारों में विश्वनाथ खजूरिया, प्रो॰ लक्ष्मीनारायण, प्रो॰ रामनाथ शास्त्री, केदारनाथ शास्त्री, प्रो॰ शक्ति शर्मा, प्रो॰ नीलाम्बरदेव शर्मा, प्रो॰ चम्पा शर्मा, प्रो॰ वेद घई आदि प्रमुख हैं।

'त्रिवेणी' संग्रह के निबंध तीन शीर्षकों के अंतर्गत रखे गये हैं तथा इस संग्रह के अधिकांश निबंध भावात्मक हैं। 'डुग्गर दा जीवन दर्शन' (1967 ई॰) तथा 'सप्तक' (1968 ई॰) डोगरी-गद्यसाहित्य में बहुत महत्त्वपूर्ण हैं। इनके रचयिता विश्वनाथ खजूरिया हैं। पहले संग्रह में ललित निबंधों के अतिरिक्त आलोचनात्मक लेख भी हैं परन्तु इस दृष्टि से 'सप्तक' संग्रह शुद्ध रूप से ललित निबंधों का संग्रह है जिसके लगभग सभी निबंध मनोविज्ञान से सम्बन्धित हैं। इन निबंधों की रोचकता का श्रेय भाषा के गठन को जाता है। 'स्याढ़ा' (1968 ई॰) निबंध-संग्रह में छोटे-छोटे निबंध, रेखाचित्र और संस्मरण संकलित हैं। 'कंडियारी दे फुल्ल' (1968 ई॰) तथा 'निक्कियां-निक्कियां गल्लां (1973 ई॰), ये दोनों संग्रह डोगरी-गद्य-साहित्य में मील के पत्थर का स्थान रखते हैं। ये निबंध एक ओर हास्य-व्यंग्य की कमी को पूरा करते हैं तो दूसरी ओर निबंध की इस विशेषता को प्रमाणित करते हैं कि रेत के कण से लेकर पहाड़-जैसे विषय पर निबंध लिखा जा सकता है। छोटे-छोटे विचारों को लेकर अच्छे कलेवर के ये निबंध पाठकों को बाँधे रखते हैं। प्रकाश 'प्रेमी' के निबंध-संग्रह 'त्रुम्बां' (1980 ई॰) तथा नीलाम्बरदेव शर्मा के 'रिश्ते' (1998 ई॰) के अतिरिक्त बाकी संग्रह जम्मू-कश्मीर अकैडमी ऑफ आर्ट, कल्चर एंड लैंग्वेजेज़, डोगरी संस्था, जम्मू साहित्य अकादेमी (देहली) आदि संस्थाओं द्वारा प्रकाशित हैं जिनमें नारायण मिश्र, कुँवर वियोगी, नरसिंहदेव जम्वाल, प्रो॰ रामनाथ शास्त्री आदि गद्य-लेखकों के निबंध शामिल हैं। 'त्रुम्बां' हास्य-व्यंग्यात्मक निबंधों का संग्रह है। इस संग्रह के निबंधों की विषयवस्तु तथा भाषा लेखक के कला-कौशल को प्रमाणित करती हैं।

'रिश्ते' संग्रह के निबंध विचारात्मक हैं।

ऐसे तो यात्रा-वृत्तांत पत्र-पत्रिकाओं में प्रकाशित हुए हैं परन्तु संग्रह के रूप में अभी तक सिर्फ प्रो॰ नीलाम्बरदेव शर्मा का 'चेते : किश खट्टे, किश मिट्ठे' प्रकाशित हुआ है जिसमें दो लम्बे-लम्बे यात्रा-वृत्तांत संकलित हैं। प्रो॰ चम्पा शर्मा के 'गूढ़े धुंधले चेहरे' संग्रह में सत्रह रेखाचित्र संकलित हैं। इनके अतिरिक्त प्रो॰ शक्ति शर्मा, प्रो॰ रामनाथ शास्त्री, विश्वनाथ खजूरिया, प्रो॰ वेद घई, पद्मा सचदेव, भगवत प्रसाद साठे आदि के संस्मरण भी प्रकाशित निबंध-संकलनों में संकलित हैं।

बाल-साहित्य

डोगरी में बाल-साहित्य की कमी को महसूस करते हुए शुरू-शुरू में विश्व-प्रसिद्ध बाल-कथाओं आदि के अनुवाद किये गये। इस दिशा में सन् 1959 ई॰ में पहला कदम डॉ॰ अनन्तराम शास्त्री ने उठाया तथा संसार-प्रसिद्ध शिक्षाप्रद कहानियों के संग्रह 'पञ्चतंत्र' का डोगरी में अनुवाद किया। परन्तु मौलिक बाल-साहित्य का पहला संग्रह 'अस भाग जगाने आह्ले आं' सन् 1960 ई॰ में प्रकाशित हुआ। यह संग्रह डोगरी के प्रसिद्ध कहानीकार और एकांकीकार नरेन्द्र खजूरिया की देन है। इस संग्रह में सात एकांकी हैं तथा इन एकांकियों में बाल-मनोविज्ञान को लेखक ने एक सफल मनोवैज्ञानिक की तरह चित्रित किया है। यह कहना भी अनुचित नहीं होगा कि यह कार्य एक मनोवैज्ञानिक से भी बढ़कर हुआ है क्योंकि लेखक ने बाल-साहित्य के लिए एकांकी विधा को चुना जो नाटकीयता के कारण बच्चों को अधिक प्रभावित करता है। इन एकांकियों में बालोपयोगी विषय सरल तथा प्रभावपूर्ण भाषा में प्रस्तुत किये गये हैं।

इसके पश्चात् अनुवाद भी हुए तथा मौलिक साहित्य भी हर विधा में रचा गया। परन्तु बाल-साहित्य के भांडार में अधिक हिस्सा एकांकियों का है। सन् 1962 तथा 1964 ई॰ में श्यामलाल शर्मा द्वारा अनूदित 'श्रीमद्भागवत' की चुनिंदा तथा रोचक कहानियों के संग्रह 'भागवत दियाँ कत्थाँ' तथा 'बैताल पचीसी' क्रमशः प्रकाशित हुए। पत्रिका 'पनीरी' का एक अंक सन् 1970 ई॰ में प्रकाशित हुआ। इसमें कथाएँ, कहानियाँ, कविता, रूपक तथा लेख शामिल थे। फिर सन् 1974 ई॰ में सात बालोपयोगी एकांकियों का संग्रह 'बाल-एकांकी-संग्रह' (ओम गोस्वामी) नाम से प्रकाशित-हुआ। जम्मू-कश्मीर अकैडमी ऑफ आर्ट, कल्चर एंड लैंग्वेजेज़ ने सन् 1980 ई॰ में अपनी पत्रिका 'शीराज़ा डोगरी' का बाल-साहित्य-विशेषांक प्रकाशित किया। इसमें चार एकांकी, पाँच कहानियाँ, तीन लेख, एक लोकवार्ता, एक संस्मरण, पंद्रह गीत, कविताएँ तथा पहेलियाँ संकलित हैं। सन् 1987 ई॰ में बाल-पत्रिका 'जोत' का प्रकाशन शुरू हुआ जिसमें उपन्यास, कहानियाँ, कविताएँ तथा मनोरंजक एवं ज्ञानवर्द्धक सामग्री प्रकाशित होती रहती है। सन् 1989 ई॰ से लेखकों की व्यक्तिगत रचनाओं का प्रकाशन शुरू हुआ। इसी वर्ष पाँच बाल-एकांकियों का संग्रह

'पंजीकड़ा' (शिवदेव मन्हास) प्रकाशित हुआ।

बाल-साहित्य के लिए डोगरी-साहित्यकारों में दूसरी पसंद कविता रही है। सन् 1990 ई॰ में प्रकाशित दो कविता-संग्रह 'अप्पूं राजा' (निर्मल विनोद) तथा 'इक्क बारी दी गल्ल' की कविताएँ वर्णनात्मक तथा शिक्षाप्रद हैं। मुख्यतः किशोरों के लिए विभिन्न विषयों पर आधारित कविताओं के संग्रह 'पढ़दे-गुढ़दे रौह्ना' (ध्यान सिंह), 'भोले-भाव' (संतोष खजूरिया) क्रमशः सन् 1991 तथा 1992 ई॰ में प्रकाशित हुए। डोगरी संस्था (जम्मू) की पत्रिका 'नमीं चेतना' का बाल-साहित्य विशेषांक प्रकाशित हुआ। सामग्री एवं प्रस्तुति की दृष्टि से यह डोगरी के महत्त्वपूर्ण प्रकाशनों में एक है। डोगरी में 'बाल-रामायण' (श्यामदत्त पराग) बड़ी रोचक रचना है। इसके अतिरिक्त श्यामदत्त पराग ने अपने अनूदित शिशु-गीतों के संग्रह का प्रकाशन 'गिललुएं दे गड़ाके' नाम से किया है।

डोगरी के बाल-साहित्य में कथा-विधा की शुरुआत सन् 1962 ई॰ में कहानी संग्रह से हुई। सन् 1962 ई॰ में 'रोचक कहानियां' (नरेन्द्र खजूरिया) नाम से कहानी-संग्रह प्रकाशित हुआ। ये कहानियाँ नैतिक मूल्यों तथा उपदेशात्मक विषयों पर आधारित हैं। सरल-सहज भाषा में ये सरस कहानियाँ सिर्फ बच्चों में ही नहीं, वयस्कों में भी उतनी ही लोकप्रिय हैं। इसके पश्चात् 'कत्थां ते कहानियां' (अरविंद गोस्वामी) और 'पराग बालकथा डोगरी' (श्यामदत्त पराग) प्रकाशित हुए। 'कमालपुर दी करामात' (ओम गोस्वामी) डोगरी-बाल-साहित्य में अभी तक एक ही उपन्यास उपलब्ध है। बच्चों को कुशाग्रबुद्धि बनाने के लिए डोगरी-बाल-साहित्य के भांडार में पहेलियों का भी एक संग्रह 'फलौह्नियाँ' (ज्ञानेश्वर) शामिल है। ये पहेलियाँ हर अवस्था के बच्चों के लिए आकर्षक हैं।

डोगरी का बाल-साहित्य आयु में उपन्यास तथा गद्य-साहित्य का हमउम्र होते हुए भी अभी बाल-अवस्था में है, इसे अभी विकास की कई सीढ़ियाँ चढ़नी हैं।

अनूदित साहित्य

श्रेष्ठ काव्य-संग्रहों के अनुवाद डोगरी-सहित्य के ख़ज़ाने में विशेष रूप से विद्यमान हैं जिनमें धार्मिक ग्रन्थों के अतिरिक्त 'मेघदूत', 'एकोत्तरशती', 'गीतांजलि', 'लल्ल वचनामृत', 'कामायनी' आदि प्रमुख हैं। आधुनिक काल में अनूदित साहित्य में पहला अनुवाद सन् 1945 ई॰ में 'श्रीमद्भगवद्गीता' का ही हुआ। इसके अनुवादक रघुनाथ सिंह सम्याल हैं। सन् 1982 ई॰ तक 'गीता' के आठ और अनुवाद प्रकाशित हुए। 'गीता' के अतिरिक्त 'रामायण', 'महाभारत', 'उपनिषद्', शतक, 'दुर्गासप्तशती' आदि धार्मिक पुस्तकों के अनुवाद प्रमुख हैं। सृजनात्मक साहित्य की हर विधा में भी अनुवाद हुए हैं।

शरतचंद्र के प्रसिद्ध छह उपन्यासों 'परिणीता', 'दत्ता', 'पथेर दावी', 'गृहदाह', 'श्रीकांत' तथा 'देवदास' के अतिरिक्त अन्य विश्वप्रसिद्ध उपन्यासों के भी अनुवाद

हुए हैं, जिनमें भारतीय भाषाओं के अतिरिक्त अँगरेजी से भी अच्छे अनुवाद हुए हैं। अनुवादकों की सूची में प्रमुख नाम प्रो॰ रामनाथ शास्त्री, प्रो॰ शक्ति शर्मा, श्यामलाल शर्मा, केहरि सिंह 'मधुकर', नरेन्द्र खजूरिया, मदनमोहन शर्मा, नीलाम्बरदेव शर्मा, विश्वनाथ खजूरिया, प्रो॰ चम्पा शर्मा, प्रो॰ वीणा गुप्ता आदि पहले आते हैं।

नाटक-साहित्य में भी बीस से अधिक अनुवाद प्रकाशित हो चुके हैं और विश्व-साहित्य के लगभग पन्द्रह संग्रह प्रकाशित हुए हैं। इसी क्रम में महात्मा गाँधी की जीवनी, डोगरी के कवि स्वामी ब्रह्मानन्द तीर्थ के जीवन तथा कविता पर आधारित मूल अँगरेजी पुस्तक तथा चुनिंदा अँगरेजी निबंधों के अनुवाद प्रकाशित हुए हैं।

आलोचना-साहित्य

आज डोगरी-साहित्य में आलोचना-साहित्य का भी अच्छा संग्रह है जिसमें पुस्तकों के अतिरिक्त पाँच सौ के लगभग लेख तथा शोध-लेख प्रकाशित हो चुके हैं। पुस्तकों में 'आधुनिक डोगरी साहित्य : इक परिचय' (प्रो॰ नीलाम्बरदेव शर्मा), 'डोगरी साहित्य दा इतिहास' (शिवनाथ), 'डोगरीसाहित्यचर्चा' (लक्ष्मीनारायण), 'डोगरी काव्य-चर्चा' (चम्पा शर्मा, चंचल शर्मा), 'नजर अपनी अपनी' (चंचल शर्मा), 'बाबा जित्तो' (प्रो॰ रामनाथ शास्त्री), 'डोगरी साहित्य दा इतिहास' (जितेन्द्र उधमपुरी), 'डोगरी कविता : प्रमुख रुझान' (वीणा गुप्ता), 'डोगरी साहित्य : मेरी नजरी च' (अर्चना केसर), 'डोगरी साहित्य च युग-चेतना' (शशि पठानिया) आदि के अतिरिक्त सरकारी तथा गैर सरकारी संस्थाओं के भी कई प्रकाशन उपलब्ध हैं।

'इतिहास' शब्द के उच्चारण से एक लम्बी परम्परा का भाव ध्वनित होता है परन्तु डोगरी-साहित्य के इतिहास की परम्परा बड़ी लम्बी नहीं है। इसकी आयु लगभग साठ वर्ष की है तथा यही इसका वर्तमान तथा यही इसका इतिहास भी है। प्रस्तुत आलेख में डोगरी-साहित्य के इस वर्तमान इतिहास का संक्षिप्त परिचय प्रस्तुत है। साहित्य के इस छोटे-से वर्तमान को इतिहास बनाने का श्रेय डोगरी के साहित्यकारों को जाता है क्योंकि आधुनिक काल में जितना भी डोगरी-साहित्य प्रकाशित हुआ है वह अधिकतर साहित्यकारों के व्यक्तिगत प्रयासों का फल है। उसमें कुछ योगदान जम्मू-कश्मीर की कला, संस्कृति एवं भाषा अकैडमी द्वारा लेखकों को दी जानेवाली आंशिक आर्थिक सहायता का भी है। परन्तु जब न तो प्रकाशक उपलब्ध हों और न ही प्रकाशित पुस्तकों के वितरण की व्यवस्था हो, ऐसे में, पुस्तकें प्रकाशित करके अपनी भाषा के साहित्य को समृद्ध करने की चुनौती को वीर डोगरों ने साहस तथा लगन से ख़ुशी-ख़ुशी स्वीकारा और सफलतापूर्वक पूरा किया, जो अपने आप में इतिहास है।

तमिल-साहित्य

• डॉ. जा. आशीर्वादम्

तमिल भाषा और साहित्य अत्यंत प्राचीन है। इसलिए तमिल-साहित्य के उद्भव-काल को ठीक-ठीक निश्चित करना असम्भवप्राय है। कहा जाता है कि महाप्रलय में कन्याकुमारी के भी आगे दक्षिण दिशा में बहुत दूर तक तमिल प्रांत का विशाल क्षेत्र समुद्र में विलीन हो गया था। भूगोलवेत्ताओं ने इस बात की सम्पुष्टि करते हुए उस डूबे हुए भू-भाग को 'लेमूरिया' नाम दिया। लापता भू-भाग के साथ-साथ तमिल के अनेक अमूल्य ग्रंथ भी लापता हो गये। बचे हुए ग्रंथों में से एक ग्रंथ प्राप्त हुआ भी तो उसमें प्रारंभ के कुछ पृष्ठ नष्ट हो गये थे जिसके कारण ग्रंथ एवं उसके रचयिता के नाम आदि का पता नहीं लग सका। विशेषज्ञों ने उसे 'तोलकाप्पियम्' नाम दिया जिसका अर्थ है बहुत प्राचीन काव्य ग्रंथ। 'तोलकाप्पियम्' के आधार पर रचयिता को भी 'तोलकाप्पियर' नाम दिया गया है। उस ग्रंथ के अध्ययन से स्पष्ट हुआ है कि वह तमिल का सर्वप्रथम ग्रंथ नहीं था, बल्कि उसके पूर्व भी कई ग्रंथ उपलब्ध थे। 'तोलकाप्पियम्' व्याकरण का ग्रंथ था। व्याकरण की परिभाषाओं को तोलकाप्पियर ने पद्यात्मक सूत्रों में प्रस्तुत किया था। 'तोलकाप्पियम्' के कुछ सूत्रों में ऐसे संकेत हैं जिनसे विदित होता है कि उसके पूर्व भी तमिल भाषा में ग्रंथ उपलब्ध थे।

इतना तो स्पष्ट ही है कि तमिल बहुत प्राचीन भाषा है और उसका साहित्य भी बहुत पुराना है। तमिल-साहित्य के इतिहास को सात कालों में विभक्त किया गया है जो इस प्रकार है :—

1. संघ काल (ई॰ पू॰ 500 से ई॰ 100 तक)
2. संघोत्तर काल (ई॰ 100 से ई॰ 600 तक)
3. पल्लव राजाओं का काल (ई॰ 600 से ई॰ 850 तक)
4. चोल राजाओं का काल (ई॰ 850 से ई॰ 1350 तक)
5. नायक्कर राजाओं का काल (ई॰ 1350 से ई॰ 1750 तक)
6. योरोपियों का काल } (ई॰ 1750 से अब तक)
7. आधुनिक काल }

1. संघ काल

तमिल-साहित्य के इतिहास का प्रारंभिक युग संघ कालम (संघ का युग) कहलाता है। तमिल-साहित्य के इस उद्गम-काल में कविगण सहकारी रूप से एक संघ (सभा) की स्थापना करके एकाग्रतापूर्वक काव्य की रचना किया करते थे। साहित्य के विकास का लक्ष्य करके ही कविगण रचनाएँ प्रस्तुत करते थे। एक का यश देखकर दूसरा ईर्ष्या नहीं करता था। उत्कृष्ट रचना को सम्पूर्ण साहित्य के लिए महत्त्वपूर्ण माना जाता था और उसके रचयिता की खूब प्रशंसा की जाती थी तथा उसे प्रोत्साहन दिया जाता था। संघ का युग तमिल-साहित्य के इतिहास का स्वर्ण युग था।

तमिल-साहित्य के संघ-काल के कवि हिन्दी के वीरगाथा काल के कवियों की ही भाँति चारण कवि थे। उस जमाने के तमिल प्रदेश में चेर, चोल और पांडिय तीन राजवंशों के तमिलभाषी शासन कर रहे थे। इन राजाओं के आश्रय में रहकर ही इस युग के कविगण जीवन-यापन करते थे। वे राजाओं का यशोगान करते थे और पुरस्कार के रूप में राजा लोग जो कुछ देते थे उसीसे अपने परिवार का भरण-पोषण करते थे। फिर भी, वे पुरस्कार के लोभ में किसी भी राजा की अनुचित प्रशंसा नहीं करते थे। सब के सब बड़े स्वाभिमानी कवि थे। धन के लालच में रचनाएँ प्रस्तुत करनेवालों को वाणिज्य कवि (वणिक् परिसिलर) कहकर उसका उपहास किया जाता था।

संघ-काल के एक प्रख्यात कवि वन परणर थे। उनका असली नाम परणर था। वन परणर वे इसलिए कहे जाने लगे कि वे प्रशंसा के विरोधी थे। तमिल में 'वन' शब्द कठोरता का बोध कराता है। जब कुछ लोगों ने उनसे पूछा कि आप तारीफ करने के मामले में क्यों कठोर नीति अपनाते हैं तब परणर ने कहा– "मैं क्या करूँ ? यशहीन लोगों की तारीफ करने में मेरी नन्ही मगर होनहार जबान उठती ही नहीं है।"

किसी राजा ने अपनी सत्ता का अगर दुरुपयोग किया तो कवि लोग उसकी निंदा अवश्य करते थे चाहे वह अपना आश्रयदाता ही क्यों न हो। एक बार कविवर वेल्लै कुटिनागनार ने राजा किळ्ळि वळवन के सम्मुख खड़ा होकर एक कविता के द्वारा उसे सचेत किया था जिसका आशय है– "हे राजन् ! तुमने जो छतरी अपने सिर के ऊपर धारण की है, क्या वह धूप से तेरी रक्षा के लिए है ? नहीं, प्रजा के संरक्षण की प्रतीक है वह।" इन स्वाभिमानी और निर्भीक कवियों के कारण प्रजा के प्रति अत्याचार करने से राजा लोग डरते थे।

संघ-काल में साहित्य के विकसित होने तथा कवियों के लिए सम्मान का वातावरण होने के कारण अन्य क्षेत्र के लोग साहित्य की ओर आकर्षित हुए और साहित्य का क्षेत्र विस्तृत हुआ। स्वयं राजा लोग साहित्य में रुचि लेने लगे और कई शासक कवि बने। अरिकुडै नंबी (पांडिय वंश का राजा), नलंकिळ्ळि (चेर वंश का राजा, इरुंपोरै (चोल वंश का राजा) आदि राजा होने के साथ-साथ नामी कवि भी थे।

अरुवै वणिकन, सात्तनार आदि संघ-काल के प्रख्यात कवि वृत्ति से वणिक् थे। वेलालन नाम के कवि कृषक थे। मदुरै कुयवनार कुम्हार थे। साहित्य-सृजन में नारियों का भी योगदान हुआ। अव्वैयार, आदि मांतियार, वेण्णी कुयतियार आदि संघ-काल की प्रख्यात कवयित्रियाँ थीं।

संघ-काल में साहित्य का जो विकास हुआ, वह बाद के कई युगों की तुलना में अधिक रहा क्योंकि साहित्य के लिए इस युग में एक सुखमय वातावरण था। साहित्यकारों को शासन की ओर से तथा जनता की ओर से सम्मान मिल रहा था। इसीलिए यह युग तमिल-साहित्य के इतिहास का स्वर्ण युग सिद्ध हुआ।

तीन संघ

संघ-काल में साहित्यकारों की संघ कही जानेवाली ये संस्थाएँ अलग-अलग समय में अलग-अलग स्थानों पर स्थापित हुई थीं। ये संघ क्रमशः प्रथम संघ, मध्य का संघ और अंतिम संघ कहलाये। कहा जाता है कि प्रथम संघ कन्याकुमारी के भी आगे दक्षिण में स्थित तेनमदुरै नामक शहर,जो महाप्रलय में समुद्र में डूब गया था, में विद्यमान था। उस संघ से 546 तमिल के कवि सम्बद्ध थे जिनमें मुनिश्रेष्ठ अगस्त्य प्रमुख थे। 'परिपाडल', 'मुदुनारै', 'मुदुकुरुगु' आदि इस युग में रचे गये प्रमुख साहित्य-ग्रंथ थे। अगस्त्य-कृत 'अगस्त्यम' नामक ग्रन्थ इस युग का मूल ग्रंथ था जिसके अनुकरण पर बाकी सभी ग्रन्थों का निर्माण हुआ। मध्य का संघ कपाटपुरम नामक तमिलनाडु के प्राच्य शहर में विद्यमान था। इस संघ में 48 कवि साहित्य की सेवा कर रहे थे। मेतावियार, नक्कीरनार, मरुतन इल नागनार, नल्लंतुवनार आदि इस संघ के प्रख्यात कवि थे। 'अकनानूरु', 'पुरनानूरु', 'रोंकुरुनूरु', 'कुरुंतोहै', 'नट्रिनै', 'पदिट्रुप्पत्तु', 'कलित्तोकै' आदि इस संघ में बने प्रमुख साहित्य-ग्रंथ थे। अंतिम संघ वडमदुरै शहर में विद्यमान था। वडमदुरै वर्तमान मदुरै शहर का पुराना नाम था।

तमिल-साहित्य के आदि काल के इन तीनों संघों के अस्तित्व के बारे में उन संघों में बने ग्रन्थों में टिप्पणियाँ मिलती हैं। प्राचीन शिलालेखों में भी इनका उल्लेख हुआ है। मगर तमिल के कुछ विद्वानों ने आदि काल के तीनों संघों को कल्पित कहा है। शिवराज पिल्लै नाम के प्रसिद्ध विद्वान् ने साफ-साफ कहा है कि संघम नामक संस्थान था ही नहीं। किंतु संघों के अस्तित्व का प्रमाण प्राप्त होता है। चेन्नई के अजायबघर में प्रदर्शित चिन्नमनूर ताम्रपत्र में इस प्रकार का उल्लेख मिलता है– "महाभारतम तमिल पडुत्तुम मदुरापुरी संघम वैतुम", अर्थात् 'महाभारत' को तमिल में रूपांतरित करानेवाले मदुरा शहर के संघ में से होकर ....! इस उल्लेख से संघ के अस्तित्व का संकेत मिलता है।

2. संघोत्तर काल

मदुरै शहर में स्थित अंतिम संघ तथा छठी शती ई॰ के अंत के बीच की अवधि को तमिल-साहित्य के इतिहास का 'संघम मरुविय कालम' (संघ के परिवर्तित रूप

का युग) कहा गया है। इस समय संघ-काल के चेर, चोल तथा पांडिय वंश के तमिल राजाओं के शासन का अंत हो गया था। तृतीय शती ई॰ में तमिल प्रदेश गैर तमिलभाषी राजाओं के अधीन आ गया था। चोल तथा पांडिय वंश के तमिल राजाओं के शासन का अंत कळप्पिरर् नामक राजवंश के राजाओं के द्वारा कर दिया गया था। इसी तरह चेर राजाओं के शासन को पल्लवर नामक राजवंश के राजाओं ने समाप्त कर दिया था। कळप्पिरर् की भाषा पाली तथा पल्लवर की भाषा प्राकृत थी। इन राजाओं ने तमिल-साहित्य के विकास के लिए कुछ नहीं किया। अतः इस युग में तमिल-साहित्य का प्रचार-प्रसार मंद पड़ गया था। इसी कारण इस युग को 'इरुण्ड कालम' अर्थात् अंधकार-युग कहा गया।

इस अंधकार-युग में भी तमिल के कई ग्रन्थों का निर्माण हुआ। छोटे-छोटे आकार के अठारह ग्रन्थों की रचना हुई। इन सब ग्रन्थों का एक सामूहिक नाम दिया गया—'पतिनेन् कील कणक्कु नूलकल'। इन ग्रंथों में संत तिरुवल्लुवर-कृत 'तिरुक्कुरल' तथा जैन धर्म के आचार्यों द्वारा रचित 'नालडियार' प्रमुख थे। 'तिरुक्कुरल' हिंदी के दोहे-जैसे दो पंक्तियोंवाले 1330 पद्यों का एक नीतिग्रंथ है। इसके पहले इतने छोटे आकार के छंद में काव्य-रचना करने का रिवाज तमिल-साहित्य में नहीं था। अतः नयी काव्य-शैली में पहले पहल बने ग्रंथ के रूप में 'तिरुक्कुरल' बहुत लोकप्रिय हुआ। उत्कृष्ट सिद्धांत को संक्षेप में प्रस्तुत करना 'तिरुक्कुरल' की अपनी विशेषता थी। 'तिरुक्कुरल' के रचयिता तिरुवल्लुवर एक संत कवि थे। हिंदी के कबीर के समान आप भी एक जुलाहे थे। जीवन के सभी पक्षों के लिए 'तिरुक्कुरल' से संदेश मिलते हैं। अतः यह 'तमिल वेदम' कहलाता है। संसार की लगभग सभी भाषाओं में 'तिरुक्कुरल' का अनुवाद हो गया है। यह विश्व भर में तमिलों की सभ्यता तथा संस्कृति का प्रचार करनेवाला ग्रंथ बना। इसे तमिलों का वेद कहें तो अत्युक्ति न होगी। 'तिरुक्कुरल' की प्रशंसा में समकालीन एक सौ कवियों ने जो पद्य प्रस्तुत किये उनके संकलन के रूप में 'तिरुवल्लुव मालै' नामक एक पृथक् ग्रन्थ ही बन गया।

तिरुक्कुरल की ही भाँति 'नालडियार' नामक ग्रंथ भी लोकप्रिय हुआ था। यह ग्रंथ हिन्दी के चौपाई-जैसे चार पंक्तियोंवाले छंद में रचा गया ग्रंथ था। कहा जाता है कि जैन धर्म के कई आचार्यों ने मिलकर इसकी रचना की थी। 'नालडियार' में कुल मिलाकर चार सौ पद्य संगृहीत हैं। यह भी एक नीतिविषयक ग्रंथ था। 'तिरुक्कुरल' तथा 'नालडियार' में कई समानताएँ दिखायी देती हैं। इसको लेकर विशेषज्ञ अनुमान लगाते हैं कि 'तिरुक्कुरल' के अनुकरण पर ही 'नालडियार' की रचना हुई है। इन दोनों ग्रंथों में दृष्टिगोचर होनेवाली कई समानताएँ इस बात की पुष्टि करती हैं। 'तिरुक्कुरल' तथा 'नालडियार', दोनों तमिल के वेन्पा नामक छंद में रचित ग्रंथ थे। 'तिरुक्कुरल' तीन भागों में विभक्त है। प्रथम भाग धर्म-विषयक, द्वितीय अर्थ-विषयक और तृतीय काम से संबंधित है। 'तिरुक्कुरल' की ही भाँति 'नालडियार' भी तीन भागों में विभक्त

है। प्रत्येक विभाग में विभिन्न अध्याय हैं और प्रत्येक अध्याय में दस-दस पद्य रखे गये हैं।

'तिरुक्कुरल' तथा 'नालडियार' समेत अंधकार-युग के अठारह ग्रंथों के नाम इस प्रकार हैं—

1. 'तिरुक्कुरल', 2. 'नालडियार', 3. 'नन मणिक्कडिकै', (वेन्पा छंद के 104 पद्य), 4. 'इनियवै नारपतु' (वेन्पा छंद के 41 पद्य), 5. 'इन्ना नारपतु' (वेन्पा छंद के 41 पद्य), 6. 'कार नारपतु' (40 पद्य), 7. 'कळवली नारपतु, (40 पद्य), 8. 'तिणैमाले एम्पतु', (वेन्पा छंद के 50 पद्य), 9. 'तिणैमाले नूट्रैम्पतु' (150 पद्य), 10. 'ऐंतिणै ऐम्पदु' (पाँच अध्यायों में दस-दस पद्य), 11. 'ऐंतिणै एलुपदु' (70 पद्य), 12. 'तिरिकडुकम' (101 पद्य), 13. 'आसार कोवै' (100 पद्य), 14. 'पलमोली' (400 पद्य), 15 'सिरु पंच मूलम्' (102 पद्य), 16. 'मुतुमोलि कांचि' (100 पद्य), 17. 'एलादि' (71 पद्य) और 18. 'कैनिलै' (60 पद्य)।

इन अठारह ग्रंथों में 'तिरुक्कुरल', 'नालडियार' आदि ग्यारह ग्रंथ नीति-विषयक हैं। 'काव्य नारपतु', 'कळवली नारपतु', 'तिणैमाले नूट्रैप्पदु', 'ऐंतिणै ऐम्पदु', 'ऐंतिणै एलुपदु' और 'कैनिलै' ये छह ग्रंथ नायक-नायिका के प्रेम-व्यापार की चर्चा करते हैं।

इसी अंधकार-युग में 'चिलप्पधिकारम' और 'मणिमेकलै' नामक दो श्रेष्ठ महाकाव्यों की भी रचना हुई। ये दोनों महाकाव्य एक ही कथावस्तु पर बने दो अलग-अलग कवियों के दो अलग-अलग महाकाव्य थे। अतः ये दोनों 'इरटै काप्पियम' (जुड़वें महाकाव्य) कहलाये। इनमें 'चिलप्पधिकारम' के रचयिता इलंगोवडिकल एक संत कवि थे। 'मणिमेकलै' के रचयिता सत्तानार और इलंगोवडिकल, दोनों समकालीन कवि थे।

चिलप्पधिकारम—'चिलप्पधिकारम' के रचनाकार इलंगोवडिकल चेर राजवंश के युवराज थे। राज्यसत्ता छोड़कर आपने संन्यास ले लिया था। 'चिलप्पधिकारम' की रचना करके आपने तमिल-साहित्य में एक महान् क्रांतिकारी कार्य किया था। तमिल के महाकाव्यों के लिए प्रमुख पात्र के रूप में एक क्षत्रिय राजकुमार का होना अनिवार्य था। इलंगोवडिकल ने इस नियम का उल्लंघन करते हुए एक मामूली घरेलू औरत कण्णकि को अपने महाकाव्य का मुख्य पात्र बनाया। इसके कारण 'चिलप्पधिकारम' को 'कुडिमक्कल काप्पियम' (प्रजाजनों का महाकाव्य) कहा गया। इस महाकाव्य में कुल मिलाकर तीस अंक हैं। प्रत्येक अंक 'काथै' कहलाता है। महाकाव्य की कथा के अनुसार कण्णकि के पति कोवलन को गलती से पांडिय राजा द्वारा मृत्युदंड दे दिया जाता है। कोवलन की पत्नी कण्णकि पांडिय राजा के खुले दरबार में अपने पति को निर्दोष साबित करती है। गलती के एहसास होने पर राजा तुरंत गद्दी से गिर कर प्राण त्याग देता है। इस प्रकार इस महाकाव्य ने प्राचीन तमिल राजाओं की निष्पक्ष शासन-नीति का भी वर्णन किया है।

मणिमेकलै—'चिलप्पधिकारम' की ही एक प्रमुख स्त्री पात्र थी माधवि की सुपुत्री

मणिमेकलै। 'मणिमेकलै' उसीके जीवनवृत्त पर बना महाकाव्य था। इसके रचयिता कविवर सात्तनार थे। आप बौद्ध धर्म के अनुयायी थे। बौद्ध धर्म के सिद्धांतों के प्रचार करने के उद्देश्य से ही आपने इस महाकाव्य की रचना की। महाकाव्य की कथा के अनुसार नायिका मणिमेकलै लौकिक जीवन का त्याग कर बौद्ध भिक्षुणी बनी थी। तपोबल से उसने एक ऐसा अद्भुत पात्र प्राप्त किया था जो माँगने पर भोजन प्रदान करता था। उसे लेकर मणिमेकलै भूखों को भोजन कराती थी। कैदखाने में जाकर कैदियों के बीच धर्म का प्रचार करती थी। इस प्रकार वह कैदखाने को सद्भावना का घर बना देती थी। 'मणिमेकलै' महाकाव्य 'चिलप्पधिकारम' की ही भाँति तीस अंकों का महाकाव्य था। 'चिलप्पधिकारम' की ही भाँति इसमें अंक को काथै कहा गया है।

अंधकार युग में ईश्वर-भक्ति का विकास–तमिल-साहित्य के इसी अंधकार युग में विष्णु धर्म तथा शैव धर्म के कई प्रमुख संत-महात्माओं का आविर्भाव हुआ। विष्णु धर्म के महात्माओं में बारह प्रमुख माने जाते थे। 'आलवार' कहे जानेवाले ये बारहों 'पन्निरु आलवारकल' (बारह की संख्या में आलवार संत) के नाम से प्रख्यात हुए। इन आलवार संतों में पेयालवार सर्वप्रथम थे। पूतत्तालवार, पोय्कैयालवार आदि इस युग के अन्य लोकप्रिय आलवार संत थे।

शैव धर्म के संत कवियों में प्रख्यात महिला संत कारैकालअम्मैयार इसी युग की थी। शैव धर्म-ग्रन्थों में 'पेरियपुराणम्' का विशिष्ट स्थान है। इसमें 63 नायनमारों का जीवनवृत्त वर्णित है। यह बारहवीं शती की रचना है। इसी अवधि में कई शैव पौराणिक ग्रंथ रचे गये।

तमिल प्रांत के अठारह ज्ञात सिद्धों में पतिनेणसित्तर (तिरुमूलर) नाम के संत कवि सर्वप्रमुख थे। वे भगवान् शिव के अनन्य भक्त थे। शिव की उपासना में उन्होंने कई हजार भक्ति-प्रधान कविताओं की रचना की थी। उनका जीवन-काल पाँचवीं शती के अंतिम तथा छठी शती के प्रारम्भिक चरण के मध्य माना जाता है। अंधकार युग के तिरुमूलर ने भगवान् शिव की उपासना के मामले में कठोर नियमों को निर्धारित किया था। अपने नाम के लिए आराधना करना, भक्ति के नाम पर लौकिक लाभ उठाने का प्रयास करना, दिखावे के लिए भक्त का वेष धारण करना आदि का आप घोर खंडन करते थे। इस कारण आधुनिक काल के भक्तिकाव्य के विशेषज्ञ उन्हें 'दक्षिणी कबीर' कहते हैं। तिरुमूलर तपश्चर्या को आध्यात्मिक जीवन का मूल मानते थे। तीर्थ स्थानों का भ्रमण करते थे। उसी सिलसिले में जब आपने उत्तर भारत के कई पुण्य क्षेत्रों का पर्यटन किया तब संस्कृत भाषा सीखी तथा उसमें विद्वान् बने। कहा जाता है कि उसी अवसर पर संस्कृत का पवित्र ग्रन्थ जिसका नाम 'मंत्रमालिका' था, आपका प्रिय ग्रन्थ बना और उसीके अनुकरण पर आपने अपना महान् ग्रंथ 'तिरुमंतिरम' (पवित्र मंत्र) का निर्माण किया। 'तिरुमंतिरम' तीन हजार पद्योंवाला बृहत् ग्रन्थ है। यह ग्रन्थ प्रमुख रूप से नौ भागों में विभक्त हुआ है जिसका प्रत्येक

भाग 'मंत्र' कहलाता है। तिरुमूलर अपनी मातृभाषा तमिल के बड़े प्रेमी थे। वे कहते थे– "एन्नै इरैवन नन्ड्रक पडैत्तान तन्नै नन्राळ तमिल चेययुमारे" अर्थात् ईश्वर ने मेरी सृष्टि इसलिए की है कि मैं उनकी स्तुति तमिल भाषा में करूँ" (तिरुमंतिरम : 81)।

अंधकार युग में अधिक मात्रा में नीति-विषयक एवं भक्ति-प्रधान ग्रन्थ बने। शायद यह गैर-तमिल राजाओं के द्वारा तमिलों पर सत्ता जमाने का असर था। साहित्यकारों ने लौकिक जीवन के व्यापार से सर्वथा अपना ध्यान हटा लिया और आध्यात्मिक जीवन में मन लगाने लगे।

3. पल्लव राजाओं का काल

तमिल-साहित्य के इतिहास के अंधकार युग में जब कळप्पिरर् शासन कर रहे थे तब वे बौद्ध तथा जैन धर्म को ही प्रोत्साहन देते थे। छठी शती के अंत में इनके शासन का अंत हुआ। तमिल के पांडिय वंश के राजाओं में नेडुमारन नामक राजा ने उस पर चढ़ाई की और उसे परास्त किया। उत्तरी तमिल प्रदेश में प्रख्यात काँची महानगरी को राजधानी बनाकर पल्लव शासन करने लगे। तमिलों के लिए यह समृद्धि का युग साबित हुआ। शैव तथा विष्णु धर्म को पुनः जीवनदान मिला। शैव धर्म के कई संत कवियों तथा विष्णु धर्म के आलवार नाम से प्रख्यात संतों ने भक्तिप्रधान रचनाओं के द्वारा तमिल-साहित्य को समृद्ध बनाया। अतः इसे तमिल-साहित्य के इतिहास का 'भक्तियुग' कहें तो अत्युक्ति नहीं होगी।

नायनमार–शैव धर्म के संत कवियों को तमिल में 'नायनमार' कहा गया। वैसे, इस युग में 'नालवर' कहे जानेवाले (चार की संख्या के शैव संत) चार महान् संतों तिरुज्ञान सम्बन्धर, तिरुनावुकरसर, सुन्दरमूर्ति नायनार और माणिक्कवाचकर ने अपनी भक्तिप्रधान काव्य-रचनाओं से तमिल-साहित्य को समृद्ध बनाया। उन्होंने अपने आराध्य भगवान् शिव की स्तुति में भक्तिरसप्रधान गीतों की रचना की जिनका संग्रह 'पतिकम' कहलाया। तिरुज्ञानसम्बन्धर तमिलनाडु के सीर्कीलि नामक शहर के ब्राह्मण थे। आप शैव धर्म के प्रमुख आचार्य थे। आपने जैन धर्म के कट्टर समर्थक पांडिय राजा नेडुमारन को शैव धर्म का अनुयायी बना दिया। उनके द्वारा रचित 384 पतिकम (दस-दस की संख्या के गीत-समूह) के गीत आज भी शिवालयों में गाये जाते हैं।

तिरुनावुकरसर भी तिरुज्ञानसम्बन्धर के समान इस समय के प्रख्यात शैव धर्म के आचार्य थे। आप'अप्पर' कहलाये। आप बड़े स्वाभिमानी संत कवि थे। एक बार जब राजा ने आपको बुला भेजा तो आपने उसके सम्मुख जाने से इनकार कर दिया और कहला भेजा–"यामारळूकुम कुटियल्लोम, नमनै अंचोम" अर्थात् हम किसी की प्रजा नहीं हैं, हम यमराज से भी नहीं डरते हैं।" आपने 311 पवित्र पतिकम की रचना की थी। आपका उपदेश मानकर राजा महेंद्र वर्मा पल्लव प्रथम ने जैन धर्म छोड़कर शैव धर्म को अपना लिया था। तिरुच्ची शहर में स्थित शिलालेख पर इसका उल्लेख

हुआ है। तिरुज्ञानसम्बन्धर की तरह आप भी सातवीं शती के थे।

सुन्दरमूर्ति नायनार भी ब्राह्मण थे। वे भगवान् शिव के अनन्य भक्त थे। उन्होंने भी भगवान् शिव की स्तुति में पतिकम नाम के गीतों की रचना की। उनके द्वारा रचे गये 'पित्ता पिरै सूडि ....', 'पोन्नार मेनियने ......' से प्रारम्भ होनेवाले उनके गीतों को पुजारी आज भी मंदिरों में श्लोकों के समान दुहराते हैं।

माणिक्कवाचकर शैव धर्म के एक और महान् संत कवि थे। वे प्रारंभ में पांडिय वंश के राजा अरिमर्दन पांडियन की मंत्रिपरिषद् में वित्त मंत्री थे। एक बार राजा की आज्ञा लेकर घोड़े खरीदने निकले तो भगवान् शिव के प्रति अपार भक्ति के कारण उस धन से शिव के लिए मंदिर बनवा दिया। कहा जाता है कि भगवान् शिव ने जंगली सियारों को घोड़ों के रूप में परिणत कर राजा के पास भिजवा दिया और इस प्रकार माणिक्कवाचकर को राजदण्ड से बचा लिया। 'तिरुवाचकम' उनका भक्तिरसप्रधान प्रख्यात ग्रंथ था। भगवान् शिव की आराधना में विविध काव्य-शैलियों में रचे गये गीत इस ग्रंथ में संगृहीत हुए हैं। विलायती विद्वान् डॉ॰ जी॰यू॰ पोप ने जब 'तिरुवाचकम' का अध्ययन किया तब उसने कहा कि इसका अध्ययन करते-करते मेरी आँखें डबडबा आयीं। उसने इस ग्रंथ को अँगरेजी में रूपांतरित भी किया।

विष्णुधर्म के बारह आलवार (पन्निरु आलवारकल) संतों में पेयालवार, भूदत्तालवार तथा पोय्कैयालवार, इन प्रथम तीन आलवार संतों के अलावा सब के सब इसी युग के थे। इन संतों के नाम इस प्रकार हैं– तिरुमलिसै आलवार, पेरियालवार, आण्डाल (महिला संत), तिरुमंगैयालवार, तोण्डरडि पोडियालवार, तिरुप्पाणालवार, कुलशेकर आलवार, नम्मालवार और मदुरकवियालवार।

बौद्ध धर्म का साहित्य–तृतीय शती में ही सम्राट् अशोक द्वारा भगवान् बुद्ध के धर्म का प्रचार तमिलनाडु में हुआ था। तमिल-साहित्य के इतिहास के पल्लव-युग में शैव तथा विष्णु धर्म के साथ-साथ बौद्ध धर्म का भी प्रचार हुआ। तमिलनाडु के नागपट्टिनम नामक प्राचीन शहर में बौद्ध धर्मावलंबियों के मठ की स्थापना हुई थी। अरवण अडिकल, सोमित्रर, धर्मपालर आदि बौद्ध धर्म के कवियों ने तमिल भाषा में रचनाएँ कर तमिल-साहित्य के विकास में भी योगदान किया। 'जीवकचिंतामणि', 'चिलप्पधिकारम', 'मणिमेकलै', 'वळैयापति' और 'कुण्डलकेशी' नामक तमिल के पंच महाकाव्यों में अंतिम दो महाकाव्यों की रचना इसी युग में हुई।

जैन धर्म का साहित्य जैनधर्म-विषयक तमिल-साहित्य द्वारा भी इस युग में जैनधर्म का व्यापक प्रचार हुआ। बौद्धधर्म के लोग तमिलनाडु में जब आये तभी जैन धर्म के लोग भी यहाँ आकर निवास करने लगे थे। मदुरै शहर में वज्रनंदी नाम से जैनों के संघ की स्थापना हुई थी। पल्लव वंश के राजाओं में महेंद्र वर्म पल्लव संत तिरुनावुकरसर के द्वारा शैव धर्म में दीक्षित किये जाने के पूर्व जैन धर्म का कट्टर अनुयायी था। उसके प्रोत्साहन से जैन धर्म का प्रचार तमिलनाडु में जोर-शोर से हुआ

था। तमिल का सर्वप्रथम माना जानेवाला महाकाव्य 'जीवकचिंतामणि' जैन आचार्यों द्वारा रचित था। इन साहित्यकारों के द्वारा तमिल-व्याकरण का क्षेत्र भी समृद्ध बना।

मगर इस अवस्था में तमिल की रचनाओं में संस्कृत के शब्दों का सम्मिश्रण भारी मात्रा में हुआ। तमिल तथा संस्कृत-मिश्रित एक विशिष्ट भाषा-शैली का उद्भव इस युग में हुआ। तमिलों के युद्धशास्त्र के विशिष्ट ग्रन्थ 'पुरप्पोरुल बेन्बा मालै' तथा प्रेमकाव्य के विशाल ग्रन्थ 'इरैयनार कळ वियल उरै' का निर्माण इसी युग में हुआ। संस्कृत की 'बृहत् कथा' के अनुकरण पर तमिल में 'बृहत कथा' (पेरुंकथै) नामक एक महाकाव्य की रचना इस युग में हुई।

पल्लवों के युग में बने उल्लेखनीय ग्रंथों में 'नंदी कलम्बकम' नामक काव्य प्रमुख था। यह पल्लव वंश के प्रख्यात राजा नंदी वर्म पल्लव की युद्ध-रीति का वर्णन करनेवाला ग्रन्थ था। तमिल में 'कलम्बकम' एक विचित्र प्रकार की काव्य-रचना थी जिसमें विभिन्न प्रकार की शैली में बने पद्य मिश्रित होकर आते थे।

तमिल-साहित्य के इतिहास के इस पल्लव युग में तमिल के गद्य-साहित्य का भी सृजन हुआ। इसके पूर्व तमिल में रचित साहित्य सब के सब काव्य के रूप में ही थे। इस युग में रचित 'श्रीपुराणम' गद्य-साहित्य का प्रथम उदाहरण था। इसके अलावा इस युग में आलोचना के कई ग्रंथ भी रचे गये।

4. चोल राजाओं का काल

नौवीं शती ई॰ के मध्यकाल में चोल वंश के राजा ने मुत्तरैयर नामक गैर-तमिल राजवंश के राजा से सत्ता छीनकर तमिलनाडु के तंजावूर से आगे तक अपनी राज्य-सीमा को विस्तृत कर लिया था। तब से चोलवंश का शासन पुनः तमिलनाडु में स्थापित हुआ। इतिहासकारों के अनुसार तमिल-संस्कृति का यह स्वर्ण-युग था। तमिल-साहित्य के विकास के लिए सरकार की ओर से बहुत प्रोत्साहन मिला। 'कम्ब रामायण' के रचयिता कम्ब इसी युग के थे। शैव धर्म के प्रख्यात संत कवि चेक्किलार भी इसी काल के थे।

'जीवकचिंतामणि', 'चिलप्पधिकारम' आदि तमिल के पंच महाकाव्यों की तरह पाँच छोटे-छोटे महाकाव्यों का भी सृजन इस युग में हुआ। ये 'ऐंचिरुकाप्पियंकल' कहलाये। 'उतयणकुमार काव्यम', 'नाग कुमार काव्यम', 'यशोधर काव्यम', 'सूळामणि' और 'नीलकेशी' इनके नाम थे। 'नंबीयलपोरुल' (प्रेमकाव्य ग्रंथ), याप्परुंगल कारिकै' (छंद-विन्यास का ग्रंथ), 'याप्परुंगल विरुत्ती' (छंदशास्त्र का विलक्षण ग्रंथ), 'नेमिनातम' (वर्ण तथा शब्द की परिभाषा का ग्रंथ), 'वच्चणंति मालै' (काव्यों की परिभाषा का ग्रंथ), 'वीर चोलियम' (वर्ण, शब्द, भाव, छंद तथा अलंकार के व्याकरणों का ग्रंथ), 'नन्नूल' (वर्ण, शब्द तथा काव्य के व्याकरण का ग्रंथ), तंडियलंगारम' (संस्कृत के 'काव्यदर्पण' ग्रंथ का तमिल-रूपांतर) आदि तमिल के विशिष्ट ग्रंथों का निर्माण इसी युग में हुआ।

इनके अलावा तमिल के शब्दों की परिभाषा बतानेवाले 'निगण्डु' नामधारी ग्रंथों की भी रचना इसी युग में हुई। कुछ वैसे निगण्डु ग्रंथों के नाम इस प्रकार हैं—'तिवाकर निगण्डु', 'पिंगल निगण्डु', 'चूडामणि निगण्डु', 'उरिच्चोल निगण्डु', 'कयातर निगण्डु' और 'आसिरियम निगण्डु'।

इस युग के लोकप्रिय साहित्यकार

अव्वैयार—आप इस युग की प्रख्यात कवयित्री थीं। आप संघकालीन अव्वैयार से पृथक् थीं। तमिलों की पौराणिक कथाओं में भी एक अव्वैयार नाम आता है। 'अव्वैयार' नामधारिणी सभी कवयित्रियाँ वयोवृद्ध थीं। वयोवृद्ध महिला साहित्यकारों को 'अव्वैयार' नाम से पुकारना शायद तमिलों का रिवाज था। संघकाल की अव्वैयार तो चारण कवि होकर राजाश्रय में रहती थीं। चोल युग की अव्वैयार स्वतंत्र रूप से काव्य की रचना करती थीं। इनकी रचनाएँ अधिकतर नीति-विषयक थीं। 'आत्ती चूडि', 'मूतुरै', 'वाक्कुण्डाम' आदि इनके ग्रंथ थे।

चेक्किलार—आप शैव धर्म के प्रख्यात आचार्य थे। आपने 'पेरिय पुराणम' (बृहत् पुराण) नामक महान् काव्य-ग्रन्थ की रचना की थी। शैव धर्म के तिरसठ संतों के जीवनवृत्त को इस ग्रंथ में काव्य के रूप में वर्णित किया गया है। एक महाकाव्य के सारे लक्षण इस ग्रंथ में पूर्ण रूप से नहीं थे, फिर भी, सृजन की विशेषता के कारण यह महाकाव्य कहलाया।

महाकवि कम्बन—'वाल्मीकि रामायण' से प्रेरणा लेकर कम्बन ने तमिल में 'कम्ब रामायणम' महाकाव्य की रचना की और 'कविचक्रवर्ती' की उपाधि से विभूषित हुए। उन्नीसवीं शती के महाकवि भारती ने तमिल के तीन कवियों को श्रेष्ठ मानते हुए कहा था— "याम कण्ड पुलवरिले कंबनै पोल, बल्लुवरै पोल, इलंगो पोल यांगणुम कण्डतिल्लै" अर्थात् हमने कितने ही कवि देखे मगर कम्बन, तिरुवल्लुवर और इलंगो-वडिकल जैसा कहीं नहीं देखा। इस प्रकार भारती ने तमिल के तीन प्रमुख कवियों में कम्बन को प्रथम स्थान दिया।

कम्बन की 'रामायण' तमिल का एक बृहत् ग्रन्थ है। ग्रन्थ छह खंडों में विभक्त है। खंडों के अंतर्गत 'पटलम' शीर्षक से उपखंड भी हैं जिनकी संख्या 113 है। ग्रन्थ में कुल 10,500 पद्य हैं। कवि कम्बन का समय 12वीं शती माना जाता है। 'रामायण' के अलावा कवि कम्बन ने तमिल में 'सडगोपर अंतादि', 'सरस्वती अंतादि', 'एरेलुवतु' आदि ग्रंथों की भी रचना की थी। कम्बन के सुपुत्र अंबिकापति भी एक कवि थे। 'अंबिकापति कोवै' आपका ग्रन्थ है।

ओट्टूट कूत्तर—कविवर कम्बन के समान ही ओट्टूट कूत्तर भी प्रख्यात थे। इनके काव्य-कौशल को देखकर इनको 'कवि राक्षस' कहा गया। इन्होंने 'उला' नामक एक नये काव्य-प्रकार की उद्घावना की। किसी देवता अथवा किसी राजनरेश के परिजन समेत सजधज कर जुलूस में निकलते समय की छवि का वर्णन करनेवाली

काव्य-रचना 'उला' कहलायी। कूत्तर ने कुलोत्तुंग चोल, उसके पुत्र राज राज चोल और विक्रम चोल राजनरेशों पर इस प्रकार के उला काव्यों की रचना की। ये तीनों रचनाएँ 'मूवर उला' (तीन उला) के नाम से तमिल-साहित्य के इतिहास में प्रख्यात हुईं।

पुकलेंति–तमिल में 'पुकल' का अर्थ होता है 'यश'। तमिल के काव्य-जगत् में प्रभूत यश प्राप्त करने के कारण ये 'पुकलेंति' नाम से विख्यात थे। महाकवि कम्बन और ओट्टट कूत्तर के समान ही ये एक महान् कवि थे। तमिल के वेन्बा छंद के प्रयोग करने में आप बेजोड़ थे। पूर्ण रूप से वेन्बा छंद (चार पंक्तियोंवाला पद्य) का प्रयोग करके आपने 'नलवेन्बा' नामक एक महाकाव्य की रचना की। 'नळवेन्बा' महाकाव्य 'महाभारत' के नलोपाख्यान पर आधारित है। पुकलेंति तेरहवीं शती के थे।

इस प्रकार, तमिल-साहित्य के इतिहास का चोल-काल सभी प्रकार से समृद्ध रहा। 'कम्ब रामायण' जैसे महान् ग्रंथ तथा चेक्किलार-सदृश महान् साहित्यकार को लेकर यह युग हमेशा स्मरणीय होगा।

5. नायक्कर राजाओं का काल

तमिलनाडु में 15वीं शताब्दी में जब 'नायक्कर' नाम के राजवंश के राजाओं का शासन कायम हुआ तब तमिल-साहित्य के विकास को और भी बहुत प्रोत्साहन मिला। नायक्कर राजाओं के समय मुसलमानों की सत्ता का अंत हुआ। मुसलमानों के चंगुल से हिन्दुओं को छुटकारा मिला। नायक्कर राजाओं के प्रोत्साहन से हिन्दू धर्म का प्रचार प्रबल हुआ। फलस्वरूप शैव धर्म के कई शास्त्र-ग्रंथों की रचना हुई। वैसे प्रमुख ग्रंथों की संख्या चौदह है। उनके तथा उनके रचनाकारों के नाम इस प्रकार हैं–

ग्रन्थ का नाम	रचनाकार का नाम
1. विरुवुंतियार	उय्यवंत देवर
2. तिरुकलिटु पाडियार	तिरुकडवूर देवर
3. शिवज्ञान पोतम	मेय कण्डार
4. शिवज्ञान सित्तियार	अरुणंति शिवाचारियार
5. इरुपता इरुपहतु	"
6. उण्मै विलक्कम	मनवासं कटंतार
7. शिव प्रहासम	उमापति शिवा चारियार
8. तिरुवरुट पयन	"
9. विना वेन्बा	"
10. पोटरी पकरोडै वेन्बा	"
11. कोटि कवि	"
12. नेंजु विडु तूतु	"
13. उण्मै नेरी विळक्कम	"
14. संकलप निराकरणम	"

विष्णु धर्म के साहित्यकारों के लिए भी यह उत्तम युग साबित हुआ। आलवार संतों के द्वारा रचित 'पासुरम' नाम के 4000 पद्यों के 'नालायिरम दिव्य प्रबन्धम' ग्रंथ की एक बृहत् आलोचना इसी समय लिखी गयी।

तमिल के 'पतिनेण सित्तर' (अठारह सिद्ध) कहलानेवाले सिद्धों में तिरुमूलर को छोड़कर शेष सभी सिद्ध इसी युग के थे। सिद्ध लोग जंगली बूटियों के द्वारा रोगों की चिकित्सा करनेवाली सिद्ध चिकित्सा पद्धति के निपुण वैद्य भी थे। सिद्ध चिकित्सा पद्धति के कई ग्रंथ आप लोगों ने लिखे। इसके अलावा मंत्र-पाठ तथा योगासन-शास्त्र के ग्रंथों की रचना भी आप लोगों ने की। इन सिद्धों में अगस्त्य प्रमुख थे। इसलिए बाद के युगों में भी जड़ी-बूटियों की चिकित्सा-प्रणाली के कई ग्रंथ अगस्त्य के नाम पर ही प्रकाशित हुए। 'अगस्त्य गुण कडकम', 'अगस्त्य गुरु नाडि', 'अगस्त्य वैध्यम', 'अगस्त्य ज्ञानम', 'अगस्त्य नयनविधि', 'अगस्त्य पदार्थ गुण चिंतामणि' आदि वैसे ग्रंथ थे।

इस युग में तमिल के प्रसिद्ध व्याकरण-ग्रंथों की आलोचनाएँ लिखी गयीं। इलंपूरणर, पेरासिरियर, सेना वरैयर, नच्चिनारकिनियर, परिमेललकर आदि इस युग के प्रमुख आलोचक थे। इनमें परिमेललकर ने 'तिरुक्कुरल' की आलोचना लिखी। अडियारक्कु नल्लार नामक विद्वान् ने 'चिलप्पधिकारम' महाकाव्य पर एक बृहत् आलोचना-ग्रंथ प्रस्तुत किया।

अन्य प्रकार के ग्रंथ–इस युग में उत्तर भारत में प्रचलित कई ग्रंथों का रूपांतर प्रस्तुत किया गया। इसके अलावा विभिन्न शैली के काव्य-ग्रंथों का निर्माण भी इस युग में हुआ जिनके रचयिताओं के नाम इस प्रकार हैं–

अंतक कवि वीर राघव मुतलियार–आपने श्रीलंका जाकर वहाँ के राजा पररास सेकरन की स्तुति गाकर पुरस्कार पाया।

अतिवीर राम पांडियर–आप एक साहित्यकार मात्र नहीं थे, एक राजा भी थे। दक्षिणोत्तर तमिलनाडु के तेन काशी नामक शहर में आपने एक मंदिर बनवाया था। 'नैटदम' आपका ग्रन्थ है।

कच्चियप्प मुनिवर–आप एक मुनिश्रेष्ठ थे। पुराणों के **प्रेमी थे**। 'विनायक पुराणम', 'तणिकै पुराणम' आदि आपके रचित पौराणिक ग्रंथ हैं।

वीरककविरायर–राजा हरिश्चंद्र पर आपने एक पुराण लिखा।

मुनै पाडियार–आप जैन धर्म के संत थे। महावीर वर्द्धमान को भगवान् शिव सिद्ध करते हुए एक अपूर्व संदेश का आपने प्रचार किया।

पोय्या मोलि पुलवर–तमिल में 96 प्रकार के प्रबन्धकाव्यों में एक है 'कोवै' जिसमें नायक-नायिका के प्रेम-व्यापार के विभिन्न रूपों का वर्णन होता है। इस विधा में आपने भी एक रचना की। राजा तंजैवाणन के नाम पर चार सौ पद्यों में 'तंजैवाणन कोवै' नाम से आपने एक कोवै ग्रंथ की रचना की। प्रेम संबंधी विषय पर आलोचना

लिखनेवालों को 'तंजैवाणन कोवै' का प्रत्येक पद्य ध्यान में रहता है।

परंजोति मुनिवर–भगवान् शिव की पवित्र क्रीड़ाओं की कथाओं को छंदोबद्ध कर 'तिरुविलैयाडल पुराणम' नामक ग्रंथ की आपने रचना की।

विल्लि पुत्तूरार–उत्तर भारत में प्रचलित 'महाभारत' के आधार पर पांडव, दुर्योधन आदि की कथाओं को महाकाव्य के रूप में प्रस्तुत करनेवाले 'भारतम' नाम के ग्रंथ की आपने रचना की।

अरुणगिरि नादर–वे शैव धर्म के नामी संत थे। आपने भगवान् शिव के सुपुत्र भगवान् सुब्रह्मण्यम की प्रशंसा में 1300 गीतों का एक ग्रंथ बनाया। उसका प्रत्येक गीत तिरुप्पुकल (पवित्र स्तुति) के नाम से प्रख्यात हुआ। अरुणगिरि नादर परंजोति मुनिवर से लगभग 50 वर्ष पूर्व हुए थे।

काळमेघ पुलवर–आप एक कुशल और आशुकवि कवि थे। कहा जाता है कि एक बार वर्षा की माँग करते हुए जब आपने कविता सुनायी तो घोर वर्षा हो गयी। इसीलिए आपका नाम काळमेघम पड़ा जिसका अर्थ था बरसनेवाला बादल।

अति मधुर कवि–ये कालमेघ पुलवर के समकालीन कवि थे। काव्य-विषय को लेकर इन दोनों में बार-बार वाद-विवाद होता था। कालमेघम ने एक बार तर्क में इनको जीत लिया और मधुर कवि के गर्व का अंत हुआ।

इरट्टैयर– 'इरट्टैयर' का अर्थ है 'जुड़वा'। यह दो-दो कवियों का संयुक्त नाम था। पद्य के प्रथम दो चरणों को एक कवि गाता था और दूसरा कवि बाकी दो चरणों को गाकर पद्य को पूरा करता था।

शैव धर्म के मठ–इस युग के अंतिम चरण में अर्थात् 16वीं शती में शैव धर्म के प्रचार के उद्देश्य से कई मठों की स्थापना हुई। इनसे जुड़े संत कवि भक्ति के प्रचार के साथ-साथ साहित्य की सेवा भी करते थे।

दरुमपुर मठम–तिरुपनंताल मठम, मदुरै मठम आदि कुछ ऐसे प्रमुख मठ थे जिनसे तमिल के विकास को प्रोत्साहन मिल रहा था। इस युग के प्रख्यात शैव धर्म के संत कवियों में कुमर गुरुपर स्वामी जी की सेवाएँ उल्लेखनीय हैं। आपने काशी जाकर शैव धर्म के मठ की स्थापना की। संस्कृत में विद्वान् बनकर तमिल की अपार सेवा की।

इस युग के मुसलमान कवि–सकैरै पुलवर, सव्वातु पुलवर, वण्ण कलंचिय पुलवर, मुहम्मद उसैन पुलवर, नयिना मुहमतु पुलवर, उमरु पुलवर आदि इस युग के कुछ प्रमुख मुसलमान कवियों के नाम हैं। इन्होंने भी तमिल में उत्कृष्ट रचनाएँ प्रस्तुत कीं। उमरु पुलवर रचित 'सीरापुराणम' में 'कम्ब रामायण' में वर्णित श्रीरामकथा के अनुकरण पर मुहम्मद नबी की कथा कही गयी है।

6. यूरोपियों का काल

नायकर वंश के राजाओं के शासनकाल में तमिलनाडु में शैव धर्म तथा विष्णु

धर्म प्रबल रूप से उन्नति कर रहे थे। मुसलमानों के शासनकाल में इस्लाम धर्म का विकास तीव्र गति से हुआ। ईसाइयों के इस देश में आने के बाद यहाँ ईसाई धर्म का प्रचार हुआ। भारत में अँगरेजी शासन की स्थापना होने के बाद ईसाई धर्म के पादरी लोग भारत आये। उनका लक्ष्य ईसाई धर्म को यहाँ फैलाना था। इस प्रयास में पूर्ण रूप से कामयाबी हासिल करने के लिए उन्होंने तमिल भाषा सीखी, यहाँ के रीति-रिवाज से परिचित हुए और यहाँ के लोगों के साथ मिल-जुलकर रहे। निस्संदेह, उनके द्वारा तमिल भाषा तथा साहित्य को प्रोत्साहन मिला।

उनके संपर्क से मुख्यतया तमिल का गद्य-साहित्य लोकप्रिय हुआ। इसके पूर्व गद्य-साहित्य का पूर्ण प्रचार तमिलों में न था। इन यूरोपीय साहित्यकारों ने तमिल के अक्षरों में भी सुधार का कार्य किया। शब्दकोशों को यूरोपीय ढंग से तैयार करके प्रयोग करने की आदत भी तमिलों में डाली। इस प्रकार यूरोपियों द्वारा तमिल के विकास के लिए जो पग उठाये गये, उनसे तमिल भाषा की ऐसी सेवा हुई जो सदा स्मरणीय रहेगी। सत्रहवीं से लेकर बीसवीं शती तक इस प्रकार की यूरोपीयों की सेवाएँ तमिलनाडु में जारी रहीं। इस सिलसिले में रापर्ट टी नोबिली, जोसफ पेस्की, सीकन पालगु, ऐललीस दुरै, इरेनियस, जी॰ यु॰ पोप, कालडुवेल आदि के नाम उल्लेखनीय हैं। इनके अतिरिक्त भी कतिपय भारत के ईसाइयों की सेवा तमिल-साहित्य को प्राप्त हुई।

यूरोपीय ईसाई साहित्यकार

रापर्ट टी नोबिली–वे इटली देश से आये थे। तामिलनाडु में आते ही आपने अपने नाम को बदलकर 'तत्व पोतक स्वामी' रख लिया। आप चेन्नई के मयिलापुर में निवास करते थे। आपने 'मंतिरमालै', 'आत्म निराकरणम', 'तत्व कण्णाडी' आदि ग्रंथों की रचना की थी। ये सब के सब गद्य-ग्रंथ थे।

वीर मामुनिवर–इनका असली नाम कान्सटेनटैन जोसफ पेस्की था। सत्रहवीं शती में आप तमिलनाडु आये। तमिल के अक्षरों में महत्त्वपूर्ण ढंग से सुधार लाने का श्रेय आपको था। तमिल शब्दों की परिभाषा बतानेवाले प्राचीन कालीन 'निगण्डु' के आधार पर एक तमिल शब्द के लिए चार-चार समानार्थक शब्द देनेवाले 'चतुरकरादी' शब्दकोश का निर्माण आपने ही किया।

काल्डवल अय्यर–आप आयरलैंड के पादरी थे। आपने खास करके द्रविड़ भाषाओं के तुलनात्मक अध्ययन में रुचि दिखायी। अपने अनुशीलन के आधार पर आपने 'दिराविड मोलिकलिन ओप्पिलक्कणम' (द्रविड़ भाषाओं का तुलनात्मक अध्ययन) नामक ग्रंथ लिखा। यह भाषावैज्ञानिकों के लिए एक उपयोगी ग्रंथ साबित हुआ।

सीकन पाल्गु अय्यर–आप सन् 1806 ई॰ में तमिलनाडु के तरंगम पाडी में आकर निवास करने लगे थे। आपने ताड़ के पत्तों पर लिखित कई तमिल रचनाओं

को पुस्तक के रूप में प्रकाशित कराया।

पोप्पैयर–आप अँगरेजी के विद्वान् थे। आपने पूरे 'तिरुक्कुरल' ग्रंथ को अँगरेजी में रूपांतरित किया। आपने 'तिरुवाचकम' का भी अँगरेजी में अनुवाद प्रस्तुत किया। आप तमिल के बड़े प्रेमी थे। आपकी इच्छा थी कि उनके मरने के बाद कब्र में लिखा जाय कि पोप्पैयर एक तमिल छात्र था।

भारतीय ईसाई साहित्यकार–तमिलनाडु के कुछ लोग जो ईसाई बने थे, उनमें से भी कई तमिल-साहित्यकार निकले। इस प्रकार के साहित्यकारों में वेदनायकम पिल्लै, एच॰ ए॰ कृष्ण पिल्लै, वेदनायकन शास्त्रीयार आदि प्रमुख थे। इनमें वेदनायकम पिल्लै तमिल के उपन्यास-साहित्य के प्रवर्तक माने गये। तमिल के पहले उपन्यास 'सुगुण सुन्दरी' के रचयिता आप ही थे। जिस तरह एक हिंदू कवि के द्वारा 'कम्ब रामायण' और एक मुसलमान कवि के द्वारा 'सीरापुराणम' की रचना हुई, उसी तरह एक ईसाई के द्वारा 'रटचण्य यात्रीकम' की रचना हुई। इसके रचयिता एच॰ ए॰ कृष्ण पिल्लै थे। वेदनायकन शास्त्रीयार ने ईसा मसीह की स्तुति में सैकड़ों गीत लिखे। इनके 'परापर कण्णी', 'ज्ञान कुप्पी', 'ज्ञान एटर पाट्टु' आदि ग्रंथ वैसे गीतों के संग्रह हैं। इनके गीत आज भी गिरजाघरों में संगीत के रूप में गाये जाते हैं।

इस युग के कुछ अन्य तमिल कवि

यूरोपीय युग में यूरोपीय तथा भारतीय ईसाई तमिल साहित्यकारों के अलावा कुछ अन्य साहित्यकारों ने भी तमिल-साहित्य की सेवा की। आप लोगों ने कई अन्य प्रकार की रचनाओं की ओर ध्यान दिया। उनके द्वारा नये-नये प्रकार की रचनाएँ हुईं। इनमें तिरिकूड रासप्प कविरायर नामक कवि ने 'पल्लु' नाम से एक विशेष प्रकार के साहित्य का सृजन किया। वह तमिल के पल्लर कहे जानेवाले किसानों के जीवन-व्यापार पर बना साहित्य था। पल्लु किसी स्थान के नाम पर ही बनाया जाता था। रासप्प कविरायर कृत पल्लु की रचना 'मुक्कूडल पल्लु' कहलायी। मुक्कूडल दक्षिणी तमिलनाडु का एक प्रख्यात शहर है।

अरुणाचल कविरायर नामक कवि ने श्रीराम की कथा को लेकर 'रामनाटकम्' नाम से एक नाट्य-कृति की रचना की। इस संदर्भ में रामलिंगम अडिकल भी स्मरणीय साहित्यकार थे। सभी जीवों पर दया (अहिंसा) के सिद्धांत के प्रबल समर्थक थे। 'जीव कारुण्यम' नाम से आपने एक ग्रंथ की रचना की। आप प्राणियों का वध न करने का उपदेश देते थे। आप वल्ललार (महान् दानी) के नाम से भी जाने जाते थे।

तमिल-साहित्य के इतिहास के यूरोपीय युग में श्रीलंका के यालपाणम (जाफना) के कुछ विद्वानों ने भी तमिल-साहित्य के प्रचार-प्रसार में हाथ बँटाया। उनमें आरुमुकनावलर, सी॰ वै॰ दामोदरन पिल्लै आदि प्रमुख हैं।

उन्नीसवीं तथा बीसवीं शती के तमिल विद्वान्

उन्नीसवीं-बीसवीं शताब्दी में तमिल भाषा तथा साहित्य के उत्कृष्ट विद्वानों में

डॉ॰ उ॰वे॰ सामिनाथ ऐयर 'तमिल तात्ता' (तमिल का नाना) कहलाये। तमिलनाडु के गाँव-गाँव का पर्यटन करके प्राचीन रचनाओं को ढूँढ़ निकालकर प्रकाशित कराने का महान् कार्य आपने किया। 'पंडितमणि' उपाधि से विभूषित मु॰ कदिरेसन चिट्टियार तमिल और संस्कृत के विद्वान् थे। आपने संस्कृत के 'मृगखण्ड' नामक ग्रंथ को 'मण्णियल सिरुतेर' के नाम से तमिल में रूपांतरित किया। इनके अलावा न॰मू॰ वेनाट्टार, का॰ सू॰ पिल्लै, एस॰ वैयापुरी पिल्लै, मरैमलै अडिकल, तिरु वी॰क॰ आदि विद्वानों ने भी इस अवधि के तमिल-साहित्य को अपनी अमूल्य सेवाओं द्वारा समृद्ध किया।

इस प्रकार यूरोपियों के आगमन से तमिल-साहित्य तथा तमिल भाषा में सुधार हुआ। कई तमिल-रचनाओं का विलायती भाषाओं में अनुवाद हुआ। विशेषकर तमिल भाषा की महत्ता की बात, जो पूर्ण रूप से नहीं हो रही थी, अब पूर्ण रूप से होने लगी। संक्षेप में, तमिल-साहित्य के इतिहास के यूरोपीय युग में तमिल-साहित्य के विकास में एक नया मोड़ आया।

7. आधुनिक काल

सुब्रह्मण्यम् भारती—तमिल-साहित्य के इतिहास के यूरोपीय युग के पश्चात् की अवधि को इतिहासकारों ने 'तरकालम' नाम दिया। इस युग को भारती का युग कहें तो अत्युक्ति न होगी। सुब्रह्मण्यम् भारती इस युग के प्रवर्तक कवि माने जा सकते हैं। जब भारत में स्वतंत्रता-संग्राम जोरों से चल रहा था, तब भारती ने ओजस्वी कविताओं तथा गीतों द्वारा जनता में स्वतंत्रता का जोश पैदा किया और साबित किया कि तलवार की धार से कलम का वार ताकतवर है। आपने तमिल के सरल शब्दों का प्रयोग करके सुबोध शैली में इतने सुन्दर पद्यों को प्रस्तुत किया कि आबालवृद्ध उनकी ओर आकृष्ट हो गये। काव्य-रचना के द्वारा देश की सेवा और समाज का सुधार आपका लक्ष्य था। आप कहा करते थे— "नमक्कु तोलिल कविदै नाट्टुक्कु उलैत्तल" (हमारा धंधा काव्य करना तथा देश की सेवा करना)।

'पांचाली शपतम्' (पांचाली का संकल्प) और 'कुयिल पाट्टु' (कोयल गान) आपके प्रख्यात मुक्तक काव्य-संग्रह हैं। इनके द्वारा रचित वेदांत के गीत, देशभक्ति के गीत, ईश्वर भक्ति के गीत भी लोकप्रिय हुए। आपने 'पाप्पा पाट्ट' नाम का एक उत्कृष्ट बालकाव्य लिखा था। आप समाज-सुधारक कवि थे। नारी-कल्याण में आप रुचि लेते थे। आपने एक नवीन भारतीय नारी की कल्पना की थी जो पढ़ी-लिखी है, समाज से नहीं डरती है, कभी सिर नहीं झुकाती है और गाती है—

सट्टंगल सेयवतुम पट्टंगल आलवदुम
नाट्टिटनिल नांगल नटत्त वंतोम

अर्थात् उपाधियाँ प्राप्त करने, नया कानून चलाने आदि के लिए हम नारियाँ धरती पर आयी हैं।

भारती का सपना आज साकार हो रहा है। नारी-समाज आज शिक्षित हो गया है। अब महिलाएँ भी डाक्टर तथा इंजीनियर हैं।

देसीग विनायकम् पिल्लै–भारती के ही समान इस युग के एक अन्य देशप्रेमी कवि थे देसीग विनायकम पिल्लै। सरल भाषा का प्रयोग करने में आप अप्रतिम थे। 'आसिय जोति' (एशिया का दीप) आपकी प्रख्यात रचना थी। विलायती लेखक आर्नल्ड कृत 'लाइट ऑफ एशिया' का यह तमिल रूपांतर है। फारसी कवि उमर खय्याम के गीतों को भी आपने तमिल की अति सुन्दर भाषा-शैली में प्रस्तुत किया।

भारती दासन–आप सुब्रह्मण्यम् भारती को अपना गुरु मानते थे। आपका वास्तविक नाम सुब्बुरत्नम था। अपने को भारती का सेवक मानते हुए आपने अपने नाम को बदलकर भारती दासन रख लिया था। भारती के सारे लक्षण भारती दासन में उपलब्ध थे। इसको लेकर एक बार प्रख्यात पत्रकार कल्की ने कहा था कि भारती को मैंने नहीं देखा, मगर भारती दासन को देखता हूँ तो भारती के दर्शन नहीं कर पाने का दुःख नहीं होता है। भारती पहले ही चल बसे थे, मगर भारती दासन उनके बाद कुछ समय तक जीवित रहे। भारती दासन पांडिचेरी के रहनेवाले थे। आप फ्रेंच भाषा भी जानते थे। 'कद्दर इराटिन पाट्टु' (खादी चर्खे का गान) आपका प्रारम्भिक काव्य है। राष्ट्रभक्तिपरक रचना का यह अति उत्तम नमूना है। भारती दासन प्रकृति-वर्णन को खूबसूरत ढंग से प्रस्तुत करते थे। इस दृष्टि से आपका 'अलगिन सिरिप्पु' (प्रकृति की मुस्कुराहट) प्रख्यात काव्य है।

तमिल के काव्य, संगीत तथा नाट्य का विकास

आधुनिक काल में काव्य के साथ-साथ संगीत तथा नाट्य का भी विकास हुआ। गद्य-साहित्य को 'इयल तमिल', संगीत को 'इसै तमिल' और नाट्य-साहित्य को 'नाटक तमिल' कहा गया। इस प्रकार तमिल के तीन पहलू हुए जिनको लेकर तमिल को 'मुत्तमिल' (तीन प्रकार की तमिल) कहा गया। इन तीनों प्रकार की तमिलों का विकास इस काल में खूब हुआ।

काव्य को रस-छंद-अलंकार से मुक्त कर मात्र भाव को प्रधानता देनेवाली नयी कविताओं का जन्म इसी युग के अंतिम चरण में हुआ। नयी कविता-प्रणाली के उद्भव के बाद प्राचीन शास्त्रीय काव्य-प्रणाली को पृथक् करते हुए उसे 'मरपू काव्य' (परम्परागत काव्य) कहा गया। कुछ साहित्यकार पुरानी शैली के साथ-साथ नयी शैली का भी समर्थन करते थे। किंतु नयी प्रणाली के कवि प्राचीन प्रणाली का विरोध करते थे। दोनों प्रणालियों का समर्थन करनेवालों में सुरधा, कण्णदासन, वैरमुत्तु आदि कवि प्रमुख थे। इनमें सुरधा और वैरमुत्तु जीवित हैं। सुरधा अपने को भारती दासन का शिष्य मानते हैं। कण्णदासन अब न रहे। आप सैकड़ों फिल्मी गीतों के रचनाकार थे। अब उनके स्थान को वैरमुत्तु ने ले लिया है।

केवल नयी कविता लिखनेवाले कवियों के नाम इस प्रकार हैं–तेन्नवन,

अग्निपुत्रन, रवीन्द्रन, ज्ञानी, शक्ति कनल, वल्ली कण्णन, मु॰ मेत्ता, न॰ कामरासन, मीरा, अब्दुल रहमान आदि। आधुनिक नयी कविताओं के कुछ दृष्टांत इस प्रकार हैं—

नान उन कण्णी रै मोलि पेयर्तेन
अतु कवियाही मारिटु
नान उन पुनमुरुवलै मोली पेयर्तेन
अतु इसैयाय पोयिटु (मु॰ मेत्ता)

अर्थात्

मैंने तुम्हारे आँसू का अनुवाद किया
वह कविता बन गयी
मैंने तुम्हारी मुस्कुराहट का अनुवाद किया
वह संगीत बन गया।

जिन्दगी के बारे में वल्ली कण्णन का दृष्टिकोण इस प्रकार का था—

नटंते अलियणुम वलि
कोटुत्ते तीरणुम कडन
सेयते अलियणुम वेलै
अलुते अलियणुप तुन्पम
वालंते मुडियणुम बालकै
इतुवे उलक नियती

अर्थात्

चलते मिटता है रास्ता
अदा करना ही पड़ेगा ऋण
करने पड़ते हैं काम
रोते मरना है दुःख
जीते पूर्ण होना है जिंदगी
यही दुनिया की रीति है।

कविवर मीरा आधुनिक काल की राजनीति से असंतुष्ट थे। राजनीतिक नेताओं की बार-बार दलबदली की खिल्ली उड़ाते हुए अपनी एक कविता में आपने कहा—

हमारे गाँव के एम॰एल॰ए॰ ने
सात महीने में
आठ बार
दिल बदल दिया है

नयी पद्धति के ये सभी कविगण बीसवीं शती के थे।

नाट्य-साहित्य

नाटक को प्राचीन काल में 'कूत्तु' (लोकनृत्य) कहा गया था। रंगमंचों पर खेले

जानेवाले आधुनिक काल के नाट्य-रूप का उद्भव उन्नीसवीं शती में हुआ। प्रारंभ में तमिल के सारे नाटक पौराणिक कथाओं पर आधारित थे। 'हरिश्चंद्रा', 'अल्ली रानी', 'पवलकोडि' आदि उस प्रकार के नाटक थे।

तमिल में शंकरदास स्वामी को नाट्य-साहित्य का प्रवर्तक माना जाता है। आपने कई पुराने नाटकों को नया रूप देकर प्रस्तुत किया। तमिल के कुछ अन्य प्रख्यात नाटककार एवं उनकी रचनाओं के नाम इस प्रकार हैं–

सुन्दरम पिल्लै–आधुनिक काल की इस अवधि में विश्व भर में शेक्सपियर के नाटक लोकप्रिय थे। शेक्सपियर का नाट्य-साहित्य पद्य-रूप में था। ऐसे एक भी नाटक का तमिल-साहित्य में नहीं होना खटकता था। इसी कमी को दूर करने के लिए सुन्दरम पिल्लै ने 'मनोन्मणियम' नाम से अति सुन्दर पद्यों से युक्त नाट्य-ग्रंथ प्रस्तुत किया। शेक्सपियर के नाटकों की भाँति इस नाट्य के संवाद अति सुन्दर पद्यों में रचे गये हैं। 'मनोन्मणियम' के पद्यों की खूबी के कारण उसके मंगलाचरण के गीत को तमिलनाडु की सरकार ने मातृभाषा-वंदना के रूप में ग्रहण किया है। राज्य के सभी कार्यक्रमों के प्रारंभ में यह गीत रागसमेत गाया जाता है।

वी॰के॰ सूर्यनारायण शास्त्री–आप मद्रास क्रिश्चियन कॉलेज के प्राध्यापक थे। आपने तमिल नाट्यशास्त्र की परिभाषाओं से सम्बन्धित 'नाटकवियल' नामक पारिभाषिक ग्रंथ रचा।

पम्मल सम्बन्ध मुदलियार–आप तमिल-नाट्य-साहित्य के पिता (नाटक तंतै) माने जाते हैं। आपने उत्कृष्ट नाटक लिखे और अपने नाटकों में अभिनय भी किया। 'मनोहरा' आपका प्रख्यात नाटक है। उसपर सिनेमा भी बना। आपने व्यंग्य नाट्य की भी रचना की है। 'सभापति' आपका हास्य नाटक है। तमिल के प्रारम्भकालीन चित्रपटों की पटकथा के रूप में भी मुदलियार-कृत 'सभापति' प्रसिद्ध हुआ।

अरिञर अन्ना–तमिलनाडु के द्रमुक दल के संस्थापक अन्नादुरै महान् नाटककार थे। 'अडुक्कुमोलि' (अनुप्रास की शैली) में रचनाएँ प्रस्तुत करने में आप बेजोड़ थे। तमिल की उसी शैली में आपने अति सुन्दर नाटकों का निर्माण किया। यही कारण है कि आप दक्षिण भारत के बरनाई शॉ कहलाये। 'वेलैकारी' (नौकरानी) और 'ओर इरवु' (एक रात्रि) आपके प्रख्यात नाटक हैं।

कहानी-साहित्य का विकास–आदि काल से कहानी सुनने तथा सुनाने में तमिल लोग बहुत रुचि लेते थे। 'पंचतंत्र' की कहानियाँ, मदन काम राजन की कथा, (मदन काम राजन कदै), विक्रमातिय्यन की कथा (विक्रमादित्यन कदै) आदि प्राचीन कालीन कहानियाँ तमिलों में लोकप्रिय थीं। अठारहवीं शती में वीरमा मुनिवर ने 'परमार्थ गुरु की कथा' (परमार्थ गुरु कदै) के नाम से लघुकथाओं का संग्रह प्रस्तुत किया। यह तमिलों की सर्वप्रथम हास्य-कथा थी। वेदनायकम पिल्लै कृत 'सुगुण सुन्दरी', मरैमलैयडिकल कृत 'कोकिलापाल कडिमंगल' आदि भी कहानी-साहित्य के

उद्भव-काल में प्रसिद्ध थीं। बाद के कहानीकारों में पुतुमै पित्तन, कु॰ प॰ रा, कल्की, व॰ रा॰ आदि प्रमुख हैं। इस अवधि में बड़ी संख्या में महिला साहित्यकार इस क्षेत्र में आयीं। महिला कहानीकारों में लक्ष्मी, डॉ॰ तिरीपुर सुन्दरी, राजम कृष्णन, कल्की की पुत्री आनन्दी आदि पचीस से भी अधिक लेखिकाएँ कहानी लिखने में लगी हुई हैं।

उपन्यास-साहित्य का विकास–तमिल में उपन्यास को पुदिनम कहते हैं। यूरोपियों के सम्पर्क से ही तमिल के उपन्यास-साहित्य का भी उद्भव हुआ। उन्नीसवीं शती के आरम्भ में तमिल के प्रथम उपन्यास की रचना हुई। तमिल का पहला उपन्यास 'प्रताप मुदलियार चरित्रम' है जिसके लेखक मायुरम वेदनायकम पिल्लै थे। इनके बाद सन् 1893 ई॰ में माधवैया ने एक उपन्यास का लिखना प्रारंभ किया किंतु अधूरा रह गया। उसका नाम था 'सावित्री चरित्रम'। यहाँ यह उल्लेखनीय बात है कि तमिल-उपन्यास-साहित्य के प्रारम्भिक काल के सारे उपन्यास किसी व्यक्ति के जीवनवृत्त को लेकर लिखे गये थे। बाद में वडुवूर दुरैस्वामी एयंकार ने अँगरेजी उपन्यासों के अनुकरण पर तमिल में उपन्यास लिखे। 'मेनका', 'दिगम्बर सामियार' आदि वैसे उपन्यास थे। रंगस्वामी नामक उपन्यासकार ने कई जासूसी उपन्यासों की भी तमिल में रचना की। 'राजांबाल', 'चन्द्रकांता' आदि उनके जासूसी उपन्यास थे। अँगरेजी-उपन्यासों के शेरलाक होम के समान इनके उपन्यासों में जासूस पात्र बनकर आनेवाले का नाम गोविंदन था। बाद में जब तमिल में साहित्य का विकास आगे बढ़ा तब ऐतिहासिक उपन्यास, सामाजिक उपन्यास आदि कई किस्म के उपन्यासों का सृजन हुआ। सुजाता और बाल कुमारन आजकल के प्रमुख उपन्यासकार हैं। शिवशंकरी, इन्दुमती आदि लेखिकाएँ भी उत्कृष्ट उपन्यास प्रस्तुत कर रही हैं। छोटे पर्दे के आगमन के उपरांत इस क्षेत्र में उपन्यासकारों को बड़ा प्रोत्साहन मिल रहा है। लोकप्रिय उपन्यासों पर धारावाहिक चित्र तैयार हो जाते हैं और छोटे पर्दे पर उनका प्रदर्शन होता है। अब उपन्यासकारों के लिए श्रोताओं की संख्या दुगुनी हो गयी है। उनके लिए पाठक होते हैं और दर्शक भी।

बीसवीं शती में तमिल के विकास का कार्यक्रम

बीसवीं शती में तमिल का बहुमुखी विकास हुआ है। पूर्व शिक्षा मंत्री न॰ क॰ अविनाशिलिंगम चेट्टियार के प्रयास से 'तमिल वलर्चि कलूकम' (तमिल के विकास का निगम) नाम की संस्था स्थापित हुई। इस संस्था के द्वारा तमिल के विकास पर पूरा ध्यान दिया जाता है। कलैजर करुणानिधि के शासनकाल में चेन्नई के अड्यार शहर में उलक तमिलाराच्ची कलूकम (विश्व तमिल शोध निगम) की स्थापना हुई जिसमें अमेरिका, जापान आदि देशों से छात्र आकर तमिल का अध्ययन करते हैं।

पट्टिमण्डपम नाम की रंगमंच की कला आजकल तमिल श्रोताओं के मनोरंजन के साधन के रूप में लोकप्रिय बनी हुई है। भारी संख्या में दर्शक इस कार्यक्रम के लिए जमा हो जाते हैं। विगत शताब्दी के रंगमंचीय नाटकों का स्थान आजकल

पट्टिमण्डपम के कार्यक्रम ने ले लिया है। तमिल के विद्वानों में इस साहित्य के विषय में वाद-विवाद चलता है। 'नडुवर' कहे जानेवाले अध्यक्ष अंत में इस बात पर अपना निर्णय सुनाते हैं कि तर्क में कौन-सा दल विजयी हुआ।

तमिलनाडु में पत्रकारिता–तमिल-पत्रिकाओं ने कहानियाँ, उपन्यास आदि प्रकाशित करके उनके विकास में महत्त्वपूर्ण योगदान दिया। आजादी के पूर्व तमिल की पत्रिकाएँ बहुत कम संख्या में प्रकाशित हुईं। भारती की प्रख्यात पत्रिका भी अँगरेजी भाषा में ही थी। आजादी के उपरांत संविधान ने जब जनता को स्वतंत्र रूप से लिखने तथा बोलने का मूल अधिकार प्रदान किया तो तमिल में बड़ी संख्या में पत्रिकाएँ निकलीं। आजकल 'दिनमणि', 'दिन तंती', 'दिन मलर' 'दिन भूमि' आदि दैनिक पत्र हैं जिनके ग्राहकों की संख्या लाखों में है। 'कुमुदम', 'कुंगुमम', 'तुगलक' आदि साप्ताहिक पत्रिकाएँ हैं। 'कलैमगल', 'मंजरी' आदि मासिक पत्रिकाएँ हैं। ये आजादी के पूर्व से ही निकल रही हैं।

उपसंहार

तमिल-साहित्य आज विश्व-साहित्य हो गया है। तमिल-साहित्य के प्रारंभ-काल माने जानेवाले संघ-काल में एक उक्ति बहुत प्रचलित थी। "यादुम ऊरे यावरुम केलिर" अर्थात् सभी हमारे अपने मुल्क हैं और सभी मानव हमारे बंधुजन हैं (कविवर कणियन पूंकुन्रनार)। इससे विदित होता है कि तमिलों की दृष्टि मानव के विषय में बहुत विशाल रही है। मगर बीच में विभिन्न धार्मिक सम्प्रदायों के मध्य हुए संघर्षों के कारण वह दृष्टिकोण संकुचित हो गया था। किंतु तिरुवल्लुवर, तिरुमूलर, माणिकवाचकर आदि महान् संतों ने अपनी रचनाओं द्वारा सहकारिता, सहनशीलता आदि का जो संदेश दिया उसने तमिल समुदाय पर पड़े उस दाग को सर्वथा मिटा दिया।

स्वातंत्र्योत्तर काल में भाषा के मामले को लेकर 'अँगरेजी हटाओ', 'हिन्दी हटाओ' आदि नारों के साथ आंदोलन अवश्य हुए, फिर भी, गंभीर अवसरों पर उन भेद-भावों को भूलकर तमिल की जनता सम्पूर्ण भारत के संग जुड़ जाती है। प्राचीन काल से तमिल लोग समस्त भारत को अपना देश समझते आये हैं और बोलने तथा लिखने के विषय में भारतीय जीवन-मूल्यों को सुरक्षित रखने में सावधानी दिखाते आये हैं। सोलहवीं शती में तमिल के संत कवि कुमर गुरुपर स्वामी जी काशी तक गये थे और वहाँ मठ की स्थापना कर राष्ट्रीय एकता का मंत्र दिया था। महाकवि भारती ने काव्य की भाषा में कहा– "हिम पर्वत हमारा है, प्राचीन भूमि है भारत, यह मत भूलो कि तुम उसकी संतान हो"। विशाल भारत को अपना घर ही समझा तमिलों ने और देश-प्रेम को और भी विस्तृत करके विश्व-प्रेम तक ले गये। इस कारण विश्व की जनता ने भी तमिल की जनता के प्रति श्रद्धा दिखायी। वाणिज्य आदि द्वारा यह संपर्क मजबूत बना। कहा जाता है कि चीन के एक प्राचीन ग्रंथ में तमिलनाडु के प्राचीन बन्दरगाह से युक्त शहर काबिरीपूंपट्टिनम का उल्लेख हुआ था। चोल

राजाओं में राजेंद्र चोल का उपनाम था 'कटारम कण्डान'। इस नाम से वह इसलिए जाना जाता था कि उसने समुद्र पार करके 'कटारम' (मलेशिया का पुराना नाम) पर चढ़ाई की थी। आज भी बर्मा के शिलालेखों में तमिल भाषा के अक्षर देखने को मिलते हैं। डॉ॰ पिलियोस नामक एक विलायती विद्वान् के मतानुसार तमिलों में प्रचलित 'पांडुरंगम' नामक नृत्य इंडोनेशिया में अन्य रूप में प्रचलित है। विलायती विद्वान् कुविरिच ने कहा है कि 'असल' नामक तमिलों का झूला झूलने का खेल थाईलैंड में उसी नाम के एक त्योहार में होता है। लंदन की एक पत्रिका में श्रीजानकर ने कुछ साल पहले लिखा था कि 'तिरुवाचकम' (संत माणिक्कवाचकर-कृत भक्ति का ग्रंथ) की कुछ पंक्तियाँ बैंकाक के मंदिरों में पूजापाठ में पढ़ी जाती हैं। इस प्रकार, तमिलों के विदेशों से संपर्क के कारण तमिल संस्कृति तथा सभ्यता का प्रचार विश्व भर में खूब हुआ और उसके जरिये भारतीय मूल्यों का परिचय भी समस्त विश्व को प्राप्त हुआ।

सिनेमा तथा टी॰वी॰ की भाँति अब कम्प्यूटर भी तमिल के विकास के कार्यक्रमों में प्रयोग में लाया जा रहा है। कम्प्यूटर को तमिल में 'कणिणि' कहते हैं। आजकल कम्प्यूटर द्वारा तमिल सीखी और सिखायी जाती है। इस प्रकार कम्प्यूटर के प्रयोग से तमिल-साहित्य का क्षेत्र और भी विस्तृत हो रहा है। अब तमिल-साहित्य के इतिहास में 'कम्प्यूटर का युग' जोड़ा जायगा।

तेलुगु-साहित्य

• डॉ. आई.एन. चन्द्रशेखर रेड्डी

आंध्र दक्षिण भारत का अत्यंत समृद्ध प्रदेश है। पूर्वी इटालियन मानी जानेवाली उसकी भाषा तेलुगु आधुनिक भारतीय भाषाओं में अत्यंत महत्त्वपूर्ण स्थान की अधिकारी है। उसका अत्यंत प्रौढ़, कलात्मक एवं समृद्ध साहित्य इसका प्रमाण है। अन्य भारतीय भाषाओं की तरह ई॰ दसवीं सदी के आसपास ही इस समृद्ध भाषा का पूर्ण विकास हुआ था तथा कवियों की सृजनात्मक प्रतिभा की अभिव्यक्ति के लिए एक सार्थक वाहिका बनी थी। भाषा के स्तर पर तेलुगु स्वरांतबहुला भाषा है। उसके प्रयोग में शहद-जैसी मिठास टपकती है। इसलिए उसका एक नाम 'तेनुगु' है। तेलुगु में शहद को 'तेने' कहा जाता है। उसमें प्रत्यय के जुड़ने से 'तेनुगु' बना है। 'ल' और 'न' में अभेद होने के कारण 'तेनुगु' 'तेलुगु' हो गया। तेलुगु भाषा की तरह तेलुगु-साहित्य भी मधुर एवं कर्णप्रिय है।

तेलुगु में लगभग एक हजार साल का समृद्ध साहित्य उपलब्ध होता है। तेलुगु के आदि कवि नन्नया हैं। उनका समय ईसवी सन् की ग्यारहवीं सदी का पूर्वार्ध माना जाता है। तब से लेकर अब तक एक लंबा व समृद्ध इतिहास तेलुगु-साहित्य का रहा है। इस लंबी कालावधि को साहित्येतिहासकारों ने कवि, साहित्यिक प्रवृत्ति तथा साहित्य को पोषण करनेवाले राजाओं के नामों के आधार पर युग-विभाजन व नामकरण किया है। उनमें सर्वाधिक प्रचलित व वैज्ञानिक वर्गीकरण आचार्य पिंगली लक्ष्मी कांतम का माना जाता है। उन्होंने तेलुगु-साहित्य के इतिहास का निम्न रूप से युग-विभाजन व नामकरण किया है— 1. **पूर्व नन्नया युग** (ई॰ पू॰ 200 से ई॰ 1000 तक), 2. **नन्नया युग** (ई॰ 11वीं सदी), 3. **शिव कवि युग** (ई॰ 12वीं सदी), 4. **तिक्कन युग** (ई॰ 13वीं सदी), 5. **एर्रना युग** (ई॰ 1300 से ई॰ 1350 तक), 6. **श्रीनाथ युग** (ई॰ 1350 से ई॰ 1500 तक), 7. **रायल युग या प्रबंध युग** (ई॰ 1500-1600 तक), 8. **दक्षिणांध्र युग** (ई॰ 1600 से 1775 तक), 9. **क्षीण युग** (ई॰ 1775 से 1875 तक), 10. **आधुनिक युग** (ई॰ 1875 से आज तक)। इसमें लगभग प्रारंभ से लेकर ई॰ 1350 तक अनुवाद के क्षेत्र में विशेष काम हुआ है। इस कालावधि

को (ई॰ 1000 से 1350 तक) अनुवाद-युग भी कहा जा सकता है। इस रूप में काल-विभाजन करने से अधिकांश मतभेद दूर हो जायेंगे तथा युगों की संख्या भी कम हो जायेगी।

आदि कवि नन्नया के पहले यानी पूर्व नन्नया युग में ग्रंथकार की रचनाएँ नहीं के बराबर हैं। इस समय के साहित्य के बारे में परवर्ती रचनाओं में उल्लेख मात्र मिलता है। इस युग का वाङ्मय मुख्यतया शिलालेखों, दानपत्रों आदि के रूप में ही उपलब्ध होता है। इस युग के प्राप्त शिलालेखों में गुडूरू, बेजवाड़ा, अद्धंकि आदि लोकप्रिय हैं। इनमें उस समय के शासन के अतिरिक्त साहित्यशास्त्रादि का भी वर्णन मिलता है। इस युग में तेलुगु भाषा ज्यादा दैनिक व्यवहार तक ही सीमित थी। साहित्य-रचना के लिए संस्कृत व प्राकृत भाषाओं का प्रयोग होता था। इस युग के कवियों में श्रीपति पंडित, अय्यन भट्ट, चेतन भट्ट, गजांकुश आदि कवियों के नामों का यत्र-तत्र उल्लेख मात्र मिलता है।

तेलुगु में नन्नया युग के साथ ही काव्य-रचना का आरम्भ होता है। नन्नया सन् 1011 ई॰ में बेंगी राज्य की गद्दी पर बैठनेवाले राजराज नरेन्द्र (विष्णुवर्धन) के दरबारी कवि थे। नन्नया ने इसी नरेश की प्रेरणा से संस्कृत 'महाभारत' का तेलुगु में अनुवाद किया था जो तेलुगु की प्रथम रचना है। इससे अधिक नन्नया की जीवनी के बारे में कोई जानकारी उपलब्ध नहीं होती है। नन्नया को 'वागानुशासक' की उपाधि दी गयी थी। वे संस्कृत, प्राकृत व तेलुगु के प्रकांड पंडित थे। उन्होंने काव्य में 'चंपू' को अपनाया। संस्कृत छंदों का तेलुगु में प्रयोग करके पंचम वेद माने जानेवाले संस्कृत 'महाभारत' का तेलुगु में अनुवाद किया है। संपूर्ण 'महाभारत' को कुल अठारह पर्वों में तेलुगु में अनुवाद किया गया है। उनमें नन्नया ने आदि, सभा तथा अरण्य पर्व का कुछ भागों का ही अनुवाद किया है। उनके बाद इस अधूरे काम को तिक्कन तथा एर्रना नामक कवियों ने पूरा किया है। इन तीन कवियों को तेलुगु में 'कवित्रय' कहते हैं। इनके कारण 'महाभारत'-कथा तेलुगु में अधिक प्रचलित हुई। उनकी अनुवाद-शैली विशिष्ट होने के कारण ही यह संभव हो सका है।

नन्नया ने राजराज नरेन्द्र के आग्रह पर बड़े विनय के साथ संस्कृत के छंदोबद्ध 'महाभारत' का कथानुवाद, भावानुवाद तथा शब्दानुवाद की रीतियों में तेलुगु में अनुवाद किया। मूल की तरह कथाएँ, वर्णन, राजनीति, शास्त्रादि विषयों का उन्होंने मूलबद्ध अनुवाद किया। घटनाओं एवं प्रकरणों की प्रासंगिकता को दृष्टि में रखकर मूल का यथासंभव अनुकरण किया है। तेलुगु के आलोचकों का यह विचार है कि नन्नया ने आदि से ज्यादा सभा पर्व में तथा सभा पर्व से ज्यादा अरण्य पर्व में मूल का अनुकरण किया है। अक्षौहिणी संख्या की गिनती, ययाति के द्वारा प्रस्तुत जीवों की प्रजनन की रीति, शकुंतला-दुष्यंत का प्रसंग, नारद और युधिष्ठिर का राजनीतिक संवाद, युधिष्ठिर को लेकर शिशुपाल का विरोध, नल-दमयंती की कहानी आदि प्रसंग

मूलबद्ध ही हैं। सभा पर्व में पांडवों से श्रीकृष्ण की छुट्टी लेना, तीर्थ-यात्राओं का वर्णन, शकुंतला का जन्म, प्रमद्वरा का जन्म-वृत्तांत, गरुड़, इंद्र आदि की स्तुति, दुष्यंत का आखेट-वर्णन आदि में भाव को बिगाड़े विना संक्षेप किया है। इसके अतिरिक्त नन्नया की अनुवाद-शैली में मूल-विस्तार, मूल-परिहरण तथा मूल-मुक्त आदि रीतियाँ भी पायी जाती हैं। नन्नया की यह अनुवाद-शैली इतनी लोकप्रिय हुई कि तेलुगु में लोकोक्ति चल पड़ी कि 'तिंटे गारले तिनाली विंटे भारतमे विनाली', अर्थात् खाना हो तो मीठे बड़े ही खाना और सुनना हो तो महाभारत ही सुनना है। नन्नया की इस लोकप्रिय शैली को बाद के कवियों ने भी अपनाया है।

तेलुगु में कवित्रय कवियों के बीच में यानी अनूदित रचनाओं के बीच में शैवभक्ति से संबंधित उच्च कोटि की काव्य-रचनाएँ लिखी गयीं। इन काव्य-रचनाओं के आधार पर सन् 1100-1225 तक के युग को 'शिवकवियुग' कहा जाता है। इस युग में मुख्य रूप से नन्नेचोड्डु, मल्लिखार्जुन पंडितराध्य तथा पाल्कुरिकि सोमनाथ नामक शैव कवित्रय हुए हैं। इन्होंने अपनी रचनाओं के माध्यम से शैव धर्म का प्रचार किया है। नन्नेचोड्डु (सन् 1160) ने 'कुमारसंभवम' काव्य लिखा। यह बारह आश्वासों का सुंदर महाकाव्य है। कुछ सीमा तक यह कालिदास के 'कुमारसंभव' के आधार पर लिखा गया है। काव्य में मंगलाचरण, सुकवि-स्तुति, कुकवि-निंदा, पुरुषार्थ आदि का मनोहर चित्रण है। आलोचकों का विचार है कि नन्नेचोड्डु ने पार्वती में कामाग्नि का, शिव में रोषाग्नि का, मन्मथ में कालाग्नि का तथा रति में शोकाग्नि का अद्वितीय वर्णन किया है। कथावस्तु लगभग संस्कृत 'कुमारसंभव' की तरह ही है। इसमें नायक शिव हैं तथा नायिका पार्वती हैं। इन दोनों के प्रेम-अनुराग के साथ संयोग-वियोग शृंगार-वर्णन से पूरा काव्य भरा पड़ा है। काव्य का मुख्य रस शृंगार है। पाल्कुरिकि सोमनाथ का समय सन् 1160-1230 है। 'अनुभवसारमु', 'बसवपुराणमु', 'वृषाधिप शतकमु', 'चतुर्वेद सारमु', 'पंडितराध्य चरित्र' आदि उनकी रचनाएँ हैं। सोमन संस्कृत, तेलुगु और कन्नड़ भाषाओं के विद्वान् थे। सोमन का मुख्य लक्ष्य शैव धर्म का प्रचार था। शैवेतरों को शैव धर्म में दीक्षा दिलाना इनकी रचनाओं का मुख्य उद्देश्य है। शैव धर्म के प्रचार के लिए अपना सर्वस्व त्यागनेवाले बसवेश्वर इनके लिए आराध्य हैं। उन्हींकी जीवनी सोमना ने 'बसवपुराणमु' के रूप में लिखी है। कुछ सीमा तक इनमें धार्मिक कट्टरता भी दिखायी पड़ती है। शिव-दीक्षा लेनेवालों के बारे में उन्होंने लिखा है—

भुविलो शिव दिक्षितुलगु
शिव भक्तुल पूर्व जाति जिंतिंचुट रै
रव नरक भाजनम मा
शिवु भाषाणंबु गाग जिंतिंचु क्रियन।

अर्थात् इस पृथ्वी में शिव-दीक्षा लेकर शिव-भक्त बने लोगों की पूर्व जाति के

बारे में सोचने से नरक प्राप्त होगा। अतः शिव के बारे में सोचना उनके लिए हित होगा। इतना ही नहीं, सोमना ने शिव को छोड़कर अन्य देवताओं की पूजा का भी विरोध किया है। उनकी दृष्टि में शिव ही परम ईश्वर हैं। 'पंडिताराध्य चरित्र' में आवेश के साथ उन्होंने लिखा है– 'गौरीशु मीद दैवंबु लेड़नि तल इच्चि वडयुदुनु' (सिर देकर मैं यह सिद्ध करूँगा कि गौरीश से बढ़कर कोई भगवान् नहीं हैं।) शिवु मीद नोकडु गलडन्न नायरका लेत्ति वानि नडुदल दन्नुदु' (अर्थात् अगर कोई यह कहेगा कि शिव भगवान् से कोई दूसरा बड़ा है तो मैं उसे लात मारूँगा)। स्पष्ट है कि इन कवियों के काव्य शिवमय हैं। 'सिरियालुनि कथा' में शैव कवियों के द्वारा राम की निंदा भी दिखायी पड़ती है। इस रूप में 'रंगनाथ रामायण' अत्यंत मनोहर तेलुगु रामायण है। भास्कर रामायणमु चंपू रामायण लिए अत्यंत प्रिय वस्तु है। परीक्षा लेने आये शिव को अपने बेटे (सिरियाल) को मार कर उसका मांस खिलाने की कहानी सिरियाल की कहानी है। शिव कवियों के द्वारा लिखी गयी रचनाएँ लोकशैली और लोकभाषा में होने के कारण जन साधारण में अधिक लोकप्रिय हुई हैं।

तिक्कना और एर्रना कवित्रय के कवियों के साथ-साथ **अनुवाद युग** के भी विशिष्ट कवि हैं। तिक्कना सन् 1210-1290 के बीच मनुकसिद्धि नामक राजा के दरबार में मंत्री तथा दरबारी कवि थे। 'कवि ब्रह्म' तथा 'उभय कवि मित्रुडु' उनकी उपाधियाँ हैं। 'निर्वचनोत्तर रामायण' के साथ-साथ इन्होंने 'महाभारत' के 15 पर्वों का अनुवाद किया है। इन्होंने अपनी अनूदित रचना 'महाभारत' को हरिहरनाथ को समर्पित किया है। वैष्णव तथा शैव धर्म का समन्वय इनकी विशेषता रही है। "विष्णु रूपाया नमश्शिवाया" इनका नारा है। तिक्कना की अनुवाद-शैली में नाटकीयता विशिष्ट गुण है। कीचकवध, संजय एवं श्रीकृष्ण दूत प्रसंग उनकी नाटकीयता के अमर प्रसंग हैं। प्रसंगोचित और पात्रोचित और पात्रोचित भाषा का प्रयोग करना एवं पात्रों की सजीव कल्पना तिक्कना के काव्य की अन्य विशेषताएँ हैं। 'महाभारत' मूलतः शांतरसप्रधान होने पर भी तिक्कना ने वीर, रौद्र, वीभत्स आदि रसों का भी समुचित पोषण किया है। प्रसंग के अनुसार नव रसों का संयोजन उनके काव्य में देखा जा सकता है। तिक्कना ने अपने अनुवाद में औचित्य को महत्त्व दिया। प्रसंगोचित संक्षिप्तीकरण उनकी एक और विशेषता है। 'महाभारत' के 'गीता' प्रसंग का उन्होंने मात्र भाव ग्रहण करके संक्षेपण किया है। कथा की गति पर ही उनकी दृष्टि अधिक रमी है, वेदांतपरक विषयों पर नहीं। उद्योग पर्व में विदुर का उपदेश, विराट राजा के दरबार का प्रसंग आदि में आवश्यक संक्षेपण तिक्कना ने किया है।

एर्रना सन् 1280-1360 के बीच प्रोलय वेमा रेड्डी नामक राजा के दरबारी थे। शंभु दासुडु इनका दूसरा नाम है। एर्रना शिव-भक्त हैं। 'प्रबंध परमेश्वरूडु' इनकी उपाधि है। 'एर्रना रामायणमु', 'हरिवंशमु', 'महाभारत' के अरण्य पर्व का शेष भाग, 'नृसिंह पुराण' आदि इनकी महत्त्वपूर्ण रचनाएँ हैं। एर्रना ने 'महाभारत' के अरण्य

पर्व के चौथे आश्वास के 143 पद्यों का अनुवाद किया है। नन्नया ने 143 पद्य तक अनुवाद करके अधूरा छोड़ दिया था। अनुवाद शैली में एर्रना ने नन्नया का अधिक अनुकरण किया है। एर्रना प्रबंधपटु हैं। प्रबंध का मतलब विस्पष्ट बंधन रखनेवाला है। अष्टादश वर्णन उसमें होते हैं। रस-सृष्टि इसकी अनिवार्यता है। कथा, पात्र, प्रकृति-वर्णन आदि इसकी अनिवार्य शर्तें हैं। ये सभी तत्त्व एर्रना के काव्य में देख सकते हैं। इस दृष्टि से उनके 'हरिवंशमु', 'नृसिंह पुराणमु' विशेष उल्लेखनीय हैं। उक्ति-वैचित्र्य तथा पात्र-चित्रण में भी एर्रना अद्वितीय कवि हैं।

सोमना और एर्रना के ही समकालिक नाचन हैं। इनका समय ई॰ 1344-1380 माना जाता है। 'उत्तर हरिवंशमु', 'वसंत विलासमु' और 'हरि विलासमु' इनकी रचनाएँ हैं। 'उत्तर हरिवंशमु' में नरकासुरवध, हंस दिंभकोपाख्यानमु, बाणासुर-वृत्तांत, परिणय-वृत्तांत आदि प्रसंग वर्णित हैं। 'उत्तर हरिवंशमु' ध्वनिप्रधान काव्य है। सोमना की कविता में अर्थ का चमत्कार तथा भाव की रमणीयता कूट-कूट कर भरी रहती है। कथा-विन्यास की इनमें अनुपम शक्ति है। इनमें कथाओं को माला की तरह गूँथने की अद्वितीय प्रतिभा है।

तेलुगु में रामकाव्यों की समृद्ध परम्परा है। संस्कृत में रची गयी 'वाल्मीकि रामायण' ही इनमें से अधिकांश का आधार है। इन रामायणों में श्रीराम के मानव व दिव्य रूप दोनों चित्रित हैं। 'वाल्मीकि रामायण' से अलग लोक-परम्परा से प्राप्त घटनाएँ एवं प्रसंग भी इनमें पाये जाते हैं। इनमें 'रंगनाथ रामायणमु', 'भास्कर रामायणमु' तथा 'मोल्ल रामायणमु' उल्लेखनीय हैं। 'रंगनाथ रामायणमु' द्विपद छंद में लिखा गया सबसे प्राचीन तेलुगु-रामायण है। कवि के बारे में मतभेद है। काव्य की अवतारिका के अनुसार गोना बुद्धा रेड्डी ने इसे लिखकर अपने पिता विट्ठल लक्ष्मीनाथ के नाम से प्रस्तुत किया है। परन्तु तेलुगु में कवि के नाम से रामायण को जोड़कर प्रयोग करने की परम्परा है। जैसे 'भास्कर रामायणमु', 'मोल्ल रामायणमु' आदि। अतः माना जाता है कि रंगनाथ नामक किसी कवि ने इसे लिखा होगा। परन्तु आज अधिकांश लोग इसे गोनन बुद्धा रेड्डी का लिखा हुआ ही मानते हैं तथा इसका रचना-काल 1300 ई॰ से 1305 के बीच माना जाता है। 'रंगनाथ रामायण' की कथा लगभग 'वाल्मीकि रामायण' जैसी है। इसमें कुछ इतर अंश भी दिखायी पड़ते हैं। अहल्या-वृत्तांत में इंद्र मुर्गा बनकर बाँग देता है। जंबुमाली वृत्तांत, कालनेमि वृत्तांत आदि भी 'रंगनाथ रामायण' के मौलिक प्रसंग हैं। वालि के द्वारा राम की निंदा भी इसमें दिखायी पड़ती है। इस रूप में 'रंगनाथ रामायण' अत्यंत मनोहर तेलुगु-रामायण है। 'भास्कर रामायणमु' चंपू रामायण-काव्य है। शीर्षक से यह स्पष्ट है कि भास्कर नामक किसी कवि ने इसे लिखा है। परन्तु इसमें मतभेद है कि यह भास्कर कौन है? हुलक्की भास्कर हैं या मंत्री भास्कर हैं ? अधिकांश आलोचकों ने यह सिद्ध किया है कि इसका मंत्री भास्कर के साथ कोई संबंध नहीं है। कुछ आलोचकों का यह भी

विचार है कि 'भास्कर रामायण' के कर्ता अनेक हैं। बाल, किष्किंध तथा सुंदर कांड भास्कर के पुत्र मल्लिकार्जुन ने, अयोध्या कांड उनके शिष्य रुद्रदेव ने, अरण्य, युद्ध कांड के पूर्व भाग को हुलक्की भास्कर ने और युद्ध कांड के बाकी भाग को भास्कर के मित्र अय्यलार्य ने लिखा है। 'भास्कर रामायण' 'वाल्मीकि रामायण' का कथानुवाद है। संक्षिप्तीकरण इसकी अन्यतम विशेषता है।

'मोल्लरामायणमु' कवयित्री मोल्ला की रचना है। मोल्ला का समय ई॰ 15वीं सदी माना जाता है। श्रीकंठ मल्लेश्वर की कृपा से 'वाल्मीकि रामायण' को आधार बनाकर स्वतंत्र रूप में मोल्ला ने इस संक्षिप्त रामायण का प्रणयन किया है। इसे मोल्ला ने श्री रामचंद्र जी को ही समर्पित किया है। मोल्ला की रामकथा में अध्यात्म एवं भास्कर रामायणों का संयोजन भी है। गोदावरी नदी को पार करते समय गुह का वृत्तांत 'अध्यात्मरामायण' का है।

श्रीनाथ युग तेलुगु में अत्यंत प्रौढ़ काव्य का युग रहा है। राजनीतिक स्थिरता एवं राजाओं के साहित्य के प्रति विशिष्ट अभिरुचि के कारण इस युग में अनेक श्रेष्ठ काव्य रचे गये हैं। इस युग के श्रेष्ठ कवि श्रीनाथ हैं। श्रीनाथ का समय लगभग ई॰ 1380-1470 है। वे प्रज्ञाशील महाकवि हैं। 'मरुत्तराट चरित्र', 'शालिवाहन सप्त शती', 'पंडितराध्य चरित्र', 'शृंगार नैषधमु', 'भीम खंडमु', 'काशी खंडमु', 'हरविलासमु', 'धनुंजय विजयमु', 'क्रीडाभिराममु', 'पलनाटि वीर चरित्र', 'शिवरात्रि महात्यमु' आदि उनकी लोकप्रिय रचनाएँ हैं। कच्ची उम्र में ही उन्होंने 'मरुत्तराट चरित्र' लिखा था। उनकी 'शालिवाहन सप्तशती' हाल की 'गाथा सप्तशती' का अनुकरण है। यह ध्वनिप्रधान शृंगारिक रचना है। 'शृंगार नैषधमु' इनकी अत्यंत प्रौढ़ रचना है। माना जाता है कि श्रीनाथ ने इसे अपने भरे यौवन में लिखा था। यह श्रीहर्ष के 'नैषधीयचरित' का तेलुगु अनुवाद है। यह आठ आश्वासों में लिखा गया 1300 गद्य-पद्यों का महाकाव्य है। महाभारत की नल-दमयंती कहानी इसका मूल है। यह मूल के निकट का अनुवाद होने पर भी श्रीनाथ ने कई संदर्भों में अनेक प्रक्षेपण किये हैं। इस काव्य को उन्होंने पेदकोमटी वेमा रेड्डी के मंत्री मामिडी सिंगन को समर्पित किया है।

श्रीनाथ ने सन् 1420 के आसपास 'हरविलासमु' काव्य लिखा। यह उन्हें शिवभक्त के रूप में खड़ा करता है। इस काव्य में मुख्यतया चिरुतोंड नंबि कथा, गौरी कल्याण, शिव का दारुकावनविहार, समुद्रमंथनवृत्तांत, किरातार्जुनीयम आदि शिव की लीलाओं का संग्रह है। चिरुतोंड नंबि कथा पाल्कुरिकि सोमनाथ की सिरियाल की कथा जैसी है। बसवपुराण का सिरियाल ही हरविलास का चिरुतोंड नंबि है। कालिदास के 'कुमारसंभव' का तारकासुर-संहार इसमें गौरी कल्याण के रूप में अनूदित है। कवि ने 'कुमारसंभव' के पूरे काव्य को दो-तीन आश्वासों में संक्षिप्त कर दिया है। दारुकवनविहार गौरी कल्याण का ही परिशिष्ट भाग है। समुद्रमंथनवृत्तांत

शिव भगवान् की जगत्-कल्याण-दृष्टि का परिचायक है। श्रीनाथ ने इसे भी 'हरविलासमु' में जोड़ दिया है। इसमें वर्णित किरातार्जनीयमु कथा भारवि के 'किरातार्जुनीयम्' का अनुवाद नहीं है। परन्तु 'महाभारत' के अरण्य पर्व में चित्रित पाशुपतास्त्र-प्रदान प्रसंग का संक्षिप्त रूप है।

'भीखखंडमु' भी श्रीनाथ की प्रौढ रचना है। 'भीमेश्वर पुराणमु' इसका दूसरा नाम है। यह छह आश्वासों का प्रबंधकाव्य है। इसमें दाक्षारामम के भीमेश्वर की लीलाओं का रसभरित वर्णन है। 'स्कंदपुराण' का गोदावरी खंड इसका मूल है। काव्य के अंत में हालाहल-पान तथा त्रिपुर-संहार नामक दो शिव-लीलाओं का चित्रण भी कवि ने किया है। 'क्रीडाभिराममु' श्रीनाथ का वीथि नाटक है। इसमें गोविंद मंचन शर्मा नामक एक ब्राह्मण युवक तथा रिट्टिम सेट्टि नामक वैश्य युवकों के द्वारा एक दिन में एकशिला नगर (वरंगल) की गलियों में देखे गये खेल-विनोदों का रसपूर्ण वर्णन है। यह तेलुगु का प्रथम उपहास काव्य माना जाता है। इसमें वरंगल का नगरीय जीवन अंकित है। 'काशी खंडमु' श्रीनाथ की एक और महत्त्वपूर्ण रचना है। यह 'स्कंदपुराण' के काशीखंड का तेलुगु अनुवाद है। श्रीनाथ ने इसे सात आश्वासमों में रचा है। विंध्य पहाड़ का विद्रोह, अगस्त्य का काशी छोड़ना, उनकी दक्षिण-यात्रा, कुमारस्वामि के द्वारा काशी की महिमा का वर्णन, व्यास का काशी छोड़ना आदि इसके मुख्य प्रसंग हैं। 'शिवरात्रि महात्म्यमु' श्रीनाथ की अंतिम रचनाओं में एक है। आश्रयदाताओं के लोप होने के बाद गरीबी में जीवन-शांति की खोज में श्रीनाथ ने श्रीशैषलमु की यात्रा की है। उस संदर्भ में यह काव्य लिखा गया है। इसका नायक परम कामुक सुकुमार है। वह इतना कामुक है कि अपनी बेटी के साथ उसने असभ्य व्यवहार किया। परम भ्रष्ट बनने के बाद भी शिवरात्रि के दिन शिव-दर्शन से उसे शिवलोक प्राप्त हुआ। यही इसमें चित्रित है। श्रीनाथ का 'पलनाटि वीर चरित्र' तेलुगु का प्रथम वीरगाथा काव्य है। इसमें तेलुगु जाति के पौरुष का वर्णन है। यह द्विपद छंद में लिखा गया है। इसके कारण ही श्रीनाथ प्रजा कवि बने हैं। आंध्र में यह अत्यंत लोकप्रिय है। इसे 'पलनाटि भारतमु' (महाभारत की तरह) कहा जाता है। इसमें उस समय के आंध्रों के सामाजिक जीवन का सुंदर चित्रण हुआ है। पलनाडु के दो राज-परिवारों के बीच हुए संघर्ष को इसमें जीवंत रूप में प्रस्तुत किया गया है। श्रीनाथ आशु कविता (चाटुवु) में भी प्रौढ़ कवि हैं। विविध संदर्भों में बड़ी संख्या में लिखे गये उनके चाटुवु पद्य उपलब्ध होते हैं। इस रूप में श्रीनाथजी का समृद्ध काव्य जीवन रहा है। अत्यंत विलासी जीवन जीनेवाले श्रीनाथ ने जीवन-संध्या में अत्यंत गरीबी को भोगा है। उनके सृजन-संसार के अवलोकन से यही अनुभव होता है कि वे सचमुच ही 'कवि सार्वभौम' उपाधि के अधिकारी हैं।

पोतना श्रीनाथयुग के अन्यतम महाकवि हैं। सादा जीवन जीनेवाले पोतना ने अपने 'महाभागवत' को श्रीराम को ही समर्पित किया है। वे राजाश्रय को भी

ठुकरानेवाले अभिमानी कवि थे। उनका समय सन् 1420-1480 माना जाता है। 'वीरभद्र विजयमु', 'भोगिनी दंडकमु', 'नारायण शतकमु', 'महाभागवत' आदि उनकी अमर कृतियाँ हैं। 'वीरभद्र विजयमु' उनकी प्रथम काव्य-रचना है। यह चार आश्वासों का काव्य है। कथा में पोतना ने नन्ने चोड्डु तथा पंडिताराध्य का ही ज्यादा अनुकरण किया है। 'भोगिनीदंडकमु' उनकी अप्रामाणिक रचना मानी जाती है। इसमें भोगिनी तथा सिंगभूपाल की प्रेम-कहानी वर्णित है। 'नारायण शतकमु' पोतना का शतक काव्य है। नारायणा मकुट के साथ इसके पद्य समाप्त होते हैं। इसमें कुल 103 पद संगृहीत हैं। 'महाभागवत' उनकी अद्वितीय रचना है। इस रचना के कुछ स्कंधों के बारे में मतभेद है कि इनका प्रणयन पोतना ने नहीं बल्कि उनके जीवन-काल में उनके शिष्यों ने या अन्य कवियों ने किया है। यह माना जाता है कि 'भागवत पुराण' के बारह स्कंधों में 5, 6, 11, 12 को छोड़कर बाकी को पोतना ने लिखा है। पाँच स्कंधों को बोप्पराजु गंगन, छह स्कंधों को एर्चूरि सिंगन, ग्यारहवें-बारहवें स्कंधों को वेलिगंदल नारना ने लिखा है। दशावतार-वर्णन, प्रह्लादचरित्र, अंबरीषोपाख्यान, गजेन्द्रमोक्षमु जैसे भक्तों के प्रसंग पोतना के द्वारा विरचित होना एक प्रकार से आंध्रों का भाग्य मान लेना चाहिए। ये प्रसंग आंध्र में अत्यंत लोकप्रिय हैं। वेदों, पुराणों, ब्रह्मसूत्र, महाभारत आदि का प्रतिपदार्थ सार भागवत है। इसे मीठी एवं कमनीय तेलुगु भाषा में प्रस्तुत करके पोतना अमर हुए। 'महाभागवत' के नायक साक्षात् विष्णु हैं।

वैष्णव धर्म के अनुयायी होते हुए भी पोतना परधर्मद्वेषी नहीं हैं। वे राम और कृष्ण में अंतर नहीं रखनेवाले अद्वैती हैं। तेलुगु में रचित 'महाभागवत' एक भक्तिकाव्य है। भक्ति का पूर्ण निरूपण इसमें देखा जा सकता है। अनेक भक्तों की जीवनियाँ इसमें संगृहीत हैं। ये सब ईश्वर-प्राप्ति के लिए भक्ति-मार्ग का समर्थन करती हैं। विष्णु-भक्ति का प्रतिपादन ही 'महाभागवत' का मुख्य लक्ष्य है। इसमें चैतन्यप्रभु के पचास साल पहले ही कृष्ण-तत्त्व का निरूपण प्रस्तुत किया गया था। 'महाभागवत' अद्वैत दृष्टि से ज्ञान की तथा भक्तिमार्ग के आचरण में आनंद की स्थापना करता है। 'महाभागवत' यह स्थापित करता है कि भागवत धर्म के आचरण से कुछ ने शुद्ध ज्ञान को प्राप्त किया तथा कुछ ने शुद्ध भक्ति का आचरण करके मोक्ष को प्राप्त किया। 'महाभागवत' में पाये जानेवाले उपाख्यान ही इसके प्रमाण हैं। पोतना के द्वारा 'महा भागवत' के लिए रचित भक्ति के पद्य आज भी आंध्र में गूँजते सुनायी पड़ते हैं। संस्कृत के श्रीमद्भागवत का अनुसरण करते हुए भी पोतना ने अनेक संदर्भों में अपनी कारयित्री प्रतिभा दिखायी है। इसी वजह से 'महाभागवत' में स्थानीय संस्कृति एवं जीवन-विधान से संबंधित अनेक प्रसंग बड़ी उदारता के साथ प्रक्षेपित भी हुए हैं।

श्रीनाथयुग के अन्य कवियों में जक्कन, अनंतामात्य, गौरन, मडिकि सिंगन, दग्गुपल्लि दुग्गन, पंचतंत्र कवि, पिल्लल मर्रि पिनवीर भद्रुडु, नंदि मल्लन, घंटा

सिंगन, केरवि गोपराजु, कूचिराजु एर्रना, भैरव कवि, सूरना कोलनि गणपति देवुडु, ताल्लपाक अन्नमाचार्य, ताल्लपाक कवि, विन्नकोटा पेद्धना, प्रौढ़ कवि मल्लन, विष्णुपुराण के कवि आदि उल्लेखनीय हैं। जक्कना ने 'विक्रमांकचरित्र' नामक 8 आश्वासोंवाली मौलिक रचना लिखी है। यह ऐतिहासिक काव्य नहीं है और संस्कृत के 'विक्रमांकचरित्र' का अनुवाद भी नहीं है। इसमें विक्रमांक के साहस और उदारता से संबंधित कहानियाँ संगृहीत हैं। अनंतामात्य ने 'भोज राजीयमु' नामक 7 आश्वासोंवाला कथाकाव्य लिखा है। भोज ऐतिहासिक पुरुष हैं। उन्होंने धार नगर को राजधानी बनाकर लाट देश पर शासन किया। वे कई महाकवियों के आश्रयदाता थे। परन्तु इसमें इनका यह परिचय नहीं है। सर्पटि नामक सिद्ध के द्वारा भोज को सुनायी गयी कहानियाँ इसमें संगृहीत हैं। गौरना ने 'नवनाथचरित्र' तथा 'हरिश्चंद्रोपाख्यान' नामक दो द्विपद काव्य लिखे हैं। 'नवनाथचरित्र' नव शैव सिद्धों की महिमा का वर्णन करनेवाला पाँच आश्वासों का द्विपद काव्य है। नवनाथों में मीननाथ अपार शक्तिशाली हैं तथा शिव-पार्वती के पुत्र हैं। गोरखनाथ इनके मुख्य शिष्य हैं। पुराणप्रसिद्ध हरिश्चंद्र की कथा को काव्यवस्तु के रूप में ग्रहण करके काव्य लिखनेवाले कवियों में प्रथम गौरना हैं। गौरना की कहानी स्कंदपुराण की कहानी के निकट है। इसमें नक्षत्रक पात्र गौरना का सृजन है। मडिकि सिंगन ने 11 आश्वासोंवाला 'पद्मपुराणोत्तर खंडमु' लिखा है। यह वैष्णव धर्म के प्रचार के लिए लिखा गया काव्य है। इसमें पद्मपुराण की कथाओं का वर्णन है। दग्गुपल्लि दुग्गना कवि श्रीनाथ जी के श्यालक थे। इन्होंने 'कांची माहात्म्यमु' और 'नासिकेतोपाख्यानमु' नामक दो काव्य लिखे हैं। विष्णु शर्मा के द्वारा संस्कृत में लिखी गयी पंचतंत्र की कहानियों का दूबगुंट नारायण (ई॰ 1470), भैचराजु वेंकट नाथुडु और भानय कवियों ने तेलुगु में अनुवाद किया है। पिल्लल मर्रि पिनवीर भद्रुडु कवि ने 'शृंगार शाकुंतलमु' और 'जैमिनी भारतमु' नामक काव्य लिखे हैं।

तेलुगु में **प्रबंध युग या राल युग** (सन् 1500-1600) साहित्य की दृष्टि से स्वर्ण युग माना जाता है। श्रीनाथ-युग की तरह इसमें भी समृद्ध साहित्य लिखा गया है। श्रीकृष्ण देव रायलु जैसे यशस्वी राजाओं के आश्रय में साहित्य पुष्पित एवं पल्लवित हुआ है। श्रीकृष्णदेव रायलु के दरबार में जो 'भुवनविजयमु' कहलाता है, अष्टदिग्गज कवि हुआ करते थे। श्रीकृष्णदेव रायलु स्वयं कवि, उदार पोषक, साहित्य-विद्या-विनोद में असीम अभिरुचि रखनेवाले थे। अपने दरबार में आठ महाकवियों को रखकर उन्होंने साहित्य-सरस्वती की अनुपम सेवा की है। अष्टदिग्गज कवियों में अल्लसानिन पेद्धना, नंदि तिम्मना, पुत्तेटि राम भद्रुडु, मादय गारि मल्लना, धूर्जटी, तेनालि रामकृष्णुडु, कंदुकूरी रुद्र कवि, राधा माधव कवि (चिंतलापूडि एल्लना) की गिनती की जाती है। अल्लसानि पेद्धना (ई॰ 1470-1540) सभी में श्रेष्ठ थे। 'मनुचरित्र' नामक अपने काव्य को इन्होंने अपने आश्रयदाता श्रीकृष्णदेव रायलु को समर्पित

किया है। वे रायलु के घनिष्ठ सखा भी थे। 'हरिकथा सारमु' नाम से एक और रचना इनके नाम से अंकित है। 'मनुचरित्र' छह आश्वासों का प्रबंधकाव्य है। इसमें वरूधिनी और प्रवराख्य की कहानी वर्णित है। नंदि (मुक्कु) तिम्मना भी अष्टदिग्गज कवियों में एक थे। रायलु के साथ इनका भी घनिष्ठ संबंध था। इन्होंने अपनी रचना 'पारिजाताहरणमु' श्रीकृष्णदेव रायलु को ही समर्पित किया है। यह पाँच आश्वासों का शृंगारिक प्रबंधकाव्य है। 'वाणि विलास' नाम से इनकी एक और रचना उपलब्ध होती है। 'पारिजाताहरणमु' में बारह अध्यायों में श्रीकृष्ण और सत्यभामा की कहानी वर्णित है। श्रीकृष्णदेव रायलु और उनकी पत्नी तिरुमल देवी के जीवन में घटित घटना के साथ भी इसे जोड़ा जाता है। वस्तु की दृष्टि से इस काव्य का मूल प्रेरणा-स्रोत संस्कृत 'हरिवंश' काव्य है। रस और भाव के औचित्य के अनुसार तिम्मना ने मूल कथा में कई परिवर्तन किये हैं। अमलिन एवं निरहंकार प्रेम की शिक्षा सत्यभामा को देना ही तिम्मना का लक्ष्य है। इसलिए मूल में वर्णित पुण्यका व्रत को तिम्मना ने विस्तार दिया है। 'राजशेखर चरित्रमु' मादया मारि मल्लना की रचना है। रायलु के दरबार में अष्टदिग्गज कवियों में ये भी एक हैं। 'राजशेखर चरित्रमु' में रायलु की कोई प्रशंसा दिखायी नहीं पड़ती है। यह भी माना जाता है कि रायलु के दरबार में पहुँचने के पहले ही कवि ने यह काव्य लिखा होगा। अष्टदिग्गज कवियों में धूर्जटी का भी विशिष्ट स्थान है। 'कालहस्ति माहात्म्यमु' तथा 'काल हस्ति शतकमु' इनकी रचनाएँ हैं। धूर्जटी परम शिव भक्त हैं। 'कालहस्ति महात्म्यमु' क्षेत्र-महिमा का वर्णन करनेवाला प्रबंधकाव्य है। इसमें श्रीकालहस्ति क्षेत्र में विराजमान शिव की अनेक लीलाएँ विविध कथाओं के माध्यम से वर्णित हैं। प्रत्येक आश्वास के आदि भाग में ही उस आश्वास की कथा का परिचय प्रस्तुत करना इसकी मुख्य विशेषता है। अष्टदिग्गज कवियों में तेनाली रामकृष्ण कवि (ई॰ 1485-1575) विशिष्ट स्वभाव के थे। उनको 'विकट कवि' भी कहा जाता है। ये बहुत ही प्रबुद्ध थे। समयस्फूर्ति तथा हास्योक्ति इनकी अन्यतम विशेषताएँ हैं। ये आरंभ में शिवभक्त थे। बाद में वैष्णव धर्म को स्वीकार किया था। 'उद्भटराध्या चरित्र' उनका शैव-काव्य है। वैष्णव धर्म स्वीकार करने के बाद उन्होंने 'पांडुरंग महात्म्यमु', 'हरिलीला विलासमु', 'घटिकाचल महात्म्यमु' आदि रचनाएँ लिखी थीं। 'उद्भटाराध्या चरित्र' तीन आश्वासोंवाला काव्य है। इसमें पाल्कुरिकि सोमनाथ के बसवपुराण के सातवें आश्वास में वर्णित उद्भट की कथा का अनुसरण है। 'पांडुरांग महात्म्यमु' उनकी सर्वाधिक लोकप्रिय रचना है। यह पाँच आश्वासोंवाला प्रबंधकाव्य है। इसका मूल स्रोत स्कंद पुराण में वर्णित कथा है। भैमिनी नदी के तट पर पंडरी क्षेत्र में स्थित पांडुरंग देव की महिमा का वर्णन इसमें किया गया है। पंडरी क्षेत्र के पांडुरंग देव की महिमा के निरूपण के लिए इसमें कवि ने पुंडरीकुनि कथा, निगमशर्मोपाख्यान, श्रीकृष्णावतारचरित्र, श्रीराधादेवीचरित्र, कौआ, हंस, साँप तथा

तोते के मोक्ष प्राप्त करने की कथा, सुशील नामक पतिव्रता की कथा, अपने भाइयों के साथ युधिष्ठिर के पांडुरंग क्षेत्र के दर्शन करने की कथा, सुशर्मोपाख्यान, आयुत नियुत मुनि कुमारों का चरित्र आदि कथाओं को शृंखला में जोड़ा है। इन नव कथाओं के माध्यम से पांडुरंग के प्रति भक्ति का निरूपण भी किया गया है।

श्रीकृष्ण देवरायलु स्वयं अच्छे कवि थे। तेलुगु भाषा तथा साहित्य के प्रचार-प्रसार में उन्होंने अद्वितीय कार्य किये हैं। सात आश्वासोंवाले 'आमुक्तमाल्यदा' उनकी प्रबंध-प्रतिभा का जीवंत प्रमाण है। इसमें विष्णुचित्त एवं गोदादेवी (आंडाल) की कहानी वर्णित है। गोदा साक्षात् रंगनाथ से प्रेम करती है और उन्हींसे विवाह करने को ठान लेती है। अपने को वह रंगनाथ को समर्पित कर देती है। गोदा देवी तमिल के आलवार कवियों में एक मानी जाती हैं जिन्होंने 'नालाइर दिव्य प्रबंधम' लिखा है। प्रबंध युग के एक और कवि पिंगली सूरना ने 'राघव पंडवीयमु' नामक एक विशिष्ट काव्य लिखा है। यह एक द्वयर्थी काव्य है। इसमें एक साथ रामकथा तथा महाभारत-कथा बर्णित हुई है। एक ही पद्य में दोनों भावों को संप्रेषित करके कवि ने अपनी अद्वितीय प्रतिभा का परिचय दिया है। 'कलापूर्णोदयमु', 'गिरिजा कल्याणमु', 'गरुडा पुराणमु' और 'प्रभावती प्रद्यम्नमु' इनकी अन्य रचनाएँ हैं। राम राज भूषण भी इस युग के श्रेष्ठ कवि थे। 'काव्यालंकारसंग्रह', 'वसुचरित्र', 'हरिश्चंद्रोपाख्यान' आदि उनकी काव्य रचनाएँ हैं। स्पष्ट है कि तेलुगु-साहित्य में स्वर्ण युग माने जानेवाले प्रबंध युग में अनेक महोत्कृष्ट महाकाव्य व प्रबंधात्मक काव्य रचे गये हैं। वस्तु के क्षेत्र में उदात्तता तथा अभिव्यंजना के क्षेत्र में प्रबंधोन्मुखता इस युग की सर्वाधिक मुख्य विशेषताएँ हैं। काव्य पौराणिक वस्तु के होते हुए भी लौकिक जीवन, खासकर आश्रयदाता की जीवनी की छाया अधिकांश में परावर्तित हुई है।

विजयनगर साम्राज्य के पतन के बाद यानी लगभग ई॰ 1565 के बाद आश्रय दाताओं के अभाव में तेलुगु-साहित्य-लेखन क्षेत्र आंध्र से सुदूर दक्षिणांध्र तंजावूर, मधुरा, जिंजि, मैसूर, पुदुक्कोटा में बदल गया। विजयनगर सम्राटों के होते ही इन केन्द्रों में तेलुगु नायकों को सामंतों के रूप में भेजा गया था। संगीतज्ञ, कलाकार, साहित्यकार उनके साथ गये थे। विजयनगर साम्राज्य का पतन तथा मुसलमान राजाओं के शासन-काल में अननुकूल वातावरण में संगीत, साहित्य आदि क्षेत्रों के कलाकार इन केन्द्रों के सामंतों के आश्रय में जा बसे। वहाँ इसलिए तेलुगु-साहित्य का विकास हुआ है। इसलिए तेलुगु साहित्य के इस युग को **दक्षिणांध्र युग** कहा जाता है। इस युग में आंध्र प्रांत में जो थोड़ा-बहुत तेलुगु-साहित्य रचा गया वह मात्रा एवं विविधता की दृष्टि से दक्षिणांध्र साहित्य की तुलना में गौण है। दक्षिणांध्र युग का साहित्य सत्रहवीं-अठारहवीं सदी में लिखा गया साहित्य है। प्राचीन परम्पराओं का अनुसरण करते हुए अष्टादश वर्णनों के साथ इस युग में अनेक प्रबंध काव्य रचे गये हैं। गीत, नृत्य आदि नाट्य-रूपों का समावेश भी काव्य में किया गया। तंजावूर

के नायक राजाओं ने यक्षगानों को विशेष प्रोत्साहन दिया। इस युग में ज्यादा शृंगारिक प्रबंध ही रचे गये। रघुनाथ नायक के 'रामायणमु', 'वाल्मीकिचरित्र', 'शृंगार सावित्री'; चेमकूर वेंकट कवि के 'विजय विलासमु', 'सारंगधर चरित्र'; चेंगल्व कवि का 'राजगोपाल विलासमु', रंगाजम्मा के 'दास विलास', 'उषा परिणयमु' आदि इस युग के प्रसिद्ध शृंगारिक प्रबंध हैं। इनके अतिरिक्त मुद्धपलनि का 'राधिका सांत्वनमु', कामेश्वर कवि का 'सत्यभामा सांत्वनमु', वेंकट कृष्णप्प नायक का 'राधिका सांत्वनमु' आदि इस युग के मोह-शृंगार काव्य हैं। इस युग में कुछ द्विपद काव्य भी रचे गये हैं। तिरुवेंगल कवि का 'चोक्कनाथचरित्र', रघुनाथ नायक के 'अच्चुताभ्युदयमु', 'नलचरित्र', विजय राघव के 'पादुका सहस्रमु', 'मोहिनी विलासमु', वेंकट कवि का 'बाल रामायणमु', दर्बा वेंकट गिरि कवि का 'रुक्मागंदचरित्र' आदि इस दृष्टि से उल्लेखनीय हैं।

इस युग के कृष्णध्वरी के द्वारा 'नैषध पारिजातीयमु', नेल्लूरि वीर राघव कवि के द्वारा 'याधव पांडवीयमु', एल्कूचि बाल सरस्वती के द्वारा 'राघव यादव पांडवीयमु' नामक द्वयर्थी काव्य रचे गये। इस युग में बड़ी संख्या में वचन काव्य भी रचे गये हैं। कामेश्वर कवि कृत 'धेनु महात्म्यमु', चेक्कनाथ कृत 'श्रीरंग माघ महात्म्यमु', वेंकट कृष्णप्प कृत 'जैमिनी भारतमु' और 'सारंगधर चरित्र', श्याम राय कवि कृत 'रामायणमु', वीर राजु कृत 'वचन भारतमु' इस दृष्टि से विशेष उल्लेखनीय हैं। इस युग में प्रचुर परिमाण में शास्त्रीय, अलंकारशास्त्रीय, संगीतशास्त्रीय ग्रंथों का भी प्रणयन हुआ है। नुदुरुपाटि वेंकन्न कृत 'रघुनाथीयमु', आलूरी नरसिंह कवि कृत 'नंजराज यशोभूषणमु' आदि लोकप्रिय अलंकारशास्त्रीय ग्रंथ हैं तो बद्धेवीटि दत्तप्प कृत 'गणित दीपिका' गणितशास्त्र के रूप में, वेल्लूरी शिवराम कवि कृत 'कामकलानिधि' कामशास्त्र के रूप में, बेलगपूडि कृष्णप्पा कृत 'गौलिका शास्त्रमु' छिपकली बोलने के शास्त्र के रूप में, नव नप्पा कृत 'खड्ग लक्षण शिरोमणी' तलवार-शास्त्र के रूप में लोकप्रिय हुए हैं। 'सांब निघंटुवु', 'शब्धरत्न समन्वयमु', 'शब्दार्थ संग्रहमु', 'आंध्र भाषाणीयमु' आदि शब्दकोशों का निर्माण भी इस युग में हुआ है। पुरुषों के साथ-साथ मधुर वाणी, राम बद्रांबा, कृष्णा जी, रंगाजम्मा, मुद्धपलनि आदि कवयित्रियों ने काव्य लिखकर इस युग में सम्मान प्राप्त किया है।

स्पष्ट है कि दक्षिणांध्र युगीन तेलुगु-साहित्य विविधमुखी है। शृंगारिक प्रबंधों के साथ-साथ भक्तिरसात्मक तथा वेदांतप्रधान काव्य भी इस युग में रचे गये। फिर भी तेलुगु-आलोचकों की दृष्टि में प्रबंधयुग की तुलना में दक्षिणांध्र युगीन साहित्य उदात्तता एवं साहित्यिक मूल्यों की दृष्टि से क्षीण साहित्य ही है। सामयिक सामंतों की पतनावस्था, विलासिता, सामाजिक जीवन की निष्क्रियता एवं व्यसनलोलुपता इसके लिए जिम्मेदार माना जाता है।

दक्षिणांध्र युगीन साहित्य एवं क्षीण युग के साहित्य के बीच में तेलुगु में दो प्रमुख

साहित्यिक धाराएँ दिखायी पड़ती हैं– पद साहित्य और शतक साहित्य। तेलुगु में समृद्ध पद साहित्य (गीतिकाव्य) प्राप्त होता है। गीति-तत्त्व एवं संगीत-तत्त्व के मिश्रण से काव्य रचनेवालों को तेलुगु में 'वाग्गेयकार' कहते हैं। मात्रा-भेद के अनुसार इन्हें पदमु, संकीर्तनमु, कृति आदि नामों से पुकारते हैं। तेलुगु में श्री वेंकटेश्वर के परम भक्त श्री अन्नमाचार्य पदकविता के पितामह माने जाते हैं। इनके पदों को 'संकीर्तन' नाम से पुकारते हैं। क्षेत्रय्या के पदों में गीतितत्त्व की प्रधानता है। इनकी रचना 'क्षेत्रय्या पदालु' है। उसी तरह त्यागराजू में गीति-तत्त्व की तुलना में संगीत-तत्त्व की प्रधानता है। उनकी रचनाओं को इसलिए 'त्यागराजु कृतुलु' कहा जाता है। ये तीनों ही महान् पद-कवि अपने पदों के लिए आंध्र भर में लोकप्रिय हैं। अन्नमाचार्य एवं क्षेत्रय्या ने क्रमशः श्रीवेंकटेश्वर तथा श्रीकृष्ण का एवं त्यागराजु ने श्री राम का कीर्तन किया है। आज भी इनके गीत या पद आंध्र भर में गाये जाते हैं।

तेलुगु में **शतक काव्यों** की भी समृद्ध परम्परा है। संस्कृत एवं प्राकृत भाषाओं से यह परंपरा तेलुगु में आयी है। लगभग 12वीं सदी से ही शतकों की रचना होने पर भी सोलहवीं से अठारहवीं सदी के बीच ही इनका पूर्ण विकास हुआ है। ये शतक काव्य 100 से लेकर 108, 116 तथा 300, 500, 700 की संख्याओं में पद्यों के साथ रचे गये हैं। तेलुगु शतकों के अंत में कवि का नाम या कवि के द्वारा प्रयुक्त किसी विशिष्ट शब्द का प्रयोग मिलता है। तेलुगु में इसे 'मकुटमु' कहा जाता है। शतकों के पद्य ज्यादातर मुक्तक ही हैं। शतक-पद्य भावों से भरे रहते हैं। ये चंपकमाला, आटवेलदी, कंद या सीस छंद में लिखे जाते हैं। भक्ति, नीति, शृंगार, हास्य, अधिक्षेप आदि विषयों से संबंधित शतक-काव्य तेलुगु में प्राप्त होते हैं। शिव, विष्णु, देवी, सत्यसाई, ईसा मसीह से संबंधित भक्तिशतक; 'वेमन शतकमु', 'सुमती शतकमु', 'भास्कर शतकमु', 'कुमारी शतकमु' आदि नीति-शतक; 'चौडप्प शतकमु', 'कुक्कटेश्वर शतकमु', 'शम्भो शतकमु', 'दाशरथी शतकमु' आदि अधिक्षेप या हास्य-व्यंग्य शतक; 'कृष्ण शतकमु', 'शृंगार शतकमु', 'श्रीवेंकटेश्वर शतकमु', 'सुंदरी मणी शतकमु', 'मदन गोपाल शतकमु' आदि शृंगार-शतक तेलुगु में लिखे गये हैं। इनमें अधिकांश आंध्र में अधिक लोकप्रिय हुए हैं। खास कर प्रजाकवि माने जानेवाले वेमन जैसे कवियों के शतक-पद्य बच्चों से लेकर बूढ़ों तक लोकप्रिय हैं। जीवन के अनेक संदर्भों में इनको दृष्टांत के रूप में दिया जाता है। वेमनशतक के पद्य सरल सुबोध भाषा में तथा जीवनानुभव से प्राप्त विविध सादृश्यमूलक उदाहरणों एवं उपमाओं से भरे रहने के कारण जनता में अधिक लोकप्रिय हुए हैं।

दक्षिणांध्र चोल, पांड्य राजाओं के पतन से बचा हुआ तेलुगु साम्राज्यों का पूर्ण रूप से पतन हो गया। आंध्र राज्य अब छोटे-छोटे सामंतों में बँट गया। इन छोटे-छोटे सामंतों व जमींदारों की साहित्य एवं कलाओं के प्रति कोई उच्च दृष्टि के अभाव में तथा विलासिता की ओर उनके झुकाव के कारण इस युग का साहित्य कांतिहीन हो

गया। अनुकरण तथा पुनरावृत्तियों से इस युग का साहित्य साहित्यिक मूल्यों से भी वंचित हो गया। सामाजिक हित तथा राष्ट्रीय हित के प्रति वैचारिकता के अभाव के कारण साहित्य का सामाजिक प्रयोजन भी मिट गया। गुलामी की मानसिकता में दबे जमींदार व सामंतों की प्रशंसा में कभी विलासी काव्य-रचना हुई तो कभी इन आश्रयदाताओं के कोप के कारण विलाप काव्य की रचना हुई। काव्य के अभिव्यंजना पक्ष के संदर्भ में भी प्रयोग करने की कोई इच्छा कवियों में दिखायी नहीं पड़ती है। इस रूप में साहित्य अपनी संपूर्ण कांति को खोकर कमजोर व क्षीण पड़ गया था। इसी कारण से इस युग को **क्षीण युग** (सन् 1775-1875) कहा गया। कुछ आलोचकों ने दक्षिणांध्र युग एवं आधुनिक युग के बीच के इस काल को संधि युग भी कहा है। उनका विचार है कि आधुनिक युग में सर्वथा नवीन रूप में विकसित होने के पहले प्राचीन परम्परा से कट कर युग पतनोन्मुख हुआ। अतः इस युग को संधि युग कहना उचित है। कंकटि पाप राजु, पुष्पगिरि तिम्मन, कूचिमंचि तिम्म कवि, दिट्ट कवि नारायण कवि जैसे कवि इस युग में हुए। कंकटि पाप राजु का 'उत्तर रामायणमु' लोकप्रिय महाकाव्य है। 'रामायण' के उत्तरकांड की कथा के आधार पर यह लिखा गया है। पुष्पगिरि तिम्मना ने सात आश्वासोंवाला 'समीर कुमार विजयमु' नामक पुराणकाव्य लिखा है। हनुमान् से संबंधित लोकप्रिय सारी कथाएँ इसमें संगृहीत हैं। 'कविसार्वभौम' उपाधि से शोभित कूचि मंचि तिम्म कवि ने 'रुक्मिणी परिणयमु', 'राजशेखर विलासमु', 'सिंहाचल महात्म्यमु', 'नील सुंदरी परिणयमु', 'अच्च तेनुगु रामायणमु', 'सारंगधर चरित्रमु', 'सकल लक्षण सार संग्रहमु', 'रसिकजन मनोभिराममु', 'शिवलीला विकासमु' आदि काव्यों को लिखा है। दिट्ट कवि नारायण कवि ने तीन आश्वासोंवाला 'रंगनाथ चरित्रमु' नामक ऐतिहासिक प्रबंध लिखा है। इसमें बोब्बिलि के सामंत रावु रंगाराव तथा अँगरेज बुस्सी दोरा के बीच में हुए युद्ध का वर्णन है। भारत में अँगरेजों के आगमन तथा तेलुगु-साहित्य के विकास में उनके योगदान को भी इस युग में देखा जा सकता है। कुल मिलाकर आगे आनेवाले आधुनिक युग के शुभारंभ के लिए आवश्यक सभी अवलक्षण इस युग के साहित्य में देखे जा सकते हैं।

तेलुगु में **आधुनिककालीन साहित्य** का आरंभ लगभग सन् 1875 से माना जाता है। अन्य भारतीय भाषाओं की तरह तेलुगु में भी आधुनिक युग नवजागरण से आरम्भ होता है। प्रथम स्वतंत्रता-संग्राम से प्राप्त राष्ट्रीय चेतना, आश्रयदाताओं के आश्रय से मुक्त, समाज से निःसृत साहित्यकार, साहित्य की समाजोन्मुखता, अँगरेजी भाषा तथा साहित्य के साथ संपर्क, मुद्रण कला का विकास, विविध समाज-सुधार-आंदोलन व संस्थाओं का गठन तथा विकास, पाश्चात्य देशों से आयातित विविध साहित्यिक वाद आदि ने तेलुगु-साहित्य की दिशा तथा स्वरूप को ही बदल दिया है। पौराणिक एवं राजाओं की कहानियों से हटकर साहित्यिक वस्तु

आम जनता और उसके सुख-दुःख की हो गयी। गद्य के क्षेत्र में विविध विधाओं का उन्मेष भी इस युग के आरंभ में एक महत्त्वपूर्ण साहित्यिक घटना रही है। तेलुगु के आधुनिक काल के आरंभ में पुस्तकीय भाषा की जगह व्यावहारिक भाषा-प्रयोग से संबंधित आंदोलन चल पड़ा। अनेक साहित्यकारों ने इसे सहर्ष स्वीकार किया है। साहित्य के अभिव्यंजना-पक्ष में भी अनेक नये प्रयोग शुरू हो गये। परवस्तु चिन्नय सूरी ने आधुनिक काल में प्रथम 'बाल व्यकारणमु' नाम से तेलुगु व्याकरण लिखा। इस व्याकरण के अनुकरण में साहित्यकार आधुनिक तेलुगु में रचना करने लगे। तेलुगु के आधुनिक काल को आधुनिक बनाने में कंदुकूरी वीरेश लिंगम पंतुलु, तिरुपति वेंकट कवुलु तथा गुरजाड़ा अप्पाराव का बड़ा योगदान है। इन तीनों को आधुनिक तेलुगु-साहित्य का युग-प्रवर्तक कहते हैं।

कंदुकूरी व्यक्ति नहीं बल्कि संस्था थे। आधुनिक साहित्य की समस्त चेतना उन्हींकी देन है। आधुनिक काल की लगभग सभी विधाओं का प्रवर्तन उनकी रचनाओं से ही होता है। कंदुकूरी एक साथ समाज-सुधारक, पत्रकार तथा साहित्यकार थे। गद्य-विधाओं के उन्मेष में उनके योगदान को देखते हुए उन्हें 'गद्य तिक्कना' की उपाधि दी गयी है। 'विवेकवर्धिनी', 'सतिहित बोधिनी', 'सत्य संवर्धिनी', 'चिंतामणी' आदि पत्रिकाओं के माध्यम से उनकी साहित्यिक चेतना प्रकट हुई है। ये तीनों पत्रिकाएँ उनके संपादन में पुष्पित एवं पल्लवित हुईं। 'राजाशेखरचरित्र' उनके द्वारा लिखा गया प्रथम तेलुगु-उपन्यास है तो 'आंध्र कवुल चरित्र' उनके द्वारा लिखा गया प्रथम तेलुगु-साहित्येतिहास है। इनके अतिरिक्त अनेक नाटक, प्रहसन व निबंध उनके द्वारा रचे गये हैं। साहित्यिक रचनाएँ ही नहीं, शास्त्र-ग्रंथ भी उन्होंने लिखे हैं। रस, छंद अलंकारादि अनावश्यक बंधनों से कविता को मुक्त करने की छटपटाहट सर्वप्रथम कंदुकूरी की 'सरस्वती नारद विलापमु' काव्य-रचना में ही देखी जा सकती है। ब्रह्म समाज के सिद्धांतों से प्रभावित कंदुकूरी ने अपने संपूर्ण जीवन में सभी रूपों में नारी-उद्धार के लिए अद्वितीय योगदान किया है। उनका पूर्ण साहित्यिक कर्म नारी-केन्द्रित ही है। उनका 'सत्य राजा पूर्व देशपु यात्रलु' व्यंग्य-उपन्यास नारी-जीवन-सुधार की अनुपम कृति है। उनके नाटकों एवं प्रहसनों में बाल-विवाह, कन्याशुल्क का विरोध किया गया है तो विधवा विवाहों का समर्थन भी उनमें देखा जा सकता है। इस प्रकार कंदुकूरी ने अपने व्यक्तित्व व कृतित्व से अपने समय को प्रभावित किया तथा आधुनिक तेलुगु-साहित्य के प्रारंभिक युग में युग-प्रवर्तक-पद को सार्थक कर दिया।

तिरुपति वेंकट कवुलु (दिवाकर्ला तिरुपति शास्त्री, सन् 1871-1919) तथा चेल्लपिल्ल वेंकट शास्त्री (1870-1950) की काव्य-रचना प्राचीन कविता के लिए भरतवाक्य तथा आधुनिक कविता के लिए नांदी वाक्य मानी जाती है। 'देवि भागवत' तथा 'बुद्धचरित्र' जैसी उनकी रचनाएँ पुरानी परिपाटी पर लिखी गयी हैं। परन्तु

'श्रवणानंदमु', 'पाणिग्रहीता' में आधुनिकता दिखायी पड़ती है। दोनों में नायिकाएँ वेश्या-पुत्री हैं तथा नायक ब्राह्मण युवक हैं। पहली बार इन्होंने सामाजिक जीवन को काव्यवस्तु के रूप में ग्रहण किया है। 'गीरतमु' इनका अधिक्षेप काव्य है जिसमें 'महाभारत' की कथा का अनुकरण है। 'पांडवोद्योगमु' तथा 'पांडव विजयमु' रंगमंच के लिए लिखे गये काव्य-नाटक हैं जिनके कारण इन दोनों कवियों को आंध्र में अनेक पीढ़ियों तक याद करते रहेंगे। व्यावहारिक भाषा-प्रयोग तथा कविता में आधुनिकता के प्रक्षेपण के कारण ये युग-प्रवर्तक सिद्ध होते हैं

गुरजाड़ा अप्पाराव सच्चे अर्थों में आधुनिक तेलुगु-कविता एवं गद्य के युग प्रवर्तक साहित्यकार हैं। वे समाज-सुधारक, मानवतावादी, आधुनिकता-प्रेमी कवि-लेखक हैं। उन्होंने कविता में 'मुत्याल सरमु' छंद का आविष्कार किया है। 'मुत्याला सरमु' में चार पाद होते हैं। प्रथम तीन पादों में से प्रत्येक में 17 मात्राएँ तथा चौथे पाद में 7 से लेकर 17 तक मात्राएँ होती हैं। गुरजाड़ा ने इसी छंद में 'कन्यक', 'लवणराजु कला', 'पूर्णम्मा', 'देशभक्ति' जैसी रचनाएँ लिखी हैं। तेलुगु में ये काव्य अत्यंत लोकप्रिय हैं। 'कन्याशुल्कमु' नाटक गुरजाड़ा की अमर कृति है। इसमें उन्होंने बाल-विवाह तथा कन्याशुल्क जैसी सामाजिक कुप्रथाओं का हास्य-व्यंग्यात्मक शैली में चित्रण किया है तथा विधवा-विवाह का समर्थन किया है। इस नाटक के गिरीशम, रामप्प पंतुलु, मधुरवाणी, बुच्चम्मा, वेंकटेशम, अग्निहोत्रावधान्लु, लुब्धावदान्लु आदि पात्र आंध्र में अत्यधिक लोकप्रिय हैं। स्पष्ट है कि कंदुकूरी, तिरुपति वेंकट कवुलु तथा गुरजाड़ा के द्वारा तेलुगु में आधुनिक काल का प्रवर्तन हुआ है।

सन् 1910 के बाद **तेलुगु कविता** में नये प्रयोग परिलक्षित होते हैं। तेलुगु के प्रसिद्ध कवि-आलोचक तथा ज्ञानपीठ पुरस्कार से सम्मानित डॉ॰ सी॰ नारायण रेड्डी के अनुसार वस्तु, भाव तथा रचना में हुए परिवर्तनों ने आधुनिक कविता को जन्म दिया है। आधुनिक कविता के प्रथम आंदोलन का **भावकविता** के रूप में नामकरण हुआ है। डॉ॰ सी॰ नारायण रेड्डी के अनुसार कंदुकूरी के 'सरस्वती नारद विलापमु', तिरुपति वेंकटकवुलु के 'पाणिग्रहीता' और 'श्रवणानंदमु', कट्टमंचि रामलिंगा रेड्डी का 'मुसलम्म मरणमु' आदि में आधुनिक कविता के लक्षण तो दिखायी पड़ते हैं परन्तु रायप्रोलु सुब्बाराव की 'ललिता' (सन् 1909) पूर्ण रूप से भावकविता की श्रेष्ठ उदाहरण है। भावकविता का समय सन् 1910 से 1940 तक है। तेलुगु की भावकविता अँगरेजी रोमांटिक कविता से प्रभावित कविता है। तेलुगु के रायप्रोलु सुब्बाराव, देवुल पल्लि कृष्ण शास्त्री, विश्वनाथ सत्यनारायण, दुव्वुरी रामि रेड्डी, नायनी सुब्बाराव, नंडूरी सुब्बाराव, बसव राजु अप्पाराव, अड़वि बापि राजु, द्विवेदुल सत्यनारायण शास्त्री आदि कवि भावकवि माने जाते हैं। इनकी कविताओं में भाव-क्रांति देखी जा सकती है। प्रसिद्ध भावकवि श्रीकृष्ण शास्त्री जी के अनुसार कोई घटना या दृश्य या वस्तु कवि के अंतर्मन को छूकर उसे उद्वेलित कर उस पर हावी

होकर अंत में वह कवि की स्वयं की अनुभूति में परिवर्तित होकर जब विशिष्ट वाणी के द्वारा व्यक्त हो जाती है तब वह लिरिक अथवा भावकविता बन जाती है। भाव कविता अंतर्मुखी कविता है। कवि की अंतर्लीन भावनाओं की अभिव्यक्ति भाव कविता है। भावकविता अपने समय की सार्वभौम कविता रही है, यानी भाव कविता के रचना-काल में (सन् 1910-1940) जिस किसी कवि ने कविता लिखी सिर्फ भावकविता ही लिखी है। भावकविता में वस्तु गौण है तथा भाव प्रमुख है। तेलुगु भावकविता में वस्ताश्रयी काव्य (किसी लघु कथावस्तु के आधार पर लिखा गया खंडकाव्य) तथा आत्माश्रयी काव्य (कथावस्तुरहित काव्य) दोनों लिखे गये हैं। भावकविता में छह मुख्य विशेषताएँ दिखायी पड़ती हैं– 1. प्रणय कविता (Love poetry) 2. प्रकृति कविता (Nature poetry) 3. देशभक्ति कविता (Patriotic poetry) 4. समाजसुधार कविता (Reformative poetry) 5. भक्तिकविता (Mystic poetry) और 6. स्मृति कविता (Elegy)। इनके अतिरिक्त 1. मानववाद 2. स्तुति कविता 3. बालगीत आदि विशेषताएँ भी भावकविता में दिखायी पड़ती हैं। विश्वनाथ की 'गिरि कुमारुनि प्रेम गीतालु', 'शृंगार वीथी', 'ऋतुसंहारमु', 'किन्नेर सानि पाटलु', 'कोकिलम्म पेल्लि', 'वरलक्ष्मी त्रिशती'; देवुल पल्लि की 'कृष्ण पक्षमु', 'उर्वशी', 'प्रवासमु', 'पल्लकी'; नंडूरी सुब्बाराव की 'एंकि पाटलु'; दुव्वूरी रामि रेड्डी की 'वनकुमारी', 'कृषि वलुडु', 'जलदांगन', कड़पटि वीडुकोलु; बसव राजु अप्पराव की 'कोल्लाइ कट्टिटते नेमि' आदि काव्य-रचनाएँ भावकविता की श्रेष्ठ उदाहरण हैं। भावकविता-आंदोलन तेलुगु में समृद्ध आंदोलन है। वस्तु, भाव तथा रचना की दृष्टि से आधुनिक काल में तेलुगु की चरमोत्कृष्ट कविता भावकविता ही है। शिल्प के क्षेत्र में बिंब, पदचित्र, गीति-तत्त्व आदि का सार्थक प्रयोग भावकवियों ने किया है।

तेलुगु में भावकविता-आंदोलन के विरोध में **अभ्युदय कविता** का विकास हुआ है। तेलुगु की अभ्युदय कविता मार्क्सवादी सिद्धांतों में तथा अखिल भारतीय प्रगतिशील लेखक संघ से प्रभावित कविता है। तेलुगु में यह आंदोलन सन् 1930 से लेकर 1970 तक सक्रिय रहा। सन् 1943 में आंध्र में 'अरसम' (अभ्युदय रचइतल संघम) की स्थापना के बाद इस आंदोलन ने जोर पकड़ा। भावकविता में आत्मवादी या व्यक्तिवादी दृष्टि उभरने के कारण समाजवादी दृष्टि घट गयी थी। ऐसी परिस्थितियों में तेलुगु के शिष्ट्ला उमा महेश्वरराव, श्री श्री, श्रीरंगम नारायण बाबु, पठाभी, मुद्धकृष्ण, पुरिपंडा अप्पल स्वामी जैसे कवियों ने कविता में समाजवादी दृष्टि पर जोर दिया है। इन्होंने भावकवियों के प्रति विद्रोह प्रकट किया है। यथार्थवादी एवं वस्तुमूलक चेतना, बौद्धिक तथा हेतुवादी दृष्टि तथा साहित्य के प्रति सामाजिक प्रयोजनवादी दृष्टिकोण, शिल्प की अपेक्षा वस्तु की प्रधानता, भाषा-शैली की जनमूलक अभिधात्मकता आदि अभ्युदय कविता में देखी जा सकती है। तेलुगु में एक लंबी अवधि (सन् 1970) तक यह आंदोलन सक्रिय रहा। इसके रचना-काल में ही

'दिगंबर कविता' और 'विप्लव कविता' जैसे आंदोलन भी हुए हैं। अभ्युदय कविता का पहला संग्रह 'नयागरा' नाम से सन् 1944 में निकला था। इसमें बेल्लम कोंडा रामदास, कुंदुर्ति आंजनेयुलु, एल्चूरी सुब्रमण्यमु नामक तीन कवियों की कविताएँ संकलित हैं। इसके अतिरिक्त दाशरथी के 'अग्निधारा' (1943) और 'रुद्रवीणा' (1950), सोमसुंदर का 'वज्रायुधम' (1949), आरुद्रा का 'त्वमेहमु' (1949), अनिसेट्टि का 'अग्निवीणा' (1949), नारप रेड्डी का 'अश्रुमाला' (1950), रेंटाल का 'संघर्षणा' (1950), गंगिनेनि का 'उदयिनी' (1950) आदि काव्य-संग्रह अभ्युदय कविता के लिए मील के पत्थर जैसे हैं। सन् 1950 में श्री श्री का 'महाप्रस्तानमु' पुस्तक के रूप में प्रकाशित हुआ। इनके अतिरिक्त रमणा रेड्डी का 'भुवन घोषा' (1955), नारप रेड्डी का 'ना वीणा' (1953), कुंदुर्ति का 'तेलंगाणा' (1951), पुट्टपर्ति का 'पुरोगमनमु' (1951), रेंटाला का 'सर्पयागमु' (1957), सोमसुंदर का 'काहाली' (1953) आदि उल्लेखनीय हैं। सामयिक जीवन और साहित्य में 'अरसम' या 'अभ्युदय कविता' का इतना प्रभाव था कि विश्वनाथ, देवुल पल्लि जैसे कवि इसके सदस्य बने थे। तेलुगु में श्री श्री के 'महाप्रस्थान' के प्रकाशन के साथ इसका दार्शनिक पक्ष या सैद्धान्तिक पक्ष स्पष्ट हो गया। 'महाप्रस्थान' को इसलिए 'अभ्युदय कविता' की आत्मा माना जाता है। वर्ग-संघर्ष, क्रांति का आह्वान, वीरगाथाओं का चित्रण, युद्ध के प्रति विरोध एवं शांतिप्रियता, सम समाज का समर्थन, जर्जर परंपराओं का तिरस्कार, तेलंगाना की विमुक्ति, आंध्र राज्य के लिए संघर्ष आदि अभ्युदय कविता की मुख्य विशेषताएँ हैं। अभ्युदय कविता के दौरान राष्ट्रीय आंदोलन अपनी चरम सीमा पर पहुँच गया था। अभ्युदय कवियों ने इस राष्ट्रीय आंदोलन का पूर्ण समर्थन किया। स्वतंत्रता के बाद आंध्र में हुई तेलंगाना की विमुक्ति तथा विशालांध्र आंदोलन के समय भी अभ्युदय कवियों की सक्रिय भूमिका रही है। काव्यवस्तु के क्षेत्र में उन्होंने उपेक्षित का उन्नयन, शोषित, दमित, दलित आम आदमी के सुख-दुःखों को महत्त्व दिया। अभ्युदय कविता दृष्टि-प्रधान या विचार-प्रधान कविता होने के कारण उसमें कलात्मक सौंदर्य का पोषण उपेक्षित ही रहा। कवि के लिए वस्तु-संप्रेषण या अभिव्यक्ति ही महत्त्व रखती है, न कि संप्रेषण के माध्यम। इसलिए अभ्युदय कविता में कलात्मकता गौण हो गयी। अभ्युदय कविता जनभाषा के नजदीक पहुँचने के कारण उसमें पर्याप्त लोक-तत्त्व का पोषण भी किया गया। मार्क्सवाद आदि विदेशी चिंतनधाराओं का प्रभाव अभ्युदय कवियों पर होने पर भी उन्होंने समसामयिक भारतीय परिवेश और उसमें होनेवाले परिवर्तनों को नजरअंदाज नहीं किया।

कवियों के अभ्युदय-भाव को मंद पड़ते देखकर सन् 1965 में छह युवा कवियों यथा 1. नग्न मुनि (मानेपल्लि हृषिकेशव राव), 2. निखिलेश्वर (यादव रेड्डी), 3. चेरबंडराजु (बद्धम भास्कर रेड्डी), 4. महास्वप्न (कम्मिशेट्टि वेंकटेश्वर राव),

5. ज्वालामुखी (वीर राघवाचार्यलु) और 6. भैरवय्या (मनमोहन सहाय) ने **दिगंबर कविता** नाम से तेलुगु में एक नया काव्यांदोलन की शुरुआत की है। हलचल से, अतिवाद से, अश्लीलता के विद्रोह से चेतना जगाना इनका मूल उद्देश्य है। सड़ी, मरी व्यवस्था के प्रति आक्रोश व्यक्त करना इनकी साँस है। ये परंपरा से नफरत करते हैं। इसलिए इन्होंने अपने नाम तक को बदल लिया। समाज को Shock treatment देने के लिए उन्होंने अश्लील शब्दों में गाली-गलौज करते हुए तीन काव्य-संग्रह प्रकाशित किये हैं। तेलुगु में 'दिगंबरमु' का मतलब नग्नता है। वे विना किसी वस्त्र के सड़कों पर दौड़नेवाले नहीं हैं, बल्कि विना किसी आच्छादन के समाज की सड़न व कमजोरियों को प्रतिबिंबित करते हुए लिखनेवाले कवि हैं। यानी इन कवियों की कविताओं में भावों की नग्नता देखी जाती है। इनकी कविताओं में जो अश्लीलता दिखायी पड़ती है वह सोद्देश्य तथा सुनियोजित है। इनकी दृष्टि शिक्षितों एवं अशिक्षितों को एक बार पीछे मुड़कर सोचने को जागृत करने की है। दिगंबर कवियों ने राजनीतिक, सामाजिक अव्यवस्था की धज्जियाँ उड़ायी हैं। इनके अनुसार इस समाज में मानवता कभी के सूख गयी है। उसे फिर नीचे से उठाकर मानवता की मरहम से ठीक करना ही इनका लक्ष्य है। मानव अपनी मानवता को भूलने पर, रुपया रूपी हड्डी को प्राप्त करने के लिए मान-सम्मान को भुलाकर कुत्तों की तरह झपटने पर, राजनीतिक नेता अपने भाई-भतीजों के लिए उच्च पदों को अपने कब्जे में करने पर, आम आदमी के जीवन को जूठा पत्तल बनाने पर, आजादी प्राप्त करने के कई साल होने पर भी पड़ोसी देश से युद्ध करके जीतने की आशा टूटने पर, पंचवर्षीय योजनाएँ मात्र फाइलों तक ही सीमित होने पर, अमीरों की अमीरी के गरीबों पर हावी होने पर, बाढ़-नियंत्रण सूखा-नियंत्रण के लिए लगाये गये शिलान्यास की शिलाएँ नदियों में बह जाने पर उनके कारणों की खोज करके उन्हें दूर करने की जगह हाथ पर हाथ रखकर बैठे अचेतन आदमी के प्रति दिगंबर कवियों को दया जगी। उसे जगाने के लिए, कार्योन्मुख बनाने के लिए, कोढ़ से ग्रसित उसकी जर्जर व्यवस्था को स्वस्थ बनाने के लिए, फिर से मानवता की ज्योति जगाने के लिए दिगंबर कवियों ने दिगंबर कविता का सहारा लिया। कुरूप, कुत्सित, जुगुप्साजनक शब्दों का प्रयोग करके दिगंबर कवियों ने मनुष्यों में अच्छे मनुष्य की खोज की है।

तीन संग्रहों के प्रकाशन के साथ ही दिगम्बर कविता का आंदोलन साहित्य-जगत् से तिरोहित हो गया। दिगंबर कवियों में से कुछ ने अन्य कवियों के साथ मिलकर **विप्लव कविता** को जन्म दिया। तेलुगु की विप्लव कविता नक्सलवादी पृष्ठभूमि में विकसित कविता है। विप्लव कविता के माध्यम से नक्सलवाद का प्रचार हुआ है। सन् 1970 जुलाई 4 तारीख को श्री श्री के नेतृत्व में 'विरसम' विप्लव रचइतल (संघमु) की स्थापना हुई। ज्वालामुखी, चेरबंडराजु, नग्नमुनि आदि दिगम्बर कवि इसके सदस्य बने। विप्लव कविता पूर्ण क्रांति में विश्वास रखती है। सशस्त्र आंदोलन

के द्वारा ही क्रांति संभव है, ऐसा वह मानती है। 'सृजना' पत्रिका विरसम के कार्यक्रमों के लिए संवाहिका रही है। इसके अतिरिक्त 'प्रभंजनमु', 'विद्युल्लता', 'जीव नाडि', 'अरुणतारा' आदि पत्रिकाओं के द्वारा विप्लव साहित्य का प्रचार हुआ है। विप्लव कविता का प्रथम संग्रह 'झंझा' है। अशोक, चेरबंडराजु, ज्वालामुखी, के॰वी॰ रमणा रेड्डी, शिवुडु, नग्नमुनि, लोचन, जी॰ सोमय्या, श्री श्री, वरवर राव, जयधीर तिरुमल राव, निखिलेश्वर आदि तेलुगु में विप्लव कवि माने जाते हैं। विप्लव कविता शोषक वर्ग के प्रति विद्रोह प्रकट करनेवाली आवेशपूर्ण कविता है। इस कविता में शोषकों के प्रति आवेश का स्वर इतना उग्र है कि इसमें काव्य तत्त्व ही गौण हो गया है। विप्लव कवियों की मान्यता है कि समसमाज की स्थापना के लिए क्रांति की आवश्यकता है। क्रांति सशक्त यानी बंदूक की गोलियों से ही संभव है। शोषितों के प्रति उनको पूर्ण सहानुभूति है। शोषितों के मन में लूट के प्रति सतर्क रहने की चेतना जगाकर उन्हें संगठित करने तथा लूट को समाप्त करने, विद्रोह करने का उपदेश देना भी विप्लव कविता में सर्वत्र देखा जा सकता है। लाल रंग की प्रशंसा, वर्ग-संघर्ष, क्रांति की घोषणा, प्रजातंत्र का विरोध, सशस्त्र विद्रोह का समर्थन, मानवता का समर्थन, स्मृति-गीत आदि विप्लव कविता की मुख्य प्रवृत्तियाँ हैं। विप्लव कवियों की मूल दृष्टि मात्र कविता लिखना ही नहीं बल्कि उस कविता को जनता में प्रचार करने की अटल प्रतिबद्धता की भी रही है। इसलिए उनकी कविता में लोकभाषा, गीत, शैली आदि का अधिक प्रयोग देखा जा सकता है।

तेलुगु का **वचन कविता** आंदोलन कोई वस्तुपरक आंदोलन नहीं है बल्कि वचन कविता छंद एवं काव्यशास्त्र के नियमों के विरोध में किया गया नवीन शिल्प प्रयोग है। तेलुगु में आधुनिक काल की पूर्व कविता छंदोबद्ध पद्य कविता थी। आधुनिक काल के कवियों ने कविता को छंद के बंधनों से मुक्त करने के प्रयास किये हैं। पाद-नियमों और मात्रा-वर्ण-नियमों को छोड़कर मुक्त छंद में लिखने का प्रयास किया है। भाव-संप्रेषण ही उनका प्रमुख लक्ष्य रहा है, छंदशास्त्र नहीं। तेलुगु के भाव कवि, अभ्युदय कवि, दिगंबर कवि, विप्लव कवि आदि सभी ने इसका प्रयोग किया। कुंदुर्ती आंजनेयुलु वचन कविता के पितामह माने जाते हैं। वचन कविता पूरी तरह स्वच्छंद एवं किसी भी प्रकार के नियमों से शासित कविता नहीं है। वचन कविता के पर्यायवाची के रूप में तेलुगु में स्वच्छंद कविता, स्वेच्छा कविता, मुक्त छंद, अनिबद्ध कविता, वचन गीत, वचन पद्य, दिक आदि शब्दों का प्रयोग किया गया है। मुद्धकृष्ण की 'ज्वाला' पत्रिका के द्वारा वचन कविता का अधिक प्रचार हुआ। 'उदयनी', 'प्रतिमा', 'कृष्ण पत्रिका' आदि ने भी इसका आदर किया। वचन कविता की पहली पीढ़ी के कवियों में मुद्धकृष्ण, नारायण बाबु, श्री श्री, पुरिपंडा पठाभी आदि मुख्य हैं। जरुक शास्त्री, तिलक, संपत, सिंगराचार्य आदि दूसरी पीढ़ी के कवि हैं। वचन कविता को प्रौढ़ बनाकर इसकी शक्ति को बढ़ानेवाले तीसरी पीढ़ी के कवियों में

'नयागरा' के कवि, अजंता, बैरागी, कालोजी, दाशरथी, आरुद्रा, सोमसुंदर, अनिसेट्टी, रमणा रेड्डी आदि उल्लेखनीय हैं।

वचन कविता का मतलब नियमित लक्षणों से रहित कविता है न कि लक्षणहीन कविता। पद्यों व गीतों में रहनेवाले पाद-नियमों से लेकर, पदचित्र, प्रास नियम, यति मैत्री को गूँथना, कहावतों, मुहावरों का प्रयोग करना, अक्षर रम्यता का पालन करना, नानार्थ और पर्याय पदों को क्रम से सजाना, ध्वन्यानुकरण शब्दों का प्रयोग करके वर्ण्य वस्तु को आँखों के सामने लाना, क्रिया पदों तथा विशेषण पदों को तोड़-मरोड़ कर नये भावों को जगाना, लक्षणों का अनियमित रूप से पालन करना वचन कविता का लक्षण है। कवि और कवि के बीच में इन लक्षणों में थोड़ा-बहुत अंतर हो सकता है।

आधुनिक काल की सर्वाधिक महत्त्वपूर्ण घटना गद्य-विधाओं का उन्मेष है। तेलुगु में 19वीं सदी के उत्तरार्द्ध में ही अनेक गद्य-विधाओं का उद्भव हुआ था। बदलते हुए सामाजिक व राजनीतिक जीवन के अनुकूल भारत में नये रूप में परिभाषित मध्य वर्ग का उभार इस समय की महत्त्वपूर्ण घटना है। इसी वर्ग विशेष की माँग के सापेक्ष तेलुगु में कथा-साहित्य का जन्म हुआ है। तेलुगु में **उपन्यास** गद्य की अन्य विधाओं से सर्वाधिक लोकप्रिय व समृद्ध विधा है। तेलुगु-उपन्यास का लगभग 125 साल लम्बा इतिहास है। तेलुगु के प्रथम उपन्यास के रूप में कोक्कोंड वेंकट रत्नम पंतुलु का 'महाश्वेता' (सन् 1867), नरहरि गोपाल कृष्णम सेट्टी का 'श्रीरंगराजुचरित्र' (सन् 1872) वीरेशलिंगम पंतुलु का 'राजशेखरचरित्र', (सन् 1878) की चर्चा की जाती है। अब यह निष्कर्ष निकाला गया कि कंदुकूरी का 'राजशेखरचरित्र' ही तेलुगु का प्रथम मौलिक सामाजिक उपन्यास है। आरंभिक युग से तेलुगु में ऐतिहासिक उपन्यासों की धारा सशक्त रही है। चिलकमर्ति लक्ष्मी नरमसंहम ने 'हेमलता', 'अहल्याबाई', 'कर्पूर मंजरी' नामक तीन ऐतिहासिक उपन्यास लिखकर इसकी शुरुआत की है। इनके अतिरिक्त भोगराजु नारायण मूर्ति के 'विमला देवी', 'चंद्रगुप्त', वेलाल सुब्बा राव का 'रानी संयुक्ता', केतवरपु वेंकट शास्त्री का 'रायचूर युद्ध' आदि भी ऐतिहासिक उपन्यास हैं। वेंकट पार्वतीश्वर कवि ने 'मायावी', 'मनोरमा', 'वीरपूजा', 'अशोक', 'प्रतिज्ञा पालन', 'सुमती वसंतमु', 'कृष्ण कांतुनि मरण शासनमु' आदि जासूसी उपन्यास लिखकर जासूसी उपन्यासों की शुरुआत की है।

दूसरी पीढ़ी के उपन्यासों में उन्नव लक्ष्मी नारायण का 'माल पल्लि' (1921) (हरिजनों की बस्ती) सर्वाधिक चर्चित उपन्यास है। इसमें गाँधी जी के प्रभाव से अस्पृश्यता तथा जातिवाद का कड़ा विरोध किया गया है। 'माला पल्लि' ने सामाजिक उपन्यासों की ऐसी नींव रखी है कि इसके अनुकरण में आगे कई श्रेष्ठ उपन्यास लिखे गये हैं। विश्वनाथ सत्यनारायण के 'वेयि पडगलु', 'धर्म चक्रमु', 'मा बाब',

'स्वर्गानिकि निच्चेनलु' में आंध्र समाज और उसकी विशेषताएँ चित्रित हुई हैं। 'एकवीर', 'चलियली कट्टा', 'वीर वल्लभुडु' आदि विश्वनाथ के ऐतिहासिक उपन्यास हैं। भावकवि अडवि बापि राजु ने 'हिमबिंदु' और 'गोन गन्ना रेड्डी' नामक ऐतिहासिक उपन्यासों के अतिरिक्त 'नारायण राव', 'तूफान', 'कोणंगी', 'मधुर वाणी' आदि सामाजिक उपन्यास लिखे हैं।

चलम एक विशिष्ट तेलुगु उपन्यासकार हैं। नारी-जीवन को सुधारना, उसको यौन स्वेच्छा तथा नैतिकता के बंधनों से मुक्ति दिलाना उनके उपन्यासों का मुख्य उद्देश्य है। 'मैदानमु', 'शशिरेखा', 'माकर्म मिट्ला कालिंदी', 'कन्नीटी कालुव', 'दैव मिच्चिन भार्या', 'ब्राह्मणीकम', 'अमीना' आदि उनके लोकप्रिय उपन्यास हैं। व्यक्ति-मन के अंतर्लीन सत्यों का उद्घाटन करनेवाले मनोवैज्ञानिक उपन्यास भी तेलुगु में लिखे गये हैं। बुच्चि बाबु का 'चिवरकु मिगिलेदि', नवीन की 'अंपशय्या', गोपीचंद का 'असमर्थुनि जीवनयात्रा', रावि शास्त्री का 'अल्पजीवी' आदि इस दृष्टि से उल्लेखनीय हैं। सातवें-आठवें दशक के बाद तेलुगु में महिला उपन्यास लेखन ज्यादा हुआ है। एक-एक लेखिका के दर्जनों उपन्यास प्रकाशित हो चुके हैं। जयंति सूरम्मा, मालती चंदूर, श्रीदेवी, मुप्पाल्ला रंगनायकम्मा, वासि रेड्डी सीता देवी, यद्धनपूडि सुलोचना रानी, सी॰ आनंद रामम, मादिरेड्डी सुलोचना, द्विवेदुला विशालाक्षी, के॰ राम लक्ष्मी, लता, परिमला सोमेश्वर, कुप्पिली पद्मा, श्रीमती वोल्गा आदि इस दृष्टि से उल्लेखनीय हैं। पिछले दशक में नारीवादी उपन्यास लेखन भी तेलुगु में हुआ है। इनके अतिरिक्त वैज्ञानिक उपन्यास, जासूसी उपन्यास, पौराणिक उपन्यास भी बड़ी संख्या में तेलुगु में उपलब्ध होते हैं।

उपन्यास की तरह तेलुगु में **कहानी** का आरंभ भी 19वीं सदी के अंत में ही हुआ है। सामाजिक सुधार के लिए लिखी गयी गुरजाड़ा अप्पाराव की 'दिद्धुबाटु' तेलुगु की प्रथम कहानी है। गुरजाड़ा के बाद वेलूरी शिवराम शास्त्री ने 100 कहानियाँ लिखकर तेलुगु-कहानी के विकास में गति प्रदान की है। बाद में वेदम वेंकटराय शास्त्री, चिलकमर्ति, चिंता भीम शंकरमु, मुणि माणिक्यमु, नोरि नरसिंह शास्त्री आदि के सत्प्रयासों से तेलुगु-कहानी पूरी तरह विकसित हुई है। मोक्क पाटि नरसिंहम तथा श्रीपाद सुब्रमण्यम शास्त्री ने अनेक हास्य-व्यंग्य कहानियाँ लिखकर तेलुगु-कहानी को नया मोड़ दिया। विश्वनाथ सत्यनारायण तथा अडवि बापि राजु जैसे लेखकों ने भावमूलक कहानियाँ लिखी हैं। स्वातंत्र्योत्तर काल में तेलुगु-कहानी का तेजी से विकास हुआ है। रावूरी भरद्वाजा, कोडवटि गंटि कुटुंब राव, रावि शास्त्री, बुच्चि बाबु, गोपीचंद, पाल गुम्मि पद्मराजु, बलिवाड कांतराव, चासो आदि की कहानियाँ इस दौरान प्रकाशित हुई हैं। पारिवारिक जीवन की समस्याओं को मनोवैज्ञानिक धरातल पर इन्होंने विश्लेषित किया है। पद्म राजु की 'गालि वान' (आंधी) अन्तरराष्ट्रीय स्तर पर चर्चित और पुरस्कृत भी हुई है।

उपन्यासों की तरह चलम ने अपनी कहानियों में नैतिकता के नाम पर नारी के यौन शोषण का विरोध किया है। उनकी अनेक कहानियाँ नारी को यौन स्वेच्छा दिलाने की पक्षधर हैं। सन् 1960 के बाद उपन्यासों की तरह कहानी की दुनिया में भी लेखिकाओं का प्रवेश हुआ है। के॰ रामलक्ष्मी, लता, मालती चंदूर, मल्लादि वसुंधरा, के॰ विजय लक्ष्मी, मादि रेड्डी सुलोचना, यद्धनपूडि सुलोचना रानी, इल्लिंदला सरस्वती देवी, वोल्गा, कुप्पिली पद्मा, सी॰ आनंद रामम आदि ने नारी-जीवन के अनेक सत्यों का उद्‌घाटन अपनी कहानियों के माध्यम से किया है। समय की माँग के अनुसार तेलुगु-कहानी बहुत तेजी से विकसित हुई है। नारीवादी, दलितवादी तथा अल्पसंख्यकवादी प्रवृत्तियाँ भी आज तेलुगु-कहानी में विकसित हुई है।

तेलुगु **नाटक** अन्य गद्य-विधाओं की तुलना में प्राचीन व समृद्ध है। सन् 1860 में ही कोराड रामचंद्र शास्त्री ने 'मंजरी मधुकरीयमु' नाम से तेलुगु का प्रथम मौलिक नाटक लिखा था। तेलुगु-नाटक का प्रारंभिक युग अनुवाद-प्रधान तथा पौराणिक-ऐतिहासिक नाटकों का रहा है। 'शकुंतला', 'रत्नावली', 'कामेडी आफ एरर्स' आदि का कंदुकूरी ने तेलुगु में अनुवाद किया है। धर्मवरम कृष्णमाचार्युलु ने 'सरस विनोदिनी' सभा की स्थापना करके 'चित्रनर्तीयम', 'विषाद सारंगधरा', 'चंद्रहास', 'वरुधिनी' आदि पौराणिक नाटक लिखे हैं। धारवाड़ संस्था से प्राप्त फारसी रंगमंचीय चेतना को इन्होंने तेलुगु में विकसित किया है। बल्लारी केंद्र से ही कोलाचलम श्रीनिवास राव ने 'सुनंदिनी परिणयमु', 'विजयनगर राज्यपतनमु', 'मदालसा', 'सत्यहरिश्चंद्र', 'पाहुका पट्टाभिषेकमु' आदि नाटक लिखे हैं। वेदम वेंकटराय शास्त्री, आंध्र-शेक्सपियर पानुगंटि लक्ष्मी नरसिंह राव, चिलकमर्ति, तिरुपति वेंकट कवुलु आदि इस समय के अन्य नाटककार हैं।

गुरजाड़ा के 'कन्याशुल्कम' के साथ सामाजिक नाटकों की परम्परा शुरू होती है। पौराणिक नाटकों के प्रचलन के युग में चिल्कूरी नारायण राव ने 'चिंतामणी' नाम से एक सामाजिक नाटक लिखकर इस परम्परा को आगे बढ़ाया है। वैसे 'कुरुक्षेत्रमु' (तिरुपति वेंकट कवुलु) 'गयोपाख्यानमु' (चिलक मर्ति) 'चिंतामणी', 'कन्याशुल्कम' आदि रंगमंच की दृष्टि से तेलुगु में अधिक लोकप्रिय नाटक हैं। विश्वनाथ सत्यनारायण, सोमराजु रामानुजा राव, सीताराम राव, मल्लादि सूर्यनारायण शास्त्री, आचार्य आत्रेया, बुच्चि बाबु, डी॰ वी॰ नरसराजु आदि उत्थान-युग के चर्चित नाटककार हैं। आत्रेया के 'अद्धेकोंपा', 'कप्पलु', बुच्चि बाबु का 'आत्म वंचन' रंगमंच की दृष्टि से अधिक लोकप्रिय हुए हैं।

सन् 1960 के बाद तेलुगु में 'नाटिकलु' (लघु नाटक) ज्यादा लिखे गये हैं। जी॰ वी॰ राजमन्नार, अनिसेट्टि, चलम, गोरा शास्त्री, कृष्ण शास्त्री, आरुद्रा, मुनिमाणिक्यम आदि ने नाटिकलु के साथ-साथ कई रेडियो नाटक भी लिखे हैं। चलम के नाटकों पर फ्रायडवाद का प्रभाव है। भमिडि पाटि कामेश्वर राव ने 'कचट तपलु', 'बागु बागु'

आदि नाटक लिखकर 'हास्यब्रह्म' की उपाधि प्राप्त की है। रावि शास्त्री, कोडाली गोपाल राव, गोल्लपूडि मारुति राव, नागभूषणमु आदि ने मध्यवर्गीय जीवन से संबंधित अनेक श्रेष्ठ नाटक लिखे हैं। नागभूषणमु का 'रक्त कन्नीरु', आत्रेया का 'एन॰जी॰ओ॰' रंगमंच की दृष्टि से अधिक लोकप्रिय हुए हैं। सुंकर सत्यनारायण, वासि रेड्डी सीता देवी, बोइ भीमन्ना, के॰ एल॰ नरसिंहा राव आदि ने ग्रामीण समस्याओं को लेकर नाटक लिखे हैं। बालोपयोगी नाटक लिखनेवालों में जंध्याला पापय्या शास्त्री, इल्लिंदला सरस्वती देवी, न्यायपति राघव राव; हास्य-प्रधान नाटक लिखनेवालों में रावि कोंडल राव, भमिडि पाटि राधाकृष्ण, सोमंचि यज्ञ शास्त्री, डी॰ वी॰ नरसाराजु आदि उल्लेखनीय हैं। इस प्रकार अनूदित, पौराणिक-ऐतिहासिक नाटकों से प्रारंभ होनेवाले तेलुगु-नाटक में यथाशीघ्र ही सामाजिक, मनोवैज्ञानिक तथा अन्य प्रकार के नाटक रचे गये हैं।

पत्र-पत्रिकाओं के विकास के साथ ही तेलुगु में **निबंध**-लेखन भी शुरू हुआ था। तेलुगु में निबंध को 'व्यासमु' कहते हैं। सामाजिक समस्याओं को लेकर कंदुकूरी ने सर्वप्रथम अपनी पत्रिकाओं के लिए निबंध लिखना शुरू किया था। इसी समय मुद्ध नरसिंहुलु नायुडु ने व्यावहारिक भाषा में 'हित सूचनी' संग्रह निकाला था। कोक्कोंडा वेंकट रत्नम पंतुलु, काशिभट्ल ब्रह्मय्य शास्त्री जैसे लेखकों के निबंध इसी समय निकले। वाविलाल वासुदेव शास्त्री ने अँगरेजी निबंधों का 'बेकन माला' के रूप में अनुवाद प्रस्तुत किया। पानुगंटि लक्ष्मी नरसिंह राव ने अँगरेजी 'स्पेक्टेटर' के आदर्श पर 'साक्षि' नाम से कई भागों में विविधमुखी अनेक निबंधों की रचना की। 'विवेक वर्धिनी', 'आंध्र पत्रिका', 'भारती' जैसी पत्रिकाओं ने आरंभिक युग के निबंधों के विकास में बड़ा योगदान किया है।

उत्थान-युग के कट्टमंचि रामलिंगा रेड्डी, विश्वनाथ सत्यनारायण, पंचाग्नुल आदि नारायण शास्त्री, अक्किराजु उमाकांतम, वेटूरी प्रभाकर शास्त्री, मानवेल्लि रामकृष्ण कवि, कोराड़ा, चागंटि सोमयाजुलु जैसे लेखकों के समाज, साहित्य, संस्कृति विषयों से संबंधित अनेक निबंध प्रकाशित हुए हैं। पिंगली लक्ष्मी कांतम जी के 'गौतमी व्यासालु' और खंडवल्लि लक्ष्मी रंजनम के 'लक्ष्मीरंजन व्यासावली' भी लोकप्रिय हुए हैं। कोडवटि कुटुंब राव ने ललित कला संबंधी कई निबंध लिखकर प्राच्य एवं पाश्चात्य कला-तत्त्व पर गहरा विचार किया है। श्रीपाद गोपाल कृष्ण मूर्ति, गोल्लपूडि, राममूर्ति, श्रीनिवास चक्रवर्ती आदि ने नाट्य कला संबंधी निबंध लिखे हैं। विश्वनाथ, मुनिमाणिक्यमु, जम्मूल मडक पूर्णचंद्र राव, अडिवि बापि राजु आदि ने भावात्मक शैली के निबंध लिखे हैं। भमिडि पाटि, नंदिवाड चिदंबरम, मोक्कपाटि नरसिंहम ने हास्य-व्यंग्यपरक निबंध लिखे हैं। इनके अतिरिक्त दैनिक, साप्ताहिक, मासिक पत्रिकाओं में स्थायी स्तंभों के रूप में अनेक लेख प्रकाशित हुए हैं और हो रहे हैं। इस प्रकार तेलुगु के निबंधों में विषयपरक एवं शैलीपरक विविधता तो मिलती

है परन्तु निबंध-संग्रहों की संख्या कम है। सामयिक पत्र-पत्रिकाओं में प्रकाशित होनेवाले निबंध ही ज्यादा हैं।

तेलुगु का **आलोचना-साहित्य** निबंध के साथ ही विकसित हुआ है। सन् 1876 में 'विवेकवर्धिनी' पत्रिका में प्रकाशित कंदुकूरी की 'विग्रह तंत्र विमर्शनमु' ही तेलुगु की प्रथम आलोचना-रचना है। कंदुकूरी के साहित्येतिहास 'आंध्र कवुल चरित्र' में तेलुगु कवियों की आलोचना की गयी है। कंदुकूरी के बाद वेदम वेंकट राय शास्त्री के द्वारा तेलुगु-आलोचना-साहित्य का विधिवत् विकास किया गया है। 'आमुक्त माल्यदा', 'शृंगार नैषधमु' आदि काव्यों की उन्होंने आलोचना लिखी है। काशिभट्ल ब्रह्मय्या, कट्ट मंचि राम लिंगा रेड्डी, विश्वनाथ सत्यनारायण आदि पहली पीढ़ी के आलोचक हैं। राल्ल पल्लि अनंत कृष्ण शर्मा ने नाचन सोमना, तिक्कना, वेमन, त्यागय्या आदि की आलोचना लिखकर तेलुगु में कविपरक आलोचना का प्रारंभ किया है। भूपति लक्ष्मी नारायण राव, कालूरी व्यास मूर्ति, कोराड़ा राम कृष्णय्या, गुर्रम वेंकट सुब्बय्या, श्रीपाद लक्ष्मीपति शास्त्री, गड़ियारम वेंकट शेष शास्त्री, कोमर्राजु वेंकट लक्ष्मण राव, वेटूरी प्रभाकर शास्त्री, मुनि माणिक्यम नरसिंहा राव, खंडवल्लि, पिंगली लक्ष्मी कांतम आदि दूसरी पीढ़ी के आलोचक हैं। इन्होंने तेलुगु के खोजपरक, सैद्धांतिक तथा वैचारिक आलोचना का सूत्रपात किया है। तेलुगु के अत्याधुनिक आलोचकों में सी॰ नारायण रेड्डी, काटुरी वेंकटेश्वर राव, गुंटुरु शेषेंद्र शर्मा, आर॰एस॰ सुदर्शनम, जी॰वी॰ सुब्रमण्यमु' मुदिगोंड वीरभद्र राव, कोडवटि गंटि कुटुंब राव, अक्किराजु रमापति राव, नेल्लटूरि रमणय्या, एन॰ गोपी, कोडूरी श्रीराम मूर्ति, तुम्मपूडि कोटेश्वर राव, वल्लम पाटि वेंकट सुब्बय्या, पोरंकि दक्षिणामूर्ति आदि उल्लेखनीय हैं। किसी वाद से प्रभावित न होकर इन्होंने स्वतंत्र एवं तटस्थ आलोचना-पद्धति को विकसित किया है।

बीसवीं सदी के अंतिम दशक में तेलुगु में गद्य-पद्य दोनों में **दलित साहित्य, स्त्रीवादी साहित्य तथा माइनारिटी साहित्य** नामक तीन प्रमुख साहित्यिक धाराओं का विकास हुआ है। स्वातंत्र्य-प्राप्ति के पर्याप्त समय गुजर जाने के बाद भी प्रत्याशित विकास, अधिकार में साझेदारी, सामाजिक न्याय से दूर, प्रजातांत्रिक स्वेच्छा के अभाव में बीसवीं सदी के अंतिम दशक में तेलुगु में वैचारिक अभिव्यक्ति का केन्द्रीकरण शुरू हो गया। दलित साहित्य, स्त्रीवादी साहित्य तथा माइनारिटी साहित्य धाराएँ इसी केन्द्रीकरण के परिणाम हैं। समानता, अपमान, उपेक्षा तथा मानवीय यातनाओं का विरोध, ये ही इन तीनों धाराओं के उद्भव के आम कारण हैं। अपने वर्ग में चेतना पैदा करना तथा अपने वर्ग के कल्याण की कामना करना इनका मुख्य लक्ष्य है। दलितों का दलितों के द्वारा लिखा गया साहित्य दलित साहित्य है। दलित जातियों से शिक्षित होकर चेतनासंपन्न बनकर अपने वर्ग की उन्नति के लिए उनको समाज में सम स्थान व उचित स्थान दिलाने के लिए लिखा गया साहित्य दलित

साहित्य है। यह गद्य और पद्य दोनों विधाओं में लिखा गया है। तेलुगु में जाषुवा जैसे पहले के लेखकों को छोड़कर सन् 1987 के बाद यह साहित्य-धारा ज्यादा विकसित हुई है। बोज्जतारकम, बोय जंगय्या, कोलकलूरी ईनाक, एटुकूरी प्रसाद, श्रीमल्लिक, क्रांति किरण, वी॰ सिम्मन्ना, कोंडपल्लि, लक्ष्मी नरस्य्या, त्रिपुरनेनि श्रीनिवास, बी॰एस॰ रामुलु, पैडिते रमेशबाबु, मद्धूरी रमेश बाबु, सतीश चंदर, गौरीशंकर, कत्ति पद्म राजु, एंड्लूरी सुधाकर आदि दलित साहित्य लिखनेवाले अग्रणी लेखक है।

तेलुगु में दलित-साहित्य-लेखन जाषुवा की 'गब्बिलमु' और 'अनाथा' काव्य-रचनाओं से शुरू हुआ है। इन दोनों रचनाओं में उन्होंने अस्पृश्यता-समस्या का चित्रण किया है। जाषुवा के बाद उल्लेखनीय दलित कवि जाला रंग कवि, कुसुम धर्मन्न कवि, नक्काचिन वेंकटय्या, नूतक्कि अब्रहम, प्रेमय्या आदि हैं। राष्ट्रीय आंदोलन के साथ इन कवियों ने अस्पृश्यता के विरोध में कविताएँ लिखी हैं। आंध्र में दलित-आंदोलन का नेतृत्व करनेवालों में बोज्जा तारकम उल्लेखनीय हैं। 'नदि पुट्टिन गोंतुक' और 'सूर्युडिवा नीवु' दलित चेतना से भरी इनकी दो प्रमुख काव्य-कृतियाँ हैं। इन्होंने दलितों में आत्मविश्वास, आत्मसम्मान जगाने के साथ-साथ विद्रोह करने की तथा संघर्ष करने की ताकत को बढ़ाया है। दलितों के गद्य-साहित्य में कोलकेलूरी ईनाक के 'ऊर बावि' संग्रह की कहानियाँ, बोय जंगय्या का 'जातरा' उपन्यास, हैदराबाद बुक ट्रस्ट की ओर से प्रकाशित 'दलित कथलु', ईनाक का नाटक 'मुनि बाहनुडु' उल्लेखनीय रचनाएँ हैं। इन सभी लेखकों ने जातिवाद के विरोध में वर्ग-संघर्ष को महत्त्व दिया। इस वर्ग-संघर्ष को वर्ग-संघर्ष के दायरे में लाकर कुछ कवियों ने इसे व्यापक रूप दिया है। उनमें सुब्बाराव पाणिग्राही, शिवसागर (के॰ जी॰ सत्यमूर्ति) गद्धर, वे॰ विजय कुमार, श्रीमती विजयलक्ष्मी, एटुकूरी प्रसाद, श्री मल्लिक, ए॰ सांबशिव राव, क्रांति किरण आदि उल्लेखनीय हैं।

तेलुगु में दलित-साहित्य के लेखन के लिए मार्क्सवाद, अभ्युदय कविता, विप्लव कविता आदि ने मार्ग प्रशस्त किया। तेलुगु में वी॰ सिम्मन्न, कोंडपल्लि सुदर्शन राजु के नेतृत्व में 'दलित कविता' (1991) शीर्षक से पहला संग्रह निकाला गया। 1995 में जी॰ लक्ष्मी नरसय्या, त्रिपुरनेनि श्रीनिवास के संपादन में 'चिक्कनवुतुन्न पाट' निकला जो 1996 में जी॰ लक्ष्मी नरसय्या के मुख्य सम्पादन में 'पदुनेक्किन पाट' दलित कविता संकलन निकला। केन्द्रीय विश्वविद्यालय, हैदराबाद के विद्यार्थियों ने 'दलित मेनिफेस्टो' और आंध्र प्रदेश दलित लेखक कलाकार और बुद्धिजीवियों के ऐक्य संघटन के लिए बी॰ एस॰ रामुलु ने 'प्रवहिंचे पाट—आंध्रप्रदेश दलित पाटलु' संग्रह निकाला। इनके अतिरिक्त 'बहुवचनमु', 'दंडोरा', 'मेमे', 'निशानी' जैसे दलित कविता-संकलन, पैडिते रमेश बाबु, मद्धूरी नगेश बाबु, सतीश चंदर, आलुरु गौरीशंकर, नागप्पगारि सुंदर राजु, कत्तिपद्म राजु आदि कवियों के काव्य-संग्रह प्रकाशित हुए हैं। इस रूप में तेलुगु में दलित कविता का काफी विस्तार हो रहा है।

दलित साहित्य साहित्यिक गरिमा की दृष्टि से उच्च कोटि का माना जा सकता है। विशेषकर जीवन में घृणात्मक जुगुप्साजनक स्थितियों से गुजरते हुए उन्हीं स्थितियों को शब्दबद्ध करने से दलित साहित्य जीवंत साहित्य बन गया है। एक बार पढ़ने से यह साहित्य संवेदना के धरातल पर आदमी का पीछा करता है। मानवीय करुणा के स्तर पर रोने को मजबूर करता है।

तेलुगु में गत दशकों में **स्त्रीवादी साहित्य** ज्यादा उभर कर आया है। नारी के प्रति होनेवाले अत्याचारों, अन्यायों, अपमानों, शोषण, दमन के प्रति स्त्रियों के द्वारा विरोध, विद्रोह एवं क्रांति का आह्वान करनेवाला साहित्य स्त्रीवादी साहित्य है। अंतरराष्ट्रीय 'फेमिनिज्म' के साथ इसका संबंध है। 'फेमिनिस्ट स्टडी सर्किल' के अनुसार स्त्रीवाद का अर्थ है– "समाज में और परिवार में तथा काम में शिकार होनेवाली स्त्रियों के दमन को तथा लूट को समझकर, उस स्थिति को बदलने के लिए स्त्रियों एवं पुरुषों के द्वारा अमल किये जानेवाले चेतनामय कार्यक्रम।" एक अन्य परिभाषा– "समाज के विविध क्षेत्रों में नारी को समान साझेदारी चाहिये, नारी का व्यक्तित्व एवं जीवन कुछ इने-गिने लोगों के नियंत्रण से सँवारने की दुःस्थिति को बदलना चाहिए, मुख्य रूप से नारी को मात्र माँ तथा पत्नी के रूप में पहचानने की लेबिल से मानव के रूप में उसकी पहचान होनी चाहिए, उसके लिए सांस्कृतिक, सामाजिक, साहित्यिक दृष्टि से बरगद की तरह जड़ें फैलाकर पुरुष-प्रधान समाज की परम्पराओं को तोड़ना चाहिए, इन भावों के साथ आगे बढ़नेवाला आंदोलन ही स्त्रीवाद है।"

तेलुगु में बीसवीं सदी के अंतिम दशकों में विकसित स्त्रीवादी साहित्य स्त्रीवादी आंदोलन की इसी लीक पर चलती है। विशेषकर तेलुगु की स्त्रीवादी कविता पूरी तरह अन्तरराष्ट्रीय परिवेश की उपज नहीं है। तेलुगु स्त्रीवादी कविता का अपना स्वयं का परिवेश है। तेलुगु स्त्रीवादी कविता कई ऐतिहासिक संघर्षों का सबसे बड़ा विस्फोट है क्योंकि भारत में नारी को महत्त्वपूर्ण स्थान देने के बावजूद अनेक युगों से पितृसत्तात्मक व्यवस्था के बदलाव ने इसे और जटिल बना दिया। समाज में तथा परिवार में पुरुष की प्रधानता है। भोग की अनेक वस्तुओं में स्त्री भी शामिल है। सभी मूल्य व नियम पुरुष के इर्द-गिर्द ही बने-बनाये गये हैं। पुरुष-स्त्री का संबंध मालिक और नौकर जैसा हो गया। तेलुगु में स्त्रीवादी दर्शन की स्थापना के पहले ही अनेक सुधारवादी आंदोलन हुए। उन आंदोलनों का प्रभाव मात्र बाह्य ही रहा। कुंदकूरी, गरजाड़ा और चलम जैसे सुधारवादी लेखकों ने नारी-मुक्ति के लिए भरसक कोशिश की है। स्त्री को पूर्ण रूप से मुक्त करने में उनको प्रत्याशित सफलता नहीं मिली। मार्क्सवादी दृष्टि तथा क्रांतिकारी दृष्टि (विप्लव कविता) सामाजिक असमानता का विरोध करके उपेक्षित का उन्नयन करने की दिशा में ही उभरी है। परन्तु इन आंदोलनों का केन्द्र स्त्री नहीं हो पायी। लगभग इसी अवस्था में सन् 1985 के आसपास

स्त्रीवादी आंदोलन की बुनियाद रखी गयी। यह आंदोलन सन् 1990 के बाद तेलुगु की कविता और कथा-साहित्य में अधिक तेजी से फैल गया है।

तेलुगु में स्त्रीवाद का ग्रहण और फैलाव कविसापेक्ष (बल्कि कवयित्री सापेक्ष कहना चाहिए) ही हुआ है। उनकी रचनाओं के आलोक में तथा गृहीत स्त्रीवाद के स्वरूप के सापेक्ष में स्त्रीवाद के भिन्न दार्शनिक रूप सामने आते हैं। उनमें से कुछ प्रमुख रूप हैं– 1. रेडिकल स्त्रीवाद, 2. उदारवादी स्त्रीवाद, 3. मार्क्सवादी स्त्रीवाद, 4. सोसलिस्ट स्त्रीवाद, 5. मानवतावादी स्त्रीवाद और 6. सांस्कृतिक स्त्रीवाद। इन सभी में थोड़ा-बहुत वैचारिक भिन्नता तो है ही। परन्तु सभी नारी के अस्तित्व के लिए, नारी-मुक्ति के लिए, नारी की स्वतंत्र पहचान के लिए संघर्ष करनेवाले ही हैं। सभी नारी को सृष्टि की एक अनिवार्य एवं बलशाली इकाई के रूप में मानते हैं। इसमें कोई शक नहीं है कि पिछली सदी के अंतिम दशकों में तेलुगु-कविता में स्त्रीवाद ही छाया रहा है। यह भी सही है कि स्त्रीवाद कविता में ही अधिक सक्रिय रहा है। सन् 1972 में ही तेलुगु की प्रथम स्त्रीवादी कविता ('प्रति स्त्री ओक निर्मला कावाली'–वोल्गा) लिखी गयी है। सन् 1990 में त्रिपुरनेनि श्रीनिवास ने 'गुरिचूसि पाडे पाट' संग्रह को प्रकाशित करके उन्हें 'स्त्रीवाद कवितलु' कहा। तब से स्त्रीवाद आंदोलन जोर पकड़ता गया। पुरुषों से अलग स्त्रियों के लिखने से ही वह स्त्रीवादी कविता होगी तथा लेखिकाएँ ही सशक्त लिख सकती हैं, ऐसी धारणाएँ पनपी हैं। इस पृष्ठभूमि में 1993 अक्टूबर में 'नीलि मेघालु' शीर्षकीय एक बड़ा कविता-संकलन निकाला गया है। इसमें संकलित वसंत कन्नाभिरान का 'स्त्रीगा रायट मंटे' तथा वोल्गा का 'संकेल्लु तेगुतुन्न संगीतमु' निबंध स्त्रीवाद के दृष्टिकोण को तथा सिद्धांतों को स्पष्ट करते हैं। स्त्रीवादी कवियों में कवयित्रियाँ ही अधिक हैं। स्त्रीवादी कवयित्रियों में सबसे पहला नाम जयप्रभा का है। उनकी कविताओं में स्त्री की वेदना और आर्ति दोनों दिखायी पड़ती है। संप्रेषण में सीधापन, स्पष्टता, निर्भयता तथा तार्किक दृष्टि उनमें देखी जा सकती है। उनके तीन महत्त्वपूर्ण कविता-संग्रह 'सूर्युडु कूडा उदाइस्ताडु', 'वामनुडी मूडो पादमु', 'इक्कड कुरिसिन वर्षमु एक्कडि मेघानिदि' प्रकाशित हुए हैं। स्त्री-मुक्ति के प्रति इनका एक स्पष्ट दृष्टिकोण है। ये पारंपरिक स्त्री पात्रों का कड़ा विरोध करती हैं। पुराणों का भी वे विरोध करती हैं। इस कवयित्री में इतना आवेश है कि इनके अनुसार स्त्री-पुरुष को अलग करनेवाला तत्त्व 'पैटा' (आंचल) है। इसी को देखकर पुरुष हमेशा लार टपकाता है। इसीलिए ये उसे जला देना चाहती हैं ताकि पुरुष को उसकी तरफ देखने की जरूरत ही न रहे। एक कदम आगे बढ़कर ये कहती हैं कि पुरुष प्रत्येक स्त्री को अपने बाहुओं में कसने की भोगवादी दृष्टि रखता है। उसके मजबूत बाहुओं से दुर्बल स्त्री बच नहीं सकती है। इसलिए ये चाहती हैं कि स्त्री के शरीर पर काँटे उगने के दिन आ जायँ। कोंडेपूडि निर्मला के 'संदिग्ध संध्या' और 'लेबर रूम' कविता-संग्रह भी उल्लेखनीय हैं। इनकी

'नाडिचे गेयालु' बेहतर रचना है।

घंटसाला निर्मला भी आवेश के साथ कविता लिखती हैं। सामाजिक यातनाओं से तंग आकर फिर से वे बच्ची बनकर माँ की कोख में चली जाने की कामना व्यक्त करती हैं। वेश्या-जीवन को देखकर घायल होकर एक कविता में वे कहती हैं। "अलसिन वेश्यला कुनुकु तीस्तुन्न नगरान्नि रात्रि एंतगा सेद तीरुस्तंदनी" अर्थात् रात नगर को शांत कर रही है। नगर ऊँघनेवाली वेश्या की तरह है। कवयित्री ने नगरीय सभ्यता पर इस रूप में कड़ा आक्षेप किया है। ओल्गा की कविता भी कुछ तीखी नजर आती है। वे पुरुषों का संबोधन करती हैं "ओ मग मद मृगल्लारा" (अरे मद से भरे पुरुष जानवर)। उनकी कविता एक तरफ वेदना के आरे से काटती है तो दूसरी तरफ रोने के लिए भी विवश करती है। जब वे कहती हैं– "चावटानिकि मा दग्गरिकि राकंडि ब्रतका डानिकि नाना चावु चस्तुन्न वाल्लम मेमु" (अर्थात् मरने के लिए हमारे पास मत आओ। जीने के लिए तरह-तरह से मरनेवालों में हम हैं।) इसी प्रकार मोक्कपाटि सुमति की 'मित्र वैरुध्यमु', मंदरपु हैमावती की 'सर्प परिष्वुंगमु', तूर्लपाटि राजेश्वरी की 'तालि कट्टिन मृगमु', श्रीमती यस॰ रजिया बेगम की 'अलागे अन्नारु', विमला की 'वंटिल्लु', पाटिबंड्ल रजनी की 'आबर्षन स्टेटमेंट' आदि स्त्रीवादी कविता की प्रतिनिधि रचनाएँ हैं।

स्त्रीवादी कवयित्रियों में सावित्री का नाम भी उल्लेखनीय है। सन् 1984 में 'आंध्र ज्योति' में उनकी 'बंदि पोट्लु' कविता प्रकाशित हुई। स्त्रीवादी दृष्टिकोण को समझने में उनकी यह कविता काफी सहायक सिद्ध होती है। इनके अतिरिक्त डॉ॰ एन॰ गोपी, एंड्लूरी सुधाकर, भगवान आदि कवियों ने भी स्त्रीवादी कविताएँ लिखी हैं। यह स्त्रीवादी आंदोलन अन्य साहित्यिक विधाओं में भी फैला है। श्रीमती वोल्गा के द्वारा लिखा गया 'आकाशमुलो सगमु' उपन्यास, श्रीमती जयप्रभा का 'भाव कवित्वमुलो स्त्री' शोध-प्रबंध, 'नालुगो गोड, 'तेलुगु लो आधुनिक नाटकमु' शोध-समीक्षा-पुस्तकें, 'कथा-91' संग्रह में प्रकाशित कहानियाँ स्त्रीवादी रचनाएँ हैं। कुप्पिली पद्मा की अनेक कहानियाँ स्त्रीवादी रचनाएँ हैं। इनके अतिरिक्त केतु विश्वनाथ रेड्डी की 'रेक्कलु', आर॰एम॰ उमामहेश्वर राव की 'बिड्डला तल्लि' और कवन शर्मा की 'विडाकुलु' इसी कोटि की रचनाएँ हैं।

बीसवीं सदी के अंतिम दशक में तेलुगु में विकसित **माइनारिटी साहित्य** मात्र मुसलमान समुदाय तक ही सीमित है। मुसलमान समुदाय की वेदना, निराशा, उसके प्रति हुई लूट, उसका सामाजिक तथा आर्थिक पिछड़ापन, समाज के अन्य वर्गों के द्वारा अपनी राष्ट्रीयता को लेकर उठाये गये संदेह का विरोध, मुसलमान-संस्कृति की प्रगतिहीन अंध परम्पराओं के प्रति विद्रोह, अपने धर्म में भी संशोधन करने की जिजीविषा आदि तेलुगु माइनारिटी साहित्य के प्रमुख वैचारिक बिन्दु हैं। खादर मोहिद्दीन, उमर अलीषा, इस्माईल, षेक खासिम, अफसर, स्मैल, वषीरा, याकूब

रूवनुद्दीन, सलीम, महबूब, स्कै बाबा, षाजाहाना बैगम, सी॰ एस॰ शेखजानी बाषा आदि माइनारिटी साहित्य के प्रमुख लेखक हैं

माइनारिटी काव्यांदोलन से जुड़े कवियों की संख्या कम होने पर भी उनकी कविताओं की प्रवृत्तियाँ एक नहीं हैं। एक माइनारिटी कवि एस॰ के॰ युसुफ बाबा ने एक भेंटवार्ता के दौरान माइनरिटी कविता की चार प्रवृत्तियों का उल्लेख किया है– 1. हिन्दुत्व की ओर से मुसलमानों पर होनेवाले आक्रमण, विवशता, सौतेला प्रेम, दबाकर रखने की कोशिशें, गोबेल प्रचारों की ओर उंगली दिखाना, उसे गंभीरता से लेना, विरोध करना, मुसलमानों के अधिकारों की घोषणा के द्वारा अपने अस्तित्व की उद्घोषणा 2. मुसलमान धर्म में भी संशोधनों का प्रतिपादन करना 3. मुस्लिम स्त्रीवाद 4. मुसलमानों में पिछ़ड़ी हुई जातियों (बी॰सी॰) का साहित्य। (दर्पणमु, पृ॰ 29, प्रजाशक्ति साहित्यिक विशेषांक)

मुस्लिम माइनारिटी की सबसे बड़ी समस्या गरीबी और पिछड़ापन है। अशिक्षा और अंधपरंपराएँ इसके मूल कारण हैं। माइनारिटी कविता में इस समुदाय की गरीबी को अपने जीवंत रूप में देखा जा सकता है। माइनारिटी कविता में दलित और स्त्रीवादी कविता की तरह शोषक वर्ग के प्रति रोष, आवेश और विद्रोह के उच्च स्वर नहीं हैं। असमानता, अन्याय, अभावग्रस्तता की पहचान और उसकी अभिव्यक्ति की ओर ही इन कवियों का ध्यान अधिक गया है। सामाजिक उपेक्षा तथा प्रगतिहीनता की इन स्थितियों में उनका मन जहाँ तिलमिला उठा है वहाँ अपने मन के दुख को उजागर करने के लिए उन सारी स्थितियों और उनके लिए जिम्मेदार लोगों के सामने प्रश्न-चिह्न खड़ा किये हैं। यह प्रवृत्ति खादर मोहियुद्दीन की 'पुट्टु मच्चा' कविता से ही बराबर देखी जा सकती है। हनीफ की कविताओं में भी इसी प्रकार की वेदना उभरती है। हनीफ साधारण मुसलमान और धार्मिक कट्टरवादी मुसलमान में अंतर रखता है। लौकिकवाद को स्वीकार करनेवाला हनीफ़ मुसलमानों की भूख की तथा खाने के अभाव में फाका रखने की उनकी विवशता की चर्चा करता है। 'आ उदयमुपावुराल पाट', 'अंदमैन मृत्युवु' आदि उनकी श्रेष्ठ कविताएँ हैं। ग्रामीणांचलों में जीनेवाले मुसलमानों के जीवन का सजीव चित्रण उनकी कविताओं में देखा जा सकता है। अपने धर्म के अज्ञान, अंधविश्वासों, पिछड़ापन, धर्म के चौखट में बंदी माइनारिटी लोगों की विवशताओं को वाणी देनेवाले प्रगतिशील माइनारिटी कवियों में हनीफ भी एक है। इस रूप में तेलुगु माइनारिटी कविता तेलुगुभाषी मुसलमान के जीवन-यथार्थ को प्रकट करनेवाली तथा उसके विकास के लिए आवश्यक दिशा प्रदान करनेवाली कविता है।

पिछले दशक में **मिनी कथा तथा मिनी कविता** शीर्षक से तेलुगु में दो संक्षिप्त माध्यमों का विकास हुआ है। पत्र-पत्रिकाओं एवं संग्रहों के रूप में ये प्रकाशित हुए हैं। आधुनिक जीवन की व्यस्तता एवं तेज गति के प्रति आकर्षण इनके प्रचलन के

मुख्य कारण हैं। **मिनी कविता** का आरंभ कोल्लूरी के संपादन में प्रकाशित 'मिनी कविता विप्लवमु' के साथ हुआ है। संक्षिप्तता मिनी कविता की प्रमुख विशेषता है। नाग भैरव कोटेश्वर राव, द्वा॰ ना॰ शास्त्री, जिंभो, पी॰ एस॰ रवींद्र, रावि रंगाराव, मार्गशीर्ष, बोय जंगय्या आदि तेलुगु मिनी कविता के प्रतिनिधि कवि हैं। मिनी कविता की तरह संक्षिप्तता ही **मिनी कथा** की आत्मा है। तेलुगु में कहानी की पूरक दिशा में इसका विकास हुआ है। मिनी कथा जीवन के किसी संक्षिप्त भाव को अपनी सम्पूर्णता में अत्यधिक प्रभावी ढंग से पाठक के हृदय तक पहुँचाने की सामर्थ्य रखती है। मिनी कथा में संक्षिप्तता, एकाग्रता, समग्रता, रोचकता एवं अंतिम झलक आदि मुख्य तत्त्व मौजूद रहते हैं। मिनी कथा में प्रत्येक शब्द व वाक्य महत्त्वपूर्ण होता है। जीडी गुंटा नरसिंह मूर्ति, कोरुवाड सत्यानंद, कोंपेल्ला विश्वम, मल्लादि, वेंकटकृष्ण मूर्ति, बी॰ वी॰ डी॰ प्रसाद राव, दोस पल्लि राजेश्वरी, ए॰ जी॰ मणी, तनिकेल्ल शंकर, सोम शेखर, गोविंद राजु, रामकृष्ण राव, विश्वनाथ पावनी शास्त्री, वी॰ लक्ष्मी भास्कर आदि तेलुगु के प्रमुख मिनी कथा लेखक हैं।

इधर नव्य पद्य संप्रदाय नाम से कविता के क्षेत्र में एक नया आंदोलन जोर पकड़ रहा है। पुनः छंदशास्त्र की ओर वापसी इन कवियों का लक्ष्य है। क्लासिसिज्म को पुनर्जीवित करना भी इनका लक्ष्य है।

स्पष्ट है कि तेलुगु-साहित्य-निर्झरी एक हजार साल की लंबी यात्रा तय कर चुकी है। इसके तेज-मंद बहाव में अनेक श्रेष्ठ रचना-रचनाकार रूपी मोती-रत्न निःसृत हुए हैं। विषय की विविधता, प्रयोगधर्मी गतिशीलता, जीवन के साथ सतत प्रतिबद्धता इस दौरान के तेलुगु कवि-लेखकों की मुख्य विशेषताएँ रही हैं। इन्हीं विशेषताओं ने तेलुगु-साहित्य को अन्य भारतीय साहित्य में एक विशिष्ट स्थान का अधिकारी बना दिया है। इसमें कोई संदेह नहीं है कि समग्र भारतीयता तथा सामयिक भारतीय जीवन की समग्रता तेलुगु-साहित्य में अभिव्यंजित हुई है।

नेपाली-साहित्य

• ललिता राई

नेपाली-साहित्य के इतिहास के बारे में लिखने से पहले नेपाली भाषा के संक्षिप्त परिचय की आवश्यकता है। भारोपीय परिवार के सतम वर्ग के अंतर्गत आर्य-इरानी शाखा से संस्कृत, प्राकृत और अपभ्रंश होते हुए विकसित एक आधुनिक आर्य भाषा के रूप में नेपाली भाषा परिचित है। विद्वानों तथा शोधकर्त्ताओं ने नेपाली भाषा को खस तथा पहाड़ी अपभ्रंश से विकसित भाषा के रूप में माना है। नागराज के छैटों पुस्ता में सिञ्जा का खस सम्राट् अशोकचल्ल का नेपाली भाषा में लिखा हुआ ताम्रपत्र हुम्ला जिल्ला के रेलिङ गुम्बा में मिला है। संवत् 1312 ई॰ तदनुसार सन् 1255 ई॰ का यह ताम्रपत्र ही आज तक उपलब्ध नेपाली भाषा का सर्वप्राचीन नमूना है।

नेपाली का लोकसाहित्य प्रचुर है किंतु यहाँ केवल लिखित साहित्य का ही विवरण दिया जा रहा है।

कविता

नेपाली-कविता के इतिहास का काल-विभाजन इस प्रकार किया जाता है-

1. आदिकाल अथवा वीरगाथा काल : सन् 1744 से सन् 1814 तक);
2. पूर्व मध्यकाल अथवा भक्तिकाल : सन् 1815 से सन् 1882 तक);
3. उत्तर मध्यकाल अथवा श्रृंगारकाल : सन् 1883 से सन् 1917 तक;
4. प्राक् आधुनिक काल अथवा नव्यकाल : सन् 1918 से;
5. आधुनिक काल।

भारतीय नेपाली-कविता-साहित्य का काल-विभाजन कुछ अलग है। फिर भी नेपाली-साहित्य के इस ऐतिहासिक विवरण के अंतर्गत ही भारतीय नेपाली-साहित्य का भी अध्ययन प्रस्तुत किया गया है।

आदिकाल

भाषिक, राजनीतिक, भौगोलिक आदि दृष्टिकोण से आपस में भेदभाव रखनेवाले नेपाल के छोटे-छोटे राज्यों को एकीकृत करके आधुनिक नेपाल के निर्माण एवं गोरखा राज्य के विस्तार का अभियान-काल ही नेपाली-कविता का आदिकाल है। आधुनिक

नेपाल के निर्माता, गोरखा के राजा, पृथ्वीनारायण शाह के नेपाल के एकीकरण के अभियान की अवधि में नेपाली राष्ट्रीयता तथा जातीय एकता को एक सूत्र में बाँधने के लिए नेपाली भाषा और साहित्य ने अपना अस्तित्व कायम किया। इस अभियान की घटनाओं को कविता में अभिव्यक्ति मिली। सन् 1393 में लिखित विष्णुदास आचार्य की कविता 'बड़े राजा मलयबम्म' को आदिकाल की प्रथम रचना माना जाता है। इस कविता में रासकोट के राजा मलयबम्म के शौर्य और वीरत्व का अतिशयोक्तिपूर्ण वर्णन किया गया है। उस समय इस रचना को कविता से अधिक वंशावली-वर्णन के रूप में माना गया था। नेपाली-कविता विधा की प्राचीनता की खोज के क्रम में पूर्णप्रकाश नेपाल एक नवीन तथ्य प्रस्तुत करते हैं। उनके मुताबिक सत्रहवीं शताब्दी के उत्तरार्द्ध अथवा अठारहवीं शताब्दी के पूर्वार्द्ध के आसपास रत्नाकर पण्डित लिखित 'गीत' प्रथम नेपाली-कविता है। नरहरिनाथ, जनकलाल शर्मा, कमल दीक्षित आदि विद्वानों ने सुवानन्द दास को नेपाली-साहित्य में प्रथम कवि के रूप में परिचित कराया है। केशव प्रसाद उपाध्याय सुवानन्द के 'पृथ्वी-स्तुति' पद्य खंड को नेपाली-साहित्य का प्रस्थान बिन्दु मानते हैं। श्री 5 पृथ्वीनारायण शाह भी इस युग के एक साहित्य-स्रष्टा के रूप में स्थापित किये गये हैं। कवि सुवानन्द दास और पृथ्वीनारायण शाह के बाद भारत की सतलज नदी के पास कहलुर-निवासी रघुनाथ राई, जो भाट थे, का नाम नेपाली कविता-परम्परा में आता है। रघुनाथ भाट होने के नाते नेपाली वीरों की गाथा गाते हुए पृथ्वीनारायण शाह के दरबार में आश्रय लेने पहुँचे थे। इनका रचनाकाल सन् 1744 अनुमानित है। श्री 5 पृथ्वीनारायण शाह के राजपुरोहित शक्तिवल्लभ ने नेपाली-कविता-साहित्य के आदिकाल में रचना की थी। उन्होंने अपने आश्रयदाता के वीरत्व का वर्णन करके वीर रस की परम्परा को और मजबूत बनाया था। पं० शक्तिवल्लभ अर्याल के समकालीन पं० दैवज्ञ केशरी ने संस्कृत और नेपाली भाषा के मिश्रित रूप में अनुमानित सन् 1786-93 में 'पुरानु बात की अर्जी' और सन् 1813 से पहले 'पृथ्वीचंद्रोदय' की रचना की थी। उदयानंद अर्याल ने 'कुलवर्णन' में श्री 5 पृथ्वीनारायण शाह से रणबहादुर शाह तक की तीन पुश्तों की वीरगाथा गाते हुए वीररस-प्रधान कविता की प्रारम्भिक परम्परा को विकसित किया। इस काल में वीर-भावना को कवितात्मक वाणी देनेवाले कवि सुन्दरानन्द बाँड़ा के 'जनरल खसम प्रभु' और दो नेपाली श्लोक 'बहादुरशाह वर्णनार' में उपलब्ध हैं। इनके ग्यारह नेपाली श्लोक 'त्रिरत्न सौंदर्य गाथा' में संकलित हैं। राधावल्लभ अर्याल का सन् 1793-98 के बीच रचित 'साँढ्या का कवित्त-1' प्राप्य है। इस कविता में प्रतिपादित विषय को दरबारी प्रतिस्पर्धा और एकीकरण के कार्य के प्रतीक के रूप में लिया जा सकता है। स्वागता, शार्दूलविक्रीड़ित, मालिनी, कवित्त और भुजंगप्रयात छंदों का प्रयोग इस काल की कविताओं में पाया जाता है।

'स्तुती-पद्य 1, 2, 3' जैसी वीर रस की कविताएँ रचनेवाले कवि यदुनाथ

पोखरेल प्रारंभिक नेपाली काव्य-जगत् के एक सशक्त कवि थे। भाषिक प्रयोग में नेपाली-तत्त्व की अधिकता इनकी विशेषता रही है।

सन् 1810-1816 के बीच में 'फुटकर श्लोक' की रचना के माध्यम से कवि गुमानी पन्त ने भारतीय नेपाली-कविता के प्रारंभिक काल का मील का पत्थर रखा। भारतीय नेपाली-साहित्य में वीररस की पृष्ठभूमि अमर सिंह थापा और गुमानी पन्त (सन् 1790-1846) ने निर्मित की। इन्होंने केवल राजस्तुति में अपने कवितात्मक सृजना को संकुचित नहीं करके निर्भीकता के साथ गोर्खाली राजा द्वारा पराजित जनसाधारण की दयनीय अवस्था एवं विजेताओं की शोषण नीति के सजीव चित्रण में अपनी काव्य-प्रतिभा का परिचय दिया है। व्यंग्यात्मक शैली उनकी विशेषता है।

सन् 1809-10 के आसपास लिखी गयी कविता 'कांगड़ा युद्ध' के रचयिता मौला राम तोमर भी भारतीय नेपाली वीररस धारा की कविता को प्रोत्साहित करनेवालों में से एक हैं। आप तत्कालीन नेपाली सत्ताधीन गढ़वाल के निवासी और अमर सिंह थापा के समकालीन थे। नेपाली वीरों के पराक्रम, युद्ध-कौशल, आत्मबल आदि से प्रेरित होकर अपनी मातृभाषा ब्रज-मिश्रित नेपाली में कविता रचना की है। इस काल के वीर-भावनात्मक काव्य की विशेषताएँ ये हैं :

1. राष्ट्रीय वीरों के चरित्र को उपस्थापित करना,
2. विदेशी आक्रमण के प्रति सतर्क रहना,
3. मानवेतर पशुप्राणी के चरित्र का वीरोचित ढंग के वर्णन करना,
4. विपक्षी दल या शक्ति के प्रति देश-भाव रखकर आत्मोत्साह जाग्रत करना,
5. देशभक्ति की भावना का प्रचार-प्रसार करना,
6. सांकेतिक और प्रतीकात्मक शैली में राजनीति का वर्णन करना, आदि।

भक्तिकाल

नेपाली भक्ति-काव्य को निम्नांकित ढंग से विभाजित कर सकते हैं :

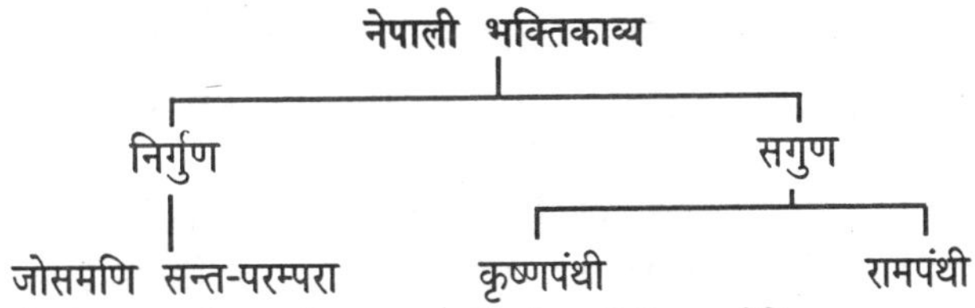

भक्ति-काव्य की उपर्युक्त शाखाओं के अतिरिक्त नीतिप्रधान काव्य की भी रचना भक्तिकाल में हुई।

निर्गुण भक्तिधारा

निराकार परन्तु विशिष्ट शक्तियुक्त परमब्रह्म परमेश्वर और सर्वशक्तिमान के रूप में ईश्वर की उपासना करने की पद्धति ही निर्गुण सम्प्रदाय है। नेपाली-साहित्य में संतों द्वारा रचित साहित्य को जोसमणि साहित्यिक परंपरा का नाम दिया गया है।

अनुमानतः इसके प्रवर्तक का नाम जोसमणि रहा होगा। आज तक प्रकाशित और प्राप्त रचनाओं के आधार पर नेपाली-भक्ति-साहित्य के निर्गुण सम्प्रदाय की अग्रणी प्रतिभा के रूप में धिर्जे छिलदास को मान्यता दी गयी है। पृथ्वीनारायण पूर्व के माने जानेवाले इस संत कवि की प्राप्त एक ही रचना 'निर्गुण भजन' है जिसमें अत्यधिक हिन्दी शब्द प्रयुक्त हुए हैं। 'रत्नाकर समुच्चय' के साथ सन् 1592 के आसपास काशीदास जोशी ने इस क्षेत्र में पदार्पण किया था।

सन्त कवि धिर्जे छिलदास के बाद पृथ्वीनारायण शाह के समकालीन सन्त हरिभक्त (द्वितीय) सन्त-साहित्य-परम्परा में उदित होते हैं। सन् 1747 में पैदा होने वाले शशिधर ने अपने प्रवचन और कृतियों में प्रतिपादित विषयवस्तु के माध्यम से एक तरफ जनमानस के आचरण और विचार में सुधारात्मक परिवर्तन किये हैं तो दूसरी तरफ वाङ्मय को समृद्ध भी किया है। आपकी कृतियाँ हैं : 1. 'सच्चिदानंद लहरी', 2. 'पाखण्ड अखण्ड शब्द', 3. 'गुरुपूजा', 4. 'भजन संग्रह' और 5. 'वैराग्याम्बर'।

सन् 1846 में पैदा हुए पृथ्वीनारायण के प्रसिद्ध भारादार धौकल सिंह बस्नेत उर्फ धौकल दास ने संत शशिधर से दीक्षा प्राप्त करने के बाद सन्त-साहित्य में योगदान दिया । आज तक प्राप्त उनकी एक ही पद्यात्मक रचना 'रागवाणी' है। दोहा शैली में लिखी गई 9 पंक्तियों की इस रचना में ज्ञानमार्ग में संलग्न होने के लिए आह्वान है। शशिधर से ही दीक्षित मोक्ष मण्डल ने सन्त साहित्य के भाण्डार में तीन फुटकल रचनाएँ दी हैं– (1) 'निर्गुण', (2) 'रागवाणी' (3) 'रागवाणी'। आपके समकालीन प्रेमदिल दास के दो भजन-संग्रह प्राप्त हुए हैं– 'रागवाणी-1' और 'रागवाणी-2'। उनका विचार है कि मायामोह के आकर्षण से बचकर आत्मसंयमी बनकर ही ईश्वरोपासना करने से लक्ष्य प्राप्त होता है।

सन्त-साहित्य-परम्परा को क्रमिकता देनेवाले सन्त कवियों में निर्वाणानन्द, अभयानन्द, श्यामदिल दास, अगमदिल दास, अच्युतदिल दास, धर्मदिल दास, सतदिल दास, धरणीदास, कमल दास, मंगलदास, अखण्डदिल दास, कृष्णदास आदि प्रमुख हैं। प्रारंभिक कालीन नेपाली-काव्य-क्षेत्र को विस्तृत और समृद्ध करने में इन संत कवियों की महत्त्वपूर्ण भूमिका रही है।

नेपाल के इलाम फिक्कल गाँव में सन् 1821 में जोसमणि-संत-परम्परा के एक प्रख्यात कवि ज्ञानदिल दास का जन्म हुआ। धर्म-प्रचार के सिलसिले में सिक्किम और दार्जिलिंग आये हुए ये प्रथम भारतीय नेपाली समाज-सुधारक कवि के रूप में प्रतिष्ठित हैं। अपनी तीन कृतियों– 1. 'उदय लहरी', 2. 'पयाउरे भजन', और 3. 'टुङ्ना भजन' में इन्होंने तत्कालीन सामाजिक, प्रशासनिक, धार्मिक और आर्थिक स्थिति के चित्रण के साथ ब्राह्मण-वर्ग के आडम्बर और रूढ़िवाद का पर्दाफाश किया है। रंगबुल धाम, दार्जिलिंग के आवास-काल में रचित ज्ञानदिल दास के छंदयुक्त लोकलयबद्ध 'उदयनगरी' में 109 पद हैं। सुकार्य से प्राप्त आत्मशुद्धि ही को सबसे

बड़ा तीर्थ और धर्म माननेवाले और गृहस्थ धर्म पालन करके भी ज्ञान तथा मुक्ति-प्राप्ति में विश्वस्त इस कवि का परिचय केवल धार्मिक कवि के रूप में ही नहीं, बल्कि कर्मकाण्ड, हिंसा, अज्ञान, गरीबी, घुसखोरी के विरोध में जबर्दस्त अभिव्यक्ति करनेवाले एक विद्रोही कवि के रूप में भी है। ब्रह्मानन्द-प्राप्ति में विश्वस्त यह कवि नेपाली-कविता में सामाजिक उत्तरदायित्व का वहन करने में समर्थ प्रथम कवि है। इनके उद्‌गार हैं :-

यदि कोई गरीब का घात करता है,
नर्क तालाब में सहज आ गिरता है।

'पयाउरे भजन' में 48 हरफ और 24 पंद हैं। इस रचना के आधार पर पयाउरे लय के प्रयोक्ता के रूप में भी ज्ञानदिल दास का नेपाली-कविता-साहित्य में अविस्मरणीय योगदान है। 18 हरफ का 'टुङ्ना भजन' भी लोकलय का अच्छा दृष्टान्त है। इस सन्त कवि के पदों में पद-लालित्य, रस-परिपाक, भाव-माधुर्य और कल्पना की प्रशंसनीय संयोजना एक विशेषता के रूप में उभर आयी है।

सगुण भक्तिधारा

(1) **कृष्णभक्तिधारा**– नेपाली की अपनी धार्मिक, शैक्षिक और राजनीतिक परम्परा से पनपे भक्ति-साहित्य के जिन कवियों ने 'भागवत' और 'महाभारत' को उपजीव्य काव्य के रूप में ग्रहण किया है तथा जिनके आस्था-केन्द्र और कविता के मुख्य विषय कृष्ण रहे हैं, उनको कृष्णभक्तिधारा के प्रवर्तक और पृष्ठपोषकों के रूप में जाना जाता है। इस परम्परा के प्रवर्तक के रूप में इन्दिरस परिचित हैं। उनकी उन्नीस श्लोकों की 'गोपिका-स्तुति' 'श्रीमद्‌भागवत' के दशम स्कन्ध के पूर्वार्द्ध इकतीसवें अध्याय का नेपाली-रूप है। कृष्ण की अलौकिक शक्ति, प्रजापालक प्रवृत्ति, भक्तिभाव और शृंगार भाव के समागम से कविता काव्यात्मक मधुरता और संगीतात्मकता में बेजोड़ है। 'रस पिलाउ हे कृष्ण ओठ की' जैसी गोपियों की अभिव्यक्ति में इस कविता का रतिरागात्मक पक्ष स्पष्ट होता है। कवि इन्दिरस की ही 'गोपीरक्षा' नामक 35 श्लोकों की दूसरी पद्यात्मक रचना प्राप्त हुई है जिसमें 'गोपिका स्तुति' के 19 श्लोकों के अलावे और 13 श्लोक भी शामिल हैं। कवि दैवज्ञकेशरी अर्याल के पुत्र विद्यारण्य केशरी द्वारा 'श्रीमद्‌भागवत' के पैंतीसवें अध्याय के आधार पर रचित 'युगल गीत' (1806 ई॰) और 'महाभारत' के सभापर्व के द्रौपदी-चीर-हरण का भावानुवाद 'द्रौपदी स्तुति' नेपाली कृष्णपंथी धारा की सशक्त उपलब्धियाँ हैं।

वसन्त शर्मा नेपाली कृष्णपंथी भक्तिकाव्य के एक सशक्त व्यक्तित्व हैं। एक सौ उनहत्तर शार्दूलविक्रीडित छंदों में 'श्रीकृष्णचरित्र' की रचना कर कवि वसन्त शर्मा ने अपनी मौलिकता का परिचय दिया है। खण्डकाव्य की विशेषता रखनेवाली इस कृति का रचनाकाल सन् 1827 है। कवि शर्मा की दूसरी काव्यात्मक कृति है 'समुन्द्र

लहरी' जिसका रचनाकाल सन् 1844 है। इसमें कवि का उद्देश्य है धर्म के प्रति मनुष्य का ध्यान आकृष्ट करके इसके माध्यम से सामाजिक अनुशासन कायम करना। करीब 90 सवाई सिलोक की शैली में रचित इस उपदेशात्मक रचना को उपदेश और नीतिप्रधान खण्डकाव्य का दृष्टान्त मान सकते हैं। अपनी दोनों कृतियों के माध्यम से कवि शर्मा ने नेपाली-साहित्य की प्रारंभिक काव्य-विधा को नवीनतम रूप देकर उत्तरवर्ती कवियों को प्रोत्साहन और प्रेरणा देने का अतुलनीय कार्य किया है।

उपर्युक्त भक्तिकाव्य-धारा के नेपाली कवियों के समकालीन माने जानेवाले कवि वीरशाली पंत की दो कृतियाँ प्राप्त हैं–(1) 'बाणोपनिषद' और (2) अट्ठासी श्लोकों का 'विमलबोधानुभव'। इनकी रचना में कृष्ण के दूसरे रूप विष्णु की स्तुति है। इनके 'श्रीकृष्णचरित्र' और 'श्रीमद्भागवत' के दशम स्कन्ध में वर्णित कृष्ण बाललीला पर आधारित 742 श्लोकों के एक अन्य काव्य का भी उल्लेख मिलता है जो अप्राप्य है।

कवि हिनव्याकरणी विद्यापति ने पहली बार नीति और रीति की कविता प्रस्तुत की है। इनकी चार पद्य रचनाओं– (1) 'राधबाह्रमासा' (सन् 1809) में बारह महीनों का वर्णन है। (2) 'सातराग' (सन् 1831) सात श्लोकों की इस रचना में रागों का शृंगारिक वर्णन है। (3) 'सातनायिका' (सन् 1831) नायिकाओं का लक्षण बतानेवाली रीतिवादी रचना है और (4) 'गीतवाणी' (सन् 1831), इक्कीस श्लोकों की इस पद्य रचना में कृष्ण के प्रति असीम आस्था व्यक्त है। इसके अलावा जयदेव के 'गीतगोविन्द' का नेपाली में गद्यरूपान्तर उनकी गद्य कृति है। इनकी भाषा प्रौढ़ और संस्कृतनिष्ठ है तो शैली कठोर और पाण्डित्यपूर्ण है।

पूर्वी तराई के पहले कवि यदुनाथ पोखरयाल के 'कृष्णचरित्र' नामक रचना के आधार पर इन्हें कृष्णभक्ति-धारा के कवियों की पंक्ति में रखा गया है। गीतात्मकता, लयात्मकता और संगीतात्मकता से भरपूर 'कृष्णचरित्र' प्रौढ़ता की दृष्टि से स्तुति-पद्यों से पीछे है। यद्यपि काव्यगुण और मौलिकता के आधार पर कृष्णभक्तिधारा की कविताओं में इसका महत्त्वपूर्ण स्थान है।

कृष्णभक्ति संबंधी (1) 'बालगोपालवाणी', (2) 'हरिभक्तमाला', (3) 'जैमिनी भारत' के रचनाकार पतंजलि गजुरयाल (सन् 1823-1887) के योगदान ने भी भक्तिकाव्य-धारा को उर्वरता प्रदान की है। 18 वर्ष की उम्र में काशी में अध्ययन करते हुए इन्होंने सर्वप्रथम 'चौरपंचाशिका' का अनुवाद किया था। इसके अलावा 'तीर्थावली', 'मत्स्येन्द्रनाथ की कथा', 'बोक्सीचरित्र', 'उत्तरगया', 'विराट पर्व की बालन', 'रामायण की बालन' आदि इनकी अन्य रचनाएँ हैं। भाषिक क्लिष्टता इनकी रचनागत विशेषता है।

(2) रामभक्ति धारा– 'अध्यात्मरामायण' को उपजीव्य काव्य मानकर राम को आस्था का केन्द्र माननेवाले कवि इस धारा के प्रतिनिधि के रूप में जाने जाते हैं। इन कवियों की कविता की विषयवस्तु ही राम की चारित्रिक विशेषताओं की प्रशंसा

करना और उनकी स्तुति करना है।

रामभक्तिधारा में सबसे पहले यदुनाथ पोखरयाल की भूमिका रही है। वीररस और कृष्णपंथी धारा के इस कवि ने 'रामायण' के अयोध्याकाण्ड, बालकाण्ड और सुन्दरकाण्ड का नेपाली में पद्यानुवाद किया है जिनमें से केवल सुन्दरकाण्ड ही प्राप्त है।

रामभक्तिधारा को एक नवीन आयाम देनेवाले आदिकवि भानुभक्त का जन्म वि॰सं॰ आषाढ़ 29, 1871 तदनुसार सन् 1914 में नेपाल के तनहुँ रग्घा में हुआ था। आदिकवि भानुभक्त आचार्य की 'बधूशिला', 'भक्तमाला', 'छाँसी', 'बालाजु वर्णन' आदि कई फुटकर काव्य-कृतियाँ हैं। अनुवाद में 'प्रश्नोत्तर' और 'सातकाण्ड रामायण' प्रसिद्ध हैं। लेकिन 'सातकाण्ड रामायण' में अनुवाद से अधिक मौलिकता की प्रखरता है। 'सातकाण्ड रामायण' में उपलब्ध मौलिकता, सरलता और लालित्य नेपाली-साहित्य की अपूर्व निधि है। इन्हीं विशेषताओं के आधार पर इनको नेपाली साहित्य का आदिकवि कहा जाता है। कवि भानुभक्त में आशु कवि की प्रतिभा दिखायी पड़ती है। इस कवि ने अपनी फुटकर कविताओं में अभिव्यक्ति की मार्मिकता दिखायी है। हास्य-व्यंग्यात्मक शैली के प्रयोगात्मक स्वरूप ने इन पद्यों को प्रभावशाली, हृदयस्पर्शी और जीवन्त बना दिया है। 'अध्यात्मरामायण' की कथावस्तु, विषयवस्तु, भाव, विचार और संगठन को यथावत् रखते हुए आदिकवि ने 'सातकाण्ड रामायण' में अपनी मौलिकता को उजागर किया है। भानुभक्त की 'रामायण' में प्रयुक्त भाषा की उपयुक्तता ने इसमें प्रतिपादित विचार, भाव, प्रसंग तथा काव्य-सौन्दर्य को जीवन्तता प्रदान की है। इस कृति के जरिए भानुभक्त ने नेपाली भाषा के शुद्ध रूप को प्रतिष्ठित किया है और नेपाली भाषा की ओर नेपालीभाषियों को आकृष्ट किया है।

भानुभक्त के समकालीन रामभक्तिधारा के दूसरे कवि रघुनाथ भट्ट का 'सुन्दरकाण्ड' प्रकाश में आया है। इनके अनुवाद में मूल संस्कृत ग्रंथ के सौन्दर्य का अभाव महसूस होता है। सन् 1858 के बाद काशीवास में ही इन्होंने 'सुन्दरकाण्ड' का अनुवाद किया था। दीनानाथ सापकोटा के अनुसार रघुनाथ भट्ट ने सात काण्ड 'रामायण' का संपूर्ण अनुवाद किया है लेकिन आजतक केवल 'सुन्दरकाण्ड' ही उपलब्ध है जिमसें संस्कृत, भोजपुरी, हिन्दी, अवधी आदि भाषा के शब्दों के प्रयोग के बावजूद भानुभक्त की भाषिक सरलता और सहजता नहीं है।

भक्तिरस की तीन विभिन्न धाराओं के अन्य प्रमुख कवियों में 'गोपीगीत' (सन् 1868 के आसपास), 'पुत्रशिक्षा' (सन् 1878-80 के बीच), खड्गस्तुति (सन् 1896) आदि के रचयिता छविलाल नेपाल (सन् 1848); 'कृष्णचरित्र' के रचयिता षडानंद लोहनी; 'किष्किन्धाकाण्ड', 'अश्वगुणदोष निरूपण' आदि के रचनाकार वैयाकरण नेपाल (सन् 1855-1922); 'ध्रुवचरित्र' (सन् 1871 अघी); 'प्रहूलाद चरित्र' (सन्

1879 के आसपास); 'भ्रमरगीत' आदि के रचयिता हरिदास (सन् 1843-1853 के बीच जन्म); 'केदारकल्प' (सन् 1860), 'बुद्धिचातक (सन्1893), 'पतिव्रता धर्म' (सन् 1895), 'विस्मात् हर्ष तरंगिनी' (1905), 'विदुरनीति', 'गन्जिफास्टक', 'कुरुक्षेत्र' (अप्राप्य) आदि के रचनाकार राजीवलोचन जोशी (सन् 1848-1929) आदि उल्लेख्य हैं।

इसके अलावा नेपाली-कविता के प्रारंभिक काल में सवाई की भी परम्परा रही है। कई सवाई श्रुति-परम्परा तक सीमित रहकर कालान्तर में विस्मृति के गर्भ में विलीन हो गये तो कई लिपिबद्ध होकर नेपाली-साहित्य के हिस्सा बन गये। नेपाली-काव्य-साहित्य के इतिहास में वसन्त शर्मा की 'समुन्द्र लहरी' और सन्त ज्ञानदिल दास की 'उदय लहरी' इस दिशा में प्रथम मानी जाती हैं। 'सवाई' को 'लहरी साहित्य' के नाम से भी जाना जाता है।

नेपाल और भोट के बीच हुए दोनों युद्धों के दृश्यात्मक वर्णन 'भोट की लड़ाई का सवाई' में द्रष्टव्य है। बाग्दल गँगी का यह सवाई वीर परम्परा का काव्य माना जाता है। विभिन्न कारणों और विशेषताओं के आधार पर यह सवाई साहित्य के स्तर पर खरा उतरा है। कथावस्तु, विषयवस्तु और प्रस्तुति के विचार से इस सवाई का ऐतिहासिक महत्त्व है।

सन् 1891-93 के बीच मणिपुर के राजा और ईस्ट इण्डिया कंपनी के बीच हुए युद्ध का सविस्तार वर्णन तुलाचन आले ने 'मणिपुर के युद्ध का सवाई' (सन् 1893) में किया है। सन् 1894 में 'अभोर हिल के युद्ध की सवाई' लिखकर धनवीर भण्डारी ने अपने कवित्व का परिचय दिया है। सन् 1893-94 के बीच कंपनी सरकार और अभोर हिल्स की जनजाति के बीच यह युद्ध हुआ था। इस तरह सवाई-लेखन की परंपरा भी प्रारंभिक कालीन काव्य का एक अहम हिस्सा है।

उत्तर मध्यकाल अथवा शृंगारकाल (सन् 1883-1917)

काल-विभाजन के मुताबिक भानुभक्त के बाद और लेखनाथ पौंडयाल से पहले के काल को अध्येताओं ने नेपाली-कविता-साहित्य में उत्तरमध्यकाल अथवा शृंगारकाल के रूप में स्वीकृत किया है, यद्यपि सन् 1948 तक की कृतियों में कहीं-कहीं माध्यमिक कालीन प्रवृत्तियाँ मौजूद हैं। कमल दीक्षित के अनुसार इस काल के कवियों की संख्या डेढ सौ के लगभग है। यहाँ केवल विशेष कवियों की चर्चा की जायगी।

अब तक की खोज के अनुसार इस काल के प्रथम कवि राजीवलोचन जोशी (सन् 1848-1929) हैं। इनके 'कालिकाष्टक' (1886), 'कुटुम्बशत्रु' (1899), 'छेड़छाड़' (1899), 'घोचपेंच' (1899), 'जाँतो ह ढिकी' (1896), 'यौवन का कुरा' (1899), 'हाउ देखाउ' (1896), 'किम प्रिये' (1866) आदि कविताएँ श्लोक-संग्रह, सूक्तिसिंधु, माधवी, गफाष्टक आदि में संकलित हैं।

होमनाथ खतिबड़ा (1854-1927) इस काल के स्थापित कवि-व्यकितत्व हैं।

इन्होंने 'रामाश्वमेध', 'विराट पर्व', 'सभा पर्व', 'कृष्णचरित्र', 'द्रौपदी चीरहरण', 'भगवती स्तुति' की रचना करके ख्याति प्राप्त की है। सरलता और सरसता इनकी काव्य-कृतियों की विशेषता है। वैयाकरण नेपाल (1855-1922) ने संस्कृत के ज्ञाता होते हुए भी नेपाली भाषा में लिखने का आग्रह दिखलाया है। 'किष्किन्धाकाण्ड', 'शालिहोत्र', 'तर्कारीकल्प', 'लंका वर्णन', 'विराट वर्णन' आदि उनकी प्रतिनिधि कविताएँ हैं।

नेपाल में पैदा होकर बनारस को अपना कर्मक्षेत्र बनानेवाले कवि शिखरनाथ सुवेदी की भी इस काल की काव्य-परम्परा में अहम् भूमिका रही है। इनके 'बृहद्कृष्णचरित्र' और सामान्य ज्ञान की पुस्तक 'शिखरनाथ भाष्य' नामक काव्यग्रंथ हैं। इनकी अन्य ऋतुविषयक कविताएँ 'बारहमासे' (1868) और शृंगार रस-प्रधान कविताएँ 'शृंगार दर्पण' (1918) में संगृहीत हैं। लोकरुचि के विषय को श्लोकबद्ध करनेवाले इस कवि की प्रतिनिधि फुटकर कविताएँ हैं– 'कुछ शृंगारिक कविता', 'द्यूतमुद्राष्टक', 'त्रिपासाष्टक' और 'शुभ शकुन'।

करीब पचास वर्ष तक नेपाली-साहित्य की सेवा करनेवाले कवि भुवन प्रसाद टुङ्गेल (सन् 1865-1936) ने अपनी काव्यकृति 'उपवन विनोद' (1883) में कलात्मक ढंग से ऋतुराज वसन्त का चित्रण किया है। 'गीतंगोविन्द' कवि टुङ्गेल की शृंगारिक भाव की कविता है। इसके अलावा 'चण्डी', 'गीता', 'सुन्दरकाण्ड', 'रामाष्टक' और 'स्वप्नप्रकाश' भी प्रकाशित है। 'विद्या सुन्दर संवाद' (1904) और 'माधवानल कामकन्दला' के रचयिता तीर्थराज पाण्डेय (1872-1919) की 'उपदेश मंजरी' (1916) में ऋतुवर्णन संबंधी कविताएँ संकलित हुई हैं। मोतीराम भट्ट के समकालीन तेजबहादुर राणा की कुछ कविताएँ 'श्लोक संग्रह' में और कुछ समस्यापूर्ति 'सुन्दरी' में प्रकाशित हैं। मोतीराम भट्ट के मामा नरदेव पाण्डेय (1872-1944) के कुछ भजन, गजल, समस्यापूर्ति काव्य 'संगीत चन्द्रोदय' में संकलित हैं। नेवारी कवि रत्नलाल 'रत्न' और अंजद हुसैन 'अजान' और 'ग़ज़ब' उपनामधारी कवियों की नेपाली कविताएँ भी इसी में संकलित हैं। कवि अग्निधर अधिकारी की द्रुतविलंबित छन्द में लिखी गयी कविता 'कविताकल्पद्रुम' में प्रकाशित है।

संयोग और विप्रलंभ शृंगार से भरपूर बारहमासे शृंगारधारा का प्रिय काव्यरूप है। सन् 1809 में लिखी गयी 'श्रीराम बारहमासा' की प्राप्ति से स्पष्ट है कि इस धारा की कविताएँ शृंगारिक काल के पहले ही लिखी जाने लगी थीं। सौ से ज्यादा पद्य-रचना करनेवाले हरिप्रसाद नेपाल की काव्यकृति 'भर्तृहरि शतक' (1904) में संकलित है।

शृंगारकाल के विशिष्ट साहित्यिक व्यक्तित्व के रूप में शंभुप्रसाद टुंगेल (1889-1929) ने अपना स्थान-निर्धारण किया है। 'पंचक-प्रपंच' (1904), चन्द्रप्रताप वर्णन (1911), 'द्यूतशतक' (1911 से पहले), 'महाभारत के विभिन्न पर्व' (1918-23),

'शब्दसुधानिधि' (1919), 'शंभोगजनमाला' (1919-1923) और 'वेश्या वर्णन' (1926) कवि टुंगेल की काव्यकृतियाँ हैं। भजनों में भी शृंगारिकता को स्थान देने की धृष्टता इन्होंने की है। फुटकर कविता की रचना से माध्यमिक 'पथिक प्रेम' और 'दम्पति के प्रेमटक्कर' शृंगारिक भाव की रचनाएँ हैं। तत्कालीन नेपाली-साहित्य के विकास, प्रचार-प्रसार में सहयोग देनेवाले कवियों की कविताएँ 'श्लोक संग्रह' (1899), 'कविता कल्पद्रुम' (1904), 'सुन्दरी' (1906), 'संगीत चन्द्रोदय' (1912), 'गफाष्टक' (1916), 'सूक्तिसिन्धु' (1917) आदि संग्रहों में संगृहीत हैं। ग़ज़ल-लेखन में प्रतिभाशाली लक्ष्मीदत्त पंत (1865-1866) की शृंगारिक कविता 'बालक कैसे कहूँ', (नानी, कसोरी भनूँ?) 'गफाष्टक' में संकलित है और अन्य काव्यात्मक रचनाएँ अन्य संग्रहों में। नेपाल के राष्ट्रीय गीत के रचयिता कवि चक्रपाणि चालिसे (1884-1959) का 'प्रोषितभर्तृका' काव्य 'सुन्दरी' पत्रिका में प्रकाशित है जिसमें नायिका की व्यथा को अभिव्यक्ति दी गयी है। इनकी अन्य कविताएँ 'कविता कल्पद्रुम' और 'सूक्तिसिन्धु' में प्रकाशित हैं।

बनारस में शिक्षा-दीक्षा प्राप्त करनेवाले मोतीराम भट्ट (1866-1896) भारतेन्दु हरिश्चन्द्र की हिन्दी भाषा-सेवा से प्रेरित हुए। फलस्वरूप नेपाली भाषा में भी पत्रिका प्रकाशन, छापाखाना का संचालन, पुस्तकालय की व्यवस्था, अपने पूर्ववर्ती कवियों-लेखकों की पहचान पेश करना, मोती मण्डली की स्थापना करके समकालीन मित्रों को कविता-लेखन के लिए प्रोत्साहित करना और खुद भी नेपाली भाषा-साहित्य के प्रचार-प्रसार में संलग्न रहकर कवि मोतीराम भट्ट ने नेपाली-साहित्य की परम्परा में एक नवीन आयाम जोड़ा। युगप्रवर्तक कवि के रूप में इनका उदयकाल सन् 1883 है और 1916 शृंगारिक काव्यधारा के चरमोत्कर्ष का समय है। इस कालावधि में रति और शृंगार रस को काव्य-क्षेत्र में प्रधानता मिलने की वजह है– सन् 1883 साल तक निरंकुश राणा मंत्रियों (3 सरकारें) का रवैया जनसाधारण के लिए भयावह साबित हो रहा था और दूसरी ओर नेपाल के परम शत्रु अँगरेजों के भय से नेपाली जनमानस त्रस्त था। ऐसी स्थिति में मुक्ति के लिए काव्यात्मक मनोरंजन में जनता आश्रय ढूँढ़ रही थी। फलस्वरूप नेपाली-काव्य में शृंगार रस ने अपना प्रभाव जमाने के लिए सही अवसर प्राप्त किया। प्रारंभिक कालीन कविताओं में भी शृंगार रस का छिटफुट प्रयोग हुआ है लेकिन सन् 1883 में इस रस को विधिवत् प्रतिष्ठा मिली। नेपाली-साहित्य में इसके प्रवर्तक इस काल के प्रतिनिधि कवि मोतीराम भट्ट हैं जिन्होंने नेपाली-साहित्य में समस्यापूर्ति और ग़ज़ल-लेखन की परम्परा की भी नींव रखी। गद्य और पद्य दोनों में कलम चलानेवाले भट्ट जी ने प्रकाशक, भाषासेवी, कवि, पत्रकार, नाटककार, जीवनी-लेखक, ग़ज़लकार और समालोचक के रूप में अपनी बहुमुखी प्रतिभा का परिचय दिया है। 'उषाचरित्र', (सन् 1900), 'मनोद्वेग प्रवाह ' (1900), 'पिकदूत' (1962), 'कमलभ्रमर संवाद', 'भ्रमरगीत' आदि कवि भट्ट की

श्रृंगारिक काव्य-रचनाएँ हैं।

कुंजविलास गौतम (1872-1934) अपने वर्णन-सामर्थ्य और रचनाशक्ति के माध्यम से मध्यकालीन कवि के रूप में पहचाने जाते हैं। 'महाभारत पर्व' (स्त्री, सौप्तिक और गदापर्व), 'शशिमुखी', 'लोहजंगोपाख्यान' आदि इनकी प्रमुख कृतियाँ हैं। 'स्त्रियों की अवस्था' (स्त्रीहरु को अवस्था) तथा 'उद्योग और प्रारब्ध' (दोनों 1903) कवि गौतम की प्रसिद्ध कविताएँ हैं। मोतीलाल भट्ट से प्रभावित होनेवाले कवि तीर्थराज पाण्डेय (1872-1922) की उपदेशात्मक कविताएँ इस काल की काव्य-संपदा हैं। मोती मण्डली के सक्रिय सदस्य गोपीनाथ लोहनी (1873-1918) की प्रतिभा फुटकर कविता, गज़ल और पद्याख्यान में मुखरित हुई। भक्ति और श्रृंगार, दोनों की प्रवृत्तियाँ इनकी कविता की विशेषता है। 'श्रृंगाराष्टक', 'समस्यापूर्ति' 'मनोद्वेगप्रवाह' आदि इनकी प्रतिनिधि काव्य-रचनाएँ हैं।

ऋतु-विषयक कविता के रचनाकार के रूप में परिचित कवि देवीदत्ता पराजुली (1863-1953) की श्रेष्ठ कृति है 'कविता गुच्छहार'। इनकी ऋतुवर्णन संबंधी कविता 'सुन्दरी' पत्रिका में प्रकाशित है। बनारस में कविता-रचना में संलग्न भवानी प्रसाद खतिवड़ा (1864-1929) की कविता का विषय मानव समाज को सचेत करना, कर्त्तव्य के प्रति जागरूक करना आदि है। देशभक्त कवि के रूप में आप श्रद्धेय हैं। 'गोरखा संसार' और 'तरुण गोरखा' में विभिन्न उपनामों से आपकी कविताएँ छपती थीं। नेपाल में पैदा हुए और बनारस में साहित्यिक जीवन बितानेवाले कवि रामप्रसाद सत्याल (1875-1963) की प्रतिनिधि कविताएँ 'पैसा! पैसा!!' (1908), 'सूर्यपुराण-सवाई', 'केहि गज़ल', 'नेपाल वर्णन' और 'जननी जन्मभूमि' है। मोतीराम भट्ट के मामा नरदेव पाण्डेय (1872-1944) की कई गज़लें, भजन, और समस्यापूर्ति-कविता 'संगीत चंद्रोदय' में संकलित हैं।

कुलचन्द्र गौतम (1875-1958) संस्कृत और नेपाली भाषा के प्रतिभाशाली रचनाकार रहे। इनकी रचनाओं में मध्यकालीन प्रवृत्तियों के साथ-साथ आधुनिक कालीन प्रवृत्तियाँ भी पायी जाती हैं। नेपाली शब्दों और भावों को छंदों में समेटकर प्रौढ़ और सशक्त अभिव्यक्ति करनेवाले गौतम का योगदान सराहनीय है। 'लोक शिखा से' (लोकशिक्षावाट), 'दुर्गे पाहि माम्', 'उन्माद' आदि इनकी काव्यकृतियाँ हैं। इस काल में भैरवकुमार राजभण्डारी, तेजबहादुर राणा आदि कवियों का भी योगदान रहा।

संस्कृत और नेपाली के ज्ञाता रेवती रमण न्यौवाने (1876-1941) इस काल की कविता के विशिष्ट कवि हैं। जनसाधारण का हृदय जीतने में उनकी प्रकाशित कृतियाँ 'विश्वजित्‌लीला', 'तुलसीकृत रामायण के कुछ खण्ड', 'विवाह लीला' (1909), सक्षम रही हैं। फुटकर कविता के क्षेत्र में 'पांचायतन-स्तुति', 'जनकपुर विजय', 'कुछ अड़का और जवाफ' (केहि अड़का र जवाफ) आदि हैं। पौराणिक विषय को सरलता और रोचकता से नेपाली भाषा में उतार कर प्रसिद्धि हासिल करने

में विशेष स्थान बनानेवाले केदारनाथ खतिवड़ा (1878-1946) ने भी बनारस को ही अपने साहित्यिक जीवन की कर्मभूमि बनाया। 'नल दमयन्ती की कथा', 'श्रीमद्भगवद्गीता का अनुवाद', विदुर नीति', 'राजमहिमा' आदि इनकी प्रसिद्ध काव्य-रचनाएँ हैं। 'पुष्पबाणविलासकाव्यम्' (1894) के रचनाकार ईश्वरीराज पन्त भी शृंगारिक भाव के कवि रहे। तुलसीदास भट्टराई की 'रम्भाशुक संवाद' में अप्सरा और वैराग्य का हृदयस्पर्शी द्वन्द्वात्मक चित्रण प्रस्तुत है।

अपने कविता-लेखन के आरंभिक काल में शृंगार रस को प्राथमिकता देनेवाले कवि पहलमान सिंह स्वोंर (1878-1934) के 'मृतवचन संग्रह' (1903), 'पिकदूत' (1903), 'प्रेम-विलाप' (1903) और 'प्रेम प्रमोद' (1903) प्रसिद्ध काव्य-संग्रह हैं। 'सुन्दरी' और 'माधवी' में अपनी काव्य-रचनाएँ प्रकाशित करनेवाले कालिदास पराजुली (1879-1950) की शृंगारिक कविता में 'चाटुकार' (1906) को प्रसिद्धि मिली है। 'चाल-चलन' (औपदेशिक काव्य, 1908), 'उत्तररामचरित' का अनुवाद (1934) आदि इनकी कृतियाँ हैं। दधिराय मरासिनी (1882-1963) की 'मदनोद्दीपिनी' (1904) कविता 'कल्पद्रुम' में संकलित है। ये भक्ति और शृंगार, दोनों रसों के पृष्ठपोषक हैं। इस काल की प्रवृत्तियों को क्रमिकता देते हुए कवि कृष्णदास रेग्मी (1883-1928) ने 'बारहमासे' (1903) के साथ शृंगारिक भाव की काव्य-रचना 'रम्भाशुक संवाद' (1903), 'विरहलहरी', 'प्रभावती चरित्र' (1904), 'पट्ठापट्ठी' और 'प्रीति प्रबंध' (1915) की रचना की है।

मिगसेन थापा (1895) भारत और नेपाल के नेपाली-समाज का विस्तृत वर्णन करके नेपाली जाति के उत्थान के लिए व्यंग्यात्मक शैली में कविता और गीत की रचना में लगे एक बहुमुखी प्रतिभा के धनी हैं। सन् 1919 में ही उनकी रचना 'भगवत कुमारी' गोरखा पत्र छापाखाना, नक्साल से प्रकाशित हुई थी। साहित्य-सेवा के भाव से प्रेरित इस काल के अन्य कवियों में बैजनाथ सेदाई, श्यामजी प्रसाद अर्याल, कृष्णनाथ सिग्देल, प्रेम प्रसाद भट्टराई, अनंगनाथ पौडयाल, दीपकेश्वर लोहनी, छविकान्त उपाध्याय, रुद्रप्रसाद शर्मा, सिद्धिदास अमात्य, अमरनाथ लोहनी, रामचंद्र जोशी, रामप्रसाद सत्याल, कालिदास पराजुली के योगदान सराहनीय हैं।

इस काल की कविताओं की प्रवृत्तिगत विशेषताएँ हैं— परंपरागत और संस्कार रूप में विकसित भक्तिभाव के साथ आध्यात्मिक और धार्मिक भावबोध, शृंगारिक मनोभाव, सामाजिक स्थिति और अनुभूति को छन्दोबद्ध रचना में अभिव्यक्त करना। बारहमासा, समस्यापूर्ति, भजन, सवाई, बालन, फ्याउरे छन्दों का प्रयोग, उपदेश, कूट, खाँड़ो, गजल आदि कविता के प्रकारों को इस काल में प्रश्रय मिला।

प्राक्-आधुनिककाल अथवा नव्यकाल (सन् 1918 से आजतक)

सन् 1918 से 1950 तक के दशकों में नेपाली-कविता में एक तरफ उत्तर मध्यकाल तथा शृंगारकाल की प्रवृत्तियों को जीवित रखने का प्रयास दिखायी पड़ता

है तो दूसरी ओर आधुनिककालीन प्रवृत्तियों को अपनाने का भी उत्साह लक्षित होता है।

बालकृष्ण सम (1902-1981) : विश्वव्यापी आधुनिक साहित्यिक प्रवृत्तियों को नेपाली-साहित्य में सर्वप्रथम प्रश्रय देनेवाले त्रिरत्नमध्ये बालकृष्ण सम एक हैं। आधुनिक युगीन चेतना से सचेत और प्रेरित इन्होंने अपनी बौद्धिकता, दार्शनिकता, समयसापेक्ष चिन्तनधारा, भाषिक अनुरूपता, कलात्मकता आदि विशेषताओं से अपनी कविता को सँवारा है। 'इच्छा', 'मेरे नहाने का कमरा' (मेरो नुहाउने कोठा), 'हम भी ईश्वर मानते हैं' (म पनि द्यौता मान्छु), 'मृत्यु के बाद की अभिव्यंजना' (मृत्यु पछि को अभिव्यंजना), 'टूटा हुआ फूलदान' (फुटेको फूलदान), 'स्वर्ग और देवता' (स्वर्ग र देवता), 'स्वर्ग खुद बनता है' (स्वर्ग आफै बन्छ), 'कविता की व्याप्ति' (कविता को व्याप्ति), 'आदमी खुद ईश्वर होता है' (मानिस आफै देवता हुन्छ), 'भविष्य का सपना' (भविष्य को सपना), 'मेरे ब्रह्म की कविता' (मेरो ब्रह्म को कविता) आदि सम की प्रतिनिधि फुटकर कविताएँ हैं। राष्ट्रप्रेम इनकी कविताओं का मुख्य विषय रहा है।

लक्ष्मीप्रसाद देवकोटा (सन् 1909-1959) : नेपाली-साहित्य के त्रिरत्नमध्ये के एक बहुमूल्य रत्न हैं महाकवि लक्ष्मीप्रसाद देवकोटा। नेपाली-साहित्य की प्रायः सभी विधाओं में सफलतापूर्वक अपूर्व ढंग से कलम चलाकर महाकवि और आशु कवि की उपाधि प्राप्त करके सम्पूर्ण नेपाली जनमानस में आज भी जीवित हैं। नेपाली-साहित्य में 'रोमांटिसिज्म' के प्रवर्तक के रूप में कवि देवकोटा ने अपना विशिष्ट स्थान निर्धारित किया है। नेपाल और नेपालवासियों के गौरवशाली अतीत की महिमा का गान और वर्तमान व्यवस्था के प्रति विद्रोह और क्रान्ति का आह्वान, इनकी कविताओं के मुख्य विषय रहे हैं। 'पुतली' (सन् 1952), 'भिखारी' (सन् 1953), 'गाइने गीत', 'सुनको बिहान', 'लक्ष्मी कविता संग्रह' (1976) आदि संकलनों में संकलित कविताओं में छन्द के मोह से ग्रस्त होते हुए भी गद्य कविता के माध्यम से नेपाली-कविता-विधा को नया आयाम देने में इनका अपूर्व योगदान रहा है। भावनात्मक अभिव्यक्ति को रफ्तार देने में बेमिसाल महाकवि देवकोटा ने नेवारी, हिन्दी, अँगरेजी आदि भाषाओं में भी महत्त्वपूर्ण कविताएँ लिखी हैं। गुणस्तर के दृष्टिकोण से उनकी सभी कविताएँ उत्कृष्ट हैं।

धरणीधर शर्मा कोइराला (सन् 1883-1980) : सरल, सहज भाषा में सुधारात्मक विचार और जागृति का आह्वान इनकी कविताओं की विषयवस्तु है। कवि कोइराला का बहुचर्चित कविता-संग्रह 'नैवेद्य' (1925) है। 'स्पन्दन' इनका दूसरा प्रमुख कविता-संग्रह है।

पारसमणि प्रधान (1868-1986) : सुधारात्मक भावधारा, मानवीय मूल्यों के संरक्षण की भावनात्मक अभिव्यक्ति ने इनकी कविता को मानवोपयोगी, समाजोपयोगी बना दिया है। विषय की विविधता इनकी कविता की विशेषता है। नेपाली फ्याउरे

छन्द में भी इन्होंने सरस कविताएँ लिखी हैं। 'बटुल-बाटल' (1957) और 'जयमाला' इनके दो कविता-संग्रह हैं।

हर्कजंग सिंह छेत्री (1903-72) : संगीत के मर्मज्ञ इस कवि की कविता में संगीतात्मकता एक विशेषता रही है। 'हिमालय' कविता-संग्रह पुस्तकाकार प्रकाशित है। छन्दोबद्ध कविता का आग्रह रहते हुए भी कविता में मानव-स्वभाव और चेतना को प्राथमिकता देते हुए नवयुग की चुनौती की स्वीकृति में गद्य-कविता लेखन में ये प्रयत्नशील रहे हैं।

पुष्पलाल उपाध्याय (1906-1989) : विभिन्न पत्र-पत्रिकाओं में प्रकाशित कविताओं के अतिरिक्त सैंतीस कविताओं का संग्रह 'पुष्पांजलि' और अड़तीस कविताओं का संग्रह 'उषा मंजरी' नेपाली-काव्य-साहित्य को इनका अवदान है।

माधवप्रसाद देवकोटा (1903-1972) : संस्कृत छंद के प्रयोग में सुंदर अभिवयक्ति इनकी कविता का सुदृढ़ कला पक्ष है। 'फुलबारी' (1962) काव्य-संग्रह इस बात का प्रमाण है।

युद्ध प्रसाद मिश्र (1903-1990) : ये स्वच्छंदतावादी, प्रगतिवादी धारा के एक सशक्त कवि के रूप में पहचाने जाते हैं। इन्होंने छंदोबद्ध कविता में स्वच्छंदतावादी चेतना का प्रदर्शन करते हुए कविता की रचनाधर्मिता की रक्षा की है। नेपाल के राणा-शासन की शोषक और अनाचारी नीति ने कवि मिश्र के कवि-व्यक्तित्व को प्रगतिवादी-मार्क्सवादी के रूप में परिवर्तित कर दिया। स्वच्छंदतावादी प्रवृत्तियों की कविताओं का संग्रह 'चरा' (1937) उल्लेख्य है।

गोपाल प्रसाद रिमाल (1908-1973) : नेपाली-साहित्य में प्रतीकवाद के प्रथम प्रयोक्ता के रूप में आप सम्मानित हैं। व्यक्तिगत और पारिवारिक प्रतीकों के प्रयोग में सिद्धहस्तता दिखाते हुए व्यंग्यात्मक शैली का भी यथोचित निर्वाह कवि रिमाल की निजी विशेषता रही है। स्वच्छन्दवादी, प्रतीकवादी कवि रिमाल का 'माँ का सपना' (आमा को सपना, 1962) अट्ठाईस फुटकर कविताओं का संकलन उनकी एक विशिष्ट कृति है। इस कविता-संग्रह को सन् 1962 का 'मदन पुरस्कार' प्राप्त हुआ है। कम लिखकर ज्यादा प्रसिद्धि के हकदार होनेवालों में आधुनिक नेपाली-साहित्य में कवि रिमाल अग्रगण्य हैं। स्वतंत्रताप्रेमी, आत्मविश्वासी, स्वाभिमानी, महत्त्वाकांक्षी, सौंदर्यवादी और प्रकृति-प्रेमी कवि रिमाल नारी-सौंदर्य के उपासक भी रहे हैं। वे नारी की स्वतंत्र अस्मिता और अस्तित्व के लिए वकालत करनेवाले कवि हैं।

भीमनिधि तिवारी (1911-1974) : कवि तिवारी को व्यंग्यात्मक कवि के रूप में प्रमाणित करने के लिए उनके तीन काव्य-संग्रह यथेष्ट हैं, वे हैं– 'विस्फोट' (1961), 'तितौरा और मस्यौरा' (तितौरा र मस्यौरा, 1967) और 'सिंह दरबार' (1968)। शुद्ध, सरल, बोधगम्य भाषा-शैली और व्यंग्य की तीक्ष्णता स्थापित करना कवि तिवारी की अपनी विशेषता है। 'बयासी और बीस गजल' (1937), 'तर्पण'

(1937), 'कवितानन्द' (1950), 'बयासी भजन' (1953), 'बरशिक्षा' (1955), 'यशस्वी शव' (1956) आदि इनकी काव्यकृतियाँ हैं।

गोपाल सिंह नेपाली (1911-1963) : हिन्दी के प्रतिष्ठित कवि नेपाली का 'कल्पना' (1949) नामक कविता-संग्रह प्रकाशित है जिमसें संगृहीत गद्यात्मक शैली की बाईस छोटी-छोटी कविताएँ हैं।

सिद्धिचरण श्रेष्ठ (1912-1992) : 'कोपिला' (1964), 'मेरा प्रतिबिम्ब' (मेरो प्रतिबिम्ब, 1964), 'बादल और घाम' (कुहिरो र घाम, 1988), तथा बाल कविता-संग्रह 'तिरमिर तारा' (1988) इनकी प्रकाशित काव्यकृतियाँ हैं। कवि श्रेष्ठ की काव्यगत विशेषताओं को देखते हुए उनको 'युगकवि' की उपाधि प्रदान की गयी है। 'बाँचि रहे को जीवन' (1989) नामक काव्यकृति कवि श्रेष्ठ के कवि-व्यक्तित्व की प्रौढ़ता प्रमाणित करती है।

भवानी भिक्षु (1914-1981) : आन्तरिक पीड़ा में मिश्रित भावों की रहस्यात्मक अभिव्यक्ति को अपनी कविता की विशेषता बनानेवाले कवि भिक्षु सन् 1936 में 'वियोगरात्रि' कविता के साथ नेपाली-कविता में पदार्पण करते हैं। अन्तःकरण की आवाज उनकी कविता का मर्म है। 'प्रकाश' (1960), 'परिष्कार' (1960) और 'छाँया' (1970) में उनकी कविताएँ संकलित हैं।

हरिप्रसाद गोर्खा राई (जन्म-1914) : नागरुमण्ड के बाशिन्दा कवि हरिप्रसाद की कविताएँ सन् 1931 से ही पत्र-पत्रिकाओं में प्रकाशित होने लगी थीं। उनके कविता-संग्रह हैं– 'बाबरी' (1974) और 'मनचरी की बोली'।

केदारमान व्यथित (1914-1998) : इनके प्रकाशित कविता-संग्रह हैं– 'संगम' (1953), '409 साल की कविता' (1953), 'एक दिन' (1954), 'प्रणव' (1957), 'संचयिता' (1958), 'त्रिवेणी' (1958), 'जुनेली' (1962), 'नारी रसमाधुर्य आलोक' (1968), 'सप्तपर्ण' (1971), 'आवाज' (1974), 'बदलती रहती बादल की आकृति' (1976), 'रसत्रिफला' (1981) और 'अग्नि शृंगार' (1982)। नेपाली-साहित्य की ये कृतियाँ महती उपलब्धियाँ हैं। स्वच्छंदतावादी धारा को नेपाली-कविता-साहित्य में क्रमिकता देने के लिए कवि व्यथित की भूमिका अति स्मरणीय है।

माधव प्रसाद घिमिरे (जन्म-1919) : प्रकृतिवादी और रसवादी भावुक कवि के रूप में कवि घिमिरे जाने जाते हैं। इनके कविता-संग्रह 'नव मंजरी' (1937), 'घाम-पानी' (बाल-कविता-संग्रह, 1953), 'नयाँ नेपाल' (1956), 'बाल लहरी' (ब॰क॰स॰, 1989), 'किन्नर-किन्नरी (गीति कविता, 1976), 'चैत-बैशाख' (2003) ने आधुनिक नेपाली-कविता को संपन्नता दिलाने में अहम् भूमिका निभायी है।

तुलसी 'अपतन' (डॉ॰ तुलसी बहादुर छेत्री, जन्म 1920) : अपतन साहित्य परिषद् (सिक्किम) द्वारा प्रकाशित कविता-संग्रह 'इन्द्रकील पुष्पांजली' में इनकी 50 प्रतिशत कविताएँ संकलित हैं। इसके अतिरिक्त 28 कविताओं का एक संकलन

'संकल्प' (1954), 38 कविताओं का दूसरा एक संकलन 'क्या होगा' (के होला?, 1959) तथा 31 कविताओं और 11 मिनी कविताओं का और एक संकलन 'मत देखो आज मुझे' (नहेर आज मलाई, 1976) इनकी प्रकाशित काव्यकृतियाँ हैं।

वीरेन्द्र सुब्बा (जन्म-1927) : युगकवि की पहचानवाले कवि वीरेन्द्र के काव्य संकलन हैं– 'एकान्त' (दानियल खालिंग के साथ, 1950), 'कुसुम छोरी' (1967) और 'स्वर्णिमा' (1968)। अभिव्यंजनावादी कवि, चित्रकार, मूर्तिकार वीरेन्द्र की कविता की विशिष्टता है क्लिष्टता।

म॰बी॰बी॰ शाह (जन्म-1920) : छन्दोबद्ध कविता-लेखन में आधुनिक काल के अग्रगण्य कवि के रूप में कवि शाह पहचाने जाते हैं। मन की संवेदना को मर्मस्पर्शी ढंग से अभिव्यक्ति देने के लिए छन्द-विधान के परिपालन में अपनी दक्षता आपने प्रदर्शित की है। 'उसैको लागि' (1985), 'फेरि उसैको लागि (1994), इनके दो लयात्मक तथा संवेदात्मक गीत और कविता के संकलन हैं।

बिजय मल्ल (जन्म-1925) : प्रगतिवादी और प्रयोगवादी कवि के रूप में कवि मल्ल की नेपाली-साहित्य में एक पहचान है। विद्रोहात्मक स्वर और नवीन भावबोध इनकी कविता की विशेषता है। सन् 1959 में प्रकाशित 'बिजय मल्ल का कविता संग्रह' (बिजय मल्ल को कविता-संग्रह) में कवि की विभिन्न भावबोध की कविताएँ संकलित हैं।

मोहन कोइराला (जन्म- 1926) : ये नेपाली-कविता के क्षेत्र में प्रयोगवादी धारा के प्रवर्तक के रूप में प्रतिष्ठित हैं। 'मोहन कोइराला की कविता' (1963), 'सारंगी लिए समुद्र' (सारंगी बोकेको समुन्द्र, 1967), 'हिमचुली रक्तिम है' (हिमचुली रक्तिम छ, 1968), 'नदी किनारे का माँझी' (1971), 'ऋतु निमन्त्रण', 'गरलपान (1983) और 'एक पोपलर की पाँत (एउटा पपलर को पात, 1990) कवि कोइराला के चर्चित काव्य-संग्रह हैं।

सन् 1947 में अपतन साहित्य परिषद् की स्थापना के साथ सिक्किम में नेपाली साहित्य का बीजारोपण हुआ। इस संस्था के प्रतिनिधि काव्य-संग्रह 'इन्द्रकील पुष्पांजलि' द्वारा सन् 1950 में कविता-लेखन परम्परा की नींव डाली गयी। अगम सिंह तामाङ (1925-65) उस परम्परा के प्रसिद्ध कवि हैं। उनकी प्राप्त रचनाएँ कविता, गीत, बाल-गीत के संकलन के रूप में सन् 1993 में प्रेम थुलङ के सम्पादन में प्रकाशित हुई हैं।

सन्तवीर लिम्बू (1923-1968) : इनकी कविता में व्यंग्यात्मक शैली प्रखर है। व्यंग्यात्मक कविता आप 'भताभुंगे थापा' उपनाम से प्रकाशित करते थे। इनकी प्राप्त रचनाओं को 'सिक्किम का प्रथम कवि सन्तवीर लिम्बू : कृतित्व कतिपय' शीर्षक से महानन्द पौडयाल ने अपने संपादन में दिसम्बर, 2001 में प्रकाशित किया है।

भूपि शेरचन (1936-1988) : नेपाली-साहित्य में प्रसिद्ध स्वच्छन्दतावादी

प्रगतिवादि कवि शेरचन का प्रथम कविता-संग्रह 'नयाँ फ्याउरे (1953) प्रकाशित हुआ है। 'निर्झर' (1958) और 'घुम्ने मेच उपर अन्ध मानव' (1968) बहुचर्चित कविता-संग्रहों में विषमता और विभिन्नता के विरोध में विद्रोहात्मक और व्यंग्यात्मक स्वर बुलन्द करके कवि ने अपने कवि-व्यक्तित्व का परिचय दिया है।

हरिभक्त कटुवाल (जन्म-1935) : कवि कटुवाल रोमांटिक प्रगतिवादी चेतना से प्रभावित और प्रेरित हैं। मानव-मानव के बीच के भेद, ऊँच-नीच के भाव को हटाकर 'वसुधैव कुटुम्बकम्' के उदात्त भाव को स्थापित करना इनकी कविताओं का विषय है।

कविता के क्षेत्र में बीसवीं शताब्दी के पूर्वार्द्ध के नारी हस्ताक्षरों में विरह-व्यथा, वेदना और कुंठा को विषय बनाकर कविता-लेखन में विद्यादेवी दीक्षित, प्रेम राजेश्वरी थापा और कविता-संग्रह 'जलन' (1921) की रचयिता शोभा उल्लेखनीय है।

अमर सिंह गिरि (1927-1971) : मन के कोमल भाव को, स्वअस्तित्व, स्वाभिमान, जातीयता के भाव को सरल और संतुलित ढंग से मर्मस्पर्शी शैली में बोधगम्य और सजीव रूप में प्रस्तुत करने में कवि गिरि अग्रगण्य हैं। ये जातीय कवि के रूप में प्रसिद्ध हैं। कवि गिरि के काव्य-संग्रह 'आत्मव्यथा' (1956), 'जीवन गीत' (1964) और 'जलेको प्रतिबिम्ब : रोए को प्रतिध्वनि' (1978) भारतीय नेपाली-साहित्य की अमूल्य सम्पदा हैं।

ईश्वर वल्लभ और बैरागी काइला : आधुनिक कालीन नेपाली-कविता-परम्परा में आयामेली कविता तथा तीसरे आयाम के कविद्वय ईश्वर वल्लभ और बैरागी काइला ने बीसवीं सदी के साठ के दशक में एक नवीन शैली का प्रवर्तन किया। इन्होंने युगीन विसंगतियों को विशेष बिम्ब और प्रतीक के द्वारा प्रभावशाली ढंग से अभिव्यक्त किया है। कवि ईश्वर वल्लभ की कृतियों में 'एक शहर के किनारे में' (एउटा शहर को किनारामा, 1977), 'अशोक के फूल हैं आग नहीं' (आशोका फूलहरू हुन्छ, आगो का फूलहरू होइनन', 1972) और 'समानान्तर' (1976) उल्लेखनीय हैं। बैरागी काइला का एक ही काव्य-संग्रह है 'बैरागी काइला का कविताहरू' (1974)।

पारिजात (1937-1982) : सत्य और सौन्दर्य के प्रति निष्ठावान्, जीवन के प्रति प्रतिबद्ध, स्पष्टवादी, साहसी और स्वाभिमानी चरित्र के धनी पारिजात के अवदान और प्रतिभा का सटीक मूल्यांकन करते हुए नेपाली-साहित्य में देवकोटा के बाद ही इनका नाम लिया जाता है। शैली की स्पष्टता के लिए प्रसिद्ध कवि पारिजात के 'आकांक्षा' (1957), 'पारिजात की कविताएँ (1984) और 'वैशालु वर्तमान (1993) आदि काव्य-संग्रह प्रकाशित हैं।

लक्खीदेवी सुन्दास (जन्म-1934) : कवयित्रियों में चर्चित डॉ॰ लक्खीदेवी सुन्दास का 'संभावित अर्थ समर्पित एकान्त' (2000) एकमात्र प्रकाशित कविता-संग्रह

है। भाषिक सरलता इनकी कविता की विशेषता है।

सानुमति राई (जन्म-1929) की कविताएँ भी विभिन्न पत्र-पत्रिकाओं में प्रकाशित हैं। कवि राई की कविता में शब्दों के सुन्दर संयोजन और भाव की सहज अभिव्यक्ति मिलती है।

मानवीय मूल्यबोध, नैतिकता और जीवन को सूक्ष्मता एवं गहराइयों में विश्लेषण करनेवाले कवि **तुलसीराम शर्मा 'कश्यप'** का 'आँकुरा' कविता-संग्रह (1995) प्रकाशित है। जीवन की निस्सारता को कवितात्मक रूप में अभिव्यक्ति देने में स्वर्गीया **विनीता सिंह** सफल रही हैं। उनके 'दीपक फेरी जलि रहेछ (1993) और 'स्मृति सुमन' (1993), ये कविता-संग्रह प्रकाशित हैं।

इस बीच काठमांडो (नेपाल) में विभिन्न साहित्यिक आन्दोलन अस्तित्व में आये। सन् 1974 में मोहन घिमिरे, शैलेन्द्र साकार, ध्रुव सापकोटा, भाउ पंथी आदि करीब 21 कवि-सदस्यों के प्रयास से 'यंग राइटर्स फ्रंट' स्थापित हुआ। विद्रोह की इस परंपरा में शैलेन्द्र साकार, बासु शशि, पारिजात, मंजुल, कविताराम, पुष्कर लोहनी आदि ने सन् 1989 में 'अस्वीकृत जमात' आंदोलन शुरू किया। संपूर्ण प्रयोगवादी कवियों के साथ सरल शैली में संवेदात्मक कविता के सर्जक मोहन हिमांशु थापा, रत्न शमशेर जैसे कवियों ने आधुनिक कालीन सशक्त कवि-व्यक्तित्व मोहन कोइराला तथा कुछ अन्य समकालीन कवियों के सम्प्रयास के बल पर सन् 1969 में 'अभिलेख' नामक साहित्यिक आंदोलन शुरू किया। तीर्थ श्रेष्ठ, विनय रावल और फणीन्द्र नेपाल की चेष्टा से सन् 1983 में तरलवाद (बाद में तरलतावाद) की नींव पड़ी। विश्वव्यापी राजनीतिक परिवर्तन के प्रभाव से समसामयिक नेपाली-कविता भी अछूती नहीं रह सकी। इस परिवर्तन की झलक दिखानेवाले कवियों में शिव अधिकारी, तुलसी दिवस, कृष्णभूषण बल, मंजु कांचुली, विमल निभा, विष्णु विभु घिमिरे, विश्वमोहन श्रेष्ठ, दिनेश अधिकारी, सरुभक्त, दुर्गा दाहाल, जीवन आचार्य, तोया गुरुंग, अशेष मल्ल, अविनाश श्रेष्ठ, शारदा शर्मा, मीन बहादुर विष्ट आदि उल्लेखनीय हैं।

भारतीय नेपाली-साहित्य की आधुनिककालीन कवयित्रियों में सरिता राई (प्रधान), सानुमति राई, सम्पूर्णा राई, सावित्री सुन्दास, मैना थापा 'आशा', आरती राई, शान्ति छेत्री आदि प्रमुख हैं। नेपाली की चर्चित कवयित्री हैं चाँदनी शाह। 'चाँदनी शाह की कविता', 'चाँदनी शाह : आफ्नै आकाश आफ्नै परिवेश' (गीतिकविता, 1986) में संकलित कविताओं और गीतों ने उनके कवि-व्यक्तित्व का सही प्रतिनिधित्व किया है। अंध परंपराओं और कुरीतियों पर व्यंग्यात्मक प्रहार करते हुए कुण्ठाओं को व्यक्त करने में सिद्धहस्त कवयित्री बानीरा गिरि एक सशक्त व्यक्तित्व हैं।

'शीत बिन्दु' (शीत को थोपा, 1958) और 'द्वारिका श्रेष्ठ की कविता' (1977) आदि संग्रहों में दिशाहीन मानव और उसकी निराशापूर्ण नियति को कुशलतापूर्वक

व्यक्त करने में द्वारिका श्रेष्ठ सफल हुए हैं। उनके समकालीन कवियों में कृष्णभक्त श्रेष्ठ, जगदीश घिमिरे, शैलेन्द्र साकार, अभि सुबेदी, हृषीकेश उपाध्याय, भीम विराग, शशिकला शर्मा, कुन्दन शर्मा, वीरेन्द्र खुँजेली, भाउपंथी, रमेश श्रेष्ठ आदि चर्चित हैं।

देशप्रेम, प्रकृतिप्रेम और भावुकता के साथ कभी-कभार विद्रोह के स्वर को भी कविता में प्रश्रय देनेवालों में पोषण पाण्डेय (1932-1992) सफल रहे हैं। इनके उललेख्य दो काव्य-संग्रह हैं– 'वटवृक्ष का उद्घाटन' (1968) और 'हिउँमा परेका डोबहरू' (1978)। क्षेत्रप्रताप अधिकारी, हेम नेपाल, पुण्य प्रसाद सुवेरी, दमन दुंगाना भी इसी भाव के कवियों में परिगणित हैं।

मानवीय व्यथा और विशदता को प्रतीकात्मक वाणी देनेवाले कवि वासुशशी के 'मेरी उषा' (1959) और 'शशि की कुछ कविता' (शशि का केही कविता, 1960) आधुनिक कविता की उल्लेख्य उपलब्धियाँ हैं। 'ज्वारभाटा' (1992), 'रिजाल का केही कविता' (1968) और अन्य दो कविता-संग्रहों में संकलित कविताओं में सामाजिक विषमता, कुरीति और दमन-नीति के विरोध में आवाज उठानेवाले कालीप्रसाद रिजाल सफल कवि हैं। इसी भाव की कविता लिखने में मोदनाथ प्रश्रित, गोविन्द भट्ट, भवानी घिमिरे, तुलसी दिवस, मंजुल प्रभृति कवियों का योगदान अविस्मरणीय है। बिम्बों और प्रतीकों के अत्यधिक प्रयोग से जटिलता की सृष्टि करके कविता को दुरूह बनाने में प्रसिद्ध कवि मदन रेग्मी की कविताएँ भी इसी धारा के अंतर्गत आती हैं।

साहित्य की विविध विधाओं में सफलतापूर्वक कार्य कारनेवाले कवि रामलाल अधिकारी (1941) नेपाली-साहित्य में एक परिचित नाम है। 'चियाबारी' (1965) 'छोरी-छोरी भए को घर' (1967), 'जिजीविषा' (1996) और 'निलामता छन् मेरा कविता' (2000) आदि संग्रहों की कविताओं में वैविध्य है तथा शैली में बोधगम्यता है। भीम थापा भारतीय नेपाली कवियों में आकर्षक शैली, सरस शब्द प्रयुक्ति और व्यंजनात्मकता को प्रश्रय देते हुए अपनी अनुभूति की अभिव्यक्ति करते हैं। कवि कुमार घिसिंग राष्ट्रीयता को विषयवस्तु बनाते हुए सरल-सहज भाषा में अभिव्यक्ति करते हैं। तनावपूर्ण अन्तरराष्ट्रीय स्थिति से विमुख नवीन शान्तिपूर्ण मानव समाज की स्थापना कवि जगदीश थापा की कविताओं का विषय है। 'अपतन साहित्य परिषद्' के पृष्ठपोषक और सन् 1946 से नेपाली-कविता-लेखन में तत्परता दिखाते हुए आजतक सक्रिय कवि रामदत्तलाल ठाकुर की सरल, सहज भाषा में सहज कविता की अपनी विशिष्टता है। 'राम अपतन की कुछ कविताएँ' (राम अपतन का केही कविताहरू) और 'ऐ कलम तुम्हारा मुँह धोके लाये हैं' (ए कलम तिम्रो मुख धोएर आएको छ, 1983) इनके कुछ प्रकाशित काव्य-ग्रंथ हैं।

नेपाली-साहित्य के सशक्त हस्ताक्षर गुमानसिंह चामलिंग जीवन की संपूर्णता में सूक्ष्म दृष्टिकोण रखनेवाले संवेदनशील कवि हैं। आधुनिक कविता में अपने

परिवेश से मिली नितान्त नवीन संवेदनशीलता एवं वस्तुपरक सौन्दर्य-दृष्टि के प्रणेता कवि चामलिंग के 'कारागार के अन्दर प्रतीक्षा और अन्य कविता' (कारागार भित्र प्रतीक्षा र अन्य कविता), 'सूर्योदय से पहले' (सूर्य उदाउनु भन्दा पहिलौ) नामक काव्य-संग्रहों के अलावा कई पत्रिकाओं में फुटकर कविताएँ प्रकाशित हैं। जातीय भावना, विद्रोहात्मकता आदि विशेषताएँ लेकर प्रेम शेरपा 'विरोकी' ने कविताएँ लिखीं। कविता में हृदय की अनुभूति को मार्मिक ढंग से प्रस्तुत करने में दक्ष कवि शेरपा संवेदनशील कवि हैं। उनके 'पहाड़ी फूल', 'तरंग, लहर और छाल' नामक कविता-संग्रह प्रकाशित हुए हैं। राष्ट्रप्रेम, स्थानीयता, अव्यवस्था, असमानता के प्रति विद्रोह का भाव लेकर कवि दरेन आले कविता करते हैं। 'बैंसहर' इनका प्रकाशित संग्रह है। मानव-कल्याण, प्रेम, आत्मीयता जैसे विषयों को सरलता से प्रस्तुत करनेवाले कवि हैं एम॰ पथिक। विश्वव्यापी शोषण को समग्रता में समेटकर स्थानीय, राष्ट्रीय, अन्तरराष्ट्रीय यथार्थ को संवेदनात्मक वाणी देने में सिद्धहस्त कवि गोपीनारायण प्रधान के काव्य-संग्रह 'साइकिल आ रही है' (साइकल आइ रहेछ), 'ऐसी भूल की है' (यस्तो भूल मो गरेछु) हैं। प्रकृति, मानव-व्यवस्था की जीवन्तता को विषय बनाकर प्राणदायी, शाश्वत रूप के चितेरे कवि लोक थापा की कविताएँ भी महत्त्वपूर्ण हैं। स्वर्गीय खड्गसिंह राई 'काँड़ा' का नाम भी इस संदर्भ में लेना उचित होगा।

समसामयिकता की कलात्मक अभिव्यक्ति करने में दक्ष कवि केदार गुरुंग नेपाली-साहित्य के क्षेत्र में अत्यन्त प्रतिभाशाली कवि माने जाते हैं। इनके दो काव्य-संग्रह प्रकाशित हैं : 'आज फेरि एउटा सम्झना र नयाँ छिनहरू' तथा 'तरंगमाथि लहर लागेर आएको अर्को प्रहर'। शब्द और शब्दार्थ से दूर हटकर बिम्बों के माध्यम से कविता का अर्थबोध करानेवाले कवि हैं गिर्मी शेरपा। 'बाँझो दिनमाथि पलाएका केरी फूलहरू' (1978) और 'हिपोक्रिट चाँप गुराँले और अन्य कविता' (1988) कवि शेरपा के कविता-संग्रह हैं। गोपाल गाउँसे ने यथास्थिति विरुद्ध विद्रोह की आवाज को अपनी कविता का माध्यम बनाया है। इनके दो कविता-संग्रह प्रकाशित हैं– 'और एक लड़का पैदा करना है' (आफै एउटा छोरो जन्माउन बाँकी छ) और 'स्वाभिमान का कुरा'। सिक्किम प्रान्त के नेपाली-साहित्य की प्रतिभाओं में शिव प्रधान, उपमान बस्नेत, रघुनाथ सापकोटा, राजेन्द्र भण्डारी, गोकुल सिंह सुब्बा, प्रद्युम्न श्रेष्ठ, वीरभद्र कार्कीदोली, रविन गुरुंग, भूपेन्द्र अधिकारी, मणि प्रसाद सुब्बा, प्रेम थुलुंग आदि के अवदान महत्त्वपूर्ण हैं। पवन चामलिंग अपने काव्य-संगह 'अन्तहीन सपना मेरो विपना' (1986) तथा कुछ फुटकर प्रकाशित कविताओं के दम पर आधुनिक नेपाली-काव्य-परंपरा में एक महत्त्वपूर्ण हस्ताक्षर हैं।

कवि लक्ष्मण श्रीमल अपनी कविता में स्थानीय परिवेश को प्राथमिकता देते हैं। दार्जिलिंग के प्रतिभाशाली कवियों में शरद छेत्री, मोहन ठकुरी, मनप्रसाद सुब्बा, असीत राई, विकास गोतामि आदि नीवनतम वैचारिक उच्चता प्रदान करनेवाले कवि

हैं। शरद छेत्री के संग्रह 'चोइटिएको आकाश' (1973), 'कोई अग्लो रुख नभएको देश' 1980), 'कविता खोन्दै शरद : शरद खोज्यै कविता' (1992) पाठकों को नवीन बोध प्रदान करनेवाले संग्रह हैं। अन्तर्द्रष्टा कवि मोहन ठकुरी अपने परिवेश को काव्य-सर्जना का उद्गम मानते हैं। 'बिब्न्याँटो युगमित्र कार्टून मान्छेहरु' (1976), 'बुँख्या चाहरुको देशमा' (1983) 'उष्मा' (1987), 'आदिम बस्ती' (1995) और 'ऋतु क्याजमसमा रेखाहरु' (2001) सुब्बा की अतुलनीय कविताओं के संकलन हैं।

भविलाल लामिछाने सुबोध शैली में क्रान्ति और विद्रोह भाव को अपनी कविता की भावभूमि बनाते हैं। आशावादी कवि युद्धवीर राणा की कविता में सुनहरे भविष्य के लिए वर्तमान में विद्रोह का आग्रह रहता है।

आधुनिक काल में भीम दर्शन रोका, जनार्दन सम यथार्थवादी तथा स्वच्छन्दतावादी भावधारा के कवियों के रूप में पहचाने जाते हैं। साहित्य की विभिन्न विधाओं में सक्रियता दिखलानेवाले जस योंजन समाज में व्याप्त कुसंस्कारों, कुव्यवस्थाओं के प्रति व्यंग्यात्मक रुख अपनाते हैं। असमानता, कुव्यवस्था, निम्नवर्ग की वेदना और कुण्ठा का संवहन करने में मार्क्सवादी कवि विकास गोतामे अग्रणी हैं।

कविता की रचनाधर्मिता को कायम रखने में शिव प्रधान, प्रेम प्रधान, काजी गजमेर, पी॰ अर्जुन, दलसिंह अकेला, चन्द्रमित लक्सम, जगदीश थापा, नरबीर बोगटी, नरदेन रुम्बा, लोकेशचंद्र प्रधान, विजया शर्मा, शंकर चौलागाई, शिवगोपाल रिसाल, हिस्से बाँगेल 'प्रपात', जीवन नाम्दुंग, विंध्या सुब्बा, साफल्य अमात्य, टेकध्वज जिम्बा 'आशा', धर्म लिवांग, देव भण्डारी, तोया गुरुंग, विमल निभा, विष्णु विभु घिमिरे, चंद्रकला नेवार, भक्तराई, नर बहादुर तोया, नोर्ज्यांग स्यांगदन, नरेश चन्द्र खाती, मनप्रसन्न योंजन, राजु हिमांशु, केवलचंद्र लामा, कविता लामा, इन्दिरा प्रसाई, उषा शेरचन, केशव आचार्य, गगन विरही, तीर्थ श्रेष्ठ, ध्रुव मधिकर्मी, फणीन्द्र नेपाल, महेश प्रसाई, मीनबहादुर बिष्ट, लव गाउँले, विजय बजिमथ, विक्रम सुब्बा, विनय रावल, विनोद अश्रुमाली, विमल निभा, शारदा शर्मा, सरला बिष्ट, सीता पाण्डेय, हर्ष सुब्बा, पुण्य प्रसाद सुब्बा आदि उल्लेखनीय हैं।

खण्डकाव्य

नेपाली-साहित्य के प्राथमिक काल में ही खण्डकाव्य-लेखन-परंपरा का सूत्रपात हो गया था। सन् 1815 के आसपास लिखी गयी उदयानन्द अर्याल की 'बेताल पचीसी' को नेपाली-साहित्य का प्रथम खण्डकाव्य माना गया है। प्राथमिक काल की भक्तिरस-प्रधान कविता के कृष्णपंथी कवियों में दूसरे कवि विद्यारण्य केशरी का 'श्रीकृष्णचरित्र' भी खंडकाव्य की तात्त्विक विशेषताओं से संरचित है। वसंत शर्मा का 'श्रीकृष्णचरित्र' आदि खण्डकाव्यों में से एक है। 'पिकदूत' खण्डकाव्य में 'पिक' को दूत बनाकर विरही नारी के यौवनसुलभ असहनीय विरह तथा एकाकीपन को अभिव्यक्ति दी गयी है। इनकी 'उषाचरित्र' (1900), 'मनोद्वेग प्रवाह' (1900),

‘कमल भ्रमर संवाद’, ‘भ्रमरगीत’ आदि काव्यकृतियों में भी खण्डकाव्य की विशेषताओं को देखा जा सकता है।

मोतीराम भट्ट के बाद प्रसिद्ध कवि शम्भुप्रसाद टुंशेल का ‘शकुन्तलोपाख्यान’ अर्थात् ‘चन्द्रवदनी’ नामक पौराणिक खण्डकाव्य प्रकाशित है। दधिराम मरासिनी के ‘श्रीकृष्णाद्भुतचरित्रम्’ (1908), ‘सदुपदेश’ और ‘भक्तिविलास’ ने नेपाली खण्डकाव्य की परंपरा को आगे बढ़ाया है। इसके बाद लेखनाथ पौडयाल के ‘ऋतुविचार’ खण्डकाव्य (1916) में प्रकृति का वर्णन बड़े प्रभावशाली रूप में हुआ है। इनके दूसरे खण्डकाव्य ‘बुद्धिविनोद’ (1916) की आधारशिला ही बौद्धिकता है। रुद्रप्रसाद शर्मा (ढकाल) के पौराणिक कथ्य पर आधारित ‘असली संक्षिप्त रामायण’ (1929), ‘वीर बभ्रुवाहन’ (1929) और ‘श्रीकृष्ण की बाँसुरी’ तथा सामाजिक कथावस्तु पर आधारित ‘विधवा पुकार’ (1928), ‘विवाहलीला र पति-पत्नी’ जैसे खण्डकाव्यों ने नेपाली-साहित्य को समृद्ध किया है। ‘आग और पानी’ (आगो र पानी, 1954) खण्डकाव्य नेपाली-साहित्य की अपूर्व, अतुलनीय उपलब्धि है।

बहुमुखी, विलक्षण प्रतिभा के धनी लक्ष्मीप्रसाद देवकोटा ने अपने प्रथम खण्डकाव्य ‘मुना-मदन’ (1934) में फ्याउरे छन्द को प्रश्रय देकर नेपाली लोक-लय को साहित्यिक मर्यादा दी है। तत्कालीन राणा शासकों की निरंकुशता, अमानवीयता, दमन और शोषण-नीति से पीड़ित नेपाली जनता के यथार्थ जीवन की कलात्मक अभिव्यक्ति है ‘मुना-मदन’। ‘राजकुमार प्रभाकर’ उनका दूसरा खण्डकाव्य है। ‘बसन्ती (1952), ‘म्हेन्दु (1958), ‘रावण-जटायु-युद्ध’ (1958), ‘लुनी’ (1966), ‘नवरस’ (1968), ‘सीताहरण’ (1968), ‘दुष्यन्त-शकुन्तला भेंट’ (1968), ‘मैना’ (1982), ‘सृजायाता’ (1982), ‘नेपाली मेघदूत’ (1982), ‘वैराग्य लहरी’ (1982), ‘आनन्द शतक’ (1982), ‘झंझा वर्णन’ (1982), ‘मायाविनी सर्सी’ (1967) आदि अपने खण्डकाव्यों में महाकवि देवकोटा ने सरल, सहज भाषा में भाव को संप्रेष्य बनाने में सफलता प्राप्त की है। ‘मायाविनी एर्सी’ महाकवि देवकोटा की एक ऐसी कृति है जो गद्यात्मक खण्डकाव्य की मिसाल है।

नेपाली-साहित्य में स्वच्छन्दतावाद के पृष्ठपोषक के रूप में परिचित कवि सिद्धिचरण श्रेष्ठ का ‘उर्वशी’ खण्डकाव्य (1960) पौराणिक कथावस्तु पर आधारित है। इसमें मानसिक द्वन्द्व के विस्तृत चित्र की प्रस्तुति में मार्मिकता है। ‘मंगलमान’ (1960) उनका दूसरा खण्डकाव्य है। नेपाली गजल को रूप देने में उद्यत भीमनिधि तिवारी के तीन प्रकाशित खण्डकाव्य (1) तर्पण (1937), ‘दरशिक्षा’ (1953) और ‘यशस्वी राव’ (1956) भाषिक प्रयोग की सरलता के कारण अपनी अलग पहचान रखते हैं। कविता में छन्द को प्राथमिकता देनेवाले कवि माधव प्रसाद धिमिरे का खंडकाव्य ‘गौरी’ (शोककाव्य, 1958), ‘राजेश्वरी’ (1960), ‘पापिनी आमा’ (1960), ‘राष्ट्रनिर्माता’ (1966) और ‘धरती माता’ (1973) इस विधा की उपलब्धियाँ हैं।

सन् 1989 में साहित्य अकादेमी, नयी दिल्ली से पुरस्कृत तुलसी अपतन का खंडकाव्य 'कर्ण-कुंती' (1988) सम्वादात्मक शैली में रचित है। इनका दूसरा खंडकाव्य है 'बुद्धिबँगारो' (1992)। पौराणिक और सामाजिक कथावस्तु के आधार पर मानवता की पतनोन्मुखता के प्रति व्यंग्यात्मक भाव की अभिव्यक्ति इसकी विशेषता है। माधवप्रसाद देवकोटा के 'दुस्सुपथिक' (1953) और 'रुरु गौरव' (1973) नामक खण्डकाव्यों में संस्कृत के छंदों का सौंदर्य देखा जा सकता है। लोकछन्दों के पृष्ठपोषक वीरविक्रम प्यासी ने 'चन्द्रा' (1955) और 'हिपओती' (1966) दो खण्डकाव्यों की रचना की है।

हरिभक्त कटुवाल का 'सुधा' (1965) खण्डकाव्य एक विशिष्ट कृति है। नेपाली-साहित्य के एक मूर्धन्य स्रष्टा शिवकुमार राई का 'डाँफेचरी' भी खण्डकाव्यिक रचना का उत्कृष्ट नमूना है। खण्डकाव्यों की परम्परा में हरिहर शास्त्री की कृतियाँ 'अनभिज्ञता' (1968) 'शोभाराशि' (1969), 'देवी' (1971), 'सिक्री' (1971) और 'सागरमाथा' (1978) शास्त्रीय छन्द में रचित हैं। गद्यात्मक शैली में खण्डकाव्य 'समय' (1972) भी सफल प्रस्तुति है।

भारतीय नेपाली-साहित्य में शीर्षस्थ स्थान लेनेवालों में से एक कवि अगमसिंह गिरि के प्रथम खण्डकाव्य 'याद' (1955) की भावधारा में मानव-जीवन की तीन अवस्थाओं– शैशव, यौवन और वृद्धावस्था का कारुणिक चित्रण है। बालकृष्ण पोखरेल का 'सौरी' खण्डकाव्य प्रकाशित है। डमरूबल्लभ पौडयाल के दो खण्डकाव्य प्रकाशित हैं– 'नब्यूझेको नीद' (1966) और 'जीवन की विचित्रता' (1962)। प्रेमलाल जोशी के खण्डकाव्य 'कलिकाल की आवाज' में समसामयिकता है। इसी साल तुलबहादुर छेत्री मालेमा ने जातीय जागरण के नये स्वर की भावभूमि में 'चेतना' खण्डकाव्य प्रकाशित किया। इसी परम्परा के प्रतिनिधि खण्डकाव्यों के रूप में भानुभक्त पोखरेल के 'राष्ट्रमाता' (1970) और 'मान्छेको म' प्रकाशित हैं। फ्याउरे छंद से कविता को लयात्मक सौन्दर्य देने में सिद्धहस्त कवि जनक प्रासद हुमेगाई की रचना 'गोरी धरती का सवाई' (1975) प्रकाशित है। 'सिंहसार्थवाठ' (1979) खण्डकाव्य की रचना में कुमार बहादुर जोशी ने खण्डकाव्य-लेखन की योग्यता दिखायी है। बौद्धिकता को काव्य-रचना में स्थान देनेवाले कवि वासुदेव त्रिपाठी के 'राजकुमारी वासवदत्ता' (1967) और 'अर्धनारीश्वर' (1982) खण्डकाव्य-परम्परा की नवीन उपलब्धियाँ हैं। मुकुन्दशरण उपाध्याय का 'प्राकृत पोखरा' (1964) खण्डकाव्य का नया स्वरूप खड़ा करता है। छन्दबद्ध कविता-लेखन में विख्यात घटराज भट्टराई के 'बादल फाटेपाछि' (1968), 'अमरज्योति' (1971) और 'मोतीमते' 1982) तथा 'काव्यत्रयी' (1976) में तीन खंडकाव्य 'साँचो प्रेम', 'उषा' और 'बलबाहु' संकलित हैं। घनश्याम कडेल के चर्चित खण्डकाव्य 'देवयानी' (1982) का विशिष्ट महत्त्व है। छविलाल उपाध्याय के 'पवनदूत' (1990) और 'अस्तित्व बोध' (1991) नामक

खण्डकाव्यों में समसामयिक विचारधारा को अभिव्यक्ति मिली है। दार्जिलिंग के कवि शरद छेत्री के खण्डकाव्य हैं– 'पर्यटन' (1976) और 'महानिशा' (1986)। चंद्रशेखर दुबे के तीन खण्डकाव्य हैं– 'भानुभक्त और घाँसी' (1962), 'गेची बह रही थी' और 'लाहुरे'। सन् 1993 में कवि खेमराज नेपाल का 'मेरा देश : कल, आज और कल' (मेरो देश : हिजो, आज र ओली) नामक प्रकाशित खण्डकाव्य हैं। रत्नबहादुर कार्की का 'विवेक रत्नावली' (1936), पथप्रकाश ढुंगाना का 'धनुषभंग', और 'लक्ष्मण परशुराम संवाद' (1940-41), टीकाराम उपाध्याय निर्भीक का 'चम्पा' (1973), लोकनाथ चापागाँई का 'विवर्तन' (1960) आदि खण्डकाव्य पौराणिक-सामाजिक कथावस्तु के कारण आज के मानव-समाज के यथार्थ का प्रदर्शन करते हैं। गोविन्द भट्ट के दो खंडकाव्य 'सत्यसंदेश' (1967) और 'गुंडादर्पणदलन' एवं के॰बी॰ नेपाली के खण्डकाव्य 'नवअश्रु' (1960) तथा 'प्लेटफार्म' (1984) इस विधा में आधुनिक प्रयोग और स्वरूप के दृष्टान्त हैं।

तुलसीराम शर्मा 'कश्यप' ने 'काला कमल' (1967), 'ऋतुराग' (1989) और 'अनुराग' (1990) जैसे अपने खण्डकाव्यों के माध्यम से नेपाली-खण्डकाव्य-साहित्य की परम्परा को संपन्न्ता प्रदान की है। श्रीहरि फुशाँल का 'आत्मज्वाला' (1975), कृष्णभूषण बल का 'दाज्यू तिम्रो हात चाहिन्छ', जीवन थींग का 'नार्सिसस', रबिन गुरुंग का 'सोक्पा', रामलाल अधिकारी का 'छोरी छोरी अएको घर' (1967) और वीरेन्द्र का 'तीस्ता' (2002) प्रभृति खण्डकाव्य नेपाली-खण्डकाव्य को सम्पन्नता प्रदान करने में सफल रहे हैं।

महाकाव्य

मौलिक प्रयोग की दृष्टि से आदिकवि भानुभक्त आचार्य की 'रामायण' (1885) को नेपाली भाषा के आदि महाकाव्य का स्थान दिया जाता है। इसके बाद सन् 1929 में नेपाली भाषा प्रकाशिनी समिति से प्रकाशित देवीदत्त पराजुली के 'कविता गुच्छहार' को प्रथम मौलिक महाकाव्य के रूप में ले सकते हैं। नेपाली-साहित्य में स्वच्छंदतावादी धारा के प्रयोक्ता के रूप में विख्यात महाकवि लक्ष्मी प्रसाद देवकोटा ने अपने प्रथम महाकाव्य 'शाकुन्तल महाकाव्य' की रचना की। उन्होंने 'सुलोचना' (1947), 'महाराणा प्रताप' (1967), 'बनकुसुम' (1968), 'प्रमिथस' (1982) और 'पृथ्वीराज चौहान' (1982) जैसे पौराणिक, ऐतिहासिक और सामाजिक कथावस्तु-प्रधान महाकाव्यों द्वारा पर्याप्त यश अर्जित किया है।

पंडित सोमनाथ सिग्देल का 'आदर्श राघव' (1948) शास्त्रीय धारा की उत्कृष्ट रचना है। लेखनाथ पौंडयाल के 'तरुण-तपसी' (1953) को रचनाकार ने स्वयं नव्यकाव्य की संज्ञा दी है। लेकिन इस काव्य-रचना में महाकाव्यिक विशेषताओं का अभाव नहीं है।

बालकृष्ण सम के महाकाव्य 'चिसो चूहो' को आधुनिक साहित्य की प्रवृत्तियों की स्थापना करने में पूर्ण सफलता मिली है।

बालकृष्ण प्रसाद शर्मा घिमिरे का ऐतिहासिक महाकाव्य 'राष्ट्रीय चरित्र' सन् 1960 में प्रकाशित हुआ है। इस महाकाव्य में आदिकाल से सन् 1958 तक के नेपाल के शासकों के वंशानुक्रम को काव्यबद्ध किया गया है। महाकवि मोदनाथ प्रश्रित के महाकाव्यों 'मानव' (1967) और 'देवासुर संग्राम; (1973) में भी इसी मानव-समाज के यथार्थ को कवितात्मक अभिव्यक्ति दी गयी है। गोविन्द भट्टाराई के 'पृथ्वी महेन्द्र' और 'भावना' महाकाव्यों ने भी नेपाली-साहित्य के भाण्डार को समृद्ध किया है। नेपाली-महाकाव्य की परम्परा में हरिहर शास्त्री का 'उषाविनोद'; (1967) और 'रंभा' (1968) का योगदान सराहनीय है। गुणराज उपाध्याय के तीन सर्गों का महाकाव्य 'शाहवंश' महाकाव्य की तात्त्विक विशेषता में नवीनता देने के लिए उल्लेख्य है। उमानाथ शास्त्री सिन्धुलीय का 'मकवानी बाला' (1978), श्रीहरि फुँयल का 'आँशुको संग्राम' (1979), रामचंद्र गिरि का 'समाज दर्पण' (1982), तुलसीराम शर्मा 'कश्यप' के 'जन्मभूमि' (1986), 'आमा' (1988) और 'मन्थन' उल्लेख्य महाकाव्य हैं।

प्रकाश भट्टराई के 'सावित्री' और भानुभक्त पोखरेल के 'मृत्युंजय' (1990) महाकाव्यों में मानवोपयोगी भावधारा को अभिव्यक्ति मिली है। इसके अलावा भरतराज पन्त का 'दोमान', पवनकुमार खनाल के 'रामदास', 'बिम्ब-प्रतिबिम्ब', 'स्वदेशी सुमन'; भरतराज मन्थलीय का 'देवयानी'; पीताम्बर भाला का 'सेवा-सन्नति'; वसन्त कुमार शर्मा नेपाल का 'विप्रलम्भ'; छविलाल उपाध्याय का 'देवकोटा' (2002) प्रभृति महाकाव्य नेपाली-साहित्य की अमूल्य निधि हैं। मोहन दुरकुन के महाकाव्य 'मन्दाकिनी' (1985) और 'कर्मायान' (2004) नेपाली-काव्य-परम्परा के उल्लेख्य महाकाव्यों में है।

नेपाली-साहित्य में महाकाव्य की रचना तीन प्रकार से हुई है– पूर्वीय मान्यता से प्रभावित, पाश्चात्य काव्य-मान्यताओं से प्रभावित होते हुए भी पूर्वीय मान्यताओं को प्रश्रय देनेवाले और आधुनिक काव्य-प्रवृत्तियों को लेकर लिखे जानेवाले।

कथा-साहित्य

आधुनिक नेपाल के निर्माता श्री पृथ्वीनारायण शाह के आविर्भाव के बाद नेपाली भाषा में कथा-लेखन की परंपरा का सूत्रपात हुआ है। नेपाली कथा-साहित्य के इस विकास-क्रम को तीन कालों में विभाजित कर सकते हैं–

1. प्रारंभिक काल (सन् 1770 से 1900 तक)
2. माध्यमिक काल (सन् 1901 से 1934 तक),
3. आधुनिक काल (सन् 1935 से अबतक)

प्रारंभिक काल (सन् 1770-1900 तक)

सन् 1770 में शक्तिवल्लभ अर्याल की नेपाली में अनूदित कृति 'महाभारत विराटपर्व' ही प्रथम कथात्मक कृति है। इसमें नेपाली-पद्यशैली का सुन्दर नमूना

मिलता है। शक्तिवल्लभ अर्याल के बाद भानुदत्त का संस्कृत से नेपाली में अनूदित 'हितोपदेश मित्रलाभ' (1776) और एक अज्ञात व्यक्ति द्वारा 1815 में संस्कृत से ही अनूदित 'पीनासको कथा' प्राप्त है। इस कथा की दो विशेषताएँ हैं– प्रथम लोकरुचि के अनुरूप होना और द्वितीय, सीमित आकार के आयतन में कथा-तत्त्व का संयोजन होना। दण्डी के 'दशकुमारचरित' का सन् 1818 में एक अज्ञात व्यक्ति द्वारा नेपाली में अनुवाद हुआ है। आधुनिक कथा-विधा की पृष्ठभूमि के रूप में नेपाली-कथा के स्वरूप-निर्माण के क्रम में निम्नलिखित गद्याख्यानों की अपनी-अपनी भूमिका रही है–

'स्वस्थानी व्रतकथा' (1821), 'बेताल पंचविंशति' (1836), 'तंत्राख्यान' (1836), 'लंकाकाण्ड' (1839), दुनेल का 'पुराना अनि नयाँ सासतर को कथा पर्वते कुरा' (1842), 'सिराजेडको कथाड़ा' (1873), 'सत्यनारायण व्रत कथाह' (1889), 'शुकबहत्तरी', (1891-93), 'सिंहासन बत्तीसी' (1891-93), 'सत्रसेन की कथा' (1898) आदि इस काल की उल्लेख्य रचनाएँ हैं।

माध्यमिक काल (1901-1934)

नेपाल में अपने शासन-काल में देवशपशेर ने विभिन्न प्रकार के सुधारमूलक कार्यों से देश की सेवा करने का प्रयास किया था। इनके कार्यकाल में 'गोरखापत्र' (1901) का प्रकाशन नेपाली-साहित्य के इतिहास में एक महत्त्वपूर्ण घटना है क्योंकि यही एक पत्रिका है जो नेपाली-कथा के आम संचार की माध्यम बन गयी है। 'गोरखापत्र' ने सन् 1933 तक करीब पाँच दर्जन विविध विषययुक्त कथाओं का प्रकाशन किया। इस पत्रिका में मौलिक कथा के साथ-साथ हिन्दी, जापानी, फ्रांसीसी कथाओं का अनुवाद भी छापा।

परंपरागत आख्यान-शैली में लिखी गयी नीतिपरक कथाएँ जैसे राजमणि आर्य की 'पातिव्रत्य प्रभाव' (1908), पं॰ तारानाथ की 'सुलोचना का वृत्तान्त' (1908-09) आदि 'माधवी' पत्रिका में प्रकाशित हैं। विज्ञान विलास की नीतिमूलक मौलिक कथा 'उपन्यास' (1915) 'गोर्खाली' पत्रिका में प्रकाशित है। पार्वती देवी द्वारा अनूदित जनधर सेन की कथा 'वकील का भाग्य' (1918), गदाधर द्वारा लिखित 'एक कथा' का शेषमणि प्रधान द्वारा अनूदित 'बेलायत यात्रा' (1919) आदि कथाएँ 'चन्द्रिका' पत्रिका में प्रकाशित हैं। इस तरह पत्रिकाओं में मौलिक तथा अनूदित कथाओं के प्रकाशन से एक तरफ माध्यमिक कालीन नेपाली-कथा के स्वरूप-परिवर्तन के साथ विकास का आभास हो रहा था तो दूसरी तरपफ 'किस्सा शुक-सारिका' (1903), 'शुक बहत्तरी' (1907), 'शकुन्तलोपाख्यान' (1908), 'अकोला मैया की कथा' (1913), 'सुनकेशरी रानी की कथा' (1913), शंभु प्रसाद दुंगेल की 'हातिमताई की कथा' (1924), 'गुलबकाबली की कथा' (1928-29), सदाशिव शर्मा की 'बीरबल-कौतुक' (1924) आदि संस्कृत, उर्दू, फारसी आख्यानों के प्रकाशन से

पाठकों का ध्यान नेपाली-कथा-साहित्य की ओर आकृष्ट हो रहा था। इसके अलावा सुबेदार मेजर अमरसिंह थापा द्वारा 'रतनसिंह गुरुंग के 'आउटपोस्ट की कथा' (1914) एवं अँगेरेजी कथा के अनुवादक विज्ञान विलास की 'पियंवदा' (1916) भी इस काल की उल्लेखनीय कथाओं में से हैं।

आधुनिक काल (1935–)

कई विद्वान् इस काल का आरम्भ देहरादून से ठाकुर चन्दनसिंह के संपादन में प्रकाशित 'गोर्खा संसार' में रूपनारायण सिंह की 1927 में प्रकाशित कथा 'अन्नपूर्णा' से मानते हैं तो कई विद्वान् गुरुप्रसाद मैनाली की 'नासो' (1935) को प्रथम आधुनिक कथा मानते हैं। वास्तव में नेपाली आधुनिक कथा का प्रारंभ पाश्चात्य आधुनिक कथा-शैली से हुआ है।

'हाम्रो कथा' नेपाली की प्रथम कथा-पत्रिका है। सन् 1938 में नेपाली-साहित्य सम्मेलन द्वारा 'कथा कुसुम' का प्रकाशन हुआ जिसने कथा-विधा की विकसनशीलता को नया मोड़ दिया। 'कथा-कुसुम' जैसे कथा-संग्रह में बालकृष्ण सम, पुष्कर शमशेर, गुरुप्रसाद मैनाली और विश्वेश्वर प्रसाद कोइराला की कथाएँ संकलित हैं।

नेपाली-कथा के आधुनिक काल में रुद्रराज पाण्डेय, ऋषिकेश उपाध्याय, चक्रपाणि चालिसे, लक्ष्मीनारायण ठाकुर, द्रव्यरत्न, गोविन्द प्रसाद ढुंगाना जैसे कथाकार रचना कर रहे थे। नारी की दयनीय अवस्था का चित्रण ही इनकी विशेषता रही। भारतीय कथाकारद्वय प्रेमचंद और शरत्चंद्र चट्टोपाध्याय से प्रभावित गुरुप्रसाद मैनाली की 'बासो' (1935) प्रथम आदर्शोन्मुख सामाजिक यथार्थवादी कथा है। बालकृष्ण सम की कथा 'परायी घर' (1935) फ्रायड से प्रभावित है। विश्वेश्वर प्रसाद कोइराला की कथा 'चन्द्रवदन' (1935) मनोवैज्ञानिक भावधारा की प्रथम नेपाली कथा है। पत्रात्मक शैली की प्रथम नेपाली कथा 'रोदन' (1937) एम॰ लक्ष्मी द्वारा रचित है। 'लक्ष्मी' शीर्षक कथा-संग्रह में संगृहीत 13 कथाएँ लक्ष्मीप्रसाद देवकोटा की कथाकारिता और समाज की यथार्थ स्थिति की कलात्मक सौन्दर्यमयी प्रस्तुति का प्रमाण है। उनकी कथा में कविता की सरसता, निबन्ध की वैचारिकता और लयात्मकता का आनन्द प्राप्त होता है।

बम्बई के पूर्णदास श्रेष्ठ, दार्जिलिंग के रूपनारायण सिंह, अच्छा राई रसिक, शिवकुमार राई, देवकुमारी थापा, इन्द्र सुन्दास, परशुराम रोका, जी छिरिंग, भाईचन्द्र प्रधान, दल बहादुर लामा, काशी के बालचन्द्र शर्मा, कलकत्ता के लैनसिंह बांगदेल, आसाम के हरिप्रसाद गोर्खा राई, नेपाल के पुष्कर शमशेर, भवानी भिक्षु, तारिणी प्रसाद कोइराला, कृष्णष्य मल्ल, गोविन्द बहादुर गोठाले, केशवराज पिंडाली, मातृकाप्रसाद कोइराला, कृष्णप्रसाद चापागाई, गोपीमाधव देवकोटा, भोजराज शर्मा, रामप्रसाद जोशी, मुकुन्द प्रसाद गाँउले, सुशीला कोइराला, दौलत विक्रम बिष्ट आदि कथाकारों की विविध विषय की कथाओं में युग का प्रतिनिधित्व हुआ है। यथार्थवाद की

ऐतिहासिक उपलब्धि की दृष्टि से सामाजिक कुसंस्कारों का पर्दाफाश और विरोध, मानवीय मूल्यबोध की स्थापना, नारी के अस्तित्व के संरक्षण की आवश्यकता आदि मानवोपयोगी, समाजोपयोगी विषयगत विशिष्टता के लिए रूपनारायण सिंह का विशेष महत्त्व है।

कथा के नवीन प्रयोग करने के धनी भवानी भिक्षु और पुष्कर शमशेर कथा में वस्तु की सूक्ष्म व्यंजना के लिए जाने जाते हैं। गोविन्द बहादुर गोठाले की कथा में सामाजिक-आर्थिक परिवेश की सविस्तार प्रस्तुति मिलती है। विजय मल्ल और माधवलाल कर्माचार्य ने असामान्य मनोविज्ञान को अपनी कथा का विषय बनाया है। शिवकुमार राई ने सामाजिक यथार्थवाद को ही कथा में प्रश्रय दिया है। दूसरी तरफ सामाजिक आदर्शवाद में विश्वास रखनेवाले कथाकार हैं पूर्णप्रसाद ब्राह्मण। सामाजिक नीति-चेतना से इस धारा को सबलता प्रदान करने में भीमनिधि तिवारी सक्रिय रहे। दौलत विक्रम विष्ट ने मनोवैज्ञानिक कथा-भूमि की तलाश की। प्रगतिशील ढाँचा की कथा कहनेवाले कथाकार रमेश विकल ने आर्थिक जीवन का सूक्ष्म निरीक्षण किया।

सन् 1943 की क्रान्ति के पूर्व के अन्य विशिष्ट कथाकारों में सुरेन्द्र बहादुर, तेजबहादुर प्रसाई, राधिका राया, लक्खी देवी सेवा, प्रेमसिंह पिटर्स, वीरविक्रम गुरुंग, विष्णु प्रसाद धिताल, कवीन्द्रमान सिंह, बदरीनाथ भट्टराई, कृष्णसिंह मोक्तान, लोकप्रिया देवी, अमृता छेत्री, कृष्णचंद्र सिंह प्रधान, भानुसिंह गुरुंग, प्रेम थापा, हरिमदन गुरुंग, नीलम प्रधान, श्यामदास वैष्णव, माया ठकुरी आदि हैं।

सन् 1950 के जन-आंदोलन तथा भारत के स्वतंत्रता-आंदोलन से प्रभावित चेतना को अभिव्यक्ति देनेवाले कथाकारों में डी॰पी॰ अधिकारी, भवानी घिमिरे, बालकृष्ण पोखरेल, तारानाथ शर्मा, पासांग गोपर्मा, चूड़ामणि रेग्मी, ब्रह्मभमणि दाहाल, माधव भण्डारी आदि उल्लेखनीय हैं।

1953 के बाद का दशक नेपाली-साहित्य में गतिशीलता का युग माना जाता है। राजनीतिक, सामाजिक परिवर्तनों की प्रभावशीलता से नेपाली-कथा-साहित्य भी प्रभावित रहा। इस काल के कथाकारों में सोमध्वज विष्ट, पोषण पाण्डे, ईश्वरवल्लभ, इन्द्र बहादुर राई, पुष्कर लोहनी, प्रेमा शाह, लीलाबहादुर छेत्री, परशु प्रधान, कुमार नेपाल, मदनमणि दीक्षित उल्लेख्य हैं। 1960 के दशक में 'तेस्रो आयाम' के प्रयोक्ता ईश्वरवल्लभ और इन्द्रबहादुर राई ने नेपाली-कथा-साहित्य को नवीन धार की प्रयोगात्मक छवि प्रदान की। युगीन यथार्थ और व्यक्ति-मन के अध्ययन से नेपाली-कथा को नवीन रूप देनेवालों में प्रमुख कथाकार हरीश बमजन, नरबहादुर दाहाल, मदनदेव भट्टराई, देवनम देवसा, गोपाल गुरुंग, जीतमान राई, विक्रम रूपासा, गाब्रियल राणा, लोकेन्द्रराज शर्मा आदि के नाम चर्चित हैं। ध्रुवचन्द्र गौतम, पारिजात, भाउपन्थी, अर्जुन निरौला, शैलेन्द्र साकार, असित राई, सानु लामा, खगेन्द्र खंग्रौला, जगदीश घिमिरे, हरिहर खनाल आदि ने इस नवीन धारा को गतिशीलता प्रदान की

है। प्रगतिशील धारा भी इस युग में सक्रिय रही जिसे ओममणि शर्मा, मुरारि अधिकारी, विश्वम्भर चंचल, पद्मावती सिंह, गणेश रसिक आदि ने जीवन्तता प्रदान की।

सन् 1970 के दशक में नेपाली-कथा-साहित्य एक नवीन परम्परा की स्थापना में अग्रसरित हुआ। इस युग के प्रमुख कथाकार हैं शरद् छेत्री, सूर्यकुमार सुब्बा, काजी प्रधान, अनिता तुलाधर, अर्जुन निरौला, पूर्ण सुहबा, गुप्त प्रधान, देवेन्द्र प्रताप शाह, हरि अधिकारी, अशेष मल्ल, रामहरि पौडयाल आदि। वर्ग-भेद को अभिव्यक्ति देनेवाले कथाकार हैं मन बहादुर मुखिया, कृष्ण गिरि, श्याम लिवांग, जय धमला, भन्द हांखिय, धनवीर पुरी, बी॰बी॰ लकान्द्री, बी॰ योंजन, मोहन दुखुन, माधव बुढ़ाधोकी आदि। नारी-समस्या को कथागत विषय बनानेवालों में भीम संतोष, मटिल्डा राई, माया ठकुरी, आई॰के॰ सिंह, नकुल काजी, पूर्ण राई, सुरेश राई, हस्त नेचाली, मिलन सुब्बा, प्रकाश प्रेमी, हरि अधिकारी, मंजु काँचुली, रामहरि पौंडयाल आदि प्रमुख हैं। नारी-मनोविश्लेषण से कथा को एक नवीन मोड़ देने में भारतीय नारी-कथाकारों में बिन्धा सुब्बा का नाम बहुचर्चित है। स्वैर कल्पना और विसंगतिवाद की व्यापक इच्छा रखनेवाले कथाकारों में शरद छेत्री का नाम उल्लेखनीय है। उनके 'चक्रव्यूह' कथा-संग्रह को साहित्य अकादमी का पुरस्कार प्रदान किया गया है। संत्रास, शंका, नैराश्य और कुण्ठा के भाव का आधिक्य विजय चालिसे, गिरिराज आचार्य, नारायण दकाल, ऋषिराज बराल, नारायण तिवारी, रमेश नेपाली, लव गाउँले, राजेश्वर थापा, देविका तिम्सिना आदि की कथाओं में पाया जाता है। प्रगतिवादी तथा नवीन धारा के कथाकारों में गोविन्द गिरि, संजन बिष्ट, सीता पाण्डे आदि सक्रिय हैं।

उपन्यास

नेपाली कथा की तरह नेपाली-उपन्यास-लेखन भी शक्तिवल्लभ अर्याल की रचना 'महाभारत विराटपर्व' (1770) से आरम्भ होता है। नेपाली-उपन्यास-साहित्य के इतिहास को तीन कालों में विभाजित किया जा सकता है : 1. प्राथमिक काल (सन् 1770 से 1888 तक), 2. माध्यमिक काल (सन् 1889 ये 1933 तक), 3. आधुनिक काल (सन् 1934 से अबतक)।

प्राथमिक काल (1770-1888)

नेपाली-उपन्यास के प्राथमिक काल की कृतियाँ वास्तव में औपन्यासिक न होते हुए भी नेपाली-उपन्यास की पूर्वपीठिका निश्चय ही कही जा सकती हैं। शक्तिवल्लभ अर्याल की आख्यानात्मक कृति 'महाभारत विराट पर्व' (1770) ने ही नेपाली-उपन्यास का प्रथम पूर्वाधार होने का सौभाग्य प्राप्त किया है।

माध्यमिक काल (1889-1933)

'अध्यात्मरामायण' के द्वारा तैयार की गयी नेपाली-उपन्यास की पृष्ठभूमि को उत्कर्ष तक पहुँचाने में 'वीर-सिक्का' (1889) की महत्त्वपूर्ण भूमिका है। इसकी

समकालीन हरिहर शर्मा की कृति 'भगवद्भक्तिविलासिनी' (1889) 'वीर-सिक्का' की प्रतिस्पर्धा नहीं कर सकी। लेकिन चिरंजीवी पौड्याल के 'प्रेमसागर' (1893 के आसपास) और 'सुखार्णव' (1893) तथा नरदेव द्वारा रचित 'नलोपाख्यान (1902) 'वीर-सिक्का' की परंपरा में उसके समकक्ष माने गये। 'वीर सिक्का' की विशेषता है, जासूसी-तिलिस्मी तत्त्वों के साथ रोमान्स और अद्भुतता। यह कृति मील का पत्थर है।

सदाशिव शर्मा द्वारा लिखित 'महेन्द्र प्रभा' (1902) प्रथम मौलिक नेपाली-उपन्यास है जो 'उपन्यास तरंगिनी' पत्रिका में प्रकाशित हुआ। इसके अतिरिक्त सदाशिव शर्मा का 'बोक्सी चरित्र' भी प्रकाशित है। 'लाक्षारजि स्फटिक स्तम्भ' नामक उपन्यास भी उक्त पत्रिका में उन्होंने प्रकाशित करवाया था। अन्य अनूदित उपन्यासों की तुलना में शर्मा के उपन्यासों का अधिक महत्त्व आँका गया।

नेपाली-उपन्यास के निर्माणकाल में वर्ष 1903 महत्त्वपूर्ण है क्योंकि इस वर्ष से नेपाली-उपन्यासों में सामाजिकता का प्रतिबिम्बन शुरू हो गया । सन् 1899 में लिखित और 1903 में प्रकाशित गिरीशवल्लभ जोशी का 'वीरचरित्र' इस प्रवृत्ति का परिचायक है। उनके द्वारा रचित 'बहादुरचरित्र' (1900) और 'प्रारब्धदर्पण' (1910) भी उपलब्ध हुए हैं। 'गोरखापत्र' में सन् 1906 में सामाजिक विषयवस्तु को लेकर लिखा गया प्रथम उपन्यास 'यम पंचक प्रपंच' प्रकाशित हुआ था। इसी समय 'सुन्दरी' पत्रिका में सामाजिक सुधारवाद के भाव से युक्त उपन्यास 'कलावती' (राम प्रसाद सत्याल रचित, 1907) और 'विलासिनी' (रसिक रचित, 1907) प्रकाशित हुए। इसी पत्रिका में प्रकाशित सदाशिव शर्मा का उपन्यास 'सुन्दरी भूषण' (1906) है। इन उपन्यासों में औपन्यासिक शिल्प-विधान से अधिक कथानक का औपन्यासिक विस्तार है।

करीब साढ़े चार दशक के माध्यमिक काल (निर्माण काल) में आदर्शवाद पर आधारित सामाजिक विषय-प्रधान उपन्यास 'यमपंचक प्रपंच' ही से आधुनिकता का संक्रमण काल शुरू हुआ।

आधुनिक काल (1934 से ....)

रुद्रराज पाण्डेय के उपन्यास 'रूपमती' (1934) को आधुनिककालीन उपन्यास का श्रेय दिया जाता है क्योंकि इसमें सामाजिक यथार्थवादी लक्षण पहली बार प्रस्फुटित हुए। परिवेशगत चेतना के साथ-साथ मानवीय मूल्य को इस उपन्यास में प्रश्रय मिला है जो ऐतिहासिक तथ्य है। विष्णुचरण श्रेष्ठ के उपन्यास 'सुमती' (1934) और 'भीष्मप्रतिज्ञा' (1936) भी इस काल की उपलब्धियाँ हैं। रूप नारायण सिंह का मौलिक उपन्यास 'भ्रमर' (1936) पाश्चात्य साहित्य की रोमांटिक धारा से अनुप्राणित आधुनिक उपन्यास है। दूसरी तरफ माध्यमिक कालीन और आधुनिक कालीन प्रवृत्तियों की संधि में भी उपन्यास-लेखन की परम्परा जीवंत रही।

चित्रकला और साहित्य के क्षेत्र में विशिष्ट व्यक्तित्व लैनसिंह बांगदेल का मौलिक उपन्यास 'मुलुक बाहिर' (1948) नेपाली-उपन्यास-परम्परा में सामाजिक

यथार्थवाद तथा यथार्थवाद का वास्तविक प्रस्थान-बिन्दु है। इसी क्रम में डायमन शमशेर का 'वसन्ती' (1948), बबर बहादुर राणा का 'सपना कि बिपना' (1948), लैनसिंह बांगदेल के 'माइत घर' (1946) और 'लँगड़ा को साथी' (1951), मोहन बहादुर मल्ल के 'उजेलीया छाया' (1951), 'मायारानी' (1952), 'पंचायत' (1953) और 'सपना को हुरी' (1958), खड्ग बहादुर सिंह के 'विद्रोह-1' (1954), 'विद्रोह-2' (1956) और 'हुरी को चरा' (1958), हृदयचंद्र सिंह प्रधान का 'स्वास्नीमान्छे' (1954), अच्छा राई रसिक का 'लगन' (1955), लीलबहादुर छेत्री का 'बँसाई' (1957), शिवकुमार राई का 'डाकबँगला' (1957), लीलाध्वज थापा के 'मन' (1958), 'शान्ति' (1958) और 'पूर्वस्मृति' (1958), इन्द्र सुन्दास का 'मंगली' (1958), तुलसीराम कुँवर का 'रने' (1958) इस समयावधि की नेपाली-उपन्यास-परम्परा की विशिष्ट उपलब्धियाँ हैं।

सन् 1959 के दशक से नेपाली-उपन्यास की गति में परिवर्तित रूप प्रत्यक्ष होने लगा, वस्तुपरक यथार्थ के साथ आत्मपरक यथार्थ की स्थापना ने उपन्यास-लेखन की शैली में एक नया मोड़ प्रदान किया। इस शैली का प्रथम प्रयास है गोविन्द गोठाले का 'पल्लो घरको फ्याल' (1959)। इस परंपरा को कायम रखने में विजय मल्ल का उपन्याास 'अनुराधा' (1961), दौलत विक्रम बिष्ट का 'मंजरी' (1959), हृदय चन्द्र सिंह का 'एक चिहान' (1960), शंकर कोइराला का 'खैरिनीयाह' (1961), भवानी भिक्षु का 'सुभद्रा बज्यै' (1962), रवीन्द्र कुमार मोक्तान का 'बरको भोको भूत' (1962), कृष्ण सिंह मोक्तान के 'चरणधूलि' (1959) और 'अशेष यात्रा' (1964), नारद कुमार छेत्री का 'विदेशी' (1963) आदि उपन्यासों ने विषय की विविधता के साथ शिल्पविधान में भी अपनी विशिष्टताएँ स्थापित की हैं। इसी दशक में मनेविश्लेषणात्मक प्रवृत्ति के नेपाली-उपन्यास प्रयोग में आए।

सन् 1964 से नवीन मूल्यों के साथ अन्य विधाओं के समानान्तर उपन्यास-लेखन का प्रारंभ भी संभव हुआ। इन्द्र बहादुर राई का आयामेली धारा का उपन्यास 'आज रमिता छ' (1964) है जिसकी संरचना और जिसके रूप-विन्यास दोनों में परंपरा के प्रति विद्रोहात्मक संदेश है। पारिजात रचित 'शिरीष को फूल' (1965) ने उपन्यास लेखन को एक नया आयाम प्रदान किया। इनकी परिपाटी को गतिशीलता देने में क्रमशः दौलत विक्रम विष्ट, परशु प्रधान, ध्रुवचंद गौतम, विश्वेश्वर प्रसाद कोइराला, केशवराज पिंडाली, तारिणी प्रसाद कोइराला, जगदीश घिमिरे, पीटर जे॰ कार्थक, बानीरा गिरि आदि ने अपनी-अपनी उत्तरदायी भूमिका निभायी।

नेपाली-उपन्यास-लेखन में नन्द हांगरिवम के उपन्यास 'लाश' (1964) और 'अर्को अनुहार' (1971), अच्छा राई रसिक का 'दोभान' (1964), नरबहादुर दाहाल का 'मध्य रात को तारा' (1964), धुस्वाँ सायनि का 'रांकी' (1964), के॰बी॰ नेपाली के 'मेरो घर मेरो संसार' (1965), 'समर्पण' (1966) और 'तस्वीर एक रात को'

(1971), तारानाथ शर्मा के 'मेरो कथा' (1966) और 'ओझेल पर्दा' (1966), चेतन कार्की के 'आत्मा बेचे को छैन' (1966) और 'हनीमून' (1968), लैनसिंह बांगदेली का 'रेम्ब्रान्ट' (1966), ध्रुवचन्द्र गौतम के 'अन्त्यपछि' (1967) और 'बालुवामथि' (1971), परशु प्रधान का 'सवै बिर्सिएका अनुहार हे हरु' (1967), डी॰पी॰ अधिकारी के 'आशमाया' (1968) और 'धरती अफै बोल्दै छ' (1970), ओकिउयामा ग्वाइन का 'नागबेली' (1968), विश्वेश्वर प्रसाद कोइराला के 'तीन घुम्ती' (1968), 'नरेन्द्र दाई' (1968) और 'सुम्निया' (1970), तारिणी प्रसाद कोइराला का 'सर्पदंश' (1969), अर्जुन निराला का 'शिशिर को बतास' (1972) आदि नेपाली उपन्यासों ने एक ऐतिहासिक मोड़ ला खड़ा किया।

1983 के दशक से आधुनिक नेपाली-उपन्यासों में नवीनता का सूत्रपात हुआ। ध्रुवचन्द्र गौतम का उपन्यास 'अलिखित' (1983), साहित्य अकादेमी, दिल्ली से पुरस्कृत मत्स्येन्द्र प्रधान का 'नीलकण्ठ' (1983), प्रेमा शाह का 'मम्मी' (1983), रमेश विकल का 'अबिरल बग्दछ इन्द्रावती' (1983) आदि नवीन प्रवृत्तियों, मान्यताओं के सूचक उपन्यास हैं। इस काल के उपन्यासों की विशेषता है यथार्थवाद का सशक्त नवोत्थान और दूसरी तरफ युगीन चेतना तथा व्यंग्यप्रधान उपन्यासों में यथार्थेतर शैली।

अन्य विधाओं की तुलना में उपन्यास वर्तमान काल में युग सापेक्षता के दृष्टिकोण से अभिव्यक्ति की एक सबल, विश्वसनीय विधा के रूप में विकसित हुए। लोकप्रियता इसकी अर्जित संपदा है। 1993 के दशक में राष्ट्रीय-अन्तरराष्ट्रीय परिवेश पर आधारित नवीन मूल्य-प्रणाली को नेपाली-उपन्यास ने अपना विषय बनाया। अतीत का गर्व, सामाजिक विसंगति की अदृश्य शक्तियों को उभारकर मनुष्य की मनोवृत्ति की व्याख्या करना तथा जीवन की आन्तरिक पीड़ा और मर्म को विश्वजनीन संदर्भ देना इस दशक के उपन्यासों की विशेषताएँ रहीं।

विभिन्न परिस्थितियों से गुजरते हुए, प्रयोग की विभिन्नता को पार करते हुए नेपाली के उपन्यास आज आधुनिक प्रवृत्तियों को समेटने और आत्मसात् करने में सफल हुए हैं।

नाटक

नेपाली नाटक के इतिहास को अध्ययन की सुविधा के लिए तीन चरणों में विभाजित किया जा सकता है–1. प्रथम चरण (मोतीराम युग)–1887-1928, 2. द्वितीय चरण (बालकृष्ण युग)–1929-1950, 3. तृतीय चरण (1951 से अबतक)।

प्रथम चरण (1887-1928)

प्रथम चरण के संपूर्ण अनूदित और मौलिक नेपाली-नाटक आदर्शवादी धरातल पर खड़े हैं। जीवन के प्रति आस्थावादी दृष्टि और आशावादी स्वर इस काल के नेपाली-नाटकों की विशेषता रहे हैं। पारसी थियेटर के प्रभाव से आक्रान्त प्रायः सभी नाटकों में अतिरंजना, कृत्रिमता, स्थूलता और कल्पना की प्रधानता रही। दरबारी

विलासिता को तुष्ट करने के लिए कामोद्दीपक संवाद और गीतों का समावेश भी कहीं-कहीं मिलता है। सामाजिक चित्रण भी अपवाद-स्वरूप किन्हीं नाटकों में मिलता है।

द्वितीय चरण (1929-1950)

नेपाली-नाटक के इस चरण की विशेषताएँ हैं– मौलिकता, बौद्धिकता और सामाजिकता। सामाजिकता के धरातल पर मौलिक नाटकों की रचना इस काल में प्रचुरता से हुई। बालकृष्ण सम रचित 'मुटुको व्यथा' (1929) सामाजिक दृष्टिकोण से इस युग का प्रथम मौलिक नेपाली-नाटक है। यहीं से नेपाली-नाटक का दूसरा चरण शुरू होता है। नाटक-लेखन में परिष्कार, नवीन शिल्पविधान, कलात्मकता और मौलिकता की स्थापना में सन्नद्ध बालकृष्ण सम (1902-1981) द्वारा प्रकाशित नाटकों की संख्या 17 है। नेपाली-साहित्य में पहलमान सिंह स्वाँर से शुरू हुए पाश्चात्य नाटकों को क्रमिकता देने और विकसित करने में सम की ऐतिहासिक भूमिका है।

प्रथम चरण में आदर्शवाद के धरातल पर अस्तित्व में आये नेपाली-नाटक सम से स्वच्छन्दतावाद और रिमाल से यथार्थवाद की सीख लेते हैं। इस युग के नाटक चरित्रप्रधान हैं। प्राथमिक चरण की अतिशय भावुकता की जगह इस चरण के नाटकों में बौद्धिकता ने जगह बनायी। इस चरण के नाटक मंचनीयता से विभूषित हैं। मौलिक नाटककारों की इस चरण में बहुलता रही।

तृतीयचरण (1951 से अबतक)

नेपाली-नाटक जब तृतीय चरण में प्रवेश करते हैं तो मनोविश्लेषणात्मकता को ग्रहण करते हैं। गोपाल प्रसाद रिमाल के नाटकों की विशेषता है मनोवैज्ञानिकता। यथार्थवाद के एक रूप—समस्यामूलकता को इस चरण में पनपते हुए देखा गया । वैचारिक स्वतंत्रता, विस्तृत चिन्तन और विस्तारित जीवन-दृष्टि इस चरण के नाटकों में जुड़ने वाली कतिपय विशेषताएँ हैं।

इस चरण के प्रतिनिधि नाटककारों में गोविन्द बहादुर मल्ल गोठाले (1922) की भूमिका महत्त्वपूर्ण है। उन्होंने अपने नाटकों में सूक्ष्म मनोविश्लेषण का सूत्रपात किया। उन्होंने नाटकों में प्रतीक-पद्धति भी विकसित की।

इस चरण के नाटक समस्यामूलक होते हुए भी मानवीय संबंध को रेखांकित करनेवाले, प्रयोगवादी होते हुए भी सोद्देश्य, गंभीर होते हुए भी सार्थक, बौद्धिक होते हुए भी सरल हैं। यथार्थवादी, व्यंग्यपरक, और कल्पनाप्रवण इस युग के नाटकों में विशिष्ट नाम मोहन राज शर्मा का है जिनका नाटक 'जेमन्त' एक नवीन उपलब्धि है।

सड़क-नाटक के प्रस्तोता अशेष मल्ल अत्याधुनिक भावधारा से वेष्टित नाटककार हैं जिनके कई नाटक मंचित हो चुके हैं। 'तुवाँ लोले ढाके को बस्ती' (1974), 'सड़क देखि सड़क सम्म' (1980), 'नाटकहरु को नाटक' (1981), 'हामी बसन्त खोजि रहे छौ' आदि उनके कुछ नाटक बहुआयामी और प्रयोगात्मक हैं।

विविध शिल्प, शैली, कथ्य, संरचना, प्रयोगात्मक स्वरूप के द्वारा नाटकों की प्रस्तुति को देखकर यह ज्ञात होता है कि नाटकों का भविष्य उज्जवल है।

एकांकी

नाटक और एकांकी दोनों ही आख्यानपरक, अभिनेय और संवादात्मक होते हैं लेकिन एकोन्मुखता के कारण दोनों का कथानक, अनुकार्य-संयोजन और संवादविधान में मौलिक भेद उत्पन्न होता है। एकांकी पाश्चात्य साहित्य की देन है। नेपाली-साहित्य की एकांकी विधा के इतिहास का कालक्रम बहुत छोटा है।

पुष्कर समशेर (1901-1961) नेपाली-एकांकी के प्रारंभिक चरण के महत्त्वपूर्ण व्यक्तित्व हैं। इनके द्वारा रचित एकांकी 'लक्ष्यहीन' (1942) है जिसमें संतानहीन व्यक्ति के लक्ष्यहीन जीवन की प्रस्तुति अद्‌भुत प्रभाव डालती है। बाल-मनोविज्ञान पर आधारित बालकृष्ण सम का एकांकी 'बोक्सी' (1942) भी नेपाली-एकांकी में मील का पत्थर है। सम के बाद नेपाली-एंकाकी विधा को भीमनिधि तिवारी ने गहनता प्रदान की। उनके पाँच एकांकियों का संग्रह है 'पाँच ऐतिहासिक एकांकी' (1951)। एकांकी-संग्रह 'पल्लव' (1954) में उनके नौ एकांकी संकलित हैं तथा 'एकांकी कली' (1964) में दस एकांकी रखे गये हैं। रुद्रराज पाण्डे ऐतिहासिक और सामाजिक विषयों के एकांकीकार हैं। 'हाम्रो नेपाल', 'हाम्रो गौरव' तथा 'साँढ़े संघ' उनके एकांकी-संग्रह हैं। 'साँढ़े संघ' में प्रहसनात्मक एकांकी हैं। लक्ष्मी प्रसाद देवकोटा का एकांकी-संगह है 'भरत मिलाप' जो अप्रकाशित है। बदरीनाथ भट्टराई का 'गलहत्ती' एकांकी प्रकाशित है। गनु गुरुंग ने अपने एकांकी 'मसिने की शंका' में सामाजिक विषय चुना है।

नेपाल के इतिहास में सन् 1950 की क्रांति का विशेष महत्त्व है। इसी क्रान्ति की पृष्ठभूमि पर गोविन्द बहादुर मल्ल का एकांकी-संग्रह 'भोको घर' (1977) प्रकाशित है। समस्यामूलकता, मनोविश्लेषणात्मकता और यथार्थवाद के आग्रही विजय मल्ल के 'पत्थर को कथा' (1971), 'बौलाहा काजी को सपना' (1971) और 'दोभान' (1977) नामक तीन एकांकी-संगह हैं। इन्हीं के द्वारा रचित 'पुरानो घर' (1972), 'खेल केटाकेटी को' (1983) का प्रकाशन पत्र-पत्रिकाओं में हुआ है। रमेश विकल के एकांकी 'सात थुंगा' और 'सप्तरंग' वस्तुतः बाल-एकांकी हैं। शंकर कोइराला का 'नशा' (1983), बासु शशि का 'तरबार' भी विशिष्ट हैं। मदन प्रसाद प्रसाई का एकांकी है 'एकांकी दृश्य मंजरी' (1958)। रामलाल अधिकारी के दो एकांकी-संग्रह हैं– 'टीका पनि व्यापार पनि' (1971) और 'शंखघोष' (1985)। प्रकाश कोविद, केशवराज पिंडानी, इन्द्र बहादुर राई और जगत छेत्री जस्ता विशिष्ट एकांकीकार हैं। कुछ अन्य सफल एकांकीकार हैं–एच॰बी॰राई, किताब सिंह राई, खगेन्द्र दीक्षित, गोविन्द राज तिमसिना, चन्द्र प्रसाद नेपाली, जसयोंजन 'प्यासी', जी॰ चामलिंग, डी॰पी॰ नेपाली, टंक शर्मा, दिनेश श्रेष्ठ, धुस्वाँ सायमी, नेत्र प्रसाद डाफ्ले,

नैनसिंह योंजन, मोहन पुकार, पुण्य प्रसाद निरौला, फनीन्द्रराज खैताल, भविलाल जामिछाने, मनबहादुर गुरुंग, मोती सिंह छेत्री, लालध्वज देवसा, सोमध्वज विष्ट आदि।

अल्पावधिक होते हुए भी नेपाली-एकांकी-विधा ने संख्यात्मकता से अधिक गहन गुणवत्ता हासिल की है। प्रयोगधर्मी वर्तमान एकांकियों ने जिस अर्थ में लोकप्रियता अर्जित की है, इस आधार पर कहा जा सकता है कि नेपाली-साहित्य को संपन्नता मिलने की एक प्रकार से निश्चितता है।

निबंध

निबंध-विधा के इतिहास को तीन कालों में विभाजित किया गया है– 1. प्रारंभिक काल–1774 से 1900 तक, 2. माध्यमिक काल– 1901 से 1924 तक, 3. आधुनिक काल–1935 से आजतक।

प्रारंभिक काल

इस काल के प्रारंभिक दो निबंध दो अलग-अलग अज्ञात व्यक्तियों द्वारा लिखे गये हैं, वे हैं 'जंगबहादुर का बेलायत यात्रा' (1953) और 'बत्तीस साल को रोजनामचा' (1875)। मोतीराम भट्ट ने 'कवि भानुभक्त आचार्य को जीवनचरित्र' (1891) और चिरंजीवी शर्मा ने 'आप्नु कथा' (1968) लिखा। नेपाली गद्य क्षेत्र को विस्तार प्रदान करनेवाले इन निबंधों में नेपाली-गद्य का प्रारंभिक स्वरूप संरक्षित है।

माध्यमिक काल

साहित्य का प्रचार-प्रसार करने में पत्रिकाओं की महत्त्वपूर्ण भूमिका होती है। सन् 1900 में नेपाल से 'गोरखा पत्र' और दार्जिलिंग से 'गोर्खे खबर' जैसी पत्रिकाओं का प्रकाशन प्रारंभ हुआ। दोनों पत्रों ने मध्यकालीन निबंध का स्वरूप तैयार करने में महत्त्वपूर्ण कार्य किया। 'गोरखा पत्र' में राजनीतिक हस्तक्षेप के कारण स्वतंत्र विचारों के प्रकाशन में बाधा थी, लेकिन बाहर से विभिन्न विषयों पर निबंध प्रकाशित हो रहे थे। जगदीश प्रसाद सापकोटा, प्रेमसिंह आले (बर्मा), मानवीर सिंह रसाइली (सिक्किम), वेदनिधि शर्मा (राँची), हर्कध्वज लिम्बू (धर्मशाला), हैकमसिंह हराई (दार्जिलिंग), हर्ष बहादुर राई (कोहिमा), शेर बहादुर छेत्री (पेशावर), नीलकण्ठ उपाध्याय (बकलोह), रामसिंह, खंगबहादुर छेत्री (शिलांग), कुमारी विद्यावती (नाहन) इत्यादि गद्यकार इस विधा को संपन्न बना रहे थे। नेपाली-निबंध के विकास में बनारस से प्रकाशित पत्रिका 'सुन्दरी' (1906) ने 'गोरखा पत्र' के उत्तराधिकारी के रूप में कार्य किया है।

आधुनिक काल (1935 से आज तक)

अनुसंधानों से प्राप्त प्रमाणों के अनुसार लक्ष्मी प्रसाद देवकोटा आधुनिक नेपाली-निबंध के क्षेत्र में प्रथम हैं। 'शारदा' पत्रिका में सन् 1935 में उनका प्रथम निबंध 'आषाढ़ को पन्ध्र' प्रकाशित हुआ। देवकोटा ने पहली बार पाश्चात्य शैली का निजात्मक निबंध लिखा। इनके निबंधों में मानसिक चेतना और आधुनिक भावाभिव्यक्ति

के दर्शन हुए जिनका परवर्ती निबंधकारों ने पल्लवन किया। देवकोटा के प्रकाशित निबंध-संग्रह हैं 'लक्ष्मी निबंध संग्रह' और 'दाड़िम को रुखनेर'। उनका एक अनूदित निबंध संग्रह भी है—'प्रसिद्ध प्रबंध संग्रह'।

बालकृष्ण सम, हृदयचंद्र सिंह प्रधान, भीमनिधि तिवारी, केशवराज पिंडाली, सागरमणि आ॰ दी॰, भवानी भिक्षु, रूपनारायण सिंह आदि निबंधकार लक्ष्मीप्रसाद देवकोटा के समकालीन हैं।

वैयक्तिकता को प्रधानता देकर निबंध रचनेवालों में रामलाल अधिकारी एक सशक्त निबंधकार हैं। अपने निबंध-संग्रह 'निसंस्मरण' के लिए सन् 2000 में उन्हें साहित्य अकादमी पुरस्कार मिला है।

राजनीतिक, सामाजिक, सांस्कृतिक और नेपाली गद्य की प्राचीन परम्परा ही नेपाली-निबंध-साहित्य की पृष्ठभूमि है। समय के दबाव से इस युग के निबंधों का व्यक्तित्व-निर्माण और स्वरूप-निर्धारण हुआ है। निबंधकारों की अनुभूति की अभिव्यंजना और आत्मपरकता ने आधुनिक निबंध-विधा को सम्पन्नता प्रदान की है।

समालोचना

पूर्वीय तथा पाश्चात्य समालोचना के सैद्धान्तिक पक्ष को लेकर विकसित नेपाली-समालोचना की परम्परा बहुत पुरानी नहीं है। नेपाली-समालोचना में प्रभाववादिता को बड़ा प्रश्रय मिला है। फलतः ऐतिहासिक, तुलनात्मक, सैद्धान्तिक, मनोवैज्ञानिक, व्याख्यात्मक और प्रगतिवादी समालोचना में भी प्रभाववादिता का बड़ा बोलवाला रहा है। इसीलिए आलोच्य कृति से बड़ी है समालोचना की नजर। इन दिनों प्रभाववादी समालोचना से अलग वस्तुवादी और वैज्ञानिक समालोचना के रूप में शैलीवैज्ञानिक समालोचना का नेपाली-समालोचना में सूत्रपात हो गया है।

नेपाली-समालोचना के इतिहास को तीन भागों में बाँटा गया है— 1. प्राथमिक काल : 1891-1941, 2. माध्यमिक काल : 1942-1950, 3. आधुनिक काल : 1951 से आज तक।

प्राथमिक काल

समालोचना-विधा का सूत्रपात मोतीलाल भट्ट द्वारा हुआ है। उनकी कृति 'कवि भानुभक्त आचार्य का जीवनचरित्र' (1891) नेपाली-समालोचना में मील का पत्थर है। जीवनीपरकता और प्रभाववादिता की प्रबलता इस कृति में झलकती है। लंबे अंतराल की निष्क्रियता के बाद कुछ अज्ञात आलोचकों की रचनाएँ इस काल में देखने को मिलती हैं, विशेषतया लेखों के रूप में, यथा— 'गोर्खे खबर कागज बारे' (1912), 'रत्नावली नाटिका बारे' (1914), 'दुर्गाभक्तितरंगिनी बारे' (1915) आदि।

इसके बाद समालोचकों की पंक्ति में शंभु प्रसाद दुंगयाल खड़े दिखते हैं। उन्होंने अपने एक लेख 'कविता को फल' में लोकनाथ पौडयाल के कवि-व्यक्तित्व तथा सम्बन्धित अन्य बिन्दुओं को आलोचना के दृष्टिपथ में रखा है। 'गोरखा पत्र' में सन्

1919 में क्रमशः प्रकाशित हुई समालोचना की क्रमिकता को आगे बढ़ाते हुए सूर्य विक्रम ज्ञवाली ने प्रभाववादी पद्धति से 'नैवेद्य समालोचना' शीर्षक लेख लिखा। समीक्षाधर्मिता की प्रबलता के दृष्टिकोण से सूर्यविक्रम ज्ञवाली अग्रगण्य हैं। नेपाली-समालोचना-साहित्य के प्राथमिक काल में, इस प्रकार, केवल उसकी पृष्ठभूमि तैयार हो सकी।

माध्यमिक काल (1942-1950)

कालक्रमिक अध्ययन के क्रम में बाबूराम आचार्य (1887-1972) ने अन्वेषणात्मक और ऐतिहासिक अनुशीलन की पद्धति को प्रश्रय दिया है। उनके व्याख्यात्मक और विवेचनात्मक ग्रंथों 'तुलनात्मक सुंदरकाण्ड' (1945) और 'पुराना कवि र कविता' (1945) में प्रभाववाद की ही प्रबलता है। तदनंतर समीक्षात्मक लेखों और कृतियों के लेखन में रामकृष्ण शर्मा अग्रपंक्ति में समासीन हैं। नेपाल की 'शारदा' पत्रिका में 'अंग्रेजी साहित्य को प्रभाव' (1942) के प्रकाशन से नेपाली-समालोचना में प्रवेश करनेवाले शर्मा जी अँगरेजी के स्वच्छन्दतावादी काव्य-सिद्धान्तों से प्रभावित हैं। शर्मा जी समालोचना को बौद्धिक प्रक्रिया मानते हैं। निर्भीक आलोचक के रूप में इनकी ख्याति है।

बद्रीनारायण प्रधान (1929) की मार्क्सवादी सैद्धान्तिक समालोचना की गंभीर रचनाएँ समय-समय पर विभिन्न पत्र-पत्रिकाओं में प्रकाशित होती रही हैं।

इसी बीच प्रभाववादी, आत्मसंस्कारवादी आलोचना ने उक्त लेखकों के लेखन में विकसित होने का अवसर पाया। इसी युग में प्रगतिवादी और तुलनात्मक शैली के साथ प्रगतिवादी तुलनात्मक शैली की आलोचना पद्धति का भी सूत्रपात हुआ।

अन्वेषणात्मक समालोचना-लेखन में सिद्धहस्त समालोचना कमल दीक्षित (1929) के 'यस्तोपनि' (1957), 'कालो अक्षर' (1960), 'पर्खंदै बिल्ला कि?' (1969), 'कागतीकौ सिरप' (1969), 'बुकी सुन' (1980) आदि उल्लेखनीय ग्रंथ नेपाली समालोचना की उपलब्धि हैं। 'बँगला बाङ्मय का अनन्य सदृश महाप्राण माइकल मधुसूदन' तथा 'अगम सिंह का लेखन र लेखौट' आदि उत्कृष्ट रचनाओं के माध्यम से वीरेन्द्र सुब्बा (1927) ने इस क्षेत्र में पदार्पण किया। 'नेपाली साहित्य को भूमिका' (1960) के प्रकाशन ने यज्ञराज सत्याल की समालोचनात्मक प्रवृत्ति को उजागर कर दिया। सरल और सहज भाषा में समालोचना को सौष्ठव देनेवाली लेखिका डॉ॰ कमला सांकृत्यायन की पुस्तक 'विचार तथा विवेचना' है। इस पुस्तक में निबंधों के साथ सन् 1981 में भानुभक्त पुरस्कार द्वारा सम्मानित आलोचनात्मक लेख भी संकलित हैं। लक्खीदेवी सुन्दास (सन् 1934) के 'अकादमी निबन्धावली' का सम्पादकीय 'भारत मा नेपाली पत्र-पत्रिका को अठासियौं वर्ष' शीर्षक लेख और 1993 में प्रकाशित डॉ॰ तुलसी बहादुर छेत्री (तुलसी 'अपतन'), के 'बुद्धिबँगारो' (खंडकाव्य) की भूमिका में अनुसंधानात्मक लेख देखकर उनकी आलोचनात्मक

प्रतिभा का प्रमाण मिलता है।

नवीन प्रयोगों के इस काल में समालोचना के क्षेत्र में नवीन शैलियों के भी दर्शन हुए। प्रभाववाद के आधिपत्य के साथ शैलीवैज्ञानिक आलोचना के नाम पर वस्तुवादी समालोचना प्रणाली का शुभारंभ इसी काल की देन है। इस काल के सशक्त आलोचक हैं डॉ॰ इन्द्रबहादुर राई (1930)। डॉ॰ राई के मत में 'समालोचना क्रूर मूल्यांकन नहीं, सृजनात्मक पुनर्परिचय है'। गुणात्मक मूल्यांकन और बौद्धिक प्रबलता अच्छी समालोचना की विशेषताएँ हैं। डॉ॰ राई के 'टिपेका टिप्पणी' में कुछ समालोचनात्मक लेख संकलित हैं। 'नेपाली उपन्यास का आधार हरु' (1974) को नेपाली भाषा-साहित्य का प्रथम अकादमी पुरस्कार (1975) मिला। 'ईश्वर बराल का कविता' (1976) इत्यादि डॉ॰ राई के अन्य ग्रंथ हैं।

ऐतिहासिक समालोचना में विशेष रुचि रखनेवाले शरदचंद्र शर्मा (1930) की प्रकाशित समालोचनात्मक पुस्तकों 'नेपाली साहित्य को इतिहास' (1980) और 'नेपाली वाङ्मय : केही खोजी केही व्याख्या' (1987) में आलोचना-परम्परा की संपदा सुरक्षित है। बालकृष्ण पोखरेल (1933) की आलोचनात्मक सूक्ष्मता का प्रमाण उनकी लिखित पुस्तक 'नेपाली भाषा र साहित्य' (1964) है।

'साहित्य प्रकाश' (1973), 'प्राथमिक कालीन कवि र काव्यप्रवृत्ति' (1975), 'केही रचना केही विवेचना' (1975), 'रिमाल : व्यक्ति र कृति' (1975), 'तरुण तपस्वी को पुनर्मूल्यांकन' (1977), 'पूर्वीय साहित्य-सिद्धान्त' (1976), 'विचार र व्याख्या' (1983) और 'सम को दुःखान्त नाट्य चेतना' (1988) इत्यादि पुस्तकों के रचयिता केशव प्रसाद उपाध्याय पूर्वीय साहित्य सिद्धांतों के पृष्ठपोषक आलोचक हैं जिनकी आलोचना में आधुनिक कालीन आलोचना का स्वरूप परिलक्षित हुआ है। वस्तुवादी शैलीवैज्ञानिक समालोचना के प्रवर्तक मोहनराज शर्मा (1980) के रचित ग्रंथ हैं—'नेपाली का केही आधुनिक साहित्यकार' (1969), 'कथा को विकास प्रक्रिया' (1978), 'शैलीविज्ञान' (1991) और 'समकालीन आलोचना : सिद्धांत और प्रयोग' (1968)। ठाकुर प्रसाद पराजुली अनुसंधानात्मक आलोचना के प्रणेता हैं जिनकी पुस्तक का नाम है—'नेपाली साहित्य को परिक्रमा' (1988)।

यद्यपि नेपाली-समालोचना का इतिहास कम उम्र का है, तथापि इसने द्रुतगति से जो विकास किया है, उसमें शैली की विविधता दर्शनीय है। नेपाली-समालोचना में ऐतिहासिक, तुलनात्मक, सैद्धान्तिक, व्याख्यात्मक, मनोवैज्ञानिक, विवरणात्मक और प्रगतिवादी धाराएँ स्पष्ट परिलक्षित होती हैं। प्रभाववादी आलोचना की जड़ें आरंभ से ही मजबूत हैं। नेपाली-आलोचना को वस्तुवादी बनाने का प्रयास चल रहा है। वस्तुवादी और वैज्ञानिक समालोचना के रूप में नेपाली-साहित्य में शैलीवैज्ञानिक समालोचना का सूत्रपात और विकास हो रहा है।

पंजाबी-साहित्य

• डॉ. योजना रावत

भाषावैज्ञानिकों का मत है कि पंजाबी का आरंभिक रूप बोली का था जो अपभ्रंश केकय पैशाची जैसे रूपों से उद्भूत हुई थी। बोली से लेकर मानक भाषा बनने तक की पंजाबी भाषा की यात्रा तीन चरणों में पूरी होती है। प्राचीन काल (1000 ई॰ से 1500 ई॰ तक), मध्यकाल (1500 ई॰ से 1850 ई॰ तक) और वर्तमान काल (1850 ई॰ से अब तक)। किंतु पंजाबी-साहित्य का क्रमबद्ध इतिहास पंजाबी भाषा के मध्यकाल (1500 ई॰ से 1850 ई॰ तक) से प्राप्त होता है। विभिन्न विद्वानों ने पंजाबी-साहित्य के इतिहास को विभिन्न काल-खंडों में विभाजित करते हुए भिन्न-भिन्न नामकरण किये हैं, लेकिन मुख्य तौर पर सम्पूर्ण पंजाबी-साहित्य के इतिहास को पंजाबी भाषा के विकास से सम्बद्ध करते हुए तीन भागों में बाँटा जा सकता है।

1. मध्यकालीन साहित्य– 1850 ई॰ तक
   - 1.1 पूर्व-मुगलकाल
   - 1.2 मुगलकाल
   - 1.3 उत्तर-मुगलकाल
   - 1.4 सिक्ख राजकाल
2. आधुनिक काल का साहित्य – 1850 ई॰ से 1947 ई॰ तक।
3. समकालीन साहित्य – 1947 ई॰ से अब तक।

1. मध्यकालीन साहित्य

1.1 पूर्व-मुगलकाल

मध्यकालीन पंजाबी-साहित्य के अंतर्गत सबसे पहले पूर्व मुगलकाल में रचित साहित्य की चर्चा अपेक्षित है। साहित्येतिहासकारों ने पूर्व-मुगलकाल के अंतर्गत पंजाबी-साहित्य का आरंभ व परंपरा, नाथ-जोगियों का साहित्य, सूफी मत व बाबा फरीद, वार-साहित्य, लोकसाहित्य, वार्तक साहित्य व फुटकर रचनाओं की चर्चा की है। पंजाबी-साहित्य के आरंभ के संबंध में विद्वानों में विभिन्न मत हैं। धार्मिक संस्कारों के कारण काफी लम्बे समय तक पंजाबी-साहित्य का आरंभ गुरुनानक देव

जी की वाणी से माना जाता रहा, जबकि कुछ विद्वान् शंकरगंज की वाणी से पंजाबी-साहित्य का आरम्भ मानते हैं। आधुनिक काल में पंजाबी-साहित्य के इतिहास के संबंध में अत्यधिक शोध कार्य किया गया। पंजाबी-साहित्य के आरंभ को सुनिश्चित करने का श्रेय पंजाबी साहित्येतिहासकर डॉ॰ मोहन सिंह को दिया जाता है। उनके अनुसार पंजाबी-साहित्य का लेखन आठवीं, नवीं शताब्दी में आरंभ हो चुका था और इसके आरंभिक साहित्यकार नाथ एवं योगी थे। गोरखनाथ, चरपट, गोपीचंद इसी काल के पंजाबी कवि हैं। इन सबकी रचनाओं में पंजाबी का जहाँ-तहाँ प्रयोग हुआ है। नाथ-योगियों ने घोर तप व योग-साधना पर बल दिया तथा सामाजिक कुरीतियों विशेषतः धार्मिक आडम्बरों व वर्ण-भेद को मिटाने का प्रयास किया। डॉ॰ मोहन सिंह ने पंजाबी-साहित्य के आरंभिक काल को नाथ व जोगियों का काल कहा व इस संबंध में प्रमाण भी प्रस्तुत किये। इनके अलावा लोकगीत, पुष्य-लिखित "ससीपन्नू का किस्सा', मासूद-लिखित 'दीवान', मुल्ला दाउद का 'चांदनामा' इत्यादि कुछ रचनाएँ बाबा फरीद से भी पहले की हैं। यह भी संभव है कि 'वार-साहित्य' की कुछ कृतियाँ भी बाबा फरीद से पहले की लिखित हों क्योंकि वार-साहित्य का मुख्य स्रोत संस्कृत व प्राकृत-साहित्य में निहित है। प्रसिद्ध भाषाविद् महापंडित राहुल सांकृत्यायन का कथन इस बात की पुष्टि करता है कि देशी बोलियाँ आठवीं सदी तक साहित्य में प्रवेश पा चुकी थीं। चूँकि पंजाबी बोली का इस समय तक उद्भव हो चुका था, अतः इस समय पंजाबी-साहित्य के रचे जाने की संभावना से इनकार नहीं किया जा सकता।[1]

भारत में 1206 ई॰ में मुस्लिम राज्य की स्थापना कुतुबद्दीन ऐबक के राज्यकाल से शुरू हुई। इसी समय पंजाब में मुस्लिम-संस्कृति व दर्शन का प्रवेश हुआ। मुस्लिम राज्य के प्रभावस्वरूप शिक्षा का माध्यम अरबी, फारसी व तुर्की बनी। समाज में साम्प्रदायिकता व जाति-पाँती का भेदभाव निरंतर बढ़ रहा था। हिंदुओं को जबरदस्ती मुसलमान बनाया जा रहा था। इस समय समाज में बौद्ध धर्म व शैवमत का प्रभाव भी प्रबल था। भक्ति की लहर के फलस्वरूप रामानंद, कबीर, रविदास, पीपा, नामदेव आदि भक्त कवियों ने काव्य के माध्यम से निर्गुण भक्ति का प्रसार किया। परंतु इस मत का चरम रूप पंजाब में उपजे सिख मत को कहा जा सकता है। बाद के सूफी भी इस प्रभाव से अछूते न रहे। इस काल में रचित पंजाबी-साहित्य में हिंदवी, लहँदी, मुलतानी तथा लाहौरी या केन्द्रीय पंजाबी का प्रयोग हुआ है।

सूफीमत और बाबा फरीद

बाबा फरीद को पंजाबी का प्रथम सूफी कवि माना जाता है। मुसलमानों के आगमन के साथ ही सूफी-मत पंजाब में आया और वह 12वीं सदी तक पूरी तरह

---

1. कृपाल सिंह कलेस, परमिंदर सिंह, गोविन्द सिंह लांबा, **पंजाबी-साहित्य दी उत्पत्ति ते विकास**, लाहौर बुक शाप, लुधियाना, तृतीय संस्करण, 1971, पृ. 12 ।

से स्थापित हो गया था। सूफी कवियों का उद्देश्य प्रेम के माध्यम से ईश्वर-प्राप्ति था। इन्होंने हिन्दू लोककथाओं को काव्य का आधार बनाया और लौकिक प्रेम के माध्यम से अलौकिक प्रेम का मार्ग दिखाया। सूफी-कविता में सादगी, रवानगी, रागात्मकता इत्यादि विशिष्ट गुण विद्यमान हैं। सूफी मत ने पंजाब के सामाजिक व साहित्यिक जीवन को प्रभावित किया। उन्होंने समाज में परस्पर प्रेम की भावना पैदा करने व धार्मिक बुराइयों को समाप्त करने का प्रयास किया। पूर्व-मुगलकाल का सूफी-साहित्य बाबा फरीद के 'सलोकों व सबदों' तक सीमित है। ये 'आदि ग्रंथ' में संगृहीत हैं। बाबा फरीद का समय 1173 ई० से 1265 ई० तक माना जाता है। बाबा फरीद ने अपनी कविता के माध्यम से ईश्वर की एकरूपता, सांसारिक नश्वरता, प्रेम का महत्त्व, विरह-भावना, नाम-संस्मरण इत्यादि सूफी-सिद्धान्तों का प्रतिपादन किया। उन्होंने सामाजिक कुरीतियों विशेषतः जाति व धार्मिक पक्षपात का कड़ा विरोध किया। उनके काव्यरूप 'सबद' और 'सलोक' हैं। सबदों के रागों के अनुसार शीर्षक दिये गये हैं। उनके काव्य में मुलतानी, लहँदी, अरबी, फारसी इत्यादि के अनेक शब्द मिलते हैं। उनकी कविता का रूपक-पक्ष विशेष तौर पर सराहनीय है। प्रभु व भक्त के लिए पति-पत्नी के प्रतीक का प्रयोग पंजाबी-कविता में सर्वप्रथम बाबा फरीद के काव्य में हुआ है। सूफी-सिद्धान्तों के साथ 'शरा' के नियमों के पालन की चेतना भी उनकी काव्य-संवेदना को प्रभावशाली बनाती है। अतः पंजाबी-साहित्य के आरम्भ में बाबा फरीद की उपस्थिति बहुत ही महत्त्वपूर्ण है। पंजाबी-साहित्य के इतिहास में हिन्दी के संत कवियों यथा कबीर, नामदेव, रविदास इत्यादि को भी स्थान दिया गया है। निर्गुण कवियों ने ईश्वर के निराकार रूप का संस्मरण करने के साथ हिन्दू व मुस्लिम धर्मों में व्याप्त बुराइयों का कड़ा विरोध करते हुए समाज-सुधार के प्रयत्न किये। इनकी भाषा को 'सधुक्कड़ी भाषा' कहा गया है। इसमें राजस्थानी, हरियाणवी, अरबी, फारसी, लहँदी व पंजाबी के शब्दों का मिला-जुला प्रयोग किया गया है।

वार-साहित्य एवं लोकसाहित्य

पंजाबी-साहित्य में वीरता के निरूपण के लिए 'वार' नामक विशिष्ट काव्यरूप की परम्परा मिलती है। यही काव्यरूप राजस्थान व पंजाब में काव्यलेखन का आधार बना। वार-साहित्य में समकालीन राजाओं, वीरों व योद्धाओं के सुयश का वर्णन मिलता है। पंजाबी-साहित्य में आध्यात्मिक तथा धार्मिक वार-साहित्य की परम्परा भी मिलती है जो 'गुरुग्रंथ साहिब' में संकलित है। गुरु नानकदेव, गुरु अमरदास, गुरु रामदास, व गुरु अर्जुनदेव द्वारा रचित वार-साहित्य का पंजाबी-साहित्य में विशेष स्थान है, पंजाबी में लिखित वार-साहित्य की प्रमुख कृतियाँ हैं 'रामकमाल', 'मौज दी वार', 'टुण्डे असराजे दी वार', 'सिकन्दर विराहम दी वार', 'लला बहिलीया दी वार', 'हसने महिमे दी वार', 'मूसे दी वार' इत्यादि। इन सब कृतियों में वीरगाथाओं

व युद्धों का सजीव चित्रण किया गया है।

वार-साहित्य के उपरांत पंजाबी में लोकसाहित्य की रचना भी की गयी। लोक साहित्य में पहेलियाँ विशेष रूप से प्रचलित थीं। इस संबंध में कोई विशिष्ट प्रामाणिक रचना उपलब्ध नहीं है। लोकसाहित्य में रचित लोकगीतों व पहेलियों में शिक्षा व नीतिप्रद बातों के अतिरिक्त तत्कालीन सामाजिक जीवन की अभिव्यक्ति किसी न किसी रूप में हुई है।

फुटकल साहित्य

फुटकल सहित्य में मासूद, चंदवरदाई, अमीर खुसरो तथा अन्य कवियों का साहित्य सम्मिलित है। इन रचनाओं में हिन्दवी, फारसी तथा पंजाबी के शब्दों का प्रयोग किया गया है। कुछ इतिहासकार खुसरो व चंदवरदाई को पंजाबी का कवि नहीं मानते, भले ही उनका पंजाब से गहरा संबंध रहा है। खुसरो व चंदवरदाई की तुलना में मासूद की रचनाओं के पंजाबी में होने के बहुत-से प्रमाण मिलते हैं।

1.2 मुगलकाल

मुगलकाल की कालसीमा 1526 ई॰ से 1707 ई॰ तक मानी जाती है। पंजाबी-साहित्य में मुगलकाल का विशेष महत्त्व है। इस काल में रचित साहित्य भाव व कला दोनों दृष्टियों से अद्वितीय है। आलोचकों ने इसे पंजाबी-साहित्य का 'स्वर्ण-युग' कहा है। इस काल में रचित साहित्य मानवतावाद, दर्शन, धर्म, बौद्धिकता व समाजसुधार सभी दृष्टियों से सम्पन्न है। श्रीगुरु नानक देव, गुरु अर्जुनदेव, गुरु गोविन्द सिंह व भाई गुरदास जैसे महापुरुषों ने इसी काल में साहित्य-रचना की। इस काल की शिरोमणि रचना सिक्ख गुरु साहिबान की वाणी है। गुरु नानक देव जी से पंजाबी-साहित्य में एक नये युग का आविर्भाव हुआ। सिक्ख धर्म के आदि ग्रंथ 'श्रीगुरुग्रंथ साहिब' में गुरु नानक देव जी के लगभग तीन हजार पद संकलित हैं। इनकी प्रमुख रचनाएँ 'जपुजी', 'सिद्ध गोसटि', 'राग आसा पट्टी', 'तीन वारां', 'तुरवारी राग दा बारह माह', 'सोहिला', 'पैहरे', 'बणजारे', 'वाबरवाणी' इत्यादि हैं। इनके अतिरिक्त इन्होंने कई अष्टपदियों, रेखता, सलोकों आदि की रचना भी की है। गुरु नानक देव जी ने सामाजिक बुराइयों व सामाजिक पाखण्डों का विरोध करते हुए नारी को पुरुष के समान दर्जा देने का समर्थन किया। इनकी रचनाओं में सरलता, सहजता तथा भावों की तीव्रता पायी जाती है। **गुरु अंगद देव** ने लगभग साठ दोहों की रचना की थी। ये सभी दोहे 'गुरुग्रंथ साहिब' में संकलित हैं। इन्होंने गुरु-प्रेम व ईश्वरीय प्रेम पर बल दिया है। **गुरु अमरदास जी** ने ढाई हजार से अधिक पदबंधों की रचना की है। इनके द्वारा रचित 'आनंद साहिब' प्रबंधकाव्य अद्वितीय है। 'राग गुजरी', 'राग सूही', 'राग रामकली' तथा 'मारु बिच चार वारा' इनकी अन्य प्रमुख रचनाएँ हैं। इनकी वाणी में ईश्वरीय प्रेम की अभिव्यक्ति मिलती है। इन्होंने 679 'सबदों' की रचना की। **गुरु अर्जुन देव** ने अपने साहित्य के माध्यम से अमन,

शान्ति, आत्मिक संतोष व आनंद का संदेश दिया है। गुरु अर्जुन देव जी ने **'श्रीगुरुग्रंथ साहिब'** का संपादन भी किया था। पंजाबी-साहित्य-जगत् उनके इस महान् योगदान के लिए सदैव उनका ऋणी रहेगा। यह ग्रंथ उनके निपुण संपादन-कौशल का प्रमाण है। 'श्रीगुरुग्रंथ साहिब' मध्ययुग की सबसे महती रचना है। इसमें बारहवीं सदी से लेकर 17वीं सदी तक के समकालीन भक्तकवियों की रचनाएँ सम्मिलित हैं। इसमें तत्कालीन समाज, दर्शन, भक्ति तथा मानवीय जीवन की सच्चाइयों का लेखा-जोखा है। इसमें संकलित सभी रचनाएँ प्रामाणिक हैं और मानवीय मूल्यों व जीवनादर्शों को दर्शाती हैं। आकार की दृष्टि से भी अन्य कोई ग्रंथ इसके समतुल्य नहीं है। भाषा की दृष्टि से 'श्रीगुरुग्रंथ साहिब' एक श्रेष्ठ रचना है। इसमें भाषा के स्तर पर अनेक रूपकों, छंदों व अलंकारों का प्रयोग किया गया है। यह एक संग्रह-ग्रंथ है जिसका प्रतिपाद्य अध्यात्म है। यह सिक्खों का परम पवित्र ग्रंथ है। **गुरु तेग बहादुर जी** की रचनाएँ संख्या में अधिक नहीं हैं। इन्होंने केवल 58 पद एवं 57 सलोक लिखे हैं। इनकी वाणी पंजाबी में नहीं अपितु ब्रज में रचित है पर उस पर पंजाबी का गहरा प्रभाव है। इनकी रचनाओं में वैराग्य व शांत रस की प्रधानता है। गुरु तेगबहादुर के काव्य में धर्म के लिए बलिदान करने व अन्याय का कड़ा विरोध करने का संदेश मिलता है। इनकी मूल संवेदना भक्ति की है। **गुरु गोविन्द सिंह जी** को एक वीर सेनापति व साहित्यकार दोनों का दर्जा दिया जाता है। इनकी प्रमुख रचनाएँ 'जापु', 'अकाल-उसतत्', 'विचित्र नाटक', 'चण्डीचरित', 'चण्डी दी वार', 'ज्ञान-प्रबोध', 'श्री शस्त्रनाममाला', 'रामावतार', 'कृष्णावतार' आदि हैं। इन्होंने भी गुरु तेगबहादुर की तरह जुल्म का विरोध करने का आह्वान किया। वीर रस इनकी कविताओं का प्राण है। 'चण्डीचरित' वीर रस की प्रमुख कृति है। मुगलकाल में कुछ ऐसे भक्त कवियों का भी उल्लेख मिलता है जिनकी वाणी भले ही 'गुरुग्रंथ साहिब' में सम्मिलित नहीं है परंतु भक्ति-साहित्य में उनके योगदान को अनदेखा नहीं किया जा सकता। इसमें **भाई गुरदास** का नाम विशेष रूप से उल्लेखनीय है। इनकी वाणी में सिक्ख धर्म के दर्शन की विस्तारपूर्वक व्याख्या की गयी है। गुरु अर्जुनदेव जी ने इनकी वाणी को 'गुरुग्रंथ साहिब की कुंजी' कहा है। भाई गुरदास के अतिरिक्त मुगलकाल के अन्य भक्त कवि हैं– **बाबा सुंदरजी, सता, बलवंड, भक्त छज्जू, भक्त काना, उदासी साधु** इत्यादि।

सूफी कविता : मुगलकाल के सबसे प्रसिद्ध सूफी कवि **शाह हुसैन** हैं। सूफी कवियों में बाबा फरीद के बाद शाह हुसैन को सर्वाधिक प्रसिद्धि मिली। इन्होंने लगभग 193 काफिया, सबद एवं सलोकों की रचना की। इनके काव्य में विरह की प्रधानता है। इसमें सूफी रहस्यवाद, भारतीय व ईरानी दर्शन का अद्‌भुत संगम हुआ है। इन्होंने ईश्वर को सर्वव्यापी माना व अहं के त्याग पर बल दिया। **सुलतान बाहु** सूफी काव्यधारा के प्रमुख कवि हैं। उन्होंने अरबी व फारसी में लगभग एक सौ

चालीस रचनाएँ लिखीं। परंतु इनके द्वारा लिखित 'काफिया' को छोड़कर अन्य किसी रचना का पंजाबी में लिखे जाने का कोई प्रमाण नहीं मिलता। शाह शरफ भी मुगलकाल के प्रसिद्ध सूफी कवि हैं। इनके काव्य में प्रेम तथा रहस्यवादी तत्त्वों की प्रधानता है।

किस्सा एवं वार-साहित्य

पंजाबी-साहित्य में लगभग हर काल में लिखी गयी अनेक प्रेमकथाएँ किस्से के रूप में मिलती हैं। अनेक कवियों ने भिन्न-भिन्न काव्यरूपों में हीर-रांझां, सोहनी-महिवाल, लैला-मजनू, शीरी-फरियाद, युसुफ-जुलेखा, ससी-पुन्नू आदि के प्रेम के किस्से लिखे। प्रबंधकाव्य में लिखे गये इन किस्सों में विस्तृत व सूत्रात्मक शैली अपनायी गयी है। प्रायः सभी किस्सा-काव्य मसनवी शैली से प्रभावित हैं। दामोदर, पीलू, हाफजे बरखुचार और अहमद के अलावा इस काल में कोई अन्य महत्त्वपूर्ण किस्सेकार नहीं मिलता। इस काल में वार-साहित्य की सर्वाधिक रचनाएँ भाई गुरदास द्वारा लिखी गयीं– 'मलिक मुरीद' तथा 'चंद्रहड़ा साहिया दी वार', 'योहे वीर पूखाणी दी वार', ' राणे कैलाश', 'मालदेव दी वार' और 'पीरां दी वार'।

पंजाबी-गद्य (वार्त्तक साहित्य)

पंजाबी-गद्य की उत्पत्ति कब हुई, इस विषय में कुछ भी निश्चित नहीं है। कुछ प्राचीन गद्य-रचनाएँ उपलब्ध हैं। पर उनके रचनाकाल व रचनाकारों के संबंध में कोई उल्लेख नहीं मिलता। कुछ प्राचीन रचनाएँ सोलहवीं सदी के उत्तरार्द्ध की मानी गयी हैं। ये रचनाएँ 'वार्त्तक' के रूप में उपलब्ध हैं। कुछ प्राचीन जन्म-साखियों को पंजाबी-गद्य की आरंभिक रचनाएँ माना गया है। इनमें 'पुरातन जन्म साखी', 'सोढी मिहरवान वाली साखी', 'जन्म साखी भगत कबीर', 'हलदियां या विधीचंद वाली जन्म साखी', 'जन्म साखी श्री मिहरबान जी की' इत्यादि प्रमुख हैं। इस काल में कुछ टीकाएँ भी रची गयीं जिनमें 'जपु परमारथ', 'सिद्ध गोष्ठी का टीका', 'टीका दखणी ओउंकार' प्रमुख हैं। इस काल में रचित गोष्ठियाँ गद्य-साहित्य के अंतर्गत गिनी जाती हैं। इसके अतिरिक्त 'गोष्ठी गोरथ भरथरी', 'गोष्ठी श्रीकृष्ण और ऊधो', 'गीता सार', 'कृष्ण-अर्जुन प्रश्नोत्तरी' इत्यादि इस काल की प्रमुख रचनाएँ हैं। इस काल में कुछ शास्त्रीय ग्रंथों का अनुवाद भी किया गया जिनमें वेदान्त, भगवद्‌गीता, भोगल पुराण, आदिरामायण, विष्णुपुराण, भागवत महापुराण आदि के अनुवाद विशेष रूप से उल्लेखनीय हैं। फुटकल रचनाओं में कुछ वार्त्तक उपलब्ध हैं जिनमें प्रमुख हैं : 'हकीकत राह मुकाम', 'पन्दनामा', 'वाणी विहंगम' इत्यादि।

मुगलकाल के गद्य-साहित्य में सर्वाधिक महत्त्व 'गोष्ठी' का है। इसमें वार्त्तालाप की शैली में गद्य-रचना की जाती थी, इसमें वृत्तांत और व्याख्या दोनों होती थी। साखियों में 'पुरातन जनम साखी' का विशेष महत्त्व है। यह वार्त्तालापी शैली सुन्दर व प्रभावशाली है। मध्यकाल के आरंभिक चरण में गद्य-रचनाओं को साहित्य में

अधिक महत्त्व नहीं मिल पाया क्योंकि इस काल का वार्त्ता-साहित्य कलात्मक दृष्टि से सम्पन्न नहीं था। परंतु मुगलराज के समय कई प्रकार की विस्तृत आकार की एवं साहित्यिक वार्त्ता-रचनाएँ प्रकाश में आयीं। वचन, साखियाँ, टीका, महात्म, पुरानी रचनाओं के अनुवाद, नसीहतनामे और हुक्मनामे इस काल में रचित प्रसिद्ध वार्त्ता-साहित्य के उदाहरण हैं। शैली की दृष्टि से वार्त्ता को व्याख्यामयी, दार्शनिक, वृत्तांत, वर्णनीय, वार्त्तालापी इत्यादि शैलियों में बाँटा जा सकता है। 'भाई विधिचंद वाली साखी', 'बाले वाली जन्म साखी', 'प्राण-संगली', 'जप-परमारथ', 'हाजिर-नामा', 'प्रह्लाद की उपनिषदों के अनुवाद', 'छज्जू भक्त का गीता महातम' आदि मुगलकाल में रचित वार्त्ता-साहित्य की प्रमुख रचनाएँ हैं।

1.3 उत्तर मुगलकाल

सूफी कविता : बुल्लेशाह उत्तर-मुगलकाल के सर्वाधिक प्रसिद्ध व लोकप्रिय कवि हुए हैं। कुछ आलोचकों ने बुल्लेशाह को पंजाबी सूफी कविता का सर्वश्रेष्ठ कवि माना है। बुल्लेशाह ने काफिया, बारहमासा, अठवारा, दोहे आदि की रचना की है। परंतु बुल्लेशाह के काफिए सर्वाधिक लोकप्रिय हुए। उन्होंने अद्वैतवादी दर्शन को काव्य का आधार बनाया तथा आत्मा-परमात्मा के मिलन के गीत गाये। इनके काव्य में रहस्यवाद की सृष्टि हुई है। इन्होंने जनभाषा को अपनाया। अतः इनके काव्य जीवन के बहुत करीब हैं। **अली हैदर** इस काल के प्रसिद्ध सूफी कवि हैं। प्रेम व विरह की प्रधानता वाली कविता के रचयिता अली हैदर ने हीर-रांझे की प्रेमकथा को भी सूफी रंग में रँगा है। इन्होंने कुछ काव्य-पदों में मुसलमानों की अधोगति पर शोक प्रकट किया है। **फरद फकीर** की गिनती भी प्रमुख सूफी कवियों में की जाती है। विरह व वैराग्य की अभिव्यक्ति से परिपूर्ण इनकी रचनाओं के नाम हैं– 'बारहमाह', 'सीहरफी', 'कसबनामा', 'बाफिंदगा' और 'रोशन दिल'। फरद फकीर ने तत्कालीन समाज के हाकिमों द्वारा आम जनता पर किये गये अत्याचारों का वर्णन भी किया है। इस काल के अन्य सूफी कवि **वजीद, दाना, गरीबदास, साहिब जयसिंह राय, नानकशाही, भक्त ग्वाल जी, दर्शनभक्त** इत्यादि हैं।

निर्मल सम्प्रदाय

निर्मल सम्प्रदाय गुरु गोविन्द सिंह जी के पश्चात् प्रकाश में आया। वास्तव में इन सिक्ख पंडितों का मुख्य उद्देश्य वेदान्ती दर्शन के आलोक में गुरुवाणी की व्याख्या करना था। निर्मल सम्प्रदाय के सर्वाधिक प्रसिद्ध लेखक पंडित गुलाब सिंह हैं।'अध्यात्मरामायण', 'भावरस अमृत', 'मोखपंथ' तथा 'प्रबोधचन्द्र नाटक' इनकी प्रमुख रचनाएँ हैं। अन्य कवियों में बुद्ध सिंह, केसर सिंह, सेवा सिंह, गोपाल सिंह इत्यादि हैं। सभी लेखकों ने प्रायः ब्रजभाषा का प्रयोग किया है।

किस्से, वार एवं जंगनामे

उत्तर-मुगलकाल में यद्यपि अधिक किस्से नहीं लिखे गये तथापि इस काल में

शिरोमणि कवि वारिसशाह-कृत अमर कृति 'हीर-रांझा' के कारण इस काल का पंजाबी-साहित्य में विशेष महत्त्व है। कुछ लेखकों ने वारिसशाह की अन्य कृतियों का नामोल्लेख किया है परंतु इस संबंध में कोई प्रमाण नहीं मिलता। यूँ तो वारिसशाह से पहले व उनके बाद के कई कवियों ने भी 'हीर-रांझा' की रचना की लेकिन जैसी ख्याति वारिसशाह को मिली वह अद्वितीय है। इस कृति में 'हीर-रांझा' की प्रेमकथा के साथ तत्कालीन पंजाबी जीवन की राजसी व सामाजिक दशा का चित्रण भी मिलता है। उनकी भाषा सरल, मुहावरेदार व ठेठ पंजाबी है। अरबी-फारसी के शब्दों का प्रयोग भी मिलता है। कुछ आलोचकों ने वारिसशाह पर अश्लीलता का आरोप लगाया है। इसके बावजूद वारिसशाह की कृति 'हीर-रांझा' पंजाबी-साहित्य की अमूल्य रचना मानी जाती है। **मकबूल** इस काल के दूसरे प्रसिद्ध कवि हैं। उन्होंने मीर अब्दुल कादिर जिलानी की प्रशंसा में एक 'सीहरफी', एक 'जंगनामा' तथा 'हीर का किस्सा' लिखा। उन्होंने वारिसशाह के पहले 'हीर-रांझा' की रचना की। वारिसशाह पर उनका प्रभाव स्पष्ट दिखायी देता है। फिर भी जो ख्याति वारिसशाह को मिली वह मकबूल को न मिली। कवि **हामदशाह अब्बासी** ने भी हीर का किस्सा और एक जंगनामे की रचना की। इनकी काव्यभाषा पर हिन्दी की रंगत स्पष्ट दिखायी देती है। कवि **खुशहालचंद** ने पंजाबी में 'बिशनपद' (विष्णुपद) लिखने के अतिरिक्त आध्यात्मिक वार 'कल्याण वार' की भी रचना की। इस रचना पर गुरुवाणी का प्रभाव स्पष्ट है। इस काल के वार-साहित्य की सर्वाधिक प्रसिद्ध रचना कवि नज़ाबत रचित **'नादिरशाह की वार'** है। यह लिखित रूप में न मिलकर पंजाब के भाटों से मौखिक रूप में सुनी जाती रही। पंडित हरिकृष्ण ने इसे सबसे पहले प्रस्तुत किया। इस वार में नादिरशाह द्वारा हिन्द पर किये गये आक्रमण का वर्णन है। इसकी भाषा केन्द्रीय पंजाबी व लहँदा है। यह रचना वीर रस की कविता का उत्तम नमूना है। इस काल में एक अज्ञात कवि द्वारा रचित एक वार 'भेड़े की पटशाही दसवीं' मिलती है जिसमें गुरु गोविन्द सिंह की वीरता व शौर्य का वर्णन किया गया है। कवि **तेजभान** ने 'भगवान कृष्ण की वार' लिखकर श्री कृष्ण को पंजाबी-साहित्य के वीर रस के कार्यक्षेत्र में कलात्मक ढंग से प्रस्तुत किया। यह सगुण भक्ति की रचना है। कवि **अगरा** की रचना 'हकीकत राय दी वार' इस काल की एक अन्य प्रसिद्ध कृति है। सीधी, सरल केन्द्रीय पंजाबी में इस रचना में हकीकत राय की शहादत का वर्णन है। गुजरात के मुस्लिम कवि **मीर मुहम्मद** कृत 'चढियां दी वार' तथा **यशोदानंदन** व **देवीदास**-कृत 'लव-कुश दी वार' भी इस काल की प्रमुख रचनाएँ हैं। इस काल में कुछ कवियों द्वारा रचित 'रहितनामों' तथा सिक्ख-इतिहास की रचनाओं को भी साहित्य के इतिहास में सम्मिलित किया गया है। रहितनामों में सिक्ख धर्म के नियमानुसार जीवनयापन की शिक्षा दी जाती है। सैंतीस रहितनामों का एक संकलन 'विवेक-वारिस' ग्रंथ में उपलब्ध है। **भाई देसा सिंह** व **भाई नंदलाल** द्वारा रचित

'रहितनामा' इस वर्ग की विशिष्ट रचनाएँ हैं। इसी कड़ी में **सरूपदास भल्ला** द्वारा रचित **'महिमा प्रकाश'** तथा **भाई सुक्खा सिंह** रचित 'गुरु विलास पातसाही दसवीं' रचनाएँ भी महत्त्वपूर्ण हैं। कवि **सोहनसिंह** रचित 'गुरु विलास पातशाही छेवी' इस काल की एक बड़े आकार की सिक्ख-इतिहास की कृति है जिसमें श्री गुरु नानक देव जी से लेकर गुरु गोविन्दसिंह जी के जीवन का विस्तृत वर्णन किया गया है। इस काल में इस्लामी धर्म व दर्शन को पंजाबी-कविता की रंगत में प्रस्तुत करनेवाली कुछ कृतियों की भी रचना की गयी। इनमें प्रमुख हैं **रांझे बरखुरदार** की रचना 'कसीदा', **शेख अब्दुल्ला लाहौरी** की रचना 'अनुवाद', **मौलाना अब्दुल करीम** की रचना 'निजात अलमोमनीम' इत्यादि।

गद्य-साहित्य : इस काल में वार्तक साहित्य (वार्त्ता साहित्य) के कई नये रूप सामने आये। इस काल की प्रमुख वार्तक रचनाएँ इस प्रकार हैं— **भाई मनी सिंह** कृत 'ज्ञानरत्नावली', 'भगतरत्नावली' और 'प्रेमसमागम'; **अदणशाह** कृत 'पारसभाग'; **आनंदघन** रचित 'जप जी', 'सिद्ध गोष्ठी', 'आरती' व 'आनंद का टीका'; **सरूप भल्ला** कृत 'महिमा प्रकाश' इत्यादि। कुछ-एक संस्कृत-ग्रंथों के पंजाबी अनुवाद भी किये गये जिनमें 'अपरोख अनुभव', 'भागवत पुराण', 'सिंहासन बतीसी' विशेष रूप से उल्लेखनीय हैं। उत्तर-मुगलकाल में हस्तलिखित साखियों, वचन, हुक्मनामे, रहितनामे, प्रश्नावलियाँ, टीका, गोष्ठी व चिट्ठियों के अलावा सेवापंथी साधुओं द्वारा रचित बहुत-सी गद्य-रचनाएँ भी मिलती हैं। इस काल का संपूर्ण साहित्य भले ही हिंदवी रंगत लिये हुए है तथापि यह ठेठ पंजाबी व गुरुमुखी लिपि में रचित है। इसे पढ़कर यह प्रतीत होता है कि मुसलमान साहित्यकारों के अलावा सारा पंजाब गुरुमुखी लिपि को अपना चुका था।

1.4 सिक्ख राजकाल

पंजाब के इतिहास में महाराज रणजीत सिंह का समय शान्ति व सुव्यवस्था से परिपूर्ण माना जाता है। अठारहवीं सदी में मुगलों से प्रताड़ित पंजाब में महाराजा रणजीत सिंह के नेतृत्व में लगभग आधी सदी सुख-चैन व्याप्त रहा है। महाराजा रणजीत सिंह की अकाल मृत्यु से उपजी राजनीतिक अस्थिरता की वजह से साहित्य को कोई विशेष नयी दिशा नहीं मिली। भाषा की दृष्टि से यह काल समृद्ध माना जाता है। इस काल में केन्द्रीय बोली प्रामाणिक मानी जाने लगी थी। लुधियाना मिशन के कुछ पादरियों ने पंजाबी के महत्त्व को पहली बार स्वीकार करते हुए सन् 1815 में बाईबल का अनुवाद छपवाया। इस काल में किस्से व वार-साहित्य पर अधिक काम न हुआ। वार्त्तक साहित्य की भी कोई विशेष रचना नहीं लिखी गयी। अतः आलोचकों ने इस काल को मध्यकालीन साहित्य का आखिरी पड़ाव माना है। इस काल की कुछ प्रमुख रचनाएँ इस प्रकार हैं— **हाशिम** कृत 'ससी वुन्नू', 'सीरी फरियाद', 'सोहणी', 'हीर' इत्यादि; **अहमद यार** कृत 'शाहनयी नामा' (फारसी);

कादरखान कृत 'पूरन भगत', 'महिराजा नामा', 'सोहणी महिवाल', 'वार हरिसिंह नलवा'; **इमाम बख़श** कृत 'शाह बहिराम', 'चंदर बदन'; **मिहराम सिंह** कृत 'चंदरभाग' तथा **निहाला** कृत 'सखी सखर'।

सिक्ख राजकाल में इतिहासकार कवि भी हुए हैं। यह परंपरा **गुरु गोविन्द सिंह** की रचना 'बचित्तर नाटक' से आरंभ हुई। यह काल राष्ट्रीय गौरव के उत्थान का था। अतः इसमें बहुत-सी रचनाएँ राष्ट्रीय एकता के उद्देश्य से लिखी गयीं। इस दृष्टि से **भाई संतोख सिंह** की 'नानक-प्रकाश', 'गुरुप्रताप' और 'सूरज ग्रंथ' महत्त्वपूर्ण रचनाएँ हैं। ऐतिहासिक वृत्तांतों के लिए 'बैंतो' की रचना की गयी। इनमें राजाओं तथा देशभक्तों के चरित्र का गुणगान होता है। महाराजा रणजीत सिंह से लेकर महाराजा शेर सिंह तक की महिमा में 'बैंत' रचे गये। इस काल के सुप्रसिद्ध इतिहासकार कवि **शाह मुहम्मद** कृत 'ससी पुन्नू का किस्सा' तथा 'अंग्रेजां ते सिंगा दी लड़ाई' इस काल की प्रमुख रचनाएँ हैं। शाह मुहम्मद की लोकप्रियता का कारण उनके काव्य में चित्रित पंजाबी संस्कृति, काव्यात्मकता, आलंकारिक तथा बिम्बात्मक शैली है। **कादरखान** रचित 'हरिसिंह नलुवा दी वार' में सिक्खों की बेमिसाल वीरता का वर्णन है। इनकी अन्य महत्त्वपूर्ण रचना 'टीका जपुजी सरब गंजनी' है। इस काल के एक अन्य लेखक **नूर हुसैन** द्वारा 'भगवद्‌गीता' का फारसी में अनुवाद करने के कारण विशिष्ट महत्त्व है।

अतः कहा जा सकता है कि मध्यकाल के पंजाबी-साहित्य में आध्यात्मिक काव्यधारा का मुख्य रूप से प्रचार हुआ। सिक्ख गुरुओं तथा साहित्यकारों ने इस प्रवाह में अपना महत्त्वपूर्ण व अविस्मरणीय योगदान किया। बाबा फरीद, गुरु नानक देव जी तथा भाई गुरुदास जैसी महान् विभूतियाँ मध्यकाल की ही देन हैं जिन्होंने न केवल पंजाब अपितु पूरी मानवता को अपने साहित्य से लाभान्वित किया। भाषिक स्तर पर यद्यपि संस्कृत, प्राकृत, ब्रज, अरबी, फारसी इत्यादि का प्रभाव पंजाबी-साहित्य पर पड़ना स्वाभाविक था तथापि पंजाबी-लेखकों ने पंजाबी के प्रति अपनी प्रतिबद्धता बनाये रखी। इस काल में देशी छंदों से लगाव, लोक छंदों का प्रयोग तथा छंदों की मात्रा व तुक को आवश्यकतानुसार ढालने की रुचि विकसित हुई। यह सम्पूर्ण साहित्य मानवतावादी दर्शन लिये हुए है। इसका केन्द्रीय बिन्दु समस्त जनकल्याण की भावना है। यह अनेक स्तरों पर जीवन से जुड़ा हुआ है और सर्वथा मौलिक है।

2. आधुनिक काल का साहित्य (1850 ई०–1947 ई० तक)

पंजाबी आधुनिक साहित्य से अभिप्राय वास्तव में पूँजीवादी राजव्यवस्था के प्रभावस्वरूप उपजे साहित्य से है। सन् 1857 ई० का प्रथम स्वतंत्रता-संग्राम भारतीय इतिहास में एक महत्त्वपूर्ण घटना है। इस संग्राम की असफलता ने लोगों को निराश किया। अँगरेजों ने उच्च वर्ग के लोगों को जागीरें व सुख-सुविधाएँ देकर संतुष्ट कर लिया था। इसलिए अँगरेजी सत्ता का सीधा प्रभाव पंजाब की राजसत्ता पर पड़ा। इसी

समय पंजाब में साहित्य की उन्नति के लिए अनुकूल परिस्थितियाँ पैदा होनी आरंभ हुईं। पंजाब में शिक्षा का पश्चिमीकरण, पत्रकारिता का आरम्भ, प्रिंटिंग प्रेस का आरंभ व प्रकाशन होने के कारण नगरीय सभ्यता में शिक्षित मध्य वर्ग का इस समय उदय हुआ। आधुनिक साहित्य का सूत्रपात 17वीं-18वीं शताब्दी में पश्चिमी यूरोप में हुआ। इंग्लैंड, फ्रांस तथा अन्य देशों में आये साहित्यिक परिवर्तनों के प्रचार-प्रसार ने साहित्य-लेखन को प्रभावित किया। आधुनिक साहित्यिक विधाएँ उपन्यास, कहानी, नाटक, एकांकी इत्यादि इसी बात के प्रमाण हैं। लेकिन किसी भी भाषा का साहित्य अपनी परम्परा व परिवेशगत प्रभाव के अनुकूल ही विकसित होता है। अतः पंजाबी-साहित्य पर पश्चिमी प्रभाव होते हुए भी इसमें सामाजिक व सांस्कृतिक परम्पराओं का प्रभाव निरंतर होता रहा। साहित्य के क्षेत्र में परिवर्तन आना अनिवार्य एवं स्वाभाविक था। अतः पुरानी साहित्यिक परम्पराओं व मर्यादाओं का टूटना, नये विषयों व उद्देश्यों का सामने आना, आधुनिक साहित्यिक चेतना का उदित होना, गद्य-पद्य का विकसित होना, नये कला-रूपों का आगमन, भौतिक परिस्थितियों में बदलाव, शिक्षा-प्रणाली में परिवर्तन, पत्रकारिता, प्रकाशन, सामाजिक आंदोलन, कवि दरबार, रेडियो व सिनेमा का योगदान, सरकारी-गैरसरकारी संगठनों के प्रयत्न, जन चेतना, वैयक्तिक प्रयत्न इत्यादि अनेक कारण थे, जिन्होंने पंजाबी-साहित्य के विकास व समृद्धि की आधारभूमि तैयार की। यह सच है कि भारत-विभाजन ने पंजाबी भाषा के विकास को अवरुद्ध किया, लेकिन इन सब परिस्थितियों के बावजूद साहित्यिक नवचेतना पर कोई प्रतिकूल प्रभाव नहीं पड़ा। सन् 1900 तक की रचनाओं को 'जागृति काल' की रचनाएँ कहा जाता है। इस काल में साहित्य के अलग-अलग क्षेत्रों में नयी दिशाओं का सूत्रपात हुआ। सिक्खों द्वारा चलाये गये विभिन्न धार्मिक आंदोलनों ने भी साहित्य को प्रभावित किया। इनमें 'कूका लहर', 'सिंह सभा' तथा 'चीफ खालसा दीवान' प्रमुख हैं। इन सब सभाओं, धार्मिक पुस्तकों के प्रकाशन, इतिहास-सम्बन्धी शंकाओं को दूर करना, शिक्षण-संस्थाएँ खोलना तथा पंजाबी बोली के माध्यम से शिक्षा को उन्नत करने जैसे उद्देश्यों को केन्द्र में रखते हुए महत्त्वपूर्ण प्रयत्न हुए। सन् 1894 ई॰ में भाई वीर सिंह ने 'खालसा पैक्ट सोसाइटी' की नींव रखी। धार्मिक जागृति फैलाना, धार्मिक शंकाओं का निवारण करना तथा धार्मिक इश्तिहार लिखने, छपवाने व बाँटने का काम इस संस्था के मुख्य उद्देश्य थे। 'अकाली और बब्बर लहर' भी ऐसे ही धार्मिक उद्देश्यों से प्रेरित थी। अनेक धार्मिक व क्रांतिकारी रचनाएँ लिखी गयीं। 'अकाली' शीर्षक से एक दैनिक समाचार-पत्र का प्रकाशन भी शुरू हुआ। 'कौमी लहर' ने भी साहित्य को प्रभावित किया। इस लहर का मुख्य उद्देश्य राष्ट्रीय चेतना का प्रसार व अँगरेजों के प्रति विद्रोह की भावना पैदा करना था। जालियाँवाला बाग का सामूहिक नरसंहार, लाला लाजपत राय का बलिदान, 1929 ई॰ का लाहौर में हुआ काँग्रेस अधिवेशन, आजद हिंद फौज

की गतिविधियाँ साहित्य का विषय बन गयी थीं। तत्कालीन प्रसिद्ध पंजाबी कवि दर्शन सिंह अवारा, गुरुवख्श सिंह आदि की आरम्भिक रचनाओं पर इन सब का बहुत प्रभाव पड़ा। गदर पार्टी, कम्यूनिस्ट लहर तथा अन्य कई सांस्कृतिक लहरों के प्रयत्नों के फलस्वरूप देशप्रेम व सामाजिक उत्थान की भावना को बड़े स्तर पर अभिव्यक्ति मिली। लोक-जागरण के लिए साहित्य एक अत्यंत उपादेय उपकरण के रूप में प्रयुक्त हुआ। सन् 1860 से 1900 ई॰ के मध्य रचित साहित्य ने आधुनिक पंजाबी-साहित्य की नींव तैयार की। फिर भी, आधुनिक काल के आरम्भिक कवियों **फ़ज़ल शाह, गुलाम रसूल, कृष्ण सिंह आरफ, भगवान सिंह, दौलतराम** आदि पुरानी साहित्यिक मर्यादा का ही निर्वाह कर रहे थे। इनके बाद के कवियों, यथा **ज्ञानचंद, साधु दया सिंह, करतार सिंह क्लासवालिया** तथा **पंडित किशोरचंद** ने भी इसी परम्परा को जारी रखा।

आधुनिक साहित्य का प्रभाव सर्वप्रथम वार्त्तक साहित्य पर पड़ा। वार्त्तक रचनाओं में ब्रज की जगह नयी वाक्य रचनाएँ स्थान पा रही थीं। **पंडित श्रद्धाराम फिल्लौरी** की रचना 'सिखां दे राज दी विधिया', 'पंजाबी बातचीत' आदि में बोली का लहजा ठेठ एवं आधुनिक है। नामधारी **बाबा राम सिंह** के हुक्कनामों में प्राचीन व नवीन बोली का सुंदर सम्मिश्रण है। प्रसिद्ध पत्रकार व साहित्यकार **भाई गुरदित सिंह, अमर सिंह** तथा **हजारा सिंह** जैसे लेखकों का झुकाव आधुनिकता की ओर था। फलस्वरूप 19वीं शताब्दी के आखिरी दशक में आधुनिक साहित्य की नींव रखी गयी। यद्यपि इस समय साहित्य में पंजाबी की जगह ब्रज का प्राधान्य था तथापि कुछ रचनाओं में पंजाबी शब्द अच्छी संख्या में मिल जाते हैं। आधुनिक बोली का बीज-रूप में जन्म इसी काल में हुआ। सन् 1901 ई॰ से सन् 1930 ई॰ के बीच की रचनाओं को 'परिवर्तन काल' की रचनाएँ कहा जा सकता है। इस काल में साहित्य में भाव व शैली की दृष्टि से परिवर्तन आया। गद्य व पद्य दोनों का विकाश हुआ। पश्चिमी प्रभाव-स्वरूप काव्य में नयी चेतना, नये छंद, प्रकृति-चित्रण व लघु कविता को स्थान दिया जाने लगा। पद्य के अतिरिक्त कहानी, उपन्यास, नाटक, एकांकी, जीवनी, निबंध, यात्रा-संस्मरण, वृत्तांत-इतिहास व परख का आरम्भ भी इसी काल में हुआ। गद्य शैली में बहुत-से लेखकों ने नवीन ढंग की वार्त्तक रचनाएँ लिखीं। कवियों में **भाई वीर सिंह, प्रो॰ पूरन सिंह, धनीराम यात्रिक, किरण सागर** आदि कवियों ने आधुनिक काल की रचना की व इस परंपरा को आगे बढ़ाया। मौलिक उपन्यासों की नींव **भाई वीर सिंह** ने 19वीं शताब्दी के अंत में ही रख दी थी। इस परंपरा को **भाई मोहन सिंह वैद, चरन सिंह शहीद, अमर सिंह, हरबख्श सिंह, मास्टर तारा सिंह** इत्यादि कवियों ने विकसित किया। इसी समय लघुकथा का भी जन्म हुआ जिसे पत्र-पत्रिकाओं ने अधिक प्रचलित किया। **लाल सिंह, कमला अकाली, मोहन सिंह वैद, अभय सिंह, बलवंत सिंह, केसर सिंह, हीरा सिंह दरद**

आदि पंजाबी के आरंभिक कहानीकार हैं। नाटक के क्षेत्र में अँगरेजी व संस्कृत के कुछ नाटक डॉ० **चरन सिंह, मान सिंह, नारायण सिंह, बलवंत सिंह** इत्यादि द्वारा अनूदित किये गये। भाई वीर सिंह, बाबा बुद्ध सिंह, बृजलाल शास्त्री, किरण सागर इत्यादि ने नाटकों की रचना की लेकिन ये नाटक केवल पढ़ने की दृष्टि से लिखे गये थे, रंगमंच की दृष्टि से **प्रो० नंदा** को आधुनिक पंजाबी-नाटक का पहला लेखक माना जा सकता है। यद्यपि इस काल में अनेक साहित्य-विधाएँ चलन में आयीं लेकिन हर क्षेत्र में गिनती भर की रचनाएँ लिखी गयीं। सन् 1930 से 1947 ई० के समय को कुछ पंजाबी-आलोचक 'नवीन काल' कहते हैं। इस काल में लेखकों ने सजग होकर साहित्य-रचना की। 1936 में प्रगतिवादी संघ की स्थापना तथा द्वितीय विश्वयुद्ध के बाद पंजाबी-साहित्य राष्ट्रवादी चेतना से संवलित हुआ और इसे एक नया धरातल मिला। पहले दौर की रचनाओं में राष्ट्रीय प्रेम व दूसरे दौर की रचनाओं में समाजवादी रुचियाँ प्रधान रहीं। इस काल में कुछ वर्षों में साहित्य की जो समृद्धि व विकास हुआ, वह पिछली कई शताब्दियों में भी न हुआ था। कविता के क्षेत्र में **मोहन सिंह, अमृता प्रीतम, बाबा बलवंत, प्रीतम सिंह, पियारा सिंह, प्रभजोत कौर** तथा **हरबिंदर सिंह** का योगदान महत्त्वपूर्ण है। आधुनिक कविता शुरुआती दौर में रोमांटिक व आदर्शपरक थी। तत्पश्चात् रहस्यवादी भावों को अधिक स्थान मिला और कालांतर में काव्य में यथार्थवाद को अभिव्यक्ति मिली। इस काल में कुछ विद्वानों ने भाषा-संबंधी शोध-कार्य भी किया। **प्रो० साहिब सिंह** जी का 'गुरुवाणी व्याकरण', **डॉ० मोहन सिंह** का 'जपु भाखा' और 'छंदबंदी', **प्रो० राम सिंह** का 'शब्द-चमत्कार' तथा **सरदार जी०बी० सिंह** की पुस्तकें विशेष रूप से उल्लेखनीय हैं। कुछ विद्वानों ने 'गुरुग्रंथसाहिब' की टीका तथा शब्दार्थों की रचना भी की। जागृति व परिवर्तन काल (1900-1930) के अंतर्गत बोली के विकास के सम्बन्ध में अनेक महत्त्वपूर्ण प्रयत्न किये गये। व्याकरण, कोश-निर्माण, उच्चारण-भेद, लिपि व बोली के उद्भव और विकास के सम्बंध में शोध-सम्बन्धी अनेक कार्यों के लिए पंजाबी-साहित्य पश्चिमी विद्वानों का ऋणी है। डॉ० ग्रियर्सन ने अपनी पुस्तक 'भारत का भाषा-सर्वेक्षण' में पंजाबी बोली, लिपि व उपभाषाओं के सम्बन्ध में विस्तृत चर्चा की है। न्यूटन, बैली तथा कन्निंघम जैसे विद्वानों ने पंजाबी व्याकरण, कोश तथा उच्चारण-भेद पर शोध किया। **हेमराज** ने पंजाबी मुहावरा कोश की रचना की। इनसे प्रभावित होकर पंजाब के विद्वानों ने भी इस दिशा में कार्य करना शुरू किया। इसी काल में अँगरेजी शब्द तत्सम व तद्भव रूपों की तरह पंजाबी में सम्मिलित होने शुरू हो गये। पंजाबी-साहित्य 'लोक-बोली' के करीब आया। 'पंजाबी प्रचार रत्नावली', 'पंजाबी प्रचार बुक एजेंसी' अथवा 'सुदेश भाषा प्रचारिणी सभा' की स्थापना से पंजाबी का अत्यधिक विकास हुआ। इस काल की सबसे बड़ी रचना **भाई कान्हा सिंह** का 'गुरुसबद रतनाकर' (महान् कोश) है। अँगरेजी की तरह उर्दू के अनेक शब्द

भी पंजाबी में प्रयुक्त होने लगे।

कविता : आधुनिक पंजाबी-कविता का जन्म बीसवीं सदी के आरम्भ में हुआ। इस काल में रचित काव्य-साहित्य को दो भागों में बाँटा जा सकता है। पहले वर्ग के कवियों की कविता आधुनिक चेतना से अनुप्राणित है जबकि दूसरे वर्ग के कवि अभी भी पुरानी काव्य-परम्पराओं से जुड़े हुए थे और पुरानी काव्य-शैली व संसार से बँधे थे। इस वर्ग के कुछ कवियों ने दरबारों व मंचों पर प्रचलित बहर में पढ़ी जानेवाली कविताओं की रचना भी की। पहले वर्ग के कवियो में **भाई वीर सिंह, पूरन सिंह, धनीराम चात्रिक, मोहन सिंह, अमृता प्रीतम, प्रीतम सिंह सफीर** तथा **बाबा बलवंत** प्रमुख हैं। सर्वप्रथम भाई वीर सिंह ने पंजाबी-काव्य को आधुनिक रंग दिया। भाई वीर सिंह भले ही 'सिंह सभा' लहर की उपज थे और उनका काव्य-विषय पुरातन व आध्यात्मिक है परंतु उन्होंने उसे नये रूप में अभिव्यक्ति दी। भाई वीर सिंह की प्रमुख काव्य-रचनाएँ हैं– 'राणा सूरत सिंह (महाकाव्य), 'लहरां दे हार', 'बिजलियाँ दे हार', 'मटक हुलारे', 'लहर हुलारे', 'प्रीती वाणी (लघु कविता संग्रह), 'कंबदी कलाई' और 'कंत सहेली'। भाई वीर सिंह के काव्य का मूल विषय अध्यात्म है, अतः इनके काव्य में रहस्यवाद की अभिव्यक्ति हुई है। ईश्वरीय प्रेम, प्रकृति-प्रेम, ईश्वर की सर्वव्यापकता, लोकहित की कामना इनके काव्य की प्रमुख विशेषताएँ हैं। इनके काव्य पर सिक्ख गुरुओं, सूफी फकीरों व नाथ-जोगियों का प्रभाव सहज ही देखा जा सकता है। पंजाबी में महाकाव्य लिखने का सूत्रपात भाई वीरसिंह से हुआ। साथ ही इन्होंने पंजाबी में छोटी कविता लिखने की नयी परम्परा भी आरम्भ की, पुराने छंदों को तिलांजलि दी तथा गुरुकाल में विकसित शब्दावली की पुनस्सृष्टि करने की भी पहल की। सूफी कविता के प्रभाव-स्वरूप इनके काव्य में जहाँ एक ओर भाव एवं रस को विस्तृत भूमि मिली है वहीं वैराग्य व नैराश्य के भाव काव्य को एक संकुचित परिधि में ले जाते हैं। अतः सामाजिक पक्ष नगण्य है। प्रकृति-चित्रण, रूपक-योजना, कोमल भाव, बोली तथा अलंकार-रचना, सभी प्रभावशाली हैं। लेकिन कुछ कविताओं का अनावश्यक विस्तार रस-भंग करता है। भाई वीर सिंह ने पंजाबी में सबसे पहले रुबाई लिखने का भी सफल प्रयास किया। सुप्रसिद्ध आलोचक डॉ॰ मोहन सिंह ने इनकी रुबाइयों को 'हीरे की कनियाँ' कहा है। अतः भाई वीर सिंह ने कई अर्थों में समकालीन कवियों को प्रभावित किया व उन्हें सर्जना की नयी दिशा दी। **प्रो॰ पूरन सिंह** पंजाबी के प्रतिभावान् रचनाकार हैं। जीवन का गहन अनुभव, देश-विदेश की यात्राएँ, विश्व-साहित्य का अध्ययन तथा प्रकृति-प्रदत्त प्रतिभा के फलस्वरूप प्रो॰ पूरन सिंह ने पंजाबी के पद्य व गद्य दोनों विधाओं को समृद्ध किया। कुछ आलोचक उन्हें भाई वीर सिंह से पूर्णतया प्रभावित मानते हैं, लेकिन उनकी रचनाओं में कलारूपों की नवीनता व मौलिकता देखकर उनकी सर्जना-शक्ति पर सहज ही विश्वास हो जाता है। उनकी रचनाएँ कई अर्थों में नवीनता लिये हुई हैं। उनके

रचना-संसार पर संसार के प्रसिद्ध साहित्यकारों वाल्ट ह्विटमैन, एमर्सन, कार्लाइल तथा सिक्ख गुरुओं की प्रतिभा का अप्रत्यक्ष प्रभाव भी माना जाता है। उनके तीन काव्य-संग्रह हैं– 'खुले घुंड', 'खुले मैदान' तथा 'खुले रंग आसमानी'। प्रो॰ पूरन सिंह की रचनाओं के शीर्षकों से यह अनुमान सहज ही लगाया जा सकता है कि वे स्वच्छंद प्रकृति के साहित्यकार थे। उनकी रचनाएँ पंजाबी की आध्यात्मिक रचनाओं में सर्वश्रेष्ठ मानी गयी हैं। उनकी रचनाओं में दार्शनिकता तथा वैराग्य के गहरे रंग हैं। कहीं-कहीं धार्मिक आडम्बरों पर खुला प्रहार भी है। प्रो॰ पूरन सिंह की कविता व वार्त्तक गद्य में शैली की दृष्टि से सूक्ष्म अन्तर है जिसकी वजह से साधारण पाठक के लिए उनकी कविता व वार्त्तक में अंतर करना कठिन हो जाता है। इसी कारण कुछ आलोचकों ने प्रो॰ पूरन सिंह की काव्य-शैली का विरोध भी किया। हालाँकि कई परवर्ती कवियों ने उनकी शैली का अनुसरण करते हुए 'खुली कविता' लिखने का प्रयत्न किया परन्तु डॉ॰ दीवान सिंह 'कालेयानी' और गुरबख्श सिंह को छोड़कर कोई कवि इस शैली का निर्वाह कुशलता से नहीं कर पाया। प्रो॰ पूरन सिंह की कविता जीवन के बहुत निकट है। काव्य में रोमांस, देशभक्ति तथा जनजीवन के विभिन्न चित्र प्रस्तुत करनेवाले इस कवि की कविता में प्रवाह है व शैली आधुनिक है। प्रो॰ पूरन सिंह ने भी भाई वीर सिंह की तरह समकालीन कवियों को प्रभावित किया। **लाला धनीराम चात्रिक** आधुनिक पंजाबी-कविता की उस पीढ़ी के प्रतिनिधि कवि हैं जिसने शुद्ध पंजाबी जीवन व सभ्यता को काव्य का प्रतिपाद्य बनाया। चात्रिक की कविताओं का आरम्भ किस्सों से होता है। 'नल-दमयन्ती' इत्यादि उनके द्वारा रचित प्रसिद्ध किस्से हैं, परंतु साहित्यिक जगत् में उन्हें मान्यता आधुनिक कविता के कारण मिली। उनकी कविता राष्ट्रीय चेतना से पूर्ण है। इसके अतिरिक्त उनके कविता में पंजाबी-जीवन की झलक, प्रकृति-चित्रण, जन-जागृति, धार्मिक व सदाचार की शिक्षा, परंपरा व रोमांस मिलता है। आलोचकों ने उनकी रचना 'चंदनबाड़ी' को उनकी साहित्यिक ऊर्जा का प्रमाण माना है। इसके अतिरिक्त उन्होंने 'केशर क्यारी', 'नवाँ जहान' तथा 'सूफीखाना' जैसे काव्य-संग्रहों की रचना की। उनकी कविता में अलंकार, रूपक व बिम्बों का सुन्दर निर्वाह हुआ है। छंद-प्रबंध की दृष्टि से उनकी कविता प्रभावशाली है। **लाला कृपासागर** आधुनिक पंजाबी-कविता के प्रमुख हस्ताक्षर हैं। उन्होंने सबसे पहले लम्बी वृत्तांतक (आख्यानात्मक) कविता लिखी जो उनके काव्य-कौशल का प्रमाण है। उन्होंने 'लक्ष्मी देवी' शीर्षक से एक महाकाव्य की रचना की। रूपक की दृष्टि से यह पंजाबी का पहला सफल महाकाव्य है। इसमें देश-प्रेम, शृंगार, हास्य, शांत, करुण, वीभत्स इत्यादि रसों की अभिव्यक्ति हुई है। मुख्य छंद दोहा है, लेकिन गीत, सवैये तथा कवित्त में भी लाला कृपासागर की लेखनी को कुशलता प्राप्त है। भाषा में चित्रात्मकता है तथा अलंकारों का सुंदर प्रयोग किया गया है। 'राए-राइया' इनका एक अन्य अप्रकाशित ग्रंथ है। समकालीन कवि इनकी

काव्य-प्रतिभा से काफी प्रभावित हुए। डॉ॰ चरण सिंह आधुनिक पंजाबी-कविता के पुरोधा कवि, वीर सिंह जी के पिता और प्रसिद्ध विद्वान् थे। इन्होंने पंजाबी व ब्रज में काव्य-रचना की। इनके काव्य-संग्रह का नाम 'केसरी चरखा' है जिमसें कवि ने परंपरागत ढंग से आध्यात्मिक भावों को प्रकट किया है। अलंकारों का सुंदर प्रयोग इनके काव्य की अन्य विशेषता है। **भाई रणधीर सिंह** ने अध्यात्म को काव्य-लेखन का आधार बनाया है। इनके काव्य में रहस्यवाद तथा विरह-भावना प्रमुख रूप से उजागर हुई है। इनकी रचनाएँ हैं–'दर्शन झलका' और 'जोत विगास'। इनके काव्य पर गुरुवाणी का प्रभाव स्पष्ट रूप से दिखायी देता है। सूफी कविता व शैली ने भी इनकी रचनाओं को प्रभावित किया है। अतः उपर्युक्त कवियों के रचना-संसार से पंजाबी-साहित्य की आधुनिक धारा को अपूर्व प्रवाह व वेग मिला।

सन् 1936 ई॰ के बाद के कवियों के दो प्रमुख वर्ग उभरे। पहले वर्ग के कवियों ने भाव-प्रवणता तथा मधुरता को काव्य का प्रतिपाद्य बनाया जबकि दूसरे वर्ग के कवियों के काव्य का सैद्धान्तिक पहलू उनके भाव-बोध पर हावी हो गया है। पहले वर्ग के कवियों में **प्रो॰ मोहन सिंह** का विशिष्ट स्थान है। मोहन सिंह पहले ऐसे कवि है जिन्होंने भाई वीर सिंह की परम्परा से पूरी तरह मुक्त होकर काव्य-रचना की। मोहन सिंह प्रेम के कवि हैं। असमय में युवा पत्नी की मृत्यु ने इन्हें काव्य-रचना के लिए प्रेरित किया। प्रेमतत्त्व, भाव-प्रवणता, सुन्दर शब्द-चयन, रागात्मकता, नाद-सौंदर्य, चित्रात्मकता, अलंकारों की नवीनता इत्यादि उनके काव्य की अन्य विशेषताएँ हैं। कहीं-कहीं इन पर बिम्बों का हावी होना अखरता है। इनके प्रमुख काव्य-संगह 'चार हंजू', 'साव पतर', 'कसूंभड़ा', 'अधवारे', 'आओ नचिए', 'कचसच' इत्यादि हैं। 'चार-हंजू' काव्य-संग्रह में केवल चार कविताएँ हैं। 'साव पतर' में प्रेम, विरह व रोमांस की प्रमुखता है। 'कसूंभड़ा' तथा 'अधवारे' में ताजमहल व कश्मीर के सौंदर्य का वर्णन करनेवाली कविताएँ विशेष रूप से उल्लेखनीय हैं। नये छंदों का सफल प्रयोग किया गया है। कुछ कविताओं में देशप्रेम की अभिव्यक्ति भी हुई है तो कहीं-कहीं असफल प्रेम, निराशा व विषाद के भाव भी प्रकट हुए हैं। कवि की सबसे बड़ी सफलता अपने गीतों को लोकछंदों के माध्यम से जन-जन तक पहुँचाने में निहित है। **अमृता प्रीतम** के काव्य का मूल विषय प्रेम व विषाद है। नारी-मन की सूक्ष्म अनुभूतियों का गहन चित्रण उनके काव्य की अन्य प्रमुख विशेषता है। उनके काव्य को 'पंजाबी स्त्री की आवाज' कहा जाता है। उनके काव्य-संग्रहों के नाम हैं– 'लहरां', 'जीऊंदा जीवन', 'तरेल धोते फुल्ल', 'ओ गीतां वालिया', 'बदलां दे पल्ले ते संझ दी लाली', 'लोकपीड़' और 'पत्थर गीटे'। अमृता प्रीतम की आरंभिक कविताएँ परंपरागत काव्यधारा से जुड़ी हैं लेकिन 'जीऊंदा जीवन' काव्य-संग्रह से उनके काव्य में आधुनिक तत्त्वों का समावेश होना आरम्भ हो गया। अमृता प्रीतम के काव्य में आत्माभिव्यक्ति, जीवन-सत्यों को प्रकट करने की तीव्रता, संसार में

व्याप्त भूख व गरीबी के प्रति पीड़ा व उसे दूर करने की छटपटाहट दिखायी देती है। नारी-जीवन के विभिन्न पक्ष उनकी कई कविताओं की मूल संवेदना हैं। भावानुकूल शब्द-चयन और नवीन अलंकारों का प्रयोग उनके काव्य की अन्य विशेषताएँ हैं। उन्हें गीत लिखने में भी सफलता मिली है। उनके गीतों में लोकगीतों का-सा रस है। समाज की रूढ़ व सड़ी-गली परम्पराओं के विरोध में अमृता प्रीतम के स्वर कहीं-कहीं तीखे भी हुए हैं। **अवतार सिंह आज़ाद** ने 'शांत बूढ़ा', 'सावण पींघां', 'विश्ववेदना' एवं 'कनसोया' काव्य-संग्रहों की रचना की। इसके अतिरिक्त इन्होंने उमर खैय्याम की रुबाइयों का भावानुवाद भी किया है। अवतार आजाद की कविताओं का स्वर आशावादी है जिसमें जीवन की सच्चाइयों का चित्रण है। अलंकार-योजना, शब्द-चयन एवं काव्य-प्रवाह की दृष्टि से वे एक सफल कवि हैं, भले ही वे अनगिनत पुराने छंदों के मोह से बच नहीं पाये। **हीरा सिंह दरद** पंजाबी के कवि-दरबार-परम्परा के प्रमुख शृंगार रहे। इन पर अकाली लहर का प्रभाव था। इन्होंने आम जनता के दुःख-दर्द को काव्य का मूल विषय बनाया। शुरू-शुरू में इनकी कविताएँ 'अकाली (दैनिक) तथा 'कुलवाड़ी' (मासिक) पत्रिकाओं में छपती रहीं। उसके बाद इनकी कविताएँ 'दरद सुनेहे' नाम से छपती रहीं। इनका काव्य समय-समय पर प्रचलित काव्य-धाराओं से प्रभावित है। **प्यारा सिंह सहराई** के काव्य-संग्रहों के नाम हैं—तारियां दी लौ', 'सहराई पंक्षी', 'धरती दे गीत' तथा 'समय दी बाग'। इन्होंने कालिदास के प्रसिद्ध नाटक 'अभिज्ञानशाकुंतलम' के आधार पर एक वृत्तांती काव्य भी लिखा है। कवि प्यारा सिंह की आरंभिक कविताओं में प्यार व रोमांस की अभिव्यक्ति हुई है। लेकिन बाद की रचनाओं में वे एक जन-कवि के रूप में उभरते हैं। उनकी कविता आशावादी है और लोकशक्ति की प्रचारक है।

देविंदर सत्यार्थी इस काल के प्रमुख कवि हैं। उन्होंने 'धरती दियां वाजां' तथा 'भड़का तो कणक' दो काव्य-संग्रहों की रचना की। आलोचक उन्हें पहले लोकगीत खोजी मानते हैं और बाद में कवि। यही कारण है कि उनकी सभी कविताओं में लोकगीतों का हल्का-सा प्रभाव छाया रहता है। उन्होंने न केवल पंजाब बल्कि समूचे राष्ट्र से संबंधित रचनाएँ लिखीं। छंद व रूपक की दृष्टि से उनकी कविता पर कवि मोहन सिंह का प्रभाव माना जाता है। उनकी कविता के स्वर आशावादी हैं, जिसमें लोगों को जीवन-संघर्ष से जूझने की प्रेरणा दी गयी है। **प्रीतम सिंह सफीर** को पंजाबी-काव्य-जगत् में इसलिए महत्त्व प्राप्त है कि उन्होंने न केवल आधुनिक काव्यधारा में बौद्धिकता का समावेश किया, वरन् उन्होंने पाश्चात्य कवियों विशेषतः टी॰एस॰ इलियट से भी प्रभाव ग्रहण किया है। प्रीतम सिंह सफीर द्वारा लिखी आरंभिक दौर की कविताएँ काव्य-संग्रह के रूप में पाठकों तक नहीं पहुँचीं, परन्तु दूसरे चरण की कविताएँ 'कतक कूंजा', 'पाय दे सोहिले', 'राग-रिशया' तथा 'रंक्त बूँदा' काव्य-संग्रहों में संगृहीत हैं। उनके काव्य-विषय जीवन के विभिन्न पक्षों से जुड़े

हैं। उनकी कविताओं में मुख्य रूप से अध्यात्म, प्रेम व क्रांति का स्वर सुनायी देता है। उनकी शब्दावली, छंद व ताल नवीनता लिये हुए हैं। **बाबा बलवंत** भी पंजाबी बौद्धिक काव्यधारा के कवि हैं। उन्होंने छायावाद व अध्यात्मवाद को सायास त्यागकर पदार्थवाद के दर्शन को काव्य का विषय बनाया। उनका काव्य आशावादी है। उसमें संसार में अमन, चैन व खुशहाली की कामना निहित है। उन्होंने मानव को सदा कर्म-क्षेत्र में रत रहने का संदेश दिया है। उनकी कुछ कविताओं में प्रेम-संबंधों का यथार्थ चित्रण मिलता है। बाबा बलवंत को ग़ज़ल को सफलतापूर्वक पंजाबी में लाने का श्रेय भी दिया जाता है। उनके प्रमुख काव्य-संग्रह 'महानाच', 'अमरगीत', 'ज्वालामुखी' इत्यादि हैं। उन्होंने प्रकृति का मनोहर चित्रण किया है। उनकी काव्य-रचनाएँ नितान्त मौलिक हैं। **डॉ० मोहन सिंह** पंजाबी बौद्धिक काव्यधारा के प्रमुख कवि हैं। उनके तीन काव्य-संग्रह हैं– 'धुप्प छां', 'नील धारा' तथा 'जगत तमाशा'। उन्होंने निरंकारी साखियाँ भी लिखी हैं। उनके काव्य में अभिव्यक्त अध्यात्म में गुरुवाणी, वेदांत, योग और सूफी साधना के मिश्रित रंग हैं। उन्होंने कई प्राचीन भाषाओं के आगत शब्दों का मिश्रित प्रयोग किया है। **हरिंहर सिंह** रूप की कविता पंजाबी बौद्धिक धारा में नितांत नयी व अलग किस्म की जान पड़ती है। उनकी कविता में पहली बार चित्रकला, सौंदर्य, संस्कृति व सभ्यता जैसे विषयों को कलात्मक ढंग से अभिव्यक्त किया गया। उन्होंने 'धुंध डुंगे वहण' तथा 'नवें पंथ' नामक छोटी कविताओं के दो काव्य-संग्रहों की रचना भी की है। **डॉ० दीवान सिंह कालेपानी** मुक्त छंद की कविता लिखनेवाले सफल पंजाबी कवि हैं। इन पर प्रो० पूरन सिंह का गहरा प्रभाव है। इन्होंने पुरानी रूढ़ियों व धार्मिक आडंबरों पर करारी चोट करते हुए काव्य में यथार्थ को अपनाया। इनके काव्य-संग्रह का शीर्षक 'वगदे पाणी' है। इसमें उन्होंने मानवतावाद तथा पुनर्जागरण का संदेश दिया है। **चनण सिंह जेठूवालिया** का केवल एक काव्य-संग्रह 'मन-आया' है। इसमें युवा मन की धड़कन व भावों को सुंदर शब्दों में सँजोया गया है। भावाभिव्यक्ति, छंद-रचना व शैली सभी नवीनता लिये हुए हैं। कुछ कविताओं में समाज में व्याप्त भूख व गरीबी का भी चित्रण है। सुप्रसिद्ध पंजाबी कवि **ज्ञानी गुरुमुख सिंह 'मुसाफिर'** देशभक्त कवियों की हैसियत से जाने जाते हैं। 'सबर दे बाण', 'प्रेम-बाण' तथा 'जीवन-पंथ' उनकी प्रमुख रचनाएँ हैं। उन्होंने स्वतंत्रता-संग्राम में शामिल होने के कारण अपने अनुभवों को बड़ी संजीदगी व गहराई से काव्य में प्रकट किया है। **कवि दर्शन सिंह आवारा** भी देशभक्त कवि हैं। उनकी आरम्भिक दौर की कविताओं में देशप्रेम व अँगरेजी सरकार के विरोध से संबंधित कविताएँ हैं जो उनके काव्य-संग्रह 'बिजली दी कड़क' में संकलित हैं। अपने दूसरे काव्य-संग्रह 'बगावत' में कवि ईश्वर का विरोध करता दिखायी देता है। तीसरे काव्य-संग्रह 'मैं बागी हो' में पजाबी में उर्दू-फारसी के रंग में रँगी रचनाएँ हैं। **हरदयाल सीकरी** के काव्य-संग्रह 'फट दे सोये' में संकलित

कविताओं में जीवन के छोटे-बड़े अनुभवों को विचित्र रंगों में संकेतात्मक रूप में प्रस्तुत किया गया है। इस काल के अन्य कवियों में **चरन सिंह शहीद, ईश्वर सिंह 'ईश्वर', हरषा सिंह चातर** एक ही तरह के कवि हैं। इनकी कविता का रंग 'दरबारी' है। ये सभी कवि काव्य-मंचों पर काव्य-पाठ करते रहे हैं तथापि इनकी कविता आधुनिक है। इसी काल में **हरनाम कौर** व **अमर कौर** दो बहनों का काव्य-संग्रह 'अरशीं कलियाँ' भी चर्चित हुआ। इनके भाव कोमल व रोमांटिक हैं। इसके अतिरिक्त कवि **नरिंदरपाल** कृत 'अगम्भी वहिण', **रणधीर सिंह** कृत 'राहां दी धड़', **गुरुबख्श सिंह** कृत 'एशिया दा चानण', **डॉ॰ सुरिंदर सिंह कोहली** कृत 'साड़े गुरुदेव', **नौरंग सिंह** कृत 'संझ-सवेरा', **बलजीत तुलसी** कृत 'नीलकंठ' इस काल की प्रमुख रचनाएँ हैं। ईश्वर सिंह 'ईश्वर' ने हास्य रस से ओत-प्रोत तीन काव्य-रचनाएँ 'भाइया', 'रंगीला भाइया' और 'धरमी भाइया' लिखीं। **संतोख सिंह धीर, लाल सिंह कंवर, सरदारा सिंह, अजायब सिंह** तथा **हरसा सिंह** ने भी अच्छी रचनाएँ लिखीं।

आधुनिक काल में भले ही पंजाबी का काव्य आधुनिक चेतना से ओतप्रोत हो चला था, लेकिन अभी भी काव्य की पुरातन परंपरा पूरी तरह समाप्त नहीं हुई थी। मध्यकाल से चली आ रही परंपरागत कविता की परंपरा धीरे-धीरे अपना महत्त्व खो रही थी क्योंकि इसमें भाव व शैली के स्तर पर कोई नवीनता नहीं थी। परंपरागत रूढ़ियों के अनुरूप कविता लिखनेवाले रीतिवादी कवियों को भाषा व छंदशास्त्र का गहरा ज्ञान था। अतः वे ब्रज को आधार बना चमत्कारी दरबारी कविता लिखने में अपनी महारत समझते थे। 'हीर-रांझा' के किस्से को काव्यबद्ध करना प्रत्येक कवि के लिए गर्व की बात थी। सूफी मत से प्रभावित कवियों ने काव्य-किस्सों में 'इश्क-मिजाज़ी' को कायम रखा। आधुनिक काल में 1920 ई॰ तक किस्साकारों का युग प्रधान था जबकि उसके बाद दरबारी कविता का दबदवा रहा। इस युग की परम्परावादी रचनाओं में **मोहम्मद बख्श जिहलमी** कृत 'सैफल-सलूक', **मोहम्मद बूटा गुजराती** कृत 'मिरजा साहिबा', **भगवान सिंह** कृत 'हीर रांझा' और 'सोहनी-महिवाल', **फ़जलशाह** कृत 'ससी पुन्नू', **किशनसिंह आरिफ** कृत 'पूरन भक्त', 'राजा भरथरी, 'राजा रमलू' के किस्से, **गुलाम रसूल** कृत 'युसूफ-जुलेखा', **काहन सिंह** कृत 'हीर', दौलतराम कृत 'रूप बसंत', **साधु दया सिंह** कृत 'जिंदगी बिलास' और 'गनाह दा मुकाम', **कालीदास गुजरांवालिया** कृत 'रूप नारायण', 'चरखनामा' इत्यादि प्रमुख हैं। **साधु सिंह** और **ईश्वरदास** की गजलें व किस्से, **मियाँ हिदायतुल्ला** का 'बारहमासा', **हरनाम सिंह आरिफ** की वेदान्त व ज्योतिष विषयों पर लिखी रचनाएँ इस काव्य-परम्परा की अन्य महत्त्वपूर्ण उपलब्धियाँ हैं।

नाटक एवं एकांकी

पंजाबी-नाटक व एकांकी का इतिहास 'परिवर्तन काल' 1930 ई॰ के साथ ही

आरम्भ होता है। पंजाबी में इन दोनों विधाओं का प्रारंभ पश्चिमी नाटक के प्रभाव-स्वरूप हुआ। बीसवीं सदी के पूर्व चौथाई काल तक पंजाबी-नाटक का क्षेत्र अनुवाद तक सीमित था। अधिकतर अनुवाद संस्कृत व अँगरेजी नाटकों के किये गये। इनमें शेक्सपियर तथा कालिदास के नाटक विशेष रूप से उल्लेखनीय हैं। कुछ लेखकों ने नाट्य-लेखन में रुचि ली परन्तु यह संस्कृत की काव्यनाटक-परम्परा तक सीमित थी, ये नाटक मंचनीय न होकर केवल पढ़ने तक सीमित थे। इस दौर में अनेक नाटक लिखे गये पर अनेक कारणों से इन्हें सम्पूर्ण नाटक नहीं माना जा सकता। **भाई दित्त सिंह** का 'राज-प्रबंध', **भाई वीर सिंह** का 'राजा लखदाता सिंह', **बाबा बुद्ध सिंह** का 'मुंदरी छल', 'कामनी', 'नार नवेली'; **बृजलाल शास्त्री** रचित 'पूरन', 'सावित्री-सुकन्या'; **कृपासागर** का 'रणजीत सिंह', **गुरुबख्श सिंह बैरिस्टर** का 'मनमोहन', 'वृजमोहन'; **फिरोजदीन 'शरक'** का 'हीर सियाल' आदि इस दौर के प्रमुख नाटक हैं। ये सभी नाटक रंगमंच हेतु नहीं लिखे गये थे। अतः इन्हें सम्पूर्ण नाटक नहीं माना जाता।

प्रो॰ आई॰सी॰ नंदा को पंजाबी-नाटक व एकांकी का जन्मदाता माना जाता है। इन्होंने पंजाबी ग्रामीण व नगरीय जीवन से जुड़ी समस्याओं को नाटक व एकांकी का विषय बनाया और उनका मंचन भी किया। 'सुभद्रा' एवं 'लिली दा वियाह' इनकी प्रसिद्ध नाटक-कृतियाँ हैं। इनका जगह-जगह मंचन किया गया। इनके नाटकों में जागीरदारी का विरोध, पुरानी-नयी पीढ़ी का आपसी संघर्ष तथा जनसाधारण के जीवन की कठोर सच्चाइयों को अभिव्यक्ति मिली है। इनका पहला एकांकी-संग्रह **'सुहाग'** शीर्षक से प्रकाशित हुआ। इसी काल में **डॉ॰ मोहन सिंह** का एकांकी-संग्रह 'पंखुड़ियाँ' तथा **कृपासागर** का एकांकी-संग्रह 'झुंगा' भी अत्यन्त लोकप्रिय हुए। उपहास की भरमार के कारण 'झूंगा' अत्यधिक रोचक एकांकी है।

सन् 1930 ई॰ के बाद पंजाबी में नाटक व एकांकी के क्षेत्र में एक नयी परम्परा आरम्भ हुई। इस परम्परा से जुड़े प्रमुख नाटककार हैं— हरचरन सिंह, संत सिंह सेखों एवं बलवंत गार्गी। **हरचरन सिंह** मध्यम वर्ग के लेखक हैं। इन्होंने ग्रामीण व नगरीय जीवन से जुड़ी समस्याओं को अपने नाटकों व एकांकियों के माध्यम से प्रस्तुत किया है। इनके नाटक व एकांकी रंगमंच की दृष्टि से भी सफल हैं। हरचरन सिंह ने 1930 से 1947 तक 'कमला कुमारी', 'दूर दुराडे शहरां', 'राजापोरस', 'खेडण दे दिन चार', 'अनजोड़', 'दोष' इत्यादि नाटक तथा तीन एकांकी-संग्रह 'जीवन-लीला', 'सप्तऋषि' तथा 'पंजगीरड़ा' लिखे। यथार्थ से जुड़ा इनका लेखन बहुत ही प्रभावशाली व लोकप्रिय है। इनके नाटक व एकांकी पंजाब के युवा वर्ग में खूब सराहे गये।

संत सिंह सेखों इस काल के प्रतिनिधि नाटककार हैं। 1947 ई॰ तक संत सिंह सेखों का एक ही नाटक प्रकाश में आया था जिसका शीर्षक है— 'कलाकार'। 'छे घर', 'महात्मा' तथा 'हड़ताल' इनके प्रसिद्ध एकांकी हैं। बौद्धिकता-प्रधान इनकी

रचनाएँ यथार्थवादी व समाजवादी हैं। इनके नाटकों में बौद्धिक परिहास भी है जो विशेषतः लिंग-संबंधी बातों में प्रकट हुआ है। कुछ आलोचकों ने इसे अश्लील भी माना है। संत सिंह सेखों द्वारा रचित 'बाबा बोहड़ सेखो' एक लम्बा काव्य-नाटक है जो कि वस्तुपक्ष की दृष्टि से अत्यधिक महत्त्वपूर्ण है। इनकी 'सेवा दरौली' व्यंग्यात्मक एवं प्रभावशाली है। पात्र-संख्या सीमित है। नाटककार आम पाठक को केन्द्र में न रखकर अपनी वैयक्तिक बौद्धिक धारणाओं के अनुसार रचनाकर्म करता है तथा बौद्धिक पाठक वर्ग को तैयार करता है। **बलवंत गार्गी** इस युग का वह नाटककार है जिसके नाटक रंगमंचीयता की दृष्टि से बेहद सफल माने जाते हैं। बलवंत गार्गी की दृष्टि यथार्थवादी व समाजवादी है। 'लोहा कुट' और 'शैल पत्थर' उनके इस दौर के प्रसिद्ध नाटक हैं। उनके एकांकी-संग्रहों के नाम हैं– 'बेबे' तथा 'कुवारी टीसी'। इनके नाटकों के माध्यम से पंजाबी में पहली बार दुःखांत का इतना प्रभावशाली चित्रण हुआ है। इनके नाटकों के पात्र आम जीवन से लिये गये हैं। नाटकों के संवाद व रूपक का प्रयोग प्रभावशाली है। 'गिरझाँ' नाटक में बंगाल की भुखमरी का चित्रण किया गया है।

इन तीन नाटककारों के अतिरिक्त इस काल में **गुरुबख्श सिंह** द्वारा रचित 'लतिका' एवं 'प्रीतमणि' नाटक तथा 'प्रीतमुकुट' एकांकी-संग्रह भी उल्लेखनीय हैं। **करतार सिंह दुग्गल** के एकांकी-संग्रह 'इक सिफर सिफर' में संगृहीत एकांकी प्रशंसनीय हैं। कहीं-कहीं विस्तार अधिक है। **गुरुदयाल सिंह** रचित 'बूहे बैठी धी' रंगमंच की दृष्टि से सफल लेकिन विषयवस्तु की दृष्टि से कमजोर रचना है। **संत इंदर सिंह चक्रवर्ती** रचित 'प्रीत पैगम्बर' महात्मा बुद्ध के जीवन पर आधारित रचना है। **जेशुआ फ़ज़ल दीन** कृत 'पिंड दे वैरी' भी इस दौर का सफल नाटक है।

उपन्यास-साहित्य

पंजाबी में उपन्यास-विधा का आरंभ आधुनिक काल में हुआ। यह पश्चिमी प्रभाव का प्रतिफल है परन्तु पंजाबी में उपन्यास-लेखन की परम्परा बंगला, उर्दू व हिन्दी के माध्यम से आयी। इस काल में पंजाबी में ऐतिहासिक, रोमांसकारी, धार्मिक, सुधारवादी तथा यथार्थवादी उपन्यासों की रचना की गयी। पंजाबी में सबसे पहले **भाई वीर सिंह** जी ने ऐतिहासिक उपन्यास 'सुंदरी', 'बिजैसिंह' और 'सतवंत कौर' की रचना की। इन उपन्यासों में अठारहवीं सदी में जुल्म व अन्याय सहते हुए जीवन के रणक्षेत्र में आगे बढ़ रहे सिक्ख समाज से जुड़ी घटनाओं का लेखा-जोखा है। भाई वीर सिंह जी ने तत्कालीन समाज में चली धार्मिक लहरों के प्रभाव-स्वरूप इन उपन्यासों की रचना की। ये उपन्यास आदर्श पात्रों, यथार्थ व रोमांटिक घटनाओं के चित्रण के साथ समाज-सुधार की दिशा भी प्रकट करते हैं। कलात्मक दृष्टि से भले ही ये उपन्यास उच्च कोटि के नहीं हैं, फिर भी, उपन्यास-विधा की आरम्भिक अवस्था में रचित होने की वजह से इनका महत्त्व असंदिग्ध है। भाई वीरसिंह द्वारा दूसरे दौर

में लिखा गया उपन्यास 'बाबा नौध सिंह' भी समाजसुधारवादी उपन्यास है। इसकी गद्य-शैली प्रभावात्मक है। विषयवस्तु की दृष्टि से भी भाई वीर सिंह जी के उपन्यास लोकप्रिय हुए हैं। **भाई मोहन सिंह वैद** के प्रमुख उपन्यास हैं– 'ईक सिक्ख घराना', 'सुखी परिवार', 'श्रेष्ठ कला दी चाल', 'सुशील विधवा', 'सुभाग कौर', 'दम्पति प्यार', 'सुघड़ कौर', 'वकील दी किस्मत', 'सुखदेव कौर' इत्यादि। इन्होंने कुछ उपन्यासों का अनुवाद भी किया। इनके उपन्यासों में सामाजिक व धार्मिक समस्याओं को बहुत कौशल से चित्रित किया गया है। शैली की दृष्टि से आरम्भिक अवस्था की रचनाएँ होने के कारण ये उपन्यास भी अधिक प्रभावित नहीं करते। **चरन सिंह शहीद** ने 'दलेर कौर', 'चंचल मूर्ति' तथा 'दो वोहरियाँ' उपन्यास लिखे। पहला उपन्यास ऐतिहासिक है जबकि अन्य दो समाजसुधारवादी। इनके उपन्यास भाई वीर सिंह के उपन्यासों की तुलना में अधिक यथार्थवादी हैं। उपन्यास-लेखन के आरम्भिक दौर में कुछ उपन्यासों के अनुवाद भी हुए जिनमें **ज्ञानी हजारा सिंह** कृत 'दुल्हन-दर्पण' तथा **हकीम सिंह** कृत 'चन्द्रकांता' विशेष रूप से उल्लेखनीय हैं। इस काल के अन्य प्रमुख उपन्यासों में **अमर सिंह** कृत 'छोटी नूंह', 'घर दा निर्वाह', 'प्रेम कौर' इत्यादि तथा **रूपलाल** कृत 'बीर सिंह' उल्लेखनीय हैं। राजनीतिक परिस्थितियों से प्रेरित **सरदार हरबख्श सिंह** का उपन्यास 'शकुंतला' आकार की दृष्टि से सभी पंजाबी उपन्यासों में बड़ा है। इसमें स्वतंत्रता-प्राप्ति हेतु चलाये गये अभियान के आरम्भिक दौर का चित्रण है। **प्रो॰ पूरन सिंह** ने इस काल में लघु उपन्यास 'चप-प्रीत' की रचना की। यह उपन्यास आध्यात्मिक आदर्श प्रीति का सुन्दर उदाहरण है। इसकी शैली प्रभावात्मक है। **मास्टर तारा सिंह** कृत 'प्रेम लगन' और 'बाबा नेमा सिंह' भी इस काल के चर्चित उपन्यास हैं। **प्रो॰ नंदा** कृत 'मुराद ते तेज कौर', 'मीरां बख्श', 'मिन्हास दा नवाब खाँ'; **निरंजन सिंह** कृत 'प्रेम कणी', **गुरुबख्श सिंह** कृत 'अनब्याही माँ' तथा **जोशुआ फ़ज़ल दीन** कृत 'प्रभा' भी इस काल के महत्त्वपूर्ण उपन्यास हैं।

नानक सिंह पंजाबी-उपन्यास-साहित्य के अत्यधिक प्रसिद्ध लेखक हैं। इनके उपन्यास मध्यमवर्गीय जीवन की व्याख्या करते हैं। इन्होंने 1947 तक लगभग अठारह उपन्यासों की रचना की। इनके प्रमुख उपन्यास हैं– 'चिरा लहू', 'मतरेई माँ', 'कागतां दी बेड़ी', 'दूर किनारा', 'जीवन संग्राम', 'लव-मैरिज', 'गंगाजली बिच शराब', 'फौलादी फुल्ल', 'पवित्र पापी', 'अधखिड़िया फुल्ल', 'गरीब दी दुनिया', 'प्यार दी दुनिया' इत्यादि। नानक सिंह को मध्य वर्ग का प्रतिनिधि माना गया है। इनके उपन्यासों पर मुंशी प्रेमचंद का गहरा प्रभाव है। कथा में रोचकता, भावुकता, प्रवाह तथा दुखान्तता इनके उपन्यासों की प्रमुख विशेषताएँ हैं। अतिशय भावुकता के कारण ये उपन्यास बौद्धिक रुचिवाले पाठकों को अधिक प्रभावित नहीं कर पाते। अधिकतर उपन्यासों में दुखान्त का चित्रण है। इन्होंने सामाजिक-राजनीतिक

समस्याओं के सम्बंध में अधिक नहीं लिखा। इनके **पात्र अत्यधिक** आदर्शवादी हैं व सामाजिक मर्यादाओं में बँधा जीवन जीते हैं। फलस्वरूप इनके उपन्यासों में यथार्थ का अभाव है, फिर भी प्रभावशाली शैली व संवादों का रस-प्रवाह पाठक को सहज ही प्रभावित करता है। इस काल की अन्य प्रमुख रचनाओं में **नरपाल सिंह** कृत 'मल्लाह' एवं 'सेनापति'; जसवंत सिंह कृत 'सच नूँ फाँसी', **महिंदर सिंह केवल** कृत 'ज्वार-भाटा' और 'पतझड़', **प्रीतम सिंह भाटिया** कृत 'लक्षशिक्षा' और 'अशोक' को सम्मिलित किया जा सकता है। इस दौर में विदेशी भाषाओं के उपन्यासों के अनुवाद भी किये गये। **नरिंदर सिंह सोच** कृत 'मजदूर' (मैक्सिम गोर्की), **प्रो० करतार सिंह** कृत 'दुखिए' (विक्टर ह्यूगो) तथा **प्रो० पूरन सिंह** द्वारा अनूदित 'मोइयाँ' (टॉल्स्टाय) प्रसिद्ध उपन्यास हैं।

कहानी

कहानी की रचना इस काल में नयी विधा के रूप में आरम्भ हुई। इस काल में मूलतः लघु कहानी का लेखन आरम्भ हुआ। यह विधा बहुत तेजी से विकसित व समृद्ध हुई। अनेक लेखकों ने लघुकथा-लेखन में योगदान किया व जीवन के सभी पक्षों से जुड़ी लघु कहानियाँ लिखीं। पंजाबी में सबसे पहली लघुकथा **कमला अकाली** कृत 'सरबलोह दी बोहटी' है। आरम्भिक दौर में **बिहारीलाल, बलवंत सिंह, केसर सिंह, अभय सिंह, फ़ज़लदीन, डॉ० मोहन सिंह, नानक सिंह, गुरुमुख सिंह मुसाफिर तथा ज्ञानी हीरा सिंह दरद** ने लघुकथाएँ लिखीं। लघुकथा का यह दौर 1925 ई० से 1935 ई० तक माना जा सकता है। इसी दौर में **एस. पंछी** द्वारा कुछ रूसी कहानियों के अनुवाद व कुछ मौलिक कहानियाँ 'फुलझड़ियाँ' नामक संग्रह में प्रकाशित हुईं जो विषयवस्तु व कथा-प्रवाह की दृष्टि से प्रशंसनीय हैं। **चरन सिंह शहीद** कृत 'शहीद दे हंजू', जोसुआ फ़ज़लदीन कृत 'अदबी अफसाने', **सोहन सिंह जोश** कृत 'इनकलाबी कहानियाँ' व बंगाली तथा मराठी कहानियों का अनुवाद, नानक सिंह कृत 'सधरां दे हार', 'हेंजुआँ दे हार', 'मिधे होए फुल्ल', 'ठडिया छांवां', 'गुजलां' कहानी-संग्रह तथा गुरुमुख सिंह मुसाफिर कृत 'करता बखरी दुनिया', 'सस्ता तमाशा' इत्यादि इस काल की विशेष कृतियाँ हैं।

नयी शैली की कहानी का जन्म पंजाबी-साहित्य में सन् 1935 के बाद ही संभव हुआ। **करतार सिंह दुग्गल, संत सिंह सेखों, गुरुबख्श सिंह, देवेन्द्र सत्यार्थी, राजिन्दर सिंह बेदी, नौरंग सिंह, महिंदर सिंह सरना, अमृता प्रीतम, मोहन सिंह, कुलवंत सिंह, हरचरण सिंह, गुरुचरण सिंह, हीरा सिंह** तथा **सुरिंदर सिंह नरुला** ने सन् 1935 के बाद नवीन शैली में कहानी-लेखन किया। करतार सिंह दुग्गल ने इस काल-खंड में सर्वाधिक कहानियाँ लिखीं। 'पियल-पत्तियाँ', 'सिलबटां' तथा 'सवेर-सार' उनके प्रमुख कहानी-संग्रह हैं। उनकी कहानियाँ कथा व शैली दोनों दृष्टियों से **नवीन** एवं **रोचक** हैं। उनमें मध्यवर्गीय जीवन प्रतिबिम्बित होता है। उनकी पंजाब के

नगरीय व ग्रामीण जीवन से जुड़ी कहानियों में जीवन की गहराई, दृश्य-चित्रण, लोकगीतों का प्रभाव तथा वातावरण की सुन्दर सृष्टि हुई है। वे इस युग के प्रमुख कहानीकार हैं। संत सिंह सेखों के कहानी-संग्रह 'समाचार' में संगृहीत कहानियाँ जीवन के सामाजिक, आर्थिक, राजनीतिक व दार्शनिक पक्षों से जुड़ी हैं। इन कहानियों पर बौद्धिकता का प्रभाव स्पष्ट रूप से दिखायी देता है। कहीं-कहीं हास्य रस की भी सृष्टि हुई है। इनमें समाजवादी व यथार्थवादी दृष्टि प्रधान है। गुरुबख्श सिंह की कहानियाँ पुरानी शैली में होते हुए भी वार्त्तक गद्य-शैली की सुंदर उदाहरण हैं। इनके कहानी-संग्रहों के नाम हैं— 'अनोखे ते इक्कले', 'वीणा विनोद', 'प्रीत नाम दा जादू', 'आसमानी महानदी' तथा 'प्रीत कहानियाँ'। इनकी कहानियाँ आदर्शवादी हैं। कुछ कहानियों का स्वर उपदेशात्मक है। लेखक ने पात्रों का मनोविश्लेषण भी सफलता से किया है। भाषा सरल व काव्यमयी है। **सुजान सिंह** की कहानियाँ तकनीक (शैली) की दृष्टि से विशेष महत्त्व की हैं। उनकी कहानियों में रोमांस व यथार्थ दोनों का चित्रण हुआ है। कुछ कहानियाँ समाजवादी दृष्टिकोण से उपजी हैं व सुधारवादी हैं। 'लुकणमीटी' और 'मोतियाँ दा हार' शैली की दृष्टि से अत्यधिक चर्चित कहानियाँ हैं। देवेन्द्र सत्यार्थी की कहानियों में भी रोमांस व यथार्थ का मिलाजुला चित्रण है। इनमें लोकगीतों की सुगंध भरी है। लोक से अन्तरंगता के साथ सम्पृक्ति उनके लेखन की विशेषता है। **राजिंदर सिंह बेदी** की कहानियाँ कला की दृष्टि से अत्यंत महत्त्वपूर्ण हैं। 'हडियाँ दे फुल्ल' और 'घर बिच बाजार बिच' उनके प्रमुख कहानी-संग्रह हैं।

उपर्युक्त कहानीकारों के अतिरिक्त **हरिसिंह दिलबर** कृत 'करता झखड़', **कुलवंत सिंह विर्क** कृत 'छाहवेला', **जसवंत सिंह कंवल** कृत 'कंडे', **संतोख सिंह धीर** कृत 'सिटियाँ दी छोह', **लोचन बख्शी** कृत 'पाप-पुन तों परे' तथा **करतार सिंह सूरी** कृत 'जीवन-प्रभात' भी इस काल की उल्लेखनीय कथा-कृतियाँ हैं।

वार्त्तक-साहित्य (गद्य-साहित्य)

आधुनिक काल में पंजाबी-साहित्य में वार्त्तक साहित्य (गद्य-साहित्य) की विधा अत्यधिक समृद्ध हुई। यूँ तो 17वीं शताब्दी में वार्त्तक साहित्य का रूप काफी हद तक सुनिश्चित हो चुका था तथा वार्त्तक के अंतर्गत साखियाँ, गोष्ठी, टीका, हुक्मनामा, रहितनामा इत्यादि गद्य के कई रूप प्रचलित थे, परंतु ये सब 'प्राचीन वार्त्तक साहित्य' कहलाते हैं। वार्त्तक में रूप व शैली दोनों स्तरों पर अभी भी संभावनाएँ शेष थीं, विशेषतः भाषा के स्तर पर वार्त्तक को सुधारने व बोलचाल की भाषा के करीब लाने की आवश्यकता थी। आधुनिक काल के साहित्यकारों ने इस काल में पंजाबी वार्त्तक को नया रूप व धरातल प्रदान किया। इस दिशा में भाई वीर सिंह, मोहन सिंह वैद, प्रो॰ पूरन सिंह, गुरबख्श सिंह तथा तेजा सिंह का योगदान उल्लेखनीय है। आधुनिक काल के आरम्भिक चरण में कई लेखक ऐसे थे जो अभी

भी पुरानी परम्परा के अनुरूप वार्त्तक-रचना कर रहे थे, लेकिन धीरे-धीरे वार्त्तक का आधुनिक रूप विकसित हुआ। लेखकों ने वार्त्तक-साहित्य-लेखन में परंपरागत तत्त्वों की बजाय नवीन तत्त्वों का समावेश किया। श्रद्धाराम फिल्लौरी, ज्ञानी ज्ञान सिंह तथा डॉ॰ चरन सिंह ने इस दिशा में विशेष रुचि ली। 1900 ई॰ से 1930 ई॰ के मध्य लिखे गये वार्त्तक-साहित्य में आधुनिकता व नवीनता का पलरा भारी होने लगा, परंतु भाई पूरन सिंह जी जैसे लेखकों की लेखनी में अभी भी पुरानी लेखन-परम्परा का हल्का-सा प्रभाव विद्यमान था, जबकि सन् 1930 ई॰ से 1947 ई॰ के मध्य लिखे गये वार्त्तक-साहित्य में पुरातनता का पूर्ण अभाव था। सन् 1900 से 1930 ई॰ तक आधुनिक वार्त्तक-साहित्य के पहले लेखक होने का श्रेय **श्रद्धाराम फिल्लौरी** को दिया जाता है। उन्होंने पंजाबी में दो पुस्तकों की रचना की– 'सिक्ख राज दी विधियाँ' और 'पंजाबी-बातचीत'। पहली पुस्तक में गुरु नानक देव जी से लेकर महाराजा रणजीत सिंह के राज्य के अंत तक का हाल लिखा है। इस पुस्तक में पंजाब की विभिन्न जातियों से जुड़े रस्म-रिवाजों का भी विवरण है। उनकी दूसरी पुस्तक प्रामाणिक नहीं मानी जाती। इस पुस्तक में लेखक ने तीन भागों में पंजाब के विभिन्न इलाकों की उपबोलियों में कथाएँ व रस्म-रिवाज लिखे हैं। **ज्ञानी ज्ञान सिंह** जी भी आधुनिक वार्त्तक-साहित्य के प्रमुख लेखकों में से एक हैं। उन्होंने वार्त्तक के माध्यम से सिक्ख-इतिहास को जनसाधारण तक पहुँचाया। उनकी वार्त्तक रचनाएँ हैं– 'तवारीख गुरु खालसा' और 'शमशेर खालसा'। इनकी भाषा सरल व स्पष्ट है। इस काल में **बिहारीलाल पुरी** ने 'विद्या रत्नाकर', 'चरितावली' तथा 'अनेक दर्शन' तीन वार्त्तक रचनाएँ लिखीं। उन्होंने इनके अतिरिक्त पंजाबी व्याकरण और पिंगल पर भी पुस्तकें लिखीं। आधुनिकता व नवीनता की दृष्टि से इनकी रचनाएँ श्रद्धाराम फिल्लौरी और ज्ञानी ज्ञान सिंह जी से श्रेष्ठ हैं। इनका शब्द-चयन व वाक्य-रचना व्याकरणानुसार है। **भाई दित्त सिंह** जी इस काल के प्रमुख लेखकों में से हैं। इन्होंने 'नीति प्रकाश', 'गुरुमत' 'आरती प्रबोध', 'दम्भ विद्दान', 'गुगा गपौड़ा', 'धर्म दर्पण', 'श्री गुरुनानक प्रबोध', 'श्री गुरु अर्जुन प्रबोध' इत्यादि अनेक गद्य-रचनाएँ लिखीं। इनके लेखन में आधुनिकता का समावेश न होने के बावजूद इनकी रचनाएँ भाषा के स्तर पर महत्त्वपूर्ण हैं। सरल व ठेठ भाषा का सफल प्रयोग किया गया है। **डॉ॰ चरण सिंह** जी ने गद्य व पद्य दोनों में रचना की। ये 'सिंह सभा लहर' से प्रभावित थे। इनकी वार्त्तक रचनाएं 'महाराणी शराब कौर', 'जंग मड़ोली', 'हीर भाई गुरदास' तथा 'वाणी ब्यौरा' हैं। डॉ॰ चरन सिंह को वार्त्तक को पहली बार साहित्यिक रूप दिये जाने का श्रेय दिया जाता है। इससे इनकी कलात्मकता का अनुमान सहज ही लगाया जा सकता है। इनकी भाषा ठेठ व मुहावरेदार है। कहीं-कहीं व्यंग्य शैली भी अपनायी गयी है।

सन् 1930 से सन् 1947 तक का समय 'परिवर्तन काल' कहलाता है। इस काल में वार्त्तक में विषय व शैली दोनों पक्षों का अत्यधिक विकास हुआ। कला की

दृष्टि से **भाई वीर सिंह** जी का गद्य-लेखन तत्कालीन लेखकों में श्रेष्ठतम है। उन्होंने 'गुरुनानक चमत्कार', 'कलमीधर चमत्कार', 'अष्टगुरु चमत्कार', टीकाएँ तथा जन्म साखियाँ इत्यादि लिखीं। उनकी भाषा समृद्ध है और जनसाधारण के करीब है। इसमें साहित्यिकता एवं रसात्मकता है। विषयवस्तु धर्म एवं सिक्ख-इतिहास है। **भाई मोहनसिंह वैद** ने अनेक विषयों पर रचना की। उनकी प्रमुख वार्त्तक रचनाएँ 'आत्म-सुधार', 'सुखी जीवन दे गुर', 'सुख मार्ग प्रकाश', 'कर्मयोग' इत्यादि हैं। उनकी भाषा-शैली सरल, स्पष्ट व विषयानुसार है। **भाई कान सिंह नाभा** अपने समय के प्रसिद्ध विद्वान् हैं। उन्हें सिक्ख धर्म व इतिहास-संबंधी ज्ञान होने की वजह से इसका विशेषज्ञ माना जाता है। उन्होंने अनेक वार्त्तक रचनाएँ लिखीं। उनकी रचनाओं में बौद्धिकता, भक्ति, दर्शन व शास्त्रीय ज्ञान का समावेश मिलता है। **प्रो॰ पूरन सिंह** ने वार्त्तक-साहित्य की केवल एक पुस्तक लिखी जिसका शीर्षक है 'खुले लेख', फिर भी उनकी यह रचना अपनी विशिष्ट शैली के कारण महत्त्वपूर्ण है। इसमें संकलित गद्य-रचनाओं में लेखक की भावनाओं व वैचारिक चिंतन का सुंदर सामंजस्य है। प्रो॰ पूरन सिंह ने सबसे पहले पंजाबी में मौलिक लेख की परंपरा उद्घाटित की। साहित्य-संबंधी सैद्धान्तिक आलोचना भी प्रो॰ पूरन सिंह के माध्यम से ही पंजाबी में अस्तित्व में आयी। **भाई साहिब रणधीर सिंह** जी की वार्त्तक रचनाओं में आध्यात्मिक तत्त्व प्रधान है। अतः उनकी रचनाएँ एक वर्ग विशेष में बहुत लोकप्रिय हैं। 'सचखंड दर्शन', 'चरन कमल की मौज', 'गुरमत विवेक', 'नाम अभ्यास', 'अनहद शब्द' इत्यादि उनकी प्रसिद्ध वार्त्तक रचनाएँ हैं। भाषा विषयानुसार व अर्थगर्भी है। **बाबा बुद्ध सिंह** ने समालोचना-संबंधी कुछ रचनाएँ पंजाबी-साहित्य-जगत् को प्रदान कीं। उनकी शैली रसात्मक एवं मौलिक है। इन सब लेखकों के अतिरिक्त **करमसिंह** कृत 'बिसाख', 'अमरखालसा', 'बंदा बहादुर'; **ज्ञानी जोध सिंह** कृत 'साखी प्रमाण' इत्यादि इस काल की अन्य उल्लेखनीय रचनाएँ हैं।

पंजाबी-साहित्य में सन् 1930 ई॰ से सन् 1940 ई॰ के मध्य वार्त्तक-साहित्य अत्यधिक समृद्ध हुआ। इस काल में पहली बार लोगों की रुचि कविता की बजाय वार्त्तक में बढ़ी। **गुरबख्श सिंह** इस काल के शिरोमणि लेखक हैं। उन्होंने वार्त्तक साहित्य के उत्थान में भरपूर योगदान दिया। उनकी वार्त्तक रचनाएँ हैं– 'साखी', 'पधरी जिंदगी', 'सुरवावी सुधरी जिंदगी', 'चंगेरी दुनिया', 'नवा सिवाला', 'खुला दर', 'परम मनुख' इत्यादि। इनका लेखन जीवन के विभिन्न पक्षों से जुड़ा है। इनकी शैली में नवीनता और ताजगी है। इनकी रचनाओं में उर्दू व फारसी के भरपूर शब्दों का प्रयोग मिलता है। **प्रिंसिपल तेजा सिंह** ने पंजाबी-वार्त्तक के रूप को निखारने का महत्त्वपूर्ण काम किया। इनके विषय अतिसाधारण हैं परन्तु लेखन की कलात्मकता अत्यधिक प्रभावशाली है। इन्होंने सामाजिक, साहित्यिक, आलोचनापरक तथा पंजाबी बोली की ऐतिहासिक खोज जैसे विषयों पर लिखा है। इनकी भाषा सरल,

सहज, प्रवाहमयी एवं उन्नत है। **प्रो॰ साहिब सिंह, प्रिंसिपल जोध सिंह, एस॰एस॰ अलरो** इत्यादि लेखकों का योगदान भी महत्त्वपूर्ण है। गुरबख्श सिंह के कुछ लेखों व कहानियों में उनके अपने जीवन की झलक दिखायी देती है। **मुनसा सिंह दुखी** कृत 'जीवन भाई मोहन सिंह वैद', **प्रो॰ करतार सिंह जीवन** कृत, 'कथा गुरु नानक', 'गुरु गोविंद सिंह' आदि अच्छी रचनाएँ हैं।

यात्रा-साहित्य

जीवनी-साहित्य की तरह इस काल में भी लेखकों ने यात्रा-साहित्य-लेखन के क्षेत्र में विशेष गौर नहीं किया। फलतः इस काल में यात्रा-साहित्य की गिनती भर की रचनाएँ लिखी गयीं। **कमला अकाली** कृत 'मेरा विलायती सफरनामा' अच्छी रचना है। इसके अतिरिक्त **डॉ॰ शेर सिंह** कृत 'परदेश-यात्रा', **डॉ॰ हरदित्त सिंह ढिल्लों** कृत 'अमरीका दा चक्कर', **प्रद्युम्न सिंह** कृत 'सैर सपाटे' तथा **नरिंदर पाल सिंह** की रचना 'देसां परदेसा विच' विशेष रूप से उल्लेखनीय है। इस काल में यात्रा-साहित्य-लेखन की शुरुआत भर हुई। इस क्षेत्र में कोई भी उच्च स्तरीय रचना नहीं लिखी गयी।

शोध एवं समालोचना

पंजाबी-साहित्य में शोध एवं समालोचना के प्रयत्न भी आधुनिक युग में ही आरम्भ हुए। कुछ अँगरेजी विद्वानों ने सबसे पहले इस दिशा में शुरुआत की। इस संदर्भ में सर रिचर्ड टैंपल की रचना 'लीजेंड ऑफ दी पंजाब' विशेष रूप से उल्लेखनीय है। पंजाबी में इस दिशा में सर्वप्रथम प्रयास **बाबा बुद्ध सिंह** जी ने किया। उन्होंने सबसे पहले अपनी पुस्तकों 'हंस चोग', 'कोयल कूँ' तथा 'बेंबीह बोल' रचनाओं में पुराने कवियों की रचनाओं को क्रमानुसार व धारानुसार रखने का प्रयास किया और इन पर कुछ आलोचनात्मक टिप्पणियाँ भी कीं। साहित्यिक शोध में **डॉ॰ मोहन सिंह** का योगदान विशेष रूप से उल्लेखनीय है। उन्होंने सबसे पहले अँगरेजी में पंजाबी-साहित्य का इतिहास लिखा। उन्होंने साहित्य के इतिहास को काल व धाराओं में वैज्ञानिक व व्यवस्थित रूप में वर्गीकृत किया तथा पंजाबी-साहित्य के आरम्भिक काल को आठवीं-नौवीं शताब्दी से जोगी-साहित्य तक माना! इसके पश्चात् **डॉ॰ बनारसी दास** कृत 'पंजाबी जबान ते उहदा लिटरेचर', **मौला बख्श कुश्ता** कृत 'पंजाब दे हीरे', **प्रो॰ तेजा सिंह** के साहित्य-संबंधी आलोचनात्मक लेख, **डॉ॰ गोपाल सिंह** दरदी द्वारा लिखित तथा **डॉ॰ सुरेन्द्र सिंह कोहली** द्वारा संपादित 'साहित्य का इतिहास' इत्यादि शोध की दृष्टि से महत्त्वपूर्ण रचनाएँ हैं। इस काल में **डॉ॰ चरन सिंह, जी॰बी॰ सिंह** तथा **डॉ॰ लाजवंती** ने विभिन्न विषयों पर महत्त्वपूर्ण आलोचनात्मक लेख लिखे। **बाबा बुध सिंह, डॉ॰ मोहन सिंह, प्रिंसिपल तेजा सिंह, डॉ॰ गोपाल सिंह दरदी** की रचनाओं में की गयी विभिन्न लेखकों की रचनाओं की समीक्षा एवं परख को पंजाबी-समालोचना के प्रथम चरण की उपलब्धि माना जा

सकता है। **भले ही अधिकतर लेखकों का दृष्टिकोण एकपक्षीय है और समालोचना की कोई नयी दृष्टि विकसित नहीं करता तथापि इन सब रचनाओं से ही** पंजाबी-समालोचना की नींव पड़ी। **प्रो॰ पूरन सिंह** के लेखों में अभिव्यक्त उनका दृष्टिकोण व सैद्धांतिक पक्ष प्रभावशाली है। प्रो॰ पूरन सिंह की पुस्तक 'मटक हुलारे' की भूमिका में की गयी भाई वीर सिंह की काव्य-संबंधी टिप्पणियाँ तथा **भाई वीर सिंह** द्वारा अपनी पुस्तक 'खुल्ले खुण्ड' की भूमिका में प्रो॰ पूरन सिंह की काव्य-प्रतिभा संबंधी समीक्षा पंजाबी-समालोचना के इतिहास में महत्त्वपूर्ण व दिशा देनेवाली मानी जाती है। डॉ॰ **बलवीर सिंह** कृत 'पंजाबी रमज़ भरी कविता', **डॉ॰ हरबंस सिंह** कृत 'भाई वीर सिंह', **सुरिंदर नरुला** कृत 'पंजाबी साहित्य दी जाण-पहचाण' भी पंजाबी-समालोचना की महत्त्वपूर्ण रचनाएँ हैं।

कुछ पंजाबी साहित्यकारों ने पंजाबी भाषा के क्षेत्र में भी शोध-कार्य किया है। **प्रो॰ राम सिंह** कृत 'पंजाबी शब्द चमत्कार', डॉ॰ **मोहन सिंह** की पुस्तक 'जप-भाखा' एवं 'छंदा बंदी', **जी॰बी॰ सिंह** कृत 'गुरुमुखी लिपि दा जन्म ते विकास' तथा **डॉ॰ बनारसी दास** द्वारा लिखे कुछ लेखों में पंजाबी लिपि तथा व्याकरण के संबंध में जानकारी मिलती है। शोध की दृष्टि से ये रचनाएँ महत्त्वपूर्ण हैं। इस काल में **बिहारीलाल पुरी, प्रो॰ राम सिंह, मास्टर करम सिंह** ने पंजाबी-व्याकरण भी लिखा। इसी प्रकार **भाई कान सिंह, भाई बिशनदास पुरी** तथा **मैमा सिंह** ने शब्दकोश की रचना की। **प्रिंसिपल तेजा सिंह** ने गुरुवाणी की शब्दावली के शुद्ध रूपों से संबंधित कोश लिखा। **ज्ञानी हजारा सिंह, प्रो॰ साहिब सिंह, प्रिंसिपल जोध सिंह, ज्ञानी बिसन सिंह, भाई वीर सिंह, सरदार रणधीर सिंह** इत्यादि पंजाबी के अच्छे टीकाकार माने जाते हैं। **देवेन्द्र सत्यार्थी, पंडित रामसरन दास** तथा **सरदार हरजीत** ने लोकगीतों से संबंधित प्रशंसनीय कार्य किया।

3. वर्तमान पंजाबी-साहित्य (1947 ई॰ से अब तक)

वर्तमान पंजाबी-साहित्य का अभिप्राय सन् 1947 ई॰ से अब तक लिखे जा रहे साहित्य से है। सैकड़ों वर्षों से अँगरेजी सत्ता की गुलामी सह रहा भारत अंततः 1947 ई॰ में स्वतंत्र हुआ। यह घटना भारतीय इतिहास की सबसे महत्त्वपूर्ण घटना है लेकिन इस उपलब्धि का त्रासदीपूर्ण अध्याय भारत-विभाजन है। इस विभाजन के फलस्वरूप पंजाब भी दो भागों में बँट गया। विभाजन ने पंजाब के जीवन व संस्कृति को अत्यधिक प्रभावित किया। फलस्वरूप साहित्य पर इसका प्रभाव पड़ना स्वाभाविक था। पंजाबी का तत्कालीन साहित्य विभाजन की त्रासदी के प्रभाव में लिखा गया। विभाजन के अंतर्गत हुए नरसंहार व अमानवीय घटनाओं ने लेखकीय संवेदना को झकझोर कर रख दिया। इस काल में रचित साहित्य में विभाजन की त्रासदी व उससे जुड़ी अनेक घटनाओं का अत्यधिक मर्मस्पर्शी व करुणात्मक ढंग से चित्रण किया गया है। भाई वीर सिंह, प्रो॰ मोहन सिंह, अमृता प्रीतम, गोपाल सिंह दरदी, हरिंदर

सिंह नूर, लाल सिंह 'कंवर' इत्यादि कवियों ने विशेष कर भारत-विभाजन के दर्द को कविता के माध्यम से प्रकट किया। उपन्यासकार, कहानीकार व नाटककार भी इस प्रभाव से अछूते न रहे। फलस्वरूप इस काल में पंजाबी-गद्य-साहित्य में भारत-विभाजन से जुड़े विभिन्न मर्मस्पर्शी पहलू ही लेखन का केन्द्र बने। भारत-विभाजन से पहले सांझी परम्परा के कारण साहित्यकार इस्लामी प्रभाव-स्वरूप अरबी-फारसी के साहित्य से प्रभावित थे लेकिन विभाजन के बाद धीरे-धीरे लेखक इस प्रभाव से मुक्त होते चले गये। यहाँ तक कि उर्दू का भी साहित्य में वह स्थान न रह सका जो विभाजन से पहले था। परिणाम-स्वरूप 1947 के बाद का पंजाबी-साहित्य भारतीय संस्कृति व भारतीय भाषाओं के अधिक नजदीक आया और यह निकटता कालांतर में बढ़ती ही गयी। स्वतंत्रता के पश्चात् जागीरदारी व्यवस्था कमजोर होने के कारण गाँवों का कायाकल्प होने लगा व नये नगरों का निर्माण हुआ। चीन व पाकिस्तान के साथ हुए युद्ध से भारत को एक बार फिर गहरा धक्का लगा लेकिन पंचवर्षीय योजनाओं तथा विकास के कार्यक्रमों के फलस्वरूप भारत अधिक उन्नति की ओर अग्रसर हुआ। नवम्बर 1966 में पंजाब प्रदेश की स्थापना तथा 1968 ई. में पंजाबी भाषा का पंजाब के सरकारी कामकाज की भाषा के रूप में लागू होने से पंजाबी भाषा तथा साहित्य के विकास व समृद्धि के नये आयाम सामने आये। अतः साहित्य में भी कई नवीन पद्धतियों व परम्पराओं का सूत्रपात हुआ। इस संदर्भ में साहित्य की विभिन्न विधाओं में आये परिवर्तनों व नयी दृष्टियों का उल्लेख करना विशेष रूप से महत्त्वपूर्ण है।

समकालीन पंजाबी-कविता

सन् 1947 के बाद भी पंजाबी-कविता में विभिन्न प्रवृत्तियाँ उभरकर आयीं जिनमें राष्ट्रवाद, प्रगतिवाद, व्यक्तिवाद, यथार्थवाद, रहस्यवाद, छायावाद, सहजवाद, प्रयोगवाद इत्यादि प्रमुख हैं। हालांकि इनमें से कई प्रवृत्तियों का सूत्रपात हिन्दी-काव्य में स्वतंत्रता से पहले हो चुका था लेकिन पंजाबी-कविता में इनमें से कई प्रवृत्तियों का प्रभाव 1947 के पश्चात् दिखायी देता है। यूँ तो प्रथम स्वतंत्रता-संग्राम के पश्चात् राष्ट्रवादी भावना से ओत-प्रोत काव्य-लेखन की परम्परा विकसित हो चुकी थी लेकिन स्वतंत्रता-प्राप्ति के पश्चात् कवियों में एक नया उत्साह जागा और नवनिर्माण की चेतना से प्रेरित अनेक रचनाएँ प्रकाश में आयीं। पंजाब में देवेन्द्र सत्यार्थी, अमृता प्रीतम, बाबा बलवंत की काव्य-रचनाओं में यह प्रवृत्ति उभर कर आयी है। भारत-विभाजन की त्रासदी को भी पंजाबी-कविता में विस्तृत फलक मिला। **प्रो. मोहन सिंह** ने 'पंजाब दी वार' नामक रचना में विभाजन की त्रासदी को मार्मिक ढंग से प्रस्तुत किया। **गोपाल सिंह दरदी** ने भी इसी रुदन-स्वर में अपनी कविताएँ लिखीं। इस संदर्भ में **अमृता प्रीतम** का नाम विशेष तौर पर उल्लेखनीय है। उन्होंने विभाजन के दौरान नारी जाति पर हुए अत्याचार व अपमान को वेदनापूर्ण ढंग से

प्रस्तुत किया। इस दृष्टि से उनका काव्य-संग्रह 'मैं तारीख हां हिन्द दी' विशेष रूप से उल्लेखनीय है। **हरिंदर सिंह नूर** कृत 'सनू सैंताली दी वार', **अहमद राही** कृत 'त्रिझण' तथा **लाल सिंह कंवर, डॉ॰ मोहन सिंह, हरभजन सिंह** इत्यादि की कविताओं में विभाजन की पीड़ा अभिव्यक्त हुई है। पंजाबी-साहित्य में प्रगतिवादी चेतना का प्रवेश 1936 ई॰ से ही हो चुका था लेकिन इसका उत्थान 1947 ईस्वी के बाद ही हुआ। अधिकतर लेखकों ने 'समाजवाद' को जनकल्याण का साधन मानते हुए उसे विषयाधार बनाया। पंजाबी में नानक सिंह तथा गुरुबख्श सिंह जैसे आदर्शवादी लेखकों पर इसका विशेष प्रभाव दिखायी देता है। मध्यम वर्ग के माध्यम से पूर्ण स्वतंत्रता की इच्छा तथा सामंतवादी बंधनों के विरुद्ध विद्रोह के फलस्वरूप काव्य में व्यक्तिवादी प्रवृत्ति ने जन्म लिया। मोहन सिंह तथा अमृता प्रीतम की कविताओं में व्यक्तिवादिता प्रमुख रूप से उभरी है। पंजाबी-साहित्य में प्रगतिवाद के साथ ही काव्य में यथार्थवाद की भी प्रतिष्ठा हुई तथा जीवन के विभिन्न यथार्थ काव्य का विषय बने। मोहन सिंह, अमृता प्रीतम, अवतार सिंह आज़ाद, बलवंत बावा, देवेन्द्र सत्यार्थी तथा अन्य समकालीन कवियों ने काव्य में यथार्थ को भरपूर स्थान दिया। हिन्दी-जगत् में 1918 ई॰ से 1936 ई॰ तक प्रतिष्ठित छायावादी काव्य की विशेषताएँ पंजाबी के कवि पूरन सिंह तथा डॉ॰ दीवान सिंह 'कालेपानी' के काव्य में व्यापक स्तर पर पायी जाती हैं। इसी प्रकार भाई वीर सिंह, प्रो॰ पूरन सिंह, प्रीतम सिंह सफीर, गोपाल सिंह 'दरदी' की कविताओं में रहस्यवादी प्रवृत्ति भी देखी जा सकती है। लेकिन पंजाबी में ये दोनों काव्य-प्रवृत्तियाँ हिन्दी की तरह प्रचलित नहीं हो सकीं। पंजाबी में 1947 ई॰ के बाद के एक वर्ग के कवियों के रचनाकर्म को 'सहजवादी कविता' का नाम दिया गया है। इस धारा के कवियों में हरिचरन सिंह, सुखवीर, तारा सिंह तथा शिवकुमार बरालवी प्रमुख हैं। इनकी कविताओं में सूक्ष्म अनुभूतियों व सौंदर्य का चित्रण किया गया है।

सन् 1947 के बाद के कवियों की तीन पीढ़ियों ने काव्य-रचना की है। पहले वर्ग के कवियों के काव्य में आध्यात्मिकता, रहस्यवादिता, ईश्वर-प्रेम, स्वतंत्रता-प्राप्ति का वर्णन इत्यादि विशेषताएँ प्रमुख रूप से उजागर हुई हैं। इस पीढ़ी के कवियों में **भाई वीर सिंह** कृत 'कंत महेली दा बारहमाह', 'मेरे साइयां जियो'; **धनिकराम चात्रिक** कृत 'सूफीखाना', 'किकली कली', 'नूरजहां बादशाह बेगम'; **ज्ञानी हीरा सिंह दरद** कृत 'होर अगोरे', **गुरमुख सिंह मुसाफिर** कृत 'कावि सुनेदे', **विधाता सिंह 'तीर'** कृत 'काल कुंका', 'रूपराणी शकुंतला', **डॉ॰ मोहन सिंह दीवाना** कृत 'मस्ती', 'सोमरस' विशेष रूप से उल्लेखनीय काव्य-संग्रह हैं। डॉ॰ मोहन सिंह दीवाना पंजाबी-काव्य में बुद्धि-तत्त्व को प्रधानता देनेवाले पहले कवि हैं। गुरमुख सिंह मुसाफिर ने काव्य में आधुनिक शैली अपनायी। दूसरी पीढ़ी के कवियों ने न केवल काव्य-परम्परा को विकसित किया बल्कि इसे आधुनिक रंग भी दिया। इन्होंने पुरानी

काव्य-परम्परा की प्रवृत्तियों को अपनाने के साथ कविता में मौलिकता व नवीनता का समावेश किया। इनकी कविता न केवल विषय अपितु शैली के स्तर पर भी प्रभावित करती है। रूप की परिपक्वता, छंद-योजना, शब्द-चयन तथा आधुनिक चेतना से परिपूर्ण इस पीढ़ी के कवियों की कविता पंजाबी-साहित्य की गौरवमयी उपलब्धि है। इनमें **प्रो॰ मोहन सिंह** कृत 'कच सच', 'आवाज़ां', 'बड़ा वेला', 'जंदरे'; **अमृता प्रीतम** कृत 'लंबियाँ बाटां', 'मैं तवारीख हां हिंद दी', 'सरघी वेला', 'कस्तूरी', 'नागमणि', 'कागज ते कैनवास'; **अवतार सिंह आजाद** कृत 'जीवन नाद', 'सोन शिखरां', 'विश्वनूर', 'महाबली'; **बाबा बलवंत** कृत 'बंदरगाह', 'सुगंध समीर'; **प्रीतम सिंह सफीर** कृत 'आदि जुगाद', **देवेन्द्र सत्यार्थी** कृत 'बूढ़ी नहीं धरती', 'लक टुणु टुणु'; **पियारा सिंह सहराई** कृत 'धरती दे गीत', 'समय दी वार', 'रुण-झुण'; **हरिंदर सिंह रूप** कृत 'नवां पंथ', **संत इंदर सिंह चक्रवर्ती** कृत 'मालवेंदर', 'हिंद दी चादर'; **प्रो॰ संत सिंह सेखों** कृत 'कावि-दूत' **गोपाल सिंह दरदी** कृत 'करता हनेरे सवेरे', **करतार सिंह दुग्गल** कृत 'बंद दरवाजे', 'केडे-केडे'; **नरिंदरपाल** कृत 'अगमी बहिण', 'किल्ल ते काये'; **लाल सिंह कंवर** कृत 'चानणे राह' इत्यादि इस युग की महत्त्वपूर्ण रचनाएँ हैं। तीसरी पीढ़ी के अधिकतर कवि सन् 1947 ई॰ के बाद ही काव्य-लेखन के क्षेत्र में आये। इनमें **संतोख सिंह धीर** कृत 'धरती मंगदीं मींह वे' और 'बिरहड़े'; **प्रभजोत कौर** कृत 'सुपने सधरां' और 'पखेरू'; **हरिभजन सिंह** कृत 'लासां'; **तखत सिंह** कृत 'बेगार', 'काविहिलूणे', 'अणखदे फुल्ल'; **सुखपाल वीर सिंह हसरत** कृत 'सरसब्ज पतझड़ां', 'हुस्न किनारे', 'मोहमाया'; **शिवकुमार** कृत 'पीड़ां दा परागा', 'लाजवंती', 'आटे दीयां चिड़ियां', 'मैनूं विदा करो'; **डॉ॰ जसवंत सिंह नेथी** कृत 'असले ते ओहले'; **भगवंत सिंह** कृत 'आस-निरास', 'हनेरे साथ'; **एस.एस. मीसा** कृत 'चोर सत्ता', 'दस्तक' इत्यादि रचनाएँ उल्लेखनीय हैं। इस काल में पंजाबी में कई गीतकार व ग़ज़लकारों ने भी सुंदर रचनाएँ कीं। गीतकारों में विशेष रूप से **हरिभजन सिंह, शिवकुमार, इंदरजीत सिंह, हसनपुरी, हरचरन परवाना, चरनसिंह सफरी, गुरदेव सिंह मान** तथा **सोहन सिंह सीतल** प्रमुख हैं। **सरदार साधु सिंह हमदरद** तथा **गुरदेव निर्धन** ने पंजाबी-ग़ज़ल को समृद्ध किया। **प्रो॰ दीवान सिंह** कृत 'तिहाए सुपने' महत्त्वपूर्ण ग़ज़ल-संग्रह है।

पंजाबी-काव्य-साहित्य में भले ही प्रयोगवाद बीज रूप में प्रगतिवाद के विकास के रूप में अस्तित्व में आ चुका था लेकिन छठे व सातवें दशक के कुछ कवियों ने इसे सैद्धान्तिक स्तर पर व्यापक फलक प्रदान किया। फलस्वरूप काव्य में विषय व शिल्प के धरातल पर नये प्रयोग व नयी शैलियाँ अस्तित्व में आयीं। इस दृष्टि से **जसवीर सिंह आहंलूवालिया** कृत 'कागज दा रावण', 'कूड़ राजा कूड़ प्रजा'; **सुखपाल वीर सिंह हसरत** कृत 'सूरज दा काफिला', 'शक्ति दा दरिया', 'निस्संदेह'; **रविंदर रवि** कृत 'दिल दरिया समुंदरों डुंगे', 'जल भरय जल'; **अजायब कमल** कृत 'शतरंज

दी खेड', 'ताश दे पत्ते'; **तारा सिंह विर्क** कृत 'धरती दा चेहरा', सतिंदर नूर कृत 'बिरख निपतरे', गुरमेल कृत 'दुविधा', **सरबंस** कृत 'बरेटे', **सुरिंदर गिल** कृत 'गगन', 'सूरज ते सफर', **हरभजन हुंदल** कृत 'असल गल्ल' तथा 'मुखौटे' इत्यादि महत्त्वपूर्ण रचनाएँ हैं। पंजाबी में प्रयोगवादी काव्यधारा के पश्चात् 1963 ई॰ से 1977 ई॰ तक की काव्य-रचनाओं में विद्रोह, क्रांतिकारी भावना तथा अस्तित्ववादी दर्शन प्रमुख रूप से उजागर हुआ है। इस चेतना से प्रेरित रचनाओं में एस. स्वर्ण द्वारा 'चेतना' पत्रिका के माध्यम से प्रकाशित कविताएँ सतिकुमार कृत 'घोडियां दी उड़ीक', हरिनाम कृत 'नेतर कंकाल', मोहनजीत कृत 'सहिकदा शहर', 'तुरदेफिरदे मसखरे', मिंदर कृत 'जख्म दी आत्मकथा', सुरजीत पातर कृत 'बुड्डी जादुगरनी', 'घरर-घरर', 'मेरा घुप्प', 'पुल'; त्रिलोचन कृत 'अहम्', 'त्रिशंकु', मनजीत टिवाणा कृत 'इलहम', देव कृत 'विद्रोह', 'लेनिन', खुरशीद कृत 'अदरले किरदार', शहरयार कृत 'सिद्धार्थ की वापसी', भूषण ध्यानपुरी कृत 'इक मसीहा होर' इत्यादि प्रमुख हैं। इसके अलावा **तेजवीर कसेल, अमितोज, हरनेल, अजीत सिंह चंदन, ऊधम सिंह शाही, तरसपाल, संतोख सिंह चंदन** इत्यादि कवियों ने भी इस काल में काव्य-रचना की।

सन् 1967 ईस्वी में नक्सलवादी लहर के प्रभावस्वरूप कवियों का एक अन्य वर्ग उभरा जिन्होंने क्रांतिकारी कविताएँ लिखीं। इन कवियों में **पाश** का नाम सबसे चर्चित रहा है। 'उड़दे बाजां दे मगर' तथा 'लोहकथा' उनके प्रसिद्ध काव्य-संग्रह हैं। क्रांतिकारी कवियों में **संतराम उदासी** कृत 'लहू भिजे बोले', **लाल सिंह** कृत 'सकर दे बोल' महत्त्वपूर्ण रचनाएँ हैं। इस विचारधारा के अन्य प्रसिद्ध कवि **दर्शन खटकड़, संत संधू, हरभजन हरवालवी, अमरजीत चंदन** इत्यादि हैं। इसी काल में कुछ रचनाकारों ने मानव मन की कोमल अनुभूतियों, प्रेम, विरह के साथ मानवीय द्वन्द्व तथा जटिलता का सूक्ष्म चित्रण काव्य के माध्यम से किया। इन रचनाकारों में **डॉ॰ जसवंत सिंह नेकी** ('असले ते ओहले'), **अमरीक सिंह पुन्नी** ('नंगे पैर'), **कुलदीप कल्पना** ('बेताली रागणी'), **मनजीत बिंदरा** ('अंतःकरण'), **कृष्ण अशांत** ('शिलालेख'), **राजबीर** ('डुब दे सूरज नहीं वेखेदे') इत्यादि प्रमुख हैं।

सन् 1980 के बाद की पंजाबी-कविता किसी निश्चित विचारधारा से प्रेरित न होकर जीवन के यथार्थ को विविधता में प्रकट करती है। पिछले दो दशकों में लिखी गयी कविता का केन्द्रीय बिंदु वाद-विशेष, समस्या या परिस्थिति-विशेष न होकर मानव के भीतरी संसार के यथार्थ का सहज प्रस्तुतीकरण है। फलस्वरूप कविता में मानवीय यथार्थ के अनेक पक्ष उजागर हुए हैं। जसवंत दीद, अमरजीत कोंके, अंबरीश, आसी, सवरनजीत सवी, गुरप्रीत, मनमोहन, परवेश, लखविंदर जौहल, सुखपाल संखेड़ा, परमिंदर सोढ़ी, सुखचैन, परमजीत सोहल, जगतारजीत, रूपिंदरमान, केवलजीत भुल्लर, डॉ॰ रविंदर, तरसेम, सुखजीत, तेजिंदर बावा, जसविन्दर मान इत्यादि की कविता इस दृष्टि से उल्लेखनीय है। समकालीन पंजाबी-कविता के प्रमुख

हस्ताक्षरों में **डॉ॰ जगतार, सुरजीत पातर, सुरिंदर गिल, हरभजन सिंह हुंदल, शहरयाद, हरभजन हलवारवी, मोहनजीत, परमिंदर जीत, सुरिंदर धंजल, हरभजन गिल, गुरतेज कुहारवाला, बरजिंदर चौहान, तसकीन, धर्म कमियाणा, रमन, राविंदर मसखूर, जसवंत सफर, सतीश गुलाटी, बलबीर परवाना, राजिंदर सोढ़ी, अनूप विरक** इत्यादि की रचनाएँ महत्त्वपूर्ण हैं। यद्यपि पंजाबी-कविता में दलित साहित्य की प्रवृत्ति अधिक स्थापित नहीं हुई तथापि **गुरदास आलम, लालसिंह दिल, बलबीर माधोपुरी, संतराम उदासी, मनजीत कादर, मदनवीरा, गुरमीत कलरमाजरी, बूटा सिंह 'अशांत'** इत्यादि कवियों ने दलित समाज से जुड़े महत्त्वपूर्ण मुद्दों को कविता का केन्द्रीय बिन्दु बनाया। इन कविताओं में दलित मानव की वेदना को बड़े मार्मिक ढ़ंग से अभिव्यक्ति मिली है। समकालीन पंजाबी-कविता में नारी-संवेदना तथा सरोकारों को कविता के माध्यम से प्रकट करनेवाले कवियों में **डॉ॰ हरिभजन सिंह** ('मावां-धीयां') **मोहनजीत** ('लीलावती'), **सतिंदर सिंह नूर** ('मौलहारी'), **सुखमिंदर रामपुरी** ('धीयां'), **अमरजीत घुमण, सुरजीत कलसी, अमरदीप** इत्यादि का योगदान है। कवयित्रियों में **अमृता प्रीतम** की कविता से आरंभ हुआ नारी का पुरुष के प्रति विद्रोह का स्वर **मनजीत रिवाणा, शशि समुंदरा, शरन मक्कड़, अमरज्योति** आदि की कविताओं में सुनायी देता है। लेकिन औरत-मर्द की परस्पर बराबरी तथा आपसी समझदारी व संवाद की स्थिति बाद की अनेक कवयित्रियों में देखी जा सकती है। इस दृष्टि से **पालकौर, वनीता, सुखविंदर, अमृत, निरुपमा दत्त, भूपिंदर कौर प्रीत, मनजीतपाल कौर, मंजीत इंदिरा, जसबीर कौर** आदि का काव्य-संसार उल्लेखनीय है। इनकी रचनाओं में न केवल नारी से जुड़े मुद्दे अपितु पूँजीवादी व्यवस्था तथा उपभोक्तावादी संस्कृति से उपजे संकटों पर भी गंभीर चर्चा की गयी है।

आधुनिक पंजाबी-काव्य-जगत् में लघु-कविता की विधा भी खूब समृद्ध हुई है। **रामसिंह चाहल, दर्शन बुट्टर, नवतेज भारती, सतिंदर सिंह नूर, देवनीत, अमरजीत कोंके** इत्यादि ने पंजाबी-लघुकविता में अपना भरपूर योगदान दिया है। पंजाबी-कविता में प्रगीत लिखने की परम्परा भी जारी है, परन्तु इसकी तुलना में मानव मन की सूक्ष्म अनुभूतियों व जीवन की विसंगतियों को ग़ज़ल में कहने की परम्परा अधिक प्रचलित हुई है। **सुरजीत पातर, डॉ॰ एस॰ तरसेम, जसबिंदर, बरजिंदर चौहान, गुरतेज कुहारवाला, सतीश गुलाटी, विजय विवेक, अमरजीत घुड़ीके, गुरदीप, गुरजीत जज, हरदयाल सागर, खुशवंत कोमल, सुखबिंदर अमृत** आदि ने ग़ज़ल में नयी दिशाएँ उजागर की हैं।

नाटक

पाँचवें-छठे दशक में पंजाबी-नाटक का विकास बहुत तेजी से हुआ। भारतीय संगीत नाटक अकादमी, यूनिवर्सिटी के युवा समारोह तथा लोक संपर्क विभाग के प्रयासों से इन दो दशकों में पंजाबी-रंगमंच ने खूब उन्नति की। नाटक के अतिरिक्त

एकांकी, गीतिनाटक तथा रेडियो नाटक भी लिखे गये एवं मंचित किये गये। दिल्ली, चंडीगढ़, पटियाला, शिमला व अमृतसर पंजाबी-रंगमंच के प्रमुख केन्द्रों के रूप में उभरे। इस काल में 1947 तक के कतिपय प्रमुख नाटककारों ने कुछ महत्त्वपूर्ण नाटक व एकांकी की रचना की। **ईश्वरचंद्र नंदा** का 'चमकारे' एकांकी-संग्रह का प्रकाशन इस काल में हुआ। इन एकांकियों में आधुनिक युग की समस्याओं का चित्रण है। शैली की दृष्टि से ये एकांकी पुरानी परम्परा के ही विकसित रूप हैं। **हरचरन सिंह** ने 'तेरा घर सो मेरा घर', 'धुनिया दा चन्द', 'रता सालू', 'सभा शक्ति', 'कंचन माटी' नाटक-संग्रह तथा 'मुड़के दी खुशबू' और 'पंच-प्रधान' एकांकी-संग्रहों की रचना की। रंगमंच की दृष्टि से उनके नाटक अत्यधिक लोकप्रिय हुए। इन नाटकों में समसामयिक चेतना तथा सुधारवादी दृष्टिकोण केन्द्र में है। इनके कुछ नाटकों में नारी की सूक्ष्म अनुभूतियों को मनोवैज्ञानिक धरातल पर प्रस्तुत करने का सफल प्रयास किया गया है। इसके अतिरिक्त इन्होंने 'इतिहास जवाब मंगदा है' तथा 'चमकौर दी गडी' जैसे महत्त्वपूर्ण ऐतिहासिक नाटक भी लिखे।

संतसिंह सेखों के नाटकों में बौद्धिकता होने की वजह से इनके नाटकों का पंजाबी-नाटक-साहित्य में विशिष्ट स्थान है। मौलिकता, नवीनता, युगचेतना तथा विषयवस्तु की दृष्टि से भी इनके नाटक प्रभावशाली हैं। 'कलाकार', 'नारकी', 'वारिस', 'भूमिदान', 'मोइयां सार न काई', 'दयमन्ती', 'सियालां दी नदी' तथा 'मितर प्यारा' इनके प्रमुख नाटक हैं। इन्होंने 'तपिया क्यों खापिया', 'नाट सुनेहे' तथा 'सुंदर पद' एकांकी-संग्रहों की भी रचना की। **बलवंत गार्गी** इस युग के अत्यधिक लोकप्रिय नाटककार हैं। रंगमंच की दृष्टि से उनके नाटक अत्यधिक सफल हुए हैं। उनके प्रसिद्ध नाटक 'घुग्गी', 'शैल पत्थर', 'केसरो', कणक दी बली', 'धूणी दी अग', 'गगन में थाल' इत्यादि हैं। इनके अतिरिक्त उन्होंने 'कुमारी टीसी', 'बेबे', 'गिरझां', 'पतण दी बेड़ी', 'डॉक्टर पलटा' इत्यादि एकांकियों की रचना भी की। गार्गी के अधिकतर नाटकों में रोमांस व दुखांतता हैं। रंगमंच की अद्भुत सूझ रखने के कारण गार्गी के नाटक भले ही अत्यधिक लोकप्रिय हुए हैं परन्तु विषय-वस्तु की दृष्टि से वे मौलिकता व कला की ऊँचाई छूने में असमर्थ हैं। **करतार सिंह दुग्गल** इस काल के प्रमुख नाटककार हैं। उन्होंने 'पुराणियाँ बोतलां', 'मिठ्ठा पाणी', 'कोहकन', 'बुद्धम् शरणम् गच्छामि' तथा 'स्रोत संगीत' शीर्षकों से नाटकों की रचना की। इनके अतिरिक्त उन्होंने दो एकांकी-संग्रह भी लिखे। उनके द्वारा लिखे कई रेडियो नाटकों का सफल रेडियो प्रसारण भी हुआ है। ये नाटक जीवन के यथार्थ को प्रकट करते हैं। करतार सिंह दुग्गल पर फ्रायड का प्रभाव माना जाता है। उनके नाटकों में निहित मौलिकता व काव्यमयता विशेष रूप से उल्लेखनीय है।

इस युग के अन्य प्रसिद्ध नाटककारों में **गुरदयाल सिंह खोसला** का नाम प्रमुख है। 'बूहे बैठी थी', 'मर मिटण वाले', 'बेघरते हो एकांकी' इनकी प्रमुख रचनाएँ हैं।

गुरदयाल सिंह के नाटक आधुनिक दृष्टिकोण तथा पश्चिमी प्रभाव से प्रेरित हैं। इसी कड़ी में गुरदयाल सिंह फुल्ल की नाट्य रचनाओं का उल्लेख आवश्यक है। उन्होंने सन् 1947 के बाद लिखे नाटकों में विषय एवं रूप की दृष्टि से नये व सफल प्रयोग किये तथा 'साथी', 'कालेजिएट जोड़ी', 'आदमी दी शक्ल', 'कला ते जिंदगी', 'धरती दी जाई', 'धरती दी आवाज', 'कलयुग', 'सब कुछ होत उपाय' इत्यादि नाटक लिखे। उन्होंने जीवनानुभवों से जुड़े अपने नाटकों के माध्यम से पाठकों के सामने सुधारवादी व आदर्शवादी दृष्टिकोण प्रस्तुत किया।

इस युग में नाटककारों का एक वर्ग उभरा जिन्होंने नाटक-लेखन के क्षेत्र में नवीन प्रयोग किये। इनके नाटकों में अनुभव की मौलिकता व विषय की विविधता देखने को मिलती है। **रोशनलाल आहूजा** ने 'तलाक', 'सहयोग', 'भूमिदान' तथा 'कलिंगा का दुखांत' नाटकों की रचना की। उनके नाटकों में समसामयिक घटनाएँ केन्द्र में हैं। 'परिवर्तन' तथा 'नवें घोल' उनके सफल एकांकी-संग्रह हैं। नाटककार **अमरीक सिंह** ने 'कम्म कि धड़म्म', 'राहां दे निखेड़', 'परछावयां दी पकड़' नाटक तथा 'आस ने अंबार', 'शरणार्थी दा कोर' एकांकी-संग्रह लिखे। आधुनिक चेतना, पात्रों का मनोवैज्ञानिक चित्रण व उद्घाटन, हास्य तथा व्यंग्य, गंभीर विषयवस्तु, प्रगतिवादी चेतना इत्यादि अमरीक सिंह के नाटकों की प्रमुख विशेषताएँ हैं। नाटककार **बलवीर सिंह** कृत 'सपना टूट गया', 'युवराज', 'अरविंद', 'सतयुग ते कलयुग', 'फुल फिर पीले ने' इत्यादि नाटकों में प्रेमतत्त्व, ऐतिहासिकता, जीवन का यथार्थ तथा व्यंग्य की प्रधानता है। कला व शैली की दृष्टि से ये नाटक अधिक प्रभावशाली नहीं बन पाये।

नयी पीढ़ी के नाटककारों में **कपूर सिंह घुम्मण, सुरजीत सिंह सेठी** तथा **हरसरन** का विशेष योगदान है। परंपरागत ढंग से नाटक लेखन करनेवाले कपूर सिंह घुम्मण के नाटक कालांतर में विषयवस्तु, कला, शैली व विशेषतः रंगमंच की दृष्टि से अत्यधिक सफल रहे। यथार्थ का चित्रण करने तथा पात्रों का मनोवैज्ञानिक विश्लेषण करने में लेखक सफल रहा है। इनके प्रमुख नाटक 'अनहोनी', 'जैलदार', 'जिऊंदी लाश', अतीत दे परछावे', 'पुतलीघर' तथा 'बंद गली' हैं। इनके एकांकी-संग्रहों के शीर्षक 'दो जोतां दो मूरतां' तथा 'गलत कीमत' हैं। सुरजीत सिंह सेठी इस धारा के अत्यधिक प्रतिभाशाली नाटककार हैं। उनके नाटकों में आधुनिक चेतना, मनोवैज्ञानिकता, यथार्थ चित्रण तथा कलात्मकता मिलती है। कई नाटक आकाशवाणी तथा राष्ट्रीय स्तर के कार्यक्रमों में विशेष रूप से सफल रहे हैं। 'कॉफी हाउस', 'कच्चा घड़ा', 'किंग मिर्जा ते सवेरा', 'परदे पीछे' इत्यादि उनके प्रमुख नाटक हैं। नाटककार हरसरन सिंह को मध्यवर्गीय जीवन से जुड़ी समस्याओं के चित्रण में विशेष सफलता मिली है। 'जिगरा', 'फूल कुम्हला गया' तथा 'उदास लोक' उनके प्रमुख नाटक हैं। इन नाटकों में सामाजिक समस्याओं को गंभीरता से उभारा गया है। **गुरुचरण सिंह जसूजा** कृत

'मकड़ी दा जाल', 'चारदीवारी' भी इस काल के प्रमुख नाटक हैं।

सन् 1975 के बाद के नाटकों में सामाजिक प्रतिबद्धता, जीवन-यथार्थ, राजनीतिक सरोकार तथा सामाजिक समस्याओं का चित्रण हुआ है। इस दृष्टि से **आत्मजीत, अजमेर सिंह औलख, चरनदास सिंधु, गुरुशरन सिंह, रबिंदर रवि, अमरजीत गरेवाल** का योगदान विशेष रूप से प्रशंसनीय है। मनोवैज्ञानिक विश्लेषण की दृष्टि से **करतार सिंह दुग्गल, बलवंत गार्गी, कपूर सिंह घुम्मण, हरसरन सिंह, सुरजीत सिंह सेठी** तथा **आत्मजीत** के नाटक विशेष महत्त्व रखते हैं। रंगमंच की लहर तथा नाटककारों की सृजनात्मकता के फलस्वरूप पंजाबी में लघुनाटक भी लिखे गये, जिससे पंजाबी-रंगमंच का अभूतपूर्व विकास हुआ। **आत्मजीत, अजमेर सिंह औलख** तथा **गुरुशरण सिंह** का इस क्षेत्र में विशेष योगदान है। मध्यवर्गीय जीवन की विसंगतियों का मनोवैज्ञानिक धरातल पर सफलतापूर्वक चित्रण करनेवाले समकालीन नाटककार आत्मजीत ने अनेक नाटकों, लघुनाटकों की रचना करने के अतिरिक्त नाट्य साहित्य से संबंधित अनेक पुस्तकों का संपादन भी किया है। 'कब्रिस्तान', 'रिश्तयां दा की रखिए ना', 'शहर बीमार है', 'फर्श बिच उगया रुख', 'पूरन', 'कैमलपूस दियां मछियां' इत्यादि उनके प्रमुख नाटक हैं। 'चाबियाँ अते होर एकांकी' 'हवामहल अते होर नाटक', 'चिड़ियाँ', 'नाटक नाटक नाटक' उनके एकांकी-संग्रह हैं। सामाजिक-आर्थिक समस्याओं तथा राजनीतिक स्थितियों को उजागर करनेवाले उनके नाटक रंगमंच की दृष्टि से अत्यधिक लोकप्रिय हुए हैं।

अजमेर सिंह औलख तीसरी पीढ़ी के वे प्रमुख नाटककार हैं जिन्होंने मालवा के कृषक जीवन के दुःखद पहलुओं को नाटक की विषयवस्तु बनाया। उनके नाटकों में आंचलिकता का भी समावेश हुआ है। अजमेर सिंह औलख एक सक्रिय रंगकर्मी हैं तथा अपनी नाट्य संस्था 'लोक कला मंच' के माध्यम से समय-समय पर नाट्य प्रस्तुति करते रहते हैं। 'सत बेगाने', 'भजिया बांहां', 'किहर सिंह दी मौत', 'सलवान', 'झना दे पाणी' इनके प्रमुख नाटक हैं। इनके अतिरिक्त इन्होंने 'इश्क जिनां दे हड्डी चढ़िया', 'अरबद नरबद धुंधकारा', 'बेगाने बोहड़ दी छाँ', 'अन्ने निशानची', 'मेरे चोणवें एकांकी' तथा 'गानी' शीर्षक से एकांकी-संग्रहों की रचना की है। समकालीन पंजाबी नाटककार **डॉ॰ चरणदास सिंह** ने बीस से अधिक नाटकों व लघुनाटकों की रचना की है। 'भजनो', 'स्वामी जी', 'बाबा बंतू', 'अंबियां नू तरसेंगी', 'कल कॉलेज बंद रहेगा', 'शेक्सपीयर दीधी', 'अमानत दी लाठी', 'चन्नो बाजीगरनी', 'भगत सिंह शहीद' तथा 'इक्कीवीं मंजिल' इनके प्रमुख नाटक हैं। इन्होंने 'दोआबा' के जनजीवन को केन्द्र में रखकर प्रगतिशील दृष्टि से नाट्य-लेखन किया है। विभिन्न सामाजिक समस्याओं व उनके समाधान प्रकट करनेवाले उनके नाटक समाज-विकास में पूरी तरह समर्थ हैं।

पंजाबी में नुक्कड़ नाटक को आरम्भ व विकसित करने का पूरा श्रेय नाटककार

गुरुशरण सिंह को दिया जाता है। सामाजिक, राजनीतिक समस्याओं से जुड़े इनके नाटक पंजाबी जन-जीवन को उभारने तथा लोक-चेतना जगाने में पूरी तरह सफल हुए हैं। पंजाब में नाटक को आम व्यक्ति तक पहुँचाने का श्रेय भी गुरुशरण सिंह को दिया जाता है। वे पंजाब के शहरों, गाँवों व दूर-दराज के इलाकों में सैकड़ों प्रस्तुतियाँ दे चुके हैं। अतः रंगकर्मी की हैसियत से भी इस नाटककार का कद बहुत ऊँचा है। 'सीस तली ते', 'चांदनी चौक तों सरहिंद तक', 'धमक नगाड़े दी ते होर नाटक' इनके प्रसिद्ध नाटक हैं। 'जदों रोशनी होंदी सी', 'बंद कमरे', 'बाब बोलदा है', 'लीरां', 'बंगार', 'नवां जन्म', 'गुलाबी पग अते होर नाटक', 'टुण्डा हौलदार ते होर नाटक' इत्यादि इनके लघुनाटक-संग्रह हैं। सन् 1942 में स्थापित हुई 'इप्टा' (इंडियन पीपुल्स थियेटरीकल ऐसोसिएशन) के प्रभाव-स्वरूप शीला भाटिया, तेरा सिंह चन्न, जोगिंदर बाहरला तथा जगदीश फरियादी ने भी नाटक-लेखन में योगदान किया। इन्हीं के समांतर अजायब कमल, देबिंदर सिंह, देविन्द दमन तथा दर्शन मितवा ने भी अच्छे नाटक लिखे।

बीसवीं सदी के अंतिम दशक में नयी संभावनाएँ जगानेवाले नाटककारों का एक और वर्ग उभर कर सामने आया है जिन्होंने पंजाबी-नाटक को विकसित व समृद्ध किया है। **मनजीत पाल कौर, स्वराजबीर, जतिंदर बराड़, देविन्दर कुमार, पाली भुपिंदर, प्रीत महिंदर सेखों, सतिंदर सिंह नंदा, वरियाम मस्त, बलराज मान, नसीब बवेजा, कुलदीप सिंह, राणा रणवीर, जगदीश सचदेवा, केवल धालीवाल** तथा **सतीश कुमार वर्मा** इस वर्ग के प्रमुख नाटककार हैं। केवल धालीवाल व नीलम मानसिंह रंगमंच की आधुनिक तकनीकी निपुणता से सम्पन्न रंगकर्मी हैं जिन्होंने पंजाबी-रंगमंच को नये आयाम दिये हैं। नीलम मानसिंह ने विदेशी नाटकों के रूपांतरों का मंचन कर नाटक के क्षेत्र में नये व सफल प्रयोग किये हैं। इक्कीसवीं सदी में पंजाबी-रंगमंच के सम्मुख अनेक चुनौतियाँ हैं। आशा है कि रचनाकार व रंगकर्मी न केवल इन चुनौतियों का सामना करने में सफल होंगे अपितु इस क्षेत्र में नये प्रयोग कर नयी दिशाएँ उद्घाटित करेंगे।

उपन्यास

सन् 1947 ई॰ के बाद के उपन्यास-साहित्य-लेखन की परम्परा में **नानक सिंह** का बहुमूल्य योगदान रहा है। 1947 ई॰ के बाद के उनके उपन्यासों में 'खून दे शोले', 'अग दी खेड', 'चित्रकार', 'पुजारी', 'छलाता', 'कटी होई पतंग', 'संगम', 'आदमखोर', 'नासूर' इत्यादि प्रमुख हैं, जबकि 1960 ई॰ के बाद उनके द्वारा रचित उपन्यासों में 'कोई हरिया बूटा रिहोरी', 'ईक म्यान दो तलवारां', 'गगन दमामा बाजयो', 'आस्तिक-नास्तिक', 'बंजर' तथा 'मझदार' प्रमुख हैं। मध्यवर्गीय जीवन से जुड़े उनके उपन्यासों में भावुकता तथा आदर्शवाद की प्रधानता है। नानक सिंह की परंपरा से जुडे उपन्यासकारों में **जसवंत सिंह केवल, नरिंदरपाल सिंह, सोहन सिंह सीतल**

इत्यादि विशेष रूप से उल्लेखनीय हैं। जसवंत सिंह ने 'पूरनमासी', 'पाली', 'सिविल लाइन्स', 'रूप-धारा', 'रात बाकी है' उपन्यासों की रचना की। उन्होंने ग्रामीण व कृषक-जीवन को विस्तृत फलक पर उभारा है। नानक सिंह की तरह इनकी रचनाओं में भी आदर्शवाद केन्द्र में है। सामाजिक समस्याओं से संबंधित, मानवतावादी दृष्टि से प्रेरित आदर्शोन्मुखी उपन्यासों के रचयिता नरिंदरपाल सिंह 'इक राह इक पड़ाव', 'अमन दे राह', 'शक्ति', 'त्रिया जाल', 'एत मारण जाणा', 'टापू' इत्यादि उपन्यासों की रचना की। इस काल में रचित उपन्यास-साहित्य में सोहनसिंह सीतल के उपन्यास विशेष रूप से लोकप्रिय हुए। 'नूंतां वाला खूह', 'जंग ते अमन', 'काले परछावें', 'इचोगिल नहर' उनके प्रसिद्ध उपन्यास हैं। इसी कड़ी में **हरिसिंह दिलबर** कृत 'बांह जिना दी पकड़िए', **ज्ञानी तरलोक** कृत 'राणी जिंदा', **संत इंदर सिंह** कृत 'बीतराग', 'अड़बंगी', **केसर सिंह** कृत 'लहर बधधी गई' भी उल्लेखनीय रचनाएँ हैं।

इसी युग में पंजाबी-उपन्यास में यथार्थवाद की भी प्रतिष्ठा हुई। इस दृष्टि से **संतसिंह सेखों** कृत 'लहू मिट्टी', **सुरिंदर सिंह नरुला** कृत 'रंगमहल', 'जियो पुतर', 'जग बीती', 'दीन दुनिया'; **करतार सिंह दुग्गल** कृत 'आंदरां', 'इक दिल बिकाऊ है' **गुरुचरन सिंह** कृत 'बगदी सी रावी' तथा **देवेन्द्र सत्यार्थी** कृत 'घोड़ा बादशाह' महत्त्वपूर्ण उपन्यास हैं। इस युग की महिला उपन्यासकारों में **अमृता प्रीतम** कृत 'पिंजर', 'डाक्टर देव', 'आलणा', 'बंद दरबाजा', 'रंग दा पता', 'दिल्ली दियां गलियाँ' **सुरिंदरजीत बराड़** कृत 'दावानल', **दिलीप कौर रिवाणा** कृत 'म्ह हमारा जीवणा', 'अग्नि परीखिया' विशेष रूप से चर्चित रहे। जीवन के विभिन्न पक्षों से जुड़े इन उपन्यासों में यथार्थ का चित्रण हुआ है। कुछ उपन्यास मनोविश्लेषण की दृष्टि से भी चर्चित रहे हैं।

सुरजीत सिंह सेठी इस युग के एक ऐसे उपन्यासकार हैं जो यथार्थवादी होने के साथ प्रयोगवादी भी माने जाते हैं। 'इक शहर दी गल', 'रेत दा पहाड़', 'अलपत्थर', 'इक खाली प्याला', 'कल वी सूरज नहीं चढ़ेगा' उनके प्रसिद्ध उपन्यास हैं। उन्होंने उपन्यासों में ऐतिहासिकता, मनोविज्ञान तथा कलात्मकता के स्तर पर नये प्रयोग किये हैं। **महिंदर सिंह सरना** के उपन्यास आंचलिक रंग लिये हुए हैं। उनके प्रसिद्ध उपन्यास 'पीड़ां मल्ले राह' तथा 'कांगा दे कण्डे' हैं। **हरनाम दास सहराई** ने 'सफेदपोश' तथा 'पथिक' दो उपन्यास लिखे जिनमें उच्च मध्यमवर्ग तथा अधिकारी वर्ग में बढ़ रहे भ्रष्टाचार व अनैतिक संबंधों का चित्रण केन्द्र में है। पंजाबी-उपन्यास में यथार्थवादी शैली को अधिक मनोयोग के साथ अपनाने व इसे मजबूती प्रदान करने में उपन्यासकार **गुरदयाल सिंह** का विशेष योगदान है। उन्होंने 'मढ़ी दा दीवा', 'अणाहोए', 'कुवेला' तथा 'रेत दी मुन्ठी' उपन्यासों की रचना की। **निरंजन सिंह तसनीम** कृत 'परछोवं', 'कसक' अथवा 'त्रेड़ा ते रूप'; **सुरिंदर सिंह जौहर** कृत 'राहाँ दी धुड़'; **किरपाल सिंह कसेल** कृत 'वार्ड नंबर दस', **मोहन काहलों** कृत 'मछली

इक दरिया दी', 'बेड़ी ते रेता'; **मनजीत सिंह राणा** कृत 'धरती दे वारिस', **कंवल सिंह कलसी** कृत 'अनूपी', **गुरमुख सिंह** कृत 'मृगतृष्णा', **सुरजीत हंस** कृत 'मिट्टी दी ढेरी', **संतोख सिंह धीर** कृत 'शराबी' इत्यादि औपन्यासिक रचनाएँ भी इस युग की महत्त्वपूर्ण उपलब्धियाँ हैं।

सन् 1980 के बाद के उपन्यासकारों ने सामाजिक, राजनीतिक व आर्थिक परिस्थितियों को व्यापक फलक पर अभिव्यक्ति दी। इस दौर के उपन्यासों में कृषक-जीवन का समग्र चित्रण मिलता है। उपन्यासकारों ने कृषक-जीवन की विसंगतियों को पूँजीवादी व्यवस्था के संदर्भ में चित्रांकित किया है। इस दृष्टि से **करमजीत कुस्सा** कृत 'ऐही बियाबान', **रामसरूप अणखी** कृत 'कोठे खड़क सिंह', **जसबीर मेड** कृत 'औड़ दे बीज' तथा **बलदेव सिंह** कृत उपन्यास 'अन्नदाता' विशेष रूप से चर्चा के विषय बने।

इस दौर में दलित चेतना को केन्द्र में रखकर कुछ उपन्यास लिखे गये। यों तो आधुनिक पंजाबी-उपन्यास में दलित चेतना से जुड़े उपन्यासों की रचना प्रिंसिपल सुजान सिंह, संतोख सिंह धीर व गुरदयाल सिंह जैसे उपन्यासकार कर चुके थे, तथापि गुरदयाल सिंह के उपन्यास 'मढ़ी दा दीना' के बाद इस परम्परा में कई उपन्यासों के नाम जुड़ते चले गये। **जसवंत सिंह विरदी** तथा **सोहन सिंह सीतल** के उपन्यास दलित चेतना से प्रेरित हैं, लेकिन दलित चेतना का सबसे सशक्त चित्रण करनेवाले उपन्यास **करमजीत कुस्सा** कृत 'अग्ग दा गीत', **गुरचरन सिंह रासो** कृत 'मशालची' तथा **निंदर गिल** कृत 'दास्तान दलितां दी' हैं। इन उपन्यासों के पात्र अपने साथ हो रहे शोषण व अत्याचार के प्रति विद्रोह करते हैं।

पंजाब में लंबे समय तक चले आतंकवादी व साम्प्रदायिक घटनाओं के दौर ने लेखकीय चेतना को भी प्रभावित किया। निंदर गिल कृत 'पंजाब 84' तथा 'दहशत दे दिन', करमजीत कृत 'जख्मी दरिया', निरंजन तसनीम कृत 'गुमाचे अर्थ' तथा सबरन चंदन कृत त्रिभागीय उपन्यास 'उजाला, तसदीक अते विद्रोह' इत्यादि उपन्यासों में इस दौर की सामाजिक परिस्थितियों के सशक्त दस्तावेज हैं।

पिछले दो दशकों में नारी-संवेदना भी उपन्यास की एक प्रमुख विशेषता के रूप में उभरी है। **दिलीप कौर रिवाणा** कृत सन् अस्सी के बाद के उपन्यासों 'पैड़चाल', 'हस्ताक्षर', 'अैर वैर मिलदियां', 'लंघ गये दरिया' तथा 'कथा कहो उर्वशी' में अपने स्वतंत्र अस्तित्व के लिए प्रयत्नशील व संघर्षरत नारी का चित्रण है। **रामसरूप अणखी** कृत 'कोठे खड़क सिंह', **करमजीत कुस्सा** कृत 'अग्ग दा गीत', **सुरिंदर मोहन देकाण** कृत 'पराई मिट्टी', **जसवंत सिंह कंवल** कृत 'मौड़ा जा ऐनियाँ' इत्यादि उपन्यासों का केन्द्रीय बिंदु भी नारी-संवेदना है।

पिछले दो दशकों में पंजाबी में जीवनीपरक तथा आत्मकथापरक उपन्यास भी लिखे गये। **कुलदीप भटनागर** कृत 'बंदा सिंह बहादुर', **इंदर मोहन खामोश** कृत

'काफर मसीहा' इस संदर्भ में उल्लेखनीय उपन्यास हैं। इन उपन्यासों में क्रमश : बंदा बहादुर तथा सुप्रसिद्ध उपन्यासकार टॉल्स्टाय के जीवन के विभिन्न अनभिज्ञ पहलुओं पर प्रकाश डाला गया है। **दिलीप कौर रिवाणा** कृत 'कथा कहो उर्वशी' भी एक नया व सफल औपन्यासिक प्रयोग है जिसमें स्त्री-पुरुष-संबंधों को अनेक दृष्टिकोणों से देखा गया है। **निरंजन तस्लीम** कृत 'जुगां तों पार' तथा **सरदार सोच** कृत 'मकान इक खाली जिहा', 'खलीफा' इत्यादि उपन्यासों ने पात्रों के चित्रण में चेतनाप्रवाह व फ्लैश बैक शैली का सुन्दर प्रयोग किया गया है। पिछले दो दशकों में लिखे गये ये उपन्यास समूचे मानवजगत् को विस्तृत धरातल पर प्रस्तुत करते हैं। अतः इन पर वैश्वीकरण का अप्रत्यक्ष प्रभाव दिखायी देता है।

कहानी

1947 ई॰ से लेकर अब तक पंजाबी-कहानी का अत्यधिक विकास हुआ है। पंजाबी में आदर्शवादी, यथार्थवादी, मनोवैज्ञानिक, प्रतीकात्मक तथा रोमांस से भरपूर कहानियों लिखी गयी हैं। सन् 1947 के आसपास के कहानीकारों की रचनाओं में आदर्शवाद प्रमुख रूप से उभरा। इन कहानीकारों में गुरबख्श सिंह, गुरुमुख सिंह मुसाफिर, डॉ॰ मोहन सिंह, नौरंग सिंह, हरी सिंह दिलबर तथा सोहन सिंह सीतल प्रमुख हैं। **गुरुबख्श सिंह** कृत 'भावी मैना', 'नेवं खंडरा ते उसारी', 'शबनम', 'आखिरी सबक', 'प्रीतां दी पहरेदार' कहानी-संग्रहों में आदर्शवादी ढंग से रोमांस का चित्रण किया गया है। डॉ॰ मोहन सिंह कृत 'दविंदर बतीसी', 'परांडी' तथा 'रंग-तमाशे' 'कहानी-संग्रहों में जीवन के यथार्थ को आदर्श व अध्यात्म के धरातल पर प्रस्तुत किया गया है। **ज्ञानी गुरुमुख सिंह मुसाफिर** कृत 'आलणे दो बोट', 'अला-बात' इत्यादि कहानी-संग्रहों में देशभक्ति तथा राष्ट्रीय भावनाओं का चित्रण मिलता है। **ज्ञानी हीरा सिंह दरद** के कहानी-संग्रह 'आस दी तंद' में भी इसी विषयवस्तु को प्रगतिवादी कोण प्रदान किया गया है। **नौरंग सिंह** कृत 'मखियां रूहां', 'बझल पड़ा' तथा 'बूहा खुल गिया' इत्यादि कहानी-संग्रह रोमांटिक शैली में लिखी सुंदर व सफल रचनाएँ हैं। **हरि सिंह दिलबर** की कहानियों में मालवा के ग्रामीण जीवन विशेषतया किसान-जीवन का सजीव चित्रण है। **सोहन सिंह सीतल** की कहानियों की विषयवस्तु ग्रामीण पृष्ठभूमि से जुड़ी हुई है तथा इसमें आदर्शवादी दृष्टिकोण व्याप्त है।

इस दौर के अन्य कहानीकारों के वर्ग ने यथार्थवादी दृष्टिकोण अपनाया है। संत सिंह सेखों तथा उनके समकालीन कहानीकारों में सुजान सिंह, करतार सिंह दुग्गल, देवेन्द्र सत्यार्थी का नाम स्मरणीय है। इन सब कथाकारों ने कहानी को यथार्थवादी धरातल प्रदान करने के साथ आधुनिक शैली से भी सँवारा है। समाजवादी विचारधारा से प्रभावित इन लेखकों ने कहीं-कहीं मनोविज्ञान का आश्रय भी लिया है। कुछ लेखक फ्रायड से प्रभावित हैं। इस काल-खंड में **संत सिंह सेखों** के 'कामे ते मोहे',

'तीजा पहर', 'अधी वार' कहानी-संग्रह प्रकाशित हुए। इन कहानियों की विषयवस्तु यथार्थ तथा बौद्धिकता पर आधारित है। **सुजान सिंह** के प्रमुख कहानी-संग्रह 'दुख-सुख', 'मनुख ते पशु', 'नरकां दे देवते', 'नवां रंग', 'सवाल जवाब' हैं। इनकी कहानियाँ समाजवादी व प्रगतिवादी दृष्टिकोण लिये हुई हैं।

करतार सिंह दुग्गल पंजाबी के श्रेष्ठ कहानीकार हैं। उनके इस दौर में प्रकाशित कहानी-संग्रह 'अग्गा खाण वाले', 'डंगर', 'नवां घर', 'नवां आदमी', 'करामात', 'फुल्ल तोड़ना ·मना है', 'ईक छिट चानण दी' इत्यादि हैं। उनकी कहानियाँ भारत-विभाजन, स्त्री-जीवन तथा मध्यमवर्गीय चिंतन से जुड़ी हैं। उन पर फ्रायड का प्रभाव भी है। **देवेन्द्र सत्यार्थी** के प्रसिद्ध कहानी-संग्रह 'देवता डिग पया', 'तिन बुटियाँ वाला घर' हैं। इनकी कहानियों में आंचलिकता की प्रधानता है। स्थानीय भाषा, सजीव वातावरण तथा लोकगीतों के प्रयोग के कारण इनकी कहानियाँ जाति विशेष का सांस्कृतिक चित्रण करती हैं। **बलवंत गार्गी** यद्यपि मुख्य रूप से नाटककार हैं परंतु उनका कहानी-संग्रह 'डुल्ले बेर' विशेष रूप से उल्लेखनीय है। **सुरिंदर सिंह नरुला** कृत 'जंजाल', 'लोक-परलोक' तथा **जसवंत सिंह केवल** कृत 'रूप दे राखे' तथा 'सिंदूर' कहानी-संग्रहों में यथार्थवादी कहानियाँ संकलित हैं। **गुरचरण सिंह** के कहानी-संग्रहों 'वण ते करीरे' तथा 'कचियां अंबियां' में यथार्थवाद तथा असामान्य मनोविज्ञान पर आधारित कहानियाँ हैं। **कुलवंत सिंह विर्क** कृत 'छांह वेला', 'तूड़ी दी पेड़', 'एकस के हम बारक', 'नवें लोक' इत्यादि कहानी-संग्रहों में मध्यमवर्गीय जीवन से जुड़ी कहानियाँ हैं। इनमें पात्रों का चरित्र-चित्रण मनोवैज्ञानिक दृष्टि से किया गया है। **संतोख सिंह धीर** के प्रमुख कहानी-संग्रह 'सबेर होण तक' तथा 'सांझी कंध' हैं। उन्होंने मालवा के ग्रामीण जीवन पर आधारित प्रगतिशील कहानियाँ लिखी हैं। **प्रो० मोहन सिंह** की रचना 'निकी-निकी वास्सा' भी विशेष रूप से उल्लेखनीय है।

सन् 1947 के पश्चात् कहानीकारों का एक ऐसा वर्ग उभरा जिन्होंने विषय व शैली के आधार पर कहानी में नये प्रयोग किये तथा कहानी को एक नयी दिशा प्रदान की। इस दृष्टि से मोहन सरना, नवतेज सिंह, अमर सिंह, सुरजीत सिंह सेठी, करतार सिंह सूरी, गुरदयाल सिंह फुल्ल, जसवंत सिंह विरडी, रविंदर सिंह, प्रेम प्रकाश, तेजवंत मान, प्यारा सिंह भोगल, सुखबीर, प्रेम गोरखी इत्यादि प्रमुख कहानीकार हैं। कुछ आधुनिक पंजाबी उपन्यासकारों ने भी पंजाबी-कहानी को विकसित व समृद्ध किया है। इन लेखकों में गुरदयाल सिंह, अमृता प्रीतम, दिलीप कौर रिवाणा, सुखबीर तथा रामसरूप अणखी प्रमुख हैं। पाँचवें-छठे दशक में पंजाबी कहानीकारों का एक वर्ग उभरा जिन्होंने जीवन की विभिन्नताओं को व्यापकता प्रदान करते हुए कहानी-लेखन किया। इन लेखकों ने न केवल विषय अपितु शिल्प के धरातल पर भी आधुनिक कहानी को निखारने में महती भूमिका निभायी। गुलजार सिंह संधू कृत 'सोने दी

इट', 'अमरकथा', 'गमले दी बेल', 'रुदन बिल्लियाँ दा', अजीत कौर कृत 'बुतशिकन', 'मौत अली बाबे दी', 'ना मारो', 'नवंबर चौरासी'; प्रेम प्रकाश कृत 'कुछ अणकिहा वी', 'श्वेताम्बर ने किहा सी', मोहन भंडारी कृत 'मनुख दी पैड़', 'काठ दी लत', 'मून दी अख', 'तण पतण'; जसवंत सिंह विरदी कृत 'खुले आकाश विच', 'नयी पीढ़ी', 'खुली हवा', 'खतरनाक खेड'; सबिंदर सिंह उप्पल कृत 'दुध ते बुध', 'महकां', 'अपणा देस पराया देस', 'हाला वी नास नहीं होइया', गुरबचन सिंह भुल्लर कृत 'अग्नि कलम', 'तीन मूर्त्तियाँ वाला मंदिर'; गुरदेव रुपाणा कृत 'इक टोटा औरत', 'अपणी अक्ख दा जादू'; महिरम यार कृत 'ड्रमर्ज'; दलजीत सिंह कृत 'दुक्की तिक्की पंजी', रघुबीर ढंढ कृत 'शाने-पंजाब', 'काली नदी दा सेक'; बूटा सिंह कृत 'पुतला', 'मैं तू ते ओह', 'भजे तां मैं जवान हो' इत्यादि इस दौर की प्रमुख रचनाएँ हैं।

इसी दौर में पंजाबी-कहानी के आरम्भिक दौर के कहानीकार संत सिंह सेखों की 'प्रेमी दे नियाणो', करतार सिंह दुग्गल की 'सवेर सार', सुजान सिंह की 'कुल्फी', संतोख सिंह धीर की 'सांझी कंध', गुलजार सिंह संधू की 'शहीद' आदि कहानियों की बहुत चर्चा हुई। इन कहानियों में कहानी के पश्चिमी रूप को भाव व कला दोनों धरातलों पर अपनाने का सफल प्रयास किया गया। पंजाबी-कथा-साहित्य के प्रमुख आलोचक रघुबीर सिंह ने कुलवंत सिंह विर्क को आधुनिक कहानी के प्रामाणिक मॉडल का प्रतिनिधि सृजक माना है। बीसवीं सदी की पंजाबी-कहानी में शिल्प की दृष्टि से कोई विशेष परिवर्तन नहीं आया, परंतु जीवन की परिस्थितियों के फलस्वरूप कहानी की विषयवस्तु में समयानुसार परिवर्तन एवं विविधता देखने को मिलती है। आरंभिक दौर की कहानियों का मूल स्वर समाज-सुधार था तो कालांतर में प्रगतिवादी विचारधारा कहानी की मूलाधार बनी। वामपंथी संगठनों से जुड़े लेखकों के अतिरिक्त अन्य लेखकों की कहानियों में भी प्रगतिवादी दृष्टिकोण उभरकर आया है और यह दृष्टि किसी विचारधारा के रूढ़ या संकीर्ण प्रेम में न बँधकर वास्तव में विस्तृत फलक पर यथार्थवाद व मानवतावाद को प्रतिष्ठित करती है। इस दृष्टि से संत सिंह सेखों, सुजान सिंह तथा संतोख सिंह धीर जैसे लेखकों की तरह गुलजार सिंह संधू, मोहन भंडारी, जसवंत सिंह विरदी, अजीत कौर, प्रेम प्रकाश, पियारा सिंह भोगल इत्यादि की कहानियाँ भी अत्यधिक महत्त्वपूर्ण हैं।

बीसवीं सदी के आखिरी दशकों में समाज के पिछड़े वर्ग के लेखकों का उभरना तथा महिला लेखिकाओं द्वारा कहानी-लेखन को अपनाना पंजाबी-कहानी-जगत् की महत्त्वपूर्ण उपलब्धियाँ हैं। इससे न केवल कहानी-परम्परा का विकास हुआ अपितु पंजाबी-कथा-संसार समृद्ध भी हुआ। पहले वर्ग के लेखकों में प्रेम गोरखी, अतरजीत, भूरा सिंह कलेर, किरपाल कजाक तथा भगवंत रसूलपुरी के नाम विशेष रूप से उल्लेखनीय हैं। महिला लेखिकाओं में अमृता प्रीतम लम्बे समय से स्थापित लेखिका हैं, लेकिन उनकी परम्परा को निरंतरता प्रदान करने में दिलीप कौर रिवाणा, अजीत

कौर, सुखवंत कौर मान, बचिन्त कौर, राजिन्दर कौर, शरन मक्कड़, चंदन नेगी, सुरजीत कलसी तथा परवेज संधू ने महत्त्वपूर्ण भूमिका निभायी। यद्यपि समाज के पिछड़े वर्गों से उभरे लेखकों द्वारा सृजन का सिलसिला बहुत पहले से शुरू हो चुका था लेकिन बीसवीं सदी के आखिरी दो दशकों में इस वर्ग के लेखकों द्वारा अपने समाज की त्रासदी, पीड़ा व शोषण की घटनाओं को बड़े फलक पर कहानी में उभारा गया। इस दृष्टिकोण से प्रेरित साहित्य को दलित चेतना व दलित लहर का नाम दिया गया। इक्कीसवीं सदी के आरम्भ तक दलित चेतना व दलित साहित्य अपनी पहचान बना चुका था। इस धारा में दलित व गैर-दलित लेखकों का सम्मिलित योगदान है। इस चेतना से जुडे प्रमुख लेखक जिंदर, भगवंत रसूलपुरी, गुरमीत कड़िआलवी, मोहन लाल फिल्लौरिया, जसवीर राणा, देसराज काली इत्यादि हैं। इनकी कहानियों में प्रकृतवाद को भी भरपूर स्थान मिला है, फिर भी इन रचनाओं के केन्द्र में मूलतः दलित चेतना ही है।

पंजाबी-कहानी के विकास में प्रवासी पंजाबी लेखक विशेषकर इंग्लैंड, अमरीका, कैनेडा, कीनिया इत्यादि में बसे कहानीकारों के योगदान की चर्चा विशेष महत्त्व का विषय है। प्रवासी कहानीकारों में एक वर्ग ऐसे कहानीकारों का है जिन्होंने विदेश में रहकर भी अपनी ही धरती से जुड़ी संवेदना को कहानी का मूल विषय बनाया, जबकि कहानीकारों का एक वर्ग वह भी है, जिसने अपने प्रवासी-जीवन के अनुभवों को कहानी का केन्द्रीय विषय बनाकर पंजाबी-कहानी-जगत् को नया आयाम व विस्तार दिया। इन कहानीकारों में **रघुवीर ठण्ठ** ('कायाकल्प', 'कुर्सी', 'काली नदी दा सेक'), **स्वर्ण चंदन** ('लाल चौक', 'बंद गुफावां'), **रवीन्द्र रवि** ('जिथे दिवारा नहीं', 'कम्प्यूटर कल्चर', 'आपण आपणे टापू') प्रमुख हैं। इस परम्परा को दर्शन धीर, तरसेम नीलगिरी, शिवचरण गिल, प्रीतम संधू बलदेव सिंह, मुश्ताक सिंह, हरजीत अररवाल, बीना वर्मा, संतोख धालीवाल, अमनचान, साधू, बिनिंग, जरनैल सिंह, अमरजीत चाहूल, मेजर मांगर, सुरजीत कलसी, शशी समुंदरा, करनैल सिंह ज्ञानी, परवेज संधू तथा हरप्रीत सेखा ने आगे बढ़ाया है। फलस्वरूप पंजाबी-कहानी की परंपरा अत्यधिक विकसित व समृद्ध है।

वार्त्तक साहित्य (गद्य-साहित्य)

1947 ई॰ के बाद पंजाबी में गद्य की विभिन्न विधाओं यथा निबंध, जीवनी, आत्मकथा, संस्मरण, रेखाचित्र तथा आलोचना का समुचित विकास हुआ। समाजवादी दृष्टि, मानवतावादी चिंतन, बौद्धिकता, व्यंग्य, आत्मपरकता, मौलिकता तथा गंभीरता इसके निबंध-साहित्य की प्रमुख विशेषताएँ हैं। कुछ निबंधकारों ने सिक्ख धर्म, दर्शन तथा गुरुओं से संबंधित निबंधों की रचना भी की। इस काल में **गुरबख्श सिंह** ('नवीं तकड़ी दुनिया', 'खुला दर', 'जिंदगी दी कविता'), **हरिंदर सिंह रूप** ('सिक्ख ते सिक्खी', 'रूप-रंग', 'भाई गुरदास दी रचना'), **प्रिंसिपल तेजा सिंह** ('खोजी उपजे',

‘वादी विनर्से’), **कपूर सिंह** (‘बहु-विस्तार’, ‘सप्त शृंग’), **लाल सिंह कमला अकाली** (‘जीवन नीति’, ‘मन दी मौज’), **डॉ॰ बलबीर सिंह** (‘कलम दी करामात’, ‘लम्बी नदर’, ‘शुद्ध सरूप’), **साहिब सिंह** (‘कुछ होर धार्मिक लेख’), **नरिंदर पाल सिंह** (‘निक सुक’), **ईश्वर सिंह चित्रकार** (‘कलम दी आवाज’, ‘गलबात’), **एस॰एस॰ अमोल** (‘अमोल पंजाबी लेख’, ‘आदर्श पंजाबी लेख’), **प्यारा सिंह पदम** (‘हिन्दुस्तानी कला’, ‘पंज दरिया’, ‘कलम दे धनी’), **ज्ञानी लाल सिंह** (‘विचार-प्रवाह’), **डॉ॰ जीत सिंह सीतल** (‘मितर असाडड़े सोई’), **बाबा बलवंत** (‘किस-किस तरह दे नाच’), **सुजान सिंह** (‘खुंबा दा शिकार’), **ज्ञानी गुरदित सिंह** (‘मेरा पिंड’), **देवेन्द्र सत्यार्थी, हरदेव सिंह विर्क, सुरजीत सिंह भाटिया, गुलजार सिंह संधू, महिंदर सिंह रंधावा, ध्यान सिंह, किरपाल सिंह कसेल** इत्यादि ने निबंध के क्षेत्र में विशेष योगदान दिया। सन् 1970 में कुछ ललित निबंधों की पुस्तकें भी प्रकाशित हुईं। इस दृष्टि से **कुलबीर कांग** कृत ‘नाद अनाहद’, **गगन पाकिस्तानी** कृत ‘जिगरे पारे’, **तेजबीर सिंह कसेल** कृत ‘सुरमंडल’, **जसवंत सिंह केवल** कृत ‘जीवन कणियां ने’ इत्यादि प्रमुख हैं। इस काल के अन्य प्रमुख गद्यकार अर्जुन सिंह, हरभजन हुंदल, गुरबचन सिंह भुल्लर, सुकीरत, अजीत कौर, इकबाल माहल तथा अमरजीत चंदन हैं। स्वास्थ्य तथा मनोविज्ञान से संबधित गद्य-लेखन के लिए डॉ॰ जसवंत सिंह गिल, कैलाशपुरी, हरचंद सिंह सरहिंदी, डॉ॰ दलजीत सिंह तथा विज्ञान के क्षेत्र से संबंधित डॉ॰ हरदेव सिंह विरक, डॉ॰ विद्वान सिंह सोनी, सुरजीत सिंह भाटिया तथा त्रिलोचन भाटिया की रचनाएँ विचारणीय हैं।

बीसवीं सदी के आरंभ में ‘सिंह सभा’ की लहर के प्रभावस्वरूप गुरुओं, भक्तों तथा शहीदों की जीवनी लिखने की शुरुआत हुई। भाई वीर सिंह कृत रचना ‘चमत्कार’ जीवनी-साहित्य की आरंभिक रचना है जिसमें सिक्ख गुरुओं की जीवनियाँ संकलित हैं। इसी प्रकार **ज्ञानी गुरमुख सिंह मुसाफिर** कृत ‘नेड़यों तकया जवाहर लाल’, ‘नेड़यों तकया गांधी’; **जसवंत सिंह जस** कृत ‘बाबा राम सिंह’; **गुरदियाल सिंह फुल्ल** कृत ‘भाई जोध सिंह’; डॉ॰ विक्रम सिंह घुम्मण सिंह कृत ‘बाबा बिसाखा सिंह’; **सुजान सिंह** कृत ‘धरती दे लाल’, **एस॰एस॰ अमोल** कृत ‘तिन महापुरख’; **ज्ञानी गुरदत सिंह** कृत ‘अमरगाथा’ तथा **तख्त सिंह** कृत ‘शहीद करनैल सिंह महत्त्वपूर्ण जीवनियाँ हैं। छठे व सातवें दशक में हरबंस सिंह, सोहन सिंह सीतल, गोपाल सिंह दरदी, प्रो॰ साहिब सिंह, पियारा सिंह दाता ने भी सिक्ख गुरुओं से संबंधित रचनाएँ लिखीं। **निंदर घुग्याणवी** ने गायकों, कलाकारों तथा अन्य लोकप्रिय लोगों की जीवनी लिखने की दिशा में सबसे पहले प्रयास किया। उन्होंने पारस रामूबालिया, लालचंद जमला जट, हंसराज ‘हंस’ तथा पूरन शाहकोटी की जीवनी लिखी है।

जीवनी-साहित्य के समांतर पंजाबी में ‘रेखाचित्र’ की विधा भी आरंभ हुई। इसे

आरंभ करने का श्रेय **बलवंत गार्गी** को दिया जाता है। उनके द्वारा रचित रेखाचित्र की पुस्तकें ('सुरमे वाली अक्ख' तथा 'हसीन चेहरे') चर्चा का विषय बनी। रेखाचित्र की परंपरा को विकसित करनेवाले लेखकों में **कुलवीर सिंह कांग** ('पकियाँ इटां', 'बदलोगे रंग'), **जसवंत सिंह विरदी** ('पाणी दे सप'), **भगवंत सिंह** ('शनाख्ती परेड'), **अजीत कौर** ('तकिए दा पीर') का विशेष योगदान है। शिवकुमार तथा गुरबचन सिंह भुल्लर की समकालीन साहित्यकारों के रेखाचित्र संबंधी पुस्तकें भी चर्चा में रहीं। पिछले दो दशकों में **प्रो. प्रीतम सिंह** की रेखाचित्र की पुस्तक 'मूरतां' पंजाबी-साहित्य-जगत् की विशेष उपलब्धि है। लेखक ने अपने सम्पर्क में आये विदेशी मूल के कुछ मित्रों व साहित्यकारों के रेखाचित्र की रचना कर विषय पक्ष की दृष्टि से रेखाचित्र को नये आयाम दिये हैं। **सखण सिंह** द्वारा रचित अन्तरराष्ट्रीय स्तर के खिलाड़ियों के रेखाचित्र तथा **इकमाल माहल्ल** कृत 'सुरा दे सौदागर' में प्रकाशित हिंद उपमहाद्वीप के महान् पंजाबी गायकों के रेखाचित्र के माध्यम से संगीत-जगत् के प्रसिद्ध व्यक्तित्वों को पाठकों तक पहुँचाया गया है।

पंजाबी-साहित्य में आत्मकथा की दिशा में भी कुछ महत्त्वपूर्ण पुस्तकें प्रकाश में आयी हैं। **प्रिंसिपल तेजासिंह** की जीवनी 'आरसी' को पंजाबी की पहली मौलिक आत्मकथा माना जाता है। **नानक सिंह** कृत 'मेरी दुनिया' तथा **गुरबख्श सिंह** कृत 'मेरी जीवन कहानी' भी उच्च कोटि की रचनाएँ हैं। इनके अतिरिक्त प्रो॰ साहिब सिंह, सोहन सिंह सीतल, संत सिंह सेखों, अमृता प्रीतम, दिलीप कौर रिवाणा, प्रभजोत कौर, अजीत कौर, बणजारा बेदी, बलवंत गार्गी, डॉ॰ हरिभजन सिंह, गुरदयाल सिंह, रामसरूप अणखी की आत्मकथाएँ विशेष रूप से प्रसिद्ध हैं। प्रसिद्ध अर्थशास्त्री डॉ॰ सरदारा सिंह जौहल की आत्मकथा 'रंगा दी गागर' तथा बाबा सोहन सिंह की आत्मकथा, जिसमें स्वतंत्रता-संग्राम व निजी जीवन-संग्राम की झलक है, भी प्रभावशाली रचनाएँ हैं। खेल-जगत् के महान् खिलाड़ियों दारा सिंह तथा मिल्खा सिंह की आत्मकथा ने भी लोगों का ध्यान अपनी ओर खींचा। दलित समाज पर हुए अत्याचार, भेदभाव तथा शोषण की दुःखद स्थितियों से संबंधित माधोपुरी के लेख व पत्र तथा प्रेम गोरखी की आत्मकथा 'इक गैर हाजिर आदमी' भी विशेष रूप से विचारणीय हैं।

पंजाबी में डायरी-लेखन अधिक विकसित नहीं हो पाया तथापि कुछ साहित्यकारों ने इस क्षेत्र में सफलता प्राप्त की है। **गुरबख्श सिंह** 'प्रीतलड़ी' ने सबसे पहले पंजाबी में डायरी-लेखन की शुरुआत की। **बलराज साहनी** की 'गैर जजबाती डायरी', पाश की डायरी, **बचिन्त कौर** की 'तारीखे हिन्द' तथा **अमरजीत चदंन** द्वारा संपादित डायरी 'अपणे आप नाल गलां' इस दिशा में किये गये सफल प्रयोग हैं। पाश व अमरजीत चंदन का डायरी-लेखन पूरी तरह डायरी-विधा के अनुकूल है।

पंजाबी में संस्मरण तथा यात्रा-संस्मरण भी लिखे गये हैं। **मास्टर तारा सिंह** कृत

'मेरी याद', **गुरबख्श सिंह** कृत 'मेरीयाँ अमुल्ल यादां', **सोहन सिंह सीतल** कृत 'मेरी अमुल्ल यादां' आरम्भिक दौर की संस्मरणात्मक रचनाएँ हैं। पंजाबी के प्रसिद्ध साहित्यकार **नानक सिंह** की मरणोपरांत उनके संस्मरण 'मेरी जीवन पिटारी चों' शीर्षक से छपे। **प्यारा सिंह दाता** कृत 'आप बीतियाँ', **अरजन सिंह मड़गज** कृत 'मेरा आपणा आप', **जगजीत सिंह आनन्द** कृत 'चेते दी धंगेर चों', **महिंदर सिंह रंधावा** कृत 'मेरी आप बीती', **गुरचरण सिंह** कृत 'ओहवी दिन सन', **बलराज साहनी** कृत 'यादाँ दी कन्नी', **हरभजन हरवालवी** कृत 'यादां मितर देसां दियां', **प्रीतम सिंह सिद्धू** कृत 'मेरी पंजाब फेरी', 'मेरी कनाडा फेरी'; **डॉ॰ हरकीरत** कृत 'यादां गंजी बार दियां' इत्यादि अनेक रचनाओं ने पंजाबी में संस्मरण की विधा को समृद्ध किया है। इन रचनाओं में प्रामाणिकता, संवेदनशीलता तथा कलात्मकता सहज ही दिखायी देती है। **लाल सिंह कमला** 'अकाली' रचित 'मेरा विलायती सफरनामा' (1931) को पंजाबी की प्रथम संस्मरण की रचना माना जाता है। हालांकि इससे पहले भाई कान्ह सिंह नाभा, भाई सूरज सिंह, जीवन सिंह सेवक, सुंदर सिंह नरुला, गुरमुख सिंह नौरंग इत्यादि के यात्रा-संस्मरण प्रकाशित हो चुके थे परंतु ये यात्रा-संस्मरण केवल तथ्यों तथा स्थानों की जानकारी तक सीमित थे। इनमें यात्रा के अनुभवों व प्रभावों की अभिव्यक्ति का अभाव था। इसी काल में लिखे गये अन्य यात्रा-संस्मरणों में हीरा सिंह दरद कृत 'व्रज भूमि ते मलाया दी यात्रा', सोहन सिंह जोश कृत 'मेरी रूस यात्रा' तथा नवतेज सिंह कृत 'दोस्ती दे पंथ' इत्यादि रचनाएँ विशेष हैं। सातवें दशक में **बलवंत गार्गी** कृत 'पाताल दी धरती' तथा **बलराज साहनी** कृत 'मेरा पाकिस्तानी सफरनामा' ने पंजाबी यात्रा-संस्मरण-साहित्य को गति प्रदान की। पिछले तीन दशकों में लिखे गये प्रमुख यात्रा-संस्मरणों में **हरिभजन सिंह** कृत 'निरभउ निरवैर', **बलराज साहनी** कृत 'मेरा रूसी सफरनामा', **हरभजन हरवालवी** कृत 'चीन बिच कुछ दिन', 'महासागरा तों पार'; **नरिंदर सिंह कपूर** कृत 'सच्चो सच्च', **संतोख सिंह धीर** कृत 'मेरी इंग्लैण्ड यात्रा', **प्रीतम सिंह** कृत 'कबूतरी दी परवाज', 'नवें आकाश' तथा **साधू सिंह 'हमदरद'** कृत 'अरवी दिढा रूस' विशेष रूप से चर्चा का विषय बने।

आधुनिक काल में गुरवाणी की सटीक व्याख्या हेतु विभिन्न टीकाएँ लिखी गयीं। गुरवाणी के टीका-लेखन में भाई जोध सिंह, प्रिंसिपल तेजा सिंह तथा डॉ॰ मोहन सिंह ने परंपरागत टीका-लेखन तथा आधुनिक विधि का सुंदर समावेश किया है। इनके अतिरिक्त पंडित करतार सिंह दारवा की 'जपुजी की टीका', प्रो॰ साहिब सिंह कृत 'श्रीगुरुग्रंथदर्पण', भाई वीर सिंह कृत 'संधिया श्रीगुरुग्रंथ साहिब' (सात भाग), भाई मोहन सिंह द्वारा संपूर्ण गुरुग्रंथसाहिब की अँगरेजी व पंजाबी में टीका, डॉ॰ तारन सिंह कृत 'जप दर्शन दीदार', 'आनंद कारज', 'बारह माह', गुरु नानक वाणी प्रकाश'; स्वामी आनंदघन कृत 'जपुजी', 'सिद्धगोष्ठ' 'आनंद' तथा 'आरती का टीका', भाई कान्ह सिंह नाभा कृत 'गुरु शब्द रत्नाकर' इत्यादि आधुनिक काल की प्रसिद्ध टीकाएँ

हैं। ज्ञानी गुरुदित सिंह ने बीसवीं सदी के आखिरी दशक में श्री गुरुनानक देव जी से भगतों के संबंध पर आधारित 'मलवाणी' ग्रंथ की रचना की। हाल में उनका 'गुरुग्रंथसाहिब' पर आधारित एक अन्य ग्रंथ 'मुंदावणी' भी प्रकाशित हुआ है।

बीसवीं सदी के आरम्भ में स्थापित पंजाबी-आलोचना का पारंपरिक रूप 1947 ई० के बाद की आलोचना में देखने को मिलता है। इसे पूर्व-प्रगतिवादी आलोचना भी कहा जा सकता है। यह आलोचना व्यक्तिगत अनुभव व दृष्टि पर आधारित है। इस काल के प्रमुख आलोचकों में **प्रिंसिपल तेजा सिंह** का स्थान मूर्धन्य है। इस काल में उनकी आलोचना की दो पुस्तकें 'साहित्य दर्शन' तथा 'पंजाबी कीवें लिखिए' प्रकाशित हुईं। **डॉ० मोहन सिंह** कृत 'जतिदर सहित सरोवर', **डॉ० गोपाल सिंह दरदी** कृत 'साहित्य दी परख', **गुरबचन सिंह तालिब** के आलोचनात्मक लेख व संपादित पुस्तकों में संकलित टिप्पणियाँ, **एस०एस० अमोल** कृत 'पंजाबी साहित विचार' (भाग दो), 'साडे पुराणे कवि'; **डॉ० सुरिंदर सिंह कोहली** कृत 'पंजाबी साहित दा इतिहास', **प्रो० हरदियाल सिंह** कृत 'पंजाबी साहित : वस्तु ते विचार', **हरिंदर सिंह रूप** कृत 'भाई गुरदास ते उहनां दी रचना', **डॉ० शेर सिंह** कृत 'साहित समालोचना' इत्यादि आलोचनात्मक कृतियाँ इस काल की पंजाबी-आलोचना की विशिष्ट उपलब्धि हैं। पंजाबी-आलोचना के परंपरावादी दौर के बाद प्रगतिवादी आलोचना का दौर आरंभ हुआ। इसमें परम्परावादी आलोचना में केंद्रित सौंदर्यवादी तत्त्व (रूप) की जगह मार्क्सवादी दर्शन (विषयवस्तु) को ही साहित्य-चिंतन का आधार माना गया। पंजाबी में प्रगतिवादी आलोचना के प्रर्वतक **संत सिंह सेखों** हैं। उन्होंने पंजाबी-आलोचना को बौद्धिकता, मौलिकता तथा आधुनिक दृष्टिकोण से सम्पन्न किया। उनके द्वारा रचित 'सहितार्थ', 'कावि शिरोमणि', 'भाई वीर सिंह ते उहनां दा युग' इत्यादि आलोचनात्मक पुस्तकों के अतिरिक्त उनके अनेक लेख व भूमिकाएँ अपना समीक्षात्मक महत्त्व रखती हैं। प्रो. किशन सिंह ने भी संत सिंह सेखों के अलोचना-सिद्धान्तों का अनुसरण करते हुए 'साहित दे सोमे' तथा 'यथार्थवाद की है?'– ये दो आलोचनात्मक पुस्तकें लिखीं। डॉ० गुरुचरण सिंह ने प्रगतिवादी आलोचक होते हुए भी कहीं-कहीं कला तथा रूपवादी आलोचना भी की है। उनकी प्रमुख आलोचनात्मक कृतियाँ 'साडे नाटककार', 'साडे गल्पकार', 'पंजाबी काव्य दा कला पख', 'नाटककार ईश्वर चंदर नंदा' हैं। गुरदयाल सिंह फुल्ल ने कुछ सहयोगी लेखकों के साथ मिलकर पंजाबी-आलोचना-जगत् में भरपूर योगदान किया। 'आधुनिक पंजाबी नाटक' (दुखांत), 'पंजाबी नाटक कला दे सिद्धान्त' उनकी प्रमुख आलोचनात्मक कृतियाँ हैं। नाटककार **बलवंत गार्गी** ने नाटक-कला तथा रंगमंच-संबंधी आलोचनात्मक कृतियों के माध्यम से पंजाबी-आलोचना को समृद्ध किया। 'रंगमंच' तथा 'लोक नाटक' उनकी प्रसिद्ध आलोचना की रचनाएँ हैं जिनमें रंगमंच के विभिन्न पक्षों पर महत्त्वपूर्ण जानकारी उपलब्ध है। **किरपाल सिंह कसेल** कृत 'साहित दा रूप',

'साहित प्रकाश', 'आधुनिक गद्यकार', 'पूरन सिंह', 'समकाली समीक्षा' इत्यादि रचनाओं में कहीं प्रगतिवाद की छाप है तो कहीं वैयक्तिक स्वतंत्र दृष्टि। 'पंजाबी साहित दी उत्पत्ति ते विकास' में उन्होंने पंजाबी भाषा तथा साहित्य के इतिहास की परंपरा को निश्चित व विकसित करने का सफल प्रयास किया है। प्रो॰ सुरिंदर सिंह नरुला कृत 'पंजाबी साहित दी जाण पछाण', 'पंजाबी साहित दा इतिहास', 'भाई वीर सिंह : इक अध्ययन'; ज्ञानी हीरा सिंह दरद कृत 'पंजाबी साहित दा इतिहास'; प्यारा सिंह भोगल कृत 'पश्चिमी आलोचना दे सिद्धान्त' तथा 'पंजाबी साहित दा इतिहास', प्रो॰ निर्मल सिंह कृत 'कहानीकार करतार सिंह दुग्गल'; प्रो॰ टी॰आर॰ विनोद कृत 'कुलवंत सिंह विर्क : इक अध्ययन', 'मोहन सिंह ते अमृता प्रीतम : इक तुलनात्मक अध्ययन' तथा 'नाटककार संत सिंह सेखों' इत्यादि आलोचना की पुस्तकों में प्रगतिवादी आलोचना के विभिन्न आयाम मिलते हैं।

पंजाबी में सैद्धान्तिक समीक्षा द्वि-आयामी है। एक ओर इसका उपजीव्य स्रोत संस्कृत का (भारतीय) काव्यशास्त्र रहा है और दूसरी ओर पश्चिमी जगत् विशेषतः अमेरिका, इंग्लैण्ड, यूनान, फ्रांस तथा इटली में किया गया साहित्य-विषयक चिंतन रहा है।

विभिन्न भारतीय भाषाओं में लिखित साहित्य की भाँति पंजाबी भाषा के साहित्य का इतिहास पंजाब के क्षेत्र की संस्कृति, विरासत तथा आकांक्षाओं की दृष्टि से विशेष रूप से महत्त्वपूर्ण है। पंजाब की भौगोलिक स्थिति के कारण इसे अनेक आक्रमणों व युद्धों को झेलना पड़ा है। इस कारण इस साहित्य में एक ओर वीरता के निरूपण की प्रवृत्ति आयी, संघर्ष-चेतना व्याप्त हुई तो दूसरी ओर विदेशों से हुए संपर्क के कारण विदेशी भाषा व संस्कृति का प्रभाव भी भाषा व संवेदना पर पड़ा। मध्यकालीन पंजाबी-साहित्य में यह प्रभाव फारसी की ओर संकेत करता है और आधुनिक पंजाबी-साहित्य में यह प्रभाव पंजाब से विदेशों में जाकर बस गये प्रवासियों के माध्यम से फलीभूत हुआ है। यूरोप और पश्चिमी देशों की साहित्यिक प्रवृत्तियाँ पंजाबी-साहित्य में पर्याप्त मुखर हैं। जनता की चित्तवृत्ति को अंकित करने के कारण राजनीतिक सरोकार भी यदा-कदा अभिव्यक्त हुए हैं। फिर भी, पंजाबी-साहित्य की संवेदना समग्रता में राष्ट्र की मुख्यधारा से ही जुड़ी रही है।

बँगला-साहित्य

• डॉ॰ रामबहाल तिवारी

भारत की अन्य आधुनिक भाषाओं की भाँति बँगला का उद्‌भव लगभग ईसा की दसवीं शताब्दी से माना जाता है। पूर्वी मागधी अपभ्रंश तथा अवहट्ठ होते हुए बंग भाषा-गुच्छ (बँगला, असमीया तथा ओड़िआ भाषाएँ) ने एक अस्पष्ट रूप ग्रहण किया। बारहवीं सदी में ओड़िआ एवं चौदहवीं सदी में असमीया बँगला से भिन्न हो गयी। बँगला भाषा अपनी साहित्यिक प्रवृत्तियों के साथ स्पष्ट रूप अपनाने लगी। 'चर्यापद' के काल से लेकर आज तक के बँगला-साहित्य के इतिहास को तीन मुख्य युगों में विभक्त किया जा सकता है, जैसे— आदियुग, मध्ययुग और आधुनिक युग। आदि युग को प्राचीन युग भी कहा जाता है। बँगला में संस्कृत, देशज, अरबी-फारसी, अँगरेजी तथा अन्यान्य भाषाओं के शब्दों का उपयोग होता है। फिर भी, यह आर्य भाषा परिवार की एक आधुनिक समृद्ध भाषा है।

प्राचीन युग : चर्यापद
(आनुमानिक सन् 900 से 1200 ई॰ तक)

बँगला भाषा तथा साहित्य के प्राचीनतम रूप की झलक 'चर्याचर्य विनिश्चय' या चर्यापदों में मिलती है। 'चर्यापद' के लेखक हैं चौबीस सिद्धाचार्य। ये अपनी साधना की अभिव्यक्ति सांकेतिक भाषा में करते थे। गुरु-शिष्य-परम्परा में इनके तत्त्वगान संरक्षित होते थे। महामहोपाध्याय हरप्रसाद शास्त्री (1853-1921) ने नेपाल के राज-ग्रंथागार से सन् 1904 ई॰ में ताड़पत्रों पर हस्तलिखित प्रतियों का आविष्कार किया। मुनिदत्त-रचित संस्कृत टीका से इस रहस्यमयी सान्ध्य भाषा की पोथी को समझने में सहायता मिलती है। इनमें समाज के नीचे दर्जे को प्रधानता दी गयी है। शब्दों पर रूपकार्थ आरोपित है। इनमें मुहावरे तथा कहावतों की भरमार है। आदियुग की उपदेशमूलक रचना होने पर भी चर्यापदों में सूक्ष्म तथा मार्जित काव्यधर्मिता भी पायी जाती है। साधकों ने अति सूक्ष्म साधन तत्त्व की आलोचना में जो गहरी विचारशक्ति, युक्तिनिष्ठा तथा सफल उपमा की सहायता से मनोभाव व्यक्त किये हैं, उनसे उनकी कवि-प्रतिभा एवं मननशीलता का परिचय मिलता है। एक पद की

कुछ पंक्तियाँ द्रष्टव्य हैं :-

ऊँचा ऊँचा पावत तहिँ बसइ सवरी वाली।
मोरंगि पीरह परहिण सवरी गिबत गुंजरी माली।
उमतो सवरो पागल सवरो मा कर गुली गुहाड़ा तोहोरि।
निअ घरणी नामे सहज सुन्दरी।
नाना तरुवर मौलिल रे गअनत लागेली डाली।
एकेली सवरी ए बन हिंडइ कर्णकुंडल-ब्रजधारी।।

—चर्याचर्यविनिश्चय : शवरपाद, पद-28।

हिन्दी-अनुवाद

ऊँचे पहाड़ पर रहती शवरी नाम की बाला।
मोर पंख पहनती औ गल में गुंजर माला।।
पागल शवर मत करो भूल विनय सुनो हमारी।
निज की गृहिणी, सहज सुन्दरी, मैं तो तुम्हारी नारी।।
कायातरु बहु भाँति भौरेहैं डालें शोभे गगन में।
अकेली शवरी वन में विहरे कुंडलादि गहि करण में।।

यह तो साफ है कि सिद्धों की गूढ़ साधना की अटपटी बातों को समझने के लिए पर्याप्त मनन की आवश्यकता है। साथ ही, यह भी ध्यान देने लायक है कि लौकिक साहित्य अर्थात् लोकगान तथा लोककविता या छड़ा आदि का प्रचलन तब भी रहा होगा, पर उनका लिखित रूप नहीं मिलता। अतः उनके विषय में कुछ कहना संभव नहीं है।

मध्ययुग (सन् 1200 से 1800 ई॰ तक)

बारहवीं सदी के अन्तिम चरण में बँगला पर तुर्की आक्रमणों की भीषण आँधियाँ आयीं। लगभग डेढ़ या दो सौ वर्षों तक अशान्तिमय वातावरण में शायद ही कुछ लिखा गया हो। और, जो लिखा गया था, वह काल के ग्रास में विलीन हो गया होगा। अतः यह समय बँगला-साहित्य के लिए बंजर या अनुर्वर माना जाता है। बंगाल के सांस्कृतिक तथा साहित्यिक इतिहास में महाप्रभु चैतन्यदेव का आविर्भाव (सन् 1486-1533 ई॰) एक अत्यन्त महत्त्वपूर्ण घटना है। चैतन्यदेव की उपासना-पद्धति, उनकी जीवनचर्या, उनकी विशाल शिष्य-परम्परा का आज भी बंगीय संस्कृति तथा साहित्य में महत्त्वपूर्ण स्थान है। अतः चैतन्य के जीवनकाल को आधार मानकर संपूर्ण मध्ययुगीन बँगला-साहित्य को चैतन्यपूर्व (1350-1500 ई॰) तथा चैतन्योत्तर (1500-1800 ई॰) दो युगों में विभाजित किया गया है। तुर्क विजय के पश्चात् बंगाल में जब कुछ हद तक वातावरण शान्त हुआ तो हिन्दुओं ने अनुभव किया कि जन-जीवन को संस्कृत के ग्रंथ यथा— 'रामायण', 'महाभारत', 'भागवत' आदि की कथाओं को अपनी भाषा में सुनाने की परम आवश्यकता है। ऊँच-नीच के भेद-भाव

को दूरकर धर्म का द्वार सबके लिए खोलना आवश्यक है। साथ ही, जनता में प्रचलित मान्यताओं तथा लोकधर्म के आधार पर ही साहित्य का निर्माण व विकास समयोचित होगा। इसी भावना के अनुसार मध्ययुगीन बँगला-साहित्य आम तौर पर तीन धाराओं में विभक्त पाया जाता है—पौराणिक, वैष्णव-साहित्य तथा मंगल काव्यों की धारा।

पौराणिक धारा में शताब्दियों तक बंगाली कवियों ने 'रामायण', 'महाभारत' आदि के आधार पर अनेक आख्यान-काव्य रचे। वैष्णव-साहित्य को चैतन्यदेव ने प्रेम-पीयूष धारा से सराबोर किया, साथ ही अनेक देवी-देवताओं के माहात्म्य से ऋद्ध मनसामंगल, चडीमंगल, धर्ममंगल, शिवायन आदि काव्यों से कवियों ने मंगलकाव्यों की एक बलिष्ठ परम्परा बनायी। जिन कवियों की अमर लेखनी से ये धाराएँ समृद्ध हुई हैं, उन सबका लेखा-जोखा इस छोटे-से आलेख में प्रस्तुत करना संभव नहीं है। अतः कुछ प्रमुख कवियों के परिचय से ही हमें सन्तोष करना पड़ेगा।

चैतन्यपूर्व के कवियों में 'श्रीकृष्णकीर्तन' काव्य के रचयिता बड़ुचंडीदास, 'श्री कृष्णविजय' काव्य के रचनाकार मालाधर बसु, बँगला रामायण के अमर गायक कवि कृत्तिवास एवं 'मनसामंगल' के लेखक विप्रदास पिपिलाई विशेष रूप से स्मरणीय हैं।

बड़ुचण्डीदास : 'श्रीकृष्णकीर्तन'

इस युग के सर्वाधिक प्रामाणिक ग्रंथ 'श्रीकृष्णकीर्तन' में राधाकृष्ण-प्रेमलीला विषयक पद हैं। बंगाल के बाँकुड़ा जिले के एक गाँव में इसकी हस्तलिखित प्रति मिली है। पोथी में अनन्त बड़ुचण्डीदास, बड़ुचण्डीदास तथा चण्डीदास, ये तीन नाम पाये जाते हैं।

चण्डीदास के सम्बन्ध में तरह-तरह की किंवदन्तियाँ पायी जाती हैं। अनुमान किया जाता है कि चण्डीदास नाम से कई कवियों ने राधाकृष्ण-विषयक पद लिखे हैं। इनमें से कुछ रचनाएँ चैतन्यदेव के आध्यात्मिक प्रेमभाव पर आधारित हैं।

किन्तु बड़ुचण्डीदास के 'श्रीकृष्णकीर्तन' की आधारभूमि कुछ और है। इसमें 'भागवत' आदि पुराण एवं 'गीतगोविंद' से प्रभावित, लोकप्रचलित कृष्णलीला का वर्णन है। अतः यह चैतन्य-पूर्ववर्ती रचना है। पद्य-नाट्य शैली में रचित यह ग्रंथ कुल तेरह खंडों या अध्यायों में विभक्त है। प्रारंभ 'जन्मखंड' से तथा समापन 'राधाविरह खंड' से हुआ है। प्रत्येक खंड में राधाकृष्ण-लीला का सरस आख्यान है। ये आख्यान 'श्रीकृष्ण', 'राधा' तथा 'बड़ाइ' के कथोपकथन के सूत्र में ग्रथित हैं। प्रत्येक गीत के साथ चर्यापदों के गीतों की भाँति राग विशेष का उल्लेख है। बीच-बीच में संस्कृत के श्लोकों की भरमार भी है। अतः कहा जा सकता है कि बड़ुचण्डीदास एक अच्छे पंडित थे। भाषा-लालित्य, चरित्र-चित्रण तथा आख्यान की दृष्टि से बँगला का राधाकृष्ण-लीला संबंधी प्रथम काव्य 'श्रीकृष्णकीर्तन' अत्यन्त महत्त्वपूर्ण कृति है। इसकी भाषा पुरानी बँगला होते हुए भी सहजगम्य है। उदाहरणार्थ कुछ पंक्तियाँ देखी जा सकती हैं—

केना बाँशी वाए वड़ायि चित्तेर हरिषे
तार पाए बड़ामि मों कैलों कोन दोषे।
आझर झरए मोर नयनेर पाणी
बाँशीर शबदेँ बड़ायि हाराइलों पराणी। ...
पारिव नहों तार ठाँइ उड़ी-पड़ि जाओं
मेदिनी विदार देउ पसिआँ लुकाओं।
वन पोड़े आग वड़ायि जगजने जाणी
मोर मन पोड़े येह्न कुझारेर पणी।
आन्तर सुखाए मोर कान्ह अभिलाषे।।

—श्रीकृष्णकीर्तन : वंशीखंड

बड़ाइ! वह कौन मनमौजी से वंशी बजा रहा है? उसके चरणों में मैंने कौन-सा पाप किया है? मेरे नयनों से पानी केवल बहता ही जा रहा है। बड़ाइ! वंशी-ध्वनि से मेरे प्राण निकल जाते हैं। मैं तो पक्षी नहीं हूँ कि उनके पास उड़ते-गिरते पहुँच जाऊँ। पृथ्वी विदीर्ण हो, मैं छिप जाऊँ। बड़ाइ, जब जंगल जलता है तो जगतवासी जान जाते हैं। मेरा मन कुम्हार के आवाँ की भाँति जल रहा है। कृष्ण की प्यास से मेरा हृदय सूखता जा रहा है।

ईसा की चौदहवीं सदी के इस ग्रंथ को असमीया-साहित्य का भी महत्त्वपूर्ण काव्य माना जाता है।

मालाधर बसु : 'श्रीकृष्णविजय' काव्य

बँगला में 'महाभारत' अठारहवीं सदी में अनूदित हुआ था 1 'भागवत' का अनुवाद गुणराजखान मालाधर बसु ने इसी समय किया था। 'गुणराजखान' उनकी उपाधि थी। वर्धमान जिले के देहात में जन्मे-पले मालाधर ने संभवतः 1480 ई॰ में 'भागवत' का अनुवाद किया था। चैतन्यदेव इस अनुवाद के बड़े भक्त थे। 'भागवत' के दशम स्कन्ध में वर्णित श्रीकृष्ण के बाल्य तथा कैशोर लीला का भावानुवाद किया गया है जिसमें ऐश्वर्य तथा माधुर्य दोनों गुण भरे पड़े हैं। तब के गौड़ सुलतान के दरबार में मालाधर राजपुरुष के रूप में प्रतिष्ठित थे। राधाकृष्ण की रससिक्त कथा को उन्होंने अपनी लेखनी से जनप्रिय तथा स्पृहणीय बना दिया है।

कृत्तिवास ओझा : 'रामायण'

पन्द्रहवीं सदी में रचित कृत्तिवास की रामपांचाली ही बँगला की सर्वप्रथम रामायण है। नदिया जिले के फुलियो गाँव की सन्तान कृत्तिवास का जन्म सन् 1400 ई॰ के आसपास हुआ था और 'रामायण' की रचना 1450 ई॰ के पहले ही हो चुकी थी। पर इसकी भाषा युगों से बंगाल के घर-घर में पठित तथा चर्चित और नकल होने के कारण बहुत-कुछ बदल-सी गयी है। युगों से कृत्तिवासी 'रामायण' का सुधापान करने पर भी बंगाल का जन-जीवन तृप्त नहीं हो सका है। इसीसे इस कृति

की लोकप्रियता का अनुमान लगाया जा सकता है।

कृत्तिवास ने केवल 'वाल्मीकि रामायण' का ही बँगला अनुवाद नहीं किया है, उस कथा को बंगाल के स्निग्ध-कोमल परिवेश में ढालकर बंगाली जीवन तथा संस्कृति के सौरभ से अनोखा बना दिया है। तभी तो उनके राम में बंगाली मानसिकता, सीता में बंगाली वधू का शान्त-कोमल स्वभाव और मंडित मुखमंडल हमारी आँखों के सामने मँड़राने लगता है। इस तरह के वर्णन से ही यह कथा जनमानस को उर्वर बना सकी है। साथ ही, इसमें भक्ति तथा भावावेग का भी प्राधान्य है। इस मन-पसन्द कथा को पढ़ते समय लोग कभी तो भक्ति में गद्गद हो उठते हैं और कभी राम-सीता, खास कर सीता के दुःख को भाँपकर अपने आँसू रोक नहीं पाते। यही कारण है कि कृत्तिवास के इस अनुपम ग्रंथ को बंगाल का 'जातीय महाकाव्य' कहा जाता है।

विजयगुप्त तथा विप्रदास : 'मंगलकाव्य'

मंगलकाव्य लोकजीवन तथा लोकधर्म पर आधारित रचना है। कठिनाइयों के बीच की गयी पूजा से देव-देवी संतुष्ट होकर आशीर्वाद देंगे जिससे लोकमंगल घटित होगा—बँगला मंगलकाव्य का आधार यही है। इस युग में दो मंगलकाव्य लिखे गये—पहला विजयगुप्त (पिपिलाइ) का 'पद्मपुराण' तथा दूसरा विप्रदास पिपिलाइ का 'मनसाविजय'। इनके द्वारा बँगला-साहित्य में मंगलकाव्यों की एक बलिष्ठ परम्परा ही चल पड़ी। अब मंगलकाव्यों के स्वरूप तथा प्रसंग को लिया जा सकता है।

तुर्कों के निर्मम प्रहार के कारण निराशा के अँधेरे में खोये हुए हिन्दुओं ने देवी-देवताओं के माहात्म्य-स्मरण एवं कीर्तन से हृदय में धर्म के प्रति अनुराग, विश्वास तथा श्रद्धा की भावना पनपने के लिए मंगल-कामना की शरण ली। 'पांचाली' के सुर में गाकर विभिन्न नृत्य-भंगिमाओं के द्वारा भावाभिव्यक्ति की जाती थी।

मंगलकाव्यों में 'मनसामंगल','चण्डीमंगल', 'धर्ममंगल', 'शिवायन' आदि प्रमुख माने जाते हैं। इन काव्यों की कथावस्तु लोक-प्रचलित कथा से ही ली गयी है। अतः संस्कृत की शास्त्र-कथाओं से इनका कोई सरोकार नहीं। इनमें वणिक, सैनिक, व्याध तथा साधारण मनुष्य के सौभाग्य या दुर्भाग्य की रामकहानी कही गयी है। वस्तुतः तुर्क-विजय की रौरव-लीला से त्रस्त उच्च वर्ग के हिन्दू ने बाध्य होकर निम्न वर्ग के हिन्दू के साथ सम्मिलित होना उचित समझा। अतः उनके देवी-देवताओं को उन्हें भी अपनाना पड़ा। यहीं से नाना प्रकार की लौकिक व्रत-कथाओं को भी स्वीकृति मिली जो लोकमुख में ही चलती रहीं और बाद में लिपिबद्ध हुई। इसीलिए इन कथाओं में तब के बंगाली समाज एवं उसके दैनन्दिन जीवन का सजीव चित्र मिलता है। साथ ही, इन काव्यों में देव-देवियों की पूजा की ओट में भयभीत मानवता की भावना निहित है। दैवीप्रकोप से बचने के लिए और तुष्ट देवी-देवताओं के वर से धन-धान्य से परिपूरित हो उठने के लिए देव-पूजा आवश्यक समझा गया।

'मनसामंगलकथा'

मनसा सर्पों की देवी है। जल-जंगलों से परिपूर्ण बंगाल में बड़ी श्रद्धा से मनसा की पूजा होती थी। मनसा देवी के माहात्म्य का प्रचार बेहुला-लखीन्दर तथा चाँद-सौदागर की कथाओं से किया गया है। चैतन्यदेव के समय में भी लोग रात-रात भर जागकर 'विषहरि' देवी का गान करते थे। आज भी कुछ हद तक यह क्रम जारी है। वास्तव में 'मनसामंगल' की मूल कथा बड़ी रोचक तथा चित्ताकर्षक है। चम्पक नगर के राजा चाँद सौदागर शिव के भक्त थे। अतः उनके लिए मनसा की पूजा अकल्पनीय थी। पर जब तक वे मनसा की पूजा नहीं करेंगे, तब तक धरती पर मनसा-पूजा का प्रचार नहीं होगा। अतः मनसा के मन में क्रोध की आग धधक उठी। देखते-देखते चाँद सौदागर के छह पुत्र मारे गये। रानी सनका एवं विधवा पतोहुओं के करुण क्रन्दन से भी चाँद सौदागर का हृदय नहीं पसीजा। ऐसी परिस्थिति में भी वे वाणिज्य-यात्रा पर निकले। मनसा के प्रकोप से उनका सब-कुछ समुद्र में डूब गया। इधर-उधर भटकते हुए किसी तरह से प्राण लेकर चाँद चम्पक नगरी आ पहुँचे। आकर पाया कि उनके एक पुत्र हुआ है। उसका नाम रखा गया लखीन्दर। समय के साथ बढ़कर लखीन्दर युवा अवस्था को पहुँचा। विवाह परमावश्यक हो गया। पर माता-पिता के मन में आशंका पनपी। विवाह या सुहाग की रात में मनसा के कोप से कहीं नववधू की माँग सूनी न हो जाय। अतः अति मात्रा में सावधानी बरती गयी। पर मनसा के डर से लोहार ने वर-वधू की सुरक्षा के लिए बनाये कक्ष में सरसों की भाँति एक छोटा-सा छिद्र रख छोड़ा। विवाह की रात उसी छिद्र-पथ से नागदेव ने प्रवेश करके लखीन्दर को डँसा और लखीन्दर की जीवन-लीला समाप्त हो गयी। नववधू बेहुला का मुखमंडल सतीत्व की गरिमा एवं अटूट विश्वास की भावना से प्रदीप्त हो उठा। बेहुला सती एक छोटे-से केले के बेड़े पर स्वामी के शव को रखकर गंगा की धारा में बहती हुई स्वर्गलोक की ओर चल पड़ी। दिन बीता। अपने अंधेरे आँचल से निशादेवी ने धरती को ढँक लिया। पर बेड़ा अपनी रफ्तार से बढ़ता रहा। मार्ग में तरह-तरह की आपदायें आयीं। प्रलोभनों का मायाजाल दिखायी पडा, पर उस बेहुला सती के सामने किसी की एक न चली। गंगा की लहरों पर बेड़ा आगे बढ़ता ही गया।

त्रिवेणी के पास पहुँच कर बेहुला सती ने एक अद्भुत घटना देखी। प्रातः काल 'नेता' नाम की एक धोबिन घाट पर आई। उसने अपने पुत्र का गला घोंटकर मार डाला। दिनभर कपड़े धोती रही। शाम को पुनः पुत्र को जिलाकर घर चली गयी। बेहुला को आशा की किरण दिखायी दी। उसने नेता से अनुनय-विनय किया। नेता पसीजी। बेहुला को लेकर स्वर्ग में देवताओं के पास गयी। बेहुला ने अपनी नृत्यकला से देवताओं को परितुष्ट किया। अपने दुर्भाग्य की करुण कथा सुनायी। अन्त में मनसा का क्रोध शान्त हुआ। पर बेहुला को प्रतिज्ञा करनी पड़ी। जैसे भी हो, वह अपने ससुर से मनसा देवी की पूजा अवश्य करवायेगी। चाँद सौदागर के सातों पुत्रों

के साथ बेहुला चम्पक नगरी पहुँची। चारों ओर आनन्द ही आनन्द छा गया। ऐसी परिस्थिति में बेहुला के अनुरोध को चाँद सौदागर टाल न सके। अन्त में उन्होंने अपने बायें हाथ से 'च्यां बुड़ी कानी' यानी मनसा की पूजा की और तबसे घर-घर में मनसा देवी की पूजा होने लगी।

यही मूल कथा कवि-कल्पना के सहारे अनेक विचित्र कथाओं के रूप में पल्लवित हुई। यहाँ तक कि प्रतिवेशी भाषाओं में भी इस मार्मिक कथा का प्रचार-प्रसार हुआ है। इन सभी कथाओं में जहाँ एक ओर बेहुला के चरित्र की माधुरी, सतीत्व की गरिमा तथा अटूट आत्मविश्वास और परिवार के लिए मंगल की भावना दिखायी पड़ती है, वहीं दूसरी ओर चाँद सौदागर के व्यक्तित्व की दृढ़ता, अटल प्रतिज्ञा एवं मर्यादा की भावना समुज्ज्वल रूप में दिखायी पड़ती है।

तीन-चार शताब्दियों तक लगभग एक सौ कवियों ने अपनी कल्पना-तूलिका से 'मनसामंगल' काव्य में तरह-तरह के आकर्षक रंग भरे। इन कवियों में बाङ्ला देश के वरिशाल-वाखरगंज के फुल्लश्री ग्राम के कवि विजयगुप्त ने लगभग सन् 1493 ई॰ में 'पद्मापुराण' की रचना की थी। उस समय हुसेन शाह (सन् 1432 -1513) बंगाल के सुलतान थे। विजयगुप्त ने अपनी रचना में बंगाल के दैनन्दिन जीवन के जीवन्त चित्रों को मार्मिकता के साथ उभारने में समर्थता दिखायी है। विप्रदास पिपिलाइ का 'मनसाविजय' 1595-96 ई॰ में लिखा गया था। विप्रदास पश्चिम बंगाल के चौबीस परगने के नादुड़्यावट ग्राम के निवासी थे। इनकी रचना में लौकिक देवताओं का कलह वर्णित है। इसके बाद 'मनसाकाव्य' के स्मरणीय कवि हैं नारायण देव। इनके काव्य का नाम है 'पद्मापुराण'। ये बाङ्ला देश के मयमनसिंह के निवासी थे। लौकिक काव्य के कवि होते हुए भी नारायण देव संस्कृत-साहित्य के अध्येता थे। इनकी रचना में कालिदास के 'कुमारसंभव' का प्रभाव दिखायी पड़ता है। किसी समय राढ़बंग से आसाम तक इनका काव्य श्रद्धा के साथ पढ़ा जाता था। इनको भी असमीया-साहित्य का कवि माना जाता है।

चैतन्यदेव (सन् 1486-1533)

मध्ययुगीन बँगला-साहित्य में चैतन्यदेव के आविर्भाव के पूर्व ही एक प्रकार का नवीन उन्मेष दिखायी दिया था। उसी समय संस्कृत की अमर साहित्य-सम्पदा 'रामायण', 'भागवत' आदि का बँगला में अनुवाद हुआ। साथ ही, लोगों के हृदय में कृष्णलीला के प्रति अनुराग की भावना पहले से ही आभासित हो रही थी। चैतन्य के आविर्भाव के युग में उसीका उत्कर्ष दीखता है। गीतों के सुललित स्वर तथा उसके अभिनय से जन-जीवन मानो आन्दोलित हो उठता है। यहाँ तक कि काव्यकला का पक्ष भी निखरने लगा।

बँगला-साहित्य के इतिहास में प्रेमोन्मादी संन्यासी के रूप में चैतन्यदेव की आलोकमयी प्रतिभा भास्वर पायी जाती है। बँगला में चैतन्यदेव ने एक अक्षर भी नहीं

लिखा, पर उनकी प्रेरणा से ऐसे अमर साहित्य की सर्जना हुई है जिसपर बंगालियों को नाज है।

सन् 1486 ई॰ में नवद्वीप में श्री चैतन्य का जन्म हुआ था और सन् 1533 ई॰ में जगन्नाथपुरी में उनका पार्थिव शरीर पंचतत्त्व में लीन हो गया। उनके पिता का नाम जगन्नाथ मिश्र तथा माता का नाम था शची देवी। प्रारंभ में वे लोग श्रीहट्ट के निवासी थे। चैतन्य का असली नाम विश्वंभर था। उनके अग्रज विश्वरूप बाल्यावस्था में ही संन्यास ले चुके थे। विश्वंभर का पुकार नाम 'निमाइ' था। गौर वर्ण होने के कारण उन्हें 'गोरा' या 'गौरांग' भी कहा जाता था। असाधारण मेधा तथा प्रतिभा के कारण छोटी आयु में ही उनकी गिनती नवद्वीप के संस्कृत के विद्वानों में होने लगी थी। उनकी पहली पत्नी लक्ष्मी देवी के देहान्त के बाद उनका दूसरा विवाह विष्णुप्रिया से हुआ। बचपन से ही विश्वंभर के हृदय में कृष्णानुराग था। पितृदेव के स्वर्गवास के बाद जब वे पिंडदान के लिए गया पहुँचे तो वहाँ आध्यात्मिक भावना उन पर हावी हो गयी और ईश्वरपुरी से दीक्षा ले ली। फिर नवद्वीप में आकर उन्होंने कृष्ण-भक्ति की बाढ़-सी ला दी। नित्यानन्द, हरिदास जैसे ज्ञानी भक्तों को पाकर निमाइ हरिसंकीर्तन में विभोर हो गये। चौबीस वर्ष की उम्र में उन्होंने गृहत्याग करके केशव भारती से संन्यास धर्म ग्रहण किया। तब से उनका नाम श्रीकृष्णचैतन्य हुआ। पर आम तौर पर लोग उन्हें श्रीचैतन्य ही कहते हैं।

छह वर्षों तक श्रीचैतन्य ने सम्पूर्ण भारत का परिभ्रमण किया। फलतः विभिन्न भाषा-भाषियों से मिलकर आध्यात्मिक भावों का आदान-प्रदान करके उनके हृदय को छूने में समर्थ हुए। जिन्दगी के अन्तिम अठारह वर्ष उनके जगन्नाथपुरी में बीते। उन दिनों वहाँ राजा प्रतापरुद्र, विजयनगर के राय रामानन्द आदि भक्तों की भीड़ लगी रहती थी। चौबीस घंटे कृष्णलीला-कीर्तन के सुललित स्वरों से वह स्थान मुखरित रहता था। अड़तालीस वर्ष की अवस्था में श्रीचैतन्य का तिरोभाव हुआ। इनकी प्रेरणा से ही. समूचे बंगाल, उड़ीसा तथा कुछ हद तक असम में प्रेमभक्ति-रूपी नई वैष्णव साधना की बाढ़-सी आ गयी। इस समय हमें बँगला-साहित्य की जो प्रमुख चार धाराएँ दीखती हैं, वे हैं वैष्णव-पदावली, चैतन्य-जीवनी, मंगलकाव्य तथा पौराणिक आख्यान काव्य।

वैष्णव-साहित्य : पदावली तथा जीवनी

स्वभावतः बंगाली हृदय आख्यानकाव्य से अधिक गीतिकाव्य में रमता है। यही कारण है कि प्राचीन काल के 'चर्यापद' से लेकर आधुनिक युग के रवीन्द्रनाथ तक के साहित्य में गीतिकविता की धारा अविच्छिन्न दिखायी पड़ती है। इस धारा को सबल तथा आकर्षणीय बनाने में वैष्णव-पदावली, शाक्त-पदावली, बाउल आदि विभिन्न तथा विचित्र पदावलियों का अनुपम योगदान है।

चैतन्यदेव की प्रेम-साधना के स्पर्श से वैष्णव पदावली में गेयता तथा भक्ति की रससिक्तता धारा बन कर बह निकली। इसीसे सन् 1500 से 1700 ई॰ तक के

समय को बँगला-साहित्य में वैष्णव पदावली का स्वर्णयुग कहा जाता है, यद्यपि यह धारा पहले से ही बँगला-साहित्य में थी। बंगाली कवि जयदेव का संस्कृत-काव्य 'गीतगोविन्द', मैथिलकोकिल विद्यापति के पद तथा चण्डीदास के बँगला पद, सबको ही बंगालियों ने अपना लिया। विद्यापति के पदों की माधुरी तथा प्रेमभावना से आकृष्ट बंगाली उनको अपना वैष्णव कवि मानने लगे। बंगाली उच्चारण के प्रभाव से पदों की भाषा में कुछ बदलाव आ गया। इसी तरह बँगला तथा मैथिली के मिश्रण से एक नयी साहित्यिक भाषा बनी जिसे 'ब्रजबुलि' कहते हैं। बंगाल के बहुत-से कवियों ने अपनी वैष्णवपदावली 'ब्रजबुलि' में ही लिखी है। इस भाषा की श्रुतिमाधुरी ने बालक कवि रवीन्द्रनाथ को भी मुग्ध तथा आकृष्ट कर लिया। पन्द्रह वर्ष की उम्र में ही उन्होंने ब्रजबुलि भाषा में 'भानुसिंहेर पदावली' की रचना की। 'भानुसिंह' रवीन्द्रनाथ का ही एक छद्मनाम है। बँगला भाषा में भी उच्च कोटि के अनेक वैष्णवपद लिखे गये। सब पदों की विषयवस्तु रही वृन्दावन लीला। वैष्णव पदावली में माधुर्य भाव से ओतप्रोत राधाकृष्ण की प्रणय-लीला, कृष्ण-यशोदा के हृदयस्पर्शी चित्रण में अनुपम वात्सल्य रस तथा कृष्ण-सुदामा का सख्यभाव भी बड़ी निपुणता से वर्णित है। चैतन्यदेव की प्रेमोन्मादमयी भक्ति के स्पर्श से माधुर्यभाव की भक्ति और ऊँचे धरातल पर जा पहुँची। तब से राधाकृष्ण की प्रणयलीला आदि रसात्मक मानवीय प्रणयलीला मात्र नहीं रही वरन् आध्यात्मिक प्रेम के रहस्यमय उपादान में रूपान्तरित हो गयी।

लगभग पाँच हजार वैष्णवपद बंगाल के विभिन्न आकार की पुस्तकों में संगृहीत हैं। इनके रचयिताओं में कुछ मुसलमान कवि भी हैं। कुछ पद महिलाओं द्वारा लिखे गये हैं। इन पदों के रचयिताओं में चण्डीदास, ज्ञानदास तथा गोविन्ददास की प्रसिद्धि सर्वाधिक है। चैतन्य-परवर्ती चण्डीदास के पद बड़े ही मर्मस्पर्शी हैं, जैसे–

बँधु कि आर बलिब आमि
जीवने मरने जनमे जनमे
प्राणनाथ हइओ तुमि।

हृदय के अन्तस्तल को स्पर्श करनेवाली ऐसी सरल अभिव्यक्तियाँ बँगला-साहित्य में दुर्लभ हैं। कवि ज्ञानदास ने इसी पथ का अनुसरण किया है। चण्डीदास का जीवनवृत्त पाना आज असंभव है। सब विलुप्त हो गये हैं। बस, कुछ किंवदन्तियाँ ही रह गयी हैं। ज्ञानदास का जन्म वर्धमान जिले के काँगड़ा गाँव में हुआ था। इन्होंने सोलहवीं सदी के अन्तिम चरण में अपने पद लिखे। इनके अधिकांश पद बँगला में हैं, कुछ ब्रजबुलि में भी हैं। कवि गोविन्ददास के पद ब्रजबुलि में हैं। उनके पद बड़े ही सुन्दर बन पड़े हैं। विदग्ध कलाविद्, सरस कवि तथा अलंकारशास्त्र में निपुण गोविन्ददास अपने युग के 'कविराज' माने जाते थे। अन्यान्य वैष्णव पदकर्त्ताओं में बलरामदास, वासुदेव घोष, यदुनन्दनदास आदि प्रसिद्ध माने जाते हैं। सहजिया साधक किसी चण्डीदास ने हमें यह महान् संदेश सुनाया है–

शुनह मानुष भाइ
सवार उपरे मानुष सत्य
ताहार उपरे नाइ।

इतनी सीधी-सादी भाषा में ऐसे ऊँचे सरल सत्य का उद्घाटन शायद ही कहीं दूसरे साहित्य में मिले। बँगला वैष्णव पदावली साहित्य में ऐसे अनेक पद हैं जिन्हें हम गौरव के साथ विश्व-साहित्य में रख सकते हैं।

श्री चैतन्य के अनुयायियों ने ही बँगला में सर्वप्रथम मनुष्य की जीवनी लिखने की आवश्यकता अनुभव की। उन्होंने अवतारी पुरुष या महापुरुषों की ही जीवनी लिखी। इन नयी रचनाओं में मानव-हृदय के कोमल स्पर्श के साथ ही तरह-तरह के तथ्यों का संकलन भी दिखायी पड़ता है। ऐसे ग्रंथों में सबसे पहला नाम वृन्दावनदास कृत 'चैतन्य भागवत' का आता है। लेखक ने चैतन्य को कृष्ण का अवतार माना है। इनकी बाललीला तथा किशोरावस्था के अनेक तथ्य संकलित किये हैं। तब के नवद्वीप का चित्र भी विशेष महत्त्वपूर्ण है। सहज-सुन्दर तथा मनोभावन भाषा में चैतन्य के जीवन की बहुत-सी झांकियाँ इसमें पायी जाती हैं। इस सन्दर्भ में सर्वश्रेष्ठ ग्रंथ है गोस्वामी कृष्णदास कविराज का लिखा 'श्रीचैतन्यचरितामृत'। कृष्णदास का जन्म वर्धमान जिले के काटोया के आसपास हुआ था। वृन्दावन में अध्यात्म शिक्षा लेकर वृद्धावस्था में इन्होंने ग्रंथ की रचना की थी। यह ग्रंथ केवल जीवनी-साहित्य ही नहीं है, दार्शनिक विचारों से भी सुसमृद्ध है। मध्ययुग की बँगला भाषा का यथार्थ परिचय इस ग्रंथ से मिलता है। इसके बाद भी 'चैतन्यमंगल' नाम से चैतन्य की जीवनी लिखी गयी। कवि लोचनदास तथा जयानन्द द्वारा लिखे गये 'चैतन्यमंगल' उल्लेखनीय माने जाते हैं। इस युग में चैतन्यदेव के साथ ही अन्यान्य वैष्णव भक्तों की जीवनियाँ भी लिखी गयीं। कहना नहीं होगा कि भक्त मानव की ये जीवनियाँ भी बँगला-साहित्य में उपादेय संयोजन हैं।

मुकुन्दराम चक्रवर्ती : 'चण्डीमंगल'

मंगल काव्यों में सांसारिक जीवन-संग्राम से जूझते हुए मानव की कथा पायी जाती है। मनसामंगल के बाद बारी आती है चण्डीमंगल की। मनसा के साथ-साथ अन्यान्य देवी-देवताओं के माहात्म्य-प्रचार से सम्बद्ध अनेक मंगलकाव्य लिखे गये, पर इस युग की सर्वश्रेष्ठ कृति है कविकंकण मुकुन्दराम चक्रवर्ती कृत 'चण्डीमंगल' या 'अभयामंगल'। ध्यान देने की बात है कि आज भी बंगाल में मनसा, चण्डी, धर्म आदि की पूजा बड़ी धूमधाम से की जाती है। 'चण्डीमंगल' काव्य में दो स्वतंत्र कथाएँ हैं। पहली है कालकेतु व्याध की कथा तथा दूसरी धनपति सौदागर की।

कालकेतु व्याध की कथा : कालकेतु एक व्याध था और फुल्लरा थी उसकी पत्नी। इनके गरीबी के दिन किसी तरह बड़ी कठिनाई से बीत रहे थे। कालकेतु जंगल से पशु मार कर लाता और फुल्लरा उसका मांस बेच आती। इसी तरह उनकी जीविका चलती

थी। कालकेतु के प्रताप से जंगल पशुशून्य हो चला। पशुओं में हाहाकार मच गया। बचे-खुचे पशुओं ने चण्डीदेवी की शरण ली। देवी ने अभय दान दिया। एक दिन कालकेतु एक सुनहले गोह को जीवित पकड़कर जंगल से घर लाया। फुल्लरा घर पर नहीं थी। अतः गोह को खूँटी से बाँधकर वह उसे खोजने निकला। कालकेतु के बाहर जाते ही गोह ने एक सुन्दरी युवती का रूप धारण किया। इधर फुल्लरा भी आ पहुँची। युवती ने बताया कि कालकेतु उसे लाया है और वह भी अब इसी घर में रहेगी। फुल्लरा उसे देख तथा उसकी बात सुन हैरान रह गयी। एक तो परायी बहू, दूसरे गरीबी से जकड़ा संसार। फुल्लरा ने उसे बहुत समझाया-बुझाया और धमकाया, पर उसने एक न सुनी। घर लौटकर परिस्थिति भाँप कर कालकेतु भी दंग रह गया। उसने भी युवती को समझाने का बहुत प्रयास किया, पर सब बेकार। अन्त में क्रोधित होकर धनुषबाण उठाकर युवती को वहाँ से भगाना चाहा। तब उस युवती ने चण्डीदेवी के रूप में प्रकट होकर कालकेतु-फुल्लरा को वर तथा आशीर्वाद दिया। कालकेतु को बहुत-सारी सम्पदा देकर वह अन्तर्धान हो गयी। मुरारी शील ने कालकेतु को ठगने का असफल प्रयास किया। बाद में चण्डी माता की इच्छानुसार कालकेतु ने गुजरात में एक नये राज्य की नींव डाली। नाना जाति के लोग आकर वहाँ बस गये, पर मूर्ख व्याध के अत्याचारी मंत्री भाँड़ुदत्त प्रजा को सताने लगा। अंत में कालकेतु ने उसे राज्य से निकलवा दिया। अपने अपमान का बदला लेने के लिए भाँड़ुदत्त ने कलिंग के राजा को भड़काकर कालकेतु पर चढ़ाई करवा दी। कालकेतु परास्त होकर जेल में बंद हो गया। जेल की असह्य यातना भोगते-भोगते उसने चण्डी माता की शरण ली। देवी ने स्वप्न में कलिंग के राजा को आदेश देकर कालकेतु को मुक्त करवाया। कालकेतु गुजरात जाकर फुल्लरा के साथ राजसुख भोगने लगा। इस कहानी में व्याध परिवार, वणिक सम्प्रदाय, कायस्थ, कर्मचारी आदि नाना जाति के लोगों के दैनन्दिन जीवन की झाँकियों के साथ-साथ समाज को हर माने में चित्रित करने का अवसर मिला है कवियों को। चण्डीमंगल काव्य का पहला उपाख्यान यही है।

धनपति सौदागर की कथा : उज्जैन नगरी में धनपति नाम का एक सौदागर रहता था। उसकी लहना नाम की पत्नी थी। निःसन्तान होने के कारण धनपति ने खुल्लना नाम की एक युवती से दूसरी शादी की। साड़ी, अलंकार आदि देकर लहना को समझाया-बुझाया। राजा के आदेश से धनपति को वाणिज्य के लिए निकलना पड़ा। दुर्वला नाम की एक दासी के बहकाने पर लहना ने खुल्लना पर अत्याचार शुरू किया। अन्न-वस्त्र के कष्ट की बात तो अलग रही, खुल्लना को गाय चराने के लिए बाध्य किया गया। गाय चराते वक्त खुल्लना ने देखा कि कुछ स्त्रियाँ मंगलचण्डी की पूजा कर रही हैं। चण्डी के माहात्म्य को जानकर वह भी व्रत-पूजा करने लगी। धनपति वाणिज्य से लौट आये। पर पुनः उन्हें सिंहल की वाणिज्य-यात्रा करनी पड़ी। यात्रा के शुभ मुहूर्त्त में देखा कि खुल्लना चण्डी के घट की पूजा में लीन है। लहना

की बातों में आकर धनपति के हृदय में क्रोध की भावना उमड़ पड़ी और उसने लात मार कर वह घट फोड़ डाला। सोचा, एक सम्भ्रान्त घर में डायन की पूजा कैसे हो सकती है। पर इसका फल भी उसे तुरन्त मिला। चण्डी देवी को अपने माहात्म्य प्रचार का अवसर मिल गया। समुन्द्र-यात्रा में धनपति ने एक अनोखा दृश्य देखा। उसने देखा कि एक प्रफुल्लित कमल पर एक षोडशी रूपवती युवती एक हाथी को अनायास निगल कर फिर उसे उगल रही है। यह देखकर उसके आश्चर्य का ठिकाना नहीं रहा। उसने यह घटना जाकर सिंहल के राजा को कह सुनायी। राजा को धनपति की बात पर विश्वास नहीं हुआ। घटना प्रत्यक्ष करने के लिए राजा धनपति के साथ उस जगह पर गये, पर वहाँ कमल पर कामिनी के दर्शन नहीं हुए। यह तो चण्डी माता की माया थी। धनपति कारागार में डाल दिया गया। उधर उज्जैन में खुल्लना की कोख से श्रीमन्त का जन्म हुआ। शिक्षा-दीक्षा समाप्त कर श्रीमन्त पिता की खोज में निकला। सिंहल की ओर जाते हुए उसने भी समुद्र के उत्ताल तरंगों पर 'कमल पर कामिनी' का वही आश्चर्यजनक और अविश्वसनीय दृश्य देखा। उसने भी सिंहल पहुँच कर राजा से यह कथा कही। अतः उसे भी शृंखल में बाँधकर कारागार में डाल दिया गया। इधर पति तथा पुत्र दोनों की अमंगल की आशंका से खुल्लनां का हृदय काँप उठा। उसने माता मंगलचण्डी की पूजा की। देवी की कृपा से पिता-पुत्र मुक्त हुए। सिंहल की राजकुमारी से श्रीमन्त का विवाह हुआ। सभी सानन्द उज्जयिनी लौट गये। यही है चण्डीमंगल काव्य का दूसरा उपाख्यान।

इन दोनों उपाख्यानों को लेकर बँगला में बहुत-से चण्डीमंगल काव्य लिखे गये। पर सब दृष्टियों से मुकुन्दराम चक्रवर्ती कृत चण्डीमंगल ही सर्वश्रेष्ठ साबित हुआ है। मुकुन्दराम कहानी कहने में बड़े माहिर थे। उनकी वर्णित घटनाएँ तथा पात्र-पात्री मानो आँखों के सामने तैरने लगते हैं, जाने-पहचाने तथा अपने-से लगते हैं। अतः मानवहृदय को परितृप्त कर एक अतुलनीय आनन्द प्रदान करता है उनका चण्डीमंगल काव्य। कवि मुकुन्दराम चक्रवर्ती का जन्म वर्धमान जिले के अन्तर्गत दामुन्या ग्राम में हुआ था। पठान शासकों के अत्याचार से तंग आकर उन्हें पैतृक स्थान छोड़कर अन्यत्र जाना पड़ा था। मेदिनीपुर के अरड्या गाँव में जाकर राजा बाँकुड़ा राय के आश्रय में रहने लगे। राजकुमार रघुनाथ को पढ़ाने लगे। रघुनाथ के कहने पर ही उन्होंने चण्डीमंगल काव्य की रचना की। 'कविकंकण' उपाधि उन्हें रघुनाथ ने ही दी थी।

इसके बाद मंगलकाव्य-परम्परा में धर्ममंगल की बारी आती है। धर्ममंगल की कथा भी बड़ी रोचक तथा चित्ताकर्षक है। इस काव्य के प्रथम कवि रूपराम चक्रवर्ती माने जाते हैं। श्रेष्ठ कवि का सम्मान धनराम चक्रवर्ती को जाता है। साथ ही इस धारा में गंगामंगल, रायमंगल, दुर्गामंगल एवं शिव तथा उमा की कहानी से सँवारा शिवमंगल या शिवायन आदि काव्यों की चर्चा की जा सकती है। पर हम 'रायगुणाकर' भारतचन्द्र राय कृत 'अन्नदामंगल' के सन्दर्भ में कुछ कह कर ही संतोष करेंगे।

अठारहवीं सदी में बंगाल के हिन्दुओं ने भी फारसी पढ़ना शुरू किया था। फारसी-साहित्य के रस को चखा। फलस्वरूप बँगला-साहित्य भी उस भावधारा से प्रभावित हुआ जिसका परिचय हमें कवि भारतचन्द्र राय (सन्1713-1763 ई०) के 'अन्नदामंगल' ग्रंथ से मिलता है। यह मंगलकाव्यधारा से कुछ अलग कोटि की रचना है। कवि ने मानवीय दृष्टि से प्रत्यक्ष कर मानव-जीवन की कथा कही है। 'आमार सन्तान येन/थाके दुधे-भाते' जैसी प्रार्थना यहीं पर पहले-पहल सुनायी पड़ी है। भारतचन्द्र ने शब्दसंभार तथा काव्य-सौष्ठव पर अधिक बल दिया है। बँगला शब्दों के साथ-साथ संस्कृत तथा अरबी-फारसी के शब्दों का ऐसा सुन्दर सामंजस्यपूर्ण प्रयोग अन्य किसी की रचना में नहीं मिलता। कवि का जन्म सन् 1713 के आसपास वर्धमान में हुआ था। नाना प्रकार के कष्टों को झेलने के बाद कृष्णनगर के राजा कृष्णचन्द्र की राजसभा में उन्हें प्रतिष्ठा मिली। अतः कृष्णचन्द्र के वंश की प्रशस्ति तथा गुणगान अन्नपूर्णा के माहात्म्य-कीर्तन के उपलक्ष्य में किया है। उन्होंने विद्यासुन्दर की प्रणय-कथा भी लिखी है। असल में यह एक दक्ष कलाकार की वाग्वैदग्ध्यपूर्ण रचना है। निष्कर्ष के रूप में हम कह सकते हैं कि नवाबी शासन की विलासिता की छाया ने भारतचन्द्र की रचना को विशिष्टता प्रदान की है।

पौराणिक रचना : 'रामायण' तथा 'महाभारत' की अमर कथाओं के भक्तिरस में बंगाली जीवन सभी युगों में अवगाहन करता आया है। बँगला रामायण की रचना तो पहले ही हो गयी थी, 'महाभारत' के अनुवाद का प्रयास इस युग में दिखायी दिया। बँगला में 'महाभारत' के प्रथम रचयिता संजय या 'कवीन्द्र परमेश्वर' माने जाते हैं। मध्ययुग में बँगला-साहित्य के पृष्ठपोषक के रूप में गौड़ेश्वर हुसेनशाह (1493-1519) तथा उनके पुत्र नसरतशाह श्रद्धा के साथ याद किये जाते हैं। इनके सेनापति परागल खाँ तथा छुटि खाँ ने भी प्रभु के आदर्श का अनुसरण किया। परागल खाँ के निर्देश से ही संजय या कवीन्द्र परमेश्वर ने बँगला में 'महाभारत' लिखा। यही बँगला का प्रथम 'महाभारत' है। इसको 'परागली महाभारत' भी कहते हैं। परागल खाँ के पुत्र छुटि खाँ के आदेश पर श्रीकर नन्दी ने इस 'महाभारत' में अश्वमेध पर्व तथा दूसरी कथाएँ जोड़ीं। इस संयोजित अंश को 'छुटिखाँनी महाभारत' कहा जाता है। अब तक लगभग तीस कवियों ने खंडित या पूर्ण महाभारत की रचना की है। फिर भी 'महाभारत' नाम लेते ही हमारी आँखों के सामने उभर उठता है काशीराम दास कृत 'महाभारत'। इसे 'काशीदासी महाभारत' भी कहते हैं। अनुमान किया जाता है कि यह 'महाभारत' सन् 1602-1610 ई० के बीच लिखा गया था। काशीराम दास का जन्म वर्धमान जिले के काटोया के आसपास सिंगी गाँव में हुआ था। वैष्णव धर्म के अनुयायी काशीराम असाधारण प्रतिभा के अधिकारी थे। इसीसे उनके 'महाभारत' में भक्तिभाव की अधिकता दिखायी पड़ती है। इसी तरह अनेकानेक कवियों की प्रचेष्टा से बंग जनमानस में 'महाभारत' तथा 'रामायण' के आख्यान के

जीवन्त चित्र उभर उठे थे, जो आज भी ज्यों के त्यों विद्यमान हैं।

नाथ-साहित्य : मंगलकाव्य के अतिरिक्त इस युग में नाथ-साहित्य का भी एक विशेष महत्त्व है। चर्यापद के साथ लेखक गुरुओं के नाम भी दिये गये हैं। इनकी गाथाएँ या सिद्धाचार्यों की अलौकिक शक्ति का विवरण राजा गोपीचन्द तथा उनकी माता मयनामती के नाम से प्राप्त होता है। गोपीचन्द-गोरक्षनाथ की कथा सुदूर उत्तर भारत में भी विभिन्न रूपों में प्रचलित है। इन कथाओं में यौवन में राज्य-त्याग, संसार के प्रति वैराग्य, सिद्धि-लाभ आदि का वर्णन है। हिन्दू तथा मुसलमान दोनों ही के द्वारा ऐसी कथाएँ लिखी गयी हैं। जो भी हो, काव्य की दृष्टि से गोपीचन्द के गान तथा मयनामती की कथा में कोई खास उपादेयता नहीं दीखती।

प्रेमाख्यान काव्य : प्रेमाख्यान काव्यों की भी एक सरस धारा बँगला-साहित्य में पायी जाती है। आराकान की राजसभा में बैठकर दौलत काजी तथा अलावल ने ऐसे सरस काव्यों की रचना की थी। इन रचनाओं से जनजीवन जैसे पुलकित हो उठा था। इन कवियों ने सूफी-भावधारा को हिन्दू-भावधारा में डालकर नये काव्यरस का आस्वादन कराया। साधनकृत हिन्दी 'मयनासत' के आधार पर 'सती मयनामती' या 'लोरचन्द्रानी' काव्य लिखा गया। इसकी शुरुआत दौलत काजी ने की थी, पर उनके अकाल निधन के कारण अधूरे काव्य को अलावल ने समाप्त किया। यह कार्य सन् 1659 ई॰ में सम्पन्न हुआ। अलावल की अमर कृति है 'पद्मावती'। यह 'पद्मावती' हिन्दी-कवि मलिक मुहम्मद जायसी रचित 'पदमावत' पर आधारित है। इस रचना को मध्ययुगीन बँगला-साहित्य का उज्ज्वल रत्न माना जाता है। अलावल ने और भी पाँच-छह काव्य-ग्रंथों की रचना की है। और भी अनेक मुसलमान कवियों ने अपने काव्यपुष्पों से बंग-सरस्वती का श्रृंगार किया है। रायगुणाकर कवि भारतचन्द्र की चर्चा पहले ही की जा चुकी है। उन्हींके समसामयिक कवि रामप्रसाद सेन (अनुमानतः 1720-1781) ने भी 'कालिकामंगल' अथवा 'विद्यासुन्दर' काव्य की रचना की थी। पर इसकी जानकारी सबको नहीं है। रामप्रसाद-रचित श्यामासंगीत या शाक्तपदावली ने आज भी बंगाल की जनता के हृदय को भक्तिरस से सराबोर कर रखा है। इस क्षेत्र में रामप्रसाद अपनी सानी नहीं रखते। शाक्तपदावली धारा में और भी कवियों ने भक्ति-पुष्पांजलि अर्पित की है। पर सबसे सुरभित पुष्प रामप्रसाद सेन के ही हैं।

सब मिलाकर, बँगला-साहित्य के मध्य युग की सम्पदा सचमुच ही सराहनीय है। इसीकी नींव पर आधुनिक युग तरह-तरह की विशेषताएँ लेकर विकसित हुआ है।

आधुनिक युग (सन् 1800 ई॰ से आज तक)

भारत में अँगरेजी साम्राज्य की स्थापना के पहले ही मध्ययुगीन साहित्यधारा क्षीण हो आयी थी। उस कान्तिमय युग में साहित्यिक अवसाद आभासित होता है। बाद में अँगरेजी राज्य की प्रतिष्ठा होने पर जन-जीवन धीरे-धीरे पाश्चात्य रीति-नीति तथा साहित्य की ओर आकृष्ट होने लगा। फलस्वरूप पश्चिमी विचारधारा यहाँ की मिट्टी में जड़

पकड़ने लगी। फिर भी कुछ सजग साहित्यकारों ने अपनी प्राचीन संस्कृति की संपदा को हृदय में सँजोये रख युग-चेतना से उद्बुद्ध हो अमूल्य सर्जना से बँगला-साहित्य को गौरवान्वित किया। उसका लेखा-जोखा प्रस्तुत करने की कोशिश की जा रही है।

नवजागरण : राममोहन व विद्यासागर

सन् 1798 ई॰ में विलियम केरी की अध्यक्षता में कलकत्ते में फोर्ट विलियम कॉलेज की स्थापना हुई। अँगरेज राज-कर्मचारियों को भारतीय भाषा की शिक्षा देना ही इस प्रयास का मुख्य उद्देश्य था। केरी ने श्रीरामपुर में बँगला प्रेस स्थापित कर बाइबुल आदि ग्रंथों का अनुवाद छापने की व्यवस्था की थी। बँगला तथा हिन्दी जाननेवालों से उन्होंने फोर्ट विलियम में पढ़ाने के लिए बँगला तथा हिन्दी के ग्रंथ लिखवाये। केरी साहब के मुंशी रामराम बसु विरचित 'राजा प्रतापादित्य चरित' (1801) बँगला गद्य-साहित्य का प्रथम मौलिक ग्रंथ माना जाता है। फोर्ट विलियम कॉलेज के पंडितों में मृत्युंजय विद्यालंकार तत्कालीन बँगला-गद्य के अच्छे लेखक माने जाते हैं।

बँगला-गद्य को नयी दिशा देनेवालों में राजा राममोहन राय (1772-1833) का नाम भी महत्ता रखता है। वास्तव में राममोहन आधुनिक भारतीय समाज, संस्कृति, शिक्षा-दीक्षा तथा जीवन के लिए एक आलोक-स्तम्भ की भाँति थे। उनका जन्म हुगली जिले के राधानगर गाँव में हुआ था। वे संस्कृत, फारसी, अरबी, हिन्दी आदि बहुत-सी भाषाओं के जानकार थे। अँगरेजी पर उनका विशेष अधिकार था और भारत में अँगरेजी पठन-पाठन के समर्थक थे। वाराणसी, पटना आदि स्थानों में बचपन बिताकर 1814 ई॰ में आकर कलकत्ता रहने लगे। तभी से धार्मिक तथा सामाजिक सुधार में लग गये। सन् 1815 ई॰ में उन्होंने एकेश्वरवादी उपासना के लिए 'ब्राह्मसभा' या 'ब्राह्मसमाज' की नींव डाली। वेद का बँगला तथा हिन्दी में रूपान्तर किया। 'वेदान्तग्रंथ' तथा 'वेदान्तसार' लिखकर उन्होंने बँगला भाषा का उपयोग समाज के हित के लिए करने का मार्ग दिखाया। उपनिषद् का अनुवाद भी उन्होंने किया। उनकी लेखनी के प्रभाव से बंगाल में नयी चिन्ता-चेतना तथा नया आलोड़न दिखायी दिया। उन्हींके प्रयास से कलकत्ते में सन् 1817 ई॰ में हिन्दू कॉलेज की स्थापना हुई। इस महान् प्रयास में अँगरेज सरकार की सहायता न थी। राममोहन पाश्चात्य भाषा तथा साहित्य के अध्ययन को हमारी प्राचीन संस्कृति की थाती के साथ सँजोकर शिक्षा को पूर्ण रूप देना चाहते थे। इसीके फलस्वरूप हिन्दू कॉलेज के मेधावी होनहार छात्रों ने आगे चलकर अपनी आलोकमयी प्रतिभा से राष्ट्र, समाज तथा साहित्य को गतिशील बनाया। अंधविश्वास की जड़ पर कुठाराघात किया। सतीप्रथा का विरोध शुरू हुआ, नारी के समाज में समान अधिकार के लिए आंदोलन छिड़ा। ईसाई धर्म के प्रभाव से हिन्दू धर्म तथा समाज को बचाने के लिए राममोहन ने विभिन्न भाषाओं में विभिन्न पत्र-पत्रिकाओं में लेख लिखे तथा पुस्तिकाएँ प्रकाशित कर वितरित कीं। इसीलिए इस युगपुरुष को रवीन्द्रनाथ ने 'भारतपथिक' कहा है।

सन् 1831 ई॰ में तब के भारत-सम्राट् के अनुरोध पर राममोहन विलायत गये। वहाँ भी उन्हें अपने व्यक्तित्व तथा विचार के लिए यथोचित समादर मिला। सन् 1833 ई॰ में विलायत में ही उनका स्वर्गवास हो गया। राममोहन ने बंग भाषा को युक्तिनिष्ठ सुलझे भावों के वहनयोग्य बनाकर असाध्य साधित किया था। बँगला-गद्य के विकास में उनकी यह देन चिरस्मरणीय है।

राममोहन के समय से ही संस्कृत तथा अँगरेजी से अनूदित ग्रंथों से बँगला भाषा तथा साहित्य की समृद्धि का एक नया मार्ग सुगम हो उठा। इस संदर्भ में यानी बँगला भाषा को सँवारने में पत्र-पत्रिकाओं की देन भी सराहनीय है। इस क्षेत्र में बँगला का प्रथम पत्र 'समाचार दर्पण' (1818), 'सम्वाद कौमुदी' (1821), 'समाचार चन्द्रिका' (1822) और साथ ही ईश्वरचन्द्र गुप्त द्वारा प्रकाशित साहित्यिक पत्र 'संवाद प्रभाकर' (1831) आदि के नाम विशेष रूप से स्मरणीय हैं। राममोहन की विचारधारा से प्रभावित महर्षि देवेन्द्रनाथ ठाकुर के प्रयास से प्रकाशित 'तत्त्ववोधिनी पत्रिका' (1843) ने परिमार्जित भाषा में प्रतिपादित बलिष्ठ विचारों से कुसंस्कारों के बंधन तोड़ने एवं समाज को आत्मगौरव की चेतना से उद्‌बुद्ध करने का प्रयास किया। बँगला में विज्ञान-चेतना को फैलानेवाले प्रथम प्रावन्धिक अक्षयकुमार दत्त (1820-1886), पंडित ईश्वरचन्द्र विद्यासागर (1820-1891) आदि मनीषी इस पत्रिका के मूल लेखक थे। इसके बाद ही बँगला में कुछ नवीन साहित्यिक विधाएँ पनपने लगीं। सन् 1854 ई॰ से नये नाटक लिखने तथा खेलने की प्रवणता सामने आयी। सन् 1858 ई॰ में कवि रंगलाल वंद्योपाध्याय (1827-1887) ने 'पद्मिनी' काव्य लिखा, जिसमें सर्वप्रथम स्वाधीनता का गुणगान किया गया है। इसी वर्ष बँगला का प्रथम उपन्यास कहलानेवाली रचना, प्यारीचाँद मित्र उर्फ टेकचाँद ठाकुर कृत 'आलालेर घरेर दुलाल' प्रकाशित हुआ। यहीं से आधुनिक बँगला-साहित्य ने विकास के पथ पर पाँव रखा।

बँगला-गद्य में युगान्तर घटित करने का श्रेय ईश्वरचन्द्र विद्यासागर को जाता है। उस सहृदय मानवतावादी व्यक्ति का जन्म मेदिनीपुर के वीरसिंह ग्राम के एक गरीब ब्राह्मण घर में हुआ था। अपने स्वाध्याय तथा प्रयास के बल पर वे संस्कृत कालेज के अध्यक्ष पद पर आसीन हुए थे। उनकी रचनाओं में शिक्षामूलक हैं– 'बोधोदय' (1851), 'शकुन्तला' (1854), 'सीतार वनवास' (1860), 'आख्यान मंजरी' (1867) आदि और समाजसुधारमूलक हैं– 'विधवा-विवाह चलित होवा उचित कि ना एतद्विषयक प्रस्ताव' (1855), 'बहुविवाह रहित होवा उचित कि ना एतद्विषयक विचार' आदि। विधवा-विवाह को कानूनन वैध घोषित (1856) कराने का श्रेय ईश्वरचन्द्र विद्यासागर को ही है। इनका गद्य प्रांजल, गंभीर, प्रवाहमयी तथा संस्कृतानुसारी था।

अक्षयकुमार दत्त की विज्ञानपरक भाषा में सरसता का अभाव है। फिर भी, इनके 'भारतवर्षीय उपासक सम्प्रदाय' (दो खंड) में इनकी सारग्राहिणी शक्ति का परिचय मिलता है।

प्यारीचाँद मित्र के 'आलालेर घरे दुलाल' (1858) में सीधी-सादी तब की प्रवाहमयी बोलचाल की भाषा का सरस प्रयोग हुआ है। तब के कलकत्ता का समाज बड़े ही मार्मिक ढंग से उभर आया है। सब मिलाकर, बँगला-उपन्यास का प्रारूप इसमें झलकता पाया जाता है। इस संदर्भ में भूदेव मुखोपाध्याय तथा 'हुतोमप्याँचार नक्सा' (1862) के रचयिता कालीप्रसन्न सिंह का नामोल्लेख भी किया जा सकता है।

अनूदित बँगला-नाटक को मंचस्थ करने का श्रेय हेरासिम लेवेडेंफ नामक एक रूसी व्यक्ति को है। ऐसे नाटक कलकत्ते में 1775 से खेले जाने लगे। बाद में मौलिक नाटक भी खेले गये। इस संदर्भ में रामनारायण तर्करत्न (1822-1886) कृत 'कुलीनकुलसर्वस्व' (1854) ही प्रथम सफल नाटक माना जा सकता है। यहीं से बँगला-नाटक की अविच्छिन्न धारा चल पड़ी। अधिकांश नाटक समाजसुधारपरक पाये जाते हैं। सन् 1858 ई॰ में 'रत्नावली' नामक नाटक का अभिनय देखकर माइकेल मधुसूदन दत्त (1824-1873) ने बँगला-नाटक लिखने का निश्चय किया। तब के नाट्यकारों में दीनबंधु मित्र (1830-73) का नाम भी उल्लेखनीय है। अपने 'नीलदर्पण' (1860) नाटक में उन्होंने सामाजिक तथा राष्ट्रीय चेतना को उद्‌बुद्ध करने का प्रयास किया है। इसके बाद मधुसूदन दत्त के अभ्युदय के साथ ही बँगला-साहित्य में युगान्तर संघटित हुआ। फिर भी स्वाधीनता की प्यास भरे रंगलाल के इन शब्दों को कौन भुला सकता है–

स्वाधीनता हीनताय के बाँचिते चाय रे
के बाँचिते चाय!

रंगलाल के पहले कवि ईश्वरचन्द्र गुप्त की रचनाओं में स्वदेश-प्रेम की भावना का आभास मिलता है, पर वह मन को नहीं छूता।

कलकत्ते के वकील पिता का पुत्र मधुसूदन दत्त का पालन-पोषण बड़े लाड़-प्यार से हुआ। हिन्दू कॉलेज में पढ़ते-पढ़ते ही किशोर के मन में महाकाव्य लिखकर प्रख्यात होने की इच्छा जगी थी। अँगरेजी भाषा तथा साहित्य ने इनके हृदय पर अधिकार कर लिया। अतः इंग्लैंड जाना आवश्यक समझकर मधुसूदन ने ईसाई धर्म अपनाया। परिवार से नाता टूट गया। मद्रास चले गये और एक अँगरेज महिला से शादी भी की। वहाँ उन्होंने अँगरेजी में एक काव्य लिखा। फिर हृदय की धारा बदल गयी। कलकत्ता लौट आये और मातृभाषा में लिखने की योजना बनायी। 'रत्नावली' नाटक के अभिनय को देखकर उन्होंने 'शर्मिष्ठा', 'पद्मावती', 'कृष्णकुमारी' आदि नाटक लिखे। दो प्रहसन 'एकेइ कि वले सभ्यता' तथा 'वुड़ो शालिकेर घाड़े रोँभी' लिखे। अमित्राक्षर छंद में 'मेघनादवध' काव्य लिखा, 'व्रजांगना', 'वीरांगना' काव्य भी लिखे। 'मेघनादवध' बँगला-साहित्य में ही नहीं, पूरे भारतीय साहित्य में काव्य के रूप में एक अनोखा योगदान है। 'वीरांगना' पत्र-काव्य भी नयी देन है और 'व्रजांगना' वैष्णव गीतिमाधुरी को एक नया रूप देने का प्रयास है। ये रचनाएँ 1859 से 1862

के बीच लिखी गयीं। बाद में बैरिस्टर बनने की आशा ले विलायत गये। वहाँ उन्होंने चतुर्दशपदी या सॉनेट लिखना शुरू किया। इस तरह से नयी-नयी सामग्री से अपनी प्रतिभा के बल पर उन्होंने बंगसरस्वती को समृद्ध किया। भाव की दृष्टि से मधुसूदन के काव्य में नवीनता दिखायी पड़ती है। उन्होंने प्रचलित साहित्यिक परम्परा तथा मान्यताओं का त्याग कर नयी दिशा में सोचने-विचारने का प्रयास किया। इसीसे उनके 'मेघनादवध' काव्य में रावण तथा मेघनाद देश की मर्यादा की रक्षा के लिए जूझते वीरों के रूप में चित्रित हुए हैं। नारी-चरित्रों में नवीनता तथा आधुनिकता को पिरोया गया है। केवल भाव ही नहीं, भाषा तथा छन्द के विवेचन में भी मधुसूदन का साहित्य अपनी गरिमा से दीप्त है।

'वन्दे मातरम्' के पावन संगीत-संदेश से देश को मुखरित करनेवाले ऋषि बंकिमचन्द्र चट्टोपाध्याय (1808-1894) आधुनिक बँगला-साहित्य तथा चिन्तन-मनन के क्षेत्र में एक आलोक-स्तम्भ की भाँति थे। कलकत्ता विश्वविद्यालय के प्रथम स्नातक बंकिमचंद्र का जन्म नैहाटी के काँटालपाड़ा गाँव में हुआ था। वे प्रशासन विभाग में डिप्टी कलेक्टर थे। उन्हें बँगला-साहित्य का प्रथम सफल उपन्यासकार तथा उपन्यास-सम्राट् कहा जाता है। वे 'बंगदर्शन' (1872) पत्रिका के संस्थापक-सम्पादक भी थे। इसी पत्रिका में उनके साहित्य, समाज, इतिहास, धर्म, दर्शन आदि विभिन्न विषयों पर निबंध छपते थे। उनका हास्य रसात्मक लेखों का संकलन 'कमलाकान्त' एक अनमोल रचना है। उनका पहला उपन्यास 'दुर्गेशनन्दिनी' (1865) तथा अन्तिम उपन्यास 'सीताराम' (1887) है। उनके छोटे-बड़े कुल बारह उपन्यास हैं। ऐतिहासिक पृष्ठभूमि पर प्रेम का कोमल स्वर निनादित कर उन्होंने 'दुर्गेशनन्दिनी', 'मृणालिनी', 'चन्द्रशेखर', 'कपालकुण्डला आदि उपन्यास लिखे। उनके 'विषवृक्ष' तथा 'कृष्णकान्तेर विल' सामाजिक; 'इन्दिरा', 'रजनी' पारिवारिक तथा 'राजसिंह' ऐतिहासिक उपन्यास हैं। 'आनन्दमठ', 'देवी चौधुरानी' तथा 'सीताराम' स्वदेशप्रेम पर आधारित उपन्यासत्रयी हैं। इन सब में युगद्रष्टा तथा युगस्रष्टा बंकिम उभर आये हैं। 'बंगदर्शन' पत्रिका के पृष्ठों में कई नये साहित्य-सेवकों को उन्होंने प्रतिष्ठित किया। प्रख्यात ऐतिहासिक रमेशचन्द्र दत्त (1860-1933) ने ऐतिहासिक तथा सामाजिक उपन्यासों को नये आदर्श प्रदान किये। रवीन्द्रनाथ बंकिम के उपन्यास के गम्भीर पाठक, समालोचक तथा अनुयायी निकले। पर 'चोखेर बालि' (1303) से बँगला-उपन्यास ने नया मोड़ लिया। रवीन्द्र-युग के नये उपन्यासों की धारा यहीं से शुरू हुई। हरप्रसाद शास्त्री तथा राखालदास वंद्योपाध्याय ने बँगला ऐतिहासिक उपन्यास को एक कदम और आगे बढ़ाया। तब के निबन्ध-लेखों तथा समालोचकों में अक्षयचन्द्र सरकार, चन्द्रनाथ बसु आदि ने प्रतिष्ठा पायी थी। बंकिमचंद्र के अनुयायी होते हुए भी रवीन्द्रनाथ हिन्दुत्व की रक्षा की ओर ध्यान न देकर उदार मानवतावादी आदर्श को प्रतिष्ठित तथा सम्प्रसारित करने में सक्रिय हुए। स्वयं बंकिमचंद्र ने मृत्यु के पूर्व ही युवक रवीन्द्रनाथ का अभिनंदन भावी युग के श्रेष्ठ

साहित्यिक के रूप में किया था।

मधुसूदनु के समसामयिक कवि बिहारीलाल चक्रवर्ती (1835-94) के 'सारदा मंगल' में भावुकता तथा अनुभूति का स्वतः आवेग दिखायी पड़ता है। हेमचंद्र वंद्योपाध्याय (1838-1903) तथा नवीनचन्द्र सेन (1847-1903) आदि कवियों ने बिहारीलाल के साथ मिलकर रवीन्द्रोदय के पूर्व बंग-काव्याकाश को अपनी ज्योति से आलोकित कर रखा था। हेमचन्द्र का 'वृत्रसंहार' तथा नवीनचन्द्र का काव्यत्रयी ('रैवतक', 'कुरुक्षेत्र', 'प्रभाष') महाकाव्य की कोटि में गिना जाता है। देशभक्ति तथा स्वतंत्रता का स्वर ही तब के काव्य तथा नाटकों में आम तौर पर सुनायी पड़ता है। इसीसे हेमचंद्र का 'भारतसंगीत' तथा नवीनचंद्र सेन का 'पलासीर युद्ध' आज भी श्रद्धा प्राप्त करते हैं। इस युग के अन्यान्य कवियों में सुरेन्द्रनाथ मजुमदार का 'महिला' काव्य नारी-महिमा के नये रूप का दिग्दर्शन कराता है। इस तरह जातीय जीवन को नयी चेतना से उद्‌बुद्ध करने का प्रयास उस युग की विशेष प्रवणता पायी जाती है।

इसके पूर्व हम बता चुके हैं कि बँगला में नाटकों की एक परम्परा चलते रहने पर भी 1872 में कलकत्ते में सार्वजनिक रंगमंच की स्थापना के बाद ही बँगला-नाट्यसाहित्य में नव अरुणोदय घटित हुआ। भारतीय भाषाओं में केवल बँगला में ही नियमित रूप से रंगमंच पर नाटक खेले जाते थे और इसीलिये अभिनययोग्य नाटक भी लिखे जाते थे। उस समय के बँगला-नाट्यकारों में रवीन्द्रनाथ के सँझले भाई ज्योतिरीन्द्रनाथ ठाकुर (1858-1925) का नाम विशेष रूप से उल्लेखनीय है। नाटकों का मुख्य लक्ष्य समाजसुधार तथा राष्ट्रीय चेतना का उद्‌बोधन-साधन था। बँगला के प्रख्यात नाट्यकार गिरीशचन्द्र घोष (1855-1911) के पौराणिक, ऐतिहासिक, सामाजिक तथा पारिवारिक नाटकों का बंगाल के जनमानस पर काफी प्रभाव पड़ा जो आज भी बरकरार है।

रवीन्द्र-युग

'जनगणमन अधिनायक' तथा विश्वमानवता का जयघोष करनेवाले रवीन्द्रनाथ ठाकुर (1861-1941) की बहुमुखी प्रतिभा ने हर माने में सम्पूर्ण युग को आलोकित कर दिया। रवीन्द्रनाथ की साहित्यिक यात्रा बंकिमचंद्र की लीक पर शुरू हुई, किन्तु शीघ्र ही उन्होंने अपनी प्रतिभा के बल पर विभिन्न साहित्यिक विधाओं को रूप, रंग, सृजन, चिन्तन-मनन तथा कला-सम्पदा से ज्योतिर्मय कर दिया। विश्वमानव मैत्री में तल्लीन कविहृदय से जो वाणी गुंजरित हुई, वह दिग्-दिगंत में व्याप्त हो गयी।

कलकत्ते के जोड़ासाँको के ठाकुर परिवार में महर्षि देवेन्द्रनाथ के कनिष्ठ पुत्र रवीन्द्रनाथ ने जन्म ग्रहण किया था। उनके अग्रज द्विजेन्द्रनाथ, सत्येन्द्रनाथ, ज्योतिरीन्द्रनाथ तथा अग्रजा स्वर्ण कुमारी देवी के अवदान से बँगला-साहित्य तथा बँगला-संगीत विशेष रूप से समृद्ध हुआ है। खानदान के इस सांस्कृतिक तथा उज्ज्वल वातावरण से रवीन्द्र-प्रतिभा और भी निखर उठी है।

रवीन्द्रनाथ बचपन से साहित्य-सर्जना में रुचि दिखाने लगे थे। आगे चलकर उनकी बहुमुखी प्रतिभा ने साहित्य की विभिन्न विधाओं को अपने स्पर्श से स्वर्णिम बना दिया। बंकिमचंद्र के स्वर्गवास के पहले ही उनके 'मानसी' आदि काव्यों का प्रकाशन हो चुका था। बाद में 'सोनारतरी', 'बलाका' आदि काव्य प्रकाशित हुए। भावैश्वर्य तथा शिल्प-नैपुण्य का सुन्दर समावेश इन काव्यों में दिखायी पड़ता है। इस दृष्टि से 'पुनश्च' काव्य भी उल्लेखनीय काव्यकृति है जिससे रवीन्द्रनाथ के गद्यकाव्य तथा गद्य-कविताओं का प्रारम्भ होता है। साथ ही, उनके नाटकों में 'चित्रांगदा', 'विसर्जन' से लेकर 'डाकघर' और 'फाल्गुनी' तक बहुत-से छोटे-बड़े नाटक, प्रहसन, गीतिनाट्य, नाट्यकाव्य तथा नृत्यनाट्य प्रकाश में आये। इनमें 'मुक्तधारा', 'रक्तकरवी' आदि नाट्य-कृतियों का अपना-अपना अलग स्थान है। रवीन्द्र के नाटकों को खेलने के लिए साधारण रंगमंच तथा स्वल्प सामग्री के साथ ही ऊँचे स्तर के अभिनय-कौशल की आवश्यकता पड़ती है। रवीन्द्रनाथ स्वयं अभिनय की व्यवस्था करते थे और स्वयं भी अभिनय करते थे। उनके विभिन्न प्रकार के उपन्यासों में 'बउठाकुरानीर हाट' से लेकर 'चोखेर बालि', 'नौकाडुवि', 'गोरा', 'घरे-बाइरे' आदि विशेष उल्लेखनीय हैं। इस तरह से बँगला-उपन्यास-साहित्य को अपनी कलाकृतियों से उन्होंने सुसमृद्ध कर 'राजपथेर कथा' से 'पयला नम्बर' तक लगभग तीन सौ छोटो गल्प या कहानियाँ लिखीं जिनमें 'काबुलीवाला' जैसी हृदय को आप्लावित करनेवाली रचना भी है।

गद्यशिल्पी के रूप में रवीन्द्रनाथ अनन्य हैं। साहित्यिक, सांस्कृतिक, सामाजिक, धार्मिक, ऐतिहासिक, वैज्ञानिक तथा राष्ट्रीय चेतना को उद्‌बुद्ध करनेवाले निबंधों में भी उनकी मानव तथा विश्वपरक मननशीलता एवं निखरी हुई प्रतिभा का परिचय मिलता है। अपने ढंग के गीत तथा स्वरलहरी से उन्होंने 'रवीन्द्रसंगीत' का उपहार दिया है। इस उदारमना सजग, सतर्क साहित्य-स्रष्टा ने युगों से चली आ रही संकीर्णता की परिधि को तोड़कर पूरे विश्व को प्रेम तथा प्रीति के बंधन में बाँध कर 'एक नीडम्' बनाने की साधना की है। अँगरेजी 'गीतांजलि' या 'Song Offerings' के लिए उन्हें 1913 में 'नोबल पुरस्कार' से सम्मानित किया गया था। इसके बाद ही उनकी ख्याति सारे विश्व में फैल गयी। उनकी रचना का अनुवाद विश्व की भाषाओं में होने लगा। उनके साहित्य तथा संगीत से लोगों का हृदय आन्दोलित हो उठा। देश में अँगरेजों के अमानविक अत्याचार की सीमा बढ़ती गयी जिसका रूप हमें जालियाँवाला बाग के हत्याकांड में दीखता है। व्यथित हृदय से कवि ने अँगरेजों की दी हुई 'नाइट' उपाधि का परित्याग कर दिया। इससे कवि-मन की जागरूकता तथा आत्मगरिमा का प्रमाण मिलता है।

रवीन्द्रनाथ की स्वदेशप्रेमी मनीषी सत्ता ने 1901 में शान्तिनिकेतन आश्रम की स्थापना की। इससे उनकी महती कल्पना साकार होती दीखती है। आश्रम के शान्तस्निग्ध परिवेश में आत्मिक उन्नति के साथ ही विद्याध्ययन करने की व्यवस्था

हुई। वही तपोवन आश्रम बाद में 'विश्वभारती' नाम से प्रसिद्ध हुआ। शान्तिनिकेतन से संलग्न श्रीनिकेतन की स्थापना कर रवीन्द्रनाथ ने कृषि तथा शिल्पकला की शिक्षा का द्वार भी उन्मुक्त किया। इस तरह से बँगला भाषा, साहित्य तथा बंगाली संस्कृति को रवीन्द्रनाथ ने लगभग दो सौ साल आगे बढ़ा दिया है। रवीन्द्र-साधना में ध्यानयोग, ज्ञानयोग और कर्मयोग तीनों का समन्वय पाया जाता है।

रवीन्द्र-प्रतिभा ने अनेक कवि तथा साहित्यिकों का मार्ग प्रशस्त किया। उनमें कवि देवेन्द्रनाथ सेन (1858-1920), अक्षयकुमार बड़ाल (1860-1919), कामिनी राय (1864-1933), गिरीन्द्रमोहिनी दासी (1858-1924), द्विजेन्द्रलाल राय (1863-1913) को छोड़कर उस समय के लगभग सभी कवियों पर रवीन्द्र का प्रभाव स्पष्ट रूप से दिखायी पड़ता है। कवि सत्येन्द्र दत्त (1882-1922) तो रवीन्द्रनाथ के स्नेहधन्य शिष्य ही थे। करुणानिधान वंद्योपाध्याय, यतीन्द्रमोहन वाग्ची, कुमुदरंजन मल्लिक, कालिदास राय, यतीन्द्रनाथ सेनगुप्त, मोहितलाल मजुमदार, काजी नजरुल इस्लाम (1899-1977) प्रभृति कवियों का हृदय रवीन्द्रनाथ का गुणग्राही तथा उनका अनुसरण करने वाला था। फिर भी सत्येन्द्रनाथ, नजरुल, यतीन्द्रनाथ तथा मोहितलाल की रचनाओं में नूतन तथा मौलिक दृष्टिकोण का आभास मिलता है। इस युग में साहित्य की विभिन्न विधाएँ समृद्ध हुई हैं। बीसवीं शताब्दी के प्रारंभ में प्रभातकुमार मुखोपाध्याय (1873-1922) ने बड़ी सरस कहानियाँ तथा उपन्यास लिखे हैं। उनके उपन्यासों में 'रमासुन्दरी', 'नवीन संन्यासी', 'रत्नदीप', 'मनेर मानुष' आदि उल्लेखयोग्य हैं। इनको पढ़ते समय ग्राम्य जीवन, नागरिक जीवन, पारिवारिक समस्याएँ, स्निग्ध वात्सल्य तथा विरह-मिलन के सुमधुर चित्र पाठक के सामने आ खड़े हो जाते हैं। इसी बंग-साहित्याकाश में शरतचन्द्र (1876-1938) का आविर्भाव हुआ। उनके 'बड़ी दीदी', 'काशीनाथ', 'चन्द्रनाथ', 'विन्दुर छेले', 'विराज बहू, 'चरित्रहीन', 'गृहदाह', 'पल्ली समाज', 'देवदास', 'श्रीकान्त' आदि उपन्यासों में तब का समाज मूर्त्त हो उठा है। आर्त हृदय के प्रति सहानुभूति तथा सामाजिक कुरीतियों के विरुद्ध उनका स्वर उत्तेजित हो उठा। शरतचंद्र चट्टोपाध्याय ने मानव-हृदय के चिरंतन स्पन्दन को गहराई से सुनकर रोमान्स की तूलिका से आन्तरिकता के साथ यथार्थ जीवन के चित्र को अंकित किया है। इसीलिए शरतचंद्र के उपन्यास पाठक के मानस-पटल पर ऐसी रेखाएँ खींचते हैं जो मिटाये नहीं मिटतीं। अनुवाद के जरिये आज शरतचंद्र सर्वभारतीय साहित्यिक के रूप में प्रतिष्ठित हैं। जनप्रियता के क्षेत्र में शरतचंद्र अपनी सानी नहीं रखते।

इस आधुनिक युग में बाल तथा किशोर-मानस की परितृप्ति के लिए भी साहित्य सर्जना हुई है। इस क्षेत्र में रवीन्द्रनाथ की देन कुछ कम नहीं है। उनके बाद अवनीन्द्रनाथ ठाकुर (1871-1951) ने तो बँगला-शिशु-साहित्य में मानो प्राण फूँक दिये। शिशु-साहित्य की अपूर्व श्रीवृद्धि हुई। इस क्षेत्र में सुकुमार राय (1867-1923)

की भी अनुपम देन है।

बँगला-साहित्यधारा में 'सबुजपत्र' (1914) पत्रिका के प्रकाशन से नयी गति एवं प्रेरणा संयोजित हुई। इसके सम्पादक थे प्रमथ चौधुरी (1868-1946)। 'सबुजपत्र' के पृष्ठों पर रवीन्द्रनाथ की अमूल्य साहित्यनिधि प्रकाश में आने लगी। 'सबुजपत्र' को केन्द्र में रखकर एक साहित्यिक गोष्ठी बनी। स्वदेश, स्वजाति तथा विश्व को नये दृष्टिकोण से देखने के अलावा इस गोष्ठी ने बँगला बोलचाल की भाषा को साहित्य-सृजन का माध्यम बनाने को सोचा। इस तरह परिनिष्ठित साहित्यिक भाषा का त्याग एवं लोकभाषा का परिग्रहण घटित हुआ। इस प्रयास तथा प्रयोग के सफल कलाकार थे रवीन्द्रनाथ ठाकुर। साथ ही अतुलचन्द्र गुप्त, धूर्जटी प्रसाद मुखोपाध्याय आदि की भी देन सराहनीय रही है। वह धारा आज भी चल रही है। बँगला-साहित्य में 'बंगदर्शन' और 'सबुजपत्र' की देन अतुलनीय है। ये दोनों अपने-अपने युग का प्रतिनिधित्व करते हैं। साथ ही ठाकुर-परिवार द्वारा संचालित 'भारती', 'साधना' आदि पत्रिकाओं का भी महत्त्व कम नहीं है। रामानन्द चट्टोपाध्याय संपादित 'प्रवासी' भी एक उल्लेखयोग्य पत्रिका है। इस पत्रिका ने समाज की धमनियों में विशुद्ध रक्त संचालन तथा राष्ट्रीय चेतना के उद्बोधन का प्रशंसनीय प्रयास किया है।

जालियाँवाला बाग के हत्याकांड के बाद महात्मा गाँधी जी के नेतृत्व में सारे देश में स्वाधीनता-आन्दोलन की एक नयी लहर दौड़ी। सत्य-अहिंसा के उस अनन्य पुजारी ने सन् 1920 से लेकर पन्द्रह अगस्त 1947 ई॰ तक अनवरत संघर्ष किया। मानव-मुक्ति के इस आंदोलन ने साहित्य को एक नयी प्रेरणा तथा दिशा प्रदान की।

बँगला-साहित्य को नवरूप देने में 'कल्लोल' (1921), 'कालिकलम' (1926) तथा 'प्रगति' (1927) मासिक पत्रों की खास देन है। इसी वजह से 1926 से 1930 तक के काल को 'कल्लोल युग' कहा जाता है। इस गोष्ठी के लेखकों ने रवीन्द्र-विरोधिता की कोशिश की थी। पर अन्त तक सबने ही उनकी महत्ता स्वीकार कर ली है। इस युग के प्रमुख लेखक थे– प्रेमेन्द्र मित्र, अचिन्त्यकुमार सेनगुप्त तथा बुद्धदेव बसु। अजितकुमार दत्त, जीवनानन्द दाश, मनीश घटक प्रभृति लेखक भी उनके सहयोगी रहे। पर नजरुल तथा शैलजानन्द मुखोपाध्याय इस गोष्ठी के नहीं थे। 'कल्लोल' के कोलाहल को शान्त करने के लिए 'शनिवारेर चिठि' नामक पत्रिका प्रकाशित हुई। सम्पादक थे सजनीकान्त दास (1900-62)। इसी बीच 'परिचय' नामक पत्रिका भी निकली। इसके जरिये कवि सुधीन्द्रनाथ दत्त, अमिय चक्रवर्ती, विष्णु दे प्रभृति कवियों ने अँगरेजी, फ्रेंच, जर्मन आदि भाषाओं की आधुनिक कविताओं का रसास्वादन करके उन भावों को बँगला में ढालने का स्तुत्य प्रयास किया। इन कविताओं को पढ़ते समय यह नहीं लगता कि कविता का भाव अभारतीय है।

रवीन्द्रनाथ के बाद नजरुल, मोहितलाल तथा यतीन्द्रनाथ सेनगुप्त तीन प्रमुख कवि माने जाते हैं। बाद में जीवनानन्द दास (1899-1955) को हम प्रथम कोटि

का कवि कह सकते हैं। आगे चलकर बँगला-कविता समरसेन, सुभाष मुखोपाध्याय, सुकान्त भट्टाचार्य, मनीन्द्र राय, मंगलाचरण चट्टोपाध्याय, शक्ति चट्टोपाध्याय, सुनील गंगोपाध्याय, शंख घोष आदि कवियों द्वारा भाव, भाषा तथा छन्दों की दृष्टि से उन्नत, विचित्र तथा अग्रसर होती आ रही है। सजनीकान्त दास, मनीश घटक, नीरेन्द्रनाथ चक्रवर्ती, दिनेश दास, वीरेन्द्र चट्टोपाध्याय आदि कवियों ने सहज, सरल भाव से हृदयावेग को अभिव्यक्त करने का सफल प्रयास किया है।

आलोच्य युग के बंगाली कथाकारों में प्रेमेन्द्र मित्र, बुद्धदेव बसु, अचिन्त्य सेनगुप्त आदि प्रमुख माने जाते हैं। प्रेमेन्द्र मित्र की कहानियाँ उच्च कोटि की हैं, पर उनके उपन्यास वैसे नहीं हैं। अचिन्त्य कुमार सेनगुप्त तथा बुद्धदेव बसु ने कहानी लिखने में कृतित्व दिखाया है। शैलजानन्द मुखोपाध्याय ने बँगला-कथा-साहित्य को नया मार्ग दिखाया पर वे आगे नहीं बढ़ पाये। इसके बाद 'पथेर पाँचालि' के लेखक विभूतिभूषण वंद्योपाध्याय (1894-1950), ताराशंकर वंद्योपाध्याय (1891-1971), माणिक वंद्योपाध्याय (1910-1956), बलाइचाँद मुखोपाध्याय या 'वनफूल' (1899), अन्नदाशंकर राय (1904), सुनील गंगोपाध्याय (1924), शीर्षेंदु मुखोपाध्याय आदि प्रतिभाधर लेखकों की कलम से नयी-नयी सामग्री बंगाली पाठकों को उपन्यास तथा छोटो गल्प के रूप में मिलती आ रही है। साथ ही, हास्यरसपूर्ण कथा-साहित्य लिखकर जिन्होंने प्रतिष्ठा पायी है उनमें त्रैलोक्यनाथ मुखोपाध्याय, परशुराम (राजशेखर बसु), केदारनाथ वंद्योपाध्याय, विभूतिभूषण मुखोपाध्याय, परिमल गोस्वामी आदि विशेष रूप से उल्लेखनीय हैं। ये सभी उच्च कोटि के साहित्यिक हैं। इनकी रचनाएँ जिस किसी भाषा में अनूदित हों, इन्हें सम्मान-स्वीकृति व मर्यादा अपने-आप मिलेगी।

सन् 1930 से 1955 तक की अवधि में एक साथ इतने कथा-शिल्पियों का आविर्भाव बँगला-साहित्य में एक अभूतपूर्व संयोग है। इससे बँगला-उपन्यास की विचित्रता तथा पुष्टि देखते ही बनती है। कथा-साहित्य के प्रख्यात कलाकारों की सरणी में सीतानाथ भादुड़ी, नारायण गंगोपाध्याय, सुबोध घोष, मनोज बसु, प्रबोध सान्याल, समरेश बसु, अवधूत, जरासंध, शंकर, विमल मित्र एवं अमिय भूषण मजुमदार आदि के नाम भी जोड़े जा सकते हैं।

आलोचक और निबंधकार के रूप में धूर्जटी प्रसाद मुखोपाध्याय, अतुल गुप्त, सुनीति कुमार चट्टोपाध्याय, नलिनीकान्त गुप्त, निर्मल कुमार बसु, सुशील दे, सुकुमार सेन, शशिभूषण दासगुप्त, प्रबोधचन्द्र सेन, श्रीकुमार वंद्योपाध्याय, सुबोध सेनगुप्त आदि मननशील विद्वानों के नाम स्मरणीय हैं। रम्य रचना के क्षेत्र में सैयद मुजतवा अली, यायावर आदि के नाम उल्लेखनीय हैं। इन्होंने बँगला-गद्य को लघुगति, स्वच्छन्दतापूर्ण नूतन श्री प्रदान की है। साथ ही रंजन, विमला प्रसाद मुखोपाध्याय, परिमल राय, रूपदर्शी आदि के नाम भी स्मरणीय हैं। बँगला-साहित्य की निरन्तर उन्नति होते रहने पर भी नाटक-साहित्य की अग्रगति व्याहत-सी है।

साधारण चलचित्र के बंगाली शिल्पी अन्यत्र दुर्लभ हैं। अभिनय में जहाँ शिशिरकुमार भादुड़ी, अहीन्द्र चौधुरी, छवि विश्वास जैसे अतुलनीय व्यक्ति हैं, वहाँ बँगला में उसी तरह उच्च कोटि के नाटक क्यों नहीं लिखे गये, यह सचमुच चिन्तनीय प्रश्न है। 1925-30 तक की अवधि में बँगला-नाट्य-साहित्य उच्च कोटि को अपना कर मानो स्तब्ध-सा हो गया। पर क्यों? रवीन्द्रनाथ ठाकुर, द्विजेन्द्रलाल राय, शरतचंद्र, वनफूल, ताराशंकर आदि साहित्यकारों ने अपनी कृति से बंगनाट्य-साहित्य को सँवारा, नये-नये मार्ग दर्शाये फिर भी नाट्य-साहित्य-धारा में प्रत्याशित प्रवाह नहीं आया। इधर कुछ दिनों से मंच पर अभिनयोपयोगी कुछ नाटक लिखे जा रहे हैं। विना मंच के नाटक खेलने की सफल परीक्षा की है बादल सरकार ने। मंचोपयोगी नाटक लिखनेवालों में शचीन्द्रनाथ सेनगुप्त, योगेशचन्द्र चौधुरी, तुलसीचन्द्र लाहिड़ी, विजन भट्टाचार्य, सलिल सेन आदि के नाम स्मरणीय हैं।

बँगला-साहित्य रस-सृजन में, कल्पनाप्रधान रचनाओं में जितना अग्रसर तथा सफल दीखता है, उतना व्यावहारिक कर्मक्षेत्र में, चिन्तन-मनन विचार-विवेचनमूलक विषयों में, इतिहास तथा विज्ञानविषयक वस्तुनिष्ठ आलोचना में नहीं। बँगला-साहित्य के लिए यह सुलक्षण नहीं माना जा सकता। यहाँ एक बात और गौर करने लायक है। स्वतंत्रता-प्राप्ति के बाद बंगाली जीवन विभक्त, विच्छिन्न-सा हो गया था। जीवन में दृढ़ता, निश्चयता का स्थान अस्थिरता ने ले लिया। बंगाली सोचने लगा— स्वतंत्रता-संग्राम में बंगालियों ने जो त्याग किया है— भारतवासी उसकी अनदेखी कर रहे हैं, बंगाली के दुर्भाग्य के प्रति किसी के हृदय में सहानुभूति नहीं है। यह सोचना कहाँ तक स्वाभाविक है, कहा नहीं जा सकता। अतः स्वाधीनता-प्राप्ति के बाद बँगला-साहित्य में सृजन का महान् आन्दोलन नहीं पनपा, उत्सव का उत्साह बुझ-सा गया। राष्ट्रीय जीवन की निराशा, विक्षोभ एवं विदेशागत विभिन्न संघातों तथा भावविपर्यय से बँगला-साहित्य उद्वेलित हो उठा था। आज भी इस दिशा में कोई खास बदलाव आया है, कहना मुश्किल है। आज जगत् के बहुतेरे साहित्यों की लगभग यही दशा है। इसे विश्व-संकट का एक लक्षण भी माना जा सकता है। आज के गतिशील बँगला-साहित्य के प्रति गौर करने पर एक ओर जहाँ गौरवान्वित होने का अवकाश दीखता है, वहीं दूसरी ओर आतंकित-शंकित होने के कारण भी आभासित होते हैं। बंगाल के लेखक अक्षम और अकर्मण्य नहीं हैं, पर उनके प्रति काल विक्षुब्ध है। अतः कभी-कभी लेखक-दृष्टि विभ्रान्त होती हुई मालूम पड़ती है। फिर भी, बँगला-साहित्य आज की दोलायमान स्थिति से उबर कर अपनी शान-शौकत, मर्यादा तथा सराहनीय सम्पदा लेकर सामने आयेगा और पाठकों तथा श्रोताओं का हृदय जीत लेगा, ऐसी प्रत्याशा अमूलक नहीं लगती। 'चक्रवत् परिवर्तन्ते दुःखानि च सुखानि च' में पायी गयी व्यंजना बँगला-साहित्य के दुर्दिन तथा सुदिन पर भी लागू हो सकती है।

बोरो*-साहित्य

• डॉ. भूपेन नारजारी

1.1 बोरो भाषा का संक्षिप्त परिचय : बोरो भाषा चीन-तिब्बतीय भाषा-परिवार के अंतर्गत है। अनुमान किया जाता है कि चीन-तिब्बतीय भाषा-परिवार के लोगों का आदिम वास-स्थान चीन की इयांसिकियां और होवांहो नदियों के उत्पत्ति-स्थल के बीच तथा चीन के उत्तर-पश्चिम में था। इस सम्बंध में सुनीति कुमार चटर्जी का विचार इस प्रकार है : The area of characterisation for the primitive Sino-Tibetan speech appears to have been North-western China between the head-waters of the Huang Ho and the Yang-tsze-kiang rivers. Possibly very early off-shoots of the proto Sino-Tibetan speaking Mongoloids, before the language was fully characterised, came down to South China and Burma and from them were descended the Man and Miao-tsze peoples of South China and the Karens of Burma tribes or peoples which are Mongoloid in race whose speech now appears to be rather distinct from other members of the Sino-Tibetan family.

चीन-तिब्बतीय भाषा-परिवार को जी॰ए॰ ग्रियर्सन, रॉबर्ट शेफर, पी॰के॰ बेनेडिक्ट आदि विद्वानों ने विस्तृत आलोचना करके वर्गीकृत किया है। भारतीय भाषाविदों में प्रमोदचंद्र भट्टाचार्य, उपेंद्रनाथ गोस्वामी, सत्येंद्र नारायण गोस्वामी, भीमकांत बरुआ आदि विद्वानों ने इन वर्गीकरणों का समर्थन किया है। इन वर्गीकरणों से प्रकट होता है कि बोरो भाषा चीन-तिब्बतीय भाषा-परिवार की, तिब्बत-बर्मीय शाखा की, असम-बर्मीय उपशाखा की, बोरो-नागा श्रेणी की एवं बोरो उपश्रेणी की भाषा है। बोरो उपश्रेणी के अंतर्गत बोरो, गारो, रामा, डिमाछा, लालुं, तिप्रा आदि भाषाएँ सम्मिलित हैं।

1.2 : बोरो भाषा का क्षेत्र : बोरो भाषाभाषी लोग सम्प्रति असम की पूर्वी दिशा से लेकर पश्चिमी दिशा में अवस्थित धुबुरी तक बसे हुए हैं। इसके अतिरिक्त असम

* 'बोरो' शब्द के मूल उच्चारण को देवनागरी लिपि में व्यक्त करना कठिन है, अतः प्रचलन और उच्चारण-सौकर्य के कारण यहाँ 'बोरो' रूप ही ग्रहण किया गया है।

के पार्श्ववर्ती राज्य मेघालय, अरुणाचल, नागालैंड और पश्चिम बंगाल के कई स्थानों में बोरो लोगों का वास है। प्रमोदचंद्र भट्टाचार्य ने बोरो लोगों के निवास के बारे में कहा है कि "The Boro group of speech community is scattered at present all over Assam, Arunchal, Nagaland, Manipur, Tripura, West Bengal and adjoining areas of Bangla Desh"। इसी तरह सुनीति कुमार चटर्जी के अनुसार "The Bodos appear first to have settled over the entire Brahmputra valley and extended west into North Bengal (in Koch-Bihar, Rangpur and Dinashpur district), they may have pushed into North Bihar also"

1.3 : बोरो-लोकसाहित्य का संक्षिप्त विवरण : बोरो लोकसमाज में प्राचीन काल से ही लोकसाहित्य का प्रचलन था। बोरो लोकसमाज में प्रचुर लोकसाहित्य है लेकिन उसके संरक्षण के लिए कोई व्यवस्था अब तक नहीं की गयी है। कुछ लेखकों ने इसके लोकसाहित्य का संग्रह करके प्रकाशित किया है। बोरो लोकसाहित्य को पाँच भागों में विभाजित किया गया है : (1) लोकगीति, (2) लोककथा, (3) यजना, फेंकरा, लोकोक्ति, (4) साँथर और (5) मन्त्र।

1. लोकगीति

बोरो लोकसमाज में अति प्राचीन काल से ही लोकगीति प्रचलित है। साम्प्रतिक काल में भी सामाजिक जीवन में इसका स्थान है। बोरो लोकगीति को सात भागों में विभाजित किया जाता है : (1) वीरगाथा, (2) प्रेमगीति, (3) श्रमगीति, (4) उत्सव-पर्वण की गीति, (5) व्यंग्यात्मक गीति, (6) लोरी और (7) भक्तिगीति।

1. वीरगाथा : बोरो लोकसमाज में बैलड की तरह अनेक वीरगाथाएँ प्रचलित हैं। लेकिन सम्पूर्ण बैलड का अभी तक संरक्षण नहीं किया गया है। नीचे एक वीरगाथा की कुछ पंक्तियों का हिंदी अनुवाद दिया जा रहा है :

वीर की संतान हम,
वीर की संतान हम
हम किसी से नहीं डरेंगे।

2. प्रेमगीति : बोरो लोकसमाज में प्रेमगीति का ही अधिक प्रचलन है। ये प्रेमगीतियाँ विशेषतः 'बैसागो' (Bihu) उत्सव में गायी जाती हैं।

3. श्रमगीति : बोरो लोकसमाज में विभिन्न कर्मों से संबंधित बहुत-सी गीतियाँ प्रचलित हैं। काम के समय गीत गाने से उनमें काम करने के लिए नयी स्फूर्ति मिलती है। इसलिए आज भी समाज में इनका प्रचलन है।

4. उत्सव-पर्वण की गीति : बोरो लोकसमाज में विभिन्न उत्सव-पर्वण का प्रचलन है। इन सभी लोक-उत्सवों के साथ लोकगीत भी जुड़े हुए हैं। उत्सव-पर्वण की गीतियाँ दो प्रकार की होती हैं– (क) ऋतुकालीन उत्सव-पर्वण की लोकगीति और

(ख) सामाजिक उत्सव-पर्वण की लोकगीति।

(क) ऋतुकालीन उत्सव-पर्वण की लोकगीति : बोरो लोग कृषि के माध्यम से ही जीते हैं। कृषि के साथ ऋतु का सम्पर्क है। कृषि के साथ जुड़े हुए बहुत-से लोक-उत्सव हैं और इन सभी उत्सवों के साथ लोकगीतियाँ संयुक्त हैं। बैसागो (बिहु) बोरो लोगों का श्रेष्ठ उत्सव है। इसमें लोकनृत्य और लोकगीति का बहुत महत्त्व है। नीचे दो लोकगीतियों का हिंदी-अनुवाद दिया जा रहा है :

1. **हे मेरी प्यारी शाली**
   आओ नृत्य करें साथ-साथ।
2. **हाय मेरे भैया**
   तुझे नहीं पाकर
   बोरो के हाथ से एक हाथ
   हारसा के हाथ से एक हाथ
   दुःख रह गया।

(ख) सामाजिक उत्सव-पर्वण की लोकगीति : बोरो लोकसमाज में बहुत-से सामाजिक उत्सव-पर्वण प्रचलित हैं, जैसे विवाह-उत्सव, पूजा इत्यादि। इन सभी उत्सवों के साथ लोकगीतियाँ भी जुड़ी हुई हैं। नीचे एक लोकगीति का हिंदी-अनुवाद प्रस्तुत है :

मृदंग बजाकर बाँसुरी बजाकर
अगवा कर ले आयी नयी भाभी
कितनी सुंदर नयी भाभी।

5. व्यंग्यात्मक गीति : व्यंग्यात्मक लोकगीति भी बोरो समाज में काफी हैं। विशेष रूप से बैसागो उत्सव में गायी जानेवाली लोकगीति अधिकतर व्यंग्यात्मक गीति ही होती है। एक उदाहरण इस प्रकार है :

छत बागान के खरगोश
हमारे दामाद
हर समय मद ही पीते हैं।

6. लोरी : लोरी का प्रचलन भी बोरो समाज में काफी है। ये सब लोरियाँ विभिन्न जीव-जन्तुओं एवं सामग्रियों को लेकर बनी हुई हैं। एक उदाहरण :

अहे चाँद, आओ-आओ
तुम नहीं आओगे तो एक केला दो
एक केला नहीं दोगे तो दो केले दो।

7. भक्तिगीति : भक्तिगीति का भी प्रचलन बोरो समाज में बहुत है।

देख पूरब दिशा में ज्योतिर्मय हो गया
सूरज देवता ने रक्तिम आभा ले लिया
हाथ जोड़कर उस पिता को प्रणाम करो।

2. लोककथा

बोरो समाज में प्रचलित लोककथाएँ आज भी बहुत हैं। इन लोककथाओं को तीन भागों में बाँटा जा सकता है– 1. अलौकिक कहानी (Myth), 2. जनश्रुतिमूलक कहानी (Legend), 3. कहानी (Tales)।

अलौकिक कहानी– बोरो लोकसमाज में अलौकिक कहानी परम्परागत रूप में प्रचलित है। किन परिस्थितियों में इसकी रचना हुई, इसका आज कुछ पता नहीं चलता। फिर भी लोकसमाज में अलौकिक कहानी का समादर कम नहीं हुआ। नीचे एक अलौकिक कहानी उद्धृत की जाती है–

"प्राचीन काल में पृथ्वी जल में डूबी हुई थी। यह देखकर भगवान् को पृथ्वी की सृष्टि करने की इच्छा हुई। उन्होंने अपने साथियों को बुलाकर पृथ्वी की सृष्टि करने की इच्छा प्रकट की और उन्हें सागर के नीचे डूबकर मिट्टी लाने को कहा। किंतु कोई मिट्टी नहीं ला सका। अंत में दो भंगुर मछलियों को भेजा गया। वे दोनों सागर के नीचे जाकर मिट्टी देखकर बहुत प्रसन्न हुईं और खेल-कूदकर मुँह में मिट्टी लेकर लौटने लगीं। लौटने में दोनों भंगुर मछलियाँ मर गयीं। भगवान् ने बहुत दिनों तक प्रतीक्षा करने के बाद अंत में दोनों भंगुर मछलियों को पानी के ऊपर मरा हुआ देखा। भगवान् ने यह भी देखा कि भंगुर मछलियों के मुँह में थोड़ी मिट्टी लगी है। उस मिट्टी को लेकर उन्होंने छोटा-छोटा लड्डू जैसा बनाया और पानी के ऊपर फेंका। जहाँ-जहाँ मिट्टी का लड्डू गिरा, वहाँ-वहाँ भूखंड की सृष्टि हो गयी। इस तरह दो भंगुर मछलियों ने पृथ्वी की सृष्टि की।"

जनश्रुतिमूलक कहानी– जनश्रुतिमूलक कहानी भी बोरो लोकसमाज में प्रचुर है, पर संरक्षण के अभाव में बहुत कहानियाँ लुप्त हो गयीं। गाम्बारि सिरुला (गाम्बारि (लड़की), बोरगोश्रि सिरुला (बोरगोश्रि लड़की) आदि कहानियाँ अबतक बोरो लोक समाज में प्रचलित हैं।

कहानी– बोरो लोकसमाज में कहानी का प्रचलन प्राचीन काल से लेकर आज तक है। ग्रामीण समाज में आज भी सेरजा (चारेंगी) बजाकर कहानी सुनायी जाती है। विना सेरजा के भी कहानी सुनायी जाती है। बोरो समाज में प्रचलित कहानियों का वर्गीकरण इस प्रकार किया जाता है : (1) आश्चर्यकर कहानी, (2) वर्णनात्मक कहानी, (3) बुद्धि की कहानी, (4) मूर्ख की कहानी और (5) कर्मफल की कहानी। इन सभी श्रेणी की कहानियों में छोटे-बड़े जानवरों से भी आदमी की तरह बातचीत करायी गयी है। नीचे एक कहानी दी जा रही है–

गेन्दार और छोटा पक्षी

एक दिन एक गेन्दार और एक छोटे-से पक्षी ने एक-दूसरे को अपनी विष्ठा से दबाने के लिए बाजी लगायी। दोनों ने बातचीत करके सात दिनों के बाद एक स्थान पर मिलना तय किया। सात दिनों तक दोनों सिर्फ खाते रहे। फिर दोनों यथास्थान

उपस्थित हुए। छोटे पक्षी ने गेन्दार से कहा–"तुम मुझसे बड़े हो। पहले तुम विष्ठा करके मुझे दबाओ। गेन्दार राजी हो गया और विष्ठा करने के लिए उसने पूँछ उठायी तो छोटा पक्षी उड़कर उसकी पूँछ पर बैठ गया। गेन्दार ने बिष्ठा करते-करते पहाड़ जैसा ऊँचा कर दिया लेकिन छोटे पक्षी के शरीर में थोड़ी-सी भी बिष्ठा नहीं लगी। जब गेन्दार का विष्ठा करना खत्म हो गया तब छोटा पक्षी गेन्दार के सामने उड़ता हुआ बोलने लगा–"क्या हुआ? तुम तो बिष्ठा करके मुझे नहीं दबा सके?" गेन्दार छोटे पक्षी की ओर देखकर सोचने लगा–"सचमुच मैंने बिष्ठा करके पहाड़-जैसा कर दिया, फिर भी विष्ठा से दबा नहीं सका।" "अब मेरी बारी है", ऐसा बोलकर छोटा पक्षी गेन्दार के सम्मुख उड़ने लगा। छोटा पक्षी सात दिनों तक पहाड़ की मिर्च खाकर विना विष्ठा किये रहा था। उड़ते-उड़ते छोटे पक्षी ने गेन्दार की आँखों के निकट विष्ठा कर दिया। गेन्दार की आँखों में वह मिर्च के समान लगी। वह "मत विष्ठा करो भाई, मत विष्ठा करो, चिल्लाता हुआ आँख बंद कर इधर-उधर दौड़ने लगा। गेन्दार की अवस्था देखकर छोटा पक्षी हँसने लगा। इस तरह छोटे पक्षी ने गेन्दार को अपनी बुद्धि से पराजित किया।

3. यजना, फेंकरा, लोकोक्ति

यजना, फेंकरा और लोकोक्ति का बोरो लोकजीवन के साथ मधुर सम्बंध है। कोई-कोई बात ऐसी होती है जिसे सरल भाषा में कहना कठिन होता है। ऐसी बातों की शुरुआत यजना, फेंकरा के साथ होती है। इस यजना, फेंकरा का साहित्यिक मूल्य चाहे जो हो लेकिन सामाजिक मूल्य बहुत है। इसलिए समाज में आज भी इनका प्रचलन है। नीचे इन सबके कुछ उदाहरण दिये जा रहे हैं।

यजना

1. **बोरो–जेराव थुरि नुदों बेयावत्ते बाथि गारदों।**
   हिंदी–जहाँ घास देखा वहीं डंडा फेंका।
2. **बोरो–सिखा गोदाना सानथाम हिजाव गोदाना दानथाम।**
   हिंदी–नयी दाव के तीन दिन, नयी दुल्हन तीन महीने।

फेंकरा

1. **बोरो–औवा गावनाय जरा भाङा।**
   हिंदी–फटे हुए बाँस जोड़े नहीं जाते हैं।

2 **बोरो–साद गाथोननि दै लोंनाय।**
   हिंदी–सात घाट का पानी पीना।

लोकोक्ति

1. **बोरो–अरजों गेलेवला हासुमुश्रा जायो।**
   हिंदी–आग से खेलने से बहुमूत्र रोग होता है।
2. **बोते–आगसिजों जिनिस हरोवल मायनाव खारो।**
   हिंदी–बायें हाथ से चीज देने से लक्ष्मी चली जाती है।

4. साँथर

'साँथर' का अर्थ है पहेली। बोरो लोकसमाज में मनोरंजन के लिए इसका उपयोग होता है। साँथर से उसके बोलनेवालों की बुद्धिमत्ता और वाक्चातुरी का पता चलता है। साँथर से कोई नीति-शिक्षा अथवा रीति-नीति का ज्ञान नहीं होता। फिर भी, इसका प्रचलन बोरो लोकसमाज में बना हुआ है। जैसे–

1. **बोरो–अखा नाय बोलानो दावखि सोलायो।**
   हिंदी–सुबह होते ही मुर्गी की बीट खाता है।

   इस पहेली का उत्तर है–झाड़ू।

2. **बोरो–उन्दैयाव गानफल जोमफब देलखानै लथं।**
   हिंदी–बाल्यकाल में पहनकर रहते हैं, बड़ा होकर नंगा हो जाते हैं।

   इस पहेली का उत्तर है बाँस की कोंपल।

5. मन्त्र

मंत्र बोरो लोकसमाज की अमूल्य सम्पदा है। बोरो लोकसमाज में मंत्र का प्रचलन कब से है, इसका कोई निश्चित प्रमाण नहीं मिलता लेकिन यह बात सत्य है कि बोरो लोकसमाज में मंत्र का बहुत महत्त्व है। ये मंत्र दो प्रकार के होते हैं– मंगलकारी और अमंगलकारी। मंगलकारी मंत्र भी दो प्रकार के होते हैं– रोगोपचार के मंत्र और पूजा के मंत्र। अमंगलकारी मंत्र भी दो प्रकार के होते हैं– किसी का अनिष्ट करने के लिए उपयोग में आनेवाले मंत्र और किसी का अनिष्ट कराने के लिए भूत-प्रेत को बुलाने के मंत्र। इस तरह अच्छे-बुरे दोनों प्रकार के कामों के लिए मंत्र का प्रचलन बोरो समाज में प्राचीन काल से लेकर आज तक है।

1.2 : बोरो भाषा की लिपि–बोरो भाषा की अपनी लिपि नहीं है। विभिन्न समय पर विभिन्न लिपि का व्यवहार हुआ। इस सम्बंध में प्रमोदचंद्र भट्टाचार्य ने लिखा है कि "Bishnu Prasad Rabha, the famous artist of Assam, told me that in ancient times there was a kind of Deodhai script among the Kacharis (Boros and Dimasas)। बोरो जाति के 'ब्रांख्राव' धर्मावलम्बियों के बीच देवधाइ लिपि आज भी प्रचलित है। ब्रांख्राव धर्म की पूजा के मंत्र देवधाइ लिपि में लिखे हुए हैं।

बैप्टिस्ट मिशनरियों ने सर्वप्रथम बोरो भाषा में लिखना शुरू किया था। उन लोगों ने रोमन लिपि का प्रचलन किया था। 1920 ई. में 'बोरो छात्र सम्मिलन' नामक संस्था की स्थापना कर बोरो भाषा-साहित्य के विकास के लिए कार्य आरम्भ हुआ। उस समय बाङ्ला और असमीया, दोनों लिपियाँ प्रचलित थीं। उसके बाद 1950 ई. में जब 'बोरो साहित्य सभा' नामक संस्था का जन्म हुआ तो असमीया लिपि के लिए

प्रस्ताव पास किया गया और उसका प्रचलन भी हुआ। लेकिन उसी संस्था ने 1974 ई. में रोमन लिपि के लिए आंदोलन किया। उसके बाद 1975 ई. में भारत सरकार से बातचीत करके रोमन के स्थान पर नागरी लिपि को स्वीकार किया। इस समय बोरो भाषा के लिए नागरी लिपि का ही व्यवहार होता है।

1.3 : बोरो-साहित्य-सृष्टि में मिशनरियों का अवदान– बोरो भाषा का लिखित रूप प्रथम-प्रथम 1909 ई. में ईसाई मिशनरियों द्वारा प्रकाशित 'फुंनि हाथरखि' नामक मासिक पत्रिका में देखा गया। उसके बाद मिशनरियों ने ईसाई धर्म के प्रचार के लिए धार्मिक एवं नीति-उपदेश की पुस्तिकाएँ बोरो भाषा में प्रकाशित कीं। ये पुस्तिकाएँ थीं–'जिशुनि मावनाय-दांनाय' (1938), 'गिरजानि हुदा' (1939), 'गोजाम राहायनि बाथ्रा' (1939), 'बाइबेलानि सल' (1942), 'जिशु खृष्टनि भोदैनि सल' (1944), 'उन्दै रोजाबग्रा बिजाब' (1953), 'नख्रांनि लामा' (1954), बोरोनि रोजाबग्रा बिजाब' (1954), 'गोदान रादाम' (1978)।

इनके अतिरिक्त बोरो लोकसमाज की विषयवस्तु को लेकर अँगरेजी भाषा में उन लोगों ने प्रचुर साहित्य की सृष्टि की। चिडनी एन्देल की पुस्तक 'Outline Grammar of Kachari Language' (1884), 'The Kacharis' (1911) एवं जे.डी. एन्द्धारचन की पुस्तक 'A Collection of Kachari Folk Tales and Rhymes (1895) प्रकाशित हुई। इन कृतियों को देखकर बोरो लोगों में भी अपनी भाषा में साहित्य-रचना करने की इच्छा जाग्रत हुई।

1.4 : बोरो-साहित्य का जन्म– बोरो-साहित्य का वास्तविक आरम्भ 1920 ई. में सतीशचंद्र बसुमतारी द्वारा सम्पादित 'बिबार' नामक पत्रिका के माध्यम से हुआ। इस पत्रिका के साथ 'बोरो छात्र सम्मिलनी' नामक संगठन सम्बद्ध था। 1919 ई. में कॉटन कॉलेज, गुवाहाटी के बोरो छात्रों ने मिलकर यह संगठन बनाया था। उस संगठन के अध्यक्ष थे शोभाराम ब्रह्म और सम्पादक थे सतीशचंद्र बसुमतारी। इस छात्र संगठन का पहला अधिवेशन कोकराझार नगर के कोकराझार हाई स्कूल में हुआ था। उसी अधिवेशन में 'बिबार' पत्रिका के प्रकाशन का प्रस्ताव पास हुआ था। उस पत्रिका का पहला अंक संगठन के षष्ठ अधिवेशन के अवसर पर निकला था। 1924 ई. में पत्रिका के चार अंकों को एक साथ प्रकाशित किया गया था। उसके बाद रूपनाथ ब्रह्म और महाराम ब्रह्म के सम्पादन में 1925 ई. में 'जेनथखा' नाम की पत्रिका प्रकाशित हुई। प्रमदचंद्र ब्रह्म ने भी 'सान श्री आरो मुश्री' (1937), 'अलंबार' (1938), 'हाथर्खि हाला' (1940), ये तीन पत्रिकाएँ सम्पादित करके प्रकाशित की थीं। 1942 ई. में 'नायक' नाम से द्विभाषिक पत्रिका (बोरो और असमीया में) प्रकाशित हुई थी। इनमें से केवल 'बिबार' के ही दो साल में कुल आठ अंक प्रकाशित हुए, बाकी पत्रिकाओं का एक-एक अंक ही प्रकाशित हो सका। 'नायक' पत्रिका अवश्य ही रुक-रुक कर 1970 ई. तक चलती रही।

इन सब पत्रिकाओं में ज्यादातर कविताएँ ही प्रकाशित होती थीं। एक-दो कहानी और निबंध भी प्रकाशित हो जाते थे। कविताएँ शास्त्रीय होती थीं। उस समय के लेखकों का मुख्य उद्देश्य अपनी जाति और अपने समाज की उन्नति करना था। इन पत्रिकाओं के लेखक थे सतीशचंद्र बसुमतारी, शोभाराम ब्रह्म, मदाराम ब्रह्म, रूपनाथ ब्रह्म, योगेन्द्रनाथ कछारी, कालीराम इशलारी, रवीन्द्रनाथ ब्रह्म, नमलचंद्र ब्रह्म, परशुराम ब्रह्म, दारेन्द्रनाथ बसुमतारी, काली कुमार लाहारी, आनंदचंद्र मछाहारी, प्रमोदचंद्र ब्रह्म, ईशान मछाहारी, जयचंद्र बसुमतारी, भाल सिंह ब्रह्म, सूर्यनारायण ब्रह्म, जगत सिंह कछारी, क्षितिभूषण ब्रह्म, सुरेन्द्रनाथ ब्रह्म, मुनीन्द्र सम्फ्रामारी, जगेन्द्र हाजरिका, रविकांत ब्रह्म, दावगाराम बोरो, नवकिशोर बसुमतारी, जिनाराम नारजारी, नवकांत ब्रह्म, मन्दलचंद्र ब्रह्म, खगेन्द्रनाथ ब्रह्म आदि।

'बिबार' पत्रिका में प्रकाशित बोरो-साहित्य से बोरो लोगों को नयी-नयी रचनाएँ करने की प्रेरणा मिली। फलतः बहुत-से नाटक लिखे गये और उनमें से आधे से अधिक मंचित भी हुए। इनमें से सतीशचंद्र बसुमतारी का 'नाहाबुला' ही पहला नाटक था जो 1920 ई॰ में 'बोरो छात्र सम्मिलिनी' के पहले अधिवेशन में मंचित हुआ था। 'नाहाबुला' एक सामाजिक नाटक था। इस नाटक के द्वारा बोरो समाज की छवि को उजागर किया गया था। उनके अन्य नाटक थे– 'राणी लाइमुथी', 'नायफिनजायी' और 'बिखानि अर'। पहला एक कल्पित ऐतिहासिक नाटक है और दूसरा एक सामाजिक नाटक है जिसमें निर्धन और आश्रयहीन लोगों की उपेक्षा की ओर ध्यान आकृष्ट किया गया है। तीसरा भी सामाजिक नाटक है जिसमें दुःखी जनों की कहानी कही गयी है। इस तरह सतीशचंद्र बसुमतारी ने चार नाटक लिखे थे।

मणिराम बसुमतारी ने 'हामफे' और 'माला' नामक दो सामाजिक नाटक लिखे थे। अमरेन्द्र ब्रह्म ने 'मैना खबारी', सुंदर सिंह औवारी ने 'अनारी मायनाव', लालमोहन ब्रह्म ने 'दुमसु गुदियाव बिसार होलानाय' सामाजिक नाटक और नवीन ब्रह्म ने 'धोनश्री राजा' नामक कल्पित ऐतिहासिक नाटक की रचना की। मदाराम ब्रह्म ने 'डिमापुर राइजो बायनाय' (ऐतिहासिक नाटक), 'रायमाली' (सामाजिक नाटक) और 'सदां बैरागी' (कल्पित नाटक) नाटक लिखे। द्वारेंद्र बसुमतारी ने सबसे अधिक नाटक लिखे। उनके नाटक हैं : 'सुखारू-दुखारू' (सामाजिक), 'नीलाम्बर' (ऐतिहासिक), 'दोरसोन जोहोलाव' (कल्पित), 'बिमा बाथुल' (सामाजिक), 'जुलि-बिजुलि' (सामाजिक), 'चित्रांगदा' (ऐतिहासिक), 'रंजालु जोहोलाव' (सामाजिक), 'आलास्रोन-कालास्रोन' (सामाजिक), 'दानेक राजा' (पौराणिक) और 'निहारी' (सामाजिक)। उनके अधिकांश नाटक मंचित हुए थे। उस समय के एक अन्य नाटककार थे भवेन फोरोंगिरि। उनके नाटक हैं : 'अंबनि फाब', 'दैमाली', 'अख्रां गोदान', 'हिनजावनि गोहो', 'फाबनि बाहायो', 'हाजारि हिन्जाव हांमाछि', 'बिलायश्री', 'जैबीर', 'सैथोरथि' और 'राजखुंग्री नीलिमा'। इनमें से अंतिम को छोड़कर शेष

सामाजिक नाटक हैं। उस समय के सभी नाटक मंचन के लिए ही लिखे गये थे, यद्यपि कुछ नाटक मंचित नहीं भी हुए। ये सभी नाटक या तो अनुवाद थे अथवा अन्य भाषाओं के नाटकों पर आधृत थे। अधिक अनुवाद बाङ्ला और असमीया भाषाओं के नाटकों के थे। इसी तरह 'बिबार' पत्रिका से प्रभावित होकर भी बोरो-नाटकों की रचना हुई।

'बिबार' पत्रिका के प्रकाशन-काल में कुछ बोरो लेखकों ने व्यक्तिगत रूप में कुछ पुस्तकें प्रकाशित की थीं। सन् 1915 ई॰ में गंगाचरण कछारी ने 'बोरोनि फिछा ओ आयेन' नाम से एक पुस्तक प्रकाशित की। यही बोरो भाषा की प्रथम प्रकाशित पुस्तक है। 1918 ई॰ में प्रसन्न कुमार खाखलारी ने बाथौ धर्मावलम्बियों के भक्तिमूलक गीत और बैसागु उत्सव के कुछ गीतों का संग्रह करके 'बाथु नाम बैखागुनि गीदु' नाम से प्रकाशित किया था। यह बोरो भाषा की दूसरी प्रकाशित पुस्तक है। इसके बाद 1923 ई॰ में मदाराम ब्रह्म और रूपनाथ ब्रह्म ने सम्पादन करके 'खंथाय-मेथाय' नाम से कविताओं की एक पुस्तक प्रकाशित की थी। 1926 ई॰ में मदाराम ब्रह्म ने 'बोरोनि गुदि सिबसा आरो आरज' नाम से कविताओं की एक पुस्तक प्रकाशित की। 1932 ई॰ में मणिराम सम्फ्रामारी की 'बोरोनि निदान' और 1951 ई॰ में काली कुमार लाहारी की 'खंथाय बिजाब' पुस्तकें प्रकाशित हुई थीं। इन पुस्तकों में काली कुमार लाहारी को छोड़कर सभी की कविताएँ भक्तिमूलक और समाज तथा जाति के उन्नयन के लिए लिखी गयी थीं। काली कुमार लाहारी की 'खंथाय बिजाब' की कविताएँ समाज तथा जाति के उन्नयन के साथ-साथ रोमांटिक भाव प्रकट करनेवाली हैं।

यद्यपि पुस्तक-रूप में प्रकाशित होनेवाली कृतियाँ अल्प ही थीं तथापि 'बिबार' से लेकर 'नायक' तक समय-समय पर जितनी भी पत्रिकाएँ निकलीं, उनके माध्यम से उच्च कोटि का साहित्य सामने आया। इन पत्रिकाओं में प्रमोद ब्रह्म द्वारा सम्पादित 'अलंबार' पत्रिका की रचनाएँ उच्च कोटि की हुआ करती थीं। प्रमोद ब्रह्म और ईशान मछाहारी ने रोमांटिक भावधारा की कविताएँ लिखी थीं। बोरो भाषा की प्रथम पत्रिका 'बिबार' की रचनाएँ पर्याप्त उन्नत स्तर की नहीं होती थीं लेकिन यह पत्रिका बोरो समाज में बहुत जनप्रिय थी। यह सत्य है कि 'बिबार' पत्रिका के प्रकाशन के बाद ही लेखकों को बोरो भाषा में लिखने का उत्साह जगा जिसके परिणाम-स्वरूप बहुत-सी पत्रिकाएँ प्रकाशित हुईं। यही कारण है कि 1920 से 1952 ई॰ तक के बोरो-साहित्य को बिबार-युग कहा जाता है। कतिपय विद्वान् 1930 ई॰ से 1952 ई॰ तक के काल को 'अलंबार' पत्रिका के नाम पर अलंबार-युग कहते हैं। लेकिन यह भी सच है कि 'बिबार' पत्रिका से अनुप्राणित होकर ही अन्य पत्रिकाएँ प्रकाशित हुई थीं। इसलिए अधिकांश विद्वान् उक्त अवधि को बिबार-युग कहना पसंद करते हैं।

1.5 : बोरो-साहित्य का आधुनिक युग : 1952 साल को बोरो-साहित्य का मील-स्तम्भ माना जाता है। कारण, इसी साल बोरो-साहित्य सभा का जन्म हुआ था जो बोरो जाति का जातीय संगठन है। बोरो-साहित्य सभा के जन्म के बाद ही बोरो-साहित्य में नये युग का प्रारम्भ हुआ। साहित्य की विविध विधाओं, खास करके कहानी, उपन्यास और कविताओं को नया रूप मिला। इसलिए बोरो-साहित्य सभा के जन्म (1952 ई॰) से लेकर आज तक के समय को बोरो-साहित्य का आधुनिक युग कहते हैं।

1 : 5 : 1 : आधुनिक युग का कहानी-साहित्य— बोरो-साहित्य सभा के जन्म के बाद बोरो-साहित्य की सभी विधाओं की उन्नति होने लगी। 1953 ई॰ में साहित्य सभा की पत्रिका 'बड़' प्रकाशित हुई। उसमें प्रकाशित लीला ब्रह्म की 'गोसोनि दाहा' कहानी ने नये युग की सूचना दी। 'हाथरखि हाला' में 1940 ई॰ में प्रकाशित 'आबारी' कहानी भी उन्नत थी किन्तु उस समय के पाठक उसकी ओर आकृष्ट नहीं हुए थे। ईशान मुछाहारी की वह कहानी आज के पाठकों में बहुत चर्चित औंर समादृत है।

साहित्य सभा की पत्रिका पूरे दस साल बंद रहने के बाद 1963 ई॰ में पुनः प्रकाशित हुई और एक साल प्रकाशित होने के बाद पुनः बंद हो गयी। इस एक साल में ही उस पत्रिका ने बहुत-से कहानी-लेखक पैदा किये। उस समय के कहानीकार माइकेल बसुमाता, दानीराम बसुमतारी, जगदीश ब्रह्म आदि थे। 1970 ई॰ में समर ब्रह्मचौधुरी के सम्पादन में 'बैराथी' नाम की पत्रिका प्रकाशित हुई थी। नीलकमल ब्रह्म, हरेश्वर बसुमतारी आदि कहानीकारों की कहानियाँ इस पत्रिका में छपी थीं। उसी समय कोकराझार कॉलेज के बोरो छात्रों ने 'अंजिमा' नाम की पत्रिका प्रकाशित की थी। नीलकमल ब्रह्म, हरेश्वर बसुमतारी और प्रमिला नारजारी की कहानियाँ इस पत्रिका में छपी थीं।

बोरो-कहानी 1970 ई॰ तक केवल पत्रिकाओं तक ही सीमित रही। 1970 ई॰ में प्रथम-प्रथम चित्तरंजन मुछाहारी का 'फैमाल मिजिंग' नामक कहानी-संग्रह प्रकाशित हुआ। उसके बाद उन्होंने 1974 ई॰ में 'तालिम' नामक कहानी-संग्रह प्रकाशित किया। 1972 ई॰ में नीलकमल ब्रह्म ने 'हाग्रा गुदुनिमै', 1974 ई॰ में सुकुमार बसुमतारी ने 'मिनिश्री', 1978 ई॰ में मनोरंजन लाहारी ने 'चलो बिंदा', नीलकमल ब्रह्मा ने 'फुंखा' और 1979 ई॰ में धरणीधर उवारी ने 'गान्दु सिनि लाइजाम' नामक कहानी-संग्रह प्रकाशित किये। 1980 ई॰ के बाद बोरो-कहानी-साहित्य की बहुत उन्नति हुई। इस काल-खंड में पुराने कहानीकारों के साथ-साथ अनेक नये कहानीकारों ने भी बोरो-कहानी को समृद्ध किया। ये सब कहानीकार हैं मधुराम बोरो, नन्देश्वर दैमारी, इंद्रमालती नारजारी, कातीन्द्र सरगियारी, जनील कुमार ब्रह्म, नरेश्वर नारजारी, गोगोम ब्रह्मकछारी, राजेन बसुमतारी, रोहिणी कुमार ब्रह्म, मोहनचंद्र बोरो, रूपनाथ हाजोवारी, सतीश बसुमतारी, नरेन्द्रलाल बोरो, रूपनाथ मुछाहारी आदि। इन

कहानीकारों ने बोरो-कहानी- साहित्य को समृद्ध किया।

1 : 5 : 2 : उपन्यास-साहित्य : बोरो-उपन्यास का जन्म 1962 ई॰ में ही हो चुका था। किंतु इसका प्रसार बहुत धीमी गति से हुआ। 1962 ई॰ में चित्तरंजन मुछाहारी ने 'जुजाइनि अर' नामक उपन्यास प्रकाशित किया था। यही बोरो भाषा का पहला उपन्यास है। उसके बाद उन्होंने 1972 ई॰ में 'बिखाया गावयो खुगाया गेवया' उपन्यास प्रकाशित किया। आरम्भ से अबतक चित्तरंजन मुछाहारी ने ही सबसे अधिक उपन्यास लिखे। उनके उपन्यास हैं 'गार्लचि होस्टल-I' (1981) और 'गार्लचि होस्टल-II' (1982), 'फूलमती' (1983), 'बिषनि लैथो', 'कॉल गर्ल', 'नोंनि मेगनाव आनि मेगन', 'आंनेनानै थागोन', 'बिबारजों दासुनाय', 'बारसे बिबार' और 'माथाम बांबलेमा'। चित्तरंजन मुछाहारी के उपन्यासों के प्रकाशन के पश्चात् बहुत-से लेखक उपन्यास लिखने लगे। 1972 ई॰ में रामचंद्र बसुमतारी ने 'खाफालनि बोसोन' उपन्यास लिखा। 1980 ई॰ में नन्देश्वर दैमारी ने 'मंजुबाला देवी' और धरणीधर औवारी ने 'मैहुर' उपन्यास प्रकाशित किया। हांमा का 'अनारीनि जिव डिङा', कान्तेश्वर ब्रह्म का 'फागुनी', मनोरंजन लाहारी का 'डन कइक चट', समजित कुमार ब्रह्म का 'मालती' और 'हिन्जाव गोदान', बुद्धदेव बसुमतारी का 'दैथुन', सनेश्वर बसुमतारी का 'थैजों लिरजानाय उदां बोथोर', रुधिर ब्रह्म का 'खाफाल', मनोरंजन लाहारी का 'खारलुं', वीरेश्वर बसुमतारी का 'जौमोननि बरसा', नवीन औवारी का 'बैसोनि देंखो' आदि उपन्यास नब्बे के दशक के पहले लिखे गये।

अति साम्प्रतिक काल में बहुत-से नये लेखकों ने उपन्यास लिखना आरम्भ किया। ऐसे कुछ उपन्यास हैं पानीराम दौमारी का 'बोलो ना गियान', गोपीनाथ मुछाहारी का 'खैना खुबेर', महेश नार्जी बोरो का 'गोथार थुलुन्सी' तथा 'निदान', अरण राजानि का 'हरै मारुयाव', दैमालु बोरो नार्जी का 'अलखद', धीरेश्वर बोरो नार्जी का 'जिव गाग लांनाय मान', जोंसार का 'जारिमिननि फैसालि', मीना खेरकाटारी का 'गोसोनि रादाय', वीरेन बोरो का 'बिग्राय आरो दैस्राय', बिष्टिराम औवारी का 'अरगें', मनेश्वर नारजारी का 'बराद', मणिराम मुछाहारी का 'सासे लावखारनि मिजिंग', रमणी बी. मुछाहारी का 'सानस्रिखां हायै गोथौ गुवार दैमा बिखायाव', कवीन्द्र नारजारी का 'हा गोदान', बनजार का 'जोंथि अलंबार', अजीत कुमार बसुमतारी का 'खरसानि मान्दालि', नवीन मल्ल औबारी का 'बैसोनि देंखो', इला बोरो का 'रादाय', हाबिला बसुमतारी का 'फाखन फैसाली', दैमालु बोरो नार्जी का 'मनजुलानि सिददावनाइ थै', रत्नेश्वर ब्रह्म का 'फॉरेस्टर', दिमाछा ब्रह्म का 'नोजों लोगोसे' आदि उपन्यास साम्प्रतिक युग की देन हैं। इनके अतिरिक्त अन्य भाषाओं के उपन्यासों का बोरो भाषा में अनुवाद हुआ है। ऐसे अनुवादकों में भूपेन नारजारी, उथ्रिसार ब्रह्म, हरिनारायण खाख्लारी आदि उल्लेखनीय हैं।

1 : 5 : 3 : बोरो-कविता : 'बिबार'-युग में केवल कविताओं की सृष्टि हुई थी।

आधुनिक युग में भी कविताओं की रचना अधिक हुई। उस समय के कविगण ईशानचंद्र मछाहारी, जगदीश ब्रह्म, चरण नारजारी, नीलेश्वर ब्रह्म, समर ब्रह्मचौधुरी, कमल कुमार ब्रह्म आदि ने पत्रिकाओं में अपनी कविताएँ प्रकाशित की थीं। 'आलारी', 'आलायारन', 'दिमाछा', 'बारदै सिख्ला आदि उस समय की पत्रिकाएँ थीं और वे सब 1970 ई॰ के पहले प्रकाशित हुई थीं। 1970 ई॰ के बाद अनेक कवि अपनी कविताओं का संग्रह प्रकाशित करने लगे और ये सब कविता-संग्रह सामने आये– विष्णुज्योति कछारी का 'अरगें' (1973), ब्रजेंद्र कुमार ब्रह्म का 'अख्रां गंचे नांगौ' (1975), हलिराम का 'खंथाय बिथराइ' (1976), रामदास बीरो का 'फैफिन' (1976), नन्देश्वर बोरो का 'गोसोनि बारहुंखा' (1976), कनकेश्वर ब्रह्म का 'अमरनि गोजोन पुरि' (1976), मनोरंजन लाहारी का 'माब्लाबा' (1977), बरुण बोरो का 'जोंमा' (1977), साग्राम चौधुरी का 'जिवनि लैथोयाव' (1978), गुणेश्वर मुछाहारी का 'हा फिसा हौवा दाव' (1981), विद्यासागर रामसियारी का 'आगान' (1981), बरुण बोरो का 'बेरेफुंजानि ददेरे समाव' (1982), अंजु का 'नोंनि जिव आंनि बिबुंथि' (1982), बिमलचंद्र ब्रह्म का 'दाहा' (1982), मानव कुमार रामचियारी का 'हारिनि जायख्लं' (1983), प्रदीप ब्रह्म का 'खिम दावदै' (1984), नन्देश्वर बोरो का 'सुबंनि गहा' (1984), रमाकांत बसुमतारी का 'दावहानि खंथाइ' (1985), बिनेश्वर ब्रह्म का 'आइनि आरज' (1988), रूपनाथ हाजवारी का 'समाय' (1989) आदि कविता-संग्रह प्रकाशित हुए।

इन कवियों की अधिकांश कविताएँ आधुनिक हैं। 1990 ई॰ के बाद पुराने कवियों के साथ-साथ नये कवि भी रचना करने लगे। अंजु, अरविंद उजीर, सरोज वैसोमुथियारि, गविन्द बोरो, दम्बरु मसाहारी, गहीन बसुमतारी, विजय बाग्लारी, प्राणेश्वर बोरो, रमाकांत बसुमतारी, हरिहर दास, सीताराम बसुमतारी, भूषण बसुमतारी, अनिल बोरो, कातिन्द्र सरगियारी, इंद्रमालती नारजारी, मधुराम बोरो, दीननाथ बसुमतारी, इन्दिरा बोरो, भार्जिना जेकभ, रानी हेलेन, जुनु रानी, धोनश्री सरगियारी, कौशल्या दैमारी, अनिला दैमारी, निनगोमा सरगियारी, टिकेन्द्र मल्ल बसुमतारी, धनजय बोरो, उथ्रिसार बसुमतारी, सुनील फुकन बसुमतारी, शारदा प्रसाद मसाहारी, सुबुंसा मूछाहारी, मधुमोहन लाहारी, शरत बोरो, दीपमणि, रूपनाथ मूछाहारी, विरूपाक्ष गिरि बसुमतारी, बिनन्द बोरो, जगत बोरो आदि कवि नये ढंग की कविता लिखने लगे।

1 : 5 : 4 : बोरो-नाटक– आधुनिक युग में बोरो-नाटक-साहित्य का संतोषजनक विकास नहीं हुआ। 'बिबार'-युग में नाटक-साहित्य का जैसा विकास हुआ था, उसकी तुलना में बहुत कम नाटक प्रकाशित हुए। 1977 ई॰ में साग्राम चौधुरी का 'थुन फावथिना माला' नामक एकांकी नाटक प्रकाशित हुआ था। उसमें दो एकांकी नाटक थे– 'हांखोनि लामायाव' और 'बुब्लिनि लिंहरनाय'। उसी साल मथुरा कांत बसुमतारी ने 'गोरोन्थि साननाय' नामक एकांकी नाटक प्रकाशित किया। 1982 ई॰

में मंगल सिंह राजोवारि ने 'सिमान' नामक एकांकी नाटक-संग्रह प्रकाशित किया। उसमें पाँच एकांकी नाटक थे– 1. ' सिमान', 2. 'जेरै सैमा एरै थखन', 3. 'मुथासे फोलेरनि सावगारि', 4. 'बिजामादैनि जिंगा' और 5. आबौ दन्दा हाजेवनि आफाद'। मनोरंजन लाहारी ने भी 'हिन्जाब नायनो थांनायाव' एकांकी नाटक लिखा था। अजित कुमार बसुमतारी का 'दाबखानि एमफौ' 1997 ई॰ में प्रकाशित हुआ।

1978 ई॰ में प्रकाशित कमल कुमार ब्रह्म का 'राजा इरागदाव' ही आधुनिक युग का पहला पूर्ण नाटक है। यह बोरो जाति के अंतिम राजा इरागदाव के शासन-काल की घटनाओं को लेकर लिखा गया है। कमल कुमार ब्रह्म ने 'गोदान फैसालि' और 'हरबादि खोमसि' नामक दो और सामाजिक नाटकों की रचना की। मनोरंजन लाहारी ने भी 'खारलुं' नामक एक सामाजिक नाटक लिखा। आधुनिक युग के एक उल्लेखनीय नाटककार थे मंगलसिंह हाजोवारि। उन्होंने बोरो जाति के ऐतिहासिक चरित्रों को लेकर तीन नाटक लिखे। बोरो वीर सोमदोन की ब्रिटिश सरकार से युद्ध की घटना को लेकर 1984 ई॰ में 'सोमदोन जोहोलाव' नामक नाटक लिखा। उसके बाद 1990 ई॰ में 'जोहोलाव दैमालु' और 'जावलीया देवान' नामक दो ऐतिहासिक नाटक लिखे। आवलीया देवान और जोहोलाव दैमालु दोनों बोरो जाति के वीर थे। 1988 ई॰ में सुरत नारजारी ने 'सान्दो बावदिया' नामक पौराणिक नाटक लिखा था। 2002 ई॰ में मधुराम बोरो का 'मुगानि थान्दै' और 2003 ई॰ में अनिल बोरो का 'चिन्तावती' नामक सामाजिक नाटक भी प्रकाशित हुआ।

यह निश्चित रूप से कहा जा सकता है कि आधुनिक युग में एकांकी नाटक ही अधिक संख्या में लिखे गये क्योंकि जगह-जगह पर बोरो-एकांकी नाटकों की प्रतियोगिता होती है।

'बिबार'-युग में रचित बहुत नाटक भी आधुनिक युग में प्रकाशित किये गये। 1952 ई॰ के बाद काफी नाटक लिखे गये थे। वे सभी मंचन के लिए ही लिखे गये थे। आसपास के दो-तीन गाँवों के लोग पार्टी बनाकर खुले मंच पर नाटक करते थे। इन सब नाटकों की पांडुलिपियाँ आज उपलब्ध नहीं हैं।

1 : 5 : 4 : बाल साहित्य– 1963 ई॰ में बोरो भाषा के शिक्षा का माध्यम बनने के बाद कुछ लेखकों ने बाल साहित्य लिखना शुरू किया। 1980 ई॰ तक बाल साहित्य केवल कहानी तक सीमित था। चाणक्य ब्रह्म, राजेन्द्र ब्रह्म, सुकुमार बरागतारी आदि लेखकों ने बोरो समाज में प्रचलित लोककथाओं को सम्पादित करके प्रकाशित किया। 1980 ई॰ के बाद विविध विधाओं में बाल साहित्य की रचना होने लगी, जैसे तुकबंदियाँ (Rhymes), पुराण-उपपुराण की कहानियाँ, साहसिक एवं ऐतिहासिक कहानियाँ, बाल उपन्यास, बाल जीवनी, परिवेश संबंधी रचना आदि। सुनीति बोरो ने सबसे पहले तुकबंदियाँ प्रकाशित कीं। उसके बाद सेंट्रल इंस्टीच्यूट ऑफ इंडियन लैंग्वेज, मैसूर ने भूपेन नारजारी द्वारा सम्पादित तुकबंदियों की एक

पुस्तक प्रकाशित की। नीलकमल ब्रह्म, रुधिर ब्रह्म, मधुराम बोरो, प्रियदिनी ब्रह्म, कामेश्वर ब्रह्म, मनोरंजन लाहारी, भूपेन नारजारी, रेणु बोरो, नवीन मल्ल बोरो, रूपनारायण ब्रह्म, स्वर्णप्रभा सैनारी आदि लेखकों ने विविध विधाओं में बाल साहित्य की रचना की।

1 : 6 : बोरो भाषा की स्थिति– 1952 ई॰ में बोरो-साहित्य सभा के जन्म के बाद उसके प्रयत्न से 1963 ई॰ में आसाम सरकार ने बोरो भाषा को शिक्षा के माध्यम के रूप में स्वीकृत किया। 1976 ई॰ में बोरो माध्यम से मैट्रिक पास करके छात्रों ने गौहाटी विश्वविद्यालय की प्राक् विश्वविद्यालय कक्षा में प्रवेश लिया। 1979 ई॰ में बोरो भाषा प्राक् विश्वविद्यालय कक्षा में आधुनिक भारतीय भाषा के रूप में स्वीकृत हुई। गौहाटी विश्वविद्यालय ने आधुनिक भारतीय भाषा विभाग में 1985-86 सत्र में एक वर्ष का बोरो सर्टिफिकेट कोर्स और 1994-95 सत्र से एक वर्ष का बोरो डिप्लोमा कोर्स शुरू किया। 1995-96 सत्र से गौहाटी विश्वविद्यालय में बोरो भाषा में एम.ए. पाठ्यक्रम भी आरम्भ हुआ। 1999-2000 सत्र में बी॰ए॰ के पाठ्यक्रम में ऐच्छिक विषय के रूप में बोरो भाषा को मान्यता मिली। इस समय बोरो भाषा डिब्रूगढ़ विश्वविद्यालय, आसाम विश्वविद्यालय (सिलचर) और उत्तर-पूर्व पार्वत्य विश्वविद्यालय (शिलौंग) के पंजीकृत कॉलेजों में आधुनिक भारतीय भाषा के रूप में पढ़ायी जाती है। 1984 ई॰ में बोरो भाषा को असम की सह-राजभाषा के रूप में मान्यता दी गयी। 2004 ई॰ में इसे भारतीय संविधान की आठवीं अनुसूची में स्थान मिला।

मणिपुरी-साहित्य

• डॉ॰ देवराज

मणिपुर की मुख्य साहित्यिक और सामान्य सम्पर्क की भाषा 'मणिपुरी' नाम से जानी जाती है। 'मैतै-लोल', 'मैतै-रोल', 'मीतै-लोन' आदि इसीके प्राचीन नाम हैं। मणिपुरी भाषा के सम्बन्ध में एक किंवदन्ती प्रचलित है कि सृष्टिकर्त्ता 'अलिया गुरु शिदबा' ने सृष्टि के प्रारम्भ में अपने पुत्रों, सनामही और पाखङ्बा को मैतैरोल के माध्यम से ज्ञान का आरम्भिक पाठ पढ़ाया। यह घटना हयिचक की मानी जाती है और विश्वास किया जाता है कि मैतैरोल के प्रथम अक्षर का उच्चारण करते ही गुरु शिदबा के पुत्रों को समग्र ज्ञान की प्राप्ति हो गयी। संसार की अन्य भाषाओं की उत्पत्ति के सम्बन्ध में भी इस प्रकार के लोक-विश्वास पाये जाते हैं। इनके मूल में भाषा की प्राचीनता को सिद्ध करने और उसमें किसी न किसी दैवी प्रभाव को खोजने की स्वाभाविक लालसा होती है। मणिपुरी भाषा के विषय में प्रस्तुत किंवदन्ती का भी यही अर्थ है।

भाषावैज्ञानिकों के अनुसार मणिपुरी भाषा 'तिब्बत-बर्मी' परिवार के 'कुकी-चिन' उप-परिवार से सम्बन्ध रखती है। इसका विकास ईसा की प्रथम शताब्दी के लगभग 'चेङ्लै' नामक स्थानीय बोली से हुआ माना जाता है। इस सन्दर्भ में एक मत यह भी प्रचलित है कि मंगोलिया के साथ ही अन्य स्थानों से जो जन-समूह मणिपुर में आकर बसे थे, वे समय-समय पर आये थे। प्रव्रजन की अवधि शताब्दियों में फैली होने के कारण विभिन्न समूह किंचित् भाषा-भेद लिये हुए थे। बसने के क्रम में स्थान-भेद और भौगोलिक दूरी के कारण यह भिन्नता कालान्तर में बोलियों के विकास का कारण बनी। आगे चलकर मणिपुरी नामक भाषा का विकास इन्हीं बोलियों से सम्भव हुआ। आधुनिक युग तक आते-आते जब मणिपुरी समाज के सम्पर्क का क्षेत्र बढ़ा और अन्य भाषाभाषी समूह मणिपुर आये तो आधुनिक मणिपुरी भाषा का व्यक्तित्व सामने आया। प्रो॰ इबोहल सिंह काङ्जम, प्रो॰ सापम तोम्बा सिंह आदि मणिपुरी भाषावैज्ञानिकों ने इस भाषा के विकास का जो इतिहास तैयार किया है, उसके प्रकाश में मणिपुरी भाषा के विकासात्मक इतिहास के तीन काल माने जा

सकते हैं— 1. प्राचीन काल : प्रथम शताब्दी ई॰ से सन् 1730 तक, 2. मध्य काल : सन् 1731 से सन् 1890 तक, 3. आधुनिक काल : सन् 1891 से ....।

प्राचीन काल मणिपुरी भाषा का निर्माण-काल है। उस अवस्था में वह विभिन्न बोलियों के साथ ही चीनी और बर्मी की कुछ बोलियों के शब्द भी ग्रहण कर रही थी। धीरे-धीरे कई बोलियों को तो मणिपुरी ने पूरी तरह अपने में समाहित कर लिया। मध्य काल मणिपुरी भाषा के विकास का काल है। इस काल में ब्रज, पुरी, नवद्वीप, मिथिला आदि में समृद्ध होते हुए वैष्णवी संस्कृति-धारा मणिपुर पहुँची। फलतः भारत के विभिन्न क्षेत्रों से धार्मिक परम्परा के साथ जो शब्द मणिपुर पहुँचे थे, वे मणिपुरी भाषा के अंग बन गये। इस युग में मणिपुरी भाषा के दो रूप सामने आये— एक देशज शब्द बाहुल्यवाला रूप और दूसरा संस्कृत, बंगला व मैथिली के शब्दों से युक्त रूप। जहाँ तक आधुनिक काल का सम्बन्ध है, वह मणिपुरी भाषा के अत्यधिक विस्तार और व्यापकता का काल है। इसमें वह अँगरेजी-सहित विश्व की अन्य भाषाओं और अनुवाद के माध्यम से भारत की बहुत-सी भाषाओं के सम्पर्क में आयी। शब्द-भाण्डार की दृष्टि से आधुनिक काल ही सबसे महत्त्वपूर्ण काल है।

मणिपुरी भाषा का साहित्य

मणिपुरी भाषा का सर्वप्राचीन साहित्य श्रुति-परम्परा से सम्बन्ध रखता है। बाद में जब लिपि और लेखन-सामग्री का विकास हुआ तो पाण्डुलिपियों के रूप में मानव-ज्ञान को सुरक्षित रखने की परम्परा शुरू हुई। प्राचीन और मध्य काल से सम्बन्ध रखनेवाली जो पाण्डुलिपियाँ अब तक उपलब्ध हो सकी हैं, उनके रचना-काल का निर्धारण साहित्य के इतिहासकारों के लिए समस्या बना हुआ है। निङ्, थौखोङ्, जम खेलचन्द्र सिंह, राजकुमार झलजीत सिंह, चोङ् थाम मणिहार सिंह आदि ने मणिपुरी और अँगरेजी में जो इतिहास तैयार किये हैं, उन सभी में ग्रंथों के रचना-काल के सम्बन्ध में मतैक्य नहीं है। कारण, इतिहासकारों का एक वर्ग संस्कृत भाषा और साहित्य से मणिपुरी भाषा व साहित्य के प्राचीन सम्बन्ध पर विश्वास रखते हुए मणिपुरी-रचनाओं का कालक्रम निर्धारित करता है तो दूसरा वर्ग इस भाषा के मंगोलियन, चीन, बर्मा आदि से सम्पर्क को प्रमुखता देते हुए भाषावैज्ञानिक विकास-पद्धति अपनाने के नाम पर काल-निर्धारण करता है। इस विवादग्रस्त स्थिति में अन्तिम निर्णय देना संभव नहीं है, अतः यही स्वाभाविक है कि मणिपुरी-साहित्य के इतिहास को केवल दो कालों में बाँट कर अध्ययन किया जाय— 1. प्राचीन एवं मध्यकाल और 2. आधुनिक काल।

प्राचीन एवं मध्यकालीन मणिपुरी-साहित्य

प्राचीन मणिपुरी भाषा और साहित्य के विशेषज्ञ नि॰ खेलचन्द्र सिंह ने अपने इतिहास-ग्रंथ 'अरिबा मणिपुरी साहित्यगी इतिहास' में इस तथ्य का उल्लेख किया है कि ईसा की पहली शताब्दी में मणिपुरी समाज में 'औग्री' नामक एक काव्य-शैली

प्रचलित थी जिसका मूल आधार सृष्टि-सम्बन्धी आलंकारिक कथात्मक कल्पनाएँ थीं। धीरे-धीरे इसमें प्रकृति के विभिन्न उपादानों की महिमा का गायन भी जुड़ गया। उन्होंने अपने इसी ग्रंथ के पृष्ठ तेईस पर औग्री का निम्नांकित उदाहरण भी दिया है–

"होइरौ हया हया
हे हुप हे
औग्री ओ कोल्लो
लमलेनमदा मदाइमा
कङ्लैयोनदा पुङ् मयोनदा
योइमयाइबु ताउदनबबु
ताउरोइनाइबु अङानबबु"।

नि॰ खेलचन्द्र सिंह ने पाँचवीं-छठी शताब्दी में प्रचलित 'खेनचो' नामक एक गायन-शैली का उल्लेख किया है जिसका विशेष प्रयोग 'लाइ हराओबा' नामक मणिपुरी नाट्य की मूलाधार नृत्य-नाट्य शैली में किया जाता है। इसका एक उदाहरण इस प्रकार है–

"होइरौ हया
होइरौ हया
होइरौ हया
होइरौ हया
हैया सो हैया सो हैया सो हैया सो
भिङ सो भिङ सो भिङ सो
हे हुप हे हे हे
खेनचोरे खेनचोरे"।

इन दोनों काव्य-गायन-शैलियों में मणिपुरी भाषा के प्राचीन समृद्ध रूप और उसकी अभिव्यक्ति-क्षमता के दर्शन किये जा सकते हैं। राजकुमार झलजीत सिंह इनकी तुलना वैदिक युगीन स्तोत्र-शैली से करने पर जोर देते हैं।

प्राचीन काल में कुछ काव्य-ग्रंथों के अस्तित्व का भी पता चलता है। 'नुमित काप्पा' इन्हीं‌में से एक है। विश्वास किया जाता है कि इसके अंश तीसरी शताब्दी में गाये जाते थे। इसमें सूर्य, चन्द्रमा और उनके सेवक ख्वाइ नोङ् जेङ् पीबा की कथा है। दोनों राजाओं की दिन-रात की सेवा से तंग आकर सेवक अपने एक स्वामी सूर्य पर तीर चला देता है। 'सना लमओक', 'अहोङ् लोन' और 'हिजन हिराओ' भी उसी काल के काव्य-ग्रंथ हैं। इनमें से 'हिजन हिराओ' मानव और प्रकृति के संवेदनात्मक सम्बन्ध को दर्शानेवाला लघु आकार का अद्‌भुत काव्य-ग्रन्थ है। प्राचीन काल में गद्य-साहित्य भी रचा गया। प्रो॰ इबोहल सिंह काङ्जम ने तृतीय शताब्दी के एक ग्रन्थ 'पोइरैतोन खुन्थोकूपा' का उल्लेख किया है। इसमें पाखङ्बा और उनकी पत्नी

के मध्य हुए युद्ध का रोमांचक वर्णन है। पान्थोइबी और नोङ्पोक निङ्थौ के प्रसिद्ध प्रेमाख्यान पर आधारित ग्रन्थ का रचना-काल कुछ लोग आठवीं और कुछ बारहवीं शती मानते हैं। ग्यारहवीं-बारहवीं शताब्दी में ही 'लोइयुम्बा सिन्येन' की रचना भी अनुमानित की जाती है। इसमें मणिपुरी समाज में कार्य-विभाजन का विवरण प्रस्तुत किया गया है। साहित्यिक दृष्टि से महत्त्वपूर्ण सोलहवीं शताब्दी का एक ग्रंथ है—'नाओथिङ खोङ फम्बालकाबा'। राजकुमार नाओथिङ् खोङ् एक जनजातीय कन्या से गन्धर्व-विवाह करता है। किसी राजनीतिक कारणवश कन्या का पिता (जो जनजाति का मुखिया है) नाराज़ हो जाता है और राजकुमार को मारने की घोषणा करता है। नोङ्माइ पेतङा निवेदन करती है कि वह अपने प्रेमी को एक पकवान बना कर खिलाना चाहती है, फिर वह अपने पिता की प्रतिज्ञा के मार्ग में बाधा नहीं बनेगी। राजकुमार को मृत्युदण्ड देनेके लिए नियत किये गये आदमी इस प्रार्थना को स्वीकार कर लेते हैं और नोङ्माइ पेतङा एक पतीली में पत्थर के टुकड़े उबालने के लिए रख देती है। बहुत देर पकने के बाद भी पत्थर का पकवान तैयार नहीं हो पाता। प्रतीक्षा करते-करते मुखिया के आदमी सो जाते हैं। इस युक्ति के सहारे अवसर पाकर नोङमाइ पेतङा अपने प्रेमी-पति को उस स्थान से सुरक्षित भगा देती है। जाते समय राजकुमार वचन देता है कि जैसे ही वह राजा बनेगा, अपनी पत्नी को अपने पास बुला लेगा और पटरानी बनायेगा। समय आने पर वह राजा तो बन जाता है, किन्तु अपनी गन्धर्व-विवाहिता को भूल जाता है। काफी प्रतीक्षा के बाद नोङ्माइ पेतङा एक दिन स्वयं राजधानी पहुँच जाती है और राजा के कर्मचारियों को अपना परिचय रानी के रूप में देती है। यह सूचना राजा तक पहुँचायी जाती है पर वह तब भी अपने गन्धर्व विवाह का स्मरण करने में असफल रहता है। यह देख नोङ्माइ पेतङ को अपार वेदना होती है। वह उन्मादिनी होकर 'लाङोल' नामक पहाड़ी स्थान की ओर भाग जाती है। उसके बाद उसका कोई पता नहीं चलता। यही नोङ्माइ पेतङा बाद में 'लाङोल लाइरेम्बी' नामक लोकदेवी के रूप में प्रसिद्ध हुई। सोलहवीं-सत्रहवीं शताब्दी के दो ग्रंथ, 'खागेम्बा युमलेप' और 'नोङ्शाबा लाइहुइ' हैं। इनमें से पहले में सृष्टि-निर्माण की कथा के साथ-साथ वंश-व्यवस्था के विषय में जानकारी है, जबकि दूसरे में गुरु शिदबा के पुत्र 'नोङशाबा' की महिमा का वर्णन किया गया है।

मणिपुरी-इतिहास के मध्य काल में प्राचीन परम्परा के साथ ही वैष्णवी चेतना व आस्था से जुड़े ग्रन्थों की रचना भी हुई और इसी काल में अनूदित साहित्य का निर्माण भी प्रारंभ हुआ। कहा जाता है कि महाराज चराइरोङ्बा ने 'लैरोन' शीर्षक ग्रंथ की रचना की थी। इसमें तत्कालीन स्थानीय पुष्पों के साथ ही अन्य स्थानों से मणिपुर लाये गये पुष्पों का विस्तृत वर्णन किया गया है। सन् 1750 से 1890 के बीच जिन ग्रंथों की रचना हुई, उनमें से उल्लेखनीय हैं—'समशोक ङम्बा', 'मैहौवरोन', 'लाङ्लोन', 'तनामनिक', 'चीङ् थङ् खोम्बा गंगा चत्पा', 'भक्तचरित', 'अवा ङम्बा', 'खाहि

ङम्बा' आदि। 'समशोक ङम्बा' की भाषा मुख्यतः मणिपुरी है। इसमें अवा (बर्मा या ब्रह्म देश) के राजा द्वारा चराइरोङ्बा की पुत्री चकपा मखाओ ङम्बी के साथ दुर्व्यवहार, पुनः राजकुमारी तम्फासना का हाथ माँगना और ग़रीबनवाज द्वारा प्रतिशोध लेना आदि घटनाएँ वर्णित हैं। मैहोवरोन में साधारण मणिपुरी लोगों और भाग्यचन्द्र महाराज के परदादा के कार्यों की जानकारी है। 'लाङ्लोन' एक उपदेशात्मक ग्रन्थ है। 'सनामनिक' को लोकथात्मक औपन्यासिक शैली की रचना कहा जा सकता है। 'चीङ् थङ् खोम्बा गंगा चत्पा' ग्रंथ में भाग्यचन्द्र महाराज के गंगा जाने की कथा है। इस बहाने यह मणिपुरी जनता और राजन्य-वर्ग में विद्यमान वैष्णवी आस्था का परिचय देता है। कृष्णोपासक निङ्थौजाम्बा माधव द्वारा रचित 'भक्तचरित' में अन्य बातों के अलावा सुलक्षणी और कुलक्षणी स्त्रियों के विषय में भी बताया गया है। 'अवाङम्बा' नामक ग्रंथ मणिपुरी-इतिहास में 'चहितरेत खुन्ताकपा' के रूप में प्रसिद्ध घटना का लेखाजोखा प्रस्तुत करता है। सन् 1819 में बर्मा के राजा ने आक्रमण करके मणिपुर पर अधिकार कर लिया। बर्मा के सैनिकों ने लगातार सात वर्षों तक मणिपुर की साधारण प्रजा पर घोर अत्याचार किये। गंभीर सिंह महाराज ने अँगरेजों की सहायता लेकर बर्मा के अत्याचारों से अपने राज्य की जनता को मुक्ति दिलायी। यही विवरण इस ग्रन्थ में वर्णित है। 'खाहि ङम्बा' में गंभीर सिंह महाराज की खासी लोगों पर विजय का विवरण दिया गया है। अँगरेज सिल्हट से शिलौंग और वहाँ से गुवाहाटी तक सड़क बनाना चाहते थे। इसमें खासी लोग बाधा बने हुए थे। अँगरेजों ने गंभीर सिंह से सहायता माँगी और उन्होंने खासियों पर आक्रमण किया।

इस प्रकार प्राचीन और मध्यकालीन मणिपुरी-साहित्य विविध विषयों पर केन्द्रित था। प्रकृति-पूजा से लेकर समाज-व्यवस्था और गणित, ज्योतिष तक पर तत्कालीन लेखकों ने कलम चलायी। राजनीतिक और सांस्कृतिक जानकारी प्रदान करनेवाले अनेक ग्रन्थ इस काल में रचे गये। यहाँ 'चैथारोल कुम्बादा' नामक ग्रंथ के विषय में बताना आवश्यक है। यह वास्तव में एक ग्रंथ न होकर ग्रंथायोजन है। इसमें प्रथम राजा पाखङ्बा से प्रारम्भ करके क्रमशः होनेवाले राजाओं के विषय में वर्णन किया गया है। इतना ही नहीं, राज्य की अवस्था और उस पर आनेवाली आपदाओं का विवरण भी इसमें दिया गया है।

आधुनिक मणिपुरी-साहित्य

अब यह स्वीकार कर लिया गया है कि कलात्मक साहित्यिक मूल्यों की दृष्टि से मणिपुरी भाषा के साहित्य का विकास बीसवीं शताब्दी के प्रथम चरण से प्रारम्भ हुआ। इसके पूर्व का लेखन मानव-ज्ञान के अवधारणात्मक और सैद्धान्तिक अध्ययन तथा मानव-सभ्यता के विकास को समझने की दृष्टि से अत्यधिक महत्त्वपूर्ण होते हुए भी कलात्मक गहराई की दृष्टि से उतना सशक्त नहीं कहा जा सकता। रचनात्मकता के इस रूप की विकास-यात्रा निश्चित रूप से उन्नीसवीं शताब्दी के

उत्तरार्द्ध में घटी घटनाओं के परिणामस्वरूप उत्पन्न नवजागरणकालीन चेतना की सहायता से प्रारम्भ हुई। इसी चेतना ने पद्य और गद्य दोनों क्षेत्रों में सही अर्थ में साहित्य को जन्म दिया।

ऐतिहासिक दृष्टि से नवजागरणकालीन चेतना का संदर्भ सन् 1833 से जुड़ता है। इस वर्ष मणिपुर-महाराज गम्भीर सिंह ने ब्रिटिश सरकार द्वारा रखे गये प्रस्तावों को स्वीकार किया था। ऊपर से देखने पर अँगरेजों के ये प्रस्ताव केवल व्यापार और सैन्य-सहयोग के लिए थे, किन्तु इनकी मूल भावना भविष्य में राजनीतिक हस्तक्षेप की भूमिका तैयार करने से सम्बन्धित थी। यह आशंका दो ही वर्ष बाद सत्य सिद्ध हो गयी। सन् 1835 में अँगरेजों ने मणिपुर में अपना पोलिटिकल एजेण्ट नियुक्त कर दिया। प्रारम्भ में यही दर्शाया गया कि यह केवल अँगरेजों के सामान्य हितों की देखभाल करेगा, किन्तु 1851 और 1852 की सरकारी घोषणाओं के द्वारा पोलिटिकल एजेण्ट की शक्तियों और उत्तरदायित्वों को बढ़ा दिया गया। थोड़े ही दिन बाद मणिपुर में कोई ऐसी महत्त्वपूर्ण घटना नहीं रह गयी जिसमें पोलिटिकल एजेण्ट का प्रत्यक्ष-अप्रत्यक्ष हाथ न हो। अँगरेजों का वास्तविक चरित्र सन् 1891 में खुलकर सामने आ गया। तत्कालीन ब्रिटिश सरकार ने कुलचंद्र को मणिपुर का महाराजा मानने के लिए तीन शर्तें रखीं– (1) पोलिटिकल एजेण्ट को तीन सौ सिपाही रखने की अनुमति मिले। (2) महाराजा मणिपुर का प्रशासन पोलिटिकल एजेण्ट की सलाह से चलाएँ और (3) युवराज टीकेन्द्रजीत सिंह को देश-निकाला देने के लिए महाराजा सहमत हों और इसमें ब्रिटिश सरकार की सहायता करें। इन शर्तों को मनवा कर अँगरेजी सरकार का हित-साधन करने के उद्देश्य से असम का चीफ कमिश्नर पूरी तैयारी के साथ 22 मार्च, 1891 को इम्फाल पहुँच गया।

इसके बाद की कहानी मणिपुर की स्वाधीनता के सूर्यास्त की कहानी है। मणिपुर के महान् वीर पाओना ब्रजवासी ने अपने चार सौ योद्धा सैनिक साथियों के साथ 23 अप्रैल, 1891 को खोङ्जोम नदी के किनारेवाली पहाड़ी पर साधन-सम्पन्न अँगरेजी सेना से लोहा लेते हुए वीरगति प्राप्त की। 27 अप्रैल, 1891 को मणिपुर की राजधानी पर यूनियन-जैक फहरा दिया गया, टीकेन्द्रजीत और थाङाल जनरल को गिरफ्तार कर लिया गया, 13 अगस्त 1891 को इन दोनों महान् वीरों को इम्फाल नगर के बीचोंबीच पोलो-ग्राउण्ड में फाँसी पर लटका दिया गया और मणिपुर अँगरेजों के विशाल उपनिवेशवादी साम्राज्य का छोटा-सा भाग बनकर रह गया। मणिपुरी जनता की स्वाधीनता का वह संघर्ष असफल हो गया।

किन्तु जैसे 1857 के प्रथम भारतीय स्वाधीनता-संग्राम की असफलता ने सम्पूर्ण भारत में वैचारिक नवजागरण और सामाजिक-राजनीतिक चेतना का ज्वार-सा ला दिया था, ठीक वैसे ही 1891 के खोङ्जोम-युद्ध की हार ने मणिपुरी समाज को झकझोर दिया। यह प्रश्न ज्वालामुखी के लावे की तरह उबलने लगा कि मणिपुर

अपनी ही निर्बलताओं के कारण दासत्व के जिस गहरे खड्ड में जा गिरा है, उससे कैसे बाहर आये। कभी भारतेन्दु हरिश्चन्द्र को भी इसी सवाल ने समग्र राष्ट्र के सन्दर्भ में झिकझोरा था और वे इस निष्कर्ष पर पहुँचे थे कि सामाजिक, आर्थिक, वैचारिक और भाषाई दासता को समाप्त किये विना अँगरेजों द्वारा थोपी गयी राजनीतिक दासता से मुक्ति पाना संभव नहीं है। मणिपुर समाज ने भी ठीक वही निर्णय किया। इस बिन्दु पर मणिपुर और तत्कालीन भारत के स्वाधीनता-संघर्ष के बीच भावनात्मक सम्बन्ध की विद्यमानता केवल कल्पना नहीं कहीं जा सकती। इतिहासकारों के अनुसार टीकेन्द्रजीत और थङाल की फाँसी ने बंगाल के क्रान्तिकारियों में हलचल पैदा कर दी थी। इन इतिहास-पुरुषों ने जिस प्रकार अपनी मातृभूमि की रक्षा के लिए प्राणों की बलि चढ़ाई, उससे अन्य क्रांतिकारियों ने प्रभूत प्रेरणा प्राप्त की। इस कार्य में अँगरेजों के एक निर्णय ने भी अप्रत्यक्ष रूप से योगदान किया। उन्होंने टीकेन्द्रजीत और थाङाल को फाँसी देने के बाद कुलचन्द्र व अङौसना को पहले अलीपुर केन्द्रीय कारागार और फिर अण्डमान भेज दिया। ये दोनों ही स्थान ऐसे थे, जहाँ से मणिपुर के स्वाधीनता-संघर्ष की कहानी का बंगाल सहित भारत के अन्य स्थानों के लोगों तक पहुँचना स्वाभाविक था। इस प्रक्रिया में मणिपुरी समाज अपने स्वाधीनता-संघर्ष की असफलता के बावजूद समग्र भारतीय राजनीतिक व सामाजिक चेतना के सम्पर्क में आया तथा उसने यह अनुभव किया कि सामाजिक परिवर्तन के लिए अपेक्षित प्रयास के अभाव में राजनीतिक लक्ष्य पाना कठिन है। यह एक प्रकार से आधुनिक दृष्टि का प्रारम्भ था।

परिस्थितियों के प्रभाव से मणिपुरी समाज में जो परिवर्तन आया, उसने आत्म-निरीक्षण की आवश्यकता प्रतिपादित की और उसके परिणामस्वरूप यहाँ परम्परागत सामाजिक मूल्य बदलने शुरू हुए। बीसवीं शताब्दी के प्रारम्भिक वर्षों में इम्फाल में कुछ ऐसे क्लब बन गये थे जिनमें उस समय की सामाजिक-सांस्कृतिक रीति-नीति पर वाद-विवाद प्रतियोगिताएँ होती थीं और सार्वजनिक उत्सवों के अवसर पर गाये जानेवाले अश्लील गीतों का विरोध किया जाता था। उन्हीं दिनों अँगरेजी शिक्षा के प्रचार-प्रसार का वातावरण बना था और तभी स्त्री-शिक्षा की आवश्यकता अनुभव की जाने लगी थी। थोकचोम मधु सिंह जैसे समाज-सेवी घर-घर जाकर लोगों को इस बात के लिए तैयार करने लगे थे कि वे अपनी लड़कियों को स्कूल भेजना प्रारंभ करें। व्यक्तिगत स्तर पर हिन्दी प्रचार आंदोलन भी उन्हीं दिनों अस्तित्व में आया और हिन्दी का सर्वप्रथम विद्यालय थोकचोम मधु सिंह के घर पर खुला। अनेक मणिपुरी लोगों ने गुवाहाटी, डिब्रूगढ़, कोलकाता, वाराणसी आदि स्थानों पर आकर शिक्षा लेनी प्रारम्भ की जिससे नये विचारों की हवा मणिपुर की ओर भी बहनी शुरू हुई। जो मणिपुरी शिक्षा के लिए मणिपुर से बाहर गये थे, वे नये विचारों के साथ ही भाषा और साहित्य के प्रति विशेष रूप से सजग हुए। इन लोगों ने मणिपुरी भाषा

व साहित्य की उन्नति के लिए पत्र-पत्रिकाएँ प्रकाशित करने के भी छिटपुट प्रयास किये। इस प्रकार एक ऐसा वर्ग तैयार हुआ, जो आधुनिक विचारों का स्वागत करके उन्हें मणिपुरी चेतना के निर्माण का कारक बनाना चाहता था और सामाजिक रूढ़ियों व राजनीतिक बन्धनों से जनता की मुक्ति के लिए कार्य करना चाहता था।

पत्रकारिता के माध्यम से समाज और साहित्य को नया मार्ग दिखाने का प्रथम प्रयास जन-नेता हिजम इरावत ने किया। उन्होंने तीसरे दशक में 'मीतै चनु' नामक हस्तलिखित पत्रिका प्रकाशित करके न केवल मणिपुरी भाषा की जातीय-पत्रकारिता शुरू की, बल्कि विचारों के नवीन क्षितिज भी खोले। 1930 में 'ललित मंजरी' नामक पत्रिका का प्रकाशन हुआ। इसके बाद 'याकाइरोल', 'तरुण मणिपुर', 'साहित्य', 'मणिपुर मतम', 'नहारोल' आदि चर्चित और महत्त्वपूर्ण पत्रिकाएँ प्रकाश में आयीं। वैचारिक क्रान्ति और आधुनिक विचारधारा का प्रचार-प्रसार करने में मुद्रण-क्रान्ति की भी अपनी भूमिका है। मणिपुर में मुद्रण-युग का प्रारम्भ सन् 1910 में हुआ। उस वर्ष मकर सिंह, मुनाल हाओदोइजाम्बा और सनाजाओबा ने मिल कर एक प्रिंटिंग प्रेस की स्थापना की। इस प्रेस की स्थापना का मुख्य उद्देश्य पाठ्य-पुस्तकें छापना था, किन्तु इनमें दूसरी सामग्री का छपना कैसे रुक सकता था? फलतः छपाई मशीन की पहली गड़गड़ाहट ने समर्थ और दूरगामी प्रभाव रखनेवाले संवाद की संभावनाओं के द्वार खोल दिये। भविष्य में इसके सामाजिक और राजनीतिक प्रभाव प्रकट हुए।

परिवर्तन के उसी दौर में सामन्ती प्रभाववाली सामाजिक-राजनीतिक व्यवस्था के विरुद्ध भी विद्रोह का बिगुल बज उठा। इसे हिजम इरावत सिंह ने बजाया। उनका जन्म 30 सितम्बर 1896 को इम्फाल में हुआ था। वे बचपन से ही कुशाग्र बुद्धि के थे, अतः जैसे-जैसे बड़े हुए उनके मन में अपने समाज के लिए कुछ करने की इच्छा बलवती होती गयी। सन् 1924 में उन्होंने कोलकाता में महात्मा गाँधी के जेल से बाहर आने के अवसर पर आयोजित विशाल जनसभा में भाग लिया। वहाँ से उन्हें अपने लिए कार्य-दिशा निर्धारित करने की प्रेरणा मिली। सन् 1927 में जब उन्हें मणिपुर के महाराजा द्वारा राज-दरबार के सदस्य के रूप में न्याय-व्यवस्था की जिम्मेदारी सौंपी गयी, तो उन्हें फ्यूडल-सिस्टम का बर्बर रूप देखने को मिला। हिजम इरावत का जन्म एक साधारण परिवार में हुआ था, किन्तु अपनी योग्यता के बल पर वे असाधारण पद और प्रभाव के स्वामी बन गये थे। उनका विवाह चूड़ाचाँद महाराज की भतीजी से हुआ था और वे दरबार के सदस्य थे। न्याय-व्यवस्थापक के रूप में उन्होंने सामान्य प्रजा से मिलकर उसकी वास्तविक समस्याओं को समझना प्रारम्भ किया। तब उन्हें लगा कि जनता के दुःख-दर्द को समाप्त करने के लिए पूरी प्रचलित सामन्ती व्यवस्था से टकराना अनिवार्य है। यहाँ यह बताना अनिवार्य है कि मणिपुरी जनता का शोषण सामन्तवाद और धर्म का गठबंधन कर रहा था। राजनीतिक अधिकारों से वंचित राजा नखदंतहीन सिंह की भाँति ब्रह्म-सभा नामक

संस्था का सहारा लेकर मणिपुरी समाज को नियंत्रित कर रहे थे और प्रजा अपनी सहज आस्था के नीचे दबी सब कुछ सहती जा रही थी। इरावत के उद्देश्य के लिए आवश्यक था कि वे पहला हमला इसी गठबंधन पर करें। इसकी शुरुआत 'निखिल हिन्दू मणिपुरी महासभा' (जो महाराजा के प्रयास से और इरावत के सहयोग से सन् 1934 में अस्तित्व में आयी थी) के पहले अधिवेशन से ही हो गयी। सन् 1938 में हुए चौथे अधिवेशन में इस संस्था के नाम में से 'हिन्दू' शब्द हटाकर इसका नया नाम 'निखिल मणिपुर महासभा' कर दिया गया और इसे पूरी तरह एक राजनीतिक मंच का रूप दे दिया गया। इसी अधिवेशन में मणिपुर दरबार भंग करने, वयस्क मताधिकार पर आधारित शासन-व्यवस्था स्थापित करने और रानी गाइडिन्ल्यु को मुक्त करने जैसी माँगें पारित की गयी थीं।

इन कुछ-एक तथ्यों से यह समझा जा सकता है कि बीसवीं शताब्दी के प्रारम्भिक दशकों में जो नवजागरण आया, वह विशाल फलक और व्यापक सरोकारोंवाला था तथा उसके केन्द्र में प्रत्येक प्रकार की दासता व जड़ता से मुक्ति की भावना थी। मणिपुरी भाषा का साहित्य इसी नवजागरणकालीन चेतना की देन है।

काव्य

[1]

मणिपुरी-कविता के आधुनिक युग का प्रथम चरण 'नवजागरणकालीन कविता' के नाम से प्रसिद्ध है। नवजागरण की चेतना ऐतिहासिक परिस्थितियों की देन थी। उसके गठन और निर्माण में सामाजिक जागरण, राजनीतिक स्वाधीनता की आकांक्षा, प्रत्येक प्रकार की जड़ता से मुक्ति, मातृभूमि के प्रति अगाध प्रेम, नव-मानवतावाद, निज भाषा के प्रति लगाव, सांस्कृतिक गौरव-बोध, आत्मविश्वास की भावना, समाजहित के लिए त्याग व बलिदान की भावना, बुराइयों से मुक्ति का संकल्प, शोषण से मुक्ति का आग्रह, स्वस्थ मानव मूल्यों के निर्माण की चाह, सात्त्विक ऊर्जा के संग्रह की भावना, प्रकृति के प्रति प्रेम, लोक-जीवन के प्रति सम्पृक्ति का भाव आदि तत्त्वों की निर्णायक भूमिका थी। इन सभी की अभिव्यक्ति मणिपुरी नवजागरणकालीन कविता में देखी जा सकती है। नवजागरणकालीन मणिपुरी-कविता के कवियों की संख्या कुल आठ है। इनके नाम हैं— 1. चिङाखम मयूरध्वज (जन्म एवं मृत्यु वर्ष अज्ञात), 2. हिजम अङाङ्हल (1892-1943), 3. ख्वाइराक्पम चाओबा (1886-1950), 4. हवाईबम नवद्वीपचन्द्र (1897-1946), 5. लमाबम कमल (1899-1935), 6. अशाङ्बम मीनकेतन सिंह (1906), 7. अराम्बम दरेन्द्रजीत सिंह (1907-1944) और 8. राजकुमार शीतलजीत सिंह (1913–)। इन सभी ने काव्य के साथ-साथ गद्य को भी अपनी अभिव्यक्ति का क्षेत्र बनाया।

नवजागरणकालीन कविता में पहला स्वर स्व-भाषा के प्रति लगाव के रूप में प्रकट हुआ। नवजागरणकालीन कविता में दूसरी बड़ी विशेषता मातृभूमि-प्रेम के रूप

में प्रकट हुई। कवियों ने पराधीनता के विविध रूपों और उनके प्रभाव से निस्तेज हुई मातृभूमि की हार्दिक पीड़ा को गहराई में अनुभव किया। उन्होंने अनुभव किया कि मणिपुर के गौरवशाली इतिहास की पयस्विनी पराधीनता और दुर्दिनों के झाड़-झंखाड़ से ढँक गयी है, आत्महीनता की कीचड़ चतुर्दिक् फैल गयी है, तब और भयावह शून्य पसर गया है और कभी अनुपम वेगवती धारा अब केवल हृदय-प्रदेश में बहने को विवश हो गयी है। नवजागरणकालीन कविता में शोषण का विरोध मनोवैज्ञानिक आधार का सहारा लेकर किया गया है। ये कवि शोषण करनेवालों की आत्मा को उन्हींके विवेक के तीर से बेधने का प्रयास करते हैं। ये अपनी ओर से कोई विश्लेषण या निष्कर्ष प्रस्तुत न करके शोषकों को ही प्रेरित करते हैं कि वे स्वयं निर्णय करें कि उस अज्ञानी, निरक्षर साधारण जनता का शोषण किस सीमा तक न्यायोचित है, जो अपने श्रम से वैयक्तिक और सामाजिक जीवन को खाद-पानी प्रदान करती है। आध्यात्मिक चेतना और ईश्वर पर विश्वास नवजागरणकालीन कविता की मूल विशेषताओं में से एक है, किन्तु जागरण की चेतना के प्रभाव में इस विशेषता में व्यक्ति-चेतना का समावेश भी हो गया है। इन कवियों का व्यक्ति समूची आध्यात्मिक और दार्शनिक सत्ता के सामने अपने अस्तित्व की महत्ता प्रतिपादित करता है।

नवजागरणकालीन मणिपुरी-कविता के ताने-बाने में लोक-चेतना का रंग अलग ही दिखायी देता है। महाकवि अङाङ्हल ने उस काल में 'खम्बा-थोइबी शैरेङ्' नामक लोक- महाकाव्य रचा था। इसकी रचना 'पैना गायन शैली' और 'पयार' नामक लोक-छन्द में की गयी है और यह प्रसिद्ध लोक-प्रेमाख्यान 'खम्बा-थोइबी' की गाथा पर आधारित है। इसकी भाषा काव्य की सर्वोत्तम भाषा है जिसमें लोक-जीवन की सरस गंध बसी है। इस लोकगाथा के आधार पर कुछ कवियों ने काव्य-प्रतीक भी निर्मित किये हैं।

इन सब विशेषताओं के साथ नवजागरणकालीन कविता में मानवतावाद और व्यक्तिगत प्रेम के मिश्रण से एक विशिष्ट आभा का सृजन किया गया है।

नवजागरणकालीन मणिपुरी-कविता का प्रारंभ कवि कमल के सन् 1929 में प्रकाशित 'लै परेङ्' (पुष्पमाला) शीर्षक काव्य-संग्रह से हुआ था। इसके पश्चात् इस नवीन चेतना की अभिव्यक्ति करनेवाले जो काव्य-ग्रन्थ प्रकाश में आये, उनमें से कुछ प्रमुख हैं—'शैरेङ् अनौबा' (मयूरध्वज); 'शीङेल इन्दु', 'खम्बा थोइबी शैरेङ्', 'शैरेङ् खरा' (अङाङ्हल); 'थाइनगी लैराङ्' (कवि चाओबा); 'तोनु लाइजिङ् लेम्बी' (नवद्वीपचंद्र), 'वसन्त शैरेङ', 'विदाय आशीर्वाद', 'अशैबगी जय भाई' (मीनकेतन); 'कंसवध', 'सुभद्राहरण' (दरेन्द्रजीत) और 'केतुकी', 'इखोलाङ्बा', 'वाल्मीकि', 'शकुन्तला' (शीतलजीत) आदि।

मणिपुरी नवजागरणकालीन कविता पर बाङ्ला-कविता का प्रभाव स्पष्ट परिलक्षित

किया जा सकता है। रवीन्द्रनाथ ठाकुर और माइकेल मधुसूदन दत्त के काव्य ने मणिपुरी-कवियों को विशेष रूप से आकर्षित किया। दूसरी ओर वैष्णवी चेतना के प्रसार के कारण ये कवि 'गीता' से भी प्रेरणा लेते रहे। कर्म की जो पुकार इनकी कविताओं में मिलती है, वह मुख्यतः 'गीता' की ही देन है। नवजागरण-काल की कविता पर संस्कृत और असमीया के प्रभाव को भी नकारा नहीं जा सकता।

[2]

मणिपुरी भाषा की 'आधुनिक कविता' का प्रारम्भ एलाङ्बम नीलकान्त सिंह की 1949 ई० में प्रकाशित कविता 'मणिपुर' से स्वीकार किया जाता है। मणिपुरी-काव्य में यह बदलाव 1949 में अचानक नहीं आ उपस्थित हुआ था। इसकी पृष्ठभूमि सन् 39-40 से ही उभरनी शुरू हो गयी थी। उस काल में राजनीति और वैचारिक धरातल पर जो परिवर्तन आया, उसने मणिपुरी जीवन में संक्रमण की स्थिति को जन्म दिया। आगे चलकर इसी संक्रमण की परिणति आधुनिक कविता के रूप में सामने आयी। यह लगभग वैसे ही हुआ, जैसे हिन्दी-कविता के क्षेत्र में प्रयोगवाद और नयी कविता के संदर्भ में माना जाता है। वास्तविकता यह है कि मणिपुरी-कविता में आधुनिक चेतना और प्रगतिशील मूल्यों को लाने की व्याकुलता पहले-पहल जन-नेता हिजम इरावत की कविताओं में आयी। अँगरेजों ने सन् 1940 में राज-द्रोह का आरोप लगा कर इरावत को इम्फाल सेण्ट्रल जेल में बंद कर दिया था। वहाँ से उन्हें सिल्हट जेल में स्थानान्तरित कर दिया गया। वहीं उनका सम्पर्क प्रसिद्ध साम्यवादी ज्योतिर्मय नन्दी और काँग्रेसी वीरेश मिश्र से हुआ। इन दोनों के सान्निध्य में इरावत का वैचारिक कायाकल्प हुआ। वहाँ रहते हुए हिजम इरावत ने 42-43 के काल में नवीन भाव-बोध की कविताएँ रचीं। इन कविताओं में फासीवाद का घोर विरोध, किसान-मजदूरों का जीवन-यथार्थ, जीवन की वस्तुगत सच्चाई के धरातल पर विकसित प्रेम, व्यक्ति-मन की अकुलाहट, असीम प्रश्नाकुलता और वैचारिक संघर्ष के व्यापक चित्र विद्यमान हैं। इरावत की विभिन्न कविताओं में जीवन के अन्तर्बाह्य रूपों, नारी, नगर, आकाश, पृथ्वी, खेत, किसान, सड़क, पर्वत, झील, युद्ध की दहशत, एकाकीपन का दंश देखा जा सकता है। इरावत की ये कविताएँ सम्मोहन पैदा नहीं करतीं, बल्कि व्याकुलता पैदा करती हैं और बुद्धि को सक्रिय बनाती हैं। इरावत की इन कविताओं का प्रकाशन 'इमागी पूजा' नाम से 1987 में हो सका, किन्तु यह कहना असंगत न होगा कि रचना-काल की दृष्टि से आधुनिक कविता की पृष्ठभूमि में इनकी समर्थ भूमिका रही। इस प्रकार सन् 1942-43 के काल में जो व्याकुलता जन्म लेने लगी थी वही 1949-50 के काल में आधुनिक कविता के रूप में ढल गयी।

आधुनिक कविता के प्रारम्भिक शलाका-पुरुषों में एलाङ्बम नीलकान्त सिंह के साथ लाइश्रम समरेन्द्र का भी नाम लिया जाता है। इन दोनों कवियों ने नये बौद्धिकतावादी परिवर्तन को स्पष्ट रूपाकार दिया जिसके प्रभाव में कविता परम्परागत

मोह या कल्पनाजन्य आदर्शबोध से हट कर यथार्थ के मार्ग पर चलने को सन्नद्ध हुई। उसने इन शैलियों को नकारा जिनमें बँध कर शब्द किसी राजा के मुकुट के चमकते हुए मोती तो हो जाते हैं, किन्तु उनसे प्राणवत्ता की आशा नहीं की जा सकती। अब कविता ने रचना को ऐसी शैलियों और मुद्राओं को अपनाया, जिनके सहारे वह चारों ओर से दबाव डालनेवाली परिस्थितियों से घिरे मनुष्य का सच्चा चित्र खींच सके। यहाँ एक विशेष तथ्य की ओर संकेत करना आवश्यक है। वह यह है कि मणिपुरी-कविता द्वारा पुरातन मूल्यों के नकार को सही संदर्भ में देखा जाना चाहिए। इसका कारण यह है कि यह कविता प्राचीन काल से चली आती उन मान्यताओं को छोड़ने की बात करती है जिनके चलते मनुष्य अपना वर्त्तमान देखने और विवेकपूर्ण ढंग से उसका विश्लेषण करने में अक्षम हो जाता है। यह कविता उस मोह से भी मुक्त होना चाहती है, जो आधुनिक जीवन के अनिवार्य परिवर्तन को हेय दृष्टि से देखने तथा उससे बच कर पुरानी झोंपड़ी में बंद रहने को बाध्य करता है। किन्तु यह कविता उस आधुनिक संचेतना को खोना नहीं चाहती, जो मनुष्य को उसके विकास से पूर्वापर जोड़े रखती है। अक्सर ऐसा भी लगता है कि मणिपुरी भाषा की आधुनिक कविता उपयोगी प्राचीन मूल्यों के साथ-साथ 'मणिपुरीनेस' को भी लेकर चलना चाहती है। सामान्य दृष्टि से यह पुनरुत्थानवादी मूल्य लग सकता है, किन्तु भीतर से यह आधुनिकता के अन्य मूल्यों जैसा ही जीवन्त और आवश्यक है क्योंकि इसके अभाव में पूरी कविता के समक्ष अपनी जमीन से कट जाने का संकट खड़ा हो सकता है।

आधुनिक कविता की इस यात्रा में काङजम पद्मकुमार, राजकुमार मधुवीर, एलाङबम दीनमणि सिंह, खुमनथेम प्रकाश, युमलेम्बम इबोमचा, हुइद्रोम राधाकान्त, एन॰ ज्योतिरीन्द्र लुवाङ, इबेम पिशक, कयामुद्दीन पुख्रीमयुम, सनख्या इबोतोम्बी, रतन थियाम, श्रीबीरेन, रंजीत डब्ल्यू, राजकुमार भुवनसना आदि ने अपने-अपने ढंग से योगदान किया। इसीके साथ सिजगुरुमयुम नीलवीर शास्त्री और एलाङबम सोनामणि सिंह जैसे कवियों ने नवजागरणकालीन चेतना तथा आधुनिकताबोध के मिले-जुले रूप को एक अलग धारा के रूप में प्रस्तुत किया। जो कवि पूरी तरह आधुनिक बोध के पक्षधर थे, उन्होंने वैचारिक जड़ता को ध्वस्त करने के लिए ज्वलन्त विषयवस्तु और धारदार भाषा को कविता के लिए अनिवार्य घोषित किया। यही कारण है कि इनकी कविता संकटग्रस्त मनुष्य की सच्ची प्रबलता के रूप में सामने आयी। इन कवियों ने जिस भाषा को प्रमुखता दी, उसीसे आगे चलकर मणिपुरी-कविता 'जनभाषा के मुहावरेवाली कविता' बन सकी और सामान्य आदमी के अधिक निकट आ सकी।

आधुनिक कविता ने अपने राजनीति-सम्बन्धी चिन्तन का भी विकास किया। जैसे-जैसे सामाजिक और राजनीतिक वातावरण अधिक विरूप होता गया, आधुनिक कविता का स्वर अधिक कठोर और व्यंग्यभरा होता गया। उसी अनुपात में कविता की

भाषा भी कठोर और सीधी मार करनेवाली बनती गयी। यह वही काल था, जब मोह-भंग के कारण समग्र भारतीय कविता एक नये तेवर को अपनाने का संकेत कर रही थी।

[3]

सन् 1960 के काल में मणिपुरी-कविता ने एकदम नये दौर में प्रवेश किया। इसमें कविता की यात्रा यथार्थ से अति यथार्थ की ओर प्रारम्भ हुई। इस बड़े परिवर्तन का श्रेय मोह-भंग, धार्मिक प्रतिक्रिया और पाश्चात्य कविता के प्रभाव को अधिक है। चीन के साथ युद्ध में भारत की पराजय ने सभी भारतीय भाषाओं की कविता में मोह-भंग का विस्फोट किया था, फिर मणिपुरी-कविता ही उससे कैसे बच सकती थी? चीन के हाथों जो पराजय इस देश को झेलनी पड़ी, वह वस्तुतः सैनिक पराजय उतनी नहीं थी, जितनी हमारे राजनीतिक दिवालियेपन के द्वारा आमन्त्रित पराजय। इस घटना ने हमारे राष्ट्रीय राजनीतिक जीवन पर प्रश्न-चिह्न लगा दिया। उधर जनता का दैनन्दिन जीवन निरन्तर कठोर से कठोर होता चला गया। बेरोजगारी, आर्थिक भ्रष्टाचार, पूँजी का कुछ हाथों में सिमटते जाना, सामाजिक स्तर पर एक काले शून्य का अधिकार आदि ने जनता को निराशा और आक्रोश से भर दिया। इससे साधारण जनता और राजनीति का रिश्ता अविश्वास-भरा हो गया तथा जनता यह सोचने लगी कि उसने जिन लोगों को अपने जन-कल्याणकारी सपने को पूरा करने का दायित्व सौंपा है, वे उसके प्रति न संकल्पबद्ध हैं और न इच्छाशक्ति-सम्पन्न। वे केवल वाग्वीर हैं, कर्मवीर नहीं। यह धारणा जन-चेतना के साथ ही साहित्य एवं अन्य कला-रूपों को प्रभावित करनेवाली सिद्ध हुई।

सन् साठ के आसपास मणिपुर में एकाएक ब्राह्मणवाद के विरुद्ध तीव्र प्रतिक्रिया प्रकट हुई और 'मीतै मरूप' आन्दोलन भड़क उठा। वस्तुतः यह आन्दोलन सन् 1930 में कछार-निवासी नाओरियो फुलो द्वारा शुरू किया गया था किन्तु परिस्थितियाँ अनुकूल न होने के कारण उस समय फल-फूल नहीं सका था। इस आन्दोलन के माध्यम से इस धारणा का प्रसार किया गया कि वैष्णवी परम्परा का पोषक ब्राह्मणवाद मणिपुरी समाज की हजारों वर्ष पुरानी पहचान को ध्वस्त करनेवाला है। इस धारणा ने मैतै धार्मिक प्रतिक्रियावाद को बढ़ावा दिया, विशेषकर युवा-मानस पर इसका घोर प्रभाव पड़ा और इसमें से जो लोग साहित्य के क्षेत्र में आये, उनकी रचनाओं की विषयवस्तु व संवेदना इससे अछूती नहीं रही।

सन् साठ के बाद की कविता पर पाश्चात्य कविता और चिन्तन का भी व्यापक प्रभाव पड़ा। मणिपुरी भाषा के रचनाकार एकाएक अँगरेजी और उसकी शैलियों की ओर आकर्षिक हुए। मशीनीकरण, अजनबीपन, अकेलापन, मृत्यु-भय, सांस्कृतिक संक्रमण आदि जो विशेषताएँ पाश्चात्य कविता की आधार थीं, उन्हें इन कवियों ने अपनी प्रेरणा बनाया और अपना काव्य-संसार निर्मित किया।

विषय और प्रकृति के अध्ययन के आधार पर यह कहा जा सकता है कि

साठोत्तरी मणिपुरी-कविता ने जनता के भाग्य के साथ खिलवाड़ करनेवाले लोगों और संस्थाओं के विरुद्ध हल्ला बोलने की इच्छा का प्रदर्शन किया। उसने नेताओं के भ्रष्ट व्यवहार और जन-विरोधी चरित्र पर हमले से अपनी बात शुरू की और धीरे-धीरे अपने आक्रमण की सीमा को बढ़ाया। विशेष बात यह है कि इस काल की कविता ने व्यक्ति के उस आक्रोश, असन्तोष और क्रोध को वाणी देने का प्रयास किया, जो कुव्यवस्था के कारण मानस को मथे डाल रहा था, किन्तु पूर्व काल की कविता जिसकी ओर अपेक्षित ध्यान नहीं दे पा रही थी। अपने इस नये दायित्व को सफलतापूर्वक निभाने के लिए कविता ने व्यंग्य का अधिक सहारा लिया। अब कथन-भंगिमा और शिल्प में भी परिवर्तन आया। विशेष बात यह कि कविता के व्यंग्य ने केवल उन्हें ही निशाना नहीं बनाया, जो जन-असन्तोष के लिए सीधे-सीधे जिम्मेदार थे, बल्कि कई बार उसने स्वयं कवियों को भी अपना निशाना बना डाला।

साठोत्तरी मणिपुरी-कविता में कुण्ठा, अनास्था और निराशा का भाव भी तीव्र रूप में अभिव्यक्त हुआ। इसके पीछे समग्र जीवन-मूल्यों में ह्रास की स्थिति जिम्मेदार थी। मणिपुरी भाषा के सन्दर्भ में यह स्थिति इसलिए और भयावह थी कि यहाँ की जनता के मन में अपनी सांस्कृतिक पहचान की भूख दूसरे स्थानों से कहीं अधिक थी।

इस काल की कविता भाषा की दृष्टि से बिल्कुल नये मुहावरे की कविता है। यह पुस्तकीय भाषा के मुहावरे से अलग कामकाजी जनता की भाषा का मुहावरा है। उसे कथ्य-सम्प्रेषण के प्रति सचेत भाषा कहा जा सकता है। इस काव्यभाषा ने व्यावहारिक शब्दावली के ग्रहण पर अधिक बल दिया है। दूसरे, उसने श्लीलता-अश्लीलता की परवाह किये विना उन शब्दों को अपनाया है, जो अक्सर क्षोभ की मनःस्थिति में व्यक्ति के मुँह से निकलते हैं। कहा जा सकता है कि साठोत्तरी कविता के साथ ही साठोत्तरी काव्यभाषा भी नये साँचे में ढली हुई है।

[4]

साठोत्तरी कविता की समग्र हलचल ने दशक के अन्तिम वर्षों में एक नये काव्यान्दोलन को जन्म दिया, जिसे 'क्रुद्ध कविता आन्दोलन' कहा जाता है। इस आन्दोलन के विकास के मूल में तत्कालीन कवियों की क्रुद्ध मानसिक स्थिति मानी जाती है। ऐतिहासिक दृष्टि से क्रुद्ध कविता के सूत्र थाङ्जम इबोपिशक के कविता-संग्रह 'अपाइबी थवाइ' (1969) और श्री बीरेन के काव्य-संग्रह 'तोल्लबा शादुगी वाखल' (1970) में मिलते हैं। इनमें से श्री बीरेन ने अपने संग्रह की भूमिका में स्पष्ट किया कि हम अब पहले के अर्थ में नहीं जी रहे हैं। बहुत उलझा और मशीनी जीवन जी रहे हैं। यदि हमारे लेखन में इसकी अभिव्यक्ति नहीं हुई तो उचित नहीं होगी। क्रुद्ध कवियों के दल ने सन् 1974 में 'शिङ्नबा' (चुनौती) नाम से एक पत्रिका प्रकाशित की जिसके सम्पादक और प्रकाशक थाङ्जम इबोपिशक, युमलेम्बम इबोमया और रंजीत डब्ल्यू थे। इस पत्रिका के दो अंक प्रकाशित हो सके।

समाज की नाड़ियों में विष प्रवाहित करनेवाली समस्याओं के प्रति क्रुद्ध कवियों के मन में जो क्षोभ था, उसने इनकी काव्यभाषा को सबसे अधिक प्रभावित किया। क्रुद्ध कविता आन्दोलन ने काव्य की भाषा को एकदम से समस्त सीमाओं और मर्यादाओं से मुक्त कर दिया। सच्चाई और बेलाग अभिव्यक्ति के अधिक से अधिक निकट पहुँचने के लिए क्रुद्ध कवियों ने संस्कृति और सामाजिक मर्यादा की खोल चढ़े हुए शब्दों को अस्वीकार किया। परिणाम यह हुआ कि इनकी भाषा श्लीलता से परे तो हटी ही, कई बार अश्लीलता की हदें भी पार कर गयी। वह केवल भाषा भर रह गयी, ऐसी भाषा जो किसी से डरती न हो, किसी का लिहाज न करती है।

[5]

नौवें दशक तक पहुँचते-पहुँचते मणिपुरी-कविता ने एक और मोड़ लिया। उस समय एक धारा उन कवियों की थी, जो मूलतः क्रुद्ध कविता के साथ काव्य-क्षेत्र में आये थे और अपने कुछ साथियों के मृत्युबोध का शिकार होने के बावजूद अपनी सामाजिक प्रतिबद्धता से मुँह मोड़ सके थे। काव्य की दूसरी धारा में वे लोग थे, जो नवजागरणकालीन काव्य-चेतना के पचासोत्तरी संस्करण के रूप में निरन्तर सक्रिय थे। इन दोनों काव्य-धाराओं के अतिरिक्त इस काल में एक नयी काव्यधारा एकाएक प्रकट हुई, जिसे 'युवा कविता धारा' नाम दिया गया। देखते ही देखते यह नवीन धारा पूर्ववर्ती धाराओं से अधिक महत्त्वपूर्ण और व्यापक आधारवाली बन कर खड़ी हो गयी।

'युवा कविता धारा' का आन्दोलनात्मक और संगठित रूप मणिपुरी लिटरेरी सोसाइटी (स्थापित-1985) के प्रभाव से उभरा। इससे पूर्व के वर्षों में मणिपुरी साहित्य परिषद्, नहारोल साहित्य प्रेमी समिति, दि राइटर्स फोरम, दि कल्चरल फोरम जैसी संस्थाओं से जो युवा कवि जुड़े थे, वे स्थानीय समाज की सांस्कृतिक पहचान, नयी भाषा-चेतना, राजनीतिक परिवर्तन की आकांक्षा जैसी विशेषताओंवाली धारदार कविताएँ रच रहे थे, किन्तु उनके पास अपनी कविताओं के लिए कोई विशिष्ट संगठित कार्य-मंच नहीं था। इस कारण समान सोच और उद्देश्यवाले कवियों ने एक अलग संस्था बनायी। इन युवा लेखकों की विशेषता यह रही कि इन्होंने अपने आपको केवल काव्य-रचना तक सीमित नहीं रखा, बल्कि सामाजिक, राजनीतिक और जन-जीवन से जुड़े अन्य क्षेत्रों में सक्रिय रूप से भाग लेने का भी निश्चय किया। युवा कविता धारा के कवियों ने मणिपुरी इतिहास-पुरुषों टीकेन्द्रजीतवीर सिंह और थाङाल जनरल के बलिदान दिवस 13 अगस्त को सार्वजनिक साहित्य आयोजन की परम्परा की शुरुआत की, मणिपुरी भाषा को संविधान की आठवीं अनुसूची में स्थान दिलाने सम्बन्धी जनान्दोलन में सक्रिय भाग लिया, विभिन्न जन-समस्याओं के विरुद्ध जागरण-अभियान चलाया और मणिपुरी-लोकसंस्कृति को संरक्षित करने के लिए लोकसाहित्य पर केन्द्रित संगोष्ठियाँ कीं। यह कवि-कर्म को सक्रिय सामाजिक कर्म का हिस्सा बनाने का प्रयास था।

13 अगस्त, 1990 को **'अशै लुप' (कवि-सभा) नामक** एक और संस्था का गठन किया गया। इसने एक ओर तो नगरों के अतिरिक्त छोटे कस्बों और गाँवों में निवास करनेवाले कवियों को एक सूत्र में बाँधा तथा दूसरी ओर 'शैरेङ' नाम से एक अर्द्धवार्षिक पत्रिका का प्रकाशन किया। इसके प्रवेशांक का प्रकाशन अगस्त 1992 में हुआ और उसीमें युवा कविता धारा को तेज-तर्रार कवयित्री मेमचौबी का वह लेख छपा जिसमें उसने पूर्ववर्ती कविता और युवा कविता को अलगानेवाले बिन्दुओं की व्याख्या की है। इस लेख में स्पष्ट किया गया है कि दूसरे महायुद्ध के बाद, मुख्य रूप से साठ से अस्सी के बीच की कविता को यूरोप की आधुनिक संवेदना, अर्थात् ईश्वर नहीं है, सभी मूल्य खंडित हो गये हैं, व्यक्ति और ईश्वर तथा व्यक्ति और व्यक्ति के बीच सम्बन्ध नष्ट होने से वह अकेला होकर दिशाभ्रष्ट हो गया है आदि चिन्तन की अभिव्यक्ति ने आक्रान्त कर रखा है। इन कवियों की रचना-शैली में आम आदमी के सुख-दुःख तथा सामाजिक उपेक्षा के शिकार लोगों की स्थिति को साफ-साफ बयान करने का प्रयास होते हुए भी बौद्धिक संकट विद्यमान है।

युवा कविता धारा ने अपनी पूर्ववर्ती कविता पर आरोप भी लगाए और अपनी नवीनता की ओर ध्यान आकृष्ट करने का प्रयास भी किया।

युवा कविता धारा के मणिपुरी संस्कृति और मणिपुर से गहरे लगाव सम्बन्धी दावे की अतिवादिता को आलोचना का शिकार होना पड़ा। एक समय के क्रुद्ध कवि रहे थाङजम इबोपिशक ने एक आलेख में कहा– 'हम मानते हैं कि हमारी नवीन कविताएँ, विशेषकर नयी उम्र के युवा कवियों की कविताएँ मणिपुरी जाति की सांस्कृतिक जड़ों तक नहीं पहुँच सकी हैं।' यह युवा कविता धारा के किले की सबसे मजबूत दीवार पर हमला था और मानना होगा कि इसने उस अतिवाद पर काफी कुछ अंकुश लगाया, जिसके प्रभाव में कुछ युवा कवि अलगाववादी आन्दोलनों के साहित्यिक मोर्चे की झंडाबरदारी करने की दिशा में बढ़ना चाहते थे।

गद्य-साहित्य

कहानी

कुछ वर्ष पहले तक लमाबम कमल द्वारा रचित 'ब्रजेन्द्रगी लुहोङ्बा' (ब्रजेन्द्र का विवाह) को मणिपुरी भाषा की प्रथम कहानी माना जाता था, किन्तु अब इसके पूर्व की दो कहानियाँ खोज ली गयी हैं। इनमें से एक 'इमा दा तान्नबा' (माँ के विषय में संवाद) का प्रकाशन अक्टूबर सन् 1931 में 'याकाइरोल' नामक पत्रिका में हुआ था। खुथिङ् तांखुल द्वारा लिखित यह कहानी तांखुल जनजाति के 'लोङरु' नामक त्योहार के अवसर पर दो मित्रों के मध्य मातृभूमि मणिपुर की दुरवस्था पर केन्द्रित संवाद है। त्योहार के उल्लासमय वातावरण में भी अपने मित्र को उदास देखकर एक व्यक्ति उसकी उदासी का कारण पूछता है। उसका मित्र मणिपुर माँ की दुर्भाग्यपूर्ण

अवस्था को अपनी निराशा और उदासी का कारण बताता है। दोनों में काफी तर्क-वितर्क होता है और मातृभूमि मणिपुर को उसकी दुरवस्था से मुक्त करने के लिए कुछ सार्थक प्रयास करने की आकांक्षा पूरी कहानी के प्रभाव के रूप में सामने आती है।

'याकाइरोल' के मई, 1932 के अंक में सर्वजीत सिंह द्वारा लिखित 'युम पानबा' नामक कहानी प्रकाशित हुई। इसकी विषयवस्तु गृहस्थी से संबंधित है। लैरेन और श्यामासखी पति-पत्नी हैं, जिनके बीच घर के खर्च को लेकर कहा-सुनी होती है और इस बात पर समझौता होता है कि एक बार घर का खर्चा पति लैरेन चला कर देखेगा। अगले ही दिन उसे अपने अति-विश्वास का दण्ड भोगना पड़ता है क्योंकि वह बच्चों को समय पर नाश्ता नहीं करा पाता, बाजार में मछली ख़रीदते समय जेब कटा बैठता है, लौटता है तो पाता है कि एक बच्चे ने चाकू से अपना हाथ काट लिया है, उसकी दवाई लाने में उसके दफ्तर जाने का समय निकल जाता है, ऊपर से उस दिन उसे स्वादिष्ट भोजन भी नसीब नहीं होता। वह समझ जाता है कि घर-गृहस्थी चलाने का काम स्त्री ही कर सकती है। इस कहानी को पढ़कर हिन्दी के प्रारम्भिक उपन्यास 'देवरानी-जेठानी की कहानी (पं॰ गौरीदत्त) का स्मरण हो आता है।

इस कहानी के डेढ़ साल बाद 'ब्रजेन्द्रगी लुहोङ्बा' का प्रकाशन हुआ। यह 'ललित मंजरी' पत्रिका के नवम्बर, 1933 के अंक में छपी। इस तथ्य के आधार पर कहा जा सकता है कि अब तक की खोज के प्रकाश में मणिपुरी-कहानी का इतिहास 'ब्रजेन्द्रगी लुहोङ्बा' से दो वर्ष एक माह पूर्व सन् 1931 में प्रारंभ हो चुका था। और, यदि इसके पूर्व की कोई अन्य कहानी भविष्य में उपलब्ध हो जाती है तो यह सीमा और भी पीछे जा सकती है। इस तथ्य के बावजूद कमल की कहानी का अपना महत्त्व अक्षुण्ण है। इसका कारण यह है कि कहानी की आधुनिक कालीन अवधारणा के प्रकाश में मणिपुरी-कहानी की नींव रखने का वास्तविक कार्य 'ब्रजेन्द्रगी लुहोङ्बा' ने ही किया। इस कहानी का नायक ब्रजेन्द्र बाबू कलकत्ता मेडिकल कॉलेज से एम॰बी॰ पास करके इम्फाल लौटता है। यहाँ वह देखता है कि उसकी सहमति के विना ही उसका विवाह मालती नाम की एक लड़की के साथ तय कर दिया गया है। तत्कालीन बंगाल के प्रगतिशील वातावरण में रह कर लौटे मेडिकल की शिक्षा प्राप्त ब्रजेन्द्र के गले यह बात नहीं उतरती कि विवाह लड़के-लड़की की आपसी समझ बने भी तय किया जा सकता है। वह अत्यन्त द्वंद्व का शिकार हो जाता है और यही द्वंद्व कहानी का वास्तविक ताना-बाना तैयार करता है। कमल परम्परागत विचार और आधुनिक चिन्तन के मध्य संघर्ष को दिखाकर यह संकेत करना चाहते हैं कि जड़ता की ओर बढ़ती रीतियों का पुनर्मूल्यांकन होना चाहिए। वे रूढ़ियों के विरुद्ध संघर्ष चलाने के हामी थे। कमल काफी समय तक मणिपुर के बाहर रहे थे और उन्हें नयी हवा लगी थी। साथ ही, मेडिकल साइंस ने भी उनके भीतर जीवन के तर्क व तटस्थतापूर्ण दृष्टि से देखने की भावना पैदा की थी। इसी

कारण उनकी कहानी का नायक मणिपुरी-कहानी-साहित्य का प्रथम विद्रोही नायक बना। यह अलग बात है कि ब्रजेन्द्र का यह विद्रोह सार्थक पूर्णता को प्राप्त नहीं कर सका क्योंकि उसने अन्त में आदर्शवादी भावाकुल वातावरण के सामने हथियार डाल दिये लेकिन यह भी सही है कि कहानी का यह अन्त भी मणिपुरी समाज में परिवर्तन की तत्कालीन दशा और परम्पराओं के दबावों के सन्दर्भ में स्वाभाविक ही कहा जायगा।

'ललित मंजरी' के दिसम्बर, 1933 के अंक में 'प्रभा' शीर्षक कहानी छपी जिसके लेखक के स्थान पर 'कॉटन कॉलेज का एक छात्र' लिखा हुआ है। इस कहानी की नायिका कक्षा दस में पढ़नेवाली सत्रह वर्ष की एक ऐसी लड़की है जो हेमंत बाबू नामक व्यक्ति के समाज-सुधारक भाषणों से प्रभावित होकर फनेक के स्थान पर साड़ी पहनने लगती है और उससे प्रेम भी करने लगती है। जब वह हेमंत से गर्भवती हो जाती है तो वह उसे छोड़ कर भाग जाता है जिससे प्रभा तालाब में डूब कर आत्महत्या कर लेती है। हेमंत प्रभा को इसलिए छोड़ कर भागा था कि वह तत्कालीन सामाजिक नियम के अनुसार ब्राह्मण लड़की प्रभा से विवाह नहीं कर सकता था। यह कहानी ब्राह्मणवादी व्यवस्था की रूढ़ि पर सटीक टिप्पणी करती है।

'ललित मंजरी' के फरवरी, 1934 के अंक में कृष्णमोहन सिंह की 'लमन' (ऋण) नामक कहानी प्रकाशित हुई। यह डायरी शैली में लिखी गयी है। 'ललित मंजरी' के अक्टूबर, 1936 के अंक में बी॰ सिंह की कहानी 'नुङ्शि लमन' (प्रेम का प्रतिदान) छपी, जो प्रेम और त्याग की उदात्त भावना पर केन्द्रित है। सुरेन्द्र एक युवा है जो रमणी नामक लड़की से प्रेम करता है, जबकि रमणी एक अन्य युवक नीलकमल से प्यार करती है। इस प्रेम-त्रिकोण में अनेक उतार-चढ़ाव आते हैं, किन्तु अन्त में नीलकमल स्वयं सुरेन्द्र के हाथ में रमणी का हाथ थमा देता है। इसी पत्रिका के अप्रैल, 1937 के अंक में 'हेमप्रभा' का प्रकाशन हुआ। अयेकपम श्यामसुन्दर सिंह की इस कहानी में अनजान किशोरवयी प्रेम को प्रस्तुत किया गया है। 'ललित मंजरी' के मई एवं अगस्त, 1938 के अंकों में क्रमशः 'फ्रांसीगी हुकुम' (तेलेम आबीर सिंह), 'सुरेन्द्र' (पी-एच॰ वासुदेव), 'थोपा-थोपी' (के॰ गौरकिशोर सिंह) कहानियाँ छपीं। इनके अतिरिक्त एक कहानी 'थोग' (कैशाम कुंजबिहारी सिंह) भी प्रकाशित हुई। इनमें से कुछ कहानियाँ लोककथाओं को आधार बनाकर लिखी गयी हैं, जबकि कुछ का विषय प्रेम के विभिन्न पक्षों से ग्रहण किया गया है।

सन् 1941 में 'महारोल' पत्रिका के होली अंक में नीलमणि सिंह की कहानी 'ताइबङ्मपा मीहात्या' (हत्यारा जगत-पिता) का प्रकाशन हुआ। इस कहानी का नायक पुराण-पुरुष महादेव-जैसा है। उसके दो बच्चे और सुन्दर पत्नी हैं। वह त्रिशूल-जैसा हथियार और जहरीले नाग साथ रखता है। वह गाँजा-धतूरे का प्रयोग भी करता है। इसी प्रकार की और भी कई शिव-जैसी विशेषताएँ उसमें हैं। इसी पत्रिका के पूजा अंक में राजकुमार शीतलजीत की कहानी 'लुहोङ्बा नुमित्ता' (विवाह

के दिन) प्रकाशित हुई। इस कहानी की नायिका इबेचाओबी अपने प्रेम की पवित्रता की रक्षा के लिए आत्महत्या कर लेती है।

इस संभावना से इनकार नहीं किया जा सकता कि इस काल में 'याकाइरोल', 'नहारोल' और 'ललित मंजरी' पत्रिकाओं में कुछ और कहानियाँ भी छपी होंगी। विशेषकर 'ललित मंजरी' ने मणिपुरी-कहानी के प्रारम्भिक दौर में जो भूमिका निभायी, उससे यह अनुमान करना कठिन नहीं है कि इसके अंकों में काफी कहानियाँ प्रकाशित हुई होंगी। सन् 1937 से '39 तक इसका संपादन शीतलजीत सिंह ने किया था। मैं जब उनसे मिला तो वे बहुत वृद्ध हो चुके थे। तब भी उन्हें इस बात की धुँधली-सी याद थी कि अपने सम्पादन-काल में राधाकुण्ड (वृन्दावन) निवासी एक मणिपुरी लेखक गौरगोपाल सिंह की एक कहानी 'टेलीफोन' उन्होंने छापी थी जिसमें नायक-नायिका टेलीफोन पर वार्तालाप करते हैं। बाढ़-जैसी प्राकृतिक आपदाओं के कारण मणिपुरी-पत्रिकाओं के अनेक अंक नष्ट हो गये हैं, इस समय 'ललित मंजरी' पत्रिका के मात्र दस अंक ही उपलब्ध हैं। अन्य पत्रिकाओं का हाल भी इससे अच्छा नहीं है। हम समझ सकते हैं कि मणिपुरी भाषा के साहित्य का इतिहास किस प्रकार क्रूर काल का ग्रास बना है।

सन् 1946 में दो कहानी-संग्रह प्रकाश में आये, जिन्होंने सही अर्थों में लोगों का ध्यान कहानी-आन्दोलन की ओर खींचा। राजकुमार शीतलजीत सिंह के इन दोनों कहानी-संग्रहों 'लैकोन नुङदा' (बगीचे में) और 'लै-नुङ शि' (प्रिय पुरुष) में नौ कहानियाँ प्रकाशित हुईं जिनमें लेखक की दृष्टि बराबर मणिपुरी समाज की उस चेतना को उकेरने पर रही है जो पूर्वजों से प्राप्त मूल्यों की थाती से चिपकी है। लेखक ने तत्कालीन वातावरण में भी भावादर्शप्रधान चेतना का पल्ला नहीं छोड़ा। सन् 1951 में चार लेखकों की मात्र चार कहानियों की एक पुस्तक प्रकाश में आयी, जिसके लेखक का नाम भी इन चार लेखकों के नाम को मिलाकर बनाया गया—चित्रेबीरेनतोम्बीचाँद। इस संग्रह की कहानियाँ कोई नयी जमीन तोड़ती नजर नहीं आतीं क्योंकि इनमें प्रेम और विवाह के ही सफल-असफल समीकरण मुख्य हैं। इस दृष्टि से सन् 1955 में प्रकाशित एलाङ्बम रजनीकान्त का कहानी-संग्रह 'चोङ्या तमया' (पर्वत की तलहटी) अधिक महत्त्वपूर्ण है। इसकी सात कहानियों में प्रेम की त्रासद परिणति, कल्पनाजीवी लोगों का स्वभाव, विवाह, बेरोजगारी और पत्नी की उपेक्षा का परिणाम, मातृत्व की गहराई आदि को उठाया गया है। स्पष्ट है कि अब आकर कहानी के क्षितिज का विस्तार होना शुरू हुआ। सन् 1958 में रजनीकान्त का ही दूसरा कहानी-संग्रह छपा जिसमें दस कहानियाँ हैं। 'युमगी मौ' (गृहवधू) नामक इस कृति का शीर्षक कहानी की मुख्य पात्र का नाम है जो अपनी सहनशीलता से सारे परिवार का जीवन बदल देती है। इसी संग्रह की 'मणिपुरी जगोइ' नामक कहानी बड़े मनोवैज्ञानिक ढंग से भाषा की समस्या को प्रस्तुत करती है। इसी प्रकार

अन्य कहानियाँ गोद लिये गये बच्चों की समस्याएँ, अमीर-गरीब की खाई, बाँझपन के सन्देह मात्र का स्त्री-जीवन पर प्रभाव जैसी महत्त्वपूर्ण बातों को सामने लाती हैं।

नवम्बर सन् 1958 में 'पुन्सि मैरा' नाम से प्रमोदिनी का कहानी-संग्रह प्रकाश में आया। इसमें कुल पाँच कहानियाँ हैं जिनमें से प्रथम तीन कहानियाँ आगे चलकर महाराजकुमारी विनोदिनी के नाम से भी उनके कहानी-संग्रहों में छपीं। ऐसा क्यों हुआ, इस बात पर अभी तक पर्दा पड़ा हुआ है। इस संग्रह की दो कहानियाँ निर्विवाद हैं किन्तु प्रभाव की दृष्टि से इनमें कोई वैशिष्ट्य दिखायी नहीं देता। इतना होने पर भी कहानी-साहित्य के विकास के प्रथम चरण की पूरी जानकारी के लिए इस संग्रह का उल्लेख आवश्यक प्रतीत होता है।

महाराजकुमारी विनोदिनी देवी सन् 1965 में अपने कहानी-संग्रह 'नुङाईरक्ता चन्द्रमुखी (चट्टानों में चन्द्रमुखी) के माध्यम से मणिपुरी-कहानी के क्षेत्र में आयीं और उन्होंने अपनी अद्वितीय प्रतिभा के बल पर कहानी के विकास के दूसरे चरण की नींव रखी। उनके आते ही कहानी ने जैसे करवट ली और वह नयी शैली, नयी भाषा और नयी अभिव्यक्ति तथा नयी दृष्टि लेकर भविष्य की यात्रा के लिए तैयार हो गयी। विनोदिनी मणिपुरी-कहानी के क्षेत्र में गहरी मनोवैज्ञानिक हलचल पैदा करनेवाली लेखिका के रूप में विख्यात हुई। यदि ध्यान दें तो यह काल सामाजिक, आर्थिक और राजनीतिक रूप से यथार्थ और उससे अति-यथार्थ की ओर बढ़ने का काल था। कहानी में यह दिशा एकदम साफ दिखायी पड़ी। मनोवैज्ञानिक और मनोविश्लेषणवादी विचार-दृष्टि को साथ लेकर चलनेवाली महाराजकुमारी विनोदिनी के साथ ही साठोत्तरी काल में कुछ दूसरी धाराओं के कहानीकार भी सक्रिय हुए। इनमें से कुछ वे लेखक थे, जो कविता के क्षेत्र में क्रुद्ध काव्यान्दोलन के लिए जाने जाते हैं। श्री बीरेन एक ऐसा ही नाम है। युमलेम्बम इबोमचा भी इसी श्रेणी के दूसरे कहानीकार हैं। साठोत्तरी काल में सामाजिक मूल्यों की रक्षा की चिन्ता, समाजार्थिक समस्याओं के यथार्थ चित्रण के प्रति आग्रह और समकालीन चेतना के प्रभाव की अभिव्यक्ति की चाह लेकर जो कहानीकार आये, उनमें कुंजमोहन, खुमनथेम प्रकाश, हिजम गुण सिंह, चित्रेश्वर शर्मा, इबोहल सिंह काङ्जम आदि के नाम उल्लेखनीय हैं। कुछ बाद कैशाम प्रियकुमार भी इसी धारा में आ मिले। इनमें से कई लेखक स्थानीय जीवन के परम्परागत रूप तथा सीमित अर्थ में आंचलिकता के प्रति भी आग्रहशील रहे। यथार्थवादी धारा से जुड़कर हास्य-व्यंग्य भरी कहानियों की धारा का विकास भी हुआ। निर्विवाद रूप से एलाङ्बम दीनमणि सिंह इस धारा के प्रतिनिधि कहानीकार हैं। कहना चाहिए, वही इस नवीन धारा के पुरोधा-पोषक भी हैं। उन्होंने हास्य-व्यंग्य को सामाजिक बुराइयों पर प्रहार करनेवाले समर्थ हथियार के रूप में प्रयुक्त किया है। 'नवीन चम्प्रासी', 'कवि चङ्बा', 'रेडियो' आदि उनकी इसी विशेषता को प्रदर्शित करती हैं। इन सभी धाराओं के साथ साठोत्तरी काल में रची

गयी कहानियों का एक वर्ग वह भी है, जिसका सम्बन्ध प्रथम चरण की भावुकता और आदर्शवादी प्रवृत्ति से है। इन कहानियों का यथार्थ भी हमेशा आदर्श के पीछे दौड़ने की कोशिश करता दीखता है। इस धारा के अग्रणी लेखक नीलवीर शास्त्री माने जाते हैं। 'कालेन था गी लैपाक लै', 'सिङ्हौद्रबा', 'निङ् शिङ् मैरि', 'लौखतपा' आदि शास्त्री जी की ऐसी ही कहानियाँ हैं। 'राजोगी फुरित' उनकी यथार्थ का स्पर्श करनेवाली कहानी है।

कुल मिलाकर मणिपुरी-कहानी ने सन् 1960 से '80 के लगभग तक जो यात्रा की, वह अनेक दृष्टियों से महत्त्वपूर्ण है। इस काल में 'नुङाइरक्ता चन्द्रमुखी' (महाराजकुमारी विनोदिनी); 'चैनखिद्रबा इचेल', 'इलिशा अमगी महाओ' (कुंजमोहन सिंह); 'इचेगी शम' (के-एच॰ प्रकाश); 'लैचिल्लकी थाज' (श्री बीरेन); 'अवाओबा पुन्सि' (कैशाम प्रियकुमार); 'बासन्ती चरोङ' (नीलवीर शास्त्री); 'ड॰ सिदि लाक्ले', 'भारादा' (चित्रेश्वर शर्मा); 'फिजङ् मरुमदा' (हिजम गुण सिंह); 'थक्लबी', 'मोरानबी अडाओबी', 'तिङ्खङ् लै' (एलाङ्बम दीनमणि सिंह); 'निर्मल यमुना', 'मङ्शत तान्नबा' (एलाङ्बम सोनामणि सिंह); 'करिगी' (इबोहल सिंह काङ्जम); अनौबा युगकी नुङ्शामपी' (राजकुमार मणि सिंह); 'अयुक्की नोङहौ' (राजेन शर्मा) आदि चर्चित कहानी-संग्रह प्रकाश में आये। इनके माध्यम से प्रेम, यौन सम्बन्धों के विविध कोण, भयावह आर्थिक समस्याएँ, व्यक्ति-मनोविज्ञान की गहराई, मानव-स्वातन्त्र्य की कामना, अनमेल विवाह की त्रासदी, परिवार और बहुविवाह के अन्तर्विरोध, राजनीतिक क्षेत्र में तेजी से पनपता भ्रष्ट आचरण और मूल्यहीनता, उपभोगवादी जीवन-दृष्टि और प्रदर्शन की प्रवृत्ति, ग्राम-सुधार की कामना, जातीय गौरव की रक्षा, सांस्कृतिक अवमूल्यन के प्रति चिन्ता, शिक्षा-जगत् का यथार्थ और इन सबके माध्यम से साठोत्तरी जीवन की सम्पूर्ण सच्चाई को वाणी देने का प्रयास किया गया है। इसीके साथ इस काल की इबोमचा के रूप में एक ऐसा कहानीकार भी मिला जिसने मणिपुरी-कहानी को प्रयोगशीलता से जोड़ा। 'मिराङ्', 'खुदोल', 'पिदुगी मंमल', 'नोङ अदुमचूरि' और 'इशिङ' जैसी उनकी कहानियाँ अनेक प्रयोग प्रस्तुत करती हैं जिनके सहारे कहानी कथानक और रचना-शिल्प के क्षेत्र में सशक्त हुई।

बीसवीं शताब्दी के नौवें दशक में मणिपुरी-कहानी का तीसरा चरण प्रारम्भ हुआ। इसकी सूचना एन॰ कुंजमोहन सिंह ने सन् 1979 में प्रकाशित कहानी-संग्रह की कहानी 'इने लैपाकलै' (बुआ लैपाकलै) में दी। इस कहानी की नायक महँगाई, चोरी और भ्रष्टाचार के विरुद्ध विधानसभा के सामने होनेवाले जनान्दोलन में हिस्सा लेती है और घायल होकर अस्पताल में भर्ती होती है। वहाँ से उसे जेल ले जाने के लिए पुलिस की गाड़ी आती है। उसी क्षण एक युवक-युवती कहीं से अचानक निकल आते हैं और बुआ के गले में फूलों की माला पहना कर 'इन्कलाब जिन्दाबाद' चिल्ला पड़ते हैं। इस प्रकार यह कहानी अपने पीछे अनेक संकेत छोड़ जाती है, जिन्हें ग्रहण

करके मणिपुरी-कहानी आगे बढ़ती है। 'ख्वाइदगी फबा नागारिक' (कमल तोइजाम्बा); 'ममाङ् थोङ् लोल्लबदि मनीङथोङदा लाकउदना (एलाङ्बम सोनामणि सिंह), 'मन्त्री खनबा' (एल॰ प्रेमचाँद); 'नम्बुल प्रोजेक्ट' (राजकुमार मणि सिंह), 'तिनशिनबा खाइदोकपा' (डिजम गुण सिंह); 'मन्त्रीनाओ लुहोङबा' (एलाङ्बम दीनमणि सिंह), 'शेन्दोय' (शरतचन्द्र नोङ्थोम्बा); कनागी मन्त्री' (के-एच॰ प्रकाश); 'मनिमतुम' (लमाबम वीरमणि); 'तकखायबा' (कैशाम प्रियकुमार) आदि इस काल की अनेक कहानियों में यथार्थ, सच्चाई, आन्तरिक आग और जनसंघर्ष का वह मिलाजुला विस्तार मिलता है जिसकी शुरुआत 'बुआ लैपाकलै' ने कर दी थी। आन्तरिक विशेषताओं में व्यापक परिवर्तन का प्रभाव इस काल की कथा-भाषा पर भी दिखायी देता है। इस काल का महत्त्व इस बात में भी है कि इसने मणिपुरी भाषा की सबसे लम्बी कहानी 'चेकला पाइखबदा' (लमाबम वीरमणि) और ऐतिहासिक रोमांस की अब तक की एकमात्र कहानी 'तत्खबा पुन्सि लैपुल' (नीलवीर शास्त्री) को जन्म दिया।

नौवाँ दशक बीतते न बीतते मणिपुरी-कहानी ने एक कदम और आगे बढ़ा लिया। इसे युवा कविता से जुड़े कवि-कहानीकारों ने संभव बनाया। इस नये चरण की कहानियों में आक्रोश की अधिकता के साथ ही जातीय पहचान के संकट की अभिव्यक्ति और शासनसत्ता द्वारा आतंकवाद को कुचलने के नाम पर चलाया जा रहा प्रति-आतंकवाद के विरुद्ध सशक्त स्वर विद्यमान है। वह ठीक युवा कविता धारा की भाँति ही है। लनचेनबा मीतै और वीरेन्द्रजित नाओरेम इस धारा के प्रतिनिधि कहानीकार हैं।

उपन्यास

मणिपुरी भाषा का प्रथम उपन्यास 'माधवी' है। लमाबम कमल की इस रचना का प्रकाशन सन् 1930 में हुआ। सन् 1929 में कमल के काव्य-संग्रह 'लै-परेङ्' में नवजागरण काल की जिस चेतना का विस्फोट दिखायी दिया था, वही 'माधवी' की रचना का आधार बना। प्रेम की मर्यादा का पालन, वैयक्तिक प्रेम के स्थान पर सामाजिक और मातृभूमि के प्रति प्रेम का चुनाव, त्याग का उत्कर्ष, सामाजिक-आर्थिक बुराइयों पर हमला और स्त्री-सत्ता की सार्थक खोज के साथ ही प्रकृति के विविध रूपों, चित्रात्मकता और भाषा की काव्यात्मक शक्ति को इस उपन्यास में मूर्त होते हुए देखा जा सकता है। इन सब विशेषताओं के साथ ही 'माधवी' में मानवतावादी भावना है तथा चरित्र भरसक उस काल की परिस्थितियों से टकराते-टूटते विद्यमान हैं। अपने वास्तविक रूप में कमल का यह उपन्यास मणिपुरी-उपन्यास-धारा का निर्माता कहा जा सकता है। 'माधवी' के दस वर्ष बाद 'जहेरा' (हिजम अङाङ्हल) और 'लवङ्लता' (ख्वाइराकपम चाओबा) नामक उपन्यास प्रकाशित हुए। इनमें से 'जहेरा' नवजागरणकालीन सामाजिक दृष्टि को प्रस्तुत करता है। इसमें लेखक ने गाँधी जी के समानता, मानवतावाद आदि मूल्यों से प्रभावित होकर हिन्दू-मुसलमानों के बीच

एकता की आवश्यकता प्रतिपादित की है। इसका कथानक मूलतः एक हिन्दू युवक और मुस्लिम युवती के आदर्श प्रेम पर आधारित है जो तत्कालीन परिस्थिति में सामाजिक विद्रोह को दर्शाता है। नायक अन्त में समाज की रूढ़ मान्यताओं का सामना न कर पाने के कारण नायिका को अपनी जीवन-संगिनी नहीं बना पाता और कोई उपाय न देख उसकी हत्या कर देता है। इससे विद्रोह की धज्जियाँ उड़ जाती हैं। इस असफल क्रान्ति के प्रदर्शन के साथ उपन्यास के दुःखद अन्त को समीक्षकों ने अनेक तर्कों के आधार पर अस्वीकार किया है। फिर भी सामाजिक परिवर्तन के संकेत तथा साम्प्रदायिक सौहार्द के संदेश के कारण 'जहेरा' उपन्यास आज तक महत्त्वपूर्ण बना हुआ है। दाओबा का 'लवङ्लता' मणिपुरी भाषा का प्रथम ऐतिहासिक उपन्यास माना जाता है। इसमें मणिपुरी इतिहास के कुछ पात्रों व घटनाओं को ग्रहण करके लेखक ने अपनी कल्पना-शक्ति के सहारे कथानक तैयार किया है, जिसमें राजनीतिक परिवेश के साथ प्रेम के अनुकूल-प्रतिकूल प्रसंग चित्रित किये गये हैं। ऐतिहासिक रोमांस के अनेक तत्त्व इस उपन्यास में विद्यमान हैं। गद्य में प्रकृति के मोहक चित्रों और आकर्षक बिम्बों की योजना 'लवङ्लता' की अतिरिक्त विशेषता है। पाँचवें दशक के प्रारम्भ में राजकुमार शीतलजीत के उपन्यास आने शुरू हो गये। उनके 'थादोकपा' (1941), 'इमा' (1947), 'रोहिणी' (1948) और 'नुङ्शि वाखैबा' (1951) आदि उपन्यास प्रकाशित हुए। इन सभी में 'इमा' (माँ) ने पाठकों का ध्यान अधिक आकर्षित किया। शीतलजीत के 'थादोकपा' उपन्यास का नायक प्रेम और विवाह के क्षेत्र में अपूर्व आदर्श की स्थापना करता है। जीवन-संघर्ष में साथ न देकर उसकी पत्नी उसे छोड़कर मायके जा बैठती है, किन्तु नायक सदानन्द उससे बिल्कुल नाराज नहीं होता। वह अपनी आर्थिक दशा सुधारता है और आजीवन अपनी पत्नी को आवश्यकता की पूर्ति के लिए सामर्थ्य भर पैसा दिये जाता है। 'रोहिणी' उपन्यास का मुख्य पात्र गोपाल एक असहाय स्त्री को सामाजिक सुरक्षा प्रदान करने में अनेक कष्ट उठाता है। यहाँ तक कि उसका स्वास्थ्य तक चला जाता है, किन्तु वह अपने कर्तव्य से पीछे नहीं हटता। 'नुङ्शि वाखैबा' उपन्यास राधाचरण और चन्द्रा देवी के माध्यम से प्रेम के सम्बन्ध में समाज की परम्परावादी दृष्टि और अन्त में प्रेम की त्रासदी बयान करता है। शीतलजीत के ये तीनों उपन्यास मूल रूप से प्रेम और कर्तव्य-प्रधान आदर्श के इर्दगिर्द घूमते हैं। इनसे अलग 'इमा' के कथानक का ताना-बाना अधिक व्यापक परिप्रेक्ष्य लिये हुए प्रतीत होता है। इसमें रणजीत, राधा, मेघचन्द्र, थम्बाल, मणि आदि पात्र हैं जिनके माध्यम से अनेक उतार-चढ़ावोंवाला जीवन-सत्य सामने आता है। वस्तुतः यह उपन्यास भावनाओं के आवेग, द्वंद्व, कर्तव्य और माँ के प्रति पुत्र के नैसर्गिक प्रेम के मध्य हृदयविदारक संघर्ष, निःसन्तान स्त्री के मन की व्याकुलता, प्रभुता का अहम्, स्त्री के प्रति दुर्व्यवहार, बदले में स्त्री के हृदय में विद्यमान प्रतिशोध की ज्वाला का विस्फोट, बेटे की प्रतिष्ठा के लिए माँ द्वारा

जीवन तक दाँव पर लगा देने का संकल्प आदि तत्त्वों के मिश्रण से निर्मित हुआ है। इस उपन्यास का अन्त भी आदर्शवादी समाधान पद्धति के सहारे ही किया गया है जो उस काल के मणिपुरी-उपन्यास की प्रकृति का परिचायक है। यह आश्चर्य का विषय है कि जब मणिपुरी-कविता अपने समग्र चिन्तन और शक्तिशाली आग्रह के साथ आधुनिकता बोध तथा उसमें व्याप्त यथार्थ की दिशा में बढ़ने लगी थी, तब उपन्यास रोमानी संवेदना और आदर्शवादी मूल्यों के चारों ओर चक्कर लगा रहा था। यह स्थिति कमोबेश साठ के काल तक बनी रही। पचास से साठ के मध्य जो महत्त्वपूर्ण उपन्यास प्रकाशित हुए, उनमें राजकुमार शीतलजीत के 'नुङ्शि बाखैबा' के अतिरिक्त 'लमन' (हिजम गुण सिंह), 'हज' (पाचा मीतै), 'राधा' (तखेलम्बम थोइबी देवी), 'जात ओनबा' (राम सिंह), 'चाओबी' (खोइजम धीरेन) आदि के नाम लिये जा सकते हैं। इनमें से 'लमन', 'हज' और 'जात ओनबा' ने ही भावात्मक आदर्श की काल्पनिक दुनिया से बाहर आने का कार्य किया। राम सिंह का उपन्यास 'जात ओइनबा' हिन्दू समाज-व्यवस्था की एक घातक रूढ़ि पर आक्रमण करने के कारण विशेष चर्चित भी हुआ।

मणिपुरी-उपन्यास को यथार्थ की ठोस जमीन देने और उसे मनोविज्ञान व मनोविश्लेषण के निकट ले जाने का कार्य सन् 1960 से '80 के मध्य हुआ। विषय-वैविध्य के साथ ही संख्या की दृष्टि से भी इस अवधि में सबसे अधिक उपन्यास रचे गये। 'खुदोल', 'अखोई तावादा' (हिजम गुण); 'हयाद बेगम', 'ना ताथीदा अहल अमा', 'इम्फाल अमसुङ् मागी ईशिङ् नुङ् शितकी फीभम', 'अनौबा पाओ अमा', 'पीगो वारि' (पाचा मीतै); 'लैपा कलै' (चित्रेश्वर शर्मा); 'नुङ् शि इचेल' (टी॰ थोइबी); 'राधा किशोर' (थियाम इन्द्रकुमार); 'मङ्लैबा' (तोकपम इबोमचा); 'ऐ ओक्तबीनि' (खुमनथेम इबोहल); 'बोर साहेब ओङ्बी सनातोम्बी' (महाराजकुमारी विनोदिनी देवी); 'मयाम्बा गरीब निवाज' (एस॰ नदिया चाँद); याथङ् (कयामुद्दीन पुख्रीमयुम); 'कनादनो हुक्कदबा' (खोइजम धीरेन) आदि इस काल के चर्चित उपन्यास हैं। इनमें साठ के बाद का मणिपुरी समाज अपने असली चेहरे को देखता नजर आता है। सामान्य सामाजिक, सांस्कृतिक, आर्थिक यथार्थ के साथ ही ये उपन्यास मानव-चरित्र के भीतर पैठने की कोशिश भी करते हैं। खुमनयेम इबोहल का 'ऐ ओक्तबीनि' उपन्यास एक स्त्री की उस त्रासदी का बयान करता है जिसमें घिर कर वह अपने को वेश्या घोषित करती है। पाचा का 'इम्फाल अमसुङ् मागी इशिङ् नुङ् शितकी फीभम' (इम्फाल और उसकी आबोहवा) एक ऐसा उपन्यास है जिसमें मनोविश्लेषणवादी सन्दर्भ मूलाधार के रूप में प्रयोग किये गये हैं। लेकिन यही इस उपन्यास की सीमा नहीं है क्योंकि पाचा का ध्यान पश्चिमी रचना-शैली के रूप में मनोविश्लेषण का सहारा लेना नहीं था, बल्कि वह इसका उपयोग मणिपुरी समाज की लीलने की तैयारी करनेवाली समस्याओं को और बाँधने में करना चाहते

थे। पाचा ने अति-यथार्थ के प्रयोग का साहस करके साठोत्तरी मणिपुरी जीवन में घुस आये विषाक्त जीवाणुओं को पहचानने का रास्ता दिखाया। महाराजकुमारी विनोदिनी देवी ने अपने उपन्यास 'बोर साहेब की ओङ्बी सनातोम्बी' में बड़े साहेब की ब्याहता सनातोम्बी के माध्यम से स्त्री-जीवन और उसके मानस का विश्लेषण हिन्दी-कथाकार मृदुला गर्ग की भाँति किया है। अन्तर यह है कि विनोदिनी अपने विवेचन में मृदुला से कहीं अधिक मनोवैज्ञानिक बारीकी का प्रयोग करने में सफल रही हैं। इस उपन्यास की दूसरी विशेषता यह है कि इसने मणिपुरी-कथासाहित्य को एक ऐसी भाषिक संरचना प्रदान की जिसमें एक ओर राज-परिवार के संवाद का वैशिष्ट्य है तो दूसरी ओर विश्वकवि रवीन्द्रनाथ की भाषा की कोमलकान्त प्रकृति। स्मरणीय है कि विनोदिनी की शिक्षा-दीक्षा शान्तिनिकेतन में हुई थी और वे रवीन्द्रनाथ के सान्निध्य में रही थीं। इस सम्पर्क का प्रभाव उनके व्यक्तित्व और भाषा, दोनों पर देखा जा सकता है।

साठोत्तरी काल में मणिपुरी-उपन्यास जिन प्रश्नों को लेकर आगे बढ़ा था वे अनेक राजनीतिक-आर्थिक-सामाजिक कारणों से अधिक मारक होते गये और इसी गति से उपन्यास भी उनसे जूझने को अधिक शक्ति से तैयार होता गया। यही कारण है कि सन् 1980 के बाद का मणिपुरी-उपन्यास-साहित्य अधिक बेबाकी अपनाता दिखायी देता है, वस्तु-संघटन में भी और भाषा-संरचना के स्तर पर भी। सन् 1983 में हिजम गुण सिंह का उपन्यास 'वीर टिकेन्द्रजीत रोड' प्रकाशित हुआ। इसमें बेमेल विवाह और नारी की स्थिति को आधार बना कर बड़े अग्निधर्मा सवाल उठाये गये हैं। क्या बेमेल विवाह केवल एक नारी और एक पुरुष तक सीमित दुर्भाग्यपूर्ण घटना है ? क्या स्त्री हमेशा पुरुष के बलात्कार का शिकार होने को अभिशप्त है ? क्या अवैध यौन सम्बन्धों का भार केवल स्त्री के कंधों पर ही डाला जाना चाहिए ? क्या समाज को उस पुरुष की अनदेखी करनी चाहिए जो कभी स्त्री के शरीर से अपना शारीरिक उद्देश्य पूरा करता है, कभी उसका सम्मान बेचकर अपने सम्मान की रक्षा करता है और कभी उसे बीच में डालकर अपने व्यावसायिक लक्ष्य प्राप्त करता है ? इस उपन्यास की रचना-शैली भी अन्य से अलग है। इसकी संरचना में एक ऐसा पात्र है जो उपन्यास की कुछ घटनाएँ स्वयं सुनाता है, कुछ दूसरों से सुनता है और कुछ उसकी स्मृति में उभरती है। चित्रेश्वर शर्मा का सन् 1991 में प्रकाशित 'अरिबम' उगन्यास और हरी कमलिनी का 'थरोशङ् बी' मणिपुरी समाज के कमर तोड़नेवाले आर्थिक भ्रष्टाचार, राजनीतिक उठा-पटक, मादक द्रव्यों की तस्करी, बेरोजगारी, वर्ग-भेद आदि के साथ ही इस राज्य में फैले उग्रवाद को भी कथानक का स्रोत बनाता है। विभिन्न समस्याओं के कारण यह समाज हड़तालों, आन्दोलनों, रैलियों, जुलूसों और आये दिन होनेवाले बन्द के जाल में फँसकर रह गया है। दूसरी ओर असंतुष्ट युवा वर्ग ने सशस्त्र संगठन स्थापित करके राजनीतिक व सामाजार्थिक

संकट को हल करने का संकल्प कर लिया है। यही युवा वर्ग जब देखता है कि जन-कल्याण का दावा करनेवाली सरकारें अपराधियों को उचित दण्ड देने में पूरी तरह असमर्थ हैं तो वे स्वयं ही न्यायकर्त्ता बनने का प्रयास भी करता है। अपने मूल ढाँचे में यह उपन्यास पाठक को भयावह यथार्थ के सामने खड़ा करके बहुत-कुछ सोचने को बाध्य कर देता है। मादक पदार्थों की तस्करी को व्यापक परिप्रेक्ष्य में उठाने का कार्य सन् 1992 में प्रकाशित अराम्बम श्री बीरेन का उपन्यास 'पुन्तिगी मरुद्यान' (जीवन का मरुस्थल) भी करता है। इस कृति में यौन शोषण और वेश्यावृत्ति सम्बन्धी समस्याएँ भी चित्रित हुई हैं किन्तु उनमें अपेक्षित गहराई नहीं है। इस कृति की उपलब्धि मादक पदार्थों के प्रयोग और ड्रग-ट्रैफिकिङ् के सामाजिक व राष्ट्रीय प्रभाव का विश्लेषण है। बीसवीं शताब्दी के अन्तिम दशकों में मणिपुरी-उपन्यास का विस्तार उसकी समृद्धि को भी सूचित करता है और सजगता को भी। इस काल में सामाजिक पहचान को लेकर अनेक नयी बातें सामने आयी हैं। इनके अंतर्गत प्राचीन सांस्कृतिक परम्पराओं के प्रति पुनर्जागरण की भावना के साथ ही सामाजिक पहचान को राजनीतिक महत्त्वाकांक्षाओं से जोड़ने की प्रवृत्ति का विकास भी देखने में आ रहा है। ऐतिहासिक प्रतीकों पर राजनीतिक सत्ता ने जो हमला किया है, वह भी सामाजिक चिन्ता का विषय बना है और आतंक तथा प्रति-आतंक से भी साधारण मनुष्य आन्दोलित हुआ है। कहना न होगा कि मणिपुरी भाषा का उपन्यास-साहित्य इन सब संदर्भों को अपने में समेटने में सक्षम सिद्ध हुआ है।

इक्कीसवीं शताब्दी के प्रथम दो वर्षों में 'हैराङ्सना' (एम॰ एफ॰ रहमान), 'लम्फेल' (माइबम इबोचौबा), 'योत्लिहङ्' (थाङ्जङ् इबोचाओबा), 'लम्बी असिदा' (जोयचन्द्र) आदि उपन्यास प्रकाश में आकर चर्चित हो चुके हैं किन्तु इनके विषय में अभी से कोई निर्णय देना कठिन होगा।

नाटक

मणिपुरी भाषा का प्रथम नाटक, 'नरसिंह' सन् 1922 में लिखा गया और सन् 1925 में मंचित हुआ किन्तु आधुनिक मणिपुरी रंगमंच का प्रारम्भ सन् 1902 में 'प्रवास मिलन' शीर्षक बाङ्ला नाटक के प्रदर्शन से हो गया था। यह नाटक राजा दुम्ब्रा सिंह (तनख्या अहल) के अहाते में बने मण्डप में जमीन से कुछ ऊपर उठी रंगभूमि निर्मित करके खेला गया था और इसमें मणिपुरी तथा बंगाली, दोनों ही जातियों के अभिनेताओं ने भाग लिया था। पहली व्यवस्थित नाट्यशाला सन् 1903 में 'वामाचरण मुखोपाध्याय बांधव नाट्यशाला' के नाम से अस्तित्व में आयी जिसकी स्थापना में बंगाली और मणिपुरी, दोनों ही नाट्यप्रेमी शामिल थे। प्रारम्भ में इस नाट्य-संस्था द्वारा प्रस्तुत की जानेवाली नाट्य-प्रस्तुतियों की माध्यम भाषा बाङ्ला ही रही, किन्तु धीरे-धीरे बाङ्ला से मणिपुरी में अनूदित नाटक प्रस्तुत किये जाने लगे। इस प्रकार का पहला नाटक 'पार्थ पराजय' सन् 1915 में मंचित किया गया जिसका

अनुवाद ओजा नोङ्याइ द्वारा किया गया था। इसके पश्चात् बाङ्ला के द्विजेन्द्रलाल राय, गिरीशचन्द्र घोष, कालीप्रसन्न, शचीन्द्रनाथ सेनगुप्त आदि के नाटकों के मणिपुरी अनुवाद बहुतायत के साथ मंचित हुए।

नवजागरणकालीन चेतना के प्रभाव से मणिपुरी-साहित्य में जो प्रभाव परिलक्षित हो रहा था, उसीने निज भाषा में नाटक लिखने की प्रेरणा प्रदान की और उन दिनों ढाका में शिक्षा प्राप्त करने के दौरान सन् 1922 में लाइरेनमयुम इबुङोहल सिंह ने मणिपुरी इतिहास से सामग्री लेकर 'नरसिंह' की रचना की। मणिपुर के तत्कालीन महाराजा चूड़ाचाँद सिंह ने मणिपुरी भाषा को उन्नत बनाने के प्रयास में 30 अप्रैल, 1925 को इस नाटक के मंचन की व्यवस्था की। इस प्रकार मणिपुरी भाषा में मौलिक नाटक का प्रादुर्भाव हुआ। 'नरसिंह' में इतिहास के साथ-साथ मातृभूमि-प्रेम और परम्परागत मीतै आदर्श की अभिव्यक्ति भी की गयी है। इसकी रचना-पद्धति में संस्कृत-नाट्य-विधान का अनुकरण दिखायी देता है। प्रस्तावना में गीत का प्रयोग किया गया है। संगीत पर्याप्त मात्रा में है और गीतों को रस व ताल से युक्त बनाया गया है। घटना, स्थान और समय के संकलनत्रय का ध्यान इस नाटक में नहीं रखा गया है और अंक-व्यवस्था भी प्रौढ़ नहीं है।

मणिपुरी भाषा का दूसरा नाटक 'देवयानी' लमाबम कमल ने सन् 1924 में रचा। इस नाटक के कथानक का निर्माण 'महाभारत' के आदिपर्व के प्रख्यात प्रसंग के आधार पर किया गया है। कमल अपने विचार और व्यवहार, दोनों में ही क्रान्तिकारी थे। उन्होंने अपने साहित्य के माध्यम से ब्राह्मणवादी समाज-व्यवस्था के कारण उत्पन्न जातिप्रथा की व्यापक हानियों को प्रकट किया है तथा व्यक्ति व समाज को खण्डित करनेवाली इस घातक प्रथा पर अनेक प्रहार किये हैं। देवयानी ब्राह्मणवादी व्यवस्था के पोषक शुक्र की कन्या है और शर्मिष्ठा एक शूद्र कुल से सम्बन्ध रखती है। कमल ने इन दोनों को समर्थ प्रतीक के रूप में ग्रहण करके जातीय टकराव और छुआछूत जैसी घातक बुराई को निशाना बनाया है। संवादों की दृष्टि से यह नाटक कई स्थानों पर ऊबाऊ लगता है, फिर भी पाठक पर इसकी पकड़ बराबर बनी रहती है।

सोरोकखाइबम ललित ने सन् 1930 में 'सती खोङ् नाङ्' और 1931 में 'अरेप्पा मरुप' शीर्षक नाटक लिखे। पहला नाटक नायिका 'कन्या' द्वारा अपने पति की चिता पर सती होने की घटना से सम्बन्धित है और हिन्दू धर्म के नाम पर प्रचलित इस रूढ़ि को महिमा-मण्डित करता है। नाटक में दिखाया गया है कि विनोद नामक पात्र दोनों की समाधि पर एक वटवृक्ष रोप देता है। यथार्थ में भी ऐसा एक स्थान और वहाँ एक वृक्ष है जिसे 'सती खोङ्नाङ' कहा जाता है। सो॰ ललित का दूसरा नाटक पहले की अपेक्षा अधिक सामयिक और महत्त्वपूर्ण है। ऐसी मान्यता है कि इसकी रचना में हिजम इरावत की भी भूमिका है। संभव है, इसी कारण इस कृति

में नाट्य-संघर्ष का प्रवेश हुआ हो। इसमें चन्द्र सिंह नामक एक धनवान् युवक रजनी नाम की एक लोभी नारी के प्रेम-जाल में पड़ जाता है और बाद में उसकी हत्या कर देता है। अन्त में वह ब्रह्मपुत्र में डूब मरता है। एक दूसरा युवक प्रताप अपने सद्गुणों के कारण चन्द्र सिंह के पिता का सहारा बनता है।

इन नाटकों के अतिरिक्त इस काल में अराम्बम दरेन्द्रजीत के 'मोइराङ् थोइबी', 'भाग्यचन्द्र' और अशाङ्बम मीनकेतन के 'सीता वनबास' व 'तोनु लाइजिङ्लेम्बी' नाटक प्रकाश में आये। इन नाटककारों की विशेषता यह है कि इन्होंने इतिहास, पुराण, सामाजिक आदर्श और संस्कृत के नाट्यकारों – विशेषकर कालिदास – के वर्णन-सौन्दर्य का प्रयोग करते हुए मणिपुरी-लोकसाहित्य सम्बन्धी सामग्री का उपयोग भी अच्छी तरह किया है। सुन्दर गीतों का प्रयोग इस काल के नाटकों की एक अन्य विशेषता है। किन्तु द्वितीय विश्वयुद्ध के पूर्व काल में मणिपुरी-नाटक और रंगमंच की दृष्टि से जिस लेखक की भूमिका अविस्मरणीय है, वे हैं हिजम अङाङ्हल। मणिपुरी रंगमंच को बाङ्ला रंगमंच के साथ आये पतनशील युग के पाश्चात्य प्रभाव मुक्त करने की दिशा में अङाङ्हल ने महत्त्वपूर्ण प्रयास किया और मणिपुरी रंगमंच की अपनी स्वतंत्र धारा निर्मित करने सम्बन्धी आन्दोलन के सूत्रधारों में से एक बने। इसी उद्देश्य के लिए उन्होंने मणिपुरी ड्रामेटिक यूनियन की स्थापना में निर्णायक भूमिका निभायी और सन् 1936 में 'चित्रांगदा नाट्य-मन्दिर' की स्थापना की। हिजम अङाङहल महाकवि के साथ ही श्रेष्ठ नाटक-लेखक भी थे। उन्होंने 'निमाई संन्यास', 'थाबल चोङ्बी', 'इबेम्मा' और 'पोक्तबी' शीर्षक चार नाटकों की रचना की थी। इनमें से पहले दो नाटक अब उपलब्ध नहीं हैं। 'इबेम्मा' (1939 में रचित) में अङाङ्हल ने तत्कालीन मणिपुरी समाज का वास्तविक रूप चित्रित किया है। उस काल में एक धारणा प्रचलित थी कि बिगड़ी हुई सन्तान को ठीक रास्ते पर लाने के लिए एक उपाय यह है कि उसका विवाह कर दिया जाय। यदि बिगड़ा हुआ पुत्र है तो यह फार्मूला बड़ा प्रभावकारी माना जाता था। इस नाटक के विजय को सही मार्ग पर लाने के लिए भी यही उपाय किया जाता है। नाटककार अपना मूल नाटक यहीं से शुरू करता है। वह इसके बहाने इस सवाल से दो-चार होना चाहता है कि यदि बिगड़ा हुआ लड़का विवाह से सुधर जाय तो ठीक है, किन्तु यदि ऐसा न हो पाय, तो क्या होगा ? उस दशा में जो अनेक समस्याएँ पैदा होंगी, उनका समाधान कैसे खोजा जायगा ? नाटक का विजय सुधरता नहीं है। अङाङ्हल का दूसरा नाटक 'पोक्तबी' सौतेली माँ के क्रूर व्यवहार को आधार बनाकर लिखा गया है। यहाँ यह संकेत करना आवश्यक है कि नाटककार ने ज्वलन्त सामाजिक समस्याओं पर केन्द्रित नाटक रचने के बावजूद उनका अन्त सुखान्त पद्धति से किया है।

समीक्ष्य काल में मणिपुरी-नाटक-साहित्य को समृद्ध करने में कवि चाओबा की भूमिका भी उल्लेखनीय है। चाओबा के तीन नाटक मिलते हैं–'मधुमालती',

'नवमालिका' और 'लवंगलता'। 'मधुमालती' रॉक्सी थिएटर में 1945 के आसपास दो-तीन बार मंचित किया गया था। 'नवमालिका' की नाट्य-प्रस्तुति एम॰डी॰यू॰ में हुई थी और 'लवंगलता' अङ्गा तोमचो शर्मा के मण्डप में खेला गया था। 'लवंगलता' वास्तव में चाओबा द्वारा उनके इसी नाम के उपन्यास का नाट्य-रूपान्तर है। यह तथ्य मणिपुरी-नाट्य-साहित्य की नवीन प्रवृत्ति को दर्शाता है। कवि चाओबा ने ही मणिपुरी भाषा में एकांकी नाटक परम्परा का भी विकास किया। उनके द्वारा लिखा गया मणिपुरी भाषा का पहला एकांकी सन् 1947 के काल में जॉन्सटन स्कूल में खेला गया था। इस एकांकी के नाम का पता नहीं चलता किन्तु इसमें भाग लेनेवाले कलाकारों के साक्षात्कार से यह अवश्य पता चलता है कि यह खोङ्जोम युद्ध से जुड़ी घटना पर आधारित था। इस प्रकार कवि चाओबा तक आते-आते मणिपुरी-नाटक-साहित्य विषयवस्तु और रचना-शैली की दृष्टि से फलने-फूलने का संकेत करने लगा था।

सन् 1950 के बाद मणिपुरी-नाटक और रंगमंच दोनों में ही नये परिवर्तन दिखायी दिये। इसका श्रेय तत्कालीन परिस्थितियों को भी जाता है और मणिपुर से बाहर जाकर नाट्य की शिक्षा प्राप्त करनेवाले उन रंगकर्मियों को भी, जिन्होंने मणिपुर लौटकर रंगमंच को नया अर्थ देने का अभियान चलाया। इनमें से हैस्नाम कन्हाईलाल, सनख्या इबोतोम्बी और रतन थियाम ने आगे चलकर मणिपुरी रंग आंदोलन को विश्व स्तर पर प्रतिष्ठित किया तथा नवीन प्रयोग करके अपार कीर्ति अर्जित की। इन तीनों का सम्बन्ध राष्ट्रीय नाट्य विद्यालय से रहा, सबसे अधिक रतन थियाम का, जिन्होंने वहाँ नाट्य का प्रशिक्षण भी लिया और कुछ वर्ष तक उसके निदेशक भी रहे। समकालीन मणिपुरी रंगमंच और नाटक का जो परिदृश्य बना उसके निर्माण में इबोतोम्बी, कन्हाई और रतन का योगदान सर्वाधिक है। विशेष बात यह है कि इन तीनों ने केवल नाट्य-निर्देशन ही नहीं किया बल्कि आवश्यक होने पर नाटक भी लिखे। कुछ काल बाद अराम्बम लोकेन्द्र और प्रेमचाँद जैसे रंगकर्मी सामने आये, जिन्होंने पोलिटिकल थियेटर और थियेटर ऑफ रेजिस्टेंस जैसी नयी धाराएँ प्रस्तुत कीं।

जहाँ तक नाटक-साहित्य का प्रश्न है, द्वितीय विश्वयुद्ध के बाद अनेक नाटककार इस क्षेत्र में आये। इनमें से कुछ की चर्चा आवश्यक जान पड़ती है।

मणिपुरी-नाटक-साहित्य को जॉर्ज बर्नार्ड शॉ की नाट्य-शैली से परिचित कराने का श्रेय जी॰सी॰ तोङ्ब्रा को है। वे शॉ से इस कदर प्रभावित थे कि उन्होंने जॉर्ज बर्नार्ड शॉ के संक्षिप्त नाम जे॰बी॰एस॰ की तर्ज पर अपना नाम भी गीतचन्द्र तोङ्ब्रा के स्थान पर जी॰सी॰ तोङ्ब्रा रखा। इससे तोङ्ब्रा के मानस पर पाश्चात्य नाटक के प्रभाव का पता चलता है। तोङ्ब्रा ने समस्या-नाटक और पश्चिम के बौद्धिक नाटकों के मिश्रण से अपने नाटक-लेखन की शैली तैयार की और नयी नाट्यभाषा की खोज की। इस रूप में नाटक के माध्यम से मणिपुरी समाज की ज्वलन्त समस्याएँ उठाने और मणिपुरी-नाट्य को विशेष प्रकार की नाट्यभाषा प्रदान करने का महत्त्वपूर्ण कार्य

जी.सी. तोङ्ब्रा ने किया। 'मणि-मौ', 'इम्फाल थोइबी', 'कलिदा भीमना मन्त्री ओइना', 'मि॰ डैमकेअर', 'मैट्रिक पास', 'ताजमहल' आदि नाटक लिखकर उन्होंने मणिपुरी समाज के यथार्थ को प्रकट किया। नाटक की रचना व्यंग्य की भूमिका का सटीक प्रयोग करनेवाला उनके समान दूसरा नाटककार मणिपुरी भाषा में नहीं हुआ। साथ ही उन्होंने नाट्यभाषा को त्रि-आयामी आकार देकर एक नया कार्य किया।

मणिपुरी भाषा में असंगत शैली के सर्वश्रेष्ठ नाटककार कवि श्री बीरेन माने जाते हैं। 'हल्लकपा', 'खोङ्चत' और 'अनी' उनके प्रसिद्ध असंगत नाटक हैं। इनके माध्यम से आधुनिक मनुष्य की भीतरी व्याकुलता और अपने वास्तविक रूप को पहचानने की छटपटाट को चित्रित किया गया है। ऐसा प्रतीत होता है कि श्री बीरेन अपनी कविताओं और कथा-साहित्य में जो बातें कहने से हिचकते रहे हैं उनको उन्होंने अपने नाटकों के जरिये आसानी से कह दिया है। उन्हें नाट्यभाषा पर भी असाधारण पकड़ है।

अराम्बम समरेन्द्र समकालीन पीढ़ी के तीसरे नाटककार हैं। 'जज साहेब की इमुङ्' उनका पहला नाटक है जिसने उन्हें एक नाटककार के रूप में प्रतिष्ठा दिलायी। इस नाटक को समरेन्द्र ने प्रसिद्ध रंगकर्मी सनख्या इबोतोम्बी के सान्निध्य में सँवारा था। 'तीर्थयात्रा', 'कारोबार', 'दशा', 'येनिङ् थागी इशै', 'अजाना योद्धा', 'लैबाकलै, मिराङ्', 'यूटिलाइजेशन सर्टिफिकेट', 'ऐगीदि कैबिनेट ओइना', 'चहि तरेत खुन्ताक्पा' आदि उनके अन्य प्रसिद्ध नाटक हैं। अराम्बम समरेन्द्र के नाटकों का केन्द्रीय स्वर प्रतिरोध से जीवनी-शक्ति प्राप्त करता है। वे हर कोण पर अपने समाज की जड़ों को खोजने की कोशिश करते हैं और अपनी पारम्परीण जातीय पहचान तथा आजादी के यथार्थ को समझने पर जोर देते हैं। अपने जीवन में समरेन्द्र क्रान्तिकारी आन्दोलन से निकट से जुड़े रहे हैं। इसका प्रभाव भी उनके नाटकों पर देखा जा सकता है।

आठवें-नौवें दशक से मणिपुरी-नाटक के क्षेत्र में प्रयोगधर्मी शैली ने विशेष स्थान बनाया। इस ओर दो प्रकार के नाटककारों ने ध्यान दिया, एक वे जो केवल नाटक लेखक हैं और दूसरे वे जो पहले निर्देशक हैं तथा बाद में नाटक-लेखक। निश्चित रूप से दूसरी कोटि के नाटककारों ने पहली कोटि वालों से अधिक समर्थ प्रयोगधर्मी नाटक लिखे हैं। इसका सटीक उदाहरण कन्हाईलाल हैं। 'तम्नलाई', 'पेबेत', 'तरेत लैमा', 'इखौंलाङ्बी' आदि उनके बहुचर्चित प्रयोगधर्मी नाटक हैं। ऐसे ही दूसरे नाटककार नीलध्वज खुमन हैं जिन्होंने इतिहास और पुराण को आधार बनाकर प्रयोग किये हैं। उनका नाटक, 'तेशवा वापल' एक सशक्त प्रयोगधर्मी नाटक है।

मणिपुरी भाषा के अन्य नाटककारों में छेत्री सनाजाओबा, ब्रजचाँद, वारेप्पा नबा, अथोकपम तोमवौ आदि के नाम भी उल्लेखनीय हैं। ये सभी मणिपुरी समाज के जीवन में व्याप्त भीतरी टकराहट और मानसिक संघर्ष को वाणी देने का प्रयास कर रहे हैं।

मराठी-साहित्य

• डॉ. मोहन जाधव

मराठी-साहित्य के इतिहास का काल-विभाजन विवादास्पद रहा है। अध्ययन की सुगमता के लिए समन्वित-काल-विभाजन निम्नांकित हो सकता है–

[1] प्राचीन मराठी-साहित्य–(सन् 1200 से 1800 तक)।
(अ) संतकाव्य, (आ) पंडिती काव्य, (इ) शाहिरी काव्य और (ई) अन्य–(i) संत जीवनियाँ, (ii) मराठी बखर गद्य

[2] आधुनिक मराठी-साहित्य–(सन् 1800 से 1947 तक)।
(अ) तमोयुग अथवा अनुवाद युग– सन् 1800 से 1874 तक,
(आ) निबंधमाला युग–सन् 1874 से 1920 तक,
(इ) सुवर्ण युग (सन् 1920–1950)।

[3] स्वातंत्र्योत्तर मराठी-साहित्य–(1947–अब तक)।

प्राचीन मराठी-साहित्य

(सन् 1200 से 1800 ई० तक)

मराठी-साहित्य के इतिहासकारों ने आदिकालीन और मध्ययुगीन साहित्य को प्राचीन मराठी-साहित्य के अंतर्गत रखा है। आदिकालीन मराठी-काव्य के चार प्रमुख प्रवाह हैं–(अ) संतकाव्य, (आ) पंडिती काव्य, (इ) शाहिरी काव्य, (ई) अन्य। इन सब की विशेषताएँ देखना आवश्यक है।

(अ) संतकाव्य

मराठी संत-परंपरा में वारकरी संप्रदाय (भागवत पंथ), रामदासी संप्रदाय, महानुभाव संप्रदाय, दत्त संप्रदाय, नाथ संप्रदाय आदि आते हैं। मराठी संतों ने भागवत पंथ की स्थापना की थी। उसके पूर्व ही मराठी के आदि कवि मुकुंदराज ने सन् 1188 में 'विवेकसिंधु' नामक ग्रंथ की रचना की थी। 'उपनिषद्' के मंथन से निकले नवनीत को 'विवेकसिंधु' कहना चाहिए। 'उपनिषद्', 'भगवद्गीता' आदि संस्कृत-ग्रंथों में जो तत्त्वज्ञान आचार्यों तक सीमित था, उसे आम जनता की भाषा अर्थात् मराठी में लिखने का महत्त्वपूर्ण कार्य कवि मुकुंदराज ने किया था।

मुकुंदराज के बाद और ज्ञानेश्वर के पूर्वकाल में महानुभाव संप्रदाय महाराष्ट्र में उदित हुआ। इस संप्रदाय के प्रवर्तक श्रीचक्रधर (ई॰ 1184 से 1272) के काल में महाराष्ट्र में अंधविश्वास एवं चातुर्वर्ण्य व्यवस्था का प्राबल्य था। ऐसी स्थिति में चक्रधर के द्वारा शंकराचार्य और रामानुजाचार्य के तत्त्वज्ञान के समन्वय से (ज्ञान एवं भक्ति का समन्वय) द्वैती तत्त्वज्ञान का प्रसार एवं प्रचार हुआ।

महानुभाव संप्रदाय के प्रसार में चक्रधर स्वामी ने अपने जीवन में जो योगदान दिया, वह तो उनके जीवन-काल में शब्दबद्ध नहीं हो सका। उनकी मृत्यु के पश्चात् शिष्य म्हाइंभट्ट ने उनके संस्मरणों को समन्वित करते हुए पहला जीवनी-ग्रंथ 'लीलाचरित' नाम से प्रस्तुत किया। उस ग्रंथ में महानुभाव पंथ की आचारसंहिता अर्थात् तत्त्वज्ञान शब्दबद्ध हुई है। इसी ग्रंथ से मराठी-गद्यसाहित्य की नींव पड़ी। महानुभावपंथियों का दूसरा ग्रंथ 'श्रीगोविंदप्रभुचरित्र' (चक्रधर के गुरु) जीवनी-संस्मरण के रूप में म्हाइंभट्ट ने प्रस्तुत की। महानुभाव पंथ में इस ग्रंथ का उल्लेख 'ऋद्धिपुर लीका' अथवा 'ऋद्धिपुर चरित' नाम से मिलता है। महानुभाव सम्प्रदाय में श्रीगोविंदप्रभु ईश्वर के अवतार माने जाते हैं। अतः महानुभाव सम्प्रदाय में इस ग्रंथ को ईश्वरीय अवतार की जीवनी की दृष्टि से देखा जाता है।

महानुभाव पंथ और निजी तत्त्वज्ञान सम्प्रेषण के लिए चक्रधर ने अनेक दृष्टांत बनाये। उनके लगभग 114 दृष्टांतों के संग्रह को 'दृष्टांत पाठ' कहा जाता है। केसोबास नामक लेखक ने 'मूर्तिप्रकाश' नामक ग्रंथ में चक्रधर के व्यक्तित्व की बहुविध विशेषताएँ वर्णित की हैं। चक्रधर के बाद महानुभाव पंथ का नेतृत्व नामदेवाचार्य ने किया। उनका संस्मरण 'स्मृति स्थल' ग्रंथ में संगृहीत है। उस ग्रंथ का कोई एक लेखक नहीं है, वह अनेक लेखकों के पाठों का संकलन मात्र है।

महानुभाव संप्रदाय में 'साती ग्रंथ' नाम से निम्न सात ग्रंथ अत्यंत महत्त्वपूर्ण माने जाते हैं—(1) 'रुक्मिणी स्वयंवर', (2) 'शिशुपाल वध', (3) 'उद्धव गीता', (4) 'वछाहरण', (5) 'ज्ञानप्रबोध', (6) 'सह्याद्री वर्णन' (7) 'रुद्धिपुर वर्णन' आदि। ये ग्रंथ ओवी छंद (काव्य ग्रंथ) के रूप में ख्यात हैं।

मराठी-साहित्य की आदि कवयित्री महदंबा के लिखे 'धवळे' और 'मातृकी रुक्मिणी स्वयंवर' ग्रंथ भी महत्त्वपूर्ण माने जाते हैं।

तेरहवीं शती के देवगिरी में रामदेवराव यादव का शासन-काल था। उन्होंने विकास और समृद्धि का आदर्श स्थापित किया था। एक तरफ राजनीतिक स्थिति तो दूसरी तरफ धार्मिक एवं सामाजिक जीवन पूर्णतः अव्यवस्थित हो गया था। वैदिक धर्म की उज्जवल परंपरा को आचार्य पंडितों की कृति से गत्यवरोध प्राप्त हुआ था। यज्ञयाग का प्राबल्य फैल गया था। यज्ञयाग, जप-तप, आराधना में लोग मग्न थे। ऐसी स्थिति में अज्ञानी समाज को पथ-दर्शन की आवश्यकता थी। पंडित लोग केवल अपने जीविकोपार्जन में लगे थे।

संक्षेप में, तेरहवीं शती में महानुभाव संप्रदाय में साहित्य-निर्मिति जोरों पर थी। संस्कृत-कवियों के आदर्श को ध्यान में रखकर प्रबंधकाव्य, जीवनियाँ, डायरी, यात्रा-वर्णन, आख्यानकाव्य, दृष्टांतकाव्य, पदलेखन आदि गद्य एवं पद्य वाङ्मय का विकास हो रहा था। 'भगवद्‌गीता' और 'भागवत' ग्रंथों का आधार लिया जा रहा था। श्रीचक्रधर, श्रीगोविंदप्रभु और श्रीदत्तात्रेय आदि साहित्य के प्रेरणास्रोत थे। मराठी-ललितगद्य की नींव इसी काल में रखी गयी। तेरहवीं शती के महाराष्ट्र के सांस्कृतिक जीवन का दर्शन इसी काल के साहित्य में दिखायी देता है।

ज्ञानेश्वर (सन् 1271-1289)–जिस समय नामदेव एवं ज्ञानेश्वर का महाराष्ट्र में प्रादुर्भाव हुआ, उस समय उत्तर भारत में खिलजी शासक सैनिक अभियान की महत्त्वाकांक्षा पूर्ण करने की योजना बना रहे थे। रामदेव ने यादव राज्य को खूब विस्तारित किया, परंतु सन् 1284 से मुस्लिम आक्रमण लगातार होने लगे और यादव राज्य धाराशायी हो गया।

ज्ञानेश्वर-काल का समाज अंधश्रद्धा और जादू-टोना से आक्रांत था। द्यूत-क्रीड़ा, वेश्या-गमन की ओर लोक-प्रवृत्ति बढ़ी हुई थी। इस काल में संस्कृत-ग्रंथों की रचना की गयी थी। किंतु ऐसा प्रतीत होता है कि मराठी भाषा की उन्नति की ओर बहुत कम ध्यान दिया जाता था। इस काल में मुख्यतः नाथ, महानुभाव और वारकरी पंथ प्रचलित थे। एकेश्वरवादी मत का प्राबल्य था। एकेश्वरवादी मत के प्रति सामान्य जनता का आकर्षण बढ़ता जा रहा था। हिंदू धर्म में उस समय विष्णु और शिव का संघर्ष था। पर किसी ने बड़ी चतुराई से पंढरपुर की मूर्ति के मस्तक पर शिव-चिह्न अंकित कर दिया।

संक्षेप में, ज्ञानेश्वर के समय में वर्ण-व्यवस्था प्रबल थी। निम्न जाति के लिए मंदिर-प्रवेश निषिद्ध था। यादव राजाओं के शासनकाल में जनता का जीवन सुखी था। साहित्य-कला को प्रोत्साहन प्राप्त होता था।

ज्ञानेश्वर ने 'ज्ञानेश्वरी' और 'आनंद अनुभव' जैसी प्रौढ साहित्य-रचना कर मराठी में नये युग को जन्म दिया। ज्ञानेश्वर ने 'श्रीमद्‌भगवद्‌गीता' के आधार पर 'ज्ञानेश्वरी' अथवा 'भावार्थ दीपिका' नामक ग्रंथ लिखा। उस ग्रंथ में नौ हजार ओबी छंद हैं। उसका रचना-काल सन् 1280 है। 'ज्ञानेश्वरी' के तत्त्वज्ञान का मुख्य सिद्धान्त अद्वैत ही है। सभी ओर एक ही आत्मतत्त्व दिखायी देता है। आत्मतत्त्व सर्वव्यापी है। 'ज्ञानेश्वरी' ग्रंथ में तत्त्वज्ञान एवं काव्य का मिलान दृष्टिगोचर होता है। 'ज्ञानेश्वरी' में संस्कृत एवं देशज भाषा का पुट दिखायी देता है। अमृतानुभव, 'चांगदेव पाश्वश्री', अभंग आदि की निर्मिति ज्ञानेश्वर ने की है। ज्ञानेश्वर ने ही प्रथमतः सामाजिक जीवन-पद्धति को व्यवस्थित करने का प्रयास किया था। उनकी जाग्रति से महाराष्ट्र के सांस्कृतिक जीवन में गतिशीलता आ गयी।

नामदेव (1270-1350)–सगुण भक्ति में रमनेवाले नामदेव ने भागवत धर्म की

पताका पंढरपुर (महाराष्ट्र) से पंजाब तक फहरा दी। नामदेव ने अभंग छंद को अधिक लोकप्रिय बना दिया। भक्तकवि नामदेव ने आत्मकथा के रूप में 481 अभंग लिखे हैं। ज्ञानेश्वर की जीवनी को भी उन्होंने अपने अभंग छंद में शब्दबद्ध किया है जिसमें 350 अभंग मिलते हैं। 'नामदेवगाथा' नामक ग्रंथ में 2400 अभंग संगृहीत हैं।

समकालीन रूढ़िग्रस्त समाज से भेदभाव को दूर कर उसमें नामसंकीर्तन का प्रचार करनेवाले संत नामदेव श्रीविठ्ठल भगवान् के अनन्य भक्त थे। 'भेदाभेद भ्रम है, अमंगल है'— इस भावना का प्रचार नामदेव ने बार-बार किया है और इस प्रकार से निम्न जाति में व्याप्त हीनता की भावना को दूर करने का प्रयत्न किया है। उन्होंने अपने पदों में विठ्ठल, राम, हरि, गोपाल, केशव, कृष्ण सभी को एक रूप मानकर उनका प्रेमभाव से स्मरण किया है। नामदेव की गाथा में कृष्णचरितपरक अभंग पाये जाते हैं। उनके 61 हिंदी-पद 'गुरुग्रंथसाहब' में मिलते हैं। उन्होंने उपदेशपरक साखियाँ भी लिखी हैं जिनमें आन्तरिक शुद्धता पर बल दिया गया है। नामदेव के हिंदी-पदों में हठयोग की साधना का प्रभाव अधिक है। अतः उन्होंने बाह्याडम्बर का निषेध कर हृदय की शुद्धता का आग्रह किया है।

ज्ञानेश्वर और नामदेव के समकालीन अन्य संतों में गोरा कुंभार, चोखोबा, जनाबाई, नरहरि सोनार, सच्चिदानंद बाबा, सोयराबाई (नामदेव की पत्नी) आदि संत कवियों ने भी श्रीबिठ्ठल भगवान् की स्तुति में अभंग की रचना की है।

दत्त सम्प्रदाय–इस्लाम के शासन से पीड़ित हिंदू जनता को मानसिक धैर्य देने का महत्त्वपूर्ण कार्य दत्त सम्प्रदाय ने किया। श्रीपादवल्लभ एवं नृसिंह सरस्वती दत्त इस सम्प्रदाय के प्रवर्तक थे। उन दोनों को दत्त सम्प्रदाय के लोग दत्तावतार ही मानते हैं। 'दत्तप्रबोध', 'गुरुलीलामृत', दत्तपुराण 'दत्तमाहात्म्य' आदि दत्त सम्प्रदाय के वंदनीय ग्रंथ थे। संप्रदाय की मान्यता है कि ईश्वर का स्वरूप अगोचर है, ईश्वर केवल चैतन्य रूप है, ईश्वर और आत्मा अभिन्न है, ज्ञान आत्मस्वरूप है।

एकनाथ (सन् 1533-1599)–महाराष्ट्र के संतों में एकनाथ महाराज का स्थान विशिष्ट है। भक्तकवि नामदेव के पश्चात् कवि एकनाथ ही ऐसे महापुरुष हैं, जिन्होंने मराठी के अतिरिक्त हिंदी में विपुल मात्रा में रचना की है। एकनाथकालीन परिस्थितियाँ विषम एवं चिन्तानजक थीं। संत एकनाथ के गुरु जनार्धन स्वामी ने स्वयं दत्त-भक्त होते हुए भी युग की आवश्यकता के अनुसार इन्हें विठ्ठलोपासना की दीक्षा दी थी।

भक्तकवि एकनाथ के पूर्व मराठी-साहित्य में शांत, भक्ति तथा वात्सल्य रस की ही अधिकांश रचनाएँ होती थीं। परंतु कवि एकनाथ ने अपने काव्य में इन तीन रसों के अतिरिक्त शृंगार, वीर, करुण, हास्य आदि रसों का सफलता से प्रयोग कर मराठी-काव्य की एकांगी प्रवृत्ति को समाप्त कर उसे विस्तृति प्रदान की। उन्होंने 'चतुःश्लोकी भागवत', 'रुक्मिणी स्वयंवर', 'एकनाथ भागवत', 'भावार्थ रामायण'

आदि मराठी ग्रंथ लिखे। उन्होंने विविध पौराणिक कथाओं तथा रूपकों के माध्यम से अध्यात्म-विषयक विचारों को प्रस्तुत कर लोगों की रुचि को विकसित किया।

संत एकनाथ ने मराठी के अतिरिक्त कन्नड़, गुजराती एवं हिंदी में काव्य-रचना की है। उनके हिंदी-पदों में विविध विषयों का वर्णन मिलता है। उनकी उपलब्ध हिंदी रचनाओं में कथात्मक अथवा प्रबंधात्मक काव्य-रचना नहीं मिलती। अधिकांश रचना स्फुट तथा मुक्तक रूप में उपलब्ध होती है।

संक्षेप में हम कह सकते हैं कि एकनाथ के हिंदी-पदों का अनुशीलन करने पर ज्ञात होता है कि उनके पदों में ज्ञानभक्ति, कृष्णभक्ति एवं रामभक्ति, हिंदी-साहित्य की इन तीन भक्ति-धाराओं का सामंजस्य दृष्टिगत होता है। इसी कारण मध्ययुगीन भक्ति-साहित्य में एकनाथ का स्थान महत्त्वपूर्ण माना जाता है।

तत्कालीन कवि त्रयंबकराज, शिवकल्याण, विष्णुदास नामा, कृष्णदास मुद्गल आदि कवियों ने पुराणकथा पर काव्य-रचना की है। ब्रह्माजिनदास एवं सूरिजन, इन जैन धर्म के कवियों ने चरित-वर्णन और चंपूकाव्य-लेखन किया।

शेख महम्मद, वजीर उल्मुल्क, हुसेन अंबर, इन मुसलमान कवियों ने वारकरी संप्रदाय से तादात्म्य स्थापित करते हुए ग्रंथ-लेखन किया।

तुकाराम (सन् 1598-1649)–मुगलशासक औरंगजेब ने दिल्ली शासन की बागडोर थाम ली थी। महाराष्ट्र में मराठा राज्य संगठित हो रहा था। भारतीय संस्कृति ह्रासोन्मुख हो रही थी। सामान्य जनता में नैराश्य गहराई से समा गया था। ऐसी स्थिति में छत्रपति शिवाजी महाराज ने राष्ट्रोद्धार का कार्य किया। मध्ययुग में समूचा महाराष्ट्र अनेक भक्ति-पंथों को मानता हुआ भागवत धर्ममय हो रहा था। भक्ति के ऐसे स्वर्णिम विहान में वारकरी पन्थ के मंगल-मंदिर के स्वर्ण-कलश स्वरूप तुकाराम महाराज का जन्म हुआ था। केशव चैतन्य नामक गुरु से 'रामकृष्णहरि' मंत्र का जप करने का आदेश कवि तुकाराम को सपने में मिला था।

भक्तकवि तुकाराम महाराज विशेष पढ़े-लिखे नहीं थे। गुरु-कृपा और नामदेव की प्रेरणा से उनमें कविता करने और अभंग लिखने की शक्ति का स्फुरण हुआ था। उसीके परिणामस्वरूप उन्होंने लगभग साढ़े चार हजार अभंग लिखे। इन अभंगों के साथ उनके कुछ ओबी नामक छंद भी सम्मिलित हैं। उनकी ब्रजभाषा में लिखी कविता भी मिलती है। कवि तुकाराम ने ब्रजभाषा में कृष्णचरित गोलिणी (ग्वालिन) सम्बन्धी अनेक मधुर पद लिखे हैं।

तुकाराम महाराज के मराठी अभंगों को सुविधा की दृष्टि से तीन भागों बाँटा जा सकता है– 1. आत्मचरितपरक अभंग, 2. अध्यात्मपरक अभंग, 3. समाजपरक अभंग। करीब चार हजार से अधिक मराठी अभंगों का लेखन उन्होंने किया था। जाति-पाँति का त्याग, वर्णाभिमान का त्याग, गृहस्थ धर्म में संतोष, परद्रव्य, परकान्तादि से बचना, संत-निंदा का त्याग, काम-क्रोधादि से दूर रहकर साधना

करना आदि उनके विषय हैं। उन्होंने अपनी अमृतवाणी से जीवन का कोई अंग अछूता नहीं छोड़ा है। तुकाराम ने गृहस्थावस्था में ही रहकर समाज को देखा, परखा और पहिचाना। वर्णाश्रम धर्म के कर्तव्याकर्तव्य पर गहन विचार किया और जो उचित लगा, उसे निर्भीकता से कह डाला। भक्ति की पराकाष्ठा पर पहुँचे इस भक्त कवि में चरमकोटि की निर्भीकता थी।

भक्त तुकाराम ने भगवद्भक्ति को सर्वोच्च स्थान देते हुए उसे जीवन का सर्वोपरि एकान्त लक्ष्य मानकर वैयक्तिक शुद्ध आचरण पर बल दिया। साधकों का आचार, उनकी चर्चा तुकाराम ने स्वानुभूति के बल पर ही लिखी है। तुकाराम के अभंग वस्तुतः मराठी-वाङ्मय के भक्ति-साहित्य की अमूल्य निधि हैं।

तुकाराम की शिष्या बहिणाबाई ने भी अभंग छंद में रचना की है। उन्होंने 'तुका झाला से कलस' अर्थात् भागवत पंथ के महल का कलश कहकर तुकाराम का अभिनंदन किया है।

समर्थ रामदास (सन् 1609-1682)–समर्थ रामदास छत्रपति शिवाजी के समकालीन थे। उन्होंने पूरे महाराष्ट्र में भ्रमण कर जनजीवन का पर्यवेक्षण किया। लोगों की बहुतायत समस्याओं का समाधान ढूँढ़ने के लिए उनका मन व्यग्र हो उठा। जनजीवन की व्यथा का स्पंदन उनके मन में भी हुआ। उन्होंने 'रामदासी' नामक एक नये सम्प्रदाय की स्थापना की। 'करुणामृत', 'मनाचे श्लोक', 'रामायणे', 'दासबोध' उनकी प्रमुख रचनाएँ हैं। 'दासबोध' नामक रचना में ओबी छंदों की संख्या कुल 7751 है। नवधा भक्ति, शुद्ध ज्ञान, वैराग्य, आत्मस्थिति, ब्रह्म, पंचमहाभूतादि विषयों का विवरण रामदास ने 'दासबोध' नामक बृहत् रचना में दिया है। कवि रामदास ने 78 हिंदी पदों की रचना की है। उन्होंने अपने 'आनन्दवनभुवन' नामक मराठी ग्रंथ में हिंदू धर्म की पुनः प्रतिष्ठा का सपना सँजोया है। रामदास के दार्शनिक सिद्धान्त अद्वैतमत पर अधिष्ठित हैं। उन्होंने आत्मा-परमात्मा के अभेद का वर्णन करते हुए जनसाधारण का जागरण किया है। रामदास पहले संत हैं और उसके पश्चात् कवि हैं। शायद इसीलिए उनका संतत्व उनके कवित्व की अपेक्षा हमें अधिक प्रभावित करता है।

(आ) पंडिती काव्य

मुक्तेश्वर, वामन पंडित, रघुनाथ पंडित, सामराज, श्रीधर, नागेश, विठ्ठल, मोरोपंत आदि पंडितों द्वारा लिखी संस्कृत-काव्य-रचना को ही पंडिती काव्य कहना चाहिए। 'रामायण', 'महाभारत', 'भागवत पुराण', 'रघुवंश', 'कुमारसंभव', 'हनुमन्नाटक', 'शाकुंतल' आदि काव्य पंडित कवियों के उपजीव्य काव्य रहे हैं। उक्त काव्य से प्रेरणा लेकर पंडित कवियों ने अपनी रचना प्रस्तुत की।

कवि मुक्तेश्वर (सन् 1573-1645)–अध्यात्म और भक्ति, इन विषयों की परम्परा के बावजूद 'महाभारत' की कथा के माध्यम से लौकिक भावनाओं का चित्रण

रसिकता से करनेवाला पहला कवि मुक्तेश्वर ही था। श्लोकबद्ध 'रामायण', 'मुक्तेश्वरी महाभारत', 'हरिश्चंद्राख्यान', 'मूखीची लक्षणे', 'एकनाथचरित' आदि ग्रंथों में कवि मुक्तेश्वर के सत्रह हजार श्लोक मिलते हैं।

कवि वामन पंडित समर्थ रामदास के समकालीन पंडिती संप्रदाय के प्रतिनिधि कवि थे। 'यथार्थ दीपिका' एवं 'निगमसार' नामक ग्रंथों का लेखन उन्होंने किया था। उनमें कर्म, योग, भक्ति, अध्यात्म आदि विषयों का वर्णन किया गया है। रघुनाथ पंडित, नागेश, मोरोपंत, महीपति आदि कवियों ने भी पंडिती काव्य-लेखन किया है। संस्कृत-महाकाव्यों एवं नाटकों का अध्ययन कर पंडित कवियों ने काव्य-लेखन किया। पांडित्य-प्रदर्शन के कारण उन ग्रंथों में भावोत्कर्ष तो है, किन्तु भक्ति साहित्य के समान हृदयद्रावकता का सामर्थ्य उनमें दिखायी नहीं देता।

(इ) शाहिरी काव्य

शाहिरी काव्य पोवाडा (पँवाडा) साहित्य-रूप में शिवकाल में ही विकसित हुआ। पँवाडा कीर्तिकाव्य है। संत एवं पंडित कवियों की अपेक्षा विभिन्न प्रणालियों की कविताएँ अठारहवें शतक में लिखी जाने लगीं, वे 'शाहिरी काव्य' नाम से अभिहित हुईं। शाहिर रामजोशी, अनंतफंदी, सगनभाऊ, प्रभाकर, होनाजी बाळ, परशराम आदि शाहिरों की लेखनी और वाणी से निकला हुआ काव्य लोगों का मनोरंजन करने में समर्थ था। उन कवियों के शाहिरी काव्य में लोक-जीवन, वीर पुरुषों की जीवनगाथा और रूप-यौवन का प्रेमाविष्कार प्रकट हुआ है। 'शाहिरी' काव्य महाराष्ट्र की राजनीति एवं सामाजिक जीवन का प्रतिबिंब माना जाता है। पोवाडा और लावणी शाहिरी काव्य के दो अंग हैं। पोवाडा में वीर पुरुषों के पराक्रम, विद्वानों की बुद्धिमत्ता और गुण-गौरव का काव्यात्मक वर्णन या उनकी स्तुति होती है।

प्राचीन मराठी में तीन सौ पोवाडें उपलब्ध होते हैं। शिवकाल के चार, शाहुकालीन तीन, पेशवाकालीन डढ़े सौ एवं बाकी सभी अँगरेज-शासनकाल के पोवाडें उपलब्ध होते हैं। शाहिरी काव्य स्वयंस्फूर्त नहीं है। किसी की आज्ञा से अथवा किसी के कहने से पोवाडा काव्य का लेखन किया गया है।

लावणी शाहिरी कविता का दूसरा अंग है। स्त्री-सौंदर्य-वर्णनपरक काव्य को लावणी कहा जाता है। हृदय को छूनेवाली लावणी में शृंगार का पुट दिखायी देता है। पोवाडा काव्य-प्रकार राजनीति से निर्मित हुआ। लावणी सामाजिक जीवन से निर्मित हुई। जनसमूह के सामने प्रस्तुत की जानेवाली लावणी लोकरंजन के लिए लिखी जाती थी।

शाहिर कवि अनंतफंदी, परशराम, रामजोशी, प्रभाकर, सगनभाऊ, होनाजी बाळा आदि के पोवाडों में समाज-जीवन की अपेक्षा नागरी जीवन ही अधिक चित्रित है। मराठी शाहिरी काव्य को 'मराठी काव्य का उषःकाल' कहा जाता है। छत्रपति शिवाजी के काल से शाहिरी काव्य का आरंभ हुआ और पेशवाओं के साथ ही उसका अंत हो गया।

(ई) अन्य

(i) संत जीवनियाँ–प्राचीन वाङ्मय का स्वरूप मुख्यतः धार्मिक है। आध्यात्मिक चर्चा सुगमता से प्रस्तुत करने के लिए चरित-लेखकों ने आख्यान या आत्मकथापरक काव्य-लेखन किया। कवि नामदेव आदि जीवनी-लेखक माने जाते हैं। उन्होंने ज्ञानदेव की जीवनी अनेक अभंगों में प्रस्तुत की है। उन्होंने आदी, तीर्थावळी, समाधी आदि जीवनियाँ लिखी हैं। कवि एकनाथ ने निवृत्तिनाथ, सोपानदेव, ज्ञानेश्वर, नामदेव, गोरा कुंभार, मुक्ताबाई, सावतामाळी, चौखोबा आदि संतों की जीवनियाँ लिखी हैं।

दत्त संप्रदाय का प्रमुख ग्रंथ 'गुरुचरित' श्रीपादवल्लभ व नरसिंह सरस्वती की जीवनी ही है। बहिणाबाई के आत्मकथनपरक अभंग, तुकाराम का संत कचेश्वर का 'आदिग्रंथ', नाभाजी लिखित 'भक्तमाला', महीपतिबोवा लिखित चार संतचरित ग्रंथ ('भक्तविजय', 'संतलीलामृत' आदि) में चित्रित जीवनियाँ मराठी-साहित्य को विकसित करने में सफल हुई हैं।

(ii) बखर गद्य-वाङ्मय–देशी भाषा में लिखे गद्यमय इतिहास को तवारीख या 'बखर गद्य साहित्य' कहा जाता है। इतिहासकार राजवाडे की मान्यता है कि मराठा के इतिहास की विभिन्न घटनाओं पर आधारित दो ढाई सौ बखर ग्रंथों का लेखन किया गया। विषय एवं लेखन की पद्धति के कारण बखर को एक स्वतंत्र वाङ्मय-प्रकार का मूल्य प्राप्त हुआ है। यद्यपि बखर का लेखन कम ही हुआ है, किन्तु वाङ्मय की दृष्टि से महत्ता अधिक है। अति प्राचीन बखर 'माईकावती की बखर' या 'माहिम की बखर' मानी जाती है। इसका लेखनकाल सन् 1448 से 1478 के बीच माना जाता है। छत्रपति शिवाजी के समकालीन बखर-लेखन की संख्या अधिक है। इनमें से सभासद की बखर समकालीन है। अन्य उत्तरकालीन या शिवचरित पर लिखी गयी है। कृष्णाजी अनंत सभासद ने 'सभासदाची बखर' लिखी है। संस्कृत एवं फारसी के प्रचुर शब्दों की योजना और धाराप्रवाह भाषा के कारण 'शिवचरित' पठनीय बन गया है। रघुनाथ यादव, खंडोबळ्ळाळ चिटणीस, मल्हार रामराव चिटणीस आदि ने भी 'शिवचरित' बखर की रचना की है।

इतिहास और साहित्य के गुणों से समृद्ध इस गद्य-विधा से मराठी-गद्य को वैशिष्ट्यपूर्ण मोड़ मिला है। आधुनिक काल में भाऊ साहेब, श्री शाहु महाराज, नाना फड़णवीस आदि का आमचरित बखर वाङ्मय-प्रकार में आता है। मराठी भाषा को कल्पनाचातुर्य, उत्कृष्ट निवेदन-कौशल आदि विशेषताओं से परिपूर्ण करने का श्रेय बखर-वाङ्मय को ही है। इससे मराठी-गद्य सुष्ठु और प्रौढ़ हुआ।

[2] आधुनिक मराठी-साहित्य (सन् 1800-1947 ई॰ तक)

अँगरेजी शासनकाल में शाहिरी काव्य-रचना की पद्धति प्रचलित थी। इन शाहिरी कवियों ने पेशवाई शासन का अस्त और अँगरेजों का उदय देखा था। पेशवाई

शासन का अन्त होते ही अँगरेजों का शासनकाल आरंभ हुआ। स्थिति के इस परिवर्तन का परिणाम मराठी-साहित्य को भी भुगतना पड़ा। उन दिनों साहित्यिक एक प्रकार से निढाल हो गये थे। पंथ काव्य परंपरा और शाहिरी परंपरा, ये दो परंपराएँ क्षीण रूप में अस्तित्व में थीं। किंतु तत्कालीन साहित्य में कोई नयापन, जीवन्तता, चैतन्यमयता, प्रवहमानता स्थापित नहीं हो सकी। राजनीतिक परिवर्तन से परास्त मनोवृत्ति की वृद्धि हुई। एक प्रकार के नैराश्य से सारा समाज ग्रस्त था। अतः सन् 1800 ई॰ के बाद कुछ दिनों तक साहित्य-जगत् लावारिश हो गया था। मराठी-साहित्य की प्रगति ही नहीं हो रही थी। आधुनिक मराठी-साहित्य के इतिहास के तीन विभाग किये जाते हैं– (अ) तमोयुग अथवा अनुवाद युग–(1800-1874), (आ) निबंधमाला युग (1874-1920), (इ) सुवर्णयुग (1920-1947)।

(अ) तमोयुग अथवा अनुवाद युग (1800-1874)

इस काल को 'अव्वल अँगरेजी का काल' नाम से भी अभिहित किया जाता है। इस काल का मूल्यांकन विद्वानों ने अपनी-अपनी दृष्टि से किया है। म॰ म॰ पोतदार ने इस काल को 'मराठी गद्य का अँगरेजी अवतार' कहा है। न्या॰ रानडे और श्री भिडे ने अपना अलग दृष्टिकोण प्रस्तुत किया है। म॰म॰ पोतदार की मान्यता थी कि नामोल्लेख करने लायक कोई ग्रंथ इस काल में नहीं लिखा गया।

युगीन परिस्थिति–उन्नीसवीं शती के आरम्भ में मराठा शासन की दुर्दशा हुई थी। अँगरेजी सत्ता का उदय हो रहा था। शाहिरी काव्य का उसी समय अन्त हो रहा था। सत्तांतर के परिणाम जीवन के सभी क्षेत्रों में दिखायी दे रहे थे। उसी प्रकार साहित्य-क्षेत्र में भी परिणाम दिखायी देने लगे। अँगरेजी भाषा और पाश्चात्य संस्कृति हमारे देश में पहुँची थी। अनेक अँगरेज अधिकारियों ने प्रादेशिक बोली और भाषा का अध्ययन किया। प्रादेशिक भाषा-भाषी लोग अँगरेजों के सम्पर्क में आये, अतः वे भी अँगरेजी भाषा सीख सके। ईस्ट इंडिया कम्पनी को भारतीय शासन अपने कब्जे में लेने में कामयाबी मिल गयी। सौभाग्य से हेस्टिंग्स, वेलेस्ली, मैकाले, वि॰ कैरी, एलफिन्स्टन आदि उदारमना और प्रगतिशील अधिकारी साहित्य-प्रेमी थे। वे जानते थे कि भारतीय जनता को शिक्षित करना और नव संस्कृति से परिचित कराना आवश्यक है। साहित्य-निर्माण के लिए यह प्रेरणा ही भविष्य में सहायक सिद्ध हुई।

ईसाई धर्म-प्रचार–इस काल में निर्मित वाङ्मय की प्रेरणा ईसाई धर्म का प्रचार थी। उन्होंने अपने धर्म-प्रचार के लिए प्रादेशिक भाषा का आधार लिया। अतः ग्रंथ और पुस्तिका का निर्माण किया। अँगरेजी भाषा का साहित्य पढ़कर या पढ़ाकर भारतीय जनता के धर्ममत में परिर्तन असंभव था। अतः ईसाई मिशनरियों ने प्रादेशिक भाषा मराठी का आश्रय लिया और मराठी में ही अपने धर्म-प्रचार का साहित्य प्रकाशित किया। प्रतिक्रियात्मकता तत्कालीन साहित्य-निर्माण की एक अन्य वैशिष्ट्यपूर्ण प्रेरणा थी। ईसाई मिशनरियों के साहित्य का खंडन करने के लिए मराठी-साहित्य की रचना हुई।

मुद्रणकला का आविर्भाव–योरोप में मुद्रणकला की खोज हुई थी। अठारहवीं शती में भारत देश में मुद्रणकला अवतीर्ण हुई। साहित्य-विकास की प्रमुख प्रेरणाओं में से वह एक महत्त्वपूर्ण प्रेरणा थी। कागज एवं मुद्रणकला की उपलब्धि से मराठी वाङ्मय की निर्मिति में गति प्राप्त हुई थी। शासकीय और स्वयंसेवी संस्थाएँ मराठी ग्रंथों का निर्माण कर रही थीं। इनमें दक्षिणा प्राइज कमेटी का उल्लेख अपरिहार्य है। मुंबई का मराठी ज्ञान प्रसारक मंडल भी ग्रंथ-निर्माण में सक्रिय था।

मुद्रणकला की खोज से मराठी-गद्य का विकास हुआ। 6 जनवरी 1832 को 'दर्पण' नामक पहला अखबार प्रकाशित हुआ। बाळशास्त्री जांभेकर 'दर्पण' पत्रिका के संपादक थे। सन् 1840 में यह पत्रिका बंद हो गयी। 'मुंबई अखबार' और 'प्रभाकर' समाचारपत्रों की ख्याति थी। इस काल में प्रचुर साहित्य अनूदित हुआ। इसलिए कुछ आलोचक इस काल को 'अनुवाद युग' कहते हैं। कुछ आलोचक इस काल में ग्रंथ-निर्मिति न होने के कारण 'तमोयुग' कहते हैं। इसे आधुनिक मराठी-साहित्य का आरंभ युग भी कहा जाता है।

मराठी-पत्रिका का आरंभ–मराठी-पत्रिका का उदय मराठी-वाङ्मय के इतिहास की महत्त्वपूर्ण उपलब्धि थी। मराठी-पत्रकारिता का आरंभ सन् 1832 ई॰ में 'दर्पण' नामक पत्रिका के प्रकाशन से माना जाता है। 'दिग्दर्शन', 'ज्ञानप्रकाश', 'उपदेशचंद्रिका', 'विविधज्ञानविस्तार' आदि पत्रिकाओं का मूल उद्देश्य समाज का प्रबोधन ही था। मनोरंजन द्वारा प्रबोधन सिद्ध करना था। सन् 1875 से 1920 तक प्रकाशित पत्र-पत्रिकाओं में निम्नांकित दो अत्यन्त महत्त्वपूर्ण हैं–

1. 'काव्येतिहास संग्रह'–सन् 1876 में प्रकाशित इस मासिक पत्रिका में काव्य, बखर गद्य-साहित्य, प्राचीन पत्राचार आदि प्रकाशित होता था।

2. 'केसरी'–लोकमान्य तिलक और आगरकर के सहयोग से चिपळूणकर ने दैनिक पत्र 'केसरी' सन् 1881 में प्रकाशित किया। मराठी-साहित्य के इतिहास में 'केसरी' नामक दैनिक पत्र को काफी यश प्राप्त हुआ।

(आ) निबंधमाला युग (सन् 1874 से 1920 तक)

मराठी-निबंध के उदय का पूरा श्रेय अँगरेजी शासन को ही देना पड़ेगा। उन्नीसवीं शती के आरंभ में अँगरेजी 'एसे' (Essay) के आधार पर निबंध-साहित्य-विधा का विकास हुआ। अँगरेजी 'एसे' का स्वरूप प्रौढ़, गम्भीर एवं अलंकार-समृद्ध था। द॰भि॰ कुलकर्णी की मान्यता है कि अनुवाद, अनुकरण एवं आत्मप्रत्यय, इन सोपानों से अव्वल अँगरेजी गद्य एवं उसी गद्य से मराठी-निबंध का प्रदुर्भाव हुआ। सामयिक पत्र उसका प्रधान माध्यम बना।

'दर्पण' और 'प्रभाकर' नामक पत्रिकाओं में उत्कृष्ट लेख प्रकाशित होने लगे। मराठी भाषा के प्रचारकों ने 'निबंध' शब्द प्रचलित किया। जोगी, दीक्षित, गो॰ना॰ माडगावकर आदि निबंधकार मासिक पत्रिका के माध्यम से ही प्रकाश में आये।

वस्तुतः अँगरेजी काल में ही लोकहितवादी प्रवृत्तिवाले **फुले आदि** निबंधकार उभर आये। इसी काल में चिपळूणकर ने अपना निबंध-लेखन शुरू किया। निबंधकार गोपाळ गणेश आगरकर, गो॰ह॰ देशमुख तथा लोकहितवादी लेखकगण निबंध-क्षेत्र में अपना प्रभाव जमाये हुए थे। गोपाळ देशमुख के 'शतपत्रे' नामक निबंध-संग्रह में संगृहीत निबंध अनूदित और अँगरेजी-साहित्य पर आश्रित थे। किन्तु उनके निबंध प्रारम्भिक एवं विकसित काल में महत्त्वपूर्ण माने गये हैं। इस काल के सक्रिय समाजसुधारक महात्मा ज्योतिबा फुले भी निबंधकार थे।

मराठी-वाङ्मय के विकास में निबंध साहित्य-विधा का बड़ा योगदान रहा है। रानडे, चिपळूणकर, आगरकर, गोखले आदि ने निबंध-साहित्य-विधा के माध्यम से अनेक विषयों का विवेचन किया है।

(इ) सुवर्णयुग (1920-1947 तक)

(i) **आधुनिक मराठी-काव्य का विकास**—पेशवाई शासन के अंत के उपरान्त शाहिर कवि अनाथ-से हो गये थे। कर्तव्यपराङ्मुख मराठेशाही के अधःपतन को उभारने का महत्त्वपूर्ण कार्य करनेवाली शाहिरी काव्य-परम्परा खंडित हुई थी। पुराने पंडित कवियों की परम्परा को बनाये रखने के लिए आधुनिक काल में कुछ नये पंडित कवि भी काव्य-रचना करते रहे।

आधुनिक पद्य-रचना की नींव पुणे-निवासी कुछ कवियों ने डाली। उनमें प्रमुख हैं परशुरामपंत गोडबोले, कृष्णशास्त्री चिपळूणकर, गणेशशास्त्री लेले, पांडुरंग शास्त्री पारखी, वि॰कों॰ ओक आदि। इन कवियों ने अभिजात संस्कृत-साहित्य के काव्यनाटकों के नौ रसों के भांडार खोल दिये।

अँगरेजी शासन के प्रारम्भिक काल में नवशिक्षित कवियों ने अँगरेजी भाषा और साहित्य का परिचय मराठीभाषियों को कराया। अँगरेजी काव्य-प्रकार एपिक, लिरिक और सटायर को मराठी-साहित्य में प्रचलित करने का प्रयास मराठी-कवियों ने किया।

कवि म॰मो॰ कुंटे लिखित 'राजा शिवाजी' (सन् 1824) नामक खंडकाव्य में छत्रपति शिवाजी की जीवनी लिखी गयी है। उसे ऐतिहासिक काव्य कहा जाता है। इसके बाद में ऐतिहासिक काव्य-लेखन का ज्वार-सा आ गया। गो॰वा॰ कानिटकर, वा॰दा॰ ओक, खरे, कानिटकर आदि कवियों ने कवि कुंटे का अनुसरण किया।

सन् 1885 ई॰ में आधुनिक मराठी-कविता के प्रवर्तक कवि केशवसुत का मराठी-काव्य-क्षितिज में उदय हुआ। कृ॰के॰ दामले तथा कवि **केशवसुत ने** 1885 से 1905 तक बीस वर्षों में कुल 132 कविताएँ लिखीं। 'नवा शिपाई', **'वातचक्र'**, 'झपूर्झा', 'हरपले श्रेय' आदि उनके काव्य-संग्रह प्रकाशित हुए। केशवसुत के काव्य से मराठी-कविता ने नया मोड़ लिया। मानवी जीवन एवं मानवी मन काव्य का विषय बना। अ॰ना॰ देशपांडे की मान्यता है कि केशवसुत के काव्य से ही मराठी-कविता लोकाभिमुख होने लगी। ना॰वा॰ टिळक, कवि विनायक आदि कवियों ने उत्कट

भावनाप्रधान कविताएँ लिखीं। त्रयंबक बापूजी ठोंबरे ऊर्फ बालकवि **'प्रकृति के चितेरे'** कवि थे। उनके 'अरूप', 'निर्झरास', 'फुलराणी', 'बाल बिहग' आदि प्रकृति का चित्रण करनेवाले काव्यसंग्रह प्रसिद्ध हैं। नारायण मुरलीधर गुदने (उर्फ बी) लिखित 'माझी कन्या', 'चाफा', 'कमळ', 'डंका' आदि कविताओं में व्यक्ति की भावनाओं और प्रकृति की रमणीय घटनाओं का चित्रण किया गया है। इस काल में कवि केशवसुत, विनायक, टिळक, गोविंदाग्रज, बालकवि आदि कवियों का प्रभाव दिखायी देता है। नारायण मुरलीधर, दत्तात्रय कोंडो घाटे, कवि दत्त, माधवानुज, रेंदाळकर आदि कवियों की कविताओं ने मराठी-काव्य को समृद्ध किया है।

सन् 1921 से 1950 तक के काल में लिखी काव्य-विधा के मूल्यांकन से स्पष्ट होता है कि प्रस्तुत काल में कविता की प्रगति में गतिशीलता आ गयी थी। कवि तांबे, रविकिरण मंडल के कवि, स्वातंत्र्यवीर सावरकर आदि के काव्य का रसभीना रूप इस काल में दिखायी देता है। कवि बोरकर, कुसुमाग्रज, पाडगावकर, बापट, करंदीकर आदि के काव्य का समृद्ध प्रवाह गतिमान हुआ। मराठी-काव्य-जगत् में नया जोश अवतीर्ण हुआ। कवि मर्ढेकर ने काव्यविषयक कल्पना ही परिवर्तित कर दी। ग॰दि॰ माडगूळकर जैसे प्रभावी गीतकार भी इसी काल में प्रकाशमान हुए। कवि मा॰रा॰ तांबे की कविता-विषयक मान्यता थी कि दुनिया का रहस्य जानना ही काव्य का प्रेरणा-स्रोत है। 'तृप्त प्रेम की उत्कट भावनात्मक काव्य प्रतीति' कवि तांबे के काव्य की विशेषता माननी चाहिए। उनका 'मधुघट' कविता-संग्रह और मृत्यु-विषयक कविता-संग्रह और मृत्यु-विषयक गीत उत्कट भावना के उत्कृष्ट नमूने हैं। गेयता और माधुर्य के दृष्टिकोण से कविता समृद्ध हुई।

रविकिरण मंडल–सन् 1923 के आसपास कवियों का एक संगठन 'रवि किरण मंडल' नाम से उदित हुआ। साहित्य-चर्चा के उद्देश्य से एकत्र कवियों के दल में सम्मिलित कवि आपस में काव्य-चर्चा करने लगे। आगे चलकर यही दल 'रवि किरण मंडल' नाम से अभिहित हुआ। माधव ज्युलियन, गिरीश, श्री॰बा॰ रानडे, सौ॰ मनोरमाबाई रानडे, ग॰त्रय॰ माडखोलकर, द॰ला॰ गोखले, दिवाकर आदि कवि इस मंडल के सदस्य थे। माधव ज्युलियन मंडल के प्रमुख कवि थे। 'विरह तरंग' उनका सॉनेट काव्य के रूप में प्रसिद्ध है। कवि यशवंत (य॰दि॰ पेंढरकर) भी मंडल के प्रसिद्ध कवि थे। उनकी 'आई' शीर्षक कविता भावगीत काव्य का उत्कृष्ट नमूना है।

रा॰श्री॰ जोग ने कहा है कि मंडल ने कोई वैचारिक क्रांति नहीं की, किन्तु कवि केशवसुत को विद्रोही काव्य-परम्परा को आगे बढ़ाने का श्रेय अवश्य मिलना चाहिए। मंडल ने भावगीतात्मक कविता को समृद्ध किया। भावगीत, सुनीत, गजल, शिशुगीत, जानपदगीत, व्यंग्यगीत आदि विभिन्न काव्य-प्रकार की रचना करके ही मंडल ने संतोष नहीं माना, किंतु स्वयं काव्य-वाचन (गीत-गायन) करने की परम्परा को भी आगे बढ़ाया। मराठी भावगीतों को घर-घर पहुँचाया।

स्वातंत्र्यवीर वि॰दा॰ सावरकर का नाम राजनीति के साथ ही साहित्य के साथ भी जुड़ा हुआ है। असामान्य कोटि का कवित्व और असाधारण देशभक्ति का मनोज्ञ संगम कवि सावरकर के व्यक्तित्व में दिखायी देता है। 'सागरास' और 'स्वतंत्रतेचे स्तोत्र' आदि कविताओं में उत्कट देशभक्ति का परिचय मिलता है। उनके काव्य 'सागरा प्राण तळमळरग' में उत्कट राष्ट्रप्रेम व्यक्त हुआ है। कवि सावरकर का स्थान उत्कृष्ट कवियों में गिना जाता है।

कवि केशवकुमार तथा आचार्य अत्रे का काव्यसंग्रह 'झेंडूची फुले' (गेंदा के फूल) व्यंग्य-काव्य का उत्कृष्ट नमूना है। मराठी-व्यंग्यकाव्य लेखन का आरंभ 'झेंडूची फुले' नामक काव्यसंग्रह से ही माना जाता है। इससे नीरस एवं फूहड़ काव्य-रचना पर प्रतिबंध लग गया। इसी काल में मराठी-कविता के क्षेत्र में जानपद गीतों की लहर-सी आयी। ग॰ल॰ ठोकळ, ग॰ह॰ पाटील, सोपानदेव चौधरी, ना॰घ॰ देशपांडे आदि कवियों के जानपद गीत विशेष उल्लेखनीय हैं।

ग्रामीण जीवन का चित्रण उक्त कविताओं में किया गया है। शिशुगीत लिखनेवाले अनेक कवि इस काल में अग्रसर हुए। वा॰गो॰ मायदेव, गोपीनाथ तळवळकर, ग॰ह॰ पाटील आदि कवि शिशुगीत लिखते रहे।

सन् 1935 ई॰ से मराठी-कविता अधिक गति से विकसित हुई। कवि अनिल का 'फुलवाल' काव्य-संग्रह प्रकाशित हुआ। मराठी-काव्य-जगत् को एक प्रतिभावान् कवि प्राप्त हुआ। 'भग्नमूर्ति' (खंडकाव्य), 'चिर यौवन' (कविता-संग्रह), 'पेर्तेव्हा' (रूपकात्मक कविता) आदि उनके काव्य-ग्रंथ हैं। रविकिरण मंडल की कविता संकुचित और स्वयंकेंद्रित हो गयी थी। इससे मुक्ति दिलाकर व्यापक सामाजिक प्रतीति प्रदान करने का कार्य कवि अनिल के काव्य ने किया है।

कवि कुसुमाग्रज का पहला काव्य-संग्रह सन् 1938 में प्रकाशित हुआ। 'विद्याश्वा' और 'किनारा', उनके दो काव्य-संग्रह विशेष प्रसिद्ध हुए। उनके काव्य में नादमाधुर्य और अनुप्रास अलंकार प्रचुर मात्रा में मिलता है। वि॰स॰ खांडेकर का कहना है कि कुसुमाग्रज मानवता के कवि हैं। 'गरजा जय जयकार', 'कोलंबसाये वगर्व गीत' आदि उनकी कविताएँ ओज गुण से युक्त हैं। कवि वा॰रा॰ कांत ने क्रांति और प्रीति की कविताएँ लिखी हैं। कवि ब॰भ॰ बोरकर जैसे सौंदर्य-पूजक कवि पर साधुत्व का संस्कार प्रतीत होता है। गोवा प्रांत (गोमंतक) की प्रकृति का वर्णन उनके काव्य में प्रकट होता है। 'माझ्या गोव्याच्या भूमित' (मेरे गोवा की भूमि में) कविता में गोवा भूमि का सौंदर्य उत्कटता से प्रकट हुआ है। 'प्रतिभा', 'जीवन संगीत', 'दूध सागर', 'आनंद भैरवी' आदि उनके प्रसिद्ध काव्य-संग्रह हैं। 'बोरकरांची कविता' नामक उनका काव्यसमग्र भी प्रकाशित हुआ है।

कवि बा॰सी॰ मर्ढेकर ने मराठी-कविता के क्षेत्र में खलबली मचा दी थी। उनका सन् 1939 में प्रकाशित 'शिशिरागम' नामक काव्य-संग्रह ख्याति प्राप्त नहीं कर

सका। 'काही कविता' और 'आणखी काही कविता' नामक उनके काव्यसंग्रह के प्रकाशित होते ही बा॰सी॰ मर्ढेकर नयी कविता के संस्थापक कहलाने लगे। उन्होंने मराठी कविता को केवल नयी कविता ही नहीं दी, नया काव्य-विचार भी दिया। शरदचंद्र मुक्तिबोध आधुनिक काव्य के मानवतावादी कवि हुए। प्रतिकूल परिस्थिति से जूझने की प्रेरणा देनेवाली कविता उन्होंने लिखी। बिंदा करंदीकर, मंगेश पाडगावकर और वसंत बापट, ये कवित्रय सन् 1950 के आसपास काव्यरचना करने लगे। उनके क्रमशः 'स्वेदगंगा', 'जिप्सी', 'धारानृत्य', 'बिजली' आदि काव्यसंग्रह प्रकाशित हुए। पाडगावकर की कविता प्राकृतिक कविता की श्रेणी में आती है। कवि वसंत बापट की कविता समाजोन्मुखी हो गयी।

सन् 1920 से 1950 तक के काल में कवयित्रियों ने काव्य-रचना में कोई विशेष योगदान नहीं दिया। केवल साठ-पैंसठ कवयित्रियों की कविताएँ ग्रंथबद्ध हो सकीं। उनमें से अधिकांश अनूदित कविताएँ हैं। आधुनिकता के संस्कार से प्रेरित कवयित्री अपर्णा देशपांडे, संजीवनी मराठे, पद्मा गोडे, शांता नाशिककर आदि ने काव्य-लेखन किया।

लक्ष्मीबाई टिळक आधुनिक काव्य की आदि कवयित्री मानी जाती है। बहिणाबाई चौधरी के काव्य में व्यक्त प्रसाद गुण और उत्कट काव्यात्मकता का सुंदर समन्वय पाया जाता है। बहिणाबाई अनपढ़ थीं, किंतु 'अहिराणी' नामक मराठी बोली में रचित उनकी कविताएँ प्रकाशित की गयीं। उनके पुत्र कवि सोपानदेव चौधरी ने 'बहिणाबाईची बाणी' नामक ग्रंथ प्रकाशित किया। इंदिरा संत और शांता टोळके की कविताएँ सन् 1947 से प्रकाशित होने लगीं।

आधुनिक मराठी-काव्य की प्रवृत्तियाँ

1. निबंधमाला युगीन (अँगरेजी काल) मराठी-कविता पर संस्कृत, अँगरेजी एवं लोककवि का प्रभाव था। अधिकांश काव्य कथापरक, वर्णनपरक और अनूदित था।

2. रविकिरण मंडल की कविताओं में व्यापक सामाजिक जाग्रति की अपेक्षा वैयक्तिक सुख-दुःख का अधिक चित्रण मिलता है।

3. कवित्व के प्रेरणा-स्रोत प्रेम, प्रकृति और ईश्वर थे।

4. छंदोबद्ध कविता लुप्त-सी हो गयी थी। मुक्तछंद कविता का स्थायी भाव बन गया था।

5. नयी कविता का निर्मिति-काल था। आरंभ में इस काव्य को कोई स्वीकारने के लिए तैयार नहीं था। कविता समाजोन्मुख बन गयी। उसे वैचारिक आधार मिल गया।

मराठी-नाटक

आधुनिक मराठी-नाटक का विकास मनोरंजन के हेतु हुआ। प्राचीन मराठी वाङ्मय में नाट्य-विधा की उपेक्षा हुई थी। दत्तावतार का अभिनय, तमार (भारूड),

कीर्त्तन, ललित गद्य, कठपुतली का खेल, रास, तमाशा आदि मनोरंजन के प्रकारों में नाट्य-कला जीवित थी। मराठी-नाटक सन् 1843 से विकसित हुआ।

सांगली संस्थान के राजा अप्पा साहेब पटवर्धन एक रसिक आदमी थे। उनके आश्रृती नाटककार विष्णुदास भावे सन् 1843 में 'सीता स्वयंवर' नामक नाटक रंगमंच पर लाये थे। इसी नाट्य-प्रवेश से मराठी-नाटक संस्थापित हुआ। भावे ने पौराणिक कथा पर आधारित कुल 51 आख्यान नाटक लिखे। किन्तु उन नाटकों में दृश्यात्मकता की अपेक्षा कृति-प्राधान्यता अधिक थी। उन्हें मराठी रंगभूमि का जनक माना जाता है। नाट्य संस्था का स्वतंत्र अधिष्ठान निर्माण करने का कार्य विष्णुदास भावे ने किया है। सन् 1849 में इचलकरेजी के कै॰ बाबाजी दातार शास्त्री नामक रसिक विद्वान् ने कुछ नाटक लिखे।

'प्रबोध चंद्रोदय' नामक नाटक सन् 1851 में श्रीकृष्ण मिश्र पंडित ने संस्कृत में लिखा जिसका मराठी अनुवाद अमरापुरकर, बापट आदि ने किया। भास्कर पाळंदे और परशुराम गोडबोले ने कालिदास और जयदेव के नाटकों का मराठी अनुवाद प्रकाशित किया।

संस्कृत के समान अँगरेजी नाटकों के मराठी अनुवाद भी आधुनिक काल में हुए। अनेक उच्च शिक्षित लोग अँगरेजी-साहित्य से प्रभावित हुए थे। महादेव शास्त्री जोशी ने शेक्सपीयर के 'ऑथेलो' का अनुवाद किया था। काशीनाथ गोविंद नातू ने 'जूलियस सीजर' का सन् 1872 में अनुवाद किया था। इस काल में पौराणिक, ऐतिहासिक, कल्पनारम्य और सामाजिक नाटक लिखे गये।

संक्षेप में, 1800 से 1880 तक मराठी-नाट्य-साहित्य का स्तर सामान्य था क्योंकि इन नाटकों में समाज का चित्रण अल्प मात्रा में दिखायी देता है। सन् 1880 में मराठी-साहित्य का नया युग आरंभ हुआ। 31 अक्टूबर 1880 की दीपावली में आण्णा साहेब किर्लोस्कर 'संगीत शाकुंतल' नाटक (चार अंक) प्रथमतः रंगमंच पर लाये। 'सौभद्र', 'रामराज्य वियोग' आदि उनके अन्य नाटक थे। किर्लोस्कर ने मराठी नाट्य-कला को प्रतिष्ठित किया था।

सन् 1800 से 1900 ई॰ तक के वर्षों में लिखे नाटकों पर टिळक, आगरकर, रानडे आदि के विचारों का प्रभाव स्पष्टता से दिखायी देता है। मराठी-नाटकों में स्त्री-शिक्षा, स्त्री-स्वातंत्र्य, बाल-विवाह आदि सामाजिक प्रश्न चित्रित हुए।

1897 से 1920 तक नाटककार कोल्हटकर, देवल, खाडिलकर, केळकर, गडकरी आदि ने नाट्य-लेखन किया। आरंभिक काल में नाट्याचार्य देवल ने कुल सात नाटक लिखे। उनके 'शारदा', 'संशयकल्लोळ' आदि नाटक विशेष ख्यात हुए। कृ॰प्र॰ खादिलकर नाटककार ने मराठी-रंगभूमि के सौंदर्य और सामर्थ्य में वृद्धि की। उनके 'मानापमान', 'कीचकवध', 'भाऊबंदकी' आदि नाटक रंगमंच को विकसित करने में सफल हुए। राम गणेश गडकरी ने 1912 से 1919 तक 'प्रेम

संन्यास', 'पुण्य प्रभाव', 'एकचप्याला', 'भावबंधन' आदि चार नाटक लिखे। उनके सभी नाटकों में करुण रस के उत्कटता से दर्शन होते हैं। न॰ चिं॰ केळकर का नाट्य-लेखन विशेष उल्लेखनीय नहीं है। उन्होंने कुल छह नाटक लिखे, किन्तु उनमें केवल 'तोतयाचे बंड' नामक नाटक ही उल्लेखनीय है।

सन् 1915 से 1920 तक का काल मराठी-रंगमंच के लिए वैभवशाली था। 1920 के उपरान्त मराठी-रंगमंच पर उदासीनता फैल गयी। किंतु मा॰वि॰ वरेरकर तथा मणा वरेरकर जैसे नाटककार ने नाटक-क्षेत्र में नये प्रयोग किये। उन्होंने पचास नाटक लिखे जिनमें 'हाय मुलाचा बाप' और 'सोन्याचा कळस' अधिक यशस्वी हुए।

मराठी-रंगमंच को समृद्धिशाली एवं पुनरुज्जीवित करने का महत्त्वपूर्ण कार्य नाटककार प्र॰के॰ अत्रे ने किया। उनका 'साष्टांग नमस्कार' नामक नाटक सन् 1933 में रंगमंच पर आया। उनके 'लग्नायी बेडी', 'भ्रमाचा भोपळा' आदि नाटकों में विसंगति दिखायी देती है। 'घराबाहेर', 'उद्याचा संसार', 'जगकाय म्हणेल' आदि करुण एवं गंभीर नाटकों को विशेष ख्याति प्राप्त हुई। इसी काल में कवि वि॰वा॰ शिखाडकर तथा कुसुमाग्रज ने भी नाट्य-लेखन किया। उनके 'दूसरा पेशवा', 'राजमुकुट' और 'कौंतेय' नाटक प्रसिद्ध हुए।

मराठी-नाट्य-वाङ्मय की एकांकी नाटक शाखा इसी काल में विकसित हुई। रांगणेकर, काणेकर, चिं॰वि॰ जोशी आदि के एकांकी नाटक उल्लेखनीय हैं।

मराठी-उपन्यास

अँगरेजी के 'नोवेल' (Novel) के लिए मराठी में 'कादम्बरी' पर्यायवाची शब्द है। मराठी का प्रथम सामाजिक और मौलिक उपन्यास लिखने का श्रेय बाबा पद्मन जी को है। सन् 1857 में 'यमुना पर्यटन' उपन्यास लिखा गया। उस उपन्यास में समाज की दुर्बलता, ईसाई धर्म प्रचार, विधवाओं का प्रश्न आदि की चर्चा की गयी है। श्री॰ हळबे ने सन् 1861 में मराठी का पहला मनोरंजनात्मक उपन्यास 'मुक्तामाला' लिखा। हरिभाऊ आपटे के ऐतिहासिक उपन्यास 'उषःकाल' के प्रकाशन से मराठी ऐतिहासिक उपन्यास का उदय हुआ। उनके 'सूर्योदय', 'मध्याह्न', 'सूर्यग्रहण' आदि छह शिवाजीकालीन उपन्यासों में स्वदेशाभिमान व इतिहास-विषयक अभिमान व्यक्त हुआ है।

श्री॰ ह॰ना॰ आपटे लिखित 'पणलक्षात कोण घेतो' नामक उपन्यास में विधवा समस्या और पाखंडी व्यक्ति का यथायोग्य चित्रण मिलता है।

ना॰सी॰ फडके (1894-1978) ने मराठी-उपन्यास के विकास में बड़ा योगदान दिया है। आकर्षक कथावस्तु, कल्पनाशीलता, प्रसादिक भाषा-शैली से उनके उपन्यास पाठकों के मन पर विशेष प्रभाव डाल सके। 'निरंजन', 'कुलाव्याची दांडी', 'दौलत', 'जादूगर', 'अल्ला हो अकबर' आदि उनके उपन्यास विशेष ख्यातिप्राप्त हुए।

वि॰स॰ खांडेकर (1898-1976) ने मनोरंजन और बोधात्मक उपन्यास लिखे।

मानवतावाद, राजनीति, कला, क्रीड़ा आदि उनके प्रिय विषय थे। आलंकारिक, कृत्रिम, काल्पनिकता से ओतप्रोत और सूक्ति-प्रधान उनकी शैली थी। 'दोन ध्रुव', 'क्रौंचवध', 'दोन मने', 'पाढरे ढग', 'अभय', 'हिखा चाफा', 'ययाती' आदि उनके उपन्यास विशेष ख्याति प्राप्त कर सके।

ग॰त्र्य॰ माडखोलकर (1899-1976), पु॰य॰ देशपांडे, विभावरी शिरूरकर, विश्राम बेडेकर, बा॰सी॰ मर्ढेकर, वसंत कानेटकर, ग॰ल॰ ठोकळ, मलहारी भोसले आदि उपन्यासकारों ने मराठी-उपन्यास के विकास में विशेष योगदान दिया।

प्रसिद्ध उपन्यासकार गो॰नी॰ दांडेकर ने अपने उपन्यासों में ग्रामीण जीवन का दर्शन कराया। उन्होंने 'पडधवली', 'शितू', 'पवनाकाढचा घोंडी', 'आम्ही भगीरथाचे पुत्र' आदि उपन्यासों में प्रकृति-चित्रण और नये एवं पुराने मूल्यों को चित्रित किया है। ग्रामीण जीवन पर आधारित व्यंकटेश माडगूळकर का उपन्यास 'वनगरवाडी' विशेष उल्लेखनीय है। श्री॰ना॰ पेंडसे के 'एलगार', 'हछपार', 'गारंबीया बापू' उपन्यासों में उत्कृष्ट व्यक्तित्व-वर्णन हुआ है। उनके 'रथचक्र' में मानवी दुःख अंकित हुआ है। इस काल में श्री॰ पेंडसे और दांडेकर के उपन्यास उल्लेखनीय माने जाते हैं।

सन् 1920 से 1950 तक गाँधीवाद और मार्क्सवाद का प्रभाव मराठी-उपन्यास पर परिलक्षित होता है। टिळक-युग का अन्त हुआ और गाँधी जी के विचारों का प्रभाव बढ़ रहा था। उनके विचारों का स्पष्ट प्रभाव मराठी-उपन्यास पर भी दिखायी देता है। वसंत कानेटकर के 'सुनीता' उपन्यास पर सिग्मंड फ्रायड के मनोविश्लेषण की छाप दिखायी देती है।

मराठी-कहानी

हरिभाऊ आपटे के पूर्व की कहानियाँ (1800-1889) कथा-साहित्य की समृद्ध और सम्पन्न साहित्य-विधा मानी जाती है। कहानी, लोककथा, परिकथा, प्राणीकथा, अद्भुत रम्य कथा के विभिन्न रूपों से आज की मराठी-कहानी विकसित हुई। आपटे-पूर्व कहानी-साहित्य में तीन प्रवाह दिखायी देते हैं– 1. अद्भुत रम्य कल्पित कहानी, 2. मनोरंजन और उपदेशपरक कहानियाँ, 3. धर्मप्रचार करनेवाली ख्रिस्ती मिशनरी की कहानी।

सन् 1889 से 1920 तक की कहानी अद्भुत रम्यता से बाहर निकलकर समाज के विविध अंगों का वास्तव दर्शन करती रही। हरिभाऊ आपटे, वि॰सी॰ गुर्जर आदि ने मराठी-कहानी को विकसित किया।

सन् 1920 से 1950 तक के काल में दिवाकर कृष्ण, ना॰सी॰ फडके, बि॰स॰ खांडेकर, गंगाधर गाडगीळ, म॰ना॰ अदवंत आदि ने मराठी-कहानी-जगत् को विकसित किया।

मराठी कहानी के विविध रूप

1. **सन् 1926 से 1935 तक का काल**– हास्य-व्यंग्य कहानी, नयी कहानी, लघुकथा, शब्दचित्र आदि कहानी के विविध रूप थे।

2. लघुकथा को प्रतिष्ठा दिलानेवाले लेखक वा॰ना॰ देशपांडे, वि॰स॰ खांडेकर, आचार्य अत्रे आदि।

3. व्यक्तित्व-दर्शन अथवा शब्दचित्र (संस्मरण या रेखाचित्र) लेखन करनेवाले लेखक वामन चोरघडे, गंगाधर गाडगीळ, कुसुमावती देशपांडे, पु॰भा॰ भावे, व्यंकटेश माडगूळकर आदि।

किसी आदमी की भावस्थिति के दर्शन करनेवाली कहानी को नयी कहानी कहा जाता है। प्रमुख नये कहानीकार एवं उनकी नयी कहानियों के नाम निम्नलिखित हैं–

1. गंगाधर गाडगीळ–'ऊंट आणि लंबक', 'चोरटी पावले', 'विळखा', 'चक्र' आदि।

2. अरविंद गोखले–'मंजूळा', 'कोकराची कथा', 'कातरवेळ', 'रिक्ता', 'नकार', 'अविधवा' आदि।

3. पु॰भा॰ भावे–'सतरावे वर्ष', 'संगम', 'पाषाण', 'फाटलेखे', 'आभाळ' आदि।

4. व्यंकटेश माडगूळकर–'माणदेशी माणसं' (व्यक्ति-दर्शन कहानी-संग्रह), 'काळी आई', 'शाळ', 'त्यांची गाय व्याली', 'अनवाणी' आदि।

5. प्रभाकर पाध्ये– 'पिपकाचे झाड', 'व्याधाची', 'चांदणी'।

6. श्री॰ म॰ माटे–'उपेक्षितांचे अंतरंग'।

7. महादेव शास्त्री जोशी–'विराजी', 'भावळ', 'जगावेगळे सासर'।

इस काल में स्त्री लेखिकाओं ने भी कहानी-लेखन किया। सन् 1925 से 1935 तक अनेक स्त्री लेखिकाओं ने कहानी के विकास में योगदान दिया। उनमें प्रमुख हैं–विभावरी, शिखरकर, कुसुमावती देशपांडे, मालती दांडेकर, डॉ॰ सरोजनी बाबर, कमला फडके, इंदिरा संत, शांता झोळके। इन कहानीकारों ने लालित्यपूर्ण शैली में सुष्ठु कथानक में मानवी जीवन दर्शन कराया था।

मराठी जीवनी और आत्मकथा साहित्य

आधुनिक मराठी जीवनी और आत्मकथा साहित्य में कलात्मकता का अभाव ही दिखायी देता है। महादेव शास्त्री कोल्हटकर ने 'कोलंबसाचा वृत्तांत' (1849), कृष्ण शास्त्री चिपळूणकर ने 'साक्रेटिसाचे चरित्र' (1852), ल॰रा॰ पांगारकर ने 'मोरोपंत चरित', 'काव्यविवेचन' आदि संतचरित लिखे हैं। जीवनी के साथ ही कुछ आत्मकथाएँ भी इस काल में लिखी गयी हैं। श्रीमती रमाबाई रानडे ने 'आमच्या आयुष्यातील काही आठवाणी' नामक जीवनी लिखने का प्रशंसनीय प्रयास किया है। किंतु इस काल में आत्मकथा-लेखन में कोई विशेष उल्लेखनीय प्रगति नहीं हो सकी।

स्वातंत्र्यवीर सावरकर लिखित 'माझी जन्मठेप' (मेरा आजीवन कारावास) जीवनी में जेल-जीवन की अद्भुत कहानी वर्णित है। लक्ष्मीबाई टिळक लिखित 'स्मृतिचित्र' और

पार्वतीबाई आठवले लिखित 'माझी कहानी' जीवनियाँ संघर्षशील स्त्री-जीवन की सच्ची कहानी है। बया कर्वे लिखित जीवनी 'माझे पुराण' (मेरी कहानी), श्रीमती पटवर्धन लिखित 'आमची अकरा वर्षे' (हमारे ग्यारह साल) नामक आत्मकथा उल्लेखनीय हैं।

इस काल में लोकमान्य तिलक और महात्मा गाँधी की जीवनियाँ बहुतायत से लिखी गयीं। कथाकार वि॰स॰ खांडेकर, ना॰सी॰ फडके, नाटककार खाडिलकर, देवल, अत्रे आदि ने भी अपनी आत्मकथाएँ लिखी हैं।

ललित गद्य और समीक्षा-लेखन

मराठी नाटक, कथा (उपन्यास-कहानी), काव्य, जीवनी, इन साहित्य-विधाओं के अंतर्गत जिस विधा का अंतर्भाव नहीं होता, ऐसे यात्रा-वर्णन, ललित निबंध, आत्मपरक निबंध आदि 'ललित गद्य' नाम से अभिहित होने लगा।

आचार्य काकासाहेब कालेलकर, अनंत काणेकर, प्रभाकर पाध्ये, पुं॰स॰ देशपांडे आदि ने यात्रा-साहित्य लिखा।

स्वतंत्र साहित्य-समीक्षा करने की प्रवृत्ति इस काल में दिखायी नहीं देती। केवल साहित्य-समीक्षा के कुछ छिटपुट लेख लिखे गये। संस्कृत-ग्रंथों में लिखी कुछ काव्य-समीक्षाएँ मराठी में अनूदित करने के प्रयास हुए। मराठी-साहित्य-समीक्षा के निम्न प्रयास उल्लेखनीय हैं–

1. कृष्ण शास्त्री राजवाडे–'अलंकार विवेक'। 2. दाजी साहेब प्रधान–'रसमाधव'। 3. गणेश शास्त्री–'साहित्यशास्त्र'। 4. परशुराम पंतलात्या गोडबोले–'वृत्तदर्पण'। 5. विष्णु शास्त्री चिपलूणकर–'शालापत्रक'। 6. रा॰ श्री जोग–'अभिनव काव्यप्रकाश'। 7. के॰ना॰ वाटवे–'रस विमर्श'। 8. ना॰सी॰ फडके–'प्रतिभा साधन'। 9. बा॰सी॰ मर्ढेकर–'वाङ्मयीन महाकल्पी'। 10. श्री के॰ क्षीरसागर–'सौंदर्यवादी टीका' आदि।

स्वातंत्र्योत्तर मराठी-साहित्य (सन् 1947 से आज तक)

स्वातंत्र्योत्तर मराठी-साहित्य पर 'नये साहित्य' का प्रभाव दिखायी देता है। नया साहित्य प्रयोगशीलता की ओर झुक गया है। प्रस्थापित साहित्यिकों के प्रति नये साहित्यिकों के मन में विद्रोह (बगावत) की भावना है। उनके प्रति वे विलाप ही कर रहे हैं। एक नयी साहित्याभिरुचि स्थापित करने का प्रयास भी हो रहा है।

पाँचवे एवं छठे दशक में मराठी-साहित्य में भी 'नये साहित्य' की धाक दिखायी देती है। अतः इस आलेख में पाँचवे दशक के मराठी में लिखे गये काव्य, नाटक, एकांकी नाटक, दलित साहित्य, स्त्रीवादी साहित्य आदि का विश्लेषण किया जायगा।

कविता

साहित्य समाज का दर्पण होता है। समाज की स्थिति एवं गति का प्रतिबिंब साहित्य में दिखायी देना अवश्यंभावी है। देश में घटित घटनाएँ साहित्य पर प्रभाव डालती हैं। स्वातंत्र्योत्तर निम्न घटनाओं का मराठी-कवि-मन पर प्रभाव पड़ना

स्वाभाविक ही था— 1. जनतंत्र की स्थापना (सन् 1950), 2. महात्मा गाँधी की हत्या (सन् 1948), हैदराबाद का मुक्ति-संग्राम (सन् 1948), 3. डॉ॰ बाबा साहेब अम्बेदकर का अपने हजारों अनुयायियों के साथ बौद्ध धर्म में प्रवेश (सन् 1956), 4. संयुक्त महाराष्ट्र राज्य की स्थापना (सन् 1960), 5 चीन का आक्रमण (सन् 1962), 6. बंगला देश का युद्ध (सन् 1971), 7. आपातकाल (सन् 1975)।

स्वातंत्र्योत्तर मराठी-कविता के विकास में दैनिक सामाचारपत्र, मासिक पत्रिका और लघु पत्रिकाओं का बड़ा योगदान रहा है।

आकाशवाणी और दूरदर्शन जैसे जनसंचार माध्यम के प्रसार के फलस्वरूप मराठी-साहित्य में भी गीत-रचना जनप्रिय बनी। गीतकार ग॰दि॰ माडगूळकर का 'गीत रामायण' (1958) बहुचर्चित एवं प्रसिद्ध काव्य प्रकाशित और आकाशवाणी से प्रसारित हुआ। अन्य प्रमुख गीतकार राजा बढे, कवि संजीव, सोपानदेव चौधरी, पी॰ सावळराम, जगदीश खेबूडकर, गंगाधर महांबरे, शांताराम नांदगावकर आदि रहे हैं।

इस काल में कुछ महाकाव्य भी लिखे गये। उनमें कवि यशवंत लिखित 'छत्रपति शिवराय' (1968) और ना॰रा॰ मोरे लिखित 'शिवायन महाकाव्य' उल्लेखनीय हैं।

कवि बा॰भ॰ बोरकर के 'आनंद भैरवी', 'चित्रवीणा', 'गीतार' और 'चैत्रपूनव', ये चार काव्य-संग्रह प्रसिद्ध हुए। बिंदा करंदीकर, वसंत बापट और मंगेश पाठगांवकर, ये मराठी-काव्य-जगत् की त्रिवेणी-धारा माने जाते हैं। कवयित्री इंदिरा संत, पद्मा संजीवनी मराठे, शांता शेळके आदि कवयित्रियाँ रविकिरण मंडल के काल में ही काव्य-रचना करनेवाली महिला प्रतिनिधि कवयित्रियाँ थीं। अनुराधा पोतदार, मल्लिका अमर शेख, सरोजिनी बाबर, शांता शेळके आदि ने गीत-रचना की।

दलित साहित्यिकों की मूल व्यथा प्रधानतः कविता के माध्यम से व्यक्त हुई थी। उनकी कविताएँ मुख्यतः विद्रोही कविता थीं। सन् 1956 के डॉ॰ अम्बेडकर के धम्मचक्र प्रवर्तन की घटना से दलित मानस जागृत हुआ। इन दलित कवियों में प्रमुख हैं—नामदेव दसाक, नारायण सुर्वे, यशवंत, मनोहर, दया पवार आदि। उसी काल में ग्रामीण और स्त्रीवादी काव्य-रचना भी हुई है।

स्वातंत्र्योत्तर काल में 'सत्यकथा', 'आलोचना', 'अनुष्टुभ' आदि साहित्यिक पत्रिकाएँ और 'महाराष्ट्र साहित्य पत्रिका', 'प्रतिष्ठान', 'युगवाणी', 'अस्मितादर्श' आदि साहित्यिक संस्थाओं के मुखपत्रों ने मराठी-कविता के विकास में बड़ा योगदान दिया है। इसी काल में काव्य-समालोचना का भी लेखन हुआ है।

नाटक

सन् 1930 के आसपास सिनेमा की जनप्रियता बढ़ने लगी थी। किसी तरह मराठी-रंगभूमि को जीवित रखने का महत् कार्य नाटककार प्र॰के॰ अत्रे ने किया था। उनके नाट्यलेखन के द्वितीय विकास कालखंड में 'तो मी नव्हेच' (1962), 'डॉ॰ लागू' (1967) 'युवा तेथे बाया' आदि समकालीन समस्याओं पर आधारित नाटक

प्रकाशित हुए। मधुसूदन कालेलकर का अदालती घटना पर आधारित 'अपराध मीच केला' नाटक जनप्रिय हुआ।

श्री॰ हां॰ना॰ नवरे कहानीकार होते हुए भी नाट्य-क्षेत्र में ख्यातकीर्ति हुए। 'मन पाखरू पाखरू', 'सुर राहू दे', 'सुरुंग', 'गुंतता हृदय हे' आदि उनके नाटकों का मंचन हुआ।

प्रसिद्ध नाटककार वि॰वा॰ शिखाडकर तथा कवि कुसुमाग्रज के निम्न नाटक विशेष उल्लेखनीय रहे हैं– 'आमचं नाव बाबूराव', 'नट्सम्राट', 'वीजम्हाणाली धरतीला', 'ययाती आणि देवयानी' (संगीत पौराणिक नाटक), 'मी एक मुख्यमंत्री', 'चंद्र जेथे डगवत नाही', 'विदूषक' आदि।

मराठी-नाट्य-साहित्य में वसंत कानेटकर का बड़ा योगदान रहा है। 'वेडांच घर उन्हात', 'अश्रूंची झाली फुले', 'घरात फुलला पारिजात' (1968), 'लेकुरे उदंड जहाली', 'रायगडाला जेव्हा जाग येते', 'इथे ओटाल्खा मृत्यु', 'तुझा तू बादवी राजा' (1967), 'हिमालयाची सावली' (1972), 'कस्तुरी मृग' (1966), 'विषवृक्षाची छाया' (1975) आदि नाटकों से मराठी-नाट्य-साहित्य समृद्ध हुआ।

विजय तेंडुलकर मराठी के जाने-माने नाटककार हैं। उनका 'घाशीराम कोतवाल' (1973) पहला मराठी संगीत नाटक माना जाता है। 'गिधाडे', 'सखाराम बहिंडर' (1972), 'बेबी' (1975) आदि नाटकों में मानव के मानसिक तनाव का चित्रण मिलता है। जयवंत दळवी लिखित 'संध्या छाया', 'महासागर', 'बैरिस्टर', 'सूर्यास्त' आदि नाटकों ने मराठी-रंगमंच को समृद्ध बनाया।

प्रसिद्ध गद्य-लेखक पु॰ल॰ देशपांडे के 'ली एक फुलराणी', 'तीन पैशाचा तमाशा', 'पुढारी पाहिजे' आदि नाटक विशेष जनप्रिय हुए।

सन् 1980 से 1990 तक नाट्य-लेखन करनेवाले रत्नाकर मतकरी के 10-12 नाटक रंगमंच पर आये। उनके कुछ विशेष उल्लेखनीय नाटक हैं–'अश्वमेध', 'दुभंग', 'माझं काय चुकलं', 'स्पर्श अमृताया', 'खोल खोल पाणी', 'वटवट सावित्री', 'अग्निदिव्य जोड़ीदार' आदि पारिवारिक और समस्या-प्रधान नाटक।

साठोत्तरी प्रमुख नाटककारों में उल्लेखनीय हैं– (1) महेश एलकुंचवार–'युगांत', 'प्रतिबिंब', 'वाडा चिरेबंदी'। (2) सतीश आळेकर–'महानिर्वाण' (1974), 'बेगम बर्वे' (1979)। (3) श्याम मनोहर–'यकृत' (1973), 'हृदय' (1974), 'यळकोट' (1993)। (4) प्रा॰ श्रीधर कुलकर्णी–'उध्वस्त धर्मशास्त्र' (1974) 'अंधारयात्रा' (1977)। (5) चिं॰झं॰ खानोलकर–'एक शून्य बाजीराव' (1966), 'कालाय तस्मै नमः' (1972) 'सगे सोयरे' (1966)। (6) मकरंद साठे–'सूर्य पाहिलेखा माणूस' (1999)।

सन् 1975 के बाद मराठी-नाटक अधिक रंगमंचीय, व्यावसायिक और कलात्मक बनते गये। साठोत्तरी नाटक पाँच से तीन और दो अंकों में लिखे जाने लगे। आधुनिकता और विविधता के कारण मराठी-नाटक का चेहरा ही बदल गया।

एकांकी नाटक

मराठी के एकांकी नाट्य-साहित्य को नाटककार विजय तेंडुलकर ने नवजीवन प्रदान किया। 'रात्र', 'ओळख', 'मादी', 'झपूर्झा' आदि एकांकी नाटकों में मध्यवर्गीय जीवन को नाट्य रूप दिया गया है।

पु.ल. देशपांडे, कानेटकर, जयवंत दळवी, गंगाधर गाडगीळ आदि ने एकांकी नाट्य लेखन किया। देशपांडे और गाडगीळ के व्यंग्य एकांकी नाटक ख्यात हुए। विद्याधर पुंडलिक और वसुधा पारीख ने विषय और आशय की विविधता से सम्पन्न मराठी एकांकी लिखे। महेश एलकुंचवार, सतीश आळंकर, श्यामल बनारसे, संजय पवार आदि नवोदित नाट्य-लेखकों ने एकांकी नाटक के विकास में बड़ा योगदान दिया।

सन् 1954 से महाराष्ट्र सरकार की ओर से 'राज्य नाट्य स्पर्धा' का आयोजन किया जाने लगा। विशेषतः पुरुषोत्तम करंडक, नाट्यदर्पण, इंडियन नेशनल थियेटर आदि द्वारा प्रतियोगिता का आयोजन किया जाने लगा।

पाँचवें दशक के मराठी-साहित्य पर नये साहित्य का प्रभाव दिखायी देता है। जनवादी साहित्य, नया दृष्टिकोण, यथार्थ वर्णन, समकालीन जीवन के प्रति आस्था, समानता और अभिरुचि की सम्पन्नता आदि साठोत्तरी भारतीय साहित्य की विशेषताएँ मराठी नाट्य-साहित्य में भी स्पष्टता से दृष्टिगोचर होती हैं।

उपन्यास

स्वातंत्र्योत्तर काल में पहला उपन्यास श्री. ना. पेंडसे ने सन् 1949 में लिखा। सन् 1955 में व्यंकटेश माडगूळकर ने 'बनगखाडी' उपन्यास प्रकाशित किया। स्वातंत्र्योत्तर काल के उपन्यासकार और उपन्यास निम्नलिखित हैं–

(1) श्री. ना. पेंडसे–'एलगार', 'यशोदा', 'गारंबीचा बापू', 'रथचक्र', 'हद्यपार', 'कलंदर', 'हाया' (सन्न् 1954 से 1974 तक लिखे) उपन्यास।

(2) गो. नी. दांडेकर–'जैत रे जैत', 'मृण्मयी', 'मोगरा फुल्ला', 'पउघवली'।

(3) व्यंकटेश माडगूळकर–'बनगरवाडी' (1955), 'सतांतर' (1962), 'कोवळे दिवस' (1979)।

ग्रामीण जीवन का चित्रण करनेवाले उपन्यासों में बा.भ. बोरकर का 'भावीण', सुभाष भेंडे का 'जोगीण', शंकर पाटील का 'टारफुल', राजन गवस का 'भंडारभोग', ना.घों. महानोर का 'गांधारी', हमीद दलवाई का 'ईंधन', रा.रे. बोराडे का 'पायोळा', आनंद यादव का 'गोतावळा' और 'झोंबी' उल्लेखनीय हैं।

ऐतिहासिक उपन्यासों में रणजीत देसाई का 'स्वामी', 'श्रीमान् योगी'; ना.सं. इनामदार का 'झुंज हाईनशाहा', 'झेप', 'राऊ मंत्रावेगळा'; शिवाजी सावंत का 'छावा', 'मृत्युंजय', श्री. ज. जोशी का 'आनंदी गोपाळ'; मृणालिनी देसाई का 'पुत्रामानवाचा' विशिष्ट हैं।

यथार्थवादी उपन्यासों में भालचंद्र नेमाडे का 'कोसला', 'बिठार'; विभावरी

शिखरकर का 'बळी'; जयवंत दळवी का 'चक्र, 'स्वागत'; मधुमंगेश कर्णिक का 'माहिमची खाडी'; आण्णाभाऊ साठे का 'फकिरा'; शंकरराव खराल का 'हालभट्टी'; मनोहर शाहाणे का 'धाकटे आकाश'; ह॰मो॰ मराठे का 'निष्पर्ण वृक्षावर भर दुपारी', 'देवाची घंटा', 'कुरुक्षेत्र'; अरुण साहु का 'शापित', 'त्रिशंकु', 'बहिष्कृत'; श्याम मनोहर का 'शीतयुद्ध', 'सदानंद'; रंगनाथ पठारे का 'चक्रव्यूह', 'रथ', 'ताम्रपट' के नाम लिये जाते हैं।

लघु पत्रिका

सामयिक लघु पत्रिका आंदोलन से साठोत्तरी मराठी-साहित्य के विकास में गतिशीलता आ गयी। अशोक शहाणे के 'अथर्व' (1960) और 'असो' (1962) से लघु सामयिक पत्रिका की भूमिका स्पष्ट हुई। इन पत्रिकाओं के माध्यम से प्रस्थापित साहित्यिक अभिरुचि एवं संकेत के प्रति असंतोष उत्पन्न हुआ।

'अथर्व', 'आत्ता', 'वाचा', 'कावळा', 'श्रीशब्द', 'अबकडई', 'स॰न॰वि॰वि॰', 'त्रिशंकु', 'तापसी', 'भारूड' और 'विद्रोही' नामक लघु सामयिक पत्रिकाओं ने महत्त्वपूर्ण भूमिका निभायी। संक्षेप में, साठोत्तरी मराठी-साहित्य के परिवर्तन और विकास में लघु सामयिक पत्रिकाओं का महत्त्वपूर्ण योगदान रहा है।

दलित और ग्रामीण साहित्य

दलित साहित्य की निर्मिति साठोत्तरी साहित्य की अभूतपूर्व घटना मानी जाती है। मराठी-साहित्य की समृद्धि में दलित साहित्य का योगदान स्वीकृत हुआ है। दलित साहित्य के आंदोलन के पूर्व अण्णाभाऊ साठे, शंकरराव खरात जैसे लेखक शोषित लोगों के जीवन पर साहित्य-रचना कर रहे थे।

डॉ॰ बाबासाहेब अम्बेडकर के व्यक्तित्व, कृतित्व और विचार से प्रेरणा ग्रहण कर दलित युवा साहित्यिकों ने उपेक्षित वर्ग में अस्मिता जगायी। दलित साहित्य के रूप में नयी जागृति की अभिव्यंजना होने लगी। महाराष्ट्र के सामाजिक परिवर्तन साहित्य में अंकित होने लगे। आत्मकथा एवं काव्य के माध्यम से नव दलित साहित्य का प्रथम चरण विकसित हुआ।

कवि नारायण सुर्वे और नामदेव ढसाळ ने दलित लोगों का दुःख अपने काव्य में व्यक्त किया है। बाबूराव बागूल लिखित 'जेव्हा मी जात चोरली होती' और 'मरण स्वस्त होत आहे' (कहानी-संग्रह), 'सूड' (उपन्यास) आदि में सामाजिक यथार्थ व्यक्त हुआ है।

दलित आंदोलन में विघटन होता गया। विद्रोह के नाम पर केवल नारेबाजी करने में तथाकथित लेखक, समीक्षक एवं विचारक सफलता मानने लगे। उनके लेखन में एकरसता आने लगी।

व्यापक दृष्टिकोण एवं सैद्धान्तिक नींव पर ग्रामीण साहित्य के खड़ा न रहने से वह विस्तृत आंदोलन न बन पाया। आनंद यादव, राजन गवस, आनंद

पाटील, बा॰ग॰ केसकर, चारुता सागर, महादेव मोरे, सखा कलाल, सदानंद देशमुख आदि ने ग्रामीण समस्याओं और स्थिति-गति का अपनी कहानियों और उपन्यासों में यथार्थ चित्रण किया है।

स्त्रीवादी साहित्य

सन् 1975 के 'अन्तरराष्ट्रीय महिला हक वर्ष' के उपलक्ष्य में आयोजित समारोह से स्त्रीवादी आंदोलन का आरंभ माना जाता है। इसीके परिणामस्वरूप स्त्री-हक के कानून बनते गये और स्त्री-शिक्षा का प्रमाण बढ़ता ही गया। दलित साहित्य के समान ही साठोत्तरी मराठी-साहित्य के स्त्रीवादी और स्त्री-केन्द्री साहित्य ने संस्कृति के वास्तव को अनदेखा नहीं किया। पाठकों को अंतर्मुख होने के लिए बाध्य किया। उपन्यास, कहानी, आत्मकथा, काव्य आदि साहित्य की विविध विधाओं में स्त्री लेखिकाओं के शीर्षस्थ नाम निम्नलिखित हैं—

(अ) उपन्यास—

(1) गौरी देशपांडे—'मुक्काम', 'गोफ', 'एकेक', 'पान गळखया' आदि।

(2) आशा बगे—'झुंबर', 'सेतु', 'चिदल'।

(3) रेखा बैजल—'तृप्त'।

(4) सानिया—'आवर्तन', 'स्थलांतर'।

(5) शांता निसक—'बेघर'।

(आ) कहानी—

(1) सानिया—'दिशा घराच्या', 'ओळख', 'वलय शोध'।

(2) प्रिया तेंडुलकर—'ज्याचा त्याचा प्रश्न', 'जन्मलेल्या', 'प्रत्वेकात्य', 'जावे तिच्या वंशा'।

(3) उर्मिला पवार—'चौथी मिंत', 'सहावं बोट'।

(4) मेघना पेठे—'हंस', 'अकेला', 'आंधळयाच्यप गाथी'।

(इ) काव्य—

(1) मल्लिका अमरहोख—'वाळूचा प्रियकर', 'महानगर' आदि।

(2) रजनी परूकेकर—'स्वीकार'

(3) प्रज्ञा लोखंडे—'अंतस्थ', 'उत्कट जीवघेच्या धगीवर'।

(4) अनुराधा पाटील—'तरीही', 'दिवसें दिवस'।

(5) ज्योति लांजेकर—'दिशा'।

(6) शैला सायनाकर—'खतकमळाचे रान'।

(ई) आत्मकथा—

प्रिया तेंडुलकर लिखित 'पंचतारांकित' और मल्लिका अमर शेख लिखित 'मला उध्वस्त्व ब्याहचय' आदि में स्त्री-समस्याओं का चित्रण किया गया है। सुनिता देशपांडे ने 'आहे मनोहर तरी' और माधवी देसाई ने 'नाच ग घुमा' के द्वारा

आत्मकथा-लेखन का पहले से ही आरंभ कर दिया था।

दलित साहित्य, ग्रामीण साहित्य और स्त्रीवादी लेखन में समकालीन यथार्थ अंकित हुआ है।

मराठी-समालोचना

साहित्य का सही मूल्यांकन और साहित्य के आस्वाद की वृद्धि के लिए साहित्य की समालोचना आवश्यक मानी गयी है। स्वातंत्र्योत्तर नवसाहित्य में समालोचना के मानक भी नये थे।

मराठी-समालोचना के प्रवर्तक बा॰सी॰ मर्ढेकर थे। सन् 1940 से सौंदर्य-विषयक नयी संकल्पना प्रस्तुत होने लगी थी। उनके ग्रंथ 'आर्ट्स ऐण्ड मैन' (1939), 'वाङ्मयीन महात्मता' (1949), 'साहित्य आणि सौंदर्य' (1955), 'मर्ढेकर का सौंदर्य विचार' प्रभावी रहा। अतः उनके सौंदर्य-विवेचन पर भी निम्नलिखित ग्रंथ लिखे गये। सौंदर्य-विवेचन से संबंधित कुछ अन्य ग्रंथ ये हैं– (1) सौंदर्यानुभव (1979)–प्रभाकर पाध्ये, (2) सौंदर्यमीमांसा (1975)–रा॰शा॰ पाटणकर, (3) सृष्टि, सौंदर्य आणि साहित्य–शरदचंद्र मुक्तिबोध।

नव साहित्य समालोचना को गतिशील बनाने में निम्न समीक्षा-ग्रंथ सहायक हुए–

(1) सुधीर रसाळ–कविता आणि प्रतिभा (1972),
(2) गंगाधर पाटील–समीक्षेची नवी रूपे (1981),
(3) के॰रं॰ शिखाडकर–मार्क्सवादी समीक्षा विचार (1980),
(4) गंगाधर गाडगीळ–साहित्याचे मानदंड (1962),
(5) रा॰श्री॰ जोग–मराठी वाङ्मयाभिरुचीचे विहंगावलोकन (1957),
(6) र॰बा॰ मंचरकर–प्राचीन मराठी पंडित काव्य (1964),
(7) रा॰चिं॰ ढेर–संतसाहित्य आणि लोकसाहित्य (1977),
(8) भालचंद्र फडके–दलित साहित्य समीक्षा

निष्कर्षतः, मराठी-साहित्य के विकास में समाज के उच्चवर्गीय एवं नवशिक्षित दलित-ग्रामीण लेखकों का महत्त्वपूर्ण योगदान मिला है। कोई भी भाषा लोकाश्रय से ही विकसित होती रहती है। किंतु ग्रंथ-निर्माण और ग्रंथ-प्रसार में शासन का भी साहाय्य मिलना आवश्यक होता है। महाराष्ट्र राज्य के निर्माण से मराठी भाषा के विकास में गति आ गयी। 'महाराष्ट्र राज्य साहित्य संस्कृति मंडल' की स्थापना एक महत्त्वपूर्ण घटना थी। इस मंडल ने विश्वकोश, तत्त्वज्ञानकोश प्रकाशित किये। साहित्य अकादमी की स्थापना, प्रादेशिक विश्वविद्यालय की स्थापना, अनुदान, परिसंवाद, 'ग्रंथाली' संस्था का ग्रंथ प्रदर्शन, 'ललित' जैसी समीक्षा-पत्रिका का प्रकाशन आदि से मराठी भाषा विकसित होती गयी। उच्च शिक्षित लोगों पर अँगरेजी हावी होने के बावजूद लोकाश्रय पर ही मराठी भाषा का विकास होता रहेगा।

मलयालम्-साहित्य

• डॉ. अरविंदन एम.

भाषा और साहित्य का संबंध अटूट है। इसी वजह से किसी भी भाषा के साहित्य को जानने के पहले उस साहित्य की भाषा तथा भाषा-प्रदेश की सामान्य जानकारी प्राप्त करना जरूरी है क्योंकि प्रत्येक साहित्य पर उस प्रदेश की भौगोलिक स्थिति तथा इतिहास का प्रभाव रहता है, जहाँ उस साहित्य का जन्म हुआ है। मलयालम्-साहित्य के इतिहास को जानने के पहले मलयालम् की जन्मभूमि केरल तथा वहाँ की भाषा के इतिहास की सामान्य जानकारी प्राप्त करना अनुचित न होगा।

केरल : नाम एवं इतिहास

सह्याद्रि और अरब की खाड़ी के बीच में कन्याकुमारी से गोकर्ण तक फैला हुआ भू-भाग 'केरल' नाम से जाना जाता है। यह प्रदेश मलनाडु, चेरनाडु, परशुराम क्षेत्र, भार्गवक्षेत्र आदि नामों से भी विख्यात है। इस देश को मलनाडु कहने का कारण यह है कि यह पर्वतों का देश है। मलयालम भाषा में 'मला' का मतलब पर्वत है और 'नाडु' का मतलब देश। इस तरह मलनाडु की भाषा मलयालम् हो गयी, ऐसा अनुमान है। 'चेरनाडु' नाम पड़ने का कारण यह माना जाता है कि प्राचीन काल में यहाँ चेर वंश के राजा शासन करते थे। इसीलिए इसे 'चेरनल' भी कहते हैं। 'चेरनल' कालांतर में 'चेरल' और बाद में 'च' वर्ण 'क' में परिवर्तित हो गया जिससे 'केरल' बन गया। प्राचीन काल में संस्कृत-साहित्य में इस प्रदेश के लिए 'केरळम्' शब्द प्रयुक्त है।

मलयालम् भाषा और उसकी उत्पत्ति

मलयालम् भाषा के उद्भव के संबंध में प्रमुखतः चार मत प्रचलित हैं। पहला मत यह है कि यह संस्कृत से उद्भूत है। दूसरा मत है कि मलयालम् संस्कृत और तमिल के मिश्रण से उपजी है। तीसरा मत है कि यह तमिल की उपभाषा है और चौथा मत इसको मूल द्रविड़ भाषा की एक स्वतंत्र शाखा मानता है। मलयालम् भाषा की उत्पत्ति के संबंध में यह अन्तिम वाद ही अत्यंत सबल और प्रामाणिक माना जाता है। पहले पहल आट्टूर कृष्ण पिषारड़ी ने 'मलयालम् भाषा और साहित्य' ग्रंथ में

यह राय प्रकट की थी।

मलयालम् लिपि : दक्षिण भारत में जो लिपि-व्यवस्था कायम थी, उसे 'ग्रंथ लिपि' कहते हैं। संस्कृत ग्रंथ लिखने के लिए जिस लिपि का उपयोग किया जाता था उसे दक्षिण के लोग आर्य एषुत्तु अथवा ग्रंथाक्षर कहते थे। पुराने जमाने में मलयालम् में वटटेषुत्तु (वर्तुल लिपि), 'कोलेषुत्तु (आयताकार लिपि), मलयाण्मा आदि लिपियों का प्रयोग होता था। प्रसिद्ध भाषाशास्त्री डॉ॰ बर्णल के अनुसार दक्षिण भारत का लिपि-संप्रदाय गुफा लिपि का परिवर्तित रूप है। ऐसा अनुमान है कि ग्रंथाक्षर ईसा की सातवीं शताब्दी में दक्षिण भारत में प्रचलित था। धीरे-धीरे केरल में भी इसका प्रचार हुआ और इससे मलयालम् लिपि का उद्भव हुआ। फिलहाल मलयालम् में 16 स्वर वर्ण और 37 व्यंजन वर्ण कुल मिलाकर 53 वर्ण प्रयुक्त होते हैं।

मलयालम् साहित्येतिहास का काल-विभाजन

मलयालम्-साहित्य का इतिहास काफी लम्बा है। अपनी लम्बी विकास-यात्रा के दौरान मलयालम्-साहित्य ने अनेकानेक परिवर्तनों को ग्रहण किया है। मलयालम्-साहित्य के इतिहास को काल-खंडों में विभाजित करना आसान काम नहीं है क्योंकि एक सर्वमान्य विभाजन प्रायः असंभव है। फिर भी साहित्यिक आंदोलनों का आविर्भाव, भाषा का स्वभाव आदि तथ्यों के आधार पर एक सामान्य काल-विभाजन के लिए हम बाध्य भी हैं। इसी वजह से उपर्युक्त बातों के आधार पर मलयालम्-साहित्य के इतिहास को हम मुख्यतः तीन काल-खंडों में विभाजित कर सकते हैं। वे कालखंड हैं– **प्रा**चीन काल, मध्यकाल और आधुनिक काल।

प्राचीन काल : यह काल लगभग नवीं शताब्दी से तेरहवीं शताब्दी तक का है। यह मलयालम्-साहित्य का उषाकाल है। इस समय में मलयालम् पर तमिल का प्रभाव ज्यादा दिखायी देता है। इस कालखंड के अंत में संस्कृत का प्रभाव भी शुरू हो गया था। इस कालखंड में मलयालम्-साहित्य लोकगीतों से सम्पन्न था।

मध्यकाल : यह चौदहवीं शताब्दी से लेकर अठारहवीं शताब्दी तक का समय है। इस कालखंड में संस्कृत के साथ मलयालम् का संबंध काफी सुदृढ़ हो गया। इस काल में मलयालम् में अनेक कालजयी रचनाओं का निर्माण हुआ। इस युग में मणिप्रवाल साहित्य का आविर्भाव हुआ। चंपू, संदेशकाव्य आदि काव्य-पद्धतियाँ मणिप्रवाल साहित्य के अंतर्गत आती हैं। उपर्युक्त काव्य-पद्धतियों के अतिरिक्त गाथा, किलिप्पाट्टु, कथकलि, तुल्लल आदि अन्य काव्य-प्रणालियाँ भी इस कालखंड की देन हैं।

आधुनिक काल : ऐसा माना जाता है कि आधुनिक काल की शुरुआत उन्नीसवीं शताब्दी में हुई है। इस समय में मलयालम्-साहित्य अँगरेजी भाषा और साहित्य के निकट संपर्क में आ गया। फलस्वरूप मलयालम् में अनेकानेक साहित्य-प्रवृत्तियों एवं आन्दोलनों का सूत्रपात हुआ। आधुनिक काल गद्य-साहित्य की विभिन्न विधाओं के

विकास का समय भी है।

आगे विभिन्न कालखंडों की मुख्य साहित्यिक प्रवृत्तियों तथा प्रमुख रचनाओं एवं रचनाकारों का संक्षिप्त परिचय दिया जायगा।

प्राचीनकाल

मलयालम्-साहित्य के प्रारम्भिक काल का इतिहास कुछ अस्पष्ट-सा दिखायी देता है। लेकिन यह काफी स्पष्ट है कि प्रारम्भिक दशा में तमिल भाषा का गहरा प्रभाव मलयालम्-साहित्य पर पड़ा है। दसवीं शताब्दी के पहले कुछ लोकगीतों के अतिरिक्त कोई प्रौढ़ साहित्यिक कृति मलयालम् में उपलब्ध नहीं है। दीर्घ कालप्रवाह में लोकगीतों की भी मौलिकता बिगड़ जाने से उनके रचनाकाल का भी पता लगाना काफी कठिन हो गया है।

पाट्टु साहित्य : मलयालम्-साहित्य की प्रारंभिक दशा में तमिल के प्रभाव के कारण तमिल-मिश्रित मलयालम्-कृतियों का ही निर्माण काफी मात्रा में हुआ है। ऐसे तमिल-मिश्रित मलयालम्-काव्यों को 'पाट्टु साहित्य' कहते हैं। पाट्टु साहित्य मलयालम् का पहला साहित्यिक आन्दोलन है। 'लीला तिलकम्' नामक व्याकरण ग्रंथ में पाट्टु साहित्य का जो लक्षण बताया गया है, वह इस प्रकार है–

'द्रविड़ संधानाक्षर निबंद्ध एतुक मोन वृत्त विशेष युक्तं पाट्टु' अर्थात् द्रविड़ भाषा के अक्षरों से 'एतुका' तथा 'मोन' छन्द में निबद्ध कविता 'पाट्टु' है। पाट्टु साहित्य की एक मुख्य विशेषता उसकी गेयात्मकता है।

'रामचरितम्' : उपलब्ध काव्यों में सबसे प्राचीन मलयालम्-रचना 'रामचरितम्' है। यह रचना पाट्टु साहित्य के नियमों का पूर्ण अनुसरण करनेवाली है। इसके रचनाकाल के संबंध में विद्वानों में मतभेद है। कुछ विद्वान् इसे ईसा की बारहवीं शती की रचना मानते हैं तो कुछ विद्वान् तेरहवीं शती की रचना। इसके रचयिता चीरामन हैं। 'चीरामन' शब्द 'श्रीरामन्' का तद्भव रूप माना जाता है। 'रामचरितम्' के कथानक का आधार 'वाल्मीकि रामायण' है, मुख्यतः युद्धकाण्ड। कुछ विद्वानों का कहना है कि यह काव्य योद्धाओं को लक्ष्य करके लिखा गया है। इसी कारण से इसमें युद्धकाण्ड मुख्य बन गया है।

'कण्णश्श पाट्टुकल': 'रामचरितम्' के बाद पंद्रहवीं शताब्दी तक पाट्टु साहित्य सुप्तावस्था में था। उसके बाद कण्णश्श कवियों के द्वारा पाट्टु साहित्य को एक नयी स्फूर्ति मिल गयी। तत्कालीन मलयालम् भाषा की साहित्यिक रचनाओं में 'कण्णश्श पाट्टुकल' का स्थान सर्वोच्च माना जाता है। कण्णश्शन परंपु नामक जगह में जिन कवियों का जन्म हुआ वे सब कण्णश्श कवि अथवा निरणं कवि नाम से प्रसिद्ध हुए। इन सब कवियों की कविताओं को सामान्यतः 'कण्णश्श पाट्टुकल्' कहा जाता है।

कण्णश्श कवि अथवा निरणं कवि-परंपरा में चार कवि आते हैं– करुणेश, माधव पणिक्कर, शंकर पणिक्कर और राम पणिक्कर। इनमें माधव और शंकर

करुणेश के पुत्र और राम पणिक्कर करुणेश के पौत्र हैं। उपर्युक्त कवियों में करुणेश की कोई रचना अभी तक उपलब्ध नहीं है, इसलिए मलयालम्-साहित्य के इतिहास में शेष तीनों को ही प्रमुखता मिली है। माधव पणिक्कर की रचना है– 'भाषा-भगवद्गीता'। यह 'उपनिषद्' के सार-सर्वस्व 'श्रीमद्भगवद्गीता' का स्वतंत्र संक्षिप्त अनुवाद है। उन्होंने सात सौ श्लोकों का अनुवाद 325 पद्यों में किया है। शंकर पणिक्कर की रचना है 'भारतमाला'। यह 'महाभारत' का संग्रह है। राम पणिक्कर की रचनाएँ हैं– 'रामायणम्', 'भागवतम्', 'शिवरात्रि माहात्म्य' आदि। इनमें 'रामायणम्' सर्वप्रमुख है। यह रचना 'वाल्मीकि रामायण' के अनुकरण पर की गयी है। परंतु इसमें एक मौलिक रचना की अनेक विशेषताएँ मौजूद हैं। इसकी भाषा और शैली तमिल प्रणाली से प्रभावित है। इसलिए आज के पाठक के लिए यह अधिक हृदयग्राही नहीं है।

'रामकथा पाट्टु' : प्राचीन मलयालम्-कृतियों में इस रचना का विशेष महत्त्व है। इसके रचयिता अय्यपिल्लि आशान हैं। 'रामचरितम्' के समान यह रचना भी काफी महत्त्वपूर्ण है। 'रामकथा पाट्टु' में आशान ने तत्कालीन भाषा का प्रयोग करके रामकथा-साहित्य की परंपरा को नयी दिशा प्रदान की। इस रचना में बालकाण्ड से लेकर युद्धकाण्ड तक की कथा वर्णित है। गेयात्मकता इस कृति की एक प्रमुख विशेषता है। विद्वानों के मतानुसार यह चौदहवीं सदी की रचना है। पाट्टु साहित्य के प्रादुर्भाव से ही मलयालम् में नवीन गानात्मक शैलियों का आविर्भाव एवं प्रचार हुआ। तब तक मलयालम् में लोकगीतों की प्रचुरता थी। इससे अलग पौराणिक कथाओं को आधार बनाकर काव्य-रचना करने की एक नयी प्रवृत्ति पाट्टु साहित्य से ही शुरू हुई। पाट्टु साहित्य ने जनसाधारण के जीवन में काफी प्रकाश फैला दिया है।

मध्यकाल

ईसा वर्ष के आरम्भ में ही आर्य ब्राह्मण केरल में प्रवेश कर चुके थे और केरलीय जीवन को प्रभावित करने लगे थे। केरल में अपने सांस्कृतिक जीवन को रूपायित एवं परिपुष्ट करना उनका उद्देश्य था। द्रविड़ संस्कृति एवं तमिल भाषा इसके लिए बाधा थी। लेकिन धीरे-धीरे तमिल का प्रभाव कम होता गया और विद्या-बुद्धि-सम्पन्न आर्यब्राह्मण अपनी नीति-निपुणता से अपनी शक्ति बढ़ाते गये। उन्होंने अपने मुख्य उपकरण संस्कृत भाषा का खूब प्रचार किया। इसी समय से मलयालम् का 'मणिप्रवाल' रूप अर्थात् 'मणि'-रूपी मलयालम् शब्दों के साथ 'प्रवाल' (मूँगा) - रूपी संस्कृत शब्दों को पिरोने की शैली का प्रचार हुआ। मलयालम् से संबंधित पहला भाषावैज्ञानिक ग्रंथ 'लीला तिलकम्' में 'मणिप्रवालम्' का लक्षण इस प्रकार बताया गया है–'भाषा संस्कृतयोगो मणिप्रवालम्'।

मणिप्रवालम् साहित्य : संस्कृत-मिश्रित काव्यधारा है मणिप्रवालम् साहित्य। यह मलयालम्-साहित्य के इतिहास के समृद्ध तथा विकासोन्मुख समय का प्रतिनिधित्व

करता है। ईसा वर्ष की तेरहवीं शताब्दी में उद्भूत मणिप्रवालम् साहित्य ने मलयालम् साहित्य को पूर्णतः अभिभूत किया और उसके विकास में गति प्रदान की। चंपू, संदेशकाव्य आदि काव्य-प्रवृत्तियाँ इस साहित्य के अंतर्गत आती हैं। अद्यावधि उपलब्ध प्राचीनतम मणिप्रवालम् कृति है 'वैशिक तंत्रम्'। इसके कृतिकार का कोई पता नहीं है। इस कृति में वेश्याओं की जीवन-दृष्टि और जीवन-चर्याओं का वर्णन है। इसका रचनाकाल तेरहवीं शताब्दी का पूर्वार्द्ध माना जाता है। मणिप्रवालम् साहित्य में विलासिता और मनोरंजन का प्रमुख स्थान है। नर्तक और गणिकाओं को इसमें प्रमुख स्थान मिला है। किन्नर-किन्नरियों तथा गंधर्वों की कथायें भी मणिप्रवालम् में उपलब्ध हैं। मणिप्रवालम् साहित्य अधिकतर नायिका-प्रधान शृंगारकाव्य है, जिनमें तद्‌युगीन केरलीय जीवन की झाँकी तथा नंपूतिरियों (केरलीय ब्राह्मण) की विलासितापूर्ण मनोवृत्ति प्रतिफलित हुई है।

चंपू काव्य : मणिप्रवालम् साहित्य की एक शैली है– चंपू। साहित्यदर्पणकार ने चंपू का लक्षण इस प्रकार बताया है– 'गद्यपद्यात्मक काव्यं चपूरित्यभिधीयते' अर्थात् चंपू में गद्य एवं पद्य का मिश्रण होता है।

'उण्णियाच्ची चरितम्' मलयालम् का पहला चंपू काव्य माना जाता है। रचनाकार का नाम देवन श्रीकुमारन है। ये ही मलयालम् के चंपूकाव्यों के प्रवर्तक माने जाते हैं। इस कृति का रचनाकाल तेरहवीं शताब्दी का उत्तरार्द्ध माना जाता है। 'उण्णिच्चिरुनेवी चरितम्' (कृतिकार–अज्ञात), 'उण्णियाटी चरितम्' (दामोदर चाक्यार), 'चंद्रोत्सवम्' (कृतिकार–अज्ञात) आदि अन्य महत्त्वपूर्ण चंपू काव्य हैं। इनमें 'चंद्रोत्सवम्' को विशेष स्थान दिया जाता है क्योंकि चौदहवीं शताब्दी के अंत तक आते-आते केरल का नैतिक जीवन अत्यंत पतनोन्मुख हो गया था। अभिजात वर्ग देवदासियों के हाव-भाव तथा अंग-लावण्य में लीन रहना अपना पुरुषार्थ मान बैठा और शासन-चक्र देवदासियों के इशारे पर घूमने लगा। तत्कालीन कवियों ने अपनी प्रतिभा को सुन्दरियों के नखशिख-वर्णन में लगा दिया था। इस सामाजिक अधःपतन के खिलाफ 'चंद्रोत्सवम्' में आवाज उठायी गयी है।

सोलहवीं शताब्दी तक आते-आते चंपू-साहित्य को एक नयी दिशा मिल गयी। यहाँ तक आते-आते चंपू काव्य गणिका-जीवन तथा संभोग शृंगार से अलग होकर पुराण की ओर उन्मुख हो गया। इस काल में चंपूकारों ने पौराणिक इतिवृत्तों को स्वीकार करके काव्य-रचना की। पुनम् नंपूतिरि कृत 'रामायणम् चंपू' इस द्वितीयोत्थान काल की प्रमुख कृति मानी जाती है। पुनम् नंपूतिरि एक दरबारी कवि थे। राजा सामूतिरि के दरबार से उनका संबंध था। 'रामायणम् चंपू' के 20 भाग हैं। इसमें रावणोद्भव से लेकर श्रीराम के स्वर्गारोहण तक की घटनाओं का विस्तृत वर्णन किया गया है।

चंपू काव्यों में 'भारतम् चंपू' पुराणाश्रित दूसरी महत्त्वपूर्ण कृति है। 'महाभारत' की कथा इसका प्रतिपाद्य है। इसके रचनाकार का कोई स्पष्ट पता नहीं है। कुछ

विद्वानों की राय में इसके रचनाकार पुनम् नंपूतिरि ही हैं। लेकिन इसका कोई स्पष्ट प्रमाण नहीं है।

चंपू काव्यों के अंतर्गत मष्ष्मंगलम् नारायणन नंपूतिरि की रचनाओं को महत्त्वपूर्ण स्थान दिया जाता है। वे रचनाएँ हैं–'नैषधम् चंपू', 'राजा रत्नावलीयम्', 'कोटियविरहम्', 'बाण युद्धम्' आदि। इनमें 'नैषधम् चंपू' अत्यंत प्रौढ़ कृति है जिसमें नल और दमयंती की कथा का वर्णन है।

मष्ष्मंगलम् नंपूतिरि के समकालीन कवि नीलकंठन नंपूतिरि के चंपू काव्य हैं– 'चेल्लूरनाथोदयम्', 'तेंगैलनाथोदयं' और 'नारायणीयम्'। इन रचनाओं के अतिरिक्त 'कामदहनम्', 'स्यमन्दकम्', 'रावण विजयम्', 'गजेन्द्र मोक्षम्', 'प्रह्लाद चरितम्', 'रुक्मिणी स्वयंवरम्', 'कालियमर्दनम्', 'कंसवधम्', 'दक्षयागम्', 'कुचेलवृत्तम्' आदि इस काल के अन्य चंपू काव्य हैं। करीब तीन सौ से अधिक चंपू काव्यों की रचना मध्यकाल में हुई है।

संदेशकाव्य : यह काव्य-प्रवृत्ति संस्कृत-साहित्य के अनुकरण पर ही मलयालम् में प्रकट हुई है। संस्कृत के महाकवि कालिदास ने ही भारतीय साहित्य में संदेश काव्यों के लिए एक नियत और प्रौढ़ रूप प्रदान किया था। दूसरे शब्दों में कहें तो कालिदास सन्देश-काव्य के जन्मदाता हैं। कालिदास का अनुकरण करते हुए केरल में भी अनेक संदेशकाव्यों का निर्माण हुआ है। लक्ष्मीदास कृत 'शुकसंदेशम्', उद्दंड शास्त्री कृत 'कोकिल संदेशम्', पय्यूर वासुदेव भट्टतिरि कृत 'चकोर संदेशम्', 'भृंग संदेशम्' आदि इसके उदाहरण हैं।

मलयालम् का पहला सन्देशकाव्य है– 'उण्णुनीलि संदेशम्'। इसका रचनाकाल, कवि तथा नायक-नायिका के संबंध में विद्वानों में मतभेद है। उपलब्ध प्रमाणों के अनुसार इसका रचनाकाल चौदहवीं शताब्दी का उत्तरार्द्ध माना जाता है। कुछ विद्वानों का अनुमान है कि इसके नायक और कवि, दोनों एक ही हैं। मलयालम् का दूसरा प्रमुख संदेशकाव्य है–'कोकसंदेशम्' (चक्रवाक संदेशम्)। यह पंद्रहवीं शताब्दी के आरंभ काल की रचना मानी जाती है। इसमें चातक (कोक) को संदेशवाहक बनाया गया है। चातक नायक का संदेश नायिका तक पहुँचाता है।

इनके अतिरिक्त मध्यकाल में रचित संदेशकाव्यों में 'भृंग संदेशम्' का भी महत्त्व है। इसके रचनाकार रामनेषुत्तच्छन हैं। इसमें विरही नायक एक भ्रमर को संदेशवाहक बनाकर नायिका के पास संदेश भेजता है। इसमें एक संदेशकाव्य की सारी प्रमुख प्रवृत्तियाँ उपलब्ध हैं।

गाथा साहित्य : मलयालम्-साहित्य के विकास में मध्यकाल के गाथा साहित्य की विशिष्ट भूमिका है। मलयालम् की शालीनता एवं उल्लास गाथा साहित्य में उपलब्ध है। मंजरी नामक द्रविड़ छन्द में लिखी जानेवाली रचनाओं को 'गाथा साहित्य' कहते हैं। 'गाथा' का मतलब 'गान' है, अर्थात् गेयता गाथा की मूलभूत

विशेषता है।

मलयालम् के गाथा साहित्य में चेरुश्शेरी नंपूतिरि कृत 'कृष्णगाथा' अथवा 'कृष्ण पाट्टु' का शीर्षस्थ स्थान है। मलयालम् के प्रथम महाकाव्य के रूप में भी यह रचना आदरणीय है। आधुनिक मलयालम्-कविता का प्रथम स्फुरण इस काव्य में परिलक्षित है। 'श्रीमद्भागवत' का दशमस्कन्ध इस रचना का आधार है। इस कृति के रचनाकार चेरुश्शेरी नंपूतिरि के संबंध में कई बातें आज भी संदिग्ध हैं। ऐसा अनुमान है कि चेरुश्शेरी नामक जगह पर रहनेवाला कोई नंपूतिरि (ब्राह्मण) इसका रचनाकार है। कवि का जीवन-काल सन् 1425 से 1515 के बीच माना जाता है और 'कृष्णगाथा' का रचनाकाल 1450 के आसपास। 'कृष्णगाथा' में कृष्णावतार से लेकर स्वर्गारोहण तक की घटनाएँ वर्णित हैं। इसमें श्रीकृष्ण के लोकरंजक एवं लोकरक्षक, दोनों रूपों का वर्णन मिलता है। श्रीकृष्ण की बाललीलाओं का सहज एवं मनमोहक वर्णन अत्यंत मार्मिक है। बालहृदय की निष्कलंकता और निर्मलता के वर्णन में चेरुश्शेरी सिद्धहस्त थे। सुमधुर भावों का अबाध प्रवाह तथा सामान्य जनजीवन से जुड़ी रहने से चेरुश्शेरी की रचना अत्यंत लोकप्रिय बन गयी। परवर्ती केरलीय कवियों को भी किसी न किसी रूप में इस रचना ने प्रभावित किया है। गाथा साहित्य के अंतर्गत 'कृष्णगाथा' के अनुकरण पर 'भारतगाथा' नामक एक रचना भी प्रकाशित हुई है। लेकिन साहित्यिक दृष्टि से यह रचना कम महत्त्व रखती है। इसका रचनाकाल 1445 से 1465 के बीच माना जाता है। इसके कृतिकार का नाम विवादग्रस्त है।

किलिप्पाट्टु साहित्य : अन्य भारतीय भाषाओं की भाँति ही मलयालम् में भी भक्ति-आंदोलन सोलहवीं शताब्दी में अपने चरम विकास पर पहुँच गया था। इस विकास-काल में ही केरल में युगप्रवर्तक प्रतिभा के रूप में तुंचत्तु रामानुजन एषुत्तच्छन अवतीर्ण हुए। वे गोस्वामी तुलसीदास की तरह अद्वितीय जननायक तथा प्रगाढ़ अनुभूतिप्रवण कलाकार थे। एषुत्तच्छन आधुनिक मलयालम् के पिता माने जाते हैं। आपके समय में केरल की साहित्यिक, धार्मिक, राजनीतिक तथा सामाजिक परिस्थितियाँ सर्वथा विश्रृंखलित तथा विपत्तिग्रस्त थीं। विदेशियों के आक्रमण तथा देशी राजाओं के गृहकलहों के फलस्वरूप जनता प्रताड़ित एवं आस्थाहीन हो गयी थी। तब एषुत्तच्छन ने समाज के प्रति अपनी प्रतिबद्धता को समझते हुए अपनी आदर्शोन्मुख जीवनचर्या तथा दुर्लभ प्रेरणादायक काव्यों के द्वारा साधारण जनता के जीवन में फिर से आशा एवं आस्था भर दी।

तुंचत्तु एषुत्तच्छन की रचनाएँ 'किलिप्पाट्टु' (सारिका-गीत) के नाम से प्रसिद्ध हैं। 'किलिप्पाट्टु' एक विशेष प्रकार की काव्य-प्रणाली है। यहाँ कवि सीधा वर्णन नहीं करता। वह एक सारिका को आमंत्रित करता है और आदर-सत्कार के साथ बैठाकर उससे प्रश्न करता है। उत्तर में सारिका सारी कहानी पुराण एवं ऋषि-मुनियों से सुने अनुसार कह देती है। इस प्रकार सारिका के कंठ में बैठकर कथा-वर्णन की

जो काव्य-प्रणाली है, इसका समुद्घाटन एषुत्तच्छन ने ही किया। इस काव्य-पद्धति के अनुसार आपने जो रचनाएँ कीं, वे इस प्रकार हैं–'अध्यात्म रामायणम् किलिप्पाट्टु', 'महाभारतम् किलिप्पाट्टु', 'हरिनामकीर्तनम्', 'चिन्तारत्नम्', 'देवीमाहात्म्यम्', 'इरूपत्तिनालुवृत्तम्' आदि।

'अध्यात्म रामायणम्' और 'महाभारतम्' ही एषुत्तच्छन की कीर्ति के आधार-स्तंभ हैं। इन दोनों रचनाओं का आधार संस्कृत के 'अध्यात्म रामायण' और 'महाभारत' ही हैं। संस्कृत से आधार ग्रहण करने पर भी कवि के स्वतंत्र व्यक्तित्व की छाप प्रत्येक शब्द पर लक्षित होती है। 'अध्यात्म रामायणम् किलिप्पाट्टु' के अनेक प्रसंगों में नयी-मौलिक उद्भावनाएँ करके कवि ने रामकथा को एक नये परिवेश में प्रस्तुत किया। एषुत्तच्छन के काव्य में काव्यत्व और भक्ति-भावना का ऐसा अपूर्व संगम है कि कठोर नास्तिक के हृदय में भी भक्ति-भावना हिलोरें मारने लगती हैं।

ज्ञानप्पाना : मलयालम् के भक्त कवियों की परंपरा में पूत्तानम् नंपूतिरि की महिमा निर्विवाद रूप में मानी गयी है। आप कृष्ण के अनन्य भक्त थे। आप अपनी दूरदर्शिता तथा पांडित्य के कारण ही नहीं, अपितु अपनी प्रेमभक्ति की माधुरी तथा आर्द्रता के कारण भी स्मरणीय एवं आदरणीय हैं। आपकी बहुचर्चित रचना है– 'ज्ञानप्पाना'। यह एक सुगेय काव्य है। इसमें संसार-निवृत्ति और पारलौकिक सिद्धिमहिमा पर विशेष बल दिया गया है। 'ज्ञानप्पाना' के अतिरिक्त पूत्तानम् की रचनाएँ हैं–'श्रीकृष्णकर्णामृतम्', 'सन्तानगोपालम्' आदि।

वंचिप्पाट्टु (नौका गीत) : केरल नदी-नालों का प्रदेश है। नदी-नालों से भरे रहने से प्राचीन काल में यातायात के लिए नौकाओं का उपयोग काफी मात्रा में किया जाता था। नौकाओं पर विनोद-यात्रा भी होती थी और जलोत्सव भी मनाये जाते थे। जलोत्सव के अवसर पर विनोद तथा उत्साह बढ़ाने के लिए तरह-तरह के गीत गाये जाते थे। इन गीतों को 'वंचिप्पाट्टु' कहते हैं। यह एक विशेष प्रकार की गान-शैली है। वंचिप्पाट्टु शैली में लिखित रचनाओं में 'कुचेलवृत्तं वंचिप्पाट्टु' का महत्त्वपूर्ण स्थान है। इसके रचयिता रामपुरत्तु वारियर हैं। इस रचना में कृष्ण-सुदामा की अटूट मैत्री की कहानी वर्णित है। इसकी शैली प्रवाहपूर्ण तथा प्रसाद गुण सम्पन्न है। स्वाभाविक रमणीयता और सरलता से यह रचना अत्यंत लोकप्रिय बन गयी है।

कथकलि साहित्य (आट्टक्कथा साहित्य) : कथकलि केरल की एक क्लासिक नृत्य कला है। इसका आविर्भाव सत्रहवीं शती में हुआ। इस नृत्य विधा में संगीत, साहित्य, नृत्य, अभिनय, वादन आदि अनेकानेक कलाओं का संगुफन हुआ है। कथकलि की साहित्यिक महिमा विशेष रूप में विवेचनीय है। कथकलि में गेयपद मणिप्रवालम् में अर्थात् मलयालम् एवं संस्कृत-मिश्रित शैली में लिखे जाते हैं। दो गायक, अभिनेताओं के पीछे खड़े होकर संगीतात्मक ढंग से पद गाते हैं। कथकलि में अभिनेताओं द्वारा वाचिक अभिनय नहीं होता है। अभिनय में मुख की भाव-भंगिमा

और हस्त-मुद्रा से ही भावों का संप्रेषण किया जाता है। कथकलि की वेशभूषा भी एकदम असाधारण, अलौकिक एवं आश्चर्यजनक होती है। मलयालम् के महाकवि वल्लत्तोल जैसे कलाकारों के परिश्रम से आजकल कथकलि विश्व की सर्वश्रेष्ठ कलाओं में परिगणित है।

कथकलि साहित्य को सामान्यतः 'आट्टक्कथा साहित्य' कहते हैं। कुछ विद्वान् कोट्टयत्तु तंपुरान को कथकलि का आविष्कर्ता मानते हैं। तंपुरान ने अनेक आट्टक्कथाओं की रचनाएँ कीं। उनमें प्रमुख हैं– 'बकवधम्', 'कल्याण सौगन्धिकम्', 'किर्मीरवधम्', 'कालकेयवधम्' आदि। ये सारी रचनाएँ 'महाभारत' के आधार पर लिखी गयी हैं। कथकलि साहित्य अठारहवीं शताब्दी में अत्यंत परिपुष्ट हुआ। इस काल में उण्णई वारियर जैसे प्रतिभासम्पन्न साहित्यकार ने कथकलि साहित्य को अत्यंत समृद्ध बनाया। समूचे कथकलि साहित्य में वारियर का-सा व्यक्तित्व विरले ही प्राप्त है। वारियर का जीवनकाल सन् 1675 से 1755 तक माना जाता है।

उण्णयिवारियर की अनश्वर आट्टक्कथा है– 'नलचरितम्'। इसमें नल-दमयंती की कथा है। अभिनेयता एवं साहित्यिक रमणीयता, दोनों दृष्टियों से 'नलचरितम्' सहृदयों के सामने आस्वादन की अपूर्व सामग्री पेश करता है।

कथकलि साहित्य को संपुष्ट करनेवाले अन्य कवि हैं– इरयिम्मन तंपी और किलिमानूर तंपुरान। इरयिम्मन तंपी (1783-1861) की प्रमुख रचनाएँ हैं– 'उत्तरा स्वयंवर', 'दक्षयागम्', 'कीचकवधम्' आदि। किलिमानूर तंपुरान की रचना है 'रावणविजयम्'। इसमें रावण खलत्व का प्रतीक नहीं बल्कि शक्तिशाली राजा का प्रतिरूप है।

उपर्युक्त रचनाओं के अतिरिक्त 'दुर्योधनवधम्' (वयस्कर मूस्स), 'ध्रुवचरितम्' (केरलवर्मा बालियकोयितंपुरान), 'सीताविवाह', 'श्रीराम पट्टाभिषेकम्' (कोट्टारत्तिल शंकुण्णि) आदि आट्टक्कथाएँ भी काफी लब्धप्रतिष्ठ हैं।

तुल्लल साहित्य : पांडित्य और हस्तमुद्राओं का ज्ञान जिनको सिद्ध नहीं था, उनको कथकलि का रसास्वादन सुलभ नहीं था। इतना ही नहीं, कथकलि का रंगमंच भी पंडितों तथा ब्राह्मण-वरेण्यों के मठों या राजमहलों के आंगनों में ही बनता था। फलतः साधारण जनता इस प्रकार की विनोद-कलाओं से दूर ही रह गयी। इसी विषम परिस्थिति में एक नयी नृत्य-विद्या को लेकर कुंचन नंपियार साधारण जनता के बीच अवतीर्ण हुए। आपकी इस नयी नृत्य-विद्या को 'तुल्लल' कहते हैं। 'तुल्लल' शब्द का अर्थ–'द्रुतगति से पाद-चलन व ताल के साथ किया जानेवाला नृत्य विशेष' है।

'तुल्लल' से जुड़ा हुआ साहित्य है तुल्लल साहित्य। इसमें हास्य रस की प्रधानता है। तुल्लल साहित्य की पूरी रसनीयता नृत्य के माध्यम से ही प्राप्त हो सकती है। 'तुल्लल' में अभिनेता स्वयं गीत गाता है और हस्तमुद्रा तथा भाव-भंगिमा से अर्थ को स्पष्ट करता है। तुल्लल कथकलि के समान संकेतजटिल नहीं है। तुल्लल साहित्य

के उपज्ञाता कुंचन नंपियार हास्य रस के कवि हैं। वे अपने सुमधुर हास्य के कुशाघात से राजा से लेकर रंक तक को जीवन-सत्य के प्रति सचेष्ट करना चाहते हैं। तत्कालीन सामाजिक कुरीतियों तथा नैतिक पतन की कटु आलोचना नंपियार अपनी तुल्लल रचनाओं के माध्यम से करते हैं। इसके द्वारा मलयालम्-कविता की वर्ण्य-वस्तु और शैली, दोनों में यथार्थवाद की प्रतिष्ठा हुई। कुंचन नंपियार पुराण कथाओं से ही अपनी रचनाओं के लिए इतिवृत्त चुन लेते हैं और उन्हें आधुनिक संदर्भों से जोड़ते हैं। नंपियार ने चालीस से अधिक तुल्लल कृतियों की रचना की। इनमें प्रमुख हैं—'कल्याण सौगंधिकम्', 'किरातम्', 'नलचरितम्', 'रावणोद्भवम्', 'रुक्मिणी स्वयंवरम्', 'अहल्यामोक्षम्' आदि। नंपियार की रचनाएँ रस-भरे उपदेशों द्वारा मनुष्य समाज को सन्मार्ग पर चलने की प्रेरणा देती हैं। उनकी कविता सरलता, बोधगम्यता, गेयात्मकता, रसनीयता आदि के कारण आज भी अत्यंत लोकप्रिय बनी हुई है।

आधुनिक काल

यह कहना कठिन है कि मलयालम् में आधुनिक काल की शुरुआत कब हुई। फिर भी, ऐसा अनुमान है कि हेर्मन गुंडर्ट तथा केरल वर्मा वलियकोयितंपुरान के भाषा एवं साहित्य-संबंधी योगदान से आधुनिक काल की शुरुआत हुई। यह जमाना उन्नीसवीं शताब्दी से शुरू होता है। इस जमाने में मलयालम्-साहित्य पाश्चात्य साहित्य, खासकर अँगरेजी-साहित्य के घनिष्ठ संपर्क में आ गया था। फलस्वरूप साहित्य में नयी-नयी प्रवृत्तियाँ विकसित हुईं। इसी जमाने में मलयालम् में गद्य-साहित्य का प्रादुर्भाव हुआ। ऐतिहासिक दृष्टि से देखें तो डॉ॰ हेर्मन गुंडर्ट की साहित्यिक देन को आधुनिक काल का प्रवेश-द्वार कह सकते हैं।

मलयालम् गद्य-साहित्य : आरंभिक चरण— यद्यपि गद्य का अभूतपूर्व विकास आधुनिक युग में हुआ लेकिन मलयालम् में कई शताब्दी पहले ही गद्य-लेखन का प्रारंभ हो गया था। उसके लिए पुराने ताम्रपत्रों तथा शिलालेखों से अनेक प्रमाण प्राप्त हैं। मंदिरों तथा राजघरानों में सुरक्षित लेखों में भी पुराने गद्य-रूप उपलब्ध हैं। लेकिन साहित्यिक दृष्टि से इनका कोई महत्त्व नहीं है।

साहित्यिक महत्त्व रखनेवाली पहली मलयालम्-गद्यरचना 'भाषा कौटिलीयम्' है। यह कृति कौटिल्य के अर्थशास्त्र का अनुवाद है। इसके रचनाकार का कोई पता नहीं है। इसका रचनाकाल सन् 1125 से 1175 के बीच माना जाता है। इसकी भाषा पर तमिल तथा संस्कृत का स्पष्ट प्रभाव परिलक्षित होता है। फिर कुटियाट्टम की अभिनय-प्रणाली के विवरण के लिए लिखे गये 'आट्टप्रकारम्', 'क्रमदीपिका' आदि ग्रंथों में मलयालम्-गद्य का विकास देख सकते हैं। पुराणकाव्यों को गद्य में लिखने का प्रयास भी हुआ था। 'दूतकाव्य' ऐसी एक कृति है। इसका रचनाकाल चौदहवीं शताब्दी माना जाता है। दूसरी कृति है 'ब्रह्माण्डपुराणगद्य'। इसका रचनाकाल चौदहवीं शताब्दी है। इसके उपरांत 'अंबरीषोपाख्यानम्','नलोपाख्यानम्', 'देवीमाहात्म्यम्',

'रामायणम्', 'भागवतम्' आदि गद्य-कृतियाँ निर्मित हुईं, जो गद्य के विकास में मील के पत्थर हैं।

गद्य के विकास में मिशनरियों का योगदान : सन् 1498 में वास्कोडिगामा के कोषिक्कोड़ आगमन ने केरल के इतिहास में एक नया अध्याय जोड़ दिया। उसके आगमन के पश्चात् डच तथा अँगरेज लोग भारत आये। इनके आगमन का उद्देश्य व्यापार था। फिर भी सामाजिक तथा सांस्कृतिक क्षेत्रों में भी विदेशियों की दृष्टि पड़ गयी। धीरे-धीरे धर्म का प्रचार भी उनके कार्यक्रमों का मुख्य अंग बन गया। धर्म-प्रचार का यह कार्यक्रम मलयालम्-साहित्य के लिए अत्यंत लाभदायक हुआ। धर्म-प्रचार का कार्य ईसाई मिशनरियों के नेतृत्व में ही सम्पन्न हुआ। उनके द्वारा स्थापित पाठशालाएँ सांस्कृतिक केन्द्र बन गयीं। यहाँ के शासकों ने भी मिशनरियों के कार्यों में सहयोग दिया। अपने धर्म के प्रचार के उद्देश्य से अत्यंत सरल गद्य में उन्होंने पुस्तकों का निर्माण किया। सन् 1563 के आसपास कोचिन में प्रथम मुद्रण-यंत्र की स्थापना की गयी। इसने गद्य के विकास को अत्यंत गतिशील बनाया।

मलयालम् भाषा के विकास के लिए अमूल्य सेवाएँ करनेवाले पादरियों में अरणोस पादरी का नाम विशेष उल्लेखनीय है। आप सन् 1699 में केरल आये। अठारहवीं शताब्दी के आरंभ में आपने एक मलयालम्-पुर्तगाली शब्दकोश तथा एक व्याकरण-ग्रंथ की रचना की। अठारहवीं शताब्दी के उत्तरार्द्ध में क्लमंट पादरी ने एक मलयालम्-शब्दकोश का निर्माण किया। यह कोश मलयालम सीखनेवाले विदेशियों के लिए काफी सहायक साबित हुआ। सन् 1772 में क्लमंट पादरी का लिखा 'संक्षेप वेदार्थ' मलयालम् लिपि में छापी गयी पहली गद्यकृति है। इसका मुद्रण रोम में हुआ था। इस ग्रंथ में ईसाई धर्म के तत्त्व संगृहीत हैं।

देशी पादरियों ने भी मलयालम्-गद्य के विकास में काफी योगदान दिया है। सन् 1768 में डॉ० औसेप्पु कत्तनार द्वारा रचित 'वेदतर्कम्' अपने आपमें एक प्रौढ़ कृति है और इसकी भाषा प्रांजल तथा शैली ओज एवं प्रवाह से युक्त है। इसके उपरांत सन् 1786 में तोमा कत्तनार द्वारा लिखित रचना 'वर्तमान पुस्तकम्' प्रकाशित हुई। यह एक यात्रा-विवरण है। सन् 1778 तथा 1786 के बीच औसेप्पु मल्पान तथा तोमा कत्तनार, दोनों ने मिलकर रोम की यात्रा की थी। अपनी इस यात्रा के अनुभवों तथा विभिन्न देशों की विशेषताओं का अत्यंत मार्मिक और सरस वर्णन तोमा कत्तनार ने 'वर्तमान पुस्तकम्' में किया है। यह भारतीय भाषा में रचित पहला यात्रा-विवरण ग्रंथ माना जाता है।

नव जागृति : गद्य और पद्य में : अँगरेजों के आगमन तथा अँगरेजी भाषा के प्रचार ने मलयालम्-गद्य को एक नया स्वरूप प्रदान किया। सन् 1795 में डच लोगों का प्रभुत्व समाप्त हुआ तथा अँगरेजों के आधिपत्य की शुरुआत हुई। इस जमाने में भारत में ईसाई मिशनरियों का बड़ा योगदान रहा है। शिक्षा के क्षेत्र में वे काफी

रुचि लेने लगे थे। फलस्वरूप अनेकानेक स्कूलों की स्थापना यहाँ हुई। यहाँ के शासक भी अँगरेजी शिक्षा को प्रोत्साहन देने लगे। सन् 1834 में तिरुवनन्तपुरम् के स्वातितिरुनाल महाराजा ने तिरुवनन्तपुरम् में एक अँगरेजी स्कूल की स्थापना की। यही विद्यालय बाद में युनिवर्सिटी कॉलेज के रूप में विकसित हुआ। धीरे-धीरे मलयालम् के पत्राचार में भी अँगरेजी शैली का प्रयोग होने लगा। उन्नीसवीं शताब्दी में मलयालम् गद्य और पद्य दोनों का उत्थान हुआ।

रेवरेंड बंजमिन बेइली (1791-1871), डॉ हेर्मन गुंडर्ट (1814-1893), रेवरेंड जार्ज मात्तन (1819-1870) जैसे पादरी विद्वानों ने मलयालम् भाषा की प्रगति के लिए कठिन परिश्रम किया है। बेइली ने बाइबल का मलयालम् में अनुवाद किया और उसे सन् 1829 में प्रकाशित किया। सन् 1824 में 'छोटे बच्चों के उपकारार्थ अँगरेजी से अनूदित कथाएँ' का प्रकाशन हुआ। यही केरल में मुद्रित पहली मलयालम् कृति है। जर्मनी के विद्वान् हेर्मन गुंडर्ट भी मलयालम् भाषा-भाषियों के लिए चिरस्मरणीय हैं। आपने सन् 1872 में एक 'मलयालम् शब्दकोश' प्रकाशित किया और इसके द्वारा मलयालम् भाषा की प्रगति के लिए नया मार्ग खोल दिया। आपने कैरली (मलयालम् भाषा) के लिए 27 मलयालम् रचनाएँ समर्पित कीं। मुद्रण-कला के व्यापक प्रचार से ही गद्य-साहित्य का सुवर्ण युग भी शुरू होता है। पत्र-पत्रिकाओं का बड़ी मात्रा में प्रचार इसी का वरदान है। साहित्यिक दृष्टि से महत्त्वपूर्ण पहली प्रकाशित पत्रिका है 'केरल मित्रम्' जो सन् 1860 में प्रकाशित हुआ। धीरे-धीरे इस दिशा में प्रगति हुई। उन्नीसवीं शताब्दी के अंतिम दशकों में 'पश्चिम तारका', 'सत्यनादकाहलम्', 'केरल पत्रिका', 'मलयाली', 'नस्राणिदीपिका', 'मलयाल मनोरमा', 'भाषा पोषिणी' आदि पत्र-पत्रिकाएँ प्रकाश में आयीं जिन्होंने मलयालम्-साहित्य के विविधमुखी विकास में बड़ी मदद की। इसके साथ ही मलयालम् में कविता, उपन्यास, कहानी, नाटक, आलोचना आदि साहित्यिक विधाएँ नवजागृति के साथ विकास के पथ पर अग्रसर हो गयीं।

आधुनिक मलयालम कविता

उन्नीसवीं शताब्दी के उत्तरार्द्ध तक आते-आते मलयालम्-कविता के क्षेत्र में नवीनता का प्रस्फुटन दिखायी देने लगा था। कविता पुराणों तथा प्रासादों की चहारदीवारी को तोड़कर सामान्य जनजीवन के उन्मुक्त वातावरण की ओर प्रवाहित होने लगी। इसकी पूर्वपीठिका मध्यकाल के व्यंग्य-कवि कुंचन नंपियार की कविताओं में परिलक्षित है। कुंचन नंपियार के बाद कविता को जनजीवन के निकट लाने का काम वेण्मणि परमेश्वरन नंपूतिरिप्पाडु तथा वेण्मणि कदंबन नंपूतिरिप्पाडु कविद्वय ने किया। ये दोनों पिता-पुत्र हैं। इन दोनों की कविताओं में मलयालम् की निंजी अभिव्यंजना-शैली प्रस्फुटित हुई है। इनकी कविता मलयालम् की काव्यभाषा को जनभाषा के काफी निकट ले आयी। इनकी कविताएँ अत्यंत सरस और सरल हैं।

वेण्मणि परमेश्वरन नंपूतिरिप्पाडु की रचनाएँ हैं– 'गजेन्द्रमोक्षम्', 'रामेश्वरयात्रा', 'शृंगार श्लोक' आदि। कदंबन नंपूतिरिप्पाडु की रचनाएँ हैं– 'पूर प्रबंधम्', 'कवि पुष्पमाला', 'अंबोपदेशम्', 'पंचाली स्वयंवरम्' आदि।

एक ओर वेण्मणि कवियों ने मलयालम्-कविता को नयी दिशा प्रदान की तो दूसरी ओर केरलवर्मा वलियकोयितंपुरान तथा ए॰आर॰ राजराजवर्मा ने नयी ऊर्जा दी। केरलवर्मा ने मलयालम्-गद्यसाहित्य के स्वरूप-निर्धारण में महत्त्वपूर्ण योगदान तो दिया ही है, साथ ही साथ, कवि तथा अनुवादक के रूप में भी उन्होंने अपना एक महत्त्वपूर्ण स्थान बनाया है। कालिदास के 'अभिज्ञान शाकुन्तलम्' का सर्वप्रथम अनुवाद करके आपने 'केरल कालिदास' की उपाधि प्राप्त कर ली। केरलवर्मा की अत्यंत प्रसिद्ध कृति है 'मयूर सन्देशम्'। यह कालिदास के 'मेघदूत' के अनुकरण पर लिखा संदेशकाव्य है।

ए॰आर॰ राजराजवर्मा ने भी कालिदास के 'शाकुन्तलम्' का अनुवाद मलयालम् में किया जो 'मलयालम् शाकुन्तलम्' नाम से प्रसिद्ध है। राजराजवर्मा का 'केरल पाणिनीयम्' मलयालम् का एकमात्र सर्वांगपूर्ण व्याकरण है। व्याकरण के अतिरिक्त आपने छन्दशास्त्र, साहित्यशास्त्र आदि का निर्माण कर मलयालम् भाषा को संस्कृत से सर्वथा स्वतंत्र अस्तित्व प्रदान किया।

बीसवीं शताब्दी के आरंभ में मलयालम् के काव्य-क्षेत्र में प्रमुखतः दो प्रकार की धाराएँ विकसित हुईं–महाकाव्य धारा और खण्डकाव्य धारा। बीसवीं शताब्दी की शुरुआत में अनेक महाकाव्यों का निर्माण मलयालम् में हुआ। इस समय के प्रायः सभी कवियों ने महाकाव्य लिखकर अपनी सृजनात्मक शक्ति का परिचय दिया। मलयालम् के आधुनिक काल का पहला महाकाव्य है– 'रामचंद्र विलासम्'। इसके रचनाकार अष्ठकत्तु पद्मनाथ कुरुप्प हैं। 'रामचंद्र विलासम्' का प्रकाशन सन् 1904 में हुआ। इसका वर्ण्य विषय श्रीराम की कथा है। पन्तलम् केरलवर्मा का 'रुग्मांग चरितम्', उल्लूर एस॰ परमेश्वरन् का 'उमा केरलम्', के॰सी॰ केशव पिल्लै का 'केशवीयम्', वल्लत्तोल नारायण मेनोन का 'चित्रयोगम्' आदि आधुनिक मलयालम्-साहित्य के आरंभकालीन प्रमुख महाकाव्य हैं।

महाकाव्यों के निर्माण के साथ-साथ खण्डकाव्यों का भी निर्माण होने लगा था। खण्डकाव्य के निर्माण के साथ मलयालम् में एक नयी काव्यप्रवृत्ति का भी प्रस्फुटन हुआ जो 'काल्पनिक कविता' नाम से अभिहित की जाती है। 'काल्पनिक कविता' को हम 'स्वच्छंदतावादी कविता' या 'रोमांटिक कविता' भी कह सकते हैं। क्योंकि इस काव्य-प्रवृत्ति के अभ्युदय के लिए अँगरेजी की उत्कृष्ट रोमांटिक रचनाएँ ही प्रेरणास्रोत रही हैं।

काल्पनिक कविता : खंडकाव्यों का निर्माण काफी मात्रा में होने लगा तो काल्पनिक कविता की प्रवृत्ति भी खूब पल्लवित होने लगी। राजराजवर्मा के 'मलय

विलास' (1895) को काल्पनिक कविता (स्वच्छंदतावादी कविता) का प्रथम प्रयास कहने में कोई आपत्ति नहीं। यह एक आत्मनिष्ठ काव्य है। इसमें कवि का रोमांटिक व्यक्तित्व उभर आया है। 'मलयविलास' के उपरांत मलयालम् में स्वच्छंदतावादी काव्य-प्रवृत्ति का उत्तरोत्तर विकास होता गया और समकालीन कविता में भी उसका अस्तित्व कायम है।

प्रारंभकालीन स्वच्छंदतावादी कवियों में के॰सी॰ केशव पिल्लै, सी॰एस॰ सुब्रह्मण्यम पोट्टि, वी॰सी॰ बालकृष्ण पणिक्कर, कुट्टमत्तु आदि के नाम उल्लेखनीय हैं। केशव पिल्लै का काव्य है– 'आसन्नमरणचिंताशतकम्'। इसमें मृत्यु की प्रतीक्षा कर रहे एक गृहस्थ की दुःखपूर्ण स्मृतियों का भावुकतापूर्ण वर्णन हुआ है। सी॰एस॰ सुब्रह्मण्यम पोट्टि का काव्य है– 'ओरू विलापम्'। यह मलयालम् का प्रथम शोककाव्य माना जाता है। इसकी रचना सन् 1902 में हुई थी। यह काव्य कवि की पुत्री की असमय मृत्यु की पीड़ा से उद्भूत है। इस रचना ने मलयालम् में शोककाव्य-परम्परा की सुदृढ़ नींव डाली। नालाघाट्टु नारायण मेनोन का 'कण्णुनीरत्तुल्लि', बालकृष्ण पणिक्कर के 'ओरू विलापम्', 'नागानंद', 'विश्वरूप' आदि अन्य आरंभकालीन काल्पनिक काव्य हैं।

जब मलयालम्-काव्य-जगत् में कवित्रय का पदार्पण हुआ तब से रोमांटिक अथवा काल्पनिक काव्य-प्रवृत्ति अत्यंत परिपक्व हो गयी। ये कवित्रय हैं– कुमारन आशान, उल्लूर एस॰ परमेश्वर अय्यर तथा वल्लत्तोल नारायण मेनोन। इनके हाथों में पड़कर मलयालम्-कविता में नयी चमक आ गयी। इनकी रचनाएँ सामाजिक दायित्व तथा युग-बोध से संपृक्त हैं।

कुमारन आशान (1873-1924) आधुनिक केरल के प्रसिद्ध समाजोद्धारक श्रीनारायण गुरु के शिष्य थे। आशान ने अपनी कृतियों के द्वारा समाज में व्याप्त जाति-भेद, सामाजिक अन्याय तथा गरीबों के शोषण का विरोध किया। आशान का प्रसिद्ध खण्डकाव्य है–'वीणपूवु' (मुरझाया फूल)। यह सन् 1909 में प्रकाशित हुआ। इस काव्य ने स्वच्छंदतावादी कविता को मलयालम् में प्रतिष्ठित किया। आपकी अन्य रचनाएँ हैं–'नलिनी', 'करुणा', 'लीला', 'प्ररोदन', 'चंडालभिक्षुकि', 'चिंताविष्टयाय सीता', 'दुरवस्था' आदि।

वल्लत्तोल नारायण मेनोन (1878-1958) की कविता मानवप्रेम, राष्ट्रप्रेम तथा प्रकृतिप्रेम की त्रिवेणी है। रचनाओं की संख्या तथा गुणवत्ता, दोनों दृष्टियों से वल्लत्तोल की तुलना बहुत कम कवियों के साथ संभव है। आपकी कविताओं में भारतीय संस्कृति तथा मूल्यों के उदात्त पहलुओं को अभिव्यक्ति मिली है। राष्ट्रीय आंदोलन ने आपकी रचनाओं को एक नया तेवर प्रदान किया। साथ ही साथ, राष्ट्रीय आंदोलनकारियों को ऊर्जा और ऊष्मा प्रदान करने में भी आपकी कविता ने महत्त्वपूर्ण भूमिका निभायी है। वल्लत्तोल की प्रमुख रचनाएँ हैं– 'चित्रयोगं', 'ऋतु विलास', 'शिष्यनुं मकनुं', 'कोच्चु सीता', 'बंधनस्थ अनिरुद्ध' आदि।

उल्लूर एस॰ परमेश्वर अय्यर (1877-1949) पाण्डित्य और कवित्व का समन्वित व्यक्तित्व रखते हैं। आपकी कविता की प्रमुख विशेषता अतीत गौरव की भावना है। आपकी चेतना प्राचीन भारतीय गरिमा में इतनी निमग्न है कि भारतीय संस्कृति तथा सभ्यता के प्रतिक्रियावादी तत्त्वों की ओर आप ध्यान ही नहीं देते। उल्लूर की कविता आध्यात्मिकता के आलोक से प्रदीप्त भी है। सामयिक समस्याओं का विश्लेषण करने के लिए उन्होंने प्राचीन इतिवृत्तों का सहारा लिया। जाति-पाँति, साम्प्रदायिकता, नारी-निंदा, अस्पृश्यता, गुलामी आदि के विरुद्ध आवाज उठाने के लिए उन्होंने अपनी कविता को माध्यम बनाया। उनकी प्रमुख काव्य-कृतियाँ हैं–'उमा केरलम्', 'कर्ण भूषणम्', 'पिंगला', 'भक्तिदीपिका', 'पेरियारिनोडु' आदि। कवित्रय के बाद मलयालम् में उनके समान महिमामंडित कवियों का प्रादुर्भाव तो नहीं हुआ परन्तु भावोद्रेकमयी कविताओं से जन-हृदय को आनंदित करनेवाले कवियों का अभाव नहीं था। ऐसे कवियों में वेण्णिक्कुलम् गोपाल कुरुप, पी॰ कुञ्जिरामन नायर, बालामणि अम्मा, जी॰ शंकर कुरुप आदि प्रमुख हैं।

वेण्णिक्कुलम की कविता में मानवीय संबंध नाना रूपों में पूर्ण प्रकर्ष के साथ प्रस्फुटित हुए हैं। आपकी श्रेष्ठ कविताओं का संकलन है– 'कदली वनम्'। अनुवादक के रूप में भी वेण्णिक्कुलम् विख्यात हैं। आपका 'तुलसी रामायण' (पद्यानुवाद) बहुचर्चित है। मलयालम् में भावगीतों के रचयिता के रूप में पी॰ कुञ्जिरामन नायर प्रसिद्ध हैं। अपनी कविता के द्वारा मातृत्व की विशुद्धि तथा निर्मलता प्रदान करने वाली कवयित्री हैं बालामणि अम्मा। आपकी कविताएँ समस्त विश्व के प्रति जननी की भावना से ओतप्रोत हैं। 'अम्मा', 'अंजली', 'कुटुंबिनी', 'नारी हृदय', 'प्रभांकुर' आदि बालामणि अम्मा की प्रमुख काव्य-कृतियाँ हैं।

मलयालम्-कविता को प्रौढ़ता प्रदान करनेवाले कवियों में अग्रणी हैं–जी॰ शंकर कुरुप। मलयालम्-कविता में परिवर्तन की शंखध्वनि बजानेवाले कवि हैं–शंकर कुरुप। प्रकृति, प्रगति और चेतना के कवि हैं कुरुप। मानवीयता पर प्रहार करनेवाली शक्तियों और व्यवस्थाओं के प्रति विद्रोह का स्वर भी उनकी कविताओं में मुखरित है। जी॰ शंकर कुरुप की प्रमुख कृतियाँ हैं–'साहित्यकौतुकम्', 'सूर्यकान्ति', 'ओटक्कुष़ल', 'मुत्तुकल', 'विश्वदर्शनम्', 'जीवन संगीतम्' आदि। इनमें 'ओटक्कुष़ल' (बाँसुरी) साठ कविताओं का संग्रह है जो प्रथम ज्ञानपीठ पुरस्कार से सम्मानित है। मलयालम् की काल्पनिक (रोमांटिक काव्यधारा को आगे बढ़ाने में अन्य दो गीतकारों को भी प्रमुख स्थान दिया जाता है। वे हैं–चंगंपुष़ा कृष्ण पिल्लै तथा इटप्पल्लि राघवन पिल्लै। इन्होंने अपनी रागात्मक अनुभूतियों को संगीतमयी अभिव्यक्ति प्रदान करके मलयालम् काव्य-जगत् को नूतन चमत्कार प्रदान किया। चंगंपुष़ा की प्रमुख रचनाएँ हैं– 'रमणन्', 'रक्तपुष्प', 'बाष्पांजली', 'ओणप्पूक्कल', 'यवनिका', 'स्वररागसुधा' आदि। इनमें 'रमणन्' अत्यंत लोकप्रिय है। इटप्पल्लि की कृतियाँ हैं–'तुषारहारम्',

'मणिनादम्', 'नवसौरभम्', 'हृदयस्मितम्' आदि।

उपर्युक्त कवियों के अतिरिक्त अक्कित्तम्, ओलप्पमण्णा, अय्यप्पन, सरदार के० एम० पणिक्कर, कुट्टिप्पुरत्तु केशवन नायर, सुगत कुमारी, जी० कुमार पिल्लै, विष्णु नारायणन नंपूतिरि, एन०एन० कक्काट आदि आधुनिक मलयालम्-कविता के हस्ताक्षर हैं जिनकी कविताओं में एक ओर रोमांटिक भावधारा की छाप है तो दूसरी ओर युग-बोध की संपृक्ति भी।

क्रांति-चेतना की कविता—सन् 1930 तक आते-आते कवियों की दृष्टि कल्पना--लोक से उतरकर सामान्य जनजीवन पर पड़ने लगी। तब तक भारतीय साहित्य में प्रगतिवाद की लहर रूपायित होने लगी थी। मलयालम्-कविता भी इस लहर से बच नहीं पायी। साम्यवादी जीवन-दर्शन का प्रभाव मलयालम् के कवियों पर भी पड़ा। धीरे-धीरे मलयालम्-कविता में क्रांति की तीक्ष्ण ज्वालाएँ प्रस्फुटित होने लगीं। क्रांति-बोध से संपृक्त कविताएँ लिखनेवालों में वैलोप्पिल्लि श्रीधर मेनोन, इटश्शेरी गोविन्दन नायर, एन०वी० कृष्ण वारियर, वयलार रामवर्मा, ओ०एन०वी० कुरुप, पी० भास्करन, पुतुश्शेरी रामचंद्रन, पुनलूर बालन, केटामंगलमू पप्पुक्कुट्टी आदि विशेष स्मरणीय हैं। इनकी कविताओं में नये जीवन-दर्शन एवं सुदृढ़ सामाजिक प्रतिबद्धता द्रष्टव्य है। इन्होंने विभिन्न समसामयिक सामाजिक समस्याओं को विषय बनाते हुए कविताएँ लिखीं और मलयालम्-कविता को नये आयाम दिये।

वैलोप्पिल्लि श्रीधर मेनोन ने जनसाधारण के जीवन की समस्याओं को निकट से अनुभव किया था। जड़ प्रकृति की ओर रोमांटिक कवियों की दिव्य भावनावाली दृष्टि को मेनोन स्वीकार नहीं करते। वे मानते हैं कि प्रकृति में रमणीयता अवश्य है, पर उसमें करालता भी वर्तमान है। उसके साथ संघर्ष करने में ही जीवन की प्रगति संभव है। 'कन्निक्कोयत्तु', 'श्रीरेखा', 'वित्तुंकैक्कोट्टुम', 'कुटियोष़िक्कल' आदि वैलोप्पिल्लि की प्रमुख काव्य-कृतियाँ हैं।

इटश्शेरी गोविन्दन नायर ने मौजूदा पूँजीवादी सभ्यता के विरुद्ध संघर्ष करना अपना जीवन-लक्ष्य समझा। दलित एवं पीड़ित जनसाधारण की मुक्ति इटश्शेरी की काव्य-रचना का उद्देश्य था। आपकी कविता में माधुर्य की अपेक्षा पौरुष एवं आक्रोश की प्रधानता है। उन्होंने अपनी कविताओं में जीवन की खुरदुरी वास्तविकताओं का चित्रण किया है। उनके प्रमुख काव्य-संग्रह हैं—'पुत्तनकलबुं अरिवालुं', 'काविले पाट्टु', 'करुत्त चेट्टिच्चिकल्' आदि।

एन०वी० कृष्ण वारियर ने कविता को जनसाधारण से जोड़ने का प्रयत्न किया। सामाजिक बोध से उद्भूत प्रतिषेध की तीक्ष्णता तथा खोखले-निरर्थक जीवन के विरुद्ध परिहास वारियर की कविताओं को असाधारण बना देते हैं। समसामयिक जीवन की विषमताओं पर प्रकाश डालने के लिए आपने कविता को एक सफल साधन बना दिया। 'कोच्चु तोम्मन', 'लंबी कविताएँ', 'गांधियुं गोडसेयुं', 'कालिदासन्टे

सिंहासनं' आदि वारियार के मुख्य काव्य-ग्रंथ हैं।

वयलार रामवर्मा ने शुद्ध समाजवादी दृष्टिकोण को अपनाते हुए काव्य-रचनाएँ प्रस्तुत कीं। वे समाजवादी व्यवस्था को देश के लिए कल्याणकारी समझते हैं। वर्मा ने भारतीय संस्कृति को आधुनिक जीवन से जोड़ दिया और उसको नये अर्थ-स्तर प्रदान किये। मलयालम् के सर्वश्रेष्ठ फिल्मी गीतकारों में भी वयलार का प्रमुख स्थान है। 'पादमुद्रा', 'आयिषा', 'कोन्तयुं पूणूलुं', 'एनिक्कु मरणमिल्ला' आदि वयलार की प्रमुख काव्य-कृतियाँ हैं।

उपर्युक्त कवियों के अरिक्ति ओ.एन.वी. कुरूघु, पी. भास्करन, पुतुश्शेरी रामचंद्रन, पुनलूर बालन, के.पी.जी. नंपूतिरि, केटामंगलम् पप्पुक्कुट्टी आदि ने भी साम्यवादी जीवन-दर्शन को आत्मसात् करते हुए विभिन्न समसामयिक सामाजिक समस्याओं को काव्य का विषय बनाया और अपनी सुदृढ़ सामाजिक प्रतिबद्धता का परिचय दिया।

नयी कविता : मलयालम् की नयी कविता के प्रवर्तक एवं प्रयोक्ता के रूप में के. अय्यप्प पणिक्कर का योगदान महत्त्वपूर्ण है। आपकी लंबी कविता 'कुरुक्षेत्र' मलयालम् की नयी कविता की पहली प्रामाणिक दस्तावेज मानी जाती है। पणिक्कर ने अपनी कविताओं में सामाजिक तथा राजनीतिक जीवन की विडंबनाओं तथा विसंगतियों के तीखे व्यंग्य-चित्र प्रस्तुत किये हैं। काव्यभाषा के क्षेत्र में भी आपने अनेक सुधार-परिष्कार किये हैं।

सन् 1970 के आसपास मलयालम्-काव्य-क्षेत्र में प्रविष्ट कवि कटम्मनिट्टा रामकृष्णन ने समकालीन मलयालम्-कविता को एक नया आयाम दिया। आपने अपनी कविताओं के द्वारा मलयालम्-कविता को सर्वसाधारण के संवेदनशील दिलों तक पहुँचाने की कोशिश की। उन्होंने अपनी कविता के लिए लोक-जीवन से बिंबों, प्रतीकों तथा शब्दों को ग्रहण किया और कविता को काफी सहज बना दिया। मलयालम्-कविता को नूतनता प्रदान करने में एम. गोविन्दन का भी बड़ा हाथ है। आपकी कविताओं में लोक-जीवन की भाव-भंगिमा तथा व्यंग्य का चुभन है। बीसवीं शताब्दी के अंतिम दशकों में मलयालम्-कविता नव्य-नूतन प्रवृत्तियों को अपनाते हुए प्रगति की ओर अग्रसर हुई है। मलयालम् के अधुनातन कवियों में के.जी. शंकर पिल्लै, ए. अय्यप्पन, बालचंद्रन चुल्लिक्काड़, सच्चिदानंदन, देशमंगलम् रामकृष्णन, डी. विनयचंद्रन, मधुसूदनन नायर, सुगत कुमारी, ओ.एन.वी. कुरुप्पु, माधवन अय्यप्पत्तु, के.वी. रामकृष्णन, प्रभा वर्मा, ओ.वी. उषा, विजयलक्ष्मी, रावुण्णी आदि नितांत नूतन भावबोध तथा शिल्पबोध को तलाशकर मलयालम्-कविता को संभावनाओं के नये क्षितिज की ओर ले चलने में प्रवृत्त हैं।

उपन्यास : उद्भव और विकास

आधुनिक साहित्य की सर्वाधिक लोकप्रिय विधा है उपन्यास। मलयालम् में उपन्यास-लेखन की शुरुआत उन्नीसवीं शताब्दी के अंतिम चरण में अँगरेजी-उपन्यासों

के अनुकरण पर हुई। मलयालम् के प्रथम उपन्यास के संबंध में मतभेद है। कुछ विद्वान् आर्च डीकन कोशी का लिखा 'पुल्लेलि कुंजू' (1882) को प्रथम उपन्यास मानते हैं तो कुछ अप्पु नेटुंगाडी के 'कुंतलता' (1887) को इसका श्रेय देते हैं। लेकिन उपन्यास-कला की कसौटी पर 'पुल्लेलि कुंजू' पूर्णतः खरा नहीं उतरता और 'कुंतलता' पर शेक्सपीयर के 'सिंबलिन' नाटक का छायानुवाद होने का आरोप लगा हुआ है। इस दृष्टि से सन् 1889 में प्रकाशित 'इन्दुलेखा' को मलयालम् का पहला लक्षणयुक्त उपन्यास मानने में कोई आपत्ति नहीं। इस उपन्यास के लेखक ओ॰ चंतुमेनोन हैं। 'इन्दुलेखा' के महत्त्व के कारण ही चंतुमेनोन को मलयालम्-उपन्यास का आरंभकर्त्ता मान सकते हैं। मेनोन मलयालम्-उपन्यास में यथार्थवाद के आरंभकर्त्ता भी हैं। 'इन्दुलेखा' में केरल की दो प्रमुख जातियों नायर और नंपूतिरि के बीच वर्तमान अंधविश्वासों और अनाचारों को पूरी सच्चाई के साथ प्रस्तुत किया गया है और उनके निराकरण में बड़ी सहायता भी प्रदान की गयी है। इस उपन्यास में रूढ़िवादिता और नवीनता के संघर्ष का भी कलात्मक ढंग से चित्रण हुआ है। मेनोन का दूसरा उपन्यास है 'शारदा' जो अधूरा है।

सी॰वी॰ रामन पिल्लै के आगमन से मलयालम्-उपन्यास की भावभूमि में कुछ परिवर्तन दिखायी देने लगा। पिल्लै ने अपने उपन्यासों के लिए राजनीतिक इतिहास को आधार बनाया। ऐतिहासिक उपन्यासकार के रूप में पिल्लै को ख्याति प्राप्त है। पिल्लै के प्रमुख उपन्यास हैं– 'मार्तण्ड वर्मा' (1883), 'धर्मराजा' (1913), 'प्रेमामृत' (1915) तथा 'रामराज वहदूर' (1917)। अपने ऐतिहासिक उपन्यास के लिए पिल्लै ने कल्पना का बहुत-कुछ सहारा लिया। लेकिन कल्पित घटनाएँ इतनी स्वाभाविक तथा पात्र इतने सजीव हैं कि इनको कल्पित मानना असंभव हो जाता है।

रामन पिल्लै (1858-1917) के अनुकरण पर इतिहास को आधार बनाकर उपन्यास लिखनेवाले और भी लेखक हुए हैं। अप्पन तंपुरान ('भूतरायर'), टी.सी॰ रामन नंबीशन ('केरलेश्वरन'), सरदार के॰एम॰ पणिक्कर ('केरल सिंह', 'कल्याणमल', 'पुणरकोटटुस्वरूपम्') आदि प्रमुख ऐतिहासिक उपन्यासकार हैं। चंतु मेनोन तथा रामन पिल्लै के बाद कुछ समय के लिए मलयालम्-उपन्यास के क्षेत्र में एक प्रकार का गतिरोध महसूस हुआ था। परंतु प्रथम विश्वयुद्ध के बाद देश की सामाजिक तथा राजनीतिक स्थिति में जो परिवर्तन आये उनका प्रभाव तत्कालीन साहित्य पर, खासकर कथा-साहित्य पर भी पड़ा। लेखकों की दृष्टि कल्पना-लोक से उतरकर सामान्य जनजीवन की जटिल समस्याओं पर पड़ने लगी। सन् 1930 तक आते-आते साम्यवादी दर्शन का प्रचार भी भारत में होने लगा था। लेखकों पर एक ओर इसका प्रभाव पड़ा तो दूसरी ओर गाँधीवादी जीवन-दर्शन तथा स्वतंत्रता-आदोलन का। इन सबकी अनुगूँज मलयालम-कथा-साहित्य में स्पष्टतः परिलक्षित है। इस पीढ़ी के उपन्यासकारों में तकषि शिवशंकर पिल्लै, पी॰ केशव देव, वैक्कम मुहम्मद बशीर,

एस॰के॰ पोट्टक्काटु आदि प्रमुख हैं।

प्रगतिशील उपन्यासकारों में तकष़ि शिवशंकर पिल्लै सबसे प्रमुख हैं। आप सामाजिक जीवन के निम्न स्तर के लोगों के सशक्त प्रवक्ता हैं। उनलोगों के जीवन की यातनाओं तथा यंत्रणाओं को पूरी सच्चाई के साथ वाणी देने में तकष़ि पूर्णतः सफल हुए हैं। तकष़ि का बहुचर्चित उपन्यास है 'चेम्मीन' जिसका अनुवाद संसार की विविध भाषाओं में हुआ है। इस उपन्यास में उन्होंने मछुवारों की जिन्दगी को शब्दबद्ध किया है। इसके अतिरिक्त 'रडिटंगष़ी', 'तोट्टियुटे मकन', 'एणिप्पाटिकल', 'कयर', 'बलूण', 'तेंटिवर्गमू' आदि अन्य प्रमुख उपन्यास हैं। तकष़ि ज्ञानपीठ पुरस्कार से भी सम्मानित हैं।

पी॰ केशवदेव भी तकष़ि के समान यथार्थवादी उपन्यासकार हैं। इन्होंने भी दलित-पीड़ित जनता को अपनी रचनाओं में महत्त्वपूर्ण स्थान दिया। देव का प्रमुख उपन्यास है—'ओटयिल निन्नु' जो एक रिक्शावाले के जीवन की समस्याओं तथा विसंगतियों को हमारे सामने प्रस्तुत करता है। 'भ्रान्तालयम्', 'अयलक्कार', 'नटी' आदि देव के अन्य महत्त्वपूर्ण उपन्यास हैं।

पहले पहल मुस्लिम सामाजिक जीवन को साहित्यिक अभिव्यक्ति प्रदान करने का श्रेय वैक्कम मुहम्मद बशीर को प्राप्त है। कथानक एवं शैली की नवीनता से बशीर ने मलयालम्-उपन्यास को नया रूप प्रदान किया। इनकी भाषा-शैली में किसी भी प्रकार की दुरूहता या कृत्रिमता ढूँढने पर भी नहीं मिलती। बशीर के प्रमुख उपन्यास हैं—'बाल्यकाल सखी', 'न्टुप्पाप्पक्कोरानेडार्नु', 'पात्तुम्मयुटे आटु', 'मतिलुकल' आदि।

जनसाधारण तथा ग्रामीणों के जीवन से संबद्ध उपन्यास लिखनेवाले हैं—एस॰के॰ पोट्टक्काटु। आप ज्ञानपीठ पुरस्कार से सम्मानित हैं। आपके उपन्यासों में स्वच्छन्दतावाद तथा यथार्थवाद का अपूर्व संयोग देखने को मिलता है। 'विषकन्यका', 'ओरु तेरुविन्टे कथा', 'ओरु देशत्तिन्टे कथा' आदि पोट्टक्काटु के प्रमुख उपन्यास हैं।

इसी पीढ़ी के पी॰सी॰ कुट्टिक्कृष्णन, चेरुकाटु आदि उपन्यासकारों की रचनाओं का भी महत्त्व है। पी॰सी॰ कुट्टिक्कृष्णन का उपनाम है 'उरूब'। उरूब ने अपने उपन्यासों के लिए मलबार के मुस्लिम परिवार के जीवन को विषय बनाया। 'उम्माच्चु', 'सुन्दरिकलुं सुन्दरन्मारूं', 'आमिना' आदि इनके प्रमुख उपन्यास हैं। चेरुकाटु ने पूर्णतः साम्यवादी दृष्टिकोण को अपनाते हुए रचनाएँ कीं। आपकी रचनाएँ क्रांतिकारी चेतना से संपृक्त हैं। मिट्टी से जूझनेवाले किसानों तथा खेतिहर मजदूरों की दर्दभरी जिन्दगी को चेरुकाटु ने अपने उपन्यासों के लिए विषय बनाया। 'मन्निन्टे मारिल', 'शनिदशा', 'मरुमकल', 'मुत्तश्शि' आदि चेरुकाट के चर्चित उपन्यास हैं।

प्रगतिशील उपन्यासकारों की पीढ़ी के उपरांत साठवें दशक के उत्तरार्द्ध तक आते-आते मलयालम्-उपन्यास के क्षेत्र में अनेक नयी प्रवृत्तियाँ उभर आयीं। व्यक्ति की व्यथाएँ, आंतरिक संघर्ष, मोह और मोह-भंग, सामाजिक व्यंग्य, मृत्युबोध, संत्रास,

गृहातुरता, मध्यवर्गीय जीवन की विसंगतियाँ, महिलाओं की समस्याएँ, सैनिक जीवन की समस्याएँ आदि उपन्यास के लिए विषय-वस्तु बन गयीं।

एम॰टी॰ वासुदेवन नायर, नंदनार, के॰ सुरेन्द्रन, पारप्पुरत्तु, जी॰ विवेकानंदन, कोविलन, एन॰पी॰ मुहम्मद, एम॰ मुकुन्दन, पद्मराजन, पुनत्तिल कुञ्ञब्दुल्ला, सी॰ राधाकृष्णन, पेरुपटवु श्रीधरन, वी॰के॰एन॰, विलासिनी, माटंबु कुञ्ञकुट्टन, माधविकुट्टि, ललितांबिका अंतर्जनम् पी॰ वत्सला, एम॰डी॰ रत्नम्मा, मलयाट्टूर रामकृष्णन, ओ॰वी॰ विजयन आदि स्वातंत्र्योत्तर काल के प्रमुख उपन्यासकार हैं। एम॰टी॰ वासुदेवन नायर के उपन्यासों में व्यक्तिवादिता एवं आत्मनिष्ठता का स्वर काफी मुखरित है। यथार्थवाद की रूखी-सूखी परिस्थितियों से ऊपर उठकर व्यक्तिमन की अभिलाषाओं, रोमांस, मोह एवं मोह-भंग को नायर के उपन्यासों में प्रमुखता मिली है। एम॰टी॰ वासुदेवन नायर ज्ञानपीठ पुरस्कार से भी सम्मानित हैं। 'कालम्', 'नालुकेट्टु', 'असुर वित्तु', 'मञ्ञु', 'रन्टामूषम्', 'विलाप यात्रा', ' अरबिपोन्नु' आदि एम॰टी॰ के प्रमुख उपन्यास हैं।

सैनिक जीवन को कथानक बनाकर उपन्यास लिखनेवालों में नंदनार, कोविलन, पारप्पुरत्तु आदि प्रमुख हैं। मलयालम् के कुछ उपन्यासों में जाति विशेष के रीति-रिवाज, अंधविश्वास, आचार-अनुष्ठान आदि को आधार बनाया गया है। एन॰पी॰ मुहम्मद, पुनत्तिल कञ्ञब्दुल्ला आदि ने अपने कुछ उपन्यासों में मुस्लिम समाज के रीति-रिवाजों को पृष्ठभूमि बनाया है। पी॰ वत्सला ने आदिवासियों की जीवन-झाँकी अपने उपन्यासों में प्रस्तुत की।

स्वातंत्र्योत्तर काल में महिला उपन्यासकारों का योगदान भी महत्त्वपूर्ण रहा है। ललितांबिका अन्तर्जनम, पी॰ वत्सला, माधविकुट्टि, एम॰डी॰ रत्नम्मा, सुहरा, के॰बी॰ श्रीदेवी आदि उपन्यास-लेखिकाओं में प्रमुख स्थान रखती हैं।

उन्नीस सौ अस्सी के बाद नयी पीढ़ी के उपन्यासकारों ने भी मलयालम् के कथा-साहित्य को विकास की ओर ले जाने में सराहनीय कार्य किये हैं। नयी पीढ़ी के उपन्यासों की प्रवृत्तियाँ बहुआयामी रही हैं। नयी पीढ़ी में सी॰वी॰ बालकृष्णन, एम॰ सुकुमारन, पी॰ सुरेन्द्रन, के॰पी॰ रामनुण्णी, पी॰वी॰के॰ पनयाल, हाफिस मुहम्मद, सी॰वी॰ आनन्द बोस आदि दर्जन से अधिक उपन्यासकार मलयालम्-उपन्यास को नये क्षितिज की जोर ले जाने में कार्यरत हैं। इसी कारण मलयालम्-उपन्यास का भविष्य उज्ज्वल रहने की उम्मीद है।

कहानी : उद्भव और विकास

अँगरेजी-साहित्य के संपर्क से ही मलयालम् में कहानियों का प्रादुर्भाव हुआ। इसी कारण से प्रथम पीढ़ी के कहानी-लेखकों में अँगरेजी-साहित्य के अनुकरण की चेष्टा पायी जाती है। मलयालम् के प्रथम कहानीकार के रूप में वेंगयिल कुञ्ञुरामन नायनार का नाम लिया जाता है। उनकी कहानी 'वासनाविकृति' को मलयालम् की प्रथम कहानी की मान्यता प्राप्त है। यह कहानी सन् 1891 में प्रकाशित है।

कुञ्ञुरामन नायनार के अतिरिक्त मलयालम्-कहानी के प्रथम चरण के कहानीकार हैं– मूर्कोत्तु कुमारन, सी॰एस॰ गोपाल पणिक्कर, ई॰वी॰ कृष्ण पिल्लै, अंबाड़ी नारायण पोतुवाल, ओडुविल कुंञिकृष्ण मेनोन, के॰ सुकुमारन आदि। इन कहानीकारों ने विशेषकर अँगरेजी-कहानी-साहित्य का अनुसरण किया है। कहानियों के संबंध में जो आधुनिक मान्यता है, उसके आधार पर इनकी कहानियों में कुछ घटनाओं का विस्तृत वर्णन ही दिखायी देता है। एक कहानी के लिए आवश्यक कसाव एवं शिल्प पर इन कहानीकारों का ध्यान केन्द्रित नहीं रहा।

सन् 1930 के आसपास साहित्य की अन्य विधाओं की भाँति कहानी के क्षेत्र में भी नव जागृति पैदा हुई। तत्कालीन राजनीतिक एवं सामाजिक परिस्थितियों के फलस्वरूप सन् 1936 में लखनऊ में प्रगतिशील लेखक संघ की जो स्थापना हुई, इसकी अनुगूँज केरल में भी सुनायी दी। यहाँ के कहानी-लेखक यह महसूस करने लगे कि अपनी रचनाएँ सोद्देश्य होनी चाहिए और उनमें सामाजिक प्रतिबद्धता होनी चाहिए। फलस्वरूप दूसरी पीढ़ी के कथाकार अधिक सचेत और मिट्टी की गंध से युक्त सशक्त कथाओं का निर्माण करने लगे। इनमें प्रमुख हैं– तकषि शिवशंकर पिल्लै, केशवदेव, वैक्कम मुहम्मद बशीर, एस॰के॰ पोट्टेक्काट, कारूर नीलकंठ पिल्लै, पोनकुन्नम् वर्की, पी॰सी॰ कुट्टिक्कृष्णन (उरूब), ललितांबिका अंतर्जनम् आदि।

दूसरी पीढ़ी के कहानीकारों ने समसामयिक जीवन के विभिन्न अनुभवों और समाज के विभिन्न स्तर के लोगों के जीवन का सजीव चित्रण कर मलयालम्-कहानी को प्रगति के पथ पर ला खड़ा किया। गरीबी, शोषण, नैतिक अराजकता, मेहनतकश लोगों की दुरवस्था, किसान-मजदूरों की समस्याएँ आदि कहानियों के लिए विषय-वस्तु बन गयीं।

तीसरी पीढ़ी के कथाकारों के लिए सामाजिक यथार्थवाद का रास्ता मंजूर नहीं था। इस पीढ़ी के कहानीकारों ने अपनी रचनाओं में वैयक्तिक जीवन की सच्चाइयों को प्रमुखता दी। इनकी कहानियों में मोहभंग, कुंठा, संत्रास, व्यर्थता-बोध आदि दिखायी देते हैं। ये कहानीकार अंतर्मुखी अधिक थे और बहिर्मुखी कम। व्यक्ति के दिल में पैठकर उसके निगूढ़ भावों और अनुभूतियों को ध्वन्यात्मकता के साथ अभिव्यक्त करना उनका लक्ष्य था। एम॰टी॰ वासुदेवन नायर, टी॰ पद्मनाभन, माधविकुट्टि, मलयाट्टूर रामकृष्णन, एन॰पी॰ मुहम्मद आदि इस पीढ़ी के यशस्वी कहानीकार हैं। ये आधुनिक कहानीकार के रूप में भी जाने जाते हैं। इनके अतिरिक्त पी॰ वत्सला, जी॰ विवेकानंदन, ई॰ वासु, उण्णिक्कृष्णन पुतूर आदि इस पीढ़ी के अन्य कहानीकार हैं।

इसी जमाने में सैनिकों के जीवन को कथा का विषय बनाकर उनकी आशाओं, मोहभंगों तथा विवशताओं की सशक्त अभिव्यक्ति प्रदान करनेवाली कुछ कहानियों का भी निर्माण हुआ। इस प्रकार फौजी कहानियाँ लिखनेवालों में कोविलन, नन्दनार, पारप्पुरत्तु आदि प्रमुख हैं।

सन् 1960 के आसपास चौथी पीढ़ी के कहानीकारों द्वारा मलयालम् में 'नयी कहानी' का सूत्रपात हुआ। इन कहानीकारों ने मलयालम्-कहानी की शैली एवं प्रस्तुतिकरण में मौलिकता प्रदान की। चौथी पीढ़ी के कहानी-लेखकों में काक्कनाटन, ओ॰वी॰ विजयन, सक्करिया, एन॰पी॰ नारायण पिल्लै, मुकुंदन, सेतु, पुनत्तिल कुञ्ञब्दुल्ला आदि का प्रमुख स्थान है। इन कथाकारों ने कथा को नये अनुभवों एवं आशयों की नयी ऊर्जा प्रदान की। भोगा हुआ यथार्थ ही इनकी कहानियों की रीढ़ मानी जाती है। वैयक्तिकता का आधिक्य, सामूहिक भावबोध का अभाव, अस्तित्व बोध, महानगरीय जीवन की विसंगतियाँ आदि इनकी कहानियों में काफी मात्रा में देख सकते हैं। सार्त्र, काफ्का, कामू आदि साहित्यिक मनीषियों के सिद्धांत इस पीढ़ी के रचनाकारों के लिए प्रेरणास्रोत रहे हैं।

फिलहाल मलयालम्-कहानी-साहित्य में पाँचवीं पीढी की कहानियों पर बहस शुरू हो गयी है। इसके अंतर्गत युवा पीढ़ी के कहानीकारों को शामिल किया गया है। युवा पीढ़ी के कहानीकार अपनी रचनाओं द्वारा मलयालम्-कहानी के भाव, शिल्प एवं विचार में नवीनता ला रहे हैं। इस पीढ़ी के कहानीकारों में टी॰बी॰ कोच्चुबावा, अशोकन चरूविल, सी॰वी॰ बालकृष्णन, एन॰एस॰ माधवन, टी॰एन॰ प्रकाश, शिहाबुद्दीन पोयत्तुंकटवु, सी॰आर॰ ओमनकुट्टन, सारा जोसफ, अषिता, ग्रेसी, हाफिस मुहम्मद आदि प्रमुख हैं। इनके अतिरिक्त दर्जनों युवा कहानीकार भी कहानी-कला की कसौटी पर अपनी प्रतिभा को कसकर उभर आ रहे हैं, लेकिन जगह की कमी के कारण उनका नामोल्लेख तक यहाँ संभव नहीं हुआ है। इन्हीं कहानीकारों के द्वारा आज मलयालम् में कहानी-विधा काफी चर्चित तथा विकसित होती जा रही है।

नाटक : उद्भव और विकास

मलयालम् के प्राचीन साहित्य में नाटकों का सर्वथा अभाव था। उन्नीसवीं शताब्दी के अंतिम चरणों में ही नाटक-निर्माण की ओर लेखकों का ध्यान आकृष्ट हुआ। पहले पहल संस्कृत के नाटकों के अनुवाद अस्तित्व में आये। सन् 1882 में केरलवर्मा ने कालिदास के 'अभिज्ञान शाकुन्तलम्' का अनुवाद मलयालम् में किया। इसके बाद अनेकानेक संस्कृत-नाटकों का अनुवाद हुआ। इनमें 'विक्रमोर्वशीयम्' (अनु॰ : कोट्टारत्तिल शंकुण्णि), 'मालविकाग्निमित्रम्' (अनु॰ : ए॰आर॰ राजराज वर्मा) 'उत्तररामचरित' (अनु॰ : चात्तुक्कुट्टि मन्नाटियार), 'स्वप्नवासवदत्तम्' (अनु॰ : शंकुण्णि), 'आश्चर्यचूड़ामणि', (अनुः कुञ्जिकुट्टन तंपुरान) आदि प्रमुख हैं। अनुवाद का यह कार्य संस्कृत तक सीमित नहीं रहा। अँगरेजी-नाटकों का अनुवाद भी मलयालम् में हुआ।

इसी जमाने में संस्कृत के नाटकीय नियमों के आधार पर स्वतंत्र नाटक भी लिखे गये जिनमें 'चंद्रिका', 'लक्षणासंगम्' (कुञ्जिकुट्टन तंपुरान), 'सुभद्रार्जुनम्' (इक्कावम्मा), 'एब्रायकुट्टि' (वर्गीस माप्पिला) आदि प्रमुख हैं। इनमें 'एब्रायकुट्टि' अँगरेजी नाटक-नियम के अनुसरण पर लिखा गया पहला मलयालम्-नाटक है। रचनाकाल को आधार

बनाएँ तो मलयालम् का पहला सामाजिक नाटक कोच्चीप्पन तरकन का लिखा 'मरियाम्मा' (1897) है।

उन्नीसवीं शताब्दी के अन्तिम चरणों में केरल में तमिल-नाटक-कंपनियों का आगमन हुआ। इनके अभिनय से प्रभाव ग्रहण कर कई लेखकों ने मलयालम् में अभिनेय संगीत नाटकों की रचना की। इनमें प्रमुख हैं– 'संगीत हरिश्चंद्र', 'वल्लियम्माल चरित' (चक्रपाणि वारियर), 'सदारामा' (के॰सी॰ केशव पिल्लै), 'देवयानीचरितम्', 'बालगोपालन' (कुट्टमत्तु), 'संगीत नैषधम्' (टी॰सी॰ अच्युत मेनोन) आदि। इनमें 'संगीत नैषधम्' के रचयिता अच्युत मेनोन मलयालम् की संगीत-नाटक विधा के उपज्ञाता माने जाते हैं।

नाटकों के संबंध में विशेष उल्लेखनीय बात यह है कि विकास की प्रारंभिक दशा से ही नाटककारों का ध्यान रंगमंच पर गया था। इसी कारण आरंभिक दशा में ही बहुत-से नाटकों का सफलतापूर्वक मंचन हुआ है। धीरे-धीरे लेखकों के मन में नाटक के प्रति अत्यधिक रुचि पैदा होने लगी और अनेक प्रतिभाहीन लोग भी इस क्षेत्र में आने लगे। फलस्वरूप अनेक सारहीन नाटकों का भी निर्माण हुआ और नाटक-क्षेत्र कलुषित होने लगा। नाटक-क्षेत्र की इस बुरी प्रवृत्ति को लक्ष्य कर मुंशी रामकृष्ण ने 'चक्की चंगरम्' नामक परिहास-प्रधान नाटक भी लिखा।

प्रहसन : संगीत-नाटकों के प्रचार ने मलयालम् में गद्य-नाटकों के लिए मार्ग खोला। अँगरेजी-गद्यनाटकों का अनुसरण करते हुए मलयालम् में गद्यनाटकों की रचना होने लगी। ऐसे नाट्य-रूप 'प्रहसन' के नाम से जाने जाते हैं। प्रहसन व्यंग्य-परिहास-प्रधान होते हैं। मलयालम् के गद्य-नाटकों का आदि रूप है प्रहसन। सी॰वी॰ रामन पिल्लै का 'चंद्रमुखी विलासम्' (1885) इस विधा की पहली रचना है। सी॰वी॰ का पदानुसरण करते हुए ई॰वी॰ कृष्णपिल्लै ने भी अनेक प्रहसन लिखे। इनमें 'बी॰ए॰ मायावी', 'प्रणय कम्मीशन', 'कविता केस' आदि प्रमुख हैं। कृष्णपिल्लै के पश्चात् चेल्लप्पन नायर, टी॰एन॰ गोपिनाथन नायर, तिक्कोटियन, जगति॰ एन॰के॰ आचारी आदि ने प्रहसन की परंपरा को आगे बढ़ाया।

ऐतिहासिक नाटक : मलयालम् में ऐतिहासिक नाटकों की संख्या बहुत कम है। नाटक के विकास की प्रारंभिक दशा में सी॰वी॰ रामन पिल्लै के ऐतिहासिक उपन्यास 'धर्मराजा', 'मार्तण्ड वर्मा', 'रामराज बहदूर' आदि के नाट्य-रूपांतर रंगमंच पर प्रस्तुत किये गये। ई॰वी॰ कृष्ण पिल्लै ने मलयालम् में ऐतिहासिक नाट्य-रचना की शुरुआत की। आपके प्रमुख ऐतिहासिक नाटक हैं– 'इरविकुट्टि पिल्ला' (1936), 'राजा केशवदास', 'सीतालक्ष्मी' आदि। ई॰वी॰ के ऐतिहासिक नाटकों ने मलयालम्-नाट्य-साहित्य को गौरव प्रदान किया। कृष्ण पिल्लै का अनुसरण कर कैनिक्करा पद्मनाभ पिल्लै ने भी ऐतिहासिक नाटक लिखे। इनमें 'कालवरियिले कल्पपादपम्', 'वेलुत्तंपिदलवा', 'स्वाति तिरुनाल' आदि प्रमुख हैं। मलयालम् के

ऐतिहासिक नाटकों में 'मानविक्रम विजयम्' (अप्पन तंपुरान), 'पषशिशराजा', 'मामांगम्', (कप्पना कृष्ण मेनोन), 'राजा बिंबिसारन', 'ताजमहल' (जगति ए.के. आचारी), 'कुञ्ञालि मरय्कार' (पद्मनाभन नायर), 'स्वाति तिरुनाल' (पीरप्पन कोडु मुरलि), 'महात्मा' (के.पी. केशव मेनोन) आदि काफी चर्चित हैं। इन नाटकों के जरिये केरल तथा भारत के गौरवपूर्ण अतीत को सहृदयों के सामने प्रस्तुत किया गया।

सामाजिक एवं राजनीतिक नाटक : सन् 1930 तक आते-आते मलयालम्-नाटक अपने स्वतंत्र अस्तित्व की जड़ जमाने लगा था। सन् 1930 के बाद तत्कालीन सामाजिक एवं राजनीतिक परिस्थितियों के फलस्वरूप एक सशक्त सामाजिक माध्यम के रूप में नाटक उभर आया। इसका प्रवर्तन वी.टी. भट्टतिरिप्पाडु ने किया। उनका प्रसिद्ध बहुचर्चित नाटक है– 'अटुक्कलयिल निन्नु अरंगत्तेक्कु' (रसोई से रंगमंच की ओर)। इस नाटक में नंपूतिरि (ब्राह्मण) समाज में व्याप्त रूढ़ियों, कुरीतियों एवं अनाचारों का पर्दाफाश किया गया। इससे प्रेरणा ग्रहण कर एम.पी. भट्टतिरि ने 'मरक्कुटक्कुल्लिले महानरकमू' (छतरी की ओट का जहन्नुम), 'ऋतुमति (रजस्वला) आदि नाटक लिखे। इनमें सामाजिक कुरीतियों की कड़ी आलोचना है और ब्राह्मण जाति के अनाचारों के ध्वंस का प्रयास भी। के. दामोदरन ने जमीनदारी प्रथा को विषय बनाते हुए 'पाटटबाकी' लिखा।

इसी जमाने में मलयालम्-नाटक को इब्सन के नाटकों ने भी प्रभावित किया। इब्सन की प्रेरणा ग्रहण करके नाटक लिखनेवालों में अग्रणी थे– प्रो. एन. कृष्ण पिल्लै। उन्होंने अपने सुगठित समस्यामूलक नाटकों में मनुष्य की आंतरिक समस्याओं, चिन्तनों, विचारों तथा वैयक्तिक एवं सामाजिक जीवन पर पड़नेवाले उनके प्रभावों को अभिव्यक्त किया। पिल्लै के आगमन से मलयालम्-नाटक को एक नया जीवन मिला। पिल्लै के प्रमुख नाटक हैं– 'भग्न भवनम्', 'कन्यका', 'बलाबलम्', 'मरुंप्पच्चा', 'अनुरंजनम्', 'अग्निमुखत्तेक्कु' आदि।

स्वातंत्र्योत्तर काल में मलयालम्-नाटक का अभूतपूर्व विकास हुआ। स्वातंत्र्योत्तर काल के सर्वप्रथम उल्लेखनीय नाटककार हैं इटश्शेरी गोविन्दन नायर। इनका बहुचर्चित नाटक है 'कूट्टु कृषि'। इसमें उन्होंने जमीनदारी प्रथा, साम्प्रदायिक वैमनस्य आदि का यथार्थ चित्र प्रस्तुत किया।

नाटक के परंपरागत कथ्य एवं शिल्प की धारणाओं का निराकरण करते हुए सी.जे. थोमस ने नाटक के क्षेत्र में पदार्पण किया तो मलयालम्-नाटक को एक नया आयाम मिला। '1128 ले क्राइम 27', 'आ मनुष्यन् नी तन्ने', 'विषवृक्षम' आदि थोमस के प्रमुख नाटक हैं। पोनकुन्नं वर्की ने अपने नाटकों के द्वारा सामाजिक रूढ़ियों एवं आर्थिक शोषण की कड़ी आलोचना की। 'स्वर्गमू नाणिक्कुन्नु', 'कर्णन्', 'किरीटत्तेक्काल वलुतु' आदि इनके प्रमुख नाटक हैं।

राजनीतिक क्षेत्र से होकर नाटक के क्षेत्र में प्रवेश करनेवाले नाटककार हैं

तोप्पिल भासी। वे साम्यवादी विचारधारा से प्रभावित थे। इसी कारण अपने नाटकों के द्वारा उन्होंने सामाजिक समस्याओं के लिए साम्यवादी समाधान ढूँढ़ने का प्रयत्न किया। 'निंगलेन्ने कम्यूनिस्टाक्कि', 'मूलधनम्', 'मुटियनाय पुत्रन्', 'अश्वमेधम्', 'शरशय्या', 'कूट्टुकुटंबम्' आदि भासी के ख्यातिप्राप्त नाटक हैं। भासी के सभी नाटक रंगमंच पर प्रस्तुत हुए हैं। चेरुकाटु भी सामाजिक एवं राजनीतिक समस्याओं को मूल विषय बनाकर नाटक लिखनेवालों में अग्रणी थे।

मलयालम् के रंगकर्मी नाटककार हैं पी॰जे॰ आन्टणी। रचनाकार, निर्देशक एवं अभिनेता के रूप में आन्टणी काफी सफल हुए हैं। इनके प्रमुख नाटक हैं– 'अम्मा', 'इंनकुलाबिन्टे मक्कल', 'प्रलयम्' आदि। आन्टणी के समान के॰टी॰ मुहम्मद ने भी दर्जन से अधिक नाटक लिखकर मलयालम्-नाट्य-विधा को संपुष्ट किया और नाटक को रंगमंच से जोड़ने का सफल प्रयत्न भी किया।

सन् 1950 के बाद के नाटककारों में प्रमुख हैं तिक्कोटियन, एस॰एल॰ पुरम सदानंदन आदि। तिक्कोटियन तथा सदानन्दन ने समसामयिक सामाजिक समस्याओं को ही अपने नाटकों के लिए कथ्य बनाया।

मलयालम् के प्रयोगवादी नाटककारों में प्रमुख हैं जी॰ शंकर पिल्लै तथा कावालम् नारायण पणिक्कर। दोनों ने नाटक और रंगमंच की अभिन्नता को अच्छी तरह पहचानते हुए रंगमंच में नये-नये प्रयोग भी किये। कावालम् के नाटक काफी लोकधर्मी भी हैं। शंकर पिल्लै के प्रमुख नाटक हैं– 'भरतवाक्यम्', 'ओलपांपु', 'पोयूमुखंगल', 'धर्मक्षेत्रे कुरुक्षेत्रे' आदि। 'नाटकचक्रम्', 'दैवत्तार', 'अवनवन कटंपा' आदि कावालम् के प्रमुख नाटक हैं।

नाटक के सारे मर्मों को अच्छी तरह जाननेवाले नाटककार हैं एन॰एन॰ पिल्लै। नाटक के रचयिता, निर्देशक, अभिनेता आदि रूपों में ये विख्यात हैं। पिल्लै के नाटकों के संवाद अत्यंत नुकीले और ज्यादा चुभनेवाले हैं। नीति-नियमों की कपटता, समसामयिक सामाजिक तथा राजनीतिक जीवन का खोखलापन आदि को पिल्लै ने अपने नाटकों के द्वारा अभिव्यक्ति प्रदान की। कभी-कभी इनके संवाद नैतिक मर्यादाओं का उल्लंघन करते दिखायी देते हैं।

उपर्युक्त नाटककारों के अतिरिक्त वयला वासुदेवन पिल्लै, तिक्कुरिश्शि सुकुमारन नायर, पी॰एम॰ ताज, सी॰एल॰ जोस, ओम चेरी, आर॰ नरेन्द्र प्रसाद, वासु प्रदीप, एन॰ प्रभाकरन आदि दर्जन से अधिक नाटककारों ने भी मलयालम्-नाटक की प्रगति के लिए अथक परिश्रम किया है और अनेक युवा नाटककार अब भी अपने कार्य में लगे हुए हैं।

आलोचना : उद्भव और विकास

आधुनिक अर्थ में मलयालम् में समालोचना का सूत्रपात पश्चिमी साहित्य के संपर्क में आने के बाद ही हुआ। इसके पहले जो आलोचना-पद्धति प्रचलित थी वह

संस्कृत की पद्धति का अनुसरण कर रही थी। इस पद्धति में आलोचक की दृष्टि केवल रचना के सैद्धान्तिक पक्ष पर अर्थात् अलंकार, रस, वाक्य-रचना आदि पर ही पड़ती थी। तब काव्य के आन्तरिक मूल्यों पर विचार नहीं किया जाता था। पाश्चात्य संपर्क से ही मलयालम्-आलोचना में मौलिक परिवर्तन दिखायी पड़ने लगे। एक कृति के कथ्य एवं शिल्प के साथ-साथ पाठकों पर पड़नेवाले उसके प्रभाव पर भी आलोचक विचार करने लगे।

मलयालम् में आधुनिक समालोचना का मार्गदर्शन 'विद्याविनोदिनी' पत्रिका के संपादक सी॰पी॰ अच्युत मेनोन के द्वारा हुआ। सन् 1890 से 1895 तक मेनोन उस पत्रिका के सम्पादक रहे थे। उन्होंने इस पत्रिका में प्रकाशित अपनी पुस्तक-समीक्षाओं के द्वारा आधुनिक आलोचना की नींव डाली। उस समय की दूसरी पत्रिका 'भाषा षोषिणी' ने भी मलयालम्-साहित्य-विमर्श को आगे बढ़ाया।

उन्नीसवीं शताब्दी के अंतिम चरण में ए॰आर॰ राजराजवर्मा ने परंपरागत आलोचना-पद्धति से हटकर नयी दृष्टि को अपनाते हुए आलोचना-प्रणाली की नयी लीक पकड़ी। उन्होंने सामयिक उपादेयता के साथ ही काव्य-संबंधी चिरंतन मूल्यवत्ता पर नजर रखते हुए विशाल मानव-जीवन के परिप्रेक्ष्य में साहित्यिक रचनाओं की आलोचना करने की प्रणाली की शुरुआत की। वर्मा के दो प्रसिद्ध लक्षण-ग्रंथ हैं– 'साहित्य साहयं' और 'भाषाभूषणम्'।

वर्मा के पश्चात् पी॰के॰ नारायण पिल्लै का पदार्पण हुआ। पिल्लै के समय में साहित्य-समीक्षा का एक स्वस्थ रूप उभर आया और मलयालम् के प्रसिद्ध साहित्यकारों की रचनाओं का सम्यक् विवेचन भी हुआ। पिल्लै की आलोचना-पद्धति में पश्चिमी तथा भारतीय काव्यमीमांसा के तत्त्वों का सामंजस्य पाया जाता है। पिल्लै की प्रसिद्ध आलोचनात्मक कृतियाँ मलयालम् के महाकवि चेरुश्शेरी, तुंचन, कुंचन जैसे कवियों की कविताओं से संबद्ध हैं। इसी जमाने में स्वदेशाभिमानी रामकृष्ण पिल्लै ने भी आलोचना के क्षेत्र में महत्त्वपूर्ण कार्य किये। उन्होंने कथ्य और शिल्प, दोनों पक्षों को प्रमुखता देते हुए साहित्यिक रचनाओं की आलोचना की। उनकी आलोचना-प्रणाली अतिशय कठोर, कर्कश और खंडनात्मक थी।

काव्य के क्षेत्र में जब स्वच्छंदतावाद का दौर शुरू हुआ तब इस वाद के कुछ कवियों ने समीक्षा के क्षेत्र में भी अपनी प्रतिभा आजमायी। मलयालम् के स्वच्छंदतावादी काव्य-समीक्षकों में कवि-आलोचक वल्लत्तोल नारायण मेनोन, कुमारन आशान, जी॰ शंकर कुरुप आदि के नाम लिये जाते हैं। इन्होंने अपनी रचनाओं की भूमिकाओं में रोमांटिक कवि-भावना को बल प्रदान किया। परंतु स्वच्छंदतावादी साहित्य के प्रमुख आलोचक के रूप में केसरी बालकृष्ण पिल्लै का नाम लिया जाता है। उन्होंने पाश्चात्य साहित्य-चिंतन के आधार पर मलयालम्-आलोचना को प्रगति एवं नवीनता के मार्ग पर ला खड़ा किया। 'केसरी' नामक पत्रिका के सम्पादक के रूप में उनके

योगदान ने पत्रकारिता तथा साहित्य के क्षेत्र में नयी जागृति पैदा की। मलयालम्-साहित्य के लिए उनकी सबसे बड़ी देन पाश्चात्य साहित्य से मलयालम् पाठकों को अवगत कराना ही है। 'रूप मंजरी', 'राजराजीयम्', 'साहित्य विमर्शनंगल्', 'सांकेतिक निरूपणम्' आदि पिल्लै के प्रमुख समीक्षा-ग्रंथ हैं। इसी जमाने के अन्य समीक्षक हैं– कुट्टिकृष्ण मारार, एम॰पी॰ पोल, प्रो॰ पी॰ शंकरन नंपियार आदि। इनमें एम॰पी॰ पोल का 'साहित्य विचार' शीर्षक प्रबंध विशेष ध्यान देने योग्य है। पोल प्रगतिवादी समीक्षक थे। इनके 'नोवल साहित्य' नामक ग्रंथ में मलयालम् के कथा-साहित्य की अत्यंत पाण्डित्यपूर्ण, पर संतुलित विवेचना की गयी है। अपने गहन अध्ययन तथा मनन से आलोचना-क्षेत्र को आलोकित करनेवाले विद्वानों में अग्रणी थे कुट्टिकृष्ण मारार। मारार के प्रमुख ग्रंथ हैं– 'राजांगणम्', 'कैविलक्कु', 'साहित्य सल्लापम्', 'भारत पर्यटनम्' आदि।

स्वातंत्र्योत्तर काल के प्रमुख समीक्षकों में प्रो॰ जोसफ मुंडश्शेरी, के॰एम॰ जार्ज, गुप्तन नायर, प्रो॰ सुकुमार अषीकोड़, डॉ॰ भास्करन नायर आदि के नाम आते हैं। जोसफ मुंडश्शेरी ने पश्चिमी तथा पूर्वी आलोचना-सिद्धान्तों का अनुशीलन कर अपनी समीक्षा-दृष्टि को सर्वथा वस्तून्मुखी रखने का प्रयत्न किया। आपकी आलोचना शुद्ध सिद्धांतपरक न होकर अनुभूतिगम्य तथा रसान्वित बन पड़ी है। मुंडश्शेरी के अनुसार शुद्ध पांडित्य-प्रदर्शन कला का लक्ष्य नहीं है। अतएव संस्कृत तथा मलयालम् के बहुत-से मूर्द्धन्य लेखकों की बहुत-सी रचनाएँ मुंडश्शेरी की दृष्टि में साहित्य से बाहर हैं। मुंडश्शेरी प्रगतिवादी साहित्यिक अभियान के आचार्य भी माने जाते हैं। मलयालम्-कथा-साहित्य के प्रमुख लेखक तकषि शिवशंकर पिल्लै, बशीर आदि को मुंडश्शेरी से काफी समर्थन एवं प्रोत्साहन मिला है। मलयालम् के कवित्रय–आशान, उल्लर और वल्लत्तोल के प्रमुख काव्यों के संबंध में इनकी आलोचनात्मक कृतियाँ काफी प्रसिद्ध हैं।

प्रो॰ गुप्तन नायर ने पश्चिमी साहित्य की सामयिक प्रवृत्तियों के साथ मलयालम् की साहित्यिक गतिविधियों का समन्वय कर निजी निष्कर्ष पर पहुँचने का प्रयास किया। इनकी आलोचना-दृष्टि समन्वयात्मक है। इनकी शैली बहुत ललित एवं प्रसादगुण संपृक्त है। डॉ॰ भास्करन नायर कला-संबंधी मूल्यों की विवेचना जीवन-मूल्यों के आधार पर करने के पक्षधर हैं। सी॰वी॰ रामन पिल्लै के उपन्यासों को आधार बनाकर लिखी गयी इनकी समीक्षाएँ व्यापक जीवन-सत्य के अनावरण में सहायक सिद्ध हुई हैं। डॉ॰ के॰एम॰ जार्ज साहित्य-संबंधी निष्कर्ष के संबंध में काफी तटस्थ हैं। भाषा और साहित्य के विविध पक्षों को लेकर लिखे गये इनके लेख विद्वत्ता के साथ-साथ समीक्षा-दृष्टि की सूक्ष्मता के द्योतक हैं। सुकुमार अषीक्कोड़ की आलोचना में पाण्डित्य एवं सहृदयता का सम्यक् संयोग देख सकते हैं। सुकुमार अषीक्कोड़ काव्य-मर्म के निरूपण तथा उसकी संप्रेषण-शक्ति के निरूपण में सिद्धहस्त हैं।

अषीक्कोड़ के 'शंकर कुरुप विमर्शिक्कप्पेटुन्नु', 'आशान्टे सीताकाव्यम्', 'रमणनुं मलयाल कवितयुं' आदि समीक्षा-ग्रंथ विशेष रूप में चर्चित हुए हैं।

उपर्युक्त समीक्षकों के अतिरिक्त एन॰ कृष्ण पिल्लै, एम॰ लीलावती, ए॰पी॰ शंकुण्णि नायर, एम॰एन॰ विजयन, के॰एम॰ तरकन, नायाट्टु शंकरन् डॉ॰ के॰ राघवन पिल्लै, ए॰ अच्युतन, एन॰वी॰ कृष्ण वारियर, एम॰ कृष्णन नायर, एम॰एस॰ मेनोन आदि का मलयालम्-आलोचना के क्षेत्र में प्रमुख स्थान है।

स्वातंत्र्योत्तर काल में मार्क्सवादी आलोचना भी मलयालम् में काफी संपुष्ट हुई है। मार्क्सवादी जीवन-दर्शन को आत्मसात् करते हुए उसके आधार पर साहित्यिक रचनाओं की आलोचना करनेवालों में ई॰ एम॰एस॰ नंपूतिरिप्पाडु, के॰ दामोदरन, पी॰ गोविन्द पिल्लै, एन॰ ई॰ बालराम्, सच्चिदानंदन, मोहन तंपी, वी॰ अरविन्दाक्षन, बी॰ राजीवन, के॰ई॰एन॰ कुञ्ञहम्मद आदि प्रमुख हैं। ई॰एम॰एस॰ साम्यवादी आदोलन के अगुवा थे। आप दो बार केरल के मुख्यमंत्री भी बने थे। मार्क्सवादी सौन्दर्यशास्त्र का मनन-मंथन करके उसके आधार पर साहित्यिक रचनाओं का विश्लेषण एवं मूल्यांकन ई॰एम॰एस॰ ने किया है। आपने साहित्य को इतिहास एवं सामाजिक व्यवस्था के एक महत्त्वपूर्ण अंग के रूप में देखा। आपकी दृष्टि में साहित्यकार समाज की सृष्टि है और नये समाज का स्रष्टा भी। समाज से अलग साहित्यकार का कोई अस्तित्व नहीं। इसी दृष्टिकोण के आधार पर ई॰एम॰एस॰ ने साहित्यिक रचनाओं की समीक्षा की। 'मार्क्सिसवुं मलयाल-साहित्यवुं', 'समूह-भाषा-साहित्य', 'आशानुं मलयालसाहित्यवु', 'मलयाल साहित्यनिरूपणत्तिल मार्क्सिसत्तिन्टे स्वाधीनम्' आदि ई॰एम॰एस॰ नंपूतिरिप्पाडु की प्रमुख आलोचनात्मक कृतियाँ हैं।

सन् 1970 के बाद मलयालम् में नयी आलोचना का संक्रमण हुआ। मलयालम्-साहित्य की आधुनिकतम प्रवृत्तियों से जुड़कर इसका आगमन हुआ। नये समीक्षकों ने पूर्वनियमित तथा संप्रदायगत समीक्षा-शैली का तिरस्कार करके साहित्य-विमर्श की एक नयी धारा प्रवाहित की। इनमें प्रमुख हैं– के॰पी॰ अप्पन, राजकृष्णन, आषा मेनोन, नरेन्द्र प्रसाद, डॉ॰ अकबूर नारायणन, ई॰पी॰ राजगोपालन आदि। के॰पी॰ अप्पन ने व्यक्ति-सिद्धांत तथा प्रतीतिवाद को मानते हुए नवभावुकता की भूमिका तैयार की। अपने ही विश्वासों में अटल रहकर आलोचना के क्षेत्र में विद्रोह का शंखनाद करनेवाले आलोचक हैं अप्पन। मूल्य-निषेध तथा अराजकता को एक जीवन-दर्शन के रूप में ऊपर उठाने की कोशिश राजकृष्णन की आलोचना में द्रष्टव्य है। नये पुरुषार्थ की खोज करनेवाले आषा मेनोन नवभावुकता के प्रवक्ता के रूप में सामने आते हैं।

साहित्य की अन्य विधाओं की भाँति आधुनिक मलयालम्-आलोचना भी युवा पीढ़ी के सहयोग से नये-नये दर्शनों एवं साहित्यिक मान्यताओं को आत्मसात् करते हुए विकास की ओर अग्रसर है।

जीवनी, संस्मरण तथा आत्मकथा

मलयालम् की अन्य विधाओं के समान जीवनी, संस्मरण तथा आत्मकथा का क्षेत्र भी काफी विकसित एवं समृद्ध है। इन विधाओं में अनेकानेक महत्त्वपूर्ण ग्रंथ लिखे गये हैं। मलयालम् में जीवनी तथा संस्मरण-लेखन की शुरुआत केरल वर्मा वलियकोयित्तपुरान के 'महच्चरितसंग्रह' (1895) से हुई। सन् 1912 में स्वदेशाभिमानी रामकृष्ण पिल्लै ने कार्ल मार्क्स के जीवन के आधार पर 'कार्ल मार्क्सिनेप्पट्टि' नामक जीवनचरित लिखा। महात्मा गाँधी के जीवनचरित को आधार बनाकर पहले पहल रामकृष्ण पिल्लै ने ही 'मोहनदास गाँधी' नामक जीवनी प्रकाशित की। इसके उपरांत साहित्य, कला, समाज, राजनीति, धर्म, अध्यात्म आदि जीवन के विभिन्न क्षेत्रों के प्रमुख व्यक्तियों तथा विभूतियों के जीवन को आधार बनाते हुए बड़ी मात्रा में जीवनियाँ एवं संस्मरण प्रकाशित हुए।

मलयालम् में आत्मकथा-लेखन की शुरुआत 'पाच्चुमूत्ततु की आत्मकथा' (1870) से हुई। लेकिन यह कृति आत्मकथा के सभी लक्षणों से युक्त नहीं है क्योंकि इसमें उनके जीवन की कुछ घटनाएँ ही वर्णित हैं। पहला लक्षणयुक्त आत्मकथा स्वदेशाभिमानी रामकृष्ण पिल्लै की 'एन्टे नाटुकटत्तल' (1911) है। इसके उपरांत पिल्लै की धर्मपत्नी कल्याणियम्मा का 'व्याष़वट्ट स्मरणकल' प्रकाशित हुआ। यह ग्रंथ अनुभूति की तीव्रता और भाषा के लालित्य के कारण काफी लोकप्रिय हुआ है। ई॰वी॰ कृष्णपिल्लै की 'जीवितस्मरणकल', पी॰के॰ नारायण पिल्लै की 'स्मरणमंडलम्', सरदार के॰एन॰ पणिक्कर की 'आत्मकथा', के॰पी॰ केशव मेनोन की 'कषिञ्ञ कालम्' आदि आत्मकथा-सरणी की आरंभकालीन रचनाएँ हैं। इनके अतिरिक्त जोसफ मुंडश्शेरी, पोनकुन्नम् वर्की, केशवदेव, तकषि, मन्नत्तु पद्मनाभन, ए॰के॰ गोपालन, पी॰ कुञ्ञिरामन नायर, माधविकुट्टि, वेण्णिक्कुलम गोपाल कुरुप आदि साहित्य एवं राजनीतिक क्षेत्र में कार्यरत प्रमुख व्यक्तियों की आत्मकथाएँ भी मान्यता प्राप्त हैं।

यात्रा-विवरण

साहित्य की इस विधा में भी महत्त्वपूर्ण रचनाएँ हुई हैं। यात्रा-विवरण के क्षेत्र की पहली कृति तोमाकत्तनार की 'वर्तमान पुस्तकम्' मानी जाती है। इसका रचनाकाल सन् 1785 माना जाता है लेकिन प्रकाशन सन् 1936 में हुआ। सन् 1778 में तोमाकत्तनार और जोसफ मल्पान दोनों मिलकर रोम में पोप से मिलने गये थे। इसी यात्रा के अनुभव एवं कठिनाइयाँ 'वर्तमान पुस्तकम्' में वर्णित हैं। लेकिन मलयालम् में प्रकाशित पहली कृति गीवर्गीस मार ग्रिगोरियोस की 'ऊर्श्लों यात्रा विवरणम्' है। इसका प्रकाशन सन् 1895 में हुआ था।

यात्रा-साहित्य के क्षेत्र में मलयालम् के प्रसिद्ध उपन्यासकार एस॰के॰ पोट्टेक्काट का महत्त्वपूर्ण स्थान है। यात्रा-साहित्य को अत्यंत सरस एवं सहज बनाने में वे सिद्धहस्त थे। उनकी प्रमुख रचनाएँ हैं– 'काप्पिरिकलुटे नाट्टिल', 'बालिद्वीप',

'नाइल डायरी', 'पातिरा सूर्यन्टे नाट्टिल' आदि। इनके अतिरिक्त एन॰वी॰ कृष्ण वारियर, डॉ॰ के॰एम॰ जार्ज, डॉ॰ के॰ भास्करन नायर, डॉ॰ राघवन पिल्लै, ई॰एम॰एस॰ नंपूतिरिप्पाडु, सी॰एच॰ मुहम्मद कोया आदि के यात्रा-विवरण भी महत्त्वपूर्ण उपलब्धियाँ हैं।

वैज्ञानिक साहित्य

मलयालम् में वैज्ञानिक साहित्य की भी कमी दिखायी नहीं देती। शब्दकोश, द्विभाषाकोश, विश्वविज्ञानकोश, शोधप्रबंध, भाषाविज्ञान, काव्यशास्त्र, पत्रकारिता, संगीत, अभिनय, नाट्यशास्त्र, साहित्य का इतिहास आदि विभिन्न विषयों के असंख्य ग्रंथ प्रकाश में आये हैं। मलयालम् का मानक शब्दकोश 'शब्दतारावली' लब्धप्रतिष्ठ है। इसके रचयिता श्रीकंठेश्वरम् पद्मनाभ पिल्लै हैं। द्विभाषा-कोशों में रामलिंगम् पिल्लै का अँगरेजी-मलयालम् कोश तथा अभयदेव का हिन्दी-मलयालम् कोश काफी प्रसिद्ध हैं। मान्यू एम॰ कुषिवेली द्वारा संपादित मलयालम् का प्रथम विज्ञानकोश 'विज्ञानम्' नाम से प्रकाशित है। भाषा-विज्ञान के क्षेत्र में भी अनेक ग्रंथ प्रकाशित हैं। डॉ॰ के॰एम॰ जार्ज, प्रबोधचंद्रन, प्रभाकर वारियर, सोमशेखरन नायर आदि इस शाखा के प्रमुख लेखक हैं। के॰एम॰ तरकन, डॉ॰ पी॰के॰ नारायण पिल्लै, पद्मनाभ पिल्लै आदि काव्यशास्त्र विषय के प्रमुख रचनाकार हैं।

उपसंहार

मलयालम्-साहित्य का अनुशीलन करने पर यह स्पष्ट विदित होता है कि मलयालम्-साहित्य मानव-जीवन की विभिन्न प्रवृत्तियों को आत्मसात् करते हुए निरंतर प्रगति के पथ पर आगे बढ़ रहा है। यह बात भी काफी स्पष्ट है कि आरंभकालीन मलयालम्-साहित्य ने तमिल तथा संस्कृत की बैसाखी पर चलना शुरू किया था और अब अपने पैरों पर ही खड़े होकर भारतीय साहित्य की श्रीवृद्धि में अपना योगदान देकर भारतीय साहित्य-रूपी विशालकाय वटवृक्ष की जड़ को मजबूत करने की अहम् भूमिका अदा कर रहा है।

मैथिली-साहित्य

• प्रो. प्रेमशंकर सिंह

मैथिली-साहित्य के इतिहास को सामान्यतः आदि काल, मध्य काल और आधुनिक कालों में विभक्त किया जाता है। लेकिन उसकी समय-सीमा के निर्धारण में इतिहासकारों में मतैक्य का सर्वथा अभाव है। इतिहास-लेखन की आधारभूत प्रक्रिया को ध्यान में रखकर इसे निम्नस्थ काल-खंडों में विभाजित करना श्रेयस्कर प्रतीत होता है—

1.	आदिकाल	800 – 1350 ई॰,
2.	मध्यकाल	1350 – 1857 ई॰,
3.	आधुनिक काल	
	(क) ब्रिटिश काल	1857 – 1947 ई॰,
	(ख) स्वातंत्र्योत्तर काल	1947 – अब तक।

सन् 1857 ई॰ के सिपाही-विद्रोह के पश्चात् मैथिली-साहित्य में आधुनिक काल का सूत्रपात माना जा सकता है। मुगल-शासन के अवसानोपरान्त अँगरेजी शासनकाल में जिस सामाजिक चेतना का उदय हुआ, उसमें सन् सत्तावन के पश्चात् क्षिप्रता आती है। पश्चिमी शिक्षा के प्रचार, रेल-तार का व्यवहार, स्वायत्त शासन की व्यवस्था, मुद्रण-कला का आविष्कार और सामाजिक चेतना का प्रभाव साहित्य पर पड़ा और वह रूढ़ परम्पराओं को छोड़कर नवीन दिशा की ओर चल पड़ा। मैथिली-साहित्य के इतिहास में नवयुग के निर्माण में कवीश्वर चन्दा झा (1831-1907 ई॰) का अवदान सर्वाधिक महत्त्वपूर्ण है। उनकी राजनीतिक-सामाजिक रचनाओं के आधार पर यह अनुमान कर सकते हैं कि 1857 ई॰ के पश्चात् की परिवर्तित परिस्थिति की सहज प्रतिक्रिया मैथिली-साहित्य में प्रकट हुई। वस्तुतः चन्दा झा मैथिली-साहित्य में नवयुग लाने में समर्थ हुए। अपनी गद्य-रचनाओं के द्वारा उन्होंने आधुनिकता का द्वार खोल दिया।

आदिकालीन मैथिली-साहित्य लोकप्रिय कविताओं का है। इसकी रचना कब हुई थी, कहना कठिन है। फिर भी, तीन प्रकार की रचनाएँ उपलब्ध हो रही हैं जिन्हें

मैथिली का आरम्भिक साहित्य कहेंगे। सर्वप्रथम तो वे रहस्यवादी गीत एवं कविताएँ हैं जिनका अन्वेषण नेपाल में तथा प्रकाशन बंगाल में हुआ। इसके रचयिता सिद्ध हैं। इन सिद्धों का सम्बन्ध बौद्धों की महायान शाखा से था। इनके रचना-संग्रह का नाम 'बौद्ध गान ओ दोहा' दिया गया है। सन् 1323 बंगाब्द अर्थात् 1916 ई॰ में महामहोपाध्याय डॉ॰ हरप्रसाद शास्त्री (1853-1931 ई॰) ने सर्वप्रथम इसका प्रकाशन कराया था। इसमें संगृहीत कविताओं की भाषा अति प्राचीन है तथा इसमें वे विशेषताएँ हैं जो बाङ्ला, मैथिली, मगही आदि पूर्वीय भाषाओं में हैं। इस कारण इन भाषाओं के प्रारम्भिक रूप के उदाहरण में ये कविताएँ रखी जाती हैं। वस्तुतः ये कविताएँ तब लिखी गयीं जब आधुनिक पूर्वीय भाषाएँ अपनी प्रारम्भिक अवस्था में थीं। भाषावैज्ञानिक इस विषय में एकमत हैं। अतः इन कविताओं की भाषा पूर्वीय अथवा मागधी अपभ्रंश का पूर्ववर्ती रूप है। हालाँकि इन पर शौरसेनी अपभ्रंश का भी किंचित् प्रभाव लक्षित होता है, फिर भी, यह स्वाभाविक है कि इसमें वे सारे तथ्य उपलब्ध हैं जो मागधी अपभ्रंश से विकसित वर्तमान भाषाओं में भी पाये जाते हैं।

'बौद्ध गान दोहा' में तीन प्रकार के साहित्य उपलब्ध होते हैं, जिन्हें मैथिली का प्रारम्भिक रूप कहा जा सकता है। वे हैं 'दोहाकोश', 'चर्याचर्य विनिश्चय' और 'डाकार्णव'। इसके रचयिता बौद्ध सिद्ध और तान्त्रिक हैं। इनकी भाषा मिथिला के पूर्वी भाग का प्राचीन रूप है। इन सामग्रियों के आधार पर इनके रचयिताओं का समय नौवीं सदी से लेकर तेरहवीं सदी तक निश्चित किया जाता है। विषय की दृष्टि से इन रचनाओं का उतना महत्त्व नहीं है जितना कि भाषा की दृष्टि से है। इनकी भाषा ऐसी है जिसके आधार पर इसे मैथिली, बाङ्ला, असमीया, हिन्दी, मराठी, भोजपुरी आदि प्रत्येक भाषा के बोलनेवाले अपनी सम्पत्ति घोषित करते हैं। इस समय भारतीय आर्यभाषा निर्माण की स्थिति में थी। यही कारण है कि भाषावैज्ञानिकों को इन रचनाओं में भारत के पूर्वांचल की सभी भाषाओं का रूप मिलता है। साथ ही साथ यह मानने के लिए भी प्रचुर साधन है कि यह संग्रह प्रधानतः प्राचीन मैथिली का रूप प्रस्तुत करता है। ज्योतिरीश्वर (1280-1340 ई॰) ने तो 'वर्णरत्नाकर' में इनकी पूरी नामावली दे दी है। पूर्वीय भाषाओं में सर्वप्रथम मैथिली का ही प्रयोग गम्भीर साहित्य के लिए किया गया। बाङ्ला और असमीया में तो साहित्य-रचना का प्रयास एक शताब्दी पीछे चलकर हुआ तथा इसके लिए मैथिली के महान् कवि विद्यापति प्रेरक सिद्ध हुए।

प्राचीन अपभ्रंश में कविता लिखने की परम्परा केवल मिथिला में ही थी और यह परम्परा चौदहवीं शताब्दी तक बनी रही। विद्यापति ने अपनी दो पुस्तकों 'कीर्तिलता' और 'कीर्तिपताका' तथा अनेक छोटी कविताओं की रचना अवहट्ठ में की जो देश्य-मिश्रित अपभ्रंश है। 'प्राकृत पैंगलम' के टीकाकार वंशीधर ने 'प्राकृत पैंगलम' में संगृहीत अपभ्रंश-कविताओं की भाषा को अवहट्ठ कहा है।

दूसरे प्रकार का साहित्य जो उपलब्ध है, वह है– 'डाक वचनावली'। इसमें स्थानीय लोकप्रसिद्ध विज्ञान, ज्योतिष एवं कृषि-सम्बन्धी वचन, जीवन और विविध विषयों की समालोचना मिलती है। ये जनसामान्य में प्रचलित हैं तथा इनका विस्तार आसाम से लेकर राजस्थान तक सम्पूर्ण आर्यावर्त्त में फैला हुआ है। इसके रचयिता के सम्बन्ध में विद्वानों में मतैक्य नहीं है तथा अनेक जनश्रुतियाँ प्रचलित हैं।

तीसरे प्रकार का जो साहित्य उपलब्ध है वह लोकप्रसिद्ध गीतों और आख्यानों का है। इनमें कुछ तो साहित्यिक हैं। गोपीचन्द के गीत इसी कोटि के हैं। ये गीत उसी समय के हैं जिस समय के डाक के वचन हैं। ये गीत भिखारियों के एक वर्ग द्वारा गाये जाते हैं जिन्हें गुदरिया गोसाईं का नाम दिया गया है। इन गीतों के अतिरिक्त लोरिक, सहलेस, बिहुला, मरसिया आदि की गीतकथाएँ भी इसी वर्ग की हैं। ये सभी रचनाएँ प्राचीन काल की हैं। इन कथाओं की विशेषता यह भी है कि इनके नायक कोई अवतारी देवता या अंशी पुरुष नहीं हैं। युग-युग से ये जनकंठ में पीढ़ी-दर-पीढ़ी गुंजित होती आ रही हैं। इसकी भाषा की परिशुद्धता के विषय में कोई दावा नहीं कर सकता है। मौखिक परम्परा के कारण इनकी भाषा में अवश्य परिवर्तन हुआ होगा। मिथिला पर अनेक राजवंशों ने शासन किया जिनमें कर्णार राजवंश (1097-1324), ओइनवार राजवंश (1357-1526) और खण्डबला राजवंश (1556-1947) प्रमुख हैं। कर्णार राजवंशीय राजाओं की छत्रच्छाया में मैथिली के साहित्यकारों को प्रोत्साहन मिलना प्रारंभ हुआ। ज्योतिरीश्वर ठाकुर इसी वंश के छठे राजा महाराज हरिसिंह देव (1413-1444) के सभासद् थे। ओइनवार वंश के शासनकाल में मैथिली-साहित्य का विकास तेजी से हुआ। कारण, इस वंश के राजाओं को साहित्य के प्रति अधिक अभिरुचि थी जिसके फलस्वरूप साहित्य-मनीषियों को कई राजाओं ने प्रोत्साहित किया जिनमें सर्वाधिक उल्लेखनीय हैं विद्यापति जिनकी सरस पदावली मैथिली-साहित्य के अमरत्व का सबसे बड़ा सेतु है। महाकवि जयदेव के अनुकरण पर इन्होंने राधाकृष्ण की शृंगारभावपूर्ण लीला का गान किया। इनकी विविध रचनाओं के अवगाहन से ज्ञात होता है कि इस राजवंश के कई राजाओं के साथ इनका सम्पर्क रहा। ओइनवार वंश के पतनोपरान्त मिथिला में खण्डबला राजवंश की स्थापना हुई जिन्होंने आधुनिक मैथिली-साहित्य के विकास के लिए अपने पूर्ववर्ती शासकों के समान ही साहित्य-मनीषियों को प्रोत्साहित करना प्रारम्भ किया जिनमें उल्लेखनीय हैं कवीश्वर चन्दा झा, महाकवि लालदास (1856-1911) और साहित्यरत्नाकर मुंशी रघुनन्दन दास (1860-1945)। इन साहित्य-मनीषियों की रचनाओं से आधुनिकता का शुभारम्भ होता है।

खाँटी मैथिली में दो प्रामाणिक पुस्तकें हैं– ज्योतिरीश्वर ठाकुर की 'वर्णरत्नाकर' और 'धूर्तसमागम'। ये दोनों पुस्तकें चौदहवीं शताब्दी के आरम्भ में लिखी गयीं। 'वर्णरत्नाकर' के विषय में सन् 1901 ई॰ में बंगाल एशियाटिक सोसाइटी के सचिव

को महामहोपाध्याय डॉ॰ हरप्रसाद शास्त्री ने सूचना दी थी। प्रथम-प्रथम इसका प्रकाशन डॉ॰ सुनीतिकुमार चटर्जी (1890-1977) और पण्डित बबुआजी मिश्र के संयुक्त सम्पादकत्व में हुआ था। अपने रिपोर्ट में महामहोपाध्याय हरप्रसाद शास्त्री ने कहा था कि "इसे काव्य-ग्रंथ नहीं, काव्योपयोगी ग्रंथ कह सकते हैं।" यदि ज्योतिरीश्वर वास्तव में इच्छापूर्वक काव्य-ग्रंथ लिखते तो ग्रंथ का स्वरूप दूसरे तरह का होता। स्थल-स्थल के वर्णन को देखकर 'कादम्बरी' प्रभृति संस्कृत-गद्यकाव्य का स्मरण हो आता है। इस तरह के उन्नत गद्य-साहित्य को देखकर यह अनुमान होता है कि इससे चार-पाँच सौ साल पहले मिथिला भाषा में अवश्य ही साहित्य-रचना का प्रारम्भ हो गया था। अनेक अनुच्छिष्ट उपमाओं का संग्रह, भाषा-उपभाषा के उल्लेख द्वारा भाषाविज्ञान--सम्बन्धी सामग्री, उस समय की सामाजिक तथा साहित्यिक विचारों का भाण्डार, उस समय की वर्णन-शैली इत्यादि विशेषताएँ विशद रूप में इस ग्रंथ में उपलब्ध हैं। यह ग्रंथ सात कल्लोलों में विभाजित है, यथा नगर-वर्णन, नायिका-वर्णन, आस्थान-वर्णन, ऋतु-वर्णन, प्रयानक-वर्णन, भट्टादि-वर्णन और श्मशान वर्णन। सबसे महत्त्व की बात यह है कि यह पुस्तक गद्य में है तथा उत्तर भारत के किसी भी भाषा के साहित्य में इतना प्राचीन गद्य-ग्रंथ नहीं मिलता है।

ज्योतिरीश्वर की दूसरी रचना संस्कृत-प्राकृत-मैथिली मिश्रित त्रिभाषिक नाटक है 'धूर्तसमागम'। यह नाटक जहाँ मैथिली-कविता और नाटकीय परम्परा का द्योतक है, वहीं तत्कालीन समाज का चित्र प्रस्तुत करता है। इसमें लेखक ने एक सम्पन्न गृहस्थ का चित्र अंकित किया है जिसके पास कहीं भैंसें बँधी हैं, कहीं बछड़ों के साथ पुष्ट स्तनवाली गायें इधर-उधर जा रही हैं, कहीं दासियाँ सुन्दर भवन के प्रागंण में मन्द-मन्द गति से आवागमन कर रही हैं। वस्तुतः ज्योतिरीश्वर की रचनाएँ मैथिली-गंगा की 'हर-द्वार' हैं जहाँ वह लोकभाषा के सामान्य धरातल पर उतर कर पूर्ण वेग से प्रवाहित होने लगी। इनके पश्चात् उमापति उपाध्याय सर्वाधिक लोकप्रिय नाटककार हुए जिनके 'पारिजातहरण' नाटक से असम के शंकरदेव बड़े प्रभावित हुए।

मैथिली-साहित्य का यह सौभाग्य है कि ओइनवार राजवंश के शासनकाल में एक ऐसे प्रतिभा-सम्पन्न व्यक्तित्व का प्रादुर्भाव हुआ जिनकी काव्य-प्रतिभा मिथिला तक सीमित नहीं रही वरन् पूर्वांचल में बंगाल, आसाम और ओड़िशा तक फैल गयी और समस्त भारतवर्ष में लोकप्रिय हुई। वे थे विद्यापति। उनके ग्रंथों के विषय-वैविध्य को देखने से ज्ञात होता है कि वे केवल कवि ही नहीं, वरन् सर्वतोमुखी प्रतिभा से समलंकृत सच्चिन्तक थे। वे एक ही साथ शास्त्रकार, राजनीति-विशारद, इतिहासकार, भूवृत्तान्त-लेखक, अर्थशास्त्रविद्, नीतिशास्त्रनिपुण, धर्म-व्यवस्थापक, निबन्धकार, शिक्षक, कथाकार, संगीतज्ञ और पुरुषार्थ के पुजारी थे। उन्होंने निम्नस्थ संस्कृत-ग्रंथों की रचना की—'भूपरिक्रमण', 'पुरुष-परीक्षा', लिखनावली, 'दुर्गाभक्तितरंगिणी' 'शैवसर्वस्वसार' 'शैवसर्वस्वसार-पुराण-प्रमाणभूत संग्रह', 'गंगावाक्यावली' (अप्रकाशित), 'दानवाक्यावली'

'विभागसार', 'व्याडिभक्तितरंगिणी', 'गयापत्तलक' (अप्रकाशित) एवं 'वर्षकृत्य' (अप्रकाशित)। संस्कृत-प्राकृत-मैथिली-मिश्रित रचनाओं में त्रिभाषिक नाटक 'गोरक्षविजय' एवं 'मणिमंजरी' और अवहट्ट रचनाओं में 'कीर्तिलता' और 'कीर्तिपताका' है। विशुद्ध मैथिली में इन्होंने पदावली की रचना की जिसकी उपलब्धता का स्रोत है—नेपाल, मिथिला के अन्तर्गत रामभद्रपुर, तरौनी एवं 'रागतरंगिणी' और बंगाल के अन्तर्गत 'क्षणदागीत चिन्तामणि', 'पदामृत समुद्र', 'पदकल्पतरु', 'कीर्त्तनानन्द संकीर्त्तनामृत' तथा लोक-कंठ के पद। इन पदों की संख्या अनुमानतः पन्द्रह सौ के करीब है। हालाँकि इनकी अधिकांश रचनाएँ प्रकाश में आ गयी हैं, फिर भी, 'गंगावाक्यावली', 'गयापत्तलक' और 'वर्षकृत्य' का पुस्तकाकार प्रकाशन नहीं हो पाया है।

विद्यापति ने अपनी कृतियों में मानव में उदारता, वीरता, धीरता, साहसिकता, निर्भीकता, स्पष्टता, कर्त्तव्यपरायणता, बुद्धि और ज्ञानवर्द्धन के सभी साधनों पर बल दिया जो सामाजिक और सांस्कृतिक वातावरण के निर्माण में समान रूप से सहयोग प्रदान कर सके। जिस मानव में उपर्युक्त गुणों का अभाव उन्हें नजर आया उसका उन्होंने उपहास किया। पुरुषार्थचतुष्टय की दृष्टि से इनकी सभी कृतियाँ इनकी नवोन्मेषशालिनी प्रतिभा और विमल वैदुष्य का परिचय देती हैं। विद्यापति ने अपनी साहित्य-साधना के द्वारा मैथिली-साहित्य के भाण्डार को भरने के लिए अनेक रचनाएँ कीं। इनकी एक-एक रचना मैथिली की अमूल्य निधि है जिसमें एक ओर श्रृंगारिकता का आभास मिलता है तो दूसरी ओर भक्ति का लेकिन विद्यापति की कृतियों पर जब प्रत्यक्ष रूप से विचारते हैं तो स्पष्ट हो जाता है कि भारतीय चिन्तन-धारा से प्रभावित होकर इन्होंने पुरुषार्थचतुष्टय के उद्देश्य से ही सारी रचनाएँ की थीं।

इस प्रकार विद्यापति ने मैथिली-साहित्य में जो परम्परा चलायी उसे अनेक कवियों ने अपनाकर रचना करना प्रारम्भ किया। विद्यापति के समसामयिक एवं परवर्ती कवियों ने मैथिली-साहित्य की अमूल्य सेवा की। इनके समसामयिक कवियों में भवानीनाथ (1375-1450), अमृतकर (1400-1460), गजसिंह (1450-1500), सिंहभूपति, नृपसिंह (1450-1500), चन्द्रकला (1400-1475), कंस नारायण (1475-1528), गोविन्द कवि (1450-1530), लछमीनराजेन (1500-1550), नवकवि जशोधर (1500-1550), जीवनाथ (1500), दस-अवधान (1550), सदानन्द (1550), भीषम (1600), चतुर्भुज (1575-1640), श्यामसुन्दर (1500), हरिदास (1609-1650), गंगाधर (1600), श्रीनिवास मल्ल (1640) इत्यादि उल्लेखनीय हैं।

विद्यापति के परवर्ती मैथिली के कवियों की रचनाओं को प्रोत्साहित करनेवाले नरेशों में महाराज कंस नारायण (1475-1528) का नाम अग्रगण्य है। इनके दरबार में जितने भी कवि थे उन्होंने विद्यापति द्वारा चलायी गयी शैली को अधिक प्रश्रय दिया। इसमें उल्लेखनीय हैं महाकवि गोविन्ददास (1663-64 से1670-71)। इनकी एकमात्र रचना 'श्रृंगारभजनावली' प्रकाशित है। इनकी रचनाओं से श्रृंगारिकता का

बोध होता है लेकिन वह है भक्तिविषयक रचना। बंगाल के वैष्णव भक्त कवियों ने इन्हें बंगाली बनाने का प्रयास किया, किन्तु ये मिथिला के हैं जिनकी रचना अर्थ की दुरूहता के लिए प्रसिद्ध है। विद्यापति के पश्चात् मैथिली के ये दूसरे अतिप्रसिद्ध कवि हैं। महाराज कंस नारायण के साथ उनका वही सम्बंध था जो विद्यापति का महाराज शिव सिंह के साथ था। मैथिली का इनका पदावली-साहित्य समस्त पूर्वांचल में इस नवीन पद्धति का पोषक सिद्ध हुआ।

विद्यापति के उत्तराधिकारी कवियों में महाकवि लोचन (1650-1725) का नाम अग्रगण्य है। यद्यपि मैथिली में इनकी अधिकांश रचनाएँ नहीं उपलब्ध हो रही हैं तथापि जो उपलब्ध हो रही हैं वे कला की दृष्टि से उच्च कोटि की हैं। राग-रागिनी सम्बन्धी दो रचनाओं के प्रणेता लोचन कहे जाते हैं किन्तु एकमात्र 'रागतरंगिणी' ही उपलब्ध हो सकी है। इनके हाथ की लिखी 'नैषधीयचरित' की एक प्रति ललितनारायण मिथिला विश्वविद्यालय पुस्तकालय में सुरक्षित है। लोचन संस्कृत के निष्णात विद्वान्, संगीत के मर्मज्ञ और कवि थे। इनकी कविताएँ 'रागतरंगिणी' में उपलब्ध हैं।

ओइनवार वंश के पतनोपरान्त कई वर्षों तक मिथिला में अस्थिरता और अराजकता की स्थिति बनी रही। फिर मिथिला के विद्वान्, कवि, संगीतज्ञ आश्रय के अन्वेषण में अपने समीपवर्ती देश नेपाल चले गये। इधर दिल्ली के सिंहासन पर अकबर के बैठने से उत्तर भारत की राजनीतिक स्थिति में परिवर्तन हुआ। इसी समय मिथिला का शासन-भार खण्डवला कुल के महेश ठाकुर (1556-1569) को मिला और दिल्ली-केन्द्र से मिथिला का निकट सम्पर्क स्थापित हुआ। स्वयं महेश ठाकुर के अपने जीवन का अधिकांश भाग पश्चिम में व्यतीत हुआ था। अतः पश्चिम के भाषा-साहित्य का यहाँ प्रचार ही नहीं हुआ, बल्कि स्थानीय साहित्य भी उससे प्रभावित हुआ। लोचन ने 'रागतरंगिणी' में राग-रागिनियों के उदाहरण-स्वरूप व्रजभाषा के अनेक स्वनिर्मित पद उद्धृत किये हैं।

मैथिली-साहित्य का मध्यकाल साहित्यिक रचना की दृष्टि से स्वर्णकाल कहा जा सकता है। हालाँकि इस समय में राजनीतिक दृष्टि से उथल-पुथल हुए, किन्तु साहित्य पर इसका कोई भी प्रभाव नहीं पड़ा। इस राजनीतिक उथल-पुथल के कारण मैथिल विद्वान् यहाँ से भागकर नेपाल चले गये। वे वहाँ के राजदरबार में संरक्षण और प्रोत्साहन के लिए गये। नेपाल के सुसंस्कृत शिक्षा-प्रेमियों के द्वारा मैथिली को नेपाल में साहित्यिक भाषा के रूप में स्वीकार किया गया। उस समय नेपाल में मल्ल वंश का शासन चल रहा था। मल्ल शासक काव्य और नाटक के अत्यधिक प्रेमी थे। मल्ल वंश के द्वारा मैथिल साहित्यकारों को प्रोत्साहित किया गया जिसके फलस्वरूप मैथिली के प्रारम्भिक नाट्य-साहित्य की रचना नेपाल में प्रारम्भ हुई। विद्यापति की परिपाटी पर रचे जानेवाले स्वतंत्र पदों के अतिरिक्त इस काल के अधिक पद नाटकों में गुम्फित हैं। मैथिली गीतों से युक्त संस्कृत-प्राकृत नाटकों की रचना का श्रीगणेश

ज्योतिरीश्वर ने किया था जिसे उमापति उपाध्याय ने आगे बढ़ाया जो मध्यकाल में विशेष प्रचलित हुआ। क्रमशः संस्कृत-प्राकृत का व्यवहार कम होने लगा और मैथिली में ही सम्पूर्ण नाटक लिखे जाने लगे। पदावली-साहित्य की भाँति मध्यकालीन नाटक नेपाल और आसाम तक व्याप्त हो गये। इस प्रकार मैथिली-नाटकों का विकास तीन केन्द्रों में हुआ– मिथिला, नेपाल और आसाम।

नेपाल में मैथिली नाट्यकारों की कार्यभूमि भातगाँव, काठमाण्डू और ललितपुर पाटन में रही। नेपाल में संस्कृत-नाटक-परम्परा के स्थान पर मैथिली-नाटकों का सूत्रपात हुआ। उस समय मुसलमानों के प्रभाव से नेपाल मुक्त था जिसके फलस्वरूप सांस्कृतिक और साहित्यिक क्रिया-कलापों में किसी तरह का व्यवधान नहीं हुआ। इस तरह नेपाल में मैथिली-नाटकों का सूत्रपात हुआ जो एक ओर अपने नये शिल्प के विकास में लगे रहे और दूसरी ओर प्राचीन संस्कृत-प्राकृत नाट्यकला के अपने पूर्ववर्ती स्वरूप को भी कुछ दिनों तक सुरक्षित रखा। नेपाल में मैथिली-नाटकों की जो श्रृंखला स्थापित हुई उसका सारा श्रेय मल्ल राजवंश को है। सबसे अधिक नाटक भातगाँव में लिखे गये जहाँ के उल्लेखनीय नाटककारों में जगज्योतिर्मल्ल (1613-1633), जगत्प्रकाश मल्ल (1637-1672), समतिजितामित्र मल्ल (1672-1696), रणजीत मल्ल (1722-1772), भूपतीन्द्र मल्ल (1696-1722) और श्रीनिवास मल्ल (1658-1685) हैं। रणजीत मल्ल ने सबसे अधिक नाटकों की रचना की। काठमाण्डू और पाटन के उल्लेखनीय नाटककारों में वंशमणि और सिद्ध नरसिंह देव (1622-1657) का नाम लिया जाता है। इन नाटककारों ने प्रचुर परिमाण में नाटकों की रचना की। उनमें जगज्योतिर्मल्ल का 'हरगौरीविवाह, विश्व मल्ल का 'विद्याविलाप' और जगत्प्रकाश मल्ल का 'प्रभावतीहरण' नाटक ही अद्यापि प्रकाशित हो पाये हैं। शेष अन्य नाटककारों के नाटकों का प्रकाशन अद्यापि नहीं हो पाया है जो नेपाल दरबार पुस्तकालय में संरक्षित है। इन नाटकों के प्रकाशन से मैथिली-नाटकों के उदय और विकास पर नयी रोशनी पड़ सकती है। इन नाटकों में गीतों की प्रधानता है, कथानक पौराणिक है, नाटककार कोई है और उसमें प्रयुक्त गीत दूसरे कवियों का है। सभी नाटक अभिनेयता से पूर्ण हैं और उनकी भाषा मानक मैथिली का प्रतिमान प्रस्तुत करती है। महाराज पृथ्वीनारायण शाह (1768-1775) के आक्रमण के फलस्वरूप मल्ल वंश की परम्परा समाप्त हो गयी और उसके स्थान पर गोरखों के राज्य की स्थापना हुई। फलस्वरूप काठमाण्डू और पाटन में नाटक की परम्परा की समाप्ति हो गयी, किन्तु भातगाँव में आज भी यह परम्परा सुरक्षित है।

नेपाल की इस परम्परा का क्षीण आलोक मिथिला में भी मिलता है। मिथिला में जो नाटक लिखे गये उनके नाम को लेकर विद्वानों में मतैक्य का अभाव है। डॉ॰ जयकान्त मिश्र (1922) ने इसे 'कीर्तनियाँ नाटक', रमानाथ झा (1906-1971) ने 'कीर्तनिआ नाच' और डॉ॰ प्रेमशंकर सिंह (1942) ने 'लीला नाटक' के नाम से

अभिहित किया है। इन नाटकों में मूल रूप से शिव तथा विष्णु की लीला प्रस्तुत की गयी है। इन नाटकों को नाट्य-मंडलियाँ कृष्ण और शिव संबंधी विविध कथाओं को आधार बनाकर प्रदर्शित करती थीं। इन नाटकों में उपलब्ध सामग्रियों को तीन कालों में बाँटा जा सकता है– प्रथम उत्थान, द्वितीय उत्थान और तृतीय उत्थान। प्रथम उत्थान के नाटककारों में गोविन्द का 'नलचरितनाटक', रामदास (1644-71) का 'आनन्दविजय नाटिका', देवानंद का 'उषाहरण', रमापति का 'रुक्मिणीहरण' आदि का नामोल्लेख किया जाता है। द्वितीय उत्थान के उल्लेखनीय नाटककारों में लाल कवि का 'गौरीस्वयंवर', नन्दीपति का 'श्रीकृष्णकेलिमाला नाटक', गोकुलानन्द का 'मानचरित नाटक', शिवदत्त का 'परिजातहरण', कर्णजयानन्द का 'रुक्मागद नाटक', श्रीकान्त गणक का 'श्रीकृष्णजन्म रहस्य', कान्हाराम दास का 'गौरीस्वयंवर नाटक', रत्नपाणि का 'उषाहरण नाटिका', भानुनाथ झा का 'प्रभावती हरण', हर्षनाथ झा का 'उषाहरण', 'माधवानन्द' और 'राधाकृष्णमिलनलीला' आदि साहित्यिक दृष्टि से उल्लेखनीय हैं। तृतीय उत्थान के नाटककारों में विश्वनाथ झा का 'रमेश्वरचन्द्रिका', चन्दा झा का 'अहल्याचरित नाटक' और राजपण्डित बलदेव मिश्र (1897-1975) का 'राजराजेश्वरी नाटक' तथा 'रमेशोदय नाटक' उल्लेखनीय हैं। इनमें से कुछ नाटक अनुसंधाता के अथक प्रयास से प्रकाश में आये हैं लेकिन अधिकांश अद्यापि अप्रकाशित हैं। इन नाटकों में नाटकीयता का अभाव परिलक्षित होता है, फिर भी, इस काल के नाटक-साहित्य के बुझते दीप के क्षीण आलोक का आभास मिलता है।

मैथिली-नाटकों का विकसित और सुव्यवस्थित स्वरूप हमें असम में उपलब्ध होता है। महाप्रभु चैतन्यदेव के वैष्णव-धर्म का प्रभाव समस्त पूर्वांचल के भारतीय साहित्य पर यथेष्ट परिमाण में पड़ा जिसका परिणाम हुआ कि साहित्य पूर्णतः भक्तिमय हो गया। फलतः साहित्य में रस की दृष्टि से विशेषतः भगवान् कृष्ण की अवतारलीलाकथा को अधिक प्रश्रय दिया गया। विद्यापति के शृंगार रस की पदावली में राधा-कृष्ण का उल्लेख रहने के कारण चैतन्यदेव ने इसे भक्तिरस की कविता समझी। उन्होंने वैष्णव धर्म के प्रचारार्थ विद्यापति की कविता को माध्यम बनाया। जब विद्यापति की भाषा आसाम पहुँची तब युगपुरुष शंकरदेव (1449-1568) और उनके शिष्य माधवदेव (1489-1556) ने विद्यापति की भाषा का अनुकरण कर उसके साथ असमीया को मिश्रित कर एक नूतन भाषा ब्रजबुलि को जन्म दिया। आसाम की ब्रजबुलि असमीया-साहित्य की मेरुदण्ड है। इसके माध्यम से ही आसाम का साहित्य समृद्ध हुआ है। इसके दो रूप हैं– वरगीत और अंकीया नाट। युगपुरुष शंकरदेव ने वैष्णव धर्म के प्रचारार्थ नाटक को माध्यम बनाया। अंकीया नाट में गद्य और पद्य का सम भाग है। सबसे आश्चर्य की बात है कि महापुरुष शंकरदेव ने अनेक रचनाएँ विशुद्ध असमीया में की थीं, लेकिन विद्यापति की भाषा से वे इतने अधिक प्रभावित हुए कि मैथिली-मिश्रित असमीया में वरगीत और नाटकों की रचना

की। युगपुरुष शंकरदेव अपनी तीर्थ-यात्रा में विद्यापति को वैष्णव सम्प्रदाय का गुरु मानकर मिथिला आये। उस समय मैथिली काव्य और नाट्य-साहित्य विकास के चरम उत्कर्ष पर था। उमापति उपाध्याय रचित 'पारिजातहरण' का अभिनय अधिक हो रहा था। इसकी विषयवस्तु भी राधाकृष्ण थी। 'पारिजातहरण' अभिनीत होते देखकर शंकरदेव अधिक प्रभावित हुए और उन्होंने वैष्णव धर्म के प्रचार-प्रसार के लिए नाटक को माध्यम बनाया।

मध्यकालीन अन्य उल्लेखयोग्य सामग्रियों में मैथिली-गद्य की प्राचीन परम्परा को जोड़ने के लिए प्राचीन दस्तावेजों में एकरारनामा, गौरीवचारिका, बहिखत, अजातपत्र, इकरारपत्र, निस्तारपत्र, दानपत्र, फैसलापत्र और चिट्ठी-पत्रियाँ उपलब्ध होती हैं। इन अभिलेखों में शायद ही कहीं साहित्यिक सौन्दर्य मिलता है। मैथिली-साहित्य में इनका महत्त्व इस बात को लेकर है कि ये मैथिली-गद्य के विकास-क्रम में विच्छिन्न परम्परा की पूर्त्ति करते हैं।

पद्य-काव्य की परम्परा तो पूर्ववत् ही रही, किन्तु इस युग में महाकाव्य, चरितकाव्य, स्वयंवर आदि लिखने की परम्परा की शुरुआत हुई। विद्यापति की परम्परा के अन्य कवियों में भज्जन कवि, लाल कवि, कर्णश्याम प्रभृति प्रमुख हैं।

परवर्ती मध्यकाल में एक नयी धारा चली जिसे सन्त काव्य के नाम से सम्बोधित करते हैं जिसके आधार-स्तम्भों में साहेबराम दास (लगभग1746), महात्मा रोहिणीदत्त गोसाईं, महात्मा तारादत्त गोसाईं, महात्मा रामरूप दास, महात्मा लक्ष्मीनाथ गोसाईं (1793), महात्मा हरिकिंकर दास, महात्मा इकरू गोसाईं, महात्मा परमानन्द दास और महात्मा रघुवर गोसाईं प्रमुख हैं। लक्ष्मीनाथ गोसाईं की 'गीतावली' 1969 में प्रकाशित हुई।

विद्यापति की शृंगारप्रधान गीत-परम्परा के विपरीत मनबोध (निधन 1788) ने कथा-काव्य के रूप में 'कृष्ण-जन्म' की रचना की। इनकी लोकप्रियता का प्रमुख कारण है कि इन्होंने ग्राम्य शब्दों का खुलकर प्रयोग किया। इसलिए मैथिली-साहित्य में इनका अत्यन्त महत्त्वपूर्ण स्थान है।

आधुनिक युग में मैथिली-साहित्य की जो प्रगति हुई है उसका सारा श्रेय इस युग के निर्माता कवीश्वर चन्दा झा को है। अनेक कारणों से इन्हें आधुनिक मैथिली का जनक कहा जाता है। इनके प्रादुर्भाव के फलस्वरूप इस साहित्य में द्रुत गति से परिवर्तन हुआ। इन्होंने सर्वप्रथम विद्यापति-कृत 'पुरुष-परीक्षा' (शाके 1810) का मैथिली में अनुवाद कर आधुनिक गद्य की नींव रखी।

मैथिली में पत्र-पत्रिकाओं के प्रकाशन के फलस्वरूप गद्य-साहित्य का विकास हुआ। इससे सुन्दर भाषा का निर्माण हुआ, शब्द-भाण्डार में श्रीवृद्धि हुई और विश्वविद्यालय-स्तर पर मैथिली को पाठ्य-विषय के रूप में स्वीकार किया गया। मैथिली की सर्वप्रथम पत्रिका मिथिला से बाहर जयपुर से प्रकाशित हुई—

'मैथिलहितसाधन' (1905)। इसके प्रकाशन के दूसरे वर्ष काशी से 'मिथिला मोद' (1906) का प्रकाशन हुआ। 'मिथिला मोद' ने मातृभाषा के जागरण का जो शंखनाद किया उसे निरर्थक नहीं कहा जा सकता है क्योंकि मैथिली के आंगन में वही शंखनाद क्रान्ति का स्वर बना। निर्भीकता, व्यंग्य, मैथिलत्व का समर्थन, मैथिली भाषा की ओजस्विता इस पत्रिका के प्रधान गुण थे। मिथिला से 'मिथिला मिहिर' (1907) का उदय हुआ। प्रारम्भ में इसका रूप मासिक था, पीछे चलकर यह साप्ताहिक हो गया। मैथिली में यह पत्रिका दीर्घजीवी रही। सन् 1960 ई॰ से 1989 ई॰ तक यह पत्रिका प्रकाशित होती रही। जहाँ तक मैथिली-सेवा का प्रश्न है, इसका योगदान सराहनीय है।

प्रथम विश्वयुद्ध के पश्चात् मैथिली-पत्रों के प्रकाशन में तीव्रता का संचार होता है। इस कालावधि में अनेक पत्रिकाएँ प्रकाशित हुईं जो साहित्यिक जागरण में सहयोग देती रहीं। इन पत्रिकाओं 'मैथिल प्रभा' (1920-1926), 'मैथिली प्रभाकर' (1929-1930), 'श्रीमैथिली' (1925-1927), 'मिथिला' (1929-1931), 'मिथिला मित्र' (1931-1932), 'मैथिल बन्धु' (1935), 'मैथिल युवक' (1931-1941), 'जीवनप्रभा' (1940-1950), 'भारती' (1937), 'विभूति' (1931-1938), 'मैथिली साहित्य पत्र' (1937-1939) आदि अनेक पत्रिकाएँ साहित्यिक जागरण में सहयोग देती रही हैं।

देश के स्वाधीन होने के पश्चात् तो मातृभाषाओं का महत्त्व और भी बढ़ गया। जनसाधारण का ध्यान मातृभाषा की ओर गया और वह सचेष्ट और जागरूक होकर उसके विकास में संलग्न हुआ। स्वतन्त्रता के प्रभात में 'स्वदेश' (1948) का अभ्युदय हुआ। पटने से 'मिथिला ज्योति' (1949) छिटकी। सीतामढ़ी से 'वैदेही' (1950) प्रकट हुई। मातृभाषा के इस नवोत्थान में 'मिथिला दर्शन' (1952), 'पल्लव' (1948), 'मिथिला सेवक' (1954), 'निर्माण' (1955), 'इजोत' (1960), 'मिथिला दूत' (1954), 'बटुक' (1949), 'धीयापूता' (1957), 'कर्णामृत' (1981), 'अन्तिका' (1998), 'पूर्वोत्तर मैथिल' (2000) इत्यादि बहुत सारी पत्रिकाओं का योगदान है।

मैथिली में इन पत्रिकाओं का महत्त्व समाचारपत्र के रूप में नहीं है। यद्यपि साप्ताहिक पत्रों में देश-विदेश की थोड़ी-बहुत खबरें छपती थीं तथापि ये समाचारपत्र कहलाने के अधिकारी नहीं हैं। समाचारपत्र के रूप में 'दैनिक स्वदेश' (1955) प्रारम्भ किया गया था। हालाँकि यह समाचारपत्र स्थायी रूप से चल नहीं सका, फिर भी, इसने प्रमाणित कर दिया कि यदि समुचित व्यवस्था के साथ समाचारपत्र चलाये जायें तो मैथिलीप्रेमी जनता का सहयोग अवश्य मिलेगा।

इन पत्रिकाओं ने मैथिली के विकास में अति महत्त्वपूर्ण भूमिका का निर्वाह किया। इन पत्रिकाओं का साहित्यिक महत्त्व है। इन पत्रों से मैथिली-साहित्य के विकास में अपेक्षित सहायता मिली। इन्होंने गद्य का प्रवर्द्धन किया, ज्ञान का प्रचार किया, मातृभाषा में मनोरंजक साहित्य को प्रोत्साहित किया तथा मातृभाषानुरागी पाठकों का वर्ग तैयार किया। इसके साथ ही प्रेरणा और प्रोत्साहन के फलस्वरूप नये लेखकों

का दल भी तैयार हुआ जिसने मैथिली का शृंगार-विन्यास लगन के साथ किया।

सामाजिक जागृति, राजनीतिक असन्तोष और पत्र-पत्रिका के प्रकाशन से निबन्ध-जैसी महत्त्वपूर्ण साहित्यिक विधा का उदय हुआ। विचार और विषय के बन्धन नहीं रहने के कारण आत्म-प्रदर्शन, ज्ञान-गरिमा, बहुश्रुतता तथा सूक्ष्म पर्यवेक्षण की झलक रहने के कारण यह साहित्यिक महत्त्व प्राप्त कर सका। वास्तव में आधुनिक मैथिली-गद्य में निबंध सर्वाधिक लोकप्रिय विधा बन गया है। मैथिली-साहित्य में निबंध प्रारंभिक युग से उपलब्ध रहा है, लेकिन इसका समुचित विकास बीसवीं शताब्दी में आकर हुआ है। 'मैथिलहितसाधन', 'मिथिला मोद', 'मिथिला मिहिर', 'श्री मैथिली', 'मिथिला', 'भारती', 'विभूति', 'कर्णामृत', 'वैदेही', 'मिथिला दर्शन' आदि पत्रिकाओं के प्रकाशन के फलस्वरूप यह विधा पुष्टतर हुई है। आरम्भ में सामयिक, सामाजिक, साहित्यिक आदि विषयों के साथ-साथ अनेक उपदेशात्मक निबन्ध लिखे गये। इनके साथ ही अनेक विषयों पर पाण्डित्यपूर्ण और गम्भीर निबंधों की रचना हुई। पत्रिकाओं के सम्पादकीय लेखों के द्वारा निबन्ध के विषय, शैली, कथ्य और प्रभाव सभी रूपों में इसकी परिधि का विस्तार हुआ, गद्य परिमार्जित हुआ, लोकरुचि को जगाया गया और भाषा को जनोन्मुख बनाया गया। फिलहाल मैथिली में सम्पादकीय लेखों के दो संग्रह प्रकाश में आये हैं। डॉ॰ लक्ष्मण झा (1916-2000) का 'विचार-चिन्तामणि' (2002) और डॉ॰ भीमनाथ झा (1945) का 'लघूत्तरीय' (2003)।

सम्पूर्ण मैथिली-निबंध-साहित्य को चार भागों में विभाजित किया जा सकता है—अभ्युत्थान युग (1906-1920), परिमार्जन युग (1921-1947), उत्कर्ष युग (1947-1960) और प्रसरण युग (1960 के पश्चात्)। मैथिली-निबन्ध-साहित्य का विकास-क्रम उद्भव और अभ्यास, प्रयत्न और निर्माण, उत्कर्ष और परिष्कार तथा प्रसार और प्रसाधन की अवस्था में निरन्तर गतिशील और विकासोन्मुख रहा है। विषय और शैली की दृष्टि से इसमें विविधता मिलती है। मैथिली में यद्यपि प्रकाशित निबन्धों का वर्गीकरण और निबन्धकारों की लम्बी सूची को प्रस्तुत करना कठिन है, लेकिन उसे विचारात्मक, वर्णनात्मक, भावात्मक, आलोचनात्मक अवश्य कह सकते हैं। वर्तमान संदर्भ में आत्मचरित्र, जीवनी, संस्मरण, इतिहास, भूगोल, दर्शन, धर्म आदि विषयों को ध्यान में रखकर अनेक निबन्ध लिखे मये हैं। इन रचनाओं की विशिष्टता इस बात को लेकर है कि इनमें निबंध-शैली की नवीनता का आभास मिलता है। इनमें युग-चेतना की प्राणवत्ता नियोजित है। यह विधा वैयक्तिक, सामाजिक, साहित्यिक और शास्त्रीय भूमि पर संचरण करती हुई स्वच्छन्दता और कलात्मकता एवं भौतिकता और यथार्थोन्मुखता की दिशा में अग्रसर हो रही है। व्यक्ति और विषय, कला और शास्त्र, संवेदन और चिन्तन का स्वर इसमें संप्रयुक्त और आस्वाद्य है। मैथिली-निबन्ध व्यक्ति और विषय के तट के बीच प्रवाहित हो रहा है। अभी मैथिली-निबन्ध की दो धाराएँ

प्रवाहित हो रही हैं– प्रगतिवादी और आत्मकेन्द्रित-निबंध।

'खट्टर ककाक तरंग' (1948) के नाम से प्रकाशित हरिमोहन झा (1908-1984) की कृति उनके विशिष्ट निबंधकार होने का परिचय देती है। इस पुस्तक में लेखक ने बड़ी ही कुशलता से व्यक्ति, समाज, धर्म, दर्शन आदि सबकी आलोचना प्रस्तुत की है। थैकरे ने जिसे 'राउण्ड एवाउट पेपर्स' कहा है वही विशेषता उनके निबंधों में परिलक्षित होती है। इसमें संगृहीत प्रत्येक निबन्ध वार्त्तालाप के रूप में है जिसमें वाग्विलास के चातुर्य के साथ वस्तु-विन्यास की अद्भुत कुशलता देखने को मिलती है। हास्य, व्यंग्य एवं उक्ति की दृष्टि से ये निबंध लेखक की मौलिक प्रतिभा के परिचायक हैं।

हमारे निबंध-साहित्य के परिसर में स्केच, रिपोर्ताज, संस्मरण जैसे विषयों को भी सम्मिलित कर लिया जाता है। पर सच्ची बात है कि ये सारी विधाएँ हमारे यहाँ प्रारम्भिक अवस्था में ही हैं। मैथिली-निबंध-साहित्य ने मैथिली-गद्य के विकास में काफी सहायता दी है। प्रत्येक क्षेत्र में निबंध पहुँच रहा है। फलतः गद्य को विविध प्रकार के विचारों की अभिव्यक्ति का माध्यम बनना पड़ा। इसके फलस्वरूप इस विधा में लालदास का 'स्त्रीधर्म शिक्षा' (1910), राधाकृष्ण चौधरी का 'साहित्यिक निबन्धावली' (1950) एवं 'शारान्तिधा' (1968), रमानाथ झा का 'निबंधमाला' (1370 साल) एवं 'प्रबन्ध संग्रह' (1371 साल), शैलेन्द्र मोहन झा (1929-1994) का 'पथ हेरथि राधा' (1963), उमेश मिश्र (1895-1967) का 'मैथिल संस्कृति ओ सभ्यता'(1954), बलदेव मिश्र का 'शिशु शिक्षा' (1954), 'गपशप विवेक' (1954), 'भारत शिक्षा' (1955), 'रामायण शिक्षा'(1965), 'संस्कृति' (2006 संवत्), अमरनाथ झा (1937) का 'द्रुतविलम्बित ओ अन्य निबंध' (1979) इत्यादि उल्लेखनीय प्रकाशन जनमानस के समक्ष आये हैं।

वैसे तो मैथिली-कहानी बीज रूप में, 'कीर्तिलता' में उपलब्ध है, किन्तु गद्य के विकास की दृष्टि से आधुनिक मैथिली-कहानी साहित्यिक विधाओं में सर्वथा नवीनतम है। इसका क्षेत्र विस्तृत है। हालाँकि प्रारम्भिक कथाओं में सुधारवादी प्रवृत्ति का परिचय मिलता है तथापि आगे चलकर कथाकारों का ध्यान वातावरण के निर्माण और चरित्र-चित्रण की ओर गया और शिल्प की दृष्टि से भी महत्त्वपूर्ण परिवर्तन हुए। वस्तुतः इस साहित्यिक विधा का विकास उन्नीसवीं शताब्दी से होता है। आज जो हम इसका विस्तृत रूप पाते हैं, उसके विकास में यह एक सर्वमान्य तथ्य है कि उसमें मानव जाति की आधुनिक और नयी संवेदनाओं को व्यक्त करने की शक्ति अन्य सारी साहित्यिक विधाओं की तुलना में सर्वाधिक है। मैथिली-साहित्य में कहानी का विकास बीसवीं शताब्दी के तृतीय दशक से पहले नहीं हो सका। फिर भी यह मानना होगा कि इसके लिए भूमि-निर्माण पहले ही हो गया था। आधुनिक मैथिली-साहित्य के नवजागरण का जो इतिहास प्रारम्भ होता है, उसमें संस्कृत के

विद्वानों का हाथ था जिन्हें अँगरेजी शिक्षा से कोई सम्पर्क नहीं था, फिर भी, अन्यान्य भारतीय भाषाओं के नये विकास से प्रेरणा पाकर मैथिली-कहानी को नवीन रूप देने के लिए प्रवृत्त हुए थे। उन्नीसवीं शताब्दी के अन्तिम दशक में कवीश्वर चन्दा झा द्वारा 'पुरुष-परीक्षा' के अनुवाद से लेकर बीसवीं शताब्दी के प्रथम तीन दशक तक का अधिकांश कथा-साहित्य अनुवाद है अथवा उपाख्यान मात्र पर आधारित है जिसमें भौतिकता का अभाव, गतिहीनता एवं चरित्र-चित्रण के नये दृष्टिकोण का अभाव है, फिर भी, जहाँ तक साहित्य में चैतन्य लाने का प्रश्न है, कहानी के विकास की दृष्टि से पृष्ठभूमि का प्रश्न है, उनका स्थायी मूल्य है। मैथिली-कहानी के विकास को लक्ष्य कर 1920 ई॰ तक के काल को भूमिका-काल कह सकते हैं। इस समय तक कहानी का स्वस्थ निर्माण नहीं हो सका था। इस अवधि में संस्कृत उपाख्यानों को ग्रहण कर लिखने की प्रचुरता रही। इस भूमिका-काल की कतिपय घटनाएँ बड़े महत्त्व की हैं। सुधारवादी आन्दोलन, स्वदेशी आन्दोलन जैसे आन्दोलन बुद्धिजीवियों के मानस को प्रभावित कर रहे थे। खासकर बाङ्ला साहित्य में तो यह पूर्णतया व्यक्त हो रहा था। वस्तुतः मैथिली-कहानी-साहित्य के विकास पर विचार करते हुए इसे प्रारम्भ युग (1920-1935), प्रगति युग (1935-1946), प्रयोग युग (1946 -1960) और विस्तार युग (1960-2000) में विभक्त किया जा सकता। मैथिली-कहानी के विकास-क्रम में दो कहानियों की चर्चा करना विशेष रूप से आवश्यक हो जाता है। वे हैं कालिकुमार दास लिखित 'भीषण अन्याय' (1923) तथा भोला झा रचित 'मनुष्यक मोल' (1924)। इन दोनों कहानियों में आधुनिक शिल्प तथा वस्तु के प्रति संचेतना देखी जाती है।

मैथिली-कहानी को लोकप्रिय बनाने का श्रेय हरिमोहन झा को है। उनके 'प्रणम्य देवता' संग्रह (1945) की कहानियाँ, जिन्हें लेखक ने 'कटाक्षपूर्ण रेखाचित्र' कहा है, प्रधानतः सामाजिक जीवन की आलोचना प्रस्तुत करती हैं। सबसे बड़ी विलक्षणता तो उनकी उपस्थापन-संबंधी मौलिकता है। वे प्राचीन कथापद्धति को ग्रहण कर गम्भीर से गम्भीर विषय को सरस और सुस्वादु बनाकर जन-मन-रंजन के साथ रूढ़िग्रस्त, जीर्ण-शीर्ण विचारधारा पर कशाघात कर नयी प्रगति की प्रेरणा देते हैं। न तो उन्हें प्राचीन अंधविश्वास के प्रति निष्ठा है और न नवीन अंधानुकरण के प्रति आसक्ति ही। 'प्रणम्य देवता' की कहानियों में वे छोटी-बड़ी बहुत-सारी समस्याओं की ओर पाठकों का ध्यान आकर्षित करते हैं जिनमें सामाजिक व्यंग्य का बड़ा ही निखरा रूप मिलता है।

आगे चलकर कहानीकारों ने व्यक्ति के एकान्तिक जीवन और उसकी व्यक्तिगत विशषताओं को ध्यान में रखकर कहानियाँ लिखीं। ऐसी कहानियों में मानव मनोविज्ञान का पूरा ध्यान रखा गया और पात्रों की बाह्य प्रवृत्तियों के साथ ही साथ उसके अंतर्मन की भी झलक दिखायी जाने लगी। मानव-मन के उद्घाटन में

कलात्मकता तभी आती है जब वह द्वन्द्व और संघर्ष में पड़ा हो। इस दृष्टि से उपेन्द्रनाथ झा 'व्यास' (1917-2002) की कहानी 'रूसल जमाय' (1945) तथा सुधांशु शेखर चौधरी की 'भारती' (1948) में एक पुरुष तथा एक नारी की प्रतिक्रियाएँ उनके अन्तःसंघर्ष के रूप में स्फुटित हैं। उमानाथ झा रचित 'आधपाण्टा' तथा 'माधवजी' में अन्तःसंघर्ष का चित्रण बड़ा ही मार्मिक है। इसी तरह योगानन्द झा (1922-1986) की कहानी 'ककर कोन दोष' तथा 'लिखलाहा' (1946) में मानव-मनोविज्ञान का मधुर विन्यास है।

स्वातंत्र्योत्तर काल में मैथिली-कहानी का विकास द्रुत गति से हुआ है। बौद्धिकता का समावेश और मानव-मनोविज्ञान दो ऐसे तत्त्व रहे हैं जिन्होंने मैथिली-कहानी के कथा-रूप के विकास में अपेक्षित सहायता दी है। परन्तु स्वतंत्रता के पूर्व जहाँ ये परिवर्तन के सूचक रहे, अब वे विकास के प्रतिमान हो चले हैं। रूढ़िवाद ने हमारी धर्मान्धता पर जबर्दस्त आघात किया है तथा इसके प्रभाव से प्राचीन पोषित संस्कार निष्प्रभ हो चले हैं। इसी तरह बौद्धिकता के विकास से समाजवादी विचारधारा को बल मिला है और मानव-व्यक्तित्व के प्रति आदर का भाव जमा है। उन सब का गहरा असर नयी कहानियों के विषय और उपादान पर पड़ा है तथा रूढ़िवादी परम्परा, सामाजिक शोषण, वर्ग-संघर्ष और नारी के असहाय जीवन को स्पर्श करनेवाली बहुत-सारी कहानियाँ लिखी गयी हैं। परिणामस्वरूप समकालीन सत्य और यथार्थ का चित्रण करनेवाली प्रभाववादी कहानियों का जन्म हुआ है।

जीवन के इस यथार्थ चित्रण को मनोवैज्ञानिक विश्लेषण ने निश्चय ही गहराई दी है। जहाँ पहले की कहानियों में बाह्य जीवन का वर्णन रहा करता था वहाँ अब कथाकारों की दृष्टि अन्तर्मुखी हो गयी है। सच तो यह है कि मनोविज्ञान ने कहानीकारों को सूक्ष्म दृष्टि से समृद्ध किया है। फलतः चरित्र विशेष स्वाभाविक और विश्वसनीय जँचने लगे। हठात् अब उन पर 'टाइप' का आरोप नहीं लगाया जा सकता। उदाहरण के लिए अनमेल विवाह पर प्रकाश देनेवाली ललित (1932-1983) लिखित 'कलकतिया पेटी' (1953) को देख सकते हैं। मानव-मनोविज्ञान की अन्तः प्रवृत्ति की पकड़ मायानन्द मिश्र (1934) में बहुत अधिक है। अपनी कहानी 'आगि मोम आ पाथर' (1956) में उन्होंने हृदय की गहराई में उतर कर उस तूफान को देखने का प्रयास किया जिसका साधारणतः ऊपरी सतह पर अनुभव नहीं होता। उनकी अन्य कहानियाँ भी इस विशेषता से समन्वित हैं। वस्तुतः मनोविज्ञान ने नयी कहानियों को साज-सँवार कर आकर्षक रूप दिया है। इन कहानियों में घटनाओं का बाहुल्य नहीं है, वरन् एक छोटी-सी साधारण-सी घटना रहती है जिसकी छाप एक 'मूड' एवं भावस्थिति के रूप में मन पर शेष रह जाती है।

फ्रायड के मनोविज्ञान-सम्बन्धी अध्ययन में अवचेतन मन संबंधी जो निष्कर्ष प्रस्तुत किये गये हैं उन्हें कतिपय मैथिली-कहानीकारों ने पात्रों के व्यक्तित्व का

मापदंड बनाया है। परन्तु अत्याधुनिक कहानियों के प्रति तीव्र प्रतिक्रिया व्यक्त की जाने लगी है। इन कहानियों में जीवन के प्रति अनास्था, मानवीय चेतना की उपेक्षा एवं सेक्स के क्षेत्र में उच्छृंखलता का आरोप लगाया जाता है। पर, इस बात से इनकार नहीं किया जा सकता है कि अवचेतन मानस में चक्कर काटती विभिन्न क्रिया-प्रतिक्रिया के ताने-बाने से उत्तम कहानी की रचना की जा सकती है और यह साहित्य की नवीन उपलब्धि भी है। फ्रायड, युंग, एडलर आदि मनोवैज्ञानिकों ने बताया है कि मनुष्य ने सभ्यता के विकास-क्रम में भाव प्रकृति की बहुत-सी आदिम प्रवृत्तियों को दूषित ठहराकर उन्हें दबाया है जिसके फलस्वरूप आज के कृत्रिम जीवन के भीतर बहुत-सी विकृतियाँ आ घुसी हैं। उनके मतानुसार मानव के समस्त क्रियाकलाप का मूल प्रेरणा-स्रोत उसकी यौन-आकांक्षा है और इसकी परितृप्ति को साध्य मानकर जीवन-व्यापार चलता है। इस तथ्य ने जैसे सेक्स के क्षेत्र में विद्रोह कर दिया और नारी तथा कामुकता के नग्न चित्रण पर प्रगतिवाद की मुहर लग गयी। राजकमल चौधरी (1929-1967), कल्पना शरण (1933) आदि के सम्मुख आज मनोविज्ञान का यही रूप है। राजकमल चौधरी की हाल की लिखी बहुत ही कम कहानियाँ ऐसी हैं जिनमें शारीरिक सीमा को स्पर्श करनेवाली काम-वासना की चर्चा न हो। परीक्षा के लिए इनकी किरतनियाँ (1956), 'चन्नर दास' (1956), 'ननद-भाउजि' (1960), 'कृष्णभक्तक कथा' (1967) 'सती धनुकाइन' (1957), 'हरिद्वारवास' (1957) आदि अनेक कहानियाँ देखी जा सकती हैं। कल्पना शरण ने तो 'रंगीन पर्दा' (1956) में सास और जामाता के यौन सम्बन्ध का चित्रण कर अद्भुत साहसिकता का परिचय दिया है। ललित अपनी कहानी 'मुक्ति' (1956) में अस्वस्थ मन और मस्तिष्क की परीक्षा कर उसके निदान का प्रयास करते हैं। इन कहानीकारों के विषय में एक साथ ही अनास्थाकारी, अस्तित्ववादी, वीभत्सवादी कहकर घोर लांछन लगाये जाने लगे हैं। साम्प्रतिक कहानी के क्षेत्र में नव यथार्थवादियों का भी एक दल निकल आया है। इन कहानीकारों की रचनाओं में जीवन के प्रति गहन अनुभूति पाते हैं। महान् कला का संबंध धरातल से होना चाहिए और इससे ऐसी वस्तुएँ प्रकट हों जिनमें मानव वास्तव में मानव बन सके। फ्रायड या मार्क्स के सिद्धान्तों ने इन्हें अवश्य ही प्रभावित किया है पर इन्होंने सदा अनुभव किया है कि कला यथार्थ से ऊपर है। अति आधुनिक मैथिली-कहानी-साहित्य जिन कहानीकारों के हाथ में है, वे विश्व के गल्प-वाङ्मय के विकास के मानदण्ड हैं, उनसे सम्यक् परिचय रखते हुए गल्प-रचना में संलग्न हैं। नये कहानीकारों में सोमदेव (1934), राजमोहन झा (1934), मायानन्द मिश्र (1934), रामदेव झा (1936), प्रभास कुमार चौधरी (1941-1998), गोविन्द झा (1923), गंगेश गुंजन (1942), रमानन्द रेणु (1934), जीवकान्त (1936), नीरजा रेणु (1945), व्रजकिशोर वर्मा (1918-1986), धूमकेतु (1932-2000), शैलेन्द्र मोहन झा, नगेन्द्र कुमार, उषाकिरण खान ('काँचहि बाँस'

कहानी-संग्रह, 2002) इत्यादि उल्लेखनीय हैं। इनके अतिरिक्त शताधिक कथाकार इस विधा के विकास की दिशा में सचेष्ट हैं।

स्वाधीनतापूर्व काल में जहाँ कठिनाई से कहानी-संग्रह प्रकाशित होते थे वहाँ स्वातंत्र्योत्तर युग में बहुत बड़ी संख्या में कहानी-संग्रहों का प्रकाशन होने लगा है। उत्तर स्वतंत्रता युग में मैथिली-कहानी के विकास में पत्र-पत्रिकाओं का योगदान सर्वाधिक रहा है। प्रत्येक पत्रिका का झुकाव साधारणतः कहानियों की ओर रहा है। अतः नयी कहानियों की रचना के साथ ही साथ नये कहानीकारों का आविर्भाव बड़ी तेजी से हो रहा है। जहाँ तक लघुकथा का सवाल है, इसका परिवेश अत्यंत छोटा होता है। ऐसी कहानियाँ सूक्ति की विशेषताओं से समन्वित होती हैं अथवा इसमें किसी छोटी घटना को अपनाकर किसी महान् सत्य के उद्‌घाटन का प्रयास रहता है। मैथिली में व्यंग्य-कथा का साहित्य सुसम्पन्न है। कुछ व्यंग्य-कथाएँ अपनी शिल्पगत विशेषताओं के आधार पर लघुकथा की कोटि में गिनी जायेंगी। लोककथा एवं बालकथा के रूप में हमारे कहानी-साहित्य का विकास हो रहा है। मैथिली कहानियों में राजनीति, धर्मनीति, समाजसुधार संबंधी अनेक तत्त्वों को आधार बनाकर कहानीकार इस विधा को सम्पुष्ट करने के प्रयास में लगे हुए हैं जो इसके उज्जवल भविष्य का सूचक है।

आधुनिक भारतीय साहित्य में उपन्यास एक नयी विधा है जिसमें मैथिली-उपन्यास का इतिहास तो और भी नया है। बाङ्ला-साहित्य के समीपवर्ती होने के कारण मैथिली-उपन्यासों के विकास में इसका यथेष्ट प्रभाव पड़ा है। मैथिली में उपन्यास-लेखन का आरम्भ अनुवाद से हुआ। तुलापति सिंह (1859-1914) रचित 'मदनराजचरित' का मनोरंजन की दृष्टि से जो भी महत्त्व हो, पर इसमें यथार्थ जीवन का चित्रण लेश मात्र नहीं था। मैथिली में मौलिक उपन्यास-लेखन जीवछ मिश्र (1864-1923) के 'रमेश्वर' (1915) से होता है। इस कड़ी को आगे बढ़ाने में जनार्दन झा 'जनसीदन' (1872-1951) रचित 'शशिकला' (1915) और 'निर्दयी सासु' (1916) उल्लेखनीय हैं। ये दोनों उपन्यास 'मिथिला मिहिर' में धारावाहिक रूप में प्रकाशित हुए। इनके अन्य उपन्यासों में 'पुनर्विवाह' (1926), 'कलियुगी संन्यासी' (1929) और 'द्विरागम-रहस्य' (1945) की चर्चा की जाती है। फिर रासबिहारीलाल दास कृत 'सुमति' (1918) और पुण्यानन्द झा (1898-1967) लिखित 'मिथिलादर्पण' (1925) का प्रकाशन होता है। 'मिथिलादर्पण' के प्रकाशनोपरान्त मैथिली-उपन्यास-लेखन में एक नयी संचेतना का विकास हुआ जिसके फलस्वरूप 'मिथिला' नामक मासिक पत्र में हरिमोहन झा का 'कन्यादान' (1929) धारावाहिक रूप में प्रकाशित होने लगा। स्त्री-शिक्षा की आवश्यकता तथा नये-पुराने विचारों के संघर्ष को दिखाने के उद्देश्य से इसकी रचना की गयी थी। पुस्तकाकार रूप में इसका प्रकाशन 1933 ई॰ में हुआ। इसका प्रभाव मुख्यतः तीन रूपों में पड़ा— पहला, समाज की मनोवृत्ति पर, दूसरा,

लड़कियों के व्यक्तिगत जीवन पर और तीसरा, मैथिली-लेखक-समुदाय पर। इसके प्रकाशन के फलस्वरूप मैथिली- उपन्यास पढ़नेवालों की संख्या में काफी वृद्धि हुई और इससे मैथिली-लेखकों को काफी प्रोत्साहन मिला। इसी बीच कांचीनाथ झा 'किरण' (1906-1989) का 'चन्द्रग्रहण' (1932) प्रकाशित हुआ। हालाँकि इसका स्वरूप अत्यन्त लघु है, फिर भी, इसका स्थायी महत्त्व है। परिपक्वता और परिमार्जन की दृष्टि से कुमार गंगानद सिंह (1898-1970) का 'अगिलहीं' (1935) सर्वोत्कृष्ट है।

सामाजिक आवेष्टन में जितने उपन्यास लिखे गये उनकी संख्या पर्याप्त है। गंगापति सिंह (1886-1973) ने विधवा का चित्र 'सुशीला' (1943) में प्रस्तुत किया। योगानन्द झा का 'भलमानुस' (1944) मिथिला में प्रचलित कुलीन प्रथा की निस्सारता पर लिखा गया उपन्यास है। वैद्यनाथ मिश्र 'यात्री' (1911-1998) ने वृद्ध-विवाह को लेकर 'पारो' (1946) की रचना की। इसी समस्या को लेकर फिर उनका दूसरा उपन्यास 'नवतुरिया' (1954) प्रकाशित हुआ। फिर चतुरानन मिश्र की 'कला' (1947) इस प्रवृत्ति के प्रसंग में क्रांतिकारी प्रवृत्ति को लेकर उपस्थित होती है। विधवा के जीवन से संबंधित उपन्यास अभी भी लिखे जा रहे हैं। मायानन्द मिश्र ने अपने उपन्यास 'बिहाडि-पात-पाथर' (1960) में नारी-समस्या के साथ-साथ वैधव्य का कारुणिक रूप प्रस्तुत किया है। मैथिली-उपन्यास के सामाजिक परिसर में और भी अनेक नाम हैं जिनमें छोटी-बड़ी सामाजिक समस्याओं का वर्णन हुआ है। बदरी नारायण दास लिखित 'चन्द्रकला' (1948) में 'चन्द्रग्रहण' में वर्णित कथा को नये रूप में प्रस्तुत किया गया है। इसी तरह तारानन्द कंठ रचित 'दुर्वाक्षत (1957) में 'नवतुरिया' की कथा को नये प्रकार से प्रस्तुत किया गया है। सामाजिक जीवन का चित्रण जितनी कुशलता से ब्रजकिशोर वर्मा रचित 'अनलपथ' (1953) में पाते हैं वह अन्यत्र शायद ही उपलब्ध हो। मैथिली में व्यक्तिपरक उपन्यासों की रचना हुई है। इन उपन्यासों में सामाजिकता इतनी ही रहती है जितनी प्रायः सामान्य व्यक्ति के जीवन में। यह दूसरी बात है कि कभी-कभी व्यक्ति की सामाजिक चेतना विशेष जागरूक हो जाती है। मैथिली में नर-नारी के आकर्षण को चित्रित करनेवाला पहला उपन्यास हरिनन्दन ठाकुर 'सरोज' (1908-1945) लिखित 'माधवी माधव' (1935) है परन्तु मनोवैज्ञानिक स्वाभाविकता की न्यूनता से उसमें कृत्रिमता की मात्रा विशेष है। उपेन्द्रनाथ झा 'व्यास' का उपन्यास 'कुमार' (1946) इस n `ष्टि से विशेष महत्त्व रखता है जिसमें देवर-भाभी की आदर्श प्रेमकथा को बड़े ही मनोवैज्ञानिक ढंग से प्रस्तुत किया गया है। नर-नारी की इसी सहज आकर्षण वृत्ति पर शैलेन्द्र मोहन झा की 'प्रतिमा' (1948) की कथावस्तु आधारित है। फिर उनकी 'मधुश्रावणी' (1956) की कथावस्तु का निर्माण भी व्यक्ति के इसी आकर्षण-प्रत्याकर्षण पर हुआ है।

नये उपन्यासों में यौन आकर्षण की सत्यता को प्रमाणित करने के लिए सामाजिक नैतिकता को खुली चुनौती दी जाने लगी है और लेखकों की प्रवृत्ति को

देखते हुए ऐसा लगता है कि वंशगत संस्कार अधिक दिनों तक इसकी रक्षा नहीं कर सकेगा। इन उपन्यासों में जहाँ व्यक्ति के बाह्याडम्बर का पर्दाफाश हुआ है, साथ-साथ आन्तरिक जगत् की बीभत्स नग्नता को निर्ममतापूर्वक अनावृत किया गया है। राजकमल चौधरी रचित 'पाथर फूल' (1957) एवं 'आदिकथा' (1958) में यही प्रवृत्ति पाते हैं।

उपन्यास की एक विकासोन्मुख परम्परा में कुछ जासूसी उपन्यास भी लिखे गये हैं। इस वर्ग के अग्रगण्य लेखकों में है गणेशचन्द्र चौधरी। 'कृष्णक हत्या' (1957) एवं 'रत्नहार' (1957) के नाम से इनके दो जासूसी उपन्यास प्रकाश में आये हैं।

मैथिली-उपन्यास की प्रगति का सामान्य विवेचन करने के पश्चात् हम दखेंगे कि वर्ण्य विषय की दृष्टि से मैथिली में अनेक प्रकार के उपन्यास लिखे गये हैं। आज हमें पौराणिक, ऐतिहासिक, सामाजिक, राजनीतिक, लोकगाथात्मक, जासूसी, सभी प्रकार के उपन्यास मिलते हैं। सामान्य दृष्टि से हम इन्हें वस्तुपरक और व्यक्तिपरक इन दो कोटियों में रख सकते हैं। वस्तुपरक उपन्यासों की कोटि में उन सभी उपन्यासों की गणना करेंगे जो हमारे जीवन के बाह्य अंगों का अध्ययन प्रस्तुत करते हैं। इसके विपरीत व्यक्तिपरक उपन्यासों में मनुष्य के अन्तर्मन के अध्ययन का प्रयास पाते हैं। इनमें मनुष्य की प्रवृत्तियों, रहस्यमयी भावनाओं, गुत्थियों, कुंठाओं एवं दुर्बलताओं पर प्रकाश डाला जाता है। इस दृष्टि से हमारे साहित्य में वस्तुपरक उपन्यासों की संख्या पर्याप्त है। शिक्षा-प्रधान पौराणिक उपन्यास, ऐतिहासिक उपन्यास, समस्या-प्रधान सामाजिक उपन्यास, घटना-प्रधान जासूसी उपन्यास इसी कोटि के हैं।

मैथिली-उपन्यास के बहुसर्जक लेखकों में ब्रजकिशोर वर्मा 'मणिपद्म' का नाम अन्यतम है। इन्होंने मिथिला के लोकसाहित्य का अध्ययन-अनुशीलन, चिन्तन-मनन कर उसके कवित्व और वाग्वैदग्ध्य को ऐसा पचा लिया है जो मैथिली के अन्य उपन्यासकारों में नहीं उपलब्ध होता है। इन्होंने पन्द्रह छोटे-बड़े उपन्यासों की रचना की है—'अनलपथ' (1953), 'विद्यापति' (1960), 'लोरिक विजय' (1970), 'कोब्रा गर्ल' (1970), 'नैका बनिजारा' (1972), 'राजा सलहेस' (1973), 'रायरणपाल' (1976), 'लवहरि-कुशहरि' (1976), 'फुटपाथ' (1978),'अर्द्धनारीश्वर' (1981), 'दुलरा दयाल' (1984), 'नागभूमि' (1985), 'आदिम गुलाम' (2003), 'कनकी' (2003) और 'भारतीक बिलाडि' (1978)। इन्होंने अपने अधिकांश उपन्यासों में लोकगाथाओं की वाग्भंगिमा की चासनी देकर विलक्षण गद्य का निर्माण किया है। इनके उपन्यासों की सफलता का मूल तत्त्व है इनकी दृष्टि की गहनता और अन्तर्वेधकता।

मैथिली के चर्चित उपन्यासकारों में राजकमल चौधरी, मायानन्द मिश्र, सुधांशु शेखर चौधरी, प्रभास कुमार चौधरी, धीरेन्द्र, ललित, जीवकान्त, रमानन्द रेणु, लिली रे, उषाकिरण खान आदि ने वर्त्तमान सामाजिक, राजनीतिक पृष्ठभूमि के आधार पर उपन्यासों की रचना की है। इन उपन्यासकारों की कृतियाँ इस प्रकार हैं। राजकमल

चौधरी ने 'आदिकथा' (1958), 'पाथर फूल' (1967) और 'आन्दोलन' (1968) की रचना की जिनमें इन्होंने काम-वासना के संबंध में निस्संकोच और स्वच्छन्द विवेचन किया है। मायानन्द मिश्र ने मिथिला के जनजीवन के अनुरूप 'बिहाडि पात आ पाथर' (1960), 'खोंता आ चिड़ै' (1992) और ऐतिहासिक उपन्यास 'मन्त्रपुत्र' (1986) की रचना की। सोमदेव ने 'चानो दाइ' (1959) और 'ब्रह्मपिशाच' में समकालीन समाज में व्याप्त समस्याओं को उठाने का प्रयास किया है। मैथिली के सशक्त उपन्यासकार हैं सुधांशु शेखर चौधरी जिन्होंने 'ई बतहा संसार' (1979), 'निवेदिता' (1996), 'तरपट्टा ऊपर पट्टा' (2003), 'दरिद्र छिमड़ि' (1987) और 'अँगरेजी फूलक चिट्ठी' (2003) की रचना की जिनमें सामाजिक सन्दर्भ में विविध समस्याओं को उद्घाटित किया गया है।

ललित ने 'पृथ्वीपुत्र' (1965) में मिथिला के ग्रामीण परिवेश में निम्न वर्ग को दिशा-निर्देश और गम्भीर चिन्तन दिया है। रमानन्द रेणु ने 'दूधफूल' (1967) और 'उत्तर जनपद' (2003) में मिथिला के आंचलिक परिवेश को आधार बनाकर मार्मिक चित्रण किया है। जीवकान्त का 'दू कुहेसक बाट' (1968), 'पनिपत' (1967), 'अग्निबान' (1969), 'पीअर गुलाब', 'नहि कतहु नहि' (1971) उल्लेखयोग्य औपन्यासिक कृतियाँ हैं। इनके उपन्यासों में किंकर्तव्यविमूढ़, विक्षुब्ध और असफल युवक की रामकहानी है जिसे जीवन में हर ओर निराशा ही निराशा झलकती है। भूख, निराशा और बेरोजगारी की आग आधुनिक समाज को कैसे तबाह कर रही है, उसका मार्मिक रेखांकन इनके उपन्यासों में हुआ है। मैथिली के नवोदित उपन्यासकारों में प्रभास कुमार चौधरी अन्यतम हैं जिन्होंने 'अभिशप्त' (1970), 'युगपुरुष' (1971), 'हमरा लग रहब' (1977), 'नवारम्भ (1979) और 'राजा पोखरि में कतेक मछरी' (1981) की रचना की। इस क्षेत्र में धीरेन्द्र के दो उपन्यास 'भोरुकबा' (1965) और 'कादो आ कोयला' उल्लेखनीय है। मैथिली-उपन्यास के क्षेत्र में उपेन्द्रनाथ झा 'व्यास' का लघु उपन्यास 'दू पत्र' (1969) का विशेष महत्त्व है क्योंकि पत्रात्मक रचना-प्रणाली के नये प्रयोग और नयी विषयवस्तु के कारण यह एक अभिनव प्रयोग हुआ है। मैथिली-उपन्यास में लिली रे के आगमन के फलस्वरूप एक क्रान्ति आयी। इन्होंने 'पटाक्षेप' (1979), 'मरीचिका', प्रथम खण्ड (1981) 'मरीचिका', द्वितीय खण्ड (1981) और 'उपसंहार' (1991) की रचना की। नये कथानक की पृष्ठभूमि में उन्होंने अपने उपन्यासों को विन्यस्त कर यह जताने का उपक्रम किया कि मैथिली उपन्यासकारों को नयी दिशा मिली। उषाकिरण खान के 'अनुत्तरित' (1981) में स्वतंत्रता-आंदोलन चित्रित है, 'दुर्वाक्षत' (1991) में स्त्री-अस्मिता का प्रश्न है, 'हसीना मंजिल' (1995) में बांग्लादेश बनने पर बिहारियों के निष्कासन की त्रासदी का वर्णन है, 'भामती' (2008) में स्त्री-शिक्षा तथा परस्पर समर्पण का प्रश्न उठाया गया है तथा 'पोखरि रजोखरि' में समकालीन समाज का चित्रण है।

ऐतिहासिक सन्दर्भ में कुछ मौलिक उपन्यासों की रचना हुई जो वस्तुतः किंवदन्ती पर आधारित हैं, जैसे केदारनाथ ठाकुर का 'सौंदर्योपासनाक पुरस्कार', ब्रजकिशोर वर्मा 'मणिपद्म' का 'विद्यापति' (1960), रवीन्द्रनाथ ठाकुर का 'गोनू झा' (1968) और मार्कण्डेय प्रवासी का 'हम कालिदास' (1982)। लोकगाथा पर आधारित उपन्यासों के अन्तर्गत लक्ष्मीपति सिंह (1907-1979) के 'चामुण्डा' (1933) और ब्रजकिशोर वर्मा के 'लोरिक विजय', 'राजा सहलेस', 'नैका बनिजारा', 'लवहरि कुशहरि', 'रायरणपाल' एवं 'दुलरा दयाल' में अज्ञात इतिहास में प्रवेश के लिए लोकतत्त्व का आश्रय लिया गया है। ऐतिहासिक तथ्य को आधार बनाकर जो उपन्यास लिखे गये हैं उनमें इतिहास में तथ्योपलब्ध सूत्र को पकड़कर तत्कालीन समय के राजनीतिक, धार्मिक, राष्ट्रीय, सांस्कृतिक पर्यावरण और परिवेश को सजीव रूप से प्रतिष्ठित करने में समर्थ उपन्यासों में चन्द्रनारायण मिश्र (1928-1982) के 'बालादित्य' (1980) तथा 'वैशाखी पूर्णिमा' (1982), ब्रजकिशोर वर्मा 'मणिपद्म' के 'आदिम गुलाम' (2003), मायानन्द मिश्र के 'मंत्रपुत्र' (1985) और गोविन्द झा के 'विद्यापतिक आत्मकथा' (1993) की चर्चा की जाती है।

मैथिली-नाट्य-सम्पदा की अधिक गौरवशाली परम्परा और उसकी विशाल पृष्ठभूमि इस साहित्य की प्रारम्भिक अवस्था से अविच्छिन्न रूप में चली आ रही है, लेकिन बीसवीं शताब्दी के आरम्भिक चरण में मैथिली नाटक, एकांकी और रंगमंच अन्यान्य विधाओं की अपेक्षा अत्यन्त तीव्र गति से प्रगति के पथ पर अग्रसर हुए हैं, इसमें सन्देह नहीं। मैथिली-नाटक की प्राचीन परम्परा की टिमटिमाती लौ को इस युग में नयी ज्योति मिली। पश्चिमी आदर्श की जिस दीपवर्तिका को सर जार्ज अब्राहम ग्रियर्सन मिथिला लाये थे उसका क्षीण प्रकाश आधुनिक मैथिली-नाटक के आदि प्रवर्त्तक जीवन झा (1848-1912) पर यथेष्ट परिमाण में पड़ा। जिस समय ये नाट्य-निर्माण की दिशा में उन्मुख हुए उस समय संस्कृत-नाट्य--परम्परा, कीर्तनियाँ नाटक या कीर्तनियाँ नाच या लीला नाट्य परम्परा और पारसी थियेटरों से लोग ऊब चुके थे। जीवन झा के सामने एक चौराहा था। किस रास्ते का अनुकरण किया जाय, यह एक समस्या एवं परीक्षा दोनों ही थी। जीवन झा ने मध्यम मार्ग का अनुसरण किया। उन्होंने सभी प्रवृत्तियों को समन्वित कर एक ऐसी नयी प्रवृत्ति को जन्म दिया जिसके आलोक में आधुनिक मैथिली-नाटक प्रगति की ओर उन्मुख हुआ। उन्होंने चार नाटकों की रचना की– 'सुन्दर संयोग' (1904), 'मैथिली सट्टक' (1906), 'नर्मदा सट्टक' (1906) और 'सामवती पुनर्जन्म'(1908)। इनके पश्चात् मैथिली में जो नाटक लिखे गये हैं उनकी दो कोटियाँ हैं– एकांकी और अनेकांकी। इस कालावधि में जो नाटक उपलब्ध हो रहे हैं उन्हें दो दृष्टियों से विभाजित कर सकते हैं– विषयवस्तु की दृष्टि से और रचना-शिल्प की दृष्टि से। विषयवस्तु की दृष्टि से पौराणिक, ऐतिहासिक और सामाजिक। इस श्रेणी के अन्तर्गत मैथिली में

प्रचुर परिमाण में नाटक लिखे गये हैं। पौराणिक नाटकों में लालदासरचित 'सावित्री-सत्यवान' (1903), त्रिलोकनाथ मिश्र के 'जीमूतवाहन चरित' (1352 साल), आनन्द झा के 'सीता स्वयंवर' (1938), महावीर झा 'वीर' के 'शम्भूक वध' (1936), दामोदर झा के 'गान्धर्व विवाह' (1953) और जीवनाथ झा के 'दुर्गाविजय' (संवत् 2015) आदि नाटकों की गणना की जाती है। हमारे ऐतिहासिक कहे जानेवाले नाटक इतिहास से प्राप्त सामान्य विवरणों, सुनी-सुनायी बातों एवं जनश्रुतियों पर आधारित हैं। ऐतिहासिक पुरुष विद्यापति के जीवन से सम्बद्ध रहने के कारण इन्हें ऐतिहासिक नाटक कहना उचित नहीं जान पड़ता है। ऐसे नाटकों में ईशनाथ झा (1907-1965) रचित 'उगना' (1956), विद्यानाथ राय के 'विद्याधर्म' (1959), ब्रजकिशोर वर्मा के 'कंठहार' (1960) एवं जीवनाथ झा रचित 'वीर नरेन्द्र नाटक' (1956) की चर्चा की जाती है।

तीसरी कोटि सामाजिक नाटकों की है। इन नाटकों की कथा सर्वथा वर्त्तमान युग की है। इन नाटकों के दो रूप हैं– प्रतीक नाटक और समस्या नाटक। प्रतीक नाटक के अन्तर्गत शशिनाथ झा रचित 'कलिधर्म प्रकाशिका' (1911-12) तथा साहित्यरत्नाकर मुंशी रघुनन्दन दास रचित 'मिथिला नाटक' (1920-22) आते हैं। इन नाटकों में वर्त्तमान युगीन कतिपय समस्याओं पर विचार किया गया है। सामाजिक नाटक का दूसरा रूप है समस्या नाटक। इन नाटकों के अन्तर्गत कतिपय सामाजिक समस्याओं को उठाया गया है। इनमें समाज में फैली विभिन्न विरूपता, रूढ़ि, सामाजिक अपराध, विषमता, राष्ट्रीय चेतना, सत्याग्रह आंदोलन आदि को मुख्य आधार बनाया जाता है। इस प्रकार के नाटकों में ईशनाथ झा का 'चीनीक लड्डू' (1937-36), शारदानन्द झा का 'फरार' (1950), गोविन्द झा का 'वसन्त' (शाके 1820), 'राजा शिवसिंह' (1976), 'अन्तिम प्रणाम' (1982) एवं 'रुक्मिणीहरण' (1989), सुधांशु शेखर चौधरी का 'मफाइनचाहक जिनगी' (1975), 'लेटाइत आँचर' (1976), 'पहिल साँझ' (1982) एवं 'लगक दूरी' (1992), महेन्द्र मलंगिया का 'लक्ष्मणरेखा खण्डित' (1970), 'एक कमल नोर मे' (1970), 'जुआयल कनकनी' (1972), 'ओकरा आङनक बारहमासा' (1980), 'कमला कातक राम लक्ष्मण ओ सीता' (1981), 'काठक लोक' (1987), 'गाम नई सुतैए' (1993) एवं 'ओरिजनल काम', सोमदेव का 'चरैवेति', उदय नारायण सिंह 'नचिकेता' का 'नायकक नाम जीवन' (1971), 'एकछत्र राजा' (1973), 'नाटकक लेल' (1974), 'रामलीला' (1974) एवं 'प्रत्यावर्तन' (1976), अरविन्द 'अक्कू' का 'आगि धधकि रहल छै' (1981), 'तालमुट्ठी (1982), 'एना कते दिन' (1985),'अन्हार जंगल' (1987), 'रक्त' (1992),'आतंक' (1994), ब्रजकिशोर वर्मा 'मणिपद्म' का 'झुमकी' (1977) एवं 'तेसर कनिया' (1986), उषाकिरण खान का 'चानोदाई' (1982), 'फागुन' (1985) और 'भुसकौल बला' (2002), मंत्रेश्वर झा का 'प्रायश्चित' (1994),

'चक्रवात' (1993), 'चक्रव्यूह' (1993), 'चुप किए अछि बसन्ती' (1994), 'सौभाग्यवती भव' (1994) इत्यादि आधुनिक काल के चर्चित नाटक हैं। इस कालावधि में अनेक नाटककारों ने नाट्य-साहित्य के विकास में अपना योगदान दिया।

मैथिली में विशुद्ध एकांकी, प्रहसन और रेडियो रूपक लेखन का सूत्रपात बीसवीं शताब्दी के चतुर्थ दशक से होता है। साहित्यरत्नाकर मुंशी रघुनन्दन दास ने 'दूतांगद व्यायोग' (1933) की रचना कर एकांकी-लेखन की परम्परा का सूत्रपात किया जो आज एक स्वतंत्र विधा के रूप में विकसित हुआ है। वर्तमान युग इसके विकास के लिए अधिक उर्वर सिद्ध हुआ है। मैथिली में अनेक एकांकीकारों ने एकांकी, प्रहसन और रेडियो रूपक की रचना कर इस विधा को सम्पुष्ट करने का प्रयत्न किया है। वस्तुतः एकांकी नये युग की उपज है, अतएव इसमें संस्कृत-एकांकियों का विधान कम मिलता है। एकांकी, प्रहसन और रेडियो रूपक की लोकप्रियता के फलस्वरूप अधिकाधिक संख्या में साहित्य-मनीषी इस विधा की ओर आकर्षित हुए जिसका परिणाम हुआ है कि इस विधा के अन्तर्गत कतिपय संग्रह प्रकाश में आये हैं जैसे तन्त्रनाथ झा (1909-1984) का 'एकांकी चयनिका' (1949), परमेश्वर मिश्र का 'त्रिवेणी' (1950), चन्द्रनाथ मिश्र 'अमर' (1925) का 'समाधान' (1955), बाल गोविन्द झा 'व्यथित' (1932-2000) का 'त्रिपथगा' (1968), भाग्यनारायण झा (1937) का 'सोनक ममता' (1969), दिनेश कुमार झा (1941) का 'सप्तरश्मि' (1971), उदय नारायण सिंह 'नचिकेता' का 'जनक एवं अन्य एकांकी' (1976), रामदेव झा का 'पसिझैत पाथर' (1989), रवीन्द्र राकेश का 'अंतर्ज्वाल' (1991), सुधांशु शेखर चौधरी का 'हथटुट्टा कुरसी' (1992), मंत्रेश्वर झा का 'समारोह' (1991), 'धूर्त्तनगरी' (1993), 'बहुरुपिया' (1993) एवं 'पराजय' (1994) और ब्रजकिशोर वर्मा 'मणिपद्म' का 'अनमिल आखर' (2000) तथा महेन्द्र मलंगिया का 'टूटल तागक एकटा ओर' (1983) इत्यादि।

मैथिली साहित्यकारों के मानसिक क्षितिज का विस्तार हुआ और उनकी नाट्य-कला संबंधी मान्यताओं में क्रान्तिकारी परिवर्तन हुए। मैथिली का यह सौभाग्य रहा है कि अधिकांश साहित्य-चिन्तक एक ही साथ एकांकीकार, रेडियो रूपककार और प्रहसनकार भी हैं। इस विधा के प्रतिनिधि रचनाकारों में कुमार गंगानन्द सिंह (1898-1970), हरिमोहन झा, तंत्रनाथ झा, ब्रजकिशोर वर्मा 'मणिपद्म', सुधांशु शेखर चौधरी, गोविन्द झा, चन्द्रनाथ मिश्र 'अमर', रामदेव झा, मंत्रेश्वर झा तथा महेन्द्र मलंगिया उल्लेखनीय हैं।

नाटक के क्षेत्र में नये आदोलन के फलस्वरूप मैथिली-रंगमंच के विकास में गति आयी है। स्वातंत्र्योत्तर युग में रंगमंच के स्तर पर नाट्य-लेखन में तीव्रता आयी जिसके फलस्वरूप रंगमंच के संबंध में चिन्तन-मनन के नये आयाम का स्रोत प्रवाहित होने लगा। नाटक को रंगमचोपयोगी बनाने के लिए रंगमंचीयता के

अपेक्षित तत्त्व जैसे दृश्य-विधान का संक्षिप्त और संतुलित स्वरूप, संक्षिप्त, सरल, सजीव, स्वाभाविक एवं पात्रोचित संवाद, रंग-संकेत, संगीत एवं काव्य-तत्त्व का संतुलित प्रयोग मैथिली-नाटकों में हुआ है। हालाँकि मैथिली में व्यावसायिक रंगमंच का अभाव रहा है तब भी अव्यावसायिक रंगमंच के कलाकारों ने इसे प्राणवन्त बना दिया है। इस दिशा में कोलकाता-स्थित रंगमंच की संस्थाओं में मिथिला कला केन्द्र (1960), 'मैथिली रंगमंच' (1966), 'अखिल भारतीय मिथिला संघ' (1963), 'कूर्मि-क्षत्रिय-छात्र-वृत्ति कोश' (1968), 'मिथि यात्रिक' (1971), 'ऑल इण्डिया मैथिल संघ' (1973), 'मिथिला-मित्र-संघ' (1974), कर्ण गोष्ठी का 'जयन्त लोक मंच' (1983) और 'कोकिल मंच' (1990) सदृश रंगकर्मी-संस्थाओं ने नये नाट्य आन्दोलन के अनेक नाटककारों को इस दिशा में प्रेरित किया। रंगमंच के क्षेत्र में पटना में 'नाट्य मंच' (1972), 'अरिपन' (1984), 'भंगिमा' (1984) आदि के सक्रिय सहयोग के फलस्वरूप इसका विकास तेजी से हो रहा है।

मैथिली के आदिकाल में काव्य-साहित्य का जो बीजारोपण हुआ था उसका वास्तविक विकास आधुनिक काल में हुआ है। जहाँ आदिकालीन मैथिली-कवियों ने राधाकृष्ण और हरगौरी को ध्यान में रखकर काव्य-रचना की वहाँ आधुनिक काल में विभिन्न प्रवृत्तियों की काव्य-रचना हुई है। अतएव जहाँ तक आधुनिक मैथिली-काव्य का प्रश्न है, इसमें मुख्य रूप से दो प्रवृत्तियाँ मिलती हैं। एक ओर जहाँ विषयवस्तु, भाव-भाषा इत्यादि दृष्टियों से अनेक कवियों ने अपने को सर्वथा प्राचीन परम्परावादी रखने का प्रयास किया वहाँ दूसरी ओर अनेक कवियों ने अपने को सर्वथा नवीनता के साथ जोड़ा। परम्परावादी काव्य में महाकाव्य, खण्डकाव्य, प्रबंधकाव्य, पारम्परिक गीति-काव्य, मुक्तक आदि रचनाओं से मैथिली-काव्य का शृंगार किया। इस दिशा में एक नवीनता यह मिलती है कि मैथिली-साहित्य में सर्वप्रथम रामकाव्य की परम्परा स्थापित हुई और इसमें कवीश्वर चन्दा झा ने 'मिथिला भाषा रामायण' (मधुश्रावणी 1984) और लालदास ने 'रमेश्वरचरित मिथिला रामायण' (2011 संवत्) की रचना कर महाकाव्य-लेखन का सूत्रपात किया। तत्पश्चात् इस काल के कवियों की दृष्टि काव्य की इस प्रवृत्ति की ओर गयी जिसका परिणाम हुआ है कि इस साहित्य में पचास से अधिक महाकाव्य प्रकाश में आये हैं जिनमें उल्लेखनीय हैं कविशेखर बदरीनाथ झा का 'एकावली परिणय' (1938-40), मुंशी रघुनन्दन दास का 'सुभद्राहरण', तंत्रनाथ झा का 'कीचकवध, सीताराम झा (1891-1975) का 'अम्बचरित' (संवत् 2013), जीवनाथ झा का 'रावणवध', दीनानाथ पाठक 'बंधु (1928-1962) का 'चाणक्य', काशीकान्त मिश्र 'मधुप' (1906-1987) का 'राधाविरह' (1969), वैद्यनाथ मल्लिक 'विधु' (1912-1987) का 'सीतायन' (1973), सुरेन्द्र झा 'सुमन' (1910-2002) का 'दत्तवती' (1987), मतिनाथ मिश्र का 'राजा सहलेस', बौआ जी झा 'अज्ञात' का 'रुक्मिणी परिणय' और 'प्रतिज्ञा पाण्डव', विश्वनाथ झा 'विषपायी' का 'रामसुयश सागर' (1978), मार्कण्डेय

प्रवासी का 'अगस्त्यायनी' (1980), ईशनाथ झा का 'महाभारत' (1987), उपेन्द्रनाथ झा 'व्यास' का 'मैथिली महाभारत आदि पर्व' (1994), कांचीनाथ झा 'किरण' का 'पराशर' (1988) और चन्द्रभानु सिंह का 'शकुन्तला' (2002) इत्यादि।

खण्डकाव्य भी आधुनिक युग की देन है जिसमें कवियों ने अपनी प्रतिभा का प्रस्फुटन किया जिसका परिणाम हुआ है कि अनेक कवियों ने इस विधा की श्रीवृद्धि में अपना योगदान दिया। ऐसे कवियों और उनके खंडकाव्यों में उपेन्द्रनाथ झा 'व्यास' का 'संन्यासी' (1947) और 'पतन' (1969), केदारनाथ लाभ का 'लखिमा रानी' (1960) और 'भारती' (1964), अमरेन्द्र मिश्र का 'एकलव्य' (1970) एवं 'सत्यकेतु' (1977), लक्ष्मण झा का 'उत्सर्ग' (1975), रवीन्द्रनाथ ठाकुर का 'पंचकन्या' (1977), योगेश्वर झा का 'नोर' (1979), सुरेन्द्र झा 'सुमन' का' उत्तरा (1980), लोकपति सिंह का 'द्रोहाग्नि' (1969), बुद्धिधारी सिंह 'रमाकर' (1919-1991) का 'समाधि' (1983) अच्युतानन्द दत्त (मृत्यु-1944) का 'कर्णकंशवध' (1979), उषाकिरण खान का 'जाइ सँ पहिने' (2010) इत्यादि उल्लेखनीय हैं।

मैथिली-कविता के इतिहास में1929 ई० का बड़ा महत्त्वपूर्ण स्थान है। 'मैथिली गीतांजलि' के नाम से राष्ट्रीय कविताओं का प्रथम संकलन इसी समय प्रकाशित हुआ था। वस्तुतः इन कविताओं से मैथिली में राष्ट्रीय-सांस्कृतिक कविता-धारा का सूत्रपात होता है। देशप्रेम के अतिरिक्त समाज-कल्याण के जितने साधन हो सकते हैं उनकी ओर इस काल के कवियों ने निर्देश किया।

मैथिली-कविता में प्रगतिवाद एक विशिष्ट काव्य-प्रवृत्ति के रूप में मान्य हो चला है। मैथिली-कविता में प्रगतिवादी काव्य का प्रारम्भ तब से मान सकते हैं जब कविगण मानवता के प्रति सहानुभूति प्रकट करने लगते हैं। इसी मानवतावादी भावना के कारण रमानाथ झा ने भुवनेश्वर सिंह 'भुवन' (1907-1944) को मैथिली में प्रगतिवाद का प्रवर्त्तक माना है। परन्तु इनसे पूर्व वैद्यनाथ मिश्र 'यात्री' की रचनाओं में यह प्रवृत्ति प्रकट हो चुकी थी। युग-युग से सामन्ती शिक्षा के नीचे दबी कवि की वाणी यदि एक ओर अपने मन का उद्गार व्यक्त करती है तो फिर तत्काल ही जन-मन के भावों को प्रकट करने के लिए मचल उठती है। वस्तुतः प्रगतिशील साहित्य में कवियों की क्रान्तिकारी आत्मा ज्वालामुखी की भाँति स्फुलिंग बिखेरती प्रतीत होती है। प्रगतिवादी कवियों ने मानव को सर्वोपरि सत्ता के रूप में स्वीकार किया है। इस प्रकार मैथिली-कविता में अधिक कवियों ने प्रगतिवादी कविता का निर्माण स्वस्थ और व्यापक रूप में किया है। प्रगतिवादी काव्य प्रधानतः बुद्धि-प्रधान है। वैयक्तिक कविताओं में जिस मसृण भावुकता एवं कल्पनाप्रवण अन्तर्दृष्टि के दर्शन होते हैं, प्रगतिवादी काव्य-प्रवृत्ति में उसकी ओर आसक्ति का अभाव है। वस्तुतः परिस्थिति ने कवियों का दृष्टिकोण बदल दिया है। बुद्धिवादी दृष्टिकोण का ही परिणाम है कि वर्तमान समय में कवियों को व्यंग्य-प्रधान कवितायें लिखने को

प्रेरित किया है। जब सीधी ऊँगली से घी नहीं निकलता तो टेढ़ी ऊँगली का सहारा लेना पड़ता है। यह व्यंग्य-रचना साहित्य की टेढ़ी ऊँगली ही है। व्यंग्य-प्रधान कविताओं द्वारा समाज और व्यक्ति की कमजोरियों पर मार्मिक चुटकियाँ ली गयी हैं। कवियों ने वर्तमान समाज में प्रचलित मिथ्याचार, रूढ़िवादिता, पाखण्ड, आडम्बर के साथ ही राजनीतिक विरूपता, अवसरवादिता आदि पर तीव्र व्यंग्य किये हैं।

साम्प्रतिक मैथिली-कविता में एक ही साथ विभिन्न प्रवृत्तियों का विकास देख रहे हैं। अतः इसे किसी नाम विशेष से अभिहित करने से उसका सुस्पष्ट रूप सामने नहीं आवेगा। सुविधा की दृष्टि से इसे 'नवगीतिवाद' का नाम दे सकते हैं। विशेषतः तरुण कवियों ने इसे लोकप्रिय बनाया है, वैसे पुराने कवि भी इस धारा में दिलचस्पी ले रहे हैं तथा योगदान देने लगे हैं। नवगीतिवाद में न तो परम्परावादियों की इतिवृत्तात्मकता है और न व्यक्तिवादियों की निरपेक्षता। वस्तुतः नवगीतिवाद काव्यधारा का नया मोड़ है जिसमें वैयक्तिक प्रतिभा नये युग की नयी काव्य-चेतना को नूतन स्वरमाधुरी से समन्वित कर प्रकट हुई है।

आधुनिक मैथिली-कविता में गीतिकाव्य का विकास एक नये रूप में भी हुआ है। यह वस्तुतः हमारे साहित्य पर नये प्रभाव का परिणाम है। हमारा नया गीतिकाव्य पाश्चात्य 'लिरिक' का उपजीवी है। प्रारम्भिक एवं मध्यकालीन मैथिली-गीत निश्चित रूप से संगीत से सम्बद्ध थे। सभी गीतकवि संगीत के विशेषज्ञ समझे जाते थे तथा प्रत्येक गीतिकविता किसी न किसी राग-रागिनी में बँधी होती थी। आज नये गीतिकाव्य को विकास के पथ पर अग्रसर पाते हैं। गीतिकाव्य कवि के अन्तर्मन की वह स्वतः प्रेरित तीव्रतम भावात्मक अभिव्यक्ति है जिसमें विशिष्ट पदावली का सौन्दर्य अनुभूति के ऐक्य एवं संगीतात्मकता के योग से द्विगुणित होता है। नये गीतिकाव्य का विकास राष्ट्रीय-सांस्कृतिक काव्यों में पाते हैं, वैसे तो इसके परिष्कृत रूप का दर्शन वैयक्तिक कविताओं में होता है। राष्ट्रीय, सांस्कृतिक धारा की कविताएँ विशेषतः उपदेश-काव्य हैं या विचारात्मक कोटि की रचनाएँ हैं। फलतः ये वर्णन-प्रधान हो गयी हैं और इतिवृत्तात्मक हैं जिनमें भावाभिव्यंजना की दृष्टि से सरलता एवं भावात्मकता का अभाव पाते हैं। आलोच्य काल में विभिन्न विषयों से सम्बन्धित रचनाएँ की गयी हैं। प्रधानतः इन्हें प्रेमगीत, भक्तिपरक गीत, प्रकृति-संबंधी गीत, विचारात्मक गीत एवं बुद्धिप्रधान गीत आदि वर्गों में बाँट सकते हैं। मैथिली-काव्य में गीतों की विकासोन्मुख परम्परा में बहुत सारे कवि हैं। इन कविगीतकारों की विस्तृत नामावली प्रस्तुत करना कोई विशेष अर्थ नहीं रखता है। मैथिली-गीतिकाव्य का दूसरा प्रचलित रूप है 'सम्बोधगीति'। वस्तुतः गीतिकाव्य के इस स्वरूप का विकास अँगरेजी-काव्य 'ओड' के अनुकरण पर हुआ है। सम्बोधगीतियों में कवि की भावना किसी वस्तु विशेष को सम्बोधित कर प्रकट होती है। मैथिली-सम्बोधगीतियों में विषय की विविधता एवं शैलीगत अनेकरूपता के दर्शन

होते हैं। सच तो यह है कि आलोच्यकालीन मैथिलीगीतिकाव्य में सम्बोधगीतियों ने अपनी समृद्ध परम्परा स्थापित कर ली है और आज हम उन्हें परिष्कृत रूप में पाने लगे हैं। आधुनिक गीतिकाव्य का एक रूप चतुर्दशपदी कविता का है। इसका विकास अँगरेजी 'सॉनेट' के अनुकरण पर हुआ है। चौदह पंक्तियों में रचित गीतिकाव्य के इस रूप का महत्त्व इसके स्वरूप को लेकर है जिसके आधार पर इसका नामांकन किया गया है। मैथिली में इसकी रचना अत्यल्प है।

गीतिकाव्य के अतिरिक्त दूसरा काव्यरूप मुक्तक ही है। मैथिली में भी पद्यान्तरनिरपेक्ष कविता को ही मुक्तक कहा गया है। मैथिली में मुक्तक काव्य का विकास आलोच्य काल में आकर हुआ है। आधुनिक युग के पूर्व के कवियों का ध्यान इस ओर नहीं गया। चन्दा झा पहले कवि हैं जिन्होंने तत्कालीन सांमाजिक-राजनीतिक जीवन को लक्ष्य कर मुक्तकों की रचना की। मैथिली-मुक्तक काव्य में विषय की दृष्टि से विविधता के दर्शन होते हैं। शृंगार, भक्ति, नीति या उपदेश इन सारे विषयों से सम्बद्ध मुक्तक काव्य लिखे गये हैं। मुक्तक एक कला-प्रधान काव्यरूप है और इसकी कलात्मकता उक्ति-वैचित्र्य को लेकर है। इसीसे चन्दा झा की इतिवृत्तात्मक शैली का आगे आकर परिष्कार पाते हैं। अब कविगण उक्ति-कौशल के अनुरूप मुक्तक के विकास में सहायक होते हैं।

इधर आकर मैथिली-काव्य-क्षेत्र में नयी कविता की ध्वनि प्रतिध्वनित होने लगी है। इस काव्य को लेकर विद्वानों में मतैक्य का अभाव है। कुछ का कहना है कि नयी कविता का स्वर सार्वभौम स्वर है। कुछ का कहना है कि मैथिली की नयी कविता अपनी एक अलग पहचान रखती है। मैथिली की नयी कविता का आज जो स्वरूप दृष्टिगत हो रहा है, उसके निर्माण में अन्य भाषाओं के साहित्य की प्रवृत्ति ने प्रेरक भूमिका निभायी है। मायानन्द मिश्र के अनुसार मैथिली में नयी कविता का उन्मेष सन् 1960 ई॰ के आसपास हुआ। इस काव्य में प्रगतिशील मूल्य में आस्था, अखिल मानवता, सौन्दर्य-क्षेत्र का विस्तार, बौद्धिकता की प्रतिष्ठा, कटु यथार्थ की अभिव्यक्ति, राजनीतिक विसंगतियों का उद्घाटन, संत्रास की अभिव्यक्ति, धार्मिक कर्मकाण्ड पर अनास्था, अविश्वास, अनास्था, असन्तोष के प्रति विद्रोह की अभिव्यक्ति हुई है। जहाँ तक इसके शिल्प का प्रश्न है, वह साध्य नहीं, साधन है।

मैथिली-काव्यधारा की अन्यतम नयी प्रवृत्ति गीत, नये गीत और गजल की ओर उन्मुख हो रही है। हालाँकि मैथिली में गीत-रचना की प्राचीनतम परम्परा रही है, फिर भी गीत, नये गीत और गजल लिखने की नयी परम्परा चल पड़ी है। इसमें मिथिला के परम्परागत लोकधुन को अपनाकर कवियों ने इसे अग्रसर किया है। मैथिली में नये गीत स्वतंत्र काव्य-विधा के रूप में स्थापित होने की प्रक्रिया में है। अरबी और उर्दू-काव्य-परम्परा से प्रभावित होकर मैथिली के कवियों में गजल लिखने की परम्परा की शुरुआत हुई है। मैथिली-काव्य के अन्तर्गत गजल लिखने की परम्परा पिछली

सदी के अस्सी के दशक में हुई है। फिर भी, काव्य की नयी प्रवृत्ति की ओर कवियों का ध्यान गया है जिसका उत्तरोत्तर विकसित स्वरूप सामने आ रहा है। इस प्रकार, आधुनिक मैथिली विविध वस्तुविन्यास और शैली से समन्वित होकर दिन-प्रतिदिन उन्नति कर रही है।

समालोचना आधुनिक साहित्य का विशिष्ट अंग है। पाश्चात्य साहित्य के सम्पर्क के द्वारा समालोचना का शुभारम्भ हुआ। उसे मैथिली के साहित्यकारों ने पहचाना। इस तरह साहित्य का अध्ययन भी समालोचना-साहित्य के अन्तर्गत अपेक्षित हो जाता है। प्राचीन साहित्यिक कृतियों के अन्वेषण की दिशा में चन्दा झा का महत्त्व अक्षुण्ण है। कवीश्वर चन्दा झा ने अनुसंधान के क्षेत्र में नयी गति भर दी और उसीका परिणाम हुआ कि प्राचीन साहित्यिक कृतियों का सम्पादन किया जाने लगा। प्राचीन कवियों के काल और परिचय को लेकर विद्वानों में मतभिन्नता रही है जिसके परिणामस्वरूप उपलब्ध सामग्रियों का अनुशीलन कर युक्तिसंगत निष्कर्ष प्रस्तुत करना कठिन हो गया।

मैथिली में आलोचना-साहित्य का वास्तविक विकास नहीं हो पाया। उसके भव्य स्वरूप का निर्माण बीसवीं सदी में आकर हुआ है। मैथिली-पत्रकारिता के अग्रदूत मुरलीधर झा आलोचना के क्षेत्र में नयी भाषा, नयी शैली एवं विविध आलोच्य वस्तुओं के साथ आये। उनके समक्ष आलोचना के लिए विविध प्रकार के विषय थे, जैसे साहित्य-निर्माण, भाषा-परिमार्जन, समाज-सुधार, राष्ट्रीय आन्दोलन आदि। किन्तु इस काल अर्थात् 1906 ई॰ तक आलोचना और निबंध दोनों इस प्रकार से सम्बद्ध रहे कि उनके बीच कोई स्पष्ट विभाजक रेखा खींचना संभव नहीं हो सका। इस काल में मोद-मण्डल तथा उसके बाहर के लेखकों ने निबन्ध और आलोचना का सम्मिलित रूप ही सामने रखा।

साहित्य के क्षेत्र में दो महारथियों का योगदान बड़े महत्त्व का है। विशेषतः प्रस्तुत संदर्भ में उन दोनों महारथियों के गुरु-गम्भीर व्यक्तित्व, विवेक एवं विलक्षणता, अध्ययन एवं मनन, सब ने मिलकर आलोचना को नया रूप देने की चेष्टा की। भोलालाल दास (1897 -1977) और सुरेन्द्र झा 'सुमन', दोनों ही अपनी विशेषताओं के साथ साहित्य के क्षेत्र में आये थे। भोलालाल दास एक अध्ययनशील विद्वान्, समाज-सुधारक एवं मातृभाषा के अनन्य अनुरागी के रूप में प्रकट हुए। सुरेन्द्र झा 'सुमन' संस्कृत-साहित्य के गहन अध्ययन एवं पाण्डित्य, बाङ्ला-साहित्य के प्रति अभिरुचि, अँगरेजी एवं हिन्दी-साहित्य का निकटतम परिचय, भावुक कविहृदय एवं विलक्षण कवि-प्रतिभा से समन्वित थे। भोलालाल दास ने 'मिथिला' और 'भारती' का सम्पादन किया और सुरेन्द्र झा 'सुमन' 'मिथिला मिहिर' का सम्पादन करते रहे।

मैथिली-आलोचना के ऐतिहासिक विकास-क्रम में आरम्भ में वे ही आलोचक आते हैं जो संस्कृत-समीक्षा-पद्धति में निष्ठा रखते हैं। डॉ॰ उमेश मिश्र, बलदेव मिश्र

सदृश वयोवृद्ध आलोचक इसी वर्ग का प्रतिनिधित्व करते हैं। किन्तु आलोचना-साहित्य ने जो रूप प्राप्त किया है अथवा उसके विकास की जो गति देखने में आ रही है, उसका सारा श्रेय उन व्यक्तियों को है जो आलोचना के लिए एक स्वतंत्र मानदण्ड के निर्माण में व्यस्त रहे। इन आलोचकों की पंक्ति में नरेन्द्रनाथ दास (1904-1993), रमानाथ झा, कांचीनाथ झा 'किरण', ब्रजकिशोर वर्मा 'मणिपद्म', शैलेन्द्र मोहन झा, दुर्गानाथ झा 'श्रीश' (1929-2000) आदि के नाम लिये जायेंगे।

दूसरी पीढ़ी के आलोचकों ने सामंजस्य की स्थिति का निर्माण किया है। इनका उद्देश्य साहित्य का समुचित विवेचन एवं मूल्यांकन करना है। ये आलोच्य वस्तु के अन्तर्निहित सौन्दर्य को प्रकाश में लाते हैं। साहित्य के अन्तर्गत जो सौष्ठव है उसका बोध अपने पाठकों को करा देना अपना कर्त्तव्य समझते हैं। नयी पीढ़ी के आलोचक साहित्य में सामाजिक मर्यादा का ध्यान नहीं रखते हों, ऐसी बात नहीं है, पर ऐसी स्थिति यदि उत्पन्न हो जाय तो उसे बड़ा अपराध नहीं मानते हैं। आलोचकों की इस दूसरी पीढ़ी से ही सम्बद्ध एक नया दल भी फूटता नजर आ रहा है। इन नये आलोचकों की प्रतिभा में व्यक्ति-चिन्तन एवं समाज-मंगल का अद्‌भुत सामंजस्य देखा जाता है। वस्तुतः इनके द्वारा निर्मित आलोचना विभिन्न युगों के सांस्कृतिक एवं दार्शनिक आदर्शों के आकलन के साथ रचना की मनोवैज्ञानिक और साहित्यिक विशेषताओं के अध्ययन का उपक्रम है।

मैथिली-आलोचना का व्यावहारिक पक्ष अपेक्षाकृत पुष्ट एवं सबल है। मूल कारण है कि सिद्धान्त-पक्ष से व्यवहार-पक्ष को सरल समझा जाता है। दूसरी बात है कि सतत रचनात्मक साहित्य का पर्यालोचन होता रहता है और अध्यापन के क्षेत्र में भी साहित्यालोचन के व्यावहारिक पक्ष की आवश्यकता ही अधिक होती है। हमारे यहाँ व्यावहारिक आलोचना के सामान्यतः चार रूप हैं— भाषण, भूमिका, पुस्तक-परिचय और आलोचना-साहित्य।

मैथिली में आलोचना का एक अर्थ 'दोषाविष्करण' होता है। यद्यपि समालोचना का इस रूप में प्रयोग उसका योगरूढ़ अर्थ है तथापि इसने थोड़ी-बहुत मात्रा में हमारे साहित्य को भी आक्रान्त कर रखा है। पर यह रूप विशेषतः साम्प्रतिक साहित्य में ही पाते हैं और स्वस्थ आलोचना के विकास के साथ ही इस प्रवृत्ति का अवसान भी होता जा रहा है। आज मनोविज्ञान एवं समाजविज्ञान ने आलोचकों को नयी दृष्टि दी है और विज्ञान के नये आलोक में आलोचना की स्वस्थ परम्परा का विकास हो रहा है। मैथिली-साहित्य भी इससे असम्पृक्त नहीं है जो उसके शुभ भविष्य का ही सूचक माना जायगा। साठोत्तर मैथिली-साहित्य में शोध की दिशा में सन्तोषजनक प्रगति हुई है। अनेक शोधकर्त्ताओं ने विशालकाय शोध-प्रबंधों को प्रस्तुत कर विभिन्न उपाधियाँ प्राप्त की हैं और मैथिली-आलोचना के भाण्डार को समृद्ध किया है। लेकिन अधिकांश शोध-प्रबन्ध अप्रकाशित हैं। इसलिए इस प्रसंग में टिप्पणी नहीं की जा

सकती है। प्राचीन आलोचना की गति जहाँ मन्थर थी वहाँ आधुनिक समय में इसका विकास द्रुतगति से हो रहा है।

मैथिली-साहित्य के लिए यात्रा-साहित्य नव्यतम विधा है जिसके अन्तर्गत तीर्थ-दर्शन, ऐतिहासिक स्थलों का परिभ्रमण और विदेश-यात्रा, ये सब आते हैं। जहाँ तक मैथिली-साहित्य का प्रश्न है, इसकी रचना का सूत्रपात बीसवीं शताब्दी के प्रथम दशक में हुआ और चेतनाथ झा (1866-1921) की 'जगन्नाथपुरी यात्रा' (1910) पुस्तकाकार रूप में प्रकाशित हुई। धार्मिक कट्टरता के कारण मिथिलावासी विदेश-भ्रमण नहीं करना चाहते थे और जिन लोगों ने यात्रा की भी, उसका विवरण प्रस्तुत नहीं किया। सर्वप्रथम डॉ॰ सुभद्र झा ने अपनी विदेश-यात्रा को 'प्रवास जीवन' (1950) नाम से प्रकाशित कराया। विदेश-यात्रा से संबंधित इनकी दूसरी पुस्तक 'यात्रा प्रकरण शतक' है। डॉ॰ जगदीशचन्द्र झा की विदेश-यात्रा 'सात समुद्र पार' (1969), नगेन्द्र कुमार की आयरलैण्ड-यात्रा 'श्यामली' (1981), उपेन्द्रनाथ झा 'व्यास' की अमेरिका-यात्रा 'विदेश-भ्रमण' (1978) और डॉ॰ चेतकर झा की विदेश-यात्रा 'पृथ्वी-परिक्रमा' (1992) प्रकाशित है। भारत-भ्रमण से सम्बंधित रचनाओं में जीवानन्द ठाकुर का 'बदरीनाथक यात्रा', जयन्ती देवी की 'गया यात्रा' (1969), सीताराम झा 'श्याम' का 'भारत-भ्रमण', शेफालिका वर्मा का 'यायावरी' (1995) तथा ब्रजकिशोर वर्मा का 'ओहि ठाम गेल छलहुँ' (2004) प्रकाशित है। मैथिली की विभिन्न प्राचीन और अर्वाचीन पत्रिकाओं के अवगाहनोपरान्त यह जानकारी मिलती है कि कुछ लोगों ने अपनी व्यक्तिगत यात्राओं को मूर्त्त रूप अवश्य प्रदान किया, लेकिन पुस्तकाकार रूप में प्रकाशित नहीं किया। अन्य विधाओं की तुलना में यह विधा अब तक मैथिली-साहित्य में सशक्त नहीं हो पायी है। आत्मकथा, जीवनी, संस्मरण और साक्षात्कार मैथिली-साहित्य में नगण्य हैं। इस दिशा में महामहोपाध्याय डॉ॰ सर गंगानाथ झा (1872-1941) की अँगरेजी में लिखित आत्मकथा मैथिली में अनूदित होकर प्रकाश में आयी है। इस दिशा में मौलिक आत्मकथा हरिमोहन झा की 'जीवन-यात्रा' (1984), लक्ष्मीपति सिंह की 'अतीतक स्मृति पटल' (1980), काशीकान्त मिश्र 'मधुप' की 'प्रेरणापुंज' (1980), तूलिका झा की 'राजलक्ष्मी एक भावचित्र' (1972), भोलालाल दास का 'संस्मरण' (1980), विनोद विहारी वर्मा का 'तपसा वै गंगा' (1993), सुरेन्द्र झा 'सुमन' का 'मोन पड़ैत अछि' (2000), भीमनाथ झा का 'मन आंगन में ठाड़ (2000) और गोविन्द झा का 'आत्मालाप' (2002) तथा मैथिली अकादमी द्वारा प्रकाशित 'स्मृति संध्या' (1984) जीवनचरित-साहित्य की दृष्टि से उल्लेखनीय हैं। इस दिशा में ब्रजकिशोर वर्मा 'मणिपद्म' ने 'हुनका सँ भेट भेल छल' (2004) में अद्भुत संस्मरण लिखे हैं जिसे पढ़कर पाठकों को अदम्य प्रेरणा मिलती है। आत्मकथा और संस्मरण के अद्भुत स्वरूप का दिग्दर्शन गिरीन्द्र मोहन मिश्र (1890-1983) के 'किछु देखल किछु सुनल' (शाके 1894) में होता है जिसमें

उन्होंने विगत अर्द्ध शताब्दी की मिथिला के राजनीतिक, सांस्कृतिक और सामाजिक पक्षों पर प्रामाणिक विवरण प्रस्तुत किया है।

मैथिली-लोकसाहित्य की विपुल सामग्री लोककण्ठ में व्याप्त है लेकिन इस दिशा में जितना प्रकाशन होना चाहिए था वह अब तक नहीं हो पाया है। आज तक इस साहित्य में इस विधा के अन्तर्गत लोकोक्ति और मुहावरों का कोश भी प्रकाशित नहीं हो पाया है। लोकगीत के कई संग्रह प्रकाश में आये हैं जिनमें उल्लेखनीय हैं अणिमा सिंह का 'मैथिली लोकगीत' (1970), कामेश्वरी देवी का 'मैथिली संस्कार गीत' (1981), लोकनाथ मिश्र का 'मैथिलीक व्यवहार गीत' (1970) और बाल गोविन्द झा का 'मैथिली ग्राम्य गीत'।

मैथिली के बाल-साहित्य की स्थिति सन्तोषजनक नहीं है। उसका प्रमुख कारण है कि मैथिली को प्रारम्भिक शिक्षा के रूप में अंगीकार नहीं किया गया है। फिर भी, साहित्य के इस प्रभाग को विकसित करने की दिशा में साहित्य-चिन्तक सचेष्ट दिखायी पड़ते हैं। विगत शताब्दी के अन्तिम दशक में कुछ बाल-साहित्य अवश्य प्रकाश में आये हैं जिनकी संख्या नगण्य है।

अनुवाद से साहित्य की श्रीवृद्धि होती है। बीसवीं शताब्दी के आरम्भिक चरण में अनेक संस्कृत आख्यायिकाओं का अनुवाद मैथिली में हुआ जिसके फलस्वरूप इस विधा की ओर लेखकों का ध्यान गया। साहित्य अकादेमी द्वारा मैथिली को मान्यता प्राप्ति के फलस्वरूप विभिन्न भारतीय भाषाओं के स्तरीय ग्रंथों का अनुवाद मैथिली में संभव हो पाया है। कई विदेशी भाषाओं के ग्रंथों का अनुवाद हुआ। फिर भी, इस दिशा में लोगों का ध्यानाकर्षण आवश्यक है।

मिथिला और मैथिली के प्राचीन इतिहास के प्रसंग में कई महत्त्वपूर्ण कार्य हुए हैं। इस दिशा में श्याम नारायण सिंह का 'History of Tirhut' (1922), महामहोपाध्याय परमेश्वर झा का 'मिथिलातत्त्वविमर्श' (1922), महामहोपाध्याय मुकुन्द झा वक्शी (1860-1938) का 'मिथिला भाषामय इतिहास', जयकान्त मिश्र (1949-1950) का 'A History of Maithili Literature', volume I एवं II, राधाकृष्ण चौधरी का 'A survey of Maithili Literature' (1976) और 'Mithila in the Age of Vidyapati' (1976) और रामप्रकाश शर्मा का 'मिथिला का इतिहास' (1969) उल्लेखनीय कृतियाँ हैं जिनमें सभी विषयों का सांगोपांग विश्लेषण किया गया है।

निष्कर्ष-स्वरूप यह कहा जा सकता है कि जहाँ प्राचीन और मध्यकाल में मैथिली-साहित्य केवल गीतों तक सीमित था तथा उसमें विषय अथवा रूप की विविधताओं का अभाव था वहाँ आधुनिक और स्वातंत्र्योत्तर काल में साहित्य की विभिन्न विधाएँ प्रचलित हो गयी हैं। भाषा-प्रचार के साथ ही आज साहित्य के विभिन्न अंग रचनात्मक कृतियों से भरे जा रहे हैं। फिर भी, मैथिली को अभी बहुत बड़ा मैदान पार करना है।

संताली-साहित्य

• डॉ॰ डोमन साहु 'समीर'

संताली हमारे देश भारत के झारखंड, बिहार, पश्चिम बंगाल, ओड़िशा, असम, त्रिपुरा आदि राज्यों में बसे हुए पचास लाख से अधिक जनजातीय संताल लोगों की मातृभाषा तो है ही, नेपाल और बाँगला देश में भी संताली-भाषी संताल लोगों का निवास हजारों की संख्या में है। हमारे देश की मुंडारी, हो, खड़िया, कोरकु, कोरवा आदि जनजातीय भाषाएँ संताली की सहोदराएँ हैं। संताली अपनी सहोदरा भाषाओं में सबसे प्रमुख और सर्वाधिक प्रगतिशील है।

विगत 22 दिसम्बर, 2003 को भारतीय लोकसभा द्वारा संताली भाषा को संविधान की आठवीं अनुसूची में शामिल कर लिये जाने के निर्णय के परिणामस्वरूप यह भाषा एक आधुनिक भारतीय भाषा के रूप में प्रतिष्ठित हो गयी। इस भाषा की राष्ट्रीय पहचान सबसे पहले तब हुई थी जब 13 सितम्बर, 1998 ई॰ को साहित्य अकादमी, नयी दिल्ली द्वारा इस भाषा के लिए 'भाषा-सम्मान, 1997' प्रदान किया गया था। संयोगवश वह सम्मान इन पंक्तियों के लेखक को ही प्राप्त हुआ था जिसने बिहार सरकार के सूचना एवं जन-सम्पर्क विभाग (पटना) द्वारा प्रकाशित प्रथम संताली साप्ताहिक पत्र 'होड़-सोम्बाद' का सम्पादन जून, 1947 से लगातार जून, 1983 ई॰ तक करते हुए इस भाषा में ढाई दर्जन से अधिक पुस्तकों का प्रणयन करके इस भाषा-साहित्य के उन्नयन में सम्यक् योगदान किया है। अन्तरराष्ट्रीय क्षेत्र में संताली 'ऑस्ट्रो-एशियाटिक' (दक्षिण-एशियाई) भाषा-परिवार के अंतर्गत परिगणित है। सुमात्रा, जावा, बोर्नियो आदि पूर्वी द्वीप-समूह की मोन, ख्मेर, बहनार, सेकई, सेमङ आदि भाषाएँ संताली की सजातीय भाषाएँ हैं। 'ऑस्ट्रो-एशियाटिक' शब्द-युग्म का संक्षेप 'आस्ट्रिक' है जिसका समानार्थक 'आग्नेय' शब्द हिन्दी में प्रचलित है। पूर्वी द्वीप-समूह हमारे देश से अग्निकोण में रहने के परिणामस्वरूप 'आग्नेय' शब्द का प्रयोग सटीक है। इस प्रकार संताली, मुंडारी, हो आदि जनजातीय भाषाएँ 'आग्नेय भाषाएँ' हैं जब कि सामान्य बोलचाल में ये सभी 'आदिवासी भाषाएँ' भी कहलाती हैं।

संताली हमारे देश की अति प्राचीन भाषा है। इसकी मूल शब्दावली आहार,

निद्रा, भय आदि जीवन की अनिवार्य आवश्यकताओं, शरीर के अंगों, प्राकृतिक पदार्थों आदि से संबंधित है। परंतु युगों से संस्कृत, प्राकृत, अपभ्रंश, हिन्दी, बँगला आदि भाषा-भाषियों के सम्पर्क और सान्निध्य में रहते आने के परिणामस्वरूप संस्कृत, प्राकृत, हिन्दी, बँगला आदि भाषाओं की प्रचुर शब्दावली, सामान्य परिवर्तनों के साथ, संताली में प्रचलित है। उदाहरण के लिए, 'एराडोम' (एरण्डम्), 'पारकोम' (पर्यंकम् खाट), 'सुताम' (सूत्रम्), 'डाण्डोम' (दण्डम्), 'गुहुम' (गेहूँ), 'जाव' (जौ), 'चावले' (चावल), 'आक' (ऊख), 'ढिङकी' (ढेंकी), 'जान्ते' (जाँता) इत्यादि। यही नहीं, आधुनिक ज्ञान-विज्ञान, शिक्षा-साहित्य, व्यापार-वाणिज्य, सभ्यता-संस्कृति आदि से संबंधित शब्दावली हिन्दी, बँगला आदि भाषाओं से संताली में आकर इसे समृद्ध कर रही है। सम्प्रति संताली भाषा-साहित्य के अध्ययन-अध्यापन का प्रावधान झारखंड के दुमका, हजारीबाग और राँची विश्वविद्यालयों में है।

लिपि

संताली की अपनी कोई लिपि नहीं है। यह भाषा युगों से एक अलिखित, बोलचाल की बोली के रूप में ही जीवित रहती आयी है। आधुनिक काल में सबसे पहले जर्मिया फिलिप्स नामक एक अमेरिकी मिशनरी पादरी ने 1845 ई॰ में बँगला लिपि में संताली को लिपिबद्ध किया था। वे ओड़िशा में रहनेवाले एक पादरी साहब थे जो बँगला भाषा जानते थे। फिर, 1852 ई॰ में उन्होंने अँगरेजी में 'ऐन इण्ट्रोडक्सन टु संताली लैंग्वेज' नाम की एक पुस्तक लिखकर उसका प्रकाशन किया था। उसमें संताली के लिए बँगला लिपि का प्रयोग किया गया था परंतु उसके बाद के जिन-जिन विदेशी पादरियों ने संताली में या संताली के बारे में जो कुछ लिखा उनमें उन्होंने रोमन लिपि का प्रयोग किया है। उन पादरियों में ई॰एल॰ पक्सूले लिखित 'ए संताली वोकेब्युलरी' (1867), एल॰ओ॰ स्क्रेफ्सरुड–लिखित 'ए ग्रामर ऑफ दि संताली लैंग्वेज' (1873), ए॰ कैम्पबेल–लिखित 'ए संताली-इंगलिश एण्ड इंगलिश-संताली डिक्शनरी' (1899), पी॰ओ॰ बोडिंग-लिखित 'मैटिरियल्स फॉर ए संताली ग्रामर' भाग 1-2 और 'ए संताल डिक्शनरी' जिल्द 1-5 (1927-36) इत्यादि मुख्य हैं। उनलोगों ने संताली संबंधी उपर्युक्त अँगरेजी पुस्तकों के अलावा ईसाई धर्म की अनेक पुस्तकें भी लिखीं जिनमें संताली के लिए रोमन लिपि का प्रयोग किया जाता रहा।

एल॰ओ॰ स्क्रेफ्सरुड ने अपने सहयोगी जुगिया हाड़ाम नामक एक वयोवृद्ध संताल के साथ कल्याण गुरु नामक एक अन्य वयोवृद्ध संताल से सुन-सुनकर 1871 ई॰ में एक पुस्तक संताली भाषा और रोमन लिपि में लिखी जो 'होड़कोरेन मारे हापड़ामको रेयाक् काथा' (संताल लोगों के पुरखों की बातें) के नाम से पहली बार 1887 ई॰ में प्रकाशित हुई थी। उसमें संताल लोगों के जातीय संस्कार, रीति-रिवाज, पर्व-त्योहार आदि की बातें विस्तार के साथ लिपिबद्ध हैं। संताल समाज में 'हापड़ाम

पुथी' के नाम से प्रसिद्ध उस पुस्तक के अनेक संस्करण अब तक हो चुके हैं। पिछले दिनों उसे पश्चिम बंगाल में बँगला लिपि में भी प्रकाशित किया गया है। उसी प्रकार बोडिंग साहब ने कुछ संताली लोककथाएँ 'होड़ काहनीको' (1924) के नाम से एक पुस्तक के रूप में प्रकाशित करवायी हैं जब कि बहुत-सी संताली लोककथाएँ, उनके अँगरेजी अनुवादों के साथ उन्होंने अपने देश नार्वे से भी प्रकाशित करवायी है। फिर, आर॰ रोजनलंद नामक एक अन्य पादरी ने 'होड़ रोड़ रेयाक् बेयाकोरोन' नाम से एक संताली-व्याकरण संताली भाषा और रोमन लिपि में प्रकाशित करवाया है।

दूसरी ओर, पश्चिम बंगाल में संताली के लिए बँगला लिपि का प्रयोग भी आरंभ से ही होता रहा है और अब तक इस भाषा की सैकड़ों पुस्तकें और पत्रिकाएँ उस बँगला लिपि में प्रकाशित हो चुकी हैं। संताली-पत्रिकाएँ तो सबसे अधिक बँगला लिपि में ही प्रकाशित हो रही हैं।

तीसरी ओर, संताली के लिए देवनागरी लिपि का प्रयोग 1941 ई॰ से होने लगा है जिसका समारंभ प्रस्तुत लेखक द्वारा लिखित और 1941 ई॰ में बिहार हिंदी साहित्य सम्मेलन, पटना द्वारा प्रकाशित 'गिदराको रासकाक् पुथी' (बाल-प्रमोद, भाग 1-3 नाम की प्राथमिक पुस्तिकाओं से हुआ है। बाद में, जून 1947 ई॰ से बिहार सरकार के सूचना एवं जनसंपर्क विभाग (पटना) द्वारा देवघर (संताल परगना) से प्रकाशित प्रथम संताली साप्ताहिक पत्र 'होड़-सोम्बाद' के प्रकाशन से संताली-साहित्य के निर्माण में वही काम होता रहा जो काम हिंदी-साहित्य के निर्माण में आचार्य महावीर प्रसाद द्विवेदी द्वारा संपादित 'सरस्वती' मासिक पत्रिका द्वारा हुआ है। बहुसंख्यक संताली-साहित्यकार उक्त 'होड़-सोम्बाद' साप्ताहिक पत्र के माध्यम से ही प्रकाश में आये हैं जिनकी पहली और बाद की रचनाओं का प्रकाशन इसी पत्र में होता रहा है। उस ऐतिहासिक साप्ताहिक पत्र का संपादन प्रस्तुत लेखक द्वारा लगातार 36 वर्षों तक होता रहा। परिणामस्वरूप देवनागरी लिपि में संताली की सैकड़ों पुस्तकें अब तक प्रकाशित हो चुकी हैं जिनमें से अनेक पुस्तकें दुमका, हजारीबाग और राँची विश्वविद्यालयों में एम॰ए॰ वर्ग तक पाठ्य-पुस्तकों के रूप में प्रस्वीकृत हैं।

चौथी ओर, पिछली सदी के पाँचवें दशक से पं॰ रघुनाथ मुर्मू नामक ओड़िशा के एक सज्जन द्वारा निर्मित 'ओल चिकि' नाम की एक लिपि भी संताली के लिए प्रयोग में आने लगी है जिसमें कुछ पुस्तकें प्रकाशित हो चुकी हैं। उस लिपि का प्रचलन मुख्यतः ओड़िशा और पश्चिम बंगाल के मेदिनीपुर जिले में है। पश्चिम बंगाल सरकार ने उस नयी लिपि को मान्यता प्रदान कर दी है परंतु वह लिपि अब तक सामान्य प्रचलन में नहीं आयी है।

पाँचवीं ओर, ओड़िशा में जब-तब ओड़िशा लिपि का प्रयोग भी संताली के लिए होता रहा है यद्यपि उस लिपि में संताली-साहित्य अधिक प्रकाशित नहीं है।

लिपि-संबंधी उपर्युक्त परिस्थिति में संताली-साहित्य का इतिहास समग्रतः प्रस्तुत किये जाने में अनेक व्यावहारिक कठिनाइयाँ हैं। प्रश्न है कि अपेक्षित इतिहास लिपिवार प्रस्तुत किया जाय, विधावार अथवा लेखकवार। किसी एक इतिहास-लेखक को उपर्युक्त पाँचों लिपियों में प्रणीत संताली-साहित्य की जानकारी प्राप्त हो, यह सहज प्रतीत नहीं होता है। ऐसी स्थिति में निम्नलिखित पंक्तियों में प्रयास किया जा रहा है कि विभिन्न लेखकों द्वारा विरचित और प्रकाशित साहित्य का विवरण, यथासंभव काल-क्रमानुसार प्रस्तुत किया जाय। बाद में, विभिन्न विधानुसार संक्षिप्त इतिहास तैयार कर लिया जा सकता है।

संताली-साहित्य : लोक-साहित्य

जैसा कि ऊपर लिखा जा चुका है, संताली भाषा पहले-पहले विदेशी मिशनरी पादरियों द्वारा 1845 ई॰ में लिपिबद्ध हुई जिनमें से सर्वश्री जर्मिया फिलिप्स, ई॰एल॰ पक्सले, एल॰ओ॰ स्क्रेफ्सरुड, ए॰ कैम्पबेल, जे॰एम॰ मैकफेल, पी॰ओ॰ बोडिंग, आर॰ रोजनलंद, डब्ल्यू॰जी॰ आर्चर आदि ने मुख्यतः अँगरेजी में संताली व्याकरण, शब्दकोश, लोक-साहित्य और ईसाई धर्म संबंधी पुस्तकें प्रणीत कीं। डब्ल्यू॰जी॰ आर्चर ने जी॰जी॰ सोरेन के साथ 'दोङ-सेरेञ' और 'होड़ सेरेञ' नाम से संताली लोकगीतों के दो संग्रह रोमन लिपि में दुमका से 1944 ई॰ में प्रकाशित करवाये थे जो अब उपलब्ध नहीं हैं। बोडिंग द्वारा संकलित संताली-लोककथा-संग्रह 'होड़ काहनी को' (1924) का जिक्र ऊपर हो चुका है। बाद में सर्वश्री नुनकू सोरेन (दुमका), केवलराम सोरेन, डॉ॰ सहदेव मरण्डी, पद्‌मश्री भागवत मुर्मू, गुन्शी सोरेन आदि द्वारा भी कुछ संताली-लोकगीतों के संकलन विभिन्न नामों से प्रकाशित हुए हैं। साथ ही, पद्मश्री भागवत मुर्मू द्वारा संकलित कुछ संताली-लोककथाएँ नागालैंड भाषा परिषद, कोहिमा द्वारा प्रकाशित की गयी हैं जो हिंदी अनुवादों के साथ हैं। इसी प्रकार, स्वर्गीय एस॰ एच॰ मुर्मू तथा श्री धीरेन्द्रनाथ बासके (पश्चिम बंगाल) द्वारा संकलित कुछ संताली-लोकोक्तियाँ और वाग्धाराएँ भी रोमन और बँगला लिपि में प्रकाशित हैं।

ज्ञातव्य है कि संताली में लोक-साहित्य का विपुल भांडार विद्यमान है जिसके संकलन, संपादन और प्रकाशन की नितान्त आवश्यकता है। प्रस्तुत लेखक ने विभिन्न प्रकार के संताली-लोकगीतों का संग्रह, देवनागरी लिपि में, चार भागों में तैयार किया है जिनमें से मात्र एक भाग 'सोहराय सेरेञ' (सोहराय के गीत) ही पिछले दिनों जन-जातीय कल्याण शोध संस्थान, राँची (झारखंड) से प्रकाशित हो सका है। प्रकाशकों का अभाव संताली-साहित्य के प्रकाशन में एक बहुत बड़ी समस्या है।

संताली-साहित्य : लेखकानुक्रम परिचय

संताली भाषा-साहित्य संबंधी उपर्युक्त विदेशी लेखकों के अतिरिक्त जो अन्यान्य लेखक प्रकाश में रहे हैं तथा उन लोगों की जो प्रकाशित कृतियाँ हैं उनका विवरण संक्षेप में नीचे दिया जा रहा है।

1. माझी रामदास टुडू 'रेसका'(1857-1951 : धालभूम, सिंहभूम, झारखंड)। आप एक वयोवृद्ध संताल थे, जिन्होंने संताली संस्कृति (जातीय संस्कार, धार्मिक मान्यता, रीति-रिवाज आदि) से संबधित एक पुस्तक 'खेरवाल वंशा धोरोम पुथी' (खेरवाल वंश की धार्मिक पुस्तक) बँगला लिपि में लिखी थी, जिसका प्रकाशन 1897 से 1902 ई॰ के बीच कभी हुआ था। उस पुस्तक को डॉ॰ सुनीति कुमार चटर्जी ने देखा था और उसकी प्रशंसा की थी। 'खेरवाल' या 'खेरवाड़' संताल लोगों का ही एक प्राचीन प्रजातीय नाम रहा है।

2. डॉ॰ रामचंद्र मुर्मू (1896-1988 : होमियोपैथ, घाटशिला, सिंहभूम, झारखंड)। आप द्वारा लिखित 'आदिवासी सेरेब' (1936), 'तेतेत् तुमाल' (1983) और 'साँवहेंत्' (1988) प्रकाशित हैं जिनमें से पहली लोकगीत, दूसरी संताली रीति-रिवाज और तीसरी गद्य-पद्य विषयक है।

3. पाउल जुझार सोरेन (1892-1954 : पाकुड़िया, संताल परगना, झारखंड)। आप संताली स्कूलों के अवर निरीक्षक थे और बाद में सांसद भी हुए थे। आपकी संताली-कविताओं का संग्रह 'ओनोड़हें बाहा डालवाक्' (काव्य-कुसुमों की डाली) का प्रकाशन 1936 ई॰ में रोमन लिपि में हुआ था। संताली का आदि कवि इन्हें ही कहा जा सकता है। आपने गद्य-पद्य की कुछ अन्य पुस्तकें भी लिखी थीं जो प्रकाशित नहीं हो सकीं।

4. साधु रामचाँद मुर्मू (1897-1954 : मेदिनीपुर, पश्चिम बंगाल)। आप एक प्रसिद्ध संताली कवि, नाटककार और लेखक थे। गृहस्थ जीवन में रहते हुए आपकी धार्मिक प्रवृत्ति और साहित्यिक प्रतिभा उल्लेखनीय थी। आपकी पुस्तकों में मुख्य हैं– 'सारी धोरोम सेरेञ पुथी' (दो भाग : धार्मिक-सांस्कृतिक गीत-संग्रह), 'लिटा गोडेत' (1979 : संताली मिथकीय कथा), 'संसार फेंद' (नाटक : सांसारिक फरफंद), ईसरोड़ (पद्य) और 'ओल दोहो ओनोड़हें' (कविताएँ)। आप संताली साहित्यकारों के एक प्रेरणा-पुरुष रहे हैं। आपने संताली के लिए 'मोंज दान्देर आँक' नाम की एक प्रकार की लिपि भी बनायी थी और अपनी रचनाएँ उसी लिपि में लिख रखी थीं। बाद में उनके शिष्यों ने उन रचनाओं को बँगला लिपि में प्रकाशित करवाया है। उनके कुछ गीत प्रस्तुत लेखक ने अपने द्वारा संपादित 'होड़-सोम्बाद' पत्रिका में देवनागरी लिपि में प्रकाशित किये हैं।

5. पंडित रघुनाथ मुर्मू (1905-1982 : मयूरभंज, ओड़िशा)। आप एक सधे हुए कवि, नाटककार, लेखक और भाषाविद् थे। आप द्वारा लिखित पुस्तकों में 'होड़ सेरेञ' (संताली गीत, 1938), 'बिदु-चान्दान' और 'खेरवाड़ वीर' (1952, नाटक), 'रोनोड़' (व्याकरण), 'हिताल' (1983, काव्य), 'एलखा' (अंकगणित) आदि हैं। 'बिदु-चान्दान' और 'खेरवाड़ वीर' अच्छे मौलिक नाटक हैं। दोनों बंगला लिपि में प्रकाशित हैं, जबकि आपकी अन्यान्य पुस्तकें आप द्वारा निर्मित 'ओल चिकि' नाम

की लिपि में हैं। आपकी प्रसिद्धि मुख्यतः उसी लिपि के कारण है। उसे संताली की अपनी लिपि कहा जाता है यद्यपि उसमें कतिपय खामियाँ हैं। आप संताल समाज में 'गुरु गोमके' (आचार्य) के रूप में सुप्रतिष्ठित हैं। संताली में आपने कतिपय नये शब्द गढ़े भी हैं, जैसे– 'चिकि' (लिपि), 'रोनोड़' (व्याकरण) आदि।

6. नायके मंगलचन्द्र सोरेन (1898-1993 : मेदिनीपुर, प॰ बंगाल)। आप एक कुशल शिक्षक तो थे ही, 1952-67 में पश्चिमी बंगाल के एक विधायक भी थे। आपकी बंगला लिपि में प्रकाशित पुस्तकें हैं– 'जोमसिम बिनती' (भाग- 1-2, 1943 और 1984), 'छिता' (1980 वसंत-गीत)। आपने बँगला भाषा में भी दो पुस्तकें लिखी हैं।

7. नुनकू सोरेन (1907-अज्ञात : दुमका, संताल परगना)। आप एक समर्पित व्यक्ति थे जो अपनी पुस्तकें स्वयं प्रकाशित करवाकर जहाँ-तहाँ घूम-घूमकर बेचा करते थे। आपने छोटी-बड़ी बीस से अधिक पुस्तकें रोमन लिपि में (कुछ देवनागरी लिपि में भी) लिखी हैं जिनमें से मुख्य हैं– 'मुहिला चेचेत् दाइ' (उपन्यासिका), 'आम रेन जुरी' (तुम्हारा संगी), 'कोचे काड़म्बा' (हल), 'एँगा-आपा कुसी बापला' (माँ-बाप की पसंद की शादी) इत्यादि।

8. श्यामसुंदर हेम्बरोम (1908-1991 : मयूरभंज, ओड़िशा)। आपकी प्रकाशित पुस्तकें हैं– 'खेरवाल वंश धोरोम डाक (निबंध, 1938), 'छत्रपति किसकू रापाज' (नाटक, 1948) और 'वीर खेरवाल आकिल बाती' (1952, गीत-संकलन)। आपकी 6-7 पुस्तकें अप्रकाशित ही रह गयीं। आप एक सफल शिक्षक थे। कहा जाता है कि कभी संतालों के किसकू गोत्रवाले उन लोगों के राजा थे।

9. नारायण सोरेन 'तोड़े सुताम' (1922-1989 : पाकुड़, संताल परगना)। आप संताली, बँगला और हिंदी के अच्छे जानकार साहित्यकार थे। आपकी शिक्षा स्नातक स्तर तक हुई थी और आप बिहार सरकार की सेवा में एक अच्छे पद पर नियुक्त थे, परंतु 1952 ई॰ के लोकसभा के चुनाव में आप अपनी नौकरी छोड़कर काँग्रेस के उम्मीदवार के रूप में उस चुनाव में खड़े हो गये थे, जिसमें लगभग डेढ़ लाख मत प्राप्त करने पर भी मात्र कुछ ही मतों से चुनाव हार गये थे। उसके बाद एक हाई स्कूल में अध्यापन-कार्य करने के बाद आपको बिहार विधान परिषद् का सदस्य मनोनीत कर लिया गया था। आप कुछ दिनों तक सिद्धो-कान्हू कॉलेज, बरहरवा में संताली के व्याख्याता भी रहे थे।

'तोड़े सुताम' जी संताली के एक उच्च कोटि के कवि, कहानीकार, नाटककार और लेखक थे। आपने विभिन्न विधाओं की एक दर्जन से अधिक पुस्तकें देवनागरी लिपि में लिखी हैं, परंतु आपकी कविताओं के मात्र तीन संग्रह ही प्रकाशित हो सके हैं– 'गिरा' (आमंत्रण), 'किरतान काली' (कीर्तन-पदावली) और 'आसाड़ बिनती' (आषाढ़ बिनती)। 'गिरा' आपकी प्रारम्भिक कविताओं का संकलन, 'किरतान काली'

(मातृ-स्तुति) मातृ-शक्ति के प्रति निवेदित स्तुतियाँ तथा 'आसाढ़ बिनती' मुख्यतः आषाढ़ मास से संबंधित कविताओं का संग्रह है। आपकी भाषा-शैली की अपनी विशिष्टताएँ हैं। आपकी प्रथम रचना 'होड़-सोम्बाद' में प्रकाशित हुई थी। 'किरतान काली' को कवीन्द्र रवीन्द्रनाथ ठाकुर की 'गीतांजलि' की कोटि की संताली कृति कहा जाय तो कोई अत्युक्ति नहीं। 'तोड़े सुताम' की अप्रकाशित पुस्तकें हैं– 'भिनसार मायाम' (नाटक), 'माठा सुड़ा' (उपन्यास), 'हापड़ाम काथा' (निबंध), 'चुरुच् चावले' (कहानी-संग्रह), 'उरनी सेंगेल' (कविता-संकलन) आदि।

सुकवि 'तोड़े सुताम' अपनी कृतियों के लिए साहित्यकार-कलाकार-कल्याण-कोष परिषद्, पटना; भारतीय संताली साहित्य, बौंसी, देवघर; संताली साहित्य परिषद्, दुमका इत्यादि अनेक साहित्यिक संस्थाओं द्वारा सम्मानित और पुरस्कृत हुए थे। साहित्यकार- कलाकार-कल्याण कोष परिषद्, पटना द्वारा आपको आजीवन साहित्यिक पेंशन प्राप्त थी। इस प्रकार, आप ही प्रथम जनजातीय साहित्यकार थे जिन्हें साहित्यिक पेंशन प्राप्त हुई थी। आपके असामयिक निधन से संताली भाषा-साहित्य की अपूरणीय क्षति हुई है।

10. डॉ० डोमन साहु 'समीर' (1924-2005 : गोड्डा, देवघर, सं०प० झारखंड)। आपकी मातृभाषा संताली तो नहीं है, परंतु एक संताल-प्रधान गाँव (पन्दाहा, गोड्डा, सं० प०) के निवासी होने के नाते संताली आपकी मातृभाषावत् ही है। आपकी प्रारम्भिक शिक्षा हिंदी और संताली में साथ-साथ हुई तथा आपके प्रारम्भिक शिक्षक संताली-भाषी ही रहे हैं। आपने वयस्क शिक्षा-संबंधी पुस्तकों से लेकर पारंपरिक शिक्षालयों के निम्नतम से उच्चतम वर्ग तक की ढाई दर्जन से अधिक संताली-पुस्तकें देवनागरी लिपि में लिखी हैं। कुछ अनुवादित और कुछ संपादित पुस्तकें भी हैं। आपकी प्रमुख संताली-पुस्तकें हैं– 'दिसोम बाबा' (राष्ट्रपिता : जनगीत), 'महात्मा गाँधी' (जीवनी), 'सेताक्' (सबेरा : कविता-संकलन), 'माताल' (मतवाला : कहानी-संग्रह), 'बुल मुण्डा' (पियक्कड़ : कहानी-संग्रह), 'आखोर ओरोम' (अक्षर-परिचय), 'आकिल-मारसाल' (ज्ञान-प्रकाश), 'आकिल हार' (ज्ञानार्जन), 'पारसी नाँइ' (भाषा-सरिता), 'संताली साहित्य' (गद्य-पद्य-संग्रह) इत्यादि। साथ ही, संताली भाषा-साहित्य संबंधी आपकी हिंदी-संताली पुस्तकें हैं– 'संताली-प्रवेशिका' (दो भाग), 'संताली-प्रकाशिका', 'संताली भाषा और साहित्य : उद्भव और विकास', 'हिंदी-संताली-शब्दकोश', 'हिंदी और संताली : तुलनात्मक अध्ययन' (शोध-ग्रंथ) इत्यादि।

आपने जून, 1947 से जून, 1983 ई० तक अर्थात् लगातार 36 वर्षों तक बिहार सरकार के सूचना एवं जन-सम्पर्क विभाग (पटना) द्वारा देवघर (संताल परगना) से प्रकाशित प्रथम संताली साप्ताहिक पत्र, 'होड़-सोम्बाद' का सम्पादन करके संताली-साहित्य के इतिहास में अप्रतिम कीर्तिमान स्थापित किया है। उसके बारे में

अनेक विद्वान् साहित्यकारों ने कहा है कि 'होड़-सोम्बाद' के सम्पादन द्वारा डॉ० 'समीर' ने संताली-साहित्य के निर्माण में वही काम किया है जो काम आचार्य महावीर प्रसाद द्विवेदी ने 'सरस्वती' (मासिक पत्रिका) के सम्पादन द्वारा किया है। सही है कि संताली के वर्तमान गण्यमान्य साहित्यकारों में अधिकतर लोग 'होड़-सोम्बाद' के माध्यम से ही प्रकाश में आये हैं। वस्तुतः संताली के लिए देवनागरी लिपि का प्रयोग आपका विशिष्ट अवदान है।

संताली भाषा-साहित्य की सेवा के उपलक्ष्य में आप झारखंड और पश्चिम बंगाल की विभिन्न संताली साहित्यिक संस्थाओं द्वारा तो सम्मानित-पुरस्कृत हुए ही, साहित्य अकादमी (नयी दिल्ली), नागरी लिपि परिषद् (नयी दिल्ली), बिहार सरकार (पटना), राँची विश्वविद्यालय के जनजातीय एवं क्षेत्रीय भाषा विभाग आदि बीसों राजकीय एवं गैर-राजकीय संस्थानों द्वारा सम्मानित हुए थे।

11. आदित्यमित्र 'संताली' (जन्म—1926 : गोड्डा, संताल परगना)। गुरुकुल महाविद्यालय, अयोध्या (उ०प्र०) से संस्कृत-हिंदी में 'शास्त्री' परीक्षा में उत्तीर्ण होकर आपने आदिम जाति सेवा-संघ, राँची, संताल-पहाड़िया सेवा-मंडल, देवघर और रघुनाथपुर मिडिल स्कूल, गोड्डा में विभिन्न पदों पर कार्य करने के बाद आकाशवाणी, राँची की सेवा वर्षों तक की है। संताली आपकी मातृभाषा है जिसके एक सिद्धहस्त कवि, कहानीकार और लेखक के रूप में आपकी सुकीर्ति है। देवनागरी लिपि में आपकी प्रमुख पुस्तकें हैं— 'माराङ्ह मानवाँ' (महामानव : खंडकाव्य), 'गोसो बाहा' (मुरझाये फूल : कविता-संग्रह) तथा 'ञुत आर मारसाल' (अँधेरा और प्रकाश : कहानी-संग्रह)। साथ ही, विभिन्न विधाओं की कतिपय अन्यान्य पुस्तकें भी आपने लिखी हैं जो प्रकाशन की प्रतीक्षा में हैं। 'ग्राम-निर्माण' नाम की एक हिंदी-पत्रिका का सम्पादन भी आपने कुछ दिनों तक किया है। आप विभिन्न साहित्यिक संस्थाओं द्वारा समय-समय पर सम्मानित होते रहे हैं। आपकी कविताएँ आत्मपरक और वस्तुपरक दोनों प्रकार की हैं।

12. स्टीफेन हिकिम मुर्मू (1922-अज्ञात : दुमका, संताल परगना)। आपकी शिक्षा तो मैट्रिक कक्षा तक हुई थी, परंतु संताली भाषा-संस्कृति संबंधी विषयों में आपकी पैठ अच्छी थी। संताल-संस्कार संबंधी आपकी पुस्तकें 'होड़ बापला पुथी' (संताली विवाह-पद्धति, 1944), 'काराम बिनती पुथी' (1945 : 'काराम' यज्ञ-संबंधी पुस्तक), 'चावो छठियार' (1961 : चूड़ाकरण संस्कार संबंधी पुस्तक) तथा संताली पहेली-संबंधी 'होड़ कुदुम पुथी' (1944) रोमन लिपि में प्रकाशित हैं। अंतिम पुस्तिका देवनागरी लिपि में भी है।

13. गोराचाँद टुडू (1918-2003 : पाकुड़िया, संताल परगना)। आप एक हाई स्कूल के अध्यापक और संताली के अच्छे कवि-लेखक थे। अपने अंतिम दिनों में आपने कुछ समय तक रोमन लिपि में प्रकाशित 'जुग सिरिजोल' (कोलकाता) नाम

की एक मासिक पत्रिका का संपादन भी किया था। आपकी सभी रचनाएँ रोमन लिपि में हैं। 'चाँदमाला' (1957) और 'बाखरा' (1936) आपकी मौलिक कविताओं के संग्रह हैं। साथ ही, 'मित् टेन कुडीञ दुलाड़ केदेया' (एक लड़की से मैंने प्रेम किया) के नाम से आपने 'आई लभ्ड ए गर्ल' शीर्षक एक अँगरेजी के पत्रात्मक उपन्यास का बड़ा अच्छा अनुवाद संताली में किया है। उस उपन्यास की विशेषता है कि वह संपूर्णतः पत्रात्मक शैली में ही है।

14. आर॰आर॰ के॰ रापाज (दुमका, संताल परगना)। आप एक हाई स्कूल के अध्यापक थे। आपकी एकमात्र कृति 'हाड़मावाक् आतो' (1944 : हाड़मा का गाँव) नामक उपन्यास संताल परगना के प्रथम उपायुक्त आर॰ कार्स्टेयर्स के अँगरेजी उपन्यास 'हाड़मा'ज विलेज' का संताली-अनुवाद है। वह उपन्यास अँगरेजी सरकार के विरुद्ध 1855 ई॰ में संताल-वीर सिद्धो-कान्हू के नेतृत्व में घटित तथाकथित 'संताल-विद्रोह' की पृष्ठभूमि में विरचित है। स्व॰ रापाजकृत उसका संताली-अनुवाद बहुत ही मुहावरेदार संताली में रोमन लिपि में है।

15. नाथानियल मुर्मू (1926-1993 : दिनाजपुर, पश्चिम बंगाल)। आप एक शिक्षक थे तथा चार बार पश्चिम बंगाल के विधायक रह चुके थे। 'संताली लिटरेरी एण्ड कल्चरल सोसाइटी', कोलकाता के संस्थापक-संचालक और उस संस्था द्वारा रोमन लिपि में प्रकाशित मासिक पत्रिका 'जुग सिरिजोल' (युग-निर्माता) का संपादन आपने 1971 से 1989 ई॰ तक किया था। आप द्वारा लिखित पुस्तकों में मात्र एक उपन्यास 'अजय गाडा ढिप रे' ('अजय नदी के तट पर' उपन्यास) का प्रकाशन रोमन लिपि में आपके निधन के बाद हुआ है। वह एक दुःखान्त उपन्यास नायक-नायिका के प्रणय-सबंधी है। आपका सारा लेखन रोमन लिपि में होता रहा था। 'जुग सिरिजोल' का प्रकाशन अब तक होता आ रहा है यद्यपि वह एक अतीव सामान्य पत्रिका है।

16. टी॰के॰ रापाज (1927 - अज्ञात : दुमका, संताल परगना, झारखंड)। आप आयकर विभाग की सेवा से निवृत्त एक संताली लेखक रहे हैं। रोमन लिपि में लिखित 'सिरजोनपुरीताबोन' (हमारी सृष्टिपुरी), 'आराक् पियालापुर' (लाल प्यालापुर : नाटक), 'पोचरावाक् बानाम' (कायर की सारंगी), 'होड़ रोड़ आरी' (संताली-व्याकरण), 'हजारीबाग रेयाक् इतिहास' (भाग1-2) आदि आपकी प्रमुख पुस्तकें हैं। ज्ञातव्य है कि भागलपुर जिला (बिहार) स्थित प्यालापुर नामक स्थान में 1855 ई॰ के 'संताल-विद्रोह' के समय ब्रिटिश सरकार के सैनिकों के साथ संताल-विद्रोहियों (क्रान्तिकारियों) की जबरदस्त भिड़न्त हुई थी। उसी घटना की पृष्ठभूमि में आपका 'आराक् पियालापुर' नाटक संताली में विरचित है।

17. पद्मश्री भागवत मुर्मू (1928-1998 : जमुई, बिहार)। संत जेवियर कॉलेज, राँची में जब आप आई.ए॰ कक्षा के छात्र थे तभी अपनी पढ़ाई छोड़कर

संताल-पहाड़िया सेवा-मंडल, देवघर (संताल परगना) की सेवा में आ गये थे और अंत तक उसीमें लगे रहे। समाज-सेवा आपका मुख्य कार्यक्रम आजीवन रहा। आपने देवनागरी लिपि में संताली की तीन प्राथमिक पुस्तकों के अलावा 'दोङ सेरेञ' (दोङ गीत), 'सोहराय सेरेञ' (सोहराय गीत), 'संताली लोककथाएँ', 'बारू बेडा' (उपन्यास), 'संताली-शिक्षा', 'हिंदी-संताली-डिक्शनरी' आदि छोटी-बड़ी पुस्तकें लिखी हैं। आप बिहार विधान सभा और विधान परिषद के सदस्य भी रह चुके थे तथा भारत सरकार द्वारा 'पद्मश्री' की उपाधि से विभूषित थे।

18. सारदा प्रसाद किसकू 'टोटको मोलोङ' (1929-1998 : पुरुलिया प०बं०)। आप राष्ट्रपति-पुरस्कार-प्राप्त शिक्षक तो थे ही, संताली और बंगला के अच्छे कवि-लेखक भी थे। आपकी आरंभिक रचनाएँ (कविताएँ) नागरी लिपि में प्रकाशित 'भुरका इपिल' (भुरुकवा तारा, 1953 ई०) नामक संग्रह में तथा अन्यान्य रचनाएँ 'कुहुबाउ' (काव्य, 1960), 'गाम गोन्दार' (कविता : 1967), 'लाहाक् होर रे' (कविता, 1985) और 'सोलोम-लोटोम' (प्रकीर्ण कहानी-संग्रह, 1988) बँगला लिपि में हैं। आपकी सुकीर्ति एक सुकवि के रूप में अधिक है।

19. धीरेन्द्रनाथ बासके (जन्म– 1930 : मेदिनीपुर, पश्चिम बंगाल)। आपकी मातृभाषा संताली है, परंतु बँगला और अँगरेजी भाषाओं के भी आप अच्छे जानकार हैं। आपकी संताली रचनाएँ बँगला लिपि में हैं। आप पश्चिम बंगाल सरकार द्वारा प्रकाशित संताली पाक्षिक पत्रिका 'गालमराव' (वार्ता) बाद में 'पश्चिम बंगाल' के संपादक 1956 से 1979 ई० तक रहने के बाद सेवामुक्त हुए हैं। संताली में आपकी प्रकाशित पुस्तकें हैं– 'संताली मेन काथा आर भेन्ता काथा' (1981: संताली लोकोक्तियाँ और वक्रोक्तियाँ), 'कुदुम' (1952 : पहेलियाँ), 'होड़ सोमाज रेयाक् आरी आर विचार-धारा' (1992 : संताल समाज की रीति-नीति और विचार-धारा), 'काराम बिनती' (1993) आदि। आपने बंगला भाषा में भी कुछ पुस्तकें लिखी हैं जिनमें 'साँवताल गणसंग्रामेर इतिहास' (1976) मुख्य हैं।

20. डोमन हाँसदाक् (1930-1992 : पूर्वी सिंहभूम, झारखंड)। आप एक उच्च मध्य प्राथमिक विद्यालय के प्रधान अध्यापक थे, परंतु संताली के एक सिद्ध साहित्यकार भी थे। आपकी पुस्तकें देवनागरी और 'ओल चिकि' (लिपि) में हैं। 'होड़-सोम्बाद' के सुपरिचित रचनाकारों में हाँसदाक् की गणना होती रही है। आपके प्रमुख कविता-संग्रह हैं– 'गालाङ बाहा' (1953 : गुंफित पुष्प), 'गालाङ गेले' (1956 : गुंफित मंजर), 'बिर बाहा' (वन-कुसुम 1973), 'पियालापुर लडाई' (1983 : प्यालापुर की लड़ाई), 'रोम-झोम पाता माइ' (1991 : निबंध), 'सिदो-कान्हू हुल (1991 : सिदो-कान्हू का विद्रोह) आदि। आपकी कुछ पुस्तकें पाण्डुलिपियों में ही पड़ी रह गई हैं। आप एक प्रगतिशील साहित्यकार थे। 'आतो-ओड़ाक्' (गाँव-घर, 1982) आपका छोटा-सा उपन्यास है जिसका प्रकाशन इस लेखक द्वारा संपादित

'होड़-सोम्बाद' पत्रिका में धारावाहिक रूप में देवनागरी लिपि में हुआ था। बाद में वह उपन्यास 'ओल चिकि' लिपि में भी छपा।

21. ठाकुर प्रसाद मुर्मू (जन्म– 1931 : पूर्वी सिंहभूम, झारखंड)। आप महालेखाकार, राँची की सेवा से निवृत्त संताली के जाने-माने कवि और लेखक हैं। 'होड़-सोम्बाद' में आपकी बहुत अधिक कविताएँ, कुछ लेख और कहानियाँ देवनागरी लिपि में छपती रही हैं। आपका लेखन मूलतः बँगला लिपि में होता रहा है। आपकी रचनाओं का लिप्यन्तरण 'होड़-सोम्बाद' के सम्पादक (प्रस्तुत लेखक) द्वारा देवनागरी लिपि में किया जाता रहा है। आपकी कविताएँ मुख्यतः अँगरेजी छंद-विधान में विरचित होती रही हैं। 'एभेन आडड़ाङ' (जागरण के स्वर) शीर्षक आपका मात्र एक ही कविता-संकलन अब तक प्रकाश में आया है।

22. कालीराम सोरेन (जन्म–1939 : पुरुलिया, प॰ बंगाल)। दर्शनशास्त्र में स्नातक (ऑनर्स) की उपाधि प्राप्त सोरेन जी प॰ बंगाल सरकार के कृषि विभाग में कार्यरत रहे हैं। आपकी रचनाएँ बँगला लिपि में निम्नलिखित हैं– 'काजल सनातन' (1966 : नाटक), 'सिदो-कानू' (1968 : नाटक), 'नोआ गेसावोन सोमाज' (1973: यही हमारा समाज है : नाटक), 'सोहाग-माला' (कविता, 1977) 'आताङ दाराम' (स्वागतम् 1995 : कविता-संग्रह)। आपकी कतिपय अन्यान्य पुस्तकें छप नहीं सकी हैं।

23. गुहिराम हेम्बराम 'रसीका' (जन्म–1940 : बाँकुड़ा, प॰ बंगाल)। 'रसीका' जी एक अच्छे कवि हैं। बँगला लिपि में लिखित आपकी कविताएँ 'होड़-सोम्बाद' में देवनागरी लिपि में छपा करती थीं, जब कि आपकी पुस्तकें बँगला लिपि में प्रकाशित हैं– 'सेताक् सान्देश' (सबेरे का सन्देश, कविता-संग्रह, 1963) और 'धुड़ी धरती' (धूल-भरी धरती, कविता-संग्रह, 1972)।

24. नुनुलाल हेम्बरोम 'ठाम्पा ठाङाङ' (जन्म–1935 : जामताड़ा, संताल परगना)। आपकी रचनाएँ देवनागरी लिपि में छपती रही हैं जिनका आरंभ 'होड़-सोम्बाद' से हुआ है। आपने कुछ दिनों तक 'ओनोरोम और 'लाङतिती' नाम की संताली पत्रिकाओं का सम्पादन भी किया है। आप मुख्यतः एक कहानीकार हैं। 'दुलाड़ा चिन्हा' (1985) नामक आपका कहानी-संग्रह बी॰ए॰ के संताली पाठ्यक्रम में प्रस्वीकृत है। दुलाड़ा चिन्हा (प्रेम के चिह्न) की कहानियाँ सामाजिक हैं।

25. भोगान मुर्मू (जन्म–1936 : बालासोर, ओड़िशा)। ओड़िशा सरकार की पुलिस-सेवा से निवृत्त मुर्मू जी मुख्यतः एक कवि के रूप में जाने-माने जाते रहे हैं। आपकी कविताओं के संग्रह हैं– 'सारी सारना सिबिल सेरेञ' (सुस्वर सारना-संगीत, 1963), 'मोहेन माली माला' (मोहन माली-माला, 1966) और 'मोने आचुर एना' (मन फिर गया, 1979)। आपकी रचनाएँ ओड़िआ लिपि में हैं।

26. बाबूलाल मुर्मू 'आदिवासी' (जन्म–1939 : भागलपुर, बिहार)। हिंदी में

एम.ए. पास 'आदिवासी' जी कुछ दिनों तक सैनिक सेवा में रहने के बाद बिहार सरकार (पटना) द्वारा प्रकाशित संताली साप्ताहिक पत्र 'होड़-सोम्बाद' के संपादक के पद से सेवा-निवृत्त हुए। आप एक सिद्ध कवि, सफल कहानीकार और सुचिंतक साहित्यकार हैं। आपकी रचनाएँ देवनागरी लिपि में ही होती रही हैं। आपकी प्रमुख पुस्तकें हैं– 'कोरताल रावाँवक् काना' (झाँझ झँकारती है : लोकगीत संग्रह), 'कोयोक्-होर' (प्रतीक्षा : कविता-संकलन), 'दिसोम भोक्ता' (देश-भक्त : कहानी-संग्रह), 'संताली ओनोल' (निबंध-संग्रह) और 'सोरोस सेरेञ' (श्रेष्ठ, सरस गीत) आदि। आपकी पुस्तकें विश्वविद्यालयी पाठ्य-पुस्तकों के रूप में प्रस्वीकृत हैं।

27. बालकिशोर बासके 'अरमान' (1937-2003 : गोड्डा, संताल परगना)। बिहार सरकार की सेवा से निवृत्त 'अरमान' जी संताली और हिंदी के अच्छे रचनाकार थे। खेद है कि आपका निधन असमय में ही हो गया। संताली के एक सुकवि, कहानीकार और नाटककार के रूप में आप जाने-माने जाते थे। आपकी रचनाएँ देवनागरी लिपि में ही होती रही थीं। आपकी प्रमुख पुस्तकें हैं– 'कुकमू' (स्वप्न : कहानी-संग्रह, 1952), 'पे पावा चावले' (तीन पाव चावल : कहानी-संग्रह), 'आकिल आरसी' (ज्ञान-दर्पण : नाटक) आदि। आप 'होड़-सोम्बाद' के नियमित लेखकों में एक थे।

28. रूपचाँद हेम्बरोम (जन्म–1941 : बाँकुड़ा, प. बंगाल)। आयकर विभाग में सरकारी सेवारत। आपकी पुस्तकें बँगला लिपि में हैं। 'उरगुम' (गरमी) और 'उरालिया' (उपद्रवी)। दोनों कहानी-संग्रह हैं। पश्चिम बंगाल में एक लेखक के रूप में आपकी अच्छी ख्याति है।

29. भैया हाँसदाक् 'चासा' (जन्म– 1942 : गोड्डा, संताल परगना)। 'होड़ाक् बापला' (संताल-विवाह, नाटक), 'पारसी आरसी' (भाषा-दर्पण) और 'पे लाड़ पाँउला माला' (तीन लड़ी पाँउला माला, कविता-संग्रह) आपकी पुस्तकें हैं। आप देवनागरी में लिखा करते हैं।

30. सारदा प्रसाद किसकू 'खेरवाल बासिया' (जन्म– 1959 : मेदिनीपुर, प. बंगाल)। आप बँगला लिपि में लिखनेवाले संताली के एक जाने-माने साहित्यकार हैं। 'खिजलाउ' (तंग करना, नाटक) और 'मोड़ेंको-तुरइको' (पंच-षष्ठ, कहानी-संग्रह) आपकी मुख्य पुस्तकें हैं। इधर, 'साँघारिया' (घुमक्कड़) नाम की एक पत्रिका का सम्पादन भी आप कोलकाता से करने लगे हैं।

31. मारसाल (परिमल) हेम्बराम (जन्म–1957 : बाँकुड़ा, प. बंगाल)। आप बँगला में एम.ए. पास हैं। संताली आपकी मातृभाषा है। आकाशवाणी के कोलकाता केन्द्र में सेवारत हैं। 'अखाड़ा' (एकांकी) और 'बालटा बाखेंड़' (बालटा व्याख्यान, कहानी-संग्रह) आपकी प्रमुख कृतियाँ हैं। बँगला लिपि में लिखित आपकी अनेक पुस्तकें प्रकाशन की प्रतीक्षा में हैं।

32. दुरबीन सोरेन (जन्म–1949 : वीरभूम, प॰ बंगाल)। संताली के जाने-माने लेखकों में एक हैं सोरेन जी। आपका लेखन रोमन और बँगला लिपि में होता रहा है। 'जुड़ासी काहनी-माला' (सरस कहानियाँ), 'दिलगारिया सेरेञ-दुराङ (साहसिक कविताएँ) और 'संताली पारसी दो ओको सेत्' (संताली भाषा किधर? निबंध) आपकी प्रमुख पुस्तकें हैं।

33. डॉ॰ कृष्णचन्द्र टुडू (जन्म– 1952 : पूर्वी सिंहभूम, झारखंड)। टुडू जी राँची विश्वविद्यालय, राँची में संताली-विभाग के अध्यक्ष हैं। आपका लेखन देवनागरी लिपि में हुआ है। 'जिवी झारना' (प्राण-निर्झर) और 'ओनोड़हें सेरेञ बिष्डा' (काव्य-गुच्छ) आपके कविता-संग्रह तथा 'जुरी खातिर' (पति-पत्नी के लिए) और 'आचार दानाङ रे सिंदूर' (अंचल की आड़ में सिंदूर) आपके नाटक हैं।

34. डॉ॰ वासुदेव बेसरा (जन्म– 1951 : जामताड़ा, दुमका, सं॰प॰)। आप दुमका कोर्ट में अधिवक्ता और संताली के एक जाने-माने कवि-लेखक हैं। देवनागरी लिपि में प्रकाशित कहानी-संग्रह 'मोड़ें सोरोस काहनी' (पाँच सरस कहानियाँ) और खंडकाव्य 'बिडराउ' (विस्थापन) आप की प्रमुख कृतियाँ हैं। 'बिडराउ' माधो सिंह नामक एक ऐसे चरित्र से संबंधित कृति है जिसे तथाकथित किस्कू राजा का दीवान माना जाता था जब कि उसे एक वर्णसंकर भी कहा जाता था। कहते हैं, उसके भय से किसी समय संताल लोग अपने पुराने वासस्थान को छोड़कर रातों-रात अन्यत्र चले गये थे, विस्थापित (बिडराउ) हो गये थे। प्रस्तुत कृति में माधो सिंह का चरित्र-चित्रण अच्छा हुआ है। बेसरा जी ने संताल समाज की वैधानिक स्थितियों पर भी कुछ लेखन किया है। कुछ अप्रकाशित लेखन भी हैं।

35. गौरचन्द्र मुर्मू (जन्म– 1955 : बाँकुड़ा, प॰ बंगाल)। आप दुर्गापुर इस्पात कारखाने में कर्मचारी हैं। आपके कविता-संकलन 'मारसाल' (प्रकाश) और 'गुतुल खाक (गुदगुदी, कहानी-संग्रह), 'सिंगाड़ आखड़ा' (संध्या अखाड़ा) तथा एकांकी-संग्रह 'सिंदूर', 'बुरु आँचार' (वनांचल), 'बुदी' आदि हैं। आपकी कृतियाँ बँगला लिपि में हैं।

36. कलेन्द्रनाथ माण्डी (जन्म– 1953: पुरुलिया, प॰ बंगाल)। रेलवे विभाग के कर्मचारी माण्डी जी बँगला लिपि में लिखनेवाले संताली के सुख्यात साहित्यकार हैं। आप वर्षों से 'सिलि' नाम की संताली-पत्रिका का सम्पादन कर रहे हैं। आपकी कहानियों का संग्रह 'आरसी' के नाम से प्रकाशित है।

37. अमृत हाँसदाक् 'दावानल' (जन्म–1945 : मेदिनीपुर, प॰ बंगाल)। प॰ बंगाल सरकार की सेवा में कार्यरत हाँसदाक् जी की कृतियाँ बँगला लिपि में 'धिरी चाटाइनी' (पत्थर की चट्टान), 'देन सेतिञ तिरियो-बानाम' (मेरी बाँसुरी और सारंगी तो दो मुझे), 'दुलाड़ गातिञ' (मेरा प्यारा साथी) और 'हारातोरा' (कैशोर्य) नामक कविता-संकलन तथा 'दुलाड़ साँवता' (प्रिय समाज) निबन्ध-संग्रह हैं। आपकी

अनेक कृतियाँ प्रकाशन की प्रतीक्षा में हैं।

38. चन्द्रनाथ मुर्मू (जन्म—1946 : बाँकुड़ा, प॰ बंगाल)। दूर संचार विभाग (पुरुलिया) में कार्यरत चन्द्रनाथ जी देवनागरी और बँगला लिपियों में लिखनेवाले संताली के एक सुपरिचित साहित्यकार हैं। 'सेरेञ लाछा' (गीत-गुच्छ) और 'पासे धासुड़ान' (संभाव्य विध्वंस) आपके कविता-संकलन तथा 'बाबा तिलका' एकांकी नाटक हैं।

39. दुगाई टुडू (जन्म—1958 : वर्द्धमान, प॰ बंगाल)। आप बँगला लिपि में लिखनेवाले एक जाने-माने कवि, कहानीकार और लेखक हैं। 'साँवार' (सँभाल) और 'रोमोज रासा' (स्वादिष्ट रस) आपके काव्य-संकलन तथा 'साँजी माइ' (सँझली बिटिया) आपका कहानी-संग्रह है। आप 'होड़ सोमाज' (संताल समाज) त्रैमासिक पत्रिका के संपादक भी हैं।

40. हर प्रसाद मुर्मू (जन्म—1944 : पूर्वी सिंहभूम, झारखंड)। मुर्मू जी ने अपने लेखन का आरंभ देवनागरी लिपि में 'होड़-सोम्बाद' के माध्यम से किया था। संप्रति आप आकाशवाणी, कोलकाता में कार्यरत हैं। आप एक संवेदनशील कवि हैं। 'जियाड़ झारना' (जीवंत निर्झर) आपकी प्रकाशित काव्य-कृति है। श्री मारसाल हेम्बराम की कविताओं के साथ भी आपकी कविताओं का एक संकलन प्रकाशित है। प्रेम-प्रसंग आपकी कविताओं का प्रमुख केन्द्रीय विषय है।

41. तेजनारायण मुर्मू (जन्म—1944 : गोड्डा, संताल परगना)। हिंदी में एम॰ए॰ पास मुर्मू जी एक हाई स्कूल में शिक्षक हैं। आपकी नियुक्ति साहिबगंज कॉलेज (सं॰प॰) में संताली के व्याख्याता के पद पर हो गयी थी, परंतु आपने उसे पसंद नहीं किया और हाई स्कूल की सेवा में ही रह गये। 'तोवा बाहा माला' (दुधिया फूलों की माला) आपका कविता-संकलन और 'जुड़ासी माँडवा लातार' (शीतल मंडप तले) आपका लोकसाहित्य-संग्रह हैं।

42. लक्ष्मीनारायण मुर्मू 'पानीर पियो' (जन्म— 1944 : गोड्डा, संताल परगना)। आप दूरसंचार विभाग में कार्यरत हैं। देवनागरी लिपि में प्रकाशित आपकी कविताओं का संकलन 'जेरेत् दिवहा' (प्रज्चलित दीपक) है।

43. गोमास्ता प्रसाद सोरेन (जन्म— 1943 : पुरुलिया, प॰बं॰)। आप एक जाने-माने साहित्यकार हैं। बँगला लिपि में आपकी प्रमुख पुस्तकें हैं— 'आखडा थुती' (अखाड़े की वार्ता), 'काँहिस आड़ाङ' (क्षुब्ध स्वर) और 'मारसाल डाहार' (प्रकाश-पथ) —तीनों कविता-संकलन, 'त्रती रे मेंड्हेंत् साकोम जिवी राड़ेचू' (कहानी-संग्रह) तथा 'काराम बिनती', 'दाड़े गे धोन' (शक्ति ही संपत्ति है) आदि निबंध-संग्रह।

44. भोगला सोरेन (जन्म—1958 : पूर्वी सिंहभूम, झारखंड)। दूरसंचार विभाग में सेवारत सोरेन जी एक सुपरिचित संताली साहित्यकार हैं। आपके द्वारा 'ओल चिकि' लिपि में प्रकाशित 'उपाल' (उत्पल) नामक उपन्यास और 'सोस-नोक्'

(सभ्यता) नामक नाटक संताली की मौलिक कृतियाँ हैं।

45. चुण्डा सोरेन 'सिपाही' (जन्म— 1943 : पाकुड़िया, संताल परगना)। आप बिहार सरकार की सेवा में गीत-नाट्य कार्यकर्ता रहे हैं। आपने कुछ दिनों तक 'होड़-सोम्बाद' (साप्ताहिक) का संपादन भी किया था। देवनागरी लिपि में आपके आलेख-संग्रह 'तिरियो बादोली' (बाँसुरीवादक) और 'पेया पोरायनी' (तीन कमल कुसुम) प्रकाशित हैं।

46. अनादिचरण हेम्बराम (जन्म— 1944 : बाँकुड़ा, प॰बं॰)। शिक्षक के पद पर नियुक्त हेम्बराम जी की बँगला लिपि में प्रकाशित पुस्तकें हैं— 'उदगाउ' (प्रेरणा) और 'धेदरा रिमिल' (छिन्न-भिन्न मेघ) कविता-संकलन तथा 'काहनी टुसा' (कहानी-कोंपल) कहानी-संग्रह।

47. महादेव हाँसदाक् (जन्म— 1950 : पुरुलिया, प॰बं॰)। आपकी प्रारंभिक रचनाएँ 'होड़-सोम्बाद' में देवनागरी लिपि में प्रकाशित होती रहीं, परंतु आपका लेखन मूलतः बँगला लिपि में होता रहा है। आप एक कहानीकार और 'तेतरे' (सहेली) पत्रिका के संपादक रहे हैं।

48. सुधीर कुमार मित्र (जन्म— 1939 : पश्चिम बंगाल)। आपकी मातृभाषा तो बँगला है, परंतु संताली भी आपने अच्छी तरह सीख ली है तथा इसमें रचनाएँ भी करने लगे हैं। कविगुरु रवीन्द्रनाथ ठाकुर की कतिपय फुटकर कविताओं के अनुवाद आपने संताली में 'चेरो-बेरो' (खग-रव) के नाम से किये हैं जो बँगला लिपि में प्रकाशित हैं। दूसरी ओर, 'एक गुच्छ साँवताली कविता' के नाम से कुछ संताली कविताओं के अनुवाद भी आपने बँगला में किये हैं। रवि बाबू की 'गीतांजलि' की कविताओं के अनुवाद भी आप संताली में कर रहे हैं।

49. डॉ॰ सुहृद कुमार भौमिक (जन्म— 1940 : मेदिनीपुर, प॰बं॰)। आप बँगला के प्रोफेसर हैं और संताली की अच्छी जानकारी रखते हैं। आप बँगला लिपि में 'हरियाड़ साकाम' (हरा पत्ता) नाम की एक संताली पत्रिका का संपादन करते रहे हैं तथा 'ईशोपनिषद्' के संताली-अनुवाद तथा बँगला-संताली-अभिधान का संपादन किया है। साथ ही, 'साँवतालि गान ओ कविता-संकलन', 'साय सेरमा रेयाक् ओनोड़हें' (एक सौ वर्षों की कविताएँ) और 'मित् साय मित् काहनी' (एक सौ एक कहानियाँ)- जैसी पुस्तकों का प्रणयन भी आपने किया है। संताली भाषा-साहित्य की श्रीवृद्धि में ये सभी महत्त्वपूर्ण कृतियाँ हैं।

50. हृदय नारायण मंडल (1925-1997 : गोड्डा, संताल परगना)। आप संताली लोकगीतों के संग्राहक और कहानी-लेखक थे। 'होड़-सोम्बाद' में 1949 ई॰ में देवनागरी लिपि में प्रकाशित आपकी कहानी 'बापुड़िचूकिन' (दो अभागे) संताली की पहली मौलिक कहानी मानी जाती है। संताली में आप द्वारा लिखित महात्मा गांधी की सक्षिप्त जीवनी है।

51. रूपचाँद हाँसदाक् (पुरुलिया, प.बं.)। आप ऑल इंडिया संताली राइटर्स एसोसिएशन, जमशेदपुर (झारखंड), झाड़ग्राम (प.बं.) के अध्यक्ष और एक सुकवि तथा लेखक हैं। आपका लेखन मुख्यतः बँगला लिपि में होता रहा है। 'हरियाड़ मारसाल' (हरित प्रकाश) आपकी एक अच्छी कविता है।

52. यदुमणि बेसरा (ओड़िशा)। रेलवे सर्विस में कार्यरत बेसरा जी ऑल इंडिया संताली राइटर्स एसोसिएशन, जमशेदपुर और झाड़ग्राम के सचिव तथा संताली के एक समर्पित साहित्यकार हैं। 'ओल चिकि' लिपि में प्रकाशित 'फागुन **कोयेल'** (फाल्गुनी कोयल) पत्रिका के संपादक तो आप हैं ही, सुकवि भी हैं। 'जियौ **दोरया'** (जीवन-सरिता) आपकी एक अच्छी कविता है।

53. स्वपन कुमार परामाणिक (पुरुलिया, प.बं.)। आप बँगला लिपि में प्रकाशित 'लाहान्ति' (उन्नति) नाम की संताली पत्रिका का संपादन-प्रकाशन कर रहे हैं तथा कुछ कविताएँ और अन्य रचनाएँ भी आपने लिखी हैं।

इस प्रकार, विभिन्न लिपियों में संताली-साहित्य का निर्माण करनेवाले साहित्यकार तो सैकड़ों हैं जिनमें से कतिपय प्रमुख साहित्यकारों के नाम और कृतित्व ऊपर की पंक्तियों में आये हैं।

पत्र-पत्रिकाएँ

पत्र-पत्रिकाओं का प्रकाशन भी किसी भाषा के साहित्येतिहास का एक मुख्य अंग होता है। इस दृष्टि से संताली का पहला संवाद-पत्र 'होड़ होपोन रेन पेड़ा' (संताल लोगों का कुटुम्ब) के नाम से 1890 ई. में चर्च मिशनरी सोलाइटी, बेनागड़िया (दुमका, सं.प.) द्वारा प्रकाशित किया गया था, जो दस-बारह वर्ष के बाद बंद हो गया। फिर, 'पेड़ा होड़' (अतिथि) के नाम से उस पत्र का प्रकाशन पी.ओ. बोडिंग द्वारा 1922 ई. से किया जाता रहा जो 1950 ई. के आसपास बंद हो गया। उस अवधि में प. बंगाल के किसी स्थान से 'ढारवाक्' (सूचना-पत्र) नाम की एक पत्रिका कुछ दिनों तक प्रकाशित होती रही। सन् 1946 ई. से तीनपहाड़, दुमका (संताल परगना) से 'मारसालताबोन' (हमारा प्रकाश) नामक एक मासिक पत्रिका कुछ वर्षों तक प्रकाशित होती रही। ये तीनों पत्रिकाएँ रोमन लिपि में थीं और मुख्यतः ईसाई धर्म-संबंधी विषयों के लिए थीं।

संताली के सार्वजनिक समाचार-विचार-पत्र के रूप में साप्ताहिक 'होड़-सोम्बाद' का प्रकाशन बिहार सरकार के सूचना एवं जन संपर्क बिभाग (पटना) द्वारा देवघर (संताल परगना) से प्रस्तुत लेखक के संपादन में जून, 1947 ई. से होता रहा है, जो इस भाषा का पहला साप्ताहिक पत्र है और देवनागरी लिपि में छप रहा है। प्रस्तुत लेखक द्वारा इस पत्र का सम्पादन 1947 से लगातार 1983 (जून) तक होता रहा था। अब, बिहार से झारखंड राज्य के अलग हो जाने के बाद इस पत्र का प्रकाशन अनियमित हो गया है यद्यपि इस पत्र का प्रकाशन संताली-साहित्य के निर्माण में

अप्रतिम और ऐतिहासिक रहा है जैसा कि ऊपर की पंक्तियों से स्पष्ट है।

'होड़-सोम्बाद' की तरह ही 1952 ई० से प० बंगाल सरकार द्वारा 'गालमाराव' (वार्ता) और बाद में 'पाछिम बाँगला' के नाम से एक पाक्षिक पत्रिका का प्रकाशन बँगला लिपि में होता रहा है। फिर, उसके बाद से, संताली-पत्रिकाओं के प्रकाशन में बाढ़-सी आ गयी है और अब तक सैकड़ों मासिक, द्वैमासिक और त्रैमासिक साहित्यिक पत्रिकाएँ इस भाषा में प्रकाशित होती रही हैं जिनमें से अधिकांश अल्पजीवी ही रही हैं। इन पत्रिकाओं में देवनागरी लिपि में प्रकाशित 'होड़-सोम्बाद', 'बिर सेंगेल' (जंगल की आग), 'ओनोरोम' (परिचय), 'लाड़तिती' (पक्षी-विशेष), 'हिपिरी' (आन-जान); बँगला लिपि में प्रकाशित 'पाछिम बाँगला', 'सिलि', 'तेतरे' (सहेली), 'जोहार' (प्रणाम), 'रिमिल' (बादल), 'उमुल' (छाया), 'रायबार' (बरतुहार), 'सुसार डाहार' (सेवा-पथ) आदि; रोमन लिपि में प्रकाशित 'पेड़ा होड़' (अतिथि), 'मारसालताबोन' (हमारा प्रकाश), 'जुग सिरिजोल' (युग-निर्माता) आदि तथा 'ओल चिकि' लिपि में प्रकाशित 'सागेन साकाम' (नव पल्लव), 'फागुन कोयेल' (फाल्गुनी कोयल) आदि उल्लेखनीय हैं।

निष्कर्ष

उपर्युक्त विवरणों के परिप्रेक्ष्य में संताली-साहित्य के इतिहास के संबंध में मुख्यतः निम्नलिखित तथ्य ध्यातव्य हैं–

(1) संताली-साहित्य का इतिहास 1845 ई० से अब तक लगभग 158-59 वर्षों का है यद्यपि इसका लोकसाहित्य युगों से लोक-कंठों में विराजमान रहा है।

(2) विदेशी लेखकों द्वारा मुख्यतः संताली व्याकरण और शब्दकोश विषयक सामग्री अँगरेजी भाषा में तथा कुछ लोकसाहित्य और ईसाई धर्म संबंधी पुस्तकें रोमन लिपि में रचित संताली भाषा में हैं।

(3) स्वदेशी लेखकों में नुनकू सोरेन, नारायण सोरेन 'तोड़े सुताम', डॉ० डोमन साहु 'समीर', आदित्य मित्र 'संताली', स्टीफेन हिकिम मुर्मू, पद्मश्री भागवत मुर्मू, सारदा प्रसाद किसकू 'टोटको मोलोङ', डोमन हाँसदाक, ठाकुर प्रसाद मुर्मू, गुहराम हेम्बराम 'रसिका', नुनुलाल हेम्बरोम 'अम्पा ठाड़ाङ', बाबूलाल मुर्मू 'आदिवासी', बालकिशोर बासके 'अरमान', भैया हाँसदाक् 'चासा', डॉ० कृष्णचंद्र टुडू, डॉ० वासुदेव बेसरा, चन्द्रनाथ मुर्मू, हरप्रसाद मुर्मू, तेजनारायण मुर्मू, लक्ष्मीनारायण मुर्मू 'पानीर पियो', चुण्डा सोरेन 'सिपाही' और हृदयनारायण मंडल ने देवनागरी लिपि में अपना लेखन किया है।

बँगला लिपि में लिखनेवालों की संख्या कुछ अधिक ही है। उपरि उल्लिखित लेखकों में से माझी रामदास टुडू 'रेसका', डॉ० रामचन्द्र मुर्मू, साधु रामचाँद मुर्मू, पंडित रघुनाथ मुर्मू, नायके मंगलचन्द्र सोरेन, श्याम सुन्दर हेम्बरोम, सारदा प्रसाद किसकू 'टोटको मोलोङ', धीरेन्द्रनाथ बासके, ठाकुर प्रसाद मुर्मू, कालीराम सोरेन, गुहिराम

हेम्बराम 'रसिका', रूपचाँद हेम्बरोम, सारदा प्रसाद किसकू 'खेरवाल बासिया', मारसाल (परिमल) हेम्बराम, दुरबिन सोरेन, डॉ॰ कृष्णचंद्र टुडू, गौरचन्द्र मुर्मू, कलेन्द्रनाथ माण्डी, अमृत हाँसदाक् 'दावानल', चन्द्रनाथ मुर्मू, दुगाई टुडू, हरप्रसाद मुर्मू, गोमास्ता प्रसाद सोरेन, अनादिचरण हेम्बराम, महादेव हाँसदाक्, सुधीर कुमार मित्र, डॉ॰ सुहृद कुमार भौमिक, रूपचाँद हाँसदाक् और स्वपन कुमार परामाणिक की रचनाएँ बँगला लिपि में मिलती हैं। इनमें से कुछ लेखक ऐसे भी हैं जिनकी रचनाएँ देवनागरी लिपि में भी उपलब्ध हैं।

देवनागरी और बँगला लिपि में लिखनेवालों की अपेक्षा रोमन लिपि में लिखने वालों की संख्या कम है। उनमें पाउल कुमार सोरेन, नुनकू सोरेन, स्टीफेन हिकिम मुर्मू, गोराचाँद टुडू, आर॰आर॰के॰ रापाज, नाथानियल मुर्मू, टी॰के॰ रापाज, दुरबिन सोरेन और डॉ॰ वासुदेव बेसरा के नाम लिये जाते हैं। यहाँ भी स्मरणीय है कि इनमें से कुछ लेखक ऐसे हैं जिन्होंने देवनागरी अथवा बँगला लिपि में भी अपना लेखन-कार्य किया है। पंडित रघुनाथ मुर्मू, डोमन हाँसदाक्, भोगला सोरेन और यदुमणि बेसरा ने ओल चिकि लिपि में लिखा है। भोगान मुर्मू की रचनाएँ ओड़िशा लिपि में हैं।

(4) स्वदेशी लेखकों में इन पंक्तियों के लेखक के अलावा सर्वश्री प्रो॰ सुधीर कुमार मिश्र, डॉ॰ सुहृद कुमार भौमिक, स्व॰ हृदय नारायण मंडल और श्री स्वपन कुमार परामाणिक की मातृभाषा संताली नहीं रहने पर भी इन्होंने संताली-साहित्य के निर्माण में यथासाध्य योगदान किया है।

(5) आधुनिक संताली-साहित्य का निर्माण मुख्यतः कविताओं, कहानियों, नाटकों और आलेखों-निबंधों की विधाओं में हुआ है। अन्यान्य विधाओं की रचनाएँ इस भाषा में कम ही हैं।

(6) संताली के अधिकांश साहित्यकार मुख्यतः कवि, कहानीकार और नाटककार हैं। सैद्धान्तिक या प्रायोगिक समीक्षात्मक लेखन अब तक इस भाषा में प्रायः नहीं ही हुआ है।

सारांशतः, संताली-साहित्य का भविष्य तो उज्जवल है परंतु उसमें एक बड़ी बाधा प्रकाशकों का अभाव है जिसके चलते अनेक लेखकों की पुस्तकें अप्रकाशित ही रह गयी हैं। कविवर 'तोड़े सताम' की तो अनेक अच्छी-अच्छी पुस्तकों की पाण्डुलिपियाँ दीमकों का आहार बन गयीं, जो अत्यन्त दुःख की बात है। दूसरी बाधा यह है कि संताली की अपनी कोई लिपि नहीं है। फलतः इसका साहित्य विभिन्न राज्यों और क्षेत्रों में देवनागरी, बँगला, रोमन, ओड़िआ और 'ओल चिकि' लिपियों में प्रणीत होता रहा है, जो संपूर्ण संताली-जगत् के उपयोग में नहीं आ पा रहा है। अच्छा होता कि इस भाषा के लिए राष्ट्रीय स्तर पर कोई एक ही लिपि (प्राथमिकता के स्तर पर राष्ट्रलिपि देवनागरी ही) प्रयोग में आती। संताली लिपि के नाम पर स्व॰

साधु रामचाँद मुर्मू ने 'मोज दान्देर आँक', स्व॰ रघुनाथ मुर्मू ने 'ओल चिकि' तथा कुछ अन्यान्य लोगों ने कुछ अन्यान्य लिपियाँ बनायी हैं। वैसा करने में विचारात्मकता की अपेक्षा भावनात्मकता की प्रधानता है जब कि विचारात्मकता भावनात्मकता से प्रबल हुआ करती है।

संदर्भ-सामग्री

1. 'होड़-सोम्बाद' (संताली साप्ताहिक)– जून, 1947 से जून, 1983 ई॰ तक (संपादक–डॉ॰ डोमन साहु 'समीर') देवघर (संताल परगना, झारखंड)।
2. Bibliography of the Santali writers (Part1), 1995, All India Santali Writers Association, Jamshedpur (Jharkhand).
3. साय से रमा रेयाक् ओनोड़हें (बँगला), 1993, संपादक– डॉ॰ सुहृद कुमार भौमिक; प्रकाशक : पश्चिम बंग आदिवासी उन्नयन समवाय निगम, कोलकाता-700 012
4. मित् साय मित् काहनि (बँगला), 2002, संपादक-प्रकाशक–पूर्वोक्त।
5. अन्यान्य।

संस्कृत-साहित्य

● डॉ. देवेन्द्रनाथ ठाकुर

वैदिक साहित्य

वेद मानव जाति का प्राचीनतम दस्तावेज है। इस अर्थ में विश्व-साहित्य का आरम्भ वैदिक साहित्य से ही होता है जो वस्तुतः सुविकसित एवं छंदोबद्ध है। देववाणी का परिचायक और 'विद्' धातु से निष्पन्न 'वेद' का अर्थ 'जानना' है, किंतु इसका वास्तविक अर्थ दर्शन है। जिन्हें यह महान् दर्शन हुआ, उन्हें ऋषि (seer) कहा गया है। 'ऋग्वेद' के एक मंत्र में 'मंत्र-द्रष्टा' ऋषि का स्पष्ट उल्लेख है।[1] एक अन्य मंत्र में कहा गया है कि ऋषियों को अपने अंतःकरण से जिस वाक् की प्राप्ति हुई, उसे उन्होंने सारे लोगों को सिखाया।[2] 'निरुक्तकार यास्क ने लिखा है, 'ऋषि दर्शनातस्तोमान ददर्श' अर्थात् ऋषियों ने मंत्रों को देखा।[3] इसी कारण उनका नाम ऋषि पड़ा। वेद उन्हीं स्थितप्रज्ञ मनीषियों की वाणी है।

वेद, ब्राह्मण, आरण्यक, उपनिषद् और वेदांग के अपार वैभव से युक्त वैदिक साहित्य ज्ञान का विशाल भांडार है। परवर्ती भारतीय साहित्य पर इसका इतना गहरा प्रभाव है कि इसकी अवहेलना कर भारतीय विद्या के किसी भी क्षेत्र का अध्ययन अधूरा ही रह जाता है। वैदिक साहित्य का रचना-काल मतभिन्नताओं में उलझ कर रह गया है। कोई इसे ईसा से दो हजार पूर्व की रचना मानते हैं, तो कोई छह हजार वर्ष पूर्व की, किंतु किसी भी स्थिति में वह विश्व की प्राचीनतम सुविकसित एवं सुसमृद्ध साहित्यिक निधि है।

भाषाशास्त्री वेद की भाषा को सुदीर्घ विकास का परिणाम मानते हैं, किंतु वे उसके विकास-क्रम का कोई विवरण प्रस्तुत नहीं कर पाते। वेद की भाषा मानवीय प्रतिभा की प्राचीनतम उदाहरण है। यह इतनी विकसित, छंदोबद्ध एवं काव्यात्मक है कि भाषाविद् इसे भाषिक विकास की प्रारम्भिक अवस्था की कृति नहीं मानते, क्योंकि

1. ऋग्वेद 10.30.4
2. उपरिवत् 10.71.3
3 निरुक्त, नैगमकांड, 2.11

इसमें प्रयुक्त प्रत्येक शब्द सुनिश्चित अर्थ का द्योतक है, सुव्यवस्थित साँचे में ढला प्रत्येक वाक्य एक स्वतंत्र इकाई के रूप में स्थित है और इसमें अत्याधुनिक समुन्नत विचारों को अभिव्यक्त करने योग्य सभी रचनात्मक विशिष्टताएँ विद्यमान हैं। वैदिक ऋचाओं के सुव्यवस्थित छंदों और उनमें अंतर्निहित भावों को अभिव्यक्त करनेवाले शब्दों तक पहुँचने में मानवीय भाषा को कितना समय लगा होगा, यह अनुमान करना भी कठिन है।

वैदिक संहिताएँ—वैदिक मंत्रों के संग्रह को संहिता कहा जाता है। वैदिक संहिताएँ चार हैं—ऋग्वेद, यजुर्वेद, सामवेद और अथर्ववेद। यजुर्वेद के दो भाग हैं—कृष्ण यजुर्वेद और शुक्ल यजुर्वेद। मंत्रों के संकलन, उच्चारण आदि भेदों से संहिताओं की अनेक शाखाओं का विकास हुआ। पतंजलिकृत महाभाष्य के पस्पसाह्निक में ऋग्वेद की 21, यजुर्वेद की 100, सामवेद की 1000 और अथर्ववेद की 9 शाखाओं का उल्लेख है, किन्तु वर्तमान काल में चारों वेदों की मात्र साढ़े ग्यारह संहिताएँ ही उपलब्ध हैं—ऋग्वेद की शाकल, कृष्ण यजुर्वेद की तैत्तिरीय, मैत्रायणी और कठ, शुक्ल यजुर्वेद की माध्यंदिन और कण्व, सामवेद की कौशुभ, राणायनीय और जैमिनीय तथा अथर्ववेद की शौनक और पैप्पलाद। कृष्ण यजुर्वेद की कठ-कपिष्टल संहिता आधी मिली है और प्रकाशित भी हो चुकी है।

ऋग्वेद— दस मंडलों में विभक्त 'ऋग्वेद' विश्व का सबसे प्राचीन ग्रंथ है। इसमें 1017 सूक्त हैं और एक सूक्त में अनेक मंत्र हैं। इसके एक मंत्र से पता चलता है कि इसमें 15000 मंत्र हैं, किंतु वर्तमान काल में उनमें से 10467 मंत्र ही उपलब्ध हैं। 'ऋग्वेद' का द्वितीय से सप्तम मंडल तक का भाग इसका प्राचीनतम अंश है जिनमें से प्रत्येक का संबंध किसी ऋषि से है। 'ऋग्वेद' की ऋचाओं में देव-स्तुति की प्रधानता है। जिन देवताओं की इसमें स्तुति की गयी है उनमें इंद्र, वरुण और अग्नि प्रमुख हैं। 'ऋग्वेद' का आरम्भ और समापन अग्नि की स्तुति से होता है।

'ऋग्वेद' में प्रकृति और प्रेम का भी भव्य और मार्मिक चित्रण हुआ है। उषा के सौंदर्य-वर्णन के संदर्भ में कहा गया है, वह देखो, नर्तकी के सदृश मोहक परिधानों में चमकती उषा अपनी छाती उघार रही है। वह धरती और आकाश में प्रकाश बिखेर रही है। इसी प्रकार पुरूरवा-उर्वशी--संवाद में प्रेम का मर्मस्पर्शी चित्रण हुआ है। पुरूरवा कहता है, अरी मेरी निर्मम भार्या! रुक जा! कुछ बातें कर ले। मैंने आज तक खुलकर बात तक नहीं की। मेरे मन को आज तक शीतलता नहीं मिली। उर्वशी उत्तर देती है, 'ओ पुरूरवा ! 'मैं क्या करूँ? मैं तो तुम्हारे घर से सबसे पहली उषा की तरह चल पड़ी हूँ। ओ पुरूरवा! तुम अपने घर लौट जा। अब मैं हवा की तरह तुम्हारी पकड़ से बाहर हूँ।'

काव्य-सौंदर्य की तरह 'ऋग्वेद' में दार्शनिक चिंतन भी स्थल-स्थल पर उजागर हुआ है। पुरुषसूक्त में कहा गया है, 'पुरुष एवेदं सर्वं भूतं यच्च भाव्यम्' अर्थात् पुरुष

ही सर्वस्व है। पुरुष ही भूत-भविष्य है। नासदीय सूक्त में स्थितप्रज्ञता की चरमावस्था का चित्रण हुआ है, जहाँ न प्रकाश है और न अँधेरा, न सत्ता है और न अभाव। वहाँ सब कुछ एक-दूसरे पर आश्रित है। अस्यवामीय सूक्त में विश्व के उद्भव, विकास और विलय की चर्चा हुई है। 'ऋग्वेद' में समकालीन भारतीय सभ्यता और संस्कृति का भी भव्य, किंतु यथार्थपरक चित्रण हुआ है।

यजुर्वेद–'यज्' धातु से उद्भूत 'यजुषों' की संहिता को 'यजुर्वेद' कहा गया है। इसमें यज्ञविधियों और उनमें प्रयुक्त होनेवाले मंत्रों का संकलन हुआ है। 'यजुर्वेद' के कृष्ण और शुक्ल दो भाग हैं। शुक्ल यजुर्वेद में अनुष्ठानों के लिए अपेक्षित मंत्रों का संग्रह है। कृष्ण यजुर्वेद में मंत्रों के साथ 'ब्राह्मणों' का भी मिश्रण हुआ है। मंत्रों की विशुद्धता और मिश्रण के आधार पर ही संभवतः यजुर्वेद के शुक्लत्व और कृष्णत्व का निर्धारण हुआ है।

कृष्ण यजुर्वेद को तैत्तिरीय संहिता कहा जाता है। इसके संबंध में 'विष्णुपुराण' में एक आख्यान है। वैशंपायन ऋषि ने एक बार किसी कारणवश क्रोधित होकर अपने शिष्य याज्ञवल्क्य से उनके द्वारा अर्जित ज्ञान को लौटा देने के लिए कहा। शिष्य ने गुरु द्वारा प्राप्त वेद-विद्या का वमन कर दिया जिसे गुरु के अन्य शिष्यों ने तित्तिर (तीतर) बन कर चुग लिया। इसी कारण इस संहिता का नाम 'तैत्तिरीय' हो गया। कृष्ण यजुर्वेद के सात कांडों में 18000 मंत्र हैं।

वाजसेनी ऋषि के पुत्र याज्ञवल्क्य द्वारा दृष्ट होने के कारण शुक्ल यजुर्वेद का नाम 'वाजसनेय संहिता' पड़ा। ऐसा भी कहा जाता है कि याज्ञवल्क्य को वाजी (घोड़े) के रूप में सूर्य से वरदान-स्वरूप शुक्ल यजुर्वेद की प्राप्ति हुई थी। इसी कारण इसका नाम 'वाजसनेय संहिता' पड़ा था। 328 अनुवाकों में विभक्त इसके 40 अध्यायों में 2086 मंत्र हैं। इस संहिता में मुख्य रूप से कर्मकांड का प्रतिपादन हुआ है।

सामवेद–'सम्' धातु में 'मन्' प्रत्यय के योग से निष्पन्न 'सामवेद' गेय मंत्रों का संकलन है जिसके द्वारा परमतत्त्व को प्राप्त किया जा सकता है। इसमें 'ऋग्वेद' के मंत्र को विशिष्ट क्रम में सुसज्जित कर उन्हें गेयता प्रदान की गयी है। 'सामवेद' की ऋचाएँ 'ऋग्वेद' से ही संकलित की गयी हैं। इसमें मात्र 78 ऋचाएँ नवीन हैं। 'सामवेद' के मंत्र 'आर्थिक' और 'गान' दो भागों में विभक्त हैं। आर्थिक मंत्र के भी पूर्वार्थिक और उत्तरार्थिक नामक दो भाग हैं। 'सामवेद' का आरंभ अग्नि के आवाहन से हुआ है। तदनंतर इसमें इंद्र और सोम का आह्वान हुआ है।

अथर्ववेद–'अथर्ववेद' में लौकिक तथा पारलौकिक फल प्रदान करनेवाले मंत्रों का संग्रह है। इसमें 20 कांड, 731 सूक्त और 5987 मंत्र हैं जिनमें 1200 मंत्र 'ऋग्वेद' के हैं। 'अथर्ववेद' में विभिन्न विषयों से संबद्ध मंत्र हैं। इसमें एक ओर रोग और भय से मुक्ति हेतु देवताओं का आह्वान किया गया है, तो दूसरी ओर दीर्घायु, स्वास्थ्य, राजसुख, काम और मुक्ति के लिए प्रार्थनाएँ की गयी हैं। इसके एक मंत्र

में कुष्ठ निवारक औषधि का आह्वान कर उसे कहा गया है– 'ओ कृष्ण और मटमैले रंग की औषधि! तुम रात में उत्पन्न हुई हो। तुम इस कुष्ठ को, इस पीले दाग को रँग दो। तुम इस कुष्ठ को, इस पीले दाग को और चितकबरे धब्बे को दूर कर दो। इनके अतिरिक्त इसमें पाप और प्रायश्चित्तविषयक मंत्रों के साथ सृष्टि-विषयक और आध्यात्मिक सूक्तों का भी समावेश हुआ है।

ब्राह्मण ग्रंथ

ब्राह्मण ग्रंथों का मुख्य विषय यज्ञ-विधियों की व्याख्या करना है। इसके अंतर्गत यज्ञ का समय, स्थान, अधिकारी, उपकरण और उसकी प्रक्रिया का विवरण है। कुछ ब्राह्मण ग्रंथों में प्रकारांतर से भाषिक विश्लेषण का भी समावेश हुआ है। 'शतपथ ब्राह्मण' में इंद्र, अंगिरा, अंतरिक्ष, अग्नि, हिरण्य आदि अनेक शब्दों की व्याख्या हुई है। शब्दों के विश्लेषण में उनसे संबद्ध विशिष्ट क्रिया को प्रधानता दी गयी है जिसके आधार पर निरुक्त तथा उत्तरवर्ती व्याकरणों में धातु सिद्धांत का निरूपण हुआ। वैदिक साहित्य की लंबी प्रक्रिया में प्रत्येक वेद अपने-अपने ब्राह्मण, आरण्यक, उपनिषद् कल्पसूत्र और प्रातिशाख्य से सम्बद्ध है।

ऋग्वेदीय ब्राह्मण– 'ऋग्वेदीय' के ऐतरेय तथा कौषीतकि अथवा शांखायन नामक दो ब्राह्मण उपलब्ध हैं। 'ऐतरेय ब्राह्मण' का प्रवर्तक एक शूद्रा दासी का पुत्र महीदास है। इसका मुख्य विषय सोम तथा राजसूय यज्ञ और अग्निहोत्र है। इसमें इंद्र को प्रधानता दी गयी है। 'ऐतरेय ब्राह्मण' में 40 अध्याय हैं। इसके 33 वें अध्याय में शुनःशेप आख्यान है जो अत्यधिक रोचक एवं महत्त्वपूर्ण है। 'ऋग्वेद' के दूसरे ब्राह्मण कौषीतकि अथवा शांखायन में तीस अध्याय हैं। इसके प्रथम छह अध्यायों में हव्य यज्ञों का प्रतिपादन हुआ है और बाद के 24 अध्यायों का 'ऐतरेय ब्राह्मण' से घनिष्ठ संबंध है। इसके रचनाकार कुषीतक ऋषि के पुत्र कौषीतक हैं।

यजुर्वेदीय ब्राह्मण– यजुर्वेद के कृष्णखंड की आपस्तंब और आत्रेय शाखा का ब्राह्मण तैत्तिरीय है। तैत्तिरीय ब्राह्मण के तीन भाग हैं जिनमें 25 प्रपाठ और 304 अनुवाक हैं। इसमें पुरुषमेध तथा वर्णाश्रम धर्म का विस्तृत विवेचन हुआ है। शुक्ल यजुर्वेद का ब्राह्मण 'शतपथ' है। ब्राह्मणों में 'शतपथ' का स्थान अत्यधिक महत्त्वपूर्ण है। सुविख्यात जलप्रलय-आख्यान इसीमें समाविष्ट है।

सामवेदीय ब्राह्मण– सामवेदीय ब्राह्मणों की संख्या सबसे अधिक है। तांड्य, षड्विंश, सामविधान, आर्षेय, दैवत, उपनिषद्, संहितोपनिषद्, वंश और जैमिनीय नामक इसके नौ ब्राह्मण हैं। तांड्य ब्राह्मण सामवेद का प्रधान ब्राह्मण है। यह 25 अध्यायों में विभक्त है। इसलिए इसे पंचविंश ब्राह्मण भी कहा जाता है। विशालता के कारण यह महाब्राह्मण नाम से भी ख्यात है। इसमें एक दिन से एक हजार वर्ष तक चलनेवाले यज्ञों का विवरण दिया गया है। इसके अनेक आख्यान समाजशास्त्रीय दृष्टि से अत्यधिक महत्त्वपूर्ण हैं। इसमें गैर-आर्यजातियों को आर्यजाति में सम्मिलित

करनेवाले 'व्रात्य-यज्ञ' का वर्णन हुआ है।

अथर्ववेदीय ब्राह्मण– अथर्ववेद का एकमात्र ब्राह्मण 'गोपथ' है। पूर्व-गोपथ और उत्तर-गोपथ नामक इसके दो भाग हैं। पूर्व-गोपथ के आरंभ में ओंकार तथा गायत्री की विशिष्टताओं का वर्णन हुआ है। इसके उपरांत इसमें ब्रह्मचर्य के नियमों और ऋत्विजों के कार्यों का विवरण है। इसमें अश्वमेध, पुरुषमेध, अग्निष्टोम आदि यज्ञों का विस्तृत विवेचन हुआ है। कुछ विद्वान् 'गोपथ ब्राह्मण' को परवर्ती काल की रचना मानते हैं, किंतु कुछ अन्य इस पर प्राचीनता की मुहर लगा देते हैं।

आरण्यक

वैदिक काल में अरण्य में अध्ययन और मनन किये जानेवाले शास्त्र को 'आरण्यक' कहा जाता था। इसमें वानप्रस्थ आश्रमवासियों के कर्मकांड, यज्ञ की आध्यात्मिक व्याख्या तथा दार्शनिक चिंतन का समावेश हुआ है। उपनिषदों के विकास में आरण्यकों की भूमिका अत्यधिक महत्त्वपूर्ण है, किंतु सम्प्रति बहुत कम आरण्यक ग्रंथ उपलब्ध हैं।

'ऋग्वेद' के 'ऐतरेय' तथा 'शांखायन' दो आरण्यक हैं। 'ऐतरेय ब्राह्मण' का परिशिष्ट भाग ही 'ऐतरेय आरण्यक' है। इसमें प्राणविद्या, पुरुष, संहिता, पद तथा क्रमपाठ, स्वर-व्यंजनादि के स्वरूप का वर्णन हुआ है। 'शांखायन आरण्यक' का 'ऐतरेय आरण्यक' से सादृश्य है। इसमें बृहदारण्यक उपनिषद् के भी उद्धरण मिलते हैं। शुक्ल यजुर्वेद के आरण्यक का नाम 'बृहदारण्यक' है, किंतु अध्यात्म तत्त्व के विवेचन के कारण इसे उपनिषद् माना जाता है। कृष्ण यजुर्वेद की मैत्रायणी शाखा के आरण्यक को 'मैत्रायणीयोपनिषद्' कहा गया है। इसकी तैत्तिरीय शाखा का संबंध 'तैत्तिरीय आरण्यक' से है।

'सामवेद' से एकमात्र 'तलवकार आरण्यक' संबद्ध है। इसका अन्तिम भाग 'केनोपनिषद्' है। अथर्ववेद का कोई आरण्यक नहीं है। आरण्यक ग्रंथ ब्रह्मविद्या के विकास की पृष्ठभूमि तैयार करते हैं।

उपनिषद्

उपनिषद् (उप+नि+सद्+क्विप्) ब्रह्मविद्या की प्रतीक है। यह तत्त्वज्ञान का आदि स्रोत है जिससे अविद्या का नाश और ब्रह्मज्ञान की प्राप्ति होती है। उपनिषद् वस्तुतः सांसारिक दुःखों से मुक्ति का मार्ग प्रदर्शित करती है। 'मुक्तिबोध उपनिषद्' में 105 उपनिषदों का नामोल्लेख है। अडयार लाइब्रेरी, मद्रास से 189 उपनिषद् प्रकाशित हैं, किंतु जिन दस उपनिषदों पर शंकराचार्य के भाष्य उपलब्ध हैं, उन्हें ही प्राचीन एवं प्रामाणिक माना जाता है। उनके नाम ईश, केन, कठ, प्रश्न, मुंडक, मांडूक्य, तैत्तिरीय, ऐतरेय, छांदोग्य और बृहदारण्यक उपनिषद् हैं :

ईशकेनकठप्रश्नमुण्डकमाण्डूक्यतित्तिरः।
ऐतरेयं च छान्दोग्यं बृहदारण्यकं दशः।।

ईशावास्य उपनिषद्– उपनिषदों में प्रथम परिगणित ईशावास्य उपनिषद् शुक्ल यजुर्वेद का चालीसवाँ अध्याय है। 'ईशावास्यमिदं सर्वं' से आरंभ होने के कारण इसे ईशोपनिषद् अथवा ईशावास्य उपनिषद् कहा गया है। इसमें कुल 18 मंत्र हैं। आकार में छोटा होने पर भी यह अत्यधिक महत्त्वपूर्ण है। इसमें ज्ञान, कर्म और उपासना के समन्वय के साथ व्यक्त और अव्यक्त उपासना के फल का विवेचन हुआ है।

केनोपनिषद्– केनोपनिषद् सामवेद की जैमिनीय शाखा के अंतर्गत है। इसके चार खंड हैं। प्रथम खंड में निर्गुण ब्रह्म तथा द्वितीय खंड में ब्रह्म के रहस्यमय स्वरूप का विवेचन हुआ है। तृतीय तथा चतुर्थ खंड में यक्षोपाख्यान के माध्यम से सर्वप्रेरक परब्रह्म की सर्वशक्तिमत्ता को उद्घाटित करने का प्रयत्न किया गया है।

कठोपनिषद्– 'कठोपनिषद्' कृष्ण यजुर्वेद के कठ शाखा से सम्बद्ध है। इसमें यम और नचिकेता के संवादरूप में ब्रह्मविद्या का विस्तृत वर्णन हुआ है। इसका मुख्य विषय नचिकेता को यम द्वारा दिये गये तीन वर हैं। नचिकेता ने तृतीय वर के रूप में ब्रह्मज्ञान की प्राप्ति की इच्छा व्यक्त की थी। उसके विशेष अनुरोध पर यमराज ने उसे अद्वैततत्त्व का उपदेश दिया। कठोपनिषद् का सार यही उपदेश है।

प्रश्नोपनिषद्– 'प्रश्नोपनिषद्' 'अथर्व वेद' की पिप्पलाद शाखा के अंतर्गत समाविष्ट है। इसमें पिप्पलाद ऋषि द्वारा सुकेशा, सत्यकाम, अश्वलायन, भार्गव, कात्यायन और कबंधी के ब्रह्मविद्या-संबंधी प्रश्नों के उत्तर दिये गये हैं। प्रथम प्रश्न के उत्तर में रयि और प्राण के माध्यम से संपूर्ण जगत् की उत्पत्ति का विवेचन हुआ है। दूसरे प्रश्न के उत्तर में स्थूल देह के प्रकाशक प्राण का निरूपण हुआ है। तीसरे प्रश्न के उत्तर में प्राण की उत्पत्ति और स्थिति पर विचार हुआ है। चौथे प्रश्न के उत्तर में स्वप्नावस्था का वर्णन है। पाँचवें प्रश्न के उत्तर में पर और अपर ब्रह्म की व्याख्या हुई है। छठे प्रश्न के उत्तर में मुक्तावस्था में प्राप्त होनेवाले निरुपाधि ब्रह्म का निरूपण हुआ है।

मुंडकोपनिषद्– मुंडकोपनिषद् 'अथर्व वेद' के शौनक संहिता के मंत्रभाग के अंतर्गत है। इसमें तीन मुंडक हैं। प्रत्येक मुंडक के दो-दो खंड हैं। इसमें अंगिरा ऋषि परा और अपरा विद्या का निरूपण करते हैं। यह उपनिषद् इस अर्थ में महत्त्वपूर्ण है कि इसमें द्वैतवाद का प्रधान मंत्र 'द्वा सुपर्णा सयुजा सखाया' का समावेश हुआ है। 'वेदांत' शब्द का भी प्रथम प्रयोग इसी उपनिषद् में हुआ है।

मांडूक्य उपनिषद्– मांडूक्योपनिषद् अथर्ववेदीय ब्राह्मण के अंतर्गत है। यह उपनिषद् सबसे छोटा है। इसमें मात्र 12 मंत्र हैं। किंतु इसका महत्त्व किसी से कम नहीं है। गौड़पादाचार्य ने इस पर कारिका लिखकर इसके महत्त्व को बढ़ा दिया है। कारिका और शांकरभाष्य सहित यह उपनिषद् अद्वैत-सिद्धांत का आधार बन गया है। इसमें जगदुत्पत्ति के अनेक प्रयोजनों का विवेचन हुआ है। इसीके आधार पर शंकराचार्य ने माया पर आश्रित अद्वैत-सिद्धांत की स्थापना की थी।

तैत्तिरीय उपनिषद्— कृष्णयजुर्वेदीय तैत्तिरीय आरण्यक के अंतर्गत समाविष्ट तैत्तिरीय उपनिषद् शिक्षावल्ली, ब्रह्मानंदवल्ली और भृगुवल्ली नामक तीन प्रपाठों में विभक्त है। शिक्षावल्ली में ओंकार माहात्म्य तथा धार्मिक विधानों का विवेचन और ब्रह्मानंदवल्ली में ब्रह्मविद्या का निरूपण हुआ है। भृगुवल्ली में ब्रह्म-प्राप्ति के मुख्य साधन का वर्णन हुआ है।

ऐतरेय उपनिषद्— ऐतरेयोपनिषद् ऋग्वेदीय ऐतरेय आरण्यक के अंतर्गत समाविष्ट है। इसके तीन अध्यायों में क्रमशः सृष्टि, जीव और ब्रह्म का विवेचन हुआ है। प्रथम अध्याय में यह कहा गया है कि सृष्टि के आरंभ में केवल एक आत्मा ही थी और कुछ नहीं था। उसने लोक-रचना की इच्छा की और केवल संकल्प से तीनों लोकों की रचना हो गयी। द्वितीय अध्याय में जीव के तीन जन्मों का विवरण है। तृतीय अध्याय में आत्मज्ञान को परमपद-प्राप्ति के एकमात्र साधन के रूप में प्रतिपादित किया गया है।

छांदोग्य उपनिषद्— छांदोग्य उपनिषद् का संबंध 'सामवेद' की कौशुम शाखा से है। यह आठ प्रपाठों में विभक्त एक विशालकाय ग्रंथ है जिसमें ब्रह्मविद्या से संबद्ध अनेक विषयों की चर्चा हुई है। अद्वैतवाद का आधारसूत्र 'सर्वं खल्विदं ब्रह्म' का समावेश इसी उपनिषद् में हुआ है।

बृहदारण्यक उपनिषद्— बृहदारण्यक उपनिषद् शुक्ल यजुर्वेद से संबद्ध 'शतपथ ब्राह्मण' के अंतिम छह अध्यायों में अंतर्विष्ट है। आकार की दृष्टि से सबसे बड़ा यह उपनिषद् आध्यात्मिक के अतिरिक्त ऐतिहासिक और समाजशास्त्रीय दृष्टि से भी महत्त्वपूर्ण है क्योंकि इसमें एक ओर विदेहराज जनक और काशीनरेश अजातशत्रु की चर्चा हुई है तो दूसरी ओर याज्ञवल्क्य की दो पत्नियों कात्यायनी और मैत्रेयी के बीच सम्पत्ति के बँटवारे का उल्लेख हुआ है।

वेदांग

उत्तर-वैदिक काल में जब वेदविद्या का ह्रास होने लगा, तब उनके अध्ययन और संरक्षण हेतु शिक्षा, कल्प, निरुक्त, छंद और ज्योतिष नामक छह शास्त्रों का विकास हुआ जिनके माध्यम से क्रमशः भाषोच्चार, काल, भाषिक अर्थ, छंद-रचना और आकाश का अध्ययन-विश्लेषण आरंभ हुआ। इन्हें ही वेदांग अथवा षड्शास्त्र कहा जाता है। इनकी रचना सूत्रों में हुई है।

शिक्षा— वेद-पाठ में उच्चारण का विशेष महत्त्व है। वैदिक मंत्रोच्चार में उदात्त, अनुदात्त और स्वरित के संयोग से स्वरों के सात भेद बन गये हैं। वैदिक मंत्रों के पाठ में स्वर के आरोह-अवरोह में स्वल्प परिवर्तन से अर्थ का अनर्थ हो जाता है। ऐसी स्थिति में प्रत्येक वेद की अपनी-अपनी शिक्षा है जिसमें अलग-अलग उच्चारण-विधान हैं। कालांतर में शिक्षा का स्थान प्रातिशाख्यों ने ग्रहण कर लिया। संहिता की प्रत्येक प्रमुख शाखा का अपना प्रातिशाख्य है। संभवतः इसी आधार पर

इन ग्रंथों को 'प्रातिशाख्य' कहा जाता है। वर्तमान काल में 'पाणिनीय शिक्षा' के अतिरिक्त अन्य उपलब्ध शिक्षा ग्रंथों को परवर्ती काल की रचना माना जाता है।

कल्प— कल्प साहित्य में याज्ञिक अनुष्ठानों के विधान सूत्रों में संकलित हैं। कल्पसूत्र के चार विभाग हैं— श्रौतसूत्र, गृह्यसूत्र, धर्मसूत्र तथा शुल्वसूत्र। श्रौतसूत्र में वैदिक यज्ञों का विधि-विधान है। गृह्यसूत्र में उपनयन, विवाहादि का वर्णन है। धर्मसूत्र का संबंध समाज-व्यवस्था के विधानों से है। शुल्वसूत्र में यज्ञ-वेदियों के आकार-प्रकार, स्थान तथा निर्माण-विधियों का निरूपण हुआ है।

व्याकरण— वेदांग-काल तक व्याकरण भाषा-अध्ययन की एक सुव्यवस्थित शाखा के रूप में विकसित हो गया था। व्याकरण--परंपरा का आरंभ यद्यपि महर्षि पाणिनि के 'अष्टाध्यायी' से होता है, किंतु स्वयं इस व्याकरण में 26 वैयाकरणों के नाम उद्धृत हैं। स्पष्ट है कि 'अष्टाध्यायी' एक सुविकसित चिंतन-परम्परा का परिणाम है। पूर्वपाणिनि-युग का कोई व्याकरण उपलब्ध नहीं है। 'अष्टाध्यायी' में ही वैदिक प्रक्रिया का भी समावेश हुआ है।

निरुक्त— 'निर्वच्' से निष्पन्न 'निरुक्त' का अर्थ 'व्याख्या करना' है। इसे निर्वचन अथवा व्युत्पत्तिशास्त्र भी कहा जाता है। 'निरुक्त' कोई स्वतंत्र रचना नहीं है। यह 'निघंटु' नामक प्रसिद्ध वैदिक कोश का भाष्य है। निरुक्त चौदह अध्यायों में विभक्त है। इसका प्रथम अध्याय उपोद्घात अथवा भूमिका है जिसमें शब्दशास्त्र के सामान्य सिद्धांतों का उल्लेख है। द्वितीय एवं तृतीय अध्यायों में एकार्थक शब्दों के विश्लेषण; चतुर्थ, पंचम एवं षष्ठ में कठिन शब्दों की व्याख्या और सप्तम से द्वादश तक देवताओं का वर्णन हुआ है। अंत के दो अध्याय पूर्व के द्वादश अध्यायों के परिशिष्ट हैं।

छंद— पंचम वेदांग 'छंद' का प्रतिनिधित्व 'छंदसूत्र' करता है। इस ग्रंथ में आठ अध्याय हैं। इसके प्रथम चार अध्याय में वैदिक और बाद के चार अध्यायों में लौकिक छंदों का विवेचन हुआ है। 'छंदसूत्र' के अतिरिक्त ऋक् प्रातिशाख्य में भी वैदिक छंदों की व्याख्या हुई है। वेदों में मुख्यतः गायत्री, अनुष्टुभ्, त्रिटुभ, उष्णिक, वृहती, पंक्ति, जगती आदि छंदों का प्रयोग हुआ है। कालांतर में वैदिक छंदों से ही लौकिक छंदों का विकास हुआ।

ज्योतिष— यज्ञानुष्ठान में ज्योतिष की महत्त्वपूर्ण भूमिका होती है। ज्योतिष के नाम पर एक मात्र 'वेदांग ज्योतिष' उपलब्ध है जिसके यजुष ज्योतिष और आर्च ज्योतिष नामक दो पाठ हैं। 'यजुर्वेद' से संबद्ध यजुष ज्योतिष में 432 श्लोक हैं, जब कि 'ऋग्वेद' से संबद्ध 'आर्च ज्योतिष' में मात्र 36 श्लोक हैं। यह ज्योतिष का सबसे प्राचीन ग्रंथ है। कालांतर में इसीसे ज्योतिषशास्त्र का विकास हुआ।

वेदांगों के साथ वैदिक साहित्य का सूर्य अस्त हो गया। वहीं से एक नयी धारा का विकास आरंभ हो गया जो लौकिक संस्कृत-साहित्य के नाम से ख्यात है। इसकी

भाषा वैदिक संस्कृत से भिन्न है। यह पूर्णतः पाणिनि के व्याकरण पर आधारित है। किंतु, वैदिक और लौकिक संस्कृत-साहित्य के संधि-स्थल पर 'रामायण' और 'महाभारत' दो आर्ष काव्य दो-दो हिमवानों की तरह खड़े दृष्टिगत होते हैं जिनका विश्व में विशिष्ट स्थान है।

आर्ष काव्य

महर्षि वाल्मीकि-कृत 'रामायण' और महर्षि व्यास-कृत 'महाभारत' की गणना आर्ष काव्यों में होती है। दोनों अप्रतिम महाकाव्य विश्व के श्रेष्ठ साहित्य के रूप में विख्यात हैं। उनके काव्य-सौंदर्य और भाषा-सौष्ठव एक ओर उनके रचनाकारों की अनोखी प्रतिभा को उजागर करते हैं, तो दूसरी ओर उनमें अंतर्निहित समकालीन समाज, संस्कृति और प्रकृति के रंग-बिरंगे चित्र उनके विस्तृत ज्ञान को उद्घाटित करते हैं। दोनों महाकाव्य परवर्ती भारतीय साहित्य के उपजीव्य ही नहीं, प्रत्युत समस्त भारतवासियों के कंठहार हैं तथा वे भारत की एकता और अखंडता के संदेशवाहक हैं।

रामायण– आदि कवि वाल्मीकि-कृत 'रामायण' भारतीय संस्कृति की आत्मा और संस्कृत महाकाव्यों की मुकुट-मणि है। 'रामायण' न केवल इस अर्थ में अद्वितीय है कि यह देश-विदेश की अनेक भाषाओं में विरचित तीन सौ से भी अधिक साहित्यिक कृतियों का उपजीव्य है, प्रत्युत इस संदर्भ में भी कि इसने भारत के अतिरिक्त अन्य अनेक एशियाई देशों के नाट्य, संगीत एवं चित्र-कलाओं को प्रभावित किया है। भारतीय इतिहास के प्राचीन स्रोतों में इसके मूल को तलाशने के सारे प्रयत्नों की विफलता के बावजूद यह निर्विवाद रूप से समस्त गरिमाओं से परिपूर्ण संसार का एक श्रेष्ठ महाकाव्य सिद्ध होता है।

इतिहासकार सामान्यतः 'वाल्मीकि रामायण' के वर्तमान स्वरूप को दूसरी-तीसरी शताब्दी ई॰पू॰ की रचना मानते हैं, क्योंकि इसमें कुछ ऐसे भी प्रसंग हैं जिनमें बुद्ध की चर्चा हुई है, किंतु मैकडोनेल के मतानुसार 'रामायण' के मुख्य भाग की रचना 500 ई॰पू॰ हो चुकी थी, क्योंकि 'महाभारत' में 'रामायण' और वाल्मीकि का उल्लेख है। इसके अतिरिक्त विश्वामित्र ऋषि के साथ राम और लक्ष्मण के मिथिला-गमन के क्रम में वैशाली का तो वर्णन हुआ है, किंतु पाटलिपुत्र की चर्चा नहीं हुई है। पाटलिपुत्र की स्थापना बुद्ध के स्थिति-काल में ही हो गयी थी। इस आधार पर ऐसा माना जाता है कि 'रामायण' की रचना बुद्ध के आविर्भाव के पूर्व हो गयी थी। कालांतर में उसमें अनेक प्रक्षेप जुड़ते गये। 'रामायण' में जो संशोधन और परिवर्धन हुए, उनका समय 200 ई॰ पू॰ माना जा सकता है।

आदि कवि वाल्मीकि के पूर्व प्रचलित रामाख्यान उपलब्ध नहीं है। ऐसी स्थिति में वाल्मीकि-कृत 'रामायण' ही रामचरित को रूपायित करनेवाली प्राचीनतम रचना सिद्ध होती है, तथापि इसके अंतर्गत अनेक प्रक्षेपों के समावेश के कारण मूल कथा

की पहचान में कठिनाई होती है। किंतु इस समस्या का समाधान भी इसी रचना में उपलब्ध है। 'वाल्मीकि रामायण' के बालकांड में नारद-वाल्मीकि-संवाद के रूप में रामकथा का मूल स्वरूप सुरक्षित प्रतीत होता है। इस स्थल पर राम के वनवास से राज्यारोहण तक की कथा का ही समावेश हुआ है। इसी कारण विद्वज्जन संपूर्ण बालकांड और उत्तरकांड को क्षेपक मानते हैं।

युद्धकांड में जो फलश्रुति है, उसमें कहा गया है कि जो इस संपूर्ण 'रामायण' का नित्य श्रवण एवं पाठ करता है, उस पर सनातन विष्णुरूप राम सदा प्रसन्न रहते हैं। इसी आधार पर यह निष्कर्ष निकाला गया है कि इसके रचना-काल तक 'रामायण' की परिसमाप्ति यहीं मानी जाती थी। यह निष्कर्ष इस संदर्भ में भी तर्कसंगत प्रतीत होता है कि एक श्लोकी रामायण में भी रामकथा का आरंभ रामवनगमन से और समाप्ति रावण-वध से होती है :

आदौ राम तपोवनादिगमनं हत्वा मृगं कांचनम्।
वैदेहीहरणं जटायुमरणं सुग्रीव संभाषणम्।।
वालिनिग्रहणं समुद्रतरणं लंकापुरीदाहनम्।
पश्चाद् रावणकुभंकर्णहननं एतद्धि रामायणम्।।

'वाल्मीकि रामायण' के बालकांड के तृतीय अध्याय में पुनः रामकथा के घटना-क्रमों की एक विस्तृत सूची है जिसमें संपूर्ण बालकांड के घटना-क्रमों का समावेश हुआ है। इस सूची में उत्तरकांड के घटना-क्रमों और उपाख्यानों की चर्चा नहीं हुई है। 'वाल्मीकि रामायण' के दाक्षिणात्य पाठ में केवल दो अनुक्रमणिकाएँ हैं, जबकि गौड़ीय तथा पश्चिमोत्तर पाठ में एक तीसरी अनुक्रमणिका भी है जिसमें सात कांडों के घटना-क्रमों का उल्लेख हुआ है। यहाँ यह उल्लेखनीय है कि 'वाल्मीकि रामायण' के प्रचलित संस्करणों के चार पाठ उपलब्ध हैं— औदीच्य पाठ, गौड़ीय पाठ, पश्चिमोत्तर पाठ और दाक्षिणात्य पाठ।

रामकथा की लोकप्रियता का आधार यह है कि रामचरित आम आदमी की व्यथा-कथा से भिन्न नहीं है। दुःख और दर्दभरे राम के जीवन का यथार्थ यह है कि उनके जीवन में जब सुख का आरंभ होता है, उनकी कथा समाप्त हो जाती है। हर्ष-विषाद, आशा-निराशा और विजय-पराजय से परिपूर्ण रामकथा जन-जन के जीवन की कहानी है। तात्पर्य यह कि रामचरित मानव-जीवन के संघर्ष की कथा है और यही कारण है कि देश-विदेश में रामकथा को इतनी लोकप्रियता मिली।

महाभारत—संस्कृत-साहित्य की विस्तृत परंपरा में 'रामायण' के बाद 'महाभारत' का अत्यधिक महत्त्वपूर्ण स्थान है। आकार की दृष्टि से यह विश्व का सर्वाधिक विशाल ग्रंथ है। 'महाभारत' के रचनाकार कृष्णद्वैपायन व्यास 'वादरायण ऋषि' के नाम से भी विख्यात हैं किंतु वैदिक युग से पौराणिक युग तक की अनेक कृतियों के रचनाकार व्यास माने जाते हैं। आधुनिक समीक्षक व्यास के सुदीर्घ जीवन-काल

और सुविस्तृत रचनाधर्मिता की कल्पना नहीं कर पाते। इसी कारण विद्वत्समाज 'व्यास' को गुरु-शिष्य-परम्परा, वंश-परम्परा अथवा उपाधि-परम्परा का पर्याय मानता है।

'महाभारत' के रचनाकार की तरह उसके काल-निर्धारण में भी मतभिन्नताएँ हैं, किंतु सामान्यतः इसे 500 ई॰पू॰ से पहले की रचना माना जाता है, क्योंकि 'अष्टाध्यायी' में 'महाभारत' का उल्लेख व्याकरणसंगत व्युत्पत्ति के साथ हुआ है। इसके अतिरिक्त इसमें युधिष्ठिर, भीम, विदुर आदि की भी चर्चा हुई है। इससे स्पष्ट होता है कि 'महाभारत' पाणिनिपूर्व की रचना है। पाणिनि का काल सामान्यतः पाँचवी शताब्दी ई॰पू॰ निर्धारित किया जाता है।

आधुनिक अन्वेषणों से यह ज्ञात होता है कि 'महाभारत' की रचना तीन चरणों में हुई थी। सर्वप्रथम कृष्णद्वैपायन वेदव्यास ने यह कथा वैशंपायन को सुनायी थी। वैशंपायन से उस कथा को परीक्षितपुत्र जनमेजय ने सुना। तीसरी बार लोमहर्ष के पुत्र सौति ने इस महाख्यान को सौनकादि ऋषि के समक्ष प्रस्तुत किया। कृष्ण द्वैपायन की कृति का नाम 'जय' था और उसमें 8800 श्लोक थे। वैशंपायन-विरचित रचना का नाम 'भारत' था और उसमें 2400 श्लोक थे। सौति ने जिस महाख्यान की रचना की उसका नाम 'महाभारत' था। इसमें 'हरिवंश' भी जुड़ गया था और इसमें श्लोकों की संख्या लगभग एक लाख हो गयी थी।

'महाभारत' एक विशाल ग्रंथ है जिसके मौलिक तथा प्रक्षिप्त अंशों को अलग करना बहुत कठिन है। यद्यपि इस महाग्रंथ में कौरव-पांडव-युद्ध का ही प्राधान्य है, किंतु इसका वास्तविक उद्देश्य मानव-जीवन की निःसारता को प्रदर्शित कर मोक्ष का मार्ग प्रशस्त करना है। ध्वनिकार आनंदवर्द्धन ने इसी कारण 'महाभारत' को शांतरस-प्रधान ग्रंथ माना है। 'श्रीमद्भगवद्गीता' 'महाभारत' का अभिन्न अंग है जिसमें उपनिषदों के अद्वैतवेदांत के साथ भक्ति का सामंजस्य स्थापित किया गया है। 'गीता' में वस्तुतः ज्ञानभक्तियुक्त कर्मयोग का प्रतिपादन हुआ है। 'गीता' और 'रामायण' हमारी राष्ट्रीय एकता और अखंडता के दो मुख्य आधारस्तंभ हैं। भारत का जनजीवन सैकड़ों वर्षों से इन दो महाग्रंथों से अनुप्राणित और इनकी दिव्य ज्योति से आलोकित होता रहा है। इन दोनों महाकाव्यों के अभाव में भारत की कल्पना करना भी कठिन है। 'रामायण' और 'महाभारत' ने संस्कृत महाकाव्यों की विस्तृत परंपरा को अत्यधिक प्रभावित किया है और वर्तमान काल में भी इसकी प्रासंगिकता पूरी भव्यता के साथ अक्षुण्ण है।

लौकिक संस्कृत-साहित्य

संस्कृत के साहित्यशास्त्रों में रमणीय तथा रसपूर्ण अर्थ निष्पादित करनेवाले काव्य को श्रव्य एवं दृश्य काव्य के दो वर्गों में विभाजित किया गया है। दृश्य काव्य में नाटक तथा दशरूपकों का समावेश हुआ है और श्रव्य काव्य को पद्य, चम्पू एवं गद्य में विभक्त किया गया है। पद्य को महाकाव्य, खंडकाव्य तथा मुक्तक और गद्य

को कथा, आख्यायिका और निबंध की स्वतंत्र विधाओं में प्रतिष्ठित किया गया है। किंतु संस्कृत-साहित्य की समस्त विधाओं में महाकाव्य को सर्वश्रेष्ठ माना गया है।

महाकाव्य

साहित्य के क्षेत्र में महाकाव्य का स्थान सर्वोपरि है। महाकाव्य सच्चे अर्थ में महान् काव्य होता है जिसमें भूत, भविष्य और वर्तमान तीनों कालों की झलक मिलती है। दण्डी ने 'काव्यादर्श' में महाकाव्य के लक्षण को प्रस्तुत करते हुए कहा है कि महाकाव्य के आरंभ में आशीर्वाद, नमस्कार अथवा कथावस्तु का निर्देश होना चाहिए। उसकी कथावस्तु सर्गबद्ध और इतिहासाश्रित होनी चाहिए। उसमें सज्जनों का चरित्र--चित्रण होना चाहिए। उसका उद्देश्य अर्थ, धर्म, काम और मोक्ष की प्राप्ति तथा उसका नायक चतुर एवं उदात्त होना चाहिए। महाकाव्य में प्रकृति-चित्रण को अनिवार्य माना गया है। उसका मुख्य रस वीर और शृंगार होना चाहिए। छंदोबद्धता महाकाव्य की अनिवार्यता है। उसमें प्रत्येक सर्ग की रचना में किसी विशिष्ट छंद के प्रयोग की अपेक्षा की गयी है, किंतु सर्ग के अंत में छंद-परिवर्तन को प्रश्रय दिया गया है। अंततः महाकाव्य को रस-अलंकार से युक्त तथा लोकरंजक होना चाहिए।

संस्कृत-महाकाव्यों की परंपरा यद्यपि अश्वघोष से आरंभ होती है, किंतु इस संदर्भ में कुछ विलुप्त महाकाव्यों के नाम उल्लेखनीय हैं। 'काव्यालंकारसूत्र' की टीका में पाणिनिकृत 'जांबजातीय' तथा 'पातालविजय' की चर्चा हुई है जिसकी पुष्टि राजशेखर ने भी की है। महाराज समुद्रगुप्त-कृत 'कृष्णचरित' में वररुचिकृत 'स्वर्गारोहण' और पतंजलिकृत 'महानंद' नामक महाकाव्य का उल्लेख हुआ है। संस्कृत के आरंभिक महाकाव्यकारों में अश्वघोष और कालिदास की पूर्वापरता यद्यपि विवादास्पद है, तथापि अश्वघोष का समय प्रायः सुनिश्चित है, क्योंकि वे सम्राट् कनिष्क (78 ई॰) के सभापंडित थे और वे उसके द्वारा आयोजित चौथी बौद्ध संगीति (100 ई॰) के आचार्य थे, जबकि कालिदास की तिथि मुख्यतः विक्रम संवत् के प्रवर्तक विक्रमादित्य (57ई॰पू॰) तथा सम्राट् चंद्रगुप्त द्वितीय (375–413 ई॰) के मध्य दोलायमान है। ऐसी स्थिति में अश्वघोष को ही संस्कृत के प्रथम महाकाव्यकार होने का गौरव प्राप्त होता है।

अश्वघोष : 'बुद्धचरित' और 'सौंदरनंद'

अश्वघोष साकेत के महायानी बौद्ध दार्शनिक थे। उन्होंने 'बुद्धचरित' तथा 'सौंदरनंद' नामक दो महाकाव्य और 'शारिपुत्रप्रकरण' नाटक की रचना की थी। 'बुद्धचरित' में भगवान् बुद्ध के संघर्षपूर्ण जीवन का सजीव चित्रण हुआ है। यह महाकाव्य 'ललितविस्तर' नामक बौद्ध ग्रंथ पर आधारित है, किंतु यह उस पालि भाषा की कृति का कोरा अनुवाद नहीं है। इस महाकाव्य के आरंभिक पाँच अध्यायों में बुद्ध के जन्म से गृहत्याग तक की घटनाओं का और अंतिम चौदहवें अध्याय में बुद्धत्व-प्राप्ति का चित्रण हुआ है। मध्य के आठ अध्यायों में क्रमशः अंतःपुर की

नारियों का विलाप, सिद्धार्थ का मगध-प्रयाण, महर्षि अखंड से उनका मिलन और उनके द्वारा काम पर विजय-प्राप्ति का उल्लेख है।

अश्वघोष का दूसरा महाकाव्य 'सौंदरनंद' साहित्यिक दृष्टि से 'बुद्धचरित' से अधिक विकसित है। इसमें तथागत के सौतेले भाई नंद का पत्नी-प्रेम और भगवान् बुद्ध की प्रेरणा से प्रव्रज्याग्रहण करने का संवेदनात्मक चित्रण हुआ है। अपनी भार्या सुंदरी को त्याग कर दीक्षा-ग्रहण करने के समय नंद की मनःस्थिति का इसमें मार्मिक चित्रण हुआ है। बुद्ध की भक्ति और प्रिया के प्रेम के बीच नंद का मन दोलायमान है। उस समय उसकी मन की स्थिति लहरों से संघर्ष करते हुए राजहंस के सदृश है।

कालिदास : 'कुमारसंभव' और 'रघुवंश'

जिस महाकवि की निर्वैयक्तिकता ने उसे सार्वत्रिक और सार्वकालिक बना दिया, उसके जीवन और स्थितिकाल के विषय में इतने विवाद हैं कि कुछ भी कहना कठिन है। मात्र एक बिंदु पर लगभग सभी विद्वान् एकमत हैं कि वे राजा विक्रमादित्य के समकालीन हैं, किंतु यह धारणा भी तीन-तीन विक्रमादित्यों के विवाद से घिरी है। विक्रम संवत् के प्रणेता विक्रमादित्य का स्थितिकाल 57 ई०पू० है। दूसरे विक्रमादित्य मालवनरेश यशोवर्मन हैं जिन्होंने 544 ई० में हूणों को पराजित किया था। अधिकतर विद्वान् उनका संबंध चंद्रगुप्त द्वितीय से स्थापित करते हैं। इसी प्रकार कश्मीर, बंगाल और मिथिला के लोग उनके जन्मस्थान के दावेदार हैं। 'मेघदूत' का यक्ष कहता है, "हे मेघ! तुम्हारा रास्ता थोड़ा टेढ़ा अवश्य हो जायेगा, किंतु तुम उज्जयिनी अवश्य जाना।" कालिदास ने इस संदर्भ में उज्जयिनी का भव्य चित्रण किया है और इसी आधार पर उन्हें उज्जयिनी-निवासी मान लिया गया है। उनकी प्रामाणिक कृतियों में दो महाकाव्य 'कुमारसंभव' और 'रघुवंश', तीन नाटक 'मालविकाग्निमित्र', 'विक्रमोर्वशीयम्' और 'अभिज्ञानशाकुंतलम्' एवं दो खंडकाव्य, 'मेघदूत' और 'ऋतुसंहार' हैं।

'कुमारसंभव' कालिदासकृत श्रेष्ठ महाकाव्य है। इसमें 18 सर्ग हैं, किंतु उनमें से आठ सर्ग को ही कालिदास की मूल रचना माना जाता है। इसकी कथा पार्वती की शिव-भक्ति और कुमार कार्तिकेय के जन्म पर आधारित है। हिमवान्-तनया पार्वती घोर तप से शिव को पतिरूप में प्राप्त करती हैं। उनके महामिलन से कुमार कार्तिकेय का जन्म होता है जो देवताओं के सेनानायक बनकर तारकासुर का संहार करते हैं। 'महाभारत' के शांतिपर्व में शिव-पार्वती-विवाह का विस्तृत वर्णन है। इसके अतिरिक्त 'वाल्मीकि रामायण' के बालकांड और उत्तरकांड में भी यह कथा है, किंतु 'कुमारसंभव' पर 'महाभारत' का ही प्रभाव दृष्टिगत होता है।

'रघुवंश' के उन्नीस सर्गों में सूर्यवंश के राजाओं का वर्णन हुआ है। इसके आरंभिक नौ सर्गों में दिलीप, रघु, अज तथा दशरथ की कथा वर्णित हुई है। द्वितीय सर्ग में दिलीप द्वारा नंदिनी गौ की सेवा और षष्ठ सर्ग में इंदुमती स्वयंवर का समावेश

हुआ है। तेरहवें सर्ग में राम और सीता की लंका से वापसी का चित्रण हुआ है। चौदहवें सर्ग में निर्वासित सीता का संदेश दर्ज किया गया है। इसके अंतिम चार सर्ग परिशिष्ट रूप में हैं।

कालिदास के महाकाव्यों में श्रृंगार, करुण, वीर, भयानक तथा अद्भुत रसों का समावेश हुआ है। 'कुमारसंभव' के आठवें और 'रघुवंश' के उन्नीसवें सर्ग में कहीं-कहीं श्रृंगार और काम-क्रीड़ा के चित्रण में मर्यादा की सीमा टूटती हुई मालूम पड़ती है। कालिदास का प्रकृति-चित्रण अनूठा है। वे मूलतः प्रकृति के कवि हैं। 'रघुवंश' में पर्वत और वन का सौंदर्य, ऋतुओं की सुषमा और तपोवन की शोभा का भव्य चित्रण हुआ है। 'कुमारसंभव' में हिमालय और वसंत की शोभा निराली है। उनके चरित्र-चित्रण की विशिष्टता यह है कि उनके दिव्य पात्रों में भी सामान्य मानवीय गुण हैं। अलंकार के क्षेत्र में कालिदास अपनी उपमाओं के लिए ख्यात हैं– 'उपमा कालिदासस्य।'

भारवि : 'किरातार्जुनीयम्'

कालिदास यदि उपमा के लिए विख्यात हैं तो भारवि अर्थ-गौरव के लिए प्रसिद्ध हैं–'भारवेरर्थगौरवम्'। भारवि दक्षिण भारत के थे। वे विष्णुवर्द्धन के सभापंडित और त्रावणकोर के निवासी थे। ऐहोल से उपलब्ध पुलकेशिन के एक शिलालेख में भारवि का नाम अंकित है। भारवि की एकमात्र कृति 'किरातार्जुनीयम्' है। अठारह सर्गों में विभक्त इस महाकाव्य की कथा का आधार 'महाभारत' के वनपर्व की एक विशिष्ट घटना है। कौरवों को पराजित करने के लिए अर्जुन हिमालय पर्वत पर तपस्यारत है। इसी क्रम में किरातवेशधारी शिव से उसका युद्ध होता है। उसके युद्ध-कौशल से प्रसन्न होकर शिव उसे अभीप्सित अस्त्र प्रदान करते हैं। भारवि ने अपनी काव्य-प्रतिभा से इस संक्षिप्त कथा को अत्यधिक विस्तृत और सरस बना दिया है।

यद्यपि 'किरातार्जुनीयम्' में श्रृंगार, वीर, रौद्र और भयानक रसों का समावेश हुआ है, किंतु किरात-अर्जुन-युद्ध के संदर्भ में वीर रस का वर्णन श्लाघनीय है। इस महाकाव्य में अर्जुन का चरित्र धीरोदात्त नायक के रूप में चित्रित किया गया है। इसकी नायिका द्रौपदी का चरित्र भी अत्यधिक आकर्षक है। प्रकृति-चित्रण में भी भारवि किसी से कम नहीं हैं। आकाश में उड़ती हुई हरी-हरी शुकियों की पंक्तियाँ शिरीष-कुसुम सदृश दृष्टिगत होती हैं। उनके मूँगे के टुकड़ों जैसी लाल-लाल चंचुओं में धान की पीली-पीली बालियाँ हैं। इन्हें देख कर कवि को ऐसा प्रतीत होता है कि आकाश में इंद्रधनुष उगा हुआ है। 'किरातार्जुनीयम्' की अलंकार और छंदोयोजना उच्च कोटि की है। भाषा पर भारवि को असाधारण अधिकार है। 'किरातार्जुनीयम्' का अर्थ-सौंदर्य सचमुच चित्ताकर्षक है।

भटिट् : 'रावणवध'

महाकवि भट्टि ने अपने महाकाव्य 'रावणवध' की पुष्पिका में अपने आश्रयदाता प्रजावत्सल श्रीधर के आश्रय में अपने काव्यग्रंथ की रचना का उल्लेख किया है।

भट्टि ने वल्लभीनरेश श्रीधरसेन, द्वितीय के राजकुमारों के अध्ययन हेतु व्याकरणमय महाकाव्य 'रावणवध' की रचना की थी। इस महाकाव्य के चारों कांडों में 22 सर्ग हैं। प्रथम प्रकीर्ण कांड में पाँच सर्ग हैं जिनमें रामजन्म से सीताहरण तक की कथा है। इसके पाँचवें सर्ग में प्रत्यय का विवेचन हुआ है। द्वितीय अधिकार कांड के चार सर्गों में सुग्रीव के अभिषेक से लेकर पवनपुत्र के नागपाश में आबद्ध होने तक की घटनाओं का चित्रण हुआ है और इनके अंतर्गत क्रिया-प्रयोग की व्याख्या हुई है। तृतीय प्रसन्नकांड के अंतर्गत चार सर्गों में वानर-सेना के लंका-प्रयाण से सेतुनिर्माण तक की घटनाओं का समावेश हुआ है और इनमें उदाहरण के साथ अलंकार-निरूपण हुआ है। अंतिम तिङन्त कांड के नौ सर्गों में रावण-वध से रामराज्याभिषेक तक की कथा के साथ व्याकरण के नियमों का विस्तृत विवेचन हुआ है।

भट्टि का लक्ष्य व्याकरण के नियमों का विवेचन करना था। इसमें रामकथा का समावेश तो व्याकरण की शुष्कता को कम करने और उसकी रोचकता बढ़ाने के लिए किया गया है। परिणाम यह हुआ है कि व्याकरण के वट-वृक्ष की छाया में काव्य-तत्त्व निस्तेज तथा धूमिल हो गया और भाषा-तत्त्व दुरूहता किंवा दुर्बोधता की सीमा तक पहुँच गया है, किंतु इस महाकाव्य में अलंकार की शोभा निश्चय ही दर्शनीय है।

कुमारदास : 'जानकीहरण'

संस्कृत-महाकाव्य की परंपरा में 'जानकीहरण' की रचना करनेवाले कुमारदास सिंहल द्वीप (वर्तमान श्रीलंका) के राजा थे। श्रीलंका की अनुश्रुतियों के अनुसार वे कालिदास के घनिष्ठ मित्र थे। 'रघुवंश' की परंपरा में विरचित 'जानकीहरण' संस्कृत का एक उत्कृष्ट महाकाव्य है। इसकी महनीयता इस तथ्य से उजागर होती है कि इसके अनेक श्लोक काव्यशास्त्र के परवर्ती ग्रंथों में उद्धृत किये गये हैं। अद्यावधि उपलब्ध 'जानकीहरण' में मात्र 20 सर्ग हैं।

'जानकीहरण' के आरंभ में अयोध्या के भव्य चित्रण के उपरांत अंध मुनि के पुत्र का वध और उसके द्वारा राजा को दिये गये शाप का वर्णन है। फिर, देवताओं के प्रार्थना करने पर विष्णु उन्हें राम के रूप में अवतरित होकर दानव-दलन का वचन देते हैं। तदुपरांत दशरथ और कौशल्या की प्रेम-क्रीड़ाओं का विशद वर्णन हुआ है। 'जानकीहरण' की रामकथा वस्तुतः चतुर्थ सर्ग से आरंभ होती है। राम के जन्म से रावणवध तक की घटनाओं का वर्णन अगले सोलह सर्गों में हुआ है। अंतिम सर्ग अर्थात् बीसवें सर्ग में अयोध्या-प्रत्यागमन-क्रम में समुद्र और पर्वतों का विस्तृत वर्णन हुआ है। इसी संदर्भ में सगर-पुत्रों द्वारा समुद्र-उत्खनन का उल्लेख है। राम के राज्याभिषेक के बाद विभीषण की लंकावापसी के साथ 'जानकीहरण' की कथा पूर्ण हो जाती है।

माघ : 'शिशुपालवध'

'शिशुपालवध' के रचनाकार माघ की महनीयता इस तथ्य में अंतर्निहित है कि उनमें कालिदास की 'उपमा', भारवि का 'अर्थ-गौरव' और दंडी का 'पदलालित्य' तीनों

का समावेश हुआ है– 'माघे सन्ति त्रयो गुणाः।' अंतःसाक्ष्य से ज्ञात होता है कि उनके पिता का नाम दत्तक सर्वाश्रय था और उनके पितामह सुप्रभदेव वर्मलात नामक राजा के मंत्री थे। माघ की यह उक्ति एक शिलालेख से प्रमाणित होती है जिसमें माघ के पितामह के आश्रयदाता राजा वर्मलात (625 ई॰) का नाम अंकित है। इसी आधार पर माघ का स्थितिकाल सातवीं शताब्दी का उत्तरार्द्ध निर्धारित किया जाता है।

माघ की अमर कृति 'शिशुपालवध' बीस सर्गों में विभाजित है। इसका कथ्य 'महाभारत' के वनपर्व में अंतर्निहित शिशुपाल आख्यान पर आधारित है। 'शिशुपाल वध' के आरंभ में नारद इंद्र के इस निवेदन को श्री कृष्ण के समक्ष प्रस्तुत करते हैं कि वे दुष्ट शिशुपाल का वध कर दें। श्री कृष्ण उन्हें शिशुपालवध का वचन देते हैं। इसी अंतराल में युधिष्ठिर के आमंत्रण पर श्री कृष्ण, बलराम और उद्धव राजसूय यज्ञ में सम्मिलित होने जाते हैं। इस संदर्भ में श्री कृष्ण के वैभव और प्रकृति के सौंदर्य का भव्य चित्रण हुआ है। श्री कृष्ण के इंद्रप्रस्थ पहुँचने पर युधिष्ठिर उनकी अग्रपूजा करते हैं जिससे क्रुद्ध होकर शिशुपाल श्री कृष्ण, भीष्म पितामह तथा युधिष्ठिर के प्रति दुर्वचन का प्रयोग करता है। तदुपरांत शिशुपाल का दूत श्री कृष्ण को यह संदेश देता है कि वे उसके स्वामी की अधीनता स्वीकार करें, अन्यथा मरने के लिए तैयार रहें। 'शिशुपालवध' के अंतिम चार सर्गों में युद्ध-वर्णन है जिसके अंत में श्री कृष्ण और शिशुपाल का द्वंद्व युद्ध होता है। श्री कृष्ण सुदर्शन चक्र से शिशुपाल का सिर खंडित कर देते हैं और शिशुपाल की देह से ज्योति-किरण उत्सर्जित होकर श्री कृष्ण के शरीर में प्रविष्ट कर जाती है। 'शिशुपालवध' में वीर रस की प्रधानता है, किंतु इसमें प्रकृति का भव्य चित्रण भी हुआ है।

श्रीहर्ष : 'नैषधीयचरित'

श्रीहर्ष का जीवन और स्थिति-काल विवादरहित है। अंतःसाक्ष्यों से ज्ञात होता है कि उनके पिता का नाम हीर और माता का नाम मामल्ल देवी था। वे कान्यकुब्ज नरेश के सभापंडित थे। उन्होंने 'नैषधीयचरित' महाकाव्य के अतिरिक्त आठ दर्शन-ग्रंथों की रचना की थी। 'नैषधीयचरित' के कथा-तत्त्व का आधार 'महाभारत' का नलोपाख्यान है। वनविहार के समय राजा नल एक हंस को पकड़कर फिर करुणावश छोड़ देते हैं। हंस दमयंती के अपूर्व सौंदर्य का वर्णन करता है। वह नल के अनुरोध पर कुंडिनपुर जाता है और नल के रूप-गुण का वर्णन कर उसके मन में नल के प्रति पूर्वराग उत्पन्न कर देता है। दमयंती के विवाह हेतु उसके पिता स्वयंवर का आयोजन करते हैं। दमयंती के सौंदर्य की ख्याति से अभिभूत होकर इंद्र, वरुण, अग्नि तथा यम नल को ही दूत बनाकर दमयंती के पास भेजते हैं, तब वह नल को ही वरण करने का अपना निश्चय प्रकट कर देती है। फिर, देवतागण नल के ही वेश में स्वयंवर में उपस्थित होते हैं। दमयंती एक साथ पाँच नल को देखकर विचलित हो जाती है। देवतागण दमयंती के गुणों से रीझ कर अपने प्रतीकचिह्न प्रकट

कर देते हैं। दमयंती नल के गले में वरमाला डाल देती है। पाणिग्रहण के उपरांत अंत के पाँच अध्यायों में नल-दमयंती के विविध विलासों का सरस चित्रण हुआ है। 'नैषधीयचरित' श्रीहर्ष के अगाध पांडित्य का परिचायक है। श्रीहर्ष के गहन-गंभीर ज्ञान से प्रभावित होकर विद्वानों ने उन्हें भारवि और माघ से भी उच्च स्थान प्रदान किया था—'उदिते नैषधेचरिते क्व माघः क्व भारविः।'

विश्व की किसी भी सुव्यवस्थित भाषा के साहित्य में श्रेष्ठ महाकाव्यों की इतनी सुविस्तृत परंपरा दृष्टिगत नहीं होती। विडंबना तो यह है कि जिन महाकाव्यों की यहाँ चर्चा हुई है उनके अतिरिक्त भी अनेक महाकाव्यों का उल्लेख प्राप्त होता है। कल्हण के ऐतिहासिक काव्य 'राजतरंगिणी' में 'हयग्रीव' नामक महाकाव्य का उल्लेख है। इसके अतिरिक्त अभिनन्दन के 'रामचरित', क्षेमेन्द्र की 'रामायण मंजरी','महाभारत मंजरी','दशावतारचरित' तथा 'बृहत्कथा मंजरी'; जैनकवि हरिचन्द्र कृत 'धर्मशर्माभ्युदय', मंखकवि कृत 'श्रीकंठचरित' आदि रचनाओं की गणना महाकाव्यों के रूप में हुई है। संस्कृत-महाकाव्यों की परम्परा यहीं समाप्त नहीं हो जाती, प्रत्युत ऐसी अनेक कृतियाँ हैं जिनके अन्वेषण, प्रकाशन और अध्ययन की आवश्यकता है।

संस्कृत भाषा में महाकाव्यों के साथ कुछ महत्त्वपूर्ण ऐतिहासिक काव्य भी हैं, किन्तु उनकी संख्या बहुत कम है। संस्कृत-साहित्य के अंतर्गत ऐतिहासिक काव्य के रचनाकारों में बाणभट्ट का नाम अग्रगण्य है। इसके अतिरिक्त बिल्हण-कृत 'विक्रमांकदेवचरित' और कल्हण-कृत 'राजतरंगिणी' की गणना भी श्रेष्ठ ऐतिहासिक काव्यों में होती है। अंततः इतना तो स्वीकारना ही पड़ेगा कि महाकाव्यों की तरह संस्कृत-साहित्य में ऐतिहासिक काव्यों की कोई सुदृढ़ परंपरा नहीं बन पायी जिसके कारण निर्वैयक्तिक महान् साहित्यकारों का जीवन और स्थिति-काल विवाद का विषय बना हुआ है।

बाणभट्ट : 'हर्षचरित' और 'कादम्बरी'

बाणभट्ट के जीवन और स्थितिकाल के संबंध में कोई भ्रम तथा विवाद नहीं है, क्योंकि उनकी रचनाओं में प्रचुर अंतःसाक्ष्य उपलब्ध हैं। बाणभट्ट की दो प्रमुख कृतियाँ हैं—'हर्षचरित' और 'कादम्बरी'। 'हर्षचरित' के आठ उच्छ्वासों में से आरम्भिक तीन उच्छ्वासों में रचनाकार का आत्मपरिचय और शेष में उसके आश्रयदाता सम्राट् हर्षवर्द्धधन के जीवन-संघर्षों और पराक्रमों का विस्तृत वर्णन हुआ है। 'कादम्बरी' के आरंभ में बाणभट्ट के वंश का संक्षिप्त विवरण उपलब्ध होता है।

बाणभट्ट के कथनानुसार सरस्वती के पुत्र सारस्वत के चचेरे भाई वत्स उनके वंश के आदिपुरुष थे। बाणभट्ट अपने एक पूर्वज कुबेर के पौत्र के पौत्र थे। उनके बाल्यकाल में ही माता-पिता का स्वर्गवास हो गया। युवावस्था में अपने मित्रों के साथ देशाटन-क्रम में उन्होंने अनेक गुरुकुलों और राजसभाओं में अपनी उपस्थिति दर्ज की। घर लौटने पर वे अध्ययनरत रहे। अंततः वे सुदीर्घ काल तक हर्ष की राजसभा

को सुशोभित करते रहे। बाणभट्ट के आश्रयद्राता हर्षवर्द्धन का राजत्वकाल 606 ई॰ से 647 ई॰ तक रहा। इसी आधार पर उनका स्थिति-काल सातवीं शताब्दी का पूर्वार्द्ध निर्धारित किया जाता है।

बिल्हण : 'विक्रमांकदेवचरित'

बिल्हण ने अपने ऐतिहासिक काव्य 'विक्रमांकदेवचरित' के अंतिम सर्ग में अपना परिचय दिया है जिसके अनुसार वे कौशिकगोत्रीय ब्राह्मण थे। उनके पिता का नाम ज्येष्ठकलश और माता का नाम नागदेवी था। उनके पिता, पितामह तथा प्रपितामह श्रेष्ठ विद्वान् थे। बिल्हण ने भी अपने परिवार की परम्परा का अनुसरण कर प्रचुर ज्ञान प्राप्त किया और अनेक स्थलों पर शास्त्रार्थ में अपने प्रतिद्वंद्वियों को पराजित कर अंततः दक्षिण भारत के कल्याणनगराधिपति विक्रमादित्य षष्ठ (1076–1127) के दरबार के सभापंडित बने।

'विक्रमांकदेवचरित' में बिल्हण ने अपने आश्रयदाता चालुक्यवंशी राजा विक्रमादित्य के चरित्र को चित्रित किया है। इस कृति के आरम्भिक छह सर्गों में दक्षिण भारत की समकालीन राजनीतिक स्थिति का विस्तृत विवरण प्राप्त होता है जिसकी पुष्टि समकालीन शिलालेखों से भी होती है। यह ग्रंथ चालुक्यवंशी राजाओं के ऐतिहासिक अध्ययन का प्रामाणिक स्रोत है।

कल्हण : 'राजतरंगिणी'

कल्हण का संस्कृत नाम कल्याण था। उसके पिता चंपक कश्मीर के राजा हर्ष के मंत्री थे। कल्हण ने जयसिंह (1127–1159 ई॰) के राजत्वकाल में 'राजतरंगिणी' की रचना की थी। संस्कृत के ऐतिहासिक काव्य के क्षेत्र में 'राजतरंगिणी' सर्वश्रेष्ठ कृति है। कल्हण का उद्देश्य इस रचना के माध्यम से कश्मीर के राजाओं का इतिहास प्रस्तुत करना था। 'राजतरंगिणी' में आठ तरंग हैं। इसमें आदिकाल से 1151 ई॰ तक के कश्मीरी राजाओं की शासनावधि की घटनाओं का वर्णन किया गया है।

'राजतरंगिणी' के आरंभिक तरंगों के अंतर्गत तिथियों का उल्लेख नहीं है। इसमें वस्तुतः चतुर्थ तरंग से ऐतिहासिक शैली का सूत्रपात हुआ है और 813 ई॰ से 1150 ई॰ तक के कश्मीर के इतिहास का विस्तृत वर्णन हुआ है। कल्हण के कथनानुसार कश्मीर में इतिहास-लेखन की परम्परा प्राचीन काल से ही प्रचलित थी। 'राजतरंगिणी' में जिन ग्यारह प्राचीन इतिहास-ग्रंथों की सामग्री का उपयोग हुआ है, उनमें से केवल 'नीलमत पुराण' उपलब्ध है। कल्हण की यह कृति एक प्रकार का शोध है जिसमें ऐतिहासिक स्रोतों का प्रयत्नपूर्वक उपयोग किया गया है। ऐतिहासिक दृष्टि से 'राजतरंगिणी' एक प्रामाणिक ग्रंथ है।

गीति काव्य

संस्कृत-साहित्य में गीति काव्य का आरंभ आदि कवि के प्रथम श्लोक में ही हो जाता है, किंतु इसका सुव्यवस्थित स्वरूप कालिदास की कृतियों में उपलब्ध होता

है। वहीं से गीतिकाव्य में संयोग और वियोग की दो धाराएँ उद्गमित होती हैं। 'ऋतुसंहार' में प्रकृति के बदलते हुए रंग यदि प्रेमी-प्रेमिकाओं को कामोद्दीप्त करते हैं तो 'मेघदूत' में विरह-विदग्ध यक्ष के आँसुओं से सारा वातावरण भींग जाता है। आचार्य विश्वनाथ के अनुसार गीतिकाव्य छंद की गतिमयता और नाद की सुंदरता से अनुप्राणित गहरी अनुभूति से परिपूर्ण मधुमय कलश है जिसकी मादकता बाह्य परिवेश से विमुख कर आत्मोल्लास में निमग्न कर देती है। गीतिकाव्य की परम्परा में संयोग और वियोग की दो धाराएँ प्रवाहित होती हैं।

ऋतुसंहार—महाकवि कालिदास कृत 'ऋतुसंहार' के छह सर्गों में 144 श्लोक हैं। इसमें षड् ऋतुओं के मनोहारी चित्रण के साथ प्रेमी-प्रेमिकाओं की प्रणय-लीलाओं का सरस वर्णन हुआ है। वसंत-वर्णन के संदर्भ में कहा गया है कि वृक्ष फूलों से लदे हैं। जल में कमल खिले हैं। नारियाँ काम मोहित हैं। सुरत दिवस और रात्रि के मिलन (प्रदोष) के समान सुंदर है। 'ऋतुसंहार' का वर्णन अत्यधिक मादक है। इसकी भाषा सरल तथा अनुप्रासयुक्त है।

शृंगारशतक—इसके रचयिता भर्तृहरि का जीवन और स्थितिकाल विवादपूर्ण है। अनुश्रुतियों के अनुसार वे सम्राट् विक्रमादित्य के भाई थे। कुछ विद्वान् इन्हें व्याकरण दर्शन के अद्भुत ग्रंथ 'वाक्यपदीय' के रचनाकार से अभिन्न मानते हैं। चीनी यात्री इत्सिंग के अनुसार इनका स्वर्गवास 650 ई॰ में हुआ था। 'शृंगारशतक' के अतिरिक्त इनकी अन्य दो रचनाएँ 'नीतिशतक' और 'वैराग्यशतक' हैं। 'शृंगारशतक' में नारी की सम्मोहक भंगिमाओं का विस्तृत चित्रण हुआ है, किंतु इन शृंगारपरक चित्रों का उद्देश्य अंततः वैराग्य उत्पन्न करना है। 'वैराग्यशतक' में सांसारिक सुखों की अनित्यता को प्रदर्शित किया गया है। 'नीतिशतक' में उच्च मानवीय मूल्यों का प्रतिपादन हुआ है।

अमरुकशतक—'अमरुकशतक' का कवि अज्ञात है। अनुश्रुतियों के अनुसार मंडन मिश्र की भार्या शारदा ने शास्त्रार्थक्रम में शंकराचार्य से जो प्रश्न पूछा था, उसका उत्तर जानने के लिए उन्होंने राजा अमरुक के मृत शरीर में प्रवेश कर इस शतक की रचना की थी। 'अमरुकशतक' की रचना प्रश्नोत्तर शैली में हुई है। इसके महत्त्व को इस संदर्भ में रेखांकित किया जा सकता है कि इसके श्लोकों को आनंदवर्धन, वामन और मम्मट ने उद्धृत किया है। इसी आधार पर यह रचना आठवीं शताब्दी के पूर्व की मानी जाती है।

आर्यासप्तशती—इसके रचयिता गोवर्धनदास बंगाल के राजा लक्ष्मण सेन (1116 ई॰) के दरबारी कवि थे। उन्होंने अपनी एकमात्र रचना 'आर्यासप्तशती' में आर्या छंद में शृंगार की विभिन्न अवस्थाओं का चित्रण किया है। इस रचना पर प्राकृत भाषा के कवि हाल की कृति 'गाथासप्तशती' का प्रभूत प्रभाव परिलक्षित होता है। 'आर्यासप्तशती' रीतिकालीन हिंदी कवि बिहारी कृत 'सतसई' का प्रेरणा-स्रोत है।

गीतगोविंद—इसके रचयिता महाकवि जयदेव भी लक्ष्मण सेन के ही आश्रित कवि थे। इनकी अनूठी कृति 'गीतगोविंद' में बारह सर्ग हैं जिनमें शृंगार की विविध दशाओं का सरस वर्णन हुआ है। इसकी भाषा अत्यधिक सरल और मनोहारी है। राधा और कृष्ण के प्रेम पर आधारित इस गीतिकाव्य में अनुप्रास की छटा दर्शनीय है—

ललित लवंग लता परिशीलन कोमल मलय समीरे।
मधुकर निकर करंवित कोकिल कूजित कुंज कुटीरे।।

भामिनीविलास—इसके रचयिता पंडितराज जगन्नाथ आंध्र के ब्राह्मण थे और काशी में रहते थे। शाहजहाँ के आमंत्रण पर वे दारा को संस्कृत पढ़ाने के लिए दिल्ली गये। वहीं बादशाह के द्वारा उन्हें पंडितराज की उपाधि मिली। इसी आधार पर उनकी स्थिति-काल 1650-80 ई॰ निश्चित किया जाता है। साहित्यशास्त्रीय ग्रंथ 'रसगंगाधर' के अतिरिक्त उनकी अनेक काव्य-कृतियाँ हैं। गीतिकाव्य के क्षेत्र में उनका 'भामिनीविलास' बहुत सरस कृति है। यह प्रस्ताविक, शृंगार, करुण तथा शांत नामक चार विलासों में विभक्त है। 'शृंगार विलास' में संयोग और वियोग का मोहक चित्रण हुआ है। 'करुण' और 'शांत विलास' में जीवन की क्षणभंगुरता रूपायित हुई है। शैली-वैशिष्ट्य के कारण पंडितराज की यह रचना विद्वानों के बीच बहुत चर्चित रही।

विरह-गीतों की परंपरा और संदेशकाव्य

संस्कृत के विरह-गीतों का आरंभ कालिदास के 'मेघदूत' से होता है। इस परंपरा में आगे चलकर अनेक रचनाओं का प्रणयन हुआ, किंतु 'मेघदूत' की बराबरी कोई नहीं कर सका। 'मेघदूत' विरह-गीतों के अंतर्गत एक संदेशकाव्य है। इसकी शैली अनूठी है। संदेशकाव्य की परंपरा में अनेक भाषाओं में अनेकानेक रचनाएँ हुई हैं जिनमें 'घटकर्पर काव्य' तथा 'पवनदूत' का नाम विशेष रूप से उल्लेखनीय है।

मेघदूत—कालिदास कृत 'मेघदूत' 120 श्लोकों की एक लघुकृति है। यह 'पूर्वमेघ' और 'उत्तरमेघ' नामक दो खंडों में विभक्त है। अलका के अधिपति कुबेर का भृत्य कर्तव्यहीनता के अपराध में एक वर्ष के लिए निर्वासित कर दिया गया है। वह मध्य भारत के रामगिरि पर्वत पर ठहरा हुआ है। आषाढ़ के प्रथम दिवस को मेघों को उत्तर की ओर जाते हुए देखकर वह प्रिया-वियोग में व्याकुल हो जाता है। वह मेघ से अलका पहुँच कर उसका विरह-संदेश अपनी भार्या को देने का अनुरोध करता है। पूर्वमेघ में रामगिरि से अलका तक के मार्ग-वर्णन के व्याज से प्रकृति का भव्य चित्रण हुआ है। उत्तर मेघ में यक्ष की विरह-व्यथा रूपायित हुई है। 'मेघदूत' यदि कालिदास की एकमात्र रचना होती, तो भी वे विश्व के महान् कवियों में परिगणित होते।

घटकर्परकाव्य—'घटकर्परकाव्य' के रचनाकार के संबंध में कोई प्रामाणिक जानकारी नहीं है। आचार्य अभिनवगुप्त ने इसकी एक टीका की रचना की थी

जिनका स्थितिकाल 10वीं शताब्दी ई॰ है। इसी आधार पर माना जाता है कि यह 10वीं शताब्दी के पूर्व की रचना है। 22 श्लोकों की यह कृति संदेश-काव्य की परंपरा में विरचित है। संरचना की दृष्टि से इसका कथ्य 'मेघदूत' के विपरीत है, क्योंकि इसमें एक विरहिणी नायिका मेघ के माध्यम से अपने पति के पास संदेश भेजती है। इसके अंतिम श्लोक में कहा गया है कि जो भी कवि इससे उत्तम काव्य की रचना कर देगा, उसके लिए वह घड़े के टुकड़े पर पानी भर कर ला देगा।

पवनदूत—बंगाल के राजा लक्ष्मण सेन (1116 ई॰) के दरबारी कवि धोयी विरचित 'पवनदूत' एक महत्त्वपूर्ण रचना है। इस रचना का नायक स्वयं कवि का आश्रयदाता है। दक्षिण-यात्रा के क्रम में राजा के मलयगिरि पहुँचने पर उनके कामदेव-सदृश रूप को देखकर गंधर्व-कन्या कुवलयवती दक्षिण-पूर्व पवन को दूत बनाकर राजा के पास प्रेम-संदेश भेजती है। मंदाक्रांता छंद में विरचित यह काव्य 'मेघदूत' के समान ही मनोरम है।

संस्कृत-नाटक

श्रव्यकाव्यों की तरह संस्कृत-साहित्य में दृश्यकाव्यों की भी परंपरा है जिसके बीज वैदिक साहित्य में उपलब्ध हैं। पुरूरवा-उर्वशी, यम-यमी, इंद्र-इंद्राणी और सरमा-पणि संवादों में नाटकीयता के संकेत मिलते हैं। कात्यायन के श्रौत सूत्र में सोमपान के अवसर पर लघु अभिनय का उल्लेख है। पतंजलि के 'महाभाष्य' में 'कंसवध' और 'वालिवध' नामक दो नाटकों की चर्चा है। किंतु संस्कृत-नाटक का शुभारंभ भास की रचनाओं से होता है। अनेक प्रामाणिक साक्ष्यों के आधार पर भास को संस्कृत का आदि नाटककार माना गया है और उनका स्थिति-काल चौथी अथवा पाँचवीं शताब्दी ई॰ पूर्व निर्धारित किया गया है।

भास—भास के 13 नाटक हैं जिनका रचना-क्रम इस प्रकार है— 'दूतवाक्य', 'कर्णभार','दूतघटोत्कच','उरुभंग','मध्यमव्यायोग','पंचरात्र','अभिषेक','बालचरित', 'अविमारक', 'प्रतिमा', 'प्रतिज्ञायौगंधरायण', 'स्वप्नवासवदत्ता' और 'चारुदत्त'। इनमें से आरंभिक छह एकांकी हैं और इनका संबंध 'महाभारत' के विभिन्न घटना-क्रमों से है। 'अभिषेक' नाटक 'बालचरित' और 'प्रतिमा' नाटक रामकथा से संबद्ध है। 'प्रतिमा' नाटक भास की सर्वश्रेष्ठ कृति है। इसमें सात अंकों में राम के वनवास से राज्याभिषेक तक की कथा है। 'प्रतिज्ञायौगंधरायण' और 'स्वप्नवासवदत्ता' उदयन और वासवदत्ता की प्रेमकथा पर आधारित है। 'अविमारक' में सौवीर राजकुमार अविमारक और कुंतिभोज की पुत्री कुरंगी के प्रेम और गुप्त विवाह का उल्लेख है। 'चारुदत्त' चार अंकों का एक अपूर्ण नाटक है जिसमें निर्धन किंतु गुणवान् ब्राह्मण चारुदत्त तथा गणिका वसंतसेना की प्रेमकथा का वर्णन हुआ है। संस्कृत के नाटकों में भास का 'उरुभंग' ही एकमात्र दुःखांत नाटक है।

अश्वघोष—नाट्यशास्त्र की दृष्टि से अश्वघोष का 'शारिपुत्र' एक प्रकरण है

जिसमें बौद्ध धर्म की श्रेष्ठता प्रमाणित करने का प्रयत्न हुआ है। भगवान् बुद्ध शारिपुत्र और मौद्गलायन को बौद्ध धर्म में दीक्षित करते हैं। यही इस नाटक के कथानक का आधार है। इसका उद्देश्य शांति की खोज कर मोक्ष प्राप्त करना है। मध्य एशिया से तालपत्रों पर लिखित तीन रूपक मिले थे जिनमें से अन्य दो को अश्वघोष की रचना नहीं माना जाता है।

कालिदास—महाकवि कालिदास अपने महाकाव्यों और गीतिकाव्यों के सदृश ही अपने नाटकों के लिए भी विश्वविख्यात हैं। 'मालविकाग्निमित्र', 'विक्रमोर्वशीय' तथा 'अभिज्ञानशाकुंतल' उनकी तीन नाट्य-कृतियाँ हैं। 'मालविकाग्निमित्र' में शुंगवशीय राजा अग्निमित्र और विदर्भराज की पुत्री मालविका की प्रेमकथा रूपायित हुई है। 'विक्रमोर्वशीय' का आधार उर्वशी और पुरूरवा की प्रणयकथा है जो मूलतः 'ऋग्वेद' में उपलब्ध है। 'अभिज्ञानशाकुंतल' कालिदास की सर्वोत्कृष्ट नाट्य-कृति है जिसका विश्व-साहित्य में विशिष्ट स्थान है। सात अंकों के इस नाटक में चंद्रवशी राजा दुष्यंत और अप्सरा मेनका तथा ऋषि विश्वामित्र की पुत्री शकुंतला की प्रेमकथा प्रस्तुत की गयी है।

'अभिज्ञानशाकुंतल' की कथा 'महाभारत' के शकुंतलोपाख्यान से गृहीत है। महाकवि कालिदास के तीनों नाटकों में शृंगार रस की प्रधानता है। चरित्र-चित्रण की दृष्टि से 'अभिज्ञानशाकुंतल' सर्वोत्कृष्ट है। इसमें पात्रों का चरित्र-चित्रण अत्यधिक सजीव और स्वाभाविक है। उपमा के लिए प्रसिद्ध कालिदास अपने नाटकों में बड़े ही सहज प्रतीत होते हैं। नाटकों की अलंकार-योजना में कृत्रिमता का कहीं आभास नहीं मिलता। अंततः इन नाटकों की भाषा अत्यधिक ललित और मनोहारी है।

विशाखदत्त— विशाखदत्त की अपनी ही उक्तियों से पता चलता है कि उनके पितामह सामंत वटेश्वरदत्त और पिता महाराज पृथु थे, किंतु उनके वंश का ऐतिहासिक परिचय प्राप्त नहीं हुआ है। उनके नाटक 'मुद्राराक्षस' की हस्तलिखित प्रतियों की पुष्पिका में अंकित 'पार्थिवश्चंद्रगुप्त','पार्थिवोदंतिवर्मा' तथा 'पार्थिवोऽवंतिवर्मा' के आधार पर उनकी तिथि तीन प्रकार से निर्धारित की गयी है। चंद्रगुप्त द्वितीय (375-413 ई॰) के आधार पर उनकी तिथि चौथी शताब्दी ई॰ मानी जाती है। राजा हर्ष (606-648 ई॰) के बहनोई ग्रहवर्मा के पिता अवंतिवर्मा के आधार पर उनका स्थितिकाल सातवीं शताब्दी ठहरता है। पल्लवनरेश दंतिवर्मा (779-830 ई॰) के आधार पर उनकी उपस्थिति नौवीं शताब्दी में दर्ज की जाती है। शैलीगत दृष्टि से 'मुद्राराक्षस' का समय हर्ष के बाद स्थापित करना तर्कसंगत प्रतीत नहीं होता। 'मुद्राराक्षस' के अतिरिक्त विशाखदत्त की दो अन्य रचनाएँ 'देवीचंद्रगुप्त' और 'राघवानंद' है जो उपलब्ध नहीं हैं। 'मुद्राराक्षस' का वैशिष्ट्य इस तथ्य पर आधारित है कि यह नाटक पूर्णतः कूटनीति पर आधारित है और इसका कथ्य ऐतिहासिक है। चाणक्य नंद के स्वामिभक्त मंत्री राक्षस की मुद्रा का दुरुपयोग कर उसके

सहयोगियों को बंदी बना लेता है और फिर उन्हें मुक्त करने के बदले में राक्षस को चंद्रगुप्त का मंत्री बनने के लिए बाध्य कर देता है। अपनी प्रतिज्ञा पूरी होने पर चाणक्य अपनी शिखा बाँध लेता है। संस्कृत-नाटकों के क्षेत्र में 'मुद्राराक्षस' एक अनूठी रचना है।

हर्ष– सम्राट् हर्षवर्द्धन महान् साहित्यकार थे। बाणभट्ट के आश्रयदाता के साथ स्वयं एक सिद्धहस्त नाटककार थे। उन्होंने 'प्रियदर्शिका', 'रत्नावली' तथा 'नागानंद' नामक तीन रूपकों की रचना की थी। पाँच अंकों में विभाजित 'प्रियदर्शिका' का कथ्य अंगनरेश दृढवर्मा की पुत्री प्रियदर्शिका और राजा उदयन के प्रेम पर आधारित है। 'रत्नावली' चार अंकों की नाटिका है जिसमें राजा उदयन तथा सिंहल की राजकुमारी रत्नावली के प्रेम तथा विवाह का वर्णन है। 'नागानंद' पाँच अंकों का नाटक है। इसमें विद्याधर जीमूतवाहन और सिद्धराज की कन्या मलयवती के प्रेम, विवाह और प्रणय-क्रीड़ाओं को प्रस्तुत किया गया है। हर्ष के इन नाटकों की भाषा-शैली भावों के अनुरूप मनोहारी है।

भट्टनारायण– महाकवि रवींद्रनाथ ठाकुर की वंशावली में भट्टनारायण को इस वंश का आदि पुरुष कहा गया है। अनुश्रुतियों के अनुसार भट्टनारायण कन्नौज के थे। सेनवंश के संस्थापक आदिशूर ने बंगाल में वैदिक कर्म के आयोजनार्थ कान्यकुब्ज से पाँच ब्राह्मणों को बुलवाया था। भट्टनारायण उन्हीं में से एक थे। आदिशूर का समय 650 ई॰ निर्धारित किया जाता है। इसके अतिरिक्त वामन के 'काव्यालंकारसूत्रवृत्ति' (800 ई॰) तथा आनंदवर्धन के 'ध्वन्यालोक' (850 ई॰) में 'वेणीसंहार' के उद्धरण प्राप्त हैं। भट्टनारायण की एकमात्र कृति 'वेणीसंहार' है। छह अंकों में विभक्त इस नाटक में महाभारत-युद्ध की कथा रूपायित हुई है। युद्ध के आरंभ में भीम प्रतिज्ञा करता है कि वह दुःशासन का वध करेगा और दुर्योधन के रक्त से द्रौपदी का केश बाँधेगा। नाटक के अंत में भीम की प्रतिज्ञा पूरी होती है। वह दुर्योधन के रक्त से द्रौपदी की वेणी बाँधता है।

भवभूति– संस्कृत-नाट्य-परम्परा में भवभूति का विशिष्ट स्थान है। कल्हण की 'राजतरंगिणी' के उल्लेखों के अनुसार वे कन्नौज के राजा यशोवर्मा के सभापंडित थे। वामन (800 ई॰) तथा अन्य अनेक साहित्यशास्त्रियों तथा साहित्यकारों की कृतियों में उनका उल्लेख है। उनके नाटकों की प्रस्तावना से ज्ञात होता है कि वे विदर्भ के उदुंबरीय ब्राह्मण थे। उनके पितामह गोपालभट्ट कवि थे। उनके पिता का नाम नीलकंठ भट्ट और माता का नाम जातुकर्मी था। भवभूति का उपनाम श्रीकंठ था। भवभूति की तीन नाट्य-कृतियाँ 'महावीरचरित', 'मालतीमाधव' और 'उत्तररामचरित' हैं।

'महावीरचरित' में सात अंक हैं। इसमें राम के विवाह से राज्याभिषेक तक की कथा है। 'मालतीमाधव' दस अंकों का नाटक है जिसमें मालती और माधव के साथ मदयंतिका और मकरंद की प्रणयकथा का विस्तृत वर्णन हुआ है। 'उत्तररामचरित' एक अनूठी

नाट्य-कृति है। सात अंकों के इस नाटक के अन्तिम अंक में यदि 'नाटक के अन्दर नाटक' के माध्यम से राम को लव-कुश का परिचय प्राप्त होता है, तो प्रथम अंक में चित्रावली द्वारा उन्हें सीता की अग्नि-परीक्षा तक की घटनाओं का दिग्दर्शन कराया गया है। निराली कल्पना और अनूठी शैली के लिए 'उत्तररामचरित' विश्व में विख्यात है।

दामोदर मिश्र—ये 'हनुमन्नाटक' के रचयिता हैं। आनंदवर्धन के 'ध्वन्यालोक' में 'हनुमन्नाटक' का उल्लेख है। इसी आधार पर इसकी तिथि आठवीं-नौवीं शताब्दी निर्धारित की जाती है। 'हनुमन्नाटक' के दो पाठ हैं। प्रथम पाठ में 14 अंक तथा 545 श्लोक हैं। इसके अंतिम श्लोक में इसके रचनाकार का नाम हनुमान् और संकलनकर्त्ता का नाम दामोदर मिश्र बताया गया है। द्वितीय पाठ में इस कृति को 'महानाटक' कहा गया है। इसमें लेखक का नाम हनुमान् और संकलनकर्त्ता का नाम मधुसूदन मिश्र बताया गया है। इस नाटक में संपूर्ण रामकथा रूपायित हुई है।

अनंगहर्ष—इनकी रचना 'तापसवत्सराज' है। अनंगहर्ष का स्थितिकाल भवभूति और आनंदवर्धन के मध्य निर्धारित किया गया है, क्योंकि 'तापसवत्सराज' पर 'मालतीमाधव' का प्रभाव स्पष्ट रूप से परिलक्षित होता है और आनंदवर्धन ने इसका एक श्लोक उद्धृत किया है। यह नाटक उदयन और वासवदत्ता की प्रेमकथा पर आधारित है। बर्लिन लाइब्रेरी में सुरक्षित 'तापसवत्सराज' की हस्तलिखित प्रति के आधार पर मैसूर से उसका मुद्रण हो चुका है।

मुरारि—इनकी कृति का नाम 'अनर्घराघव' है। मुरारि नर्मदा-तट स्थित माहिष्मती के मौद्गल्यगोत्रीय ब्राह्मण थे। इनके पिता का नाम वर्धमान भट्ट था। 'अनर्घराघव' में 'उत्तररामचरित' के दो श्लोक उद्धृत हैं और रत्नाकर ने मुरारि की चर्चा की है। 'अनर्घराघव' सात अंकों का नाटक है जिसमें ताड़कावध से रामराज्याभिषेक तक की कथा वर्णित है। भाषा-वैशिष्ट्य और काव्य-सौंदर्य के लिए मुरारि इतने विख्यात हुए कि उन्हें भवभूति से भी श्रेष्ठ कह दिया गया—

मुरारिपद-चिन्तायां भवभूतेस्तु का कथा।
भवभूतिं परित्यज्य मुरारिमुररीकुरु।।

शक्तिभद्र—इनका नाटक 'आश्चर्यचूडामणि' है। शक्तिभद्र केरल के मालवार प्रांत के निवासी थे। जनश्रुति के अनुसार वे आदिशंकराचार्य के शिष्य थे। 'आश्चर्यचूडामणि' में रामकथा के शूर्पणखा प्रकरण से राम की अयोध्या वापसी तक की कथा वर्णित है। नाटककार ने इसमें अपनी प्रतिभा का चामत्कारिक प्रदर्शन किया है। अनुसूया द्वारा सीता को दी गयी चूड़ामणि के आश्चर्यजनक शक्ति से सम्पन्न होने के कारण उसके स्पर्श से रावण के छद्मवेश का रहस्य खुल जाता है। इसी आधार पर इस नाटक का नामकरण हुआ है।

राजशेखर—राजशेखर महाराष्ट्र के यायावर जाति के क्षत्रिय थे। वे प्रतिहार वंश

के कान्यकुब्जनरेश महेंद्रपाल (903-908 ई॰) के सभापंडित थे। उनकी चार नाट्य कृतियाँ हैं– 'कर्पूरमंजरी', 'विद्धशालभंजिका', 'बालरामायण' और 'बालभारत'। इनके अतिरिक्त उनकी पाँचवीं रचना 'काव्यमीमांसा' है। रचनात्मक दृष्टि से राजशेखर के नाटक श्रेष्ठ और समुन्नत नहीं हैं।

दिङ्नाग–'कुंदमाला' के रचनाकार दिङ्नाग विज्ञानवाद के प्रवर्तक दिङ्नाग से भिन्न हैं। आचार्य बलदेव उपाध्याय ने अपने 'संस्कृत-साहित्य का इतिहास', प्रथम भाग (पृ॰ 575) में इनका वास्तविक नाम धीरनाग बताया है। दिङ्नाग का स्थितिकाल 11 वीं शताब्दी पूर्वार्द्ध है। छह अंकों के नाटक 'कुंदमाला' की कथा 'रामायण' के उत्तरकांड पर आधारित है। अश्वमेधयज्ञ के क्रम में नैमिषारण्य भ्रमण करते समय राम और लक्ष्मण गोमती की धारा में कुंदपुष्प की एक माला देखते हैं। कुंदमाला को सीता द्वारा निर्मित समझकर वे व्यग्र हो जाते है। अंततः उसी माला के आधार पर सीता का पता लगता है। 'कुंदमाला' के नाम की सार्थकता इसी संदर्भ में सन्निहित है।

अन्य नाटक

संस्कृत-नाट्यपरंपरा की ग्यारहवीं शताब्दी की रचनाओं में कृष्ण मिश्र की कृति 'प्रबोधचंद्रोदय' का नाम उल्लेखनीय है। यह संस्कृत का एकमात्र प्रतीकात्मक नाटक है जिसमें श्रद्धा, भक्ति, विवेक, ज्ञान, क्रोध और मोह जैसी मनोवृत्तियाँ पात्रों के रूप में भूमिका निभाती हैं। विदर्भ क्षेत्र के कुंडिनपुरवासी जयदेव कृत 'प्रसन्नराघव' में सीता-स्वयंवर से आगे संपूर्ण रामकथा का चित्रण हुआ है। बारहवीं शताब्दी के नाटककारों में वत्सराज का नाम उल्लेखनीय है। उनकी छह नाट्य कृतियाँ हैं : 'कर्पूरचरित', 'हास्यचूडामणि', 'त्रिपुरदाह', 'किरातार्जुनीय', 'समुद्रमंथन' और 'रुक्मिणीहरण'। इनके अतिरिक्त बीसवीं शताब्दी तक संस्कृत भाषा में अनेक नाटकों की रचना हुई है जिनका सम्यक् अध्ययन अपेक्षित है।

गद्यकाव्य

संस्कृत भाषा में गद्य को कवियों की कसौटी माना गया है– 'गद्यं कवीनां निकषं वदन्ति', किंतु महाकाव्य और नाटकों की अपेक्षा इस परंपरा में बहुत कम महत्त्वपूर्ण रचनाएँ उपलब्ध हैं, यद्यपि संस्कृत-गद्यपरंपरा का आरंभ वैदिक साहित्य से ही हो जाता है। कृष्णयजुर्वेद, ब्राह्मण, उपनिषद्, निरुक्त, महाभारत और महाभाष्य के अतिरिक्त परवर्ती टीकाओं तथा आख्यायिकाओं में संस्कृत-गद्य का सुविकसित रूप प्राप्त होता है। स्पष्ट है कि संस्कृत में पद्य के समानांतर गद्य-साहित्य का विकास हुआ है। गद्य-साहित्य का वैभवशाली स्वरूप सुबंधु, बाणभट्ट तथा दंडी की रचनाओं में मिलता है।

सुबंधु–सुबंधु का स्थितिकाल बाणभट्ट के पूर्व निर्धारित किया जाता है। इनकी एकमात्र रचना 'वासवदत्ता' के नाम से ऐसा प्रतीत होता है कि यह कथाकाव्य उदयन और वासवदत्ता के आख्यान पर आधारित है। किंतु वास्तविकता इससे भिन्न है। यह

पूर्णतः सुबंधु की कल्पना पर आधारित है। इसमें राजा चिंतामणि के पुत्र का वर्णन है। सुबंधु ने इसमें संयोग-वियोग तथा प्रकृति का इतना भव्य चित्रण किया है कि उनकी ख्याति चारों ओर फैल गयी। अपने रचना-कौशल के कारण वे अमर हो गये।

बाणभट्ट—बाणभट्ट के 'हर्षचरित' की चर्चा ऐतिहासिक काव्य के अंतर्गत हुई है। उनकी 'कादंबरी' एक अनूठा गद्यकाव्य है। बाण की मृत्यु के कारण यह रचना अपूर्ण रह गयी थी। बाणभट्ट के पुत्र भूषण भट्ट अथवा पुलिंद ने इसे पूरा किया। 'कादंबरी' में दो प्रेमी युगलों के दो जन्मों की कथा है। रचना के अंत में दोनों प्रेमीयुगल चंद्रपीड-कादंबरी तथा पुंडरीक-महाश्वेता का मिलन हो जाता है। पिता-पुत्र ने 'कादंबरी' की कथा का जो महाजाल रचा था, वह वस्तुतः बहुत जटिल है, किंतु भाषा-सौष्ठव और भाव-लालित्य के कारण इसे संपूर्ण विश्व में प्रसिद्धि मिली।

दंडी—'कादंबरी' की तरह 'अवंतिसुदरी-कथा' भी अपूर्ण रचना है। इसका आरंभ 'हर्षचरित' के समान वाल्मीकि, व्यास, सुबंधु, शूद्रक, कालिदास, बाणभट्ट आदि महाकवियों के नाम-स्मरण से हुआ है। फिर इसमें कांची नगर के वर्णन के साथ आत्मपरिचय का क्रम चलता है। तदुपरांत अवंतिसुंदरी की कथा शुरू होती है। 'दशकुमारचरित' में दस राजकुमारों की कथा है। पुष्पपुरी के राजा राजहंस मालवा के राजा मानसर से पराजित होकर वन चले जाते है। वन में राजा को एक पुत्र उत्पन्न होता है। राजा के मंत्रियों को भी सात पुत्र होते हैं। राजा के मित्र मिथिलानरेश प्रहार वर्मा के दो पुत्र भी पिता की मृत्यु के बाद उनके पास पहुँच जाते हैं। बड़ा होने पर दसों कुमार दिग्विजय के लिए एक साथ निकलते हैं। कुछ दिनों के बाद एक-एक कर सब राजहंस के पास पहुँचते हैं और अपनी-अपनी विजय-गाथा सुनाते हैं। 'दशकुमारचरित' इन्हीं कथाओं का संग्रह है जिनके अंतर्गत नीतिशास्त्र, राजनीति तथा कामशास्त्र का वर्णन हुआ है। दंडी की वैदुष्यपूर्ण भाषा और अनूठी शैली के कारण उनकी रचना को अत्यधिक लोकप्रियता मिली।

उत्तरवर्ती गद्यकृतियों में धनपाल (ग्यारहवीं शताब्दी) की 'तिलकमंजरी', वादीभ सिंह (बारहवीं शताब्दी) की 'गद्यचिंतामणि', अगस्त्य का 'कृष्णचरित्र' (पन्द्रहवीं शताब्दी) आदि संस्कृत-गद्य को गौरवान्वित करते रहे हैं। इस सन्दर्भ में विष्णु शर्मा कृत 'पंचतंत्र' तथा नारायण पंडित कृत 'हितोपदेश' के नाम विशेष रूप से उल्लेखनीय हैं। दोनों रचनाएँ शैलीगत विशिष्टता के कारण विश्वविख्यात हैं। संस्कृत-गद्य की धारा अनवरत प्रवहमान है। ऐसी स्थिति में उसके विकास के विशद अध्ययन की आवश्यकता है।

चंपू काव्य

संस्कृत-साहित्य में गद्य तथा पद्य के मिश्रण को 'चंपू' कहा गया है। ऐसे मिश्रण का आरंभ वैदिक युग में ही हो गया था। 'कृष्णयजुर्वेद' और 'अथर्ववेद' इसके उदाहरण हैं, किन्तु 'चम्पू' की परिभाषा दंडी के 'काव्यादर्श' में ही मिलती है। संस्कृत

का प्रथम 'चम्पू काव्य' त्रिविक्रमभट्ट का 'नलचंपू' है जिसकी रचना दसवीं शताब्दी के पूर्वार्द्ध में हुई थी। सात उच्छ्वासों की इस रचना में सुप्रसिद्ध नल-दमयंती की कथा वर्णित है। दिगम्बर सम्प्रदाय के जैन कवि हरिश्चंद्र ने दसवीं शताब्दी के पूर्वार्द्ध में 'जीवंत चंपू' की रचना की थी। इसकी कथावस्तु गुणभद्रकृत 'उत्तरपुराण' पर आधारित है। गुजरात-निवासी सोड्ढल ने ग्यारहवीं शताब्दी के मध्यकाल में 'उदयसुंदरी चंपू' का सृजन किया था जिसमें नाग राजकुमारी उदयसुंदरी तथा प्रतिष्ठान के राजा मलयवाहन के प्रेम और विवाह का वर्णन हुआ है।

चंपू काव्य के क्षेत्र में ग्यारहवीं शताब्दी में भोज द्वारा विरचित 'रामायण चम्पू' अपूर्ण है। ओरछा-नरेश वीरसिंह देव के आश्रित कवि मित्र मिश्र ने सत्रहवीं शताब्दी में 'आनंदकर चंपू' की रचना की थी। इसमें कृष्ण की बाललीला का मनोहारी चित्रण हुआ है। इस परम्परा में अभिनव कालिदास कृत 'भागवत चंपू', नीलकंठ दीक्षित कृत 'नीलकंठ-चंपू', चक्र कविकृत 'द्रौपदीपरिणय चंपू' आदि अनेक रचनाएँ हैं जिनसे संस्कृत-चंपू काव्य की श्रीवृद्धि हुई है।

साहित्यशास्त्र

साहित्य में मौलिक कृतियों के सृजन के साथ उसकी आलोचना की भी आवश्यकता हुई। इसी परिप्रेक्ष्य में संस्कृत के साहित्यशास्त्र का उदय हुआ। संस्कृत का साहित्यशास्त्र विश्व की किसी भी भाषा की साहित्य-समीक्षा-परम्परा से अधिक विकसित, समृद्ध और अविच्छिन्न है। इसका प्रमाण इस तथ्य में अंतर्निहित है कि संस्कृत में छह सुप्रतिष्ठित सम्प्रदायों में साहित्य का अध्ययन हुआ है जो रस, अलंकार, रीति, वक्रोक्ति, ध्वनि एवं औचित्य सम्प्रदाय के नाम से विख्यात हैं। विडम्बना यह है कि छहों सम्प्रदायों के साहित्य-अध्ययन का अलग-अलग दृष्टिकोण है।

रससम्प्रदाय

राजशेखर के कथनानुसार रससम्प्रदाय के प्रवर्तक नंदिकेश्वर हैं। नंदिकेश्वर की कृति की अनुपलब्धता के कारण आचार्य भरत को रससिद्धान्त का प्रणेता माना जाता है। भरत के अनुसार विभाव, अनुभाव और संचारी के संयोग से रस-निष्पत्ति होती है : 'विभावानुभावव्यभिचारिसंयोगाद्रसनिष्पत्तिः।' परवर्ती विश्लेषकों द्वारा इस परिभाषा में सम्मिलित 'संयोग' और 'निष्पत्ति' की चार प्रकार से व्याख्या की गयी। इसी आधार पर रससिद्धान्त की चार परम्पराएँ विकसित हुईं। अभिनवगुप्त कृत 'अभिनवभारती' में इन परम्पराओं में सन्निहित विचारों का संकलन हुआ है।

भट्टलोल्लट का उत्पत्तिवाद—मीमांसक भट्टलोल्लट के मतानुसार 'निष्पत्ति' का अर्थ उत्पत्ति है। इसी आधार पर उनके सिद्धान्त का नाम उत्पत्तिवाद हुआ। तदनुसार विभाव, अनुभाव और संचारी के संयोग से रस की उत्पत्ति होती है। नाटक के किसी पात्र के क्रियाकलाप का अनुकरण करने से अभिनेता में भी रस की उत्पत्ति हो जाती है। अभिनेता में रस के आरोपण से प्रेक्षकों में भी रस की क्षणिक भ्रांति से रस की

चामत्कारिक अनुभूति होती है। लोल्लट ने विभावादि को कारण और रस को कार्य माना है। इसके विरुद्ध आपत्ति यह है कि कारण के नष्ट होने पर भी कार्य की सत्ता रहती है, किन्तु विभावादि कारणों के समाप्त होने पर रस का भी अंत हो जाता है। स्पष्ट है कि रस कार्य नहीं है। 'रस की सत्ता क्षणिक भ्रांति है', इस धारणा को भी असंगत मान कर नकार दिया गया।

भट्टशंकुक का अनुमितिवाद— नैयायिक भट्टशंकुक के अनुसार 'निष्पत्ति' का अर्थ 'अनुमिति' है। इस आधार पर विभावादि अनुमानक और रस अनुमाप्य होता है जिससे प्रेक्षक अभिनेता को पात्र समझ लेता है। यह अनुमान चित्रतुरंगन्यायवत् है। इस प्रकार जो रस पात्र में था, वह अनुमान द्वारा अभिनेता में आरोपित हो जाता है। इसके विरुद्ध आपत्ति यह है कि अनुमान से प्रेक्षक में रसानुभूति नहीं होती। चंदन के अनुमान से सुगंध और शीतलता की प्राप्ति नहीं हो सकती। इस प्रकार अनुमितिवाद को भी स्वीकार नहीं किया जा सका।

भट्टनायक का भुक्तिवाद— सांख्यमतावलंबी भट्टनायक के कथनानुसार रस की स्थिति प्रेक्षक में होती है। विभावादि एवं रस में भोजक-भोज्य-सम्बन्ध होता है। प्रेक्षक को सर्वप्रथम अभिधा शक्ति द्वारा वाच्यार्थ का बोध होता है। फिर विभावादि का साधारणीकरण होता है। साधारणीकरण से प्रेक्षक और पात्र की भावना का तादात्म्य हो जाता है। तदुपरांत भोजकत्व व्यापार द्वारा प्रेक्षक को रस की भुक्ति होती है। भट्टनायक के साधारणीकरण-सिद्धान्त में प्रेक्षक में रस की अवस्थिति को स्वीकृति मिली, किंतु भावकत्व और भोजकत्व को नकार दिया गया।

अभिनवगुप्त का अभिव्यक्तिवाद— व्यंजनावादी आचार्य अभिनवगुप्त के अनुसार 'निष्पत्ति' का अर्थ अभिव्यक्ति है। प्रेक्षक के मन में रस स्थायीभाव के रूप में सर्वदा विद्यमान रहता है। शब्द की शक्ति द्वारा प्रेक्षक के मन में विभावादि का साधारणीकरण हो जाता है। ऐसी स्थिति में वह स्थायी भाव के रूप में रस का आस्वादन करता है। तात्पर्य यह कि स्थायी भाव ही अभिव्यक्ति की स्थिति में रस है। अभिव्यक्तिवादी रससिद्धान्त को परवर्ती आचार्यों की स्वीकृति मिली और रस काव्य की आत्मा के रूप में प्रतिष्ठित हुआ।

रसनिष्पत्ति के सदृश रसों की संख्या के संबंध में भी मतभिन्नताएँ हैं। आचार्य भरत के अनुसार रस आठ हैं— शृंगार, हास्य, करुण, रौद्र, वीर, भयानक, बीभत्स और अद्भुत। परवर्ती काल में शांत को नवम रस के रूप में स्वीकृति मिली और निर्वेद को उसका स्थायी भाव माना गया। तदुपरांत आचार्य विश्वनाथ ने वात्सल्य तथा रूपगोस्वामी ने भक्ति रस का प्रतिपादन किया। किंतु साहित्य-अध्ययन के क्षेत्र में सामान्यतः नौ रसों को ही स्वीकृति मिली।

अलंकारसम्प्रदाय— रस के सदृश अलंकारसम्प्रदाय का उद्भव भी भरत के 'नाट्यशास्त्र' से ही माना गया है, किन्तु इसमें केवल उपमा, रूपक, दीपक और यमक

अलंकारों का वर्णन हुआ है। अलंकारसम्प्रदाय के प्रणेता वस्तुतः भामह हैं जिनके 'काव्यालंकार' में 38 अलंकारों का प्रतिपादन हुआ है। उन्होंने अलंकार को काव्य की आत्मा के रूप में प्रतिष्ठित किया। भामह के बाद आचार्य दंडी ने अलंकार को काव्य के शोभाकर धर्म के रूप में स्वीकार किया : 'काव्यशोभाकरान् धर्मानलंकारान् प्रचक्षते।' दंडी के 'काव्यादर्श' में 31 अलंकारों का वर्णन हुआ है। आचार्य उद्भटकृत 'अलंकारसारसंग्रह' में 41 अलंकारों का विवेचन हुआ है। उद्भट के अलंकार-विवेचन को परवर्ती काल में बहुत प्रतिष्ठा मिली। आचार्य रुद्रट ने अलंकार को कई श्रेणियों में विभाजित कर उनका अध्ययन किया। वे ध्वनिवादी और अलंकारवादी सम्प्रदाय के मध्य एक कड़ी के समान हैं। भामह से लेकर रुद्रट तक का समय अलंकारसम्प्रदाय का स्वर्ण युग माना जाता है।

रीतिसम्प्रदाय– रीतिसम्प्रदाय के प्रवर्तक आचार्य वामन हैं। उनकी एकमात्र उपलब्ध कृति 'काव्यालंकारसूत्रवृत्ति' है जिसमें उन्होंने रीति को काव्य की आत्मा के रूप में स्वीकार किया है : 'रीतिरात्मा काव्यस्य'। वे विशिष्ट पदरचना को रीति कहते हैं : 'विशिष्ट पद रचना रीतिः'। उन्होंने गुणों को रीति के अपरिहार्य धर्म के रूप में स्वीकार किया है। वामन ने दंडीप्रणीत वैदर्भ और गौड़ नामक दो रीतियों के अतिरिक्त पांचाली नामक तीसरी रीति का निरूपण किया और उन्हें देशविशेष से असंबद्ध मानकर व्यावहारिक स्वरूप प्रदान किया।

आचार्य रुद्रट ने वामन का अनुकरण करते हुए 'लाटी' नामक चौथी रीति का प्रतिपादन किया। उन्होंने समास के आधार पर रीतियों का विभाजन किया और रस के अनुसार उन्हें समायोजित किया। राजशेखर ने वचन-विन्यासक्रम को रीति कहा। भोज ने अवंतिका और मागधी नामक दो अन्य रीतियों का निरूपण किया। साहित्यदर्पणकार विश्वनाथ द्वारा अंततः चार रीतियों को ही मान्यता मिली। उन्होंने माधुर्य गुणव्यंजक समासरहित ललित रचना को वैदर्भी और ओजगुणव्यंजक समास बहुल रचना को गौड़ी रीति कहा। पुनः उन्होंने माधुर्य और ओज गुणों के योग से पांचाली और वैदर्भी एवं पांचाली के योग से लाटी का निरूपण किया। उद्भट और मम्मट ने उपनागरिका, परुषा और कोमला वृत्तियों की कल्पना की। उपनागरिका में माधुर्य, परुषा में ओज और कोमला में शेष गुण-व्यंजक वर्णों को समायोजित किया गया। पुनः इन्हीं वृत्तियों की कल्पना की। उपनागरिका में माधुर्य, परुषा में ओज और कोमला में शेष गुण-व्यंजक वर्णों को समायोजित किया गया। पुनः इन्हीं वृत्तियों के अंतर्गत तीनों रीतियों को समाहित कर दिया गया। अंततः रीति सम्प्रदाय का अस्तित्व उनके उद्भावकों के साथ ही समाप्त हो गया।

वक्रोक्तिसम्प्रदाय– वक्रोक्तिसम्प्रदाय के प्रवर्तक तथा व्याख्याकार आचार्य कुंतक हैं और उन्हींके साथ इस सम्प्रदाय का आरम्भ तथा अंत हो गया। उन्होंने अपनी कृति 'वक्रोक्तिजीवितम्' में विचित्रता को ही वक्रोक्ति के रूप में स्वीकार

किया : 'विचित्रैवाभिधा वक्रोक्तिरित्युच्यते।' भामह और दंडी ने वक्रोक्ति को समस्त अलंकारों का मूल मानकर व्यापक स्वरूप प्रदान किया। कुंतक ने रस और ध्वनि को वक्रोक्ति से जोड़कर उसे काव्य की आत्मा के रूप में स्वीकार किया।

कुंतक के अनुसार वक्रोक्ति को वाग्वैदग्ध्यभंगीभणिति कहा जाता है। 'वक्रोक्ति रेववाग्वैदग्ध्यभंगीभणितिरुच्यते।' यहाँ 'भंगीभणिति' का अर्थ भाषा की भंगिमा है जो उक्ति की चारुता का संकेतक है। उन्होंने वक्रोक्ति के छह भेदों का निरूपण किया है। वर्णविन्यासवक्रता, पदपूर्वार्धवक्रता, प्रत्ययवक्रता, प्रकरणवक्रता, वाक्यवक्रता और प्रबंधवक्रता। कुंतक के विशद प्रयत्न के बावजूद परवर्ती आचार्यों द्वारा इसे स्वीकृति नहीं मिली।

औचित्यसम्प्रदाय–औचित्यसम्प्रदाय के प्रवर्तक आचार्य क्षेमेंद्र की कृति 'औचित्यविचारचर्चा' के अनुसार औचित्य ही रससिद्ध काव्य का प्राणतत्त्व है– 'औचित्य रससिद्धस्य स्थिर काव्यस्य जीवितम्।' क्षेमेंद्र के विचार से रस, अलंकार तथा गुण के औचित्यपूर्वक नियोजन से ही काव्य को स्थायित्व प्राप्त होता है। अलंकारवादी आचार्यों ने औचित्य को विशेष महत्त्व प्रदान किया। अभिनवगुप्त के शिष्य क्षेमेंद्र ने औचित्य के 27 भेदों का निरूपण कर इसे विशद स्वरूप प्रदान किया। उन्होंने औचित्य को काव्य की आत्मा भी उद्‌घोषित कर दिया, किन्तु वह सर्वमान्य नहीं हो सका और इसके प्रवर्तक के साथ ही यह परम्परा भी समाप्त हो गयी।

ध्वनिसिद्धांत– ध्वनिसिद्धान्त का आधार ग्रंथ 'ध्वन्यालोक' है। आनन्दवर्द्धन कश्मीर के राजा अवंतिवर्मा (855-84 ई॰) की राजसभा में थे। 'ध्वन्यालोक' दो भागों में विभक्त है। कारिका और वृत्ति। कारिका पद्य में और वृत्ति गद्य में है। इसमें कहा गया है कि काव्य की आत्मा ध्वनि है– 'काव्यस्यात्मा ध्वनिः।'

ध्वनिपरम्परा की दूसरी रचना 'अभिधामातृकावृत्ति' है जिसके रचनाकार मुकुल भट्ट हैं। इसमें लक्षणा को अभिधा का ही अंग माना गया है और लक्षणा के अंतर्गत व्यंजना की व्याख्या हुई है। अभिनवगुप्त-कृत 'ध्वन्यालोक' की टीका 'लोचन' ध्वनिसंप्रदाय का आकरग्रंथ है। इसके अतिरिक्त भोज के 'शृंगारप्रकाश', मम्मट के 'काव्यप्रकाश', विश्वनाथ के 'साहित्यदर्पण', पंडितराज जगन्नाथ-कृत 'रसगंगाधर' आदि ग्रंथों में ध्वनिसिद्धांत का उल्लेख हुआ है। आधुनिक संदर्भ में भी यह सिद्धान्त प्रासंगिक है, क्योंकि इसमें अर्थतत्त्व का गंभीर और विस्तृत विवेचन हुआ है।

ध्वनिवादियों के अनुसार शब्द की तीन शक्तियाँ हैं– अभिधा, लक्षणा और व्यंजना। इन शक्तियों से संबद्ध शब्द को वाचक, लक्षक तथा व्यंजक एवं अर्थ को वाच्यार्थ, लक्ष्यार्थ और व्यंग्यार्थ कहा गया है। शब्द की जिस शक्ति से मुख्यार्थ का बोध होता है, उसे अभिधा कहा गया है। मुख्यार्थ के बाधित होने पर रूढ़ि या प्रयोजनवश मुख्यार्थ से संबद्ध क़िसी अन्य अर्थ की प्रतीति को लक्षणा कहा जाता है। जिस शक्ति से वाक्यार्थ और लक्ष्यार्थ से भिन्न अर्थ का बोध होता है, उसे व्यंजना

कहते हैं। व्यंजना द्वारा प्रत्यायित अर्थ व्यंग्यार्थ कहा जाता है। 'सूर्य अस्त हो गया है', इस वाक्य का वाच्यार्थ यह है कि 'शाम हो गयी' और लक्ष्यार्थ यह है कि 'किसी महत्त्वपूर्ण व्यक्ति का निधन हो गया'। किंतु इसका व्यंग्यार्थ प्रकरण और परिस्थिति के अनुसार भिन्न-भिन्न हो सकता है; जैसे खेलाड़ियों के लिए 'खेल समाप्त करना', यात्रियों के लिए 'विश्राम करना', गृहिणियों के लिए 'भोजन बनाना' इत्यादि। ध्वनिपरंपरा में अर्थ-तत्त्व के संदर्भ में जितना उन्नत और गंभीर चिंतन हुआ है, वर्तमान काल में भी हम उससे आगे नहीं बढ़ पाये हैं।

मूल्यांकन एवं निष्कर्ष

भाषा अनवरत प्रवहमान धारा है। काल और स्थान के परिवर्तन के साथ उसकी ध्वनि, उसके अर्थ और उसके वाक्य-विन्यास में निरंतर बदलाव होता रहता है। भारत की आर्य भाषाओं पर इसका प्रभाव स्पष्ट रूप से परिलक्षित होता है। संसार की अन्य भाषाओं की भी यही स्थिति है। किन्तु संस्कृत भाषा अपने आप में एक अपवाद है। संसार की भाषाओं से अलग इसकी अपनी अस्मिता है, क्योंकि पिछले पच्चीस सौ वर्षों में इसमें कोई परिवर्तन नहीं हुआ। समीक्षकों का कहना है कि अद्वितीय वैयाकरण पाणिनि ने 'अष्टाध्यायी' की रचना कर संस्कृत की धारा को व्यवस्थित कर दिया। संस्कृत भाषा की जीवंतता का और संस्कृत साहित्य की विशालता तथा विविधता का यही प्रधान कारण है।

संस्कृत-साहित्य मानवीय मूल्यों और आदर्शों का विशाल भांडार है। 'ऋग्वेद' में पृथ्वी और अंतरिक्ष की शांति की कामना की गयी है। 'अथर्व वेद' में कहा गया है, हे मधुलते! आपकी समीपता को ग्रहण कर हम शहद से अधिक मीठे हो जाएँ। आप हमारा ही सेवन करें। जिस प्रकार मधुर फलयुक्त शाखा से पक्षिगण प्रेम करते हैं, उसी प्रकार सब लोग हम से प्रेम करें। इतिहास साक्षी है कि प्राचीन और मध्यकाल में जब मानव जाति युद्ध की बर्बरताओं को झेल रही थी, विश्व के एकमात्र संस्कृत-साहित्य में पूर्ण आत्मविश्वास के साथ विश्व-प्रेम की भावना का उद्घोष करते हुए कहा गया, अपने और पराये का बोध क्षुद्र बुद्धि को होता है, उदार चरितवालों के लिए तो सारा संसार ही कुटुम्ब है– 'वसुधैव कुटुंबकम्।' संस्कृत-साहित्य की महनीयता परम सौंदर्य के रूपायित करने में सन्निहित है जिसके लिए कहा गया है, 'क्षणे क्षणे यन्नवतामुपैति तदेव रूपं रमणीयतायाः।' सौंदर्य के प्रतिक्षण बदलते स्वरूप में शाश्वत सत्य को देखकर अँगरेजी के महाकवि कीट्स ने भी कहा था, 'Beauty is truth and truth is beauty'। पल-पल बदलते इसी मोहिनी रूप से संस्कृत-साहित्य का परम मंगलमय सत्य अवतरित होता है जो संसार के सभी प्राणियों के लिए हितकर है, 'सत्यं भूतहितं प्रोक्तम्।' इस प्रकार संस्कृत-साहित्य का सत्य और सौंदर्य उसकी शिवता में समाहित है और उसका मंगलघट परमानंद रस से परिपूर्ण है।

सिंधी-साहित्य

• डॉ. पीतांबर ठाकवाणी

सिंधी भाषा भारत योरोपीय परिवार के भारतीय आर्य-भाषा वर्ग की एक सदस्या है। इसका प्रमाण डॉ. ट्रम्प की 1872 ई. में लिखी पुस्तक Grammar of the Sindhi Language की भूमिका की कुछ पंक्तियों से मिलता है।

सिंधी-विद्वान् जयरामदास दौलतराम ने बताया है कि महाभारत-काल में दुर्योधन ने सिंध के मध्य भाग में ब्राह्मणों की एक बस्ती स्थापित की थी जहाँ भारत के विभिन्न क्षेत्रों के ब्राह्मणों को एकत्रित किया गया था। ई.पू. 5वीं शती की पाणिनि की 'अष्टाध्यायी' में उक्त बस्ती का वर्णन मिलता है। यह प्रमाणित होता है कि इतने सारे ब्राह्मणों ने सिंधी के विकास में योगदान किया होगा। भाषा, लिपि और अन्य सिंधी-क्षेत्रों को छोड़ मात्र साहित्य पर चर्चा करें तो सिंधी-साहित्य के इतिहास को तीन कालखण्डों में विभाजित किया जा सकता है–

1. आदिकाल (सन् 1000-1522 ई.),
2. मध्यकाल (सन् 1522-1843 ई.),
   पूर्व मध्यकाल (सन् 1522-1737)
   उत्तर मध्यकाल (सन् 1737-1843)
3. आधुनिक काल (सन् 1843 से अब तक)।

आदिकाल (1000-1522 ई.)

डॉ. मुरलीधर जैतली ने अपने ग्रंथ 'सिंधी साहित्य जो इतिहास' (1972) में लिखा है कि काजी काजन सिंधी-साहित्य के प्रथम कवि थे जिन्होंने अपनी रचनाओं द्वारा सिंधी-कविता को नया मोड़ दिया। ऐसा लगता है कि इनकी रचना 16वीं शती के आरम्भ में हुई है। यही कारण है कि आदिकाल पंद्रहवीं शती के अन्त में माना जाता है।

आदिकालीन परिस्थिति–आदिकाल के आठ या दस सौ वर्षों तक सिंध पर कई राजघरानों ने राज्य किया। सिंध के अंतिम हिन्दू राजा डाहिर सेन को 712 ई. में अरबों ने पराजित किया। तत्पश्चात् सूमरा वंश के राजाओं ने अरबों को शिकस्त देते हुए अपना वर्चस्व स्थापित किया। 1026 ई. में जब मुहम्मद गजनवी ने

सोमनाथ के मन्दिर को लूटा था तब भी सूमरा वंश के शासकों ने अरब आक्रमणकारियों का डटकर सामना किया था। गुलाम वंश (1206-1412) के राजकाल में भी सूमरा वंश के शासकों ने अपनी जागरूकता के कारण शक्ति को बरकरार रखा। अपनी ताकत के नशे में वे मर्यादाओं को तोड़ते गये जिससे उनकी अवनति होती चली गयी। अंत में समा वंश के प्रथम राजा जाम उनड़ ने 1350 ई. में सूमरा-वंश को समाप्त कर अपने राज्य की नींव रखकर 1520 तक राज किया।

अरबों के समय में सिंध में सनातन धर्म प्रचलित था। काली, शीतला, भवानी, दुर्गा की पूजा सर्वत्र हुआ करती थी। दसवीं शती में सिंध के इष्ट उडेरोलाल ने अवतार लिया तब दरियापंथ के प्रचारकों की संख्या बढ़ी। इसके बाद नाथ सम्प्रदाय का जोर बढ़ा जिसके अनुयायियों में हिन्दू व मुसलमान दोनों हुए। अरबों के प्रभाव व भय से इस्लाम धर्म को स्वीकारने वाले भी कम न थे। शेष लोगों का सूफी संतों के प्रभाव से धर्म-परिवर्तन करवाने का कार्य चलता रहा। फलतः आज खोजा, बोरी, लोहणा, मेमण और भाटी, ये सिंध की जातियाँ मुसलमान बन गयी हैं। मुहम्मद बिन कासिम के सिंध पर हमले के समय लाहरी बंदरगाह की खूबसूरती जाती रही। सेहण्ण, अरोड़, बखर, मन्सूरा ऐसे नगर थे जैसे आज के मुम्बई, दिल्ली, कोलकाता। उस समय ठटो नगर व्यापार का सिरमौर नगर था। इसके अलावा ये नगर ज्ञान-विज्ञान के भी केन्द्र थे। देश-विदेश के विद्वान् यहीं रहकर भाषा और साहित्य की चर्चा करते थे। अरबों के ऑफिसरों तक ने भारतीय वैद्यक, ज्योतिष, संगीत, संस्कृत, गणित का ज्ञान लेकर अरबी में अनुवाद कर पश्चिमी देशों में फैलाया। अबू अत्ता और अबू जुलिअ नाम इस क्षेत्र में बड़े आदर से लिये जाते हैं। यहाँ से अरबी के साथ फारसी भाषा का प्रयोग भी बढ़ने लगा। मुसलमान राजाओं के दबदबे के कारण यदा-कदा महाभारत व उडेरोलाल/झूलेलाल की कथाओं के वर्णन के अलावा कोई अपने विचारों को व्यक्त करने का साहस जुटाकर अपने जीवन का जोखिम नहीं ले पाता था। यही कारण था कि इस दौर में विशेष रचनाएँ सामने नहीं आ पायीं।

लोकसाहित्य—आरम्भ में पशु-पक्षियों, पेड़-पौधों, देवी-देवताओं, परियों-राजाओं की कथाएँ पीढ़ी दर पीढ़ी मिलती रही हैं। इसी समय परंपरागत तरीके से चारण व भाट अपने आश्रयदाताओं की प्रशंसा में रचनाएँ करते रहे। चारणों व भाटों में बीजल, सुमंग, भानु व भागू प्रसिद्ध हैं। यहाँ यह ध्यान में रखना आवश्यक है कि ये सब मौखिक रचनाएँ थीं जिनमें सिंधी भाषा के उच्चारण, शब्दावली व वाक्य-रचना का व्याकरणसम्मत होना आवश्यक नहीं हुआ करता था।

आदिकाल की विधाएँ—प्रेमकथाओं में ससुई-पुन्हूँ, सुहिणी-मेहवारू, लीला-चनेसरू, उमरू-मारूई, ममूल-राणो, ऐ नूरी-जाम तमाची के किस्से सिंधी-साहित्य के पर्याय हैं। विभाजन के बाद भारत में शरणार्थियों के रूप में रह रहे बच्चों को ये कण्ठस्थ थे। युद्धवीरता के किस्सों में दोदो-चनेसरू, सूमरों और गूजरों के युद्ध, मोरिडों मीर और

मगरमच्छ युद्ध के किस्से प्रसिद्ध थे। दानवीरता के किस्सों में लाखे फुलाणी, सपड़ चोटाणी, ओठो जखराणी, वींझो, विक्यों, जखिरो, हुणन्दु थध्याणी, ओढाणी जखिरो, जामकरण और रायडियाच, कुल दस दानवीर प्रसिद्ध हैं। रायडियाच की दानवीरता के सम्बन्ध में ऐसी प्रसिद्धि है कि चारण बीजल के संगीत पर वे ऐसे मोहित हो गये कि अपना सिर काट कर दे दिया था।

अरबों के शासनकाल में पीरों की वाणी ज्यादा प्रभावित करती रही। इस शासनकाल में मुलतान व सिंध में कई सूफी दरवेश आये। अपने मत का प्रचार करते हुए वे 'सतगुरु नुरू' कहलाये एवं 'सत् पंथ' (सच्चाई का रास्ता) की आधारशिला रखी। इनकी एक विशेष बात यह रही कि जहाँ भी गये वहाँ की स्थानीय भाषा सीख कर उसीमें प्रचार करते रहे। पीर सदरुद्दीन ने दशावतार (दस अवतार) नामक एक ग्रंथ लिखा है जिसमें कुछ पैगम्बरों को ब्रह्मा, विष्णु व महेश के रूप में चित्रित किया है। यह ग्रंथ खोजाओं के लिए ज्ञानग्रंथ अर्थात् आसमानी पुस्तक हुआ करती थी। कहा जाता है कि जब संकट का समय आता है तब ईश्वर याद आता है। ऐसा ही समय था जब अवतारी पुरुषों का आह्वान हुआ। सिंध प्रदेश में हिन्दू एवं मुसलमानों के इष्ट उडेरोलाल माने जाते हैं। इष्टदेव के अन्य नाम लाल साई, अमरलाल, पल्लेवारो उडेरोलाल, जिन्दहपीर, झूलेलाल, वरुण देवता आदि हैं। आज सम्पूर्ण भारत में तो क्या, विदेशों में बसे सिंधी-भाषियों द्वारा इनका जन्मदिन नव वर्ष के दिन मनाया जाता है। सिंध-दिवस के रूप में इस दिन का महत्त्व है। इनके अलावा भी अन्य सूफी दरवेशों की कथाओं का उल्लेख है जिनमें लालशहबाज़ पीरू पठो मुख्य हैं।

सिंध प्रदेश की सिंधु नदी की मान्यता किसी से छिपी नहीं है। सिंध प्रदेश में बरसात कम होने के कारण समस्त जनता सिंधु नदी के जल पर ही आधारित रहती है। इसलिए वह नदी दरियाशाह के रूप में पूजी जाती है। जिस किनारे पर बसे नगर के राजा द्वारा दुराचार किया जाता था, कहते हैं, उस नगर से यह नदी अपना रुख बदल देती थी। ऐसी कथाएँ बहुप्रचलित हैं। सूमरो राजा दलूराय की बर्बादी की कथा इतनी विश्वसनीय है कि लोग इस शाप से डरने लगे थे कि 'दलूराय की नगरी की तरह नाश हो जाओगे।'

मध्यकाल (1500-1853 ई॰ तक)

यह काल भक्तिकाव्य का दौर माना गया है। भक्ति-काव्य का आरम्भ आदिकाल के अन्त में हो चुका था परन्तु मुखरता मध्यकाल में आ सकी। सिंध की धरती पर भक्तिकाव्यधारा के कारण न जाने कितने सूफी, सन्त, दरवेश पैदा हो गये। इनके स्थान और दरगाहें चप्पे-चप्पे पर नजर आने लगीं। वैसे तो सूफी संतों द्वारा शाइरी होती रही है परन्तु शाइरी पर स्पष्ट छाप काजी काजन की ही दिखायी देती है।

पूर्व मध्यकाल में सिंधी के स्थान पर फारसी शासन की भाषा बनी। फिर भी इसी अवधि में सिंधी भाषा की प्रगति पराकाष्ठा पर रही। इसी कारण इसे

सिंधी का स्वर्णकाल कहते हैं। कवि काजन जीवित थे। उनकी परम्परा में शाह करीम, प्राणनाथ, शाह लतीफ, इनात शाह ने सिंधी-साहित्य को और अधिक प्रोत्साहित किया। रचनाओं में दोहा, सोरठा, चौपाई विशेष छन्द थे। पीर उस्मान अहसानी व मुहम्मद लखवी मुख्य शायर थे।

सन् 1700 से 1842 ई॰ तक मुगलों का शासन रहा। सन् 1843 में अँगरेजों की सिंध पर विजय से उनका शासन समाप्त हुआ। साबित अलीशाह (1740-1810 ई॰) ने पहली बार फारसी इल्म-अरूज का विशिष्ट रूप सिंधी में प्रस्तुत किया। इस काल के अन्य कवि सामी, दलपत, सचल, आरिफ, अमल, गुलामअली, मुरादशाहू, दरियां खां थे। सामी और दलपत वेदान्ती कवि थे। मध्यकाल में सूफी और सन्त कविता में भेद नहीं था। मात्र नामों का फर्क है। आत्मा-परमात्मा का मेल ही मुख्य है जिन्हें रूह हक कहा गया है।

शाह करीम (सन् 1536-1624)

सिंधी शायरों के नाम के आगे गाँव का नाम भी जोड़ने की प्रथा रही है। इसलिए शाह करीम 'बुलड़ीअ वारो' (बुलड़ीवाला) बुलड़ी गाँव का रहनेवाला के नाम से प्रसिद्ध थे। हालाँकि उनका जन्म-स्थान मटियारन था परन्तु उसे छोड़ वे बड़े भाई के साथ बुलड़ी में आ गये जहाँ उनकी मृत्यु सन् 1624 में 88 वर्ष की अवस्था में हुई। शाह करीम के 90 के लगभग गीत मिलते हैं। कुछ प्रसिद्ध गीत प्रेमाख्यान विषय पर हैं। सिंधी गीत की पंक्तियों का हिंदी अनुवाद देखिए– "ससी जब जागी तो ज्यों ही सेज सैया पर हाथ बढ़ाया तो आभास हुआ कि प्रियतम तो गायब हैं। वह रोने लगी। उसकी यह दशा देख सखियाँ हँसने लगीं। तब ससी कहने लगी कि इन सखियों ने अपने प्रेमी को कभी देखा ही नहीं। यदि देखा होता तो वे भी रोने लगतीं।" इसी प्रकार के दिल को छू जानेवाले कई प्रेमाख्यान उनके गीतों में दिखायी देते हैं। अन्य सन्तों की तरह करीम साहब ज्ञान के बाहरी द्वारों को बन्द कर अपने अन्दर प्रेमी-प्रेमिका की उपस्थिति का आभास पाना चाहते हैं। शाह करीम की भाषा सरल व अर्थ सुगम है। डॉ॰ दाउद पोटो ने 1937 में 'अब्दुल करीम बुलड़ीवाले का कलाम' नामक पुस्तक टीकासहित प्रकाशित करवायी।

संत दादू दयाल (सन्1601-1659)

संत दादू दयाल सिंधी-साहित्य के आरम्भिक सन्त कवि माने जाते हैं। वे सिंधी, मराठी, गुजराती, फारसी और मारवाड़ी भाषाओं के अच्छे ज्ञाता थे। यह एक दुःख की बात है कि इतिहासकारों ने उन्हें भुला दिया। पं॰ चान्द्रिका प्रसाद त्रिपाठी जी एक मात्र विद्वान् थे जिन्होंने उन्हें पहचान कर 'दादू की बानी' ग्रंथ का सम्पादन किया। कबीर की वाणी के ही समान उनकी भी वाणी है–

दादू गाफिल छो वतै, आहे मंझि मुकाम,
दरगा में दीवाण तत, पसे न वेठो पाण।

अर्थात् मूर्ख क्यों बने बैठे हो? भगवान् का निवास तेरे अन्तर्मन में ही है। मन ही सच्ची दरगाह है। उसे वहाँ देखो।

दादू आडंबरों से दूर रहने की सलाह देते थे। मानव प्राणियों को समझाते हुए कहते थे कि ईश्वर सर्वत्र है, तू मारा-मारा क्यों फिरता है। कहने का सार यह है कि सभी साहित्य में सन्त-वाणियों का सार समान है चाहे हिन्दी-साहित्य की सन्त वाणी हो या सिंधी-साहित्य की।

महामति प्राणनाथ (1618-1694)

इनका मूल नाम मिहिरराज था। इनका जन्म जामनगर (गुजरात) में हुआ था। इनके पिता श्री केशवराज जामनगर राजा के प्रधान मंत्री थे। इनकी माता धनबाई सिंध की थीं। इनके गुरु स्वामी निजानन्द (श्री देवचन्द्र) ने इन्हें सभी धर्मों के सिद्धांत का ज्ञान करवाया तथा विश्व-मानव धर्म का प्रचार-प्रसार करने के दिशा-निर्देश दिये। प्राणनाथ जी 1667-68 तक लगभग एक वर्ष सिंध के धार्मिक नगर ठटे में रहे। ये अपनी माता की भाषा सिंधी और पिता की भाषा गुजराती के साथ-साथ हिंदी भाषा में भी प्रवचन करते थे।

हिंदी-साहित्य के सूर्य महाकवि सूरदास के काव्य की तरह प्राणनाथ के 600 श्लोकों की 'सिंधी वाणी' में दास्य भाव व सख्य भाव के दर्शन होते हैं। यही उनकी भक्ति का विशिष्ट नमूना है। यह सख्य भाव आगे चलकर दाम्पत्य भाव में प्रकट हुआ। एक श्लोक में वे लिखते हैं-

"मैं तुम्हारी पत्नी हूँ, तुम मुझे जीते जी अंग लगाओ। तुम यदि मरने के बाद अंग लगाओगे (सुख़ दोगे) तो तुम्हारा मुझ से कैसा संबंध?"

डॉ॰ माताबदल जायसवाल ने श्री प्राणनाथ मिशन, दिल्ली की ओर से 'सिंधी वाणी' का 1973 में सम्पादन किया।

शाह इनात

इनके जन्म का समय ज्ञात नहीं है। इनकी मृत्यु 1701 से 1719 ई॰ के मध्य में होने की बात कही जाती है। इन्होंने काजी काजन व शाह करीम की परम्परा को आगे बढ़ाया। इनके गीत का नमूना देखा जाय-

चंड तुंहिजी बाति, मुंखे आहे मन में
X X X
जर खरीद जहान में, उर्नीं जी आऊँ
या अला! मू मन तहीं मोहियो।

शाह लतीफ (1689-1752)

सूफी कवियों व सन्त कवियों में मुख्य अन्तर यह था कि सूफी कवि परमात्मा को प्रेयसी मानते थे जबकि सन्त कवि इसके विपरीत स्वयं को प्रेयसी मानते हुए हरि को प्रेमी मानते थे। शाह लतीफ सूफी सन्त थे। शाह करीम आपके परदादा थे।

बचपन से इनके अन्दर महान् कवि के लक्षण थे। अरबी, फारसी, हिंदी के अलावा सिंधी पर समान अधिकार था। इनके पिता का नाम शाह हबीब अल्लाह था। इनका जन्म हैदराबाद जिले के हाला नामक गाँव में हुआ था जो भिट गाँव से नौ कोस दूर खण्डहर दशा में है। जिस घर में लतीफ साहब का जन्म हुआ था वहाँ एक मस्जिद बनवायी गयी थी जो अब तक मौजूद है। शाह अब्दुल लतीफ के जन्म के बाद इनके पिता शाह हबीब कोटड़ी गाँव में जाकर बस गये जो भिट से चार मील की दूरी पर है। वहीं लतीफ बड़े हुए। कुछ लोगों द्वारा माना जाता है कि आत्मिक ज्ञान से विद्वान् बने। उन्होंने स्कूली शिक्षा द्वारा किताबी ज्ञान प्राप्त नहीं किया था। कहा जाता है कि जब वे बीस वर्ष के हुए तो इश्क मिजाजी का भूत सवार हुआ। महबूबा के चक्कर में घूमने लगे। इस भटकाव के चलते वे इश्क हकीकी की ओर झुके। फलतः जोगियों, सन्तों, महात्माओं से मिलकर जगह-जगह का ज्ञान प्राप्त किया। उन्होंने अपने श्लोकों में इन स्थलों का वर्णन भी किया है। जब वे घर लौटे तो विवाह के बन्धन में बँध गये। मिर्जा मुगल बेग की कन्या, जिनके कारण इश्क मिजाजी का भूत सवार हुआ था, से निकाह हुआ। अपने पिता की मृत्यु के बाद वे भिट में आकर रहे। अपने फन से वे भिट के जाने जाने लगे। आज भी उनकी दरगाह वहाँ मौजूद है। उन्हें 'शाह लतीफ भिटाई' (भिटाई भिट गाँववाला) के नाम से तो जाना ही जाता है, साथ ही उन्हें भिटाई घोटु (भिट गाँव का दूल्हा) भी कहा व माना जाता है। उनकी प्रसिद्धि यही है कि आज तक उनकी दरगाह पर मेला लगता है जिसमें हिन्दू और मुसलमान समान रूप से भाग लेते हैं।

शाह लतीफ की रचनाओं का संग्रह-ग्रंथ 'शाह जो रसालो' नाम से प्रकाशित हुआ। सभी प्रकार के छन्द, पद, दोहा आदि में प्रकाशित संपूर्ण ग्रन्थ सिंधी-साहित्य की अमूल्य थाती है। सभी अवसरों पर, सभी वय के स्त्री-पुरुषों द्वारा गेय रचनाएँ घर-घर, गली-गली, मोहल्लों में गायी व सुनी जाती थीं। आज भी पुरानी पीढ़ी के लोग उनकी रचनाओं के मुरीद हैं। सन् 1866 ई॰ में डॉ॰ अर्नेस्ट ट्रम्प ने इस 'रसाले' को प्रथम बार प्रकाशित करवाया। इसके बाद जितने संस्करण इस पुस्तक के प्रकाशित हुए उतने सिंधी-काव्य के किसी अन्य ग्रंथ के प्रकाशित नहीं हो पाये। इसीसे इसके महत्त्व को आँका जा सकता है। उर्दू के अलावा हिन्दी, अँगरेजी व जर्मन भाषा में भी अनूदित होकर यह पुस्तक प्रकाशित हुई है।

आत्मा व ईश्वर को एक मानते हुए वे कहते हैं कि दोनों की खूबसूरती समान है। परमात्मा ने आत्मा को अलग नहीं रखा है। फिर, दोनों में किसी भी तरह का अन्तर कैसे हो सकता है? उनके पदों में यही बात परिलक्षित होती है।

पाणहिं पसे पाण खे, पाणहि ई महबूबु
पाणहिं खल्के खूब, पाणहिं तालिबु तनि जो।

अर्थात् अज्ञानी मनुष्य तीनों (ईश्वर, इन्सान, गुरु) को अलग-अलग मानते हैं

जबकि तीनों एक ही हैं।

शाह ने अपने 'रसाले' में नायिका की झील-सी आँखों का वर्णन किया है। नायिका की इन सुन्दर आँखों ने न जाने कितने सौंदर्य-प्रेमियों को मार दिया है। कहीं-कहीं प्रकृति-चित्रण में मानवीकरण भी किया गया है। कहीं गरीब इनसानों के दर्द को उकेरा है तो कहीं वीरों को युद्ध के लिए प्रेरित किया है। मानव-जीवन के सभी प्रमुख पक्षों का वर्णन उनकी विशेषता है।

शाह अब्दुल लतीफ का रसालो सर्वोत्कृष्ट रचना है। लतीफ का शब्द-भाण्डार अद्भुत है। उनके काव्य में 'ऊँट' के बारह पर्याय देखे जा सकते हैं– 'उठु', 'बोदो', 'करहो', 'मयो', 'बोतो', 'डाची', 'चांगो', 'तोड़ो', 'गोरो', 'लेड़ो', 'भटारो', 'भारो'। ऊँटों की अनेकानेक किस्म के अनुसार नाम दिया जाना उनकी भाषा की अद्भुत विशेषता है। कुछ विद्वानों ने लतीफ की रचनाओं को बेढन-बेढंग बताया है। प्रो॰ झमटमल भावनाणी जी ने शाह लतीफ की रचनाओं को इन आरोपों से मुक्त रखा है। आपने कहा है कि छन्दशास्त्रानुसार शाह की रचनाएँ सही मानी जा सकती हैं।

शाह ने जोगियों, सिद्ध पुरुषों, संन्यासियों के घरों की सुरा पी थी। यही कारण था कि वे दया और समवेदना के बादलों की तरह सूमचे संसार पर बरसते रहे, उसको सींच कर अंकुरित करते रहे।

सचल सरमस्त (सन्1739-1829)

कवि सचल का वास्तविक नाम अब्दुल वहाब था। उनके पिता सलाह-अल-दीन थे। सचल का जन्म दराज नामक गाँव में हुआ था जो खैरपुर रियासत में था। इस गाँव में बहुत सुन्दर मकबरा आज भी देखा जा सकता है। सचल जव छोटे थे तभी लतीफ ने उनके बारे में भविष्यवाणी की थी– "हमने जो पतीला चढ़ाया है उसका ढक्कन यही बालक हटांयेगा।" यह भविष्यवाणी सही निकली। सचल आडंबरों के विरोधी थे। वे धर्म, अर्थ और समाज में किसी भी प्रकार की असमानता को नहीं मानते थे। सतगुरु की महिमा हो या पाखण्डियों का विरोध, कबीर की तरह खुलकर कहना उनकी आदत थी। तीर्थ-स्थलों में भगवान् को ढूँढने के सम्बंध में उनका विचार भी कुछ कबीर के विचारों से मेल खाता था–

छा जो काबो, छा जो किबलो, ही बी सभु बहाना
सचल सत्गुरु आख्यो, हक़ लहनि मस्ताना।

सचल के कलाम के 10-12 ग्रंथ प्रकाशित हुए हैं। सिंधी अदली बोर्ड, हैदराबाद (सिंध) से 'सचल जो कलाम' दो भागों में प्रकाशित किया गया है। इनके भाषाई ज्ञान व कई भाषाओं पर समान अधिकार के कारण इन्हें 'शाहरे हफ़्त ज़बान' नाम से पुकारा जाता था।

सचल की रचनाओं की भाषा उत्तर सिंध की सिराइकी (सिंधी की एक बोली) है।

सामी (1743-1850)

सिंधी-शायरी में 'लतीफ-सचल-सामी' नाम एक साथ लेने की परम्परा आज भी है। सन्त कवियों में प्रमुखता पानेवाले वे प्रथम कवि हैं। वे निर्गुण धारा के कवि हैं। राम का उल्लेख निर्गुण ईश्वर के रूप में करते हैं।

दोस्त जो दीदारू, कामिल आहे कहिड़ो

X X X

नको रूप, न रंग को, नको रंग आकार
जडहिं मिलंदुइ यार, तडहिं पवन्दु सुधि सरूप जी।

न तो उसका रंग है, न आकार है, न रूप है। जब मुलाकात होगी तो उसके स्वरूप का आभास होगा। ऐसे दोस्त का साक्षात्कार ही होगा, न कि भौतिक दर्शन।

सामी-साहित्य में य़त्र-तत्र हठयोग की सुरत, त्रिकुटी आदि का वर्णन मिलता है। दीवान कौड़ोमल ने सामी की वाणी संगृहीत की है।

आपका जन्म-नाम भाई चैनराई बचोमल डातारामाणी था। आप जाति के लुंडु थे और शिकारपुर (सिंध) में जन्मे थे। आपने स्वामी मेघराज से संस्कृत सीखकर वेदों, पुराणों व शास्त्रों का ज्ञान प्राप्त किया। अपनी रचनाएँ 'सामी' के नाम से लिखते थे। आपके लगभग 3500 दोहे (श्लोक) हैं। विभाजन पश्चात् प्रोफेसर भोजराज नागराणी ने इन्हें बम्बई से प्रकाशित किया था।

सिंधी-साहित्य में शाह, सचल और सामी त्रिमूर्ति के रूप में प्रसिद्ध हैं जैसे देवताओं में ब्रह्मा, विष्णु और महेश। सिंधी-साहित्य में शाह यदि सूफी कवियों के सिरमौर हैं तो सामी ज्ञानमार्गी कवियों के सरताज हैं।

दलपत (1769-1849)

दलपत को भाई दलपतराइ नाम से भी जाना जाता है। वे सामी के समकालीन ही नहीं, उन्हींकी तरह वेदान्ती कवि भी थे। सामी और दलपत के दोहों में साम्य मिलता है। वे सिंध के सेहवण नामक नगर में जन्मे थे। परंतु अपने गुरुभाई आसरदास के साथ हैदराबाद में रहने लगे थे। वे सिंधी के साथ-साथ हिंदी में भी कविता लिखते थे। उनकी रचनाओं में काव्य-सौष्ठव, कल्पना का पुट व उपमा की छटा कम है। विचार-तत्त्व की दृष्टि से उनका काव्य सामी के काव्य से साम्य रखता है। वे कहते हैं– जिस प्रकार तीन अंधों ने हाथी को छूकर अलग-अलग व्याख्या की थी, वैसे ही सचाई एक है, व्याख्या अलग अलग की जाती है–

असल हाथी हिक खे, बोढा बझनि बियो,
फल काणनि काव का, अंधा डिसनि टियों।

कवि सामी की तुलना में दलपत की शायरी पर सूफी मत का प्रभाव अधिक दिखायी देता है। इस कवि की वाणी सिंधी की सिराइकी बोली (सिंधी की उत्तर दिशा में व्यवहृत एक बोली) और हिन्दी भाषा में मिलती है।

आधुनिक काल (1843 से अब तक)

जब (सन् 1843) को अँगरेजों ने सिंध पर अधिकार कर लिया तभी से आधुनिक काल माना जाता है। इस काल में गद्य का विकास अधिक हुआ। पद्य रचनाएँ गद्य रचनाओं की अपेक्षा जल्दी ही प्रचारित होती हैं। 1853 में सिंधी भाषा के लिए अरबी, फारसी लिपि निर्धारित होने के कारण देवनागरी लिपि की रचनाएँ लोगों के लिए रुचि पैदा नहीं कर पायीं। अरबी, फारसी लिपि में पढ़-लिख कर आगे बढ़ना अपेक्षाकृत अधिक सरल होता था। 1853 ई॰ में कुछ पुस्तकें देवनागरी लिपि में प्रकाशित हुईं, जो इस प्रकार हैं—

1. इंग्लिश-हिंदी डिक्शनरी - कैप्टन स्टैक, मुंबई (1849),
2. सिंधी-बोलीअ जो ग्रामर - कैप्टन स्टैक, मुंबई (1855),
3. सिंधी-इंग्लिश डिक्शनरी - कैप्टन स्टैक, मुंबई (1855)।

अरबी लिपि में प्रकाशित स्कूली पाठ्य पुस्तकें प्रकाशित हुईं जो विभिन्न विषयों की थीं। उन दिनों असिस्टेंट कमिशनर ही शिक्षा-विभाग भी देखा करते थे। ऐलिस व गोल्डस्मिथ ने सिंधी-साहित्य की बड़ी सेवा की थी। इसी क्रम में किस्से व कहानियों की पुस्तकें भी प्रकाशित हुईं जिनका हिन्दी व फारसी में अनुवाद भी हुआ। उस समय अँगरेजी-साहित्य से लोग अच्छी तरह परिचित न थे। सन् 1854, 1855 में कुरैशी ने 'भंमे जमीदार जी गाल्हि' (भंमे जमींदार की बात) और मुहम्मदशाह ने 'सुधातूरे ऐं कुधातूरे जी गष्कि' (सुधातूरे और कुधातूरे की कथा) नामक पुस्तकें तैयार कीं। इन पुस्तकों में आधुनिक उपन्यास के लक्षण हैं। इसलिए इनका ऐतिहासिक महत्त्व है। इनकी भाषा सिंधी है, पात्रों व स्थानों के सिंधी नाम रखे गये हैं।

उन्नीसवीं शताब्दी के अंतिम भाग में सभी विषयों पर पुस्तकें लिखी गयीं जिनके प्रमुख रचनाकार दयाराम गिदूमल, चन्दनमल कौड़ोमल और मिर्जा बेग थे। अँगरेजी, संस्कृत, हिंदी व बंगला की मुख्य कृतियाँ अनूदित होकर सिंधी में आयीं।

हिंदी की 'चंद्रकांता' व 'भूतनाथ' पुस्तकों ने सिंध में बहुत प्रसिद्धि पायी। इनका लुत्फ उठाने के लिए पाठकों ने हिंदी सीखी। इस प्रकार का आनन्द ही हिंदी भाषा सीखने को प्रेरित करता रहा। इस युग के अन्य सिंधी कवि और उनकी रचनाएँ इस प्रकार हैं—

साधु नवलराय (1848-1893) और साधु हीरानन्द (1863-1893)

ये दोनों भाई थे। इन्होंने ब्रह्म समाज की स्थापना की। हैदराबाद (सिंध) में श्री रवीन्द्रनाथ ठाकुर के भाई सतीशचन्द्र ठाकुर (सेसन जज) से इनकी भेंट हुई जिसके कारण ये ब्रह्म समाज की ओर आकृष्ट हए। ब्रह्म समाज के उत्थान की छाया हीरानन्द की 'सरस्वती' पत्रिका में मिलती है। स्वामी विवेकानन्द (1863-1902) और साधु हीरानंद (जन्म-13-3-1863), दोनों गुरुभाई एवं मित्र थे। दोनों ने स्वामी रामकृष्ण परमहंस के मार्गदर्शन में मानव की सेवा का व्रत धारण किया था।

कौड़ोमल चन्दनमल (1844-1914)

ये सिंधी समाजसुधारक एवं लेखक थे। ये राजा राममोहन राय व सर सैयद अहमद खाँ के समकक्ष थे। स्त्री-शिक्षा के लिए इन्होंने भरपूर कार्य किया। इनके 'पको पखं' और 'आर्य नारी चरित्र' नामक सिंधी-ग्रंथों ने नारी में स्वाभिमान की आग प्रज्वलित कर दी। आपने श्रीहर्ष की 'रत्नावली' और बंकिमचन्द्र के साहित्य का सिंधी में अनुवाद किया। महाकवि सामी की तितर-बितर रचनाओं को बड़े जतन से एकत्रित कर उन्हें पुस्तकाकार प्रकाशित करवाया।

मिर्जा कलीच बेग (1853-1929)

बेग साहिब की रचनाएँ गद्य व पद्य दोनों में मिलती हैं। बहुआयामी प्रतिभा के ऐसे धनी थे कि अपने समय के सबसे अधिक लिखनेवाले माने जाते हैं। इन्होंने कालिदास-कृत 'शकुन्तला' व शेक्सपीयर के नाटकों का अनुवाद किया। पाठक इनकी कला का इसलिए लोहा मानने लगे थे कि अपनी उक्त अनूदित रचनाओं में इन्होंने पात्रों और स्थानों के नाम का भी सिंधीकरण किया। इसके कारण पाठक का इन रचनाओं से साधारणीकरण हुआ। फलस्वरूप आनन्द दुगुना हो जाता था। इन्होंने 1880 में सिंधी में जो नाटक लिखा था उसका नाम था– 'लैला मजनूँ'। शाह गल्दुल लतीफ के काव्य का सुन्दर सम्पादन करने का श्रेय भी बेग को ही जाता है। ये सिंधी के प्रथम रूबाईकार थे, जिन पर फारसी का रंग साफ दिखायी देता है। ये आधुनिक काल के सर्वश्रेष्ठ रचनाकार माने जाते हैं।

दयाराम गिदूमल (1857-1929)

सुशिक्षित वर्ग में दर्शन व धर्म पर लिखी इनकी पुस्तकें बहुत पसंद की जाती थीं। सिंधी पाठक वर्ग के लिए 'गीता' तथा 'योग दर्शन' पर इन्होंने टीकाएँ लिखीं। इनकी रचनाओं के अध्ययन से लगता है कि इनमें साहित्य-विश्लेषण की अबूझ प्रतिभा थी। इनकी एक पुस्तक 'मन जा चहबुक' (मन के कोड़े) में पूर्व व पश्चिमी दर्शन के अन्दाज हैं।

परमानंद मेवाराम (1865-1938)

ये लेखक, निबंधकार और 'जोत' पत्रिका के सम्पादक थे। कहा जाता है कि इनकी रचना के विना कोई सिंधी-गद्य-संग्रह पूर्ण नहीं होता। लगातार 40 वर्षों तक निकलनेवाली पत्रिका 'जोत' इनके देहान्त के साथ ही बंद हो गयी। इनके मरणोपरांत 'मुलकुल' नाम से एक निबंध-संग्रह छपा जिसमें 'जोत' पत्रिका की रचनाएँ थीं। परमानंद मेवाराम ने सिंधी-अँगरेजी एवं अँगरेजी-सिंधी शब्दकोश भी तैयार किये। आज भी इसे प्रामाणिक कोशों में गिना जाता है।

डॉ॰ होतचन्द गुरबख्शाणी (1883-1946)

आप रचनाकार के साथ सिंध प्रदेश के डी॰जे॰ कॉलेज में प्रिंसिपल थे। डॉ॰ गुरबख्शाणी पहले विद्वान् थे जिनके अथक परिश्रम से मुंबई विश्वविद्यालय में बी॰ए॰

तक सिंधी का अध्यापन संभव हो पाया था। तीन भागों में प्रकाशित 'शाह जो रसाले' शाह अब्दुल लतीफ के जीवन और काव्य पर इनका एक महत्त्वपूर्ण ग्रंथ है।

भेरूमल मेहरचंद (1875-1950)

ये सिंधी, हिंदी, संस्कृत और फारसी के विद्वान् थे तथा अँगरेजी की अच्छी जानकारी रखते थे। ये तेरह साल तक कराची के कॉलेज में सिंधी के प्राध्यापक रहे। इनकी अन्य पुस्तकों के साथ 'सिंधी बोलीअ जीतवारीख' (सिंधी भाषा का इतिहास) आज भी आदर के साथ प्रामाणिकता का श्रेय लिये हुए है। इसके अलावा 'लतीफी सैर' और 'सिंधी हिन्दुनि जी तारीख' इनकी महत्त्वपूर्ण रचनाएँ हैं। 'नौबहार' इनके बालगीतों का अनूठा संग्रह-रचना है।

लालचन्द अमरडिनोमल (1885-1954)

आपने 1914 में सिंधी-साहित्य नाम से एक सोसाइटी की नींव डाली। यह सोसाइटी प्रति मास एक पुस्तक प्रकाशित करती थी। इस प्रयास ने जहाँ देशवासियों को राष्ट्रीय एकता के साथ जोड़ने का कार्य किया वहीं दूसरी ओर सिंधी-साहित्य को जनता के सामने प्रस्तुत करने का महान् कार्य किया। लालचन्द जी की रचना 'फुलनिमुठि' में कई विषयों के निबंध संकलित हैं। इसी तरह 'सदागुलाब' रचना गद्यगीत की शैली में है। एकांकी और उपन्यास भी उनके द्वारा लिखे गये। उनकी अप्रकाशित रचनाओं के कुछ अंश 'हिन्दुस्तान' (सिंधी), 'सैद्धांतिक' और 'सुहिणी' में छपे थे।

किशनचंद बेबस (1885-1947)

सिंधी-काव्य में नयी चेतना जागृत करनेवाले कवि बेबस माने जाते हैं। उनकी आरम्भिक कविताओं में सिंधी प्रभाव दिखायी देता है परंतु बाद की रचनाओं में राष्ट्रीयता का प्रभाव है। वे 1919 से गाँधी जी व रवीन्द्रनाथ के प्रभाव में लिखते रहे। बेबस की अन्य रचनाएँ हैं– 'शेर बेबस शीरींशेर', 'मौजीगीत' (बालगीत-संग्रह) और 'गुरु नानक जीवन कविता'। उन्हींकी प्रेरणा से हून्दराज दुखायल, दादा दिलगीर और प्रो॰ रामपंजवाणी बेबस-स्कूल के तीन महान् कवि पैदा हुए।

जेठमल परसराम (1885-1954)

आपने दैनिक पत्र 'भारतवासी' द्वारा सिंधी-समाज में राजनीतिक चेतना पैदा करनेवाले प्रथम प्रेरणास्रोत रहे। सूफीवादी होते हुए भी जीवन के नवीन मूल्यों से अनभिज्ञ नहीं थे। उन दिनों पत्रकार होने की सजा मिलना सामान्य बात थी। रोलट ऐक्ट के विरुद्ध प्रदर्शनकारियों पर पुलिस की गोलियाँ चली थीं। उस कृत्य की निंदा 'भारतवासी' में करने के कारण कारावास भोगना पड़ा। सामाजिक विषमता पर 1923 में लिखित उनकी रचना 'चमड़ापोश जू आखाण्यूं' आज भी याद की जाती है।

लेखराज अज़ीज (1897-1967)

आप सिंधी एवं फारसी के अच्छे विद्वान् होने के साथ-साथ राष्ट्रीय भावना के

पुतले थे। अपनी रचनाओं की कठिन भाषा-शैली के कारण वे वह प्रसिद्धि नहीं पा सके जिसके वे हकदार थे। 'कुलियात अजीज' रचना में उनका काव्य संगृहीत है। एक नमूना देखा जा सकता है–

न पुछु अजीज़ खुशीअ जो तूं मूखां नामोनिशां
जो हित आसांजी सजी आहे अंजुमन बेताब।

(हमारे यहाँ खुशियों का नामोनिशान नहीं है। यहाँ की महफिल परेशान है।)

सिंधी-साहित्य का वर्तमान परिदृश्य

अन्य भाषाओं के साहित्य की भाँति सिंधी-साहित्य की विविध विधाओं ने यह स्पष्ट कर दिया कि सिंधी-लेखकों के मन में भी टीस है। दिल से दर्द की आवाज निकले विना साहित्य की रचना हो ही नहीं सकती। कविता, कहानी, नाटक, निबंध में अपनी मातृभूमि से बिछुड़ने के दर्द की साफ झलक दिखलायी देती है। इन रचनाओं से यह भी स्पष्ट होता है कि विभाजन के बाद भले ही भारत में पहचान मिल सकी हो पर अपनी भूमि नहीं मिल पायी। सिंधी-साहित्यकार इसमें भी खुश हैं कि वे सम्पूर्ण भारत के हैं, इस देश की मुख्य धारा में समाहित हो सके हैं। पूरा भारत, पूरे भारत की भूमि उनकी है। यही संकेत विविध विधाओं की रचनाओं में देखने को मिलती है।

निबंध– सिंधी के निबंध-लेखकों में आनन्द गोलाणी और तालिब के हास्य-निबंधों के अलावा मौजी मवाली के निबंध भी अपना महत्त्व रखते हैं। 'अदबी उसूल' के निबंधकार प्रो॰ एम॰यू॰ मल्काणी ने साहित्य-सिद्धांतों का विश्लेषण किया। प्रो॰ एन॰आर॰ मल्काणी, प्रो॰ सदारंगाणी, प्रो॰ अजवाणी और वसन्त, ये सिंधी के अच्छे निबंधकार माने गये हैं।

नाटक– नाटकों की देन कम होते हुए भी सिंधी में नाटक लिखे न गये हों, ऐसा नहीं है। प्रो॰ राम पंजवाणी ने 'सिंध जो सत' नाटक लिखे हैं। इसके बाद दास तालिब ने हास्य-व्यंग्यपूर्ण नाटक लिखे हैं– 'लिबर्टी ऐं मेट्रो' और 'सुभां जो समर' ऐसे नाटक हैं जो आरम्भ में हास्य रस से पूर्ण होने के बाद गांभीर्य का पुट लिये हैं। गोवर्धन भारती, हरिकांत, जीवन गुरसहाणी, किशोर पाहूजा और कृष्णराही ने नाटक लिखे हैं। 'चौएंगी' नामक नाटक जेठानंद नागराणी का एक उत्कृष्ट प्रकार का नाटक कहा जा सकता है। प्रो॰ मल्काणी ने अपने प्रयासों से एकांकी नाटकों की कमी को पूरा किया है। उनका नाटक 'जीवन-चहचिटा' शिल्प की दृष्टि से सुदृढ़ और सशक्त नाटक है। तीर्थ वसन्त का 'रसगोलो' नाटक है जो समस्याओं पर बहस करनेवाला नाटक कहा जाता है।

कविता– इस क्षेत्र में लेखराज अजीज का नाम सर्वाधिक चर्चित है। पुरानी परंपरा व अर्थ को लेते हुए गुल, सुराही, साकी से मुक्त न हो सके। इसके बाद प्रसाद गुण से पूर्ण परसराम जिया का कविता-संग्रह है। हून्दराज दुखायल प्रवृत्ति से कवि

बेबस की धारा के कवि हैं। राष्ट्रीय भावना से ओतप्रोत, गाँधीवादी विचारधारा के लिये ग्रामीण जीवन की रचनाओं के रचयिता रहे हैं। उनके कविता-संग्रह 'संगीत मुख्डियूँ', 'लात्यू', 'संगीता', 'रेखा', 'झूंगार' और 'परत्लाउ' हैं। इसके बाद के कवि नारायण श्याम की 'पंखड़ियूं', 'रंगरत लहर', 'रोशन छांवरो' और 'माक भिना राबल ने कविता-विधा को नवीन दिशा प्रदान की। हरि दिलगीतर और डॉ॰ सदारंगाणी ने युवा कवियों का मार्गदर्शन किया। फानी, भारती, दिलगीर, राही, मोती प्रकाश, सुगन, आँचल और हरिकांत सफल कवि हुए हैं। गोवर्धन भारती, वास्वाणी, मोहन कल्पना, एम॰ कमल, हरद्वानी, आंचल ने अपनी रचनाओं को नयी दिशा दी।

कथा-साहित्य– सिंधी-कथा-साहित्य में अग्रणी माने जानेवाले हस्ताक्षर हैं– गोविन्द माल्ही, करत बाबाणी, सुन्दरी, लालपुष्प, मोहन कल्पना और गुनो सामताणी। लालपुष्प की रचना 'दायरो', मोहन कल्पना की रचना 'चाँदनी ऐं जहर', गुनो सामताणी की रचना 'अपराजिता' है। वर्तमान समाज की विभिन्न मानसिक वेदनाओं का विश्लेषण इन रचनाओं में किया गया है। इनके अलावा नयी कहानी के प्रतिनिधि कहानीकार हैं– विष्णु भाटिया, ईश्वर चन्दर, आनन्द और श्याम जयसिंघाणी। देश-विभाजन के बाद तारा मीरचन्दाणी का पहला उपन्यास है– 'कुमायलकली' (मुरझाई कली)। पुरुष की स्वार्थपरता इसका कथ्य है। भगवान खिलनाणी का 'मास्टर' अध्यापक-जीवन पर लिखा उपन्यास है। साठ के दशक में गोविन्द माल्ही ने एक साल में तीन उपन्यास लिख डाले। 'आँसू' और 'जिन्दगी की राह' में कैम्पों में रह रहे सिंधियों की जिंदगी का वर्णन है। संयुक्त परिवार के गुण-दोषों का वर्णन है। 'जीवन साथी' उपन्यास में प्रेम-विवाह के बारे में लिखा गया है। इसके अलावा माल्ही ने लगभग दस और उपन्यास भी लिखे हैं। राम पंजवाणी का 'जिन्दगी और मौत' एक सफल उपन्यास है। सुन्दरी उत्तमचन्दाणी के उपन्यास 'गिरती दीवारें' में पुरानी व्यवस्था पर चोट किये गये कथ्य को उकेरा गया है। आपका दूसरा उपन्यास 'प्रीत पुरानी रीत' निराली है। शिवो रामनाणी, गुनो सामताणी, मोहन कल्पना, मोती प्रकाश, के॰एम॰ बालाणी, कीरत मेहरचन्दाणी ने क्रमशः 'गुमान', 'वापस', 'जिन्दगी', अंधेरो उजालो','अनेक रांहू', 'सपनो ऐं हकीकत' लिखकर सिंधी-कथा-साहित्य में मील के पत्थर स्थापित किये हैं।

सिंधी की कुछ विशिष्ट कृतियाँ

1. प्रीत पुराणी रीत निराली (उपन्यास, 1956) - सुन्दरी उत्तमचन्दाणी
2. दाइरो (कहानी-संग्रह, 1964) - लालपुष्प
3. माक बिना राबेल (काव्य-संग्रह, 1965) - नारायण श्याम
4. शाह जो रसालो
5. सचल सरमस्त जो कलाम } - ऊपर विस्तृत वर्णन है।

6. सामीअ जा सलोक

7. बीमार पीढ़ी (काव्य-संग्रह) - आनन्द खेमाणी

8. कुंवर (जीवनी, 1939) - तीर्थ बसन्त

9. अपराजिता (कहानी-संग्रह, 1972) - गुनो सामताणी

10. हुनजे आत्मा जो मौत (उपन्यास, 1973) - लाल पुष्प

11. ऐं पाछा (उपन्यास) - मोहन कल्पना

12. अनोखा आजमूदा (कहानी-संग्रह, 1964) - प्रो॰ राम पंजवाणी

13. सुराही (काव्य) - लेखराज अजीज

अन्तिम दोनों पुस्तकें साहित्य अकादमी से पुरस्कृत हैं।

सिंधी के तुलसीदास

महाकवि तुलसीदास की रचना 'रामचरितमानस' का सिंधी में अनुवाद किया गया। अनुवादक थे— तुलसीदास लतरेजा। अपने 30 वर्षों की अथक साधना के बाद गुजरात प्रदेश में जाकर बसे। वहीं रामायण का प्रकाशन किया। समाजसेवी, कांग्रेसी नेता एवं सांसद जयरामदास दौलतराम ने इस पुस्तक का विमोचन किया था।

सिंधी-साहित्य बनाम गाँधी जी

गाँधी जी सिंध प्रान्त में सात बार आये। अन्य स्थलों की तरह सिंध में भी स्वराज्य की टुकड़ियाँ बन गयीं। पीर राशदी और जी॰एम॰ सैयद ने अपनी-अपनी पुस्तकों 'उहे डीहं उहे शीहं' और 'जदीद सियासत जा नव रतन') में गाँधी जी के जादू भरे प्रभाव का वर्णन किया है। किसी भी सिंधी ने नहीं चाहा कि हिंसा का तरीका अपनाया जाय। सिंधी साहित्यकारों का समाजवाद संवेदनाओं की नींव वाला समाजवाद था। यही कारण था कि उनके नारों में 'इंकलाब जिन्दाबाद' और 'गाँधी जी की जय' एक साथ सुनायी पड़ता था।

सिंधी-पत्रकारिता

सिंधी पाठकों की कमी के कारण कई पत्रिकाएँ बन्द हो गयी हैं। 'जागृति' सिंधी साप्ताहिक (सम्पादक : मोतीराम डामोंमल) में भारत के उज्जवल भविष्य की आशा प्रकट की गयी थी।

सिंध में 1843 के बाद समाचारपत्रों का प्रचलन हुआ था। प्रथम सिंधी अखबार 1870 में प्रकाशित हुआ था जिसका नाम था 'सिंध सुधार'। जनवरी 1884 से नवम्बर 1887 तक साधु हीरानंद शैकीराम आडवाणी इसके सम्पादक रहे। इस पत्रिका में सामाजिक, आर्थिक, राजनीतिक विषयों पर अलग-अलग कालमों में पाठकों व लेखकों के लेख स्थान पाते थे। साधु हीरानंद के बाद इसके सम्पादक रहे खानचन्द जी। साधु हीरानंद ने नारियों के लिए एक अलग 'सुधा पत्रिका' निकाली जो गुरुमुखी लिपि में थी।

सन् 1885 में 'रिसाला मदरसा', 'मुआविन' और 'प्रभात' क्रमशः मौलवी

अल्लाबक्श, बुलबुल और लेखराज के संपादन में प्रकाशित हुई। 1896 में परमानन्द मेवराम ने 'जोत' नामक पत्रिका का प्रकाशन किया जो पाक्षिक पत्रिका थी। डेऊमल गागनमल ने 'देश सुधार' नामक अखबार निकाला जो आर्य समाज से प्रभावित था। इसी समय के दूसरे अखबार थे– 'खैरख्वाह', 'सूखिडी' और 'आफ्ताब'।

सन् 1901 के आरंभ में 'सिंधी' और 'सनातन धर्म प्रचारक' पत्र निकले। इसके बाद समाचारपत्रों की बाढ़-सी आ गई। 'तालीम', 'माता', 'लाड़काणा', 'सिंधवासी', 'हिन्दवासी' आदि बहुचर्चित समाचारपत्र थे।

27 नवम्बर, 1916 को 'हिन्दू' साप्ताहिक आरंभ हुआ। अँगरेजों की नाराजगी के कारण यह समाचारपत्र बन्द हो गया। 1919 में पुनः नये जोश के साथ इसका प्रकाशन हुआ। 1946 से यह 'हिन्दुस्तान' नाम से छपने लगा। इस पत्रिका को जयरामदास दौलतराम व प्रो॰ घनश्याम शिवदासानी का सक्रिय सहयोग मिलता रहा।

स्वतंत्र भारत में पुराने पत्रों के बंद हो जाने के कारण नये सम्पादकों ने कई पत्र सिंधी व हिन्दी भाषा में निकालने लगे हैं, यथा जयपुर से 'मुंहिजो वतन' (स॰ मेघाणी), वाराणसी से 'सिंधु चेतना' (स॰ बिशनरुपानी), राजकोट से 'गुर्जर सिंधु' (स॰ जयन्तरेलवाणी), जयपुर से एक दूसरा पत्र 'सिंधयत' (स॰ वासुदेव सिंधु भारती) आदि। 'सिंधु चेतना' पत्र की विशेषता यह है कि सम्पूर्ण सामग्री हिंदी में ही है पर विषय अधिकांशतः सिंधी एवं सिंधियों से संबधित होते हैं। 'गुर्जर सिंधु' गुजराती भाषा व अरबी-सिंधी लिपि में प्रकाशित होनेवाली पत्रिका है, जब कि 'मुंहिजो वतन' व 'सिंधियत' सिंधी भाषा तथा देवनागरी लिपि में प्रकाशित होनेवाली पत्रिकाएँ हैं जिनके विषय भी प्रायः सिंधी से संबधित होते हैं। भोपाल से 'अखण्ड सिंधु संसार' अनुराधा लालवाणी के संपादन में निकलती है। इनके अलावा दिल्ली से भी कई पत्रिकाएँ निकलती हैं जिनमें 'दिल-ए-सिंध' पत्रिका श्रीकांत भाटिया द्वारा सम्पादित है जो दिल्ली के सिंधी-समाज में बहुचर्चित है। इसी प्रकार उल्हासनगर, मुंबई, उदयपुर अजमेर से निकलनेवाली सिंधी की पत्रिकाएँ अपना विशेष स्थान रखती हैं।

कुल मिलाकर, स्वतंत्र भारत में पत्रकारिता के क्षेत्र में सिंधी-समाज किसी भी प्रकार पीछे नहीं है। वह अपने समाज की गतिविधियों से शेष भारतीय समाज को राष्ट्रभाषा हिन्दी व देवनागरी लिपि के माध्यम से अवगत कराने का भगीरथ प्रयास करता रहा है।

नये सिंधी-कवि और उनकी कविताएँ

नये सिंधी-कवियों में हरीश वास्वाणी, मोहन कल्पना, एम॰ कमल, वासदेव मोही और आनन्द खेमाणी के नाम मुख्य हैं। नये कवियों की मानसिकता हिंदी के नये कवियों की तरह ही दिखायी देती है। तुकबन्दी का बंधन इनकी रचनाओं में नहीं है। लय इनकी कविताओं में ढूँढे नहीं मिलती। विषय में व्यंग्य, अपशब्द, काम वासना, सपाटबयानी, अनर्गल विचार पग-पग पर मिलते हैं। निम्नांकित अवतरणों

से यह बात स्पष्ट हो जायगी–

(1) **रुपये की कीमत कम**
इनसान की इज्जत सस्ती थी,
परन्तु चीजें बड़ी महँगी थीं।
जहाँ हर किस्म की नग्नता को पनाह मिलती है
चहारदीवारियों में मेरे तन और मन से
व्यभिचार कर
यह शहर
धीरे-धीरे
मुझे पुरुष वेश्या का रूप देता जा रहा है (हरीश वास्वाणी)

(2) **जीवन है वह अफ्रीकी पेड़**
जो किसी प्राणी को देखकर
अपनी शाखाओं को बाँहों की तरह फैलाता है
और दबोचकर उसका दम घोंट देता है (मोहन कल्पना)

(3) **केवल सत्य का समर्थन करने का**
मुझमें साहस नहीं है
नपुंसकता
मेरे धर्म का
निचोड़ है। (आनंद खेमाणी)

(4) **बौने इनसान**
दिमागों में भरे फाइल
हाथों में चुभती आलपिनें
टेरीलीन कमीज के अन्दर से झाँकती
फटी पुरानी बनियानें (वासुदेव मोही)

आज की सिंधी रचनाएँ बौद्धिक विलासिता को छोड़ जीवन की समस्याओं से जूझ रही हैं। परंतु एम. कमल इन समस्याओं के हल को वश में करने की बात कह गये हैं–

कुछ होगा अवश्य
परन्तु, अभी कुछ होता नहीं
कुछ होता नहीं
कुछ होगा अवश्य।

आज की दशा हमें सिंधी-साहित्य की दिशा बता रही है। विभाजन के पश्चात् किसी एक प्रांत के न होने से सिंधीभाषी भारत के सभी प्रांतों में फैल गये हैं जहाँ पर सिंधी के अध्ययन-अध्यापन की पूर्ण व्यवस्था न हो पाने के कारण सभी सिंधी प्रांतीय भाषा से प्रभावित हैं या फिर अँगरेजी भाषा के माध्यम से आगे की कक्षाओं

में आ रहे हैं। फलस्वरूप सिंधी-साहित्य के पाठकों की कमी हो रही है। यह अकाट्य सत्य है कि निकट भविष्य में सिंधी-साहित्य की रचना का कार्य ही बन्द हो जायगा। तब कविवर नारायण श्याम की ये पंक्तियाँ सत्य सिद्ध हो जायेंगी–

अला इअं न थिए जो किताबनि में पढिजे
न हुई सिंधु, ऐं सिंध वारमि जी बोली।

ऐसा न हो कि आगे चलकर हम केवल पुस्तकों में ही पढ़ें कि कभी सिंधु देशवासियों की भाषा सिंधी थी।

दुर्भावना से नहीं, अपितु वास्तविकता को यदि निकटता से देखें तो इस स्थिति का सामना हर उस सिंधीभाषी को करने के लिए तैयार रहना चाहिए। सिंधी-समाज का एक-एक सदस्य भी यदि चाहे तो इस स्थिति को अब रोका नहीं जा सकेगा।

लोकसाहित्य

सिंधी-लोकसाहित्य के लोकगीत, लोककथा आदि सिंधी-साहित्य की थाती हैं। मूल संस्कृति का प्रतीक यह लोकसंगीत ही है। परन्तु यह बहुत दुःख की बात है कि आज जहाँ समाज में शिक्षा का विस्तार हुआ है, लोकसाहित्य को अपनाने में हम शर्म-सी महसूस करने लगे हैं।

सिंधी-लोकगीतों में ऋतुओं के गीत हैं, मेघों को बरसने के लिए संदेश के रूप में गीत हैं, शादी के गीत हैं, ससुराल गयी हुई बेटी के मायकेवालों की याद के गीत हैं, उपहार भेजने, पाने के गीत हैं, बहिनों के भाई के प्यार के गीत हैं, ऐतिहासिक घटनाओं के गीत हैं, हास्य-विनोद के गीत हैं तो दही मथने, चक्की चलाने, भोर में उठने, चरखों के चलने के गीत हैं। मतलब, जीवन के हर पहलू के गीतों की भरमार सिंधी लोकसाहित्य में है। संस्कृत में कवि कालिदास ने जहाँ मेघ को दूत बनाया, हरिऔध जी ने पवन को दूत बनाया, वहाँ सिंधी-कवि हून्दराज दुखामल ने काग को दूत बनाया। लोकगीतों की परम्परा अब हर साहित्य में छूटती चली जा रही है तो फिर सिंधी-साहित्य पीछे क्यों रहे। सिंधी-लोकगीतों के कुछ नमूने देखिए-

आउ काँव, डियाइं टिकी, खाउ लिकी, बुधाइ केरू थो अचे?

अर्थ–आ कौए आ, मैं तुझे मीठी रोटी दूँ। मुझे चुपचाप बताओ कि कौन आ रहा है? आज भी कौए के छत पर आने को मेहमान के आने का सूचक माना जाता है।

भायुल कदुमि भेरो, कहिड़ी वेल हितिड़े

अर्थ–भाई मेरे पास जरूर आयेगा, किसी समय जरूर आयेगा। बरात के समय का गीत है जो प्रायः बहिनें गाती हैं–

हलंदा हलो मुंहिजे अदल जा जाञी
अदल जा जाञी भायल जा जाञां

अर्थ–मेरे भाई के बरातियो, चलते चलो, भाई के बरातियो, भाई के बरातियो।

लोककथाओं में सिंधी की सात लोककथाएँ बहुचर्चित हैं जो सिंधी-लोककथाओं के प्राण हैं– 'सुहिणी मेहार', 'लीला चनेसर', 'ससुई-पुन्हू' 'मूमल राणों' 'उमर-भारूई', 'सोरठ-रायडियाच' और 'नूरी-जाम तमाची'। इन कथाओं में वचनबद्धता, प्रेम की शुद्धता, वीरता और त्याग की अनुपम झलक मिलती है।

सिंधी-लोकसाहित्य में बाल-कथाएँ भी हैं जिनमें 'सोने चाँदी की देग', 'तीन बन्दर', 'बुद्धिमान् मेमना', 'शेर ही शिकार हो गया', 'बादल पर कुत्ता भौंके', 'साहसी राजकुमार', 'बड़ा पहलवान कौन?' आदि ऐसी कथाएँ हैं जो बाल-साहित्य के मध्य अपना विशेष स्थान रखती हैं।

सिंधी-विद्वानों की हिंदी-सेवा

सिंधी लेखकों, कवियों एवं साहित्यकारों ने अपने देश की जनमानस की भाषा में साहित्य-सेवा की है। राष्ट्र की मुख्य धारा से जुड़कर स्वयं को राष्ट्र का सेवक बन जाने का प्रमाण इससे बढ़कर क्या हो सकता है? इसमें सबसे अधिक कार्य करनेवालों में बसन्तराय, शाहू, गुलामअली, दरिया खाँ, दलपत राय, हून्दराज दुखायल, रोहल और मुराद हैं। इन्होंने न केवल छिटफुट रचनाएँ की हैं अपितु बड़े ग्रंथ भी लिखे हैं।

रोहल कवि मुसलमान थे। सिंधी होकर हिंदी में रचना करनेवाले रोहल को सिंधी का कबीर कहना उचित होगा। उनके हिंदी के दो ग्रंथ 'मन प्रबोध' और 'अधिबुद्धि' हैं। ब्रह्मज्ञानप्राप्ति के मार्ग की भी शिक्षा दी है। वे कहते हैं कि

रोहल एको रम रहिया, ठाम-ठाम भरपूर

X X X

प्रभु जी, मैं शरण तुम्हारी आया।
मनमाँही ममता रही न कोई, दरद मिट्या सुखपाया
काम क्रोध का डंक न लागे, मोह न व्यापे माया
रोहल रतन आमोलक लायो, भाग प्राप्त गाया।

गुरु की महिमा का वर्णन संत कबीर की तरह किया है–

रोहल राम दुहाई कहूं सत, ब्रह्म रूप का सही संत जानो।

मुराद एक महान् कवि हुए हैं। उन्होंने 'प्रेमज्ञान' नामक ग्रंथ रचा है–

प्रेम बिना जो भगत कहाई, सो कबहुँ मुकत न पाई,
प्रेम बिना सब कर्म कीड़े, कहत मुराद माया मोहे पीड़े।

साहू कवि रोहल के बड़े पुत्र थे। 'विचार अनुभव' नामक ग्रंथ में उनके विचार देखिये–

गंगा मथुरा घर के माँही
मूरख ढूँढ़े दुनिया जाई।

दलपत कवि स्वामी आसरदास के शिष्य थे। नाथ सम्प्रदाय का स्पष्ट प्रभाव इनकी रचनाओं पर देखा जा सकता है।

उलट अंतर आत्म ध्यावे, बिन रसना गुन इहनिस गावे,
सुरति निरत ले शब्द मिलावे, भँवर गुफा की सूझी पावे।

गुलाम अली कवि की रचना 'ब्रह्मविचार' नाम से प्रख्यात हुई है। ये पूर्व के कवियों की भाँति वेदान्त से प्रभावित थे। इनकी रचनाएँ कबीर की रचनाओं से दो कदम आगे हैं—

गगन मण्डप में दामिनी चमके अनहद नाद बजाओ
दसवें द्वार में ताड़ी लागे, अगत जोत जगाओ।

कवि **दरिया खां** की रचना 'ब्रह्म देव' की प्रसिद्धि दूर-दूर तक थी। तुलसी व कबीर की तरह कुलक्षणी नारी के बारे में कहा है कि—

एक कुलक्षणी देखी नार
फिरे कुँवारी, करे शृंगार
छोटा मोटा अंग लगावै
दरिया खां इक वेद बताये।

इन कवियों के अलावा **जीवत सिंह, उस्मान, खैर मोहम्मद शाह, खेल शाह** आदि कवियों का योगदान किसी भी प्रकार कम नहीं माना जा सकता।

देश-विभाजन के बाद सिंधी-कवि हिंदी की सेवा में रत हैं। **हून्दराज दुखायल** ने विनोवा भावे के साथ कविताओं द्वारा भूदान के सन्देशों का प्रसारण किया। इनके अलावा **मोतीलाल जोतवाणी, दयाल आशा** और **जीवितराम सतपाल** की रचनाएँ राष्ट्रीयता के भाव से भरी हैं। नये कवियों में प्रमुख नाम हैं **सुंदरी उत्तम चन्दाणी** ('रेखा'), **गोविन्द माल्ही** ('छुईमुई'), **मोतीलाल जोतवाणी** ('पीली बत्ती पर'), **डोडेजा** ('अपना अजनबी') की सेवाएँ भी उल्लेखनीय हैं। **डॉ॰ दशरथ** के 'पंखों की छवि', 'अंतिम पत्र' और 'सफर' उपन्यास भी सिंधी-रचनाकारों की हिंदी-सेवा के दायरे में आते हैं।

कहानी के क्षेत्र में **ईश्वरचन्दर** को भुलाया नहीं जा सकेगा। उनके 'न मरने का दुःख' कहानी-संग्रह का भरपूर स्वागत हुआ है।

डॉ. दयाल आशा का शोध-प्रबंध 'सिंधी कवियों' की हिंदी साधना (1977) महत्त्वपूर्ण रचना है। **कृष्णचन्द्र जैतली** का 'सिंधी भाषा का परिचय', **सतीश रोहड़ा** का 'भाषा और हिंदी भाषा', **जोतवाणी** जी का 'शाह लतीफ का काव्य' और 'सिंधी भाषा, लिपि और साहित्य', ये सब सिंधियों की हिन्दी-सेवा के अनुपम प्रमाण हैं।

दयाल आशा द्वारा रचित 'भारत के महापुरुष साधु वास्वाणी' हिंदी में लिखित एक जीवनी है। हिंदी-पत्रकारिता के क्षेत्र में **कृष्णलाल बजाज, जीवितराम सेतपाल, निर्मला बूटाणी** के नाम उल्लेखनीय हैं। श्री बजाज 'नवभारत टाइम्स' तथा निर्मला बूटाणी 'बाल भारती' की सह-सम्पादिका रही हैं।

हिंदी-साहित्य

• डॉ. मुक्तेश्वरनाथ तिवारी

एक अर्थ में 'हिंदी' शब्द खड़ी बोली का बोधक है। लल्लू लाल ने अपने 'प्रेमसागर' की भूमिका में 'खड़ी बोली' शब्द का प्रयोग इसी अर्थ में किया है। किंतु आज की स्थिति में 'हिंदी' उन भाषाओं अथवा विभाषाओं के समूह का वाचक है जो राजस्थान से लेकर बिहार तक बोली जाती हैं। 'हिंदी' का वास्तविक अर्थ यही है। राजस्थान से लेकर बिहार तक की बोलियाँ एक प्रकार के ऐक्य के सूत्र में ग्रथित हैं। इसका प्रथम प्रमाण यह है कि इस विस्तृत क्षेत्र की कोई एक बोली बोलनेवाला अन्य बोलियों को बहुत दूर तक समझ लेता है। इसका दूसरा प्रमाण यह है कि एक बोली बोलनेवाला दूसरी बोली बोलनेवालों से खड़ी बोली (हिंदी) में बात करता है। इसका तीसरा प्रमाण यह है कि इस विस्तृत क्षेत्र में बोली जानेवाली लगभग दो दर्जन बोलियों में से कतिपय कारणों से प्रधान होकर कोई एक बोली साहित्यिक भाषा का पद प्राप्त कर लेती है और वह सम्पूर्ण क्षेत्र के रचनाकारों के द्वारा मान्य हो जाती है। यथासमय अवधी और व्रजभाषा साहित्यिक भाषा के पद पर आसीन हुई थी। उन्नीसवीं शताब्दी में व्रजभाषा का स्थान खड़ी बोली ने ले लिया। इस सत्ता-परिवर्तन का कारण यह हुआ कि अँगरेजों ने कोलकाता को छोड़कर दिल्ली को राजधानी बनाया और खड़ी बोली दिल्ली-मेरठ के आसपास की बोली है। आज राजस्थान से लेकर बिहार तक की साहित्यिक और व्यावहारिक भाषा खड़ी बोली है जो 'हिंदी' नाम से जानी जाती है।

'हिंदी' फारसी भाषा का शब्द है। इस शब्द के निर्माण की कहानी यह है कि ईरानी लोग 'स' का उच्चारण 'ह' करते थे, अतः उन्होंने सिंधु नदी के आसपास के देश को 'हिंद' और वहाँ के निवासियों को 'हिंदी' कहा। बाद में सारे भारत के लिए 'हिंद' और यहाँ के निवासियों के लिए 'हिंदी' शब्द का प्रयोग होने लगा। भारत के निवासियों के लिए 'हिंदी' शब्द का प्रयोग बहुत बाद तक होता रहा। मुहम्मद इकबाल (1873-1938 ई॰) ने अपने प्रसिद्ध गीत, 'सारे जहाँ से अच्छा हिंदोस्ताँ हमारा' में 'हिंदी' शब्द का प्रयोग भारत के निवासियों के ही अर्थ में किया है। भाषा के अर्थ में इस शब्द का प्राचीनतम प्रयोग शरफुद्दीन यज्दी के 'जफरनामा' (1424 ई॰) में मिलता है।

(डॉ. नगेन्द्र, हिंदी साहित्य का इतिहास (दिल्ली, 1973), भूमिका, पृ. xxxi]।

आधुनिक आर्य भाषाओं का सम्बन्ध अपभ्रंश भाषाओं से जोड़ा जाता है और हिंदी को शौरसेनी अपभ्रंश से उद्भूत बताया जाता है। स्पष्ट है कि खड़ी बोली और हिंदी को पर्याय मान कर ही यह बात कही जाती है।

आचार्य रामचन्द्र शुक्ल ने अपभ्रंश या पुरानी हिंदी में 'शुद्ध साहित्य या काव्य-रचनाओं' के प्रसार का समय सन् 993 ई॰ (संवत् 1050) तय किया था। यह इतिहास में महाराजा भोज का समय है। 'प्रबन्ध-परम्परा' और 'राजाश्रित कवियों' द्वारा प्रवर्द्धित 'पराक्रमपूर्ण चरितों या गाथाओं के वर्णन' की परम्परा को ध्यान में रखते हुए उन्होंने हिंदी-साहित्य के प्रारम्भिक कालखण्ड को 'वीरगाथाकाल' कहा था। किन्तु आचार्य हजारी प्रसाद द्विवेदी और रमाशंकर शुक्ल 'रसाल' द्वारा प्रस्तावित नाम 'आदिकाल' एक सर्वमान्य संज्ञा हो गयी है। आदिकाल के प्रथम कवि के रूप में शिवसिंह सेंगर द्वारा प्रस्तावित 7वीं शताब्दी का 'पुष्य' या 'पुण्ड' नाम स्वीकृत न हो सका क्योंकि पुष्य की कोई रचना हस्तगत न हो सकी। हिन्दी भाषा की तत्समता वाली प्रवृत्ति के आधार पर और सरहपाद (769 ई॰) की रचनाओं में प्रथमतया इस प्रवृत्ति को लक्षित कर इतिहासकार उन्हें ही हिन्दी का पहला कवि मानते हैं। आचार्य सरहपाद में मोटे तौर पर लक्षित होनेवाली प्रवृत्तियों में 'अन्तस्साधना पर जोर और पंडितों को फटकार' तथा 'दक्षिण मार्ग छोड़कर वाम मार्ग ग्रहण करने का उपदेश' आदि का उल्लेख करते हैं। सरहपाद की कविता की ये ही प्रवृत्तियाँ परवर्ती निर्गुण भक्तिकाव्य (संत-काव्य) की प्रस्थान हैं और दोहा तथा पद-शैली का परवर्ती काव्यधारा में जो बहुतायत में प्रयोग दीखता है, उसके भी संस्थापक सरहपाद ही हैं। अपभ्रंश ई॰ सन् 1400 तक अस्तित्व में बनी रहनेवाली काव्यभाषा है। सरहपाद ने अपभ्रंश से किंचित् भिन्न हिन्दी काव्यभाषा का स्वरूप 8वीं शताब्दी में ही निर्मित कर दिया था। आदिकालीन देशभाषाएँ हैं– मैथिली, राजस्थानी, बुंदेलखंडी, खड़ी बोली आदि। आदिकाल के कवि एक ऐसे दोराहे पर खड़े हैं जहाँ से अपभ्रंश और संस्कृत भाषाओं का समृद्ध रिक्थ एक तरफ उन्हें दिखता रहता है, तो दूसरी तरफ स्थानीय भाषा की प्रयोगमूलक व्याप्ति। सिद्ध अपभ्रंश को भी अपना रहे हैं और देशभाषा भी उनके लिए त्याज्य नहीं है। विद्यापति दो भाषाएँ अपनाते हैं–अवहट्ठ और तत्कालीन देशी बोली। अमीर खुसरो फारसी और खड़ी बोली का उदाहरण रखते हैं। सिद्धों और नाथों की घुमक्कड़ी वृत्ति थी, इससे उनकी भाषा में स्थान-स्थान की भाषिक विशेषताएँ संयुक्त होती गयी हैं। कबीर के विशेष संदर्भ में जिस 'घुमक्कड़ी भाषा' को पहचाना जाता है, वह वस्तुतः इन्हीं सिद्धों और नाथों की देन है। घुमक्कड़ी भाषा वस्तुतः बहुभाषिक हिन्दी समाज की 'सामासिक प्रवृत्ति' का अन्यतम उदाहरण है। आदिकालीन धार्मिक-सांस्कृतिक परिदृश्य की मध्यवर्ती तीन महत्त्वपूर्ण घटनायें हैं– बौद्धधर्म का ह्रास, ब्राह्मण धर्म का अभ्युदय और पश्चिमोत्तर प्रांतों से इस्लाम का प्रवेश।

शृंगारिकता, धार्मिकता-आध्यात्मिकता, प्रशस्तिपरकता आदि प्रवृत्तियाँ आदिकाल की मुख्य साहित्यिक प्रवृत्तियाँ हैं। अलग से स्फुट काव्य का एक वर्ग बनाना पड़ता है जिसमें अमीर खुसरो का हिंदी काव्य परिगणित किया जाता है। प्रशस्तिमूलक चरितकाव्य राजस्थानी बोलियों यथा मारवाड़ी, ढुंढाड़ी, मालवी, मेवाती और बागड़ी में रचित है। इन बोलियों का साहित्यिक रूप डिंगल कहलाया और राजस्थान की पूर्वी क्षेत्र की बोलियों से जनित साहित्यिक रूप 'पिंगल' कहलाया। डिंगल काव्यरूप के रचयिता कवि चारण हैं। रासो, प्रकाश, विलास, रूपक, वचनिका आदि डिंगल काव्य के अवान्तर भेद हैं। युद्ध और प्रेम, ये डिंगल-काव्य के दो स्थायी भाव हैं। 'डिंगल' का अर्थ होता है, 'अतिशयोक्तिपूर्ण कथन।' 'पिंगल' छन्दःशास्त्र का वाचक है।

धार्मिक और आध्यात्मिक काव्य के अन्तर्गत 84 सिद्धों का साहित्य, नौ नाथों और उनके मतानुयायियों का साहित्य, जैन साहित्य और प्रारम्भिक अवस्था के सूफी और सन्त-साहित्य पड़ते हैं। चौरासी सिद्ध एक-दूसरे के समकालीन नहीं थे। सिद्धों की 'गीति' शैली चर्यापद कहलायी, अन्यत्र उन्होंने दोहों और चौपाइयों में मुक्तक प्रणीत किये। उनकी प्रतीकात्मक शैली को उनकी 'संध्या भाषा' हो सकने में समर्थ पायी गयी। सिद्ध शरीर को मन्दिर कहते थे और इसी मन्दिर में ईश्वर का वास बतलाते थे। शरीर-स्थित ईश्वर को तलाशने के लिए मन्दिर और मठ की ये निस्सारता प्रमाणित करते और सच्चे गुरु का मिलना जरूरी बतलाते थे ताकि शरीर-स्थित ब्रह्म के दर्शन उसके मार्फत हो सकें। सिद्ध बौद्धों की चार सुदीर्घ विस्तृत शाखाएँ थीं—महायान, हीनयान, मंत्रयान और वज्रयान। सरहपा के अतिरिक्त कण्हपा, लुइपा, शबरपा, डोम्बिपा, मीनपा, कुक्करिपा आदि का महत्त्वपूर्ण सिद्ध-काव्य है। जात-पाँत का विरोध, रूढ़ियों का विरोध, माया-मोह का विरोध, सहज जीवन-यापन पर बल इत्यादि सामान्य बातें इन सभी सिद्ध कवियों में दृष्टिगत होती हैं। हिन्दी सन्त-काव्य के ये मेरुदण्ड हैं। सगुण भक्ति के भी बहुत-से सैद्धान्तिक तत्त्वों का बीजवपन सिद्धों की बानियों द्वारा होता है। 'दोहाकोश' के अतिरिक्त सरहपा के तीस, डोम्बिपा के इक्कीस, कण्हपा के चौहत्तर और कुक्कुरिपा के सोलह ग्रंथ रचित बताये जाते हैं।

सिद्ध-साहित्य की तरह नाथ-साहित्य भी अध्यात्म-रस से आपूरित है। गोरखनाथ से नाथ-साहित्य की नींव पड़ी। गोरखनाथ के गुरु मत्स्येन्द्रनाथ या मछन्दरनाथ थे। उनसे भी पहले आदिनाथ थे जो साक्षात् शिव थे। राहुल सांकृत्यायन ने गोरख का समय 845 ई॰ बताया है। पूरे नाथ-पंथ का साहित्य रामकुमार वर्मा के अनुसार 12वीं से लेकर 14वीं शताब्दी के बीच प्रणीत हुआ था। गोरखनाथ-रचित 12 पुस्तकों का हवाला पीताम्बरदत्त बड़थ्वाल ने दिया है जिनमें 'गोरखबानी' प्रमुख है। गोरखनाथ परवर्ती संत काव्य के दिशा-निर्देशक हैं। सिद्धों की भाँति नाथ-साहित्य की भी ढेरों बातें सन्त-साहित्य में अविकल ढल गयी हैं, यथा इन्द्रिय-निग्रह, गुरु-माहात्म्य, अन्तस्साधना, वैराग्य, कुण्डलिनी-जागरण। इतने बड़े साहित्यिक रिक्थ को साम्प्रदायिक

बातें बताकर साहित्य से अलग नहीं रख सकते। नाथों की साधना-प्रणाली 'हठयोग' कहलाती है। आचार्य हजारी प्रसाद द्विवेदी के अनुसार 'ह' और 'ठ' दो अलग-अलग विश्लेष्य अक्षर हैं जिनके अर्थ क्रमशः सूर्य और चन्द्र हैं। सूर्य और चन्द्र का योग ही 'हठयोग' है। शून्य समाधि की नाथ-पंथ (12 पंथ) में बड़ी महत्ता है। योगी अथवा साधक काय-शुद्धि और मनःशुद्धि के बाद शून्य की समाधि लगाता है और परब्रह्म का साक्षात्कार करता है। शरीर स्थित छह चक्रों को भेदने और तीन नाड़ियों को पार करने के बाद कुण्डलिनी शक्ति शून्य चक्र या सहस्रार में पहुँचती है। यहीं पहुँचकर साधक को ब्रह्मानुभूति होती है और द्वयता समाप्त हो जाती है। नाथ बिहार से लेकर राजस्थान तक फैले हुए थे। इसलिए इनकी भाषा में पूर्वी और पहाड़ी दोनों हिन्दी का प्रभाव पड़ा था। इनकी काव्यभाषा की काव्यात्मकता प्रतीकों के बाहुल्य में देखी जाती है। चौरंगीनाथ, गोपीचंद, भरथरी, जालंधरीपाद आदि अन्य नाथ-कवि हैं जो गोरखनाथ की परम्परा में पड़ते हैं और रहस्यमूलक बानी में हठयोग को सिद्ध करते हैं।

उत्तर अपभ्रंश या पुरानी हिन्दी के रचनाकारों में जैन धर्ममतावलम्बी कुछ कवियों का महत्त्वपूर्ण स्थान है। जैन कवियों की धर्म से अनुप्राणित कुछ कृतियों के समानान्तर लौकिक दृष्टिभंगी के भी कुछ महत्तर ग्रंथ सामने आये जिनमें धनपाल कवि की रचना 'भविसयत्तकहा' की विशेष ख्याति है। 'भविसयत्तकहा' वास्तव में रोमांचक कथा-काव्य है जिसमें लौकिक प्रेम, विरह, युद्ध आदि का वर्णन है। इतिहासकार स्वयंभू-जैसे जैन कवि का 8वीं शताब्दी में होना बताते हैं जिसने 'पउमचरिउ' और 'रिट्ठणेमिचरिउ' जैसे हिन्दी के प्रारंभिक काव्य रचे। दसवीं सदी में पुष्पदन्त ने 'महापुराण', 'णायकुमार चरिउ' और 'जसहरचरिउ' जैसे काव्यग्रंथ रचे। कनकामर मुनि का 'करकण्डचरिउ' और हरिभद्रसूरि का 'सनत कुमार चरिउ' भी वरेण्य कृतियाँ हैं। सारी की सारी उक्त कृतियाँ प्रबंधात्मक हैं। 'चरिउ' या 'चरित' एक काव्यशैली है। 'रास' शैली की जैन-साहित्य के अन्तर्गत कुछ प्रमुख रचनाएँ हैं—'भरतेश्वर-बाहुबली रास (1184 ई॰/शालिभद्र सूरि), 'चन्दनबाला रास' (1200 ई॰/आसगु), 'स्थूलिभद्ररास' (1209 ई॰/जिनधर्मसूरि), 'रेवंतगिरिरास' (1231 ई॰/विजयसेन सूरि), 'नेमिनाथरास' (1213 ई॰/सुमति गणि)। 'आचार' नामक काव्यशैली में देवसेन नामक कवि ने दोहा छंद में 'श्रावकाचार' (933 ई॰) की रचना की थी जिसमें श्रावक-धर्म के आचार-व्यवहार पर प्रकाश डाला गया है। 'फागु' काव्य-शैली की दो कृतियाँ हैं, एक तो जैन कवि की है और दूसरी एक इतर कवि की। इनके नाम क्रमशः 'विरह देसावरी फागु' और 'वसन्त विलास फागु' है। फागु-काव्य वसन्त-वर्णन और शृंगार-वर्णन से सम्बद्ध है।

रासो-काव्य विकसनशील काव्य के नमूने हैं। इनकी प्रामाणिकता संदिग्ध है। एक चारण-कवि द्वारा रचित रासो-काव्य परवर्ती कवियों (उत्तराधिकारियों) द्वारा परिवर्द्धित और क्षेपकयुक्त बनाये गये। साहित्यिक और भाषिक प्रवृत्तियों और लक्षणों के आधार पर 'खुमाण रासो', 'बीसलदेव रासो', 'पृथ्वीराज रासो', 'परमाल रासो'

निश्चित रूप से आदिकाल की रचनाएँ हैं जिनकी विकसनशीलता 15वीं क्या 17वीं शताब्दी तक चलती रहती है। 'हम्मीर रासो' की कोई प्रति अब तक उपलब्ध न हो पाने के कारण, उसे नोटिस मात्र माना जाना चाहिए। लोक-गेय परम्परा की रचना 'आल्हखण्ड' का ही आधार 'परमाल रासो' में लिया गया है। 'परमाल रासो' जगनिक कवि की रचना है जिसमें आल्हा और उदल नामक दो वीरों की वीरता वर्णित है। इसका रचनाकाल 13वीं सदी ठहरता है। इसके मूल रूप की परिकल्पना करना कठिन है। मौखिक परम्परा वाला 'आल्हखण्ड' और 'परमाल रासो' आज दोनों उपलब्ध हैं जिनका क्रमशः 19वीं और 20वीं सदी में पाठ-सम्पादन किया गया है। 'बीसलदेव रासो' नरपति नाल्ह की प्रेमाख्यानक रचना है और पाठ-संपादक माताप्रसाद गुप्त के अनुसार यह 14वीं शताब्दी की रचना है। इसमें 'मेघदूत', 'संदेश रासक' की संदेश-प्रेषण-परम्परा मिलती है और संयोग और वियोग दोनों शृंगारिक पक्षों का इसमें वर्णन मिलता है। 'बीसलदेव रासो' की शृंगार-परम्परा का आदिकाल में ही अन्त नहीं हो जाता। विद्यापति से होती हुई यही परम्परा भक्तिकाल में प्रेमाख्यानक काव्यों तक पहुँची, कृष्ण-भक्तों को भी उसने प्रभावित किया तथा रीतिकाल में जाकर उसका सरस शृंगार-काव्य के रूप में चरम विकास हुआ। इधर के अनुसंधानों के पहले यह माना जाता था कि 'पृथ्वीराजरासो' हिन्दी का पहला प्रबंधकाव्य है और इसके रचयिता चन्दवरदाई हिन्दी के प्रथम कवि। लेकिन इसकी प्रामाणिकता पर इतने प्रश्न उठे कि कृति अपना आदिकाव्य का दावा छोड़कर पश्चात्वर्ती रचना घोषित हो गयी। लेकिन इसके काव्यत्व के आगे इतिहास के तथ्यों को महत्त्वपूर्ण मानना न्यायोचित नहीं है। 'रासो' की भाषा के परीक्षण के बाद आचार्य हजारी प्रसाद द्विवेदी ने इसे 12वीं शताब्दी का काव्य घोषित किया था जो न्यायोचित है। 'पृथ्वीराजरासो' में दीर्घ प्रबंधकाव्य के गुण हैं और वीर तथा शृंगार दो अंगी रस हैं। इसकी काव्यभाषा में प्राकृत, अपभ्रंश, व्रजी, राजस्थानी आदि भाषाओं का मिश्रण है और इसकी काव्यशैली पिंगल है। काव्यनायक का संपूर्ण जीवन रासो में विवेच्य बना है और महाकाव्य के समस्त लक्षण एवं काव्य-रूढ़ियाँ इसमें दिखलायी पड़ती हैं। प्रशस्तिमूलक चरितकाव्य के अन्तर्गत 'सन्देशरासक' का महत्त्व कई बातों में है। सबसे बड़ी बात यह है कि इसका रचयिता हिन्दी का पहला मुसलमान कवि अब्दुल रहमान है। दूसरी महत्त्वपूर्ण बात है इसका 'दूत काव्य' होना जो परवर्ती दूत-काव्य का प्रस्थान है। 'सन्देशरासक' तीन प्रक्रमों में विभक्त है और इसमें 223 छन्द हैं। यह 11वीं शताब्दी की रचना है। यह विरह-काव्य भी है। विरह-वर्णन के अतिरिक्त नायिका का रूप-वर्णन और प्रकृति-वर्णन भी महत्त्वपूर्ण है। 'आल्हखण्ड' की-सी लोकप्रियता का राजस्थानी हिन्दी में एक लोकप्रिय काव्य है 'ढोला मारू रा दूहा।' यह 12वीं शताब्दी की रचना है। यह ढोला नामक नायक और मारवणी नामक नायिका की प्रेमकथा है। 'ढोला मारू रा दूहा' में शृंगार के संयोग-वियोग दोनों पक्षों का चित्रण हुआ है।

आदिकालीन स्फुट रचनाओं के वर्ग में 'जवाहरे खुशरवी' की गणना की जाती है जो मुसलमान कवि अमीर खुसरो की मुकरियों, गजलों, पहेलियों, गीतों और दोहों का संकलन है। अमीर खुसरो 13वीं शताब्दी में मौजूद थे और उन्होंने गयासुद्दीन बलवन, सुल्तान अहमद, जलालुद्दीन खिलजी, अलाउद्दीन खिलजी, गयासुद्दीन तुगलक आदि शासकों के दरबारों को अलंकृत किया था। वे अरबी, फारसी, तुर्की आदि भाषाओं के ज्ञाता थे। अध्यात्म और दर्शन में भी उनकी पैठ थी। उनके रचित 22 ग्रंथ उपलब्ध हैं जिनमें से हिन्दी का उपरिलिखित संकलन 'जवाहरे खुसरवी' भी एक है। आचार्य शुक्ल खुसरो का महत्त्व रेखांकित करते हुए कबीर की काव्यभाषा से उनकी काव्यभाषा की तुलना करते हुए लिखते हैं कि कबीर की अपेक्षा खुसरो का ध्यान बोलचाल की भाषा की ओर अधिक था। खुसरो का लक्ष्य जनता का मनोरंजन था, पर कबीर धर्मोपदेशक थे, अतः उनकी बानी पोथियों की भाषा का सहारा कुछ न कुछ खुसरो की अपेक्षा अधिक लिये हुई है। स्फुट कविता के वर्ग में कुछ अन्य मुसलमान कवि हैं जैसे कि मसऊद कवि, शेख फरीदुद्दीन, सकरगंजी, शेख सरफुद्दीन आदि जिनकी खड़ी बोली हिन्दी की कविताओं का अध्ययन-मनन अभी शेष है।

विद्यापति की 'पदावली' स्फुट काव्य-वर्ग में पड़ती है। विद्यापति की पदावली गेय परम्परा में अत्यन्त लोकप्रिय रचना है। शृंगार के साथ-साथ भक्ति-रस भी इनकी पदावली में प्रवाहित है। विद्यापति-रचित पुस्तकों की संख्या 10 बतायी जाती है। 'कीर्तिलता' और 'कीर्तिपताका' उनके द्वारा रचित चरितकाव्य हैं जो अवहट्ठ भाषा में रचित हैं। उनकी अक्षय कीर्ति का आधार उनकी पदावली ही है। विद्यापति का शृंगार, प्रकृति-चित्रण, पद-शैली आदि बहुत-सी बातें परवर्ती हिन्दी-काव्यधारा के लिए अनुकरणीय रहीं।

आदिकाल गद्य के भी दो-तीन महत्त्वपूर्ण नमूने प्रदर्शित करता है। रोडा नामक कवि ने गद्य-पद्य मिश्रित चम्पू 'राउलवेल' दसवीं शताब्दी में रचा था। हिन्दी का प्रथम नख-शिख-वर्णन इसी कृति में उपलब्ध है। 'राउल' चम्पू की नायिका का नाम है जिसका नैसर्गिक और अलंकृत रूप-वर्णन इस कृति में हुआ है। राजस्थानी के प्राधान्य के साथ अन्य कई बोलियों के सम्मिश्रण की भाषा 'राउलवेल' में दिखलायी पड़ती है। बारहवीं शताब्दी में पण्डित दामोदर शर्मा ने तत्सम-बहुल काव्यात्मक गद्य में 'उक्ति-व्यक्ति-प्रकरण' नामक ग्रंथ लिखा था। इस ग्रंथ में वाराणसी का धार्मिक, सामाजिक, सांस्कृतिक जीवन झलकता है। डॉ॰ सुनीति कुमार चटर्जी इसकी भाषा को कोशली या पूर्वी हिन्दी मानते हैं। चौदहवीं शताब्दी में मिथिलांचल के ज्योतिरीश्वर ठाकुर ने 'वर्णरत्नाकर' नामक गद्य-ग्रंथ लिखा था। यह पुस्तक आठ कल्लोलों में विभक्त है।

भक्तिकाल

सिद्ध और नाथ से प्रवाहित होती हुई भक्ति को 'सामान्य भक्तिमार्ग' दिखलाने का श्रेय नामदेव को दिया जाता है। सिद्धों और नाथों की भक्ति में रागात्मकता कम

थी अथवा बिल्कुल ही न थी। नामदेव की भक्ति रागात्मक थी और हिन्दू तथा मुसलमान दोनों के लिए 'सामान्य' थी। आचार्य रामचंद्र शुक्ल के शब्दों में, 'महाराष्ट्र देश के प्रसिद्ध भक्त नामदेव ने हिन्दू मुसलमान दोनों के लिए एक सामान्य भक्तिमार्ग का भी आभास दिया। उसके पीछे कबीरदास ने विशेष तत्परता के साथ एक व्यवस्थित रूप में यह मार्ग 'निर्गुणपंथ' के नाम से चलाया। 'भक्ति का एक अन्य प्रकार सुविधा के लिए सगुण माना गया और इस तरह निर्गुण और सगुण-भक्ति को आच्छादित कर भक्ति-साहित्य की चार शाखाओं के दर्शन हुए– सन्तकाव्य, सूफी-काव्य, राम-काव्य और कृष्ण-काव्य। इन चारों शाखाओं में भक्ति धर्म की रसात्मक अनुभूति कराती प्रतीत हुई।

भक्तिकाल की व्याप्ति तुगलक वंश से लेकर मुगल वंश के शासक शाहजहाँ के राजत्व-काल तक है। 14वीं शताब्दी के मध्य से 17वीं शताब्दी के मध्य तक हिन्दी के भक्तिकाल को समेटने में सुविधा दिखती है। यों, आचार्य शुक्ल का सीमांकन (1318 ई०से 1643 ई०) विवाद से परे है।

विद्वान् मानते हैं कि मुसलमानों के आने से भारतभूमि में व्यापक सांस्कृतिक आदान-प्रदान नहीं हुआ, बल्कि हिन्दुओं में संकीर्णता बढ़ी। मुसलमान शासकों के हरम में जब युवतियाँ धकेली जाने लगीं तब भय से कातर हिन्दुओं ने यौन-संरक्षा के नाम पर बाल-विवाह और पर्दा-प्रथा को अंगीकार कर लिया। छुआछूत के बंधन पहले से अधिक कठोर कर लिये गये। स्त्रियाँ पुरुष की सम्पत्ति बन गयीं। हिन्दुओं में जहाँ जाति-उपजाति के अनेक विभाग बने, वहीं मुसलमानों में भी देखादेखी जातीय श्रेणियाँ बनने लगीं। मूर्तिपूजा विरोधी इस्लाम के अनुयायियों ने कब्रों एवं दरगाहों की पूजा प्रारम्भ कर दी।

हिन्दी-साहित्य में भक्ति की उत्पत्ति के सम्बन्ध में सर्वसम्मत तथ्य यह है कि दक्षिण के आलवार ही इसके प्रस्तोता हैं और दक्षिण से ही भक्ति की लहर उत्तर भारत तक विभिन्न भक्ति-सम्प्रदायों द्वारा संचरित हुई। कबीर के अन्तःसाक्ष्य से भी इसकी पुष्टि होती है–

भगती द्राविड़ ऊपजी लाये रामानन्द।
परगट किया कबीर ने सात दीप नौ खण्ड।।

दक्षिण से भक्ति के उत्तर-गमन के निष्कर्षों के लिए आचार्य हजारी प्रसाद द्विवेदी ख्यात हैं, लेकिन आचार्य शुक्ल उनसे भी पहले इस तथ्य पर आलोकपात कर चुके थे। आचार्य शुक्ल की एतद्विषयक एक टिप्पणी उद्धृत करना आवश्यक लग रहा है, 'भागवत धर्म का उदय यद्यपि महाभारत काल में ही हो चुका था और अवतारों की भावना देश में बहुत प्राचीन काल से चली आती थी, पर वैष्णवधर्म के साम्प्रदायिक स्वरूप का संघटन दक्षिण में ही हुआ।' दक्षिण के वैष्णव आचार्यों में रामानुजाचार्य, निम्बार्काचार्य, विष्णुस्वामी और वल्लभाचार्य के नाम अग्रगण्य हैं

जिन्होंने दक्षिण और उत्तर में अपने भक्ति-मत का प्रचार-प्रसार किया। उत्तर भारत के चैतन्य महाप्रभु, रामानन्द, हरिदास प्रभृति आचार्य वैष्णव ही थे।

रामानन्द रामानुज की शिष्य-परम्परा में पड़ते हैं जिन्होंने काशी में राम-भक्ति की लौ जगायी। पीपा, कबीर, रैदास आदि रामानन्द के शिष्य थे जिन्होंने निर्गुण-पंथ गहा, जबकि रामानन्द के शिष्य अनंतानंद ने सगुण-पंथ का अवलम्ब लिया। कबीर ने 'धूमधाम से' निर्गुण पंथ चलाया, कबीर के निर्गुण-पंथ का नाम आचार्य शुक्ल ने निर्गुण भक्ति की 'ज्ञानाश्रयी शाखा' दिया, अन्य इतिहासकार इस काव्य-पंथ को संत-काव्य कहने के पक्ष में हैं। कबीर का सम्पूर्ण हिन्दी-साहित्य में आज अतुलनीय महत्त्व आँका जाता है। वे क्रान्तचेतस् कवि हैं और 'राम-रहीम की एकता' सिद्ध करने में वे कुछ भी उठा नहीं रखते। भक्तिकाल के अन्य कवियों की तरह वे पहले भक्त हैं और बाद में कवि। कबीर से व्यंग्य-साहित्य की धारा फूटी है। वे भक्ति के क्षेत्र में समन्वयीकरण के पक्षधर थे। वेदान्त, एकेश्वरवाद, 'पैगंबरी खुदावाद', वैष्णवता, सूफी-प्रेम-तत्त्व इत्यादि बहुत-से मतों और तत्त्वों का योग उनके काव्य में अभिव्यक्त हो उठा। जाति-पाँति और ऊँच-नीच का भेद मिटानेवालों में इन्हींका नाम लेना पड़ेगा। कबीर की भाषा 'बहता नीर' का प्रमाण रखती है जिसमें जड़त्व नहीं दिखता और एक प्रकार से बिहार से लेकर राजस्थान तक की भाषा-प्रकृतियाँ उनके काव्य में दृष्टिगोचर हो उठती हैं।

निर्गुणोपासक एकेश्वरवादी भक्तों की दूसरी शाखा सूफी कवियों की है जिन्होंने हिन्दुओं के घरों की कहानियाँ हिन्दुओं की ही बोली में कही हैं। वास्तव में सूफी कवि इस्लाम के रहस्यवादी कवि हैं। ये लौकिक प्रेम (इश्क मजाजी) के बलबूते अलौकिक प्रेम (इश्क हकीकी) को साधना चाहते हैं। सूफियों के मत से आत्मा परमात्मा का अंश है। आत्मा का एकमात्र लक्ष्य सूफियों के अनुसार परमात्मा से मिलन है। उन्होंने आत्मा की नर-रूप में और परमात्मा की नारी-रूप में कल्पना की। सूफियों के भारत में चार सम्प्रदाय 13वीं शताब्दी से बनने शुरू हुए— चिश्तिया, कादिरिया, नक्शबंदिया और सुहरावर्दी सम्प्रदाय। इनमें चिश्तिया सम्प्रदाय सबसे पुराना है जिसके प्रवर्तक ख्वाजा अहमद अब्दुल चिश्ती की मृत्यु के दो सौ वर्षों बाद ख्वाजा मुईनुद्दीन चिश्ती (अजमेर) ने व्यापक प्रचार-प्रसार का कार्य किया। चिश्तिया सम्प्रदाय ही भारत में सूफी-मत का प्रथम प्रचारक है।

भक्तिकालीन परिदृश्य में कुतुबन, मलिक मुहम्मद जायसी, मंझन, उसमान, शेख नबी, कासिम शाह, नूर मुहम्मद, जान कवि प्रभृति मुसलमान सूफी कवियों के सूफी प्रेमाख्यान काव्य-ग्रंथ विचारणीय हैं। इनकी प्रबंध-परंपरा के आदि उत्स के रूप में फारसी मसनवियाँ हैं और हिन्दी में प्राप्त पहली सूफी प्रेमाख्यानक रचना मुल्ला दाउद रचित 'चंदायन' है जो आदिकालीन समय-सीमा में परिगणित है। कुतुबन ने 'मृगावती' रची, जायसी ने 'पदमावत', 'अखरावट', 'आखिरी कलाम' रचे। मंझन की

'मधुमालती' प्रसिद्ध हुई। उसमान की रचना है 'चित्रावली'। शेख नबी ने 'ज्ञानदीप' और कासिम शाह ने 'हंस जवाहिर' की रचना की। नूर मुहम्मद रचित तीन काव्य-ग्रंथ बताये जाते हैं—'इन्द्रावती', 'अनुराग बाँसुरी' और 'नलदमन'। जान कवि रचित 29 प्रेमाख्यानकों में 'कनकावती' की प्रसिद्धि है। मलिक मुहम्मद जायसी के 'पदमावत' की रचना सर्गबद्ध पद्धति पर नहीं है, मसनवी पद्धति पर है। 'पदमावत' हिन्दी के श्रेष्ठ शृंगार-काव्यों में एक महत्त्वपूर्ण स्थान रखता है। विप्रलंभ शृंगार की इससे अच्छी अभिव्यक्ति कोई दूसरी नहीं। 'पदमावत' की ही भाँति अन्य सभी सूफी प्रेमाख्यान किसी न किसी प्रतीक-पद्धति पर चलते हैं। उनमें रूपकत्व, समासोक्ति अथवा अन्योक्ति-गर्भित तथ्यों का निर्वाह करते देखा जाता है। इतिहास या लोककथा का आश्रय लेकर सूफी कवि उसमें कल्पना का समन्वय करते हैं। इतिहास-कथा उनके लिए कच्चा माल के सदृश है जिसका उपयोग करते समय उस कथा में सूफी-दर्शन के अनुसार अपने मतवादों को प्ररूपित कर देते हैं। अवधी इन काव्यों की सर्वसम्मत काव्यभाषा है।

सगुण-भक्ति राम और कृष्ण के अवतरित रूपों पर आधारित हुई। राम नैतिकता और सात्त्विक गुणों की खान हैं। वे मर्यादापुरुषोत्तम व्यक्तित्व का प्रतिनिधित्व करते हैं। उनमें शक्ति, शील और सौन्दर्य कूट-कूटकर भरे हुए हैं। शील-तत्त्व से किंचित् विपथित कृष्ण पराक्रमी, रूपवान्, क्रान्तदर्शी और कर्मयोगी हैं। राम-काव्य में भक्त-कवियों का ध्यान राम की लीलाओं पर से होता हुआ कर्म के विविध मर्यादावादी सोपानों तक गया है जबकि कृष्ण-भक्त कवि कृष्ण की लीलाओं और उनकी रसमाधुरी के चित्रण में दत्तचित्त दिखे।

हिन्दी-कविता में कृष्ण-काव्य के प्रेरक वल्लभाचार्य हैं। वल्लभाचार्य ने सगुण रूप को ही असली पारमार्थिक रूप बताया और निर्गुण को उसका अंशतः तिरोहित रूप कहा। वल्लभाचार्य की वाणी 16वीं शताब्दी में पूरे देश में संचरित हो रही थी और यह कथा प्रसिद्ध है कि सूरदास कृष्ण-भक्ति धारा में जो अवगाहन करते हैं, वह वल्लभाचार्य की ही दीक्षा के कारण संभव हुआ। वल्लभाचार्य से मिलन के पूर्व सूरदास की भक्ति दास्य-भाव की कही जायेगी जो उनके सवा दो सौ पदों में दृष्टिगत होती है। विश्व-साहित्य में सूर की-सी वत्सलता दुर्लभ है जो उनके 600 पदों में दिखायी पड़ती है। सख्य-भक्ति के लिए तो जैसे सूर ने अनन्त क्षेत्र पा लिया।

सूरदास की अक्षय कीर्ति का आधार 'सूरसागर' है। उनकी दो और प्रामाणिक कृतियाँ हैं—'साहित्य लहरी' और 'सूर सारावली'। नागरी प्रचारिणी सभा ने सूरदास के समस्त पदों की संख्या 4936 बतायी है। 'सूरसागर' भागवत का अनुवाद नहीं है। इसकी मौलिकता असंदिग्ध है। सूर के पदों में उनका भक्त, कवि, गायक और संगीतज्ञ का मिला-जुला व्यक्तित्व चमकता है। ब्रजभाषा को शिष्ट समाज की काव्यभाषा सूरदास ने ही बनाया। 'सूरसागर' पद-शैली में गीति-काव्य है। कथा की

क्रमिक एकतारता से यह प्रबंध समझ लिया जाता है। रससिद्धि और सहज वस्तु-विवेचन में सूर बेजोड़ हैं।

पुष्टिमार्गीय भक्ति जो वल्लभाचार्य द्वारा प्रवर्तित हुई थी, उसके प्रचार-प्रसार का भार आठ कृष्ण-भक्त कवियों पर पड़ा जिनमें सूरदास के अतिरिक्त अन्य सात भक्त कवि थे– कुंभनदास, परमानंददास, कृष्णदास, गोविन्द स्वामी, छीत स्वामी, नन्ददास और चतुर्भुजदास। प्रारम्भिक चार कवि सीधे वल्लभ के शिष्य थे और अन्तिम चार विट्ठलनाथ के। इन अष्टछाप-कवियों का पूरा इतिहास और मूल्यांकन इधर के कुछ वर्षों में साहित्य-मण्डल, श्रीनाथद्वारा ने किया है। परमानंददास और नन्ददास का विशेष साहित्यिक महत्त्व आँका जाता है। परमानंददास वात्सल्य के कुशल चितेरे हैं और नन्ददास का 'भँवरगीत' सूर के 'भ्रमरगीत' से अलग वैशिष्ट्य प्रदर्शित करता है। अष्टछाप के आठों कवि उत्तम कोटि के रसिक-कवि और संगीत-विशारद थे। गोविन्दस्वामी के काव्य-संगीत की प्रसिद्धि पर तानसेन उन्हें देखने गये थे। चतुर्भुजदास आशु-कवि थे। नन्ददास की 'रसमंजरी' नायिका-भेद का प्रसिद्ध ग्रंथ बनी। पुष्टिमार्गीय भक्तों की संख्या वही है जो 'चौरासी वैष्णवन की वार्ता' और 'दो सौ बावन वैष्णवन की वार्ता' के वैष्णवों को मिलाकर बनती है अर्थात् 336।

कृष्ण-भक्ति अनेक सम्प्रदायों में विभक्त होकर पल्लवित हुई। निम्बार्क-सम्प्रदाय, राधावल्लभ-सम्प्रदाय, हरिदासी या सखी-सम्प्रदाय, गौड़ीय-सम्प्रदाय आदि इनमें मुख्य हैं। निम्बार्क-सम्प्रदाय में दीक्षित कवियों में श्रीभट्ट, हरिव्यासदेव और परशुरामदेव अग्रगण्य हैं। ये कवि निम्बार्क के दार्शनिक सिद्धान्त 'द्वैताद्वैतवाद' की परिपुष्टि में कविता करते थे। वृन्दावन में आचार्य हितहरिवंश गोस्वामी ने 1534 ई॰ में राधावल्लभ-सम्प्रदाय का प्रवर्तन किया था। इस सम्प्रदाय में भक्ति का आधार प्रेम है। हितहरिवंश-रचित 'हितचौरासी' शृंगार रस को परिपुष्ट करता हुआ ब्रजभाषा का प्रांजल ग्रंथ है। इसी सम्प्रदाय के अन्य कवि हरिराम व्यास ने 'व्यास-वाणी' में माधुर्य भक्ति प्रदर्शित की है और राधा तथा कृष्ण की लीलाओं का वर्णन किया है। ध्रुवदास-रचित ग्रंथों की संख्या 42 बतायी जाती है। इनकी माधुर्य भक्ति में रीतिकालीन शृंगार-काव्य का सौष्ठव देखा जा सकता है। 'हरिदासी' या 'सखी सम्प्रदाय' स्वामी हरिदास द्वारा प्रवर्तित सम्प्रदाय है जो साम्प्रदायिक कम एवं सौन्दर्य और भक्ति को परिपुष्ट करने की प्रचेष्टा अधिक है। 110 पदों का 'केलिमाल' अत्यन्त सरस और सांगीतिक पक्ष से समृद्ध रचना है। विठ्ठलनाथ के शिष्य रामराय लाहौर से ब्रज आकर चैतन्य मत से प्रभावित हुए और 100 पदों की पुस्तक 'आदिवाणी' में इन्होंने राधा और कृष्ण की रूप-माधुरी का चित्रण किया। गदाधर भट्ट और भगवान दास चैतन्य-सम्प्रदाय के महत्त्वपूर्ण कवि हैं। सम्प्रदाय-निरपेक्ष कृष्ण-भक्त कवियों में मीराँबाई का नाम बड़े आदर के साथ लिया जाता है। मीराँबाई (1504-1558 ई॰) का 'स्फुट पद' भक्ति-साहित्य का मेरुदंड है। 'स्फुट पद' ही आज 'मीराँबाई की पदावली' कहलाता है। मीराँ ने

विप्रलम्भ शृंगारिक उक्तियाँ की हैं और गिरिधर गोपाल की प्रेम-माधुरी का सरस चित्रण किया है। उनकी राजस्थानी-मिश्रित ब्रजभाषा है जिसमें खड़ी बोली और पंजाबी की भी चाशनी है। प्रेमोन्माद की सकरुण आकुलता का प्रदर्शन मीराँ का काव्य है।

मुसलमान कवि रसखान और नरोत्तमदास हृदय की पुकार पर कविता करनेवाले महत्त्वपूर्ण कृष्ण-भक्त कवि हैं। 'सुजान रसखान', 'प्रेम वाटिका', 'दानलीला' और 'अष्टयाम' रसखान के प्रसिद्ध ग्रंथ हैं। राधा-कृष्ण के प्रति अनन्य अनुराग माधुर्यपूर्ण ब्रजभाषा में इनकी एकमात्र बड़ी विशेषता है। इन्होंने अपनी रचनाओं में सहज भक्ति के पंथ प्रदर्शित किये हैं। नरोत्तमदास 1545 ई॰ के आसपास मौजूद थे और श्रीमद्भागवत में उल्लिखित कृष्ण-सुदामा की मैत्री को आधार बनाकर हृदयग्राही 120 पदों का ग्रंथ 'सुदामाचरित' इन्हीं का लिखा हुआ है। इसी काल-खंड में बिहार के एक कृष्णभक्त कवि हलधरदास ने 372 छंदों में 'सुदामाचरित्र' नामक एक मनोरम खंडकाव्य लिखा।* कृष्ण-सुदामा-प्रसंग को लेकर लिखे गये काव्यों में यह विशिष्ट है।

राम-कथा का सर्वसम्मत आधार वाल्मीकि-रचित संस्कृत की 'रामायण' है। इससे भी पूर्व राम-कथा के सूत्र 'अगस्त्य संहिता', 'तापनीय उपनिषद्' आदि धर्म-ग्रंथों में मिलते हैं। राम-कथा का पौराणिक विवेचन विष्णुपुराण, वायुपुराण, भागवत पुराण, कूर्मपुराण आदि पुराणों में मिलता है। राम-कथा की धार्मिक और दार्शनिक व्याख्या 'अध्यात्म रामायण', 'आनन्द रामायण', 'अद्भुत रामायण', 'भुशुण्डि रामायण' आदि काव्य-ग्रंथों में भी संरक्षित मिलती है। हिन्दी भक्तिकाल की राम-कथा की कुछ और पूर्वार्द्ध कड़ियाँ हैं—'दशरथ जातक', 'पउमचरियम् (विमलसूरि)', पद्मचरित (रविषेण) 'कथाकोष' (हरिषेण)', 'पउमचरिउ' (स्वयंभू), 'महापुराण' (पुष्पदन्त)। थोड़ी-बहुत कथा-भिन्नता के साथ राम-कथा हिन्दी-भक्तिकाव्य तक पहुँचकर गोस्वामी तुलसीदास के हाथों सुव्यवस्थित की गयी। अन्य दूसरी मध्यकालीन और आधुनिक आर्यभाषाओं में जो राम-कथा मिलती है, उसका भी आदिस्रोत उपर्युक्त राम-कथा-रचना की नामावली है। यह नहीं भूलना चाहिए कि राम-कथा की लोकप्रियता से खिंचकर कालिदास ने 'रघुवंश' के पाँच सर्गों में और भवभूति ने 'उत्तररामचरित' नाटक में राम की महिमा साहित्यिक रिक्थ के आधार पर प्रणीत की।

हिन्दी-राम-काव्यधारा रामभक्ति के तीन स्वरूपों को लेकर अग्रसर हुई—ऐश्वर्यमूलक भक्ति, माधुर्यपरक भक्ति और योगपरक भक्ति। रामानन्द ने योगपरक भक्ति का भी संकेत किया था। उनके शिष्य अनन्तानंद ने और अनन्तानंद के शिष्य कृष्णदास पयहारी ने इस योगपरक भक्ति को क्रमशः तीव्रता दी। माधुर्यपरक भक्ति प्रारम्भ में तो मन्दिरों और गद्दियों तक सीमित रही, लेकिन श्रीकृष्ण-लीला-साहित्य की देखादेखी किंचित् अन्तराल के बाद इस भक्ति ने नवीन उत्थान देखे। 'स्वसुखी शाखा' (प्रवर्तक रामचरणदास) और 'तत्सुखी शाखा' (प्रवर्तक जीवाराम) राम की

---

* यह डॉ॰ सियाराम तिवारी द्वारा सम्पादित होकर भारती भवन, कदमकुआँ, पटना से प्रकाशित है।

मधुरोपासना में अग्रसर हुई। इनका महत्त्व राम-काव्य में बहुत अधिक नहीं आँका जाता। ऐश्वर्यमूलक भक्ति का जो थोड़ा स्वरूप 'पृथ्वीराजरासो' के द्वितीय प्रस्ताव में आदिकाल में दिख पड़ा था, वही गोस्वामी तुलसीदास की राम-कथा का आधार बना। तुलसीदास के पूर्व विष्णुदास (1424 ई॰ में मौजूद), ईश्वरदास (रचनाकाल 1501 ई॰) और सूरदास (सूरसागर, नवम स्कंध) इस ऐश्वर्यमूलक भक्ति की थोड़ी झाँकी प्रदर्शित कर चुके थे। इस ऐश्वर्यमूलक भक्ति में राम को शक्ति, शील और सौन्दर्य का प्रतीक बनाकर उनके लोकरक्षक स्वरूप को उभारा गया।

सम्पूर्ण हिन्दी-साहित्य में तुलसीदास के समान प्रतिभा दिखानेवाला और कोई दूसरा कवि नहीं हुआ। सत्रहवीं शताब्दी के पूर्वार्द्ध में अवतरित इस महाकवि ने रामकाव्य का 'विशद साहित्यिक संदर्भ' संघटित किया। शुक्ल जी मानते हैं कि इसी विशद साहित्यिक संदर्भ से 'हिंदी काव्य की प्रौढ़ता के युग का आरंभ हुआ।' तुलसी-प्रणीत काव्य रचनाएँ हैं—'रामचरितमानस', 'विनयपत्रिका', 'वैराग्य-संदीपनी', 'रामाज्ञा प्रश्न', 'वरवैरामायण', 'रामललानहछू', 'पार्वतीमंगल', 'जानकीमंगल', 'गीतावली', 'दोहावली', 'कवितावली' और 'श्रीकृष्ण गीतावली'। जिस प्रकार सूरदास ने कृष्ण के साथ अवसरानुकूल राम पर 160 पद 'सूरसागर' में रचकर जोड़े और राम-कृष्ण के समन्वय का पथ प्रशस्त किया, उसी प्रकार तुलसी ने यह काम 'श्रीकृष्ण गीतावली' रचकर किया। तुलसी की रामायण अर्थात् 'रामचरितमानस' विराट् समन्वय-भावना की प्रतीक है और सच्चे अर्थों में एक मनुष्य की विशद आचार-संहिता भी उसमें निर्दिष्ट हुई है। उदात्त चरित्र हमारे आदर्श हैं और इस क्षेत्र में दशरथ, राम, लक्ष्मण, भरत, सीता, कौशल्या और अयोध्या के प्रजाजन आदर्श जीवन-शैली की ओर संकेत करते हैं। हिन्दी का सर्गबद्ध, ठीक-ठिकाने का पहला महाकाव्य 'रामचरितमानस' ही है। इसका साहित्यिक और धार्मिक महत्त्व अद्यावधि बना हुआ है। हिन्दी-जाति की विश्वसनीय राम-कथा 'रामचरितमानस' ही है। इसमें हिन्दुओं के समस्त आचार-विचार, रीति-नीति, धर्म-अधर्म, पाप-पुण्य, आगम-निगम, पुराण का मधुमय संचय है। तुलसीदास ने प्रचलित सभी काव्य-शैलियों का प्रदर्शन अपने विविध ग्रंथों द्वारा किया। दोहा-चौथाई, छप्पय, गीत, कवित्त-सवैया आदि विविध छन्दों के व्यापक प्रयोग तुलसी ने किये। तुलसी ने ब्रजभाषा और अवधी, दोनों चालू काव्यभाषाओं को साधा। इस सम्बन्ध में आचार्य शुक्ल का कथन उद्धृत करना उचित होगा—"ब्रजभाषा का जो माधुर्य हम 'सूरसागर' में पाते हैं, वही माधुर्य और भी संस्कृत रूप में हम 'गीतावली' और 'कृष्णगीतावली' में पाते हैं। ठेठ अवधी की जो मिठास हमें 'पदमावत' में मिलती है, वही 'जानकी मंगल', 'पार्वती मंगल', 'बरवैरामायण' और 'रामललानहछू' में हम पाते हैं।"

तुलसी-परवर्ती राम-काव्य भक्तिकाल के भीतर तुलसीरचित काव्य की टक्कर में प्रणीत न हुए। अग्रदास (1575 ई॰) और उनके शिष्य नाभादास (1596 ई॰) ने राम-भक्ति की लौ जलायी। अग्रदास की 'रामध्यानमंजरी' और नाभादास की रचना

'अष्टयाम' की थोड़ी ख्याति है। केशवदास ने 'रामचन्द्रिका' (1601) लिखी जो राम-काव्य में अवश्य कुछ विशिष्ट है। प्राणनाथ चौहान ने 'रामायण महानाटक', (1610 ई॰), माधवदास चारण ने 'रामरासो' (1618) और 'अध्यात्म रामायण' (1624), हृदयराम ने 'हनुमन्नाटक' (1623 ई॰) रचे। दो अन्य प्रसिद्ध राम-काव्य हैं नरहरि बारहट कृत 'पौरुषेय रामायण' और लालदास कृत 'अवधविलास'।

भक्तिकाल की गौण प्रवृत्तियों में वीर-काव्य, रीतिकाव्य आदि बतायी जा सकती हैं। वीर-काव्य के प्रमुख कवियों में श्रीधर (रणमल्लछंद/1400 ई॰), दयाराम (राणारासो/1618 ई॰), कुंभकर्ण (रतनरासो/1618-1624 ई॰), न्यामत खाँ जान (क्याम खाँ रासो/1634 ई॰) के नाम अग्रगण्य हैं। नीतिकाव्य रचनेवाले कवि हैं पद्मनाभ (डुंगर-बावनी/1486 ई॰), छीहल (छीहल बावनी/1527 ई॰), उदैराज (उदैराज को दूहा/1603 ई॰), बनारसीदास (जन्म 1586 ई॰, रचनाएँ-बनारसी विलास, भाषा-सूक्तिमुक्तावली)। भक्तिकाल में ही रीति-काव्य की पूर्वपीठिका बनती है। कृपाराम की 'हिततरंगिनी' (1541 ई॰) में नायक-नायिका-भेद, दूती-भेद का 400 छन्दों में विवेचन कवि-शिक्षा की दृष्टि से महत्त्वपूर्ण है। सूरदास की 'साहित्य-लहरी' अलंकार ग्रंथ है और 'सूरसागर' श्रृंगार रस की परिपुष्टि का उदाहरण ग्रंथ। नायिका-नायक-भेद का उत्तम ग्रंथ नंददास-रचित 'रसमंजरी' (1550 ई॰) है। केशवदास-प्रणीत 'रसिकप्रिया' (1591 ई॰) और 'कविप्रिया' (1601 ई॰) की विशेष ख्याति है जो भक्तिकाल में रची गयी। रहीम का 'नायिकाभेद', सुन्दर कविराय का 'सुन्दर श्रृंगार' (1631 ई॰), न्यामत खाँ जान का 'रसकोश' (1619 ई॰) आदि कतिपय अन्य रीति-ग्रंथ भक्तिकाल में ही रचे गये। भक्तिकाल में अवधी और ब्रजभाषा में विविध विषयों को आयत्त करनेवाला गद्य-साहित्य भी मिलता है। कुछ गद्य खड़ीबोली और राजस्थानी में भी मिलता है। बात, वार्ता, तिलक, वचनिका आदि नाम से गद्य मिलता है। प्रसिद्ध वार्ताएँ हैं– 'चौरासी वैष्णवन की वार्ता' और 'दो सौ बावन वैष्णवन की वार्ता।' केशव-प्रणीत 'रसिक-प्रिया' और 'कविप्रिया' में भी गद्यांश मिलता है। गोरखनाथ का 'गोरखसार' काल की दृष्टि से विवादित है, अन्यथा वह महत्त्वपूर्ण गद्य-ग्रंथ है।

भक्तिकाल रचना की उदात्तता, परिमाण, काव्य-रूप आदि विविध दृष्टियों से हिन्दी का स्वर्ण-युग कहलाता है। भक्त-कवियों ने नये मनुष्य का संधान किया और मनुष्यता को आगे करके बढ़े।

रीतिकाल

सन् 1643 से 1843 ई॰ के दो सौ वर्ष हिन्दी में रीतिकाल के नाम से अभिहित किये गये। आचार्य शुक्ल ने 'रीतिकाल' नाम प्रस्तावित करने के साथ-साथ काव्य-प्रवृत्ति में श्रृंगारिकता के परिमाण को लक्षित कर कहा था, 'इस काल को रस के विचार से कोई श्रृंगार काल कहे तो कह सकता है।' रीतिग्रंथों के कर्त्ता भावुक, सहृदय और निपुण कवि थे। उनका उद्देश्य कविता करना था, न कि काव्यांगों का

शास्त्रीय पद्धति पर निरूपण करना।

रीतिकाल की परिस्थिति यह थी कि आश्रयदाता राजाओं और सामन्तों को काव्य और कला से मनोविनोद की आशा रहती थी। बहुतेरे आश्रयदाता स्वयं कवि और कलावन्त रहे हैं, रीतिकालीन कविता की यह बड़ी भारी उपलब्धि रही है, इस तथ्य को नजरअंदाज नहीं करना चाहिए। ये सामन्त कवियों की निपुनाई की स्वयं परीक्षा करते थे। हिन्दी-कवियों के आश्रयदाता राजस्थान, बुंदेलखंड और अवध प्रान्त के थे। उर्दू-कवियों के आश्रयदाता दिल्ली, लखनऊ, रामपुर और हैदराबाद के थे। मीर, सौदा, सोज दिल्ली छोड़कर आसफुद्दौला के शासन में लखनऊ आ गये थे। देहली-सम्राट् बहादुरशाह जफ़र का संरक्षण जौक और गालिब को मिला था। हैदराबाद में दाग को निजाम का संरक्षण मिला। बहादुरशाह जफ़र स्वयं शायर थे। काव्य-क्षेत्र में उनसे भी अधिक प्रसिद्ध शासक-कवि नवाब वाजिदअली शाह थे। गबन के आरोप में जब उन्हें लखनऊ छोड़ना पड़ा तब उनके मुँह से शेर फूटा : 'जब छोड़ चले लखनऊ नगरी / तब हाल अदम पर क्या गुजरी।' उन्हींका लिखा हुआ नाटक है– 'इन्दर सभा'। रोचक तथ्य है कि हिन्दी और उर्दू की शृंगारी कविता समानधर्मा है और परस्पर एक दूसरे को प्रभावित भी किया है।

आचार्य विश्वनाथ प्रसाद मिश्र और डॉ॰ नगेन्द्र ने रीति कविता का जबरदस्त पक्ष समर्थन किया है। डॉ॰ नगेन्द्र सम्पूर्ण भारतीय साहित्य में रीतिकाव्य की एकमात्र प्रवृत्ति हिन्दी में लक्षित कर इसका वैशिष्ट्य निरूपित कर सके हैं। आचार्य मिश्र रीतिकविता की साहित्यिकता का लोहा मानते हुए लिखते हैं– "हिन्दी की समस्त रचना का यदि साहित्यिक अभिव्यक्ति की दृष्टि से विचार किया जाय तो हिन्दी का शृंगार काल ही उसका अनारोपित काव्य-काल दिखता है।" उत्कृष्ट कवियों की सर्वाधिक संख्या (मिश्रबंधुओं की गिनती में 1309 रीतिकवि), संस्कृत की शृंगारी उक्तियों से अधिक उक्तियाँ, मौलिक अभिव्यक्तियाँ आदि कुछ प्रमुख बिन्दुओं के आलोक में आचार्य मिश्र शृंगारकाल को अन्य कालों की तुलना में अधिक बढ़ा-चढ़ा पाते हैं।

रीतिकविता मोटे तौर पर रीतिबद्धता और रीतिमुक्तता के आधारों पर बँटी हुई है। रीतिबद्धता और रीतिमुक्तता के बीच रीतिसिद्धता बतायी जाती है। इस प्रकार रीतिकाल में तीन प्रकार के कवि हुए– रीतिबद्ध, रीतिसिद्ध और रीतिमुक्त। रीतिसिद्ध कवियों का छोटा वर्ग है जिसमें बिहारीलाल और रसनिधि आते हैं। रीतिमुक्त कवि हैं घनानंद, आलम, रसखान, ठाकुर, नागरीदास आदि। मतिराम, भूषण, देव, भिखारीदास, कुलपति मिश्र, सोमनाथ, प्रतापसाहि, ग्वाल, पद्माकर आदि सर्वांग-निरूपक आचार्य कवि हैं। चिन्तामणि त्रिपाठी और केशवदास इस वर्ग के प्रतिनिधि आचार्य हैं। आचार्यत्व-प्रदर्शन या कवि-शिक्षा के ग्रंथ (लक्षण ग्रंथ) लिखने के लिए रीतिबद्ध कवि संस्कृत-काव्यशास्त्र का अनुसरण करते हैं। केशव आचार्यत्व-निरूपण के लिए मम्मट और विश्वनाथ से भी पीछे भामह और उद्भट की

तरफ जाते हैं। अन्य दूसरे रीतिकवि 'काव्यप्रकाश', 'साहित्यदर्पण', 'चन्द्रालोक', 'कुवलयानंद' को आधार बनाते हैं। काव्यांग-निरूपण के लिए इस अतीतोन्मुखता से संस्कृत-काव्यशास्त्र के विकासक्रम की एक संक्षिप्त उद्धरणी-सी हो गयी। रीतिकवियों में कइयों ने सर्वांग-निरूपण किया तो कइयों ने विशिष्टांग-निरूपण। सर्वांग-निरूपक ग्रंथ हैं– 'कविकुलकल्पतरु' (चिन्तामणि त्रिपाठी), 'शब्दरसायन' (देव), 'रसरहस्य' (कुलपति मिश्र), 'काव्यनिर्णय' (भिखारीदास), 'रसपीयूषनिधि' (सोमनाथ) आदि। सर्वांग-निरूपक ग्रंथों के विषय हैं: काव्य-लक्षण, काव्य-हेतु, काव्य-प्रयोजन, काव्य-भेद, शब्द-शक्ति, काव्य की आत्मा (रस, ध्वनि), काव्य-गुण, काव्य-दोष, काव्य-रीति, अलंकार तथा छन्द। विशिष्टांग-निरूपक ग्रंथों के सीमित विषय रहे हैं : रस, अलंकार और छंद। रस-निरूपक ग्रंथ हैं– चिंतामणि का 'रसविलास', रसलीन का 'रसप्रबोध', समनेस का 'रसिक विलास', पद्माकर का 'जिगद्विनोद' और ग्वाल का 'रसरंग'। अलंकार-निरूपक ग्रंथों के नाम हैं : 'ललितललाम' (मतिराम), 'शिवराजभूषण' (भूषण), 'कविकुलकण्ठाभरण' (दूलह), 'पद्माभरण' (पद्माकर)। छन्द-विवेचक ग्रंथ हैं–'वृत्तकौमुदी' (मतिराम), 'छन्दोहृदयप्रकाश' (भूषण) और 'छन्दार्णवपिंगल' (भिखारीदास)। इस युग के समस्त रीतिकवियों ने अपने ग्रंथों का निर्माण सामान्य पाठकों को काव्यशास्त्र का ज्ञान प्राप्त कराने के लिए किया है। अतएव सुबोधता, सुकंठता और सरसता का ध्यान रखते हुए ही इनमें संस्कृत-काव्यशास्त्र में प्रचलित विभिन्त शैलियों का अनुकरण किया गया है। रीति-कवियों का नायिका-भेद कभी तो रस-प्रतिपादक ग्रंथों के साथ विवेचित हुआ, कभी स्वतंत्र रूप से। रीतिकवियों के समक्ष परम्परा से प्राप्त नायिका-भेद निरूपक ग्रंथ वात्स्यायन-रचित 'कामसूत्र', शिंगभूपाल-रचित 'रसार्णव सुधाकर' और भानुदत्त-कृत 'रसमंजरी।' रीतिकवियों के शृंगार के आधारभूत ग्रंथ थे–'आर्या सप्तशती', 'गाहा सतसई' 'गीतगोविन्द', संस्कृत-काव्य के अन्य रस-पेशल उदाहरण और फारसी-उर्दू की इश्किया शायरी।

रीतिकाव्य की पहचान के कुछ मोटे बिन्दु रेखांकित किये जा सकते हैं–(क) यह शृंगारिक काव्य है, (ख) सौन्दर्यविधायक दृश्य या उद्दीपन, जो शृंगार का उपकारक है, वह रीति-काव्य का लक्ष्य है, (ग) इस काव्य में जीवन का संघर्ष नहीं है, भोग-विलास है, (च) यह मन के कोमल तंतुओं को झंकृत करता है, (च) हिन्दी के अपने स्वतन्त्र काव्यशास्त्र की नींव भी रखता है। अन्य भारतीय साहित्य की तुलना में हिंदी का काव्यशास्त्र बहुत अधिक समृद्ध है, इसका श्रेय रीतिकवियों को ही देना पड़ेगा। शास्त्रबद्धता से मुक्ति का उद्घोष करनेवाले रीतिकवि हैं–घनानंद, आलम, बोधा, रसखान, ठाकुर आदि। ये रीतिमुक्त कवि पूरी स्वच्छन्दता का आस्वादन करते हुए 'सूधे मारग' पर चल निकले थे–'अति सूधो सनेह को मारग है जहाँ नैकु सयानप बाँक नहीं।' रीतिमुक्त कविता की अन्तर्यात्रा हृदय को आगे करके शुरू हुई है, बुद्धिपेशलता रीतिकर्त्ता कवियों की एकमात्र प्रवृत्ति है, रीतिकर्त्ता केशव 'कठिन

काव्य के प्रेत' कहलाये। रीतिमुक्त कविता दरबार और तज्जनित समस्यापूर्ति से मुक्त है। इन कवियों का कर्म बैठे-ठाले का कर्म नहीं है, प्रसंग या वातावरण पर भड़क उठनेवाली इनकी कविता नहीं है। ये राधिका-कन्हाई के सुमिरन के बहाने कविता नहीं करते। ये प्रकृत्या प्रेमी हैं। अपने संयोग-क्षणों में ये कल्पना-विलासी हैं, वियोग-क्षणों में 'जीवन का करुण संगीत' बजा रहे हैं। मुहम्मद शाह के दरबार में रहने के काल तक सुजान का संयोग-सुख था, तब घनानंद के काव्य में वह उद्वेलन नहीं आया था, जो दरबार से निकाले जाने के पश्चात् उनके काव्य में आया। रीतिमार्गी कवियों की संवेदना श्रृंगार (रस)–संवेदना है, रीतिमुक्त कवियों की संवेदना प्रेम-संवेदना है। घनानंद, रसखान, बोधा, आलम और ठाकुर– इन पाँचों की राम-कहानी एक है। ये प्रमदाओं के प्रेम में प्रवंचित हुए थे। घनानंद और बोधा नर्तकी-वर्ग की रमणियों से छले गये थे तथा आलम और ठाकुर विजातीय बालाओं से प्रेम करके वियुक्त हुए थे। रीतिमुक्त कवियों की स्वच्छन्दता प्रेम के क्षेत्र की स्वच्छन्दता है। अनन्यता, स्थिरता, भावात्मकता आदि विशेषताएँ इसी क्षेत्र के प्रेम की हैं। घनानंद ने कहीं-कहीं अपने प्रिय में 'परमेश्वर की व्यापक सत्ता का आभास' पाया है। रीतिकर्त्ता कवियों में सोमनाथ ('माधवविनोद') और द्विजदेव ('श्रृंगार लतिका') दो ऐसे कवि हैं जिनमें रीतिमुक्त कवियों की-सी भावप्रवणता प्रेम के स्तर पर देखी जा सकती है। घनानन्द आदि कवियों के प्रेम में जो प्रवणता मिलती है, वही एक तत्त्व है जो स्वच्छन्दतावाद (रोमेंटिसिज्म) के समतोल कहा जा सकता है।

रीतिमुक्त कवियों के तीन विषय हैं– प्रेम, भक्ति और नीति। लोकरुचि का ख्याल रखनेवाले यही रीतिमुक्त कवि थे। इन्होंने लोकसाहित्य और लोकवार्ता को हमेशा आधार-सामग्री के रूप में सँजोये रखा। इसी कारण ये कवि जातीय भावना से विपथित नहीं हुए।

समस्त रीतिकाल मोटे तौर पर मुक्तक की परम्परा स्थापित करता है। भूषण ('शिवाबावनी', 'छत्रसाल दशक') जैसे वीर-रस के कवि भी मुक्तक ही चुनते हैं। बिहारीलाल दोहा छंद से सर्वख्यात हुए। अन्य रीतिकवियों ने छप्पय, बरवै, कवित्त, सवैया जैसे वृत्तों में मुक्तक लिखे।

हिन्दी-साहित्य के रीतिकाल की एक देन यह भी है कि ब्रजभाषा और खड़ी बोली गद्य के कुछ अच्छे नमूने इसी समय पेश हुए। वल्लभ-संप्रदाय का 'वार्ता-साहित्य' और 'वचनामृत' अलग से हमारा ध्यानाकर्षण करते हैं। हरिराय ने रीतिकालीन ब्रजभाषा गद्य के विकास में महत्त्वपूर्ण भूमिका निभायी। अन्य नाम ब्रजभूषण का है। ललितकिशोरी ललितमोहिनी, दामोदर स्वामी, द्वारिकेश, प्राणनाथ, अक्षर अनन्य, प्रियादास इत्यादि अन्य ब्रजभाषा गद्यकार हैं। रीतिकालीन काव्यशास्त्रीय ग्रंथों में गद्य के नमूने रहते ही थे। 'श्रृंगारमंजरी' (चिन्तामणि), 'काव्यनिर्णय' (भिखारी दास), 'काव्यविलास' (प्रतापसाहि), 'रसपीयूषनिधि' (सोमनाथ) आदि काव्यशास्त्रीय ग्रंथों में चर्चा, वार्ता, तिलक, वात,

वचनिका आदि नामों से यथास्थान गद्य-निरूपण भी है। खड़ी बोली के गद्यकारों में टोडरमल जैन, दीपचन्द जैन, दौलतराम जैन, रामप्रसाद निरंजनी और मुंशी सदासुखराय प्रमुख हैं। निरंजनी-कृत 'भाषायोगवाशिष्ठ' का महत्त्व अक्षुण्ण है। 1865 ई॰ में यह प्रकाशित हुआ था। फोर्ट विलियम कॉलेज की हिंदी-सेवा इसी कालावधि में पड़ती है। लल्लूलाल का 'प्रेमसागर' प्रारंभिक हिंदी का गौरव-ग्रंथ है।

आचार्य शुक्ल को रीतिकवियों की भाषा में कुछ दोष दीख पड़े– (क) व्याकरण की अव्यवस्था, (ख) शब्दों का तोड़-मरोड़, (ग) ब्रज और अवधी का सम्मिश्रण। उन्होंने भूषण और बिहारी की भाषा को भी बहुत-से स्थलों पर सदोष पाया। लेकिन कुछ कवियों की काव्यभाषा के वे कायल थे। एक तो घनानंद थे जिनकी काव्यभाषा पर इतनी प्रभावाभिव्यंजक पंक्तियाँ उन्होंने लिखीं जो उनके समस्त काव्यालोचन में दुर्लभ हैं : "इनकी सी विशुद्ध, सरस और शक्तिशालिनी ब्रजभाषा लिखने में और कोई कवि समर्थ नहीं हुआ।" अन्तिम प्रसिद्ध कवि द्विजदेव में भी उन्होंने भाषा की स्वच्छता देखी है। रीतिकवियों में ज्ञान और विद्या का बल था, इसलिए उन्होंने काव्यभाषा ब्रजी को कलात्मक उत्कर्ष पर पहुँचा दिया।

आधुनिक काल

हिन्दी-साहित्य में आधुनिकता का प्रवर्तन गद्य-साहित्य द्वारा हुआ। आचार्य शुक्ल हिन्दी गद्य का विधिवत् प्रवर्तन वर्ष 1803 ई॰ निश्चित करते हुए फोर्ट विलियम कॉलेज के हिंदी-उर्दू अध्यापक जान गिलक्राइस्ट की महती भूमिका रेखांकित करते हैं। 1803 ई॰ की बड़ी घटना है– फोर्ट विलियम कॉलेज जहाँ खड़ी बोली गद्य को एक साथ आगे बढ़ानेवाले चार महानुभाव हुए हैं– मुंशी सदासुखलाल, सैयद इंशाअल्ला खाँ, लल्लूलाल और सदल मिश्र। ये चारों लेखक संवत् 1860 के आसपास हुए।

यद्यपि हिन्दी के खड़ी बोली गद्य का प्रवर्तन सन् 1803 ई॰ में हो गया पर उसके साहित्य की अखंड परम्परा भारतेन्दु हरिश्चंद्र से चली। भारतेन्दु हरिश्चंद्र (1850 ई॰ -1885 ई॰) ने काव्य-विषय को यद्यपि राधा-कृष्ण रति-रंग से खींचने का उत्साह नहीं दिखाया, तथापि ब्रजभाषा का 'शिष्ट सामान्य रूप' रखने में उनकी बड़ी भूमिका रही। दूसरी तरफ, गद्य के क्षेत्र के सम्पूर्ण नवोन्मेष का श्रेय उन्हीं को है।

शैक्षिक पुनर्जागरण भारतेन्दु अकेले नहीं कर सकते थे, इसलिए उन्होंने लेखकों और कवियों का एक मण्डल तैयार किया था। प्रतापनारायण मिश्र, बदरीनारायण चौधरी 'प्रेमघन', जगमोहन सिंह, राधाकृष्ण दास, बालकृष्ण भट्ट, राधाचरण गोस्वामी और अम्बिकादत्त व्यास भारतेन्दु-मंडल के सक्रिय रचनाकार थे। भारतेन्दु ने जो भाषायी चेतना जगायी उसके ये सभी लेखक-कवि पक्षधर थे। राजा लक्ष्मण सिंह की तत्सम-प्रधान शब्दावली और शिवप्रसाद सितारे हिंद की फारसी-प्रधान शब्दावली, दोनों के अतिरेक को भारतेन्दु ने खारिज किया और दोनों अतिरेकों से बचते हुए मध्यम मार्ग अपनाया जिससे भाषा में प्रभविष्णुता का संचार हुआ। कविता की दो

शैलियों— उर्दू-शैली और ब्रजभाषा-शैली की यद्यपि पूरी छूट रही तथापि रीतियुगीन अलंकरण-प्रवृत्ति पर इस युग में अंकुश लग गया। भारतेन्दु की प्रमुख विशेषता यह है कि अपनी अनेक रचनाओं में जहाँ वे प्राचीन काव्य-प्रवृत्तियों के अनुवर्ती रहे, वहाँ नवीन काव्यधारा के प्रवर्तन का श्रेय भी उन्हींको प्राप्त है। राजभक्त होते हुए भी वे देशभक्त थे, दास्य भाव की भक्ति के साथ ही उन्होंने माधुर्य-भाव की भक्ति भी की है, नायक-नायिका के सौन्दर्य-वर्णन में ही न रमकर उन्होंने उनके लिए नवीन कर्तव्य-क्षेत्रों का भी निर्देश किया है और इतिवृत्तात्मक काव्य-शैली के साथ ही उनमें हास्य-व्यंग्य का पैनापन भी विद्यमान है। भारतेन्दु-रचित नाटक समाज-संस्कार और देशवत्सलता के नमूने हैं। सर्वविदित है कि भारतेन्दु ही हिन्दी रंगमंच के संस्थापक हैं। भारतेन्दु की समन्वयवादी दृष्टि थी और वे आधुनिक संस्कारों में रँगे हुए थे।

भारतेन्दु और उनके युग के लेखकों ने निबन्ध, पुस्तक-समीक्षा, आलोचना, उपन्यास, नाटक आदि विविध विधाओं की विधिवत् नींव डाली और आगे के रचनाकारों के लिए पुण्य-पंथ को प्रशस्त किया। भारतेंदु और उनके सहयोगी साहित्यकारों की विशेषताओं को एक शब्द में रेखांकित करना हो तो वह है जिंदादिली। इसलिए उस युग का साहित्य प्राणवान् और स्फूर्तिदायक है।

सन् 1900 ई॰ में हिंदी भाषा कचहरियों के कामकाज की भाषा के रूप में अंगीकृत की गयी। यह एक बड़ी घटना थी। महावीर प्रसाद द्विवेदी के उदय के पूर्व हिन्दी-पत्रकारिता ने राजनीतिक और राष्ट्रीय पत्रकारिकता का आदर्श खड़ा कर लिया था। 'अल्मोड़ा अखबार' (सं॰ सदानंद सलवास), 'हिंदी दीप्तिप्रकाश' (कार्तिक प्रसाद खत्री), 'बिहार बंधु' (केशवराम भट्ट), 'सदादर्श' (लाला श्रीनिवास दास), 'भारतबंधु' (तोताराम), 'भारतमित्र' (रुद्रदत्त), 'हिंदी प्रदीप' (बालकृष्ण भट्ट), 'सरस सुधानिधि' (सदानंद मिश्र), 'उचितवक्ता' (दुर्गाप्रसाद मिश्र), 'आनंदकादम्बिनी' (बदरी नारायण चौधरी 'प्रेमघन'), 'ब्राह्मण' (प्रतापनारायण मिश्र) इत्यादि पत्र-पत्रिकाओं ने सन् 1871 ई॰ से 1884 ई॰ के बीच हिन्दी-जनमानस का सांस्कृतिक पुनर्निर्माण करने में महत्त्वपूर्ण भूमिकाएँ निभायीं।

सन् 1899 ई॰ में इंडियन प्रेस, इलाहाबाद के स्वत्वाधिकारी चिन्तामणि घोष ने 'सरस्वती' नामक मासिक पत्रिका निकाली। 1903 ई॰ में महावीर प्रसाद द्विवेदी ने इस पत्रिका के संपादन का भार लिया। तब से हिंदी की साहित्यिक पत्रकारिता ने नया सवेरा देखा। द्विवेदी जी का हिन्दी-साहित्य में पदार्पण इसी पत्रिका के माध्यम से हुआ। बड़ी लगन, निष्ठा और परिश्रम से द्विवेदी जी 'सरस्वती' का संपादन करते थे। उनकी उपयोगितावादी दृष्टि थी। वे ज्ञानपरक साहित्य की श्रीवृद्धि देखना चाहते थे। नये ढंग की कविताएँ और उपयोगी लेख 'सरस्वती' में छपने लगे। भारतेन्दु की साहित्यिक पत्रकारिता का उत्तरवर्ती उत्थान 'सरस्वती' है। भारतेंदुयुगीन 'कविवचन सुधा' और 'हरिश्चन्द्र मैगजीन' की परिहासप्रियता के स्थान पर 'सरस्वती' में मध्यम

वर्गीय समाज की नैतिक चेतना के परिष्कार के प्रति जागरूकता अधिक थी। द्विवेदी जी के दृष्टिकोण की उच्चता ने अपने और परवर्ती युगों के काव्याभ्यास, मान्यताओं और हितों को प्रभावित किया। उनके समस्त लेखन में जागृति और उच्च चिन्तन का सार है। हिंदी के गद्य और पद्य की भाषा को परिष्कृत करने के लिए महावीर प्रसाद द्विवेदी का प्रयास अपूर्व था जो सदा स्मरणीय बना रहेगा। द्विवेदी जी के नाम से हिन्दी-साहित्य का एक प्रवृत्यात्मक युग 'द्विवेदी-युग' कहलाया जो द्विवेदी जी के पुण्य-स्मरण के लिए यथोचित ही है। काव्यभाषा-संस्कार के लिए द्विवेदी जी ने स्वयं कविताएँ लिखीं और दूसरे कवियों को भी इस दिशा में प्रेरित किया। द्विवेदी जी इतिवृत्तात्मक या वर्णनात्मक शैली की कविताएँ लिखते थे। उन्होंने हरिऔध जी और मैथिलीशरण गुप्त का ध्यान पौराणिक कथानक की तरफ मोड़ा था। कवि-शिक्षा के लिए द्विवेदी जी 'सरस्वती' के प्रत्येक अंक में हिन्दी या संस्कृत के प्राचीन किसी एक कवि की परिचर्चा प्रकाशित करते और हिन्दीतर भाषा के किसी समकालीन कवि या लेखक का परिचय प्रकाशित करते थे। रीतिकालीन काव्यवस्तु और शैली का उन्होंने जमकर विरोध किया। यद्यपि महावीरप्रसाद द्विवेदी अपनी कविता और निबंध-रचना के लिए बहुख्यात नहीं हुए, तथापि उनकी अद्भुत निर्देशन-क्षमता के आगे हिन्दी-समाज नतमस्तक है। साहित्य का यह गुरु बीसवीं शताब्दी के शुरू में न मिला होता तो नवोद्भूत साहित्य-रूपों और शैलियों के दृष्टिकोण से हिन्दी पिछड़ी होती। भारतेन्दु-प्रवर्तित हिन्दी जाति के जागरण के द्विवेदी जी अगले समर्थ स्तम्भ थे।

द्विवेदी-युग की विशिष्ट देन हैं—मैथिलीशरण गुप्त (1886-1964 ई॰), अयोध्यासिंह उपाध्याय 'हरिऔध' (1865-1947 ई॰), लोचन प्रसाद पाण्डेय (1886-1959 ई॰), सियारामशरण गुप्त (1895-1963 ई॰), राय देवीप्रसाद पूर्ण(1868-1915 ई॰), नाथूराम शंकर शर्मा (1859-1935 ई॰)। ब्रजभाषा के कवि जगन्नाथदास 'रत्नाकर', सत्यनारायण कविरत्न, श्रीधर पाठक, रामनरेश त्रिपाठी प्रभृति कवियों ने भी द्विवेदी-युग में ही अपनी आँखें खोलीं और किंचित् प्रतिक्रियास्वरूप इतिवृत्तात्मकता से हटकर स्वच्छन्द कविता-मार्ग का अवलम्बन किया। स्वच्छन्द कवियों में मुकुटधर पाण्डेय एक अन्य उल्लेखयोग्य कवि हैं जो वैयक्तिकता, अनुभूतिमयता और लाक्षणिकता के लिए ख्यात हैं। द्विवेदी-युग या पूर्व-स्वच्छंदतावाद के प्रमुख कवि अयोध्यासिंह उपाध्याय 'हरिऔध' और मैथिलीशरण गुप्त हैं। दोनों ने पौराणिक कथानक चुनकर प्रबंध-काव्य लिखे। हरिऔध का 'प्रियप्रवास' 1914 ई॰ में प्रकाशित हुआ। इसमें 17 सर्गों में कृष्ण-कथा कही गयी है। दूसरी प्रबंधात्मक रचना 'वैदेही वनवास' में राम-कथा है। 'प्रियप्रवास' को पर्याप्त लोकप्रियता प्राप्त हुई। मैथिलीशरण गुप्त खड़ी बोली के वाल्मीकि हैं। वे वैष्णवता में रँगे राष्ट्रीय कवि हैं। गुप्त जी पहले कवि हैं जिन्होंने अपने समसामयिक नैतिक, धार्मिक, राष्ट्रीय आकांक्षाओं को खड़ी बोली में वाणी दी। इसी अर्थ में वे राष्ट्रकवि हैं। 'रंग में भंग' (1909), 'जयद्रथ-वध' (1910)

और 'भारत-भारती' (1912) पुनर्जागरण की प्रतिज्ञा में अतीत-स्मरण के महत्त्वपूर्ण काव्य हैं। 'यशोधरा', 'विष्णुप्रिया' और 'साकेत' (1931 ई०) नारी-उत्थान और पुनरुत्थानवादी सांस्कृतिक चेतना के प्रतीक काव्य-ग्रंथ हैं। 'साकेत' मैथिलीशरण गुप्त की महाकाव्यात्मक प्रबन्ध-रचना है। 'यशोधरा' और 'विष्णुप्रिया' क्रमशः चम्पू और खण्डकाव्य हैं। 'साकेत' आधुनिक युग का नया महाकाव्य है। गुप्त जी की काव्य-सम्पदा का उचित मूल्यांकन आचार्य नलिनविलोचन शर्मा की निम्नलिखित पंक्तियाँ करती हैं : "हिन्दी काव्य के इतिहास लेखक को मैथिलीशरण गुप्त के लिए पर्याप्त स्थान सुरक्षित रखना पड़ेगा। हिंदी-कविता के आलोचक का नितांत भिन्न दृष्टिकोण भी हो सकता है। गुप्त जी उन कवियों में नहीं हैं कि उन पर लिखते हुए इतिहासकार आलोचक बन जाने और आलोचक इतिहासकार हो जाने की खतरनाक स्थिति में अपने को पाये। मैथिलीशरण गुप्त की काव्य-कृतियाँ इसके लिए प्रमाण-स्वरूप हैं कि संख्या और परिमाण का आधिक्य साहित्येतिहास में व्यर्थ नहीं जाता।" गुप्त जी के सम्पूर्ण कर्तृत्व का मूल्यांकन करने के लिए नलिन जी की यह उक्ति अलम् है। मैथिलीशरण गुप्त के ही अनुज सियारामशरण गुप्त मानवतावादी दृष्टि लेकर हिन्दी-कविता में अवतीर्ण हुए थे। ये राष्ट्रीय चेतना से उत्प्रेरित थे और सच्चे अर्थों में गाँधीवादी। 'मौर्य विजय', 'पाथेय', 'बापू', 'नकुल' आदि इनकी महत्त्वपूर्ण कृतियाँ हैं।

द्विवेदीयुगीन गद्यकारों ने खड़ी बोली गद्य के परिमार्जन को अपना मुख्य ध्येय बनाकर हिन्दी को 'भाखापन' से मुक्त कर दिया। महावीर प्रसाद द्विवेदी स्वयं इस युग के एक प्रमुख गद्यकार थे। वे साहित्य को 'ज्ञानराशि' का संचित कोष मानकर हिन्दी-साहित्य को समृद्ध करने में जुटे। 'संपत्तिशास्त्र' इसका नमूना है। द्विवेदी जी भाषा में सरलता के पोषक थे और भाषिक सजीवता के लिए दूसरी भाषाओं के शब्द और भाव लेने में संकोच नहीं करते थे। बाबू श्यामसुन्दर दास (1875-1945 ई०), बालमुकुन्द गुप्त (1865-1907 ई०), माधव प्रसाद मिश्र (1871-1907 ई०), चन्द्रधर शर्मा गुलेरी (1883-1920 ई०), सरदार पूर्ण सिंह (1881-1931 ई०), पद्मसिंह शर्मा, गणेश शंकर विद्यार्थी, यशोदानन्दन अखौरी, मिश्रबंधु, सत्यदेव परिव्राजक, काशीप्रसाद जायसवाल, हरिऔध और गंगाप्रसाद अग्निहोत्री द्विवेदी-युग के प्रमुख गद्यकार हैं। आचार्य रामचन्द्र शुक्ल ने भी इसी काल में लिखना शुरू किया। मनोविकार-संबंधी उनके सभी निबंध 'सरस्वती' पत्रिका में 1920 ई० तक प्रकाशित हो चुके थे। श्यामसुन्दर दास 1893 ई० में स्थापित काशी नागरी प्रचारिणी सभा के संस्थापकों में से एक थे। वे काशी हिन्दू विश्वविद्यालय के हिन्दी-विभाग से भी इसी समय से सम्बद्ध थे। वे अच्छे निबंधकार और आलोचक सिद्ध हुए। उनकी चर्चित पुस्तकें हैं— 'साहित्यालोचन', 'भाषा-विज्ञान' और 'हिन्दी भाषा का विकास।' उनका गद्य संस्कृतनिष्ठ होने के साथ-साथ वैचारिक आग्रह प्रस्तुत करता है। बालमुकुन्द गुप्त ने बहुत-से पत्रों का संपादन किया। 'भारतमित्र' के संपादन-काल में उनका लिखा

गद्य 'शिवशंभु के चिट्ठे' अत्यन्त प्रसिद्ध हुआ। 'हिन्दी बंगवासी' के सम्पादन-काल में उनके प्रयत्नों से उक्त पत्र 'भाषा गढ़ने की टकसाल' कहलाया था। 'पुरानी हिन्दी', 'निबंधमाला' और 'उसने कहा था' (1917 ई॰) कहानी के रचयिता चन्द्रधर शर्मा गुलेरी हिन्दी के महत्त्वपूर्ण गद्यकार हैं। उन्होंने कुछ व्यंग्यात्मक निबंध भी लिखे जिनमें 'मारिसि मोहि कुठाउँ' और 'कछुवा धर्म' अत्यन्त प्रसिद्ध हैं। भावात्मक निबंधों का जो सिलसिला भारतेन्दु-युग में प्रतापनारायण मिश्र द्वारा शुरू किया गया था, उसे सरदार पूर्णसिंह ने अग्रसारित किया। सरदार जी ने मात्र छह निबंध लिखकर हिन्दी के शैलीकारों में अपना एक महत्त्वपूर्ण स्थान बना लिया। 'सच्ची वीरता', 'पवित्रता', 'कन्यादान', 'आचरण की सभ्यता', 'मजदूरी और प्रेम' तथा 'अमरीका का मस्ताना जोगी— वाल्ट ह्विटमैन' आपके अविस्मरणीय निबन्ध हैं। द्विवेदी-युग में आलोचना-विधा का विधिवत् शिलान्यास हुआ। महावीर प्रसाद द्विवेदी व्यावहारिक आलोचक थे और इस रूप में उनकी पहचान बनानेवाली पुस्तकों के नाम हैं— 'विक्रमांकदेवचरित चर्चा,' 'नैषधचरित चर्चा' और 'कालिदास की निरंकुशता'। भारतेन्दु-युग में प्रवर्तित पुस्तक-समीक्षा की भी नयी रूपरेखा द्विवेदी जी द्वारा समय-समय पर की गयी पुस्तक-समीक्षाओं द्वारा उभरी। मिश्रबंधुओं की ऐतिहासिक पुस्तकें हैं—'मिश्रबंधु विनोद' और 'हिन्दी नवरत्न।' पद्मसिंह शर्मा ने इस युग में तुलनात्मक आलोचना का श्रीगणेश किया। लाला भगवानदीन ने इस तुलनात्मक आलोचना को 'बिहारी और देव' नामक पुस्तक लिखकर आगे बढ़ाया। लाला भगवानदीन जहाँ टीकाकार थे, वहीं पद्मसिंह शर्मा में विद्वत्ता थी। 'बिहारी की सतसई' के द्वारा पद्मसिंह शर्मा ने हिन्दी-आलोचना में एक विद्वत्तापूर्ण पग रखा।

1920 ई॰ से 1940 ई॰ तक का बीस वर्षों का कालखण्ड हिन्दी में स्वच्छन्दतावाद काल कहलाता है जिसकी दूसरी अभिधा 'छायावाद' है। डॉ॰ नगेन्द्र 'छायावाद' को हिन्दी का विशिष्ट काल मानते हैं और डॉ॰ रामविलास शर्मा भक्तिकाल के बाद का सबसे बड़ा सांस्कृतिक आन्दोलन बतलाते हैं। स्वच्छन्दतावाद की समयावधि तक नवजागरण के तत्त्व हिन्दी में सक्रिय थे। नवजागरण इस दौर में राष्ट्रीय जागरण का कारण बना। यह युग गाँधी-युग भी है और स्वातंत्र्य-संग्राम के उत्कर्ष का भी युग है। पूर्वी और पश्चिमी संस्कृतियों की अबाध टकराहट अनेक मोर्चों पर दिखायी दे रही थी। एक वैश्विक प्रभामण्डल धरती पर फैल रहा था। परम्पराएँ और आधुनिकताएँ परस्पर टकरा रही थीं। रवीन्द्रनाथ ठाकुर को उनकी 'गीतांजलि' के लिए 1913 ई॰ में नोबेल पुरस्कार मिलना एक बड़ी घटना थी। रवीन्द्रनाथ ठाकुर की काव्य-चेतना हिन्दी-कवियों का आकर्षण बनी। अँगरेजी-साहित्य का अवलोकन किया गया। काउपर, क्रैब, बर्न्स, कोलरिज और वर्ड्स्वर्थ पढ़े गये। पश्चिम के भौतिकवादी दृष्टिकोण को आंशिक रूप में ग्रहण करके भी आधुनिक चिंतकों ने अपनी जातीय दृष्टि अक्षुण्ण रखी।

मुकुटधर पाण्डेय स्वच्छन्दता के कवि होने के साथ-साथ 'छायावाद' शब्द के

प्रथम प्रयोक्ता भी हैं। 'श्रीशारदा' (जबलपुर) पत्रिका में उनकी निबंधमाला प्रकाशित हुई थी जिसका नाम था 'हिन्दी में छायावाद'। बँगला में या अन्य दूसरी भारतीय भाषा में काव्यान्दोलन का वाचक यह शब्द था ही नहीं। डॉ॰ नगेन्द्र ने छायावाद की सूक्ष्मता को ध्यान में रखकर इसे 'स्थूल के प्रति सूक्ष्म का विद्रोह' माना है। नंददुलारे वाजपेयी 'मानव अथवा प्रकृति के सूक्ष्म किन्तु व्यक्त सौन्दर्य में आध्यात्मिक छाया के मान' को छायावाद मानते हैं।

छायावाद के चार महान् स्तम्भ हैं– जयशंकर प्रसाद, सूर्यकान्त त्रिपाठी 'निराला', सुमित्रानन्दन पन्त और महादेवी वर्मा। छायावाद के वरिष्ठ कवि जयशंकर प्रसाद ने प्रारंभ में ब्रजभाषा में कविता करनी शुरू की थी, लेकिन शीघ्र ही उसे स्थगित कर खड़ी बोली हिन्दी में आ गये। 'चित्राधार' (1918) प्रसाद जी का पहला काव्य-लंकलन है जिसमें ब्रजभाषा की कविताएँ संकलित हैं। 'कानन-कुसुम' और 'झरना' में प्रसाद का व्यक्तित्व खुलकर आया। तब अतिशय वैयक्तिकता की छाप उनकी कविताओं पर पड़ी हुई थी। 'आँसू' के पहले संस्करण (1925 ई॰) की वैयक्तिकता से घबराकर कवि ने इसका दूसरा संस्करण निर्वैयक्तिक दिखने की गरज से संशोधित करके छपवाया। इस दूसरे संस्करण में दर्शन-पक्ष जुड़ गया। आत्मप्रकाशन और प्रकृति-चित्रण दो और तत्त्व आँसू में जुड़े, दर्शन तो था ही। आत्मप्रकाशन के वैयक्तिक संस्पर्शों वाले काव्य-रूप 'गीत' को वे बराबर साधते रहे। 'झरना' और 'लहर' में कुछ अच्छे गीत प्रसाद ने दिये। प्रसाद ने गीतों के महत्त्व को अपने नाटकों में प्रदर्शित किया। 'कामायनी' (1935 ई॰) प्रसाद का आधुनिक संस्पर्शों वाला महाकाव्य है। यह जटिल, दार्शनिक और विवादास्पद है। इसमें शैव दर्शन है और मनु, श्रद्धा तथा इड़ा के माध्यम से युग-बोध, मनोविज्ञान और छायावाद की विस्तृत रूपरेखा इसमें उभारी गयी है। प्रसाद सौन्दर्य के सिद्ध कवि हैं। शैली की मसृणता और कठोरता, दोनों का रूपायन उन्होंने किया है। सूर्यकान्त त्रिपाठी 'निराला' (1909-1961 ई॰) अपने क्रान्तिकारी व्यक्तित्व और क्रान्तचेता रचनाकर के रूप में हिन्दी-साहित्य में ख्यात हैं। 'अनामिका' इनका पहला काव्य-संकलन है जो 1923 ई॰ में प्रकाशित हुआ। छायावादी विशेषताओं में से एक वैयक्तिकता को इन्होंने चरमोत्कर्ष पर पहुँचा दिया। छायावादी काव्य-संवेदना को उनका परवर्ती काव्य-संग्रह 'परिमल' (1929 ई॰) भी भलीभाँति अभिव्यक्त करता है। उन्होंने मुक्तछंद की तो हिन्दी में स्वीकृति करायी ही, उनका छंदोबद्ध काव्य-लेखन भी सुखद विस्मयकारी है। 'गीतिका', 'अर्चना' और 'आराधना' नामक उनके परवर्ती काव्य-संकलनों में संगीतात्मक गीत हैं। 'अणिमा', 'बेला' और 'नये पत्ते' का यथार्थवादी कविताओं के लिहाज से विशेष महत्त्व है। इन कविता-संग्रहों की बहुतेरी कविताएँ प्रयोगधर्मी हैं और परवर्ती विविध कविता-प्रवृत्तियों का उत्स-द्योतन करती हैं। निराला लम्बी कविताओं के लिए भी प्रसिद्ध हुए। उनकी लम्बी कविताएँ हैं– 'सरोज-स्मृति', 'राम

की शक्तिपूजा', 'कुकुरमुत्ता' और 'तुलसीदास।' सुमित्रानन्दन पन्त (1900-1977 ई॰) शिवम् और सुन्दरम् के कवि हैं। छायावाद की समस्त विशेषताएँ इनकी कविता में झलक उठीं। प्रकृति का इन्होंने आलम्बन रूप में चित्रण कर हिन्दी काव्येतिहास में अपना वैशिष्ट्य प्रदर्शित किया। 'पल्लव' (1926 ई॰) पन्त का और छायावाद का भी श्रेष्ठ निदर्शन है। 'पल्लव' की भूमिका ने पंत के नये काव्याभ्यास का औचित्य प्रमाणित कर दिखाया। इनके काव्य में आया हुआ रहस्यवाद आचार्य शुक्ल को पसंद है। 'गुंजन (1932) में वैयक्तिकता की कमी और सामाजिकता का आधिक्य प्रदर्शित हुआ। युगान्त (1936 ई॰) में वे संसार के गठन के लिए आकुल-व्याकुल हो उठे– 'द्रुत झरो जगत् के जीर्ण पत्र। हे स्रस्त-ध्वस्त! हे शुष्क-शीर्ण।' 'युगवाणी (1938)' में उनकी सामाजिकता गाँधीवाद और मार्क्सवाद का संवहन करने लगी। 'ग्राम्या', 'स्वर्णकिरण', 'उत्तरा', 'रजतशिखर', 'अतिमा', 'कला और बूढ़ा चाँद', 'समाधिता' आदि उनके अन्य प्रसिद्ध काव्य-संकलन हैं। 'लोकायतन' उनका प्रबंध-काव्य है। वे अरविन्द दर्शन से भी प्रभावित हुए। 'लोकायतन' में अरविन्द और गाँधी, दोनों के दर्शन अनुस्मृत हुए।

महादेवी वर्मा (1907-1987 ई॰) करुणा और वेदना की गायिका हैं। उन्होंने 'गीति' काव्य-रूप को साधा। रहस्यवाद को परिपुष्ट करती हुई उनकी काव्य-चेतना सघन अनुभूतियों को काव्य-विषय बनाती है। उनकी वेदना अज्ञात प्रियतम के प्रति प्रणय-निवेदन के रूप में उपस्थित हुई है। स्त्री होने के नाते महादेवी में यह तनाव अधिक घने रूप में उभरा। स्त्री और पुरुष की प्रेमजन्य वेदना में कोई मौलिक अन्तर नहीं होता है। पर परम्परागत संस्कारों के कारण स्त्री की अनुभूति में तीव्रता अधिक होती है। महादेवी के प्रमुख काव्य-संग्रह हैं–'नीहार', 'रश्मि', 'नीरजा' 'सांध्यगीत' और 'दीपशिखा'। गीति-भाषा के क्षेत्र में महादेवी का बहुमूल्य अवदान है। प्रभावान्विति की दृष्टि से महादेवी के गीत बेजोड़ हैं। महादेवी के काव्य का दार्शनिक पक्ष भी उनके गीतों में उभरता है।

रामकुमार वर्मा, जानकीवल्लभ शास्त्री, गोपाल सिंह नेपाली, आरसी प्रसाद सिंह, केदारनाथ मिश्र 'प्रभात', नरेन्द्र शर्मा, रामेश्वर शुक्ल 'अंचल' आदि कुछ महत्त्वपूर्ण कवियों ने छायावादी संस्कार की भी कविताएँ कीं। महत्त्वपूर्ण तथ्य है कि छायावाद शुद्ध काव्य-क्षेत्र का आन्दोलन था, लेकिन इसका प्रभाव तद्‌युगीन गद्य पर भी पड़ा। विषय-वस्तु से अधिक भाषा और शिल्प छायावादी गद्य के उपकारक बने। अतीतोन्मुखता यदि छायाबादी काव्य की विशेषता है तो यही प्रवृत्ति तद्‌युगीन गद्य की भी है। जयशंकर प्रसाद के समस्त नाटक और निबंध-संग्रह 'काव्य और कला तथा अन्य निबंध' में इतिहास आदर्श की तरह उपस्थापित था।

हिंदी-कविता के ही समान हिंदी-कहानी और उपन्यास की भी समृद्ध परम्परा स्थापित हुई। प्रथम हिंदी-कहानी की खोज के सिलसिले में इंशाअल्ला खाँ की 'रानी केतकी की कहानी', राजा शिव प्रसाद सितारे हिंद की 'राजा भोज का सपना' और

भारतेंदु हरिश्चंद्र की 'एक अद्भुत अपूर्व स्वप्न' का नाम लिया जाता है, पर इनमें कहानी-कला का बीज मात्र किसी प्रकार ढूँढ़ा जा सकता है। इसी आधार पर उनसे हिंदी-कहानी का आरम्भ मान लेना बहुत उचित नहीं कहा जा सकता। हिंदी की प्रथम कहानी वास्तव में किशोरीलाल गोस्वामी की 'इंदुमती' है जो सन् 1900 ई॰ में 'सरस्वती' पत्रिका में प्रकाशित हुई थी। 'इंदुमती' पर शेक्सपीयर के 'टेम्पेस्ट' की छाया बतायी जाती है, पर इसका कथानक चाहे जहाँ से भी लिया गया हो, यह रचना-शिल्प और भाषा-शैली की दृष्टि से कहानी कहे जाने योग्य है। 'टेम्पेस्ट' की छाया रखकर भी 'इंदुमती' हिंदी की प्रथम कहानी है।

'इंदुमती' के बाद हिंदी-कहानियों का सिलसिला शुरू हो गया। सन् 1900 से 1915 ई॰ के बीच 'सरस्वती', 'सुदर्शन', 'इंदु' और 'भारतमित्र' में निम्नांकित कहानियाँ प्रकाशित हुई—

कहानी	कहानीकार	प्रकाशन वर्ष	पत्रिका
1. इंदुमती	किशोरीलाल गोस्वामी	1900	सरस्वती
2. मन की चंचलता	माधव प्रसाद मिश्र	1901	सुदर्शन
3. गुलबहार	किशोरीलाल गोस्वामी	1902	सरस्वती
4. प्लेग की चुड़ैल	मास्टर भगवानदास मिर्जापुर	1902	सरस्वती
5. पंडित और पंडितानी	गिरिजादत्त वाजपेयी	1903	सरस्वती
6. ग्यारह वर्ष का समय	रामचंद्र शुक्ल	1903	सरस्वती
7. जम्बुकी न्याय	बंग महिला	1906	सरस्वती
8. दुलाईवाली	बंग महिला	1907	सरस्वती
9. विद्या-बहार	विद्यानाथ शर्मा	1909	सरस्वती
10. राखीबंद भाई	वृंदावनलाल वर्मा	1909	सरस्वती
11. नकली किला	मैथिलीशरण गुप्त	1909	सरस्वती
12. निन्यानबे का फेर	मैथिलीशरण गुप्त	1910	सरस्वती
13. ग्राम	जयशंकर प्रसाद	1911	इंदु
14. पिकनिक	गंगा प्रसाद श्रीवास्तव	1911	इंदु
15. सुखमय जीवन	चंद्रधर शर्मा गुलेरी	1911	भारत-मित्र
16. रसिया बालम	जयशंकर प्रसाद	1912	इंदु
17. परदेसी	विश्वम्भरनाथ जिज्जा	1912	इंदु
18. कानों में कंगना	राधिकारमण प्रसाद सिंह	1913	इंदु
19. रक्षाबंधन	विश्वम्भरनाथ शर्मा कौशिक	1913	सरस्वती
20. उसने कहा था	चंद्रधर शर्मा गुलेरी	1915	सरस्वती

प्रेमचंद उर्दू के क्षेत्र से हिंदी में आये और जम गये। 'पंच परमेश्वर' (1916 ई॰) उनकी पहली सुगठित कहानी है। उपन्यास के क्षेत्र में वे और अधिक अग्रणी

हैं। 'कायाकल्प', 'सेवासदन', 'निर्मला', 'प्रतिज्ञा', 'प्रेमाश्रम', 'गबन', 'कर्मभूमि', 'गोदान' और 'मंगलसूत्र' (अपूर्ण) तक प्रेमचन्द की आदर्शोन्मुखी यथार्थवादी दृष्टि समूचे भारतीय परिवेश को समेटने का अनवरत प्रयत्न करती है। थोड़ी अधिकता से ग्राम-परिवेश और थोड़ी न्यूनता से शहराती परिवेश को अपने कथा-साहित्य में उजागर कर प्रेमचन्द ने किस्सागोई के क्षेत्र में शीर्षता प्राप्त कर ली। बीसवीं शताब्दी के गद्यकारों में प्रेमचंद शीर्षस्थ हैं। प्रसाद ने 'कंकाल' (1929) लिखकर यथार्थवादी उपन्यास की नींव रखी। 'तितली' (1934) में यथार्थ की जगह आदर्श को प्रसाद ने आगे कर दिया है। प्रेमचंद और प्रसाद की दृष्टि में अन्तर है। प्रसाद में व्यक्तिवाद और भाववाद दिखते हैं, प्रेमचंद में समष्टिवाद और वस्तुवाद। जैनेन्द्र कुमार (1905-1988 ई॰) का 'परख' उपन्यास 1929 में छपकर आया। प्रेमचंद और प्रसाद की तरह ये कहानीकार भी थे। जैनेन्द्र ने 'सुनीता' (1935 ई॰) और 'त्यागपत्र' द्वारा श्रेष्ठ मनोवैज्ञानिक उपन्यासों की नींव रखी। उनके उपन्यासों में स्थूल सामाजिक नैतिक संघर्ष के स्थान पर सूक्ष्म नैतिक संघर्ष और जटिल मानसिकता मिलती है। इस तरह की विषय-वस्तु लेकर लघु उपन्यास ही लिखे जा सकते थे, फलतः जैनेन्द्र के सभी उपन्यास छोटे हैं। वृंदावनलाल वर्मा (1939-1969) ने हिन्दी-उपन्यासों में ऐतिहासिक उपन्यास का विधिवत् चलन कराया। इन्हीं के पथ पर चतुरसेन शास्त्री (1938-1960 ई॰) भी चले। इनसे पहले ऐतिहासिक कथानक पर प्रसाद का 'इरावती' उपन्यास आ चुका था जो ऐतिहासिक उपन्यासों की रीढ़ है। हिन्दी-कथा-लेखन स्वच्छन्दतावादी युग में पर्याप्त परिपक्व हो गया था। हिन्दी-उपन्यासों का जो पहला उत्थान था, वह भारतेन्दु-युगीन था और जिसमें 'परीक्षागुरु' (लाला श्रीनिवास दास), 'नरेन्द्र मोहिनी', 'कुसुम कुमारी', 'चंद्रकान्ता संतति' (देवकीनंदन खत्री) 'तारा', 'चपला', 'रजिया बेगम,' 'लवंगलता' (किशोरीलाल गोस्वामी) आदि उपन्यास पड़ते थे। ये उपन्यास तीन प्रकार की प्रवृत्तियाँ लेकर चले थे– आदर्श और नैतिक शिक्षा, जासूसी और ऐयारी तथा सामाजिक-ऐतिहासिक। इन उपन्यासों में वर्णित चरित्र कम स्वाभाविक थे, विश्वसनीय भी कम थे। कुछ यही बात 'हरिऔध' के उपन्यासों के बारे में कही जा सकती है ('ठेठ हिंदी का ठाठ' और 'अधखिला फूल')। ये दोनों पुस्तकें भाषा के नमूने की दृष्टि से लिखी गयीं, औपन्यासिक कौशल की दृष्टि से नहीं। स्वच्छन्दतावादी काल में प्रसाद, चतुरसेन शास्त्री और वृंदावनलाल वर्मा के उपन्यास अतीतोन्मुखता की सार्थक चेष्टा के प्रतिफलन थे।

निबन्ध के क्षेत्र में बीसवीं सदी का तीसरा-चौथा दशक अत्यन्त महत्त्वपूर्ण है। भावात्मक, विचारात्मक, वर्णनात्मक सभी कोटि के निबंध इस कालखंड में दृष्टिगोचर हुए। आचार्य शुक्ल के निबंधों का संग्रह 'चिन्तामणि' इस युग के निबन्धों का आदर्श है जो विचारात्मक कोटि के निबंधों का संग्रह भी है। मोटे तौर पर काव्याधृत भावों या मनोविकारों तथा काव्य-समीक्षात्मक इन निबंधों ने निबंध के क्षेत्र की

पूर्ववर्ती समस्त अराजकताएँ यथा व्यक्ति-व्यंजकता, उच्छृंखल वाक्य-विलास, अक्रमबद्धता आदि समाप्त कर दीं। आचार्य शुक्ल के निबन्ध विचार को संवेदना के धरातल पर ले जानेवाले हैं। उनकी आप्त स्वीकारोक्ति है– "यात्रा के लिए निकलती रही है बुद्धि, पर हृदय को भी साथ लेकर।" मुंशी प्रेमचंद कहानी और उपन्यास को साधने के साथ-साथ निबंध विधा पर भी कलम चलाते हैं। 'हंस' पत्रिका के सम्पादन-काल में उनके अनेक निबंध 'हंस' में आये। इनका श्रेष्ठ निबंध-संकलन 'साहित्य का उद्देश्य' शीर्षक पुस्तक है। गुलाब राय, रघुवीर सिंह, शिवपूजन सहाय, पाण्डेय बेचन शर्मा उग्र, निराला आदि इस युग के अप्रतिम निबंधकार हैं जिन्होंने हिन्दी गद्य को गत्वरता प्रदान की।

आलोचना के क्षेत्र में अब तक रामचन्द्र शुक्ल की प्रतिष्ठा हो चुकी थी। वे 1904 ई॰ से निरंतर लेख आदि विभिन्न पत्रिकाओं में लिख रहे थे। 'हिन्दी शब्दसागर' की भूमिका के रूप में लिखा गया उनका 'हिन्दी साहित्य का इतिहास' परिवर्द्धित और संशोधित होकर नागरी प्रचारिणी सभा से प्रकाशित हो चुका था। 'रस-मीमांसा', 'जायसी ग्रंथावली', 'सूरदास', 'भ्रमरगीत-सार', 'गोस्वामी तुलसीदास' जैसी अन्य पुस्तकें भी समालोचना को ऊँचाई देती हुई समादृत हो चुकी थीं। आचार्य शुक्ल की आलोचना पर 'गीता' का कर्मोपदेश और तुलसीदास के नैतिक मूल्यों की गहरी छाप है। वे रसवादी आचार्य हैं और आई॰ए॰ रिचर्ड्स से प्रभावित भी हैं जिसने आलोचना में मनोविज्ञान को एक औजार की तरह इस्तेमाल किया। स्वच्छन्दतावादी दौर के अन्य प्रमुख आलोचक हैं– बाबू गुलाव राय, लाला भगवानदीन, रमाशंकर शुक्ल 'रसाल', श्यामसुन्दर दास ('रूपक रहस्य'), भुवनेश्वरनाथ मिश्र 'माधव', रामकृष्ण शुक्ल 'शिलीमुख' ('प्रसाद की नाट्यकला'), गिरिजादत्त शुक्ल 'गिरीश' ('महाकवि हरिऔध'), ब्रंजरत्नदास आदि। विश्वनाथप्रसाद मिश्र और रामकुमार वर्मा भी इसी कालखण्ड में यशस्वी हो चुके थे।

सन् 1936 ई॰ तक स्वच्छन्दतावाद का अवसान मान लेने से उत्तर-स्वच्छन्दतावाद या प्रगति-प्रयोगकाल का मार्ग प्रशस्त होने लगता है। सन् '36 के बाद के स्मरणीय 'वाद' के रूप में प्रगतिवाद और प्रयोगवाद गद्य में भी प्रसरित हुआ। लेकिन इन दो महत्त्वपूर्ण प्रवृत्तियों के पूर्व और छायावाद-पश्चात् कुछ कवियों का रुझान न छायावाद का था, न कोरा प्रगति-प्रयोग का, बल्कि दोनों के समवेत रूप का था और ये कवि थे हरिवंशराय बच्चन ('मधुशाला', 'निशा-निमंत्रण'), रामधारी सिंह दिनकर ('हुंकार'), नरेन्द्र शर्मा ('प्रभातफेरी', 'शूलफूल'), रामेश्वर शुक्ल 'अंचल' और कुछ दूर तक बालकृष्ण शर्मा 'नवीन' तथा भगवतीचरण वर्मा। भाववादी इहलौकिकता बच्चन-काव्य का प्रदेय है। नरेन्द्र शर्मा और 'दिनकर' ओजस्वी स्वर अपनाते हैं और रामेश्वर शुक्ल 'अंचल' मांसल-शरीरी प्रेम को। 'नवीन' और भगवतीचरण वर्मा में बच्चन का 'हालावाद' दिख जाता है। संक्षेप में, छायावादी अशरीरी वस्तु-जगत् को उत्तर

स्वच्छन्दतावाद ने पलटकर शरीरी वस्तुजगत् बना डाला।

माखनलाल चतुर्वेदी 'एक भारतीय आत्मा' (1938-1968 ई॰) अपने काव्य-रुझान में विप्लववादी कवि हैं। उनके काव्य पर गाँधी-दर्शन का भी प्रभाव पड़ा है। चतुर्वेदी जी एक कर्मठ पत्रकार और संपादक थे। 'प्रभा' और 'कर्मवीर' आपके द्वारा संपादित श्रेष्ठ पत्र थे। 'हिमकिरीटिनी', 'वेणु लो गूँजे धरा', 'युगचरण', 'मरण ज्वार' आपके श्रेष्ठ काव्य-संकलन हैं। सियारामशरण गुप्त दूसरे प्रमुख गाँधीवादी कवि हैं जिनके काव्य में वेदना और करुणा की अतिशय मात्रा है। 'बापू' (1937), 'उन्मुक्त' (1940 ई॰), 'नकुल' (1946 ई॰) और 'नोआखाली' (1946 ई॰) इनके प्रसिद्ध काव्यग्रंथ हैं जो इस काल में रचे गये। राष्ट्रीयता के भावों से सम्पन्न अन्य दो बड़े कवि हैं सुभद्रा कुमारी चौहान (1904-1948 ई॰) और रामधारी सिंह 'दिनकर'। युद्ध और बलिदान चौहान की कविता के मुख्य काव्य-विषय हैं। 'त्रिधारा' और 'मुकुल' उनके प्रकाशित काव्य-संग्रह हैं। इस काल में 'दिनकर' के प्रकाशित काव्य-संग्रह हैं– 'रेणुका' (1936 ई॰), 'हुंकार' (1940 ई॰), 'रसवन्ती' (1940 ई॰) और 'सामधेनी' (1947 ई॰)। इन संकलनों में 'दिनकर' के विविध काव्य-स्वर सुनायी पड़े। कहीं वे गाँधीवाद का समर्थन करते हैं तो कहीं सशस्त्र क्रान्ति का, कहीं प्रकृति और नारी-प्रेम की आकांक्षा व्यक्त करते हैं तो कहीं सर्वहारा के उदय की चिन्ता करते हैं। 'कुरुक्षेत्र' (1946 ई॰) ने 'दिनकर' के व्यक्तित्व को उभारा। पौराणिक आख्यान चुनकर रचना करने की फिर तो झड़ी लगी गयी– 'रश्मिरथी', 'परशुराम की प्रतीक्षा', 'उर्वशी' (परवर्ती श्रेष्ठ रचना)।

प्रगतिवाद

सन् 1936 ई॰ में मुंशी प्रेमचंद की अध्यक्षता में लखनऊ में प्रगतिशील लेखक संघ का पहला अधिवेशन हुआ था। इस अधिवेशन के प्रेरणापुंज मुल्कराज आनन्द और सज्जाद जहीर थे जिन्होंने एक वर्ष पूर्व ही लन्दन में इसी नाम का एक संघ खोल रखा था। इससे भी पूर्व फ्रांस में हेनरी बारबूज की पहल से संघ का एक अन्तरराष्ट्रीय अधिवेशन 1935 ई॰ में आयोजित हो चुका था। हिन्दी में 1940 ई॰ के बाद ही 'प्रगतिवाद' शब्द का प्रचलन हुआ। इसकी तुलना में 'प्रगतिशील' शब्द पुराना है और जिसका व्यवहार मुंशी प्रेमचंद ने अपने भाषण में भी किया था। प्रगतिवाद, 'दिनकर' जी के शब्दों में, मार्क्सवाद का सहोदर भ्राता है जबकि 'प्रगतिशील' की अवधारणा में सर्वहारा की पक्षधरता तो है, पर वह शुद्ध साहित्यिक भावना है, उसमें राजनीति की गंध नहीं है। प्रगतिवाद मार्क्सवाद के अर्थ में रूढ़ हो गया। नागार्जुन, शिवमंगल सिंह 'सुमन', केदारनाथ अग्रवाल, त्रिलोचन शास्त्री प्रभृति कवि पहले दौर के मार्क्सवादी या प्रगतिवादी कवि घोषित हुए। मुक्तिबोध, रामविलास शर्मा, शमशेर बहादुर सिंह दूसरे दौर के महत्त्वपूर्ग मार्क्सवादी कवि हुए। पुराने खेमे के पन्त, निराला, बच्चन, अंचल, नरेन्द्र शर्मा आदि ने भी युगधारा में

अवगाहन करते हुए मार्क्सवादी रुझानों पर कुछ अच्छी कविताएँ कीं। इन कवियों में नागार्जुन, त्रिलोचन और शमशेर बहादुर सिंह की हाल-हाल तक साहित्य में महत्त्वपूर्ण चर्चाएँ हुई हैं। इन सबकी भी पृष्ठभूमि में नये सौन्दर्यशास्त्र की नींव की छटपटाहट दिखायी पड़ती है। नागार्जुन के सौन्दर्यशास्त्र की प्रेरणा यहाँ है : ''प्रतिबद्ध हूँ, जी हाँ, प्रतिबद्ध हूँ– बहुजन समाज की अनुपल प्रगति के निमित्त''। नागार्जुन में देसी सरलता थी और व्यंग्य की भी धार फूटती रहती थी। केदारनाथ अग्रवाल प्रकृति और गार्हस्थ्य के सफल कवि हैं। छायावाद का परकीया-प्रेम नागार्जुन और केदार के प्रभाव से विलुप्त हो गया और उसकी जगह स्वकीया-प्रेम ने ले ली। 'युग की गंगा', 'नींद के बादल', 'फूल नहीं रंग बोलते हैं', 'पंख और पतवार' केदार के प्रमुख काव्य-संग्रह हैं। भाषा की सरलता के क्षेत्र में त्रिलोचन एक महत्त्वपूर्ण नाम है। इनके सानेट प्रसिद्ध हैं। 'धरती', 'गुलाब और बुलबुल', 'ताप के ताए हुए दिन', 'उस जनपद का कवि हूँ' जैसे संग्रहों में त्रिलोचन के प्रेमानुभव, प्रकृति-बोध और जीवन के अनेक छोटे-छोटे प्रसंग खोजे जा सकते हैं। शिवमंगल सिंह 'सुमन' की कविताओं में 'भावुकता का अतिरेक मिलता है। आम-जन की पीड़ा से 'सुमन' दुःखी होकर पूँजीवाद के खिलाफ कविताएँ करते हैं। इनकी प्रगतिशील भावनाओं की अभिव्यक्ति 'नवयुग के गान' और 'प्रलय सृजन' नामक संग्रहों में हुई। रांगेय राघव (1923-62 ई॰) न केवल महत्त्वपूर्ण कथाकार हैं, बल्कि प्रगतिवादी कवि भी। 'अजेय खण्डहर', 'मेधावी', और 'पाँचाली' 1944 ई॰ से लेकर 1955 ई॰ तक प्रकाशित इनके काव्य-संग्रह हैं जिनमें वर्तमान और अतीत की छवियाँ जनपक्षधरता के आलोक में उकेरी गयी हैं।

प्रयोगवाद और नयी कविता

1943 ई॰ में अज्ञेय के संपादकत्व में सात कवियों– नेमिचंद्र जैन, प्रभाकर माचवे, मुक्तिबोध, भारतभूषण अग्रवाल, रामविलास शर्मा, गिरिजाकुमार माथुर और स्वयं अज्ञेय की कविताओं का प्रतिनिधि संकलन भारतीय ज्ञानपीठ, काशी से छपकर आया। दो-ढाई वर्षों बाद इस संकलन में 'प्रयोग' शब्द की आवृत्ति देखकर कविता में प्रयोगवाद नामक काव्यान्दोलन अस्तित्व में आ गया। बाद के तारसप्तकीय संस्करण में अज्ञेय ने 'प्रयोग का कोई वाद नहीं हो सकता' जैसी बयानबाजी की लेकिन प्रयोगवाद उनसे चस्पाँ हो गया। बड़े गरज के साथ नलिनविलोचन शर्मा, केसरी कुमार और नरेश (नकेनवाद/प्रपद्यवाद) ने काव्यात्मक प्रयोग शुरू किये और प्रवक्ता केसरी कुमार ने दावा ठोंका कि सन् 1938-39 ई॰ में ही लिखित नलिनविलोचन शर्मा की कविताओं ने प्रयोग-विषयक अग्रगामिता प्रदर्शित कर दी थी, इसलिए 'प्रयोग' के पुरस्कर्ता शर्मा जी हैं। दावा सर्वमान्य नहीं हुआ। नकेनवाद और प्रयोगवाद अलग-अलग स्कूल के रूप में मूल्यांकित हुए।

प्रयोगवाद छायावाद की प्रतिक्रिया था। प्रयोगवाद की आस्था वायवीयता और

फेनिलता पर न थी, बल्कि यथार्थ पर थी। प्रयोगवाद का यथार्थवाद अस्तित्वमूलक यथार्थवाद था। प्रयोगवादी कवि के प्रेरक थे फ्रायड और उनका मनोविश्लेषण तथा कार्ल मार्क्स और उनका मार्क्सवाद। रामस्वरूप चतुर्वेदी प्रयोगवाद से हिन्दी नवलेखन का समारंभ मानते हैं।

नयी कविता का दायरा बढा। पहले-दूसरे और तीसरे सप्तक के कवियों के अतिरिक्त सप्तक के बाहर के कवि भी नयी कविता में शिरकत करते पाये गये। 'नयी कविता' पत्रिका (1954 ई/सं॰ जगदीश गुप्त) ने 'नयी कविता' को आन्दोलन के नाम से स्थिर कर दिया। वैसे, 'नयी कविता' नाम अज्ञेय का चलाया हुआ है, उन्होंने ही एक रेडियो-वार्ता में इस पद का प्रयोग किया था। नयी कविता के बीज विभिन्न आलोचकों के द्वारा 'निराला' की कविताओं ('बेला' और 'नये पत्ते') में ढूँढे गये और वे नयी कविता क्या, परवर्ती हिन्दी कविता के लिए प्रेरक माने गये। 'निराला' के मरणोपरान्त (1961 ई॰) उनको तत्कालीन समकालीनता का भी प्रेरक माना गया। नयी कविता की प्रवृत्तियों को इस प्रकार रेखांकित किया जा सकता है : (1) सामान्य वस्तुओं तथा अकिंचन परिस्थितियों से रागात्मक संबंध। (2) गहरे तथा तीखे व्यंग्य की प्रवृत्ति परन्तु ऐसा व्यंग्य जो जीवन के प्रति एक रचनात्मक दृष्टिकोण दे सके। (3) नयी छन्द-योजना, शब्दों के ध्वन्यात्मक तथा आन्तरिक अर्थों का समन्वय करते हुए। (4) बिखरे हुए भाव-चित्रों तथा मुक्त साहचर्य का निस्संकोच प्रयोग। (5) एक नये व्यापक तथा उदार मानवतावादी दृष्टिकोण को विकसित करने का अथक प्रयास– सामान्य जन-जीवन के प्रति एक अनिवार्य 'कनसर्न' की भावना (मुखौटों की संस्कृति के प्रति आशंका और आक्रोश)। नयी कविता और प्रगतिशील कविता के भीतर मार्क्सवादियों द्वारा प्रचारित एक नाम गजानन माधव मुक्तिबोध का है। मुक्तिबोध कवि और आलोचक दोनों हैं। उनके दो काव्य-संग्रह हैं– 'चाँद का मुँह टेढ़ा है' और 'भूरि भूरि खाक धूल।' उन्होंने स्वयं 'नयी कविता का सौन्दर्यशास्त्र' नामक आलोचना-पुस्तक भी लिखी है। नयी कविता के भीतर अज्ञेय भी एक मान्य कवि हैं।

मुक्तिबोध और अज्ञेय के अतिरिक्त उत्तर-शती के महत्त्वपूर्ण कवि हुए– भवानी प्रसाद मिश्र, शमशेर बहादुर सिंह, नरेश मेहता, सर्वेश्वर दयाल सक्सेना, धर्मवीर भारती, केदारनाथ अग्रवाल, कुँवर नारायण, रघुवीर सहाय, विजयदेव नारायण साही, जगदीश चतुर्वेदी, केदारनाथ सिंह, सौमित्र मोहन, कैलाश वाजपेयी, धूमिल, लीलाधर जगूड़ी, अशोक वाजपेयी, विपिन कुमार अग्रवाल, श्रीकांत वर्मा, दुष्यन्त कुमार इत्यादि। इन सब कवियों से विशिष्ट व्यक्तित्व कवि नागार्जुन का है जिनके काव्यात्मक प्रयोग युवा पीढ़ी के आदर्श बने। मंगलेश डबराल, उदय प्रकाश, अरुण कमल, ज्ञानेंद्रपति, राजेश जोशी, वीरेन्द्र डंगवाल, गिरधर राठी, विष्णु खरे, चंद्रकान्त देवताले, विनय दुबे, प्रयाग शुक्ल प्रभृति नाम समकालीन कविता में उल्लेखनीय नाम

हैं। इन सब कवियों ने अपने समय और समाज को प्रतिबिंबित किया है। सन् 1975 ई॰ के आपातकाल के बाद से हिन्दी-कविता वाद-मुक्त हो गयी। इससे पूर्व 'नयी कविता' के बाद काव्यांदोलनों की बाढ़-सी आ गयी थी। लगभग तीन दर्जन काव्यान्दोलन थे जिनमें अकविता, साठोत्तरी कविता, विचार कविता (बलदेव वंशी) प्रमुख थे। एक आन्दोलन नवगीत का भी था। नयी कविता के समानान्तर गीतों को 'नवगीत' कहा गया। राजेन्द्र प्रसाद सिंह ('गीतांगिनी', 'आओ खुली बयार', 'संजीवन कहाँ', 'उजली कसौटी', 'डायरी के जन्म दिन', 'भरी सड़क पर', 'शब्द-यात्रा', 'प्रस्थान बिंदु', 'मारूभाषा', 'लाल नीली धारा'), शंभुनाथ सिंह ('रूपरश्मि', 'छायालोक', 'उदयाचल', 'दिवालोक'), गोपालदास नीरज ('प्राणगीत', 'आसावरी', 'गीत भी अगीत भी'), वीरेन्द्र मिश्र ('अविराम चल मधुवन्ती'), ठाकुर प्रसाद सिंह, रवीन्द्र भ्रमर, सोम ठाकुर, हरीश भादानी, नरेश सक्सेना, दिनकर सोनवलकर, नईम इत्यादि कुछ चर्चित नवगीतकारों के दर्शन हुए। एक प्रवृत्ति गद्य-कविता की भी उभरी है।

हिन्दी-नाटकों का विकास अच्छे रंगमंच के अभाव में नहीं हो सका। स्वातंत्र्योत्तर हिन्दी-नाटक और एकांकी सामयिक युग-जीवन से जुड़े। भ्रष्टाचार, नैतिक मूल्यों में गिरावट, चीनी युद्ध, निरर्थकता-बोध, स्त्री-मुक्ति इत्यादि कुछ विषयों को लेकर हिन्दी-नाटक चले। नाटक के क्षेत्र में महत्त्वपूर्ण नाम हैं– डॉ॰ लक्ष्मीनारायण लाल ('मादा कैक्टस', 'मिस्टर अभिमन्यु'), मोहन राकेश ('आषाढ़ का एक दिन', 'लहरों के राजहंस', 'आधे-अधूरे'), दुष्यन्त कुमार ('एक कंठ विषपायी'), धर्मवीर भारती ('अंधा युग'), जगदीशचंद्र माथुर ('कोणार्क'), नरेश मेहता ('सुबह के घंटे', 'खंडित यात्राएँ'), मन्नू भंडारी ('विना दीवारों का घर'), शंकर शेष, विपिन कुमार अग्रवाल ('तीन अपाहिज', 'लोटन' ('खोये हुए आदमी की खोज'), मुद्राराक्षस ('तिलचट्टा'), विनोद रस्तोगी, ('आजादी के बाद'), शिवशंकर सिंह ('घंटियाँ गूँजती हैं'), नाग बोडस ('दलित'), स्वदेश दीपक ('कोर्ट मार्शल'), सुरेन्द्र वर्मा ('द्रौपदी', 'सूर्य की अंतिम किरण से सूर्य की पहली किरण तक')। 'पृथ्वी थियेटर' के अस्त होने पर राष्ट्रीय नाट्य विद्यालय, इप्टा, प्रयाग रंगमंच, अनामिका आदि कुछ महत्त्वपूर्ण नाट्य-संगठन देश में कार्यरत हैं। एकांकीकारों में रामकुमार वर्मा, भुवनेश्वर, उपेन्द्रनाथ अश्क, जगदीशचंद्र माथुर, विष्णु प्रभाकर के अवदान महत्त्वपूर्ण हैं।

हिंदी के गद्यकार जिस सहजता से कथा-साहित्य की ओर अग्रसर हुए हैं, उस सहजता से निबंध-साहित्य की ओर नहीं। अत्यन्त सरस विधा होने पर भी हमारे गद्यकार निबंध में सरसता कम देखते हैं। हजारी प्रसाद द्विवेदी के बाद एक महत्त्वपूर्ण नाम विद्यानिवास मिश्र का है। आचार्य द्विवेदी और विद्यानिवास मिश्र के निबन्ध भारतीयता की खोजबीन करते हैं। विद्यानिवास मिश्र ('परम्परा बंधन नहीं', 'अंगद की नियति') ने ललित निबंध को द्विवेदी जी के बाद और भी अधिक जीवन्त बनाये रखा। जैनेन्द्र कुमार का विचारक व्यक्तित्व उनके निबंधों में झाँकता है। उनके

तेरह के लगभग निबन्ध-संग्रह हैं। लालित्य का आश्रय लेकर कुबेरनाथ राय के निबंध आये। ललित निबंध के क्षेत्र में हजारी प्रसाद द्विवेदी, विद्यानिवास मिश्र और कुबेरनाथ राय, ये तीन बड़े नाम हैं। विवेकी राय, प्रभाकर माचवे, रघुवीर सहाय, अज्ञेय, विनयमोहन शर्मा, वासुदेवशरण अग्रवाल, यशपाल, महादेवी वर्मा, हरिशंकर परसाई, गुणाकर मुले श्रेष्ठ निबंधकार हैं।

स्वातंत्र्योत्तर हिंदी-साहित्य में कथा-साहित्य और आलोचना-साहित्य के क्षेत्र में यशस्वी कृतियाँ आयीं। प्रभूत अंतर्दशाओं और जीवन-स्थितियों को लेकर हिन्दी का कथा-साहित्य आगे बढ़ा। हिन्दी के उपन्यासकार हिन्दी के कहानीकार भी हुए। 'नयी कविता' के वजन पर हिन्दी में 'नयी कहानी' का आंदोलन चला। हिन्दी कहानी और उपन्यासों पर मार्क्स, फ्रायड, सार्त्र इत्यादि दार्शनिकों के विचारों का प्रभाव भी पड़ा। भगवतीचरण वर्मा, यशपाल, अज्ञेय, भैरवप्रसाद गुप्त, शिवप्रसाद सिंह, मार्कण्डेय, फणीश्वरनाथ 'रेणु', मोहन राकेश, कमलेश्वर, राजेन्द्र यादव, निर्मल वर्मा, ज्ञानरंजन, महेन्द्र भल्ला, मधुकर सिंह, काशीनाथ सिंह, महीप सिंह, रमेश उपाध्याय, गोविन्द मिश्र, रवीन्द्र कालिया, ज्ञानप्रकाश, स्वयंप्रकाश, जितेन्द्र भाटिया, उदयप्रकाश, गिरिराज किशोर, संजीव इत्यादि कथाकार ख्यात हुए।

महिला-कहानीकारों का अंशदान भी इस क्षेत्र में अति महत्त्वपूर्ण है। मन्नू भंडारी, कृष्णा सोबती, उषा प्रियंवदा, मृदुला गर्ग, शिवानी, ममता कालिया, अर्चना वर्मा, सुधा अरोड़ा, निरुपमा सेवती और उषाकिरण खान के नाम उल्लेखनीय हैं। इनकी कहानियों में सामान्यतः स्त्री के स्वतंत्र व्यक्तित्व और वरण की स्वतंत्रता के चित्र आँके गये हैं। सेक्स के संबंध में भी न उन्हें कोई झिझक है और न रोमानी संकोच। उषाकिरण खान की कहानियाँ ग्रामीण यथार्थ की कहानियाँ हैं।

फणीश्वरनाथ रेणु, मार्कण्डेय और शिवप्रसाद सिंह ग्रामांचल के कहानीकार हैं। अन्य सभी प्रधानतया नगरीय परिवेश के कहानीकार हैं। प्रेमचंद की परम्परा को अमरकांत, भीष्म साहनी, रांगेय राघव, शेखर जोशी, शैलेश मटियानी आदि कहानीकारों ने आगे बढ़ाने में मदद की। कुछ प्रसिद्ध कवि भी कहानी के क्षेत्र में उतरे थे। अज्ञेय का नामोल्लेख हो चुका है। नरेश मेहता, मुक्तिबोध, रघुवीर सहाय, सर्वेश्वर दयाल सक्सेना, धर्मवीर भारती, श्रीकांत वर्मा आदि इस क्षेत्र में परिगणनीय हैं। सम्प्रति उदयप्रकाश अच्छे कवि और कहानीकार दोनों हैं। कविता के समान ही कहानी के क्षेत्र में भी कई आंदोलन दिख पड़े जिनमें 'नयी कहानी' के बाद 'समांतर कहानी' और 'सचेतन कहानी' अधिक जाने गये।

सम्पूर्ण भारतीय साहित्य में हिन्दी-उपन्यासों की विशिष्टता उसके आंचलिक उपन्यासों के कारण है। सन् 1925 में शिवपूजन सहाय का 'देहाती दुनिया' नामक उपन्यास प्रकाशित हो चुका था और सन् 1952 में नागार्जुन का 'बलचनमा' भी। इनमें से 'देहाती दुनिया' तो सब तरह से आंचलिक उपन्यास है किंतु 'बलचनमा'

में केवल आंचलिक रंग है, है वह व्यक्तिपरक उपन्यास ही। आंचलिक उपन्यास के शिल्पगत वैशिष्ट्य को नहीं समझनेवाले आलोचक हिन्दी के प्रथम श्रेष्ठ आंचलिक उपन्यास रचने का श्रेय फणीश्वरनाथ रेणु को देते हैं जिन्होंने सन् 1954 में 'मैला आँचल' प्रकाशित किया। समग्र अंचल को ही कथा-नायक के रूप में प्रस्तुत करना इस आंचलिक उपन्यास की विशेषता है। 'मैला आँचल' कथा-संयोजन और शिल्प की दृष्टि से एक बेजोड़ उपन्यास है। 'परती परिकथा', 'जुलूस' और 'दीर्घतपा' रेणुजी के अन्य उपन्यास हैं। आंचलिक उपन्यासों के वर्ग में उदयशंकर भट्ट का उपन्यास 'सागर, लहरें और मनुष्य' (1956), रांगेय राघव का 'कब तक पुकारूँ', राही मासूम रजा का 'आधा गाँव', शिवप्रसाद सिंह का 'अलग-अलग वैतरणी', श्रीलाल शुक्ल का 'राग दरबारी', शानी का 'काला जल', कृष्णा सोबती का 'डार से बिछुड़ी', शैलेश मटियानी का 'दूधगाछ' उल्लेखयोग्य हैं। अज्ञेय की प्रतिभा उपन्यासों में भी चमकी। 'शेखर : एक जीवनी' सन् 1941 में ही आ चुका था जो हिन्दी-उपन्यास-जगत् में अपनी विषयवस्तु की नवीनता और नव्य शिल्प के लिए ख्यात हुआ। 'नदी के द्वीप' और 'अपने-अपने अजनबी' अज्ञेय के दो अन्य विशिष्ट उपन्यास हैं। अज्ञेय फ्रायड के मनोविज्ञान से प्रभावित थे। इलाचन्द्र जोशी फ्रायड के मनोविज्ञान से प्रभावित होकर लेखन-कर्म करते हैं। स्वातंत्र्योत्तर काल में उनका चर्चित उपन्यास है 'जहाज का पंछी' (1955)। स्त्री-पुरुष-संबंधों को मनोविज्ञान के अन्तर्गत समेटकर देवराज ने छठे दशक से उपन्यास-क्षेत्र में पहचान बनायी। 'पथ की खोज', 'बाहर भीतर', 'रोड़े और पत्थर', 'अजय की डायरी' तथा 'मैं वे और आप' देवराज के मनोवैज्ञानिक उपन्यास हैं। इसी वर्ग का एक चर्चित उपन्यास धर्मवीर भारती रचित 'गुनाहों का देवता' है। बड़ा प्रबन्ध-कौशल यशपाल के 'झूठा-सच', अमृतलाल नागर के 'बूँद और समुद्र' तथा इधर प्रकाशित गिरिराज किशोर के 'पहला गिरमिटिया' में दिखायी पड़ता है। 'झूठा सच' भारत-विभाजन की त्रासदी पर, 'बूँद और समुद्र' लखनऊ के मुहल्ला चौक की अजीबोगरीब घटनाओं पर तथा 'पहला गिरमिटिया' महात्मा गाँधी के दक्षिण अफ्रीका प्रवास पर केन्द्रित है। ऐतिहासिक-सांस्कृतिक उपन्यासों के वर्ग में राहुल सांकृत्यायन के उपन्यास और हजारी प्रसाद द्विवेदी के चार उपन्यास 'बाणभट्ट की आत्मकथा', 'अनामदास का पोथा', 'पुनर्नवा' और 'चारुचन्द्रलेख' महत्त्वपूर्ण हैं। यशपाल का उपन्यास 'दिव्या' इसी वर्ग का है। भैरवप्रसाद गुप्त ('सत्ती मैया का चौरा'), अमृत राय ('नागफनी का देश'), राजेन्द्र यादव ('उखड़े हुए लोग'), मन्नू भंडारी ('महाभोज') सामाजिक वर्ग के उपन्यासकार हैं। 'अँधेरे बन्द कमरे' (मोहन राकेश), 'वे दिन' (निर्मल वर्मा), 'एक पति के नोट्स (महेन्द्र भल्ला), 'मछली मरी हुई' (राजकमल चौधरी), 'बेघर' (ममता कालिया), 'सूरजमुखी अँधेरे के' (कृष्णा सोबती) इत्यादि उपन्यासों में यौनता को यथार्थता से उभारा गया है। इधर सक्रिय प्रमुख महिला उपन्यासकार हैं– पद्मा सचदेव ('भटको नहीं धनंजय'), मृदुला गर्ग

('कठगुलाब'), रानी सेठ ('निष्कवच', 'तत्सम'), मैत्रेयी पुष्पा ('इदन्न मम', 'अल्मा कबूतरी', 'चाक'), उषाकिरण खान ('फागुन के बाद', 'सीमान्तकथा' आदि), अलका सरावगी ('कलिकाता वाया बाइपास', 'शेष कादम्बरी'), चंद्रकान्ता ('ऐलान गली जिंदा है'), प्रभा खेतान ('छिन्नमस्ता') आदि। स्त्री-मुक्ति के लिए और दलितों के संघर्ष को वाणी देने के लिए हिन्दी--कथा-साहित्य वैचारिक स्तर पर स्त्री-विमर्श और दलित-विमर्श को मानदण्ड बनाकर चल रहा है। उत्तर शती के महत्त्वपूर्ण उपन्यासकारों में रांगेय राघव, रामदरश मिश्र, श्रीलाल शुक्ल, नागार्जुन, कृष्ण बलदेव वैद, निर्मल वर्मा, कमलेश्वर, नरेन्द्र कोहली, राजेन्द्र अवस्थी, डॉ॰ देवराज, पंकज विष्ट, अमरकांत, असगर वजाहत, सुरेन्द्र वर्मा, भगवान सिंह, रमेशचंद्र शाह, मनोहरश्याम जोशी, अब्दुल बिस्मिल्लाह, बदीउज्जमाँ, भीष्म साहनी, मुद्राराक्षस, जगदम्बा प्रसाद दीक्षित ('मुर्दाघर', 'काल'), राजीव सक्सेना ('रमैनी'), विवेकी राय, विनोद कुमार शुक्ल, गोविन्द मिश्र, द्रोणवीर कोहली, मंजूर एहतेशाम, सुरेन्द्र वर्मा ('मुझे चाँद चाहिए'), मिथिलेश्वर, मेहरुन्निसा परवेज, कुसुम कुमार, नासिरा शर्मा, कमल कुमार, सूर्यबाला इत्यादि प्रमुख हैं। हिन्दी-उपन्यासों की एक राष्ट्रीय पहचान बनी है। कथ्य ही नहीं, संप्रेषण की भी नयी तरकीबें उपन्यासकारों द्वारा अपनायी गयी हैं। हिन्दी-गद्य की प्रवहमानता के अकेले प्रमाण के बतौर हिन्दी-उपन्यासों की पठनीयता इधर काफी बढ़ी है। हिन्दी-उपन्यास के अवदानों पर विचार करते हुए यह निस्संकोच कहा जा सकता है कि आज हिन्दी-उपन्यास की कथा-भूमि काफी विस्तृत और वैविध्यपूर्ण हो चुकी है। संवेदना के स्तर पर भी हिन्दी-उपन्यास जीवन के अनेक अपरिचित स्तरों को प्रस्तुत कर रहा है।

आचार्य रामचन्द्र शुक्ल हिन्दी-आलोचना में अद्यावधि प्रातःस्मरणीय हैं। गर्व के साथ कहते बनता है कि सम्पूर्ण भारतीय साहित्य में बीसवीं शताब्दी में आलोचना के क्षेत्र में उनके व्यक्तित्व का कोई मुकाबिला नहीं। विश्वनाथप्रसाद मिश्र, नन्ददुलारे वाजपेयी, हजारीप्रसाद द्विवेदी और डॉ॰ नगेन्द्र आचार्य शुक्ल-परवर्ती आलोचना के चार महत्त्वपूर्ण प्रस्थान हैं। विश्वनाथप्रसाद मिश्र और डॉ॰ नगेन्द्र काव्यशास्त्र और मध्यकालीन हिन्दी-साहित्य विशेषतः रीति-साहित्य के आलोचक हैं। डॉ॰ नगेन्द्र स्वच्छन्दतावाद और मनोविश्लेषण से प्रभावित हैं लेकिन तत्त्वतः उनकी पहचान रसवादी आचार्य के ही रूप में होती है। नन्ददुलारे वाजपेयी स्वच्छन्दतावाद के समर्थक आलोचक हैं। हिन्दी में छायावादी आलोचना उन्हींकी खड़ी की हुई है। उन्होंने 'कामायनी' को नवयुग का प्रतिनिधि काव्यग्रंथ घोषित किया था। उनकी आलोचना-विषयक पुस्तकें हैं– 'जयशंकर प्रसाद', 'नया साहित्य नये प्रश्न', 'हिंदी साहित्य : बीसवीं शताब्दी'। मध्यकालीन साहित्य के मर्मज्ञ पण्डित के रूप में आचार्य हजारीप्रसाद द्विवेदी की आलोचना प्रगतिशील मूल्यों की स्थापना की तरफ झुकी। 'कबीर' और 'हिंदी साहित्य की भूमिका' में आचार्य द्विवेदी के मौलिक

चिन्तन के बीज मिलते हैं। 'सूर-साहित्य' उनकी प्रारम्भिक पुस्तक है। आचार्य द्विवेदी आदिकाल और भक्तिकाल के संदर्भ में अपने मत-प्रतिपादन के लिए विशेष रूप से ख्यात हुए। आचार्य शुक्ल से नितान्त भिन्न आलोचना-भाषा के वे पुरस्कर्ता हैं। रामस्वरूप चतुर्वेदी उनके व्यक्तित्व का इस प्रकार आकलन करते हैं, "संस्कृत के प्रति आदर, अँगरेजी के प्रति शालीन तटस्थता और लोक के प्रति निष्ठा तथा आत्मीयता, हजारीप्रसाद द्विवेदी का रचनात्मक व्यक्तित्व कुछ ऐसे अनुपात में बनता है।" हिन्दी-नवलेखन के दौर में हिन्दी-आलोचना की एक विशिष्ट प्रवृत्ति यह दिखी कि बहुतेरे हिंदी-कवि कविता में शीर्षस्थ रहने के साथ-साथ-आलोचना के मैदान में भी उतरे। पुराने खेमे के प्रसाद, निराला और पन्त में यह प्रवृत्ति उभरी थी जिसकी श्रेष्ठ परिणति अज्ञेय और मुक्तिबोध की आलोचनाएँ भी हैं। तारसप्तकीय भूमिकाएँ (कवि-दृष्टि नाम से संकलित), 'त्रिशंकु', 'आत्मनेपद', 'अद्यतन' आदि अज्ञेय-रचित आलोचनाएँ हैं जो समकालीन साहित्य की समस्याओं से सम्बद्ध हैं। उधर मुक्तिबोध ने 'कामायनी : एक पुनर्विचार' तथा 'नयी कविता का सौन्दर्यशास्त्र' आदि पुस्तकों द्वारा आलोचना के पारंपरिक तिलिस्म को तोड़ते-से दीखते हैं। अज्ञेय ने 'कृति की राह' से गुजरकर आलोचना लिखी जिसका श्रेष्ठ निदर्शन देवीशंकर अवस्थी और इन्द्रनाथ मदान ('प्रेमचंद : एक विवेचन', 'आलोचना और काव्य', 'आधुनिक कविता का मूल्यांकन') की आलोचनाओं में दिखता है। 'नयी समीक्षा' के आलोचक कृति की काव्यभाषा को आधार मानकर चले। डॉ॰ रामस्वरूप चतुर्वेदी ('मध्यकालीन काव्यभाषा') और डॉ॰ सियाराम तिवारी ('हिंदी-साहित्य : भाषिक परिदृश्य') की आलोचना इस दिशा में उन्मुख हुई। रामस्वरूप चतुर्वेदी ने 'भाषा और संवेदना' एवं सियाराम तिवारी ने 'काव्यभाषा' तथा 'साहित्यशास्त्र और काव्यभाषा' में काव्यभाषा के सैद्धांतिक पक्ष पर गहन चिंतन भी किया। रवींद्रकुमार श्रीवास्तव, सुरेश कुमार, कृष्ण कुमार शर्मा, शशिभूषण शीतांशु आदि ने शैलीवैज्ञानिक चिंतन को हिंदी-आलोचना में प्रस्तुत किया। हिन्दी की प्रगतिशील आलोचना में शिवदान सिंह चौहान का स्मरण उनके संपादन में निकलनेवाली पत्रिका 'आलोचना' के कारण हमेशा बना रहेगा। 1951 में उन्हींके नेतृत्व में यह पत्रिका प्रकाश में आयी थी। रामविलास शर्मा, रमेश कुंतल मेघ, नामवर सिंह, बच्चन सिंह, परमानंद श्रीवास्तव, विश्वनाथ त्रिपाठी, नंदकिशोर नवल, शिवकुमार मिश्र, राजेन्द्र यादव, मैनेजर पाण्डेय, भगवान सिंह, विश्वनाथ प्रसाद तिवारी, अजय तिवारी, शंभुनाथ, सुधीश पचौरी, जगदीश्वर चतुर्वेदी, चंचल चौहान, कर्ण सिंह चौहान, कमला प्रसाद प्रभृति अनेक नाम हिन्दी की वामपंथी आलोचना से सम्बद्ध हो गये हैं। इन सबमें महत् कार्य रामविलास शर्मा का है। नामवर सिंह समकालीन काव्य और कहानी के विशिष्ट आलोचक हैं। सुधीश पचौरी और जगदीश्वर चतुर्वेदी की ख्याति जनसंचार और उत्तर-आधुनिकता से संबद्ध विमर्शों के कारण है। डॉ॰ गोपाल राय ने उपन्यासालोचन तथा डॉ॰ सिद्धनाथ कुमार

ने नाट्यालोचन के क्षेत्र में विशेषज्ञता प्राप्त की है। राममूर्ति त्रिपाठी, प्रेमशंकर, प्रभाकर श्रोत्रिय, रामचंद्र तिवारी, अशोक वाजपेयी, रमेशचंद्र शाह, नंदकिशोर आचार्य, राजमल बोरा, चन्द्रकान्त बांदिवड़ेकर, हंसराज रहबर, शांतिप्रिय द्विवेदी, सूर्य प्रसाद दीक्षित, गणपतिचंद्र गुप्त, देवराज उपाध्याय, कामिल बुल्के, विजय बहादुर सिंह, विष्णु खरे, अशोक चक्रधर प्रमृति आलोचकों के आलोचना-कर्म को भुलाया नहीं जा सकता। राहुल सांकृत्यायन, विजयशंकर मल्ल, डॉ॰ रघुवीर, परशुराम चतुर्वेदी, राजवंश सहाय, नलिनविलोचन शर्मा पांडित्यपूर्ण आलोचना के लिए याद किये जाते हैं। उदयनारायण तिवारी, भोलानाथ तिवारी, हरदेव बाहरी, रामविलास शर्मा, रामचंद्र वर्मा, धीरेन्द्र वर्मा, महावीर सरन जैन, किशोरीदास वाजपेयी, रवीन्द्रनाथ श्रीवास्तव, गुणाकर मुले, कैलाशचन्द्र भाटिया इत्यादि विद्वानों ने भाषाविज्ञान अथवा अनुप्रयुक्त भाषाविज्ञान को अपनी आलोचना से समृद्ध किया है। कुछ छिद्रान्वेषी आलोचनाओं को छोड़ दें तो सर्वतः यह बात स्पष्ट हो जाती है कि हिन्दी-साहित्य एक आलोचना विधा के भरोसे समस्त भारतीय साहित्य में महार्घता प्राप्त कर लेता है। सन् 1960 ई॰ में ही डॉ॰ नगेन्द्र ने सच्ची गर्वोक्ति की थी कि विभिन्न साहित्यों के न्यूनाधिक परिचय के आधार पर हम यह विश्वास के साथ कह सकते हैं कि अन्य सभी भाषाओं का आलोचना-साहित्य मिलाकर भी शायद हिन्दी के आलोचना-साहित्य से अधिक नहीं बैठेगा। आवश्यकता और प्रयोग, दोनों के आलोक में हिन्दी-आलोचना के प्रकारों का भव्य महल निर्मित हो चुका है। शोधाधृत आलोचना के प्रकार से बात शुरू करें तो 'पाठालोचन' हिंदी की आलोचना का मौलिक द्वार है। रामचंद्र शुक्ल ('जायसी'), मोतीलाल मेनारिया, पीताम्बरदत्त बड़थ्वाल, माताप्रसाद गुप्त, वासुदेव शरण अग्रवाल ('पदमावत'), कन्हैया सिंह ('पाठ सम्पादन के सिद्धान्त', 'हिन्दी पाठानुसंधान') और सियाराम तिवारी ('पाठानुसंधान' और 'हलधरदास-कृत सुदामाचरित्र') प्रभृति आलोचकों के कार्य इस दिशा में ऐतिहासिक कार्य हैं। पाठानुसंधान ने हिन्दी की प्रारंभिक और मध्यकालीन रचनाओं के पाठ सुनिश्चित किये हैं। हिंदी में दलित आलोचना भी इधर प्रकाश में आयी है। कबीर को इस दृष्टि से डॉ॰ धर्मवीर ने मूल्यांकित किया है।

यात्रा-साहित्य, संस्मरण, आत्मकथा, जीवनी, रेखाचित्र इत्यादि गद्य की अन्य विधाओं में हिन्दी का यात्रा-साहित्य अत्यन्त समृद्ध है। यात्रा-साहित्य को सत्यदेव परिव्राजक के बाद राहुल सांकृत्यायन ने अत्यन्त समृद्ध कर दिया है। राहुल जी की यात्रा-साहित्य विषयक दो दर्जन पुस्तकें हैं जिनमें यात्रा-साहित्य के सिद्धान्त प्रतिपादन की एक पुस्तक 'घुमक्कड़शास्त्र' भी है। राहुल जी हिमालय-प्रेमी हैं, इसलिए हिमालय पर उनकी विशेष दृष्टि है। उनकी तिब्बत-यात्रा और यूरोप-यात्रा सांस्कृतिक स्मृति-लेख भी हैं। भदन्त आनन्द कौसल्यायन, यशपाल, अज्ञेय, अमृतराय, भगवतशरण उपाध्याय, रामधारी सिंह 'दिनकर', प्रभाकर माचवे आदि अन्य ख्यातनामा यात्रा-साहित्यकार हैं। इधर सियाराम तिवारी की पुस्तक 'रोमानिया-यात्रा की डायरी'

भी प्रकाश में आयी है जो डायरी-शैली में एक यात्रा-वृत्तांत है।

पद्मसिंह शर्मा (पंद्मपराग 1929) हिंदी के पहले संस्मरण-लेखक हैं। बनारसीदास चतुर्वेदी ('संस्मरण', 1952) हिंदी के दूसरे वरिष्ठ संस्मरण-लेखक हैं। कन्हैयालाल मिश्र 'प्रभाकर', श्रीनारायण चतुर्वेदी, घनश्यामदास बिड़ला ('बापू'), रामनरेश त्रिपाठी, किशोरीदास वाजपेयी, विनोदशंकर व्यास, श्रीराम शर्मा ('सन् बयालिस के संस्मरण'), रघुवीर सिंह ('शेष स्मृतियाँ'), यशपाल ('सिंहावलोकन'), उपेन्द्रनाथ अश्क ('मंटो : मेरा दुश्मन'), जैनेन्द्र कुमार ('ये और वे'), रामवृक्ष बेनीपुरी ('जंजीरें और दीवारें'), शिवरानी देवी ('प्रेमचंद : घर में'), मोहनलाल महतो वियोगी, काका कालेलकर, विष्णु प्रभाकर आदि कई शैलीकार संस्मरण-लेखन से संबद्ध रहे हैं। सियाराम तिवारी की पुस्तक 'सुनि आचरज करै जनि कोई' संस्मरण का एक भिन्न स्वारस्य प्रस्तुत करती है। हिन्दी की पहली आत्मकथा श्यामसुन्दर दास रचित 'मेरी आत्मकहानी' (1941) है। राजेन्द्र प्रसाद ('आत्मकथा', 1947), गुलाब राय ('मेरी असफलताएँ'), राहुल सांकृत्यायन ('मेरी जीवन-यात्रा', 1946), वियोगी हरि ('मेरा जीवन प्रवाह'), सेठ गोविन्ददास ('आत्मनिरीक्षण'), शांतिप्रिय द्विवेदी ('परिव्राजक की प्रजा'), देवेन्द्र सत्यार्थी ('चांद-सूरज के बीरन'), हंसराज रहबर ('मेरे सात जन्म'), हरिवंश राय बच्चन (चार खण्डों के अलग-अलग नाम, 1969-1985), शिवपूजन सहाय (मेरा जीवन) इत्यादि हिन्दी के महत्त्वपूर्ण आत्मकथाकार हैं। इन आत्मकथाओं में युगीन मूल्यों और द्वन्द्वों की झलक है। यह नहीं भूलना चाहिए कि 'आत्मचरित' के रूप में भारतेन्दु युग में ही आत्मकथा का बीज-वपन हो गया था (स्वामी दयानंद का 'आत्मचरित')। यशपाल की रचना 'सिंहावलोकन' संस्मरण के साथ-साथ आत्मकथा भी है। 'आत्मपरिचय' (रेणु),'आज के अतीत' (भीष्म साहनी), 'घर की बात' (रामविलास शर्मा) और 'मुड़-मुड़ के देखता हूँ' (राजेन्द्र यादव) आत्मवृत्त को समेटनेवाली रचनाएँ हैं।

जीवनी-साहित्य भी भारतेन्दु-युग की ही देन है। प्रारंभिक जीवनियाँ पुराणों पर आधृत थीं, परवर्ती ऐतिहासिक चरित्रों पर। सन् 1917 ई॰ में राधामोहन गोकुलजी रचित 'नेपोलियन-बोनापार्ट' नागरी प्रचारिणी सभा द्वारा प्रकाशित हुई जिससे जीवनी की दिशा बदली। हिन्दी के प्रमुख जीवनी-लेखकों में रामचंद्र वर्मा ('महात्मा गाँधी', 1921), सुखसंपतिराय भंडारी ('डॉ॰ सर जगदीशचंद्र बसु और उनके आविष्कार', 1919), सीताराम चतुर्वेदी ('महामना पंडित मदनमोहन मालवीय', 1937), बाबू श्यामसुन्दर दास ('हिंदी कोविद रत्नमाला') का योगदान महत्त्वपूर्ण है। भारतेन्दु पर और महात्मा गाँधी पर अधिक जीवनियाँ हिंदी में आयीं। राधाकृष्णदास, शिवनंदन सहाय तथा ब्रजरत्नदास ने भारतेन्दु की जीवनियाँ लिखीं। बनारसीदास चतुर्वेदी ने सत्यनारायण कविरत्न की जीवनी लिखी। अति साधारण मनुष्य भी जीवनी का विषय बन सकता है, इस बात के प्रमाण में निराला ने 'कुल्ली भाट' (1937) की रचना

की। प्रेमचंद पर लिखी गयी दो जीवनियाँ अत्यन्त प्रसिद्ध हुईं– 'प्रेमचंद : 'कलम का सिपाही' (अमृत राय) और 'कलम का मजदूर : प्रेमचंद' (मदन गोपाल)। रामविलास शर्मा ने 'निराला की साहित्य-साधना' के प्रथम भाग में निराला की जीवनी लिखी। 'सुमित्रानंदन पंत : जीवन और साहित्य' शांति जोशी रचित कवि पंत की जीवनी है जिसके दो खंड हैं जो क्रमशः 1970 और 1977 ई. में छपकर आयी। राहुल सांकृत्यायन ने स्तालिन, मार्क्स और लेनिन की जीवनियाँ लिखीं।

हिन्दी गद्य का उत्कर्ष रेखाचित्र-जैसी विधा में भी दिखायी पड़ा। महादेवी वर्मा ('अतीत के चलचित्र', 'स्मृति की रेखाएँ'), बनारसीदास चतुर्वेदी ('रेखाचित्र', 1952 ई.), श्रीराम शर्मा ('बोलती प्रतिभा'), रामवृक्ष बेनीपुरी ('माटी की मूरतें', 'गेहूँ और गुलाब'), विनयमोहन शर्मा ('रेखा और रंग'), जगदीशचंद्र माथुर ('दस तस्वीरें') हिंदी के प्रसिद्ध रेखाचित्रकार हैं। माथुर जी के रेखाचित्र संस्मरणों से संयुक्त रहते हैं। कन्हैयालाल मिश्र प्रभाकर, प्रकाशचंद्र गुप्त, देवेन्द्र सत्यार्थी आदि अन्य उल्लेखनीय योग्य रेखाचित्रकार हैं। हिन्दी रेखाचित्रों ने गद्य की वस्तुपरकता और भावप्रवणता दोनों की श्रीवृद्धि की।

द्वितीय विश्वयुद्ध के दरम्यान विकसित एक महत्त्वपूर्ण विधा रिपोर्ताज है जो साहित्यिक पत्रकारिता की चाशनी लपेटकर किसी घटना अथवा प्रसंग को जीवन्त बनाती है। फणीश्वरनाथ रेणु, प्रभाकर माचवे, अमृतराय, प्रकाशचंद्र गुप्त, शिवदान सिंह चौहान, रांगेय राघव, अजीत कुमार आदि हिन्दी के प्रमुख रिपोर्ताज-लेखक हैं। पत्र-साहित्य के रूप में महावीर प्रसाद द्विवेदी, धीरेन्द्र वर्मा, प्रेमचंद, पद्मसिंह शर्मा, निराला, हजारीप्रसाद द्विवेदी, सुमित्रानंदन पंत, रामधारी सिंह 'दिनकर' आदि के संकलन या छिटपुट प्रकाशित पत्र हिंदी-गद्य की सर्जनात्मकता के नमूने हैं। इधर 'शैलेश मटियानी के पत्र' नाम से मटियानी जी के साठ पत्रों का संकलन सियाराम तिवारी ने प्रकाशित किया है। डायरी-लेखन के क्षेत्र में 'सेवाग्राम डायरी' (श्रीराम शर्मा), 'मेरी कॉलेज डायरी' (धीरेन्द्र वर्मा), 'दिनकर की डायरी' (रामधारी सिंह 'दिनकर') 'डायरी के पन्ने' (रामवृक्ष बेनीपुरी) और 'पाटलिपुत्र से शान्तिनिकेतन' (सियाराम तिवारी) उल्लेखनीय हैं। इनमें से अधिकांश डायरी न होकर जर्नल हैं। तिवारी जी की पुस्तक सचमुच डायरी है।

अप्रवासी और विदेशी मूल के रचनाकारों ने भारत-भूमि के बाहर भी हिंदी की श्रीवृद्धि में महत्तर योगदान किया है। अभिमन्यु अनत, रामदेव धुरंधर, जोगिंदर सिंह कंबल, कृष्ण बिहारी बेलवर, रामदेव रघुवीर, भानुमती नागदान आदि अप्रवासी भारतीयों का मारीशस और फिजी में रहकर हिन्दी-लेखन श्लाघ्य है।

भारत-भूमि में ही विदेशी मूल के हिन्दी-सेवियों की हिन्दी की श्रीवृद्धि में अकूत कर्म हैं। फ्रेडरिक पिन्काट से लेकर फादर कामिल बुल्के और लोठार लुत्से तक इन हिन्दी-सेवियों की अखण्ड परम्परा मिलती है।

दक्षिण भारत के हिन्दी-सेवियों में आरिगपूडि, बालशौरि रेड्डी, इब्राहीम शरीफ, चोडवरमु, राम शेषय्या, चलसामि सुब्बाराव, शिव सत्यनारायण, पी॰वी॰ नरसिंह राव, चन्द्रशेखर नायर, पी॰जी॰ वासुदेव और आरसु के नाम विशेष रूप से उद्धरणीय हैं। अनुवाद-कार्य द्वारा हिन्दी-प्रचार को बढ़ावा देनेवाले तमिलभाषी हिन्दी-सेवियों में क॰स॰ निवासाचार्य, स॰ वीलिनाथन, उमाचन्द्रन, एन॰वी॰ राजगोपालन, वी॰ जयरामन्, शौरिराजन, वेंकट कृष्ण आयंगार के नाम अत्यन्त महत्त्वपूर्ण हैं। उधर कन्नड़भाषियों में वासुपुत्तन, हिरण्मय, वेंकटेशिकाचार, एन॰ नागप्पा आदि की हिन्दी-सेवाएँ प्रशंसनीय हैं।

हिन्दी की आधुनिक विधाओं के संवर्द्धन में पत्र-पत्रिकाओं के योगदान को नकारा नहीं जा सकता। हिन्दी की डायरी, फीचर, इंटरव्यू, लघुकथा, केरीकेचर इत्यादि विधाओं को पत्र-पत्रिकाओं ने प्रश्रय देकर साहित्य की श्रीवृद्धि की है। इन विधाओं में इंटरव्यू (साक्षात्कार) और लघुकथा ने पर्याप्त उन्नति कर ली है। 'मेरे साक्षात्कार' नाम से अनेक साम्प्रतिक साहित्यकारों ने अपने-अपने साक्षात्कारों का संग्रह प्रकाशित किया है। 'साक्षात्कारों में डॉ॰ सियाराम तिवारी' नाम से डॉ॰ सियाराम तिवारी के बत्तीस साक्षात्कारों का सम्पादन डॉ॰ चक्रधर प्रधान ने किया है जिसमें साक्षात्कार विधा का सैद्धांतिक विवेचन भी विस्तारपूर्वक हुआ है। इसी तरह लघुकथाओं के संग्रह भी प्रकाश में आ रहे हैं। हिन्दी-पत्रकारिता का सुदीर्घ विस्तृत इतिहास मिलता है। उन्नीसवीं शताब्दी में 'उदन्त मार्तण्ड' (1826 ई॰) के प्रकाशन से हिन्दी-पत्रकारिता अस्तित्व में आयी। इस अखबार को कोलकाता से युगल किशोर शुक्ल ने निकाला था। 'कविवचनसुधा', 'आनंद कादम्बिनी', 'हिन्दी प्रदीप' ने हिन्दी की साहित्यिक पत्रकारिता का सूत्रपात किया। बीसवीं शताब्दी में 'सरस्वती' (महावीर प्रसाद द्विवेदी), 'विशाल भारत' (बनारसीदास चतुर्वेदी), 'माधुरी', 'जागरण', 'हंस' (प्रेमचंद), चाँद (महादेवी वर्मा), 'प्रभा' (बालकृष्ण शर्मा 'नवीन'), 'संगम' (इलाचन्द्र जोशी), 'प्रतीक' (अज्ञेय) 'माध्यम' (बालकृष्ण राव), 'सारिका' (कमलेश्वर), 'कहानी' (भैरव प्रसाद गुप्त), 'धर्मयुग' (धर्मवीर भारती), 'कल्पना' (आर्येन्द्र शर्मा) इत्यादि पत्रिकाओं का शीर्ष महत्त्व है। संप्रति हिन्दी में सैकड़ों महत्त्वपूर्ण साहित्यिक पत्रिकाएँ निकल रही हैं जिनमें 'आलोचना' (नामवर सिंह), 'हंस' (राजेन्द्र यादव), 'बहुवचन' (महात्मा गाँधी अन्तरराष्ट्रीय हिन्दी विश्वविद्यालय), 'विश्वभारती पत्रिका' (विश्वभारती, शांतिनिकेतन), 'साक्षात्कार', 'अक्षरा', 'वागर्थ', 'वर्तमान साहित्य', 'आजकल', 'भाषा', 'वीणा', 'तद्भव', 'कथन', 'नटरंग', 'समकालीन भारतीय साहित्य', 'हिन्दी अनुशीलन', 'गवेषणा', 'गगनांचल', 'नया ज्ञानोदय' इत्यादि के नाम उल्लेखनीय हैं। आज का हिन्दी-साहित्य अत्यन्त सुविस्तृत और गहन है। प्रत्येक युग में हिन्दी के रचनाकारों ने नवीन विषय प्रवर्तन करने और शिल्प-प्रविधि को मोड़ने के साथ-साथ नये मनुष्य की खोज की है। गहन ज्ञान से चालित होकर हिन्दी के साहित्यकारों ने कलम उठायी है। आदर्श और यथार्थ सभी युगों में कवि

की अपनी अन्तःप्रज्ञा से रक्षित हुए। भक्तिकाल यदि हिन्दी का 'स्वर्ण-काल' है तो रीतिकाल शुद्ध साहित्यिक उत्कर्ष और पाण्डित्य-प्रदर्शन का विशिष्ट काल है। यह 'रीतिकाल' हिन्दी की अपनी चीज है। भावपरक और वस्तुपरक लेखन के हजार से अधिक वर्षों में इसी प्रकार 'छायावाद' और दूसरे कई काव्यान्दोलन हिन्दी की अपनी उपज हैं जहाँ प्रगति और प्रयोग के अनेक रूप देखे गये। कथा-वर्ग में सन् 1925 में 'देहाती दुनिया' (शिवपूजन सहाय) नामक उपन्यास एक प्रयोग था, वहीं सन् 1954 में इस क्षेत्र के प्रयोग की विवृति 'मैला आँचल' (फणीश्वरनाथ रेणु) द्वारा हुई। ध्यान देकर देखने पर प्रयोगाधृत साहित्य का पूरे भारतीय साहित्यिक परिमण्डल में हिन्दी का 'आंचलिक उपन्यास' ही है जो हिन्दी की अपनी मौलिकता है। हिन्दी-साहित्य की सुप्रतिष्ठा का एक अन्य क्षेत्र आलोचना-साहित्य है। प्रगति, प्रयोग और आवश्यकता के अनुरोध से हिन्दी-आलोचना बहुमुखी हो सकी है। शोधपरक आलोचना-वर्ग में 'पाठालोचन' हिन्दी आलोचना की नव्यता का द्योतक है। रामचन्द्र शुक्ल, हजारीप्रसाद द्विवेदी, मोतीलाल मेनारिया, पीताम्बरदत्त बड़थ्वाल, विश्वनाथप्रसाद मिश्र, माताप्रसाद गुप्त, वासुदेवशरण अग्रवाल, कन्हैया सिंह, सियाराम तिवारी, महेंद्रनाथ दुबे प्रभृति आचार्यों ने इस दिशा में ऐतिहासिक कार्य किये हैं। उधर शैलीविज्ञान और 'नयी आलोचना' से सम्बद्ध काव्यभाषा पर आधृत आलोचना और कथालोचन में 'कथा-भाषा' जैसे उपकरणों से कृति की राहों का अन्वेषण हिन्दी की अपनी सूझ-बूझ है। शैलीविज्ञान के क्षेत्र में रवींद्रनाथ श्रीवास्तव और काव्यभाषा के क्षेत्र में रामस्वरूप चतुर्वेदी तथा सियाराम तिवारी के कार्य प्रकाश-स्तम्भ के समान हैं। हिन्दी प्रत्येक युग में अपनी सामासिक प्रवृत्ति और प्रकृति की रक्षा कर चुकी है। प्रगतिशील दृष्टि एक अन्य ध्रुवान्त है जिससे हमारे साहित्यकार प्रेरित रहे हैं। हिन्दी में सब दिन वर्ण, जाति, लिंग और धर्म से ऊपर उठकर 'जातिधर्म निर्विशेष' दिखने का माद्दा रहा है। हिन्दी में उपलब्ध प्रभूत अनुवाद-साहित्य, कोश, तकनीकी शब्दावली, सॉफ्टवेयर ने अग्रगामिता के प्रमाण रखे हैं।

लेखक-परिचय

1. अरविंदन एम॰। जन्म : 1960 ई॰। शिक्षा : एम॰ए॰, एम॰फिल॰, पीएच॰डी॰, 'हिंदी उपन्यास के विकास में कवियों की देन' विषय पर कालिकट विश्वविद्यालय से पीएच॰डी॰। प्रकाशित ग्रंथ : उपर्युक्त शोध-प्रबंध। वृत्ति : पय्यनूर कॉलेज (केरल) में हिंदी के रीडर। सम्पर्क : (1) हिन्दी विभाग, पय्यनूर कॉलेज, पो॰-एडाट-670 327 (केरल), (2) श्रेयस, एस॰एस॰ टेम्पुल के निकट, ईस्ट नाडा, पो॰-पय्यनूर-670 307 (केरल), फोन : 04985-206482।

2. आई॰एन॰ चंद्रशेखर रेड्डी। जन्म : 1954 ई॰। शिक्षा : एम॰ए॰, पीएच॰डी॰, डिप्लोमा इन फंक्शनल हिंदी ऐंड ट्रांसलेशन। 'स्वातंत्र्योत्तर हिंदी व्यंग्य साहित्य' (प्रकाशित) विषय पर श्री वेंकटेश्वर विश्वविद्यालय, तिरुपति से पीएच॰डी॰। प्रकाशित ग्रंथ : (1) हिंदी व्यंग्य साहित्य (1989), (2) तेलुगु जानपद उत्तर रामायणमु (1993), (3) आंध्र लोकसाहित्य एवं संस्कृति (1994), (4) आंध्र लोकसाहित्य में उत्तर रामायण (1997), (5) व्यंग्य : सृजन एवं संवेदना (2001)। वृत्ति : प्रोफेसर, हिंदी-विभाग, श्री वेंकटेश्वर विश्वविद्यालय, तिरुपति-517 502 (आं॰प्र॰)। सम्पर्क : उपरिवत्। फोन : (0877)241901 (निवास)।

3. एनामुल हक। जन्मः 1954 ई॰। शिक्षा : एम॰ए॰, पीएच॰डी॰। 'मगही लोकगाथाओं का साहित्यिक अनुशीलन' विषय पर मगध विश्वविद्यालय, बोधगया से पीएच॰डी॰। प्रकाशित ग्रंथ : 'ललित निबंध : स्वरूप और संरचना'। वृत्ति : मिर्जा गालिब कॉलेज, गया में हिंदी के रीडर। सम्पर्क : रोड नं॰ 25, अलीगंज, कटारी हिल रोड, गया (बिहार)। फोन : 9570301582।

4. जा आशीर्वादम। जन्म : 1934 ई॰। शिक्षा : एम॰ए॰, पीएच॰डी॰। 'तमिलर कूत्तुकल (तमिलों के लोकनृत्य) विषय पर मद्रास युनिवर्सिटी से पीएच॰डी॰। प्रकाशित ग्रंथ : (1) 'तमिलर कूत्तुकल (तमिल), (2) 'संघीय पेरुंत्तलवर कामरासर' (तमिल), (3) 'तमिल इलकिय विनोदंगल' (तमिल), (4) 'तमिल इलकियत्तिक अरिवियल' (तमिल), (5) 'अरिवियल तमिल कट्टुरैकल' (तमिल), (6) 'तमिल इलक्कियतिल मनैयियल' (तमिल), (7) 'किरीतुव कल्लूरी न्टैंपतु अंतादि' (तमिल),

(8) 'तमिल साहित्यिक निबंधमाला (हिंदी), (9) व्यंग्य कवितावली (हिंदी)। वृत्ति : मद्रास क्रिश्चियन कॉलेज, चेन्नई से हिंदी-तमिल के प्रोफेसर के रूप में सेवानिवृत्त। सम्पर्क : 8, कलैमगल नगर, पूतंमल्ली, चेन्नई– 600056। फोनः (044) 15012569।

5. डोमन साहु 'समीर' (1924-2005)। शिक्षा : एम॰ए॰, डी॰लिट॰, बी॰एल॰। 'हिंदी और संताली भाषाओं का तुलनात्मक अध्ययन' विषय पर तिलका माँझी भागलपुर विश्वविद्यालय, भागलपुर से डी॰लिट॰। प्रकाशित ग्रंथ : (1) हिंदी-संताली शब्दकोश, (2) अंगिका-हिंदी शब्दकोश, (3) अंगिका व्याकरण, (4) समीक्षात्मक निबंध (अंगिका), (5) संताली प्रवेशिका, (6) संताली प्रकाशिका, (7) संताली भाषा और साहित्य : उद्‌भव और विकास, (8) एक दीप मेरा भी (हिंदी कविता), (9) सेताक् (संताली कविता-संकलन), (10) माताल (संताली कहानी-संग्रह)। बिहार सरकार द्वारा प्रकाशित संताली साप्ताहिक पत्र 'होड़-सोम्बाद' का जून 1947 से लगातार जून 1983 तक सम्पादन। वृत्ति : बिहार सरकार के सूचना एवं जनसम्पर्क विभाग के जिला जनसम्पर्क पदाधिकारी के राजपत्रित पद से 30 जून, 1983 को सेवानिवृत्त। अंतिम पता : समीर कुटीर, टी-विलासी, देवघर (झारखंड)।

6. तिप्पे स्वामी। जन्म : 1946 ई॰। शिक्षा : एम॰ए॰, पीएच॰डी॰, पी॰जी॰ डिप्लोमा इन ट्रांसलेशन, पी॰जी॰ डिप्लोमा इन शरण साहित्य। प्रकाशित मौलिक ग्रंथ : (1) मैथिलीशरण गुप्त (कन्नड़), (2) शिखरगल (कन्नड़), (3) प्रेमचंद (कन्नड़), (4) सुमित्रानंदन पंत (कन्नड़), (5) शरणरु मत्तु संतरु (कन्नड़), (6) समागम (हिंदी), (7) अस्मिता की खोज (हिंदी), इनके अतिरिक्त अनेक पुस्तकों के अनुवाद एवं सम्पादन। वृत्ति : मैसूर विश्वविद्यालय के हिंदी-विभाग से प्रोफेसर तथा अध्यक्ष के रूप में दिनांक 30-06-2006 को सेवानिवृत्त। सम्पर्क : 369 ए-बी ब्लॉक, कुवेंपु नगर, मैसूर-570 006। फोन : (0821) 2541180, मो॰ : 09448181562

7. देवराज। जन्म : 1955। शिक्षा : एम॰ए॰, पीएच॰डी॰। प्रकाशित ग्रंथ (1) चिनार (काव्य), (2) नयी कविता (आलोचना), (3) संवेदना का साक्ष्य (आलोचना), (4) नयी कविता की परख (आलोचना), (5) संकल्प और साधना (आलोचना), (6) मणिपुरी लोककथा संसार (लोकसाहित्य)। इनके अतिरिक्त अनेक पुस्तकों एवं पत्रिकाओं का सम्पादन। वृत्ति : अधिष्ठाता, अनुवाद एवं निर्वचन विद्यापीठ, महात्मा गाँधी अंतरराष्ट्रीय हिन्दी विश्वविद्यालय, गाँधी हिल्स, वर्धा-442005 (महाराष्ट्र)। मो. 09665976661

8. देवेन्द्रनाथ ठाकुर। जन्म : 1934 ई॰। शिक्षा : एम॰ए॰, पीएच॰डी॰। 'अर्थविज्ञान की भारतीय परम्परा और प्रवृत्तियाँ' विषय पर बिहार विश्वविद्यालय, मुजफ्फरपुर से 1984 ई॰ में पीएच॰डी॰। प्रकाशित ग्रंथ : (1) अर्थविज्ञान की भारतीय परम्परा और आधुनिक संदर्भ, (2) रामकथा की विदेश-यात्रा। वृत्ति : बिहार सरकार के शिक्षा विभाग के शिक्षक पद से सेवानिवृत्त। सम्पर्क : ग्राम-अरनियाँ, पो.–जन्दाहा,

जिला-वैशाली (बिहार)। फोनः (956227) 231302।

9. पीताम्बर ठाकवाणी। जन्म : 1943 ई॰, हैदराबाद, सिंध (अब पाकिस्तान)। शिक्षा : एम॰ए॰ (भाषाविज्ञान), एम॰ए॰ (हिंदी-साहित्य), पीएच॰डी॰ (भाषाविज्ञान), डिप्लोमा (तमिल)। प्रकाशित ग्रंथ : सिंधी भाषा, भाषाविज्ञान आदि विषयों पर पाँच पुस्तकें एवं अनेक लेख प्रकाशित। वृत्ति : प्रोफेसर तथा अध्यक्ष, अनुसंधान एवं भाषा विकास विभाग, केन्द्रीय हिंदी संस्थान, आगरा। सम्पर्क : (1) प्रोफेसर, केन्द्रीय हिंदी संस्थान, आगरा–282 005, (2) ई-551, कमला नगर, आगरा-282 004। फोन : (0562) 2382643।

10. प्रेमशंकर सिंह। जन्म : 1942 ई॰। शिक्षा : एम॰ए॰ (मैथिली), एम॰ए॰ (हिंदी), पीएच॰डी॰, डी॰लिट॰। प्रकाशित ग्रंथ : (1) मैथिली नाटक ओ रंगमंच (1978), (2) मैथिली नाटक परिचय (1981), (3) पुरुषार्थ ओ विद्यापति (1986), (4) मिथिलाक विभूति जीवन झा (1987), (5) नाट्यान्वाचय (2002), (6) प्रपाणिका (2005), (7) आधुनिक मैथिली साहित्य में हास्य-व्यंग्य (2005) के अतिरिक्त अनेक ग्रंथों का सम्पादन एवं अनुवाद। वृत्ति : तिलका माँझी भागलपुर विश्वविद्यालय, भागलपुर के मैथिली-विभाग के प्रोफेसर तथा अध्यक्ष पद से सेवानिवृत्त। सम्पर्क : ऋचायन, 24, राधारानी सिन्हा रोड, भागलपुर-812 001, फोन : 0641-2422666, मो॰ : 9431339987।

11. भूपेन नारजारी। जन्म : 1960 ई॰। शिक्षा : एम॰ए॰ (असमीया), पीएच॰डी॰। प्रकाशित ग्रंथ : (1) महाराजा अशोक (1994), (2) मानसि जाग्रा मोसा (1997), (3) मिथिंगानि आयजो शकुंतला (2002)– सभी बाल-साहित्य, (4) आंनि मोजां मोननायनि दायेरी (1995), (5) बिथराइ (2005), (6) गावदां (2003)– सभी कहानी, (7) वरदेनि जिबु (2002), (8) गामि गोदान– सभी उपन्यास (9) बैसागुनि रादाब (1995), (10) गथ बुरखायनाय मेथाय (1996)– सभी कविता, (11) लाइसिनि बिरवायाव इन्द्रमालती (2003), (12) समायना थुनलाइ– सभी निबंध, (13) सुजुनाय बिजाब (1997), (14) रंगिना-संगिना थुनलाइ (2003), (15) सुंद सलनिमाला (2003)– सभी पाठ्य पुस्तक। इनके अतिरिक्त अनेक ग्रंथ मुद्रणाधीन। वृत्ति : अध्यक्ष, बोरो-विभाग, गौहाटी विश्वविद्यालय, गुवाहाटी। सम्पर्क : क्वार्टर नं॰ 57, युनिवर्सिटी कैम्पस, गौहाटी विश्वविद्यालय, गुवाहाटी-781 014, फोन : 0361-2572429, मो॰ : 9435040444।

12. भूपेन्द्र रायचौधुरी। जन्म : 1951 ई॰। शिक्षा : एम॰ए॰, पीएच॰डी॰। 'शंकरदेव और तुलसीदास की विचारधाराओं का तुलनात्मक अध्ययन' विषय पर गौहाटी विश्वविद्यालय से 1986 ई॰ में पीएच॰डी॰। प्रकाशित ग्रंथ : असमीया– (1) डिम्बेश्वर नेओग (जीवनी, 1981), (2) बिंदु बिंदु सिंधु (कहानी-संग्रह, 1984), 3. श्रीमंत शंकरदेव वाणी (1985), वरणीय जीवनर रमणीय चानेकि (1988), (5)

ब्रजबुलि साहित्य मुकुर (1988), (6) अकनिर माधवदेव (1989), (7) पानी (1990), (8) वरणीय विज्ञानी रमणीय चानेकि (1990), (9) ईश्वरर काषलै (1995), (10) प्रेमचंदर बाछकबनीया शिशु गल्प (2001), हिंदी– (1) असमीया लोकसाहित्य की भूमिका (1979), (2) महापुरुष श्री श्रीमाधवदेव (1989), (3) हिंदी असमीया वार्तालाप पुस्तिका (1990), (4) दलदल (1996), (5) शंकरदेव और तुलसीदास की वैचारिक भूमिका (1997), (6) श्रीमंत शंकरदेव : व्यक्तित्व और कृतित्व (2002), (7) राष्ट्रभाषा के अतंद्र प्रहरी (2003), (8) हिंदी कहानी वीथिका (2003), (9) हिंदी काव्य-सुधा (2003), 'प्राच्य भारती' हिंदी त्रैमासिकी का सम्पादन। वृत्ति : आचार्य एवं अध्यक्ष, हिंदी विभाग, गौहाटी विश्वविद्यालय, गुवाहाटी-781 014 (असम)। सम्पर्क : 58, गौहाटी विश्वविद्यालय परिसर, गुवाहाटी-781014 (असम) फोनः 0361-2570374 (निवास)।

13. **मुक्तेश्वरनाथ तिवारी**। जन्म : 1964 ई॰। शिक्षा : एम॰ए॰, पीएच॰डी॰। 'समकालीन हिंदी काव्यभाषा में समानांतरता' विषय पर विश्वभारती, शांतिनिकेतन से 1993 ई॰ में पीएच॰डी॰। प्रकाशित ग्रंथ : (1) अथातो घृणा जिज्ञासा (कविता), (2) शताब्दी के अंत में कविता (आलोचना), (3) समकालीन हिंदी काव्यभाषा और समानांतरता (आलोचना), (4) कविता का देशकाल (आलोचना)। वृत्ति : प्रोफेसर तथा अध्यक्ष, हिंदी-विभाग, विश्वभारती, शांतिनिकेतन (प॰ बं॰)। सम्पर्क : हिंदी-भवन, शांतिनिकेतन-731 235 (प॰बं॰)। फोन : (03463) 254015, मो॰: 09474765831

14. **मोहन पुंडलिक जाधव**। जन्म : 1951 ई॰। शिक्षा : एम॰ए॰ (हिंदी), एम॰ए॰ (मराठी), बी॰एड॰, पीएच॰डी॰ (हिंदी)। 'हिंदी और मराठी काव्य में वर्णित छत्रपति शिवाजी के चरित्र-चित्रण का तुलनात्मक अध्ययन' विषय पर शिवाजी विश्वविद्यालय, कोल्हापुर (महाराष्ट्र) से 1991 ई॰ में पीएच॰डी॰। प्रकाशित ग्रंथ : (1) 'हिंदी और मराठी काव्य में वर्णित छत्रपति शिवाजी के चरित्र-चित्रण का तुलनात्मक अध्ययन' (1997), (2) 'कर्मवीर भाऊराव पाटील'। इनके अतिरिक्त अनेक शोध-निबंध प्रकाशित। वृत्ति : छत्रपति शिवाजी कॉलेज, सातारा–415 001 (महाराष्ट्र) में हिंदी के रीडर। सम्पर्क : हिंदी-विभाग, छत्रपति शिवाजी कॉलेज, सातारा-415 001 (महाराष्ट्र)। मो॰: 09420485782।

15. **योजना रावत**। जन्म : 1966 ई॰। शिक्षा : एम॰ए॰, पीएच॰डी॰ (हिंदी)। श्रीलाल शुक्ल के उपन्यासों का समाजशास्त्रीय अध्ययन' विषय पर पंजाब विश्वविद्यालय, चंडीगढ़ से 1992 ई॰ में पीएच॰डी॰। प्रकाशित ग्रंथ : (1) उषा प्रियंवदा के साहित्य में नारी-स्वातंत्र्य (1997), (2) पेड़ लगानेवाला चरवाहा (2001), (3) स्त्री विमर्शवादी उपन्यास : सृजन एवं सम्भावना (2008)। इनके अतिरिक्त पत्र-पत्रिकाओं में लेखादि प्रकाशित। वृत्ति : पंजाब विश्वविद्यालय, चंडीगढ़ के पत्राचार विभाग में हिंदी की रीडर। सम्पर्क : 262, सेक्टर-22ए, चंडीगढ़-160022, फोन : 0172-2706633।

16. रघुनाथ भट्ट (1936-2013)। शिक्षा : एम॰ए॰ (हिंदी), साहित्याचार्य (संस्कृत), विशारद, राष्ट्रभाषा रत्न, भाषाविज्ञान में ऐडवांस कोर्स। प्रकाशित ग्रंथ : (1) हिंदी सतसई परम्परा में दयाराम सतसई, (2) भावन मनभावन, (3) हाइकु-शती, हाइकु-त्रिशती, (4) विचार-वीथिका, (5) काव्यास्वादन, (6) हिंदी के नखशिख कवि और उनका काव्य, (7) मध्यकालीन हिंदी काव्य में प्रेम और सौंदर्य भावना, (8) घनानंद की कविता, (9) बिहारी की कविता, (10) मेरा पहाड़, (11) दृष्टि और दृष्टिकोण। इनके अतिरिक्त लगभग एक दर्जन ग्रंथों का सम्पादन, 'गुर्जर राष्ट्र वीणा' (हिंदी मासिक) के प्रबंध सम्पादक एवं 'भाषा-सेतु' (हिंदी त्रैमासिक) के उपसम्पादक। वृत्ति : गुजरात के विभिन्न महाविद्यालयों में अध्यापन करने के उपरांत 1996 ई॰ में आचार्य पद से सेवानिवृत्त। गुजरात प्रांतीय राष्ट्रभाषा प्रचार समिति, अहमदाबाद के उपाध्यक्ष एवं ट्रस्टी, गुजरात राज्य हिंदी साहित्य अकादमी तथा हिंदी साहित्य परिषद् के उपाध्यक्ष, हिंदी साहित्य सम्मेलन, प्रयाग तथा राष्ट्रभाषा प्रचार समिति, वर्धा की राष्ट्रीय कार्यकारिणी के सदस्य। अंतिम पता : एन-5, कल्पतरु फ्लैट्स, मीराम्बिका मार्ग, नाराणपुरा, अहमदाबाद-380 013, फोन : 079-7434034।

17. रवीन्द्रनाथ मिश्र। जन्म : 1957 ई॰। शिक्षा : एम॰ए॰, बी॰एड॰, पीएच॰डी॰। प्रकाशित ग्रंथ : (1) डॉ॰ शिवमंगल सिंह 'सुमन' की कृतियों का समीक्षात्मक अध्ययन, (2) समीक्षाएँ : विविध आयाम, (3) काव्यास्वाद के नव्य निकष, (4) गोवा में हिंदी की स्थिति एवं विकास का अनुशीलन, (5) हिंदी का स्वरूप, प्रयोग एवं क्षेत्र, (6) आचार्य जानकीवल्लभ शास्त्री की कृतियों की परिवर्तनवादी दृष्टि, (7) आधुनिक संकट एवं कामायनी में युगबोध, (8) एक लेखक से बातचीत, (9) तारसप्तक की भूमिका का आकलन। इनके अतिरिक्त अनेक ग्रंथों का सम्पादन एवं शोध-पत्रिकाओं में शोध-पत्र प्रकाशित, 'प्रयास' हिंदी वार्षिक पत्रिका का सम्पादन। वृत्ति : गोवा युनिवर्सिटी में हिंदी के रीडर और अध्यक्ष। सम्पर्क : (1) हिंदी-विभाग, गोवा युनिवर्सिटी, गोवा-403 206, (2) प्लौट नं॰ 22, आजाद को-ऑपरेटिव सोसाइटी, कुरका, गोवा-403 108। फोन :(0832) 2459167, 0,9403272305।

18. रामबहाल तिवारी। जन्म : 1940 ई॰। शिक्षा : एम॰ए॰, पीएच॰डी॰। 'आधुनिक बँगला और हिंदी छंद : तुलनात्मक आलोचना' विषय पर कलकत्ता विश्वविद्यालय से बँगला में 1973 में पीएच॰डी॰। प्रकाशित ग्रंथ : बँगला में— (1) आधुनिक बँगला ओ हिंदी छंद (1977), (2) आधुनिक ओड़िआ छंद (1980), (3) एके इन्दु, दुये बिंदु (1982), (4) सूरपदरत्नावली (1984), (5) रवीन्द्रनाथ ओ हिंदी छंद (1986), (6) छंद परिचय (1988), (7) हिंदी साहित्येर इतिहास (1989), (8) रवीन्द्र प्रवाह (1990), (9) रवीन्द्रनाथ ओ पूर्वांचलीय चार भाषार छंद (1993), (10) बंकिम वीक्षा (1993), (11) सूर्यकांत त्रिपाठी 'निराला' : जीवनवृत्त ओ कृतित्व (1999), (12) प्रबोधचंद्र सेन : जीवनवृत्त ओ कृतित्व, (13) रवीन्द्रनाथ ओ हिंदी

साहित्य (2001), (14) मुंशी प्रेमचंद : गल्प उपन्यास ओ गोदान (2002), कुछ दिनों तक विश्वभारती पत्रिका (हिंदी) का सम्पादन। वृत्ति : विश्वभारती, शांतिनिकेतन (प.बं.) के बँगला-विभाग के प्रोफेसर एवं अध्यक्ष पद से सेवानिवृत्त। सम्पर्क : 'साहित्य सेतु', सीमान्त पल्ली, पो.-शान्तिनिकेतन (प. बंगाल), पिन-731235, फोन : 03463-252053।

19. ललिता राई, पूरा नाम—श्रीमती ललिता राई अहमद। जन्म : 1954 ई. शिक्षा : एम.ए. (नेपाली), नॉर्थ बंगाल युनिवर्सिटी से 'तुलसी अपतन की काव्यकृतियों का विश्लेषणात्मक अध्ययन' विषय पर पीएच.डी. के लिए शोध-कार्यरत। प्रकाशन : पत्र-पत्रिकाओं में कविता, कहानी और समालोचना प्रकाशित। वृत्ति : दार्जिलिंग सरकारी महाविद्यालय, दार्जिलिंग (प. बंगाल) में प्रभारी प्रधानाचार्य। सम्पर्क : आशियाना, 7, ओक्स, रोज बैंक, दार्जिलिंग (प.बं.), फोन : 0354-2252641, मो. : 9434166786।

20. शशि पठानिया। जन्म : 1955 ई.। शिक्षा : एम.ए. (डोगरी), बी.एड., पीएच.डी. (डोगरी) 'डोगरी क्रिया' विषय पर जम्मू विश्वविद्यालय से पीएच.डी.। प्रकाशित ग्रंथ : (1) डोगरी साहित्य च युगचेतना। इसके अतिरिक्त पत्र-पत्रिकाओं में शोध-लेख तथा कहानियाँ प्रकाशित। त्रैमासिक पत्रिका 'नमी चेतना' का सह-सम्पादन वृत्ति : स्नातकोत्तर डोगरी विभाग, जम्मू विश्वविद्यालय में प्रोफेसर तथा अध्यक्ष। सम्पर्क : पोस्ट ग्रेजुएट डिपार्टमेंट ऑफ डोगरी, युनिवर्सिटी ऑफ जम्मू, जम्मू-180006। मो. : 0-9419184105।

21. शिबन कृष्ण रैणा। जन्म : 1942 ई.। शिक्षा : एम.ए. (हिंदी), एम.ए. (इंगलिश), पीएच.डी.। प्रकाशित ग्रंथ : (1) कश्मीरी भाषा और साहित्य, (2) एक दौर, (3) ललद्यद, (4) कश्मीरी रामायण, (5) कश्मीरी साहित्य की नवीनतम प्रवृत्तियाँ, (6) हब्बा खातून, (7) शायर काश्मीर आदि। इनके अतिरिक्त एक सौ के लगभग लेखादि प्रकाशित। वृत्ति : राजस्थान सरकार शिक्षा सेवा के प्रिंसिपल पद से सेवानिवृत्त। सम्पर्क : 2/537, अरावली विहार, अलवर-301 001 (राजस्थान)। फोन : 0144-2360412, मो. : 09414216124

22. सुधांशु कुमार नायक। जन्म : 1954 ई.। शिक्षा : एम.ए. (इंग्लिश), एम.ए. (हिंदी), आचार्य, पीएच.डी., डी.लिट. ब्रह्मपुर विश्वविद्यालय से 'सूरदास और जगन्नाथदास की भक्ति' विषय पर 1981 में पीएच.डी. तथा 'हिन्दी और ओड़िआ काव्य-प्रवृत्तियाँ' विषय पर 1988 में डी.लिट.। प्रकाशित ग्रंथ : हिंदी में—(1) ओड़िआ नाथ साहित्य और संस्कृति, (2) सामान्य हिंदी, ओड़िआ में—(3) सागर मंथन; इनके अतिरिक्त ओड़िआ से हिंदी और हिंदी से ओड़िआ में अनेक ग्रंथों के अनुवाद। वृत्ति : अध्यक्ष, हिंदी-विभाग, खल्लिकोट (स्वशासी) महाविद्यालय, ब्रह्मपुर-760 001। सम्पर्क : आशा निवास, खराखिआ वैद्यनाथ, भुवनेश्वर-757 002। फोनः 0674-2591662।

23. सु॰ रामचंद्र (1922-2006)। शिक्षा : एम॰ए॰ (हिंदी)। प्रकाशित ग्रंथ : (1) श्री श्रीशारदा देवी जीवनी, (2) कन्नड भाषा साहित्य संस्कृति, (3) कन्नड जैन साहित्य, (4) कन्नड़ भाषा प्रवेश। इनके अतिरिक्त कन्नड़ से हिंदी और हिंदी से कन्नड़ में अनेक पुस्तकों के अनुवाद। वृत्ति : बेसेंट कॉलेज, राजघाट, वाराणसी से अध्यापन-कार्य आरम्भ कर कर्नाटक के कई कॉलेजों में अध्यापन कार्य करते हुए 1971 ई॰ में कर्नाटक विश्वविद्यालय, धारवाड़ के स्नातकोत्तर हिंदी-विभाग में पहुँचे और वहीं से 1982 ई॰ में सेवानिवृत्त हुए। सेवानिवृत्ति के पश्चात् पाँच वर्षों तक गुजरात विद्यापीठ, अहमदाबाद में अतिथि आचार्य रहे। आपका अन्तिम निवास था– 257, काले बिल्डिंग, 1 क्रॉस, नारायणपुर, महालक्ष्मी मन्दिर के पास, धारवाड-580 008 किंतु अपनी सुपुत्री श्रीमती आर॰ विशालाक्षी के पास नित्तूर में अ।पने अंतिम साँस ली।

24. सु॰म॰ तडकोडकर। जन्म : 1953। शिक्षा : एम॰ए॰, पीएच॰डी॰। प्रकाशित ग्रंथ : (1) प्रा॰आ॰का॰ प्रयोलकर जन्मशत सांवत्सरिक (1996), (2) मराठीच्या प्रवासातील वाङ्मयीन पाऊलखुणा (2002), (3) रानमौन (1983), (4) तितिक्षा (1993), (5) ताबा (2001), (6) डोळ्मातले जग, (7) हिखळ आणि हारपल। वृत्ति : गोवा विश्वविद्यालय के मराठी विभाग में रीडर। सम्पर्क : (1) प्रपाठक, मराठी पदव्युत्तर अध्यापन आणि संशोधन विभाग, गोवा विद्यापीठ, तालगाँव पठार, तिसवाडी, गोवा-403 206, (2) 1/बी॰एस-5, दूसरा माला, कामत प्लाझा, सान्ता इलेज, पणजी, तिसवाडी, गोवा-403 001। फोनः (0832) 2423577।

□□

आधुनिक नाटक

आधुनिक नाटक

दया प्रकाश सिन्हा

वाणी प्रकाशन

वाणी प्रकाशन
4695, 21-ए, दरियागंज, नयी दिल्ली 110 002

फ़ोनः+911123273167 फ़ैक्सः+911123275710

शाखाएँ

अशोक राजपथ, पटना 800 004, बिहार

कॉफ़ी हाउस कैम्पस, महात्मा गांधी मार्ग, इलाहाबाद 211 001, उत्तर प्रदेश

महात्मा गांधी अन्तरराष्ट्रीय हिन्दी विश्वविद्यालय, वर्धा 442 001, महाराष्ट्र

www.vaniprakashan.in
marketing@vaniprakashan.in
sales@vaniprakashan.in

AADHUNIK NATAK
by Daya Prakash Sinha

ISBN : 978-93-87889-10-1
Play

प्रथम संस्करण

मूल्य : ₹795

सिटी प्रेस, दिल्ली-110 095 में मुद्रित

वाणी प्रकाशन का लोगो मक़बूल फ़िदा हुसेन की कूची से

अनुक्रम

स्वीकृति हेतु पता :
बी-255, सेक्टर-26
नोएडा-201301
ईमेल : dpsinha50@hotmail.com तथा
pkbharti2004@yahoo.com

साँझ सबेरा

प्रो. यू.एस. कोचक

की पावन स्मृति को

जिनके सहज संरक्षण में
मेरी नाट्याभिरुचि का बीज
इलाहाबाद विश्वविद्यालय में
अंकुरित हुआ।

प्रथम संस्करण की भूमिका

मनुष्य के शरीर की माँग (इंस्टिंक्टिव डिमांड्स) तथा मस्तिष्क की समाज सापेक्ष माँग (विवेक) अलग-अलग हैं। इन दो माँगों का विरोध और विषमता ही मनुष्य की सबसे बड़ी त्रासदी है। मनुष्य के अतिरिक्त अन्य प्राणियों के सम्मुख ऐसी कोई समस्या नहीं है, क्योंकि उनके मस्तिष्क उनकी 'इंस्टिंक्ट' को नियमित नहीं करते, अपितु अनुपालन करते हैं। खतरा देखते ही वह भाग खड़े होते हैं, और क्रोधित होने पर फाड़ खाने को चढ़ बैठते हैं। इसके विरुद्ध मनुष्य, सभ्य मनुष्य, सभ्यता के नित नवीन आयामों का आविष्कारक मनुष्य, ख़तरा देखकर अपने भागते क़दमों को रोक लेता है, और क्रोध से बँधी मुट्ठियों को पीठ के पीछे छिपा के, आँखों में उतरते ख़ून को रोककर, दाँत निपोर कर घिघयाता है। यह वस्तुस्थिति है। इससे छुटकारा नहीं है। अतएव इसे स्वीकारना ही होगा, और स्वीकार कर ही मुक्ति की राहें तलाशनी होंगी।

सुख की एक मात्र स्थिति और स्रोत, मनुष्य की शारीरिक और मानसिक माँगों में सामंजस्य है। सौभाग्य से मानव-मस्तिष्क की शक्ति अपरिमित है, और वह सही अर्थों में शरीर का स्वामी हो सकता है—यदि प्रयत्न किया जाये। इस सन्दर्भ में आदर्शों का महत्त्व रहा है और रहेगा, चाहे हम कितने ही आदर्शहीन हो जायें, या आदर्श अर्थहीन लगने लगें।

यह नाटक मैंने अपने तारुण्य की उषा में लिखा था, जब मोहभंग की प्रक्रिया प्रारम्भ ही हुई थी, और बाल्यावस्था तथा किशोर-मस्तिष्क पर शिक्षाओं, आदर्शों और नीति-कथाओं की जकड़ गहरी थी। फिर भी यह नाटक में हावी नहीं हो सके, और नाटकीय-मुहावरे में ढल गये। इसका प्रमाण इस नाटक के अनेक सफल मंचन हैं।

दिल्ली
सितम्बर, 1974

दया प्रकाश सिन्हा

वर्तमान संस्करण की भूमिका

प्राचीन भारत में नाटक और रंगमंच की बड़ी समृद्ध परम्परा थी। मध्यकाल में यह परम्परा भंग हो गयी। हिन्दीभाषी क्षेत्रों पर अंग्रेजी हुकूमत की स्थापना के बाद, अंग्रेजी नाटकों की नक़ल में पारसी नाटकों का आविर्भाव हुआ। और पारसी थियेटर तथा क्षेत्रीय सांगीतिक परम्पराओं के मिश्रण से नौटंकी जैसी नाट्य-विधाओं का जन्म हुआ। पारसी थियेटर और नौटंकी–इन दोनों ही नाट्य-शैलियों की जड़ें समाज में गहरी नहीं थीं। अतएव चलचित्र के आविष्कार के साथ ही ये विलुप्त हो गयीं। आज़ादी के पश्चात् हिन्दीभाषी क्षेत्र में शौकिया रंगमंच (अमेटर थियेटर) का विस्फोट हुआ। इसका विस्तार महानगरों से नगरों और कस्बों तक हुआ। किन्तु दुर्भाग्य से, आज़ादी की इतनी शताब्दियों के बाद भी शौकिया रंगमंच अभी भी शौकिया के दायरे के बाहर नहीं निकल पाया है। आज भी शौकिया नाट्यदल, किसी भी नाटक की एक या दो प्रस्तुतियाँ मंचस्थ करके समझते हैं कि उनका काम पूरा हो गया। और अगली प्रस्तुति के लिए नये नाटक की पाण्डुलिपि की खोज में लग जाते हैं। वे नहीं जानते कि जब तक नाटक की दस-बीस प्रस्तुतियाँ मंचस्थ न हो जाएँ, तब तक अभिनेता अपनी भूमिका की सम्भावनाओं को समझ ही नहीं पाता। विदेशों में तो किसी भी नाटक की सौ-दो सौ प्रस्तुतियाँ आम बात है। कभी-कभी तो नाटक दस-बीस साल तक नियमित रूप से चलते हैं। आज आवश्यकता है शौकिया रंगमंच के अपनी बनायी लक्ष्मण रेखा से बाहर आने की। थोड़ा बड़ा सोचने की। तभी हिन्दी क्षेत्र में नाट्यान्दोलन हाशिये से हटकर समाज के केन्द्र में अपना आधिकारिक स्थान प्राप्त करेगा।

प्रायः शौकिया नाट्यदल अपनी नयी प्रस्तुति के लिए अद्यतन ('लेटेस्ट') नाटक ढूँढ़ते हैं। यहाँ उल्लेखनीय है कि नाटक अखबार नहीं है। नाटक एक कला है। अखबार एक दिन के बाद दूसरे दिन बासी हो जाता है। इसके विपरीत नाटक, जो मानव की सर्वकालिक और सार्वदेशिक भावनाओं और अनुभूतियों पर आधारित होता है, समय के साथ पुराना नहीं पड़ता। इसीलिए चार सौ वर्ष पुराने शेक्सपियर के नाटक 'हैमलेट' तथा सौ साल पुराने इब्सन के नाटक 'डॉल्स

हाउस' से उतना ही आनन्द आज के दर्शक लेते हैं, जितना तत्कालीन दर्शक लेते होंगे। थियेटर के लिए हिन्दीभाषी समाज की व्यापक स्वीकृति प्राप्त करने के लिए शौकिया रंगमंच के कर्णधारों को अपनी सोच का दायरा बढ़ाना होगा।

'साँझ-सबेरा' नाटक में शाश्वत और तात्कालिक मूल्यों के द्वन्द्व के साथ पीढ़ियों का संघर्ष भी रूपायित है। ये द्वन्द्व हर युग में, हर काल में और हर पीढ़ी में सतत चलता रहता है। इस कारण मैं समझता हूँ कि यह नाटक कभी पुराना नहीं होगा, और सदा प्रासंगिक रहेगा।

जून, 2013 **दया प्रकाश सिन्हा**

पात्र-परिचय

1.	शीतला प्रसाद	-	मध्य वर्गीय गृहपति/50 वर्ष
2.	निखिल	-	शीतला प्रसाद का पुत्र/आधुनिक/25 वर्ष
3.	मुरारी बाबू	-	शीतला प्रसाद के मित्र/ 50-55 वर्ष
4.	मौलाना	-	शीतला प्रसाद के मित्र/50-55 वर्ष
5.	धनीराम	-	शीतला प्रसाद के मित्र/50-55 वर्ष
6.	मुकुल	-	निखिल का मित्र/ 25 वर्ष
7.	पंडित जी	-	शीतला प्रसाद के मित्र/40 वर्ष
8.	कप्तान	-	शीतला प्रसाद के मित्र/50 वर्ष
9.	मुनीम जी	-	किसी सेठ के मुनीम
10.	घसीटे लाल	-	मुनीम जी का सहायक
11.	माँ	-	शीतला प्रसाद की पत्नी/50 वर्ष
12.	शोभना	-	शीतला प्रसाद की पुत्री/ 20-21 वर्ष
13.	सीमा	-	शोभना की सहेली
14.	परमा चाची	-	माँ की पड़ोसिन/40-45 वर्ष
15.	नीली	-	सीमा की सहेली
16.	भाभी	-	शोभना तथा परिवार की मित्र
17.	माया	-	सीमा की सहेली
18.	अजनबी	-	गौण पात्र/किसी भी आयु का
19.	अंधे बाबा	-	पड़ोसी/आयु 60 वर्ष

प्रथम प्रस्तुति

यह नाटक सर्व प्रथम डेलीगेसी कल्चरल एक्टिविटी, इलाहाबाद यूनिवर्सिटी द्वारा जनवरी 1958 में यूनिवर्सिटी ड्रेमेटिक एसोसिएशन, इलाहाबाद में और उसके पश्चात मई 1959 में संगीत नाटक अकादमी नई दिल्ली द्वारा आयोजित प्रथम अखिल भारतीय नाट्य समारोह में अकादमी के निमंत्रण पर 'आइफ़ेक्स', नई दिल्ली में अभिनीत हुआ, जिसमें निम्नलिखित कलाकारों ने भाग लिया—

निखिल	:	दया प्रकाश सिन्हा
सीमा	:	यूना पीटर्स
शीतला प्रसाद	:	बालकृष्ण मालवीय
शोभना	:	कुसुम कुलश्रेष्ठ/हीरा चड्ढा
माँ	:	रुक्मणी सेठ
मुन्ना	:	राकेश वर्मा
धनीराम	:	बिमल बिहारी/रमाशंकर
मौलाना	:	सरन बली
कप्तान	:	प्रकाश श्रीवास्तव
मुरारी	:	विनय कृष्ण मानवीय/आर.एस. भटनागर
अन्धे बाबा	:	धीरेन्द्र जौहरी
पण्डित जी	:	देवेन्द्र गुप्ता/जयरोपन
परमा	:	शशि श्रीवास्तव
भाभी	:	हीरा चड्ढा/सरोज
नीली	:	सुधा भटनागर/कमलेश मनूचा
माया	:	मधु शिशु/कुसुम
मुकुल	:	शिवेन्द्र/सुधीर
मुनीम	:	एस. एम. फ़ैक़
घसीटे लाल	:	विजय श्रीवास्तव
अजनवी	:	रमेशचन्द्र सिंह/रघुनाथसिंह
निर्देशन	:	रमाशंकर तिवारी

प्रथम अंक

स्थान : बाबू शीतला प्रसाद के मध्यवर्गीय मकान की बैठक।
समय : दिन का प्रथम पहर
काल : आधुनिक

मंच सज्जा : **एक साधारण चौकोर कमरा, जिसकी पीछे और बायें ओर की दीवार में दरवाजे है। बाई ओर का द्वार घर के दूसरे कमरों में खुलता है। पीछे का द्वार घर से बाहर जाने का है। दाई ओर की दीवार में एक खिड़की है, उससे यदि कोई बाहर देखे तो बाहर सड़क दिखाई देगी।**

दरवाजों और खिड़कियों पर सादे परदे पड़े हैं। दहिनी ओर की खिड़की के पास पेंटिंग स्टेंड रखा है, और उसके पास ही स्टूल पर कलर-बाक्स तथा कांच के ग्लास में ब्रश रखे हैं। पीछे की दीवार के द्वार को लेकर कमरा यदि आधे में विभवत किया जाये, तो दाई ओर खिड़की और पेंटिग स्टैण्ड वाले हिस्से में वर्तमान प्रयोगवादी, प्रतीकवादी, पिकासो की शैली के कई चित्र टंगे हैं, किन्तु कमरे के बायें भाग में विवेकानन्द और स्वामी रामतीर्थ आदि के चित्र हैं। कमरे के बीच तीन टुकड़ों का एक सस्ता, तथा उपयोग से पुराना सोफा पड़ा है। बाई दीवार के निकट एक तख्त है। बीच में एक गोल मेज है।

पर्दा खुलने पर निखिल पेंटिंग बनाता हुआ दीखता है, तथा भीतर से तीन चार कंठों में प्रार्थना की आवाज सुनाई पड़ती है–

सर्वं शान्तिः शतिरेव शान्तिः

सामा शान्तिः रेधि
ओम् शान्तिः शान्तिः
(निखिल अपनी पेंटिंग की फिनिश कर रहा है और कहता जाता है–'ओम शान्तिः शान्तिः')
(सीमा बाहर से प्रवेश करती है।)

सीमा : आज तो एक दम साधू हो गये निखिल दा, ओं शान्ति ओं शान्ति! क्या बात है?

निखिल : कुछ नहीं, अभी अभी बाबू जी ने प्रार्थना समाप्त की है न, तो वही दोहरा रहा था।

सीमा : तुम प्रार्थना में नहीं जाते?

निखिल : माँ, शोभना, मुन्ना और बाबूजी काफ़ी हैं, मैं क्या करूँगा जाकर?

सीमा : तुम क्यों नहीं जाते?

निखिल : इसलिए कि रोज़ सुबह ओं शान्ति रटने से...शान्ति नहीं मिलती।

सीमा : तो कैसे मिलती है?

निखिल : कैसे भी मिलती हो, मगर इस तरह रटने से तो नहीं मिलती है। प्रभु विश्व का कल्याण हो, सभी कर्तव्य परायण हों, सबको सद्बुद्धि मिले, ओंम शान्ति, उंह.. .भूखे पेट, नंगे बदन शान्ति...

सीमा : तो क्या जिनके पेट भरे हैं, जो दिन रात रुपये पैसे में लोटते हैं, उनकी आत्मा को शान्ति मिलती है?

निखिल : तुम बहस बहुत अच्छी करती हो, मगर मैं इस समय जवाब देने के मूड में नहीं हूँ।

सीमा : मैं बहस नहीं करती, मैं सिर्फ़ पूछ रही हूँ।

निखिल : शान्ति! शान्ति क्या है, पहले जवाब दो।

सीमा : **(चुप रहती है)**

निखिल : बाबूजी कहेंगे, शान्ति का अर्थ आत्मा की शान्ति। आत्मा क्या है? किसने देखी है? न मैंने और न तुमने, फिर आत्मा की शान्ति क्या है? मन को समझाने के लिए शब्दों का जाल।

सीमा : यदि इन शब्दों के जाल से जीवन सुखी हो जाय तो बुरा क्या है?

निखिल : तो हम अफ़ीम खाकर पिनक में पड़े रहें। धोखा देने के लिए शब्दों का जाल ही क्यों, अफ़ीम का नशा क्या बुरा है? दोनों एक ही चीज़ें हैं।

सीमा : मैं तुमसे बहस में तो जीत नहीं सकती, लेकिन इतना ज़रूर कहूँगी कि बाबू जी और माँ को सुखी करने के लिए अगर तुम सुबह प्रार्थना में बैठ जाओ तो कोई हर्ज़ नहीं होगा।

निखिल : मैं अपने को धोखा नहीं दे सकता, चाहे वह किसी को सुखी करने के लिए हो।

सीमा : तुम सिनिक हो।

निखिल : थैंक्यू वैरी मच, लेकिन एक बात कहूँगा...

(बाबूजी का भीतर से प्रवेश)

बाबूजी : ओह हो, सीमा बेटी है, कितनी देर हुई तुमको आये?

सीमा : अभी आयी हूँ, आप प्रार्थना कर रहे थे, इसलिए निखिल दा से बातें करने लग गई।

बाबूजी : तेरे डैडी तो अच्छे हैं न।

सीमा : हाँ।

बाबूजी : देख उनसे कह देना कि शोभना के ब्याह में उन्हें छुट्टी नहीं मिलेगी, सारे काम उन्हीं को करने पड़ेंगे।

सीमा : **(मुस्कराकर)** जी हाँ, कह दूंगी।

बाबूजी : अच्छा तो मैं इस समय चलूँगा। ज़रा बाज़ार से कुछ सामान वग़ैरा लाना है, कल सुबह नौ बजे शोभना का तिलक जायेगा। आज शाम को औरतों का गाना बजाना है। तू ज़रा देख, जल्दी आ जाना इन्तजाम करने।

सीमा : जी अच्छा बाबूजी। **(बाबूजी का बाहर प्रस्थान)**

(शोभना का भीतर से प्रवेश)

शोभना : अरी ओ सीमा, सीमा...

सीमा : **(दौड़कर बांहों में भरती है)** शोभना रानी, क्या हाल चाल हैं? बधाई।

शोभना : दुत पगली...

मुन्ना : **(भीतर से)** निखिल दा, निखिल दा यहाँ आइये...एक दम...जल्दी निखिल दा...

निखिल : आये भाई, क्या बात है? **(निखिल भीतर जाता है)**

सीमा : कल तेरा तिलक जा रहा है? ब्याह पन्द्रह दिन बाद?

शोभना : जाओ, मैं तुमसे नहीं बोलती।

सीमा : अरी लड़की, इतना नहीं शर्माते। ज़रा शीशा तो देख, ऐसा लगता है जैसे तेरे गालों पर किसी ने सिन्दूर मल दिया हो।

शोभना : सीमा, तुम बड़ी ख़राब हो।

सीमा : तू तो बड़ी अच्छी है। अच्छा एक बात बतायेगी?

शोभना : पूछ।

सीमा : नहीं पहले वादा करो कि बताओगी।

शोभना : हाँ, कह तो दिया, पूछ बता दूंगी।

सीमा : देख, फिर इनकार न करना।

शोभना : ओफ़ बाबा, अगर कह तो क़सम खा लूँ, लिख कर दे दूं, तू मेरी बात का विश्वास नहीं करती।

सीमा : नहीं, विवास है। अच्छा बता तो सही, तूने अपने उनको देखा है कि नहीं...

शोभना : धत्! जा मैं तुझसे नहीं बोलती।

सीमा : नहीं, तुमको बताना ही पड़ेगा, तूने कसम खाई है।

शोभना : हटो भी, मैं तुमसे नहीं बोलती **(उठकर भागती है। सीमा भी उसके पीछे-पीछे भागती है, दोनों कमरे में कुर्सियों के चारों तरफ चक्कर लगाती हैं और अन्त में सीमा शोभना को पकड़ लेती है।)**

सीमा : बोलो न, बात का जवाब दो।
(शोभना हँसती है)

सीमा : ही ही ही क्या होता है? पहले बात का ज़वाब दो।

शोभना : ही ही ही।

सीमा : देखो तुमने क़सम खाई है, अब तो तुम्हें जवाब देना ही पड़ेगा।

शोभना : **(सिर उठाकर)** हाँ **(फिर सीमा के कंधे में मुँह छिपा लेती है।)**

सीमा : तो यह बात है शोभना, अब यह बताओ, कब देखा?

शोभना : मैं नहीं बताती।

सीमा : नहीं नहीं, बताओ न।

शोभना : तुम सबसे कह दोगी।

सीमा : सच्ची, किसी से भी नहीं कहूँगी।

शोभना : किसी से भी नहीं?

सीमा : किसी से भी नहीं, तू जिसकी कह उसकी क़सम खा लूँ।

शोभना : एक बार उन दिनों तू अपने नाना के यहाँ गई थी। तब वह आये थे...

सीमा : पर्दे के पीछे से? तो आज चोरी पकड़ी गई है!

शोभना : देखो, किसी से न कहना...

सीमा : **(उठकर भागते हुए)** मैं कह दूंगी...

शोभना : **(पीछा करते हुए)** सीमा, देख, देख सीमा, तूने क़सम खाई है।

(सीमा उठकर भागती है तथा अन्त में शोभना उसे पकड़ लेती है।)

शोभना : देख, तूने क़सम खाई है, किसी से न कहना...

सीमा : **(हँसते हुए)** मैं कह दूंगी...

शोभना : अरे तो कह देना, मैं क्या डरती हूँ? मैं तेरी बात भी कह दूंगी।

सीमा : मेरी क्या बात है?

शोभना : अरे, तू समझती है कि मैं तेरे मन की बात नहीं जानती? अरे मैं सब जानती हूँ...

सीमा : हाँ, हाँ, बड़ी आई जानने वाली।

शोभना : अगर मैं चाहूँ तो सिफ़ारिश कर सकती हूँ तेरी, बहुत कुछ मेरे ही हाथ में रहेगा...हाँ मेरी चापलूसी करने में तेरी भलाई है।

सीमा : तेरी चापलूसी करे मेरी जूती।

शोभना : अच्छा, तो यह बात है, मैं कह दूंगी...

सीमा : मैं भी कह दूंगी...**(चिढ़ाते हुए)** माँ जी, शोभना ने पर्दे के पीछे से...

शोभना : हाँ, हाँ पर्दे के पीछे से, बड़ी आई कहने वाली।

सीमा : तो तुम ऐसी बात क्यों करती हो...?

(दोनों एक साथ बोलती हैं। कड़बड़ के अलावा कुछ समझ में नहीं आता, तभी मुन्ने को पीठ पर लादे निखिल का प्रवेश। निखिल आकर दोनों पर पंखा हिलाने लगता है। मुन्ना भी निखिल की नकल करता है।)

सीमा : यह क्या है, निखिल दा...

निखिल : कुछ नहीं, तुम लोग बातें करो।

शोभना : हटो भी दादा, हर समय बनाते रहते हो...

निखिल : दो लड़कियाँ तो एक साथ चुपचाप बैठ ही नहीं सकती, जब भी मिलीं तो बड़-बड़, बड़-बड़! अरे तुम्हारे हाथों में पुलोवर नहीं है? नहीं तो हाथों से बुनती जायेंगी और कैंची सी जबान, से, कड़बड़ कड़बड़।

सीमा : ऊँह, जैसे लड़के तो बड़े चुपचाप बैठे रहते हैं, बेचारे बोलना जानते ही नहीं...

निखिल : तुम लोगों ने दुनिया की सबसे बड़ी गप्प सुनी है?

शोभना : कैसी गप्प...?

निखिल : दुनिया की सबसे बड़ी गप्प। अच्छा सुनो, एक बार गप्प कम्पटीशन हुआ। उसमें दुनिया भर के गप्पी आये, उन्होंने तरह तरह की गप्पें सुनाईं, किन्तु जिस गप्प पर इनाम मिला, वह जानती हो कौन-सी गप्प थी।

सीमा : कौन-सी गप्प थी?

निखिल : दुनिया की सबसे बड़ी गप्प यह थी, एक कमरे में दो औरतें बैठी थीं और दोनों चुप थीं।

शोभना : हाँ, हाँ, आदमियों ही ने यह गप्प बनाई होगी, चलो सीमा अन्दर चलें...

(शोभना और सीमा अन्दर जाती हैं, जाते जाते सीमा एक बार निखिल को देखती है।)

निखिल : तो मुन्ने उस्ताद।

मुन्ना : हाँ शगिर्द।

निखिल : अब हम पेंटिंग बनायेंगे, बस थोड़ी सी फिनशिंग बाक़ी रह गई है, तुम जाओगे?...

मुन्ना : हम नहीं जाएंगे शागिर्द, बैठा रहेगा, सिर्फ़ देखेगा...बोलेगा नहीं...

निखिल : ठीक है।

(निखिल पेंटिंग करता है तथा मुन्ना कुछ देर चुप रहकर पक्का गाना गाने लगता है।)

निखिल : अरे बस उस्ताद, बस, बन्द करो, नहीं तो सारे धोबी अपना गधा, ढूँढते यहीं आ जायेंगे।

मुन्ना : यह पक्का गाना है।

निखिल : अच्छा साहब, यह पक्का गाना है। अरे आप गवैये कब से हो गये?

मुन्ना : रेडियो पर अक्सर ऐसे गाने मैं ही तो गाता हूँ। कहिए तो फिर गायें?

निखिल : गाइये जनाब।

(मुन्ना फिर गवैये की तरह शास्त्रीयगान की नकल करता है।)

माँ : **(भीतर से)** अरे बन्द करो यह शोर, हर वक्त शोर। इस मुन्ने के गले में तो जैसे बांस पड़ा है। **(प्रवेश)** अये मुन्ने के बच्चे, ज़रा शोर कम कर। **(प्रस्थान बाईं ओर)**

निखिल : क्या हुआ उस्ताद? माँ ने मना कर दिया? कोई बात नहीं, अब तुम पक्का नहीं कोई कच्चा ही गाना सुनाओ...

मुन्ना : सुनाएं निखिल दा, एक अंग्रेजी गाना है। बड़ा अच्छा है...

निखिल : सुनाओ भाई।

मुन्ना : Rock RockRock, Rock Everybody
Roll Roll Roll, Roll Everybody

धनीराम : **(बाहर से प्रवेश करके)** राम राम, यह क्या शोर कर रहे हो?

(मुन्ना सहम के चुप हो जाता है निखिल मुन्ने को अपने पास बुला के खड़ा कर लेता है।)

निखिल : धनीराम चाचा, यह रौक-एन-रोल है। वर्तमान सभ्यता की तेज़ी का प्रतीक, उसकी ही देन।

धनीराम : राम राम, तौर तरीके के गाने वाले सब खतम हो गये, अब यह बचा है, शोर शराबे का गाना! गाना नहीं, हुड़दंग लीला है, हुड़दंग लीला।

निखिल : कुछ भी हो, लड़के अगर हुड़दंग लीला भी करें तो क्या बुराई, इससे उनका स्वास्थ्य अच्छा रहता है। फिर शोर मचाते लड़के मुझे तो बहुत अच्छे लगते हैं।

धनीराम : बड़े अच्छे लगते हैं। इसी शोर शाराबे का नतीजा है कि आजकल सब लड़के बदतमीज और नालायक़ निकल गये हैं।

निखिल : आपका कहना ग़लत है कि आज कल लड़के ख़ास तौर से ख़राब हैं।

धनीराम : कैसे नहीं ख़राब हैं?

निखिल : आज कल के लड़के उतने ही ख़राब हैं, जितने कि ख़राब लड़के हमेशा से होते आए हैं। जितने आप लोग अपने बचपन में थे।

धनीराम : शाबाश साहबज़ादे। अपनों से बड़ों को भी मत छोड़ना। आजकल के लड़के कितने तमीजदार हैं, इसका सबूत तो तुमने खुद दे दिया।

निखिल : मैं तो केवल सच बोल रहा था।

धनीराम : आजकल के लड़कों की बदतमीज़ी का सबूत चाहते हो? यह देखो अख़बार, लड़कों ने सेठ रघुबीर प्रसाद का सनीमा जला दिया। हम लोग कभी अपने लड़कपन में सनीमा जलाने नहीं गये। शरीफ़ लड़कों की तरह स्कूल जाते थे, किसी दूसरी चीज़ से मतलब नहीं...

निखिल : तब आप लोग गुलाम मुल्क में रहते थे।

धनीराम : तुम लोग तो आज़ाद मुल्क में रहते हो। इसीलिए सनीमा जलाओ। यही है आज़ादी...?

निखिल : यह तो मैंने नहीं कहा कि आज़ादी का मतलब सिनेमा जलाना है। मैं तो स्वयं इसे बुरा समझता हूँ।

धनीराम : तब आप कहना क्या चाहते हैं?

निखिल : मैं तो केवल यह कह रहा हूँ कि आप लोगों के बचपन के समय देश गुलाम था, तब आप लोगों में तथा देश

में जागृति नहीं थी, विदेशी हम पर राज्य करते थे। स्कूलों में पढ़ना तथा पढ़ाई ख़तम करके फ़ौरन नौकरी करना या दुकान पर बैठ जाना, बस यही था, और आजकल...

धनीराम : **(काटकर)** आजकल सिनेमा जलाना।

निखिल : मेरी बात सुनिये। आज देश आज़ाद है, विदेशी हम पर शासन नहीं करते, आज हरेक अपनी शक्ति के प्रति जागरूक है। सब अपनी शक्ति के सदुपयोग के साधन चाहते हैं। इसमें यदि उठती हुई उमर के कुछ नवयुवक उपयुक्त साधनों के अभाव में सिनेमा जला दें तो उनका क्या दोष है? दोष है उस समाज का जिसमें वह रहते हैं, दोष हैं आपका...

धनीराम : मेरा?

निखिल : जी आपका।

धनीराम : लेक्चर तो बड़ा अच्छा देते हो, ज़रा यह तो बताओ कि मेरा क्या दोष है?

निखिल : आप जो अपने बच्चों को हमेशा दबा-छुपा के रखते हैं, यह उसी का नतीजा है। ज़ोर से क्यों बोल रहे हो, घर में शोर न करो। स्कूल में मास्टर साहब कहते हैं कि ज़ोर से न बोलो, शोर मत करो। सब जगह, जहाँ देखो चुप रहो, शान्त रहो। अब बताइये इस घुटन का क्या होगा? यह घुटन, जब मौक़ा लगेगा, तो फूटकर बाहर आ जायेगी और सिनेमा जला देगी।

धनीराम : बड़े अच्छे विचार हैं। तर्क से ग़लत काम को भी ठीक बताना चाहते हो।

(मुरारीलाल, कप्तान तथा मौलाना का बाहर से प्रवेश)

धनीराम : आओ मौलाना, बैठो मुरारी भाई, कप्तान तुम भी बैठ जाओ...

मौलाना : मियां शतरंज कहाँ है?

(निखिल उठाकर शतरंज देता है। मौलाना और कप्तान तख्त पर बैठकर शतरंज खेलना शुरू करते हैं।)

मुरारी : बाबूजी कहाँ हैं?

निखिल : वह कहीं गये हैं, आते ही होंगे। आप लोग तब तक रमी खेलिए। **(ताश देता है।)**

धनीराम : बाबू शीतला प्रसाद नहीं, मगर उनके लायक सपूत निखिल तो हैं। कह रहे थे कि लड़कों ने सिनेमा जलाकर बड़ा अच्छा किया।

निखिल : **(तनिक रोश से)** मैंने तो यह नहीं कहा...

धनीराम : **(व्यंग्य से)** तो जो कहा, वह खुद ही बता दो।

निखिल : मैंने तो सिर्फ़ यह कहा था कि चूंकि लड़कों की शक्ति का उपयोग अच्छे साधनों में नहीं होता, तो वह उसका दुरुपयोग करेंगे ही। इसकी ज़िम्मेदारी है समाज की, उनके माँ बाप की, जो उन्हें साधन नहीं दे पाते।

मौलाना : **(शतरंज से सिर उठाकर)** हाँ, हाँ, बेटे तो बाप के सवाये होते हैं। वह तो अपने बाप को बुरा कहते ही हैं, हम भी अपने बाप के लिए यही कहते थे। याद आया, अर्ज़ है—हम चचा के चँचा हुआ चाहते थे। भतीजे हमारे चचा बन गये।।

निखिल : मैं बिना बात कुछ नहीं कह रहा हूँ। मेरे तर्क के पीछे सत्य है।

मुरारी : पता नहीं, तुम उपयुक्त साथन किसे कहते हो? आज कल के लड़के तो माँ बाप का कहना शुरू से ही नहीं मानते। बाप कहेगा कि पच्छिम चलो, तो वह पूरब जायेंगे। बाप कहेगा, पूरब, तो वह पश्चिम चलेंगे।

निखिल : यही तो माँ बाप की ग़लती है कि वह बेटे से कहते हैं कि पूरब चलो या...

धनीराम : **(अनादर और व्यंग से)** और सुन लो, अपने बेटे से कुछ न कहो, छुटे सांड़ की तरह छोड़ दो...

निखिल : नहीं, उसे अपनी दिशा स्वयं निर्धारित करने दीजिए। माँ बाप का कर्तव्य केवल इतना है कि वह उसे अपना मार्ग ढूँढ़ने में सहायता करें। ख़लील जिब्रान ने कहा है...कि माँ बाप कमान और प्रत्यंचा बनकर बेटे की प्रगति में सहायक हों, बाधा न बनें।

धनीराम : तो तुम्हारे माँ बाप तुम्हारी प्रगति में बाधा बनते हैं,

आने दो बाबू शीतल प्रसाद को, मैं उनसे कहूँगा।

निखिल : कह दीजिएगा मैं उनसे डरता नहीं हूँ...

धनीराम : सुन लिया न, बाप से डरते नहीं हैं। यही है आजकल की तमीज़। मेरे लड़के मेरी आवाज़ सुनकर काँपते हैं। उनसे ऐसी बातें सुन लूँ, तो मारे हँटरों के खाल उधेड़ दूँ।

निखिल : धनीराम चाचा, तब आप देख लीजिएगा कि आपका लड़का बहुत लोफ़र निकलेगा...

मौलना : **(बीच में)** अजी क़िबला, लोफ़र तो आजकल हर लड़का होता है।

निखिल : बाप बेटे में डर का सम्बन्ध नहीं, मित्र का सम्बन्ध होना चाहिए। आप जानते हैं कि इस डर की प्रतिक्रिया क्या होगी? बड़े होने पर वह आपसे घृणा करेगा।

मुरारी : इस तरह नहीं कहते।

निखिल : मैं सच कहने से कभी नहीं डरता। आप क्यों चाहते हैं कि आपका बेटा आपकी इच्छानुसार चले। आप चाहेंगे कि आपका लड़का आपके जैसे कपड़े पहने, आप जैसी बातें कर आपकी तरह से बोले। अगर आप जिन्दगी में इंजीनियर होना चाहते थे तो आपका लड़का इंजीनियर हो। यदि वह स्वयं डाक्टर होना चाहता है, तो डाक्टर क्यों न हो? उसके स्वयं का व्यक्तित्त्व उदय होने दीजिए।

(मुन्ने चाय और नाश्ता लाता है। धनीराम चाय का प्याला लेकर मुँह घुमा के बैठ जाते हैं)

मौलाना : **(चाय लेकर)** तुम लोग भी क्या बाप बेटों की बातें लेकर बैठ गये। मात दोनों में से कोई खाये, मगर बाप बेटे में हार जीत नहीं होती। अरे सोच लो कप्तान, ज़रा सी चाल चलने के लिए एक घंटे तक सोचते हो **(चिढ़ाते हुए)** कहो तो एक नींद ले लूँ, जब तक तुम सोचो।

कप्तान : **(पाइप चढ़ाते हुए गुस्से से)** शट अप।

मौलाना : मैंने कह दिया...यहाँ फ़ौजी कमाण्ड नहीं चलेगा। मियां

ये लड़ाई का मैदान नहीं है कि उठाई तोप और दाग दी... शटअप। यह शतरंज है, शतरंज, दिमाग़ का खेल।

कप्तान : शटअप।

मौलाना : फिर वही, सुनते हो भाई मुरारीलाल...

मुरारी : **(बग़ैर मौलाना की ओर ध्यान दिये हुए)** लड़कों में अनुशासनहीनता का मुख्य कारण मेरे विचार से धर्म के प्रति अश्रद्धा की भावना है।

निखिल : मुरारी चाचा, ज़्यादा अच्छा होगा अगर आप धर्म को इसमें न घसीटें।

धनीराम : सुन लो मुरारी, ये धर्म के नाम से भी बिचकते हैं, क्यों?

निखिल : इसलिए कि धर्म आदमियों को निकम्मा और आलसी बना देता है। वह उसे स्वयं सोचने और जीवन के प्रति नया दृटिकोण लेने के अयोग्य बना देता है...इसलिए।

मुरारी : कैसी बातें करते हो? धर्म से आदमी का जीवन ख़राबी की ओर न जाकर सत्यम् शिवम् सुन्दरम् की ओर जाता है।

निखिल : नहीं मुरारी चाचा, बिना धर्म के आदमी सत्यम् शिवम् सुन्दरम् की ओर और अधिक आसानी से जा सकता है... क्योंकि उसकी आँखें खुली होती है।

धनीराम : **(चिढ़कर)** और धर्म से आँखें बन्द हो जाती हैं?

निखिल : हाँ, धर्म उसकी आँखों पर वर्षों की पुरानी शिक्षाओं और परम्पराओं की पट्टी बाँधं देता हैं यह करो...यह न करो। मिसाल के तौर पर शोभना की शादी को ही लीजिए। मैं नहीं चाहता कि शोभना की शादी दहेज देकर हो। उसे पढ़ा लिखा कर इस योग्य बना दीजिए कि वह स्वयं इस योग्य हो जाये कि अपने पैरों पर खड़ी हो सके। मैंने बाबू जी से कितनी बार कहा मगर उन्होंने मेरी बात पर कोई ध्यान नहीं दिया...

मुरारी : माँ बाप का कर्तव्य होता है कि वह पुत्री का विवाह करें।

निखिल : यह भी धर्म में लिखा है न? हमें क्या करना चाहिए, हम अपनी बुद्धि से नहीं धार्मिक पुस्तकों में खोजते हैं

जिनकी सारी शिक्षाएं आज के बदले जमाने में बेकार हैं।

मुरारी : नहीं निखिल, धार्मिक शिक्षाएँ तो शाश्वत हैं। वह आदमी को आदमी बनाती हैं।

निखिल : यही तो मुसीबत है मुरारी चाचा कि धार्मिक शिक्षाएँ आदमी बनाती हैं। मनुय जीवन का ध्येय क्या है? लोग बड़ी ऊँची ऊँची बातें करेंगे, लेकिन असलियत केवल यह है कि यह जीवन किसी तरह से सुख से बीत जाय। सुख Inhibitions और Taboos में नहीं, सुख स्वतन्त्रता और स्वच्छन्दता में है। आदमी असलियत में जानवर है और उसका जीवन जानवरपन के जितना निकट होगा वह उतना ही सुखी होगा। यह भावनाएँ, सत्य, विश्वास, प्रेम, ईमानदारी और दयानतदारी सब झूठी हैं, जो आदमी के जीवन में दुख घोलती हैं। **(बाबू जी का प्रवेश...बाहर से)** और शाश्वत धार्मिक शिक्षायें? ये आज के जमाने में बहुत पुरानी पड़ गयी हैं, आज की सभ्यता में रफ़्तार है...जाज़ और रॉक-एन-रोल है, इनमें सामन्ती लम्बे लम्बे ख़्याल और अलाप रेंकने वाला अन्धा है।

बाबूजी : किस बात पर भाषण दिया जा रहा है?

धनीराम : **(व्यंग्य से)** आपके सुपुत्र कह रहे हैं कि ईमानदारी बेवक़ूफ़ी है, धर्म पुराना पड़ गया है।

निखिल : नहीं, मैं सिर्फ़ यह कह रहा था कि वर्तमान सभ्यता में धर्म और धर्म की सारी शिक्षाएं 'आउट आफ़ डेट' हो गई हैं।

बाबूजी : ओह, धर्म की शिक्षाएँ 'आउट आफ़ डेट' हो गई हैं! धर्म को तुमने क्या समझा है? क्या यह भी फ़ैशन की चीज़ है कि कभी 'अपटूडेट' कभी 'आउट आफ़ डेट'? यह भी पतलून है कि कभी चौड़े पांयचे का और कभी पतली मोहरी का?

निखिल : आज की सभ्यता में हर चीज़ का मूल्य बदल गया है, आज का पैमाना दूसरा है।

बाबूजी : आज की सभ्यता क्या है? जहाँ आदमी का अन्तर नहीं देखा जाता, उसका कैरेक्टर नहीं देखा जाता, उसे तुम सभ्यता कहते हो? आज वह सभ्य है, जिसके पास बहुत सा पैसा हो, तरह तरह के क़ीमती सूट हों। आज के सभ्य पुरुष दर्ज़ी और धोबी द्वारा बनाये जाते हैं।

निखिल : आप इसे कुछ भी कहिये, सच तो यही है।

बाबूजी : यह पैमाना हमारा नहीं, दूसरों का है। हमारे देश में सभ्य वह लोग होते थे, जो जंगलों में नंगे बदन रहते थे। वह ही हमारे यहाँ सबसे अधिक आदर के पात्र समझे जाते थे। आजकल विदेशी माप के अनुसार सबसे अधिक सभ्य वह हैं जो भौतिक उपयोग के अधिक से अधिक साधन जुटा सकें।

निखिल : बाबू जी, आप पुरानी बातों पर क्यों जाते हैं? कल कल था, आज आज है। आप आज से आँखें बन्द नहीं कर सकते। आज जीवन का उद्देय है अपने जीवन को हर तरह से सुखी करना।

बाबूजी : इसका अर्थ होगा, हम सब लोग जानवर बन जायेंगे।

निखिल : यही तो मैं कहता हूँ, हम सब जानवर हैं। दया, ईमानदारी, और धर्म इस संसार की बातें नहीं, केवल धर्म की पुस्तकों की बातें हैं। आदमी ऊँची-ऊँची बातों और मोटी मोटी पोथियों के बावजूद भी जानवर है. .. स्वार्थी क्रूर जानवर, बड़ी मछली की तरह, जो छोटी मछली को निगल जाती है।

बाबूजी : मगर इससे शरीर चाहे सुखी हो, किन्तु चिरस्थाई आत्मा की शान्ति नहीं मिलती।

निखिल : शरीर ही तो सब कुछ है। डार्विन और फ्रायड ने सिद्ध कर दिया है कि हमारे पूर्वज जानवर थे और हमारी प्रवृत्तियाँ अब भी पाशविक हैं।

बाबूजी : **(उत्तेजना से)** जिनके पूर्वज जानवर होंगे, उनकी प्रवृत्तियाँ भी पाशविक होंगी। हमारी प्रवृत्तियाँ दिव्य हैं, जो हमें धर्म की ओर ले जाती हैं।

निखिल : अब आप साइन्स से मुँह मोड़ रहे हैं। आज मशीनयुग

है, जिसने हमारे जीवन में नया विप्लव खड़ा कर दिया है। इसमें धर्म, जिसे लेनिन ने अफीम कहा है...

बाबूजी : **(तेज़ी से बात काटते हुए)** लेनिन ने धर्म को अफीम कहा है। मैं पूछता हूँ तुम क्या कहते हो? अपने मस्तिष्क से पूछो। और यह मशीन युग, अमरीका जो आज संसार का सबसे अधिक मेकेनाइज़्ड देश है, वहाँ सभ्यता के तनाव और बोझ से पागल हो जाने वाले भी सबसे ज़्यादे हैं।

निखिल : लेकिन...

बाबूजी : **(जोश के साथ)** मशीन आदमी के सुख के लिए है? मगर क्या सुख मिला है आदमी को इन मशीनों से? पहले जहाँ किसान अपने घर से खेत तक जाने में बीस मिनट लेता था, वहीं आज इस मशीन युग में एक मजदूर अपने घर से मिल तक पहुँचने में आधा घण्टा लेता है हालाँकि वह इलेक्ट्रिक ट्रेन में बैठकर जाता है। आज वह अपनी मिल से चालीस मील दूर गन्दी चाल में रहता है। मशीनों ने पुरानी समस्या सुलझायी, किन्तु नयी समस्याएँ साथ ही साथ उत्पन्न भी तो कर दी हैं। अब बताओ, कहाँ है सुख? मशीनों से हमें क्या लाभ हुआ है?

निखिल : यह तो केवल एक पहलू है।

बाबूजी : **(उसी आवेश में)** धर्म की शिक्षायें शाश्वत हैं। तुम नास्तिक हो, मगर ईश्वर के सम्मुख समर्पण करके ही मनुष्य सुखी होता है। हर मनुष्य को कहीं न कहीं समर्पण करना पड़ता है, और वह जिसके आगे समर्पण करता है, उसी में ईश्वर का रूप होता है। मनुष्य विश्वास, प्रेम और श्रद्धा से जीता है।

(अन्धे बाबा का बाहर से प्रवेश)

यह हैं अन्धे बाबा? यह विश्वासों के प्रतीक, जन्म से अन्धे मगर कितना अटूट विश्वास है इनका ईश्वर में। कितना अटूट प्यार है इनके दिल में। इसे तुम्हारी सभ्यता नहीं समझेगी जो धर्म को फ़ैशन समझती है।

(सब ठहाके से हँसते हैं)

धनीराम : बड़ा अच्छा जवाब दिया, आजकल के लड़के तो अपने को अफलातून समझते हैं।

(निखिल का तेज़ी से भीतर प्रस्थान)

बाबूजी : यह बात नहीं है, निखिल बहुत ही बुद्धिमान लड़का है **(अन्धे बाबा से)** आओ अन्धे बाबा, बैठ जाओ। बहुत दिनों बाद आये।

अन्धे बाबा : हाँ बाबू जी, भगवान वहीं बैठे बैठे सब दे देता था, इसीलिए नहीं आया। सुना तुम्हारी बिटिया का तिलक जाने वाला है इसलिए चला आया।

बाबूजी : बड़ा अच्छा किया **(बाहर से पंडित जी का प्रवेश)** अरे आओ पंडित जी आओ। आज तो तुमने बहुत देर कर दी, भोजन तो एकदम ठंडा हो गया होगा।

पंडित : **(सबको नमस्कार करके)** कोई बात नहीं बाबू जी। बाबू अम्बा सहाय के यहाँ सत्यनारायण की कथा थी। वहीं चला गया था...

बाबूजी : **(भीतर के द्वार के पास पुकारते हुए)** मुन्ने...पंडित जी भोजन करने आ रहे हैं। जाइये पंडित जी और देखिए शोभना से कह दीजिएगा कि अन्धे बाबा बाहर बैठे हैं। **(पंडित जी का घर के भीतर प्रस्थान)**

(मुन्ने थाली में खाना लेकर आता है। बाबू जी खाना अन्धे बाबा को कपड़े और कटोरे में देते हैं)

अन्धे बाबा : **(खड़े होकर)** अब हम चलेंगे बाबूजी।

बाबूजी : अच्छी बात है **(अन्धे बाबा को बाहर पहुँचाने जाते हैं)** आओ अंधे बाबा, तुम्हें बाहर तक पहुँचा दूँ।

(मौलाना, जो कोने में बैठे हुए हैं कप्तान के साथ शतरंज खेल रहे थे, अचानक चिल्ला उठते हैं)

मौलाना : यह शतरंज है, कप्तान, शतरंज! हर क़सेबासन, हर ऐरा ग़ैरा नत्थू ख़ैरा नहीं खेल सकता। दिमाग़ी खेल है दिमाग़ी, नहीं तो हर फ़ौजी मूंजी शतरंज का उस्ताद बन जाये।

कप्तान : शटअप।

मौलाना : मियां शह बचो, यह कोई मज़ाक नहीं है। मेरे परदादा शतरंज खेलते-खेलते मर गये। मेरे दादा ने सारी उम्र शतरंज खेली, बाप ने शतरंज में ही ज़िन्दगी गुज़ार दी, तब कहीं जाकर बन्दा इस क़ाबिल हुआ है कि मोहरा पहचान सके और आप हैं कि एक ही पीढ़ी में शतरंज सीख लेंगे।

कप्तान : शटअप।

मौलाना : यह फ़ौजी कमान यहाँ नहीं चलेगा। बगलें न झांको, चाल चलो चाल **(बनाते हुए)** अरे कोई चाल है ही नहीं चलोगे क्या?

कप्तान : **(कुछ देर सोचकर चाल चलता है)** शह बचो...

मौलाना : **(घबराकर)** ऐं ये क्या? तुमने ज़रूर कोई बेईमानी की है।

कप्तान : मात।

मौलाना : **(शंका से)** नहीं, कोई बात ज़रूर है...

कप्तान : बात कुछ नहीं, मात...बस मात,... **(बाज़ी पलटकर उठ खड़ा होता है)**

मौलाना : ये क्या?...बाज़ी पलट दी...तब तुमने ज़रूर बेईमानी की होगी, तभी तो 'बाज़ी पलट दी...मात थी, पूरी मात। देखा न मुरारी बाबू, हार गये नये। टिलीलीली... टिलीलीली...

(कप्तान गुस्से से मौलाना पर मारने को छड़ी उठा लेता है। बाबूजी बाहर से लौटकर आते हैं)

मुरारी : अरे जाने भी दीजिए, अब बाज़ी तो खत्म हो गयी। उसके बाद कैसा जिक्र। अब चुप भी हो जाओ, मौलाना साहब।

मौलाना : आप कहते हैं तो चुप हुआ जाता हूँ, वरना तो देखिये बेईमानी कर ली। नहीं तो पूरी मात थी, सरासर मात, वज़ीर अर्द्धब में था...

बाबूजी : **(काटकर)** अब खत्म भी कीजिए...

धनीराम : **(खड़े होकर)** अब चलेंगे, फिर अगले इतवार को रमी होगी...

(मुरारी, कप्तान तथा मौलाना उठ खड़े होते हैं)

बाबूजी : अरे आप सब लोग एक साथ ही चल देंगे?

मुरारी : हाँ, अब चलेंगे। ...शोभना की शादी भगवान करे, बिना किसी विघनबाधा के हो जाय। बाबू जी, आप हम लोगों को काम बताइयेगा।

बाबूजी : ज़रूर, ज़रूर।

मौलाना : आपने लड़का तो देख लिया है न, कैसा है?

बाबूजी : लड़का अच्छा है।

मौलाना : मेरा मतलब है कि दिमाग़ी है या नहीं...?

बाबूजी : मैं समझा नहीं।

मौलाना : अरे यही कि शतरंज वतरंज खेलना जानता है कि नहीं?

(सब हँसते हैं और बाहर जाते हैं। बाबूजी घर के भीतर जाते हैं)

(सबके जाने के बाद निखिल पानी का गिलास लेकर आता है। ब्रश पोंछकर रंग घोलता है, तभी सीमा का बाहर से प्रवेश)

सीमा : **(निखिल के निकट जाकर)** चित्र तो बड़ा अच्छा बन रहा है।

निखिल : जी, बहुत शुक्रिया **(फिर पेंटिंग बनाने लगता है)**

सीमा : निखिल दा, **(निखिल कुछ नहीं बोलता तो तनिक झुंझलाहट से)** निखिल दा...

निखिल : कहिए।

सीमा : तुमने कहा था कि तुम्हारा चित्र बनायेंगे।

निखिल : हाँ कहा तो था।

सीमा : तब कब बनाओगे?

निखिल : **(टालते हुए)** कभी भी...

सीमा : देखो अब टालो नहीं...

निखिल : सुंनिये साहब, मैं आपको सच ही बता दूं। मैं आपका चित्र नहीं बनाऊँगा।

सीमा : नहीं बनाओगे, क्यों? पर तुमने तो कहा था...

निखिल : वह तो यों ही कह दिया था, मन बहलाने को।

सीमा : लेकिन क्यों नहीं बनाओगे?

निखिल : इसलिए कि मेरे पास समय नहीं है, कि मैं मुफ़्त में चित्र बनाऊँ **(वह फिर चित्र बनाने लगता है)**

सीमा : **(हिचकते हुए)** तो क़ीमत ले लेना?

निखिल : **(घूमकर)** ओ हो, मैं तो यह भूल ही गया था कि आप बहुत बड़े बाप की इकलौती बेटी हैं। बड़ी क़ीमती साड़ी पहन कर आई हैं। तो कहिये देवी जी, क्या दीजिएगा?

(शोभना का प्रवेश)

शोभना : क्या बात है भईया?

निखिल : यह हैं तुम्हारी सखी सीमा, मुझसे अपने चित्र बनाने का सौदा कर रही हैं। इनको समझा दो कि हर सूरत ऐसी नहीं होती कि चित्र बने।

शोभना : बस बस भईया, तुम चुप भी रहो। सीमा की सूरत तुमसे तो लाख दरजे अच्छी है **(मुँह बना के निखिल को चिढ़ाती है और बांह पकड़कर सीमा को अन्दर ले चलती है।)**

सीमा : अरे शोभना तूने अभी तक कपड़े नहीं बदले? चल, मैं चलती हूँ।

शोभना : हाँ चलो सीमा **(निखिल की ओर देखकर दुबारा मुँह बनाती है।)**

निखिल : चुड़ेल कहीं की, अभी बताता हूँ...

(शोभना और सीमा एक दूसरे का हाथ पकड़े हँसती हुई अन्दर भाग जाती हैं, निखिल फिर पेंटिंग बनाने चलता है, कि तभी बाहर से परमा चाची का प्रवेश)

निखिल : परमा चाची, राम राम...

परमा : राम राम बेटा, तस्वीर बना रहे हो।

निखिल : हाँ चाची, बन जाय तब बहुत है। इस घर में यही रोशनीदार कमरा है। सिर्फ़ एक घंटे का काम बाक़ी रह गया है मगर समय ही नहीं मिल पाता।

(माँ का भीतर से प्रवेश)

परमा : बड़ी अच्छी बन रही है **(माँ से)** राम राम बहन। अरे हाँ बेटा, मैं तो भूली जा रही थी, बाहर तुम्हारे दोस्त खड़े हैं, मुकुल नाम बताया है।

(निखिल बाहर चला आता है। माँ परमा की चादर उतार कर बैठती है)

माँ : परमा बहन, अच्छा हुआ कि तुम आ गयीं। नायन न्योता तो दे आई थी?

परमा : हाँ, न्योता तो दे आई थी। अरे बहन, न भी न्योता आता तब भी परमा चाची अपने आप आ जाती। बेटी के ब्याह के लिए न्योते की ज़रूरत नहीं होती।

माँ : मैं तो घर में अकेली औरत हूँ। पहली शादी पड़ी है, मेरे सर। तुम सबको हाथ बांटना पड़ेगा।

परमा : हाँ, हाँ, हम तो सब काम करने के लिए तैयार हैं, मुझे पराया न समझना। शोभना बिटिया को तो मैंने अपनी ही बिटिया समझा है।

माँ : बेटी तो पराई धरोहर होती है। किसी तरह उसका ब्याह करके उरिन हो जायें।

परमा : भगवान की बड़ी कृपा है कि लड़का मिल गया, वरना तो आज कल बहन लड़कों के मिज़ाज ही नहीं मिलते। बाबू गोकुल दीन की बिटिया लीला पचीस पार कर रही है और अभी तक घर बैठी है।

माँ : शोभना पर तो भगवान की ही कृपा कहो। इनको तो तुम जानती हो, इन्होंने कभी एक पैसा घूस का नहीं लिया, जबकि इनके सब साथियों ने घर भर लिए हैं।

परमा : बाबू जी की ईमानदारी की चर्चा तो दुनिया करती है।

माँ : और इन्होंने कभी एक पैसा भी कभी नहीं जोड़ा। जितना आया सभी खर्च कर दिया। इस हाथ से आया और उस हाथ से उड़ा दिया। पंडित को ही देखो, न जाने कब बचपन में इनके साथ पहले या दूसरे दरजे में पढ़ते थे। बस इसी बात पर घर पर पड़े हैं, और दोनों वक्त खाना खाते हैं।

परमा : तुम्हारे घर का खर्च कौन नहीं जानता, रोज़ एक न एक मेहमान पड़ा रहता है।

माँ : फिर इस घर में मेहमान देवता की तरह पूजा जाता

है। और इनका दिल ऐसा है, कि दुनिया भर के लिए थैली खुली रहती है।

परमा : बहुतों की दुआयें तुम्हारे साथ हैं। बेईमानी के पैसे से कभी कोई फला नहीं। राम भरोसे बाबू को ही देखो, इतना धन है कि फटा पड़ता है। तीन तीन कोठियाँ हैं, मगर कोई भोगने वाला नहीं है। निर्बन्स हैं, सन्तान के मुँह के लिए तरसते हैं।

निखिल : **(बाहर से प्रवेश करके)** परमा चाची, हम ऐसे लोगों के नाम जानते हैं जो ख़ूब घूस लेते हैं और ख़ूब बेटे पोतों से फल फूल रहे हैं। अब बताओ चाची वह अच्छे हैं कि नहीं।

माँ : अच्छा अच्छा भीतर जा।

(निखिल का भीतर प्रस्थान)

माँ : बहन हम लोग सदा ही भगवान के आसरे रहे हैं। नहीं तो आज कल लड़कियों की शादी करना कितना मुश्किल है।

परमा : सुनती हो, बाबू तोता राम की लड़की की शादी जहाँ तय हो रही थी, वहाँ से लड़के के बाप ने लिखकर पूछा, लड़की की माँ की क्या उम्र है।

माँ : अजीब आदमी थे, उन्हें लड़की की माँ की उम्र से क्या मतलब।

परमा : यही बात थी। इसी बात पर बाबू तोताराम ने बिगड़कर जवाब दिया कि शादी लड़की की होनी है, लड़की की माँ की नहीं। और जो दूसरा सवाल उन्होंने पूछा था कि आपका निवास स्थान कहाँ है और आगे कहाँ वास करेंगे, उस पर उन्होंने लिखा इस समय हमारा निवास कानपुर में है और आगे स्वर्गवास करेंगे।

माँ : ऐ, बड़ा कड़ा जवाब दिया, फिर क्या हुआ?

परमा : होता क्या, सम्बन्ध नहीं हुआ। अच्छा जवाब दिया, जैसा सवाल था वैसा ही जवाब।

सीमा : **(भीतर से प्रवेश कर)** माता जी ढोलक कहाँ रखी है, देख तो लूँ बजाकर, ठीक ठाक है या नहीं।

माँ : हाँ बेटी, तूने ठीक याद दिलाई। वह जो पूजा की कोठरी है न, उसके बगल वाले कमरे में खूंटी पर टंगी है। **(सीमा का प्रस्थान)**

परमा : बड़ी अच्छी लड़की है, तुम्हारे घर बहुत आती है।

माँ : शोभना की सखी है, मुझे माता जी कहती है और घर भर से खूब हिल मिल गई है। पड़ोस में रहती है।

परमा : लड़की बड़ी अच्छी है, इसे देखकर मन हल्का हो जाता है।

माँ : अच्छा बहन, थोड़ी देर बैठो, अभी औरतें आती होंगी। गाने का न्योता तो पूरे मोहल्ले में भिजवा दिया है। मैं चल के घर के कुछ काम धाम करूं।

परमा : मैं बैठने नहीं, काम करने आई हूँ। चलो मुझे भी काम बता दो।

बाबूजी : **(बाहर से प्रवेश करके)** हाँ-हाँ शोभना की माँ, परमा बहन को काम बता दो।

माँ : इस समय तो तरकारी कटवानी है। **(हँसकर)** चलो बहन अन्दर, वहीं महाराजिन काट रही होंगी, मैं भी आती हूँ। **(परमा का भीतर प्रस्थान)**

बाबूजी : शोभना की माँ, सब भगवान ही करता है, आदमी तो कारन है।

माँ : ये सब तो ठीक है मगर इतना रुपया कहाँ से आयेगा! नकदी की तो कोई गिनती ही नहीं, कपड़ा और रीत व्यवहार ऊपर से। नाई परजा सभी को करना पड़ेगा, नहीं तो बिरादरी में मुँह दिखाने लायक नहीं रहेंगे।

बाबूजी : अरे सब हो जायेगा शोभना की माँ, तुम बस देखती रहो। करने वाला तो भगवान है, सब चुटकी बजाते हो जायेगा। जिसने जनम दिया वही सब कुछ कर देता है।

माँ : भगवान करे शोभना सारी जिन्दगी भरी पूरी रहे।

बाबूजी : आदमी तो बेकार रोता कलपता है, सोचता है सारा काम उसने किया है। शोभना की माँ, वह भूल जाता है कि करने वाला कोई और है, जो हर समय उसे देखा करता है।

माँ : अरे देखो, धूप कितनी उतर आई, शाम होने को आई।

बाबूजी : हाँ औरतें आती होंगी। निखिल के इस पेंटिंग के सामान को भीतर रखके यहाँ दरी वग़ैरा कुछ बिछवा दो।

माँ : अभी यही करती हूँ, **(पुकारकर)** मुन्ने।

मुन्ने : **(भीतर से)** आया माँ।

माँ : **(पेंटिंग का सामान एक तरफ रखते हुए)** निखिल दिन रात पेंटिंग बनाया करता है, लेकिन उसे मिलता कुछ भी नहीं, उलटे कागज और रंगों में ही तमाम रुपया फुंक जाता है।

बाबूजी : लड़की के ब्याह के बाद निखिल के बारे में भी सोचूंगा। बी.ए. करके पढ़ाई छोड़ दी, आगे पढ़ा ही नहीं।

माँ : उसे तो धुन सवार है, कलाकार बनने की।

बाबूजी : इन्टरमीडिएट उसने साइन्स से पास किया था, मैं कितना चाहता रहा, मैंने कितना कहा कि मेडिकल कालेज में चले जाओ...मगर वह नहीं गया।

माँ : अरे अच्छा ही हुआ कि वह डाक्टर नहीं बना। नहीं तो न जाने कितनों की जान ले लेता, अपनी लापरवाही से। **(निखिल का भीतर से प्रवेश, बाबू जी उसे देख लेते हैं। माँ की पीठ उस ओर है इसलिए वह निखिल को देख नहीं पातीं।)**

बाबूजी : नहीं, यह बात नहीं है, निखिल लापरवाह नहीं है। तुम तो बेकार ही कह रही हो। वह तो बहुत ही अच्छा लड़का है।

माँ : ठीक ही तो कह रही हूँ, लापरवाही तो इतनी है कि उसे अपने तन बदन का होश नहीं रहता, खाना पीना तक भूल जाता है।

बाबूजी : नहीं, नहीं शोभना की माँ, ऐसे नहीं कहते। **(धीरे से)** वह देखो निखिल भी यहीं है।

(माँ घूमकर निखिल को देखती है। निखिल व्यंग्य से हँसता है। बाबूजी भी खोखली हँसी से झेंप मिटाते हैं)

निखिल : ये सामान मैं लिए जा रहा हूँ। **(निखिल सामान उठाकर चलता है। उसी समय अन्दर से मुन्ने के साथ सीमा आती है।)**

सीमा : लाओ निखिल दा, ये मुझे दे दो। (**करीब उसके हाथ से छीनकर सामान भीतर ले जाती है। निखिल भी बचा हुआ सामान लेकर भीतर आता है।**)

माँ : मुन्ने, बक्स के ऊपर चादर पड़ी है, उठा तो लाओ।
(**मुन्ने का प्रस्थान**)

बाबू : निखिल के सामने ऐसी बातें न किया करो, वह बड़ा हो गया है, उसे बुरा लगता है।

माँ : मैंने उसे देखा तो था नहीं, बात में बात आई इसलिए कह दिया। (**मुन्ने का चादर लेकर प्रवेश। पीछे पीछे सीमा भी आती है**)

बाबू : तुम लोग चादर वग़ैरह बिछवाओ। मैं थोड़ी देर में आता हूँ।

माँ : देखो जी, बाज़ार से कुछ मिठाई तो ले आओ। औरतें गाने आ रही हैं। कुछ मिठाई तो बांटनी ही होगी।

बाबूजी : अच्छा लेते आयेंगे।
(**बाबूजी का प्रस्थान**)
(**माँ, मुन्ने और सीमा तीनों मिलकर कमरे का सामान हटाती हैं और चादर बिछाती हैं, फिर माँ और मुन्ने घर के भीतर चले जाते हैं। अकेली सीमा पैरों से चादर की सिकुड़न मिटाती है। तभी बाहर से नीली, माया और भाभी का प्रवेश**)

नीली : सीमा रानी, तुम तो यहाँ पहले से ही हो।

सीमा : आओ नीली...माया तू भी है...ओ हो, आज तो भाभी भी हैं। तुम हीं लोगों का इन्तजार कब से हो रहा है। अरे भाभी, आज तुम्हारा मुँह कैसे खुला है, घूंघट कहाँ गया?

नीली : कौन भाभी के वो यहाँ पर हैं, जो शर्मायें बेचारी!

भाभी : हटो भी बीबी।

माया : सीमा के तो मन ही मन लड्डू फूट रहे होंगे। बिचारी सोच रही होगी कि अब जल्दी ही उसका नम्बर आने वाला है।

भाभी : आप भी तो यही सोच रही होंगी माया जी।

माया : मैं ये सब नहीं सोचती।

भाभी : क्यों नहीं? सभी लड़कियाँ सोचती हैं।

सीमा : भाभी, तुम भी इसी तरह मन ही मन लड्डू फोड़ती होगी।

भाभी : मेरी क्या?

सीमा : नहीं बताओ न भाभी। तुम भी इसी तरह सपने देखती थीं?

भाभी : हूँ... क्यों नहीं?

नीली : **(खुश होकर)** हाँ भाभी... आज खुली हो तुम।

सीमा : अच्छा भाभी, अगर यह बात है तब तुम अपनी विदा में क्यों रो रही थीं...?

नीली : अरे यह सब तो एकटिंग थी। आँखों पर कपड़ा रखा और हूँ हूँ करके रो दिये। सबने कहा बिचारी बिटिया बहुत रोयी।

माया : और आँसू बहाने हुए तो आँचल में प्याज लगाकर आँखों पर रगड़ दिया...

भाभी : घबराती क्यों हो। जब तुम लोगों की विदा होगी तब पता लगेगा, माँ बाप के छोड़ने का दुख कम नहीं होता।

परमा : **(ढोलक लेकर भीतर से प्रवेश)** आजकल के नये फैशन की लड़कियाँ दिखाने को भी नहीं रोती। उन्हें तो जल्दी रहती है कि ससुराल पहुँचें।

नीली : **(मुँह बनाकर)** हूँ हूँ।

(परमा चाची का भीतर से प्रवेश)

परमा : राम खिलावन की बिटिया मुन्नी की विदा का हाल तुम्हें नहीं मालूम? मुन्नी की विदा के समय उसकी अम्मा मुन्नी के गले से लिपटकर रोने लगी, मगर मुन्नी के आँखों में एक बूँद भी आँसू नहीं आया...यह देखकर उसकी अम्मा धीरे से बोलीं, रोओ मुन्नी, रोओ मुन्नी।

माया : मुन्नी इस पर भी नहीं रोयी?

परमा : न, वह अपने बाप से सब बरातियों के आगे बोली... 'बाबू अम्मा मुझे रोने को कहती हैं; हम कैसे रोयें, जब रुलाई नहीं आती?' और सबके सामने मुस्काती बैग

हिलाती अपने घर वाले के बगल में मोटर पर जाकर बैठ गयी।

सीमा : **(बनके)** एकदम कलजुगी लड़कियाँ हैं ये परमा चाची।

परमा : तू तो जैसे सतजुगी है। शैतान कहीं की **(सब हँसते हैं)**

माँ : **(प्रवेश करके)** अरे तुम लोग बातें ही करती रहोगी या गाना वाना भी गाओगी...।

नीली : गाना कौन गायेगा?

माया : शोभना कहाँ है...?

परमा : हय! क्या उससे गवाओगी...?

नीली : हाँ, हर्ज क्या है?

सीमा : वह गाना तो क्या गायेगी...हाँ मैं उसे पकड़े लाती हूँ।

(सब मिलके गाती हैं)

मेरी बन्नो को नजर लगा गयी, लुगाईयाँ टोले मुहल्ले वाली

शीश बन्नो के झूमर सोहे, लड़ियों में नजर लगा गयी लुगाईयाँ टोले मुहल्ले वाली।

आँख बन्नो के काजर सोहे,

चितवन मैं नजर लगा गयी, लुगाईयाँ टोले मुहल्ले वालीं।

मुख बन्नो के बीड़ा सोहे,

लाली मैं नजर लगा गयी, लुगाईयाँ, टोले मुहल्ले वाली।

पैर बन्नो के पायल सोहे,

बिछुए में नजर लगा गयी, लुगाईयाँ, टोले मुहल्ले वाली।

मेरी बन्नो को नजर लगा गयी, लुगाईयाँ टोले मुहल्ले वालीं।

(सीमा शोभना को पकड़कर लाती है किन्तु वह छुड़ाकर भाग जाती है। कुछ देर बाद भीतर से निकलकर निखिल बाहर जाता है। तभी बाबूजी मिठाई लेकर आते हैं। वह इशारे से माँ को बुलाते हैं। माँ मिठाई लेकर अन्दर जाती है, गीत चलता रहता है। तभी माँ अन्दर से घबड़ाई हुई लौटती है)

माँ : सुनते हो...गजब हो गया? मकान के पीछे का दरवाजा किसी ने खुला छोड़ दिया है।

(गीत बन्द हो जाता है)

बाबूजी : तो क्या हुआ...?

माँ : बक्स का ताला टूटा है, उसमें रखे पाँच हजार रुपये गायब हैं।

बाबूजी : हे भगवान।

(सब स्तंभित से खड़े रह जाते हैं।)

द्वितीय अंक

समय : दिन का प्रथम पहर

स्थान : वही कमरा (प्रथम अंक वाला)

पर्दा खुलने पर नेपथ्य में जाती बरात के बैंड सुनाई पड़ते हैं। शोभना की उँगली पकड़े मुन्ना घसीटता हुआ बांये द्वार से दाई खिड़की पर जा रहा है और कहता जा रहा है–'जीजी बारात'।

मुन्ना : **(खिड़की के बाहर दिखाते हुए)** वह बारात जा रही है वह देखो बाज़े वाले हैं, कितने सारे लोग हैं, वह देखो ...वह देखो अनार छूटा...और वह लड़के फुलझड़ी जला रहे हैं...देखा न जीजी...और यह हैं दूल्हा, देखा तुमने मोटर में बैठा है अकड़ा हुआ। जीजी उसका मुँह फूलों से क्यों ढका है?

शोभना : वह फूलों का सिरमौर पहने हैं, उसी से उसका मुँह ढक गया है।

मुन्ना : जीजी मैं अपनी बारात में मोटर पर नहीं, ठाठ से घोड़े पर बैठूँगा।

शोभना : **(दुलार से)** हाँ हाँ तुम घोड़े पर बैठना।

मुन्ना : जीजी तुम्हारी बारात इससे भी अच्छी होगी। खूब बड़ी... उसमें बहुत सारे बाजे वाले होंगे...है ना जीजी। **(रुककर)** तुम जवाब क्यों नहीं देती...।
(भीतर से माँ का प्रवेश)

मुन्ना : तुम्हें क्या हुआ जीजी?...तुम रो क्यों रही हो जीज़ी?

शोभना : कुछ नहीं मुन्ना...कुछ नहीं **(आँसू पोंछने की कोशिश करती हुई वह खिड़की से हटती है, तो माँ पकड़ लेती है)**

माँ : अये पगली, देख मुझे तेरे यह लच्छन अच्छे नहीं लगते। जब देखो तब आँसू। अरे बावरी, यह आँसू बहुत क़ीमती हैं, इन्हें इस तरह न बहा, चुप हो जा, चुप हो जा। अरे तू क्यों चिन्ता करती है। हम लोग क्या मर गये हैं? तेरे लिए तो चाँद सा सुन्दर दूल्हा लायेंगे। **(शोभना अपने को छुड़ाकर अन्दर भागती है)** सुन तो सही, कहाँ चली...

(माँ शोभना के पीछे-पीछे अन्दर जाने का प्रयत्न करती हैं, तभी बाहर से परमा चाची आती हैं)

परमा : शोभना की अम्मा, राम राम।

माँ : **(घूमकर)** कौन परमा बहन, राम राम। आओ बहन।

(शोभना की माँ परमा की चादर लेकर बैठाती है।)

परमा : मन्दिर जा रही थी, सोचा हाल चाल ले लूँ।

माँ : बड़ा अच्छा किया बहिन, वरना आजकल तो सब इस घर का रास्ता ही भूल गये हैं...और यह शोभना है कि रो रो के प्रान दिये दे रही है।

परमा : क्या अभी तक पाँच हजार का इन्तजाम नहीं हुआ?

माँ : कहाँ बहन, उसी का तो रोना है। हमारा भाग्य ही टेढ़ा है, तो कोई क्या करे? सब कुछ ठीक था। तिलक उसी रात जाने वाला था कि तभी न जाने क्या हुआ कि सारा रुपया चोरी हो गया। कुछ नहीं है बहन, सब हमारे पिछले जन्म के करम हैं, वही फल दे रहे हैं।

परमा : चोर का कुछ भी पता न लगा?

माँ : नहीं बहन कुछ भी नहीं। रपट लिखाई मगर कुछ भी नहीं हुआ। भगवान समझेगा मुए उस चोर को।

परमा : तो कहीं किसी और से रुपया उधार माँग लिया होता!

माँ : उधार! कैसी बातें करती हो, परमा बहन! कौन उधार देगा आजकल? फिर वह भी थोड़ा न बहुत, पाँच हजार रुपया! किसका दिल है आजकल इतना बड़ा, जो दूसरे के दरद में दुखी हो।

(परमा प्रश्नसूचक निगाहों से चुपचाप देखती बैठी रहती है)

माँ : सब भाग्य का खेल है—'राजा नल पर बिपत पड़ी, भूंजी मछली जल में गिरी।'
(आँसू पोंछती है)

परमा : अरे यह सब मौलाना, कप्तान, मुरारी बाबू, धनीराम आखिर यह किस दिन के लिए हैं?

माँ : जब मुसीबत आती है, तो परमा बहन, साया भी साथ छोड़ देता है, फिर यह लोग तो सिर्फ़ दोस्त थे। अब तो कोई इधर झाँकता भी नहीं।

परमा : पहले तो हर इतवार को सुबह से शाम तक यहीं पड़े रहते थे। शतरंज, चौपड़, चाय, नाश्ता।

माँ : आज भी तो इतवार है, कोई आया है अभी तक? ये तो एक दम भोले बाबा हैं, इन्हें दुनिया में बुराई नजर आती ही नहीं। भगवान ने आँखें दी हैं तो सफेद स्याह दोनों देखो। मगर इन्हें तो सब देवता ही दीखते हैं।

परमा : दुनिया को अपने जैसा समझते हैं।

माँ : इतनी ठोकरों पर भी इनकी आँखें नहीं खुलतीं। सब इनकी सूरत से भागते हैं। कन्नी काटते हैं, डरते हैं कि कहीं रुपये न माँग बैठें। फिर भी यह कुछ समझते ही नहीं। ऊँह **(व्यंग्य से)** सबको अपने जैसा समझते हैं। **(रुंधे गले से)** मेरी तो कुछ समझ में नहीं आता कि क्या होगा?

परमा : भगवान चाहेगा अच्छा ही होगा।

माँ : भगवान चाहेगा? अरे भगवान चाहे तब न, लेकिन हमें तो उल्टा ही दीखता है। अगर यह चाहें तो आज पाँच हजार क्या पाँच लाख ले लें, **(अनादर से)** मगर इन्होंने तो सच्चाई और ईमानदारी का बाना पहिन लिया है। लड़के वाले बड़े रूखे हैं बहन।

परमा : अरे उन्होंने जहाँ तुम्हें दो महीने की मोहलत दी है...वहाँ वह क्या एक डेढ़ महीने की मोहलत और न दे देंगे।

माँ : कितनी मुश्किल में उन्होंने यह दो महीने की मोहलत दी है। शोभना के बाबू, जो किसी के आगे मत्था नहीं झुकाते, उन्होंने टोपी उतारकर लड़के वालों के कदमों में

रख दी। तब कहीं जाकर उन्होंने दो महीने की मोहलत दी थी।

परमा : बड़े ख़राब आदमी मालूम होते हैं।

माँ : अरे लड़के वाले सभी ख़राब होते हैं। सच तो यह है परमा बहन, गरज ख़राब होती है। **(आँसू पोंछते हुए)** मुझसे तो शोभना का दुख नहीं देखा जाता।

(मुन्ने का प्रवेश)

मुन्ना : माँ, मैं गुब्बारा लूँगा।

माँ : अच्छा बेटा, **(आँचल से पैसा खोलकर मुन्ने को देती है मुन्ना पैसा लेकर बाहर चला जाता है)** भगवान चाहे मुझे उठा ले मगर इन बच्चों को ठीक ठाक रखे। किसी तरह से यह सब सुखी रहें, और इनको सुखी देखकर मैं आँखें बन्द कर लूँ।

परमा : तुम्हारे मायके वाले?

माँ : मायके वालों के अपने बेटे बेटियाँ हैं। इस सबको देखकर कभी-कभी तो सर इतना फटने लगता है जैसे दिमाग़ ख़राब हो जायेगा। मगर इनको कोई चिन्ता नहीं है। जब कुछ कहो तो आँखें बन्द करके राम राम करने लग जायेंगे। अरे राम तो पैसे दे नहीं जायेगा।

परमा : बाबू जी बेचारे भी क्या करें। उनके बराबर भलामानस कोई है मुहल्ले में? मुहल्ले वालों की हर मुसीबत में सबसे आगे रहते हैं। वह किसी को भूखा और तकलीफ़ में नहीं देख सकते। कोई भिखारी खाली हाथ नहीं जाता तुम्हारे द्वार से।

माँ : सदाव्रत कहो सदाव्रत, हमारे घर से सदाव्रत बंटा करता है। दुनिया भर के मुर्दे नानामऊ का घाट! जिस किसी को किसी भी चीज़ की ज़रूरत हुई तो चलो बाबू जी के घर। उसका नतीजा यह होता है कि घर वाले भूखे रहते हैं। न ठीक से खा सको न पहिन सको। जो कुछ है लुटा दो...गरीबों पर, मुसीबतजदों पर, मुहल्ले वालों पर, पड़ोसियों पर, अब कोई है पूछने वाला? मर रहे हो या जी रहे हो?

परमा : बाबू जी तो इतने सज्जन हैं कि क्या करें।

माँ : लड़की का गला घोंटकर मार डालें और क्या करें? पहिले जब मैं कहती थी कि इस तरह से रुपया न फेंको तो नाराज हो जाते थे। कहने लगते थे, तू कंजूस है, छोटे दिल की है, जिसने इतना दिया है वह और देगा। मनुष्य देह इसलिए है, कि परोपकार करो। **(व्यंग्य से)** करो परोपकार। अब कोई दो मीठी बात करने वाला भी नहीं है।

परमा : जगत की यही रीत है बहन, सब ऐसे ही स्वार्थी और लालची होते हैं। भले और ईमानदार आदमी के लिए यहाँ जगह ही नहीं।

माँ : निखिल से कुछ उम्मीद थी कि बड़ा होकर वह माँ बाप की मदद करेगा, मगर उसे तो अपनी पेंटिंग से ही फुरसत नहीं मिलती।

परमा : सुना उसकी तस्वीरों की नुमाइश हो रही थी?

माँ : **(अरुचि से)** हाँ, सुना तो मैंने भी था।

परमा : उसकी तो अखबार में फोटो छपी थी। सुना तारीफ भी बहुत निकली।

माँ : **(व्यंग्य से)** फोटो और तारीफ से तो पेट नहीं भर जायेगा।

परमा : उसकी तस्वीरें तो नुमाइश में बिकी होंगी?

माँ : **(हताशा से)** क्या बिकी हैं! क्या-क्या उम्मीदें निखिल से थीं कि बड़ा होकर बड़ा आदमी बनेगा, खूब रुपये कमायेगा, मगर फिर वही भाग्य का रोना, वह नालायक़ निकल गया। **(तभी निखिल का प्रवेश)** अरे तुम आ गये? **(निखिल कोई उत्तर नहीं देता। उसके हाथ में पेंटिंग का एक डिब्बा है, तथा दो एक पेंटिंग हाथ में हैं, पीछे-पीछे मुकुल भी पेंटिंग लिए आता है।)**

परमा : निखिल बेटा, बड़ों को राम राम कर लेते हैं।

निखिल : **(केवल व्यवहार के लिए)** राम राम चाची।

परमा : जीते रहो बेटा। यह क्या है डिब्बे में? शोभना के लिए साड़ियाँ लाये हो?

निखिल : नहीं चाची, मैं इतना अच्छा भाई नहीं हूँ जो बहिन के लिए साड़ियां लाये। इसमें पेंटिंग हैं।

माँ : **(परमा को समझाते हुए)** तस्वीरें, नुमाइश खत्म हो गई, तो वही वापिस लौटकर आई हैं।

मुकुल : अब मैं चलूँगा, शाम को आऊँगा।

(निखिल और मुकुल बाहर जाते हैं, निखिल बाहर से दरवाजे पर जाके पुकारते हुए कहता है)

निखिल : **(पुकारते हुए)** और देखो मुकुल, शंकर जी से कह देना कि बची हुई पेंटिंग कल भेज दें, और देखो तुम शाम को आना न भूलना।

परमा : अच्छा बहन अब मैं चलूँगी, फिर कभी आऊँगी।

माँ : हाँ जाओ...तुम क्यों बेकार समय बरबाद करो। हमारे ऊपर जो पड़ा है उसे हम झेलेंगे ही। **(तभी बड़े जोरों से किसी चलते-फिरते फिल्मी गाने की आवाज सुनाई पड़ती है।)**

माँ : **(ऊपर देखते हुए)** यह ऊपर वाले तो रेडियो इतनी जोर से बजाते हैं कि कान फट जायें। **(बाहर निकलकर)** अरे सुनते हो मोहन...मोहन...मोहन। रेडियो ज़रा धीरे बजाओ। **(रेडियो की आवाज कम हो जाती है कि सुनाई नहीं पड़ती।)**

परमा : अब चलते हैं। राम राम बहन।

माँ : राम राम...**(बाहर पहुँचाने जाती है। इसी बीच में निखिल ने आकर पेंटिंग स्टेण्ड रखा।)**

माँ : **(बाहर से लौटकर)** चलो खाना खा लो। **(निखिल उत्तर नहीं देता।)**

माँ : **(झुंझलाहट से)** जवाब क्यों नहीं देते। खाना खाने चलो।

निखिल : **(उद्दंडता से)** मुझे नहीं खाना है, तुम जाओ खा लो।

माँ : **(एकदम नाराज होकर, तेज़ स्वर में)** हाँ, हाँ मैं तो ठूंस लूँगी। एक मेरा ही खाना सबसे भारी है, लेकिन इस समय मैं तुमसे कह रही हूँ।

निखिल : **(बिगड़कर)** मैंने कह दिया, मैं नहीं खाऊँगा।

माँ : नहीं खाओगे तो ना खाओ, लेकिन इस तरह चिल्लाते

क्यों हो। मैं बहरी नहीं हूँ। बड़े तमीजदार हो। माँ से ऐसे बातें करते हो।

निखिल : कैसे बातें कर रहा हूँ, ठीक से तो बातें कर रहा हूँ, मगर मेरा दिमाग़ ख़राब न करो।

माँ : हाँ, मैं तुम्हारा दिमाग़ ख़राब कर रही हूँ, और तुम तो जैसे मेरे दिमाग़ पर मरहम लगा रहे हो। ज़रा बात करने का तरीका तो देखो। माँ पर आँखें निकालते हो।

निखिल : **(उबलते हुए क्रोध से)** मैं कहता हूँ।...कहता हूँ माँ चली जाओ...नहीं तो...नहीं तो।

माँ : नहीं तो माँ को मार डालोगे। लो मारो। बस इसी की कसर रह गई थी। **(आँखों में आँसू भर आते हैं)** इसी दिन के लिए पाल के बड़ा किया था। इसी दिन के लिए तुम्हारी बीमारी में रात-रात भर जागी थी।

निखिल : बड़ा एहसान किया था।

माँ : एहसान तुम पर नहीं, अपने ऊपर किया था। 'पाल पाल, तुझे हो होंगे काल'! बड़े लायक बेटे हो।

निखिल : **(चीखते हुए)** मैंने कब कहा था कि मैं लायक हूँ। मैं नालायक़ हूँ। नालायक़ जो एक पैसा नहीं कमाता, नालायक़ जो माँ बाप के सिर पर भार है, नालायक़ जो। **(बैचेन सा सिर पकड़कर बैठ जाता है। पार्श्व में झुंझलाता चीखता गीत गूँजता है, तभी सीमा बाहर से घर में आती है।)**

सीमा : **(निखिल के निकट जाकर, सहानुभूति से आर्द्र स्वर में)** क्या है निखिल दा। इस तरह से क्यों बैठे हो। **(निखिल उत्तर नहीं देता)**

सीमा : निखिल दा...निखिल दा।

निखिल : **(बेरुखी से)** क्या बात है सीमा?

सीमा : यही तो मैं तुमसे पूछ रही हूँ कि बात क्या है? इस तरह से उदास क्यों हो?

निखिल : कुछ नहीं सीमा...

सीमा : नहीं कोई बात ज़रूर है...मुझसे बताओ...बताओ न।

निखिल : **(रुखाई से)** तुमसे क्यों बताऊँ?

सीमा : **(वह ऐसे उत्तर के लिए तत्पर नहीं थी। किन्तु संभल के बोली)** इसलिए कि...इसलिए कि दुख बांटने से बंट जाता है...कह देने से कम हो जाता है। हर आदमी को सहानुभूति की ज़रूरत होती है। वह सहारा चाहता है।

निखिल : मुझे इसमें से कुछ भी नहीं चाहिए। बहुत बहुत शुक्रिया।

सीमा : **(पीड़ा से)** तुम ऐसे क्यों निखिलदा?

निखिल : मुझे किसी की भी सहानुभूति नहीं चाहिए। तुम जाओ सीमा, मुझे परेशान न करो। मैं सबसे नफ़रत करता हूँ। सबसे...बाबूजी, माँ, शोभना, मुन्ना...सबसे, तुमसे और सारी दुनिया से...मैं सबसे नफ़रत करता हूँ।

सीमा : यह नफ़रत तुम्हें कहीं नहीं ले जायेगी...सुखी होने के लिए जीवन में विश्वास और प्रेम चाहिए।

निखिल : **(उत्तेजित होकर)** विश्वास और प्रेम। कहाँ है जीवन में विश्वास और प्रेम? हमारे क्रूरता और स्वार्थ से भरे पाशविक जीवन में विश्वास और प्रेम? ऊँह। यह जो दया और माया कभी कभी हमारे व्यवहार में दिखाई दे जाती है वह भी स्वार्थवश ही होती है। जो बेटा ख़ूब रुपया पैसा कमाता है, वह लायक कहलाता और जो बेटा न कमाये उसे माँ बाप भी नालायक़ कहकर दुतकार देंगे। कहाँ गया माँ बाप का प्यार? वह भी बिकने लगा है पैसे पर। माँ बाप का प्यार तो बिज़नेस इनवैस्टमेन्ट होता है...बेटे को पाल पोस के पढ़ा लिखा के इसलिए बड़ा करो कि बुढ़ापे में सहायता करे। माँ अपने बेटे को दूध भी केवल इसलिए पिलाती है कि अगर न पिलाये तो उसे तकलीफ़ हो। अब बताओ... कहाँ है विश्वास और प्रेम?

सीमा : **(व्यंग्य जिसमें करुणा अधिक और व्यंग्य कम)** बड़े अच्छे विचार हैं तुम्हारे, निखिलदा...मगर मैं सच कहती हूँ...आत्मा की शान्ति...

निखिल : मत लो आत्मा की शान्ति का नाम।

सीमा : इस तरह तुम कभी सुखी नहीं होंगे। सुखी होने के लिए चाहिए जीवन में सहानुभूति और समर्पण...

निखिल : जीवन में समर्पण केवल कायर करते हैं। जिस दिन मुझे समर्पण करना पड़ेगा वह दिन मेरे जीवन का अन्तिम दिन होगा।

सीमा : ऐसी अशुभ बातें मुँह से नहीं निकालते। समर्पण तो जीवन में हर मनुष्य को करना पड़ता है। कोई ईश्वर के आगे समर्पण करता है, कोई अपने काम में, कोई किसी अन्य के सम्मुख। समर्पण से ही जीवन में श्रद्धा और आस्था उदय होती है। अविश्वास और घृणा में जीवन ज़हर बन जाता है। जीवन में सबसे बड़ी चीज़ है जीवन से प्यार करना। इसके लिए किसी न किसी सहारे की आवश्यकता होती है।

निखिल : बन्द करो अपना लेक्चर, मुझे किसी सहारे की आवश्यकता नहीं।

सीमा : **(भरे गले से)** निखिलदा...**(किन्तु अचानक कैसे गला रुंध के घुट गया।)**

निखिल : ...यह क्या? न रो सीमा। मैं तुम्हें तकलीफ़ नहीं पहुँचाना चाहता, मेरे पास बहुत कांटे हैं। मेरे निकट न आओ। मैं भावुकता से नफ़रत करता हूँ, लेकिन उससे मुझे डर लगता है। आँसू पोंछ लो।

सीमा : निखिलदा... **(सिसकियाँ लेती है)**

निखिल : **(विवश उत्तेजना से)** चली जाओ...चली जाओ...मगर आँसू न बहाओ। मैं तुम्हारे हाथ जोड़ता हूँ...जिस किसी दिन मैं अनुभव करूंगा कि मैं थक गया हूँ, मैं हार गया हूँ, उस दिन मैं तुम्हारा सहारा मागूंगा, तुम्हारी छाया में विश्राम करूंगा, लेकिन...इस समय तुम जाओ। जाओ सीमा।

सीमा : **(सीमा अपने हृदय में उठने वाले तूफान और सिसकियों के ज्वार को गले में समेटे घर के बाहर भाग जाती है। निखिल कुछ देर चुपचाप खड़ा रहता है...फिर घर के भीतर चला जाता है।)**

(बाहर द्वार पर दस्तक)

बाहर से : ...बाबू शोभना प्रसाद हैं?...बाबू शोभना प्रसाद हैं?

(बाबू जी भीतर से निकलकर...बाहर के द्वार से दो आदमियों को बुलाकर लौटते हैं। उनमें से एक दुबले पतले मुनीम जी हैं...और दूसरे मोटे ताजे नायब)

मुनीम : हम सेठ दमड़ीचन्द धोकाचन्द के मुनीम हैं और यह रहे हमारे...असिस्टेंट...घसीटेलाल...**(घसीटेलाल से)** है ना?

घसीटे : जी हाँ।

बाबूजी : खड़े क्यों हैं, बैठ जाइए।

मुनीम : अवश्य, अवश्य...सीता राम...बात यह है कि हमारे सेठ साहब के यहाँ कथा भई। है न।

घसीटे : जी...हाँ...जी हाँ।

मुनीम : बात यह है कि सेठ जी तो धर्मात्मा आदमी हैं...जैसे कि आप। न पान खायें। न बीड़ी सिगरेट पियें, न बोतल का शौक, न और कोई आदत, बिल्कुल आप जैसे हैं, है न।

घसीटे : जी हाँ।

मुनीम : सो जब कथा भई तो उन्होंने...**(बात बदलते हुए)** बिल्कुल आप जैसे हैं...सुबह दो घण्टे भगवान की पूजा करते हैं...है न।

घसीटे : जी हाँ।

बाबूजी : यह तो बड़ी अच्छी बात है। आखिरकार यह सब उसी की दया का प्रसाद है।

मुनीम : यही। यही, हमारे सेठ जी भी यही कहते हैं। अब आप देखिये न उन्होंने कथा कहलाई किसलिए? **(बात पलटते हुए)** फिर देखिए यह कोई नई चीज़ नहीं है, वह तो ऐसे धर्म के सैकड़ों काम किया करते हैं। तीज त्यौहार पर गंगा जी जाते हैं, है न।

घसीटे : जी हाँ, जी हाँ।

मुनीम : सुबह चीटियों के बिल पर आटा और शक्कर गिरवाते हैं। और हर मंगल को और शनिवार को हनुमान जी...यानी बन्दरों को चने खिलवाते हैं।

बाबूजी : यह तो अच्छा है। मगर आजकल जब आदमी भूखों मर रहे हैं, चनों की बन्दरों से ज़्यादा आदमियों को आवयकता है।

मुनीम : **(काटते हुए)** क्यों नहीं। तो हमारे सेठ ने कथा करवाई **(बात काटते हुए)** और गरीबों का वह बेहद ख्याल रखते हैं। हर पूरनमासी को उनके यहाँ सदाव्रत बंटता है, जहाँ से कोई भी भर पेट खा सकता है। फिर वह हर जाड़ों में कम्बल बाँटते हैं। अनाथालयों को रुपया देते हैं। विधवाओं पर तो उनकी विशेष दृष्टि रहती है...है न।

घसीटे : जी हाँ... जी हाँ।

मुनीम : मेरा तो ख्याल है कि सेठ जैसा इस संसार में मिलना मुश्किल है...उन्होंने कथा कहलाई...हाँ तो मैं कह रहा था कि उन्होंने कथा कहलाई (फिर बात बदलते हुए) वह तो देवता हैं...देवता आपसे तो मिल चुके हैं।

बाबूजी : हाँ! एकबार उनसे मिलने का अवसर मुझे मिला था। सज्जन पुरुष हैं। वह हमारी मिल को रुई बेचना चाहते थे। मगर चूंकि वह घटिया किस्म की थी इसलिए मैंने इनकार कर दिया।

मुनीम : बात यह है...है न।

घसीटे : जी हाँ...जी हाँ।

मुनीम : बाबू जी, वह तो आपका बहुत आदर करते हैं, कहते थे कि संसार में यदि कोई मनुय है तो केवल आप। ईमा़नदार, धार्मिक, सज्जन, मिलनसार और सदा दूसरों की सहायता करने वाला। सिरफ़ आप!

बाबूजी : **(गद्गद् होकर हाथ जोड़ते हुए)** हें, हें धन्यवाद।

मुनीम : कल बाबूजी, ऐसे ही एक साहब से बातचीत चल गई। वह बोले आजकल असली साधू मिलते ही नहीं, सब ऐसे ही ढोंगी रगे स्यार दिखाई देते हैं। मैंने कहा नहीं मिलते होंगे? मगर एक को मैं जानता हूँ जो वाकई असली साधू हैं। साधू क्या,साधू से भी दो चार हाथ बढ़ा चढ़ा। न वह रंगे कपड़े पहनता है, न अपने को साधू कहता है, मगर उसके आगे बड़े बड़े रंगे, मिट्टी हैं, मिट्टी! है न।

घसीटे : जी हाँ...जी हाँ।

मुनीम : तो वह बोला! ऐसा वह कौन सा आदमी है, मैं उसके दर्शन कर लूँ, पैर पकड़ लूँ, तो बाबूजी मैंने उसे आपका नाम बता दिया।

बाबूजी : **(एकदम पिघल कर)** सब आपकी कृपा है। हें हें मैं तो बहुत साधारण आदमी हूँ।

मुनीम : हाँ तो, बाबूजी मैं कह रहा था कि हमारे सेठ जी के यहाँ कथा भई। उन्होंने कहा कि आपके यहाँ यह प्रसाद दे आओ। मैंने कहा, सेठ साहब आप खुद ही जाइये। मैं तो मूरख हूँ। बेवकूफ हूँ, गधा हूँ। है न।

घसीटे : जी हाँ...जी हाँ।

मुनीम : **(क्रोध से)** ऐं मैं मूरख हूँ? बेवकूफ हूँ, गधा हूँ?

घसीटे : **(घबराकर)** जी नहीं, जी नहीं।

मुनीम : **(प्रसन्न होकर दुबारा परीक्षा करते हुए)** तो मैंने कहा! कि मैं मूरख हूँ, बेवकूफ हूँ।

घसीटे : जी नहीं, जी नहीं।

मुनीम : **(सन्तुष्टि से)** इस पर सेठ बोले! नहीं मुनीम जी, आप बड़े चतुर हैं। आप परसाद ले जायें। सो मैं कह रहा था कि भगवान का परसाद है **(टटोलते हुए)** आपको लेने में कुछ उजर तो नहीं होगा?

बाबूजी : अजी, कैसी बातें करते हैं, भगवान के प्रसाद से, किसे इन्कार होगा।

मुनीम : है न, मैंने तो पहले ही सेठ जी से कहा था! अजी इन्कार किसे होगा। जैसे धार्मिक आप वैसे धार्मिक बाबूजी, काया राखो धर्म, है न? यह संसार सुखी होगा तो वह संसार भी सुखी होगा। **(भेद से)** फिर आप तो स्वयं ज्ञानी हैं।

बाबूजी : कहाँ है प्रसाद?

मुनीम : बाहर ही बरामदे में रख आया था। सेठ जी ने डरा दिया था। अभी लाया। अबे चल लाला घसीटे लाल। **(दोनों बाहर जाकर कुछ ही क्षणों में एक बड़ा सा फलों का झावा लेकर लौटते हैं)**

बाबूजी : इतना बहुत सा, यह क्या है?

घसीटे : फल हैं।

मुनीम : **(डाँटते हुए)** घसीटेलाल! **(फिर एकदम दीन होकर)** परसाद है जी, परसाद। थोड़ा सा ही तो है। हमारे सेठ जी और किस क़ाबिल हैं, इसे तो सुदामा के दो मुट्ठी चावल समझो और कृष्ण बनके खालो।

बाबूजी : मगर इतना सारा प्रसाद।

मुनीम : क्या है, कुछ भी तो नहीं। असली काश्मीरी सेब, नागपुरी नारंगी, बंबइया केले, अफगानी अंगूर, अलमोड़े के आढ़ू, खुबानी **(एकदम जैसे याद आया)** और चिट्ठी सेठ साहब ने दी है। यह सब क्या है कुछ भी नहीं। रूखा सूखा है, शबरी के बेर हैं, राम बनकर इन्हें स्वीकार करो।

बाबूजी : **(हिचकते हुए)** लेकिन यह तो बहुत सारा है। **(लिफाफा उलट पलटकर देखते हैं, फिर फाड़ते हैं)**

मुनीम : अजी क्या हैं? आप ज्ञानी हैं, आपको क्या समझायें। काम ऐसा हो जिसमें दोनों का फायदा हो, न किसी को गिला न किसी को शिकवा।

बाबूजी : **(लिफाफा फाड़कर आ़चर्य से)** यह रुपये इतने सारे।

मुनीम : हीं, हीं, हीं! यह सब क्या? कुछ नहीं। यह डाली तो भगवान का प्रसाद है और यह रुपये दस हजार हैं! कुछ नहीं सिर्फ़ दस हजार रुपये। हमारी हैसियत ही क्या है? हाँ आप मिल की रुई का ठेका हमारे सेठ साहब को दें। अजी देखते क्या हैं? रख लीजिए। सुना है आपके यहाँ भगवान की मूर्ति है, जाड़े आने वाले हैं, भगवान पर असली रेशमी लिहाफ हमारे सेठ जी और चढ़ा देंगे...बात यह है कि वह बड़े धार्मिक हैं।

बाबूजी : **(कठोर स्वर में)** मुनीम जी यह घूस है।

मुनीम : अजी खाक डालिए घूस के नाम पर। घूस लेना और देना पाप है। भला हमारे सेठ साहब यह पाप कर सकते हैं? वह तो बड़े धार्मिक हैं। हैं न।

घसीटे : जी हाँ...जी हाँ।

बाबूजी : **(क्रुद्ध होकर)** बन्द करो यह बकवास। तुम्हारी हिम्मत किस तरह पड़ी। निकल जाओ। सेठजी धार्मिक व्यक्ति हैं! दस हजार रुपये लेकर आये हो। निकल जाओ।

मुनीम : दस हजार रुपये! समझा! मैंने तो सेठ जी से पहिले ही कहा था। आप बड़े ज्ञानी हैं...अच्छा...अच्छा पाँच हजार और हैं न। पन्द्रह हजार??

बाबूजी : **(एकदम क्रुद्ध होकर)** निकल जाओ, ज्ञानी के बच्चे। रुपये से किसी का ईमान ख़रीदना चाहते हो? जाओ।

मुनीम : **(डरी समर्पणपूर्ण आवाज में)** तो क्या सचमुच जायें?

बाबूजी : नहीं तो क्या मैं मज़ाक कर रहा हूँ। निकलो! निकलो नहीं तो पुलिस को बुलाता हूँ।

मुनीम : **(घबराकर)** नहीं नही बाबा, पुलिस का नाम न लो। वहीं खड़े रहो, हम जाते हैं। चल भाग लाला घसीटेलाल। **(दोनों रुपये का लिफाफा और फलों का झावा उठाते गिरते पड़ते भागते हैं।)**

बाबूजी : **(हँसते हुए)** भाग गये। अरे शोभना की माँ! शोभना की माँ!

माँ : **(प्रवेश करके)** क्या आवाज़ लगा रहे हो? यह डांट के किसे भगा दिया।

बाबूजी : हर चीज़ बिकती है यहाँ, पर ईमान नहीं, क़ीमत लाख हो या करोड़...चाहे लाख हो या करोड़...

माँ : **(उपेक्षा से)** मुए यह लाख या करोड़! अभी तक एक छदाम भी तो जमा नहीं कर सके हो! फिर यह क्या लाख और करोड़ आसामान से टपकेगा। ऊँह, लाख और करोड़।

बाबूजी : ओह तुम तो बिल्कुल समझती ही नहीं।

माँ : क्या समझूं? तुम समझाओ तो समझूं। तुम तो पहेलियाँ बुझाते हो।

बाबूजी : वह सेठ दमड़ीमल धोकाचन्द्र हैं न, हैं न, वह रुई के व्यापारी, वह हमारी मिल को रुई बेचना चाहते थे। एकदम ख़राब रुई। बताओ मैं कैसे उसे ले लेता।

माँ : अरे ले लेते तो कौन सी घटौती हो जाती?

बाबूजी : घटौती तो हो ही जाती। मिल को नुकसान होता।

माँ : कौन मिल तुम्हारी है जो उसके नफे नुकसान में तुम दुबले हुए जा रहे हो।

बाबूजी : कैसे नहीं है? आख़िर मैं उसका नौकर हूँ। मुझे इसी बात की तनख़्वाह मिलती है कि मैं देख भाल के अच्छी रुई खरीदूं।

माँ : हाँ, हाँ बड़े ईमानदार और वफ़ादार नौकर हो तुम। यह तो बताओ कि क्या हुआ?

बाबूजी : अपने मुनीम जी के हाथों पन्द्रह हज़ार रुपये भिजवाये थे उसने।

माँ : पन्द्रह हज़ार रुपये।

बाबूजी : हाँ पन्द्रह हज़ार रुपये।

माँ : तो तुमने क्या किया?

बाबूजी : ऊँह करता क्या, निकाल दिया। ऐसी डांट लगाई कि भागते ही बना। किसी तरह गिरता पड़ता भाग ही गया।

माँ : भगा क्यों दिया? रुपये ले लेते।

बाबूजी : **(आश्चर्य से जैसे आकाश से गिर पड़ा हो)** शोभना की माँ, यह तुम कह रही हो? और भी कोई नहीं, तुम?

माँ : हाँ, हाँ ग़लत क्या कह रही हूँ?

बाबूजी : **(दुख से)** तुम मेरी पत्नी हो। तुम भी मुझे कुछ नहीं समझतीं। मैं पूछता हूँ कि तुम्हारे मन में ऐसी बात कैसे आई **(क्रोध से)** बोलो, जवाब दो, चुप क्यों हो?

माँ : अच्छा बाबा, ग़लती हो गई, अब नहीं कहूँगी।

बाबूजी : नहीं, टालो नहीं। मेरी बात का जवाब दो। तुम्हारे मन में यह विचार आया ही क्यों?

माँ : ओफ़, तुम तो जबान पकड़ते हो। दिल में आया इसलिए कह दिया।

बाबूजी : यही तो मैं जानना चाहता हूँ। मेरी पत्नी होकर तुम्हारे दिल में ऐसा विचार क्यों उठा? तुम्हारी नियत अभी ठीक नहीं है। तुम्हारा हृदय अभी अशुद्ध है। तुम जाओ सात बार गायत्री मन्त्र पढ़ो। तुमसे बात नहीं करूंगा।

माँ : अरे अब गुस्सा खतम करो **(रुआँसी होकर)** बिना बात तिल का ताड़ बना रहे हो। मैंने कौन-सी कुभासा बोल दी। बस जब देखो तब बिगड़ने लगते हैं।

बाबूजी : तुमने सोचा होगा, पन्द्रह हज़ार रुपये मिल जायेंगे तो

अच्छा है। औरतों को तो रुपया चाहिए। धर्म और ईमान तो वह कुछ समझती ही नहीं। गहने बनवाने का शौक़ होगा। नई साड़ी ख़रीदने की हवस होगी।

माँ : हाय, अब देने लगे मुझे ताने (रोकर) कौन-से मैंने गहने बनवा लिए हैं? कौन-सी साड़ियाँ खरीद के ढेर लगा दिये हैं तुमने। क़सम है भगवान की, एक छल्ला भी तुमने उँगली में डाला हो। और इस पर तुम इतने ताने देते हो। इन्हीं मोटी मोटी धोतियों में मैंने सारी उमर काट दी...साड़ी तो दूर की बात है, कभी इकलाई तक तो देखी नहीं।

बाबूजी : **(रोने से घबराकर)** अरे चुप रहो...चुप...रहो... इतना शोर क्यों करती हो। हाँ, मैं कुछ नहीं कर सका हूँ। मैंने तुम्हें भूखा रखा है, कभी कपड़े नहीं बनवा सका। कभी तुम्हें जेवर नहीं दे सका।

माँ : और ही कौन सा सुख देखा है मैंने? सारी ज़िन्दगी रोते कलपते बीत गई, मगर मज़ाल है मुँह पर उफ़ भी आई हो; कभी तुमसे कुछ कहा है। जितना ही चुप रही, सब कुछ सहती रही, उतना ही तुम मुझे ताने देते हो।

बाबूजी : **(पीड़ा से)** शोभना की माँ, तुम बिलकुल ठीक कह रही हो। मैं न तो तुम्हें ठीक से खिला सका, न पहिना सका। कौन-सा सुख मैंने तुम्हें दिया है। तुमको सदा मेरे साथ दुख ही उठाना पड़ा है। मैं बहुत अभागा हूँ। शोभना की माँ, किसी को सुखी नहीं कर सका।

माँ : अरे में अपने लिए थोड़े ही कह रही हूँ। मुझे तो शोभना के ब्याह की पड़ी है। न जाने कहाँ से जुटा करके पाँच हजार रुपया जमा किया था। वह चोरी चला गया। कितनी मुश्किल से लड़की का तिलक दो महीने के लिए टला है। अब दो महीने भी बीत गये...मगर कुछ इन्तजाम नहीं हो सका।

बाबूजी : कुछ नहीं शोभना की माँ, मैं बहुत अभागा हूँ। **(कहते हुए खिड़की के पास जाते हैं वहाँ से उनको मौलाना और कप्तान दिखाई पड़ते हैं)**

बाबूजी : **(पुकाराते हुए)** मौलाना...ओ मौलाना...कप्तान सुनो तो। सुनो तो...

बाबूजी : **(पुकारते हुए)** मुन्ने

मुन्ने : **(भीतर से निकलकर)** ...जी बाबू जी।

बाबूजी : देख मुन्ने, बाहर कप्तान चाचा, और मौलवी चाचा जा रहे हैं, उन्हें बुला लाओ।

(मुन्ने का प्रस्थान...बाहर)

माँ : दिखाई तो पड़े। ये मुए तो ऐसे गायब हुए जैसे गधे के सिर से सींग। इसी मौलाना पर तुम्हारा हजार रुपया उधार है, मगर देने का नाम ही नहीं।

बाबूजी : दे देंगे...दे देंगे।

माँ : दे दें तो जानें। अरे मुसीबत में सहायता तो दूर की रही, उलटे जो पैसा लिया है, वह भी नहीं देते।

(मुन्ने का बाहर से प्रवेश)

मुन्ने : वह आ रहे हैं बाबूजी। **(माँ का घर के भीतर प्रस्थान)**

(कप्तान और मौलाना का प्रवेश)

मौलाना : भई, माफ करना, आ नहीं सके। बात यह है कि कुछ आ ही नहीं सके। कुछ ऐसा काम पड़ गया कि...वैसे आजकल मैं कहीं भी आता जाता नहीं हूँ।

(कप्तान चुपचाप सिगार पीता रहता है)

बाबूजी : कोई बात नहीं, कोई बात नहीं। बैठ जाओ।

मौलाना : यह बात है कि...

बाबूजी : **(बात काटते हुए)** अरे बैठ जाओ **(मौलाना अनिच्छापूर्वक बैठ जाते हैं)** मुन्ने चाय ले आओ।

मौलाना : अरे नहीं, चाय नहीं। बात यह है कि मुझे जल्दी जाना है। घर पर उनकी तबियत नासाज़ है।

बाबूजी : अगर तुम चाय न पीना चाहो न पियो, मगर कप्तान को तो पीने दो।

मौलाना : लाहौलविला कूवत, मैं कप्तान को क्यों रोकने लगा? वह ज़रूर पीयें, वह बिचारे बहुत ग़मग़ीन हैं। बाज़ी में पैदली मात खाई है।

कप्तान : शट अप।

मौलाना : फिर वही, लगे फ़ौजी तोप दागने शट अप। हाँ, यहाँ यह सब नहीं चलेगा। म्यां, शतरंज दिमाग़ी खेल है। वज़ीर अर्धब में फंसा था, घोड़े की उड़ती शह अलेहदा पड़ती। बादशाह के लिए घर बचे थे? जुंबिश नहीं कर सकता था वह। एक और दो, बस पैदली मात। **(खुशी से चीखकर)** मात।

कप्तान : शटअप।

मौलाना : वाह वाह, तुमने कह दिया और मैं चुप हो गया। मैं तुम्हारा जैसे ताबेदार हूँ? तुम्हारा गुलाम हूँ? अब रोते हो, बाज़ी पलट दी लेके...नहीं तो वज़ीर अर्धब में था। घोड़े की दुरंगी उलटी चाल...बादशाह जुंबिश...

बाबूजी : **(काटते हुए)** बड़ा बुरा किया कप्तान साहब आपने। आपको बाज़ी तो नहीं पलटनी चाहिए थे...**(मौलाना से)** यह कब की बात है?

मौलाना : **(शिकायत के स्वर में)** अभी की जनाब, बिलकुल अभी की। धनीराम के यहाँ शतरंज खेल रहे थे हम लोग।

बाबूजी : ओह, तो आजकल धनीराम के यहाँ बैठक जमती है।

मौलाना : **(एकदम घबराकर)** नहीं नहीं, बात यह है कि मैं तो आजकल कहीं आता जाता ही नहीं हूँ। मैं तो हमेशा तुम्हारे यहाँ ही आता हूँ। आज इत्तफ़ाक़ से धनीराम के यहाँ चला गया...क्यों है न कप्तान। मैं नहीं...मैं नहीं...लेकिन और सब लोग धनीराम के यहाँ जाते हैं।

बाबूजी : **(पीड़ा से)** तुम लोग मुझसे पीछा छुड़ाना चाहते हो। सूरत से भागते हो कि कहीं रुपयों के बारे में पूछताछ शुरू न कर दूं। मगर मैं क्या करूं...मुझे तो पूछना ही पड़ेगा...बोलो रुपयों का इन्तजाम हुआ?

मौलाना : बात यह है कि असल में वह ऐसा हुआ...

बाबूजी : तुमने तो पन्द्रह दिन की मोहलत माँगी थी?

मौलाना : तो पन्द्रह दिन की मोहलत और दे दो।

बाबूजी : लेकिन आज आख़िरी दिन है। लड़के वाले नहीं मानेंगे। बड़ी मुश्किल से उन्होंने तिलक दो महीने के लिए टाला था। तिलक हर सूरत में कल सुबह चला जाना चाहिए।

मुझे तो सिर्फ़ तुम्हीं लोगों का सहारा है। तुमने तो वादा किया था कि आज तक इन्तज़ाम कर लोगे।

मौलाना : भई असल बात यह है कि आजकल सभी के यहाँ कुड़का चलता है। वादा ज़रूर किया था...मगर भाई, हमारी हैसियत ही कहाँ है। भाई यह सब तो मुलम्मा है...मुलम्मा...

बाबूजी : हाँ, मुलम्मा तो सभी जगह है, वादों में भी।

मौलाना : जी, क्या फ़रमाया आपने?

बाबूजी : कुछ नहीं?

मौलाना : और देखिए न, मेरी भी कितनी मुसीबतें हैं। बेगम दो महीने से बीमार हैं। सारा वक़्त उनकी तीमारदारी में सर्फ़ हो जाता है। शतरंज वग़ैरह तो ख़ाली वक़्त की चीज़ें हैं। मैं तो कहीं आ जा भी नहीं पाता हूँ।

बाबूजी : **(व्यंग्य से)** सिर्फ़ धनीराम के यहाँ चला जाता हूँ।

मौलाना : वह तो...वह तो...**(एकदम खड़े होकर)** मैंने कहा बाबू भाई शीतलाप्रसाद अब इजाज़त दो।

बाबूजी : चाय तो आ जाने दो।

मौलना : नहीं नहीं, चाय फिर कभी पी लेंगे। न जाने बेगम की तबियत कैसी हो। **(रुककर)** पन्द्रह दिन और दे दो, इस बीच में रुपये का इन्तज़ाम कर दूंगा। तुम्हारी बेटी तो मेरी बेटी है।

बाबूजी : **(वितृष्णा से)** क्यों नहीं?

मौलाना : अच्छा तो अब चलता हूँ। चलिए कप्तान साहब, तशरीफ़ ले चलिए, अब मात पर ज़्यादा आँसू न गिराइये।

कप्तान : शटअप।

मौलाना : शटअप क्या? मात तो सवा सोलह आना थी, तभी तो बाज़ी मिला दी, वज़ीर अर्धब में था...

(दोनों का प्रस्थान)

(मुन्ने भी हाथ में गेंद उछालता भीतर से निकलकर बाहर चला जाता है।)

माँ : **(भीतर से प्रवेश)** देख लिया न। यही हैं तुम्हारे दोस्त! बड़ा गुमान था तुम्हें इनके ऊपर। अरे दोस्त वह है

जो मुसीबत में स. दें। बेईमान कहीं के। तुम्हारी बेटी मेरी बेटी है। ऊँह। सब ज़रूरत पर किनारा कर गये। पहले तुम्हारे यही धनीराम, मौलाना, कप्तान् और मुरारी बाबू वग़ैरह घर पर दिन भर पड़े रहते थे। चाय पीते थे, पान चबाते थे, सिगरेट से मुँह जलाकर तुम्हें बेवकूफ़ बनाते थे। तुम इतने भोले बाबा हो कि कुछ समझते ही नहीं। सारा रुपया इस मेहमानदारी में फूंक दिया...मगर किस काम?

बाबूजी : शोभना की माँ, तुम मुझे अब और परेशान न करो। मैं बेवकूफ़ हूँ, सब मुझे बुद्धू बनाते हैं। कहो मैं क्या करूं, मैने सारा रुपया फूंक दिया। **(भीतर घर में प्रस्थान)**

(माँ झुंझलाती हुई कमरे की चीज़ें तरतीब से करती है, तभी शोभना का कमरे में प्रवेश। माँ को देखकर उल्टे पैरों लौट जाना चाहती है। किन्तु माँ के पुकारने से रुक जाती है।)

माँ : शोभना **(शोभना रुक जाती है)** तेरी यह क्या हालत है। हर समय कमरे में अकेले रहना पसन्द करती है। देख सबसे बातें कर। हँस बोल। जब देखो तब रोया करती है। आ यहाँ आके बैठ।

(शोभना कुर्सी पर बैठ जाती है, माँ किताब लाकर दे देती है।)

माँ : ले इसे पढ़, मन लगेगा। यह रोना धोना मुझे पसन्द नहीं है।

(माँ का भीतर प्रस्थान। शोभना कुछ देर तक किताब पढ़ती है, फिर अचानक फूट कर रो पड़ती है। निखिल का भीतर से प्रवेश)

निखिल : तू रों रही है?

शोभना : **(आँसू पोंछते हुए)** मैं कहाँ रो रही हूँ। देखो मेरी आँखें।

निखिल : **(हँसकर)** पागल, तू समझती है, मैं तेरे बहलाने से मान जाऊँगा।

शोभना : **(मुँह फेर कर आँसू पोंछना चाहती है)**

निखिल : देख शोभना, मेरी समझ में नहीं आता कि इसमें रोने

की क्या बात है...अच्छा ही हुआ कि रुपये चोरी चले गये। मैं नहीं चाहता था कि मेरी बहिन की शादी दहेज़ देकर उन सौदागरों के साथ हो जाये... आज नहीं लेकिन एक दिन...एक दिन सचमुच बाज़े बजेंगे। उस दिन किसी का सौदा नहीं होगा। उस दिन रुपये के लिए नहीं...तेरे लिए कोई बारात लायेगा।

शोभना : भइय्या...**(रो पड़ती है)**

निखिल : यह क्या? आँसू पोंछो **(आज्ञा के स्वर में)** देख मैं आँसू नहीं देखना चाहता। आँसू पोंछो। **(शोभना आँसू पोंछती है।)** शाबाश, हाँ इस तरह अब कभी मत रोना...इस समय मैं चलूँगा। **(चलते चलते)** अब मत रोना। **(प्रस्थान बाहर)**

शोभना : **(निखिल के जाते ही फूट पड़ती है फिर आँसू पोंछ कर।)** मैं अब कभी नहीं रोऊँगी। कभी नहीं...न कभी रोऊँगी और न हसूंगी, **(ब्लाउज में से एक पुड़िया निकालते हुए)** न क़भी रोऊँगी, न कभी हँसूंगी।

(शोभना सुराही में से पानी गिलास में लेती है उसमें पुड़िया गिराकर खाली करती है।)

शोभना : **(गिलास हाथ में लेकर)** भइय्या न मैं रोऊँगी, न हसूंगी। न रहेगा बांस न बजेगी बांसुरी।

(गिलास पीना चाहती है तभी माँ का प्रवेश)

माँ : **(चीखकर)** शीतला।

(शोभना घबरा जाती है गिलास हाथ से छूट जाता है।)

माँ : अरे सुनते हो, हाय दौड़ो...बचाओ।

बाबूजी : **(प्रवेश करते हैं)** क्या हुआ?

माँ : **(रोती हुई)** हाय, हाय, अरे सुनते हो जी! तुम्हारी बेटी ने अभी ज़हर खा लिया होता। हाय देखा तुमने। अरे यह तो भाग्य था कि मैंने देख लिया वरना तो बेटी हाथ से गई थी। हाय मेरी बेटी, हाय मेरी बेटी। तुझे मेरी उमर लगे, हाय मैं मर जाऊँ। यह दिन तो नहीं देखना पड़े...हाय राम मैं क्या करूं?

बाबूजी : बेटी! बेटी! तू यह क्या कर रही थी?

माँ : अब रहने दो यह दिखावा। हाय, हाय मेरी बेटी, मैं तेरे लिए क्या करूं? **(रोकर)** तुम्हीं लोगों से मेरी जिन्दगी है। भगवान तुम बच्चों को अच्छा रखें। हाँ, हाँ, मैंने बहुत दुनिया देख ली, बहुत दिन जी ली...अब नहीं जीना चाहती।

बाबूजी : **(पीड़ा से)** नहीं बेटी, तू यह क्या कर रही थी? पगली माँ बाप पर भरोसा नहीं है, तू सुखी होगी तो हमें भी सुख होगा। पागल कहीं की। यक़ीन रख बेटी, यक़ीन रख। तेरे सुख के लिए जो कुछ होगा वह मैं सब करूंगा। सब करूंगा। अच्छा अब चुप हो जा बेटी...आँसू पोंछ ले।

माँ : चल बेटी अन्दर, हाय मैं क्या करूं। चल बेटी, अन्दर चल। हाय भगवान ने बड़ा बचाया। **(शोभना और माँ का प्रस्थान)**

(बाबूजी अकेले खड़े रह जाते हैं, तभी मुरारी बाबू का प्रवेश)

बाबूजी : मुरारी बाबू, भई तुम बड़े अच्छे वक़्त पर आये। बहुत ही अच्छे वक़्त पर आये। इस समय...इस समय मैं बहुत ही मुसीबत में हूँ। बताओ तुम्हारे चार हजार रुपये मिल गए... **(मुरारी बाबू चुप रहते हैं)**

बाबूजी : मैंने हमेशा कहा है कि उसके राज्य में देर है अंधेर नहीं। तुम भी मेरी तरह हमेशा ईमानदार रहे हो। कभी एक पैसा भी घूस का नहीं लिया। यह तुम्हारी गाढ़ी कमाई का पैसा है, तुम्हारी मेहनत का पैसा है...आख़िर घोष साहब को देना ही पड़ा। **(आँखों में आँसू आ जाते हैं)** मैं तुम्हारे एहसान को कभी नहीं भूलूँगा।

मुरारी : बाबू जी...

बाबूजी : **(बिना कुछ सुने भर्राये गले से)** मैं तुम्हारे इस अहसान को कभी नही भूलूँगा। सुना तुमने, शोभना ज़हर खाने जा रही थी।

मुरारी : ज़हर खाने?

बाबूजी : हाँ ज़हर खाने, यह तो कहो कि उसकी माँ ने देख

लिया। नहीं तो आज ग़ज़ब हो जाता। मैं तो शादी तोड़ दूं, मगर बदनामी के ख़्याल से और इस डर से कि शोभना के दिल पर क्या बीतेगी, कुछ नहीं करता लेकिन ...लेकिन आज ग़ज़ब हो जाता।

(मुरारी बाबू सिर झुका लेते हैं)

बाबूजी : मगर तुम इतने उदास क्यों हो?

मुरारी : कुछ भी नहीं।

बाबूजी : **(व्यग्रता से)** क्या हुआ...क्या हुआ तुम्हारे मुक़दमे का?

मुरारी : कुछ भी नहीं हुआ...

बाबूजी : **(शान्त स्वर में)** क्या मतलब?

मुरारी : मतलब यह कि मैं मुक़दमे में हार गया।

बाबूजी : हार गए, अब क्या होगा? सब लोग साथ छोड़ गए। इस मुसीबत में एक तुम्हारा ही सहारा था। अब क्या होगा? कैसे हार गए...कैसे हार गए?

मुरारी : घोष साहब को मुझे मेरे हक के चार हज़ार रुपया देना गंवारा नहीं था लेकिन उन्होंने इन्सपेक्टर को दस हज़ार रुपये घूस के दिये और उसने ग़लत रिपोर्ट भिजवा दी। मैं मुक़दमा हार गया।

बाबूजी : **(आश्चर्य से)** उन्होंने दस हज़ार रुपये घूस में इसलिए दिये कि चार हज़ार रुपये तुम्हें न देने पड़ें...? क्यों?

मुरारी : शायद इसलिए कि फ़र्म के दूसरे कर्मचारी भी अपनी माँग न करना शुरू कर दें, अपने हक़ के लिए लड़ना न शुरू कर दें।

बाबूजी : उफ़ कितनी बेईमानी है! कितना धोखा, छल और फ़रेब! निखिल ठीक कहता था। दया और ईमानदारी इस संसार की बातें नहीं हैं, केवल धर्म की पुस्तकों की बातें हैं। आदमी इन ऊची-ऊँची बातों और मोटी-मोटी पोथियों के बावजूद भी जानवर है...स्वार्थी...क्रूर और जानवर। बड़ी मछली की तरह जो छोटी मछली को निगल जाती है।

मुरारी : मेरा विश्वास उठता जा रहा है सबसे। इस दुनिया में जीने के लिए दुनियावी बनना पड़ता है। पास में पैसा

हो तो सब अपने हैं। आपको शरीफ़, धार्मिक और सच्चरित्र कहेंगे, नहीं तो कोई टके सेर भी नहीं पूछेगा। रिश्तेदार भी आपको अपना रिश्तेदार बताने में हिचकेंगे।

बाबूजी : तुम ठीक कह रहे हो मुरारी।

मुरारी : बाबूजी, आपने जिन्दगी भर ईमानदारी बर्ती है, एक पैसा भी हराम का आपने पाप समझा है...इसके अलावा सब के दुख दर्द में सबके आगे रहे, मगर किस फ़ायदे से? क्या मिला है आपको?...आत्मा की शान्ति...भूखे पेट पर आत्मा की शान्ति नहीं सूझती है। आज मेरी समझ में आ रहा है कि कितनी खोखली है, ये सत्य, ईमान की बातें! कितनी तथ्यहीन!

बाबूजी : (चौंककर) ऐसा न कहो मुरारी।

मुरारी : क्यों न कहूँ, कौन सुखी रहा है ईमानदार बनके। न आत्मा की शान्ति, न शरीर का सुख। यह ईमानदारी का चक्कर न होता तो कम से कम सुखी तो होता।

बाबूजी : ऐसी बातें करके मुरारी, अपनी इतने दिनों की तपस्या पर धूल न डालो।

मुरारी : मैं किसी चीज़ से केवल इसलिए हटने से नहीं डरता क्योंकि उसमें बहुत दिनों से करता आ रहा हूँ...मैं संसार की हर वस्तु दिमाग़ के तराज़ू पर तौलता हूँ। और जब उसे व्यर्थ समझता हूँ तो उसे फेंक देता हूँ। आत्मा की शान्ति! ऊँह, भरे पेट और चर्बीदार चेहरे वालों को आत्मा की अशान्ति कभी नहीं सताती।

बाबूजी : मुरारी, मुरारी, समझदारी की बातें करो। किसी चीज़ का निर्णय इतनी जल्दी करना ठीक नहीं है, तुम मेरे विश्वासों को ठेस न लगाओ।

मुरारी : घोष बाबू इसलिए मुझसे नाराज़ हैं क्योंकि मैं उनकी फ़र्ग की ब्लैक गारबेटी में शामिल नहीं होता। मेरे साथी इसलिए असन्तुष्ट हैं क्योंकि मैं उनका जैसा नहीं हूँ, वह मेरी ईमानदारी को शंकित निगाहों से देखते हैं। मेरी शिकायतें करते हैं। मैं अब तक लड़ता रहा हूँ, लेकिन अब जाऊँगा।

बाबूजी : कहाँ?

मुरारी : घोष बाबू के पास। उनसे सुलह करने, अपने साथियों से समझौता करके उनका साझीदार बनने।

बाबूजी : नहीं मुरारी, सोचो ज़रा...नहीं नहीं मुरारी, ऐसा न करना...ऐसा न करना...

मुरारी : **(मुरारी उठा करके खड़ा होता है)** अच्छा नमस्कार। **(उठकर तेज़ी से चला जाता है)**

बाबूजी : **(द्वार तक जाकर पुकारते हुए)** सुनो मुरारी...सुनो मुरारी सुनो... **(बैठकर)**। मुरारी...ये तुम क्या कर रहे हो?

मुन्ना : **(बाहर से प्रवेश करके)** बाबू जी अंधे बाबा मर गये।

बाबूजी : **(चौंककर)** क्या कहा? अंधे बाबा मर गये।

मुन्ना : हाँ बाबूजी, अंधे बाबा मर गये।

बाबूजी : कैसे?

मुन्ना : पता नहीं, लोग कह रहे थे, कि रात को वह देर तक गाते रहे। सुबह जब लोग उन्हें जगाने गये तो पता लगा कि वह मर गये।

बाबूजी : **(खड़े होकर)** अंधे बाबा मर गये।

मुन्ना : उनका एकतारा भी टूट गया बाबू जी।

बाबूजी : **(रुंधे गले से)** अंधे बाबा मर गये। अंधे बाबा मर गये... **(प्रस्थान बाहर को)**

(मुन्ना अकेला खड़ा रह जाता है तभी माँ का भीतर से प्रवेश)

माँ : क्यों मुन्ना, तुम्हारे बाबूजी कहाँ गये?

मुन्ना : इधर को अम्मा। हमने कहा, अंधे बाबा मर गये...

माँ : क्या? अंधे बाबा मर गये।

मुन्ना : हाँ माँ, हमने कहा तो बस, वह अंधे बाबा मर गये, अंधे बाबा मर गये कहते हुए इधर को चले गये **(बाहर के द्वार को दिखाता है)**

माँ : तू तो मौहल्ले का सरपंच बना हुआ है। कहाँ क्या हो रहा है, इस सब की पूरी खबर तुमसे ले लो! क्या ज़रूरत थी तुझे कहने की, उनसे? वह चल दिये होंगे उसकी क्रिया करम को। उन्हें तो घर की कोई चिन्ता

है ही नहीं...अच्छा तू तो अन्दर चल। दिन रात घर घर झांकता फिरता है। चल अन्दर।

(मुन्ने का भीतर प्रस्थान तभी दरवाजे पर खटखटाहट होती है।)

माँ : **(पुकारकर)** कौन है?

बाहर से : मैं...मैं हूँ...माँ जी...पंडित ।

माँ : पंडित जी अन्दर आ जाइये **(पंडित का प्रवेश)** क्या बात है पंडित जी।

पंडित जी : बाबूजी कहाँ हैं?

माँ : वह तो कहीं गये हैं। क्या बात है?

पंडित : कुछ नहीं, ऐसे ही माँ जी, दर्शन करने चले आये।

माँ : भोजन तो आपने आज दोपहर को प्राप्त कर लिया था न?

पंडित : हाँ जी, भोजन तो हो गया।

माँ : तो क्या बात है? अगर कोई खास बात न हो तो मुझे ही बता दीजिए।

पंडित : बाबूजी होते तो अच्छा रहता।

माँ : अच्छी बात है, वही आ जायें तो उनसे कह दीजिएगा, मगर उनका कुछ ठीक नहीं, कब तक आयें। आखिर मैं भी तो जानूँ क्या बात है? क्या कोई खास बात है?

पंडित : नहीं! नहीं ऐसी कोई खास बात नहीं है...बात असल यह है कि.... **(बहुत ही हिचकते हुए)** मैं बहुत ही गरीब आदमी हूँ...

माँ : मगर पंडित जी, हमारी हालत भी आपसे छिपी नहीं है। कहने को यह मिल में अच्छी नौकरी पर हैं। पाँच सौ रुपये पाते हैं, मगर पाँच सौ रुपए क्या होते हैं। लड़की की शादी का हाल तो आप जानते ही हैं, इस समय हम आपकी कुछ सहायता नहीं कर सकते।

पंडित : **(हिचकते हुए)** मेरा मतलब था थोड़ी सी सहायता...

माँ : **(तेज़ी से बात काटते हुए)** पंडित जी, हम वाकई में मजबूर हैं।

पंडित : नहीं, नहीं, मेरा मतलब यह है कि मेरे पास यह सिर्फ़

1245 रुपये हैं, मेरी जीवन भर की कमाई, शोभना बेटी के बियाह में अगर मैं कुछ कर सकूं...

माँ : **(आश्चर्य से)** पंडित जी आप हमारी सहायता कर रहे हैं?

पंडित : उतना मेरा भाग्य कहाँ किन्तु जो कुछ थोड़ा बहुत बन पड़ रहा है, वह करने का प्रयत्न कर रहा हूँ। आप बुरा न मानियेगा।

माँ : लेकिन पंडित जी...ये कैसे हो सकता है कि हम आपकी जीवन भर की कमाई ले लें।

पंडित : ऐसा न कहो बहूजी...ऐसा न कहो। बड़े डरते डरते लाया हूँ...मैं बहुत गरीब हूँ...सुदामा के चावल इसे समझो।

माँ : पंडित जी, आपने ो बड़ी मुश्किल में डाल दिया। पंडित जी...आपकी बहुत मेहरबानी। लेकिन इसे आप ले जाइए।

पंडित : नहीं बहू जी, शोभना हमारे लिए बेटी के बराबर है। मैं उसे देने का संकल्प कर चुका हूँ। अब यह धन बेटी का हो गया है। नहीं, नहीं अब इसे वापिस लेकर मैं पाप का भागी नहीं बनूंगा **(चलता है)**।

माँ : सुनिए तो पंडित जी, कहाँ चले! सुनिए तो सही...

पंडित : नहीं नहीं, मैं पापा का भागी नहीं बन सकता, नहीं माँजी नहीं...**(प्रस्थान)**

माँ : अजीब बात है?

(परमा चाची का बाहर से प्रवेश)

परमा : क्या सोच रही हो बहन?

माँ : कुछ नहीं बहन। आओ कैसे इधर घूम पड़ीं?

परमा : ऐसे ही, मंदिर जा रही थी सोचा तुम्हारा भी हाल चाल ले लूँ। कहो कुछ इन्तजाम हुआ?

माँ : अभी तक तो कहीं से इन्तजाम नहीं हुआ। सब राम आसरे है।

परमा : बाबू जी कहाँ गये?

माँ : पता नहीं कहाँ चले गये? जहाँ मुँह उठा वहीं चले गये होंगे। भगवान जाने क्या होगा?

परमा : एक बात कहूँ, बहन।

माँ : कहो, परमा बहन।

परमा : मुहल्ला भर मुझे मनहूस कहता है। पैदा होते ही माँ को खा लिया, और कुछ दिनों बाद बाप को भी मार डाला, मामा ने पाला लेकिन वह भी ज़्यादा साथ नहीं दे सके...बुआ ने ब्याह किया किन्तु जन्म की अभागी, अभागी ही रही। मेरे खोटे करम के साये में वह भी समा गये। एक बेटा हुआ। वह भी मरा हुआ फिर सब मनहूस क्यों न कहें...मैं वाकई बड़ी मनहूस हूँ।

माँ : नहीं परमा बहन, यह सब तो यों ही कहते हैं। वह तुम्हें पहिचान नहीं पाते?

परमा : **(पीड़ा से)** बहन, किसी ने मेरे मन को नहीं जाना, कोई मेरे मन का दरद नहीं समझता।

माँ : क्या कहती हो बहन? हम लोग तो हैं।

परमा : तुम्हारे घर से बड़ा अपनापा पाया है मैंने बहन। ये कुछ जेवर हैं, दो हजार के होंगे, इन्हें तुम ले लो...शोभना के ब्याह के लिए। देखो तुम्हें मेरी क़सम, इन्कार न करना, वरना मुझ अभागी के करम में एक रोना और जुड़ जावेगा।

माँ : **(आश्चर्य से)** तुम जेवर दे रही हो! हे भगवान, तेरी दुनिया अजीब है। जिनके पास पैसा है उनके पास दिल नहीं, और जिनके पास दिल है उनके पास पैसा नहीं। परमा बहन, तुम्हारा बहुत बहुत धन्यवाद। इस समय यह जेवर रखो, ज़रूरत होगी तो माँग लूँगी।

परमा : जनम की अभागी को एक ही तो मौका आया है अपने दिल की निकालने का, तुम उसे भी छीने ले रही हो **(आँसू पोंछकर)** शोभना की अम्मा, मान जाओ मेरी, शोभना हमारी भी बिटिया है।

माँ : नहीं, नहीं परमा बहन, मुझे ग़लत न समझो, मैं मना नहीं कर रही हूँ। **(भर्राये गले से)** शोभना तो तुम्हारी बिटिया है ही, उसे जो चाहो वह दो। हम लोग माँ बाप होकर कुछ नहीं कर पा रहे हैं। असली माँ तो तुम हो, जब ज़रूरत होगी रुपये ले लूँगी।

परमा : तुम मेरी चिन्ता न करो। मेरे जीने भर को तो मकान का किराया मिल जाता है, लेकिन मुझे मना न करो। मैं यह जेवर शोभना बेटी को पहिना के ही जाऊँगी। **(मकान के बाहर मोटर रुकने की आवाज)**

माँ : यह मोटर से कौन आया? मुन्ने...मुन्ने... **(मुन्ने का भीतर से प्रवेश)** देख तो बाहर कौन आया।

परमा : **(खिड़की से देखकर)** बाबू जी आये हैं। **(पीछे बाबूजी का भी प्रवेश)**

माँ : अरे, तुम मोटर में आये हो, मैं समझी कोई और आया है।

बाबूजी : परमा बहन, राम राम, कहो कैसी हो? तुम तो ईद का चांद हो गई हो, किन बादलों में छिपी रहती हो।

परमा : अरे भइया, तुम्हीं नहीं दिखाई पड़ते, मैं तो सुबह भी आई थी, और इस समय आ के जाने वाली थी। यह तो कहो कि तुम आ गये।

बाबूजी : मैं तो काम काज में ही लगा रहता हूँ। आज इतवार की छुट्टी थी, तो शोभना की शादी के सिलसिले में अधर उधर आ जा रहा हूँ।

माँ : परमा बहन, शोभना के तिलक के लिए अपना जेवर लाई हैं।

बाबूजी : **(आश्चर्य से)** जेवर।

माँ : और पंडित जी अपने जीवन भर की कमाई 1245, रुपया 7 आना छोड़ गये हैं।

बाबूजी : **(आश्चर्य से विमूढ़)** कितने ताज्जुब की बात है? दुनिया में अब भी कुछ अच्छे लोग हैं।

परमा : हाँ, जब तक अच्छों के सरताज तुम हो, दुनिया से अच्छाई कहाँ जा सकती है?

बाबूजी : **(कुछ देर से खाली सी निगाह से देखकर)** परमा बहन बहुत शुक्रिया...

परमा : **(काटकर)** नहीं भईया, शोभना मेरी भी बेटी है। तुम कौन हो मना करने वाले, हाँ मैं नहीं मानूंगी, बड़े आये मना करने वाले।

बाबूजी : सुनो तो...परमा बहन। रुपयों का इन्तजाम हो गया है।

परमा : देखो अब तुम बहाना करने लगे।

बाबूजी : नहीं बहन, बहाना नहीं सचमुच रुपयों का इन्तजाम हो गया है। यह देखो...(**जेब से रुपये निकालकर**) उधार लाया हूँ। चुकता कर दूंगा। अब सुनो मेरी अच्छी बहन, यह जेवर तुम ले जाओ, ले जाओ न। शोभना तो तुम्हारी ही बेटी है। ज़रूरत पड़ेगी तो माँग लूँगा। **(जेवर की गठरी परमा के हाथ में पकड़ा देता है)**

परमा : **(अन्छिा से)** जैसी तुम्हारी मरजी, मगर देखो भइया जैसा भी कुछ हो तुरन्त मझसे कहना, मुझे कभी पराया नहीं समझना।

माँ : अपनों को भी पराया समझने लगेंगे, तो अपना कौन होगा?

परमा : अच्छा तो चलूँगी। शोभना बेटी सुहागिन हो, और उसका सुहाग अटल हो...राम राम बहन। राम राम भइया **(परमा का बाहर प्रस्थान)**

माँ : **(पुकारकर)** कल सुबह नौ बजे तिलक जायेगा, तुम आठ बज़े तक आ जाना।

बाबूजी : यह लो रुपया। पाँच हजार है। इनको सम्हाल करके रख देना। कहीं पिछली बार की तरह न रखना। और पंडित जी के रुपये भी ठीक से रख दो, इन्हें वापिस कर देंगे।

(माँ रुपये लेकर भीतर को चलती है)

बाबूजी : सुनती हो, ज़रा मैं चलूँगा।

माँ : **(रुककर)** अब कहाँ चले?

बाबूजी : **(स्नेह से)** देखो, शोभना की माँ, जाते हुए आदमी को टोकना नहीं चाहिए।

माँ : **(हँसकर)** अच्छा, अच्छा...मगर चाय तो पीलो, शाम होने आ रही है। **(प्रस्थान घर के भीतर)**

(मुन्ने का भीतर से प्रवेश)

मुन्ना : बाबूजी, बाबूजी आप मोटर में बैठकर आये थे?

बाबूजी : **(दुलार से मुन्ने को अपने निकट खींचते हुए)** हाँ बेटा।

मुन्ना : बाबूजी, जब मैं बड़ा हो जाऊँगा तो मैं भी ऐसी ही मोटर पर चढूँगा।

बाबूजी : हाँ, हाँ बेटा ज़रूर।

मुन्ना : बाबूजी, मैं मोटर खरीद लूँगा, और आपको भी बैठाऊँगा।

बाबूजी : **(रहस्यमयी हँसी से)** बेटा तू बहुत बड़ा आदमी बनेगा। तेरे पास एक नहीं, बहुत सी मोटरें होंगी। सब तेरी बड़ी इज्ज़त करेंगे। तेरा दुनिया में बहुत नाम होगा। **(लाड़ से)** मेरा राजा बेटा बहुत बड़ा आदमी होगा।

(शोभना चाय लेकर आती है)

बाबूजी : ला बेटी, तेरे हाथ की भी चाय पी लूँ। बैठ जा बेटी। मैं चाय पी के बता सकता हूँ कि यह किसके हाथ की बनी है। तुम्हारे हाथ की, या तुम्हारी माँ के हाथ की। **(पीता हूँ)** ओफ़्फ़ो यह तो बड़ी मीठी है। यह तो मेरी बेटी के हाथ की बनाई हुई लगती है?

(शोभना शरमाकर स्वीकार में मुस्कुराती है।)

माँ : **(प्रवेश करके बिस्किट की तश्तरी सामने मेज पर रखती है।)**

बाबूजी : और बेटी, तेरी माँ के हाथ की चाय जानती है, कैसी होती है? कड़वी एकदम कड़वी।

माँ : बेटी के हाथ की मीठी चाय जन्म भर तो पीने को मिलेगी नहीं। बेटी तो पराई होती है। पीनी तो तुम्हें मेरे हाथ की ही कड़वी चाय पड़ेगी।

(बाबूजी हँसते हैं)

बाबूजी : **(शोभना से)** तू बेकार ही चिन्ता में दिमाग़ ख़राब किए डाल रही थी। यह तो ज़िम्मेदारी हमारी है न, चिन्ता तो हमें करनी चाहिए। तुझे तो हँसना चाहिए। तू ख़ूब हँसाकर। इससे तन्दुरुस्ती अच्छी रहती है। रुपयों का इन्तजाम हो गया है...और कल सुबह नौ बजे तिलक चला जायेगा।

(शोभना शर्मा के अन्दर भाग जाती है)

मुन्ना : बाबूजी, जीजी शर्मा के भाग गई। पकड़ लाऊँ?

बाबूजी : हाँ हाँ...पकड़ लाओ...

(मुन्ना शोभना को पकड़ के लाता है और ख़ूब गुदगुदाता है। सब हँसते हैं। तभी निखिल का बाहर से प्रवेश)

बाबूजी : यह लो, निखिल भी आ गया। आओ। इधर आके बैठो मेरे पास **(निखिल बैठ जाता है)** शोभना की माँ हम लोग कितने सुखी हैं। हमारे दो राजा बेटे हैं और एक रानी बेटी। सच मानो शोभना की माँ, ऐसे अच्छे...बच्चे दुनिया में चिराग़ लेकर ढूँढ़ने जाओ तो भी नहीं मिल सकते।

माँ : हाँ, यह तो है ही।

बाबूजी : हमारे दफ़्तर के बहुत से साथियों में बातचीत हो रही थी...कोई कह रहा था कि अब तक की नौकरी में एक लाख कमाया, कोई कहता था दो लाख रुपया कमाया और कोई सवा दो लाख। मुझसे जब पूछा तो जानती हो मैंने क्या कहा?

माँ : क्या कहा?

बाबूजी : मैंने कहा...तीन लाख रुपये। उनकी आँखें फट गईं। बोले आप तो बड़े ईमानदार कहलाते हैं, फिर इतना कहाँ से आया? मैंने कहा...मेरे तीन बच्चे हैं...दो लड़के और एक लड़की, वही हैं सब कुछ मेरे लिए। उन्हें चाहे लाख कहो, चाहे करोड़।

माँ : आज आपके बड़े बेटे ने खाना नहीं खाया है। मुझसे नाराज है।

बाबूजी : नहीं खाया होगा, अक्सर क्रोध में ऐसा होता है। अपने ही को देखो जब नाराज़ होती हो तो ज़मीन सर पर उठा लेती हो...निखिल मेरे हाथ से खायेगा। लो खाओ। **(निखिल को बिस्किट खिलाता है)** मुन्ने अब तुम दादा को खिलाओ। **(मुन्ना जबरदस्ती खिलाता है)**...

बाबूजी : शोभना की माँ, निखिल बहुत ही योग्य लड़का है। इतनी कम उमर में यह तो इतना सब कुछ जानता है...जिसका हम लोग इस उमर में सपना भी नहीं देख सकते...देख लेना एक दिन यह संसार में नाम कमायेगा।

माँ : भगवान करे वह दिन जल्दी आये।

बाबूजी : इसकी तुमने अख़बार में फोटो देखी। जानती हो इसकी पेंटिंग की बड़ी तारीफ़ निकली है। कुछ ही दिनों में उसकी पेंटिंग नेशनल गैलरी में टंगेगी। जिसके शोभना जैसी अच्छी लड़की हो...और मुन्ने व निखिल जैसे होनहार और योग्य बेटे हो, वह तो सुखी होगा ही।

माँ : **(चुप रहती है)**

बाबूजी : **(निखिल से)** ...देखो बेटा, कल सबुह नौ बजे शोभना का तिलक लेकर तुम्हें जाना पड़ेगा **(निखिल आश्चर्य से पिता की ओर देखता है बाबूजी हकलाकर कहते हैं)** रुपए उधार मिल गए। मैं तो नहीं जा सकूंगा, दफ़्तर से छुट्टी नहीं मिलेगी, इसलिए तुम्हीं चले जाना। साथ में पंडित और नाई भी जायेंगे...अच्छा इस समय मैं ज़रा काम से जा रहा हूँ...भगवान करे तुम सब खूब सुखी रहो। बहुत बड़े आदमी बनो...**(चलता है किन्तु दरवाजे तक जाकर लौट आता है)** शोभना की माँ, तुम किसी बात की अब चिन्ता न करना। तुम्हारे बच्चे बहुत ही अच्छे हैं। निखिल तो बहुत ही योग्य है। वह सब कुछ सम्हाल सकता है। उसे ज़िम्मेदारी दो तो वह ज़िम्मेदार बनेगा...बहुत ही अच्छा...अरे हाँ **(प्यार से)** मुन्ना तो और भी अच्छा है और शोभना, शोभना तो सबसे अच्छी है। सब अच्छे हैं...बड़े अच्छे। **(प्रस्थान बाहर)**

(माँ शोभना मुन्ने और निखिल भीतर जाते हैं, स्टेज कुछ क्षणों के लिए खाली रहता है, सन्ध्या होने लगती है। मंच पर अंधेरा होने लगता है और खिड़की के बाहर शाम की लाली बिखर जाती है, जिसकी छायायें मंच को भी लाल कर देती है। तभी बाहर नेपथ्य में जोर से मोटर रुकने की आवाज और एक साथ बहुत से कंठों का कोलाहल)

(माँ, निखिल, शोभना का प्रवेश)

निखिल : **(खिड़की से बाहर देखकर, आश्चर्य से) बाबूजी का मोटर से एक्सीडेंट हो गया है।**

माँ : हे भगवान, यह क्या हुआ! **(तेज़ी से बाहर की तरफ भागती है। निखिल भी जाता है। शोभना और मुन्ने भी बाहर जाते हैं। थोड़ी देर में सब बाबूजी के बेहोश खून से लथपथ शरीर को लेकर लौटते हैं। और तख्त पर लेटाते हैं। साथ में पंडित जी और एक अजनबी है)**

माँ : हाय भगवान! ये क्या हो गया!

पंडित : सर से खून बह रहा है। जल्दी से पट्टी लाकर बाँध दो। **(शोभना अन्दर दौड़कर जाती है।)**

बाबूजी : **(होश में आकर)** शोभना कहाँ है? शोभना कहाँ है पाँच हज़ार... पाँच हज़ार फेंक दो उसे, फेंक दो...नहीं तो हाथ जल जायेगा...दमड़ीचन्द धोकाचन्द...पाँच हज़ार... दमड़ीचन्द धोकाचन्द...पाँच हज़ार, फेंक दो उसे, नहीं तो हाथ जल जायेगा...हाथ जल जायेगा...**(फिर बेहोश हो जाता है)**

(शोभना धोती लेकर आती है, माँ उसे फाड़कर पट्टी बनाती है।)

अनजबी : लाओ मैं बाँधू **(पट्टी बाँधता है)**

पंडित : मैं तो यहीं बाबूजी के पास आ रहा था, तभी देखा कि बाबूजी घर से निकले, तो मोटर के आगे इत्तिफाक से आ गये।

अजनबी : इत्तिफाक, ऊँह तुम इत्तिफाक कहते हो। इन्हें हमने इतना बचाने की कोशिश की, इस पर भी यह मोटर के सामने कूद ही पड़े सड़क पर। ऐसे चले जा रहे थे जैसे सपना देख रहे हों।

माँ : हाय, यह बेहोश हैं, अब क्या होगा? डाक्टर को बुलाओ।

अनजबी : यहाँ डाक्टर के आने में देरी होगी। हमें इन्हें मोटर से अस्पताल लिए चलते हैं।

पंडित : हाँ, हाँ यही ठीक होगा।

माँ : जैसी तुम्हारी मर्जी, चलो।

(सब बाबू जी को उठाके ले चलते हैं। निखिल बैठ जाता है, नेपथ्य में पागल कर देने वाला उलझा हुआ संगीत।)

(सीमा का बाहर से प्रवेश)

सीमा : सुना, बाबूजी का मोटर से एक्सीडेन्ट हो गया। तुम क्यों नहीं गये? तुम जवाब क्यों नहीं देते...इस तरह क्यों बैठे हो।

(निखिल पागलों की तरह लाल रंग घोलता है और केनवस पर लगाता है)

सीमा : **(व्यग्र सी)** यह क्या है? यह क्या कर रहे हो?

निखिल : **(विक्षिप्त सा)** सीमा, मैंने अपने बाबू जी का खून कर दिया। वह देखो लाल खून, यह देखो, खून से मेरी उगलियां लाल हैं। **(फूटकर)** सीमा मैंने अपने बाबू जी का खून कर दिया।

सीमा : यह क्या कह रहे हो निखिल, चुप हो जाओ। चुप हो जाओ।

निखिल : जानती हो सीमा, वह रुपये चोरी नहीं हुए थे। उन्हें मैंने छिपा दिया था। मैं नहीं चाहता था कि शोभना की शादी दहेज़ देकर हो। उसे पढ़ा लिखाकर इस योग्य बना दें कि वह स्वयं पैरों पर खड़ी हो सके...सीमा, बाबूजी ने घूस ली, सेठ दमड़ीचन्द से पाँच हज़ार रुपया घूस के लिए...।

सीमा : घूस!

निखिल : हाँ सीमा, लेकिन वह उसे सहन न कर सके। मोटर के आगे गिरकर उन्होंने अपने को मार डाला **(फूटकर)** सीमा बाबूजी को मोटर के आगे मैंने ढकेल दिया! हाँ, मैंने उनको मार डाला।

सीमा : निखिल चुप हो जाओ।

निखिल : मुझे नहीं मालूम था कि बाबूजी के विश्वास इतने गहरे हैं, कि वह उनके लिए अपनी जान भी दे सकते हैं। मैं चाहता था कि वह बेईमानी करें। मैं उन पर हँसता था मगर उनके विश्वासों ने मुझे हिला दिया। मुझे न छुओ सीमा, मुझे अपने आप से नफ़रत हो गई है।

सीमा : घबराओ नहीं।

निखिल : बाबूजी हार के जीत गये, और मैं जीत के हार गया, सीमा मैं हार गया, मुझे सहारा दो।

सीमा : **(रो पड़ती है)** निखिल मेरे निखिल **(सिसकियों से भरे गले से)** बाबूजी बच जायेंगे। घबराओ नहीं, बाबूजी बच जायेंगे, बाबूजी बच जायेंगे।

(दोनों रोते हैं, दोनों के आँसुओं की गंगा जमुना संगम बनाती हैं, प्रार्व में करुण संगीत है, दूर कहीं कोई ऊँचे स्वर में पढ़ रहा होता है :

सर्वधर्मान्यपरित्यज्य मामेकं शरणं ब्रज।
अहँ त्वां सर्वपापेभ्यो मोक्षायियामि मा शुचः॥

इति

मन के भँवर

विरासत में, जिनकी सहज अभिनय
क्षमता मुझे नाट्याभिरुचि
के रूप में प्राप्त हुई,
उन माँ की
स्मृति को।

प्रथम संस्करण की भूमिका

सहधर्मियों से

मेरा प्रथम प्रेम रंगमंच है, नाटक लेखन द्वितीय। इसलिए मैं पहले इस नाटक के भावी निर्देशकों से एक सहधर्मी निर्देशक के स्तर पर बात करना चाहूँगा, नाट्य समीक्षकों से बाद में।

इस नाटक के दृश्यबंध और मंच-सज्जा के विषय में मेरा कोई पूर्वाग्रह नहीं है। निर्देशक अपनी सुविधा और साधन की परिधि में नाटक की आत्मा को जीवित करने के लिए, जैसी उपयुक्त समझें, वैसी मंचसज्जा और दृश्यबंध प्रयोग कर सकते हैं, नाटक में उल्लिखित मंच सज्जा निर्देश केवल संकेत मात्र हैं।

मेरे विचार में छाया और देवेन्द्र के चरित्र ऐसे हैं, जिनके निरूपण (इन्टरप्रटेशन) में विशेष सतर्कता की आवश्यकता है। वैसे तो हर निर्देशक अपने विशिष्ट दृष्टिकोण से नाटक के चरित्रों का चित्रण करने के लिए स्वतंत्र है, और एक चरित्र के विभिन्न निर्देशकों द्वारा किये गये विविध चित्रण से नाटक की संभावनाओं का अन्वेषण और विकास ही होता है, जो अन्ततः लाभदायक है, फिर भी मैंने इन चरित्रों के मंच-निरूपण में जो अनुभव प्राप्त किये हैं, वह इस आशा से दे रहा हूँ, कि वे किसी सीमा तक इस नाटक के भावी निर्देशकों के लिए सहायक सिद्ध होंगे।

कोई भी अभिनेत्री, सहज ही, प्रथम अंक के छाया के संवादों से छाया के चरित्र को खलनायिका (वैम्प) के रूप में चित्रित करेगी। किन्तु ऐसा चित्रण दोषपूर्ण होगा। ऐसा चित्रण छाया के तृतीय अंक के संवादों से असंगतिमय होगा। यदि प्रथम अंक में छाया के चरित्र को खलनायिका के रूप में प्रतिष्ठित किया जाता है, तो तृतीय अंक में उसके द्वारा कहे जाने वाले पश्चात्ताप के शब्द, संवेदना और करुणा के स्थान पर, दर्शकों की हँसी और उपहास ही उभारेंगे। अतएव आवश्यक है कि प्रथम अंक में छाया के चित्रण पर विशेष ध्यान दिया जाये। छाया मूलतः खलनायिका नहीं है। वह एक अत्यन्त भावुक, महत्त्वाकांक्षी और संवेदनशील स्त्री है, किन्तु उसमें परिस्थितियों को पहचान कर उनसे समझौता

करने तथा उनके अनुसार अपने को बदलने की क्षमता नहीं है। उसकी यही एक कमी उसके पतन का कारण बनती है। वह देवेन्द्र के साथ इसलिए भाग जाती है, क्योंकि वह उसके उन कमजोर क्षणों में आता है, जब जीवन की बदली हुई परिस्थितियों में उसकी ऊब सबसे गहरी है। यद्यपि वह अपनी सास और पति से प्रथम अंक में कठोर बातें कहती है, तब भी वह रूढ़िगत अर्थ में खलनायिका नहीं है। वह परिस्थितियों से मजबूर ऐसी विवश औरत है, जो कुछ काल के लिए विपथगा हो जाती है। छाया का प्रथम अंक में सहानुभूतिपूर्ण चित्रण ही तृतीय अंक में उसके चरित्र की निरन्तरता अविच्छिन्न रखेगा तथा दर्शकों की सहानुभूति और करुणा प्राप्त कर सकेगा।

देवेन्द्र ऐसा चरित्र है, जो कपड़े करीने से पहनता है, शक्ल-सूरत का अच्छा है, और स्वास्थ्य का भी ख़ासा है। कुल मिलाकर वह देखने में बहुत ही 'स्मार्ट' है। वह अपनी स्पष्टवादिता, बेफ़िक्री और पर्सनालिटी (केवल बाह्य) से दूसरों को अपनी ओर आकर्षित करता है, किन्तु अन्ततः गहराई के अभाव में किसी को ज़्यादा देर अपने से बाँध नहीं सकता है। ऊपरी तड़क-भड़क के बावजूद वह खोखला है। वह फ़िल्मी नायकों से प्रभावित है, इसलिए उसके हावभाव और मुद्राओं में फ़िल्मी छाप है, जो किसी हद तक उसके व्यक्तित्व के स्तर को कम करता है। फिर भी वह महत्त्वाकांक्षी है। दुनिया को जीतने के सपने देखता है, किन्तु साथ ही असफल है। वह बावजूद कोशिश के फिल्मों में केवल 'एक्सट्रा' बन पाया है, इसलिए कुछ 'फ्रस्ट्रेटैड' भी है, जिसे वह अपने 'कॉमिक-युक्त' व्यवहार से छिपाता है। इस प्रकार देवेन्द्र मोहक व्यक्तित्व के बावजूद एक बहुत 'बेचारा' चरित्र है। वह विशुद्ध खलनायक के गुणों से संपन्न नहीं, यद्यपि कथानक में उसका स्थान खलनायक का ही है।

मेरे निकट नाटक का उद्देश्य उस चरमबिन्दु की प्राप्ति है जिस पर अभिनेता और दर्शक रचनात्मक प्रक्रिया में बराबर की साझेदारी अनुभव करते हैं। जिस नाटक में यह बिन्दु प्राप्त हो जाये, वह चाहे सुरचित नाटक हो, अथवा अनाटक, या किसी अन्य 'लेबिल' का नाटक, वह नाटक सफल होगा। यह नाटक का अंतिम मापदंड है। कोई भी 'लेबिल' अपने आप में नाटक को सफल नहीं बना सकता। प्रस्तुत नाटक इस कसौटी पर खरा उतरेगा या नहीं, यह तो तभी बताया जा सकेगा, जब यह नाटक अभिनीत किया जायेगा। वैसे अब तक, प्रकाशन के पूर्व, यह नाटक विभिन्न नाट्य-मंडलियों द्वारा अभिनीत किया जा चुका है, तथा आकाशवाणी इलाहाबाद और दिल्ली केन्द्रों से भी कई बार प्रसारित हो चुका है, जो इसकी अभिनेयता और लोकप्रियता के प्रमाण हैं।

यहाँ पर मैं इलाहाबाद आर्टिस्ट एसोसिएशन के अध्यक्ष श्री यू.एस. कोचक के प्रति अपनी कृतज्ञता प्रकट करना चाहूँगा, जो मेरे शुभचिन्तक और मार्गदर्शक हैं, और जिनके प्रोत्साहन का ही फल है—यह नाटक। कृतज्ञता प्रकाशक अधूरा ही रहेगा, यदि मैं अपने मित्रगण तथा सहधर्मी रंगकर्मियों डॉ. बालकृष्ण मालवीय, श्री सरन बली, डॉ. सुधीर चन्द्र तथा डॉ. प्रभात मंडल का उल्लेख न करूँ।

दया प्रकाश सिन्हा

इलाहाबाद

दिसम्बर, 1967

यह नाटक सर्वप्रथम 'भँवर' नाम से प्रोफेसर यू.एस. कोचक की अध्यक्षता में, इलाहाबाद आर्टिस्ट्स एसोसिएशन द्वारा ऑफिसर्स ट्रेनिंग स्कूल, हॉल, इलाहाबाद में जनवरी 2, 1961 को निम्नांकित रंगकर्मियों द्वारा मंचित किया गया था—

पूनम	:	यूना पीटर्स
छाया	:	पुष्पा निगम
माँ	:	देशी सेठ
अबला सोंधी	:	सुनीति ओबेराय
डॉ. वशिष्ठ	:	डॉ. बालकृष्ण मालवीय
आदित्य	:	डॉ. सुधीर चन्द्र
देवेन्द्र	:	राजा जुत्शी
डॉ. रवीश	:	जगदीश श्रीवास्तव
मनोहर	:	शिव मंगल
पागल	:	विनय मालवीय
प्रधान	:	प्रकाश श्रीवास्तव
पांडे	:	आर.वी. पंडित
राहगीर	:	विमल बिहारी
		रघुनाथ सिंह
संगीत	:	एस.आर. भट्टाचार्य
कला	:	जगदीश श्रीवास्तव
प्रकाश	:	अशोक शर्मा

निर्देशन

दया प्रकाश सिन्हा

पात्र-परिचय

डॉ. वशिष्ठ	:	मनोचिकित्सक
छाया	:	डॉ. वशिष्ठ की पत्नी
माँ	:	डॉ. वशिष्ठ की माँ
डॉ. रवीश	:	डॉ. वशिष्ठ का सहायक
आदित्य	:	डॉ. वशिष्ठ का मित्र
मनोहर	:	डॉ. वशिष्ठ का नौकर
पूनम	:	मनोरोगी
पागल	:	मनोरोगी
अबला सोंधी	:	पत्रकार
प्रधान	:	पत्रकार
वर्मा	:	पत्रकार
पांडे	:	पत्रकार
देवेन्द्र	:	फिल्म एक्टर (छाया का मित्र)
आदमी	:	राहगीर

प्रथम अंक

(एक साधारण चौकोर कमरा जिसमें दो दरवाजे, बाईं ओर का दरवाजा मकान के बाहर खुलता है और दाँई ओर का दरवाजा घर के अन्य कमरों में। यह कमरा ड्राइंग, स्टडी और क्लिनिक, तीनों ही काम आता है। पीछे की दीवार के सहारे अलमारियाँ खड़ी हैं जिनमें मोटी-मोटी किताबें रखी हैं। बीच कमरे में एक मेज़ रखी है और उसके पास ही एक ऑफिस-कुर्सी पड़ी है। कमरे में एक-दो कुर्सियाँ इधर-उधर और पड़ी हैं।

पर्दा खुलने पर डॉक्टर बाहर के दरवाजे की ओर पीठ किये मेज़ पर टिका बैठा किताब पढ़ता दिखाई देता है। तभी बाहर के दरवाजे में पूनम का तेजी से प्रवेश। पूनम सत्तरह-अठारह साल की लड़की है- दुबली और गोरी। चाल में ढीठ बचपन-सा। इस समय वह गुस्से में है, और नाराज़ बच्चों की तरह पैर धरती पर पटकती है।)

पूनम : **(उलाहने से)** डॉक्टर!

डॉक्टर : **(पूनम की ओर घूमकर आश्चर्य से)** पूनम, **(फिर आत्मीयता से)** आओ, आओ!

पूनम : **(द्वार से ही, गर्दन को झटका देते हुए)** नहीं।

डॉक्टर : क्या बात है? बड़ी नाराज़ दिख रही हो **(पूनम चुप रहती है)** बताओ न, क्या बात है?

पूनम : हम नहीं बताते।

डॉक्टर : **(हँसकर)** क्यों, क्या हमसे नाराज़ हो?

पूनम : नहीं।

डॉक्टर : तब हमसे क्यों नहीं बताती? हमसे बताओ। क्या हुआ?

पूनम : हम नहीं बताते।

डॉक्टर : **(हँसकर)** अच्छा न बताओ, तुम्हारी इच्छा। मगर बैठ तो आओ! **(कुर्सी उसकी ओर बढ़ाता है)**

पूनम : हम नहीं बैठते।

डॉक्टर : क्यों, क्या खड़ी ही रहोगी? नहीं, तुमको बैठना पड़ेगा, चलो-चलो बैठो। **(बाँह पकड़कर कुर्सी पर बैठा देता है।)**

पूनम : **(कुर्सी पर बैठकर)** हम नहीं बैठते। **(इस पर डॉक्टर मुस्कराता है।)**

डॉक्टर : हाँ...अब बताओ कि क्या बात है?

पूनम : हम नहीं बताते।

डॉक्टरी : तुम क्या नहीं बतातीं?

पूनम : कुछ नहीं।

डॉक्टर : नहीं, कुछ तो है जो तुम नहीं बताना चाहतीं। अच्छा बताओ तो सही, तुम क्या नहीं बताओगी?

पूनम : यही कि सब हमारे दुश्मन हैं।

डॉक्टर : सब तुम्हारे दुश्मन हैं?

पूनम : हाँ, सब...सब...सब, इसीलिए कल रात भर सोई नहीं।

डॉक्टर : रात भर सोई नहीं! **(मुस्करा कर)** क्या करती रहीं?

पूनम : मरने की तरकीबें सोचती रही।

डॉक्टर : मरने की तरकीबें?

पूनम : हाँ, आत्महत्या करने की सोचती रही। यह देखो...मैंने अपने हाथ की नस काटनी चाही थी...। **(कलाई दिखाती है।)**

डॉक्टर : **(हाथ पकड़कर)** मैंने तुमसे आत्महत्या करने के बारे में सोचने को भी मना किया था। मना किया था न? **(पूनम बच्चों की तरह सिर हिलाकर स्वीकार करती है।)**

: फिर क्यों सोचती रहीं? **(पूनम उत्तर नहीं देती)** बताओ क्यों सोचती रहीं?

पूनम : मैं क्या करती, दिमाग़ में जो आया उसके लिए मैं क्या करूँ।

डॉक्टर : दिमाग़ में यह आया ही क्यों?

पूनम : क्योंकि सब हमारे दुश्मन हैं। सब चाहते हैं कि मैं मर जाऊँ।

डॉक्टर : कौन चाहता है कि तुम मर जाओ? कोई नहीं चाहता।

पूनम : सब चाहते हैं। सब, सब...हाँ, सब।

डॉक्टर : नहीं, **(सोचकर)** अच्छा बताओ पूनम, मैं चाहता हूँ कि तुम मर जाओ।

(पूनम उत्तर नहीं देती, सिर झुकाये बैठी रहती है।)

: बोलो, क्या मैं चाहता हूँ कि तुम मर जाओ?

पूनम : **(गर्दन उठाकर डॉक्टर को देखती है, फिर सिर झुकाकर)** नहीं, लेकिन और सब चाहते हैं।

डॉक्टर : **(अपनी सफलता पर मुस्कराकर)** मैं नहीं, और सब। **(एक क्षण सोचकर अलमारी से बड़ा-सा गुड्डा निकालकर)** अच्छा बताओ पूनम, क्या यह गुड्डा चाहता है कि तुम मर जाओ?

पूनम : **(एक दम हाथ बढ़ाकर गुड्डे को ले लेती है, और उसे बच्चे की तरह सीने से लगाकर)** नहीं।

डॉक्टर : **(विजय की मुस्कान से)** मैं नहीं चाहता, यह गुड्डा नहीं चाहता, फिर तुम क्यों कहती हो...सब।

(पूनम उत्तर नहीं देती, वह गुड्डे में व्यस्त है।)

: देखो, यह बात तो ग़लत है न कि सब लोग चाहते हैं। मैं नहीं चाहता, यह गुड्डा नहीं चाहता, तब सबकी बात तो ग़लत हुई। बोलो ग़लत हुई न?

(पूनम उत्तर नहीं देती, लाड़ से गुड्डे को बांहों पर हिलाती है।)

: सब लोग नहीं, कुछ लोग तुम कह सकती हो।

पूनम : कुछ ही लोग सही।

डॉक्टर : हाँ, यह बात ठीक है। सब नहीं कुछ लोग, लेकिन यह तो सोचो कि कुछ लोगों के कहने पर तुम मर क्यों जाना चाहती हो?

पूनम : वे चाहते हैं...

डॉक्टर : **(बात काटते हुए)** और कुछ लोग नहीं भी तो चाहते? देखो यों समझो, कुछ लोग चाहते हैं कि तुम मर जाओ और कुछ लोग नहीं चाहते कि तुम मरो। तुमने सिर्फ़

एक की ही बात क्यों मानी, दूसरे की बात क्यों नहीं मानी? **(पूनम अनुत्तर बैठी रहती है)** तुम्हें दोनों की बात माननी चाहिए। हम लोग नहीं चाहते, इसलिए तुम्हें इस तरह अपनी नस नहीं काटनी चाहिए।

पूनम : इसीलिए तो नहीं काटी।

डॉक्टर : क्या?

पूनम : डॉक्टर, जब में नस काटने लगी तब तुम्हारा ध्यान आ गया, और तभी मैं रुक गई, फिर बड़े ज़ोर का दर्द होने लगा।

डॉक्टर : **(मुस्कराकर)** अच्छा, यह तो बताओ, क्या बात थी?

पूनम : कल माँ नाराज़ होकर कह रही थीं कि मर भी तो नहीं जाती यह।

डॉक्टर : कहने दो उसे, किसी के कहने से कोई नहीं मर जाता, कोई लाख चाहा करे, बहादुर लोग हमेशा जीते रहते हैं अच्छा हटाओ इसे। **(पूनम का ध्यान बँटाने के लिए)** यह गुड्डा कैसा है? अच्छा है? **(पूनम स्वीकारात्मक सिर हिलाती है) (पुनम से गुड्डा लेकर)** देखो तो पूनम, यह गुड्डा कैसा गोल-मटोल पहलवान-सा है। **(गुड्डे से)** कहिए पहलवान साहब, आइए कुश्ती लड़ियेगा? नहीं यह सिपाही बनेगा...लैफ़्टराइट, लैफ़्टराइट, लैफ़्टराइट...

पूनम : हमारे पास भी ऐसा ही गुड्डा था।

डॉक्टर : ऐसा ही गुड्डा था, कब?

पूनम : जब हम छोटे थे!

डॉक्टर : कितनी छोटी?

पूनम : पांच-छह साल की।

डॉक्टर : **(हँसाने की कोशिश में)** तब तो तुम ज़रा-सी रही होगी, छोटी-सी फ्रॉक पहनती होगी...लाल, लाल, फूलों वाली, छोटी-सी, छोटे छोटे-हाथ-पैर रहे होंगे तुम्हारे...और खुटुर-खुटुर चलती होगी...

(पूनम कुछ नहीं बोलती, वह हँसती भी नहीं। डॉक्टर अपनी असफलता देखकर कुछ क्षण सोचता है, तभी अचानक उसे डोर याद आती है।)

: पूनम, जब तुम छोटी रही होगी, बोलो डोर कूदती थीं...? **(पूनम उत्तर नहीं देती)** भाई मैं तो डोर कूद नहीं सकता, लेकिन देखा तो जाये। **(पूनम निर्विकार-सी डॉक्टर की ओर देखती है। डॉक्टर अलमारी से डोर निकालकर कूदने का प्रयत्न करता है। दो-चार बार प्रयत्न से कूद भी लेता है, किन्तु अन्त में फँसकर गिरता है।)** अरे बाप रे बाप...

पूनम : **(खिलखिला कर हँस पड़ती है)** नहीं कूद पाये!

डॉक्टर : तुम कूद सकती हो?

पूनम : हाँ।

डॉक्टर : अच्छा कूदो। **(पूनम डोर कूदती है।)**

डॉक्टर : शाबाश! तुम तो एकदम एक्सपर्ट हो! **(पूनम प्रसन्नता से खिल उठती हैं उसकी उदासी एकदम विलीन हो जाती है। वह डोर एक ओर फेंककर मेज़ पर बैठ जाती है।)**

पूनम : जब मैं छोटी थी, तब और अच्छी तरह कूद लेती थी। अब तो आदत छूट गई।

डॉक्टर : तुम 'डान्स' क्यों नहीं सीखतीं?

पूनम : पहले सीखने जाती थी।

डॉक्टर : अब फिर सीखो। तुम्हारी उँगलियाँ एकदम मुड़ जाती हैं। **(पूनम उँगलियाँ मोड़कर नृत्य की मुद्राएं बनाती है)**

डॉक्टर : **(उसके हाथ को अपने हाथ में लेकर)** तुम 'डान्स' ज़रूर सीखो, सच तुम्हारी उँगलियाँ बहुत अच्छी हैं, पतली और लम्बी। एकदम 'लेडीज़ फ़िंगर'। 'लेडीज़ फ़िंगर' माने जानती हो क्या होता है? भिंडी, **(हँसकर)** भिंडी। **(तभी डाक्टर की पत्नी छाया का बाहर से प्रवेश। वह बाज़ार से सामान ख़रीद कर लौट रही है। उसके सामान में साड़ी का एक बड़ा-सा डिब्बा भी है।)**

छाया : मेरे साइकोलोजिस्ट महाशय, मुझे भिंडी की तरकारी बहुत पसन्द है। **(घर के अन्दर चली जाती है।)**

पूनम : वह क्या कह रहीं थीं?

डॉक्टर : **(चौंककर पूनम की ओर देखता है)** एँ? **(फिर सम्हालकर अपने चेहरे पर मुस्कुराहट लाकर)** कुछ नहीं पूनम... कुछ नहीं।

पूनम : **(उत्साह से)** एक बार की बात सुनो डॉक्टर, जब मैं छोटी थी, कोई चार-पाँच साल की रही हूँगी, तब मेरा बड़ा भाई दीपक पढ़ता था। वह बस मुझसे दो-तीन साल बड़ा था। मैं उससे बिलकुल नहीं डरती थी...हाँ बिल्कुल नहीं। तो वह जहाँ पढ़ रहा था, वहीं मैं एक दिन घूँघर बजाकर नाचने लगी। उसने मना किया कि वह पढ़ रहा है, लेकिन मैं नहीं मानी। इस पर वह ख़ूब बिगड़ा, गुस्से में मुझ पर चिल्लाने लगा, तभी उसके गाल पर एक कीड़ा बैठ गया। गुस्से में तो वह था ही, सो उसे कीड़े पर भी गुस्सा आया। उसने कीड़े पर थप्पड़ मारा। कीड़ा तो उड़ गया और थप्पड़ जनाब के गाल पर पड़ा। **(बच्चे की तरह खिलखिलाकर हँसती है। डॉक्टर भी हँसी में योग देता है।)**

डॉक्टर : चलो पूनम, तुम्हें बाहर स्कूटर दिलवा दूँ, तुम घर जाओ। **(डॉक्टर पूनम को लेकर बाहर जाता है। भीतर से छाया प्रवेश करती है। उसके पास साड़ी का डिब्बा है। डिब्बे से साड़ी निकाल कर देखती है। तभी माँ की भीतर से आवाज-बहू ज़रा यहाँ तो आना।**

डॉक्टर : आई, **(अपने आप से)** उँह, यह बुढ़िया तो जब देखो तब बहू-बहू लगाये रहती है। **(साड़ी को मेज़ पर छोड़कर भीतर चली जाती है)**

(डॉक्टर कुछ क्षण बाद बाहर से आता है, वह मेज़ पर पड़ी साड़ी को उठाकर देखता है, फिर साड़ी की ओर पीठ करके किताब लेकर पढ़ने बैठ जाता है, थोड़ी देर बाद छाया भीतर से निकलकर आती है। वह एक क्षण डॉक्टर और साड़ी को देखती खड़ी रहती है।)

छाया : तुमने मेरी साड़ी देखी?

डॉक्टर : **(मुस्कराकर)** हूँ।

छाया : कैसी लगी?

डॉक्टर : अच्छी है, काफ़ी मँहगी है।

छाया : पूरे पाँच हज़ार की है। तुम्हें मँहगे-सस्ते से क्या मतलब। यह रुपये हमें पापा ने दिये थे।

डॉक्टर : ओह!

छाया : हमारे पापा ने कहा, लो बेटा, मिठाई खाना और पाँच हज़ार रुपये दे दिये...और तुम मेरे लिए एक साड़ी भी नहीं ख़रीद सके।

डॉक्टर : **(खिसियाते हुए)** तुम्हारे पापा बड़े आदमी हैं, रुपये वाले। मैं तो भाई ग़रीब आदमी हूँ। **(विरक्ति से किताब उठाकर, पीठ मोड़कर बैठ जाता है)**

छाया : तुम्हारी वह चली गई?

डॉक्टर : कौन!

छाया : **(उपहास में)** अरे तुम्हारी वही, तुम्हारी हिरोइन...मिस पूनम।

(डॉक्टर उत्तर नहीं देता, उसी तरह बैठा रहता है।)

छाया : **(व्यंग्य से)** मैंने कहा दर्द उधर भी है या सिर्फ इधर ही इधर?

डॉक्टर : छाया समझदारी की बातें करो!

छाया : अरे, साइकोलोजिस्ट होकर तुम इतना भी नहीं जानते कि दिल के मामलों में समझदारी कहाँ।

डॉक्टर : छाया तुम्हें ऐसी बातें नहीं करनी चाहिए। पूनम मेरी 'पेशेन्ट' हैं।

छाया : हाँ, हाँ मैं भी तो यही कह रही हूँ कि पूनम मरीज़ है और तुम डॉक्टर हो। तुम पूनम के मर्ज़ के डॉक्टर और पूनम तुम्हारी मरीज़। मरीज़ और डॉक्टर! भगवान जोड़ी को सुखी रखे, जैसे तुम्हारे दिन बहुरे, वैसे सबके दिन बहुरें।

डॉक्टर : मैं तुमसे बात नहीं करूँगा।

छाया : हाँ, तुम तो यह चाहते ही हो कि कोई बहाना मिले और तुम बात न करो। अरे, न करो, कोई तुम्हारे पैर तो पड़ता नहीं, यह धोंस क्यों देते हो!

डॉक्टर : **(समझाने की कोशिश करते हुए)** छाया देखो, तुम मेरी

पत्नी हो, तुम्हें मुझे समझना चाहिए। झूठा आरोप लगाना तुम्हें शोभा नहीं देता।

छाया : झूठा आरोप! **(हँसती है)**

डॉक्टर : **(हँसी से चिढ़कर)** हाँ, झूठा आरोप, किसी बिचारी को बदनाम करके...

छाया : बिचारी....-च-च-च...बिचारी... बड़ा ग़म है बिचारी के लिए! इसी ग़म में शायद दुबले हुए जा रहे हो।

डॉक्टर : छाया, मैं नहीं जानता था कि तुम इतनी शक्की हो, नहीं तो...

छाया : **(बात काटते हुए)** नहीं तो मुझसे शादी ही न करते **(बैठते हुए)** अच्छा, अब पता लग गया है कि मैं शक्की हूँ, कर दो 'डाइवोर्स' मुझे!

डॉक्टर : यह तो मैंने नहीं कहा, मैं तो सिर्फ़ इतना कह रहा था...

छाया : मैं जानती हूँ, तुम क्या कहना चाहते हो। मैं सब समझती हूँ, सच तो यह है कि मैं तुम्हारे योग्य नहीं हूँ।

डॉक्टर : कैसी बातें कर रही हो? तुम मेरे योग्य नहीं हो? **(चापलूसी के स्वर में)** पागल कहीं की, तुम जैसी स्त्री पाकर कौन अपने भाग्य को नहीं सराहेगा।

छाया : नहीं, मैं ठीक कह रही हूँ, मैं तुम्हारे योग्य नहीं हूँ।

डॉक्टर : यह बात तो नहीं, हाँ ऐसा हो सकता है कि मैं तुम्हारे योग्य न होऊँ।

(छाया उत्तर नहीं देती)

डॉक्टर : तुम्हें मेरे पास बहुत तकलीफ़ है, तुम्हें अपने पापा का वह आलीशान बंगला याद आता होगा। पापा की कार याद आती होगी...तुम सोचती होगी कि न जाने किस सायत में मेरी मुलाक़ात अमरीका में तुम्हारे पापा से हो गयी, तुम्हारे पापा मुझ पर रीझ गये और उन्होंने मेरी ग़रीबी के बावजूद भी तुम्हारी शादी मुझसे कर दी।

(छाया चुप बैठी रहती है। उसके मुख पर अवहेलना के भाव हैं)

: **(सोचते हुए मुस्करा कर)** तुम्हारे पापा का विचार था कि

मैं जीवन में बहुत सफल होऊँगा...ख़ैर हटाओ, **(छाया से)** मगर सोचो छाया, कार और बंगले के बिना भी तो हम लोग सुखी रह सकते हैं। याद है तुम्हें शादी के शुरू के दिन, जब हमें चिन्ता-फ़िक्र, रोना-धोना छू तक नहीं गया था। हम लोग अपने में इस तरह से खोये थे...

छाया : **(निर्ममता से)** सब दिन हमेशा एक से नहीं रहते।

डॉक्टर : हाँ, एक से दिन हमेशा नहीं रहते। आज तुम्हारे चेहरे पर शिकायत है और उसका कारण मैं जानता हूँ।

छाया : क्या जानते हो?

डॉक्टर : यही कि तुम्हें शान-शौक़त चाहिए, पैसा चाहिए, मोटर-बंगला चाहिए, नौकर चाहिए...

(छाया चुप रहती है।)

: बोलो ठीक कह रहा हूँ मैं?

छाया : क्या ग़लत है इसमें? कौन शान-शौक़त नहीं चाहता? कौन रुपया-पैसा, मोटर-बंगला, नौकर-चाकर नहीं चाहता?

डॉक्टर : ठीक कहती हो, सब चाहते हैं, मगर क्या यही सब कुछ है? क्या इसके आलवा ज़िन्दगी नहीं है? आज हिन्दुस्तान में कितने आदमी हैं जिनके पास मोटर है, कितने आदमी हैं जिनके पास बंगले हैं, सच तो यह है कि आज आधे से ज़्यादा हिन्दुस्तान भूखा सोता है, आधा पेट खाता है, 'अंडर नरिश्ड' है।

छाया : इसके माने यह नहीं कि अगर सारा हिन्दुस्तान भूखा है तो हम भी भूखे रहकर संतोष करें। पेट भरने का प्रयत्न छोड़ दें। अमेरिका में हर तीसरे आदमी के पास कार है, क्यों न हम अमेरिका से आगे बढ़ने का प्रयत्न करें?

डॉक्टर : ज़रूर, हम आगे बढ़ने का प्रयत्न अवश्य करें, किन्तु इसका अर्थ यह नहीं कि हम अपना रहा-सहा जीवन भी रो-रोकर काट दें...देखो छाया, सुख और दुख तो केवल मन की स्थितियाँ हैं, तुम चाहो तो बड़ी-से-बड़ी

मुसीबत में भी सुखी रह सकती हो और बड़े-से-बड़े सुख में दुखी। **(डॉक्टर चिन्तामग्न कमरे में टहलता है, फिर अचानक रुककर छाया के निकट जाते हुए)**

: इसका कारण यह है कि तुमने कभी मेरे काम में रुचि नहीं ली। छाया, अगर तुम भी मनोविज्ञान पढ़ो और मेरे मरीज़ों में दिलचस्पी लो तो तुम्हें कभी मुझसे कोई शिकायत नहीं होगी। हम दोनों मिलकर एक ही उद्देश्य की साधना करेंगे, तब हम दोनों सुखी होंगे।

छाया : क्या यह ज़रूरी है कि जिसमें तुम्हारी रुचि हो उसमें मैं भी रुचि लूँ।

डॉक्टर : यही तो सफल वैवाहिक जीवन का रहस्य है। तब तुम्हें अपने पापा की मोटर और बंगला कुछ भी याद नहीं आयेगा। **(रुककर समझाते हुए)** छाया, दो तरह के आदमी होते हैं। कुछ आदमी केवल जीने के लिए जीते हैं, वह अपने सुख-साधनों के लिए अधिक से अधिक साधन जुटाते हैं और कुछ अपने आदर्शों के लिए जीते हैं। उनके लिए सारा जीवन एक साधना होती है। उनके लिए ये साधारण सुख, ये विलास सामग्रियाँ...बंगला... मोटर...कुछ भी अर्थ नहीं रखते। उनमें एक आग, एक आकांक्षा एक लगन होती है...और कुछ नहीं...

छाया : ऐसे आदमी को विवाह नहीं करना चाहिए।

डॉक्टर : **(आहत-सा)** छाया!

छाया : हाँ, ऐसे आदमी को विवाह नहीं करना चाहिए, उनका विवाह अपने आदर्शों से हो जाता है।

डॉक्टर : हाँ, तुम ठीक कहती हो, उन्हें विवाह नहीं करना चाहिए। **(रुककर)** मुझे विवाह नहीं करना चाहिए था। वाक़ई, मुझे विवाह का कोई अधिकार नहीं था। **(भीतर चला जाता है)**

(छाया कमरे में अकेली रह जाती है। वह साड़ी तह करके डिब्बे में रखती रहती है, तभी माँ का प्रवेश।)

माँ : बहू देखो आज सत्तमी है, इसलिए मुझे आग के पास नहीं जाना चाहिए, खाना तुम बना लेना...हाँ, मेरी बच्ची।

छाया : **(उठते हुए)** अम्मा जी, साफ़ सुन लो, तुम्हारी कभी सत्तमी है, कभी नौमी, मुझे जैसा खाना बनाना आता है वैसा ही बनाऊँगी। अगर तरकारी में नमक ज़्यादा हो जाये, दाल कच्ची रह जाये, और चावल जल जायें, तो कुछ न कहना!

माँ : तुम्हें कहूँगी भी कैसे, आज-कल की लड़की हो न, खाना बनाने में अपनी हेठी समझती हो।

छाया : आज-कल की बात नहीं है अम्मा जी, आज-कल की बहुत-सी लड़कियाँ खाना बनाने और चौका-बरतन करने वाली भी मिल जायेंगी। यह तो अपने-अपने घर की बात होती है। शादी के पहले तो मुझे यह भी नहीं मालूम था कि खाना कहाँ बनता है। घर में दस-दस नौकर थे, क्या करते हम लोग यह सब जानकर।

माँ : मगर बेटी, लड़की का ब्याह जिस घर में हो उसके हिसाब से काम करना पड़ता है।

छाया : करती नहीं हूँ क्या? करती ही हूँ, हमारे यहाँ पाँच अख़बार पढ़े जाते थे, आपके यहाँ सिर्फ़ एक अख़बार आता है, कभी मैंने कुछ कहा है?

माँ : **(व्यंग्य से)** यह तुम्हारी लायकी है।

छाया : पापा के साथ मैं हर सैटरडे शॉपिंग करने जाती थी, तो कम-से-कम एक साड़ी हर हफ़्ते ज़रूर ख़रीदती। मेरा लांड्री का बिल ही पाँच सौ रुपये का हो जाता था। बताओ मैं कुछ शिकायत करती हूँ?

माँ : **(व्यंग्य से)** अरे तुम तो बहुत अच्छी लड़की हो।

छाया : पहले मैं रोज़ शाम को सिनेमा देखने जाती थी, अब तो महीनों बिना देखे बीत जाते हैं। मैं मन मारकर चुप रह जाती हूँ। पहले पानी भी अपने हाथ से उठाकर नहीं पीती थी अब खाना बनाती हूँ, क्योंकि तुमको पूजा-पाठ करना होता है।

माँ : **(तनिक अंसतोष से)** अरे माँ-बाप की सेवा करना तो बेटे-बहू का कर्तव्य होता है। अगर तुम कुछ करती हो, तो इसमें कहना क्या?

छाया : यह लो, मेरा कहना भी तुमको बुरा लग गया, अम्मा जी।

माँ : सरवन कुमार अपने माँ-बाप को कंधे पर उठाए-उठाये तीरथ यात्रा करा लाये थे...

छाया : घबराती क्यों हो अम्मा जी, तुम्हारे लिए भी हम कंधों का इन्तज़ाम कर देंगे। एक नहीं चार-चार कंधों का... **(डॉक्टर का भीतर से प्रवेश)**

डॉक्टर : **(क्रोध से)** छाया यह बदतमीज़ी है?

छाया : **(भयभीत किन्तु फिर भी अवज्ञा के स्वर में)** क्या?

डॉक्टर : मुझे यह सब पसन्द नहीं है, समझीं। **(आगे बढ़ने का उपक्रम करते हुए)** माँ से ऐसे बातें करनी चाहिए?

माँ : अरे जाने दो बेटा, उसे कुछ न कहो।

डॉक्टर : नहीं तुम अन्दर जाओ, कुछ न कहने से इसका सिर चढ़ता जा रहा है।

माँ : नहीं बेटा, कहने से कोई फ़ायदा नहीं।

डॉक्टर : तुम जाओ यहाँ से माँ, इस समय...जाओ...मैं कहता हूँ...जाओ। (माँ का हाथ पकड़कर भीतर दरवाजे में पहुँचा कर डॉक्टर लौटता है।)

डॉक्टर : सुनो छाया, साफ़-साफ़ सुन लो, अगर आइन्दा मैंने तुम्हारे मुँह से बदतमीज़ी की बात सुनी तो अच्छा नहीं होगा।

छाया : **(रुँआसी-सी)** बदतमीज़ी क्या है, इसमें?

डॉक्टर : इसे तुम बदतमीज़ी नहीं समझती? तुम्हारे पापा ने यही सिखाया था तुम्हें, जिन पर तुम्हें इतना नाज़ है। अगर फिर ऐसी बातें सुनीं तो...**(चलता है)**

छाया : तो...

डॉक्टर : तो तुम्हें अपने पापा के यहाँ जाना होगा...जहाँ यह तमीज़ समझी जाती है। **(घर के बाहर तेजी से प्रस्थान)**

छाया : **(आहत अभिमान से)** तो कौन तुम्हारे घर में रहना ही चाहता है। **(किन्तु अब तक डॉक्टर जा चुका है। वह सुबककर रो उठती है और मेज़ पर सिर रखकर बैठ जाती है। थोड़ी देर बाद बाहर के द्वार पर दस्तक सुनाई पड़ती है। छाया चौंककर उठ बैठती है और आँसू पोंछती**

है, तभी दरवाजे से देवेन्द्र झाँकता है, चोर-सा, फिर हट जाता है, दरवाजा फिर खटखटाता है।)

छाया : **(चौंककर)** कौन है? **(जल्दी से आँख पोंछती उठ खड़ी होती है।)**

देवेन्द्र : **(प्रवेश करके)** हलो...।

छाया : **(बिना पहचाने)** आप, कौन?

देवेन्द्र : हलो छाया, मैं हूँ।

(छाया प्रश्न चिन्ह-सी उसकी ओर देखती है)

देवेन्द्र : मैं हूँ, देवेन्द्र!

छाया : ओह, देवेन्द्र तुम, हलो...तुम कैसे?

देवेन्द्र : मैं कैसे? मैं बस ऐसे ही।

छाया : **(बैठने के लिए इशारा करते हुए)** यह तो ठीक है, मगर आज अचानक किधर से आ गये, इतने दिनों बाद।

देवेन्द्र : **(बैठते हुए)** इतने दिनों बाद! अगर मैं पहले भी आता तो क्या फ़ायदा था; आप तो पहचानती नहीं।

छाया : वाह, पहचानती क्यों नहीं?

देवेन्द्र : कहाँ, आज ही आपने कहाँ पहचाना?

छाया : वह तो बात यह हुई कि...मैंने तुम्हें देखा भी तो कितने साल बाद। तीन और दो पाँच-पाँच साल हो गये मुझे यूनिवर्सिटी छोड़े। बस, तब के बाद आज मिल रही हूँ तुमसे। इसीलिए पहचान नहीं सकी एकदम।

देवेन्द्र : मगर मुझे देखिए, मैं तो तुरन्त पहचान गया। मैं तो आपको इन पाँच सालों में भी नहीं भूला।

छाया : **(मुस्कराकर)** मगर तुम कहाँ हो? क्या कर रहे हो इन दिनों? तुम्हारा तो कुछ पता ही न चला।

देवेन्द्र : पता कैसे चलता, आप पता लगाने की कोशिश करतीं तो ज़रूर पता चलता। मुझी को देखिए न, कहाँ इलाहाबाद, कहाँ दिल्ली, पता लगाता लगाता आ ही गया यहाँ तक। जब दिल को दिल से राह होती है...

छाया : **(बात काटते हुए)** तुमने बताया नहीं, क्या कर रहे हो?

देवेन्द्र : क्या कर रहा हूँ? इस समय आपसे बातें कर रहा हूँ।

छाया : **(थोड़ा हँसकर)** यह नहीं, क्या काम करते हो?

देवेन्द्र : आप से बातें करना भी तो एक काम है। आपकी निगाहों में इसका कोई मूल्य नहीं, किन्तु मेरे लिए बहुत कुछ है।

छाया : **(मुस्कराकर)** तुम्हारी पुरानी आदत अभी तक नहीं गयी, 'एक्टिंग', हर समय एक्टिंग। अरे बाबा यह स्टेज नहीं है।

देवेन्द्र : **(खड़े होकर)** शेक्सपियर ने कहा है कि दुनिया एक बहुत बड़ा स्टेज है और हम सब अभिनेता हैं।

छाया : शेक्सपियर का नाम तो तुम न लो देवेन्द्र! शेक्सपियर को तुमसे ज़्यादा मैंने पढ़ा है। क्लास में तो तुम बहुत कम आते थे और मुझे याद है तुम परीक्षा में नक़ल किया करते थे।

देवेन्द्र : तुम्हें बहुत याद है। तुम्हें सब याद है। क्या तुम कुछ नहीं भूलीं?

छाया : **(उत्तर टालते हुए)** पता नहीं...

देवेन्द्र : 'कनिंग गर्ल' बातें बनाना भी तुम्हें याद है।

छाया : तो तुमने बताया नहीं कि तुम क्या करते हो?

देवेन्द्र : 'एक्टिंग'

छाया : वह तो तुम हमेशा करते हो, मगर कोई नया काम?

देवेन्द्र : **(रोमानी अन्दाज में)** नहीं, मैं अब भी वही पुराना काम करता हूँ। मुझे हर पुरानी चीज़ से प्यार है **(एक क्षण की खामोशी के बाद)** मैं फ़िल्मों में काम करता हूँ।

छाया : ओह, तो तुम फ़िल्म में हो!

देवेन्द्र : जी, फ़िल्म नहीं, फ़िलम। हम बम्बई वाला फ़िल्म को फ़िलम बोलता है।

छाया : अच्छा फ़िलम ही सही, मगर किसी में तुमको देखा नहीं अब तक?

देवेन्द्र : ताज्जुब है! अरे मदाम, अब तक मैं बीसों फ़िल्मों में काम कर चुका हूँ। किसी में साधू, किसी में डाकू, किसी में चोर तो किसी में पुलिस दरोगा, कभी सेठ और कभी मुनीम, कहीं ज़मींदार तो कहीं कारिन्दा। कभी चार सेकेण्ड का रोल, तो कभी चार मिनट का।

छाया : ओह, "एक्स्ट्रा" हो, अभी तक।

देवेन्द्र : जी हाँ मेम साहब, एक्स्ट्रा! पेट भर जाता है, और चाहिए ही क्या मुझे। ज़िन्दगी हँसते-खेलते गुज़र जाये, यही बहुत है...लेकिन इधर तो कुछ बड़े रोल भी मिले हैं। मेरा ख़्याल था कि मेरा चौखटा हीरो बनने लायक़ है लेकिन बुरा हो उस कम्बख़्त डाइरेक्टर के बच्चे का, मुझसे बोला-तुम एकदम विलेन हो।

छाया : **(एकदम खिलखिला कर)** विलेन?

देवेन्द्र : हाँ विलेन! छाया, क्या मैं चेहरे से विलेन लगता हूँ?

छाया : पता नहीं।

देवेन्द्र : अब मैं तीन फ़िलमों में विलेन के बड़े-बड़े रोल कर रहा हूँ।

छाया : **(दिलचस्पी से)** कैसे लगोगे तुम विलेन के रोल में?

देवेन्द्र : लगूंगा कैसा, जैसा हूँ, वैसा लगूंगा। ज़रा गरदन तिरछी की, होंठ टेढ़े किये और एक आँख दबाकर हिरोइन के पास जाकर कहा-मेरे दिलोजान की मलका, मैं तुमसे मोहब्बत करता हूँ!

(पुराने पारसी थियेटर के अभिनय के अन्दाज में छाया के पास जाता है, तभी बाहर से डॉक्टर का प्रवेश। वह छाया और देवेन्द्र को गम्भीरता और वितृष्णा की दृष्टि से देखता हुआ अन्दर चला जाता है।)

देवेन्द्र : **(चौंककर)** अरे बाप रे बाप, यह कौन था?

छाया : यह मेरे पति थे।

देवेन्द्र : **(भयभीत स्वर में)** पति! हे भगवान, अपने भक्त की रक्षा कर।

छाया : **(एकदम हँसकर)** क्या हुआ!

देवेन्द्र : अरे, अभी तो असली नाटक हुआ जाता। मैं तो सचमुच ही विलेन बन गया। वह लाठी लेकर आयेगा और कहेगा, ऐ नाकाम, बदअंजाम, बदलगाम! अभी करता हूँ, तेरा काम तमाम। बोल, तू मेरी बीवी से क्या कह रहा था...

(भयभीत स्वर में) हे भगवान, अपने भक्त की रक्षा कर।

छाया : घबराओ नहीं, वह ऐसे नहीं हैं जो लाठी लेकर आएं। वह बेचारे बहुत सीधे हैं।

देवेन्द्र : सीधे, अरे यह सीधे लोग बहुत ख़तरनाक होते हैं। बबूल का काँटा भी बहुत सीधा होता है, मगर जब चुभता है तो, ओ माई लार्ड!

छाया : नहीं-नहीं, वह वाक़ई बिलकुल सीधे हैं।

देवेन्द्र : **(चैन की सांस लेते हुए)** ओह, वाक़ई बिलकुल सीधे, यानी तुम्हारा मतलब है, गाय की तरह सीधे? **(बैठते हुए)** तब ठीक है; मैं तो एकदम घबरा गया था। दिल में घुड़दौड़ शुरू हो गयी थी जो अभी तक नहीं रुकी।

छाया : लगता है, तुम्हारा दिल कमज़ोर है।

देवेन्द्र : यही, बिल्कुल यही। अगर दिल कमज़ोर न होता तो इधर-उधर के मरज़ों का शिकार इतनी आसानी से नहीं बन जाता।

छाया : तुम्हारे दिल के पुराने मर्ज़ का क्या हुआ?

देवेन्द्र : कौन-सा पुराना मर्ज़?

छाया : अरे वही पुराना मर्ज़

देवेन्द्र : मैं समझा नहीं।

छाया : सुमित्रा...।

देवेन्द्र : सुमित्रा? हाँ, हाँ, सुमित्रा। बात तो असली यह है कि जब तुमने लिफ़्ट नहीं दी तो मुझे सुमित्रा से ही "लिफ़्ट" लेनी पड़ी।

छाया : सुना था, तुम लोगों का रोमाँस बड़े जोरों पर था। तुम लोग शादी करने वाले थे।

देवेन्द्र : **(लापरवाही से)** हाँ, शादी तो ज़रूर करने वाले थे, लेकिन फिर की नहीं।

छाया : क्यों?

देवेन्द्र : अब तुम्हीं बताओ छाया, कैसे शादी हो सकती थी। सुमित्रा चाहती थी कि उसका पति आई.ए.एस. या पी. सी.एस. हो। सरकारी अफ़सर हो, और मैं ठहरा एक्टर आदमी। मैंने कहा, टा-टा...बाई-बाई। तुम्हें कलेक्टर

मुबारक, डिप्टी कलेक्टर मुबारक, अफ़सर मुबारक, हम तो चले अपनी राह।

छाया : फिर सुमित्रा को मिला कोई आई.ए.एस. या पी.सी.एस.। शादी हो गई किसी सरकारी अफ़सर से!

देवेन्द्र : आई.ए.एस. या पी.सी.एस. तो नहीं, हाँ एक सरकारी अफ़सर से उसकी शादी ज़रूर हो गयी।

छाया : किस सरकारी अफ़सर से?

देवेन्द्र : **(मूछें ऐंठने का अभिनय करते हुए)** एक दारोग़ा से। **(छाया जोर से हँसती है)**

देवेन्द्र : सुना है, थानेदारिनी साहिबा बहुत मज़े में हैं। दो बच्चे हैं। बहुत मोटी भी हो गयी हैं।

(देवेन्द्र कमरे में घूमकर अलमारी की किताबें देखने लगता है।)

देवेन्द्र : बड़ी मोटी-मोटी किताबें हैं। इन्हें देखकर मैं सुमित्रा के मुटापे की कल्पना करने लगा हूँ।

छाया : तुम्हें दुख नहीं होता?

देवेन्द्र : दुख! अरे वाह, दुख काहे का होगा? चलो अच्छा ही हुआ। जिसे मुझसे सहानुभूति नहीं थी, जिसके मन में मेरी रुचि के लिए आदर नहीं था, उससे छूट जाने पर मुझे, सच पूछो छाया, तो सुख ही हुआ।

(छाया उत्तर नहीं देती)

देवेन्द्र : ये किताबें...क्या इन्हें तुम पढ़ती हो?

छाया : नहीं, यह उनकी हैं।

देवेन्द्र : उनकी, यानी गऊ पति की? काफ़ी विद्वान् मालूम पड़ते हैं।

छाया : बस, दिन-रात पढ़ा ही तो करते हैं। साइको-थिरैपी में अमेरिका से डॉक्टर हैं।

देवेन्द्र : अजी, अपन तो ज़्यादा पढ़ने-लिखने में यकीन नहीं करते। ज़्यादा पढ़ने से आदमी अपनी ज़िन्दगी उलझा लेता है। यह ज़िन्दगी तो जीने के लिए है, हँसते, खेलते, जीने के लिए।

छाया : कहाँ है ज़िन्दगी में, हँसी-खेल?

देवेन्द्र : जीने वालों के लिए ज़िन्दगी हँसी-खेल ही है। मुझी को देखो, सुमित्रा नहीं है, तो न सही। मुझे कोई मलाल नहीं। किसी तरह यों ही मस्ती में उमर कट जाये, तो और चाहिये ही क्या?

छाया : काश, सब लोग तुम्हारी तरह हो सकते!

देवेन्द्र : छाया, ज़िन्दगी तो एक नदी है नदी। कुछ उसकी झूमती हुई लहरों के साथ तैरते-इठलाते आगे बढ़ जाते हैं और कुछ उसकी गहराईयों का पता लगाने के चक्कर में उसी में डूब जाते हैं। अपने तो भाई लहरों के साथ तैरना पसन्द करते हैं, और तुम्हारे पति शायद डूबना?

छाया : तुम्हारी यह बेफ़िक्री देखकर जलन होती है! काश मैं भी ऐसी ही होती। निर्द्वन्द, निर्बन्ध। लेकिन मेरे पैरों में तो बेड़ी पड़ गयी है। समाज की मोटी बेड़ी।

देवेन्द्र : कमज़ोरों के पैर ही गिरफ़्तार हो सकते हैं। दुनियाँ की कोई भी ऐसी बेड़ी नहीं जो मुझे बाँध सके, जो मेरे पैर की ठोकर से टूट नहीं जाए।

छाया : तुम हमेशा ही से ऐसे हो। उन दिनों भी तुम ऐसे ही बातें किया करते थे।

देवेन्द्र : तब तो तुम मुझे बेवकूफ़ समझती होगी?

छाया : बेवकूफ़ तो नहीं, लेकिन सनकी ज़रूर समझती थी। बातें भी तो तुम बड़ी बहकी-बहकी आसमान को छूने वाली किया करते थे। मैं यह बनूंगा, मैं वह करूँगा।

देवेन्द्र : तुम मुझे कुछ भी समझती रही हो, लेकिन जब नाटक में तुम मेरी पत्नी बनीं, तो उन दिनों गर्व से मेरे क़दम सातवें आसमान पर पड़ते थे। दोस्तों में मेरा बेहद रौब था। आधी युनिवर्सिटी तो जलकर ख़ाक हो गयी थी! जलती क्यों न? आख़िर को तो तुम मिस युनिवर्सिटी थीं। **(घड़ी देखकर)** अब चलूँ, छाया!

छाया : अच्छा जाओ, लेकिन जब तक दिल्ली में हो, कभी-कभी चले आना। यहाँ कोई दोस्त ही नहीं है। अकेले मेरा मन ऊबता है।

देवेन्द्र : **(चलते समय, मुँह में सिगार लगाकर, लाइटर जलाते**

हुए) याद है तुम्हें, उस नाटक में हमारा-तुम्हारा झगड़ा हो गया था और जब मैंने बाद में मुँह में सिगार लगाया, तो तुमने समझौता करने के लिए...

छाया : मैंने तुम्हारा सिगार जलाया था।

(छाया देवेन्द्र का लाइटर लेकर उसकी सिगार जलाती है, तभी भीतर से डॉक्टर का प्रवेश। देवेन्द्र जल्दी से, मुँह में जलता सिगार निकालकर मेज़ के किनारे रख देता है, तथा डॉक्टर की ओर तपाक से हाथ बढ़ाता है।)

देवेन्द्र : बड़ी खुशी हुई आप से मिलकर साहब **(हाथ मिलाकर)** आपकी तारीफ़ छाया से सुन चुका हूँ। बड़े क़ाबिल आदमी हैं आप। मुझे जी, ख़ाकसार को देवेन्द्र कहते हैं। मैं बम्बई में फ़िलम में काम करता हूँ। हम बम्बई वाले फ़िल्म को फ़िलम बोलता है, ही-ही...जी, फ़िलम बोलता है...मैं छाया को युनिवर्सिटी से जानता हूँ। हम लोगों ने एक ड्रामे में भाग लिया था...बड़ी खुशी हुई आप से मिलकर... इस समय इजाज़त दीजिये, जल्दी है फिर कभी हाज़िर हूँगा। **(छाया से)** गुडलक, टा टा!

(देवेन्द्र बाहर जाता है, लेकिन डॉक्टर कुछ देर विस्मित-सा खड़ा रहता है। फिर उसकी निगाह मेज़ पर रखे सिगार पर पड़ती है।)

डॉक्टर : **(सिगार को बाहर फेंकते हुए)** मुझे सिगार से नफ़रत है...

छाया : और मुझे दक़ियानूस, ईर्ष्यालु पतियों से।

(भीतर काँच के बर्तन के गिरने और फूट जाने की झनझनाहट)

डॉक्टर : **(तनिक ऊँची आवाज में)** माँ, क्या हुआ!

(माँ भीतर के द्वार पर प्रकट होती है। हाथ में टूटे फूलदान के टुकड़े हैं।)

माँ : स्टूल से पैर लड़ गया। फूलदान गिर के टूट गया। फूल बिखर गये।

(यवनिका)

द्वितीय अंक

(दस वर्ष बाद लखनऊ में डॉक्टर वशिष्ठ की क्लीनिक। क्लिनिक को देखते ही स्पष्ट हो जाता है कि दस वर्ष पहले के संघर्षरत डॉ. वशिष्ठ के स्थान पर, अब वह मान्यताप्राप्त, प्रतिष्ठित और सफल मनोचिकित्सक हैं। क्लिनिक का बाँया द्वार बाहर को खुलता है, तथा दायाँ द्वार उस इमारत के भीतरी कमरों में, जिनमें डॉ. वशिष्ठ रहते हैं। पीछे की दीवार पर एक बड़ी खिड़की है।

मंच पर पीछे, बाई ओर एक ऑफिस टेबिल और कुर्सी है। टेबिल के पास दो कुर्सियाँ और रखी हैं। मंच के दाहिनी तरफ कुछ पीछे को एक ''साइकेट्रिस्ट कोच'' पड़ी है। कोच और दाई दीवार के बीच में डॉक्टर के बैठने की कुर्सी पड़ी है। कोच और ऑफिस टेबिल के बीच में सोफ़ा सेट के तीन टुकड़े, एक गोल मेज़, कुछ पत्रिकाएँ आदि हैं।

ऑफ़िस टेबिल पर टेलीफ़ोन, एक टेबिल लैम्प, पैन-स्टैण्ड, कुछ फाइलें इत्यादि रखी हैं। दाहिनी दीवार पर आगे की तरफ़ डॉक्टर वशिष्ठ की माँ की तस्वीर टँगी है। दरवाजों पर पर्दे हैं।

(मनोहर बाहर से आदित्य को लेकर आता है।)

मनोहर : **(प्रवेश करके)** अन्दर आ जाइये साहब! **(आदित्य का प्रवेश)** बइठ जाइये, डॉक्टर साहब मरीज़न को देखे गइन हैं-अइत होंगे। आप बइठें।

(मनोहर बाहर चला जाता है।)

(आदित्य थोड़ी देर अकेला बैठा रहता है, तभी टेलीफ़ोन की घंटी बजती है। आदित्य कुछ देर प्रतीक्षा करता है कि कोई आकर टेलीफ़ोन उठा ले, किन्तु जब कोई नहीं आता तो असमंजस में स्वयं ही उठा लेता है।)

आदित्य : यह मेन्टल क्लिनिक है। **(चौककर)** जी, क्या कह रहे हैं आप। प्रलय हो गयी, नहीं साहब...! जी...जी..., सूरज के तवे पर आप रोटी सेंक रहे हैं और आपके गले में एटमबम की माला पड़ी है... हे भगवान, तभी धरती फट गयी और नंगी लाशों का जुलूस! जी? **(घबराकर)** उनके धड़ों पर सिर नहीं है। उनके गले से खून का फौव्वारा, लाल-लाल, गरम ख़ून का फौव्वारा ...क्या कह रहे हैं आप? **(घबराकर टेलीफ़ोन रख देता है और कुर्सी तक जाकर जैसे ही बैठना चाहता है कि तभी फिर घंटी बज उठती है। अनिश्चित-सा वह फिर टेलीफ़ोन उठा लेता है)** जी...जी...**(भयभीत स्वर में)** ख़ून के फौव्वारों के छींटे आप पर पड़ रहे हैं...आपने उसमें अपनी डबल रोटी भिगो ली, फिर आप खा गये! ...आप आदमी हैं?...जी...**(सकपकाहट में)** कटी टाँगों का जुलूस...**(टेलीफ़ोन रखकर, भयाक्रान्त काँपते स्वर में)** हे भगवान! **(टेलीफ़ोन रख देता है और टेलीफ़ोन से कुछ और दूर की कुर्सी पर आ बैठता है।)**

(डॉ. रवीश का प्रवेश। वह आश्चर्य से आदित्य की ओर देखता है। तभी टेलीफ़ोन की घंटी बजती है। उसे सुनते ही रवीश इशारे से डॉ. रवीश का ध्यान टेलीफ़ोन की ओर आकर्षित करता है।)

रवीश : **(टेलीफ़ोन पर सुन कर)** जी? अच्छा, अच्छा! **(मुस्कुरा कर)** मैंने सब नोट कर लिया है। मैं डॉक्टर वशिष्ठ को दिखा दूँगा। और कुछ नहीं? अच्छा नमस्कार! **(टेलीफ़ोन रखकर आदित्य से)** आप डॉक्टर वशिष्ठ के दोस्त हैं! दिल्ली से आये हैं! मनोहर कह रहा था।

आदित्य : जी हाँ! **(वह अब भी घबराया-सा है)**

रवीश : आप तो लगता है एकदम डर गये हैं। इतमिनान

से बैठिये! **(हँसकर)** यह एक मिस्टर केदारनाथ उर्फ जिज्ञासु जी का टेलीफ़ोन था। रईस हैं, शहर में बीसियों कोठियाँ बंगले हैं इनके! काम-धाम कुछ है नहीं, बस उसी की कमाई खाते हैं। बचपन में चन्द्रकान्ता सन्तति पढ़कर इनके मस्तिष्क का विकास हुआ और बड़े होकर फ़िलासफ़ी का शौक़ हो गया। शक्की तो जनम के हैं और ज़रा-सी बात को लेकर उस पर घंटों माथा पच्ची करना इनकी हमेशा की आदत है। शादी की नहीं है, और कोई काम-धाम भी नहीं है इसलिए बेकारी में दिमाग़ अपने आप कुलांचे खायेगा ही। अब तो दिमाग़ काफ़ी पटरी से उतर गया है।

आदित्य : मगर वह यह सब क्या कह रहे थे?

रवीश : जिज्ञासु जी अक्सर बड़े अजीबो-ग़रीब सपने देखते हैं और जब वे किसी को सुनाना चाहते हैं तो कोई सुनने को तैयार नहीं होता। इससे उनकी तबियत और घबराती है। डॉक्टर वशिष्ठ ने उनसे कह दिया है कि जब कभी वह ऐसा खतरनाक सपना देखें तो उनको टेलीफ़ोन पर बता दें। इस प्रकार उनका तनाव कम हो जाता है।

आदित्य : मगर यह तो वशिष्ठ ने अजीब मुसीबत मोल ले ली है।

रवीश : **(हँसकर)** मुसीबत! आदित्य साहब, यही तो डॉक्टर साहब के जीवन का व्रत है।

आदित्य : जीवन का व्रत? वाह, यह भी ख़ूब है। मान लीजिये, आपके जिज्ञासु जी की आँख रात के दो बजे ही खुल गयी और वह दो बजे ही सपना बताने लगे, तो वशिष्ठ की तो नींद ही गयी।

रवीश : डॉक्टर वशिष्ठ तो सोते ही दो बजे हैं और फिर अगर बाद को भी जगना पड़ जाये, तो हमेशा तैयार रहते हैं।

आदित्य : क्या करते रहते हैं दो बजे तक?

रवीश : प्रयोग और अध्ययन। उनके अनुसंधानों की भारत-वर्ष से अधिक विदेशों में चर्चा है। उनके लेख फ्रेन्च

और जर्मन पत्रिकाओं में बराबर छपते रहते हैं। उनका जीवन बड़ा कर्मठ है। रात में दो बजे तक जगने पर भी वह सुबह छह बजे से काम में जुट जाते हैं।

आदित्य : तो आख़िर वह आराम कब करते हैं?

रवीश : आराम? जो दुनिया में कुछ करना चाहते हैं उन्हें आराम कहाँ! डॉ. वशिष्ठ भी उसी श्रेणी के महान व्यक्तियों में से हैं।

आदित्य : ओह!

रवीश : यह क्लिनिक ही उनका घर है और ये मरीज़ ही उनके घर वाले। दिन-रात बस उन्हीं की सेवा में रत रहते हैं। जब से उनकी पत्नी की मृत्यु हुई...

आदित्य : **(बात काटते हुए)** उनकी पत्नी की मृत्यु हो गयी?

रवीश : हाँ, आज से लगभग दस वर्ष पूर्व।

आदित्य : दस वर्ष पूर्व। आपको कैसे मालूम?

रवीश : एक बार डाक्टर साहब ही कह रहे थे।

आदित्य : क्या डॉक्टर वशिष्ठ अपनी पत्नी के बारे में प्रायः बातें करते हैं?

रवीश : नहीं, वह अपनी पत्नी के बारे में कभी भी बात नहीं करते।

आदित्य : अच्छा।

रवीश : ऐसा लगता है वह अपनी पत्नी को बेहद प्यार करते थे, और उनकी मृत्यु से उन्हें बेहद सदमा पहुँचा। इसीलिए शायद वह अपनी पत्नी के बारे में बात भी नहीं करते। वह उन्हें भुला रखना चाहते हैं।

आदित्य : ओह!

रवीश : और शायद उनका अपनी पत्नी के लिए प्यार, अब रोगियों की सेवा में परिवर्तित हो गया है।

आदित्य : **(टटोलते हुए)** प्यार या नफ़रत?

रवीश : **(आश्चर्य से आदित्य को घूरते हुए)** जी, क्या कहा आपने? नफ़रत?

रवीश : **(माफी माँगता-सा)** नहीं नहीं, मेरा कोई मतलब नहीं है, इससे। मैंने यों ही कहा। प्यार और नफ़रत में ज़्यादा

अन्तर नहीं है, इसलिए यों ही मुँह से निकल गया।

रवीश : **(दृढ़ स्वर में)** मैंने कहा आदित्य साहब, डॉ. वशिष्ठ अब प्यार और नफ़रत से कहीं ऊपर हैं। वह मामूली आदमी की तरह इन बातों से नहीं बने हैं। वह "साइकेट्रिस्ट" हैं। वह इन मानसिक भावनाओं से अलिप्त रहकर ही मानसिक रोगियों का इलाज कर पाते हैं।

आदित्य : हाँ, यह तो है ही। **(बात बदलते हुए)** अच्छा डॉक्टर रवीश, आपके यहाँ मरीज़ों के रहने का भी स्थान है।

रवीश : जी हाँ, हम अपने यहाँ मरीज़ों को रखते हैं। यहाँ आते समय लॉन के उस ओर जो आपने पीली इमारत देखी होगी, वहीं हम लोग अपने मरीज़ रखते हैं।

आदित्य : उन्हें तो आप जंज़ीरों से बाँध कर रखते होंगे?

रवीश : जी नहीं। हमारे यहाँ जंज़ीर में बाँधकर कोई नहीं रखा जाता। 'वाइलैन्ट पेशेन्ट्स' अपने यहाँ नहीं रखते। उन्हें आगरा या राँची के पागलख़ाने भेजने की सलाह देते हैं।

आदित्य : तो वे खुले घूमते हैं?

रवीश : हाँ, हम उन्हें साधारण आदमियों की ही तरह रखते हैं। हमारी कोशिश यह रहती है कि उनकी अधिक से अधिक आत्माभिव्यक्ति हो, इसलिए हम उन्हें खुला ही रखते हैं और उचित साधनों को प्रदान करने का प्रयत्न करते हैं।

आदित्य : बड़े मज़ेदार होते होंगे, यह पागल भी?

रवीश : हाँ, लेकिन कभी उनकी आँखों में ग़ौर से नहीं देखना चाहिए। इससे उन्हें अनुभव होता है कि कोई उनकी ओर विशेष ध्यान दे रहा है, और वे विचलित हो जाते हैं।
(मनोहर का बाहर से प्रवेश)

मनोहर : छोटे डॉक्टर, बड़े डॉक्टर तुम्हें मरीज़ नम्बर सात के कमरे में बुलावत हैं।

रवीश : **(आदित्य से)** माफ़ कीजिएगा। **(बाहर प्रस्थान)**।

मनोहर : **(आदित्य से)** आप बइठें, बड़े डॉक्टर बस थोड़ी देर में आते हैं।

आदित्य : अच्छा!

(मनोहर का बाहर प्रस्थान)

(आदित्य कुछ देर अकेला बैठा रहता है, तभी एक आदमी (पागल) हाथ में फावड़ा लिए कमरे में आकर एक ओर ज़मीन पर बैठ जाता है। आदित्य उसकी ओर देखता है। आँख मिलते ही वह मुस्कुरा पड़ता है, आदित्य तुरन्त मुँह फेर लेता है, किन्तु थोड़ी देर बाद आदित्य फिर उस आदमी को देखता है। आँखें मिलते ही वह फिर मुस्कुराता है और आदित्य जल्दी से मुँह फेर लेता है। यह क्रम दो-तीन बार चलता है। अन्त में पागल उठ खड़ा होता है और उसे खड़ा होते देखकर आदित्य भी घबरा कर कुर्सी से उठ खड़ा होता है। पागल आदित्य की ओर बढ़ता है, आदित्य धीरे-धीरे पीछे हटता हटता एकदम भागने लगता है; पागल भी आदित्य के पीछे भागता है; दोनों दो-तीन चक्कर मेज़ के चारों ओर कमरे में लगाते हैं; उसी समय मनोहर कमरे में प्रवेश करता है और आदित्य भागकर कमरे के बाहर निकल जाता है। फिर भी हाथ में फावड़ा लिए पागल उसका पीछा करता बाहर जाता है।)

मनोहर : (उसके पीछे जाते हुए) अरे नम्बर दस को पकड़ो, पकड़ो!

(नेपथ्य में कई कंठों से स्वर उठता है, 'पकड़ो ...पकड़ो'। मंच पर कोई नहीं है, तभी आगे-आगे आदित्य और पीछे-पीछे भागते पागल का प्रवेश, वे एक-दो चक्कर कुर्सियों का लगाते हैं और अन्त में आदित्य कुर्सी से टकरा कर गिर पड़ता है। आदित्य का मुँह डर से पीला पड़ जाता है। ऐसा लगता है कि पागल अब आदित्य पर फावड़े से प्रहार करने ही जा रहा है किन्तु अचानक वह हाथ बढ़ाके आदित्य को छूकर ख़ुशी से चिल्लाता है।)

पागल : छू लिया, छू लिया...

(आदित्य की साँस वापिस लौटती है, तभी डॉ. वशिष्ठ का प्रवेश। वह पागल के पास जाकर उसकी पीठ थपथपाते हैं।)

डॉक्टर : शाबाश तुमने छू लिया, अच्छा, अब जाओ।

(पागल प्रसन्नता और गर्व से भरा बाहर प्रस्थान करता है।)

डॉक्टर : **(आदित्य से)** अरे, तुम तो एकदम डर गये।

आदित्य : **(अपने को सम्भाल कर)** मैंने तो समझा था, कम्बख़्त ने जान ही ले ली।

डॉक्टर : **(हँसकर)** और कहो आदित्य, आज दिल्ली से कैसे भूल पड़े?

आदित्य : यों ही, एक लेखकों का सम्मेलन यहाँ हो रहा है, उसी में प्रतिनिधि होकर आया हूँ।

डॉक्टर : हाँ, हाँ लेखक सम्मेलन, अख़बार में देखा था मैंने। तुम कहाँ हो? वहीं दिल्ली यूनीवर्सिटी में?

आदित्य : हाँ।

डॉक्टर : आज नौ साल बाद मिला हूँ, तुमसे।

आदित्य : हाँ, दिल्ली को छोड़कर जब से तुमने लखनऊ में प्रैक्टिस शुरू की है तब से क्या कभी दिल्ली नहीं गये?

डॉक्टर : गया था, लेकिन बस दो-एक दिन के लिए, कॉन्फ़्रेंस इत्यादि में, लेकिन व्यस्तता ऐसी थी कि किसी से भी मिल नहीं सका।

आदित्य : यहाँ लखनऊ में तो तुम्हारी प्रैक्टिस ख़ूब जम गई है।

डॉक्टर : हाँ, यह बात भी है; और यहाँ क्लिनिक में मरीज़ जो हैं, उनकी ज़िम्मेदारी भी तो मुझी पर है। इसलिए मैं ज़्यादा दिन बाहर रह नहीं सकता।

आदित्य : तुम बहुत बड़ा काम कर रहे हो, तुम्हारी चारों ओर ख़ूब कीर्ति फैल रही है।

डॉक्टर : मेरी कीर्ति नहीं, मेरे उद्देश्य की कीर्ति कहो।

आदित्य : नौ-दस साल पहले कोई तुम्हारी इस सफलता की कल्पना भी नहीं कर सकता था।

डॉक्टर : भविष्य में क्या है उसे कोई पहले से नहीं कह सकता।

आदित्य : तुम बहुत काम करते हो। तुम्हें कुछ अपना भी ख़्याल रखना चाहिए।

(डॉक्टर मुस्कुराता है)

आदित्य : इसमें हँसने की क्या बात है? तुम्हें अपनी तन्दुरुस्ती का पूरा ख़्याल रखना चाहिए।

डॉक्टर : मेरा जीवन उस उद्देश्य से बड़ा नहीं जिसके लिए मैं काम कर रहा हूँ।

आदित्य : क्या है तुम्हारा उद्देश्य?

डॉक्टर : मानसिक रोगियों की सेवा करके उनके जीवन में सन्तुलन, शान्ति और प्रेम स्थापित करना। इस औद्योगिक युग में प्रतिस्पर्धा इतनी तीव्र है कि अधिकांश लोगों का जीवन विषमता और दुख का शिकार हो जाता है।

आदित्य : हाँ, यह बात तो ठीक है।

डॉक्टर : लोगों में इतने "कॉम्पलेक्सेज़" होते हैं कि वे बिना बात अपनी ज़िन्दगी दूभर कर लेते हैं। इसलिए मनुष्य को चाहिए कि वह अपना मानसिक ढाँचा सन्तुलित रखे। न किसी से बेहद प्यार करे और न नफ़रत। दूसरों के दोषों और कमियों को देखने से तो जीवन और भी दुखमय हो जायेगा। इसलिए स्वयं अपनी शान्ति और मानसिक सन्तुलन के लिए मनुष्य को क्षमाशील होना चाहिए। यह जीवन बिना उदारता और महानता के नहीं जिया जा सकता।

आदित्य : क्या तुम इन सिद्धान्तों का पालन स्वयं भी करते हो?

डॉक्टर : अगर मैं इनका पालन न करता होता, तो मानसिक रोगियों का उपचार कैसे कर सकता।

आदित्य : अच्छा।

डॉक्टर : हाँ, मेरी व्यक्तिगत आकांक्षाएं समाप्त हो गयी हैं, क्योंकि मैं अपने उद्देश्य के प्रति पूर्ण रूप से समर्पित हूँ। मेरा अस्तित्व, कार्य और उद्देश्य अब एक ही हैं। **(कहता हुआ वह दीवार पर लगी अपनी माँ की तस्वीर के सामने जा खड़ा होता है। कुछ क्षण सन्नाटा रहता है।)**

आदित्य : **(टटोलते हुए)** वशिष्ठ, क्या तुम्हें कभी छाया की याद नहीं आती?

डॉक्टर : **(अचानक क्रोध से फूट पड़ता है।)** छाया मर चुकी है,

आदित्य! मैं उसका नाम भी नहीं सुनना चाहता।

आदित्य : अरे, तो इसमें नाराज़ होने की क्या बात है? मैंने तो यों ही पूछा।

(डॉक्टर स्वयं अपने चिल्ला पड़ने पर आश्चर्य चकित है। वह किंकर्तव्यविमूढ़-सा अपनी कुर्सी पर बैठ जाता है, तभी डॉक्टर रवीश का बाहर से प्रवेश।)

रवीश : **(आदित्य से)** माफ़ कीजियेगा, बस एक मिनट। **(डॉक्टर से)** अभयमल के केस के बारे में आपसे कुछ ज़रूरी बातें करनी थी। उसके घर वाले बड़ी देर से बैठे हैं।

डॉक्टर : **(अपने को सम्भाल कर)** क्या है?

रवीश : अभयमल की उम्र 45 साल की होगी। वह अपनी स्त्री से बेहद प्यार करता था किन्तु वह किसी दूसरे के साथ भाग गयी। अभयमल का ख़्याल है कि वह बहुत नेक और अच्छी है और उससे बेहद प्यार करती है। इसलिए वह उसे भूल नहीं पाता। और इसी कारण उसका दिमाग़ ख़राब हो गया है।

डॉक्टर : कैसी है वह औरत?

रवीश : उसके घरवालों से पता लगा कि वह बहुत मामूली क़िस्म की औरत है।

डॉक्टर : वह भरती करना चाहते हैं?

रवीश : हाँ।

डॉक्टर : उसे भरती कर लो और उसे बताओ कि उसकी पत्नी वैसी नहीं है जैसी वह समझता है। वह भाग गयी है, उसे छोड़कर। उसके दिमाग़ में उस औरत के लिए नफ़रत भरो!

रवीश : **(आश्चर्य से)** नफ़रत!

डॉक्टर : हाँ नफ़रत! जब वह अपनी पत्नी से नफ़रत करेगा तो उसके मोह से विमुख हो जायेगा। तब उसे उसके भागने का दुख नहीं रहेगा। उसके दिमाग़ का बोझ कम हो जायेगा और वह साधारण जीवन व्यतीत कर सकेगा।

डॉक्टर : खड़े-खड़े क्या देख रहे हो, जाओ!

(रवीश का बाहर प्रस्थान)

आदित्य : अभी तो तुम मुझे प्रेम का पाठ पढ़ा रहे थे, अभी ही नफ़रत करने की सीख देने लगे।

डॉक्टर : आदित्य, मैं जानता हूँ कि मुझे अपने ''पेशेन्ट्स'' के साथ क्या करना चाहिए। मेरी रिसर्च एक नई दिशा में मुझे ले जा रही है। नेचुरल 'इमोशन्स', जैसे प्यार, नफ़रत, क्रोध हिंसा, वितृष्णा का भी आदमी की ज़िन्दगी में बहुत महत्वपूर्ण स्थान है। ये कुदरत के दिए 'सेफ़्टी वाल्व' हैं, जिनके सहारे मनुष्य अपने को संतुलित करता है। तुम इसे समझ नहीं पाओगे।

आदित्य : तुम्हारा व्यक्तिगत जीवन भी तो कुछ ऐसा ही है, क्या तुम भी...

डॉक्टर : **(कटु दृढ़ता से)** मैं साधारण पेशेन्ट नहीं, मैं डॉक्टर हूँ। मैं मानसिक ग्रन्थियों और प्रक्रियाओं से परिचित हूँ...इसलिए मैं क्षमा कर सकता हूँ, किन्तु साधारण व्यक्ति नहीं।

आदित्य : क्या डॉक्टर साधारण मनुष्यों की तरह मानसिक ग्रन्थियों और आवेगों का शिकार नहीं हो सकता?

डॉक्टर : नहीं। मैं छाया को अपनी माँ की बीमारी में दवायें देने के लिए दे गया था, उसने माँ को वह दवायें नहीं दीं, माँ मर गई। मैंने छाया से कुछ नहीं कहा। मैं छाया को अपनी माँ की मृत्यु का कारण ठहरा सकता था, किन्तु मैंने उससे कुछ भी नहीं कहा।

आदित्य : किन्तु मन में तो वही दोषी थी।

डॉक्टर : मैंने उसे क्षमा कर दिया। वह देवेन्द्र के साथ बम्बई भाग गयी। मैंने इस पर भी क्षमा कर दिया। आदमी ऐसे आघात से या तो केवल नफ़रत करके अपनापा समाप्त कर सकता है या केवल क्षमा कर सकता है। मैंने उसे क्षमा न कर दिया होता तो मेरी भी वही हालत होती जो अभयमल की है। मैं आज पागल होता।

आदित्य : हूँ!

डॉक्टर : और अब तो उसकी मृत्यु हुए भी दस साल हो गये।

आदित्य : क्या इसीलिए तुमने उसे क्षमा कर दिया, क्योंकि वह मर गयी।

डॉक्टर : यदि वह जीवित भी होती तब भी मैं क्षमा कर देता।

आदित्य : मान लो यदि वह जीवित हो?

डॉक्टर : क्या?

आदित्य : यदि वह जीवित तुम्हारे सामने आ जाए?

डॉक्टर : आदित्य, अभी साइंस ने इतनी प्रगति नहीं की कि वह मृत्यु के दस वर्ष बाद किसी को जीवित कर दे।

आदित्य : मान लो।

डॉक्टर : **(अवहेलना से)** मुझे और भी काम करने हैं आदित्य...! **(किताब खोलता है)**

आदित्य : **(उठकर)** अच्छा, मैं चलूँ।

डॉक्टर : अरे, थोड़ी देर बैठो!

आदित्य : नहीं मैं चलूँगा। शाम को आऊँगा।

डॉक्टर : हाँ, शाम को ठीक रहेगा। तब मुझे काम कम रहता है। रात को खाना मेरे साथ ही खाना!

आदित्य : अच्छी बात है। **(बाहर प्रस्थान)**

(आदित्य को पहुँचाकर डॉक्टर आरामकुर्सी पर लेट जाता है तभी मनोहर का प्रवेश)

मनोहर : छोटे डॉक्टर साहब कहिन हैं कि आपका मरीज़ देखे जाना है। ड्राइवर से मोटर लाने को कह दें?

डॉक्टर : **(घड़ी देखकर)** बीस मिनट बाद मोटर ले आना। ड्राइवर से कह दो। **(मनोहर जाता है। डॉक्टर जम्हाई लेता है और फिर सो जाता है और सपना* देखता है।)**

(एक टेढ़ा घुमावदार पेड़ का तना जिसमें सिगार उगे हैं। उसी से टिकी खड़ी है छाया।)

डॉक्टर : छाया तुम तो मर गयी थीं?

छाया : हाँ, लेकिन अब ज़िन्दा हो गयी।

डॉक्टर : क्यों?

छाया : तुमसे मिलने।

डॉक्टर : क्यों?

छाया : **(हँसती है)** क्योंकि तुम मुझसे प्रेम करते हो।

डॉक्टर : नहीं, अब मैं किसी से न प्रेम करता हूँ, और न घृणा।

छाया : तुम मुझसे प्रेम करते हो। **(हँसती है)**

डॉक्टर : नहीं...मैं तुमसे प्रेम नहीं करता। **(छाया हँसती है)** नहीं, मैं तुमसे प्रेम नहीं करता।

छाया : तो घृणा करते हो। एक ही बात है। **(हँसती है)**

डॉक्टर : नहीं...नहीं...नहीं...

(छाया के स्थान पर पूनम प्रकट होती है)

डॉक्टर : **(आश्चर्य से)** पूनम तुम!

पूनम : डॉक्टर मैं तुमसे प्रेम करती हूँ।

डॉक्टर : पूनम! **(पूनम विलीन हो जाती है, वहाँ छाया का चित्र आ जाता है)**

छाया : मैं छाया हूँ, पूनम नहीं-

(हँसती है। हँसी में रोने की आवाज भर छाया पूनम में परिवर्तित हो जाती है।)

पूनम : **(रोते हुए)** डॉक्टर मेरे हाथ में भिन्डी निकल आई।

(एक कैंची भिन्डी काटती है, पूनम चीखती है, पूनम के स्थान पर हँसती हुई छाया सिगार पीती है।)

पूनम सिगार पी रही है।

छाया सिगार पी रही है।

दर्जनों लड़कियां सिगार पीती हैं। **(हँसी)**

डॉक्टर : **(चीखकर)** मुझे सिगार से नफ़रत है। मुझे सिगार से नफ़रत है। **(उठ बैठता है। सपना समाप्त हो जाता है।)**

रवीश : **(प्रवेश करके)** डॉक्टर साहब, डॉक्टर साहब।

डॉक्टर : **(जग कर)** ओह, शायद मैं सपना देख रहा था। सपना देख रहा था। नोट करो रवीश...धुँधला प्रकाश, एक घुमावदार टेढ़ा पेड़ का तना...सिगार...सिगार...और वह भी तो थी...वह भी थी...उसे मैंने देखा...कहती थी मैं ज़िन्दा हूँ।

रवीश : कौन? कौन ज़िन्दा है?

डॉक्टर : **(रवीश की ओर गौर से देखता है।)** कोई नहीं...कोई नहीं।

(मनोहर का बाहर से प्रवेश)

मनोहर : साहब मोटर आ गई।

(डॉक्टर रवीश के हाथ से वह काग़ज़ लेकर फाड़ देता है, जिस पर वह उसका सपना नोट कर रहा था और चलने के लिए तैयार होता है।)

डॉक्टर : रवीश, मैं माल एवेन्यू पेशेन्ट देखने जा रहा हूँ...मनोहर मेरा बैग कार में रख दो!

(बैग लिए मनोहर और उसके पीछे डॉक्टर बाहर जाते हैं। रवीश अकेला रह जाता है। थोड़ी देर बाद मनोहर दो तार लेकर बाहर से प्रवेश करता है।)

मनोहर : डाकिया ई दो तार दय गया है।

(रवीश मनोहर के हाथ से तार लेकर, रसीद पर दस्तख़त करता है। मनोहर रसीद लेकर डाकिया को देने बाहर जाता है। रवीश एक लिफ़ाफ़ा फाड़कर तार पढ़ता है।)

रवीश : **(खुशी से पुकार कर)** मनोहर, अरे सुना तुमने, भारत सरकार ने डॉ. वशिष्ठ को पद्मश्री की उपाधि दी है।

(फिर दूसरा तार खोलकर पढ़ता है, उसे पढ़कर वह सिर पर हाथ रखकर बैठ जाता है)

बाप रे बाप, भगवान जब देता है तो छप्पर फाड़ कर देता है। यूनेस्को का साइकेट्री में सबसे बड़ा इनाम-एक लाख डालर...दोहरी उपाधि, दोहरा सम्मान।

(यवनिका)

तृतीय अंक

(डॉ. वशिष्ठ की वही क्लिनिक जो द्वितीय अंक में है। द्वितीय और तृतीय अंक में लगभग एक घंटे का अन्तराल है।

पर्दा खुलने पर डॉ. रवीश सोफ़े पर बैठा किताब पढ़ता दिखाई देता है। पास ही ज़मीन पर मनोहर विचारमग्न सा बैठा है।)

मनोहर : हम समुझिन नहीं छोटे डॉक्टर, बड़े डॉक्टर साहब बिआह करिहें?

रवीश : ब्याह! कैसी बातें करते हो!

मनोहर : बियाह नहीं, तौन आउर का? इस पद्मिनी से काव मतलब? ...मुला यहि उमर में, **(स्वयं ही)** उँह, कवन उनकी उमर जादा है, जादा से जादा अड़तीस-उन्तालिस साल, मरद तो साठा पे भी पाठा।

रवीश : अरे पद्मिनी नहीं, पद्मश्री।

मनोहर : पदमसिरी, ई कउन है? संखिनी, डंकिनी, हस्तिनी, और पदमिनी सुना रहे,...ई कौनो पदमिनी की बहिन है, पदमसिरी, जाके साथ-साथ पचास लाख रुपया दहेज भी मिलिहें।

रवीश : **(हँसकर)** अरे पद्मश्री औरत नहीं है।

मनोहर : औरत नहीं हय, तब डॉक्टर साहब को कौन-सी चीज आज मिल गयी है जा के लिए इत्ता हो-हल्ला है।

रवीश : क्या औरत के मिलने पर ही हो-हल्ला होता है। पद्मश्री औरत नहीं है, यह "टाइटिल" है।

मनोहर : देखो छोटे डॉक्टर, ई अरबी-फारसी छोड़ि के सूधी भाषा माय बतायओ!

रवीश : अब सीधी भाषा में क्या बताऊँ। यो समझो, हमारे डॉक्टर साहब बहुत काबिल हैं...

मनोहर : **(बात काटते हुए)** का बात हय! साच्छात अस्वन कुमार हय। बड़े-बड़े पागलन को अस ठीक करते हैं कि काव बतायें।

रवीश : और उनका नाम भी मशहूर है?

मनोहर : सो तो हई। चारों दिशाओं में बस उनका नाम बाजत है। कौनो से पूछ लेहौ बड़े-बड़े लाट कमंडल का अस्पताल की डयोढ़ी पर जुहार करते हैं।

रवीश : तो बस इसी बात पर सरकार ने उनकी इज्जत करने के लिए उन्हें यह उपाधि यानी इज्जत वाला नाम दिया है।

मनोहर : **(एक दम खुश होकर)** हम समुझ गये, ई पदमिनी-पदमसिरी काव हय? आप साफ़ काहे नाहीं कहिते कि सरकार डॉक्टर साहब कव खानबहादुर बनाये दिहिन हय।

रवीश : खान बहादुर?

मनोहर : हम सब समुझते हनं। हम खान बहादुर हिमाकत अली के पूरे दस साल चपरसी रहे।

रवीश : हाँ, हाँ, कुछ ऐसा ही, लेकिन खानबहादुर नहीं, पद्मश्री। पहले अंगरेज सरकार थी तो खानबहादुर और रायबहादुर की उपाधि दी जाती थी। अब देश आजाद है तो पद्मश्री की उपाधि दी जाती है।

(टेलीफ़ोन की घंटी बजती है)

रवीश : **(टेलीफ़ोन पर)** दिस इज़ 3551। जी! डॉक्टर साहब किसी पेशेन्ट को देखने गये हैं। (टेलीफ़ोन रखकर मनोहर से) गवर्नर का फ़ोन था, शायद वह डॉक्टर साहब को बधाई देना चाहते होंगे।

(टेलीफ़ोन की घंटी)

रवीश : **(टेलीफ़ोन पर)** हलो जी? डॉक्टर वशिष्ठ "विजिट" पर गये हैं। आते ही होंगे। क्या मैं आपका शुभ नाम जान सकता हूँ...शर्मा जी...मेयर ...ज़रूर...ज़रूर। मैं आपकी

ओर से अवश्य बधाई दे दूँगा, जी अच्छा। रेडियो में ख़बर आ गयी? **(गदगद स्वर में)** जी...जी...जी... अच्छा, नमस्कार। **(टेलीफ़ोन रखकर मनोहर से)** यह मेयर का टेलीफ़ोन था। कह रहे थे कि डॉक्टर साहब की वजह से सारे नगर का सम्मान हुआ है। वह हमारे नगर के ही नहीं, वरन् पूरे देश की महान सम्पदा हैं।

(टेलीफ़ोन की घंटी)

रवीश : जी हाँ साहब, जी हाँ, ख़बर एकदम सच है **(नाराज़ होकर)** बार-बार क्या पूछ रहे हैं, एक बार कह तो दिया कि ख़बर सच है। **(टेलीफ़ोन झटके से रखकर)** ये अख़बार वाले तो दिमाग़ चाटने लगते हैं।

(डॉक्टर का बाहर से प्रवेश)

रवीश : ओह, डॉक्टर साहब! **(तपाक से आगे बढ़कर हाथ मिलाते हुए)** कांग्रेचुलेशन्स! आई एम फ़र्स्ट टू कोंग्रेचुलेट यू।

डॉक्टर : क्यों क्या हुआ?

मनोहर : **(बीच ही में)** चिट्ठी आई है...तुम्हें पदामिनी मिली गई है।

डॉक्टर : पदमिनी।

रवीश : पद्मश्री। भारत सरकार ने आपको पद्मश्री की उपाधि दी है। लेकिन यह तो कुछ नहीं, यूनेस्को से मनोचिकित्सा में मौलिक अन्वेषण और प्रयोग के लिए आपको एक लाख डालर का सिग़मंड फ़्रायड पुरस्कार प्राप्त हुआ है। यह देखिये तार! **(तार देता है)**

डॉक्टर : **(तार पढ़ता है और एक प्रसन्नता की लहर उसके मुख पर दौड़ जाती है)** थैंक्यू रवीश। यस, यू आर फ़र्स्ट टू कॉग्रेचुलेट मी।

रवीश : अभी गर्वनर के यहाँ से टेलीफ़ोन आया था। कॉरपोरेशन के मेयर शर्मा जी ने भी आपको बधाई देने के लिए टेलीफ़ोन किया था। अख़बार वाले भी आपको पूछ रहे थे। शर्मा जी कह रहे थे कि आप पर सारे नगर को नाज़ है। आप केवल अपने नगर की ही नहीं, अपितु सारे देश की...**(अचानक वह डॉक्टर को देखकर चुप**

हो जाता है। डॉ. उसकी कोई बात नहीं सुन रहा था, अपितु धीरे-धीरे अपनी माँ की फोटो की ओर बढ़ रहा है। डॉक्टर माँ की फोटो के आगे सिर झुकाकर घुटनों के बल बैठ जाता है। कुछ क्षणों का मौन। रवीश और मनोहर भी उस क्षण की पवित्र पावन करूणा से अभिभूत हो जाते हैं। कुछ क्षण पश्चात जब डॉक्टर उठता है, तब उसकी आँखें आँसुओं से भरी हैं। वह जेब से रूमाल निकालता है।)

डॉक्टर : **(आँसू पोंछकर)** अगर आज माँ जीवित होती तो कितनी प्रसन्न होती। **(वह तार रवीश को देकर अन्दर चला जाता है। टेलीफ़ोन की घंटी बजती है।)**

रवीश : **(टेलीफ़ोन पर)** हलो, मैं असिस्टेन्ट डॉक्टर रवीश बोल रहा हूँ...आपने? ओह, आप हैं शर्मा जी, जी हाँ, डॉक्टर साहब आ गये, मैं बुलाये देता हूँ। **(मनोहर से)** देखो, मनोहर, डॉक्टर साहब से कह दो कि शर्मा जी...मेयर साहब का टेलिफ़ोन है। वह आपसे बातें करना चाहते हैं। **(मनोहर डॉक्टर वशिष्ठ को बुलाने अन्दर जाता है।)**

रवीश : **(टेलीफ़ोन पर)** जी शर्मा जी, मैंने डॉक्टर साहब को बुलवाया है। वह बस अभी आते हैं, एक मिनट में...यह लीजिए आ गये। **(डॉक्टर को टेलीफ़ोन देता है।)**

डॉक्टर : नमस्कार शर्मा जी, बहुत-बहुत धन्यवाद। यह सब आप ही लोगों की शुभेच्छाओं का फल है। **(विनम्रता से)** मैं क्या कहूँ...मैं तो केवल कर्तव्य करना जानता हूँ...जी...जी...अरे नहीं साहब, इसकी क्या ज़रूरत है, अरे नहीं-नहीं जी...सिटी काउंसिल ने तय किया है कि पुलिस बैंड के साथ...अरे नहीं शर्मा जी, मुझे बड़ा अजीब लगेगा, ठहरिये ज़रा... **(रवीश से)** शर्मा जी कह रहे हैं कि कॉरपोरेशन ने मेरा स्वागत करने का निश्चय किया है।

रवीश : यह तो कॉरपोरेशन को करना ही चाहिए। यह कोई मामूली बात नहीं है!

डॉक्टर : **(घबराया-सा)** अरे यही नहीं, कारपोरेशन के सब सदस्य,

विभिन्न सांस्कृतिक संस्थाओं, चिकित्सालयों के प्रतिनिधि तथा शहर भर के डॉक्टर इत्यादि जुलूस बनाकर यहाँ आयेंगे...

रवीश : यह तो बहुत अच्छा है।

डॉक्टर : **(बेहद घबराहट के साथ)** पुलिस का बैंड होगा। मेरे गले में माला डालेंगे...कहते हैं घन्टे-दो घन्टे में घर तक पहुँच जायेंगे...

रवीश : लाइये मुझे दीजिए। **(डॉक्टर टेलीफ़ोन रवीश को दे देता है)** हलो, मैं असिस्टेन्ट डॉक्टर रवीश बोला रहा हूँ। देखिए शर्मा जी, डॉक्टर साहब बेचारे तो आपकी बात सुनकर एकदम घबरा गये। वे बेचारे तो बहुत ही सीधे-सादे हैं। शोर-शराबे से दूर भागने वाले। उन्हें तो मान-सम्मान की कोई चिन्ता नहीं। वह तो साधु हैं, साधु। दिन-रात किसी महान तपस्वी की भांति अपनी साधना में रत रहते हैं, जैसे यह तपस्या ही उनका जीवन हो। वह तो दधीचि के समान हैं, जो कि दूसरे के हित के लिए अपना शरीर, अपने प्राण तक त्याग सकते हैं। फिर उनके लिए यह बैन्ड बाजे क्या? फिर भी हमारा कुछ कर्तव्य तो है ही ऐसी महान आत्मा के लिए। यह आपने बहुत अच्छा किया। भारत सरकार ने तो उन्हें केवल पद्‌श्री दी। महान पुरुषों का मूल्य उनके निकट के लोग नहीं जानते। वास्तविक सम्मान तो उनका यूनेस्को ने किया है। अब वह सम्पूर्ण विश्व में प्रसिद्ध हैं। यह हमारे नगर का बहुत बड़ा सम्मान है। आप अवश्य जुलूस लाएं। हम सब मिलकर इस महान विभूति के चरणों में अपनी भक्ति की अंजलि चढ़ाएंगे। अच्छा, अच्छा नमस्कार!

डॉक्टर : **(कुछ अनिश्चित-सा, चौंधियाया-सा)** तो वे लोग आ रहे हैं?

रवीश : हाँ, हम लोगों के पास बिलकुल समय नहीं है। **(मनोहर से)** देखो, डॉक्टर साहब के सम्मान के लिए बड़े-बड़े लोग जुलूस लेकर आ रहे हैं।

मनोहर : हाय, सच! हम जानित रहें, डॉक्टर साहब दुनिया भर में मसहूर हैं।

रवीश : देखो, जल्दी से कमरे को सजा दो। किताबें और चीज़ें तरतीब से रख दो। फूलदान के फूल बदल दो। कमरे के परदे बदल दो। और देखो कुर्सियों और सोफ़े पर नये कवर लगा दो।

मनोहर : बस अबे होय जात है।

(मनोहर अन्दर जाता है; रवीश कुछ व्यस्त-सा घूमता है।)

डॉक्टर : यह सब तो ठीक है लेकिन...मुझे क्या करना पड़ेगा?

रवीश : आपको कुछ नहीं करना पड़ेगा। पुलिस के बैन्ड के पीछे कारों का एक जुलूस होगा, जो शहर की ख़ास-ख़ास सड़कों से होता हुआ यहाँ पहुँचेगा। उसमें नगर के समस्त प्रमुख व्यक्ति सम्मिलित होंगे।

डॉक्टर : फिर?

रवीश : वे सब यहाँ कमरे में आयेंगे।

डॉक्टर : मैं क्या करूँगा?

रवीश : आप यहाँ बैठे होंगे। वे आपको माला पहनायेंगे। मानपत्र भेंट करेंगे। फिर विभिन्न संस्थाओं के प्रतिनिधि आपको अपनी श्रद्धांजलि चढ़ायेंगे।

डॉक्टर : उसके बाद मुझे उन्हें धन्यवाद देना होगा?

रवीश : बेशक।

डॉक्टर : मैं क्या कहूँगा?

रवीश : आप जो उचित समझें..., न हो तो आप अपना 'स्टेटमेंट' अभी ही मुझे डिक्टेट कर दें। मैं उसकी टाइप्ड कापियाँ पहले से ही निकलवा दूँगा। नागरिक सम्मान के पश्चात् उसको अख़बारों में भिजवा दूँगा।

डॉक्टर : **(सोचकर)** हाँ, यही ठीक रहेगा। अच्छा मैं बोलता हूँ, तुम लिख लो। **(रवीश काग़ज़ पैन्सिल लेकर बैठ जाता है, डॉक्टर कमरे में घूमते हुए बोलता है।)** आप लोगों ने मुझे जो सम्मान दिया है मैं उसके सर्वथा अयोग्य हूँ। यह आपकी ही महानता है...

(टेलीफ़ोन की घन्टी)

रवीश : **(टेलीफ़ोन पर)** यस दिस इज मेंटल क्लिनिक। जी...जी ...हाँ हैं। जी अच्छा, मैं पूछकर बताता हूँ। **(डॉक्टर से)** रोटरी क्लब के प्रेसीडेन्ट मिस्टर बैनर्जी का टेलीफ़ोन है। कह रहे हैं कि रोटरी क्लब आपकी विलक्षण सेवाओं और सम्मान के लिए आपको फ़ैलीसिटेट करना चाहता है।

डॉक्टर : भाई, यह सब तो झंझट है।

रवीश : वाह, इसमें झंझट की क्या बात है? वह पूछ रहे हैं कि कल शाम पाँच बजे आपको "सूट" करेगा?

डॉक्टर : जो जवाब चाहो, दे दो! मेरा तो कल कोई "इंगेजमेंट" नहीं है।

रवीश : ठीक है। **(टेलीफ़ोन पर)** डॉक्टर साहब आपको बहुत-बहुत धन्यवाद देते हैं। लेकिन बात यह है मि. बनर्जी, डॉक्टर साहब इन सभाओं और जुलूसों से बेहद घबराते हैं। इट इज बट नेचुरल। इंटेलेक्चुअल हैं, साइन्टिस्ट हैं, उन्हें इन सबके लिए फ़ुर्सत ही कहाँ। जी? जी? **(हँसकर)** अच्छा, अच्छा साहब, घबराइए नहीं। मैं आपकी ख़ातिर उन्हें पहले ही मनवा चुका हूँ। बड़ी मुश्किल से राज़ी हुए हैं। कल पाँच बजे वह जा सकेंगे। जी, जी हाँ, आप मोटर भेज दीजिएगा। **(टेलीफ़ोन रखकर, डॉक्टर से)** अभी तो देखिए सर, कितने लोग आते हैं और कितनी तरह के लोग आते हैं।

डॉक्टर : हाँ, तो लिखो, मैंने क्या बोला था?

रवीश : **(पढ़ते हुए)** आप लोगों ने मुझे जो सम्मान दिया है, मैं उसके सर्वथा अयोग्य हूँ। यह आपकी महानता है कि... **(बाहर के बाग से तोड़े फूलों के साथ मनोहर तीन तार ले कर आता है।)**

मनोहर : ई तार आवा है।

डॉक्टर : **(परिहास और आश्चर्य से)** तार?

रवीश : **(दस्तख़त करते हुए)** यह तो कुछ भी नहीं है। **(तार**

खोलकर) यह तार, डाइरेक्टर इंडियन मेडिकल हेल्थ का है। दिल्ली से आया है, यह मंत्री साइंटिफिक रिसर्च एण्ड कल्चरल अफ़ेयर्स का है। यह बिना नाम का कौन हो सकता है?

डॉक्टर : पता नहीं, कभी बिना नाम का यह व्यक्ति ग्रीटिंग कार्ड भेजता है, तो कभी नये वर्ष पर कार्ड और आज यह बधाई का तार।

रवीश : कोई आपका "पेशेन्ट" रहा होगा, अब आपके उपकारों का बदला देना चाहता है। कितनों को जीवन दिया है आपने।

डॉक्टर : **(कुछ देर सोचता है, फिर अपने विचारों को झटककर जैसे उठ खड़ा होता है।)** इन्हें बाद में देखना। आगे लिखो, आप लोगों ने मुझे जो सम्मान दिया है, उसके मैं सर्वथा अयोग्य हूँ। इस संसार में बहुत दुख हैं। मशीन युग की गति और तीव्रता में मानव-मूल्य विघटित होते जा रहे हैं, इसमें मनुष्य अपनी स्थिति पहचान नहीं पा रहा है। सैंकड़ों इस अन्धी दौड़ में अपना मानसिक संतुलन खो बैठते हैं। विश्वव्यापी घृणा और प्रतिद्वन्दिता उनके जीवन को विकृत कर रही है, किन्तु जीवन घृणा और प्रतिद्वन्तिा से नहीं, केवल प्रेम से जिया जा सकता है। यदि मेरे तुच्छ प्रयत्न, इन असन्तुलित मानवों के जीवन में स्थिरता, आशा और शान्ति ला सकें, यदि घृणा प्रेम में परिवर्तित हो सके तो मैं समझूँगा कि मेरा जीवन सफल हो गया। यह सम्मान और अगाध स्नेह मेरे लिए नहीं अपितु उन आदर्शों के लिए है जो संसार में प्रेम और क्षमा के आलोक से हताश, विकृत और असन्तुलित व्यक्तियों के अंधकारमय जीवन को प्रकाशित करना चाहते हैं, तथा जिनके लिए मैंने अपना जीवन होम कर दिया है। ऐसा समझकर मैं ये सम्मान अति कृतज्ञतापूर्वक स्वीकार करता हूँ तथा आपको धन्यवाद देता हूँ।

(डॉक्टर तार उठाकर पढ़ता हुआ अन्दर की ओर चलता है)

डॉक्टर : इन तारों का जवाब देना है, रवीश याद रखना!

रवीश : जी हाँ।

(डॉक्टर का भीतर प्रस्थान)

रवीश : **(मनोहर से)** कुर्सियों के कवर मत बदलना, नहीं तो लगेगा कि ख़ास तौर से हम लोगों ने तैयारी की है। इसे ऐसा रहने दो कि देखने में नेचुरल भी लगे और ख़ूबसूरत भी...

(कैमरा लिए एक पत्रकार मि. प्रधान का बाहर से प्रवेश)

प्रधान : **(रवीश का हाथ अचानक पकड़कर हिलाते हुए)** बधाई, बधाई!

रवीश : **(भौचक्का-सा)** जी!

प्रधान : **(कैमरा तानकर)** बस एक मिनट, मुस्कुराइए, मुस्कुराइए! डॉक्टर वशिष्ठ स्माइल!

रवीश : मैं डॉक्टर वशिष्ठ नहीं हूँ।

प्रधान : **(नाराज़गी से कैमरा समेटते हुए)** तो आप कौन हैं?

रवीश : मैं उनका असिस्टेन्ट डॉक्टर हूँ। लोग मुझे रवीश कहते हैं।

प्रधान : **(उत्साह से रवीश का हाथ झकझोरकर)** बड़ी खुशी हुई आप से मिलकर, डॉक्टर रवीश।

रवीश : **(अपना हाथ समेटते हुए)** मुझे भी, मुझे भी मिस्टर...? मिस्टर...?

प्रधान : मिस्टर प्रधान, चीफ करस्पॉन्डेंट आफ़ न्यूडील। **(दरबारी ढंग से सिर झुकाता है।)**

रवीश : ओह, यस, मिस्टर प्रधान, कहिए मैं आपकी क्या सेवा कर सकता हूँ।

प्रधान : आप ही तो मेरी सहायता कर सकते हैं। देखिए, अभी तक तो कोई करस्पॉन्डेन्ट यहाँ नहीं आया?

रवीश : जी नहीं।

प्रधान : तो सुनिए, अभी और लोग आएँगे ही, लेकिन आप मुझे डाक्टर साहब के बारे में कुछ ऐसी बातें बताएं कि मेरा 'राइटअप' सबसे अलग हो। **(सिगरेट का डिब्बा बढ़ाते हुए)** लेकिन वादा करें कि आप किसी दूसरे करस्पॉन्डेन्ट को नहीं बतायेंगे।

(अबला सोंधी का बाहर से प्रवेश)

अबला : वाह मिस्टर प्रधान। सिगरेट की रिश्वत देकर आप एक्सक्लूसिव स्टोरी के चक्कर में हैं। मगर जनाब हम तो आ ही गये।

प्रधान : **(नारजगी से)** आप आ ही गयीं तो धन्यवाद आपके, करम फूटे हमारे।

अबला : **(रवीश से)** मुझे अबला सोंधी कहते हैं। मैं नेशन की प्रतिनिधि हूँ।

प्रधान : इन्हें कहते हैं न्यूज़ डॉग, न्यूज़ डॉग नहीं न्यूज़ **(कहते कहते रुककर)** जाने दीजिये, सूँघती सूँघती आ पहुँची।

अबला : **(रवीश से)** आपका परिचय?

रवीश : मैं डॉक्टर वशिष्ठ का असिस्टेन्ट डॉक्टर, रवीश।

अबला : आप डॉक्टर साहब के साथ कब से हैं?

(वर्मा और पान्डे नामक पत्र-प्रतिनिधियों का बाहर से प्रवेश)

रवीश : पिछले पाँच साल से।

(सब नोट करते हैं)

अबला : आपकी उनके बारे में क्या राय है?

रवीश : राय? बहुत अच्छी राय है।

अबला : उनका आपके प्रति व्यवहार कैसा है?

रवीश : डॉक्टर वशिष्ठ मनुष्य नहीं देवता हैं। वे मेरे गुरू हैं, किन्तु उनके व्यवहार में मुझे सब कुछ मिल जाता है, पिता का प्यार, भाई का विश्वास, और मित्र का सुख।

पांडे : डॉक्टर साहब को यह कब पता लगा कि उन्हें पद्मश्री, तथा यूनेस्को का एक लाख डालर का पुरस्कार प्राप्त हुआ है।

रवीश : आज, कुछ देर पहले, तार आया था। डॉक्टर वशिष्ठ बाहर गये हुए थे, इसलिए तार मुझे मिला। जब वह लौटकर आये तो मैंने उन्हें बताया।

वर्मा : यह सुनकर डॉक्टर साहब की क्या प्रतिक्रिया हुई? उन्होंने क्या कहा?

रवीश : उन्होंने तार पढ़कर मेरी बधाई के उत्तर में धन्यवाद देते हुए कहा-यस यू आर फ़र्स्ट टु कांग्रेचुलेट मी।

प्रधान : **(लिखते हुए)** हूँ...और फिर?

रवीश : फिर वह गंभीर हो गये। अपनी माँ की तस्वीर के आगे माथा झुकाकर घुटनों के बल बैठ गये। कुछ देर बाद जब वह उठे तो उनकी आँखों में आँसू थे और वह...

प्रधान : आँसू थे...?

वर्मा : हाँ, आँसू थे...

रवीश : वह बोले-अगर आज माँ जीवित होती तो कितनी प्रसन्न होती। **(रुककर)** ऊपर से वैज्ञानिक कितना भी रूखा क्यों न हो, किन्तु उसके अन्दर सदैव मानव जीवित रहता है।

अबला : डॉक्टर साहब के कितने बच्चे हैं?

रवीश : एक भी नहीं, उनकी पत्नी का देहाँत तो दस वर्ष पूर्व ही हो गया। अब उनके जीवन में तो बस यह अस्पताल है और मानसिक रोगी। रोगियों की सेवा में उन्होंने अपना जीवन अर्पित कर दिया है।

अबला : डॉक्टर साहब को खाने में सबसे ज़्यादा क्या पसंद है?

प्रधान : क्या वह कसरत के भी शौक़ीन हैं?

वर्मा : वह जानवर भी पालते हैं-कुत्ता, बिल्ली या तोता?

(डॉक्टर का भीतर से प्रवेश)

रवीश : यह लीजिए, डॉक्टर वशिष्ठ आ गये।

(सब बधाई देते हुए डॉक्टर को घेर लेते हैं)

प्रधान : आई एम प्रधान आफ 'न्यू डील'।

वर्मा : आई एम वर्मा आव 'टार्च बियरर'।

पांडे : आई एम पांडे आव 'युग की आवाज'।

अबला : अबला सौंधी, 'नेशन'। नमस्ते।

(डॉक्टर सबसे हाथ मिलाता है, अबला सोंधी से नमस्ते करता है। प्रधान फ़ोटो खींचता है।)

वर्मा : आपकी "एजूकेशन" कहाँ हुई?

डॉक्टर : मैंने बी.एच.यू. से साइकोलोजी में एम.ए. किया।

ऑक्सफोर्ड से डी.फ़िल.। हारवर्ड में मनोचिकित्सा या साकोथिरेपी में विशेष ट्रेनिंग ली। मैं रूस और पूर्वी जर्मनी भी अपने अध्ययन के सिलसिले में, न्यू टेकनीक्स तथा प्रगति देखने गया था।

पांडे : आपके पिता क्या करते थे? क्या वह बहुत बड़े आदमी थे?

डॉक्टर : मेरे पिता बहुत ही साधारण कोटि के आदमी थे। जिस साल मैंने बी.ए. किया था उनका देहान्त हो गया था।

वर्मा : तब आपने पढ़ाई कैसे जारी रखी?

डॉक्टर : मेरी माँ ने अपने सारे ज़ेवर और मकान बेचकर मुझे इस योग्य बनाया कि मैं आज का दिन देख सका। मैं उससे कभी उऋण नहीं हो सकता।

अबला : डॉक्टर वशिष्ठ, अगर आज आपकी पत्नी जीवित होतीं तो वह क्या कहतीं?

(डॉक्टर चुप रहता है)

अबला : आपने बताया नहीं डॉक्टर वशिष्ठ, अगर आज आपकी पत्नी जीवित होतीं, तो क्या कहतीं?

वर्मा : जी हाँ, वह क्या कहतीं?

(छाया का बाहर से प्रवेश। वह देखने में बीमार लगती है। उसकी आँखों के नीचे गहरी काली छाया है। वह साधारण कपड़े पहने है।)

छाया : अगर आज डॉक्टर साहब की पत्नी जीवित होतीं तो वह खुशी से पागल हो जातीं।

अबला : **(आश्चर्य से)** आप कौन हैं?

छाया : मैं डॉक्टर साहब की पत्नी की सहेली हूँ। डॉक्टर साहब को बधाई देने आई हूँ। अगर आज डॉक्टर साहब की पत्नी जीवित होतीं तो वह इतना सुख सह न पातीं। कौन-सी ऐसी पत्नी होगी जो पति के सम्मान में अपना सम्मान समझकर उससे भी अधिक सुखी न हो।

डॉक्टर : लेकिन दस वर्ष पहले उसकी मृत्यु हो गयी।

छाया : हाँ, वह मर गयी। वह इतनी अभागी थी कि इस सुख

की साझीदार नहीं बन सकी...हाँ, वह बहुत अभागी थी। **(रो पड़ती है)** वह बहुत अभागी थी।

(सब लोग आश्चर्य से उसकी ओर देखते हैं)

अबला : आप रो क्यों रही हैं? यह तो खुशी का मौक़ा है।

छाया : **(अपने को सम्भालकर)** माफ़ कीजिएगा, आप लोग। इस खुशी के मौक़े पर मुझे डॉक्टर साहब की पत्नी की याद आ गयी।

(आंचल से आँखें ढँक लेती है)

पांडे : तब तो आप डॉक्टर साहब की पत्नी के बारे अवश्य बता सकेंगी?

वर्मा : डॉक्टर साहब की पत्नी का क्या नाम था? बताइये न, क्या नाम था?

छाया : **(सधे शब्दों में)** छाया।

वर्मा : **(नोट करते हुए)** छाया। डॉक्टर साहब क्या आपके पास कोई उनका फ़ोटो है? **(डॉक्टर जब कोई उत्तर नहीं देता तो वह छाया से पूछता है।)** उनका रंग-रूप क्या था?

प्रधान : हाँ, वह देखने में कैसी थीं?

(छाया उत्तर नहीं देती, इसलिए कुछ क्षण का सन्नाटा)

अबला : वह गोरी थीं या साँवली, लम्बी या नाटी, मोटी या पतली?

छाया : वह बिल्कुल मेरे जैसी थीं।

डॉक्टर : मैं नहीं चाहता कि मेरी मृतक पत्नी का ज़िक्र हो। **(वह पत्रकारों से दूर जाकर, कोने में खड़ा हो जाता है। सब पत्रकार आश्चर्य से निगाहों में प्रश्न भरकर उसकी ओर देखते हैं।)**

रवीश : **(स्थिति की गम्भीरता और कौतूहल दूर करने के लिए, पत्रकारों से धीमे स्वर में)** बात यह है कि डॉक्टर साहब अपनी पत्नी से बेहद प्यार करते थे और अब जब कभी भी उनका ज़िक्र आता है, तो वह अपने को सम्भाल नहीं पाते।

छाया : **(जैसे स्वप्न में अपने आप ही)** हाँ, वह अपनी पत्नी को बेहद प्यार करते थे...बेहद प्यार करते थे।

(डॉक्टर असंतुलित अशान्त-सा भीतर चला जाता है। रवीश किंकर्तव्य विमूढ़ सा जाते डॉक्टर वशिष्ठ को देखता है, फिर पत्रकारों की ओर देखता है और अन्त में डॉक्टर के पीछे वह भी घर के भीतर चला जाता है।)

पांडे : यह तो बताइए कि डॉक्टर साहब की पत्नी की मृत्यु किस रोग से हुई?

छाया : उसे तैरने का बहुत शौक़ था, वह ज़िन्दगी को एक नदी समझती थी लेकिन वह बहुत नासमझ थी। उसे नहीं मालूम था कि नदी में भँवर भी होती है। वह एक बार एक ऐसी ही भँवर में फँस गयी, फिर ऐसी डूबी कि उसका पता ही नहीं लगा। **(सिसकियों में)** सच, वह बहुत अभागी थी।

(सब पत्रकार छाया की ओर देखते हैं। उनकी समझ में नहीं आता कि वह क्या करें। तभी भीतर से रवीश का प्रवेश)

रवीश : डॉक्टर साहब आप लोगों से निवेदन कर रहे हैं कि इस समय आप लोग जाने का कष्ट करें। वह आपसे कल मिल सकेंगे, लेकिन इस समय आप लोग जाएँ। उनकी तबियत ठीक नहीं है।

वर्मा : **(अनिच्छा और आश्चर्य से कंधा सिकोड़कर)** बहुत अच्छा।

प्रधान : गुड बाई डॉ. रवीश!

रवीश : गुड बाई।

(पत्रकारों का बाहर प्रस्थान)

रवीश : **(छाया से)** आप ठीक से बैठ जाइए। आप डॉक्टर साहब की पत्नी की सखी हैं...आप काफ़ी पीजिएगा या चाय।

(छाया उत्तर नहीं देती, वह जड़ बनी रहती है। तभी डॉक्टर का भीतर से प्रवेश)

डॉक्टर : रवीश, तुम जाकर पेशन्ट नं. सेवन को ऑब्ज़र्व करो, मैं ज़रा इनसे बातें करूँगा।

रवीश : जी अच्छा। **(बाहर प्रस्थान)**

डॉक्टर : **(छाया से)** तो तुम जीवित हो?

छाया : तुम स्वयं ही देख रहे हो।

डॉक्टर : देवेन्द्र कहाँ है?

छाया : मुझे नहीं मालूम।

डॉक्टर : तुम उससे आख़िरी बार कब मिली थीं?

छाया : क़रीब नौ साल पहले, जब मैं बम्बई से बंगलौर चली गयी थी।

डॉक्टर : तुम उससे अलग क्यों हो गयीं?

छाया : झगड़ा हो गया था।

डॉक्टर : ओह! **(कुछ देर चुपचाप कमरे में टहलता है)** मगर यह कैसे मशहूर हो गया कि तुम मर गयीं?

छाया : मैंने स्वयं मशहूर करवा दिया था।

डॉक्टर : क्यों?

छाया : शर्म छिपाने के लिए।

(डॉक्टर सिगरेट निकालकर पीता है और कमरे में इधर से उधर घूमता है।)

डॉक्टर : यहाँ क्यों आयी हो?

छाया : **(पीड़ा से)** तुमसे मिलने, तुम्हारे पास।

डॉक्टर : **(क्रोध से)** हूँ। **(सिगरेट के कश जोर से खींचता है)**

छाया : तुम सिगरेट पहले तो नहीं पीते थे?

(डॉक्टर उत्तर नहीं देता)

छाया : मैं तुम्हें बधाई देना चाहती हूँ। तुम आज सफल हो। चारों ओर तुम्हारा नाम है...मैं इस कीर्ति में तुम्हारी साझीदार तो नहीं बन सकी किन्तु फिर भी देखने चली आई। **(रुँधे गले से)** दूर से ही, पराई बनकर ही सही।

(डॉक्टर कुछ जवाब नहीं देता। सिगरेट फेंक दूसरी मुँह से लगा लेता है।)

छाया : क्या मेरा अचानक जीवित हो जाना तुम्हें अच्छा नहीं लगा! चुप क्यों हो?

डॉक्टर : छाया, तुम सचमुच मर गयी थीं या तुमने झूठ ही मशहूर करवा दिया था और आज अचानक जीवित हो गयी हो, इस सबसे मुझे कोई मतलब नहीं है।

छाया : क्या तुम मुझसे बेहद नफ़रत करते हो?

डॉक्टर : मैं प्यार और नफ़रत से ऊपर हूँ। तुम जो थीं, वह मेरे लिए उसी दिन मर गयीं जिस दिन तुम देवेन्द्र के साथ घर से भागी थीं। वह तुम अब कभी भी जीवित नहीं हो सकतीं...वह तुम जो इस समय हो उससे मेरा कोई सम्बन्ध नहीं।

छाया : यह सच है कि जो मैं थी वह अब नहीं हूँ। लेकिन जो मैं थी उसी का सहारा लेकर मैं आज तुम्हारे पास आयी हूँ।

डॉक्टर : जो था और जो अब है, उसमें कोई सम्बन्ध नहीं। दोनों बिलकुल दूसरी और जुदा चीज़ें हैं...मुझी को लो, जो मैं पहले था अब नहीं हूँ। पहले मैं सिगरेट नहीं पीता था, अब सिगरेट पीता हूँ।

छाया : सिगरेट पीने और न पीने से तो आदमी बदलता नहीं। तुम वही हो और **(याचना के स्वर में)** मैं तुम्हारे पास आयी हूँ।

डॉक्टर : मैं नहीं समझता कि मुझसे तुम्हें कुछ काम हो सकता है?

छाया : **(उठकर)** है काम, तुम्हीं से काम है मुझे। **(भावुकता से)** तुमसे दूर रहकर मैंने तुम्हारे प्यार को पहचाना। कितना कष्ट उठाया है मैंने! तुम्हारी यादों में मैं कितना रोई हूँ। तुमसे मिलने को मैं कितनी बेचैन थी तुम क्या जानो!

डॉक्टर : **(ठंडे संतुलन से)** तुम तो बहुत अच्छी एक्टिंग कर लेती हो। देवेन्द्र से कहतीं तो वह तुम्हें फ़िल्मों में काम दिलवा देता।

(छाया के चेहरे पर एक क्षण को अभिमान जाग उठता है, किन्तु शीघ्र ही उसकी आँखों में याचना भर जाती है)

छाया : इतने क्रूर न बनो! मैं तुम्हारे हाथ जोड़ती हूँ। मैं बहुत दुखी हूँ।

डॉक्टर : तो मैं क्या करूं?

छाया : मैं बिल्कुल अकेली हूँ। पापा की "डैथ" हो गयी। सौतेला भाई मेरी सूरत से भी चिढ़ेगा। तुम्हारे अलावा

अब दुनिया में मेरा कोई नहीं है। मैं बीमार हूँ। बंगलौर में मैंने नौकरी कर ली थी, बीमारी में वह भी छूट गयी। अब मैं ज़्यादा दिन नहीं चलूंगी। मैं ज़िन्दगी के आख़िरी दिन तुम्हारे चरणों में काटना चाहती हूँ।

डॉक्टर : तुम्हारी नौकरी छूट गयी?

छाया : हाँ।

डॉक्टर : तभी तुम मेरे पास आना चाहती हो?

छाया : **(आग्रह से)** नहीं, यह बात नहीं है। मैं हमेशा तुम्हारे पास आना चाहती थी, मगर मेरी हिम्मत नहीं पड़ी।

डॉक्टर : क्यों?

छाया : मैं डरती थी कि तुम मुझसे नफ़रत करते होगे, मेरी सूरत भी देखना नहीं चाहोगे। इसलिए दूर से ही अब तक श्रद्धा की अँजलियाँ तुम्हें चढ़ाया करती थी।

डॉक्टर : वह बिना नाम के होली, दीवाली और नये साल पर ग्रीटिंग कार्ड तुम्हीं भेजती थीं?

छाया : हाँ, वह मौन पुजारिन मैं ही हूँ।

डॉक्टर : तुम्हीं ने पुलोवर इत्यादि भेजे थे?

छाया : हाँ, वह अभागिन मैं ही हूँ। मैं तुम्हारे पैर पकड़कर रोना चाहती थी। मैं तुमसे माफ़ी माँगना चाहती थी, लेकिन मैं साहस नहीं कर सकी...अब मैं बीमार हूँ। मेरी नौकरी छूट गयी है। मैं अकेली हूँ, बिल्कुल अकेली। मेरी हालत देखकर शायद तुम्हें तरस आ जाए, इसलिए इतना साहस बटोर कर तुम्हारे पास चली आयी।

छाया : तुम चुप क्यों हो? मैं तुम्हारी दया की भीख माँगती हूँ। तुम दुनिया भर को जीवन देते हो, आशा देते हो, मुझे निराश न करो। पराया समझकर ही रहम खाओ। तुम्हारी पत्नी छाया तो मर गयी मुझे दासी समझकर ही घर के एक कोने में पड़ी रहने दो। मैं प्रायश्चित करना चाहती हूँ...मैं मरते समय तुम्हें देखना चाहती हूँ।

(डॉक्टर चुप रहता है, विचार मग्न, जड़-सा)

छाया : तुम कुछ कहते क्यों नहीं? कुछ बोलो। मैं कहती हूँ कुछ बोलो, मुझे बुरा-भला कहो...दोष दो...मैं अपराधी

हूँ...बुरी हूँ...(**आवेश बाँध तोड़कर हिचकियों की बाढ़ ला देता है**) मैं बहुत अभागी हूँ...मैं बहुत अभागी हूँ। **(डॉक्टर ड्रार खोलकर चेकबुक निकालता है। चेक लिखकर पकड़ाता है)**

डॉक्टर : आँसू पोंछो, यह चेक लो और मेरी निगाहों से दूर चली जाओ। छाया मर गयी और वह किसी भी हालत में जीवित नहीं हो सकती।

(छाया चेक उठाकर एक क्षण डॉक्टर और चेक को देखती है, फिर चेक डॉक्टर के सामने फाड़कर फेंक देती है।)

छाया : थैंक यू, डॉक्टर! (**आहत किन्तु गर्व से बाहर जाती है। डॉक्टर अकेला रह जाता है। वह परेशान है। सिगरेट फेंककर, पैरों से कुचलकर कमरे में घूमता है। तभी बाहर से एक आदमी का प्रवेश**)

आदमी : डॉक्टर साहब, जो औरत अभी यहाँ से निकल कर बाहर गयी है वह कुछ बीमार लगती है। उसे शायद चक्कर आते हैं। क्लीनिक से बाहर आते ही वह गिर पड़ी। सड़क पर पड़ा पत्थर उसके सिर में लग गया। उसके सर से बेहद ख़ून बह रहा है।

डॉक्टर : (**निर्ममता से**) तो मैं क्या करूँ? यहाँ चोट का इलाज नहीं होता। यह "मेंटल क्लिनिक" है; बलरामपुर हॉस्पिटल ले जाइए उसे। (**वह आदमी बाहर चला जाता है**)

(डॉक्टर थका-सा कुर्सी पर बैठ जाता है। एक बोझिल ख़ामोशी। तभी वह आदमी फिर बाहर से प्रवेश करता है।)

आदमी : वह तो मर गयी। हम लोगों ने देखा तो उसकी जान निकल चुकी थी। वह मर गयी।

(डॉक्टर स्तब्ध बैठा सुनता रहता है तभी आदित्य का प्रवेश)

आदित्य : (**कमरे में आकर खड़े-खड़े**) अगर वह मर गयी तो डॉक्टर साहब से क्या कहते हो? मर गयी तो मर जाने दो। वह डॉक्टर साहब की कौन लगती थी कि डॉक्टर

साहब उसके लिए चिन्ता करें। ऐसी मौतें तो रोज़ ही होती रहती हैं। **(डॉक्टर खामोश रहता है)** अरे आप मेरा मुँह क्या देख रहे हैं, म्युनिसपेल्टी को टेलीफ़ोन कीजिए, लावरिस लाश है। डोम आकर उठा ले जाएंगे। मगर डॉक्टर साहब के पोर्टिको से तो हटा ही दी जाये। डॉक्टर साहब के यहाँ बड़े लोग आने वाले हैं। जश्न है, उत्सव है। द्वार सज रहा है। न हो तो उसे सड़क पर डाल दीजिए। चील-कौवे खा जाएंगे। लावारिस लाश का क्रिया-कर्म तो होता नहीं। मगर जल्दी कीजिए जाइए,...जाइए न।

(वह आदमी चला जाता है डॉक्टर जड़ बैठा रहता है।)

आदित्य : डॉक्टर तुम दुनिया भर के लोगों का मानसिक विश्लेषण करते हो और उसमें तुम्हारी योग्यता को मान्यता यूनेस्को और भारत सरकार दोनों ने दी है। किन्तु क्या कभी तुमने स्वयं अपने आपको जानने की कोशिश की है! क्या कभी स्वयं अपना भी मानसिक विश्लेषण किया है? **(डॉक्टर उत्तर नहीं देता)** तुम्हारा दुहरा व्यक्तित्व है। तुम कहते कुछ हो, किन्तु अपने अचेतन में विश्वास कुछ और करते हो! तुम कहते हो कि जीवन बिना उदारता के नहीं जिया जा सकता। मनुष्य को सदैव दूसरों को क्षमा करना चाहिए, उसको जीवन में संतुलित दृष्टिकोण रखना चाहिए। उसे न किसी से ज़्यादा प्रेम करना चाहिए और न ज़्यादा घृणा। किन्तु स्वयम् तुम्हारा जीवन इसके ठीक विपरीत है। तुम छाया से अति प्यार करते थे। लेकिन जब वह देवेन्द्र के साथ भाग गयी, तो अत्यधिक घृणा करने लगे और अब उसे किसी भी हालत में क्षमा करने को तैयार नहीं हो...अब बताओ, कहाँ है तुम्हारे जीवन में उदारता! क्या यह केवल सैद्धांन्ति बकवास है, रोगियों को बहलाने के लिए, जिस पर स्वयं तुम विश्वास नहीं करते? **(रुककर)** और फिर तुम्हारा दावा कि तुमने अपना सारा जीवन मानसिक रोगियों की सेवा के लिए समर्पित कर दिया है, यह

भी झूठा है। आज सुबह तुम उस आदमी को अपनी पत्नी से घृणा करने का पाठ इसलिए दे रहे थे क्योंकि तुम स्वयं पत्नी से घृणा करते हो। तुम अपनी पत्नी से इतनी नफ़रत करने लगे कि उससे भागने के लिए तुम अपने आपको रोगियों और काम में खपाने लगे। यह उद्देश्य के लिए समर्पण नहीं, पलायन है, पलायन। तुम्हारी सारी ऊँची-ऊँची आदर्श की बातें झूठ और आडंबर हैं, तुम्हारा सारा जीवन, तुम्हारे सारे कार्य, सारी सफलताएं, यह युनेस्को और भारत सरकार का सम्मान, सब नफ़रत और घृणा पर आधारित है। इन सब की नींव में नफ़रत और घृणा है। नफ़रत और घृणा! और कुछ नहीं!

(आदित्य का तेजी से बाहर प्रस्थान। डॉक्टर कमरे में वैसा ही विचारमगन जड़-सा अचल बैठा रहता है। कमरे में अंधेरा होने लगता है। तभी मनोहर का कमरे में बाहर से प्रवेश। वह बत्ती जलाता है।)

मनोहर : डॉक्टर साहब!

डॉक्टर : **(चौंककर)** आ...हाँ।

मनोहर : अँधियारे में क्यों बैठे हैं?

डॉक्टर : कुछ नहीं, मेरे सिर में दर्द हो रहा है।

मनोहर : बाम मल देई।

डॉक्टर : नहीं मामूली दर्द है, आराम से ठीक हो जायेगा।

मनोहर : वह जौन औरत बाहर मरी पड़ी रही, कौनो लावारिस है, उसे म्युनिस्पैल्टी वाले उठा ले गये।

डॉक्टर : कमरे की बत्ती बुझा दो। मैं थोड़ी देर आराम करना चाहता हूँ।

मनोहर : आप अन्दर चल कर आराम करें। जूलूस वाले अइहें तब हम बताय देब।

डॉक्टर : नहीं, यहीं ठीक है, तुम जाओ, किसी को आने मत देना। बत्ती बुझा दो। मैं थोड़ी देर आराम करना चाहता हूँ।

मनोहर : **(सहानुभूति से)** अच्छी बात आय। छोटे डॉक्टर टाइप कर रहे हैं। जब तक जुलूस वाले न आंय तू आराम

करो! आराम करो! तब तक हम कौनन के आवन न देबै।

(मनोहर बिजली बुझाकर बाहर चला जाता है, मंच पर एकदम अंधेरा रहता है। थोड़ी देर बाद पूनम की आवाज सुनाई पड़ती है।)

पूनम : **(नेपथ्य में)** नहीं, नहीं, मुझको जाने दो!

मनोहर : **(नेपथ्य में)** डॉक्टर बाबू के मूड़े में दरद हय। जब तक जलूस नहीं आवत, वह किसी से नाहीं मिलिहैं।

पूनम : नहीं मैं जाऊँगी।

मनोहर : **(नेपथ्य में)** वह काहू से नाहीं मिलिहें...थोड़ी देर बाद आना।

पूनम : **(नेपथ्य में)** मैं नहीं रुक सकती, मुझे जाना है इसलिए अभी ही मिलूँगी।

मनोहर : नहीं बीबी जी।

पूनम : नहीं..., **(पूनम का कमरे में प्रवेश। उसके पीछे मनोहर का प्रवेश। मनोहर दरवाज़े के पास के स्विच से कमरे की बत्ती जलाता है। इससे प्रकाश कमरे में फैल जाता है, और डॉक्टर आफ़िस टेबिल के एक तरफ़ पड़ी कुर्सी पर बैठा दिखाई देता है। उसका मुँह दर्शकों की तरफ़ है, और दायाँ हाथ ऑफिस टेबिल पर रखा है। चूंकि बिजली का ट्यूब डॉक्टर के पीछे की तरफ है, इसलिए उसकी आकृति पर अंधकार है।)**

मनोहर : **(क्रोध से किन्तु फुसफुसाहट के स्वर में पूनम से)** इतना कहा, मगर नहीं मानीं। डॉक्टर साहब बिगड़िहै तो तुही जान्यो। हमतो जाइत है। **(चलते-चलते)** कभै कभै तो आराम करतै हैं डॉक्टर साहब, उसमें भी चैन नहीं लैने देयतीं यह लोग। **(बड़बड़ाते हुए बाहर प्रस्थान)**।

पूनम : **(धीरे से)** डॉक्टर देखो न! यह तुम्हारा नौकर मुझे आने ही नहीं दे रहा था। मुझे आज रात की ही गाड़ी से लौट जाना है, क्योंकि कल इनको दफ़्तर 'अटेंड' करना है। **(रुककर)** मेरी शादी हो गयी, डॉक्टर। एक बेबी भी है। वे दोनों तुमको धन्यवाद देना चाहते हैं। तुमने

मुझको जीवनदान दिया। मैं आत्महत्या करना चाहती थी, तुमने बताया कि यह ज़िन्दगी लड़कर जीने के लिए है। हम सब कितने कृतज्ञ हैं तुम्हारे। तुमने बताया कि आत्महत्या करना पाप है। आत्महत्या कायर करते हैं। **(कंधा पकड़कर)** डॉक्टर।

(कंधा छुए जाते ही डॉक्टर गिर पड़ता है। पूनम चौककर पीछे हटती है। उसका हाथ मेज़ पर रखे टेबिल लेम्प के स्विच पर पड़ जाता है, और वह जल जाता है। उसके प्रकाश के फोकस में डॉक्टर का मुँह दिखाई पड़ता है। उसकी आँखें फटी है। मुँह खुला है। हाथ फैले हैं। पूनम चीखती है।)

पूनम : डॉक्टर!

(दूर पर बैंड के बजने की आवाज। रवीश तथा मनोहर का शीघ्रता से प्रवेश।)

रवीश : जुलूस आ गया डॉक्टर! **(डॉक्टर को देखकर तथा मेज़ पर रखी दवा की शीशी का नाम पढ़कर)** डॉक्टर ने आत्महत्या कर ली!!

(रवीश डॉक्टर की आँख बन्द करता है। मनोहर हक्का-बक्का खड़ा देखता रहता है। पूनम कोने में मुँह पर हाथ रखे सिसकियाँ लेती है। नेपथ्य में जुलूस के बैंड की आवाज तेज होती है।)

यवनिका

इति

परिशिष्ट

स्वप्न-दृश्य के सम्बन्ध में तकनीकी संकेत

(1) द्वितीय अंक के दृश्यबंध में पीछे की दीवार गोल छेद की मच्छरदानी के कपड़े से बनाई जाये। दीवार की एकरसता भंग करने के लिए उस पर खिड़की, खुली या बन्द, अथवा किताबों की अलमारी चित्रित की जा सकती है। इस दीवार में, उस सोफ़ा के निकट, जिस पर डॉक्टर सोता है, स्वप्न-दृश्य उपस्थित करना होगा। जाली की दीवार के पीछे, एक फुट की दूरी पर लगभग तीन फुट ऊँची एक काले कपड़े की पट्‌टी, दीवार की तरह लगाई जाए।

(2) काली पट्‌टी की पीछे, स्वप्न दृश्य के स्थल के निकट एक व्यक्ति काले कपड़े में छिपा बैठा हो, जिसके हाथों और चेहरे पर कंकाल की हड्डियाँ सफ़ेद रंग में चित्रित हों। उसके हाथों में माली की बड़ी कैंची हो।

(3) स्वप्न स्थल से कुछ दूर, एक दो फ़ीट ऊँचा तख्त रखा हो, जिस पर सिगार-उगे वृक्ष का कट-आउट रख हो।

(4) जाली की दीवार के पीछे, उसके निकट ही, एक 'बीम लाइट' टंगी हो, जिससे नीचे घटित होता हुआ स्वप्न-दृश्य आलोकित हो सके।

(5) स्वप्न-दृश्य प्रारम्भ होते ही, एक साथ मंच को आलोकित करने वाली सब बत्तियाँ बुझ जायें, किन्तु साथ ही, ऊपर से पड़ने वाली तीक्ष्ण प्रकाश की पतली रेखा डॉक्टर के मुख को आलोकित कर दे। उसके साथ ही स्वप्न-दृश्य को आलोकित करने वाली बत्ती भी जल जाये।

(6) उसके कुछ क्षण बाद ही, तख्त को, जिस पर पेड़ का तना रखा है, पीछे से धीरे-धीरे ढकेलते हुए, जाली को दीवार तथा काली पट्‌टी की दीवार के पीछे तख्त पर आलोकित स्वप्न स्थल पर पहुँचा दिया जाए। पेड़ के तने के पीछे छाया और पूनम छिपी हों।

(7) स्वप्न दृश्य में छाया और पुनम पेड़ के पीछे से बारी बारी सामने आकर प्रकट हो सकती हैं, और पुनः पीछे जाकर अदृश्य हो सकती है।

(8) तख्त और दीवार के बीच में छिपा बैठा व्यक्ति हाथ ऊपर करके, कैंची से छाया और पूनम के हाथ में उगी भिडियाँ इस तरह से काटे कि दर्शकों को प्रतीत हो कि अदृय से निकले दो हाथों की हड्डियाँ उँगली काट रही हैं।

(9) स्वप्न-दृश्य समाप्त होते ही, एक साथ दीवार के पीछे का तथा डॉक्टर की आकृति पर पड़ने वाले प्रकाश समाप्त हो जायें, तथा मंच पहले के समान पुनः आलोकित हो जाये।

अपने अपने दाँव

प्रतिभा के कहने पर ही यह नाटक लिखा गया था।
इसकी अनेक प्रस्तुतियों में भी प्रतिभा ने अनुपम
और अविस्मरणीय अभिनय किया था।
अतएव यह समर्पित है—

प्रतिभा की स्मृति को

पुरोवाक् : नाटककारीय

''यह नाटक मंच पर अत्यन्त सफल सिद्ध होता है। इसकी अभिनेयता ही इसका गुण है। दर्शक इसे बहुत पसन्द करते हैं''—ऐसा कहने पर लगेगा कि मैं अपने नाटक की स्वयं ही प्रशंसा कर रहा हूँ। अपने आप मियां–मिटठू बन रहा हूँ। इसमें ''सेल्समैन'' की झलक मिलेगी, जो अपने रद्दी माल को किसी न किसी तरह बेचना चाहता है। अतएव स्पष्टीकरण आवश्यक है।

मैं अपने लिखे नाटकों को सबसे पहले स्वयं ही मंच पर प्रस्तुत करता हूँ। स्वयं निर्देशित करता हूँ, या निर्देशन और प्रस्तुति से सम्बद्ध रहता हूँ। इसके द्वारा मैं नाटक का परीक्षण, विश्लेषण संशोधन, परिवर्धन एक निर्देशक की निगाह से करता हूँ। नाटक के रूप में अपने लिखे शब्दों, संवादों से कितना ही मोह क्यों न हो, निर्देशक के रूप में, मैं उनको निर्ममता से काटता छांटता हूँ। निर्देशक के रूप में मेरा व्यक्तित्व नाटककार से एकदम अलग होता है। अतएव मैं अपने ही नाटक की मंच क्षमता के बारे में तटस्थ होकर एक अन्य व्यक्ति के समान टिप्पणी कर सकता हूँ। मैं इस नाटक की अनेक प्रस्तुतियों से सम्बद्ध रहा हूँ। दिल्ली और लखनऊ में कई प्रस्तुतियां कीं। 1976-79 के बीच में मैंने फीजी में इस नाटक के अनेक प्रदर्शन किए। सब ही प्रस्तुतियों में यह नाटक मंच पर खरा उतरा, दर्शकों को दो घंटे तक गुदगुदाता, और कभी-कभी खुल कर हंसाता रहा। इससे मैं इस नाटक की मंचीयता के प्रति आश्वस्त हूँ।

कभी-कभी मंच प्रस्तुति के पश्चात् मुझे एक दो कुछ ''ज्यादा पढ़े'' विद्वान और समीक्षक मिले, जिन्होंने मुझसे पूछा कि यह नाटक कहना क्या चाहता है? इस प्रश्न में यह अन्तर्निहित है कि हर नाटक को कुछ कहना चाहिए। हर नाटक में कोई संदेश होना चाहिए, या ऐसा कुछ होना चाहिए जिससे कि दर्शक नाटक का सारांश निकाल सकें। या स्पष्ट शब्दों में नाटक में ऐसा कुछ होना चाहिए जिससे ''सामाजिक परिवर्तन'' लाया जा सके। नहीं तो कुछ भारी भरकम शब्दों का जाल, नए से लगते विचारों का उलझाव, आयातित मानदंडो पर खरी उतरती ऊलजलूलता (एबसर्डिटी)—कुछ तो हो। मैं उनसे क्या कहूं। कुछ ज्यादा ही

''पढ़े लिखे'' होने के कारण वह मेरी बात शायद नहीं सुनेंगे। सुनेंगे भी तो न सुनने का नाटक करेंगे। शेक्सपियर का 'हेमलेट' क्या कहता है? कालिदास का ''शकुन्तला'' नाटक कौन से सामाजिक परिवर्तन का झंडा ऊँचा करता है? मौलियर के नाटक कौन सा गुरुगंभीर विचार प्रतिपादित करते हैं? नाटक की सफल प्रस्तुति जिसमें अभिनेता और दर्शक बराबर की साझेदारी अनुभव करें, क्या नाट्य–उद्देश्य की चरम–प्राप्ति नहीं है ?

मैंने नाट्य–लेखन लगभग चालीस वर्ष पूर्व प्रारंभ किया था। किन्तु अपने नाटककार को कभी गंभीरतापूर्वक नहीं लिया। मेरे मन में तो अभिनेता समाया हुआ था। और जब पूर्णकालिक रूप से मंच पर नहीं जा सका और सरकारी नौकरी में फंस गया तो विवश होकर अपने मन को समझाना पड़ा। लेकिन जिस तरह से चोर चोरी से चला जाए, हेराफेरी से नहीं जाता, उसी तरह मैं रंगमंच से अपने आपको पूरी तरह काट नहीं पाया। कभी-कभी नाटक लिखता रहा, निर्देशित करता रहा, या उनमें अभिनय भी करता रहा। कुछ नाटक अच्छे लिख गए, कुछ सामान्य। यह सब अपने आप ही हुआ। मैंने अपने को न स्थापित करने का प्रयत्न किया और न गंभीरता से लिखने का। इसीलिए जब एक मित्र ने, जो एक प्रकाशन संस्थान में काम कर रहे थे, 1974 या 1975 में मुझसे यह नाटक प्रकाशित करने को मांगा तो मैंने भूमिका सहित पांडुलिपि दे दी। जहाँ तक मुझे याद है, प्रकाशक से कोई 'एग्रीमेंट' भी नहीं हुआ था। नाटक जब तक प्रकाशित होकर आए मैं तीन वर्ष के लिए विदेश चला गया। लौट कर नाटक के विषय में कुछ नहीं सुना। जब प्रकाशक संस्थान का पता लगाने की कोशिश की तो ज्ञात हुआ कि वह दिए पते से हट कर कहीं और चला गया है। सुना कि नाटक प्रकाशित तो हुआ था, किन्तु बिका या गोदाम में सड़ गया, इसके बारे में प्रकाशक ने आज तक मुझे कोई सूचना नहीं दी। जिस उदासीनता से मैंने अपने नाट्य–लेखक को लिया है उसमें यह तो अपेक्षित था ही। अब आयु के अन्तिम चरण में मैं लिखना चाहता हूँ। अनुभवों का पुंजीभूत अंबार है। उन्हें लिखना चाहता हूँ। पहले की तरह उदासीनता के साथ नहीं, संकल्प के साथ।

यह नाटक मुझे बहुत प्रिय है, क्योंकि इस नाटक के साथ मेरी माँ और पत्नी की स्मृतियां जुड़ी हैं। वह दोनों अब इस संसार में नहीं है। जब छोटा था, बहुत छोटा, शायद आठ नौ साल का, तब मेरी माँ (उन्हें मैं माता जी कहता था) ने मुझे कहीं से सुनी सुनाई कहानी सुनाई कि किस तरह एक बुढ़िया की दौलत एक बक्स में थी, और उसकी जान तब ही निकली, जब उसने बक्स चारपाई पर रखवाकर उसका ताला अपने हाथ से पकड़ लिया। बचपन की सुनी इस कहानी

पर मैंने 1963 में यह नाटक लिखा, जब विवाह के पश्चात् मेरी पत्नी प्रतिभा ने मुझसे नया नाटक लिखने को कहा। मैंने शर्त लगाई कि मैं केवल बोलूंगा, लिखना तुमको पड़ेगा। पत्नी सहमत हो गई, और यह नाटक लिख गया। इसीलिए बाद में वह मुझसे कहतीं थीं कि इस नाटक के आप केवल "बोलक" हैं, लेखक मैं हूँ।

मेरी दृष्टि में, यह नाटक एक "सिचुएशनल कॉमेडी" है। बहुत से हास्य नाटकों में पात्र हकलाते हैं, लंगड़ाते हैं, बिना बात कंधे उचकाते हैं, आदि आदि, और इससे हास्य उत्पन्न किया जाता है। इस नाटक के किसी पात्र में कोई शरीरगत दोष नहीं है। और न ही संवाद में हास्य उत्पन्न करने के लिए जुम्लेबाजी का सहारा लिया गया है। चरित्र और संवाद स्वाभाविक और सहज हैं, लेकिन नाटक की विकास गति और कथानक के क्रमिक उद्‌भासन में ऐसी स्थितियां आती हैं, जिनमें पात्रों के सहज होने पर भी दर्शक अपनी हंसी नहीं रोक पाते।

इस नाटक के प्रकाशन के लिए भूमिका लिखते समय वह सब लोग याद आ रहे हैं, जो इसकी विभिन्न प्रस्तुतियों में मेरे साथ थे। विशेष रूप से प्रतिभा, हीरा, चड्‌ढ़ा, राजेश रायज़ादा, सरनबली श्रीवास्तव तथा...जो अब इस संसार में नहीं है। जिस प्रकार मंच पर अभिनेता सीमित अवधि के लिए प्रकट होता है, फिर अपनी भूमिका निर्वहन के पश्चात नेपथ्य में विलुप्त हो जाता है, उसी प्रकार इस जीवन के रंगमंच पर ये भी अपना–अपना नाटक खेल कर अन्तर्ध्यान हो गए है, किन्तु अपने अभिनय की याद छोड़ गये हैं।

–**दया प्रकाश सिन्हा**

आनन्दनिष्यान्दिषु रूपकेषु व्युत्पत्तिमात्र कलमल्पबुद्धिः
थोऽपीतिहास्त दिवदाह साधुस्तस्मै नमः स्वादुपरांगमुखाय।

जो कम बुद्धिवाला आनन्द बरसाने वाले रूपकों (नाटकों) का फल यह बताता है कि इनसे इतिहास आदि पढ़ने के फल के समान केवल ज्ञान भर मिलता इ है, ऐसे अरसिक को दूर से नमस्कार।

प्रथम प्रस्तुति

इलाहाबाद आर्टिस्ट एसोसियेशन द्वारा नवम्बर 6, 1966 को पैलेस थियेटर, इलाहाबाद में 'अपने अपने दाँव' की प्रामि प्रस्तुति संपन्न हुई, जिसमें निम्नलिखित ने भाग लिया—

बुआदादी	:	सरिता शर्मा (सरन)
काके	:	संदीप शर्मा
माँ	:	हीरा चड्ढा
डब्बू	:	कपिल देव साई
रानी	:	उमा सप्रू
हरी बाबू	:	नरेन्द्र सक्सेना
सुशीला बहन	:	आशा
डॉक्टर	:	प्रदीप कुमार
शहंशाह बहादुर	:	दया प्रकाश सिन्हा

निर्देशक

बालकृष्ण

पात्र

बाबूजी	:	गृहपति, 45-50 वर्ष
माँ	:	बाबूजी की पत्नी, 40-45 वर्ष
रानी	:	बाबूजी की पुत्री, 22 वर्ष
हरी बाबू	:	रानी का पति, 26 वर्ष
काके	:	बाबूजी का पुत्र, 10 वर्ष
डब्बू	:	बाबूजी का पुत्र, 5 वर्ष
सुशीला बहन	:	माँ की सहेली, 45 वर्ष
बुआदादी	:	बाबूजी के रिश्ते की बुआ, 80 वर्ष
शहंशाह बहादुर	:	बुआदादी के देवर, 50 वर्ष
डॉक्टर	:	40 वर्ष
गुंडा	:	30 वर्ष

अपने-अपने दाँव

अंक-1

प्रथम दृश्य

समय : **वर्तमान।**

स्थान : **उत्तर प्रदेश के किसी छोटे नगर के निम्न मध्यवर्गीय मकान के दो कमरे।**

मंच सज्जा : *दो कमरे एक दूसरे से अलग-बीच की दीवार के द्वारा। यह बीच की दीवार पीछे से 'प्रोसेनियम' तक सांकेतिक रूप में केवल तीन चौथाई दूरी तक आती है, ताकि दोनों कमरों में होने वाला अभिनय समस्त दर्शकों को दिखाई दे। बीच की दीवार में एक दरवाजा है। दोनों कमरों में पीछे की दीवार में एक-एक दरवाजा हैं। बायें कमरे में दरवाजा बाईं दीवार में है, जो घर के बाहर खुलता है।*

दायें कमरे में बीचों-बीच एक चारपाई पड़ी है। उस पर मामूली बिस्तर बिछा हुआ है जिस पर बुआ दादी बैठती है। चारपाई की बुनाई इतनी ढीली है कि बिस्तर करीब-करीब चारपाई के नीचे रखे लोहे के बक्स पर टिक जाता है। बक्स में अनुपात से अधिक बड़े, ज़ंग से काले लोहे के ताले पड़े हैं। **चारपाई के सिरहाने एक तिपाई पर अचार के चार-पाँच अमृतवान तथा घी का टिन रखा हुआ है। दूसरी मेज पर पूजा-पाठ का सामान तथा शीशा कंघा रखा है।**

बायें कमरे में एक तख़्त, एक कुर्सी तथा एक मेज है। यह कमरा मेहमानों के आने पर बैठक का काम देता है। बाकी समय बच्चों के पढ़ने तथा माँ के घर-गृहस्थी के काम-काज में सहयोग देता है।

प्रारम्भ : *पर्दा खुलने पर बायें कमरे में काके मेज पर झुका पढ़ता दिखाई देता है, तथा दायें कमरे में चारपाई पर बैठी आँख बन्द किये, माला जपती बुआ दादी दिखाई पड़ती है।*

(बायाँ कमरा)

माँ : **(बायें कमरे में, पीछे के द्वार से प्रवेश करते हुए)** काके, जरा सुशीला बहन के यहाँ तो चले जाओ।

काके : **(बिगड़कर)** मैं कहीं नहीं जाऊंगा।

माँ : क्यों नहीं जाओगे? क्या तुम्हारे पैरों में मेंहदी लगी है? सुशीला बहन से कहना.......

काके : कह दिया कि मैं नहीं जाऊंगा। देखती नहीं हो कि पढ़ रहा हूँ।

माँ : देखती हूँ, लेकिन थोड़ी देर में तेरा कुछ बिगड़ नहीं जायेगा।

काके : इम्तहान का सिर्फ महीना भर रह गया है, अगर फेल हो गया तो तुम और बाबू जी दोनों कान पकड़ोगे। न बाबा, मैं नहीं जाता।

माँ : अरे चला भी जा। सुशीला बहन से कहना.....

काके : **(तेज दृढ़ स्वर में)** मैं नहीं जाऊंगा। बस।

माँ : **(क्रुद्ध)** नहीं जा। कौन तेरे पैर पड़ता है। अपनी मर्जी से नाचे–नाचे घूमेंगे। मैंने कह दिया तो लगे पढ़ने। आज ही तो पढ़कर लाट कमण्डल बन जायेगा। **(माँ का बड़बड़ाना; चुप करने के लिए, कुछ चिढ़ाते हुए, काके जोर-जोर से पढ़ता है–'रामः रामौ रामः'। माँ जैसे-जैसे जोर से बोलती है वैसे ही वैसे वह तेज आवाज में पढ़ता है।)** अभी कोई दोस्त आ जाता तो उठ कर चल देते। अभी से ये हाल है तो आगे क्या उम्मीद करूँ। बड़ा पार लगायेंगे। बड़े सआदतमंद बेटे हैं। **(काके के रूप याद करने से चिढ़ कर)** अच्छा-अच्छा सुन लिया बड़ा पढ़ते हो! खामोश रहो। मैं जाती हूँ...बड़ा पढ़ने चले हैं। **(प्रस्थान–पीछे के द्वार से। काके चुप हो कर पुनः पढ़ने में व्यस्त हो जाता है।)**

(दायाँ कमरा)

(बुआ दादी आँखें बन्द किये माला जप रही हैं। पीछे के द्वार से डब्बू का प्रवेश। वह कुछ देर पूजा करती दादी की बन्द

आँखों को देखता है फिर चुपके से बक्स का ताला पकड़ कर हिलाता है। बुआ दादी उसको पकड़ने को हाथ बढ़ाती हैं, तो वह अमृतवान से अचार निकाल कर भागता है।)

दादी : **(चिल्लाते हुए)** डकैत, बदमाश, उठाईगीरा, खड़ा रह, खड़ा रह। अभी बताती हूँ। **(डब्बू, अँगूठा दिखा के भाग जाता है)** भाग गया। अरे कोई इस बदमाश को पकड़े। हाय, हाय, लूट ले गया। अरे कोई बचाये। यहाँ तो सब मिल के मारे डालते हैं। अरे बेशर्मो, मैं हमेशा तो नहीं जीऊंगी। तब तक तो सबर करो। मगर नहीं, जिन्दा ही नोचे मारे डालते हैं। अरे कोई है? अरे क्या सब कान में तेल डाले हैं? क्या सबको साँप सूँघ गया? हाय, मैं कहाँ डूब मरुँ! कहाँ समा जाऊं। हाय! हाय! **(माँ का और पीछे-पीछे बाबू जी का पीछे के द्वार से प्रवेश। काके भी बायें कमरे से बीच के द्वार से भाग कर आता है।)**

माँ : क्या हुआ बुआ जी?

दादी : अरे मर गई बुआजी, उसकी अर्थी का इन्तजाम करो। कहला दो मुहल्ले भर में। ले चलो उसे फूंकने।

बाबू : **(सहानुभूति से)** राम! राम! कैसी बातें करती हो बुआ? मरें तुम्हारे दुश्मन।

दादी : अरे भैया, ऐसे नहीं मरूंगी। जिन्दा ही गंगा में बहा दो। **(अंगूठा दिखा के, क्रोध से)** अंगूठा दिखाता है। बेईमान, अंगूठा दिखाता है। लूट लिया, भैया, एक दम लूट लिया।

काके : बुआ दादी, हमें बताओं। कौन बदमाश है ? मैं अपनी स्टिक से उसकी खोपड़ी तोड़ दूँगा।

माँ : बताओ तो बुआ जी, क्या हुआ, कोई चोर घुस आया था?

दादी : हाय क्या बताऊं! क्या बताऊं। अरे वही था–वही...।

बाबू : कौन?

माँ : कौन?

काके : कौन?

दादी : अरे, वही बदमाश! वह बक्स खींच रहा था।

माँ : बक्स खींच रहा था?

दादी : अरे मेरी जान खींच रहा था। ऐसी बेसब्री काहे की? मैं मरूंगी, तो सब तुम्हीं लोगों का तो होगा। सीने पर रख कर नहीं ले

जाऊँगी। घर पर हाथी झूलता था। महल में रहती थी। सब चला गया। जो कुछ बचा है, वह इस बक्स में है। उसे भी लूट लेना चाहते हैं, बेसब्रे। ऊपर से अंगूठा दिखाता है।

बाबू : बुआ हमें बताओ। कौन बदमाश था। तुम उसका हुलिया बता सकती हो? मैं अभी पुलिस को खबर देता हूँ।

माँ : **(अविश्वास से)** दिन दहाड़े घर में बदमाश घुस आया? क्या ज़माना आ गया है!

बाबू : भाग किधर से गया बदमाश। **(बुआ दादी से)** कैसा था बदमाश? जरा उसकी हुलिया तो बताओ। जवान था या बुड्ढा?

दादी : अरे क्या बताऊं, न जवान था न बुड्ढा?

बाबू : तब?

दादी : बच्चा!

माँ : बच्चा!

दादी : अरे डकैतों की उमर से क्या। डकैत तो डकैत। चाहे बच्चा हो।

माँ : **(अविश्वास से)** बच्चा डाका डालेगा?

बाबू : क्यों, क्या बच्चा डाका नहीं डाल सकता? बुआ ठीक कहती हैं। डकैत तो डकैत, चाहे बच्चा हो। **(स्वर बदल कर)** काके की माँ खामोश रहो। **(माँ अविश्वास की मुद्रा बनाती है)**

दादी : मैं झूठ बोलती हूँ? मैं झूठ बोलूंगी ? इस पचासी साल की उम्र में? हाथी चला गया, कोठी चली गई, करोड़ों चले गये। अब दस-बीस लाख के लिए झूठ बोलूंगी।

बाबू : नहीं-नहीं!

दादी : मैं तो झूठी हूँ। विश्वास न हो तो डब्बू को बुला कर पूछ लो। मेरी पूजा में आँख बन्द थी, तो बदमाश बक्स खींच रहा था। हाथ पकड़ा तो मुरब्बा निकाल कर भाग गया। जब कुछ नहीं कर सका तो अंगूठा दिखा के भाग गया।

(काके तुरन्त कमरे से बाहर भाग कर जाता है)

माँ : **(आश्चर्य से)** डब्बू!

दादी : हाँ, हाँ, वहीं बदमाश।

माँ : डब्बू?

दादी : अंगूठा दिखा कर भाग गया। कहे देती हूँ कि अभी से यह हाल है तो आगे चल कर सुलताना डाकू बनेगा। ज़ेल जायेगा...जेल।

बाबू : डाकू? **(संभल कर)** डब्बू की यह हिम्मत! बुआ, मैं उसे डाँटूगा। नहीं, नहीं, मारूंगा। बेंत से उसकी खाल उधेड़ दूँगा।

दादी : **(नरम पड़कर)** अरे बेटा, तुम्हारे ही सहारे तो जिन्दा हूँ। जो कुछ है तुम्हारा है, लेकिन यह बदमाश मुझे चैन नहीं लेने देता। **(माँ की ओर इशारा करके)** इसे बुरा लग रहा है, मेरा कहना।

माँ : **(चापलूसी से)** नहीं, नहीं बुआजी। आप ठीक कह रही हैं। बहुत बदमाश है निगोड़ा।

(काके एक हाथ में स्टिक और दूसरे से डब्बू को पकड़े पीछे के द्वार से घुसता है)

काके : बुआ दादी। पकड़ लाया बदमाश को।

दादी : **(क्रोध से चिढ़ाते हुए)** अ ह ह! अब कोई सूरत तो देखे नाना की, जैसे कुछ जानते ही नहीं। पहले अंगूठा दिखाते थे। उठाईगीरा, उचक्का कहीं का।

माँ : **(क्रोध से)** डब्बू। **(बाँह से झकझोरते हुए)** बहुत शैतान हो गया है तू–।

बाबू : नालायक, दादी के साथ बदतमीजी करता है।

दादी : अब बोलो ! पहले तो अंगूठा दिखाते थे।

काके : बुआदादी, अगर मैं दौड़ कर पकड़ न लेता, तो यह भाग जाता।

माँ : चलो, बुआदादी के पैर छूकर माफी माँगो।

बाबू : हाँ पैर छूकर कहो–दादी हमें माफ कर दो। **(डब्बू तना खड़ा रहता है।)**

दादी : अ ह ह, अंगूठा दिखाता था।

माँ : चलो पैर छुओ।

बाबू : **(बिगड़ कर)** खड़ा क्या है, चल पैर छू।

दादी : माँ का बेटा है। पैर कैसे छुये?

माँ : **(झुंझलाकर)** मेरा दुश्मन है पूरा। अरे पैर छू अभागे।

बाबू : **(कन्धा पकड़कर आगे घसीटते हुए)** चलो पैर छुओ।

काके : (स्टिक उठाकर) चलो।

(बाबूजी घसीटकर उसका माथा जबरदस्ती दादी के पैरों पर झुकाते हैं)

बाबू : बोलो, बुआ दादी हमें माफ करो।

डब्बू : बोलो, बुआ दादी हमें माफ करो।

दादी : अब तो भीगी बिल्ली लगता है। पहले अंगूठा दिखाता था।

माँ : अब माफ भी कर दो बुआ।

दादी : यह बोली माँ बनकर। नहीं माफ करती तेरी सिफारिश से। जा, मैंने माफ कर दिया अपने मन से। **(हँसती है। बाबूजी दादी की हँसी में हँसी मिलाते हैं।)**

(तनाव का वातावरण समाप्त होता है)

बाबू : डब्बू, अब जाओ तुम। आइन्दा ऐसा कभी मत करना।

(डब्बू पीछे के द्वार से जाता है, किन्तु जाते-जाते अंगूठा फिर दिखाता है)

दादी : फिर अंगूठा दिखाया। देखा, तुम लोगों ने, उसने फिर अंगूठा दिखाया।

माँ : वह आप को नहीं दिखाया था।

दादी : मुझे नहीं दिखाया, तब किसे दिखाया ?

माँ : काके को।

दादी : नहीं, नहीं, मुझे ही दिखाया।

बाबू : **(समझाते हुए)** नहीं बुआ। भला वह इतनी हिम्मत कर सकता है कि आपको अंगूठा दिखाये। वह अंगूठा तो उसने काके को दिखाया था। सच.....!

काके : मुझे ?

दादी : काके को दिखाया था ?

बाबू : हाँ।

काके : मैं उसे देख लूँगा।

दादी : तब ठीक है। देख बहू, डब्बू पर निगाह रख, तेरे लाड़-प्यार से वह खराब हुआ जा रहा है।

बाबू : **(माँ से)** बोलो, अब लाड़ कम करूँगी।

माँ : अब लाड़ कम करूँगी।

दादी : और थोड़ी सख्ती किया कर।

माँ : सख्ती किया करूँगी।

दादी : ठीक है।

बाबू : बुआ, अब मैं चलूं।

दादी : जाओ।

(बाबू द्वार तक जाकर लौटते हैं)

बाबू : बुआ, मैं बाजार तरकारी लेने जा रहा हूँ। तुम अपनी पसन्द बताओ, तो तुम्हारी पसन्द की भी तरकारी लेता आऊं।

दादी : तरकारी में क्या पसन्द और क्या नापसन्द ? लाना ही है बेटा, तो बटेर लाओ। बहुत दिनों से बटेर नहीं खाई।

बाबू : बटेर! ! हाँ, हाँ, बटेर लाऊंगा। अच्छा, अब चलूं।

दादी : और देख, मेरा घी का टीन भी खत्म हो रहा है। घी भी लेते आना।

बाबू : अच्छा।

माँ : **(घी के टीन में झांक कर)** अभी तो आधा रखा है?

दादी : **(उपेक्षा से)** यह छोटे घर की है, तभी ऐसी बात करती है। हमारे महल में...

बाबू : आधा टीन रखा है तो वह भी खत्म हो जाएगा। फिर घी आ जाएगा, तो रखा रहेगा। आगे काम आएगा।

दादी : देखो बेटा, शुद्ध घी ही लाना। एक बार तुम जो घी लाए थे उसका टीन शायद मुए कलजुगी घी के पास रह गया था। उससे उसमें बास आ गई थी और मेरा हाजमा खराब हो गया था।

बाबू : अबकी दफे ऐसा नहीं होगा बुआ।

दादी : और बेटा, खट्टी अमिया और कटहल के अचार भी खत्म हो रहे हैं।

(माँ कुछ तनक कर पीछे के द्वार से चली जाती है।)

बाबू : यह भी ला दूँगा, बुआ।

दादी : बिना अचार के मेरे मुँह में कौर चलता ही नहीं। गले से उतरना मुश्किल हो जाता है। पुरानी आदत जो ठहरी।

बाबू : जरूर लाऊँगा। अब चलता हूँ।

दादी : जाओ बेटा।

(बाबू जी पीछे के द्वार से चले जाते हैं। काके भी बाहर जाने को आगे बढ़ता है)

दादी : काके बेटा !

काके : क्या बुआदादी ?

दादी : तू सबसे अच्छा है।

काके : बुआदादी, अगर मैं दौड़कर आज डब्बू को नहीं पकड़ लेता, तो वह हाथ नहीं आता। भागकर किसी के घर में छिप जाता।

दादी : तू बहुत अक्लमन्द है बेटा। मुझे तेरा ही सबसे ज्यादा ख्याल है। तेरे माँ बाबू तो सब लालची हैं। इसी से इतनी खुशामद करते हैं। लेकिन मैं तो सिर्फ तुझे प्यार करती हूँ।

काके : बुआदादी, मेरा हवाई जहाज मत भूलना।

दादी : अरे तेरा हवाई जहाज कैसे भूल सकती हूँ। फिर मैं याद करके भी क्या करूँगी। सारा रुपया तुझी को दे दूँगी। तू खुद ही खरीद लेना।

काके : मैं हवाई जहाज में उड़ना चाहता हूँ। मैं अपना खुद का हवाई जहाज लूँगा। पचास हजार, नहीं एक लाख, नहीं एक लाख से भी बहुत ज्यादा का मिलता है। **(सोचकर)** तुम अपने रुपये बाबू जी को तो नहीं दोगी ?

दादी : चल हट, कैसी बात करता है? भला तुझे छोड़कर तेरे बाबू जी या माँ को दूँगी। दोनों लालची हैं। मैं तो सब तुझी को दूंगी। **(गले में लटकी चाबी का गुच्छा दिखाकर)** यह चाबियां तेरे हाथ में देकर मरूंगी। अच्छा बेटा, जरा चन्दन तो घिस दे। पूजा को देर हो रही है।

(काके चन्दन और सिल को पूजा की मेज पर से उठा कर एक कोने में बैठकर चन्दन घिसता है।)

(माँ का हाथ में चावल की थाली लिए बायें कमरे से होते हुए प्रवेश)

माँ : काके ! **(आश्चर्य से काके को देखती है)**

काके : क्या है माँ। मैं बुआ दादी के लिए चन्दन घिस रहा हूँ।

माँ : तुझे तो पढ़ाई करनी थी ?

काके : **(बात काटते हुए)** फिर बात करना।

(माँ का बीच के द्वार से बायें कमरे में प्रस्थान)

(बायाँ कमरा)

(दायें कमरे से निकलकर माँ सीधी बायें कमरे में प्रवेश करती है। उसकी चाल और मुद्राओं में रोष है।)

माँ : **(क्रोध से थाली रखकर)** फिर बात करना। अब पढ़ाई का हर्जा नहीं हो रहा है। मैंने कहा सुशीला बहन के यहाँ चले जाओ, तो बोला; मुझे पढ़ाई करनी है।

(बाबू जी का भीतर से प्रवेश। बाजार से तरकारी लाने के लिए बदन पर कोट और हाथ में झोला है)

बाबू : **(परिहास में)** काके की माँ! क्या अकेले बैठे-बैठे पागलों सा बड़बड़ा रही हो ?

माँ : **(क्रोध से)** पागल तो हो ही गई हूँ।

बाबू : भगवान न करे, तुम्हारे दुश्मन भी पागल हों।

माँ : अरे, अब तक नहीं हुई तो अब जल्दी ही हो जाऊंगी।

बाबू : क्या नाहक बकवास करती हो?

माँ : बकवास नहीं, ठीक कहती हूँ। इस घर में कौन पागल नहीं हो जाएगा? न जाने कहाँ से उठा लाए बुढ़िया को। सारा घर बौराया जा रहा है।

बाबू : ऐसा न कहो बुआ को।

माँ : क्यों न कहूँ? क्या उसका दिया खाती हूँ? शौकीन बुढ़िया और चटाई का लहंगा। बटेर खाएगी ! इस उमर में बिना अचार के कौर मुँह में से नहीं उतरता।

बाबू : अरे भाई, बड़े घर की हैं। अच्छा वक्त देखा है। यह तो कहो कि फूफा ने जुए शराब में सब उड़ा दिया जो इस हालत में हैं और अपने घर पड़ी हैं, नहीं तो.....

माँ : घर पड़ी हैं तो घरवालों की तरह से रहें। यह नहीं कि हर समय हुकूमत डाँटे। हम लोग जैसे उनके खरीदे हुये गुलाम हैं।

बाबू : घरवालों की तरह से ही तो रहती हैं बुआ। और क्या करें?

माँ : इसे घरवालों की तरह रहना कहते हैं? घरवालों की तरह रहतीं तो तुम पर विश्वास करतीं। अपने बक्स की चाबी तुम्हें दे देतीं। अपना सारा रुपया और सोना तुम्हें सहेजती रखने को। यह नहीं कि बक्स में तीन-तीन ताले डालकर उस पर चौबीस घंटे चढ़ी बैठी रहतीं।

बाबू : **(परिहास में)** तुम्हारी नीयत खराब है। तुम्हारी निगाह उनके बक्स पर है।

माँ : **(एकदम चिढ़कर)** तुम्हारी निगाह तो बड़ी साफ है ? मुझे तो इस घर में किसी की निगाह साफ नहीं लगती। सबकी नजर उसी बक्स पर है।

बाबू : मेरी निगाह.....?

माँ : और तो और, वह बेंट भर का काके है, वह भी बुआ दादी का सबसे बड़ा हिमायती बना दीखता है। मैंने कहा कि सुशीला बहन के यहाँ चले जाओ, तो पढ़ाई का बहाना ले बैठा, और अब देखो; जाकर बुआ दादी का चन्दन घिस रहा है।

बाबू : उसे पढ़ना चाहिए। उसका इम्तहान नजदीक है।

माँ : आखिर अपने बाप का बेटा है। बुआ की दौलत पर दाँत तो लगाएगा ही—अपने बाप की तरह।

बाबू : ऐसे नहीं कहते काके की माँ। अगर कहीं वह सुनलें तो...

माँ : सुन ले मेरी बला से। अरे और तो और, कम्बख्त रानी भी कम नहीं है। ब्याह हो गया, मगर जब भी मायके आयेगी तो माँ-बाप से प्रणाम बन्दगी कुछ नहीं, सीधी घुस जायेगी बुआ दादी के पास।

बाबू : तुम सबकी नीयत को इतना बुरा कह रही हो। तुम अपनी बताओ। तुमने ही तो कहा था, बुआ को लिवा चलो अपने घर? फूफा ने तो सब उड़ा दिया है। उनका अब कौन बचा। हम ही लोग उनके हैं। मरते तक सेवा करेंगे और जो कुछ उन्होंने फूफा से छिपाकर बचाया है, वह पा भी जायेंगे।

माँ : कहा था तो कहा होगा। मगर यह बुढ़िया मरती भी तो नहीं। अमरफल खाकर आई है। जी चाहता है इसे जहर दे दूँ।

बाबू : खबरदार! यह बात जबान पर न लाना। बुआ को लेकर दोनों भाइयों से कितनी दुश्मनी हो गई है। दोनों अपने यहाँ ले जाना चाहते थे। कितना वावैला हुआ था।

माँ : यह मेरी ही सलाह थी कि तुमने बुआ को फूफा की बीमारी से ही पटा लिया। नहीं तो, कौन जाने वह तुम्हारे किसी भाई के यहाँ ही चल देतीं।

बाबू : तब ही तो कहता हूँ जहर वहर का नाम भी न लो। भाई

दुश्मनी माने बैठे हैं। चाहे बुआ अपनी मौत से ही मरें तो भी भाई कहेंगे–जहर दे दिया। बंधे-बंधे घूमेंगे। बस, उनको खुश रखो।

माँ : कैसे खुश रखें? उनके तो नखरे ही समझ में नहीं आते। कल बोलीं–बहू जरा कलाकन्द मँगाओ।

बाबू : कलाकन्द। मँगा दिया था न?

माँ : मँगाना पड़ा, मँगाती न तो वह तुम्हारे भाइयों के पास लिख भेजतीं, और उन्हें यहाँ से लिवा ले जाने का एक बहाना मिल जाता......।

बाबू : तुम उन्हें शिकायत का एक भी मौका मत दो। बराबर खुश रखो।

माँ : आखिर कब तक......।

बाबू : अरे कभी तो मरेंगी ही, तब तक।

माँ : मुझे तो उनके मरने के कोई आसार दिखाई नहीं पड़ते। पचासी साल उमर है मगर देखने में पचपन से ऊपर नहीं लगतीं।

रानी : **(रानी का बायें द्वार से बाहर से प्रवेश)** माँ, हम आ गए। **(माँ से चिपटती है)**

बाबू : अरे रानी। आओ आओ।

माँ : अकेली आई हो ?

रानी : नहीं, ये भी आए हैं। बाहर किसी से बातें करते-करते रुक गए हैं।

बाबू : हरीबाबू भी आए हैं। अच्छा मैं चलता हूँ। बेटी, तरकारी ले आऊं। तुम अपनी माँ से बात करो।

(बाबू जी का प्रस्थान–बायें द्वार से)

माँ : बैठो बेटी। कैसी हैं तुम्हारी जिठानी?

रानी : एकदम ठीक। इस रफ्तार से मुटा रहीं हैं कि घर के दरवाजे छोटे पड़ जाएंगे।

माँ : शैतान, अपनी जिठानी को ऐसे नहीं कहते।

रानी : नहीं माँ, ठीक कहती हूँ। सोचती हूँ कि फिल्म वाले देख लें तो तुरन्त पकड़ ले जायें। टुनटुन के सारे रोल उन्हीं को मिल जाएँगे।

माँ : **(हंसकर)** बहुत बात करती है। तेरी जिठानी सुने तो तेरी चोटी पकड़ ले।

रानी : **(हंसकर उठते हुए)** अरे उनसे तो हाथ भी नहीं उठाया जायेगा। उनकी एक-एक बांह दो-दो मन की है। **(स्वर बदलते हुए)** जरा देखूं, बुआदादी के क्या हाल-चाल हैं।

(रानी का बीच के द्वार से प्रस्थान। दायें कमरे में प्रवेश करके वह बुआदादी के पास बैठती है। बुआदादी आँख बन्द करके माला जपती रहती हैं।)

माँ : **(चिढ़कर)** बुआदादी, बुआदादी, जैसे वह लड्डू बाँटती है। इस छोकरी की नीयत अच्छी नहीं लगती। **(हरि बाबू का प्रवेश)** हरी बाबू, आओ बेटा, आओ! बहुत दिनों बाद आये।

हरि : बहुत दिन बाद कहाँ, तीन ही दिन पहले तो आया था।

माँ : अरे बेटा, दामाद का बार-बार आना अच्छा लगता है, इसलिए तीन दिन भी बहुत लगते हैं। बेटा, यह हाथ में क्या लिए हो?

हरि : **(झेंपकर)** कुछ नहीं। यह ! यह डिब्बा है, डिब्बा। **(बात बदलने की कोशिश में)** और कहिये, आपकी तबियत तो अब ठीक है?

माँ : ठीक ही है। खराब कब थी बेटा?

हरि : कुछ खराब तो थी। आप ही तो कह रहीं थीं शायद?

माँ : न, कभी नहीं, मैंने तो तुम से कभी नहीं कहा।

हरि : नहीं कहा होगा। मैं ही भूल गया। शायद किसी और की तबियत खराब होगी। मुझे ख्याल रहा आपकी। **(उठते हुए)** जरा बुआदादी से मिल आऊँ।

(अन्दर दायें कमरे में जाकर रानी के पास बैठता है।)

माँ : **(चिढ़कर)** सपना देखता है। आपकी तबियत खराब थी। मुझे चराने चला है, कल का लौंडा। बातें बनाता है, जैसे मैं कुछ जानती ही नहीं। बुआदादी को देख आऊँ। जमाई भी कम लालची नहीं लगता। जमाने को क्या कहूँ, जब अपनी ही बेटी दगा करने पर उतारू है। **(आवाज देकर)** डब्बू-डब्बू।

(डब्बू का प्रवेश-पीछे से)

डब्बू : हाँ माँ।

माँ : **(उठते हुए)** बेटा, जरा सुशीला बहन को तो बुला ला। कहना माँ ने बुलाया है कुछ काम है।

डब्बू : अच्छा। **(प्रस्थान बाहर-बायें द्वार से)**

(माँ का प्रस्थान-पीछे के द्वार से)

(दायाँ कमरा)

(बुआ दादी आँख बन्द किए माला जप रही हैं। चन्दन घिस कर कटोरी में लिए काके, खड़ा प्रतीक्षा कर रहा है। रानी और हरि बाबू भी उसकी आंख खोलने की प्रतीक्षा कर रहे हैं।)

दादी : **(आँख खोलकर)** हरि बाबू, डिब्बे में क्या लाये हो?

हरि : बंगाली मिठाई है बुआदादी। दांत की जरूरत ही नहीं। मुंह में रखो तो पेट के भीतर।

दादी : देखूं तो! **(हरि बाबू डिब्बा खोल कर दिखाते हैं)** आह हा! यह तो बहुत बढ़िया रसगुल्ले हैं।

रानी : बुआदादी, यह यहाँ की सब से बढ़िया दुकान के हैं। मैंने तो इनसे कह दिया था—रसगुल्ले बुआदादी के लिए चाहिए। सबसे बढ़िया हों। अगर जरा भी खराब हुए तो मैं लौटा दूंगी।

दादी : बहुत बढ़िया हैं? ला जरा चखूँ तो।

हरि : **(पास की मेज से चम्मच उठाकर और उससे एक रसगुल्ला उठाकर बुआदादी के मुँह में देते हुए)** अब बताओ बुआ दादी, कैसे हैं?

दादी : **(जायका लेते हुए)** बहुत बढ़िया। बहुत बढ़िया। लाओ डिब्बा मुझे दे दो। **(डिब्बा लेकर खुद निकाल कर खाती है)** अच्छे हैं। **(काके को देखकर)** बेटा चन्दन घिस लिया?

काके : हाँ बुआदादी।

दादी : **(जैसे याद करके)** हाय, मेरी याद को पत्थर पड़ें, मैंने तो पूजा की ही नहीं, और रसगुल्ले खा लिए।

हरि : तो क्या हुआ। बाद में पूजा पूरी कर लेना।

रानी : भूलचूक तो माफ होती है।

दादी : भूल-चूक माफ होती है? जब खाया है तो खा ही लूं। **(दो तीन रसगुल्ले और निकाल कर खाती है)** लो काके, तुम भी एक रसगुल्ला लो! **(काके हाथ बढ़ाता है, तो बढ़ाई हुई चम्मच पीछे खींच कर)** न बेटा न, छोटे बच्चों को ज्यादा मिठाई नहीं खानी चाहिए। इससे हाजमा खराब हो जाता है। यह तुम्हें नुकसान करेगा। **(कहकर रसगुल्ला खुद अपने मुंह में रखती है।)**

हरि : बुआदादी बिल्कुल ठीक कहती हैं। बच्चों को मिठाई एकदम नहीं खानी चाहिये। **(स्वर बदल कर)** बुआदादी, कुछ और खाओ।

दादी : बस।

रानी : **(चापलूसी से)** तुमने तो कुछ खाया ही नहीं। एक मेरे हाथ से खाओ। **(बुआदादी के मुँह में चम्मच से रसगुल्ला डालती है।)**

दादी : बस बेटा।

हरि : वाह? यह कैसे हो सकता है बुआदादी? तुम रानी के हाथ से खा लो, और मेरे हाथ से कुछ न खाओ। तुम को मेरे हाथ से भी खाना पड़ेगा।

दादी : अरे नाराज क्यों होता है? भला तेरे हाथ से नहीं खाऊंगी। मेरे लिए तू मेरे भतीजे का दामाद नहीं, मेरे सगे बेटे के बराबर है। एक दम सगे बेटे के बराबर। ला खिला मुझ को।

(हरि बाबू चम्मच से रसगुल्ला खिलाता है।)

दादी : शाबाश ! अब बस कर बेटा। रसगुल्ले आलमारी पर रख दे। बाकी रसगुल्ले पूजा खत्म करके खाऊंगी। रानी, जरा पानी तो दे।

(रानी सुराही से पानी निकाल कर देती है। बुआदादी दो एक घूंट पीकर गरारा करती हैं, तो हरि बाबू तुरन्त नीचे से तसला निकाल कर सामने करते हैं, जिसमें बुआदादी कुल्ला करती हैं। कुल्ले की दो-चार बूंदे हरि बाबू के चेहरे पर पड़ती है, जिन्हें वह पोंछता है।)

दादी : बस बेटा, सिर्फ दो-चार माला बाकी रह गई हैं। उनको जल्दी से पूरा करती हूँ। तुम लोग जल्दी में तो नहीं हो?

रानी : बुआदादी, तुम पूजा खत्म करो। हम लोग बैठे रहेंगे। आज तो इनकी दफ्तर की छुट्टी है।

हरि : हफ्ते में एक दिन की छुट्टी ही मिलती है। उस एक दिन का हफ्ते भर इन्तजार रहता है। सोचता रहता हूँ कि जैसे ही छुट्टी हो, बुआदादी के पास दो-चार घण्टे बैठूँ।

दादी : अरे बेटा, तेरा ही मुँह देखकर तो जिन्दा हूँ। तुम ही लोग तो अपने हो। और सबों का हाल तो तुम जानते ही हो–

रानी : मैं तो इनसे कहती हूँ कि हर रोज दफ्तर से लौटते वक्त बुआदादी से मिलकर आया करो।

दादी : हाँ, हाँ बेटा रोज़ आया करो......

रानी : लेकिन यह शर्माते हैं।

दादी : शर्माते हैं ?

रानी : कहते हैं, रोज-रोज ससुराल कैसे जायें।

दादी : ओह ! यह बात है।

रानी : मैंने तो इनसे कह दिया है कि यह सब पुरानी बातें हो गई हैं। आजकल यह सब नहीं चलता।

दादी : **(दोहराते हुए)** आजकल यह सब नहीं चलता।

रानी : देखा मैंने क्या कहा था! अगर रोज नहीं आओगे तो बुआदादी नाराज हो जाएंगी।

दादी : हां, मैं नाराज हो जाऊँगी। देखो बेटा, तुम भूल जाओ कि तुम मेरे भतीजे के दामाद हो। मैं तो तुम्हें अपना सगा बेटा मानती हूँ।

रानी : **(हरि से)** सुन लो।

हरि : अब रोज आया करूँगा बुआदादी। दफ्तर से सीधा तुम्हारे पास ही आऊँगा। तुम्हें दिन में एक बार बिना देखे मुझे चैन ही नहीं पड़ता।

दादी : बेटा। न जाने मुझे भी तुमसे कैसा मोह हो गया है। तुम दोनों की बहुत याद आती है। **(काके को देखकर, स्वर बदलकर)** काके देख तो, शायद, तेरी अम्मा तुझे आवाज दे रही है। जा तो।

(काके का पीछे के द्वार से प्रस्थान)

दादी : **(इधर-उधर देखकर, भेद भरे, धीमे स्वर में)** अरे बेटा, मुझे यहाँ रहना अच्छा थोड़े ही लगता है। किसी तरह समय काट रही हूँ। बेटा, मैं तुम्हें कहे जाती हूँ कि इन लालचियों को एक पैसा नहीं दूँगी। जो कुछ है, सब तुम्हीं लोगों को दूँगी। कह मत देना किसी से।

रानी : मैं क्यों कहने लगी। फिर बुआदादी, हम लोग लालची तो हैं नहीं। तुम हमें दो या न दो हम लोग तो वैसे ही तुम्हारे पास आते हैं। इनकी तो जैसे अपनी माँ ही जिंदा हो गई। हर

समय कहा करते हैं–बुआदादी को देखकर मुझे अपनी माँ की याद आ जाती है। तुम्हें तो एकदम माँ मानने लगे हैं।

दादी : मेरा बेटा तो है ही। सोलह आने मेरा बेटा है।

(काके का पीछे के द्वार से प्रवेश)

काके : अम्मा तो नहीं बुला रही थी।

दादी : नहीं बुला रही होंगी। मुझे लगा कि जैसे बुला रही थी। **(हरि बाबू से)** अच्छा बेटा, तुम लोग बैठो। मैं दो चार माला फेर कर जल्दी पूजा से निबटती हूँ। **(बुआ दादी आँख बंद करके माला जपने लगती हैं।)**

(बायाँ कमरा)

(सुशीला बहन का डब्बू के साथ बाहर से प्रवेश)

डब्बू : बैठो, अभी अम्मा को बुलाता हूँ। **(डब्बू का प्रस्थान पीछे के द्वार से) (सुशीला बहन बैठ जाती है। थोड़ी देर बाद पीछे से हाथ में चावल की थाली लिए माँ का प्रवेश)**

माँ : सुशीला बहन तुम आ गईं। मैं सुबह से बुलाना-बुलाना कर रही थी।

सुशीला : जैसे ही डब्बू आया, मैं उठकर चली आई।

माँ : **(थाली के चावल बीनते हुए)** डब्बू तो अब गया है। सुबह मैं काके से बोली -बेटा जरा सुशीला बहन को बुला लाओ-तो बोला मैं पढ़ रहा हूँ। इम्तहान सर पर हैं। मैं नहीं जाऊँगा। अब जानती हो कम्बख्त क्या कर रहा है?

सुशीला : क्या कर रहा है ?

माँ : बुआदादी के लिए चन्दन घिस रहा है। अब पढ़ाई का हर्जा नहीं होता।

सुशीला : यह क्या तुम्हारी सगी बुआदादी हैं?

माँ : न सगी, न सौतेली। कहीं दूर दराज की इनके बाप की बहन लगती हैं।

सुशीला : तब क्यों यह बला अपने सिर लाद ली?

माँ : क्या बताऊँ। इनकी तो आदत है कि दुनिया भर के लोगों को अपने मत्थे मढ़ लेते हैं।

सुशीला : **(थाली लेकर स्वयं चावल बीनते** हुए) सुना है बहन, बड़े अमीर घर की हैं।

माँ : हैं तो अमीर घर की, मगर इनके आदमी ने कुछ न छोड़ा। बहुत बड़ी जमीन-जायदाद थी, बहुत बड़ी कोठी थी, हाथी था, लेकिन इनके आदमी ने सब जुए और शराब में बरबाद कर दिया।

सुशीला : बेचारी।

माँ : इसी से तो तरस खा कर यह बुआ को यहाँ उठा लाये।

सुशीला : इनका और कोई अपना नहीं है?

माँ : न, कोई नहीं। बड़ी मनहूस है बुढ़िया। सुनते हैं, हरे-भरे घर में ब्याह कर गई थी, मगर सब को खा लिया। अकेले पानी को भी तरसती थी। ले दे के हम ही लोग रिश्तेदार बचे हैं, सो लिवा लाये।

सुशीला : बड़ा परोपकार किया।

माँ : परोपकार तो किया ही। रिश्तेदार होने के नाते कुछ तो अपना फर्ज था ही।

सुशीला : मगर सुनते हैं कि बड़ी रकम है उनके पास।

माँ : **(चौंककर)** क्या? **(बात बदलने की कोशिश में)** रकम! बुआ के पास!! **(बनावटी हंसी)**

सुशीला : सुना है कि उन्होंने बहुत रुपया अपने आदमी से छिपाकर बचा लिया था, वह अब भी इनके पास है।

माँ : **(सुशीला के हाथ से थाली लेकर)** क्या कहती हो सुशीला बहन। जब फूफा मरे तो कौड़ी-कौड़ी को मोहताज थे। अगर ये बुआ को लिवा न लाते तो भूखी मर जातीं।

सुशीला : पर बहन मैने सुना है कि इनके पास एक बक्स है।

माँ : क्या, क्या सुना है? तुमने सुना है बक्स है? **(बड़बड़ाते हुए)** दीवारों के भी कान होते हैं। **(संभलकर)** तुमसे यह सब कौन कहता है?

सुशीला : मैंने सुना है—

माँ : बक्स है तो क्या हुआ? कोई जरूरी है कि बक्स में रुपया ही भरा हो। बक्स में बुआदादी के पुराने कपड़े भरे हैं, जो गुदड़ी में भी नहीं बिक सकते।

सुशीला : देखो डब्बू की माँ! मैंने तुम्हें सदा अपनी सगी बहन माना है। माना है न?

माँ : मैंने भी तो सुशीला बहन तुम्हें सगी बहन माना है।

सुशीला : फिर मुझसे क्यों भेद करती हो? मुझसे क्यों छिपाती हो?

माँ : क्या छिपाती हूँ ? सच तो कह रही हूँ। बक्स में चिथड़े भरे हैं।

सुशीला : देखो बहन, तुम सच बताओ। मैंने सुना है कि उसमें अशर्फियां भरी हैं।

माँ : सुशीला बहन!!

सुशीला : बताओ न डब्बू की माँ। सच बात क्या है ? अरे मैं दुनिया भर में गाती थोड़ी ही फिरूंगी। तुम्हारे सर की कसम मैं पेट की बड़ी गहरी हूं।

माँ : तुमसे किसने कहा?

सुशीला : किसी ने कहा हो। तुम मुझे बताओ। क्या मैं कोई गैर हूँ? मुझ पर तुम्हें क्या भरोसा नहीं है?

माँ : भरोसा तो है।

सुशीला : भरोसा है, तो बताओ। मजाल है जो मेरे मुँह से एक बात भी निकल जाये। जान चली जाये डब्बू की माँ, मगर एक बात भी मुँह से नहीं बोलूँगी। बताओ न!

माँ : क्या बताऊँ बहन। तुम जानती तो हो ही।

सुशीला : तो यह सच है कि बुआ के बक्स में रुपये-अशर्फियां हैं।

माँ : रुपये अशर्फी तो नहीं, सुना है सोने की ईटें हैं।

सुशीला : सोने की ईटें !!

माँ : किसी से कहना मत।

सुशीला : हाय! हाय! मुझे क्या पड़ी है किसी से कहने की।

माँ : फूफा तो अय्याश थे। जो मिला उड़ा दिया। मगर बुआ ने उनकी निगाह से बचाकर सोने की ईटें छिपाकर रख लीं। फूफा माँगते रह गये, मगर निकाल कर नहीं दी।

सुशीला : अच्छा किया। नहीं तो वह उन्हें फूंक ताप कर बराबर कर देते।

माँ : फूफा मरे तो बुआ अकेली रह गई। कोई औलाद तो है नहीं। इनके भाइयों को तो जानती ही हो—बड़े नदीदे और लालची हैं। उनकी निगाह बुआ की दौलत पर लगी है।

सुशीला : वह लोग तो बुआ को अपने साथ ले जाना चाहते होंगे?

माँ : हाँ। बुआ के पीछे पड़े थे कि मेरे यहाँ चलो। मगर बुआ इनके साथ चली आई। बुआ ने इनकी निगाह साफ देखी, तो इनसे बोलीं—मैं तुम्हारे लालची भाइयों के घर नहीं जाऊँगी। तुम्हारे यहाँ चलूँगी। बस, तब से हमारे यहाँ हैं।

सुशीला : तुमने सोने की ईटें देखीं ?

माँ : अरे कहाँ बहन? इतने मोटे-मोटे ताले डाल रखे हैं बुढ़िया ने! चाबी हर समय कलेजे से चिपकाये रहती है, जैसे उसकी जान हो।

सुशीला : अच्छा!

माँ : और तो और हर समय बक्स पर चढ़ी बैठी रहती है। चारपाई के नीचे बक्स रखा है। और चारपाई की बान इतनी ढीली करवा ली हैं कि एकदम बक्स पर बैठ जाती हैं।

सुशीला : बड़ी अक्लमंद हैं बुआ।

माँ : बड़ी चालाक है बुढ़िया। क्या मजाल है कि कोई बच्चा भी बक्स छू ले। आसमान सर पर उठा लेती है। एक दम मुसीबत है।

सुशीला : मुसीबत! कैसे?

माँ : इनको घर क्या ले आये, एकदम सफेद हाथी को पालना हो गया है। बड़े नखरे हैं।

सुशीला : नखरे?

माँ : वनस्पति नहीं खाऊँगी, मेरा कौर नहीं उतरेगा। हरामजादी। चटोरी है, एकदम चटोरी। वैसे तो दिन-रात पूजा-पाठ करती है—मगर बिना गोश्त मछली के पेट नहीं भरता।

सुशीला : गोश्त-मछली खाती हैं ?

माँ : सब कुछ खाती है। मुई का बस चले तो हम सब को साबुत निगल जाये। आज इनसे बोली, बहुत दिन से बटेर नहीं खाई है।

सुशीला : **(हंसकर)** बटेर।

माँ : हाँ बटेर। अचार की बेहद शौकीन है। चारपाई के किनारे एक मेज पर सारे अचार और देसी घी भरा रखा है। क्या मजाल है कि कोई उसमें से एक कतरा भी पा जाये।

सुशीला : कुछ दिया है तुम्हें अब तक।

माँ : दिया है अंगूठा। बक्स पर चढ़ी बैठी रहती है, और हम लोगों का खाकर हमीं पर धौंस देती है–यह नहीं मिला, वह नहीं आया।

सुशीला : तुम लोग तो उनकी बड़ी सेवा करते होगे। आखिर वह सब सोने की ईंटें तुम्हीं को तो मिलेंगी।

माँ : सेवा तो करते हैं। मगर सुशीला बहन, यह न सोचना कि हम लोग सोने की ईंटों के लालच में सेवा करते हैं।

सुशीला : नहीं-नहीं, हम यह नहीं सोचते।

माँ : हम लोग अपना कर्त्तव्य करते हैं। लालची तो इनके भाई लोग हैं, जो बुआ को अपने घर ले जाना चाहते हैं।

सुशीला : बुआ उनके यहाँ नहीं गई, तब तो उन्हें बड़ा दुःख हुआ होगा।

माँ : बहन, दुःख ही नहीं, हम लोगों से दुश्मनी माने बैठे हैं। मगर हम लोगों में जरा भी लालच नहीं है। अरे हाँ, यह रानी है न।

सुशीला : तुम्हारी बिटिया?

माँ : हाँ हमारी बिटिया। इसकी निगाह में लालच लगता है। हर समय बुआदादी....बुआदादी करती रहती है।

सुशीला : डब्बू की माँ ! क्या कहती हो ?

माँ : मुझे भी तो इसी का ताज्जुब है। बेटी हो कर माँ के आड़े आती है। अरे कहो, ज़ो कुछ मेरा है, क्या उसका नहीं होगा।

सुशीला : क्यों नहीं!

माँ : फिर मैंने उसकी शादी में इतना खर्च किया। इसमें बहन उसका कसूर कम है। असलियत में वह बहकावे में है, बहकावे में।

सुशीला : किसके बहकावे में ?

माँ : उसी हरि बाबू के।

सुशीला : हरि बाबू ! तुम्हारा दामाद?

माँ : हाँ हमारा दामाद। हमारी ही जड़ खोदने पर उतारू है। एकदम लालची है। उसी ने हमारी रानी को मंतर पढ़ाया है। खुद भी हर समय बुआ से खुसर-पुसुर किया करता है।

सुशीला : अच्छा!!

माँ : आज शायद बुआ के लिए मिठाई लाया था। मैंने फौरन ताड़ लिया, पूछ बैठी-बेटा, यह क्या है? तो बोला-डिब्बा, जैसे मुझे डिब्बा दिखाई नहीं पड़ता था। और भी बहकी-बहकी बातें

करने लगा-तुम्हारी कैसी तबियत है'। मुझे चराने चला है कल का लौंडा!

सुशीला : तुम्हारा दामाद तो खतरनाक लगता है। उस पर निगाह रखना।

माँ : एक दामाद ही क्या, इस बुढ़िया ने तो सब पर मंतर मार रखा है। जो देखो सब उसका खरीदा हुआ गुलाम लगता है। और तो और, हाथ भर का काके है, वह भी बुआदादी के पीछे लगा रहता है।

सुशीला : काके?

माँ : काके के बाप को क्या कम समझती हो तुम ? वह भी तो बुआदादी की खुशामद में लगे रहते हैं।

सुशीला : दौलत का यही असर होता है।

माँ : अगर बुआ कह दें कि एक टांग से खड़े रहो तो काके के पापा एक टांग पर ही जिन्दगी काट दें। सिर्फ मैं ही हूँ इस घर में, जो बुढ़िया की जरा भी फिकर नहीं करती।

सुशीला : **(प्रशंसा से)** अच्छा।

माँ : मैं तो बुढ़िया को टके सेर भी नहीं पूछती। वह मुझ से पानी भी नहीं माँग सकती। अगर कुछ कहे तो मैं तो साफ कहती हूं कि क्या तुम्हारी नौकर हूँ।

सुशीला : इस तरह कह देती हो?

माँ : क्यों न कहूं। मुझे दौलत का लालच नहीं। न हो तो कभी देख लेना। देखना कैसा टका सा जवाब देती हूँ बुढ़िया को।

सुशीला : **(सूंघते हुए)** कुछ जल रहा है।

माँ : **(सूंघते हुए)** हाँ, शायद दाल जल रही है। मैं दाल चूल्हे पर चढ़ा कर आई थी, वही जल रही होगी। अभी आई। **(उठकर पीछे के द्वार की ओर बढ़ती है, किन्तु द्वार पर रुक कर घूम कर कहती है)** दो मिनट में आई सुशीला बहन, जरा दाल उतार आऊँ। तुम जाना मत। आम मिर्ची के अचार डालने हैं। इसी से तुम्हें बुलाया है। **(सुशीला स्वीकार में सिर हिलाती है, और माँ का प्रस्थान–पीछे के द्वार से)**

(दायाँ कमरा)

(बुआ दादी हाथ जोड़कर, माला जपना बन्द करती है। फिर आँखें खोलकर चारों ओर देखती हैं)

रानी : लाओ बुआ, तुम्हारे जरा चन्दन लगा दूं (**बढ़कर चन्दन लगाती है**)

हरि : बुआ, तुम चन्दन में बड़ी सुन्दर लगती हो।

काके : चन्दन मैंने घिसा है।

दादी : हां भाई, चन्दन तो काके ने घिसा है। (**स्वर बदलते हुए**) रानी आज तो सारे बदन में सुबह से कुछ दर्द हो रहा है।

रानी : लाओ बुआ मैं दबा दूं।

दादी : (**गाव तकिए पैर पर पसारते हुए**) बेटी तू पैर दबा दे।

हरि : मैं गला दबा दूं। मेरा मतलब है.....

दादी : तुम जरा सर दबा दो।

(रानी पैर दबाती है, और हरि बाबू सर दबाते हैं)

काके : बुआ दादी मैं सिर दबाऊंगा।

दादी : काके बेटा तू हाथ दबा दे। (**काके एक हाथ दबाता है**)

(बायाँ कमरा)

(बाबूजी का तरकारियों से भरा झोला लिए प्रवेश-बायें द्वार से, उन्हें देखकर सुशीला खड़ी हो जाती है। बाबू जी कुछ संकोच और आसक्ति से सुशीला को देखते हैं)

बाबू : बैठो सुशीला बैठो। (**प्रस्थान दाएं कमरे में**)

(दायाँ कमरा)

(बाबूजी का बीच के द्वार से प्रवेश)

बाबू : बुआ, तुम्हारे लिए बटेर लाया हूं। क्या कुछ.....?

दादी : बड़ा अच्छा किया। बेटा, आज बदन में दर्द है। जरा एक हाथ तू भी दबा दे।

(बाबूजी बुआ दादी का दूसरा हाथ दबाते हैं।)

(बायाँ कमरा)

(माँ का भीतर से प्रवेश)

माँ : दाल एकदम जल ही जाती। यह तो कहो मैं ठीक समय पर पहुँच गई।

(पल्लू से आँख पोंछती है।)

सुशीला : आँख में क्या हुआ ?

माँ : धुआँ लग गया। लकड़ियाँ एकदम गीली हैं। बड़ा धुआँ देती हैं।

सुशीला : लकड़ियाँ तो हमारे यहाँ भी गीली आई हैं। लकड़ियों ही को क्या कहें, जमाने में कोई भी चीज ठीक नहीं मिलती। दूध में पानी, गेहूँ में कंकड़, आटे में बालू।

माँ : आदमी का ईमान तो खत्म हो गया है।

(इसी समय दायें कमरे में बुआदादी काके से कहती है–
'अरे काके, जरा अपनी माँ को तो बुला ला'।
काके बीच के द्वार से माँ के कमरे में जाता है।)

काके : माँ, तुमको बुआ दादी बुला रही हैं।

माँ : **(उठते हुए)** अभी आई बहन। जरा सुन आऊँ इस बुढ़िया की। न जाने कब मरेगी।

(माँ और काके का प्रस्थान-मध्य द्वार से तथा दायें कमरे में प्रवेश। सुशीला बहन उठ कर धीरे से मध्य द्वार की दरार से दायें कमरे में देखती है।)

(दायाँ कमरा)

दादी : आओ बहू। बस तुम्हारी ही कमी थी।

माँ : क्या हुआ ?

बाबू : बुआ के बदन में दर्द है।

माँ : हाय! मुझे पहले क्यों नहीं बताया बुआ। लाओ मैं पैर दबाती हूँ। **(सुशीला धीरे से दरवाजा खोलकर दायें कमरे में आती है)** बुआ तुम अपना ध्यान रखा करो। भगवान न करे तुम्हें कभी जुकाम भी हो। **(सुशीला का प्रवेश)** बुजुर्गों का साया बहुत बड़ी चीज है। बुजुर्गों के आशीर्वाद से ही घर फलता-फूलता है। सच बुआ, सास बिना यह घर बड़ा सूना-सूना सा था। जब से तुम आई हो बुआ, बात ही कुछ और हो गई। घर में रौनक आ गई। **(अचानक सुशीला को देख के अटपटा कर)** सुशीला बहन !

सुशीला : बहन तुम पैर दबा रही हो ?

माँ : **(सम्भलकर)** हाँ हाँ ! सास के पैर दबाने में क्या बुराई है। बुआ तो मेरी सगी सास हैं। जब से बुआ आई हैं, घर में रौनक आ गई है।

(बिस्तर पर बुआदादी पसरी हैं। हरि बाबू सर दबा रहे हैं। बाबू जी एक हाथ, और काके दूसरा हाथ दबा रहे हैं। माँ एक पैर दबा रही है। सब एक लय में शरीर दबाने को झुकते और उठते हैं। सुशीला कुछ

देर यह दृश्य देखती है फिर क्रोध में बाएं कमरे में आती है। दृश्य जड़ हो जाता है।)

(बायाँ कमरा)

सुशीला बहन दाएँ कमरे से आती है और बाहर जाते-जाते थाली में से कुछ चावल निकालती है और अपने आंचल में बांधती है।

अंक-1

द्वितीय दृश्य

(दायाँ कमरा)

(बुआ दादी चारपाई पर बेहोश पड़ी हैं, किन्तु बेहोशी में भी अपने गले में पड़ी चाबी के गुच्छे को अपने दाहिने हाथ की मुट्ठी में जकड़े हैं। उनकी चारपाई के पायताने में आराम-कुर्सी पर रानी बैठी है तथा सिरहाने आराम कुर्सी पर माँ बैठी है। दोनों की मुद्रा चिन्तित है। इतने में रानी को नींद का झोंका आता है और कुर्सी से गिरते-गिरते बचती है।)

माँ : जाकर अन्दर सो जाओ।

रानी : **(संभल कर, आँख पोंछती हुई)** नहीं माँ!

माँ : नहीं माँ क्या? नीद के झोंके से कुर्सी से गिरी जा रही है। जा अन्दर जाकर सो जा।

रानी : नहीं, मुझे नींद नहीं आ रही।

माँ : रात भर की जागी है। नींद नहीं आ रही होगी।

रानी : तुम भी तो रात भर जगी हो।

माँ : मैं जागी हूँ तो क्या हुआ? मै तो जग ही सकती हूँ। बुढ़ापे में नींद भी कहां आती है। तेरी जागने की आदत नहीं है। जाकर अन्दर सो जा...जा न? **(व्यंग्य से)** तुम्हारी बुआ दादी को कहीं उठा नहीं ले जाऊंगी।

(रानी जम्हाई लेती हुई अनिच्छा से उठती है और बीच की दीवार का द्वार खोल कर बायें कमरे में जाती हैं)

(बायाँ कमरा)

(रानी का प्रवेश। वह अंगड़ाई लेती हुई तख्त पर आ कर लेटती है। इतने में अटैची लिए हरि बाबू का प्रवेश। वह हल्के कदमों

से आ कर रानी की आँख दोनों हाथों से बन्द करते हैं।)

रानी : **(आश्चर्य से)** अरे तुम ? यह अटैची कैसी है ?

हरि : कैसी क्या ? मेरी है।

रानी : यही तो मैं पूछ रही हूं। अपना सामान लेकर क्यों आये ?

हरि : मैंने फैसला किया है कि अब मैं यहीं रहूंगा।

रानी : कब तक?

हरि : जब तक रहना पड़े, यानी **(स्वर दबा कर)** जब तक अपना काम न बने। **(स्वर बदलकर)** बुआदादी को होश आया?

रानी : न-अब भी वैसी ही हैं।

हरि : यहीं तो मात खा गये। बुआदादी को दस मिनट को भी होश आ जाये तो चाबी मेरे हाथ में ही देकर मरेंगी। इसका मुझे विश्वास है। मगर वह तो दो दिन से बेहोश हैं।

रानी : किस्मत को कोई क्या कहे!

हरि : हमें हिम्मत नहीं हारनी चाहिये। तकदीर भी तदबीर वालों को ही मिलती है।

रानी : कहां तक तदबीर करूं। मैं तो तंग आ गई हूं जागते-जागते। दो रातें गुजर गईं इसी उम्मीद में–

हरि : मैंने इसीलिए दफ्तर से छुट्टी ले ली है, ताकि अकेले तुमको ही परेशान न होना पड़े। अब मैं भी तुम्हारे साथ रात को जागा करूंगा।

रानी : तुमने कितने दिन की छुट्टी ली है ?

हरि : पन्द्रह दिन की। मैंने सोचा कि जहां इतने दिनों कोशिश की है, वहां आखिरी मौके पर कोशिश से क्यों चूक जाऊं।

रानी : **(झुंझलाहट से)** बाज आये ऐसे पैसे से। मैं तो बहुत ही तंग आ गई हूँ। अम्मा तो जब देखो तानों और झिड़कियों से बात करती हैं। मुझे ऐसे देखती हैं जैसे खा ही जायेंगी। मेरा यहां एक मिनट को भी रहने का जी नहीं चाहता।

हरि : क्या तुम्हारी माँ ने तुम्हारे यहाँ रहने पर कुछ कहा ?

रानी : साफ तो नहीं कहा, पर घुमा फिरा कर कई बार जता चुकी हैं कि उन्हें मेरा यहाँ पर रहना पसन्द नहीं। कल शाम को ही कह रहीं थीं कि शादी के बाद तो लड़की का घर ससुराल होता है।

हरि : **(आशंका से)** तुमने कुछ जवाब तो नहीं दिया?

रानी : तुम क्या समझते हो? झगड़ा कर लिया होगा?

हरि : झगड़ा तो नहीं किया? झगड़ा मत करना, इस मौके पर।

रानी : तुम तो मुझको बिल्कुल बुद्धू समझते हो।

हरि : बिल्कुल तो नहीं.....।

रानी : मै भी कम नहीं हूँ। मैंने माँ से कहा कि और लड़कियों का घर शादी के बाद ससुराल हो जाता होगा, पर तुम्हारा मोह कुछ ऐसा है कि मेरा घर अब भी यही है।

हरि : ठीक किया। ऐसी ही मीठी-मीठी बातें करके उन्हें खुश रखना। जब तक हमारे हाथ में चाबी नहीं आ जाती, तब तक हमारा मतलब हर हालत में इस मकान में टिके रहना है।

रानी : और अम्मा हर हालत में हम लोगों को, इस मकान से एक दो तीन करने की कोशिश में है।

हरि : उनको कोशिश करने दो। **(स्वर बदलकर)** जरा ठहरो। **(बीच वाले दरवाजे को ठीक से बन्द करता है, फिर आता है)** तुम्हारी माँ कुछ भी कहें, लाख ताने दें, डाँटें या और कोई कोशिश करें, तब भी तुम सब कुछ सह लेना। डिगना नहीं। थोड़ी बहुत तो तकलीफ बर्दाश्त करनी ही पड़ेगी अगर इतनी बड़ी दौलत को पाना है।

रानी : मैं तो इस फिराक में हूँ कि मौका लगे तो बुआ के गले से चाबियां खोल लूं।

हरि : अरे बुआ के गले से चाबी खोल लोगी तो सबको पता नहीं चल जायेगा।

रानी : मैंने कहा न तुम मुझे बिल्कुल ही बेवकूफ समझते हो।

हरि : बिल्कुल तो नहीं.....।

रानी : मैं भी कुछ कम नहीं हूं। यह देखो- **(ब्लाउज में से तीन चाबियां निकालती है)** यह चाबियां मैंने इस लिए छिपाई हैं कि बुआदादी की चाबी खोलकर उनकी जगह इन्हें बाँध दूँ ताकि किसी को शक न हो।

हरि : शाबाश।

रानी : यह चाबियां भी वैसी ही काली जंग लगी हुई हैं। कोई देखकर आसानी से फर्क नहीं बता सकता।

हरि : भई वाह! मान गये–

रानी : मैंने सोचा कि अगर किसी तरह चाबी बदल लें तो अम्मा इन चाबियों से बक्स नहीं खोल पायेंगी। और अगर बुआदादी बिना होश में आये मर भी गईं तो हम लोग सबसे कह सकेंगे कि वह अपने होश में हम लोगों को असली चाबी दे गईं थीं। फिर तो सारी दौलत पर हमारा हक रहेगा।

हरि : जवाब नहीं। बड़े मियां तो बड़े मियां, छोटे मियां सुभान-अल्लाह।

रानी : हम लोग इस गर्मी में स्विट्जरलैण्ड जाएँगे।

हरि : हम लोग अपना हवाई जहाज खरीद कर के उसी में चलेंगे। **(स्वर बदलकर)** अरे हाँ, एक और तरकीब है। यह देखो, **(जेब से कागज निकाल कर)** वकील से मैंने बुआदादी की वसीयत लिखा ली है। इस पर किसी तरह से उनका अंगूठा लगवा लो–

रानी : यह तरकीब तो अच्छी है लेकिन.....

हरि : लेकिन क्या -

रानी : माँ जो हर समय हम पर जासूसी किया करती हैं। एक मिनट को भी अकेला नहीं छोड़तीं। मैं चाबी निकालना चाहती थी, लेकिन मौका ही नहीं मिला। दो रातें इसी कोशिश में बर्बाद हो गईं।

हरि : माँ को क्या तुम कम समझती हो- आखिर को तो तुम्हारी माँ हैं। वह भी अपने चक्कर में हैं। मगर हम लोग हारेंगे नहीं। तुम बस अंगूठा लगवा लो–

(रानी कागज लेकर अपनी धोती में छुपा लेती है।)

(दायाँ कमरा)

(माँ बुआदादी के हाथ से चाबी निकालने की कोशिश करती है। तभी उन्हें ख्याल आता है कि दरवाजा खुला है। पीछे का दरवाजा बन्द करती हैं। बीच के दरवाजे को बन्द करके कुंडी लगाती है। फिर बुआदादी की चाबी निकालने की कोशिश करती हैं।)

(बायाँ कमरा)

हरि : **(चौंक कर)**–यह दरवाजा किसने बन्द किया ?

रानी : माँ ने बन्द किया है।

हरि : क्या वह बुआदादी के कमरे में हैं ?

रानी : हाँ।

हरि : फिर जरूर कोई बात है। वह चाबी खोज रही होंगी। मैंने तुमसे कितनी बार कहा कि उन्हें अकेला मत छोड़ा करो। अगर चाबी निकाल ली तो हम लोग हाथ मलते रह जायेंगे।

रानी : मैं क्या करूँ? मुझे नींद आने लगी। इसीलिए चली आई।

हरि : अच्छा, अच्छा, बातें बाद में करना। **(कहता हुआ बीच के दरवाजे पर जाता है–और जोर जोर से खटखटाता है)** माँ! माँ!

(माँ हड़बड़ा कर बीच का द्वार खोलकर बायें कमरे में प्रवेश करती हैं।)

हरि : माँ, मुझसे रानी ने बताया कि तुम दो रोज से जाग रही हो?

माँ : **(अटैची की ओर देखती हुई)** यह तुम्हारी अटैची है?

हरि : हाँ, मेरी अटैची है। माँ, तुम इतना जागोगी तो तुम्हारी तबियत खराब हो जायेगी।

माँ : तो तुम भी अब यहाँ रहोगे?

हरि : हाँ। जब तक हम बच्चे लोग हैं, तब तक तुम्हें तकलीफ करने की कतई जरूरत नहीं। रानी अगर तुम्हारी बेटी है तो मैं भी तो तुम्हारा बेटा हूँ। बेटे-बेटियों का फर्ज होता है कि माँ को किसी तरह की तकलीफ न होने दें।

माँ : आज तुम दफ्तर नहीं गये ?

हरि : मैंने जब रानी से सुना कि तुम दो रात से जाग रही हो तो मुझे बहुत तकलीफ हुई। आज रात को मैं तुम्हें नहीं जागने दूंगा। तुम्हें अपनी सेहत का ध्यान रखना चाहिये।

माँ : तुमने दफ्तर से छुट्टी ले ली?

हरि : हाँ। अब तुम्हारे बदले मैं जागूंगा।

माँ : **(व्यंग्य से)** बड़े सआदतमंद दामाद हो।

हरि : **(झेंप मिटाने को हंसते हुए)** यह तो मेरा फर्ज है।

माँ : **(व्यंग्य से)** सास की तकलीफ का ख्याल करके ससुराल आ बसे।

हरि : **(बात टालने को)** रानी, देखो न। माँ कितनी थकी लग रही हैं। चेहरा तो एकदम पीला पड़ गया है। आखिर दो रात से जाग रही हैं। माँ, तुम आराम करो। चलो रानी, हम तुम बुआदादी के पास बैठ जायेंगे।

(हरि बाबू और रानी का दायें कमरे में प्रस्थान।
माँ ठगी सी खड़ी रह जाती है)

माँ : **(तख्त पर बैठते हुए स्वतः)** अरे ये लच्छन। ये चरित्तर। हाय, भगवान ! तू जो दिन न दिखाए सो थोड़ा है। कलजुग का चौथा चरण है।

(बाबू जी का पीछे से प्रवेश)

बाबू : तुम्हारी तो अकेले बैठ कर बड़बड़ाने की आदत है।

माँ : साफ कह दो कि मैं पागल हो गई हूँ। अरे, मैं तो ताज्जुब में हूँ कि अब तक पागल क्यों नहीं हो गई ?

बाबू : क्या हुआ ?

माँ : ये अपने पेट की बेटी ही चरित्तर दिखा रही है मुझे। और ये कल का लौंडा हरि बाबू, अपने अलग करतब दिखा रहा है। मुझे तो शक है कि दोनों कुछ चाल सोच कर आए हैं।

बाबू : यह अटैची किसकी है ?

माँ : अरे वही तो कह रही हूँ। हरि बाबू अपना घर छोड़कर ससुराल में बसने आए हैं। जानते हो क्यों?

बाबू : क्यों ?

माँ : **(व्यंग्य से)** सास की सेवा के लिए।

बाबू : सास की सेवा के लिए?

माँ : हाँ, हाँ, सास की सेवा के लिए। कहता है–**(हरि बाबू की नकल करते हुए)**- तुमको बुआदादी की तिमारदारी में रात भर जागना पड़ता है। अब तुम्हारे बदले मैं जागूंगा।

बाबू : ठीक तो है।

माँ : खाक ठीक है। अरे उसकी तो नस मैं पहचानती हूं। अगर हम लोगों की निगाह जरा बचे, तो वह दीवार में सेंघ लगा कर बक्स गायब कर दे।

बाबू : हरि बाबू कब आये ?

माँ : अभी हीं आया है। दफ्तर से छुट्टी ले ली है। पन्द्रह दिन की।

बाबू : कहाँ है वह इस वक्त ?

माँ : वहीं, बुआदादी के पास बैठा है।

बाबू : **(सोचकर)** तुम ठीक कहती थी। मुझे इन दोनों की नीयत में वाकई फर्क नजर आता है।

माँ : तुम्हें अब समझ में आया। पहले जब मैं कहती थी; तो तुम मुझे पागल समझते थे।

बाबू : **(सोचते हुए)** ठहरो डब्बू की माँ। मुझे सोचने दो। यह तो वाकई में एक मुसीबत है।

माँ : तुम्हारे भाइयों से किसी तरह से लड़-झगड़ कर बुआ को यहां लाये। मगर अब तो यह बिटिया-दामाद ही दुश्मन बन गए।

बाबू : जहां गुड़ होता है, वहाँ चींटे आते ही हैं। फिर दौलत का लालच कम नहीं होता। बाप बेटे एक दूसरे की गर्दन काटने पर उतारू हो जाते हैं। यह तो दामाद है।

माँ : सो तो ठीक है, मगर अब क्या करें ?

बाबू : तुम घबराओ मत। मैं सब ठीक किये देता हूँ।

माँ : बड़ा ठीक करने चले। कोशिश कर देखो। वह मामूली चिड़िया नहीं, जो फँस जाये जाल में।

बाबू : **(बीच के द्वार के पास बनावटी, प्यार भरी आवाज देते हुए)** हरि बाबू! हरि बाबू!

(दायाँ कमरा)

हरि : जी आया।

(बायें कमरे में जाता है।)

(बायाँ कमरा)

बाबू : हरि बाबू! मैंने सुना तुमने दफ्तर से छुट्टी ले ली है ?

हरि : हाँ, बाबू जी।

बाबू : **(समझाते हुए)** देखो बेटा, नौकरी-चाकरी के मामले को इतनी आसानी से नहीं लेना चाहिए। मुझे देखो, मैंने पिछले पच्चीस साल से बिल्कुल छुट्टी नहीं ली। सी. एल. तक नहीं। फिर छुट्टी तो जमा रखनी चाहिये। भगवान न जाने, कब कितनी छुट्टी की जरूरत पड़े।

हरि : बाबू जी जरूरत थी तभी तो छुट्टी ली। बुआदादी की तबियत इतनी खराब है कि—

बाबू : बुआ की तीमारदारी के लिए हम लोग तो हैं ही। तुमने नाहक छुट्टी ली। न बेटा न, तुम छुट्टी कैन्सिल करा कर दफ्तर जाओ।

हरि : यहां माँ को बेहद तकलीफ होगी। उन्हें रात भी जागना पड़ता है। मैंने सोचा हाथ बटा दूँ।

माँ : मेरी तबियत की तुम फिकर मत करो बेटा। तुम अपनी नौकरी देखो। मैं जाग लूंगी।

हरि : फिर भी तुम्हारा रात भर जागना कहां तक ठीक है? इससे तुम्हारी तबियत खराब हो जायेगी।

(रानी का बीच के द्वार से प्रवेश)

माँ : खराब होवेगी तो दो दिन बिस्तर पर पड़ रहूंगी, पर भैया तुम कारोबारी आदमी हो। अपना काम देखो।

हरि : **(उत्तर विहीन सा)** वह तो बात यह है कि...बात यह है कि...

बाबू : **(काटते हुए)** हां हां, तुम आज ही अपने दफ्तर की छुट्टी कैन्सिल कराओ।

रानी : अरे तुम साफ-साफ क्यों नहीं कहते कि बुआदादी से तुम्हें मोह है।

बाबू : मोह?

रानी : हाँ बाबू जी। आप तो जानते ही हैं कि इनकी बचपन से माँ नहीं है। बुआदादी की सूरत कुछ इनकी माँ से इतनी मिलती है कि उन्हीं को अपनी माँ मानने लग गये हैं। जब से बुआदादी बीमार हैं, इनका घर में किसी काम में मन नहीं लगता है।

हरि : **(रूंधे गले से)** बुआदादी में तो मुझे अपनी माँ मिल गई। बस इसीलिए मैं छुट्टी लेकर उनकी सेवा करने चला आया। इससे मेरी आत्मा को बड़ी शान्ति मिलती है। बस सिर्फ इसलिए... **(रूमाल से आंसू पोंछने का अभिनय करता है)**

रानी : माँ का प्यार ऐसा ही होता है बाबूजी। फिर जिसकी माँ बचपन में ही चली गई हो, वह तो जहां भी ममता पाता है, गिर पड़ता है।

हरि : अब तो मैंने छुट्टी ले ही ली है। छुट्टी कैन्सिल कराने से कोई फायदा नहीं। बुआ दादी की हालत ऐसी है कि आपको छुट्टी लेनी पड़ती। अब आप छुट्टी मत लीजियेगा।

रानी : हाँ बाबूजी, आप छुट्टी मत लीजियेगा। यह सब संभाल लेंगे।

हरि : हम लोगों के रहते आप को तकलीफ हो, तो यह हम लोगों के लिए शर्म की बात है। आओ रानी, बुआदादी के पास कोई नहीं है।

**(हरि बाबू और रानी का बीच के द्वार से दायें कमरे में प्रवेश।
माँ और बाबू जी ठगे से एक दूसरे को देखते हैं)**

माँ : देख लिया। **(व्यंग्य से बाबू जी के स्वर की नकल करते हुए)** मैं सब ठीक कर दूँगा।

बाबू : यह तो वाकई बड़ा होशियार है।

माँ : लगता है, छल-कपट तो इसे घुट्टी में पिलाया गया है। मैं तो चली। निबटो तुम अपने इस जगाई से। **(प्ररथान-पीछे रो)**

बाबू : **(असहाय-सा)** ठहरो डब्बू की माँ! **(प्रस्थान-माँ के पीछे-पीछे)**

(दायाँ कमरा)

**(हरि बाबू दोनों दरवाजों से बाहर झांकते हैं और इशारे से रानी से कहते हैं कि कोई नहीं है। दोनों दरवाजे बन्द करते हैं।
रानी दादी के हाथ से चाबी निकालना चाहती है)**

रानी : **(फुसफुसाते हुए)** बाबा! दादी तो इस तरह मुट्ठी में जकड़े हैं कि छुड़ाना मुश्किल है।

हरि : अरे चाबी का चक्कर छोड़ो। कागज पर अंगूठा लगवा लो।

रानी : अंगूठा काहे से लगवा लूं? स्याही तो है ही नहीं।

हरि : **(सोचते हुए)** स्याही? उफ जल्दी में फाउन्टेन पेन तो घर ही भूल आया।

रानी : अब क्या होगा?

हरि : ठहरो...मुझे खयाल आया। मैंने काके की मेज़ पर एक फाउन्टेनपेन रखा देखा है। अभी लाया।

**(हरि बाबू चोर की तरह से बीच की दीवार का दरवाजा
खोल करके बायें कमरे में जाते हैं।)**

(बायाँ कमरा)

**(हरि बाबू मेज पर से फाउन्टेनपेन चोरों की तरह
उठाता है–वैसे ही काके का पीछे से प्रवेश)**

काके : जीजा जी !

हरि : **(चौंककर)** अं.....

काके : जीजा जी आप इतना घबरा क्यों रहे हैं?

हरि : **(संभलकर)** कहां ? घबरा कहां रहा हूँ? काके, तुम्हारा इम्तहान एकदम नजदीक आ गया है। बाबू जी कह रहे थे कि तुम पढ़ते कम हो। तुमको पढ़ाई में ध्यान लगाना चाहिये। नहीं

तो फेल हो जाओगे। चलो पढ़ने बैठो। इधर-उधर खेल कर समय बर्बाद मत करो।

(बीच की दीवार के द्वार से दायें कमरे में हरि बाबू का प्रवेश। जाते जाते वह बीच का द्वार भेड़ता जाता है। हरि बाबू के जाने के बाद काके मेज से किताब उठाता है, किन्तु कुछ ख्याल आ जाने पर बीच के दरवाजे पर जाकर उसकी दरार से झांकने की कोशिश करता है।)

(दायाँ कमरा)

हरि : **(रानी से)** यह लो फाउन्टेनपेन। देखो जल्दी करो। मैं देखता हूँ कि कोई आए नहीं।

(रानी बुआदादी के बायें अंगूठे में स्याही लगाती है। हरि बाबू पीछे के दरवाजे की तरफ जाते हैं। तभी बीच का दरवाजा काके खोलता है। रानी के हाथ से कागज और फाउन्टेनपेन गिर जाता है।)

हरि : **(घबराकर)** क्या ! ओह ! काके तुम पढ़ नहीं रहे हो

(रानी जल्दी-जल्दी कागज और कलम उठाकर अपने आंचल में छिपाती है)

काके : पढ़ तो रहा हूं। **(अपने हाथ की किताब दिखाता है)**

हरि : इस तरह चल-चल कर पढ़ा जाता है ? अपनी मेज पर बैठ के पढ़ो।

काके : मैं इस कमरे में पढूंगा।

हरि : इस कमरे में क्यों पढ़ोगे ? यह कोई पढ़ने की जगह है।

काके : मैं यहीं पढूंगा।

हरि : यहां बुआ दादी बीमार हैं। कहीं और जाकर पढ़ो।

काके : नहीं, मैं यहीं पढूंगा। मैं बुआ दादी के पास पढूंगा।

हरि : **(झुंझलाकर)** यहीं पढ़ो। मेरे बाप, यहीं पढ़ो। मेरे लाल, मेरे सर पर चढ़ कर पढ़ो।

(हरि बाबू क्रोध और मजबूरी से रानी की ओर देखते हैं। रानी...'मैं क्या कर सकती हूँ' जैसे भाव से कन्धे उचकाती है। हरि बाबू क्रोध से एक ओर बैठ जाते हैं। रानी चिन्तित सी दूसरी कुर्सी पर बैठ जाती है। किताब लिए हुए काके चटाई पर बुआ दादी की चारपाई के पास जमीन पर बैठ जाता है।)

(बायाँ कमरा)

(माँ पीछे के द्वार से प्रवेश करके बीच के द्वार पर जाती है।)

माँ : **(पुकारते हुए)** हरि बाबू, जरा सुनना तो।

(हरि बाबू का बायें कमरे में प्रवेश)

हरि : क्या है माँ?

माँ : बेटा, अभी चौके में गई, तो पता लगा कि आटा एकदम खत्म हो गया है।

हरि : खिचड़ी बना लो।

माँ : चावल भी तो खत्म हो गया है। गेहूं रखा हुआ है। कोई पिसाने वाला ही नहीं है। कोई होता तो अभी पिसा मंगाती। अब तुमसे काहे की लाज-शर्म। बेटा, तुम्हीं जरा गेहूं पिसा लाओ।

हरि : **(विस्मित स्वर में)** मैं गेहूं पिसा लाऊं?

माँ : हाँ। क्या हुआ? अपने घर का काम करने में कैसी लाज-शर्म। अब तो यह घर तुम्हारा ही है। अपने घर का काम करने में हिचक नहीं होनी चाहिये।

हरि : मैं गेहूं पिसाऊं! क्या और कोई नहीं है घर पर...?

माँ : **(काटते हुए)** काके का इम्तहान है। और इनको दफ्तर जाने की देर हो रही है। बेटा नौकर तो आजकल कोई है ही नहीं। बस एक तुम्हीं हो। जाओ बेटा, जरा जल्दी से पिसा लाओ; वरना आज खाना क्या बनेगा।

(हरि बाबू खड़े सोचते हैं।)

माँ : अरे बेटा, सोचते क्या हो? अब तो तुम इस घर के ही हो। और मैं भी तुम्हें घर का समझ कर ही कह रही हूं। बुरा मत मानना। अपने घर का काम करने में बुरा मानने की कौन सी बात है? आओ बेटा, गेहूं चौके से उठा लाओ। जल्दी करो-आओ।

हरि : **(अनिच्छा से)** आता हूं। तुम चलो।

माँ : अच्छा बेटा। **(माँ का भीतर प्रस्थान)**

हरि : **(क्रोध में)** रानी!

रानी : **(दायें कमरे में प्रवेश)** अरे! अरे! क्या हुआ? इतना शोर क्यों मचा रहे हो?

हरि : मैं अब इस घर में एक मिनट भी नहीं रहूंगा।

रानी : **(इत्मीनान से)** अहा, क्या हुआ?

हरि : सुना तुमने? तुम्हारी माँ कहती है कि आटा पिसा लाओ।

रानी : आटा पिसा लाओ?

हरि : हां–आटा पिसा लाओ–जैसे मैं इस घर का दामाद नहीं, नौकर हूं। मैं इसी वक्त अपने घर जाता हूँ। अब मैं यहां एक मिनट भी नहीं रह सकता।

रानी : अरे, यह क्या कह रहे हो? आखिरी वक्त पर तुम्हारे चले जाने से बना बनाया खेल बिगड़ जायेगा।

हरि : भाड़ में जाये बना-बनाया खेल। मेरी भी कोई इज्जत है। मैं आटा पिसाने जाऊंगा?

रानी : एक दिन चले भी जाओगे, तो क्या हो जायेगा?

हरि : **(ताज्जुब से)** तुम भी अपनी माँ जैसी बातें करने लग गईं। आज आटा पिसाया है, कल जूते पर पॉलिश कराएंगी।

रानी : तो पॉलिश भी कर देना।

हरि : पॉलिश कर देना! जूते पर पॉलिश?

रानी : हाँ, हाँ, क़ाम करने से आदमी छोटा नहीं हो जाता।

हरि : **(मुट्ठी भींचते हुए क्रोध से)** उफ़्फ?

रानी : यह मौके की बात है। अक्लमन्दी इसी में है कि इस वक्त जो काम करने को कहा जाये वह तुम कर लो।

हरि : यह अक्लमन्दी है। जूते की पॉलिश करने में क्या अक्लमन्दी है?

रानी : तुम बिल्कुल नहीं समझे। असलियत में तो यह तरकीब है तरकीब।

हरि : किस बात की तरकीब?

रानी : यही कि तुम इन कामों से घबरा कर घर छोड़कर चले जाओ। और अगर वाकई तुम घबरा गये तो माँ की तरकीब काम कर जायेगी। हम लोग हार जाएंगे।

हरि : **(असहाय सा)** तब क्या करना चाहिये?

रानी : यही कि इस वक्त माँ जो कुछ भी कहें उसे चुपचाप बिना किसी हीले-हवाले के करते जाओ।

हरि : मगर...

रानी : मगर-वगर कुछ नहीं। इस तरह से माँ की हर तरकीब हम बेकार कर देंगे। मुझी को देखो, माँ मुझे कितने ताने देती हैं। बात-बात पर झिड़कती हैं। मगर एक मैं हूं कि मेरे कान पर जूं तक नहीं रेंगती।

हरि : अगर कोई सुनेगा तो क्या कहेगा?

रानी : ससुराल में बसने का यही नतीजा होता है। भूल गये, तुम्हीं तो मुझसे कह रहे थे कि चाहे कुछ हो जाये, हम लोग इस घर को छोड़ कर नहीं जायेंगे। हर मुसीबत झेल कर भी नहीं हटेंगे।

हरि : **(रुँआसा सा)** आज आटा पिसवाया है, कल जूते पर पॉलिश करवाएंगी- परसों कपड़े धुलवाएंगी। तरसों महरी को छुड़ा कर बर्तन मंजवाएंगी। उन्हें तो मुफ्त का गुलाम मिल गया है।

रानी : दौलत भी तो तुम्हें ही मिलेगी।

हरि : **(अतीव विश्वास से)** खैर, दौलत तो मेरी ही है। कहीं जा नहीं सकती। बुआदादी को बस पांच मिनट को होश आ जाये तो वह बक्स मुझी को सौंप देंगी। अगर होश न भी आये तो तुम दस्तावेज पर अंगूठा लगवा लो। बस कचहरी बिठा दूंगा यहाँ लाकर। फिर तो दौलत कहीं नहीं गई–

(माँ का पीछे के द्वार से प्रवेश)

माँ : अरे बेटा, खड़े-खड़े बातें क्या कर रहे हो? जल्दी से गेहूं पिसा लाओ। टीन अन्दर रखा है।

रानी : हाँ हाँ जाओ न।

हरि : **(मजबूरी से)** जाता हूं।

(माँ और हरि बाबू का पीछे के द्वार से प्रस्थान। रानी खड़ी रहती है, तभी माँ का पुनः प्रवेश)

माँ : अरे रानी, तुमसे तो कहना ही भूल गई। चल बेटा, आज खाना तू बना ले।

रानी : न, मुझसे खाना नहीं बनेगा।

माँ : क्यों?

रानी : देखती नहीं हो, रात से मैं जागी हूं। फिर मैं बुआदादी के पास बैठूंगी। उनकी हालत बहुत खराब है।

माँ : **(बिगड़ कर)** बुआदादी-बुआदादी! बुआदादी की सगी तू ही तो है। मैं सब समझती हूं, यह बुआदादी के लिए प्यार क्यों उमड़ रहा है। मैं सब जानती हूँ।

रानी : तुम नाहक नाराज हो रही हो?

माँ : मैं अंधी नहीं हूं। मैं सब कुछ देख रही हूं। यह मत समझना कि तुम हम लोगों को चरा लोगी। तुम हमारी बेटी हो। तुम्हारे लिए हम लोगों ने क्या कुछ नहीं किया, और तुम ही हमारे आड़े आती हो।

रानी : क्या कहती हो माँ? हम तुम्हारे आड़े क्यों आएंगे।

माँ : तुम्हारे पढ़ाने लिखाने में हजारों रुपये खर्च कर दिये। तुम्हारी शादी में हजारों के कर्जदार हो गये। और उसका यह फल दे रही हो! जो दुश्मन भी नहीं देगा।

रानी : माँ...!

माँ : रहने दे। मुझे माँ मत कह। भगवान सब कुछ देखता है। सबका इन्साफ उसी के यहां होता है। जिसका जो है; वह उसी को मिलेगा। हाँ, मैं बताये देती हूँ, तू अच्छा नहीं कर रही है।

(इतने में हरि बाबू कंधे पर गेहूं का टीन लादे भीतर से प्रवेश करते हैं।)

माँ : **(स्वर बदलकर)** ओह हरि बाबू! शाबाश बेटा, जल्दी से आटा पिसा लाओ। चार कदम पर ही तो चक्की है।

रानी : जल्दी लौटियेगा। रास्ते में कोई दोस्त मिल जाये तो उससे बात मत करते रह जाइयेगा।

(बिना कुछ बोले, रानी और माँ को आग्नेय नेत्रों से देखते हुए हरि बाबू का प्रस्थान)

माँ : बेशर्मी की हद होती है। अगर इतने पर भी किसी की समझ में न आए, तो मैं क्या करूँ?

रानी : क्या कह रही हो तुम?

माँ : वही जो तुम समझती हो और जिससे जानबूझ कर आंखें बन्द करती हो। हरि बाबू गेहूं का टीन लादे अच्छे लगते हैं?

रानी : बुरे क्या लगते हैं? अपना काम समझ कर काम करते हैं।

माँ : तब ठीक है। दामाद इसी काबिल है। ससुराल में बसे हैं तो

यही होगा। ससुराल में खातिर-तवाजो बस एक दो दिन की होती है। मगर वह तो बसने चले आये हैं।

रानी : **(तीखे स्वर में)** वह तुम्हारे यहां बसने नहीं आये हैं।

माँ : मेहमानदारी एक या दो दिन की अच्छी है। सुना नहीं तूने—

'ससुराल सुख की सार
रहे जो दिन दो चार।
रहे जो दिन दस बीस
खुरपी फावड़े की तजवीज।'

अब खुरपी फावड़े की ही नौबत बाकी रह गई है।

रानी : मुझे क्या कहती हो? तुम्हारे जो जी में आए सो करो। **(दायें कमरे में प्रस्थान)**

माँ : **(क्रोध से)** आंखों का पानी मर गया है। अपनी इज्जत और हया का खयाल ही नहीं। बेशर्म डटे हुए हैं। घर से खिसकने का नाम ही नहीं लेते।

(बाबू जी का पीछे के द्वार से प्रवेश)

बाबू : **(हँसते हुए)** तुम फिर अकेली बैठी बडबड़ा रही हो। तुम एक दिन जरूर पागल हो जाओगी।

माँ : पागल तो हो गई हूं। तुम्हारे बिटिया दामाद एकदम पागल बनाये हुए हैं।

बाबू : क्या हुआ?

माँ : पूछो क्या नहीं हुआ? तुम्हारी तरकीब तो चली नहीं। तब फिर मैंने अपनी तरकीब निकाली। हरि बाबू से कहा गेहूं पिसा लाओ।

बाबू : दामाद से गेहूं पिसाने को कहा?

माँ : पिसवाने को कहा ही नहीं, पिसवाने भेज भी दिया है। वह इसी लायक है। बेशर्म कहीं का! कन्धे पर लादकर ले गया है।

बाबू : अरे, अरे, कुछ तो खयाल किया होता दामाद का।

माँ : ख्याल तो अब करूंगी। काके के बाबू, तुम देखते जाओ। मैं क्या-क्या नहीं करती हूं। बच्चू को नाकों चने चबवा दूंगी। मेरे आड़े आने चला है!

बाबू : रानी को मालूम है कि हरि बाबू को तुमने आटा पिसाने भेजा है?

माँ : हाँ-हाँ क्यों नहीं? उसी के सामने तो भेजा है।

बाबू : उसने कुछ नहीं कहा?

माँ : वह क्या कहेगी? उसके तो दिल में चोर है। बोले कैसे? तुम फिकर मत करो—दो ही दिन में यह हरि बाबू पानी माँगने लगेगा, बिस्तर लपेट कर ऐसा भागेगा कि फिर दुबारा आने का नाम नहीं लेगा।

बाबू : **(कुर्सी पर बैठते हुए)** क्या बताया जाये! दौलत इतनी बुरी चीज है कि सगी बेटी और दामाद भी दुश्मन हो गये। **(बातचीत के दौरान अनजाने में काके की मेज से एक कापी उठा के मन ही मन पढ़ने लगता है, फिर पढ़कर चौंकते हुए)** काके की माँ! यह देखा तुमने?

माँ : क्या है?

बाबू : गजब हो गया। तुम ठीक कहती हो। **(हकलाते हुए)** क्या कहती हो? कलयुग का कौन-सा चरण है?

माँ : चौथा!

बाबू : हां वाकई, कलयुग का चौथा चरण है। यह काके है न, काके...

माँ : हां, हां, काके! क्या किया काके ने?

बाबू : यह काके ने लिखा है। हे भगवान, गजब हो गया। इस छोटी सी उमर में यह खयालात। मैं तो हैरत में हूं।

माँ : क्या लिखा है?

बाबू : **(पढ़ते हुए)** होशियार!! होशियार!!!

काके उस्ताद होशियार। इस घर में सब मेरे दुश्मन हैं। माँ और जीजा जी दुश्मन नं. एक। बाबू जी और जीजी दुश्मन नं. दो। माँ और बाबू जी, जीजी और जीजाजी सब बुआ दादी का पैसा चाहते हैं। **(अपने आप से)** इसको कैसे पता लगा। **(फिर पढ़ते हुए)** बुआदादी इनमें से किसी को पैसा नहीं देना चाहती। बुआ दादी सिर्फ मुझको प्यार करती है, क्योंकि मैं लालची नहीं हूँ, क्योंकि मैं बुआदादी का बहुत कहना मानता हूं, क्योंकि मैं बुआदादी का चन्दन घिसता हूं, क्योंकि मैं बुआदादी के लिए पूजा के फूल लाता हूं, क्योंकि मैं उनकी तेल मालिश करता हूँ। **(क्रोध से)** चमचा कहीं का **(पढ़ते हुए)**। बुआदादी ने कहा था कि बाबूजी, जीजाजी व

जीजी को एक पैसा भी नहीं देंगी। बुआदादी अब मरने वाली हैं। सारा पैसा मुझे मिलना चाहिये। माँ, बाबूजी, जीजाजी और जीजी सब खुद उस पैसे को लेना चाहते हैं। इसलिए ये चारों मेरे दुश्मन हैं। मुझे इन चारों से होशियार रहना चाहिये। ये लोग पैसा न ले जायें, इसकी रखवाली करनी है। मुझे होशियार रहना है। होशियार! होशियार!! होशियार!!!

माँ : (**विस्मित**) यह काके ने लिखा है?

बाबू : हाँ, काके ने लिखा है।

माँ : इस कल के छोकरे को जुम्मे जुम्मे आठ दिन हुए हैं, जांघिया पहनते, आज हम सब उसके दुश्मन हो गये। (**उपेक्षा से**) होशियार-होशियार-होशियार! (**रूँआंसी**) काके के बाबू, आजकल माँ बच्चों को दूध नहीं, जहर पिलाती हैं। वे पैदा होते ही उसके दुश्मन हो जाते हैं। (**पुकारते हुए**)-काके,-काके, इधर आ। कहां गया, कहां है तू? अरे अभागे, करम जले इधर आ!

(**काके का बायें कमरे में प्रवेश**)

माँ : इधर आ कम्बख्त (**हाथ से पकड़कर घसीटती हुई**) बता, हम तेरे दुश्मन हैं। बोल तुझे किसने सिखाया है? बोल! अब चुप क्यों है? हम तेरे दुश्मन हैं? हम लालची हैं? (**पीठ पर घूंसे मारती हुई**) होशियार होशियार, ले...

बाबू : (**माँ को अलग करते हुए**) काके की माँ, बस करो!

माँ : क्या बस करूँ? सब मेरी जान लेकर ही रहेंगे। तब इन्हें सबर होगा।

(**गुस्से में एक ओर बैठ जाती है**)

बाबू : काके तुम्हारा इम्तहान नजदीक है। तुम्हें अपनी पढ़ाई पर ध्यान देना चाहिए। (**हरि बाबू का डाक्टर के साथ बाहर के बायें द्वार से प्रवेश**)

हरि : बाबूजी, यह हैं डाक्टर सूरमा!

बाबू : नमस्ते (**काके से**)- जाओ बेटा, पढ़ाई पर ध्यान लगाओ। (**काके अपनी डायरी उठाकर अन्दर चला जाता है।**)

माँ : तुम आटा पिसाने ले गये थे?

हरि : वह मजदूर लाता होगा। उसे पैसे आप दे दीजियेगा।

माँ : हमारे यहाँ डॉक्टर की क्या जरूरत है। वैद्य का इलाज तो हो ही रहा है।

डॉक्टर : तो फिर मुझे...

हरि : बुआदादी की तबीयत बहुत खराब है। वह वैद्य के मान की नहीं। आइये डॉक्टर साहब आप आइये-**(डॉक्टर के साथ हरि बाबू का बीच के द्वार से दायें कमरे में प्रवेश)**

(दायाँ कमरा)

(हरि बाबू डॉक्टर के साथ दायें कमरे में जाता है। उसके पीछे रानी और उसके पीछे बाबूजी उस कमरे में जाते हैं। सबसे पीछे माँ जाती हैं, और बीच के दरवाजे के पास, सबकी तरफ तिरछा घूंघट खींचकर वहां का कार्य-व्यापार देखती हैं।)

डॉक्टर : **(बिना बुआ को देखे)** आप लोगों में से कौन-कौन मरीज है?

बाबू : आपको हम सब बीमार दिखाई पड़ते हैं?

डॉक्टर : **(बाबूजी के निकट जाकर, गौर से देखते हुए)** मुंह खोलिए। **(बाबूजी सिधाई में सकपका कर मुँह खोल देते हैं)** जबान दिखाइए?

माँ : **(झिड़कते हुए)** तुमने क्यों मुँह खोल दिया? **(डॉक्टर से)** डॉक्टर साहब, मरीज चारपाई पर लेटा है। मरीज ये नहीं हैं।

डॉक्टर : **(निराशा से)** यह नहीं हैं?

हरि बाबू : **(बदले स्वर में)** डॉक्टर साहब, यह नहीं, बीमार तो बुआदादी हैं। इनको देखिए।

डॉक्टर : सिर्फ एक अदद।

माँ : तो क्या थोक में मरीज देखने आए हो?

डॉक्टर : थोक तो सस्ता पड़ता है। इसीलिए मैं मंडी जाता हूं। सब कुछ थोक में ही लेता हूं।

माँ : तो मंडी चले जाते। वहां मरीज भी थोक में मिल जाते।

डॉक्टर : क्या बताऊं-ये मिस्टर... **(हरी बाबू का नाम सोचता है।)**

हरि : **(अपना नाम बताते हुए)**-हरि बाबू।

डॉक्टर : हरि बाबू यहाँ बुला लाए।

माँ : तो अब चले जाओ।

रानी : **(बात संभालते हुए)** इधर आइए डॉक्टर साहब! बुआदादी को देखिए।

डॉक्टर : हाँ हाँ! **(बुआदादी के पास जाकर हाथ की नब्ज देखकर)** क्या देखूं? कोयला ठंडा पड़ता जा रहा है।

रानी : कोयला!

डॉक्टर : राख ही राख है।

बाबू : **(अचानक तैश में आकर)** खबरदार! हमारी बुआ को राख कहता है।

डॉक्टर : तुम्हारी बुआ को किसने राख कहा?

बाबू : तो किसको कहा?

डॉक्टर : अंगीठी को।

बाबू : **(विमूढ़-सा)** अंगीठी! कौन से अंगीठी?

डॉक्टर : जिन्दगी की अंगीठी। जिन्दगी का तन्दूर।

माँ : काके के बाबू, तुम्हारी समझ में इसकी कोई बात आई?

डॉक्टर : जलती अंगीठी का कोयला देखा है। लाल लाल अंगार सा। फिर कोयला जलते-जलते राख बनने लगता है। फिर राख और राख। और अंगीठी ठंडी पड़ने लगती है। **(किसी के कुछ समझ में नहीं आता है।)**

बाबू : तो?

डॉक्टर : तो इनकी अंगीठी ठंडी पड़ गई है। जिन्दगी के कोयले राख हो रहे हैं।

माँ : तो तुम किसलिए आए हो? राख झाड़कर कोयले को हवा दो।

डॉक्टर : कैसे हवा दूं?

माँ : फीस नहीं लोगे? जैसे फीस लोगे।

हरि : डॉक्टर साहब, आप तो इंजेक्शन लगाएंगे।

डॉक्टर : दूध में उबाल आ चुका?

माँ : मेरी तो समझ में नहीं आती इसकी बात।

डॉक्टर : जैसे दूध में उबाल आता है, वैसे ही इस मरीज को भी जोश आता होगा?

हरि : हाँ डॉक्टर साहब। अस्सी साल की उम्र में भी नौजवानों सा जोश था। हर चीज का शौक। खाने पीने का शौक। रसगुल्ले बहुत पसन्द थे। गोश्त भी खूब पसन्द करती थीं। बड़े चाव से खाती थीं।

बाबू : **(अबोधता में)** और कच्ची अमिया भी।

डॉक्टर : **(निष्कर्ष निकालते हुए)** बस! दूध तो फट गया।

हरि : जी?

डॉक्टर : दूध फट गया।

हरि : मैं समझा नहीं।

डॉक्टर : **(बाबू जी से)** बीमारी के पहले पेट में खुदुर बुदुर होती होगी?

बाबू : खुदुर बुदुर!

डॉक्टर : जैसे हल्की आँच में दूध गर्माता है। फिर पेट से छौंके की आवाज सी आती होगी, जैसे कोई दाल में हींग और जीरे का तड़का लगाए। फिर उबाल की आवाज आती होगी?

बाबू : **(हाँ में हाँ मिलाने के)** शायद!

डॉक्टर : उबालते दूध में एक नींबू निचोड़ दो तो क्या होगा?

बाबू : दूध फट जायेगा।

डॉक्टर : बस! दूध फट गया। तुमने कच्ची अमिया की खटाई मरीज की जिन्दगी में डाल दी, और वह दूध सा फट गया। ये मरीज, मरीज नहीं, फटा दूध है। और इसके जिम्मेदार तुम हो।

बाबू : **(डॉक्टर के पास से हटकर, माँ के पास जाकर उसके पीछे, उसकी सुरक्षा में खड़े होते हुए)** मैंने कुछ नहीं किया। ...सच मैंने कुछ नहीं किया।

डॉक्टर : तुम्हीं जिम्मेदार हो।

हरि : **(बीच-बचाव करता सा)** तो अब क्या किया जाए?

डॉक्टर : दूध तो फट गया। अब चाहे छेने का रसगुल्ला बनाओ, सन्देस बनाओ, सीताभोग बनाओ, या श्रीखंड। दूध तो फट गया।

माँ : ये डॉक्टर है या हलवाई।

हरि : डॉक्टर साहब! कुछ इंजेक्शन वगैरह लगाइए। **(इशारे से समझाते हुए)** आप लाए तो हैं।

डॉक्टर : मिठाई काहे से बनती है? दूध से, चीनी से, अन्न से, आटे से, चावल से। और यह शरीर भी काहे से बनता है? सबसे पहले इस शरीर को माँ का दूध मिलता है। फिर चीनी, अन्न, आटा, चावल। शरीर और मिठाई में क्या अन्तर? डॉक्टर और हलवाई में क्या अन्तर है?

हरि : तो हलवाई साहब... मेरा मतलब है डॉक्टर साहब, जल्दी से

इनके इन्जेक्शन लगाइए। **(भेद भरे स्वर में-कान में)** क्या समझाया था।

डॉक्टर : हाँ हाँ। लगाता हूँ। इंजेक्शन।

(बाबूजी माँ को इशारा करते हैं, और दोनों बाएं कमरे में जाते हैं। रानी और हरि बाबू इंजेक्शन लगाने में मदद करते हैं।)

(बायाँ कमरा)

(जिस समय दायें कमरे में डॉक्टर बुआ दादी का परीक्षण कर रहे हैं, उसी समय माँ और बाबूजी बायें कमरे में बातें करते हैं)

बाबू : यह डॉक्टर क्यों लाया है?

माँ : मैंने आटा पिसाने भेजा तो उसे मजदूर को दे आया, और मुझसे कहता है कि उसे पैसे दे देना। इसकी चालाकी से कोई पार नहीं पा सकता।

बाबू : **(सोचते हुए)** यह डॉक्टर क्यों लाया? जरूर इसमें कोई चाल है।

माँ : चाल तो होगी ही। इस फरेबी के हर काम में कोई चाल होगी। यह कोई बहरूपिया है। किसी हलवाई को डॉक्टर बना के लाया है।

बाबू : समझ गया। समझ गया। जानती हो यह डॉक्टर क्यों लाया है?

माँ : क्यों?

बाबू : यह सबूत इकट्ठा कर रहा है।

माँ : किस बात का सबूत?

बाबू : यह मेरी खोपड़ी है जो इसकी चाल समझ गया। मामूली आदमी को तो यह चरका पिला दे।

माँ : किस बात का सबूत? क्या चाल है?

बाबू : अरे, यह मुकद्दमे का सबूत इकट्ठा कर रहा है। यह डॉक्टर इसीलिए लाया है ताकि कचहरी में कह सके कि बुआ का इलाज इसने कराया था।

माँ : यह बात है!!

बाबू : और इसी के आधार पर यह बुआ की दौलत पर हक जतायेगा।

माँ : अब क्या किया जाए?

बाबू : घबराओ नहीं। मैं भी सेर का सवा सेर हूं। मैंने यह बाल धूप में सफेद नहीं किये हैं।

माँ : तुम क्या करोगे?

बाबू : मैं हरी बाबू को डॉक्टर की फीस नहीं देने दूंगा। मैं खुद फीस दूंगा। इस तरह से इलाज मेरी तरफ से हो जायेगा और हरी बाबू का सबूत खत्म हो जायेगा।

माँ : बात तो ठीक कही। कितनी फीस देनी होगी?

बाबू : मेरे पास रुपये हैं। वह तरकारी से बचाए थे...

माँ : ऐं...?

बाबू : **(टालते हुए)** आओ देखें, वह लोग क्या कहते हैं।

(बाबूजी और माँ का बीच के द्वार से दायें कमरे में प्रवेश)

(दायाँ कमरा)

डॉक्टर : **(हरि बाबू से)** आप घबराइये बिल्कुल मत। मैंने नुस्खा लिख दिया है। दवाई मेरे यहां से मंगवा लीजियेगा। अब मैं चलूं।

हरि : यह लीजिये डॉक्टर साहब। आपकी फीस के तीस रुपये।

बाबू : **(तुरन्त जेब से बटुआ निकालकर)** नहीं-नहीं डॉक्टर साहब, मैं आपकी फीस दे रहा हूं।

हरि : मैं ही दिये दे रहा हूं बाबू जी।

बाबू : वाह, तुम किस तरह दे सकते हो? मुझसे लीजिये डॉक्टर साहब।

हरि : मैं क्यों नहीं दे सकता। मैं डॉक्टर साहब को बुलाकर लाया हूँ। लीजिये डॉक्टर साहब। आपके तीस रुपये।

बाबू : **(तनिक तेज स्वर में)** मैं कहता हूँ अपने रुपये रख लो। मेरे रहते हुए तुम रुपये नहीं दे सकते।

हरि : मैं दे दूंगा तो कोई हरज तो नहीं हो जायेगा। लीजिये डॉक्टर साहब-रुपये लीजिये, लीजिये न-

(डॉक्टर रुपये लेने के लिए हाथ बढ़ाता है।)

बाबू : **(बिगड़कर)** डॉक्टर साहब, वह रुपये मत लीजिये। मैं आपको पैंतीस रुपये दूंगा।

हरि : वाह! क्या मैं पैंतीस रुपये नहीं दे सकता?

बाबू : मैं चालीस रुपये दे सकता हूँ।

हरि : मैं भी इकतालीस रुपये दूंगा।

बाबू : मैं बियालिस रुपये दूंगा।

हरि : मैं भी दे सकता हूँ।

बाबू : मैं पचास दे सकता हूँ। साठ दे सकता हूं। सत्तर दे सकता हूं। सौ दे सकता हूं।

हरि : तो आप ही दे दीजिये।

डॉक्टर : अरे-आप लोग खामोश रहिये। क्या कह रहे हैं? मेरे यहाँ हर चीज़ का एक रेट है। फिक्स दाम, बढ़िया माल लेकिन नकद। मुझे पचास-सौ रुपये नहीं चाहिये। मेरी फीस के तीस रुपये हैं, और मैं तीस रुपये ही लूंगा। **(हरि बाबू की तरफ इशारा करके)** चूंकि ये मुझे बुला करके लाये थे, इसलिए मैं इनसे रुपये लेता हूं। **(हरि बाबू से रुपये लेकर, बाबू जी से)** अगली बार आप बुलाइये तो आपसे भी रुपये ले लूंगा। **(जाते-जाते लौटकर, बाबूजी से)** बुलाएंगे न। **(हरि बाबू डॉक्टर के पीछे-पीछे बायें कमरे से होकर बाहर पहुंचाने जाते हैं। इतने में माँ की निगाह बुआदादी के अंगूठे पर पड़ती है।)**

माँ : **(बुआदादी का अंगूठा हाथ से उठाकर देखती है।)** बुआ के हाथ में स्याही किसने लगाई?

बाबू : **(चौंककर)** क्या? अंगूठे में स्याही लगाई? किसी ने बुआ के अंगूठे का निशान लिया होगा।

माँ : क्या? कौन अंगूठे का निशान ले सकता है? **(कड़े स्वर में)**-रानी ठीक ठीक बोल। तूने बुआ के अंगूठे का निशान लिया है?

रानी : नहीं तो माँ।

बाबू : तूने नहीं लिया तो हरि बाबू ने लिया होगा।

रानी : नहीं बाबूजी, उन्होंने भी नहीं लिया।

माँ : **(बिगड़कर)**-हरि बाबू ने भी नहीं लिया, तब किसने लिया?

रानी : मैं क्या जानूं? तुम्हारी कसम माँ। हम लोग उनका निशान लेकर क्या करेंगे?

माँ : झूठी कसम खाने के लिए एक माँ ही बची है। मार डालो उसको। तुम लोग तो दूध के धोये हो न। तुम लोगों ने निशान नहीं लिया तो क्या भूत निशान लेने आये थे। मुझसे छल, कपट, चरित्तर करती हो। अरे, मैं बताए देती हूँ, मैं अच्छों के लिए अच्छी हूँ और बुरों के लिए बहुत बुरी हूँ। मैं एक को भी नहीं छोडूंगी। मैं अन्धी नहीं हूँ। मैं सब समझती हूँ। मुझे कोई बेवकूफ नहीं बना सकता।

(हरी बाबू डॉक्टर को पहुंचा कर लौटते हैं। दायें कमरे में माँ की आवाज सुनकर बीच के दरवाजे के पास खड़े हो जाते हैं।)

माँ : **(चिल्लाते हुए)** मैं साफ-साफ कहूंगी, चिल्ला-चिल्ला कर कहूंगी-मोहल्ले टोले को सुनाकर कहूंगी। जिसे अपनी इज्जत प्यारी हो, अपने घर जाय। अपना काम देखे। यहां क्यों पड़ा है? निकल जाये। मैं किसी से डरूँगी नहीं। किसी से दबूंगी नहीं। जाये, अपने घर जाये। निकल जाये।

अंक-2

स्थान : प्रथम अंक के समान ही।

समय : रात के आठ बजे।

(पर्दा खुलने पर बायें कमरे में हरि बाबू काके की मेज पर बैठे कापी पर हिसाब लगाते दिखाई पड़ते हैं। दायें कमरे में बुआदादी की चारपाई पर, जिस पर बिस्तर नहीं है, माँ चढ़ी बैठी है। माँ के पास ही बाबू जी कुर्सी पर बैठे हैं।)

(दायाँ कमरा)

बाबू : **(खिली बाँछों से)** बुआ तो हम लोगों के भाग्य खोल गईं।

माँ : हम लोगों ने भी सेवा में कोई कसर नहीं रखी थी।

बाबू : फूफा के मरने के बाद मैं तो बुआ को केवल परोपकार की भावना से लाया था। भगवान जानता है जो मुझ में जरा भी लालच रहा हो।

माँ : सेवा का फल मेवा होता है। **(स्वर बदलकर)** आखिर कब तक हम इस बेशुमार दौलत को बक्स में रहने दें। चाबी मिल गई है। खोलकर देखें कि क्या है?

बाबू : काके की माँ, जल्दी का काम शैतान का होता है। थोड़ा सब्र से काम लो। इस समय घर में सब लोग जाग रहे हैं। किसी को पता लग गया तो उसके पेट में बात पचेगी नहीं। शहर भर में बिजली की तरह फैल जायेगी।

माँ : मुझसे तो अब इन्तजार नहीं होता।

बाबू : मैं तुम्हारी बेसब्री जानता हूँ। इसीलिए चाबी मैंने अपने पास रख ली है। बेटी दामाद की नीयत तो तुम जानती ही हो। जब सब सो जायें तो चुपचाप निकाल लेंगे। शहर भर में ढिंढोरा पीटने की क्या जरूरत है?

माँ : मेरा तो एक-एक पल पहाड़ बन रहा है। न जाने कितनी देर में यह सोयेंगे।

बाबू : अरे अभी सो जायेंगे। तुम इसी कमरे के आस-पास रहना। बक्स अपनी आंखों से ओझल मत होने देना। **(उठते हुए)** मैं अभी आया। पूजा से निबट जाऊं। **(प्रस्थान-पीछे के द्वार से)**

(माँ चारपाई पर बैठे ही बैठे पास की मेज से रामायण उठाती है, चश्मा लगाती है। फिर हाथ जोड़ कर मन ही मन रामायण का पाठ करती है।)

(बायाँ कमरा)

(रानी का प्रवेश पीछे के द्वार से)

रानी : **(हरि बाबू के पीछे जाकर पीठ पर हाथ रखती हुई)** क्या कर रहे हो?

हरि : लुट गया।

रानी : क्या हुआ?

हरि : लुट गया। एक दम लुट गया!!

रानी : कैसे लुट गये?

हरि : साफ लुट गया। 5276 रु. 31 पैसे की चोट लगी।

रानी : क्या मतलब?

हरि : मतलब यह कि बुआदादी हम लोगों को 5276 रु. 31 पैसे का चूना दे गईं। मैं अभी हिसाब लगा रहा था। मेरा तो दिवाला निकल गया।

रानी : 5276 रु.?

हरि : 5276 रु. और 31 पैसे भी!

रानी : इतना कैसे खर्च हो गया?

हरि : यही तो मुझे भी ताज्जुब है। लेकिन जब हिसाब लगाया तब पता चला। रोज-रोज मिठाई लाता था। डेढ़ हजार का तो उनके लिए काशमीरी कम्बल लाया था।

रानी : सोने की अंगूठी भी तो हम लोगों ने बुआदादी के लिए बनवाई थी। तुमने वकील को भी तो कुछ दिया होगा।

हरि : हां, उस वकील को भी दस्तावेज लिखाने में पांच सौ रुपये देने पड़े थे। मैंने सब से अच्छा वकील छांटा था-मगर काम कुछ भी नहीं बना।

रानी : हम लोगों की किस्मत ही खराब है। हम लोगों ने बुआदादी की इतनी सेवा करी और बदले में...

हरि : **(काटते हुए)** चाबी मिली तुम्हारे माँ-बाप को-

रानी : अगर बुआदादी को होश आ जाता...।

हरि : **(काटते हुए)** अरे, होश कैसे आता! मेरी किस्मत में जो नहीं लिखा था। दस्तावेज में तुम जरा सा अंगूठा तक नहीं लगवा सकीं?

रानी : और तुम्हीं ने कौन-सा लगवा लिया! मुझसे क्या कहते हो?

हरि : तुमसे नहीं कहता-मैं अपनी किस्मत पर रो रहा हूं। 31 रु. 5276 पैसे-नहीं, नहीं 5276 रु. 31 पैसे। सच रानी, मेरे दिमाग में तो रह रह कर रुपये खटक रहे हैं। ऐसा गुस्सा आ रहा है कि **(मेज पर रखे गिलास को उठाकर)** इस गिलास को दीवार से मारकर तोड़ दूं।

रानी : **(हंसकर)** खिसियानी बिलइया खम्बा नोचे। इस गिलास को तोड़ने से तो रुपए मिल नहीं जायेंगे।

हरि : इसीलिए तो नहीं तोड़ा। लकिन अब मैं यहां एक पल भी नहीं रुकना चाहता।

रानी : तुम इस वक्त गुस्से में हो। जरा ठंडे दिमाग से काम लो। यही मौका है। माँ बाबू जी की खुशामद करके बुआदादी की बेशुमार दौलत क़ा कुछ हिस्सा पाया जा सकता है।

हरि : वह तो हमें दुश्मन माने बैठे हैं।

रानी : लेकिन अगर हम लोग इस समय चले गये तो हमेशा दुश्मन बने रहेंगे। इसलिए यही वक्त है कि हम फिर से उनके विचार अपने लिए बदल दें।

हरि : कैसे?

रानी : यह तुम मुझ पर छोड़ दो। माँ-बाप का गुस्सा औलाद के लिए बस यों ही होता है। ज्यादा दिन नहीं ठहरता। कोई बहाना मिला, बस तुरन्त उड़ जाता है।

हरि : तुम क्या करोगी?

रानी : तुम देखते जाओ। दो-चार मीठी-मीठी बातें करूंगी। जरा सा माँ के पैर दबाऊंगी, गले से लिपट कर लाड़ करूंगी-सब ठीक हो जायेगा।

हरि : ठीक है। कोशिश कर देखो। किसी तरह चौथाई ही मिल जाए।

रानी : घर की रोटी भी अब मैं ही बनाऊंगी।

हरि : **(दुःखी स्वर में)** हाय 5276 रु. 31 पैसे-मुझे तो सदमा बैठ गया है।

रानी : तुम फिकर मत करो। मुझे देखो, मैं क्या करती हूं।

(रानी का दायें कमरे में प्रस्थान)

(दायाँ कमरा)

(माँ के पास जाकर रानी बैठ जाती है।)

रानी : **(लाड़ से)** माँ!

माँ : **(क्रोध से)** क्या है?

रानी : माँ आज का खाना मैं बना रही हूँ। तुम चौके की फिकर मत करना।

माँ : **(उपेक्षा से)** हूँ!

रानी : जब तक मैं हूँ माँ, तब तक मैं ही पूरे घर के लिए खाना बनाऊंगी।

माँ : बड़ा एहसान करेगी।

रानी : कैसी बातें करती हो माँ। मैं एहसान करूंगी? अपने घर का खाना बनाने में एहसान होता है?

माँ : यह सूरज पच्छिम से कैसे निकला है?

रानी : ब्याह के बाद लड़की की ममता माँ बाप के लिए कम नहीं होती। दूर रहकर और भी बढ़ जाती है।

माँ : जरूर बढ़ती है—तभी तो माँ बाप के आड़े आने लगती है।

रानी : हाय! माँ तुम क्या कह रही हो?

माँ : मैं क्या कह रही हूं, यह तू अच्छी तरह जानती है!

रानी : भगवान जानता है माँ, कभी मैंने सपने में भी जो तुम्हारे खिलाफ सोचा हो।

माँ : हाँ-हाँ, भगवान तो जानता ही है। मुझे चरित्तर न दिखा।

रानी : **(भावुकता के अभिनय से)** माँ तुम मुझसे नाराज हो। मैंने अपनी जानकारी में कोई गलती नहीं की। अगर अनजाने में हो गई हो, तो तुम्हें भूल जाना चाहिये। बच्चे तो गलती करते ही हैं, लेकिन बड़े हमेशा माफ कर देते हैं। माँ की ममता तो ऐसी होती है कि अपने बच्चों का बड़ा अपराध भी माफ कर देती है।

माँ : मैंने भी तो माफ कर दिया है। कौन सा तुझे फांसी पर लटका दिया?

रानी : **(रुआंसे स्वर में)** माँ, मुझसे तुम्हारी यह नाराजगी नहीं देखी जाती। सच तुम्हारा नाराज चेहरा मेरे सीने में बर्छी सा चुभता है। अगर तुम मुझे माफ नहीं करोगी तो मेरा कौन है? माँ-बाप से बढ़कर लड़की का कौन होता है? मैं बड़ी अभागिन हूँ कि जिन्होंने जन्म दिया वही मुझसे रूठ गये।

माँ : **(अपने पास बुलाकर)** इधर आ, इधर आ! रो क्यों रही है?

रानी : **(माँ की गोद में गिरकर)** माँ!

माँ : अच्छा, अच्छा चुप हो जा!

(इतने में हरि बाबू का बीच के द्वार से प्रवेश। माँ बेटी चौंक कर अलग हो जाती है)

हरि : सुशीला बहन आई हैं।

माँ : सुशीला बहन। अच्छा! उनको यहीं बुला लाओ।

(हरि बाबू बीच वाले द्वार से बायें कमरे में जाते हैं। पीछे-पीछे रानी भी)

(बायाँ कमरा)

हरि : सुशीला बहन। माँ आपको बुआदादी के कमरे में बुला रही हैं। आइये—**(सुशीला बहन बायें कमरे में चली जाती हैं। सुशीला बहन के जाते ही हरि बाबू और रानी बड़ी जोर से हाथ मिलाते हैं, और एक-दूसरे का हाथ पकड़े हँसते हुए पीछे के द्वार से अंदर की ओर चले जाते हैं।)**

(दायाँ कमरा)

(माँ और सुशीला बहन गले मिल कर दहाड़ मारते हुए रोते हैं।)

सुशीला : **(बैठकर सहानुभूति में)** बुआ के बारे में सुना। बड़ा अफसोस हुआ।

माँ : **(रोने का अभिनय करते हुए)**- बहन भाग्य में यही था। बुआ हम लोगों को छोड़ कर इतनी जल्दी चली गईं। यह तो उनको बिल्कुल अपनी माँ की तरह मानते थे।

सुशीला : ईश्वर के आगे किसकी चली है?

माँ : सुबह से रोते-रोते उनका बुरा हाल हो गया है। **(उसी समय बाबूजी केला खाते हुए वहाँ घुसते हैं। माँ उनको नहीं देख**

पाती। सुशीला देख लेती है और मुस्कराती है। बाबू जी सर पर पैर रखकर वहाँ से भागते हैं।) अभी तक कुछ खाया भी नहीं। बुआ चार रोज से बेहोश थीं। कल रात को दो बजे के करीब पांच मिनट को होश भी आया, लेकिन बेचारी बोल न सकीं। उसके घंटे भर बाद ही बेचारी चल बसीं।

सुशीला : उस दिन, इसी जगह जहां तुम बैठी हो, बुआ बैठी थीं। चेहरे पर कैसी रौनक थी।

माँ : बुआ के बिना तो यह घर सूना-सूना सा लगता है।

सुशीला : उनकी बीमारी में तुम सबने बड़ी सेवा करी।

माँ : बुआ को चन्दन से जलवाया है। उनका विमान बनवाया था। उनकी अर्थी बड़ी धूम-धाम से निकली थी।

सुशीला : सो तो ठीक है बहन! **(फुसफुसाते हुए)** यह तो बताओ कि चाबी तुम्हीं को मिली या लड़की-दामाद को?

माँ : उँह, लड़की दामाद क्यों पायेंगे? हम लोग जब मौजूद हैं, तो हमीं को मिलनी चाहिये थी।

सुशीला : लेकिन तुम्हारी लड़की-दामाद तो इस चक्कर में रहा करते थे कि वे पा जाएं -

माँ : भला हमारा मुकाबला कर सकते थे! चाबी हमें मिलनी चाहिये थी, वह हम लोगों को ही मिली।

(सुशीला बहन खिसक कर नजदीक आती है)

सुशीला : तब तो बहन, कितना मिला?

माँ : अभी तो कुछ नहीं मिला।

सुशीला : बहन, तुम हमीं से दुराव करने लगीं। अरे, मैं किसी से कह थोड़े ही दूंगी। मगर मुझे यह अफसोस रह जायेगा कि तुम्हारा मुझ पर से बिस्वास हट गया।

माँ : नहीं, नहीं, यह बात नहीं है।

सुशीला : तब। तब क्यों नहीं बतातीं? हम माँगेंगे थोड़े ही। तुम्हारा सुख जानकर हम भी सुखी हो लेंगे।

माँ : अभी तक बक्स खोला ही नहीं।

सुशीला : क्यों?

माँ : इन्होंने चाबी अपने पास रख ली है। तुम तो जानती ही हो कि दीवार के भी कान होते हैं। फिर बेटी दामाद की नीयत

बहुत अच्छी नहीं है। और भी लोगों का आना जाना होता है, इसलिए रात को जब सब सो जायेंगे तब बक्स खोलेंगे।

सुशीला : ओ!.....

माँ : फिर जल्दी भी क्या है? कहीं भागा थोड़े ही जा रहा है।

सुशीला : तभी तुम बक्स पर चढ़ी बैठी हो, बिल्कुल बुआदादी की तरह। **(हंसते हुए)** निगाह तो रखनी ही चाहिये। आदमी के ईमान का क्या भरोसा?

माँ : बुआदादी तो जब तक हमारे यहां रहीं, इस बक्स पर चढ़ी बैठी रहीं। सुनती हो बहन! चार दिन बाद जब बुआदादी को होश आया-तो उनकी बोलती बन्द थी, मगर वह बक्स को तब भी नहीं भूलीं।

सुशीला : कैसे?

माँ : उन्होंने इशारे से कहा कि बक्स को नीचे से निकालकर चारपाई पर रख दो।

सुशीला : अच्छा! फिर चारपाई पर बक्स रखा?

माँ : हाँ! चारपाई पर बक्स रखवा लिया, एक हाथ से ताला पकड़ लिया, तब कहीं जाकर वह मर पाईं। ऐसा लगता था कि उनके प्राण इस बक्स में ही अटके थे। तभी मर नहीं पा रही थीं।

सुशीला : उनका बस चलता तो वह अपने साथ बक्स स्वर्ग लेकर जातीं। **(रुककर)** मगर एक बात है, बहन! लगता है उनका मन मरते समय भी बक्स की दौलत पर टिका था।

माँ : वही तो मैं भी कह रही हूँ।

सुशीला : बहन सुनते हैं कि जो जिन्दगी भर अपनी कमाई को अपने सीने से इस तरह चिपकाये रहता है वह मरने के बाद सांप बन कर उस धन की रक्षा करता है।

माँ : **(परिहास से)** अब तो मैं रक्षा कर रही हूँ।

सुशीला : बहन, हमारी अम्मा कहा करती थीं कि उनकी नानी के चचिया ससुर के पास भी ऐसी ही दौलत थी। उसे उन्होंने तांबे के कलसों में भरकर चारपाई के नीचे गाड़ रखा था। सुनते हैं, जैसे ही उनकी मौत हुई, बड़ी जोर से खनखनाने की आवाज हुई जो धीरे-धीरे दूर होती हुई खत्म हो गई। उसी दिन जब

बाद में उनके लड़कों ने दौलत का बंटवारा करने को जमीन खोदी तो जानती हो क्या देखा उन्होंने....

माँ : क्या देखा?

सुशीला : हाय! वहां तो बहुत बड़ा एक कलसे बराबर गोल-गोल छेद हो गया था, जो जमीन में बहुत भीतर तक तिरछा चला गया था, जिसका कोई ओर-छोर नहीं था।

माँ : अरे!

सुशीला : लक्ष्मी तो चंचल होती है। वह माँ की नानी के चचिया ससुर के भाग्य में थी, सो उनके मरते ही चली गई।

माँ : हाँ भाई! लक्ष्मी तो भाग्य से ही मिलती है।

सुशीला : लक्ष्मी हरेक को फलती भी नहीं। हमारी पड़ोसिन तिवारिन के मौसा के भी मकान की नींव खुदते हुए दो घड़े अशर्फी के कलसे मिले। मगर बहन उस दौलत का आना था मानों घर पर जैसे प्रलय ही हो गई।

माँ : क्या हुआ?

सुशीला : जैसे-जैसे मकान बनता गया, वैसे-वैसे परिवार का एक-एक प्राणी मरता गया। मकान बनकर के खड़ा हुआ, तो दस आदमियों के परिवार में एक मौसा ही बचे थे।

माँ : **(चिढ़कर)** हाँ, हाँ, किसी-किसी को नहीं फलती है। हमने भी सुना है।

सुशीला : बहन हमारी पड़ोसिन के मायके की सच्ची बात है, उनकी भाभी के फूफा अपने माँ-बाप के इकलौते थे-सो उनकी माँ के आगे सुनते हैं जमीन बालिश्त भर ऊंची हो जाती थी।

माँ : जमीन किस तरह ऊँची हो जाती थी?

सुशीला : यही तो ताज्जुब है बहन! वह पूजा करें तो जमीन सामने फूल जाये। वह खाना बनायें तो चौके में जमीन फूल जाये। वह सो कर उठे तो पैरों के पास जमीन फूल जाये। वह तो परेशान हो गई।

माँ : परेशान तो कोई भी हो जायेगा। फिर क्या हुआ?

सुशीला : हारकर उन्होंने पंडित से पूछा, झाड़-फूंक करवाई मगर कोई असर नहीं हुआ!

माँ : तब? तब क्या किया?

सुशीला : एक दिन उनकी भाभी के फूफा की माँ ने सपने में देखा कि एक बहुत सुन्दर, बहन, बहुत ही सुन्दर, सोलह बरस की बड़ी-बड़ी आंखों वाली गोरी सी लड़की खड़ी हुई है। उसके चेहरे पर जैसे तेज चमक रहा हो। वह उनसे बोली मैं लक्ष्मी हूँ-मैं तुम्हारे पास आती हूँ। मुझे ले लो, लेकिन बदले में जो माँगू वह तुम्हें देना होगा।

माँ : वह क्या माँगती थी?

सुशीला : उन्होंने पूछा तो लक्ष्मी ने जवाब दिया, मुझे अपना लड़का दे दो।

माँ : लड़का माँगा?

सुशीला : हाँ! बस यह कहकर गायब हो गई। बताओ बहन, पड़ोसिन की भाभी के फूफा इकलौते बेटे थे। उनकी माँ उन्हें कैसे दे देती? उन्होंने पंडित बुलाकर पूछा-अपना सपना बताया। पण्डित ने कहा कि अब की बार जब जमीन फूले तो उस पर लात मारकर कह देना मुझे तुम्हारी जरूरत नहीं है।

माँ : उन्होंने लात मारी?

सुशीला : हाँ!

माँ : और उसके बाद से जमीन फूलना बन्द हो गई?

सुशीला : हाँ। तब कहीं जाकर जमीन का फूलना बन्द हुआ।

माँ : **(चिढ़कर)** लेकिन बहन, हमें यह दौलत बुआदादी की सेवा से मिली है। फूफा के मर जाने पर उनको कोई पानी देने वाला भी नहीं था। ऐसे ही मर जातीं, कोई जलाने वाला भी न मिलता। हम लोगों ने इन्हें अपनी असली माँ से ज्यादा माना है।

सुशीला : ठीक कहती हो। वह तो मैंने भी देखा ही है।

माँ : हमारे दिल में खोट नहीं था। उनकी मरते-दम तक सेवा की, जो उनकी खुद की कोख के बेटे भी नहीं कर सकते थे।

सुशीला : हाँ-हाँ-ठीक कह रही हो। स्वर्ग में बैठी बुआ तुम लोगों को दुआएं दे रहीं होंगी।

माँ : यह दौलत भी उनकी दुआ और आशीर्वाद ही से मिली है। यह हम लोगों को क्यों नहीं फलेगी। माँ-बाप जो कुछ भी देते हैं, आशीर्वाद के साथ देते हैं।

सुशीला : भगवान करे तुम खूब फलो-फूलो। अच्छा बहन, अब मैं चलूं। फिर आऊंगी।

माँ : अच्छा बहन! राम, राम!

(सुशीला बहन जाते-जाते बीच के द्वार से लौटती है)

सुशीला : बहन, मैंने तुम्हें सगी बहन की तरह माना है। माना है न?

माँ : हाँ, क्यों क्या बात है?

सुशीला : बहन, मेरा मकान पुरखों का बनाया हुआ है। हम लोग तो बस किसी तरह से दोनों वक्त खाना और कपड़ा चला पाते हैं। मकान की मरम्मत के लिए रुपया कहां से आये। बहन, तुम हमें भूल न जाना।

माँ : हाँ, हाँ, तुम्हें कैसे भूल सकती हूँ?

सुशीला : और बिटिया भी तो अब सयानी हो रही है। उसके हाथ भी अब जल्दी ही पीले करने हैं।

माँ : हाँ, हाँ मैं सब समझती हूं। तुम चिन्ता मत करो।

सुशीला : अच्छा तो बहन, अब मैं चलूं?

माँ : हाँ जाओ।

(सुशीला का प्रस्थान)

(बायें कमरे से बाहर जाती सुशीला का सामना बाबूजी से होता है। बाबूजी ठिठककर सुशीला को निहारते हैं। सुशीला उनको देखकर अदा मारती हुई लजाती है, बाहर जाती है।)

माँ : **(स्वर बदलकर बड़बड़ाती हुई)** किसी तरह टली तो यहां से! जलन तो देखो, किसी से किसी का फलना-फूलना देखा नहीं जाता।

(बाबूजी का बीच के द्वार से प्रवेश)

बाबू : **(हंसते हुए)** तुम फिर बैठी अकेली बड़बड़ा रही हो। क्या बात हो गई? जरा हम भी तो सुनें।

माँ : अरे, यह सुशीला बहन जलन के मारे कोयला खाक हुई जा रही है। कहती है कि ऐसी दौलत फलती नहीं है और दरवाजे से लौट-लौट कर कह रही थी कि हमारा मकान बना देना। लड़की की शादी में मदद देना।

(बायाँ कमरा)

(द्वार से शहंशाह बहादुर का प्रवेश। वह चूड़ीदार और शेरवानी पहने हुए है।

सिर पर 'फर' की टोपी है। उमर करीब पैंतालिस-पचास। बगल में छोटा सा बिस्तर है। वह चाल और बनावट से नौटंकी का ऐक्टर लगता है।)

शहंशाह : भाभी! मेरी भाभी!! कहां हो तुम?

(बाबूजी का बीच के द्वार से प्रवेश)

बाबू : आप कौन साहब हैं?

शहंशाह : मैं कोई भी हूं। मैं इस वक्त पूछ रहा हूं कि भाभी कहां हैं? मेरी भाभी कहां है?

बाबू : मैं पूछ रहा हूं, आप कौन साहब हैं?

शहंशाह : मैं कोई भी हूं। मेरे सवाल का जवाब दीजिये। भाभी कहां है?

बाबू : आप अजीब आदमी हैं। घर में सीधे घुसे चले आये, बिना इजाजत लिए हुए, और जब आप से पूछा जाता है कि आप कौन हैं तो आप बताते नहीं।

शहंशाह : देखिये साहब। साफ बात यह है, मैंने आपसे पूछा कि भाभी कहां हैं, और आपने मुझसे पूछा कि मैं कौन हूं। जिस तरह आपने सवाल किया, मैंने भी सवाल किया। लेकिन मैंने पहले, और आपने बाद में सवाल किया। इसलिए मेरे सवाल का जवाब पहले मिलना चाहिये और आपके सवाल का जवाब बाद में। साफ बात!

बाबू : निहायत सनकी आदमी मालूम पड़ता है।

शहंशाह : आपने बताया नहीं कि भाभी कहां हैं?

बाबू : कैसी भाभी? आप किसको पूछ रहे हैं?

शहंशाह : मैं अपनी भाभी को पूछ रहा हूं। राजा गुलजार बहादुर की धर्मपत्नी जो मेरी भाभी हैं, उनको पूछ रहा हूं।

बाबू : ओह! बुआ को? उनका तो स्वर्गवास हो गया।

शहंशाह : **(चौंककर)** कब?

बाबू : कल रात के तीन बजे।

शहंशाह : ओह! भाभी चल बसीं। **(फूट कर रोते हुए)** भाभी...तुम चल बसीं ...और मैं तुम्हें देख भी न सका...भाभी तुम्हारा यह देवर तुम्हें देख न सका...तुमसे आखिरी समय मिल भी न सका। हाय, मेरी भाभी...

(रोने की आवाज सुनकर दायें कमरे से माँ का प्रवेश तथा भीतर के कमरे से रानी-हरि बाबू, काके और डब्बू का प्रवेश)

शहंशाह : मैं जानता हूं, भाभी आखिरी वक्त मुझसे मिलने के लिए तड़प रही होंगी। मैं ही तो उनकी ससुराल का अकेला आदमी बचा हूँ, और मैं ही उनके आखिरी वक्त नहीं पहुंच सका। भाभी...(**दहाड़ कर रोता है। बाबूजी की समझ में नहीं आता कि क्या करें।**) भाभी!! (**दुख बिह्वल स्वर में**)-मैं आया और तुम चली गईं भाभी! हाय भाभी...

बाबू : (**सांत्वना के स्वर में**) खामोश रहिये। शान्त होइये। शान्त होइये। अब रोने से क्या फायदा। जाने वाला तो चला ही गया। शान्त हो जाइये।

शहंशाह : साफ बात है। अब रोने से क्या फायदा। (**दुखी स्वर में**) जाने वाला तो चला ही गया, मगर जिन्दगी भर का पछतावा रह गया। आखिरी वक्त उनके दर्शन भी न कर सका।

माँ : (**बाबूजी से पूछते हुए**) मैंने इनको पहचाना नहीं।

शहंशाह : आप पहचानेंगी भी किस तरह? साफ बात तो यह है कि मैंने भी आपको नहीं पहचाना।

बाबू : यह मेरी धर्मपत्नी हैं।

शहंशाह : समझा! समझा!

हरि : आप अपना परिचय तो दीजिये।

शहंशाह : मैं राजा गुलजार बहादुर का भाई शहंशाह बहादुर हूँ।

हरि : बुआदादी के देवर।

बाबू : देवर!!

रानी : (**संशय से**) यह राजा गुलजार बहादुर के भाई हैं!

शहंशाह : क्या मैं राजा गुलजार बहादुर का भाई नहीं लगता?

हरि : (**परिहास से**) बिल्कुल भाई लगते हैं। राजा का भाई ही तो शहंशाह होगा। फिर आप तो शक्ल-सूरत से भी शहंशाह लगते हैं।

माँ : लेकिन राजा गुलजार के तो कोई भाई नहीं था।

शहंशाह : मैं उनका चचेरा भाई हूं। लेकिन (**जोर से**) राजा गुलजार बहादुर मुझे सगे भाई से बढ़ कर मानते थे। मेरा उनका प्याले-निवाले का साथ था। (**बाबूजी की ओर मुखातिब होकर**) दसवां कब है?

बाबू : बाईस तारीख को।

शहंशाह : और तेरवीं?

बाबू : पच्चीस तारीख को।

शहंशाह : तब तक तो मुझे यहां रहना ही पड़ेगा। आखिर आप लोग तो सब भाभी के मायके वाले हैं, उनकी ससुराल का तो कोई होना ही चाहिये।

बाबू : **(अनिच्छा से)** बेशक-बेशक।

शहंशाह : **(कमरे की ओर देखते हुए)** यह कमरा, साफ बात है, बहुत अच्छा तो नहीं है, लेकिन मैं इसी में ठहर जाऊंगा।

बाबू : जी हाँ।

शहंशाह : मैं इसी तख्त पर अपना बिस्तर लगा लूंगा। **(तख्त पर बिस्तर जमा कर बैठते हुए)** ठीक है- मैं यहीं रहूंगा। मैं नहीं आ सका वरना बुआदादी का दाहसंस्कार मैं ही करता। साफ बात है, मुझे ही करना पड़ता-क्योंकि ससुराल का मैं ही अकेला हूं।

(सब लोग खामोश हो उसको देखते हैं)

शहंशाह : भाभी ने राजा गुलजार बहादुर यानी मेरे भाई साहब की निगाहें बचाकर बहुत बड़ी दौलत छुपाई थी। और वह उस बेशुमार दौलत को लेकर आपके पास यहां चली आई थीं। भाभी तो मेरे यहां ही जाना चाहती थीं। उस समय मेरी तबियत खराब थी, इसलिए वह यहां मायके चली आईं। खैर, वह सब बाद की बात है। अभी तो तेरहवीं तक मैं यहीं हूं।

(रानी माँ को इशारे से बुलाकर बीच वाले द्वार से दायें कमरे में ले जाती है–पीछे-पीछे डब्बू भी जाता है। दायें कमरे में दोनों खुसुर-पुसुर एक-दूसरे के कान में बातें करती हैं।)

बाबू : **(हिचकचाते हुए)** बुआ ने आपका तो कभी जिक्र ही नहीं किया।

शहंशाह : नहीं किया होगा! खैर, इन सब बातों का क्या फायदा। मेरी जल्दी सोने की आदत है। सफर की भी कुछ थकान है। मैं जल्दी आराम करना चाहता हूं। खाना जरा जल्दी मंगवाइये।

(दूसरे कमरे से माँ की आवाज आती है 'काके के बाबू, जरा दो मिनट को यहां आना। बेटा हरि बाबू तुम भी आना।)

शहंशाह : जाइये साहब, जाइये। आपके लिए समन आया है।

(बाबूजी, काके तथा हरि बाबू का दायें कमरे में प्रवेश)

(दायाँ कमरा)

माँ : **(बाबूजी से)** तुम्हारी अक्ल तो चरने चली जाती है।

बाबू : क्या हुआ?

माँ : क्या नहीं हुआ? यह किसे बुलाकर के अपने घर बिठा लिया है।

बाबू : मैंने कहां बिठा लिया? वह अपने आप आया है।

माँ : और तुमसे यह कहते नहीं बना कि निकल जाओ यहां से। उसे देखते ही मेरे दिमाग में खटका हुआ था। मगर रानी को उसकी नीयत समझते देर नहीं लगी। उसने फौरन मुझको बुलाकर आगाह किया।

बाबू : रानी ने क्या कहा? **(रानी से)** क्या बात है?

रानी : बाबूजी, मुझे तो यह आदमी बहरूपिया लगता है।

माँ : बहरूपिया नहीं, पूरा जालिया है जालिया। कोई ठग या बदमाश है। कहता है मैं गुलजार बहादुर का भाई हूँ।

हरि : राजा गुलजार बहादुर के भाई की यह शक्ल।

रानी : मैंने तो माँ को तुरन्त बता दिया कि यह भाई-वाइ कुछ नहीं है, दौलत के लालच में सब ही भाई-भाभी बन जाते हैं।

हरि : और अगर यह वाकई बुआदादी का देवर है, तो बुआदादी ने कभी इसका जिक्र क्यों नहीं किया?

रानी : बुआदादी के जिन्दा रहते क्यों नहीं आया?

हरि : अब आया है, अपना हिस्सा माँगने।

माँ : इनके तो कुछ समझ में आता ही नहीं है।

रानी : वह रो कैसे रहा था। सारा घर आसमान पर उठा लिया चिल्ला-चिल्ला कर।

हरि : बहुत बड़ा ऐक्टर है। किसी नौटंकी में भरती हो जाये तो कमा खाये।

माँ : और यह उसे चुप करा रहे थे। **(चिढ़ाते हुए)** शान्त हो जाइये!! शान्त हो जाइये!!

बाबू : **(कुछ चिढ़कर)** अगर कोई सामने रोता हो तो उसे चुप नहीं कराऊंगा?

माँ : नहीं, उसके साथ हम खुद रोएंगे।

बाबू : फिर वह बुआ का अपने को देवर बताता है। इस हिसाब से वह हमारा रिश्तेदार हुआ। हम कैसे निकाल देते?

माँ : बहुत अच्छे! जो आकर कहे कि हम तुम्हारे रिश्तेदार हैं, वह रिश्तेदार हो गया। इस तरह कोई भी आकर कह सकता है।

हरि : इस बात का क्या सबूत कि वह वाकई बुआदादी का देवर है, राजा गुलजार बहादुर का भाई है?

माँ : हाँ, हाँ क्या सबूत है? आज तो यह देवर बनकर आया है। कल कोई ऐरा गैरा नत्थू खैरा उनका बेटा बनकर चला आयेगा।

रानी : बाबूजी आपने उसकी बातें नहीं सुनी। कह रहा था कि भाभी ने राजा-गुलजार बहादुर की निगाह बचाकर बेशुमार दौलत इकट्ठा की थी।

माँ : उसे यह कैसे पता चला?

हरि : किसी भी तरह चला हो। मगर उसे इस वक्त दौलत का जिक्र करने की क्या जरूरत थी? इससे साफ जाहिर है कि उसका यहां आने का मतलब दौलत ही है।

बाबू : **(सोचकर)** यह हो सकता है।

माँ : हो नहीं सकता है, अब भी शक है तुम्हें?

हरि : वह तेरहवीं तक यहां रहेगा। और उसके बाद अपना हिस्सा माँगेगा।

बाबू : उसके हिस्सा माँगने से क्या हम लोग दे देंगे?

हरि : देना पड़ेगा। वह कचहरी लाकर बिठा देगा। बुआदादी की सारी दौलत राजा गुलजार बहादुर की है। उस पर कानूनन राजा गुलजार बहादुर के रिश्तेदारों का हक है। बुआ के रिश्तेदारों का हक नहीं।

बाबू : वाह! वाह! हमारा हक क्यों नहीं है? फिर जैसे राजा गुलजार बहादुर के रिश्तेदार, वैसे ही उनकी पत्नी के रिश्तेदार। हमारा हक भी उतना ही है, बल्कि ज्यादा है क्योंकि हम ने बुआ की सेवा की है।

हरि : आपकी यह दलील कोर्ट में नहीं चलेगी। कानून-कानून है। पत्नी के रिश्तेदार विरासत में तभी आते हैं जबकि जायदाद या दौलत पत्नी की स्वयं की कमाई हो, या उसे मायके से प्राप्त हुई हो। इस जगह सारी दौलत राजा बहादुर की है। कानून तो इस सनकी शहंशाह बहादुर की तरफ होगा।

माँ : **(निराशा से)** हमारी सेवा सब बेकार हुई।

हरि : कानून सेवा नहीं देखता। वह तेरहवीं तक यहां रहकर इस बात का सबूत इकट्ठा कर लेगा कि आप लोगों ने विश्वासघात करके उससे दौलत छीन ली है।

बाबू : तब किया क्या जाये?

माँ : सोचना-विचारना क्या है। कम्बख्त का हाथ पकड़कर मकान के बाहर ढकेल दो।

हरि : उसे सबूत की भी कमी न होगी। आपके मोहल्ले के ही आपके सगे सम्बन्धी ही, दौलत के लालच में उसकी तरफ से बयान देने को तैयार हो जायेंगे।

माँ : ठीक कहते हो भैया। दूर क्यों जाओ। हमारी सुशीला बहन ही को लो, उनका भी कलेजा फटा जा रहा था-जलन के मारे।

हरि : इस बला से, जितनी जल्दी छुट्टी हो उतना ही अच्छा है।

माँ : **(ताव से)** तू देख क्या रही है रानी! यह तो खड़े सोचते ही रहेंगे। तू जाकर मेरा बेलन तो उठा ला। मैं ही कम्बख्त को निकाल कर बाहर करूं।

हरि : मेरी राय है बाबूजी कि पहले उससे राजा गुलजार बहादुर के भाई होने का सबूत हासिल कीजिये। और अगर वह सबूत न दे पाये, तो उसे धक्के मारकर निकाल दीजिये।

बाबू : तुम ठीक कहते हो। उससे सबूत मांगना चाहिए। आओ मेरे साथ। **(हरि बाबू और बाबूजी बीच के द्वार से बायें कमरे को प्रस्थान करते हैं)**

माँ : हाय! हाय!! यह लोग तो खाली हाथ जा रहे हैं। इस आदमी का कौन भरोसा। पता नहीं, कहीं कोई हथियार रखे हो। चल रानी। हम लोग कुछ हाथों में लेकर चलें।

(रानी, डब्बू और काके का घर के भीतर प्रस्थान)

(बायाँ कमरा)

(बाबूजी और हरि बाबू का बीच के द्वार से प्रवेश। उनको देखकर शहंशाह बहादुर जो तख्त पर बिस्तर बिछाकर आराम कर रहा था, उठ कर बैठ जाता है।)

शहंशाह : भोजन तैयार हो गया?

बाबू : भोजन तो तैयार हो रहा है। तब तक हमने सोचा हम आपसे दो चार बातें कर लें।

शहंशाह : बातें कल सुबह करेंगे। इस वक्त मैं थका हूं। आराम करूंगा। **(बिस्तर पर लेटता है।)**

हरि : **(गर्म स्वर में)** सुनिये साहब। हम इसी वक्त बातें करेंगे। **(माँ का बेलन लिए, रानी का मच्छरदानी की पतली टेढ़ी बांस की फट्टी लिए, काके का स्टिक लिए तथा डब्बू का स्केल लिए पीछे के द्वार से प्रवेश।)**

शहंशाह : जल्दी क्या है?

हरि : **(तेज स्वर में)** है जल्दी। इसी वक्त बात करनी है।

शहंशाह : **(उठकर बैठते हुए)** साफ बात है-तो बात कीजिये।

बाबू : बुआ ने कभी आपका जिक्र नहीं किया?

शहंशाह : नहीं किया होगा।

बाबू : मुझे यह भी नहीं मालूम था कि राजा गुलजार बहादुर के कोई चचेरे भाई भी हैं।

शहंशाह : साफ बात है, नहीं मालूम होगा। इसमें मेरी क्या गलती। आपकी जानकारी कुछ कम मालूम पड़ती है।

हरि : हमारी जानकारी तो कम है ही, इसीलिए हम जानने आए है कि आखिर आप किधर से आ गये।

शहंशाह : ...**(द्वार की ओर इशारा करते हुए)** जी, इस दरवाजे से।

हरि : **(बिगड़कर)** ज्यादा अक्लमंद बनने की कोशिश न कीजिये। हमने अच्छे-अच्छों के मिजाज दुरुस्त कर दिये हैं।

शहंशाह : साफ बात है। आप तो बहुत गरम तबियत के आदमी मालूम पड़ते हैं।

हरि : गरम तबियत हो या ठंडी। अभी सब पता चल जायेगा। हमारी बात का सीधे-सीधे जवाब दीजिये।

शहंशाह : आखिर आप पूछ क्या रहे हैं?

बाबू : हम लोग आपके राजा गुलजार बहादुर के भाई होने का सबूत चाहते हैं।

शहंशाह : **(आत्मविश्वास से हंसकर)** हुं हुं हुं साफ बात है। हम जानते थे आप सबूत मागेंगे।

हरि : आजकल ठग और उचक्के बहुत हो गये हैं। भेष बदलकर घरों में घुस जाते हैं।

शहंशाह : **(तैश खाकर)** जबान संभाल कर बात कीजिये।

माँ : **(बिगड़ कर बेलन दिखाती हुई)** जबान तू संभाल।

शहंशाह : सबूत चाहिये? सबूत। मैं सबूत दूंगा। **(जेब से डायरी निकालकर)** राजा दिलबाग बहादुर के चार बेटे थे–खुशवन्त बहादुर, दिलवन्त बहादुर, गुलवन्त बहादुर और जसवन्त बहादुर। राजा खुशवन्त बहादुर के दो बेटे हुए-बख्त बहादुर, बख्तावर बहादुर। जसवन्त के तीन बेटे थे। इकबाल बहादुर, खुशहाल बहादुर...और निहाल बहादुर...

हरि : **(काटते हुए)** मुझे यह चिट्ठा नहीं सुनना है। जो जी में आये, डायरी में लिख लीजिये। मुझे तो सबूत चाहिये। सबूत!

शहंशाह : **(उतने ही तैश के साथ, सीने पर हाथ ठोकते हुए)** साफ बात है, साहब। सबूत भी है मेरे पास, वह भी दिखाता हूं।

(तकिये के भीतर से एक डंडी पर गोल लिपटा हुआ एक लम्बा सा कागज निकालता है।)

माँ : आजकल आदमी का ईमान रह ही नहीं गया है।

शहंशाह : सबूत चाहिये, सबूत देखिये। **(कागज को कमरे में एक सिरे से दूसरे सिरे तक फैलाकर)** यह रहा सबूत।

हरि : यह क्या है?

शहंशाह : सबूत! आँखें खोलकर देखिये। **(जमीन पर फैले कागज से पढ़ते हुए)** राजा खुशवन्त बहादुर के दो बेटे-बख्त बहादुर, बख्तावर बहादुर। जसवन्त बहादुर के तीन बेटे इकबाल बहादुर, खुशहाल बहादुर, निहाल बहादुर...

रानी : बहरूपिया है।

शहंशाह : **(रानी को देखकर)** सबूत माँगा था, तो सबूत देखिये। यह शजरा है, शजरा। बुजुर्गों के जमाने से चला आ रहा है। **(फिर पढ़ते हुए)** राजा बख्त बहादुर के चार बेटे-ताज बहादुर, राज बहादुर, सरताज बहादुर, मुमताज बहादुर। इकबाल बहादुर के तीन बेटे-मस्त बहादुर, अलमस्त बहादुर और गुलदस्त बहादुर...

हरि : **(बिगड़ते हुए)** आपका नाम इसमें कहां है?

शहंशाह : सबर कीजिये। सबूत दिखाता हूं। मेरा नाम भी है। मैं राजा दिलबाग बहादुर के खानदान का हूं। मुझमें शाही खून है, शाही।

हरि : **(व्यंग्य से)** इनमें शाही खून है। यह मुंह और मसूर की दाल। लखनऊ का हर तांगेवाला खुद को नवाब खानदान का वारिस कहता है।

शहंशाह : **(चिल्लाकर)** सबूत देखिये। **(पढ़ते हुए)** राजा ताज बहादुर के छः बेटे—राजा गुलजार बहादुर, दिलजार बहादुर, जालिम बहादुर, आलिम बहादुर, जोर बहादुर, जोरावर बहादुर

हरि : अरे जाओ जाओ, यह कोई सबूत नहीं है।

शहंशाह : सबूत नहीं तो और क्या है। शजरा है शजरा। खानदानी शजरा। अलमस्त बहादुर का अकेला चिराग हूँ मैं। मैं शहंशाह बहादुर।

हरि : तुम्हारे ऐसे तो सैकड़ों भीख माँगते घूमते हैं। यहां से चलते फिरते नजर आओ।

शहंशाह : सबूत चाहते थे, देख लिया सबूत। मैं शाही खानदान का हूं। राजा दिलबाग बहादुर के खानदान का हूँ।

हरि : हाँ हाँ बड़े शाही खानदान के हो। **(कन्धा पकड़कर)** जाकर के किसी शाही महल में मेहमानदारी करो।

शहंशाह : **(क्रोध से फुंकार कर)** खबरदार, जो मुझे हाथ लगाया। मैं मैं...

माँ : मैं मैं क्या करता है। बकरा है क्या?

हरि : **(दोनों हाथों से पकड़कर धक्का देते हुए)** निकलो यहां से

रानी : **(मच्छरदानी का बांस जमीन पर पटकते हुए)** निकल बदमाश!

शहंशाह : मैं देख लूंगा।

काके : स्टिक से सर फोड़ दूंगा।

हरि : अरे जा-जा, देख लेना। **(शजरा को पैरों से मसलते हुए)** और देख अपना शजरा भी लेता जा।

शहंशाह : **(दौड़कर शजरा समेटते हुए)** खबरदार जो शजरे में पैर लगाया। मैं एक एक को देख लूंगा। मेरा नाम शहंशाह बहादुर है।

बाबू : अच्छा, अच्छा अब आप जाइये यहां से।

शहंशाह : **(बिस्तर समेट कर बगल में दबाते हुए)** चला तो जाता हूं मगर तुम लोगों ने अच्छा नहीं किया। एक-एक को मजा चखाऊंगा। शहंशाह बहादुर की बेइज्जती करना मजाक नहीं है। ईंट से ईंट बजा दूंगा। मेरा नाम शहंशाह...है...शहंशाह...

हरि : निकल बदमाश! लफंगा!

माँ : चोर! उचक्का! उठाईगीरा!

(सब लोग डांटते डपटते उसे बायें द्वार से निकाल देते हैं। शहंशाह बहादुर का 'देख लूंगा' कहते हुए प्रस्थान। सब उसका पीछा करते घर के बाहर निकल जाते हैं। बाबू जी अकेले कमरे में रह जाते हैं। वह शहंशाह के निकल जाने के बाद चिल्लाते हैं–'निकल जाओ।' सब शहंशाह को खदेड़कर वापस आते हैं।)

रानी : **(माँ से)** अगर आज ये न होते तो बदमाश को घर से निकालना बड़ा मुश्किल हो जाता।

हरि : बहुत ही छंटा हुआ आदमी लगता था। आप लोग इस चक्कर से बाल-बाल बचे।

माँ : हां बेटा, तुम लोगों ने बहुत बचाया। इनके किए तो कुछ न होता। आखिर को वक्त पर अपनी ही औलाद ही काम आती है।

रानी : **(माँ के गले से चिपटती हुई)** माँ, तुम तो हमें अपना दुश्मन समझें बैठी थीं। भला कोई अपने माँ बाप से बैर कर सकता है?

माँ : **(रानी की पीठ थपथपाती है)** अच्छा बेटा अब चलो। रात बहुत हो गई है, खाना खाकर खत्म करो। **(पीछे के द्वार की ओर चलते हुए)** काके, जरा बाहर का दरवाजा तो बन्द कर दो। पता नहीं कब कौन घुस जाये।

(काके बायाँ दरवाजा बन्द करता है। फिर सब का पीछे के द्वार से प्रस्थान। सब के जाने के बाद बाबूजी का तख्त के नीचे, और इधर-उधर देखकर, अकड़ते हुए घर के भीतर प्रस्थान)

(दायाँ कमरा)

(धीरे-धीरे दोनों कमरों में रात का अंधेरा छा जाता है। बाबूजी और माँ का पीछे के द्वार से लालटेन लिए प्रवेश)

माँ : बारह बज रहा होगा?

बाबू : पीछे का दरवाजा बन्द कर दो।

(माँ दरवाजा बन्द करती है।)

बाबू : सब लोग सो गये हैं न?

(बाबू जी बनियान की जेब से चाबी का गुच्छा निकालते हैं)

माँ : अरे ठहरो-(**बीच के द्वार की ओर इशारा करके**) यह दरवाजा तो खुला है। मैं इसे बन्द कर लूं। (**द्वार बन्द करती है।**)

बाबू : काके की माँ, तुम कोई हथियार ले आओ। कोई चाकू वाकू।

माँ : घर में तो तरकारी काटने का एक चाकू है?

बाबू : वही ले आओ।

(माँ का पीछे का द्वार खोल कर प्रस्थान। थोड़ी देर बाद चाकू तथा मच्छरदानी का बांरा लिए गाँ का प्रवेश।)

बाबू : (**माँ के आने के बाद, पीछे के द्वार बन्द करते हुए**) यह हथियार मुझे दो। मैं पहरेदारी करता हूं। तुम बक्स खोलो। यह लो चाबी। (**बाबूजी एक हाथ में चाकू तथा दूसरे में मच्छरदानी का बांस लेकर कमरे में सीना फुला कर इधर-उधर घूमते हैं। तब ही बायें कमरे में दबे पांव रानी व हरी बाबू प्रवेश करते हैं। वह बीच की दीवार के बन्द द्वार के छेद या सेन्ध से झांकते हैं। थोड़ी देर बाद काके भी वहीं आकर खड़ा हो जाता है।**)

माँ : (**बक्स के ताले में चाबी लगाती हुई**) भगवान के यहां देर है अन्धेर नहीं। आज हमारे भाग्य ने भी पल्टा खाया। ताले में तो जंग लगा है। खुलता ही नहीं।

बाबू : हथियार लेकर तुम चौकीदारी करो, मैं खोलता हूं।

(माँ चाकू और बांस लेकर खड़ी होती है तथा बाबूजी ताला खोलने की कोशिश करते हैं)

माँ : ताले भी मामूली नहीं-शाही हैं शाही। आसानी से कैसे खुल जायें? मैंने तो आज तक सोने की ईंटें देखी नहीं।

बाबू : (**ताला खींचते हुए**) एक मिनट रुको, अभी देख लोगी। यह लो खुल गया। एक खुल गया। यह लो दूसरा ताला भी खुला और यह...यह तीसरा भी खुला।

(बीच के दरवाजे पर हरी बाबू और रानी बायें कमरे में दस्तक देते हैं। दायें कमरे में माँ और बाबूजी आश्चर्य से एक दूसरे को देखते हैं।)

माँ : हाय राम! यह कौन है!

बाबू : (**अपना भय छिपाते हुए, अकड़ से**) ठहरो। मैं देखता हूं। (**माँ के हाथ से चाकू लेकर, बीच का दरवाजा खोलता है।**) कौन है?

रानी : **(बायें कमरे से)** मैं हूं बाबू जी।

माँ : **(आगे बढ़कर, बाबूजी को पीछे करते हुए)** रानी! तुम?

रानी : हाँ माँ।

माँ : तुम इस वक्त यहां क्या कर रही हो?

रानी : पानी पीने उठी थी। इस कमरे में रोशनी देखी तो देखने चली आई। तुम अभी तक सोई नहीं?

माँ : यह तुम्हारे पीछे कौन खड़ा है?

हरि : **(बायें कमरे से)** मैं हूँ माँ–हरि बाबू।

माँ : तुम भी पानी पीने उठे थे?

हरि : हाँ माँ।

माँ : **(व्यंग्य से)** मैं यह प्यास अच्छी तरह समझती हूँ। पानी पी कर सोने जाओ। **(बीच का दरवाजा बन्द करना चाहती है, वैसे ही हरिबाबू एकदम दायें कमरे में माँ के रोकने के बावजूद घुस जाता है।)**

माँ : **(क्रोध से)** क्या है? क्या है? निकलो यहां से।

हरि : बाबूजी से एक काम है। **(बाबूजी के निकट जाकर)** फिफ्टी-फिफ्टी।

बाबू : क्या??

हरि : बाबूजी फिफ्टी-फिफ्टी।

बाबू : एक पैसा नहीं दूंगा।

माँ : निकल जा बेईमान, उचक्का। **(मच्छरदानी का बांस मारने को तानती है, तो रानी दौड़ कर उसे पकड़ती है।)** छोड़ दे रानी। आज मैं इस बदमाश से फैसला कर ही लूं।

हरि : **(बक्स का एक कुंडा पकड़ कर, बक्स खींचते हुए)** फिफ्टी-फिफ्टी

माँ : **(घबराकर चीखती हुई, बाबूजी से)** बक्स बचाओ। चाण्डाल लिए जा रहा है।

(बाबूजी दौड़ कर बक्स का दूसरा कुंडा पकड़कर अपनी ओर खींचते हैं।)

बाबू : छोड़ दे बक्स छोड़ दे। मैं बड़ा खराब आदमी हूं।

(हरि बाबू और बाबू जी दोनों बक्स को अपनी तरफ खींचते हैं।)

(बायाँ कमरा)

(बाहर के दरवाजे पर, बाहर से कोई दस्तक देता है। काके दायें कमरे से बायें

कमरे में आता है तथा बाहर का दरवाजा खोलता है। शहंशाह बहादुर एक गुंडानुमा आदमी के साथ कमरे में आता है। काके उनको रोकना चाहता है।)

काके : अगर अन्दर गये तो–

शहंशाह : **(काके को बांह से पकड़कर, दूर झटकते हुए)** हट जा लौंडे। **(गुंडेनुमा आदमी के हाथ में रुपये पकड़ाकर)** आओ पहलवान। **(शहंशाह बहादुर गुंडे को लेकर दायें कमरे में आता है। काके गुस्से से भीतर जाता है।)**

(दायाँ कमरा)

(इस दौरान बाबूजी तथा हरी बाबू में बक्स के लिए खींचातानी जारी रहती है।)

हरि : फिफ्टी-फिफ्टी।

बाबू : मैं एक पैसा नहीं दूंगा। क्या समझता है अपने आप को। मैं गुंडे के लिए गुंडा हूँ।

हरि : फिफ्टी-फिफ्टी।

माँ : **(हरि से बक्स का कुंडा छुड़ाते हुए)** छोड़ दे बक्स। फिफ्टी-फिफ्टी का बच्चा। छोड़ दे।

रानी : **(हरि से)** बक्स मत छोड़ना।

बाबू : मैं कच्चा चबा जाऊंगा। सारी शेख़ी निकाल दूंगा। हरामी का पिल्ला। साला।

रानी : **(हरि से)** बक्स मत छोड़ना।

माँ : **(हरि से चिपटकर, दोनों हाथों से मारते हुए)** छोड़ेगा कैसे नहीं। हरामजादा।

रानी : क्या करती हो माँ **(हरि को छुड़ाने के लिए माँ को धक्का देती है। माँ दूर जा गिरती है।)**

माँ : **(चीखकर)** ले मार।

हरि : फिफ्टी-फिफ्टी।

माँ : मार डाल मुझे। इसी दिन के लिए पाल पोस कर बड़ा किया था।

बाबू : खून पी जाऊंगा।

(रानी भी हरि के साथ बक्स अपनी ओर खींचती है, तो माँ दौड़ कर बाबू जी की सहायता करती है। तब ही बीच के

द्वार से शहंशाह बहादुर, गुंडे को साथ में लिए हुए दायें कमरे में प्रवेश करता है। वह बीच में खड़े होकर बक्स की खींचा तानी देखता है। तब ही काके पीछे के द्वार से आकर, हाकी से शहंशाह बहादुर की पीठ पर मारता है। शहंशाह बहादुर चीख कर बक्स पर गिरते हैं। बक्स हरी और बाबूजी के हाथों से छूट कर गिर पड़ता है, और खुल जाता है। उसमें फटे जूते और पुराने कपड़े निकलते हैं। माँ, रानी, हरि तथा बाबूजी दौड़ कर समान उलटते पुलटते हैं। उसमें कुछ न पाकर निराश से माथे पर हाथ रख कर धम से जड़ होकर बैठ जाते हैं। शहंशाह बहादुर भी बक्स से निकले सामान को देखता है और एक जूता उठा लेता है। फिर एक-एक करके माँ, बाबूजी, तथा रानी, हरि के निराश चेहरों को गौर से चश्में से देखता है। फिर दहाड़ मार कर रो उठता है।)

शहंशाह : (जूते को सीने से लगाकर रोते हुए) हाय भाभी, तुम तो अंगूठा दिखा गई।

इति

मेरे भाई : मेरे दोस्त

लब्धप्रतिष्ठ रंग निर्देशक
बी.एम. (ब्रज मोहन शाह)
का अन्तिम निर्देशित नाटक
'मेरे भाई : मेरे दोस्त', उनकी पावन
स्मृति को समर्पित

कथन नाटककार का

अपने इस नाटक की भूमिका लिखते समय, सहसा मेरी विहंगम दृष्टि, हिन्दी के सम्पूर्ण नाट्य-दृश्य पर जाती है। यह नाटक 1971 में लिखा गया था। 1974 में छपा। आज, ठीक दस वर्ष बाद, इस नाटक पर पुनः लिखते हुए, मन अपने आप ही, पिछले दस वर्षों का लेखा-जोखा लेने लगता है। पिछले दस वर्षों में हिन्दी नाट्य-जगत ने क्या खोया, क्या पाया?

आजादी प्राप्त होने के पश्चात रंगकर्मियों में एक उत्साह था। पाँचवें दशक के मध्य में, जब मैं रंगमंच से जुड़ा, तब मुझे और मेरे साथ के सभी रंगकर्मियों को लगता था, कि वह किसी महान यज्ञ के अनुष्ठान से सम्बद्ध हैं। दासता की शताब्दियों में बिखरी रंग परम्परा-बोध से हम सब, चेतन-अवचेतन रूप में प्रेरित थे। यह उत्साह किसी सीमा तक छठे दशक में भी कायम रहा। किन्तु सातवें दशक में अचानक बैठ गया—समुद्र के भाटे के समान, जब ज्वार लौट जाता है। सातवें दशक में लोग बम्बई भागने लगे—फिल्मों की ओर। पिछले दस वर्षों में, फिल्मों में सफल तो बस दो चार ही हुए, जैसे राज बब्बर, नसीरुद्दीन शाह, ओमपुरी, ओम शिवपुरी, किन्तु इन चार के पीछे लगभग चार सौ रंगकर्मी अब बम्बई की ख़ाक छान रहे हैं, बम्बई की बसों से निकलता धुआँ 'संसिया' रहे हैं। देश की सर्वोपरि नाट्य-प्रशिक्षण संस्था, दिल्ली का राष्ट्रीय नाट्य विद्यालय, बम्बई के फिल्मी जगत के लिए 'एक्स्ट्रा' निर्मित करने की 'फैक्टरी' बन गया है। हर दूसरे दिन, एक नयी नाट्य संस्था जन्म लेती है, जो दो-चार नाटक प्रदर्शित करके, अन्तिम साँस लेते हुए, इस जगत को मिथ्या, तथा राम नाम को सत्य सिद्ध करती हुई समाप्त हो जाती है। दर्शकों का नाटक से विश्वास उठ गया है। वह नाटक देखने जाने से डरते हैं। कहीं उनमें केवल समीक्षक को प्रसन्न करने के लिए, प्रयोग के नाम पर किसी अमरीकी या फ्रांसीसी नाटक की अधकचरी भोंड़ी नकल ही न हो, जो उनके सर से ऊपर निकल जाए। वह टिकट तो पहले ही नहीं लेते थे, अब निमंत्रण पर भी नाटक से कतराने लगे हैं। हिन्दी रंगमंच इस समय पतन की पराकाष्ठा पर है, किन्तु मैं निराश नहीं हूँ।

मेरा विश्वास है कि भ्रमित रंगकर्मी, फिल्मों से मोह-भंगित होकर, एक दिन पुनः रंगमंच की ओर लौटेंगे। फ़िल्म और रंगमंच का अन्तर, एक दृष्टि से तो स्पष्ट है। फिल्म मूलतः व्यवसाय है, तो रंगमंच कला। इतना खरा विभाजन स्वीकार न हो, तो मैं कहूँगा—फिल्म 30 प्रतिशत कला है, तो 70 प्रतिशत व्यवसाय; और रंगमंच 30 प्रतिशत व्यवसाय, तो 70 प्रतिशत कला। मैं आशान्वित हूँ कि रंगकर्मियों का कला के प्रति समर्पण इस दशक में उभर कर आयेगा।

मैं नाटक फ़ैशन के लिए नहीं लिखता, न नाम के लिए और न पैसे के लिए। नितान्त व्यक्तिगत रचना-सुख के लिए मैं नाटक लिखता हूँ। मूलतः मैं अभिनेता हूँ। जैसे अभिनेता चाहता है कि उसका अभिनय दर्शकों तक पहुँच सके, उसी तरह मैं चाहता हूँ नाटक मंचस्थ हो, और वह अपनी बात दर्शकों तक पहुँचा सके। इसलिए मैं जानबूझ कर, नाटकीय संरचना में कथ्य का सरलीकरण कर देता हूँ। उसे नाहक उलझाता नहीं, और न उस पर बनावटी मुलम्मा चढ़ाता हूँ। मेरे निकट, किसी भी नाटक की कसौटी, संप्रेषणीयता है, जैसे शेक्सपियर के नाटक, जो जनसाधारण के लिए लिखे गये, और सबसे पहले उन्हीं के बीच खेले गये।

यह नाटक, मेरी दृष्टि में, आज के सामाजिक परिवेश का सच्चा दस्तावेज प्रस्तुत करने का प्रयत्न है। एक प्रबुद्ध नागरिक की भाँति जिन घटनाओं, स्थितियों और प्रवृत्तियों पर मैं प्रतिकृत होता हूँ, उन्हें नाटक के रूप में, कभी-कभी, रूपांयित करता हूँ। यह नाटक भी इसी तरह जन्मा।

बेगम आबिदा अहमद 'हम सब' नाट्य-संस्था की अध्यक्ष हैं, और नाट्य-प्रेमी हैं। दिल्ली के 'ग़ालिब' प्रेक्षागृह का उद्घाटन प्रधानमंत्री इंदिरा गांधी ने 1974 में किया था। उस अवसर पर मैंने बेगम साहिबा के कहने पर, उनके द्वारा लिखित 'ग़ालिब' नाटक का निर्देशन किया था। 1981 में 'हम सब' के लिए जब उन्होंने पुनः नाटक करने को कहा, तो मैंने 'मेरे भाई : मेरे दोस्त' को उठाया। मैं इसे 1971 में, 'शतरूप' के तत्वावधान में मंचित कर चुका था। 'हम सब' की प्रस्तुति, दर्शकों और समीक्षकों द्वारा सराही गयी। इस प्रस्तुति के आधार पर, दूरदर्शन और आकाशवाणी पर सफल प्रसारण हुए। यह मुझे ईमानदारी से अपनी बात कहने के लिए, एक बार फिर आश्वस्त करता है। बात महत्वपूर्ण है, न कि उसको कहने का ढंग।

नयी दिल्ली
जनवरी, 1984

दया प्रकाश सिन्हा

नाटककार का पुनर्कथन : इस संस्करण के लिए

बहुत वर्षों पहले, मैंने किशोरावस्था में पृथ्वीराज कपूर का एक नाटक देखा था। नाटक विभाजन पर था, और उसमें शरणार्थियों का चित्रण था। नाटक प्रारम्भ होने से पूर्व पृथ्वीराज ने दर्शकों को सम्बोधित करते हुए कहा था–''मैं नाटक आज के लिए करता हूँ। उसमें आज की समस्या होती है। अगर आज की बात ईमानदारी से कही जाए, तो वह सर्वकालिक हो जाती है।''

पृथ्वीराज का यह कथन मेरे मन में कहीं गहरे उतर गया। मेरे लिए ब्रह्म-वाक्य बन गया। आज भी जब नाटक लिखता हूँ तो पृथ्वीराज का यह कथन याद आता है।

• • •

नाटक 'मेरे भाई : मेरे दोस्त' में भी आज का सत्य है। सत्य, और सत्य के सिवाए कुछ नहीं। पाकिस्तान, आतंकवाद, हिन्दू-मुस्लिम समस्या आदि पर नाटक नहीं के बाराबर लिखे गए हैं। साहित्य की अन्य विधाओं में अगर कुछ लिखा गया है, तो वह प्रायः सत्य से आँख चुरा कर, आदर्शवादी लीपापोती ही बनकर रह गया है। सच कभी नहीं लिखा गया। यह ऐसे विषय है, जिनका साक्षात्कार करते हुए साहित्यकार कतराते हैं। इन विषयों से वे हाथ ऐसे झटक देते हैं, जैसे हथेली में रखे अंगारे को। मैंने नाग को नाथने की कोशिश की है। सत्य से आँख मिलाने की कोशिश की है।

• • •

यह नाटक मैंने 1971 में लिखा था, जब हिन्दुस्तान पर पाकिस्तान के आक्रमण के बादल मंडरा रहे थे। आज बत्तीस वर्ष बाद भी यह नाटक प्रासंगिक है। नाट्यदलों द्वारा खेला जा रहा है, और दर्शकों द्वारा सराहा जा रहा है। इन चालीस वर्षों में स्थिति नहीं बदली है। पाकिस्तान की आक्रामक मुद्रा जैसे तब थी, वैसी ही आज भी है। पाकिस्तान जब तक है, तब तक वह भारत के प्रति वैसा ही आक्रामक बना रहेगा, जैसा 1947 में था, जब उसने काश्मीर पर आक्रमण किया था, या विभाजन के पूर्व मुस्लिम लीग थी। मुस्लिम लीग का

अलगाववाद, आक्रामकता, हिंसा और क्रूरता पाकिस्तान ने विरासत में पाई है। सच पूछा जाए तो मुस्लिम लीग की विचारधारा पाकिस्तान के रूप में जड़ हो गई है। भूगोल बन गई है। इसलिए जब तक पाकिस्तान है, पाकिस्तान का अलगाववादी, सांप्रदायिक और हिंसक चिंतन है, तब तक यह नाटक प्रासंगिक रहेगा।

• • •

हिन्दू और मुसलमान, भारत में एक हजार वर्षों से साथ-साथ रह रहे हैं। विश्व में इंडोनेशिया के बाद, भारत में ही सर्वाधिक मुसलमान आबादी है, पाकिस्तान बनने के बाद भी। हिन्दुओं और मुसलमानों को साथ-साथ भारत में रहना है। यह दोनों ही सम्प्रदायों के हित में है कि वे पारस्परिक सम्मान और स्नेह से रहें। नाटक इस दिशा में इंगित करता है।

• • •

यह नाटक अनेक संस्थाओं द्वारा देश के विभिन्न नगरों में खेला जाता रहा है। मैं स्वयं भी जब-तब अपने नाटकों का निर्देशन करता रहता हूँ। अस्सी के दशक में मैंने इसके अनेक मंचन दिल्ली में, और फिर लखनऊ में किए थे। अभी कुछ हफ्तों पूर्व मैंने पुनः इस नाटक को सर्वथा नवीन पात्रों के साथ पुनः निर्देशित किया। इस बीच नब्बे के दशक में प्रख्यात निर्देशक ब्रज मोहन शाह (बी.एम. शाह) ने इस नाटक को साहित्य कला परिषद के लिए निर्देशित किया था।

मेरे मूल आलेख में गीत नहीं थे। बी.एम. शाह ने नाटक निर्देशित किया, तो कुछ वृन्दगीत बीच बीच में डाल दिए। मुझे यह गीत अच्छे लगे। इनसे प्रस्तुति का प्रभाव सघन होता था। अतएव मैंने वे गीत, वैसे के वैसे ही, इस संस्करण में समावेशित कर दिए हैं।

आज बी.एम. हम लोगों के बीच नहीं हैं। ''मेरे भाईः मेरे दोस्त'' बी.एम. द्वारा निर्देशित उनके जीवन का अन्तिम नाटक है। अतएत इसके पुनः प्रकाशन पर उनका स्मरण स्वाभाविक है।

उत्तर प्रदेश संगीत नाटक अकादमी के अध्यक्ष होने के नाते मैंने प्रयत्न किया, और अकादमी ने नाट्य-निर्देशन के क्षेत्र में विशिष्ट योगदान के लिए एक ''बी.एम. शाह अकादमी पुरस्कार'' प्रतिष्ठित किया। यह मात्र प्रयत्न है। वैसे तो शाह की स्मृति उनके नाटकों के हज़ारों दर्शकों की स्मृति में सजीव है। यह नाटक बी.एम. की स्मृति को समर्पित है।

—दया प्रकाश सिन्हा

नाटक 'मेरे भाई : मेरे दोरत' प्रथम प्रस्तुति कमानी सभागार नई दिल्ली में 18 सितम्बर, 1971 में संपन्न हुई, जिसमें निम्नलिखित कलाकारों ने भाग लिया :

डॉ. मिर्ज़ा : चमन बग्गा
अम्मी : सुनीता शिरोले
ग़फ़ूर : अमर स्नेह
यासीन : प्रकाश जैन
किशनलाल : आई. बी. चंगेज़ी
उस्मान : देश दीपक निगम
शर्मा : एस.एन. श्रीवास्तव
चमेली : सरला भटनागर

निर्देशन : दया प्रकाश सिन्हा

नाटककार के निर्देशन में, दिल्ली की संस्था 'हमसब' ने 1981 से 1983 के दौरान 'मेरे भाई : मेरे दोस्त' की आठ मंच-प्रस्तुतियां की। इसके अतिरिक्त दिल्ली—दूरदर्शन तथा आकाशवाणी द्वारा भी यह नाटक प्रस्तुत किया गया। नाटक में निम्नलिखित कलाकारों ने भाग लिया :

बेगम : निर्मला अग्निहोत्री
गेसू : रश्मि सैनी
ग़फ़ूर : आभूषण
डॉ. मिर्ज़ा : गुलशन कुमार
यासीन : राजकमल
किशनलाल : राजेश रायज़ादा/अशोक निशेश
हरीश : शान्ति एस. कालरा/गोविन्द गुप्त
पुलिस कप्तान : अशोक निशेश/कुलदीप गोसाँई
चमेली : विजय गुप्ता/सावित्री तलवार

निर्देशन : दया प्रकाश सिन्हा

नाटक की अद्यतन प्रस्तुति, नाटककार के निर्देशन में, 6 तथा 7 अप्रैल, 2003 को, गांधी मेमोरियल हॉल, नई दिल्ली में 'स्नेह भारती' संस्था द्वारा सम्पन्न हुई जिसमें निम्नलिखित कलाकारों ने भाग लिया—

बेगम	:	पूजा शर्मा
गेसू	:	गरिमा कपूर
ग़फ़ूर	:	अनूप त्रिवेदी
डॉ. मिर्ज़ा	:	विजय सिंह
यासीन	:	गौरव श्रीवास्तव
किशन लाल	:	आर.के. शर्मा
हरीश	:	जितेन्द्र बरसीवाल
पुलिस कप्तान	:	गोविन्द गुप्त
चमेली	:	चन्द्रकान्ता नाग
ड्राइवर	:	गौरव अरोड़ा

निर्देशक : दया प्रकाश सिन्हा

पात्र-परिचय

डॉ. मिर्ज़ा	सम्मानित डॉक्टर	आयु 54 वर्ष
अम्मी	डॉ. मिर्ज़ा की पत्नी	आयु 45 वर्ष
गेसू	डॉ. मिर्ज़ा की बेटी	आयु 22 वर्ष
ग़फ़ूर	डॉ. मिर्ज़ा का घरेलू नौकर	आयु 55 वर्ष
यासीन	डॉ. मिर्ज़ा के दोस्त का बेटा	आयु 26 वर्ष
हरीश	यासीन का हमउम्र दोस्त	आयु 26 वर्ष
चमेली	यासीन की धाय	आयु 50 वर्ष
किशन लाल	डॉ. मिर्ज़ा के दोस्त	आयु 50 वर्ष
शर्मा	पुलिस कप्तान	आयु 40 वर्ष

पहला अंक

काल : 1967

समय : प्रातः

स्थान : लखनऊ : डॉ. मिर्ज़ा का घर

लखनऊ में डॉ. मिर्ज़ा के मकान के दो कमरे। देखने वालों की तरफ से दिखाई पड़ने वाला बाँया कमरा डॉ. मिर्ज़ा की बैठक है, तथा दाँया कमरा मेहमानों के लिए इस्तेमाल होता है। इन कमरों की बनावट से ज़ाहिर है कि यह कमरे आजकल के फ़्लैट का हिस्सा नहीं हैं; बल्कि पिछली सदी में बनी कोठी के हिस्से हैं। कमरे की दीवार में ताक़ है, तथा दरवाजों के ऊपर महराबों की बनावट है।

बाँये कमरे में तीन दरवाज़े हैं। एक दरवाज़ा घर के बाहर खुलता है, तथा दूसरे दरवाज़े से घर के भीतर जाया जा सकता है। तीसरा दरवाज़ा, दाँये और बाँये कमरे के बीच का है।

बाँये कमरे में एक दरवाज़ेदार खिड़की है, जिससे बाहर गली में देखा जा सकता है।

दाँये कमरे में दाहिनी दीवार में पीछे की तरफ एक दरवाज़ा है, जो गुसलखाने में खुलता है।

बाँये कमरे की सजावट एक बैठक के मुताबिक है। उसमें पुराने क़िस्म के सोफ़े के साथ तख़्त और गाव तकिया भी है। दाएं कमरे में एक पलंग, एक छोटी पढ़ने की मेज़, एक कपड़ों की अलमारी, एक कुर्सी, एक सामान रखने का छोटा तख़्त, एक किताबों और

दीगर सामान रखने की अलमारी है। पढ़ने की मेज़ पर बिना फूलों का एक गुलदान भी है।

पर्दा खुलने पर बाँए कमरे की खिड़की से उगते सूरज की किरणों का खेल। अम्मी और गेसू के अतिरिक्त अन्य शेष कलाकार, अपने अपने कपड़ों पर सफ़ेद शॉल ओढ़कर, एक गायक-वृन्द के रूप में, प्रकाश के घेरे में उद्भासित होते हैं, और गाते हैं :-

उठ जाग मुसाफ़िर भोर भई,
अब रैन कहाँ जो सोबत है।
  जो सोबत है सो खोबत है
  जो जागत है सो पावत है
  उठ जाग मुसाफ़िर.................।
उठ नींद से अंखियाँ खोल ज़रा
अपने बारे में सोच ज़रा
  जब चिड़िया चुग लेगी खेत तेरा
  रह जाए फिर तू हाथ धरा।
  उठ जाग मुसाफ़िर................।

(दाँया कमरा)

(गायन समाप्त होते ही, प्रकाश गायक-वृन्द से हट जाता है। दाँयां कमरा उद्भासित होता है। अम्मी का बाँयें कमरे से होते हुए, दाँयें कमरे में प्रवेश। वह उस कमरे का मुआयना करती है। घर के भीतर से चिट हटाती गेसू बाँये कमरे में जाती हैं उसके पहनावे से जाहिर है कि किसी खास वजह से नए कपड़ों में संवर कर आई है। वह रुककर अपने कपड़े देखती है और दुपट्टा सम्भालती है।)

अम्मी : (वार्डरोब खोल कर देखती है और पुकारती है) ग़फ़ूर मियां।

गेसू : (अपने कपड़े ठीक करती हुई पुकारती है) ग़फ़ूर चचा।

अम्मी : **(बीच के दरवाजे पर आकर)** गेसू, तेरे ग़फ़ूर चचा तो सुन चुके तेरी नाजुक आवाज़। अल्लाह का ख़ास करम है उन पर। जा, तू खुद ही बुला ला। अलमारी में काग़ज़ तक नहीं बिछाया है अब तक।

गेसू : अभी जाती हूँ अम्मी। **(तब ही ग़फ़ूर का भीतर से प्रवेश)** यह लो, ग़फ़ूर चचा तो खुद ही आ गए।

(ग़फ़ूर मियाँ तथा गेसू का दाँये कमरे में प्रवेश)

अम्मी : ग़फ़ूर मियाँ, तुमने अलमारी में काग़ज़ तो बिछाया ही नही।

ग़फ़ूर : क्या?

अम्मी : काग़ज़।

ग़फ़ूर : "जस्ट नाउ" लाता हूँ। **(प्रस्थान भीतर)**

अम्मी : **(पलंग पर तकिया चादर ठीक करते हुए)** क्या बजा है?

गेसू : **(हाथ की घड़ी देखकर)** साढ़े आठ।

अम्मी : साढ़े आठ! अब तक तो बेशक आ जाना चाहिए था।

गेसू : हो सकता है हवाई जहाज़ लेट आया हो।

अम्मी : मुए हवाई जहाज़ भी लेट होते हैं—?

गेसू : हाँ, क्यों नहीं?

अम्मी : रेलगाड़ी की तरह?

गेसू : मौसम ख़राब हो तो। फिर हवाई अड्डे से आने में रेलवे की दो 'लेविल-क्रासिंग' भी तो पड़ती हैं।

अम्मी : तेरे अब्बा तो कल रात भर सो नहीं सके।

गेसू : क्यों?

अम्मी : यासीन से मिलने का ख़्याल ही उनको बेचैन कर रहा था। **(अब्बा के शब्द दोहराते हुए)** सुबह यासीन आ रहा है। कैसा होगा देखने में। **(स्वर बदलकर)** यासीन, बस यासीन!

गेसू : अब्बा तो पिछले तीन महीनों से 'एक्साईटेड' हैं, जब से यासीन मियां का ख़त आया कि वह लखनऊ आ रहे हैं।

(जाज़म लिए ग़फ़ूर मियां का भीतर से प्रवेश)

अम्मी : यह क्या ले आए?

ग़फ़ूर : जाज़म।

अम्मी : जाज़म?

ग़फ़ूर : आप ही ने 'वान्टा' था।

गेसू : **(हँसकर)** यह है ग़फ़ूर चचा। मंगवाया था काग़ज़, और लाए हैं जाज़म।

ग़फ़ूर : **(कान पर हाथ रखकर)** ऐं...?

गेसू : मैं लाती हूँ काग़ज़। **(ग़फ़ूर से)** लाइए जाज़म। **(हाथ से जाज़म लेती है)** मैं इसे अन्दर रखती आऊंगी। **(भीतर प्रस्थान)**

ग़फ़ूर : क्या कुछ और वान्टा था?

अम्मी : जी हाँ, लेकिन अब आप रहने दीजिए। **(ग़फ़ूर जाने को मुड़ता है।)** अरे हाँ, पानदान यहीं ले आइए।

ग़फ़ूर : व्हाट? ख़ानदान! अब अपना ख़ानदान कहाँ से लाएं?

अम्मी : पानदान **(इशारे से समझाती हैं)** पा-न-दा-न।

ग़फ़ूर : **(समझ जाने की मुस्कराहट)** यस, पानदान। **(भीतर प्रस्थान)**

(भीतर से काग़ज़ लिए गेसू का प्रवेश)

गेसू : यह रहे काग़ज़ अम्मी!

अम्मी : इन्हें अलमारी में लगा दे। **(गेसू से)** मैं समझती हूँ बेटी, पढ़ने की मेज़ पर रखे गुलदान में फूल भी लगा दे।

गेसू : आप भी अब्बा से कम 'एक्साइटेड' नहीं हैं।

अम्मी : आख़िर को वह इनके दोस्त का लड़का है। इनके सबसे नेक और दिलेर दोस्त का लड़का।

(अम्मी भी बाँये कमरे में जाती है। तब ही ग़फ़ूर पानदान लिए भीतर से आता है।)

(बाँया कमरा)

ग़फ़ूर : जब पहली बार मैं 'ऐरोप्लेन' पर चढ़ा था, तो 'फ़ियर' से मेरा दम ड्राई हो रहा था। टामस साहब बोला-वेल ग़फ़ूर, डर मांगटा टुमको?

अम्मी : **(सोफ़े पर बैठते हुए)** यह क़िस्सा तो हम कई बार सुन चुके हैं।

ग़फ़ूर : **(अपनी धुन में)** हार्ट ही हार्ट तो फ़ियरता था, मगर हिम्मत करके स्पीका, हमें डर नहीं मांगता।

अम्मी : वह तो ठीक है। चाय का पानी चढ़ा दीजिए। टामस साहब का क़िस्सा यासीन मियां की सुनाइएगा।

ग़फ़ूर : उनको तो सुनाऊँगा ही।

(ग़फ़ूर घर के भीतर जाता है। तब ही बाहर मोटर रुकने की आवाज़ सुनाई पड़ती है।)

अम्मी : **(पुकारते हुए)** गेसू, वह लोग आ गए।

(गेसू जो दायें कमरे में अलमारी में काग़ज़ बिछा रही थी, दौड़कर बीच के दरवाजे से बाँए कमरे में खिड़की पर जाती है।)

गेसू : यह तो पड़ोस में कोई मोटर से आया है। **(खिड़की से हटकर सोफ़े पर आकर बैठती है।)**

अम्मी : **(खिड़की से हटती हुई)** अब तक तो आ ही जाना चाहिए था। पता नहीं, क्यों देर हो रही है। **(बैठकर फिर पानदान खोलती है।)** जब यासीन गया था, तो मुश्किल से साढ़े चार साल का था।

गेसू : आपने देखा था?

अम्मी : हाँ, क्यों नहीं। बड़ा प्यारा बच्चा था। गोरा-गोरा हसीन सा। मगर अपनी उमर के लिहाज़ से बेहद संजीदा था। तेरे अब्बा का बस चलता तो वह उसे गोद ले लेते।

गेसू : **(अविश्वास से)** सच अम्मी!

अम्मी : उसकी ख़ाला नहीं मानीं। सन् सैंतालीस में जब उसकी ख़ाला उसे पाकिस्तान ले गईं, तो हफ़्ते भर खाना तो दूर, इन्होंने मुझसे बात तक नहीं की। बेहद ग़म हुआ इन्हें उसके जाने का।

गेसू : अब्बा के जिगरी दोस्त का लड़का भी तो था।

अम्मी : बेहद बदक़िस्मत है बेचारा। बाप के मरने के चार-महीने बाद तो पैदा हुआ, इस पर ख़ुदा की मर्ज़ी, पैदा होते ही उसकी वालदा भी चल बसीं।

गेसू : बेचारा!

अम्मी : तब ही तो अपनी उमर से पहले समझदार हो गया

लगता था। अल्लाह, कितना संजीदा रहता था!

गेसू : माँ की मौत होने पर किसने पाला?

अम्मी : उसकी ख़ाला ने। अगर तेरे अब्बा की उस समय तक शादी हो गई होती, तो लड़-झगड़ कर वह उसे खुद पालने के लिए ले आए होते। उसे खुद पाल सकें, इसीलिए तो इन्होंने मुझसे शादी की।

गेसू : नहीं अम्मी!

अम्मी : इनका तो शादी करने का क़तई इरादा नहीं था। यह तो ताज़िन्दगी मुल्क की ख़िदमत करना चाहते थे। लेकिन उस बिना माँ-बाप की औलाद को माँ-बाप का प्यार दे सकें, इसीलिए शादी की।

गेसू : यासीन मियां से अब्बा के लगाव को तो जानती थी। पर यह बात आज मालूम पड़ी, कि अब्बा ने शादी भी उनके लिए ही की।

अम्मी : तेरे अब्बा तो उसके लिए कुछ भी कर सकते थे। शादी के दूसरे ही दिन तेरे अब्बा मुझे लेकर यासीन को मांगने गए और जब उसकी ख़ाला ने इंकार किया, तो इनको इतना सदमा पहुँचा कि बीमार पड़ गए।

गेसू : तब ही तो अब्बा इतने 'एक्साइटेड' हैं।

अम्मी : जिस दिन यासीन के आने का ख़त आया, तो आँख बंद कर ज़मीन पर मग़रिब की तरफ बैठ गए। बोले, खुदा! तूने मुझे सब कुछ दिया। एक बेटा नहीं था, वह भेज दिया।

गेसू : अब्बा कल रात को खाते वक़्त मुझसे कह रहे थे, **(अब्बा की आवाज़ की नकलें करते हुए)** गेसू, यासीन आ रहा है। वह ऑक्सफ़ॉर्ड में उर्दू का प्रोफ़ेसर है। इल्म-अदब तो वह तुझे पढ़ा दिया करेगा। **(स्वर बदल कर)** मुझे पढ़ाएंगे। उँह! देखती हूँ कैसे पढ़ाएंगे।

अम्मी : तूने उसकी मेज़ पर गुलदान में फूल लगा दिए?

गेसू : वह तो मैं भूल ही गई।

अम्मी : जा न, जल्दी से लगा दे। फूल आंगन से तोड़ ले। **(गेसू भीतर जाने को बढ़ती है।)** न हो तो अब्बा की

मेज़ के गुलदान से फूल निकाल कर यासीन की मेज़ पर लगा दे।

गेसू : अच्छा अम्मी। आप भी अब्बा से कम एक्साइटेड नहीं हैं। (**भीतर जाती है।**)

(थोड़ी देर बाद ग़फ़ूर का भीतर से आना।)

ग़फ़ूर : 'टी' का पानी 'फ़ायर' पर चढ़ा दिया गया है और 'ब्रेकफ़ास्ट' मेज़ पर 'सीटिंग।'

अम्मी : (**बाहर कार रुकने की आवाज़**) लगता है वह आ गए। (**उठकर खिड़की से देखती है और फिर पुकारते हुए**) गेसू, अब्बा आ गए। अरे सचमुच आ गए। (**खिड़की से हटकर बाहर का दरवाजा खोलती है।**) खुशामदेद! खुशामदेद!

(तभी गेसू हाथ में फूलों का गुच्छा लिए भीतर से आती है और अम्मी के पास, थोड़ा पीछे, खड़ी हो जाती है। यासीन को बाँह में लिए डॉ. मिर्ज़ा का बाहर से प्रवेश। गेसू फूल का गुच्छा पीठ के पीछे छिपा लेती है।)

मिर्ज़ा : गेसू की अम्मी, यह रहा यासीन।

अम्मी : हाय, कितना हसीन है मेरा बेटा।

मिर्ज़ा : (**यासीन से**) यह है तुम्हारी चचीजान और यह है मेरी बेटी गेसू। उर्दू में इस साल एम.ए. किया है।

गेसू : आदाब। (**दाहिना हाथ आदाब करने को उठाती है, तो उसमें फूलों का गुच्छा है। घबराकर उसे बायें हाथ में लेती है और फिर दायें हाथ से आदाब करती है।**)

मिर्ज़ा : फूल लाई है यासीन के लिए! तो इन्हें छिपा क्यों रही है? (**गेसू के हाथों से फूल लेकर**) लो बेटे यासीन, गेसू का तोहफ़ा।

यासीन : (**गुलाब लेकर**) बहुत ही खूबसूरत हैं।

अम्मी : (**मिर्ज़ा से**) बेचारे को बैठाइए तो सही। सफ़र से थका होगा।

मिर्ज़ा : हवाई अड्डे से मैं ले आया। अब यासीन तुम्हारे चार्ज में है। मेरी ज़िम्मेदारी ख़त्म। (**यासीन से**) क्यों ठीक है न?

यासीन : (मुस्कराकर) बिल्कुल।

अम्मी : बैठो बेटे। इधर बैठो। **(यासीन कुर्सी पर बैठता है।)**

मिर्ज़ा : अरे मैं तो ग़फ़ूर मियां से मिलाना ही भूल गया।

ग़फ़ूर : 'नो मैटर', देर 'कम' दुरुस्त 'कम'।

मिर्ज़ा : यासीन, यह हैं ग़फ़ूर मियां। इनके हाथों में तो जादू है। इनके हाथ का बना एक बार खाना खा लो, तो हमेशा के लिए इनके गुलाम हो जाओ।

ग़फ़ूर : सब खुदा की 'काइण्ड' है। टामस साहब कहा करते थे...।

मिर्ज़ा : एक अंग्रेज़ ब्रिगेडियर तो इनका इतना मुरीद हुआ कि अपने साथ ही विलायत ले गया। उसके साथ आधी दुनिया घूम आए हैं।

ग़फ़ूर : टामस साहब तो कहते थे, यहीं रह जाओ। मगर साहब, जब 'कंट्री' आज़ाद हुआ तो मुझसे वहाँ नहीं रहा गया। मैंने 'स्पीका', पूरी ज़िंदगी तो 'स्लेव' मुल्क में काट दी। जिंदगी के बचे-खुचे दिन आज़ाद 'कन्ट्री' में काट कर, अरमान तो 'कम्पलीटूं'।

अम्मी : बातें ही होंगी या सामान भी अन्दर लाया जायेगा।

यासीन : (चौंककर, उठता-सा) सामान!

अम्मी : घबराओ मत यासीन मियां। तुम्हारा सामान मैं अभी रखवाए देती हूँ। गेसू बेटी, इनका सामन कमरे में रखवा दे।

गेसू : अच्छा अम्मी। **(बाहर प्रस्थान)**

ग़फ़ूर : (यासीन) हुजूर, मुझे तो विलायत जाने पर 'फ़ील' हुआ कि गुलामी कितनी बड़ी बला है। लोग हमें ज़लील, 'डैम ब्लडी' समझते हैं। विलायत में बच्चे तक गली चलते मुझे देखकर चिल्लाते थे 'ब्लैकी, ब्लडी, बास्टर्ड'। खुदा की क़सम, उस समय कितना 'ब्लड बॉइलता-था।

मिर्ज़ा : ग़फ़ूर मियां, ख़ानसामा ही नहीं हैं, मेरे गार्जियन भी हैं।

अम्मी : इनको खाने में ज़रा देर हो जाए तो ग़फ़ूर मियां अच्छा ख़ासा नसीहतनामा खोल देते हैं—तंदुरुस्ती हज़ार नियामत है—जी है तो जहान है।

(गेसू बाहर के दरवाजे से समान लादे ड्राइवर के साथ अन्दर आती है, और बीच के दरवाज़े से दाँये कमरे में जाती है। वहाँ सामान रखवाती है।)

मिर्ज़ा : बातें ही करोगी या चाय भी पिलाओगी?

अम्मी : चलिए, चाय एकदम तैयार है, नाश्ता मेज़ पर लगा है।

यासीन : नाश्ता मैं गुस्ल के बाद करूंगा। एक कप चाय...

अम्मी : बेशक! ग़फ़ूर मियां एक कप चाय यहीं ले आइए। **(ग़फ़ूर कान पर हाथ रखता है तो ऊंचे स्वर में)** एक कप चाय यासीन मियां के लिए ले आइए।

ग़फ़ूर : चाय की आदत मियां को भी है। मैंने तो विलायत में भी नहीं ड्रिंकी। **(प्रस्थान-भीतर)**

यासीन : घर तो बेहद अच्छा है। पुश्तैनी लगता है?

मिर्ज़ा : नबाब आसफुद्दौला के ज़माने का है।

अम्मी : इनको इस घर से मुहब्बत है। दोस्तों ने इतना कहा कि गली में कब तक पड़े रहोगे, महानगर में एक कोठी बनवा लो, मगर नहीं माने।

मिर्ज़ा : इस मकान में मेरे अब्बा थे, दादा थे और दादा के भी दादा थे। मुझे महसूस होता है कि इस मकान के ज़र्रे-ज़र्रे से हमारे ख़ानदान का रिश्ता है। तुम मुझे जज़बाती कहो-दक़ियानूसी कहो-यह रिश्ता मैं तोड़ नहीं सकूंगा।

यासीन : मगर चचाजान, यहाँ आने में मैंने जितना देखा, उससे तो मुझे यह लगा कि यह मुहल्ला-पूरा-का-पूरा हिन्दुओं का है..?

मिर्ज़ा : **(अचानक कठोर हो जाता है)**...तो?

यासीन : मेरा मतलब है...

मिर्ज़ा : **(रुखाई से)** मैं तुम्हारा मतलब समझ गया।

यासीन : मेरा मतलब...क्या यह महफूज़ है...मतलब यह कि हिन्दू-मुस्लिम दंगे में...

मिर्ज़ा : **(उत्तेजना में खड़े होकर)** बर्खुरदार...यह हिन्दुस्तान है।

यासीन : **(अनिश्चित-सा)** जी।

मिर्ज़ा : यहाँ हिन्दू और मुसलमान एक क़ौम है। **(यासीन सिर झुका लेता है।)** हम लोग इस मकान में आज़ से सौ

साल पहले भी रहते थे। तब भी हिन्दुओं के मोहल्ले में मुसलमान का यह एक मकान था। तब यह मकान महफ़ूज़ था और आज नहीं है। क्यों?

यासीन : **(खड़े होकर)** मुझे माफ़ कीजिए।

मिर्ज़ा : इसमें तुम्हारी कोई ग़लती नहीं। बीस साल जिस प्रोपेगेण्डे के ज़ेर-असर तुम रहे हो, उसने कुछ तो तुमको मुतासिर किया ही होगा।

यासीन : चचाजान, मैं वाक़ई शर्मिन्दा हूँ। यक़ीन मानिये, बाहर रहकर भी मैं कभी इस मुल्क को नहीं भूला, जहाँ मैं पैदा हुआ था। जहाँ मेरे बाप-दादा दफ़न हैं। रिसर्च तो दरअसल बहाना है। मुझे तो आपकी मौहब्बत खींच लाई। यहाँ की मिट्टी खींच लाई जिस मिट्टी का मैं बना हूँ।

मिर्ज़ा : **(शान्त होकर, उदारता से)** मैं समझता हूँ कि इसमें तुम्हारी ग़लती नहीं है। पिछले दो सालों में तुमने इंग्लैंड से मुझे जो ख़त लिखे हैं, उसी से मैं जानता हूँ कि तुम तंगदिल फ़िरक़ापरस्त इन्सान नहीं हो। फिर भी पहले बीस साल जिस आबोहवा में रहे हो, उसका कुछ तो असर आएगा ही।

अम्मी : **(परिहास से)** डॉक्टर साहब, अब आबो-हवा बदल गई है। मरीज़ को ठीक करने की ज़िम्मेदारी मेरी। अब ख़त्म भी कीजिए।

मिर्ज़ा : बेटे बुरा मत मानना। जिस मुल्क की आज़ादी के लिए मैं लड़ा, मेरे बाबा 1857 में काम आए, उसी मुल्क में आज, हम जब आज़ाद हैं, तफ़रक़े की ओछी बातें सुनकर, मैं आपे में नहीं रह पाता। **(स्वर बदल कर)** अभी आता हूँ। **(भीतर जाता है।)**

अम्मी : और कहो बेटा, तुम्हारी ख़ालाजान तो अच्छी हैं? **(गेसू जो अब तक दायें कमरे में शोफ़र की मदद से यासीन का सामान लगवा रही थी, बायें कमरे में आती है। ड्राइवर घर के बाहर चला जाता है।)**

यासीन : ख़ुदा के फ़ज़ल से अच्छी हैं। घुटनों में थोड़ा दर्द रहता

है उन्हें भी लखनऊ की याद सताती है। हर गर्मी में दशहरी आम याद आते हैं, जो उन्होंने अपने बाग़ में खुद लगवाए थे।

अम्मी : आओं, तुम्हें तुम्हारा कमरा दिखा दूं। **(दायें कमरे में यासीन और अम्मी का प्रवेश)**

(बायें कमरे में फ़र्श पर यासीन गुलाब का गुच्छा छोड़ गया है, जहाँ वह गिर पड़ा था। उसे उठाकर गेसू दायें कमरे में यासीन के पीछे जाती है)

(दायाँ कमरा)

अम्मी : कमरा बहुत बड़ा तो नहीं है।

यासीन : बहुत अच्छा है। इससे बड़ा तो मुझे चाहिए भी नहीं।

अम्मी : यह गुसलख़ाना है। यह पढ़ने की मेज़, यह वार्डरोब, यह किताबों की अलमारी **(गेसू मेज़ पर रखे फूलदान में फूल लगाती है।)**

यासीन : बहुत अच्छा है मेरे लिए। बहुत ठीक है। **(अचानक गुलदान को देखकर)** आपने फूल लगा दिए?

गेसू : आपको फूल पसन्द नहीं हैं?

यासीन : आप कैसे कहती हैं?

गेसू : पसन्द होते तो आप इनकी तौहीन नहीं करते।

यासीन : तौहीन।

गेसू : यह फूल फ़र्श पर पड़े थे।

अम्मी : जानकर थोड़े ही फेंके होंगे।

यासीन : **(शर्मिन्दा-सा)** मैं निहायत ही ग़ैर-मुहज्ज़ब आदमी हूँ। हालांकि लखनऊ का हूँ, लेकिन बीस साल में नफ़ासत, नाजुक-ख़याली और तहज़ीब खो चुका हूँ। अब आप लोगों की सोहबत में आदमी बनूंगा। मेहरबानी होगी, अगर आप मुझे माफ़ फ़र्मायें।

(बायाँ कमरा)

(तभी बायें कमरे में एक फ्रेम में चढ़ी तस्वीर लिए डॉ. मिर्ज़ा का प्रवेश। वह शेरवानी और टोपी उतार आए हैं। अब कुर्ता और पायजामा पहने हैं।)

मिर्ज़ा : **(पुकारते हुए)** अमां यासीन मियां।

(दायाँ कमरा)

यासीन : आया चचाजान। **(अम्मी से)** चचाजान बुला रहे हैं। **(बायें कमरे में जाता है। पीछे-पीछे अम्मी और गेसू भी जाती है)**

(बायाँ कमरा)

मिर्ज़ा : देख लिया अपना कमरा?

यासीन : मेरे लिए निहायत मौजूं है; शुक्रिया।

मिर्ज़ा : देखो बर्खुरदार, तुम बिना किसी शुबह के लखनऊ में हो। लेकिन यह शुक्रिया, युनिवर्सिटी में अपने दोस्त-अहबाब और प्रोफ़ेसरों के लिए बचा के रखो।

यासीन : आइंदा ख़्याल रखूंगा, शुक्रिया।

मिर्ज़ा : फिर शुक्रिया?

यासीन : **(हँसकर)** आदत पड़ गई है।

मिर्ज़ा : गेसू की अम्मी, अभी तक तुमने यासीन को एक कप चाय नहीं पिलाई।

अम्मी : ग़फ़ूर मियां से तो कहा था...

मिर्ज़ा : गेसू बेटी, तू जाकर देख। तेरी अम्मी ग़फ़ूर से कुछ सख़्त-सुस्त न कह दें। **(गेसू भीतर जाती है।)**

मिर्ज़ा : **(यासीन से)** तुम्हें देखकर मुझे बार-बार ऐसा लगता है, जैसे अनवर से ही मैं बात कर रहा हूँ। बेटा बाप से इतना मिल सकता है, हैरत होती है। बिल्कुल वही क़द, वहीं नक़्श, वही देखने का अन्दाज़ **(आवाज़ बदलकर)** यह देखो—यह तस्वीर मैं तुम्हें दिखाने लाया था। यह तस्वीर हम लोगों ने तुम्हारे अब्बा की वफ़ात के सिर्फ़ दो महीने पहले खिंचवाई थी। यही है उसकी आख़िरी निशानी मेरे पास।

यासीन : यह अब्बा की फ़ोटो है?

मिर्ज़ा : हाँ।

यासीन : अगर आपने न बताया होता तो मैं अपनी फ़ोटो समझ बैठता।

मिर्ज़ा : तुम्हारे ख़ालू के पास तुम्हारे अब्बा की एक भी फ़ोटो नहीं?

यासीन : नहीं।

मिर्ज़ा : ताज्जुब है!

यासीन : कुछ फ़ोटो थीं। उन्हें पाकिस्तान जाते वक़्त ग़ैर-ज़रूरी सामान के साथ यहीं छोड़ गए थे।

मिर्ज़ा : हम और अनवर कितने गहरे दोस्त थे। एक जान और दो क़ालिब का मुहावरा हम लोगों पर बिल्कुल लागू था। कितना ऊंचा इन्सान था वह। कितना दिलेर, कितना वतन-परस्त। जब दो साल पहले तुमने मुझे ख़त लिखा कि तुम हिन्दुस्तान आना चाहते हो तो मैंने फ़ौरन कहा-यह है अनवर का बेटा। आख़िर खून का असर होता ही है। एक लमहे के लिए भी मुझे शक नहीं हुआ। मैंने तुम्हारी घुटन महसूस की। अपने मुक़ामे पैदाइश, अपने वतन को लौट आने की तुम्हारी तड़प को मैंने सुना, और फिर कहा, बार-बार दोहराया, अनवर का बेटा है! और मैंने लखनऊ यूनिवर्सिटी में डी. लिट की 'फ़ैलोशिप' दिलवाने के लिए कोई कसर नहीं रखी। गवर्नर तक से तुम्हारे लिए कहा।

यासीन : मैं आपका शुक्रगुज़ार हूँ।

मिर्ज़ा : तुम्हारे लिए नहीं बेटे; मैंने जो कुछ किया, तुम्हारे लिए नहीं किया। मैंने तो अनवर के लिए किया है। क्या मैं कभी उसका क़र्ज़ चुका पाऊंगा? क्या मैं कभी इस क़ाबिल होऊंगा कि उसका एहसान अदा कर सकूँ? वह दिन आज भी मुझे याद है। बिल्कुल याद है। मैं अब भी उसे देख सकता हूँ। (**स्टेज की रोशनी धीरे-धीरे कम होने लगती है। सिर्फ़ एक रोशनी की लकीर डॉ. मिर्ज़ा के चेहरे को रोशन करती है**) सन् बयालीस के वह इन्कलाबी दिन। हम दोनों मेडिकल कालेज में पढ़ते थे। हम दोनों-मैं और अनवर! हम दोनों ने प्लान बनाई, कचहरी पर तिरंगा फहराया जाए। जुलूस कचहरी की तरफ़ चल पड़ा। जुलूस में सबसे आगे थे,

हम दोनों-मैं और अनवर। सारी फ़िज़ां नारों से गूंज रही थी—इन्क़लाब ज़िन्दाबाद! इन्क़लाब ज़िन्दाबाद! **(पीछे से इन्क़लाब जिन्दाबाद के नारे सुनाई पड़ते हैं।)** हम लोग शहर का चक्कर लगाते हुए कचहरी पहुँच गए। वहाँ पुलिस के सैकड़ों सिपाही बन्दूक़ लिए हम लोगों का इंतज़ार कर रहे थे। एक लमहे को हमारा जुलूस थम गया। **(पीछे से इन्क़लाब जिन्दाबाद के नारे रुक जाते हैं)** नारे रुक गए। क्या हम लोग ज़ालिमों की गोली से डर जायेंगे? क्या सरफ़रोशी की तमन्ना सिर्फ़ तक़रीर की है? क्या आज हम इस कर्बला से भाग निकलेंगे? **(पीछे से जुलूस की आवाज़-जिन्दाबाद!)** वह नारा अकेले मैंने नहीं लगाया था। वह हम दोनों की आवाज़ थी। मेरी और अनवर की। हमारी आवाज़ सुनते ही हज़ारों गलों से नारों का रुका हुआ बाँध फूट पड़ा। **(पीछे से नारों की आवाज़)** जुलूस पुलिस की दीवार को तोड़ता हुआ-पहाड़ी नदी-सा कचहरी पर उमड़ पड़ा। तब ही मैंने देखा-अंग्रेज़ पुलिस कप्तान अपने रिवाल्वर से मेरी तरफ निशाना साध रहा है। मैंने कमीज़ के बटन तोड़कर सीना तान दिया। तब ही किसी ने मुझे धक्का दिया। मैं ज़मीन पर गिर पड़ा। रिवाल्वर से गोली छूटने की आवाज़ के साथ ही कोई खून से लथपथ मेरे ऊपर गिर पड़ा। मैंने जानना चाहा-कौन है वह! **(आंसूओं का बाँध फूट पड़ता है, जिन्हें रोकने की कोशिश करता है। कुछ देर बाद उसके रुंधे गले से स्वर फूटता है।)** वह...वह...वह...अनवर था। मुझे धक्का देकर उसने गोली अपने सीने पर झेल ली थी।

(बाँये कमरे का प्रकाश धीरे-धीरे समाप्त हो जाता है। तभी मंच के दूसरे कोने पर प्रकाशवृत्त में गायकदल (कोरस)* उद्‌भासित होता है, जो गा रहा है–)

---

* गायकदल के लिए अतिरिक्त कलाकारों की आवश्यकता नहीं है। डॉक्टर और यासीन का अभिनय करने वाले अभिनेताओं के अतिरिक्त, अन्य सब अभिनेता/अभिनेत्रियाँ तथा उपलब्ध नेपथ्यकर्मी, सफ़ेद शॉल ओढ़कर गायक दल बन सकते हैं।

सरफ़रोशी की तमन्ना अब हमारे दिल में है,
देखना है ज़ोर कितना बाज़ुए क़ातिल में है।
जान अपनी कुर्बां वतन पे कर देंगे हम,
लेके रहेंगे आज़ादी पीछे न हटेंगे हम,
वक़्त आने पे बता देंगे तुझे ए आस्मां,
हम अभी से क्या बताएं क्या हमारे दिल में है।

ऐ शहीद-ए-मुल्कों मिल्लत तेरे ज़ज्बों पे निसार,
तेरी कुर्बानी की तमन्ना अब हमारे दिल में है,
सरफ़रोशी की तमन्ना अब हमारे दिल में है,
देखना है ज़ोर कितना बाज़ुए क़ातिल में है।

(अन्तराल अंधकार)

(दाँया कमरा)

(बायें कमरे में उगते सूरज की किरणें। यासीन पलंग पर सो रहा है। नेपथ्य से वृन्दगान के स्वर सुनाई पड़ते हैं–''उठ जाग मुसाफ़िर''। भीतर से गेसू चाय की ट्रे लिए बायें कमरे से होकर दायें कमरे में आती है। ट्रे में एक गुलाब के फूलों का गुच्छा भी है। यासीन को सोता देखकर, ट्रे को मेज़ पर रख देती है तथा कमरे में निगाहें दौड़ाती है। फूल गुलदान में लगाती है। तभी वह मेज़ पर रखी यासीन की डायरी देखती है। वृन्दगान बन्द होता है। वह यासीन को जगाने के लिए हाथ बढ़ाती है, फिर शर्माकर हाथ खींच लेती है।)

गेसू : **(डायरी से पढ़ते हुए)** गुलाब के फूलों-सी ख़ुशनुमा और नाज़ुक, गुलाबी जिस्म वाली, जिसके बंद होंठों में गुलाब की पंखुड़ियां हैं, और मुस्कराने पर जिसके गालों से हज़ार गुलाब खिलते हैं-कहती है, गुलाब की इज़्ज़त करना सीखो। उस मुजस्सिम गुलाब को देख, इज़्जत तो दूर, कौन इबादत न करने लग जाएगा। **(शर्माकर)** हाय अल्लाह! क्या शायरी है! **(यासीन के बिस्तर के पास आकर कन्धा पकड़कर जगाते हुए)** मैंने कहा, हुज़ूरे

आला, सुबह हो गई। मशरिक़ में आफ़ताब अपने पूरे जलाल के साथ रौशन है। अगर हुज़ूर के दुश्मनों की तबियत नासाज़ न हो, तो ख़्वाबों के महल छोड़कर, इस ग़रीबख़ाने में तशरीफ़ लाइए। ख़िदमत में चाय हाज़िर है।

(यासीन आँख खोलकर एक हाथ गेसू की तरफ़ ऐसे बढ़ाता है, जैसे बाँह में लेना चाहता है।)

गेसू : **(एकदम पीछे हटकर)** हुज़ूर कितने ही बड़े शायर क्यों न हों-हुज़ूर की बेहतरी के लिए नाचीज़ की सलाह यही है कि हुज़ूर हद में ही रहें, और हुज़ूर के हाथ भी।

यासीन : **(उठकर गाउन पहनते हुए)** मेरी हद क्या है?

गेसू : इन्सान का हौसला ही उसकी हद है।

यासीन : तब मेरे हौसले की बढ़ती हुई बाँहों को तुमने रोक क्यों लगा दी?

गेसू : रोक क्या है? कोई दूसरे को रोक सकता है? रोक तो हर इन्सान खुद अपने ऊपर लगाता है।

यासीन : मैं तुमसे बहस में तो जीत नहीं सकता।

गेसू : **(चिढ़ाते हुए)** बहस का ताल्लुक़ दिमाग़ है। हुज़ूर बहस में जीत सकते हैं बशर्ते...

यासीन : **(बात काटते हुए)** दिमाग़ हो! मुझमें दिमाग़ तो वाक़ई नहीं है। जो थोड़ा बहुत है भी—उस पर दिल हावी हो गया है आजकल।

गेसू : दिल का दिमाग़ पर हावी हो जाना, यह तो ख़तरनाक मर्ज़ है! दिल को इस तरह मनमानी करने देना ठीक नहीं। अगर इस पर शुरुआत से ही 'कंट्रोल' नहीं रखा गया तो...

यासीन : तो?

गेसू : कहीं ले डूबेगा हुज़ूर को।

यासीन : हम तो डूब चुके हैं गेसू।

गेसू : कहाँ?

यासीन : किसी की कजरारी आँखों में।

गेसू : हाय अल्लाह! आपका मर्ज़ तो लाइलाज हो चुका है।

चाय पीजिए। कांटा-कांटे को निकालता है। कलेजे की जलन को गर्म चाय ठंडक पहुँचाएगी। (**मेज़ से चाय का प्याला उठाकर यासीन को देती है।**)

यासीन : तुमने पूछा नहीं, किसकी आँखों में डूबा हूँ मैं।

गेसू : मैं क्यों पूछूं। मैं जानती हूँ।

यासीन : कौन है वह?

गेसू : यह भरी पूरी हस्ती, और यह शायर मिजाज़ी। होगी कोई पाकिस्तान में खुशनसीब, जिसने आपके वजूद को अपनी आँखों के जाम पिलाकर बस में किया होगा।

यासीन : अब तक तो मेरी ज़िन्दगी में कोई लड़की नहीं आई गेसू।

गेसू : ताज्जुब है!

यासीन : पाकिस्तान का बन्द-बन्द माहौल रोमांस के लिए मौजूं नहीं था। तब ही बच सका। लेकिन हाँ, अवध सरताज, लखनऊ की रंगीनी में भी अपने आपको बचा के रख सकूंगा, इसकी गारन्टी में नहीं ले सकता।

गेसू : इसकी गारन्टी आपसे किसने मांगी है?

यासीन : क्या मैं तुमसे कुछ पूछ सकता हूँ?

गेसू : फ़रमाइये।

यासीन : तीखे नक़्श, मरमरी रंग और तराशे जिस्म के हुस्न और शबाव ने कितनो को जख़्मी किया है?

गेसू : किसी को भी नहीं।

यासीन : ताज्जुब है!

गेसू : अगर किसी को ज़ख़्मी किया होता, तो अब तक उसके साथ निकाह पढ़ा के घर बसा लिया होता।

यासीन : चचाजान कुछ न कहते?

गेसू : अब्बा की तरफ़ से पूरी छूट है।

यासीन : यानी आप जिसे पसन्द करेंगी उसी से...?

गेसू : अब्बा ने जब मुझे इजाज़त दी है, तो मैं भी इसका 'मिसयूज़' नहीं करूंगी। मैं अब्बा की राय को अपनी पसन्द से ज़्यादा अहमियत दूंगी।

यासीन : चचाजान की मेरे बारे क्या राय है?

गेसू : क्यों बताऊं?

यासीन : न बताइए। आप ख़ुदमुख़्तार हैं अपनी मर्ज़ी की।

गेसू : **(मेज़ से यासीन की डायरी, उठाते हुए)** रात के बारह एक बजे तक आपके कमरे में बत्ती जलती रहती है।

यासीन : आप भी जागती हैं तब तक?

गेसू : मेरा ख़्याल था आप रिसर्च की पढ़ाई करते होंगे, पर आप तो अफ़साना-नवीस हो रहे हैं। **(यासीन को डायरी दिखाती है।)**

यासीन : ओह!

गेसू : क्या मैं जान सकती हूँ, यह ख़ुशनसीब कौन है?

यासीन : क्यों बताऊं?

गेसू : न बताइये, आप ख़ुदमुख़्तार हैं अपनी मर्ज़ी की।

यासीन : **(गुलदान देखकर)** अरे, आपने फूल लगा दिये?

गेसू : आपको एतराज़?

यासीन : **(गुलदस्ते से एक फूल निकालकर)** आपने मुझे फूल की इज़्ज़त करना सिखाया है। मैं इस फूल की इज़्ज़त बढ़ाना चाहता हूँ।

गेसू : कैसे?

यासीन : आपके बालों में लगाकर। **(बालों में फूल लगाता है।)**

गेसू : **(आँख बंद कर, फूल लगवाते हुए)** अब्बा आपको बेहद पसन्द करते हैं। अम्मी तो आपको अभी से दूल्हा मियां कहने लगी हैं।

(तभी ग़फ़ूर बीच के दरवाजे से दायें कमरे में प्रवेश करता है।)

ग़फ़ूर : लाहौल विलाकूवत। **(गेसू और यासीन छिटककर अलग हो जाते हैं।)**

ग़फ़ूर : **(बांये कमरे में आकर)** लन्दन गया, पेरिस गया, बर्लिन गया, मैडरिड गयां, सब जगह यही देखा। अब क्या अपने इंडिया में भी यह होने लगा है। **(लौटकर बीच के दरवाजे पर आकर खांसता हुआ)** दूल्हा मियां! अन्दर 'कम' सकता हूँ?

यासीन : आइये, आइये ग़फ़ूर चचा। तशरीफ़ लाइये। **(ग़फ़ूर दाँये**

कमरे में प्रवेश करता है। गेसू बाँये कमरे में होती हुई घर के भीतर चली जाती है।)

ग़फ़ूर : जानते हो, फिरंगी लोग इसे क्या कहते हैं?

यासीन : किसे?

ग़फ़ूर : इसी को, जो तुम लोग अभी अभी 'डूते' थे

यासीन : क्या?

ग़फ़ूर : अभी 'डूते' थे। **(समझाते हुए)** उहँ हँ 'डूते' थे, यानी करते थे।

यासीन : **(शर्माया-सा)** जी-जी।

ग़फ़ूर : जी नहीं, यही! शादी से पहले एक दूसरे के कान में 'स्वीट-स्वीट टॉकना'। महबूब का हाथ लेकर सलो-सलो 'टचना', मोहब्बत की आंहें 'फ़िलना', मोहब्बत निबाहने के 'प्रॉमिस' करना—?

यासीन : मैं तो नहीं जानता।

ग़फ़ूर : तुम विलायत गये हो?

यासीन : जी?

ग़फ़ूर : फ्रांस, स्पेन, जर्मनी—

यासीन : जी नहीं।

ग़फ़ूर : तब जानोगे भी कैसे? इसे कहते हैं 'शिपकोर्ट'।

यासीन : **(हँसी रोककर)** 'शिपकोर्ट'?

ग़फ़ूर : टामस साहब की लड़की भी पहले 'शिपकोर्ट' करती थी। बाद में उसने 'मैरिज' की।

यासीन : **(चापलूसी के स्वर में)** आपने, दुनिया देखी है। तब ही आपके ख़्यालात ज़माने के मुताबिक़ कुशादा हैं।

ग़फ़ूर : टामस साहब के घर के पास ही एक अंग्रेज़ बेवा लिवती' थी। वह मुझसे 'शिपकोर्ट' करने लगी।

यासीन : आपसे ग़फ़ूर चचा!

ग़फ़ूर : हां! क्यों नहीं? क्या मैं 'शिपकोर्ट' नहीं कर सकता था? मैं तब जवान था। दाढ़ी-मूछ सफ़ाचट रखता था।

यासीन : फिर क्या हुआ?

ग़फ़ूर : मैं तो साफ़गो आदमी हूँ। मैंने कहा 'मैंन', धोखा देना शरीफ़ों का 'वर्क' नहीं है। इसलिए पहले ही उससे

‘क्लीन-क्लीन’ कह दिया ‘शिपकोर्ट यस, मैरिज नो।’

यासीन : **(आश्चर्य से)** ‘मैरिज नो?

ग़फ़ूर : हाँ, ‘मैरिज नो’।

यासीन : क्यों?

ग़फ़ूर : फ़िरंगी औरत, शिपकोर्ट-वैरी गुड, मैरिज-नो गुड। इसके ख़िलाफ हिन्दुस्तानी औरत ‘शिपकोर्ट नो गुड’, मैरिज वैरी गुड’।

यासीन : आपके ‘नो’ कहने पर वह फ़िरंगी औरत क्या बोली?

ग़फ़ूर : **(कान पर हाथ रखकर)** ऐं?

यासीन : वह क्या बोली?

ग़फ़ूर : वह तो ऐसा बिचकी, ऐसा बिचकी कि मुझे ‘सीना’ ही छोड़ दिया।

यासीन : ‘सीना’?

ग़फ़ूर : ‘सीना’ मतलब देखना।

यासीन : बेचारे ग़फ़ूर चचा! **(घंटी बजने की आवाज)** चचाजान घंटी बजी!

ग़फ़ूर : ऐं? **(कान पर हाथ रखता है।)**

यासीन : **(जोर से)** कोई आया है। दरवाज़े की घंटी बजी है।

ग़फ़ूर : मैं अभी ‘सीता’ हूँ। ‘हू’ है ‘देयर’। **(बायें कमरे में जाकर बाहर का दरवाज़ा खोलता है।)**

(बायाँ कमरा)

मिर्ज़ा : **(प्रवेश करके)** मियां कार से मेरा बैग लाइये। **(ग़फ़ूर बाहर जाता है। यासीन वहाँ दाँये कमरे से आता है।)** आज तो कुछ जल्दी उठ गए?

यासीन : मैं बहुत परेशान हूँ अपनी आदत से। कितनी ही कोशिश करूं, जल्दी उठ ही नहीं पाता।

मिर्ज़ा : अभी तो तुम्हारी उम्र सोने की है। जल्दी क्या है उठने की?

यासीन : आप तो बहुत जल्दी उठ जाते हैं।

मिर्ज़ा : मेरी उम्र पर तुम भी उठने लगोगे। अभी एक मरीज़ देखने गया था। **(स्वर बदलकर)** तुम्हें किसी बात की तकलीफ़ तो नहीं?

यासीन : तकलीफ़!

मिर्ज़ा : लखनऊ में ज़रूर हो, लेकिन मेरे घर में तकल्लुफ़ नहीं चलता।

यासीन : कैसी बातें करते हैं चचाजान! मुझे तो पता ही नहीं चला, हफ़्ता कैसे बीत गया।

मिर्ज़ा : मैं उम्र में तुमसे बड़ा हूँ, लेकिन तुम हर बात बेझिझक कह सकते हो, दोस्त की तरह।

यासीन : मेरी ज़िन्दगी में इतने अच्छे दिन कभी नहीं आये।

ग़फ़ूर : **(डॉ. मिर्ज़ा का बैग और स्टेथेस्कोप लिए बाहर से प्रवेश करता है।)** डॉ. मियां 'हरी' कीजिए। 'बाथ' करके नाश्ता कर लीजिए। अभी कोई दूसरा मरीज़ बुला ले जायेगा, फिर कोई तीसरा। ऐसे ही क्लिनिक का 'टाइम' हो जायेगा और आप बिना कुछ 'ईटे' वहाँ चल देंगे। और हम 'वेटते' रह जायेंगे।

मिर्ज़ा : ग़फ़ूर मियां की नसीहत शुरू हो गई। **(खड़े होकर)** चलूं, नहीं तो ग़फ़ूर मियां नाराज़ हो जायेंगे। **(चलते-चलते रुककर)** बेटे, अगले इतवार तुम्हारे गाँव चलेंगे। मुश्किल से सात आठ मील है यहाँ से। वहाँ तुम्हारी पुश्तैनी कोठी है। **(ग़फ़ूर का भीतर प्रस्थान)**।

यासीन : कोठी अभी सलामत है?

मिर्ज़ा : हाँ, सरकार ने उसमें ब्लॉक-आफ़िस खोल दिया है। मैं उसमें तुम्हें वह कमरा दिखाऊँगा, जो तुम्हारे अब्बा का था। मैं भी एक बार गर्मी की छुट्टी में एक हफ़्ते उसमें रहा था। मैं तुम्हें वह कमरा भी दिखाऊँगा, जो तुम्हारी दादी का था। तुम्हारे अब्बा उस कमरे में पैदा हुए थे।

यासीन : जब आपको फ़ुरसत हो, मैं चलने को तैयार हूँ।

मिर्ज़ा : कोठी से कुछ दूर क़ब्रिस्तान है तुम्हारे ख़ानदान का पुश्तैनी क़ब्रिस्तान। वहाँ तुम्हारे बुजुर्गों की कब्रें हैं। वहीं दफ़न है अनवर। **(कुछ रुककर)** और तुम्हारी मां भी तो। **(जैसे विचारों में खो गया। फिर अपने को सम्हालकर, यासीन की पीठ थपथपाकर अन्दर चला जाता है।)**

(यासीन दायें कमरे में जाता है। उसका दरवाज़ा बन्द करके, मेज़ के नीचे की ड्रार से फ़ाइल निकालता है। उसमें से एक कागज़ निकालकर लाइटर से ज़लाता है। तभी ग़फ़ूर भीतर से आता है। कागज जलने की महक को सूंघता हुआ, वह बीच के दरवाज़े पर दस्तक करता है।)

ग़फ़ूर : **(दरवाज़े पर दस्तक देते हुए)** दूल्हे मियां, दूल्हे मियां, मैं 'कम' सकता हूँ?

यासीन : आइये; चचाजान! **(जल्दी से जलता हुआ कागज़ बुझाकर, राख समेट कर एक लिफ़ाफ़े में रखकर उसे मेज़पोश के नीचे छिपा देता है। सिगरेट जलाकर कश लेता है। फिर दरवाज़ा खोलता है।)**

(दायाँ कमरा)

ग़फ़ूर : **(दाँये कमरे में प्रवेश करके इधर-उधर शक से देखता है। फिर सूंघते हुए)** अमां, बड़ी देर से दरवाज़ा खोला। कुछ जल रहा है।

यासीन : **(सिगरेट दिखाते हुए)** सिगरेट-सिगरेट।

ग़फ़ूर : **(सूंघते हुए)** यह सिगरेट की महक नहीं है।

यासीन : **(चौंककर)** जी!

ग़फ़ूर : यह कागज़ जलने की महक है।

(यासीन चुप रहता है।)

ग़फ़ूर : अच्छा बताओ, मैंने कैसे जाना? **(यासीन चुप रहता है।)** अगर बता सके तो पास, नहीं तो फ़ेल।

यासीन : आप छिपकर कहीं से देख रहे थे।

ग़फ़ूर : नहीं भाई। मैं 'थीवों' वाले काम नहीं करता।

यासीन : तो...

ग़फ़ूर : अरे भाई मैंने तीस साल सिगरेट 'ड्रिंकी है। मैं तम्बाकू की महक 'नोता' हूँ।

(यासीन चुप रहता है। गेसू का बीच के रास्ते से प्रवेश)

ग़फ़ूर : तुम इतनी-सी बात नहीं बता सके। तुम फ़ेल हो गये दूल्हे मियां।

(बायें कमरे से होता हुआ घर के भीतर जाता है।)

गेसू : **(कमरे में आकर यासीन को चिढ़ाते हुए)** तुम फ़ेल हो गये, दूल्हे मियां!

यासीन : ग़फ़ूर मियां ने मुझे फ़ेल कर दिया। तुमने तो मुझे फ़ेल नहीं किया?

(गेसू की तरफ बढ़ता है।)

गेसू : **(पीछे हटते हुए मुस्कुराहट में)** हुज़ूरे आली दूर से... दूर से हज़ूरे आली! **(बाहर घंटी बजने की आवाज़)** कोई आया है। **(गेसू हँसती है और बायें कमरे में जाती है और बाहर का दरवाज़ा खोलती है। यासीन बीच दरवाजे से छिपकर आने वाले को देखता है।)**

(बायाँ कमरा)

किशन : **(आते हुए)** गेसू बेटी! तेरे अब्बा कहाँ हैं?

गेसू : तशरीफ़ रखिये। अभी बुलाती हूँ।

किशन : **(बैठते हुए)** उनको तो बुलाओ ही, लेकिन यह तो बताओ, वह कहाँ हैं अनवर भाई का बेटा!

गेसू : यासीन मियाँ ?

किशन : हाँ, हाँ, पहले यासीन मियां को बुलाओ।

गेसू : बुलाती हूँ। **(गेसू बीच के दरवाज़े की तरफ़ बढ़ती है)**

(दायाँ कमरा)

(यासीन तेज़ी से भागकर पढ़ने की मेज़ पर बैठ जाता है, और किताब खोल लेता है।)

गेसू : **(दाँये कमरे में प्रवेश करके)** यासीन मियां, चचा बुला रहे हैं।

यासीन : कौन हैं यह?

गेसू : चचा। अपने किशन चचा। हम लोगों के पड़ोसी। हम दोनों की दीवार बिल्कुल मिली है।

यासीन : कपड़े बदल लूं।

गेसू : ऐसे ही चलिए।

यासीन : इन कपड़ों में?

गेसू : हाँ, क्यों? चचा कोई ग़ैर नहीं हैं। बिल्कुल घर जैसे ही हैं।

यासीन : अच्छा चलो। **(यासीन और गेसू बाँये कमरे में आते हैं।**

(बायाँ कमरा)

(किशन लाल यासीन को देखकर देखता रह जाता है।)

यासीन : आदाब अर्ज़ है।

किशन : **(स्वतः)** बिल्कुल वही आवाज़, वही तस्वीर।

गेसू : किशन चचा! यह हैं यासीन मियां।

(कुछ लमहों की ख़ामोशी)

किशन : ऐं... हाँ-हाँ, यासीन मियाँ। बेटे खुश रहो। बड़ी उमर पाओ।

यासीन : आप मेरे अब्बा को जानते थे?

किशन : हाँ, हाँ, खूब जानता था। डाक्टर भाई के साथ मेडिकल कालेज में पढ़ते थे। यहीं, इसी कमरे में उनसे कई बार मिला था। वह मेरे घर भी आते थे। **(कुछ रुककर)** डाक्टर भाई, मुझसे दो-तीन साल ही बड़े हैं। बचपन में हम लोग साथ खेले थे। डाक्टर भाई का हर दोस्त मेरा दोस्त है और मेरे पहचान वाले डाक्टर भाई को जानते हैं। तुम्हारे अब्बा से मेरी मुलाक़ात डाक्टर भाई के ज़रिये ही हुई थी।

यासीन : यहाँ अब्बा को बहुत लोग जानते हैं। अभी कुछ दिन पहले ही कॉरपोरेशन ने फ़ैसला किया है कि एक सड़क का नाम रखा जाये—शहीद अनवर मार्ग।

गेसू : यह तो बहुत अच्छी बात है।

किशन : यह तो बहुत पहले ही करना चाहिए था। अपने देश के लिए हँसते-हँसते सीने पर गोली झेल ले, वह मामूली आदमी नहीं होता। कचहरी में तुम्हारे अब्बा जिस जगह गोली खाकर गिरे थे, वहीं हम लोगों ने आज़ादी मिलते ही तुम्हारे अब्बा की मूर्ति लगवाई थी।

गेसू : अब्बा उसे यासीन भाई को दिखा लाये हैं।

किशन : मैं भी सन् बयालीस के उस जुलूस में था।

गेसू : आप भी थे चचा?

किशन : हाँ बेटी! मैं डाक्टर भाई और अनवर भाई के साथ जुलूस में था। **(मज़ाक में)** लेकिन ज़रा पीछे था।

यासीन : आपके सामने अब्बा को गोली लगी थी।

किशन : हाँ बेटे, मेरे सामने! न याद दिलाओ उस दिन की। आज भी सोचता हूँ उस दिन को, तो रोंगेटे खड़े हो जाते हैं। ईश्वर तुम्हें बड़ी उमर दे।

गेसू : आप कहीं गए थे चचा!

किशन : हाँ बेटी, अहमदाबाद गया था।

(डॉ. मिर्ज़ा का प्रवेश। वह क्लीनिक जाने को तैयार हैं।)

मिर्ज़ा : अरे किशनलाल, तुम कब आये?

किशन : बस, थोड़ी देर पहले। आज ही सुबह लौटा हूँ। अहमदाबाद गया था।

मिर्ज़ा : क्यों?

किशन : वही अपनी बिज़नैस के सिलसिले में। जैसे ही पता लगा कि अनवर भाई का बेटा आया है तो अपने को रोक न सका, मिलने चला आया।

मिर्ज़ा : मैं भी यासीन को तुमसे मिलाना चाहता था। मैंने पता लगाया तो मालूम हुआ कि तुम कहीं बाहर गए हो। **(गेसू से)** चचा को एक कप चाय तक नहीं पिलाई?

गेसू : मैं अभी लाई **(भीतर जाती है।)**

किशन : यासीन बेटे, जैसे डाक्टर भाई का घर तुम्हारा घर है, वैसे मेरा घर भी तुम्हारा घर है।

मिर्ज़ा : हम लोगों के घर के बीच की दीवार एक है।

किशन : लेकिन दिलों के बीच दीवार नहीं है।

मिर्ज़ा : हम लोग सौ-डेढ़ सौ साल के पड़ोसी हैं।

किशन : पड़ोसी नहीं एक घर है।

मिर्ज़ा : किशनलाल मेरे सगे भाई की तरह हैं।

किशन : भाई की तरह नहीं, उससे भी बढ़कर हैं।

(दोनों एक साथ हँसते हैं।)

मिर्ज़ा : बहुत खूब किशन लाल। बहुत खूब।

किशन : आज रात को डॉ. भाई आप सब, भाभी, गेसू, यासीन के साथ मेरे यहाँ खाना खायेंगे।

मिर्ज़ा : खाना?

किशन : यासीन अपनी चाची, बहनों, भाईयों से तो मिल ले। ठीक है न डाक्टर भाई?

मिर्ज़ा : तुम कहते हो तो एकदम ठीक है।

किशन : **(यासीन से)** तुम्हें शाम को कहीं जाना तो नहीं है?

यासीन : जी नहीं।

किशन : तब तुम शाम को आ रहे हो।

यासीन : आपका हुक्म बजा लाऊंगा।

किशन : अच्छा बेटे, तुम्हें तो यूनिवर्सिटी जाना होगा। तुम्हें अब पकड़कर बैठाये नहीं रखूंगा। तुम जाकर तैयार हो।

यासीन : आदाब!

किशन : जीते रहो। **(यासीन दायें कमरे में जाता है। अलमारी से तौलिया और कपड़े लेकर बाथरूम जाता है।)**

किशन : **(जाते हुए यासीन को देखते हुए)** एकदम अनवर भाई की तस्वीर है।

मिर्ज़ा : मैंने भी जब पहली बार इसे एयरपोर्ट पर देखा, तो बस देखता ही रह गया। मुझे महसूस हुआ कि अनवर चला आ रहा है।

किशन : मुझे भी ऐसा ही लगा।

मिर्ज़ा : किशनलाल, सबसे ख़ुशी की बात यह है कि यासीन सूरत में तो अनवर से मिलता है, लेकिन सीरत में भी उसी पर गया है।

किशन : कैसे?

मिर्ज़ा : पूरा 'नेशनलिस्ट' है। बीस साल बाहर रहकर भी उसके ख़्याल में फिरक़ा-परस्त तंगदिली नाम के लिए भी नहीं है।

किशन : खून का असर तो है ही।

मिर्ज़ा : अभी फ़िलहाल दो साल का वीज़ा है-यूनिवर्सिटी में वाजिद अली शाह के ज़माने के उर्दू शायरों पर रिसर्च करने के लिए। लेकिन मुझसे कह रहा था, मैं नहीं जाना चाहता।

किशन : खून और मिट्टी की पुकार है डाक्टर भाई!

मिर्ज़ा : मैंने तय कर लिया है कि उसको इण्डियन सिटीज़नशिप दिलवा दूंगा-गेसू की अम्मी तो बहुत ख़ुश हैं। वह कहती हैं—बेटा नहीं था, ख़ुदा ने बेटा भेज दिया।

किशन : बहुत ही सलीकेदार बच्चा है।

डाक्टर : शायर भी है। उसकी एक किताब भी है।

किशन : गुणी है।

डाक्टर : तब ही तो पाकिस्तान का नफ़रत का माहौल और हिन्दू-मुसलमानों में तफ़रके का प्रोपेगेण्डा उस पर असर नहीं कर सका।

(ग़फ़ूर मियां भीतर से आते हैं।)

ग़फ़ूर : 'ब्रेक-फ़ास्ट' मेज़ पर 'सीटा' है।

मिर्ज़ा : अभी आते हैं।

ग़फ़ूर : 'ब्रेक-फ़ास्ट' करके ही आप घर के बाहर 'गोएंगे'। मैं यह नहीं 'लिसनूंगा' कि क्लीनिक को देर हो रही है। बाद में 'ईटूँगा'।

किशन : **(खड़े होकर)** अब चलूंगा डाक्टर भाई! शाम को खाने पर मिलूंगा।

मिर्ज़ा : अच्छा किशनलाल, ग़फ़ूर मियां का नादिरशाही ऐलान हो चुका है।

किशन : ग़फ़ूर मियां ज़ोर-ज़बर्दस्ती न करें तो आप मरीज़ों में ऐसे व्यस्त रहें कि खाना ही न खायें। **(चलते हुए)** भाभीजान को मेरी नमस्ते कहियेगा।

(किशनलाल जाता है।)

मिर्ज़ा : ग़फ़ूर मियां, ड्राइवर से कहिये, मोटर निकाल दें। **(ग़फ़ूर मियां का घर के बाहर प्रस्थान। डॉ. मिर्ज़ा का घर के भीतर प्रस्थान।)**

(दायें कमरे में यासीन बाथरूम से निकलता है। वह नहाकर कपड़े बदल चुका है। वह जूते पहनता है। बायें कमरे में ग़फ़ूर मियां बाहर से आते हैं। वह भीतर जाने के लिए बढ़ते हैं, वैसे ही बाहर के दरवाज़े पर दस्तक होती है। ग़फ़ूर मियां लौटकर बाहर का दरवाज़ा खोलते हैं।)

हरीश : **(बाहर से)** यासीन साहब हैं?

ग़फ़ूर : यस!

हरीश : मैं उनसे मिलना चाहता हूँ।

ग़फ़ूर : आप 'हू' हैं?

हरीश : मैं उनका दोस्त हूँ।

ग़फ़ूर : घोस्ट!! ओह माई गॉड! भूत!!

हरीश : घोस्ट नहीं, दोस्त! दोस्त!

ग़फ़ूर : यू मीन फ़्रैन्ड।

हरीश : यस! फ़्रैन्ड।

ग़फ़ूर : वैरी गुड। 'इनकम'। इनकम।

हरीश : जी।

ग़फ़ूर : इनकम। **(इशारे से समझाते हुए)** ईन...कम
(हरीश बायें कमरे में आता है।)

ग़फ़ूर : **(हरीश से)** सीटिए। **(हरीश की समझ में नहीं आता)** सीटिए। **(झुंझलाकर)** बैठिए।
(हरीश सोफ़े पर बैठ जाता है। ग़फूर बीच के दरवाज़े पर दस्तक देता है।)

यासीन : कौन है?

ग़फ़ूर : 'योर फ़्रैन्ड आया है। **(यासीन उठकर बीच का दरवाजा खोलता है। ग़फ़ूर कमरे में प्रवेश करके)** योर फ़्रैन्ड-ग्रीनिश आया है।

यासीन : ग्रीनिश।

ग़फ़ूर : यस ग्रीनिश।

यासीन : मुझे समझने दीजिए। ग्रीन यानी हरा। ग्रीन ग्रीनिश! हरा, हरा हरीश। हरीश?

ग़फ़ूर : यस! **(यासीन बाँए कमरे में जाता है।)**

यासीन : ओह हरीश! आओ। आओ, मेरे कमरे में आओ। **(हरीश को लेकर, बीच के दरवाज़े से दायें कमरे में जाता है। ग़फ़ूर घर के भीतर जाता है।)**

(दायाँ कमरा)

यासीन : **(बीच का दरवाज़ा बंद करते हुए)** तुम पाकिस्तान से कब आए हमीद।

हरीश : ख़बरदार यह नाम ज़बान मत लाना। मेरा नाम हरीश है हमीद नहीं।

यासीन : **(बीच का दरवाज़ा बंद करके)** तुम्हें यह मकान ढूंढने में मुश्किल तो नहीं हुई?

हरीश : डॉ. मिर्ज़ा का मकान कौन नहीं जानता। **(बीच के दरवाज़े की दरार से बायें कमरे में झांककर अपना हैण्डबैग खोलता है। फिर उसमें से रुपयों की गड्डियां तथा तीन-चार पिस्तौलें निकाल कर देते हुए)** इसे तुम रखो।

यासीन : मैं?

हरीश : हाँ तुम।

यासीन : मैं कहाँ रखूंगा?

हरीश : तुम जानो। डॉ. मिर्ज़ा का इतना बड़ा साया तुम पर है, फिर भी पूछते हो कहाँ रखूंगा।

यासीन : यह कैसे रूपये हैं? यह पिस्तौल अब तक कहाँ थीं?

हरीश : यह पिस्तौल जहाँ थीं, वहाँ कभी भी पुलिस छापा मर सकती है, इसलिए वहाँ से हटाना ज़रूरी था।

यासीन : **(कुछ डर से)** यह जगह तो पुलिस की निगाह में नहीं?

हरीश : यह जगह भी पुलिस की निगाह में है। **(यासीन सवाली निगाह से देखता है।)** लेकिन पुलिस की निगाह में इससे ज़्यादा पाक-साफ़ कोई घर नहीं है। यह वह जगह है जिस पर कभी कोई शक नहीं कर सकता।

यासीन : पुलिस कप्तान चचाजान के दोस्त हैं।

हरीश : एक पुलिस कप्तान क्या, सब ही डॉ. मिर्ज़ा के मुरीद हैं। हम लोगों को उम्मीद है कि तुम इस मौक़े का पूरा-पूरा फ़ायदा उठाओगे। ट्रांसमीटर सेट भी जल्दी ही तुम्हारे यहाँ आ जायेगा।

यासीन : कब तक ?

हरीश : **(सोचते हुए)** यह तो इस बात मुनस्सर है...**(तभी उसे भीतर से आती हुई गेसू दिखाई पड़ती है। वह तेज़ी से दौड़कर कुर्सी पर बैठ जाता है।)** वाजिद अली शाह के ज़माने में उर्दू के दो सेन्टर थे-एक दिल्ली और दूसरा लखनऊ। दोनों ज़बान के ही सेन्टर नहीं थे, बल्कि तहज़ीब और कल्चर के भी दो सेन्टर थे। दोनों सेन्टर...

गेसू : **(दायें कमरे में प्रवेश करते हुए) यासीन... (हरीश को देखकर ठिठक जाती है)** मैं फिर आऊंगी।

यासीन : गेसू ये हैं मेरे दोस्त हरीश। लण्डन में मेरे साथ थे। अब यहीं हैं और यह हैं गेसू।

गेसू : **(हरीश से)** आदाब। **(यासीन से)** मैं फिर आऊंगी। **(प्रस्थान-घर के भीतर, बाँये कमरे से होकर।)**

हरीश : डॉ. मिर्ज़ा की लड़की है?

यासीन : हाँ।

हरीश : ख़ूबसूरत है! **(रुककर)** इश्क़ की इब्तदा हुई?

यासीन : हाँ, किसी हद तक।

हरीश : शादी मुमकिन है।

यासीन : चचीजान तो अभी से ही मुझे दूल्हे मियां कहती हैं।

हरीश : गुड! डॉ. मिर्ज़ा का दामाद क्या नहीं कर सकता? हम लोगों का ख़्याल बिल्कुल ठीक निकला। **(यासीन उत्तर नहीं देता।)** हम सबको तुमसे यही उम्मीद थी। मुल्क के 'टॉप' के सिंयासी लीडरान डॉ. मिर्ज़ा के दोस्त हैं। डॉ. मिर्ज़ा के होने वाले दामाद के लिए उनसे रब्ज-ज़ब्त बढ़ाना बहुत ही आसान है। बड़े फ़ौजी अफ़सरों से भी डॉक्टर मिर्ज़ा के ताल्लुक़ गहरे हैं। अगर तुम अक़्लमंद होगे, तो वे सब तुम्हारे भी दोस्त होंगे।

यासीन : डॉ. मिर्ज़ा ने मुझे सिटीज़नशिप दिलवाने का वादा किया है।

हरीश : गुड! डॉ. मिर्ज़ा के लिए यह क़तई मुश्किल नहीं है। आगे चलकर सियासी और फ़ौजी इंटेलीजेंस के लिए तुम्हीं हमारे ख़ास 'सोर्स' होगे।

यासीन : मैं पूरी कोशिश करूंगा। **(बाहर मोटर रुकने की आवाज़। यासीन बीच का दरवाज़ा थोड़ा-सा खोलकर झाँकता है।) (बाँयें कमरे में डॉ. मिर्ज़ा भीतर से आते हैं और बाहर दरवाज़े की तरफ बढ़ते हैं। उनके पीछे ग़फ़ूर उनका बैग और स्टेथोस्कोप लिए हुए आता है। जैसे ही डॉ. मिर्ज़ा बाहर का दरवाज़ा खोलते हैं, तो पुलिस कप्तान शर्मा उनको दिखाई पड़ते हैं।)**

यासीन : पुलिस कप्तान शर्मा। **(फुर्ती से कुर्सी पर बैठकर मैगज़ीन के पन्ने पलटने लगता है)**

(बायाँ कमरा)

मिर्ज़ा : ओह शर्मा! आओ, आओ।

शर्मा : (प्रवेश करके) माफ़ कीजियेगा, डॉ. साहब, इस वक़्त आने के लिए।

शर्मा : बैठो तो, फिर बात करना।

शर्मा : इधर से गुज़र रहा था, सोचा दो मिनट आपसे मिल लूं। **(दायें कमरे में यासीन और हरीश इस तरह बीच के दरवाज़े में छिपकर खड़े होते हैं, जिससे बायें कमरे की बातचीत सुन सकें।)**

मिर्ज़ा : हर वक़्त वर्दी कसे रहते हो। कभी तो भले आदमी की तरह सादी पोशाक में दिखाई पड़ा करो।

शर्मा : क्या बताएं डॉ. साहब, काम बहुत बढ़ गया है। मैं बहुत परेशान हूँ आजकल।

मिर्ज़ा : काम तो होता ही रहता है, इससे परेशान नहीं होना चाहिए।

शर्मा : शहर में 'स्पाईनेज एक्टीविटीज़' बहुत बढ़ गई हैं। हम लोगों की आप कुछ मदद कर सकते हैं।

मिर्ज़ा : मुझसे जो हो सकता है मैं बेशक करूंगा।

शर्मा : इधर ख़बर मिली है कि बाहर का एक बहुत ही 'हाई लेविल' का जासूस लखनऊ आया है, उसका पता लगाना है।

मिर्ज़ा : **(हँसकर)** एक शख़्स तो हाल ही में मेरे यहाँ बाहर से आया है। उससे आपको मिलाए देता हूँ। **(पुकारते हुए)** यासीन, यासीन! **(अपनी पढ़ने वाली मेज़ के सामने जाकर यासीन कहता है-आया चचाजान!)** अमां यहाँ तो आना।

(बीच के दरवाज़े से यासीन बायें कमरे में आता है। शर्मा उसे देखते ही उठ खड़ा होता है।) बेटे, यह हैं मिस्टर शर्मा, यहाँ एस.एस.पी. हैं।

यासीन : आदाब! (**शर्मा जवाब नहीं देता। उसे एकटक देखता है।**)

शर्मा : शर्मा, यही बाहर से आया है। लेकिन ख़्यालात और हरकतों से सोलह आना हिन्दुस्तानी। (**शर्मा धीरे-धीरे यासीन के पास जाता है। उसे देखता है जैसे पहचानने की कोशिश कर रहा हो। दृश्य जड़ जो जाता है। प्रकाश धीरे-धीरे समाप्त हो जाता है। तब मंच के दूसरे कोने पर गायकवृन्द उद्भासित होता है।**)

वृन्दागान : *देश के ग़द्दारो, हो जाओ ख़बरदार,*
मुल्क बचाने आये हैं वतन के पहरेदार
ख़बरदार, ख़बरदार, ख़बरदार, ख़बरदार
दहशत फैलाकर तुमने किया देश बदनाम
आज़ाद मुल्क में अब भी, हम लोग हैं गुलाम
ख़बरदार-ख़बरदार-ख़बरदार–

(**प्रथम अंक समाप्त**)

दूसरा अंक

समय : **दोपहर, दूसरे अंक से क़रीब एक महीने का फ़र्क़ है।**

स्थान : **मिर्ज़ा के मकान के दो कमरे, पहले और दूसरे अंक की तरह।**

(दायाँ कमरा)

यासीन और हरीश दोनों रेडियो सुन रहे हैं। रेडियो स्वर; ''और अन्त में मुख्य समाचार सुनिये। लखनऊ में कल रात से हो रहा साम्प्रदायिक दंगा अभी पूरी तरह से नियंत्रण में नहीं आ रहा है। दंगाग्रस्त इलाकों में चौबीस घंटे का क़र्फ्यू लगा दिया गया है। हमारे संवाददाता के अनुसार दंगे में अब तक ग्यारह लोगों के मारे जाने की ख़बर है। सैंतीस लोग जख़्मी हुए हैं। इसी के साथ यह समाचार बुलेटिन समाप्त होता है। नमस्कार।''

हरीश : **(रेडियो बन्द करते हुए)** मुबारक।

यासीन : **(हाथ मिलाकर)** शुक्रिया। शुक्रिया।

(अचानक पीछे की गली में सैंकड़ों लोगों के भागने की आवाज़। भीतर से ग़फ़ूर, अम्मी और गेसू भागकर बायें कमरे में आती हैं। गेसू बाहर का दरवाज़ा खोलकर बाहर देखती है।)

(बायाँ कमरा)

गेसू : लोग तेज़ी से भाग रहे हैं।

अम्मी : **(घबराकर)** क्या करती है लड़की! बन्द कर दरवाज़ा, बन्द कर।

(गेसू दरवाज़े बन्द करती है।)

गेसू : अम्मी! लगता है सड़क पर कुछ हुआ है।

ग़फ़ूर : **(गेसू से)** किसी से कुछ 'आस्को।'

अम्मी : आपकी अक्ल तो चरने चली जाती है, ग़फ़ूर मियां! वह लड़की किससे पूछेगी?

ग़फ़ूर : कुछ पता तो लगना चाहिए, 'व्हाट' हुआ।

अम्मी : होगा क्या? वही हुआ होगा जो कल रात को हुआ था। किसी शोहदे ने किसी को छुरे से मार दिया होगा, या किसी की दुकान पर दियासलाई लगा दी होगी।

ग़फ़ूर : **(बाहर का दरवाज़ा खोलते हुए)** अभी 'कमता' हूँ!

अम्मी : क्या ग़ज़ब करते हैं ग़फूर मियां?

ग़फ़ूर : अभी 'कमता' हूँ।

अम्मी : बाहर ख़तरा है।

ग़फ़ूर : आप 'वरी नॉट'। 'आउट साइड' गली में समथिंग 'नॉट' है। वहाँ तो लोग सिर्फ़ 'रनते' हैं।

अम्मी : फिर भी ग़फ़ूर मियां...?

ग़फ़ूर : अगर 'समथिंग मस्ट' सड़क पर हुआ है। मैं वहाँ नहीं 'गोऊंगा'।

(बाहर जाता है)

अम्मी : **(दौड़कर बाहर का दरवाज़ा अन्दर से बन्द करती है।)** इस ज़ईफ़ी में ग़फ़ूर मियां दिलेरी दिखा रहे हैं।

गेसू : **(खिड़की से हटते हुए)** लोग सर पर पैर रखकर भाग रहे हैं।

अम्मी : अल्लाह ख़ैर करे। मेरा दिल बहुत कमज़ोर है। जब से यह दंगा शुरू हुआ, न मुझे खड़े चैन, न बैठे।

(हरीश और यासीन का बायें कमरे में दाँये कमरे से प्रवेश)

हरीश : नमस्कार चची!

अम्मी : हरीश मियां, तुम यहीं हो?

हरीश : यासीन ने रोक लिया। बोला, चचाजान नहीं हैं...

अम्मी : अच्छा किया। वैसे हम लोगों को किसी क़िस्म का डर नहीं है। क्या हिन्दू, क्या मुसलमान, सब ही गेसू के अब्बा की बराबर से इज्ज़त करते हैं।

हरीश : फिर भी चची, ऐसे वक़्त में आदमी की नीयत का क्या भरोसा...

अम्मी : हाँ, कोई पागल ही हो जाए...दहशत ही सवार हो जाए-किसी पर, तो बात और है...

हरीश : इसीलिए तो चचीजान, एहतयात बहुत ज़रूरी है।

अम्मी : गेसू के अब्बा यहाँ होते तो मुझे ज़रा भी फ़िक्र न होती। **(कुछ रुककर)** ग़फ़ूर मियां को देखो। कब से बाहर गए हैं।

यासीन : मैं जाता हूँ चची। (बाहर जाने को बढ़ता है।)

अम्मी : होशियारी से जाना मेरे बेटे! (यासीन जैसे ही बाहर का दरवाज़ा खोलता है, ग़फ़ूर मियां उससे भीतर घुसते हैं।)

ग़फ़ूर : लाहौल विला कूवत...

अम्मी : मैं तो घबरा रही थी...

गेसू : क्या हुआ?

ग़फ़ूर : बिना टॉक का टकंगड़, यानी बिना बात का बतंगड़...

अम्मी : लोग क्यों भाग रहे थे?

ग़फ़ूर : कहा न बिना 'टॉक का टंकगड़'। सड़क पर एक बैल चला जा रहा था; किसी लड़के ने शैतानी से उसकी पसली पर 'स्टिक' कोंचा, तो बैल भड़क उठा। तो लड़का 'रना'। उसको 'रनता' देख, और लोग 'रने'। उनको 'रनता' देखकर और लोग भी 'रने'। बस देखते ही देखते पूरा 'सिटी रनने' लगा। **(हँसकर)** 'मैडपन' है—एकदम 'मैडपन'।

हरीश : कुछ और वजह भी तो हो सकती है?

ग़फ़ूर : **(बिगड़कर)** आप 'रूम' में बैठकर दुनिया का हाल जान गए?

हरीश : मेरा मतलब है...।

यासीन : आप ठीक कह रहे हैं ग़फ़ूर मियां।

ग़फ़ूर : मैंने 'वर्ल्ड' देखी है। मैंने तजुरबे से जाना है, जो सतह पर दिखाई दे, असलियत नहीं है। उसे जानने के लिए 'इनसाइड' जाना पड़ता है। तहक़ीक़ात करनी पड़ती

है। 'वाट' समझे? अपने 'रूम' में बैठे-ही-बैठे कह दिया कोई और बात हो सकती है।

अम्मी : अल्लाह सबको समझ दे। दरियादिली दे।

गेसू : अब तो बिल्कुल ख़ामोशी है। (**खिड़की के दरवाजे थोड़े से खोलकर बाहर झांकती है।**) गली में एकदम सन्नाटा है। एक भी आदमी दिखाई नहीं पड़ता।

अम्मी : सब अपने-अपने घरों में होंगे-दहशत से सताये, दरवाज़े से कान लगाये।

(**गेसू खिड़की बंद करती है।**)

ग़फ़ूर : बड़ी मुश्किल से दिन-भर बाद दो-चार दुकानें खुली थीं।

अम्मी : सैंतालीस के झगड़ों के बाद अमन था। सोचती थी, झगड़े नहीं होंगे। लेकिन फिर से आदमियों पर वहशत सवार हो गई।

हरीश : (**होंठों पर उँगली रखकर, खामोश रहने का इशारा करता है।**) शी...

गेसू : क्या है? (**हरीश बाहर गली की तरफ इशारा करता है।**)

अम्मी : (**घबराकर, धीमे स्वर में**) क्या है?

हरीश : बाहर लाठियों के पटके जाने की आवाज़ है। (**सबके चेहरों पर दहशत लिख जाती है। सब पीछे की दीवार से कान लगाकर बाहर की आवाज़ सुनने की कोशिश करते हैं।**)

अम्मी : (**घबराकर**) यासीन मियां।

यासीन : ऐसा लगता है कि भारी जूते पहने आदमी बाहर इकट्ठे हो रहे हैं।

गेसू : लगता है कुछ लोग...लाठी लिए...

अम्मी : या खुदा!!

अम्मी : हमारे घर ये लोग क्यों आयेंगे?

हरीश : आदमी की नीयत का क्या ठीक।

अम्मी : गेसू के अब्बा होते तो...

हरीश : कोई हथियार है?

अम्मी : हथियार?

हरीश : जब तक चचीजान हम लोग हैं...मैं और यासीन, तब

तक आपको घबराने की क़तई ज़रूरत नहीं। फिर भी, अगर हथियार होता तो अच्छा था।

गेसू : हरीश भाई, पहले देख तो लीजिए, बाहर कौन है? **(दरवाज़ा खोलने को बढ़ती है।)**

हरीश : **(रास्ता रोकते हुए)** क्या ग़ज़ब करती हैं, आप? **(तभी फ़ायर बिग्रेड की आवाज़ सुनाई पड़ती है। सबका ध्यान उस ओर जाता है।)**

यासीन : लगता है कहीं आग लग गई।

अम्मी : आदमी की अक़्ल पर शैतान ने क़ब्ज़ा कर लिया है।

हरीश : लाठी की आवाज़ बाहर बरामदे से आ रही है। लगता है वह लोग बरामदे पर चढ़ आए।

(सब डरे से एक-दूसरे को देखते हैं।)

गेसू : **(दरवाज़े पर जाते हुए उपेक्षा के स्वर में)** बाहर तो किसी औरत की आवाज़ है। **(एकदम दरवाज़ा खोलती है। दरवाज़ा खोलते ही चमेली धाय प्रवेश करती है। उसकी आयु पचास के आसपास है।)**

चमेली : **(प्रवेश करके)** पहचाना मुझे बिटिया रानी? **(अम्मी से)** बन्दगी बेगम साहेब!

अम्मी : **(चैन की सांस लेते हुए)** यह तुम हो चमेली अन्ना?

चमेली : गाँव से आई थी, मिलने चली आई।

गेसू : अम्मी, बाहर गली में तो गश्ती पुलिस वाले हैं।

अम्मी : हम तो घबरा रहे थे-बदमाश तो नहीं आ गए?

चमेली : आप लोगों की बहुत याद आती थी, सो देखने चली आई।

गेसू : हरीश भाई तो तिल का ताड़ बना देते हैं।

ग़फ़ूर : हरीश भाई तो 'रूम' में बैठे-बैठे' 'वर्ल्ड' का हाल जान जाते हैं।

अम्मी : सन् सैंतालीस में तो हम लोगों ने कभी हथियार नहीं लिया...

यासीन : एहतियात में कोई बुराई नहीं चचीजान!

अम्मी : **(अनिच्छा से)** ठीक कहते हो। एहतियात ही में तो तुम लोगों के कहने पर छत पर ईटें, रोड़े जमा किए हैं।

(अपने आपसे) पता नहीं गेसू के अब्बा क्या कहेंगे? **(बैठते हुए चमेली से)** तुम इस वक़्त कहाँ निकल पड़ीं?

चमेली : बेगम साहेब, मैं तो कल शाम को ही आने वाली थी, तो मारकाट फैल गई। अब क्या कहें हैं उसे—मुआ कारफ़ू लग गया। वह जइसे ही हटा, सो मैं सीधी भागी चली आई।

(यासीन के इशारे पर, हरीश यासीन के साथ दायें कमरे में जाता है। वहाँ दोनों पास-पास बैठकर फुसफुसाहट में बात करते हैं। उनके चेहरों से लगता है कि बात गम्भीर है।)

अम्मी : अभी लगता है कहीं आग लगी है।

चमेली : बेगम साहेब, जो दोनों भइया यहाँ खड़े रहे, उसमें यासीन कउन है।

अम्मी : यासीन, वह जो यहाँ खड़ा था।

चमेली : हाय, कितना बड़ा होय गए हैं। हमार बलदेव की पूरी सकल है। काल जब सुना, यासीन भइया आए हैं, तब ही से आने को बेकल हो रही थी। कारफू लग गया तो बड़ा छटपटाई। आज कारफू हटते ही भागी चली आई बेगम साहेब।

अम्मी : दो एक दिन बाद आती, तब तक यह फ़साद भी ख़त्म हो जाता। बेकार यह ख़तरा उठाया।

चमेली : कोख में नाही लिया तो क्या, दूध की भी ममता होती है, बेगम साहेब! जस हमारे बलदेव, तस यासीन भइया। फिर कल-परसों गाँव भी जाय का है। बलदेव की दुल्हन की गोद भराई की सायत बताई है पंडित ने।

गेसू : बड़ी हिम्मत की तुमने चमेली! यहाँ तो कमरे में ही हरीश भाई का बुरा हाल है।

चमेली : बिटिया, यासीन भइया को बिना देखे चली जाइत तो हमेस पछतावा रहत **(अम्मी से)** हमार बलदेव पहलवानी में अब्बल है। आज तक कोनो उसे आसमान न देखाय सका। ऐसा ही मज़बूत यासीन निकले हैं। चमेली धाय का दूध अइसा ही है बेगम साहेब!

अम्मी : यासीन से मिलोगी?

चमेली : काहे नाहीं? बेगम साहेब, और कोनो ख़ातिर नाहीं आए।

अम्मी : गेसू! ज़रा यासीन को बुला लाओ।

(गेसू उठकर दायें कमरे में जाती है। वहाँ यासीन से कहती है–"आपको अम्मी बुला रही है।" गेसू के पीछे-पीछे यासीन बायें कमरे में आता है। दायें कमरे में हरीश बैठा चिन्तामग्न सिगरेट फूंकता है।)

चमेली : **(मुग्ध दृष्टि से यासीन को देखती हुई)** बिल्कुल हमार बलदेव जस है। राम लखन की जोड़ी लागे।

अम्मी : **(यासीन से)** यह चमेली अन्ना है। तुम्हारी अम्मी की मौत के बाद तुम्हारी ख़ाला ने इसी को रखा था, तुम्हें दूध पिलाने के लिए।

चमेली : नन्हा-सा रहा, गुलाब का फूल अस। देखत ही हमें रुलाई छूट पड़ी। हाय भगवान की क्या लीला है। नन्हें से बच्चे की अम्मी उठा ली। करेजे से लगावा, तो दूध उमड़ आया।

अम्मी : **(यासीन से)** चमेली जल्दी ही गाँव जाने वाली है। इसने सुना कि तुम आए हो, तो दंगे-फ़साद के बावजूद तुमसे मिलने चली आइ।

चमेली : तुमसे मिलकर बेटवा कलेजे को ठंडक मिली। जान का कौन भरोसा? कौन जाने कब मौत आ जाए। तुम्हें देखकर बेटवा बस अइसा लागा, जस हमार बेटवा बहुत दिन बाद घर लौटा हो।

अम्मी : चमेली, तुम्हारा यासीन विलायत में प्रोफ़ेसर है। बड़ा क़ाबिल है। बड़ी शोहरत है।

चमेली : जस लायक बाप, तस लायक बेटवा।

यासीन : **(चमेली से)** आपको इस वक़्त नहीं आना चाहिए था।

चमेली : अरे बेटवा, अभी तू क्या जानो बेटा की ममता। जब तुम्हार सादी हुई जाइ, तुम्हारे बेटबा हुई जाई, तब तू समझौ का होता है बेटवा। तब तू बेटवा की खातिर भागा चला जाओ, बखत अखत नाहि दिखवो।

अम्मी : तुम्हारे बाहर चले जाने के बाद तुम्हारा हाल पूछने चमेली यहाँ आई थी।

चमेली : बेगम साहेब, चली। बेटवा को देख लिया। भगवान बेटवा को खूब तरक्की दें। नाम दें। बुढ़ापा दें। बेटे-पोते दें। (**चलने को उठती है।**)

यासीन : (**रुपये निकालकर**) यह आप रख लीजिए।

चमेली : (**दृढ़ स्वर में**) नाही बेटवा, नाहीं।

यासीन : सुनिए तो...

चमेली : हमें रुपये पैसे नाहीं चाही। हम तुम्हें देख लिया, हमें खजाना मिल गया। तू अच्छा रहो।

अम्मी : रख लो चमेली, तुम्हें यासीन खुशी से दे रहा है। बेटे से रुपये ले लेने चाहिए।

चमेली : बेगम साहेब, लेबे काहे नाहीं। लेबे, मगर यासीन के बियाह में लेबे, लहंगा और दुपट्टा। हाँ, अभी से बताय दें हम।

अम्मी : वह तो लेना ही, लेकिन यह रुपया तो रख लो।

चमेली : (**हाथ जोड़कर**) नाहीं, बेगम साहेब! (**अनुनय से**) अब पता नाहीं, कब गाँव से आईं। हम तुम्हें खत लिखाय के भिजवइये- जवाब में यासीन का कुसल-मंगल लिख भेजयो। रोज-रोज नाहीं, साल छटे महीने में एक बार। तुम्हारी बड़ी मेहरबानी हुइये, बेगम साहेब।

अम्मी : हाँ, हाँ, जरूर जवाब दूँगी।

चमेली : यासीन का हाल जानने की हमार जी लगा रहिये। (**गेसू से**) बिटिया एक कागज में अपना पता लिखि के देओ।

अम्मी : लिखकर दे दे बेटी। (**गेसू उठती है**) हिन्दी में लिखना।

चमेली : साफ़-साफ़ लिखियो। बड़ा-बड़ा। हमार बलदेव बहुत पढ़ा नाहीं है। बस चिट्टी' पत्री लिखित है। (**गेसू भीतर जाती है।**)

(**तब ही बाहर के दरवाजे से कोई बाहर से दस्तक देता है। यासीन दरवाज़ा खोलता है।**)

यासीन : (**बाहर देखकर**) आदाब! (**अम्मी से**) शर्मा अंकल हैं ...एस.एस.पी. साहब। (**अम्मी घूंघट खींचती हुई भीतर**

चली जाती है। चमेली भी उनके पीछे साथ ही भीतर जाती है।) आइये, आइये। **(पुलिस कप्तान शर्मा का बाहर से प्रवेश)** तशरीफ़ रखिये।

शर्मा : डॉ. मिर्ज़ा पीलीभीत से कब तक आयेंगे?

यासीन : तीन-चार दिन में आ जाना चाहिए।

शर्मा : सब ख़ैरियत है?

यासीन : अभी तक तो सब ठीक है।

शर्मा : इधर घबराने की कोई बात नहीं है। अगर कोई बात हो तो कोतवाली टेलीफ़ोन करना। मैंने वहाँ कह दिया है। अगर मैं 'राउण्ड' पर भी रहा, तो तुम्हारा 'मैसेज' मुझे वायरलेस से मिल जायेगा।

यासीन : जी, शुक्रिया। **(गेसू घर के भीतर से बाँये कमरे में आती है। उसके आते ही हरीश बीच के दरवाज़े के पास दाँये कमरे में छिपकर खड़ा होता है, जिससे वहाँ से बायें कमरे में होने वाली बातचीत छिप के सुन सके।)**

गेसू : अंकल, आदाब!

शर्मा : ख़ुश रहो बेटा। डॉक्टर साहब नहीं हैं, लेकिन मैं हूँ। तुम लोग बिल्कुल मत घबराना।

गेसू : हम लोगों को कोई ख़तरा नहीं है

शर्मा : मैं हूँ। तुम लोग बिल्कुल मत घबराना।

गेसू : हम लोगों को कोई ख़तरा नहीं है। हमारे मोहल्ले में अमन है।

यासीन : क्या आज कहीं आग लगी है?

शर्मा : मामूली-सी आग। पोस्ट आफ़िस तो आज बन्द है। किसी ने एक जलता हुआ काग़ज़ का टुकड़ा खिड़की से एक पोस्टआफ़िस में डाल दिया। बस!

गेसू : पोस्ट आफ़िस जलाने से क्या फ़ायदा?

शर्मा : 'मिसचीफ़'। गुण्डों का काम है।

गेसू : यह तो ठीक है अंकल। लेकिन आग लगने की ख़बर से 'पैनिक' बहुत फैलता है।

शर्मा : इसका भी इंतज़ाम हो रहा है। कल तक पी.ए.सी. की तीन कम्पनियां और आ जायेंगी।

यासीन : कहाँ से?

शर्मा : **(यासीन को ग़ौर से देखकर)** कानपुर से। (टेलीफ़ोन लिए ग़फ़ूर का भीतर से प्रवेश)

ग़फ़ूर : **(शर्मा से)** आपका टेलीफ़ोन है।

शर्मा : **(टेलीफ़ोन)** हाँ...हाँ, मैं शर्मा बोल रहा हूँ...बस! मैं पहुँच रहा हूँ। पाँच मिनट में पहुँच रहा हूँ। वहीं सीधा पहुँचूगा। तुम भी वहाँ फौरन पहुँच जाओ। एक प्लाटून लेकर। एक सेक्शन आर्म्ड पुलिस और दो सेक्शन पुलिस लाठी 'स्क्वेड' के। हाँ...हाँ...ठीक है। **(टेलीफ़ोन रखकर तेज़ी से टोपी लगाता हुआ उठ खड़ा होता है।)** अब मैं चलता हूँ।

यासीन : कोई ख़ास बात?

शर्मा : एक 'स्टेबिंग' केस की रिपोर्ट है। **(प्रकट विचार)** चौबीसों घंटे करफ़्यू लगाये रहो तो पब्लिक को तकलीफ़ होती है। 'पब्लिक कन्वीनियेन्स' के लिए दो घंटे को करफ़्यू हटाओ, तो 'स्टेबिंग' शुरू हो जाती है। **(यासीन और गेसू से)** तुम लोग घबराना मत। **(प्रस्थान बाहर)**
(शर्मा के जाते ही, अम्मी और पीछे पीछे चमेली घर के भीतर से आती हैं।)

अम्मी : क्या कह रहे थे? क्या कुछ वारदातें हो गईं?

यासीन : हाँ, एक आदमी ज़ख़्मी हुआ है।

अम्मी : क्या होने को है!

ग़फ़ूर : मैडपन है, एकदम मैडपन!

गेसू : चमेली, तुम किस तरह जाओगी?

यासीन : (घड़ी देखकर) करफ़्यू डेढ़ घंटे बाद लग जायेगा।

चमेली : पास ही तो है।

अम्मी : तो ख़ुदा के लिए जल्दी जाओ। ख़तरा उठाना ठीक नहीं।

गेसू : यह लो पता।

चमेली : जीओ बेटी! हमार बलदेव छठा तक पढ़ा हैं। उसी से चिट्ठी लिखाऊंगी।

अम्मी : अब जाओ चमेली। ख़ुदा ख़ैर करे।

चमेली : बन्दगी बेगम साहेब! **(चलते-चलते)** हम चिट्ठी लिखवे। छटे छमाही यासीन भइया का हाल लिखियो।

अम्मी : हाँ, हाँ, ज़रूर लिखूंगी। गेसू दरवाज़ा खोल दो।
(गेसू बाहर का दरवाज़ा खोलती है। चमेली बाहर जाती है।)

चमेली : **(बाहर से)** बेगम साहेब बन्दगी!

अम्मी : बन्दगी!

चमेली : **(बाहर से)** बिटिया बन्दगी!

गेसू : बन्दगी! **(गेसू जाती हुई चमेली को थोड़ी देर देखती है, फिर दरवाज़ा बन्द करती है।)**

अम्मी : ज़माने को आग लगी है और चमेली जान की परवाह न करके यहाँ चली आई। **(उठकर अन्दर जाती है। गेसू खिड़की की चटखनी बन्द करके भीतर जाती। यासीन दायें कमरे में जाता है।)**

(दायाँ कमरा)

(हरीश जो कि बीच के दरवाजे के पास छिपा बायें कमरे की बातचीत सुन रहा था, यासीन के पास आता है।)

हरीश : रंग आ रहा है, अफ़साने में। यह तो इब्तदा है।

यासीन : आग आग देखिए होता है क्या।

हरीश : हम इस मुल्क में आग लगा देंगे। इसको तबाह कर देंगे। हर शहर, हर बाज़ार, हर दफ़्तर, हर इमारत में बॉम ब्लास्ट होंगे। इसकी इकोनोमी बरबाद कर देंगे। जाली नोटों से मुल्क पाट देंगे। सभी बड़े लीडर्स हमारी गोली के निशाने पर होंगे।

यासीन : अभी एक 'स्टेबिंग' केस और हो गया।

हरीश : मैंने सुना। कहाँ तक रोकेंगे। मैं कहता हूँ यासीन, पुलिस कम पड़ जायेगी। हर गली में, हर मकान में, फ़साद होगा। क्या हर घर के भीतर एक सिपाही तैनात होगा। **(उठते हुए)** अब चलूं। नहीं तो करफ़्यू में यहीं रह जाऊंगा।

यासीन : होशियरी से जाना।

हरीश : शायर मियां, तुम मेरी फ़िकर मत करो। मैं अपनी हिफ़ाज़त करना जानता हूँ। **(चलते हुए)** खुदा हाफ़िज़।

यासीन : खुदा हाफ़िज़। **(हरीश बीच के दरवाजे से होता हुए बाँयें कमरे में जाता है, लेकिन फिर लौटकर दायें कमरे में आता है।)**

हरीश : आज की ख़बर भी चली जानी चाहिए।

यासीन : सिर्फ़ एक ही तो 'स्टेबिंग केस' हुआ है।

हरीश : एक नहीं इक्कीस। **(रहस्यमयी मुस्कान में)** समझे, इककीस! **(हँसकर बायें कमरे होता हुआ बाहर चला जाता है। यासीन आकर दरवाज़े की चटख़नी लगाता है। फिर वह दायें कमरे में अपनी मेज़ पर बैठता है। ड्रार से डायरी निकालकर कुछ लिखता हैं। तब ही बाहर कोई घंटी बजाता है। वह डायरी ड्रार में रखकर बायें कमरे में जाता है।)**

(बायाँ कमरा)

(गेसू भीतर से आकर बाहर का दरवाज़ा खोलती है।)

गेसू : **(प्रवेश करके)** अब्बा!

(दरवाज़ा खुलते ही गेसू डॉ. मिर्ज़ा से लिपट जाती है। गेसू को लाड़ से पीठ थपथपाते डॉ. मिर्ज़ा का प्रवेश)

यासीन : आदाब अर्ज़ चचाजान!

मिर्ज़ा : **(दूसरे हाथ से यासीन को अपने सीने से लगाते हुए)** उम्र दराज़ हो। खुदा का करम हो तुम पर। सब ख़ैरियत तो है।

यासीन : खुदा की इनायत है। चचीजान आपका बेहद इन्तज़ार कर रही थीं। वह आपके बिना बहुत घबरा रहीं थीं।

मिर्ज़ा : कल रात जैसे ही मैंने दंगे की ख़बर रेडियो पर सुनी तो मैंने टेलीफ़ोन करना चाहा। लेकिन बेहद कोशिश करने के बाद भी टेलीफ़ोन नहीं मिला। घंटों बैठा रहा तो आज सुबह कार से चल दिया। **(अम्मी भागती हुई भीतर से आती हैं।)**

अम्मी : **(आटे से सने हाथ दिखाते हुए)** आटा गूंथ रही थी।

मिर्ज़ा : **(हँसकर)** बेगम साहिबा, तो जाइये, हाथ धो आइये। **(चिढ़ाते हुए)** इस उमर में भी बेताबी! ये बड़े-बड़े बच्चे क्या कहेंगे।

अम्मी : अल्लाह, आपको बात करने का सलीका कभी नहीं आयेगा।

मिर्ज़ा : **(रोमांस से)** तुमसे सीख लूंगा।

अम्मी : यहाँ तो दंगे-फ़साद में जान की मुसीबत थी। हाल-चाल कुछ न पूछा, लगे मज़ाक करने। **(बनावटी क्रोध से)** मैं जाती हूँ। **(अन्दर प्रस्थान)**

मिर्ज़ा : सुनो तो... **(अम्मी चली जाती है।)** अपना घर तो अपना घर। जो चैन और सकून अपने घर में मिलता है, अपने बच्चों में मिलता है, वह कहीं नहीं।

गेसू : हम लोग आपको बहुत याद कर रहे थे।

मिर्ज़ा : ज़रा सोचो, उनके घर वालों पर इस समय क्या बीत रही होगी, जो इस दंगे-फ़साद में मारे गए होंगे।

गेसू : शर्मा अंकल आये थे।

मिर्ज़ा : कौन शर्मा?

यासीन : एस.एस.पी.।

मिर्ज़ा : क्या कह रहे थे?

गेसू : हम लोगों की ख़ैरियत लेने आये थे। कह रहे थे—तुम्हारे अब्बा नहीं हैं, तो क्या, मैं तो हूँ। किसी बात की ज़रूरत हो तो मुझको फ़ोन करना।

मिर्ज़ा : बड़ा ही भला आदमी है। मुझसे बहुत मोहब्बत करता है। **(यासीन से)** तुम्हारे अब्बा को भी जानता था। तभी तो पहली बार तुम्हें देखने पर, तुमको देखता ही रह गया था।

गेसू : बेचारे बहुत परेशान थे। मुश्किल से दो मिनट बैठे होंगे, तभी टेलीफ़ोन पर 'स्टेबिंग' की ख़बर मिली। फ़ौरन भाग गए।

मिर्ज़ा : कुछ समझ में नहीं आता। इतने सालों की ख़ामोशी के बाद, यह फ़िरक़ा-परस्ती का ज़हर क्यों फैला रहा है? यह तफ़रक़े की आग कौन लगा रहा है?

ग़फ़ूर : **(भीतर से प्रवेश करके)** डाक्टर मियां सलाम।

मिर्ज़ा : सलाम वालेकुम ग़फ़ूर मियां, ख़ैरियत तो है?

ग़फ़ूर : ख़ैरियत कहाँ है। दंगे-फ़साद के बारे में नहीं सुना?

मिर्ज़ा : सुना तो...

ग़फ़ूर : एकदम 'मैडपन' है। करफ़्यू हटते ही लोग झुण्ड के झुण्ड 'रोडों' पर खड़े होते हैं। लेकिन दहशत से फुसफुसाकर 'टॉकते' हैं। फिर जहाँ कोई शोर सुना, या किसी को 'रनते' देखा, तो सब घरों में घुस जाते हैं।

मिर्ज़ा : 'टेनशन' हैं। सब घबराये हैं।

ग़फ़ूर : हम लोगों का इन्तज़ाम पक्का है।

मिर्ज़ा : इन्तज़ाम! **(अम्मी का घर के भीतर प्रवेश)** कैसा इन्तज़ाम?

ग़फ़ूर : अपने बचाव का इन्तज़ाम। पूरी तैयारी है। एकदम 'अलर्ट'।

मिर्ज़ा : मैं समझा नहीं।

ग़फ़ूर : छत पर ईंट, रोड़े, फूटी बोतलें, डंडे बग़ैरह सब इकट्ठे हैं।

मिर्ज़ा : क्यों?

ग़फ़ूर : कोई हमें ईंट मारे तो हम पत्थर से जवाब देंगे। मुहल्ला ठीक नही है। पड़ोस के घर से कोई चढ़ आये तो...

मिर्ज़ा : **(क्रोध दबाते हुए)** किसके कहने पर यह सब किया है?

ग़फ़ूर : बेगम साहिबा का 'आर्डर' था।

मिर्ज़ा : **(कठोरता से)** गेसू की अम्मी...तुमने?

अम्मी : **(सफाई में)** मैं क्या करती? सबने कहा तो मैंने भी कह दिया।

मिर्ज़ा : किस सबने?

अम्मी : यासीन और हरीश ने।

मिर्ज़ा : हरीश? **(यासीन)** से वही तुम्हारा दोस्त? **(यासीन स्वीकार से सिर हिलाता है।)** वह आदमी ठीक नहीं लगता। (अम्मी से) यासीन बीस साल पाकिस्तान में रहा है। वहाँ के 'प्रोपेगेण्डे' का कुछ तो असर होगा ही उस पर। ऐसे हालात में उसका बर्ताव समझ में आता

है, जो किसी हद तक माफ़ भी किया जा सकता है। (दुख से) लेकिन गेसू की अम्मी, तुमको क्या हो गया?

अम्मी : सबने कहा...।

मिर्ज़ा : सबने कहा? क्या तुम्हारे दिमाग़ नहीं है? **(ग़फ़ूर से)** किशनलाल को बुलाकर लाओ। कहो फ़ौरन बुलाया है। **(ग़फ़ूर का बाहर प्रस्थान)** सबने कहा। सब कहें तो कुएं में कूद पड़ोगी?

यासीन : चचाजान! एहतियात बरतने में कोई बुराई नहीं है।

मिर्ज़ा : है बुराई...

यासीन : सिर्फ़ एहतियात में?

मिर्ज़ा : हाँ, जब तुम एहतियात बरतते हो, तो इसका मतलब है—तुम अपने पड़ोसी से, अपने हम—वतन से, अपने भाई से, ख़तरा महसूस करते हो। बस, उसी वक़्त तुम दोनों के बीच दरार पड़ जाती है। फिर वह फ़ासला बढ़ता ही जायेगा। दोनों ओर हथियारों की होड़ लग जाएगी। एक दूसरे से ख़तरा बढ़ता जायेगा। वह भी एहतियात में हथियार इकट्ठे करेगा। दोनों ओर हथियारों की होड़ लग जाएगी। इसका ख़ात्मा जानते हो, किसमें होगा?

यासीन : किसमें?

मिर्ज़ा : इसी तरह के दंगों में, एक दूसरे को छुरा मारकर, एक दूसरे का गला काटकर। मेरी समझ में नहीं आता बेगम, तुमको क्या हो गया? चार-पाँच पुश्तों से हम इस मोहल्ले में हैं—हमने अब तक एहतियात नहीं बरती। आज क्या हो गया?

यासीन : चचाजान, ग़लती मेरी है।

मिर्ज़ा : **(एकटक देखकर)** यासीन, तुमने अपनी ग़लती महसूस की, मुझे खुशी है। **(गर्व से)** इधर आओ **(पीठ थपथपाते हुए)** यह अनवर का बेटा है अनवर का खून!

अम्मी : मैं दिल ही दिल जानती थी कि आप पसन्द नहीं करेंगे, लेकिन कुछ बातों में आ गई।

मिर्ज़ा : लोग जब बीमार पड़ते हैं तो अच्छे से अच्छे डॉक्टर के पास जाते हैं, चाहे वह हिन्दू हो या मुसलमान।

मुक़दमा लड़ते हैं, तो अच्छे से अच्छा वकील खोजते हैं, चाहे वह हिन्दू हो या मुसलमान। मोटर बनवाते हैं, तो अच्छे से अच्छे मिस्त्री के पास जाते हैं। तब कोई मज़हब नहीं देखता।

यासीन : दुरुस्त है।

मिर्ज़ा : लेकिन जब मतलब होता है, तो हिन्दू-मुसलमान के नारे लगाये जाते हैं। शिया-सुन्नी का फ़र्क़ देखा जाता है। हम बरहमन और ठाकुर बन जाते हैं। क्यों? अवाम को बेवक़ूफ़ बनाकर अपना उल्लू सीधा करने के लिए। लेकिन हम यह भूल जाते हैं कि ख़ुदा की निगाह में कितना बड़ा गुनाह कर रहे हैं। कुफ़्र बांट रहे हैं। **(किशनलाल को साथ लिए ग़फ़ूर मियां का बाहर से प्रवेश)**

किशन : डाक्टर भाई, आप कब आए?

मिर्ज़ा : अभी ही आया हूँ।

किशन : ग़फ़ूर मियां ने कहा-फ़ौरन बुलाया है। बस, मैं जैसा था वैसा ही भागा चला आया। ख़ैरियत तो है?

मिर्ज़ा : हाँ, ख़ैरियत है।

किशन : यहाँ तो बड़ा झगड़ा चल रहा है।

मिर्ज़ा : **(गम्भीर स्वर में)** किशन लाल, हम लोगों को तुमसे ख़तरा हो गया है।

किशन : **(अजीब आश्चर्य से)** क्या कहा डाक्टर भाई?

मिर्ज़ा : मुझको नहीं, तुम्हारी भाभी को। **(अम्मी अपने होंठ काटती है।)**

किशन : **(अम्मी को देखकर, मिर्ज़ा से)** क्यों?...मैंने तो कुछ नहीं किया।

मिर्ज़ा : **(तसल्ली से)** तुमने कुछ नहीं किया। लेकिन फिर भी तुमसे ख़तरा हो गया है। मेरी ग़ैर-हाज़िरी में छत पर ईंट, रोड़े, पत्थर जमा किए गए हैं।

किशन : जी!

मिर्ज़ा : तुमसे एहतियांत बरती गई। तुमसे ख़तरा है। तुम्हारी नीयत पर शक है। **(अम्मी आंचल से आंसू पोंछती है।)**

मिर्ज़ा : बोलो, तुम्हारी भाभी को क्या सज़ा दी जाए?

अम्मी : **(एकदम रोकर)** भाई, माफ़ कर दो मुझे। **(आंचल से मुंह बन्द करती है।)**

किशन : **(रुलाई के रुंधे गले से)** डाक्टर भाई!

मिर्ज़ा : **(आश्चर्य से)** तुमको क्या हुआ।

किशन : डाक्टर भाई, मुझे भी माफ़ कर दो। **(मिर्ज़ा का पैर पकड़कर)** मुझे माफ़ कर दो। मैंने भी अपनी छत पर ईंट, पत्थर, इकट्ठे किए हैं। मुझे माफ़ कर दो डाक्टर भाई।

मिर्ज़ा : **(किशन लाल को उठाकर)** किशनलाल! **(गले से लगाता है।)**

किशन : **(गले से लिपटते हुए)** डाक्टर भाई!

मिर्ज़ा : यह कैसा ज़माना है? यह हमें क्या हो गया है?

(प्रकाश धीरे-धीरे समाप्त होता है, साथ ही वृन्दगायक उद्भासित होते हैं)

(वृन्दगान)

इलाही आज का यह दौर कितना बदल गया
इक दूजे के खून का प्यासा इंसा बन गया
इलाही वो भी तो एक दौर था
जब चारों ओर यह शोर था
मेरी मिट्टी, मेरा वतन
मन में न कोई चोर था
इलाही आज का यह दौर कितना बदल गया
इक दूजे के खून का प्यासा इंसा बन गया।

(अन्तराल अंधकार)

(बायाँ कमरा)

(कमरे में टेलीफ़ोन बीच की मेज़ पर रखा है और टेलीफ़ोन की घंटी बज रही है। ग़फ़ूर आकर टेलीफ़ोन उठता है।)

ग़फ़ूर : **(टेलीफ़ोन पर)** हलो...हलो। **(इअर-फोन को ग़ौर**

से देख कर रखते हुए) जोक करता है। (**टेलीफ़ोन रखकर भीतर को चलता है। वैसे ही घंटी बजती है। दुबारा टेलीफ़ोन उठाता है।**) यह...कौन... मिस बालटीवाला ? यहाँ बालटीवाला नहीं है। ...कहाँ मिलेंगी ...जी ? अपने घर में मिलेगी।...वहाँ नहीं हैं? (**तैश में**) तो साहब कुएं के भीतर मिलेंगी। वहाँ भी नहीं है?...तो बर्तन की दुकान में मिलेंगी। (**झटके से फोन रख देता है, फिर जैसे भीतर जाने को बढ़ता है, वैसे ही टेलीफ़ोन की घंटी बजती है। वितृष्णा से टेलीफ़ोन उठाकर**) वहाँ भी नहीं है, तो जहन्नुम में ढूंढिए।... ओह हरीश साहब आप? मैं समझा मिस बालटीवाला के लवर-कड़छीवाला। बार-बार परेशान कर रहा है। जी जी हाँ, रोंग नंबर। जी जी, यासीन मियां! वह तो नहीं हैं।...ऐं...कल 'आफ़्टरनून' से ही नदारद हैं। ज़माने का यह हाल है...हफ़्ता गुज़र गया 'मैडपन' में और यासीन मियां का 'नो एड्रेस' है। ...नाइट भर' वापस नहीं आए ...अच्छा अच्छा, अच्छा 'होल्ड' कीजिए। गेसू बिटिया को 'कॉलता हूँ। (**टेलीफ़ोन रखकर भीतर जाता है।**)

(**थोड़ी देर पश्चात ग़फ़ूर मियां गेसू के साथ आते हैं।**)

गेसू : (**टेलीफ़ोन पर**) भाई जान आदाब। मैं गेसू बोल रही हूँ ...जी हाँ, कल तीसरे पहर से लापता हैं...अस्पताल से कहीं चले गए हैं। बस, ड्राइवर से कहते गए।...आपको नहीं मालूम? कल करफ़्यू हटने के बाद चचा किशनलाल के साथ यासीन मियां कहीं जा रहे थे। तब ही यासीन मियाँ पर किसी गुण्डे ने छुरे से हमला करना चाहा। चचा ने इत्तफ़ाक़ से देख लिया। उन्हें बचाने चचा दौड़े तो ज़ख़्मी हुए... रात भर अब्बा उन्हीं के पास अस्पताल में रहे।...(**अम्मी का भीतर से प्रवेश**) ...जी? गुण्डा हिन्दू था या मुसलमान? हरीश भाई! गुण्डे का भी मज़हब होता है?...अच्छा ख़बर करूंगी...। कह दूंगी। आदाब ...(**टेलीफ़ोन रखती है।**)

अम्मी : किसका फ़ोन था?

हरीश : हरीश भाई का। यासीन भाई को पूछ रहे थे।

अम्मी : जाने कहाँ गया होगा बेचारा। मुझे तो कल रात भर नींद नहीं आई।

गेसू : **(शिकायत के स्वर में)** जाना था, तो बता के जाते। हम रोक लेते क्या?

अम्मी : लाला किशनलाल की चोट से उसको सदमा पहुँचा है।

गेसू : अस्पताल से कहीं, बिना किसी को कुछ बताये ही चले गए।

अम्मी : यह तो खुदा का शुक्र है कि जाते वक़्त ड्राइवर से कह गया, कि कल दोपहर तक आएगा, वरना हम लोगों की तो जान ही निकल जाती।

गेसू : लेकिन वह गये कहाँ?

अम्मी : अब दोपहर तक इंतज़ार कर लिया जाये। कह गया है तो ज़रूर आ जायेगा। नहीं तो पुलिस को ख़बर करनी पड़ेगी।

गेसू : यह दंगा तो ख़त्म होने का नाम ही नहीं लेता। रह-रहकर भड़क उठता हैं

ग़फ़ूर : अब ख़बरों में भी कोई ताज़गी नहीं रह गई है।
(प्रस्थान-अन्दर)

अम्मी : ख़बर सुनने में तो बड़ा मज़ा आता है, लेकिन जिसके अज़ीज़ के छुरा लगता है, उसके दिल से पूछिये। लाला किशनलाल की बीवी का ग़म मुझसे देखा नहीं जा रहा था। ऐसा लगता था, जैसे कलेजा फट जायेगा।

गेसू : **(आशंका से)** अगर कहीं छुरा चचा को न लगकर...

अम्मी : गेसू, सोच-सोचकर अपना दिमाग़ न ख़राब कर। खुदा पर भरोसा रख।
(तब ही बाहर के द्वार की घंटी बजती है। तेज़ क़दमों से बढ़कर गेसू बाहर का दरवाज़ा खोलती है। रात भर के थके टूटे डा. मिर्ज़ा प्रवेश करते हैं।)

मिर्ज़ा : **(सोफे पर थकान से बैठते हुए)** अल्लाह! **(गेसू से)** यासीन आया?

गेसू : अभी तक नहीं। **(मिर्ज़ा आँख बन्द करके सोफ़े पर पसर जाते हैं)**

अम्मी : गेसू के अब्बा!

मिर्ज़ा : **(चौंककर जागते से)** हाँ... **(रुककर)**

अम्मी : कैसी तबियत है लाला किशन लाल की?

मिर्ज़ा : इस वक़्त तो अच्छी है। सो रहा है। ब्लड प्रेशर नार्मल है। 'हार्ट' भी ठीक है। लेकिन कल रात को तबियत बहुत ख़राब हो गई थी।

अम्मी : शाम को जब मैं अस्पताल से आई थी, तब तो ठीक थे।

मिर्ज़ा : हाँ, लेकिन रात को अचानक हालत बिगड़ने लगी। एक बार तो ऐसा लगा...हमने खो दिया किशनलाल को...

अम्मी : हाय अल्लाह...

मिर्ज़ा : मगर ख़ुदा का करम। हम लोग मौत के पंजे से छुड़ा लाये उसे।

अम्मी : ख़ुदा, लाला की बीबी-बच्चों पर मेहरबान हो। लाला की बीवी का सुहाग बना रहे।

मिर्ज़ा : मुझसे किशन लाल की बीवी का ग़म देखा नहीं जाता। कैसे फटी-फटी दहशतज़दा आँखों से देखती है—**(सोचते हुए)** अगर किशन लाल की जगह मैं होता...।

अम्मी : ऐसा न कहो।

मिर्ज़ा : तुम्हारी भी वही हालत होती।

अम्मी : कम्बख़्त, मज़हब का नाम लेकर गुण्डागर्दी करते हैं। बेड़ा ग़र्क हो उनका। ख़ुदा का क़हर हो उन पर।

मिर्ज़ा : अगर किशनलाल को कुछ हो गया तो—**(गला रुंध जाता है।)**

गेसू : अब्बा! आप आराम कीजिए। रात भर के जागे हैं।

मिर्ज़ा : **(गहरी सांस)** कैसा आराम!

गेसू : बहुत थक गये होंगे।

मिर्ज़ा : **(विचलित)** इस ज़हर में कोई कैसे आराम कर सकता है। ज़रा उसकी सोचो-जिसका बेटा चला गया। उस औरत की सोचो जिसका ख़ाविन्द हलाक़ हो गया। उसके नन्हे-नन्हें बच्चे किसे अब्बा कहकर पुकारेंगे? किससे खिलौने मांगेंगे? किससे लाड़ करेंगे?

गेसू : अब्बा!

अम्मी : मत सोचिये, यह सब। थोड़ा आराम कीजिए।

मिर्ज़ा : मैं भी नहीं सोचना चाहता। लेकिन **(विवशता से)** मैं सोचना रोक नहीं पाता बेगम। मैं क्या करूं? **(उठकर खड़े होते हुए)** एक मिनट को आँख लगती है, वैसे ही अजीब डरावने ख़्वाब दिखाई देते हैं, और मैं चौंककर उठ जाता हूँ।

अम्मी : लाला किशन लाल के हादसे से आपको बहुत चोट लगी है।

मिर्ज़ा : किशन लाल बच जाता तो उसकी जगह यासीन होता। दोनों ही तो अज़ीज़ हैं, दोनों ही अपने हैं। कुछ समझ में नहीं आता। क्या इसी दिन के लिए अनवर ने अपने सीने पर गोली झेली थी? क्या इसी दिन के लिए?

अम्मी : सब खुदा की कुदरत है।

मिर्ज़ा : बेगम, खुदा की नहीं, खुद हमारी हरकत है। **(कमर पर हाथ रखकर पीछे ऐंठते हुए)** बहुत थक गया हूँ। **(सोफ़े पर बैठ जाता है।)**

अम्मी : आपने सुबह से कुछ खाया?

मिर्ज़ा : किशन लाल की बीवी अकेली है। तुम जल्दी तैयार होकर वहाँ चली जाओ।

अम्मी : मैं जाती हूँ...लेकिन आप कुछ देर आराम कर लीजिए। खुदा चाहेगा तो सब ठीक हो जायेगा।

मिर्ज़ा : खाना लेने ड्राइवर को भेज देना। उसके पास करफ़्यू पास है...बस तुम फ़ौरन तैयार हो जाओ।

अम्मी : मुझे तैयार क्या होना है, ऐसे ही चली जाऊंगी। बस बुरक़ा ले लूं। **(गेसू से)** बेटी, ज़रा अम्मी का बुरक़ा तो ला दे।

(गेसू भीतर जाती है।)

मिर्ज़ा : उस बेचारी को तुम्हारी मौजूदगी से थोड़ी राहत मिलेगी। मेरे पैरों पर पड़ गई। बोली—अपने छोटे भाई को बचा लीजिए।

अम्मी : छोटे भाई तो हैं ही। हमारी हर मुसीबत, ज़रूरत में आगे रहते हैं। यासीन नहीं आया अब तक।

मिर्ज़ा : उसकी तरफ़ से भी परेशानी। दोपहर तक आने को कह गया था। तब तक इंतज़ार कर लिया जाये। **(गेसू बुरक़ा लेकर आती है)**—लो, बुरक़ा आ गया। अब तुम फ़ौरन जाओ। कोई ज़रूरत हो तो मुझे फ़ोन करना।

बेगम : **(नक़ाब पहनकर)** आप अराम ज़रूर कर लीजिए।

मिर्ज़ा : शाम को मैं अस्पताल आ जाऊंगा। तब तुम घर वापस आ जाना। जाओ! **(बेगम बाहर जाती है। बाहर मोटर स्टार्ट होने की आवाज़ सुनाई पड़ती है।)**

मिर्ज़ा : बेटी, एक कप कॉफ़ी पिला दे।

गेसू : अभी लाई अब्बा। **(गेसू भीतर जाती है। तब ही टेलीफ़ोन की घंटी बजती है।)**

मिर्ज़ा : **(टेलीफ़ोन पर)** हलो...हलो। हाँ, मैं डा. मिर्ज़ा बोल रहा हूँ। ...हाँ, हाँ, शर्मा बोलो।...क्या? मेरा पता मिला है? ...शायद मेरी कोई पेशेन्ट होगी।...लेकिन मेरे पास इस समय कोई कार नहीं है।...अच्छा...अच्छा आता हूँ। **(टेलीफ़ोन रखकर, परेशान-सा कमरे में टहलता है।)**

मिर्ज़ा : **(पुकारते हुए)** ग़ेसू!

गेसू : **(भीतर से)** जी आई। **(गेसू की थोड़ी देर में आती है)**

मिर्ज़ा : मैं कोतवाली जा रहा हूँ—

गेसू : आप रात भर के जगे हैं अब्बा!

मिर्ज़ा : एक औरत की लाश मिली है। छुरे से जख़्म हैं उसके ज़िस्म पर। उसके पास मेरा पता मिला है।

गेसू : आपका पता!

मिर्ज़ा : शायद मेरी कोई पेशेन्ट होगी। शर्मा कह रहा था कि थोड़ी देर को चला आऊं, शिनाख़्त करने। वह जीप भेज रहा है।

गेसू : आप इतने थके हैं...

मिर्ज़ा : शिनाख़्त हो जाए तो लाश ही बेचारी के घर वालों को मिल जाएगी।

गेसू : उस बेचारी औरत को क्यों मारा? उसका क्या क़सूर हो सकता है।

मिर्ज़ा : **(दार्शनिक-सा)** उसका क़सूर यह था कि वह बेक़सूर

थी। इस दंगे में सिर्फ़ बेगुनाह और मासूम ही हलाक़ हो रहे हैं।

गेसू : कैसा बुरा लगता है सुनकर।

मिर्ज़ा : उसकी औलाद और ख़ाविन्द पर क्या बीतेगी, इसका अंदाज़ा भी नामुमकिन है।

(बाहर जीप रुकने की आवाज़)

मिर्ज़ा : देखो, क्या जीप आ गई?

गेसू : **(खिड़की खोलकर देखती है)** जी हाँ।

मिर्ज़ा : कह दो, मैं आता हूँ।

गेसू : **(खिड़की से बाहर, ड्राइवर से)** ठहरो, अब्बा अभी आ रहे हैं। **(मिर्ज़ा से)** एक मिनट रुकिए। मैं अभी कॉफ़ी लाई।

(घर के भीतर जाती है। थोड़ी देर में कॉफ़ी का प्याला लिए गेसू का भीतर में प्रवेश)

गेसू : लीजिए अब्बा। **(कॉफ़ी देती है।)**

मिर्ज़ा : **(कॉफ़ी पीते हुए)** मैं जल्दी ही आ जाऊंगा। यासीन की तरफ से भी परेशानी है। अगर घंटे दो घंटे में नहीं आता तो पुलिस के ज़रिये उसको ढुँढ़वाना पड़ेगा। पता नहीं कहाँ चला गया। जज़बाती है। सदमा बर्दाश्त नहीं कर पा रहा था। **(अपने आप से)** पता नहीं कौन बेचारी ज़बह हुई?

गेसू : कब तक वापस आइएगा?

मिर्ज़ा : जल्दी आऊंगा... यही आधे घंटे में, कोई ज़रूरत हो तो कोतवाली में एस. एस. पी. के यहाँ फ़ोन कर देना। **(प्रस्थान)**

(गेसू दरवाज़ा अन्दर से बन्द करके भीतर जाती है। थोड़ी देर सन्नाटा रहता है। तब ही बाहर कोई कॉल-बेल बजाता है। ग़फ़ूर मियां भीतर से आकर बाहर का दरवाज़ा खोलते हैं।)

ग़फ़ूर : **(दरवाज़ा खोलकर)** यासीन मियां! कमवेल! कमवेल! कहाँ चले गये थे? **(यासीन बाँये कमरे में बाहर से प्रवेश करके, अपने कमरे की तरफ बढ़ता है।)**

ग़फ़ूर : वाह! वह! एक तो कल रात कहीं 'नोएड्रेस' रहे– अब बात का जवाब दिए बिना 'रन' कर रहे हैं।

(यासीन रुककर प्रश्न-सूचक निगाह से देखता है।)

ग़फ़ूर : **(सहानुभूति से)** कहीं रास्ता 'लूज़' हो गया था?

यासीन : नहीं। **(दायें कमरे में जाने को मुड़ता है।)**

ग़फ़ूर : फिर 'रन' करने लगे। **(यासीन रुक जाता है।)** क्या किसी फ्रेण्ड के यहाँ चले गए थे?

यासीन : नहीं।

ग़फ़ूर : **(बिगड़कर)** नहीं, नहीं, नहीं। हम सब लोग जनाब के लिए रात भर 'वरी' रहे। कल रात को न मैंने खाना 'कुका और न किसी ने 'ईटा'। आपके लिए 'वरी' में मुब्तिला रहा। ठीक से सो भी न सका। लेकिन मेरे लिए सिर्फ़ नहीं। अच्छा बुलाता हूँ गेसू बिटिया को। उससे तो 'स्पीकेंगे', मैं सुन लूंगा।' **(पुकारते हुए)** गेसू! गेसू बिटिया! **(पुकारता हुआ घर के भीतर जाता है और थोड़ी देर बाद गेसू आती है।)**

गेसू : **(चिन्ता से सहसा मुक्त)** खुदा का करम। तुम आ गए। मैं कितनी परेशान थी। कैसे बुरे-बुरे ख़्यालात सताते थे। **(भावुकता से)** अल्लाह मेरी जान ले ले और तुम्हें सलामत रखे।

(ग़फ़ूर घर के भीतर जाता है।)

गेसू : अब्बा और अम्मी भी तुम्हारे लिए बेहद परेशान थे। एक तो किशन चचा की यह हालत और तुम भी चल दिए कहीं।

यासीन : कैसी हालत है चचा की ?

गेसू : कल रात बहुत ख़राब हो गई थी। अब्बा कल रात एक लमहे को भी नहीं सोये। आज कुछ बेहतर हैं।

(यासीन चुप रहता है। बोझिल ख़ामोशी)

गेसू : **(यासीन की बाँह पकड़कर)** तुम कैसे हो?

यासीन : मैं? **(अपने को छुड़ाकर अनिश्चित कदमों से दाये कमरे में जाता है, और वहाँ हथेलियों पर अपना माथा टिकाकर बैठ जाता है।)**

(गेसू यासीन की रुखाई देखकर रोने लगती है। आंचल से आंसू पोंछती है। कॉफ़ी का प्याला लिए ग़फ़ूर मियां का भीतर प्रवेश। वह रुककर रोती गेसू को देखता है और बाये कमरे में जाता है।)

(दायाँ कमरा)

ग़फ़ूर : मिस्टर यासीन, कॉफ़ी तैयार है। ख़ाना भी तैयार है। **(स्वर बदलकर)** हालैण्ड गया। स्काटलैंड गया। पोलैंड गया। ग्रीनलैंड गया, मतलब कि कहाँ नहीं गया। ऐसा 'शिपकोर्ट' कहीं नहीं देखा। यह यहाँ सिर झुकाए बैठे हैं और वह वहाँ अश्कों से पल्लू भिगो रहीं हैं। **(यासीन प्रश्न-सूचक दृष्टि से ग़फ़ूर को देखता है)**

ग़फ़ूर : मुझे क्या 'लुक' करते हैं जनाब। जाकर 'लवटॉक' से उसे मनाइये। वह 'पुअर' लड़की कल से आपके लिए 'वरी' है। मैं आपका खाना लगाता हूँ। **(चलते हुए)** पता नहीं-कल से कुछ 'ईटा' भी या सिर्फ़ 'एयर' ही हज़म करते रहे। **(बाँई ओर के कमरे से होता हुआ घर के भीतर आता है)**

(यासीन कुछ देर बैठा रहता है, फिर भारी कदमों से बाँये कमरे में रोती हुई गेसू के पास जाता है।)

(बायाँ कमरा)

यासीन : गेसू, मुझे माफ़ कर दो।

(गेसू उत्तर नहीं देती, वैसे ही रोती रहती है।)

यासीन : चुप हो जाओ गेसू। **(गेसू जवाब नहीं देती। एकदम झुंझलाहट से)** मैं कहता हूँ चुप हो जाओ। गेसू! मेरी जिन्दगी में बहुत ग़म हैं। उन्हें और न बढ़ाओ।

(गेसू आंसू पोंछकर यासीन के पास जाती है।)

गेसू : **(हमदर्दी से)** चचा की तबीयत अब पहले से अच्छी है।

यासीन : एक चचा ही नहीं और भी बहुत कुछ है।

गेसू : और क्या ग़म है तुम्हें। बताओ मुझे। **(यासीन जवाब नहीं देता।)** मुझे नहीं बताओगे तो किसे बताओगे?

(यासीन उठकर दायें कमरे में जाने लगता है, तो गेसू सामने आ जाती है।)

गेसू : मैं तुम्हें इस तरह भागने नहीं दूंगी। मेरी बात का जवाब दो। मुझे बताओ कहाँ रहे तुम कल रात? तुम्हें क्या ग़म है?

यासीन : मैं नहीं चाहता कि तुमको अपने साथ कांटों में खींचूं। गेसू, मेरी ज़िन्दगी में सब कुछ इतना उलझ गया है... मैं नहीं चाहता, मेरे ग़म का साया भी तुम पर पड़े।

गेसू : अगर तुम मेरे हो, तो तुम्हारा ग़म भी मेरा है। मैं तुम्हारे हर ग़म को, तुम्हारी हर उलझन को अपना समझूंगी। **(टेलीफ़ोन की घंटी बजती है।)** हैलो! हलो! गेसू बोल रही हूँ। मेरी 'हैंड-राइटिंग' में पता है। **(आत्मविश्वास से)** मैंने तो किसी को पता नहीं दिया था...**(अचानक)** हाँ, हाँ, याद आया। याद आया अब्बा। चमेली को पता दिया था...चमेली अन्ना...चमेली अन्ना। यासीन मियां की बचपन की अन्ना। वह कुछ दिन पहले आई थीं। वह कहती थीं यासीन मियां का हाल जानने के लिए कभी-कभी ख़त लिखेंगी, और मुझसे हम लोगों का पता ले गई थी...जी हाँ, मैंने लिखकर दिया था...तो बेचारी चमेली...? अल्लाह बड़ी नेक औरत थी!...जी हाँ, यासीन मियां आ गए हैं। बड़े परेशान हैं। अच्छा...जी हाँ, आदाब।

(फ़ोन रखकर यासीन को देखती है।)

यासीन : चमेली अन्ना-?

गेसू : मर गईं...मार दी गई। किसी ने छुरा मार दिया।

यासीन : या खुदा। **(उमड़ते हुए दुख को दबाने को आँख बन्द करता है।)**

गेसू : खुदा को यही मंजूर था।

यासीन : गेसू, मेरे चारों तरफ़ मौत का ख़ौफ़नाक साया है। वह सबको निगल जाएगा, जो भी मेरे पास आयेगा।

गेसू : कैसी बेसिर पैर की बातें करते हो। चमेली अन्ना के लिए तुम कैसे ज़िम्मेदार हो।

यासीन : पैदा होने से पहले अब्बा चल बसे, पैदा होते ही अम्मी चली गईं। जिस अन्ना ने दूध पिलाया, वह भी आज चल बसी।

गेसू : **(पकड़कर बैठाते हुए)** तुम थक गए हो, थोड़ा आराम करो।

यासीन : गेसू, मेरे इतने नज़दीक न आओ। मैं बहुत ख़तरनाक आदमी हूँ। मैं सब कुछ वीरान कर दूंगा।

गेसू : अब कुछ देर के लिए ख़ामोश रहो। **(यासीन को ज़बर्दस्ती सोफे पर बैठाती है।)**

यासीन : जानती हो, गेसू, कल रात मैं कहाँ गया था?

गेसू : कहाँ?

यासीन : अपने गाँव। अपने ख़ानदानी क़ब्रिस्तान। वहाँ अब्बा की क़ब्र थी। पास ही अम्मी की, दादाजान, दादीजान की। और उनके भी अब्बा और अम्मी वहाँ पर सोये हुए थे। कल रात मैं उन्हीं के बीच रहा। कितना सुकून था वहाँ। मैं सोचता रहा...

गेसू : तुम्हें क्या हो गया है?

यासीन : ज़िन्दा और मुर्दे में फ़र्क कितना कम है। अब्बा मरकर भी ज़िन्दा हैं और मैं ज़िन्दा रहते हुए भी मर गया हूँ।

गेसू : क्यों कोसते हो अपने आपको? अपने अब्बा की तरह तुम भी सुर्ख़रू होंगे। नाम कमाओगे।

यासीन : कितनी मासूम हो तुम। **(अचानक खड़े होकर)** गेसू, क्या यह मुमकिन नहीं कि तुम अपनी ज़िन्दगी के चन्द हफ़्ते जिनमें मैं हूँ, नोंचकर फेंक दो। भूल जाओ यासीन नाम के आदमी को।

गेसू : क्यों? क्यों भूल जाऊं उसको?

यासीन : क्योंकि उसकी ज़िन्दगी ऐसी है कि उसे भूल जाना ही चाहिए।

गेसू : क्या गुनाह है जिसका बोझ उसके सिर पर है। जो उसे बेचैन किए है। **(फ़ोन की घंटी)** हलो...हाँ आ गए हैं। टेलीफ़ोन देती हूँ। **(यासीन से)** हरीश भाई का फ़ोन है। **(यासीन को टेलीफ़ोन देती है।)**

यासीन : हलो...हाँ कल अपने गाँव चला गया था...(**वह कुछ देर फोन सुनता है। फिर उसे मेज़ पर रखकर, विचलित सा पीठ फेरकर खड़ा हो जाता है और आँख बन्द करता है। गेसू जाते हुए यासीन को देखती है, फिर फोन उठाकर स्वयं सुनती है।**)

गेसू : मैंने तुम्हारा टेलीफ़ोन सुना।

यासीन : (**चौंककर**) क्या?

गेसू : वह बार-बार कह रहे थे, तुम अपने फ़र्ज़ को अन्जाम नहीं दे रहे हो। (**रुककर**) क्या है तुम्हारा फ़र्ज़? क्या है तुम्हारा फ़र्ज़?

यासीन : सुनोगी तुम?

गेसू : तुम्हें ये पूछना चाहिए?

यासीन : मेरा एक दोस्त है। मेरा बहुत अज़ीज़ मेरे बचपन का दोस्त। आजकल वह भी यहीं आया हुआ है।

गेसू : मुझे नहीं बताया था तुमने अब तक।

यासीन : उसने मना किया था। वह 'आई.एस.आई.' का जासूस है।

गेसू : क्या?

यासीन : उसका काम है हिन्दुस्तान में मज़हबी दंगे करवाना ताकि हिन्दुस्तान का सेकुलरिज़्म का दावा झूठ साबित हो।

गेसू : क्यों?

यासीन : यह जानने के लिए पीछे जाना पड़ेगा।

गेसू : कितना पीछे?

यासीन : सन् 1857। तब हिन्दू और मुसलमानों ने एकजुट होकर आज़ादी की पहली लड़ाई लड़ी। अंग्रेजों के दाँत खट्टे कर दिये थे।

गेसू : तो?

यासीन : वह लड़ाई अंग्रेज़ जीत गए। लेकिन उन्हें हमेशा दहशत रहने लगी कि कभी भी 1857 दोहराया जा सकता है। अपनी हुकूमत मज़बूत करने के लिए उन्हें सिर्फ़ एक तरीक़ा नज़र आया।

गेसू : क्या?

यासीन : हिन्दू-मुसलमानों में तफ़रक़े पैदा करके हिन्दुस्तानी ताक़त को कमज़ोर करने का। इसके लिए उन्होंने हिन्दू और मुसलमानों को समझाया-हिन्दू और मुसलमान दो अलग-अलग क़ौमें हैं। इस बहकावे में तमाम मुसलमान आ गए। कुछ हिन्दू भी आ गए। मगर कुछ मुसलमान ऐसे भी थे-जो हिन्दू मुसलमानों को एक क़ौम समझते थे। जैसे डॉ. मिर्ज़ा, मेरे अब्बा, मौलाना आज़ाद। उन्होंने इस मुल्क के लिए अपनी ज़िन्दगी कुर्बान कर दी। अगर हिन्दुस्तान का 'सेकुलरिज़्म' का दावा सही साबित होता है, तो उनकी जड़ें हिल जायेंगी, जो 'टू नेशन थ्योरी' में यक़ीन करते हैं।

गेसू : इसमें तुम्हारा फ़र्ज़ क्या है?

यासीन : मेरा दोस्त आजकल जासूसी के फ़रायज़ का अंजाम नहीं दे रहा है, क्योंकि उसकी निगाह हिन्दुस्तान आकर खुल गई है। वह असलियत और प्रोपेगेण्डा में फ़र्क़ करने लग गया है।

गेसू : तो?

यासीन : हरीश भी जासूस है। वह चाहता है कि मैं अपने दोस्त को रास्ते पर लाऊं।

गेसू : तुमने क्या फ़ैसला किया है?

यासीन : मैं तुमसे फ़ैसला चाहता हूँ।

गेसू : मुझसे?

यासीन : तुम्हारा फ़ैसला मेरे लिए आख़िरी लफ़्ज़ होगा।

गेसू : इसमें फ़ैसले के लिए है ही क्या? एक तरफ दो मज़हबों के सकून से रहने की बात है तो दूसरी तरफ नफ़रत और ख़ूरेंज़ी की आग है। एक तरफ ज़िन्दगी है, मोहब्बत है, तो दूसरी तरफ वीरानगी है, लूटते हुए सुहाग और उजड़े हुए पर हैं।

यासीन : मैं अपने दोस्त से क्या कहूँ?

गेसू : उससे कहो कि ज़िन्दगी चुने। अपने आपको क़ानून के हवाले कर दें।

यासीन : **(सोचते हुए)** अगर वह जासूस मैं हूँ तो?

गेसू : क्या?

यासीन : मिसाल के तौर पर कहता हूँ, अगर वह जासूस मैं हूँ तो...

गेसू : ऐसी बात मिसाल में भी नहीं कहते।

यासीन : तब भी तुम्हारा फ़ैसला यही है?

गेसू : मुझसे मत पूछो।

यासीन : तुमको जवाब देना होगा। तुम्हारा फ़ैसला मेरा अपना फ़ैसला होगा। मेरी ज़िन्दगी तुम्हारे हाथों में है। वह जासूस मैं खुद हूँ।

गेसू : नहीं...नहीं...

यासीन : **(सबल स्वर में)** हाँ, वह जासूस मैं हूँ। बोलो, मेरे लिए क्या फ़ैसला है?

गेसू : नहीं...

यासीन : मैंने तुमसे मोहब्बत का नाटक किया, लेकिन क़िस्मत का मज़ाक, मैं तुमसे सचमुच मोहब्बत करने लगा। मैं जिस मुल्क में आग लगाने आया, उसमें अपनापा ढूँढ़ने लगा। मरहूम अब्बा और अम्मी ज़िन्दा होकर मेरी ज़िन्दगी का रास्ता मोड़ने लगे। लेकिन मैं तो तुम्हारा फ़ैसला चाहता हूँ।

गेसू : **(रुंधे गले से)** मैंने यह ख़्वाब में भी न सोचा था...

यासीन : **(बाँहों में पकड़कर)** आओ गेसू, हम लोग इस मुल्क से भाग चलें। गेसू, मैं तुमसे मोहब्बत करता हूँ। बेइन्तिहा मोहब्बत करता हूँ। तुम्हारे बिना मैं ज़िन्दा नहीं रह सकता। **(गेसू की उंगलियाँ अपनी आँखों पर लगाते हुए)** गेसू, मेरी गेसू, मैं बहुत परेशान हूँ। तुम्हारा साथ मेरे सब ग़म दूर कर देगा। मुझे बचा लो। आओ, कहीं भाग चलें।

गेसू : **(हाथ पकड़कर)** मुझे सोचने दो यासीन। मुझे सोचने दो। **(घर के अन्दर भाग जाती है।)**

(बाहर से घंटी बजने की आवाज़। यासीन बाहर का दरवाज़ा खोलता है। हरीश का प्रवेश। यासीन दरवाज़ा बन्द करता है।)

हरीश : डॉ. मिर्ज़ा घर में हैं?

यासीन : नहीं।

हरीश : आओ मेरे साथ। (**यासीन की बाँह पकड़कर दायें कमरे में ले जाता है।**)

(दायाँ कमरा)

हरीश : इस सबके क्या मायने हैं।

यासीन : किसके?

हरीश : यही, परसों से तुमने ख़बर नहीं भेजी। (**रुककर**) कल कहाँ चले गए थे?

यासीन : अपने गाँव।

हरीश : मुझे मालूम है। लेकिन क्यों?

यासीन : मेरा मन हुआ।

हरीश : मन हुआ। तुम इतने में आज़ाद नहीं। तुम्हारी ड्यूटी है। फरायज़ हैं।

यासीन : मुझे मालूम है।

हरीश : ख़ाक मालूम है। हेडक्वार्टर बेहद नाराज़ है। मुझे तुम्हारी कितनी वकालत करनी पड़ी-जानते हो। अगर एक दिन और तुमने अपनी मनमानी की, तो वह तुम्हें ग़द्दार समझ बैठेंगे।

यासीन : ग़द्दार!

हरीश : आख़िर तुम्हें क्या हो गया है। पहले तो तुम कितने मुस्तैद और अलर्ट थे। तुम्हारी हैडक्वार्टर वाले कितनी तारीफ़ करते थे। लेकिन अब तो तुम उससे बिल्कुल उल्टे हो।

यासीन : हरीश! मैं एक़ शायर भी तो हूँ।

हरीश : तो?

यासीन : तुम उसे नहीं समझोगे।

हरीश : (**चिढ़कर**) क्योंकि मैं शायर नहीं हूँ, इसलिए? खुदा का शुक्र है कि मैं शायर नहीं हूं। लेकिन हेडक्वार्टर वालों को क्या समझाओगे?

यासीन : जब से होश सम्भाला तब से यही सुना, हिन्दुस्तान में

मुसलमानों के साथ ज़ुल्म-ज़्यादतियाँ होती हैं। उनके घर जला दिए जाते हैं। वे भूखों मरते हैं, और भी न जाने क्या-क्या। लेकिन आकर देखा तो यहाँ कुछ और ही है। यहाँ हिन्दू-मुसलमान भाई-भाई हैं। मुसलमान सुप्रीम कोर्ट का चीफ़ जस्टिस और हिन्दुस्तान का प्रेसीडेण्ट होता है। उसे सब तरह की आज़ादी है। मेरे दिल ने सवाल किया-क्या जो कुछ सुना था, वह झूठ था?

हरीश : **(नफ़रत से)** तुम्हें कितना मिला?

यासीन : क्या?

हरीश : हिन्दुस्तानी जासूसों ने तुम्हें किस क़ीमत पर ख़रीदा?

यासीन : मुझे समझने की कोशिश करो हमीद। जब मैं यहाँ आया तो मेरे सामने मंज़िल साफ़ थी। लेकिन यहाँ आकर मेरे सामने उस मंज़िल को ले जाने वाले रास्ते धुंधले पड़ गए। उसमें अगर मैं भटक गया और अपनी ड्यूटी उस मुस्तैदी से अंजाम नहीं दे सका, तो इसमें ताज्जुब क्या?

हरीश : बताते क्यों नहीं, तुम कितने में बिके?

यासीन : हमीद मेरी बात समझो? मैं जिस एक रास्ते पर चल रहा था, उस जगह अचानक दो रास्ते हो गए। मैं दोराहे पर खड़ा हूँ। मेरी समझ में नहीं आ रहा है कि किधर क़दम बढ़ाऊँ।

हरीश : क्या इसकी ख़बर हैडक्वार्टर को दे दी जाये?

यासीन : मौत की बात करना आसान है, सामने मौत को देखना उतना ही मुश्किल है। फिर मैं तो शायर हूँ।

हरीश : लानत है ऐसी शायरी पर, जो आदमी को निकम्मा बना देती है। मैं तुम्हारा दोस्त हूँ। तुम्हें आगाह करना मेरा फ़र्ज़ है। अगर तुम ठीक रास्ते पर नहीं आये तो...

यासीन : तो?

हरीश : तुम्हें गोली मार दी जायेगी।

यासीन : मुझे मौत की धमकी मत दो। मैं पिछले तीन दिनों से मौत से आँख-मिचौनी खेल रहा हूँ।

हरीश : अब भी वक़्त है। ठीक रास्ते पर...

यासीन : ठीक रास्ता! इस दोराहे पर खड़ा यही तो सोच रहा हूँ, ठीक रास्ता क्या है। मैं मौत से नहीं डरता। लेकिन हमीद मैं ज़िन्दा रहना चाहता हूँ। हर मामूली इन्सान की तरह मेरी ख़्वाहिश है कि मेरा छोटा-सा घर हो, बीवी और प्यारे-प्यारे बच्चे हों...

हरीश : यह सब होगा, अगर तुम अपने फ़र्ज़ पर डटे रहे।

यासीन : मुझे सोचने दो। मुझे सोचने दो हरीश। **(दोनों हाथों से माथा पकड़कर बैठ जाता है।)**

(गेसू भीतर से आकर बायें कमरे से होती हुई दायें कमरे में जाती है।)

गेसू : यासीन मियां...! **(हरीश को देखकर लौटती है।)**

यासीन : आया। **(एकदम उठकर गेसू के पीछे बायें कमरे में जाता है।)**

(बायाँ कमरा)

गेसू : मैंने फ़ैसला कर लिया।

यासीन : क्या तुम मेरे साथ चल रही हो?

(गेसू उत्तर नहीं देती)

यासीन : मैं जानता हूँ, तुम मेरे साथ चल रही हो। तुमने मुझे बचा लिया गेसू। **(गेसू का हाथ पकड़कर आँखों से लगाते हुए)** गेसू तुम मेरी गेसू। **(गेसू हाथ खींच लेती है।)**

गेसू : नहीं। मैंने अपना फ़र्ज़ निभाया। मैंने पुलिस को फ़ोन कर दिया है।

(कुछ क्षणों का मौन)

यासीन : तुम्हारा यह फैसला मेरे सर आँखों पर। मुझे ज़रा भी गुरेज़ नहीं।

गेसू : एस. एस. पी. किसी भी वक़्त यहाँ पहुँचते होंगे।

यासीन : तुमने मेरी सारी मुश्किलें आसान कर दीं। दिल का सारा बोझ एक साथ ही उतार दिया।

गेसू : कोतवाली में अब्बा भी थें

यासीन : उन्होंने क्या कहा?

गेसू : वह बोले-अगर यासीन जासूस है तो वह अनवर का बेटा नहीं है।

यासीन : मैं उनके दोस्त अनवर का ही बेटा हूँ। गेसू, उनसे कह देना, वक़्त आने पर साबित कर दूंगा। तुम भी मुझे माफ़ कर देना।

गेसू : **(टूटकर)** तुम मुझे माफ़ कर देना। **(आँसू रोकती हुई अन्दर जाती है।)**

(यासीन जाती हुई गेसू को देखता है। फिर कुछ देर खड़े होकर दायें कमरे में जाता है।)

(दायाँ कमरा)

हरीश : क्या कह रही थी?

यासीन : मोहब्बत की वही बातें।

हरीश : ओह!

यासीन : यही कि मेरे सरताज मैं तुम्हारे बिना ज़िन्दा नहीं रह सकती। अब्बा से कहो, जल्दी से हम दोनों की शादी कर दें।

हरीश : यह तो हमारी प्लान है।

यासीन : हमीद, तुम चेहरा बनाये क्यों बैठे हो? खिड़की खोलो। ताज़ी ख़ुशगवार हवा आने दो। **(बढ़कर पीछे की खिड़की खोलता है।)**

हरीश : तुम्हारा तो मिज़ाज ही बदल गया।

यासीन : हमीद, तुमने अगर किसी से मोहब्बत की होती तो जानते। मैंने फ़ैसला कर लिया है।

हरीश : गुड। क्या फ़ैसला है तुम्हारा?

यासीन : **(अचानक)** क्या तुम रूह में यक़ीन करते हो?

हरीश : कैसी रूह?

यासीन : मरने के बाद की रूह।

हरीश : **(सोचता सा)** मैं...

यासीन : अभी कुछ देर पहले गेसू मुझसे बातें कर रही थी। उसके जाने के बाद मुझे लगा, मेरे पास, बिल्कुल मेरे पास अब्बा खड़े हैं। वह मेरे कन्धे पर हाथ रखकर कह

रहे हैं...जैसे कहना चाहते हैं, बेटा यह तुम्हारा इम्तहान है। घबराना मत। **(बोलते-बोलते स्वर में उदासी भर जाती है।)**

हरीश : यह क्या, तुम्हारी आँखों में आंसू!

(बाहर कोई कॉलबेल बजाता है।)

यासीन : शायद वह लोग आ गए। **(आंसू पोंछता है।)** खुशी के आंसू हैं।

(हरीश के कंधे पर हाथ थपथपाकर उसे आश्वस्त करता है। फिर अचानक तेज़ क़दमों से बढ़कर बाँये कमरे में आता है, और तेज़ी से बीच का दरवाज़ा बन्द करता है। हरीश दायें कमरे में क़ैद हो जाता है। वह पिस्तौल निकालता है।)

(बायाँ कमरा)

(यासीन बाहर का दरवाज़ा खोलता है। एस.एस.पी. के साथ डॉ. मिर्ज़ा का प्रवेश।)

यासीन : चचाजान मैं आपके दोस्त अनवर का ही बेटा हूँ। **(दोनों हाथ बढ़ाकर)** शर्मा साहब, मुझे गिरफ़्तार कीजिए।

(दायें कमरे में, बीच के दरवाज़े से झांकता हरीश पिस्तोल निकाल का यासीन पर निशाना साधता है।)

शर्मा : यासीन, तुम्हें अपनी सफ़ाई में कुछ कहना है।

यासीन : हाँ, मैं कहना चाहता हूँ, बन्दे मातरम!

(यासीन के 'वन्दे मातरम' कहते ही नेपथ्य के सब कलाकारों का 'वन्दे मातरम' 'वन्दे मातरम' गाने का सम्मिलित स्वर सुनाई पड़ता है। गाते हुए वे सब कलाकार रंग-मंच पर आ जाते हैं और एक पंक्ति में खड़े होकर 'बन्दे मातरम' का गायन करते हैं। डॉ. मिर्ज़ा, शर्मा, यासीन और हरीश भी कलाकारों साथ पंक्ति में खड़े होकर, 'वन्दे मातरम्' गायन करते हैं।)

वन्दे मातरम्, वन्दे मातरम्......................
क़ौम के ख़ादिम की है जागीर वन्दे मातरम!
मुल्क के ही वास्ते, इकसीर वन्दे मातरम्-2

सूरज भी हिल जायेगा, आया की दो ही रोज़ में
गर दिखा जाये कभी तासीर वन्दे मातरम्
वन्दे मातरम्..................वन्दे मातरम्
वन्दे मातरम्, वन्दे मातरम्

(गायन जब चरम पर पहुँचता है तो सब हाथ जोड़कर नमस्कार करते हैं।)

(पटाक्षेप)

इति

□□